ENCYCLOPÉDIE THÉOLOGIQUE,

OU

SÉRIE DE DICTIONNAIRES SUR TOUTES LES PARTIES DE LA SCIENCE RELIGIEUSE,

OFFRANT EN FRANÇAIS

LA PLUS CLAIRE, LA PLUS FACILE, LA PLUS COMMODE, LA PLUS VARIÉE
ET LA PLUS COMPLÈTE DES THÉOLOGIES.

CES DICTIONNAIRES SONT :

D'ÉCRITURE SAINTE, DE PHILOLOGIE SACRÉE, DE LITURGIE, DE DROIT CANON, D'HÉRÉSIES ET
DE SCHISMES, DES LIVRES JANSÉNISTES, MIS A L'INDEX ET CONDAMNÉS, DES PROPOSITIONS
CONDAMNÉES, DE CONCILES, DE CÉRÉMONIES ET DE RITES, DE CAS DE CONSCIENCE,
D'ORDRES RELIGIEUX (HOMMES ET FEMMES), DES DIVERSES RELIGIONS, DE
GÉOGRAPHIE SACRÉE ET ECCLÉSIASTIQUE, DE LÉGISLATION RELIGIEUSE, DE
THÉOLOGIE DOGMATIQUE ET MORALE, DES PASSIONS, DES VERTUS ET
DES VICES, DE JURISPRUDENCE CIVILE-ECCLÉSIASTIQUE, D'HISTOIRE
ECCLÉSIASTIQUE, D'ARCHÉOLOGIE SACRÉE, DE MUSIQUE RELIGIEUSE,
D'HÉRALDIQUE ET DE NUMISMATIQUE RELIGIEUSES, DE PHILOSOPHIE,
DE GÉOLOGIE, DE DIPLOMATIQUE CHRÉTIENNE ET DES
SCIENCES OCCULTES.

PUBLIÉE

PAR M. L'ABBÉ MIGNE,

ÉDITEUR DE LA BIBLIOTHÈQUE UNIVERSELLE DU CLERGÉ,

OU

DES COURS COMPLETS SUR CHAQUE BRANCHE DE LA SCIENCE ECCLÉSIASTIQUE.

50 VOLUMES IN-4°.

PRIX : 6 FR. LE VOL. POUR LE SOUSCRIPTEUR A LA COLLECTION ENTIÈRE, 7 FR., 8 FR., ET MÊME 10 FR. POUR LE
SOUSCRIPTEUR A TEL OU TEL DICTIONNAIRE PARTICULIER.

TOME VINGT-NEUVIÈME.

DICTIONNAIRE DE GÉOGRAPHIE SACRÉE ET ECCLÉSIASTIQUE.

TOME SECOND.

3 VOL. PRIX : 24 FRANCS.

CHEZ L'ÉDITEUR

AUX ATELIERS CATHOLIQUES DU PETIT-MONTROUGE,
BARRIÈRE D'ENFER DE PARIS.

1849

DICTIONNAIRE
DE
GÉOGRAPHIE
SACRÉE ET ECCLÉSIASTIQUE,

CONTENANT :

LE DICTIONNAIRE GÉOGRAPHIQUE DE LA BIBLE, PAR BARBIÉ DU BOCAGE ;
UNE INTRODUCTION A LA GÉOGRAPHIE CHRÉTIENNE DEPUIS LA PRÉDICATION DE L'ÉVANGILE ;
UN APERÇU DES PROBLÈMES DE LA GÉOGRAPHIE PHYSIQUE ; UNE STATISTIQUE DES
PEUPLES ET DES VILLES DE LA GÉOGRAPHIE ANTÉRIEURE A L'AN 500 ; UN VOCABULAIRE DES
NOMS LATINS ; UN TABLEAU COMPLET DES PATRIARCATS, DES MÉTROPOLES ET
DES ÉVÊCHÉS DU MONDE CHRÉTIEN, DEPUIS LES PREMIERS SIÈCLES JUSQU'EN 1849 ; LA
DESCRIPTION DES DIVERSES CONTRÉES, DES MONTAGNES, DES PRINCIPAUX
FLEUVES DU GLOBE, DES VILLES PATRIARCALES, MÉTROPOLITAINES, ÉPISCOPALES,
DES GRANDES ABBAYES, DES LOCALITÉS REMARQUABLES PAR LES
CONCILES QUI S'Y TINRENT, DES MONUMENTS OU DES SOUVENIRS RELIGIEUX,
AINSI QUE DES VILLES CÉLÈBRES DE L'ISLAMISME ET DE L'IDOLA-
TRIE ; UN RÉSUMÉ DES MISSIONS CATHOLIQUES, DES DIFFÉRENTES MISSIONS
PROTESTANTES, DE LA GÉOGRAPHIE MUSULMANE ET IDO-
LATRE ; UNE EXPOSITION DES TRAVAUX ET DES OPINIONS DES
ANTHROPOLOGISTES MODERNES ; UN ESSAI SUR LA
PHILOSOPHIE DE LA GÉOGRAPHIE ET UNE BIBLIOGRAPHIE
GÉOGRAPHIQUE ;

PAR M. BENOIST,

Auteur d'une *Traduction des OEuvres choisies de saint Jérôme*, d'un *Essai* sur sa vie et sur son siècle,
d'une *Vie de S. S. Pie IX*.

Publié par M. l'abbé Migne,

ÉDITEUR DE LA BIBLIOTHÈQUE UNIVERSELLE DU CLERGÉ,

OU

DES COURS COMPLETS SUR CHAQUE BRANCHE DE LA SCIENCE ECCLÉSIASTIQUE.

TOME SECOND.

3 VOL. PRIX : 24 FRANCS.

CHEZ L'ÉDITEUR,
AUX ATELIERS CATHOLIQUES DU PETIT-MONTROUGE,
BARRIÈRE D'ENFER DE PARIS

1849

Ex typis MIGNE, au Petit-Montrouge.

INTRODUCTION.

Il résulte de l'examen comparé de la géographie des légendes que la pensée de Dieu est la base de l'harmonie de ce monde, et que tous les peuples, quel que soit leur état sauvage ou civilisé, ont des notions de la Divinité. Ces notions viennent-elles de l'homme? Non, son intelligence ne va pas jusque-là. En effet, comment l'homme aurait-il eu assez d'élévation dans l'esprit, assez de profondeur dans la pensée pour inventer Dieu, dans le moment même où il n'avait pas l'idée de la plus simple amélioration matérielle, du moindre progrès? La nécessité et le besoin, ces deux grands mobiles de l'espèce humaine, auraient inspiré la spiritualité par excellence aux nations qui, en même temps, seraient restées défaillantes au bord de l'abîme des misères humaines ! Cette contradiction est impossible; et d'ailleurs tous les faits acquis à la géographie ruinent un pareil système.

Mais nous avouerons qu'il ressort de la géographie des légendes que, dans l'ensemble des caractères qui constituent la Divinité chez tous les peuples idolâtres du globe, on retrouve la cruauté et la terreur. Il semble qu'il y a indivisibilité entre la nature divine et ces deux attributs. Or, cette remarque, basée sur les découvertes modernes et sur les faits recueillis depuis le xv° siècle, est identiquement la même que celle faite lors de l'inondation des barbares et dans l'antiquité; c'est-à-dire que, hors du christianisme, Dieu n'est que le symbole du terrible et de l'épouvantable. Mystère profond lorsqu'on veut en chercher l'explication ! problème intéressant, dont la solution se rattache intimement aux destinées de l'humanité !

La géographie des légendes est une division de la géographie générale, comme la biographie est à l'histoire. Par les rapprochements curieux qu'elle établit et les indications précieuses qu'elle procure, elle contribue beaucoup aux progrès de l'histoire morale des variétés de la race humaine.

Les différentes branches des sciences géographiques composent, quand on les examine dans toutes les vicissitudes qu'elles subissent, une vaste géographie légendique. Les *Alpes* et les *Andes* ne sont-elles pas les légendes de la nature? N'en forment-elles pas les pages les plus admirables et les plus sublimes avec leurs mystères physiques et géologiques, leurs neiges continuelles, leurs vastes glaciers, leurs avalanches foudroyantes et leur immense silence? Ne sont-ce pas aussi des légendes que toutes les hypothèses géologiques successives inventées par la science moderne, et qui disparaissent comme autant de météores, après avoir jeté un certain éclat?

Le Spitzberg (*Saxum glaciale*) avec ses algues d'une dimension gigantesque (une espèce a 200 pieds de long), ses jours de cinq mois et ses nuits si longues, ses aurores boréales et ses ours polaires, n'apparaît-il pas comme un sombre mystère dans la légende de la nature? Les pèlerinages du moyen âge, qui tiennent une place si importante dans la légende, n'ont point été stériles pour l'intérêt public, comme beaucoup de gens se l'imaginent. La géographie légendique constate qu'ils inspiraient l'idée de grands travaux d'utilité publique. Ainsi, le pèlerinage le plus célèbre de l'Espagne au moyen âge, celui de Saint-Jacques de Compostelle, conduisit à bâtir des ponts, à ouvrir des routes dans les provinces voisines, pour favoriser le passage des troupes de pèlerins, et à élever des hôpitaux pour les recevoir en cas de maladies ou d'accidents.

Les questions de nationalité se représentent à chaque instant dans la légende des peuples; et, chose étonnante ! elles n'ont pas plus frappé les géographes même les plus distingués, les plus éminents, qu'elles n'ont frappé les historiens des xvii° et xviii° siècles. Ces questions cependant se rattachent directement à la géographie, elles en sont inséparables. Sous ce point de vue encore, elles aident celle-ci à éclaircir les points obscurs de l'histoire politique. Quant à l'histoire ecclésiastique, elles jettent également du jour sur des époques de persécution restées incertaines, confuses, et sur lesquelles on n'avait pas de véritables explications.

Malte Brun et Balbi, qui ne manquaient ni de talent, ni d'érudition, n'ont point aperçu la connexité directe de la question des nationalités avec la géographie. Et dans l'ouvrage, où Malte Brun aurait pu en parler le plus, dans son *Histoire des progrès de la géographie*, il n'y a pas même songé.

A cette occasion, nous rappellerons l'influence désastreuse que les noms de Romain et de Grec ont exercée sur les gouvernements étrangers, relativement à la propagation du christianisme. Les rois wandales ont persécuté le clergé catholique d'Afrique en haine de Rome. Les rois de Perse en ont fait autant dans leur empire, en haine des Romains d'abord, et des Grecs ensuite. Les Coptes (les indigènes de l'Égypte), qui détestaient les Grecs de toute la puissance de leur âme, ont fini par appeler les Sarrasins, afin de se débarrasser des premiers. Les Syriens indigènes plus tard les imitèrent.

Enfin les Grecs, quoique vaincus, ou plutôt parce qu'ils avaient été vaincus, abhorraient les Latins. Les populations grecques, comme nous l'apprend saint Jérôme, qui habitait la Syrie au iv° siècle, s'entendaient pour ne point apprendre et ne point parler le latin, la *langue des barbares*. Le schisme d'Orient, si opiniâtre, n'a pas d'autre cause radicale que cette antipathie nationale. Le catholicisme en a profondément souffert. Dans les temps modernes, on a vu des peuples indigènes de l'Amérique méridionale admirer le dévouement des *robes noires* (c'est ainsi qu'ils désignaient les missionnaires), mais résister énergiquement à leurs sollicitations et à toutes leurs instances, ne voulant pas embrasser la religion des *esprits malfaisants* (nom donné aux Espagnols par les sauvages des Antilles et des côtes orientales de l'Amérique du Sud), et préférant mourir collectivement, comme ils sont morts en effet, plutôt que d'avoir quelque chose de commun avec leurs oppresseurs.

Un patriarche d'Alexandrie, Benjamin, d'origine copte, détermina ses diocésains indigènes, sous l'empereur Héraclius, au milieu du VIIe siècle, par haine contre les gouverneurs grecs de sa ville patriarcale, à se joindre à lui pour appeler en Egypte les kalifs de Damas. A l'époque des IIIe, IVe et Ve siècles, où les *laures* étaient si florissantes qu'on y comptait 4 et 5000 solitaires par canton, dans les solitudes de la Basse et de la Haute Egypte, les indigènes formaient surtout la majorité de ces associations religieuses ; ils se retiraient ainsi dans les déserts par chagrin de voir leur pays asservi aux Grecs, qui les ruinaient et les méprisaient. La morale et les dogmes du christianisme, ainsi que la vie contemplative, convenaient à l'état de leur âme, aux dispositions de leur esprit. Les Coptes n'obtenaient aucun emploi, les Grecs occupaient toutes les places, toutes les dignités civiles, religieuses et militaires, et montraient une avidité excessive.

Il n'y a donc jamais eu, en Egypte, fusion de la population indigène avec l'élément romain et grec. La race primitive a diminué progressivement sous l'oppression séculaire des Arabes et des Turks. La race grecque elle-même a fini par disparaître. La population actuelle n'est plus qu'un mélange informe des races musulmanes, amenées par les diverses invasions dont ce malheureux pays a été victime.

L'église Saint-Marc, à Alexandrie, était la patriarcale ; mais, en 960, le patriarche Christodule alla résider au Grand-Caire, nouvelle capitale de l'Egypte, et résidence des émirs. De la splendeur de l'Eglise d'Alexandrie il ne reste plus rien ; de ce patriarcat si étendu, si célèbre, on ne trouve plus qu'un pauvre moine, oisif, ignorant, dans une maison de modeste apparence, auprès de l'église de la Vierge, au Grand-Caire, passant ses journées assis à la manière orientale, sur une peau de mouton, ne connaissant plus les limites de son patriarcat, et ne sachant même pas si, hors de l'Egypte, il y a encore des chrétiens.

Après les patriarcats primitifs, venait en sixième lieu celui de Séleucie, dont les archevêques prenaient le titre de patriarche de Séleucie, de Ctésiphonte et de Babylone ; ils avaient d'abord porté le titre d'archevêques autocéphales ou indépendants.

Sous les rois mages de Perse (adorateurs du feu), Séleucie, au IVe siècle, eut beaucoup de martyrs, au nombre desquels fut saint Sadoth, son archevêque. Les partisans de Nestorius, poursuivis par le gouvernement grec de Constantinople, se réfugièrent dans la ville et le patriarcat de Séleucie. Elle fut prise, au VIIe siècle, par les Sarrasins (Arabes) qui la nommèrent *Almodayen*, c'est-à-dire la ville par excellence. Ruinée dans le IXe siècle, au milieu des guerres des musulmans entre eux et contre l'empire grec, de ses ruines on édifia Bagdad. Les patriarches se fixèrent alors à Irénopolis, puis à Bagdad, et enfin dans un couvent des environs de Mossul, nommé Elkoug. Lors de l'invasion des Mongols dans cette partie de l'Asie, aux XIIe et XIIIe siècles, les patriarches nestoriens essayèrent de propager le christianisme dans les provinces de l'Asie centrale, au moyen de leurs diocésains qui s'y répandaient pour commercer. Voilà par quelle voie le christianisme a dû pénétrer dans l'Afghanistan, la Bukarie, dans les vallées profondes du Thibet et dans le Bhootan.

L'Islam est remarquable par ses légendes fort nombreuses et encore plus merveilleuses ; l'imagination des Arabes en a fait des histoires plus extraordinaires les unes que les autres. Ainsi la ville du Prince (Begschehri), *Urbs principis*, est une ville essentiellement légendaire qui reparaît dans tous les contes arabes. Son fondateur Alaeddin, dont nous autres Européens avons fait Saladin, a communiqué à sa physionomie quelque chose de poétique.

Quelques-unes des villes métropolitaines de l'Asie Mineure qui figurent dans les Actes des apôtres, dans l'Apocalypse et dans le martyrologe des premiers siècles, avaient leur place assignée dans cette géographie ; car leur histoire, au commencement du moyen âge, n'est qu'une légende lamentable. Ainsi Nicée (Isnik), Pergame (Pergamo), Philadelphie (Kallatebos et maintenant Alaschehr), Amastrah (Sesamos), Sardes, Sébaste (Saustia, Siwas), Thessalonique (Saloniki), etc., La Thista (*Tranquillus fluvius*), rivière légendique de l'Hindoustan, affluent de la branche orientale du Gange (la Pudda) nommée *Tranquille*, parce que son cours est calme, une fois qu'elle est entrée dans le désert de Reongpoor ; la déesse de cette rivière est regardée comme une vieille femme dont les habitants des environs ont fait une divinité protectrice du pays, et sur laquelle ils racontent de fantastiques légendes.

Nous devions inscrire Césarée de Palestine (*Turris Stratonis*, vel *Cæsarea*), avec sa splendeur passée et sa ruine actuelle (il en est beaucoup question dans saint Jérôme) ; Amasia, Amasiéh, Ancyra, Ancyre (Engurijé), etc., etc.

Cracovia (*Urbs Corrodunensis*), Cracovie, ville du commencement du moyen âge, et qui réunit à elle seule tous les souvenirs de la nationalité polonaise, ainsi que ses titres catholiques, ne pouvait être oubliée.

(*Vagagens*) les Kosaques, Kirguis-Kaïssaks

et Kalmouks, peuples nomades dont la légende asiatique fait la nation la plus ancienne du monde; légende qui, parmi eux, est réputée sacrée. Les Kosaques, suivant quelques auteurs, sont d'origine slave.

Les Kirguis possèdent une collection de contes remplis de prodiges, d'enchantements et de meurtres, et dont les héros, semblables aux chevaliers des XIIe et XIIIe siècles, vont courir le monde pour chercher des aventures. Ils habitent le nord du Turkestan, l'ancien pays de Kharisme ou de Chuarem.

Les Kirguis possèdent des remèdes médicaux, tels que celui composé d'une décoction de racines d'églantier, de miel et de beurre, pour les maladies de poitrine. Ce remède n'aurait peut-être pas en Europe l'efficacité qu'il a dans l'Asie centrale, parce que le miel et le beurre diffèrent un peu, et que l'églantier n'a pas la même vertu que celui du Turkestan. En effet, des plantes, des fleurs, des arbustes qui possèdent telles ou telles vertus dans une contrée, souvent ne les conservent pas dans une autre (1), en raison de la nature du sol et des conditions climatériques.

Les Kalmouks peuplent l'Asie centrale et orientale. Tributaires ou de la Russie ou de la Chine, ils pratiquent le lamisme, qui est le culte de la haute Asie. Ils ont un symbole mythologique très-compliqué et très-fabuleux, mais qui, au fond, rappelle l'immortalité de l'âme, le châtiment du vice et la récompense de la vertu.

Venetiola (le Vénézuéla), avec ses traditions sur l'or, son lac Parime dont la vase *inépuisable* était de l'or, et le pays aux sources de l'Orénoque, dont le sol se formait d'or natif, est une légende caractéristique dans la géographie de l'Amérique, quand on la met en regard des Indiens et de leur serment solennel de taire la source de leur père, de leur ami (l'Orénoque), aux *Esprits malfaisants* (aux Espagnols).

Le dicton « c'est un *el dorado*, » vient de cette légende du Vénézuéla. Les llanos, dont les habitants s'appellent Llaneros, ne sont pas des steppes pareilles à celles de l'Asie centrale.

Les unes et les autres comportent des caractères différentiels, quoique toutes deux se distinguent par l'absence de pierres et de cailloux. L'Orénoque, fleuve essentiellement poétique et mystérieux, avec son cours sinueux à cause des groupes de montagnes de la Parime, avec sa population nombreuse d'alligators et son volume gigantesque d'eau, ajoute un vif intérêt à la légende vénézuélienne; car il reçoit toute la masse de pluies de 22,386 lieues carrées. Et l'on sait avec quelle abondance et quelle force la pluie tombe sous les tropiques.

Il y a ceci de particulier entre les llanos

et les steppes, que les unes sont noyées par les pluies, et que les autres en sont absolument privées: qu'on éprouve dans les premières une chaleur et une humidité extrêmes, et dans les secondes une sécheresse et un froid insupportables; des tremblements de terre dans les llanos, des ouragans, des tempêtes violentes dans les steppes, où le sable, en été, et la neige, en hiver, sont emportés par grandes masses dans des tourbillons effroyables.

Les anciennes maisons féodales et princières de l'Allemagne devaient se trouver aussi dans cette Géographie, puisque leur origine est presque toute légendique, qu'elles appartiennent au moyen âge, et que cette ancienne organisation si variée de l'Allemagne disparaît progressivement pour se réfugier dans l'histoire.

L'idolâtrie, pratiquée dans le nord de l'Europe par les races finnoise, slave, scandinave, etc., avait un caractère de barbarie mystérieuse qu'elle tirait sans doute de l'inclémence du climat; il a fallu, pour la combattre et en détacher les populations, des travaux longs, opiniâtres; et l'on ne saurait aujourd'hui se faire d'idée du dévouement et des fatigues des missionnaires chrétiens d'alors, si on ne connaît l'histoire d'après les écrits mêmes du temps.

Vulpium Insulæ, îles des Renards, ou Aléoutes, Aleutiennes. Les indigènes, été comme hiver, habitent sous terre dans des trous qu'ils creusent et qui forment des caves non voûtées: ce sont comme nos carrières, excepté qu'il y a moins à descendre. Cet usage a été plus répandu qu'on ne croit aujourd'hui: on l'a trouvé dans le nord de l'Asie et de l'Amérique, où il se conserve; dans une partie de l'Afrique orientale (l'ancienne Éthiopie), dans les îles Canaries, où les Guanches habitaient des cavernes creusées dans les rochers; enfin, en France même, on rencontre dans de certaines localités des habitations creusées dans des montagnes.

L'article *Regio Laurentiana*, l'île de Madagascar, rentre dans la géographie des légendes, parce que seule elle a échappé à l'Islam, quoique cernée de tous les côtés par des pays islamites; parce que l'invasion de l'île par les Hovas de la race malaie est environnée de circonstances mystérieuses qui prêtent à la légende.

Suomati, les Finnois, dans l'empire russe, tant en Europe qu'en Asie, ou plutôt les peuples Ouraliens, parce qu'ils paraissent sortis des environs des monts Ourals, ont joué un grand rôle dans les émigrations de l'antiquité et du moyen âge, mais dont ils n'ont conservé aucun souvenir. Les Hongrois ou Madgyars sortent d'une division de la famille finnoise (la 4e, comprenant les Finnois Ougours, tels que les Vogouls, les

---

(1) Ainsi le café récolté dans l'île de Sumatra est fort médiocre. Dans l'État de Vénézuela (Amérique méridionale), la canne à sucre offre plusieurs variétés parmi lesquelles il en est d'excellentes. Quant aux céréales, le blé produit moins qu'en France; les épis sont très-faiblement garnis, mais la paille est abondante. (*Note de l'auteur.*)

Ostiaks, etc.). Ceci résulte de la comparaison des langues.

Cette quatrième division du moins ne disparaîtra pas de l'histoire sans éclat et sans gloire.

Sumatra devait figurer dans la géographie des légendes seulement à cause de son merveilleux arbre empoisonneur (le suhn-upa), sur lequel les premiers voyageurs ont fait tant de récits fantastiques. Sumatra abonde en variétés de singes. — Des lettrés et des savants veulent, comme l'on sait, ranger certaines variétés parmi les races humaines. Mais pourquoi n'a-t-on rencontré et ne rencontre-t-on nulle part des hommes marchant à quatre pattes, et des singes marchant naturellement comme l'homme? Pourquoi les voit-on toujours se servir de leurs pieds et de leurs mains pour sauter, marcher et courir?

L'île de Sumatra ou la terre de Palembang possède des indigènes noirs à l'intérieur avec l'idolâtrie, et sur les côtes la race malaie avec l'islam. Est-elle venue à titre d'invasion ou de colonie? C'est ce qu'il est assez difficile d'affirmer. Peut-être les Malais sont-ils venus, comme les Européens, envahisseurs et colonisateurs en même temps. Cette île a conservé les traditions primitives des sociétés naissantes, surtout en ce qui concerne les procédés agricoles. Ainsi on y foule aux pieds les épis du riz pour en faire sortir le grain. Or ce procédé est de la plus haute antiquité.

Les Suanes d'origine grusienne (caucasique) se rapprochent du moyen âge de l'Ecosse. Les Toungouses, d'origine mandschoue, peuplade sibérienne, rappellent les hordes d'Attila et celles du moyen âge.

Terra aquosa, la Guyane, possède une langue pauvre et en enfance. L'origine de ses nombreuses peuplades est obscure et incertaine; elles diffèrent toutes entre elles par la figure, la physionomie, la taille et le langage.

La tradition légendique des Caribes rappelle d'un manière défigurée le mystère de la rédemption. L'Etre suprême fit descendre son fils du ciel pour tuer un serpent horrible; l'ayant vaincu, il se forma dans les entrailles de l'animal deux vers, qui produisirent chacun un Caribe avec sa femme. Il est bon de savoir que les vers jouent un grand rôle dans l'alimentation des Caribes; cette légende est donc tout à fait locale.

Les Salivas, autre peuplade guyanaise, croient que la terre a produit des hommes et des femmes comme elle a produit des plantes, des arbustes et des arbres. Cette légende n'a rien que de très-simple pour des sauvages, puisque nos lettrés modernes et quelques-uns de nos anthropologues ont émis la même opinion, et la soutiennent ou la font soutenir scientifiquement.

L'infanticide y existe, comme il se retrouve dans quelques îles de la Polynésie et de l'Océanie.

Dans la Guyane, les hommes ne font rien que chasser ou pêcher, tandis que les femmes, chargées du soin des enfants, cultivent la terre, cherchent les racines pour manger, préparent les aliments et la boisson enivrante, la culture étant absolument antipathique aux hommes. La démonolâtrie, ou le culte du diable, existe aussi dans la Guyane comme chez les tribus de la haute Asie (1). La race noire s'y distingue, comme en Afrique, par son penchant pour la sorcellerie.

Terra Senogalla, le Sénégal, ou la Sénégambie. Les Maures marchands professent l'islam. Les Nègres l'ont sans doute reçu d'eux; ils sont en partie livrés au fétichisme le plus grossier. Par la diversité des peuples qui l'habitent, le Sénégal peut donner une idée de la variété des nations dont est remplie l'Afrique, et des légendes qu'elles se transmettent par la tradition, légendes parmi lesquelles il y en a de fort curieuses et de fort intéressantes.

Les Européens confondent sous l'appellation générale de *Foulahs*, *Fellatah*, *Fellahs*, *Foulons*, *Fellons*, etc., etc., différents peuples de l'Afrique occidentale. Dans la Sénégambie, cette confusion, qui conduit à des erreurs sur la personnalité des races, n'existe point parmi les aborigènes. Ils savent parfaitement distinguer chaque variété et sous-variété; car, en effet, elles se distinguent les unes des autres par des caractères plus ou moins différentiels dans la couleur, les traits et la forme du visage, dans la chevelure, dans le langage, dans le costume et dans les mœurs.

Il est évident, et c'est un point acquis à la géographie légendique, sans qu'elle puisse peut-être l'expliquer suffisamment, qu'une ou plusieurs races étrangères ont pénétré et sont restées dans l'Afrique centrale depuis la côte de l'ouest jusqu'à la côte de l'est, soit à titre de race conquérante, soit en qualité de race immigrante. Ce fait ressort directement des variétés et des sous-variétés qui se rencontrent parmi les populations africaines.

Les Portugais sont les premiers Européens qui ont paru sur les côtes de la Sénégambie, et qui y ont occupé quelques possessions. Il ne reste plus rien de leur occupation que des souvenirs historiques assez faibles que l'on découvre dans quelques dénominations de cours d'eau et de certaines localités. Ainsi le Sénou-Colé, rivière qui se jette dans la Falémé, avait reçu d'eux le nom de Rio-del-Ouro, ou rivière d'or, parce que les naturels en tiraient de la poudre d'or par le procédé du lavage, opération qu'ils exécutent encore aujourd'hui. Quant à l'enseignement

---

(1) La personnalité du démon, ou d'un mauvais esprit, ennemi de l'homme, domine dans les cinq parties du monde et sous les diverses latitudes. Nous n'avons pas vu jusqu'à présent que les lettrés et les savants aient donné une explication plausible de ce grand fait, qui porte avec lui un caractère mystérieux et terrible, ni même qu'ils aient paru le comprendre. (*Note de l'auteur.*)

religieux, il n'en est resté aucune trace, ce qui, au premier abord, peut paraître étonnant pour un peuple aussi zélé, aussi propagandiste que se montraient les Portugais aux XIV° et XV° siècles, puisqu'ils ne tentaient aucune expédition navale sans être accompagnés de plusieurs religieux de divers ordres. Cette absence du christianisme dans cette contrée à la fin du moyen âge, s'explique par deux raisons : la première, c'est que l'occupation des côtes de la Sénégambie par les Portugais n'a été que transitoire et accidentelle dans leur histoire maritime; la seconde, c'est que l'état social des peuplades de cette contrée est tout à fait défavorable à la propagation du christianisme.

Les Mandingues, véritable population de race nègre, ont peu d'idées religieuses; ils ont même délaissé l'islam, qu'ils avaient d'abord reçu des Maures, probablement. Ils manifestent de l'éloignement pour la culture des terres, un peu sans doute par la paresse particulière à toute la race nègre, et aussi par l'idée qu'ils ont que ce genre d'occupation est au-dessous d'eux; idée que nous avons déjà signalée comme étant propre à presque toutes les variétés des populations sauvages, ou qui ne sont encore qu'à l'enfance des sociétés. Chez les Mandingues, ce sont les femmes qui cultivent la terre, et qui exploitent les mines d'or dont leur pays abonde; elles font en un mot les *gros* travaux. L'occupation habituelle des hommes est la chasse.

Les musulmans de cette partie de l'Afrique et du grand désert, qui sont des Maures, ne vivent que par le pillage; ils rappellent les Bédouins de l'Asie occidentale. Leurs excursions, regardées comme un fléau pire que les invasions de sauterelles, sont la terreur des peuplades nègres, qui, bien que plus nombreuses et par conséquent en état de résister, s'enfuient lâchement, frappées d'un indicible et inexplicable effroi. Cette pusillanimité qu'on n'aperçoit que trop dans la grande famille nègre, doit avoir contribué primitivement et continue de contribuer à son état de barbarie. L'esclavage, qui se perpétue dans l'intérieur, paraît être l'état normal de cette malheureuse race noire, et semble faire partie de la constitution géologique de la terre africaine. Pas un seul coin de cette vaste contrée n'en est ou n'en a été exempt; au nord, à l'ouest, au sud, à l'est et dans le centre, partout l'homme est saisi par cet épouvantable fléau. Aux XIV° et XV° siècles, les Portugais l'y ont rencontré dans la splendeur de sa puissance et l'ont exploité à leur tour; de notre temps, il déploie encore une vigoureuse activité. Il y a là un phénomène bien remarquable et qui appelle l'attention des penseurs et des moralistes.

Xacharius, vel Fluvius Amazonidus, le Rio de Chahuaris, ou l'Amazone. Les Chunchos, habitant les plaines arrosées par le Béni (1), ou Paro, affluent de l'Amazone, ne vont pas en comptant au delà du chiffre *trois*. Pour quatre et ultérieurement, c'est le mot *beaucoup*. Cette imperfection est presque commune à toutes les tribus sauvages de l'Amérique de l'Océanie, de l'Afrique et du nord-est de l'Asie.

Les nombreuses tribus des contrées parcourues par l'Amazone ont disparu pour la plupart ou sont retirées dans les forêts impénétrables de l'intérieur.

Aux îles Aléoutes, la sorcellerie et la magie sont toutes puissantes et composent en quelque sorte la totalité des idées religieuses des habitants. Cela ne veut pas dire qu'ils n'ont pas de religion, comme les géographes l'ont publié; mais cela signifie seulement que le sentiment religieux a passé tout entier dans la sorcellerie, qui occupe, du reste, une large place dans l'histoire intellectuelle et morale des sociétés humaines, soit barbares, soit civilisées.

L'usage des Aleutiens de se peindre le visage de toutes sortes de couleurs, et de porter de petits os passés dans les narines et à travers la lèvre inférieure, se retrouve dans des îles de l'Océanie, de la Polynésie, de l'Australie, et chez des tribus de quelques cantons de la Guyane, de la Nouvelle-Grenade, du Brésil, comme parmi les Aborigènes qui ont disparu des Antilles, de la Louisiane et de la Floride. Les premiers habitants de ces îles ont dû appartenir soit à des tribus du nord de l'Amérique, soit à des peuplades océaniques.

Parmi les tribus des bords de l'Amazone, les missionnaires ont constaté l'usage de se percer les narines pour y introduire de petits os de poissons ou d'animaux tués à la chasse : usage conservé aux îles Aleutiennes, et dont nous venons de parler. Quant à l'extension du lobe de l'extrémité inférieure des oreilles, chez les Abanes, on a remarqué cette singulière coutume dans quelques îles de l'Océanie. Les premiers Espagnols, débarqués sur la côte du golfe de Honduras, avaient aussi vu les femmes de ce pays, avec cette extension forcée des oreilles, et ils avaient en conséquence surnommé la côte *Costa de Oreja*, la Côte des Oreilles.

Nous avons fait une remarque qui n'est pas sans valeur, c'est que les langues des tribus des deux Amériques et de l'Océanie manquaient, lors de l'invasion des Européens, de mots propres qui répondaient exactement à ceux de *vertu, justice, liberté*, etc.

Il y a parité d'idées religieuses entre les Koliouges qui habitent l'extrémité de l'Amérique russe et les Xavati, les Samoïèdes nomades de la Russie asiatique. Ces derniers admettent un principal Dieu qui régit le ciel et la terre, qui ne saurait être représenté par aucune image, et dont les termes leur manquent pour exprimer sa grandeur et sa toute-puissance. Il y a une quantité de dieux sous

---

(1) Le Béni est aussi appelé rivière *du Serpent*, à cause de la quantité de ces reptiles qu'on voyait sur ses rives. (*Note de l'auteur.*)

lui. — N'y aurait-il pas ici un reste de la révélation primitive sur Dieu?

Les Samoïèdes ne savent pas traire leurs rennes pour se procurer du lait, dont ils ignorent l'usage. Cette circonstance nous porte à croire qu'ils ne sont point une nation indigène de l'Asie, mais qu'ils sont venus de l'Amérique septentrionale. En effet, l'usage du lait est particulier à tous les peuples asiatiques civilisés, nomades ou barbares, et on ne l'a rencontré nulle part en Amérique, lors de sa découverte.

Zelanda nova, la Nouvelle-Zeeland. — La charité du christianisme est inconnue à la Nouvelle-Zeeland, comme elle l'est à tous les peuples de l'Océanie. Ainsi les enfants que les mères ne veulent pas nourrir ne trouvent aucune femme qui s'en charge. Ce délaissement de l'enfance n'est pas seulement particulier aux tribus du monde maritime, il l'est aussi aux peuples barbares et aux pays de la civilisation idolâtre, tels que l'Hindoustan et la Chine.

La proue des pirogues (à la Nouvelle-Zeeland), ornée d'une figure humaine horrible, qui tire la langue avec de violentes contorsions, ne rappelle-t-elle point les pirogues et les étendards chinois, également ornés de figures diaboliques? Comme les Maoris, les Chinois font des grimaces et des contorsions effroyables; comme les Maoris, ils poussent des cris confus, inarticulés, des espèces de hurlements, au moment d'en venir aux mains.

Les Maoris se servent de frondes pour lancer des pierres brûlantes sur les cabanes de leurs ennemis, lesquelles étant construites avec des matériaux inflammables prennent feu facilement : ce qui occasionne l'incendie de villages entiers. — Cette manière d'incendier les habitations a été signalée par les premiers voyageurs français, anglais et hollandais, de la fin du XVIe siècle, et du commencement du XVIIe chez les sauvages de la Louisiane, de la Floride et de presque toute la contrée qui forme aujourd'hui l'Union-américaine.

L'usage de suspendre en l'air les cadavres attachés à des arbres existe dans la Nouvelle-Zeeland et parmi les tribus nomades de l'Asie septentrionale.

Les Maoris prononcent de longs discours, espèces d'oraisons funèbres, sur la tombe des morts.

Les Maoris tuent les esclaves à la mort de leur maître, usage pratiqué aussi en Afrique par plusieurs tribus de la race noire.

Les femmes Maories se tuent auprès du cercueil de leurs maris, comme les femmes hindoues se brûlent pour aller rejoindre les leurs, ou se font descendre dans les caveaux qui renferment leurs cadavres. On a beaucoup discuté de ces barbares usages, sans remarquer qu'ils révèlent une communauté d'origine pour des peuples séparés par des distances considérables, qui n'entretiennent ensemble aucunes relations, qui n'ont pu, par conséquent, se communiquer leurs coutumes respectives.

Insula sacra, l'Ile sacrée, ou Tonga-Tabou, est une des légendes de l'Océanie. Les habitants font jusqu'à 200 lieues sur l'Océan, montés dans leurs pirogues. Les femmes se convertissent plus difficilement que les hommes : c'est le contraire de l'Europe. Pourquoi? parce que les femmes n'y sont que des esclaves. Or, les conversions sont presque impossibles, du moins excessivement rares, dans les pays idolâtres et musulmans. La personnalité de la femme n'y existe pas; c'est une chose, un meuble, une propriété quelconque, et non un être humain, pensant et voulant. Sous l'empire romain, tant en Europe qu'en Asie, les femmes acceptaient les premières le christianisme, malgré le paganisme, parce qu'elles avaient conservé leur individualité, qu'elles comptaient dans la société comme citoyennes, qu'elles jouissaient de la faculté et de la liberté d'être.

La légende répandue dans l'archipel de Tonga a beaucoup de rapport avec l'histoire de Caïn et d'Abel, et de Cham, fils de Noé.

La géographie des légendes, pour être complète, devait comprendre l'anthropologie ou la science naturelle de l'homme. Sans le christianisme, l'homme chez tous les peuples est la légende la plus obscure, la plus inexplicable et la plus lamentable de toutes à la fois.

La science n'a pas encore dit son dernier mot sur l'anthropophagie, ou plutôt elle ne l'a pas examinée dans ses rapports avec l'intelligence et le moral de la race humaine. L'homme, se mangeant lui-même, est arrivé au dernier degré de la dégradation.

La polygamie et la circoncision sont, chez les Tomboukkis, tribu de la variété caffre, des usages tellement invétérés, qu'ils résistent à toute innovation. La connaissance de leur langue, d'ailleurs, a présenté jusqu'à présent à tous les missionnaires chrétiens des difficultés insurmontables : de tous les dialectes sauvages, c'est le plus barbare. Après de très-longs efforts et de pénibles études, un missionnaire catholique du Cap de Bonne-Espérance était parvenu à le connaître un peu, mais il ne put jamais le parler, tant la prononciation est en dehors des formes grammaticales et de l'organisation gutturale des Européens.

Comme plusieurs peuplades de l'Amérique et de l'Océanie, les Tomboukkis font un grand bruit en parlant. Ils imitent le bruit et le mouvement des chiens quand ils lapent, en avançant, retirant rapidement la langue et la claquant fortement contre leur palais; de sorte que leur parler semble se composer de bruit et non de sons.

On remarquera la diversité des opinions et des variations des anthropologues, 1° sur les Arabes, 2° sur les Nègres, 3° sur l'origine des populations américaines. Chaque voyageur exprime son opinion particulière, chaque anthropologue de même. La véritable explication de l'origine des tribus américaines est encore à venir.

Nous signalons une très-forte contradiction entre le docteur Roulin et le docteur Pritchard sur les Zambos, métis des colonies espagnoles, nés du Nègre et de l'Américain indigène. L'un leur donne les cheveux plats, l'autre les cheveux crépus. Pour expliquer cette erreur, il faut supposer que le premier a examiné le fait dans la Nouvelle-Grenade, et que le second l'a vu dans une autre partie de l'Amérique, où il est possible que le métis, résultat du croisement, ait les cheveux crépus.

La remarque de Renouard de Sainte-Croix sur les parias de l'Hindoustan, que l'état d'abjection et de servitude où ils vivent par hérédité influe sur le physique et le moral, rentre dans ce que nous avons dit, que la dégénération intellectuelle et morale amène nécessairement la dégénération physique, et finit même par altérer les caractères zoologiques.

La race noire d'Afrique est dans sa pureté originelle, tandis que la race noire du Grand-Océan a dû subir des croisements, ou en est peut-être le résultat avec la race jaune : suivant MM. Quoi et Gaimard, les noirs océaniens forment une race à part. Quant à nous, nous pensons que c'est une simple variété des Nègres d'Afrique.

Des caractères hygiéniques, uniformes, se rencontrent et s'observent à des distances immenses d'après l'anthropologie. L'*habitat*, sur un sol bas et marécageux, est délétère et pernicieux, sous quelque latitude que ce soit et quelle que soit la vigueur de la population. Ainsi, sur les bords du Nil-blanc, les Scheloucks sont défigurés par la lèpre, à cause du sol bas et marécageux qu'ils habitent. Dans l'île de Vanikoro (Océanie), la population noire, qui se tient sur le bord de la mer, dans un terrain plat et noyé, est dévorée par la même maladie, etc.

La race noire d'Afrique a conservé l'usage de la poterie, et la fabrication en est active. Cette industrie, existant parmi la race noire du Grand-Océan, est tout à fait étrangère à la race jaune. En effet, on ne l'a vue dans aucune des îles habitées par elle. On sait que la fabrication de la poterie remonte à la plus haute antiquité. N'y aurait-il pas ici un indice de la communauté d'origine entre la race noire africaine et celle de l'Océanie?

D'après l'observation de Gall, que la configuration extérieure du crâne dépend de la forme du cerveau, on ne saurait considérer ces différences dans une substance molle et susceptible de prendre toutes les formes, comme un caractère zoologique propre à indiquer une diversité de race. Ainsi donc l'argument tiré des formes crâniennes n'aurait plus de valeur contre l'unité ou la pluralité de l'espèce humaine. On voit par là combien l'histoire naturelle de l'homme est peu avancée, et reste encore obscure et mystérieuse.

Les modifications de forme éprouvées par le crâne et par les chambres sensoriales, comparées à celles de la race caucasique, varient du Mongol au Chinois, du Chinois au Malais, et du Malais au Nègre. Mais ces variations ne sont pas prononcées à ce point qu'elles dénaturent les caractères les plus significatifs de l'espèce, de manière à autoriser l'établissement de plusieurs familles dans l'histoire naturelle de l'homme. Ainsi l'os coronal, dans toutes les races et leurs variétés, forme le caractère anthropologique le plus constant et le moins variable dans ses résultats. — M. Bourgery, professeur d'anatomie, croit que c'est l'homme qui possède la masse la plus forte du cerveau. Desmoulins, zootomiste célèbre, accorde à plusieurs variétés de singes (les saïmins, les sajous et les ouistitis) un cerveau plus volumineux que celui de l'homme. C'est sans doute par suite de cette observation qu'il admet *onze familles* dans la race humaine. M. Jacquinot se trouve, dans son système sur l'unité primitive et *locale* des variétés américaines, seul contre les autres voyageurs et anthropologues. Il rejette absolument la migration scandinave retrouvée par M. Jean Reynaud.

M. d'Orbigny a constaté que les plus petits hommes se trouvent sur les plateaux des Andes : ce qu'il attribue à la raréfaction de l'air. En Europe, au contraire, les hommes de haute taille se rencontrent sur les montagnes. Ainsi les montagnes de la Suisse renferment une race vigoureuse d'hommes athlétiques. Il est vrai que la Suisse a moins d'élévation que les Andes. Cette remarque s'accorde avec l'observation que la latitude et l'élévation du lieu d'habitation ne sont pas sans influence sur la couleur de la peau, sur l'organisation physique de l'homme.

Les différences remarquées parmi les populations de l'Amérique et de l'Océanie, différences qui ne sont pas seulement des nuances dans la coloration de la peau, dans la disposition des cheveux, dans la forme du nez, des lèvres et des orbites, mais qui concernent l'ensemble du crâne, de la face, du cou et de la stature, ne viennent point de l'organisation primitive et radicale de l'homme; elles résultent du mélange multiplié de races diverses, de conditions climatériques différentes, du genre de nourriture, du mode d'habitation, ainsi que d'habitudes hygiéniques, civiles et religieuses.

L'histoire naturelle de l'homme est en elle-même une science réelle, sérieuse, qui, mieux étudiée et bien connue, donnera, dans l'avenir, l'explication catégorique de l'unité de l'espèce humaine. Mais, en attendant, elle est livrée à la contradiction et à la confusion.

Après la bibliographie géographique vient la notice alphabétique des évêchés et des archevêchés existant à notre époque, mais seulement dans l'Eglise catholique. Cette notice est nécessaire à tout le clergé ainsi qu'à ceux qui tiennent à connaître son organisation hiérarchique actuelle (1).

---

(1) Quant à la France ecclésiastique en particulier, du viie au xe siècle, elle fut ravagée par les Sarra-

Les évêchés d'Italie datent en partie des II°, III°, IV°, V° et VI° siècles. Il en a été créé beaucoup, ainsi que d'archevêchés, dans les X°, XI° et XII° siècles.

Les évêchés de France sont presque tous des III°, IV° et V° siècles, et quelques-uns du XIV°.

Les plus anciens pour ainsi dire n'existent plus, tels que les évêchés d'Auxerre, de Châlons-sur-Saône, de Mâcon, de Saint-Paul-Trois-Châteaux, d'Orange, de Toulon, d'Apt, d'Arles, de Sisteron, de Riez, Embrun, Die, Vienne, Vaison, Toul, Senlis, Laon. Tous étaient des III°, IV° et V° siècles.

Les évêchés de la Bretagne, tant ceux qui ont été conservés que ceux qui sont supprimés, ne remontent qu'au IX° siècle, ce qui prouve les difficultés que le christianisme a rencontrées pour s'y établir.

Les évêchés de l'Eglise d'Espagne et de Portugal datent en partie du III° et en partie du VI° siècle (1).

Les évêchés et les archevêchés de l'Eglise d'Allemagne ont été créés dans les VIII°, IX° et XVI° siècles.

Les évêchés de l'Illyrie occidentale remontent presque tous aux IX°, XII° et XIII° siècles.

Les évêchés de l'Angleterre datent en partie des VII°, IX° et XII° siècles.—Il en est de même de ceux de l'Ecosse.— Quant à ceux de l'Irlande, ils ont été érigés plus généralement dans les V°, VI° et XII° siècles. Les évêchés de Pologne remontent aux X°, XII°, XIII° et XIV° siècles. Les évêchés de Danemarck dataient des X°, XI° et XII° siècles ; et ceux de la Suède, des X° et XIII° siècles.

sins d'abord, et par les Normands ensuite. Les premiers détruisirent les édifices religieux et surtout les églises bénédictines dans le sud, le sud-est et le sud-ouest; les seconds, dans le nord, l'ouest et le centre. Cette première destruction occupe un espace de trois siècles. — La seconde destruction se trouve au XVI° siècle, à l'époque de la réforme. Elle fut moins longue, mais plus rapide et aussi violente. — La troisième destruction est à l'époque de la révolution française. (*Note de l'auteur.*)

(1) Les Hollandais, en se séparant de l'Espagne, et en adoptant le calvinisme, ont supprimé l'archevêché d'Utrecht, les évêchés de Daventer, ou Deventer, de Groningue, de Leuvarden, de Harlem, de Middelbourg et de Bois-le-Duc. Ce qu'il y a de particulier à cette église épiscopale des Pays-Bas, c'est qu'elle venait d'être créée, de sorte que sa mort a suivi immédiatement sa naissance.

La paix de Westphalie, ou le traité de Munster, a supprimé les évêchés de Minden, de Lubeck, de Ratzbourg, de Swerin, les archevêchés de Brême et de Magdebourg; les évêchés de Havelsberg, Brandebourg, Mersbourg, Naumbourg, Meissen, Halberstadt, Ferden, etc. (*Note de l'auteur.*)

DICTIONNAIRE DE GÉOGRAPHIE

SACRÉE ET ECCLÉSIASTIQUE.

AVIS.

Nous avons donné, à la fin du premier volume de cet ouvrage, un vocabulaire français-latin particulier à la géographie des légendes au moyen âge. Ce vocabulaire faisant, pour ainsi dire, partie intégrante de cette géographie, nous aurions désiré le faire suivre immédiatement du travail que nous offrons maintenant à nos lecteurs; mais l'étendue des matières si variées et si importantes contenues dans le premier volume ne nous a pas permis de joindre ensemble ces deux vocabulaires, qui, sous le rapport des noms de lieux dont ils se composent, sont en quelque sorte la répétition l'un de l'autre, mais qui diffèrent essentiellement, en ce que le premier n'offre que la nomenclature sèche et aride de ces mêmes noms, tandis que le Dictionnaire latin-français que nous publions ici, présente l'historique de la plupart des villes, bourgs, abbayes, châteaux, etc., dont la fondation remonte à l'époque merveilleuse du moyen âge.

GÉOGRAPHIE DES LÉGENDES

AU MOYEN AGE,

DISPOSÉE PAR ORDRE ALPHABÉTIQUE.

Il est une sorte de latinité, ou de style latin si l'on veut, qui a été en usage dans les siècles du moyen âge et qui ne se trouve point dans les dictionnaires. Il y a surtout, et en grand nombre, des noms de lieux inconnus à la géographie ancienne, dont l'origine lui est postérieure. Ces noms embarrassent assez souvent dans la lecture des légendes, des chroniques et des chartes du moyen âge. Un ecclésiastique laborieux du siècle dernier (l'abbé Jouannaux), frappé de cette difficulté, avait voulu y remédier. Il avait réuni, sous le titre de *Géographie des Légendes*, tous les noms latins de lieux en usage parmi les écrivains du moyen âge, soit dans les vies de saints, soit dans les chartes et les autres actes concernant les églises et les abbayes. Nous avons pensé qu'il serait utile de faire entrer dans notre Dictionnaire cette Géographie pour ainsi dire spéciale, toutefois en la corrigeant et en y ajoutant. Aussi, en nous l'appropriant, nous en avons fait comme un ouvrage neuf et plus complet. Cette Géographie légendaire peut passer pour un supplément au Vocabulaire des noms de la géographie latine contenu dans notre premier volume, mais qui n'est consacré qu'aux noms latins de la géographie ancienne et de celle des premiers siècles.

A

Aballo, Avallon, ville du diocèse de Sens, département de l'Yonne.

Abantonium ou *Albantonium*, Aubenton, petite ville de l'ancien diocèse de Laon dans la Thiérache, est aujourd'hui comprise dans le diocèse de Soissons; elle forme un chef-lieu de canton de l'arrondissement de Vervins, département de l'Aisne. Située près le département des Ardennes, à côté de la source de l'Oise, sur le Thon, un peu au-dessous du confluent de cette rivière avec l'Aube, autre petite rivière qui se jette dans l'Oise à 4 kil. de Vervins, la ville a reçu son nom de sa position : Aube-en-Thon. Elle avait appartenu aux seigneurs de Rumigny ; elle passa vers la fin du XIIIe siècle aux ducs de Lorraine, par le mariage d'Elisabeth, descendante de Hugues Ier, qui avait épousé le duc Thibaut. Elle se trouva ainsi faire partie du duché de Guise. Aubenton est fort ancien, et paraît avoir été considérable. Pris plusieurs fois, pillé, brûlé, surtout par le comte de Nassau en 1521, il n'a pu se relever depuis. Les habitants, au nombre de 1,500, se livrent à la filature du coton et du lin. La distance de Vervins est de 22 kil., et celle de Paris de 188.

Abbatia sancti Acheoli prope Ambianum, Saint-Acheul ou Saint-Acheuil-lez-Amiens, ancienne abbaye, maintenant petit village qui forme pour ainsi dire un faubourg d'Amiens, connu autrefois sous le nom d'Abdelène. Un dictionnaire géographique publié à Paris en 1765 (4 vol. in-12) donne à Saint-Acheul le second nom de *Frieule*, sans y joindre d'explication.

L'abbaye de Saint-Acheul était possédée par des chanoines réguliers de la congrégation de Sainte-Geneviève. C'était dans les premiers siècles l'église cathédrale, avant qu'elle eût été transférée dans la ville par saint Salve, évêque, dans le VIIe siècle. L'évêque Thierry y établit une communauté de clercs l'an 1145, à la prière du chapitre de la cathédrale, qui donna à cette église des biens assez considérables. L'abbaye existait encore au moment de la révolution.

Saint Firmin, apôtre de la contrée, ayant eu la tête tranchée dans la prison, le sénateur Faustin eut la permission d'enlever le corps, qu'il fit enterrer honorablement dans son héritage, nommé alors Abdalène, et dans la suite Saint-Acheul.

En 1279, le corps de saint Firmin fut transporté à Amiens, après avoir été mis dans une châsse en présence du légat du pape, des rois de France et d'Angleterre, et de plusieurs autres personnages éminents en dignités.

En 1653, on découvrit dans l'église de Saint-Acheul cette épitaphe singulière, que l'on croit, d'après Ducange, être du Ve ou du VIe siècle : *Le mois fait ce qui se fait dans le mois; que si Leudelinus est mort, si Valdonila est morte, janvier et juillet les ont fait mourir*. On attribuait aux mois une grande influence.

Les bâtiments de l'abbaye de Saint-Acheul n'ont point été détruits pendant la révolution. Les Jésuites y avaient formé, sous la restauration, un vaste établissement où près de deux mille jeunes gens faisaient leurs études.

Abbatis Cella, Appenzel, autrefois Terre de l'Abbé de St-Gal, et depuis St-Gal, abbaye et ville principale du canton d'Appenzel, Suisse.

Abbavilla, ou *Abbatis Villa*, Abbeville, ville importante du diocèse d'Amiens, sous-préfecture du dépt. de la Somme. Située sur cette rivière, dans une vallée agréable et fertile, elle doit son origine à une métairie que possédaient sur les bords de la Somme les abbés de Saint-Riquier, riche abbaye de Bénédictins. Autour de cette métairie, il s'agglomera peu à peu une population suffisante pour former un bourg qu'on nomma *Abaci Vocilla*.

La ville était bornée, d'abord, par la porte Comtesse : des titres de 1240 prouvent que cette porte était entourée d'eau et de murailles ; les comtes de Ponthieu y avaient un jardin qu'on nommait le promenoir du Comte. Ensuite, dès 1100, elle eut pour bornes la rivière qui coule au pont de Talence, puis le détroit de la rue Saint-Gilles : en ce même lieu était une porte, dont on a retrouvé une arcade sous terre.

La Somme la sépare en deux parties, qui sont encore arrosées par trois autres petites rivières, le Cardon, le Sottins, et la Corneille ou Tanière. Les maisons, généralement basses, sont construites, les unes en bois, les autres en briques ; on en voit quelques-unes en pierre de taille. Quelques rues sont spacieuses, aucune n'est régulière. Celles qui entourent le marché et qui avoisinent Saint-Vulfrand, sont les seules qu'on ait pavées de grès ; les autres le sont en cailloux pointus.

On comptait quatorze églises avant la révolution, parmi lesquelles celles de Saint-Georges et de Saint-Gilles se faisaient remarquer ; aujourd'hui la plus considérable est Saint-Vulfrand, où l'on conserve les reliques du saint. Cette église, à cause de son portail, décoré de statues colossales, et de ses trois tours, dont deux sont du bon gothique, doit être classée dans la catégorie des monuments historiques. Elle a été fondée par Guillaume de Talvas, comte de Ponthieu, et Jean son fils, en 1111.

La bibliothèque, fondée avant 1680, se forma des dons que lui firent, en 1685, 1716, 1726 et 1728, quelques ecclésiastiques et avocats. A la suppression des communautés religieuses, elle s'est enrichie des livres qui composaient les bibliothèques de ces couvents. Le nombre des volumes est d'environ 17,000, écrits pour la plupart en hébreu, en grec, en latin, en espagnol et en italien. Elle est placée dans une galerie faisant partie des bâtiments du ci-devant collège, où s'est trouvée plus tard l'école secondaire communale.

Hariulfe, cité par Valois, nous apprend que le roi Hugues, ayant besoin de ce lieu pour arrêter les courses des barbares, s'en empara, y bâtit un château, et y établit Hugues Capet, son gendre. C'est l'origine des comtes de Ponthieu. Cette fortification fut élevée en 980. Vers ce temps Abbeville devint, au lieu de Montreuil, la résidence ordinaire des souverains du pays. Elle fut dans cette contrée un second boulevard bien plutôt contre la puissance des comtes de Flandre, ennemis de la maison régnante, que contre les ravages des Normands, qu'on ne voyait plus reparaître. Abbeville acquit peu à peu de l'importance. Guy I*er*, comte de Ponthieu, y fonda l'abbaye de Saint-Pierre; la fille de ce comte de Ponthieu, mariée à un comte d'Alençon, qui la traitait avec dureté, s'échappa un jour, marchant la nuit à pied, se cachant le jour dans les blés, et se réfugia à Abbeville, où elle fit bâtir la porte qu'on nomme Comtesse. Jean, comte de Ponthieu, confirma par écrit aux habitants d'Abbeville le droit de commune, que Guillaume de Talvas leur avait déjà accordé verbalement en 1130. L'affranchissement des serfs de cette ville date de la même époque. C'est, dit la charte d'institution, à cause des *injures et fâcheries que les habitants recevaient fort souvent des puissants de la terre*, que Guillaume leur vendit ce droit. Jean II le reconnut du consentement de son épouse, *de assensu uxoriæ meæ*. Ce comte fut aussi le fondateur de l'Hôtel-Dieu d'Abbeville. La commune d'Abbeville faisait, à cette époque, battre la monnaie en son nom.

À l'époque où la France entière s'ébranla pour les croisades, Abbeville fut le rendez-vous d'Eude de Bourgogne, de Philippe, comte de Flandre; Henri, comte de Champagne; Thibault, comte de Blois; Sancerre et d'autres s'y réunirent.

Après que les croisades eurent décimé la noblesse et amorti les effets de la féodalité, chaque commune commença à avoir ses bannières. A Abbeville, on nommait mayeurs ceux qui portaient ces sortes d'étendards, il y en avait soixante-quatre à la tête des bourgeois. Pendant le xiv*e* siècle, cette ville eut beaucoup à souffrir de l'invasion des Anglais. Les habitants parvinrent à s'en délivrer en 1369. Un de leurs concitoyens, nommé Ringois, entraîné par l'ennemi et enfermé au château de Douvres, préféra d'être précipité d'une fenêtre de ce château dans la mer, plutôt que de trahir son prince et sa patrie. Charles V récompensa le zèle des habitants en accordant la noblesse aux mayeurs et à leurs descendants. Une sorte d'industrie manufacturière commença dès lors à donner quelque importance à cette cité; on y fabriquait des draps qui alimentaient les foires de la Picardie et de la Champagne. Charles VI, après son mariage avec Isabeau de Bavière, alla à Abbeville. Cette ville fut choisie par le roi, dit Froissard, pour être *puissante et bien aisée de toutes choses*. Le roi y fut logé dans l'abbaye de Saint-Pierre. Il se plaisait fort en ce séjour, *pour y avoir ès environs plusieurs lieux d'ébattement et de plaisir en tant qu'aucun lieu qui soit en France, et y ayant aussi dans la ville un très beau enclos environné de la Somme, et là dedans ce clos se tenait le roi très volontiers, et le plus souvent y soupait, disant à son frère le duc d'Orléans et à son conseil : que cette ville d'Abbeville lui faisait grand bien. Et les rues de cette belle ville n'étaient point pavées, et ses maisons étaient couvertes de chaume.* Abbeville passa sous la domination anglaise, qui respecta ses privilèges. Charles VII, après avoir chassé les Anglais, fut affligé par la révolte de son fils. Il écrivit à la ville d'Abbeville pour la prier de ne point aider ce fils rebelle dans sa révolte. Ce prince délaissa au duc de Bourgogne et à ses *hoirs* toutes les places sur la Somme. Le dauphin, devenu roi sous le nom de Louis XI, alla, en 1463, à Abbeville pour racheter ces possessions, moyennant la somme de 400,000 écus d'or, stipulée au traité d'Arras. Jusqu'au règne de Louis XIV, on n'avait fabriqué dans cette ville que des draps grossiers. Colbert y appela de Courtray Josse Van-Robais, en 1665, pour y établir des manufactures de draps fins à l'imitation de la Hollande et de l'Angleterre. Aujourd'hui Abbeville a perdu un peu de son importance manufacturière.

Cette ville, avant la révolution, comptait un clergé nombreux, plusieurs maisons religieuses de l'un et l'autre sexe, et deux hôpitaux, l'Hôtel-Dieu et l'hôpital de Saint-Joseph, qu'elle a conservés. L'ordre de Saint-Benoît de la congrégation de Cluny y possédait un prieuré conventuel sous le titre de Saint-Pierre et Saint-Paul, fondé en 1100 par Gui II, comte de Ponthieu. L'ordre de Cîteaux y avait deux abbayes de filles, dont l'une devait sa fondation à Enguerrand de Fontaine, en 1190. Le couvent des Franciscains datait de 1229, les Chartreux de 1300, les Minimes de 1499, les Carmes de 1640, et les Dominicains de 1661. Les bâtiments de ces diverses communautés religieuses ont été la plupart démolis, sont devenus en partie des propriétés particulières, ou ont été affectés à des services publics.

Abbeville est à 29 kil. ouest de la mer, à 50 ouest-nord-ouest d'Amiens, et 170 nord-ouest de Paris. Elle possède une bibliothèque de 15,000 vol. environ, et une population de 20,000 habitants; elle est la patrie de Nicolas et de Guillaume Samson, du Jésuite Briet et de Duval, géographes; de Baillon et de Belleval, naturalistes; de Beauvarlet-Charpentier, célèbre organiste; de Hecquet, médecin de Port-Royal; de Barbay, professeur de philosophie; du poète Millevoie, et du cardinal Jean Alegrin. Un grand nombre de graveurs y sont nés : les plus connus sont Beauvarlet, les deux Danzel, Daullé, Hecquet, Hubert, Mellan et Poilly.

Abbellinum, Avelin, Avellino, ville épiscopale au royaume de Naples.

Abbir ou *Abbirum*, Abbir ou Abar, ville de l'ancienne province Proconsulaire d'Afrique.

Abbirensis, se, d'Abbir.

Abendonia, Abbington, petite ville sur la Tamise, au comté de Barck-Shire en Angleterre. Il y a deux villes de ce nom aux Etats-Unis.

Abendoniensis, se, d'Abbington.

Ablegium, et Ablegia, Ableiges, village de l'ancien diocèse de Rouen, actuellement de celui de Versailles, canton de Marines, arrond. de Pontoise, Seine-et-Oise. Ableiges est situé dans une vallée, sur la petite rivière de Viosne, qui fait tourner trois moulins. Sa pop. est d'environ 200 hab., en y comprenant la ferme, ancien fief de Bouart. Les principales productions de son terroir consistent en grains; une partie se compose de bois et de prairies. Il y avait un château remarquable par ses constructions et ses dépendances, qui appartenait sous Louis XV au chancelier Maupeou. On l'a détruit complètement à la révolution, il n'en reste plus que le parc.

Ableiges est à 5 kil. de Marines, et 38 de Paris par Pontoise. Bureau de poste de cette dernière ville.

Aboga, Abo, ville maritime de la Finlande, Russie. C'est le siège d'un évêque luthérien.

Abrincæ, arum, et *Abrincatus*, Avranches, ancienne ville épiscopale en Normandie, aujourd'hui du diocèse de Coutances, département de la Manche.

Abrincatensis et *Abrincensis, se*, d'Avranches. Concile d'Avranches en 1172.

Abula, Avila, ville épiscopale de la Vieille-Castille en Espagne.

Abulensis, se. d'Avila.

Acamas, St-Epiphane, dans l'île de Chypre.

Acaunum, V. *Agaunum*.

Acclea, Aclée, dans l'ancienne Grèce.

Accleensis et *Acclensis, se*, d'Aclée.

Accumbitensis, se, de Combes, de St-Emilion.

Accumbitum, Combes, à présent St-Emilion, au diocèse de Bordeaux, départ. de la Gironde.

Aceni, orum, les peuples d'Achem, royaume musulman de l'île de Sumatra, une des îles de la Sonde.

Acer, St-Martin, en Italie.

Achaia, l'Achaïe, à présent la Livadie, royaume de Grèce.

Acherium, Achères, paroisse du diocèse de Versailles, départ. de Seine-et-Oise, située entre la forêt de Saint-Germain et la rive gauche de la Seine. Sa pop. est d'environ 400 hab., elle fait un commerce de bestiaux. Le terroir se compose surtout de terres labourables. Achères est à 7 kil. N.-E. de Saint-Germain-en-Laye, 23 au N.-O. de Paris, et 4 de Poissy, où est le bureau de poste.

| Achères, dans le diocèse de Meaux, départ. de Seine-et-Marne, avait été autrefois érigé en marquisat. Sa population, en y réunissant celle du hameau de Mun, qui en dépend, s'élève à environ 700 hab. Ce village, situé dans l'arrondissement de Fontainebleau, canton de la Chapelle, faisait partie du Gatinais, dans le diocèse de Sens. Son territoire, qui touche à la forêt de Fontainebleau, est divisé en bois, vignes et terres labourables. A l'extrémité du village, on remarque les restes d'un château et un parc qui ont appartenu à madame la princesse de Talmond. Achères est à 4 kil. au N. de la Chapelle et à 12 au S.-O. de Fontainebleau. Sa distance de Paris est de 68 kil. au S. par Fontainebleau et la grande route de Lyon. Poste aux lettres à Fontainebleau.

| Achery, village du diocèse de Soissons, arrond. de Laon, cant. de la Fère, faisait autrefois partie de la Picardie et de l'ancien diocèse de Laon. Il est situé sur la rivière d'Oise, près de Mouy, en descendant la côte de Vendeuil. Sa pop. est de 760 hab., et il est à 4 kil. de la Fère, où se trouve le bureau de poste.

Achillanum, Achillan, lieu à présent inconnu, de la Grèce.

Acis, ou *Acium Mulcensis*, Acy-en-Mulcien, paroisse du diocèse de Beauvais, canton de Betz, arrond. de Senlis, départ. de l'Oise. Pop. 700 hab. Ce bourg est à 6 kil. S. de Betz; il est situé dans une vallée, sur le ruisseau de Gergonne, qui fait tourner un moulin. On y tient deux foires par an, l'une le 1er jeudi de mai, et la seconde le 1er jeudi d'octobre. Le marché a lieu sous une halle, le jeudi de chaque semaine. Le territoire consiste en terres labourables et en bois.

Tous les ans, le 12 juillet, une foule nombreuse vient en pèlerinage à une chapelle placée sous l'invocation de saint Prix. On ne connaît pas bien l'origine de cette cérémonie, qui d'ailleurs remonte à une époque reculée. La terre d'Acy était une ancienne seigneurie. Le château et le parc sont placés à l'extrémité de la commune.

Acrita, Acride, cap en Bithynie.

Adalberti (S.-), Ecclesia, l'église de St-Adalbert, à présent de St-Barthélemy, dans l'île du Tibre, à Rome.

Adana, orum, Adane, ville de la Cilicie.

Adanensis, se. d'Adane. Concile d'Adane en 1320.

Adani villa, Adainville, paroisse de l'ancien diocèse de Chartres, actuellement dans celui de Versailles, canton de Houdan, arrondissement de Mantes, Seine-et-Oise. Avec les hameaux des Hautes et Basses-Jaunières, et les maisons isolées dites les Sergentières, le Mesle, Freville, la Noue, le Coudray et le Breuil, Adainville forme une commune d'environ 400 habitants. Son terroir est en labour, prairies, bois, bruyères et ronces. Il est à 8 kil. de Houdan, et à 50 de Paris, par Montfort-l'Amaury et la grande route de Brest; on peut s'y rendre également par Rambouillet et la route de Nantes. (Poste aux lettres de Houdan.)

Les anciens seigneurs de ce village levaient, abusivement et avec violence, des contributions sur les habitants des villages voisins; et jusqu'à l'abbé Suger, les abbés de Saint-Denis, de qui dépendaient ces villages, avaient vainement tenté d'arrêter le cours de leurs déprédations : l'abbé Suger y mit fin.

Adrianopolis, Andrinople, Néocésarée, ville de la province du Pont. Adrianople, petite ville de la Paphlagonie.

Adrumetinus, a, um, d'Adrumette. Concile d'Adrumette en 394.

Adrumetum, Adrumette, à présent Hamametta, ville de l'ancienne province de Byzacène, en Afrique.

Adrus, untis, Atroux, rivière en Bourgogne, diocèse de Dijon, département de la Côte-d'Or.

Adula, St-Gothard, aux Alpes.

Æchinadæ Insulæ. V. *Echinadæ*.

Æduensis, se, d'Autun, du diocèse d'Autun.
Ædui, orum, les habitants d'Autun, ceux d'Autun. | Autun. V. le III⁰ volume. | Le pays d'Autun, l'Autunois.
Ægea, Egée, en Cilicie.
Ægeum mare, l'Archipel. La mer de Grèce.
Ægidii villa in valle Flaviana, le Val de Flavire, à présent St-Gilles, petite ville et ancienne abbaye du Languedoc, aujourd'hui du diocèse de Nîmes, dépt. du Gard.
Ægyptius, a, um, d'Egypte, de l'Egypte. | Egyptien.
Ægyptus, l'Egypte, contrée, autrefois puissant royaume, en Afrique.
Æmilia, l'Emilie, province ancienne de l'empire romain, à présent, partie de la Lombardie dans la Haute-Italie.
Ænhamensis, se, d'Enhan. Concile d'Enhan, environ en 1680.
Ænhamum, Enhan, lieu peu connu de l'Angleterre.
Æsernia, Isernia ou Sergue, ville épiscopale au pied de l'Apennin, au royaume de Naples.
Æthiopia, l'Ethiopie, grande contrée, autrefois royaume, en Afrique, comprenait la Nubie, le Darfour, le Kordofan, l'Abyssinie, etc., etc.
Afer, fra, frum, Africain, d'Afrique, qui est d'Afrique, qui concerne l'Afrique.
Affregiacum ou *Fargicus, Forgium,* Auffargis, Fargis, village de l'ancien diocèse de Chartres, aujourd'hui de Versailles, canton de Rambouillet, départ. de Seine-et-Oise, forme une paroisse de 600 habitants, en y comprenant les hameaux de Villequoy, Saint-Benoît, les Hogues, plusieurs fermes et quantité de maisons isolées sous diverses dénominations. Les principales productions de son terroir sont en grains et en bois. L'ancienne abbaye de Vaux-de-Cernay se distinguait des maisons isolées par ses constructions et ses dépendances. Le monastère était sur la paroisse de Cernay-la-Ville. Auffargis est situé dans une vallée à 7 kil. de Rambouillet, où est le bureau de poste; à 35 kil. de Paris par la route de Chartres.
Affrelicum, Affreliacum, Auffreville, village de l'ancien diocèse de Chartres, maintenant du diocèse de Versailles, cant. et arrond. de Mantes, qui forme avec le hameau de Brasseuil une paroisse de 350 habitants. Le ruisseau de Vaucouleur y fait tourner six moulins à farine et un à tan. Le terroir est en labour, vignes et en bois. Auffreville est à 4 kil. de Mantes, où est le bureau de poste, 44 de Paris.
Africa, l'Afrique, la plus méridionale des cinq parties du monde.
Africani Oppidum, St-Efrique, ou Ste-Frique, aujourd'hui St-Affrique, ville du diocèse de Rodez, département de l'Aveyron.
Africanus, a, um. v. *Afer.* Neuf conciles d'Afrique, en 401, 402, 407, 408, 409, 551, 592, 663.
Agatha et *Agatha Massiliensium,* Agde, ancienne ville épiscopale dans le Languedoc, aujourd'hui du diocèse de Montpellier, département de l'Hérault.
Agathensis, se, d'Agde. Deux conciles d'Agde en 506 et 760.
Agathopolis. V. *Agatha.*
Agathyrium, St-Marc de Trinacrie, en Sicile.
Agaunensis, se, d'Agaune, de St-Maurice en Valais. Deux conciles de St-Maurice, en 515, 888. | De St-Maurice sur le Rhône.
Agaunum, Agaune ou Acaun, à présent St-Maurice en Valais, abbaye et ville sur la rive gauche du Rhône, au diocèse de Sion ou Sitten en Suisse.
— St-Maurice sur le Rhône, au diocèse de Lyon. Il y a plusieurs villes de ce nom, dans les diocèses de St-Jean de Maurienne (Etats sardes); de Lyon, d'Autun, de Belley, de Séez, etc., etc.
Agedincum, Senonum, Agendicum et *Agendinum.* V. *Sens,* tome III⁰.
Agennum. V. *Aginnum.*
Agesina. V. *Angoulême,* tome III⁰.
Agesinates, les peuples de l'Angoumois.
Aginnensis, se, d'Agen, Agenois. *Aginnenses, ium.* Les habitants de la ville d'Agen, chef-lieu de préfecture du départ. de Lot-et-Garonne.
Aginno et *Aginnum,* Agen, ville épiscopale.
Agnitum, Agnetum, Agnitium, Agnets, village du diocèse de Beauvais, canton et arrond. de Clermont, Oise. Il compte une population de 15 à 1600 habitants, en y comprenant les hameaux du Fay, du Bas-Clermont, de Sous-les-Noyers, de la Croix-Picard, Bethencourtel, Boulincourt, Gicourt, la Rue de l'Empire, Broquier, la Chaussée-de-Ramecourt, Ronquerolles, et la ferme de Saint-Remy-l'Abbaye. L'église est d'une belle architecture gothique. Saint Léger est son premier patron; saint Christophe son patron secondaire.

Il y a, dans une niche de cette église, appuyée contre un des gros piliers du chœur, une Vierge auprès de laquelle on vient de tous les environs en pèlerinage. Chacun des pèlerins dépose devant elle ou suspend à ses côtés des fleurs, des couronnes et de simples rubans. Le vitrage du fond de l'église est orné d'anciens verres de couleur.

Le château d'Agnets a un bois bien entretenu qui forme une promenade très-agréable.

Le terroir est en terres de labour, en prairies, en vignes et en bois. Les sources d'eau vive y sont abondantes et multipliées. On y rencontre des carrières de pierre dure, des fours à chaux et des tuileries. On en extrait de la tourbe. La boisson commune dans le pays est le cidre; mais sa qualité est inférieure à celle du cidre de la Normandie.

La petite rivière de Brèche passe au hameau de Ronquerolles, et fait tourner quatre moulins à farine et deux à foulons.

Agnets est situé à 5 kil. de Clermont, et à 57 de Paris (Poste aux lettres de Clermont).

Agragas, antis et *Agrigentum,* Gergent ou Gergenti (l'ancienne Agrigente), ville épiscopale dans l'île de Sicile.

Agrippina Colonia. V. Cologne, t. III.

Agrippinensis, se, de Cologne. Concile de Cologne, en 446. V. Colonia.

Agurium, St-Philippe ou St-Phélippe d'Agyrone, en Sicile.

Airiacensis, se, d'Airy. Concile d'Airy, en 1020.

Airiacum, Airy, au diocèse de Sens, département de l'Yonne.

Alacer Mons, Allier-Mont, au pays de Caux en Normandie.

Aladum, Aladen ou Killala, ville épiscopale de l'Irlande.

Alamanni, orum, et *Alamannia*, l'Allemagne ancienne, les anciens Allemands. | La Souabe.

Alamannicus, a, um, de l'ancienne Allemagne, des anciens Allemands. | De la Souabe.

Alani, orum, les Alains, peuples de l'ancienne Scythie d'Europe.

Alba, l'Elbe, rivière d'Allemagne.

— *Ad Turmin*, Albe ou Alve de Tormes, ville de l'ancien royaume de Léon, en Espagne.

— *Augusta*, Viviers, ville épiscopale et principale du Vivarais, en Languedoc, département de l'Ardèche.

— *Græca.* V. Belgrada.

— *Marna*, Aumale, ville du diocèse de Rouen, en Normandie.

— *Pompeia*, Albe, Etats sardes.

— *Regalis*, Albe Royale ou Stul-Veissembourg, ville de Hongrie.

— *Terra*, Aubeterre, ancien monastère de filles en Auvergne.

Alba Curia, Abbecourt, village du diocèse de Versailles, à 14 kilomètres de cette ville. Ce village s'était formé dans le diocèse de Chartres, auprès d'une abbaye de l'ordre de Prémontré que Guascon de Poissy, beau frère de Bouchard de Montmorency, avait fondée en 1180, et dans laquelle il avait placé des religieux de l'abbaye de Marcheroux au diocèse de Rouen. Saint Thomas de Cantorbéry, alors réfugié en France, en consacra en 1191 l'église, qu'il dédia à la sainte Vierge. Cette abbaye donnait à l'abbé un revenu de 5,000 fr.; elle relevait de celle de Marcheroux. L'église a été démolie, mais la maison abbatiale et d'autres bâtiments qui en dépendaient subsistent encore et offrent un bel aspect. Près de la première porte, on voit une fontaine d'eau minérale qui paraît avoir eu de la réputation, mais qui ne l'a pas conservée, malgré le grand nombre de cures que l'on prétend qu'elle a faites dans le temps. Elle fut découverte en 1708 par Ferragus, médecin de l'abbaye de Poissy, qui en fit l'analyse avec Gouttard, médecin du roi. En 1713, Louis XIV, à la sollicitation de Fagon, son premier médecin, y fit construire une salle, au milieu de laquelle était situé le bassin de la fontaine, construit en pierre de taille. Les eaux d'Abbecourt, comme presque toutes celles de la même

espèce, étaient plus efficaces prises sur les lieux que transportées au loin.

L'abbaye d'Abbecourt et ses dépendances forment aujourd'hui un domaine particulier, situé dans le département de Seine-et-Oise, à 24 kil. O. de Paris, à 10 kil. O. de Poissy, où est le bureau de poste. Il fait partie de la commune d'Orgeval, et on y arrive par la petite route de Mantes, qui passe à Saint-Germain-en-Laye.

| Abbecourt, petite commune du canton de Chauny, arrond. de Laon, départ. de l'Aisne, diocèse de Soissons, où l'on remarque d'assez nombreuses plantations de pommiers. Les terres qui en dépendent produisent du foin en abondance et de la meilleure qualité. Population, 554 habitants. Bureau de poste à Chauny, dont Abbecourt n'est éloigné que de 4 kil.

| Abbecourt, village du canton de Noailles, du diocèse et de l'arrondissement de Beauvais (Oise), offre, avec les hameaux de Roye et de Mattancourt, qui en dépendent, une population d'à peu près 350 habitants. Il a 117 maisons, et paie 3760 fr. pour sa contribution annuelle. Une grande partie de son territoire est en terres labourables, et le surplus en bois. Il appartenait autrefois à la province de l'Ile-de-France; il est à 9 kil. S.-E. de Beauvais, à 4 kil. de Noailles, où est le bureau de poste, et à 56 kil. de Paris.

Albais, Albaïde, province de Navarre.

Albamarla, Albamaria, Aumale, petite ville du diocèse de Rouen, chef-lieu de canton de l'arrondissement de Neufchâtel; elle avait le titre de duché, qui s'est conservé dans la maison d'Orléans. — Le territoire du duché d'Aumale, avec celui du comté d'Eu, détaché du pays de Caux et séparé de Vimeu par la Bresle, s'appelait autrefois le Tallois, ou Tallou, ou Tellau, et quelquefois Talogia. Une charte du roi Pepin, donnée à Verberie et datée de la deuxième année de son règne, quelques capitulaires et plusieurs monuments de l'antiquité en font mention. Arques et Dieppe en dépendaient. On ne saurait fixer l'époque à laquelle ces noms ont cessé d'être employés. — Cette ville, mal bâtie, et jadis entourée de murailles et de fossés, est située sur le penchant d'une colline bornée par une prairie qu'arrose la Bresle, entourée de coteaux couronnés de bois, à 24 kil. de Neufchâtel et de Blangy, 36 d'Abbeville, 40 d'Amiens, 64 de Rouen, 108 de Paris. — Ayant obtenu par arrêt du conseil la permission d'employer ses deniers patrimoniaux au pavé de ses rues, la ville en fit commencer les travaux en 1760. — Ses sources d'eaux minérales froides, acidules et ferrugineuses, qu'un moine bénédictin découvrit en 1755, jouissent d'une grande réputation et s'emploient avec succès dans les maladies chroniques, particulièrement pour celles de l'estomac, pour la gravelle, les obstructions, les pâles couleurs, la jaunisse et pour certaines espèces d'hydropisie. — L'industrie d'Aumale consiste en fabriques de grosses draperies, de serges autrefois très-estimées, de siamoises, de toiles, de blonde; en filatures hydrauliques de laine; en faïences, tanneries, teintureries, fonderie de cloches et moulins à foulon; et son commerce, en serges, draps, cuirs, grains et cidre. — Il y a environ 50 ans, Aumale avait une manufacture de frocs qui servaient au peuple de la contrée; on y comptait plus de 600 métiers : elle avait été longtemps la seule de cette espèce dans le royaume. — Il s'y tient deux marchés par semaine et quatre foires par an. — Popul. d'Aumale, 2000 habitants, et du cant., 7952. — La forêt ou le bois d'Aumale, qui a env. 12 kil. de circuit, est près de la ville du côté de la Picardie. — Les rois d'Angleterre, à cause de leurs anciennes prétentions sur la Normandie, ont donné le titre d'Albemarle à plusieurs grands personnages de leur cour. Un d'eux, Robert des Forts, en fut dépouillé en 1196, avec sa mère, par Philippe II dit Auguste, qui en investit Rainaud de Ponthieu, comte de Dammartin. Après l'extinction de la famille de Robert des Forts, le roi Richard II donna le titre de duc d'Albemarle à Édouard d'York, prince du sang d'Angleterre. Le général Monck tint ce titre de Charles II. Les héritiers ou descendants de Rainaud de Ponthieu continuèrent de posséder le comté d'Aumale jusqu'à François, fils de Claude, duc de Guise, et d'Antoinette de Bourbon, en faveur de qui Henri II érigea Aumale en duché-pairie l'an 1547. Ce duché passa, au commencement du XVIIe siècle, dans la famille des princes de Savoie, par le mariage d'Anne de Lorraine avec Henri de Savoie, et revint à la France par l'acquisition qu'en fit, vers 1695, le duc du Maine, fils légitimé de Louis XIV. On trouve dans quelques auteurs l'anecdote suivante : Quand Richard Ier, en 1192, prit possession d'Aumale, ce fut à la suite d'une affaire où ses arbalétriers lui donnèrent tout l'avantage. Les soldats de Philippe II disaient alors, à propos de ces armes perfides : *Avec elles, un poltron à couvert pourrait tuer le plus vaillant de tous les guerriers. Nous ne voulons devoir la victoire qu'à nos lances et à nos épées.* — Aumale n'a pas de monuments antiques; mais deux colonnes érigées aux extrémités du pont de cette ville rappellent l'événement qui faillit coûter la vie à l'un de nos rois. « A l'une des extrémités de ce pont, nommé pont de Henri IV, était anciennement une des portes de la ville, près de laquelle Henri, venant de reconnaître l'armée du duc de Parme, fut atteint d'un coup d'arquebuse. Poursuivi par les ligueurs, ce prince, sur le point de tomber en leur pouvoir, ne dut son salut qu'à l'héroïsme d'une femme nommée Jeanne Leclerc, qui, se précipitant au milieu du danger, baissa le pont-levis assez à temps pour arrêter l'ennemi. » — Cette ville avait un hôpital pour les malades, une maison pour les orphelins, un collége et des écoles gratuites; deux couvents, un de Pénitents et un de Jacobins ou Dominicains; deux paroisses, l'une, qui existe encore, sous le vocable de Saint-Pierre, l'autre sous celui de Sainte-Marguerite;

cette dernière était hors la ville, près de l'abbaye de St-Martin d'Auchy. Cette abbaye se trouvait renfermée autrefois dans la ville. Après la malheureuse journée de Créci, qui obligea toutes les villes de la Normandie à élever des murailles pour leur défense, ce monastère ne se trouva plus compris dans la nouvelle enceinte, dont il fut éloigné d'environ 200 pas. L'abbaye de St-Martin d'Auchy était dans son origine une collégiale de six chanoines, fondée, sous le nom de St-Martin, par le comte Guerinfroi, vers l'an 1000. Une soixantaine d'années après sa fondation, elle passa aux moines de St-Lucien de Beauvais, et ne fut érigée en abbaye qu'en 1115 ou 1120. En 1393, elle était tellement ruinée, qu'à peine y pouvait-on célébrer l'office divin; en 1447, ce n'était plus qu'un monceau de pierres. L'abbé Pierre Roussel employa les aumônes des fidèles à la relever en 1448. En 1620 elle n'existait déjà plus. On attribua sa ruine à la négligence de quelques abbés; mais il paraît constant, d'après un procès-verbal dressé sur les lieux par le conseiller et le substitut du procureur général, que des fondements mal assis en furent seuls la cause. L'abbé de Chaulieu, nommé à cette abbaye en 1689, forma le projet de la séculariser, et envoya à Rome, sans succès, le brevet que Louis XIV lui avait délivré à ce sujet le 2 juin 1691. N'ayant pas mieux réussi dans ses tentatives, Pierre de l'Epine, son successeur, prit des arrangements avec l'abbé de Fourcamont pour introduire dans l'abbaye les religieux de l'ordre de Cîteaux. Ceux-ci refusèrent, et Pierre de l'Epine traita avec les supérieurs majeurs de la congrégation de St-Maur. Le concordat fut passé le 13 déc. 1703; le roi le ratifia par lettres patentes du même mois, et les Bénédictins Réformés prirent possession du monastère l'année suivante, après l'avoir fait reconstruire. Ils se sont toujours vantés de posséder les plus anciennes cloches de toute la Normandie. Ils en avaient deux qui furent fondues en 1379, et dont l'une portait que Blanche de Ponthieu, comtesse d'Harcourt et d'Aumale, avait eu l'honneur de la lever. C'est dans un caveau de cette abbaye qu'avaient été enterrés treize ou quatorze seigneurs de Guise et de Nemours. — Ces religieux Bénédictins étaient curés primitifs de la ville, et avaient conservé chez eux le droit de cure pour le faubourg où ils restaient. Les bâtiments de l'abbaye n'existent presque plus. Le château faisait partie de l'apanage de la maison d'Orléans. Un des fils de Louis-Philippe porte le titre de duc d'Aumale.

Albana, Albanopolis et *Albanum*, Albane ou Albanie, ville et province sur le bord de la mer Caspienne. Il ne faut pas confondre l'Albanie d'aujourd'hui, qui remplace l'ancienne Illyrie, avec cette Albanie qui faisait partie de l'Arménie dans l'Asie, à l'ouest de la mer Caspienne.

Albanensis, se, d'Albane, d'Albano.

Albanum, Albano, ville épiscopale, près de Rome.

Albanus, Alba ou Alben, ville épiscopale des Etats Sardes.

Albarium, Alvier, près de Brioude, en Auvergne.

Albaugusta Helviorum. V. *Alba Augusta*.

Alberiacum et *Albenvilla*, Aubergenville, paroisse de l'ancien diocèse de Chartres, maintenant de celui de Versailles, canton de Meulan, Seine-et-Oise, à 35 kil. de Paris; la population est de 450 habitants, y compris le hameau de Vaux, celui de Guéland et plusieurs maisons isolées; poste aux lettres de Meulan. — Ce village est situé au bas d'une colline, sur le penchant de laquelle s'élève le château d'Acosta. Ce château, remarquable par sa position, d'où l'on jouit d'une vue très-variée, qui s'étend sur les villes de Meulan, de Mantes, et sur quantité de villages et de châteaux situés sur les bords de la Seine et les coteaux environnants, est entouré de magnifiques jardins; le parc est très-étendu; des sources d'eau vive arrosent cette belle propriété. Deux maisons de campagne, ci-devant fiefs, l'une dite la Garenne, et l'autre Montgarde, sont dans les dépendances de cette commune; il y en a une troisième dans l'intérieur du village, nommée la maison des Juifs. — Les principales productions de cette commune sont en grains et vignes; les fruits y sont abondants; les navets et es pois sont excellents; les cerises sont aussi estimées que celles de Montmorency.

Albertæ, *Aubertæ Sanctæ Abbatia*, Sainte-Austreberte, abbaye de Bénédictines, fondée en 992 près d'Hesdin, de l'Hesdin démoli par Charles-Quint en 1553 au diocèse de Térouane. Ce fut sainte Auberte, sœur de sainte Franchilde, qui fit cette fondation en l'honneur de sainte Austreberte. Dans le xie siècle, l'abbaye fut transférée, à cause des guerres probablement, dans un endroit sur la rivière de Cauche, près de la ville de Montreuil, au diocèse d'Amiens. Il s'y est formé un village sous ce nom.

Albertæ ou *Aubertæ fluvius*, rivière de l'Austreberte. Elle prend sa source au nord du bourg de Pavilly, département de la Seine-Inférieure, qu'elle arrose; dirige son cours du nord au sud-ouest, et se perd dans la Seine au-dessous du bourg de Duclair. Ses eaux, très-abondantes dans les temps de pluie, y font tourner les roues de plusieurs moulins à papier.

Alberti Villare, Aubervilliers, ou Notre-Dame-des-Vertus, village considérable du diocèse de Paris, canton et arrond. de Saint-Denis, situé dans la plaine de ce nom, à 3 kil. au S.-E. de St-Denis et à 6 kil. de Paris, avec une population de 2000 habitants. Ils cultivent principalement les légumes, qui sont pour eux d'un grand profit; cependant le genre d'engrais que le voisinage de Paris permet d'employer donne à ces plantes potagères une mauvaise qualité. — Il est parlé de ce village pour la première fois dans un acte de 1060 : il y est nommé *Alberti Villare*, parce que cette terre était, au xie siècle, possédée par un nommé Albert ou Aubert. Il doit son nom *des Vertus* à une image de la sainte Vierge, que l'on voyait autrefois dans l'église de la paroisse, et qui était en grande vénération dans tout le pays environnant, à cause des miracles qu'elle opérait : et comme le mot miracle s'exprimait aussi par celui de vertu, on trouve Aubervilliers appelé tantôt N.-D.-des-Vertus et tantôt N.-D.-des-Miracles. Le roi Philippe de Valois, en ayant entendu parler, y vint en 1338 avec la reine, son épouse. Il fit présent de deux arpents de terre à l'église, et la reine donna une pièce de drap d'or d'un grand prix : la cour fit aussi beaucoup de présents, et le peuple de Paris suivit l'exemple de la cour. — Aubervilliers avait déjà été érigé en paroisse vers l'an 1300; dans la suite, il souffrit beaucoup de la guerre. En 1371, les habitants représentèrent à Charles V que leur pays avait été brûlé et pour ainsi dire détruit; ce prince les exempta du droit de prise, moyennant 70 charretées de paille par an. En 1474 et 1476, Louis XI se rendit en pèlerinage à N.-D.-des-Vertus. L'histoire rapporte que la petite image en plomb de la sainte Vierge qu'il avait coutume de porter à son chapeau était la représentation de celle d'Aubervilliers. — Le village fut presqu'entièrement ruiné pendant les guerres des Armagnacs : l'église était en très-mauvais état, et le nombre des feux ne s'élevait plus qu'à 50. Pour réparer tant de désastres le pape promulgua un bref, *qui donne et remet de grandes indulgences à tous ceux qui aumôneront l'église paroissiale d'Aubervilliers*.

En 1529, il y eut un pèlerinage très-remarquable. Toutes les paroisses de Paris s'assemblèrent dans la cathédrale, et, dans l'intention d'arrêter les progrès des nouveaux hérétiques, les protestants, allèrent en procession à Notre-Dame-des-Vertus avec un si grand nombre de flambeaux, que les habitants de Montlhéry crurent que le feu était à la capitale.

C'est durant le règne de Henri II que l'on construisit la façade de l'église, ainsi que la tour qui sert de clocher, où l'on voit, sur une espèce de coffret en bas-relief, la date de 1541. Il est présumable que ce fut à la sollicitation de Diane de Valentinois que la tour fut élevée, car on y voit encore les traces d'un croissant, chiffre de cette dame, que le monarque faisait entrelacer avec le sien dans tous les édifices qu'il élevait. — Pendant que Henri IV tenait Paris assiégé, il séjourna quelque temps à Aubervilliers. C'est dans ce village qu'il manda Philippe Hurault de Chiverny, chancelier de Henri III, et qu'en présence des princes et des premiers officiers de l'armée il lui remit les sceaux de France, en lui disant : « Voilà, M. le chancelier, deux pistolets, desquels je désire que vous me serviez, lesquels je sais que vous pourrez bien manier; vous m'avez, avec eux, bien fait du mal plusieurs fois; mais je vous le pardonne, car c'était par le commandement et pour le service du feu roi, mon frère. Servez-moi de même, et je vous aimerai autant et mieux que lui, et croirai votre conseil, car il s'est trouvé mal de n'avoir pas voulu le suivre..... » Alors le sieur de Chiverny baisa les mains du roi, qui continua de cette manière : « Aimez-moi, je vous prie, comme je vous aime, et croyez que je veux que nous vivions comme si vous étiez mon père et tuteur. » Puis, s'adressant aux princes qui étaient présents : « Messieurs, ces deux pistolets, que j'ai baillés à M. le chancelier, ne font pas tant de bruit que ceux que nous tirons tous les jours, mais ils frappent bien plus fort et plus loin, et je le sais par expérience, par les coups que j'ai reçus. » — Il y eut dans les premiers temps plusieurs seigneurs d'Aubervilliers. Au XVIe siècle, cette terre passa dans la famille Montholon, qui la conserva jusqu'au XVIIIe. François de Montholon donna une ferme de 50 arpents, pour l'entretien de huit prêtres. Sous Louis XIV, la veuve Pollalion, fondatrice des filles de la Providence, alla, de Paris à ce village, nu-pieds, pendant l'hiver, afin de prier pour le roi et pour sa famille. Ces pèlerinages se sont maintenus jusqu'en 1792. — L'auteur du livre bizarre des *Préadamites*, le célèbre Isaac de la Peyrère, mourut à Aubervilliers, en 1675, à l'âge de 82 ans.

Dans les derniers jours de juin 1815, lorsque les troupes ennemies se portaient sur la capitale, Aubervilliers, attaqué et défendu vivement, fut pris, repris plusieurs fois, et complètement dévasté. Les Oratoriens y avaient une communauté. Ce village renferme peu de maisons de campagne.

Albia et *Albiga*. Albi, ville, à présent métropole en Languedoc, département du Tarn.

Albiacum, Albino, en Condomois, arrondissement de Condom, département du Gers.

Albiensis et *Albigensis, se*, d'Albi, de l'Albigeois. Concile d'Albi, en 1254. *Albigenses, ium*, l'Albigeois, province de France dont Albi est capitale. | Les peuples de l'Albigeois, du territoire d'Albi. | Les habitants de la ville d'Albi. | Les Albigeois, sorte d'anciens hérétiques de la province d'Albi.

Albiga. V. *Albia*.

Albingaunum, Albingue ou Albinga, ville près de Gênes, Etats sardes.

Albingiana Arx. V. *Ablingiana*.

Albiniacum, Aubigny ou Aubignac, nom commun à plusieurs lieux.

Albinum ou *Albinium*, Saint-Aubin, primitivement Saint-Albin ; nom commun à plusieurs localités, placées sous l'invocation de saint Aubin, un des plus illustres évêques d'Angers.

| Saint-Aubin, village du diocèse de Beauvais, canton et arrondissement de Clermont-Oise, département de l'Oise. Population, 220 habitants ; à 6 kil. N.-E. de Clermont, et à 62 N. de Paris, par Clermont et la grande route d'Amiens. Poste aux lettres de Clermont-Oise.—Ce village, situé dans un fond, est remarquable par ses carrières de pierres blanches. Une maison de campagne, dite le Plessis-Saint-Aubin, en fait partie. Les grains sont à peu près les seules productions de cette commune.

| Saint-Aubin, petit village de l'ancien diocèse de Paris. Il appartient aujourd'hui à celui de Versailles, fait partie du canton de Palaiseau, de l'arrondissement de Versailles, et du département de Seine-et-Oise. Il est à 6 kil. à l'ouest de Palaiseau, à 21 kil. au sud-ouest de Paris, par la route qui passe à Bièvre, et 8 de Chevreuse, où se trouve le bureau de poste. Population, 100 habitants avec le hameau de Mesnil-Blondel et deux maisons isolées.—Ce village, joignant l'une des routes de Chevreuse à Paris, est situé dans la plaine de Sarclé, au-dessus du vallon de Gif. Il n'y a rien de remarquable que le château et le parc.—L'abbé Lebeuf dit que cette paroisse est l'une des plus petites du grand nombre de celles qui portent le nom de Saint-Aubin ; il ajoute que, selon les dénombrements anciens et nouveaux, à peine avait-elle vingt feux. La plus riche ferme de ce village appartenait à l'ordre de Malte ; une autre moins considérable, à l'abbaye de Gif, dont elle était la première dotation. Les dames de Saint-Cyr avaient la haute justice : c'était une dépendance de la seigneurie de Chevreuse. Presque tout le terroir de cette commune est en terres labourables.

| Saint-Aubin, petite ville du diocèse de Rodez, chef-lieu de canton, arrondissement de Villefranche, département de l'Aveyron. On y exploite de riches mines de houille, dont la découverte remonte au XIVe siècle. Il y a dans les environs des houillères embrasées ; les vapeurs qui s'en exhalent déposent de l'alun et du soufre que l'on exploite en quantité considérable. La population est de 3,500 habitants. La ville est à 35 kil. nord-est de Villefranche.

| Saint-Aubin, paroisse et ville de l'île Jersey (possession anglaise), sur la baie de son nom, à 5 kil. ouest et vis-à-vis Saint-Hélier ; 2,400 habitants. Il y a un port de commerce actif, défendu par l'importante forteresse du Château-d'Elisabeth.

| Saint-Aubin, village du diocèse de Bordeaux, canton de Saint-Ciers-la-Lande, arrondissement de Blaye, département de la Gironde ; 850 habitants.

| Saint-Aubin, paroisse du diocèse de Saint-Claude, canton de Chemin, arrondissement de Dôle, département du Jura. On y compte 1,560 habitants.

| Saint-Aubin, paroisse du diocèse d'Aire, canton de Mugron, arrondissement de Saint-Sever, département des Landes. Population, 950 habitants.

| Saint-Aubin, paroisse du diocèse de Verdun, canton et arrondissement de Commercy, département de la Meuse, qui compte 630 habitants.

| Saint-Aubin, paroisse du diocèse de Nevers, canton de la Charité, arrondissement de Cosne, département de la Nièvre. Population, 1,100 habitants. Il y a des forges, une chaufferie pour ancres, qui occupent une partie de la population.

| Saint-Aubin, village de Suisse dans le canton de Neuf-Châtel, à 9 kil. sud-ouest de Boudry, sur la rive gauche du lac. Les habitants, au nombre de 1,000, sont protestants, et professent le culte évangélique.

| Saint-Aubin-d'Aubigné, dans le diocèse de Rennes, chef-lieu de canton, arrondissement et à 18 kil. de cette ville. Population, 1,400 habitants.

| Saint-Aubin de Beaubigné, paroisse du diocèse de Poitiers, canton de Châtillon-sur-Sèvre, arron-

dissement de Bressuire, département des Deux-Sèvres; on y compte environ 1,500 habitants. La distance de Bressuire est 20 kil. à l'ouest-nord-ouest.

Albinum ou *Albinium*, Saint-Aubin-Jouxte-Boulleng, paroisse du diocèse de Rouen, canton d'Elbeuf, département de la Seine-Inférieure. Population, 1,450 habitants.

| Saint-Aubin-des-Châteaux, paroisse du diocèse de Nantes, canton et arrondissement de Châteaubriant, département de la Loire-Inférieure; ainsi surnommé parce qu'il y avait autrefois plusieurs châteaux. La population monte presque à 2,000 habitants.

Saint-Aubin-le-Cloux, paroisse du diocèse de Poitiers, canton de Secondigny, arrondissement de Parthenay, département des Deux-Sèvres. Population, 1,250 habitants.

| Saint-Aubin-du-Cormier, paroisse du diocèse de Rennes, chef-lieu de canton de l'arrondissement de Fougères, à 18 kil. ouest-sud de cette ville, département d'Ille-et-Vilaine. Les habitants, au nombre de 1,800, se livrent à la fabrication des toiles, de la boissellerie et de la saboterie. En 1488, le vicomte de la Tremouille y gagna une bataille contre les Bretons.

| Saint-Aubin-des-Coudrais, paroisse du diocèse du Mans, canton de la Ferté-Bernard, arrondissement de Mamers, département de la Sarthe. Population, 1,150 habitants.

| Saint-Aubin-d'Ecrosville, paroisse du diocèse d'Evreux, canton de Neubourg, arrondissement de Louviers, département de l'Eure. Population 1000 habitants.

| Saint-Aubin-Epinay, paroisse du diocèse de Rouen, à 8 kil. de cette ville, canton de Boos. Ses habitants, au nombre de 500, sont occupés dans les fabriques d'indiennes.

| Saint-Aubin-Fosse-Louvain, paroisse du diocèse du Mans, canton de Gorron, arrondissement de Mayenne, département de la Mayenne. Population 1000 habitants.

| Saint-Aubin-sur-Gaillon, paroisse du diocèse d'Evreux, canton de Gaillon, arrondissement de Louviers, département de l'Eure. Population 1,100 habitants.

| Saint-Aubin-de-Locquenoy, paroisse du diocèse du Mans, canton de Fresnay-le-Vicomte, arrondissement et à 13 kil. de Mamers. La population, qui monte à 1,260 habitants, exploite des carrières de marbre.

| Saint-Aubin-de-Luigné, paroisse du diocèse d'Angers, canton de Chalonnes, arrondissement d'Angers, département de Maine-et-Loire. La population, dont le chiffre est de 1,550, se livre à la culture de la vigne, qui produit de bons vins blancs pour l'ordinaire.

| Saint-Aubin-du-Pavoil, village du diocèse d'Angers, arrondissement de Segré, département de Maine-et-Loire. Les habitants, au nombre de 1,000 environ, sont occupés dans les ardoisières. Ce village n'est regardé que comme un hameau, parce qu'il fait partie de la commune et ville de Segré.

| Saint-Aubin-de-Scillon, paroisse du diocèse d'Evreux, canton de Thiberville, arrondissement de Bernay, département de l'Eure. Population 1,500 habitants, livrés aux travaux de l'industrie.

| Saint-Aubin-de-Terre-Gate, paroisse du diocèse de Contances, canton de Saint-James, arrondissement d'Avranches, département de la Manche. Population 1,871 habitants.

| Saint-Aubin-de-Thennoy, paroisse du diocèse d'Evreux, canton de Broglie, arrondissement et à 13 kil. sud-ouest de Bernay, département de l'Eure. La population, dont le chiffre est de 1,100, se livre aux travaux de l'industrie.

Albizesca, de la famille des Albizzeschi, de Sienne, en Toscane.

Album Monasterium, Albmynster, au comté de Northumberland en Angleterre.

Alcantara, Alcantara, petite ville de l'Estramadure, en Espagne.

Alciacum, Auxy-le-Château, petite ville du diocèse d'Arras, chef-lieu de canton, arrondissement de Saint-Pol, département du Pas-de-Calais. Elle est divisée en deux parties par la rivière d'Authie : la partie qui est à la droite de cette rivière prend le nom d'Auxy-le-Château; elle avait le titre de marquisat, et dépendait du gouvernement général d'Artois, diocèse de Boulogne, intendance de Lille, conseil d'Artois, gouvernement d'Arras, bailliage et rec. d'Hesdin; l'autre partie, appelée Auxy et Maquiers, et qui est sur la rive gauche de l'Authie, et au midi de la première, était dans l'Amiennois au commencement de la basse Picardie, diocèse et intendance d'Amiens, parlement de Paris, élection d'Abbeville, bailliage de Crécy et siège d'un bureau des fermes de la direction d'Amiens. Par la nouvelle organisation de la France en départements, ces deux parties, réunies en une seule, forment, comme nous l'avons dit, un canton du département du Pas-de-Calais. Il y avait dans cette ville un couvent de Brigittines, ordre de Saint-François, et un hôpital pour les malades, dans lequel il y avait 8 lits pour les hommes et 4 pour les femmes, et une école, où l'on enseignait gratuitement les pauvres filles. L'hôpital existe encore. On y compte plusieurs tanneries. Il y a quatre francs marchés ou foires d'un jour, pendant l'année, qui ont lieu le 24 février, le mardi après le dimanche de Quasimodo, le 10 août et le 29 octobre : on y vend des bestiaux de toute espèce, des objets de mercerie et de coutellerie, des étoffes, du fil, du lin et du chanvre. La population d'Auxy est d'environ 2680 habitants. Cette ville est à 24 kil. S.-O. de Saint-Pol, à 20 kil. N.-O. de Doullens. Sa distance de Paris est de 160 kil.

Les environs d'Auxy-le-Château sont marécageux, et possèdent des tourbières qui fournissent au chauffage des habitants des campagnes. La tourbe est une espèce de terre noire qui se forme dans les marais par un *detritus* successif et continu de feuilles et d'herbages : on la trouve à une profondeur d'un mètre environ. On l'enlève avec une bêche pointue formée de manière que chaque tourbe prend en même temps les dimensions qu'elle doit avoir. Les tourbes ont la forme d'une brique, elles répandent, en brûlant, une odeur désagréable.

Alciacum, Auchy-les-Moines ou St-Silvin, bourg et ancienne abbaye de Bénédictins, diocèse d'Arras, départ. du Pas-de-Calais.

Alda Sancta, ou *Adellæ Villa*, Sainte-Aulde, paroisse du diocèse de Meaux, canton de la Ferté-sous-Jouarre, Seine-et-Marne. Les productions du terroir sont de peu de valeur. On y voit deux petits moulins sur un ruisseau. Population 500 habitants environ, en y comprenant les hameaux de Chamoust, où il y a une maison de campagne ; Motiebart, Caumont, l'ancien fief de la Bordette, et plusieurs autres habitations écartées. Sainte-Aulde est à 6 kil. vers le N.-O. de la Ferté, et à 64 à l'E. de Paris par la route d'Allemagne. Poste aux lettres de la Ferté-sous-Jouarre.

Aldemburgum, Oldembourg ou Oudembourg, en Flandre, Belgique.

Alemania. V. *Alemanni*.

Alenco ou *Alencomensis*, *Alentio*, Alençon, ville et titre de duché, en Normandie, diocèse de Séez, départ. de l'Orne.

Alensis (*Alexander*-) Alexandre de Halès, le maître ou le docteur de saint Bonaventure : Halès, village du comté de Glocester, en Angleterre.

Ales, etis. V. *Alethum*.

Alesia, Alise, autrefois ville, à présent village de la Bourgogne connu sous le nom de Sainte-Reine, bâti à quelque distance du plateau où sont les ruines d'Alise. Le village de Ste-Reine a été un lieu de pèlerinage célèbre à cause d'une fontaine dont l'eau est salutaire pour la vue. L'église en est assez remarquable. Diocèse de Dijon, départ. de la Côte-d'Or.

Alestum, Alez ou Alais, ancienne ville épiscopale dans les Cévennes.

Aletensis ou *Alethensis, se*, d'Aleth,

Alethum et *Aletum*, Aleth ; ville ruinée, jadis épiscopale, en basse Bretagne. | St-Malo, ancienne ville épiscopale de l'île, à présent de même nom, autrefois appelée l'île d'Aaron, en basse Bretagne. | St-Servans, près de la ville de St-Malo. | Aleth, ancienne ville épiscopale en Languedoc.

Alethivicus. V. *Vicus*.

Alexandria, Alexandrie, ville patriarcale de la basse Egypte.

— *Statelliorum*, Alexandrie de la Paille, ville épiscopale entre le Pô et le Tanaro, au Milanais, actuellement dans les Etats sardes.

Alexandrinus, a, um, d'Alexandrie. Dix conciles d'Alexandrie d'Egypte, en 230, 308, 315, 324, 339, 362, 363, 399, 430, 633.

Alexia. V. *Alesia*.

Alexiensis Pagus, *Alexiense Territorium*, l'Auxois, canton de Bourgogne, dont Sémur est la principale ville. (Diocèse de Dijon.)

Alga. V. *Auga*.

Algeria et *Algerianum regnum*, la régence d'Alger en Afrique, ou l'Algérie française.

Algericus, *Algeriacum*, Auger-Saint-Vincent, de l'ancien diocèse de Senlis, aujourd'hui de celui de Beauvais, canton de Crépy, arrondissement de Senlis, département de l'Oise. La maison du Parc, qui fait partie de cette commune, était, avant la révolution, une abbaye de religieuses de l'ordre de Citeaux nommée alors le Parc-aux-Dames. L'église et une partie des bâtiments qui la composaient ont été démolis, il n'en reste actuellement que l'abbatiale, une ferme et un moulin. Dans l'enclos se trouve une grande pièce d'eau, à la suite de laquelle est le moulin. Cette pièce d'eau est alimentée par plusieurs sources. On y a fait de belles plantations. Le terroir de ce village est en labour, une petite partie en bois. Auger-Saint-Vincent compte une population de 300 habitants, en y comprenant l'ancienne succursale de Saint-Mard, autrefois annexe de la paroisse de Fresnoy-le-Luat, le hameau de Villeneuve et celui de Chaumont. Ce village est à 6 kil. vers l'O. de Crépy, sa distance de Paris est de 52 kil. au N.-E. par Nanteuil-le-Haudouin et la grande route de Soissons. Poste aux lettres de Crépy.

Algerium, Alger, ville capitale de la régence de même nom, en Afrique, actuellement à la France, qui en a fait la conquête en 1830.

Algia, Auge ou Auges, petite rivière de Champagne qui prend sa source à un kil. de Sézanne, dans le diocèse de Châlons. Elle traverse Sézanne, et, après un cours de 20 kil., elle va se perdre dans la rivière d'Aube entre Anglure et Plancy.

Algia, la vallée d'Auge, petit pays qui dépendait autrefois de la prov. de Normandie, dans le diocèse de Lisieux, avec le titre de vicomté. Il est situé des deux côtés de la Touques, au-dessous de Lisieux, entre la Dive et le Lieuvin et la mer, à la vue du Havre-de-Grâce, et comprend les villes de Honfleur et de Pont-l'Évêque, les anciens marquisats de Beuvron, baronnie de Roncheville sur la Touques ; les prieurés claustraux des Chanoines Réguliers de St-Augustin, sous le titre de Ste-Barbe en Auge, et celui des Bénédictins de Beaumont ; des petits ports, un grand nombre de bourgs et villages. Cette vallée forme aujourd'hui la partie occidentale des arrond. de Pont-l'Évêque et de Lisieux, départ. du Calvados, diocèse de Bayeux. Arrosée par la Touques dans toute sa longueur, elle est très-fertile en grains, lin, fruits, pommes à cidre, et surtout en excellents pâturages, dans lesquels on élève quantité de bestiaux, et notamment les vaches et les beaux chevaux de race normande. Elle a des fermes qui rapportent de 8 à 15 mille francs de revenu. La forêt de Touques fournit des bois pour bâtir et pour brûler, et vers l'embouchure de la rivière de ce nom, dans la mer, il y a des salines qui donnent de très-bon sel.

Le savant abbé de Longuerue, dans sa Description de la France, observe que sa Description du pays d'Auge était autrefois une grande forêt appelée *Saltus Algiæ*, laquelle depuis ce temps-là a été en partie défrichée et essartée. Elle a donné le nom à une bourgade nommée *Sault d'Auge* ou *Sot d'Auge*. Elle s'étendait jusqu'à la ville de Séez. Piganiol prétend, après Huet, évêque d'Avranches, que ce pays a tiré son nom des prairies; car *au*, *aw*, *awe* et *ou* en allemand, signifient un *pré*. Les habitants de la vallée d'Auge nourrissent beaucoup de vaches, dont le lait est employé en bonne partie à ces excellents fromages qu'on appelle *angelots de livarot*, et en beurre.

Algiæ Saltus, la forêt d'Auge en Normandie, diocèse de Bayeux.

Algiensis, *se*, d'Hyesme, d'Auge.

Alingavia, Langey, bourg près de Tours.

Alisium. V. *Alestum*.

Allingiana Arx, le Fort des Alinges, près de Thonon, ville de la contrée de Chablais, en Savoie.

Allocium et *Allogium*, Alluye, bourg au pays Chartrain.

Allontium, St-Philadelphe, dans l'île de Sicile.

Almaniscæ, *arum*, Almanesches, ancienne abbaye de filles, au diocèse de Séez, en Normandie.

Alna, Alne, en Angleterre.

Alnea, *Alnetum*, Auneau, paroisse du diocèse de Chartres, chef-lieu de canton, département d'Eure-et-Loir, située sur la petite rivière d'Aunay, qui se joint à la Voise. C'était une ancienne baronnie et châtellenie. Il n'y a qu'une paroisse, dont l'église, sous l'invocation de saint Remi, est hors l'enceinte. Sous cette église on trouve la fontaine Saint-Maur, célèbre dans toute la contrée, et dont les gens de la campagne croient les eaux bonnes pour guérir les paralytiques, les goutteux et les épileptiques. Il s'y fait un pèlerinage qui attire une affluence considérable de monde, et qui n'a été interrompu que pendant les deux années de la terreur. Ce pèlerinage commence le 23 juin de chaque année, et se continue tous les vendredis et dimanches, jusqu'à l'ouverture de la moisson. Outre l'église paroissiale, il y en a une autre dans le bourg qui dépendait ci-devant du prieuré de Saint-Nicolas, et de plus un Hôtel-Dieu. Il existait encore dans la commune d'Auneau une communauté de filles des écoles chrétienne et de charité, dites les filles de Saint-Remi. Le château d'Auneau, jadis forteresse, entouré de fossés, est détruit en partie. On conserve dans les souterrains de ce château des moulins à bras qui servirent, du temps de la ligue, à l'approvisionnement des troupes qui y logèrent. Il a soutenu un siège sous le règne de Henri III. Les reitres y furent surpris et défaits, au nombre d'environ 2,000, en 1587, par les troupes sous le commandement du duc de Guise. Il ne reste plus de ce château qu'une simple habitation. On remarque à l'entrée une grosse tour de la plus solide construction, qui domine tous les alentours. Le parc, d'une très-grande étendue, renferme beaucoup de bois. Parmi les seigneurs d'Auneau, on distingue: 1° un Jean Bureau de la Rivière, premier chambellan de Charles V, et qui mourut en 1400: c'est lui, dit-on, qui fit bâtir le château et la tour; 2° Henri de Joyeuse, comte de Bouchage, duc de Joyeuse, maréchal de France, né en 1567, et mort en 1608. Ce fut lui qui se fit capucin, sous le nom du Père Ange, après le décès de Catherine de la Vallette, sa femme.

Après la profession du duc de Joyeuse, la terre d'Auneau passa à François d'Escoubleau de Sourdis, en 1597; ensuite à Charles d'Escoubleau, son fils, en 1612. Celui-ci la transmit à Paul d'Escoubleau, son fils, qui décéda en 1690. Elle était possédée en 1710 par le duc de Noailles, en 1711 par de Chabanois, en 1719 par Doublet de Persan, en 1722 par Hariage père. Le fils de ce dernier en a joui jusqu'au moment de la révolution. Il se tient à Auneau un marché tous les vendredis, consistant principalement en grains, et deux foires par année; la première le 27 septembre, la seconde le 2 novembre: cette dernière dure deux jours. On y vend des chevaux, des vaches, des porcs, et surtout des moutons. La population de ce bourg, qui s'élevait à peine à 1,100 habitants en 1771, est aujourd'hui d'environ 1,800, en y comprenant les hameaux de Boisgasson, Equilmont, Cossonville et des Rochers. Son terroir est en labour, en vignes, en bois et en prairies. Il y a des fabriques de bas, bonnets et tricots. La petite rivière d'Aunay fait tourner un moulin. Auneau est à 8 kil. vers le S.-O. d'Ablis, à 8 de Gallardon, où est le bureau de poste aux lettres, et à 20 à l'E. de Chartres. Sa distance de Paris est de 64 kil. au S.-O. par Dourdan, et une chaussée joignant l'ancienne route de Chartres. On peut suivre également le chemin d'Ablis et l'ancienne route de Chartres.

Alnensis, *se*, d'Alne. Concile d'Alne en 709.

Alneolum, *Alneotium*, *Aunelium*, Auneuil, bourg du diocèse et arrondissement de Beauvais, département de Seine-et-Oise; c'est un chef-lieu de canton. On y voit un ancien château, jadis forteresse. Une tour remarquable par sa construction et son élévation a été détruite. Les sources dans ces lieux sont tellement abondantes, que celle près de l'église fait tourner un moulin à une distance de 150 toises; une autre, au hameau de Friancourt, fait aussi tourner trois moulins, l'un à 50 toises au-dessous, et les deux autres au hameau de Sinaucourt. Sa population est de 1,300 habitants, en y comprenant les hameaux de la Neuville-sous-Auneuil, Friancourt, Sinaucourt, Grumesnil, Tierfontaine, plusieurs fermes et habitations écartées. Le terroir de cette commune est en labour, en prairies, en pâturages et en bois. Son sol est une argile violacée, assez productive dans la vallée, et moins dans les positions élevées. On y fabrique des blondes. Auneuil est la patrie de Charles Lebrun, premier peintre du roi, né à Paris en 1618 et mort en 1690. Ce bourg est à 8 kil. au S.-O. de Beauvais; sa distance de Paris est de 64 kil. vers le N., par différents chemins joignant la nouvelle route de Beauvais à Pontoise, qui passe à Méru, et de Méru par Chambly et la grande route de Beauvais. Poste aux lettres de Beauvais.

Alnisium, le pays d'Aunis, contrée de la Saintonge dont La Rochelle était la capitale. Ce pays est compris maintenant dans le département de la Charente-Inférieure, diocèse de La Rochelle.

Alnum, Annoy, petite contrée de l'Ile-de-France, qui était située partie dans le diocèse de Paris et partie dans celui de Meaux. On n'en connaît pas bien les limites. Elle s'étendait vers Livry, Bois-le-Vicomte, et Claye. Il n'en est parlé que dans certains titres; on n'y voyait aucune localité un peu importante. Ce pays est compris maintenant dans le diocèse de Meaux et dans le département de Seine-et-Marne.

Alpecium, *Alpicus* et *Alpici Portus*, le Port-au-Pec, et, par corruption le Pec. Village près de St-Germain en Laye, au diocèse de Versailles. Le chemin de fer de Paris à St-Germain en a fait un faubourg de cette ville.

Alpes, ium, les Alpes, chaîne de montagnes qui sépare l'Italie de la France. Les Romains distinguaient *Alpes Cottiæ*, les Alpes Cottiennes à cause de Cottius, qui, sous Auguste, s'était fait un Etat indépendant composé de douze cantons : *Alpes Graiæ* ou *Penninæ*, du dieu Penn, honoré sur ces montagnes; et enfin *Alpes Maritimæ*, Alpes maritimes. Les premières contenaient le mont Genèvre; les secondes, le grand et le petit St-Bernard.

Alpinus, a, um, des Alpes, qui concerne les Alpes.

Alpina Juga (V. *Alpes*), ancienne province allemande réunie à la France sous Louis XIV, formant deux départements : le Haut et le Bas-Rhin, et un seul diocèse, celui de Strasbourg.

Alsontiæ et *Alsuntiæ, arum*, Ausonce, au diocèse de Reims, dans le département des Ardennes.

Altavilla, Attainville, village de l'ancien diocèse de Paris, actuellement de celui de Versailles, canton d'Ecouen, arrondissement de Pontoise, département de Seine-et-Oise. Population, environ 340 habitants, à 5 kil. nord-est d'Ecouen, et à 22 kil. nord de Paris par Moisselles et la grande route de Beauvais. Poste aux lettres d'Ecouen.—Ce village était encore muré à la fin du XVIIᵉ siècle. Les environs sont fertiles en grains et pâturages, et très-bien cultivés. Les Célestins le possédaient dès le XIVᵉ siècle; ils avaient succédé aux seigneurs. L'église et une partie du village sont bâties sur une petite éminence.

Alteia, *Authie*, rivière qui traverse une partie des diocèses d'Arras et d'Amiens et se jette dans l'Océan.

Altifolium. V. *Jonii*.

Altimontensis, se, de Haut-Mont. V. *Altus Mons*.

Altimontium. V. *Altus Mons*.

Altinensis, se, d'Altino. Concile d'Altino en 802.

Altinum, Altino ou Altini, ville autrefois épiscopale, sous l'ancienne métropole Aquilée en Italie.

Altissiodorensis et *Altissiodorum*. V. *Autissiodorensis*, etc.

Altivillare, Hautvilliers ou Hautvillers, ancienne abbaye de Bénédictins, au diocèse de Reims, en commende, qui rapportait 30,000 fr. Il ne reste plus de l'abbaye que quelques bâtiments insignifiants devenus propriétés particulières. L'église sert de paroisse; elle n'est point remarquable comme architecture, mais elle a conservé les boiseries sculptées du chœur, qui sont d'un travail fini.

Altivillarensis, se, de Hautvilliers.

Altogitum, *Atoilum* ou *Altolium*, Auteuil-lez-Paris, beau village du départ. de la Seine, arrond. de St-Denis, cant. de Neuilly-sur-Seine, et dioc. de Paris. La seigneurie de ce village était anciennement possédée par l'abbaye du Bec, qui l'échangea vers l'an 1109 avec l'abbaye Ste-Geneviève de Paris, pour des fiefs et autres revenus que cette dernière abbaye avait à Vernon et dans un autre endroit appelé en latin *Gamilliacum* ou *Carmilliacum*. L'acte d'échange fut confirmé par Louis le Gros, roi de France, et par Henri Iᵉʳ, roi d'Angleterre, alors duc de Normandie. A cette époque, les vignes d'Auteuil avaient une certaine réputation, car « les chanoines de Ste-Geneviève vendaient à des évêques le vin qui en provenait. » Des chanoines de N.-D. de Paris, qui possédaient aussi des vignes dans ce lieu, en gratifiaient leur église, afin que du revenu il fût fait, le jour de leur anniversaire, après leur mort, un repas à quatre services, *ad stationem quatuor ferculorum*. L'église d'Auteuil, sous l'invocation de la sainte Vierge, ne date guère que du commencement du XVIIᵉ siècle. Tous les ans, le jour de l'Assomption, il s'y faisait un grand concours de peuple, qui venait de Paris et des environs. Le portail, dit l'abbé Lebœuf, paraît être un ouvrage du XIIᵉ siècle, aussi bien que la tour du clocher, qui est terminée en pyramide octogone de pierre. On trouve dans le chœur de l'église d'Auteuil le tombeau d'Ant.-Nic. Nicolaï, premier président de la chambre des comptes de Paris, mort à Auteuil en 1734. Dans le cimetière, on voit une pyramide posée sur une base de marbre noir surmontée d'un globe et d'une croix. Ce monument fut élevé à la mémoire de d'Aguesseau, chancelier de France, et de son épouse, Anne Lefebvre d'Ormesson. Le roi voulut fournir les marbres pour le monument de ce grand homme. On remarque dans ce même cimetière un tombeau sculpté par M. Debay. C'est un monument élevé par un de nos premiers manufacturiers, M. Ternaux, à sa femme, décédée en 1817. Dans la chapelle, à côté du chœur, est attachée sur le mur une plaque d'airain sur laquelle on lit l'épitaphe latine du docteur de la faculté de médecine de Paris, Gendron, épitaphe qui est du célèbre Lebeau, qui fut secrétaire perpétuel de l'Académie royale des inscriptions et belles-lettres. Ce médecin passa ses dernières années à Auteuil; ses conseils et ses bienfaits ne manquèrent jamais aux malades et aux malheureux. Il cessa de vivre le 3 septembre 1750.

Plusieurs écrivains supposent qu'Auteuil doit son nom à sa position, soit qu'on le fasse dériver du nom *altare* (autel), ou du celtique *au* (prairie). Dans les anciens titres, on le voit appelé *Attollium*; mais le nom de ce village, indépendamment du site, qui est pittoresque et peuplé de jolies maisons de campagne et de beaux jardins, qui ont remplacé ses vignobles, doit toute sa célébrité aux écrivains du premier ordre qui venaient, loin du tumulte de la cour et de la ville, y composer les chefs-d'œuvre qui font la gloire de notre littérature. Boileau avait une retraite dans ce séjour champêtre. Le législateur du Parnasse français nous a laissé lui-même le tableau de son Tivoli :

C'est un petit village, ou plutôt un hameau,
Bâti sur le penchant d'un long rang de collines,
D'où l'œil s'égare au loin dans les plaines voisines;
La Seine au pied des monts que son flot vient laver,
Voit du sein de ses eaux vingt îles s'élever;
Le village au-dessus forme un amphithéâtre;
L'habitant ne connaît ni la chaux ni le plâtre;
Et dans le roc qui cède et se coupe aisément,
Chacun sait de sa main creuser un logement.
La maison du seigneur, seule un peu plus ornée,
Se présente au dehors de murs environnée;
Le soleil en naissant la regarde d'abord,
Et le mont la défend des outrages du nord.

C'est là, en effet, que Boileau faisait son séjour ordinaire pendant la belle saison, dans une maison très-agréable qu'on voit encore aujourd'hui dans la seconde rue à gauche après l'église, sur la route de Saint-Cloud; c'est là qu'il réunissait les premiers littérateurs de son temps, c'est là que, pour ne pas perdre le goût et l'habitude de la satire, au milieu des plus bruyants festins, on plaçait sur la table les *quatorze mille quatre cents vers* du malheureux Chapelain, et qu'on forçait d'en lire quelques pages celui qui avait le malheur de faire la plus légère faute de français. — L'une des récréations favorites de Boileau à Auteuil était de jouer aux quilles. « Il excellait à ce jeu, dit Louis Racine, et je l'ai vu souvent abattre les neuf quilles d'un seul coup. » — « Il faut avouer, disait Despréaux, que j'ai deux grands talents aussi utiles l'un que l'autre : l'un de bien jouer aux quilles, et l'autre de bien faire des vers. » Un des chagrins de la vieillesse de l'auteur du *Lutrin* fut la perte de sa maison d'Auteuil. Il la vendit à Le Verrier, qui lui dit en l'acquérant : « Vous y serez toujours chez vous; j'exige que vous y conserviez une chambre, et que vous veniez souvent l'habiter. » Quelques jours après, Boileau y retourne en effet, se promène dans le jardin, et, n'y voyant plus un berceau qu'il affectionnait : « Qu'est devenu mon berceau ? s'écrie-t-il en s'adressant à Antoine, ce jardinier qu'il a chanté dans une de ses épîtres. — Je l'ai abattu par l'ordre de M. Le Verrier, répond Antoine. — Je ne suis plus le maître ici, reprit Boileau avec chagrin, qu'y viens-je faire ? » et il remonta en voiture pour retourner à Paris. Ce fut le dernier voyage que l'Horace français fit à son Tivoli. Il mourut quelque temps après d'une hydropisie de poitrine, le 13 mars 1711, âgé de 75 ans. Les eaux minérales d'une des fontaines qui sont dans ce village avaient une vertu reconnue pour la guérison des douleurs rhumatismales, comme on le voit par un livre publié en 1628 par Pierre Habert, médecin. La population de la commune d'Auteuil est d'environ 1400 habitants, y compris ses dépendances, qui sont le hameau du Point-du-Jour, les maisons de campagne isolées de Billancourt et l'île de Sèvres. Son terroir consiste en terres arables, en vignes et en jardins. Pierre d'Auteuil, fameux par ses connaissances sous Philippe-Auguste, et depuis abbé de Saint-Denis, était né dans ce village. Rumfort, l'inventeur des soupes économiques, y est mort. Auteuil est à 4 kil. de Neuilly, et 6 de Paris.

| Auteuil, village de l'ancien diocèse de Chartres, actuellement de celui de Versailles, arrond. de Rambouillet, canton de Montfort-l'Amaury, dépt. de Seine-et-Oise. C'est un ancien comté. Sa pop. est de 5 à 600 hab. Les productions du terroir de cette commune sont partie en grains, partie en vignes; les vins blancs qui en proviennent sont assez estimés. Il y a beaucoup d'arbres à fruit. Auteuil est à 7 kil. au N. de Montfort : sa dist. de Paris est de 38 kil. à l'O., par les Bordes-Pont-Chartrain et la grande route de Brest. Poste aux lett. de Montfort-l'Amaury.

| Auteuil, village du depart. de l'Oise, cant. d'Auneuil, dioc. de Beauvais. Cette terre avait été érigée en comté, il y a plus de 200 ans, par les MM. Combauld-d'Auteuil, qui firent planter en ormes la grande place du village; elle appartient aujourd'hui à M. le comte d'Auteuil, l'un de leurs descendants. Le château qu'il habite est unes des dépendances de la commune de Berneuil. La popul. de ce village est d'env. 400 hab., en y comprenant les hameaux de St-Quentin, du Val-de-l'Eau, partie de celui de Malassise, et les maisons isolées dites la Forêt, qui en dépendent. Les principales productions du terroir d'Auteuil sont en grains et partie en bois. Ce village est à 4 kil. entre l'E. et le S.-E. d'Auneuil, et 10 au S. de Beauvais; sa dist. de Paris est de 58 kil. vers le N., par la route de Beauvais à Pontoise, qui passe à Méru, et de Méru par Chambly et la grande route de Beauvais. Poste aux lett. de Beauvais.

| Auteuil-lez-Plessis, village de l'ancien diocèse de Soissons, aujourd'hui de celui de Beauvais, canton de Betz, arrond. de Senlis, dépt. de l'Oise. Près le moulin dit le Moulin d'Auteuil est une fontaine d'eau minérale. La population de ce village est de plus de 500 habitants avec le Plessis, qui y est adjacent, et le hameau de Bellemont, plus éloigné. Son terroir consiste en terres arables, en prairies et en bois. Cette paroisse est à 5 kil. de la Ferté-Milon, 8 kil. de Betz : sa distance de Paris est de 66 kil. vers le nord-est, par la grande route de Soissons. Poste aux lettres de la Ferté-Milon.

| Autheuil, et Auteuil, village du diocèse de Beauvais, canton de Ressons. arrond. de Compiègne, dépt. de l'Oise. Popul. 320 habitants. Dans cette paroisse on a cherché à perfectionner les laines et à naturaliser les moutons de race espagnole.

Altricus, Autry ou Chitry, près d'Auxerre. On compte en France plusieurs localités du nom d'Autry.

Altumvillare. V. *Altivillare.*

Altus Mons, Haut-Mont, ancienne abbaye près de Maubeuge, dans le Hainaut.

Altus Vicus, et *Auvillacum*, Auvillers, paroisse du diocèse de Beauvais, canton de Mouy, arrondissement de Clermont, département de l'Oise. Elle est située à l'extrémité d'une plaine; son château est d'une construction partie ancienne, partie moderne. La façade du nord est flanquée de deux tourelles et celle du midi de deux pavillons. Le parc est enclos de murs. La population de cette commune est d'environ 100 habitants, y compris le hameau de Lierval. Son terroir est en labour; une petite partie se trouve en vignes et en bois. Auvillers est à 3 kil. vers le S.-O. de Clermont et 7 kil. au N.-E. de Mouy; sa distance de Paris est de 54 kil. au N., par la grande route d'Amiens. Poste aux lettres de Clermont.

Alumna, Alonne, en Anjou, ou Allone. Il y a six bourgs de ce nom en France : l'un dans le diocèse de Beauvais, l'autre dans celui du Mans, où l'on aperçoit des ruines qui frappent l'attention; un troisième dans le diocèse d'Angers; un quatrième dans le diocèse de Poitiers, un cinquième dans le diocèse d'Autun, et le sixième dans le diocèse de Chartres.

Alvernia, Alvernum, Auvernaux, paroisse de l'ancien diocèse de Sens, maintenant de celui de Versailles, canton et arrondissement de Corbeil, département de Seine-et-Oise. Le château de Portes en fait partie. L'ordre de Malte y possédait autrefois une commanderie dont la cure d'Auvernaux dépendait. Sa population est d'environ 200 habitants. Ses productions principales sont en grains, partie en bois. Auvernaux est à 10 kil. au S. de Corbeil; sa distance de Paris est de 38 kil. au S., par la grande route de Fontainebleau. Poste aux lettres de Ponthierry, dont il est distant de 4 kil.

Alverniæ Mons, le mont Alverne, partie de l'Apennin, en Italie.

Alversum, Alversium, Auvers et Butry, ou Auvers-sur-Oise, grand village de l'ancien diocèse de Rouen, maintenant de celui de Versailles, canton et arrondissement de Pontoise, département de Seine-et-Oise, situé sur la pente d'une colline qui borde la rivière d'Oise. L'une de ses rues a plus de 4 kil. de longueur, parce que les maisons sont détachées les unes des autres. Les deux châteaux, dont l'un est nommé le *Petit-Château*, n'ont de remarquable que la beauté de leur position. Le sol de leurs dépendances est très-fertile et en plein rapport. Cette terre fut du domaine de la reine Adélaïde, femme du roi Louis le Gros. Au commencement du XIIe siècle, l'octave de Saint-Denis était distinguée dans l'église de Notre-Dame-des-Champs par un grand luminaire. Ce fut pour son entretien que ce prince assigna au prieuré une rente de 20 sols à prendre sur la terre d'Auvers, appartenant à son épouse. — La population de ce village est de 1,800 habitants environ, en y comprenant les hameaux de Butry, du Val-Hermey et le Moulin du Roi. Les principales productions du terroir de cette commune sont en grains et en chanvre : une partie est en prairies. On y trouve des carrières de pierres de taille, moellons et grès. Auvers, sur la rive droite de l'Oise, que l'on passe sur un bac à Méry, est à 6 kil. au N.-E. de Pontoise, et à 27 de Paris, par une chaussée qui passe à Saint-Leu-Taverny et aboutit à la route de Rouen près Saint-Denis. Poste aux lettres de Pontoise.

| *Auvers-Saint-Georges*, village du département de Seine-et-Oise, arrondissement d'Étampes, canton de la Ferté-Alais, ci-devant diocèse de Sens et actuellement diocèse de Versailles. Avant la révolution, ce village renfermait deux paroisses, Notre-Dame et Saint-Georges, dont la première subsiste encore. La cure de l'une était à la nomination de l'archevêque de Sens; le prévôt d'Auvers nommait à l'autre. Le beau château de Gravelle et le parc, de 160 arpents, clos de murs et bordé d'un côté par la rivière de Juines, appartenaient à M. le comte Perregaux, banquier. Les jardins et les eaux, qui y forment un superbe canal, sont admirables. Le château de Gillévoisin, avec le parc qui en dépend, avait appartenu à Amyot, précepteur de Henri III, et passa au président Brisson, qui fut pendu pendant la ligue. La population de ce village est d'environ 1,000 habitants en y comprenant les hameaux de Janville, Gillévoisin, Chagrenon, partie de celui de Menil-Racoin, plusieurs fermes et maisons isolées. Tout le terroir de cette commune est en terres labourables et en bois. Dans les sablons, on trouve quelques glands de mer attachés sur des fragments de coquilles. La plaine entre Auvers et Villeneuve est toute remplie de fragments de belles cames. Auvers-Saint-Georges est sur la rivière de Juines, qui y fait tourner plusieurs moulins, à 2 kil. à l'E. d'Etrechy et 40 kil de Paris au S., par la grande route d'Orléans. Poste aux lettres d'Etrechy.

Amalphis, Amalphi ou Malfi. Concile de Malfi en 1089.

Amanaburgum, Omembourg et depuis Amelbourg, ancienne abbaye en Allemagne, sur les confins de la Hesse et de la Thuringe.

Amanensis, se, d'Amelbourg.

Amarini oppidum. St-Damarin.

Amased ou *Amasia*, Amasée, ville de la province du Pont, en Asie.

Amastris, Famestro, autrefois Amastride en Paphlagonie.

Amathus, untis, Limisso, autrefois Amathonte, ville épiscopale de l'île de Chypre. Cet évêché, qui date du Ve siècle, a été réuni au XIVe siècle à celui de Lemisse-la-Neuve, ville bâtie du temps du bas-empire grec. Amathonte est complétement ruinée, et Lemisse-la-Neuve n'est plus qu'un pauvre village. Son port est cependant bon.

Amatuna insula, île près de celle de Sardaigne. On l'appelait autrefois Amatune.

Ambacia, Amboise, ville de la Touraine.

Ambasiacus vicus. Ambazac ou Embazais, ancien prieuré près de Grammont, dans la haute Marche. Ambazac est chef-lieu de canton du département de la haute Vienne, au diocèse de Limoges.

Ambianensis, se, d'Amiens.

Ambiani, orum et *Ambianum*, Amiens, ville épiscopale en Picardie, département de la Somme.

Amblava, Amblef, rivière en Ardennes.

Ambresburia, Ambresbury, ville capitale de la Wiltonie ou With-Shire, en Angleterre.

Ambresburiensis ou *Ambresbyriensis, se*, d'Ambresbury. Concile d'Ambresbury en 977.

Ambroniacum, Ambournay, ancienne abbaye de Bénédictins dont le revenu en commende était de 14,000 fr.; située dans le Bugey, elle dépendait du diocèse de Lyon. Ambournay doit son origine à l'abbaye, c'est aujourd'hui une petite ville du diocèse de Belley, département de l'Ain.

Ambrosii Fanum, St-Ambroix-sur-Arnon, ancienne abbaye de l'ordre de St-Augustin, en commende, dont le revenu était de 3,500 fr. Elle se trouvait aux portes de la ville de Bourges ; elle a donné lieu à un village de même nom.

Ambrosius vicus. V. *Ambresburia*.

Amelia, Amelie, ville épiscopale au duché de Spolette, Etats romains.

Ameliacum Biturigum, Ambly, au diocèse de Bourges.

— *Brigensium*, Amilly, en Brie. Il y a plusieurs localités de ce nom en France, un village au diocèse de Chartres, un autre au diocèse d'Orléans.

America, l'Amérique.

Amilda, Emet, en Mésopotamie.

Amiterninus, a, um, d'Amiterne, de St-Victorin.

Amiternum, Amiterne, ancienne ville épiscopale ruinée; c'est à présent le bourg de St-Vittorino dans l'Abruzze ultérieure, au royaume de Naples.

Amnis Alba ou *Albeta*, l'Aubetin, petite rivière en Brie.

— *Mucra*, Le Morin, nom d'un ruisseau de la Brie.

Amorium, Amore, ville ruinée de la seconde Phrygie Salutaire, dans l'exarchat d'Asie; c'était un évêché de la première Phrygie, qui devint métropole de la seconde dans le VIe siècle. C'est aujourd'hui le bourg d'Amoria dans l'Anatolie.

Amphimalia, St-Nicolas en Candie, où île de Crète.

Anagnia, Anagni ou Anagna, ville épiscopale de l'ancien Latium, à présent de la Campagne de Rome.

Anagratæ, arum, et *Anagrate, es*, Anegray, ancien monastère dans les Vosges.

Anaplus, Anaple, près du Bosphore de Thrace.

Anaunia, le Val d'Anagna, dans les Alpes, au diocèse de Trente. *Martyres Anaunienses*, les Martyrs d'Anagna.

Anazarbum, Anazarbe, autrefois ville métropole, à présent bourg appelé Acserai en Caramanie. Anazarbe avait d'abord été un évêché de la première Cilicie; elle fut érigée en métropole de la seconde Cilicie au VIe siècle.

Anconæ littus, mer d'Ancône, partie du golfe de Venise.

Ancora, Ancre, ou Albert, petite ville du diocèse d'Amiens, chef-lieu de canton du département de la Somme. Elle tire son premier nom de la rivière d'Ancre, plus connue sous le nom de Miraumont, sur laquelle elle est située. Le marquisat d'Ancre fut acheté en 1610, moyennant la somme de 330,000 livres, par Concini, maréchal d'Ancre. Lors de sa condamnation, cette ville, dont il était seigneur, changea son premier nom en celui d'Albert, qu'elle porte aujourd'hui. La population, qui est presque toute industrielle, s'élève à 2,800 habitants; elle s'occupe de la filature du coton, commerce en grains et en bestiaux. On trouve dans son voisinage des pétrifications curieuses. Elle est à 28 kil. nord au levant d'Amiens, et à 140 nord de Paris. Il y a un bureau de poste.

Ancyra, Ancyre, ville autrefois métropole et capitale de la Galatie, à présent Angouri dans l'Anatolie. Le rite grec et arménien y ont chacun un archevêque.

Ancyranus, a, um, d'Ancyre. Deux conciles d'Ancyre en 315, 358.

Andaginum et *Andainum*, St-Hubert dans les Ardennes. C'était une abbaye de Bénédictins connue d'abord sous le nom de St-Vannes, où l'on menait les hydrophobes pour les guérir de leur rage. Les religieux défrichèrent toute cette partie des Ardennes et donnèrent ainsi lieu à la ville qui se forma sous le nom de St-Hubert. Ce n'était auparavant qu'un vaste désert nommé Andain à cause de ses sources d'eau vive. L'abbaye est détruite, et la ville est comprise dans le royaume de Belgique.

Andana, Anden ou Andenne, ancienne abbaye de filles sur la Meuse, entre Namur et Huy, fondée par Begge, fille de Pepin de Landen en 686, et ruinée par les Normands. Rebâtie ensuite, elle fut brûlée en 1159. Andenne est aujourd'hui une petite ville de la Belgique.

Andani Villa, Andainville, au pays de Vimeu, diocèse d'Amiens, département de la Somme.

Andao, Saint-André, près de Villeneuve d'Avignon. On compte 25 localités de ce nom en France.

Andegavensis, se, d'Angers, | d'Anjou, de l'Anjou. Cinq conciles d'Angers, en 453, 1269, 1279, 1336, 1365.

Andegavensium solum. V. *Andegavia*.

Andegavi, orum et *Andegavum*, Angers, ville épiscopale et capitale de l'Anjou.

Andegavia, l'Anjou, province et ancien duché en France.

Andelaensis, se, d'Andelot. V. *Andelaus*. Concile d'Andelot en 587.

Andelagum, Andeleium et *Andeliacum*, Andelis et mieux Andely, ville avec une abbaye au diocèse de Rouen. L'abbaye n'existe plus et la ville appartient actuellement au diocèse d'Evreux. *Voyez* au mot *Andilegum*.

Andelaha, Andelaw, en Alsace; il y avait des chanoinesses. Ce village est du diocèse de Strasbourg.

Andelaus, Andelot, au diocèse de Langres en Champagne.

Andeliacum et *Andiliacum*, Andilly. Il y a trois villages de ce nom en France.

Andella, ou *Andellius fluvius*, Andelle (la rivière d'Andelle). Cette rivière prend sa source à Serqueux, à 4 kil. nord-ouest de Forges, passe au Pont-Saint-Pierre, et se jette dans la Seine, au port de Pitres, vis-à-vis Poses; elle est flottable depuis Forges jusqu'à son embouchure; les transports consistent en bois pour Rouen et Paris. Près de son embouchure, elle fait mouvoir la célèbre usine de Romilly, où on lamine et façonne le cuivre. Cette rivière, qui prend sa source dans le diocèse de Rouen, a son embouchure dans celui d'Evreux. Son cours est de 60 kil.

Andematum Lingonum et *Andematum*. Voy. *Langres*, t. III.

Andena. V. *Andana*.

Andensis, se, d'Anden. V. *Andana*.

Anderlacum, Anderlech ou Anderlac, village près de Bruxelles, Belgique.

Andes, ium. V. *Andegavi*.

Andesagino, Anssene ou Ansene, sur la rivière de Bresse au Ponthieu, diocèse d'Amiens.

Andicavensis et *Andicavum*. V. *Andegavensis*, etc.

Andilegum, Andeleins, les Andelys (le grand et le petit), ville du diocèse actuel d'Evreux, autrefois du diocèse de Rouen, qui forme un des arrondissements du département de l'Eure. Ces deux localités, que l'on confond ordinairement ensemble, en les nommant simplement les Andelys, ne sont séparées l'une de l'autre que par une chaussée d'un kil.

Le grand Andely est désigné, dans les anciens auteurs, sous le nom d'*Andilegum, Andeliacum, Andelia, Rupes Andeli*. Le nom d'*Andilegum* paraît avoir en sa faveur le mérite d'une plus grande ancienneté, les autres n'ayant été employés que dans des temps postérieurs.

Les érudits se sont beaucoup fatigués à trouver l'étymologie de ce nom. Les uns ont voulu que la première syllabe *and* appartînt à la langue teutonique; d'autres, considérant que la seconde syllabe *leg*, qui signifie *pierre*, était d'origine celtique, ont prétendu que la première ne pouvait pas être attribuée à une autre langue, et ils en ont conclu que *Andleg* désignait un lieu couvert, obscur et rocailleux, ce qui pouvait tout aussi bien alors convenir à l'endroit où l'on a bâti les Andelys qu'à une infinité d'autres.

Les bases sur lesquelles on a voulu fonder la haute antiquité des Andelys ne paraissent donc pas très-solides.

On lit dans la Vie de sainte Clotilde, écrite longtemps après sa mort, que cette reine fonda une abbaye de filles sur les bords de la Seine, dans un lieu nommé les *Andeleins*. C'est la première fois qu'il ait été fait, d'une manière positive, mention des Andelys. Au reste, que l'abbaye ait été fondée par sainte Clotilde elle-même, ou qu'elle lui ait été simplement dédiée dans des temps plus rapprochés de nous, au moins est-il certain qu'il se forma peu à peu une petite bourgade autour du monastère, et que dans les premières années du XII⁰ siècle, il y avait un château-fort, où le roi Louis VII se réfugia lorsqu'en 1119 il fut battu à Brenneville par les troupes de Henri, roi d'Angleterre. Ce château avait été pris sur les Anglais, l'année précédente, par le chevalier Engerrand de Chaumont.

Les rois d'Angleterre successeurs de Guillaume le Conquérant, duc de Normandie, étaient alors maîtres de cette province, et, quoique pour cette possession ils fussent vassaux des rois de France, mais vassaux trop puissants, ils firent souvent la guerre à leurs suzerains. Les Andelys se trouvaient sur les limites des deux Etats, et ils eurent souvent à souffrir de ces hostilités presque continuelles.

Par un traité de paix conclu en 1160, Andely avait été cédé au roi d'Angleterre; mais la guerre s'étant rallumée en 1167, les armées anglaise et française livrèrent aux flammes une grande partie des fermes, villages et bourgs situés entre Mantes, Pacy-sur-Eure, Gisors, Vernon, etc. Le roi de France eut pour sa part le triste honneur de brûler Andely, bourg très-fort, et qui appartenait alors aux évêques de Rouen.

Vers la fin du XII⁰ siècle, les rois de France et d'Angleterre, et l'archevêque de Rouen, se disputèrent vivement la possession d'Andely. En 1196, Philippe-Auguste en devint le maître; mais son rival de gloire et de puissance, le roi Richard surnommé Cœur-de-Lion, s'empara près d'Andely d'une île au milieu de la Seine, où il fit construire une forteresse. Après la mort de Richard, Jean, son successeur, conclut avec Philippe-Auguste un traité par lequel il se réserva la possession d'Andely; mais ayant été accusé du meurtre de son neveu, Arthus de Bretagne, il fut cité, comme vassal de la couronne, à la cour de France. Le duché de Normandie fut confisqué et envahi. Andely et sa forteresse soutinrent en 1204 un siège de cinq mois et la famine les força de capituler.

Depuis cette époque, Andely a cessé de figurer dans l'histoire d'une manière remarquable. On voit seulement qu'Antoine de Bourbon, roi de Navarre, y mourut, en 1522, des suites d'une blessure qu'il avait reçue au siège de Rouen.

Sous la première race de nos rois, l'abbaye d'Andely avait autant de célébrité que celles de Chelles et de Faremoutiers; mais elle est détruite depuis plusieurs siècles.

Sur les ruines de cet ancien monastère s'est élevée une collégiale séculière, qui, par son ancienneté et le nombre des ecclésiastiques qui y étaient attachés, pouvait être considérée comme l'une des plus importantes du diocèse de Rouen.

En 1245, on fit quelques règlements nouveaux, desquels il résulta que le chapitre de la collégiale fut composé d'un doyen, de six chanoines, de quatre vicaires, d'un secrétaire, d'un diacre, etc. Indépendamment de la collégiale, il y avait au grand Andely une autre église sous le titre de Sainte-Madeleine, et une au petit Andely sous l'invocation de Saint-Sauveur. Le service paroissial était fait par les quatre vicaires.

Outre les églises dont il vient d'être question, on voyait anciennement aux Andelys un prieuré de Saint-Jean, un couvent de Capucins, un d'Ursulines, une léproserie et une chapelle dite de Sainte-Clotilde, dont le premier titre était de Saint-Nicolas, et qui fut dotée en 1203.

L'église collégiale est bien bâtie. Le portail extérieur, où l'on voit au midi l'ordre gothique, et au nord l'ordre ionique, paraît antérieur au reste de l'édifice. La chapelle de la Vierge est décorée d'un tableau de Lesueur, représentant Jésus retrouvé au temple, qui provient des Chartreux de Gaillon, ainsi qu'une sépulture de Jésus-Christ formant un groupe de figures sculptées.

Près de la collégiale se trouve la chapelle de Sainte-Clotilde, qui est devenue propriété particulière; mais on a conservé avec soin la statue de la sainte et la clef pendante de la voûte, richement sculptée en cul-de-lampe.

Une fontaine située aux Andelys, et qui porte aussi le nom de Sainte-Clotilde, jouit d'une grande célébrité dans le pays. Le 2 juin de chaque année, le doyen de la collégiale, accompagné de tout son clergé, se rendait en procession à cette fontaine, et y répandait une certaine quantité de vin, aussitôt les pèlerins qui étaient accourus à cette dévotion se jetaient nus dans cette fontaine, les hommes d'un côté, les femmes de l'autre, séparés par une muraille, et espéraient obtenir par ce moyen la guérison de leurs maladies. On croit que l'usage de répandre du vin dans la fontaine se rattache au souvenir du miracle attribué à sainte Clotilde, qui avait changé l'eau de cette fontaine en vin.

On a établi dans l'ancien couvent des Ursulines une salle de comédie et une prison. C'est là aussi que se tient le tribunal de première instance.

Le grand Andely est situé à un quart de lieue de la Seine, sur un ruisseau nommé le Gambon, qui n'a qu'une lieue de cours, et qui fait tourner plusieurs moulins. Au-dessous de l'embouchure du Gambon, et sur les bords de la Seine, est le petit Andely, qui était autrefois fortifié, mais dont les fortifications sont ruinées. Les deux villes réunies offrent une population de 5 à 6000 habitants.

Le duc de Penthièvre, grand amiral de France, qui fit le plus bel emploi d'une grande fortune en la consacrant à des œuvres de bienfaisance très-multipliées, fonda aux Andelys un hospice qui lui coûta plus de 400,000 fr., indépendamment des fonds qu'il donna pour en augmenter les revenus.

Thomas Corneille termina sa vie dans un âge très-avancé, aux Andelys, où il a son tombeau dans l'église collégiale.

Parmi les personnages célèbres ou remarquables qui ont pris naissance aux Andelys, on peut citer Adrien Turnèbe, directeur de l'imprimerie royale et professeur de langue grecque à Paris, dans le XVIe siècle; Nicolas le Poussin, l'un des plus grands peintres que la France ait produits; Louis-Urbain Albert, marquis de Tourni, d'abord intendant de Limoges et ensuite de Bordeaux, où il illustra son administration par beaucoup de travaux et d'établissements utiles; enfin, Nicolas Blanchard, si connu par le grand nombre d'ascensions aérostatiques qu'il a faites seul ou auxquelles il a pris part.

Le commerce des Andelys consiste en bestiaux et en produits de ses manufactures. On y prépare des cuirs de diverses qualités; il y a des fabriques de draps, de siamoises, de toiles imprimées, de bonneterie, etc., etc.

Les Andelys sont à 32 kil. au sud de Rouen et à 88 au nord-ouest de Paris.

| Andely (la forêt d'). Elle s'étend sur la rive droite de la Seine, depuis cette ville jusqu'à Vernon, et contient 2,690 arpents. Cette forêt était dans la dépendance de la maîtrise des eaux et forêts d'Andely.

| Andely (le château Gaillard d'). Ce château, bâti sur une éminence, près du petit Andely, joue un rôle important dans les guerres entre la France et l'Angleterre. Lorsque les Anglais étaient maîtres de la Normandie et de plusieurs autres provinces, Philippe-Auguste s'en empara, après une résistance des plus opiniâtres. En 1418, le château Gaillard tomba entre les mains des Anglais à la suite d'un siége qui dura près d'un an et demi. Cette forteresse se soumit à Charles VI en 1429; mais l'année suivante, les Anglais s'en emparèrent de nouveau après l'avoir assiégée pendant six mois. Enfin, lorsqu'en 1449 les Anglais furent contraints d'abandonner la France, le château Gaillard, assiégé par le roi en personne capitula sans faire de résistance.

Marguerite de Bourgogne, femme de Louis X dit le Hutin, accusée d'adultère, fut enfermée dans cette forteresse en 1315, et étranglée par l'ordre du roi, son mari. Peu d'années après, en 1322, la même forteresse servit de prison à Jeanne de Bourgogne, femme de Charles le Bel, accusée du même crime que Marguerite. Cette princesse y resta jusqu'à ce que, son mariage ayant été annulé par le pape, elle eût la permission de se retirer à l'abbaye de Maubuisson, où elle prit le voile.

Aujourd'hui le château Gaillard est si complétement détruit, qu'à peine reste-t-il quelques ruines pour marquer la place qu'il occupait.

Andiliacum, Andilly, paroisse de l'ancien diocèse de Paris, aujourd'hui de celui de Versailles, canton de Montmorency, arrondissement de Pontoise, département de Seine-et-Oise. Sa situation sur un coteau, à l'exposition du midi, d'où l'œil embrasse la riche et fertile vallée de Montmorency, en fait un séjour très-agréable; aussi y voit-on plusieurs maisons de campagne qui jouissent des plus beaux points de vue. Derrière Andilly, sur la hauteur, la forêt de Montmorency offre aussi de charmantes promenades.

La première syllabe du nom de ce village, qui lui est commune avec plusieurs autres lieux en France, paraît être d'origine celtique, mais on n'en connaît pas bien la signification. Le premier titre où il soit fait mention d'Andilly est de 1125. Cependant, en 1470, ce lieu ne contenait encore qu'un très-petit nombre d'habitants. L'ancienne église avait été dédiée à saint Médard, en 1547; mais l'église actuelle est d'une construction plus récente, ayant été rebâtie aux frais de M. du Lier, seigneur de l'endroit, qui y a sa sépulture. Le chœur est vaste et accompagné de deux belles chapelles.

Le château d'Andilly, qui a été démoli, appartenait, au XVIIe siècle, à Arnaud d'Andilly, neveu du célèbre Arnaud de Port-Royal. Arnaud d'Andilly a composé plusieurs ouvrages, et son fils, M. de Pomponne, fut ministre des affaires étrangères sous Louis XIV. Le château de la Chasse, surnommé aussi *Bel-Air*, à cause de sa situation élevée, est une dépendance du village. C'était un rendez-vous de chasse pour le prince de Condé, à qui appartenait la forêt. Andilly et Margency ne formaient autrefois qu'une seule paroisse, dont ce dernier village a été démembré vers la fin du XVIIe siècle et érigé en paroisse particulière. La majeure partie du territoire d'Andilly est cultivée en vignes. On y recueille aussi beaucoup de fruits; ses pêches avaient autrefois une grande réputation. Le village est à 3 kil. nord-ouest de Montmorency, où est le bureau de poste, et à 20 kil. nord de Paris.

Andoverpum. V. *Antuerpia.*

Andresiacum, Andresis, ou Andresy, village de l'ancien diocèse de Paris, actuellement de celui de Versailles, arrond. de cette ville et canton de Poissy; il est situé sur la rive droite de la Seine, où se trouvent plusieurs îles. Sa distance de Poissy est de 6 kil. au N., et de Paris, 26 au N.-O. par Poissy et la grande route qui passe à Saint-Germain-en-Laye.

Son nom latin *Andresiacum* vient, selon M. Lancelot, de l'Académie des inscriptions et belles-lettres, de celui d'*Anderetianum*, qui était un lieu situé auprès du confluent de l'Oise et de la Seine, et où les Romains entretenaient une flotte pour contenir les peuples de ces contrées. Cette étymologie, peut-être hasardée, donnerait au village d'Andresy une grande antiquité.

Sans remonter à une époque aussi reculée, on trouve Andresy parmi les noms des biens donnés par Inchabus, évêque de Paris, en 829, aux chanoines de son église. Cette donation fut ensuite confirmée par Charles le Chauve, en 960 par Lothaire, et en 1190 par Philippe-Auguste.

L'église d'Andresis, dont la construction paraît remonter au XIIIe siècle, est très-jolie. On y voit des galeries fort élégantes, et son clocher, placé au portail de l'église, est un des plus distingués des environs de Paris, par la hardiesse de son architecture.

On voit encore à Andresis des restes de portes et de ruines de tours qui annoncent toute l'importance qu'avait autrefois ce lieu. Il fut l'un des villages choisis pour tenir des conférences au sujet de la conversion de Henri IV, en 1592.

Andresis est un grand village d'une seule rue d'environ 3 kil. de longueur; sa position au confluent de l'Oise et de la Seine, lui donne un aspect romantique, qui l'a fait choisir pour y bâtir plusieurs maisons de campagne très-agréables. On remarque celle dite *Le Fays*, construite sur les ruines d'un ancien fief, et qui a une belle ferme dans sa dépendance; une autre, appelée *la Fin de l'Oise*, et située dans le triangle formé par l'Oise et par la Seine, a, sur la première rivière, un bac pour la traverser. On distinguait encore une maison, près de la rive droite de la Seine, dont les jardins s'étendaient jusque sur une des îles de cette rivière; elle a appartenu à une princesse de France.

Andresis était autrefois baronie, avec une maison seigneuriale, dont le chapitre Notre-Dame de Paris fut propriétaire. Il y avait aussi un château qui a été démoli; et, à la place, on a bâti une jolie maison de plaisance. Le parc, qui s'étend le long de la Seine, en fait le principal agrément.

Les îles que forme la Seine vis-à-vis Andresis servent de pacages; les habitants n'ont pas encore essayé d'en tirer un autre parti.

La principale richesse du territoire d'Andresis est en vignobles. Leur vin était autrefois réputé l'un des meilleurs des environs de Paris; mais bien qu'il n'ait plus une aussi grande vogue, il a conservé une partie de sa réputation.

La population d'Andresis est de 1100 habitants. La poste aux lettres est à Poissy.

Anemundi Castrum. V. St-Chamond.

Anetum, Anetus, Anet, dénomination commune à plusieurs localités. Il y a une petite ville de ce nom au diocèse de Chartres, laquelle est chef-lieu de canton de l'arrond. de Dreux, avec une population de 1,800 habitants. Anet est situé au confluent des rivières d'Eure et d'Avre, dans une vallée agréable et fertile. C'était une ancienne châtellenie, que Charles de Lorraine, grand veneur de France, et petit-fils de la fameuse Diane de Poitiers, fit ériger en principauté. Mais les lettres patentes délivrées à ce sujet au mois de février 1583, n'étant point revêtues de toutes les formalités requises, on ne put obtenir leur entérinement.

Sur un bras de la rivière d'Eure, à l'extrémité du parc, Charles de Lorraine avait fait construire un couvent de Cordeliers, qui subsistait encore en 1789. Depuis cette époque, l'église a été détruite.

Diane de Poitiers avait fondé à Anet un hospice, que l'on a conservé.

On voit aujourd'hui, près de l'ancien couvent des Cordeliers, un moulin à tan d'une belle construction, et, dans le parc, un autre moulin destiné au même usage. Les productions du terroir consistent en grains, vins et prairies. La forêt contient environ 13,000 arpents; elle est percée d'un très-grand nombre de routes.

Le bourg d'Anet, longtemps célèbre par le magnifique château de Diane de Poitiers bâti en 1552, d'après les ordres de Henri II, par Philibert Delorme, se trouve à 12 kil. de Dreux, et à 64 de Paris.

Le château était situé près du bourg, au milieu d'une agréable vallée qu'arrose la rivière d'Eure. Au midi, la vallée est bornée par un coteau couvert de vignes; une côte plus escarpée s'élève au nord. Cette configuration du terrain contribuait à rendre le parc d'Anet plus fertile et plus solitaire. La vallée d'Anet, riche en bois et en prairies, se prolonge, à droite et à gauche, aussi loin que l'œil peut s'étendre; l'ensemble de cette vue produit l'effet le plus pittoresque et la perspective la plus agréable.

La première origine du château est fort ancienne. Une charte de 1169 fait mention d'un Simon d'Anet, seigneur de ce bourg; et dans les premières années du XIXe siècle, on voyait encore des vestiges de l'ancienne demeure de ce Simon.

Philibert Delorme exécuta un monument grand dans son ensemble, précieux dans ses détails, riant par sa position, et pittoresque par la variété des mouvements qu'il sut donner à son architecture.

Ce château était entouré d'un fossé large et profond, un pont en pierre conduisait à la porte principale, décorée de plusieurs colonnes d'ordre ionique. La principale cour était régulièrement décorée, dans ses quatre faces, par des colonnades d'ordre dorique; et la façade principale, composée de trois ordres d'architecture l'un au-dessus de l'autre, d'un style pur, d'un beau dessin, et ornée de sculptures par Jean Goujon, servait d'entrée dans l'intérieur du château. Cette belle façade, de plus de soixante pieds de haut, a été transportée au musée des Petits-Augustins.

La chapelle se trouvait dans la partie orientale du château. Sa forme était circulaire, et elle avait 37 pieds de diamètre. Douze colonnes d'ordre toscan soutenaient le plafond, et les murs étaient décorés de belles sculptures dorées. Les vitraux, peints en camayeux gris, remarquables par la beauté du dessin et de l'exécution, sont conservés au musée des Petits-Augustins, où ils ont été réparés avec beaucoup de soin.

Cette propriété, après plusieurs vicissitudes, appartint à Louis XV, qui en fit présent au vertueux duc de Penthièvre. A la révolution, le château fut démoli; il n'est resté que la porte d'entrée et la chapelle. | Il y a un bourg du nom d'Anet, dans le diocèse de Meaux, arrond. de cette ville près de la Marne, qui compte plus de 1000 habitants. L'ordre de Cluny y possédait un prieuré, au moment de la révolution de 1789. | Le canton de Berne (Suisse) compte une petite ville de ce nom; elle a 2,400 habitants. Les environs sont remplis d'antiquités romaines.

Angar et *Angariensis*. Sangar en Bithynie.

Angeli (S.) Oppidum, bourg de St-Ange, près de Fermo, dans la Marche d'Ancône, en Italie.

— *Angelorum Mons*, Angelberg, au canton d'Undervald, en Suisse.

Angeriacum, St-Jean-d'Angely, ville de Saintonge, diocèse de la Rochelle.

Angiliacum, ou *Angeriliacum*, Angervilliers, paroisse de l'ancien diocèse de Chartres, maintenant dans celui de Versailles, du canton nord de Dourdan, arrondissement de Rambouillet, Seine-et-Oise. Ce village, dont la population est d'environ 300 habitants, n'a de remarquable qu'une jolie maison de campagne. Il y avait autrefois un beau château, dont la duchesse de Beuvron était propriétaire; mais il a été démoli depuis quelques années. Le terroir de cette commune se compose de terres labourables, vignes et bois; on y trouve beaucoup de châtaigniers.

C'est à Angervilliers que mourut, au mois d'août 1804, à l'âge de 72 ans, Boisgelin de Cucé, ancien archevêque d'Aix, ex-membre de l'assemblée constituante, nommé, après le concordat de 1801, archevêque de Tours, cardinal et sénateur. M. de Boisgelin avait traduit les Héroïdes d'Ovide et les psaumes de David en vers français. On a aussi de lui quelques ouvrages de théologie politique.

Angervilliers est à 8 kil. au nord de Dourdan, où est le bureau de poste, et à 36 kil. entre le sud et le sud-ouest de Paris.

Angli, orum, les Anglais | l'Angleterre. *Anglorum provincia*.

Anglia, l'Angleterre, la plus grande des Iles-Britanniques.

Anglicanus, a, um, de l'Angleterre. | Anglican. *Anglicani episcopi*; les évêques d'Angleterre. Neuf conciles appelés d'Angleterre, en 576, 904, 969, 1072, 1075, 1093, 1095, 1167, 1341.

Anglicus, a, um, qui concerne l'Angleterre.

Anglus, a, um, Anglais, d'Angleterre.

Anguri. V. Ancyra.

Aniana, Agnane ou St-Sauveur d'Aniane ou Saint-Benoît d'Aniane, petite ville du diocèse de Montpellier, au pied des montagnes, auprès de l'Hérault. Saint-Benoît, célèbre réformateur des monastères sous Louis le Débonnaire, s'était retiré dans la solitude d'Aniane, d'où le nom lui est resté ; il y fonda une abbaye de Bénédictins qui devint célèbre. En dernier lieu, l'abbaye, tombée en commende, rapportait 12,000 fr. L'église, remarquable sous le rapport architectural comme toutes les églises bénédictines, sert de paroisse.

Anianensis, se, d'Aniane.

Aniciacum. V. *Annecium*.

Aniciensis, se, du Puy en Velay. Concile du Puy en 1130.

Anicium, le Puy en Velay, ville épiscopale dans les Cévennes, département de la Haute-Loire.

Anisola et *Aninsula*, Anille, à présent St-Calès ou St-Calais, qui avait une ancienne abbaye de Bénédictins, laquelle rapportait à l'abbé commendataire 4,500 fr. Cette ville est du diocèse du Mans et du département de la Sarthe.

Anisolensis, se, d'Anille, de St-Calès.

Annecium, Annecy, ville épiscopale en Savoie.

Ansa, Anse, petite ville du diocèse de Lyon.

Ansanus, a, um, d'Anse. Quatre conciles d'Anse, en 1025, 1070, 1100, 1112.

Ansio. St-Jouin.

Ansuiscum, Ansouis, en Provence.

Antandros, Antandro, à présent St-Démétrius dans l'Anatolie. Ce n'est plus qu'un village.

Antimonasterium, Ermontier, ancienne abbaye en Limousin.

Antiniacum, Antigny, en Poitou, diocèse de Poitiers.

Antinoïtæ, Antinoïtes, habitants d'Antinoé, ville de la haute Égypte, métropole de la première Thébaïde, dans le patriarcat d'Alexandrie. On voit ses ruines, de marbre, dans le Saïd, sur les bords du Nil.

Antinopolis et *Antinoüs*; Antinoé ou Antinople.

Antiochensis, se, d'Antioche. *Antiochenses, ium*, les habitants d'Antioche. *Concilium Antiochense*, concile d'Antioche en Carie, vers 368. Voyez *Antiochenus*.

Antiochenus, a, um, d'Antioche, qui est d'Antioche. Quatorze conciles d'Antioche de Syrie, en 252, 265, 270, 340, 341, 345, 356, 357, 360, 363, 378, 443, 447, 1136.

Antiochia, Antioche, ville épiscopale, puis patriarcale, autrefois capitale de la Syrie et de tout l'Orient. | Ville de la Carie. | Ville principale de la Pisidie. | Autre ville de l'Asie Mineure. | Petite ville de la basse Thébaïde. | Nom commun à plusieurs lieux.

— *Migdoniæ*. V. *Nisibe*.

Antipolis, Antibes, ville de Provence, diocèse de Fréjus.

Antissiodurum, Auxerre. Le nom latin de cette ville a éprouvé de nombreuses vicissitudes. C'est *Antissiodurum*, *Altissiodorum*, d'après Baudrand ; *Autosiodorum*, d'après Ammien-Marcellin ; *Autessiodurum*, dans la Table de Peutinger ; *Antisiodorum*, *Autesiodorum* dans l'Itinéraire d'Antonin ; *civitas Autisio-*

dorensium dans les anciennes notices des provinces et des villes de France. La chronique de Prosper dit *Autisiodorum*, et *civitas Autissiodorum* se lit dans la chronique de Robert d'Auxerre. Ce dernier nom d'*Autissiodorum* est fréquent dans les écrits d'une foule d'auteurs mentionnés par Adrien de Valois, *Notit. Gall.*, pag. 69. L'Auxerrois et sa capitale Auxerre, dit le savant abbé de Longuerue (Descrip. de la France, part. I, pag. 290), ont pris leur nom d'*Autissiodorus*, dont on a en vain cherché l'étymologie ; car ce mot est tiré ou corrompu de la langue celtique, qui nous est inconnue. *Autissiodorus* n'était pas chef d'un peuple, et ne se trouve dans aucun auteur grec ou latin plus ancien qu'Ammien-Marcellin, qui fait mention d'*Autesodorus* ; car c'est ainsi que cet historien nomme cette ville, que les empereurs romains érigèrent en cité, en la séparant d'un peuple qui ne peut avoir été autre que celui de Sens, sa métropole. — Après la chute de l'empire romain occidental, Auxerre tomba au pouvoir des Franks, sans que jamais cette ville ait été soumise aux rois bourguignons. Clovis en fut maître, et elle échut en partage à son fils Clodomir. Gontran, fils de Clotaire Ier, fut aussi maître d'Auxerre, et il eut aussi le royaume de Bourgogne ; c'est pour cela que quelques auteurs anciens mettent Auxerre dans ce royaume. — Les comtes qui ont gouverné cette ville n'en ont jamais été seigneurs propriétaires, non-seulement sous les Mérovingiens, mais sous les Carlovingiens. Ce fut sous ceux-ci que le comté d'Auxerre, qui avait alors autant d'étendue que le diocèse, fut donné par les rois à l'évêque et à l'église cathédrale de Saint-Étienne. Les évêques donnèrent en fief plusieurs grandes seigneuries, comme Gien et Donzy, à divers laïques, et Auxerre, à la charge que ses seigneurs seraient tenus de faire foi et hommage à ces prélats. Ce fut à ce titre que Landry, comte de Nevers, fut comte-propriétaire d'Auxerre, sous le règne de Robert, et sous l'épiscopat de Hugues de Challon, au commencement du XIe siècle. Garreau, dans sa Description de Bourgogne, p. 351, édit. de 1734, dit que le premier comte d'Auxerre dont on ait connaissance fut Pénius, et ensuite Mommos, son fils, dans le VIe siècle : Ermenolde l'était en 708. Jean IV de Châlons vendit le comté d'Auxerre, en 1370, au roi de France Charles V, qui le réunit à la couronne ; mais en 1435, il fut cédé avec ceux de Mâcon et de Bar-sur-Seine, par le roi Charles VII, au duc de Bourgogne Philippe le Bon, pour les tenir en pairie, de même que le duché, à la charge du ressort de ces comtés au parlement de Paris. On voit que l'origine d'Auxerre doit remonter à une époque reculée ; elle était déjà célèbre lors de la conquête de la Gaule par les Romains, sous le nom d'*Autissiodorum*. On y a trouvé dans les fouilles beaucoup d'antiquités, entre autres plusieurs coins de médailles, ce qui ferait présumer qu'elle avait anciennement un hôtel des monnaies. Elle a été ravagée par les Huns, les Sarrasins, les Normands, les Anglais et les calvinistes. Elle fut la résidence des comtes de l'Auxerrois avant d'être réunie avec ce comté au duché de Bourgogne, et depuis à la couronne de France. — Avant la révolution, Auxerre avait huit paroisses, quatre abbayes, plusieurs couvents d'hommes et de filles, une commanderie de Malte, une cathédrale, une collégiale et deux hôpitaux, un séminaire dirigé par des prêtres de la Mission, dits Lazaristes, et un collége où les Jésuites enseignaient jusqu'à la théologie exclusivement. La cathédrale est remarquable par la grandeur et l'élévation de sa nef, et par ses vitraux si curieux, si naïfs et si intéressants; l'église Saint-Pierre, par une belle tour et un mélange singulier d'architecture gothique et moderne. Le palais épiscopal n'a rien de beau, quoique très-vanté par les géographes. Dans l'abbaye de St-Germain, d'une architecture romane, on comptait jusqu'à 60 corps saints et une quantité prodigieuse de reliques. Ce furent les papes Nicolas Ier, Jean VIII et Jean IX qui enrichirent cette église de ces reliques, qui étaient dans des grottes que Conrad, frère de l'impératrice Judith, et abbé commendataire de Saint-Germain, avait fait bâtir en 850. Séguier, évêque d'Auxerre, fit ouvrir tous les tombeaux en 1636, et dressa un procès-verbal de l'état où il avait trouvé les corps saints. On conduisait d'abord les curieux au tombeau de saint Héribalde, prince de la maison de Bavière, qui, sous Charlemagne, Louis le Débonnaire et Charles le Chauve, eut beaucoup de part au gouvernement de l'Etat. Héribalde fut moine, puis abbé de ce monastère, enfin évêque d'Auxerre et archichapelain, c'est-à-dire grand aumônier de France. On voyait ensuite le tombeau de saint Fraterne, évêque d'Auxerre, qui fut martyrisé le 29 septembre 481; celui de saint Abbon, frère de saint Héribalde, religieux de ce monastère et successeur de son frère dans l'évêché de cette ville. Le même évêque, Séguier, rapporte qu'il trouva le corps de ce saint revêtu d'un cilice, d'un habit religieux et de ses habits pontificaux; que son habit était fait de la même manière que celui des religieux d'aujourd'hui, mais que sa couleur était d'un noir naturel et non pas de teinture. On trouva dans celui de saint Censure, évêque, le corps de ce saint avec une châsse remplie de reliques. Le pilier qui était près de l'autel de saint Benoît portait cette inscription : POLYANDRION, c'est-à-dire *cimetière des saints*. Ce pilier, profond de 10 pieds, était fait comme celui qui est près de Saint-Pierre de Rome. L'évêque Séguier y trouva 30 corps saints, avec les instruments de leur pénitence et de leur martyre. A la fenêtre de Saint-Benoît étaient les religieuses trouvées avec le corps de saint Censure. Dans la chapelle de Ste-Maxime reposaient les corps de sainte Maxime, dame italienne, qui vint en France, à la suite du corps de saint Germain, lorsqu'on le transporta à Auxerre de Ravenne, où il mourut; de saint Optat, évêque d'Auxerre et de deux autres saints. L'église de cette abbaye renfermait les sépultures de plusieurs saints évêques, religieux et autres. Le corps de saint Germain avait été mis dans une châsse d'or, enrichie de pierreries du plus grand prix; mais elle fut enlevée par les réformés, et les reliques dispersées, en sorte qu'il ne reste plus dans ce tombeau que de la cendre du corps de ce saint et quelques petits ossements. Il existait encore dans cette église les corps et les reliques de plusieurs autres saints. L'abbaye de St-Germain d'Auxerre était de l'ordre de St-Benoît et de la congrégation de St-Maur. Elle fut fondée, en 422, par saint Germain, dans sa maison paternelle. Il dédia cette église sous le nom de Saint-Maurice, et y mit pour la desservir le saint prêtre Saturne et des religieux. C'est là qu'il fut enterré en 448, et l'église ayant été rebâtie avec plus de magnificence par sainte Clotilde, environ l'an 500, elle prit le nom de Saint-Germain, son fondateur, qu'elle conserva. Cette abbaye valait 8,000 liv. de revenu à l'abbé, et 9,000 liv. aux religieux. — Celle de Saint-Marian d'Auxerre était de l'ordre des Prémontrés. Elle avait été fondée par saint Germain, évêque d'Auxerre, sous l'invocation de Saint-Côme et de Saint-Damien. Saint-Marian, qui s'y sanctifia, fut cause qu'on lui donna son nom. Elle fut ruinée par les Normands en 903; les Prémontrés s'y établirent vers l'an 1159; les protestants la détruisirent en 1565, et la communauté fut transférée dans l'église de Notre-Dame-de-la-Dehors. L'abbaye de Saint-Julien d'Auxerre était de filles et de l'ordre de Saint-Benoît. Elle avait été fondée, en 620, par saint Pallade, évêque d'Auxerre, sous le titre de Saint-Julien, dans le faubourg Saint-Martin, qui en dépendait, tant pour le spirituel que pour le temporel. Celle des Iles à Auxerre était de l'ordre de Cîteaux; elle avait environ 5,000 liv. de revenu, tant pour l'abbesse que pour les religieuses. — La cathédrale, dédiée à saint Etienne, n'a rien de remarquable que le chœur. Le chapitre était composé d'un doyen qui était la première dignité, et élu par le chapitre; il portait, dans les cérémonies et aux grandes fêtes, la soutane et le rochet; il avait succédé au prévôt, dont la dignité avait été supprimée. Les autres dignités étaient les deux archidiacres, le chantre, qui était élu par le chapitre, le trésorier et le pénitencier; il y avait dans ce chapitre 52 canonicats, dont le revenu de chacun n'allait pas à cent écus. Les comtes de Châtelux jouissaient du privilége d'être chanoines-nés d'Auxerre, et avaient droit d'assister au chœur bottés et l'oiseau sur le poing, et d'exiger rétribution pour leur présence. Cette concession avait été faite à Claude de Beauvoir, seigneur de Châtelux, le 16 août 1423, en reconnaissance de ce qu'il avait remis au chapitre de Saint-Etienne d'Auxerre la ville de Cravant, qu'*il avait défendue contre certains voleurs et robeurs, l'an* 1423. Notre-Dame de la Cité était une église collégiale dans l'enceinte de ce qui faisait l'ancienne ville d'Auxerre. Ce chapitre était composé d'un chantre, d'un trésorier et de dix-huit chanoines. — L'évêché d'Auxerre reconnaissait saint Peregrin pour son premier évêque. Il avait été envoyé en 261 par le pape Sixte II, et martyrisé sous

Aurélien en 263. L'évêché d'Auxerre, exempt de régale, fut érigé dans le IIIe siècle, il était le premier suffragant de l'archevêché de Sens, et jouissait de plus de 30,000 liv. de revenu. Cet évêque entrait aux assemblées des états de la province et prenait la qualité de comte d'Auxerre. Le comte d'Auxerre ou celui qui le représentait, les barons Donzy, de Saint-Vrain et de Toucy, relevant de l'évêché, devaient hommage à l'évêque. Ils portaient le dais au jour de son entrée solennelle, et le prélat même dans un fauteuil, depuis l'église de Saint-Germain jusqu'à la cathédrale; ce qui ne fut plus observé aux entrées des quatre derniers évêques. — La ville d'Auxerre est dans une situation agréable, entourée de riches coteaux couverts de vignes, qui produisent d'excellents vins, dont les plus renommés sont ceux de la Chaînette et de Migraine. Elle est bâtie sur le penchant d'une colline qui s'abaisse sensiblement jusqu'à la rive gauche de l'Yonne. On y trouve plusieurs beaux quartiers et de belles maisons de construction moderne, surtout sur le quai qui borde l'Yonne; cette rivière, animée par une navigation active, forme en face d'Auxerre une petite île ombragée d'arbres et occupée par des moulins qui en rendent l'aspect délicieux. Dans le quartier le plus élevé se trouve une belle fontaine publique, dont les eaux proviennent de sources situées sur les coteaux voisins, et sont amenées d'un quart de lieue par des conduits souterrains. C'est dans cette ville que fut imaginé, en 1640, le serpent, instrument de musique d'église. Sa popul. est de 12,000 hab. L'arrondissement d'Auxerre renferme 131 communes et 107,200 hab. Il est divisé en 12 cantons : Auxerre (2 cant.), Chablis, Coulange-la-Vineuse, Coulange-sur-Yonne, Courson, Ligny-le-Châtel, Saint-Florentin, Saint-Sauveur en Puisaye, Seignelay, Toucy et Vermanton. Auxerre a des fabriques de bonneterie, chapellerie, tonnellerie, de grosses draperies, de couvertures de laine, de cordes à violon, de futailles, de faïence, ainsi que des filatures de coton; on y remarque aussi des brasseries et des tanneries. Elle fait le commerce de bois et charbon, de l'ocre exploité à Pourrain, du vin de son territoire, qui est très-estimé; d'épicerie, chanvre, cuir, fer, acier, cercles, feuillettes, etc. Plus de cent mille cordes de bois flotté passent par an devant cette ville pour l'approvisionnement de la capitale. Six foires se tiennent par an dans cette ville, où il y a un dépôt royal d'étalons. Auxerre est à 78 kil. S.-S.-O. de Troyes, 144 N.-O. de Dijon, 118 N. de Nevers, 58 S. de Sens, 166 S.-E. de Paris. Auxerre est la patrie de saint Germain, de l'abbé Jean Lebeuf, historien, voyageur et antiquaire; né en 1687, mort à Paris en 1760; de Germain Brice ou Brixius, auteur de poésies latines, mort en 1528; de Guillaume Daubenton, Jésuite, orateur et biographe, né en 1648, mort en 1723; de Jean-Baptiste Duval, littérateur et antiquaire, mort en 1634. Auxerre est le chef-lieu de préfecture du département de l'Yonne; elle a un tribunal de première instance divisé en deux chambres du ressort de la cour royale de Paris. Son évêché, si ancien, si illustre, supprimé par le concordat de 1801, avait été rétabli par celui de 1817; mais ce dernier concordat n'ayant pas reçu son exécution par des conventions postérieures arrêtées entre le saint-siège et le gouvernement français, le siège épiscopal d'Auxerre est resté définitivement supprimé, et la ville comprise dans le diocèse de Sens.

Antollium ou *Altoliolum*, Antouillet, village dans l'ancien diocèse de Chartres, actuellement dans celui de Versailles, canton de Montfort-l'Amaury, arrondissement de Rambouillet, département de Seine-et-Oise. Le château est remarquable par son site agréable, ses points de vue, ses jardins et ses fontaines, dont les eaux remplissent en tout temps les fossés qui entourent cette belle propriété. La population de ce village est de 260 habitants environ, y compris plusieurs maisons isolées qui en font partie. Les principales productions du terroir sont en grains, une partie est en vignes. Antouillet est à 7 kil. au nord de Montfort; sa distance de Paris est de 39 kil. à l'ouest, par les Bordes-Pont-Chartrain et la grande route de Brest. Poste aux lettres de Montfort-l'Amaury.

Antona, et *Atona*, l'Autone, affluent de l'Oise. C'est une petite rivière qui prend sa source près de Villers-Cotterets, au diocèse de Soissons; elle passe à Lieu-Restauré, Pouldron, le Fresnois, Béthancourt, Saint-Martin et Saintines. Elle se jette dans l'Oise, près de Verberies; après un cours de 35 kil. environ. Cette rivière est flottable depuis les environs de Villers-Cotterets jusqu'à son embouchure; sur une étendue de 25,000 mètres.

Antonius Sanctus in Campis, abbaye royale de Saint-Antoine. Elle se trouvait à Paris dans la rue du faubourg Saint-Antoine. Son origine est assez obscure, comme celle de presque tous les établissements anciens. Elle fut fondée vers la fin du XIIe siècle; et voici à quelle occasion, d'après le récit des légendaires de l'époque. Saint Antoine, sous la forme d'un ermite portant à son bras un panier rempli de pierres, apparut à des légats envoyés par le pape. Le saint, en jetant ses pierres, traça une ligne autour d'une certaine étendue de terrain sur lequel il demanda qu'on bâtit une église, et disparut. Il existait déjà dans cet endroit une petite chapelle qu'un nommé Robert de Mauvoisin avait dédiée à saint Pierre, suivant quelques historiens, et à saint Antoine, selon d'autres.

Foulques, curé de Neuilly-en-Brie, zélé prédicateur, qui possédait le talent propre à émouvoir la multitude, avait converti plusieurs femmes de mœurs déréglées qui paraissaient disposer à mener une meilleure vie. Les libéralités de quelques personnes pieuses le mirent en état de faire construire, près de cette chapelle Saint-Pierre ou Saint-Antoine, un bâtiment, où il réunit ces filles repenties. Tels furent les commencements de l'abbaye Saint-Antoine, que les uns placent en l'année 1181 ou 1182, d'autres en 1193, d'autres enfin en 1198.

Il y a lieu de croire que Foulques n'avait voulu que ménager un asile à ces femmes nouvellement converties, pour les empêcher de retomber dans le libertinage; mais après sa mort, qui arriva peu de temps après, Eudes de Sully, évêque de Paris, leur conseilla d'embrasser la vie monastique. Ces pauvres filles, qui auraient sans doute été fort embarrassées de leurs personnes en rentrant dans le monde, suivirent ce conseil, et c'est véritablement de cette époque que date la fondation de l'abbaye.

Eudes de Sully, s'attachant à son œuvre, plaça ces nouvelles religieuses sous la direction de l'abbé de Cîteaux, dont il leur fit embrasser la règle; il les affranchit de la dépendance de l'ordinaire, et leur accorda toutes les prérogatives dont jouissaient les maisons de cet ordre.

En l'an 1210, le pape Innocent III plaça ce nouveau monastère sous sa protection. A peu près à la même époque, Louis VIII lui fit une donation de 280 arpents de terre situés entre Paris et Vincennes. C'est apparemment à cette donation qu'il faut rapporter l'origine des droits seigneuriaux dont jouissait l'abbaye. L'abbesse était dame du faubourg Saint-Antoine. Le faubourg, la grande rue qui le traverse, et même la rue Saint-Antoine, dans Paris, ont pris leur nom de cette abbaye.

Ces religieuses se contentèrent d'abord de la chapelle qui existait près du couvent, et qui fut ensuite enfermée dans leur enclos. Mais on bâtit plus tard une église qui fut dédiée, le 2 juin 1223, à la sainte Vierge et à saint Antoine, par Guillaume, évêque de Paris, assisté de plusieurs autres évêques. Le roi et la reine furent présents à cette cérémonie.

Quelques historiens font honneur à Louis IX de la fondation de cette église, qui existait encore au commencement de la révolution; mais il est plus vraisemblable qu'elle fut construite aux frais du seigneur de Saint-Mandé, qui y dépensa des sommes considérables, et donna 30 arpents de terre au couvent.

En 1248, Louis IX donna à cette abbaye, qui valait 25,000 livres de rente, un amortissement pour tous les biens qu'elle possédait, et, en 1258, il lui accorda une exemption de péages.

L'église, monument gothique fort estimé, se faisait remarquer par son chevet, d'une grande délicatesse de construction ; par le double rang de ses vitraux. La nef était accompagnée de deux bas-côtés, au-dessus desquels s'élevaient de petites arcades vitrées, et des galeries où se plaçaient les pensionnaires pendant l'office. La chaire du prédicateur, mobile et d'un beau travail, était un ouvrage en fer, tout à jour, orné de feuillages en tôle très-bien exécutés.

On voyait dans cette église les tombeaux, en marbre noir, de Jeanne et de Bonne de France, filles de Charles V, mortes toutes deux en 1360. Leurs statues, en marbre blanc, et leurs tombeaux ont été brisés en 1793. Au milieu du chœur était la tombe de madame de Bourbon, avant-dernière abbesse, morte en 1760. Le sanctuaire avait été réparé en 1770, sous la direction de M. Lenoir-le-Romain, et à la même époque, cet architecte fut chargé d'agrandir et d'embellir les bâtiments du monastère, qui étaient vastes et d'une belle ordonnance.

Le corps de Charles V, mort le 16 octobre 1380, fut déposé dans l'église de l'abbaye Saint-Antoine, et y demeura jusqu'au 4 novembre suivant. Le corps de Jeanne, troisième femme et veuve de Charles le Bel, y fut également déposé après sa mort.

L'enclos de l'abbaye, qui contenait quatre à cinq arpents, était entouré de hautes murailles et d'un fossé. A l'angle que forme cet enclos avec la rue de Reuilly, on remarquait une croix que Louis XI fit élever, dit-on, pour perpétuer le souvenir de la perfidie des chefs de la ligue du bien public, qui, après avoir conclu un traité avec lui, s'étaient révoltés de nouveau.

Au commencement du xive siècle, 54 ou 56 templiers furent brûlés derrière l'enclos de l'abbaye Saint-Antoine, par ordre de Philippe le Bel, avec des raffinements de cruauté qui font frémir. Depuis la révolution de 89, les bâtiments de l'abbaye servent d'hôpital pour les enfants.

Antrensis, sé, d'Aindre, de St-Herblond.
— *Insula.* V. *Antrum.*

Antricum et *Antriginum*, Andrette ou Aindrette, près de St-Herblond en Bretagne.

Antrum, l'Antre et depuis Aindre ou St-Herblond, île et abbaye de la Loire, à présent absorbée dans les eaux près de Nantes en Bretagne.

Antuerpia et *Antwerpia*, Anvers, ancienne ville épiscopale de la Belgique, diocèse de Malines.

Anxiacum, Ancy-le-Duc, bourg du département de Saône-et-Loire, au diocèse d'Autun.

Apamiæ, arum, Pamiers ou Pamiez, ville épiscopale au comté de Foix en Languedoc, département de l'Ariége.

Apamiensis, se, de Pamiers.

Aphrodisias, St-Théodore en Cilicie.

Appamiæ, arum, Apamée, à présent Hama, ville de Syrie sur l'Oronte. | Ville de Phrygie sur le Méandre. | Ville ancienne de Bithynie. La première de ces villes était métropole de la seconde Syrie. Lors des croisades, elle eut un archevêque latin. C'est aujourd'hui un bourg du patriarcat d'Antioche, habité par des chrétiens et des Turcs. La seconde est un bourg nommé Apamis, et la troisième, vers la mer de Marmara, n'est plus qu'un monceau de ruines.

Appamiensis, se, d'Appamée.

Appia, la voie Appienne.

Aprutium, Abruzze, contrée du royaume de Naples en Italie.

Apta ou *Apta Julia*, Apt, ancienne ville épiscopale en Provence, au diocèse d'Avignon, département de Vaucluse. Il s'y tint un concile sous le pape Urbain V.

Apulia, la Pouille, contrée du royaume de Naples, en Italie. Ce pays est particulièrement remarquable, parce qu'on n'y trouve ni sources, ni ruisseaux, en sorte que l'on n'y boit que de l'eau de citerne. La rosée remplace l'eau pour les grains et les vignes. Quant aux plantes des jardins, on les humecte avec de l'eau saumâtre des puits. La côte maritime qui s'étend de Manfredonia à Barletta n'est composée que de sables et ne produit que des buissons. C'est sur cette côte que se fait en avril et mai la pêche du calemar. Dans les premiers siècles, la Pouille (Apulia) dépendait de la métropole de Rome, depuis elle a renfermé les archevêchés de Nazareth, de Trani, de Bari, d'Acerenza, et vingt-quatre évêchés.

Aquapendens, Aquapendente, petite ville d'Italie dans les Etats romains; on y transféra l'évêché de Castro en 1650.

Aqua Sparsa, Aigue-Perse, dans la Limagne d'Auvergne, diocèse de Clermont-Ferrand.

Aquæ Augustæ. V. *Tarbellæ*. | Bayonne, ville épiscopale du département des Basses-Pyrénées.

— *Convenarum*, Aques, dans l'ancien diocèse de Comminges.

— *Duræ*, Bades, grand duché de ce nom, attire tous les ans beaucoup de monde par la réputation de ses eaux thermales et le pittoresque de ses environs.

— *Duræ Gradatæ*, les eaux de Grado, à présent St-Cassien ou St-Cantien, bourg de l'ancienne Aquilée en Italie.

— *Grani*. V. *Aquisgranum*.

— *Neri*. V. *Neris*.

— *Salviæ*. Le monastère de St-Athanase ou des Trois-Fontaines, près de Rome.

— *Sextiæ*, Aix, ville métropole en Provence.

— *Statyellæ*, Acqui, ville épiscopale au Mont-Ferrat.

— *Tauri* ou *Aquæ Taurinæ*, les eaux du Taureau, lieu de l'ancien Latium, assez près de Rome.

— *Tarbellæ*; — *Tarbellicæ*; — *Tarbellorum*; Acqs ou Dax, ancienne ville épiscopale en Gascogne.

— *Tibilitinæ*, les eaux de Tibile, vers Hippone en Afrique.

Aquensis, se, d'Aix. V. *Aquæ Sextiæ*. Deux conciles d'Aix, en 1585, 1612.

Aquila, Aquila, ville épiscopale de l'Abruzze, au royaume de Naples. On y transféra en 1257 l'évêché de Furconium, ville ruinée qui en est voisine. Aquila, outre la cathédrale, compte vingt-quatre églises paroissiales et plusieurs couvents. | L'Aigle; ville du diocèse de Séez, département de l'Orne, près d'une forêt sur la petite rivière de Rille, commerçante et industrielle. C'est un chef-lieu de canton.

Aquileia, Aquilée. Ville autrefois patriarcale, à présent presque ruinée, au Frioul en Italie. Elle était la métropole des provinces du vicariat italique connues dans les notices sous le nom de Vénitienne et d'Istrie, dans le Frioul; et de la dépendance de l'Empereur. On l'appelait la seconde Rome, à cause de son commerce, de ses richesses et de sa grandeur : ses évêques s'attribuèrent le titre de patriarche dès le VIe siècle. Attila, roi des Huns, la saccagea en 452. Henri, duc de Bavière, la prit en 948. Les papes, mécontents des patriarches, transférèrent le patriarcat à Grado, bourg de la province, aujourd'hui Saint-Cassien; mais cette mesure n'eut pas de suites. Les patriarches résidaient habituellement à Udine, ville de la république de Venise, aujourd'hui du royaume Lombardo-Vénitien. Aquilée n'est plus qu'un pauvre bourg qui n'a pas dix-huit cents habitants, et l'évêché est supprimé.

Aquileiensis, se, d'Aquilée. Six conciles d'Aquilée, en 381, 553, 698, 781, 1566, 1596.

Aquilina et *Aquilisma*. V. *Angoulême*, t. III.

Aquilina sylva, la forêt d'Yveline, au diocèse de Chartres.

Aquinas, atis, d'Aquin, qui est de la ville d'Aquino ou d'Aquin. V. *Aquinum*.

Aquineum. V. *Buda*.

Aquiniacus vicus et *Aquiniacum*, Aquigny, bourg du diocèse d'Evreux, à quatre kilomètres sud de Louviers.

Aquino, Eguillon ou Aiguillon, petite ville du diocèse d'Agen, département de Lot-et-Garonne. Elle avait le titre de duché-pairie.

Aquinum, Aquino ou Aquin, ville épiscopale et comté de l'Abruzze, au royaume de Naples. Cette ville de la Campanie et du Vicariat romain a été ruinée par l'empereur Conrad. L'évêque réside à Ponte-Corvo, petite ville du diocèse. Aquino formait un comté qui appartenait à la maison de ce nom. C'est la patrie du poète Juvénal, de l'empereur Pescennius-Niger et de saint Thomas d'Aquin. L'évêché date de la fin du IVe siècle.

Aquiria, Eivijers, ancienne abbaye dans le Brabant, Belgique.

Aquiscinctium, Anschaint ou Anchin, ancienne abbaye de Bénédictins, en Flandre, dans une île de la Scarpe, diocèse de Cambrai, département du Nord. L'église, longue de 288 mètres, était un admirable monument de style gothique. Montluc la pilla à la fin du XVIe siècle, en fit fondre les cloches et les reliquaires. Elle fut pillée de nouveau et ruinée à la révolution française.

Aquisgranensis, se, d'Aix-la-Chapelle. Douze conciles d'Aix-la-Chapelle, en 789, 797, 799, 802, 809, 816, 828, 836, 842, 860, 862, 1022.

Aquisgranum, Aix-la-Chapelle, ville du duché de Julliers, en Allemagne, aujourd'hui du grand-duché du Bas-Rhin, à la Prusse.

Aquistriæ, arum, Guîtres ou Guistres, ancienne abbaye de Bénédictins dans la Guyenne; c'est aujourd'hui un village chef-lieu de canton au diocèse de Bordeaux, département de la Gironde.

Aquitani, orum, les peuples de l'ancienne Aquitaine.

Aquitania, l'Aquitaine, l'une des quatre principales divisions de l'ancienne Gaule. L'Aquitaine comprenait autrefois toutes les provinces renfermées entre l'Océan, la Loire, les Cévennes, la mer de Languedoc et les Pyrénées. | La Guienne, province de France, partie de l'ancienne Aquitaine.

Aquitanicus et *Aquitanus, a, um,* de l'Aquitaine, qui est de l'Aquitaine. | De la Guienne, qui est de la Guienne.

Arabia, l'Arabie, vaste contrée d'Asie, voisine de l'Afrique, touchant à la mer Rouge, berceau de l'islam.

Arabicus, a, um, d'Arabie. V. *Arabs.*

Arabissum, Arabissa, ville épiscopale en Arménie. Cet évêché date du ive siècle; il était de la seconde province d'Arménie sous la métropole de Malatia.

Arabs, Arabis, Arabe, qui est d'Arabie.

Aræ Lucus et *Ara Luci,* Arluc, ancienne abbaye en Provence.

Aragonia. V. *Arragonia.*

Arar, la Saône, rivière de France. Saint Jérôme en parle dans sa correspondance, ainsi que du Rhône. La Saône est un des principaux affluents de ce fleuve; elle prend sa source dans les Vosges auprès de Darney, arrose en partie les diocèses de Besançon, de Dijon, d'Autun, de Belley et de Lyon, qui sont formés par les départements de la Haute-Saône, de la Côte d'Or, de Saône-et-Loire, de l'Ain et du Rhône. Elle se jette dans ce fleuve au-dessous de Lyon, après avoir promené ses belles eaux avec calme et majesté; ses bords, parsemés de villages, sont en général fort pittoresques. Elle commence à être navigable à Port-sur-Saône; elle reçoit dans son cours la Vingeanne, l'Ognon, la Bèze, l'Ouche, le Doubs et la Rossouse.

Araura. V. *Cessarion.*

Arausia, Arausica et *Arausio,* Orange, ville épiscopale de la première Viennoise, de l'exarchat des Gaules, en Provence, et actuellement du diocèse d'Avignon, département de Vaucluse. L'évêché datait de 381, sous la métropole d'Arles. C'était une ville toute romaine avec des monuments romains magnifiques; il lui reste en partie un arc de triomphe, élevé à l'occasion de la victoire remportée par Marius sur les Cimbres. Au moyen âge, elle forma une principauté; et la maison d'Orange prit rang parmi les familles princières de l'Europe. En 1531, la principauté passa aux princes de Nassau, famille allemande, connue dans les Pays-Bas espagnols, et qui avait adopté le calvinisme. Le fameux prince d'Orange, qui détrôna Jacques II, son beau-père, et régna en sa place en Angleterre, sous le nom de Guillaume III, possédait cette principauté. Louis XIV s'en empara; à la paix d'Utrecht, il en obtint la cession du roi de Prusse, qui se portait héritier de Guillaume III; et depuis ce temps, la principauté d'Orange est restée à la France.

Arausicanus, a, um, d'Orange. Deux conciles d'Orange en 441, 529.

Arausiensis Civitas. V. *Arausia.*

Arbo. V. *Abbatis Cella.*

Arbona, Arbon, ancienne ville de Suisse, chef-lieu d'un district du canton de Turgovie, sur le bord sud-ouest du lac de Constance. Arbon avait un château bâti par les Romains.

Arborica. V. *Abrincæ.*

Arbosium, Arbois, ville du diocèse de Saint-Claude, département du Jura. Il y avait un prieuré, l'église paroissiale n'est pas sans intérêt sous le rapport de l'architecture gothique. Arbois est au milieu d'un vignoble qui produit des vins blancs renommés. Les vins rouges sont moins connus, et cependant ils ont plus de délicatesse.

Arcæ, arum, Arques, petite ville du diocèse de Rouen, département de la Seine-Inférieure.

Arcea, Arce, ancien ermitage qui a donné naissance à un village de ce nom dans le diocèse de Sens.

Arceiæ ad Albam et *Arciaca,* Arcis-sur-Aube ou Arcy, petite ville de Champagne, diocèse de Troyes.

Arcella, l'Acelle ou l'Arcelle, ancienne abbaye de filles près de Brignoles en Provence.

Arcus in Braia, Archambray, petite ville de Saintonge.

Ardeatina Via. V. *Via.*

Ardremari. V. *Arremarense.*

Arduena ou *Arduenna,* les Ardennes, forêt, partie dans le Luxembourg, partie en France; elle a donné son nom à un de nos départements, celui des Ardennes, qui forme la partie principale du diocèse de Reims. Cette forêt s'étend sur la Meuse, et assez loin de l'ouest à l'est; elle passe entre Charlemont au nord, et Rocroy au sud. On y a fait beaucoup de défrichements depuis trente ans.

Arebrigum, le Pré-Saint-Didier, dans le Val-d'Oste.

Arelas, Arelate et *Arelatum,* Arles, ville de la province Viennoise, dans l'exarchat des Gaules, sur le Rhône. Elle n'avait point la dignité de métropole civile dans les notices romaines. Mais, comme au ive siècle on y établit une justice supérieure pour ce qu'on nommait les sept provinces, c'est-à-dire pour les Gaules narbonnaise et viennoise, elle prétendait aux droits de métropole ecclésiastique: ce qui lui fut accordé dans le concile de Turin, où on lui assigna une partie des suffragants qui avaient été sous Vienne. Les évêques allèrent plus loin ensuite, en affectant la primatie sur les sept provinces dont nous venons de parler. Dans les vi[e] et viie siècles, les papes accordèrent aux évêques d'Arles le titre de vicaire apostolique: leur province fut nommée la seconde Viennoise. Arles présentait une ville essentiellement romaine. L'empereur Constantin l'aimait; il y résida et contribua à son embellissement. Malgré les monuments qui lui restent de cette époque, Arles n'est plus qu'une ville solitaire et fiévreuse. Les marais dont le Rhône l'a environnée à son changement de lit, occasionnent des fièvres épidémiques en altérant la salubrité de l'air. Arles faisait un commerce considérable sous l'empire romain, et ses habitants se montraient constructeurs et navigateurs renommés. En 1645, un homme de talent, l'ingénieur hollandais Van-Enz entreprit de dessécher les marais qui environnent cette malheureuse ville. Pour la sauver, il y aurait à continuer cette grande entreprise. Les monuments religieux d'Arles ont disparu en partie, ou ont été dénaturés. L'église Saint-Trophime (l'ancienne cathédrale) a subi diverses restaurations qui lui ont enlevé son caractère original d'architecture. L'archevêché d'Arles, supprimé par le concordat de 1801, n'a pas été rétabli par les conventions postérieures conclues avec le saint-siége. La ville fait actuellement partie du diocèse d'Aix, département des Bouches-du-Rhône. Les archevêques d'Aix prennent le titre d'archevêques d'Arles aux termes de la bulle de Pie VII.

Arelatensis, se, d'Arles. Douze conciles d'Arles en 314, 353, 452, 455, 471, 524, 554, 813, 1210, 1234, 1260, 1267.

Arelaunensis Sylva, la forêt d'Arelaune, à présent inconnue, autrefois près des bords de la Seine, au-dessous de Pont-Audemer en Normandie.

Aremorica et *Armorica*, la basse Bretagne, la partie de la Bretagne surnommée Armorique. | L'ancienne Aquitaine. V. *Aquitania*.

Aremorici et *Armoricores*, la Bretagne, province de France. | Les Bretons, les peuples de Bretagne. | La partie de Bretagne aux environs de Saint-Malo, la basse Bretagne. | L'Armagnac. | Les peuples du bas Languedoc. La petite Bretagne, *Armorica* et *Letavia*, connue autrefois sous le nom d'Armorique, prit son nom des Bretons, qui furent obligés d'abandonner l'île de la Grande-Bretagne vers le milieu du ve siècle, à l'invasion des Anglo-Saxons. La Bretagne, avant la conquête que César en fit, se gouvernait en forme de république aristocratique, qu'on nommait les cités Armoriques, c'est-à-dire maritimes. L'an 582, Maixence s'étant fait proclamer empereur en Angleterre, permit à Conon, un de ses lieutenants, de se déclarer roi de la Grande-Bretagne. Ce royaume subsista pendant quelques siècles.

Aremoricus, a, um, de Bretagne. Concile de Bretagne en 1079.

Arenæ, arum, Arenas, ancien monastère près d'Avila en Espagne.

Areolæ, arum, Saint-Laurent des Eols en Sologne, au diocèse d'Orléans.

Arethusa, Aréthuse, ville épiscopale en Syrie. Ancienne ville épiscopale de la seconde Syrie, dans le patriarcat d'Antioche. On croit la retrouver aujourd'hui dans le village nommé Fornacusa en Sourie (Syrie).

Aretium et *Arretium*, Arezzo, ville épiscopale en Toscane. Cette ville eut beaucoup à souffrir des Goths et des Lombards; elle fut également saccagée au moyen âge, dans la guerre des Guelfes et des Gibelins; elle est la patrie du Bénédictin Gui, qui, en 1204, inventa la gamme du plain-chant; de Pétrarque et du peintre Vasari. Quelques auteurs prétendent que Ponce-Pilate y est né.

Argentacum, Argentac, en Limousin, diocèse de Tulle.

Argentanum, Saint-Marc, ville épiscopale, en Calabre.

Argentina, Argentino et *Argentinensis*. V. *Argentoratum*.

Argentiolæ, arum, Argensoles, ancienne abbaye de filles de l'ordre de Cîteaux; dans l'ancien diocèse de Soissons. Argensoles est aujourd'hui du département de la Marne, diocèse de Châlons.

Argento, Argenton, en Poitou, diocèse de Poitiers.

Argentogilum et *Argentoilum*, Argenteuil, près de Paris, diocèse de Versailles : il y avait un prieuré.

Argentomagensis, se, d'Argenton du Berry.

Argentomagum et *Argentomagus*, Argenton, ville du Berry, diocèse de Bourges.

Argentomum, Argentan, ville du diocèse de Séez en Normandie.

Argentoratensis, se, de Strasbourg.

Argentoratum, Strasbourg, ville épiscopale de l'Alsace, sur le Rhin.

Argoenna, Argonne, en Champagne.

Argulium, Argoône, dans le Ponthieu en Picardie.

Aria, Aire, ville de l'Artois, diocèse d'Arras.

Arianum, Arian, comté de la Principauté Ultérieure, au royaume de Naples. | Ariano, petite ville épiscopale et principale du comté d'Arian. L'évêché est antérieur au xie siècle ; il était sous la métropole de Bénévent.

Arianzum, Arianze, ville du territoire de Nazianze en Cappadoce, patrie de saint Grégoire.

Arida Gumantia, Arouaise, ancienne abbaye de l'ordre de Saint-Augustin, qui était située entre Bapaume et Péronne, au diocèse d'Arras.

Ariminensis, se, de Rimini. Concile de Rimini en 359.

Ariminium et *Ariminum*, ville épiscopale de la Romagne en Italie, faisait autrefois partie du Picenum; dans le Vicariat romain. L'évêché est antérieur au iiie siècle, sous la métropole de Ravenne. Rimini était une ville opulente et considérable; mais il ne lui reste que le souvenir de son ancienne splendeur; et son port, autrefois très-bon, est presque comblé.

Arisitum, Arisite ou Arsat, ville de la contrée qu'on nommait la Vicarie d'Arsat dans le Rouergue. Le roi Thierry, voyant Rodez au pouvoir des Goths, y fit établir un évêché pour le pays qui restait sous sa dépendance, l'an 523. Cet évêché fut supprimé un siècle après. Il y a déjà longtemps que la ville d'Arsat est ruinée.

Arma, orum, Saint-Jacques de Popayan, ville de l'Amérique méridionale sur la rivière de Molino, dans l'ancienne province appelée la Castille-d'Or, aujourd'hui partie de la république de la Nouvelle-Grenade. Popayan, *Popaianum*, a été érigé en évêché en 1547, sous l'archevêché de Santa-Fé-de-Bogota. Cette ville a bien perdu de son importance, sa population est réduite à 7000 habitants; elle est le chef-lieu du département nommé Cauca, qui compte 150,000 habitants.

Armacha, Armagh, ville métropole de la province d'Ultonie, en Irlande.

Armachanus, a, um, et *Armachiensis, se,* d'Armagh. Concile d'Armagh en 1158.

Armenia, l'Arménie, vaste contrée d'Asie entre la province du Pont, la mer Caspienne et la Perse.

Armenicus et *Armenus, a, um,* d'Arménie. Concile d'Arménie en 435.

Armilata, St-Zoïle d'Armilate, ancienne abbaye au diocèse de Cordoue en Espagne.

Armorica et *Armoricores.* V. *Aremorica.*

Arnulfi, Fanum in Aquilina Sylva, St-Arnoult en Iveline, bourg et ancien prieuré au diocèse de Versailles.

Aroasia. V. *Arida Gamantia.*

Arona, Arone, ville, abbaye et château au Milanais, royaume Lombardo-Vénitien. L'abbaye n'existe plus. Arona, patrie de saint Charles Borromée, est au sud-ouest du lac Majeur.

Arragonia, l'Aragon, province et ancien royaume en Espagne.

Arragonicus, a, um, d'Aragon, de l'Aragon.

Arremarense monasterium et *Arremari*, le monastère de Corbon, à présent Montiéramay, mieux que Montiramé, à quatre lieues de Troyes en Champagne. C'était une abbaye de Bénédictins.

Artabrum et *Artebrum*, Ste-Marie de Finetcrre, en Galice.

Artemisium, Ste-Agathe ou Agathopolis, Ste-Agathe des Goths, petite ville du royaume de Naples, érigée en évêché, l'an 970, sous la métropole de Bénévent. Depuis, cet évêché a été réuni à celui d'Acerra.

Artesia, l'Artois, ancienne province de France, située entre la Picardie, le Hainaut et la Flandre; elle avait le titre de comté et le dernier prince qui le porta fut Charles X. Le comté d'Artois appartint longtemps à la maison de Bourgogne. A la mort du dernier duc, Charles le Téméraire, Marie, sa fille, porta l'Artois avec les Pays-Bas à la maison d'Autriche. Louis XIV s'en empara; et la réunion du comté à la France fut confirmée par le traité de Nimègue en 1678. Le comté possédait deux évêchés, Arras et St-Omer; aujourd'hui il n'a plus que le premier, et il forme le département du Pas-de-Calais.

Artona, Artone, petite ville de la basse Auvergne, sur la Morges, diocèse de Clermont.

Arula, Arlas, ancienne abbaye dans le Roussillon. | Le Loir, rivière de France. | L'Aar, rivière de Suisse.

Arulensis, se, d'Arlas.

Arvernensis, se, d'Auvergne. V. *Arvernus.* Trois conciles d'Auvergne en 535, 549, 587.

Arverni, orum et *Arvernum.* V. *Claromontium.*

Arvernia, l'Auvergne, province de France. | Ville ancienne de la province de même nom, en France; Clermont a pris sa place. L'Auvergne, occupée aujourd'hui par les départements du Puy-de-Dôme et du Cantal, était bornée au nord par le Bourbonnais et le Berry, à l'ouest par le Forez, au sud par les Cévennes et le Languedoc, à l'ouest par le Limousin, le Quercy et la Marche. Les habitants, les *Arverni*, furent célèbres du temps de César. La province eut ensuite ses comtes particuliers, jusqu'en 1210, époque de sa première réunion à la Couronne. Elle en fut distraite en 1360 par le roi Jean en faveur d'un de ses fils, Jean de Berry; mais, en 1527, sa réunion fut définitive. L'Auvergne se divisait en haute et basse: la haute vers le sud, et la basse vers le nord: c'est la Limagne. Ce sont les habitants de la haute Auvergne qui émigrent annuellement pour d'autres provinces, surtout pour Paris, où ils exercent divers métiers. L'Auvergne avait deux évêchés, Clermont-Ferrand et St-Flour, elle les a conservés dans la nouvelle circonscription diocésaine de la France. Cette province est remarquable dans la géographie ecclésiastique par les martyrs, les évêques illustres qu'elle a produits; par les grandes abbayes qu'elle possédait. Elle figure au premier rang dans la géographie monumentale pour ses églises romanes et le pittoresque de ses églises du moyen âge.

Arvernus, a, um, d'Auvergne, qui est d'Auvergne. | Auvergnat.

Ascalingium. V. *Hildesia.*

Asculum, Ascon. Il existe deux villes de ce nom, l'une (Asculum Picenum), dans les Etats romains. L'évêché est antérieur au VIe siècle. C'est la patrie du pape Nicolas IV. La seconde (Asculum Satrianum), Ascoli-di-Serriano, petite ville de la Capitanate, au royaume de Naples, fut bâtie en 1410, sur les ruines de l'ancienne Asculum; elle avait le titre de duché. L'évêché d'Ordeonium, ville ruinée des environs, y fut transféré sous la métropole de Bénévent.

Aschaffemburgensis, se, d'Aschaffembourg. Concile d'Aschaffembourg, en 1292.

Aschaffemburgum ou *Asciburgum*, Aschaffembourg, ou Aschebourg, ville de la Franconie, en Allemagne.

Aschenum, Aschen, château en Bavière.

Asia, l'Asie, l'une des trois principales divisions de l'ancien monde.

Asiaticus, a, um, d'Asie, de l'Asie.

Asinaria, Asnières-sur-Oise, paroisse de l'ancien diocèse de Beauvais, actuellement de celui de Versailles, canton de Luzarches, arrondissement de Pontoise, département de Seine-et-Oise, à 52 kil. de Paris, en passant par la route de Viarmes joignant, auprès de Moiselle, la grande route de Beauvais. C'était une terre royale, où Louis IX et ses successeurs résidèrent fort souvent. On remarque à l'extrémité orientale de ce village, situé près la rive gauche de l'Oise, un château à mi-côte nommé Touteville. Les points de vue, qui s'étendent fort loin, sont admirables. Les jardins et le parc offrent des promenades charmantes, à l'agrément desquelles ajoute leur contiguïté à la forêt de Carnelle ou Carenelle. Deux autres maisons de campagne, dont le site est très-agréable, l'une dite le Château de la reine Blanche, et l'autre nommée la Caumerie ou la Canmezie, en font également partie. Le hameau de Baillou, entouré de bois, à 3 kil. d'Asnières, se fait remarquer par un château d'une construction simple, entouré de fossés remplis d'eau vive, qui y arrive par un superbe canal de 1150 mètres de long sur 24 de large. Il existe encore dans le même hameau une maison de campagne, c'était autrefois un prieuré séculier. La population d'Asnières-sur-Oise peut s'élever de 8 à 900 habitants, avec le hameau de Baillou. L'ancienne abbaye de Royaumont fait également partie de cette commune. — La majorité des hab. fabrique des cordes à puits. Le terroir de la commune est en terres labourables, en vignes et en bois. Les fruits y sont abondants et excellents. Le village est à 5 kil. de Luzarches et 31 au N. de Paris (poste aux lettres de Luzarches).

Asinaria, Anières ou Asnières. Il est vraisemblable que ce nom lui a été donné, dans le temps, parce qu'on y nourrissait beaucoup d'ânes. Ce village est situé sur la rive gauche de la Seine, départ. de la Seine, arrondiss. de Saint-Denis, et diocèse de Paris.

Anières est fort ancien; il en est fait mention dans une bulle de 1158, et déjà on lui donnait le titre de cure, ce qui suppose une existence fort antérieure. La circonscription de cette paroisse était beaucoup plus étendue qu'elle ne l'est aujourd'hui; mais le village de Genevilliers en a été détaché depuis plusieurs siècles.

Les abbés de Saint-Denis étaient seigneurs d'Anières. En 1248, ses habitants furent affranchis comme tous ceux des villages voisins.

M. Voyer d'Argenson y fit construire une belle maison en 1751. Le parc contient 50 arpents; il offre de très-belles promenades et des points de vue fort agréables. Comme on travaillait à aplanir le terrain pour les embellissements que M. d'Argenson méditait, on trouva, à la profondeur de deux ou trois pieds, dans le gravier d'alluvion, des squelettes humains sans tombeaux, et placés confusément en tous sens. Beaucoup d'entre eux avaient à leur côté une bouteille de terre. Sur une agrafe de cuivre jaune placée près d'un de ces squelettes, on lisait quelques mots latins en caractères romains du IVe siècle.

La situation d'Anières est une des plus belles des bords de la Seine, et il y a toujours eu dans ce village de jolies maisons de campagne.

La population est de 500 habitants environ. La distance de Paris de 6 kil. Il y a une station du chemin de fer de Saint-Germain.

Asiniacum, Asnay, au diocèse de Luçon.

Assindia, Essen, ancienne abbaye de filles en Allemagne.

Assisinas, atis, qui est d'Assise.

Assisium, Assise, ville épiscopale de l'Ombrie, en Italie. L'évêché date du Ve siècle. Cette ville est la patrie de saint François, qui en a reçu le surnom d'Assise. C'est le fondateur, comme on sait, des ordres religieux mendiants. L'église qui lui est dédiée dans sa ville natale est d'une grande richesse et remarquable par son architecture bizarre; elle a trois nefs l'une sur l'autre.

Assur ou *Assurus*, Assur, ville de la province Proconsulaire en Afrique, évêché des premiers siècles.

Asta Pompeia, Asti, grande ville peu peuplée, des Alpes cottiennes et du Vicariat italique, sur le Tanaro; épiscopale dès l'an 350, sous la métropole de Milan. Elle est comprise aujourd'hui dans les États sardes.

Astaracum, Estarac, contrée de l'Armagnac dont Mirande était la ville principale. Ce pays est maintenant dans le diocèse d'Auch, département du Gers.

Astaris. V. *Astures*.

Astenidum, vel *Satanacum*, Stenay.

Astensis, se, d'Ast. V. *Asta*.

Astures, ium, Asturés, à présent Stokereau, petite ville de la basse Autriche, sur le Danube, autrefois l'Illyrie.

Asturia, les Asturies, province et ancien royaume d'Espagne.

Asturica Augusta et *Asturum Eimontanorum*, Astorga, ville épiscopale de l'ancien royaume de Léon, en Espagne. C'était un évêché au VIe siècle sous la métropole de Braga et aujourd'hui sous celle de St-Jacques de Compostelle.

Asturicensis, se, d'Astorga. Concile d'Astorga en 446.

Astygis, Ecija, ville épiscopale du VIe siècle, dans l'Andalousie, sous la métropole de Séville.

Astygitanus, a, um, d'Ecija.

Astyres. V. *Astures*.

Atanum et *Atanus*, Atane, à présent St-Irier ou St-Yriex, ancienne abbaye, puis chapitre de Chanoines, en Limousin, diocèse de Limoges.

Ateiæ, arum, Athies, bourg du diocèse d'Amiens sur l'Amignon, petite rivière du département de la Somme.

Atella, San-Arpino, au royaume de Naples dans la Terre de Labour, à un mille d'Aversa, où le pape Léon IX transféra l'évêché, vers l'an 1050. San-Arpino n'est plus qu'un village.

Athanacum, Aisnay, ancienne abbaye près de Lyon. *Martyres Athanacenses*, les martyrs de Lyon ou d'Aisnay.

Athanum. V. *Atanum*.

Athegia, Athis, ou *Atis*, paroisse de l'ancien diocèse de Paris, actuellement de celui de Versailles, canton de Longjumeau, arrondissement de Corbeil, département de Seine-et-Oise, à 6 kil. de Longjumeau, et à 20 au sud de Paris, par une chaussée joignant la grande route de Fontainebleau. Population 420 habitants, poste aux lettres de Fromenteau. Le nom latin *Athegia* ne fournit point d'étymologie satisfaisante. Quelques-uns prétendent que de *Athegia*, qui veut dire *cabane*, on pourrait avoir fait par corruption *Atis*. Quoi qu'il en soit, ce village, agréablement situé sur une des hauteurs qui bordent la rive gauche de la Seine, et près du confluent de la petite rivière d'Orge, était connu dès le IXe siècle, car on lit dans les mémoires de ce temps qu'Egbert, abbé de Saint-Pierre et de Saint-Paul, craignant que les Nor-

grands, qui venaient de débarquer à Charlevanne, ne vinssent jusqu'à Paris et ne le missent au pillage, fit transporter à Athis les reliques de sainte Geneviève, que possédait alors son église; elles y restèrent cachées pendant quelque temps. — Sur la fin du règne de Charles VI, la seigneurie d'Athis appartenait au chevalier de Montenay. Le roi d'Angleterre, qui prenait alors le titre de roi de France, confisqua cette seigneurie en 1423, et la donna à Guillaume de Felletemps, qui, trahissant à la fois et son roi et sa patrie, avait favorisé l'occupation de Paris par les gens du duc de Bourgogne, allié de l'usurpateur. — Il est probable qu'il existait autrefois une maison royale à Athis, car on a des preuves que quelques-uns de nos rois y ont séjourné. — Louis IX y était au mois de mars 1230. Philippe le Bel adressa de ce même lieu, le 12 juin 1305, un mandement ou ordonnance au prévôt de Paris. — Le château d'Athis a appartenu, sous Louis IX, à Hugues d'Athis, grand panetier de France. — Pierre Viole, président au parlement de Paris, possédait cette terre en 1610. L'un de ses fils fit bâtir, près la maison paternelle, un ermitage, dans lequel il se retira et y adopta le genre de vie suivi par les *Pères de la Mort*. Cette espèce d'ermite portait une robe noire et une tête de mort pendue à son cou, et consacra ses revenus et son temps à répandre des bienfaits sur les indigents de son canton. — Le château doit toute sa magnificence à la nature. La Seine et la petite rivière d'Orge se réunissent pour l'embellir. L'architecture en est simple, et on y arrive par une avenue d'un quart de lieue. Il a appartenu quelque temps à l'ancien garde des sceaux de Serre. — Le château de Chaiges est dans les dépendances d'Athis. A ce château est joint un parc superbe; on y voit une machine construite par le célèbre Laurent, dont l'extrême simplicité fait le principal mérite; elle n'est composée que de quatre roues, et elle élève continuellement les eaux d'une fontaine à plus de 60 pieds, pour alimenter le réservoir et les bassins qui se trouvent dans les jardins et dans le parc. Ce château a appartenu jadis au maréchal de Roquelaure, et depuis à mademoiselle de Charollais. Les productions du terroir de cette commune sont partie en grains, partie en vignes. Les vins passent pour les meilleurs des environs de Paris.

Athenæ, arum, Athènes, Sétines chez les Osmanlis, ancienne métropole de la première Achaïe dans l'exarchat de Macédoine, aujourd'hui capitale du nouveau royaume de Grèce.

Atheniensis, se, d'Athènes, qui est d'Athènes, Athénien. *Athenienses*, les Athéniens, les habitants d'Athènes.

Atrebas, atis, qui est d'Arras.

Atrebatensis, se, d'Arras, qui concerne Arras. | De l'Artois. Concile d'Arras en 1205.

Atrebates, ium, et *Atrebatum*, Arras, ville épiscopale et capitale de l'Artois. | L'Artois. V. *Artesia*. On prétend que cette ville a eu un évêque dès le ve siècle. L'évêché fut ensuite uni à celui de Cambrai. Urbain II le rétablit en l'an 1095. Arras est suffragant de Cambrai. Cette ville possédait la magnifique abbaye de St-Wast, dont l'église se reconstruisait lorsque la révolution éclata.

Attichium et *Attichia*, Attichy, village de l'ancien diocèse de Soissons, maintenant de Beauvais, chef-lieu de canton, arrondissement de Compiègne, département de l'Oise. Population, 908 habitants, à 20 kil. est de Compiègne, 20 kil. ouest de Soissons et 92 de Paris. Il est situé sur le penchant d'une montagne qui s'abaisse sensiblement jusqu'à la rive droite de l'Aisne; il y a un château où l'on trouve une source d'eau minérale. Les terres de ce canton sont d'un bon rapport; on y fait le commerce des grains.

Attiliacum, Attily ou Attilly. C'est un village ruiné qu'on a réuni à la paroisse de Ferroles, diocèse de Meaux, Seine-et-Marne. L'abbé Lebeuf prétend que son nom latin *Attiliacum* lui est venu d'un Romain nommé Attilius, à qui il a appartenu ou qui y a bâti le premier. Lorsque l'abbé Lebeuf y passa en 1739, on n'y comptait plus que 12 feux. Le château d'Attily, dont il reste encore quelques vestiges, avait été bâti vers le xve siècle par les seigneurs du lieu. Il était de forme ronde et défendu par quelques tours.

Attiniacensis, se, d'Attigny. Six conciles d'Attigny, en 767, 822, 839, 854, 870, 874.

Attiniacum, Attigny, bourg de Champagne sur l'Aisne, diocèse de Reims, département des Ardennes. Cette petite ville occupe une place dans l'histoire ecclésiastique et dans l'histoire de France sous la première et la seconde race. Il y a un village de ce nom près de Mirecourt, dans le diocèse de St-Dié.

Atura, Attura et *Aturus*, Aire, ville épiscopale de la Gascogne. *Aturus fluvius*, l'Adour, rivière de Gascogne. Aire était un évêché de la fin du ve siècle, dans la Novempopulanie, sous la métropole d'Ausch, dont il est encore suffragant aujourd'hui. Cette ville est bâtie proche du Mas-d'Aire, autrefois cité considérable où Alaric, roi des Goths, avait établi son séjour.

Auca, Oye ou Oyen, petite île et ancien monastère de la Guienne.

Aucum. V. *Auga*.

Audomarensis, se, de St-Omer. Concile de St-Omer en 1099.

Audomari Fanum et *Audomaropolis*, St-Omer, ville épiscopale au pays des anciens Morins, à présent en Artois. L'évêché fut créé lorsque la ville faisait partie des Pays-Bas espagnols, en l'an 1553; elle portait anciennement le nom de Sitien, qu'elle changea pour celui d'un saint ermite qui vivait et mourut dans les environs. On y voyait l'abbaye de St-Bertin, splendide monument de l'architecture gothique; l'église était surtout d'une hardiesse et d'un travail admirables. Ce beau monument n'existe plus; on en a, dit-on, fait une halle. St-Omer actuellement fait partie du diocèse d'Arras et du départ. du Pas-de-Calais.

— *Audomaropontanus, a, um*, de Ponteau-de-mer ou Pont-Audemer, au diocèse d'Evreux. Concile de Pont-Audemer en 1279.

Auga, Eu, ville et ancien comté, diocèse de Rouen, Seine-Inférieure.

Augia, ow, abbaye de filles, en Souabe.

— *Dives*, Reicknaw, autre abbaye aussi en Souabe, près de Constance. C'était une abbaye de Bénédictins fondée dans une petite île du lac de Zell, qui communique à celui de Constance. L'abbaye de Reichenau ou Reicknaw était importante par le nombre et l'étendue de ses propriétés. L'empereur Charles le Gros, dépossédé de l'empire, n'ayant autour de lui que l'ingratitude, la misère et l'abandon, y fut recueilli par le prieur, non comme un prince, mais comme un mendiant; il y mourut bientôt et y fut inhumé en 888. On voyait son tombeau dans l'église abbatiale encore avant la révolution française. Cette église était un monument gothique digne d'attention. Il ne reste plus rien, ni de l'église ni de l'abbaye. Sa perte est considérable, mais les lettres ont surtout perdu à la dispersion de la bibliothèque, qui contenait les manuscrits les plus précieux. Que sont-ils devenus? Ils jetteraient aujourd'hui une grande clarté sur les faits si obscurs pour nous des viiie, ixe, x^e et xie siècles. En 1540, l'abbaye fut incorporée au diocèse de Constance; elle avait été attaquée et pillée par les calvinistes. On ne saurait trop répéter combien le protestantisme a nui aux arts et aux lettres; c'est l'iconoclasme le plus stupide et le plus barbare qui figure dans l'histoire du genre humain. Il y a deux villages du nom de Reichenau, l'un en Bohême, dans le cercle de Koniginsgratz, et l'autre dans le canton des Grisons, remarquable par un pont de bois d'une architecture prodigieuse.

Augia Major, Mieszraw, autre abbaye du même pays, près de Bréjents, au côté oriental du lac de Constance.

Augum. V. *Auga*.

Augusta, Augst, dans la basse Picardie.

— *Asturica*. V. *Asturica*.

— *Ausciorum*. V. *Auscii*.

— *Bracharum*. V. *Braga*, t. III.

— *Emerita*, ou *Emeritapax*, Badajox, ville épiscopale de l'ancien royaume de Castille, en Espagne.

— *Prætoria*, Aost ou Aoust, ville épiscopale en Piémont. Aosie possède plusieurs monuments des Romains; c'est la patrie de saint Anselme qui, comme théologien, comme penseur, est un des personnages éminents du moyen âge. Aoste a le titre de duché, qui est porté par un prince de la maison de Savoie. C'est du reste, comme toutes les villes des Alpes, une localité pauvre et peu peuplée.

— *Rauracorum*, Augst, village près de Bâle en Suisse, ancienne ville des Rauraques ou Numacins. Plancus conduisit une colonie romaine sous Auguste. Ses ruines sont près du Rhin, 7 à 8 kilom. de Bâle, sur la rivière d'Ergetz. Augst était encore épiscopale au ve siècle; l'évêché fut transféré à Bâle à cette époque même.

Augusta Tiberii; — *Tiberina*, Ratisbonne, ville épiscopale en Bavière.

— *Suessionum*. V. *Soissons*, t. III.

— *Taurinorum*, Turin, ville métropole et capitale du Piémont.

— *Trevirum*. V. *Treviri*.

— *Tricastinorum*. V. *Urbs Trecensis*, page 895.

— *Veromanduorum* ou *Viromanduorum*, Vermand, ancienne ville principale du Vermandois, ruinée par les Huns, en 450. Au viiie siècle on fonda un monastère sur ses ruines; ce qui retint un peu la population et donna lieu à un village de 1000 habitants, qui est un chef-lieu de canton du diocèse de Soissons, départ. de l'Aisne. — St-Quentin, à présent capitale de la même contrée, même diocèse, même département.

— *Vindelicorum*, Augsbourg, ville épiscopale en Souabe, Bavière.

Augustalia, Hagustald, ville du Northumberland, en Angleterre.

Augusianus, a, um et *Augustensis, se*, d'Augsbourg. D'Aost. Trois Conciles d'Augsbourg, en 742, 952, 1548.

Augustini Sancti vicus, Saint-Augustin, paroisse composée de plusieurs hameaux et autres habitations isolées, formant une commune du départ. de Seine-et-Marne, arrond. et cant. de Coulommiers, et dioc. de Meaux. Les principaux de ces hameaux sont Bargny, le Mesnil-sur-Bargny, Brie, Champ-Roger, et partie des Bordes: l'église est isolée sur une éminence avec un vieux château. Il se fait dans ce lieu un pélerinage sous l'invocation de sainte Aubierge. On y remarque une chapelle antique et une fontaine très-abondante. La population de cette commune monte de 13 à 1400 habitants; son terroir est en terres de labour, en prairies et en vignes; une partie se trouve en bois. Le ruisseau du Meldenson, formé des eaux qui sourdent de plusieurs étangs dans le départ. de la Marne, passe dans cette commune. L'église de St-Augustin est à 1300 mètres vers l'O. de Coulommiers, et distante de 54 kil. à l'E. de Paris, par la route de Coulommiers. Poste aux lettres de cette ville.

Saint-Augustin de Térouanne, abbaye régulière de Prémontrés, dans l'ancien comté d'Artois, près la ville de Térouanne, faisant partie de l'ancien diocèse de St-Omer. Elle avait été fondée, en 1131, par Milon II, évêque de Térouanne, mort en 1169. Il y avait placé des religieux du monastère de Selincourt. Peu de temps après, Philippe, fils de Thierri, comte de Flandre, y ayant mis le feu, son père aumôna à cette abbaye dix livres de rente, monnaie de Flandre, pour réparation du tort que son fils y avait causé. Elle était une des plus considérables de l'ordre; son abbé assistait aux états d'Artois. Cette abbaye avait environ 20,000 liv. de revenu. Il ne reste plus rien des bâtiments primitifs.

Augustobona. V. Troyes, t. III.

Augustodunum, Autun, ville épiscopale en Bourgogne, département de Saône-et-Loire.

Augustonemetum. V. Clermont, t. III.

Augustoritum. V. Poitiers.

Aulona, nom commun à plusieurs lieux. Valona, évêché de l'exarchat de Macédoine, datant du ve siècle. Cette ville, située sur la côte dans la haute Albanie, a un port sur le golfe appelé Rodima, dans la mer Adriatique. Les Vénitiens la prirent en 1690 et l'abandonnèrent ensuite après en avoir ruiné les fortifications.

Aunetia, Alnetia, Aunay, Aunnay, ou Aulnay-lez-Châtenay, joli hameau situé dans la banlieue de Paris, entre les villages Plessis-Piquet et Châtenay, dont il dépend, dans l'arrondissement de Sceaux, à 10 kil. sud-ouest de Paris. Ce hameau est placé dans un site champêtre, au pied d'un coteau couvert de bois, qui s'étend jusqu'aux bois de Meudon et de Verrières, et offre, de ses hauteurs, les plus riches points de vue. Aunay se compose de quelques maisons de campagne et d'un petit nombre d'habitations ordinaires; mais, s'il faut en croire la tradition, ce hameau formait autrefois un village assez considérable, et les guerres dont les environs de Paris ont été le théâtre sous Louis XI et sous la ligue, auraient réduit ce village à son état actuel.—Au sommet du coteau qui domine et protège les habitations d'Aunay, on voit le *Moulin Fidèle* : ce moulin tient à une propriété assez considérable. Plus bas, se trouve la *Vallée-aux-Loups* : c'est un vallon étroit, complétement entouré de bois, et célèbre par un édifice singulier que M. de Châteaubriand a fait revêtir des formes gothiques, avec des créneaux, des meurtrières, des fenêtres cintrées en ogive, et jusqu'à l'antique poterne des vieux castels. Le parc, très-beau, a été dessiné par l'auteur du *Génie du Christianisme*, qui, dit-on, a essayé d'y reproduire quelques perspectives de la Palestine. On assure que les *Martyrs* ont été composés à la Vallée-aux-Loups. Malheureusement cette maison de campagne, longtemps l'objet d'une sorte de pèlerinage, a cessé d'appartenir à son fondateur, dont elle a gardé le nom. M. de Châteaubriand la vendit à un receveur général; elle passa ensuite au vicomte Matthieu de Montmorency.—Les autres maisons de campagne remarquables d'Aunay sont celle de M. le marquis de Château-Giron, où l'on trouve de très-belles eaux; celle de M. le baron Acloque de Saint-André, et celle qui fut possédée autrefois par M. le comte Lenoir de la Roche. Mme Lenoir de la Roche avait élevé, dans la partie supérieure de son parc, un calvaire, un tombeau et divers accessoires religieux; de cette fondation, qu'elle avait consacrée aux Français morts pour la patrie, il ne reste plus que la croix.—En 1284, l'abbaye de Sainte-Geneviève à Aunay exerçait un droit de justice. Nicolas Gaillard, aumônier de cette abbaye, obtint, en 1622, d'y faire rebâtir une chapelle, ruinée depuis longtemps. L'existence de cette chapelle, l'exercice du droit de justice par les religieux de Sainte-Geneviève et le lieu connu encore sous le nom de *la Fosse-aux-Prêtres*, sont peut-être les seuls sujets de supposer que ce hameau ait été anciennement un grand village. Une partie des eaux du château de Sceaux venait des hauteurs d'Aunay et du Plessis-Piquet.

| Aunay (fief d'). Ce fief, que la reine Blanche avait acheté, en 1237 et 1238, de Hugues Tirel, chevalier, seigneur de Pois, s'étendait depuis le pont de Pontoise, tout le long de la rivière, jusque vers Epluches, Montarsis-Pierre-Laye et l'Aumône-Saint-Ouen. Ce fut sur ce fief que l'abbaye de Maubuisson fut bâtie.

| Aunay, village du département de Seine-et-Oise, arrondissement et diocèse de Versailles, canton de Meulan, autrefois du diocèse de Chartres, annexe de la paroisse d'Epone. Sa population est d'environ 400 habitants, en y comprenant le hameau du Val-d'Aunay et plusieurs maisons isolées. Le terroir de cette commune est en labour, vignes et prairies; on y recueille beaucoup de fruits. Aunay est situé dans une vallée, sur la petite rivière de Maudre, à 2 kil. de Maule, où est le bureau de poste, et à 10 kil. vers le sud-ouest de Meulan; sa distance de Paris est de 38 kil. à l'ouest par Maule et la route qui passe à Roquencourt.

| Aunay-sous-Auneau, village du département d'Eure-et-Loir, arrondissement et diocèse de Chartres. Son terroir est en labour, en prairies, en vignes et en bois; on y recueille beaucoup de fruits. Une petite rivière, à laquelle le village donne son nom, y fait tourner un moulin à farine. La population de cette commune est d'environ 1,000 habitants, en y comprenant celle des hameaux de Bretonvilliers, Helu, et des fermes de Cheneville et Malassis: une maison nommée Grammont se distingue des autres par sa construction. Aunay-sous-Auneau est à 3 kil. au sud d'Auneau; sa distance de Paris est de 64 kil. vers le sud-ouest, par Dourdan et une chaussée joignant l'ancienne route de Chartres. On peut suivre également le chemin par Ablis. Poste aux lettres de Gallardon, dont il est distant de 11 kil.

Aunetum, Aunetium et *Alnetum,* Aulnoy, prieuré fondé près de Vincennes par les comtes palatins de Brie et de Champagne; dès l'an 1168, il dépendait du prieuré de Vincennes. Il avait été ensuite uni au monastère de Grammont. Le dernier religieux qui en avait été pourvu l'avait résigné à l'abbaye de Saint-Denis en France. Le roi, par lettres patentes du mois de janvier 1601, confirma la réunion de ce prieuré au couvent des Minimes de Vincennes, conformément à la bulle du pape Clément VIII. Ces lettres patentes furent enregistrées en la chambre des comptes le 10 février 1605, et au parlement le 15 janvier précédent.

| Aulnoy, village du département de Seine-et

Marne, arrondissement et canton de Coulommiers, diocèse de Meaux. Il est assis sur une colline, dans une situation agréable ; on y voit un château de forme antique, flanqué de quatre tours, entouré de fossés et jouissant d'une vue très-étendue. Sur le haut de cette colline est une source qui alimente une fontaine publique restaurée par les soins du baron Gautier de Charnacé, alors maire du lieu. Le château du Ru est au bas de la colline. Ce château, auquel le Ru-de-Rognon a fait donner le nom de Ru, est entouré de fossés remplis d'eaux vives ; le parc est clos de murs et traversé par ce ru, qui, à peu de distance, fait tourner un moulin à farine. — On compte dans Aulnoy environ 360 hab., en y comprenant les hameaux de Villers, la Roche, Lefourchaud, le Fayet, le Bas-Menil, la ferme du Haut-Menil, et autres maisons isolées sous diverses dénominations. Au hameau de Villers est une assez jolie maison de campagne avec un petit parc ; on remarque à la Roche une source qui ne tarit jamais, même dans les plus grandes sécheresses ; elle donne sans interruption la quantité d'eau suffisante pour faire tourner le moulin, qui en est peu éloigné. Les principales productions d'Aulnoy sont en grains, et partie en bois, vignes et prairies. Ces dernières, arrosées par le ru de Rognon, sont plantées de grands arbres qui forment de belles promenades. Ce village est à 3 kil. au N. de Coulommiers, où est le bureau de poste, et à 56 kil. de Paris.

Auraica et *Aurasio*. V. *Arausio*.

Auraicensis ou *Aureiensis, se,* d'Auray. V. *Aureiacum*.

Aurea, Vallis, Orval ou Val-d'Or, monastère, près de Constance, en Suisse. | Airvaux, abbaye au diocèse de La Rochelle. C'était une abbaye de Bénédictins qui avait une église du VIIIe siècle, remarquable par sa voûte et par sa longueur, comme toutes les églises bénédictines en général. C'est aujourd'hui une petite ville chef-lieu de canton du département des Deux-Sèvres, diocèse de Poitiers, qui a beaucoup souffert dans les guerres de la Vendée, sous la révolution.

Aureiacum et *Auraicum,* Auray, ville du diocèse de Vannes, département du Morbihan avec un petit port de mer sur le golfe du Morbihan, chef-lieu de canton. Il y a une église dédiée à Notre-Dame d'Auray, qui est un pèlerinage célèbre dans toute la Bretagne, surtout depuis la révolution française. A cette époque, les Bretons se dévouaient à Notre-Dame d'Auray et se mettaient sous sa protection avant de partir pour la guerre.

Aurelia et *Aureliæ, arum.* V. *Aureliani*

Aurelincensis, se, d'Orillac.

Aureliacum, Orillac ou Aurillac, ville et abbaye dans la haute Auvergne, diocèse de St-Flour, chef-lieu du département du Cantal. Aurillac a vu naître le pape Silvestre II, connu sous le nom de Gerbert, auquel on a élevé une statue, et le cardinal de Noail-

les ; elle a une population de plus de 12,000 habitants.

Aurelianensis, se, d'Orléans, qui est du territoire d'Orléans, qui appartient à Orléans. Sept conciles d'Orléans, en 511, 533, 538, 541, 549, 645, 1017.

Aureliani, orum et *Aurelianum,* Orléans, ville épiscopale et principale de l'Orléanais, département du Loiret.

Aurelianum, Lintz, ville très-forte de la haute Autriche sur le Danube, à 160 kilomètres de Vienne.

Aurelianus, a, um; de la ville d'Orléans, qui est d'Orléans.

Aureus Lucus et *Aurilacum.* V. *Arœ Lucus.*

Auriliacensis et *Auriliacum.* V. *Aureliacensis,* etc.

Auriniacum, Origny, abbaye dans la Thiérache, ancien diocèse de Laon.

Aurio et *Aurionense monasterium,* Evron, abbaye au Maine, petite ville du département de la Mayenne au diocèse du Mans, à 25 kilomètres de Laval, au nord-est. Il y avait une abbaye de Bénédictins.

Auscensis, se, d'Auch, du territoire d'Auch, de la province d'Auch. Deux conciles d'Auch, en 1068, 1279.

Auscii, orum, Auch, ville métropole en Gascogne, département du Gers.

Auscitanus, a, um, de la ville d'Auch. Deux conciles d'Auch, en 1300, 1338.

Ausonensis, se, de l'Ausonie, Ausonien. Concile d'Ausonie en 1068.

Ausonia, l'Ausonie, ancienne contrée d'Italie vers le pays des Sabins.

Austerbantum, Ostrevant ou Ostrebant, contrée entre l'Artois, le Hainaut et la Flandre.

Austrasia, l'Austrasie, tout le pays depuis la Lorraine jusqu'au Rhin et à l'Escaut. | royaume d'Austrasie.

Austrasii, orum, les peuples d'Austrasie

Austregisili (S.), *Ecclesia de Castro,* St-Outrille-du-Château, en Berry.

Austria, l'Autriche, province d'Allemagne, empire d'Autriche.

Autevernum ou *Alvernum,* Auteverne, village dans l'ancien diocèse de Rouen, et maintenant dans celui d'Evreux ; canton de Gisors, arrond. des Andelys, départ. de l'Eure. Popul. environ 300 habitants. Les principales productions de cette commune sont en grains. On y remarque une ferme, autrefois forteresse bâtie par les Anglais dans la guerre de Guillaume le Conquérant ; elle servit à défendre la ligne de la rive droite de l'Epte. Le château de Boisdénemets, appartenant au marquis de ce nom, est une dépendance de ce village ; le parc, de la contenance de 175 arpents, divisé en deux parties, borde la grande route de Paris à Rouen ; il est enclos de superbes murs bâtis en colonnes de briques et cailloux ; ces murs forment une enceinte de près d'une lieue et demie, qui renferme de très-beaux bois de haute-futaie et taillis ; un conduit en pierres de tailles que le marquis de Boisdénemets père, lieutenant-géné-

DICTIONNAIRE DE GÉOGRAPHIE ECCL. II.   3

ral, a fait construire, amène au château de belles eaux vives provenant d'une source située sur la côte du village. Auteverne est à 3 kil. vers l'O. de St-Clair et à 12 au S.-O. de Gisors; sa dist. de Paris est de 67 kil. au N.-O., par la grande route de Rouen. Poste aux lett. de Le Tilliers-en-Vexin, dont il n'est distant que d'un kil. environ.

Authura. V. *Autura.*

Authurum, Authou, paroisse de l'ancien diocèse de Chartres, aujourd'hui de celui de Versailles, canton de Dourdan, arrondissement de Rambouillet, département de Seine-et-Oise. Ce village, dont le château a été démoli en 1813, est près de la chaussée qui conduit à Angerville à Dourdan. La maison de campagne et la ferme d'Hérouville en sont une dépendance. La population d'Authou est d'environ 700 habitants, en y comprenant le hameau du Plessis-Saint-Benoît, qui en fait partie. Son terroir est en labour, une partie en bois. Ce village est à 8 kil. vers le sud de Dourdan, à 16 kil. à l'ouest d'Etampes, et 62 de Paris, entre le sud et le sud-ouest, par Dourdan, poste aux lettres de cette ville.

| Authou, petite ville du diocèse de Chartres, chef-lieu de canton, arrondissement de Nogent-le-Rotrou, département d'Eure-et-Loir. Population 1,300 habitants environ. Il y a des fabriques de serges, droguets et étamines. Sa distance de Paris est de 120 kil., de Nogent-le-Rotrou 16 kil. Authou a quatre foires par an, il y a un bureau de poste.

Autissiodorum et *Autrica urbs,* Auxerre, ville épiscopale en Bourgogne.

Autrechium ou *Autrechia,* Autrêches, village du diocèse de Beauvais, canton d'Attichy, arrond. de Compiègne, départ. de l'Oise. Popul. environ 800 habitants, à 4 kil. de Vic-sur-Aisne, où est le bureau de poste.

Autrica urbs. V. *Autissiodorum.*

Autricum. V. *Carnotum.*

Autricus Mons. V. *Mons.* | V. *Atricus.*

Autura Fluvius, l'Eure, rivière de France qui prend sa source vers les confins du diocèse de Séez, département de l'Orne, dans la forêt de Logny, entre Nully et Lalande, et se jette dans la Seine un peu au-dessus de Pont-de-l'Arche; elle porte bateau depuis Maintenon. Elle donne son nom au département de l'Eure et à celui d'Eure-et-Loir.

Auxiensis et *Auxitanus.* V. *Ausciensis.* etc.

Auxuenna, Sainte-Menehould.

Auxuma et *Auxumum,* Axumo, Cassumo, Xumate, Auxume, Chaxume, tous noms d'une même ville, autrefois capitale de l'Ethiopie, à présent ville ruinée au royaume de Tigre, dans l'Abyssinie.

Auzo, St-Saphorin, en Dauphiné, ou St-Symphorien d'Ozou, bourg au diocèse de Grenoble, chef-lieu de canton au pied d'une colline.

Avalo, Avalonensis. V. *Aballo.*

Cette ville, dont on trouve aussi le nom écrit de cette manière, *Avallo,* Avallon ou Avalon, suivant quelques géographes, dépendait de l'évêché d'Autun avant le concordat de 1801. C'était la huitième ville qui députait aux états de Bourgogne, et qui nommait aussi à tour de rôle le premier alcade. Située sur la petite rivière du Cousin, cette ville est très-ancienne, car il en est fait mention dans l'Itinéraire d'Antonin et dans la Table de Peutinger. Au x⁰ siècle, elle était fortifiée, d'après les chroniques du temps. Avallon n'avait qu'une seule paroisse, l'église de Saint-Pierre. L'église de Saint-Julien, bâtie au milieu de la ville, n'était qu'une annexe. Elle a été démolie dans le cours de la révolution. L'église paroissiale de Saint-Martin avait donné son nom au faubourg où elle est située. L'église collégiale, sous l'invocation de Saint-Lazare, fut fondée en l'année 846 par Gérard de Roussillon, comte de Nevers : son chapitre se composait de douze chanoines et d'un chapelain. Les canonicats valaient 1,200 livres. Le portail de cette église, par ses colonnes torses d'un genre bizarre et d'une extrême délicatesse, offre, si nous pouvons parler ainsi, une excentricité de l'architecture gothique. Les difficultés et les mille détails de l'exécution font le plus grand honneur à la patience et au génie de l'artiste. Malheureusement, la ville d'Avallon ne s'est point montrée bonne et fidèle gardienne de ce précieux travail. Les Pères de la Doctrine Chrétienne, institués en 1664, occupaient le collège où ils ont laissé une réputation universitaire. Les Minimes y avaient établi un couvent de leur ordre en 1607, les Capucins en 1653, les Ursulines en 1629, et les Visitandines, ou les filles de la Visitation de Sainte-Marie en 1646. Les Ursulines avaient un pensionnat et apprenaient à lire et à écrire aux jeunes filles des indigents. — La ville, dans une plaine fertile en grains, est à 4 kil. des vignobles qui produisent les vins renommés de son territoire, à peu de distance de la rivière de la Cure, et sur le bord septentrional du Cousin, qu'elle domine par un escarpement pittoresque; d'autres escarpements plus pittoresques encore se montrent sur la rive opposée. Les sinuosités de la rivière et de l'étroit vallon qu'elle arrose, les sombres masses de granit qui s'élèvent de part et d'autre, enfin le ton sauvage et bocager qui règne dans toute la perspective, égayée vers une extrémité par la jolie maison des *Panais,* rappellent quelques paysages des cantons de Berne et de Fribourg. On croit voir un coin de la Suisse au milieu de la France. Cette ville est régulièrement bâtie; ses rues sont larges, propres et bien percées; elle possède plusieurs jolies promenades, dont celle appelée le *Petit-Cours* offre aux yeux les sites les plus agréables. Les hauteurs voisines de la rivière du Cousin sont garnies de pointes de rochers qui percent au milieu des bosquets et à travers la verdure; des jardins en terrasses paraissent suspendus sur le penchant des collines. Au delà de la vallée fort étroite où coule le Cousin, s'étend une grande plaine assez bien cultivée et terminée par d'immenses forêts qui ferment l'horizon. En 1823, on fit des fouilles dans un village près d'Avallon qui fournirent les objets suivants : 1° deux statues de pierre à peu près dans leur entier ; l'une paraît représenter un sacrificateur, l'autre un chasseur nu : la tête de la première a été retrouvée; on espérait découvrir celle de la seconde ; 2° plusieurs fragments en pierre, dont trois têtes, et de beaux fragments en marbre, particulièrement la tête assez bien conservée d'une statue de Minerve ou de Rome-Déesse; 3° quelques débris d'une inscription insuffisants pour la rendre intelligible ; 4° et 130 médailles environ, la plupart de l'époque de Constantin; quelques-unes cependant des Antonins, dont deux en argent sont assez bien conservées. Le Cousin fait tourner sept à huit moulins à farine, des moulins à foulon et à tan, et un moulin à scie, Une papeterie ancienne est établie sur cette rivière, qui est fort poissonneuse. On fabrique à Avallon de gros draps et droguets, merrain et feuillettes. Il y a plusieurs tanneries. Son commerce consiste en grains, vin, bois de toutes sortes pour l'approvisionnement de Paris ; en laines communes, chevaux et bestiaux. La pop. est de 7000 âmes. — Avallon forme un arrond. du départ. de l'Yonne; il renferme 70 communes et 43,980 hab., et se divise en cinq cantons : Avallon, Guillon, l'Isle-sur-le-Serein, Quarre-les-Tombes et Vézelay. — Relais de poste aux chevaux ; bureau de poste situé sur la route de Paris à Lyon, par Autun. Avallon est la patrie de Lazare-André Bocquillot, avocat, ensuite prêtre, auteur de plusieurs volumes d'homélies et d'un traité sur la liturgie, né en 1648, mort en 1728 ; de Jacques Boileau, député à la convention nationale, décapité en octobre 1793, âgé de 41 ans ; de Pierre Bourbotte, député à la convention nationale, né à Vault, près Avallon, décapité en juin 1795; et de Cousin d'Avallon, auteur d'un très-grand nombre d'ouvrages de littérature.

Avallon est actuellement un archidiaconé du diocèse de Sens. On y voit une bibliothèque de 15,000 vol. et un hôpital, fondation d'un président au parlement de Dijon (Odebert), remarquable par son architecture et par son étendue. Cette ville est à 50 kil. sud-est d'Auxerre, et 216 sud-est de Paris.

Avalocium. V. *Allocium*.

Avaricum et *Avaricum Bituricum*. V. Bourges, t. III.

Avedonenses, ium, le pays d'Aunis. V. *Alnisium*.

Avenacum, Avenay, petite ville du diocèse de Reims, canton d'Aï, départ. de la Marne, sur un ruisseau, à 4 kil. de la rive droite de la Marne. La population est de 1500 habitants environ. Il se fait à Avenay un commerce d'excellents vins de Champagne, rouges et blancs. — Il y avait près d'Avenay une célèbre abbaye de filles, de l'ordre de Saint-Benoit, située dans une vallée connue sous le nom d'Aure. Cette maison jouissait au moins de 25,000 liv. de rente; la communauté était ordinairement composée de 40 religieuses. Elle avait été fondée par sainte Berthe, femme de saint Gombert, maire du palais. Cette sainte fondatrice en fut la première abbesse : elle mourut d'une mort violente, car elle fut assassinée par les enfants du premier lit de saint Gombert, son époux, en haine de ce que leur père avait employé la meilleure partie de ses biens à fonder des monastères et à donner à sainte Berthe de quoi fonder richement celui d'Avenay. C'était l'abbesse d'Avenay qui nommait aux six canonicats dont était composé le chapitre de l'église collég. établie dans la ville d'Avenay. Cette abbaye était une des plus belles maisons religieuses du royaume, et son enclos un des plus vastes et des mieux disposés.

Avenay est à 6 kil. de la ville d'Epernay, et à 116 de Paris.

Avendum et *Avendanum*. V. Remiremont, t. III.

Avenio, Avignon, ville métropole et principale du comtat de Venaissin, dans les enclaves de la Provence, dépendant du saint-siége. Elle était comprise dans la province Viennoise de l'exarchat des Gaules. Cédée au pape en 1348, par Jeanne, comtesse de Provence, reine de Naples, Sixte IV l'érigea en archevêché en 1575, et permit à ses chanoines de porter le rouge comme les cardinaux. Les papes y ont séjourné depuis 1307 jusqu'en 1376 ; ce qui a en quelque sorte amené le grand schisme d'Occident. Le premier pape qui s'y établit était un français, Bertrand de Got, archevêque de Bordeaux, qui prit le nom de Clément V ; et le dernier qui en sortit pour retourner à Rome fut Grégoire XI. Le palais des papes, bâti par Jean XXII, monument étonnant de l'architecture du XIVe siècle et qui aurait dû être respecté et conservé, a perdu tout son caractère d'originalité, ayant été affecté au casernement de la cavalerie. Le célèbre pont jeté sur le Rhône, dont la construction primitive, attribuée à saint Bénezet, était devenue proverbiale même dans les chansons du peuple, a disparu avec ses 19 arches. Avignon, chef-lieu du département de Vaucluse, est resté archevêché, avec Nîmes, Valence, Viviers et Montpellier pour suffragants.

Avenionensis, se, d'Avignon, qui est d'Avignon. Sept conciles d'Avignon, en 1209, 1210, 1270, 1279, 1282, 1326, 1337.

Avennacum, Avenay, bourg au diocèse de Reims, département de la Marne, qui avait une riche abbaye de Bénédictins de fondation royale. Il y a deux villages de ce nom en France, l'un au diocèse de Besançon, et l'autre au diocèse de Bayeux.

Aventicensis, se, d'Avenches.

Aventicum, Avenches, ville autrefois célèbre, colonie romaine sous Vespasien, près du lac Morat, elle faisait partie de la Maxime Séquanaise, dans l'exarchat des Gaules. Elle fut d'abord ruinée par les Germains sous l'empereur Gallien, puis par Attila. Rebâtie par les Bourguignons, elle fut de nouveau ruinée à la fin du VIe siècle, et son évêché transféré à Lausanne, en 591.

Averbodium, Everbeur, ancienne abbaye au diocèse de Malines, en Belgique.

Avernum, Avernes ; village de l'ancien diocèse de Rouen et actuellement de celui de Versailles, canton de Marines, arrond. de Pontoise, départ. de Seine-et-Oise. La terre d'Avernes, ancien marquisat, est possédée par une branche de la maison de Montmorency. Le parc, tenant au château, est d'une étendue de 40 arp. Dans ce village est une maison de campagne où deux sœurs dites de Saint-Lazare sont établies pour l'assistance des malades et l'éducation des jeunes filles. La pop. d'Avernes est d'environ 400 hab., y compris le hameau de Feularde, où se trouve une tuilerie. Les principales productions de son terroir sont en grains; une partie est en bois. On y trouve une carrière de pierres de taille et moellons, et deux sources d'eau vive, l'une très-abondante, nommée la Doye, et l'autre la Perceuse, forment ensemble un ruisseau, nommé l'Aubette, qui fait tourner deux moulins de cette commune, et plusieurs autres jusqu'à Meulan, où ce ruisseau se jette dans la Seine. Le village d'Avernes est à 10 kil. vers le S.-O. de Marines; sa distance de Paris est de 44 kil. au N.-O., par la grande route de Rouen. Poste aux lettres de Meulan.

Avesnæ ou *Avennæ*, Avesnes, petite ville forte du diocèse de Cambrai, chef-lieu d'arrondissement du département du Nord. Elle est située dans une contrée fertile, sur l'Helpe majeure, à 12 kil. de son embouchure dans la Sambre. Elle est généralement bien bâtie et fortifiée d'après le système du célèbre Vauban. La ville d'Avesnes existait dès le xi⁰ siècle. Elle avait donné son nom à des seigneurs qui étaient comtes de Hainault, de Hollande et de Zélande. Louis XI la prit et fit passer tous les habitants au fil de l'épée, à l'exception des notables, au nombre de 17. En 1559, les Espagnols s'en rendirent maîtres; elle fut enfin cédée à la France par le traité des Pyrénées, en 1659. Il y avait à Avesnes un bailliage royal, un bailliage des bois et prévôté pour la terre et prairie d'Avesnes, une église collégiale, un couvent de Récollets, un couvent de Récollettines ou Récollettes, un hôpital, une maréchaussée, un bureau de cinq grosses fermes, etc. Le bailliage royal avait été établi par édit du roi en 1661; il était composé d'un lieutenant général, d'un procureur et d'un avocat du roi. Le ressort de ce bailliage comprenait la ville et la terre d'Avesnes; il connaissait par appel des sentences rendues aux tribunaux particuliers de Philippeville et de Mariembourg. — Le chapitre de l'église collégiale de la ville avait été fondé le 10 avril 1534, par Louise d'Albret, veuve de Charles de Crouy, princesse de Chimay et dame d'Avesnes. Il était composé d'un prévôt, d'un doyen, d'un curé et de douze chanoines, qui étaient tous à la nomination du roi, à la réserve du prévôt, qui était élu par le chapitre. Chaque canonicat valait environ 450 livres de revenu; les dignitaires avaient quelque chose de plus. — L'église est un bâtiment plus solide qu'élégant. Elle est surmontée d'une tour de 300 pieds de hauteur qui renferme un beau carillon. On voyait dans le chœur le mausolée de la fondatrice, qui était de marbre noir, avec des figures et ornements de marbre blanc. Louise d'Albret était représentée à genoux devant le saint sacrement; sa statue était d'un très-beau marbre. Il y avait dans cette église une ancienne confrérie, sous le nom de Saint-Jean-Baptiste, composée d'un roi, d'un maître, d'un connétable et de plusieurs confrères. Cette confrérie avait été érigée en compagnie de chevaliers de l'arquebuse par lettres patentes du roi, en décembre 1715. Ces chevaliers tiraient tous les ans, la veille de saint Jean-Baptiste, à l'oiseau avec des fusils; il y avait un prix pour celui qui était roi. Les bourgeois jouissaient de quelques privilèges assez considérables, qui leur avaient été accordés en différents temps, entre autres du droit de chasse et de pêche, de la liberté de prendre du bois de charpente et de chauffage dans la forêt de Mormal, etc. Ces mêmes privilèges leur avaient été conservés en passant sous la domination française, et confirmés, en 1717, par le duc d'Orléans, alors régent du royaume. — Les Russes s'emparèrent d'Avesnes en 1814, et les Prussiens le 21 juillet 1815, après deux jours de siège, et par suite de l'explosion d'une poudrière qui détruisit presque toute la ville. Elle a été rebâtie en moins d'un an. Le climat du pays d'Avesnes est froid, et son terroir rude et ingrat. Les terres labourables n'y produisent guère autre chose que de l'orge, de l'avoine, des pois et de la vesce. Le froment y vient difficilement; d'un autre côté, les fruits, comme pommes, poires, prunes, cerises, y croissent en abondance; il s'y fait aussi de grandes récoltes de houblon. Il y a des fabriques de bonneterie, de laine, de genièvre et de savon vert, de nombreuses brasseries; des raffineries de sel, des tanneries et des briqueteries. Aux environs sont des mines de fer, forges, hauts-fourneaux, clouteries et verreries. Le commerce d'Avesnes consiste en grains, fruits, houblon, bestiaux, fromage dit de *Marolles*, quincaillerie, fil de fer, clous, tôles, cuir, ardoises, charbon de terre, bois de charpente, cendre, fossiles, etc. Cette ville est à 96 kil. S.-E. de Lille, 58 E. de Cambrai, 36 S. de Mons, 200 N.-E. de Paris. Sa pop. est de 3,150 hab.; son arrond. renferme 167 communes et 41,587 hab.; il est divisé en 10 cant.: Avesnes (2 cant.), Bavai, Berlaimont, Landrecies, Maubeuge, le Quesnoy (2 cant.), Solre-le-Château et Trelon.

Avicium. V. Le Puy en Vélay, t. III.

Aviensis, se, d'Abie.

Avisium, Avisia, Avize, ou Avise, doyenné du diocèse de Châlons sur-Marne, chef-lieu de canton, département de la Marne, à 24 kil. de Châlons. On y récolte d'excellents vins mousseux, dont les habitants font un grand commerce. C'est dans ce bourg que se trouve le bureau de l'entreprise Nichols et compagnie pour la vinification. Il s'y tient deux foires par an. Population 1,500 habitants environ. Bureau de poste d'Epernay.

Aviti Sancti Vicus, Saint-Avit ou les Guépières, paroisse du diocèse de Chartres, qui a reçu son premier nom de saint Avit, solitaire et apôtre dans le

pays. Elle est du canton de Brou, arrondissement de Châteaudun, département d'Eure-et-Loir. Il existe dans cette commune, sur le bord du chemin d'Illiers à Bonneval, vis-à-vis le moulin de Quincampois, sur la rive gauche du Loir, un monument celtique très-remarquable. Ce monument, qui paraît avoir été anciennement destiné aux sacrifices humains, est composé de trois grosses pierres brutes, dont les principales ont jusqu'à 9 et 10 pieds de longueur ; elles sont élevées sur d'autres moins volumineuses, et disposées de manière à ce que les victimes pussent facilement être placées, soit pour être brûlées dans des mannequins où on les enfermait avec des animaux vivants, ou pour être précipitées sur des piques plantées au bas de la plus élevée de ces pierres.
— La population de Saint-Avit est de 750 habitants environ. Bureau de poste d'Illiers, dont il est à la distance d'une lieue.

Avium, Abie, dans l'Abruzze ultérieure, en Italie.

Axiacum, Aissé, en Limousin.

Axima, St-Jaquème, en Tarentaise, Savoie.

Axona, l'Aisne, rivière de France qui prend sa source au village de Soulleirs, près Bar-le-Duc, diocèse de Verdun; reçoit le Veaux à Rethel, passe à Château-Porcien, où elle commence à être navigable; passe à Neufchâtel, s'approche de Jailly, traverse ensuite Soissons et va se jeter dans l'Oise, un peu au-dessous de Compiègne.

B

Babœ Mons, *Babemberga*, et *Bamberga*, d'après l'abbé de Commanville : Bamberg, ville de la Franconie, qui a occupé une place dans la géographie ecclésiastique du moyen âge; elle dépendait de la métropole de Mayence. L'évêché y fut érigé par Benoît VIII, moyennant une certaine redevance envers le saint-siége; mais l'empereur Henri l'en fit décharger peu après, en donnant au pape le duché de Bénévent. Le pape Clément II fit cet évêché exempt. Le domaine de l'évêque comprenait plusieurs villes; il était prince de l'Empire, et avait les mêmes officiers que l'empereur. *Voir* au mot *Bamberg* pour les changements occasionnés dans la position de cette ville par les révolutions modernes.

Bacaudarum Castrum Vetus, le Vieux Château des Bagaudes, à présent St-Maur-les-Fossés, à 8 kilom. de Paris.

Le territoire de St-Maur-les-Fossés, appelé ainsi à cause des fossés qu'on y avait creusés pour en faire une île, en y faisant passer un bras de la Marne, est situé sur l'isthme de la péninsule qui forme le cours de cette rivière. Tous nos anciens historiens assurent qu'au milieu de ces fossés il y a eu un château qu'on appelait *Castrum Bagaudarum*, Château des Bagaudes. Un moine du XIe siècle, qui vivait au monastère des Fossés, prétend avoir vu les restes des murailles de ce château, et il affirme que ces ouvrages furent élevés par Jules César, et que ceux auxquels il en confia la garde s'appelaient Bagaudes, d'où est venu *Castrum Bagaudarum*. L'abbé Lebœuf prétend au contraire que les Bagaudes ne commencèrent à paraître que 500 ans plus tard, sous Dioclétien et Maximien ; c'étaient des Gaulois insurgés contre le gouvernement romain, auxquels s'associaient des soldats révoltés qui menaient la vie de brigands. Quoi qu'il en soit, il y avait dans la presqu'île des Fossés un temple au dieu Sylvain et un collège de prêtres consacrés au culte de cette divinité païenne, ainsi que le prouve une inscription découverte en 1725. Un diplôme de Clovis II, roi des Francs, et daté de l'an 638, donne à Blidégisile, pour y fonder un monastère, une forteresse, *castellionam*, appelée des Fossés, qu'en langue vulgaire on nomme *Castrum Bagaudarum*, Château des Bagaudes. Si l'existence de ce diplôme, qui porte, du reste, comme tant d'autres, d'incontestables signes de fausseté, ne prouve pas irréfragablement l'existence du château des Bagaudes, il atteste du moins que cette appellation est fondée sur une tradition fort ancienne. Ce monastère devint une abbaye de Bénédictins, qui fut sécularisée en 1533 et occupée par des chanoines qu'on réunit plus tard au chapitre de Saint-Louis-du-Louvre à Paris. L'abbaye portait le nom de St-Maur, parce que les reliques de ce saint, premier disciple de saint Benoît, y avaient été déposées lors des invasions des Normands. Il n'en reste plus de traces. St-Maur est devenu une petite ville de fabriques, et le canal qui la traverse la rend très-industrielle.

Badœ, *arum*, Bada ou Vaga, suivant l'abbé de Commanville, et Vada seulement, d'après le P. Charles de St-Paul, ancienne ville épiscopale de la Numidie, dont il ne reste aucun vestige.

Baganum, ou *Bagacum*, Bavay, petite ville du diocèse de Cambrai, arrondissement d'Avesnes, chef-lieu de canton, département du Nord, à 24 kil. nord-nord-ouest d'Avesnes, et 20 sud-sud-ouest de Mons, est d'une haute antiquité. Elle était le chef-lieu des Nerviens, peuple considérable de la seconde Belgique. Les Romains y avaient conduit les eaux de plusieurs fontaines qui se trouvent dans le village de Florèsies, à environ 20 kil. au midi vers le levant de Bavay. Ces eaux devaient être portées sur un aquéduc à travers la rivière de Sambre. Bavay doit avoir été un lieu de très-grande importance, puisque toutes les grandes routes ou chaussées romaines y aboutissaient. Une de ces chaussées conduit à Maëstricht et à Cologne par Tongres; une autre, à Reims; une troisième, à Soissons; une quatrième, à Amiens, qui est continuée de là jusqu'à Montreuil; une cinquième, à Mardick, en passant par Valenciennes et Tournay; une sixième, à Utrecht; une septième, à Gand. On y trouve en plusieurs endroits des cailloux et des pierres à fusil, qui doivent y avoir été apportés de bien loin. Ces chaussées furent faites du temps d'Auguste par Agrippa, tant pour occuper les légions romaines que pour faciliter la marche des armées et la conduite des vivres. Il paraît qu'elles étaient tirées à la ligne autant que possible, et assez élevées au-dessus du terrain. Brunehaut, reine d'Austrasie, les fit réparer presque toutes environ 600 ans après leur première construction, et c'est pour cela qu'on leur donne presque partout le nom de *chaussées de Brunehaut*. On voit encore à Bavay les traces d'un cirque et les restes d'un aqueduc, et on y a trouvé beaucoup de médailles et d'autres antiquités. Une colonne à sept pans, élevée dans la place publique, indique les anciennes chaussées qui aboutissaient à la ville. Bavay est situé dans une contrée très-fertile. On y fabrique des instruments aratoires et de ferronnerie, platines de fer, pelles, poêles à frire, clous, chaînes, bonneterie, fil et poterie de qualité. Il s'y trouve cinq tanneries et des fonderies de fer et de cuivre. Son commerce consiste en grains, eaux-de-vie et bestiaux. Il y avait à Bavay un collège occupé par les prêtres de l'Oratoire, un couvent de Récollets et une maison de religieuses pénitentes. La population est de 2,000 habitants environ.

Baivaria, la Bavière, province et duché en Allemagne au moyen âge, depuis électorat, et maintenant royaume. V. *Bavière*.

Bajocæ, arum, Bayeux, ville épiscopale en Normandie, départ. du Calvados.

Bajocassinum, le Bessin, contrée de Normandie dont Bayeux est la ville principale.

Bajocensis, se, de Bayeux. Concile de Bayeux, en 1300. *Bajocense territorium*. V. *Bajocassinum*.

Balaneium. V. B. *Balineacum*.

Balbiniacum, Baubigny, petit village fort ancien du diocèse de Paris, arrondissement de Saint-Denis, à 7 kil. de Paris. La population est de 370 habitants environ. Les principales productions du terroir sont en céréales. Bureau de poste de Pantin. Vers l'an 700, la dame Erminethrude, dont il est souvent question dans l'Histoire de Paris, à cette époque, légua à son cher fils la moitié de ce qu'elle possédait à Baubigny et à Latini, c'est-à-dire la moitié des habits, des ustensiles de labourage et des bœufs. *Simili modo de Balbiniaco tam vestis quam æramen vel utensilia et de bovebus ex omnia medietatem sibi, dulcissime fili, habere præcipio* (sic). Il y avait un château assez joli dans ce village; il fut détruit entièrement lors des orages révolutionnaires, et il n'en reste absolument rien; mais le parc existe toujours, et c'est au milieu que jaillissent les trois sources du ru de Montfort, que grossissent, avant de quitter le terroir de Baubigny, deux autres sources. Il y eut deux fiefs dans la terre de Baubigny: l'un relevait de l'abbaye de Saint-Denis, l'autre du seigneur de Livry. Le plus ancien des seigneurs connus de Baubigny était un gentilhomme commensal de l'abbé Suger. Ce fut un perdrier de Baubigny qui, en 1562, tua le maréchal Saint-André à la bataille de Dreux. — L'église paroissiale est au bout du village, du côté oriental,

dans un endroit solitaire; elle est sous le titre de Saint-André apôtre. Les fondements en sont sans doute anciens; mais elle a été si souvent réparée et replâtrée, qu'on n'y connaît plus aucun vestige des siècles reculés. Elle eut pour curé Jehan Bonneau, greffier de la chambre ecclésiastique, aumônier d'Etienne de Poncher, évêque de Paris, et plus tard attaché à la personne du roi Charles VII. Bonneau fut assassiné le 13 juillet 1504, et inhumé dans l'église de Baubigny.

Baldomeris Oppidum, St-Galmier ou St-Garmier, dans le Forez, diocèse de Lyon, département de la Loire. Cette petite ville tient son nom d'un ouvrier serrurier de Lyon, qui se retira dans la solitude et mourut en odeur de sainteté.

Baldomontium ou *Beldomontium*, Beaudemont, village de l'ancien diocèse de Rouen, maintenant de celui d'Evreux, arrond. des Andelys, départ. de l'Eure, près de la rivière de l'Epte, à 12 kil. vers le N.-E. de Vernon, où est le bureau de poste, et 66 kil. de Paris vers le N.-O. Cette terre est une ancienne baronnie. On y voit, sur une hauteur, les restes considérables de fortifications et d'une carrière dont les pierres ont servi à la construction de l'abbaye du Trésor. La popul. de ce village est d'env. 150 hab., en y comprenant le hameau de Villeneuve et les maisons isolées du petit Beaudemont. Le terroir de cette commune est en labour, en bois, en vignes et en prairies.

Baleares insulæ, les Baléares, îles de la mer d'Espagne dans la Méditerranée, qui ont joué un rôle assez important au moyen âge et dans l'histoire maritime de cette époque. Dès le XIII° siècle, elles dépendaient du royaume d'Aragon. Elles forment un archipel vis-à-vis les côtes de Valence. Les Grecs les appelaient tantôt Gymnésies, parce que leurs habitants étaient nus; tantôt Baléares, à cause de l'adresse de ces mêmes habitants à manier la fronde. Elles s'étendent du sud-ouest au nord-est, et sont au nombre de cinq: Ivice, Formentara, Majorque, Cabrera et Minorque. Voir chacun de ces mots.

Balesium, Saint-Marc, dans la province d'Otrante en Italie.

— *Lupiæ*, Saint-Cortand, même province.

Balgentiacensis, se, de Beaugency. Conciles de Beaugency en 1104 et en 1151.

Balgentiacum, Beaugency, ou Baugenci, petite ville et arrondissement du département du Loiret, sur la rive droite de la Loire, à 24 kil. d'Orléans. Elle avait le titre de comté. Elle appartenait et appartient encore au diocèse d'Orléans.

Son origine est antérieure à l'invasion des Gaules par Jules César; elle était déjà célèbre vers l'an 1100. Ce fut là que le cardinal Richard, légat, assembla, en 1104, un concile pour donner l'absolution à Philippe I°°, roi de France, qui vivait avec Bertrade de Montfort, femme de Foulques le Rechin, comte d'Anjou, après avoir répudié Berthe, sa femme,

Raoul II, dernier seigneur de Beaugency, la vendit à Philippe le Bel en 1291. Philippe de Valois la donna à son fils Philippe Ier, duc d'Orléans, en 1344. Elle appartint ensuite pendant longtemps aux princes de cette maison. Outre le concile de Beaugency dont nous avons parlé, il y fut assemblé un autre concile, en 1152, au sujet du mariage de Louis VII dit le Jeune avec Éléonore de Guienne. Le concile, ayant trouvé qu'ils étaient parents du 3e au 4e degré, cassa et annula le mariage. Quelques écrivains prétendent que le comté de Beaugency avait pour seigneur un nommé Simon, dès le temps du roi Chilpéric, c'est-à-dire env. l'an 580. Il restait encore une tour d'un château qu'on assure avoir été bâti par les Gaulois, et qui avait été détruit par le temps et les sièges que cette petite ville avait soufferts, car le voisinage d'Orléans l'avait exposée à autant de sièges que cette dernière ville en avait essuyés. On voit à Beaugency un château et deux hospices, où l'on reçoit les pauvres non-malades, les enfants et les vieillards de la ville, au nombre de cent. Il y avait anciennement un chapitre de chanoines réguliers de l'ordre de Saint-Augustin, fondé par le seigneur de Beaugency vers 1100, sous le titre d'abbaye et sous l'invocation de Notre-Dame. Il n'y en a plus, à l'époque de la révolution, qu'un certain nombre de religieux, qui vivaient sous la réforme de Sainte-Geneviève de Paris. Le titre de l'abbaye était en commende, aussi bien que la mense abbatiale, qui était de 6000 liv. Le domaine de Beaugency appartenait à la couronne. Cette ville est assez bien bâtie, dans un territoire fertile en vin, sur la croupe et le penchant d'un coteau au pied duquel coule la Loire, que l'on y passe sur un ancien pont de pierres, de 22 arches. A 5 kil. de la ville, sur la rive gauche de la Loire, est une source d'eaux minérales. On y fait le commerce de vin et eau-de-vie, de blé et serges drapées. La qualité des vins est supérieure à la plus grande partie de ceux d'Orléans. Il y a des tanneries pour la fabrication des cuirs et peaux, des fabriques d'étoffes de laines et de chapeaux, un moulin à tan et 10 moulins à farine, pour la consommation de cette ville et des communes environnantes. On trouve à Beaugency des carrières de pierre calcaire, dont on a construit les fondations de la cathédrale d'Orléans et celles des ponts d'Orléans et de Tours. La popul. de Beaugency est de 4,700 hab. env.

Balineacum, Balagny-sur-Aunette, village du diocèse de Beauvais, mais de celui de Senlis avant le concordat de 1801; arrondissement et canton de cette ville. Ce village, situé sur l'Aunette, petit ruisseau qui y fait tourner un moulin, est à 4 kil. N.-O. de Senlis, et 44 kil. entre le N. et le N.-E. de Paris, par Senlis et la route de Flandre. Popul. env. 110 hab. Poste aux lett. de Senlis. Le terroir est en labour et en prairies. | *Balagny-sur-Therain*, village, départ. de l'Oise, arrond. de Senlis, cant. de Neuilly-en-Thel, ci-dev. prov. de l'Ile-de-France et dioc. de Beauvais, à 12 kil. au N. de Neuilly-en-Thel, à 19 kil. de Senlis, à 21 kil. de Beauvais, et à 26 kil. au N. de Paris, par Beaumont et la grande route de Beauvais. Popul. env. 500 hab., avec le hameau de *Perelle*. Post. aux lett. de Creil-sur-Oise. — Le village de Balagny est situé sur le Therain, rivière qui y fait tourner un moulin à deux roues et arrose de belles prairies. Il y a un beau château élevé dans le milieu du village, près de l'église. La construction est fort ancienne. Dans le parc, au milieu d'une belle futaie, est une chapelle de la plus haute antiquité, où l'on honore sainte Maure et sainte Brigitte, qui y ont été martyrisées. Le terroir de cette commune est en terres labourables, prairies et bois.

Balisa, Baïse, en Condomois. Il y a une rivière de ce nom qui prend sa source dans les Hautes-Pyrénées, forme deux branches qui se réunissent dans le département du Gers. Cette rivière commence à être navigable à Nérac, elle se jette dans la Garonne vis-à-vis Aiguillon, département de Lot-et-Garonne.

Ballanum, *Ballentum*, Balancourt, Ballancourt ou Balencourt, ancien diocèse de Sens, aujourd'hui de celui de Versailles, arrond. et canton de Corbeil, à 12 kil. de cette ville, et 37 au S. de Paris, par une route qui, après avoir traversé Fontenay, se continue par Mennecy et Lisses, et va joindre celle de Fontainebleau. Popul. env. 700 hab., y compris le hameau du Saussay et les maisons isolées dites la *Chapelle-Paleau*. Poste aux lett. de la Ferté-Alais. — La terre du Saussay, propriété de la famille Canclaux depuis plus de 300 ans, est devenue plus considérable par la réunion faite, au moment de la révolution, de la commanderie de Malte, qui portait le même nom. Le château, orné d'un parc très-agréable, est entouré de fossés pleins d'eau vive. — Le terroir de cette commune est en terres labourables, vignes et prairies. — Balancourt formait autrefois un fief que Louis XIV réunit aux terres du duc de Villeroi en 1656.

Ballenvillum, *Ballevillium*, Ballainvilliers, Ballenvilliers, autrefois Berlinvillier, Bellenviller, Bulanviller, Ballenviller, village du départ. de Seine-et-Oise, arrond. de Corbeil, cant. de Longjumeau, ci-dev. du dioc. de Paris, maintenant de celui de Versailles, à 2 kil. au S. de Longjumeau, peu éloigné de la route d'Orléans ; sa dist. de Paris est de 20 kil. au S. par cette route. Popul. 450 hab., en y comprenant le château de Plessis-St-Père, ainsi que partie des hameaux de la Grange-aux-Cercles et Villebouzin. Ce dernier hameau renferme un autre château dans la partie de Longpont. — Ce village tirait son nom d'un nommé Bellenus, qui y avait des propriétés. Ce n'était qu'un simple hameau dans le XIIe siècle, relevant de Longjumeau, dont il fut détaché en 1265, et érigé en paroisse par Renaud de Corbeil, archevêque de Paris. — Le château de Ballainvilliers appartenait, lors de la révolution, à Bernard de Ballainvilliers, maître des requêtes ; il a été vendu et revendu depuis ; il est aujourd'hui réduit à un simple pavillon. La terre de Ballainvilliers était une ancienne baronnie. L'église, sous le titre de St-Jacques, n'a rien d'ancien qu'un vitrage. On y voyait les restes de la tombe d'une dame représentée vêtue d'une robe fourrée. — Poste aux lettres de Longjumeau.

Balleum ou *Balleolum*, Bailleul-le-Soc ou Bailleu, paroisse du diocèse de Beauvais, canton et arrond. de Clermont-Oise, départ. de l'Oise, à 14 kil. vers l'E. de Clermont, et 66 de Paris vers le N. La population est de 800 habitants, y compris le hameau d'Airaines et les fermes de St-Julien, Ereuse et Eloge-le-Bois. Ce hameau d'Airaines formait au moyen âge une propriété seigneuriale. Les principales productions du terroir sont en grains et en bois. Poste aux lettres de Pont-Ste-Maxence.

| Bailleul-sur-Thérain, paroisse du diocèse et arrond. de Beauvais, canton de Néville, départ. de l'Oise. La population est d'environ 800 habitants avec le hameau du Petit-Froidmont, la ferme de Cagneux et celle de la Vieille-Abbaye. Cette dernière ferme est ainsi dénommée, parce que ses bâtiments, au moyen âge, étaient ceux d'une ancienne abbaye. Bailleul est situé sur la rivière du Thérain, qui y fait tourner deux moulins. Le terroir de la commune est en partie en labour et en prairies, et partie en bois; on y voit un château. La distance de Beauvais est de 12 kil. au S.-E., et de Paris 58 au N. Le bureau de poste est à Noailles.

Balliacum, Bazinville ou Bazainville, village de l'ancien diocèse de Chartres, actuellement de celui de Versailles, arrond. de Mantes, canton de Houdan, départ. de Seine-et-Oise, à 5 kil. de Houdan, où est le bureau de poste; à 48 de Paris. Il y avait un prieuré qui n'est plus qu'une simple habitation. La population est de 600 habitants environ, y compris les hameaux du Breuil, Cignonville, la Vallée-des-Goths, Bon-Avis, la ferme du Franc-Moreau et le moulin du Giboulet sur un ruisseau. Les productions du terroir de cette commune sont partie en grains, et partie en bois et en bruyères.

Ballium, Bailly, ancien fief situé sur la paroisse de Champs, au diocèse de Paris et actuellement du diocèse de Meaux, départ. de Seine-et-Marne. Il se trouve nommé dans les registres de l'archevêché de l'année 1628, à l'occasion de Charles le Roy, seigneur de la Poterie et de Bailly, qui eut alors la faculté de faire célébrer la messe *in oratorio domus suæ infra limites parochiæ de Campis*. Ce fief remontait à une époque fort ancienne.

| Bailly, village de l'ancien diocèse de Chartres, aujourd'hui de celui de Versailles, canton de Marly-le-Roi, départ. de Seine-et-Oise. Il y a un château et plusieurs maisons de campagne. Sa popul. est d'env. 550 hab., y compris deux fermes et deux moulins à eau sous diverses dénominations. Le terroir de cette commune est en terres labourables, une partie est en bois. Il y a une filature de coton. Ce village est, joignant la forêt de Marly, sur la route de Maule à Paris, à 2 kil. au S. de Marly, 18 à l'O.

de Paris par cette route, et à 4 de Versailles, où est le bur. de poste.

| Bailly, village du diocèse de Beauvais, départ. de l'Oise, arrond. de Compiègne, cant. de Ribecourt, près l'Oise, à 8 kil. de Noyon et 58 de Beauvais. Popul. 400 hab. env. Bur. de poste de Noyon.

| Bailly-Carrois, village de l'ancien diocèse de Sens, actuellement de celui de Meaux, départ. de Seine-et-Marne, arrond. de Melun, cant. de Mormant. Il forme une commune de plus de 200 hab. avec l'ancienne paroisse de Carrois, les hameaux des Loges, de Courmignoust, du Périchoy, de la Picardie, et plusieurs fermes isolées. On trouve un château près de Carrois. Les principales productions de son terroir sont en grains. Ce village joint la grande route de Paris à Troyes, à l'embranchement de celle de Nangis à Rosay, à 3 kil. vers le N. de Nangis. Sa distance de Paris est de 56 kil. au S.-E., par la route de Troyes. Poste aux lett. de Nangis.

| Bailly-Romainvilliers, village du diocèse et de l'arrond. de Meaux, canton de Crécy, départ. de Seine-et-Marne. Le château avec son parc fut habité par le célèbre marin de Tourville. La popul. de ce village est de 350 hab. env., en y comprenant le hameau de Romainvilliers et les maisons isolées dites *le Poncelet*. Son terroir est en terres labourables, en prairies et en bois. Bailly est à 8 kil. de Lagny et de Crécy, et 31 à l'E. de Paris, par Jossigny, Ferrières et une route qui passe à Croissy. Poste aux lett. de Lagny.

Balma, Baume-les-Nonnes ou les-Dames, monastère en Franche-Comté, aujourd'hui Baume-les-Dames, diocèse de Besançon, sous-préfecture du départ. du Doubs. Il ne reste plus rien de l'abbaye, qui était riche et noble.

— *Jurensium*, St-Romain-des-Roches, près de St-Claude aussi en Franche-Comté. C'était un monastère de Bénédictins, fondé par saint Romain, solitaire du mont Jura. Il s'y forma par la suite un village, qui n'a conservé de l'abbaye que l'église, défigurée par une restauration moderne; il y a une crypte intéressante, mais qui est aussi dénaturée. On la dit la grotte de St-Romain. Ce village du diocèse de St-Claude est dans une situation fort pittoresque.

Balnearis Porta, la Porte-des-Bains, à Auxerre.
Balneolensis, de Bagneux.
Balneoletum, ou *Bagnolia* et *Baneletum*, Bagnolet, village de la banlieue de Paris, arrond. de St-Denis, cant. de Pantin à 5 kil. de Paris, entre Montreuil et Romainville. En 1256, on l'appelait Baigniaux, et auparavant Baillolet. Ses productions agricoles sont en fruits et en grains; on y fabrique du carton et des bougies, et l'on y trouve des carrières à plâtre et moellons de bonne qualité. Popul. plus de 1600 habitants : le recensement de 1802 ne portait ce nombre qu'à 933, et celui de 1804 à 1043; on trouve dans plusieurs géographes, qu'au milieu du siècle dernier la popul. ne s'élevait qu'à 547 hab. Poste aux lettres

de la banlieue. — Un grand nombre de maisons de campagne embellissent ce village, où les ducs d'Orléans possédaient autrefois un château que le régent avait orné de quelques-unes de ses peintures ; le parc avait 300 arpents. Ce dernier prince, après l'avoir acheté du fermier général Lejuge, l'agrandit et le meubla magnifiquement ; son successeur vendit le riche mobilier, et ensuite les bâtiments et les terres. — La reine Isabeau de Bavière avait acheté, en 1412, pour le prix de 4000 liv., de Pierre des Essarts, garde de la prévôté de Paris, un hôtel que cet officier possédait à Bagnolet, avec 72 arpents de terre. — La fille d'un marchand de chevaux, appelée la *Petite Reine*, sous Charles VI, avait une terre dans ce village. — Le savant cardinal Duperron se retira à Bagnolet après la mort de Henri IV, dans une maison où il avait déjà passé ses premières années ; il y mourut en 1618, au moment où il faisait imprimer sa réponse au roi d'Angleterre. Ce fut à Bagnolet que, pour la première fois, un célèbre jardinier, Jacques Girardot, mit en usage les jardins divisés par murs de refend, dont l'utilité, pour obtenir des pêches d'une beauté et d'une qualité parfaites, fait la richesse des habitants de ce village et de celui de Montreuil-sur-Bois. Après avoir dépensé sa fortune au service, et obtenu la croix de St-Louis, Girardot revint à Bagnolet cultiver son jardin chéri. En 1755, on découvrit dans le territoire de ce village une terre jaune nommée kaolin, semblable à celle qui compose la porcelaine de la Chine ; mais on a négligé cette découverte, qui eût pu offrir de grands avantages au pays. — L'église, construite au XVIe siècle, n'a rien de remarquable ; la tour des cloches n'a été élevée qu'au XVIIIe siècle. Le cardinal Trivulce, légat en France sous le règne de Henri II, accorda des indulgences à ceux qui visiteraient cette église le 1er sept. et le jour anniversaire de la dédicace. Elle était sous le vocable de St-Leu-St-Gilles, et pourtant dans les anciennes provisions de la cure, elle est souvent désignée sous le nom de St-Loup. Il paraît qu'une chapelle a précédé cette église, puisque l'abbé Lebeuf a reconnu qu'un curé du nom de Regnault existait à Bagnolet en 1377. — L'abbaye de St-Maur-les-Fossés avait été un fief de Bagnolet.

Balneclum, Bagneux, que quelques auteurs ont écrit *Baigneux*, qu'on trouve cité sous le nom de *Baniolum*, *Banniolæ*, *Balneolum*, dans les chartes des IXe, Xe et XIe siècles, et qu'on nomma, au XIVe siècle, Bagneux-St-Herbland. C'est un village de la banlieue de Paris, arrond. et cant. de Sceaux, autrefois prov. de l'Île-de-France, dioc. et élect. de Paris, et une des seigneuries du chapitre de N.-D. de Paris, qui nommait à sa cure ; à 3 kil. au N. de Sceaux et à 6 kil. au S. de Paris, par la barrière d'Enfer et Montrouge ; bur. de poste de la banlieue. — Son territoire, qui se compose de 498 hect., est partie en vignes et partie en terres labourables. Le vin qu'on y recueille est assez estimé. Il renferme des carrières de pierre de liais et de roche et une de pierre à plâtre. — Le P. Daniel pense que Bagneux existait au VIe siècle, et que c'est là que fut battue une pièce de monnaie du roi Caribert, sur laquelle on lit *Bannaciaco*. L'abbé Lebeuf prétend au contraire que la preuve la plus reculée qu'on ait de l'antiquité de ce village est une charte du règne de Charles le Chauve (840 à 877), dans laquelle on lit, parmi les terres de l'église de Paris, *Baniolum*. — Ce village, situé sur une hauteur, possède de jolies maisons de campagne qui en rendent le séjour et la vue fort agréables. — Du temps de Piganiol, en 1719, la propriété du lieut.-général Zurbeck était la plus remarquable ; la maison était régulière et le jardin avait été ordonné sur un dessin de Lenôtre. Il y avait sur la hauteur un bois où se formait une étoile, et dans le milieu un cadran montrant l'heure dans douze faces différentes. Henri IV logea dans cette maison pendant son court séjour à Bagneux. — L'église de ce village a saint Herbland pour patron, et remonte au Xe siècle. Le vaisseau de cet édifice est voûté et assez beau, la nef est décorée de petites galeries dans le genre de celles de N.-D. de Paris. Sur le couronnement des bas-côtés s'élèvent des arcs-boutants qui soutiennent la construction supérieure de la principale nef. Le portail paraît beaucoup plus ancien que le corps de l'église ; on y voyait, dans un bas-relief, le Père Eternel accompagné de quatre anges portant des chandeliers. Sur les restes de l'ancien clocher, qui est à côté de l'église, on en a élevé un nouveau. Cette église possédait quelques-unes des reliques de son patron. Assez étendu et solidement construit, le presbytère fut restauré par Franç. de Chabane de Rhodes, alors curé. — Les Chartreux de Paris mettaient au nombre de leurs bienfaiteurs une dame Aveline, de Bagneux. — Au retour de deux expéditions dans le pays de Caux, et après avoir passé la Seine à Meulan, Henri IV s'arrêta à Bagneux le 31 oct. 1569, et fit cantonner son armée dans les environs.

Le 18 octobre, jour de la fête de saint Herbland, le châtelet de Paris s'y transportait solennellement et y dînait. — On a vu que le chapitre de N.-D. de Paris avait la seigneurie de Bagneux ; cependant l'abbé Lebeuf dit que Henri Ier lui donna la dîme de blé et de vin, et Louis le Gros la voirie ; que Louis VII abolit différents droits exercés sur ses habitants ; que Philippe-Auguste y exerçait l'autorité souveraine, et que, dans le procès-verbal de la coutume de Paris, de 1580, les abbayes de Ste-Geneviève et de St-Victor prenaient chacune le titre de seigneur en partie de Bagneux. C'est que les donations successives faites au chapitre de N.-D. de Paris, quoique considérables et nombreuses, ne comprenaient pas la totalité des propriétés de ce village ; que des donations partielles avaient eu lieu en faveur des deux abbayes, et que les rois avaient acquis ou conservé certains droits. Félibien et Sauval affirment qu'en 1266, les habitants achetèrent leur liberté du chapitre de N.-D., au prix d'une somme de 1300 liv.

— Autrefois il coulait des eaux de ce lieu jusqu'à Montrouge ; mais les seigneurs de ce dernier village ayant négligé d'entretenir les canaux, elles se sont perdues depuis le commencement du XVIIIe siècle. — La popul. de ce village était, en 1726, de 450 hab.; en 1805, de 592 ; elle s'élève aujourd'hui à plus de 800. Il y a plusieurs villages en France du nom de Bagneux : un au diocèse d'Angers, près de Saumur; un dans le diocèse de Soissons, à 7 kil. de cette ville ; un autre dans le diocèse de Moulins. Il y a encore Bagneux-la-Fosse sur la petite rivière de Sarce, au diocèse de Troyes; il y a enfin Bagneux-les-Juifs, au diocèse de Dijon, Côte-d'Or. C'est le dernier endroit que les Juifs quittèrent lors de leur expulsion en 1431. | Bagnolo, petite ville de la Principauté-Ultérieure au royaume de Naples.

Balneoregium et *Balneum Regis*, Bagnarée ou Bagnarea, ville épiscopale des Etats romains, sur le Chrona dans le Patrimoine de St-Pierre. L'évêché est antérieur au VIe siècle.

Baltea, *Balteola* ou *Ager Urbis*, la Banlieue. C'était autrefois un hameau assez considérable de la commune d'Arcueil ; on n'y voit plus aujourd'hui qu'une auberge, appelée encore la Banlieue, et qui est située dans un carrefour, sur le grand chemin qui conduit au Bourg-la-Reine, et à la distance de 5 kil. de Paris. — C'était jadis une des plus anciennes léproseries du diocèse et en même temps une des plus riches. « Le roi, dit l'abbé Lebeuf, était tenu d'y fournir aux brandons dix livrés, *duos modios grani*, un millier de harengs, *quatuor viginti mod. lignorum, unum panum de burello, et unum lardum*. » L'évêque permettait aussi aux malades de quêter dans Paris, avec publication d'indulgences à ceux qui leur feraient du bien. On appelait autrefois léproserie ce que nous entendons aujourd'hui par hôpital. Les maladies singulières que les croisés avaient rapportées de l'Orient, et qui toutes avaient plus ou moins de rapport avec la lèpre, avaient fait donner ce nom à ces sortes de fondations : elles étaient toutes consacrées sous le nom de St-Lazare ; on s'empressait de leur faire des dotations, parce que tout le monde pouvait être atteint de la lèpre, et que, dans ce cas, pauvres et riches étaient obligés d'aller à la léproserie. — Cette léproserie fut choisie en 1360, sous le règne du roi Jean, pour les séances d'une assemblée nationale, convoquée pour conférer sur les moyens de faire la paix avec l'Angleterre. Cette assemblée, de 1355, ne put remplir qu'une partie de son mandat : elle ouvrit ses délibérations en 1360; mais elle n'eut aucun résultat.

Bamberga. Voy. *Babœ*.

Bambergensis, se, de Bamberg. Voy. *Babœ*. Concile de Bamberg en 1011.

Banchorna, Bangor, ville épiscopale, dans la principauté de Galles, en Angleterre. C'est un évêché anglican-suffragant de Cantorbéry. Quelques érudits pensent que l'évêché de l'île de Wight y fut transféré vers l'an 550.

Banothum, *Bannetum*, *Bannost*, diocèse de Meaux, arrond. de Provins, canton de Nangis, départ. de Seine-et-Marne, à 20 kil. vers le N.-E. de Nangis, 60 de Paris entre l'E. et le S.-E., par Rozay et la route qui passe à Tournon. Popul. 400 hab., en y comprenant les hameaux des Essarts, du Pressou, de Rubentard, des Coquilliers, du Courtil-Deschamps, et autres, l'ancien fief du Buat et plusieurs fermes écartées. Il y avait autrefois dans ce village un hospice, où on ne recevait point les pauvres, mais qui leur distribuait des secours à domicile. Les principales productions sont en grains. On trouve à Bannost une tuilerie et un four à chaux.

Banza, San-Salvador ou St-Sauveur, au royaume de Congo, dans l'Afrique occidentale ; ou Banza-Congo, belle ville, pour une ville africaine, résidence du roi de Congo, dans la Guinée inférieure ; elle est située sur une montagne escarpée, dans une position pittoresque : ce qui fait que l'air y est salubre. Les missionnaires portugais y ont une maison où ils préparent au ministère ecclésiastique des prêtres indigènes ; cette ville avec la province forme une préfecture apostolique. Les Portugais, lors de leur puissance maritime au XVe siècle et avant leur découverte du cap de Bonne-Espérance, y avaient créé un établissement considérable, qu'ils possèdent toujours, mais qui du reste est bien déchu comme toutes leurs autres colonies. Le gouvernement envoie à Banza-Congo les criminels ordinaires et les condamnés pour délits politiques. C'est en un mot un lieu de déportation.

Bapalma, Bapaume, petite ville du diocèse et arrondissement d'Arras, chef-lieu de canton, départ. du Pas-de-Calais, autrefois ancienne province d'Artois ; à 156 kil. de Paris, 20 d'Arras, 24 de Cambrai, et 44 d'Amiens ; située dans un pays fort sec ; le ruisseau qui en est le plus voisin est celui de Miraumont, distant de près de 12 kil. Une seule fontaine fournit de l'eau à tous les habitants ; on la construisit vis-à-vis l'hôtel de ville en 1721, époque à laquelle l'ingénieur de la place, après de longues recherches et de grands travaux, découvrit une source à 2 kil. d'Arras et la conduisit dans Bapaume. Jusqu'alors les habitants avaient fait usage d'une très-mauvaise eau. Elle fut ornée, en 1723, d'une statue de Louis XV, en pierre blanche. On y fabriquait, ainsi que dans les communes rurales environnantes, une grande quantité de linons et batistes : la filature au fin occupait aussi beaucoup de monde. Cette branche d'industrie, à peu près anéantie pendant la révolution, sous le consulat et l'empire, à cause des guerres maritimes, a été depuis remplacée par la fabrication de diverses étoffes de coton. Il y a quelques raffineries de sel, des savonneries et des tanneries. Cette ville, près de la source de la Sensée, est régulièrement bâtie ; les rues en sont belles, propres et bien pavées. Ses fortifications, commencées par le chevalier Deville, avaient été augmentées et terminées par le maréchal de Vauban. — L'origine de Bapaume n'est pas brillante; d'abord simple château, le chef d'une bande de voleurs, Bérenger, s'en empara en 1090, le fortifia et en fit le centre de ses exploits. Après leur expulsion, obtenue avec peine, Bapaume prit de l'accroissement. On croit encore que le nom de ville ne lui fut donné qu'en 1335, par Eudes, duc de Bourgogne, malgré la charte de Philippe-Auguste de 1191, qui l'indique sous ce titre, en autorisant les *bourgeois* à renouveler tous les 14 mois le mayeur, les échevins et les jurés. Ce fut à Bapaume, en 1179, que Philippe-Auguste épousa Isabelle, fille de Baudouin, comte de Hainaut, et nièce de Philippe d'Alsace, comte de Flandre. Il paraît que cette ville devint promptement une place de guerre, puisqu'elle soutint deux siéges, en 1411 et en 1414, lors des guerres civiles des Armagnacs et des Bourguignons. Après l'assassinat du duc d'Orléans, Jean sans Peur s'enfuit dans ses Etats. Arrivé à Bapaume à une heure de l'après midi, il voulut, pour perpétuer le souvenir de son heureuse fuite, que l'on sonnât à l'avenir l'angélus à pareille heure. En 1477, Charles le Téméraire, dernier duc de Bourgogne, étant mort, Louis XI s'avança dans l'Artois, s'empara de Bapaume et y fit mettre le feu. Elle se releva de ses ruines. Charles-Quint en augmenta les fortifications, afin de l'opposer à Péronne. Sa garnison inquiétant sans cesse les frontières de la Picardie, François Ier résolut dé détruire cette ville, et envoya le comte de St-Pol, Fleuranges et le maréchal de Chabannes, pour en faire le siége. Prise, brûlée et privée de ses fortifications, elle rentra sous l'obéissance de Charles-Quint, par suite du traité de Cambrai, en 1529. Quand le connétable Anne de Montmorency tenta de s'en emparer, en 1553, la ville avait réparé ses derniers désastres et se défendit avec succès. Pendant la guerre qui s'était allumée, en 1635, entre Louis XIII et Philippe IV, le maréchal de la Meilleraie assiégea Bapaume en 1641. — Bapaume a été cédé à la France, par l'art. 4 du traité des Pyrénées, en 1659. — Par décret du 17 novembre 1804, cette ville a cessé d'être considérée comme place de guerre. Un autre décret, du 14 mars 1805, a accordé à la commune le mur d'enceinte, deux demi-lunes, etc. Ce mur d'enceinte a été conservé pour assurer la perception des droits d'octroi. Le département de la guerre s'y est réservé une caserne et deux pavillons. — Le canton de Bapaume est généralement élevé, plat, sec et découvert; il comprend 22 villages; ses habitants sont sujets à une cachexie scorbutique, qui, chez un grand nombre, jeunes encore, produit la perte des dents; le nombre de ses carrières à pierre à bâtir et à pierre à chaux est de 5; ses produits sont en blé, seigle, escourgeon, avoine, fourrages de toute espèce et œillettes; il n'a point d'élèves en chevaux; ses troupeaux de bêtes à laine sont améliorés par le mélange des moutons d'Espagne. — Bapaume a un hospice civil fondé, au mois d'août 1784, par une dame Augustine Demory, et qui peut contenir environ 70 lits. — Son église paroissiale n'a rien de remarquable. — On y voit encore le donjon d'une vieille forteresse. La population est de 4000 habitants environ. Bapaume comptait, avant la révolution de 1789, trois couvents, un de Récollets, un de religieuses hospitalières sous le titre de Saint-Pierre, et un de religieuses hospitalières cloîtrées sous le nom de Sainte-Anne; un collège dirigé par des prêtres séculiers. Il n'existe plus que comme institution communale.

Bara, St-André-lez-Brindes.

Barbastrum, Balbastre ou Balbastro, ville de l'ancien royaume d'Aragon en Espagne, ou plutôt Barbastro, au confluent du Véro et de la Cinca. L'évêché, suffragant de Saragosse, y a été transféré de Rota au commencement du XIIe siècle, la même année qu'elle fut délivrée des Maures. Cette ville compte environ 6000 habitants.

Barbelli, ou *Barbellæ Abbatia*, abbaye de Barbeau, de l'ordre de Cîteaux, dans l'ancien diocèse de Sens, à 8 kil. de Melun, sur la rive droite de la Seine. La position de cette abbaye était très-agréable; on y arrivait par une grille flanquée de deux logements de concierge; dans le fond on apercevait l'église, et sur les côtés les bâtiments des moines. Elle avait été fondée par Louis VII dit le Jeune, qui la dota par un diplôme de 1147, dans la 11e année de son règne. Quelque temps avant, deux frères, Guillaume et Radulphe, et trois de leurs compagnons, Hermès, Renard et Gauthier, ermites d'un lieu nommé St-Aciro (*S. Assirius*), qu'ils avaient construit auprès de Melun, le cédèrent à l'abbaye de Prully, pour y bâtir une autre abbaye du même ordre; c'est ce qui donna l'occasion de construire l'abbaye de Barbeau. Dix ans après, les religieux, ayant abandonné ce lieu malsain, vinrent s'établir sur un port de la Seine, dans le voisinage de Samoi, dans un lieu appelé Barbeau (*Barbellus*), que Louis VII leur céda par un autre diplôme de 1156. Philippe-Auguste confirma cette donation en 1190. Le véritable nom de cette abbaye est *Sacer Portus*, *Sequanæ Portus*, parce qu'il y avait un port utile à la navigation. Elle a été aussi nommée *Barbellus*, et c'est le nom qui lui est resté. Le peuple des environs dit qu'elle a été bâtie du prix d'une pierre précieuse que l'on trouva dans un barbeau qui fut pêché dans la Seine. Cette tradition, quoique universellement répandue sur les lieux, ne mérite aucune confiance; mais il est très-croyable que le nom n'a pour origine que la supposition de l'histoire du barbeau. En effet, les armes de Barbeau sont deux barbeaux d'or et trois fleurs de lis sur un champ de gueules. — Vincent de Beauvais appelle cette abbaye *Bar-Beel*, et M. de Valois en conclut que *bar*, dans le langage de ce temps-là, signifiait *port*, et *beel*, sacré. Barbeau valait 60,000 liv. de rente à celui qui en était pourvu par le roi. Les bâtiments, qui étaient dégradés, venaient d'être reconstruits de la manière la plus somptueuse avant la suppression des ordres monastiques. Ces nouvelles constructions n'étaient pas encore achevées. Depuis la fondation de cette abbaye, on comptait 60 abbés, dont le dernier était N. de Rastignac, nommé en 1746. Sous Laurent II et ses quatre successeurs, l'abbaye, vers le milieu du XVe siècle, fut réduite à un état méconnaissable par leur négligence et par suite des guerres civiles. Tous les moines furent dispersés et ne revinrent que 40 ans après. La maison fut pillée, ses bois envahis par les nobles des environs. L'église de Barbeau était en croix latine, et bâtie avec assez de hardiesse; elle n'avait plus de portail, qui était probablement situé du côté qui regarde la Seine, où l'on en voyait encore les traces. On y entrait par une petite porte qui donnait sur le cloître. Le maître-autel, d'une grande hauteur et entièrement en pierre, mais sculpté avec un soin admirable, avait quelque chose de hardi et de solennel. La richesse, ou, si l'on veut, le luxe des ornements, était prodigieux ; il y avait une multitude de petites figures qui n'avaient pas plus de 3 à 4 pouces de haut, et étaient terminées avec un art infini. On est étonné du temps et de la patience qu'il a fallu employer pour achever cet ouvrage singulier. Dans cette multitude d'ornements, il n'y en avait pas deux qui se ressemblassent ; le sacré était mêlé au profane d'une manière bizarre : on y voyait des saints et des amours nus, avec tous les attributs qui les caractérisent, des satyres et des têtes de morts. Les médaillons étaient sur un fond bleu, qui leur donnait l'air de camées antiques. Cet ouvrage paraissait être du temps de François Ier. Après le maître-autel, ce qu'on y remarquait de plus singulier était une ancienne boiserie formant six stalles, qui restaient encore de celles qui avaient été remplacées par une boiserie moderne. Cette boiserie, chef-d'œuvre de sculpture pour la patience et le fini de l'exécution, était surchargée d'ornements, dont aucun ne se répétait ni ne se ressemblait. On lisait sur un panneau *Sodnut*. Était-ce le nom d'un sculpteur ? Il y avait, dans l'église de Barbeau, plusieurs tombes anciennes; mais ces tombes ont été détruites. On n'en voyait plus que deux qui étaient remarquables : 1° le tombeau de Louis VII, tombeau magnifique élevé par la reine Adèle, son épouse ; orné d'or et de pierreries avec un art nouveau ; il était placé au milieu du rond-point, devant le grand autel. On y lisait deux épitaphes, l'une en vers latins et l'autre en prose latine. Ce tombeau ayant été menacé, ainsi que l'église, de la destruction qui avait déjà anéanti plusieurs monuments de notre histoire, l'assemblée nationale décréta, sur la demande du départ. de Seine-et-Marne, qu'il serait transporté à Fontainebleau. Le second tombeau remarquable était celui de Martin Fréminet, Parisien, peintre de Henri IV. Le buste de ce peintre était placé dans un encadrement d'architecture. La niche s'élevait au milieu du fronton, et était surmontée d'un globe et accompagnée de deux enfants pleurant sur une tête de mort.

L'église de cette abbaye a été malheureusement démolie ; mais les bâtiments présentent encore une vaste habitation précédée de deux cours. Ils ont été vendus comme biens nationaux et ont successivement appartenu à divers propriétaires. Ils forment aujourd'hui une maison de campagne agréable par ses jardins entourés de terrasses, et qui sont plantés d'arbres.

Cette propriété est du diocèse de Meaux, départ. de Seine-et-Marne.

Barberiacum, Barbery, ancienne abbaye du diocèse de Bayeux en Normandie. — Village de l'ex-diocèse de Senlis, aujourd'hui celui de Beauvais, de l'arrondissement et du canton de la première de ces villes. Barbery, situé dans une plaine, n'a qu'une population de 260 habitants, y compris la ferme de Saint-Nicolas et le moulin Thierry, sur le ruisseau d'Aunette. Les principales productions de son terroir sont en céréales. Poste aux lettres de Senlis, dont il est à 5 kil. Sa distance de Beauvais est de 42 kil., et celle de Paris de 45.

Barbezilus, Barbezieux, petite ville du diocèse d'Angoulême, département de la Charente, sur la route de Bordeaux. Elle possède une source d'eau minérale dont on n'a pas encore su tirer parti. C'est un chef-lieu de sous-préfecture dont l'arrondissement est riche en céréales et qui produit d'assez bon vin dans de certains cantons : sa population est à peine de 3000 habitants.

Barcetum, Bezero, en Lombardie.

Barchino, Barcino, Barcinona, et, suivant d'autres géographes, *Barcelona, Barciso* : Barcelone, ville de la Tarragonaise, dans l'exarchat des Espagnes, dans les premiers siècles ; au moyen âge, capitale de la principauté de Catalogne, réunie ensuite avec cette province au royaume d'Aragon. L'évêché date du IVe siècle ou du commencement du Ve ; il dépendait et dépend encore de la métropole de Tarragone. Après la chute de l'empire romain, Barcelone eut des comtes particuliers ; pendant quelque temps elle conserva son indépendance, se gouverna elle-même, parvint à une haute prospérité commerciale. Sous les Romains, sous ses comtes comme sous les rois d'Aragon, cette ville demeura toujours la cité la plus importante et la plus riche de la péninsule. Ses habitants occupent une des premières places dans l'histoire maritime en qualité d'infatigables pêcheurs et d'intrépides navigateurs. Par leurs courses et leurs voyages sur mer, ils ont contribué aux progrès de la géographie de cette époque. La collection de leurs lois maritimes était ce qu'il y avait de mieux en ce genre, et on peut y puiser des renseignements précieux.

Barcelone est située sur la Méditerranée, au bord d'un bassin formé par un prolongement des Pyrénées, dans un site favorable au commerce étranger ; elle est divisée en deux parties inégales par un cours orné de quatre rangs d'arbres. Ses fortifications imposantes ont été détruites en grande partie dans les dernières guerres civiles qui ont signalé la minorité de la reine Isabelle II. La vieille ville avait des rues étroites et tortueuses comme toutes les cités du moyen âge. La nouvelle ville est mieux bâtie, et l'on y remarque de beaux édifices, comme la cathédrale, monument semi-gothique; l'église Sainte-Marie-de-la-Mer, le palais des rois d'Aragon, les bâtiments de la douane et l'hôtel de la Bourse. L'inquisition y avait un tribunal, mais le palais est en partie démoli. Depuis la suppression des ordres religieux, les magnifiques couvents de la Merci, des Dominicains et de San-Francisco, devenus propriétés nationales, ont subi des démolitions partielles et des changements qui les rendent méconnaissables. La citadelle était une des plus vastes de l'Europe. La ville compte de nombreux établissements de charité, parmi lesquels on cite l'hospice et l'hôpital général; une école de chirurgie, quatre bibliothèques publiques, huit collèges; une école de peinture, d'architecture et de navigation; une maison pour les sourds et muets antérieure à celle de Paris, une académie des sciences et des arts, un jardin de botanique et diverses institutions scientifiques. On y remarque quelques antiquités romaines, les ruines d'un amphithéâtre, une foule d'inscriptions, etc., etc.

Barcelone, au moyen âge, a compté 180,000 habitants au moins; elle en a à peine aujourd'hui 140,000. Le peuple (la corporation des marins surtout) est fort attaché à la religion. La population, du reste, a toujours montré un grand esprit d'indépendance jusque dans ces derniers temps. Lors de la guerre de la succession et du démembrement de la monarchie espagnole, la ville se déclara pour l'archiduc Charles contre le duc d'Anjou depuis Philippe V, et ne voulut reconnaître ce dernier qu'après un siége long et meurtrier. Son commerce, qui était immense, est complétement tombé. Deux causes ont amené sa ruine, la séparation des colonies de l'Amérique espagnole d'avec la mère patrie, et la contrebande des marchandises anglaises organisée en Espagne sur une vaste échelle. Le port, un des plus beaux de l'Europe, a cinquante mille six cents mètres de longueur et quarante-sept mille à son ouverture; mais il a une barre, et n'est pas assez à l'abri des vents de l'est. Les environs de Barcelone offrent des sites très-pittoresques, de jolis jardins, de nombreuses et agréables maisons de campagne. On y voit aussi plusieurs couvents d'hommes et de femmes, qui appartenaient à différents ordres religieux; ils sont aujourd'hui délabrés ou occupés par des fabriques; à 36 kil. nord-ouest de Barcelone, à la droite du Llobregat, se trouvait le célèbre monastère de Bénédictins de Montserrat sur la montagne de ce nom. Voir ce mot. Barcelone est à 480 kil. de Madrid : lat. nord 41° 21' 24''; long. ouest, 0° 0' 41''.

Barcinonensis, se, de Barcelone. Quatre conciles de Barcelone, en 540, 599, 916, 1064.

Barea, Barcia, Barium et *Barum,* Bar ou Bari (terre de), province d'Italie, au royaume de Naples. Elle a 144 kil. de long sur 44 de large, et 1160 kil. carrés. Bornée au nord par la mer Adriatique, à l'est et au sud-est par la Terre d'Otrante, à l'ouest par la Capitanate, elle s'étend entre 40° 50' à 41° 19' de lat. nord, et entre 13° 34' à 15° 13' de long. est. La branche orientale de l'Apennin méridional traverse le sud; le sol, assez fertile et bien cultivé, manque d'eaux courantes; l'Ofanto, la seule rivière, ne baigne que la lisière occidentale. Elle contient trois lacs, ceux de Battaglia, du Jacomi et de Sassano, produit fruits, huile, réglisse, lin, grains, tabac, coton, vins exquis, savoir : le muscat de Trani, le zagarèse de Bitonto et le vin blanc de Terlizzi. Les moutons donnent une laine très-fine. La chaleur en été y est excessive. On y élève des buffles, chevaux, ânes, chèvres et porcs. Les côtes sont très-poissonneuses, et ont beaucoup de salines. Le commerce, qui se fait surtout avec Venise, Trieste et la Dalmatie, comprend les céréales, les vins, des amandes, de l'huile, du coton, du sel et du nitre en abondance. Cette province se divise en trois districts, Bari, Barletta et Altamura. Population : 500,000 habitants. — Bari, chef-lieu, renferme 20,000 habitants. Ancienne ville de l'Apulie et du Vicariat romain, elle donna son nom à la province, lorsque les dénominations romaines se perdirent au commencement du moyen âge. Son évêché date des premières années du IV° siècle. Le pape Jean XI accorda le pallium à ses évêques vers l'an 930, et c'est depuis ce temps-là qu'on leur voit le titre d'archevêques. Située sur une langue de terre, au bord de la mer Adriatique, place de guerre avec un petit port, mais sûr et commode, cette ville possède des filatures de coton, des fabriques de toiles, de tissus de coton, de savon, et des verreries. On y remarque la cathédrale dans le style byzantin, les bâtiments du grand séminaire et ceux du collége; elle a deux hôpitaux, un mont-de-piété et plusieurs couvents d'hommes et de femmes de divers ordres religieux. Sa distance de Naples est de 240 kil., à l'est de cette ville. | Bari, village de l'île de Sardaigne, auprès du cap Cagliari, a un petit port de mer avec 1,300 habitants. L'air y est malsain. | Bar, ville de la Russie d'Europe dans la province de Podolie, à 76 kil. de Mohilew, sur la rive gauche de la Rof, est défendue par une citadelle bâtie sur une montagne. Elle appartenait à la Pologne avant les démembrements de ce royaume. La confédération de 1768, pour sauvegarder l'indépendance de ce malheureux pays, lui a procuré dans l'histoire contemporaine une célébrité mémorable; mais les efforts des confédérés de Bar demeurèrent sans résultat. | Bar, village du diocèse de Tulle, à 8 kil. nord de cette ville, sur la Corrèze. 1,350 habitants. | Bar, bourg du diocèse de Fréjus; chef-lieu de canton de l'arrondissement de Grasse; à 8 kil. nord-est de cette ville. 1,200 habitants. | Bar-le-Duc, ou Bar-sur-Ornain, ancienne capitale du duché de Bar. Cette ville suivit la fortune du duché de Lorraine et en partagea toutes les vicissitudes. Comprise dans le diocèse de Verdun, elle est le chef-lieu de préfecture du département de la Meuse. Située au pied d'une montagne, elle se divise en haute et basse ville;

cette dernière est arrosée par l'Ornain. Deux églises, Saint-Pierre et Sainte-Maxime, méritent l'attention. Les rues sont très-escarpées, mais les promenades sont fort agréables, et les environs offrent un paysage gracieux et pittoresque. Il y a un collége, une société d'agriculture et des arts, ainsi qu'une bibliothèque. Le commerce consiste en vins délicats et en confitures d'une renommée presque européenne. Les filatures hydrauliques de toiles, de coton et de laine, la quincaillerie, la corroirie et la chamoiserie y sont en pleine activité. Population ; 16,000 habitants. Distance, ouest de Nancy, 88 kil.; est de Paris, 252 kil.

Barensis, se, de Bari. Concile de Bari en 1097.

Barensis ducatus, le duché de Bar, le Barrois. Ce pays appartenait aux ducs de Lorraine ; il était compris en partie dans le diocèse de Verdun et en partie dans celui de Toul. Lorsque le duc François de Lorraine fut appelé, au xviiie siècle, à remplacer dans le grand-duché de Toscane le dernier des Médicis, le roi Stanislas, dépossédé de son royaume de Pologne, prit possession des duchés de Bar et de Lorraine, à la condition qu'après sa mort ils seraient réunis à la France : ce qui eut lieu. Le duché de Bar forme la plus grande partie du départ. de la Meuse, et il est tout entier du diocèse de Verdun.

Baricium, Barcy, village du diocèse et arrond. de Meaux, canton de Lizy-sur-Ourcq, département de Seine-et-Marne. Sa population est de 350 habitants environ, y compris une partie du hameau de Pringy et la ferme de St-Gobert, où il y a une chapelle. Cette chapelle, élevée jadis en l'honneur de ce saint, était un lieu de pèlerinage dans la contrée. Le terroir de Barcy ne produit que des céréales. Sa distance de Lizy est de 10 kil. à l'O., de Paris au N.-O. 40 kil.

Barium ad Albulam, Bar-sur-Aube, ville ancienne sur la route de Paris à Belfort. Avant 1789, elle faisait partie du diocèse de Langres ; elle est maintenant de celui de Troyes. Elle était alors un des grands entrepôts du commerce de la province à laquelle elle appartenait. Bar-sur-Aube avait un chapitre composé d'un doyen et de six chanoines ; c'est la patrie de sainte Germaine, qui souffrit le martyre par ordre d'Attila.

Bar-sur-Aube, bâtie au pied d'une montagne, sur la rive droite de l'Aube, qui, au bas des moulins, forme un canal naturel de 200 mètres, jouit d'une vue animée par l'immense forêt de Clairvaux, par les circuits de l'Aube à travers de vastes prairies, par le grand nombre de villages situés sur les bords de cette rivière, et par les coteaux qui l'entourent, couverts de vignes à mi-côtes et couronnés par des bois. Il y a des marchés considérables pour les grains, qui, transportés à Gray, sont embarqués sur la Saône à la destination de Lyon et du midi. L'arrondissement de Bar renferme 92 communes et 40,000 habitants ; il se partage en 4 cantons : Bar, Brienne, Soulaines et Vandeuvre. Il y avait sur la montagne qui est proche de la ville un château ruiné par les Vandales, un prieuré de Ste-Germaine, où reposait le corps de cette sainte, et à son sommet un endroit fort escarpé nommé le Châtelet. « Il est vraisemblable, dit Robert de Hesseln, que ces ruines sont celles d'une ancienne ville nommée Florence, parce qu'elles sont trop considérables pour n'être que les débris d'un ancien château ; c'est ce qu'annonce encore le double fossé à demi comblé qui règne autour de ces vestiges, par le terrain immense qu'il renfermait. » Toutes ces ruines existent encore. L'opinion de Robert de Hesseln présente beaucoup de vraisemblance. Quelques historiens prétendent que les habitants de Florence, échappés à la fureur d'Attila, allèrent s'établir à Bar après le passage de ce barbare. Auprès du Châtelet on voyait, au milieu du xviiie siècle, un tombeau ancien où, selon la tradition, un préfet des Romains avait été inhumé. — Plusieurs auteurs assurent que Bar-sur-Aube fut fondé par le roi Bardus, qu'ils disent avoir été le cinquième des rois gaulois. Prise et saccagée par Attila, cette ville reçut plus tard de grands accroissements ; au moins est-on porté à le croire par sa division en cinq principaux quartiers destinés à recevoir séparément les Allemands, les Hollandais, les Lorrains, les habitants de la principauté d'Orange et les Juifs. Aujourd'hui elle est petite, mal bâtie et mal percée, et les tours qui la défendaient au dehors et celles qui garnissaient ses deux portes et ses deux magasins ont disparu. Sous les rois de la seconde race, Bar avait des comtes particuliers. On voit en effet qu'en 1338 des comtes de Bar possédaient plusieurs hôtels à Paris, un qui touchait aux murs du couvent des Célestins, un autre rue Clopin, près du collége de Becourt dit Boncourt ; un troisième situé sur le quai St-Bernard, au coin de la rue des Bernardins. Le roi Philippe le Long ayant vendu ce comté, les habitants se rachetèrent, afin de conserver le titre de ville royale. Elle fut alors réunie à la couronne, avec cette condition que les rois de France ne pourraient plus la vendre ni l'aliéner. — Le premier combat important qui se soit livré en 1814 après le passage du Rhin, est celui de Bar-sur-Aube. Le maréchal duc de Trévise (Mortier), forcé à Langres et à Chaumont, et débordé sur ses flancs, s'était replié à Bar, en battant dans sa marche deux bataillons wurtembourgeois.

Bar-sur-Aube a une inspection forestière, une population de 5,000 habitants. Distance de Troyes, est, 48 kil. ; de Paris, est-sud-est, 204 kil.

Barium ad Sequanam, Bar-sur-Seine, petite ville, propre et bien percée, avec de jolies promenades, sur le bord de la Seine, que l'on traverse sur un pont en pierres de taille. Sa situation au centre d'un riche vignoble, sur la rive gauche de la Seine, à l'extrémité d'une vallée resserrée entre deux coteaux, sur l'un desquels s'élève une chapelle entourée d'un antique bocage, est tout à fait pittoresque. Comprise autrefois dans le diocèse de Langres, elle est aujourd'hui de celui de Troyes. Elle n'a qu'une église paroissiale, sous l'invocation de Saint-Etienne; son curé n'était que le vicaire perpétuel de Saint-Mametz de Langres, dont les chanoines étaient curés primitifs. Bar-sur-Seine avait un couvent des Pères de la Rédemption des captifs ou de la Trinité, dû aux comtes de Champagne; un couvent d'Ursulines, bâti en 1631; un hôtel-Dieu fondé par la charité des habitants au commencement du xviiie siècle, et un petit collége. La tradition veut qu'on ait trouvé une image miraculeuse de la Vierge dans un vieux chêne du bois appelé là Garenne-des-Comtes, situé sur une montagne qui couvre au couchant la ville de Bar. Ce qu'il y a de certain, c'est que le peuple s'y portait en foule, et que vers 1694 on y bâtit une chapelle des offrandes des pèlerins. Bar-sur-Seine fut prise et brûlée par *certains robeurs* lorrains en 1357. Froissard dit qu'ils détruisirent 600 bons hôtels. Le roi Jean, touché de ce malheur, lui accorda une foire franche avec ses droits pour aider à la réparer. Cette ville a eu ses seigneurs particuliers avant l'an 1000, et dès le temps de Hugues Capet, Milon était comte de Bar-sur-Seine. Les descendants de Milon jouirent de ce comté pendant plus de 200 ans. Thibaut Ier, roi de Navarre et comte de Champagne, acheta les droits des héritiers Milon, et fit hommage de Bar-sur-Seine à Robert de Toroté, évêque de Langres, en 1239. Sous ce prince, Bar fut gouverné par un majeur et douze échevins. Jeanne, petite-fille de Thibaut Ier, apporta le comté de Bar à Philippe le Bel. Divers traités laissèrent cette ville à la maison de Valois. Le roi Jean la réunit à la couronne en 1361; mais en 1435, Charles VII la donna à Philippe le Bon, duc de Bourgogne, et à ses descendants, ne se réservant que l'hommage et le ressort. Après la mort de Charles fils de Philippe, Louis XI, malgré le traité d'Arras, confirmé par celui de Péronne en 1468, fit rentrer Bar dans le domaine de la couronne. Henri IV donna ou engagea cette ville à Henri de Bourbon, duc de Montpensier. Sa fille Marie, femme de Gaston, duc d'Orléans, la posséda, aussi bien que sa fille Anne-Marie-Louise d'Orléans, duchesse de Montpensier, qui fit son héritier universel Philippe, duc d'Orléans.—C'est la patrie de Nicolas Vignier, médecin et historien, auteur de la *Bibliothèque historiale*, mort en 1596. Bar-sur-Seine forme un arrond. du départ. de l'Aube, qui contient 86 communes et 50,000 habitants. Il est à remarquer que sa population est supérieure à celle de l'arrond. de Bar-sur-Aube, bien qu'il compte moins de communes. Il est divisé en cinq cantons, Bar, Chaource, Essoyes, Mussy et les Riceys. Bar-sur-Seine a une inspection forestière; sa population est de 4000 habitants, sa distance de Troyes S.-S.-E. de 29 kil., et de Paris S.-E. de 200 kil.

Barolium ou *Baronium*, Baron, village de l'ancien diocèse de Senlis, actuellement de celui de Beauvais, canton de Nanteuil-le-Haudouin, départ. de l'Oise. Il est traversé par la petite rivière de Nonette, et est à 6 kil. N.-O. de Nanteuil et 46 N.-E. de Paris. Bureau de poste de Nanteuil. La population est de 700 à 750 hab., y compris la ferme dite de St-Germain et l'ancien fief de Beaulieu. Ce fief, à 2 kil. du village, se fait remarquer par sa situation sur une éminence, où l'on jouit de la plus belle vue. La maison d'habitation, à laquelle tient une ferme, est fort agréable. L'ancien château, à mi-côte, est environné de belles plantations. Une belle avenue conduit au bois d'Ermenonville, qui n'en est pas éloigné. Le terroir de cette commune est en terres labourables et en bois.

Basilica, Bazoches, village de l'ancien diocèse de Chartres, actuellement de celui de Versailles, arrond. de Rambouillet, canton de Montfort-l'Amaury, départ. de Seine-et-Oise, à 3 kil. de Montfort où est le bureau de poste, et 34 de Paris. Il compte 350 habitants avec les hameaux de Houjarroy, Pinsonnière, et une maison isolée dite le *Cheval-Mort*; les principales productions de son terroir sont en grains; une partie est en prairies, en vignes et en bois.

Bazoches, village du diocèse et arrond. de Soissons, canton de Braisne, sur la Vesle, départ. de l'Aisne, à 21 kil. E.-S.-E. de Soissons, 28 O. de Reims. Sa population est de 300 habitants. C'est dans ce village que, sous l'empire de Dioclétien, était le palais du préfet des Gaules, dont il tire son nom, *Basilica*. Le bureau de poste est à Fismes, à 20 kil. de là.

Bazoches-lez-Bray, diocèse de Meaux, arrond. de Provins, canton de Bray-sur-Seine, départ. de Seine-et-Marne, à 18 kil. de Provins, et 37 de Melun. Sa population est de 630 habitants. Bureau de poste de Bray-sur-Seine.

Basolus Fons ou *Fonticuli Abbatia*, Basse-Fontaine, abbaye d'hommes en commende, de l'ordre des Prémontrés, dans le Vallage, en Champagne, sur la rive droite de l'Aube, à 10 kil. vers le septentrion de Vandeuvre, et à peu près de 20 kil. sur le même point de Bar-sur-Aube; dioc. de Troyes. Elle était située sur le penchant des bois de Brienne, proche d'une belle fontaine, qui à peu de distance se jette dans la rivière d'Aube. Elle avait été fondée, en 1143, par Gauthier, comte de Brienne, qui fit ajouter à l'église, dédiée à Notre-Dame, une chapelle pour lui, sous le titre de Ste-Catherine; la charte de fondation est du 22 janvier 1143. Le pape Eugène approuva cette donation en 1158, et Erard, fils de Gauthier, l'augmenta en 1185. On voyait dans l'église de cette abbaye une dent de saint Laurent, un os du bras de saint Blaise, un du bras de saint Éloi, le doigt de saint Jean-Baptiste; avec lequel il montra notre Sauveur, en disant: *Voilà l'Agneau de Dieu, voilà celui qui ôte le péché du monde.* Jean Léguisé, 76e évêque de Troyes, par sa lettre pastorale de l'année 1428, déclara que le doigt index de saint Jean-Baptiste était conservé dans l'église de Basse-Fontaine; qu'il accordait, à certains jours, des indulgences, et confirma celles que Pierre d'Arcies, son prédécesseur, avait publiées. Gilles de Luxembourg, évêque de Châlons, par sa lettre pastorale de l'année 1504, écrite dans les mêmes sentiments, ordonna aux curés et paroisses de son diocèse de vénérer cette relique. En 1166, Henri premier du nom, comte de Champagne, affranchit les maisons et tous les biens de cette abbaye. Le 9 mai 1602, le pape Clément VIII donna le droit à l'abbé de porter la mitre et les ornements pontificaux. Cette abbaye rapportait 2,000 liv. de rente. Elle est devenue propriété particulière.

Belli-Becci Abbatia, abbaye de Beaubec, au diocèse de Rouen. C'était une abbaye d'hommes de l'ordre de Cîteaux et de l'affiliation de Clairvaux. Elle avait pris son nom d'un village voisin appelé Beaubec-la-Ville, et était située dans la forêt de Brai, à 4 kil. ou env. de Forges, vers le N., et auprès de deux petits ruisseaux, l'un nommé *le Robec*, l'autre *le Batteur*, lesquels avaient formé autrefois en ce lieu une douzaine d'étangs, aujourd'hui presque entièrement desséchés. Beaubec reconnaissait pour son fondateur Hugues de Gournai, second du nom, qui y était enterré. Cette abbaye, sous l'invocation de St-Laurent, fut mise dès son origine sous la dépendance de l'abbaye de Savigny. C'était même la première fille de cet illustre chef d'ordre, qui en comptait jusqu'à cinquante, dont la Trappe est la dernière, et elle était devenue elle-même mère de celle de Lannoi, au dioc. de Beauvais. En 1148, tout l'ordre de Savigny s'étant soumis à l'ordre de Cîteaux, Beaubec se trouva incorporé à celui-ci ; et, comme l'abbé de Savigny avait les honneurs de cinquième père de l'ordre, ces honneurs étaient dévolus alors à l'abbé de Beaubec, parce qu'il était régulier et que l'autre ne l'était pas. Le monastère de Beaubec fut détruit par un incendie en 1383, et ne put être réparé que vers l'an 1450 ; mais dans la suite il fallut penser à le rebâtir tout à neuf. L'abbé Guillaume Martel, qui tenait l'abbaye en commende, fit faire le manoir abbatial vers l'an 1580. Guillaume aimait les beaux-arts, surtout la peinture. Le clocher n'avait été rebâti qu'en 1668, le portail de l'église en 1730 ; enfin Charles-François du Pauzet-du-Mas, qui en fut abbé, avait continué sans relâche à relever le cloître, le dortoir et tous les autres lieux réguliers. Il y avait, en 1235, à la porte du monastère, une aumônerie, à laquelle on donnait le nom d'hospice. Diverses donations de ce temps-là furent faites selon la teneur des titres *in usus portæ et pauperum Belli Becci*. Près des ruines de cette aumônerie, il y avait une chapelle dite de Ste-Ursule, desservie par un religieux de l'abbaye, et qui servait de paroisse à plusieurs habitations voisines. Thomas, évêque de Bayeux, ayant donné sa bibliothèque à cette maison, y avait choisi sa sépulture en 1238. Il fut inhumé dans le sanctuaire, du côté de l'Evangile, et l'on y voyait sa statue en pierre, élevée sur quatre petits piliers. Sous le cloître, près de l'ancien chapitre, était la tombe d'un médecin de Neufchâtel, nommé Honfroi, avec cette inscription :

Hic est Honfredus, qui quondam nobile fœdus
Nobis monstravit, quos multum semper amavit.
De castro natus, doctor fuit in medicina.
.... Deus huic tua dona propina.

On avait perdu dans l'abbaye le sens de ces deux mots, *nobile fœdus*. Serait-ce Onfroy qui aurait indiqué aux religieux le corps de saint Hélier, martyr de l'île de Jersey, dont ils croyaient être en possession, et dont ils faisaient la fête le 16 juillet ? L'abbaye de Beaubec jouissait de 18,000 liv. de rente.

Belloburgo, ou *Belloburgum*, Beaubourg, village de l'ancien diocèse de Paris, aujourd'hui de celui de Meaux, arrondissement de cette ville, canton de Lagny, département de Seine-et-Marne. D'après l'abbé Lebeuf, l'origine de son nom viendrait d'une belle forteresse qu'il y aurait eu en ce lieu, et qui aurait été détruite par la suite des temps. C'est au moins dès le commencement du XIIIe siècle qu'il existait un village, une paroisse et un seigneur, sous le nom latin de *Belloburgo*. Il y a un château entouré de fossés pleins d'eau. Le terroir est en labour. L'église paroissiale, du titre de Sainte-Marie-Madeleine, est très-petite et ressemble à une chapelle ; il fut permis, en 1666, d'y exposer des reliques que le cardinal Ginetti avait données, au mois de novembre de l'année précédente, à Luc de Clotomont. La cure était à la nomination de l'abbesse de Malnoue. Les religieuses de cette abbaye avaient autrefois toute la dîme sur le territoire de Beaubourg, en payant un gros au curé ; mais, par transaction du 30 juillet 1528, elles abandonnèrent la dîme au curé en place de son gros, et sous diverses autres conditions. Les seigneurs de Beaubourg commencèrent, dès le XIIIe siècle, parmi lesquels l'un des derniers fut le marquis de Brûlart, auquel appartenaient toutes les maisons et les terres des paysans de ce village. La population s'élève à 100 et quelques habitants. Beaubourg est à 20 kil. de Meaux, et à 31 de Melun. Bureau de poste de Lagny.

Bellocastellum, Beauregard, bourg du diocèse de Clermont-Ferrand, arrondissement et à 20 kil. est de cette ville, département du Puy-de-Dôme. C'est sur cette paroisse que se trouvait le château des évêques de Clermont, lequel d'ailleurs existe encore. Les habitants, au nombre de 1500, ont conservé souvenir du célèbre et charitable Massillon.

| Beauregard, village du diocèse, arrondissement et canton de Versailles, département de Seine-et-Oise. Popul., y comprise celle de Roquencourt, 132 habitants. A 4 kil. nord de Versailles.

| Beauregard, village du diocèse de Versailles, arrond. de cette ville, canton de Poissy, commune d'Orgeval, à 6 kil. sud-ouest de Poissy, à 14 de Versailles. Popul., y comprise celle d'Orgeval. 1400 hab. Bureau de poste.

Bellomontii Rogerii Sylva, Beaumont-le-Roger (forêt de), diocèse d'Evreux, dans l'ancien comté d'Ouche, arrondissement de Bernay, à 8 kil. de cette ville, et 1 de Beaumont. Elle borde la rivière de Rille, et n'est plus aussi considérable qu'elle l'était en 1789, à cause des défrichements nombreux qu'on y a exécutés depuis 60 ans. Elle appartenait à cette époque à la maison de Bouillon.

Bellomontium Rogerii, Beaumont-le-Roger, petite ville du diocèse d'Evreux, arrondissement de Bernay, département de l'Eure, à 14 kil. de Bernay, et 28 ouest-nord-ouest d'Evreux. Pop. 2,600 habitants.

Son nom lui vient de ce qu'elle a été bâtie ou au moins augmentée par Roger, l'un de ses comtes. Son église paroissiale portait le titre de Saint-Nicolas. Il y avait un prieuré de Bénédictins qui dépendait de l'abbaye du Bec; ce prieuré était simple et valait environ 8,000 liv. de rente. On voyait dans l'église de ce prieuré de très-anciennes reliques. Beaumont-le-Roger n'était autrefois qu'une seigneurie ou baronie, tenue par de simples gentilshommes. Louis IX acquit cette terre, en 1253, de Raoul de Meulan : elle fut réunie au domaine de la couronne pendant environ cent ans. En 1353, le roi Jean, ayant fait la paix avec Charles d'Evreux, roi de Navarre, donna cette terre en partage à Louis, frère de Charles. Revenue à la couronne, elle en fut démembrée en faveur de la maison de Bouillon, dans laquelle elle se trouva sous le titre de comté. Beaumont-le-Roger est sur la rive droite de la Rille, près de la belle forêt de son nom. On trouve dans ses environs des carrières de pierre de taille et des sources d'eaux minérales. Il y a des fabriques de draps, façon de Louviers, de molletons et de toiles de lin; des blanchisseries de toiles, une verrerie à vitres et à bouteilles. Son commerce consiste en bois, fil de lin et draperies.

Bellomontium, ou *Bellus Mons*, Beaumont. Il y a plusieurs localités de ce nom dans divers diocèses de France. — Beaumont, bourg du diocèse de Meaux, arrond. de Fontainebleau, dép. de Seine-et-Marne, à 30 kil. de Fontainebleau et 40 de Melun. La population est d'environ 1,250 habitants. — Il y a un bourg de ce nom dans le diocèse de Périgueux; un dans celui de Clermont, où l'on voyait une abbaye de Bénédictins ; un au diocèse de Coutances, lequel est chef-lieu de canton du département de la Manche; un au diocèse de Grenoble ; enfin, un au diocèse d'Autun.

| Beaumont-en-Argonne, bourg dans les Ardennes, diocèse de Reims.

| Beaumont-en-Auge, près de Pont-l'Evêque, diocèse de Bayeux.

| Beaumont-le-Chétif, à 16 kil. sud-est de Nogent-le-Rotrou, diocèse de Chartres.

| Beaumont-de-Lomagne, petite ville sur la Gimone, à 20 kil. de Castel-Sarrazin, diocèse de Montauban, département de Tarn-et-Garonne.

| Beaumont-pied-de-Bœuf, département de la Mayenne, diocèse du Mans.

| Beaumont-sur-Vesle, bourg du diocèse de Reims, département de la Marne.

DICTIONNAIRE DE GÉOGRAPHIE ECCL. II.

| Beaumont-sur-Vingeanne, diocèse de Dijon, département de la Côte-d'Or.

| Beaumont-les-Nonains, paroisse de l'ancien diocèse de Rouen, actuellement de celui de Beauvais, arrondissement de cette ville, canton d'Auneuil, département de l'Oise, à 5 kil. d'Auneuil, 10 de Chaumont où est le bureau de poste, 11 de Beauvais et 58 de Paris. Population 530 hab., en y comprenant les hameaux de Jouy-la-Grange, Chantoiseau et l'ancienne abbaye des Nonains. — Les principales productions de son terroir sont en grains; une petite partie est en bois. — Il y a eu autrefois en ce lieu des religieuses de l'ordre des Prémontrés, ce qui lui a fait donner le surnom des *Nonains*. Leur abbaye, fondée par l'abbé Ulric, fut détruite en 1185, et a fait place à une ferme aujourd'hui en plein rapport. Quelques historiens de la Normandie croient que l'ancienne chapelle de St-Jean, au hameau de Jouy-la-Grange, pourrait bien être un reste de cette abbaye; mais leur opinion ne paraît pas fondée.

| Beaumont, bourg de 1,800 hab. au diocèse de Viviers, arrond. de l'Argentières, à 12 kil. ouest de cette ville, départ. de l'Ardèche.

| Beaumont, paroisse du diocèse d'Avignon, arrondissement d'Apt, à 32 kil. est-sud-est de cette ville. La terre seigneuriale de ce bourg appartenait, avant la révolution de 1789, à la famille Riquetti, originaire de Florence. Le château de ce nom existe encore à 4 kil. de Beaumont. Le célèbre Mirabeau, qui joua un si grand rôle à l'assemblée constituante et au commencement de la révolution de 1789, était le fils aîné du marquis Riquetti de Mirabeau, dit l'*Ami des hommes*, personnage connu au xviii° siècle par plusieurs écrits sur l'économie politique, et aussi original que son fils était extraordinaire. La popul. de Beaumont est de 1,100 hab.

| Beaumont, bourg du diocèse de Poitiers, près de la rivière du Clain, arrond. de Châtellerault, à 12 kil. sud-ouest de cette ville, départ. de la Vienne. Popul. 1,200 hab.

| Beaumont-en-Vérou, bourg du diocèse de Tours, arrond. de Chinon, à 6 kil. de cette ville, départ. d'Indre-et-Loire. Popul. 1,500 hab.

| Beaumont-la-Ronce, petite ville du diocèse de Tours, à 20 kil. nord de cette ville. Elle a été ainsi nommée à cause de sa situation au milieu de la forêt de Beaumont. On y voit une manufacture de fer-blanc qui occupe un certain nombre d'ouvriers. Pop. 1,800 hab. Départ. d'Indre-et-Loire.

| Beaumont-les-Forges ou la-Ferrière, paroisse du diocèse de Nevers, arrond. de Cosne, à 36 kil. sud-sud-est de cette ville, sur la rive droite de la Nièvre. Ce village doit son surnom aux forges qu'on y exploite ; il possède une manufacture d'ancres pour les vaisseaux, et compte 800 habitants, sans y comprendre la population flottante de ses usines.

| Beaumont-Monteux, petite ville du diocèse de Valence, arrond. et à 10 kil. nord-est de cette ville,

sur la rive droite de l'Isère. Départ. de la Drôme. Popul. 1,650 hab.

| Beaumont, petite ville du diocèse de Namur, Belgique, entre les deux rivières de la Sambre et de la Meuse. Ses environs sont riches en minerais. On y fabrique beaucoup d'ustensiles en fonte. La popul. est de 2,600 hab.

| Beaumont-le-Vicomte, petite ville du diocèse du Mans, arrond. de Mamers, chef-lieu de canton du départ. de la Sarthe, à 20 kil. sud-ouest de Mamers, 28 kil. du Mans et 180 de Paris. Elle a été bâtie par les anciens vicomtes du Mans, qui étaient les lieutenants des comtes, et c'est d'eux que cette ville a pris le surnom de Beaumont-le-Vicomte. Elle fut prise plusieurs fois par Guillaume le Conquérant, duc de Normandie et roi d'Angleterre, et suivit le sort de la province du Maine, qui changea trois ou quatre fois de maîtres en moins de 30 ans. On n'y voit plus aujourd'hui aucune de ses anciennes fortifications. Cette ville a donné son nom à deux grandes familles, qui ont duré plus de 300 ans. La première commença par Hubert de Beaumont, vicomte du Mans, qui vivait au commencement du xe siècle et finit à Richard de Beaumont, troisième du nom, qui laissa sa succession à Agnès, sa sœur, mariée à Louis de Brienne, roi de Jérusalem, duquel mariage sont issus les seigneurs de la maison de Beaumont, qui se fondit dans celle de Chamillard. Marie de Chamillard porta cette ville en dot, 1371, à Pierre, comte d'Alençon, d'où elle passa dans la maison de Bourbon, par le mariage de François d'Alençon, fille aînée de René, duc d'Alençon, et de Marguerite de Lorraine, avec Charles de Bourbon, comte de Vendôme. Elle fut érigée en duché-pairie, en 1543, et c'est le premier titre que le roi Henri IV porta du vivant de son père, après la mort de son frère aîné, qui en avait été revêtu. Elle a passé ensuite dans la maison de Tessé. Beaumont-le-Vicomte est dans une situation agréable, sur la rive droite de la Sarthe. On y remarque une belle promenade, située sur un monticule, d'où l'on jouit d'une charmante perspective. On y voit les ruines de l'ancien château, qui sert maintenant de prison. Il y a des fabriques d'étamines, droguets, serges, prunelles, toiles; son commerce consiste en grains et volaille.

Beccum, Bennecourt, paroisse de l'ancien diocèse de Rouen, actuellement de celui de Versailles, arrondissement de Mantes, canton de Bonnières, dépt. de Seine-et-Oise, à 7 kil. de la Roche-Guyon, 62 de Paris entre l'O. et le N.-E., bureau de poste de Bonnières. La principale culture du terroir est en vignes, dont le vin n'est guère meilleur que le cidre que l'on fait dans les environs. La population est environ de 1000 habitants, en y comprenant les hameaux de Gloton et Tripleval. Bennecourt, sur la rive droite de la Seine, n'est séparé de Bonnières que par cette rivière et quelques îles garnies de saules et en prairies.

Becherium, Berchères, paroisse du diocèse de Meaux, commune de Pontault, canton de Tournan, arrond. de Melun, dépt. de Seine-et-Marne, à 22 kil. de Paris. Bureau de poste de Tournan. Ce lieu est connu depuis le règne de Louis le Gros. Son église n'était qu'une petite chapelle du titre de St-Pierre-ès-Liens, qui a été rebâtie vers 1737, et dans laquelle il n'y avait rien à remarquer. Celle qui existait au xiie siècle avait été donnée aux moines de Gournay, par l'évêque de Paris, peu de temps après qu'ils eurent une petite dîme sur son territoire. Cette paroisse est entre Combeaux et Roissy, dans une plaine à gauche du grand chemin de Champigny. Son territoire anciennement n'était composé que d'env. 100 arpents, bordé par celui des paroisses de Combeaux, Pontault et Roussy, et alors il n'y avait que 3 feux. Aussi, dans les rôles de l'élection de Paris, cette paroisse était-elle jointe sous un même article avec celle de Pontault. La seigneurie de Berchères appartenait à la maison d'Armaillé.

| Berchères-sur-Vesgres, paroisse du diocèse de Chartres, arrond. de Dreux, canton d'Anet, dépt. d'Eure-et-Loir, dans une vallée à 8 kil. vers l'E. d'Anet, 7 vers le N.-E. de Houdan, où est le bureau de poste, et 59 de Paris. Cette terre est une ancienne seigneurie; elle a été possédée par le marquis de Colbert. Le château de Herse, dans une situation agréable, à côté du village, est d'une construction moderne. Le parc, traversé par la petite rivière de Vesgres, contient 100 arpents et renferme de belles plantations d'arbres et d'arbustes étrangers. Ce parc est contigu à un bois bien percé qui fait partie de cette propriété. La popul. de ce village est de 450 hab. env. Son terroir est en labour, en vignes et en bois; une petite partie est en prairie. La rivière de Vesgres fait tourner un moulin à farine.

Belarium, ou *Belarii Castellum*, Bel-Air (château de). Avant l'enceinte actuelle de Paris, il y avait au xviiie siècle, dans le hameau de Monceaux, qui alors se trouvait hors Paris, un château nommé Bel-Air. Il dépendait de ce château une petite chapelle sous l'invocation de saint Etienne, qui servait de succursale à l'église de Clichy.

| Bel-Air, village de Seine-et-Oise, diocèse de Versailles, arrond. et cant. d'Etampes, commune de Mauchamps, sur la route de Paris, vis-à-vis l'avenue du château de Chamaraude, à 4 kil. N. d'Etréchy, 10 N. d'Etampes. Popul., compris celle de Mauchamps, 200 hab. env. Bureau de poste d'Etréchy.

| Bel-Air, village du diocèse de Paris, arrond. de St-Denis, cant. et commune de Nanterre, à 1 kil. de Nanterre, 10 S.-O. de St-Denis, 9 N.-O. de Paris. Popul., 2000 hab. Bureau de poste de Nanterre.

| Bel-Air, village du diocèse et de l'arrond. de Meaux, cant. de Lagny, commune de Ferrière, à 5 kil. S. de Lagny, 22 S.-O. de Meaux. Popul., compris celle de Ferrière, 450 hab. Bureau de poste de Lagny.

| Bel-Air, village du diocèse de Meaux, dépt. de Seine-et-Marne, arrond. de Coulommiers, cant. de

Rosoy, commune de Villeneuve-le-Roi, à 9 kil. de Lagny. Popul., compris celle de Villeneuve-le-Roi et dépendances, 600 hab. Bureau de poste de Lagny.

| Bel-Air, village du diocèse de Versailles, dépt. de Seine-et-Oise, arrond. d'Étampes, canton N. et commune de Dourdan, à 5 kil. N. de Dourdan, et 28 S. de Versailles. Popul., 3,600 hab. Bureau de poste de Dourdan.

| Bel-Air, village du diocèse de Versailles, dépt. de Seine-et-Oise, arrond. de Pontoise, canton de Montmorency, commune d'Andilly, à 3 kil. de Montmorency et 13 S. de Pontoise. Popul., compris celle d'Andilly, 370 hab. env. Bureau de poste de Montmorency.

Bel-Air, village du diocèse de Versailles, dépt. de Seine-et-Oise, arrond. de Versailles, cant. de Palaiseau, commune d'Orsay, à 3 kil. S.-O. de Palaiseau, et à 11 S.-E. de Versailles. Popul., compris celle d'Orsay, 970 hab. env. Bureau de poste de Palaiseau.

Bella-Ecclesia, ou *Basilica*, Belle-Église, paroisse du diocèse de Beauvais, arrond. de Senlis, canton de Neuilly-en-Thelle, départ. de l'Oise à 40 kil. nord de Paris. Popul. 400 hab., y compris les hameaux de Gondicourt, Londrimont, Montagny-Prouvaires, et le château de Saint-Just, qui appartenait à l'ordre de Malte. Le terroir de ce village est en terres arables, en prairies et en bois. Le ruisseau dit le *Ru de Méru* fait tourner deux moulins.

Bellavilla super Sabulum, Belleville, paroisse du diocèse et de la banlieue de Paris, canton de Pantin, arrond. de Saint-Denis, sur un coteau à l'est-nord-est de Paris. Cette paroisse, était, dans l'ancien régime, une annexe de l'église de St-Merri de Paris. — Ce village portait anciennement le nom de *Savegium*, *Savia*, *Savie*. On le trouve ensuite nommé *Pétrouville* et *Poitronville*. L'abbé Lebeuf a composé une longue dissertation sur le nom primitif de cette montagne. Jaillot le combat en quelques points ; il pense que *Savie* et *Poitronville*, aujourd'hui Belleville, étaient deux lieux contigus, mais différents l'un de l'autre. « Suivant une sentence arbitrale de 1229, dit cet auteur, conservée dans les archives de St-Merry, on voit que ce chapitre avait la moitié d'un pressoir à *Savie*, proche la maison de St-Martin, *in territorio de Bello Campo*. Ce même endroit est nommé *de Pulchro Campo*, dans les titres de Saint-Martin-des-Champs... Le nom de *Poitronville* se lit dans le rôle de taxe de 1313 et dans plusieurs titres. L'abbé Lebeuf en a inféré qu'il venait de quelque seigneur appelé *Boitron* ou *Poitron*; mais, outre qu'il n'en donne aucune preuve, il me paraît plus vraisemblable que ce nom est une faute de copiste ou une altération de celui de *Pétrinville*, *Petrevilla*, qui, lui aura été donné à cause de sa dépendance de St-Merry, dont l'église était primordialement une chapelle sous l'invocation de St-Pierre ; et dans le rôle de 1313 que je viens de citer, Poitronville est indiqué comme étant et faisant partie de la paroisse de St-Merry. A ce nom a succédé celui de *Belleville-sur-Sablon*, *Bellavilla super Sabulum*, et c'est sous cette dernière dénomination que ce lieu est désigné dans tous les actes des deux derniers siècles. » — Les rois de la première race avaient, dans ce lieu, une maison, et l'on trouva des pièces de monnaie qui y avaient été frappées, avec l'inscription : *Savi*. Il reste encore des vestiges de cette ancienne maison dans une ferme située sur le haut de la montagne, et qui a retenu le nom de ferme de Savie. — Dans une description des environs de Paris, faite sous Charles VI, on lit : *Poitronville*, dit *Belleville*. Dans l'exposé d'une grâce obtenue du même monarque, il est parlé de gens qui *étaient allés se battre et jouer à Poitronville, assez près de Paris, en une certaine taverne séante audit lieu et ville*. La situation de ce village, sur une éminence, d'où l'œil découvre tout Paris, lui a sans doute fait donner son nouveau nom. Il y a sur la montagne de Belleville des sources assez abondantes qui fournissent des eaux pour l'usage de la capitale. L'aqueduc qui sert à les conduire est un des plus anciens de Paris. Il en est fait mention dès l'an 1244. — Ce lieu était autrefois séparé de Paris par des champs ; il touche maintenant aux barrières par une continuité de maisons bâties des deux côtés de la route. On lit dans d'anciennes descriptions que ce village avait 17 seigneurs, et en outre plusieurs couvents. Les couvents sont détruits, les seigneurs ont disparu ; et maintenant on arrive à Belleville sans s'apercevoir qu'on est hors de Paris.

La partie la plus ancienne de Belleville avoisine l'église, qui n'a été bâtie qu'au XVII° siècle, sous l'invocation de saint Jean-Baptiste, patron du village ; elle a déjà été réparée plusieurs fois et agrandie. En 1814, on s'est battu à Belleville avec acharnement contre les troupes alliées. La population a beaucoup augmenté : on y compte plus de 10,000 habitants, sans comprendre la population flottante.

Belica, le *Belay*, village du diocèse de Versailles, départ. de Seine-et-Oise, arrond. de Pontoise, canton de Marines, à 8 kil. est de Magny, où est le bureau de poste. Cette paroisse dépendait, avant 1789, du diocèse de Rouen. Il y avait une commanderie dépendante de celle de Louviers, qui rapportait 7,000 livres de rente, dans laquelle somme Belay se trouvait compris pour environ 600 livres. Les principales productions de son terroir sont en céréales. On y voit quelques bois. Popul. 250 hab.

Bellebatium, Bellebat ou Belesbat, village du diocèse de Versailles, arrond. de cette ville, canton de Marly, commune de la Celle-St-Cloud, à 5 kil. nord de Versailles, 6 kil. ouest de St-Cloud. Bureau de poste de Versailles. Popul., comprise celle de la Celle, 360 habitants. Louis XI donna le château de Bellebat, en récompense de ses services, à son barbier, le fameux Olivier Ledain, qui périt si misérablement ensuite. Le château n'existe plus.

Bellismum, Belesme ou Bellesme, petite ville du diocèse de Séez, arrond. de Mortagne, chef-lieu de canton du départ. de l'Orne, à 32 kil. d'Alençon, 15 de Mortagne, 14 de Nogent-le-Rotrou, et 144 de Paris. Cette ville consiste en une seule rue, dont la route parcourt toute la longueur, à l'exception d'un court intervalle où elle la quitte un instant, à cause des difficultés de ce trajet, pour longer extérieurement une promenade en forme de boulevard, qui est, avec sa position aérée, le seul agrément de cette ville, peuplée d'environ 3,000 âmes. Elle prétend avoir été jadis la capitale du Perche, et l'une des plus fortes places de l'Europe, ce dont on ne se douterait guère aujourd'hui. Elle a soutenu divers siéges, dont le plus fameux est celui de l'an 1228, où le roi Louis IX s'en empara, après quinze jours d'attaques réitérées. Les Anglais s'en emparèrent aussi, en 1424, après une vigoureuse résistance. On y a trouvé des antiquités qui prouvent qu'il y avait dans la forêt voisine un temple dédié à Vénus et un autre aux dieux infernaux. Cette ville avait un château qui n'existe plus depuis longtemps. Elle a été l'apanage de Louis XVIII, avant 1789, alors qu'il portait le titre de *Monsieur.* Le territoire de Belesme, agréablement varié de surface et de culture, produit le froment qui rend 7 à 8 pour 1, et la graine de trèfle. L'exploitation des bois environnants dont on fabrique du merrain pour les vignobles voisins, fait le principal commerce de cette ville, qui y joint celui des chevaux et des bestiaux. Il y a des fabriques de toiles cretonnes, linge de table et tissus de coton. Il s'y trouve une papeterie. Le 29 novembre on y tient une foire considérable. Malgré son antiquité, cette ville n'a rien conservé des siècles passés.

| *Bellismi silva*, forêt de Belesme. Cette forêt, dans le diocèse de Séez, départ. de l'Orne, tranchant brusquement avec les vastes labours dont elle est entourée, ressemble à un long rempart de verdure, dont l'effet imposant s'accroît encore à mesure qu'on approche. C'est, sans contredit, une des plus belles forêts de France pour la hauteur des arbres, sans en être une des plus grandes, puisqu'elle n'a guère que 3,000 hectares. Elle s'étend sur une longueur de 8 kil. : on la parcourt dans sa largeur, de 4 kil. Il y a dans cette forêt quelques sources d'eaux minérales estimées, mais que l'on n'a pas su mettre en réputation ; ce qui, par conséquent, attire peu d'étrangers. On y trouve aussi des mines de fer.

Bellopratum, Beaupré, village du diocèse de Beauvais, départ. de l'Oise, sur le petit Thérain, à 20 kil. de Beauvais. Il y avait une abbaye d'hommes en commende de l'ordre de Cîteaux, qui fut fondée en 1135, par Manassès de Milly, et qui rapportait à l'abbé 9,000 livres de rente. Il ne reste plus rien des bâtiments de cette abbaye, devenue propriété particulière depuis 1790.

Belloranum, Beaurain ou Beaurains, village de l'ancien diocèse de Noyon, actuellement de celui de Beauvais, arrond. de Compiègne, canton de Noyon, à 3 kil. de cette ville où est le bureau de poste, à 60 de Beauvais, départ. de l'Oise. Popul. 230 hab. L'abbé Lebeuf parle d'un Beaurain qui est probablement celui-ci ; il dit l'avoir trouvé dans un titre de 1218, sous le nom de Bellepenne ; il ajoute qu'il appartenait aux seigneurs de Chevreuse, et qu'un d'eux, Guy de Chevreuse, le céda à l'abbaye de Saint-Denis en 1226.

Bellorosum ou *Bella Rosa*, Beaurose ou Beauroy. C'était une ferme située près de Corbeil, qui appartenait à l'abbaye de Saint-Victor de Paris, d'après un procès-verbal de la coutume de Paris de l'an 1580. Elle existe toujours.

| Beaurose, village du diocèse de Meaux, arrond. de Melun, canton de Brie-sur-Hières, commune de Férolles, à 6 kil. de Brie où est le bureau de poste, et à 21 de Melun. Pop., compris celle de Férolles, 300 hab. Dép. de Seine-et-Marne.

Belloseriacum, Beausserré, petit village de l'ancien diocèse de Rouen, actuellement de celui de Beauvais, arrond. et canton de Clermont-Oise, départ. de l'Oise, à 64 kil. nord-ouest de Paris. Il est dans une vallée sur la rivière d'Epte. On y voit un vieux château. La popul. est de 120 hab. avec le hameau de Moriaumont qui en dépend.

Bellotum, Bellot, paroisse du diocèse de Meaux, arrond. de Coulommiers, canton de Rebais, sur la rivière du Petit-Morin, à 29 kil. de Rosoy et 54 de Melun. Bureau de poste de Rebais. Pop. 900 hab.

Bellovacum ou *Civitas Bellovacorum*, Beauvais, ville épiscopale, capitale du Beauvaisis ou Beauvoisis, contrée de l'ancienne province de Picardie, à 56 kil. sud-ouest d'Amiens, à 88 est de Rouen, et 68 nord-ouest de Paris. Lat. nord 49° 26′ 7″. Long. ouest 0° 15′ 15″. — Pop. 16,000 hab. environ. Chef-lieu de préfecture du départ. de l'Oise.

L'ancien palais épiscopal est d'antique construction ; les dehors annoncent une sorte de forteresse ; car il est flanqué de deux grosses tours, et entouré de hautes et fortes murailles. Ces tours furent élevées par l'ordre de Simon de Clermont, dit de Nelle, évêque de Beauvais. Louis de Villers fit rebâtir le palais au 15e siècle. Depuis 1790, il a servi d'hôtel de préfecture. L'hôtel de ville, construit en 1754, sur les dessins de l'architecte Bayen, est un monument régulier, imposant, qui orne la place principale de la ville. On y remarque une très-bonne horloge, composée par le célèbre Lepaute ; elle y fut placée en 1810. La place de l'hôtel de ville, où se tiennent les marchés, est grande, bordée de maisons à pignons et mal alignées. Une statue équestre de Louis XIV la décorait ; on la renversa en 1792. — Beauvais a 2 hospices : l'Hôtel-Dieu, dit de St-Jean, et le Bureau des pauvres. Le 1er remonte au xie siècle ; il était autrefois desservi par des chanoines réguliers de l'ordre de St-Augustin, ayant une rente de 12,000 liv., et l'est aujourd'hui encore par des hospitalières de cette congrégation, dites sœurs de St-Joseph. Il y a 80 lits : 35, placés à part, sont destinés aux militaires. On n'en comptait que 48 avant la révolution. C'est là que se font les expériences de chirurgie. Le Bureau des pauvres fut établi en 1653 ; il est garni de plus de 350 lits. Cet établissement a eu pour fondateurs les évêques Augustin Potier et Choart de Bugenval. Les revenus de ces deux hospices s'élèvent à 90,000 f. Beauvais a aussi un bureau de bienfaisance, tenu par les Mères de la charité, et un dépôt provisoire de mendicité. — Le Thérain, rivière qui baigne les remparts de cette ville et circule dans son intérieur, est très-favorable à l'exploitation de plusieurs fabriques et manufactures. Cette rivière et l'Avelon, qui s'y réunit, font tourner plusieurs moulins à farine, deux à tan, un à huile et un autre à frise, pour les étoffes. Le dernier de ces moulins est remarquable par une addition à son mécanisme, au moyen de laquelle il réunit l'avantage de piler en même temps le ciment pour la maçonnerie. La manufacture de tapisseries à l'instar des Gobelins, les teintures exceptées, a été établie par Colbert, en 1664. Il y a aussi une manufacture de tapis; elle rivalise avec celles d'Aubusson. On y travaille en point de Hongrie et en point d'une nouvelle invention, qui joint à la solidité une ressemblance parfaite aux tapis veloutés les plus recherchés. Les autres manufactures et fabriques consistent en draps de différentes espèces : revêches, sommières, tricots, espagnolettes, ratines, molletons, vestipolines et flanelles; en toiles peintes, en blanchisseries et en tanneries. Les draps qui se fabriquent dans Beauvais et ses environs y reçoivent tous les apprêts; on y donne aussi le dernier apprêt aux belles toiles de balles, appelées mi-Hollande. Des manufactures de toiles peintes, des filatures et des blanchisseries importantes se trouvent aussi dans les villages de St-Just-des-Marais et de N.-D.-du-Thil et au hameau de Voisin-Lieu, qui touchent le faubourg St-Quentin, les remparts et le faubourg St-Jacques. Chaque semaine il se tient à Beauvais deux marchés considérables en grains, denrées et marchandises de tout genre, et, depuis 1555, le premier samedi de chaque mois, un franc-marché, équivalant à une foire, où l'on vend une grande quantité de bestiaux de toutes les espèces. Les principales productions des environs, qui renferment aussi beaucoup d'arbres à cidre, sont en grains et en légumes. Les fromages de Beauvais jouissaient d'une certaine renommée, et ses vins se buvaient à la table de Philippe-Auguste. Les couteaux de cette ville étaient fort estimés sous les premiers rois de la troisième race. Dans l'ancien couvent des Ursulines sont placés la bibliothèque publique, composée d'environ 12,000 volumes, et un grand collège, créé en 1803, où les jeunes gens suivent un cours d'étude complet. Le séminaire est établi dans la partie des bâtiments encore existants du couvent des Dominicains. Cette ville avait autrefois un collège renommé; il a cessé d'exister en 1799. — Les remparts ont été changés en belles promenades qui entourent la ville, fermée par des canaux d'eau vive qu'alimentent le Thérain et l'Avelon, rivières sur lesquelles elle s'est en quelque sorte élevée. Elle est située dans un riche vallon, environné de collines riantes et boisées. Elle aurait été assez forte sans les montagnes qui la dominent de toutes parts, principalement du côté des portes de Paris, de l'Hôpital et de Bresle, où les fortifications avaient été travaillées avec le plus de soin, afin d'assurer autant que possible la défense de la place. Toutes ses rues sont belles et droites; celle de l'Ecu et de St-Sauveur sont les plus grandes. Presque toutes les maisons sont mal alignées et bâties en bois et en mortier de sable, de chaux et d'argile, à la manière de nos plus anciennes villes; mais on est frappé de la multitude d'ornements et de sculptures en bois qui décorent l'intérieur de ses habitations. La ville a huit faubourgs, et cinq portes nommées de Bresle, de Paris, de St-Jean, de l'Hôpital, de Limaçon. Trois routes royales la traversent : celle de Paris à Calais, celle de Rouen à Soissons, celle d'Evreux à Breteuil. — St-Pierre est l'église cathédrale, d'où relevaient quatre autres petites paroisses, St-Barthélemy, St-Nicolas, St-Michel et Notre-Dame, qu'on appelait à cause de cela les quatre filles de St-Pierre. Le chœur de cette cathédrale, qui fut commencé en 1391, est admirable, tant par sa hauteur (50 mètres) et sa largueur (12 mètres), que pour le dégagement de son travail, la belle ordonnance de sa voûte et ses dehors. Il y a dix piliers de chaque côté dans sa longueur, avec des chapelles à l'entour. Le pavé du sanctuaire, qui est très-vaste, est tout de marbre. Il manque à cette église une nef, des tours et un clocher d'apparence. Hervé, quarantième évêque de Beauvais, en jeta les fondements en 991. En 1225, un incendie consuma les voûtes et le comble. On y dit l'office, pour la première fois, en 1271. En 1284, les grandes voûtes du chœur et quelques piliers s'écroulèrent. Cette église ne consista, pendant 500 ans, que dans le chœur. La croisée actuelle n'a été entreprise qu'en 1500. Le clocher, bâti en pierres, très-élevé, et d'une structure merveilleuse, s'écroula en 1573. Ce monument renferme d'anciennes tapisseries très-curieuses de la fabrique d'Arras, la statue en marbre et le mausolée du cardinal de Janson, dus au ciseau de Nicolas Coustou, et un grand nombre de reliques, entre autres celles de saint Lucien, de saint Pierre et de sainte Angadrésme. — Près de St-Pierre sont les restes d'une ancienne église romane, dite Notre-Dame-de-la-Basse-Œuvre. Sa construction est du ive siècle; elle servit de cathédrale jusqu'en 1272, elle est maintenant occupée par un marchand de bois. On voit encore, sur son pignon occidental, une figure ou espèce de marmouset. Beauvais avait 6 collégiales et 13 paroisses, dont il ne reste plus que St-Pierre et St-Etienne. Cette dernière église possède des vitraux bien conservés et d'une exécution parfaite. On comptait dans la ville 3 abbayes, 4 monastères d'hommes et 3 de femmes; les Cordeliers, les Dominicains, les Minimes, les Cordelières, dites Filles de St-François, les Ursulines et les Chanoinesses de l'Hôtel-Dieu, les Capucines, les abbayes de St-Lucien, de St-Quentin et de St-Symphorien étaient hors de son enceinte. L'abbaye de St-Lucien appartenait aux bénédictins de la congrégation de St-Maur, qui conservaient dans leur église le corps de saint Lucien. Les bâtiments des Minimes ont été convertis, en 1792, en salle de spectacle; outre cette salle de spectacle, il y a un pressoir pour le cidre et un chantier de bois. Les bâtiments des Cordeliers ont été transformés en caserne de cavalerie. — L'évêché de Beauvais a eu saint Lucien pour premier évêque, vers le milieu du IIIe siècle. L'évêque avait la seigneurie de la ville, avec les titres de comte de Beauvais, pair de France, et de vidame de Gerberoy. Ce fut en cette qualité que l'évêque de Beauvais, suivant l'attribution de sa pairie, porta, en 1179, le manteau royal au sacre de Philippe-Auguste. Le comté de Beauvais avait été, avec la permission du roi Robert, uni à l'évêché, en 996, par Roger, fils du comte de Blois, et évêque de Beauvais. On voit, par les capitulaires de Charlemagne, que, sous le règne de ce prince, il y avait un comte de Beauvais autre que l'évêque. Dans la suite, les comtes se rendirent héréditaires. Les évêques leur succédèrent dans cette dignité. Le comté était devenu, par la voie d'un échange, la propriété de l'église de Beauvais. Auparavant, les biens de la mense épiscopale et ceux de la mense capitulaire étaient confondus; depuis, ils furent divisés. La glèbe, ou le domaine du comté, fut partagée entre l'évêque et le chapitre. « Le titre de comte, dit M. Tremblay (Notice sur Beauvais), et la pairie qui y était inhérente, restèrent à l'évêque; le premier qui posséda ces titres fut Roger, qui vivait du temps du roi Robert; il les transmit à ses successeurs. » Anciennement, assurent quelques historiens, les évêques de Beauvais, comme ceux de Laon, avaient le droit, lors du sacre du roi, de demander au peuple si le prince qu'on allait sacrer lui était agréable. Lors de l'entrée de réception de l'évêque dans Beauvais, le maire de la ville était obligé de lui en présenter les clefs. Au XIIIe siècle et au XIVe, cet évêque avait le droit de battre monnaie, qui avait cours dans tout son diocèse; elle était composée de deux tiers d'argent pur et un tiers d'airain. « Dans le XIVe siècle, l'évêque de Beauvais fut autorisé par le parlement à faire prendre et arrêter en passant le poisson dont il avait besoin pour sa maison. On en transportait, à cette époque, des côtes de l'Océan à Paris; mais il paraît qu'antérieurement Paris n'en recevait point ainsi; car les évêques de Beauvais étaient en possession de faire une espèce de cadeau à nos rois, en leur envoyant, de temps en temps, un cheval chargé de cette denrée. » Parmi les 90 titulaires de cet évêché, qu'il y eut jusqu'à l'époque de la révolution, on doit citer Henri de France, fils de Louis le Gros et frère de Louis VII, qui possédait le siége en 1148; Philippe de Dreux, petit-fils de Louis le Gros, évêque en 1175; Simon de Clermont, qui fut régent du royaume sous trois rois; Jean de Dormans, cardinal et chancelier de France; Odet de Coligni, cardinal de Châtillon, et Charles de Bourbon, ce roi de la Ligue sous le nom de Charles X. Cet évêché valait 55,000 liv. de revenu, et comprenait 598 cures. — La justice appartenait à l'évêque;

elle était exercée par un bailli, qui avait sous lui trois lieutenants, un procureur et un avocat fiscal, un substitut et un greffier. Cet évêque avait encore une juridiction pour les eaux et forêts de son évêché. Les appels de ces deux justices étaient portés au parlement de Paris. — Le climat de cette ville est sain et tempéré. On y trouve un assez grand nombre de vieillards : on cite même, comme une preuve de longévité dans ce pays, qu'entre 200,000 pèlerins qui se rendirent à Rome lors du premier jubilé, il y avait 2 vieillards de Beauvais âgés de 107 ans.

On ignore le nom que porta Beauvais avant la conquête de César. Après la conquête ; César la fit appeler *Cæsaromagus*, nom qu'elle quitta ensuite pour prendre celui de *Bellovacum*, du peuple qui l'habitait. On nommait *Belgium* la province dont elle était la capitale. *Civitas Bellovacorum* est le nom que Beauvais portait du temps de Constantin. Un capitulaire de Charlemagne la nomme *Belvacus*; Hincmar l'appelle *Belgivagus*, Aimoin, *Belvagus*, et le plus grand nombre des auteurs *Bellovaci*, *Bellovacum*, etc. Des pièces de monnaies frappées à Beauvais même, vers l'an 900, sous Charles le Simple, portaient pour légende : *Belgevacus civitas*. Les anciens historiens ont considéré cette nation des *Bellovaci* ou *Belloaci* comme étant nombreuse et puissante. Dans la ligue belge de l'an 696 de Rome (58 ans avant Jésus-Christ), les Bellovaci offrirent 60,000 hommes ; mais ce qui peut faire supposer que quelques-uns de leurs voisins furent compris dans ce nombre, c'est que, dans la guerre de l'année 701 de Rome, ils ne mirent sur pied que 10,000 hommes. On remarque que cette république, quoique située dans le Belgium, était l'alliée des Eduens, placés dans la Celtique. Hirtius, dans son supplément aux commentaires de César, dit que les Bellovaci était le peuple le plus belliqueux de la Gaule, et en effet il se fit craindre plusieurs fois au conquérant. — Quelques auteurs assurent que Beauvais fut bâtie par Bellovèse, neveu du roi Ambigat, vers l'an 164 de Rome. D'autres en attribuent la fondation à un chef gaulois nommé Belgius. — Des vestiges considérables trouvés, en 1635, au mont Caperon, à 200 mètres de la ville, vers le nord-est, attestent qu'il existait un temple sur cette hauteur. On soupçonne qu'il était dédié à Bacchus. Les anciens murs de la ville furent faits des débris de ce vaste édifice, dont la façade était, dit-on, égale en longueur à celle du Louvre. On a trouvé sur ces ruines des frises, des colonnes, des chapiteaux, des ornements du meilleur style, qui prouvent d'une manière irrécusable le long séjour des légions romaines dans ces contrées. En fouillant, en mars 1696, à quatre mètres de profondeur, pour établir le cloître des Ursulines, on découvrit beaucoup de décombres de bâtiments anciens, qui prouvèrent que la ville s'étendait jusque dans les prairies. A ces décombres se trouvaient joints des creusets de Savignies et des tuyaux à couler les métaux. La disposition de certains fourneaux fit croire qu'un hôtel des monnaies avait occupé cette place. Quand on jeta les fondements de l'hôtel de ville, en 1753, on trouva des vestiges d'un monument élevé en l'honneur de l'empereur Adrien, et beaucoup de médailles. « Beauvais, dit M. Tremblay, comme plusieurs autres villes anciennes, offre cinq ou six reconstructions. On trouve, à trois mètres de profondeur, des rues anciennes et des pavés du temps des Gaulois. Des enceintes de vieux palais, situés dans le voisinage de la préfecture, sont à coup sûr un travail du premier temps de la conquête des Romains. L'empreinte de leurs instruments et le grènetis qu'ils traçaient s'y voient encore. Sur ces ruines sont d'autres monuments de la première race de nos rois. Le beffroi de la cathédrale reposait sur un massif romain. L'ancienne église de la Basse-OEuvre (Notre-Dame) était remarquable par ses arcades à plein cintre, par une succession d'assises de pierres et de grandes briques, par une espèce d'*opus reticulatum*, par des statues mangées par le temps. Des médailles et des médaillons de Posthume, trouvés dans les fondements des murailles avec cette inscription : *Restitutori Galliæ*, attestent que Beauvais fut possédé par les Romains. — On lui a donné, dans le moyen âge, le nom de *Villa-Pontium*, à cause du grand nombre de ses ponts, et le surnom de *Pucelle*, parce qu'elle n'a jamais été prise, ce qui n'est pas exact. Chilpéric s'en rendit maître en 471. En 850, Oschéri brûla Beauvais; mais cette ville fut aussitôt rebâtie que détruite. En 881, 883, 923 et 925, elle devint la proie des Normands. Elle servit d'asile, en 886, aux habitants de Pontoise, que Sigefroy chassait de leur pays. Louis le Gros l'assiégea en 1109, et la prit. Froissard dit que la *Jacquerie* de Beauvais, qui, en 1358, était conduite par un capitaine *Jacques*, de cette ville, aurait pu composer un corps de 100,000 hommes. Lorsque les Anglais tentèrent de l'assiéger, en 1443, ils furent repoussés par Jean de Liguières. Le duc de Bourgogne, Charles le Téméraire, dont la valeur était soutenue par une armée de 80,000 hommes, ne fut pas plus heureux en 1472. Après 25 jours d'efforts, il se vit forcé de lever le siège. On attribue le succès de cette affaire à Jeanne Laisné, dite Fourquet, surnommée Jeanne Hachette, dont l'hôtel de ville conserve le portrait. Les habitants voulaient se rendre; mais Jeanne réunit les femmes de la ville, fit passer dans leur âme le courage qui l'animait, et les conduisit sur les remparts; la garnison et les divers combattants sont entraînés par cet exemple : la victoire devient le prix du patriotisme. Jeanne tua de sa propre main un soldat ennemi qui s'avançait pour planter un drapeau sur le rempart. Ce drapeau est un trophée qui décore l'hôtel de ville. Louis XI, par lett. pat. du 9 août 1472, récompensa les femmes de Beauvais par plusieurs priviléges; il voulut que tous les ans, le 10 juillet, jour de sainte Angadresme, patronne de la ville, le drapeau conquis par Jeanne fût porté processionnellement par toutes les rues, et que les femmes eussent ce jour-là le pas sur les hommes. Cette fête, supprimée en 1794, fut rétablie par Napoléon, en 1806. — Pendant les guerres de la Ligue, Beauvais refusa de se déclarer pour Henri III, et son successeur fut obligé d'entrer en arrangement avec les habitants. N'étant plus fortifiée, elle fut occupée sans difficulté par les troupes étrangères, en 1814 et 1815. — Il y a eu cinq conciles à Beauvais : en 845, où Hincmar fut élu archevêque de Reims, en présence de Charles le Chauve; en 1034, 1114, 1120 et 1124; et trois synodes, tenus le premier en 1161, dans lequel on y discuta quel pape, d'Alexandre III ou de Victor IV, serait reconnu en France; et les autres, en 1554 et 1557, par Odet de Châtillon, cardinal et évêque de Beauvais. — Plusieurs monarques ont visité Beauvais. Le roi de Portugal y vint en 1477; Henri II, en 1555, et le czar Pierre, en 1717. — Divers incendies ont beaucoup nui à l'agrandissement de cette ville ; les plus considérables ont été ceux des années 886, 1018 et 1180. — Les autorités de Beauvais ont été, sous les Gaulois, un sénat dirigeant, puis un maire pris parmi les pairs de la ville, ensuite des échevins. — Depuis un temps immémorial, cette ville avait la singulière prérogative d'offrir un mouton au roi le premier jour de l'an. — On y célébrait, au XIIe siècle, la fête ridicule de l'âne, et au XVIIe siècle, on était dans l'usage de jeter des étoupes enflammées dans la nef et des oublies de différentes couleurs dans le chœur, pour imiter les langues de feu qui descendirent sur les apôtres. Les faubourgs de Beauvais continuent de célébrer le *repas des obsèques*. Après avoir rendu les derniers devoirs à celui qui n'est plus, on se réunit chez lui, et, au milieu d'une collation frugale servie par les parents du défunt, on rappelle les vertus et les bonnes qualités de celui qu'on regrette. — Parmi les personnages remarquables à qui Beauvais a donné le jour, on cite Corrœus, chef des *Bellovaci*, mort l'an 702 de Rome : il combattit César, et préféra mourir à la honte de se rendre ; sainte Angadresme, fille de Robert, chancelier du roi Robert, mort en 698; Hugues, gouverneur du roi Robert, tué en 1025, par ordre de la reine Constance ; le savant dominicain Vincent de Beauvais, précepteur des enfants de saint Louis, et auteur du *Speculum mundi* (Miroir du monde), ouvrage d'une érudition immense, d'une haute intelligence et d'une pensée profonde ; Jean de Villiers de l'Isle-Adam, maréchal de France, tué en 1437 ; Gautier Cassel, notaire du concile de Bâle ; Philippe de Crèvecœur, maréchal de France, m. en 1494 ; Philippe de Villiers de l'Isle-Adam, grand maître de l'ordre de St-Jean de Jérusalem, m. en 1534 ; Jean Leconte, intendant des finances sous Henri II, François II et Charles IX, m. vers 1580 ; Nicolas Godin, maire de Beauvais, lieutenant du duc de Mayence ; Jean Loisel, médecin de Louis XII et de François Ier ; Nicolas Tristant, avocat célèbre ; Jean Mazille, médecin de Charles IX ; Antoine Loisel, historien ; Clément Vaillant, avocat ; Léonard Driot, avocat ; Raoul Adrien, avocat ; Charles de Feuquières, avocat ; Jean-Marie Ricard, avocat ; Brocard, chirurgien célèbre ; Jean-

Foy-Vaillant, antiquaire ; Denis Simon, historien ; le P. Mésenguy, célèbre écrivain janséniste ; Jean-Baptiste Vallot, pharmacien ; Pierre-Joseph Coutel, chirurgien ; Louis-François-René Portiez, membre de plusieurs assemblées législatives et légiste, m. en 1810. On cite encore, au nombre de ses littérateurs, Falcain ou Foulcoie, poëte du XIe siècle ; Raimbert, chanoine, qui a écrit en vers, l'an 1094, le martyre de saint Quentin ; Arnoul ou Arnulphe, évêque de Rochester ; Guibert de Nogent ; Elie Pillet, poëte ; Guillaume de St-Amour, chanoine ; Guillaume Durand ou Duranti, évêque de Mende ; Philippe de Vitry, Jean Regnier, Jean et Claude Binet, Pierre Aubert, Pierre Louvet, avocat ; Nicolas Tavernier, Charles Boileau, l'abbé Dubos, l'abbé Langlet Dufresnoy, Pierre Restaut, Pierre Ramus, Claude et Réné Binet ; Godefroi Hermant, Louis Patin. — Jean Racine avait fait ses études au collège de Beauvais.

Par la *constitution civile* du clergé en 1791, l'évêque de Beauvais prenait le titre d'évêque de l'Oise. L'évêché de Beauvais fut du nombre des siéges épiscopaux supprimés par le concordat de 1801, et réuni au diocèse d'Amiens. Le concordat de 1817 le rétablit, et il fut maintenu par les conventions postérieures passées entre le saint-siége et le gouvernement français, sous la restauration. Le diocèse actuel comprend toute la circonscription du département de l'Oise ; il renferme deux villes épiscopales anciennes et illustres par leurs premiers évêques, Senlis et Noyon.

| Beauvais, village du diocèse de Versailles, département de Seine-et-Oise, arrondissement et canton de Corbeil, commune de Nainville, à 12 kil. sud de Corbeil. Population, compris celle de Nainville, 140 habitants. Bureau de poste de Corbeil.

| Beauvais, village du diocèse de Versailles, dép. de Seine-et-Oise, arrond. d'Etampes, cant. de Dourdan, commune de Roinville, à 10 kil. est-nord de Dourdan, à 28 de Versailles. Pop., compris celle de Roinville, 600 hab. Bur. de poste de Dourdan.

| Beauvais, village du diocèse de Versailles, départ. de Seine-et-Oise, arrond. d'Etampes, cant. de Milly, commune de Valpuiseaux, à 11 kil. ouest de Milly, 11 kil. sud-est d'Etampes. Pop., compris celle de Valpuiseaux, 380 hab. Bureau de poste de Milly.

| Beauvais, village du diocèse et arrond. de Versailles, canton de Chevreuse, commune de St-Remy-l'Honoré, à 7 kil. sud-est de Montfort-l'Amaury, 11 kil. nord-ouest de Chevreuse, 21 kil. ouest p. sud de Versailles. Pop., compris celle de St-Remy-l'Honoré, 500 hab. Bureau de poste de Montfort-l'Amaury.

| Beauvais, village du diocèse de Versailles, arrond. d'Etampes, cant. de Dourdan, commune d'Orphin, à 9 kil. de Rambouillet, 29 kil. d'Etampes. Pop., compris celle d'Orphin, 400 hab. Bureau de poste de Rambouillet.

Bellovacense municipium, Beauvaisis ou Beauvoisis, petit pays qui dépendait autrefois de la ci-devant province de Picardie, et dont Beauvais était la capitale. Cette contrée était comprise dans le gouvernement général de l'Ile de France. Ses limites étaient au nord, la Picardie proprement dite ; au couchant, le Vexin normand, dont il était séparé par la rivière d'Epte ; au midi, le Vexin français, et au levant le comté de Senlis. Le sol est mêlé de plaines et de collines, par conséquent assez inégal ; l'air est sain. On y recueille beaucoup de blé, mais peu de vin. Les pâturages y sont excellents, surtout pour le menu bétail. La volaille, le gibier et le poisson y abondent. Beauvais, Clermont et Boufflers en sont les principales villes. — Le Beauvoisis était divisé en deux élections, celle de Beauvais et celle de Clermont. La première dépendait de la généralité de Paris ; l'autre faisait partie de la généralité de Soissons. Outre les paroisses ou communautés de ces deux élections, il y en avait encore plusieurs qui faisaient partie de l'élection de Montdidier, appartenant à la généralité d'Amiens. Il n'y avait pour toutes juridictions, dans cette contrée, que les deux élections ci-dessus mentionnées, deux bailliages, l'un à Beauvais et l'autre à Clermont, et la juridiction de l'évêque de Beauvais pour les eaux et forêts de son évêché. — Aujourd'hui cette petite contrée est du diocèse de Beauvais, et forme la majeure partie de son arrondissement. — Ainsi que les provinces qui l'environnent, elle fut conquise par Clodion lors de l'irruption des Francs dans la Gaule. A l'époque où les Bretons secouèrent le joug des Romains, et à celle où Clovis en triompha et se rendit maître de tout le pays que ses prédécesseurs n'avaient pu conquérir, on ne voit pas que les habitants de Beauvoisis aient joué un rôle remarquable. Dès 845, ils souffrirent de l'invasion des Normands, et contribuèrent au tribut de 7000 liv. d'argent que ceux-ci levèrent sur les peuples de la Belgique. Ce pays fut encore désolé plusieurs fois depuis par les ravages de ces barbares. Il ne fut guère moins tourmenté par les guerres entre les Français et les Anglais ; la plus désastreuse fut celle de 1346, entre Edouard III et Philippe de Valois. Le Beauvaisis fut ruiné par les pillages et par les guerres. La révolte des paysans, connue sous le nom de Jacquerie, occasionnée par la situation extrême à laquelle les habitants de la campagne étaient réduits, éclata dans le Beauvaisis en 1358, et de là se répandit dans toute la France.

Bellovallis, Beauvoir, village du diocèse de Meaux, canton de Mormant, arrond. de Melun, départ. de Seine-et-Marne, à 6 kil. de Mormant, 45 de Paris. Cette paroisse était comprise dans l'ancien diocèse de Sens. Le château, entouré de fossés, remplis d'eau, précédé de plusieurs cours et d'une belle avenue qui aboutit à l'ancien chemin des Romains, est dans une position très-agréable. Le parc, d'environ 60 arpens, est très-bien planté et fermé de murs à hauteur d'appui, ce qui lui ménage de tous côtés des points de vue variés. La popul. de ce village est d'environ 550 hab. Les principales productions du terroir sont en grains ; une partie est en bois,

Bellozannæ abbatia, abbaye de Notre-Dame de Bellosanne ou Bellozanne, au diocèse de Rouen, à 6 kil. nord-ouest de Gournay. Elle était fille de l'Ile-Dieu. Elle fut fondée en 1198, pour des religieux de l'ordre de Prémontré, par Hugues III, seigneur de Gournay, sur un petit ruisseau dont il paraît qu'elle prit le nom. Elle était située autrefois entre deux étangs, l'un dit l'étang de Mont-Louvet, de 500 arpents, l'autre dit l'étang de Brai ou Bellosanne, de 900 arpents, lesquels sont maintenant desséchés et convertis en pâturages ou en labour. Ce monastère est remarquable dans l'histoire par trois de ses abbés, qui l'ont tenu successivement en commende, et qui se sont distingués dans la république des lettres : François Vatable, Jacques Amyot et Pierre Ronsard. Il rapportait environ 3,000 liv. Ce n'était plus, en 1680, qu'une misérable maison prête à être ensevelie sous ses ruines, où deux religieux subsistaient à peine avec 15 ou 1600 liv. de rente, qui faisaient tout le revenu de la mense conventuelle; mais le P. Henri Blavette, qui en avait été nommé prieur vers ce temps-là, et qui l'était encore vers 1732, avait fait tout rebâtir à neuf, sans compter les réparations des fermes et de l'église, qu'il avait magnifiquement ornée et enrichie de linge, d'argenterie et d'ornements. On y vit de son temps jusqu'à douze religieux faire le service divin. Cette abbaye, comme les autres monastères, a subi les chances de la révolution. Elle avait donné lieu, comme presque toutes les anciennes communautés religieuses, à un village qui s'est peu à peu formé autour de son enceinte. Il est du canton de Gournay, arrond. de Neufchâtel, départ. de la Seine-Inférieure, diocèse de Rouen; il a 160 habitants.

Bellus Campus, Belleville, petite ville du diocèse de Lyon, arrond. de Villefranche, à 20 kil. nord de cette ville, chef-lieu de canton du départ. du Rhône, près la rive droite de la Saône. On y fabrique des cotons brochés, des mousselines, des toiles diverses. La pop. est de 2,400 hab.

Bellus Fons, Belle-Fontaine, paroisse du diocèse de Versailles, arrond. de cette ville, canton de Poissy, commune de Maurecourt; départ. de Seine-et-Oise, à 8 kil. nord de Poissy, à 20 de Versailles. Popul., compris celle de Maurecourt, 560 hab. Ce village est situé au-dessous de celui des Fosses, sur le ruisseau formé par les sources de Montmeillan et Survilliers, et qui sont plus sensibles sur les limites de Marly-la-Ville. Un plus ancien titre qui en fasse mention appelle ce lieu *Bella Fontana* : il est de l'an 1174. Dans le siècle suivant, on a voulu s'exprimer en meilleur latin, et dire *Bellus Fons*, ce qui n'a pu faire changer l'expression vulgaire. Ce village est situé dans un agréable vallon, quoiqu'un peu resserré. C'est un pays à terres labourables et prairies, et qui a tiré son nom d'une fontaine qui sort de la montagne sur le bord du ruisseau. La cure était érigée dès le XIII° siècle. Il ne restait dans l'église paroissiale que deux épitaphes; l'une, sur la tombe de Charles Ménars, conseiller au parlement de Paris, était ainsi conçue :

Qui cum dubiis et nutantibus sub Henrico III rebus in fide mansisset, et restaurata demum Henrici Magni victricibus armis Gallia penatibus redditus, prisca et vere Gallica virtute regium nomen semper coluit. Demum Ludovico XIII rege majoribus in subselliis sedens decessit nonis decembris 1619.

L'autre tombe est celle de Marie-Elisabeth de Braque, dame du lieu, morte le 31 mai 1720, âgée de 19 ans. — Le bâtiment de cette église est du nombre de ces anciens édifices qui ont souvent été réparés. Cette église fut dédiée, le 24 juillet 1524, à saint Nicolas, regardé comme patron du lieu. La terre de Belle-Fontaine est une ancienne seigneurie; il y a un château.

Bellus locus ou *Belli locus*, Beaulieu, nom commun à plusieurs localités en France et à d'anciennes abbayes. — Beaulieu est une petite ville du diocèse de Tours, départ. d'Indre-et-Loire, sur l'Indre, dont le terroir produit céréales, vins, bois et fruits. Il y a un bourg du même nom dans le diocèse de Luçon, arrond. des Sables d'Olonne; un autre au diocèse de Tulle, sur la Dordogne, qui possédait une abbaye de l'ordre de Saint-Benoît; un autre, au diocèse de Beauvais, à 28 kil. nord-est de Compiègne, qui avait également une abbaye de Bénédictins.

| Beaulieu (prieuré de), monastère de chanoines réguliers de l'ordre de St-Augustin, fondé en 1200, sous l'invocation de la sainte Vierge, dans l'étendue de la paroisse de Bois-l'Evêque, à 8 kil. de Rouen, vers l'orient, par Jean de Préaux, pour le repos des âmes d'Osbert et de Mathilde, ses père et mère. Le pieux fondateur dota cette maison de plusieurs revenus considérables. Pendant les troubles du calvinisme, les religieux de Beaulieu se dispersèrent les uns dans les bois voisins du monastère, les autres où ils purent, d'où résulta la ruine presque totale de la maison. Les commendataires vinrent ensuite, et laissèrent tomber l'église et les lieux réguliers. En 1700, tout y était dans un état si déplorable, que M. de Montholon, président du parlement de Rouen, se transporta sur les lieux avec le procureur général pour travailler ensemble aux moyens d'y remédier. Il fut ordonné que le titulaire ne toucherait aucun denier de ses revenus *jusqu'à ce que toutes les réparations, réédifications, ornements et livres d'église fussent rétablis.* Ce règlement fut confirmé, à la requête des religieux, par sept arrêts consécutifs, tant du parlement de Rouen que du conseil d'Etat et du conseil de régence : malgré cela, le titulaire reçut ses revenus et ne paya rien. Enfin, par un nouvel arrêt du parlement, du 19 juillet 1718, un économe fut chargé de la recette et des opérations. Depuis cette époque on y travailla, et l'on eut beaucoup de peine à finir. Le fondateur avait été enterré dans le chapitre, sous une tombe de pierre bleue, sur laquelle était gravée une épée. Le roi nommait le prieur; celui-ci jouissait de 10,000 liv. de rente ou environ

Les bâtiments de ce prieuré sont devenus une maison centrale de détention ; mais il ne reste plus rien des anciennes constructions.

| Beaulieu, ancienne seigneurie, dont le château était éloigné de 4 kil. de Chartres et autant de Verle-Grand, et d'un kil. seulement du village de Marolles, départ. d'Eure-et-Loir. Ce fief relevait immédiatement du roi ; il y avait haute, moyenne et basse justice. Ce lieu s'appelait autrefois Biscorné ou Bichecorné. On rapporte dans le pays que Henri IV, en ayant demandé le nom et l'ayant appris, dit que l'on devait plutôt l'appeler Beaulieu. On trouve qu'effectivement, dès la fin du règne de ce prince, le nom était changé. Ce lieu est réellement beau, par la situation et par la disposition qu'on y a donnée. Le château est bâti sur une élévation, au-dessus d'une grande plaine ; on traversait trois grandes cours pour y arriver ; il y avait, dans la dernière, à droite en entrant, une très-belle galerie ouverte, qui était ornée de bustes de princes, d'empereurs et de philosophes. Le parc contenait 80 arpents et était parfaitement distribué. Le parterre était orné de quelques statues. Le seul défaut de ce château était d'être sans caves. On croyait cependant qu'il y en avait une sous cet édifice, mais que les anciens seigneurs, qui étaient protestants, y enterraient leurs morts. Cette tradition fut la cause qu'on ne voulut point en chercher l'entrée. En 1687, après la révocation de l'édit de Nantes, le roi y envoya une compagnie de dragons, pour y empêcher l'exercice de la religion prétendue réformée, que professaient encore les seigneurs. Ils en firent depuis abjuration, et ont même fait construire une chapelle dans leur château, où l'on disait ordinairement la messe.

Bellus Mons ad Isaram, Beaumont-sur-Oise, petite ville, autrefois comté-pairie du diocèse de Beauvais, aujourd'hui du diocèse de Versailles, arrond. de Pontoise, départ. de Seine-et-Oise, sur la rive gauche de l'Oise, à 30 kil. de Paris, 20 de Pontoise, 36 de Versailles. Il y a un bureau de poste. En 1774, la population ne s'élevait qu'à 1,600 hab. ; elle est aujourd'hui de près de 3,000.

Cette ville est dans une belle situation et bâtie sur la croupe d'une montagne, dont le pied est baigné par la rivière d'Oise, que l'on traverse sur un beau pont. Il y avait sur la hauteur un château-fort qui commandait à la ville et qui est détruit. Cette terre a appartenu à Charles, duc d'Orléans ; pendant la détention de ce prince dans les prisons d'Angleterre, les Bourguignons s'en emparèrent, la livrèrent au pillage, démolirent le château, et jetèrent la plus grande partie des habitants dans la rivière, en 1417. Les ducs de Vendôme l'ont depuis tenue en titre ducal. On compte plusieurs rois de France et plusieurs personnages élevés en dignité au nombre de ses seigneurs particuliers. Par le partage de la succession de Robert d'Artois, second du nom, le célèbre comté de Beaumont a été donné à son petit-fils Robert d'Artois III, en faveur duquel Philippe de Valois l'érigea en pairie, au moins de janvier 1329. Le procès de ce comte de Beaumont, par un funeste enchaînement de circonstances, a produit la guerre la plus sanglante et la plus désastreuse dont il soit fait mention dans l'histoire. Comme héritier de son aïeul, par représentation de Philippe, son père, Robert disputait le comté d'Artois à Mahault, sa tante paternelle, femme d'Othelin, comte de Bourgogne. Ses prétentions furent successivement proscrites par Philippe le Bel, son seigneur suzerain, et par arrêt du parlement, qui, entre autres dispositions, ordonnait que « ledit Robert aimât ladite comtesse comme sa chiere tante, et la comtesse ledit Robert comme son bon nepveu. » Robert n'exécuta jamais ce dernier chef de condamnation ; il essaya même de se faire relever des autres, à l'aide de titres falsifiés par la Divion, sorcière fameuse de l'époque ; mais sa fourberie fut découverte. Les prétendus titres furent, en sa présence, cancellés et dépiécés ; il fut banni de France, on confisqua ses biens, et la Divion fut condamnée au feu. Cette suite d'événements déshonorants le rendit furieux ; il alla cacher sa honte en Angleterre, où il souffla entre les deux nations le feu d'une guerre terrible et longue, qui porta le fer et la flamme dans toutes les parties de la France, en 1334. Beaumont avait un prieuré, un couvent de Minimes et une église collégiale, dont les canonicats valaient 400 liv. ; ils étaient à la nomination du prince de Conti, comme seigneur engagiste. Le chapitre avait été fondé en 1186. Cette petite ville possédait un Hôtel-Dieu, fondé depuis très-longtemps. Au milieu de la place est une fontaine abondante qui fournit l'eau à la presque totalité des habitants. — Il s'y fait un commerce de blé, de farine, de passementerie, de salpêtrerie, de chevaux, bestiaux et de verrerie. Il y avait autrefois une manufacture de savon et une autre de couvertures de molleton sur coton, et l'on y fabriquait beaucoup de dentelles. On y trouve maintenant une fabrique de tissus à l'usage des troupes. Cinq foires s'y tiennent annuellement : la première, le jeudi après le 15 janvier ; la deuxième, le jeudi de la mi-carême ; la troisième, le jeudi avant l'Ascension ; la quatrième, le jeudi après la Saint-Pierre, et la cinquième, le jeudi après la Saint-André. Il y a trois marchés par semaine, les mardi, jeudi et samedi ; celui du jeudi consiste principalement en grains, qui sont les principales productions des alentours de cette ville. — Les habitants donnent, par tradition, le nom de camp de César à un champ qui en est éloigné d'un kil., et dans lequel cependant on ne trouve aucun vestige d'antiquité.

Bellus Reditus ou *Belli Riparii Castrum*, Beaurepaire, village du diocèse de Beauvais, arrond. de Senlis, canton de Pont-Ste-Maxence, à 4 kil. ouest de cette ville, et 56 nord de Paris. Popul., 150 hab. avec les hameaux de la Croix-Rouge et d'Heumont. Le premier tire son nom d'une croix plantée dans un lieu où un assassinat avait été commis. Il se forma dans la suite un hameau auprès de cette croix. Beaurepaire était une terre seigneuriale. On y voit encore le château, flanqué de tours, avec un parc qui suit la rivière d'Oise.

| Beaurepaire, village du diocèse de Versailles, commune de Roinville, canton de Dourdan, arrond. d'Etampes, départ. de Seine-et-Oise, à 2 kil. sud-est de Dourdan, à 28 sud-ouest de Versailles. Popul., compris celle de Roinville, 600 hab. Bureau de poste de Dourdan.

| Beaurepaire, village du diocèse de Versailles, arrond. de cette ville, canton de Meulan, commune de Maule, départ. de Seine-et-Oise, à 10 kil. sud-ouest de Meulan, 22 de Versailles. Pop., compris celle de Maule, 1200 hab. Bureau de poste de Maule.

| Beaurepaire, petite ville du diocèse de Grenoble, chef-lieu de canton du départ. de l'Isère, arrond. de Vienne, à 28 kil. sud-sud-est de cette ville. Popul. 2,000 hab.

| Beaurepaire, bourg du diocèse d'Autun, chef-lieu de canton de l'arrond. de Louhans, à 20 kil. est-nord-est de cette ville, départ. de Saône-et-Loire. Pop. 1,000 hab.

Belsia ou *Belsa*, Beauce ou Beausse. Fortunat, qui vivait sur la fin du VIe siècle, en fait mention dans la vie de saint Germain, évêque de Paris. C'était un pays qui commençait dans la partie méridionale du ci-devant gouvernement général de l'Ile-de-France, à 40 kil. au midi de Paris, et s'étendait au couchant de l'Orléanais, d'un côté jusqu'à la Loire, et de l'autre jusqu'au canal de Briare; de sorte qu'il formait toute la partie du couchant de ce gouvernement, depuis Orléans, sa capitale, en s'étendant aussi un peu dans le gouvernement général de l'Ile-de-France, vers son midi, où il embrassait une partie du Hurepoix et du Mantois. Ce pays pouvait avoir 100 kil. dans sa plus grande longueur et 72 dans sa plus grande largeur. La ville de Chartres en était la capitale. Il forme maintenant la majeure partie des diocèses de Chartres et de Blois, et des départements d'Eure-et-Loir et de Loir-et-Cher. En général, la Beauce est un pays très-fertile, et peut-être n'existe-t-il nulle part de meilleur fonds de terre. Les grains y sont de première qualité, ce qui a fait donner à la contrée le titre de *grenier de la France*, titre dont elle est toujours digne, bien que le sol se détériore chaque année et devienne de moins en moins productif. Ainsi on peut dire qu'en général la Beauce est cultivée en blé; ce n'est pas que toutes les terres y soient également propres à cette culture; mais comme, de tous les produits agricoles, le blé offrait aux propriétaires plus d'avantages, ils ont ensemencé leurs champs en blé; et les autres cultures ont été négligées; par exemple, le bois y manque tant pour bâtir que pour brûler; la faveur qu'ont obtenue les céréales l'a considérablement fait diminuer, surtout aux environs de Chartres, où l'on est obligé de le tirer des forêts de Châteauneuf, de Senonches et de Champrond, éloignées de la ville de 20, 24 et 28 kil., tandis qu'on eût pu trouver sans inconvénient, sur les communes environnantes, plus d'un canton dont la plantation en forêts eût prévenu la disette dont cette ville se plaint depuis longtemps. Toutefois on recueille dans la Beauce des fruits, des légumes en abondance et de bonne qualité. On y trouve encore quelques pâturages qui nourrissent une très-grande quantité de moutons et de bêtes à cornes, et, autour de la ville de Chartres, mais dans un rayon fort inégal, des vignobles qui rompent un peu la monotonie des plaines à blé. Le vin que produisent ces vignobles est médiocre, et il ne peut supporter le transport; en sorte que les habitants le boivent sur les lieux. Comme il n'y a que peu de fontaines et de rivières dans le pays, les habitants sont obligés de se servir de citernes et de mares profondes pour y conserver l'eau de pluie; ils ont néanmoins quelques puits qui sont extrêmement profonds, attendu l'élévation du pays, mais dont l'eau n'est pas d'une bonne qualité. La Beauce est arrosée par quelques rivières, l'Eure, l'Épernon, la Vègres, la Blaise et l'Avre. La géologie ne trouve pas dans la Beauce l'occasion de s'enrichir de découvertes variées : ici tout est uniforme; aussi un écrivain a-t-il dit : « Ce pays est à désespérer un naturaliste, par la disette de ces monuments où l'on veut lire la généalogie de la terre. Point de traces de volcans, ni de grandes révolutions marquées par des effets subsistants. » On divisait anciennement cette province en pays Chartrain, Dunois et Vendomois. Les principales villes étaient Chartres, Nogent, Maintenon, Bonneval, Châteaudun et Vendôme. La Beauce faisait un commerce considérable de moutons et de bêtes à cornes.

Bemontium, Besmont, petite paroisse de l'ancien diocèse de Senlis, actuellement de Beauvais, canton de Crépy, arrond. de Senlis, départ. de l'Oise; à 7 kil. de Crépy, où est le bureau de poste, et à 63 kil. de Paris. Ce village est fort ancien, d'après quelques auteurs; son origine remonterait au Ve ou VIe siècle. Rien du reste ne semble confirmer cette haute antiquité. La pop. n'est que de 110 habitants. Le terroir consiste en terres arables et en étangs.

Bereciacum, Bercy, paroisse du diocèse et de la banlieue de Paris, canton de Charenton, arrond. de Sceaux. Ce vaste terrain, qui s'étend depuis les barrières de Paris jusqu'au territoire de Conflans, était jadis occupé par des maisons de campagne, des habitations particulières et par deux maisons qualifiées de châteaux, et leurs parcs : l'une, appelée le *Petit-Bercy*, située en deçà ou à l'ouest de la rue dite *Grange-aux-Merciers*, dont on parlera plus bas; l'autre, située au delà de cette rue, subsiste en son entier et est nommée le *Grand-Bercy*. C'est une maison de plaisance, charmante par sa position, et surtout par la beauté de ses environs. Elle est située à la droite de la Seine, à 4 kil. au-dessus de Paris. Elle a longtemps appartenu à la famille de Malón. D'Olier, marquis de Nointel, l'a possédée et l'a fait reconstruire, en forme de château, par Louis Lavau, architecte du roi. La Guespière en distribua l'intérieur dans un goût plus moderne. Le parc fut planté sur les dessins de Le Nôtre ; il a près de 900 arpents de surface, et était orné de plusieurs statues. L'intérieur, richement décoré, offrait quatre tableaux qui représentaient plusieurs circonstances de l'ambassade de M. de Nointel à Constantinople, peintes sur les lieux par Carrey, élève de Le Brun. L'un était la cérémonie du feu sacré dans l'église du St-Sépulcre, à Jérusalem ; l'autre représentait l'entrée de Charles-François d'Olier, marquis de Nointel, dans la ville sainte, le même qui, en 1670, fut nommé ambassadeur à Constantinople ; le troisième, l'audience que lui donna le grand-visir ; le quatrième, la vue de la ville de Jérusalem. Le vestibule du château était décoré de pilastres ioniques modernes, entre lesquels étaient des trophées de sculpture. Au commencement du règne de Louis XV, ce château appartenait à M. Paris, frère de Paris de Montmartel, si fameux par ses richesses. Ce propriétaire fit construire, à une extrémité de la terrasse, sur le bord de la Seine, un gros pavillon, nommé encore *Pâté-Paris*, et la magnifique terrasse qui règne le long de la rivière. Cette belle propriété était, avant la révolution de 89, rentrée dans les mains de ses premiers possesseurs. M. Charles de Malon de Bercy, dernier héritier du nom, en était encore propriétaire en 1809, année de sa mort. MM. de Bercy, qui n'y faisaient point leur résidence, louaient ordinairement leur château de Bercy. M. de Calonne en eut, de cette manière, la jouissance en 1783, et y habita pendant les quatre années de son ministère ; il y fit de grands changements dans la distribution des jardins. C'était là, dans le silence de la retraite, qu'il préparait ces discours où les résultats de son administration étaient tracés avec une clarté si séduisante. Ce ministre cachait l'état des choses, mais il ne les changeait pas ; on peut dire que c'est dans son cabinet que se décida la révolution de 1789. M. Arthur fils, fabricant de papiers peints, et membre de la commune, loua également ce château en 1792. Il y avait établi sa fabrique, et fut décapité quelque temps après, comme partisan de Robespierre. Depuis la mort du dernier propriétaire, la famille Nicolaï en a fait l'acquisition. Le chemin de fer de Paris à Lyon traverse le parc dans toute son étendue ainsi qu'une partie de Bercy, en sortant de l'embarcadère, situé dans le faubourg St-Antoine. Le château du *Petit-Bercy*, situé en deçà et à l'ouest de la rue de la Grange-aux-Merciers, est aussi sur le bord de la Seine, et plus près de Paris que le *Grand*. Son parc était d'environ 40 arpents, clos de murs ; mais il a subi la métamorphose qu'ont éprouvée les maisons de campagne, les jardins, etc., qui sont situés entre la rue de la Grange-aux-Merciers et la barrière de Paris. Voici la cause de cette métamorphose. Dès qu'une contribution fut exigée aux entrées de cette ville, il se forma, au-delà de ses barrières, des réunions d'habitations, des guinguettes, où les boissons, franches du droit d'entrée, et à un prix moindre qu'à Paris, attiraient les Parisiens. De plus, une grande partie des vins et autres liquides imposables qui arrivent à Paris, s'y rendant par la partie supérieure de la Seine, passe nécessairement devant Bercy. Le commerce sentit bientôt la nécessité d'un entrepôt où les vins et eaux-de-vie pussent être déposés avant d'être passibles des droits d'entrée. Ce ne fut pas l'unique motif de la préférence que les marchands et entrepositaires donnèrent à l'entrepôt de Bercy sur le grand entrepôt situé dans Paris. Ils étaient plus libres dans ce premier lieu, et pouvaient, avec moins de gêne, opérer leurs manipulations. Bientôt toute la partie de Bercy qui s'étend depuis la barrière de la Rapée jusqu'à la rue de la Grange-aux-Merciers, fut achetée, louée et couverte de magasins, pour la plupart construits à la hâte. Les parcs, les jardins, les avenues plantées d'arbres disparurent presque entièrement, et furent remplacés par des celliers, des magasins et des maisons nécessaires aux besoins des commerçants. Le château du Petit-Bercy eut le même sort ; il fut acheté par une compagnie qui loue les emplacements aux marchands. Tous ces bâtiments, élevés sur les bords de la Seine, formèrent un quai nouveau très-long et fort beau. — Bercy, connu du temps de Louis le Gros, et au commencement du XIVᵉ siècle, est assis sur un territoire fertile en grains, fruits et légumes ; c'était un port considérable sur la Seine. Il n'y avait cependant aucune chapelle ; et l'on ne voit pas qu'on se soit jamais occupé d'en bâtir une. Aujourd'hui Bercy a une église construite, il y a quelques années, mais dans le style insignifiant qui prévaut, depuis un demi-siècle, chez les architectes, et qui n'est point en rapport avec les exigences de la religion catholique.

Bercy, dont la population est, au moins, de 5 à 6,000 âmes (car l'administration varie sur le chiffre), a beaucoup d'importance par le commerce qui s'y fait et les établissements industriels qui y existent. C'est là que les vins, eaux-de-vie, vinaigres et huiles, qui servent en partie à l'approvisionnement de Paris, sont apportés de la haute et basse Bourgogne, du Maconnais, de la Champagne, de l'Orléanais, de la Touraine, de l'Anjou et du Languedoc, par les canaux qui aboutissent aux deux rivières de la Seine et de la Marne, dont le confluent se trouve à très-peu de distance. Les magasins ou entrepôts les plus considérables sont à Bercy et à la Rapée. Il existe, en outre, au port de la Rapée, un entrepôt de toutes sortes de bois de charpente, charronnage, planches, voliges, etc., des chantiers de bois à brûler, des entrepôts de pierres à plâtre, de briques, tuiles, ardoises, etc. Ce village a plusieurs dépendances, que l'on a désignées par des dénominations particulières. Les principales, dont on a déjà fait mention, sont *le Grand* et *le Petit-Bercy*, *la Rapée*, si renommée pour les excellentes matelottes que l'on y apprête ; *la Grande-Vallée-de-Fécamp* et *le Ponceau*.

Berevilla, Berville, paroisse de l'ancien diocèse de

Rouen, aujourd'hui de celui de Versailles, canton de Marines, arrond. de Pontoise, départ. de Seine-et-Oise, à 8 kil. nord-est de Marines, et 44 de Paris au nord-ouest. Le terroir est presque tout en terres labourables. Il y a, auprès de ce village, du minerai fort mélangé. Suivant la tradition locale, on y a exploité autrefois une mine de cuivre. Dans les environs, on trouve un sable verdâtre qui donne du cuivre, mais en petite quantité. Berville est situé dans une vallée sur la petite rivière de Sausseron. La pop. est de 350 hab.

Bergea ou *Berga*, *Sancti Vinoci*, Bergues-Saint-Winnox, ancienne ville forte du diocèse de Cambrai, chef-lieu de canton de l'arrond. de Dunkerque, dép. du Nord, à 12 kil. sud-sud-est de Dunkerque, à 24 de St-Omer, et 212 de Paris. Cette ville, au pied d'une colline, sur la rivière de Colme, possède un petit port, un collège communal, une bibliothèque et le tribunal de première instance de l'arrond. Elle est l'entrepôt de la fabrication de dentelles et des grains des environs : ses marchés et foires sont très-fréquentés. Au moyen âge cette ville faisait partie des possessions des ducs de Bourgogne. A la mort de Charles le Téméraire, dernier duc, elle subit le sort de ces mêmes possessions et fut enclavée dans les Pays-Bas espagnols jusqu'au traité des Pyrénées, qui l'en détacha pour la réunir à la France. Le maréchal de Vauban la fortifia. Sous la domination espagnole, ses églises s'enrichirent des magnifiques tableaux dont nous allons parler.

Bergues comptait en 1789 deux églises paroissiales, celle de St-Martin et celle de St-Pierre, un collège des Jésuites, et une abbaye considérable de l'ordre de St-Benoît, sous le titre de St-Winnox, située sur un monticule dans une position agréable et salubre.

L'église de St-Martin, qui a été conservée, a sur son maître-autel l'Adoration des mages, tableau peint par Rubens, où les têtes sont fort belles, et du plus beau choix; l'effet en est piquant et vigoureux. Les autres tableaux de cette église ont été transportés dans celle de St-Éloi à Dunkerque.

L'église de St-Pierre possède une Adoration des rois par J. de Reyn, placée à la droite du maître-autel. Ce sujet, d'une belle couleur et bien peint, est composé cependant avec confusion et dessiné médiocrement ; les figures sont courtes, surtout un des mages sur le premier plan. A la gauche du maître-autel, on voit Jésus-Christ mort descendu de la croix; la Vierge est sans action. C'est un des derniers ouvrages de Gaspard Crayer, et un de ses tableaux faibles.

L'abbaye de St-Winnox avait été fondée en l'honneur de ce saint, patron et l'un des apôtres de la contrée. Les légendaires ne sont pas d'accord à son sujet : les uns en font un évêque, les autres un martyr, quelques-uns un solitaire. L'église de l'abbaye, maintenant paroisse, mérite l'attention comme monument archéologique. Les bâtiments, reconstruits au XVIIIe siècle par les soins de l'abbé Maurus de Sain, n'offraient aucun caractère particulier. Quant à l'église, elle a été édifiée d'après le plan propre à toutes les églises de l'ordre de St-Benoît ; la nef longue, le chœur étroit, le sanctuaire élevé, et un demi-jour d'une mélancolie religieuse dans tout l'édifice. En entrant dans cette église, on aperçoit à droite un tableau qui représente saint Grégoire se lavant les mains, peint par Louis de Deyster. Ce sujet est bien composé : la magie de la couleur et l'effet y sont remarquables. En face se trouve le martyre de sainte Placide, bon tableau de Béekmans. A la gauche, en entrant, est une sainte Agnès, tableau peint par Langhenjan ; tout y paraît fait de rien, la toile est à peine couverte, la couleur est un peu faible ; mais, malgré cette imperfection, le tableau est très-bon. Dans l'intérieur de l'église, on remarque le martyre de plusieurs saints de l'ordre de St-Benoît, peint par Jean de Reyn : le dessin y est correct, la couleur belle et d'un bon effet. En montant aux deux côtés du chœur, à la droite et à la gauche, on voit saint Benoît, sainte Scholastique et sainte Agathe ; ce dernier tableau a été un peu repeint : ils sont tous trois de Jean de Reyn, et ont une grande valeur artistique.

Contre le chœur, à la droite et à la gauche, on aperçoit, encadrés dans un lambris, quatorze petits tableaux ; les deux premiers offrent Notre-Seigneur et la sainte Vierge, peints par Victor Janssens ; les douze autres sont de la même grandeur et représentent les apôtres. Sur le devant est la figure seule, environ 33 centimètres de haut dans chaque tableau, et dans le fond se voit le martyre de l'apôtre : tous sont de la plus belle couleur argentine, corrects de dessin, d'une touche facile et très-spirituelle ; les têtes, très-variées, respirent un grand caractère. Ce sont des tableaux précieux, peints sur cuivre par Robert van Hoeck. L'église jusqu'à présent les a conservés soigneusement.

Les deux figures, saint Pierre et saint Paul, placées au-dessus de l'entrée du chœur, sont bien faites, par le sculpteur Octavo ; les trois autels sont du même artiste, et l'architecture a été exécutée sur ses dessins. Le maître-autel, très-vaste, avec des pilastres cannelés d'ordre corinthien, se trouve en désaccord avec le style de l'édifice. Les deux tableaux qui ornent ses côtés sont de Béekmans ; celui de droite représente la guérison des malades, et l'autre saint Benoît qui prêche : ils sont d'une bonne couleur et bien composés.

Quatorze grands tableaux, encadrés dans un lambris de bois de chêne, décoraient le réfectoire de l'abbaye. Ces tableaux sont actuellement dans l'église de St-Jean-Baptiste, à Dunkerque. Le premier représente le sacrifice d'Abraham, le second Notre-Seigneur crucifié, la Madeleine en pleurs est au bas de la croix ; le troisième est le serpent d'airain ; le quatrième saint Winnox qui distribue du pain aux pauvres. Ces tableaux, d'une excellente composition, ont été peints par Matthieu Elias.

Le cinquième sujet représente les disciples d'Emmaüs, par Béekmans : l'effet en est frappant et la couleur bonne. Le sixième rappelle l'entrevue de saint Benoît avec Totila, roi des Goths, par Matthieu Elias. Le septième, de Béekmans, est un *Ecce homo* adoré par des anges, que l'artiste a dessinés avec finesse et auxquels il a donné des têtes admirables. Le huitième est également de cet artiste. Le quatorzième et dernier représente la Madeleine aux pieds de Jésus-Christ chez le Pharisien. Les têtes sont fort belles. Ce tableau, d'un effet saisissant, est le plus remarquable des quatorze ; il a été peint par Ottovenius.

Bergues a quelques rues larges, et un hôtel de ville qui pourrait figurer dans une cité plus considérable. La pop. est d'environ 6,000 hab.

Bernacis, Berny. Cette localité paraît destinée à obtenir, aux diverses époques de l'histoire, une certaine célébrité. Ce n'est cependant qu'un hameau du diocèse de Paris, commune de Fresnes, canton de Villejuif, arrond. de Sceaux, formé, sur la route d'Orléans, par la réunion de quelques maisons de campagne. Il était cité pour ses fruits, ses légumes et ses fleurs. Ce qui lui avait fait sa célébrité autrefois, c'était le superbe château qu'il possédait. Le comte de Clermont, prince du sang, abbé de Saint-Germain-des-Prés, l'habita pendant trente-six ans. A l'époque de la révolution de 1789, le château fut démoli.

Berny a été choisi de notre temps par les amateurs pour les courses de chevaux, dites au clocher : ce qui amène, chaque fois, une foule considérable. Il est à 2 kil. d'Antony, où est le bureau de poste, à 3 kil. de Sceaux, 5 de Villejuif, et 12 de Paris. La population, compris celle de Fresnes, est de 700 hab. environ.

Bernacum, Bernay, petite ville de l'ancien diocèse de Lisieux, aujourd'hui archidiaconé du diocèse d'Evreux, chef-lieu d'arrondissement du départ. de l'Eure, à 42 kil. d'Evreux, 60 de Rouen, et 144 de Paris. Située sur la rive gauche de la Charentonne, cette ville possède un tribunal de première instance, un tribunal de commerce, une chambre consultative, des manufactures et un collége communal. Elle avait autrefois le titre de comté. Son arrondissement renferme 144 communes, et 92,000 habitants ; il est divisé en 6 cantons, qui sont : Beaumesnil, Beaumont-le-Roger, Bernay, Brionne, Broglie et Thiberville. On voit à Bernay des fabriques de draps, frocs, flanelles, toiles, rubans de fil, chandelles, bougies ; des blanchisseries de toiles ; des teintureries, tanneries, forges, verreries, papeteries. — Le commerce consiste en grains, cidre, chevaux, bestiaux, cuirs, draps, fers, papiers, laines, fil, lin, bougies et chandelles. — Il y a, le 15 mars, une foire renommée pour les chevaux ; elle dure quatre jours, et attire 40 à 50,000 personnes de 80 kil. aux environs. —

La ville de Bernay possède une église du plus beau gothique, qu'on nomme Ste-Croix ; elle avait autrefois un petit collége et plusieurs maisons religieuses, entre autres une abbaye commendataire de Bénédictins, fondée, en 1013 ou 1018, par Judith de Bretagne, épouse de Richard II, duc de Normandie, qui y fut enterrée ; son abbé jouissait d'environ 16,000 liv. de rente. Ces Bénédictins étaient curés primitifs de Bernay. — L'hôpital général et l'hospice fondé par Louis IX, que des religieuses urbanistes desservaient à l'époque de la révolution, existent encore. — C'est la patrie du créateur des vers alexandrins, Alexandre de Paris, qui vivait du temps de Philippe-Auguste ; de Jean-Michel Duroy, député à la Convention nationale, ami de Robespierre, décapité à Paris le 17 juin 1795.

Bernay, paroisse du diocèse de Meaux, arrond. de Coulommiers, canton de Rosoy, où est le bureau de poste, et à 1 kil. de cette ville, département de Seine-et-Marne. La population est d'environ 500 habitants, en y comprenant le hameau de Ségrets, où il y avait un prieuré avant la révolution de 1789, et celui de Pontpierre, qui en font partie. Il existe à Bernay un château avec un parc, sur la rivière d'Yères. Le terroir de cette commune est en terres labourables, en vignes et en bois.

Ce village, situé sur la rivière d'Yères, qui y fait tourner deux moulins, est à 44 kil. de Paris.

Bernolium, Barneau ou Berneau, dioc. de Meaux, arrond. de Melun, canton de Brie-sur-Hières, commune de Servon, départ. de Seine-et-Marne. La population est de 800 habitants, en y comprenant celle de Sognolles. Ce village, qui n'était alors qu'un hameau, est connu dès le XIIIe siècle par les titres de Notre-Dame de Paris et de l'abbaye de Livry. En 1244, Mathilde de Cramoël donna à cette abbaye 20 arpents de terre situés à Berneau, le long du chemin qui allait du Brulez au Marchais-Profond. Berneau est à 10 kil. de Brie-sur-Hières, où est le bur. de poste.

Berona Riparia, la Beuveronne ou Breuronne, petite rivière qui traverse une partie du diocèse de Meaux. Elle prend sa source à Saint-Vic, dans ce diocèse, arrose Grerré, Goville, Claye, et se jette dans la Marne au-dessous d'Anet, où elle fait tourner deux moulins. Elle figure dans un titre de 1237.

Bertheldi Curtis, Berthecourt, village du diocèse et arrond. de Beauvais, canton de Noailles, départ. de l'Oise, à 12 kil. au sud-est de Beauvais, 56 nord de Paris, 4 nord-est de Noailles où est le bureau de poste. La population est d'environ 450 habitants avec les hameaux de Parisis-Fontaine et Longueil. Il y a un château à Berthecourt, et un à Parisis-Fontaine. Le terroir de cette commune est en terres arables, en prairies et en bois. Le ruisseau du Sillet fait tourner deux moulins.

Berthemontium, Berthemont ou Bethemont, paroisse de l'ancien diocèse de Paris, actuellement de celui de Versailles, canton de Montmorency, arrond.

de Pontoise, départ. de Seine-et-Oise, à 10 kil. nord de Montmorency, où est le bureau de poste, et à 22 de Paris. Ce village est situé sur la pente douce qui se présente au bout de la forêt de Montmorency, du côté de l'occident, presque en face du bourg de Villiers-Adam, qui n'en est qu'à 1 kil. Le pays est assez couvert d'arbres et d'arbrisseaux ; ce n'est pas un vignoble comme la plupart des paroisses voisines. Le terroir n'est composé que de terres labourables et de prés. Les femmes y travaillent à la dentelle comme dans plusieurs autres villages de ce canton. L'église porte le titre de Notre-Dame. On y célèbre sa nativité comme la fête du patron. Le bâtiment est petit et tout neuf, et l'on n'y trouve aucun vestige d'antiquité. Il a le défaut d'un grand nombre d'autres, de n'avoir qu'une aile. Il est accompagné de ce côté-là d'une tour en forme de clocher, également nouvelle. — Le dernier seigneur de la terre de Béthémont était le comte de Montmorency. On voit un beau château près de l'église. Un titre de 1610 atteste qu'il y avait, à cette époque, une seigneurie appelée *Montglant* et depuis *Montauglan*. Ce dernier nom avait été substitué à celui de Béthémont. Le territoire était jadis très-boisé ; c'était sans doute l'origine de ce nouveau nom. La popul. de ce village est d'environ 250 hab.

Bertini Vallis, Bertinval, paroisse du diocèse de Versailles, commune de Chaumontel, canton de Luzarches, arrond. de Pontoise, départ. de Seine-et-Oise, à 12 kil. nord-est de Pontoise, à 2 kil. nord de Luzarches, où est le bureau de poste. C'était une ancienne seigneurie. En 1238, un nommé Jean Violet donna à l'abbaye d'Hérivaux un setier de froment à prendre sur le moulin de *Bertini Vallis*. On voit dans un cartulaire de l'abbaye de St-Denis qu'en 1283 Gilles de Compiègne, prévôt de Paris, vendit à ce monastère la Croix-Brisée en Bertinval. Il est fait mention des seigneurs de Bertinval dans les registres de l'archevêché. La popul., compris celle de Chaumontel, est d'environ 400 hab.

Bessani Curtis, Bessançourt ou Bessaucourt, paroisse de l'ancien diocèse de Paris, actuellement de celui de Versailles, canton de Montmorency, arrond. de Pontoise, à 10 kil. nord-est de Montmorency, et 22 au nord de Paris. Le nom de ce village a subi différentes variations. L'abbé Chastelain, à la fin de son *Martyrologe universel*, a écrit *Psaucourt*. Le prieur de Conflans, dans un titre, l'appelle *Berchaucourt*. Dans le pouillé rédigé avant le règne de Louis IX, cette église a été nommée *Bercencourt* ; mais il est certain que le nom de *Bessancourt* existait en l'an 1189, qui est le temps de son érection en paroisse par Maurice de Sully, évêque de Paris. — Ce village est situé à l'extrémité de la forêt occidentale de Montmorency, à l'entrée de la plaine qui s'étend vers Pierre-Laye. Son territoire s'étend jusqu'assez près de Frépillon. Du côté de l'orient est la ferme de Montubois, qui appartenait au collège des Jésuites, laquelle est de la paroisse de Taverny. L'église est une des plus grandes et des mieux bâties de ces cantons. Elle a deux ailes et une croisée, mais cependant sans qu'on puisse faire le tour de l'autel et sans galeries. Le chœur est un ouvrage du XIII° siècle ; la nef n'est que de 2 à 300 ans ; le bras méridional de la croisée est aussi du XIII° siècle ; l'autre n'est que du XV° ou XVI° siècle. A l'entrée de cette église, à main gauche, s'élève une belle tour. Les inscriptions qui s'y remarquent dénotent assez le temps de sa construction. Sous l'un des piliers qui la supportent est une sentence en langue grecque, écrite en caractères latins, sur une bande soutenue par deux anges, et au commencement on lit : *Mil V° XXVII*. On voit aussi au portail, sous les pieds d'une image de la sainte Vierge, en lettres grecques capitales et dentelées, le reste d'une sentence qui exprimait ce que nous rendons en latin par ces mots : *O mater Dei, memento mei*. Cette église est dédiée sous l'invocation de saint Gervais et de saint Protais. On y montrait, avant la révolution de 1789, une châsse de bois qui contenait des ossements de quelques-unes des compagnes de sainte Ursule, lesquels avaient été donnés par une abbesse de Maubuisson. Les vitrages du sanctuaire sont des verres très-épais, chargés de quelques couches de peinture grise. Ces sortes de vitrages, en forme de grisailles, étaient fort en usage aux XII° et XIII° siècles. On y voit un prêtre, représenté à genoux, lequel a fait présent de ce vitrage, et son nom au-dessous en capitales gothiques, *mestre Robert de Bercencort...*, chanoine de Paris. Au-dessous est un panneau ajouté, qui représente une abbesse de Maubuisson à genoux, dont les armes sont d'azur parti de sable à la face d'argent, chargées de trois merlettes de sable. Ce Robert de Bercencourt était official de Paris en 1270, et mourut doyen de Bayeux. La cure de Bessancourt était un démembrement de celle de Taverny, dont elle n'est qu'à 2 kil. La popul. de ce village est de 860 hab. On y voit un château et quelques maisons de campagne. La culture de son terroir consiste principalement en vignes. Les fruits y sont abondants. On y exploite plusieurs carrières à plâtre.

Bestum, Béthisy, bourg de l'ancien diocèse de Soissons, actuellement de celui de Beauvais, canton de Crépy, arrond. de Senlis, départ. de l'Oise, à 6 kil. de Verberie, où est le bureau de poste, à 8 de Crépy, 48 de Beauvais et 60 de Paris. Ce bourg, avant la révolution de 1789, se divisait en deux paroisses, Béthisy-St-Martin et Béthisy-St-Pierre, qui forment encore aujourd'hui deux communes distinctes.

Le nom latin *Bestum* signifie un lieu de pâturages. La popul. de Béthisy-St-Martin est de 380 hab., y compris le hameau du Pessis-Châtelain, la ferme de Ste-Luce et celle de Puisière. Les habitants sont en partie vanniers et tisserands. Le terroir produit surtout des céréales. Ce village est traversé par l'Automne, petite rivière qui y fait tourner deux moulins, l'un à farine, l'autre à huile. — Béthisy-St-Martin était situé sur la chaussée de *Brunehaud* ou *Bruneau*, ce qui est un sujet de croire, dit Carlier (Hist. du duch. de Valois), que ce lieu a été fondé par les premiers cultivateurs venus dans la Gaule; son église avait le titre de paroisse dès l'an 1060 : les plus anciens *doyens de chrétienté* avaient été curés de cette église. | Béthisy-St-Pierre, village contigu au précédent, dont la popul. est d'environ 1000 hab., pour la plupart occupés à la culture du chanvre. La ferme du *Hazoy*, ancien fief, à l'entrée de la forêt de Compiègne, en fait partie. — Les productions de son terroir sont en grains; une partie est en prairies et en bois; il y a plusieurs moulins à grains et à huile. — Béthisy-St-Pierre, ou la *Chambrerie*, a commencé par une ferme du fisc, *Prædium*, accompagnée d'un clos de vignes. Cette ferme resta au pouvoir des rois jusqu'au règne de Charles le Simple, qui, l'an 907, la donna au monastère de Mornienval. C'est au centre de ce village que se retrouve le château de la Douye. — Le bourg de Béthisy avait un château que P. Germain et le P. Mabillon croient avoir été fondé sous le roi Robert. « Ce prince, dit Carlier, ayant perdu son fils aîné Hugues, couronné à Compiègne en 1017, fit sacrer à Reims, vers l'an 1026, son second fils Henri Ier, malgré l'opposition de la reine Constance, son épouse, qui le portait à préférer Robert, son fils cadet, sur l'esprit duquel elle comptait apparemment exercer le même empire que sur celui du roi son mari. Malgré le couronnement du prince Henri, elle poursuivit son dessein de préférer Robert, son cadet; et, afin de soutenir sa démarche, elle fit fortifier quelques châteaux, et en bâtir d'autres sur des lieux naturellement fortifiés. On met le château de Béthisy au nombre de ces derniers. » Il fut construit sur un tertre ayant 200 pieds d'élévation; et Robert et Constance y établirent le siège de la juridiction, qui était précédemment à Verberie. Le châtelain de Béthisy, Richard, acheva, sous le règne de Henri Ier, les parties du château que la reine Constance avait laissées imparfaites. Louis le Gros aimait le séjour de Béthisy; il donna à ses habitants une entière liberté, ce qui fit peupler ce bourg d'un grand nombre de familles qui gémissaient sous l'oppression des seigneurs voisins. Louis VII y célébra son mariage avec Eléonore de Guienne, en 1137. Philippe-Auguste fit aussi de fréquents voyages à ce château, qui souffrit beaucoup des guerres sous Charles VI et Charles VII. Catherine de Médicis le fit réparer; mais il fut définitivement démoli sous Louis XIV.

Bethuna, *Bethunia*, Béthune, archiprêtré du diocèse d'Arras, chef-lieu de sous-préfecture du départ. du Pas-de-Calais avec un tribunal de première instance, une sous-inspection forestière, un collège communal. C'est une place de guerre de deuxième classe, à 28 kil. d'Arras, 32 de Lille et de Douai, et 188 de Paris. L'arrondissement de Béthune renferme 142 communes et 140,000 habitants; il est divisé en 8 cantons : Béthune, Cambrin, Carvin-Epinay, Houdain, Lens, Lillers, Norem et la Ventie.

Béthune est bâti sur un roc, dans un lieu plat et élevé, et près des bords de la petite rivière de Biette, Bietre ou Brette. On y entre par quatre portes. Les rues sont mal pavées et les maisons mal construites; son territoire n'a ni bois, ni marais; il se compose de terres labourables et de prairies environnées de villages d'un aspect agréable. — Des fabriques de toiles et de draps, des brasseries, des distilleries de genièvre, des tanneries, des moulins à huile et à grains, des raffineries de sel et des savonneries, forment son industrie. Son commerce est borné aux grains, vins, eaux-de-vie, huiles, graines grasses, fromages estimés, toiles et poteries. — Cette ville avait autrefois, 1° un chapitre de la collégiale de St-Barthélemy; 2° sept couvents, savoir : les Capucins, les Récollets, les Pères de l'Oratoire, les Annonciades, les Bénédictines, les Conceptionistes et les religieuses du tiers ordre de Saint-François; 3° deux paroisses, Ste-Croix et St-Waast; 4° l'hôpital de St-Jean pour les pauvres malades de la ville et des environs, dans lequel il y avait 20 lits; 5° l'hôpital de St-Jor, pour 7 vieilles femmes veuves; 6° une école de charité pour l'instruction des jeunes filles; 7° un collège, dirigé en premier lieu par les Jésuites, puis confié aux soins des Pères de l'Oratoire par lett. pat. du roi du mois de juin 1777. — La seule église paroissiale conservée est remarquable par la solidité et la hauteur de sa tour, par la délicatesse et la hardiesse des colonnes qui soutiennent les voûtes et qui donnent à la nef un caractère de grâce et de légèreté rare en architecture. — On retrouve à Béthune des *boves* ou *caves* profondes. — Le nom de Béthune, en latin *Bethuna* ou *Bethunia*, se trouve écrit de diverses manières dans les anciens titres et cartes : *Bei-Thunen*, *Béthuen*, *Béthun*, *Béthon*. Selon quelques savants, cette ville doit son origine à un hameau qui, étant entouré de haies, reçut le nom de *Bei-Thunen* ou *Be-Huynen*, mot *teuton* qui signifie *enclos fermé de haies*. Au IXe siècle, elle était défendue par un château contre les incursions des Normands; en 1250 elle fut environnée de fossés, de murailles et de bastions. Jusqu'en 1248 elle eut des seigneurs particuliers, qui étaient les *avoués de St-Waast*; mais, à cette époque, elle passa aux comtes de Flandre par le mariage de Mahaut, fille unique de Robert VII, avec Guy de Dampierre. Le premier de ces seigneurs fut Robert Ier, qui fonda, vers l'an 999, l'église collégiale de St-Barthélemy. Elle soutint son premier siège, en 1347, contre 100,000 Flamands, qui se retirèrent après trois semaines d'inutiles efforts. Cette ville était rentrée depuis longtemps sous la domination des Pays-Bas lors de la guerre de 1645. Le 26 août de cette même année, le duc d'Orléans, ayant sous lui les maréchaux de Gassion et de Rantzau, en forma le siège et la força de capituler le 30. Elle fut cédée à Louis XIV par le traité des Pyrénées, en 1659. En 1710, Fagel, général hollandais, et Schullembourg, général allemand, couverts par les armées du duc de Malborough et du prince

Eugène, furent chargés d'enlever Béthune à Dupuis-Vauban, qui la défendait. Le manque de vivres et de munitions de guerre obligea le brave neveu du maréchal Vauban à capituler le 28 août, après 35 jours de tranchée, au moment où les assiégeants se disposaient à passer le fossé et à livrer l'assaut. Réduite à 1,500 soldats en état de porter les armes et à 700 malades ou blessés, la garnison sortit, le 31 août, avec les honneurs de la guerre, et fut conduite à St-Omer. — Béthune fut rendue à la France par le traité conclu à Utrecht, le 11 avril 1713, entre Louis XIV et la Hollande. Cette ville est la patrie de Jean Buridan, un des philosophes les plus renommés du xive siècle, qui professa avec grande réputation dans l'université de Paris, dont il fut, assure-t-on, le directeur en 1320. La popul. de Béthune est de 7,600 hab. On voit dans les environs le château d'Annezin, véritable monument dans l'histoire de l'architecture.

Betzum, Betz, paroisse de l'ancien diocèse de Meaux, maintenant de celui de Beauvais, arrond. de Senlis, chef-lieu de canton, départ. de l'Oise, à 10 kil. de Crépy où est le bureau de poste, à 28 de Senlis, et 54 nord-est de Paris. Ce village est situé dans une vallée. Bien moins étendu qu'Ermenonville et Mortefontaine, il ne leur cédait en rien pour le goût avec lequel on avait su tirer parti d'un site qui se prêtait à toutes sortes d'embellissements. On y admirait, avant la révolution de 1789, le château, mieux entretenu qu'il ne l'est aujourd'hui. L'élégance de sa construction en pierres de taille, sa distribution et ses alentours garnis de gazons avec des eaux vives et de belles plantations, y réunissaient à un beau site tout ce que l'opulence et les arts avaient pu y créer. La cour principale est fermée de basses-cours à différents usages; les potagers et les vergers sont contigus; le parc, de 120 arpents, est distribué en prairies vastes et fertiles, en bois-taillis et en futaie. Une rivière fait différentes chutes, qui se terminent par une cataracte à travers des rochers. On y remarque en outre un ermitage et une ruine représentant les restes d'un vieux château flanqué d'une tour fort élevée, dans laquelle se trouvent divers appartements, et se termine par une plate-forme d'où l'on découvre tous les alentours du château. On y voit aussi un monument dont la vue pénètre de respect, à raison des idées religieuses qu'il doit inspirer. Dans un grand jardin, au milieu d'un bois planté d'arbres verts de la plus belle venue, sont les tombeaux des chevaliers Thibault, Roger et autres, propriétaires de cette terre. Ces tombeaux, de la plus belle exécution, ont été mutilés en 1793. Cette habitation appartenait à la princesse de Monaco. Le jésuite Cérutti, député à l'assemblée législative, a chanté les jardins de Betz en un poëme qui parut en 1792: on y remarque quelques belles tirades. — La popul. de Betz est d'environ 400 hab. La ferme du *Bois-Milon* et un moulin à l'écart, sur un ruisseau, en font partie. Les principales productions de son terroir sont en grains, une partie est en bois.

Bezuntium ou *Vesunnum*, Besons, Bezons ou Vezons, paroisse de l'ancien diocèse de Paris, maintenant de celui de Versailles, canton d'Argenteuil, départ. de Seine-et-Oise, à 2 kil. sud-ouest d'Argenteuil, 10 de Paris. Ce village remonte à la plus haute antiquité. L'abbé Lebeuf met Besons au nombre des lieux où l'on a battu monnaie, à la suite de nos rois de la première race, puisqu'en effet il se trouve des pièces de ce temps-là, sur lesquelles M. Leblanc, bon connaisseur (*Traité des Monnaies*, p. 67), assure qu'on lit V*e*zonno vico. On ne peut guère trouver de nom français qui ait plus de ressemblance avec le latin *Vesunnum*, que celui de Besons. L'église de ce village est petite, et l'on n'y voit rien qui puisse en dénoter l'antiquité. Elle reconnait saint Martin pour son premier patron et saint Fiacre pour le second. La dédicace en fut faite durant l'été de l'année 1507, par un évêque, autre que celui de Paris, et qui n'est point nommé dans la permission qui fut accordée aux habitants. La nomination de la cure appartenait à l'évêque de Paris. Ce village, malgré son antiquité, n'était pas peuplé. Il n'y avait encore que 12 maisons en 1470. En 1381, les habitants de Bezons plaidèrent à fin d'être déchargés du guet pour le château de Saint-Germain. En 1404, Charles IV les exempta du *droit de prises*, en vertu duquel les *chevauchées et preneurs royaux* enlevaient des maisons des habitants les meubles et les denrées qui s'y trouvaient, sans les payer, pour le service de la cour, exaction à laquelle Paris et plusieurs autres villes de France étaient assujetties. Les habitants furent délivrés de ces exactions, à condition qu'ils amèneraient chaque année à Paris 4 charrettes de feurre ou de paille. On ne connait point de seigneurs plus anciens de la terre de Bezons que les sieurs Chanterel, qui l'ont transmise dans la famille des Bazin. Un des premiers seigneurs, mort en 1733, âgé de 85 ans, était Jacques Bazin, maréchal de France, dont le bisaïeul avait épousé Marie Chanterel, dame de Bezons. Cette terre a été depuis possédée par Louis-Gabriel Bazin, gouverneur de la ville et citadelle de Cambray, qu'on appelait le comte de Bezons. — Les religieux de St-Martin-des-Champs eurent du bien sur cette paroisse dès le xiie siècle. Suivant les lettres de Burchard de Montmorenci, données environ l'an 1285, on apprend que Froger, chambrier du roi, et Alix, son épouse, avaient laissé au prieuré de St-Martin de Paris la dîme dont ils jouissaient à Bezons, *apud Bezuns*; c'est ainsi qu'il est écrit dans le titre. En 1196, Hugues Foucault, abbé de St-Denis, fit acquisition du port de ce lieu, que lui vendit Hugues de Meulan, prévôt de Paris; et, en l'an 1301, ce couvent fut maintenu, par une sentence arbitrale, dans le droit de justice en ce port. En 1214, la même abbaye acheta d'Adam Heugot, chevalier, une île qui lui appartenait, située devant le port de *Bezuns usque ad duos arpennos*; laquelle île Adam déclara tenir en fief de Richard de Bantelu, de même que Richard la tenait de Matthieu de Montmorenci. Outre ces biens, situés à Bezons, appartenaient au monastère de St-Denis, cette abbaye avait, au xiiie siècle, quelques dîmes en deux cantons de cette paroisse, savoir, *Prunay* et *Parrosel*, etc. — Les Filles-Dieu de Paris possédaient anciennement une ferme à Bezons; mais dans les temps des guerres de la religion, elles l'aliénèrent, suivant la permission qui leur fut accordée le 9 juin 1578. La foire de Bezons s'ouvre tous les ans, le dimanche après la St-Fiacre, patron du lieu. Cette foire dure trois jours; mais le concours des amateurs a beaucoup diminué. — Le maréchal de Bezons y avait fait bâtir un château, qui subsiste encore. Le parc, aboutissant au pont, est fermé par une superbe grille. On y voit encore quelques jolies maisons de campagne, dont l'une, entre autres, offre une particularité assez singulière. On a bâti, dans le parc qui en dépend, un moulin à vent, dont le mécanisme sert à élever et distribuer des eaux jaillissantes pour le service intérieur de la maison et celui du jardin. Bezons, situé sur la rive droite de la Seine, avait un pont en charpente, sur piles en pierres; il fut construit en 1800 : sa longueur était de 183 mètres sur 11 de large. Le 28 juin 1815, les troupes françaises le brûlèrent pour défendre à l'ennemi l'approche de la capitale. Il a été rétabli depuis. Le sol du territoire de ce village est composé de sable et de cailloux roulés. Ce genre de composition l'a rendu propre à la culture de la vigne et des asperges, qui est en effet la principale occupation de ses habitants. Sa popul. est de 1,100 habitants.

Bidis, Saint-Jean-du-Val-de-Noto, en Sicile. Le val de Noto occupe la partie la plus méridionale de la Sicile. Il a au nord le val de Mona, et au nord-ouest le val de Mazara; ailleurs la mer. Cette contrée était la plus célèbre dans l'histoire ancienne, et aujourd'hui c'est la plus pauvre. La ville actuelle de Noto est à quelque distance de l'ancienne, qui fut détruite par le tremblement de terre de 1693. Saint-Jean-de-Noto a été érigé en évêché, en 1844, par le pape Grégoire XVI.

Birca, vel *Bircæ Templum*, *Birca*, ville maritime de Suède, située non loin du temple idolâtre d'Upsala des barbares Suévones. Son port était très-fréquenté pour l'époque (ixe et xe siècle); son commerce fort étendu. Ses habitants entretenaient des relations avec les provinces du nord de la Germanie, aujourd'hui le Mecklembourg, la Poméranie, la vieille Prusse, avec la Livonie, le Danemark, l'Ecosse, etc. Cette ville était pour la Baltique ce que dans le midi de l'Europe Amalfi était, à la même époque, pour la Méditerranée. Depuis le xiie siècle Amalfi n'est plus qu'une bourgade qui ne vit que de la splendeur de ses souvenirs. Quant à Birca, moins heureuse, elle n'a pas même laissé de ruines afin de nous rappeler sa brillante fortune. L'histoire maritime et religieuse du moyen âge s'est seule chargée de nous transmettre son nom. Saint Anschaire, l'apôtre du nord de l'Allemagne, entendant parler à Brême et à Hambourg d'une ville idolâtre, riche et florissante, résolut de s'y rendre pour y prêcher l'Evangile. Il y fit quelques conversions. Il y revint plus tard pour visiter ces nouveaux chrétiens et les confirmer dans la foi. A partir de ce moment il n'est plus question de Birca, et nous ne retrouvons son nom dans la seconde partie du xie siècle, en 1072, que pour apprendre qu'elle était déjà déserte et ruinée.

Bissani ecclesia, église et monastère de Bissan en Abyssinie. Ce couvent était situé dans l'ancienne province de Bahar-Negons; au milieu d'une solitude profonde et d'un aspect grandiose, sur une montagne de la chaîne des monts Zegghi. Il avait une grande célébrité dans toute l'Abyssinie; des milliers de pèlerins y venaient invoquer la protection de la sainte Vierge qui avait apparu sur la montagne, dit une légende abyssinienne, à un pieux anachorète, lequel vivait dans une cellule, séparé du reste des hommes. La sainte Vierge avait annoncé au bon ermite que l'Abyssinie serait ravagée et ruinée, si les fidèles et l'Eglise du pays ne montraient pas plus de foi. Cette prédiction s'est accomplie; le soin de sa réalisation a été confié aux Gallas. Depuis plusieurs siècles ces peuples ont constamment désolé l'Abyssinie par des guerres d'extermination. L'église de Bissan avait trois nefs et était fort grande. Il n'en reste plus aujourd'hui que des ruines.

Biturigum, vel *Bituriges*, le Berri, ancienne province de France, qui était comprise tout entière dans le diocèse de Bourges, comme aujourd'hui encore. Elle forme les départements du Cher, de l'Indre et une partie de celui de la Creuse. Les Romains la gardèrent jusqu'en 475, époque à laquelle elle tomba au pouvoir des Visigoths. Les Francs la gouvernèrent, comme les Romains, par des comtes qui rendirent ensuite leur dignité héréditaire. Aux comtes succédèrent les vicomtes, en 917 : un de ces vicomtes, Eudes Arpin, vendit cette province à Philippe Ier, en 1100. Unie à la couronne, elle en fut démembrée en 1360, par le roi Jean, en faveur de son troisième fils, Jean de France, qui prit le titre de duc de Berri; ce prince étant mort sans postérité, elle revint à la couronne, pour en être de nouveau séparée en 1406. Charles VI la donna alors à son fils Jean, puis, après la mort de Jean, à Charles, son autre fils, qui fut Charles VII. Ce monarque en fit l'apanage, en 1453, de Charles de France, son fils, qui la céda pour la Normandie à son frère Louis XI, en 1463. Louis XI la donna à François, son troisième fils de la reine Charlotte de Savoie, puis à sa fille, Jeanne de France; Jeanne mourut religieuse, et le Berri retourna une deuxième fois à la couronne. François Ier en accorda la jouissance à la princesse Marguerite, en 1517, et Henri II à Marguerite de France, sa sœur. Henri III donna le Berri au duc d'Alençon, son frère, pour supplément d'apanage. Henri IV en laissa l'usufruit à Louise de Lorraine, veuve de Henri III. Il fut enfin donné en apanage à Louis-Auguste de France, né à Versailles le 17 novembre 1755. — On divisait cette province en Haut-Berri, dont s'est formé le départ. du Cher, et en Bas-Berri, compris aujourd'hui dans le dépt. de l'Indre. — Il n'y avait qu'un évêché ; mais on y comptait 34 églises ou collégiales, 9 archidiaconés, 20 archiprêtrés, 900 paroisses et 55 abbayes. — Tout le Berri ressortissait au parlement de Paris. Il était régi par une coutume particulière, appelée *la coutume de Berri*. Il y avait un grand bailli, dont l'office était presque toujours réuni à celui de gouverneur, et 6 bailliages particuliers. Des états spéciaux, dressés pendant le règne de Louis XV, font connaître que cette province a fourni annuellement, pour les guerres de cette époque, jusqu'à 2,229,377 liv. — Le Berri avait 1 gouverneur, 1 lieutenant-général et 2 lieutenants de roi, 1 maréchaussée gén. et 1 prov. — L'air y est tempéré. Le terroir produit du froment, du seigle, du vin, du chanvre, et quantité de fruits excellents ; les pâturages y sont bons. On y trouve des carrières de pierres et une mine d'ocre. On a négligé depuis longtemps de travailler à celles de fer et d'argent qui y existaient. — Cette province avait 144 kil. de longueur, sur 120 de largeur. Ses principales villes étaient Bourges, capitale du Haut-Berri ; Issoudun, capitale du Bas-Berri ; Vierzon, La Châtre, Le Blanc et Châteauroux ; ses principales rivières, la Creuse, l'Indre, l'Arnon, le Cher, l'Eure et la Loire.

Il y a quarante ans, les communications du Berri avec Paris et les principales villes des autres provinces étaient peu nombreuses et difficiles ; depuis on a ouvert de belles routes et livré au commerce le canal du Berri. Le chemin de fer du centre avec ses embranchements communique une nouvelle vie à cette province, en lui permettant de tirer un plus grand parti de ses richesses agricoles, et du produit de ses belles forges ; car les fers du Berri sont fort estimés. Le pays est riche en forêts. Les Berrichons vivent en général du produit de leurs terres ; ils ont de la simplicité dans leurs mœurs, on s'aime, on se soutient dans les familles ; l'étranger, accueilli d'abord avec défiance, est reçu ensuite comme un compatriote. Ce qui manque aux Berrichons du côté de l'esprit est compensé par beaucoup de sens et de jugement. Ils sont très-attachés à leur sol ; voilà pourquoi dans les guerres de la révolution nul d'entre eux ne s'est élevé jusqu'au grade de lieutenant-général.

Le Berri, malgré sa situation centrale, attire peu l'attention, parce qu'il n'offre aucune de ces beautés saillantes qui font la renommée d'un pays, bien que les aspects variés et les contrastes ne lui manquent point. Les bords de la Loire, qui à l'est forme sa limite, sont embellis par les coteaux élevés du Sancerrois, qu'une chaîne presque continue rattache d'un côté aux montagnes de l'Auvergne, et qui d'un autre, suivant le bassin du fleuve, vont finir aux environs de Nantes ; presque partout ailleurs de longues plaines, rarement interrompues par quelques collines, tantôt découvertes à perte de vue, tantôt divisées par des haies vives ; certains cantons d'une grande fertilité, un sol en général favorable à la culture ; au couchant les sables de la Sologne, et çà et là de vastes forêts et beaucoup de petites rivières qui animent la scène : voilà la province du Berri. On y compte un grand nombre de riches propriétaires qui font valoir leurs domaines par des baux à cheptel ; comme ils les accordent pour peu d'années, les fermiers ou les métayers négligent des améliorations dont ils ne pourraient profiter. Ils pratiquent encore le système des jachères ; ayant ainsi deux années de mauvaises céréales et une année de repos, la terre s'épuise par le retour uniforme des mêmes semences, et l'année de repos ne lui restitue point la fertilité que lui conserverait une variation bien entendue de produits. Il est vrai que des idées plus sages ont commencé à pénétrer dans les campagnes du Berri : les prairies artificielles sont en faveur, il en est de même de la pomme de terre.

Le commerce du département du Cher consiste principalement dans l'exportation de ses produits agricoles. Les vins de Sancerre vont à Paris, où ils sont vendus pour des vins blancs de Chablis. On estime aussi la race des chevaux du Berri pour leur force et leur taille. Les bêtes à laine sont pour le pays une source féconde de richesse, les manufactures de toute la France achètent annuellement les toisons des moutons du Berri. Les gras pâturages qui environnent St-Amand envoient de nombreux troupeaux de moutons et de bœufs aux marchés qui approvisionnent Paris. Des souvenirs historiques se rattachent à quelques-uns des princes qui ont porté le titre de duc de Berri.

Au xive siècle, le troisième fils du roi Jean, qui avait ce titre, fut nommé par son neveu, Charles VI, gouverneur du Languedoc, une des plus considérables et des plus riches provinces de France. Ce prince, d'un esprit étroit et cupide, fit peser pendant son long gouvernement une telle oppression sur cette fertile contrée, que les habitants des campagnes allaient manger l'herbe dans les champs, et que plusieurs monastères restèrent par la famine sans habitants. Un religieux dominicain, indigné de l'épouvantable conduite du gouverneur, forma le projet de se rendre à Paris pour dépeindre au malheureux Charles VI, dont il ignorait l'état mental, la situation de la province, et demander le rappel du duc de Berri. Admis devant le roi, le courageux moine traça un tableau saisissant des misères du Languedoc et déroula en termes éloquents et énergiques la longue série des crimes du gouverneur. Profondément ému, Charles VI promit de rendre justice à sa fidèle province du Languedoc. Le dominicain quitta Paris pour retourner à son couvent où il ne reparut jamais. Des historiens du temps accusent le duc de Berri de l'avoir fait tuer par des hommes apostés sur son chemin.

L'infortuné Louis XVI, avant d'être dauphin, avait porté le titre de duc de Berri. Le dernier duc de ce nom, second fils de Charles X, fut assassiné, le 13 février 1820, par Louvel. Il lui avait été annoncé en Ecosse, pendant l'émigration, par une vieille femme, qu'il mourrait de mort violente. Le jeune prince s'était mis à rire sur cette prédiction.

| Berri (canal du), où du Cher, ou canal du Centre, commence près des mines de Commentry, dans le dépt. de l'Allier, à 12 kil. sud-est de Montluçon, suit la rive gauche du Cher jusqu'au village d'Ainay-le-Viel; là il passe sur la rive droite de cette rivière, et la longe jusqu'à St-Amand; se dirige à l'est, suit la rive droite de la Marmande, baigne Charenton, et atteint le bassin de partage du Rimbé; là il se divise ensuite en deux branches, dont l'une va au nord-est et l'autre au nord-ouest, longe l'Auron jusqu'à Bourges, où cette rivière, par sa réunion avec l'Yévrette, forme l'Èvre. Il suit ensuite l'Èvre jusqu'à son confl. avec le Cher, un peu au-dessous de Vierzon; là il côtoie la rive gauche du Cher jusqu'à Saint-Aignan, dans le dépt. de Loir-et-Cher, où cette rivière est navigable; il a 280 kil. de cours; il rejoint au bec d'Allier le canal latéral de Digoin à Briare.

Biveria, vel Bevira, Bièvres, paroisse de l'ancien diocèse de Paris, aujourd'hui de celui de Versailles, arrond. de cette ville, canton de Palaiseau, à 14 kil. de Paris, dans une vallée, sur la petite rivière du même nom.

On prétend que ce village doit son nom aux *loutres*, qu'on appelait jadis *bièvres*, dont la peau servait à faire des fourrures. Bièvres, quoique très-petit, comprend dans sa dépendance les hameaux des Roches, de Vauboyan, les fiefs de Monteclain, les maisons de campagne de Bel-Air, de l'Abbaye-au-Bois, du Val-Profond, et d'autres habitations isolées, connues sous diverses dénominations. Le bas du territoire est un peu marécageux et rempli de verdure. Le terrain des coteaux est jaune, tirant sur le rouge, ce qui indique qu'il y a des mines de fer dans le voisinage; aussi y voit-on une fontaine minérale dans un parc du lieu, et voûtée. L'eau cependant en est insipide, très-limpide, et laisse un peu de muriate de soude après l'évaporation. Il y a des vignes dans les endroits moins froids; le reste est en prairies et labourages. L'église de cette paroisse, titrée de Saint-Martin, est fort petite et n'a point d'ailes; cette petitesse prouve quelquefois l'antiquité d'une église, surtout lorsque le chœur est couronné par une tour ou par un clocher de pierre; mais ici, il est à côté de l'église, et il est bâti de grès : ce qui ne peut fixer nullement le temps de la bâtisse. Il n'y avait de tombes ou épitaphes, en cette église, que celle de Georges Maréchal, premier chirurgien du roi, et de son épouse, qui furent inhumés au chœur, chacun sous une tombe noire. Maréchal décéda en 1736 : il était seigneur de cette paroisse : son fils, qui lui succéda, fut le premier possesseur du château. Qui ne connaît le marquis de Bièvres, renommé par ses nombreux calembours. Cette terre avait été érigée en marquisat par Louis XV. — Une communauté de Bièvres, aussi célèbre qu'ancienne, est celle dite de Val-Profond et ensuite celle de Val-de-Grâce : elle était de l'ordre de Cîteaux, et date au moins de l'an 1100. Elle souffrit beaucoup sous les guerres de Louis XI. Elle fut presque entièrement ruinée par les huguenots, en 1562. Les religieuses se réfugièrent à Saint-Paul de Beauvais. C'est sous François Ier que cette communauté fut appelée Val-de-Grâce. Enfin, en 1636, on permit aux religieuses de vendre les bâtiments qui existaient encore, et d'aller s'établir ailleurs. Bièvres a produit un nommé Rossignol, cordonnier, qui, sans étude ni lecture, apprit, par sa seule pratique, à connaître et à guérir les maladies. Il s'établit à Paris, et leva même une apothicairerie dans l'enclos du Temple. Ce village a donné naissance à plusieurs personnes qui se sont illustrées. Mouradja d'Ohson, Suédois d'origine, et savant distingué, auteur de l'*Histoire de l'empire ottoman*, qui était venu s'établir en France, mourut à Bièvres, en 1806. — Divers établissements industriels sont remarquables dans cette commune, entre autres une manufacture d'indiennes, dont les produits, travaillés à l'instar de ceux de Jouy, sont estimés et ont obtenu une mention honorable à l'une des expositions de l'industrie française. Il se tient dans ce village deux foires par an : la 1re, le 11 juin (c'est aussi le jour de la fête patronale); la 2e, le 1er décembre.

Biveris, vel Beveris, la Bièvre, dite vulgairement *des Gobelins*, prend sa source entre Bouvins et Guyancourt, diocèse et canton de Versailles, et à 5 kil. sud-ouest de cette ville. Son cours est d'environ 32 kil.; elle passe à Jouy, à Bièvres dont elle a pris le nom, à Gentilly; elle entre dans Paris à travers le boulevard des Gobelins; puis elle traverse les faubourgs Saint-Marcel et Saint-Victor; ensuite ses eaux, détériorées par de nombreux établissements de blanchisseuses, de tanneurs, de brasseurs et de teinturiers, sont versées dans la Seine sur le quai de l'Hôpital. Sa direction actuelle est celle qu'elle avait dans les temps les plus anciens; mais elle ne l'avait pas toujours conservée. Aux XIIe et XIIIe siècles, elle entrait dans la Seine par la rue des Grands-Degrés, en face du jardin de l'archevêché. Cette rivière a quelquefois produit des débordements funestes aux faubourgs qu'elle traverse. En 1479 elle y causa de grands dégâts. Un autre débordement se manifesta en l'an 1579. Voici ce qu'en dit l'Étoile : « La nuit du mercredi 1er avril 1579, la rivière de St-Marceau, au moyen des pluies des jours précédents, crut à la hauteur de 14 à 15 pieds, abattit plusieurs moulins, murailles et maisons, noya plusieurs personnes surprises en leurs maisons et leurs lits, ravagea grande quantité de bétail, et fit un mal infini. Le peuple de Paris, le lendemain et jours suivants, courut voir ce désastre avec grande frayeur. L'eau fut si haute, qu'elle se répandit dans l'église et jusqu'au grand autel des Cordeliers de St-Marceau, ravageant par forme de torrent en grande furie, laquelle néanmoins ne dura que trente heures ou un peu plus. » Cette inondation fut nommée le déluge de St-Marcel. — Un fait digne de remarque, c'est que cette rivière s'élève à Bièvre à 116 pieds au-dessus du niveau de Notre-Dame. Pour embellir Versailles, on proposa à Louis XIV d'y faire passer la rivière de Bièvre, mais la proposition ne fut point agréée. — L'eau de la Bièvre, prise avant son entrée à Paris, a donné par l'analyse le résidu suivant :

	gram.	centig.
Sulfate calcaire.	3	758
Carbonate calcaire.	2	047
Sels déliquescents.	1	638
Sel marin.	0	169
Eau.	2	212
Poids total du résidu.	9	824

D'où il résulte que les eaux de cette rivière sont les plus impures, les moins propres à dissoudre le savon, et les moins promptes à cuire les légumes.

Bonogilum supra Matronam, Bonneuil-sur-Marne, paroisse du diocèse de Paris, canton de Charenton, arrond. de Sceaux, Seine, à 6 kil. sud-est de Charenton, et à 12 de Paris. Bonneuil est situé sur une pente douce, qui regarde le levant et le midi. Le dessus de la côte et quelques coteaux, le long de la Marne, sont plantés en vignes. La plus grande partie des terres est en labourage ; on y trouve aussi des prairies. Bonneuil était, dès 616, une résidence royale. Sauval dit qu'on l'appelait en latin *Bonagellus villa*, *Bonogilus villa publica*, et tantôt *Bonoilus* et *Bonigulus villa*. Lebeuf le nomme *Bonoïlum* ou *Bonogilum*. Clotaire II y tint, en 617, une assemblée de grands seigneurs bourguignons. L'empereur Lothaire y logea en 842, et y donna une charte en faveur de l'abbaye de Saint-Maur-des-Fossés. L'abbé Lebeuf rapporte que saint Merri, venant d'Autun à Paris, s'arrêta à Bonneuil, *in villa Bonoïlo*, et qu'ayant appris que le juge y retenait en prison deux voleurs, il l'alla trouver et obtint de lui leur délivrance. L'église, sous l'invocation de saint Martin, a été si bien restaurée, qu'elle paraît neuve ; elle date cependant du XIIIe siècle ; quoique petite, et n'ayant aucune apparence, les détails en sont très-soignés. Dans une chapelle latérale, à droite, se trouvait un caveau où étaient 17 cercueils de plomb, qui furent enlevés et fondus, comme tant d'autres, en 1793. Il n'existe à Bonneuil-sur-Marne aucun établissement industriel important ; les maisons de plaisance y sont en assez grand nombre.

Bonolium, *Bonogilum*, Bonneuil, paroisse de l'ancien diocèse de Soissons, maintenant de celui de Beauvais, arrond. de Senlis, canton de Crépy, Oise, à 10 kil. nord-est de Crépy, où est le bureau de poste, à 66 kil. nord-est de Paris. Ce village est situé dans une vallée profonde, près de la forêt de Villers-Cotterets. La population est de 700 habitants, avec les hameaux d'Auberval, des Buttes, du Voisin et la ferme de la Groupe-au-Mont. L'abbaye de Lieu-Restauré, de l'ordre de Prémontré, qui était à 3 kil. de ce village vers le sud, a été démolie ; et il n'en reste plus rien. Le terroir est en labour, une partie est en bois. La petite rivière d'Autonne fait tourner deux moulins, dont un qui appartenait à l'abbaye est à Lieu-Restauré.

Bonneuil-en-France, de l'ancien diocèse de Paris, actuellement de celui de Versailles, canton de Gonesse, arrond. de Pontoise, Seine-et-Oise, à 14 kil. nord-est de Paris. Ce village est situé sur la petite rivière de Crou, qui fait tourner deux moulins. L'abbaye de Saint-Denis avait le droit de pêche dans cette rivière ; elle possédait à Bonneuil un manoir qui lui servait à retirer et à mettre à couvert ses filets. On lit dans l'acte de partage, de 832 : *Unus mansus in Bonogilo ad fratrum retia componenda*. Le terroir est en terres labourables et prairies artificielles. La culture du colza, ainsi que des légumes, y est très-avantageuse. C'est le seul endroit des environs de Paris où l'on s'occupe de la culture du colza. On en tire de la tourbe d'assez bonne qualité. — Bonneuil se disait en latin *Bonolium* ou *Bonogilum*, et paraît devoir cette dénomination à l'excellence de ses terres. Dans le livre des miracles de saint Denis, il est parlé de la guérison d'une femme, qui est dite : *Fisci Bonogili habitatrix*. La cure appartenait au chapitre de Notre-Dame de Paris. Le château de ce village était autrefois seigneurial ; il avait passé dans la maison de Harlay, et a été possédé par la présidente Crèvecœur, sœur du conseiller d'état de Harlay, mort intendant de la généralité de Paris. La popul. de Bonneuil est d'environ 450 habitants.

Bona-Tabula, Bonnétable, Bonnestable, petite ville du diocèse du Mans, chef-lieu de canton de l'arrond. de Mamers, à 20 kil. de cette ville, à 24 du Mans, et à 196 de Paris. Long. 18; 5, lat. 5. 11. Popul, 5,690 hab. Cette ville est située sur le ruisseau de la Dive, près d'une belle forêt qui a 12 kil. de tour, et où l'on voit une pierre druidique. — L'étymologie du nom de cette ville est assez singulière ; elle se nommait *Malestable*, à raison des mauvaises hôtelleries qu'y trouvaient les voyageurs. Les anciens seigneurs l'ayant agrandie, peuplée, embellie et entourée de murailles, crurent devoir lui donner un nom tout opposé pour détruire la fâcheuse impression du premier. Aujourd'hui la réhabilitation est complète et le nouveau nom mérité. Le territoire de Bonnétable est sablonneux d'un côté, argileux de l'autre, et très-fertile dans les deux parties. Son produit moyen est de 10 à 12 pour 1 en froment, et de 14 à 15 en seigle, semence ordinaire des terres sablonneuses. Les fruits, les grains, les fourrages y abondent également. Cette ville fait un grand commerce de tous ces produits. Ses foires, au nombre de huit, sont renommées pour les bestiaux, notamment pour les porcs, et ses marchés pour le gibier, ainsi que pour les fruits. Il s'y est établi, depuis quelques années, une manufacture de siamoises, calicots et mouchoirs de coton, pour remplacer celles d'étamines, qui nourrissaient, avant la révolution, une partie des habitants. — La ville est composée de deux rues principales et parallèles, dont l'une sert de passage à la grande route ; l'autre, qu'on laisse à droite, est plus large et plus belle. Le reste de la ville ne consiste qu'en petites rues de communication. Elle a de grandes et assez belles halles, et un château gothique flanqué, sur le devant, de quatre tours rondes, de deux sur le derrière, avec créneaux et machicoulis. Ce château, bâti dans le xve siècle, appartenait au duc Matthieu de Montmorency par son mariage avec Mlle Hortense de Luynes. C'est un des plus lourds monuments de la féodalité, et, en même temps, un des mieux conservés. Sa hauteur n'est pas en proportion avec son étendue en surface ; il n'a qu'un étage. Le fondateur l'a placé dans la partie la plus basse de la ville, comme pour le rendre encore plus écrasé. Du milieu du bâtiment s'élève un belvéder qui présente l'apparence d'un petit clocher. — On conservait, dans les archives de ce château, une lettre autographe de Henri IV à son cousin le prince de Conti ; elle était datée du 18 mai 1593. C'était une circulaire qu'il adressait à tous les princes, seigneurs, prélats et notables du royaume, pour les prévenir de la convocation qu'il avait faite à Meaux des évêques et docteurs, à l'effet de recevoir d'eux les instructions propres à déterminer sa conversion.

Bona-Vallis, Bonneval, petite ville du diocèse de Chartres, chef-lieu de canton, arrond. de Châteaudun, dépt. d'Eure-et-Loir, à 12 kil. de Châteaudun, à 32 de Chartres, et à 116 de Paris. Population 2,000 hab. Cette ville, située sur une belle et fertile vallée, à laquelle elle doit son nom, sur la rive gauche du Loir, qui s'y divise en plusieurs branches, était autrefois close de murs, de fossés et flanquée de tours. C'était une place importante par sa situation et ses fortifications. En 1135, Louis le Gros, nourrissant un profond ressentiment contre le comte de Chartres, assiégea Bonneval, appartenant à ce seigneur, fit raser la ville, et ordonna de conserver l'abbaye. Henri V, roi d'Angleterre, la fit aussi presque entièrement détruire, lorsqu'il assiégeait Orléans. Les rois, successeurs de Charles VII, la firent rebâtir. Avant la révolution, on comptait, à Bonneval, trois paroisses : Notre-Dame, St-Sauveur et St-Michel ; un hôpital, quatre chapelles rentées et une célèbre abbaye de Bénédictins, congrégation de St-Maur, sous le nom de St-Florentin ; elle fut fondée en 842, par Charles le Chauve (d'autres disent en 818, par Louis le Débonnaire), et par Foulques, l'un de ses chevaliers, seigneur de Bonneval. La veille et le jour de la foire de St-Gilles, établie à Bonneval, le 1er septembre, vers l'an 1260, les habitants étaient tenus de se rendre, en armes, dans la grande cour du monastère de cette abbaye, à cause du droit de justice qu'avaient les religieux. Là, les officiers de la maison faisaient le dénombrement ou l'appel des citoyens ; après quoi, on partait en ordre, les officiers du monastère à la tête. On parcourait les rues de la ville et le champ de la foire, sur les 6 ou 7 heures du soir, en faisant des recherches pour le maintien du bon ordre et de la sûreté des marchands et des marchandises. Les habitants, faisant lesdites revue et recherche, ou composant la *chevauchée*, étaient tenus, en outre, lorsque les officiers passaient devant leurs maisons, de tenir du feu et de l'eau devant leurs portes, *ignem et aquam ante domos exponebant*. Renommée, au xiiie siècle, pour ses fabriques de serges, Bonneval est aujourd'hui la moitié, tout au plus, de ce qu'elle a été. Alors elle était murée comme une ville frontière : elle avait au nord-ouest une porte, dite *la Porte-Blanche*, un fossé et un pont, non loin de ceux qui existent aujourd'hui de ce côté. Avant la révolution, elle relevait immédiatement de la couronne, et elle avait été donnée en apanage à plusieurs ducs d'Orléans. Son titre était *prévôté et vicomté royale*. Son corps-de-ville se composait d'un maire, de deux échevins et d'un procureur du roi. Elle avait pour armes les 3 fleurs de lis de France, sur un champ de gueule ; pour support, un lion, tenant une pique droite derrière le champ. Elle possédait une justice royale, dont on appelait le juge *prévôt*. Dans les temps de troubles, les rois, négligeant de nommer des prévôts, les habitants s'adressèrent aux moines de l'abbaye royale ; ceux-ci leur donnèrent un préposé pour terminer leurs différends, et ce préposé finit par devenir bailli. Il y eut une justice seigneuriale, qui rivalisa avec la justice royale. On voit, sur le chemin de Brou, les restes d'une route pavée et fort large, qui allait est et ouest, comme d'Orléans à Nogent-le-Rotrou. Une autre, pavée aussi, allait de Bonneval à Chartres ; mais elle sortait par la Porte-Blanche, et s'étendait vers Alluyes. — Il y a trois vastes souterrains pratiqués dans les hauteurs environnantes : 2 qui servent de caves au vin, et un 3e en ruines, dans un petit bois, sur la frontière du Perche, et qu'on prétend avoir appartenu à un couvent de femmes, détruit par les guerres civiles. On a parlé d'un 4e, à l'entrée de la route de Châteaudun, lequel était sous une ancienne église paroissiale, qui a été brûlée par la foudre ; on n'a fouillé que les premières marches de ce souterrain ; ensuite on l'a comblé, sans aller plus loin. Au reste, on prétend que ces souterrains ont servi de refuge aux habitants dans les temps des guerres. Aujourd'hui Bonneval n'a qu'une rue, celle qui la traverse. Elle n'offre, d'ailleurs, rien de bien remarquable, que son ancien collège de Bénédictins, converti en une ferme-modèle. C'est un fort beau bâtiment : on ne le voit bien que de l'enclos qui en dépend. Cet enclos renferme un coteau couvert de bois, qui offre un joli rideau et de charmantes promenades. L'église paroissiale est surmontée d'une flèche très-haute ;

toute la charpente, tant de l'église que du clocher, est en châtaignier, comme celle des vieilles maisons de la ville. On trouve aux environs de Bonneval un grand nombre de pierres druidiques. Il y a dans cette ville une manufacture de tapis de pieds; des fabriques de flanelles tricotées, d'étoffes de laine, couvertures, calicots, toiles.

Boni-Homines, les Bons-Hommes, paroisse du diocèse de Versailles, canton d'Écouen, arrond. de Pontoise, dépt. de Seine-et-Oise, à 9 kil. d'Écouen, 12 de Pontoise, et 24 de Paris. Population, compris celle de Maffliers, 600 habitants environ. Ce village doit son origine et son nom à un couvent, dit des Bons-Hommes, du tiers ordre de Saint-François, qui existait encore au moment de la révolution de 1789.

Bononia supra Sequanam, Boulogne-sur-Seine, village considérable du diocèse de Paris, arrond. de Saint-Denis, Seine, à 7 kil. de Paris, à l'ouest. Il n'est séparé de Saint-Cloud que par la Seine, que l'on traverse sur un pont qui n'était encore qu'en bois, lorsqu'en 1556 Henri II le fit construire en pierres, excepté les deux arches du milieu, qui restèrent en bois jusqu'en 1810, où il fut entièrement restauré et rebâti en pierres. Boulogne, sous nos rois des première et deuxième races, s'appelait *Menus-lez-St-Cloud*. Mais quelques habitants de Paris, revenant de faire un pèlerinage à Notre-Dame de Boulogne-sur-Mer, voulurent, en mémoire de leur voyage et de leur dévotion, changer le nom de leur pays en celui de *Boulogne-sur-Seine* ou *Boulogne-la-Petite*, et firent bâtir, en 1320, auprès du village des *Menus*, une église qu'ils appelèrent *Notre-Dame de Boulogne-sur-Seine*; église construite sur le modèle de celle de Notre-Dame de Boulogne-sur-Mer. Jeanne de Repenti, abbesse de Montmartre, en sa qualité de dame du lieu, leur accorda des lettres d'amortissement en 1320; le pape Jean XXII favorisa cette église de beaucoup d'indulgences en 1329, et Foulques de Chanac, évêque de Paris, l'érigea en paroisse, en 1343. Cet édifice est très-propre et bâti avec la délicatesse ordinaire du gothique du XIVe siècle, mais sans ailes et en simple forme de chapelle. Ce fut dans cette église qu'un fameux cordelier, le frère de Richard, revenu depuis peu de Jérusalem, prêchait avec une éloquence extraordinaire; tous les Parisiens couraient en foule dans ce village pour l'entendre et se convertir. Il fit un jour un si beau sermon contre le luxe, que ceux qui l'entendirent, animés d'un pieux enthousiasme, s'emparèrent, à leur retour à Paris, de tous les objets de plaisir et de luxe, et les brûlèrent courageusement au milieu des rues. On vit dans cette ville plus de cent de ces feux expiatoires, dans lesquels, dit le journal de Charles VII, à l'an 1429, les hommes brûlaient *tables et tabliers, des cartes, billes et billards, nurelis et toutes choses* pouvant être jugées répréhensibles. Les femmes, le même jour et le lendemain, commencèrent par jeter au feu *tous les atours de leurs têtes, comme bourreaux, truffaux, pièces de cuir ou de baleine, qu'elles mettaient en leurs chapperons pour être plus roides.... Les demoiselles laissèrent leurs cornes et leurs queues, et grand foison de leurs pompes*. On ajoute que dix sermons de ce frère Richard firent plus d'effet sur le peuple que ceux de tous les sermonneurs qui depuis cent ans avaient prêché à Paris. Ce cordelier commençait ses sermons à 5 heures du matin, et ne les finissait qu'à 11 heures. C'était à Boulogne qu'était la fameuse *abbaye de Longchamp*. La majeure partie des habitants de ce village, dont le nombre s'élève à 4,000 environ, y compris toutes ses dépendances, s'occupe du blanchissage du linge. On y fait un commerce de charcuterie fort estimé, même à Paris. De nombreuses maisons de campagne se trouvent sur le territoire de Boulogne.

Brabantia, le Brabant, les Flandres, la Belgique, etc. Ce pays occupe une large place dans l'histoire religieuse, politique, industrielle et militaire du moyen âge, qu'il doit sans doute autant à sa position topographique qu'à l'esprit et au caractère de sa population. Cette vaste contrée, connue sous le nom de Pays-Bas, qui forme aujourd'hui les royaumes de Belgique et de Hollande, et qui comprend le Brabant, les Flandres, le Limbourg, l'évêché de Liége, le Luxembourg, le Hainaut, le comté de Namur, la Gueldre et les autres provinces de la Hollande, se trouvait répartie, sous le rapport ecclésiastique, entre les évêchés de Thérouenne ou Térouane, de Cambray, de Tournay, de Tongres, de Trèves et de Cologne. La ville de Tongres ayant succombé sous le poids des hordes barbares qui l'envahissaient au IVe siècle, comme saint Jérôme nous l'apprend, l'évêché fut transféré, au Ve siècle, à Maëstricht, et au VIIe, à Liége.

La féodalité se montra puissante en ce pays: on y vit les comtes de Flandres, de Namur, les ducs de Brabant, de Gueldres, etc. Il y eut souvent des insurrections terribles de la part de la population. Les municipalités y prirent naissance de bonne heure. Les villes de Gand, de Cassel, d'Anvers, de Courtray, de Bruges, étaient des cités considérables, riches et puissantes. A la suite de mariages, de guerres, de négociations, ces provinces finirent toutes par appartenir successivement aux ducs de Bourgogne de la seconde maison de ce nom, et c'est ce qui la rendit si redoutable à ses voisins; car le duché de Bourgogne proprement dit avec la Franche-Comté n'aurait pu mettre ces princes au rang des souverains du premier ordre. Marie de Bourgogne, fille du dernier duc, Charles le Téméraire, porta tous les Pays-Bas à la maison d'Autriche, par son mariage avec l'archiduc Maximilien. Charles-Quint, qui réunit l'empire à la monarchie espagnole, habita fréquemment les Pays-Bas qu'il aimait. Sous son règne, les richesses et la puissance que Gand avait acquises aux XIIIe, XIVe et XVe siècles par son industrie linière et son commerce des toiles, commençaient déjà à baisser; mais Anvers atteignit une prospérité inouïe jusqu'alors, et les vaisseaux de ses armateurs sillonnaient toutes les mers du globe.

Au XVIe siècle, l'empereur Charles-Quint, après avoir ruiné la ville de Térouane, demanda au pape le démembrement de ce vaste diocèse. A l'occasion de cette demande, le souverain pontife organisa la hiérarchie ecclésiastique du pays. Utrecht et Malines devinrent métropoles, l'une pour les provinces hollandaises, l'autre pour les provinces belges. Utrecht eut pour suffragants les évêchés, érigés en même temps, de Deventer, Groningue, Lewarden, Harlem, Middelbourg; Malines, les évêchés, également de la même création, de Ruremonde, Bois-le-Duc, Anvers, Bruges, Gand et Ypres. L'évêque de Liége, prince souverain, restait suffragant de Cologne. Tournay, ancien évêché du IIIe siècle, et Namur, nouvellement érigé, demeuraient sous la métropole de Cambray.

Cette organisation était à peine décrétée que le protestantisme et l'insurrection des Pays-Bas vinrent en déranger l'économie. Les provinces hollandaises, sous le nom de Provinces-Unies, se séparèrent de l'Espagne, et, embrassant le calvinisme, supprimèrent la récente organisation ecclésiastique. Nous ferons remarquer ici en passant que le catholicisme eut à souffrir, en cette circonstance, de la haine vouée au gouvernement espagnol par la population des Pays-Bas. S'il avait été possible de séparer la religion et ses ministres de la nationalité espagnole, en repoussant l'une on aurait conservé les autres. Malheureusement le corps épiscopal, récemment établi, se composait en partie d'Espagnols, ou de créatures du gouvernement espagnol. Les provinces belges néanmoins n'eurent pas le même succès que leurs sœurs, et l'Espagne les maintint sous son autorité. Lors du démembrement de la monarchie espagnole, après la mort de Charles II, elles passèrent à l'Autriche qui les garda jusqu'à l'époque de la révolution, en 1792, où elles furent réunies à la France. Quant aux Provinces-Unies, après avoir été pendant deux siècles une puissance du premier ordre en Europe; après avoir contribué à la décadence de l'Espagne, avoir amené la ruine complète de la puissance portugaise dans l'Hindoustan, elles s'effaçaient. On aurait dit que ce grand effort, que cette lutte de deux siècles avait absorbé leurs facultés et leur énergie. La France en fit une république Batave, Napoléon un royaume de Hollande pour un de ses frères; puis, tout à coup, il l'associa à la fortune de l'empire français qui touchait alors, comme celui de Charlemagne, à la mer du nord.

Le concordat de 1801 avait été exécutoire en Belgique, et l'organisation du XVIe siècle, dont nous venons de parler, y avait été supprimée par le pape Pie VII. Le congrès de Vienne, qui en 1815 s'attribuait la mission de disposer des nationalités européennes, eut la malheureuse pensée, dans ses idées de défiance et de ressentiment contre la France, de donner la Belgique à la Hollande, sous le titre de royaume des Pays-Bas et sous l'autorité protestante des princes d'Orange. Ce nouveau pouvoir commit des fautes énormes. Les Belges catholiques furent sacrifiés en tout et partout aux calvinistes hollandais; le clergé poursuivi, traqué comme une bête fauve, les diocèses vacants, les études de théologie catholique soumises à l'autorité protestante, les rapports avec la cour de Rome punis comme *les vols avec effraction :* voilà le tableau de la domination des Nassau de 1814 à 1830. Le despotisme inintelligent et brutal finit toujours par se perdre. En 1831, le royaume, formé par le congrès de Vienne, disparut sous la main de la Providence. La Hollande constitue depuis un état à part sous le sceptre des Nassau, et la Belgique un état neutre, qui se gouverne lui-même. A l'article de ces deux pays, nous dirons quelle est actuellement leur organisation ecclésiastique.

Les Pays-Bas possédaient des richesses artistiques incroyables tant des maîtres de l'école de Flandre que des artistes allemands et hollandais. L'Italie et l'Espagne seules pouvaient l'emporter sur la quantité de tableaux que l'on rencontrait dans les églises de la Flandre et du Brabant; elles y étaient décorées avec grandeur et magnificence. Un seul artiste, Gaspard de Crayer, a laissé plus de cent tableaux d'autels, qui attestent tout à la fois son prodigieux talent et sa grande facilité.

Les églises sont généralement grandes, soit gothiques, soit d'une architecture moderne; beaucoup sont soutenues par des colonnes qui font un bel effet; on y trouve aussi quelquefois des ornements de mauvais goût, faits par des artistes médiocres : c'est dommage! L'usage d'employer des colonnes pour la décoration des portails des églises les rend majestueux : nous ferons remarquer que ces colonnes sont presque engagées au tiers; mais les corniches ou entablements sont en ressaut sur toutes les saillies, et c'est une faute, parce que ces petits corps multipliés donnent de la sécheresse et de la confusion. Nos deux révolutions, la première surtout, ont opéré de grands changements, non-seulement dans l'ordre de classification des tableaux des églises de la Flandre, mais aussi dans la possession de ces tableaux. Les uns ont été vendus, les autres sont passés des couvents dans les églises; quelques-uns ont été mis dans les musées formés depuis peu dans les grandes villes. Pendant la première révolution, nous avions orné le Louvre des riches dépouilles des églises du Brabant; mais l'invasion nous a fait perdre ce que la conquête nous avait procuré. Tous ces tableaux pourtant ne sont pas rentrés en Flandre, et un assez grand nombre, après avoir appartenu à de riches particuliers, sont passés à l'étranger. Ce partage tacite entre les nations européennes des richesses de la Flandre a bien diminué sa brillante réputation sous le rapport des arts. Malgré ses efforts nombreux et ses dépenses excessives pour recouvrer ce qui lui appartenait, ce n'est plus cette terre classique où l'amateur allait faire un pèlerinage chaque année. Les beaux tableaux sont rares dans les églises et presque perdus parmi une foule de mauvaises compositions ; encore croirait-on, à la manière dont ils sont exposés pour la plupart, que ce n'est qu'à regret qu'on laisse les curieux jouir de leur vue.

La plupart des petites villes du Brabant, vers le milieu du xviiie siècle, étaient riches. Les tableaux qu'elles possédaient venaient de donations faites soit par des âmes pieuses, soit par les peintres eux-mêmes. Dans les nombreux couvents qui couvraient ce territoire, se trouvaient de riches cénobites, dont la piété dotait magnifiquement leur retraite. Presque tous les couvents de cette époque ont été détruits ; quelques-uns, en petit nombre, ont été convertis en églises ; d'autres sont remplacés par des rues ; à la place des autres enfin sont maintenant des hôtels, des cabarets et des lieux de débauche.

Parmi les tableaux qu'a créés l'école flamande, l'on est surpris de voir les mêmes sujets répétés si souvent et toujours différemment. La Flandre possède très-peu de tableaux des écoles *italienne* et *française*. Les artistes ont, il est vrai, une grande ressource dans la vue des chefs-d'œuvre de leurs peintres ; cependant, comme ils ne peuvent varier facilement leurs études, on conçoit qu'il résulte de là une homogénéité dans leurs peintures.

Ce pays ne fournit point des beautés pittoresques, on n'y trouve ni montagnes élevées jusqu'aux nues, ni torrents ou chutes d'eau, fléaux terribles pour ceux qui habitent les environs. Ici c'est un terrain uni, agréablement coupé par des canaux utiles pour le commerce et pour les voyageurs ; les villes, les bourgs et les villages sont si près les uns des autres, que cette contrée ne paraît être qu'une seule et même ville ; les routes y sont belles, bien plantées, et ce sont comme autant de promenades publiques. Les habitants sont doux, affables et simples dans leurs mœurs. Plusieurs villes conservent encore des priviléges particuliers qui sentent la république. La campagne, naturellement fertile, n'y est jamais oisive ; l'industrie des cultivateurs fait que le terrain le plus ingrat, travaillé par leurs mains, rapporte comme le meilleur sol ; aussi sont-ils réputés laboureurs habiles et intelligents : on peut en juger par la promptitude avec laquelle ils réparent les malheurs de la guerre auxquels ce pays est si souvent exposé. La paix faite, l'année d'après rien ne paraît avoir souffert, leur activité et leur industrie réparent tout.

Les canaux et les digues prouvent que la nécessité rend ingénieux et infatigable : ces canaux sont d'une grande commodité pour le transport des denrées et pour le commerce ; ils communiquent par les grandes des rivières à la mer ; les digues retiennent les eaux au niveau nécessaire, sans causer d'inondations aux terres qui en sont proches, quoique souvent au-dessous de ces mêmes eaux ; toutes ces terres et les prairies sont arrosées par de petits canaux qui aboutissent aux grands ; ils portent les eaux et les renouvellent au besoin par le moyen de vannes placées suivant la nécessité : aussi toutes les campagnes ressemblent-elles à un jardin riant.

Les villes, les bourgs et même les villages sont bien bâtis ; les rues y sont larges et généralement bien alignées ; les maisons, assez régulières, sont grandes ; une propreté partout en usage y cause un plaisir agréable ; les ruisseaux vont répandre les eaux dans les canaux, de façon que les rues sont toujours lavées et dégagées de toutes immondices : mais un spectacle amusant et varié, c'est de voir les vaisseaux traverser les villes et les campagnes où les canaux passent, ce qui rappelle l'idée du commerce qui s'y faisait autrefois. C'est pour cet objet le pays le mieux situé de l'Europe, au Nord et à l'ouest, borné par la mer du nord, et en partie par la Hollande, à l'est par l'Allemagne, et par la France au S. O. et au sud. Le pays est très-fertile en lin, chanvre, garance et toutes autres denrées propres aux manufactures. Il est doté d'un réseau compliqué de chemins de fer qui relient toutes les villes entre elles, et rattachent les grands centres de population les unes aux autres.

Le Brabant se partage en Brabant du nord et du midi. — Le premier est borné au nord par les provinces de Gueldre, d'Utrecht et de Hollande, à l'est par celle de Limbourg et le dép. du Bas Rhin, au sud par celles d'Anvers et de Limbourg, et à l'ouest par celles de Zélande et de Hollande ; il est situé entre 51° 22' et 51° 38' de lat. nord, et entre 1° 45' et 3° 27' de long. est ; il a 120 kil. de long sur 60 de large, et 856 en carré. On y jouit d'un climat humide, mais sain, à l'exception de l'ouest. On y trouve beaucoup de bruyères, landes, marais ; celui de Peel a 120 kil. de surface. Les rivières sont la Meuse, la Dommel, la Merck et les deux Aa ; il y a de nombreux canaux, dont le plus considérable est celui de Breda. On récolte dans les parties cultivées seigle, sarrasin, orge, froment, lin, chanvre, houblon. Il y a des forêts de pins ; la terre à foulon et la tourbe abondent ; le bétail, la volaille, les abeilles, le gibier sont communs, ainsi que le poisson dans les rivières ; le commerce s'exerce sur les draps, toiles, rubans, indienne, bière, coutellerie. La population compte 340,000 habitants, catholiques en grande partie. Cette province est restée presque entière à la Hollande ; tandis que celle qui suit est belge.

Brabant méridional, province bornée au nord par celle d'Anvers, à l'est par celles de Limbourg et de Liége, au sud par celles de Namur et du Hainaut, et à l'ouest par la Flandre orientale ; elle s'étend entre 50° 32' et 51° 4' de lat. nord, et entre 1° 39' et 2° 48' de long. est ; elle a 92 kil. de long, sur 52 de large ; et 736 en carré. Les principales rivières sont la Dendre, la Senne et la Dyle. Les canaux de Louvain et de Bruxelles favorisent le commerce. Le terrain, montueux vers le sud, s'abaisse vers le nord. Le sol, très-fécond, quoique sablonneux et entremêlé d'une grande quantité de coquillages décomposés, produit céréales, graines oléagineuses, lin, grains, chanvre et houblon. Il y a de vastes forêts bien tenues, parmi lesquelles on remarque celle de Soignes. On y trouve des mines de fer. Le bétail abonde; le commerce comprend belles toiles de coton, dentelles, draps, faïence, savon, eau-forte, papier, sucre, sel, eau-de-vie et excellente bière. La popul. est de 500,000 hab. environ, presque tous catholiques. Cette province est en partie du diocèse de Malines.

En perdant leur industrie linière et le commerce de leurs belles toiles, les Flandres ont perdu leur fortune, et même leur pain. Comme la population y est nombreuse, elle est tombée dans une misère profonde. Avant l'invention d'Arkwright, en 1769, les fileuses flamandes étaient renommées pour leur habileté; et cependant, malgré leur activité, la plus habile d'entre elles ne produisait que la moitié de la besogne d'une broche de nos usines; et un homme aujourd'hui suffit à 160 broches au moins. L'introduction des machines a continué la révolution opérée dans la filature de lin. Aussi les populations flamandes qui n'ont su, ou n'ont pu remplacer par une autre industrie, sont envahies par le paupérisme: 900,000 indigents meurent de faim sur cette terre foulée autrefois par leurs ancêtres, si industrieux, si riches et si puissants.

Les Flandres ont un sol uni, bas et entrecoupé de canaux, un climat très-humide, et des eaux marécageuses et malsaines. Les légumes et fruits sont très-bons; les habitants boivent beaucoup de petit lait. La température moyenne est d'environ 5° au-dessous de celle de Paris. Elle est extrêmement variable; les vents changent quelquefois à plusieurs reprises dans le courant de la journée. On ne compte guère plus de 40 jours sereins dans l'année. Le froid est de longue durée, mais il n'a pas beaucoup d'intensité; cependant il surpasse celui de Paris. Pendant les pluies abondantes, amenées par la longue durée des vents d'ouest et du sud, l'organisation animale se relâche; les étrangers surtout s'en ressentent, comme on le voit par la teinte jaunâtre de leur peau, preuve des sécrétions biliaires qui s'opèrent en eux. Cet état est promptement changé, lorsque les vents soufflent du nord et du nord-est. D'épais brouillards remplissent fréquemment l'atmosphère; ils s'avancent rarement dans l'intérieur du pays, au delà de l'Artois. La quantité de pluie est un peu plus considérable qu'à Paris. L'espèce humaine, les animaux, les végétaux, tout est fort et vigoureux dans ce pays, grâce à la fertilité du sol, à une nourriture abondante, et même à l'humidité du climat qui favorise le développement des formes. Les habitants boivent copieusement de l'eau-de-vie de grain; on prétend que l'humidité du climat en détruit les mauvais effets, et la rend même salutaire. Sur la côte, les habitants se portent mieux que dans l'intérieur. Les ouvriers qui viennent faire les foires en Flandre souffrent des fièvres plus que les indigènes. Mais les catarrhes et les rhumatismes règnent au printemps et en automne; en été on est souvent affecté de la diarrhée, qui tourne vers la dyssenterie. Dans les villes, les ophthalmies chroniques sont communes. Ces provinces avaient une foule de légendes simples, naïves, pieuses, qui se transmettaient dans les familles de génération en génération. On les retrouve encore dans les campagnes, malgré le changement des habitudes, des mœurs et des idées.

Bradeia, ou *Braiacum*, Brie-sur-Hières, ou Brie-Comte-Robert, petite ville de l'ancien diocèse de Paris, maintenant de celui de Meaux, chef-lieu de canton de l'arrond. de Melun, départ. de Seine-et-Marne, à 16 kil. nord de Melun, à 24 est de Paris. Popul. 3,200 hab. Il s'y tient trois foires par an, en juillet, octobre et novembre, et deux marchés par semaine, le lundi et le vendredi. Celui du lundi, toujours considérable en grains, est un marché régulateur pour les mercuriales. Il y avait dans cette ville un couvent de Minimes en 1647, et un de filles dites *de la Croix* en 1640. L'Hôtel-Dieu, fondé en 1208 par Robert, fils de France, comte de Brie, subsiste encore; sa chapelle était sous le titre de St-Éloy. L'église paroissiale, sous le titre de Saint-Étienne, premier martyr, est d'une belle structure, et a été bâtie par les Anglais, au XIIIe siècle, et depuis augmentée par la reine Jeanne d'Évreux. On trouve dans cette ville une grosse tour, qu'on nommait tour de Saint-Jean, laquelle faisait partie d'un château tombé en ruines. Ce château, qui était entouré de fossés remplis d'eau provenant de sources, qui fut assiégé et battu en brèche en 1649, avait une chapelle dédiée à saint Denis: c'est de lui que relevait en plein fief une grande partie de la seigneurie de Lezigny. — Il y avait aussi à Brie-Comte-Robert plusieurs autres chapelles: l'une, sous le nom de St-Lazare, existait depuis le commencement du XIIe siècle, et tomba plus tard en la possession des Jésuites; elle appartenait, lors de son érection, à une maladrerie dont il est encore fait mention en 1564. L'autre chapelle avait été fondée, en 1389, par Valentine de Milan, dame de Brie-Comte-Robert. — On voit dans Fortunat (*Vie de saint Germain de Paris*) que Brie-Comte-Robert, alors village, était appelé *Bradeia* au VIe siècle, et que saint Germain guérit, dans la sacristie de l'église paroissiale, une fille paralytique de tout le corps, en la couvrant d'eau bénite. — On ne retrouve plus ce village, devenu bourg, que dans quelques titres du XIIe siècle, sous le nom de *Braiæ* et quelquefois de *Braiuni* et de *Braiacum*. Il est constant qu'on disait *Braie* en langage vulgaire; l'usage en a fait retrancher depuis la lettre *a*; et comme le nom de Brie était commun à plusieurs lieux, on l'a surnommé du nom du seigneur que ce lieu eut à la fin du XIIe siècle. Avant la révolution, il y avait dans l'église St-Étienne une épitaphe, de l'année 1625, où la ville était nommée

Braye-Comte-Robert. Ce qu'il y a de remarquable dans l'histoire de cette ville, c'est qu'on ne trouve pas de vestige d'une seconde église, et qu'on est certain qu'au XIVe siècle et jusqu'au XVIIe il y eut 2 curés. — Les premiers seigneurs de Brie-Comte-Robert n'ont pas été princes de la maison de Dreux, puisqu'on trouve en cette qualité un Thomas *de Braia* mentionné dans une charte de l'an 1157. C'est probablement avec ce Thomas *de Braia* que Louis VII traita de la terre de *Braye* pour son frère Robert, comte de Dreux, prince qui fit donner le nom de Braye-Comte-Robert à cette ville, où Agnès de Braine, veuve de ce Robert, comte de Dreux, faisait sa résidence. L'abbé Lebeuf a rapporté, d'après Duchesne et autres, le fait suivant, dont l'exactitude serait difficile à garantir : « Comme elle (Agnès) avait attiré dans ce lieu plusieurs juifs commerçants, il arriva que, sur la fin du carême (de 1191); ils lui firent des présents si considérables, qu'ils obtinrent d'elle qu'elle leur livrât un chrétien à qui ils avaient imposé les crimes de vol et d'homicide. Les juifs, animés de leur ancienne haine contre le christianisme, après l'avoir dépouillé, lui ayant attaché les mains derrière le dos et lui ayant mis sur la tête une couronne d'épines, le conduisirent par tout le bourg, en l'accablant de coups de fouet, et après cela ils le pendirent. Le roi Philippe-Auguste, ayant appris cela à St-Germain-en-Laye, en partit sans dire où il allait, vint promptement à Braye, fit mettre des gardes aux portes du lieu, se saisit des juifs et en fit brûler plus de 80. Guillaume le Breton, dans sa *Vie poétique* du même prince, dit que ce pauvre misérable était un homme à qui ils avaient prêté de l'argent, et qui n'était pas en état de le leur rendre; qu'ils l'attachèrent véritablement à une croix avec des clous, et lui percèrent le côté avec une lance, et que le nombre des juifs qui périrent par le feu fut de 99. On conçoit, par ce trait historique, que Brie-Comte-Robert était devenu un lieu considérable, puisqu'il était fermé de murs; les historiens cependant n'osaient le qualifier *d'urbs* ni *d'oppidum*, mais seulement de *castrum* et de *villa*. » Selon la chronique d'Alberic, ce fait s'est passé à Braye-sur-Seine, que l'on nommait aussi *Braiæ*. — Le chapitre de Notre-Dame de Paris y levait des dîmes. — Après la mort de Charles VI, sa veuve reçut, en 1424, de Henri, roi d'Angleterre, qui se qualifiait de roi de France, pour en jouir momentanément, le château et la châtellenie de Brie-Comte-Robert; mais en 1430, le château fut pris d'assaut par les Anglais. C'est dans ce château que se maria Philippe de Valois, en 1349, et que Jeanne d'Evreux mourut, en 1370. Le baron de Bezenval y fut emprisonné en 1789. En 1431, se tinrent dans cette ville les conférences de paix entre Charles VII et le roi d'Angleterre. François Ier la réunit à son domaine en 1515. Cette terre eut depuis un grand nombre de seigneurs engagistes. — Nicolas de Braye naquit dans cette ville : c'est lui qui écrivit, au XIIIe siècle, la vie de Louis VIII en vers héxamètres.

Braiorum castrum, Brou, petite ville du diocèse de Chartres, chef-lieu de canton de l'arrond. de Châteaudun, départ. d'Eure-et-Loir, sur la rivière l'Ozanne, à 16 kil. de Châteaudun, et à 32 sud-ouest de Chartres. Il y avait anciennement une abbaye, qui fut réduite à un petit prieuré. Le premier abbé avait été saint Lubin, depuis évêque de Chartres, qui vivait vers l'an 535. On y voyait un château, appelé le *château du Gouet*. Cette ville doit son agrandissement à Florimont Voverlet, secrétaire d'État sous Henri II. C'était une seigneurie qui appartenait à la maison de Montmorency. Il y a aux environs de Brou des marnières qui sont d'une grande profondeur, et dont on tire beaucoup de marne propre à engraisser les terres. On y trouve aussi des tanneries, des fabriques de serge blanche à deux étaims, des étamines et des filasses, des forges et fonderies.

Braium, Brai, petit pays de l'ancienne province de Normandie. Il est maintenant du diocèse de Rouen, du départ. de la Seine-Inférieure, arrond. de Neufchâtel. Il s'appelait en latin *Braium*; ce mot est interprété *lutum*, c'est-à-dire fange; aussi est-il très-fangeux dans les temps de pluie. C'était une des quatre petites contrées qui composaient le diocèse de Rouen. Elle était située entre le pays de Caux, le Vexin Normand, le Vexin Français, le diocèse d'Amiens, et contenait les villes de Neufchâtel et de Gournay, les bourgs de Gaille-Fontaine, Forges et la Ferté, les seigneuries de Vardes, d'Alges, d'Elbeuf en Bray, Dampierre et autres; les abbayes des Bernardins, de Beaubec et des Prémontrés de Bellozane; et le prieuré des Bernardines de St-Augustin. Ce pays, qui avait environ 32 kil. de long sur 26 de large, est généralement montueux, boisé et coupé par des allées. La rivière d'Epte, qui le traverse, y prend sa source aussi bien que celles d'Andelle et du Thérain, et plusieurs ruisseaux qui forment divers étangs, ce qui rend le terroir très-abondant en gras pâturages, qui nourrissent de nombreux bestiaux. Les campagnes y sont couvertes de pommiers et de poiriers qui donnent du cidre très-estimé. Le beurre que l'on y fait est excellent, et l'on en transporte une grande quantité à Rouen et à Paris. Il produit aussi beaucoup de grains. Gournay et Neufchâtel en étaient les principales villes. La forêt de Lions le borne du côté de la rivière d'Andelle, et l'évêché de Beauvais comprenait dans sa juridiction spirituelle la partie de ce pays qui s'étend depuis le ci-devant Beauvoisis jusqu'à l'Epte, où l'on trouvait le comté d'Ons-en-Bray et l'abbaye des Bénédictins de St-Germer.

Brannadum, ou *Brunolium*, Brunoi, paroisse de l'ancien diocèse de Paris, actuellement de celui de Versailles, canton de Boissy-Saint-Léger, arrond. de Corbeil, dépt. de Seine-et-Oise, dans une vallée, sur la petite rivière d'Hyères, à 6 kil. de Boissy-Saint-

Léger, et 22 au sud-est de Paris. La popul. est d'environ 1200 hab., y compris le hameau des Bausserons. Les productions principales de son terroir sont en grains; une partie est en prairies et en bois. Il y a des fabriques de salpêtre, et plusieurs carrières de pierres à chaux. L'antiquité de ce village est constatée par les monuments de l'abbaye de Saint-Denis, où il en est fait mention dès le VIIe siècle. Le livre des *Gestes du roi Dagobert*, composé par un moine de ce monastère, après avoir parlé du testament de ce prince, dont on place la mort à l'an 638, dit qu'il n'oublia pas son patron particulier, saint Denis, et qu'il lui légua *villam nomine Brannadum*, et dans ce testament, cette terre est désignée située dans la Brie, *villam Brannate in Bregio*. On l'a confondue avec Braine, mais il est prouvé que c'est le Brunoy que Suger, abbé de Saint-Denis, donna au prieuré d'Essonne. Le bâtiment de l'église de ce lieu est de différentes époques : le chœur est du XIIIe siècle, comme le désignent quelques piliers; il est voûté et finit en demi-cercle. La nef n'est ni aussi ancienne, ni aussi solide. A la tour, qui finit en pignon, était une inscription qui commençait par ces mot : *L'an mil V. C. XXXIX, le XII mo. de Jung fut possé la première pierre par noble dame Françoise de Rouy, veuve de défunt messire sieur de Launay en son vivant*. A l'un des piliers du bas de cette tour, par le dehors, se voyait un écusson penché, avec huit coquilles, et la barre du petit écu était en bosse ; et à l'autre pilier de la tour était un autre écu droit. L'église est sous le titre de saint Médard, évêque de Noyon. La cure était à la pleine collation de l'ordinaire, et le curé était gros décimateur. Avant la révolution, on voyait dans cette église un mausolée en marbre, d'une grande composition, mais qui n'a pas été achevé; il fut commencé pour perpétuer le souvenir du financier Paris Montmartel, qui avait acheté la terre de Brunoy. Il paraît constant que les rois de France ont eu des maisons à Brunoy, ou, pour mieux dire, des rendez-vous de chasse. Deux édits de Philippe de Valois, de 1346, sont datés de cet endroit : le premier, du 29 mai, est un règlement pour les eaux et forêts; le second, du 29 juin, défend de prendre les chevaux et harnais des marchands qui amènent du poisson à Paris : cet édit s'appliquait aux seigneurs de sa cour, qui, pour leurs menus plaisirs, s'amusaient à détrousser les passants sur les grandes routes, et même dans les rues de la capitale. Ce lieu y est nommé *Brunay*. Le vieux château, plus ancien même que Corbeil, d'une forme peu régulière, et dont il restait encore des vestiges, fut, au XVIIIe siècle, remplacé par un bâtiment moderne construit avec une magnificence royale, par un des hommes les plus opulents de l'époque. C'était Paris de Montmartel, qui, devenu propriétaire de la terre de Brunoy, érigée en marquisat par Louis XV, profita de la nature du sol pour l'embellir. Le premier financier de la France en devint alors le dernier noble. Après la mort de Paris de Montmartel, le marquis de Brunoy employa son immense héritage à l'embellissement du château de Brunoy et de ses superbes jardins. L'église devint l'objet principal de ses dépenses; il ne négligea rien pour en décorer l'intérieur : les ornements des ministres du culte, les vases sacrés, les objets offerts à la vénération publique furent achetés à grands frais, et réunirent ce que la richesse et l'art peuvent offrir de plus beau et de plus précieux. Il avait une passion pour les cérémonies religieuses, et surtout pour les belles processions. Il fit fabriquer pour ces processions un dais en fer, chef-d'œuvre du serrurier Girard, qui coûta, dit-on, 30,000 liv., et un soleil de la plus grande richesse. On y voyait le diamant de Paris de Montmartel; il passa depuis au doigt d'un prince. Le marquis de Brunoy avait formé, dit-on, le projet d'un pèlerinage aux saints lieux ; les frais de ce voyage eussent hâté sa ruine à laquelle il ne put échapper plus tard. Sa famille voulut le faire interdire pour ses dépenses, en prétendant le faire passer pour fou; ce qui donna lieu à un procès au parlement. Le marquis fit cette réponse, qui n'était rien moins que folle, au juge qui lui faisait subir un interrogatoire : « Si j'avais donné mon argent à une courtisane, on ne l'eût pas trouvé mauvais ; je l'ai appliqué à la décoration du culte catholique dans un royaume catholique, et l'on m'en a fait un crime. » Néanmoins il fut interdit. Les détails de son procès sont infiniment curieux, et le caractère du marquis de Brunoy est un vrai phénomène moral. Il survécut peu de temps à son interdiction. Le magnifique château de Brunoy fut acheté et habité ensuite par le comte de Provence, qui avait le titre de Monsieur, depuis Louis XVIII. Le parc était assurément un des chefs-d'œuvre du genre, et la rivière d'Hyères à laquelle on avait creusé exprès un nouveau lit, contribuait, en paraissant se multiplier, à l'embellissement des jardins et du parc. Cette somptueuse demeure, construite par un financier, habitée par un prince, ne pouvait échapper aux colères de la révolution. Tout y a été bouleversé, vendu; et c'est à peine si l'on aperçoit aujourd'hui des traces du château et des jardins.

Bratelli monasterium, monastère de Brateau, dans la forêt de ce nom, située dans le diocèse de Versailles. Il y avait dans le XIe siècle, sur le territoire de St-Vrain ou Verain, anciennement Escorchy ou Escorcy, une forêt dite Brateau. Dans cette forêt restait une petite église abandonnée, dans laquelle on trouva alors des reliques des saints Serge et Bache, martyrs. Odon, chevalier de ces cantons, la donna à Terson, abbé de Saint-Maur-des-Fossés, afin que, dans cette abbaye, on priât Dieu pour Eve, sa femme, et pour ses fils, Mauger, Tebaud, Bouchard, Rainard, et sa fille Rencie. Il ajouta beaucoup d'autres dons, entre autres quatre arpents de prés, et son bien, situé à Andresel, dans la Brie, savoir : un espace de terre et de bois pour bâtir une nouvelle église et un monastère. Ce qui est remarquable dans cette donation, faite en 1060, c'est que le chevalier dit qu'il donne ces biens à la sainte Vierge, saint Pierre et saint Paul, aux martyrs saint Serge et saint Bache, et aux confesseurs saint Maur et saint Vrain. Au commencement du XIII⁰ siècle, il y avait un grand concours de peuple à ce monastère, et on y faisait des offrandes.

Brecica, vel Brecicum Castrum, Bray, petite ville de l'ancien diocèse de Sens, aujourd'hui de celui de Meaux, chef-lieu de canton de l'arrond. de Provins, départ. de Seine-et-Marne, à 18 kil. de Provins, 62 de Melun et 79 de Paris. Bray est dans une situation agréable sur la rive droite de la Seine, qu'on y passe sur un pont en pierres. Il s'y fait un commerce considérable de blé, de fourrages et de poisson. Thibaut, comte de Champagne, céda cette ville au roi Louis IX, et le roi Charles VI la vendit au roi de Navarre en 1404. Depuis ce temps elle fut achetée par le comte de Dunois, et un mariage la fit passer de cette maison dans celle des Nemours. Ce fut du dernier duc de Nemours que le président de Mesmes l'avait achetée en 1648. Cette ville avait un bailliage qui renfermait 57 justices, et relevait dûment du parlement. Il y avait une maîtrise particulière des eaux et forêts, et un chapitre qui nommait à la cure de la ville. Sa popul. est de 2,000 hab.

| Bray, village de l'ancien diocèse de Senlis, maintenant de celui de Beauvais, canton de Pont-Sainte-Maxence, départ. de l'Oise, à 8 kil. nord-est de Senlis, où est le bureau de poste, et 48 au nord de Paris. Avant la révolution, les Chanoines réguliers de l'ordre de Saint-Augustin y possédaient un prieuré. La popul. de cette commune est d'environ 180 hab. Les productions de son terroir sont en grains, une petite partie est en prairies. Le ruisseau d'Aubette y a sa source.

| Bray-sous-Baudemont, paroisse de l'ancien diocèse de Rouen, maintenant de celui de Versailles, arrondissement de Mantes, à 8 kil. de Magny où est le bureau de poste. La maison nommée le Pont était un ancien fief. Une autre maison servait de retraite aux religieuses bénédictines de Villarceau, qui composaient le prieuré de ce nom. Le village de Bray est sur la rivière d'Epte. Le château du Lu est situé sur la même rivière et en fait partie, ainsi que le moulin du Pont sur le ruisseau de l'Aubette. La population de ce village est d'environ 150 habitants. Son terroir est en labour, prairies et bois.

Brela, Bresle (la), petite rivière du dépt. de l'Oise, qui prend sa source au-dessus de Blargies, à 4 kil. nord de Formerie, arrond. de Beauvais; elle passe à Aumale, Senarmont, Blangis, Gamache, Eu, et se jette dans la Manche au Tréport, après un cours d'environ 60 kil. Dans presque toute son étendue elle forme la limite entre les dépt. de la Seine-Inférieure et de la Somme. La Bresle commence à être navigable, au moyen des marées, un peu au-dessus d'Eu jusqu'à son embouchure, sur une étendue d'environ 5000 mètres. Elle traverse une partie des diocèses de Beauvais, d'Amiens et de Rouen.

Breliacum Castrum, Bresle, paroisse du diocèse de Beauvais, dépt. de l'Oise, canton de Nivillé, à 12 kil. à l'est de Beauvais, et à 62 de Paris. Pop. 1650 habitants. Le terroir est en labour et en prairies, quelques parties sont en bois. Il y existe 2 tuileries, des briquetteries et des tourbières: une partie des habitants est occupée à en extraire la tourbe. Tous les jardins sont potagers et en plein rapport. Ce village est traversé par la route de Beauvais à Clermont. — Bresle est, dans une charte du roi Robert, de 1016, appelé *villa episcopi*, parce que l'évêque de Beauvais était seigneur de ce lieu; il y avait une maison de campagne que conservèrent ses successeurs. En 1210 ou 1212, Philippe de Dreux, plus connu par ses faits d'armes que par les fonctions de son épiscopat, fit bâtir à Bresle un château ou une forteresse « proche et contigu des confins et limites de la comtesse de Clermont en Beauvaisis, qui estoit parente du comte de Boulogne; par le moyen de laquelle ledit évesque pouvoit doresnavant endommager le pays de ceste dame; elle en fit sa plainte à Renault de Dammartin, comte de Boulogne, lequel tout aussitôt vint ruiner la forteresse. L'évesque ne faillit d'user de revanche; car, sachant que Raoul, comte de Clermont, avait fait bastir de nouveau, en l'an 1186, le bourg et chasteau de Neuville, en la forest de Hez, il y fut avec forces, et rasa le chasteau à fleur de terre, ce qui fut cause que la guerre s'émeut entre les deux seigneurs, l'un desquels, à scavoir l'évesque, estoit favorisé du pape et du roi de France (*Philippe-Auguste*); l'autre, de l'empereur Othon et du roi d'Angleterre. Or, la guerre que nostre dit évesque avoit contre le comte de Boulogne s'échauffa tellement, qu'elle fut cause de la bataille de Bouvines, le 25⁰ jour de juillet 1214, où l'évêque de Beauvais y conduisit ses troupes avec l'évêque de Laon, son frère. » L'auteur des *Antiquités* du Beauvaisis, Louvet, qui s'exprime ainsi, se trouve en contradiction avec un auteur célèbre, qui pense qu'il est plus vraisemblable que les diverses puissances ne se réunirent contre Philippe-Auguste que parce qu'il devenait trop puissant, et que chacun, sans y songer et comme par instinct, cherchait déjà ce fameux système d'équilibre sur lequel roula depuis la politique européenne. Quoi qu'il en soit, l'évêque de Beauvais combattit de sa personne, se jeta dans la mêlée, et renversa le comte de Salisbery d'un coup de sa crosse. — A l'époque de la ligue, Nicolas Fumée, évêque de Beauvais (l'un de ceux qui plus tard furent envoyés à Henri IV, pour engager ce roi à rentrer dans le sein de l'Eglise), refusa d'entrer dans ce parti. Forcé de sortir de Beauvais et de se retirer à Bresle, les ligueurs vinrent l'y attaquer. Voici en quels termes l'auteur de l'*Histoire de la ville et du château de Gerberoy* (sect. II, chap. VIII, liv. IX, p. 249) raconte cette attaque: « La sortie de notre évêque de Beauvais et sa retraite à Bresle animèrent tellement ceux du parti de la ligue, qu'ils commencèrent à penser aux moyens de l'aller surprendre et s'emparer de sa personne. Un jeudi soir (29 nov. 1589), ayant mis une partie de leurs gens en embuscade assez proche du pont du château, et d'autres s'étant cachés dans une allée qui répond à l'autre porte du même château, les premiers s'aperçurent qu'on venait d'abaisser le petit pont : aussitôt les voilà qui sortent comme des lions d'une caverne, et se saisissent de ce pont et de la petite porte, tandis que leurs compagnons accourent au signal donné. Ainsi assemblés, ils entrent avec furie, sous la conduite du sieur Desmasures, et s'emparent du palais de leur évêque, frappant et maltraitant ceux qu'ils rencontrent. Ils pillèrent, non-seulement toute la vaisselle d'argent du prélat et ses tapisseries, mais aussi tous les autres meubles et ceux qui appartenaient aux habitants de Bresle, que ce Desmasures fit conduire, en la ville de Beauvais, par plus de cent, tant chariots que charrettes. Non content d'avoir encore pris la mitre de l'évêque, il voulut, en dérision, contrefaire l'évêque, nonobstant les remontrances à lui faites. Un gentilhomme de la troupe eut aussi la hardiesse de mettre ses mains sacriléges sur son propre pasteur, et de lui arracher même les marques de son caractère, je veux dire son anneau pastoral; mais il n'eut pas sitôt commis cet attentat, qu'il entendit une parole terrible de la bouche de son évêque : que dans l'an il irait comparaître infailliblement devant Dieu pour y rendre compte d'un tel crime; ce qui arriva en effet, selon que l'avait prédit ce prélat outragé, qui, regrettant de voir ainsi vilipender sa dignité sacrée, fit plusieurs monitoires audit Desmasures et à ses complices, et ensuite fulmina son excommunication, dont peu après ils ressentirent les effets, ledit Desmasures ayant été tué et malheureusement massacré. » Ce vénérable prélat fut détenu cinq jours dans son château, et ensuite conduit, chargé de fers, à Noyon, où on le contraignit à payer 900 écus pour être mis en liberté. Le château de Bresle fut bientôt après démantelé. Dans les derniers temps, la terre de Bresle avait le titre de châtellenie; et quoique les fortifications du château fussent entièrement démolies, le principal bâtiment fut toujours la maison de campagne des évêques de Beauvais. Le parc contenait environ 100 arpents; sa distribution et les embellissements en avaient fait un des séjours les plus agréables des environs. Les bâtiments qui restent encore sont occupés par une brigade de gendarmerie. — Près de Bresle, au sud-ouest, et entre ce village et l'ancienne abbaye de Froidmont, est un lieu nommé *Camp de César,* nom que l'on donnait à tous les camps romains. Celui-ci est d'une forme ovale et placé sur une éminence fort escarpée, nommée elle-même *Mont-César.* Ce camp, de 500 mètres de longueur, était fortifié par un retranchement, dont les ruines rappellent le genre de la castramétation romaine.

Brena antiqua, Brienne-la-Ville, ou Brienne-la-Vieille, très-ancienne paroisse du diocèse de Troyes, arrond. de Bar-sur-Aube, canton de Brienne-le-Château, départ. de l'Aube. Elle est à 20 kil. nord-ouest de Bar-sur-Aube. Popul. 700 hab. Ce village est situé sur la rive droite de l'Aube, avec un port sur cette rivière, où l'on construit des bateaux.

Brenæ Castrum, Brienne-le-Château, petite ville du diocèse de Troyes, chef-lieu de canton de l'arrond. de Bar-sur-Aube, départ. de l'Aube, à 36 kil. nord-est de Troyes, et 194 de Paris. Ce lieu s'appelle en latin Brena, et Flodoard en fait mention au milieu du XIIe siècle, dans sa Chronique, où il nous apprend que la forteresse, *munitio Brena,* avait été bâtie et fortifiée par deux frères, Gotbert en Angilbert, qu'il appelle des brigands (*latrones*). Le roi Louis d'Outremer l'attaqua, la prit et la ruina en 951. Elle fut rebâtie et donnée à des seigneurs qui la tenaient en fief des comtes de Champagne. Erard, seigneur de Brienne, portait le titre de comte dès l'an 1104. Ses descendants mâles furent reconnus pairs du comté de Champagne; l'un d'eux fut roi de Jérusalem et empereur de Constantinople. L'ancienne forteresse de Brienne a depuis longtemps disparu. Cette ville est dans une belle situation, à peu de distance de la rive droite de l'Aube; elle est remarquable par un superbe château de construction moderne, et qui est un des plus beaux monuments du département de l'Aube. Il a fallu vaincre la nature, couper des buttes de terre, et les joindre par un pont qui a plus de 16 mètres (49 p. 3 p.) d'élévation, pour former le plateau sur lequel cet édifice est assis. Il domine une plaine immense, et qui ne présente pas de bornes à la vue; il renferme une bibliothèque précieuse et un cabinet d'histoire naturelle, qui contient des morceaux rares. La beauté des jardins répond à l'élégance des bâtiments. Il n'est peut-être pas en France un château dont la position soit aussi avantageuse, qu'on aperçoive de plus loin, d'autant de lieux, et auquel aboutissent en si grand nombre des routes parfaitement alignées. Cette superbe habitation est due à la munificence de Loménie de Brienne, qui fut ministre de la guerre. Son amour pour les arts, les bienfaits dont lui et son frère avaient enrichi ces contrées, n'empêchèrent pas qu'il ne fût traduit au tribunal révolutionnaire, où les réclamations des communes environnantes ne firent qu'accélérer sa perte. Brienne est devenu célèbre par l'école militaire qui y était établie, et où Napoléon fit ses premières études. En 1776, le gouvernement fit choix du collége des Minimes de Brienne pour y établir cette école destinée à recevoir 100 élèves du roi et 100 pensionnaires. En 1788, le gouvernement désigna de nouveau la maison de Brienne pour y élever les cadets gentilshommes destinés au génie. Ce nombre devait être de 40, avec un pareil nombre de pensionnaires adjoints. Cette maison s'est soutenue jusqu'en 1790; à cette époque il n'y avait plus que 39 élèves du roi et 16 pensionnaires. Les dépenses annuelles excédaient les recettes de 19,000 fr. Les commissaires du conseil général du département, chargés d'examiner la situation de cet établissement, observèrent que la vente des matériaux et de la place ne produirait pas 40,000 fr. Malgré leurs observations, la vente en fut ordonnée, et tous les bâtiments démolis ; de sorte qu'il n'en reste plus rien. De tous les établissements d'instruction qui existaient dans le département de l'Aube, le plus florissant, quoique le plus moderne, était sans contredit l'école militaire de Brienne. Voici les différents objets d'instruction qui y étaient suivis : 1° un cours complet d'humanités, divisé en classes, selon l'ancien mode d'enseignement ; 2° un cours d'histoire et de géographie parallèle et coïncidant au premier ; 3° un cours de dessin, et 4° enfin celui de mathématiques qui n'était jamais discontinué. Cette ville a été le théâtre d'un fameux combat entre les Français et les armées alliées, le 29 janvier 1814. Elle est percée de plusieurs avenues ; on y fabrique de la bonneterie. Il y a des filatures de coton, des faïenceries. Il s'y fabrique aussi des toiles de chanvre et des fils de toute espèce, qui se vendent partie sur les lieux, partie à Troyes. Le principal commerce est en blé, légumes secs, chanvre et laine.

Brennacum, Braine, Braisnes, diocèse de Soissons, arrondissement de cette ville, chef-lieu de canton du départ. de l'Aisne, à 14 kil. est de Soissons, à 24 de Laon, et à 96 de Paris. Il s'est tenu, en 581, un concile dans cette petite ville ; elle est située dans une belle plaine sur la rivière de la Vesle. Chef d'un comté connu il y a près de 700 ans, et qui était une annexe du duché de Valois, elle avait néanmoins son comte propriétaire, dont les prédécesseurs avaient été vassaux et pairs des comtes de Champagne, lesquels avaient tenu cependant les fiefs de Braine et de Roucy de l'église de Reims, dont les comtes de Braine étaient arrière-vassaux. Il y avait dans cette ville une abbaye considérable, de l'ordre des Prémontrés, du nom de St-Yved (*Evodius*), évêque de Rouen, dont le corps y avait été transporté. Cette abbaye avait été fondée, en 1130, par André de Beaudemont. Elle était en commande, et valait environ 7,000 liv. au titulaire. Il s'y trouvait encore un prieuré de l'ordre de Cluny, dépendant de la Charité-sur-Loire, et une seule paroisse sous l'invocation de saint Nicolas. — De Laubrière, évêque de Soissons, y avait fait, en 1733, une translation des reliques de saint Victor, autre évêque de Rouen. La démolition de l'église de St-Yved avait été ordonnée il y a quelques années. Cette église, fondée par Robert Ier, fils de Louis le Gros, est un monument que les gens de l'art regardent comme un des chefs-d'œuvre du XIIIe siècle, et que son fondateur avait choisi pour le lieu de sa sépulture et de ses descendants. Il y repose avec dix autres membres de sa famille. Ces cendres ont été respectées pendant la révolution. C'est au curé, doyen de Braine, l'abbé Beaucamp, que l'on doit la conservation de ce monument religieux. On trouve des sources d'eau minérales au bas de cette commune ; une entre autres se rencontre à une porte de ce lieu, dite la *porte de Châtillon*. La qualité des eaux de cette source approche de celle des eaux de Passy, près Paris. Plusieurs personnes les ont prises avec succès ; elles purgent doucement. Aux environs, et non loin d'un vieux château ruiné, appelé *la Folie*, on voit des rochers tout entiers de pierres numismales et de tubes vermiculaires ; il y a aussi des pyrites, des marcassites sur terre et dans la terre, ainsi que de la ceraunite ou pierre de tonnerre, de différentes forme et grosseur, de la pierre fromentaire, des concrétions, des fluors et des cristallisations. Il se fait à Braine un commerce de bestiaux ; il y a un dépôt d'étalons, et une foire considérable le 14 septembre. Sa popul. est de 1,800 hab. environ.

Brevannum vel *Brevanum*, Brevanne, Brevane ou Bevrane, hameau de la commune de Limeil, diocèse de Versailles, canton et bureau de poste de Boissy-Saint-Léger, arrond. de Corbeil, départ. de Seine-et-Oise, à 16 kil. de Paris. Il y existe un château et beaucoup de maisons de campagne environnées de bois. Le château fut, en 1786, reconstruit sur un plan très-vaste, par le Pilenz, conseiller au parlement. On évalue les dépenses de construction et d'embellissement à un million. Il avait appartenu au duc de Chaulnes, gouverneur de Bretagne. Ce château se fait remarquer par l'élégance et la solidité de son architecture, la beauté de ses avenues et de ses développements, l'étendue et la magnificence de ses dépendances. Il est environné de vastes fossés, dont les eaux proviennent de sources abondantes qui répandent encore le luxe de leurs eaux dans les jardins, et sont recueillies dans des bassins dont la grandeur égale la variété. L'orangerie, par le choix, le nombre et la beauté des arbres, ajoute aussi à l'agrément du château. Le parc, les bosquets et les plantations de tout genre, ont été exécutés sur les dessins de Lenôtre ; quelques allées, par leur étendue, offrent un aspect aussi noble qu'imposant, à cause des voûtes qu'elles forment. — Il y avait à Brevanne une chapelle du titre de Sainte-Marie-Madeleine, où l'on célébrait la messe les dimanches et fêtes, excepté les grandes solennités. Mme de Sévigné venait souvent dans ce hameau ; elle s'y plaisait singulièrement, et y passait une partie de l'été chez Mme de Coulanges, dont la maison existe encore. C'est de cet endroit qu'elle écrivait à sa fille, le 11 novembre 1688 : « Mme de Coulanges est encore plus aimable ici qu'à Paris ; c'est une vraie femme de campagne ; je ne sais où elle a pris ce goût ; il paraît naturel en elle. »

Briacæ, Brières (les). Ce hameau, qui fait partie de la commune de Bagnolet, est situé à son nord et au levant de Ménilmontant. Ce lieu fut adjugé à l'abbaye de Saint-Denis par arrêt du parlement du 28 novembre 1352. Il se trouve mentionné depuis dans les registres du trésor des Chartes, comme appartenant, au moins en partie, au roi par confiscation. On y voit à l'an 1384, au mois de mars, des lettres de Charles VI, datées de Paris, où ce prince dit qu'il avait donné à son chambellan Guillaume de La Trémoille, les maisons de Bruyères-lez-Paris, et une maison appelée *La Folie Nicolas Guepié*, assise près desdites maisons, avec les dépendances, lesquelles choses furent jadis à Jean Desmares, avocat du roi au parlement de Paris, parce que ledit *Jehan fut lors exécuté pour ses démérites*. Charles VI, vu les bons offices de son aimé escuyer et varlet *tranchant, Pierre de la Trémoille, chambellan de sondit oncle*, lui donna ces mêmes maisons qu'il avait reprises de Guillaume. Au temps où l'abbé Lebeuf écrivait, le magnifique château des Brières venait d'être vendu par le prince Léon, de la maison de Rohan, qui le possédait, à un nommé Corbec, couvreur de Paris, moyennant 85,000 liv. Le nouvel acquéreur le fit démolir. Il en reste encore l'orangerie et un pavillon couronné d'un clocher, dit Notre-Dame-de-Pitié: Les pénitents de Belleville y disaient autrefois la messe. Corbec détruisit aussi le parc et les jardins.

Bricii Sancti Villa, Saint-Brice. Plusieurs localités en France ont pris le nom de saint Brice, évêque de Tours après saint Martin. Il y a un bourg de ce nom dans le diocèse de Rennes, chef-lieu de canton de l'arrondissement de Fougères, à 12 kil. nord-ouest de cette ville, départ. d'Ille-et-Vilaine. La popul. est de 1400 habitants.

Il y en a un autre qui faisait partie de l'ancien diocèse de Paris, et qui est aujourd'hui de celui de Versailles, canton d'Ecouen, arrond. de Pontoise, dépt. de Seine-et-Oise, à 3 kil. d'Ecouen, où est le bureau de poste, à 8 de Saint-Denis et à 14 de Paris. La popul. est de 1500 hab. Le terroir est en terres labourables et en vignes; on y récolte beaucoup de fruits. On ne trouve rien de particulier sur ce village avant le règne de Louis le Gros, au commencement du XIIe siècle. L'abbé Lebeuf croit qu'il a pu être originairement une dépendance de Groslay, qui est fort ancien, et que l'érection de sa paroisse est de l'année 1100. L'église, augmentée de deux ailes au midi, a été dédiée en 1525. L'ancienne, qui subsistait, au XIIe siècle, fut alors donnée à l'abbaye de Saint-Victor par Etienne de Senlis, évêque de Paris. Dès le XIIIe siècle, il y eut à Saint-Brice une *Maison-Dieu*, nom qu'on donnait à cette époque aux maladreries ou hôpitaux. En 1237, Bouchard de Montmorency lui légua 10 livres par son testament. Le Pouillé de Paris de l'an 1648, dit que cette maladrerie était de fondation royale. Il existait sur le territoire de ce village au XVe siècle une chapelle du titre de Saint-Nicolas, qui avait été remplacée par une croix vers le milieu du XVIIIe siècle. Les seigneurs de Montmorency l'étaient aussi de Saint-Brice; cette seigneurie passa aux princes de Condé, qui la conservèrent. Les fiefs Godin, Heuget et Lamotte, situés à Saint-Brice, ont été possédés, aux XVIe et XVIIe siècles, par la famille de Braque; ce qui a causé l'erreur de quelques écrivains, qui ont avancé que les Braque avaient été seigneurs de ce lieu, dont l'air est très-pur, et où, de tous les environs de Paris, on trouve le plus d'octogénaires. — Excepté une manufacture de chandelles, dites économiques, cette commune ne renferme pas d'établissements industriels; mais on y fabrique avec succès beaucoup de dentelles de soie, qui servent principalement aux ornements sacerdotaux.

Brice (St-), ancienne paroisse, qui ne consistait qu'en une ferme et un couvent de trinitaires, nommé *Caillouet*, du lieu où ils avaient été fondés par don Jacques Doublet, moine de Saint-Denis, à la fin du XVIe siècle. Cette maison, qui était pauvre, et ne pouvait nourrir plus de deux ou trois religieux, fut réunie, en 1655, à la cure de St-Brice, à laquelle les religieux continuèrent de présenter. Cette paroisse est maintenant une des dépendances de Chaumont, diocèse de Beauvais, dépt. de l'Oise, dont elle n'est distante que de 4 kil.

Brice (St-), village du diocèse de Meaux, dépt. de Seine-et-Marne, arrond. et canton de Provins, à 2 kil. de cette ville où est le bureau de poste, et à 44 de Melun. Pop. 520 hab. Il y a plusieurs maisons de campagne et un assez beau château.

Briegia, la Briche, hameau considérable du diocèse de Paris, départ. de la Seine, qui dépend en partie de la commune de Saint-Denis et en partie de celle d'Epinay-lez-St-Denis, plus souvent désignée sous le nom d'Epinay-sur-Seine. — Il y a un de ces anciens hôtels de campagne qu'on a depuis qualifiés de châteaux. En 1365, Guillaume Tois, bourgeois de Paris, légua à l'abbaye de Saint-Denis cet hôtel de la Briche, appelé le *jardin Boniface*, avec moulin, vignes, pressoir, vivier, terres et prés. Ce même hôtel, dit situé sur le chemin de Pontoise, fut confisqué vers l'an 1433 par le roi d'Angleterre, se disant roi de France, et donné à Pierre de Fontenay, qui lui était attaché. Les Anglais furent battus, en 1436, par les troupes françaises, entre St-Denis et Epinay, ce qui doit être arrivé aux environs de la Briche. Quelques auteurs marquent cette bataille entre la Briche et Saint-Léger, village aujourd'hui détruit, et qui était au midi de Stain. Cette victoire ouvrit les portes de Paris à Charles VII, qui n'avait pas vu sa capitale depuis 1418. Au XVIe siècle, ce château appartint à Gabrielle d'Estrées, qui y fit planter un parc et construire une chapelle qu'on y voit encore.

Au commencement du XVIIe siècle, il fut possédé par Guillaume Lormier, conseiller en la cour des aides, puis par sa veuve. Un sieur Bouret en jouissait en 1699, en 1760 un nommé la Live, et sous Napoléon M. de Sommariva. Il y avait, avant la révolution, à l'entrée du château, sur le bord du grand chemin, un petit bâtiment solide et déjà ancien, accompagné de deux tourelles, entre lesquelles étaient des armoiries, et d'un pont-levis. — Ce hameau, situé sur le bord de la Seine, a un port pour les vins de Bordeaux, eaux-de-vie, huiles et autres marchandises, qui arrivent par cette rivière, ce qui le rend très-fréquenté. L'embouchure du canal Saint-Denis est à la Briche ; il est traversé, dans la partie qui est sur la commune de Saint-Denis, par la route de Rouen. Sa distance de St-Denis, où est le bureau de poste, est de 1 kil., et celle de Paris de 12 kil. au nord-ouest.

Briegium, Brys-sous-Forges, ou Briis, Bries, ou Bris, paroisse de l'ancien diocèse de Paris, maintenant de celui de Versailles, canton de Limours, arrondissement de Rambouillet, départ. de Seine-et-Oise, à 4 kil. au sud-est de Limours, où est le bureau de poste, et à 30 kil. au sud-ouest de Paris. Sa popul. est d'environ 700 hab. y compris les hameaux de Launay-Maréchaux, Chantecoq, le Coudray, le château ou maison de campagne de Bligny ; une autre maison de campagne et ferme nommée Frileuse, et trois moulins, sous diverses dénominations. Ce village, tel qu'on le voit aujourd'hui, paraît évidemment avoir été fermé de murs, et avoir eu quatre portes. Il ne reste de l'ancien château qu'un donjon et une tour formant un demi-cercle. Sa situation est sur une petite éminence, au bas de laquelle passe un ruisseau qui vient de Limours. Il y a une très-forte présomption de croire que c'est à Briis que la fameuse Anne de Boulen, femme de Henri VIII, roi d'Angleterre, fut élevée jusqu'à l'âge de 15 ans. L'église paroissiale est sous le titre de Saint-Denis. C'était anciennement l'abbé de Saint-Magloire qui présentait à la cure ; mais depuis la réunion de l'abbaye à l'archevêché, l'ordinaire y nomma de plein droit. Il y a eu autrefois des calvinistes à Briis, et cette église était leur temple. La nef est un grand vaisseau, nu, lambrissé en demi-cercle. L'édifice paraît assez récent ; on le dit rebâti depuis les guerres de religion. L'abbaye de Saint-Magloire avait fait construire une autre église, appelée de Sainte-Croix, qui n'existe plus. Un moine de cette abbaye, Geoffroy de Netz, mit en vers, en 1319, l'histoire de la translation du corps de saint Magloire, dans une châsse d'argent, faite le 9 juillet 1318 ; il s'exprime ainsi sur les officiaux :

> Ceux officiaux furent lors,
> Ces autres furent prieus hors :
> De Sainte-Croix de Bris, Jehan
> De la Queue prieus cet an
> Estait ; et Jehan de Moucy
> De Versailles prieus aussy.

En 1534, Guillaume Dumoulin était seigneur de ce lieu, et y vivait avec sa mère. Il exposa à l'évêque de Paris que cette dame, nommée Marie, était âgée de 80 ans, et ne pouvait se passer de viande de carême. L'évêque lui permit de lui en faire manger ; pourvu que ce fût en secret, mais non les vendredis. — Briis a eu pour curé, en 1618, un homme qui acquit plus tard quelque célébrité : c'est André Saussaye, mort évêque de Toul, en 1675, âgé de plus de 80 ans. Il a laissé un grand nombre d'ouvrages, mais qui ne sont pas estimés. — La seule maison de ce village qui, par sa construction, se distingue des autres, s'appelle le Pavillon. Le terroir est en terres labourables, vignes et bois.

Brigta. La Brie, province avec ancien titre de comté, qui avait 120 kil. de longueur et 88 dans sa plus grande largeur. Elle était divisée entre les diocèses de Paris, de Meaux, de Soissons, de Troyes et de Sens, et comprise dans la Champagne et dans le gouvernement de l'Ile de France. Aujourd'hui elle est répartie entre les diocèses de Meaux, de Soissons, de Versailles et de Châlons-sur-Marne. Elle forme le département de Seine-et-Marne, et une petite partie des départements de Seine-et-Oise, de l'Aisne et de la Marne. Cette province présentait une espèce de carré entre la Seine et la Marne, au delà de laquelle elle s'étendait cependant, encore de quelques lieues jusqu'aux confins de la Champagne, entre le septentrion et le couchant. Elle était ainsi nommée d'une forêt qu'Aimoin appelle *Brigensis saltus*. Jonas, dans les Vies de saint Colomban et de saint Eustaise, abbés, nomme *Brigensis saltus ad fluviolum Reshacem et saltus pagusque Briegius*. Bède donne à ce canton le nom de *Brige*, et le testament de Dagobert celui de *Brigeium*. Les modernes l'appellent *Bria*. La Brie était anciennement beaucoup plus petite qu'à l'époque de la division départementale, puisqu'on en distinguait les territoires de Meaux et de Provins. Cependant l'abbé Lebeuf fait mention d'une charte du roi Thierri, de l'an 690, et d'autres pièces fort anciennes, qui montrent que *Briegium* et *Territorium Meldicum* étaient synonymes. — On divisait cette province en Brie champenoise, qui faisait partie de la Champagne, et en Brie française, qui faisait partie du gouvernement général de l'Ile de France. — La Brie champenoise était bornée, au septentrion, par le Valois et le Soissonnais ; au couchant, par l'Ile de France ; au midi, par le Gâtinais français, et au levant, par la Champagne proprement dite et le Rémois. Elle avait 88 kil. de long sur 56 de large. L'air y est bon et le territoire fertile en blés et en vins. Il y a aussi des bois et d'excellents pâturages ; ses fromages sont très-estimés. La capitale était Meaux. On la divisait en haute et basse Brie et en Brie pouilleuse, autrement dite galleuse et gallevesse. Cette dernière était au nord, et avait pour capitale Château-Thierry. Elle renfermait une partie du Tardenois dont le reste était confondu avec le Soissonnais. La haute Brie renfermait le territoire de Meaux et une partie du Mulcien, dont le reste se trouvait confondu avec l'Ile de France et le Valois : Meaux était sa capitale. La basse Brie était la partie du midi, et avait Provins pour capitale. La Marne, la Seine, le grand et le petit Morin, la Voulzie, la Brevone, la Terouane et l'Urtin étaient les rivières de la Brie champenoise, et ses villes dans la haute Brie, Meaux, Coulommiers, Crécy, Jouy ; dans la Brie pouilleuse, Château-Thierry, Crouy, Montmirel, la Fère-en-Tardenois, la Ferté-sous-Jouarre, Nogent l'Artault ; et dans la basse Brie, Provins, Sezanne, Montereau-Fault-Yonne, Joui-le-Châtel, la Ferté-Gaucher, Bray-sur-Seine, Villenoxe-la-Grande, Donnemarie, Anglure. — La Brie française, incorporée au gouvernement général de l'Ile de France, était bornée au septentrion, par l'Ile de France; au midi, par la Seine, qui la séparait du Gâtinais; au levant, par la Brie champenoise, et au couchant, encore par la Seine, qui la séparait du Hurepoix. Ses villes principales étaient Brie-Comte-Robert sa capitale, Corbeil, Villeroi, Lagny, Crecy, Rosoy, Montereau, Hericy, Dammartin, Villeneuve-Saint-Georges; l'Hières était sa seule rivière. La Brie était divisée en six élections, Meaux, Coulommiers, Rosoy, Melun, Provins, Château-Thierry : les environs de Lagny appartenaient à l'élection de Paris. — Cette province était le pays des *Meldi*, peuples de la 4ᵉ Lyonnaise. Soumise vers le xᵉ siècle, elle fut gouvernée par des comtes qui descendaient d'Eudes, tué par Gathalon. Pierre de Dreux la porta dans la maison de Bretagne, en 1550, d'où elle passa dans celle d'Artois, 44 ans après, par le mariage de Blanche, fille de Jean II, duc de Bretagne, avec Philippe, comte d'Artois. Charles VI la donna à son frère Louis, duc d'Orléans, et Louis XII, à son avénement, la réunit à la couronne.

Brionna. Brionne, ville de l'ancien diocèse de Rouen, aujourd'hui de celui d'Evreux, chef-lieu de canton de l'arrondissement de Bernay, département de l'Eure, à 14 kil. nord-est de Bernay, idem de Rouen, et 32 nord-est d'Evreux. Elle est située sur la Rille, au pied d'une côte, dans une vallée agréable. Il se tint en cette ville, en 1050, un célèbre concile provincial, où l'on condamna l'hérésie de Bérenger. Il y avait à Brionne une ancienne léproserie, dont il ne restait, au commencement du xviᵉ siècle, qu'une chapelle en titre, sous le nom de Saint-Michel. Cette terre était possédée par la maison de Lorraine, de la branche établie en France. La paroisse de cette ville portait le titre de Saint-Martin. Il y avait un monastère de bénédictines, une haute justice, une foire à la Saint-Denis, et un grand marché aux grains tous les jeudis. La mesure de Brionne était une des grandes de Normandie. L'église de Saint-Denis, située de l'autre côté du pont, était succursale de celle de Saint-Martin. Au-dessus de cette église, on voit un ruisseau qui tombe de la côte, et qui fait tourner un moulin, avant de se perdre dans la Rille. Il y a aussi deux moulins à huile. Ce pays est fertile en grains, dont les habitants font un grand commerce. Il y a de belles prairies. Il s'y fabrique des draps. On y trouve des filatures de laine et de coton, des tanneries, des mégisseries. La population est de 2600 hab.

(1) Mela, iii, 2.
(2) Mabillon, *Analecta*, pag. 263. Wesseling, *Itinér.* 386.
(3) *Tab. Peuting.*; *Notit. Gall.* Il serait possible que Ptolémée eût commis une erreur en indiquant sous deux noms différents le même peuple : Strabon appelle aussi *Samnites* un peuple que Tyrwhit et Gosselin regardent comme les *Namnites* ou *Namnetes*, en corrigeant le texte qui parait avoir été altéré par une faute de copiste. Les manuscrits de Strabon que Ptolémée a consultés portaient peut-être les deux

Britannia Minor, vel Armorica, l'Armorique, la Petite Bretagne, pour la distinguer de la Grande (*Britannia Major*), ancienne province de France, fameuse dans les annales du moyen âge et dans l'histoire contemporaine.

D'après un état, une notice (*notitia*) de l'empire romain concernant la division de la Gaule, la province dite la troisième Lyonnaise commençait aux environs de Tours, et s'étendait, dit Malte Brun, sur toute la péninsule de Bretagne, péninsule presque entièrement effacée dans la géographie systématique de Strabon, mais que Méla décrit le premier d'une manière conforme à la vérité (1). Voici les peuples de cette province : les *Turones* occupaient la Touraine avec *Cæsarodunum*, qui, dans le moyen âge, prit le nom du peuple et qui est aujourd'hui Tours; les *Andecavi* ou *Andes* possédaient *Juliomagus* ou Angers; les *Cenomani* habitaient le Maine avec *Vindinum*, aujourd'hui le Mans; les *Diablintæ*, autrement *Diablintes* ou *Diablindi*, avaient pour chef-lieu *Næodunum*, qui existe encore sous le nom Jubleins, à l'est de Mayenne (2). Dans la péninsule nous trouvons les *Redones*, que Ptolémée transporte au milieu des Gaules, mais dont la capitale, *Condate*, est décidément Rennes. Au sud de ceux-ci étaient les *Namnetes*, nommés Samnites par Ptolémée, qui place très-loin de là, et au nord des Cenomani, une autre nation des Namnetes avec la ville de *Condivicnum*; il est donc incertain si ce nom convient à Nantes, indiquée d'une manière plus certaine sous ceux de *Civitas* ou *Portus Namnetum* (3). Le géographe d'Alexandrie place encore à l'embouchure de la Vilaine un port nommé *Portus Brivates*, qui appartint dans la suite aux Visigoths (4), et qui par conséquent ne saurait être reculé plus au nord : c'est aujourd'hui la petite ville maritime du Croisic. Les *Veneti* régnaient sur les côtes du Morbihan et sur les îles *Vénétiques*, l'un des siéges du culte druidique; la ville de Vannes, connue sous le nom de *Dariorigum*, reçut plus tard celui de *Venetæ* (5); les grands mais informes navires de cette nation se rendaient aux îles Britanniques (6). Les *Osismii* occupaient l'extrémité de la péninsule avec le port *Gesocribate*, depuis Brest, et le promontoire *Gobæum*, qu'on prend généralement pour le cap Mahé. Leur capitale portait le nom de *Vorganium*. L'île *Sena* ou des Saints était le siége d'un oracle avec neuf prêtresses qui passaient pour avoir le pouvoir de guérir les maladies incurables, d'exciter et d'apaiser les tempêtes et de se transformer en toute sorte d'animaux (7). La côte septentrionale de la Bretagne appartenait, se-

noms ci-dessus, et il aura éloigné deux peuples qui n'en font qu'un. Quoi qu'il en soit, d'Anville, Montelle et Gosselin s'accordent pour donner à Nantes le nom de *Condivicnum*.
(4) Fredegar. *Hist. Franc.* 45.
(5) *Not. imper. Dariorigum* est le nom que lui donne Ptolémée : mais dans la table théodosienne elle est désignée sous celui de *Dartoritum*.
(6) Cæs. iii, 8; Strab. iv.
(7) Strab. iv, 303. Dion. Perieg. 571; Plin. iv, 19; Mela, iii, 6.

lon Ptolémée, aux *Bidukasses*, qui sont peut-être les mêmes que les *Bidukesii*. Au sud de ces peuples, César nomme les *Curiosolites*; leur chef-lieu était *Corsilium*, dont on croit avoir découvert les restes à Corseul, près de Dinan.

Toutes les contrées voisines de la mer étaient surnommées, en langue celte, *Arémoriques*, c'est-à-dire maritimes (1). Cette appellation, que Pline confond avec l'Aquitaine (2), resta en particulier aux côtes qui s'étendent de l'embouchure de la Loire vers celle de la Seine; on les nommait tantôt *Armorique* et tantôt *Armoricanus Tractus* (3). Vers le commencement du ve siècle elles s'affranchirent entièrement de l'autorité des Romains (4). Le duché de Bretagne fut un reste de l'Armorique indépendante; mais le dialecte celtique, qui s'y est conservé, ne paraît malheureusement présenter qu'un mélange confus du celte proprement dit, de l'idiome belgique, parlé par les Bretons insulaires qui s'y réfugièrent, et de la langue latine déjà répandue dans toutes les Gaules (5).

La domination romaine apporta un commencement de civilisation aux Celtes de l'Armorique; et ils en avaient besoin, car ils étaient les plus grossiers de tous les barbares, suivant Diodore de Sicile. Leurs *druides*, dit Malte Brun dans son *Histoire de la géographie* (6), étaient les prêtres d'une religion aussi sanguinaire que celle d'Odin, mais dont la morale et la mythologie, obscurément connues par quelques faibles indices, ne paraissent pas avoir offert l'ensemble poétique de la doctrine des Scandinaves. Les étrangers étaient immolés sans distinction sur les autels des divinités celtiques (7); on sacrifiait aussi à ces divinités tous les criminels en les enfermant dans une grande image entourée de feu (8). C'était dans les entrailles fumantes des victimes humaines que le druide cherchait l'augure des succès de la guerre. Le seul trait intéressant qui nous soit parvenu de la religion druidique, c'est l'opinion qui, en admettant l'immortalité des âmes, leur assignait pour demeure, non pas le sombre royaume de Pluton, mais l'immensité des airs et les nuages errants (9).

Les Celtes firent redouter leurs armes même aux Romains. Nus jusqu'à la ceinture, un immense glaive de cuivre à la main, ils se précipitaient au combat avec une fureur extrême, mais sans art, sans ordre; le moindre désastre changeait leur audace en lâcheté. Au commencement des batailles ils étaient plus que des hommes; à la fin ils étaient souvent moins que des femmes (10). Ils montraient, de l'aveu de leur vainqueur même, une singulière aptitude pour apprendre l'art de la guerre (11), et leurs forteresses n'étaient pas à dédaigner.

Leur vêtement ordinaire était un manteau court, nommé *sagum*, une jaquette, ou *palla*, et des pantalons appelés *braccæ*. Les couleurs éclatantes et bigarrées flattaient leur vanité. Une chaîne d'or ou de métal doré leur pendait au cou; l'or brillait encore sur leur armure et sur les harnais de leurs chevaux. Dans la partie de la Gaule libre, avant l'invasion de César, on portait les cheveux flottants sur les épaules; d'où les Romains prirent occasion d'appeler cette partie *Gallia comata*, Gaule chevelue, tandis que leur conquête ou la province narbonnaise était appelée *Gallia braccata*, Gaule en pantalons; et le nord de l'Italie, occupé en partie par des peuples celtiques devenus presque Romains, était surnommé *Gallia togata*, Gaule en toges.

Nous n'entrerons point dans la discussion encore peu avancée de ces deux questions : la langue latine remplaça-t-elle dans toute la Gaule la langue celtique? et à quelle époque? Il nous paraît que les Gaulois, admis de bonne heure aux droits de la cité romaine, et déjà dans le premier siècle livrés à l'étude de la langue latine (12), durent oublier leur ancien idiome; ce ne fut qu'à ce prix qu'ils purent acheter la gloire de passer pour très-éloquents en latin (13). L'emploi des caractères grecs, qu'on a voulu attribuer aux anciens Celtes, ne suppose point l'usage habituel de la langue grecque, qu'un auteur judicieux leur refuse positivement (14); mais il est probable que les *runes celtiques*, si les druides en avaient, ressemblaient, comme toutes les runes, à l'ancien alphabet grec.

Les Celtes, comme les autres peuples du Nord, aimaient la course à cheval, la chasse et la natation; ils

---

(1) Cæs. vii, 75.
(2) Plin. iv, 17.
(3) Du mot breton *armorik*, composé de la préposition *ar* (sur) et du substantif *morik*, diminutif de *mor* (mer).
(4) Zozim. vi, 5.
(5) Tous les savants ne partagent pas cette opinion. Il y en a qui prétendent que le bas breton parlé dans les campagnes des diocèses de Vannes, de Quimper et de Saint-Brieuc, est la langue celtique, le langage le plus ancien de l'Europe; et qu'en le comparant avec les autres langues et même avec l'hébreu, on est étonné de sa supériorité et de son extrême précision. Cette assertion est-elle bien fondée? Il est certain, comme le dit ici Malte Brun, que le mélange des populations dans l'Armorique a dû nécessairement occasionner une altération dans le langage. Que le celte prédomine dans le bas breton, c'est possible, et nous le croyons, mais qu'il soit resté dans son état normal primitif, c'est inadmissible, parce que c'est impossible. (*Note de l'auteur*.)

(6) Cæs. vi, 13.
(7) Diod. iv, 19.
(8) Cæs. l. c.
(9)   Vobis auctoribus umbræ
Non tacitas Erebi sedes Ditisque profundi
Pallida regna petunt.   (*Lucan*.)

(10) « Gallorum prima prælia plus quam virorum, postrema minus quam feminarum. » Tit. Liv.
(11) Cæs. vi, 23.
(12) Gallia causidicos docuit facunda Britannos.
                              (*Juven*.)
(13) S. Hieron. proœm. Epist. II ad Galatas. Ep. ad Paul. contr. Vigilant., etc.; Symmach. viii, epist. 68; ix, epist. 83.
(14) Dio Cass. xi, 9. Comp. Cæs. i, 29; vi, 13, 14, copié par Strab. iv, 273.

mangeaient assis. Après le dîner, ils se livraient des combats simulés, qui souvent prenaient un caractère sérieux. Les funérailles avaient de la pompe; on jetait sur le bûcher tout ce qui avait été cher au défunt; quelquefois les amis et les époux s'y précipitaient pour suivre dans l'autre monde ceux dont ils pleuraient la perte (1). Il est impossible de distinguer dans les relations des anciens ce qui appartient à la Gaule encore indépendante d'avec ce qui doit s'appliquer à la Gaule devenue romaine. Il est encore difficile de concilier entre eux les divers portraits qu'on a tracés du caractère des Gaulois. Les historiens grecs et romains reprochent aux anciens Gaulois leur férocité, leur mauvaise foi, leur avidité de pillage, leur ivrognerie et beaucoup d'autres vices crapuleux (2). Mais ce portrait appartient au siècle où les crânes des ennemis tués leur servaient de vases pour boire. Plus tard, il paraît qu'on les accusait principalement d'une inconstance qui paralysait même leur bravoure, et d'une jactance qui s'exhalait par un torrent de vaines paroles (3). Un auteur prétend même renfermer leur caractère en trois mots qui signifient littéralement *frivole, faible* et *arrogant* (4); mais Julien l'Apostat, qui avait gouverné les Gaulois, rend justice à leur conduite loyale, modérée et pleine d'une noble fierté.

Avant l'établissement des Francs dans les Gaules, voici quelle était l'organisation ecclésiastique de l'Armorique, d'après une notice de la fin du IVᵉ siècle insérée dans le premier volume de ce Dictionnaire, page 1095. La troisième Lyonnaise, sous la métropole de Tours, comprenait les évêchés du Mans (civitas Cenomannorum), Rennes (civitas Redonum), Angers (civitas Andicavorum), Nantes (civitas Namnetum, vel Condivicnum), Corseuil (Corsilium), Quimper (civitas Coriosapitum), Vannes (civitas Venetum), Vorganium (civitas Ossismorum), Næodanum (civitas Diablintum).

Après l'invasion des Francs, cette organisation éprouva des changements. Le culte druidique avait laissé des souvenirs et conservé des adhérents à l'extrémité de la péninsule et sur les côtes. Des prêtres bretons, réfugiés dans l'Armorique par suite de l'invasion de la Grande-Bretagne par les Anglo-Saxons, s'efforcèrent de répandre la foi évangélique parmi ces populations armoricaines, encore soumises au joug druidique. Les troubles occasionnés par les Anglo-Saxons se continuant, beaucoup de familles bretonnes arrivèrent dans l'Armorique pour se soustraire à la domination saxonne. A partir de cette époque, vᵉ siècle, on s'habitua à nommer l'Armorique Petite-Bretagne pour la distinguer de l'autre. Après les missions dont nous venons de parler, l'organisation ecclésiastique subit plusieurs modifications. Saint Pol de Léon, un de ces courageux missionnaires, donna son nom à la ville des Ossismiens (civitas Ossismorum). Les villes épiscopales étaient Saint-Pol de Léon, Quimper-Corentin, Vannes, Nantes, Rennes, Saint-Brieuc, Lexobium, siège transféré à Tréguier au IXᵉ siècle, Alethum, Aleth, ville ruinée au XIIᵉ siècle, dont le siège a été transféré à Saint-Malo, et Dol. Cette dernière ville prétendit à la suprématie, et réclama les droits de la métropole de la province contre Tours; elle les exerça effectivement jusqu'au XIᵉ siècle, époque à laquelle Tours parvint à reprendre ses anciennes prérogatives. La Bretagne forma un duché dont l'existence au moyen âge fut très-orageuse et continuellement agitée par des guerres sanglantes. François II, dernier duc, n'eut qu'une fille pour héritier, la princesse Anne, qui épousa Charles VIII et ensuite Louis XII; ce qui amena la réunion du duché de Bretagne à la couronne en 1532. La province conserva ses privilèges et ses états généraux, comme le Languedoc et la Bourgogne. Les ducs de Bretagne avaient fixé le plus souvent leur séjour à Nantes; mais les états se tinrent à Rennes, ce qui fit de cette ville la capitale de la province. Malgré sa réunion à la couronne, la Bretagne, isolée du reste du royaume par sa configuration topographique, demeura en dehors de l'influence des autres provinces. Elle sauvegarda soigneusement sa langue, ses traditions, ses légendes, ses habitudes et ses mœurs. Aussi la révolution de 89 la trouva-t-elle fort peu disposée à entrer dans le système des innovations modernes. On distinguait alors la haute et la basse Bretagne : l'une contenait les diocèses de Rennes, Nantes, Saint-Malo, Dol et Saint-Brieuc; l'autre ceux de Vannes, Quimper, Saint-Pol de Léon et Tréguier. Il se déclara partout un mouvement prononcé contre la nouvelle organisation décrétée par l'assemblée constituante. Les vieilles légendes du pays apparurent fraîches, riantes à l'imagination bretonne; et les habitants, dans leur enthousiasme, en recréèrent de nouvelles remplies de dévouement, revêtues d'un coloris pur et éclatant. La Bretagne a inscrit son nom en caractères ineffaçables dans les annales de la première république française. Le concordat de 1801 supprima les sièges épiscopaux de Tréguier, Saint-Pol de Léon, Dol et Saint-Malo. Leur suppression a été maintenue par les conventions restrictives du concordat de 1817. La Bretagne compte maintenant les évêchés de Rennes, dont la juridiction s'étend sur le département d'Ile-et-Vilaine, Vannes sur le département du Morbihan, Quimper sur le Finistère, Nantes sur la Loire-Inférieure, Saint-Brieuc sur les Côtes-du-Nord. Ensemble, cinq diocèses et cinq départements.

Le climat de la Bretagne est humide et froid. Il y règne, particulièrement sur les côtes, presque toujours des brouillards. Elle renferme une vaste étendue de

---

(1) Diodorus, v, 29, 30; Mela, III; Cæs., Strab., Athen., etc.
(2) Diodor. v, 28; Polyb. II, 19; Cæs., Liv. *passim*.

(3) Vaniloquum Celtæ genus et mutabile mentis.
(Sil. Ital. VIII, Cæs., Flor., etc.)
(4) Τὸ κοῦφον, καὶ τὸ δειλόν, καὶ τὸ θρασύ. Dio Cass. LXXVII, 3.

landes; il en est qui pourraient être utilisées, et d'autres dont le sol est tout à fait mauvais. Elle produit néanmoins des céréales presque partout, et spécialement du seigle, de l'orge, de l'avoine et du sarasin, qui sert à la nourriture habituelle des habitants des campagnes. On y fait du cidre, le beurre y est excellent. Les bois ne sont plus aussi étendus, on a opéré beaucoup de défrichements. La population des côtes se livre à la pêche; elle est pauvre.

Les Bretons sont laborieux, dévoués, fort attachés à leurs usages, à la religion et à leur pays. La Bretagne a produit beaucoup d'hommes célèbres sous le rapport religieux.

Britannia Major, la Grande-Bretagne, qui offre l'association la plus nombreuse, l'ensemble le plus complet de toutes les légendes. Les oppositions de toute sorte, les contrastes de toute nature s'y rencontrent. L'Ecosse et l'Angleterre forment l'île européenne appelée Grande-Bretagne. L'Ecosse a une physionomie moins tranchée, moins accidentée, plus pâle, mais aussi plus intéressante, plus pittoresque que celle de l'Angleterre : c'est un tableau particulier dans un grand cadre. Ces deux parties d'une même contrée se distinguent par des caractères différentiels très-prononcés. L'Ecosse a quelque chose de chevaleresque, de poétique que ne possède pas l'Angleterre, éminemment positive. Chacun des deux pays est original dans ses idées, dans ses systèmes, dans ses habitudes et dans ses mœurs; mais l'originalité la plus grande appartient à l'Angleterre.

L'Angleterre a des légendes sur les invasions successives dont elle a été victime. Envahie dans le v*e* siècle par les Pictes, peuple sorti de l'Ecosse, elle appelle à son secours les Angles et les Saxons, habitant la Germanie septentrionale, qui profitent de leur victoire pour dominer et même expulser la nation qu'ils viennent de secourir. Les Bretons se retirent en partie dans le pays de Galles, et en partie sur le continent dans l'Armorique qui, à partir de cette époque, prend le nom de Petite-Bretagne. Les vainqueurs établissent sept petits royaumes connus dans l'histoire sous le nom d'*Heptarchie*. Arrivent ensuite en 801, pendant une période de deux cents ans, les invasions successives des Scandinaves, et surtout des Danois, qui, après avoir ravagé la Grande-Bretagne, finissent par s'emparer de l'Angleterre en 1017. Mais, en 1066, survient la grande invasion normande conduite par le duc de Normandie, Guillaume le Bâtard, dit le Conquérant, figure légendaire, s'il en fut, et historique en même temps.

L'Angleterre présente la légende d'une extrême soumission religieuse et d'une extrême opposition. Un de ses premiers rois, dans son zèle irréfléchi, la rend tributaire du saint-siège, et s'engage pour ses sujets à payer le denier de saint Pierre. A plusieurs siècles de là, un autre de ses rois, un Tudor (Henri VIII), se soulève contre l'autorité spirituelle légitime du saint-siège pour la conférer au pouvoir royal, sépare son royaume de l'Eglise catholique, et constitue, au milieu des persécutions et dans le sang, une Eglise particulière dite anglicane.

Même légende en politique. A côté d'une extrême déférence pour ses rois, l'Angleterre manifeste l'esprit le plus extrême d'insurrection. Les guerres civiles s'y perpétuent avec un acharnement incroyable. Les rois sont chassés, meurent en exil, en prison, ou sous la hache du bourreau.

L'Angleterre a encore une légende d'un caractère particulier. Fière d'elle-même, attachée à son sol, à son ciel nébuleux, elle ne peut cependant les contempler longtemps. Tourmentée par une expansion excessive, elle dissémine ses enfants dans toutes les parties du monde. Au moyen âge, elle a pris part à toutes les croisades; elle a fait, pendant plusieurs siècles, des invasions réitérées en France, dont elle a fini par posséder la plus forte partie. Depuis son expulsion du sol français, elle s'est précipitée sur les diverses contrées du globe. Car l'on ne navigue sur aucune mer sans y apercevoir le pavillon britannique, et l'on ne foule aucune terre sans y rencontrer des voyageurs, des industriels, des prédicants et des soldats anglais.

A cette légende succède celle d'une richesse prodigieuse et d'une misère incroyable. Quelques familles y vivent dans une opulence presque fabuleuse, tandis que des millions d'individus sont emportés par la faim comme les arbres des forêts tombent sous les coups redoublés de la hache du bûcheron.

Enfin, l'Angleterre apparaît encore avec une autre légende, c'est un esprit de propagation religieuse indéfinie, et de propagation industrielle et commerciale illimitée. Dès le v*e* siècle, les prêtres bretons ont été missionnaires; ils ont évangélisé l'Armorique, fondé successivement de nombreuses associations religieuses, des monastères dans l'Austrasie et dans l'Helvétie, parcouru la Frise, l'Allemagne du nord et du centre pour y annoncer le nom de Jésus-Christ. Depuis l'établissement de l'Eglise anglicane, les ministres anglais de toutes les sectes s'efforcent à l'envi de répandre leurs doctrines dans les cinq parties du monde. La Bible, traduite dans toutes les langues connues, pénètre parmi les populations diverses du globe. Mais en même temps marche la propagation du commerce et de l'industrie britanniques dont tout le monde s'occupe, les missionnaires comme les voyageurs, les savants comme les navigateurs, les soldats comme les marins. Personne n'y demeure étranger; cette expansion britannique est pour tous une affaire nationale.

Les Grecs, dit Malte Brun, connaissaient de nom les îles d'*Albion* ou *Bretaniké*, et d'*Ierne*; mais ils les connaissaient si mal que Strabon, en déclarant qu'elles ne valaient pas la peine d'être conquises, donne à la plus grande la figure d'un triangle, dont le plus long côté devait regarder la Gaule, et place l'autre directement au nord de la première. Les îles *Cassi-*

térides ou les Sorlingues étaient, dans le système de ces anciens, peu éloignées de l'Espagne (1).

Deux expéditions de César firent connaître une extrémité de la Grande-Bretagne. Les noms des trois promontoires d'*Orcas* au nord, de *Cantium* à l'est, et de *Belerium* à l'occident, devinrent dès lors célèbres (2). César place même l'*Hibernia* ou l'Irlande exactement vis-à-vis de la côte occidentale d'Albion, et l'estime une fois moins grande (3). (Malte Brun, dans son *Histoire des progrès de la géographie*.)

Pomponius Méla, qui vivait à l'époque même de la conquête de la Grande-Bretagne par les armées de l'empereur Claude, crut que cette île faisait face d'un côté à la Germanie, de l'autre à l'Espagne. Les guerriers de Rome refusèrent d'abord de se laisser conduire dans ce *nouveau monde* (4). Les noms des îles *Orcades* et ceux des *OEmodes* ne retentissaient que de loin. Trente ans après la conquête, Pline n'osa pas tracer une description des îles Britanniques; cependant il connaît déjà les îles *Hœbudes*, et en désigne quelques-unes par des noms particuliers; il indique les dimensions exagérées de la Grande-Bretagne et de l'Irlande, d'après Agrippa, qui, probablement, aura mal traduit les mesures grecques de Pythéas (5). Sous l'empereur Domitien, la valeur et la prudence d'Agricola soumirent les nations britanniques jusqu'au pied du mont *Grampius* (6), aujourd'hui Grampian; et la flotte romaine, sans faire précisément le tour de toute l'île (7), en doubla les extrémités septentrionales, et reconnut qu'elle ne tenait point au continent. Mais le biographe et le gendre même d'Agricola placent l'*Hibernia* à moitié chemin entre l'Espagne et la Grande-Bretagne (8).

Ce ne fut que dans le IIe siècle que de nombreux itinéraires et des journaux de navigateurs fournirent à Ptolémée les matériaux d'une description mathématique de la Grande-Bretagne; encore cette description offrit-elle de graves erreurs. Mais la géographie historique de cette île avait été presque achevée dans le 1er siècle; ses progrès suivirent les progrès des armées de Rome.

La *Bretagne romaine*, reculée, par les victoires d'Agricola, jusqu'à l'isthme qui sépare les deux golfes nommés *Æstuaria* de *Glota* et de *Bodotria* (9), ou golfes de Clyde et du Forth, fut resserrée dans des bornes plus étroites par la muraille de l'empereur Adrien, dont les ruines, connues sous le nom de *Picts wall*, s'étendent depuis le golfe de Solway jusqu'à l'embouchure de la Tyne (10). L'empereur Sévère pénétra de nouveau vers les extrémités de l'île, et répara, entre les golfes de Clyde et de Forth, la muraille établie par un lieutenant d'Antonin (11). Mais Caracalla abandonna les conquêtes de son père, et retira ses troupes derrière le rempart d'Adrien.

Les sauvages indomptables qui arrêtèrent dans les montagnes de l'Ecosse le vol des aigles romaines, étaient désignés par les autres Bretons sous le nom celtique de *Calédoniens*, et reçurent depuis, dans la langue des Romains, la dénomination de *Picti* (12), à cause des figures peintes dont leurs corps gigantesques étaient couverts. Mais leur chevelure blonde indiquait une origine germanique ou scandinave (13). Ils succombèrent plus tard sous la puissance des *Scoti*, peuple celtique venu de l'Irlande.

Parmi les petites nations qui occupaient l'Ecosse méridionale, on distingue les *Mœatæ* et les *Novantæ*. Ils étaient probablement Celtes, comme la plus grande partie des habitants de l'île. Le poste d'*Alata Castra*, c'est-à-dire le camp volant, répondrait, selon l'opinion reçue, à Edimbourg (14); mais Ptolémée le place beaucoup plus au nord.

La puissante nation des *Brigantes* (15) occupait le nord de l'Angleterre jusqu'aux bords de l'Humber, nommé *Abus*. Le nom celtique de ce peuple, aujourd'hui avili, avait sans doute alors une signification plus noble, comme *latro* en eut en latin. Parmi leurs villes nombreuses brillait *Eboracum*, l'York moderne, alors une colonie romaine, ornée de temples et de bains publics, séjour favori de plusieurs empereurs, et l'un des remparts de l'empire. Les *Parisii*, petite nation vers l'embouchure de l'Abus, n'est remarquable que par son nom gaulois. *Deva*, aujourd'hui Chester, sur la rivière de Dee, et *Lindum*, le Lincoln moderne, probablement une colonie romaine (16), étaient les capitales, l'une des *Cornavii*, l'autre des *Coritani*.

Trois nations belliqueuses occupaient ce qui forme aujourd'hui la principauté de Galles. Les *Ordovices* habitaient au nord; ils furent presque tous massacrés par les troupes d'Agricola (17). Dans leur voisinage était l'île de *Mona*, aujourd'hui Anglesey, consacrée au culte homicide des druides, et défendue, avec toute l'exaltation du fanatisme, par les Bretons, qu'enflammait la présence des prêtresses, marchant à leur tête dans un appareil semblable à celui des furies (18). Les *Demetæ* demeuraient sur la côte occidentale. La nation plus puissante des *Silures* s'étendait jusqu'aux bords de la Severne; quelque-

(1) Diod. v, 18, 22; Appian. *Iber.* 1.
(2) Cæs. *B. Gall.* v, 12.
(3) P. Mela, III, 6.
(4) Dio Cass. LX, 19.
(5) Plin. IV, 16.
(6) Tac. *Agric.* 29.
(7) « Classis Trutulensem portum tenuit, unde *proximo latere* Britanniæ lecto omni redierat. » Tac.
(8) Tac. *Agric.* 24.
(9) Ce golfe est appelé *Æstuaria Boderia* par Ptolémée. J. II.

(10) Æl. Spartian. *Hadrian.* 11.
(11) Eutrop. VIII, 19. Sext. Aurel. Victor, 36. Comp. Capit. *Aur. Pius*, 5.
(12) Amm. Marc. XXVII, 8; Claud. *de III consul. Hon.* 54.
(13) Tac. *Agric.*
(14) Camden et d'Anville, *Géog. anc.* I, 109.
(15) Tac. *Agric.* 17.
(16) Beda et Geog. Rav.
(17) Tac. *Agric.* 18.
(18) Idem, *Annal.* XIV, 30.

tois même les Romains semblent comprendre les Demetæ sous le même nom (1). Les Silures résistèrent longtemps aux armes romaines, ne se laissant ni effrayer par la cruauté, ni séduire par la clémence (2). Leur teint basané et leurs cheveux bouclés indiquaient, selon Tacite, une origine ibérienne (3).

A l'est des Silures, demeuraient les *Dobuni*, dans le pays desquels était *Clevum*, vraisemblablement Glocester. Les *Catyeuchlani* de Ptolémée s'appelaient, d'après les inscriptions antiques, *Catavellauni* (4). Leur territoire atteignait le golfe de Wash, nommé *Metaris Æstuarium*. Leurs voisins à l'est étaient les puissants *Iceni* (5), nommés *Simeni* par Ptolémée, et dont la capitale portait en commun avec plusieurs autres le nom celtique de *Venta*, ou lieu d'assemblée. Les *Iceni* occupaient le Norfolk et le Suffolk actuels. Plus au sud, dans l'Essex moderne, les *Trinobantes*, nation nombreuse, avaient pour capitale *Camalodunum*, aujourd'hui Colchester, et non pas Maldon, comme plusieurs écrivains anglais l'ont cru (6). La ville de *Londinium* est attribuée par les uns aux Trinobantes, par les autres aux *Cantii*, habitants du Kent actuel, selon qu'on la place au nord ou au sud de la Tamise. (Malte Brun, dans son *Histoire des progrès de la géographie*).

Des tribus comprises sous le nom de *Belgæ*, et probablement venues de la Gaule belgique, occupaient la plus grande partie de cette péninsule méridionale que forment la Tamise et la Severne, *Tamesis* et *Sabrina*. La capitale ou *Venta* de ces Belges est le Win-Chester actuel, le surnom latin de *Castrum*, ou en anglo-saxon *Ceastre*, étant resté à beaucoup de villes anciennes. Les eaux de Bath étaient déjà renommées sous le nom d'*Aquæ Solis*. L'extrémité occidentale, le Cornouailles moderne, occupée par les *Damnonii* ou *Dumnonii*, était peu fréquentée des Romains ; les célèbres mines d'étain qui y avaient attiré les Phéniciens sont à peine indiquées par les auteurs latins (7) : circonstance d'autant plus surprenante, que ces mêmes écrivains donnent à la Grande-Bretagne des mines de fer, d'or et d'argent (8), et qu'un d'eux assure que les rivières y roulent des pierres-gemmes (9) ; Tacite nous apprend même qu'on y pêchait des perles d'une qualité inférieure (10).

Les autres traits physiques attribués à cette grande île s'y retrouvent encore. La température plus douce que celle de la Gaule septentrionale (11) ; les brouillards épais, les pluies abondantes (12), la chaleur modérée de l'été, qui faisait mûrir les fruits avec lenteur, et qui ne permettaient point la culture de l'olivier ni de la vigne (13) ; la verdure brillante des pâturages, où erraient d'innombrables troupeaux ; l'absence des bêtes féroces et des reptiles venimeux (14) ; tout se retrace encore aux yeux d'un observateur moderne. La Bretagne barbare ou l'Ecosse était inculte ; mais la Bretagne romaine, qui, du temps de Tacite, ne produisait pas assez de blé pour ses habitants, devint, dans les IIe et IIIe siècles, le grenier des Gaules et des armées romaines stationnées sur le Rhin (15).

L'*Hibernia* ou l'*Ierne* des Grecs (16), qui avait longtemps passé pour inhabitable, à cause du froid, fut un peu mieux connue par les rapports des Bretons ; on sut qu'elle jouissait d'un ciel aussi doux que la Grande-Bretagne (17), que le sol fertile y offrait au bétail de gras pâturages (18), et que de nombreux ports y prêtaient au commerce un accès plus facile que celui des côtes d'Albion. Les habitants n'étaient pas plus intraitables que les Bretons, et Agricola pensait qu'une seule légion aurait suffi pour y maintenir la domination romaine (19). La jalousie de Domitien arrêta ce général au milieu du cours de ses victoires, et l'Irlande retomba dans son ancienne obscurité. Cependant Ptolémée a dû avoir sous les yeux des itinéraires maritimes très-étendus. Les noms de quelques peuples, comme par exemple les *Brigantes*, qu'on retrouve en Angleterre, et les *Menapii*, qui existaient aussi dans la Belgique, semblent prouver que l'Irlande a reçu des colonies et de Celtes proprement dits et de Belges. Les écrivains irlandais assurent que leurs traditions nationales parlent des colons belges sous le nom de *Fir-Bolg* (20). La nation la plus répandue était celle des *Iverni*, dont le nom a été appliqué par les Romains à toute l'île ; cette nation paraît avoir été déjà connue des Phéniciens.

Les nations celtiques de la Bretagne différaient peu des Gaulois à l'égard de leur manière de vivre. Leurs armes étaient les mêmes ; le grand sabre celtique à la main, ils combattaient sans cuirasse et sans casque. Leurs cabanes avaient la même forme conique que celles des Gaulois. Mais les nations germaniques ou scandinaves de la Calédonie paraissent leur avoir appris l'usage de chariots de ba-

(1) Plin. IV, 16.
(2) Tac. *Annal.* XII, 32.
(3) Idem, *Agric.* 11.
(4) Horsley, *Brit. Rom.* Cumberland, n. 27.
(5) Tac. *Annal.* XII, 30 ; XIV, 31.
(6) Mannert, II, P. II, p. 175.
(7) Plin. XXXIV, 16. César (*de B. Gall.* V, 12) cite l'étain parmi les métaux exploités dans la Grande-Bretagne ; il ajoute même que les mines se trouvent vers le centre du pays. *Nascitur ibi plumbum album in mediterraneis regionibus.* J. H.
(8) Tac. *Agric.* 12. Eumen. *Panegyr.* IV, 11.
(9) Mela, III, 6.

(10) Tac. l. c.
(11) Cæs. V, 12.
(12) Strab. IV, 200 ; Mela, etc.
(13) Tac. *Agric.* 12.
(14) Eumen. *Paneg.* VI, 9.
(15) Tac. *Ann.* XIV, 38 ; Zozim. III, 5 ; Am. Marc. XVIII, 2 ; Eunap., etc.
(16) Ptolémée l'appelle *Ivernia*, Pomponius Mela *Inverna*, et Diodore de Sicile *Iris*. J. H.
(17) Tac. *Agric.* 24.
(18) Mela, III, 6.
(19) Tac. l. c.
(20) O'Flaherty, *Ogygia*, 14.

taille, inconnus aux Celtes du continent. Les Bretons s'enduisaient seulement le visage d'une couleur bleue, tandis que les Calédoniens se gravaient sur tout le corps les images bigarrées de toutes sortes d'animaux (1). La communauté des femmes dans la même famille, suite d'une vie patriarcale, ne se maintint à la longue que chez les Calédoniens. Les Bretons, soumis à de petits princes, bâtissaient des villages et se livraient à l'agriculture, ainsi qu'à l'entretien des bestiaux. Ils ne mangeaient ni lièvres, ni poules, ni oies; ces animaux ne servaient qu'à leur amusement. Leurs longs cheveux flottaient sur leurs épaules; des moustaches couvraient leurs joues; ils portaient des vêtements de peaux d'animaux. Leurs druides arrosaient de sang humain les autels des divinités celtiques; de nombreux disciples du continent venaient admirer la sainteté et la sagesse de ces prêtres d'une religion sanguinaire. Le Calédonien, presque sans vêtement, chargeait ses bras et ses reins de lourds anneaux de fer; dédaignant l'agriculture, il vivait du produit de sa chasse; l'écorce des arbres ou quelques racines sauvages lui tenaient lieu de pain; il ne tirait aucun parti des poissons qui fourmillaient sur ses côtes.

La Grande-Bretagne, île de l'océan Atlantique, nommée Great Britain, est la plus grande des îles de l'Europe. On la connaît sous le nom d'Angleterre : souvent aussi on entend par Grande-Bretagne toutes les possessions britanniques; mais elle ne comprend réellement que l'Angleterre avec la principauté de Galles et l'Ecosse. Un grand nombre de petites îles dépendent de la Grande-Bretagne. Les principales sont celles de Wight au sud, les Sorlingues, Anglesey et Man, près de la côte occidentale; ensuite l'archipel des Hébrides; enfin, à la pointe septentrionale, les Orcades, et plus au large les Shetland. On donne le nom d'îles Britanniques à toutes ces îles, y compris l'Irlande. La Grande-Bretagne est située entre 49° 57' et 58° 43' de latitude nord, et entre 0° 35' et 8° 34' de longitude ouest; elle a plus de 800 kil. de long du nord-nord-ouest au sud-sud-est, et 300 kil. dans sa plus grande largeur. Sa forme représente un triangle allongé. Ainsi les côtes offrent trois expositions générales : à l'est, au sud et à l'ouest ; la mer du Nord baigne les côtes orientales; le Pas-de-Calais et la Manche celles du Sud; les côtes occidentales forment, avec l'Irlande, le canal Saint-Georges, la mer d'Irlande et le canal du Nord. On trouve à l'est et au sud les côtes de la Grande-Bretagne sinueuses et légèrement inclinées; à l'ouest, au contraire, dentelées et escarpées. On a présumé que la Grande-Bretagne a fait partie du continent : le peu de largeur du Pas-de-Calais, la ressemblance frappante entre les collines crayeuses des côtes des deux pays, la direction de la chaîne de partage d'eau de cette île, fortifient cette hypothèse. Cette chaîne forme trois versants, dont les expositions sont les mêmes que celles des côtes.

Trois chaînes de montagnes, les Grampians, les Cheviot et les Moorlands orientaux forment, ainsi que plusieurs grandes arêtes, les bassins principaux du versant oriental. On voit généralement les bassins du versant occidental bien moins étendus que les premiers. Seulement, entre les golfes de Clyde et de Solway, une prolongation des Cheviot, nommée quelquefois Kirkcudbright, encaisse le bassin de la mer d'Irlande, et indique la liaison des montagnes de la Grande-Bretagne avec celles de l'Irlande. Les bassins du versant méridional sont encore moins sensibles que ceux de l'Orient. Les montagnes de la Grande-Bretagne n'offrent pas de chaînes suivies, mais des pics isolés très-éloignés les uns des autres. Celles qui forment les véritables massifs de l'île se dirigent presque transversalement, ou s'élèvent près de cette ligne, à laquelle elles se lient.

Telles sont le Ben-Wyvis, dont le pic de 680 toises est un des plus élevés de ce pays; les Grampians, qui hérissent toute la presqu'île entre les golfes de Murray et de Tay, et présentent successivement sur leur ligne de faîte le Ben-Vollich, de 504 toises; le Cairntoul, de 645 toises; le Ben-Macduie, de 657 toises; d'autres le portent à 720 toises. Leurs rameaux offrent aussi des points élevés, tels que le Ben-Lawers, de 608 toises, selon d'autres de 669; le Cairngorm, de 612 toises; le Ben-Nevis, le plus haut sommet de la Grande-Bretagne, de 750 toises au-dessus de la mer. Les Grampians ont cela de remarquable, qu'ils se ramifient jusque dans les Hébrides. La chaîne des Cheviot est très-élevée; le Cheviot-hill a 460 toises; les Moorlands orientaux courent à l'orient l'espace de 48 kil. en encaissant l'Ouse, et au sud pendant 24 kil.; ils s'élèvent de 215 à 230 toises, et présentent sur la côte des pics de 60 toises. Les monts de Galles, entre le canal de Bristol et la mer d'Irlande, bordent le canal de Saint-Georges, et, quoiqu'ils soient très-inférieurs à la hauteur des Alpes, les Anglais les ont appelés *Petite-Suisse*. Ils se rattachent à la chaîne du partage d'eau par les Breidden-Hills. Parmi les plus hauts pics on distingue le Snowdon, de 557 toises, le Cader-Idris, de 542 toises.

La Grande-Bretagne possède de superbes routes qui la traversent en tous sens, et dont la longueur actuelle est de plus de 35,200 kil. Celle de ses canaux s'étend à près de 4000 kil. On en compte 21 qui coupent la grande chaîne du partage des eaux, tantôt par des galeries souterraines, dont la plus longue, celle du canal d'Huddersfield, taillée dans le roc, a 4828 mètres, tantôt au moyen de réservoirs d'eau établis au sommet des montagnes et alimentés par des machines à vapeur d'une force prodigieuse, qui élèvent les eaux au-dessus du bief de partage;

---

(1) La coutume du tatouage s'est retrouvée chez tous les peuples barbares de l'Amérique, des îles du monde maritime, de l'Afrique et de l'Asie; elle paraît être inhérente à l'état sauvage.

(*Note de l'auteur.*)

c'est ainsi qu'on a réuni les trois versants de l'île, et que les quatre plus grands ports de commerce de l'Angleterre, Londres, Hull, Liverpool et Bristol, communiquent entre eux et avec les villes de l'intérieur avec la plus grande facilité et beaucoup d'économie. Les particuliers ont entrepris et fait exécuter tous ces travaux dans la partie méridionale de l'île. Le gouvernement, en faveur de l'Ecosse, s'est chargé dans le nord des travaux hydrauliques. Depuis 1768 Edimbourg et Glasgow correspondent par le grand canal de Forth et de Clyde ; et depuis 1822 on a ouvert le canal Calédonien, à travers quelques-uns des principaux lacs qui couvrent le nord de l'Ecosse. Les navires, autrefois forcés de doubler les Orcades, y trouvent une route plus directe et plus sûre. Outre de nombreux bateaux à vapeur, de magnifiques paquebots transatlantiques entretiennent et favorisent les communications de la Grande-Bretagne avec les différentes parties du globe. Un vaste réseau de chemins de fer couvre son sol, rapproche les distances et met presque toutes les localités aux portes de Londres. Londres n'est pas le centre unique du commerce : beaucoup de villes y participent, parmi lesquelles se distinguent Hull, Leith, Glascow, Liverpool, Bristol, Manchester, Birmingham, etc.

Les revenus de la Grande-Bretagne se composent de l'accise ou taxe des denrées, des droits de douanes, de timbre, de l'impôt territorial, de la poste, de l'*income-tax*, ou taxe sur le revenu individuel, établie il y a quelques années par le ministre sir Robert Peel. La dette anglaise dépasse le chiffre de 25 milliards de francs.

La grande charte fut instituée par Henri I*er* en 1100, pour restreindre l'autorité royale ; on y fit de nombreux changements. Jean Sans-Terre fut obligé de l'accepter. Henri III la continua avec de nouveaux changements, établit les communes en 1265, et les fit entrer au parlement. La grande charte sanctionnée par Edouard I*er* est la base de la monarchie constitutionnelle des Royaumes-Unis. Le roi, la chambre des pairs et celle des communes composent le corps législatif ; le roi a le pouvoir exécutif, fait la paix, la guerre et les traités en son nom.

Le parlement impérial de la Grande-Bretagne et d'Irlande est composé des lords spirituels et des lords temporels, qui siégent dans la chambre haute, et des communes qui siégent dans la basse. Les lords spirituels sont les archevêques et les évêques. Les lords temporels sont tous les pairs des trois royaumes. Quelques-uns de ces pairs siégent au parlement par droit de naissance, d'autres par création nouvelle, et les autres par élection : ceux-ci sont les seize qui représentent le corps de la noblesse écossaise. Les communes sont les représentants de la nation, qui ne siégent point dans la chambre des lords. Depuis quelques années la législation électorale a éprouvé des améliorations considérables. Les catholiques, qui étaient exclus du parlement, y sont admis. Le souverain prend le titre de roi du Royaume-Uni de la Grande Bretagne et d'Irlande. Le roi convoque et dissout le parlement quand il le juge à propos, mais il ne peut interrompre la session pendant plus de trois ans.

La royauté est héréditaire, et les femmes n'en sont pas exclues.

La marine anglaise, la plus puissante et la première de l'Europe, est divisée en trois escadres : la *Rouge*, la *Blanche* et la *Bleue*, qui sont ainsi nommées de la couleur de leur pavillon. Chacune a son amiral ; mais celui de l'escadre rouge a le commandement principal, et porte le titre de *vice-amiral de la Grande-Bretagne*. Le commandement suprême des forces navales réside, après le roi, dans les lords commissaires de l'amirauté.

L'Angleterre (England), la partie la plus méridionale et la plus considérable de la Grande-Bretagne, est située entre 49° 55 et 55° 50 de latitude nord, et entre 0° 35 et 8° de longitude ouest. Elle a une forme presque triangulaire, et est bornée au nord par l'Ecosse, au sud par la Manche, qui la sépare de la France ; à l'est par la mer du Nord, et à l'ouest par la mer d'Irlande, qui la sépare de l'Irlande. On estime sa surface à 26,000 kil. carrés, dont 8640 en culture, et environ 11,200 en pâturages ; on porte sa plus grande largeur à 4000 kil., à partir de Margateau Land's End (fin de la terre).

Rien n'égale la beauté des aspects qu'offrent les parties cultivées de l'Angleterre : la verdure qui y règne, le mélange des terres à blé avec les prairies, des clos avec les plantations, et des châteaux avec de jolis villages, des fermes d'une tenue et d'une propreté admirables, avec les villes bien bâties, forment un spectacle toujours nouveau que l'étranger contemple avec le plus sensible plaisir. Nous ne parlerons pas ici des superbes parcs et des magnifiques jardins anglais, où l'art cherche à imiter les beautés de la nature. L'Angleterre en général offre un pays légèrement montueux, parsemé de bouquets de bois et revêtu de riches pâturages et champs fertiles ; tantôt c'est une suite de riantes collines et de belles vallées qui forment des paysages délicieux : on voit d'un côté s'ouvrir à perte de vue de vastes plaines baignées par de nombreux ruisseaux et couvertes d'une foule de troupeaux. Une partie de la côte orientale ressemble à la Hollande, étant comme elle marécageuse et entrecoupée de canaux. Vers l'embouchure de la Tamise le terrain s'exhausse ; on y voit des côtes escarpées et des rivages sablonneux. La côte méridionale, plus haute que l'orientale, présente des dunes stériles et des rochers vers son extrémité. Les monts Cheviot, qui séparent l'Angleterre de l'Ecosse, courent du nord-est au sud-ouest dans toute la longueur de l'Angleterre ; depuis le comté de Cornouailles jusqu'à celui de Cumberland règne une rangée de montagnes qu'on peut regarder comme une chaîne suivie le long de la région occidentale de ce royaume. On y trouve les plus hauts sommets, dont quelques-uns s'élèvent à 550 toises au-dessus de la mer. On voit aussi deux rangs de collignes traverser ce pays, dont l'un court du comté de Dorset dans celui de Kent, tandis que l'autre forme des ondulations en s'étendant de l'île Portland aux Wolds, dans l'est Riding de l'Yorkshire; la ligne que forme ce dernier chaînon passe par les parties occidentales des comtés de Wilts, d'Oxford, et traverse ceux de Northumberland, de Leicester et de Nottingham, au nord de Scarborough.

Parmi les plus hauts sommets des montagnes de l'Angleterre on distingue le Wharneside, de 625 toises; l'Ingleborough, de 365 toises, dans l'Yorkshire; le Cross-Fell, dans le Cumberland, de 340 toises, et le Skiddau, de 500 toises, dans le même comté. Le Snowdon, dans le pays de Galles, de 557 toises, et le Cader-Idris, dans le même pays. On remarque aussi le Pic du comté de Derby, plus par ses curiosités que par son élévation.

L'Angleterre possède un grand nombre de rivières qui, en facilitant les communications intérieures, favorisent puissamment l'industrie et le commerce, et donnent à la physionomie du pays une beauté et un charme inexprimables. On compte 50 rivières que l'art et la nature ont rendues navigables, dont la plus remarquable est la célèbre Tamise, l'orgueil et la richesse de l'Angleterre : cette belle rivière, couverte sans cesse de flottes nombreuses, offre aux yeux du spectateur des forêts impénétrables de mâts; la Severn, la Medway, la Trent, l'Ouse, la Tyne, le Wear, la Mersey, la Dee, l'Avon, l'Eden et la Derwent sont les autres principales rivières. Pour les lier on a conçu et exécuté un vaste plan de navigation, afin d'ouvrir par des canaux de faciles débouchés dans l'intérieur, et transporter des points les plus éloignés, à la mer, les productions des fabriques, et réciproquement de la mer dans l'intérieur les denrées des colonies. Ils rendent aussi les communications promptes avec la métropole, centre de tout le commerce de la Grande-Bretagne. Le duc de Bridge-Water et Brindley furent les premiers qui exécutèrent les plus grands travaux. On remarque le canal de Lancastre, de 100 kil. de long; celui de Leeds, de 140 kil.; celui du Grand-Tronc : celui de la Grande-Jonction, qui unit les nombreux embranchements du centre du royaume avec la capitale, se réunit à celui de Grand Union. La ligne de navigation intérieure entre Londres et Liverpool est de 380 kil. Elle offre 45 embranchements, qui ont entre eux un développement de 1520 kil.

Parmi les lacs d'Angleterre, peu nombreux et peu considérables, les principaux sont ceux des comtés de Cumberland, de Westmoreland et de Lancastre, tels que le Winandermere, le Bassenwaithe, le Conistone, le Hawes et le Derwent. Ils contribuent à embellir les paysages, en offrant des tableaux agréables et sublimes de la nature. On y voit peu de marais et d'étangs. Ce pays renferme beaucoup de sources d'eaux minérales dont les habitants font un grand usage. Parmi les plus célèbres on distingue celles de Bath, Bristol, Cheltenham, Epsom, Harrowgate, Mathlock, Scarborough, Tunbridge. On en trouve dans tous les comtés.

Le sol varié de l'Angleterre offre diverses espèces de terres, dont les principales consistent en argile, glaise *loam* ou terre forte et compacte, qui approche de nos terres de Brie et de la Beauce ; sable, chaux, gravier et tourbe. On distingue deux espèces de terrains argileux, la brune foncée, profonde et fertile ; la pâle, peu féconde, et d'une moindre profondeur. Cette dernière domine particulièrement dans ce pays. Il y a plusieurs sortes de loams : le fort loam, formé en général d'argile; le loam, moins tenace ; le loam calcaire et le sablonneux. On ne trouve point de sable pur et de chaux dans ce pays; il a deux espèces de terres graveleuses, le gravier jaune, peu fertile, et le brun, plus fécond. On rencontre la tourbe et les terrains marécageux dans les districts du nord de l'Angleterre, et quelquefois au sud. Les habitants ont considérablement amélioré leur sol par les progrès qu'ils ont faits dans l'agriculture. La plupart des seigneurs et gros propriétaires résident l'été dans leurs terres, exploitent souvent des fermes d'une grande étendue, et encouragent les améliorations rurales. Cependant on compte sur la surface du territoire de 32 à 36,000 acres, près d'un tiers d'incultes, dont 3000 pourraient être livrées à l'agriculture.

La situation de l'Angleterre, baignée de trois côtés par la mer, l'expose à de grandes variations de température occasionnées par l'opposition continuelle des vapeurs humides de l'océan Atlantique avec les vents secs du continent européen. Cependant elle jouit d'un climat très-doux ; les vents de mer tempèrent les rigueurs de l'hiver et les chaleurs de l'été. En revanche l'air est très-humide, épais, souvent sombre et chargé de brouillards, ce qui, joint à l'inconstance de l'atmosphère, le rend malsain pour les étrangers et pour les constitutions délicates des habitants ; quoique très-favorable aux prairies et à cette verdure presque perpétuelle qu'il entretient, il cause des fièvres, des rhumes, des catarrhes qui tournent en maladies mortelles, appelées *consomptions* ou phthisies, qui forcent beaucoup d'habitants de toutes les classes d'aller chercher dans les pays étrangers, et surtout dans le midi de la France, le rétablissement de leur santé. Les côtes occidentales sont souvent inondées de pluies, et les vents d'ouest et sud-ouest y soufflent avec une très-grande violence. On ne remarque dans ce royaume que deux saisons, l'hiver, de huit mois, et l'été. Mars offre le plus d'inconstance. Des vents impétueux et des ouragans versent à la fois la grêle, la neige et la pluie. Il y gèle peu. En mai le pays est souvent couvert de givre au lieu de la première verdure. On éprouve quelquefois dans les premiers jours de juin le même froid qu'en décembre, et d'autres fois le thermomètre s'élève aussi haut qu'en Italie. Très-souvent les récoltes sont détruites par les vents d'est qui dominent en mai. Août même a ses vicissitudes de chaud et de froid. En septembre et octobre on jouit des deux plus agréables mois de l'année. Le climat influe beaucoup sur le caractère des habitants.

L'Angleterre recueille une grande quantité de grains de toute espèce; mais le blé ne suffit pas à la consommation. Dans toute la partie orientale du Southampton, au comté d'York, on cultive généralement le froment. Au nord on en voit moins. On préfère semer l'avoine et l'orge qui abonde en ce pays, dans les comtés de Suffolk, de Cambridge, de Southampton, où elle sert à la fabrication de la drêche pour la bière. On récolte le sarrasin dans le Norfolk. La pomme de terre sert également à la nourriture de l'homme et des bestiaux. Elle entre pour moitié dans le pain anglais, qui est très-lourd. L'humidité du climat rend très-commune la maladie connue sous le nom de rouille des végétaux. Indépendamment des grains, le sol fournit beaucoup de plantes potagères, surtout navets, turneps, légumes, et toute espèce de fourrages et prairies artificielles, singulièrement favorisées par la douceur de l'hiver. Le houblon prospère beaucoup dans les comtés de Kent, Surry, Essex et Hamps; il croît à 7 ou 8 pieds de haut, et sert à la fabrication de la bière. Le lin ne fournit pas assez pour la consommation; on tire la graine de la Hollande, de Riga et de l'Amérique. Celle du pays sert à faire de l'huile. Le chanvre ne réussit pas en Angleterre.

On élève beaucoup de volailles, des oies, des canards. La perdrix, la caille et les autres oiseaux de l'Europe tempérée y sont communs. Peu de pays sont aussi bien pourvus de poissons de mer et de rivière.

On trouve les mines de houille dans le nord et le sud-ouest. Elles fournissent l'unique chauffage en usage dans le pays, et servent aussi à exploiter, par le moyen des machines à vapeur, les nombreuses mines de fer répandues partout et dans leurs environs. Les comtés de Devon, Somerset, Cumberland et de Derby abondent en mines de plomb. Anglesey, les comtés de Cornouailles, d'York et de Stafford possèdent de riches mines de cuivre. Celles d'étain de Cornouailles sont inépuisables; le Devon en fournit aussi. Les montagnes renferment cobalt, calamine, zinc, arsenic, antimoine, bismuth, manganèse. On en tire aussi l'ocre, la terre à foulon, l'argile à potier, le kaolin pour la porcelaine, du marbre, des pierres de taille, des pierres à fusil. On y fait les célèbres crayons anglais avec le graphite (mine de plomb); on le tire de Borrowdale, dans le comté de Cumberland; c'est le meilleur. Les comtés de Chester et de Norfolk recèlent des mines de sel gemme. Il y a aussi des sources salées. Les mines sont pour l'Angleterre un objet bien moins important par leur produit, quoique très-considérable, que par l'aliment qu'elles fournissent à l'industrie nationale.

Les Anglais sont grands, forts, agiles, bien faits, et d'une belle carnation. Ils ont le teint blanc, les cheveux blonds ou roux, plutôt que châtains et noirs. La cuisine est aussi simple que le costume. Ils mangent beaucoup de viande, surtout du bœuf rôti, *roast beef*, et de pommes de terre. Ils habitent des maisons commodes et jolies, où brille la plus grande propreté. Les personnes des classes distinguées de la société boivent beaucoup moins qu'autrefois après le repas. Les gens de la basse classe remplissent continuellement les nombreuses tavernes où ils s'enivrent de *porter* (forte bière); ils boivent aussi beaucoup de liqueurs fortes, rhum, genièvre, pour chasser leur mélancolie et dissiper l'engourdissement occasionné par un air lourd, humide. Ces insulaires excellent dans les arts mécaniques, et sont les meilleurs marins de l'Europe. Leurs divertissements sont les spectacles, redoutes, mascarades, concerts, danse, jeux de carte, société de table, chasse, pêche, courses de chevaux, combats de coqs.

« Leur caractère, dit Baert dans son *Tableau de la Grande-Bretagne*, est sombre, brusque, réfléchi; l'éducation publique, presque entièrement la même pour les personnes de tous les rangs au-dessus de la classe inférieure du peuple, entretient dans le premier âge l'uniformité que modifie par la suite une constitution mélangée de monarchie, d'aristocratie et de démocratie. Une grande diversité de religions et de sectes, et un genre de vie retirée et solitaire; l'orgueil et la fierté, qui tiennent à l'esprit de liberté et d'égalité, bases de la constitution, portent toutes les classes de la société à un esprit d'imitation qui, dans ce pays, est infiniment plus sensible qu'ailleurs, qui s'aperçoit dans toutes les actions de la vie, et qui donne lieu à une grande consommation, l'une des causes les plus puissantes de la prospérité nationale. Il est difficile de distinguer parmi les hommes aucune classe de la société à l'habit; tout le monde est vêtu de la même manière. L'habillement des femmes riches, beaucoup moins simple, et d'une grande propreté, n'en est pas moins généralement imité les jours de fête par toutes les personnes au-dessus du commun, et même par celles des classes inférieures. Les mendiantes ont de longues robes, les servantes, les paysannes ne sortent jamais sans un chapeau de soie noire ou verte. L'habitant des campagnes n'est pas dans son genre plus mal vêtu que celui des villes; seulement son habit, d'une étoffe plus grossière, est moins bien fait. On monte beaucoup à cheval, et tout le monde veut avoir des chevaux. Le luxe des équipages est extrêmement répandu. A l'exception de quelques grands seigneurs, on est logé et meublé d'une manière uniforme et assez simple.

« Ce qui rompt le plus l'uniformité dans la manière d'exister, c'est le grand nombre de domestiques, de chevaux et d'équipages que les grands seigneurs ou les hommes opulents ont seuls le moyen d'entretenir. Peu de peuples mènent une vie plus monotone que les Anglais, et plus propre à nourrir le caractère particulier qu'ils ont reçu de la nature. Les femmes, occupées de leur ménage et de leurs enfants, vivent beaucoup dans leur intérieur. Rassemblent-elles quelque société, il y règne un ton de réserve, de roideur, une sorte d'étiquette fort ennuyeuse. Dans la vie sociale comme dans la vie domestique, la taciturnité isole tous les individus. Par un contraste remarquable, nulle part l'enfance n'est plus heureuse, nulle part elle n'éprouve moins de contrainte; on a soin de ne pas trop hâter son éducation morale. Vers douze ans on envoie les garçons dans un collége ou dans un pensionnat, où ils jouissent de beaucoup de liberté, se livrent à des exercices violents, comme le sont tous leurs jeux, montent à cheval le plus souvent qu'ils peuvent, vivent toujours entre eux, et prennent des mœurs, des manières uniformes et un air rustre et gauche. En sortant de l'université, les plus riches voyagent avec les gouverneurs qui ont soigné leur éducation. Malgré les vices de cette éducation, il existe en Angleterre une grande masse de lumières. La classe moyenne ne laisse pas de lire beaucoup; chacun dans son état s'efforce d'acquérir de cette manière l'instruction qui peut lui donner de la supériorité sur ses rivaux. Grâce aux écoles paroissiales, à celles du dimanche et à celles qui ont été établies d'après l'enseignement professionnel, le nombre des personnes qui savent lire augmente tous les jours.

« On attache assez communément l'idée de sentiments tendres au caractère des Anglais; cependant il n'y a peut-être pas de pays où l'égoïsme soit plus général. Le sentiment y est tout dans les romans ou dans la tête des femmes. Tous les jours on s'y sépare avec la plus grande indifférence des personnes les plus chères. On ne peut s'empêcher de reconnaître de la cupidité dans le caractère des Anglais : on la retrouve partout, même dans leurs plaisirs, dans la manie des paris, qui se mêle à tout, et qui est portée à un point dont il est difficile de se faire une idée : c'est l'orgueil, et une sorte de susceptibilité dont il est le principe, qui multiplient dans la classe supérieure les combats à pistolet, et dans la classe inférieure les combats à coups de poings, ou pugilat, box. Ces derniers sont d'autant plus communs qu'ils ont pour motif soit la réparation d'une injure, soit un défi ou un pari. Ils rappellent, et par leur cruauté sanguinaire, et par le courageux sang-froid des combattants, et par l'impassibilité des spectateurs, les combats atroces des gladiateurs de l'ancienne Rome.

« L'esprit spéculatif, froid et méthodique qui rend les Anglais taciturnes et égoïstes, et leur fait tout rapporter à leur intérêt personnel, tient à la nature de leurs richesses, aux nombreux capitaux disponibles qu'ils ont dans leurs portefeuilles, à leurs opérations commerciales, et à leur manière de vivre seuls ou entre hommes, qui les met à même de s'occuper continuellement de leurs affaires, sans en être distraits par les plaisirs et la mollesse que donne la société des femmes. Il n'est pas de pays au monde où l'on connaisse mieux le prix de l'argent, où l'on rougisse moins d'en offrir et d'en recevoir. L'argent y donne beaucoup d'influence et d'importance : il ouvre l'entrée du parlement, et conduit même à la pairie. La pauvreté y est méprisée en raison de l'estime qu'on a pour les richesses; c'est ce qui faisait dire à un ministre étranger : « Partout ailleurs la pauvreté est un vice; ici c'est un crime. » La crainte de paraître pauvre et méprisable engage souvent à faire une dépense au-dessus de ses moyens, et conduit à des dérangements de fortune. Malgré sa brusquerie, l'Anglais n'est pas cruel; rarement on le voit battre les animaux. Il s'oppose à ce qu'une personne en maltraite une autre en sa présence. L'orgueil national est la qualité dominante de son caractère. Les Anglais se croient la première nation du monde, la seule libre, spirituelle, puissante, généreuse et capable de faire de grandes choses. Ils ne trouvent bien que ce qui est chez eux. Ils méprisent même les Ecossais, et encore plus les Irlandais.

« Cette prétention à la supériorité, qu'ils ne cherchent même pas à déguiser chez l'étranger, en excitant leur courage et leur industrie, n'a pas peu contribué peut-être aux succès et à la prospérité de leur pays. C'est sans doute la raison qui a empêché les écrivains moralistes et les philosophes de l'Angleterre d'en combattre le ridicule, et qui porte les orateurs du parlement, les auteurs dramatiques et les journalistes, à nourrir, au contraire, ces sentiments hautains. »

C'est ce qui a produit chez les Anglais l'esprit public qui les distingue. Ils sont braves, intrépides, généreux, très-francs, et, malgré leur froideur, obligeants. Ils ont l'esprit élevé et subtil, et le jugement excellent. Leur commerce est sûr; ils n'accordent ni ne retirent facilement leur attachement et leur confiance. Enfin il est peu de nations qui montrent un intérêt plus général et plus vif pour tout ce qui est grand.

Les Anglais ont porté à leur perfection toutes les espèces de manufactures. Ils sont parvenus à simplifier le mécanisme de leurs travaux, de telle sorte qu'ils vendent à l'étranger meilleur marché que les fabricants des autres pays. Les manufactures d'étoffes de laine les plus considérables sont d'une grande beauté et d'un produit immense. Elles consistent en draps de tous les genres, couvertures, droguets, crêpes, tapis communs. Les comtés de Wilts et de Somerset fournissent les draps fins dont les plus beaux sont du comté de Bedford et les gros draps dans le Westmoreland; celui de Glocester teint le mieux en noir; le comté d'York fabrique les draps légers, diverses étoffes de laine, couvertures; on estime à dix-huit millions de quintaux la quantité de laine employée dans les manufactures. La filature et la fabrique des cotonnades ont atteint le plus haut point de perfection. Les produits sont des velours de toutes façons, des toiles, mousselines, batistes, tulles, étoffes de fantaisie. On connaît la bonne qualité du fer, de l'acier, du cuivre anglais, qui trouvent de grands débouchés ; de nombreux ateliers se livrent à la fabrication de la coutellerie, du plaqué, de la quincaillerie et des armes de tout genre. On fait à Bradley, Birmingham, Scheffield et dans d'autres villes, depuis des ancres et des canons jusqu'à des épingles. On estime à 20 millions sterling (500 millions de France) leur produit annuel. Les Anglais commencent à approcher de Lyon pour la soierie, dont les principaux ateliers sont à Spitalfields, dans Londres et le comté de Derby ; on fait les rubans à Coventry ; les bas, les gants, les voiles et les dentelles à Nottingham ; les toiles de lin et rubans de fil à Manchester et environs, qui sont aussi le centre de la fabrique de cotonnade, comme Rouen l'est de la France ; la toile à voile à Warrington ; les bas de coton dans les comtés de Derby, Leicester, et surtout dans celui de Nottingham. Les tanneries sont très-nombreuses dans ce pays ; le cuir offre une solidité jointe à un air de propreté qui le fait rechercher des étrangers, surtout les tiges de bottes et les cuirs de semelles. Le comté de Worcester fabrique une grande quantité de souliers ; on estime beaucoup la sellerie anglaise. On fait en Angleterre de beaux papiers pour impression. La poterie est d'une grande importance par la consommation prodigieuse qui s'en fait à l'intérieur et chez l'étranger. Les verreries sont fort répandues dans le nord, aux environs de Newcastle, Sunderland, Liverpool, Stourbridge, Bristol et à Londres même. On vante les cristaux pour la beauté, la blancheur et pour leur poli inimitable. On fabrique de superbes instruments d'optique. L'horlogerie a fait aussi de grands progrès. La bière anglaise est supérieure à celle des autres pays de l'Europe ; il s'en consomme annuellement pour plus de 4,000,000 livres sterling (100,000,000 de francs). Les Anglais estiment leur *ale* à l'égal du vin ; il y a encore le *porter* et le *double porter* qui sont très-prisés : on distille des liqueurs spiritueuses de grains, de pommes de terre, de betteraves.

En conséquence de la prodigieuse extension des manufactures anglaises, leur produit a outrepassé de beaucoup les besoins de l'intérieur, et on a cherché à en exporter l'excédant dans l'étranger ; ce superflu a été si considérable, qu'il a servi d'aliment à un commerce immense avec tous les pays du globe ; c'est pourquoi l'Angleterre exporte de l'étranger les matières premières propres à ses fabriques, pour revendre au dehors manufacturées celles qui ne sont pas de débit chez elle. Elle tire du nord de l'Europe, principalement du Danemark, de la Russie, de la Suède, de la Pologne, de la Prusse, fer, soude, bois de construction, cire, miel, grosse toile, poix, potasse, goudron, suif, blé ; elle donne en retour quincaillerie, cotonnade, lainage, plomb, étain, charbon, poterie, verrerie, sucre raffiné, café, tabac, drogues, étoffes teintes : elle importe d'Allemagne blé, cire, miel, toiles, chiffons, peaux, bois de construction, vins ; de la Hollande, genièvre, fromage, beurre, chiffons, cire, miel, graines de trèfle, garance, luzerne, blé, lard ; de la France, vins, eau-de-vie, dentelles, batiste, linon, soie, modes ; de l'Espagne, du Portugal et de l'Italie, barille, soufre, huile, cochenille, fruits, laine, liége, bois de teinture, vins, eau-de-vie, soie, drogues, gomme : elle fournit en échange à ces pays, cotonnades, lainages, quincaillerie, poterie de terre, soieries, montres, denrées des deux Indes, et généralement le produit de ses plus belles manufactures. Ses importations de la Turquie consistent en tapis, drogues pour teindre ; elle donne en retour coton, quincaillerie, étoffes de laine, montres et productions des deux Indes.

L'Angleterre tire de l'Amérique septentrionale farine, provisions, mâts, bois de construction, coton, laine, tabac, riz, goudron, poix, cendre propre au savon, indigo, fourrures ; elle donne en retour lainages, cotonnade, quincaillerie, poterie, livres, toile, plomb, souliers, chapeaux ; elle exporte du Brésil, coton, laine, peaux, cochenille, bois de campêche, indigo ; des Indes occidentales, sucre, rhum, café, poivre, gingembre, indigo, drogues, coton ; des Indes orientales, de la Chine et de la Perse, thé, épices, soie brute, mousseline, nankin, sucre, indigo, girofle, opium, vif-argent, drogues, gomme, riz, salpêtre ; elle fournit en retour à tous ces pays les plus beaux produits de ses fabriques.

Les Anglais ont établi des colonies dans les cinq parties du monde, en Europe, en Asie, en Afrique, en Amérique et dans la Nouvelle-Hollande et îles voisines. Ils ont, en Europe, Gibraltar, l'île de Malte et les îles Ioniennes. Ils possèdent, en Asie, tout l'Hindoustan, la presqu'île de Malakka et l'île de Ceylan dans l'océan Indien.

En Afrique, plusieurs établissements sur la côte de Guinée, le cap de Bonne-Espérance, l'île de Sainte-Hélène, dans l'océan Atlantique, leur sont soumis. Leur empire, dans l'Amérique septentrionale, comprend la Nouvelle-Bretagne, le Canada et la Nouvelle-Écosse ; l'île de Terre-Neuve, l'île de Saint-Jean, l'île Royale, les Bermudes et les Lucayes, dans l'océan Atlantique ; les îles de la Jamaïque, des Vierges, de l'Anguille, de Saint-Christophe, de Nevis ou Niéves, d'Antigoa, de Montserrat, de la Dominique, de Saint-Vincent, de la Barbade, de la Grenade, de la Trinité, de Sainte-Lucie et Tabago, dans le golfe du Mexique. Les Anglais possèdent encore dans l'Amérique méridionale plusieurs établissements sur la côte des Osquitos et la Guyane dite anglaise.

La langue anglaise est composée de presque toutes celles de l'Europe. Il y a en Angleterre deux universités, celles d'Oxford et de Cambridge. La première compte vingt colléges et six halls (salles), celle de Cambridge dix-sept colléges. Tous ces établissements sont bien dotés. La société royale de Londres jouit d'une grande célébrité.

La Grande-Bretagne a produit et possédé des hommes illustres dans tous les genres. Le nombre de ses navigateurs et de ses voyageurs, qui ont contribué aux progrès des sciences géographiques, est innombrable. Saint Ethelbert, saint Ethelred, saint Edmond et saint Edouard figurent parmi ses rois. L'infortunée Marie Stuart, reine d'Ecosse, restera dans l'histoire la tache sanglante du règne d'Elisabeth, comme Fisher, précepteur d'Henri VIII, mourant sur l'échafaud à 80 ans, à cause de sa résistance au schisme de ce terrible Tudor, demeurera un opprobre éternel pour sa mémoire. Saint Dunstan, saint Augustin, le vénérable Bède, saint Thomas de Cantorbéry, etc., sont célèbres dans les annales de l'Eglise catholique d'Angleterre. Les écrivains, tant catholiques que protestants, qui ont écrit sur l'histoire et l'antiquité de la Grande-Bretagne, depuis Bède jusqu'à l'historien Lingard, sont très-nombreux. Sous le règne d'Elisabeth parut le poète tragique Shakspeare, que les Anglais ont nommé *divin*. Hobbes vivait sous le même règne.

Jacques Ier encouragea la culture des sciences et des lettres : il donna la place de chancelier au célèbre Bacon; il protégea Cambden et d'autres habiles antiquaires.

Charles Ier eut du goût pour les arts, particulièrement pour la peinture, la sculpture et l'architecture : il protégea Rubens, Van-Dyck, et d'autres artistes célèbres. Le duc de Buckingham, son favori, dépensa plus de dix millions en tableaux et en autres objets rares. Le comte d'Arundel acquit beaucoup de monuments antiques, dont les plus précieux sont des marbres qu'il fit transporter de la Grèce, et qui marquent les principales époques de l'histoire d'Athènes.

Pendant les guerres civiles et l'interrègne qui les suivit, les sciences, les lettres et les arts n'eurent guère d'encouragement : néanmoins Usser, Walton et d'autres savants furent respectés et même favorisés de Cromwell.

Le règne de Charles II fut marqué par les grands progrès que firent les sciences, les lettres et les arts, et par l'institution de la société royale. Ce règne présente à la postérité les noms de Bayle, Sidney, Halley, Sydenham, Harwey, Temple, Tillotson, Barrow, Cowley et Dryden. Le *Paradis perdu* de Milton parut à cette époque. L'éloquence de la chaire acquit plus de goût et de majesté. Wren introduisit dans l'architecture une régularité inconnue avant lui. Le règne de Guillaume III dut sa gloire à Newton, à Locke et à Burnet. Addison, Pope, Swift, Steele et une foule d'autres écrivains en prose et en vers parurent sous la reine Anne. Sous le règne de Georges Ier et de ses successeurs, les sciences, les lettres et les arts ont été portés par les Anglais à une grande perfection : on en peut dire autant de l'agriculture et de la mécanique. Il faut pourtant convenir que l'éloquence de la chaire et celle du barreau n'ont jamais été cultivées en Angleterre avec un succès brillant. Mais par compensation elle a ses peintres, ses graveurs, ses architectes, ses statuaires. C'est à Christophe Wren qu'on doit Saint-Paul. Parmi les peintres on cite Hogarth pour l'originalité de sa touche, Reynolds pour l'histoire et les portraits, Gainsborough et Wilson pour le paysage. La gravure doit beaucoup à Strange, Woollet et Worlidge. Lord Byron, Moore, Walter Scott, ont jeté un grand éclat sur la littérature contemporaine de la Grande-Bretagne. Le dernier surtout l'a popularisée dans toute l'Europe, et il a plus fait connaître l'Ecosse par ses ouvrages que tous les auteurs qui jusqu'alors avaient écrit sur ce pays.

Les Bretons, premiers habitants de l'Angleterre, obéirent aux Romains depuis le commencement de l'ère chrétienne jusqu'au milieu du ve siècle, et furent alors chassés de leur pays par les Angles et les Saxons, qu'ils avaient appelés d'Allemagne à leur secours contre les Pictes, peuple sauvage de l'Ecosse : une partie se retira dans le pays de Galles, et l'autre partie dans une province de la Gaule, qui prit de là le nom de *Bretagne*.

Les Angles et les Saxons fondèrent dans leur conquête sept royaumes particuliers, qui subsistèrent jusqu'en 801 : c'est ce qu'on appelle l'*Heptarchie*. En 801 ces royaumes furent réunis sous un seul roi, nommé Egbert, qui descendait des Angles, et qui ordonna que tout le pays porterait dans la suite le nom d'*Angleterre*.

Les Danois, après avoir ravagé l'Angleterre pendant plus de 200 ans, s'en emparèrent sous le roi Canut en 1017; mais leur règne ne fut pas long, et ils furent bientôt chassés par les Normands. En 1042 Edouard le Confesseur, de la race d'Egbert, remonta sur le trône avec le secours de Guillaume le Bâtard, duc de Normandie, auprès duquel il s'était retiré; et, n'ayant pas d'enfants quand il mourut, le choisit ce prince pour son successeur. En 1066 Guillaume, surnommé depuis le Conquérant, descendit en Angleterre avec une puissante armée, attaqua les Anglais à Hastings, et, par une seule bataille, se rendit maître de la couronne. Ce sont encore des princes issus de son sang par les filles, qui règnent dans ce pays.

Après la mort des deux fils de Guillaume, qui lui succédèrent, savoir : Guillaume le Roux et Henri Ier, la couronne passa par Alix, sa fille, dans la maison des comtes de Blois, et peu après dans la maison des comtes d'Anjou, par Mahaut, fille d'Henri Ier. Henri II, fils de Mahaut, et premier roi de la maison d'Anjou, unit à l'Angleterre l'Anjou, le Maine et la Touraine, qu'il tenait de son père; et ensuite la Guienne, la Saintonge et le Poitou, qu'il acquit par son mariage avec Eléonore, fille du dernier duc d'Aquitaine. Ce fut aussi sous son règne que l'Irlande fut soumise à l'Angleterre.

Les descendants d'Henri II ayant formé les deux branches de Lancastre et d'York, il s'éleva entre elles, en 1461, de grandes disputes au sujet de la couronne. L'Angleterre se partagea en deux factions, qui prirent les noms de Rose-rouge et de Rose-blanche; et pendant 25 ans elle fut livrée à des guerres civiles très-cruelles. Enfin les divisions cessèrent en 1485, par le mariage d'Henri VII, de la maison de Lancastre, avec Elisabeth, héritière de la maison d'York.

Henri VIII, né de ce mariage, se sépara de l'Eglise romaine à cause de son divorce qu'il ne put obtenir du pape. Edouard, son fils, introduisit en Angleterre la religion réformée. Marie, sa fille aînée, qui succéda à Edouard, rétablit la religion catholique; et Elisabeth, sa seconde fille, qui succéda à Marie, mit la religion réformée sur le pied où elle est aujourd'hui.

Après Elisabeth, qui mourut fille en 1603, Jacques Stuart, roi d'Ecosse, sixième du nom, devint roi d'Angleterre par les droits de sa mère, qu'Elisabeth avait fait décapiter; il réunit par là les trois royaumes, et prit le titre de roi de la Grande-Bretagne et d'Irlande. Charles, son fils, qui lui succéda, fut décapité en 1649, après avoir été défait par Cromwel. Celui-ci gouverna ensuite pendant dix ans sous le titre modeste de protecteur, mais avec l'autorité d'un monarque absolu. A sa mort les Anglais rappelèrent le fils de Charles Ier, qui s'était réfugié en France, et qu'on nomma Charles II. Son frère Jacques II lui succéda; mais il fut chassé en 1688, après trois ans de règne, pour son attachement à la religion catholique; et la couronne fut donnée à Guillaume, prince d'Orange, qui avait épousé Marie, sa fille aînée. Anne, seconde fille de Jacques II, succéda à Marie sa sœur; mais étant morte sans enfants, la couronne passa, en 1714, dans la maison du duc de Brunswick, électeur de Hanovre. Cette branche de la maison de Brunswick descend de Guillaume, second fils d'Ernest, duc de Zelle, mort en 1546. Elle porta le nom de Brunswick-Lunebourg, ou Hanovre. Ernest-Auguste, petit-fils du fondateur de cette ligne, fut élevé en 1692 au rang d'électeur. Il épousa Sophie, fille de Frédéric V, électeur palatin, et d'une fille de Jacques Ier, roi de la Grande-Bretagne. C'est à ce mariage que la maison de Hanovre doit la couronne d'Angleterre. George-Louis, qui en était issu, succéda, le 31 octobre 1714, sous le nom de George Ier, à la reine Anne, fille de Jacques II, par acte du parlement, comme le plus proche héritier du roi détrôné, Jacques II, dans l'ordre de la succession protestante, les héritiers catholiques étant à jamais exclus par le même acte. On voit que la parenté de l'électeur George était fort éloignée et même fort indirecte. La maison de Savoie se trouvait être l'héritière la plus proche dans l'ordre de succession catholique. Le nouveau roi George transmit à ses descendants la monarchie britannique et son électorat de Hanovre. En 1815, par suite des actes du congrès de Vienne, l'électorat fut érigé en royaume. Depuis l'avènement de la reine Victoria au trône d'Angleterre, le royaume de Hanovre est séparé de l'empire britannique, les femmes étant exclues de la couronne.

La Grande-Bretagne était chrétienne depuis le IIe siècle, quand, au Ve, les Bretons appelèrent à leur secours contre les Pictes, les Angles et les Saxons encore païens. Il y avait trois métropoles, *Civitas Legionum*, Caerléon, dans le pays de Galles, *Eboracum*, York, pour tout le nord du pays, et *Londinum*, Londres, pour l'est et le sud. L'Heptarchie mit la Bretagne en confusion, le christianisme s'y affaiblit, et l'idolâtrie reparut dans beaucoup de cantons, malgré la conversion des Angles et des Saxons, qui avaient fini par embrasser la religion des vaincus.

Lors de la mission du moine Augustin, le pape saint Grégoire le Grand érigea *Dorovernum vel Cantuaria*, Cantorbéry, en métropole, malgré les réclamations du métropolitain d'York. De là vient la suprématie que la première de ces villes est toujours attribuée et qu'elle a conservée même sous le protestantisme. Caerléon cessa d'être métropole; ce n'est plus aujourd'hui qu'une petite ville à demi ruinée. Londres perdit également son titre, et resta un simple évêché.

L'autre partie de la Grande-Bretagne, l'Ecosse, demeura païenne plus tard que l'Angleterre. Elle eut deux métropoles, Saint-André et Glascow. Ces deux contrées, l'Angleterre et l'Ecosse, organisèrent beaucoup d'abbayes que l'on dota magnifiquement, trop magnifiquement même pour leur sécurité et la stabilité de leur avenir. Car les belles propriétés attachées à ces établissements excitèrent, pendant tout le moyen âge, l'envie et la convoitise des seigneurs de la féodalité. Les bénédictins, parmi les ordres religieux, étaient les plus nombreux et les plus riches. L'état de choses se maintint cependant, au milieu des guerres civiles, jusqu'au schisme d'Henri VIII. L'épiscopat l'accepta assez facilement; il y eut plus de résistance de la part des monastères des deux sexes, mais les persécutions de tout genre et la mort la comprimèrent. L'organisation ecclésiastique ne changea que très-peu. On conserva les deux métropoles de Cantorbéry et d'York avec leurs suffragants, en déclarant le chef de l'État chef spirituel en même temps de la religion. Les catholiques furent continuellement tracassés, inquiétés et soumis par le parlement à une législation atroce, qui reçut son application jusqu'au commencement de ce siècle. Elle tomba peu à peu en désuétude; et en 1829, la puissance de l'opinion publique força le gouvernement anglais à rendre aux catholiques leurs droits politiques. Ils ont fait, pendant ces derniers temps, des progrès considérables dans toute la Grande-Bretagne.

L'Ecosse ne garda pas, comme l'Angleterre, l'épiscopat: elle adopta le calvinisme pur, c'est-à-dire le presbytérianisme sans évêchés, ni archevêchés. Il s'y est fractionné en diverses sectes encore plus qu'en Angleterre. Il est salarié par l'État, tandis que l'Eglise anglicane possède de riches et nombreuses propriétés, prélève la dîme et perçoit un casuel assez compliqué. C'est le clergé le plus opulent du monde religieux actuel, et son revenu surpasse celui de tous les clergés réunis de l'Europe. L'archevêché de

Cantorbéry rapporte plus de 800,000 francs à son titulaire. L'épiscopat anglican fait partie de la chambre des lords ; on y voit ce que l'on appelle le banc des évêques.

La liste des *dissenter's* (c'est ainsi qu'on nomme ceux qui sont en dehors de l'Eglise anglicane) est tellement longue qu'il nous est impossible de la rapporter ici. Les sectes les plus répandues sont les presbytériens, les luthériens, les quakers, les méthodistes et les anabaptistes; les juifs sont en petit nombre.

A l'article EMPIRE BRITANNIQUE, nous donnerons l'état de l'organisation actuelle du catholicisme en Angleterre et dans toutes ses possessions. Les trois parties principales de la Grande-Bretagne, l'Angleterre (*England*), le pays de Galles (*Wales*), et l'Ecosse (*Scotland*), se divisent en comtés, désignés, pour la plupart, d'après leurs chefs-lieux.

Voici le tableau de ces comtés avec leur population en 1831 :

COMTÉS.	POPULATION en 1831.	CHEFS-LIEUX.
ANGLETERRE.		
Comtés maritimes de l'est.		
Northumberland.	223,000	Newcastle.
Durham.	253,700	Durham.
York.	1,371,461	York.
Lincoln.	317,400	Lincoln.
Norfolk.	390,000	Norwich.
Suffolk.	296,300	Ipswich.
Essex.	317,200	Chelmsford.
Comtés maritimes du nord.		
Kent.	478,400	Cantorbéry et Maidstone.
Sussex.	272,300	Chicester.
Southampton ou Hampshire.	314,700	Winchester.
Dorset.	159,400	Dorchester.
Devon.	494,405	Exeter.
Cornouailles ou Cornwall.	301,000	Launceston.
Comtés maritimes de l'ouest.		
Somerset.	412,500	Bristol.
Gloucester.	386,700	Gloucester.
Monmouth.	98,200	Monmouth.
Chester ou Cheshire.	334,314	Chester.
Lancastre ou Lancashire.	1,335,800	Lancastre.
Westmoreland.	55,000	Appleby.
Cumberland.	171,700	Carlisle.
Comtés intérieurs.		
Derby.	236,900	Derby.
Nottingham.	225,400	Nottingham.
Leicester.	197,000	Leicester.
Rutland.	19,490	Okeham.
Stafford.	410,400	Stafford.
Salop ou Shrop.	222,800	Shrewsbury.
Hereford.	110,300	Hereford.
Worcester.	210,400	Worcester.
Warwick.	337,600	Warwick.
Northampton.	179,307	Northampton.
Huntingdon.	53,100	Huntingdon.
Cambridge.	143,200	Cambridge.
Bedford.	95,400	Bedford.
Hertford.	143,300	Hertford.
Middlesex.	1,358,200	LONDRES.
Buckingham ou Bucks.	146,400	Buckingham.
Oxford.	152,100	Oxford.
Berks.	145,200	Reading.
Wilts.	240,100	Salisbury.
Surrey.	485,700	Guildford.
Total.	13,086,675	
PRINCIPAUTÉ DE GALLES.		
Galles septentrionale.		
Flint.	60,400	Flint.
Denbigh.	82,800	Denbigh.
Carnarvon.	66,500	Carnarvon.
Anglesey.	48,500	Beaumaris.
Merioneth.	34,500	Dolgelly.
Montgomery.	65,700	Montgomery.
Galles méridionale.		
Radnor.	24,700	Presteign.
Brecknock.	47,800	Brecon.
Cardigan.	64,700	Cardigan.
Pembroke.	80,900	Pembroke.
Carmarthen.	109,800	Carmarthen.
Glamorgan.	126,200	Cardiff.
Total.	803,000	
ÉCOSSE.		
Division septentrionale.		
Iles Orcades et Shetland.	58,239	Kirkwall.
Caithness.	34,529	Wick.
Sutherland.	25,518	Dornoch.
Ross et Cromarty.	74,838	Taint et Cromarty.
Inverness.	94,779	Inverness.
Division centrale.		
Nairn.	9,354	Nairn.
Murray ou Elgin.	34,231	Elgin.
Banff.	48,604	Banff.
Aberdeen.	177,853	Aberdeen.
Kincardine.	31,429	Bervie.
Angus ou Forfar.	139,604	Forfar.
Perth.	142,822	Perth.
Argyle.	101,425	Inverary.
Bute.	14,154	Rothsay.
Dumbarton.	73,770	Dumbarton.
Stirling.	72,621	Stirling.
Clackmannan.	14,729	Clackmannan.
Kinross.	9,072	Kinross.
Fife.	128,981	Cupar.
Division méridionale.		
Linlithgow.	23,291	Linlithgow.
Edimbourg.	219,345	EDIMBOURG.
Haddington.	36,145	Haddington.
Berwick.	34,084	Greenlaw.
Roxburgh.	43,663	Jedburgh.
Selkirk.	6,833	Selkirk.
Peebles.	10,578	Peebles.
Lanark.	316,790	Lanark.
Renfrew.	133,443	Renfrew.
Ayr.	146,167	Ayr.
Dumfries.	35,214	Dumfries.
Kirkcudbright.	40,590	Kirkcudbright.
Wigton.	36,258	Wigton.
Total.	2,366,930	

Le chiffre de la population de la Grande-Bretagne était donc, en 1831, de 16,256,685 habitants. Il est en 1848 de 19,375,835.

Le mouvement progressif de la population de la Grande-Bretagne a été, en 17 ans, de 3,119,150 habitants.

Au moment de la décadence de l'empire romain et des invasions des peuples du Nord, on avait constaté et l'on a constaté depuis que les populations septentrionales s'accroissent dans une proportion supérieure à celles du Midi. Nous n'avons vu nulle part une explication satisfaisante de ce fait que le célèbre orientaliste M. de Hammer a constaté comme nous. Ceci s'applique aux populations méridionales de la race blanche ; car la race noire, quoique tout entière sous les tropiques, se multiplie, comme l'a remarqué le savant anthropologiste M. Serres, avec une facilité extraordinaire ; mais l'accroissement est en quelque sorte annihilé par les fléaux de tout genre qui pèsent sur cette malheureuse race.

Britiniacum, Bretigny, paroisse de l'ancien diocèse de Paris, maintenant de celui de Versailles, canton d'Arpajon, arrond. de Corbeil, dépt. de Seine-et-Oise, à 26 kil. de Paris, poste aux lettres de Linas. La population est d'environ 1100 habitants, y compris plusieurs hameaux et habitations isolées. Les principales productions sont en grains. Dans plusieurs titres, Bretigny est appelé *Britiniacum*. Ce village paraît avoir été anciennement fermé de murailles ; au moins en voyait-on des vestiges dans le milieu du siècle dernier. Il y avait deux piliers d'une porte ronde dont le cintre est tombé depuis peu, et quelques ruines de tours rondes qui défendaient cette porte. Tout ceci pouvait avoir été bâti dans le temps des guerres de la religion, entre 1569 et 1594. Ce lieu est situé sur la rivière d'Orge, et bâti dans une espèce de fond, arrosé de plusieurs ruisseaux et fontaines. Il y avait autrefois un étang assez grand dont le lit est maintenant changé en pré, nommé pour cette raison le *pré de l'Étang*. Avant la révolution, Bretigny avait deux paroisses. L'église de St-Pierre, qui est la paroisse actuelle, est à 3 ou 4 cents pas du village, sur le haut d'une butte. Le chœur est d'une structure du XIIIe siècle. La nef et l'un des bas-côtés, depuis le clocher, ont été ajoutés, au XVe siècle, par le sieur Blosset, seigneur du Plessis-Paté, dont les armes se trouvaient à la clef de la voûte. On y voyait dans le sanctuaire, sur une tombe, ces mots écrits en caractères gothiques du XIIIe siècle : *Mons Nicolas de Freisne, jadis chevalier, qui trespassa.....* On remarquait la tombe d'une dame Anne de St-Berthevin, qui a eu quelque célébrité. La tradition du lieu porte que cette dame était fort pieuse, qu'elle pansait elle-même les malades, et faisait beaucoup de bien aux pauvres ; elle fut marraine d'une des cloches de cette paroisse. Elle mourut sans enfants l'an 1587 : son corps fut mis dans un cercueil de plomb et placé dans un caveau construit dans le chœur. Bien que le nom de la dame de Berthevin eût toujours été en grande vénération, on ne se souvenait plus dans quel endroit de l'église elle avait été inhumée, lorsqu'on retrouva par hasard le lieu de sa sépulture plus d'un siècle après. Des ouvriers, travaillant dans l'église, découvrirent deux cercueils de plomb, celui de cette dame et celui de son mari. En soulevant ces cercueils, on fut étonné d'en trouver un bien plus pesant que l'autre ; c'était celui de la dame Berthevin. La curiosité porta les assistants à les ouvrir pour voir d'où pouvait venir une différence si considérable dans leur pesanteur. Un d'eux alla prendre chez lui un grand couteau de cuisine, avec lequel il dessouda les deux cercueils. Ils ne trouvèrent, dans celui du mari, qu'un peu de cendres. « Dans celui de la dame Berthevin, dit Lebeuf, qui rapporte ce fait, ils trouvèrent son corps sain et entier sans aucune corruption ; sa chair était fraîche et vermeille comme si elle eût été vivante ; on tira un de ses bras qui était flexible ; en un mot, elle ne paraissait que comme endormie ; le ruban qui liait ses cheveux avait encore conservé sa couleur, et n'était point gâté ; son linceul était un peu roux, mais du reste il était propre et entier. On remarqua seulement que la défunte avait le bout du nez un peu noir, comme s'il eût été meurtri, ce qu'on attribua à quelques coups que l'on avait peut-être donnés à son cercueil en voulant l'ouvrir. » Le cercueil resta exposé pendant trois jours, après lesquels on le remit dans son caveau. On avait fait poser, au-dessus de ce caveau, une pierre carrée, sur laquelle était gravée cette inscription : « Cy gyst Anne de Berthevin, dame vertueuse de ce lieu, décédée l'an 1587, et trouvée entière et sans corruption, le 30 avril 1706. » Par la suite, M. de Vintimille, archevêque de Paris, la fit enlever. — La seconde paroisse de Bretigny, qui est maintenant supprimée et détruite, était bâtie au-dessous de la butte sur laquelle est construite l'église de St-Pierre. Elle était sous l'invocation de saint Philbert, et paraissait avoir été construite sous le règne de Louis IX. Le bâtiment, de forme oblongue, accompagné d'une aile vers le midi, à côté du chœur, et les colonnades, étaient dans le goût du XIIIe siècle. On conservait dans cette église une portion des reliques de saint Philbert. — Les vignes que l'on cultivait à Bretigny au XIIe et au XIIIe siècle ne produisaient qu'un vin fort peu estimé.

| Bretigny, village du diocèse de Chartres, arrond. et canton de cette ville, dépt. d'Eure-et-Loir, à 8 kil. sud-est de Chartres. Ce village était déjà du même diocèse, et de la paroisse de Sours, avant la révolution. — Il est célèbre par un traité de paix conclu entre la France et l'Angleterre, le 8 mai 1360, en vertu duquel le roi Jean, fait prisonnier à la bataille de Poitiers par les Anglais, obtint la liberté après quatre ans de captivité. Ce traité fut signé dans un petit château qui sert aujourd'hui de grange. L'armée anglaise était campée dans la plaine située entre ce hameau, le village de Sours et celui de Nogent-le-Phaye ; elle y essuya un orage terrible, accompagné de grêle d'une telle grosseur, qu'elle tuait hommes et chevaux. On prétend que le monarque anglais, considérant cet événement comme une punition du ciel, fit vœu, en tournant ses regards vers l'église de Chartres, qu'il apercevait de son quartier, d'accepter enfin la paix qu'il avait jusqu'alors refusée. A la paix de Bretigny, toutes les terres de cette plaine furent, en mémoire de cet événe-

ment, affranchies de la dîme qu'elles payaient alors. Elles ont continué de jouir de cette exemption jusqu'au moment de la suppression totale des dîmes, au commencement de la révolution. Plusieurs historiens et géographes, n'ayant point trouvé, sur les cartes qu'ils ont consultées, un Bretigny près Chartres, se sont persuadé que le traité dont il s'agit avait été fait entre Paris et Montlhéry, ce qui est faux. Le Bretigny où la paix fût signée est celui-ci ; il fait partie de la com. de Sours.

Britogilum, ou *Britolium*, Breteuil, petite ville du diocèse de Beauvais, chef-lieu de canton de l'arrond. de Clermont-Oise, dépt. de l'Oise, à 28 kil. nord-nord-est de Beauvais, 28 sud-est d'Amiens, et 88 de Paris. Elle est située sur la rivière de la Noye, qui y prend sa source. A 1 kil. de Breteuil est un terrain que depuis longtemps les habitants des villages voisins ont nommé et nomment encore *Bransuspans*. On y a découvert un grand nombre d'antiquités, des médailles gauloises et romaines, des restes de murailles et des souterrains de construction antique. Mabillon dit que ces restes étaient ceux de *Bratuspantium*, mentionné dans les Commentaires de César ; d'Anville n'est pas éloigné de partager cette opinion, et M. Bonami, qui a composé un mémoire sur cette position gauloise, déclare qu'il est tenté de l'adopter. En 1574, lorsque Henri de Bourbon, 1er prince de Condé, passa à Breteuil, dont il était seigneur, un curé du lieu lui présenta un mémoire sur cette ville, et n'oublia point de parler de Bratuspantium, qui, outre le nom de Bransuspans, portait aussi celui de *Fosse-aux-Esprits*, « Pour ce que, dit ce curé, plusieurs ont vu et voyent encore *plusieurs apparitions* en cette place. » Il ajoute que des carriers, en y démolissant les murs de fondement d'un ancien édifice, découvrirent une construction souterraine, qui présentait une salle longue de 80 pieds, et large de 30 ; à une extrémité s'élevait un gradin en façon d'autel, aux angles duquel étaient des canaux ou rigoles ; qu'à l'autre extrémité il se trouvait plusieurs marches ou degrés. Le curé et les autres personnes qui l'accompagnèrent dans la visite de cette construction souterraine, jugèrent qu'elle était un temple païen. Il dit qu'au-dessus de cette construction existait autrefois, à fleur de terre, un autre temple qui avait été abattu. Le prince de Condé, ayant besoin de pierres, fit démolir ce souterrain ; dans l'épaisseur d'une grande muraille, les maçons découvrirent un vase rempli de médailles impériales. Il résulte de toutes ces découvertes qu'il existait dans cet endroit une forteresse bâtie du temps des Romains. On croit, dans le pays, que les débris de cette vaste enceinte servirent primitivement à la construction de Breteuil, qui était nommé *Bretolium*, *Britogilum*, etc. Le château de Breteuil, qu'il ne faut pas confondre avec celui de Breteuil en Normandie, avait, au commencement du XIe siècle, pour seigneur le comte Gilduin, qui, ayant acheté, en l'an 1029, d'Avesgand, évêque du Mans, le corps de saint Constantin, le déposa dans le monastère de Sainte-Marie, monastère ruiné par les guerres continuelles de cette époque. Il le rétablit, lui donna plusieurs terres, et le soumit à la direction de Richard, abbé de Verdun. Ebrard, qui avait succédé aux comtes de Breteuil, se retira aussi dans un monastère. Le culte qui était rendu à Breteuil à saint Constantin y attirait un grand concours d'habitants, qui furent édifiés par plusieurs miracles. — C'est un abbé de Breteuil qui fit bâtir, en l'an 1226, l'église paroissiale de cette petite ville. — La seigneurie, après avoir été possédée pendant environ un siècle par les descendants de Gilduin, dont les noms figurent dans l'histoire, notamment à l'époque des croisades, passa en diverses mains. Elle fut livrée, en 1353, au roi de Navarre. — En 1355, les Anglais assiégèrent la ville, et furent contraints de se retirer. Dans le siècle suivant, elle se rendit au comte d'Etampes, et fut reprise peu de temps après par Lahire, qui, en vertu d'une convention avec le duc de Bourgogne, fit démolir le château et les murs dont elle était entourée. Possédée dans la suite par la maison de Montmorency, cette seigneurie appartenait, au temps de Henri IV, au prince de Condé. Henri, 2e du nom, la vendit au duc de Sully. Breteuil est en général mal bâti, et l'on n'y remarque d'autre édifice que l'ancienne abbaye des Bénédictins, qui rapportait 20,000 liv. de rente. — Le château n'existe plus. Il y a dans cette ville une fabrique où l'on fait du sagati, de la serge de Rome et de Minorque. On y compte plus de 300 ouvriers occupés à faire des souliers pour l'usage des troupes et des hôpitaux de Paris. Il y a des fabriques de toiles, serges, bas de laine et autres lainages ; taillanderies, papeteries, faïenceries, tanneries et corroieries. Il y a aussi de belles pépinières. Le principal commerce se fait en blé, cidre et bestiaux.

Breteuil, petite ville du diocèse d'Evreux, chef-lieu de canton du dépt. de l'Eure, à 24 kil. d'Evreux, et 104 de Paris. Popul. 2300 habitants. Elle était plus peuplée aux XVIIe et XVIIIe siècles. Elle est située sur la rive droite de l'Iton, dans une contrée abondante en mines de fer. Il y a des manufactures à fondre la mine de fer, forges et hauts fourneaux, fonderie de canons de tous calibres, fabriques de fer, clous, chaudrons, marmites, projectiles de toute espèce, tuileries et briqueteries. On y trouve des sources d'eaux minérales froides. — Henri II, duc de Normandie et roi d'Angleterre, la donna à Robert de Montfort. Amicie, sœur de Robert, la vendit au roi Philippe-Auguste en 1210. Elle devint ensuite le partage de Charles, roi de Navarre, qui l'échangea avec Charles VI, en 1410, contre d'autres terres. Enfin, après avoir été démembrée de la couronne, elle fut cédée, en 1651, à la maison de Bouillon en même temps qu'Evreux. Cette petite ville est de toutes parts entourée de bois. On y remarque les restes du château qu'y fit bâtir Guillaume le Conquérant, en 1059.

Brivodurum, *Bribodorum* et *Brivodurus Carnotum*, Briare, petite ville de l'ancien diocèse d'Auxerre, actuellement de celui d'Orléans, chef-lieu de canton de l'arrondissement de Gien, département du Loiret, à 10 kil. de Gien, à 67 d'Orléans et 136 de Paris, sur la rive droite de la Loire, à la jonction du canal de Briare avec ce fleuve. Popul. 2500 habitants, presque tous mariniers. La partie de cette ville qui est sur le bord du canal offre une suite de maisons bien bâties, le long desquelles règne un joli quai ombragé de deux rangs d'arbres, lequel forme un port commode et un abri pour les bateaux pendant la mauvaise saison ou le chômage du canal. L'autre partie ne consiste que dans une seule traversée par la grande route de Paris à Lyon. — On y trouve une carrière de pierres de taille. — Il s'y fait un commerce de vins, de bois et de charbon. — On y traverse le canal sur un pont. — Son territoire est aride, graveleux, sablonneux et presque stérile. — Cette commune a un syndic des marins ; elle est dans le syndicat de l'inscription maritime du quartier d'Orléans, 4e arr. communal. — Près de la ville, dans un endroit appelé *la Roche-Pont-St-Thibault*, on trouve des poudingues qui forment des rochers considérables et d'une excessive dureté.

Briare (canal de), établi dans les dép. du Loiret et de l'Yonne, pour la communication des rivières de la Seine et de la Loire ; il prend son nom de la petite ville de Briare située à l'endroit où il communique à la Loire. On en commença les travaux sous Henri IV ; et c'est le premier ouvrage considérable de cette nature qu'on ait entrepris dans le royaume. Il s'agissait d'attirer vers Paris le commerce de la mer par Nantes, et celui de toutes ces belles provinces qui sont situées sur la Loire, et même de faire une communication de toutes les autres provinces du royaume arrosées par des rivières qui se rendent dans ce fleuve. Cette grande entreprise, commencée par le duc de Sully, fut interrompue après la retraite de ce ministre. Jacques Guyon et Guillaume Bouteroue, entrepreneurs du canal, ayant offert de l'achever à leurs frais, le ministre cardinal de Richelieu les y fit autoriser par des lettres patentes données par Louis XIII, au mois de septembre 1638 ; il leur céda le fonds du canal, leur fit présent des matériaux existants, et régla les droits qu'ils pourraient lever sur les marchandises qui y seraient embarquées : il coûta 6,500,000 fr., et fut achevé le 20 mars 1641. Ce canal entre dans la Loire à Briare, remonte vers le nord par Ouzouer, côtoyant le ruisseau de Tresée, continue par Rogni, Châtillon, Montargis, et finit dans le Loing à Cepoy. Le produit des droits qui se levaient sur ce canal était autrefois très-considérable ; il perdit beaucoup lors de l'établissement du canal d'Orléans, et ne donna plus aux intéressés qu'une somme annuelle de 100,000 liv. ; ce produit s'est élevé depuis à 320,000 francs. Ce canal se compose de 41 bassins formant 24 corps d'écluses alimentés par 16 étangs, dont les plus considérables sont ceux de Moutiers, de la Grande-Rue et de la Tuilerie. Sa longueur est de 55,301 mètres 43 centimètres.

Brocaria, Bruyères-le-Châtel et Bruyères-la-Ville, anciennement du diocèse de Paris, maintenant de celui de Versailles, canton et bureau de poste d'Arpajon, arr. de Corbeil, dép. de Seine-et-Oise, à 5 kil. d'Arpajon, à 34 sud de Paris. — Il n'est guère de lieu plus ancien que Bruyères, après les lieux du diocèse de Paris qui nous sont connus par le moyen de l'histoire de la vie de Grégoire de Tours ou de l'histoire de la vie de saint Germain. Il était connu dès l'an 670 de Jésus-Christ, par la fondation qu'une dame riche, nommée Chrotilde, y fit d'un monastère de filles, avec le consentement d'Agilbert, évêque de Paris. Suivant les intentions de la fondatrice, Mommole, sa nièce, en fut la 1re abbesse. La charte porte que ce monastère était situé *in loco nuncupante Brocaria situm in pago stampense prope de fluvio Urbia* : le nom de *Bruyères* est reconnaissable dans *Brocaria* ; sa situation proche de la petite rivière d'Orge lui convient parfaitement. La fondatrice marque qu'il était sous le titre de la sainte Vierge et de quelques autres saints dont on y conservait des reliques. Bruyères est situé, non immédiatement sur la rivière d'Orge, mais dans le voisinage. La petite rivière la plus proche, et sur les bords de laquelle sont les terres de ce village, s'appelle Maude ou Remaude ; d'autres écrivent Marde ou Remarde. Celle d'Orge, qui lui est presque parallèle, n'en est éloignée que d'un demi-quart de lieue. Il y ayait à Bruyères une double cure ; mais par la suite on les réunit à une seule. L'église du château était sous l'invocation de la Madeleine ; elle avait été paroisse jusqu'aux guerres civiles de 1649, que la nef fut profanée, en sorte qu'elle servit de cuisine au château. Il n'en restait que le chœur, édifice du XIIIe siècle ou environ, qui était devenu la chapelle du château. L'autre église était St-Didier ; elle servait d'unique lieu pour les assemblées de chaque paroisse, qui était desservie alternativement par les deux curés pour l'office, les sacrements et les enterrements. Une troisième église de Bruyères était la chapelle de St-Thomas, qui existait au moins dès l'an 1186, que le pape Urbain III en confirma la jouissance aux moines de St-Florent. A l'extrémité de ce village, vers Arpajon, est un château fort, flanqué de tours et entouré de fossés secs, dont l'origine remonte jusqu'au VIIe siècle. En face de l'entrée de ce château est une belle maison, ancien fief dit des *Moines blancs*. Sa situation lui procure une vue pittoresque et très-agréable. La pop. de Bruyères est d'environ 700 habitants, avec les hameaux de Verville, Arpenty, la maison de campagne d'Arny et autres habitations isolées, la ferme de la Forêt, le moulin Brûlé et celui de Trémerolles. Il y a beaucoup de bois, des vignes dans les côtes qui peuvent leur convenir ; le reste est en labourage et en prairies.

Brolium, Brou, autrement Villeneuve-aux-Anes, et ensuite Villeneuve-aux-Aulnes. Il y a beaucoup d'apparence que le nom de Brou vient de *Brolium*, lequel a formé aussi celui de Breuil, que l'on employait autrefois pour exprimer un petit bois. Ce village, du diocèse et arrondissement de Meaux, département de Seine-et-Marne, can. et b. de p. de Lagny, ci-dev. prov. de l'Ile de Fr., diocèse de Paris, fut nommé Villeneuve-aux-Anes, parce que les Trinitaires, qui y possédaient un couvent nommé Villeneuve, faisaient, dans le XIIIe siècle, un commerce considérable d'ânes, et s'en servaient pour leur monture. Une maison de garde, dans l'emplacement du château de Forêt, qui a été démoli, appartenait à Paul de Brou, ainsi que les bois d'alentour. L'église de Brou, sous le titre de saint Baudèle, martyr, était, en 1738, un petit bâtiment situé sur la lisière d'un bois, et toute seule, avec son cimetière par derrière. Le peuple ne s'assemblait dans cette église que quatre fois l'an ; le chœur appartenait à l'abbaye de Chelles, la moitié de la nef à un M. de Pomponne, l'autre moitié au seigneur du lieu, Feydeau de Brou ; le reste de l'année, la chapelle des Trinitaires, à Villeneuve-aux-Anes, servait de paroisse, quoique fort vieille. Depuis, l'église fut rebâtie au bout méridional de l'étang du lieu, sur la route de Montfermeil, par l'intendant de Paris, Feydeau, dont les armes étaient sur la porte qui regarde le nord-est. Ce seigneur avait fait faire aussi une route à gauche du grand chemin, entre Brou et Chelles, et élever une grande hôtellerie à l'angle que forment la grande route et l'allée de Montfermeil. La pop. de ce village est d'environ 160 hab. Les principales productions du terroir sont en grains. Brou est à 6 kil. ouest de Lagny, et 20 de Paris.

Brugæ, Bruges, ancienne, belle et grande ville de la Flandre occidentale (Belgique), avec un évêché suffragant de Malines, érigé au XVIe siècle. D'une prospérité florissante aux XIIe et XIIIe siècles, en 1270 elle faisait le commerce du monde alors connu. On y voit encore plusieurs maisons consulaires des nations différentes qui y étaient établies lors de sa splendeur. Sa population est de plus de 40,000 habitants ; sa distance d'Ostende est de 22 kil., de la mer 16, de Gand à l'ouest-nord-ouest 48, et de Paris 300. Elle a d'anciennes murailles avec des remparts dont on a fait des promenades ; elle possède un vieux château, des rues larges, et des maisons très-grandes ; elle est située sur le canal de Gand à Ostende. On remarque la halle, la monnaie, l'hôtel de ville, la bourse, le palais de justice ; l'église de Notre-Dame, les tombeaux de Charles le Téméraire et de sa fille Marie de Bourgogne, les canaux, les places publiques : la tour au bout du grand marché est l'une des plus belles de l'Europe : on y monte par 133 marches ; on la découvre en pleine mer en sortant de la Tamise. Bruges possède encore une bibliothèque, un jardin botanique, un athénée, cinq hôpitaux, un musée, un cabinet de physique, d'histoire naturelle, une académie de dessin, sculpture et architecture, une école de navigation et un chantier de construction.

Son commerce est bien tombé ; il comprend le produit des fabr. de toiles blanches, basin, étoffes de laine, dentelles, chapeaux, savon, faïence, tabac, teintureries en bleu, raffineries de sucre et de sel, amidonneries ; on arme pour la pêche, et surtout pour celle du hareng, des bâtiments de 300 tonneaux ; ils peuvent remonter depuis Ostende jusqu'à cette ville. Le bassin contient plus de 100 navires. Le canal de Bruges à Ostende, qui la traverse, large et profond, permet le passage aux plus gros vaisseaux ; on construit dans cette ville des navires et de gros bateaux. Ce fut à Bruges que Philippe le Bon institua, en 1430, l'ordre de la Toison d'or. Les guerres de Flandre ont nui beaucoup à son commerce ; elle fut bombardée en 1704 par les Hollandais, prise en 1745, 1792 et 1794 par les Français ; en 1798 ils chassèrent les Anglais de ce port ; divers incendies l'endommagèrent en 1184, 1215 et 1280. Patrie de Gomar, chef d'une secte religieuse, de Charles Ferdinand, poëte et musicien quoique aveugle de naissance, de Simon Steven et de Grégoire de Saint-Vincent, célèbres mathématiciens ; de Louis Bercken, inventeur de la taille des diamants, et la patrie adoptive de J. Van-Eyck, dit J. de Bruges, inventeur de la peinture à l'huile et de celle sur verre au commencement du XVe siècle.

Bruges compte sept églises paroissiales, y compris la cathédrale. Il y avait un collége de Jésuites, qui n'existe plus, ainsi que les abbayes des Dunes, des religieuses de Saint-Trude et des religieuses, nommées Spremaille ; les couvents des Dominicains, des Augustins, des Carmes-Chaussés, des Capucins, des Carmes-Déchaussés, des Récollets, des Frères de la Charité, des Béguines, des religieuses de Sainte-Claire, des sœurs Noires et des religieuses nommées Collettes. Les hôpitaux que la ville a conservés sont l'hôpital Saint-Jean, l'hôpital Ter-Poorterie, celui de Saint-Julien, de la Madeleine et de Saint-Nicolas. La cathédrale, d'architecture gothique, sous le titre de saint Donas, évêque et confesseur, est grande et claire. Sa chaire, d'une forme ordinaire, est d'une belle exécution. Cette église possède plusieurs tableaux très-remarquables. On voit sur l'autel d'une chapelle l'Adoration des bergers par Ottovenius, tableau d'un bel effet et d'une bonne exécution. Dans la chapelle de la communion, le tableau d'autel représente saint Charles Borromée, donnant la communion aux malades de la peste, par Gilles Bakereel ; il est composé avec sentiment et noblesse, de la plus belle couleur et du plus beau pinceau : c'est un morceau précieux. On renferme presque toujours dans une armoire de la sacristie deux tableaux peints par Rubens, saint Pierre et saint Paul ; on les place au nombre de ses meilleurs ouvrages, les caractères des têtes sont sublimes. Huit grands tableaux, peints par Jean van Orley, sont placés au-dessus des stalles du chœur. Ces tableaux, bien composés, représentent l'Adoration des bergers, Notre-Seigneur parmi les docteurs, les

Noces de Cana, la Pêche miraculeuse, la Madeleine chez le Pharisien, l'entrée de Notre-Seigneur dans Jérusalem, Jésus-Christ portant sa croix, et la Résurrection. Ces huit tableaux ont été exécutés ensuite à Bruxelles, sous les yeux de l'artiste, en tapisseries très-bien faites. On les expose à Saint-Donas depuis Pâques jusqu'à la Toussaint.

L'église de Saint-Sauveur, d'un style gothique parfait, est une des plus belles de Bruges, et en même temps une des plus pauvres. Elle était autrefois magnifiquement ornée de tableaux précieux ; il ne lui en reste pas un seul. L'église Notre-Dame a été plus heureuse. Dans sa chapelle des tisserands en laine, on voit saint Tryon à genoux, un mouton près de lui ; dans le haut, sont des anges. Ce tableau d'autel, par Herregouts le vieux, est bien peint et bien dessiné. Dans la chapelle des tourneurs, on conserve un tableau curieux peint par J. Hemmelinck. Ce sont des sujets différents de la passion de Notre-Seigneur ; les figures ont environ six pouces de hauteur : on ne peut rien voir de plus fini, et la couleur est pleine de chaleur et de finesse.

Dans la chapelle de la communion on voyait sur l'autel, dans une grande caisse vitrée de tous les côtés, une Vierge avec son fils, beau groupe de marbre, fait par le sculpteur célèbre Michel Ange'o Buonarotti ; la Vierge est assise de face ; son enfant debout est posé entre ses genoux ; tout y est grand comme nature ; les chairs y sont traitées avec souplesse et fermeté, les têtes avec la plus grande finesse et des expressions divines ; les pieds et les mains sont d'un dessin fin et correct ; les draperies, dans la manière antique, sont pliées au gré de la nature, sans en cacher les formes ; tout y est annoncé sans sécheresse : il semble que le hasard a tout indiqué ; l'exécution savante, quoique d'un beau fini, paraît avoir peu coûté à l'artiste ; c'est le plus bel ouvrage en sculpture de toute la Flandre ; c'est un trésor que le hasard a procuré. Ce groupe fut fait pour la ville de Gênes ; mais le navire qui en était chargé, en sortant de Civitta-Vecchia, fut pris par un corsaire hollandais, qui conduisit sa prise à Amsterdam ; lors de la vente des effets, personne ne connaissant le mérite de ce groupe, il resta à si bas prix, qu'un négociant de Bruges en fit l'acquisition, et à son retour l'offrit à cette église, dont il était marguillier. Lord Walpole voulut l'acheter au prix de 30,000 florins du Brabant ; mais le conseil de fabrique refusa, ce qui lui fait honneur.

Les églises de Saint-Jacques, de Sainte-Anne, de Saint-Gilles et de Saint-Walburge, possèdent encore quelques-unes des richesses artistiques qu'elles avaient autrefois. L'hôpital de Saint-Jean conserve un tableau de J. Hemmelinck qui attire tous les étrangers ; on le regarde comme le diamant de Bruges. Il représente l'Adoration des Rois.

Le musée de Bruges est fort curieux, il s'est enrichi au détriment des églises de la ville et du diocèse. Il contient nombre de tableaux gothiques, car Bruges est leur patrie. On y distingue surtout trois tableaux de Van-Eyck ; le principal représente la Vierge tenant l'enfant Jésus ; le volet de gauche, saint Donaiacnus ; celui de droite, saint Georges. On y admire aussi le portrait de J. Eyck, dit Jean de Bruges, peint par lui-même en 1420. Ce tableau, bien conservé, est d'un fini précieux.

Bruxellæ, Bruxelles, ou Brussel, ville considérable du Brabant méridional, capitale de la Belgique. Saint Géry, évêque de Cambrai et d'Arras, au viie siècle, est son fondateur. Les chroniques du temps contiennent à ce sujet une légende bien touchante et très-intéressante. Comme elle est longue, nous ne pouvons la rapporter sans sortir de notre cadre. Bruxelles devint le séjour habituel des ducs de Brabant. Les ducs de Bourgogne y séjournèrent peu ; mais le siége du gouvernement y fut établi sous la domination espagnole et autrichienne, à laquelle elle doit une grande partie de ses embellissements. De 1793 à 1814, elle resta un simple chef-lieu de préfecture d'abord de la république, ensuite de l'empire français. A cette époque, le gouvernement hollandais, qui en prit possession, en fit la seconde capitale du royaume des Pays-Bas. Cet état de choses dura jusqu'en 1831. La ville s'étant alors insurgée, se débarrassa du pouvoir que lui avait imposé le congrès de Vienne. Déclarée un Etat neutre, la Belgique reçut pour roi un prince de la maison de Saxe-Cobourg.

La popul. de Bruxelles est de 130,000 hab. env. Sa distance d'Anvers est de 44 kil. au sud, d'Amsterdam 200 kil. sud, et de Paris, 276 nord-nord-est. Lat. nord 50° 55'. Long. est 2° 2'. La ville est située sur la Senne et sur un canal qui communique avec l'Escaut par le Rupel ; bâtie sur un terrain inégal, elle a des rues très-escarpées, surtout dans la partie basse, de magnifiques boulevards, 8 sections, 8 places publiques, 290 rues, 27 ponts, 23 à 30 fontaines et 13,100 maisons. On y remarque de belles maisons, le superbe quartier du Parc avec des rues bien alignées et des bâtiments élégants ; la place royale, où se trouve l'église de Saint-Jacques de Caudenberg, dont on admire le portail ; le palais des Etats généraux, en face du Parc ; l'hôtel de ville avec sa tour gothique, élégante, élevée de 64 toises ; le temple de la Loi, la nouvelle salle de spectacle, le palais royal, l'entrepôt, le mont de piété créé en 1619, l'église Sainte-Gudule, qui renferme plusieurs tombeaux, celle du Sablon, celle de Notre-Dame, dans laquelle on admire de beaux mausolées, la chaire et de bons tableaux, Saint-Jean-Baptiste au Béguinage, Saint-Nicolas, contenant des tableaux précieux, ainsi que l'église des Augustins, d'une belle façade ; la grande place des Sablons avec une superbe fontaine, la place Saint-Michel, environnée de bâtiments élégants et uniformes, le marché aux grains, les fontaines remarquables de Mannekepisse, de Steen-Porte, celle de la grande rue Neuve, et le Parc enrichi de magnifiques statues ; c'est une des plus agréables promenades de l'Europe sous tous les rapports. On trouve encore beaucoup d'architecture gothique dans les édifices de Bruxelles. On y voit de nombreux établissements de bienfaisance bien tenus, un hôtel des monnaies, une académie des sciences et belles-lettres, deux sociétés royales de littérature; une de botanique connue sous le nom de *société de Flore*, un athénée, une académie de peinture, sculpture et architecture, un musée, une riche bibliothèque de 125,000 volumes, un cabinet de physique. Des bains publics, des quais fort beaux bordent les bassins recevant les bateaux qui naviguent sur le canal; l'Allée Verte, qui forme une promenade le long du canal, mérite d'être parcourue. L'industrie de cette ville embrasse les manufactures et les fabriques de toiles, siamoises, ouvrages de mode, dentelles renommées; les points à l'aiguille, les ouvrages, robes et voiles en dentelles, galons d'or et d'argent, voitures remarquables, tapisseries, chapeaux, tabac, faïence, porcelaine, savon noir, papier, librairie, fonderies en caractères, imprimerie, raffineries de sucre et de sel, brasseries en vogue. Le commerce y est très-considérable avec les pays étrangers; c'est pour le royaume un entrepôt des objets de goût et de luxe; les chevaux fins et de prix y sont très-recherchés. Patrie des deux Champaigne, peintres, de Bochius, le Virgile belge, de l'abbé de Feller, apologiste de la religion, historien et géographe; André Vesal, médecin de Charles-Quint, Van-Etelmont, chimiste, etc. Cette ville fut incendiée en 1326 et 1405. La peste la ravagea en 1489 et 1578. Les Français la bombardèrent en 1695; Marlborough la prit en 1706; les Français s'en emparèrent en 1746, 1792 et 1794, et la rendirent en 1814. J.-B. Rousseau y mourut; ainsi que d'autres illustres proscrits de France. Les environs sont charmants et bien cultivés.

L'église paroissiale de Saint-Jacques possède plusieurs tableaux; et entre autres de Rubens. Au milieu du chœur, il y a un mausolée en marbre blanc et noir élevé en l'honneur de l'archiduc François, fils de l'empereur Maximilien. Comme la ville dans les guerres modernes a été bombardée et prise plusieurs fois, il a fallu rebâtir plusieurs églises qui avaient souffert. On les a construites dans le goût et les idées de l'architecture contemporaine : ce qui signifie qu'elles n'offrent rien à l'art monumental. L'église Saint-Nicolas est dans ce cas. Le bombardement de 1714 lui occasionna un incendie qui détruisit un beau tableau de Rubens, représentant Job sur le fumier. L'église des Dominicains a perdu plusieurs de ses tableaux, cependant il lui en est resté quelques-uns ; mais elle a eu de l'église des Jésuites de Louvain une chaire qui représente Adam et Ève chassés du paradis terrestre, et qui est un véritable chef-d'œuvre de sculpture. L'église Sainte-Gudule, vaste et belle, est élevée sur une hauteur, en sorte que du parvis on voit par-dessus une portion de la ville, et l'on découvre la campagne au loin. Il y a des vitraux qui appellent l'attention, ainsi que plusieurs mausolées en marbre. Celui de l'archiduc Ernest, mort en 1595, n'est pas sans mérite. Au milieu du chœur, on voit le tombeau de Jean, duc de Brabant, inhumé en l'an 1318.

Le musée, établi sur l'emplacement occupé jadis par l'ancien palais des ducs de Brabant, est fort riche. Les administrateurs se sont principalement adonnés à la recherche des maîtres gothiques qui ont existé avant les frères Van-Eyck et de leur temps. Les amateurs peuvent trouver là les noms et la suite chronologique de ces anciens peintres; mais le temps et l'ignorance de certains individus ont laissé dans cette biographie intéressante de l'enfance de l'art une lacune qu'il n'est plus guère possible de remplir. Néanmoins les deux salles consacrées au gothique sont très-curieuses : la variété des tableaux de différentes époques permet d'y suivre pas à pas les progrès de l'art.

Six tableaux de l'école allemande : le Sacrifice d'Abraham; l'Adoration des mages, Noé et sa famille devant l'arche, la Rencontre d'Esaü et de Jacob, la Création d'Ève, viennent de maîtres inconnus.

Ces tableaux sont durs et n'ont pas le mérite du fini de ceux des frères Van-Eyck. Les poses néanmoins et les figures sont très-remarquables. La composition du tableau de la Création d'Ève est très-originale : Adam est étendu tout de son long, couché sur le côté gauche; Dieu profite de son sommeil pour tirer Ève de son côté droit. Le Créateur la tient par le corps à la hauteur des seins; Ève, à peu près dans la position du soldat au port d'armes, a dans la figure une expression d'étonnement pleine de naïveté. L'artiste a fait sentir les deux pieds, qui sont encore plongés jusqu'aux chevilles dans le côté droit d'Adam.

Une Vierge dans une gloire. La tête est charmante et d'un bon sentiment.

Une Annonciation, un des plus antiques tableaux du musée. Il paraît que les peintures à fresque de l'église Saint-Géry, représentant les 15 mystères de la Passion, ressemblaient beaucoup à celle-ci. Les figures sont très-gracieuses.

Buciacum, Bussy; divisé en Bussy-Saint-Martin et en Bussy-Saint-Georges. Bussy était autrefois un lieu si considérable, que, sous Charles le Chauve, on en avait fait le chef-lieu d'une vicairie temporelle, laquelle s'étendait jusqu'à la Marne, aux environs du lieu appelé Douves, qui était alors un hameau, dit en latin *Dubrum*, comme paraissait le prouver un moulin qui en conservait le nom, vers le rivage gauche de la Marne. L'étendue du territoire de Bussy ayant formé une grande paroisse, on fut obligé de la partager en deux ; peut-être fut-ce le partage de la seigneurie dans la même famille qui occasionna cette division. Ces deux paroisses sont à peu près à égale distance de Paris, à 24 kil. ou environ. On ignore quand elles ont commencé à avoir différents seigneurs; car, quoiqu'elles existassent toutes les deux au XIIIe siècle, on ne trouve point d'actes de ce temps-là qui les désignent par les surnoms de *Buciaco S. Martini*, ni de *Buciaco S. Georgii*. Ils sont toujours simplement dits seigneurs *de Bucceio*, ou bien *de Buciaco*. Il est difficile de décider lequel des deux Bussy (ou Bucy) a formé l'autre, c'est-à-dire, duquel des deux l'autre a été distrait: il semble qu'on peut se déterminer pour Bussy-Saint-Georges, et assurer que c'était en ce lieu qu'il y aurait eu une église, par la raison que cette église avait eu besoin la première d'être rebâtie, comme elle le fut en effet il y a environ 200 ans.

| Bussy-Saint-Georges, village du diocèse et arrond. de Meaux, dép. de Seine-et-Marne, can. et b. de p. de Lagny, ci-dev. prov. de l'Ile de Fr. et dióc. de Paris. La situation de ce lieu est sur la même butte où se trouve Bussy-Saint-Martin, mais elle est plus vers le midi. Le côteau va aussi un peu en tournant de ce même côté; il est garni de beaucoup de bocages, avec quelques vignes. La prairie est arrosée d'un petit ruisseau, qui vient de Ferrières et du Génitoire; le reste est en labourages. La cure était à la pleine collation de l'évêque de Paris. C'était le seigneur du lieu qui était gros décimateur. Paulin Prondre, aumônier de France, joignit les terres des deux Bussy à celle de Guermande. La pop. de cette commune est d'env. 600 hab., en y comprenant la ferme du Génitoire, ci-dev. château, et deux autres fermes, l'une nommée Violaine, et l'autre La Jonchère. Bussy-Saint-Georges est à 4 kil. de Lagny, et 24 de Paris, à l'est.

| Bussy-Saint-Martin, village du diocèse et arrond. de Meaux, département de Seine-et-Marne, canton de Lagny, ci-devant province de l'Ile de France et diocèse de Paris. Il est bâti sur la croupe d'une montagne, où il y a quelques vignes, quelques bosquets, avec des terres. Le ruisseau qui vient de Bussy-Saint-Georges passe au bas, du côté du couchant, entre ce Bussy et le hameau et château de Rentilly. L'église paroissiale de Saint-Martin commença peut-être par n'être que succursale de Bussy-Saint-Georges, lorsque toute la terre de Bussy appartenait à un même père de famille, lequel aurait choisi saint Martin pour patron de cette seconde église de sa terre, afin d'avoir pour protecteurs deux célèbres chevaliers : car on sait que dans l'antiquité on n'a point représenté saint Martin autrement qu'à cheval, à peu près comme saint Georges. Le chœur de cette église est du XIIIe ou XIVe siècle, avec quelques formes de galeries. La cure était à la pleine collation de l'évêque. La popul. de ce village est d'environ 200 habitants, en y comprenant le hameau et le château de Rentilly. Dans les dépendances de ce château se trouve la ferme dite de Saint-Germain-des-Noyers, seul reste d'un village de ce nom, autrefois considérable, et qui avait encore à l'époque de la révolution une paroisse; elle fut supprimée. Les productions du terroir de cette commune sont en grains et en bois. Bussy-Saint-Martin est près de Bussy-Saint-Georges, à 24 kil. est de Paris, et 3 kil. au sud de Lagny.

Buciacum, vel *Fanum Antonii*, Boussy, ou Boucy-St-Antoine, paroisse de l'ancien diocèse de Paris, maintenant de celui de Versailles, dépt. de Seine-et-Oise, arrond. de Corbeil, canton de Boissy-St-Léger, à 6 kil. de cette ville et 22 de Paris. Ce village est situé sur la rive droite de l'Hyères, à l'endroit où cette rivière fait d'agréables circuits, à 1 kil. de Maudre et autant de Périgny, villages situés du même côté, et qui forment avec lui une espèce de triangle. C'est un pays de blé, de vin, avec quelques pâturages. Les vignes y font un aspect fort riant sur les côtes. Il y a un pont de beaucoup d'arches sur la rivière d'Hyères. Comme ce village n'est qu'à mi-côte, il tire ses eaux de la plaine d'en haut. On y voit une assez belle maison de campagne, dont le parc contient de belles sources d'eau vive, qui forment une petite rivière et un beau canal; elles sont aussi distribuées dans les potagers et dans la principale habitation. Il n'y a rien dans le corps de l'église paroissiale qui désigne une antiquité de plusieurs siècles, sinon des vitrages du sanctuaire, qui sont d'un blanc chargé, tel qu'on en faisait quelquefois il y a 500 ans. La tour est récente. Saint Pierre était patron de cette église. Saint Eutrope, premier évêque de Saintes, y était représenté au grand autel, et de plus dans une chapelle où le peintre l'avait dépeint revêtu de la même manière que s'il eût vécu de nos jours. L'abbé de Chaumes était nominateur de la cure de cette paroisse. Les religieux de St-Antoine de Paris étaient seigneurs de cette terre, et en avaient toutes les annexes, dépendances, droits, cens, revenus et émoluments qu'ils avaient acquis, le 3 août 1415, de l'abbé et des religieux de Chaumes en Brie. La maison seigneuriale était située sur une éminence. On compte à peu près 350 habitants dans ce village.

Buciona, la terre de Bution, située près de Marcoussis, aujourd'hui du diocèse de Versailles, dépt. de Seine-et-Oise. Lorsque saint Vandrille vint, en 661, trouver Clotaire III, pendant qu'il était dans son château de Palaiseau, situé dans le territoire de Châtres, et qu'il obtint de lui la confirmation du terrain sur lequel il avait fondé son monastère, au delà de Rouen, un des seigneurs de ce canton, nommé Hartbain, fils d'Erambert, déclara à ce saint abbé qu'il voulait quitter le siècle et se rendre religieux, et lui fit la donation d'une terre nommée Bution, *prædium aliquod nomine Butionem*, dans lequel il bâtit une église et un monastère, où il mit des moines. Dom Mabillon a cru que le lieu où était ce monastère pouvait être Boissy, qui est au bas de la montagne de St-Yon, à cause de quelque légère ressemblance du nom; et il a été suivi par Baillet. Mais lorsque ce savant écrivain fit imprimer la vie de saint Vandrille, il n'avait pas encore connaissance d'un titre de l'an 845, qu'il a donné depuis au public. Le roi Charles le Chauve, énonçant dans un diplôme les biens de l'abbaye de St-Vandrille, avec le pays où ils sont situés, met, *in Parisio, Bucionam cum vineola in Marcocincto, Vallodiugam et Tuohilugam villas cum oppenditiola eorum Laom*. En cet endroit, dom Mabillon reconnaît Marcoussis dans *Marcocinctum*; il aurait pu ajouter que *Buciona* ne devait pas être éloigné, et qu'il était contigu. En effet, on trouve dans les titres des XII° et XIII° siècles, des vestiges de l'ancien domaine dont l'abbaye de St-Vandrille a joui, entre Linas et le village de Marcoussis, avant que les guerres eussent obligé cette abbaye d'en accommoder les seigneurs de Linas et ceux de Montlhéry, lesquels depuis cédèrent ou vendirent des portions à divers particuliers. Il y reste même une indication du lieu dit *Bution* ou *Buciona*. Il est nommé *Buison* dans le cartulaire de Longpont, à l'occasion d'une mine de froment qu'on y assigna pour le monastère, au XII° siècle.

Bucolum, Bouconvilliers, ou Bouconviller, ou Boconvillier, paroisse de l'ancien diocèse de Rouen, aujourd'hui de celui de Beauvais, canton de Chaumont, dépt. de l'Oise, à 9 kil. de Chaumont, où est le bureau de poste, 28 de Beauvais, et 47 de Paris. Popul. 260 hab. Le terroir est en labour; on y voit un peu de bois et de prés. Avant la révolution, la terre de Bouconvilliers formait une châtellenie, avec haute, moyenne et basse justice. En 1141, Hugues d'Amiens, archevêque de Rouen, et en 1182, Rotrou, son successeur, confirmèrent à l'abbaye du Bec la possession de l'église de ce village; selon les pouillés, ce monastère présentait à la cure. Il y avait une chapelle dédiée à la *sainte Vierge* ou *Notre-Dame des Neiges*, qui était en titre, dès 1517, à la présentation du seigneur, lequel y présenta encore en 1672. On y trouvait aussi anciennement un hôpital du nom de *St-Antoine*, dans lequel on avait élevé une chapelle; le seigneur y présenta en 1472 : cet hôpital existait en 1519.

Bucum, Buc, paroisse de l'ancien diocèse de Paris, actuellement de celui de Versailles, canton, arrond. et bureau de poste de cette ville, à 16 kil. de Paris. L'abbé Lebeuf avoue qu'il est difficile de découvrir l'étymologie de ce nom. Quoi qu'il en soit, il se trouve écrit dès le commencement du XIII° siècle *Bucum* ou *Buscum*, qui signifie *Buis*. Ce qui ferait croire qu'anciennement on voyait beaucoup de ces arbres sur son territoire; on n'en voit plus aujourd'hui, quoiqu'il soit presque entièrement couvert de bois. Saint Jean-Baptiste était le patron de l'église, et c'était à la fête de la Décollation que se faisait la plus grande solennité. Il n'y a rien de bien ancien dans l'édifice, quoique la cure eût été érigée au moins dès le XIII° siècle. Le chœur, voûté et terminé en rond, ne démontre que 2 à 300 ans d'antiquité. On voyait dans le chœur la tombe d'un chevalier armé, qui paraissait n'être que de l'âge de l'église. Sa femme était représentée à sa droite, tenant un long chapelet. Au sanctuaire était une partie de tombe, sur laquelle on reconnaissait qu'elle était d'un écuyer qui mourut au mois d'octobre, et que sa femme s'appelait Jeanne Rat. L'habit court de cet officier était parsemé de rats. Buc est placé sur la petite rivière de Bièvres, à peu de distance de sa source, qui est au hameau de Bouviers, dépendance de la commune. On admire dans ce village le superbe aqueduc que Louis XIV y fit construire, pour conduire à Versailles les eaux des étangs de Saclé, du Trou-Salé et de St-Hubert proche Rambouillet. Cet aqueduc, bâti en 1686, consiste en une épaisse muraille de 244 toises de longueur, 16 pieds d'épaisseur et 66 de hauteur; les 19 arcades dont il est percé ont 55 pieds 1\|2 de hauteur sur 29 pieds 3 pouces de largeur. Cet édifice s'élève, ainsi que le chemin qui conduit de Versailles à Villers-le-Baclé, sur un terre-plain de 45 toises de large à sa base, et 16 de hauteur, lequel est percé d'une arcade sous laquelle passe la petite rivière de Bièvres. L'aqueduc de Buc, dénué de toute espèce d'ornement, produit cependant l'effet le plus pittoresque et le plus imposant par la belle masse de son ensemble, et sa situation élevée en travers d'une vallée profonde et bien boisée. Le fond de ce vallon forme une belle prairie, arrosée par une multitude de sources, et coupée par des bosquets dont les grands arbres, masquant le terre-plain de l'aqueduc, ne laissent rien paraître que l'édifice auquel on pourrait naturellement supposer deux rangs d'arcades. Louis XIV, pour l'édifier, fit abattre la superbe maison de l'Etoile, qu'il avait achetée du duc de la Feuillade avec le parc et ses dépendances, formant en tout 78 arpents de terre. La population de Buc est de 580 habitants.

Buc (haut). C'est un hameau de la commune de Buc.

Buhacum, vel Bohacum, Bohain, petite ville de l'ancien diocèse de Noyon, à présent de celui de Soissons, chef-lieu de canton de l'arrond. de Saint-Quentin, dépt. de l'Aisne, à 18 kil. nord-est de Saint-Quentin, et à 44 de Laon. Popul. 3000 habitants environ. Elle était le siége d'un bailliage, d'une grurie royale et d'un corps de ville. Elle est située sur un canal de desséchement. Ce canal n'est qu'un fossé ouvert pour conduire à l'Escaut les eaux pluviales qui tombent des côtés de l'étroit bassin, entre Bohain et Le Catelet, et pour empêcher le déchirement du vallon que ces eaux parcourent. Sa longueur est d'environ 22,600 mètres. On voit encore, à Bohain, les vestiges d'un vieux château, dont le gouverneur, en 1523, saisi d'une terreur panique, envoya demander aux ennemis, qui alors inondaient la Picardie, la permission d'évacuer cette place frontière, où personne ne l'inquiétait encore. Comme elle pouvait être secourue, ils y laissèrent une forte garnison; mais la Trémoille, ramassant les troupes de toutes les places qui n'avaient plus rien à craindre, se mit à la queue de l'ennemi, investit Bohain, et fit cette nouvelle garnison prisonnière. Cette ville faisait partie du domaine de la couronne, et avait été donnée à titre d'engagement, par Henri IV, au maréchal de Balagny en 1594; elle fut ensuite possédée au même titre par le marquis de Nesle. Louis XIV érigea en comté, en 1703, le domaine de Bohain. Il y a plusieurs fabriques de gazes, linons, batistes et mousselines. Il s'y trouve aussi une fabrique d'horloges d'Allemagne, accompagnées d'orgues, musique, etc. ; et une manufacture considérable de châles et tissus façon cachemire. On y fait aussi le commerce de bestiaux. Il s'y tient un marché franc le 15 de chaque mois. C'est la résidence d'un sous-inspecteur de forêts. Bohain est environné de bois qui en rendent le séjour agréable.

Bukara Civitas, Regio, la ville de Boukhara, et la Grande-Boukharie. — Cette contrée est la terre classique des légendes dans l'Asie centrale. La ville de Boukhara a été célèbre dans tout l'Orient du IX° au XI° siècle sous les Samanides qui en avaient fait le siège de leur gouvernement et de leur puissance. L'imagination féconde des Orientaux s'est plu à raconter des choses merveilleuses de l'importance, du commerce et de la splendeur de cette cité. Qui n'avait pas vu alors Boukhara n'avait rien vu. Il fallait contempler la variété et la richesse de ses magasins, fréquenter ses écoles, entendre ses savants, admirer ses temples, et mourir ensuite. Ce proverbe, qui depuis s'est appliqué à d'autres villes et à d'autres contrées, caractérise bien l'exagération orientale.

Mais cette prospérité ne s'est point soutenue; et, comme les autres pays, la Boukharie a eu ses revers; son histoire compte des pages sanglantes. Les Uzbeks l'envahirent au XI° siècle; au XIII°, le Mongol Tschinzchis-Khan y parut avec la rapidité de l'ouragan qui désole les steppes de la mer Caspienne; au XIV°, Timur-Khan en chassa les Mongols ; sa postérité, il est vrai, ne put s'y maintenir. Des descendants de Tschinzchis-Khan la dépossédèrent à la fin du XV° siècle et au commencement du XVI°. Depuis, la Boukharie a encore éprouvé plusieurs révolutions.

Il paraît que les Guèbres (adorateurs du feu) s'y étaient en partie réfugiés, lorsque les Arabes conquirent la Perse et lui imposèrent l'islam.

Les chrétiens nestoriens (les partisans de l'hérétique Nestorius), inquiétés dans l'empire grec, avaient cherché une retraite, partie en Perse, partie dans les provinces voisines de la mer Caspienne. Pour échapper à l'invasion arabe, ceux de Perse se retirèrent dans les différentes provinces de la Grande-Boukharie, où ils retrouvèrent plusieurs de leurs coreligionnaires qui se livraient au commerce. Sans doute les preuves manquent à l'appui de ces faits; mais il ne faut pas oublier qu'il est des faits géographiques et historiques qui ont une évidence, une certitude morale, quoiqu'on ne puisse la confirmer par des témoignages authentiques.

Il y a encore en Boukharie quelques Guèbres et beaucoup de juifs. Quant aux chrétiens, on n'en rencontre pas du tout. Les nestoriens ont dû ou embrasser l'islamisme, ou abandonner le pays, surtout depuis la succession non interrompue pendant trois siècles de vainqueurs musulmans, plus ombrageux, plus farouches et plus cruels les uns que les autres. Encore aujourd'hui il est difficile de pénétrer en Boukharie. Les voyageurs anglais qui, depuis quelques années, ont voulu la parcourir, ont payé leur entreprise par une dure captivité et par le sacrifice de leur vie. Les seules relations tolérées sont avec la Russie, les provinces tributaires de la Chine, la Turquie et la Perse.

La Grande-Boukharie s'étend entre les 37 et 41° de lat. N., et entre les 58 et 70° de long. E.; elle comprend tout le pays auquel les Arabes ont donné le nom de *Mavaralnagre* (Maveranneguer), et que les Grecs et les Romains appelaient *Transoxiana*, c'est-à-dire situé au delà de l'Oxus ou Djigoun, aujourd'hui Amu. La Sogdiane et la Bactriane des anciens étaient également comprises en partie dans la Boukharie. Après la conquête de ces contrées par les Mongols, vers l'an 1220 de l'ère chrétienne, elles échurent en partage à Djagataï, deuxième fils de Tschinzchis-Khan, et reçurent en son honneur le nom de *terre de Djayataï*; lorsque les Mongols en eurent été chassés par Timur-Khan, ce pays fut appelé *Teixéra*, et enfin *Boukharie*, dénomination qui, selon Aboulhazi, dérive du mot mongol *Boukhare*, lequel équivalait à celui de savant; tous ceux qui désirent acquérir quelques connaissances dans les sciences et dans les arts étant obligés de faire le voyage de Boukharie (1).

On ne saurait assigner les limites de l'ancienne Boukharie : aujourd'hui elle est bornée au nord par le désert des Kirguis-Kaïssatsk, à l'est par la longue chaîne de montagnes, limitrophe de celles de la Petite-Boukharie (2), au sud par le fleuve Amou, et à l'ouest enfin par un vaste désert de sable, qui de même que l'Amou la sépare de la Perse et du pays de Khiva.

La nature fait naître dans cette contrée tout ce qui peut être nécessaire aux besoins de ses habitants; ses montagnes abondent en métaux précieux ; ses plaines sont riches en céréales et fruits de toute espèce; ses prairies en gras pâturages; ses rivières en poissons; et de nombreux canaux contribuent encore à sa fertilité.

Quoique la Boukharie soit célèbre dans les annales de l'Orient, tant par la culture des sciences que par son abondance et le luxe qui y régnait, et que plusieurs auteurs européens modernes l'aient considérée comme le refuge de neuf tribus d'Israël et celle de toutes les contrées asiatiques où la religion chrétienne ait été la plus florissante, il n'en est pas moins vrai que les notions véritablement historiques sur ce

---

(1) Voyez *Histoire généalogique des Tatars*, tom. III, ch. 14.

(2) La Petite-Boukharie faisait anciennement partie de la Grande ; depuis 1758, elle appartient à la Chine. Des renseignements fort curieux sur ce pays sont contenus dans le *Voyage de Timkovsky en Chine*, tom. II, p. 76 et 129.

pays ne remontent pas au delà du xvi° siècle, c'est-à-dire de l'époque où elle fut conquise par les Uzbeks qui erraient dans *Dachtkiptchak*, ou le désert des Kirguis. Avant cette conquête, elle avait été habitée par les Djagataï, les Kazvines et les Aïmaks, tribus turques, nomades comme les Uzbeks.

La Boukharie est entourée de chaînes de montagnes ; au nord-est on trouve le Kara-Taou (montagne noire), et à l'ouest l'Akt-Taou (montagne blanche). La première est une branche des hautes montagnes du Tibet, et la dernière vient des monts Balkans, prolongation du Caucase. Plusieurs autres montagnes, séparées des principales branches, pénètrent dans l'intérieur même de la Boukharie ; telles sont : le *Karnab*, entre Baganz et Kermin, au haut duquel coulent plusieurs ruisseaux d'eau de source, qui arrosent un terrain bien cultivé ; le *Gargan*, entre Kermin et Nour-At ; le *Hazzem-Nour*, où l'on voit le tombeau d'un certain Nour, honoré comme un saint par les Boukhares ; le *Kara-Tesse*, près de l'Oronte du côté de Samarkand, et sur le sommet duquel se trouve un fort. Tous ces monts sont situés à l'est et au sud-est de Boukhara ; à l'ouest de Dijak se prolonge une longue chaîne de montagnes, et au nord-ouest s'étendent les monts *Kiouguis*, l'*Assoumane*, le *Rizmane*, le *Nerdrane*, et le mont *Ouïrmilène*, près de la ville de Djarza.

Il faut aussi parler des sables *Kizil-Koumès* (sables rouges), qui commencent au désert des Kirguis-Kaïssaïsk, et occupent un vaste espace entre les rivières de Zer-Efschan et le Syr à l'ouest de Boukhara, presque jusqu'à la chaîne Kara-Taou.

On ne connaît en Boukharie qu'un seul lac de grandeur assez remarquable : c'est le *Kara-Koul*, ou lac noir, qui se trouve près de la ville du même nom. Il était anciennement réuni au fleuve Syr, et ses eaux étaient tellement abondantes, qu'elles inondaient tous les environs ; mais dans la suite des temps il en a été séparé, et c'est aujourd'hui le Zer-Efschan qui communique avec ce lac.

Les principaux fleuves de la Boukharie sont : 1°. *Amou-Déria* (anciennement l'Oxus ou Djigoun). Il prend sa source dans le district de *Serguéi-Sougnan*, à un jour de marche du mont *Kiani-Lal* (mine de rubis), et reçoit les eaux de six rivières ; le *Bedak-Kan*, le *Derviz*, le *Hingvab*, la *Valia*, le *Karategan* et le *Hissan*, toutes formées en grande partie par la fonte des neiges. Ce fleuve se jette dans la mer d'Aral en deux bras connus sous le grand et petit Amou-Déria. Sa largeur en Boukharie est à peu près d'une verste ou d'un *parsang* du pays. Son cours est paisible, ses bords sablonneux, mais bien boisés.

2° Le *Syr-Daria* (rivière rouge, anciennement le Iaxartes, Sigon), vient des monts appelés *Belour-Taou*, et après avoir reçu les eaux d'un grand nombre de rivières, il se jette dans la mer d'Aral, en trois bras, qui forment trois rivières particulières : le Syr, le Kouvan et la Yana. Le cours de ce fleuve est rapide ; sa largeur et sa profondeur sont les mêmes que celles de l'Oural. — M. Huot, continuateur de la Géographie de Malte Brun, suppose, d'après d'anciens géographes, que les deux fleuves dont on vient de parler se jetaient autrefois dans la mer Caspienne, et que leur cours actuel est dû à des travaux extraordinaires ou à un tremblement de terre qui, en rehaussant le sol à leur embouchure, auraient créé la mer d'Aral elle-même, dont les anciens n'avaient aucune idée. Cette mer ne se serait-elle pas plutôt formée des eaux trop élevées d'une partie de la mer Caspienne (1) ?

(1) Malte Brun, dans son Histoire de la géographie, combat cette opinion, et croit que l'Oxus et le Sigôh n'ont jamais débouché dans la mer Caspienne : nous rapporterons son opinion à l'article de cette mer. La question du reste est très-grave ; sous le rapport de la géographie et de l'histoire de l'Asie centrale et occidentale. Nous craignons bien que cette question reste longtemps obscure et même insoluble. C'est là le cas de répéter ces paroles célèbres.... *et mundum tradidit disputationi eorum*.

Quoi qu'il en soit, voici ce que pense et dit M. Huot sur la question de l'Oxus et du Sigôn ou Iaxartes :

« La question est de la plus haute importance : elle intéresse à la fois la géographie historique et la géographie physique. Tout en respectant l'opinion de Malte Brun, nous devons rappeler quelques observations assez récentes qui expliquent et confirment ce que les anciens ont dit de l'embouchure de l'Oxus et de l'Iaxartes dans la mer Caspienne.

« Strabon, Eratosthène et quelques autres, en parlant de cette mer, semblent comprendre dans son étendue celle du lac d'Aral. Pallas, à l'inspection des lieux, prétend même qu'à une époque très-reculée elle dut être réunie à ce lac et à la mer d'Azof. Rien ne répugne à croire que les fleuves qui s'y jettent n'y portant pas une quantité d'eau égale à celle qui s'évaporait de sa surface, celle-ci dut graduellement diminuer. La diminution du lac d'Aral continue même encore d'une manière bien sensible, d'après les observations les plus récentes ; plusieurs autres lacs éprouvent aussi des changements analogues : il en est de même de quelques rivières. M. Mouraviev (Voyage en Turcomanie et à Khiva, en 1819 et 1820) a reconnu les anciens bords de la mer Caspienne entre les côtes de cette mer et la pointe méridionale du lac d'Aral. Il a même suivi l'ancien lit de l'Amou-Deria ou de l'Oxus jusqu'à la mer Caspienne : à quelque distance de celle-ci, il se partageait en deux bras, l'un au nord et l'autre au sud du petit mont Balkan. Ce lit, entièrement desséché aujourd'hui, a 650 pieds de largeur et 97 de profondeur. Les Khiviens, auxquels M. Mouraviev, ont conservé des traditions d'après lesquelles un violent tremblement de terre aurait, il y a cinq cents ans, ébranlé la surface du pays et obligé l'Amou-Deria de prendre son cours au nord, où il se serait creusé un nouveau lit, par lequel il se jette maintenant dans le lac d'Aral. Les Khiviens assurent de plus que lorsque le fleuve occupait son ancien lit, leurs habitations s'élevaient sur ses bords ; ce qui est prouvé par des restes de canaux et par des ruines de divers édifices.

« Ces traditions, répandues chez les Khiviens, sont d'autant plus importantes qu'elles s'accordent parfaitement avec les preuves physiques de l'ancien cours de l'Oxus dans la mer Caspienne. Mais ces peuples, à peine civilisés, ont-ils des moyens sûrs de conserver le souvenir exact d'une date ? Il est permis d'en douter. Ce qui prouve d'ailleurs qu'il y a plus de cinq cents ans que l'Amou-Deria ne se jette plus dans la mer Caspienne, c'est que le géographe

3° Le *Zer-Efschan* (rivière d'Or, anciennement Polytianus), sort d'une chaîne de montagnes située à l'est de Samarkand, et passé près de cette ville et de Degboude, Miankale, Kati-Kourgane, Katardji, Pénéguenda, Kermin et Zia-Voudine, puis traverse les districts de Vagants, Guizdovane, Vafdantze et Soultani-Abad : il forme la rivière de *Vafkande*, qui se perd dans des canaux creusés pour arroser les cantons de Ramitène, Zendémi et Vafkande. Là, il reçoit le nom de *Douabé* (double rivière), de *Schroud* et de *Boudi-istm-Bokara* ; car il se partage en deux bras, dont l'un arrose les environs de Boukhara, et l'autre va se perdre dans le lac Kara-Koul.

Les possessions du khan des Boukhares sont formées des pays ci-après désignés :

Boukhara, capitale. Cette ville est située dans une vaste plaine, sur un canal appelé Zekh-Kan, qui communique avec le Schroud, l'un des bras du Zer-Efian. Elle est entourée de murailles avec douze portes surmontées de chaque côté d'une tour ronde. Les murs sont tous de terre et d'argile, à l'exception des portes et des tours, qui sont bâties en briques. Boukhara est une grande ville, et M. Meyendorf.(1) en fait une description vraiment pittoresque. Elle renferme un grand nombre de mosquées toutes construites en briques. On en compte jusqu'à 360. Chacune a son iman ou moulla, et un sophi ou monézamo, c'est-à-dire un crieur pour appeler le peuple à la prière. Il s'y trouve également 75 écoles (médressi) bâties en pierre, une entre autres qui fut construite aux frais de l'impératrice Catherine II, par les soins d'Ir Nazat Maxioutof, ambassadeur du khan des Boukhares à Pétersbourg en 1779. Le nombre des moullas ou prêtres s'élève à 2000, et celui des élèves étudiants à 4550.

Les rues de Boukhara sont étroites, sales et mal pavées. Les maisons sont d'argile. D'après le rapport d'un voyageur russe, la ville entière est divisée en 400 djioussères ou quartiers, contenant 50 maisons, renfermant chacune trois familles. Si l'on compte quatre individus des deux sexes dans chaque famille, la population de Boukhara sera de 240 mille habitants, et si l'on ajoute à ce nombre les moullas et les étudiants, plus 1500 hommes dispersés dans les caravanes, et 1200 juifs, elle s'élèvera à 249,250 âmes. Mais ce chiffre paraît exagéré ; il est à craindre que le voyageur ne se soit trompé sur le nombre des quartiers de la ville, et n'ait fait confusion ; ce qui est d'autant plus facile à un étranger, que dans les villes musulmanes il n'existe aucune sorte d'édilité, et aucun moyen de se procurer des renseignements sur la population. De pareilles recherches seraient du reste regardées comme un crime. D'un autre côté, les Annales des voyages mettent la population au-dessous de cent mille âmes. Ce chiffre semble numériquement trop faible. D'après les lettres de l'arabe *Ebn-Haoukal*, qui écrivait vers le milieu du X° siècle, place l'embouchure de ce fleuve dans le lac de Kharism, le même que celui d'Aral.

(*Note de l'auteur.*)

voyageurs anglais qui ont pu traverser la Boukharie en qualité de marchands russes, et passer par Boukhara, cette ville compterait de 150 à 160,000 hab. Ce calcul est sans doute le plus vraisemblable.

Le palais du khan est, en raison de son antiquité, un des monuments les plus remarquables de la Boukharie. Il est bâti sur une petite hauteur dans un endroit connu sous le nom de *Rignastan*, c'est-à-dire sablonneux, et entouré d'une haute muraille. Il n'a qu'une seule porte flanquée de tours de 15 sagènes d'élévation. On prétend qu'il fut construit il y a dix siècles par ordre du khan *Kizil-arzlan* (lion rouge). Vis-à-vis le palais se trouvent la seule place publique et les deux seuls marchés qui existent dans la ville. Cette place renferme aussi deux médressis et deux mosquées, dont celle appelée *Merzedi-Kélan*, c'est-à-dire la grande mosquée, construite sous le même khan, passe pour la plus ancienne de toute la Boukharie. Kizil-Arzlankhan a également fait bâtir, dit-on, une tour en pierre, haute de 30 sagènes, qui porte le nom de *Menar* ou *Mirgarab* ; c'est le plus bel édifice de la ville.

Villes environnantes. 1° *Peïkend*, située sur un des bras de la rivière de Zer-Efman à 5 1/2 *parsangui* de Boukhara et à un de l'ancienne ville du même nom. Elle forme à elle seule un district tout entier. A l'époque des vents du nord, ses habitants souffrent beaucoup de la grande quantité de sable qui remplit l'air. — 2° *Abguiri-Khaïr-Abar* avec *Shégri-Islam* touchent presqu'à Boukhara. La plus grande partie de leur territoire appartient au trésor du khan (Yelmaka). Le sol abonde en coton. — 3° *Ramitène* est riche en plantes potagères. — 4° *Zendani* renferme des terrains affermés à des particuliers pour une très-faible contribution. Ces sortes de terrains se nomment *Guiradji*. — 5° *Vafgand* et *Pirmessa* forment un district à elles deux. Le sol en est fertile, et produit en abondance une plante nommée *rouïenne*, donnant une couleur ponceau, qui rapporte au khan un revenu annuel de 1600 roubles. — 6° *Vardantsi* et *Soultan-Abad* constituent un district presque entièrement formé de Guiradji. La dernière abonde en pâturages. — 7° *Quizdouvan* est moins une ville à part que le surnom d'une autre ville. — 8° *Karakoul*, située sur le lac du même nom. — 9° *Vagantzi* est afermé par le khan à des particuliers : les prairies sont riches en graminées.

Dépendances de *Boukhara* : 1° *Schinbi*, *Khaïr-Djioum* et *Kalti*, qui s'étendent depuis le pont *Minster-Kassim*, bâti sur le Zer-Effschan, jusqu'à la ville d'*Aderkhaï-Bou-Khara*. 2° *Schindatâ*, *Roudi-Boukhara* et *Roudi-Schekhr*, situées au nord de Boukhara, depuis *Kiouschi-Méxir* jusqu'à *Soulékian*. A *Roudi-Schekhr* se trouve un endroit nommé *Gourboûné*, qui passe pour la pépinière des arbres fruitiers répandus dans toute la Boukharie. 3° *Djéroubi-Roudi-Schekhr*, au sud de Boukhara.

(1) M. Meyendorf est un savant russe, aussi distingué par la variété et l'étendue de ses connaissances que par l'esprit d'observation qu'il a porté dans ses différents voyages. (*Note de l'auteur.*)

Dépendances de *Miano-Kalaï* : 1° *Kerminé*, arrosée par quatre rivières appelées *Migni* et *Djoui-Kanim*. On ne voit aucune habitation dans les environs des deux premières, que les Karakalpaks et autres tribus tatares ont choisies pour y mener leur vie nomade. Là aussi se trouve la forteresse de *Yani-Kourgan*, appartenant au *Toptchi-Bachi* (chef de l'artillerie). 2° *Zia-Biden*, cantonnement peuplé par les Uzbeks, et renfermant les forteresses de *Kati-Kourgan*, *Katardji*, *Penschinbé* et *Ourgoute*, habitées par les véritables Boukhares ou *Tadjikis*, qui parlent le persan (1). Les autres habitants de la Boukharie tirent leurs noms du lieu où ils sont établis, et ceux des montagnes s'appellent *Sakhransi*.

Lieux situés à l'est de Boukhara : 1° *Karschi* ou *Nakhscheb*, grande ville fortifiée, sur la Karta, l'une des branches de la rivière Sarsabs. Elle est habitée par des Uzbeks et des Tadjikis. Elle renferme dans son district : *Meïmenck*, *Kassan* et *Khodja-Moura-bek*. 2° *Gouzar*, ville assez grande et forte. 3° *Schir-Abad*. 4° *Tchizakzi*. 5° *Mitène*. 6° *Ourmitène* et *Djarze*.

A l'ouest de Boukhara : 1° *Ourti*, ville fortifiée, ayant son propre chef ; elle a dans sa dépendance : *Quidjikanet*, composée de plusieurs villages qui fournissent le sel aux sept districts de la Boukharie ; *Ildji*, fort dépendant d'*Ourti-Garadje*. Le commandant d'Ourti reçoit pour ses revenus tout le produit des quatre bacs qui traversent l'Ama ou l'Amou, et dont le montant s'élève à la somme de 24,000 roubles.

Lieux situés sur la rive gauche de l'Ama : 1° *Karschi*, forteresse habitée en grande partie par les Tourkmentsis nomades, dont un nombre assez considérable s'est établi sur la rive droite de l'Ama dans les villages de *Beschir*, *Mekn*, *Bourdélik*, *Koutnim*, *Pervend* et *Assekiz*. Les Tourkmentsis payent 80,000 roubles par an au khan de Boukharie, pour avoir le droit de boire des eaux de l'Ama ; mais les nomades appelés *Talares* sont exempts de ce tribut. 2° *Tchartedjoui*, grande ville entourée de murailles, habitée par les mêmes peuples. Les environs de cette ville sont bien cultivés, couverts de jardins et de vergers. On ne se sert dans le pays que de chameaux et de mulets que l'on attelle à des carrioles. 3° *Marva*, avec deux commandants et mille hommes de garnison, dont la moitié est remplacée tous les trois mois par des troupes envoyées de Boukhara. L'un des commandants est Uzbek et l'autre Kalmouk. Ils reçoivent tous les trois mois 1000 ducats de Boukharie, à titre d'émoluments. *Marva* ou *Merva*, ancienne ville persane à 400 verstes de Tchartchdjoui, portait autrefois le nom de *Schagui-Djagan*. Sur toute la route on ne trouve que deux puits, et les sables ne cessent qu'aux approches de Merva, autour de laquelle on découvre une multitude de jardins magnifiques arrosés par des canaux qui tirent leur eau de la rivière Biandi-Soultan. Cette ville est entourée d'une muraille d'argile ou plutôt de briques non cui-

(1) Les Tadjikis se disent anciens habitants du pays ; leur prétention semble fondée. Ils auront été

tes, hautes de quatre sagènes et épaisses de quatre. Elle a six verstes de tour, et trois portes. Dans le kremlin appelé Arissé, il existe le palais d'un khan nommé Baïram-Ali. Les habitants se font remarquer par leur aménité, leur hospitalité et surtout par leur justice ; ils sont grands et forts. C'est à Merva que se rendent les marchands indiens, persans, boukhares et khiviens. Cette ville était autrefois considérable ; mais les révolutions nombreuses qu'elle a subies ont réduit sa population à 6000 habitants. Le khan schakh Mourat s'en empara en 1786 ; elle appartenait alors à la Perse.

La population de la Boukharie est principalement composée d'Uzbeks, de Tourkmentsis et de Boukhares indigènes ou *Tadjikis*. Ces derniers sont les plus anciens habitants, et se sont établis dans le pays sous le schah de Perse *Djamschid*. Encore les *Tadjikis* ne sont-ils que les Boukhares qui demeurent dans les villes ; ceux des déserts portent le nom d'*Iloti* ou *Turks-Nomades*. Les Uzbeks tirent leur origine d'un certain *Khozref-Khan*, qui errait avec son fils *Ousbek-Khan*, dans les déserts de la grande horde kirguisse, entre la Sibérie et la Chine. Ils s'emparèrent de toutes les tribus Uzbeks, fixées depuis Tschinzchis-Khan dans les steppes de la horde *Beschti-Kiptchak* ; mais sous *Bayan-Kouli-Khan*, chef des Boukhares, et père de Timur-Khan, descendant de Tschinzchis-Khan, une partie des Uzbeks s'établit volontairement en Boukharie ; l'autre y fut amenée par *Tourke-Bégadir*, un des officiers de Bayan-Kouli-Khan, et tous abjurèrent l'idolâtrie pour embrasser le mahométisme. Maintenant les Uzbeks habitent à l'est de la Boukharie ; ils passent l'été sous leurs tentes, et l'hiver dans leurs villes et villages : ils se divisent en 92 tribus, dont les plus considérables sont : les *Kamand-Bavourdasky*, les *Kara-Mangatsky* (d'où est originaire le khan de Boukharie actuel), les *Tokh-Mangatsky* et les *Ak-Mangatsky*. On prétend qu'en prenant un individu dans chaque famille, on pourrait former une armée de cent mille Uzbeks.

On trouve en outre, dans les provinces dépendantes de la Boukharie, cinq mille familles arabes (blanches), environ mille Afghans au service du khan, et jusqu'à 40,000 esclaves persans. Depuis longtemps déjà les juifs sont établis dans le pays ; indépendamment des femmes et des enfants, on en compte 500 à Boukhara, 50 à Samarkand et 20 à Hissara. Ils sont divisés en quatre classes, dont la 1re paye 9 roubles 60 kopeks de capitation, par trimestre ; la 2e 4 roubles 80 kopeks ; la 3e 2 roubles 40 kopeks. Ils sont exempts de toute autre contribution, si ce n'est des droits de douanes pour le transport des marchandises.

Au nombre des habitants de la Boukharie, il faut également comprendre 1000 Tatars transfuges des frontières russes : il y en avait près de 2000, mais la moitié, profitant de l'amnistie accordée par le ma-dépossédés par les Mongols, et ensuite par les Musulmans.

niféste de 1815, s'est empressée de revenir dans sa patrie. Le total de la population de la Boukharie est approximativement de 5 à 6 millions d'habitants; car, comme nous l'avons dit, il n'y a aucun moyen de contrôle.

On trouve dans Boukhara environ 200 Indiens de Sakarpour et de Sind, ainsi que 50 Seïks de Moultan et des provinces du Pendjabsk, qui y sont venus pour exercer le commerce. Un des caravansérails et des marchés couverts est constamment occupé par des marchands de l'un ou l'autre de ces deux peuples, qui se distinguent entre eux, en ce que les premiers se peignent le milieu des sourcils, se rasent la tête, ne conservant qu'une mèche de cheveux de chaque côté des tempes; tandis que les autres ne se coupent aucunement ni les cheveux ni les ongles.

D'après l'aveu même des Boukhares, leur commerce avec les Russes est très-avantageux et bien plus important que celui qu'ils exercent dans toute autre contrée; car c'est de la Russie seulement qu'ils reçoivent une quantité assez considérable d'or et d'argent en échange de leurs marchandises, aussi bien que la cochenille et le bleu, objets indispensables pour teindre leurs tissus. Les Russes leur fournissent également de l'édredon, du cuivre en feuilles et en plaques de l'épaisseur d'un doigt, du fer de différente grosseur en barres et en feuilles, de l'acier et du fer de fonte. Indépendamment du coton, les Boukhares importent en Russie des objets travaillés de toute espèce, des châles cachemires, des peaux d'agneaux, de la rhubarbe et des fruits. Aussi bien que les juifs, ils vont à Kaschgar et autres villes boukhares, où ils échangent leurs peaux d'agneau contre des étoffes de soie et de coton, de la porcelaine de la Chine, du thé et de la rhubarbe.

C'est de Sarsabsk que les Boukhares tirent presque tout le coton qu'ils importent en Russie. Il se vend en Boukharie 14 roubles, et une fois hors des frontières il coûte jusqu'à 40 le poud. C'est dans la même ville que les marchands juifs et boukhares échangent en grande partie le coton et le riz contre des chaussures de femmes et des châles indigènes du prix de 7 à 8 roubles. Le meilleur vient de Samarkand, et celui d'une qualité inférieure de Sarsabsk. Ces deux dernières sortes coûtent 70 roubles le poud et 110 rendues en Russie. Le coton de Miankalsk, que les Boukhares importent préférablement dans les provinces, de même que l'espèce inférieure de Samarkand, s'achètent sur la place 45 à 55 roubles, et se payent environ 80 roubles une fois importés. Les basses qualités que l'on nomme *tsandar* et *mezdivan* coûtent sur les lieux de 40 à 45 roubles et en Russie de 60 à 70 roubles.

On récolte en Boukharie une quantité assez considérable de soie; aussi, dans un grand nombre de villes et villages, les habitants s'occupent-ils de l'éducation des vers qui la produisent. La masse entière de la soie s'élève à 470 pouds (1). Car 30,000 batmanes de soie écrue rendent 300,000 liv. de soie pure, et lorsqu'elle est lavée dans de l'eau, il n'en reste que la 16e partie (?) ou 18,780 livres, équivalant à 1870 batmanes ou 469 pouds et demi.

Toutes les productions de la Boukharie se vendent par *batmanes* du poids de 8 pouds, mais le batmane de soie ne vaut que 10 liv. Le plus bas prix de la soie écrue est de 13 roubles, assignation de banque, pour les 8 batmanes ou 20 liv.; et le plus haut est de 16 roub. par batmane. Le batmane de soie travaillée se vend de 12 à 13 ducats de Boukharie, ou 192 à 208 roubles, assignation de banque.

Le nombre des bestiaux est également assez considérable en Boukharie; car indépendamment de quantité de chameaux, chevaux et bœufs, on trouve beaucoup de moutons, surtout chez les Uzbeks et les Tourkmentsi. Les Boukhares en font une branche de commerce assez avantageuse. Les Uzbeks sont de tous les habitants de la Boukharie ceux qui possèdent le plus de chevaux.

Poids et mesures de Boukharie: le *batmane*, qui contient 8 pouds; demi-*batmane* ou *namène*, 4 pouds; le *detsar*, 2 pouds; le *pendsar*, 1 poud; le *dérendsar*, demi-poud; le *namsar*, 10 liv.; le *scharrak*, 5 liv.; le *namtzé*, une liv. un quart; le *namnamtzé*, demi-liv.; le *pendmiskal*, 30 zolotniks. — Les marchandises boukhares se vendent en Boukharie à l'archine du pays (bez), qui équivaut à une demi-sagène; celles qui viennent de la Russie se mesurent à l'archine russe.

Trois espèces de monnaies ont cours en Boukharie: les *ducats boukhares d'or* ou *tillé* (15 roub., assign. de banque); la *tenka* d'argent (environ 40 kopeks, 8 sous de France) et de *poulo* de cuivre (2 kopeks). La monnaie d'or est frappée sur les ducats de Hollande, ou l'or que l'on retire des sables de l'Ama, du Zer-Efschan et du Badakschan. Quant à celle d'argent, elle provient des écus et surtout des *yamba* chinois.

On jouit dans cette contrée d'un climat généralement très-doux et salubre. La vicissitude des saisons y est constante. On éprouve dans l'été une chaleur d'autant plus forte qu'il ne pleut pas; en automne les pluies sont assez fréquentes; l'hiver, peu rigoureux, dure trois mois; la neige tombe rarement; des vents violents soufflent surtout en hiver et en été, et élèvent dans l'air un sable très-fin qui dérobe tout à la vue, et donne à l'atmosphère une teinte grisâtre. Les oasis de la Boukharie offrent l'aspect le plus enchanteur: un sol fertile, très-bien cultivé, couvert de maisons, jardins et champs arrosés par une infinité de canaux d'irrigation. Les arbres procurent un ombrage agréable, et les vergers masquent les villages. Le sorgho est la principale nourriture des Boukhares, ainsi que le raisin sans pepin et les fruits. On récolte beaucoup de coton, grand objet de commerce, riz, orge, froment, panic, pois, fèves, melons et fruits

---

(1) Le poud vaut 40 livres de Russie. La livre russe n'a que 13 onces.

exquis, pistaches, vin excellent, bonne eau-de-vie qu'on y fabrique. Le bétail y abonde, ainsi que les moutons à grosse queue. Les agneaux de cette race étant très-recherchés en Chine et en Turquie, on les expédie en grande quantité dans ces contrées, ainsi qu'en Russie. Les chevaux troukhmènes, nommés *arganaks*, sont assez estimés ; il y a trois espèces de chameaux, l'*aïr*, le *nar* et le *louk*, beaucoup d'ânes et mulets; les tarentules, scorpions, lézards et sauterelles fourmillent dans les steppes. Le bois manque généralement ; on trouve de belles forêts près de Pandjikand; la culture des vers à soie exige de grandes plantations de mûriers, dont l'écorce sert à la fabrication du célèbre papier de Boukhara. Le pavot, le carthame, la garance, le chanvre, le lin, le tabac, le sésame, donnent de riches produits. Le sol le plus fertile de ce pays est le *Miankal*, situé le long des rives du Zerafkhan, entre Samarkand et Boukhara.

On y professe la religion mahométane sunnite (1). Les principaux fonctionnaires publics qui entourent le khan sont au nombre de six. Le kazy-kalam est chef de l'état ecclésiastique. On estime à 300,000 hommes le nombre des troupes consistant en bonne cavalerie légère, outre l'artillerie et les fantassins. Le khan, maître absolu, commande quelquefois en personne.

Chaque Boukhare est commerçant, et s'exerce aux arts mécaniques et aux métiers ; ils tissent des toiles de coton et de soie, occupation des femmes, destinées uniquement aux travaux domestiques et à l'éducation de leurs enfants. Ce peuple se distingue par la beauté et la régularité de ses traits. L'amour des richesses est leur passion dominante; leur habillement consiste en une chemise sur laquelle ils mettent un chalat ou robe; leurs pantalons, très-larges, sont faits d'une cotonnade légère, et leurs bas et bottes de maroquin. Les femmes, assez belles, portent des robes en toile de coton, tissus de soie, demi-soie, drap, se fardent et teignent leurs ongles ; plusieurs même portent au nez des anneaux en or ou en argent. Les hommes jouent aux échecs et aux osselets. Beaucoup aiment les boissons fortes, que les juifs vendent malgré la défense du Koran.

Les Uzbeks, peuplade turque qui s'empara de la Boukharie dans le xi⁵ siècle, forment la majeure partie de la nation ; viennent ensuite les Turcomans, les Tadjikis, les Boukhares, les Afghans, les Juifs et les Bohémiens.

Les Boukhares parcourent toute l'Asie pour leur commerce, et ont formé de nombreuses colonies en Russie, en Chine et dans les États limitrophes.

Bulacum, ou *Bulogium*, Buloyer, paroisse du diocèse de Versailles, canton de Chevreuse, où est le bureau de poste, commune de Saint-Lambert-les-Bois, dépt. de Seine-et-Oise, à 4 kil. nord de Chevreuse, à 8 de Versailles. C'était un ancien fief qui relevait de Villepreux ; il en est fait mention dans un titre de l'an 1214. On cacha dans le château les reliques de saint Quentin, célèbre martyr de Picardie, lors des guerres occasionnées par le protestantisme. Elles y restèrent jusqu'en 1620. A cette époque, le chapitre de la ville de Saint-Quentin les ramena avec solennité dans son église collégiale. Mais par reconnaissance il laissa une mâchoire, à laquelle était restée une dent, à la dame du château de Buloyer, qui la légua, en mourant, en 1653, à sa fille, religieuse de Port-Royal, où cette relique se conservait avec beaucoup de dévotion.

La population de Buloyer avec celle de Saint-Lambert-les-Bois est de 200 habitants.

Bulacurtis, Boulancourt, paroisse de l'ancien diocèse de Troyes, aujourd'hui de celui de Meaux, canton de la Chapelle, près de la rivière de Juisne, arr. de Fontainebleau, Seine-et-Marne, à 19 kil. de Nemours et 32 de Melun. Popul. 275 habitants. Il y avait une abbaye commendataire d'hommes de l'ordre de Cîteaux, dans la Champagne proprement dite, diocèse et élection de Troyes, parlement de Paris, intendance de Châlons. Cette abbaye avait été fondée, en 1149, pour des chanoines réguliers, qui la cédèrent à l'ordre de Cîteaux en 1152 ; elle rapportait 5000 francs à son abbé, qui payait 120 florins à la cour de Rome, lorsqu'il en obtenait ses provisions. Entre plusieurs tombeaux dont l'église de cette abbaye était ornée, celui d'*Elion Amoncourt*, abbé de ce monastère, attirait l'attention des connaisseurs.

Bulbacum, Bolbec, ville du diocèse de Rouen, chef-lieu de canton de l'arrond. du Havre, dépt. de la Seine-Inférieure, à 42 kil. de Rouen, 24 du Havre et 174 de Paris. Sa population en 1802 n'était que de 4300 ; elle passe aujourd'hui 10,000. Agréablement située sur le penchant d'un coteau baigné par la petite rivière de Bolbec, dans une vallée étroite, à la jonction de quatre vallons ; environnée de collines boisées, elle est bien bâtie, partie en briques et partie en pierres de taille, dans un territoire fertile en grains, en chanvre, et en bons pâturages. On y remarque des fabriques de cuirs, d'étoffes de laine, toiles de lin et de coton, siamoises, indiennes, mouchoirs, dentelles, velours de coton, coutils, filatures de coton, tanneries et corroieries, teintureries. Le commerce porte sur les grains, chanvre, cuirs, laine, soude, coutellerie, chevaux et bestiaux élevés dans l'arr. Bolbec a un entrepôt de toiles dites cretonnes, fabriquées dans les environs. Son église paroissiale est dédiée à saint Michel. Il a été établi une église consistoriale dans cette ville ; elle comprend les arrondissements du Havre et d'Yvetot, et 94 communes. — Elle était autrefois dépendance du comté d'Eu, du diocèse, du parlement et de l'intendance de Rouen ; de l'élection de Caudebec et siège d'une sergenterie et d'une mairie. Elle avait un prieuré à la nomination de l'abbé de Bernay. — Le 14 juillet 1765, le feu prit dans la maison d'un boucher, et se com-

(1) Le sunnisme est une branche de l'islamisme. Au fond, il y a peu de différence entre les divisions de l'islam ; toutes acceptent le Koran. Les variations ne portent que sur certaines interprétations.

muniqua à la ville. De ses 900 maisons, 864 furent réduites en cendres; il n'en resta pas 10 intactes. Il ne resta rien non plus de l'église, qui était assez belle, et 5000 personnes se trouvèrent ruinées et dans la plus affreuse misère. Pour aider les habitants à réparer leurs pertes, le parlement de Rouen rendit un arrêt pour ordonner une quête générale dans chaque maison de la ville et des faubourgs de Rouen, et nomma les commissaires chargés de cette quête. Le même arrêt enjoignit aux juges royaux du bailliage de Caen d'en prescrire de pareilles dans les villes et bourgs de leur ressort. On fit ces quêtes, annoncées à l'avance au prône, et le roi exempta les habitants du payement des impositions pendant cinq ans. Avant cet incendie, le second que cette ville ait souffert dans l'espace d'un siècle, Bolbec était ceinte de murailles, et l'on y entrait par trois portes. — La grande route de Paris au Havre passe à Bolbec.

Bullæum, Bulles, paroisse du diocèse de Beauvais, canton, arrond. et bureau de poste de Clermont-Oise, dépt. de l'Oise, à 12 kil. de Clermont, et 68 de Paris. Si l'on en croit Adrien de Valois, il est mention de Bulles sous le nom de *Bubulla*, dès l'an 1075. Un Manassès de Bulles accompagna Louis VII à la croisade; dans une lettre à Suger, le roi témoigne toute l'estime qu'il en faisait; il mourut en 1148, au combat de Laodicée. — La seigneurie de Bulles appartenait aux comtes de Dammartin. Pendant longtemps le commerce des toiles de demi-Hollande, qui se fabriquaient à Bulles, lui donna une grande importance. On cultivait dans les environs une grande quantité de lins, préférables à ceux de la Flandre; les Flamands et les Hollandais s'en procuraient à grands frais, pour donner à leurs toiles la finesse qui fait leur réputation. Le gouvernement français, jaloux de protéger ces établissements, avait exempté ses habitants des corvées et diminué leurs impositions. Leurs enfants ne tiraient point à la milice; il accordait à ceux qui se livraient à la culture du lin des priviléges qui firent un moment la fortune de ces contrées. Si quelqu'un négligeait une année la culture de ses terres, il était permis à tout habitant de la commune de Bulles, ou de ses environs, de semer du lin dans ses champs, en lui payant, par forme de loyer, 3 livres par mine. Tous ces détails sont attestés par un règlement de l'intendant de Soissons, fait en 1753. Les toiles de Bulles se répandirent en France, et surtout en Espagne. Leur principal entrepôt était Beauvais. En 1751 et 1753, les linières de Bulles furent à peu près abandonnées. Il paraît que des inondations détruisirent les digues qui les protégeaient. Dans les beaux jours de la manufacture des linières, on y fabriquait jusqu'à 5000 pièces de toiles par an. Bulles était le siége d'une prévôté royale. Sa popul. est d'environ 1100 habitants, y compris les hameaux de l'*Orteil*, *Monceaux*, les maisons isolées de *Fordéraine*, *La Chapelle* et le *moulin de Ste-Fontaine*. Il s'y tient tous les ans une foire le vendredi saint, et un marché le vendredi de chaque semaine. Le terroir de cette commune est en labour et prairies; une partie est en bois. Bulles est dans une vallée, sur la petite rivière de Bresche, qui fait tourner deux moulins, l'un à farine et l'autre à huile.

Bumenilacum, Blanc-Ménil, petite paroisse de l'ancien diocèse de Paris, maintenant de celui de Versailles, canton de Gonesse, arrond. de Pontoise, dép. de Seine-et-Oise, à 12 kil. nord-est de Paris. popul. 120 habitants, y compris les maisons isolées dites le Coudray. — Blanc-Ménil était autrefois dépendant de Dugny; mais, en 1353, le roi Jean y fit bâtir une chapelle dédiée à Notre-Dame, et il s'y établit une *notable confrérie*. Charles VI permit, en 1407, aux changeurs et orfèvres de Paris, de continuer la confrérie, et d'avoir une cloche *pour crier cette confrérie dans les rues de Paris*. Les Parisiens venaient dans cette église en procession; elle devint paroisse en 1453. Les orfèvres se rassemblaient au son d'une cloche d'argent qui leur appartenait, et qu'on leur vola plusieurs fois, notamment en 1585, où trois habitants de ce village, qu'on avait soupçonnés d'avoir fait le vol, furent pendus. — Guillaume de Lamoignon, président à mortier au parlement de Paris, fut seigneur de Blanc-Ménil. Il y possédait un château fort solidement bâti, et flanqué de quatre pavillons. Ce château a été démoli pendant la révolution. — Le territoire de Blanc-Ménil est très-peu étendu; il est cultivé en grains et en prairies.

Bunidellum, vel *Bundellum*, Bondoufle ou Bondoufles, paroisse de l'ancien diocèse de Paris, à présent de celui de Versailles, canton et arrond. de Corbeil, dépt. de Seine-et-Oise, à 10 kil. ouest de Corbeil, où est le bureau de poste. Popul. 260 habitants environ. — Ce village existait au moins dès le XIIe siècle, puisque dès lors il était paroisse. L'église a un chœur voûté et qui ne paraît bâti que depuis 3 ou 400 ans. A la clef de cette voûte est un écu chargé de trois claies ou herses. Au côté droit de la même voûte est un autre écu chargé d'une croix ancrée, et au côté gauche il y en a un autre chargé de trois losanges. A côté du chœur, vers la partie septentrionale, est une tour de grès, un peu écrasée, dont le bas paraît être du XIIe siècle, aussi bien que la porte qui est du même côté. Saint Fiacre, solitaire du diocèse de Meaux, est honoré comme le patron du lieu, mais ce n'est que depuis une époque assez rapprochée, car il est évident, par les titres, que c'est saint Denis, premier évêque de Paris, qui est le véritable et ancien patron.

Bunisiaca, *Bonisiaca*, vel *Bonisies*, Bondy, ou Boudy, ou Bondies, paroisse du diocèse de Paris, canton de Pantin, Seine, à 10 kil. de Paris, à 32 de Meaux. Popul. 1200 habitants environ. Ce village est dans une situation agréable, au milieu d'une plaine fertile, près de la forêt qui porte son nom, à l'entrée de laquelle elle était située il y a environ 60 ans, à peu de distance du canal de l'Ourcq. Il est traversé par la grande route de Paris en Allemagne, et environné d'un grand nombre de jolies maisons de campagne ; à son extrémité occidentale sont un assez beau château et un parc. — Les principales productions du terroir sont en grains. — La preuve la plus ancienne qu'on puisse trouver de l'existence de Bondi, est le testament d'une dame Hermentrude, de l'an 700 environ, par lequel elle donne à l'église de ce lieu, qu'elle nomme *Bonisiacensis*, 1° des bœufs avec la charrue et tout l'attirail du labourage ; 2° une terre appelée en latin *Volonnum*, avec ses dépendances ; 3° une pièce de vigne située *in Monte Buxata*. Par le même acte, elle donne encore *une paire d'habits* aux frères d'une communauté de moines, établie alors à Bondi, dont les différents noms, à cette époque, étaient *Bonisies, Bonsies, Bonisiaca*. Il ne portait plus celui-ci au XIᵉ siècle, puisque Henri Iᵉʳ, dans une charte de 1060, l'appelle *Bungeiæ*. La bulle d'Urbain II, qui confirme la donation faite par Henri Iᵉʳ de ses biens à St-Martin-des-Champs, de l'année 1097, dit *villa quæ dicitur* BONZEIA. Au siècle suivant, on variait sur la manière d'écrire ce nom : un diplôme de Louis VII, de 1137, met *Bungeias*, et plus bas il confirme aux religieux susdits *viginti solidos in pedagio* BONGEIARUM *de eleemosyna Alberti militis, cognati Willelmi de Garlande*. Cet endroit prouve que Bondi était sur la grande route comme aujourd'hui, puisque voilà un péage qui s'y était établi. Selon l'abbé Lebeuf, Livri, Clichy et Vaujours étaient des dépendances de Bondi. L'église, sous le vocable de saint Pierre, a été dédiée, en 1533, par Gui, évêque de Mégare. Avant la révolution, cette église renfermait une tombe, que l'on croyait être du XVIᵉ siècle, et sur laquelle on lisait cette inscription : *Cy gist noble homme M. Clément Loyson, en son vivant chevalier, seigneur de* BONDIS *en partie, capitaine pour le roy de la ville de Montmédy, au pays de Luxembourg, et Honorine de Beauvoir, sa femme, laquelle décéda...* Bondi avait des seigneurs, parmi lesquels on trouve, en 1238, un Simon de Bondies, écuyer ; et, au XVIIᵉ siècle, un marchand de vins nommé Triboulet, qui y fit bâtir un château et le donna à son fils, trésorier de France. Une léproserie existait dans ce village au XIIIᵉ siècle, et passait déjà pour ancienne à cette époque reculée ; sa chapelle était sous le titre de Ste-Marie-Madeleine, et a été depuis longtemps renfermée dans l'église paroissiale. C'est à *Bondi* que l'on avait préparé les premiers relais pour la fuite du roi, en 1791. Voici ce qu'on lit dans l'abbé Lebeuf au sujet de la *Forêt de Bondi*. « Les écrivains ont pu désigner cette forêt sous le nom de *Bondies*, par la nécessité de la distinguer des forêts de Montmorency, de Rouvray ou Boulogne, de Senlis, etc... Quelques-uns ont cru que l'ancien nom de cette forêt était *Lauconia Sylva*, et assurent, en conséquence, que c'est le lieu où le roi d'Austrasie, Childéric II du nom, fut tué vers l'an 673 ; mais si cette forêt avait été appelée *Lauconia*, il serait difficile que quelque canton n'eût pas conservé ce nom. Comme il n'y en a aucun, j'avais conjecturé que cette forêt *Lauconia* était entre Paris et Rouen, vers Loconville : je pense à présent que c'était plutôt celle de la Brie, où est le village de *Logne*. Ce qu'il y a de sûr, c'est que quelques-uns de nos monuments donnent le nom de forêt de *Bondies* à une forêt où le roi Charles VI allait quelquefois chasser ; que la même forêt fournissait du bois à Paris en 1417, et que l'on proposa en 1418, au même prince, de permettre de vendre de son bois de *Bondies* plus *largement* qu'on ne faisait pour cette fourniture. De plus, qu'en 1587 ce fut dans la même forêt que le roi Henri III donna aux religieuses de Saint-Antoine-des-Champs 4 arpents de bois pour leur chauffage durant neuf ans. Il est encore certain que l'événement du chien qui servit à découvrir le meurtrier de son maître, et que l'on dit s'être battu publiquement contre ce meurtrier, passe pour être arrivé dans la forêt de *Bondies*. On croit que ce fut au XIIIᵉ siècle. Si ce fait n'est pas le même qu'Albéric, dans sa Chronique, regardait déjà de son temps comme une ancienne fable, il faut le voir à l'an 770. La même forêt de *Bondies* est encore remarquable en ce que c'est celle où la basoche du palais se transporte tous les ans au mois de mai, et par l'organe de son procureur général prononce une harangue sous un orme appelé pour cette raison l'*orme aux harangues*, avant que de requérir les officiers des eaux-et-forêts de faire marquer deux arbres, dont l'un doit être posé le dernier samedi du même mois dans la cour du palais, au son des cymbales, trompettes et hautbois. Le jour de la position de cet arbre a été depuis remis au mois de juillet. » Cette forêt était autrefois tellement redoutée, qu'elle est passée en proverbe pour signifier un lieu de brigandage. Percée d'une multitude de routes, traversée par le canal de l'Ourcq et la grande route d'Allemagne, elle offre aujourd'hui de belles promenades. Elle renferme le château de *Raincy*. Sa longueur du N.-N.-O. au S.-S.-O. est de 2500 toises, et sa largeur de l'E. à l'O., 1800. Un auteur a ainsi décrit les événements militaires de 1814, dont Bondi a été le théâtre : « Le corps du général prussien Yorck [1] en vint aux mains dans la forêt de Bondi avec les corps qui se repliaient sur Paris. Le combat fut long et meurtrier ; les Français, appuyés sur la forêt, y arrêtèrent longtemps les efforts de l'ennemi ; mais leur destin, dans cette guerre, étant d'être en toute circonstance accablés par le nombre, ils furent obligés de céder, et laissèrent le général prussien maître de Bondi. Le lendemain 28, le général russe Rayefski vint occuper le village, et le quitta le 29 pour se rendre en toute hâte sous les murs de Paris, où devait enfin se terminer cette grande querelle qui avait fait prendre les armes à plus d'un million de combattants. Le 30 mars suivant, l'empereur de

---

[1] C'est ce Prussien qui déserta les drapeaux français en 1812, et donna le premier l'exemple de la félonie et de la trahison étrangère.

Russie et le roi de Prusse, qui marchaient à la suite de leur armée, portèrent à Bondi leur quartier général. C'est dans ce village que ces deux monarques reçurent en leur présence le capitaine-ingénieur Peyre, attaché à l'état-major général de Paris, et envoyé par le gouverneur Hullin, pour connaître les motifs qui avaient fait refuser les parlementaires. Alexandre lui fit parcourir toute la ligne des armées alliées, afin de le mettre à même de bien apprécier les forces imposantes qui allaient attaquer Paris, et le renvoya en lui disant que la capitale de la France n'avait qu'un moyen de salut, c'était de se rendre. Immédiatement après la signature de la capitulation de Paris, l'empereur de Russie et le roi de Prusse, qui s'étaient portés à Belleville pour recevoir les propositions des Parisiens, retournèrent à Bondi, où était toujours leur quartier-général. Le lendemain, 31 mars, ils quittèrent Bondi pour faire, à la tête de leurs troupes, leur entrée triomphale dans Paris ! Le 10 avril, même année, des détachements des six premières légions de la garde nationale de Paris se rendirent à Bondi, pour y recevoir *Monsieur* (depuis Charles X), frère du roi Louis XVIII, qui devait y passer pour se rendre à Paris. »

Bunum, Bunium, Buhy, paroisse de l'ancien diocèse de Rouen, maintenant de celui de Versailles, canton et bureau de poste de Magny, arrond. de Mantes, départ. de Seine-et-Oise, à 8 kil. de Magny, à 64 de Paris, au nord-ouest.

Le château, bâti avec beaucoup de soin par le fameux Duplessis-Mornay, seigneur de Duplessis-Marly, calviniste outré, surnommé *le pape des huguenots*, gouverneur de Saumur, habile politique et théologien, était orné, dans ses frises, d'armes et d'une quantité de chiffres et de devises en l'honneur d'Henri IV. Pendant le règne de la terreur, tous ces ornements furent brisés ou effacés. Buhy était le lieu de naissance de Mornay. Lors de l'abjuration d'Henri IV, il se retira de la cour, ce qui fit beaucoup de peine au roi, dont il était l'ami. Il était né en 1549, il mourut en 1623, dans sa baronnie de la Forêt-sur-Sèvre en Poitou. Mornay passe pour le plus vertueux et le plus grand homme que le calvinisme ait produit. Il avait composé, contre les catholiques et la messe, un livre intitulé le *Mystère de l'Iniquité*, et l'avait grossi d'un grand nombre de passages tirés de l'Ecriture et des Pères. Jacques Davy-Duperron, évêque d'Evreux, qui fut dans la suite le cardinal Duperron, s'obligea, devant Henri IV, de trouver 500 faussetés dans le livre de Mornay, et proposa d'en venir à la preuve. Le roi y consentit, et nomma des juges qui avouèrent que l'évêque était resté victorieux dans la lutte. Henri IV dit à Sully : « Eh bien ! que vous en semble de votre pape ? — Il me semble, répondit le ministre, qu'il est plus pape que vous ne pensez, car ne voyez-vous pas qu'il donne un chapeau rouge à M. d'Evreux ? » Le roi écrivit au duc d'Epernon : « Le diocèse d'Evreux a vaincu celui de Saumur. » Un ministre protestant, rendant compte

DICTIONNAIRE DE GÉOGRAPHIE ECCL. II.

à un capitaine de sa secte du triste succès de cette dispute, lui disait avec douleur : « L'évêque d'Evreux a déjà emporté plusieurs passages sur Duplessis ! — Qu'importe ? répond le capitaine, pourvu que celui de Saumur lui demeure. » Il faisait allusion au gouvernement de Saumur qu'avait Duplessis-Mornay, et qui donnait aux huguenots un passage important sur la Loire. — La pop. de Buhy est d'env. 500 hab., avec le hameau du *Buchet*. Les productions du terroir sont en grains ; une partie est en prairies et bois.

Burgellum, le Bourget, paroisse du diocèse de Paris, arrond. de Saint-Denis, départ. de la Seine, à 10 kil. nord-est de Paris.

Il n'était autrefois qu'un hameau de la paroisse de Dugny ; il est devenu, depuis la révolution, une commune séparée. Son nom latin, *Burgellum*, est le diminutif de *burgum*, qui, en basse latinité, signifie bourg et village. Quelques titres du XIVe siècle nomment ce lieu *Bourgeel ;* mais un auteur du même temps l'écrit *Bourget*, comme on fait aujourd'hui : c'est Guillaume de Machau, poète picard, qui avait souvent traversé ce village. Sur la fin de son poëme intitulé *Confort d'Amy*, parlant d'un lieu d'Allemagne nommé Glumort, où l'impératrice se retirait, il s'exprime ainsi :

C'est une villette en l'Empire,
Qui n'est gueres don Bourget pire.

Les habitants du *Bourgeel*, selon ce qui est rapporté dans le dernier volume des ordonnances du roi Charles V, furent déclarés exempts des prises pour l'utilité de la cour, attendu qu'ils avaient été endommagés et pillés par les ennemis, à cause de leur situation sur le grand chemin royal. On lit aussi dans le journal du roi Charles VII, qu'en 1430, le 28 août, les Armagnacs, avertis par des amis qu'ils avaient dans Paris, que les Parisiens avaient beaucoup de blés nouvellement recueillis au Bourget, mirent le feu aux charrettes qui en étaient chargées. — Au XIVe siècle, il y avait dans ce village une léproserie exempte de l'ordinaire, comme étant sur la terre de Saint-Denis. — Il y a une poste aux lettres et un relais de la poste aux chevaux, et plusieurs auberges pour les voyageurs. Le Bourget est traversé par la route de Paris en Flandre, et il n'a qu'une seule rue assez grande ; sa population est d'environ 800 habitants. — Cretté de Palluel, auteur d'excellents ouvrages sur l'économie rurale, est né au Bourget. Le 20 juin 1815, Napoléon, en revenant à Paris après la bataille du Mont-Saint-Jean, s'arrêta dans ce village et y dîna ; il n'en partit qu'à 8 heures du soir pour rentrer dans la capitale.

Burgundia, la Bourgogne, ancienne et célèbre province de France, de 220 kil. de long sur 140 de large, bornée à l'est par la Franche-Comté, à l'ouest par le Bourbonnais et le Nivernais, au sud par le Lyonnais et la Bresse, au nord par la Champagne ; elle est fertile en grains, en fruits, et surtout en vins excellents, comme ceux de Chambertin, de

Nuits, de Beaune, de Pomard, de Volnay, etc. Elle prit son nom des Bourguignons qui l'envahirent.

On ne saurait décider de quel point de la Germanie partirent les *Burgundi, Burgundiones,* ou *Bourguignons,* qui attaquèrent l'empire romain vers l'an 275. Ils formèrent, dit Malte Brun dans son Histoire de la géographie, une tribu gothique ou vandalique, qui, des bords de la basse Vistule, fit des courses, d'un côté vers la Transylvanie, de l'autre vers le centre de l'Allemagne. L'assertion singulière d'Ammien Marcellin, qui les appelle descendants des Romains, peut s'expliquer par leur alliance avec ces derniers contre les Alamanni, lors de leur séjour dans la Franconie. Une opinion exagérée, inventée dans le xvie siècle, et répétée par les Celtomanes modernes, les fait sortir des Gaules à une époque inconnue; mais cette chimère, dénuée de tout témoignage historique, ne mérite d'être citée que pour montrer jusqu'où la vanité nationale peut conduire les faiseurs de systèmes. Il reste certain que les *Burgundiones* partirent des bords du Mein pour passer le Rhin en 407, et qu'ils s'établirent en Gaule vers l'an 436 ; ils professaient l'arianisme, comme les Wandales.

Le premier royaume de *Bourgogne* renfermait dans ses limites la Bourgogne moderne, la Franche-Comté, la Suisse, le Valais, la Savoie, le Lyonnais ; il s'étendit même pour quelque temps jusqu'en Provence. Il ne dura que de 414 à 536, époque à laquelle les Francs s'en rendirent les maîtres. Aux ixe et xe siècles, il se forma un second royaume sous le nom de Bourgogne Transjurane, c'est-à-dire au delà du Jura. Il comprenait la Provence, le Dauphiné, la Savoie et une partie de la Suisse; Arles en était la capitale.

Tout ce qui nous reste de la langue des Bourguignons est gothique; même l'habit rouge sans manches, nommé *armilausia,* et qui a fait donner à une tribu bourguignonne le nom d'*Armilausini,* concourt à prouver que ces peuples parlaient un idiome gothique. Rien dans leurs usages n'indique une origine différente. Nouvellement sortis des forêts du Nord, ils conservaient un extérieur grossier; leur taille était gigantesque; ils aimaient l'oisiveté, le chant et la musique ; le beurre rance leur servait de pommade ; et Théodoric, l'Ostrogoth, envoya au roi des Bourguignons une horloge, comme un objet propre à leur faire sentir les bienfaits de la civilisation.

La Bourgogne inférieure, c'est-à-dire ce qu'on appelle le duché, fut donnée par Charlemagne à Hugues, son fils naturel, surnommé le Grand et l'Abbé. Charles le Chauve confirma cette donation à Robert, qui avait épousé la fille unique de cet Hugues. Sa postérité en jouit jusqu'au règne du roi Robert, que Robert, son troisième fils, s'en étant emparé, s'y maintint si bien, qu'Henri, son frère aîné, étant parvenu à la couronne, fut obligé de lui céder le duché de Bourgogne par accommodement. Ce fut ce Robert qui fit la première branche des ducs de Bourgogne descendus de la maison de France par Hugues Capet, laquelle dura jusqu'en 1361, que le duc Philippe, dit de Rouvre, duc de Bourgogne, mourut à l'âge de quinze ans sans laisser d'enfants de Marguerite de Flandre, sa femme. Ce duché ayant été réuni à la couronne, le roi Jean le donna à Philippe le Hardi, son quatrième fils, avec la clause de retour faute d'hoirs mâles. Cette clause eut son effet après la mort de Charles IV, dit le Téméraire, dernier duc de cette seconde branche, dont la fille unique, appelée Marie, épousa l'empereur Maximilien, premier de ce nom.

Le duché de Bourgogne était la première pairie du royaume, et la couronne de ses ducs était enrichie des ornements de la couronne royale, parce qu'ils avaient succédé aux anciens rois de Bourgogne. Le décret du concile de Constance du 26 mai 1433 mit les ducs de Bourgogne au-dessus de tous les autres, ordonnant *qu'ils auraient rang et séance après les rois immédiatement dans les assemblées de la chrétienté.* Ce décret fut rendu à la sollicitation de Jean Germain, premièrement évêque de Nevers, puis de Châlons, et ambassadeur du duc de Bourgogne à ce concile. Sous les princes de la seconde branche, la Bourgogne parvint à une haute puissance et à une grande prospérité.

Sainte Clotilde, qui épousa Klowig (Clovis), était fille d'un roi de Bourgogne de la première époque.

Le duché de Bourgogne, après sa réunion à la France opérée par Louis XI, se trouvait réparti entre les évêchés de Langres, de Châlons, de Mâcon, d'Autun et d'Auxerre. L'évêché de Langres faisait partie de la Champagne; mais il était si étendu, qu'il comprenait Dijon et allait bien au delà de cette ville. La Bourgogne contenait vingt-huit abbayes de l'ordre de Saint-Benoît, savoir : dix-neuf d'hommes, et neuf de filles; dix-neuf de l'ordre de Cîteaux, savoir : douze d'hommes, et sept de filles; six de l'ordre de Saint-Augustin pour les hommes, et une seule abbaye de l'ordre de Prémontré, ou Prémontrez.

Parmi les abbayes de Saint-Benoît, on distinguait celles de Vézelay, de Tournus, de Cluny, et de Saint-Bénigne de Dijon. Parmi celles de Cîteaux, on remarquait les abbayes de Septfons, de Cîteaux et de la Ferté. L'abbaye de l'ordre de Prémontré, Saint-Marian d'Auxerre, fondée en 423 par saint Germain, évêque de cette ville, sous l'invocation des saints Cosme et Damien, prit ensuite le nom de saint Marian, qui s'y retira. Ruinée par les Normands en 903, elle fut en 1159 abandonnée à l'ordre de Prémontré. Détruite en 1565 par les calvinistes, les religieux furent transférés dans l'église de Notre-Dame-de-la-Dehors.

La Bourgogne avait, comme la Bretagne et le Languedoc, ses états généraux composés du clergé, de la noblesse et du tiers état. Les évêques d'Autun, de Châlons, d'Auxerre et de Mâcon y assistaient en camail et en rochet. Le premier se prétendait président-né des états. Les abbés des principales abbayes y avaient droit de présence, et à leur tête on voyait l'abbé de Citeaux. — La Bourgogne forme, dans la nouvelle division politique de la France, une partie du dépt. de l'Yonne, et presque la totalité de ceux de la Côte-d'Or, de Saône-et-Loire et de l'Ain. Car la Bresse et le Bugey, qui constituent la plus forte partie de ce dernier dépt., se trouvaient circonscrits dans le gouvernement du duché de Bourgogne.

Quant à l'organisation ecclésiastique, les diocèses de Sens, de Dijon, d'Autun et de Belley, comprennent toute l'étendue de la province avec ses annexes la Bresse et le Bugey. Les anciens évêchés d'Auxerre, de Châlons et de Mâcon, supprimés par le concordat de 1801, n'ont pas été rétablis par les conventions du saint-siège avec le gouvernement français, conventions restrictives du concordat de 1817.

Dijon était la capitale du duché de Bourgogne. Au commencement du xviiie siècle, on y institua un évêché.

Les états de Bourgogne avaient, en 1775, entrepris un canal destiné à établir une communication entre l'Yonne et la Saône, et à former ainsi une nouvelle jonction des deux mers, passant par le centre de la France, communiquant au Rhin par le canal du Doubs, ou de la Franche-Comté, appelé d'abord canal de Monsieur, et faisant partie de la ligne de navigation la plus favorable aux relations commerciales de la France. Il a son emb. dans l'Yonne, un peu au-dessus de la Roche; de là il suit la droite de l'Armançon, passe par Brignon, Saint-Florentin, Tonnerre, Ancy-le-Franc, Aisy, Buffon; prend ensuite la droite de la Brenne, passe par Montbard, trav. la Brenne, suit la rive g., trav. Pouillenay, quitte la vallée de la Brenne pour repasser dans celle de l'Armançon, arrose Marigny, Saint-Thibault, rentre dans la vallée de Pouilly, point de partage; de Pouilly il va à Vandenesse, à Crugey, arrive au vallon de l'Ouche au-dessus de Veuvey, passe à Veuvey, Gissey, Pont-de-Pany, Plombières, Dijon, Longvic, et descend par la plaine jusqu'à la Saône; passe par Bretenière, Aiserey, Brasey, et Saint-Jean-de-Losne, dépt. de la Côte-d'Or, où il a son emb. dans la Saône. La longueur totale du développement est de 241 kil. 469 mètres, ou 60 lieues 1[3 environ.

Burgunnaria, Bourgonnières ou Bourgonnerie, hameau dépendant de Lirses, paroisse du diocèse de Versailles, arrond. de Corbeil, dépt. de Seine-et-Oise, appelé en latin, par un historien, *Burgunnaria*, par la raison, dit-il, que les Bourguignons y ont fait leur demeure : *eo quod ibi Burgundiones habitaverunt*. Cette terre, que Burchard avait donnée à Badon, son prévôt, revint à l'abbaye de Saint-Maur par la donation qu'Alran, fils de Badon, lui en fit l'an 1028, et qui fut confirmée par le roi Robert, à Chelles, l'an 1029. Il paraît qu'en français on a dû l'appeler la *Bourgonnière* ou la *Bourgonnerie*.

Burium, Burum, Bures, paroisse de l'ancien diocèse de Paris, actuellement de celui de Versailles, canton de Palaiseau, dépt. de Seine-et-Oise, à 24 kil. sud-ouest de Paris, et 6 de Palaiseau.

Ce village est dans une vallée sur la petite rivière d'Yvette, qui fait tourner deux moulins. Le terroir consiste en terres arables, bois et prairies.

Ce lieu, dit l'abbé Lebeuf, tire peut-être sa dénomination de ce qu'il était bâti près d'une place voisine d'une forêt, dans laquelle on faisait des amas de branchages d'arbres, que nous appelons *bourrées*, et qu'on écrivait autrefois *burées*, où la lettre u se prononçait *ou*. En effet, la montagne qui couvrait ce village, du côté du midi, était en forêt, car il n'y a plus que les coteaux exposés au septentrion qui sont garnis de bois. On sait que dans les vieux titres de certains pays, *bures* signifiait des feux de *bourrées*, tels qu'on les faisait le 1er dimanche de carême, dans les villages, d'où le dimanche était appelé le *dimanche des burres*. L'église de ce lieu était sous l'invocation de saint Matthieu, apôtre et évangéliste, et cela de temps immémorial. Il subsiste des actes, du ive siècle, où elle est dite *ecclesia Sancti Matthæi de Buris*. Cette église, dans sa construction et pour son architecture, n'avait rien de remarquable. Dans le côté droit du chœur, entre les deux premiers piliers était un mausolée, sur lequel étaient représentés à genoux, en pierre, et de la hauteur naturelle, Antoine de Chaulnes, seigneur de Bures, et Françoise Arnault, sa femme, à sa gauche; et au bas, dans les deux côtés, se lisaient deux inscriptions, que l'on prétend avoir été composées par le cardinal Duperron. On voyait donc sur un marbre noir, au-dessous de la femme, les lignes suivantes :

Consorte vitæ, imo vita ipsamet mea.....
Francisca sum Arnalta Avarico Biturigum
Oriunda quæ Parisiis ultima fato concessi anno
ætatis 37 primi mensis 1585.

Au-dessous du mari :

DEO MAXUMO.

Antonio de Chaulnes ærarii bellici abstinentissimo et censori æquissimo, plurimarum aliarum dignitatum tractatione clarissimo, viro, civique optimo, qui talem potius esse quam dici aut videri semper tenacissime studuit, uxore castissima, VII ingenuis liberis, amicorum multitudine, et re bene parta felicissimo, ipsi liberi propter orbitatem infelicissimi PP. obiit XX octobris 1593, præteriens annos LV.

En face de ces deux personnes était attachée, au pilier du chœur, une plaque de cuivre contenant 16 vers français, composés par Jean Arnault, frère de la défunte, ainsi qu'il est marqué au bas. Cet Antoine de Chaulnes était natif d'Auxerre. L'épitaphe de ses ancêtres s'y lisait sur le vitrage d'une chapelle de la paroisse de Saint-Eusèbe.—La cure de Bures était à la collation de l'archevêque de Paris, de même qu'une chapellenie qui était dans la même église. La desserte de celle-ci se faisait dans l'église de Saint-Eustache, à Paris, mais le bien du bénéfice était situé à Bures. Ce qu'il y a de plus mémorable sur les seigneurs de Bures est en même temps ce qu'il y a de plus ancien touchant ce village. Godefroy ou Geofroy de Bure, du diocèse de Paris (ainsi que le désigne un historien du temps), homme très-entendu au métier de la guerre, fut d'un grand secours à Baudouin II° du nom, roi de Jérusalem. Lui et son frère, Guillaume de Bure, allèrent autour de la ville de Damas, l'an 1120, avec un nombre de soldats, et ayant attaqué les Arabes gardant leurs troupeaux, le jour de Pâques, ils tuèrent 200 Sarrasins, et ne perdirent que 70 chrétiens. Ce Godefroy de Bure fut tué dans cette rencontre. Guillaume de Bure, frère de Godefroy, se rendit également illustre à la terre sainte. Il y fut vice-roi de Jérusalem, ou administrateur du royaume, l'an 1124, pendant une partie du temps que le roi Baudouin resta dans les prisons des infidèles. La suite des seigneurs de Bures des siècles postérieurs est perdue. Antoine de Chaulnes, dont on a rapporté l'épitaphe, devint seigneur de Bures après le milieu du 16e siècle; et ses descendants, du même nom jouirent de cette terre jusqu'environ l'an 1730. La population de ce village est d'environ 450 hab., avec les hameaux des *Grand* et *Petit-Menil*, *Monjai*, anciens fiefs, *la Guyonnerie*, et plusieurs habitations isolées, sous diverses dénominations. Le château seigneurial, situé dans le vallon, du côté de Gif, n'est plus aujourd'hui qu'une ferme.

Burónum, Bouron, ou Bouvron. Il n'était point encore venu d'ermites ou religieux Camaldules jusque vers l'an 1630. En vertu de lettres patentes de Louis XIII, données au mois de février 1634, ils s'étaient établis en quelques lieux du royaume, du consentement des évêques. Voulant avoir une maison dans le voisinage de Paris, ils obtinrent, vers l'an 1640, du duc d'Angoulême, un lieu sur une montagne déserte de l'archidiaconé de Brie, appelé Mont-Éti, éloigné de 5 à 6 lieues de la capitale. Au bout d'un an, ils sollicitèrent leur translation dans un lieu plus commode. Le duc d'Angoulême leur fit construire, en un lieu dit *Bouron* ou *Bouvron*, sur la paroisse d'Hyerres, en tirant vers Grosbois, des bâtiments propres à les loger, et fit enclore avec leur logement 14 arpents de bois taillis. L'archevêque de Paris leur permit de se transférer en cette nouvelle solitude, par lettres du 18 mars 1642. Le contrat de fondation de la maison de Bouron, et de son acquisition faite par le comte d'Aletz, fils du duc d'Angoulême, pour confirmation de ce que son père avait arrêté, fut fait et passé le 15 mai 1651 pardevant deux notaires du Châtelet de Paris. Depuis ce temps les Camaldules avaient été logés en ce dernier lieu, où l'usage avait été introduit de les appeler les Camaldules de Grosbois, quoiqu'ils fussent sur le territoire de la paroisse d'Hyerres.

Busacum, le Bus, paroisse de l'ancien diocèse de Rouen, actuellement de celui d'Evreux, arrond. des Andelys, dépt. de l'Eure, à 10 kil. de Vernon où est le bureau de poste, et à 68 de Paris. Une abbaye de religieuses de l'ordre de Cîteaux, dite du *Trésor*, existait dans cette commune avant la révolution ; elle a été détruite, et les bâtiments restants composent une ferme dont dépend un grand enclos, dans lequel se trouvent une belle pièce d'eau et un moulin à farine. La pop. de cette com. est d'env. 380 hab., en y comprenant le hameau de *Saint-Remi*. Son terroir est en labour, bois et prairies.

Buscum abbatiæ Sanctæ Mariæ, abbaye de Bois-aux-Dames. C'était une maison de Bénédictines qui reconnaissaient la sainte Vierge pour leur patronne, et qui en célébraient la principale fête à l'Annonciation. On ignore en quel temps cette abbaye fut fondée et par qui ; il est certain qu'elle existait au commencement du XIIe siècle, sous le nom de Footel. Quoique le couvent ne changeât point de place, on trouve que, durant le cours de ce siècle, on commença à en diversifier le nom ; qu'en 1171, Thibaud, abbé de Saint-Maur, ayant accordé à ces religieuses le revenu de la prébende annuelle de chaque religieux décédé à Saint-Maur, les appelle *Ecclesiæ B. Mariæ de Nemore et Sanctimoniales ipsius loci*. Ce même abbé les appelle *Sanctimoniales B. Mariæ de Bosco* dans l'acte de la même année, par lequel il leur cède, par charité, tout ce que son abbaye possède dans la forêt de Mainferme, moyennant 20 sols parisis de redevance. L'expression *de Nemore* est aussi simplement employée dans le don qu'une dame Odeline fit, en 1182, à ces religieuses, de ce qu'elle possédait à Chatou. En un mot, le nom général de *Bois*, d'où l'on a fait le *Bois-aux-Dames*, commença alors à s'introduire. Celui de Malnoue ne commença à être employé, pour désigner l'abbaye de *Footel* ou l'abbaye de *Bois-aux-Dames*, qu'environ le temps où ces religieuses firent l'acquisition de la moitié de la terre et seigneurie de *Malnoue*, en 1520 et 1526.

Buscum Sancti Petri, Bois-Saint-Père, ou Saint-Pierre.—A 2 kil. du village de Bouffémont, près de Montmorency, était l'église du Bois-Saint-Pierre, située dans un fond très-solitaire et entourée de bois. Cette église, réduite à une chapelle avec le logis du fermier, représentait les restes d'une communauté que l'abbaye de Saint-Victor de Paris avait eue autrefois en ce lieu. Cette chapelle avait été rebâtie depuis plus de cent ans, et n'avait par conséquent rien d'ancien ; elle était un peu sur le coteau, pour éviter l'incommodité des eaux qui séjournaient dans le bas une grande partie de l'année. A l'autel, était représentée la sainte Vierge, première patronne, avec sainte Radegonde et la Véronique ; aux vitraux, étaient peints saint Pierre avec les armes de Montmorency, et saint Victor, martyr. Le peuple appelait cette chapelle plus communément du nom de Sainte-Radegonde, et y allait en pèlerinage pour invoquer cette sainte reine. Auprès de la ferme du prieur, on voyait une fontaine, suivant l'ordinaire des lieux de dévotion où il y a concours ; mais comme c'était le duc de Montmorency qui l'avait fait faire, on la tenait fermée. Du château de la Chasse, qui était voisin, il ne subsiste guère plus que les masures d'une tour ronde découverte. Ce prieuré avait été réduit, depuis longtemps, à un seul chanoine régulier de Saint-Victor, lequel, à cause du danger qu'il courait dans la solitude du vallon où était la chapelle, faisait sa demeure à Saint-Prix.

Buxiacum, vel Buxcium et *Bussiacum*, Boissy-sous-Saint-Yon, paroisse de l'ancien diocèse de Paris, actuellement de celui de Versailles, canton nord de Dourdan, arrond. de Rambouillet, Seine-et-Oise, à 14 kil. de Dourdan, et à 35 au sud de Paris. On croit que son nom latin vient des bois qui l'entouraient. Ce village est au-dessous de la montagne de Saint-Yon, qui le garantit un peu des vents du sud-ouest. Cette montagne est ainsi appelée, parce que saint Yon s'y était retiré dans un oratoire. Le terroir consiste en terres arables; on y voit cependant quelques vignes. Ce village est pavé, à la faveur des grès qui se trouvent sur la montagne voisine, sur laquelle passe le grand chemin. L'église ne paraît pas fort ancienne, mais il y a apparence qu'avant cet édifice il y avait un oratoire, une chapelle ou une église, du titre de Saint-Thomas de Cantorbéry, ce bâtiment ayant été abattu vers l'an 1500. Il n'y a rien d'ancien que l'épitaphe d'un nommé *Pecquet*, qui avait fondé deux pintes d'huile pour cette église. Cette inscription fait voir qu'alors Boissy était une cure, érigée au moins depuis cent ans. La cure d'*Eglies* ou *Egly* fut réunie à celle de Boissy en 1373, 1478 et 1488. Les trois autels de cette église sont creux, en forme d'urne ou de tombeau. Sous le grand autel était cette sentence des psaumes : *Deus noster, refugium et virtus*, avec une croix et une crosse, relatives à ce passage. Sous l'autel de la chapelle, tournée au septentrion, laquelle est titrée de Saint-Jacques le Majeur, étaient des bourdons croisés. On lisait sur le mur l'acte de la fondation, en 1735, par *J. Peneti*, secrétaire de légation du grand-duc de Toscane à la cour de France. Il l'avait dotée de 300 liv. de rente. L'autre autel, du côté du midi, avait été construit aux dépens du même abbé Peneti, en l'honneur de la sainte Vierge, qui y était représentée. Les charges attachées aux 300 liv. de rente étaient trois messes hautes par an, et une messe basse par chaque semaine; plus, une distribution de 24 chemises et 12 camisoles à 36 pauvres, et de 50 liv. au maître d'école. Les bancs des marguilliers représentaient un palmier et un cèdre en relief, sur pierre blanche, avec ce verset des psaumes : *Justus ut palma florebit; sicut cedrus Libani multiplicabitur*. A l'entrée de l'église, à main gauche, étaient les fonts, travaillés en marbre, et la figure d'un désert, où saint Jean-Baptiste faisait sa prédication, le tout en pierres blanches, sculptées fort proprement en 1738. La pop. de Boissy est d'environ 1000 hab., en y comprenant plusieurs maisons écartées. Ce village renferme plusieurs belles maisons de campagne. On y trouve des carrières de pierre de grès; on en tire une grande quantité pour l'entretien des routes de cette contrée. La majeure partie des habitants sont occupés à l'exploitation de ces carrières.

Buxum, vel Busci fons, vel ecclesia, Boissy-Saint-Léger, paroisse de l'ancien diocèse de Paris, à présent de celui de Versailles, chef-lieu de canton de l'arrond. de Corbeil, dépt. de Seine-et-Oise, à 16 kil. de Corbeil, 28 est de Versailles, et 16 sud-est de Paris. Ce village doit son surnom au patron de sa paroisse. Les archéologues font dériver le mot Boissy de *buxus, buis*, ou *boscus*, qui, dans le vocabulaire de la latinité du moyen âge, signifiait *bois*. Suivant la légende sacrée, ce n'était, au VIe siècle, qu'un hameau, que saint Germain, évêque de Paris, rendit fameux par ses miracles. En 650, Clovis II donna ce territoire aux moines de Saint-Maur, dont saint Babolein, mort en 660, fut le premier abbé. On voyait encore, il y a peu d'années, au bas d'une maison en face de l'église, la fontaine de Saint-Babolein; elle a été comblée depuis. Cette église, d'ailleurs peu remarquable, est sous l'invocation de saint Léger, évêque d'Autun. Un château, bâti sur une éminence, et appelé *le Piple*, est remarquable par sa belle construction et son agréable position. La vue y embrasse une partie du cours de la Marne et de la Seine jusqu'à Paris, que l'on y découvre à l'extrémité d'une vaste plaine. Les jardins, parterres, bois et bosquets, qui forment un parc de 140 arpents, y sont de toute beauté. Ce château n'était, au XIVe siècle, qu'un manoir appartenant aux moines de Saint-Maur, qui en cédèrent la jouissance à Jean de Chevry; il fut bâti en 1725 par Cantorbes. Il a appartenu depuis au maréchal de Saxe, qui s'y plaisait beaucoup. On lit dans une lettre du 1er août 1750, écrite par ce maréchal à Favier, son ami : *Je reviens dans le moment du Piple, où je suis la plupart du tamp. La granje n'ait pas encore achevai*. Le maréchal de France refusa, dit-on, d'être de l'Académie française, parce qu'il ne savait pas l'orthographe; d'autres grands seigneurs n'ont pas été si scrupuleux; du moins ce grand capitaine avait-il publié un ouvrage estimé, qui lui a survécu. — La magnifique terre de *Grosbois* se trouve comprise dans la com. de Boissy-Saint-Léger. Plusieurs maisons dans ce village sont assez remarquables. Le territoire n'est composé que de terres labourables; la pop. est de 1000 habitants environ.

C

Calensis Villa, Chellis, paroisse et abbaye de l'ancien diocèse de Paris, actuellement de celui de Meaux, cant. de Lagny, arrond. de Meaux, Seine-et-Marne, à 8 kil. de Lagny, et 18 de Paris, à l'est. Le mot latin de Chelles, *Cala*, ou *Kala*, vient du radical *cal* ou *chal*, mot qui, dans le XIVe siècle, signifiait *abattis d'arbres* ou *défrichement des forêts*. Ainsi nos rois, qui, dans les premiers temps de la monarchie, avaient coutume de bâtir leurs maisons royales ou châteaux auprès des forêts, dans lesquelles ils se plaisaient à chasser, en avaient une à Chelles. D'après toutes les apparences, il est probable qu'elle fût commencée sous Clovis. On l'appelait alors *Villa Regalis*; mais dès le xive siècle, on ne la nommait plus que *Villa Cala* ou *Villa Calensis*. Le roi Chilpéric y résidait fréquemment, et en l'an 584 il y fut assassiné. Un maire du palais de Chilpéric, appelé Landri, était favorisé de la reine Frédégonde. Un matin, le roi entra dans la chambre de la reine; elle était courbée et se lavait la tête; il la frappa par derrière avec sa canne (*eam in natibus suis de fuste percussit*). La reine, croyant que ce coup partait de la main de son favori, dit : *Pourquoi me frappes-tu ainsi, Landri?* bientôt levant la tête, elle voit le roi son époux. A cette vue, Frédégonde est saisie d'effroi, et Chilpéric, irrité, part brusquement pour la chasse. Après son départ, Frédégonde fait appeler Landri, lui raconte l'événement; tous deux résolurent, plutôt que de souffrir la torture et la mort, de faire tuer le roi Chilpéric. Celui-ci, arrivant à Chelles au commencement de la nuit, en descendant de cheval, fut, par les satellites de Frédégonde, frappé de plusieurs coups de couteau, et expira sur-le-champ. La reine, ayant fait courir le bruit que cet assassinat avait été dirigé par le roi Childebert, assista effrontément aux funérailles du défunt, qu'elle fit célébrer à Paris. Cependant les trésors que Chilpéric avait entassés à Chelles furent enlevés par les trésoriers de ce roi et transportés à Meaux; ils les remirent au roi Childebert, son neveu et son ennemi. — Clotaire II faisait aussi, pendant la belle saison, sa résidence habituelle dans cette maison de Chelles. Le roi Robert y tint plusieurs assemblées d'évêques. Une lettre de Gerbert annonce une de ces assemblées aux chanoines de Saint-Martin de Tours, et ils sont invités à s'y trouver. Elle eut lieu à la fin du xe siècle. Ce prince y tint un autre concile, au mois de mai de l'an 1008, où il fut accordé un diplôme à l'abbaye de Saint-Denis. Il est encore fait mention des audiences que le roi Robert ou son épouse Constance y donnait, dans un rhythme satirique des mœurs de son règne. Enfin une charte de l'an 1029, en faveur de Saint-Maur-des-Fossés, est datée de Chelles. Mais depuis cette époque il n'existe aucuns renseignements qui attestent que nos rois aient fait leur séjour à Chelles. Ils laissèrent tomber en ruines leur ancien palais, qui était situé derrière l'abbaye, de sorte qu'il ne reste que des vestiges de la basilique de Saint-Martin. — La reine Chrothechilde, vulgairement nommée Chlothilde, épouse du roi des Francs Chlodovech ou Clovis, avait fondé à Chelles un petit monastère de filles bénédictines, avec une chapelle sous le titre de Saint-Georges. Dans la suite, Bathechilde ou Bathilde, épouse de Clovis II, fit presque entièrement reconstruire ce monastère et bâtir une nouvelle église. Elle en dédia le milieu à sainte Croix, le côté droit à saint Georges, patron de la première église, et le côté gauche à saint Étienne. Elle nomma, en l'an 656, pour abbesse, une religieuse appelée Bertilla ou Bertilana. L'église avait été consacrée en l'an 562. En 664, l'évêque de Paris, Sigoberrandus, se rendit à Chelles. Il mécontenta par son orgueil, dit-on, les francs ou gardes de la reine; il s'éleva une vive dispute, et l'évêque fut tué par ces francs. Cette reine ayant pris le voile dans ce monastère, comme une simple religieuse, elle y mourut en 1680, et fut inhumée dans l'église qu'elle avait fait bâtir. A côté de ce monastère de filles, s'établit un couvent de moines, comme il paraît par la vie de sainte Bathilde. Le rang de la fondatrice attira dans cette abbaye plusieurs personnes illustres. Sonichilde, l'une des femmes de Charles-Martel, mourut dans le monastère de Chelles; Gisle ou Giselle, sœur de l'empereur Charlemagne, en devint abbesse, et y finit ses jours, en 810, après avoir donné de grands biens à cette communauté. L'empereur, qui chérissait cette sœur, venait souvent lui rendre visite; et ayant appris la maladie dont elle mourut, il quitta en toute hâte le pape Léon III, qui était à Soissons, pour se transporter à Chelles, et recevoir les derniers soupirs de Giselle. En 818, pendant que Hégilwich, mère de l'impératrice Judith, était abbesse de Chelles, l'empereur Louis le Débonnaire, passant en ce lieu, assista à la translation du corps de sainte Bathechilde, dans l'église de Sainte-Marie; il donna en même temps à cette abbaye le village de Coulons, au diocèse de Meaux. Hermentrude, épouse du roi Charles le Chauve, fut abbesse de Chelles en 855, et après elle Bathilde, fille du même monarque. Charles le Simple ôta à celle-ci cette abbaye, pour la donner à Haganon, son conseiller. On voit quelle illustration des personnes si hautement qualifiées faisaient rejaillir sur ce monastère; ou plutôt, chrétiennement parlant, quelle vanité mondaine dominait ce couvent, qui jouissait d'environ 60,000 livres de revenu. Presque toutes les abbesses, pendant longtemps, furent veuves, filles ou sœurs d'empereurs et de rois. Elles portèrent leurs richesses et leurs habitudes dominatrices dans un lieu où doivent dormir les passions : opulentes, elles eurent des procès; jeunes, elles se livrèrent au désordre. Des chroniques du temps rapportent qu'en l'an 877 le roi Louis le Bègue enleva une religieuse de ce couvent, et en fit sa femme ou sa concubine. Les séjours fréquents que faisaient les rois de France, avec leur suite, dans le palais contigu au couvent, et dont il a été déjà parlé; les plaids, les synodes ou conciles tenus à la fin de la seconde race, ou au commencement de la troisième, attirèrent dans ce lieu un concours de personnes incompatible avec la vie religieuse. Il fut souvent nécessaire de réformer les mœurs de ce couvent, et d'y faire cesser les désordres : telle était l'intention d'Étienne, évêque de Paris, lorsqu'en 1133 il se rendit à Chelles, accompagné de Thomas, abbé de Saint-Victor, et de quelques autres ecclésiastiques. Après avoir rempli l'objet de leur voyage, l'évêque et son escorte retournaient à Paris; à peu de distance de Chelles, ils sont accueillis par les hommes du château de Gournay, neveux de Thibaud Nodier, archidiacre de la cathédrale. Armés d'épées, ils fondent sur la troupe ecclésiastique, et assassinent Thomas, abbé de Saint-Victor. « Nous marchions en portant la paix, dit l'évêque Étienne, dans une de ses Lettres, et nous étions sans armes, puisque c'était un jour de dimanche ; ils se jettent sur nous, leurs épées nues à la main ; et, sans respecter Dieu, le jour saint, ni moi, ni les personnes vénérables qui m'accompagnaient, ils percent de coups mortels cet innocent (Thomas, abbé de Saint-Victor), m'ordonnent de m'éloigner promptement, si je veux éviter la mort. Nous nous jetons à travers les épées, nous tirons des mains de ses bourreaux le corps de ce malheureux à demi mort et cruellement déchiré, etc... » On fut convaincu que Thibaud avait engagé ses neveux à commettre cet assassinat. L'évêque s'en plaignit à plusieurs prélats, au pape Innocent II, aux pères du concile assemblés à Jouarre, puis il se retira à Clairvaux. — Lorsque Charles V, pendant qu'il était régent de France, vint, en 1358, avec ses troupes à Chelles, il se coucha dans l'abbaye, et ses soldats logèrent dans le village. C'était à son retour du Valois, et il se mettait en campagne pour s'opposer aux entreprises de Charles le Mauvais, roi de Navarre. — Les événements qui désolèrent la France pendant les XIVe et XVe siècles atteignirent le bourg et l'abbaye de Chelles. Dans cette même année 1358, un parti d'Anglais les prit, les pilla et les ravagea. Les religieuses furent contraintes de se retirer à Paris, avec Alix de Pacy, leur abbesse ; bientôt il leur fut permis de retourner à Chelles ; elles furent encore deux fois contraintes de se réfugier dans la capitale. Ces déplacements devinrent funestes à la régularité monastique ; des désordres se manifestèrent parmi ces vierges du Seigneur. Vers l'an 1369, l'abbesse Jeanne de Laforest, pour se soustraire à des hostilités nouvelles, fut forcée de se réfugier à Paris, avec ce qui lui restait de religieuses. Cette abbesse fit ensuite raser la forêt de Chelles, repaire de prostitution et de brigandages. De nouveaux malheurs vinrent assiéger cette abbaye ; au commencement du XVe siècle, le feu du ciel consuma une grande partie du couvent. Les contributions exigées par les gens de guerre achevèrent de le ruiner. De 80 religieuses, il n'en resta que 15, obligées par la faim d'abandonner le monastère, de parcourir les campagnes et de demander l'aumône. Le 11 avril 1429, 300 Anglais survinrent à Chelles, et pillèrent le bourg et l'abbaye. Pendant qu'ils étaient occupés au pillage, une nombreuse troupe d'Armagnacs fondit sur eux, les entoura, les prit ou les tua tous, s'empara du pillage qu'ils avaient fait à Chelles, rançonna les vivants et s'enrichit de la dépouille des morts. Il paraît que cette abbaye fut de tous les temps très-déréglée. Pierre de Beaumont, évêque de Paris, tenta d'y établir la réforme, mais il renonça à ce projet. Son successeur Jean Simon, autorisé par un arrêt du parlement, de 1499, opéra la réforme désirée, en introduisant dans le couvent de Chelles des religieuses de l'ordre de Fontevrault, du prieuré de Fontaine, près de Meaux. Depuis cette réforme, les abbesses de Chelles devinrent triennales jusqu'en 1559, époque où recommencèrent les abbesses titulaires à la nomination du roi. Sous la première abbesse titulaire, Renée de Bourbon, le couvent de Chelles fut presque entièrement renversé par un orage affreux. Des sommes considérables furent employées aux réparations ; mais bientôt le tonnerre, tombant sur cette maison religieuse, causa de grands dégâts. En 1561, la crainte des huguenots obligea l'abbesse à se retirer à Paris, avec ses 46 religieuses, chez son frère Charles, cardinal de Bourbon, abbé de Saint-Germain des Prés. Des filles de duchesses, des princesses furent, dans la suite, abbesses de Chelles ; on y vit même une fille de roi, mais fille bâtarde de Henri IV et de Charlotte des Essarts ; elle était nommée Marie-Henriette de Bourbon. Mme de Sévigné rapporte, dans ses Lettres, qu'une sœur de Mme de Fontanges ayant été nommée abbesse de Chelles, la cérémonie du sacre fut très-pompeuse. Marie-Adélaïde d'Orléans, fille du régent, y prit l'habit de religieuse, le 30 mars 1717, par les mains du cardinal de Noailles, archevêque de Paris. — L'entrée du monastère de Chelles était ornée d'un beau portail moderne, chargé des armes de Marie-Adélaïde d'Orléans, fille du régent, et abbesse de Chelles. L'église de cette abbaye paraissait avoir été construite dans le XIIIe siècle ; l'intérieur était richement décoré par la libéralité de plusieurs abbesses ; la nef servait de chœur aux religieuses, comme dans toutes les grandes abbayes ; le maître-autel était orné de plusieurs figures sculptées, qui représentaient l'Assomption de la Vierge ; au-dessous on voyait un grand tabernacle d'argent massif ; le sanctuaire était fermé par une belle balustrade de marbre noir. La grille du chœur des religieuses était, dans son temps, regardée comme un chef-d'œuvre de ce genre ; mais aujourd'hui les chefs-d'œuvre se sont multipliés. Cette grille était l'ouvrage de Pierre Denis, qui avait fait aussi les beaux morceaux de serrurerie qu'on admirait à Saint-Denis ; elle était due à la générosité de Mme l'abbesse, princesse d'Orléans. Au-dessus de cette grille étaient placées cinq châsses, dont deux en argent : ces deux dernières renfermaient, l'une les reliques de sainte Bathilde, l'autre celles de sainte Bertille, première abbesse de Chelles. Dans le chœur des religieuses, au-dessus des portes latérales, étaient représentées, à genoux, les figures des abbesses Madeleine de la Porte, Marie de Lorraine et Marie de Bourbon ; on voyait aussi dans le chœur six grands tableaux représentant les principales actions de la vie de sainte Bathilde ; au côté gauche du maître-autel était la chapelle de Saint-Éloi, dans laquelle s'élevait, à plus de deux pieds de hauteur, un tombeau que l'on disait être celui de Clotaire III, fils de sainte

Bathilde : on prétendait que le corps de ce roi reposait dans un caveau qui était au-dessous. La forme de ce tombeau était plus étroite à la tête qu'aux pieds ; il était couvert d'une pierre oblongue aussi large en haut qu'en bas ; sur cette pierre était couchée la figure, en ronde bosse, de Clotaire III : un lion était à ses pieds ; de la main droite, il tenait un sceptre, et la gauche était placée sur l'agrafe de son manteau. Sur les bords de cette pierre, on avait gravé des caractères gothiques capitaux qui semblaient être du XIII° siècle. Dom Martenne les a lus de cette manière : *Hic Iacet Clotarius, Bachildis reginæ filius.* L'abbé Lebeuf prétendait qu'au lieu de *Bachildis*, on devait lire *Balthildis*; ce qu'il y a de certain, c'est que les mots *hic Iacet* et *reginæ filius* se lisaient très-bien. Le mot *Bachildis* était un peu effacé; celui de *Clotharius* n'existait plus ; il devait se trouver à l'angle de la pierre qui avait été rompu, et auquel on avait substitué du plâtre. On pouvait croire que la partie de ce tombeau, dont la forme était plus large à la tête qu'aux pieds, avait appartenu au temps de Clotaire III; mais on pouvait assurer que la pierre qui le couvrait, ainsi que la figure et l'inscription, étaient du XIII° siècle, époque de la reconstruction de cette église. Auprès de ce tombeau se trouvait une inscription en caractères modernes, autrefois en gothiques, où se trouvaient plusieurs inexactitudes :

Ci-dessous, en cette voûte, gît le corps de Clotaire, treizième roi de France, neuvième roi chrétien et troisième de ce nom, fils du roi Clovis II et de Ste Bathilde, laquelle fonda cette église en 652, en l'honneur de Notre-Dame, et y mit des vierges religieuses pour Dieu servir, etc.

Le trésor de l'abbaye de Chelles égalait presque en valeur celui de St-Denis. On y voyait le calice de saint Éloi, dont la coupe était d'or enrichi d'émail, et qui avait près d'un demi-pied de profondeur ; on y voyait aussi les bustes d'argent de saint Genest et de saint Éloi, tous les deux aumôniers et confesseurs de sainte Bathilde ; on y conservait aussi du bois de la vraie croix, etc. — Les églises et le couvent de Chelles, détruits par le temps, par les guerres, par le feu du ciel et par la révolution, en 1790, n'offrent aujourd'hui que de faibles vestiges de leur ancien état; mais ces vestiges peuvent encore intéresser. L'église du couvent, dédiée à saint Georges et à sainte Croix, était vulgairement nommée église de *Ste-Bauteur*, du nom de *Bathilde*, ou plutôt *Batelchide*. — L'église paroissiale des habitants, dédiée à saint André, est située à l'extrémité du bourg, sur la route de Lagny, elle est située sur une petite éminence. La simplicité des chapiteaux des piliers du chœur désigne qu'elle a été bâtie sur la fin du XII° siècle, au commencement du règne de Philippe-Auguste. Cet édifice n'est revêtu d'aucun ornement de sculpture, et il n'y a rien de remarquable. La population de ce bourg est de 12 à 1300 hab. Les principales productions de son terroir sont en grains ; une partie est en vignes et en prairies. Un moulin se trouve sur la Marne. L'espèce de cap que forme la butte de Chelles est entièrement composé de gypse, recouvert seulement d'un mètre de marne verte : cette marne est surmontée d'une couche peu épaisse de sable et de meulière d'eau douce. On reconnaît dans cette butte trois masses de gypse; la première a 8 à 9 mètres d'épaisseur : elle est séparée de la deuxième par 7 mètres de marne blanche ; la seconde a 3 ou 4 mètres de puissance. On y remarque quelques assises minces, mais dures, qui fournissent des dalles employées dans les constructions. Les parties de cette seconde masse donnent un plâtre de mauvaise qualité ; la troisième masse est représentée par une petite couche, séparée de la précédente, qui n'a que 4 ou 5 décimètres d'épaisseur. Les plantes que les botanistes recueillent à Chelles et dans ses environs sont : 1° la véronique chênette ; 2° le panais pied de poule ; 3° la mélique penché ; 4° la globulaire commune ; 5° la scorpionne des champs ; 6° la gravelle vivace ; 7° la chélidoine à feuilles de chêne ; 8° le géranium à feuilles de ciguë. Peu de communes en France, sous le régime féodal, éprouvèrent autant de concussions et de vexations que celle de Chelles. Ses habitants prétendaient avoir obtenu, au XV° siècle, une charte de commune ; ils avaient déjà nommé un maire et des jurés, et fait graver un sceau ; mais l'abbesse, Adeline de Pacy, s'y opposa. Un célèbre architecte du XIII° siècle, nommé Jean de Chelles, du nom de sa patrie, est connu à Paris pour y avoir construit le côté méridional de la croisée de l'église de Notre-Dame de cette ville, ou au moins le portail de ce côté-là.

Calidus vel Calvus Mons, Chaumont, petite ville très-ancienne de l'ancien diocèse de Rouen, maintenant de celui de Beauvais, chef-lieu de canton de l'arrond. de cette ville, dépt. de l'Oise ; à 34 kil. nord de Mantes, à 56 de Rouen, 24 sud-ouest de Beauvais, et 60 nord-ouest de Paris. Sa situation, sur la pente d'une montagne, est des plus agréables. La petite rivière de Troesne la traverse et y fait tourner plusieurs moulins à farine. Sa population, qui s'élevait à peine à 600 âmes vers le milieu du dernier siècle, est maintenant de plus de 2700 ; celle du canton entier est de 12,500. Chaumont a pris son nom de la montagne au pied de laquelle il est situé ; sur cette montagne était anciennement une forteresse qui servait de boulevard à la France, à l'époque où la Normandie était entre les mains des Anglais ; on n'en voyait plus que des ruines au XVIII° siècle. Guillaume le Breton fait mention de cette place à l'année 1188. Des titres du XI° siècle lui donnent le nom de *Calidus Mons*. Lamartinière, dans son Dictionnaire, prétend, sans en rapporter de preuves, que cette dénomination est erronée et que son vrai nom latin est *Calvus Mons*, parce que, dit cet auteur, Chaumont n'est point une montagne *chaude*, mais *chauve* et dépourvue de bois. Quelques-uns croient que ce nom lui vient aussi d'un Robert, surnommé *le Chauve*, petit-fils d'Amaury de Pontoise. Philippe 1er accorda à Chaumont le droit de commune : cette ville s'étendait moins vers le bas de la côte à cette époque qu'aujourd'hui. Sa première origine remonte au moins au xie siècle, et même alors elle avait déjà de l'importance, puisqu'elle portait le titre de comté. Elle eut beaucoup à souffrir des incursions des Normands, des guerres féodales et de celles des rois de France et d'Angleterre. Brûlée par les Normands, elle le fut encore, en 1167, par le roi d'Angleterre. La nouvelle ville étendit ses faubourgs dans la vallée, sur le bord de la rivière. — Sous François 1er, en 1543, Chaumont reçut un bailliage royal. Magny, qui n'était alors qu'une justice seigneuriale, fut compris dans son ressort; mais il en fut distrait en 1563. En 1576, on réunit de nouveau ces deux villes pour ne faire plus qu'un seul bailliage; mais elles formèrent toujours deux sièges distincts, qui avaient chacun un lieutenant de bailliage : ces deux villes n'eurent de même qu'une seule élection. — Au xie siècle, dans la partie basse de la ville, était une ancienne église dédiée à saint Pierre, avec le titre de prieuré : il y avait encore deux autres églises, l'une sous le titre de Notre-Dame, l'autre sous celui de Saint-Jean-Baptiste; cette dernière, située presque au sommet de la montagne, dominait la ville et les environs. A quelque distance de la ville, on voyait une chapelle appelée Caillouet. Notre-Dame, Saint-Jean et Caillouet, étaient autant de dépendances de l'abbaye de St-Pierre. On ignore absolument l'origine de cette abbaye : on voit seulement qu'en 1091, Philippe 1er la donna à l'archevêque de Rouen; Louis le Jeune la transféra à l'abbaye de Saint-Denis, en 1145; l'église était alors desservie par des chanoines. L'abbaye de St-Denis convertit celle de Saint-Pierre en prieuré, y envoya 12 religieux et fit rebâtir l'église. — Indépendamment du prieuré de Saint-Pierre, il y avait encore à Chaumont deux paroisses; un couvent de Récollets; un de Trinitaires à Caillouet, et l'église Saint-Jean, qui est devenue la seule paroisse depuis la nouvelle distribution du territoire français. — Sur la première paroisse, du titre de Saint-Martin, se trouvait un prieuré fondé en 1180. Dans l'étendue de celle de l'Aillerie, à l'extrémité et hors les limites de la ville, on voyait un autre prieuré fondé vers le milieu du xie siècle; le prieur était patron de l'église paroissiale. On y voyait aussi un hôpital de Saint-Antoine, qui, au xiiie siècle, était desservi par des frères et un chapelain. Un accord de 1204 porte que le chapelain fera serment de fidélité au prieur, comme patron de la paroisse, et au prêtre qui la desservira; que ce prêtre visitera les malades, les confessera et inhumera dans l'église des moines, qui, de leur côté, s'engageaient, lors des funérailles, à faire sonner leurs cloches sans rétribution. Cet hôpital fut plus tard desservi par les sœurs du tiers ordre de Saint-François; enfin, il y avait sur la même paroisse une léproserie, nommée hôpital de Saint-Lazare : cette léproserie fut supprimée en 1697, et réunie à l'Hôtel-Dieu de Gisors. — Les Récollets s'établirent, en 1636, d'abord dans la chapelle du château de Chaumont, et, l'année suivante, dans le couvent qu'on venait de leur bâtir. — Jacques Doublet, moine de Saint-Denis et prieur de Saint-Pierre de Chaumont, fonda les Trinitaires à Caillouet, en 1599; ils démolirent l'ancienne chapelle, et en élevèrent une autre sur le même emplacement, sous le titre de *Notre-Dame de Bonne-Espérance*. — Il paraît qu'anciennement la ville de Chaumont eut pour seigneurs justiciers les abbés de Saint-Pierre. On ne peut fixer l'époque où elle commença à en avoir de laïques; mais au xviie siècle, le duc de Longueville en était seigneur. Cependant le domaine de cette seigneurie ne fut jamais aliéné ni démembré de la couronne, mais seulement engagé très-anciennement. — Cette ville renferme des fabriques de draps, dentelles, éventails. On y trouve des fours à chaux. — Son commerce est en grains, bois, fourrages, draperies, etc. Il s'y tient deux foires par année : la première le 12 mai, et la seconde le 6 décembre; cette dernière est considérable pour la vente des chevaux et autres bestiaux. Le marché a lieu le jeudi de chaque semaine. — Les principales productions des environs de Chaumont sont en grains; une partie de son terroir est en prairies et bois.

Le château de *Bertichères*, à 2 kil. ouest de Chaumont, est placé dans une belle situation sur la rivière de Troesne. On ne connaît pas l'époque de sa fondation; mais sa construction bizarre, la tour antique formant l'un de ses angles, et le donjon qui occupe le centre de cet édifice, démontrent assez que son origine remonte à une époque très-reculée. On sait qu'il a appartenu longtemps aux comtes de Chaumont, ensuite aux ducs de Longueville, puis aux princes de Conti. On voit près de ce château une chapelle dite de *St-Eutrope*, où se fait tous les ans, au 30 avril, un pèlerinage qui attire un grand concours de monde.

| Chaumont, ville du diocèse de Langres, chef-lieu de préfecture du département de la Haute-Marne, avec un tribunal de première instance ressortissant à la cour royale de Dijon, et un collège communal. L'arrondissement renferme 198 communes et 77,295 habitants. Il est divisé en dix cantons, Andelot, Arc-en-Barrois, Bourmont, Chateauvillain, Chaumont, Juzennecourt, Nogent-le-Roi, Saint-Blin et Vignory. Chaumont est à 84 kil. sud-est de Troyes, 28 nord-nord-ouest de Langres, et 196 est-sud-est de Paris. Cette ville se présente dans une situation agréable, sur le penchant d'une colline assez élevée, au pied de laquelle coule la Suize, à 1 kil. du confluent de cette rivière avec la Marne. Elle est généralement bien bâtie; les rues sont larges, propres et bien percées; quelques-unes cependant sont très-escarpées et de difficile accès. La partie la plus élevée de cette ville est entourée de jolies promenades; celle qui est bâtie en amphithéâtre, sur le penchant de la colline, se présente sous un aspect agréable et pittoresque. Chaumont offre peu de

monuments dignes de curiosité : on n'y remarque que l'église qu'occupaient les carmélites et celle du collège, dont le portail serait plus digne d'attention, s'il était moins surchargé d'ornements. L'hôtel de ville, d'architecture moderne, se distingue par l'élégance de sa construction. — Cette ville n'était anciennement qu'une faible bourgade, défendue par un château, qui, après avoir eu ses seigneurs particuliers, passa aux comtes de Champagne. Ceux-ci en firent une maison de plaisance ; ils rendaient foi et hommage pour cette seigneurie aux évêques de Langres. Ce domaine fut depuis réuni à la couronne, comme toute la Champagne. Louis XII fit entourer Chaumont de murailles ; François Ier et Henri II y ajoutèrent plusieurs bastions et un large fossé ; mais de toutes ces fortifications il ne reste plus que quelques ruines. En 1814 il s'y est conclu un traité entre les alliés, pour renverser Napoléon. — Il y avait dans cette ville un collège de jésuites, dont l'église, d'une belle architecture, fut bâtie en 1630 ; un couvent de carmélites, avec une église magnifique, dont le plafond était orné de peintures et l'hôtel construit en marbre jaspé. Le chapitre, dédié à saint Jean, était composé d'un doyen et de quatre chanoines. L'église collégiale était la seule paroisse de la ville. A une lieue de Chaumont, près la rive gauche de la Marne, se trouvait un monastère du *Val-des-Ecoliers*. Tous les sept ans, le jour de la Saint-Jean, on y faisait un pèlerinage, qu'on appelait *la Diablerie de Chaumont*. Ce nom venait de ce qu'un grand nombre d'habitants, revêtus d'habits à la manière dont on peint les diables, couraient dans la campagne à 3 lieues à la ronde, exigeant de tous ceux qui se rendaient à la fête une pièce d'argent, pour aider à en faire les frais. Cette contribution, d'abord volontaire, devint ensuite forcée, et fut levée quelquefois avec violence. Le jour de la fête étant arrivé, on représentait sur plusieurs théâtres, bien ornés, toutes les actions de la vie de saint Jean ; et pendant que les acteurs jouaient leurs rôles, le clergé de la ville, en procession, passait devant tous ces théâtres, et retournait ensuite à l'église, où les visiteurs gagnaient *des indulgences plénières*. On voyait dans toutes les églises des confesseurs qui écoutaient les pèlerins à la confession. On y accourait même, par curiosité, de 30 à 40 lieues. Cette fête durait neuf jours. Comme il s'y commettait beaucoup de désordres, on la supprima vers l'an 1700. — La population de Chaumont s'élève à 8000 hab. environ ; elle est très-industrieuse. On trouve dans cette ville des fabriques de bas de laine drapés, à l'aiguille, de gants de peau, de serges, de droguets et draps communs. Les gants sont très-recherchés, à cause de l'apprêt et de la beauté des couleurs. Il y a aussi des filatures de coton et de laine, des tanneries, corroieries, mégisseries ; des blanchisseries de cire et des fonderies de chandelles et de bougies, dont on fait des envois considérables à l'étranger, dans les départements environnants, et même à Paris. Son territoire nourrit beaucoup de moutons ; il renferme deux mines considérables et plusieurs forges. — Son principal commerce est en fers, eaux-de-vie, et différents produits de son industrie. Son territoire produit peu de grains et beaucoup de vins. — Cette ville a vu naître, en 1698, Edme Bouchardon, célèbre sculpteur. Il fut envoyé à Rome aux frais de l'État, et remporta le prix à l'académie en 1722. Paris compte les ouvrages de cet artiste au nombre de ses plus précieux ornements. — Jacques Gauthier, antiquaire, mort en 1638. — Pierre le Moine, qui naquit en 1602, et mourut jésuite, à Paris, le 22 août 1672. Il est principalement connu par ses poésies françaises, recueillies, en 1671, en 1 vol. in-fol. — Michel Monteclaire, musicien et compositeur, mort en 1737.

Calidus vel Calvus Monticulus, Chaumontel, paroisse de l'ancien diocèse de Paris, maintenant de celui de Versailles, canton de Luzarches, arrond. de Pontoise, Seine-et-Oise, à 38 kil. de Versailles, 14 de Gonesse, 1 kil. nord de Luzarches, et 27 nord de Paris. Sa situation au bas d'une côte et sur le ruisseau de Luze, qui y fait tourner un moulin, est des plus avantageuses. On voit sur ce ruisseau un pont sur lequel passent les voitures qui vont à Chantilly. — La pop. de Chaumontel est de 380 hab. env. — Ce que l'on peut produire de plus ancien touchant ce village, est qu'on le voit dénommé parmi les biens de l'abbaye de Montmartre, dans une bulle d'Eugène III, de l'an 1147, en ces termes : *Capellam unam in Calvo Monticulo, cum feudo Pagani Francebise*. Les auteurs des pouillés de Paris, des XVIe, XVIIe et XVIIIe siècles, ont appelé ce lieu, en latin, *Calidus Mons*, et en français, *Chaumont*. Quelques titres du XIIIe siècle le nomment aussi *Calidus Mons*. Dans la carte des environs de Paris, donnée par l'académie des sciences, il est écrit *Chamontal*. — L'église de Chaumontel est fort petite : on y aperçoit encore dans le chœur, du côté méridional, un pilier dont la construction annonce le XIIIe siècle. Elle fut dédiée sous le titre de la Sainte-Vierge, le 11 octobre 1528, par François Poncher, évêque de Paris. — Au côté gauche du chœur, on lisait cette inscription en petit gothique, sur une tombe au-dessus de laquelle étaient représentés deux écuyers : *Cy-gist Oudart de Bercheires escuyer qui trespassa l'an de grace* M. CCC. LXIX, *le* XXVIII*e jour d'avril. Priez Dieu pour l'ame de lui. Ci-gist Jean de Bercheires, fils dudit Oudart qui trespassa l'an* M. CCCC *et douze, le vendredi après la Toussaint. Priez Dieu pour l'ame de lui*. Ces écuyers avaient sur leur chaperon ou haubert quatre oiseaux figurés, deux de chaque côté. — On voyait au même lieu cette autre épitaphe : *Cy-gist Bonaventure de la Chaussée sieur du Boucheau qui décéda le 7 mars* 1613. — Dans la chapelle de Saint-Claude, au côté septentrional du chœur, se lisait sur une autre tombe l'inscription suivante : *Cy-gissent maistre Jehan Troncon en son vivant seigneur de Chaumontel et Claude de Fichepain sa femme*. — La nomination à la cure de cette paroisse appartenait au chapitre de Luzarches, d'après un traité de 1233, passé entre ce chapitre et les habitants de Chaumontel, lorsque ceux-ci demandèrent l'érection en paroisse de leur église, qui était sur le territoire de celle de Luzarches. Ce traité portait que la nouvelle église payerait au curé de Luzarches 40 liv. par an, en quatre payements de 10 liv., qui devaient se faire à Noël, à Pâques, à la Pentecôte et à la Toussaint, et que le nouveau curé et ses successeurs se rendraient processionnellement, avec les paroissiens, à l'église de Luzarches, pour y assister à la procession du dimanche des Rameaux et à celle du jour de l'Ascension. — Ce village, comme on l'a vu, appartenait anciennement à l'abbaye de Montmartre. L'abbesse Élisabeth céda, vers 1180, le fief et la chapelle à Constance, comtesse de Toulouse, qui avait donné au couvent de Montmartre la somme de 100 l. et 20 sols de rente annuelle, pour la fondation de l'anniversaire de Guillaume, son fils. Les autres anciens seigneurs de Chaumontel sont mentionnés dans quelques cartulaires. On voit, dans celui de Saint-Nicolas de Senlis, à l'an 1236, un *Gerardus de Chaumontel miles*; dans celui de l'abbaye du Val, est nommé *Nicolas de Chaumontel*, chevalier, vers l'an 1297. On lit aussi, dans le *Gallia Christiana*, à l'article de l'abbaye d'Hérivaux, que Pierre, *Miles de Calido Monte*, avait donné, avant 1258, à cette abbaye, une redevance en blé qu'il avait dans le moulin de Glume. Au commencement du XVIe siècle, cette seigneurie appartenait à la famille de Souchay, et y resta jusque vers 1551. Pierre Mercier, procureur, était seigneur de cette terre au temps de la rédaction de la coutume de Paris en 1580; puis Jean Tronçon, dont on a rapporté l'épitaphe; après lui, Jean l'Ecuyer, décédé en 1689 : et enfin, après quelques autres, le prince de Condé la posséda dans le dernier siècle. Le château est entouré de fossés remplis d'eau vive. — Le terroir de cette commune est en terres labourables; une partie est en bois.

Calniaca vel Caroli Vanna, la Chaussée, paroisse de l'ancien diocèse de Paris, à présent hameau de celui de Versailles, commune de Bougival, canton de Marly-le-Roi, arrondissement de Versailles, Seine-et-Oise. Il doit son origine à une pêcherie que fit construire dans la Seine Charles Martel, et qui en 817 fut donnée par Louis le Débonnaire au monastère de Saint-Germain-des-Prés. Il s'appelait alors *Caroli Vanna*, Charlevanne. Connu dès le IXe siècle sous le nom de *Charlevanne*, ce hameau était fort considérable. Il est situé sur le bord de la rivière, et on trouve dans l'histoire que ce fut dans ce lieu que les Normands, qui avaient remonté la Seine, opérèrent un débarquement en 846. Le roi Charles le Chauve accourut pour les combattre et les repousser. A son approche, les Normands se retirèrent en effet et repassèrent de l'autre côté de la Seine, à l'endroit où se trouve maintenant Chatou.

Le continuateur de Nangis nous apprend qu'en 1348 les Anglais s'emparèrent à leur tour de Charlevanne. Il ajoute que, fidèles au système de dévastation qu'ils avaient adopté en France, ils le pillèrent et le brûlèrent. Nos rois avaient de grands vignobles à Charlevanne; le vin en était fort estimé, et ils le faisaient conduire à Poissy. Il y avait à Charlevanne une maladrerie où quinze paroisses avaient le droit de placer leurs malades; ce qui fait supposer qu'elle était une des plus riches du royaume; dans la suite des temps, elle fut transformée en communauté religieuse, dont la chapelle existait encore à la fin du XVIe siècle sous l'invocation de sainte Madeleine; elle a été détruite depuis. On ignore pour quel motif et à quelle époque ce hameau a perdu son nom de Charlevanne pour prendre celui de la Chaussée, sous lequel il est maintenant connu. Peut-être est-ce depuis qu'il a été brûlé par les Anglais.

Calniacum, Chauny, petite ville de l'ancien diocèse de Noyon, à présent de celui de Soissons, chef-lieu de canton de l'arrondissement de Laon, Aisne, à 24 kilomètres nord de Soissons, 15 est de Noyon, 26 de Laon, et 104 de Paris. — La seigneurie directe de la ville dépendait, avant la révolution, du marquisat de Guiscard, et en faisait partie. Cette ville avait le titre de château royal. Elle est située dans une belle plaine, à l'embranchement du canal de St-Quentin, sur la rive droite de l'Oise, qui commence à y être navigable, et qui forme en cet endroit une île, dans laquelle se trouve comprise la moitié de la ville. Outre deux paroisses, appelées *Notre-Dame* et *Saint-Pierre*, on y comptait plusieurs maisons religieuses, Minimes, Cordelières, Filles de la Croix, et un collège. Il y avait un Hôtel-Dieu et un hôpital pour 24 orphelins. C'était le siège d'un bailliage royal qui ressortissait au parlement de Paris, et au présidial de Laon, dans le cas de l'édit. On y suivait une coutume particulière, qui dépendait de celle du Vermandois; les maires et échevins commandants dans la place en l'absence du gouverneur, étaient juges au civil et au criminel, dans l'étendue des ville, faubourgs et banlieue; les appellations de leurs jugements ressortissaient au bailliage. Il y avait encore une juridiction royale de la police, une maîtrise des eaux et forêts et une subdélégation. Chauny, dont la population est de 4600 habitants, est commerçant au moyen du pont de pierre sur l'Oise. Cet endroit est le dépôt des glaces de St-Gobain, qu'on embarque sur l'Oise pour Paris : il y a une machine hydraulique pour les polir. Cette ville a une grande réputation pour le blanchissage des toiles demi-Hollande. Le commerce de Chauny consiste en grains, bois, cidre, huile, bonneterie en laine, chevaux, etc.; il y a des fabriques de toiles, treillis, chaussons de laine tricotés, filatures de coton, tanneries. Il se tient dans cette ville une foire considérable le 29 août, et un marché franc le 1er mardi de chaque mois. Le fameux vacher de cette ville, appelé *Tout-le-Monde*, vivait sous Henri IV; souvent ce prince s'amusait de ses ingénuités. Il en avait fait connaissance d'une manière assez plaisante,

Henri IV se promenait avec Sully, lorsqu'ils rencontrèrent, pour la première fois, ce berger, portant à sa main une paire de souliers neufs qu'il venait d'acheter. « Mon ami, lui dit le roi, combien te coûtent ces souliers? — Devinez, dit le paysan. — Cinq sous. — Vous en avez menti d'un carolus! — Comment, malheureux! tu ne sais donc pas que tu parles au roi? s'écria Sully. — Le diable vous emporte si j'en savais quelque chose! » répondit le berger sans se déconcerter. — Chauny est la patrie : 1° de Bonaventure Racine, né en 1708, mort à Paris en 1755. Il est auteur d'un *Abrégé de l'histoire ecclésiastique*, 13 vol. in-12, ouvrage écrit dans les idées les plus prononcées du jansénisme. 2° De Vrevin, célèbre avocat de Paris, et maître des requêtes de la reine Marguerite. 3° De Charles Vitasse, docteur et professeur de Sorbonne, né en 1660, mort en 1716. On a de lui des *Lettres sur la Pâque* et un *Examen de l'édition des Conciles*, du P. Hardouin, etc.

Campania, la Champagne, ancienne province de France. — La Champagne était habitée du temps des Romains par les Rémois, par les Trécasses ou Tricassiniens, par les Meldes, les Lingons et les Sénonais, et faisait partie des Gaules celtique et belgique. On ne peut pas assurer précisément quel fut le gouvernement de cette province sous les premiers Franks; mais il y a beaucoup d'apparence qu'elle eut des seigneurs particuliers. Dans le partage du royaume que firent les enfants de Clovis, la Champagne fit partie de celui d'Austrasie, dont Metz était la capitale. Grégoire de Tours, Flodoard et quelques autres historiens remarquent qu'elle fut gouvernée par six ducs, avant que de l'être par les comtes. Il fait mention de Loup, qui en était duc l'an 570, et qui par sa fidélité contribua beaucoup à maintenir Childebert dans la possession de ses Etats, malgré les efforts d'Ursion et de Betzfroy. Quintrio ou Winirio lui succéda, et la reine Brunehaut le fit mourir en 597. Jean, fils de Loup, fut le troisième duc de Champagne, selon Flodoard. Il vivait l'an 600, et Romulphe, son frère, était archevêque de Reims. Wimart fut le quatrième sous le règne de Childeric, roi d'Austrasie et fils de Clovis II. Il mourut vers l'an 680. Dreux, fils aîné de Pépin d'Heristal, maire du palais, lui succéda vers l'an 696, et mourut l'an 708. Grimoald, frère de Dreux, fut, selon quelques-uns, le sixième et dernier duc de Champagne. Il mourut l'an 714. A ces ducs succédèrent les comtes palatins, héréditaires et pairs de France. Les premiers sont connus sous les noms de comtes de Troyes, de Meaux, de Chartres, de Blois et de Tours. Ils étaient si puissants qu'ils soutenaient des guerres contre les empereurs, les rois de France et de Bourgogne. Quelques historiens prétendent que le premier de ces comtes fut Herbert II° du nom, comte de Vermandois; mais l'opinion la plus reçue ne fait commencer les comtes qu'à Robert, fils d'Herbert et d'Hildebrande, qui eut en partage les biens de son père, qui étaient situés en Champagne et en Brie; il s'empara en l'an 958 de la ville de Troyes, et en chassa l'évêque. Il épousa Alix de Bourgogne, dont il eut trois enfants : Herbert, qui mourut avant son père, Archambaud, qui fut archevêque de Sens, et Adélaïde, qui épousa Lambert, comte de Châlons-sur-Saône. Robert mourut l'an 958; Herbert, son frère, lui succéda. Il se qualifiait comte de Troyes et de Meaux, et épousa Ogive d'Angleterre, fille d'Edouard le Vieux, roi d'Angleterre, veuve du roi Charles le Simple. Il y a des historiens qui disent qu'il en eut un fils appelé Etienne qui lui succéda; et d'autres assurent qu'il mourut sans enfants l'an 993. Thibaud 1er, surnommé le Vieil et le Tricheur, parce qu'il vécut longtemps et qu'il était fort rusé, lui succéda du chef de Laidegarde, fille d'Herbert de Vermandois et sœur des deux précédents comtes de Champagne. Ce Thibault était fils, selon quelques-uns, de Gerloud, prince normand; mais d'autres assurent que sa naissance était très médiocre. On ne sait point en quel temps il mourut; mais il laissa deux fils qui furent successivement comtes de Troyes, de Meaux, etc. Etienne, premier du nom, était l'aîné, et étant mort sans enfants, Eudes ou Eon, son frère, lui succéda. Outre les titres et les seigneuries de son père et de son frère, il fut encore seigneur de Sancerre par l'échange qu'il fit d'une partie du comté de Beauvais avec l'évêque Roger. On le surnomma le Champenois; parce qu'il s'empara d'une partie de la Champagne et de la Brie. Robert, roi de France, prétendit réunir ces comtés à la couronne par droit de réversion; Mais Eudes se conserva dans la possession de ces comtés. Henri, premier du nom, ayant succédé à Robert, voulut faire valoir les mêmes prétentions, et fit la guerre à Eudes, qui fut défait dans trois batailles. A peine ce dernier fut-il un peu remis de ces pertes, qu'il déclara la guerre à l'empereur Conrad, sous prétexte de quelques prétentions qu'il avait sur la Bourgogne. L'empereur le défit, et lui pardonna; mais comme Eudes était né remuant, il entra à main armée en Lorraine, où il fut tué par Gosselin ou Gosselon, dans une bataille donnée près de Bar l'an 1037. Il n'avait point eu d'enfants de Mahaud, fille de Richard, duc de Normandie, sa première femme; mais il eut trois fils d'Hermengarde d'Auvergne, sa seconde femme, et sœur de Constance, femme du roi Robert. Ces fils furent Etienne et Thibault, qui lui succédèrent l'un après l'autre, et Hugues ou Hues, qui fut archevêque de Bourges. Etienne refusa de faire hommage au roi Henri, parce que ce prince n'avait point secouru son père dans la guerre qu'il avait soutenue contre l'empereur; mais il y fut contraint par force. Il laissa un fils nommé Eudes, à qui son oncle Thibault enleva la succession de son père. Thibault, second du nom, succéda à son frère Etienne. Il portait auparavant le nom de Thibault, troisième du nom, comte de Blois, de Chartres et de Tours. Il fut le premier qui prit le titre de comte de Champagne, que ses successeurs ont depuis retenu. Il se mit aussi sous la protection de l'empereur Henri, et prit la qualité de palatin. Du Cange, dans ses notes sur Joinville, prétend que ce fut à cause que le comte de Champagne exerçait sa juridiction sur les officiers du palais du roi, au lieu que les autres comtes rendaient la justice dans les villes. Il refusa, de même que son frère Etienne, de faire hommage au roi; mais on sut bien l'y obliger. Il épousa en premières noces Gertrude, fille d'Hubert, surnommé *Eveille-chien*, comte du Mans; mais il la répudia pour épouser Alix de Crespy et de Bar-sur-Aube. Il eut de cette dernière quatre fils; Henri, surnommé Etienne, comte de Chartres, de Blois et de Meaux; Eon ou Eudes, comte de Troyes; Hues ou Hugues, qui succéda à son frère Eon au comté de Troyes; et Philippe, évêque de Châlons. Quelques historiens disent qu'il laissa tous ses Etats à Henri, son fils aîné, qui mourut au deuxième voyage qu'il fit à la terre sainte, dans une bataille qui se donna près de Rama dans la Palestine. D'autres veulent qu'Eudes lui succéda au comté de Troyes, mais ils conviennent tous qu'Eudes étant mort sans postérité, Huon ou Hugues lui succéda, et épousa Constance, fille du roi Philippe Ier, de laquelle n'ayant point eu d'enfants, il fut séparé sous prétexte de parenté. Il épousa en secondes noces une princesse de Lombardie, dont il fut si mécontent qu'il la quitta, quoiqu'elle fût enceinte, pour aller à Jérusalem, où il se fit chevalier du Temple, et mourut en 1126. Par son testament il déshérita le prince Eudon, dont sa femme était accouchée, et fit son héritier Thibault, troisième du nom, fils d'Henri, surnommé Etienne, et petit-fils de Thibault II, comte de Troyes et de Meaux. Thibault, troisième du nom, surnommé le Grand, fait une grande figure dans l'histoire de France. Il épousa Mahaut, fille de Baudouin, comte de Flandre, ou, selon d'autres, fille d'Engelbert, troisième duc de Carinthie. Il mourut à Lagny-sur-Marne en 1151, et laissa onze enfants: 1° Henri Ier, qui fut son successeur; 2° Thibault, comte de Blois et grand sénéchal de France; 3° Etienne, seigneur et comte de Sancerre; 4° Guillaume, surnommé aux blanches-mains, archevêque de Sens, et depuis cardinal et archevêque de Reims; 5° Hugues, abbé de Citeaux; 6° Agnès, femme de Renaud de Mousson; 7° Marie, femme d'Eudes, duc de Bourgogne; 8° Elisabeth, femme de Roger de Sicile, duc de la Pouille; 9° Mahaut, femme de Geoffroy Rotrou, comte du Perche; 10° Marguerite, religieuse à Fontaine, de l'ordre de Fontevrault; 11° Alix, troisième femme du roi Louis le Jeune et mère de Philippe-Auguste.

Henri, surnommé le Riche et le Libéral, succéda à son père Thibault le Grand au comté de Champagne en 1152. Il épousa Marie, fille du roi Louis le Jeune et d'Aliénor de Guienne, et en eut Henri II, qui succéda à Thibault, comte de Chartres, de Blois, de Sancerre, et vicomte de Châteaudun; 2° Scolastique, femme de Guillaume, comte de Vienne et de Mâcon; 3° Marie, femme de Baudouin, empereur de Constantinople. Henri Ier mourut en 1180 ou 1181, et fut inhumé dans le chœur de l'église collégiale de Saint-Etienne de Troyes, qu'il avait fondée. Henri II, dit le Jeune, joignit à la qualité de comte de Champagne celle de roi de Jérusalem du chef d'Isabeau, sa seconde femme, fille d'Amaury, premier du nom, roi de Jérusalem, et veuve de Conrad, marquis de Montferrat. Il eut trois filles de ce mariage: Marie, morte jeune; Alix, femme de Hugues Ier, roi de Chypre; et Philipote, femme d'Hérard de Brienne. Henri II n'avait point eu d'enfants d'Hermanète de Namur, sa première femme. Ce prince mourut à Aire l'an 1197, étant tombé d'une fenêtre dont l'appui céda sous lui, et la comtesse de Champagne, sa mère, mourut de douleur en apprenant cette nouvelle. Thibault, quatrième du nom, succéda à Henri II, son frère. Quelques historiens prétendent que le comte Henri l'avait institué son héritier; mais d'autres assurent qu'il usurpa ce comté pendant l'absence de son frère; et d'autres, qu'il en traita par lettres avec son frère. Il fut marié avec Blanche, fille de dom Sanche, surnommé le Sage, roi de Navarre, dont il eut une fille qui mourut fort jeune, et un fils posthume nommé Thibault. Thibault IV mourut au mois de mai de l'année 1207, âgé de 26 ans. Thibault V, surnommé le Posthume, ou le Faiseur de chansons, fut comte de Champagne après la mort de son père, et roi de Navarre après celle de dom Sanche le Fort, son oncle maternel, qui mourut sans enfants. Il fut déclaré possesseur légitime de la Champagne par un arrêt du mois de juillet de l'an 1221. Ce prince se trouva d'abord engagé dans la révolte qui se fit au commencement de la minorité de saint Louis; mais il quitta ce parti, et découvrit à la reine le dessein des révoltés, et surtout celui qu'ils avaient formé d'enlever le roi saint Louis à Montlhéry, qui serait tombé entre leurs mains sans les avis du comte de Champagne et le secours de trois mille gentilshommes qu'il amena avec lui; en haine de quoi le duc de Bretagne, chef de cette ligue, assiégea Troyes, qui fut secourue par le roi saint Louis, et les factieux furent obligés de lever le siège. Thibault V fut marié trois fois: la première avec Gertrude, fille d'Albert, comte de Metz et d'Augsbourg, veuve de Thibault, duc de Lorraine, de laquelle il fut séparé à cause de leur parenté; la seconde avec Agnès de Beaujeu, fille de Guichard, et de ce mariage naquit une fille appelée Blanche; et la troisième fois avec Marguerite de Bourbon, fille d'Archambaud VIII, de laquelle il eut trois garçons et trois filles. Il mourut à Troyes en 1254. Ses enfants du troisième lit furent: 1° Thibault, qui lui succéda; 2° Henri, surnommé le Gros, comte de Rosnay; 3° Pierre ou Perron, qui mourut en bas âge; 4° Aliénor, morte jeune; 5° Marguerite, mariée à Henri, fils de Matthieu de Lorraine; 6° Béatrix, seconde femme de Hues IV, duc de Bourgogne. Quant à Blanche, qu'il avait eue de sa seconde femme, elle épousa Jean, dit le Roux, duc de Normandie. Thibault VI, comte de Champagne et II⁰ du nom, roi de Navarre, épousa Isabelle de France, fille de saint Louis. Elle le suivit dans ses voyages de la terre sainte. Il mourut en Sicile en 1270. Henri III, surnommé le Gros, lui succéda. Il épousa Blanche, fille de Robert, premier comte d'Artois, et nièce de saint Louis. Il n'en eut qu'une fille nommée Jeanne, qui fut mariée en 1284, à l'âge de treize ans, au roi Philippe le Bel, auquel elle fit donation de tous ses Etats, et mourut en 1304. Henri III, son père, était mort à Pampelune, capitale de son royaume de Navarre, dès l'an 1274. Louis X, fils de Philippe le Bel, et de Jeanne, reine de Navarre et comtesse de Champagne, n'ayant laissé qu'une fille, nommée Jeanne de France, sous la tutelle d'Eudes IV, duc de Bourgogne, le roi Philippe V, frère du roi Louis X, se mit en possession de la Navarre et du comté de Champagne, comme ayant été unis à la couronne de France. Jeanne de France prétendait au contraire que ce comté lui appartenait, parce qu'étant venu au roi Louis X par Jeanne de Champagne, sa mère, ce comté était transmissible à tous héritiers, tant mâles que femelles. Il fut néanmoins jugé par arrêt du conseil du roi que ce comté étant demeuré uni à la couronne pendant plus de trente années, il n'en pouvait plus être démembré, ni séparé. Philippe V et Eudes, duc de Bourgogne, en qualité de tuteur de Jeanne de France, firent un traité à Laon le 27 mars de l'an 1317, par lequel il fut convenu que si le roi décédait sans enfants mâles, le comté de Champagne appartiendrait à Jeanne de France sa nièce, comme son propre héritage, et que si Jeanne décédait sans hoirs, ce comté serait réuni à la couronne. Jeanne de France fut mariée à Philippe, comte d'Evreux, petit-fils de Philippe le Hardi; et Philippe d'Evreux céda et quitta à Philippe de Valois tous les droits qui pouvaient lui appartenir aux comtés de Champagne et de Brie, soit par la succession du roi Louis X, soit par le traité du 27 mars de l'an 1317. Cette cession de Philippe d'Evreux est du 14 mars de l'an 1335. Le roi Philippe de Valois lui donna en échange le comté de la Marche et trente-huit mille livres de rente sur le trésor, qui furent ensuite commuées pour les vicomtés de Beaumont-le-Roger, Breteuil, Conches, Orbet, Pont-Audemer et le Cotentin. Enfin le roi Jean réunit de nouveau par lettres patentes les comtés de Champagne et de Brie à la couronne, sans qu'à l'avenir ils en puissent être démembrés pour quelque cause que ce soit.

Les historiens ne s'accordent point sur la durée du gouvernement des comtes de Champagne, ni sur leur nombre. Les uns les font durer 516 ans, et les autres 531. Les uns ne reconnaissent que treize ou quatorze comtes, et les autres en comptent quinze, sans y comprendre la comtesse Jeanne, femme de Philippe le Bel. Cette différence vient sans doute de ce qu'ils ont confondu les deux branches de cette maison, dont l'une possédait les comtés de Troyes, de Meaux, et le reste de la Champagne; et l'autre les comtés de Blois, Tours, Chartres, etc.

Les comtes de Champagne étaient pairs de France, et portaient au sacre de nos rois la bannière de France. Il n'en faut pas davantage pour prouver qu'ils ont toujours relevé de nos rois; et quand Joinville dit dans son histoire, *Qu'ayant été mandé avec les barons de France par saint Louis pour venir prêter le serment de fidélité à ses enfants, il refusa de le faire, parce qu'il n'était pas né son sujet;* cela ne prouve autre chose, comme l'a fort bien remarqué M. du Cange, si ce n'est que les vassaux ne doivent le serment de fidélité qu'aux seigneurs dont ils relèvent immédiatement, et non pas aux seigneurs du fief dominant.

Les comtes de Champagne avaient droit de faire tenir leurs états par sept comtes qui se qualifiaient *pairs de Champagne*. Ces comtes étaient ceux de Joigny, de Rethel, de Braine, de Roucy, de Brienne, de Grandpré et de Bar-sur Seine. Les comtes de Champagne jouissaient de la ville et comté de Chaumont, de la ville et comté de Sainte-Ménehould, et de la ville et comté d'Epernay, des villes de Vitry, Bar-sur-Aube et Vertus; et des châtellenies de Vassy, Andelot, Coissy, Nogent-le-Roi et Bar-sur-Seine. Les villes de Reims, de Langres et de Châlons n'ont jamais été du ressort ni de la mouvance du comté de Champagne. Le domaine utile et la juridiction en ont toujours appartenu aux archevêques et évêques qui, en qualité de pairs ecclésiastiques, ont même toujours précédé au sacre de nos rois les comtes de Champagne.

La Champagne a pris son nom de ses vastes plaines ou campagnes. Elle est bornée au nord par la Belgique, au levant par la Lorraine, au midi par la Bourgogne, et au couchant par l'Ile de France.

Cette province, une des plus considérables de la France, a plus de 184 kil. d'étendue de l'occident au sud-est, depuis Lagny en Brie jusqu'à Bourbonne en Bassigny, et environ 216 kil. du midi au septentrion, depuis Bavières dans le Sénonais jusqu'à Rocroy dans le Rhételois. Le cœur du pays est occupé par de vastes plaines; mais les extrémités sont couvertes de bois, et remplies de montagnes et de collines qui produisent abondamment tout ce qui est nécessaire à la vie.

Les principales rivières de cette province sont la Meuse, qui prend sa source près du village de Meuse et de Montigny-le-Roi. Son cours est de cent vingt lieues, ou environ. Elle commence à porter bateau à Saint-Thibault, passe dans les évêchés de Nancy et de Verdun, dans la Champagne, le Luxembourg et le comté de Namur. Ensuite, après avoir arrosé l'évêché de Liége, une partie de la Belgique et de la Hollande, et avoir reçu le Wahal au-dessous de l'île de Bommel, elle prend le nom de Meruve, et se perd dans l'Océan entre la Brille et Gravesende.

La Seine, qui prend sa source près d'Evergereaux, hameau situé à 250 mètres environ du vallon appelé

Douix-de-Seine. Le village de St-Germain-la-Feuillée en est distant de près d'un kil. Il ne faut pas confondre l'ancienne abbaye du bourg de Saint-Seine avec un monument religieux élevé autrefois à saint Seine, ermite, dans le vallon ci-dessus désigné, et où ce saint s'était d'abord retiré. — Les décombres de ce petit édifice servent aujourd'hui d'abri à la source contre l'action directe de l'atmosphère.

La Marne prend sa source dans le Bassigny, au pied d'une montagne, et à cinq cents pas d'une métairie nommée la Marmotte. Elle a son cours par les diocèses de Langres, de Châlons, de Soissons, de Meaux et de Paris; elle commence à être navigable à Vitry, et se jette dans la Seine au pont de Charenton, au-dessus de Paris.

L'Aube prend sa source aux confins de la Bourgogne et de la Champagne, au village d'Auberive; puis, coulant vers le septentrion, elle passe à la Ferté, à Bar, à Arcis, etc., et se jette dans la Seine à Conflans. On a fort travaillé à la rendre navigable ; mais ces dépenses ont été inutiles.

L'Aisne prend sa source au-dessus de Sainte-Menehould, aux confins de la Champagne et de la Lorraine. Elle parcourt les diocèses de Châlons, de Reims et de Soissons, et se jette dans l'Oise, à 2 kil. au-dessus de Compiègne. Elle ne porte bateau qu'à Château-Porcien; mais on avait formé le dessein de la rendre navigable un peu au-dessus de Sainte-Menehould. Ce dessein s'étendait même plus loin ; car le ministre Louvois avait fait dresser des plans pour joindre la Meuse à l'Aisne par le moyen d'un canal.

Il y a à Bourbonne des eaux minérales très-célèbres. Elles sont chaudes, et d'une saveur un peu salée. Au village d'Attencourt, à deux lieues de Vassy, il y a une fontaine minérale dont les eaux sont ferrugineuses. — Le climat du pays qui formait cette province est tempéré; ses habitants sont doux, civils, laborieux et pleins de courage. On trouve, au centre, ces vastes plaines si renommées, et dans quelques endroits des limites qui les séparaient des autres provinces, de belles forêts et des montagnes. Son terroir, en général sec et stérile, produit du seigle, de l'avoine, du sarrasin et quelque peu de froment; les vins qu'on y recueille sont très-estimés : ces vins et ces grains composaient son principal commerce, qui s'étendait aussi à une grande quantité de fer, de laines, de verreries, de poterie de terre, de pains d'épices et de miel jaune.

Il y avait dans l'étendue du gouvernement de Champagne deux archevêchés, Reims et Sens, et quatre évêchés, Langres, Châlons, Troyes et Meaux. L'archevêque de Reims était le premier duc et pair de France, légat né du saint-siége apostolique, et primat des Gaules belgiques. Il avait le droit de sacrer les rois, et ses suffragants étaient les évêques de Soissons, de Laon, d'Amiens, de Senlis et de Boulogne. Autrefois les évêques de Cambrai, de Tournay et de Térouanne l'étaient aussi; mais ils en furent soustraits lors de l'érection de Cambrai en archevêché en 1559 et 1560.

Louis d'Outre-Mer fit l'archevêque de Reims chancelier héréditaire de France; mais Hugues Capet ôta cette dignité à ses successeurs en haine d'Arnould, archevêque de Reims, qui avait ouvert les portes de cette ville à Charles de Lorraine, son compétiteur. On dit que ces archevêques n'avaient autrefois que le titre de comtes, et que ce fut Philippe-Auguste qui lors de son sacre leur donna celui de ducs, en faveur de son oncle Guillaume de Champagne, dit aux blanches mains, cardinal et archevêque de Reims. Le diocèse de Reims se composait de quatre cent soixante et dix-sept paroisses, de trois cent soixante et cinq annexes, de sept chapitres, de vingt-quatre abbayes, de huit hôpitaux et de plusieurs couvents de religieux et de religieuses. Le chapitre de la cathédrale était le premier de ce diocèse. Outre ce chapitre, il y avait trois collégiales dans Reims; celle de Saint-Symphorien, celle de Saint-Timothée et celle de Sainte-Balzamine, ou Sainte-Nourrice, à cause que cette sainte a été nourrice de saint Remi. Les canonicats de cette dernière étaient à la collation du chapitre de l'église métropolitaine.

Les abbayes d'hommes de l'ordre de Saint-Benoît étaient : l'abbaye de Saint-Remi de Reims, dont Turpin, archevêque de cette ville, fut le premier abbé vers l'an 770 ; celle de Saint-Nicaise de Reims; celle de Saint-Thierry, à deux lieues de Reims, fondée par saint Thierry, vers l'an 530 ou 536. Elle était unie à l'archevêché de Reims depuis l'an 1696, et rapportait à l'abbé douze mille livres de revenu; celle de St-Bâle, à quatre lieues de Reims, avait été fondée et bâtie par saint Bâle, l'an 576, sous l'archevêque Gilles. Celle d'Hautvillers avait été fondée par saint Nivard, archevêque de Reims, et fort augmentée par les comtes de Champagne. Celle de Mouson était occupée par des religieux bénédictins de la congrégation de Saint-Vannes.

Les abbayes de l'ordre de Cîteaux étaient : l'abbaye d'Igny fondée en l'an 1126 par Renaud, archevêque de Reims, qui y établit des religieux qu'il tira de Clairvaux ; celle de Signy fut bâtie l'an 1134, par saint Bernard, des libéralités des comtes de Champagne; celle de Laval-Roi, *Vallis Regiæ*, avait été fondée l'an 1149 par Jean, comte de Roucy ; celle de Bonne-Fontaine fut fondée en 1152 par les seigneurs de Rumigny ; celle d'Elan fut fondée par Witer, comte de Rhétel, environ l'an 1154, et par Hugues, aussi comte de Rhétel, qui en augmenta la fondation en 1220.

Les abbayes de l'ordre de Saint-Augustin étaient : l'abbaye de Saint-Denis de Reims, fondée par Hincmar, archevêque de Reims, qui vivait l'an 800 ; celle de Landèves était anciennement prieuré dépendant du Val-des-Ecoliers ; mais il fut érigé en abbaye au commencement du siècle dernier, et uni en 1635 à la congrégation de Sainte-Geneviève de Paris; celle d'Epernay fut fondée par Thibault, premier du nom comte de Champagne.

Les abbayes de l'ordre de Prémontré étaient : l'abbaye de Chaumont, située près de Rhétel; celle de Belval, fondée par Adalberon, évêque de Verdun, l'an 1135; celle du Val-Dieu; celle de Sept-Fontaines, dans la Thiérache, fut fondée en 1129 par Hélie, seigneur de Mézières, et Ode sa femme.

Les abbayes de filles de l'ordre de Saint-Benoît étaient : l'abbaye de Saint-Pierre de Reims, fondée par sainte Clotilde; et celle d'Avenay, fondée par Berthe, femme de saint Gombert, maire du palais.

Il n'y avait qu'une seule abbaye de filles de l'ordre de Saint-Augustin, celle de Saint-Etienne de Reims. Ces religieuses étaient auparavant à Soissons, et n'étaient venues s'établir à Reims qu'en 1617, par l'échange de leur maison de Soissons avec le prieuré du Val-des-Ecoliers, qui était à Reims.

Il y avait dans la ville de Reims un grand et beau séminaire, commencé par Charles de Lorraine, cardinal et archevêque de Reims, en 1564, et rebâti magnifiquement en 1678 par les soins de Maurice Le Tellier, archevêque de cette ville. La chartreuse du Mont-Dieu, auprès de Sedan, jouissait de trente mille livres de rente, et était une des plus magnifiques de l'ordre.

L'archevêché de Sens reconnaît saint Savinien pour son premier prélat. La tradition dit que ce saint évêque fut envoyé dans les Gaules par saint Pierre; mais cela ne s'accorde point avec Sulpice Sévère et Grégoire de Tours, qui ne mettent la naissance de l'Eglise des Gaules que sur la fin du IIe siècle. Il y a beaucoup d'apparence que les actes du martyre de saint Savinien ont été altérés, et qu'au lieu de dire que ce saint avait été envoyé par le *saint-père*, les copistes ont mis par *saint Pierre*. Ansegise, archevêque de Sens, donna un grand éclat à son siége. Charles le Chauve obtint du pape Jean VIII, en faveur d'Ansegise, la primatie des Gaules et de Germanie, l'an 876. Les évêques de France assemblés à Pontyon désapprouvèrent cette élévation de l'église de Sens. Cependant les archevêques de Sens ont joui de cette prérogative pendant deux cents ans. L'an 1079, le pape Grégoire VII confirma à l'archevêque de Lyon la primatie sur les quatre provinces lyonnaises, qui sont Lyon, Rouen, Tours et Sens. Les archevêques de Sens ont plusieurs fois essayé de revenir contre cette concession, mais Charles de Bourbon, cardinal et archevêque de Lyon, ayant porté la décision de ce procès au parlement de Paris, l'archevêque de Sens, qui était de la maison de Melun, s'y laissa condamner par défaut en 1424, et depuis ce jugement la primatie des Gaules est demeurée à l'archevêque de Lyon, et celui de Sens n'a conservé que le titre de *primat des Gaules et de Germanie*. Il avait autrefois pour suffragants les évêques de Paris, de Chartres, de Meaux, d'Orléans, d'Auxerre et de Nevers; mais depuis l'érection de l'évêché de Paris en archevêché, en l'an 1622, il n'est resté à l'archevêque de Sens pour suffragants que les évêques de Troyes, de Moulins et de Nevers.

L'archevêché de Sens valait environ cinquante mille livres de revenu, et son diocèse s'étendait au delà du gouvernement de Champagne. Il comprenait sept cent soixante et cinq paroisses, seize chapitres, vingt-neuf abbayes, et soixante couvents, communautés ou colléges.

L'église métropolitaine de Sens a eu quelques priviléges. Louise de Savoie, duchesse d'Angoulême et régente en France pendant l'absence de François Ier, son fils, lui accorda des lettres de concession, datées du 14 octobre 1515, par lesquelles elle lui donne pouvoir de faire faire par ses officiers les inventaires de ceux du chapitre et habitués de cette église qui décéderont dans le cloître, sans que les officiers du roi s'en puissent entremettre. Ces lettres furent confirmées par d'autres de François Ier du 17 février de l'an 1516. Cette église avait aussi des lettres de protection et de sauvegarde, semblables à celles du chapitre de Notre-Dame de Paris, avec droit de *Committimus* aux requêtes du palais. Ces lettres sont datées du mois de novembre de l'an 1548.

Les abbayes d'hommes de l'ordre de Saint-Benoît étaient : l'abbaye de Saint-Remi-lez-Sens, fondée l'an 527, et unie à perpétuité à la cure de Versailles; celle de Saint-Pierre-le-Vif-lez-Sens, fondée l'an 507; celle de Sainte-Colombe, fondée par Clotaire II, roi de France, l'an 620; celle de Morigny, près d'Etampes, fondée en 1106; celle de Saint-Père, ou de Saint-Pierre de Melun, fondée en 546; celle de Chaumes; celle de Ferrières en Gâtinais, fondée par Clovis Ier, roi de France. Elle était autrefois appelée Bethléem.

Voici les abbayes d'hommes de l'ordre de Cîteaux : l'abbaye de Barbeaux, fondée en 1145; celle de Cercanceau, fondée en 1181; celle de Notre-Dame de Jouy; celle de Preuilly, fondée en 1116; celle des Echalis, de la filiation de Clairvaux, fondée en 1131; celle de Vauluisant, fondée en 1127; celle de Fontaine-Jean.

Les abbayes d'hommes de l'ordre de Saint-Augustin étaient : l'abbaye de Saint-Jean-lez-Sens, de la congrégation de Sainte-Geneviève, fondée pour des filles par Héraclius, archevêque de Sens, qui vivait dans le VIe siècle. Les chanoines réguliers de Saint-Augustin y furent établis l'an 1111; celle du Jard, fondée en 1194; celle de Saint-Séverin de Château-Landon, fondée dans le VIe siècle par Childebert, fils de Clovis Ier, roi de France; celle de Saint-Jacques de Provins, fondée en 1124; celle de Saint-Eusèbe.

Il n'y avait dans ce diocèse que deux abbayes d'hommes de l'ordre de Prémontré : celle de Saint-Paul-lez-Sens, fondée vers l'an 1220; celle de Dilot, fondée vers l'an 1255.

Les abbayes de filles de l'ordre de Saint-Benoît n'étaient qu'au nombre de deux dans ce diocèse : celle de Notre-Dame de la Pomeraye, qui fut transférée dans un faubourg de Sens, en 1659; celle de Ville-Chasson.

Les abbayes de filles de l'ordre de Citeaux étaient: l'abbaye du Lis, près de Melun, fondée en 1248; celle de la Joye, près de Nemours, fondée en 1181; celle du Mont-Notre-Dame de Provins, fondée en 1225. Celle de Villers-aux-Nonains était de fondation royale.

On voyait dans la ville de Sens, et dans plusieurs autres villes de ce diocèse, un grand nombre de maisons religieuses de l'un et de l'autre sexe.

L'évêché de Langres avait le titre de duché-pairie, était suffragant de Lyon, et son revenu était d'environ vingt-deux mille livres. Ce diocèse s'étendait plus loin que le gouvernement de Champagne.

Outre le chapitre de l'Eglise cathédrale, il y en avait plusieurs autres dans le diocèse de Langres : celui de Saint-Jean dans la ville de Chaumont, celui de Château-Villain, celui de Bar-sur-Aube, celui de Mussy-l'Evêque, celui de Grancey, fondé en 1361 par des seigneurs de même nom.

Les abbayes d'hommes de l'ordre de Saint-Benoît étaient : l'abbaye de Saint-Bénigne de Dijon, fondée en 525; celle de Bèze, fondée en 620; celle de Molesme, fondée par saint Robert en 1075; celle du Montier-Saint-Jean; celle de Saint-Michel de Tonnerre; celle de Poutières; celle de Saint-Seine et celle de Saint-Martin de Molome, près de Tonnerre.

Les abbayes d'hommes de l'ordre de Citeaux étaient: l'abbaye de Clairvaux, à onze lieues de Langres, et à deux de celle de Bar-sur-Aube, fondée par Hugues, comte de Troyes, l'an 1115, et enrichie depuis par Thibault, comte de Champagne, et par les comtes de Flandre, surtout par le comte dit Philippe, et par Mathilde sa femme. Elle était de la filiation de Citeaux. Celle de Morimont, une des quatre filles de Citeaux, fut fondée en 1114 par Oldéric d'Aigremont, seigneur de Choiseul. L'abbé était père et supérieur immédiat de cinq ordres de chevalerie, en Espagne et en Portugal. Celle d'Auberive, fondée en 1136, par un évêque de Langres; celle de Beaulieu, fondée en 1166; celle de la Creste, de la filiation de celle de Morimont. On la croit de la fondation des comtes de Champagne, du temps de saint Bernard. Elle a été depuis fort augmentée par les seigneurs de Choiseul et de Resnel. Celle de Longuay; celle de Vaux-la-Douce, fondée par Manassès, doyen de l'Eglise de Langres, et par le chapitre de la même Eglise; celle de Tulley en Franche-Comté, près d'Autray, fondée en 1130; celle de Mores en Champagne, fondée en 1153; celle de Quincy, fondée l'an 1133. Celle de la Charité-lez-Lésines, dans le doyenné de Tonnerre, était autrefois occupée par des filles.

Les abbayes d'hommes de l'ordre de Saint-Augustin étaient en petit nombre : l'abbaye de Saint-Etienne de Dijon, sécularisée en 1611; celle de Châtillon. Celle du Val-des-Ecoliers près de Chaumont n'était autrefois qu'un prieuré, qui fut érigé en abbaye l'an 1539. Ç'a été un chef d'ordre jusqu'en 1636, que les chanoines réguliers de l'ordre de Sainte-Geneviève en prirent possession.

Il n'y avait dans ce diocèse qu'une seule abbaye de Prémontré, celle de Sept-Fontaines, à 16 kil. de Chaumont. Saint Bernard en fait mention dans sa lettre 253.

Les abbayes de filles de l'ordre de Saint-Benoît étaient : l'abbaye de Poulangis, qui se prétendait immédiatement sujette au saint-siége. Les religieuses devaient être filles de qualité, et faisaient les trois vœux; cependant elles n'étaient point cloîtrées, et vivaient séparément chacune dans sa petite maison, dans l'enceinte de cette abbaye. Celle de Rougemont; celle de Pràlon; celle de Puis-d'Orbe.

Les abbayes de filles de l'ordre de Citeaux étaient: l'abbaye du Tard à Dijon; celle de Beaufay; celle de Colonges; celle de Bémont, fondée par Godefroy, évêque de Langres, en l'an 1148.

Il y avait dans ce même diocèse un grand nombre de prieurés; mais il n'y avait que celui de Varennes, à 16 kil. de Langres, qui fût considérable, et celui du Val-des-Choux, près de Châtillon en Bourgogne, chef d'ordre, et fondé sur la fin du XIIe siècle par Viard, qui professait la règle de saint Benoît.

L'évêché de Châlons avait dans son étendue trois cent quatre paroisses et quatre-vingt-treize annexes, partagées en neuf doyennés, sous quatre archidiaconés. Il avait le titre de comté-pairie, et son revenu était d'environ vingt mille livres. L'église cathédrale est dédiée à saint Etienne, premier martyr.

Voici les abbayes d'hommes de l'ordre de Saint-Benoît qui étaient dans ce diocèse : l'abbaye de Saint-Pierre au Mont de Châlons, de la congrégation de Saint-Vannes. On ne sait pas le temps de sa fondation. La tradition du pays veut que saint Mémie, premier évêque de Châlons, ait dédié un temple des païens, qui était en cet endroit, à saint Pierre. On y mit ensuite des chanoines; et Roger 1er, évêque de Châlons, mit en leur place des religieux de Saint-Benoît, et leur donna des biens considérables. La congrégation de Saint-Vannes y mit la réforme en 1650. Celle de Saint-Martin de Huiron, à 4 kil. de de Vitry-le-Français, a été bâtie en 1078, par Roger, IIe du nom, évêque de Châlons, qui y mit des prêtres séculiers pour instruire les habitants de la campagne. Godefroy, aussi évêque de Châlons, y mit depuis un abbé et des religieux de Saint-Benoît. Celle de Saint-Urbain, à 4 kil. de Joinville, aussi de la congrégation de Saint-Vannes, et fondée par Archambault, trente-troisième évêque de Châlons, vers le milieu du IXe siècle, sous le titre de la Sainte-Trinité, qui fut changé depuis en celui de Saint-Urbain. Charles le Chauve fit de grands biens à cette abbaye, et en était reconnu pour fondateur. Celle de Montier-en-Der, à 16 kil. de Saint-Dizier, aussi de la congrégation de Saint-Vannes, et la plus considérable de la province par sa seigneurie sur vingt et une paroisses, par le nombre des cures et autres bénéfices; celle de Moiremont; celle de Saint-Sauveur-des-Vertus.

Les abbayes d'hommes de l'ordre de Citeaux

étaient: l'abbaye de Haute-Fontaine; celle de Trois-Fontaines, fondée en 1220 par Hugues, comte de Champagne; celle de Montier, en Argonne; celle de Cheminon; celle de la Charmoye. Le P. dom Paul Pezron, un des plus savants hommes et des plus pieux religieux du dernier siècle, a été un des titulaires de cette abbaye.

Les abbayes d'hommes de l'ordre de Saint-Augustin étaient au nombre de quatre: l'abbaye de Toussaint, en l'île de Châlons, fondée en 1062, par Roger, II° du nom, évêque de Châlons; celle de Saint-Mémie-lez-Châlons, de la congrégation de Sainte-Geneviève; celle de Notre-Dame-des-Vertus; celle de Notre-Dame-de-Châtris.

Dans tout ce diocèse il n'y avait qu'une seule abbaye de Prémontré, qui était celle de Moncel. Quant aux abbayes de filles, elles étaient toutes de l'ordre de Citeaux ou de Saint-Bernard; les voici: Saint-Jacques, proche Vitry en Pertois, fondée par Thibault le Grand, comte de Champagne; celle de Notre-Dame-lez-Saint-Dizier; celle de Notre-Dame d'Andecy, selon quelques-uns, de l'ordre de Saint-Benoît; et selon d'autres, de celui de Saint-Bernard. Elle avait été fondée en 1131, par Simon de Broyes, seigneur de Bayes.

L'évêché de Troyes reconnait saint Amator, qui vivait vers l'an 340, pour son premier prélat; l'église cathédrale est dédiée à saint Pierre.

Le chapitre de l'église collégiale de Saint-Étienne était dans la ville de Troyes. Cette église servait autrefois de sainte chapelle au palais des comtes de Champagne. Il y avait encore un troisième chapitre dans la ville de Troyes, celui de Saint-Urbain, fondé par le pape Urbain IV, et bâti au même endroit où ce pape était né.

Les abbayes d'hommes de l'ordre de Saint-Benoît étaient: l'abbaye de Montier-la-Selle, de la congrégation de Saint-Vannes; celle de Montier-Ramey, de la même congrégation; celle de Nesle.

Les abbayes d'hommes de l'ordre de Citeaux étaient: l'abbaye de la Rivoux; celle de la Pitié-lez-Rameru. Celle de Boulancourt dépendait de Clairvaux; celle de Sellières était de la filiation de Pontigny.

Les abbayes d'hommes de l'ordre de Saint-Augustin étaient: l'abbaye de Saint-Loup de Troyes; celle de Saint-Martin; celle de Chantemerle; celle de Beaulieu; celle de Basse-Fontaine; celle de la Chapelle-aux-Planches.

Il n'y avait que trois abbayes de filles de l'ordre de Saint-Benoît dans ce diocèse: l'abbaye royale de Notre-Dame de Troyes; celle de Notre-Dame de Sézanne. Celle du Paraclet, proche de Nogent-sur-Seine, ne fut d'abord qu'un petit oratoire bâti sous l'invocation de la Sainte-Trinité par le fameux Abailard. Il fut ensuite agrandi par les écoliers de ce habile maître, qui lui donna le nom de Paraclet, pour conserver le souvenir des consolations qu'il avait reçues dans ce désert. Saint Bernard et saint Norbert obligèrent Abailard d'abandonner cette retraite, qu'il abandonna à Héloïse. Le pape Innocent II confirma cette donation en l'année 1131, et Héloïse, s'y étant établie avec ses religieuses, en fut la première abbesse. C'est en mémoire de ce qu'elle était savante dans la langue grecque que les religieuses de cette abbaye avoient coutume de faire l'office en grec, le jour de la Pentecôte.

Il n'y avait dans ce diocèse qu'une seule abbaye de filles de l'ordre de Citeaux: celle de Notre-Dame-des-Prés.

L'évêché de Meaux reconnaît saint Santin pour son premier prélat. Saint Faron, de la race des anciens Bourguignons, a fait honneur à ce siége par sa naissance, et l'a enrichi par le don qu'il fit des belles terres qu'il possédait. Il fut fait évêque de Meaux après la mort de Gondebaud, vers l'an 627. Jacques-Bénigne Bossuet, évêque de Meaux, a été une des plus grandes lumières de l'Église, et un des plus zélés défenseurs de la foi catholique.

Le diocèse de Meaux est divisé en deux parties par la rivière de Marne. La partie septentrionale s'appelle l'archidiaconé de France; et celle qui est au midi, l'archidiaconé de Brie. Chacun de ces archidiaconés a trois doyennés ruraux: celui de France, les doyennés de Dammartin, d'Assi et de Gandelu. Les trois doyennés de l'archidiaconé de Brie sont Cressy, Coulommiers, et les Fertés. On comptait dans ce diocèse deux cent vingt-sept paroisses, sept chapitres et neuf abbayes. Cet évêché était autrefois suffragant de Sens, et l'est de Paris depuis l'an 1622.

Voici les abbayes d'hommes de l'ordre de Saint-Benoît dans le diocèse de Meaux: l'abbaye de Saint-Faron, fondée en 627 par saint Faron, évêque de Meaux, qui la fit bâtir dans sa propre maison sous l'invocation de la sainte Croix: c'est là que reposaient les reliques de ce saint, qui ont donné son nom à cette abbaye; celle de Rebais, fondée dans le VII° siècle par Dadon, chancelier du roi Dagobert, qui quitta la cour et le siècle pour se donner à Dieu. Il fit bâtir cette abbaye dans ses terres, sur le bord d'un torrent appelé Resbac, d'où est venu le nom de Monasterium Resbacense; car Resbac en langue celtique signifie torrent, et il y en avait un, qui remplissait les fossés de l'abbaye de Rebais. Il n'y avait dans ce diocèse qu'une seule abbaye d'hommes de l'ordre de Saint-Augustin, celle de Notre-Dame de Châge, dans la ville de Meaux. Elle fut fondée en 1135.

L'ordre de Prémontré n'avait aussi qu'une seule abbaye dans ce diocèse, celle de Chambre-Fontaine.

Voici les abbayes des filles de l'ordre de Saint-Benoît: l'abbaye de Jouarre, fondée dans le VII° siècle par Dadon, frère aîné du fondateur de l'abbaye de Rebais: c'était une grande et magnifique maison; celle de Faremoutier, de la grande règle de saint Benoît, fondée par sainte Fare, sœur de saint Faron. Celle de Notre-Dame de Meaux, de l'ordre de Saint-Augustin. Elle avait été fondée auprès de Fimes, dans le diocèse de Reims, et fut transférée dans la ville de Meaux en 1637, à la recommandation du duc de la Vieuville, surintendant des finances, dont la sœur était abbesse de cette maison. Celle du Pont-aux-Dames était de l'ordre de Cîteaux.

Il y avait encore dans ce diocèse un grand nombre de prieurés, dont la plupart étaient très considérables; celui de Cerfroid était chef de l'ordre de la Sainte-Trinité et Rédemption des captifs. Il était conventuel, électif, triennal, et possédé par les réformés de cet ordre. C'était le lieu où se tenaient les chapitres généraux, et où se faisait l'élection du général. Cette maison et cet ordre avaient été établis par saint Jean de Matha et Félix de Valois l'an 1198, que le pape Innocent III en permit l'établissement.

On divisait cette province en haute et basse Champagne. Elle comprenait huit petits pays : la Champagne propre, le Rémois, le Rethelois, le Pertois, le Vallage, le Bassigny, la Brie Champenoise et le Sénonais. Troyes en était la cap. Elle forme les quatre départements de la Haute-Marne au S.-E., de l'Aube au S.-O., de la Marne au N., des Ardennes au N.-E., et partie de ceux de l'Yonne, de l'Aisne, de Seine-et-Marne et de la Meuse.

Du 20 août au 25 octobre 1792 cette contrée fut le théâtre de la guerre entre les Français et les coalisés, qu'on chassa de toutes parts sous les ordres du général Dumouriez; et en 1814 et 1815 les alliés l'envahirent, et y furent souvent mis en déroute. La Champagne tire son nom des vastes plaines crayeuses qui règnent des confins de la Brie aux frontières de la Lorraine.

Par le concordat de 1801 l'archevêché de Reims et celui de Sens étaient supprimés, ainsi que les évêchés de Langres et de Châlons. Le concordat de 1817 a rétabli les deux archevêchés et les deux évêchés. Il n'y a que les diocèses dont la circonscription soit changée.

Campaniacum, Champigny, paroisse du diocèse de Paris, canton de Charenton, arrond. de Sceaux, Seine, à 12 kil. est de Paris. Ce village est situé près de la rive gauche de la Marne, on y compte 1500 habitants, en y comprenant une foule de fermes et maisons de campagne environnantes. Il faisait autrefois, ainsi que la commune de ce nom, partie du diocèse de Paris, dans la province de l'Ile de France. Le titre le plus ancien qui mentionne ce village est de 1060 : il y est nommé *Campenninum*; quelques années plus tard on le trouve appelé *Campaniacum*. L'église est du XIIIe siècle et porte le nom de St-Saturnin. Ce village avait un château, espèce de forteresse, que l'abbé Châtelain compare, dans ses *Voyages*, au petit Châtelet. Il fut brûlé, le 5 avril 1419, sous le règne de Charles VI, par les *Armagnacs*, qui étaient du parti du dauphin, depuis Charles VII. Ils y brûlèrent femmes, enfants, hommes, bestiaux et grains, qui y étaient enfermés, et massacrèrent, en vrais *diables déchaînés*, comme les nomme le journal du règne de Charles VI, tous ceux qui sortaient du fort pour échapper aux flammes. Ce château, rebâti depuis, servit de retraite au baron de Pontis, lieutenant général des armées de Philippe de France, duc d'Anjou, roi d'Espagne. Ce seigneur, célèbre par la prise de Carthagène, l'avait acheté à vie et y mourut en 1707. — Les guerres du XVe siècle engagèrent les habitants à se clore de murs. Dans le siècle suivant, François Ier leur en donna la permission par lettres patentes de 1545. Les mêmes lettres établirent un marché à Champigny. Charles IX, en 1563, accorda deux foires à ce village, mais tout cela eut peu de succès. On trouve, auprès de Champigny, sur les bords de la Marne, des prairies fertiles et charmantes, au milieu desquelles sont pratiquées des promenades très agréables. On y voit aussi un grand nombre de maisons de campagne remarquables, entre autres le vaste et beau domaine de *Tremblay*, dont le château a été détruit, et le château de *Cueilly*, dont les jardins et le parc sont d'une grande étendue. — Les principales productions du terroir de cette commune sont en grains, une partie est en vignes et en prairies. On y cultive beaucoup de pois. Le vin de Champigny avait autrefois de la réputation. Il s'y trouve des carrières de pierres de diverses espèces, des fours à chaux et une assez grande quantité de beaux cailloux agathisés.

Campus Bellus, Champeaux, paroisse de l'ancien diocèse de Paris, à présent de celui de Meaux, canton de Mormant, arrond. de Melun, Seine-et-Marne, à 7 kil. sud-ouest de Mormant, 12 nord-est de Melun et 48 de Paris. — Ce bourg, ancienne petite ville, renfermait une collégiale dont l'établissement avait été fait sur la fin du XIe siècle et vers l'an 1100; dès 1124, cette collégiale avait été du nombre de celles dont Etienne, évêque de Paris, avait accordé les annuels à l'abbaye St-Victor; ce qui fut confirmé l'année suivante par Louis le Gros. Les chanoines furent fixés à douze, ayant à leur tête un prévôt. Leur nombre fut augmenté par la suite, et s'accrut encore d'un chantre. Le prévôt rendait la justice en surplis et en aumusse. La structure de cette collégiale était du XIIe siècle, et saint Martin de Tours en était le patron. Elle était bâtie comme en forme de croix avec des ailes, et finissait en carré du côté de l'orient, ce qui l'empêchait point qu'on ne tournât par derrière l'autel. L'architecte ne l'avait point ornée de galeries, et ne l'avait point rendue exactement droite. On avait figuré en bois, dans le chœur, les anciennes voûtes gothiques. Au côté septentrional du portail était une tour un peu basse, du même temps que l'église. Le jugement dernier était représenté à ce portail, selon l'usage des XIe et XIIe siècles. Les chanoines avaient beaucoup embelli cette église depuis 1680. Le grand autel fut refait à l'imitation de celui de Notre-Dame de Paris. Aucune des tombes des chanoines que l'on voyait dans la nef n'avait encore les pieds étendus vers l'orient, suivant l'usage primitif de tous les chrétiens. On lisait l'épitaphe suivante, sur une de ces tombes, du XIIIe siècle, en capitales gothiques :

Foujucii Lumen, pietatis gemma; volumen
Justitiæ, cinere jacet hic, Deus huic miserere.

Stephanus hic lenis fuit et miserator egenis,
Virtus vera Dei noxia tollat ei. Amen.

Devant la sacristie était une autre tombe du XIVe siècle, de laquelle on a extrait l'épitaphe qui suit :

Hic jacet dominus Petrus Ennaoui quondam canonicus et cantor hujus Ecclesiæ, qui fundavit unam capellianam ob remedium animæ suæ in honore beatæ Faræ virginis in hoc loco, et obiit anno MCCC. XXX nono, quarta die mensis novembris.

Parmi les reliques que l'on conservait dans cette église, les plus anciennes étaient celles d'un saint Domnole ou Dome, évêque, et de saint Hérache, évêque de Sens. Il existait, dans la collégiale de Champeaux, un mémorial qui rapportait qu'en 1207, Hervé, évêque de Troyes, constata, par un certificat, que les cheveux que l'on y possédait sous le nom de Notre-Seigneur Jésus-Christ, en étaient véritablement; mais on n'avait jamais pu trouver le certificat ni la relique. A un kil. au sud de ce bourg est situé le château d'*Aunoy*, bâti il y a environ 90 ans, qui fait également partie de la commune. Il est à remarquer que dans sa construction, en mansarde, il n'est entré d'autres bois que ceux employés aux combles, portes et croisées; les gros murs et escaliers sont bâtis en grès, et les appartements cintrés en fer. Le célèbre avocat Gerbier a possédé la terre de Champeaux, qu'il a embellie et dans laquelle il a fait des dépenses considérables. Les potagers et les jardins anglais sont très-bien distribués. Le parc est entouré de murs et de fossés; il renferme des prairies, des vignes et des bois. Une source, sortant d'une grotte, alimente plusieurs pièces d'eau. Une belle avenue d'arbres, devant le château, aboutit à un bois de 80 arpents, bien percés. On y distingue encore plusieurs maisons de campagne. La pop. de cette commune est de plus de 500 habitants, y compris plusieurs fermes et autres habitations écartées. Le terroir est en terres labourables et en bois; on y trouve des carrières de pierre meulière et une fontaine dite *Varvanne*, où l'eau est si abondante, qu'à 30 pieds de sa source elle fait tourner un moulin, et ensuite quatre autres dans l'espace d'une demi-lieue : deux de ces moulins sont sur la commune de Blandy. Il se tient à Champeaux, le vendredi de chaque semaine, un marché qui n'est pas considérable. Ce bourg était jadis fermé; on y entrait par trois portes garnies de ponts-levis. Il avait une léproserie, en 1352, destinée aux habitants du bourg, à ceux de Fouja, de St-Merry, d'Andresel et de Quiers. Champeaux est la patrie de Guillaume de Champeaux, instituteur de la congrégation de Saint-Victor. L'église paroissiale est sous l'invocation de la sainte Vierge.

Campus, Champs, paroisse de l'ancien diocèse de Paris, actuellement de celui de Meaux, canton de Lagny, arrond. de Meaux, à 8 kil. de Lagny, 20 ouest de Paris, sur des collines qui bordent la rive gauche de la Marne, dans une position assez pittoresque. Populat. 400 habitants environ. — Champs a dû son origine à une église bâtie par saint Maur et saint Fursy, dans un endroit appelé alors *Campus* (champ), par opposition aux forêts qui l'environnaient. Cette église, détruite depuis, a été rebâtie en 1538 : elle est petite, mais assez jolie, et dans une agréable position. — Il y a eu sur le territoire de cette commune une léproserie, qui existait en 1539. — A l'extrémité de ce village est un beau château élevé sur les plans de Chamblin pour Paul Poisson, dit Bourvalet ou Bourvalais, homme de finances, dont la naissance et la fortune ont étonné le dernier siècle : Poisson, fils d'un paysan des environs de Rennes, puis laquais à Paris, sergent dans son village, homme d'affaires de l'intendant des finances Pontchartrain, gagna des sommes immenses dans les fournitures pour la guerre de la succession; accusé devant la chambre de justice, sous le régent, 4,400,000 liv. apurèrent son compte, et le rendirent honnête homme. Thévenin lui disant un jour : Souviens-toi que tu as été mon valet. Cela est vrai, répondit Poisson; mais si tu avais été le mien, tu le serais encore. — Le château de Champs est d'une forme très-régulière : sa façade, ornée d'un péristyle, est accompagnée de deux terrasses décorées de vases et de statues d'enfants; dans les appartements, on remarquait le plafond du salon, les camaïeux des dessus de porte et les figures chinoises qui décorent la salle de compagnie; un vaste parterre à l'anglaise, composé de deux bassins séparés par un long tapis de verdure, est terminé par un groupe de sculpture; un des bassins a un jet qui s'élève à 70 pieds. Aux deux côtés de la partie inférieure du parterre sont deux magnifiques bosquets; les plantations à gauche et à droite du château sont faites avec beaucoup de goût. On y trouve plusieurs salles de verdure très-agréables. A l'extrémité d'une allée, à droite du château, on voit sous un portique en treillage la statue d'une jeune fille, dont la tête est celle d'un singe. Presque tous les jardins de Champs ont été dessinés par l'architecte Delille; mais le soc les a sillonnés. La seigneurie de Champs-sur-Marne était, au commencement du XVe siècle, sous le règne de Charles VI, dans la famille d'Orgemont, originaire de Lagny : elle passa à Claude de Montmorency, maître d'hôtel ordinaire de François Ier; puis à la famille du Four, dite de St-Jorry. Après quelques autres mutations peu connues, Bourvalais l'acquit, et en jouissait encore au commencement du dernier siècle. Les révolutions financières de 1720 occasionnées par le système de Law, qui déplacèrent tant de fortunes, firent tomber cette terre aux mains de Marianne de Bourbon, légitimée de France, veuve du prince de Conti; et le duc de la Vallière la possédait en 1758. — Le terroir de Champs est en terres labourables, vignes, prairies et bois. Le bas des collines où ce village est situé est arrosé par un petit ruisseau appelé *Grâce*, du nom de la forêt dite *Bois-de-Grâce*.

Cantiliacum, Chantilly, paroisse de l'ancien diocèse de Senlis, aujourd'hui de celui de Beauvais, canton de Creil, arrond. de Senlis, dépt. de Seine-et-Oise, à 7 kil. au sud de Creil, à 56 de Paris. — Ce lieu, suivant Olivier de Serres, tire son nom de la grande quantité de tilleuls qu'on cultive dans ses environs, et dont la deuxième écorce s'emploie à faire des cordes à puits et des câbles. Chantilly était célèbre par son château, connu depuis longtemps dans les fastes de la féodalité. Dès le commencement du XIIe siècle, Guy, comte de Senlis, en était seigneur; ce fut lui que Louis le Gros éleva à la dignité de grand boutillier de France, titre que sa postérité avait constamment conservé. Guillaume, boutillier de Senlis, troisième du nom, et l'un des descendants de Guy, embellit le séjour de Chantilly, et, en 1333, y fit bâtir une chapelle qui fut sa sépulture. La race des boutilliers de Senlis, qui se disaient issus de celle de Charlemagne, s'éteignit vers le commencement du XVe siècle. Pierre d'Orgemont, chancelier de France, sous Charles VI, posséda Chantilly, que son petit-fils donna, en 1484, à son neveu Guillaume de Montmorency. Les successeurs de Guillaume embellirent considérablement ce château, et le possédèrent jusqu'à la mort tragique du dernier connétable. Louis XIII avait donné, en 1633, le duché de Montmorency, dont Chantilly faisait partie, à la princesse de Condé, sœur de Henri de Montmorency; mais il s'était réservé en même temps la seigneurie et le château de Chantilly, dont il se fit un lieu de plaisance. La reine, mère de Louis XIV, en accorda ensuite la jouissance, pendant son règne, au prince de Condé. Mais quelque temps après, le jeune roi rentra en possession de ces biens, et ce ne fut qu'en 1661 qu'il remit Chantilly, en toute propriété, au même prince de Condé. Ce prince y avait un château magnifique qui dominait sur de vastes domaines. On découvrait de ce château mille points de vue adroitement ménagés, les uns plus ravissants que les autres. C'était un séjour enchanté où l'art et la nature s'étaient épuisés pour offrir aux yeux tout ce que la main des fées grava dans l'imagination des poètes, et qu'on ne croyait pourtant jamais possible de réaliser par le travail et l'industrie humaine. Les poètes les plus distingués ont toujours consacré quelques chants à la description de cette magnifique résidence d'un prince. Dans une ode intitulée *Cantiliacum*, le poète Boutard a parlé de Chantilly; le P. Rapin ne l'a point oublié dans son poëme latin sur les Jardins; et Delille a dit :

Dans sa pompe élégante admirez Chantilli,
De héros en héros, d'âge en âge embelli.

Eh bien! une partie des beautés de Chantilly et des lieux enchanteurs que renfermaient les jardins avant la révolution n'existe plus. La main du vandalisme a tout détruit. Le grand château et ses dépendances ont été vendus à d'avides spéculateurs, connus sous le nom de *Bande noire*, qui se sont empressés de le démolir et de s'enrichir de tous les objets rares et précieux qu'il renfermait. En démolissant la chapelle de ce château, on trouva le corps de l'amiral Coligny, l'une des plus illustres victimes du massacre de la Saint-Barthélemy: il avait été détaché secrètement des fourches de Montfaucon, et enterré dans cet endroit. Comme rien ne doit être perdu dans le souvenir des hommes, voici la description de ce superbe séjour. Le milieu de la forêt, qui contient environ 3873 hectares (7600 arpents), offrait une étoile de douze allées de quatre kil. (près d'une lieue de longueur) et de 12 mètres (6 toises de largeur). C'était le rendez-vous de chasse, nommé *la Table*, place célèbre par les fêtes que le grand Condé y donna à Louis XIV et à toute sa cour. L'avenue, appelée *Route du Connétable*, conduisait au grand château, en face duquel était une terrasse magnifique, décorée par une statue équestre en cuivre plané, représentant le connétable de Montmorency, avec son armure à l'antique, l'épée nue à la main, et son casque à terre soutenant un des pieds de son cheval. C'est de ce connétable que Henri IV disait : « Avec mon connétable qui ne sait pas lire, et mon chancelier Sillery qui ne sait pas le latin, il n'est rien que je n'entreprenne avec succès. » D'Aubigné, dans son *Baron de Fenestre*, assure que Montmorency savait écrire, et non pas lire, car il écrivait son nom. Brantôme assure qu'il ne signait qu'une marque, et que son ignorance était telle, qu'il ne connaissait ni argent, ni monnaie. — A droite était un château construit à l'italienne pour le duc d'Enghien, sur les dessins de l'architecte Le Roy. Ce bâtiment se composait d'un rez-de-chaussée et d'un seul étage que couronnaient un entablement et une balustrade. Le grand château était entouré, ainsi que le nouveau, de beaux fossés remplis d'eau vive, où l'on trouvait en abondance des carpes apprivoisées qui venaient manger à la main. Pline parle de semblables carpes qui se trouvaient dans les maisons de plaisance de César. Cet antique château rappelait à l'imagination la demeure de nos anciens preux et des merveilles qu'on en raconte. Il était flanqué de tours qui communiquaient l'une à l'autre par une galerie extérieure, fort étroite, et qui faisait le tour du château. La cour vaste et irrégulière était ornée de bâtiments ornés de sculptures et de colonnes singulières. Trois arcades, décorées de colonnes corinthiennes et d'un fronton brisé, menaient au grand escalier; ce côté de la cour était de Mansart. Au milieu de cet escalier, paraissait une belle statue pédestre du grand Condé. Elle était entourée des attributs de sa gloire. Au bas de cette figure, sculptée par Coizevox, on lisait les vers suivants du poëte Santeuil :

Quem modo pallebant, fugitivis fluctibus, amnes,
Terribilem bello, nunc, docta per otia, princeps,
Pacis amans, lætos dat in hortis ludere fontes.

Nous ignorons quel prix on donna à Santeuil pour ces vers; mais on rapporte que le fils du grand Condé promit mille écus à celui qui composerait la meilleure inscription pour la statue de son père, et qu'un Gascon fit le quatrain suivant :

Pour célébrer tant de vertus,
Tant de hauts faits et tant de gloire,
Mille écus! morbleu! mille écus!
Ce n'est pas un sol par victoire.

La salle des gardes, à droite, était ornée de tableaux de chasse, parmi lesquels on en distinguait trois peints par Oudri. L'appartement du roi était suivi d'une pièce ronde, pratiquée dans une des tours, ensuite était un salon, en forme de galerie, où l'on voyait deux buffets ou cabinets en portique, dont les milieux étaient surmontés de dômes. Au fond de cette galerie, étaient les bustes en marbre du grand Condé et de Henri IV. Le salon conduisait à l'antichambre, puis à la chambre à coucher de la reine, qui était décorée de sculptures. Un corridor menait à la tribune de la chapelle. Sur l'autel était une Résurrection de Notre-Seigneur, par Coypel. Dans le cabinet du trictrac, éclairé par plusieurs fenêtres, on voyait différents tableaux, présentant des vues de Chantilly, par Cortez, peintre flamand. L'appartement de mademoiselle de Bourbon se faisait remarquer par ses richesses et son heureuse distribution. Les connaisseurs admiraient les souterrains qui régnaient autour du château, au rez-de-chaussée des fossés; leur voûte était regardée comme un chef-d'œuvre de l'art. Le petit château construit vers le XVI° siècle, moins vaste et plus simple à l'extérieur que le vieux château, est le seul qui existe aujourd'hui. Au temps où Chantilly appartenait à la maison de Montmorency, cet édifice était destiné à la capitainerie. Il est élevé dans les fossés du grand château, auquel il communiquait par des ponts en forme de corridors, et présente un corps de bâtiment ayant deux pavillons en avant-corps sur la cour; ces pavillons sont décorés d'une ordonnance corinthienne en pilastres, d'un bon style et d'une exécution soignée. Dans toute l'étendue du bâtiment, l'entablement est interrompu par les croisées en mansarde de l'étage qui règne au-dessus du rez-de-chaussée. La galerie des batailles était décorée de douze tableaux peints par Le Comte, sur les dessins de Van der Meulen, et tous représentaient les faits d'armes qui illustrèrent le grand Condé dans les années comprises entre 1643 et 1674. Au bout de cette galerie était un riche cabinet de physique et d'histoire naturelle, commencé par le duc de Bourbon, pendant son ministère, et augmenté, en 1786, de la collection du célèbre Valmont de Bomare. La terrasse du connétable, placée entre le bâtiment d'Enghien et les fossés du vieux château, était décorée de la statue équestre d'Anne de Montmorency. Cette figure, assez bonne pour le temps où elle fut faite, était composée de lames de cuivre très-rapprochées; à cette époque on ignorait en France l'art de jeter en fonte de grandes figures. — Outre les deux châteaux dont on vient de parler, il en était un troisième, appelé Buquam, destiné aux logements des seigneurs; il formait un carré avec l'orangerie. — Les écuries de Chantilly, bâties sur les dessins de Jean Aubert, furent commencées en 1719 et finies en 1735; elles présentent une façade de 96 toises et demie de développement sur 9 toises 2 pieds de larg.; les deux extrémités sont arrêtées par 2 gros pavillons de 10 toises 5 pieds en carré, et de 42 pieds et demi en hauteur, depuis le rez-de-chaussée jusqu'à l'entablement; ils sont percés chacun de 3 arcades sur chacune de leurs faces. Au milieu de la façade est un pavillon formant avant-corps, orné de pilastres ioniques, et qui offre la principale porte des écuries; sous l'archivolte de cette porte sont sculptés en demi-bosse trois chevaux qui présentent différentes attitudes. Sur ce pavillon, couronné comme tout l'édifice d'une balustrade, s'élève un dôme octogone qui offre pour amortissement la Renommée montée sur un cheval ailé : ce groupe, fait en plomb, est de proportion de 12 pieds. Les deux parties de cette façade, qui sont entre les trois pavillons, sont percées de 20 arcades, de 12 pieds de largeur chacune sur 26 de hauteur, et ornées d'assises en bossages. L'intérieur des écuries a, dans œuvre, 93 toises de long sur 56 pieds de large; la hauteur, prise du sol à la clé de la voûte, est de 40 pieds, proportion énorme qui, en donnant un air de majesté à ce logement pour des chevaux, nuit beaucoup à la commodité. La vaste étendue de l'intérieur, la hauteur de la voûte, la grandeur des fenêtres rendraient cet édifice inhabitable, même pour les animaux, si en hiver on n'avait soin d'y entretenir du feu. Au milieu de cette longueur est le dôme qui a, dans œuvre, 63 pieds de diamètre et 82 pieds de hauteur. La voûte, qui est à 8 pans, est éclairée par 4 grandes croisées ovales. Le tout est orné de guirlandes et de trophées de chasse, tels que des têtes de cerfs et sangliers. Au-dessous de ce dôme, et en face de la principale porte d'entrée, est un renfoncement formant une grande arcade en cul-de-four, sous laquelle on trouve une magnifique fontaine en cascade, dont l'eau est reçue dans une cuvette, où sont deux chevaux de grandeur naturelle : l'un semble boire, et est accompagné d'un enfant qui embouche une conque marine; l'autre boit dans une coquille que tient un autre enfant. En haut, sont deux génies tenant un cartel, dans lequel est l'inscription suivante :

Louis-Henri de Bourbon, septième prince de Condé, a fait construire cette écurie et les bâtiments qui en dépendent, commencés en 1719, et finis en 1735.

Ces écuries peuvent contenir 240 chevaux. Les arcs doubleaux, placés entre les fenêtres, présentent à la naissance de la voûte des têtes de cerfs entourées de cartels et de guirlandes de feuilles de chêne en peinture. Les deux extrémités de cette écurie sont terminées par un cul-de-four. Dans un renfoncement qui est au-dessous de la corniche, sont peints des sujets de vénerie : d'un côté est une chasse aux loups, et de l'autre côté une chasse aux sangliers. L'étage supérieur, en mansardes, est divisé en 24 appartements. Le manège découvert était un édifice circulaire de 20 toises de diamètre, bâti dans le genre de l'écurie à laquelle il tenait, et qui présentait des portiques à jour décorés d'une ordonnance de colonnes ioniques répétée par des pilastres. Les chenils, construits pour les diverses espèces de chiens, n'étaient pas distribués moins grandement que l'écurie. Ils étaient décorés de fontaines, de sculptures et de peintures. La boulangerie, les remises, le logement de la vénerie, formaient, avec le principal édifice, dont ils répétaient la décoration extérieure, un vaste et magnifique ensemble qui, par le caractère de son architecture et sa position avantageuse sur une immense pelouse, pouvait excuser l'erreur où tombaient quelquefois les étrangers en le prenant pour le palais même.

La porte par laquelle on entrait dans le bourg de Chantilly, était le commencement d'un pavillon symétrique à celui de l'écurie; la rue qui vient ensuite était bordée d'un corps-de-logis de plus de 160 toises de longueur, divisé en maisons uniformément construites derrière chacune desquelles était un jardin qui donnait sur la pelouse de Chantilly. L'église paroissiale est d'une construction moderne ; l'intérieur est orné de pilastres, et sur l'autel on voit une Adoration des Bergers peinte par Houasse.

Les réservoirs placés sur la pelouse, à l'extrémité du bourg, présentent deux vastes pièces d'eau qui ont près de 100 toises de long chacune, sur env. 50 de large. Ils fournissent une partie des eaux de Chantilly. Plusieurs allées plantées d'arbres entourent ces deux pièces d'eau, et forment, de cet endroit, une promenade agréable. De la terrasse du château, on descendait, par un très-bel escalier, dans les jardins, chef-d'œuvre de Le Nôtre. Cet ingénieux artiste avait su tirer le parti le plus heureux des avantages que lui avait fournis la nature. La rivière de Nonette y répandait la richesse de ses eaux ; elle formait la fontaine de la Gerbe, et produisait, à droite, une superbe pièce d'eau qui symétrisait avec les fossés du château qu'elle avait remplis. De là on apercevait un bras du grand canal, et sur les côtés le parterre enrichi de dix bassins enchanteurs; ceux du milieu formaient miroir. C'était un superbe tableau, dont toutes les richesses semblaient s'encadrer au moyen d'une grande portion du cercle, percée, en son milieu, par une belle et large allée qui menait à la forêt de Halatte. L'orangerie était à gauche : on admirait son architecture ; le parterre avait 5 bassins remplis par des jets qui jouaient continuellement. Le bassin du milieu était orné d'une colonne antique de porphyre, dont la base fournissait une nappe d'eau : cette colonne supportait un octaèdre sur les plans duquel étaient placés huit cadrans, indiquant les heures pour différentes villes de la terre, ouvrage savant et curieux dû aux talents du bibliothécaire de Sainte-Geneviève, Vialon. — Dans la salle où étaient conservées les armures des différents temps et des différents peuples, on voyait l'épée du grand Condé, avec des vers que le poète Santeuil avait composés; l'épée d'Henri IV, et le fauteuil dans lequel fut tué en 1643, le comte de Fuentes, commandant les Espagnols, à la bataille de Rocroy,

gagnée par le grand Condé. Parmi plusieurs armures anciennes et singulières, on en trouvait un grand nombre à l'usage des femmes guerrières ; on y remarquait, surtout, celle de la Pucelle d'Orléans. — Le *grand canal* a 5 kil. ; à la tête est une chute d'eau circulaire dont l'étendue est de 15 pieds par le haut, et s'élargit par le bas jusqu'à 30. L'eau tombe dans une vaste pièce d'eau à pans. Ces eaux étaient jadis animées par les scènes variées qu'offraient des bandes de carpes énormes de différentes couleurs. Des cygnes sauvages s'abaissèrent un jour sur une pièce d'eau à Chantilly; on les prit, on leur coupa les ailes. Il en restait encore deux, l'un mâle et l'autre femelle, lorsqu'un chanoine de Senlis, en se promenant, leur entendit rendre des sons mélodieux. M. de Mongez, de Sainte-Geneviève, instruit de ce phénomène, discuta, dans un mémoire, le sentiment des anciens sur le chant des cygnes ; il le lut en 1783 à l'académie des sciences, et, par extraordinaire, à celle des inscriptions. Le prince de Condé invita à Chantilly des académiciens et M. de Mongez. Un cygne domestique fut sacrifié à la fureur des cygnes sauvages. D'après les anciens, ces oiseaux ne chantent que pour annoncer leur victoire ; ce qu'on avait prévu arriva : le malheureux cygne domestique fut mis à mort par les deux cygnes étrangers, qui ne manquèrent pas ensuite de chanter harmonieusement leur victoire. Suivant l'auteur de la *Description des eaux de Chantilly*, le mâle chantait les tons *mi fa*, et la femelle *mi re*. — Le grand canal est maintenant l'unique beauté du parc de Chantilly. La nature seule lui est restée ; presque tout ce qu'il devait à l'art a disparu. En 1780, le prince de Condé, se promenant avec son architecte, M. Le Roy, dans une vaste et simple prairie, arrosée par la rivière de Nonette, il proposa ses idées à l'artiste, et, en moins de 3 mois, parurent *le jardin anglais* et *le hameau*. La variété régnait dans le jardin anglais ; et l'art s'y cachait si bien, sous les traits de la nature, qu'on le prenait pour elle-même. Le hameau offrait un tableau formé de tout ce que les habitations des humbles villageois ont à l'extérieur de plus champêtre, de plus riant et de plus simple. Sept bâtiments détachés, disposés sans ordre et couverts de chaume, formaient ce hameau. Au milieu était une place étendue, irrégulière, et tapissée d'un vert gazon, que coupaient des sentiers servant de communication d'une maison à une autre. Sur un des côtés de la place était l'orme antique dont les branches semblaient offrir leur ombre hospitalière aux habitants de ces demeures agrestes. Un puits, plusieurs jardins potagers fermés par des palissades, caractérisaient encore le sujet rustique. Les grands, blasés sur toutes les jouissances, et n'en trouvant plus que dans les contrastes, aiment à transporter l'éclat de la richesse. Quoiqu'il soit rare d'ailleurs que ce genre de décoration, admis dans un parc, produise tout l'effet qu'on s'en est proposé, cependant, sous ce rapport, le hameau de Chantilly, traité en grand par un architecte, était une heureuse imitation de ces habitations dont la réalité déplaît souvent à ceux qui s'en font donner des copies. Le malheureux poëte Théophile Viaud, à cause d'une ode sur la *maison de Silvie*, a donné le nom de *l'étang de Silvie* à celui qu'on trouve au hameau, ainsi qu'à la fontaine, à la maison et au parc qui sont attenants. La maison de *l'étang de Silvie* est un petit bâtiment d'un seul étage, à rez-de-chaussée, avec un parterre entouré de fleurs et d'un grand berceau circulaire, à l'entrée duquel était le buste, en marbre, de Silvie. La ménagerie était placée à l'extrémité opposée du parc, de l'autre côté du grand canal. La première de ses cours était ornée de 5 pavillons; sur la gauche était le bassin des castors. Dans cette cour était une grande pièce plantée d'arbres avec un bassin, qui faisait plusieurs nappes jusqu'en bas; on y voyait la fable du *pot de terre* et du *pot de fer*. Des animaux étrangers et rares étaient renfermés dans différents pavillons. On y voyait des aigles, un duc, un tigre, une hiène, des chèvres de Guinée, etc., etc. Chacune de ces cours avait une fontaine rocaillée, avec des animaux peints de couleur naturelle, qui exprimaient une fable de La Fontaine. Sur la droite était un grand bassin dont le milieu était orné d'une colonne de granit, posée sur un piédestal. — La faisanderie était ornée d'un buffet d'eau rocaillé avec un bassin; au bas, une jolie cascade. — La laiterie était formée par un long bassin de marbre; il en sortait un bouillon d'un pied de circonférence, fourni par une source, qui faisait jouer 8 bouillons dans un bassin renfoncé et entouré de très-beau marbre. Au milieu de ce bassin s'élevait un jet de 45 pieds. En face était une grotte renfoncée; le salon de la laiterie était rond, pavé de marbre en compartiments, et construit en une fort belle pierre blanche sur un buffet de brèche. Autour étaient rangés des vases de faïence, aux armes du prince. En 1671, Louis XIV vint à Chantilly visiter le grand Condé : des fêtes extraordinaires y furent données; madame de Sévigné nous en a conservé la description dans une de ses lettres. « Le roi, dit-elle, doit aller à Chantilly le 25 de ce mois (avril); il y sera un jour entier : jamais il ne s'est fait tant de dépenses au triomphe des empereurs qu'il y en aura là ; rien ne coûte : on reçoit toutes les belles imaginations sans regarder à l'argent; on croit que monseigneur le prince n'en sera pas quitte pour 40,000 écus. Il faut quatre repas : il y aura 25 tables servies à 5 services, sans compter une infinité d'autres qui surviendront. Nourrir tout, c'est nourrir la France et la loger ; tout est meublé : de petits endroits qui ne servaient qu'à mettre des arrosoirs, deviennent des chambres de courtisans; il y aura pour 1000 écus de jonquilles : jugez à proportion. »

Louis XIV, enchanté de tant d'éclat, ou jaloux peut-être qu'un autre que lui pût étaler un luxe qui, cette fois au moins, n'était que la folie d'un seul, mais non pas la ruine des peuples, pria le prince de lui céder Chantilly, et le laissa le maître d'en fixer le prix. « Il est à Votre Majesté pour le prix qu'elle déterminera elle-même, dit Condé ; je ne lui demande qu'une grâce : c'est de m'en faire le concierge. — Je vous entends, mon cousin, répliqua le roi; Chantilly ne sera jamais à moi. » Dans ses dernières années, Condé, retiré à Chantilly, se livra entièrement à la dévotion, et l'envie de convertir les calvinistes s'empara de lui : il les attirait à cet effet dans son palais en leur promettant des récompenses. L'ardeur du génie qui le possédait, le portait vers des objets tout à fait divers ; il rechercha la société des beaux esprits de son temps : Corneille, Bossuet, Santeuil, Racine, Boileau, Bourdaloue, se rendaient souvent à Chantilly. Dans ces réunions littéraires, Condé parlait convenablement, lorsqu'il soutenait une bonne cause ; mais, naturellement dur et emporté, son sang et ses yeux s'enflammaient lorsqu'il en soutenait une mauvaise, et qu'il était contredit. Boileau fut un jour tellement effrayé par une de ses brusques interruptions, qu'il dit tout bas à son voisin : *Dorénavant, je serai toujours de l'avis de M. le prince quand il aura tort.* — Condé mourut en 1686. — Son fils se fit aussi remarquer par quelques actions d'éclat et par beaucoup d'esprit ; mais il était sujet à des vapeurs d'un caractère singulier. Pendant ses accès, il se croyait transformé en chien de chasse, et sa maladie s'annonçait par des aboiements réitérés (1). Celui-ci fit exécuter à Chantilly ce qu'on nommait le parc de Sylvie, l'église, les bâtiments et embellissements de cette demeure. « Chantilly, dit le duc de Saint-Simon, était les délices de ce prince; il s'y promenait toujours suivi de plusieurs secrétaires avec leur écritoire et du papier, qui écrivaient à mesure ce qui lui passait par l'esprit pour le raccommoder et ensuite l'embellir : il y dépensa des sommes prodigieuses. » Louis-Henri de Bourbon en fit construire les écuries. On parle encore dans le pays des fêtes magnifiques qui furent, par ce prince, données au roi Louis XV. Au dernier prince de Condé étaient dus le château d'Enghien, le hameau, le cabinet d'histoire naturelle et le riche médailler. — Presque tous les princes de l'Europe vinrent admirer Chantilly, lorsqu'il était dans tout son éclat : le roi de Danemark, le roi de Suède, le prince Henri de Prusse, et le grand-duc de Russie, depuis Paul Iᵉʳ. Ce dernier fut tellement émerveillé des beautés de Chantilly, qu'en ayant emporté un plan, il le fit exécuter à quelque distance de Saint-Pétersbourg. Paul Iᵉʳ, s'entretenant avec le prince de Condé des affaires politiques de la

---

(1) Nous avons constamment remarqué que les enfants des personnages célèbres à quelque titre que ce soit étaient, soit incapables, soit niais ou maniaques, soit vicieux et dépravés. Il est rare, très-rare de pouvoir en citer qui aient été à la hauteur du nom qu'on leur avait transmis. N'est-ce pas comme une sorte de loi morale dans l'ordre providentiel ?

(*Note de l'auteur.*)

France, et tâchant d'adoucir les regrets qu'il éprouvait d'avoir brusquement quitté sa patrie, lui dit : « Allons, ne vous désolez pas ; je ferai tout pour remplir vos vœux : dans une heure, croyez-en ma parole, nous partons pour Chantilly. » Effectivement, après un dîner que donnait l'empereur, il conduisit le prince au nouveau Chantilly. Qu'on juge de la surprise du prince français, qui retrouva une parfaite image de sa maison ! — Chantilly n'offre plus maintenant que des ruines : ces magnifiques bâtiments, ces décorations magiques, ces jardins superbes, ces chefs-d'œuvre de peinture, de sculpture, ont disparu dans la tourmente révolutionnaire ; les principaux ouvrages de l'art, susceptibles d'être transportés, furent envoyés à Paris. Les armes anciennes et modernes, dont la riche et précieuse collection était un des premiers ornements de Chantilly, furent enlevées à la même époque, et transférées dans la capitale. Ce château, au temps de la terreur, fut converti en prison. Feu le prince de Condé, à son retour en France, fut remis en possession de ce qui se trouva non vendu. — La population du village de Chantilly est d'environ 2,600 hab. ; il renferme un hospice dans lequel sont admis les vieillards, les enfants et les malades. On le doit à la bienfaisance de la maison de Condé, qui l'a fondé. Il est desservi par neuf sœurs de la charité. L'industrie et le commerce de Chantilly consistent en une manufacture de porcelaine, établie il y a près d'un siècle, à l'instar de celle de Sèvres, sous la protection de la maison de Condé ; une filature de coton, tissage, blanchisserie et impression de toile, sont établies depuis 1807 dans l'ancien parc. L'habitation est très-agréable, et par le site et par les prairies environnantes, entrecoupées de canaux toujours remplis d'eau vive : elle fait partie de la commune de Saint-Maximin. Une manufacture de cardes pour les filatures de coton, laine, etc., est également établie à Chantilly. Il s'y fabrique aussi des dentelles et des blondes estimées dans le commerce, dont il y a plusieurs dépôts à Paris. On y trouve un moulin à laminer le cuivre. Il y a marché toutes les semaines, les mercredi, vendredi et dimanche.

Cantus Lupi, Chanteloup, paroisse du diocèse de Versailles, canton d'Arpajon, arrond. de Corbeil, dépt. de Seine-et-Oise, à un lieu. d'Arpajon, 18 de Corbeil, et 30 de Paris. Population, compris celle d'Arpajon, 3,600 habitants. — Il n'est fait mention de ce lieu qu'à la fin du XIIIe siècle. Philippe IV, dit le Bel, y avait une maison de campagne que le roi. Philippe le Long conserva après lui. Il y avait aussi, au même temps, une maladrerie, dont la chapelle était sous le titre de saint Eutrope, premier évêque de Saintes et martyr, et dont la fondation a été attribuée à Philippe IV et à Jeanne de Navarre, sa femme. Par ses lettres du 20 décembre 1316, datées de Vincennes, Philippe le Long donna *la terre et le manoir de Chanteloup* à la reine Jeanne de Bourgogne, outre son douaire. Quelques ordonnances de Philippe de Valois et de Jean sont datées de cette maison, que le roi Édouard, son fils aîné, le prince de Galles et le duc de Lancastre, occupèrent pendant les fêtes de Pâques de l'année 1360. Cette habitation était passée à la comtesse de Flandre sans qu'on sache de quelle manière. Charles V l'acquit de cette comtesse en 1365 ; son frère Jean, duc de Berri, la posséda ; mais n'en obtenant qu'un faible revenu, il en fit la remise à son neveu le roi Charles VI. Au mois de mai 1401, ce dernier prince, pour récompenser les bons services de Jean, seigneur de Montaigu et de Marcoussis, vidame de Laonnais, lui en donna la garde et conciergerie ainsi que Jean de Chante-Prime, maître des comptes, les tenait auparavant ; puis, par d'autres titres des mêmes mois et an, il lui fit présent de ce château en l'unissant à sa seigneurie de Marcoussis. Après la disgrâce de ce seigneur, ce château fut abandonné, et tomba en ruine. Louis XI le donna à son chambellan, Louis de Graville, sieur de Montaigu, avec le parc, les cens et rentes et la présentation à la maladrerie ou aumône de St-Eutrope, sans en rien retenir que la foi et hommage, ressort et souveraineté, à la charge que le sire de Montaigu et ses successeurs seraient tenus de nourrir pour lui une *lévrière*, et de la lui amener, ou à ses successeurs, avec les *levrons*, lorsqu'il en serait requis : les lettres qui contiennent ce don sont datées de Montil-lès-Tours, au mois d'avril 1472. Cette terre était revenue à la couronne avant l'année 1518. Nicolas de Neuville, chevalier, seigneur de Villeroi, secrétaire des finances, possédait aux Tuileries de Paris une maison où Louise de Savoie, malade au palais des Tournelles, avait été transportée, et y avait recouvré la santé : on jugea que ce succès était dû à l'air sain respiré dans ce lieu. François Ier demanda cette maison à Villeroi, en échange de la *terre et hôtel de Chanteloup*, échange qui eut lieu le 12 février 1518. Quoique ce bien ne fût plus à la couronne, Charles IX y fit quelque résidence au mois de novembre 1568. Jean de Neuville mourut dans ce château en 1597, et fut inhumé dans la chapelle de Saint-Eutrope. Cosme Savary, marquis de Maulevrier, en était seigneur en 1638, peu de temps probablement avant Henri Chabot, duc de Rohan, qui y mourut le 27 février 1655. Le marquis de Brèves avait cette seigneurie en 1663. Elle passa au sieur Amelon, qui en jouissait en 1693 ; puis au conseiller au parlement Mallet, et enfin aux héritiers de ce conseiller. Jusqu'au règne de Louis XII on ignore par qui la maladrerie fut administrée. On sait que ce prince, par ses lettres du 14 avril 1504, en confia le soin aux sœurs grises hospitalières du tiers ordre, dont le nombre devait être limité par l'évêque de Paris. Le 2 juin de la même année 1504, l'évêque de Paris nomma un administrateur. Quelques-uns assurent que cet hôpital avait été rétabli par l'amiral de Graville, qui y introduisit les religieuses sœurettes pour le service des malades, et qu'il fut accru et augmenté par les libéralités de Nicolas de Neuville.

qui leur donna 200 liv. de rente pour supplément de fondation. Il paraît que les religieuses de cette maison étaient en grande réputation du temps de Richelieu, puisque l'archevêque de Sens en demanda plusieurs pour St-Nicolas de Melun, et en obtint trois en 1638. Depuis, St-Eutrope eut des religieuses annonciades. Dans ses Voyages manuscrits de 1690, l'abbé Chatelain dit qu'on les appela *des dix vertus*, et qu'on leur donna aussi le nom d'*Ancelles*. A l'époque de la révolution, les religieuses possédaient une partie de la terre de Chanteloup, que l'on vantait pour la beauté de ses jardins. Ces jardins, qui ont été changés, le château, qui a été reconstruit, et le parc, qui contient 150 arpents, et renferme de très-beaux bois, ont appartenu au chevalier Roettier de Montaleau.

| Chanteloup, paroisse du diocèse de Meaux, canton de Brie-Comte-Robert, arrond. de Melun, dépt. de Seine-et-Marne, commune de Moissy, à 12 kil. de Melun et 32 de Paris. Population, compris celle de Moissy, 650 habitants. — De la Barre qualifie ce village de ferme, et la dit être de la justice de Corbeil. Le bien qu'y eut l'abbaye d'Hières lui venait d'Eustache de Corbeil, qui donna, vers 1158, ce qu'elle y possédait, pour les dépenses de l'infirmerie. Il est fait mention de Pierre de Chanteloup, chevalier, et Ermengarde, sa femme, comme vendant à Maurice de Sully, évêque de Paris, leur moulin de Corbeil ; puis de Hugues de Chanteloup, vers l'an 1210. Ce lieu paraît être du nombre de ceux qui sont beaucoup diminués de ce qu'ils étaient. Du temps de Louis IX, l'évêque de Paris y avait des serfs que l'évêque Ranulphe de Homblonnières affranchit.

| Chanteloup, paroisse de l'ancien diocèse de Paris, maintenant de celui de Meaux, canton de Lagny, arrond. de Meaux, à 3 kil. de Lagny, et 29 de Paris. Pop., 85 hab. : et en a point varié depuis 1726, puisqu'on l'élevait alors à 90 individus. Ce village est situé sur un monticule environné de bocages. Son terroir est en grains et en bois : on y trouve un moulin sur un ruisseau. La chapelle, du titre de St-Sauveur, a été bâtie il y a environ 450 ans. L'abbé de Lagny présentait à la cure, qui fut un moment, en 1400, unie à celle de St-Thibaut-des-Vignes ; il était seigneur du lieu et gros décimateur. En 1304, il y existait une chapelle de St-Jacques et St-Christophe, possédée par un écolier. — On trouve dans du Cange, au mot *Palatium*, que les rois de France ont habité ce Chanteloup ; c'est une erreur : ce savant a confondu cet endroit avec le château situé auprès d'Arpajon. On ne trouve rien sur celui qui fait l'objet de cet article avant l'année 1200, époque à laquelle il en est fait mention dans le pouillé de Paris. Vers ce temps, il y a eu des chevaliers qui en ont pris leur dénomination. L'abbé Lebeuf dit : « Le cartulaire de l'abbaye de Ste-Geneviève fait mention de Chanteloup à l'an 1257, au mois d'octobre, comme étant contigu à Jossigny, terre de cette communauté. Emeline, fille de Pétronille la baronne, habitante de Chanteloup, reconnut cette année-là qu'elle était *serve* autrement *femme de corps*, de l'abbaye de Ste-Geneviève ; et il fut ajouté, dans l'acte de sa reconnaissance, que s'il arrivait que les hommes de Chanteloup et de Jossigny demandassent leur manumission, elle pourrait y être comprise. On y lit : *Homines de Cantulupi et de Jaussigniaco*. Faut-il conclure de là que l'abbaye de Ste-Geneviève possédait alors un terrain habité sur la paroisse de Chanteloup ? C'est ce que je laisse à décider. »

Capella Sancti Dionysii, La Chapelle-Saint-Denis, paroisse du diocèse de Paris, canton et arrond. de St-Denis, Seine. — Ce village, qui semble n'être qu'une extension du faub. Saint-Denis, s'appelait autrefois *la Chapelle-Sainte-Geneviève*, parce qu'on assure qu'il y avait là un hospice où cette pieuse fille, née à Nanterre, s'arrêtait avec les vierges ses compagnes, en allant à Saint-Denis visiter les tombeaux des martyrs. C'est sur le territoire de la Chapelle que se tenait la fameuse foire, connue autrefois sous le nom de *foire du Landi* ou *Lendit*. Brûlé en 1358 par les Anglais et Charles de Navarre, puis en 1418 par les Armagnacs, ce village fut rétabli et s'accrut considérablement. Il souffrit beaucoup des guerres de religion au XVIe siècle. En 1427, une compagnie de gueux, qu'on ne voulut pas laisser entrer à Paris, vint s'établir à la Chapelle. Ces gueux se disaient de la basse Egypte, origine que semblaient indiquer leur teint basané, leurs cheveux frisés et les anneaux qu'ils portaient aux oreilles : ils prétendaient avoir été convertis au christianisme, et avoir reçu du pape l'ordre de voyager par pénitence durant 7 ans, sans coucher sur des lits. Ils avaient, suivant eux, un roi et une reine qui étaient morts en chemin ; leurs chefs prenaient le titre de ducs et de comtes, et allaient seuls à cheval. Leur principale occupation était de dire la bonne aventure. Les femmes de ces gueux, plus hideuses encore que leurs maris, attiraient, par leurs divinations, un grand nombre de curieux à la Chapelle ; elles excellaient à faire connaître les infidélités conjugales. Bientôt on murmura contre eux ; on les accusa de vols et de commerce avec le diable. L'évêque de Paris alla les voir avec un prédicateur appelé *le Petit Jacobin*. Ce moine leur fit un beau sermon, et l'évêque les excommunia. Ce sont ces mêmes gueux, connus vulgairement sous le nom de Bohémiens, que quelques savants ont cru être une colonie de parias. 200 ans plus tard, cinq ou six prêtres, admirateurs de saint Jérôme, établirent un pèlerinage de dévotion à l'église de la Chapelle. L'archevêque de Paris leur permit, en 1657, d'y exposer un os du corps de ce saint, que l'abbesse du Pré-lez-Douai, ordre de Citeaux, fit tirer de la table d'autel du chœur de cette abbaye, suivant ce que rapporte l'abbé Lebeuf. Cette exposition attira un concours considérable au village de la Chapelle, et lui acquit une sorte de célébrité, mais qui cessa entièrement avec le pèlerinage, vers le milieu du dernier siècle. — Ce village est la patrie du célèbre épicurien Claude-Emmanuel Luillier, surnommé *Chapelle*, si connu par le *Voyage de Chapelle et de Bachaumont*. Ce poëte original, fils naturel d'un maître des comptes, était l'ami et quelquefois le conseil de Racine, Molière, La Fontaine et Boileau. L'historien Mézeray avait une maison à la Chapelle : il y mourut en 1683, âgé de 73 ans. — Le 30 mars 1814, la Chapelle fut le dernier village emporté de vive force par les généraux prussiens Kleist et Yorck. Le 3 mai de la même année, Louis XVIII, parti de St-Ouen à 11 h. du matin pour faire son entrée solennelle dans la capitale, arriva à midi et demi à la Chapelle, et y fut reçu par le clergé de cette paroisse, précédé de la croix et de la bannière. — Le terroir de cette commune ne produit que des grains. Sa pop. est de près de 4000 hab. Il s'y tient tous les mardis un marché, qui consiste principalement en vaches laitières. Le commerce en vins et eaux-de-vie, qui s'y faisait avant les nouveaux règlements sur cette partie, n'est plus si considérable. En revanche, l'industrie y a fait des progrès marqués. Il y a entre autres un établissement important d'imprimerie sur soie, laines, châles de mérinos, cachemires et autres étoffes, des fabriques de chandelles, une raffinerie de sucre, etc. Presque toutes les maisons de la Chapelle sont occupées par des guinguettes, des hôtelleries et des bureaux de roulage. Il y a peu de maisons de campagne.

Capella, la Chapelle Thiboust, ou Gauthier, paroisse de l'ancien diocèse de Paris, maintenant de celui de Meaux, canton du Châtelet, arrond. de Melun, Seine-et-Marne, à 8 kil. nord-est du Châtelet, 16 de Melun, 54 de Paris au sud-est. — La Chapelle-Gauthier était une paroisse dès le règne de Louis le Gros, et s'appelait anciennement *la Chapelle-Cernay*, ou simplement *la Chapelle* : elle prit, au XIIIe siècle, le nom de Gauthier de Villebéon, chambellan des rois Louis le Jeune et Philippe-Auguste ; ce Gauthier en était seigneur, et y fonda un chapitre. Parmi ceux qui possédèrent depuis cette terre, on doit remarquer Jean Jouvenel ou Juvénal des Ursins, président au parlement à la fin du XIVe siècle, et père du chancelier de France et de l'archevêque de Reims de ce nom. Sous un de ses successeurs, la Chapelle-Gauthier fut érigée en comté par lettres patentes du 27 avril 1644. En 1650, lors de la guerre des princes, le bourg fut entouré de murs et de fortifications dont il existe encore des restes. Le château, entouré de fossés, et qui avait un parc de 40 arpents, fut commencé par Gabriel Thiboust de Berry, à la fin du XVIIe siècle. Louis Thiboust de Berry, son fils, l'acheva. C'est l'un de ces deux possesseurs qui obtint des lettres patentes pour faire porter son nom à ce lieu. — L'église est sous le titre de St-Martin, et n'est qu'une longue chapelle dont la structure rappelle le XIIIe siècle. A l'autel est un tableau de l'*Adoration des Mages*, donné en 1636 par Nicolas Vignier, conseiller d'État, qui y est représenté avec sa femme, Anne de Flécelles. Ste-Catherine est la fête du second patron de cette église ; c'était, avant la révolution, le titre canonial du curé, qu'on appelait *le Chanoine de Ste-Catherine*. — Le Dictionnaire universel de la France, de 1726, compte la Chapelle-Gauthier parmi les petites villes. Sa pop., qui n'a pas beaucoup varié depuis 1740, est aujourd'hui de 800 hab. env., y compris le hameau de *Grandvilliers* et plusieurs fermes et maisons isolées. A Grandvilliers est un château dont Mme de Durfort, née Guyon, était propriétaire. Ses dépendances joignent la forêt de Villefermoy. — Il se tient à la Chapelle-Gauthier une foire, le lundi après la St-Martin, dans une halle, proche de laquelle est une belle fontaine d'eau vive. — Le terroir de cette commune est en terres labourables, vignes et prairies. Il passe à la Chapelle un ruisseau nommé *le ru d'Anquier* et non d'*Anqueteuil*, comme quelques-uns l'ont écrit.

Carnuta Regio, le pays Chartrain. Ce petit pays était du gouvernement général de l'Orléanais, et presque tout entier de la généralité d'Orléans, faisant la partie du nord de la Beauce. Il est borné au septentrion par le Mantois et le Hurepoix ; au levant par le Gatinais et l'Orléanais ; au midi par l'Orléanais proprement dit et par le Dunois ; au couchant par le Perche-Gouet et le Thimerais. C'était le principal des trois petits pays que renfermait la Beauce. Cette contrée n'a presque pas de bois ; mais elle est de toutes celles de la France, la plus abondante en blé ; à l'exception du peu de vignobles plantés sur les coteaux qui bordent la vallée de l'Eure, et du peu de prairies qui tapissent cette vallée, elle offre une plaine vaste et monotone. Le pays Chartrain a environ 64 kil. dans sa plus grande longueur du levant au couchant, et environ 52 kil. dans sa plus grande largeur du septentrion au midi. Il est arrosé par l'Eure, la Voire et l'Ozane, et fait partie aujourd'hui du département d'Eure-et-Loir. — Ce pays fut habité par les Carnutes, peuple de la Gaule celtique. Ils furent, suivant Tite-Live, du nombre de ces peuples gaulois qui, sous le règne de Tarquin l'Ancien, envoyèrent une partie de leur population dans des contrées étrangères, franchirent les Alpes et s'établirent en Italie. Les Romains n'eurent pas plutôt achevé la conquête de la Gaule, qu'ils la divisèrent en provinces, dans chacune desquelles ils établirent un gouverneur, ayant sous lui plusieurs lieutenants, qui eux-mêmes avaient autorité sur les préfets résidant dans chaque ville principale. Un de ces préfets demeurait à Chartres, où il exerçait l'autorité administrative. Les provinces éprouvèrent divers changements sous les empereurs : la division la plus connue est celle qui eut lieu du temps de Valens ; elle comprenait 17 provinces. La ville de Chartres et son territoire se trouvaient, dans cette distribution, dépendre de la 4e Lyonnaise, dont Sens était la capitale. Le pays Chartrain, dont les habitants avaient opposé le plus de résistance aux entreprises de Jules-César, fut un des premiers démembrés. Orléans, le *Genabum* des anciens, où les Carnutes ou Chartrains tenaient leurs foires et marchés, à cause de sa situation sur la Loire, ne tarda pas à être érigé en cité par l'empereur Aurélien, d'où il prit le nom d'*Aureliana civitas*, dont on a fait Orléans. — Le pays Chartrain est célèbre dans l'histoire de nos origines par le gouvernement des druides et le système religieux des Gaulois, qui semblent y avoir été établis dès les temps les plus reculés. Il nous reste différents monuments de leur antique existence; le pays Chartrain surtout en offre un assez grand nombre, que le temps, les guerres et le zèle des premiers évêques n'ont pu anéantir. Quelque informes qu'ils soient, ils n'en rappellent pas moins des souvenirs qui ont quelque chose de frappant, parce qu'ils nous reportent, pour ainsi dire, aux premières époques de la société humaine. Suivant les écrivains les plus instruits sur cette matière, le seul, ou tout au moins le principal collège, c'est-à-dire le lieu central des druides, était dans le pays Chartrain; on en voit encore les vestiges entre Chartres et Dreux, à l'endroit nommé *la Garenne de Poisvilliers*, à gauche du chemin de Chartres à Dreux. On y remarque en effet, sur un point assez élevé, l'emplacement d'un ancien édifice, nommé dans le pays le *Vieux Château*. Il était d'une forme carrée (la cour au milieu) et environné de fossés larges et profonds; à côté et hors l'enceinte des fossés, étaient d'autres bâtiments accessoires, avec un bois d'une certaine étendue, lequel a été détruit depuis une vingtaine d'années : le tout est maintenant labouré. On en a tiré depuis peu une grande quantité de pierres et autres matériaux, dont la majeure partie a été employée à la réparation de la route de Chartres à Dreux, nommée le chemin de César, et qui passe le long de cet emplacement. L'on voit dans la commune de Lèves, à 4 kil. de Chartres, un reste de forêt, dans laquelle se faisaient communément les cérémonies religieuses. Il y a une éminence entourée de fossés de forme circulaire, à l'endroit anciennement appelé la *Montagne des Lieues*, d'où est venu par corruption le mot de Lèves. A peu de distance de là, vers la rivière, se trouve une carrière vaste et profonde creusée dans la partie de la montagne qui regarde le levant. C'est dans ce souterrain, et beaucoup d'autres semblables, que les druides se retiraient pendant la tenue des assemblées nationales; l'on présume qu'ils y réunissaient aussi leurs disciples pour les initier dans les pratiques secrètes de leur religion : au moins c'est l'opinion assez fondée de quelques auteurs. Sébastien Rouillard, cité par M. Chevard dans son Histoire de Chartres, dit que les druides Chartrains avaient un mont appelé la *Montagne des Lieues*, à laquelle se terminait le diamètre des terres sujettes à leur gouvernement, et dont elle formait comme le centre. Au reste, les principaux chefs des druides faisaient leur résidence en été dans l'Autunois, et l'hiver au pays Chartrain, où était le sénat, le siège souverain de leur domination. Le pays des Carnutes ou des Chartrains, outre les traces nombreuses de ce culte antique dont son sol est surchargé, a conservé dans ses mœurs quelque chose qui en rappelle le souvenir. Ainsi, un usage subsiste encore de se souhaiter réciproquement, au renouvellement de l'année, un bon *guilan*, et les enfants parcourent les rues criant et annonçant ce *guilan*, en allusion et comme souvenir d'une cérémonie religieuse dite *la cueille du gui nouveau*, et pratiquée par le grand prêtre des druides à chaque renouvellement de l'année gauloise. Le mot *Carn*, qui entrait dans la composition du nom de ces peuples et de celui de leur ville capitale, *Carnutum*, a conservé sa même signification, tirée de la forme des habitations ; il exprime encore aujourd'hui un angle ou encoignure, le *carn* d'un mur : de là le verbe *écarner* et son participe *écarné*, briser ou rompre un angle. Les habitants de cette contrée sont rangés et économes ; de là est peut-être venu ce reproche d'égoïsme exprimé par le proverbe populaire *Chartrain vilain*.

Carnutum, vel *Carnotum*, vel *Autricum*, vel *Antricum*, Chartres, ville épiscopale, chef-lieu du département d'Eure-et-Loir, ancien duché-pairie, à 56 kil. d'Orléans, à 86 sud-ouest de Paris. L'évêché date de la fin du III° siècle ou du commencement du IV°; il était suffragant de la métropole de Sens. Il en fut détaché pour devenir un des suffragants de la métropole de Paris, lorsque le siége épiscopal de cette ville fut érigé en archevêché. Le diocèse de Chartres était primitivement un des diocèses les plus vastes des Gaules. D'un côté il touchait au diocèse de Paris, et de l'autre à celui de Tours. On le démembra à la fin du XVII° siècle pour former le diocèse de Blois. Après ce démembrement, il contenait encore plus de 800 paroisses. Par le concordat de 1801, l'évêché de Chartres disparut pour faire place à celui de Versailles ; mais le concordat de 1817 le rétablit, et les conventions postérieures conclues avec le saint-siège le maintinrent définitivement. La circonscription actuelle du diocèse comprend tout le département d'Eure-et-Loir. Le diocèse de Versailles a une forte partie de ses anciennes paroisses ; et comme beaucoup de diocèses de France, il a maintenu des paroisses d'anciens voisins, de Paris, d'Orléans, de Sens, de Séez et d'Evreux.

Outre le chapitre de la cathédrale, il existait dans cette ville, avant la révolution, une collégiale, deux séminaires et neuf paroisses, dont deux dans les faubourgs, une abbaye d'hommes de l'ordre de Saint-Benoît, une de chanoines réguliers de l'ordre de Saint-Augustin, un couvent de Cordeliers, un de Dominicains, un de Minimes et un de Capucins. Les communautés religieuses étaient celles de l'abbaye de *Notre-Dame-de-Leau*, ordre de Cîteaux, des Carmélites, des Visitandines, des Dames de la Providence et de l'Union chrétienne. Il existait aussi un bailliage royal, présidial, un grenier à sel, une juridiction consulaire et une subdélégation de l'intendance d'Orléans. Cette ville est le siège d'une cour d'assises, d'un tribunal de première instance, d'un tribunal de commerce du ressort de la cour d'appel de Paris, de deux justices de paix, et la résidence d'une lieutenance et de deux brigades de gendarmerie; elle possède une société d'agriculture, un collège communal, un bureau et un relais de poste. Il s'y fait un commerce considérable de blés et farines, de cuirs, laines, bestiaux, moutons. Ses marchés sont les plus considérables et les plus forts de la France; ils approvisionnent en grande partie Paris. Sa pop. est de 17,000 hab. L'arr. de Chartres renferme 166 com. et 98,755 hab.; il est divisée en 8 can.: Auneau; Chartres (deux cantons), Courville, Illiers, Janville, Maintenon et Voves. Il se tient à Chartres quatre foires par année : la première le 11 mai, qui dure 10 jours; la seconde le 25 août, 1 jour; la troisième le 8 septembre, 8 jours; et la quatrième le 30 novembre, 1 jour. Une autre foire, qui a pour principal objet les laines, a lieu le samedi après la Saint-Jean. Toutes ces foires, excepté celle du 8 septembre et celle aux laines, abondent en bestiaux de toute espèce. Les marchés sont les mardi, jeudi et samedi de chaque semaine, et consistent principalement en grains; celui du samedi est le plus considérable. — Sans s'arrêter aux assertions de quelques historiens qui prétendent faire remonter l'origine de Chartres, les uns à Gomer, surnommé Gallus, fils de Japhet, lequel était fils de Noé, d'autres aux druides, qui y érigèrent, selon eux, longtemps avant la naissance de Jésus-Christ, un autel à la Vierge qui devait enfanter, *virgini pariturœ*, on peut regarder comme certain que Chartres ne fut d'abord composé que de simples grottes, de cavernes, de souterrains creusés et pratiqués sans art dans le flanc d'une montagne, au sommet de laquelle était un bocage consacré aux cérémonies du culte religieux. Ce furent ces antres, ces cavernes, dont la plupart subsistent encore dans les quartiers bâtis au haut et sur le penchant de la colline, entre le nord et le midi, qui servirent de retraite, d'asile aux premiers habitants, et qui, selon toute apparence, ont donné le nom à cette ancienne capitale du pays Chartrain. — Toutefois, le sentiment des historiens et des géographes sur l'étymologie de Chartres varie beaucoup et présente de nombreuses contradictions. Les uns soutiennent que cette ville a été appelée *Autricum* ou *Audricum*, du nom de sa rivière, *Autura*, *Audura*, qui signifie Eure; les autres *Carnutum*, du mot grec *Caryon*, qui veut dire Noix. Ceux-ci prétendent qu'il dérive du mot *quercus*, chêne; dont on aurait formé *quernutes*, et, par corruption, *Carnutes*; ceux-là voudraient nous persuader que Chartres tire son origine du mot *carus*, nom que les Gaulois, selon Smith, donnaient aux autels, amas ou quartiers de pierres, sur lesquels les druides sacrifiaient à la divinité. M. Chevard adopte, comme la plus probable et la plus accréditée, la version qui fait dériver le nom de Chartres de l'hébreu *carnoth* ou *charnoth*, signifiant cave, antre, caverne, à cause d'un grand nombre d'excavations, de souterrains, qui, de tout temps, ont existé dans cette ville. Il fait venir de là le nom d'*Antricum*, et non pas *Autricum*, comme plusieurs l'ont écrit, et ensuite celui de *Carnutum*, en français Chartres. La raison qui fait adopter à M. Chevard *Antricum* au lieu de *Autricum*, qui se trouve dans tous les auteurs, et principalement dans d'Anville, ne semble pas suffisante pour balancer une telle autorité. Quoi qu'il en soit de ces contradictions étymologiques, Chartres n'était, à l'époque où César vint dans la Gaule, qu'une cité de peu d'apparence, composée de baraques en bois, qu'on ceignit d'une muraille composée d'un assemblage de pieux, de poutres garnies en terre et en cailloux. Ce ne fut que dans les IVe et Ve siècles, durant les incursions et les ravages des Franks et des Vandales, qu'on y construisit des remparts en pierre, flanqués d'un grand nombre de tours. Chartres eut de bonne heure des évêques; mais l'existence des premiers est incertaine et peu connue. L'évêque qui paraît avoir établi solidement le culte chrétien dans ce diocèse est nommé *Solemnis* : il vivait en l'an 490. A cette époque, la ville de Chartres n'occupait qu'un assez petit terrain à l'extrémité d'une plaine du côté de l'orient; elle était composée de 10 rues étroites et tortueuses; sa figure était un parallélogramme borné au nord par la rue de Muret, laquelle tendait du bourg de ce nom au chemin d'Orléans par le grand pont ou pont du Château; à l'orient, par la rue Évière, qui partait de la rue Galée, de la rue Serpente, et se dirigeait vers Bonneval, Illiers et Courville; au midi, par la rue du Bœuf-Couronné; et à l'occident, par la rue du Cheval-Blanc. — La première église fut brûlée en 845 par les Normands; celle qu'on voit aujourd'hui s'éleva sur ses ruines. Dans les environs de la ville, il y avait quatre bourgs assez considérables : le bourg de Muret, qui comprenait toutes les maisons qui avoisinaient la porte Drouaise; le bourg du Château qu'on nommait simplement *le bourg*, situé aux environs du grand pont, ou pont de la porte Guillaume; le bourg de Saint-Sire, qui s'appelait simplement *haut bourg*; enfin le bourg Châtelet, où est à présent la porte de ce nom. Les différentes églises bâties autour de ces villages achevèrent de former un tout, et Chartres passa dès lors pour une ville considérable : c'est ainsi du moins qu'en ont parlé les chroniqueurs. C'est hors de la ville que saint Aignan fit bâtir, dit-on, l'église des apôtres saint Pierre et saint Paul, où il fut inhumé, et qui a depuis porté son nom. Cette église fut plus tard celle des comtes de Chartres. — Cette ville passa de la puissance romaine sous la puissance immédiate des rois franks. En vertu des partages qui suivirent la mort de Clovis, elle fut comprise dans le royaume de Paris. Thierry II, roi d'Orléans, l'assiégea vers l'an 600 et la força de se rendre; en 858 elle fut pillée, brûlée et détruite par les Normands. Hasting, à la tête d'autres Normands, s'en empara de nou

veau : il prit le titre de comte de Chartres, et ne quitta la ville qu'en 872, moyennant un tribut annuel qui ne fut point payé; mais les Normands irrités revinrent, l'assiégèrent de nouveau, la prirent en peu de jours, abattirent les murs, et forcèrent les Chartrains et leur évêque à leur payer le tribut convenu. En 911, parut à la tête de nouvelles hordes danoises le fameux Rollon. Chartres opposa de la résistance, et échappa saine et sauve à ses attaques.
— Vers l'an 941, sous le règne de Louis IV, Chartres avait pour comte Thibault le Tricheur. Les descendants de ce Thibault firent souvent des guerres à leurs voisins, et même aux rois de France. Ces événements n'ont qu'une bien faible importance historique : ils n'avaient d'autre résultat que d'amener pour la plupart du temps des mariages. — En 1077, Geoffroy fut élu évêque de Chartres; son successeur fut Yves de Chartres qui s'illustra par ses discussions avec Philippe Ier, lorsque le roi eut répudié Berthe sa femme, pour épouser Bertrade de Montfort, au mépris de son union avec Foulques, comte d'Anjou : l'évêque Yves s'éleva le premier contre ce scandale. A la mort d'Yves commencèrent les longs démêlés entre le clergé et les comtes de Chartres. Parmi les successeurs de cet évêque, on compte Guillaume de Champagne, dit *aux blanches mains*, beau-frère de Louis le Jeune, cousin germain de Henri II, roi d'Angleterre, et oncle de Philippe-Auguste, et le fameux évêque anglais Jean de Salisbury, élu en 1177.

Les comtes de Chartres firent plusieurs voyages en terre sainte. De ce nombre fut Pierre de France, fils de Louis IX, comte de Blois, d'Alençon et du Perche, qui accompagna son père en Afrique, et mourut à Salerne en 1282. Plus tard le comté de Chartres fut acheté par Philippe le Bel, qui le donna à Charles de Valois, son frère; et vers l'an 1293, celui-ci, voulant accompagner le roi, alors en guerre avec l'Angleterre, reçut des habitants de Chartres une somme de 12,000 livres, prix d'une charte de franchise qu'il leur vendit. Par cette charte il les exempta du payement des tailles, subsides et autres droits à l'avenir, leur permit d'avoir un hôtel commun pour y tenir en corps leurs assemblées, et leur en fit délivrer, en mars 1297, les lettres patentes, qui furent confirmées plus tard par Charles VIII. — Après la mort de Charles de Valois, le comté de Chartres passa, en 1325, à Philippe de Valois, son fils, qui, étant monté sur le trône l'année suivante, l'incorpora à son royaume. Dès lors le comté resta uni à la couronne, jusqu'à ce qu'il fut donné, un siècle et demi plus tard, à René de France. Philippe de Valois est le dernier qui ait habité le château des comtes de Chartres. — Au temps de la sanglante querelle des Bourguignons et des Armagnacs, Chartres, d'abord pris par les Bourguignons, ouvrit ensuite ses portes aux Orléanais; mais en 1417, le duc de Bourgogne, pensant que la ville deviendrait le point central où les princes mécontents réuniraient tous leurs efforts, prit le parti de l'assiéger pendant que la trop fameuse Isabelle de Bavière se faisait déclarer régente et méditait le fatal traité en vertu duquel la France devait être livrée à l'étranger, et que le dauphin, Charles VIII, relégué au delà de la Loire, défendait à peine un reste d'autorité. Chartres passa bientôt sous la domination anglaise; en vain le dauphin mit le siége sous ses murs, en vain le comte de Foix renouvela la même tentative, la ville resta au pouvoir de l'étranger jusqu'en 1432, époque où le bâtard d'Orléans, comte de Dunois, forma le projet de la surprendre, et la surprit en effet, secondé par deux habitants qui avaient été faits prisonniers, et par un dominicain. Le jour de Pâques fut choisi pour l'exécution du projet. Le dominicain, prédicateur en renom, promit de prêcher ce jour-là pour attirer la foule vers le point opposé où devait avoir lieu l'attaque. Les deux habitants qui dirigeaient l'entreprise se présentèrent dès la pointe du jour à la porte de Blois; ils accompagnaient plusieurs charrettes chargées de vins, conduites par des soldats dont les armes étaient cachées sous leurs casaques. Tandis qu'ils amusent les gardes par des propos indifférents et par le présent de quelques *aloses*, les charretiers déguisés fondent sur eux l'épée à la main, massacrent les portiers, et se saisissent de la porte et des barrières. Dans le même temps, cent vingt hommes, conduits par d'Illiers, qui s'étaient avancés sous le rempart, pénètrent dans la ville; un second corps de trois cents combattants les suit en criant : *la paix! la paix! vive le roi!* Le bâtard d'Orléans, Lahire et les autres chefs arrivent avec le reste des troupes; l'évêque, qui essaie de défendre la place, meurt percé de coups : la ville est prise et livrée au pillage. Les citoyens riches évitèrent la mort en payant de fortes rançons. Le lendemain on exécuta tout ce qu'on put trouver d'Anglais, de Bourguignons ou de leurs partisans. C'est ainsi que la ville passa sous l'obéissance du roi. En 1528, le comté de Chartres fut donné en dot à Renée de France, fille de Louis XII, mariée au duc de Ferrare : le roi érigea à cette occasion le comté en duché, par lettres des mois de juin et juillet; mais, comme, d'après la loi fondamentale de France, les terres du domaine de la couronne ne pouvaient être données en apanage aux enfants mâles, le duché fut tenu par un simple engagement; ainsi Chartres fut séparé de la couronne pour la seigneurie seulement, mais le roi retint la souveraineté. Tel l'ont possédé tous ses ducs jusqu'à la révolution. Louis-Philippe-Joseph d'Orléans l'était encore à cette époque. — Pendant les troubles de la ligue, et après la journée des barricades, Henri III se réfugia à Chartres en 1588. Cette ville, pendant ce temps, devint le théâtre de plusieurs négociations. Le duc de Guise fit prier le roi de revenir à Paris, et employa la reine-mère pour l'y déterminer. Les plus ardents ligueurs, conduits par cette princesse, se rendirent à Chartres, et protestèrent de leur très-humble obéissance; le parlement s'y rendit aussi. Henri IV fut sacré à Chartres après s'en être rendu maître par les armes. — En 1651 les Etats de la province s'assemblèrent, et cette réunion donna lieu à des troubles et voies de fait. Ces troubles, dans lesquels la noblesse fut en butte à la fureur du peuple, est à peu près le dernier événement digne d'être remarqué jusqu'à l'époque de la révolution. — En 1792, des attroupements eurent lieu dans différents cantons pour la taxe des grains; une nombreuse troupe de mécontents s'avança même jusqu'aux portes de la ville, mais la contenance ferme des autorités civiles et militaires, et de M. Chevard, alors maire, arrêta les résultats de l'effervescence populaire et maintint le calme dans la ville. Chartres eut moins à souffrir que beaucoup d'autres villes de la France des résultats du système de la terreur. Toutefois, au moment où la constitution de l'an III venait d'être proclamée, une émeute éclata dans cette ville. Un représentant du peuple, Letellier, ne pouvant empêcher le trouble, se donna volontairement la mort. — Chartres avait été pourvu de murs à l'époque où il était nécessaire de défendre la ville. Les fortifications qu'on voit encore aujourd'hui, du moins en partie, datent des XIᵉ et XIIᵉ siècles; elles sont construites avec une telle solidité, que, même longtemps après l'invention de l'artillerie, elles passaient pour fortes, puisque la ville fut vainement assiégée en 1591 par Henri IV. Ces fortifications consistaient en une enceinte de murailles fort élevées, appuyée sur un terre-plain de plusieurs toises de largeur, et flanquée de grosses tours rondes, le tout bâti en blocaille, à l'exception des ouvrages des portes qui sont en pierres de taille. Ces portes sont au nombre de sept, savoir : les portes Drouaise, de Saint-Jean, Châtelet, des Epars, Saint-Michel, Morard et Guillaume. La dernière a quelque chose d'imposant par son apparence guerrière. Elle est gardée par deux grosses tours unies par une courtine et couronnée d'une galerie saillante à créneaux et machicoulis; elle est voûtée en ogive. On remarque encore sous la voûte la coulisse de la herse et l'ouverture qui donnait passage à l'assommoir; on voit aussi celle par où passaient les flèches du pont-levis. Cette triste enceinte de murailles est entourée elle-même d'une belle enceinte de promenades. L'intérieur de Chartres est divisé en haute et basse ville. Dans la première sont les principales auberges, la poste aux lettres, la poste aux chevaux, le palais épiscopal, et la cathédrale au fameux clocher; c'est le plus remarquable des édifices de la ville. — La première cathédrale avait été incendiée par les Normands l'an 858, et réparée une première fois. Au Xᵉ siècle elle devint encore la proie des flammes; enfin en 1020, un troisième incendie, occasionné par le feu du ciel, selon l'opinion commune, détruisit la cathédrale et ravagea la ville. Chartres avait alors pour évêque Fulbert, qui s'empressa de chercher les moyens de réparer ce désastre. On a dit que tout l'édifice fut achevé dans l'espace de huit années; mais ce fait n'est pas exact, puisque Fulbert mourut en 1028, pendant les travaux, que l'on voit ses successeurs les faire continuer, et que l'entrée de la nef, le grand portail et le clocher ne furent achevés qu'en 1145. Ce clocher, qu'on désigna sous le nom de *vieux clocher*, fut le seul élevé à une certaine hauteur; l'autre, arrêté dans son élévation, conserva la forme d'une tour carrée. En 1506 le tonnerre étant tombé sur une charpente établie pour la continuation de ce second clocher, le chapitre se détermina à le faire achever, en pierre, et Jean Texier, dit de Beauce, éleva cette pyramide admirée des connaisseurs. Le maître entrepreneur gagnait sept ou huit sous par jour, ses compagnons cinq sous. Cette basilique, dont la construction s'est prolongée pendant près de cent trente ans, fut dédiée à la sainte Vierge en oct. 1250. La flèche du *vieux clocher* sert de pendant à l'autre au-dessus du portail. Elle est lourde et sans ornements, quoique estimée dans le pays à cause de son curieux revêtement de pierres de taille sculptées en écailles de poisson. Cette flèche produit à la vue un effet singulier de perspective : elle semble toujours pencher vers le spectateur de quelque côté qu'il se place; c'est que la pyramide est coupée à pans égaux, et que chaque pan vu de face est si peu incliné, qu'il semble toucher verticalement. L'autre clocher est lancé avec hardiesse, et enrichi, vers le milieu de sa hauteur, d'une prodigieuse quantité de sculptures en filigrane, qui ne font pas un très-bel effet, n'étant point continuées ni en haut ni en bas; la maçonnerie brute qui leur succède immédiatement nuit à l'harmonie nécessaire entre toutes les parties d'un même tout; elles font cependant le principal titre de ce clocher à la supériorité qu'on lui accorde sur tous ceux de la France. Un ouragan furieux, arrivé le 12 octobre 1690, ébranla la pointe de la flèche; elle ne fut pas renversée, parce que les barres de fer qui lient toutes les pierres entre elles la soutinrent; mais elle fut courbée dans l'étendue de douze pieds au-dessous de la croix. Une des principales causes de cet accident fut la pesanteur d'un soleil de cuivre doré, de deux pieds et demi de diamètre, qui était au-dessus de la croix; on le supprima en 1691. La hauteur du clocher vieux est de deux cent quarante-deux pieds, celle du clocher neuf de trois cent soixante-dix-huit. Leur largeur, prise à la base, est de cinquante pieds; l'intervalle qui les sépare est de même étendue; ainsi la façade entière est de cent cinquante pieds. Le frontispice sur lequel s'élèvent les deux flèches est percé par le bas d'un portail qui présente trois portiques. Ces trois grandes portes sont précédées d'un perron de cinq marches, et pratiquées sous des voussures ogives chargées de figures et d'ornements; les figures sont pour la plupart des statues conservées de l'ancienne église, et offrent en effet tous les caractères qui distinguent les statues du temps de la première race, c'est-à-dire qu'elles sont allongées démesurément, que leur visage est aplati, que leurs bras sont très-courts, les draperies chargées d'une multitude de plis brisés sans art et sans but marqué, et leurs têtes entourées du limbe au cercle lumineux. Au-dessus de ces portiques sont trois grandes fenêtres en verre peint, plus haut une superbe rose, et au-dessus de la rose une galerie qui fait communiquer d'un clocher à l'autre. Là sont placées dans des niches quinze grandes statues. Elles sont d'un assez mauvais style, même pour le moyen âge. Dans le grand pignon qui surmonte la façade, et qui est lui-même surmonté d'une image prétendue de saint Avertin, premier évêque de Chartres, est représenté le triomphe de la sainte Vierge. Les deux portes latérales consistent en trois arcades enrichies d'un grand nombre de statues ; elles sont bâties hors d'œuvre en forme d'appentis. Les deux porches latéraux paraissent avoir été bâtis à la même époque, c'est-à-dire vers le milieu du XIII° siècle. La couverture du grand comble, autour duquel on peut circuler par le moyen d'une galerie en pierre, est tout en plomb. La charpente, remarquable par sa construction, et vulgairement nommée la Forêt, sans doute pour exprimer l'immense quantité de bois qui la compose, a de hauteur, depuis la voûte jusqu'au faîtage, quarante-quatre pieds. Le rond-point est couronné par un ange en plomb doré, de grandeur naturelle, qui tourne sur un pivot de manière à servir de girouette. On a fait l'observation que la charpente était en bois de châtaignier, ce qui en éloigne toute espèce d'insectes. Une chose qui dépare cette église est la bigarrure que produisent les parties nouvellement réparées sur le reste de la maçonnerie : c'est à peu près le même effet que des pièces de drap neuf sur un vieil habit. Parmi les morceaux de sculpture dont sont couronnés ou parsemés les murs, on y voit la figure bizarre d'un âne qui joue de la vielle, désignée dans le pays sous le nom de l'Ane qui vielle. Dans l'intérieur deux choses frappent à la fois, c'est l'harmonie des proportions et la grande obscurité qui y règne ; on n'y peut lire que par les temps les plus clairs. Cette obscurité excessive qui fatigue la vue sans ajouter à la majesté du lieu, résulte de la nature sombre et opaque des vitraux, plus surchargés de couleurs que riches de parures. Le chœur est aussi admirable, plus admirable peut-être que le clocher même. Il est entouré dans son pourtour extérieur de quarante-trois niches remplies de groupes qui représentent et mettent pour ainsi dire en action l'histoire de l'Ancien et du Nouveau Testament : ce qui en reste de complet prouve que ces morceaux avaient été en général fort bien exécutés. Au-dessus, sont des couronnements et autres ornements gothiques très-délicatement travaillés en filigrane, et au-dessous, des arabesques modernes qui, exécutées à la manière antique, sont encore plus délicates et plus admirées. La face interne du même chœur est ornée de tableaux en bas-relief et en marbre blanc de Carrare ; par le sculpteur Bridan. Ils représentent diverses scènes de la vie de Jésus-Christ, et un vœu fait dans cette église par Louis XIII. Les deux plus beaux sont la présentation au temple, et la descente de croix qui est en face.

Le dessus du maître-autel, en beau marbre blanc de Carrare, représente l'Assomption de la sainte Vierge. On la voit s'élever sur des nuages de marbre avec une légèreté vraiment aérienne. Pendant le régime de la terreur, les vandales, qui détruisaient les monuments des arts au nom de la liberté et de l'égalité, voulurent abattre cette statue. Au moment où ils allaient mettre à exécution leur affreux dessein, un patriote éclairé proposa d'affubler d'un bonnet rouge la statue de la Vierge, et de la transformer en déesse de la liberté ; ce qui fut exécuté sur-le-champ. Tous les habitants de Chartres ont conservé le souvenir de la métamorphose. Le chœur est entouré d'un double rang de bas-côtés soutenus par 32 piliers ; la nef ne l'est que d'un simple rang : elle n'a rien d'imposant, comparée surtout à celle de nos plus beaux temples gothiques. Les vitraux, ainsi qu'on l'a déjà dit, répandent plus d'obscurité que de majesté : ils sont toutefois remarquables par leur parfaite conservation, et ceux qui composent les œils-de-bœuf placés au-dessus des portes ne sont pas sans mérite. Au milieu de la nef, le pavé se dessine en une longue spirale qui, à force de revenir sur elle-même, fait parcourir, dit-on, une lieue aux amateurs qui s'amusent à la suivre jusqu'au bout, ce qui fait appeler cette partie du pavé la lieue. On ne montre plus l'église souterraine, qui occupe tout le dessous de l'église supérieure ; l'entrée en a été fermée. Cette église souterraine se compose de deux longues nefs pratiquées sous chacun des bas-côtés de l'église haute. Elle contenait treize chapelles, dont une, celle de la sainte Vierge, était très-fréquentée ; les fidèles vinrent pendant longtemps y faire des dévotions et déposer des ex voto. Près de cet autel est un ancien puits, nommé dans le pays le Puits des Saints-Forts, parce que, dit Rouilliard, du temps de l'empereur Claude, grand persécuteur des chrétiens, le gouverneur de Chartres, après en avoir fait passer plusieurs au fil de l'épée, ordonna de jeter leurs corps dans ce puits. Tout l'édifice a de longueur dans œuvre trois cent quatre-vingt-seize pieds sur cent un pieds de largeur d'un mur à l'autre, et cent six pieds de hauteur sous la clef de la voûte. La largeur de la nef, depuis la porte principale jusqu'au milieu du premier pilier du chœur, est de deux cent vingt-quatre pieds d'un pilier à l'autre. Les bas-côtés ont chacun vingt pieds de largeur sur quarante-huit de hauteur ; ces bas-côtés sont doubles autour du chœur. La croisée a de longueur, d'une porte à l'autre, cent quatre-vingt-quinze pieds sur trente-six pieds de largeur ; elle est accompagnée de deux bas-côtés. Ces mesures sont prises dans la description de Gilbert, historiographe de toutes les cathédrales de France. — Voici un rapport fort intéressant et très-curieux sur la cathédrale de Chartres, adressé en 1838 au ministre de l'instruction publique, par un de nos archéologues les plus érudits et les plus capables, M. Didron, qui a rendu de si grands services à la géographie monumentale chrétienne.

« Il y a deux cathédrales à décrire : l'église souterraine, crypte immense, et l'église supérieure, qui remorque à son arrière-train une grande chapelle du nom de Saint-Piat; il y a quatre mille figures en pierre et cinq mille en verre à nommer et interpréter.

« Je me suis attaqué à la sculpture de préférence, parce qu'à Chartres elle est à la peinture ce que le titre d'un chapitre est au chapitre même : la sculpture est le sommaire ou l'argument des vitraux. Ainsi, la peinture comme la sculpture parlent de saint Eustache, de Thomas Becket, de saint Remi; mais la seconde ne raconte que le fait principal de leur vie : le martyre de saint Eustache, l'assassinat de Becket, le baptême de Clovis; tandis que la première peint la vie entière, de la naissance à la mort. J'ai donc cru utile de faire connaître le texte avant d'étaler le commentaire; j'ai voulu ouvrir tout simplement une perspective sur les belles et nombreuses légendes qui font de Notre-Dame de Chartres le musée le plus complet de la mythologie chrétienne, avant de pénétrer dans les détails de cette poésie ravissante et à peu près inconnue. D'ailleurs, comme la sculpture est à l'extérieur de la cathédrale et la peinture à l'intérieur, je n'étais pas fâché de commencer par ce qui frappe d'abord les yeux; ordinairement on aime à étudier un monument dans l'ordre où on le voit. Enfin la sculpture est encore de l'architecture en quelque sorte, et puisque je ne pouvais donner cette dernière, je devais au moins me prendre à ce qui y ressemble davantage.

« Ici encore il a fallu me restreindre; car la sculpture se divise en deux parties distinctes : en statuaire et ornementation. L'ornementation est le cadre du tableau où la statuaire pose ses figures; et ce cadre, dans l'art chrétien surtout, n'a pas moins d'importance que le tableau lui-même. J'ai donc réservé pour l'année prochaine toute l'ornementation sculpturale et les questions qu'elle soulèvera. Ces questions seront nombreuses, car c'est sur l'ornementation que de tout temps se sont exercés les mystiques et les allégoriseurs; et c'est avec l'ornementation que j'essaierai d'esquisser la flore et la zoologie gothiques à l'aide d'un naturaliste intelligent qui aura étudié les plantes par les feuilles plutôt que par les fleurs, et les animaux par leur structure plutôt tératologique que normale.

« A elle seule la statuaire me fournissait ample matière pour mon travail de cette année; car, après quatre ans d'études sur la cathédrale de Chartres, à diverses reprises, je viens encore de passer deux mois dans cette ville, uniquement à prendre des notes sur la statuaire de sa Notre-Dame. Il suffira de vous dire, Monsieur le ministre, que cette statuaire se compose de dix-huit cent quatorze figures hautes de huit pieds à huit pouces. Je ne décrirai que les statues du dehors, parce qu'elles font un ensemble complet à elles seules; les statues de l'intérieur, de la clôture du chœur principalement, formeront, avec l'ornementation de toute l'église, un autre ensemble qui ne donnera pas moins de deux mille figures. Pardonnez-moi la comparaison : je donne l'*Iliade* cette année, je ferai l'*Odyssée* l'année prochaine.

« C'est qu'en effet ces dix-huit cent quatorze figures s'ordonnent d'une façon merveilleuse; elles forment un poëme dont chaque statue équivaut à un vers, à une strophe, à une tirade; un poëme dont la compréhension est plus vaste que celle de l'*Iliade* ou de l'*Énéide*, que celle même de la *Divine Comédie*; puisqu'elle embrasse l'histoire religieuse de l'univers depuis sa naissance jusqu'à sa mort, et que la *Divine Comédie* n'est qu'un petit épisode, l'épisode final de l'épopée sculptée à Chartres.

« Permettez-moi de m'arrêter un instant ici, et de déclarer par des faits combien est injuste l'accusation de fantaisie, de libertinage esthétique portée contre l'art gothique. Aucun art, pas même le grec, n'est plus discipliné que notre art national, cet art qui a mis en pratique la loi des unités bien plus despotiquement que les autres arts venus avant et après lui; car l'unité, dans la plastique chrétienne, est morale et matérielle tout à la fois.

« Ainsi, à Chartres, ce poëme en quatre chants, ou, pour mieux dire, ce cycle épique en quatre branches, s'ouvre par la création du monde à laquelle sont consacrés trente-six tableaux et soixante-quinze statues, depuis le moment où Dieu sort de son repos pour créer le ciel et la terre, jusqu'à celui où Adam et Eve, coupables de désobéissance, sont chassés du Paradis terrestre et achèvent leur vie dans les larmes et le travail. Sur le tronc épique, c'est la première branche qui porte la cosmogonie biblique, la genèse des êtres bruts, des êtres organisés, des êtres vivants, des êtres raisonnables, et aboutit au plus terrible dénouement, à la malédiction de l'homme par Dieu.

« Mais cet homme qui a péché dans Adam et qui, dans lui, est condamné aux douleurs du corps et à la mort de l'âme, peut se racheter par le travail. En les chassant du paradis, Dieu eut pitié de nos premiers parents, et leur donna des habits de peau en leur apprenant la manière d'en user. De là le sculpteur chrétien prit occasion d'apprendre aux Beaucerons la manière de travailler des bras et de la tête; et, à droite de la chute d'Adam, sculpta sous leurs yeux et pour leur perpétuelle instruction, un calendrier de pierre avec tous les travaux de la campagne, un catéchisme industriel avec les travaux de la ville, et pour les occupations intellectuelles, un manuel des arts libéraux personnifiés dans un philosophe, un géomètre, un magicien, etc.; le tout en cent trois figures. Tel est le second chant qui fait passer sous les yeux la représentation historique et allégorique à la fois de l'industrie agricole et manufacturière, du commerce et de l'art.

« Il ne suffit pas que l'homme travaille, il faut encore qu'il fasse un bon usage de sa force musculaire et de sa capacité intellectuelle; il faut qu'il emploie convenablement les facultés que Dieu lui a réparties, les richesses qu'il a acquises par son travail. Il ne suffit pas de marcher, il faut marcher droit ; il ne suffit pas d'agir, il faut agir bien, il faut être vertueux. Dès lors, la religion a dû clouer aux porches de Notre-Dame de Chartres cent quarante-huit statues représentant toutes les vertus qu'il faut embrasser, tous les vices qu'il faut terrasser. Comme l'homme vit pour Dieu, pour la société, pour la famille et lui-même, les quatre ordres de vertus théologales, politiques, domestiques et intimes y sont représentés dans les différents cordons des voussures. C'est le troisième chant.

« Maintenant que l'homme est créé, qu'il sait travailler et se conduire, que d'une main il prend le travail pour appui et de l'autre la vertu pour guide, il peut aller sans crainte de gauchir, il peut vivre et faire son histoire ; il arrivera au but à point nommé. Il va donc reprendre sa carrière de la création au jugement dernier, comme le soleil sa course d'orient en occident. Le reste de la statuaire sera donc destiné à représenter l'histoire du monde depuis Adam et Ève que nous avons laissés bêchant et filant hors du paradis, jusqu'à la fin des siècles. En effet, le sculpteur inspiré a deviné, les Prophètes et l'*Apocalypse* en main, ce qui adviendrait de l'humanité bien après que lui, pauvre homme, n'existerait plus. Il ne fallait pas moins que les quatorze cent quatre-vingt-huit statues qui nous restent encore pour figurer cette histoire qui comprend tant de siècles et tant d'hommes. C'est le quatrième et dernier chant.

« Cette statuaire est donc bien, dans toute l'ampleur du mot, l'image ou le miroir de l'univers, comme on disait au moyen âge : l'image de la nature brute et organisée dans le premier chant, dans le second de la science, de la morale dans le troisième, dans le quatrième de l'homme, et dans le tout enfin du monde entier. Telle est la charpente intellectuelle du poëme, son plan, son unité morale ; en voici maintenant l'unité matérielle, la disposition physique.

« L'histoire religieuse, pour un chrétien, se compose de deux périodes tranchées : de celle qui précède Jésus-Christ, et qui est occupée par le peuple hébreu, le peuple de Dieu ; de celle qui suit Jésus-Christ et que remplissent les nations chrétiennes. Il y a la Bible et l'Évangile. Comme dans la société, les Juifs ne se mêlaient pas aux chrétiens ; comme au XIIIe siècle, l'Ancien Testament, figuré par des tables à sommet arrondi, était différent du Nouveau Testament, livre carré à sommet plat, de même Notre-Dame de Chartres a séparé matériellement l'histoire du peuple juif de l'histoire du peuple chrétien, en interposant toute la largeur de l'église, et plus encore, toute la longueur de la croisée. Au porche du nord, elle a placé les personnages de l'Ancien Testament, depuis la création du monde jusqu'à la mort de la Vierge ; et au porche du midi, ceux du Nouveau, depuis le moment où Jésus-Christ dit à ses apôtres qui l'entourent : *Allez, enseignez et baptisez les nations!* jusques et y compris le jugement dernier.

Sur des vitraux du XIIIe siècle, sur des sculptures du XIVe, on voit Jésus-Christ trônant sur les nuages, le dos contre un arc-en-ciel, ayant à sa gauche les tables de Moïse sur l'arche d'alliance, et à sa droite, sur un autel, le livre de ses apôtres. De tout temps, en effet, la Bible a tenu la gauche et l'Évangile la droite. Cela devait être, car les chrétiens regardent la Bible comme le piédestal de l'Évangile. La Bible est le portrait dont l'Évangile est le futur modèle ; l'Évangile est la réalité dont l'Ancien Testament n'est que la métaphore et l'écho prophétique. Or, de tout temps, même encore aujourd'hui, dans les usages civils comme dans les cérémonies religieuses, la gauche est subordonnée à la droite ; on cède la droite à ceux qu'on veut honorer.

« Voilà dans quel ordre sont disposées ces dix-huit cent quatorze statues. Il n'y en a que deux dont je ne puis encore justifier suffisamment la place ; mais toutes les autres, sans exception, sont à leur rang aussi bien qu'un soldat dans une armée. Je parle de dix-huit cent quatorze statues, je devrais dire quatre mille ; car celles de l'ornementation sont distribuées comme celles du tableau : ce sont des allégories, des métaphores sculptées qui redondent sous un sens voilé et figuré les faits que les personnages viennent de nous offrir sous le sens réel et historique. C'est un second poëme qui côtoie, ou, pour mieux dire, qui double le premier. J'ai dit quatre mille statues, j'aurais dû dire neuf mille figures, en ajoutant les cinq mille des vitraux ; car, je l'ai annoncé, les vitraux ne sont que le commentaire ou la répétition de la statuaire.

« Cet ordre, comme je le disais à l'ouverture du cours que vous m'avez autorisé à professer à la Bibliothèque royale, est le plus beau, le plus *un* qu'on ait jamais imaginé ; c'est celui d'après lequel est tracée et exécutée la vaste encyclopédie de Vincent de Beauvais, dont le cadre est aussi supérieur à celui du chancelier Bacon, de d'Alembert, de Diderot, même à celui du grand physicien Ampère qui a surpassé ses devanciers, que la cathédrale de Chartres est supérieure à une pauvre église de village. Cependant cette encyclopédie admirable est restée à peu près inconnue jusqu'à présent, malgré un très-remarquable travail de M. Daunou, inséré dans le tome XVIII de l'*Histoire littéraire de la France*. L'illustration de pierre que lui a faite Notre-Dame de Chartres est peut-être destinée à la mettre en lumière.

« Ce sont donc ces dix-huit cent quatorze statues que j'ai entrepris de décrire cette année. Le travail vous sera soumis, Monsieur le ministre, et sera présenté au comité des arts et monuments vers le printemps ; car toutes les notes sont prises et la rédaction commencée. Toutes les statues seront décrites une à une, dans le plus grand détail ; je n'en laisserai pas passer une seule sans que je n'épuise, chemin faisant, toutes les questions archéologiques, esthétiques, historiques, morales, auxquelles elle pourra donner lieu. Je ferai comme un botaniste qui parcourt une prairie et qui s'arrête à chaque pas pour cueillir une fleur, l'anatomiser, la nommer, la classer et résoudre tous les problèmes qu'elle peut soulever.

« Dans ce rapport, je ne puis vous énumérer les résultats, nombreux certainement, auxquels donnera lieu ce travail sur la statuaire de Chartres. Cependant je ne saurais m'empêcher de vous en signaler un tout au moins. Ce résultat soulèvera des rumeurs archéologiques, sans aucun doute; mais déjà je l'avais laissé pressentir dans mon cours, et la suite du travail sur Chartres le confirmera pleinement, j'espère. C'est que, dans les cathédrales de France, il n'existe pas aux portails une statue qu'on puisse réellement appeler historique dans le sens rigoureux, et surtout civil et national du mot; c'est que, pour prendre un exemple saisissant, ces galeries de rois qu'on voyait à Notre-Dame de Paris avant la révolution, et qu'on voit encore à Reims, Amiens et Chartres, ne s'alignent pas des rois de France, mais des rois juifs. Il n'y a là ni Pharamond, ni Philippe-Auguste, ni saint Louis; mais bien David, Salomon et Josaphat. J'en suis fâché pour Montfaucon et ses *Monuments de la monarchie française*, j'en suis contrarié pour les statues gothiques du musée de Versailles; mais Clotaire, Clovis, Louis le Débonnaire, Charlemagne, Blanche de Castille ou la reine Pédauque, ou Berthe-aux-Grands-Pieds, des portails de Corbeil, Saint-Germain-des-Prés, Saint-Maurice d'Angers, Notre-Dame de Chartres, Notre-Dame d'Amiens, doivent quitter les noms qu'ils ont volés sous le compérage des bénédictins et redevenir, comme auparavant : Michol, la femme de David; Bethsabée, la mère de Salomon; la reine de Saba; les rois Osias, Manassé, Roboam, Jéchonias. Il y a des exceptions à ce que j'avance, mais en très-petit nombre, et fournies seulement par certaines statues qu'on voit à Reims, dans la cathédrale, monument tout royal et qui devait différer des autres. En général, sur les cathédrales, les statues sont religieuses, figurant des personnages de l'Ancien et du Nouveau Testament, comme du reste le bon sens l'indique *a priori*, et non des statues civiles et de notre histoire nationale. Donc, il faut le dire sans peur, les bénédictins et Sauval se sont trompés en déclarant que des rois de France peuplaient la galerie royale de Notre-Dame de Paris; donc, il est heureux, pour nous autres antiquaires surtout, que Napoléon n'ait pas exécuté son intention de placer tous nos rois francs et français en sentinelles dans cette galerie.

« Plus mon assertion est hardie, plus j'aurai à cœur de la démontrer par des preuves de toute nature, par des faits, par des textes, par des inscriptions gravées ou peintes sur ces rois et autour d'eux, par les attributs caractéristiques, par des vitraux à légendes, par des analogies diverses. Le travail sur la cathédrale de Chartres ne laissera aucun doute, j'espère. En tout cas, j'affirme d'avance, par ce que j'ai des inscriptions qu'on n'a pas vues ou des faits qu'on a ignorés, que le prétendu Fulbert, évêque de Chartres, qui se dresse au portail du sud, les pieds sur une église que des flammes entourent, n'est autre que le pape saint Clément posé sur une église environnée d'eau. La mitre de ce Fulbert est une tiare; la statue est nimbée, et Fulbert n'est pas saint; enfin les flammes sont des flots. J'affirme que la statue du même portail, dite d'Eudes, comte de Chartres, est de saint Georges, chevalier cappadocien; car elle est nimbée; car son martyre est représenté sur la console où elle pose les pieds; car, sur un vitrail de la grande nef, le même chevalier, équipé comme cette statue et martyrisé comme elle, porte écrit en lettres du xiiie siècle : *S. Giorgius*. Il en est ainsi de toutes les autres statues, surtout de celles du prétendu Pierre Mauclerc et d'Alix sa femme. Il est malheureux que l'archéologie arrive après 1793 seulement à démontrer que les rois de Notre-Dame de Paris n'étaient pas des rois *liberticides* de France, mais des rois inoffensifs du peuple juif. Les révolutionnaires ne les auraient peut-être pas renversés de leur galerie, ni pulvérisés sur les pavés, s'ils avaient su à quels personnages ils s'en prenaient. La mauvaise archéologie nous a fait beaucoup de mal ; pour ce fait, les antiquaires contemporains doivent en vouloir aux bénédictins.

« Un autre fait auquel on devait peu s'attendre, c'est que parmi les Vertus politiques sculptées sur le portail du nord, il en est plusieurs qu'on s'étonne d'y voir. Ces Vertus, personnifiées dans des reines fières de tournure, vertes d'âges, portent un bouclier sur lequel s'enlève en relief un attribut qui les caractérise. Ainsi, la Concorde montre quatre colombes qui vivent en paix et en amour; la Vitesse, trois flèches qui sifflent en abîme. Eh bien ! parmi ces Vertus, brille la Liberté. Le mot y est : *Libertas*. Deviné d'abord par M. Lassus, épelé ensuite par lui, avec le secours d'une longue échelle, ce mot a été lu parfaitement par moi, au moyen d'une excellente lunette; il vient enfin d'être dessiné à la chambre claire par M. Paul Durand, estampé avec la terre glaise et moulé en plâtre. Cette Liberté est une forte femme, âgée de vingt-cinq à trente ans, se cambrant avec fierté à quarante pieds au-dessus du sol, creusant la hanche gauche pour arrondir et faire saillir la droite. Vêtue d'une longue robe et d'un manteau retenu sur les épaules au moyen d'une cordelette, cette mâle Vertu tenait de la main droite, la main puissante, ou une pique ou un glaive qui est cassé, et de la gauche un écusson dont le champ porte deux couronnes royales. C'est donc bien la Liberté politique, la Liberté communale peut-être, la Liberté octroyée par les rois aux bourgeois de Chartres. Par la place d'honneur qu'elle occupe, cette Liberté triomphante est la seconde en rang; fille de la Vertu par excellence et qui est personnifiée dans une femme qui se dresse sur un rosier parsemé de roses épanouies et en boutons, elle est à son tour la mère des douze autres Vertus qui marchent après elle, comme de petits enfants derrière une aïeule.

« Cette description de la statuaire formera un demi-volume in-4°; le second demi-volume renfermera, avec toute l'ornementation sculptée, la statuaire intérieure, et ne sera prêt que l'année prochaine. Il me faudra quatre années, en outre, pour terminer tout mon travail de description : deux pour la peinture sur verre et la peinture à fresque, deux pour l'architecture de la crypte et de la cathédrale supérieure. Le volume d'architecture sera clos par des faits relatifs à la condition sociale, politique et domestique des artistes chrétiens, et par des considérations sur les signes gravés dans la pierre par les appareilleurs et les tâcherons. J'avais découvert ces signes dans l'Auvergne et la Provence, je les ai retrouvés au Palais de Justice de Paris, et je viens de les constater au clocher vieux de Chartres. Ces considérations, appuyées du nom de *Rogerus*, qu'on lit en caractères du XIIe siècle au portail occidental de Chartres; de *Robin*, que j'ai trouvé en caractères du XIIIe au porche du nord; de *Jehan de Beauce*, qu'on voit en lettres du XVIe siècle au clocher neuf ; appuyées de la personnification de l'architecture peinte sur verre sous la forme d'une femme, dans la chapelle Saint-Piat, et sculptée au porche du nord sous la figure d'un homme, pourront aider à la solution des problèmes nombreux et obscurs qu'on peut poser sur cette matière. Puis viendront en aide les instruments des architectes, des tailleurs de pierre et des appareilleurs qu'on voit au porche du nord et sur les vitraux de l'abside; puis la figure des architectes, des tailleurs de pierre et des sculpteurs qui sont peints sur trois verrières du rond-point; puis les dessins palimpsestes du XIIIe siècle, découverts il y a trois mois dans un nécrologe de Reims, et les textes épars dans les agiographes, les Bollandistes principalement, sur les artistes chrétiens. Ce que je viens de dire n'a trait qu'à mon travail; mais je n'étais pas seul à Chartres : M. Amaury-Duval, chargé des figures, M. Lassus, chargé des dessins d'ornementation et d'architecture, se sont, comme je l'ai fait, acharnés pendant deux mois à la cathédrale. M. Amaury-Duval a dessiné vingt-et-une statues et statuettes à l'énorme échelle de seize centimètres pour mètre; et à celle de douze, les cinquante-sept qui remplissent le tympan et la voussure de la porte centrale du portail royal. Déjà, l'année dernière, M. Amaury-Duval avait dessiné treize statues; en sorte qu'on a déjà la somme de quatre-vingt-onze figures et figurines prêtes pour la lithographie, et qui seront exposées au prochain salon. Pour arriver à ce résultat, il a fallu braver bien des fois le vent qui, toute l'année et toute la journée, gronde au portail royal, qui fouette assez souvent la pluie et souffle toujours le froid.

« Quant à M. Lassus, avec le secours de MM. Cerveau et Suréda, ses aides, il pourra exposer au salon prochain tout le grand portail occidental flanqué des porches latéraux. C'est un dessin de huit pieds de haut sur quatre de large. Chaque ligne, d'une exactitude rigoureuse et mathématique, a été fournie par deux cent deux minutes cotées et vérifiées à plusieurs reprises, et qu'il a été souvent dangereux d'aller chercher à l'aide d'une corde à nœuds ; car il a fallu escalader plusieurs fois le portail pour rapporter une cote incertaine ou un profil oublié. Je dois, Monsieur le ministre, appeler votre intérêt sur les aides de M. Lassus. La ville de Chartres peut témoigner que ces deux jeunes gens ont réellement montré pour la science, sur la cathédrale de Chartres, le courage que déploient des soldats sur un champ de bataille. Dix plans des clochers pris à diverses hauteurs, tous les détails d'ornementation et de moulures à seize centimètres pour mètre, exposés avec la façade, témoigneront de la rigueur apportée dans le travail. Outre ce grand dessin de la façade occidentale, M. Lassus exposera deux *fac-simile* de vitraux, dont l'un, remarqué au salon de 1836, sera réexposé en gravure réduite et coloriée. Il représente dans le plus grand détail les curieuses aventures de l'Enfant prodigue. Sur l'autre, qui se calque en ce moment, est peinte la légende de saint Eustache, une des plus belles qu'ait inventée l'imagination des chrétiens de l'Orient.

« Le spécimen de la monographie archéologique de Chartres se composera de quatre-vingt-onze figures des XIIe, XIIIe, XIVe et XVIe siècles; de deux grandes verrières du XIIIe ; de plusieurs plans, de diverses feuilles de profils et d'ornementation, et d'un immense dessin d'architecture qui, à lui seul, donnera des échantillons considérables de tous les styles du XIIe au XVIe siècle. En effet, la façade presque entière et le vieux clocher sont du XIIe ; le clocher neuf appartient au XVIe, gothique; tandis qu'au XVIe, en style de la renaissance, a été construit un charmant bâtiment où est logée l'horloge; les porches et le haut de la façade occidentale datent du XIIIe; au XIVe, on a élevé la sacristie dont on verra tout un côté. »

Les paroisses de Chartres étaient autrefois au nombre de sept : Saint-André, Saint-Aignan, Saint-Martin-le-Viandier, Sainte-Foy, Saint-Michel, Saint-Saturnin et Saint-Hilaire. Parmi les monastères, il faut placer en première ligne l'abbaye de Saint-Père, de l'ordre de Saint-Benoît, laquelle fut, dit-on, bâtie pour la première fois vers l'an 845, et détruite bientôt après par les Normands : on la reconstruisit plusieurs fois depuis ; l'abbaye de Saint-Jean en Vallée, fondée en 1099, par Yves, évêque de Chartres; celle de Saint-Chéron, bâtie en 658, et dotée par Clotaire III. La plupart de ces monuments n'existent plus. L'église Saint-André, dont une arche, jetée d'un côté de la rivière à l'autre, supportait le chœur, est convertie en tombe en ruines ; la partie construite sur l'arche a même été détruite entièrement; l'arcade seule a été conservée. L'église Saint-Aignan et celle de l'abbaye Saint-Père sont conservées. Cette dernière a été dédiée dernièrement sous le titre de Saint-Pierre. Bâtie en 1170, par Hilduard, religieux de l'ordre de Saint-Benoît, elle se compose d'une nef et de deux bas-côtés sans croisée; elle est d'une architecture gothique peu ornée; les vitraux sont beaux, et paraissent dater du XIII° ou du XIV° siècle. La chapelle du fond est décorée des figures en émail des douze apôtres. Ces émaux viennent du château d'Anet; les figures sont de grandeur demi-naturelle et d'un bon dessin. Tout dans cette ville parle des temps anciens : les rues sont étroites, nullement alignées, et en général mal pavées; la plupart de celles qui suivent la pente de la colline ont la forme d'escaliers; les maisons, presque toutes en bois et en terre, sont d'une mauvaise construction : un grand nombre ont encore des portes en ogive, où l'on retrouve sculptés des monuments gothiques. La partie inférieure de la ville basse est traversée par les deux bras de l'Eure, dont l'un coule en dedans, l'autre en dehors des remparts : elle n'est pas plus montueuse que la ville haute, mais elle est plus mal percée et plus mal bâtie. On y trouve cependant une jolie place, celle Saint-Pierre, bordée de deux allées d'arbres et attenant à l'église de ce nom, laquelle est elle-même attenante au couvent de bénédictins dont elle dépendait, et qui est aujourd'hui converti en caserne. Dans la ville haute sont les deux places du marché aux grains et du marché aux herbes. La première, carrée et médiocrement grande, est le centre des greniers de la Beauce; la seconde, celle du marché aux herbes, présente un carré long, et n'était remarquable que par le mausolée, en forme d'obélisque, élevé à la mémoire du général Marceau, natif de cette ville, qui, soldat à 16 ans, général à 23, et mort à 27 à Altenkirken, le troisième jour complémentaire de l'an IV, fut un des héros de la nouvelle France. A sa mort, sa dépouille mortelle, respectée par les ennemis, fut rendue à ses camarades avec toutes les marques de la plus grande admiration. Une autre place, la plus belle de toutes, celle des Barricades, est hors des murs, entre la porte des Epars et les principales promenades. C'est là qu'aboutissent les trois avenues de Paris, de Nantes et de Bordeaux. La fontaine minérale, vantée par quelques auteurs comme souveraine contre les maladies chroniques, est peu connue des habitants, ainsi que des médecins, et n'est pas plus fréquentée par les uns qu'ordonnée par les autres. La bibliothèque, fort grande et fort belle, mais peu suivie, est composée de 30,000 volumes. — Les pâtés de Chartres sont trop connus dans les annales de la gastronomie pour pouvoir être passés sous silence; ils sont exportés principalement à Paris, où l'on en fait de la même qualité et au même prix qu'à Chartres. Une opinion proverbiale et populaire veut qu'il y ait beaucoup de bossus dans cette ville; on n'en trouve cependant pas là plus qu'ailleurs.—Chartres a vu naître beaucoup d'hommes célèbres et quelques grands hommes : Foulques ou Foucher de Chartres, qui suivit la première croisade et fut chapelain de Baudouin Ier, roi de Jérusalem; Amaury de Chartres, hérétique du XIII° siècle; André Desfieux, qui se fit jésuite en 1541, dès les premiers temps de l'existence de la compagnie, et devint secrétaire de saint Ignace; Philippe Desportes, poëte du XVI° siècle; Mathurin Regnier, son neveu, le premier de nos satiriques; Etienne d'Aligre, garde des sceaux; Pierre Nicole, l'une des gloires de Port-Royal; André Félibien, de l'Académie des Inscriptions, et ses deux fils, Jean-François et Michel, le dernier auteur, avec dom Lobineau, d'une Histoire de Paris, en 5 vol. in-fol.; Jean-Baptiste Thiers, auteur d'un traité des superstitions et d'un grand nombre de dissertations historiques, mort en 1703; Dallinval, auteur comique; Dussaulx, traducteur de Juvénal; Brissot de Warville, député à l'assemblée législative et à la convention; Pétion, maire de Paris; Marceau, dont il a déjà été question; Collin d'Harleville; enfin Chauveau-Lagarde, avocat, défenseur de la reine Marie-Antoinette, et Chevard, auteur d'une excellente Histoire de sa ville natale.

Castanetum vel Castenidum, Chatenay-lès-Bagneux, paroisse du diocèse de Paris, canton de Sceaux, dép. de la Seine, située sur la pente d'un coteau qui regarde l'orient, à 1 kil. sud-ouest de Sceaux et 10 kil. sud-ouest de Paris. La population est d'environ 850 habitants, y compris les hameaux d'Aunay, de Malabry, du Petit-Chambord, et les maisons isolées dites le Petit-Châtenay, le Val-du-Loup et le Pavillon de Malabry. Ce village doit son surnom de *lès-Bagneux* à Bagneux, qui était la paroisse la plus considérable et la plus voisine dans un temps où Sceaux, le Bourg-la-Reine et le Plessis-Picquet, qui l'en séparent aujourd'hui, n'existaient pas; au reste, ce surnom ne lui fut donné que pour le distinguer des autres villages appelés aussi *Châtenay*, et non parce qu'il aurait été une dépendance de Bagneux; car, quoique celui-ci date de fort haut, Châtenay paraît encore plus ancien. Le livre d'Irminon, abbé de Saint-Germain-des-Prés, sous Charlemagne, parle de Châtenay, *Castenidum*, comme voisin de Verrières. Dans une charte du IX° siècle, Châtenay est compris avec Bagneux sous le nom de *Castanetum*, parmi les biens confirmés au chapitre de Paris par Charles le Simple : la même confirmation est portée dans une autre charte de Lothaire et Louis, de l'année 980 ou environ, où on lit *Castanetum cum ecclesia*. Quant à l'étymologie du nom de Châtenay, elle vient évidemment des châtaigniers qui croissaient sur son territoire, très-propre à la production de ces arbres, à cause du sable dont il est composé en grande partie.—L'église de ce lieu, dédiée à Saint-Germain-l'Auxerrois, a été rebâtie dans le dernier siècle, et la porte en a été élargie et refaite entièrement en 1807 : cependant plusieurs de ses parties annoncent une construction fort ancienne. L'abbé Lebeuf remarque que les pilastres et chapiteaux qu'on voit dans le chœur annoncent, par leur style, une construction du XIII° siècle; il fait remonter au siècle précédent ceux qui sont sous la tour qui sert de clocher. Cette tour, élégamment travaillée, avait, selon le même auteur,

500 ans d'antiquité ; mais elle ne peut être aussi ancienne que le prétend cet historien, qui n'a pas remarqué, sous la clef de la voûte de la chapelle latérale, dédiée à sainte Geneviève, cette date mccccxix, et surtout les colonnes de l'église, qui appartiennent à la même époque. On voyait dans le sanctuaire de cette église, du côté du nord, une plaque de marbre noir, qui a depuis été enlevée et a fait partie du cabinet de M. Giffard : elle rappelait qu'en 1713, l'abbé de Malezieu y fut sacré évêque de Lavaur. Cet abbé était fils de l'illustre Nicolas de Malezieu, chancelier de Dombes, chef des conseils du duc du Maine, l'un des quarante de l'Académie française et honoraire de l'Académie des sciences. Poëte, orateur, philosophe, astronome, géomètre, il excellait encore dans tous les talents de l'esprit qui peuvent faire briller dans la société. La duchesse du Maine se l'attacha particulièrement, et pour l'avoir plus près de sa résidence de Sceaux, elle lui donna une jolie maison à Châtenay, qu'elle augmenta d'un bel appartement et d'une galerie. Le duc du Maine ajouta à ce présent la seigneurie qu'il avait à Châtenay. Le savant Malezieu y avait fait construire une espèce d'observatoire, d'où il fit plusieurs découvertes astronomiques consignées dans les mémoires de l'Académie des sciences. Les journaux du temps contiennent les détails d'une fête brillante que donna cet académicien dans sa maison de Châtenay, le 5 de ce même mois d'août, à l'occasion de la célébration que fit l'abbé de Malezieu, son fils, de sa première messe, dans l'église de ce lieu, en présence du duc et de la duchesse du Maine, et d'une partie de ce qu'il y avait de plus distingué à la cour. Ce savant fut inhumé dans la nef de cette église en 1727. — L'église de Châtenay renfermait plusieurs tombes des xiii° et xiv° siècles. Vers 1740, en fouillant dans le chœur, on trouva 10 ou 12 tombeaux en plâtre, dans chacun desquels il y avait un pot de terre grise à petites bandes rouges, rempli de cendres et de charbon : il y avait de plus dans quelques-uns une petite fiole. On trouva de semblables pots dans d'autres cercueils découverts dans le cimetière de la paroisse, éloigné du village d'environ un kil. L'usage de ces vases, destinés à l'eau bénite, à l'encens, au charbon, indique le xii° ou le xiii° siècle, d'après ce qu'on lit dans Beleth. Cette église appartenait dès le x° siècle, au chapitre de Paris, qui plus tard, et principalement depuis le xii° jusqu'au xv° siècle, acquit par diverses donations et legs plusieurs droits temporels sur Châtenay. Les chroniques du temps nous apprennent que les habitants de ce lieu ne cessèrent d'être *serfs* du chapitre de Paris qu'en 1266, moyennant la somme de 1400 livres. — Ce village offre le tableau d'une population laborieuse ; les productions du territoire se bornent à des grains en petite quantité, quelques vignes et des arbres fruitiers. — Beaucoup de jolies maisons de campagne sont situées dans cette commune : on peut citer celles qui ont appartenu à l'ancien évêque de Cazal, M. de Villaret, au comte Lenoir de La Roche, au marquis de Château-Giron : ces deux dernières à Aunay ; au vicomte de Châteaubriand, au Val-du-Loup, et enfin à Mme la comtesse de Boignes, dans laquelle Voltaire est né le 20 février 1694.

Castanetum in Francia, Châtenay-en-France, paroisse de l'ancien diocèse de Paris, maintenant de celui de Versailles, canton d'Ecouen, arrond. de Pontoise, Seine-et-Oise, située sur une hauteur à 7 kil. nord-est d'Ecouen, à 33 de Versailles, à 24 nord de Paris. La population n'est que de 125 habitants environ. — Les auteurs du Dict. univ. de France y comptaient, au milieu du dernier siècle, 150 hab. — Ce village a été surnommé de France, pour le distinguer du précédent ; au reste, beaucoup de villages ont reçu le nom de Châtenay : il vient sans doute, comme l'indique le mot latin *castanetum*, des châtaigniers qui étaient plantés en grand nombre dans leurs environs. Châtenay-en-France n'est connu que par son église. Dès l'an 1097, il en est fait mention dans l'acte de donation qu'en fit Guillaume, évêque de Paris, au prieuré de Saint-Martin-des-Champs ; cet acte porte ces mots : *Altare villæ quæ dicitur Castanetum*. Une bulle d'Urbain II la nomme *Ecclesia de Castenio* : diverses autres bulles désignent ce village par la dénomination de *villam Castaneum* et *villam de Castaneo*. L'église est petite : dédiée sous l'invocation de saint Martin, elle le fut de nouveau, sous le même titre, en 1578 ; le chœur en a été renouvelé, l'an 1645, aux dépens de Jean-Baptiste-Amador de Richelieu, abbé de Marmoutiers et prieur de Saint-Martin-des-Champs, et, en cette qualité, seigneur de la paroisse. Dans le dernier siècle, le reste de l'église fut réparé autant que pouvait l'être un si ancien monument, et on a ajouté une aile du côté du midi. Le terroir est en terres labourables, avec quelques vergers et arbrisseaux.

Castellio sub Banniola, Châtillon-sous-Bagneux, paroisse du diocèse de Paris, canton et arrond. de Sceaux, à 3 kil. nord de cette petite ville, à 6 sud-ouest de Paris. La population est de 1400 habitants au moins, y compris le hameau dit le Petit-Châtillon. — Ce village, situé dans le carré que forment les villages de Vanves, Bagneux, Clamart et Fontenay-aux-Roses, est bâti sur une éminence, dans une des plus belles situations des environs de Paris. De là, en effet, on découvre tous les édifices de la capitale, le cours de la Seine, le Calvaire, Vincennes et les hauteurs de Montmartre. L'aspect de la campagne environnante offre un tableau d'un autre intérêt : on n'aperçoit que des plantations de cerisiers, de rosiers, de groseillers ; des noyers nombreux s'élèvent au-dessus de ces jolis arbustes, et de grandes plates-bandes de fraisiers parfument les jardins. — Châtillon n'était originairement qu'une terre dépendante de Bagneux. Philippe I°, par une charte de l'an 1061, la donna à l'abbaye de Saint-Germain-des-Prés en échange de son ancienne terre de Combs-la-Ville, dont il ne pouvait plus la faire jouir, l'ayant lui-même rendue à Eudes, fils de Manassès, comte de Mont-Didier, aux ancêtres duquel elle avait appartenu. Tout le canton environnant Bagneux était alors appelé *Banniola* ou *Banniolæ*, parce que c'étaient les limites de l'étendue aujourd'hui appelée *banlieue*; mais depuis qu'on eut bâti un petit château dans la portion appartenant à l'abbaye de Saint-Germain, ce quartier-là prit le nom de *Châtillon*. Le premier titre où ce lieu est désigné sous ce nom, est une sentence arbitrale insérée dans le cartulaire de Notre-Dame-des-Champs, fol. 28. Il y est dit que Bouchard, maire de Bagneux, reconnaît tenir de Robert, prieur de ce monastère, un demi-arpent de vigne, *inter Castellionem et Clemarcium*. — La petitesse de l'église de Châtillon, rebâtie sous Charles VII, fait voir que ce village était peu de chose dans son origine. Elle ne peut avoir été érigée en paroisse que dans le xive siècle au plus tôt, puisque le pouillé du xiiie n'en parle point. Le chœur paraît être de l'an 1400 environ : le reste est plus nouveau ; la tour, en particulier, qui est bâtie sur le côté du frontispice, ne peut guère dater que de 1600. Elle est d'une grosseur considérable, d'une élévation proportionnée à celle de l'église, et ornée de volutes qui la feraient approcher de l'ordre ionique. Cette église réparée en partie en 1610, le fut en entier en 1741. Elle est sous l'invocation de saint Philippe et saint Jacques, sans doute par déférence pour quelque donateur du nom de Philippe ou de Jacques, qui avait fourni de quoi la rebâtir ; car elle n'était auparavant qu'une chapelle sous le titre de Saint-Eutrope, et la permission accordée, en 1541, au curé et habitants de faire dédier leur église, porte la condition de célébrer cette dédicace le jour de Saint-Eutrope. La nomination à la cure de cette paroisse appartenait à l'archevêque de Paris, suivant les pouillés de 1626 et 1648 ; cependant une copie du pouillé de Paris, écrite au xvie siècle, parlant de la collation de la cure de Châtillon, porte ces mots : *capitulum parisiense vel episcopus*. La totalité des dîmes de cette cure, dont le territoire avait été pris en partie sur celui de Clamart, ne s'étendait que sur 800 arpents. Aucune des sépultures de cette église n'est remarquable par ses ornements et on n'y lit aucune épitaphe ; mais on distingue celle de la famille Tardieu, dont il sera parlé dans la suite de cet article. La principale seigneurie de Châtillon appartenait à l'abbaye de Saint-Germain-des-Prés, par la donation de Philippe Ier. Ce monastère acquit ensuite, de Jean de Montaigny, pour une somme de 145 liv.-parisis, la voierie de ce lieu et tous les droits que ce seigneur y avait en vin, avoine et argent ; cette cession fut confirmée par des lettres de Philippe-Auguste, de l'an 1202. On trouve un Germain Braque, seigneur de Châtillon, dès 1443. Richard Tardieu, seigneur du Ménil, acquit, vers 1600, les droits de l'abbaye de Saint-Germain, et, après sa mort, arrivée à Paris le 20 octobre 1626, son corps fut transféré à Châtillon, et inhumé le 5 novembre de la même année dans un caveau construit sous la chapelle de la Vierge, pour servir à toute sa famille. Le 27 août 1665, ce caveau reçut les corps de Jacques Tardieu, lieutenant-criminel au Châtelet de Paris, deuxième seigneur de Châtillon depuis l'aliénation, et de Marie Ferrier, son épouse, assassinés dans leur maison à Paris, quai des Orfévres, par les deux frères Touchet, le jour de saint Barthélemy, 24 du même mois d'août 1665. Ce sont ces deux époux, dont l'avarice égalait les grandes richesses, que Boileau a dépeints dans sa 10e satire :

> *Comme ce magistrat, de hideuse mémoire,*
> *Dont je veux bien ici te crayonner l'histoire*, etc.

Cette famille a donné son nom au bois taillis situé au haut de la montagne que l'on rencontre à droite en allant à Meudon, et que l'on appelle encore *Bois Tardieu*. Colbert acheta cette seigneurie à ces mêmes Tardieu, et le duc du Maine la posséda après lui. La terre de Châtillon avait eu, comme plusieurs autres, un seigneur du voisinage pour protecteur. Jean d'Issy, écuyer au xiiie siècle, en possédait les droits, qui consistaient en une redevance en grains: ce droit s'appelait *tensamentum*. — Au commencement d'octobre 1417, Jean, duc de Bourgogne, partant pour le siège de Montlhéry, vint camper sur les hauteurs de Châtillon, et se reposa contre un arbre où il fit suspendre son étendard de guerre. Les Anglais y avaient campé au siècle précédent, lors de leur invasion en 1358. En 1815 les Anglais, qui avaient passé la Seine à Sèvres, occupèrent les hauteurs du village et se répandirent dans les environs. Châtillon eut alors le sort commun à tous les villages occupés par l'ennemi : il fut pillé entièrement. — Le fameux diacre François Paris, dont les jansénistes ont fait un saint, et qui a laissé plusieurs ouvrages de piété dans les idées du jansénisme, était de Châtillon. Né dans le xviie siècle, il mourut le 17 octobre 1718. Ce fut sur sa tombe, dans le cimetière Saint-Médard, qu'eurent lieu les scènes si ridicules des convulsions qui troublèrent la première partie du xviiie siècle, et dans lesquelles le parlement de Paris intervint d'une manière peu honorable. — Le terroir de cette commune est en terres labourables et vignes, les légumes qu'on y recueille sont très-estimés. On y trouve beaucoup de carrières de pierre de liais et moellons, deux de pierre à plâtre et deux fours à chaux. L'une de ces carrières est remarquable par une galerie souterraine et rampante jusqu'à la profondeur de 85 pieds. Cette galerie est d'une pente si douce, qu'une voiture attelée de trois chevaux peut y descendre et en tirer la pierre qu'elle fournit. — On voit auprès de ce village les restes d'une ancienne tour, qui paraît avoir fait partie des fortifications bâties jadis dans ce lieu, et qui lui firent donner son nom de Châtillon. Cette tour s'appelle vulgairement *la tour de Crouy*.

Castellio vel Castrum ad Brigensem saltum, Châtres-en-Brie, paroisse de l'ancien diocèse de Paris, maintenant de celui de Meaux, canton de Tournan, arrond. de Melun, Seine-et-Marne, située dans une plaine à 4 kil. sud-est de Tournan où est le bureau de poste, à 34 ouest de Paris. La popul. est de 360 habitants environ. Des titres du xiie siècle, les premiers dans lesquels il soit parlé de ce lieu, le nomment indifféremment *Castrum* ou *Castra*. De Valois prétend que ce nom, commun à plusieurs autres lieux, vient de ce que les Romains y avaient eu autrefois des campements. Il n'y a rien de remarquable dans l'église, que l'antiquité du chœur, où l'on voit des piliers très-massifs dominés par des chapiteaux à feuillages grossiers, tels qu'on les construisait sur la fin du xiie siècle et au commencement du suivant. On y reconnaît saint Antonin, martyr de Pamiers ou d'Apamée, pour patron, sans en savoir la raison et sans en conserver de reliques. Cet Antonin ne pourrait être que le disciple de saint Denis, qui portait ce nom, et qui serait décédé en ce lieu ; mais la fausseté reconnue des actes de saint Saintin, autre disciple de saint Denis, et prétendu évêque de Meaux, fait assez présumer qu'il en est de même de ce qu'on attribue à Antonin, quoique cette fausseté, selon l'abbé Lebeuf, ne doive pas s'étendre sur l'existence des personnes dont les noms étant romains, ne sont, dit-il, nullement récusables. On honore aussi dans l'église de Châtres saint Félix, dont l'image le représente vêtu en prêtre ; il y avait autrefois un grand concours de peuple pour réclamer son intercession, et cependant sa fête n'y est point célébrée. La nomination à la cure de cette paroisse appartenait, dès le xiiie siècle, au prieur de *la Celle*, ordre de Saint-Benoît, au diocèse de Meaux, dont le titre était attaché au séminaire des Missions-Étrangères, à Paris. Le prieuré de Saint-Martin-des-Champs a eu à Châtres une dîme confirmée par Thibaut, évêque de Meaux, vers l'an 1150 ; mais dès longtemps avant la révolution, il n'y avait de gros décimateur que l'abbé d'Hermières. — La seigneurie de Châtres a très-anciennement appartenu aux sires de Gourlande. En 1580, un Médéric de Donon, contrôleur des bâtiments du roi, comparut comme seigneur de ce lieu, pour la rédaction de la coutume de Paris. Des lett.-pat., enregistrées le 6 juillet 1677, portent érection de cette terre en châtellenie, en faveur de Henri Binet, maître des comptes, procureur général de la reine. Le marquis de Ségur, ayant épousé la fille unique de Binet, devint seigneur de Châtres. En 1700, un Beringhen était coseigneur avec ce marquis, et depuis, cette terre était restée aux Beringhen, comme attachée à celle d'Armainvilliers. — La tradition du lieu était que les rois de France y avaient eu une maison de plaisance au xive siècle ; que Charles V y était venu quelquefois, et y avait signé des lettres ; mais on ne connaît aucune de ces lettres où soit le nom de Châtres-en-Brie.

Castellio ad Sequanam, Châtillon-sur-Seine, ville de l'ancien diocèse de Langres, aujourd'hui de celui de Dijon, chef-lieu d'arrond. du dépt. de la Côte-d'Or, à 80 kil. nord-nord-ouest de Dijon, et à 240 est-sud-est de Paris. Cette ville faisait partie du duché de Bourgogne. Saint Bernard y a été élevé. Elle est célèbre dans l'histoire contemporaine par le congrès qui s'y tint en 1814, sous le nom de Conférences de Châtillon, entre Napoléon et les puissances coalisées. Châtillon est aujourd'hui une ville de commerce et d'industrie : ses environs sont riches en mines de fer. Le papier, les laines, les fers, les vins, les grains et les bois sont pour elle autant d'objets d'exportation.

Les extrémités de cette ville sont fort élevées, et le milieu dans un fond, ce qui forme une espèce d'amphithéâtre. Quoiqu'elle n'ait qu'une enceinte, elle est néanmoins partagée par la rivière de Seine en deux espèces de villes, dont l'une est appelée Chaumont, et l'autre le bourg. Le circuit de cette ville est d'environ trois mille cinq cents pas.

A l'extrémité du quartier de Chaumont, on voit une espèce de maison seigneuriale, qu'on croit avoir été bâtie par le chancelier Rollin. De l'autre côté et à la porte sont les ruines d'un ancien château, qui était la demeure ordinaire des premiers ducs de Bourgogne.

Il n'y avait qu'une seule église paroissiale dans Châtillon, et deux succursales. La paroissiale était dédiée à saint Vorle, si connu par ses miracles, et si fameux dans l'histoire de Gontran, roi de Bourgogne. Les deux autres étaient dédiées à saint Jean et à saint Nicolas. On comptait dans cette ville un couvent de Cordeliers, un de Feuillants, un de Capucins, un de Bénédictines, un d'Ursulines, et un de Carmélites. L'hôpital de Saint-Germain a été fondé pour loger les pauvres passants, qui pouvaient s'y reposer pendant deux jours, et celui de Saint-Pierre pour les pauvres. Sa population est de près de 6,000 habitants.

Castellio supra Lonium, vel supra Legnium, Châtillon-sur-Loing, petite ville de l'ancien diocèse de Sens, actuellement de celui d'Orléans, chef-lieu de canton, arrond. de Montargis (Loiret), située dans une vallée agréable sur la rive gauche du Loing entre Briare et Montargis, à 28 kil. de l'une et de l'autre de ces deux villes, à 63 d'Orléans, et 132 sud-sud-est de Paris. Long. 20° 30, lat. 74° 49. Sa population, qui n'était que de 1600 h. au milieu du siècle dernier, est actuellement de plus de 2,400 : celle du canton entier s'élève à 10,000 hab. — Il y avait dans cette ville un couvent de filles du Saint-Sacrement et une collégiale sous le titre de Saint-Pierre, fondée, en 1209, par un archevêque de Sens, et dont le chapitre était composé de 10 chanoines, non compris le doyen, un chantre et un trésorier. Les archevêques de Sens en conféraient toutes les prébendes. Aux xiie et xiiie siècles, les anciens seigneurs qui étaient de la maison de Melun, embellirent cette église, et y déposèrent plusieurs reliques précieuses ; au xive siècle, ceux de la famille de Bragne qui leur succédèrent, augmentèrent encore ces trésors. Châtillon passa ensuite par héritage dans la maison de Coligny. En 1559, cette ville fut prise, pillée et brûlée par un capitaine huguenot, nommé Perrin Canoble. En 1562, elle éprouva encore un désastre plus complet de la part des religionnaires. Les reliques de l'église collégiale furent profanées et plusieurs chanoines massacrés. Châtillon demeura au pouvoir des calvinistes, pour lesquels l'amiral de Coligny et le cardinal son frère s'étaient déclarés, jusqu'en 1569, qu'il fut repris par les catholiques. Pendant cette guerre civile, Châtillon devint tour à tour la proie des deux partis. Les malheurs de cette ville cessèrent lorsque le petit-fils de l'amiral abandonna la cause que son grand-père et ses grands-oncles avaient soutenue avec tant d'ardeur. Il obtint, en 1648, l'érection de Châtillon en duché-pairie. Son fils unique ayant été tué pendant les troubles de la minorité de Louis XIV, sa veuve, sœur du maréchal de Montmorency-Luxembourg, eut Châtillon pour ses reprises; elle le laissa par son testament à Paul-Sigismond de Montmorency, 3e fils de François Henri, duc de Piney-Luxembourg, en faveur duquel Louis XIV, en 1696, en fit un duché simple héréditaire, sous le nom de *Châtillon-Bouteville*, que portèrent les possesseurs de cette seigneurie. — On remarque auprès de cette ville le château situé à mi-côte, rendu célèbre par le nom de Coligny qui l'a possédé. Du temps de la Fronde, la princesse douairière de Condé, forcée de quitter Paris où elle s'était introduite furtivement, se retira dans ce château, près de la duchesse de Châtillon, et y mourut le 2 décembre 1650. On voit aussi un pont sur le canal. — Châtillon renferme plusieurs fabriques de bonneterie et de chapeaux ; il y a en outre des tanneries et des fabriques de draps, dont le commerce est peu considérable. — Cette ville a vu naître François de Coligny, né en 1521, mort à Saintes en 1569, d'une fièvre contagieuse, selon les uns, et de poison, selon d'autres ; il signala sa valeur dans les guerres civiles. — Gaspard de Coligny, 2e du nom : ses exploits le firent nommer colonel d'infanterie et amiral de France. Il soutint avec intrépidité le parti calviniste. Un projet horrible ayant éclaté, Maurevert, qui s'était chargé d'assassiner Coligny, lui tira un coup d'arquebuse d'une maison du cloître Saint-Germain-l'Auxerrois, et le blessa dangereusement. La veille de la fatale journée de la Saint-Barthélemy, en 1572, le duc de Guise marcha bien escorté à la maison de Coligny : une troupe d'assassins y entra, ayant Besme à leur tête. On connaît l'allocution que leur adressa l'amiral. Besme, après l'avoir percé de coups, le jeta par la fenêtre de sa cour, où le duc de Guise l'attendait. Son cadavre fut exposé à la fureur du peuple, et enfin pendu par les pieds à Montfaucon ; il n'en fut détaché que plusieurs jours après, et ses restes, recueillis par ses serviteurs, après avoir été renfermés dans une caisse de plomb, furent secrètement déposés dans les caves du château de Châtillon. Ils y demeurèrent jusqu'au 18 août 1786, époque à laquelle M. de Montesquiou les obtint du duc de Luxembourg, seigneur de Châtillon, et les fit transporter à Maupertuis, où il les déposa dans une chapelle sépulcrale construite exprès. Coligny était né en 1516. — Gaspard de Coligny, 3e du nom, maréchal de France et guerrier intrépide, gagna la bataille d'Avein avec le maréchal de Brézé. Il naquit en 1584 et mourut en 1646.

| *Châtillon-sur-Loire*, petite ville du diocèse d'Orléans, du dép. du Loiret, arr. de Gien, ch.-l. de can., ci-dev. dans le haut Berry, dioc. d'Auxerre ; elle est située sur la rive gauche de la Loire, à 5 kil. de Briare, 12 sud-sud-est de Gien, 164 sud de Paris. Sa pop. est de 2500 hab. env. Cette ville n'a rien de remarquable.

Castellio supra Matronam, Châtillon-sur-Marne, bourg de l'ancien diocèse de Soissons, actuellement de celui de Reims, chef-lieu de canton de l'arrond. de cette ville, situé sur une éminence dans une position fort pittoresque, près de la rive droite de la Marne, à 10 kil. est de Dormans, à 24 sud-ouest de Reims, à 14 ouest-nord-ouest d'Epernay, à 136 nord-est de Paris. Population, 1400 habitants environ. Cette petite ville dont la seigneurie appartenait, avant la révolution, à la maison de Bouillon, avait été cédée, en 1542, à Frédéric Maurice de la Tour, duc de Bouillon, en échange de sa principauté de Sedan. C'était une très-ancienne châtellenie, dont l'illustre maison de Châtillon tirait son nom et son origine. Ces seigneurs l'ont possédée jusqu'au temps de Philippe le Bel, qui acquit cette terre de Gaucher de Châtillon, connétable de France. Les seigneurs châtelains de Châtillon étaient vassaux des comtes de Champagne, qui tenaient ce fief, ainsi que celui d'Epernay, de l'église de Reims. — Il y avait à Châtillon un petit prieuré de l'ordre de Saint-Augustin, qui n'accordait pour tout rituel que 800 liv. C'est la patrie du pape Urbain II, qui fut en contestation avec l'antipape *Guibert*, et qui tint, à Clermont en Auvergne, le premier concile assemblé pour la conquête de la terre sainte, et qui donna lieu à la première croisade. Ce pontife mourut à Rome le 9 juillet 1099.

Castellum Alveredissi, Alverdissen, château des comtes de Schaumbürg-Lippe, et bourg situé sur l'Exter, petit affluent de la rive gauche du Weser, à 20 kil. nord-est de la ville de Detmold, en Westphalie. Popul., 800 habitants.

Philippe, troisième fils de Simon VI, fonda la ligne des comtes de Schaumbourg-Lippe. Il eut pour sa part Alverdissen, Lipperode et Uhlenburg. Elisabeth, sa sœur, était mariée à George-Hermann, C. de Schaumbourg ou de Holstein-Schaumbourg, branche aînée de la maison de Holstein, qui s'éteignit en 1459, et dont l'héritière, Hedwige, avait épousé Didier le Fortuné, C. d'Oldenbourg, et lui avait donné Christian Ier, qui fut roi de Danemark. C'est ainsi que les comtés de Sleswick et de Holstein passèrent aux rois de Danemark. Quant à la branche aînée de la maison, elle possédait les comtés de Schaumbourg et de Pinneberg (qu'on appelait aussi comté de Holstein) jusqu'en 1640 que mourut, âgé de vingt-quatre ans, Otton VI, f. de George-Hermann et de cette Elisabeth, comtesse de la Lippe, dont nous venons de parler. Otton VI, n'ayant pas été marié, sa mère Elisabeth, qui vivait encore, se porta comme son héritière *ab intestat*. Elle ne put cependant recueillir qu'une partie de la succession. Christian IV, roi de Danemark, s'empara du comté de Pinneberg, et le partagea avec Frédéric III, D. de Holstein-Gottorp. Ces deux souverains obtinrent aussi le désistement d'Elisabeth, moyennant 145,000 rixdalers qu'ils lui payèrent. Quant au comté de Schaumbourg, la maison de Brunswick et le landgrave de Hesse-Cassel en occupèrent des parties. Philippe, comte de la Lippe, que sa sœur Elisabeth avait institué son héritier, épousa une fille du landgrave, et conclut un arrangement en vertu duquel la moitié environ du comté de Schaumbourg (dont Rinteln est la capitale) fut adjugée au landgrave; l'autre moitié, renfermant Bückebourg et Stadthagen, fut conférée au comte Philippe à titre de fief hessois.

Les deux fils du C. Philippe fondèrent deux lignes, dites de Bückebourg et d'Alverdissen. La première s'éteignit en 1777 par la mort du comte Guillaume, feld-maréchal au service de Portugal, et la ligne d'Alverdissen succéda dans le comté de Schaumbourg. Le comte de Lippe-Schaumbourg accéda en avril 1807 à la confédération du Rhin; il prit à cette occasion le titre de prince. Il est membre de la confédération germanique, où il se nomme Pr. de Schaumbourg-Lippe; il participe à la seizième voix avant Lippe-Detmold; dans l'assemblée générale, il siége également avant cette branche: il occupe la trente-troisième place.

Les possessions du prince de Schaumbourg-Lippe ont une surface de 9 m. c. g. (25 l. c.) et une population de 23,700 âmes; on estime les revenus à 440,000 francs. Le prince est de la religion réformée, et réside à Bückebourg, petite ville de 3,800 habitants.

Castellum Bartenii, vel Bartenetii, Bartenstein, petite ville d'Allemagne, dans le royaume de Wurtemberg, située sur une montagne, près de la rive droite de l'Ette, à 12 kil. nord-ouest de Gerabronn, avec une population de 1200 hab. environ. Il y a un beau château, qui sert de résidence aux princes de Hohenlohe-Bartenstein.

Castellum Isenburgi, Isenbourg.

Le château d'Isenbourg, ou plus correctement Ysenbourg, dont on voit encore les ruines entre Coblentz et Andernach, est le berceau de la famille de ce nom, dont la filiation remonte jusqu'au onzième siècle. Ce château est situé dans le comté d'Isenbourg proprement dit, ou d'Isenbourg inférieur, que la maison ne possède plus. Ce comté, ainsi que celui de Wied, appartenait à la ligne aînée de la maison qui s'est éteinte en 1664: à cette époque la maison de Runkel, qui lui était alliée par mariage, hérita du comté de Wied, et l'électeur de Trèves, comme seigneur direct, réunit le fief d'Isenbourg.

La ligne cadette encore existante possède des terres situées sur le Mein et la Kinzig, qu'on nomme le comté supérieur d'Isenbourg, quoique ce soit proprement le comté de Büdingen et une partie du comté de Münzenberg; car cette ligne descend de Louis, cadet d'Isenbourg dans le quatorzième siècle, qui épousa l'héritière de Büdingen, et d'un de ses descendants, Thierry, qui épousa l'héritière du district de Dreyeichen, ancien domaine des comtes de Münzenberg. Cette maison s'est partagée en 1633 en deux lignes, qu'on distingue par les noms d'Offenbach-Birstein et Büdingen. Chacune s'est subdivisée en plusieurs branches, mais nous ne parlons ici que des branches principales; la première porte le titre de prince dont elle a été décorée en 1744.

Le prince d'Isenbourg a été un des fondateurs de la confédération rhénane, par laquelle il obtint la souveraineté sur les autres branches de sa maison. Cette principauté formait alors une surface de 15 m. c. g., ayant 47,500 habitants, et rapportant 600,000 fr. à toutes les branches de la maison. Elle fut séquestrée en 1813 par les puissances coalisées contre la France; néanmoins le prince obtint en 1815 la restitution de sa part; mais non-seulement il perdit la souveraineté sur les autres branches de sa maison, il fut encore obligé de reconnaître celle du grand duc de Hesse. Il possède un peu plus de la moitié du comté, avec Offenbach, jolie petite ville sur le Mein. Il est de la religion réformée.

Castellum Laurenbürgi, château de Laurenbürg.

Ce château, situé dans ce qu'on appelle, depuis 1643, le comté de Holzapfel, est le berceau de la maison de Nassau. Otton de Laurenbourg, frère du roi Conrad 1er, qui vivait dans le xe siècle, est regardé, sinon avec certitude, au moins avec une grande probabilité, comme la souche de la maison. Parmi ses descendants on cite Walrave 1er, qui, à sa mort en 1020, laissa deux fils, dont l'aîné, Walrave II, continua la ligne de Laurenbourg, laquelle se nomma, depuis 1181, d'après le château alors construit, de Nassau; le second, Otton, épousa l'héritière de Gueldre, et fut la souche des comtes de Nassau-Gueldre éteints en 1523. La filiation de cette maison, en tant qu'elle est diplomatiquement prouvée, ne remonte qu'aux deux frères Robert 1er et Arnould 1er, nommés comtes de Laurenbourg dans un diplôme de 1124. Leurs fils, Walram 1er et Robert II, accompagnèrent Frédéric 1er dans sa croisade, et furent envoyés en 1189 à Constantinople pour traiter avec l'empereur Isaac II l'Ange. Robert II étant mort en Palestine, Walram 1er recueillit toute la succession.

Ses petits-fils Walram et Otton partagèrent en 1255 les terres de leur père, Henri II le Riche. L'aîné eut la partie méridionale, le cadet la partie septentrionale de ses possessions. Les deux lignes, dites de Walram et d'Otton, se sont perpétuées jusqu'à nos jours. La cadette règne sur les Pays-Bas ; ici nous ne nous occupons que de la ligne de Walram.

Adolphe, fils de Walram, fut élevé au trône d'Allemagne en 1292. Ne trouvant pas, comme son prédécesseur Rodolphe de Habsbourg, des fiefs d'empire vacants dont il pût disposer en faveur de sa famille, il acheta les margraviats de Misnie et de Lusace ; mais cette acquisition l'enveloppa dans des querelles qui lui coûtèrent le trône et la vie. Ses descendants firent par mariage d'autres acquisitions moins importantes, telles que les seigneuries de Mehrenberg et Bleiberg, celle de Lahr, les comtés de Saarbrück et Saarwerden. L'un d'eux fut créé en 1366 par Charles IV, prince d'empire ; mais il ne fit pas usage de ce titre. La maison s'était divisée en plusieurs branches, qui s'éteignirent successivement, à l'exception de la dernière, dont le chef, Louis II, réunit en 1605 toutes leurs possessions. Ses fils fondèrent de nouvelles branches, savoir : Saarbrück, Idstein et Weilbourg. La branche d'Idstein s'éteignit la première en 1721, Georges-Auguste, père de douze enfants, n'ayant pas laissé d'héritier féodal. La branche de Saarbrück se subdivisa en 1735 dans les branches de Saarbrück-Usingen et Saarbrück-Saarbrück. La dernière finit en 1797, la première en 1816. La branche de Weilbourg réunit alors de nouveau toutes les terres de la ligne de Walram.

Les comtes de Nassau de cette ligne avaient pris en 1688 et 1737 la qualité de prince, la concession de Charles IV ayant été renouvelée en leur faveur ; mais ils ne purent obtenir qu'en 1803 voix et séance au collège des princes à la diète. Ils avaient perdu par les guerres de la révolution une grande partie de leurs possessions, toute la succession de Saarbrück qui leur était échue en 1797, et plusieurs bailliages situés sur la rive gauche du Rhin. Ils en obtinrent une riche indemnité par le recès de 1803. Ils furent parmi les fondateurs de la confédération du Rhin, qui agrandit encore leur territoire et donna au chef de la maison le titre de duc. Par des échanges faits en 1815 avec la Prusse, les ducs et prince acquirent une partie des possessions de la ligne ottonienne de leur maison, et le comté inférieur de Katzenelnbogen. L'acte du congrès de Vienne reconnut en outre leurs droits éventuels sur le grand-duché de Luxembourg à l'extinction de la ligne ottonienne. Ils entrèrent dans la confédération germanique où ils partagent avec Brunswick la treizième place ; dans l'assemblée générale ils ont deux voix et la quatorzième place.

Le duché de Nassau, tel qu'il est réuni maintenant en un seul corps d'état, à une surface d'environ 102 m. c. g. (283 l. c.) avec une popul. de 350,769 âmes. La force militaire est de 5000 hommes. Les finances de ce pays sont en bon état ; les revenus du duché sont de 2,600,000 fr. dont la moitié provient des domaines, qui suffisent pour l'entretien du duc et de sa cour. Celui-ci est de la religion réformée et réside à Weilbourg et Biberich, petites villes dont la première est située sur la Lahn, l'autre sur le Rhin, avec un magnifique château.

Castellum Leani, *vel Lyani*, Leyen, château situé sur la Moselle, qui a donné son nom à la famille de Leyen, qui anciennement portait aussi les noms de Gontroff et de Petra. Jean de la Leyen et Charles-Gaspard, son petit-neveu, furent électeurs de Trèves ; le premier en 1576, l'autre en 1648. Son neveu, appelé aussi Charles-Gaspard, fut élevé à la dignité de comte. En 1705, l'empereur lui conféra le comté de Hohengeroldseck dans la Forêt-Noire, qui venait de vaquer. Philippe, C. de la Leyen, neveu de l'électeur-archichancelier d'empire, fut un des signataires de l'acte de la confédération du Rhin, et prit le titre de prince. Comme il n'avait pas été suffisamment indemnisé, par le recès de 1803, des pertes que la cession de la rive gauche du Rhin avait fait essuyer à sa famille, le gouvernement français, voulant le dédommager, imposa, par la convention du 28 févr. 1810, au roi de Bavière, l'obligation de lui payer une somme de deux millions à charge de l'employer en acquisition de domaines en France. Les événements de 1813 dépouillèrent ce prince de sa souveraineté ; son comté de Hohengeroldseck devint grand-fief de l'Autriche qui en 1819 en céda la suzeraineté au grand-duc de Bade, et ses terres sur la rive gauche du Rhin, auparavant soumises à la France, furent, en 1816, soumises à la Bavière. La famille est catholique.

Castellum Ligeri, Château-du-Loir, ville du diocèse du Mans, chef-lieu de canton de l'arrond. de Saint-Calais, à 36 kil. nord-nord-ouest de Tours, 36 sud du Mans, 40 sud-ouest de Saint-Calais, et 192 sud-ouest de Paris. Popul. 3600 habitants environ.

Cette ville est dans une situation charmante, au confluent du Loir et de l'Ive. Elle est bâtie sur un coteau qui domine la délicieuse vallée du Loir. Cette vallée, une des plus belles et des plus riches de la France, produit en abondance toutes sortes de grains, de fruits, de légumes, et surtout de fourrages que fournissent les magnifiques prairies arrosées par le Loir ; elle est bordée de coteaux plantés de vergers et tapissés de vignes qui donnent des vins blancs estimés : ces coteaux, qui longent le cours du Loir, se composent, comme ceux des environs de Tours, d'un roc tendre, où sont creusées un grand nombre d'habitations sur deux étages, dont l'un presqu'au niveau de la vallée, l'autre placé immédiatement au-dessus, forment une espèce de terrasse qui domine les environs, et offrent une situation des plus pittoresques. À l'exception du quartier neuf, la ville est généralement mal bâtie, les rues sont étroites, mal percées, montueuses et mal pavées. Les édifices les plus remarquables sont : l'hôpital, les églises des deux paroisses.

Château-du-Loir avait autrefois les juridictions ordinaires, siège royal, élection ; grenier à sel, maîtrise des eaux et forêts, et maréchaussée. C'est aujourd'hui la résidence d'un sous-inspecteur des forêts, et le chef-lieu d'un collége communal. Il y a un bureau et un relais de poste. — Cette ville est fameuse dans l'histoire par un siége de sept ans qu'elle soutint au XIe siècle contre Herbert, comte du Mans, surnommé *Eveille-chien*, qui tint prisonnier Gervais, évêque du Mans, seigneur de Château-du-Loir, pour le forcer à lui livrer cette place. Elle fut prise en 1089 par Philippe-Auguste. Dans la suite, Richard, roi d'Angleterre, l'assigna comme douaire à sa femme, princesse de Castille. Un incendie détruisit, en 1798, un quart de la ville, et, deux ans après, une partie de son territoire fut dévasté par une inondation. — Ce lieu a donné naissance à Guillaume Desroches, sénéchal héréditaire d'Anjou, de Touraine et du Maine ; à Robert le Maçon, chancelier de France, et à Nicolas Coiffeteau, écrivain cité pour modèle dans les remarques de Vaugelas. Louis XIII le nomma successivement à trois évêchés. Son *Histoire romaine* eut beaucoup de réputation. — Château-du-Loir a des manufactures de toiles à voiles, des filatures de coton et des tanneries. Son commerce est en grains, bois, fruits, chanvre, lin, gibier, volailles, bestiaux et vins blancs. Il est favorisé par la navigation du Loir, dont les eaux sont abondantes dans toutes les saisons.

Castellum Palmæ, Château de Palm. Il appartenait, au moyen âge, à la maison de ce nom. Cette famille est originaire de la Suisse. Les ruines du château se voient encore dans le canton de Soleure. On trouve les barons de Palm dans plusieurs diplômes du treizième siècle. Ils s'attachèrent à la maison de Habsbourg ; et l'empereur Rodolphe, pour récompenser leur fidélité, leur permit de placer dans leurs armoiries le lion rouge de Habsbourg. Les barons de Palm furent dépouillés de leurs biens en Suisse dans les troubles qui eurent lieu à la mort de l'empereur Albert Ier. Ils embrassèrent ensuite la réformation et s'établirent en Souabe. Une des lignes de la maison qui porte encore le titre de baron, est restée luthérienne ; l'autre, qui est l'aînée, est retournée à la religion catholique. Jean-David, baron de Palm, se distingua au siége de Vienne. Par son courage il parvint à mettre en sûreté la couronne royale d'Hongrie qu'il sauva de Presbourg à travers les armées ottomanes. Son fils, Charles-Joseph, mort en 1770, fut créé comte, et le fils de celui-ci en 1783 prince d'empire. Les princes de Palm possèdent, outre de grandes terres en Bohême et Moravie, la seigneurie de Hohen-Gundelfingen en Souabe.

Castellum Reginaldi, Château-Renault ou Regnault, petite ville très-ancienne du diocèse de Tours, chef-lieu de canton de l'arrond. de cette ville, départ. d'Indre-et-Loire, dans une situation pittoresque au pied et sur le penchant d'une colline, à 26 kil. nord-est de Tours, et 176 de Paris. La rivière de Branle ou Brenne la divise en deux parties : la ville haute et la ville basse ; elle ne consiste guère qu'en une assez belle place, qu'on traverse dans la ville haute, et une fort vilaine rue, qu'on parcourt dans la ville basse. L'ensemble présente moins l'apparence d'une ville que celle d'un grand village. Sa population s'élève à 2500 habitants, y compris une partie seulement de la ville basse, dont le reste dépend d'une autre commune; celle du canton entier est de 10,800 habitants. — Cette ville a pris le nom de Château-Renault, *Castellum Rainaldi* ou *Reginaldi*, d'un château que Geoffroi de Château-Gontier, filleul de Geoffroi-Martel, comte d'Anjou, fit bâtir à la fin du XIe siècle, auquel il donna le nom de Regnault, qu'avait porté son père et que porta son fils aîné. Elle s'appelait, avant l'an 1048, Carament, *Caramentum*, ou *Ville-Morand*. Cette terre passa aux comtes de Blois, desquels Louis, duc d'Orléans, l'acquit en 1391 ; ensuite à la maison de Longueville, puis à celle de Gondi, et enfin à celle de Rousselet, en faveur de laquelle elle fut érigée en marquisat. Outre l'église paroissiale, qui dépendait autrefois de Saint-Julien de Tours, il y avait un couvent de Cordeliers et un de Capucins. Près de Château-Renault il existait, depuis longtemps, un ermitage qui fut érigé en abbaye, de l'ordre de Cîteaux, l'an 1127, par un des frères Renault et quelques autres gentilshommes des environs. En 1240, Isabelle de Blois, comtesse de Chartres, donna à cette abbaye un *millier de harengs* et *deux cruches d'huile* tous les ans, à l'octave de Pâques, à la charge de faire un service funèbre pour elle et son mari. — Château-Renault a, dans son voisinage, une forêt très-abondante en gibier : elle est à 3 kil. nord-est environ de cette ville ; sa longueur est de 5,846 mètres (3,000 toises), et sa largeur de 2,917 mètres (1,500 toises). L'industrie de cette ville consiste principalement dans ses fabriques de draps communs, de bonneterie et de tapis de pied ; il y a aussi de nombreuses tanneries, des moulins à tan, à foulon et à trèfle ; son commerce est en bois, grains et cuirs. Elle a un bureau de poste.

Castellum Waldenburgi, Waldenbourg, ville d'Allemagne, dans le royaume de Wurtemberg, sur une montagne couverte de bois, à 8 kil. est d'OEhringen, avec une population de 1500 habitants. Le château appartient aux princes de Hohenlohe-Waldenbourg-Schillingsfürst.

La maison de Hohenlohe est, non une des plus puissantes, mais une des plus illustres d'Allemagne. Elle descend d'Eberard, D. de Franconie, frère de Conrad Ier, roi d'Allemagne. Dans le partage du duché de Franconie, Craton, souche des comtes de Hohenlohe, eut le district situé sur le Tauber, le Jaxt et le Kocher. En 1744, l'empereur Charles VII offrit à cette maison la dignité de prince d'empire ; cette faveur ne fut acceptée que par la ligne cadette ; mais en 1764, François Ier déclara et reconnut les comtes de Hohenlohe princes par leur naissance, et éleva leur pays au rang d'une principauté d'empire. Ils n'obtinrent cependant voix et séance à la diète qu'en 1803 : on leur alloua alors trois voix au second collége. Ils perdirent leur souveraineté par l'acte de la confédération du Rhin qui les plaça sous celle du roi de Wurtemberg, à l'exception d'une petite partie de leur territoire qu'obtint la Bavière. Ce pays, fertile et renommé pour les bestiaux qu'il fournit (1), a une surface de 22 m. c. g. (61 l. c.) et une population de près de 64,000 habitants.

Les princes de Hohenlohe se divisent en deux lignes, dont l'une dite de Neuenstein, est luthérienne, et l'autre, dite de Waldenbourg, catholique. Le doyen de toute la maison exerce une espèce de police sur tous les membres de la famille : aucun prince de Hohenlohe ne peut faire dans son pays une disposition importante sans l'agrément de tous les agnats qui correspondent pour cela avec le doyen.

La ligne de Neuenstein se divise en trois branches, dites de Langenbourg-Langenbourg, Langenbourg-OEhringen, et Langenbourg-Kirchberg. La ligne de Waldenbourg se divise en branches de Bartenstein et de Schillingsfürst; la branche de Bartenstein se subdivise de nouveau.

La branche de Langenbourg-Langenbourg réside à Langenbourg, ville et château situés sur une éminence au-dessus de la Jaxt.

La branche de Langenbourg-OEhringen portait anciennement le nom d'Ingelfingen; elle a pris celui d'OEhringen après l'extinction de la branche de ce nom, en 1805. Elle réside à OEhringen, petite ville sur l'Ohrn.

La branche de Langenbourg-Kirchberg habite Kirchberg, petite ville sur la Jaxt avec un château placé sur une éminence.

Le prince Charles, frère de Louis-Aloys, prince de Hohenlohe-Bartenstein, avait reçu à titre d'apanage, la partie du bailliage d'Oberbronn en Alsace, que la maison de Waldenbourg possédait par mariage. Ayant perdu cet apanage par la révolution française, il en reçut une indemnité en Allemagne, savoir un district de l'évêché de Würzbourg, ayant 8500 habitants. Ce pays étant alors immédiat, le prince devint le fondateur d'une nouvelle branche régnante, et réside à Hatenbergstetten.

Castonium, vel Catonum, vel Castonium, Chatou, paroisse de l'ancien diocèse de Paris, actuellement de celui de Versailles, arrond. de cette ville, canton de Saint-Germain-en-Laye, agréablement situé sur la rive droite de la Seine, à 5 kil. de Saint-Germain, 9 de Versailles, et 12 ouest de Paris. Le chemin de fer de Paris à Saint-Germain y a une station. La popul. est d'environ 1200 habitants. L'abbé Lebeuf remarque qu'en 1470, on ne comptait à Chatou que 30 hab. Le même auteur dit que, de son temps, en 1755, il y avait plus de cent feux, ce qui formait environ 700 hab. — L'étymologie du nom de ce village est absolument incertaine. On ne peut même assigner son vrai nom latin. Quelques savants ont voulu que Chatou fût le *Captunacum* où ont résidé quelques-uns des rois de France, et d'où ils ont daté plusieurs chartes. L'abbé Lebeuf réfute ce sentiment. Lamartinière, dans l'extrait de l'article Paris, de son dict. géog., lui donne le nom de *Catonacum*; mais rien ne paraît confirmer l'exactitude de cette dénomination. Les plus anciens titres de ce village, qui sont du XIIIe siècle, le distinguent par le mot *Chato*; le pouillé écrit vers 1450 met *Chatou*, sans latiniser. Les catalogues des cures, donnés, soit par Dubreuil, soit par d'autres, disent *cura de Chatone*. Lebeuf dit avoir vu des provisions, datées du 11 janvier 1473, où on lisait *cura B. Mariæ de Cathone*. — L'église est sous le titre de la Sainte-Vierge. Le chœur et les chapelles de côté annoncent une construction du XIIIe siècle. La tour du clocher paraît être plus ancienne, et remonter au moins à la fin du XIIe. On lisait sur le côté septentrional du chœur, une inscription de l'an 1623, portant que Thomas le Pileur, seigneur châtelain de Chatou et du fief de Mallenoüe, et Anne Portail, sa femme, ont fait beaucoup de réparations et embellissements à cette église en 1622. Dans la nef était une autre inscription de l'an 1683, qui rappelait un legs fait à la même église, par Gaspard de Marcy, recteur des académies royales de peinture et de sculpture, pour l'entretien d'une lampe et les frais de réparation à la nef. — La seigneurie de Chatou était partagée entre des seigneurs séculiers, l'abbaye de Saint-Denis, et plus anciennement celle de Mallenoüe; celle-ci tenait ses droits de l'acquisition qu'elle fit, dès 1182, d'une terre et seigneurie qu'y avait une dame Odeline, veuve d'un certain Parmen; ces droits furent cédés moyennant la somme de 35 liv. L'abbaye de Saint-Denis eut, au moyen d'un échange fait en 1249, les possessions considérables dont le prieuré de Jardies, dépendant de l'abbaye de Thiron, jouissait à Chatou. Ces possessions payaient déjà à l'abbé de Saint-Denis, avant l'échange, une redevance de cens, d'orge et de volailles. Un arrêt de février 1295, rendu entre les religieux de ce monastère et Guillaume Escuancol, chevalier, seigneur de Chatou, fixe l'étendue de la justice et des possessions de ces religieux à Chatou, et attribue le reste des terres et la voirie au chevalier. Ce même Escuancol peut être considéré comme le plus ancien seigneur séculier de ce lieu, connu par des titres certains. Après lui, on voit Gilles Malet, en 1379, Colart de Mailly, en 1423 et 1429, puis la famille Le Pileur, qui acheta les droits de l'abbaye de Mallenoüe, et les joignit aux siens. Thomas Le Pileur, dont il a été déjà parlé dans la description de l'église, vivait encore en 1622. Il avait les titres de secrétaire du roi et d'audiencier en la chancellerie. — Il n'y a pas très-longtemps qu'il existe un pont à Chatou. En 1560, on passait la Seine à cet endroit dans un bac, ainsi que le prouve la donation que le roi fit alors du produit de ce bac aux religieuses de Mallenoüe. Le premier titre

---

(1) Les meilleurs bœufs qu'on mange à Paris viennent de ce petit pays.

certain de l'existence du pont est l'enregistrement au parlement, le 14 août 1726, des lettres par lesquelles on apprend que le premier président Portail avait cédé au roi en 1723 le pont de Chatou, droit et maîtrise de ce pont, moyennant une rente noble et féodale de 6,500 livres ; mais rien n'indique si le président Portail avait lui-même fait construire le pont, ni à quelle époque cette construction avait eu lieu.

Castrum Babenosi vel Banosia, Babenhausen. Il y a deux petites villes de ce nom en Allemagne : l'une en Bavière sur le Günz, avec deux châteaux et une population catholique de 2000 habitants ; l'autre dans le grand-duché de Hesse-Darmstadt, sur le Gernsprinz, avec 1500 habitants luthériens, à 28 kil. est-nord-est de Darmstadt. Cette ville commerce en grains et en lin. La première forme une principauté qui appartient aux princes de la maison Fugger-Babenhausen. Jean Fugger, tisserand du village de Greben, s'établit en 1370 à Augsbourg, et y fonda une riche maison de commerce. Son petit-fils Jacques fut anobli par l'empereur Maximilien. En 1530 Charles-Quint éleva les descendants de Jacques Fugger au rang de comtes. Les Fugger continuèrent à acquérir de grandes richesses et à acheter des terres et des seigneuries. Ils ne se distinguèrent pas moins par leur fortune que par le noble usage qu'ils en firent en protégeant les lettres et les arts, en encourageant toute espèce d'industrie, en formant des établissements utiles et de bienfaisance. D'autres se sont illustrés aux champs de la gloire ; les Fugger ont été les bienfaiteurs de leurs concitoyens.

La famille est partagée en deux lignes dites de Raymond et d'Antoine ; chacune se subdivise en plusieurs branches. La plus jeune de toutes, qu'on appelle la branche de Jacob Fugger, fut élevée en 1803 au rang de princes d'empire, et les seigneuries de Babenhausen, Boos et Ketterhausen furent réunies en une principauté sous le nom de Babenhausen. Cette principauté perdit son immédiateté en 1806 par la confédération du Rhin, et fut soumise à la Bavière, dont elle forme un des grands fiefs.

Le prince de Babenhausen est catholique, et réside à Babenhausen. Sa principauté a 7 milles carr. géog. (19 1|2 lieues carr.) de surface et 11,000 habitants. Les possessions réunies de toute la maison de Fugger ont 16 milles carrés (44 l. carr.) de surface et 34,000 habitants.

Castrum Blandiaci, Blandy, paroisse de l'ancien diocèse de Sens, maintenant de celui de Meaux, canton du Châtelet, arrond. de Melun, dépt. de Seine-et-Marne, à 6 kil. nord du Châtelet, à 10 vers l'est de Melun, et à 50 est de Paris. Popul. 1,000 habitants, avec les hameaux des Vallées, des Brandins, deux fermes isolées, deux moulins à eau et une tuilerie. Il existe encore les restes d'un ancien château fort, consistant en cinq tours inégales, avec des murs de clôture qui ont neuf à dix pieds d'épaisseur,

et des fossés de 60 pieds de largeur. L'antiquité de ce château se perd dans la nuit des temps. Il tomba en la possession de Charles VII, à l'époque où ce prince conquérait son royaume, après avoir soutenu un siége. La terre de Blandy est passée successivement à Guillaume de Melun ; à Jean, vicomte de Melun, comte de Tancarville ; ensuite dans la famille des princes de Condé et de Carignan. Elle a aussi été possédée par Jacqueline de Rohan, marquise de Rothelin, mère de François d'Orléans, dernière femme de Louis de Bourbon, premier prince de Condé, qui y mourut et fut enterré dans un caveau, sous la lampe de la chapelle. Le cercueil de plomb qui le renfermait a été enlevé lors de la révolution. — Les seigneurs de Blandy, successeurs de la marquise de Rothelin, sont : Charles de Bourbon-Condé, comte de Soissons, qui y mourut également le 1er novembre 1612 ; Marie d'Orléans, veuve de Henri de Savoie, princesse souveraine de Neufchâtel, duchesse de Nemours, etc. ; Louis Henri, légitimé de Bourbon, prince de Neufchâtel. Cette terre fut érigée en duché-pairie en faveur du maréchal de Villars, qui fit découvrir les tours et démolir le principal corps du château. Le duc de Villars, fils du maréchal, l'ayant vendu au duc de Praslin, ministre et secrétaire d'Etat, en 1764, la famille de M. le duc de Choiseul-Praslin en est propriétaire. Sur les ruines du principal corps de bâtiment on a construit des granges. La plus grosse des tours renfermait une partie des principaux appartements et la salle dite *des gardes*, avec la cuisine, qui subsistent encore et servent aujourd'hui de logement au fermier ; au pied de cette grosse tour se trouve l'entrée d'un souterrain, dit la *cave Batrois*, qui a une issue à 6 kil. dans le coteau du côté de Melun. — L'église de Blandy, suivant la tradition du pays, a servi de temple aux protestants ; elle est grande, et était l'une des plus belles des environs à cette époque. L'église de Saint-Martin, actuellement supprimée, était celle des catholiques. — On rencontre en ce lieu plusieurs maisons de campagne et des sources d'eau vive, avec un beau lavoir. Un hospice très-ancien y est desservi par deux sœurs de la Charité ; l'une d'elles s'occupe du traitement des malades à domicile, et l'autre de l'éducation des jeunes filles. — Les 21 et 22 septembre de chaque année, la foire la plus considérable du département, tant en bestiaux qu'en toute espèce de marchandises, se tient à Blandy ; une autre moins importante a lieu le 24 février. Avant la révolution, il y avait un marché franc le jeudi de chaque semaine, supprimé pendant la révolution par la difficulté de le faire cadrer avec le calendrier républicain sans nuire aux marchés des environs. — Les productions du terroir de ce bourg sont variées : les principales sont en grains ; une petite partie est en vignes et en bois.

Castrum Blesense, Blois, évêché, suffragant de Paris, chef-lieu du département de Loir-et-Cher, à 56 kil. d'Orléans, 104 du Mans, 60 de Tours, 164 de

Paris. Long. 1° 0' 18". Lat. 57° 35' 19": Le diocèse comprend l'étendue du département de Loir-et-Cher. Supprimé par le concordat de 1801 et réuni à celui d'Orléans, il fut rétabli par celui de 1817. Cet évêché est, du reste, de création moderne; il a été formé, à la fin du xvii° siècle, d'un démembrement de celui de Chartres.

Blois est le siége d'un tribunal de première instance, d'un tribunal et d'une chambre de commerce. La popul. est de 17,000 habitants. — L'arr. de Blois renferme 140 com. et 112,000 hab. Il est divisé en 10 cantons : Blois (2 cant.), Bracieux, Contres, Herbault, Machenoir, Mer, Montrichard, Ozouer-le-Marché et Saint-Aignan. — Blois avait autrefois titre de comté; elle était la capitale du Blaisois, au gouvernem. génér. de l'Orléanais, et servait de siége à un évêché suffragant de Paris, à une chambre des comptes, à un bailliage, à une élect., à une lieuten. de maréchaussée, avec un gren. à sel, une maîtr. particulière des eaux et forêts, un bur. de commerce pour la vente des eaux-de-vie et des vins du pays, et une capitain. des chasses, déclarée royale en 1670. — Cette ville, agréablement située, dans une des plus riches contrées du royaume, est bâtie en amphithéâtre, sur le penchant d'un coteau élevé, dont la base est baignée par la Loire. Elle est divisée en haute et basse ville. La partie supérieure, qui forme la ville proprement dite, est généralement mal construite : ses rues sont étroites, mal percées, et pour la plupart inaccessibles aux voitures, propres cependant, et ornées de quelques jolies fontaines. La ville basse, placée dans une situation charmante, sur la rive droite de la Loire, offre une suite de maisons bien bâties le long d'un quai superbe et d'une grande étendue, sur lequel on a établi la grande route; ce quai va s'unir à la belle levée de Tours. Un très-beau pont, porté sur 11 arches en pierres de taille, traverse la Loire, et joint la ville à un des principaux faubourgs, celui de Vienne. L'ancien pont, qui existait avant 1078, ayant été emporté par les glaces en 1716, on posa la première pierre du pont actuel en 1717. La longueur de ce pont est de 155 toises, sur 7 de largeur. Il a coûté 1,800,000 f. Sa solidité est telle, qu'il soutint, sans le moindre ébranlement, l'effort incalculable d'une masse de glaçons qui s'élevaient jusqu'à son sommet, lors de l'hiver de 1788; et dans des temps encore plus rapprochés, une de ses arches, coupée à l'approche des Vendéens, par ordre d'un représentant du peuple, délégué de la convention nationale, est restée 12 ans dans cet état, sans porter d'atteinte sensible aux autres arches. La réparation complète et si longtemps désirée de ce bel ouvrage, commencée en 1804, a été terminée dans le cours de 1805. A cette occasion, on a fait graver une inscription nouvelle sur la plaque de marbre autrefois placée sur la colonne du pont, pyramide légère d'une haut. de 100 pieds. Cette plaque en avait été ôtée pendant la révolution. L'inscription nouvelle est ainsi conçue :

Ce pont, commencé en 1717, achevé en 1724, fut le premier ouvrage public du règne de Louis XV. Des ordres imprudents firent commencer sa démolition au mois de novembre 1793. Il a été rétabli par les soins de M. Corbigny, préfet de Loir-et-Cher, l'an 1804, le premier du règne de Napoléon.

Blois, qui s'est singulièrement embellie sous le règne de Napoléon, a une bibliothèque publique, renfermant env. 18,000 vol.; un ancien château, servant aujourd'hui de caserne et de magasin militaire; une église, bâtie sur les dessins de Mansard, et que les Jésuites occupaient au moment de leur suppression; un hôtel de préfect., ancien palais épiscopal, qui est le plus beau des édifices modernes de cette ville, avec des jardins en terrasses, qui dominent la Loire; un hôpital, vaste et commode, pourvu d'un jardin botanique; un aqueduc fournissant de l'eau à une partie des habitants, et que l'on croit être un ouvrage des Romains : cet aqueduc, fait en forme de grotte, et que l'on nomme l'Aron, est coupé dans le rocher avec un tel art, que plusieurs personnes peuvent presque partout y marcher de front; il a été nettoyé, pavé et voûté presque entièrement pendant les années 1804 et 1805; et quand il sera nécessaire de le nettoyer de nouveau, il suffira d'y conduire les eaux de l'étang de Pigelay. A l'extrémité N.-O. de Blois, on trouve une belle promenade, formée par une longue avenue de grands arbres, dont les branches, en se réunissant, offrent un beau couvert de 2 kil. de long et qui aboutit à une vaste forêt d'une étendue de 1500 arpents. L'industrie consiste en fabriques de gants de peau estimés, en vinaigreries, faïenceries, tanneries et corroieries, et le commerce, en vins, eaux-de-vie, excellent vinaigre, draps, papiers, cuirs, faïence, bois à brûler, merrain, etc. Blois est le centre du commerce des eaux-de-vie dites d'Orléans. C'est à Blois qu'on a trouvé, en 1632, l'art de peindre sur émail. — Cette ville a été appelée par les historiens, et notamment par Grégoire de Tours, Aigulphe, Aimoin, etc., *Castrum Blesense, Blisium Castrum, Blesum Castrum, Pagus Blesensis in Celtica, Blesæ* et *Blesia*. Plusieurs écrivains attribuent à un trait historique l'origine du mot *Blesæ*. On lit dans Bernier (Histoire de Blois), « qu'un jeune guerrier, revenant de la guerre avec Bosson, seigneur de Chartres, lui demanda un endroit où il pût s'établir, lui et sa petite armée de 1000 hommes; qu'à force de discours flatteurs et séduisants, *blandis blæsisque sermonibus*, il en obtint un emplacement sur les bords de la Loire; mais qu'au lieu d'y former un simple village, il y construisit une ville fortifiée : ce que Bosson ayant remarqué, il lui en fit le reproche, ajoutant qu'il ne lui aurait point accordé sa demande, s'il avait bien retenu ces paroles, que son père lui avait souvent répétées :

Sermones blandos blæsosque vitare memento,
Simplicitas viri fama est, fraus, ficta loquendi.

Cependant Ivonardus (c'est le nom du jeune guerrier), ayant prêté foi et hommage à Bosson, en obtint légalement la concession de la ville fortifiée, qui fut de cet événement appelé *Blesis*, et le pays *Pagus Blesensis*. J'ignore à quelle époque on lui a donné le nom de *Blessac*, qu'elle porta avant celui de *Blois*. » C'est autant à cause des agréments de son séjour, et parce que plusieurs rois l'habitèrent et y firent élever leurs enfants, qu'on l'avait surnommée la *ville des rois*. Quelques auteurs ont dit, mais sans preuve, que des soldats de Jules-César la bâtirent pendant qu'ils étaient en quartier d'hiver dans les environs. Papire Masson n'est pas mieux fondé à soutenir qu'elle est le *Corbillo* de Strabon. Grégoire de Tours est le premier qui en ait parlé. On voit dans les capitulaires de Charles le Chauve, que du temps de ce prince elle était déjà considérable, ce qui détruit l'opinion de ceux qui ont prétendu qu'elle avait été bâtie, pendant le règne de Charles le Simple, par Gello, frère du duc de Normandie Rollo. Sous les rois de la seconde race, on y battait une espèce de monnaie d'argent, différente de celle de Gui de Châtillon, premier du nom, comte de Blois, en ce que celle-ci avait pour légende, d'un côté : *Castro Blesis*, et de l'autre : *Blesianis castro* ; tandis que la première avait, d'un côté : *Blesianis castro*, et de l'autre : *Misericordia Dei*. — Le château était l'ornement de cette ville, qu'il joignait par un chemin taillé dans le roc. Les seigneurs de la maison de Champagne et ceux de la maison de Châtillon avaient fait bâtir le corps qui était vers l'occident, et dont il ne restait plus qu'une grosse tour. Quelqu'un des seigneurs de Châtillon et plusieurs princes de la maison d'Orléans changèrent ensuite ce corps de bâtiment, soit en le détruisant, soit en l'augmentant. Louis XII fit bâtir la face de l'orient, qui regarde la place dite du *Château*, et augmenter celle du midi ; la face du nord est due à François Ier. C'est dans un des appartements de ce bâtiment du nord que fut tué le duc de Guise. Joignant ce bâtiment, du côté du couchant, est une tour dite *Tour de Château-Regnaud*, parce qu'on peut y apercevoir la terre de ce nom, quoiqu'elle en soit éloignée de 7 l. On emprisonna le cardinal de Guise et l'archevêque de Lyon dans cette tour, à la porte de laquelle le cardinal fut tué à coups de pertuisane. A l'extrémité de ce bâtiment, du côté du levant, il y en a un petit, divisé en partie ancienne et partie moderne : l'ancienne s'appelle la *Salle des États*, parce que les États s'y sont assemblés en 1576 et en 1588 ; la moderne fut construite par ordre de Henri III, qui, sur la fin de son règne, y fit commencer un appartement. Gaston, duc d'Orléans, fit démolir un bâtiment qui était à l'occident, en 1635, et chargea François Mansard d'en élever un autre sur ses ruines. On y travailla pendant trois ans ; on y employa 330,000 fr., et cependant l'ouvrage resta imparfait. L'avant-cour de ce château, dont le portail était décoré d'une statue de Louis XII, où l'on bâtit l'église collégiale de Saint-Sauveur, est une des plus grandes qu'il y ait en France : on y fit le tournois pour l'arrivée du prince de Castille, promis à Claude de France, et celui du mariage du marquis de Montferrat avec la sœur du duc d'Alençon. — Ce château avait de très-beaux jardins, séparés en *haut* et en *bas* par une galerie en charpente nommée *aux Cerfs*, que Henri IV fit construire en pierre en 1600. Dans le jardin haut, il y a un puits d'une largeur et d'une profondeur extraordinaires, que Louis XII fit faire pour fournir de l'eau au jardin bas. — Depuis 1631, on voyait une image de la Vierge sur chacune des portes de la ville, qui, désolée par la peste, en fut soudainement délivrée après avoir fait un vœu à la mère du Christ. On avait anciennement placé sur les portes de *Costes*, de *Guichard* et du *Pont*, cette inscription : *Comes Stephanus, et Adela comitissa, suique hæredes perdonaverunt hominibus istius patriæ Butagium* (sorte de corvée), *in perpetuum, eo pacto ut ipsius castellum muro clauderent; quod si quis violaverit, anathema sit. Dathan quoque et Abiron maledictionem habeat*. Elle était sculptée depuis 500 ans et presque effacée, lorsque Henri III la fit renouveler et graver sur la porte de *Costes*. — Blois avait plusieurs chapitres, plusieurs paroisses et plusieurs maisons religieuses des deux sexes. La paroisse de Saint-Solenne était la plus grande ; presque entièrement détruite par un orage au mois de juin 1678, elle fut rebâtie par Louis XIV, et l'on y établit le siége de l'évêché et le chapitre cathédral. Les Jésuites s'installèrent dans un lieu appelé la *Bretonnière*, en 1624, succédant à des régents séculiers, qui enseignaient dans un collége que Henri III avait fondé en 1581 ; leur église ne fut achevée qu'en 1671. On croit que le plus ancien des bâtiments est celui des prisons. La tour qui en fait partie fut achetée, en 1256, par Louis de Châtillon, comte de Blois, pour une somme de 300 florins. L'hôtel de ville est un assez grand corps de logis acheté 300 écus, en 1457, par un écuyer du duc d'Orléans, Jean de Saveuse, qui en fit présent à la ville. Le palais de justice a été bâti par les comtes de Blois, ducs d'Orléans, et par Louis XII, Henri II et Henri III. En bas étaient les halles, et en haut la grande salle et les chambres du présidial, de l'élection, des eaux et forêts et des comptes. — L'évêché fut érigé par le pape Innocent XII, en 1697, en faveur de David-Nicolas Bertier. On composa ce dioc., qui valait à son prélat au moins 36,000 fr. de rente, de tout ce qu'il fut possible de distraire de celui de Chartres. On y comptait 5 abbayes, 60 prieurés, 3 églises collégiales, près de 200 paroisses et 104 annexes. — Le chapitre de Saint-Sauveur jouissait d'un singulier privilége, nommé *la Comté*, parce qu'il lui avait été accordé par Thibaud V, comte de Blois, lequel se dépouilla de toute son autorité, ainsi que de la perception de tous ses droits sur la ville de Blois, pour en revêtir ce chapitre pendant trois jours, à commencer le soir du jour de l'Ascension jusqu'au soir du dimanche suivant. Pour prendre possession de ce privilége, les chanoines, en robes de palais, sortaient de la cathédrale après complies, au son de la grosse cloche, et marchant deux à deux; ils allaient au palais, où ils nommaient un juge qui, pendant les trois jours de concession, rendait la justice en leur nom, mais pour les cas survenus pendant cet intervalle. Ils exerçaient la police, mettaient le taux aux denrées, et percevaient aussi tous les droits d'entrée et de péages, mais non pas les autres droits royaux. — Blois renfermait des chanoines réguliers de Saint-Lazare, des Cordeliers, des Capucins, des Jacobins, des Minimes, des Carmélites, des Filles de la Visitation, dites Véroniques; un séminaire dirigé par les Eudistes, un Hôtel-Dieu et un hôpital général où les pauvres étaient enfermés. — Le collége de cette ville doit sa première formation, ou plutôt son rétablissement, à l'école secondaire qui s'établit en 1805, par la réunion qui en fut faite au pensionnat de la ville. — On suivait à Blois, dans l'administration de la justice, une *coutume* particulière, réformée en 1523. La chambre des comptes était fort ancienne, et avait commencé sous les comtes de Blois de la maison de Champagne, qui *l'autorisèrent de la connoissance et reddition des comptes de tous leurs domaines*, comme firent ensuite les comtes des maisons de Châtillon et d'Orléans. Louis XII, parvenu à la couronne, la confirma en 1498, pour connaître des domaines de Blois, Ast et Coussy, et autres terres de ses *aquets et conquets qui n'étaient point de la couronne*. Ses successeurs ont confirmé cette chambre, à l'instar des autres cours du royaume. — Les premiers comtes de Blois étaient de la famille de Hugues Capet. Thiebert ou Théodebert, 4e aïeul de ce roi, eut trois fils, dont le second, Guillaume, eut le titre de comte de Blois; il fut tué vers l'an 834. Les descendants de Guillaume possédèrent ce comté jusque vers la fin du xe siècle, époque à laquelle il passa aux comtes de Champagne. A la fin du xiiie siècle, il appartenait aux comtes de Châtillon. Un de ces comtes, Guy II, le vendit, en 1391, à Louis de France, duc d'Orléans, grand-père de Louis XII, qui le réunit à la couronne. — Le château de Blois a laissé de trop grands souvenirs pour ne pas être l'objet d'une attention spéciale. — Après sa séparation d'avec Louis le Jeune, en 1151, Eléonor de Guienne s'y retira un moment. Louis XII y naquit en 1461, y signa divers traités, et y fut dangereusement malade en 1505. Valentine de Milan y mourut le 5 décembre 1508, et Anne de Bretagne, seconde femme de Louis XII, le 9 janvier 1513 ou 1514. Claude de France, première femme de François Ier, y mourut le 26 juillet 1524, âgée de 24 ans. *Elle était estimée*, disent les Annales d'Aquitaine, *la fleur et perle des dames de son siècle, comme étant un vrai miroir de pudicité, sainteté, piété et innocence; la plus charitable et courtoise de son temps; aimée de chacun, et elle aimant ses sujets, et s'efforçant de bien faire à tous, et n'ayant souci que de servir Dieu et de complaire au roi, son époux.* Catherine de Médicis y mourut le 5 janvier 1589. Isabeau de Bavière et le duc d'Orléans y furent exilés. Charles, duc d'Alen-

DICTIONNAIRE DE GÉOGRAPHIE ECCL. II.

çon, et Henri IV y ont célébré leurs mariages. Les états s'y tinrent en 1576, 1588 et 1614. Mais l'événement le plus important qui s'y soit passé est l'assassinat des Guise, les 20 et 21 décembre 1583, par ordre de Henri III. — Les hommes nés à Blois, et dont l'histoire conserve les noms, sont : Guillaume de Blois, cardinal, régent du royaume sous Louis VII et Philippe II; Louis Bourgeois, médecin de François Ier et de Henri II; Jean Du Temps, dit *Temporarius*, avocat et médecin; Denis Dupont, ou *Pontanus*, avocat; Jean Dampierre, poëte; Jean de Morvillers, garde des sceaux; Gilles Deschamps, médecin, puis prêtre; Jacob Bunel, peintre; Jean Mosnier, peintre; Jurieu, ministre calviniste; Jean Morin, Isaac Papin, Jérôme Vignier, Jean Bernier, J.-N. Charenton, jésuite; Fariau de Saint-Ange, et Thomas Mahy de Favras, pendu le 19 février 1790.

Blaisois, le pays de Blois, petit pays qui dépendait autrefois du gouvernement général de l'Orléanais, et qui était entièrement du ressort du parlement de Paris; Blois en était la capitale. Il avait environ 80 kil. de longueur du couchant au levant, sur 56 de largeur. Il forme aujourd'hui la majeure partie du département de Loir-et-Cher. Son territoire, entrecoupé de coteaux, de plaines et de pâturages, produit abondamment des grains de toute espèce, d'excellents fruits et des vins de bonne qualité. Blois, Chambord, Mer, Romorantin et Saint-Dié, en étaient les principales villes; ses rivières étaient la Loire, le Beuvron, la Saudre, le Cosson, la Bonneheure, la Cise, l'Audizon, le Raire. Une grande partie de la Sologne se confondait avec le Blaisois au midi. Il y a plusieurs belles forêts, dont les plus considérables sont celles de Chambord, de Boulogne, de Blois, de Bruadan et de Russy. Le Blaisois abonde en gibier; c'est sans doute ce qui avait déterminé la cour à y passer la belle saison.

Castrum Biberis, Bicêtre, hospice et maison de force, à 2 kilom. au sud de Paris, canton de Villejuif, arrondissement de Sceaux, paroisse de Gentilly. Quelques auteurs croient que ce mot vient de *castrum Biberis*, château de Bièvre. La rivière de Bièvre coule en effet au pied de la colline de Bicêtre. Ayant le dessein d'établir les Chartreux auprès de la capitale, Louis IX leur donna un terrain qu'il avait acheté des enfants d'un nommé Pierre Le Queux, lequel terrain était au lieu où est Bicêtre, ou dans les environs. Jean, évêque de Winchester, ville de l'Angleterre, acheta une partie de ce terrain au commencement du règne de Philippe IV, dit le Bel; il y fit construire ou augmenter une maison destinée à lui servir de demeure. En 1294, Philippe prononça la confiscation de cette maison, de plusieurs autres, des terres, rentes et vignes que le prélat possédait à Arcueil et à Vitry, et en fit don à Hugues de Bouillé, son chambellan, par lettres datées de Crèvecœur. Cette maison ou château, que le peuple nomma *Winchestre*, et par corruption, *Bichestre*, puis *Bicêtre*, nom sous lequel on le trouve dans les comptes de la prévôté de Paris, de l'année 1523, et qui fut appelée *maison de Saint-Jean-Baptiste*, après sa réunion à l'hôpital général, était si peu de défense que, sous le règne du roi Jean, Robert Canolle, chef d'un parti anglais, s'y logea, *faisant semblant de vouloir donner bataille*. Quelques années après, en 1400, le duc de Berri, Jean de France, frère de Charles V, acquit ce lieu, qui n'offrait que des ruines, d'Amédée, comte de Savoie, et y fit bâtir un château; mais comme ce territoire dépendait de la seigneurie de Gentilly, l'évêque de Paris, en sa qualité de seigneur, s'opposa à ce que le duc y fit des fossés et des ponts-levis, *disant que ce terrain était roturier et dans la juridiction épiscopale.* L'intérieur de ce château avait beaucoup de magnificence. Un historien contemporain, Le Laboureur, met à portée d'en juger. Après avoir dit que la faction bourguignonne, dirigée par Legois, Thibert et Saint-Yon, bouchers, assiégea, en 1411, ce château, il ajoute que les factieux s'en emparèrent, brûlèrent, pillèrent, détruisirent de fond en comble ce bel édifice; dont il ne resta d'entier que deux petites chambres enrichies d'un *parfaitement bel ouvrage à la mozaïque*: « Les gens d'honneur furent d'autant plus offensés de cette insolence, que la perte en fut irréparable, surtout celle des peintures exquises de la grande salle.... On y voyait les portraits originaux de Clément VII et des cardinaux de son collège, les tableaux des rois et princes de France, ceux des empereurs d'Orient et d'Occident. » L'année précédente, les ducs d'Orléans et de Berri s'y étaient renfermés avec 3 ou 4000 gentilshommes et 6000 chevaux, pour s'opposer à la marche des Bourguignons sur Paris; mais le duc de Bourgogne s'étant présenté avec des forces supérieures, il s'ensuivit un traité dit de *Winchester*, que l'on appela *la trahison de Winchester*, parce que, ainsi qu'on l'a vu, ce traité ne dura qu'un moment. On trouve dans le recueil des Ordonnances des rois de France (t. IV et IX), que Charles VI donna des lettres datées de ce lieu, en 1381 et 1409. Au mois de juin 1416, le duc de Berri le donna, dans l'état où l'avaient laissé les bouchers, alliés du duc de Bourgogne, au chapitre de Notre-Dame, avec quelques dépendances, en échange d'une promesse de quelques obits et de deux processions. Cette donation fut confirmée par Charles VII en 1441, et par Louis XI en 1464, à condition que le roi en pourrait faire reprise quand il lui plairait. Le chapitre n'y fit faire aucune réparation. 45 ans plus tard; ce qui restait des bâtiments était devenu un repaire de voleurs; on le prit en 1519. En 1632, Louis XIII, ou plutôt Richelieu, le fit entièrement raser jusqu'aux fondements, et le fit rebâtir pour y recevoir les soldats invalides. Il y eut à cette occasion, en 1633, un édit portant établissement d'une communauté en forme d'ordre de chevalerie, du titre de Saint-Louis, pour l'entretien de ces soldats, avec réglement d'une levée pour la construction de l'édifice. Il était déjà assez avancé en 1634, pour que Jean-François de Gondi, archevêque de Paris, permit, le 24 août, d'y célébrer l'office. Une chapelle y fut élevée sous l'invocation de saint Jean-Baptiste; elle a été remplacée, vers 1670, par une église sous le même nom. Saint Vincent de Paul obtint de la reine Anne d'Autriche, en 1648, une partie de Bicêtre pour servir d'asile aux enfants trouvés. Ces enfants y restèrent peu de temps, l'air vif qu'on y respire étant nuisible à leur santé. Ayant le projet de faire bâtir un hôtel pour les soldats invalides (les travaux commencèrent en 1672), Louis XIV réunit Bicêtre à l'hôpital général, et l'on y plaça, dès 1656, les mendiants de la ville et des faubourgs de Paris. Quand la mendicité qui désolait la capitale à cette époque eut cessé de s'accroître, Bicêtre fut destiné à recevoir des pauvres veufs et garçons valides et invalides.

Dans la croyance populaire, toute cette partie méridionale du dehors de Paris, depuis et compris l'emplacement de l'antique cimetière des Romains jusqu'à Bicêtre, était le théâtre des revenants, des loups-garoux, du sabbat. C'était dans les carrières des environs de Gentilly, du plateau de Mont-Souris, que des fourbes, qui trouvaient des gens assez crédules pour les payer, leur faisaient voir le diable. Lorsque cette maison fut transformée en hôpital, le mot *Bicêtre* devint synonyme de malheur. Molière a dit:

Il va nous faire encor quelque nouveau Bicêtre.

Le puits de Bicêtre, un des plus curieux qu'on ait vus, fut construit sur les desseins du célèbre architecte de Boffrand, par Vrac du Buisson, entrepreneur de bâtiments, en 1733, 1734 et 1735. Il ne reste plus rien des anciens bâtiments élevés sous Louis XIII. On les a remplacés par de nouvelles constructions.

M. Fournier de la Condamine, mort évêque de Montpellier il y a quelques années, avait été enfermé à Bicêtre. Voici de quelle manière et dans quelles circonstances. Arrêté en 1801, par ordre du préfet de police Dubois, il fut enfermé à Bicêtre, tondu et confiné dans un cabanon parmi les fous les plus maniaques. Ses amis ayant découvert le lieu de sa détention, et commençant à solliciter pour lui, le préfet de police le fit, au bout de dix jours, transférer à la citadelle de Turin. Le cardinal Fesch obtint son élargissement en 1804, et l'emmena à Lyon, où l'abbé Fournier commença ses prédications. Peu de temps après, son protecteur le fit nommer chapelain de l'empereur Napoléon...; en 1806, il fut nommé évêque de Montpellier... Il paraît que le délit de l'abbé Fournier était d'avoir, dans un de ses sermons, fait une allusion à la mort de Louis XVI. M. de Beausset dit à ce sujet dans ses Mémoires : « J'ai souvent entendu Napoléon regretter de s'être trop laissé aller aux impressions de la police et d'avoir maltraité un prélat aussi recommandable. »

Castrum, vel Ecclesia Sancti Clodoaldi, vel Novientum, Saint-Cloud, paroisse de l'ancien diocèse de Paris, actuellement de celui de Versailles, arrondissement de cette ville, canton de Sèvres, Seine-et-

Oise, sur la pente rapide d'une colline qui domine la rive gauche de la Seine, à 8 kil. vers le nord-est de Versailles, et 8 ouest de Paris. Popul. 2,800 habitants environ. On y va par les chemins de fer de Versailles. C'était autrefois le siége d'une châtellenie et la seigneurie du lieu, dont les droits utiles appartenaient aux archevêques de Paris, et qui avait été érigée en leur faveur en duché-pairie. — Dès les premiers temps de la monarchie, il existait, au lieu où est aujourd'hui Saint-Cloud, une bourgade peu considérable, peut-être à cause de ses abords extrêmement difficiles. On la nommait *Nogent*, en latin *Novigentum* ou *Novientum*, et pour la distinguer d'une autre de même nom, située sur la Marne, on appelait celle-ci *Nogent-sur-Seine*: les rois mérovingiens avaient un palais dans l'un et l'autre de ces deux endroits. Le nom actuel de ce lieu vient de *Chlodovalde* ou *Clodoald*, et par corruption *Cloud*, nom du plus jeune des trois fils de Clodomir, roi d'Orléans. On connaît assez quel atroce assassinat les deux rois franks, Childebert et Chlothachaire, que l'on nomme Clotaire, frères de Clodomir, commirent sur les personnes de leurs neveux, encore enfants. Chlodovalde fut soustrait au poignard de ses oncles, et pour le mettre à l'abri de leur fureur, par les marques d'une entière renonciation à la royauté, on lui fit couper les cheveux et embrasser l'état ecclésiastique. En 551, il se retira sur le territoire de Nogent, selon quelques-uns, au lieu qu'on nomme Celle-lez-Saint-Cloud; selon d'autres, à Nogent même. Après sa mort, les miracles opérés sur son tombeau, l'ayant fait placer au rang des saints, ce village reçut dès lors le nom de Saint-Cloud; la dévotion attira des pèlerins dans ce lieu et contribua à augmenter le nombre de ses habitants. — Saint-Cloud, comme tous les autres lieux de France qui ne prirent de l'accroissement que dans le moyen âge, ne fournit à l'histoire, dans ses commencements, que des détails relatifs aux établissements religieux qui s'y trouvaient. Selon la commune opinion, un monastère y avait été fondé par Clodoalde lui-même, avec une chapelle sous le titre de Saint-Martin. Les courses des Normands ayant porté la terreur aux environs de Paris, les religieux de ce monastère se virent obligés de mettre en sûreté le corps de leur saint fondateur dans la cathédrale de Paris, où on les voit se rendre processionnellement en 890 ou 891, reprendre la châsse de ce saint et la reporter dans leur église, « accompagnés, disent les Annales de Paris, de presque tous les habitants de ce bourg, qui les suivaient en chantant les louanges de leur saint, et en témoignant la joie qu'ils ressentaient de se trouver en possession d'une aussi précieuse relique. » La nécessité où cette circonstance mit les chanoines de Notre-Dame d'entretenir des relations avec le clergé qui desservait l'église de Saint-Cloud, occasionna dans ce dernier lieu l'établissement d'une société qui observait la vie canoniale et qui forma par la suite une véritable collégiale. On voit, selon l'abbé Lebeuf, dans un acte authentique de l'an 811, que Saint-Cloud était dès lors mis au nombre des lieux où il y avait ce qu'on appelait *Congregatio Fratrum*. Il y avait un abbé à leur tête, et cette communauté eut la forme d'une abbaye séculière; cependant on ne trouve de vestiges apparents de cette église collégiale que depuis la fin du XIIe siècle, époque à laquelle on peut rapporter la construction de l'église que l'on voyait encore à la fin du siècle dernier, et où saint Martin n'était presque plus connu comme ancien patron que par le clergé. — En 1209, il s'éleva une grave contestation entre le chapitre de Saint-Cloud et l'évêque de Paris, sur la possession de la chapelle de Saint-Jean-Baptiste, voisine de l'église collégiale. La difficulté naissait de ce que cette chapelle ayant seule des fonts baptismaux servait réellement d'église paroissiale, et comme elle était renfermée dans l'enceinte du château ou palais de l'évêque de Paris, seigneur du lieu, il fallut décider si elle appartenait au chapitre ou à l'évêque. Des arbitres furent nommés, des témoins entendus et la question décidée en faveur du chapitre. Les arbitres se fondèrent principalement sur ce qu'un des déposants déclara qu'il avait vu l'évêque Maurice de Sully tenant ses plaids dans cette chapelle, et disant aux bourgeois du lieu : « Cette chapelle est à vous, Messieurs, et je la fais couvrir pendant que ce serait à vous à le faire. » Au reste, cette chapelle de Saint-Jean n'existait plus en 1636. L'ancienne église de Saint-Cloud reçut des augmentations successives à mesure que le nombre de ses habitants devenait plus considérable. En 1428, le chapitre de cette église, qui avait succédé au monastère, fit faire aux reliques de Saint-Cloud une châsse en cuivre doré, enrichie de pierreries et de deux figures d'argent en relief. Cette même année, les chanoines furent obligés, à cause des guerres civiles qui désolaient la France, d'abandonner leur église et de fuir à Paris, avec leurs reliques et la châsse de Saint-Cloud, qui fut mise en dépôt dans l'église de Saint-Symphorien de la Cité, où elle demeura jusqu'en 1443, époque où fut faite une nouvelle procession pour sa translation dans le lieu de Saint-Cloud. On conservait dans l'église de ce lieu plusieurs reliques précieuses. Lorsque le corps de saint Cloud fut tiré du tombeau, on enchâssa séparément l'os de l'un de ses bras pour l'exposer au public : ce reliquaire fut dérobé peu de temps après; mais enfin on le restitua à Pierre d'Orgemont, évêque de Paris, qui enchâssa lui-même la relique dans un nouveau reliquaire le 17 mars 1393 : en reconnaissance de quoi, le chapitre résolut de chanter pour ce prélat et pour sa famille une messe haute à perpétuité. Il y avait aussi un os du doigt de ce saint, enchâssé dans une boîte de cristal soutenue d'un pied de vermeil doré et garni d'émail : on portait cet os en procession le premier mercredi de chaque mois, et on faisait ce jour-là la bénédiction de l'eau pour les malades, dans laquelle on plongeait le doigt du saint. Le trésor de cette église renfermait encore une dent de saint Jean-Baptiste, enchâssée entre 4 perles et 4 rubis dans un morceau de cristal de roche, de forme ovale et soutenu par une figure du même saint. On peut aussi compter parmi les reliques mémorables de l'église de Saint-Cloud, le corps de saint Probas et plusieurs parties de celui de saint Mammès, patron de la cathédrale de Langres : celles-ci étaient dans un reliquaire de cuivre doré, fait en forme de ciboire; mais les plus précieuses et les plus vénérées étaient deux morceaux de bois de la vraie croix, dont l'authenticité est ainsi établie par l'abbé Lebeuf, dans sa *Dissertation ecclésiastique et civile de Paris* : « Anselme, natif de Paris, étant parti pour la conquête de la terre sainte, fut fait, après la prise de Jérusalem, préchantre dans l'église du Saint-Sépulcre, et trouva dans le trésor d'icelle le bois de la vraie croix, sur laquelle Jésus-Christ avait opéré la rédemption du genre humain. En ayant écrit à l'église de Paris, à son évêque et aux chanoines, il offrit de leur en faire présent, ce qui ayant été accepté avec beaucoup de reconnaissance, ils lui écrivirent et députèrent pour le recevoir; mais craignant de perdre un trésor aussi précieux, qu'il voulait procurer à sa patrie, il se détermina à faire lui-même le voyage pour le porter dans l'église de Paris. Il partit donc à cet effet chargé du précieux fardeau; mais étant mort en chemin, son fils Foulques, qui l'avait accompagné dans le voyage, eut la gloire d'arriver jusqu'à Fontenay-sous-Louvre, en Parisis, où il déposa la relique, et avertit l'évêque et chapitre de Paris de son arrivée. » A cette nouvelle, ceux-ci partent aussitôt remplis de joie et transportent d'abord à Saint-Cloud ce bois sacré *qui leur était envoyé du ciel* : Il y reposa trois jours, et le dimanche 1er août 1109, on le transféra à Paris; mais en reconnaissance des soins donnés à un aussi précieux dépôt, l'église de Saint-Cloud en obtint deux petits fragments qui furent renfermés dans une grande croix de cuivre doré, toute couverte de pierreries, donnée par un doyen du chapitre, nommé Gilles : elle était exposée à la vénération des fidèles le 1er août, ainsi que le vendredi saint, les jours de la fête de la Sainte-Croix et le jour de Saint-Cloud. Tous ces objets donnèrent au village qui les possédait une grande célébrité, et contribuèrent le plus à ses accroissements rapides. — Le chapitre de Saint-Cloud avait, dès le commencement du XIIIe siècle, un doyen et un chevecier : ses bénéfices étaient considérables ; mais les chanoines furent obligés en différents temps de vendre même à vil prix les biens qui en dépendaient, et ceux-ci se trouvèrent par la suite entièrement perdus. Ce chapitre, dont l'église était à la fois collégiale et paroissiale, se composait avant la révolution d'un doyen électif, d'un chantre, de 9 chanoines, dont l'un était régulier de Saint-Victor, d'un chevecier, d'un maître et de 6 enfants de chœur. Les 8 chapelains qu'il y avait eu ci-devant furent réunis à la mense vers la fin du siècle dernier. L'archevêque de Paris nommait aux prébendes; il y en avait 13 dans le XVe siècle, suivant le pouillé de ce temps-là, où le chevecier est nommé après tous les bénéficiers. Le nombre des chanoines avait été diminué en 1590. Le chevecier est connu depuis le XIIe siècle presque à l'égal du doyen. La cure du bourg de Saint-Cloud n'est point mentionnée dans le pouillé parisien du XIIIe siècle; il en est parlé dans celui du XVe comme appartenant au chapitre : elle a dû être très-grande originairement, Marne et Garches en étant des démembrements. — On voyait dans une crypte pratiquée sous l'église de Saint-Cloud un tombeau de pierre, long de 7 pieds, où avaient été renfermées les reliques de ce saint. Sur une table de marbre noir bleuâtre qui le couvrait, on lisait l'inscription suivante :

Artubus hunc tumulum Clodoaldus consecrat almis,
Editus ex regum stemmate perspicuo.
Qui, vetitus regni sceptrum retinere caduci,
Basilicam studuit hanc fabricare Deo ;
Ecclesiæque, dedit, matricis jure tenendam,
Urbis pontifici, quæque foret Parisi.

On voyait également dans cette église un monument élevé à la mémoire de Henri III, roi de France, par Charles Benoise, secrétaire du cabinet de ce prince. Il était placé dans une chapelle du titre de Saint-Michel, au côté droit du chœur : ce monument consistait en une colonne torse, en marbre campan isabelle, d'ordre composite, ornée de feuilles de lierre, de palmes et de chiffres entrelacés, représentant dans leur milieu un H. Elle était haute de 9 pieds, et avait été exécutée, dans un seul bloc, par Barthélemy prieur : au sommet était un vase qui contenait le cœur du prince. M. Lenoir, directeur du musée des Augustins, où ce morceau a été exposé de nos jours, avait remplacé ce vase par un génie en marbre blanc, aussi de la main de Prieur, et l'avait ajusté à ce monument. — On lisait dans la même chapelle, écrits en lettres d'or, les vers suivants composés par le poète Passerat :

Adsta, viator, et dole regum vicem.
Cor regis isto conditum est sub marmore,
Qui jura dedit Gallis, Sarmatis, jura dedit.
Tectus cucullo hunc sustulit sicarius.
Abi, viator, et dole regum vicem.

Au-dessous, sur une table de marbre noir, était une inscription en vers français qui se trouvaient gravés une seconde fois sur une table de bronze placée à côté. Voici une partie de cette inscription :

Si tu n'as point le cœur de marbre composé,
Tu rendras celui-ci de tes pleurs arrosé,
(Passant dévotieux) et maudiras la rage
Dont l'enfer anima le barbare courage
Du meurtrier insensé, qui plongea sans effroi
Son parricide bras dans le sang de son roi;
Quand ces vers t'apprendront que dans du plomb
[enclose,]
La cendre de son cœur sous ce tombeau repose, etc.

Cette épitaphe se terminait ainsi :

.... *Si tous les morts se trouvaient inhumés*
Dans les lieux qu'on vivant ils ont le plus aimés,
Le cœur que cette tombe en son giron enserre,
Reposerait au ciel et non pas sur la terre.

L'église de Saint-Cloud renfermait en outre les entrailles de Henriette-Anne Stuart et celles de Philippe de France, duc d'Orléans, son mari. On connaît par un factum imprimé en 1653, qu'il y a eu à Saint-Cloud une chapelle de Saint-Laurent et une de Saint-Médard, qui furent depuis réunies au chapitre. La chapelle de Saint-Laurent était au bout du pont vers Boulogne. Celle de Saint-Médard, qui existait dès le xv siècle, subsistait encore à la fin du dernier dans la rue du Houdé. — Saint-Cloud avait anciennement une léproserie dont l'existence est connue depuis 1189. Un acte de l'année 1274 apprend que les chanoines étaient tenus d'aller en procession le jour des Rameaux jusqu'à la chapelle de cette léproserie, et que là se faisait une prédication à laquelle le chapitre devait pourvoir. — L'ancien Hôtel-Dieu de Saint-Cloud, situé au bout du pont du côté du bourg, avait une chapelle dédiée sous le titre de Saint-Eustache. Le 10 septembre 1622, le chapitre de Paris conféra cette chapelle *in domo Dei, S. Clodoaldi, sede vacante*. Le duc d'Orléans, frère de Louis XIV, fonda dans le xvii siècle, à Saint-Cloud, un hôpital de la Charité. Des lettres patentes de confirmation, datées du 10 mai 1692, accordèrent divers privilèges à cet établissement desservi par des sœurs grises. La chapelle de cet hôpital a été construite, en 1788, par Mique, architecte de mérite, d'après les ordres de Marie-Antoinette. — On voyait encore dans ce bourg un couvent d'Ursulines, situé près du château : elles y avaient été établies en vertu de lettres patentes enreg. le 7 janvier 1661. — Enfin Saint-Cloud avait une communauté de la mission établie par le même duc d'Orléans, pour la chapelle de son château, en 1688 : le contrat, qui est daté du 5 août, fut agréé le 14 par l'archevêque de Paris, qui en régla les dispositions avec le chapitre les 12 juillet et 26 décembre de la même année. — L'ancienne église de Saint-Cloud n'existe plus : elle tombait en ruine à la fin du siècle dernier et fut démolie par les ordres de Marie-Antoinette, qui en faisait élever une nouvelle lorsqu'arriva la révolution : alors les travaux cessèrent, et l'office divin fut continué d'abord dans l'église de l'ancien couvent des Ursulines, qui tombait elle-même de vétusté, et ensuite dans la chapelle de l'hôpital. Comme cette dernière était trop petite pour le nombre des habitants, les travaux suspendus depuis Marie-Antoinette furent repris il y a quelques années ; mais ils n'ont point été achevés, quoique la nouvelle église ait été consacrée en 1820. — L'église de Saint-Cloud, telle qu'elle est aujourd'hui, ne se compose que de la partie de la nef qui finit à la croisée. La façade manque aussi et l'on entre par le côté opposé. — La seigneurie temporelle de la terre de Saint-Cloud a de out temps appartenu aux évêques et archevêques de Paris. Sauval a remarqué que ces évêques ont longtemps joui de la faculté d'exiger des habitants de Saint-Cloud un droit le jour de saint André ; ce qui est conforme à l'usage où étaient les seigneurs au xiii siècle d'imposer un pareil droit à leurs vassaux en les affranchissant : telle pouvait être l'origine de l'impôt établi à Saint-Cloud. Les habitants de ce lieu y furent condamnés expressément sous Charles VI par une sentence de son bailli, confirmée au mois d'août 1381 par arrêt du parlement. Le droit de chasse, qui apparemment avait été contesté à l'évêque, lui fut confirmé en 1290 : il fut reconnu dans le parlement qu'il était en possession de chasser dans son bois de Saint-Cloud, aux lapins, lièvres, renards, tessons et tous autres animaux *au pied fermé*. Louis XIV, par lettres patentes du 7 avril 1674, érigea la terre de Saint-Cloud en duché-pairie en faveur de Harlay, archevêque de Paris. Ce prince dit dans ces lettres que, « comme il est nécessaire d'attacher le titre de duché-pairie à quelqu'une des terres dépendantes de l'archevêché, il a estimé qu'aucune ne le mérite davantage que celle qui, ayant été donnée par saint Cloud, fils du roi Clodomir et petit-fils du grand Clovis, en porte encore présentement le nom, et qui est le plus ancien monument de la libéralité des rois de France envers cette église. » D'après ces termes, il faudrait croire que les droits des évêques de Paris sur la terre de Saint-Cloud remontent à la donation faite par Chlodovalde. On a observé que de tous les évêques de Paris qui ont pu se retirer par délassement dans leur maison de Saint-Cloud, un seul y est décédé, savoir : Guillaume de Seignelay, mort le 23 novembre 1223. — Le village de Saint-Cloud, distingué par la célébrité de ses dévotions et le séjour des hauts ou riches personnages que la beauté de sa situation engageait à y établir des résidences, devint, comme on l'a dit, considérable en peu de temps ; aussi voit-on qu'en 1218 il y avait là un pont sur la Seine, supportant des moulins. Châtelain, dans sa Table des lieux, en fait remonter l'existence avant le ix siècle, et prétend, sans en avoir de fondement assuré, qu'on l'appelait *Pons Vibius* et Saint-Cloud, *Novigentum ad pontem Vibium* ; mais l'abbé Lebeuf remarque avec raison qu'il est vraisemblable que Châtelain a pris pour le pont de Saint-Cloud le *Pons Urbiensis* de Grégoire de Tours. Le même critique ajoute que ce que lui-même en trouve de plus ancien, est qu'il y avait un pont en cet endroit en 841 ; au reste, le pont de Saint-Cloud était si vieux en 1307, que le roi avait permis aux habitants de lever un droit pour son rétablissement. L'amodiation de ce droit pour deux ans faite à Jean de Provins montait à 360 liv. Malgré l'importance que ce lieu commençait à prendre, il resta presqu'ignoré dans l'histoire jusqu'à l'année 1358, où il fut réduit en cendres par les Anglais et par Charles le Mauvais, roi de Navarre, qui s'étaient ligués contre la France. La résistance de ses habitants à se déclarer contre le régent, qui fut depuis Charles V, dit *le Sage*, attira sur eux la vengeance des ennemis qui en passèrent un grand nombre au fil de l'épée. Le besoin de défendre et de conserver un poste aussi important avait fait construire sur le pont une forteresse, qui fut souvent prise et reprise par les Armagnacs et les Bourguignons, deux factions qui divisaient la France aux xive et xve siècles. Le 13 octobre 1411, Collinet de Pesex, capitaine de cette forteresse, la livra aux Armagnacs, qui y tuèrent tous ceux qui s'y étaient réfugiés, et s'emparèrent des vivres et des richesses qu'on y avait renfermés. Au mois de novembre de la même année, le duc de Bourgogne partit de Paris, pendant la nuit, à la tête de 1500 hommes, et arriva à la pointe du jour devant le pont de Saint-Cloud. Il attaqua avec vigueur le pont et le bourg, qui, malgré la défense opiniâtre des Armagnacs, leur furent enlevés : 600 de ces derniers qui s'y trouvèrent furent tués. Collinet de Pesex, redoutant la peine due à sa trahison, espéra sauver sa vie en se cachant : on le découvrit dans le clocher de l'église de Saint-Cloud, déguisé en ecclésiastique. Conduit aussitôt à Paris, ce capitaine fut décapité aux Halles, le 12 novembre suivant, avec l'habit de prêtre dont il s'était revêtu. Ses membres écartelés demeurèrent exposés en divers quartiers de la ville. Le même duc de Bourgogne, voyant une partie des Armagnacs réfugiée dans la tour, environnée de fossés, qui existait sur le pont de Saint-Cloud, fit mettre le feu au pont-levis et plus de 300 hommes furent noyés. Ce duc alla ensuite à Saint-Denis, où il continua ses dévastations. — Le pont, qui était alors construit partie en bois et partie en pierre, fut assez endommagé pour nécessiter, à plusieurs reprises, des réparations considérables. En 1556, il fut reconstruit en entier aux frais du roi Henri II. — Saint-Cloud, pendant les guerres de religion, devint tour à tour la proie des deux partis, comme l'avait été dans le siècle précédent des Armagnacs et des Bourguignons. Coligny et le prince de Condé, pour mieux assurer leurs attaques contre Paris, assiégèrent Saint-Cloud, le prirent et y mirent une forte garnison, afin d'arrêter sur la Seine les provisions destinées pour la capitale. Ce poste fut bientôt repris par les catholiques sur les protestants. Une ordonnance de Charles IX, de 1568, porte que le pont sera rétabli et garni d'un pont-levis : plus tard on voit les habitants de Saint-Cloud obtenir de Henri III la permission de faire clore leur bourg de murs et de fossés. — On sait que ce prince, réduit par les Guise à fuir de Paris le 13 mai 1588, les fit assassiner dans son château de Blois les 23 et 24 décembre suivant. Cette action ayant mis le comble au mécontentement presque général, il se vit réduit à implorer l'assistance de son ennemi. Le 30 avril 1589, il fit sa réconciliation avec le roi de Navarre, depuis Henri IV, et les armées des deux rois réunies marchèrent sur Paris vers la fin de juillet de la même année. Le roi de Navarre se logea à Meudon, et Henri III à Saint-Cloud, dans la maison de Gondi, située sur la hauteur. Des fenêtres de cette maison Henri III pouvait apercevoir Paris : c'est de là que, considérant cette capitale, il s'écria avec cette férocité sourde qui suit toujours la faiblesse : *O chef trop gros du royaume, bientôt tu ne seras plus, et les passants demanderont où tu as été.* Il méditait réellement la ruine de cette capitale où il comptait entrer au bout de quelques jours : mais il devait en être autrement. Le lundi, dernier jour de juillet, un jeune jacobin, nommé Jacques Clément, excité par son prieur Édme Bourgoin et par la duchesse de Montpensier, sœur des Guise, partit de Paris pour aller à Saint-Cloud assassiner le roi. En chemin, il rencontra le procureur-général La Guesle. Il aborda cet officier et lui dit qu'il était chargé de porter des lettres écrites au roi par le premier président de Harlay, et de communiquer à S. M. des choses de la dernière importance pour les intérêts de sa couronne et de ses serviteurs qui étaient dans Paris. La Guesle conduisit le moine dans son logis à Saint-Cloud, et pensant que ce pouvait être un espion envoyé par les ligueurs, lui fit de nombreuses questions auxquelles Clément répondit avec assurance. Le lendemain, entre 6 et 7 heures du matin, La Guesle introduisit le jacobin dans les appartements du roi. Plusieurs circonstances semblèrent devoir empêcher le tête à tête sollicité par Clément, lors même que le roi parut y consentir. La Guesle poussa le soupçon jusqu'à dire : *Sire, il n'est pas besoin que ce moine s'approche de V. M.* Mais cette représentation fut inutile, le roi ayant fait écarter un peu ses officiers, tendit l'oreille au jacobin qui, prononçant quelques phrases, tira de sa manche un couteau et le plongea dans le ventre d'Henri III. *Ah ! malheureux, que t'avais-je fait pour m'assassiner ainsi ?* s'écria ce prince en se levant de sa chaise : puis retirant le couteau de sa blessure, il en frappa au front le jacobin qui restait immobile et ferme devant lui. Le roi mourut de sa blessure qui d'abord n'avait pas paru mortelle. Jacques Clément fut tiré à quatre chevaux et ses membres exposés dans la place qui est devant l'église du bourg. Aussitôt que les Parisiens apprirent la nouvelle de cet événement atroce, ils manifestèrent leur joie de mille manières, les uns par des feux, d'autres en portant le deuil en vert. — Le bourg de Saint-Cloud eut encore à souffrir dans les guerres entre Henri IV et la ligue, et surtout dans les guerres de la fronde où il fut le théâtre de plusieurs actions meurtrières. — Dès cette époque, l'histoire de Saint-Cloud se lie en grande partie à celle du château royal, qui lui donna le degré d'importance dont il a joui et jouit encore. Ce château demeura dans la maison d'Orléans jusqu'en 1782, où Marie-Antoinette en fit l'acquisition. Le dernier séjour qu'y fit cette reine est de 1790. — Mais ce qui assurera encore la célébrité de Saint-Cloud, c'est la fameuse journée du 18 brumaire an VIII. — En 1814, au moment où la puissance de Napoléon, commencée si heureusement à Saint-Cloud, venait enfin de se briser avec fracas sous les murs de Paris, le 30 mars, Saint-Cloud fut occupé dans la matinée du 31 par l'avant-garde du général russe, comte de Langeron. Elle était forte de 6,000 hommes. Mais fidèles, cette fois, à la capitulation qu'ils avaient signée, les troupes ennemies respectèrent le bourg et le château, et aucun habitant n'eut à se plaindre de leur pillage ou de leurs vexations. Il n'en fut pas de même en 1815; les malheureux habitants du bourg éprouvèrent de la part des Prussiens tout ce que les Russes leur avaient épargné l'année précédente. Le 2 juillet, les Prussiens, qui avaient passé la Seine au Pecq, village situé au bas de Saint-Germain-en-Laye, se portèrent en foule sur Saint-Cloud et s'en emparèrent, après que les Français, en se retirant, eurent fait sauter une des arches du pont. Aussitôt commencèrent et le pillage et les vexations de tout genre. — Le jour suivant, 3 juillet, tandis que les soldats prussiens répandaient la désolation dans le bourg, les plénipotentiaires des deux parties belligérantes s'y assemblaient pour conclure cette convention militaire qui ouvrit pour la seconde fois les portes de Paris aux armées coalisées. Cette convention, violée depuis presque sans opposition, fut signée à Saint-Cloud, à deux heures après midi, pour le gouvernement provisoire au nom du peuple français, par le comte de Bondi, le baron Bignon et le comte général Guilleminot; pour l'Angleterre, par le colonel Hervey, et pour la Prusse par le baron Muffling. — On a vu ce qu'est actuellement l'église de Saint-Cloud et ce que l'ancienne renfermait de curieux. — Le cimetière contient plusieurs monuments tumulaires remarquables. — Quant au pont, son histoire se trouve mêlée à celle du village. Il suffira d'ajouter ici qu'en 1810 il fut réparé en entier.—On racontait jadis aux voyageurs une anecdote merveilleuse sur la construction de ce pont. L'architecte qui s'en était chargé, désespérant, disait-on, de venir à bout de son entreprise, le diable lui apparut et lui offrit d'achever le pont à condition que le premier objet qui y passerait deviendrait sa propriété. L'architecte accepta l'offre et s'avisa d'y faire passer un chat dont le diable fut forcé de se contenter. — La belle position de Saint-Cloud y fit bâtir dès son origine de belles maisons de campagne. En remontant dans la lecture de nos annales, on trouve que Charles, fils du roi Philippe-le-Bel, avait une maison à Saint-Cloud, et c'est là que Catherine, impératrice de Constantinople, fit longtemps son séjour. Jean, duc de Berry et d'Auvergne, avait aussi dans ce même lieu un hôtel de campagne. Il en fit don, en 1405, à Guillaume, seigneur de Lode. En 1497, on appelait encore ce lieu le *clos de Berri*, et c'était devant ce clos qu'avait été construit, avant 1376, un moulin à papier, qui fut alors changé en moulin à grain. — Vers l'an 1425, il y avait à Saint-Cloud un vieil hôtel de Bourbon. Sous Charles VII, les sieurs de Chauvigny avaient à Saint-Cloud un hôtel devant l'église. Henri II avait aussi une maison à Saint-Cloud. Il la fit rebâtir et augmenter en 1556. —Mais de toutes les maisons de ce bourg, la plus célèbre est celle qui en 1572 appartenait à Jérôme de Gondi.

La colline sur laquelle est bâti Saint-Cloud, a sa pente tellement abrupte et rapide que, dans la plupart des rues, on a été obligé de pratiquer des escaliers pour pouvoir y marcher avec quelque facilité. Les maisons en général y sont laides et mal bâties, comme dans tous les lieux qui ont quelque antiquité. Cependant, un peu hors du bourg et sur la gauche en suivant le cours de la Seine, on voit plusieurs maisons de campagne remarquables par leur construction, leurs belles dépendances et leur position qui présente le point de vue brillant du bois de Boulogne et de la vallée qui s'étend le long de la rivière jusqu'à Neuilly. — Le terroir de cette commune, composé tout entier de collines élevées, n'est, pour ainsi dire, cultivé qu'en vignes. On n'y voit que rarement quelques pièces de terre consacrées à la culture des grains. D'ailleurs ce territoire fort peu étendu est presque en totalité occupé par le parc du château. Ce bourg produit une espèce de pierre qui est estimée. — Les principaux d'entre les hommes célèbres nés à Saint-Cloud sont: Pierre de Saint-Cloud, qui vivait au XIIIe siècle, et composa en vers français *le Testament d'Alexandre le Grand*. — Guillaume de Saint-Cloud, vivant au XIVe siècle, assez bon astronome pour ce temps-là. Deux manuscrits de lui sont conservés à la bibliothèque du roi. — Thibaud Labbé, maître des enfants de chœur de la collégiale de Saint-Cloud, qui recueillit plusieurs Vies des Saints. — Claude Bouchard, chanoine et curé, auteur, en 1647, d'une Vie de saint Cloud. — Nicolas Feuillet, prêtre et chanoine, mort en 1693. — Nicolas Gastineau, auteur de plusieurs ouvrages de controverse, mort à Saint-Cloud en 1696. — Jacques Perrier, auteur de plusieurs écrits sur Saint-Cloud, sa patrie, mort dans ce bourg en 1708. — Maisonneuve, auteur de la *Bibliothèque de campagne*, ouvrage en 24 volumes, publié en 1777. — Philippe-Joseph d'Orléans, premier prince du sang, né le 13 avril 1747, député à l'assemblée constituante et membre de la convention nationale. Il prit le nom d'*Egalité* pour se populariser, vota la mort de Louis XVI son parent, et fut décapité le 6 novembre 1793.

| Cloud (château de Saint-). Les auteurs ne sont point d'accord dans la désignation des lieux et bâtiments sur l'emplacement desquels le château a été bâti. Les uns veulent qu'il ait remplacé la maison appelée anciennement *Gondi*, que Jérôme de Gondi avait fait élever en 1572, et que possédèrent après lui quatre évêques de Paris de la même famille. Ils rapportent que le 8 octobre 1658, Louis XIV l'acheta pour en faire cadeau au duc d'Orléans, son frère unique; selon d'autres écrivains, le château de Saint-Cloud appartenant au duc d'Orléans, et les jardins, sont un terrain qui était auparavant occupé par trois maisons particulières, dont Monsieur, frère de Louis XIV, fit l'acquisition. Une dernière version

dit que ce château et son parc renferment à la fois ces quatre propriétés, savoir : 1° la maison appartenant à la famille de Gondi, beau logis, avec un jardin d'une très-grande étendue, embelli, suivant le continuateur de du Breul, de belles grottes et de fontaines, dont les eaux faisaient jouer quelques instruments, et de plusieurs statues de marbre et de pierre. C'est dans cette maison qu'en 1572 fut conçu et arrêté le massacre de la Saint-Barthélemy; c'est aussi dans la même maison que fut commis, sur la personne d'Henri III, l'assassinat dont on a lu les détails plus haut; 2° l'hôtel d'Aulnai qui était situé au bout du village de Saint-Cloud, et que Catherine de Médicis acheta de Jean Rouville. Elle le donna l'année suivante à Jérôme de Gondi, son écuyer. En 1618, il passa au sieur Sancerre, argentier du roi; en 1625, Jean-François de Gondi, frère du cardinal et évêque de Paris, acheta ce même hôtel : ses héritiers le revendirent en 1655 au sieur Hervard, intendant des finances de France, qui le vendit le 25 octobre 1658, à Monsieur, frère de Louis XIV, moyennant 240,000 livres, quoiqu'il n'eût coûté, en 1577, à Catherine de Médicis que 4,157 livres avec 13 arpents de terre contigus, au lieu que lors de la vente faite à Monsieur, il en contenait 24. Cet hôtel est actuellement le centre et le noyau du château de Saint-Cloud. Comme cet hôtel avait été possédé par François de Gondi, premier archevêque de Paris, les auteurs ont pu, à cause de cela, attribuer par erreur l'origine du château à la maison dont il vient d'être parlé, et qui appartenait aux Gondi; 3° une maison possédée par le célèbre Fouquet, surintendant des finances; 4° et enfin, une autre maison appartenant à un nommé Monerot. Les du Tillet, greffiers du parlement, avaient à côté de cette dernière une maison qui a donné son nom à une allée du parc appelée *l'allée du Tillet*. Sur les ruines de ces différents édifices s'éleva le château de Saint-Cloud. L'acquisition en fut faite par Louis XIV pour son frère d'une manière singulière, si l'on s'en rapporte à l'anecdote qui a été recueillie à ce sujet. « Le cardinal Mazarin ayant eu envie d'acheter une maison de plaisance pour Monsieur, jeta les yeux sur celle d'un gros partisan, située à Saint-Cloud, qui était d'une étendue immense et d'une grande beauté; aussi revenait-elle à près d'un million à son possesseur. » Le cardinal s'y rendit comme simple visiteur, et conversant avec le propriétaire. « Cela doit vous coûter, lui dit-il, 1,200,000 livres pour le moins? » Le partisan, qui craignait qu'on ne blâmât la source de pareilles richesses, se garda de convenir d'une valeur si considérable, et se défendait d'y avoir employé cette somme. » Je parierais au moins pour 200,000 écus? dit le cardinal. » Le financier s'en défendit encore; enfin, il convint que cela lui coûtait 500,000 livres. Le lendemain, il reçut cette somme et une lettre de Mazarin, qui lui faisait savoir que le roi désirait avoir cette maison pour Monsieur. Le messager était un notaire qui apportait en même temps un contrat de vente tout dressé que le partisan fut obligé de signer. » Ainsi, dit l'auteur du Dict. d'Anecd., par la *finesse* du cardinal, le roi eut pour 100,000 écus ce qui coûtait près de 1,000,000 liv. au financier qui fit, sans y penser, la restitution d'une partie de ce qu'il avait volé à Sa Majesté. — Quelle que soit d'ailleurs la manière dont cette acquisition fut faite, la construction du nouvel édifice ayant été confiée au fameux Lepautre, architecte particulier du duc d'Orléans, à Girard et à Jules Hardouin Mansart, architectes du roi, ces artistes habiles réussirent à former un tout régulier des différents bâtiments déjà construits. Le dessin du parc et des jardins fut confié à Le Nôtre, et ce coteau sec et aride devint bientôt sous ses mains un lieu enchanté. C'est là plus que partout ailleurs peut-être que ce grand homme a montré toute la puissance de son génie. Il vengea surtout la France des railleries des Italiens, en créant ce chef-d'œuvre des cascades, modèle de l'art en ce genre, et qui surpassa en beauté, en force et en élégance les cascades les plus vantées de l'Italie. — On a dit que cette superbe résidence appartint à la maison d'Orléans jusqu'en 1782. Les ducs de ce nom y firent successivement des embellissements nombreux, et y avaient rassemblé une magnifique galerie de tableaux. Lorsqu'à l'époque qui vient d'être indiquée, Marie-Antoinette en fit l'acquisition, cette reine changea la disposition de plusieurs parties de son château de Saint-Cloud, et l'augmenta de nouveaux bâtiments. — Bonaparte, devenu empereur, sous le nom de Napoléon, eut toujours une prédilection marquée pour le château de Saint-Cloud, qui avait été le théâtre de sa première élévation; il fut même un temps où il y résidait plus souvent qu'à Paris, et le cabinet français s'appelait alors le *cabinet de Saint-Cloud*, comme avant il s'était appelé le *cabinet de Versailles*, et comme depuis il s'est nommé le *cabinet des Tuileries*. Des travaux immenses furent entrepris et achevés par Napoléon, pour rendre le château de Saint-Cloud digne de recevoir la cour la plus fastueuse et sans doute la plus brillante de l'Europe. Le château de Saint-Cloud est situé à gauche du pont en entrant dans le bourg, et sur le penchant méridional de la colline sur laquelle le bourg est assis. Dans cette position il est dominé par la colline de trois côtés, et n'a par conséquent de vue qu'à l'est; mais de ce côté-là les regards se promènent sans obstacle dans un espace immense au-dessus de Paris et des campagnes voisines. La chapelle a 15 mèt. 60 centim. (48 pieds) de long, sur 8 mètres 45 centim. (26 pieds) de large, et peut contenir 150 personnes. Son architecture est d'ordre ionique, à pilastres, supportés par un soubassement d'ordre dorique, dont la partie qui fait face à l'autel est en saillie, et forme une tribune soutenue par deux colonnes. Entre les pilastres se trouvent des arcades : celles du haut sont décorées de balcons en saillie avec balustres, et percées de 8 portes-croisées qui donnent à droite sur le parc et à gauche sur la galerie. Dans la tribune, l'arcade du milieu est percée d'une porte donnant dans le salon de Diane. Les archivoltes des arcades du haut sont ornées de groupes d'anges sculptés par Deschamps. Au-dessus du dernier ordre d'architecture, le plafond en voussure est peint en grisaille par Sauvage; il représente un ciel encadré de 12 compartiments distribués au-dessus des pilastres. — Le parc du château de Saint-Cloud, qui d'abord n'était point destiné à être continuellement ouvert aux curieux, devint une promenade très-fréquentée dès le temps du régent, et les princes de la maison d'Orléans en avaient constamment laissé la jouissance entière au public. Ce parc et le bois qui en dépend, ont environ 18 kil. (4 l.) d'étendue. Marie-Antoinette, sans déroger complétement à un usage depuis si longtemps établi, réserva cependant à ses plaisirs particuliers toute la partie qui entoure le château, et la fit enclore de palissades. Napoléon conserva cette disposition, et fit même réparer et mettre à neuf ces palissades. Cette enceinte réservée et entourée en entier par le reste du parc prit le nom de *petit parc* ou *parc particulier*, et le reste fut appelé le *grand parc*. Cette division nécessite un double examen. Le petit parc commence aux appartements mêmes du château, et s'étend à gauche jusqu'au sommet de la colline : mais à droite il n'occupe guère au-dessous du château qu'une espèce de vallée, où sont réunis tous les enjolivements possibles : on y voit des jardins et des parterres ornés de bosquets, de gazons, de bassins, etc., et surtout de nombreuses statues, dont quelques-unes sont des chefs-d'œuvre. Le grand parc s'étend depuis la Seine, dont il n'est séparé que par la route de Sèvres à Saint-Cloud, jusque par delà le sommet de la colline. On y entre par deux belles grilles en fer, dont l'une construite en 1810 donne sur la place, et l'autre sur la grande avenue du château. A la suite de la première de ces grilles est l'allée double, appelée la *grande avenue*; elle aboutit à une espèce d'esplanade, que l'on nomme l'*Etoile*. C'est dans cette partie que se tient la foire. La partie du parc qui commence en cet endroit, et s'étend jusqu'à Sèvres, est coupée de grandes et belles allées plantées en ormes, d'une grosseur et d'une élévation monstrueuses. Ce qu'offre ce parc de plus remarquable, c'est la cascade et ses jets d'eau ; la plus grande partie des eaux qui servent à leur entretien, vient des étangs de la Marche, et se rend dans le bassin de la *Grande-Gerbe*, qui fournit tous les bassins et réservoirs du parc. C'est du château de Saint-Cloud que partit, en 1830, le roi Charles X, pour quitter la France qu'il ne devait plus revoir. C'est également de Saint-Cloud qu'est parti, en 1848, le roi Louis-Philippe avec sa famille pour sortir de France.

Castrum Forte, Châteaufort, paroisse de l'ancien diocèse de Paris, actuellement de celui de Versailles, arrond. de cette ville, canton de Palaiseau, Seine-et-Oise, à 7 kil. de Versailles, 10 de Palaiseau, et 24 de Paris. On s'y rend par les chemins de fer de Versailles. Sa pop., considérablement diminuée depuis les guerres de religion, n'était que de 200 hab. env. au milieu du dernier siècle. Le dénombrement du royaume, fait en 1745, ne la porte même qu'à 150 hab., en l'évaluant sur 45 feux. Elle est aujourd'hui de 600 hab., en y comprenant plusieurs maisons écartées et l'ancienne paroisse de la Trinité. Châteaufort était anciennement un de ces gros bourgs qui se formaient autour des forteresses bâties par les seigneurs féodaux, pour s'en faire un asile contre l'autorité royale, l'invasion de leurs voisins ou la rébellion de leurs propres vassaux. Le coteau sur lequel était élevé le château qui a donné son nom au village actuel, offrait une position admirable pour ces sortes de constructions. Il dominait presque perpendiculairement sur une gorge ou vallée dans laquelle coule le petit ruisseau de Port-Royal, qui se jette dans l'Ivette, auprès de Gif. Les bords de ce coteau sont escarpés, et l'accès en est très-difficile. La confiance qu'eurent les gens de la campagne dans la protection du seigneur de ce lieu, fit qu'ils vinrent s'y réfugier, et que le bourg qui s'y forma ressembla à une petite ville. Ils s'étaient défendus des incursions des ennemis, non-seulement par le château, mais aussi par une clôture de murs et de fossés, et trois grosses tours placées en différents endroits du bourg. L'une de ces tours a été depuis entièrement détruite; les deux autres existent encore presque entières, quoiqu'à plusieurs reprises on ait fait jouer la mine pour les abattre. Ces deux énormes masses, qui semblent indestructibles, sont un témoignage permanent de l'esclavage où le peuple était alors réduit, et qui permettait de n'épargner ni les bras ni les matériaux. Ce lieu devint si considérable, qu'il fut choisi vers le XIe ou XIIe siècle, pour le chef-lieu d'une contrée tout entière du diocèse de Paris. C'était le plus étendu des 6 doyennés ruraux de ce diocèse : il commençait à l'extrémité de la banlieue, au midi de Paris, sur le grand chemin d'Orléans, et comprenait tout l'espace vers la droite, le long du rivage de la Seine, jusqu'à Mauchamp inclusivement, à 8 ou 12 kil. en deçà d'Etampes, et au delà de St-Germain-en-Laye. Châteaufort était aussi le siège d'une châtellenie et d'une prévôté. Il y avait une léproserie qui, dès le XIIIe siècle, était une des plus fréquentées et des mieux dotées du diocèse de Paris. La popul. très-nombreuse de ce lieu y avait nécessité l'établissement de deux paroisses : l'une, sous l'invocation de la sainte Trinité, était destinée pour le bourg proprement dit, et l'autre, pour les manants établis hors des murs et du côté de la campagne, était sous le titre de St-Christophe. Cette église du bourg et le bourg lui-même sont maintenant détruits. On en voit les ruines éparses autour de celles du château qui dominait sur elles. On remarque encore quelques vestiges de rues et de places et une espèce de contiguïté dans les maisons

Une rue du village, qui porte le nom de la Monnaie, semble indiquer que jadis on battait monnaie à Châteaufort, qui, d'après tout ce qu'il en reste, devait être considérable. La seconde église, qui était jadis la plus petite et la plus pauvre, subsiste aujourd'hui et suffit à la popul. actuelle du village. Dans un cartulaire de Châteaufort, on lit que cette église, étant construite en bois, comme l'étaient autrefois la plupart des églises de France, le roi Philippe, en l'an 1068, permit à un chevalier, nommé Aimerie, de la faire reconstruire en pierre. Elle est située sur la pente de la montagne, à mi-côte, et si éloignée des habitations, que celles-ci ne paraissent pas lui appartenir. Cette église était jadis un prieuré de l'ordre de Saint-Benoît. Ce prieuré fut fondé vers le milieu du XIe siècle. Les plus anciens seigneurs de Châteaufort que l'on connaisse vivaient dans le XIe siècle. On trouve dans les anciennes chroniques, à la date de l'année 1112, que l'un des seigneurs de ce lieu, Hugues de Montlhéry, nommé aussi de Crécy, grand sénéchal de France, fit enfermer au château et étrangla de ses propres mains Milon de Montlhéry, son seigneur et son cousin, fils de ce Milon le Grand, si célèbre dans l'histoire de ce temps-là. Hugues, après avoir commis ce crime, qui le rendait maître des biens de son cousin, fit de vains efforts pour n'en point paraître l'auteur ; et, se voyant poursuivi par l'animadversion générale, il prit le parti de se renfermer dans un cloître en 1118. Ce méchant homme, même avant son crime, portait un nom fort extraordinaire : comme il était très-maigre et presque entièrement décharné, on l'appelait Hugues le Cadavre. — Quelques années après, Louis le Gros, qui avait pleuré sur la mort de Milon, un des hommes les plus honorés à sa cour, confisqua la terre de Châteaufort sur Hugues. Louis XI la donna en échange d'autres terres à Louis de Brabant, en 1480. En 1529, François Ier en fit présent à Jean de la Barre, prévôt de Paris. Elle passa depuis dans la maison de Guise, en 1616 ; puis enfin dans celle de Charles d'Escoubleau, marquis de Sourdis, à qui la jouissance en fut attribuée par un arrêt du 9 février 1663, à la charge que la justice y serait rendue par des officiers pourvus par le roi, sur la nomination de ce seigneur, conformément à un arrêt du 27 juin 1650. — Ce lieu a donné naissance à plusieurs hommes illustres, entre autres à Jean de Châteaufort, abbé de Livry, en 1289 ; à Guillaume de Châteaufort, recteur de l'université de Paris, en 1449, et ensuite docteur de la maison de Navarre. Il était grand maître du même collège en 1459, et fit de graves remontrances au roi Charles VII sur les abus introduits dans les collèges. Eusèbe Renaudot, littérateur et orientaliste distingué du siècle de Louis XIV, a été prieur de Châteaufort. — Parmi les maisons éparses qui composent maintenant ce village, on distingue le château d'Ors, que Lebeuf nomme d'Orfe, et qui porte, sur quelques anciennes cartes, le nom d'Orsé ou Orcé. On remarque aussi la maison dite la Geneste, appartenant au chevalier de Gricourt, celle dite le Gavois et la maison de la Perruche. — Le territoire de cette commune n'a point de vignes, quoique ses coteaux soient très-propres à leur culture. On n'y voit que des terres labourables, des prairies et des bois. Il y a deux moulins que fait tourner la petite rivière qui arrose ses prairies. — Il se tient à Châteaufort une foire chaque année, très-fréquentée pour la vente de la filasse et des porcs gras. Elle a lieu, comme anciennement, le 28 octobre, et dure un jour. Il y avait autrefois un marché tous les huit jours. Ce lieu, peu propre à être le centre d'aucun commerce, ne doit celui qui s'y fait encore qu'à un reste de son ancienne influence.

Castrum Nantonis, Château-Landon, paroisse de l'ancien diocèse de Sens, maintenant de celui de Meaux, chef-lieu de canton de l'arrond. de Fontainebleau, Seine-et-Marne, sur une colline au bas de laquelle passe le ruisseau de Suzain ou Fusin, à 12 kil. de Nemours, 40 sud de Melun, 76 sud-ouest de Paris. Il y a un bureau de poste. Ce bourg, qui est fort ancien, était autrefois considéré comme ville. Sa population ne s'élevait, au milieu du siècle dernier, qu'à 1500 hab. ; elle est aujourd'hui de plus de 2000. Son nom latin est *Castrum Nantonis* ; l'histoire des consuls d'Anjou, dès le IIe siècle, lui donne celui de *Castrum Landonis* ; quelques auteurs l'appellent *Castrum Landonense* ; d'autres, *Castrum Nandonis* ; d'autres, *Castrum Landonum*. On pourrait aussi, avec le plus grand nombre des commentateurs ou historiens, dire que Château-Landon s'est appelé *Villaunodunum*, en admettant son identité avec *Villaunodunum* dont parle César au liv. VII de ses Commentaires, mais cette opinion est contestée. — Château-Landon était autrefois le siège d'une prévôté ressortissant au bailliage de Nemours. Outre deux églises, dont l'une paroissiale, sous l'invocation de saint Tugal, et l'autre dédiée à N.-D., il y avait une abbaye de l'ordre de St-Augustin, congrég. de Ste-Geneviève, dont l'église était dédiée à saint Séverin, qui choisit ce lieu pour sa retraite sous le règne de Clovis, et y mourut. Cette abbaye, fondée dans le VIe siècle par Childebert, fils de Clovis, était en commende et valait 2,000 liv. à son prélat, qui payait 600 flor. à la cour de Rome pour ses bulles. Il y avait aussi un hôpital. — Si *Villaunodunum*, dont parle César dans ses Commentaires, est le même que Château-Landon, comme l'ont pensé presque tous les auteurs, on doit noter que ce conquérant en fit le siège et l'emporta en trois jours, lors de la guerre que Vercingentorix soutint contre lui. En 878, sous le règne de Louis le Bègue, se passa, au même lieu, le duel d'Ingelger, comte d'Anjou, contre Gontran, l'un des plus redoutables guerriers de son temps. Ce dernier accusait de meurtre sa propre parente, veuve d'Ingelger, comte de Gâtinais, que l'on avait trouvé mort dans son lit auprès de sa femme. Ingelger, filleul de la comtesse, vint offrir son secours à sa marraine, et la justifia, en restant vainqueur de Gontran, à qui il ôta la vie. Il reçut d'elle en récompense la seigneurie de Château-Landon, avec ses dépendances et tous les fiefs qui en relevaient. Hugues du Puiset, vicomte de Chartres, après avoir résisté à Louis-le-Gros pendant trois ans, fut pris et envoyé à Château-Landon, où il resta prisonnier. — Le territoire de ce bourg est très-abondant en grains et en vins, et ses environs sont remplis de bois et de prairies agréables. Il s'y trouve plusieurs fabriques de blanc d'Espagne. On y exploite de riches carrières de pierres dures, qui se polissent comme le marbre, et que l'on transporte par le canal de Loing : l'arc de triomphe de l'Etoile à Paris est bâti en pierres de Château-Landon.

Castrum Porcianum, Château-Porcien, petite ville du diocèse de Reims, chef-lieu de canton de l'arrondissement de Rhétel, Ardennes, à 10 kil. ouest de Rhétel, 38 de Mézières, et 184 de Paris. Long. 21° 58, lat. 40° 35. Popul. 2600 habitants. Celle du canton est de 9145. Cette ville est située sur la rive droite de l'Aisne, qui forme en cet endroit une île dans laquelle est une partie de la ville, dominée par un château bâti sur un rocher. — Cette ville n'était autrefois qu'une simple seigneurie mouvante du comté de Sainte-Ménehould. Elle passa dans la maison des comtes de Champagne par un échange fait, en 1263, entre Thibault, roi de Navarre, comte de Champagne, et Raoul de Château-Porcien. Jeanne, reine de Navarre, l'apporta depuis au roi Philippe le Bel, comme dépendance de son comté de Champagne. Ce prince en fit échange, en 1303, avec Gauthier de Châtillon, connétable de France, et l'érigea pour lui en comté. Château-Porcien demeura à la maison de Châtillon jusqu'à l'année 1395, époque à laquelle il fut vendu à Louis de France, duc d'Orléans, par Jean de Châtillon. Charles, duc d'Orléans fils de Louis, ayant été pris à la bataille d'Azincourt, le revendit à Antoine de Crouy, sieur de Renty, pour payer sa rançon, en 1439. Le 4 juin 1561, Charles VII érigea Château-Porcien en principauté, en faveur d'un Charles de Crouy, comte de Senignen, et y unit plusieurs terres. Cette principauté passa de cette maison à celle de Gonzague en 1608, et le duc de Mazarin l'acquit en 1668. Le château et son domaine appartenaient en dernier lieu à la branche cadette de Richelieu. — Château-Porcien a soutenu quatre siéges à des époques très-rapprochées. Les Espagnols la conquirent en 1650 : elle fut reprise la même année par les Français, puis une seconde fois par les Espagnols, en 1652, et enfin les Français la reprirent en 1653. — Cette ville a des fabriques de serges, casimirs, étamines; des tanneries, des filatures de coton, des moulins à huile. Son principal commerce est en ardoises; elle exporte aussi des draps, produit de ses fabriques, des laines, du fer, etc. : ce commerce est favorisé par les eaux de l'Aisne, qui commence à être navigable à Château-Porcien.

Castrum Regnaldi, Château-Renard, ou Regnard, petite ville de l'ancien diocèse de Sens, maintenant de celui d'Orléans, chef-lieu de canton de l'arrond. de Montargis, Loiret, sur la rive droite de l'Ouanne, à 15 kil. est-sud-est de Montargis, 64 d'Orléans, et 124 de Paris. Popul. 2500 habitants. Celle du canton est de 9860. — Cette ville, ancien domaine de la couronne, qui avait été engagé, fut détruite dans le xiie siècle par Louis le Gros. Elle appartenait alors aux seigneurs de Courtenay, et passa dans la maison de Sully, par le mariage de Peronnelle, sœur cadette d'Isabeau de Courtenay. Au milieu du xvie siècle, l'amiral de Coligny acheta des La Trémoille, héritiers de la maison de Sully : après la mort de l'amiral, elle entra dans la maison de Nassau-Orange. Comme elle était devenue un des remparts des calvinistes, pendant les guerres de religion, Louis XIII fit démolir, en 1627, son château et ses fortifications. — Château-Renard était le siége d'une châtellenie, qui ressortissait au présidial de Montargis : c'est aujourd'hui le siége d'une justice de paix. — Il y a, dans cette ville, plusieurs fabriques de drap propre à l'habillement des troupes. Il s'y fait un commerce de grosses toiles, que l'on tire des environs de Montargis, de Cône et de Saint-Fargeau. Autrefois, les Allemands venaient acheter des safrans du côté de Bois-Commun : ce commerce, quoique diminué, est encore assez considérable.

Castrum Theodemerense, Châteauneuf-en-Thimerais, petite ville du diocèse de Chartres, chef-lieu de canton de l'arrond. de Dreux, Eure-et-Loir, près de la forêt qui porte son nom, à 18 kil. de Dreux, 21 de Chartres, 84 sud-ouest de Paris. Popul. 1800 habitants. La ville et le pays de Thimerais étaient régis par une coutume particulière rédigée en 1552. On y voyait deux églises : l'une paroissiale, dédiée à la Vierge et située dans la ville ; l'autre, située dans le faubourg appelé Thimert, consacrée à saint Pierre. Dans ce faubourg était un prieuré en commende de l'ordre de Saint-Benoît, dépendant de l'abbaye de Saint-Florentin de Bonneval. Châteauneuf est aujourd'hui le siége d'une justice de paix, la résidence d'un sous-inspecteur des forêts et d'un syndic des marins ; elle est dans le syndicat de l'inscription maritime du q. d'Orléans, 4me arr. maritime. Il y a un bureau de poste, un relais de poste aux chevaux et une brigade de gendarmerie. Cette ville se forma au xie siècle par le rassemblement des habitants des environs auprès d'un château construit à cette époque par un seigneur nommé Guazon, et qui fut assiégé en 1060 par Henri Ier, roi de France. Ce lieu était nommé *Castrum Theodemerense* : de *Theodemerensis* on fit le *Thimert*, qui devint le nom du château, et le pays qui l'environnait fut nommé *Thimerais*. En 1115 on trouve que Hugues, fils de Gervaise, possédait le château neuf en *Thomerai*. Cette maison des Hugues et Gervais du Châtel se rendit célèbre dans les xiie et xiiie siècles : elle se fondit ensuite dans celles de Dreux et de Pont-Audemer. Le Thimerais passa depuis dans les mains des seigneurs du grand Perche, et y resta jusqu'à Charles IV, dernier duc d'Alençon. Châteauneuf fut, en 1314, érigé en baronnie-pairie, en faveur de Charles de Valois. Il échut en dernier lieu à la maison de Bourbon. Pris en 1589 par le duc de Mayenne, il ne tarda pas à retomber au pouvoir de cette maison. Il fut en effet, l'année suivante, pris et pillé par le comte de Soissons. Ses maisons, assez bien bâties, sont construites et couvertes en briques. C'est la patrie du jurisconsulte et poëte Lorens, mort en 1655. — Le territoire de Châteauneuf, quoique l'eau y soit rare, se fait remarquer par sa fertilité : le froment y rend 8 pour 1. Il se tient dans la ville un marché de grains tous les mercredis. — La forêt qui entoure la ville, et dans laquelle on a percé de belles allées qui servent de promenade aux habitants, faisait jadis partie de l'apanage de *Monsieur*, depuis Louis XVIII ; elle appartient aujourd'hui au domaine de l'État. Plusieurs maisons de plaisance remarquables embellissent les environs de la ville.

Castrum Theodorici, Château-Thierry, ville du diocèse de Soissons, chef-lieu d'arrondissement du département de l'Aisne, avec sous-préfecture, tribunal de première instance et collége communal, sur la Marne, à 52 kil. sud-ouest de Laon, 44 ouest d'Épernay, 48 nord-est de Meaux et 92 de Paris. L'arrondissement renferme 127 communes et 56,423 habitants. Il compte 5 cantons. La popul. de la ville est de 5,000 habitants environ. — Cette ville, qui avait le titre de duché-pairie, était la capitale de la Brie-Pouilleuse, ou du Pays de Gallevèse, avec un gouvern. de place, dans le gouvernement gén. de la Champagne ; c'était le chef-lieu d'une élection, le siège d'un présidial, d'un bailliage, d'un grenier à sel et d'une maîtrise des eaux et forêts. Elle s'élève en amphithéâtre sur le bord de la Marne et a un très-beau port. Une promenade agréable, que l'on a plantée le long de la rivière, répand de la gaîté sur le tableau qu'elle offre aux voyageurs, et le mouvement de ses bateaux, qui passent le long de ses rives pour l'approvisionnement de Paris, porte, pour ainsi dire, l'air de vie des villes commerçantes. Château-Thierry a un vieux château en ruine, situé sur le sommet de la montagne qui la domine ; il est beaucoup au-dessus des plus hautes maisons de la ville. Elle a deux faubourgs considérables : l'un vers le couchant et l'autre à son midi ; ce dernier est séparé de la ville par une ancienne porte et par un pont de pierre jeté sur la Marne. Il y a un autre pont de pierre d'une seule arche, construit en 1759, sur un canal que l'on a creusé pour servir de décharge à la Marne et mettre la campagne plus à l'abri des inondations, de manière que ce faubourg a deux ponts. L'autre faubourg est aussi séparé de la ville par une porte, dans laquelle étaient pratiquées des prisons. L'hôtel de ville est au bas du château. Cette ville avait autrefois deux paroisses : l'une dédiée à saint Martin, l'autre à Notre-Dame. Il y avait plusieurs monastères et chapelles ; une abbaye de chanoinesses de Saint-Augustin, appelée la Barre, fondée par Jeanne de Champagne, reine de France et de Navarre ; un couvent de Minimes, un de Capucins et un de la congrégation. Château-Thierry a deux sources d'eaux minérales ferrugineuses ; elles coulent dans deux maisons voisines l'une de l'autre : celle qui a le plus de réputation, et qui attire beaucoup de malades pendant la belle saison, est celle de la Fleur de lis. Il y a dans le territoire de la ville beaucoup de carrières de meules à moulin et à plâtre. Le pays renferme beaucoup de vignes ; on récolte une certaine quantité de foin le long de la Marne ; mais le plus grand commerce consiste en vins. On y voit quelques fabriques de toile, des filatures de coton, des tanneries et des corroieries. Voici ce que les historiens rapportent sur l'origine de Château-Thierry. Chilpéric II, roi de France, étant mort en 720, Charles Martel, maire du palais, chercha à réunir en sa personne le titre de roi à l'autorité qu'il avait déjà. Le moment ne lui paraissant pas favorable, il se détermina à donner la couronne et le titre de roi à Thierry IV, enfant de 8 à 9 ans. L'ambitieux Charles, voulant retenir dans une espèce de prison volontaire le fantôme de roi qu'il avait couronné, imagina de lui faire construire un château dans la position la plus riante et la moins éloignée d'une métairie ou petit château que lui-même possédait aux *Chesneaux*, et où il résidait assez souvent. Il choisit, à cet effet, le bel emplacement qu'occupe Château-Thierry, et où il fit élever un château de peu d'étendue, qu'il fit revêtir de fortifications pour en faire un séjour à l'abri de toute attaque. L'achèvement de cette construction remonte à l'an 730 environ. Le château reçut le nom du jeune prince pour qui il fut bâti. Il paraît qu'alors il n'existait aucune apparence de ville autour de Château-Thierry, et que ce lieu même était d'une faible étendue. Ce château resta à la couronne, et paraît avoir servi de maison royale jusqu'à ce qu'Herbert 1er, comte de Vermandois, se le fit donner par le faible Louis le Bègue, vers 877. Les comtes de Vermandois le conservèrent jusqu'en 945, époque à laquelle il devint propriété de Richard, comte de Troyes. Quant à la ville, on doit penser que, de même qu'un grand nombre d'autres villes, elle commença à se former sous les murs du château par le rassemblement des paysans, qui, pour fuir les brigandages des seigneurs, venaient se mettre sous la protection des plus puissants d'entre eux, protection qu'ils leur faisaient souvent payer cher. On connaît un chevalier soissonnais appelé Hugues de Château-Thierry, qui percevait les revenus de cinq autels ou églises qu'il avait envahis. Hugues restitua ces cinq églises, à la sollicitation de l'évêque de Soissons, qui fit, à ce sujet, dresser un acte, dans lequel, après une vive sortie contre ceux qui usurpent le bien des églises, il impose au chevalier une pénitence en expiation de sa conduite passée. Cet Hugues était un officier aux ordres des comtes de Champagné, préposé à la garde de leur vicomté de Château-Thierry. L'évêque de Soissons, qui connaissait sa valeur, l'avait chargé de l'avouerie de plusieurs bénéfices ; mais le chevalier, au lieu de la protection qu'on attendait de lui, avait usé de ruse et de violence pour s'en attribuer les revenus. Ceci se passait dans la seconde moitié du XI° siècle. En 1231, Château-Thierry obtint une charte commune du comte de Champagne. Philippe le Bel confirma plus tard les franchises et libertés de cette ville, et substitua quatre échevins électifs aux douze jurés. — Blanche d'Artois, fille de Robert de France, reine de Navarre et comtesse de Champagne, devint régente du comté de Château-Thierry par la mort de son époux, Henri I°', survenue en 1274. Elle épousa bientôt après Edmond d'Angleterre, comte de Lancastre. C'est dans le cours de sa régence que cette princesse améliora le sort des églises et couvents qui existaient à cette époque. Elle fonda un collége qui a été fréquenté jusqu'à la révolution, et connu sous le nom d'*Ancien Collège* ; elle y attacha des prérogatives, dont le but était de procurer de l'amusement aux élèves à certaines époques de l'année. On lui attribue l'institution de la basoche, à qui elle accorda divers priviléges. — Henri II, roi de France, séjourna plusieurs fois au château de Château-Thierry ; le duc d'Alençon, frère de Charles IX et de Henri III, y mourut d'une maladie de langueur. Sa mort étant prochaine, la reine-mère fit démeubler le château, et transporter par eau les meubles à Paris. Il en résulta que cet infortuné prince mourut abandonné des siens et d'une grande partie de ses domestiques. Louis XIII y vint en 1633 avec Anne d'Autriche, fille de Philippe III, roi d'Espagne, et le cardinal de Richelieu. Ce ministre faisait plus habituellement sa résidence au château de Condé en Brie ; mais lorsqu'il venait à la cour, à Château-Thierry, il habitait la maison qui se trouvait à gauche de la première porte d'entrée de la première cour du château. C'était de là qu'il faisait observer ceux qui se présentaient pour faire leur cour au roi. Par échange du duché de Bouillon, sous Louis XIV, le château appartint à la famille de ce nom. — Château-Thierry, comme place de guerre, eut plusieurs assauts à soutenir. En 933, il fut assiégé par Raoul et Hugues, duc de France. Ils emportèrent la ville par escalade, et la forteresse capitula. Sous François I°', l'armée de Charles-Quint attaqua, en 1544, Château-Thierry, où étaient enfermées des provisions en abondance, et parvint à s'en emparer. De là l'ennemi fit des courses jusqu'à Meaux, et jeta l'épouvante dans Paris. Cet événement contribua beaucoup à la conclusion de la paix. On a supposé que l'empereur n'avait tenté ce coup de main qu'à l'instigation de la duchesse d'Etampes, maîtresse du roi, qu'il avait secrètement mise dans ses intérêts. Château-Thierry est l'un des endroits de la France où les fureurs de la ligue se firent sentir avec le plus de violence. Le duc de Mayenne s'en empara, et rien n'est comparable aux horreurs que les Espagnols exercèrent quand ils pillèrent cette ville malheureuse. L'auteur de cette ligue funeste, le trop fameux Henri de Guise, assassiné à Blois, acquit près de Château-Thierry le surnom de *Balafré*. Il le dut à une balle qui l'atteignit à la joue. — La ville de Château-Thierry avait autrefois une compagnie d'arquebusiers : l'exemption de l'impôt pendant l'année pour celui qui avait abattu l'oiseau, était l'unique privilége de cette compagnie, dont les devoirs se bornaient à prendre les armes dans les cérémonies publiques. Il existait en outre deux autres compagnies, l'une du jeu d'arc, l'autre de fusiliers. Il y avait aussi dans cette ville des usages dont quelques-uns sont conservés. Parmi les coutumes les plus bizarres que le cours du temps a fait disparaître, l'hommage que les écoliers de Château-Thierry rendaient à l'abbé de Valsecret mérite une mention particulière. Cet hommage était précédé de jeux dont on attribue l'institution à Blanche d'Artois, reine de Navarre. L'un de ces jeux était connu sous la dénomination de la *neude* ou de *l'engueule* : il avait lieu le lundi gras. Un bâton, suspendu à l'extrémité d'une allée qui aboutissait à la porte du jardin de l'ancien collége de Château-Thierry, supportait une espèce de couronne, que chaque écolier devait chercher à abattre. Celui qui y parvenait recevait les applaudissements de ses camarades, et était déclaré roi *de la neude*. Le mardi gras était signalé par un autre jeu. Tous les écoliers, pourvus d'un coq, se rendaient à la salle d'étude ; là, deux d'entre eux, sortant de la foule, lâchaient chacun leur coq : le combat s'engageait de suite entre les deux champions. Celui qui succombait dans la lutte était aussitôt remplacé par un nouveau combattant, et ainsi de suite, jusqu'à ce que tous eussent figuré dans l'arène. Le titre de roi et les honneurs du triomphe étaient décernés à l'écolier dont le valeureux coq était resté maître du champ de bataille. Le jeudi suivant, les mêmes acteurs, formant une escorte au roi de *neude*, se rendaient à cheval et militairement à Valsecret ; leur chapeau était surmonté d'un brin de houx dont on avait doré les feuilles, et qu'on nommait *houx pagnon*. Arrivés à l'abbaye, un écolier haranguait l'abbé, qui, après la réponse d'usage, faisait servir un dîner au roi et à sa troupe. S'il arrivait que le roi n'eût pas effectué le voyage de Valsecret, il était tenu, le lendemain, d'aller au château, ainsi que tout son cortége, pour y renouveler l'hommage que l'on avait rendu jadis à la reine Blanche. Il y portait une poule, qu'on attachait à la porte de la cour donnant sur l'église : elle devait être mise à mort par cette jeunesse. Le roi portait le premier coup. Tout fait croire que ces jeux sont dus au comte de Lancastre, second époux de la reine Blanche. On sait que le combat des coqs est encore aujourd'hui très en vogue en Angleterre. La reine Blanche s'étant beaucoup occupée d'institutions en faveur de la jeunesse, a laissé des souvenirs qui se sont perpétués d'âge en âge. C'est ainsi qu'à certaines fêtes les enfants chantaient ce refrain :

> *Quand le roi fut couronné*
> *A la Saint-Jean d'été,*
> *Vive en France*
> *La reine Blanche!*

Château-Thierry renferme deux hospices, celui des malades et celui de la Charité. L'un, l'Hôtel-Dieu, dédié à saint Jean de Dieu, fut fondé par Jeanne, reine de France et de Navarre, comtesse de Champagne, épouse de Philippe le Bel, ou du moins en vertu des clauses qu'elle inséra dans son testament, en date du 25 mars 1304. Cet hôpital reçut de grandes dotations sur la fin du XVIIe siècle. L'autre, l'hospice de la Charité, qui remonte à l'année 1654, est dû à la duchesse de Bouillon, veuve de Frédéric de Latour-d'Auvergne. Elle confia à des frères de la Charité l'administration des biens et le soin des malades. Avant la révolution, on recevait à la Charité les aliénés et les personnes renfermées par lettres de cachet. Depuis, cet hospice sert aux aliénés payant pension, aux vieillards infirmes et nécessiteux, et aux enfants trouvés. L'établissement, très-heureusement situé, est desservi par trois dames, chargées, l'une du soin des malades et des enfants trouvés; la seconde, de celui des vieillards; et la troisième, des orphelins, de leur éducation et de leur entretien. Les détails de l'administration sont confiés à un économe. Une partie du bâtiment a été convertie en prison. — Château-Thierry est une des villes du département de l'Aisne qui ont eu le plus à souffrir des événements de la guerre, lors de l'invasion de 1814. C'est à Château-Thierry que naquit, le 8 juillet 1621, ce Jean de Lafontaine, qui, selon l'expression de Racine, était assez bête pour ne pas sentir sa supériorité sur Esope et sur Phèdre. La munificence du gouvernement a fait ériger à ce grand poète une statue dans sa ville natale. Ce monument a été exécuté, en marbre blanc, par M. Lethiers, ancien pensionnaire à Rome.

Castrum Wulpesbergii, château de Wulpesberg, ou de Habsbourg, dans le canton d'Argovie (Suisse), berceau de la maison d'Autriche, maintenant domaine cantonal. Quelques murs dégradés et couverts de mousse sont tout ce qui en reste. On détourne les yeux de ces ruines, pour admirer la contrée qui se déploie au pied de la montagne, avec une richesse et une variété admirables. Le fond du tableau qu'on a en vue se termine, dans le lointain, par une chaîne de glaciers dont les cimes colossales dominent toutes les montagnes que l'on remarque au sud. Dans la direction du nord, et au pied de la montagne de Habsbourg, appelée vulgairement *Wulpesberg* ou *Wulpisberg*, on trouve, sur la grande route d'Aarau à Brougg, à 3 kil. de cette ville et à 11 de la première, les bains de *Schinznach*, dont les eaux thermales sont des plus renommées de la Suisse.

Cataro Major, le Grand-Charonne, paroisse du diocèse de Paris, canton de Pantin, arrond. de Saint-Denis, Seine. Ce village est voisin de la dernière barrière du faubourg Saint-Antoine, et comprend une partie du parc de Bagnolet et de Ménil-Montant. Le Mont-Louis, ou cimetière du Père-Lachaise, est sur le territoire de cette commune. Parmi les titres parvenus jusqu'à nous, le plus ancien qui fasse mention de Charonne est du roi Robert, lequel, confirmant les donations que Hugues-Capet, son père, avait faites au monastère de Saint-Magloire de Paris, et celles qui venaient de lui-même, marque *in potestate quoque Cataronis mansus unus arabilis terræ cum vinearum fecunditate*. Il est évident, par une charte postérieure, que ce village abbaye eut de plus considérable, lui avait été donné par le roi Robert même. C'est Louis le Jeune qui l'assure dans son diplôme de l'an 1159. On y lit ces mots : *In villa quæ dicitur Karrona quam dedit Robertus rex cum vineis, terris, torcularibus, liberis ejusdem hospitibus a telonio, et quod in procinctu ejusdem villæ nullus torcular possit construere.* — L'église de Charonne est une des plus anciennes de la banlieue de Paris; elle paraît avoir commencé par un oratoire que les Parisiens firent bâtir en mémoire de quelque miracle opéré en leur présence par saint Germain, évêque d'Auxerre. Cette église, dédiée de temps immémorial sous l'invocation de ce saint, fut accordée, et la donation confirmée par écrit, l'an 1140, aux religieux bénédictins du prieuré de Saint-Nicolas, proche Senlis (dit autrement Saint-Nicolas-d'Acy), par Etienne de Senlis, évêque de Paris. L'église est bâtie sur la pente du coteau où est situé le village. Elle fut agrandie sous le règne de Charles VI ou Charles VII. L'inclinaison de ses piliers inspire l'effroi. On y lisait anciennement deux épitaphes. Sur une tombe placée dans l'aile méridionale était gravé en gothique minuscule :

> *Ci-gist damoiselle Claude de Vigneron, en son vivant veuve de feu noble homme Robert de Berruier.*

Elle y était représentée vêtue comme une religieuse. Son épitaphe, attachée au mur, disait qu'elle mourut en 1533. Elle avait laissé à l'église de Charonne une certaine somme pour des services. Dans le chœur se trouvait l'épitaphe latine de Denis Bourgonneau, chanoine de St-Honoré et curé de Charonne pendant 30 ans, décédé en 1626 : l'auteur avait affecté d'y faire graver plusieurs mots en caractères grecs. Dans le cimetière, derrière l'église, se voyait une tombe sur la sépulture de Marie Framery, femme de Brüssel, auditeur des comptes, auteur du traité de l'*Usage des fiefs*. Son décès était marqué à l'an 1756. Il y avait quelques singularités dans l'épitaphe gravée sur cette tombe. — Une chronique rimée du XIIIe siècle nous apprend que, sous le règne de Louis IX, il y eut à Charonne une sorcière ou *devine*, dont les oracles étaient renommés dans ce village, et même à Paris. Voici ce qu'il en dit

*L'an mil deux cent et vingt et dix
Fut Dammartin en flambé mis,
Et sçachiez que cel an meisne
Fu a Charonne la Devinne.*

— Il y avait, au xiv° siècle, une garenne : les malheureux cultivateurs souffraient beaucoup de ce voisinage des *plaisirs du roi*. Charles le Bel en *fit don aux bonnes gens de Charonne*, qui, de leur côté, *firent don à ce bon roi* d'une somme d'argent, qui fut payée par chacun d'eux. C'était en mémoire de ce bienfait qu'on célébrait chaque année un service pour le roi Charles. — En 1358, à l'époque de l'entrevue de Charles, régent de France sous le roi Jean, et du roi de Navarre, près de l'abbaye de St-Antoine, l'armée de ce roi, composée de 800 hommes au plus, était rangée en bataille entre Charonne et Montreuil, sur une petite montagne, d'où elle n'osa descendre. On sait, par la date d'un édit du 13 mars 1541, que François 1er est venu à Charonne. Cet édit, qui concernait les monnaies de Bayonne, fut donné en ce lieu. Lors des troubles de la Fronde, Louis XIV était à Charonne pendant le combat donné au faubourg St-Antoine, entre l'armée royale commandée par Turenne, et celle du prince de Condé. On sait que Mlle de Montpensier, voyant le prince poursuivi vivement, fit tirer les canons de la Bastille sur les troupes du roi (1). Il y a eu dans le village de Charonne différents établissements de communautés de filles. Vers l'an 1640, les Filles de la Croix s'y établirent, ainsi qu'à Brie-Comte-Robert. Elles ne purent s'y soutenir. A la place de cet institut, il s'en forma deux autres. Marguerite de Lorraine, femme de Gaston, duc d'Orléans, y établit, en 1643, des religieuses sous le nom de *Filles de Notre-Dame-de-la-Paix*. Le roi permit, en 1661, la création d'un marché dont les revenus furent affectés à l'entretien de ce couvent, qui obtint dans la suite d'autres donations. Une communauté établie à Fontenay-sous-Bagneux vers l'an 1630, sous le nom de *Filles de la Providence*, fut transférée à Charonne. Cette même maison de la Providence donna naissance aux *Filles de l'Union-Chrétienne*, qui, en 1681, y formèrent leur établissement. Charonne a de tout temps cultivé la vigne; son vignoble était connu dès 1117. Les vins, quoique médiocres, y sont encore aujourd'hui la branche principale du revenu des habitants. On compte plus de 500 arpents consacrés à ce genre de culture : situés sur des collines, ils renferment plusieurs sources, qui, réunies dans un vallon, y forment un étang assez considérable. On y cultive aussi avec avantage les arbres fruitiers; les pêchers y sont presque aussi beaux que ceux de Montreuil. On y trouve deux carrières de pierres à plâtre. La population de ce village est d'environ 1400 habitants.

Dans la journée du 30 mars 1814, Charonne fut attaqué par la division russe du prince Gorschakoff; les Français s'y défendirent vigoureusement, et furent sur le point de repousser l'ennemi, quand deux autres divisions de Russes étant survenues et s'étant emparées du cimetière du P. la Chaise, ils furent obligés de céder au nombre et d'abandonner le village. Le lendemain, 31 mars, jour de la capitulation de Paris, une partie des grenadiers russes campa à Charonne. En 1815, l'infanterie de la garde impériale était, le 30 juin, campée sur la route de Vincennes au Petit Charonne, qui est un hameau de cette commune. — Ce village est un lieu fréquemment visité par les botanistes; Tournefort y venait souvent herboriser. Les plantes qu'on y trouve facilement sont la véronique officinale, le vulpin agreste, l'agrostis filiformé, l'aspérule des champs, la sagine couchée, la rue fétide, la guimauve velue, le polygala amer.

Cativilla, Chaville, paroisse de l'ancien diocèse de Paris, actuellement de celui de Versailles, canton de Sèvres, Seine-et-Oise, à 3 kil. sud-ouest de Sèvres, et 11 sud-ouest de Paris. Ce village est nommé, dans les titres du xiii° siècle, premiers monuments qui en fassent mention, *Cativilla* et *Chavilla*, d'où l'abbé Lebeuf infère, un peu légèrement sans doute, que ce nom est une corruption de *Chadi Villa* ou *Inchadi Villa*, parce qu'au ix° siècle il y avait, à Paris, un évêque nommé Inchadus, qu'il regarde, sans aucun fondement, comme ayant donné son nom à Chaville. Quoi qu'il en soit, ce village fut érigé de bonne heure en cure, à la pleine collation de l'archevêque; les revenus en étaient très-modiques. Son église, du titre de Notre-Dame, quoique rebâtie il y a environ 150 ans, est restée orientée comme l'ancienne, c'est-à-dire régulièrement. Elle est petite, mais propre et en simple forme de chapelle. On y voyait au frontispice les armes des sieurs Le Tellier. On lit que dès l'an 1654, Michel Le Tellier, secrétaire ordinaire des commandements du roi, en avait fait rebâtir le chœur avec des augmentations. — Chaville était autrefois célèbre par le superbe château qu'y avait fait bâtir Louvois, ministre de la guerre sous Louis XIV. Son père, Michel Le Tellier, secrétaire ordinaire du roi, possédait la terre de Chaville en 1654. Il voulut y faire enclore et planter un parc immense; pour cet effet, il obtint d'abord du roi, en 1658, la permission de transférer le grand chemin de Paris en Normandie, et qui passait au travers de Chaville, un peu au-dessous de l'endroit où il voulait former son parc. Dix-sept ans après, en 1675, on lui accorda le droit d'enclore de murs 800 arpents de bois, prés et terres, à côté de son parc de Chaville. Ce fut quelque temps après que son fils, Louvois, fit bâtir dans le bas, sur l'antique manoir de ses pères, le château magnifique qui fit longtemps l'ornement de Chaville. Mais, en 1696, Louis XIV acquit, par échange fait avec la veuve de Louvois, la terre de Chaville et de quelques autres, dont il fit don au Dauphin. Le château de Chaville, qui se montrait pompeusement à

---

(1) Mademoiselle de Montpensier désirait beaucoup se marier à une tête couronnée. Mazarin dit en entendant le canon : *Ce canon-là vient de tuer son mari.*

gauche, en arrivant de Paris à Versailles, n'était pas entièrement achevé; il ne fut jamais habité. Ce château et le parc, devenus propriété nationale, furent vendus au sieur Gouly, qui, vers l'an 1800, fit démolir le château. Un vaste enclos, contigu au parc de Chaville, dépend d'un haras. On ne voit plus de remarquable dans ce village, qu'une maison de campagne construite sur le bord de la route. Elle rappelle en petit ce qu'était le château en grand. Les habitants de Chaville, qui sont au nombre de 800 environ, n'ont d'autre travail que celui que leur procurent les fours à plâtre.

Chamborium, vel *Camborium*, Chambord, Chambort, ou Chambor, château dans le diocèse de Blois, dépt. de Loir-et-Cher, à 16 kil. de Blois, à l'est et dans un fond, où coule la petite rivière de Cosson. C'était autrefois une maison royale et un gouvernement particulier du gouvernement de l'Orléanais. Le gouverneur de Chambord avait le titre de bailli. Ce château servait, dès l'an 1170 ou 1171, de maison de plaisance et de rendez-vous de chasse aux comtes de Blois. François Ier, en revenant d'Espagne, fit démolir cet ancien château et construire celui que l'on y voit à présent. Il s'élève au milieu d'un parc de 28 kil. de tour et fermé de murailles, dont une très-grande partie est encore en bon état. Ce fut le célèbre Primatice qui donna les dessins de ce château, lequel fut commencé en 1523. 1800 ouvriers y travaillèrent, dit-on, pendant plus de 12 ans. Il fut continué sous les successeurs de François Ier, et entièrement achevé sous le règne de Louis XIV. Quand on considère l'énorme étendue des bâtiments qui le composent, on n'est point étonné de la longue durée du travail. On prétend qu'il y a plus de 400 chambres à feu dans tout l'édifice, et dans les casernes, particulièrement, de quoi loger 1200 chevaux avec tous les greniers et logements nécessaires au-dessus. Ce château est surtout remarquable par le mélange d'architecture moresque qu'on y distingue dans toute la partie supérieure, et de celle plus pure et plus régulière qui s'introduisit en France, lors de la renaissance des arts. Quatre gros pavillons forment le corps du bâtiment. C'est à Chambord que l'on vit le premier modèle des escaliers à double vis; celui du gros pavillon du milieu peut encore être cité pour sa régularité. Il est fait en coquille, percé à jour, et est composé de deux montées, l'une dans l'autre, pratiquées de telle sorte, qu'un grand nombre de personnes peuvent monter et descendre en même temps sans s'entrevoir, l'un des côtés étant dérobé de l'autre avec beaucoup d'art. Chaque montée a 274 degrés, du haut desquels on voit jusqu'au bout de l'escalier par le trou du noyau. Ce château est enfermé par un large fossé et par des murailles de pierres de taille, avec quatre hautes tours rondes. Une grande cour tourne presque tout autour de ce royal édifice. Sa beauté se fait remarquer de ceux qui le voient de loin, à cause de plusieurs tourelles qui sont les cheminées enjolivées de plusieurs petites figures fort bien travaillées. Les antichambres, chambres, salles, garde-robes, cabinets et galeries sont d'une belle architecture. Les cheminées, les plafonds, les voûtes, les portes du château sont partout couverts d'F couronnés et de salamandres, qui rappellent la mémoire de son fondateur, François Ier. Les jardins répondaient au bâtiment. Celui que l'on appelle de la *Reine* avait cinq arpents d'étendue, et au bout, vers la forêt de Blois, on trouvait une allée large de 6 toises, et longue de plus de 2 kil.; elle avait quatre rangs d'ormes, plantés à 6 pieds l'un de l'autre, et tirés à la ligne, au nombre de plus de 6000. — Ce fut au château de Chambord que se fit, en 1551, le traité entre Henri II et les princes allemands. François Ier, Henri II, Charles IX, Henri III, Louis XIV et le régent (le duc d'Orléans) y vinrent souvent chasser, et l'on montre encore dans ce château la salle où furent représentés pour la première fois, devant Louis XIV, en 1669 et 1670, le *Bourgeois gentilhomme* et *Pourceaugnac*. Louis XV voulant reconnaître d'une manière digne de lui les services éclatants du maréchal de Saxe, lui en fit présent en 1748, pour en jouir pendant sa vie. Le vainqueur de Fontenoy y vécut avec tout l'éclat qu'attiraient sur lui sa naissance, sa réputation et sa fortune. Il fit bâtir des casernes pour son régiment de hulans, jeta des chevaux sauvages dans les bois, retint et éleva les eaux du Cosson, pour pouvoir naviguer avec de grosses barques sur cette rivière: tout se réunissait pour faire de Chambord un lieu de délices, lorsque le maréchal de Saxe mourut en 1750. Ce château n'avait pas, depuis cette époque jusqu'aujourd'hui, recouvré son ancienne splendeur; à la vérité, la famille Polignac, qui l'obtint de Louis XVI, en 1777, y eut un haras considérable, et y fit construire des appartements à la moderne. Mais tout fut indignement dévasté après l'émigration du dernier possesseur, et les détériorations occasionnées par le temps et l'insouciance s'étaient augmentées d'une manière affligeante. Cependant ce beau parc, le plus vaste qui existe, avait été donné, avec toutes ses fermes, à la légion d'honneur, et le château devait servir de chef-lieu à la 15e cohorte de cette légion. Déjà elle avait fait faire les réparations les plus urgentes, curer et redresser le Cosson dans toute la partie de son cours, qui traverse le parc, et toutes les dispositions étaient prises pour y établir une seconde maison d'éducation pour les filles des membres de la légion d'honneur, lorsque Napoléon fit l'acquisition de ce château et de ses dépendances, un des plus beaux monuments du XVIe siècle, en l'érigea en principauté sous le titre de Wagram, en faveur du maréchal Berthier, prince de Neufchâtel. Ce prince avait l'intention de faire réparer et mettre dans un état convenable la retraite du vainqueur de Fontenoy; mais les événements de 1814 et 1815 ayant changé la face des choses, le château et ses dépendances ne subirent aucune amélioration. Ce beau domaine fut mis en vente en 1820, et racheté, pour être offert par la France au duc de Bordeaux, au moyen d'une souscription publique.

Chamboriacum, Chambourcy, paroisse de l'ancien diocèse de Chartres, actuellement de celui de Versailles, canton de Saint-Germain-en-Laye, Seine-et-Oise, à 2 kil. de Poissy, 4 ouest de Saint-Germain, et 20 de Paris. Sa population est de 800 hab. environ, avec le hameau joignant, dit La Bretonnière, celui de Montaigu, qui en est séparé, et d'autres maisons écartées. Ce village est peu éloigné de la forêt de Saint-Germain. L'ancienne abbaye de Joyenval, simple prieuré d'hommes de l'ordre de Prémontré, lors de sa suppression, faisait partie de cette commune. Il ne reste plus que quelques bâtiments du monastère et une ferme. Le domaine de Retz, dit *le Désert*, contigu à la forêt de Marly, est une des habitations écartées du village ; il renferme, dans une enceinte de 80 arpents, une tour tronquée, d'une solidité à toute épreuve, dont la distribution très-singulière a été faite, vers 1780, par M. Démonville. On y voit un pavillon chinois, diverses fabriques et de belles eaux. Le terroir est en terres labourables, vignes et prairies artificielles. On y trouve beaucoup de fruits, de châtaignes et de noisettes.

Charentonis Pons, Charenton, bourg du diocèse de Paris, divisé en deux communes, l'une nommée Charenton-le-Pont, et l'autre Charenton-Saint-Maurice ; chef-lieu de canton de l'arrond. de Sceaux, à 6 kil. de cette sous-préfecture, et 6 au sud de Paris.

Charenton-le-Pont. Sa population est d'environ 2500 habitants, y compris les Carrières et Conflans, où est l'église paroissiale. On n'a point de certitude absolue que dès le temps de César il y ait eu un pont à l'endroit qu'on appelle Charenton. On peut tout au plus le présumer par la facilité qu'eurent les troupes romaines, lorsqu'au retour de leur vaine tentative sur Lutèce, du côté de la rivière de Bièvre, elles vinrent repasser la Seine à Melun, afin de se rapprocher de Lutèce par la rive droite. On pense généralement que la Marne était dans cet endroit, comme ailleurs, remplie d'îles grandes et petites, qui avaient facilité la construction d'un pont de bois. Du moins il est constant, s'il en faut croire la Vie de saint Merry, qu'il existait au VIIe siècle un pont sous le nom de pont de Charenton (*Pons Charentonis*), et que ce pont était facile à rompre et à démonter, ce qui indiquerait un pont de bois. Les Annales de Saint-Bertin prouvent que ce pont est un des plus anciennement bâtis pour faciliter par terre les arrivages à Paris. Il a toujours été regardé comme la clef de la capitale de ce côté. Dès l'an 865, on trouve que les Normands s'en emparèrent et le rompirent. Charles le Chauve, informé de cet événement, et sachant d'ailleurs que les habitants, ruinés et dispersés, ne pouvaient pas le reconstruire, ordonna qu'il fût rétabli par les ouvriers des provinces éloignées chargés de construire des forteresses sur la Seine. Hincmar nous apprend qu'il y avait dès lors beaucoup d'habitants proche le pont de Charenton. Il est vrai qu'il ne détermine pas le côté du rivage ; mais il y a toute apparence que c'était du côté de Paris en tout sens, parce que les habitants se fixent plus ordinairement du côté par où passent les voyageurs. C'est pour cette raison qu'on a appelé bourg de Charenton ou bourg du pont de Charenton, et enfin Charenton-le-Pont, toutes les maisons qui sont depuis le bout du pont jusqu'au haut de la montagne. — L'évêque de Paris était le plus ancien seigneur de Charenton ; il jouissait d'un droit de péage sur le pont de ce lieu en 1486. Ce pont était fortifié par une grosse tour qui en défendait l'entrée. Il est fameux dans l'histoire des guerres civiles, pour avoir été souvent le théâtre de sanglants combats. En juin 1358, le dauphin Charles, régent du royaume, pendant l'absence de son père, le roi Jean, prisonnier en Angleterre, se présenta au pont, à la tête de son armée, pour s'en rendre maître ; il voulait de là se diriger sur Paris, qu'occupaient les Anglais et leur allié, Charles le Mauvais, roi de Navarre. Les Anglais qui s'étaient emparés de Charenton sous Charles VII, en furent chassés, le 11 janvier 1436, par la troupe du capitaine de Corbeil, nommé Ferrière. En 1465, l'armée de la ligue, dite du bien public, commandée par le comte de Charolais, depuis duc de Bourgogne, l'attaqua et s'y porta pour protéger ses opérations contre Louis XI. Philippe de Comines dit à ce sujet : « La rivière de Seine estoit entre nous et eux ; et commencèrent ceux du roi une tranchée à l'endroit de Charenton où ils firent un boulevert de bois et de terre, jusques au bout de notre ost : et passoit ledit fossé par devant Conflans, la rivière entre deux, comme dit est, et là assortirent grand nombre d'artillerie, qui d'entrée chassa tous les gens du duc de Calabre hors du village de Charenton : et fallut qu'à grand haste ils vinssent loger avec nous : et y eut des gens et des chevaux tuez. Et logea le duc Jean en un petit corps d'hostel, tout droit au-devant de celui de monseigneur de Charolois à l'opposite de la rivière. Cette artillerie commença premièrement à tuer de nostre ost, et espouventa fort la compagnie : car elle tua des gens d'entrée : et tira deux coups par la chambre où le seigneur de Charolois estoit logé comme il disnoit : et vint tuer un trompette, en apportant un plat de viande sur le degré. » Les calvinistes prirent le pont de Charenton en 1567. Le 25 avril 1590, Henri IV l'enleva aux soldats de la Ligue, qui s'y défendirent avec acharnement. Il était encore alors protégé par une grosse tour, et l'historien Mézerai rapporte que dix enfants de Paris y résistèrent, pendant trois jours, à toutes les forces de l'armée royale. Henri IV fut si irrité de cette défense désespérée, que, devenu maître de la tour, il la fit raser, et fit pendre les dix audacieux qui lui avaient tenu tête. Pendant les guerres de la minorité de Louis XIV, les frondeurs y repoussèrent le prince de Condé et y firent une perte de quatre-vingts officiers. Ils avaient à leur tête le marquis de Chanleu. De part et d'autre on fit des prodiges de valeur. Un des officiers de la Fronde, la marquis de Cugnac, petit-fils du maréchal de la Force, se sauva, disent les mémoires du temps, par une bonne fortune qui figurerait mieux dans un roman que dans une histoire. Un quartier de glace détaché de la rivière, et sur lequel il sauta du haut du pont de Charenton où il combattait, le transporta heureusement à Paris. Le prince de Condé parvint cependant à s'emparer de nouveau du pont dans la même année. — Pris et repris pendant plusieurs siècles, le pont de Charenton avait été rebâti plusieurs fois. Il le fut encore en 1714, tel qu'il est aujourd'hui. Il est assis sur dix arches, tant grandes que petites, et construit en pierre, à l'exception de quatre arcades du milieu qui sont en bois. On y a fait quelques réparations en 1812. Au mois de février 1814, quand déjà l'ennemi inondait les plaines de la Champagne, et menaçait d'être bientôt aux portes de la capitale, on fortifia les approches de ce pont, et on établit aux deux extrémités des palissades, à l'instar de celles que l'on construisait aux barrières de Paris. Au moment où les armées alliées, malgré les brillantes journées de Champ-Aubert, Montmirail et Montereau, si glorieuses pour les armées françaises, se débordaient comme un torrent autour de Paris, la défense du pont de Charenton fut confiée aux élèves de l'école vétérinaire d'Alfort, qui avaient sollicité et obtenu du gouvernement l'honneur de se battre pour la patrie. Mais c'était en vain que ces jeunes Français s'étaient flattés de conserver le poste qui leur avait été confié. Le 30 mars, accablés par le nombre de ceux qui les attaquaient, ils furent obligés de céder à la force. Charenton fut pris, et l'ennemi se répandit sur la rive droite de la Seine. Le lendemain, les troupes wurtembergeoises et le corps autrichien du comte de Guilay y établirent leur bivouac, et campèrent à Charenton. — On jouit sur le pont de Charenton d'une vue délicieuse et variée. Des îles ornées de peupliers, communiquant entre elles par des ponts suspendus, de nombreuses maisons de campagne, dans le lointain un horizon verdoyant, le bouillonnement des eaux de la Seine et de la Marne qui se joignent tout près de là, en forment un des sites les plus pittoresques des environs de Paris. Des Ursins, en son histoire de Charles VI, parlant de Charenton, dit qu'en 1405, *le tonnerre y abattit huit cheminées, rencontra un compagnon auquel il ôta le chaperon et la manche de sa robe, et passa sans lui mal faire ; et par un trou entra en la maison du dauphin, et en une chambre rencontra un jeune homme, lequel il tua, lui consumant les chairs et les os et tout*. On lit dans l'histoire du même roi, écrite par Lefèvre, qu'en l'an 1418, le duc de Bretagne vint à Charenton pour faire la paix entre le dauphin et le duc de Bourgogne, à cause que la peste était à Paris, mais que ce fut en vain, les deux princes n'ayant pu s'accorder. Selon un autre monument du temps, Henri V, roi d'Angleterre, allant à Troyes en 1420, pour son mariage avec Catherine de France, s'arrêta en passant à Charenton, où la ville de Paris lui fit présent de quatre charretées de *moult bon vin*. — Il a existé certainement une léproserie au pont de Charenton, et il paraît qu'il y a eu aussi un hôpital. Une ordonnance de police du 1er mars 1659, sur ce qui avait été remontré au procureur du roi que, les défenses de vendre de la viande pendant le carême ne s'étendant pas jusqu'au bourg de Charenton, les libertins et débauchés y allaient manger de la viande, fit très-expresses défenses à tous bouchers, rôtisseurs, pâtissiers, cuisiniers, hôteliers, cabaretiers et tous autres, de quelque qualité et sous quelque prétexte que ce fût, de préparer, vendre et débiter aucunes chairs, volaille, gibier, à Charenton, à peine de 300 livres d'amende, de punition corporelle et de confiscation des viandes et des loyers d'une année des maisons où elles seraient vendues et consommées. — Danton, Robespierre, Pache et quelques autres tinrent, dans le mois de mai 1793, des conciliabules secrets à Charenton, et y arrêtèrent le plan d'attaque contre la majorité de la convention. — Pierre Leguay de Prémunval, mathématicien célèbre et homme de lettres, membre de l'académie des sciences de Berlin, et mort dans cette ville en 1767, était né à Charenton en 1716. L'église paroissiale de Charenton est dans le village de Conflans, qui fait partie de la commune, aussi bien que celui des Carrières. Dans le territoire joignant le bourg de Charenton, il s'était formé un couvent de Carmes déchaussés, qui étaient indifféremment appelés *Carmes de Charenton* ou *Carmes de Conflans*.

Charenton-Saint-Maurice. Cette commune, qui fait partie de Charenton-le-Pont, était appelée aussi autrefois le *Petit-Charenton*. Ce village est situé, comme Charenton-le-Pont, au bout du pont, et n'est séparé du bourg que par une petite ruelle appelée la *Ruelle Leguiller*; mais il s'étend beaucoup plus que le premier dans les terres, puisque le village de Saint-Mandé, qui était autrefois une annexe de la paroisse de Charenton-Saint-Maurice, commence, pour ainsi dire, aux dernières maisons de cette commune. L'église est située presque à l'extrémité du village, du côté de Saint-Maur-des-Fossés, et on n'en approche que par des chemins détournés et solitaires. Elle est petite, et, quoique rebâtie à neuf depuis peu de temps, elle n'est point solide. Les habitants, au nombre de plus de 1200, vont maintenant à la messe à Conflans, qui a dans son sein l'église paroissiale de Charenton-le-Pont. — Ce village est situé dans une position fort agréable. Il est bien bâti et renferme plusieurs maisons de campagne très-jolies. Gabrielle d'Estrées avait, à Charenton-Saint-Maurice, une habitation que lui fit bâtir Henri IV. C'est la première maison que l'on rencontre sur la gauche, en arrivant de Paris à Charenton ; elle est construite en briques ; on l'appelle le *Château*.

Mais ce qui rend surtout ce village célèbre dans l'histoire, c'est le temple qu'y ont eu longtemps les protestants. Henri IV, qui venait de quitter leur religion, permit aux religionnaires de Paris, par lettres patentes du 1er août 1606, de le construire et de s'y assembler pour les actes et cérémonies de leur croyance. Ils étaient auparavant obligés d'aller jusqu'à Ablon. Ils achetèrent aussitôt, sous le nom du sieur de Maupeau, intendant des finances, la maison de Guillaume l'Aubespine, sieur de Chasteauneuf, conseiller d'Etat, pour la somme de 7000 liv., s'y établirent, et résolurent d'y bâtir un temple. Cet établissement ne se fit pas toutefois sans opposition. Jean Lebossu, secrétaire du roi, haut justicier de Charenton, alla, dès le 2 août, au bureau de l'hôtel-de-ville, trouver le prévôt des marchands et les échevins, pour les engager à s'opposer à une entreprise qui ne pouvait avoir lieu sans l'agrément du haut justicier du lieu, conformément à tous les édits précédents. Il présenta aussi requête au roi, mais le tout en vain. Il obtint seulement acte de son opposition. Nonobstant ces tentatives d'empêchement, les religionnaires tinrent le prêche dans leur nouvelle habitation, le dimanche 27 août, pour la première fois. On remarqua qu'il y avait à peu près 3000 personnes à cette solennité. Les catholiques commencèrent à s'agiter beaucoup, et il y aurait vraisemblablement eu quelque rixe, si on n'eût pris la précaution d'envoyer des archers pour contenir la populace. — « Pendant le mois d'octobre 1606, dit Pierre l'Estoile, dans son journal, les rumeurs populaires, insolences, injures et outrages aboutissantes à sédition, furent grandes à Paris contre ceux qui alloient et venoient aux prêches de Charenton, si qu'il ne se passoit dimanche ni fête qu'il n'y eût quelque nouveau remuement et folie, pourquoi donner ordre (du commandement même de Sa Majesté) fut advisé de dresser à la porte Saint-Antoine une potence pour y attacher le premier, tant d'une religion que d'autre, qui seroit si osé de troubler le repos public. » Mais l'oratoire que les protestants avaient fait bâtir à cette époque ne dura pas longtemps : les catholiques le brûlèrent, dans une émeute, en 1621. Sauval rend compte de cet événement de la manière suivante : « La nouvelle ayant été sue à Paris, de la mort du duc de Mayenne, tué au siège de Montauban le 26 septembre, qui était un dimanche, quelques vagabonds et autres gens de la lie du peuple attaquèrent les huguenots au retour de Charenton, quoique escortés, de crainte d'émeute, tant du duc de Montbazon, gouverneur de Paris, et de ses gardes, que des deux lieutenants civils et criminels, du chevalier du guet, et des prévôts de l'île et de robe courte. Il y en eut de tués de part et d'autre ; quelques catholiques même qui se promenoient aux environs furent volés sous prétexte de leur faire montrer le chapelet. Quatre cents séditieux mirent le feu à Charenton. » Ce tumulte, commencé hors de Paris, continua dans son enceinte pendant plusieurs jours, et il fallut pendre quelques-uns des séditieux pour mettre un frein à la fougue des autres. Deux ans après le temple fut rétabli. Jacques Desbrosses, le plus fameux architecte du siècle et le même qui bâtit l'aqueduc d'Arcueil, donna les dessins de ce nouveau temple. Voici un extrait de sa description.

« Le plan était carré-long percé de 3 portes; savoir, une à chaque bout, et au milieu d'une des grandes faces. Il était éclairé par 81 croisées, en trois étages, l'une dessous l'autre, élevées de 27 pieds, jusqu'à l'entablement. Il avait de longueur 104 pieds dans œuvre, et 70 pieds de large aussi dans œuvre. Il y avait une grande nef, au plafond de laquelle étaient les tables du Vieux et du Nouveau Testament, écrites en lettres d'or, sur un fond bleu... ; au pourtour de la nef étaient 20 colonnes d'ordre dorique de 21 pieds de haut, et qui formaient 3 étages de galeries. » Ce temple, dont, comme on le voit, l'étendue était immense, pouvait, disent les historiens, contenir de 15 à 16,000 personnes; ce qui prouve combien était grand le nombre des protestants qui se trouvaient alors à Paris. C'est dans ce temple que les religionnaires tinrent leurs synodes nationaux de 1623, 1631 et 1644. Ils avaient auprès une bibliothèque, une imprimerie particulière et des boutiques de libraires, principalement pour les livres dogmatiques. Plusieurs ministres de Charenton se rendirent fameux par leurs talents, et entre autres le célèbre Claude, antagoniste d'Arnaud et de Bossuet, qui fut ministre depuis 1666 jusqu'à la révocation de l'édit de Nantes. Sur la fin du mois d'août 1685, quelques catholiques essayèrent, pendant la nuit, de mettre le feu à ce temple. Sur les plaintes que les protestants portèrent au parlement, il y eut ordre d'informer ; mais à cette époque, Louis XIV ayant révoqué l'édit de Nantes, on commença d'abattre le temple, le soir même du 22 octobre. Au bout de 5 jours, il ne resta plus aucune trace de ce vaste édifice : des soldats furent les exécuteurs de cette destruction. Les matériaux du temple furent abandonnés à l'hôpital général de Paris. Le cardinal de Noailles fit venir du Val-d'Osne des religieuses bénédictines qui s'établirent sur l'emplacement de ce temple et s'y firent bâtir une petite église; elle fut dédiée, par le cardinal, à l'adoration perpétuelle du Saint-Sacrement. — En 1641, un Sébastien Leblanc fonda, à Charenton-Saint-Maurice, une maison tenue par les frères de la Charité, et destinée à recevoir les malades, particulièrement ceux qui se trouvaient attaqués de folie. A l'époque de la révolution, cette maison fut réunie à la direction générale des hôpitaux de Paris ; mais sa destination resta la même. Le gouvernement s'est montré favorable à cet établissement. L'hôpital de Charenton a été considérablement augmenté et doté convenablement. L'on n'admet à Charenton que des fous dont on espère la guérison; les autres, ceux qui ne sont pas susceptibles de retour à la raison, sont renvoyés à Bicêtre. — Cet hospice est situé sur la rive droite de la Marne, dans la pente de la montagne, contre laquelle le bâtiment est, pour ainsi dire, appuyé. Derrière la maison et plus haut que son toit, dans la montagne même, sont le jardin, le verger et le parc, qui appartiennent à l'hospice; on y cueille des fruits exquis; la raison en est fort simple : la pente allant de l'est à l'ouest, le terrain est exposé toute la journée aux rayons du soleil. Ce qui, dans cet hospice, fixe l'attention des connaisseurs, et que l'on regarde comme un morceau de maçonnerie de la plus grande hardiesse, ce sont les caves creusées à cent pieds au-dessous du sol du jardin. Elles sont composées de quatre nefs chacune, de 64 toises de long, sur 14 pieds de large et 12 de hauteur; elles sont éclairées par 4 lanternes, en forme de puits, dont la disposition rend cet endroit très-sain. Ces caves ont été construites, en 1764, aux dépens des religieux; elles peuvent contenir 1500 muids de vin. Il y a aussi un puits, dont une mécanique, à l'aide de deux ou trois chevaux, tire les eaux profondes, et les porte au niveau de la maison, d'où elles reviennent par des tuyaux dans les appartements où l'on veut s'en servir. Cet hospice ne recevait, avant la révolution, que des pensionnaires débiles, dont les familles ou les amis acquittaient les dépenses; quelquefois les lettres de cachet y firent séquestrer ceux dont les parents cherchaient à se débarrasser. On fait à Charenton-Saint-Maurice un assez grand commerce de vin.

Chenalcum, vel Cheniacum, le Chenay, paroisse de l'ancien diocèse de Paris, actuellement de celui de Versailles, canton et arrondissement de cette ville, Seine-et-Oise, à 16 kil. ouest de Paris. — Ce village était un lieu très-peu considérable, et qui a dû n'être d'abord, s'il faut en croire l'abbé Lebeuf, qu'un simple écart de la paroisse de Celle-lez-Saint-Cloud; il fut longtemps depuis une dépendance de celle de Roquencourt, avec laquelle il formait, au commencement du siècle dernier, une pop. de 580 hab.; aujourd'hui le Chenay est une commune séparée dont la pop. s'élève à 350 habitants environ. — Le nom de Chenay a été donné à ce lieu à cause du grand nombre de chênes qui y croissaient; quant à son origine, on ne peut rien assigner d'absolument certain. La plus ancienne marque de l'existence de ce village est la donation que les moines de Saint-Germain-des-Prés se virent obligés d'en faire, après l'invasion des Normands, en 846, à des seigneurs assez puissants pour les protéger contre ces pirates. Cette terre appartenait, au XIe siècle, à la maison des comtes de Montfort, fameux dans l'histoire de cette époque. Amaury, l'un d'eux, en rendit hommage à Pierre, abbé de Saint-Germain, environ l'an 1073, en présence du roi Philippe Ier. — L'église du Chenay, sous l'invocation de saint Germain, n'a rien de remarquable; elle a été entièrement rebâtie, dans le XVIIe siècle, par le conseiller d'État de Bernières, sur les ruines de l'ancienne, du même nom, tombée alors dans un entier délabrement. Celle-ci datait de la fin du XIIe siècle, et fut bâtie sur un terrain donné par Foulques, abbé de Saint-Germain. Plus anciennement, les habitants du Chenay se rassemblaient dans une chapelle du titre de Saint-Sulpice, appartenant aux chanoines de Saint-Benoît de Paris, qui la desservaient. Lorsque la première église de Saint-Germain-du-Chenay fut bâtie, ces chanoines, qui tenaient à la *desserte des habitants de ce lieu*, et ne voulaient pas s'en départir, furent indemnisés par la présentation à la cure du Chenay, qui resta depuis au chapitre de Saint-Benoît. Cette chapelle de Saint-Sulpice, nommée, dans la suite, de *Saint-Antoine-du-Buisson*, servit une seconde fois aux habitants du Chenay, dans l'intervalle de la ruine et du rétablissement de l'église de Saint-Germain. Le curé et les habitants du Chenay reçurent en 1585, la faculté d'y établir une confrérie de Saint-Sébastien et de Saint-Roch, confrérie qui devait les préserver ou les guérir de la peste. — En 1651, Pierre Lepelletier, auditeur des comptes, établit une école et paya un prêtre pour y instruire les enfants. — C'est dans ce village que se retirèrent une partie des solitaires du Port-Royal, après la destruction de leur maison. — Louis XIV acheta, en 1683, la terre seigneuriale du Chenay des Bénédictins de Saint-Germain, par contrat du 20 avril, et l'ajouta à son parc de Versailles. En 1721, le roi fit acquisition d'une portion du territoire du Chenay, voisine de Trianon, et de 80 perches de terre, qui furent comprises dans sa pépinière. — Plusieurs maisons de campagne, ainsi que les hameaux de Petit-Chesnay et de Saint-Antoine, font partie de cette commune : ce dernier hameau est contigu aux barrières de la ville de Versailles. — Le terroir du Chenay est en terres labourables, prairies et bois.

Cheneveriæ, vel Canaberis, Chenevières-en-France, paroisse de l'ancien diocèse de Paris, aujourd'hui de celui de Versailles, canton de Luzarches, arrondissement de Pontoise, Seine-et-Oise, à 12 kil. sud-est de Luzarches, et 37 de Versailles, popul. 250 habitants. Le mot Chenevières vient évidemment des plantations de chanvre qui abondaient en ce lieu. Le plus ancien pouillé nomme cet endroit *Cheneveriæ*; Du Breul, dans son catalogue des cures, appelle celle-ci en latin *de Canaberis*, et en français *Chanabre*. — L'église paroissiale est, dit-on, sous l'invocation de saint Leu et de saint Gilles, dont on y célèbre la fête comme patronale, le premier septembre. Elle est dite *ecclesia SS. Egidii et Lupi* dans un acte du 2 août 1553. Le bâtiment de l'église actuelle est presque entièrement neuf, principalement le portail. Le chœur, qui est plus exhaussé que le reste, est très-délicatement voûté et fort clair : il se termine en demi-cercle, et l'extérieur est couvert d'ardoises. Sa structure est de deux siècles environ. Il y avait à côté de cette église une haute tour carrée qui menaçait ruine en 1718. A peine eut-on présenté requête au cardinal de Noailles pour la réparer, qu'elle s'écroula. Le cardinal permit, le 15 mars 1719, d'employer 1800 livres pour la rebâtir. Il paraît cependant que c'est un seigneur du lieu nommé Nouveau, qui a fait construire celle que l'on voit aujourd'hui. Aux voûtes de la nef est une pierre sur laquelle sont des armoiries écartelées de Bretagne. Cette cure est une de celles dont les évêques n'avaient cédé la nomination à aucun corps. Les seigneurs de ce lieu commencent à être connus depuis 1207. On peut voir les noms de plusieurs d'entre eux dans l'abbé Lebeuf: aucun n'offre d'intérêt historique. Le dernier, dans le siècle passé, était conseiller au parlement. — On fabrique dans ce village des dentelles noires et blanches. Son terroir est tout en terres labourables.

Cheneveriæ, vel Canaveria supra Matronam, Chenevières-sur-Marne, paroisse de l'ancien diocèse de Paris, à présent de celui de Versailles, canton de Boissy-Saint-Léger, arrondissement de Corbeil, Seine-et-Oise, à 5 kil. au nord de Boissy-Saint-Léger, à 14 de Paris sud-est. Popul. 850 habitants. — Les étymologistes prétendent que le nom latin de ce village, *Canaveria*, vient de celui de *cannabis*, qui signifie *chanvre*, et ils en donnent pour raison que le territoire de cette commune produisait en abondance cette plante textile: ce n'est là qu'une conjecture, mais elle est extrêmement probable. Seulement, au lieu de conclure que le nom est venu du genre de plantation, dont on n'est pas absolument certain, on aurait dû, ce semble, dire qu'il y avait eu sans doute une culture abondante de chanvre dans ce lieu, parce qu'il en portait encore le nom. Au XIIIe siècle, en langage vulgaire, on prononçait *Chanevières*. — Le premier titre où il soit fait mention de ce village n'est que du XIIe siècle. Ce sont les archives de Sainte-Geneviève de Paris, qui portent qu'avant l'année 1163 cette abbaye y possédait des terres, des vignes et des rentes: *Apud Canaverias, terras, vineas et capitalia*. On voit que dès lors ce territoire était en grande partie planté de vignes, et le reste labouré comme il l'est encore aujourd'hui. — L'aspect de l'église de ce lieu montre que ceux qui l'ont bâtie avaient eu l'intention de faire un beau vaisseau gothique; mais ce premier plan, trop vaste, fut abandonné, et la nef seule fut achevée. Elle est ornée de galeries soutenues par de petites colonnes travaillées fort délicatement, et qui se continuent jusqu'au-dessus de la grande porte. Le fond des deux ailes latérales se termine en angle, ce qui est assez rare parmi les églises de ce diocèse. Le chœur, moins élevé que la nef, n'a que des galeries basses et gâtées par de trop fréquentes réparations. Cette église est sous le titre de Saint-Pierre. Elle fut donnée au XIIIe siècle à l'abbaye de Mont-Etif, qui prit depuis le nom d'Iverneau, du lieu où elle fut transférée en 1218: le prieur-curé était gros décimateur. On lit dans cette église une épitaphe assez singulière, inscrite sur le tombeau d'un seigneur du lieu, qui probablement s'appelait *Lion*. Voici cette épitaphe:

Fuit sine unguibus Leo
Qui nunc jacet
Altum sepultus impotem
p m a s c a u e.

Ici est figuré un lion couché.

Nil mihi vel ætas oberûnt vel sæcula quippe
Qui latui obscurus non secus ac lateo.
Obiit die 27 Augusti
Anno Domini MDLII.

— En 1568, un curé de Chenevières, nommé Gervais Lepoullelier, plus connu sous le nom d'*Aristote de la Rue*, fut privé de son bénéfice comme entaché de simonie et d'hérésie. Claude Dossier, chanoine régulier et curé de Chenevières, obtint, en 1683, un arrêt du parlement contre le seigneur et les habitants du lieu: cet arrêt lui adjugeait la dîme du vin à l'anche du pressoir, et dans les caves ou celliers de ceux qui ne porteraient pas au pressoir. — Plusieurs communautés, telles que celles de Sainte-Geneviève et de Saint-Maur, avaient des fiefs sur le territoire de Chenevières. Les abbés de Saint-Maur y possédaient des serfs, qu'ils affranchirent en 1250. — L'abbé Lebeuf note comme le plus ancien seigneur laïque fieffé en ce lieu, Jean de Plaisance, qui, en 1271, y tenait de Philippe de Brunoy un fief mouvant de l'évêque de Paris. On trouve beaucoup de seigneurs de Chenevières depuis la fin du XIVe siècle. Depuis cette époque jusqu'en 1668, cette terre et seigneurie fut possédée par deux familles, celle des Cordelier et de Masparault: elle l'était au milieu du siècle dernier par un président en la cour des aides, nommé de Ricard. — Les habitants de Chenevières, comme ceux de tous les autres endroits des environs de Paris, furent anciennement soumis à l'odieuse exaction nommée *droit de prise*, attentat manifeste à la propriété. Les officiers du roi, de la reine, des princes, etc., appelés *chevaucheurs, fourriers, preneurs*, pillaient les maisons des habitants des campagnes, enlevaient la volaille, les bestiaux, les lits, le linge, les tables (1). Ce brigandage féodal forçait les habitants à renoncer à leur pays et à leur famille, qu'ils abandonnaient souvent. Ceux de Chenevières, enhardis par les exemptions accordées à quelques communes voisines, se plaignirent au roi Charles VI, qui, par une ordonnance de septembre 1496, les exempta du *droit de prise*, à condition qu'ils fourniraient au roi, à Paris, ou à 8 kil. aux environs, huit charretées de seigle par année. — On trouve auprès de ce village plusieurs maisons de campagne qui se font remarquer autant par leur construction que par les beaux points de vue qu'elles offrent. — Il y avait autrefois, dans les dépendances de ce village, un château qu'on appelait le Plessis-Saint-Antoine; il est maintenant totalement détruit. Près de Chenevières on trouve l'ancien château d'Ormesson, bâti du temps d'Henri IV. Ce château, qui est aujourd'hui en ruines, a, dit-on, appartenu à Gabrielle d'Estrées. — Le terroir de cette commune est très-abondant en vins: tous les coteaux en sont couverts de vignes; les plaines sont cultivées en grains. Un moulin, qui se

---

(1) Cette coutume est encore en pleine vigueur dans tout le Caucase, dans la Perse et dans d'autres contrées de l'Asie. (*Note de l'auteur.*)

trouve sur ce territoire porte aussi le nom de *Chenevières*.

Chenisium, *Chenosium*, Chenoise, paroisse du diocèse de Meaux, canton de Nangis, arrond. de Provins, Seine-et-Marne, près de la forêt de Jouy, à 10 kilom. de Provins, 35 de Melun, 66 de Paris. Popul. 950 habitants environ. — La paroisse de Chenoise avait sur son territoire l'abbaye de Jouy, située au milieu de la forêt du même nom. Cette abbaye avait été fondée, en 1124, par Thibault le Grand, comte de Champagne. Il y avait près de ce village un superbe château remarquable par ses belles avenues et un parc très-vaste. On voyait également à Chenoise un couvent des pères de la Merci. M. Lenoir, dans son *Musée des monuments français*, n° 472, fait la description d'une statue en marbre blanc représentant Philippe de Castille, armé de pied en cap, agenouillé sur un socle carré : ce savant artiste dit que ce morceau lui a été cédé par M. Rosty, sculpteur à Melun, qui lui-même l'avait acquis à Chenoise, où il avait été placé dans le couvent des religieux de la Merci. Cette statue, au bas de laquelle est une épitaphe portant la date de 1627, est remarquable par deux circonstances qui se rattachent aux mœurs et aux usages du temps. La première est un fourreau *sans lame*, sculpté sur le côté de la statue, ce qui indique, suivant Saint-Foix, que les chevaliers étaient morts en *servage* ou *prison*; mais M. Lenoir pense que dans cet exemple le *servage* ne doit se prendre que de l'engagement de ne point porter les armes contre le souverain qui accordait la liberté à ses prisonniers, ce qui, dans des temps plus modernes, s'est remplacé par l'usage des *prisonniers sur parole*. Le second insigne que l'on remarque est *la longue mèche de cheveux* placée sur l'épaule droite de ce guerrier : elle indique sans doute que cette figure représente un membre de cette branche puissante de la maison d'Henriquès, qui fut surnommée de Castille, pour la distinguer de la seconde, qui prit le nom d'Aragon. On sait d'ailleurs que chez les Goths, ainsi que chez les Gaulois et les Franks, la longueur de la chevelure était la marque de la naissance ou du pouvoir.

Chetenvilla, *Cantenvilla*, Cheptainville, paroisse de l'ancien diocèse de Paris, actuellement de celui de Versailles, canton d'Arpajon, arrond. de Corbeil, Seine-et-Oise, à 4. kil. d'Arpajon, et 34 au sud de Paris. L'église est sous le titre de Saint-Martin. Le chœur en paraît assez ancien, et comme du XII° ou du XIII° siècle; il est accompagné de deux ailes et voûté. Le corps de Notre-Seigneur y était conservé à une suspense sur le grand autel, comme dans les grandes églises. La population de ce village est d'environ 600 hab. — Les principales productions des alentours de cette commune sont en grains; les légumes y sont fort estimés, particulièrement les haricots et les lentilles.

Clacium, vel *Closium*, Claye, paroisse du diocèse de Meaux, chef-lieu de canton de l'arrondissement, à 16 kil. ouest de cette ville, et 26 nord-est de Paris. Population, 1500 habitants environ. Le hameau de Voisins en fait partie. — Il y a un bureau de poste aux lettres et un relai de poste aux chevaux. — Au XII° siècle, il existait à Claye un prieuré desservi par deux religieux, et dont la fondation, bien antérieure à cette époque, était due sans doute à la maison de Châtillon, qui possédait ce lieu à titre de seigneurie. En 1225, ce prieuré fut composé de trois religieux, à l'occasion de l'érection d'une chapelle dans le château seigneurial; Gui de Châtillon, fils de Gaucher et comte de Saint-Paul, qui l'avait fondée, l'ayant fait desservir par un religieux qui fut attaché au prieuré. Cette chapelle, avec les biens qu'il y annexa, fut par lui concédée à perpétuité à l'abbaye Notre-Dame-de-Chage de Meaux. Dans cette donation, Claye est appelé *Clois*. L'église paroissiale était sous le titre de Saint-Étienne; la cure en resta à la nomination de l'abbaye de Chage jusqu'à la destruction de cette abbaye. Ce fut, en 1730, le titre d'un doyenné rural. — Ce village ne figure point dans l'histoire avant les guerres religieuses du XVI° siècle. A cette époque, le château, comme tant d'autres forteresses du même genre, fut tour à tour pris et repris par les deux partis. En 1591, cette petite place, défendue par une garnison de 70 habitants, se rendit à Lanoue, commandant pour le roi. Le comte de Chailly, à la tête d'un parti de ligueurs, prit le village quelques mois après, le fit piller et brûler par ses soldats, et le lendemain des ouvriers furent envoyés de Meaux pour raser le château. L'édit de pacification en fit depuis un des chefs-lieux du culte protestant; mais en 1636, le parlement défendit aux religionnaires tout exercice de leur religion jusqu'à ce qu'un seigneur haut justicier y fît sa résidence habituelle, ce qui arriva peu après. Daniel Tyssart, seigneur des trois quarts du village, s'y étant fixé, le calvinisme fut de nouveau exercé, et le ministre Billot commença ses prédications : on rouvrit en même temps une école; mais le parlement, sous le prétexte de quelques contraventions, porta un nouvel arrêt par lequel il supprimait le prêche et fermait l'école. Malgré cet arrêt, le calvinisme n'en fut pas moins suivi à Claye. Ce lieu était le rendez-vous des religionnaires des environs, qui tinrent plusieurs assemblées au château. C'est dans une de ces assemblées qu'ils décidèrent, vers 1660, que les calvinistes pouvaient enterrer leurs morts de jour, et ne devaient pas tapisser leurs portes lors des cérémonies de la Fête-Dieu. Le parlement condamna ces décisions. Mais ces deux points et quelques autres fournissant le sujet de perpétuelles discussions dans ce diocèse, le roi nomma, en 1668, deux commissaires, l'un catholique et l'autre calviniste, afin de résoudre définitivement toutes ces difficultés. Par suite de leurs conférences, le prêche de Claye fut définitivement supprimé, et le culte public du calvinisme cessa d'y avoir lieu. — Le château de Claye a eu pour dernier propriétaire le marquis de Polignac, grand écuyer de la reine, qui le visitait quelquefois. Le marquis avait déjà commencé à faire construire un nouveau château où le luxe et la dépense devaient être prodigués; mais la famille Polignac ayant quitté la France à l'époque de la révolution, les travaux ont été suspendus et le terrain vendu. — Le canal de l'Ourcq passe à l'extrémité orientale du village, à l'endroit où se trouvaient les basses-cours du château, aujourd'hui démoli. — La rivière de Beuvronne coupe Claye dans un sens opposé à celui de la grande route sur laquelle ce village est situé. — Il existe au hameau de Voisins une manufacture de toiles peintes et blanchisserie. — Le territoire est fertile en grains, comme le sont tous les autres de ce canton. Il renferme plusieurs carrières en exploitation, des fours à chaux et à plâtre; la rivière de Beuvronne fait tourner plusieurs moulins dont deux viennent d'être supprimés par la dérivation du canal. — C'est à Claye que furent amenés les premiers prisonniers russes et prussiens qui furent faits dans la campagne de Paris de 1814.

Clamartum, *Clamardum*, Clamart-sous-Meudon, paroisse du diocèse de Paris, canton et arrond. de Sceaux, Seine, à 8 kil. sud de Paris, population 1260 habitants environ. Les maisons isolées, dites le Petit-Bicêtre, dans l'embranchement de plusieurs routes, en font partie : une de ces maisons est la résidence d'une brigade de gendarmerie. — Les chartes du prieuré de Saint-Martin-des-Champs, de la fin du xie siècle, et plusieurs titres du xiie, nomment ce lieu *Clamardum* ou *Clemartium* en latin, ce qui répond aux noms français *Clamard* ou *Clamart*. L'abbé Lebeuf a cru voir l'étymologie du mot Clamart dans un acte de l'an 690 environ. On trouve, dit-il, à cette date, dans les diplômes des rois de France, un traité d'échange entre deux abbés, savoir : Landebert, abbé de Saint-Germain-l'Auxerrois, et Magnoald, abbé proche Beaumont-sur-Oise, et cet acte est dit passé à *Claumar*. Cet auteur établit de là la conjecture qu'un Romain nommé Marcus, ou un Frank appelé Médard, et par syncope Mard, aura eu en ce lieu un clos qu'on a d'abord écrit *claus*, puis *clau*, d'où vient *Claumar*, et comme souvent la diphthongue *au* a été changée en *a*, on a fait enfin le mot Clamart. — L'église paroissiale est sous l'invocation de Saint-Pierre et Saint-Paul. Le bâtiment qui subsiste aujourd'hui n'a guère que 300 ans d'antiquité et ne contient rien de remarquable; il est accompagné d'une tour qui a de l'apparence. L'ancienne église était éloignée du village. On commença à en bâtir une nouvelle, dans le village même, au commencement du xvie siècle. François Poncher, évêque de Paris, s'y transporta et en fit la dédicace le 18 mai 1523. En 1715, on fit des réparations au chœur, qui déjà menaçait ruine, ce qu'on attribua au défaut de solidité du terrain. Les moines de Saint-Martin-des-Champs, qui possédaient déjà quelque bien assez considérable sur le territoire de Clamart, obtinrent, en 1098, de Guillaume, évêque de Paris, l'*autel* de cette église. Pour comprendre cette expression, il faut savoir que, pendant le moyen âge, les églises étaient comme autant de domaines, dont plusieurs seigneurs ecclésiastiques et laïques recevaient leur part : l'un avait les sépultures, l'autre les bénédictions, un troisième l'autel, etc. On vendait, on échangeait, on usurpait souvent ces produits de l'église. Les revenus entiers de celle de Clamart furent abandonnés successivement aux mêmes moines, par les différents seigneurs laïques du lieu : ils eurent même celui qu'on nommait *reportagium*, mot de la basse latinité. Le reportage était une coutume selon laquelle les laboureurs d'une paroisse ayant cultivé des terres situées sur une autre, le gros décimateur de la première percevait la dîme des récoltes provenues du fait de ses paroissiens. En 1243, Eyrard de Grez, qui était gros décimateur de Clamart, remit en cette qualité le droit de reportage à l'abbé de Saint-Germain, à qui appartenait la grosse dîme de Meudon. Cette remise fut réciproque, et l'on ne reporta plus de l'un chez l'autre. La présentation à la cure appartenait aussi au prieur de Saint-Martin-des-Champs. — Quant aux seigneurs laïques de Clamart, il en est peu dont les noms méritent d'être conservés. On trouve parmi eux un nommé Adam, grand *queux* (cuisinier) de Louis IX, qui avait, au xiiie siècle, une maison dans ce lieu. — En 1657, Servien acheta la seigneurie de Clamart : elle passa depuis, avec ses différents fiefs, à Louis XIV, et fut comprise dans le parc que ce prince créait à Meudon. — En 1815, le territoire de Clamart fut le théâtre d'un combat plus animé qu'important, entre le corps d'armée du général Vandamme et les Anglais, postés sur les hauteurs de Meudon et Sèvres. La fusillade fut très-vive; on battit les ennemis; et une partie de leurs troupes resta prisonnière des Français. — L'étendue de cette commune a été considérablement diminuée par la réunion dont il vient d'être parlé, d'une partie de son territoire au parc de Meudon; aussi est-elle resserrée de ce côté-là. Les terres qui s'étendent entre Bièvres, Villacoublay et Vanves sont très-fertiles en grains et en légumes. Les coteaux produisent du vin qui était très-estimé autrefois; on y trouve aussi une belle pépinière. — La situation de Clamart, dans une plaine converte de bocages, est des plus agréables; on y voit plusieurs maisons de campagne. Aucune cependant n'est considérable, et ce sont moins des maisons de campagne remarquables par l'art ou l'agrément, que de simples pied-à-terre.

Clamiciacum, Clamecy, ville de l'ancien diocèse d'Auxerre, actuellement de celui de Nevers, chef-lieu d'arrond. du dépt. de la Nièvre, siége de la sous-préfecture, d'un tribunal de première instance et de commerce, à 68 kil. nord-nord-est de Nevers, 40 sud d'Auxerre, et 188 sud-est de Paris. Popul. 7000 habitants. — Cette ville est agréablement située, au pied et sur le penchant d'une colline, au confluent du Beuvron et de l'Yonne, avec un port sur cette rivière, qui commence à être flottable en cet endroit. Une route allant d'Auxerre à Troyes traverse Clamecy. L'arrondissement dont cette ville est le chef-lieu se compose de 97 communes, dont la population totale s'élève à 65,375 habitants. Il est divisé en six cantons : Brinon-lez-Allemands, qui renferme 9691 habitants; Clamecy, 12,671; Corbigny, 10,854; Lormes, 11,424; Tannay, 9529; Varzy, 11,206. — Clamecy, nommé en latin *Climiciacum, Clemiciacum* et *Clamiciacum*, est connu au moins depuis le xie siècle, comme le prouvent des lettres de Philippe Ier, datées de 1078. Le nom de *Bethléem*, que porte aujourd'hui un de ses faubourgs, a de quoi piquer la curiosité des voyageurs : il vient de l'établissement d'un évêché dit de Bethléem, dans le faubourg situé de l'autre côté de la rivière de l'Yonne, et qu'on appelait *Panthenor*. Voici ce qui avait donné lieu à cet établissement. Guillaume, quatrième comte de Nevers, transporté du zèle que saint Bernard avait inspiré pour les croisades à tous les seigneurs de ce temps, passa dans la terre sainte avec son fils. Celui-ci, après la mort de son père, ne pouvant, à cause de la défaite des croisés, exécuter l'ordre qu'il lui avait donné, de le faire enterrer à Bethléem, revint en France, en 1223, avec Raynaud, évêque latin de cette ville, emportant avec lui les restes précieux de l'auteur de ses jours, qu'il fit inhumer à la manière des grands seigneurs de ce temps-là. Tout ce qu'il put faire en faveur de l'évêque fugitif, ce fut de lui donner quelques terres et une maison que l'on appela la *Maison-Dieu de Bethléem* : ces possessions formèrent un évêché, dépendant lui-même d'un autre; cependant la chapelle de l'hôpital fut érigée en évêché titulaire : elle formait ainsi seule le territoire indépendant de l'évêque de Bethléem. Cet évêché *in partibus*, dont le revenu ne s'élevait pas au-dessus de 1000 liv., était à la nomination des ducs de Nevers, avec l'agrément du roi : il a subsisté jusqu'à la révolution. — Il y avait à Clamecy un couvent de Récollets, connu sous le nom d'Hôtel-Dieu, et un collège : ce dernier établissement, où l'on enseignait les humanités, la philosophie, les mathématiques et le dessin, recevait aussi des élèves destinés aux écoles de l'artillerie et du génie. La plus forte dépense pour un humaniste ne montait qu'à 350 liv. par an ; celle d'un philosophe à 400, et celle d'un élève du génie et de l'artillerie à 500. Les vêtements seuls et les frais de maladie se payaient en sus. Ces détails peuvent servir à comparer les dépenses anciennes pour l'éducation avec celles de l'époque actuelle. — Cette ville est comme le centre du commerce de bois à brûler, formant la plus grande partie de l'approvisionnement de Paris. C'est le rendez-vous des marchands qui viennent y recevoir les comptes de leurs agents qui y sont établis. Ceux de Paris et le gouvernement y ont chacun les leurs pour surveiller les opérations du commerce et activer les exploitations, l'écoulement des bois sur les ruisseaux jusqu'à l'Yonne, et les mises en état sur le port de Clamecy, pour être mis en trains et conduits à Paris. Ce port, baigné par les rivières d'Yonne et de Beuvron, reçoit tous les bois des environs et des endroits les mieux boisés du dépt. de la Nièvre. — On trouve à Clamecy une faïencerie, des fabriques de draps, dont le mérite vient de la qualité supérieure de la laine de cet endroit; il y a aussi pour l'apprêt des étoffes une teinturerie et des moulins à foulon : cette ville possède encore des fabriques de cuirs et de gants, un moulin à papier et une filature de coton. — Le commerce qui s'y fait en bois et charbon, expédiés pour la capitale, est considérable. — On ne peut guère citer d'hommes remarquables nés à Clamecy, que Roger de Piles, savant écrivain et employé dans plusieurs négociations, mort à Paris, en 1709, et Marchangy, ancien magistrat et homme de lettres, auteur de la *Gaule poétique*, mort en 1826.

Clari Sancti Castrum, Saint-Clair-sur-Epte, paroisse de l'ancien diocèse de Rouen, actuellement de celui de Versailles, canton de Magny, arrond. de Mantes, dépt. de Seine-et-Oise, à 10 kil. de Magny, 22 de Mantes, et 66 nord-ouest de Paris. Popul. 800 habitants environ. — Ce village est situé, dans une jolie vallée, sur un bras de la rivière d'Epte, à l'endroit où cette rivière reçoit le ruisseau du Cudron. On y remarque les restes d'un vieux château seigneurial, fameux autrefois par divers sièges qu'il a soutenus contre les Normands et les Anglais. Au xiie siècle, l'abbaye de Saint-Denis avait à Saint-Clair un prieuré considérable. Près de ce prieuré était un coteau, nommé à cette époque *Fuscelmont* ou *Ficelmont*. Sur ce même coteau, le duc de Normandie, Henri II, qui fut plus tard roi d'Angleterre, fit bâtir une forteresse, qui prit le nom de Château-sur-Epte. En 1153, Louis le Jeune fit don de ce château, nouvellement construit, à l'abbaye Saint-Denis. Cette donation, rapprochée de la dénomination de *Castrum Novum Sancti Dionysii*, donnée à une église située sur ce territoire, et dont l'évêque de Rouen confirma la possession à la même abbaye, fait penser que cette église n'était autre que le château lui-même ou sa chapelle. En 1212 Robert de Chaumont contesta aux religieux le patronage de Saint-Clair; mais il se désista de ses prétentions, et le monastère continua de nommer à la cure de Saint-Clair, de même qu'à celle de l'église dont il vient d'être parlé sous le nom de Château-Neuf-Saint-Denis. Lorsque Louis XIV réunit à la maison des Dames de Saint-Cyr le prieuré de Chevreuse, qui depuis longtemps était en commende et sans religieux, ce prince donna en dédommagement à l'abbaye de Bourgueil le prieuré de Saint-Clair-sur-Epte, qui cessa alors d'appartenir à l'abbaye de Saint-Denis. Ce dernier monastère continuait cependant à présenter à la cure, et le seigneur du lieu à celle de l'église de Château-Neuf-Saint-Denis. — Saint-Clair-sur-Epte est surtout fameux dans l'histoire par le traité que Charles IV, dit le Simple, roi de France, y conclut avec Rollon, chef des Normands, qui avait été, plus que tous les autres, la terreur des Français. Le brigandage que ces Normands exerçaient, désolait tellement le royaume, et leurs forces étaient devenues tellement redoutables, qu'on fut obligé de capituler avec eux. Charles offrit à Rollon de lui abandonner la partie des côtes de France qu'il avait si souvent ravagée, et qui prit depuis le nom de Normandie, *de lui céder en outre toute la Bretagne*, et de lui donner sa fille Giselle en mariage, à condition qu'il lui rendrait hommage pour les territoires qui lui étaient cédés, et qu'il se ferait chrétien avec toute son armée. Les clauses arrêtées, Rollon se rendit à Saint-Clair pour y prêter serment de fidélité au roi. Ce fier Danois ne put se déterminer à remplir les formalités humiliantes pratiquées à cette époque pour la prestation de foi et hommage; et lorsqu'on lui parla de tomber à genoux et de baiser le pied du prince, il jura qu'il ne fléchirait jamais devant personne. Un des siens fut cependant chargé d'accomplir ce devoir à sa place. Ce délégué, peu disposé lui-même à une entière génuflexion, souleva le pied du roi, et le fit tomber à la renverse. Cette action ne passa que pour une maladresse de barbare, parce que le besoin extrême de conclure la paix dominait Charles, qui ne se sentait pas le plus fort. Rollon se montra plus docile à tout ce qu'exigea Francon, archevêque de Rouen, qui l'instruisit, et le baptisa avec tous ses Normands. Ce chef porta l'habit blanc pendant sept jours, suivant la coutume des nouveaux baptisés, et chaque jour il fit présent d'une terre à une des sept églises que l'archevêque lui avait nommées à cet effet. Rollon prit au baptême le nom de Robert, et devint la souche des fameux ducs de Normandie, qui se firent bientôt couronner rois d'Angleterre. — Saint-Clair-sur-Epte fut aussi le lieu désigné pour la conférence du roi de France, Louis IV, dit d'Outre-Mer, et de Richard, duc de Normandie en 951 : on y termina, par un traité de paix, les querelles du roi, de Hugues, duc de France, et du duc Richard, et on confirma la liberté de Louis, qui avait été fait prisonnier peu de temps avant cet accord. — A l'entrée du bourg, du côté de Gisors, se trouve, dans la prairie, un joli ermitage, qu'a habité et où a été martyrisé saint Clair en 881. On y voyait autrefois une statue de ce saint, à genoux, soulevant sa tête. La fontaine de cet ermitage a une grande réputation pour la guérison des maux d'yeux. C'est une croyance très-commune que celui qui attribue une pareille vertu à l'invocation des saints et saintes qui portent des noms analogues, comme : *Clair, Claire,* ou *Luce*, à cause de sa ressemblance avec le mot latin *lux*, lumière. Chaque année, le 17 juillet, jour de la fête de saint Clair, il arrive à cet ermitage une foule de pèlerins venant souvent de très-loin. La révolution avait mis obstacle à ces actes de dévotion ; mais le duc de Caylus, à qui cet ermitage appartenait, l'ayant fait relever à ses frais, et restaurer d'une manière pittoresque, la ferveur s'est ranimée, et on y voit arriver autant de pèlerins qu'avant la révolution ; le pèlerinage dure 15 jours. — Le hameau du Heloé est remarquable par un château situé sur une hauteur d'où l'on a une vue charmante, et qui s'étend assez loin. L'habitation principale a été créée par le duc de Caylus. Le château est petit, mais très-agréablement bâti. Les jardins sont très-bien dessinés, et remplis d'arbres et arbustes étrangers. Un bois attenant et très-bien percé sert de parc ; les allées, se terminant toutes par une belle pelouse, conduisent à des points de vue très-variés, que l'on découvre de toutes les parties du plateau élevé sur lequel ce bois est situé. — Le terroir de cette commune est en labour, prairies et bois. On y trouve un four à chaux et un moulin que fait tourner la rivière d'Epte.

Claromontium supra Brechiam, Clermont-Oise, ou Clermont-sur-la-Brèche, petite ville du diocèse de Beauvais, chef-lieu d'arrond. du départ. de l'Oise, siège d'une sous-préfecture et d'un tribunal de première instance, à 24 kil. est de Beauvais, 20 nord-ouest de Senlis, et 56 nord de Paris. Popul. 3350 habitants. Il y a un collège communal, un hospice, une maison centrale de détention, une maison d'arrêt, de correction et de police municipale, un bureau de poste aux lettres. L'arrondissement comprend 178 communes, et se divise en 8 cantons : Breteuil, 12,504 ; Clermont, 12,708 ; Crèvecœur, 11,638 Froissy, 9027 ; Liancourt, 9610 ; Maignelay, 10,103 ; Mouy, 6686 ; Saint-Just-en-Chaussée, 15,348. — Cette ville, capitale du comté du même nom, appartenait à la ci-devant province de l'Ile de France, au diocèse de Beauvais, à la généralité de Soissons ; elle avait un gouvernement particulier du gouvernement militaire de l'Ile de France, un bailliage, auquel la prévôté fut réunie ; une maréchaussée, un corps de ville, une police, un grenier à sel, une maîtrise particulière des eaux et forêts, dont le ressort comprenait tout ce qui dépendait des bailliages de Clermont, de Montdidier, de Beauvais et de Chaumont en Vexin, et une subdélégation. — Clermont était anciennement fortifié ; mais ses remparts sont maintenant chargés de bâtisses modernes et de plantations diverses, et il n'en reste plus que de faibles vestiges. Cette ville, agréablement située près de la petite rivière de la Brèche, est bâtie sur la pente d'une montagne, et dominée par le château dont la construction extraordinaire s'élève sur la partie la plus haute de la montagne. Il est rare, en France, de trouver une vue plus étendue que celle qu'on peut se procurer du sommet de ce château, au pied duquel est la belle promenade dite le Châtelier : forêts, bosquets, vallons, prairies, coteaux arides, montagnes boisées, villes, bourgs et châteaux enrichissent cette superbe perspective. Quelques auteurs croient que ce château a été bâti par Jules César, bien que les commentaires ne fassent pas même mention du lieu où se trouve Clermont. Les antiquaires du pays ne croient pas que cette forteresse puisse être attribuée à cet empereur, et parce qu'il ne vint pas à Clermont, si toutefois Clermont existait alors, ce qui est très-douteux, et parce que la construction a été faite avec de petites pierres et avec du ciment qui ne leur semble pas être l'ancien ciment des Romains. On pense généralement, et avec une apparence de raison, que c'était originairement une forteresse construite sous le règne de Charles le Chauve, ou peut-être rebâtie du temps de ce prince, pour arrêter les incursions des Normands. Plus tard on y établit une chapelle que des chapelains desservirent. Elle devint dans la suite un chapitre, qui existait déjà vers le milieu du xi⁰ siècle. L'église, sous l'invocation de Saint-Arnoult, était fort ancienne, et l'on n'en connaît pas l'origine. On y conservait précieusement un os du bras du saint patron. Pour reconnaître si cette relique appartenait réellement à saint Arnoult, on la soumit à l'épreuve du feu, et comme elle en sortit intacte, on la déposa dans l'église où elle fut honorée d'un culte particulier, jusque-là qu'une dame Guibert lui fit hommage de ses diamants. Quelque temps après, une guérison miraculeuse, opérée en faveur d'une personne de la même famille, donna lieu à un témoignage singulier de reconnaissance : ce fut la fondation annuelle d'un repas splendide où figuraient les membres du chapitre de Saint-Arnoult. Louvet, dans son histoire de Beauvais, tout en rappelant que dans les xiv⁰ et xv⁰ siècles, les archives du chapitre furent détruites par divers incendies, cite néanmoins comme authentique le titre d'une concession faite aux chanoines, en 1114, par Renaud, comte de Clermont, qui octroya « une foire le jour et fête de saint Jean et les deux jours subséquents, et avec les profits et droits du *tonlieu, forage, rouage et travers*, et avec privilége que quiconque viendrait en icelle faire trafic *ne pourrait, pour quelque cause que ce fût, être arrêté, ni convenu, sinon pour homicide ;* que la connaissance du *marcogné*, et des délits qui arriveraient durant ladite foire, en dedans la lieue, appartiendraient audit chapitre, ne retenant, ledit comte de Clermont, autre chose en icelle que la tierce partie des amendes. » Ce chapitre avait le titre royal, et se composait de 12 prébendes canoniales et de 7 chapellenies à la nomination du chapitre. Quant aux 12 canonicats, ils étaient, dans les derniers temps, dix à la nomination du prince de Condé, et les deux autres à celle des abbayes de Froidmont et de Saint-Quentin-lez-Beauvais. Après la révolution, le château passa à différents propriétaires jusqu'en 1808, époque où il fut question de créer une nouvelle prison à Clermont. Celui qui le possédait alors, l'offrit au gouvernement, à condition qu'il serait le concierge de la prison. En 1812, on voulut changer la destination de cet établissement, et en former un dépôt de mendicité ; les prisonniers furent évacués, le nouveau mobilier apporté : ce projet n'eut pas de suite. En 1820, on en fit une maison de détention pour hommes, femmes et enfants. Depuis une ordonnance royale du mois de juillet ou du mois d'août 1826, cette maison ne renferme plus que des femmes. Les détenues sont occupées, dans des ateliers de travail, à des ouvrages d'aiguille de tous les genres, à des métiers de calicot, à filer du lin au rouet ; les vieilles et les infirmes épluchent le coton et font des bobines de fil ; 25 ou 30 font des cartonnages de toute espèce. Elles confectionnent elles-mêmes les vêtements qui les couvrent. Leur habillement est de couleur gris brun et uniforme. — Outre le chapitre dont il a été fait mention, il y avait à Clermont un couvent d'Ursulines, que le collége et différents particuliers occupent aujourd'hui, et une communauté de Mathurins, de l'ordre des Trinitaires, dont l'église était sous le patronage de saint André : la sous-préfecture s'y est installée. Avant de venir s'établir où est maintenant le collège, les Ursulines avaient leur couvent dans la rue du Château. Les bâtiments de ce couvent appartiennent actuellement à divers particuliers ; mais une partie, devenue propriété communale pendant la révolution, a été rendue à quatre des anciennes Ursulines. Elles tiennent une maison d'éducation pour les demoiselles, et sont connues sous le nom de *religieuses de la Providence de la Sainte-Enfance de Jésus*. L'église paroissiale, dédiée sous l'invocation de saint Samson, est assez jolie ; elle a un buffet d'orgues et deux châsses : l'une contient l'os d'un des bras de saint Samson, et l'autre une partie d'os de bras de saint Roch. Cette dernière relique était chez les Mathurins. L'église Saint-Samson est de construction ancienne, excepté la flèche et le clocher, qui, incendiés le 4 août 1785, ont été rebâtis depuis 25 à 30 ans. Les auteurs qui ont placé à Clermont une chapelle de Saint-Gengoux se sont trompés ; cette chapelle est à Rémérangles. — L'hospice, qui n'a jamais porté le nom d'Hôtel-Dieu, que lui ont donné des historiens, est dirigé par les soins des dames de Saint-Thomas-Villeneuve, dont le couvent est à Paris, rue de Sèvres, n° 27. On y admet hommes, femmes, orphelins, les enfants pauvres et les militaires. Le nombre des malades est constamment de 20 à 25. Les enfants y sont instruits, les jeunes personnes par une religieuse, et les garçons par un instituteur spécial. Il y a aussi une salle pour les infirmes. Cet hôpital pourrait contenir 85 lits ; il est parfaitement tenu, et l'on y a fait des améliorations. La population y est constamment de 60 à 70 personnes. Il y a une chapelle sous l'invocation de sainte Madeleine. — Le tribunal de première instance et la justice de paix sont établis dans le haut du bâtiment de l'ancien grenier à sel ; le bas sert de dépôts pour les grains destinés à être vendus sur les marchés. — Il y avait dans la forêt de *Hez*, dite, dans le pays, de La Neuville, parce qu'elle est contiguë au village de ce nom, un couvent de cordeliers nommé *de la Garde*, où l'on renfermait les ecclésiastiques en correction et où l'on recevait des aliénés. — Le nom de Clermont, en latin *Claromontium*, commun à plusieurs bourgs et villes de France, et qui signifie *mont illustre*, ne paraît pas avoir une origine certaine. On prétend que cette ville a été beaucoup plus considérable qu'elle ne l'est aujourd'hui, bien que ceux qui ont écrit son histoire ne présentent rien de positif avant le ixe siècle. Ses premiers seigneurs, comme tant d'autres, usurpèrent, lors de l'élévation de Hugues Capet, et à son exemple, un titre et une souveraineté qui ne leur appartenaient pas; ils se firent comtes, et le château, bâti pour défendre la contrée contre les ennemis de la France, devint le repaire où ils cherchaient un asile pendant les guerres qu'ils livraient aux seigneurs voisins, ou après avoir exercé leurs brigandages contre les habitants des campagnes. Le premier de ces comtes dont l'histoire ait gardé le nom, est Renaud Ier, qui vivait en 1087. Un de ses descendants, Raoul Ier, eut plusieurs démêlés avec le chapitre de Beauvais pour certains droits territoriaux que le chapitre défendit par le moyen de l'excommunication, arme toute-puissante au xiie siècle. Ces démêlés étant terminés, il se croisa et fit partie de l'expédition de Philippe-Auguste. Ce comte fut tué au siége de Saint-Jean-d'Acre, en 1191, sans laisser de postérité mâle. Catherine, sa fille aînée, épousa Louis, comte de Blois, et en eut Thibaud, dit le Jeune, dernier comte de cette famille, mort sans enfants en 1218. Philippe-Auguste ayant alors acheté des héritiers collatéraux de Thibaud leurs droits au comté de Clermont, en investit dans la même année son fils Philippe. Ce prince, mort en 1234, laissa deux filles, dont l'aînée, Jeanne, mourut en 1250, n'ayant point eu d'héritier de son époux Gaucher ou Gauthier de Châtillon, qui alla finir ses jours en Egypte à la suite de Louis IX. Le roi voulut alors, en qualité de plus proche héritier de Jeanne, prendre possession du comté de Clermont et le réunir à la couronne. En vain ses frères, les comtes de Poitiers et d'Anjou, tentèrent-ils de s'y opposer, prétendant que cet apanage d'un prince royal devait être partagé entre eux; un *parlement* décida, après 7 années de contestations, en faveur du monarque qui, en 1269, apanagea du comté de Clermont son 6e fils, Robert de France, tige de la maison de Bourbon. Robert épousa, en 1272, Béatrix, fille de Jean de Bourgogne, seigneur de Charolais et d'Agnès de Bourbon. Ce nom, devenu celui d'une des grandes maisons régnantes de l'Europe, était le titre d'une petite châtellenie que Hugues IV, duc de Bourgogne et aïeul de Béatrix, avait démembrée du comté de Châlons et donnée par testament à sa petite-fille. En 1283, Robert devint, par la mort de sa belle-mère Agnès, possesseur de la *sirerie de Bourbon-l'Archambaud*. Plus adroit ou plus heureux que les seigneurs de Courtenay, qui perdirent le rang de princes du sang en changeant leurs armes, le nouveau sire de Bourbon conserva celles de France dans son écusson : cette circonstance maintint dans sa maison un titre qui plus tard conduisit ses descendants au trône. Ce prince avait pour bailli, dans son comté de Clermont, le célèbre Beaumanoir, auteur des *Coustumes du Beauvaisis*, travail que Loysel appela *le premier, le plus grand et le plus hardy œuvre qui ayt été composé sur les coustumes de France*. Ce comté resta dans la maison de Bourbon jusqu'au temps du connétable de ce nom, dont les biens furent confisqués et réunis à la couronne. Il y avait eu antérieurement une cession faite par Louis Ier, duc de Bourbon, à Charles le Bel; mais elle était restée sans effet, puisque Philippe de Valois, successeur de Charles, l'avait rendu au duc et à la maison de Bourbon : enfin il fut engagé plus tard à la maison de Condé. — Clermont ne figure dans l'histoire d'une manière remarquable que depuis le xive siècle. Après le fameux soulèvement de paysans si connu sous le nom de *Jacquerie*, et qui prit naissance dans le Beauvaisis, en 1356, cette ville tomba par surprise aux mains du captal de Buch, qui y leva des contributions extraordinaires. Les Anglais, devenus maîtres d'une grande partie de la France, pillèrent Clermont en 1359, et le brûlèrent. Relevé de ses ruines, il soutint un nouveau siége en 1415, et le faubourg Saint-André fut entièrement consumé par le feu. En 1430, Jean de Brosse, maréchal de Boussac, assiégea et prit le château à la tête d'une armée avec laquelle il venait de délivrer Compiègne. Cette ville, reprise par les Anglais, fut de nouveau rendue à la France par le brave La Hire; mais ayant été presqu'aussitôt fait prisonnier à Beauvais pendant qu'il jouait à la paume, ce guerrier se vit obligé de remettre cette place aux ennemis pour sa rançon. Elle revint à la France après l'expulsion des Anglais. Au xvie siècle elle passa de nouveau sous une domination étrangère. En 1569, Charles IX, ayant besoin d'argent pour combattre les protestants, aliéna cette ville en faveur du duc de Brunswick pour une somme de 560,000 livres. La duchesse de Brunswick la revendit, 30 ans après, à Charles, duc de Lorraine. Elle revint de nouveau à la couronne : Henri IV la prit sur la Ligue en 1589, et au mois de juillet 1615 le prince de Condé, mécontent de la cour, s'y jeta avec quelques troupes et parvint à s'y fortifier, ce qui épouvanta beaucoup les habitants de Paris. On a vu que la seigneurie de Clermont fut engagée à la maison de ce prince. — On trouve dans cette ville et dans ses environs de nombreuses fabriques de toiles dites *hulles* ou *mi-Hollande*, de calicots et d'indiennes; des filatures de coton, trois brasseries, des tanneries, une raffinerie de salpêtre et une blanchisserie de toiles, connue sous le nom de *blanc de Clermont*. Il s'y tient trois foires par année : la 1re, le mardi après la Chandeleur; la 2e, le 10 août; la 3e, le 30 nov. Le samedi de chaque semaine il y a un marché pour les grains; mais le plus fort, nommé *Marché-Franc*, se tient le dernier samedi de chaque mois. Depuis 1748, qu'on a établi six moulins dans cette ville, son principal commerce est en grains; celui qu'on y fait de chevaux, de bestiaux, de produits de ses manufactures et de fruits rouges, c'est-à-dire de guignes et cerises, n'est guère moins considérable. — Les environs sont aussi remarquables par la fertilité du sol, qui produit du chanvre et une grande quantité de pommes à cidre, que par les agréments et la beauté du séjour. Parmi les châteaux et maisons de campagne, on distingue les belles résidences situées près d'Agnetz, de Breuil-le-Vert et de Fitz-James. — Ce que l'on remarque à Clermont, c'est qu'il n'y a ni musée, ni société savante, ni bibliothèque. — Clermont est la patrie de Charles le Bel, de Jacques Grevin, poëte français et latin, médecin et conseiller de Marguerite de France, auteur de plusieurs pièces de théâtre, mort en 1570, âgé de 32 ans; de Cassini, célèbre ingénieur géographe, auteur de la grande carte topographique de France qui porte son nom, et de Charpentier, auteur du *Parallèle entre Aristote et Platon*. — Les naturalistes étudient avec intérêt les différentes couches du terrain qui avoisine Clermont, et qui paraît n'être en quelques endroits qu'un vaste amas de coquilles, telles que buccins, limaçons, planorbis, etc., renfermées dans une terre calcaire et marneuse.

Clarus Fons, Claire-Fontaine, paroisse de l'ancien diocèse de Chartres, maintenant de celui de Versailles, canton-sud de Dourdan, arrond. de Rambouillet, dépt. de Seine-et-Oise, à 11 kil. de Dourdan, à 27 de Versailles, 8 de Rambouillet, et 42 sud-ouest de Paris. — Ce village doit son origine à une abbaye du XII° siècle. La population est d'env. 500 hab., en y comprenant les hameaux du Cabinet, de la Ménagerie, des Bruyères, de la Verrerie, de la Coudraye, des Fourmillons, et plusieurs maisons isolées, sous diverses dénominations. — Ce lieu est remarquable à cause de l'abbaye du même nom qui y existait avant la révolution. Cette abbaye fut fondée par Simon, comte de Montfort, vers l'an 1100, sous l'invocation de la sainte Vierge : elle tirait son nom, ainsi que le village, d'une fontaine qui coulait près de son enceinte. Son revenu montait à 3000 liv. Des moines Augustins déchaussés desservaient à la fois cette abbaye et la paroisse du lieu, qui était sous le titre de Saint-Nicolas. Cette paroisse n'avait pas une église particulière ; mais le service s'en faisait dans la nef de celle de l'abbaye, qui y était consacrée spécialement, le reste de l'église étant, comme il vient d'être dit, sous le titre de la sainte Vierge, et appartenant à l'abbaye. — Ce monastère n'existe plus ; le local et les bâtiments sont occupés par un hospice de bienfaisance et une manufacture de dentelles. — Le terroir de Claire-Fontaine est sablonneux et produit peu de grains ; il y a beaucoup de bois, et on y trouve quelques étangs.

Clippiacum, Clichy-en-l'Aunois ou Launoy, paroisse de l'ancien diocèse de Paris, actuellement de celui de Versailles, canton de Gonesse, arrondissement de Pontoise, département de Seine-et-Oise, à 11 kil. de Gonesse, et 14 est de Paris. — Ce village fut ainsi surnommé à cause de sa situation dans le pays d'Aunois, et pour le distinguer de Clichy situé sur la Seine, à l'occident de Paris, et communément appelé Clichy-la-Garenne. Tous deux étaient également terres royales au VII° siècle, sous le règne de Dagobert, et s'appelaient en latin *Clippiacum*. Celui-ci est le premier des deux Clichy que nos rois aient donné à l'abbaye de St-Denis. L'auteur des *Gestes de Dagobert*, qui rapporte cette donation faite en 635 ou 636, l'appelle *Clippicum Superius*; ce que dom Félibien traduit par le *Haut-Clichy*. En effet sa situation est sur une montagne ou coteau, au lieu que Clichy-sur-Seine est dans une plaine. Il y a apparence que ce n'est que depuis que le monastère de St-Denis eut été gratifié par Charles Martel de Clichy-sur-Seine, que l'abbaye se défit de Clichy-en-l'Aunois. L'église est un bâtiment assez nouveau ; il est sans ailes et n'a que la forme d'une grande chapelle. On y conservait, sur un autel qui était dans la partie septentrionale, une petite châsse de bois doré où l'on voyait dans une fiole oblongue un fragment d'os péroné, que l'étiquette disait avoir été donné à cette église en 1624 par l'abbesse de Montmartre, et être de l'un des compagnons de saint Denis. Au côté méridional du grand autel était une tombe carrée qui fut visiblement déplacée, puisque celle qui y était représentée avait la tête vers l'orient. C'était une femme couverte d'un capuchon dont la pointe relevait tout à fait, et qui avait un béguin sous le menton ; on lisait autour, en petites capitales gothiques : *Cy gist Jehanne de Saint Lorens femme de .... de Saint Lorens Borgois de Paris, qui fut mère du frère Adam de Saint Lorent frère de l'ordre de ......* Le reste était caché par le marche-pied. Cette tombe paraissait être du temps du règne de Philippe le Bel ou environ. Adam de Saint-Laurens était sans doute un religieux chevalier de l'ordre du Temple, lesquels chevaliers étaient seigneurs de Clichy dès la fin du XII° siècle ou au commencement du XIII°. Cette paroisse est d'une petite étendue ; elle n'est éloignée du village de Livry que d'un kil. Entre ces deux villages sont des vignes en quantité, qui regardent en partie le couchant, et le territoire s'appelle *la Haute-Forêt*. Proche de Clichy était une pelouse de 60 arpents, où les bestiaux paissaient l'été ; le reste du temps on les retirait dans les bois. Le prince de Dombes avait à Clichy une maison pour la chasse. Le château situé à mi-côte avait appartenu à Gabrielle d'Estrées. Il a été reconstruit à neuf sur les dessins de l'architecte Brongniart. Le parc, d'environ 40 arpents clos de murs, est tenant à un autre parc qui joint la forêt de Bondy. Dans ce premier parc est une grande pièce d'eau alimentée par diverses sources, dont une, nommée *la Chapelle-des-Anges*, à l'entrée de la forêt, est connue depuis le XI° siècle. Cette source ou fontaine avait, dit-on, la vertu de guérir de la fièvre. Cette commune possède peu de maisons de campagne : aussi cette partie des environs de Paris est-elle recherchée de préférence par les nombreux amateurs des plaisirs de la chasse, auxquels leurs occupations journalières dans la capitale ne permettent pas de s'éloigner davantage. Les productions de Clichy sont de peu de valeur. Ce village est près la grande route de Paris en Allemagne, et traversé par une chaussée qui communique de cette route à celle de Coulommiers par Chelles.

Clippiacum, Clichy-la-Garenne, ou Clichy-sur-Seine, paroisse du diocèse de Paris, canton de Neuilly-sur-Seine, arrondissement de Saint-Denis, Seine, à 3 kil. nord-est de Neuilly. Population, 2300 habitants environ. Le nom latin de Clichy est *Clippiacum*, formé de la racine *clip*, dans lequel on croit reconnaître la signification de *clapier*, lieu où l'on élève des lapins; explication qui semble en effet fortifier le surnom de *la Garenne* donné à Clichy. — Ce village remonte à une très-haute antiquité; son territoire paraît avoir primitivement compris tout le pays où depuis s'élevèrent *Saint-Ouen, le Roule et Villiers-la-Garenne*. Il faut rapporter à cette étendue de pays ce qu'on trouve dans les anciennes chroniques touchant ce lieu, où les rois de France eurent un palais dès les commencements de la monarchie. La première occasion que nos anciens historiens aient eue de faire mention de Clichy remonte à l'année 42 du règne de Clotaire II, qui revient à l'an 625 de Jésus-Christ. Frédégaire écrit qu'alors Clotaire était à Clichy, *non procul Parisiis*, et que Dagobert l'y étant venu trouver de son ordre avec les leudes du royaume, s'y maria avec Gomatrude, sœur de la reine Sichilde; que le troisième jour après les noces, le père et le fils entrèrent en de grandes contestations sur le partage des Etats, et en remirent la décision à douze Franks, la plupart évêques. Ce fut dans ce même lieu que, quatre ans plus tard, Dagobert répudia Gomatrude, et qu'il épousa ensuite Nantechilde, suivante de sa première femme. Ce prince affectionna tellement Clichy, qu'il engagea la plupart des hommes de sa cour à y bâtir des maisons. Les curieux ont encore dans leurs cabinets des pièces de monnaie frappées dans ce village, sous le règne de Dagobert; le cabinet des médailles de la bibliothèque du Roi en possède quelques-unes. Le 26 mai 627, Clotaire convoqua, dans son palais, à Clichy, un concile mixte composé d'évêques et de laïques, afin de régler les affaires de son royaume. Le 1er mai 636, un autre concile s'assembla dans ce lieu. Agile y fut établi abbé de Rebais, monastère récemment fondé par saint Eloi. Le 22 juin 653, Clichy fut encore le lieu d'assemblée d'un concile où assistèrent 24 évêques, et où l'on confirma les priviléges de l'abbaye de Saint-Denis. Ces assemblées sont une preuve que Clichy, ou plutôt son palais, jouissait, sous la première race, d'une grande importance qu'il perdit depuis que les moines de Saint-Denis en furent devenus les seigneurs. Clovis II et Thierry III, successeurs de Dagobert, firent aussi leur séjour à Clichy. En 1741 Charles Martel gratifia l'abbaye de Saint-Denis de ce domaine, et Clichy fut l'une des terres que les religieux destinèrent à leur fournir de la volaille entre Pâques et Noël. On ignore si Clichy était une paroisse avant que nos rois y eussent un palais, ou si ce fut la construction du palais qui donna origine à la paroisse. Mais à juger de son ancienneté par le saint qui est patron de l'église de temps immémorial, saint Médard, elle a dû être consacrée sous son invocation avant l'an 545 de Jésus-Christ, qui est le temps de sa mort. Si cependant cette église a été d'abord sous le titre du Sauveur, comme on le pense en ce lieu, on peut en faire remonter l'antiquité plus haut. L'église qui subsistait à Clichy avant celle qu'on y voit aujourd'hui, avait été dédiée par l'évêque de Paris le dimanche premier jour d'octobre 1525, sous le titre de Saint-Médard, et le prélat en avait fixé l'anniversaire à pareil jour, c'est-à-dire au premier dimanche d'octobre; mais il fallait que dès lors elle fût très-ancienne. Le curé qui prit possession du bénéfice en 1612, trouva le moyen de la faire bâtir à neuf, et même il fut permis, le 3 mars 1628, d'aliéner des fonds de la fabrique pour refaire le clocher. C'était le modeste et courageux Vincent de Paul, fondateur des sœurs de la Charité, des prêtres de la mission dits Lazaristes, et bienfaiteur des enfants trouvés. La nouvelle église fut achevée la semaine sainte de l'an 1630, et elle porte, comme l'ancienne, le titre de St-Médard. Charles Moreau, premier valet de garde-robe du roi, ayant obtenu de Jacques de Nucheze, abbé de Saint-Etienne de Dijon, un morceau du chef de ce saint évêque de Noyon, tiré de la châsse conservée en la même église de Dijon, l'archevêque de Paris permit, le 17 août 1660, vu les attestations, de l'exposer dans l'église de Clichy. Dans ce même siècle, cette église eut deux curés célèbres : un nommé Bourgoin, qui devint général des Pères de l'Oratoire, et dont on a des prônes estimés, et l'illustre saint Vincent de Paul, dont on vient de parler. Peu de seigneurs de Clichy ont laissé un nom digne d'être cité dans l'histoire. Cette terre fut longtemps dans la famille des Beaumont; au XVIIe siècle elle appartenait à un Macé de la Bazinière; en 1671, Edouard-François Colbert, marquis de Maulevrier, et Nicolas de Bautru, marquis de Vaubrun, lieutenant général des armées du roi, la possédaient en commun. A une époque plus rapprochée, elle eut pour seigneur le grand prieur Charles de Vendôme. Enfin, elle appartenait en 1755 au fermier général Grimod de la Reynière, de gastronomique mémoire, et qui a laissé un fils digne de marcher sur ses traces. A peu près vers le même temps, Crozat de Tugny, premier président au parlement, avait une très-belle maison de plaisance à Clichy. L'abbé Lebeuf, en parlant de cette maison, rapporte que ce président fit creuser un puits dans sa propriété. Quand on fut, ajoute-t-il, arrivé à 98 pieds plus bas que le niveau de la Seine, il en sortit tout à coup un jet d'eau qui montait 4 pieds plus haut que la rivière, et qui fournissait tous les jours 216 muids d'eau. C'est à Clichy qu'en 1795, 1796 et 1797 se rassemblaient les membres de la société connue sous le nom de *Club* ou *Société de Clichy*. Elle passait pour être dévouée à Louis XVIII, et plusieurs fois les salles des conseils retentirent des dénonciations que les républicains ne cessaient de faire contre cette société. Ils l'accusaient de travailler à la contre-révolution et au rétablissement de la monarchie. Au mois d'août 1797, les différents corps composant l'armée d'Italie envoyèrent au directoire exécutif des adresses virulentes dirigées contre cette société, suspectée de royalisme. Le parti *clichien*, qui s'augmentait tous les jours, fut écrasé par la révolution du 18 fructidor an V (4 septembre 1797). — Le 30 mars 1814, le corps russe du général Langeron prit position à Clichy, pour de là pouvoir se porter contre Montmartre, déjà cerné de l'autre côté par les corps prussiens des généraux Kleist et Yorck; mais le général Langeröh fut repoussé avec une grande perte d'hommes, et pour le moment il fut obligé de renoncer à son entreprise. Le 19 octobre de la même année, les ducs d'Angoulême et de Berry donnèrent à la capitale le spectacle d'une petite guerre qui eut lieu dans la plaine qui, commençant à Clichy, s'étend entre ce village et le bois de Boulogne. Les troupes, qui étaient au nombre de 35,000 hommes, manœuvrèrent depuis le matin jusqu'au soir, à la très-grande satisfaction des Parisiens, qui aiment beaucoup les spectacles de tout genre.

Colombus, Colombes, paroisse du diocèse de Paris, canton de Nanterre, arrondissement de Saint-Denis, à deux kil. d'Argenteuil, 5 nord-est de Nanterre, et 8 nord-ouest de Paris. L'étymologie de son nom latin *Colombus*, n'est pas facile à trouver, car l'attribuer aux colombes ou pigeons qui pouvaient s'y rencontrer autrefois, serait abuser singulièrement de la science des origines. Selon l'abbé Lebeuf, son étymologie pourrait se tirer de ce que peut-être il y aurait eu en ce lieu des amas de bois équarri, ou espèce de solives qu'on appelait *colombes*, et cela dans les temps que ces cantons étaient couverts de bois. — Les plus anciens titres qui font mention de ce village ne remontent pas au delà du XIIIe siècle. A cette époque Colombes appartenait à l'abbaye de Saint-Denis : son église, ou du moins la tour qui est vers le nord du bâtiment, semble même remonter au XIIe siècle; ce qui suppose que déjà ce lieu était un village assez considérable pour le temps. L'église est sous le titre de Saint-Pierre et Saint-Paul. On n'y voyait point d'inscription plus ancienne que celle-ci, qui était gravée sur un marbre noir :

Cy gist de Fresne vénérable
Prestre vicaire de ce lieu,
Qui n'a rien eu plus agréable
Que servir le prochain et Dieu.
Dans l'effort de la maladie
Dont ce bourg estoit empesté,
A constamment livré sa vie,
Pour exercer la charité.
Ce fut en M. DC. XXXI
Que son corps en terre fut mis,
Avec un sentiment commun
Que l'ame estoit en paradis.
Ainsi soit-il.

On lisait aussi une inscription : « Faisant connaître, dit l'abbé Lebeuf, l'établissement d'une école gratuite de 30 pauvres garçons de Colombes, que le curé choisira, et qui sera conduite par un prêtre. Cette fondation est faite par Léonard Polle, bourgeois de Paris, commissaire des pauvres du grand bureau en 1678, moyennant la somme de 2500 liv. Je n'y ai point aperçu, continue le même auteur, d'inscription concernant la fondation d'un hôpital pour les passants et les pauvres du lieu, par Madeleine, Geneviève, Pétronille et Marie Charles, filles d'Alexandre Charles, marchand à Paris. Le curé, qui était alors Marin Prévôt, aumônier prédicateur du roi, goûta si fort ce projet, qu'il offrit de payer de son côté 150 liv. annuellement. Le contrat est de 1665, 30 mai. Il fut arrêté que les hospitalières de ce lieu pratiqueraient la règle de saint Augustin, et que Louise Galleran, ancienne religieuse, se joindrait à elles. » — L'église de Colombes est une de celles où s'était établi l'usage de faire chaque année, le premier jour de mai, une procession à travers les vignes, et d'y porter le saint sacrement pour les préserver des vers. Plus tard les exorcismes parurent plus convenables. — Ce village était autrefois entouré de murs. Ses habitants furent, en 1248, compris dans l'affranchissement que firent les abbés de Saint-Denis; et, en 1667, le roi leur accorda l'établissement d'un marché par semaine et de deux foires par an. — La communauté de Saint-Cyr succéda dans la seigneurie de ce lieu à l'abbaye de Saint-Denis. — Le château, appelé autrefois le *grand château* pour le distinguer d'un second, qu'on nommait le *petit château*, existait encore à l'époque de la révolution; mais en 1793 il fut rasé, et les matériaux furent vendus pour payer à la nation les frais de l'acquisition. Henriette-Marie de France, troisième fille de Henri IV, douairière d'Angleterre, faisait sa demeure ordinaire dans ce grand château; elle y mourut subitement le 10 septembre 1669, âgée de 60 ans. Le petit château, qui avait une apparence plus modeste, ne fut point vendu, ni par conséquent démoli. Il a appartenu à un particulier qui en a fait une charmante propriété, en distribuant en jardin paysagiste une immense prairie renfermée dans son parc. Madame la princesse de la Moscowa (la maréchale Ney) en fit l'acquisition, et y a demeuré quelque temps. Parmi le grand nombre de maisons de campagne qui embellissent ce village, il faut distinguer celle qui a longtemps appartenu au baron Corvisart, premier médecin de Napoléon, et connue sous le nom de *la Garenne*; une autre appelée *Moulin joli*, bâtie sur le bord de la Seine : elle faisait également partie du territoire de cette commune. Il n'en reste absolument rien. Aujourd'hui Colombes est l'une des communes les plus considérables du département de la Seine. Le sol est d'une grande fertilité dans toute l'étendue de son territoire, renfermé dans le second coude que forme cette rivière en s'éloignant de Paris : aussi y croît-il abondamment tout ce que la nature donne aux environs de Paris. Prairies, vignes, grains, légumes sont tour à tour pour les habitants, dont le nombre peut s'élever à 2800, des sources de richesses peu ordinaires. Trois places publiques dans ce village sont plantées d'arbres. Parmi les établissements industriels qui se trouvent en assez grand nombre à Colombes, on distingue la fabrique de colle-forte, et une autre où l'on fabrique différentes espèces de vinaigre. Un beau moulin, que l'on voit à l'extrémité orientale du village, et non éloigné de l'église, porte également le nom de Colombes.

Combellum, Combault ou Combeaux, paroisse de l'ancien diocèse de Paris, actuellement de celui de Meaux, canton de Tournans, arron. de Melun, Seine-et-Marne, à 12 kil. nord-ouest de Tournans. On n'a point de monuments sur parchemin, où il soit parlé de Combeaux sous le nom latin *Combelli*, plus anciens que le XIIe siècle, c'est-à-dire que le règne de Louis VII ; mais il nous en est parvenu jusqu'à nous de frappés en or du temps de la première race de nos rois, sur lesquels on lit ces mots : *Combellis fit*. Combeaux était donc un lieu où ces princes avaient alors une maison de campagne, avec d'autant plus de raison, qu'allant souvent à la chasse, ils entraient immédiatement au sortir de cette maison dans la forêt de *Lauconia*, dont le nom s'est conservé dans celui de Lognes, laquelle était sans doute plus vaste qu'elle n'est aujourd'hui. Le nom de *Combelli* suppose même que c'était un lieu où primitivement il y avait un bois, qui par la suite fut abattu ; car faire un abatis de forêt, selon l'auteur des *Gesta Francorum*, se disait en latin *facere Combros*. Du diminutif de *Combri*, *Combelli*, a été formé le mot *Combeaux*. L'église de ce lieu était une espèce de chapelle terminée en demi-cercle, sous le titre de Saint-Cosme et de Saint-Damien. La cure était à la collation de l'archevêque de Paris. On trouve des seigneurs de Combeaux dès le XIIe siècle ; mais il n'y en a pas pour en faire une suite jusqu'à nos jours. La population de ce village est de 140 hab. environ, y compris plusieurs fermes et maisons isolées sous diverses dénominations. Le maréchal duc de Dantzick était propriétaire du château et du parc. Les principales productions du terroir sont en grains ; une partie est en bois.

Croviciacum, Crouy, village du diocèse d'Amiens, à 16 kil. de cette ville, dépt. de la Somme, fut érigé en duché simple par Henri IV, en 1598, en faveur de Charles de Crouy, duc d'Arschott. La maison de Crouy, ou de Croy, est du sang des anciens rois de Hongrie. Marc, petit-fils de Bela II l'Aveugle, roi de Hongrie de 1131 jusqu'à 1141, s'établit en France et y épousa Catherine, héritière de Croy, dont il prit le nom. Jean de Croy, un de ses descendants, périt à la bataille d'Azincourt, en 1415. Les descendants de celui-ci se partagèrent en plusieurs branches sous les noms de Croy, Chimay, Arschott, Rœux, Havré, etc. En 1486 l'empereur Maximilien Ier, par considération pour l'origine de cette maison, et pour les services qu'elle avait rendus à l'empereur et à l'Empire, lui conféra la dignité de prince d'Empire pour toutes ses branches. En 1803 le D. de Croy obtint, à titre d'indemnité pour ses pertes dans les Pays-Bas, la seigneurie de Dülmen en Westphalie ; mais l'acte de la confédération du Rhin le priva de la souveraineté. Il fut placé sous celle du prince d'Aremberg ; aujourd'hui il se trouve, ainsi que celui-ci, sous la souveraineté prussienne. La seigneurie de Dülmen a près de 10,000 habitants.

La maison de Croy, qui est catholique, se divise aujourd'hui en deux lignes, surnommées de Dülmen et d'Havré. La première réside à Dülmen.

Cumbis, Combs-la-Ville, paroisse de l'ancien diocèse de Paris, à présent de celui de Meaux, canton de Brie-Comte-Robert, arrond. de Melun, Seine-et-Marne, à 4 kil. sud-ouest de Brie, et 26 de Paris. Pop. env. 500 hab. Le mot de *combs* vient d'un mot latin qui signifie profondeur entre deux coteaux : il a été donné à quelques autres lieux. Celui-ci est ancien : il en est question dans le testament de Dagobert. Ce prince y déclare qu'il donne à la basilique de Saint-Vincent de Paris un village appelé *Cumbis*, situé au pays de Paris, qui avait été possédé par Urse, fille d'Aldéric. Le livre des revenus de la même église, rédigé par l'abbé Irminon, dit que le monastère y avait une mense seigneuriale avec des dépendances de 3 lieues de circuit, deux moulins qui produisaient *annonæ modios centum viginti*, deux églises bien bâties et bien munies d'ornements, un hospice des affranchis, des serfs et environ 76 meiz, ou mans, ou maisons. A l'époque où les Normands ravagèrent la France, les moines de Saint-Germain vinrent déposer à Combs le corps de ce saint : cela se passait en 846. On rapporta ces précieuses reliques à Paris après que les Normands se furent retirés ; mais onze ans après, une nouvelle irruption de ces barbares obligea de les réfugier encore une fois à Combs. Aimoin rapporte quelques miracles qui y furent opérés. — L'église est sous le titre de saint Vincent. Celle qui existe n'est pas la chapelle primitivement construite ; elle n'offre rien de remarquable. Dans le côté méridional du chœur était la tombe d'un prêtre, sur laquelle était gravé en lettres gothiques capitales du XIIIe siècle : *Ici gist Jehan Parou, curé de Counslaville. Priez Dieu por l'ame de ly.* Tous les pouillés s'accordent à dire que la nomination à la cure de *Combis Villa* dépendait de l'abbé de Saint-Victor. La possession de la seigneurie, qui appartenait aux religieux de Saint-Germain-des-Prés, passa, au Xe siècle, à la maison de France. Hugues Capet et Robert en furent maîtres ; Philippe-Auguste la donna en 1216 à Pierre de Nemours, évêque de Paris, en échange du fief du Monceau-Saint-Gervais ; dans la suite elle revint à l'abbaye de Saint-Germain. Divers chevaliers en possédèrent quelques portions.

— A peu de distance de ce village était une terre royale avec un château, où plusieurs princesses firent leur séjour; on l'appelait *Vaux-la-Comtesse* ou *Vaux-la-Reine* : on n'a que des conjectures à donner sur la comtesse et la reine qui ont fourni leurs qualifications au nom de ce lieu. Au xive siècle, cette terre appartenait à la branche royale d'Orléans. La fameuse Isabeau de Bavière l'acquit du duc, en échange d'un hôtel à Paris. Cette princesse y fit divers embellissements. Par son testament, en 1431, elle légua cette terre au chapitre de Notre-Dame de Paris; mais cette donation fut révoquée par Charles VII. Cette terre passa successivement en différentes mains, jusqu'à ce qu'étant tombée en ruines, on l'abandonna tout à fait. Vaux-la-Reine n'est plus aujourd'hui qu'un hameau. — Le village de Combs-la-Ville est situé très-agréablement sur la pente d'une colline qui borde la petite rivière d'Yerres. La principale culture du terroir est en vignes, une partie est en bois.

Curva Via, Courbevoie, paroisse du diocèse de Paris, canton de Nanterre, arrond. de Saint-Denis, Seine, à 4 kil. est de Nanterre, et 5 nord-ouest de Paris. Ce lieu, avant la révolution, n'était qu'un hameau ou annexe de la paroisse de Colombes ; son ancienneté remonte au xiiie siècle. Il en est fait mention dans deux titres de l'an 1209, sous le nom de *Curva Via*, parce que le chemin en effet était tortueux en cet endroit. Peu à peu l'accroissement du lieu et la grande distance qui le séparait de Colombes y nécessitèrent la construction d'une chapelle, sous le titre de Saint-Pierre et Saint-Paul. Elle ne présentait rien d'antique, et ne paraît avoir guère que deux cents ans. Le chœur était un carré élevé de quatre degrés, comme s'il y avait eu un caveau par-dessous. Cette chapelle, convertie en église paroissiale, fut reconstruite presque en entier en 1789, sur les dessins et sous la direction de M. Lemasson, ingénieur des ponts et chaussées et architecte. Il existait un peu au delà de cette chapelle un couvent, dit des *Pénitents*, fondé en 1658 par Jean-Baptiste Forne, ancien prévôt des marchands, administrateur de l'hôtel des Monnaies, Olivier Maillard, marchand à Paris, et Sainte-Jourdain, sa femme. Ce couvent est maintenant détruit. — La terre de Courbevoie, comme celle de Colombes, relevait en partie des moines de Saint-Denis, en partie des seigneurs laïques. Les habitants furent affranchis en même temps que ceux de Colombes, c'est-à-dire en 1248. Bâti sur une hauteur assez forte, ce village jouit d'un air pur et d'une vue fort étendue. Au bas de la côte on remarque un château assez bien bâti, et la superbe caserne construite sous le règne de Louis XV, et que les gardes-suisses ont longtemps occupée. Si cette caserne, divisée en trois corps de logis, est la plus considérable des environs de Paris, elle est aussi, quant à sa disposition et à sa décoration, le type de toutes celles qui furent bâties vers le milieu du siècle dernier, pour loger l'infanterie de la maison du roi. Cette caserne a depuis servi aux différentes troupes de la république, puis aux soldats de la garde de Napoléon. — En avril 1814, après les événements mémorables qui venaient de changer le sort de la France, le gouvernement provisoire, créé pendant les premiers jours de l'occupation de la capitale par les armées coalisées, fit établir dans les casernes de Courbevoie un hôpital militaire destiné aux soldats blessés des puissances alliées. Ils y reçurent, de la générosité française, des soins si tendres et si multipliés, que les chefs des armées coalisées crurent devoir en faire leurs remercîments officiels aux autorités locales par la voie des journaux. Entre un grand nombre de maisons de plaisance de Courbevoie, on en remarque une d'une décoration gracieuse, bâtie en 1797 par l'architecte Bien-Aimé, pour des négociants; la frise en est richement ornée. Du côté du jardin, deux grands perrons conduisent aux pavillons en ailes, qui sont décorés chacun d'un péristyle d'ordre dorique couronné d'un fronton. Il y a dans ce village une manufacture de rubans de fantaisie. — Une pension de jeunes demoiselles y est dirigée par les dames religieuses du couvent des Filles de la Croix, qui dans l'ancien régime existait à Ruel. La population de Courbevoie est d'environ 1600 hab., y compris les hameaux dits *le Bas-Courbevoie*, *les Trois-Maisons* et *Becon*. Le terroir est en terres labourables et en vignes. Ce village est situé sur l'une des collines qui bordent la rive gauche de la Seine, proche de Neuilly, où est le bureau de poste.

Cyzicus, Cyzique. — Sur la rive orientale de la Propontide, à l'entrée de l'Hellespont, s'avance la presqu'île de Kaputaghi ; au point de jonction avec le continent, là où posent aujourd'hui les ruines d'Aidindschik, s'élevait aussi la ville de Cyzique, colonie de Milésiens, fameuse dans l'histoire de Perse et de Rome, de l'ancienne Grèce et de l'empire de Byzance. Ses édifices, ses établissements, son port, ses arsenaux la rendaient l'égale de Rhodes, de Marseille et de Carthage. Fondée 70 ans après Rome, elle redevint, sous les Byzantins, la capitale de la province de l'Hellespont, qui comprenait la Mysie et la Troade. Célèbre par son commerce et sa splendeur, par la beauté de ses temples de Cybèle, de Proserpine et de Jupiter, par ses gymnases, par ses théâtres, ses ports, ses arsenaux et par ses fortifications, elle l'est encore par ses ruines, sur lesquelles Suleiman, fils du sultan Urkhan, au milieu d'une de ces belles nuits dont l'Orient a le privilége, forma la résolution d'établir les Ottomans en Europe, et se promit à lui-même de ne prendre aucun repos que ce projet ne fût exécuté.

Il ne reste plus de cette ville qu'une petite église dédiée à saint Pierre, avec un couvent de Caloyers. L'évêque grec réside à Artaqui.

Érigée en métropole au ive siècle, Cyzique comptait sous sa juridiction l'archevêché de Priconiso, les évêchés de Paradiso, de Lampsaque, d'Abydo, de Thermæ, de Melitopolis, d'Occa, de Pæmanium, de

Bora, de Dardanus, d'Ilium, de Troas, de Pionia, de Scepsis, d'Achiræ et de Daphnusium. Il s'y tint en 372 un concile en faveur des demi-ariens, des macédoniens et des eunoméens.

D

Detmoldum, Detmold, petite ville de l'Allemagne septentrionale. C'est le chef-lieu de la principauté de Lippe-Detmold, et la résidence des princes de ce nom. Cette ville, située sur la Werra (1), compte 3000 habitants.

La maison de la Lippe est une de celles qui prétendent descendre du fameux Wittekind, chef des Saxons du temps de Charlemagne ; mais sa généalogie ne remonte diplomatiquement qu'à Hermann Ier de la Lippe, nommé dans une charte de 1129. Bernard II, seigneur de la Lippe, parut avec une suite nombreuse à la diète de Mayence de 1184, où Frédéric Ier lui assigna une des premières places parmi les grands de l'Empire. Ses descendants acquirent dans le XIVe siècle le comté de Schwalenberg, et dans le XVe celui de Sternberg ; mais fiers de leur ancienne noblesse et de leur indépendance (leurs terres étant entièrement allodiales), ils ne prirent le titre de comtes que dans le XVIe.

Simon VI, C. de la Lippe, mort en 1644, laissa trois fils, Simon VII, Otton et Philippe, qui fondèrent les trois lignes de Detmold, Bracke et Schaumbourg. Celle de Bracke s'est éteinte en 1709 ; les deux autres subsistent encore.

Hermann-Adolphe et Josse-Hermann, fils de Simon VII, ont partagé la ligne de Lippe-Detmold en deux branches, la branche principale de Detmold, et une branche paragée. Toute la ligne est de la religion réformée.

La branche régnante de Detmold obtint en 1720 le titre de prince d'Empire, dont cependant elle ne fait usage que depuis 1789.

Le prince de la Lippe accéda en avril 1807 à l'acte de la confédération Rhénane. Il est membre de l'union germanique, et participe à la seizième voix curiale avant Waldeck. Dans l'assemblée générale, il occupe la trente-quatrième place, qui est la dernière avant les villes libres.

La principauté de Lippe-Detmold est située en Westphalie ; elle se compose des comtés de Lippe et de Sternberg, et d'une partie de celui de Schwalenberg. Elle a une surface de 20 6/10 m. c. g. (57 l. c.) et une population de 76,500 âmes. On estime à près d'un million de francs les revenus du prince.

Domina Maria, Dame-Marie-les-Lis, paroisse de l'ancien diocèse de Sens, aujourd'hui de celui de Meaux, canton et arrondissement de Meaux, Seine-et-Marne,

à 2 kil. sud-ouest de Melun, et 42 de Paris. Popul. 650 habitants environ, y compris les hameaux de *Farcy*, du *Lis*, des *Voves*, des *Vives-Eaux* et *Bel-Ombre*. Ce village, sur la rive gauche de la Seine, est dans une belle situation. Farcy est un hameau près duquel est l'ancienne abbaye du Lis, de religieuses de l'ordre de Cîteaux, fondée par la reine Blanche en 1240. Elle a été détruite en partie ; les bâtiments restants forment aujourd'hui une maison de campagne. On y voit encore les ruines de l'église, et à peu de distance une autre maison de campagne. Plus loin est le château de Bel-Ombre : il a appartenu à la reine, fondatrice de l'abbaye du Lis. A Voves se trouvent deux maisons de campagne, dont l'une est nommée les Vives-Eaux. Le site de ces maisons et du château de Bel-Ombre est fort agréable. Les sources d'eau vive y sont très-abondantes. Le terroir est en vignes et en prairies artificielles.

Doneschina, Donaneschingen, petite ville d'Allemagne, située au pied de la Forêt-Noire, à l'endroit où le Danube prend sa source. Elle est la résidence des princes de Furstenberg.

La maison de Furstenberg a la même origine que les anciennes maisons des comtes de Fribourg et d'Urach. Elle descend très-probablement d'Egon, de la race des Agilolfingiens, qui, en 640, fut maire du palais de Dagobert Ier, roi de France. Les ruines du château dont elle prit le nom depuis le milieu du XIIIe siècle, se voient encore près la petite ville de Furstenberg dans la Forêt-Noire. — En 1599 la maison se partagea en deux lignes, dites de *Blomberg* ou de la vallée de Kinzing, et de *Heiligenberg*. La dernière fut élevée en 1664 au rang de princes d'Empire, et obtint en 1667 séance à la diète en cette qualité. Elle s'éteignit en 1776 ; ses biens et sa dignité passèrent alors à la ligne aînée. Celle-ci s'était partagée en deux branches, en 1614, à la mort de Christophe II, dont les deux fils, Wratislaw et Frédéric-Rodolphe, firent des mariages avantageux. Wratislaw épousa l'héritière de Helfenstein, et acquit par ce mariage à sa maison les seigneuries de Mœskirch et de Gundelfingen ; ses descendants s'éteignirent en 1744. Frédéric-Rodolphe, second fils de Christophe II, épousa l'héritière du landgraviat de Stühlingen. La branche, dont il fut le fondateur, prit le nom de ce pays : elle est la seule existante encore. Cependant la branche de Stühlingen

---

(1) *Werra*, rivière d'Allemagne, Hesse électorale, prend sa source dans la forêt de Thuringenwald, à 12 kil. d'Eisfeld, est navigable depuis Wanfried, dans un espace de 392 kil., reçoit la Sontra, le Schmalkalde, le Fambach, le Wendebach, la Druse, la Fulda, l'Ulster, le Suhl, le Horsel, le Hasel, le Hetha, la Barte, la Sulza, le Herpf, le Katz, la Schwarza, la Schleuse, la Bieber, la Nessa et le Weissbach ; elle se réunit près de Münden à la Fulda pour former le Weser. Le long de cette rivière s'étend le mont de même nom, qui se joint à la forêt de Thuringe et aux monts Weser et Fulde, et dont le sommet le plus élevé s'appelle *Meissner*. La Werra avait, du temps de l'empire français, donné son nom à un département du royaume de Westphalie.

(*Note de l'auteur.*)

se subdivisa de nouveau en deux lignes, la ligne des princes et celle des landgraves de Furstenberg. Cette dernière est une branche apanagée, et possède la seigneurie de Weitra dans la basse Autriche. La ligne des princes se subdivisa encore en deux branches, dont l'aînée eut les possessions immédiates en Souabe, ou ce qu'on appelle ordinairement la principauté de Furstenberg, et l'autre, ou la cadette, la seigneurie de Pürglitz en Bohême. La branche régnante en Souabe s'étant éteinte en 1804, la ligne de Bohême prit possession de la principauté de Furstenberg en Souabe, en conservant toutefois la seigneurie de Pürglitz. Elle perdit son immédiateté par l'acte de la confédération rhénane, qui plaça ses possessions sous la souveraineté de ses voisins et co-États, le roi de Wurtemberg, le grand-duc de Bade, et le prince de Hohenzollern-Sigmaringen.

La principauté de Furstenberg est un pays de 59 milles carrés g. (108 lieues c.), ayant une population de 85,000 âmes : elle rapportait à ses princes plus d'un million de francs avant la perte de la souveraineté. On ne connaît ni les revenus actuels du pays, ni ceux que le prince tire de ses possessions considérables en Bohême. Il est catholique.

Dunum Castellum, vel *Dunii Castrum*, Châteaudun, ville de l'ancien diocèse de Blois, maintenant de celui de Chartres, chef-lieu d'arrondissement du dépt. d'Eure-et-Loir, avec sous-préfecture, tribunal de première instance et collége communal, à 48 kil. sud de Chartres, 48 ouest-nord-ouest d'Orléans, et 132 sud-ouest de Paris. L'arrond. renferme 91 communes et 54,610 habitants ; il est divisé en cinq cantons : Bonneval, Brou, Châteaudun, Cloyes et Orgères.

Châteaudun, en latin *Castellum Dunum*, *Castrum Dunense* ou *Castrum Dunii*, a pris son nom du lieu où il est situé, *Dunum* signifiant une montagne. Quelques-uns l'ont appelé *Rupes Clara* ou *Urbs Clara*, à cause qu'on la découvrait de loin. Cette ville est très-ancienne. Aimoin en parle dans la Vie du roi Sigebert, et Grégoire de Tours, dans celle de Chilpéric. On y remarque un château accompagné d'une grosse tour, que les gens du pays disent avoir été bâtie par Thibaud le Vieux, comte de Blois. Ce château gothique, situé sur un rocher qui domine la ville, et construit au xe siècle, appartenait aux comtes de Dunois. C'est un des plus beaux édifices qui existent en ce genre ; il offre beaucoup de curiosités. Il y avait à Châteaudun une collégiale célèbre, nommée la Sainte-Chapelle, où étaient enterrés plusieurs princes de la maison de Longueville. Son chapitre était composé d'un prévôt, d'un trésorier et de huit chanoines. Une autre collégiale, dédiée à saint André, avait aussi un chapitre, composé d'un doyen, d'un prévôt, d'un trésorier et de huit chanoines. Cette ville renfermait une abbaye d'hommes de l'ordre de Saint-Augustin, que l'on croyait fondée par l'empereur Charlemagne, et qui valait 3000 liv. de rente. Le pape Innocent II, en 1132, lui avait accordé de grands privilèges. Il y avait deux paroisses dans la ville, Saint-Pierre et Saint-Lubin ; et quatre dans les faubourgs : Saint-Valérien, Saint-Aignan, Saint-Médard et Saint-Jean, un couvent de Cordeliers, un des filles de la Congrégation de Notre-Dame et un de Récollets ; un Hôtel-Dieu et un hôpital dédié à saint Nicolas. Dans le trésor de cet hôpital, on conservait des titres de l'an 1100, qui prouvent qu'on battait autrefois monnaie à Châteaudun, puisqu'il y est fait mention de *solidi Dunenses*. On voit encore de ces monnaies dans les cabinets des curieux, lesquelles ont pour légende ces deux mots : *Dunis Castili*. Les habitants de Châteaudun ont une grande vivacité d'esprit et saisissent facilement une affaire, ce qui a donné lieu à ce proverbe : *Il est de Châteaudun, il entend à demi mot*. Le Loir, qui passe au pied de cette ville, se divise en deux branches, qui forment une île appelée *Chamars*, nom abrégé et corrompu de celui de *Champ-de-Mars*, parce qu'anciennement les habitants s'y rassemblaient pour tirer l'oiseau à l'arbalète, pour *s'ébattre à la lutte*, pour se livrer aux autres exercices du corps et se former au métier des armes. L'incendie, qui s'était manifesté le 22 juin 1723 dans la ville de Châteaudun, avait réduit cette cité à la plus affreuse misère : 1500 maisons et 3 églises étaient devenues la proie des flammes. Rebâtie à la suite de ce désastre sur un plan régulier, elle est actuellement une des plus jolies villes de France : les rues en sont larges et tirées au cordeau, et les maisons d'une construction agréable et uniforme ; la place publique est grande et belle ; l'hôtel de ville et les bâtiments du collège communal sont remarquables. Elle est dans une situation délicieuse, sur un coteau demi-circulaire, au pied duquel coule le Loir. En y arrivant du côté de Chartres, on ne peut voir sans plaisir le joli bassin où le Loir promène ses eaux tranquilles au milieu d'un riant vallon tapissé de prairies, de jardins, de vignes et de vergers, qui offrent un aspect enchanteur. Les revers des coteaux, qui forment l'encaissement de cette belle vallée, sont plantés de vignes et cultivés jusqu'à leurs sommets. La ville a une jolie promenade en terrasse, située à peu de distance de la grande place, d'où l'on jouit d'une vue agréable sur le Loir et sur les rochers qui bordent cette rivière, au milieu desquels sont creusées plusieurs grottes qui servent d'habitations. La population de cette ville est de 6,000 hab. ; elle possède une bibliothèque de 6,000 volumes et une société d'agriculture. Son commerce consiste en grains, farines, cuirs, laines, bois et bestiaux. On y fabrique des couvertures de laine, des serges et étamines ; il y a des tanneries considérables. Châteaudun est la patrie, 1° de Lambert Discors, qui, sous le règne de Louis VII, mit, avec Alexandre Pâris, l'histoire d'Alexandre le Grand en vers de 12 à 13 syllabes, appelés pour cette raison *Alexandrins* ; 2° d'Augustin Coste, poète latin, qui fit imprimer, en 1634, une description du Dunois en vers latins ; elle est intitulée *Nympha vivaria, seu patriæ Dunensis descriptio;* 3° de Jean Toutain, habile orfévre, inventeur de la peinture en émail ; 4° de Raoul Boutrais, avocat au grand conseil, né vers l'an 1550 : jurisconsulte, poëte et historien, ayant de grandes connaissances sur l'histoire de France, il publia, en 1624, un petit ouvrage intitulé : *Urbis gentisque Carnutum historia ex veterum et recentiorum monumentis,* et d'autres ouvrages ; 5° de Jean-Réné Guillou, curé des Essarts-le-Roi, mort en 1776, qui prononça en 1766 l'oraison funèbre du dauphin, et, en 1768, celle de la reine de France.

La ville de Châteaudun fut évêché du v° au vi° siècle. Saint Solenne, évêque de Chartres, trouvant son diocèse trop étendu, consentit à son démembrement pour former le nouveau diocèse qui, cent ans après, fut supprimé et réuni à celui de Chartres. On reprit de nouveau ce projet à la fin du xvii° siècle, et au lieu de Châteaudun on choisit Blois pour y fixer le siège de l'évêché.

Durcassinum Castrum, Dreux, ville du diocèse de Chartres, chef-lieu d'arrondissement du département d'Eure-et-Loir, avec une sous-préfecture, un tribunal de première instance et de commerce, un collége communal, à 35 kil. nord-ouest de Chartres, et 84 de Paris. Long. 19 l., latitude 48, 44.

Agréablement situé au pied d'une colline, Dreux est entouré en partie par la Blaise, qui s'y divise en plusieurs bras, et se jette (un peu plus loin dans l'Eure. C'est une des plus anciennes villes de France. Son origine est fort incertaine : quelques auteurs la font remonter jusqu'à un certain *Druis* ou *Drus,* descendant de Noé, qui le premier, dit-on, établit dans la Gaule des prêtres appelés druides, du nom de leur fondateur. Selon eux, ce *Druis* aurait jeté les fondements de cette ville. Le rapport qui existe entre ces noms a pu donner lieu à cette version, à laquelle le voisinage des druides, qui se réunissaient en effet dans les environs de Dreux, a pu communiquer d'abord quelque vraisemblance ; mais la véritable étymologie du nom de Dreux est *Durocassis* ou *Durcassis,* d'un peuple appelé *Durocasses* ou *Durcasses,* dont cette ville était la capitale. Dans les capitulaires de Charles le Chauve, au ix° siècle, ce pays est encore nommé *Pagus Durcassinus,* et même à la fin du xii° siècle, Robert, abbé du Mont-Saint-Michel, désigne Dreux sous le nom de *Durcassinum Castrum.* Cependant déjà depuis longtemps le mot *Durcassis* avait éprouvé des variations ; on en avait fait enfin *Drocis* qui fut encore changé en *Dreux.* — L'histoire de cette ville est importante. Dès l'année 1034, il existait un comté de Dreux, et l'on y battait monnaie avant cette époque. Ce comté fit longtemps partie du domaine des anciens rois ; mais en 1137, Louis le Gros le donna en apanage à son fils Robert, dont la postérité mâle le conserva jusqu'en 1345, époque à laquelle Pierre le laissa par sa mort à Jeanne, sa fille unique. Celle-ci étant morte l'année suivante, sans avoir été mariée, le comté passa à Jeanne de Dreux, sa tante, épouse de Louis de Thouars. En 1376 ou 1378, le comté de Dreux retourna à la couronne par la cession qu'en fit cette maison au roi Charles V; mais en 1381 Charles VI le céda à son tour à Marguerite de Bourbon, femme d'Arnaud Amanjeu, sire d'Albret, dans la maison duquel il resta jusqu'en 1551. C'est à cette époque que sa possession ayant fait naître de vives contestations entre les familles d'Albret et de Nevers, un arrêt du parlement le réunit de nouveau à la couronne, et mit ainsi les parties d'accord. La reine Catherine de Médicis obtint ce comté, en 1559, à titre de douaire, et en jouit pendant dix ans. Elle le rendit en 1569, et il fut alors érigé, par Henri III, en duché-pairie, et donné en apanage à François, duc d'Alençon, son frère, qui le garda jusqu'à sa mort arrivée en 1583. Il passa depuis dans la maison de Nemours. Dreux et ses environs ont été le théâtre d'événements importants. Déjà, en 1188, quelques années après la donation du comté à Robert, par Louis le Gros, les Anglais s'étaient emparés de Dreux et l'avaient incendié. Cette ville a donné son nom à la bataille sanglante que les catholiques et les calvinistes se livrèrent, en 1562, près de ses murs, dans la plaine qui s'étend sur les bords de l'Eure et de la Blaise, et que perdirent ces derniers, commandés par le prince de Condé et l'amiral Coligny ; le prince de Condé y fut fait prisonnier, ainsi que le connétable de Montmorency, qui commandait l'infanterie des catholiques, et qui tomba dès le commencement de l'action au pouvoir des calvinistes. En 1593, Henri IV la prit d'assaut après un siège de 18 jours, remarquable par l'opiniâtre résistance des assiégés. La misère avait fait périr une partie de ses habitants, repoussés également et par la garnison qui défendait le château, et par les assaillants. Henri IV eut pitié de leur détresse, et leur donna à chacun un écu avec la liberté de se retirer où ils voudraient. Les murailles détruites en partie ne furent pas relevées, et la ville perdit dès lors de son importance politique ; elle y gagna toutefois sous le rapport du commerce et de l'industrie. La facilité de ses communications avec Paris, Rouen, le Mans et la Bretagne lui est en effet très-favorable. On fabriquait à Dreux des draps pour l'habillement des troupes, et en temps de paix on transportait, par l'Eure, à Rouen, et de là en Angleterre, une partie de ses blés et de ses vins. Plus tard, sous le ministère de Colbert, on y avait érigé en manufacture royale une fabrique de doublure de tricot, de serge sur étain, serge trémière, des pinchinas, d'estamath, etc. Aujourd'hui cette ville renferme plusieurs fabriques de serges drapées, de toiles, de couvertures de laines, de moquettes à tapis, de bonneteries et de chapeaux, ainsi que quelques tanneries où l'on façonne des cuirs qui se vendent à la foire de Guibray. Dreux possède encore quatre moulins à blé, deux à tan, un à papier, deux à foulon, et deux filatures de coton ; il s'y tient trois foires par an, la première le lundi de la Pentecôte, la deuxième le

1er septembre, celle-ci dure trois jours, et la troisième le 9 octobre : la vente des bestiaux fait le principal commerce de cette dernière. — Dreux est assez mal bâti ; ses rues, comme celles de toutes nos anciennes villes, sont étroites et tortueuses ; on y voit plusieurs maisons fort vieilles, dans le style gothique. Avant la révolution, cette ville avait une collégiale fondée par les comtes de Dreux ; les bénéfices étaient à la nomination de l'engagiste des domaines de la ville ; de plus, deux paroisses, celle de Saint-Pierre et celle de Saint-Jean, dans le faubourg ; deux couvents, l'un de capucins, l'autre des filles du Saint-Sacrement ; une maison d'orphelines, un collège et un hôpital. Cet hôpital subsiste encore aujourd'hui ; mais des deux paroisses il ne reste que celle de Saint-Pierre. Cette église offre deux genres d'architecture appartenant à des époques différentes ; les colonnes écrasées de la partie basse, ses voûtes et ses arcades en ogive, sont du XIIIe siècle ; mais le clocher et le haut de l'édifice ont été refaits dans le XVIe. C'est aussi de cette dernière époque que date l'hôtel de ville, bâtiment carré et élevé, du plus mauvais goût ; dans ses greniers se trouve une cloche fondue sous le règne de Charles IX, et ornée, vers le milieu de sa hauteur, d'une espèce de frise circulaire représentant la procession des *Flambards*, qui se faisait annuellement à Dreux, aux fêtes de Noël, et dont l'origine est inconnue. Chaque habitant se rendait à l'hôtel de ville, armé d'une espèce de massue allumée par un bout comme un flambeau. Les ruines du château des anciens comtes de Dreux méritent seules l'attention des voyageurs. La principale enceinte de cette antique forteresse, située au sommet de la colline qui domine la ville, est un rempart, de figure oblongue, flanqué de douze tours et appuyé de contreforts à moitié détruits. Au midi, le portail a cela de particulier qu'il n'a aucune défense ; il présente un édifice carré avec une partie cintrée ; et dans la voûte on remarque l'ouverture destinée au passage de *l'assommoir*, grosse poutre ferrée sous laquelle on écrasait les assaillants lorsqu'ils avaient forcé le pont-levis et la herse des anciennes forteresses. Du côté du nord on voit les restes d'une tour énorme, sur lesquels on a établi un télégraphe. Cette tour, jadis entièrement revêtue de pierres de taille, était si élevée qu'elle s'apercevait de Chartres. De la chapelle, située dans la première cour, il ne reste aujourd'hui que le massif de la base du clocher, et l'arcade du portail dont les ornements en feuillages et les moulures en zig-zag sont de bon goût. La seconde enceinte est presque entièrement ruinée ; on y distingue pourtant à l'est une tour qui paraît avoir été le donjon dans lequel la garnison se retirait à la dernière extrémité. Cette forteresse a été construite à la fin du Xe siècle ; mais elle a été restaurée à diverses époques, comme le prouvent les barbacanes et les meurtrières pratiquées pour placer l'artillerie. — L'ancienne élection de Dreux renfermait 72 paroisses, y compris une ville et deux bourgs seulement. Aujourd'hui l'arrondissement de Dreux, divisé en sept cantons, Anet, Brezolles, Châteauneuf, Dreux, La Ferté-Vidame, Nogent-le-Roi et Senonches, renferme 138 communes et 68,650 habitants, dont 7000 à peu près forment la population du chef-lieu. A 4 kil. N. p. E. de la ville commence la forêt qui porte son nom ; elle a 9731 mèt. (5000 toises) de long, sur 7013 mèt. (3600 toises) de large ; elle est percée d'un grand nombre d'allées ; un inspecteur, placé à Dreux, est chargé de la surveiller et correspond avec le conservateur qui réside à Paris. Cette forêt est une de celles où les druïdes tenaient leurs assemblées, et souvent elle leur servit de refuge contre la poursuite de leurs ennemis, notamment dans le temps de l'invasion des Romains. — Dreux est la patrie d'Antoine Godeau, évêque de Grasse et de Vence, historien, orateur et moraliste, mort en 1672 ; de Clément Metereau, architecte du XVIIe siècle, constructeur de la digue de la Rochelle, de Jean de Rotrou, poète dramatique, né en 1609 et mort le 16 juin 1650. Une maladie épidémique ravageait Dreux ; Rotrou, lieutenant particulier du bailliage, pressé par ses amis de se dérober à la contagion en s'éloignant de la ville, répondit que sa conscience ne le lui permettait pas, et qu'étant le seul qui pût maintenir le bon ordre dans ces malheureuses circonstances, il serait coupable d'abandonner ses concitoyens. Il périt victime de son généreux dévouement, et fut inhumé dans l'église Saint-Pierre, où l'on voit son tombeau. Dreux a vu naître encore André-François Danican Philidor, compositeur agréable, plus connu comme joueur d'échecs, mort en 1795. — On remarquait avant la révolution, dans l'église collégiale, le tombeau et la figure de Robert V, comte de Dreux, avec cette inscription : *Seigneur Robert, comte de Dreux, qui trépassa l'an* MCCCXXIX, et l'on conservait dans le trésor de la même église, une Bible manuscrite, en caractères à peu près romains, qu'on croit du VIIIe siècle. Dans ces derniers temps, la duchesse douairière d'Orléans a fait construire une chapelle sur les débris de l'église collégiale, lieu de la sépulture des princes et princesses des branches de Toulouse et du Maine, laquelle chapelle était destinée à tous les membres de la famille d'Orléans.

E

Ecclesia Cercancellis, Cercanceaux, abbaye commendataire d'hommes de l'ordre de Cîteaux ; elle était située à 8 kil. au-dessous de Nemours, au diocèse de Sens, sur la rive droite du Loing, dans une solitude assez pittoresque. Cette abbaye, qui n'existe plus, avait été fondée, en 1181, par Henri Clément, sire d'Argenton et maréchal de France, et dotée, en 1190, par le roi Philippe-Auguste. Le fondateur, dit une chronique, avait voulu par là se rendre favorables la sainte Vierge et Notre-Seigneur Jésus-Christ à son lit de mort.

Ce lieu fait actuellement partie du diocèse de Meaux, département de Seine-et-Marne.

Ecclesia Cevriaca, Chevry ou Chevry-Cossigny, paroisse de l'ancien diocèse de Paris, actuellement de celui de Meaux, canton de Brie-Comte-Robert, arrond. de Melun, Seine-et-Marne, à 26 kil. sud-est de Paris. Cossigny est une ancienne paroisse réunie à cette commune. On présume que Chevry tire son nom *a Capris*, de ce qu'il y aurait eu en cet endroit plus de chèvres qu'ailleurs. Au levant de ce village est un étang dont les eaux forment l'un des deux ruisseaux qui constituent, proche l'abbaye d'Hiverneau, ce qu'on appelle la petite rivière de Rouillon. L'église est un grand vaisseau carré, oblong, sans ailes, simplement lambrissé, supporté, du côté du septentrion, par une grosse tour qui s'aperçoit de loin, dans le bas de laquelle, en dedans, il y a des piliers du XIIe siècle. Le reste du bâtiment de l'église ne démontre rien de fort ancien, et les plus vieilles tombes qu'on y voit ne sont que du XVIe siècle. La sainte Vierge en est la patronne, et la fête est l'Assomption. On lisait sur la grosse cloche de cette église : *Je fus faite pour Chevry. Noble homme Antoine de Villeblanche, seigneur de Chevry, l'an mil cinq cent trente-quatre*. L'église de ce lieu avait été donnée au prieuré de Saint-Martin-des-Champs, de Paris, avant l'an 1147. Elle est comprise dans la bulle d'Eugène III de cette année, en ces termes : *Ecclesiam et decimam de Chevry*. — Le château de *Passy*, rétabli à neuf depuis peu de temps, et les maisons de campagne de *Beauverger* et de *la Marsaudière*, font également partie de Chevry. La population de cette commune est d'environ 480 habitants. Son terroir est en terres labourables, prairies et bois.

Ecclesia Chalendreia, Chalendray, Chalendroy ou Chalendré, hameau de l'ancien diocèse de Paris, actuellement de celui de Versailles, commune de Montgeron, canton de Boissy-Saint-Léger, arrond. de Corbeil, Seine-et-Oise, à 6 kil. de Boissy, et 9 kil. de Corbeil. Population, y compris celle de Montgeron, 900 hab. environ. Ce hameau, situé sur une montagne, avait été donné à l'abbaye de Saint-Antoine-lez-Paris, vers l'an 1285, par Jean Acquiert et Perrette, veuve de Pierre de Montgeron; le roi Philippe le Bel amortit cette donation en 1287, et les religieuses furent maintenues dans l'exercice de la justice de ce lieu, par les officiers de la reine Clémence, tenant leurs grands jours à Corbeil, l'an 1325. Thibaud, évêque de Paris, nomme ce lieu *Kalendrei*. La bulle d'Eugène III, de l'an 1147, l'appelle *Calendré*, et le Nécrologe d'Hierres, *Chalendreium*. Selon l'abbé Lebeuf, on ne peut guère avoir tiré ce nom d'un autre mot que de celui de *Kalendæ*. Serait-ce, ajoute-t-il, qu'il s'y serait tenu, autrefois, quelques assemblées, aux calendes de mars ou de mai ? Le domaine des rois, de la première race, situé à Brunoy, n'en était éloigné que d'un kil. Daniel Regnault, procureur au Châtelet, voyant l'inconvénient qui résultait de ce que les habitants de ce lieu ne pouvant tous quitter leurs maisons, à cause du voisinage de la forêt de Sénart, plusieurs perdaient la messe, les dimanches et fêtes, obtint, le 10 juin 1641, d'y bâtir une chapelle et d'y fonder une messe qui s'y dirait ces jours-là, excepté le jour de Pâques et autres solennités.

Ecclesia Chalidis, abbaye de Chalis ou Chaalis, dans l'ancien diocèse de Senlis, maintenant dans celui de Beauvais, de la paroisse et à 2 kil. de Fontaine-lez-Corps-Nus, canton de Nanteuil-le-Haudouin, arrond. de Senlis, Oise ; dans une vallée à 8 kil. sud-est de Senlis, et 40 nord-est de Paris. C'était une abbaye de l'ordre de Cîteaux. L'église était bien bâtie, comme toutes celles de cet ordre. Dans le chœur, on voyait deux grands tableaux d'environ 30 pieds de longueur : l'un représentait la foudre qui tombe sur le temple du roi Salomon; il était de Restout ; le sujet du second était une présentation au temple, par Restout fils. Dans le sanctuaire se trouvaient deux tableaux de Bertin : à droite était saint Jean prêchant dans le désert ; à gauche, la Chananéenne. Le maître-autel était d'un marbre très-précieux ; les six chandeliers qui le décoraient, étaient formés de six branches qui partaient du tabernacle, lequel était surmonté par une croix de vermeil de filigrane, ornée de pierres précieuses. Dans une chapelle des bas-côtés, à droite, on voyait un tableau de Revel, représentant la mort de saint Guillaume, archevêque de Bourges et abbé de cette maison. L'ancien dortoir était d'un très-beau gothique. — Cette église et une partie des bâtiments du monastère ont été démolis ; l'élégance et le luxe de ceux qui faisaient partie du cloître les ont fait conserver. On en a fait un des plus beaux châteaux de cette contrée. D'autres bâtiments accessoires et le rétablissement d'une chapelle ajoutent à l'agrément de cette habitation. On remarque, à l'entrée de la première cour, un superbe moulin à deux roues, ainsi que les belles et nombreuses plantations exécutées, dans l'étendue de ce domaine, couvert, en grande partie, de canaux, d'étangs et de bois.

Ecclesia Challiacæ, Chailly, abbaye commendataire d'hommes de l'ordre de Cîteaux, de la filiation de Pontigny, dans le Valois, ancien diocèse de Senlis ; aujourd'hui dans le diocèse de Beauvais, départ. de l'Oise. Elle était située, à 8 kil. de Senlis, sur un ruisseau qui arrosait des bois épais et fort étendus. Guillaume de Senlis, seigneur de Chantilly, avait offert cet emplacement, en 1136, au roi Louis le Gros, qui désirait fonder une abbaye de l'ordre de Cîteaux en l'honneur de la sainte Vierge. Cette maison était fort riche et rapportait 36,000 liv. à l'abbé commendataire. En 1740, les bâtiments menaçant ruine, l'abbé les fit reconstruire sur les dessins de Slodtz. Ce monastère subit, en 1790, le sort des établissements ecclésiastiques; il fut supprimé et devint une propriété particulière.

Ecclesia Cleriaca, Cléry, ou Notre-Dame-de-Cléry, petite ville du diocèse d'Orléans, chef-lieu de canton de son arrondissement, Loiret, à 15 kil. d'Orléans. Située sur la rive gauche de la Loire, vis-à-vis Meung, qui est sur la rive droite, elle existait en 850, sous le règne de Childebert; l'église collégiale de Notre-Dame fut fondée en 1502 par Philippe de Melun, maréchal de France. Le bruit s'étant répandu qu'il s'opérait de grands miracles dans cette église, les pèlerins y accoururent de toutes parts, et y firent des offrandes considérables; mais, en 1428, le comte de Salisbury, général de l'armée anglaise, s'empara de toutes les richesses qu'il y trouva. Louis XI la fit rebâtir, et y fit plusieurs pèlerinages; il voulut être enterré dans cette église de préférence à celle de Saint-Denis. Son corps y fut porté après sa mort, arrivée en 1483. On lui fit élever un beau mausolée qui fut détruit, en 1562, par les huguenots. Louis XIII le fit rebâtir. Le chapitre de la collégiale était composé d'un doyen et de dix chanoines. Le doyen était nommé par l'évêque d'Orléans. Quant aux chanoines, le duc d'Orléans, qui était aux droits du roi, en nommait cinq; le seigneur de Sal-lez-Cléry en nommait quatre; et le dixième, qui était aussi curé de Saint-André, à quelque distance de Cléry, était nommé par l'abbé de Saint-Memin, comme collateur de ladite cure. La population de Cléry, réunie à celle de Saint-André, est de 2600 hab. environ.

Ecclesia Colomeriæ, Coulommiers, ville du diocèse de Meaux, chef-lieu d'arrond. du départ. de Seine-et-Marne, avec une sous-préfecture et un trib. de première instance, dans une contrée fertile, sur la rive droite du Grand-Morin, à 20 kil. sud-est de Meaux, 44 nord-est de Melun, et 56 est de Paris. La population est de 4300 habitants; celle de l'arrondissement, qui comprend quatre-vingts communes, est de 55,182 habitants; il est divisé en quatre cantons: Coulommiers, contenant 16,285 habitants; la Ferté-Gaucher, 13,183; Rebais, 12,360, et Rosoy, 13,354.

Il existait très-anciennement à Coulommiers une église dédiée à saint Denis et desservie par des chapelains qui y avaient été établis et dotés par les comtes de Champagne. Ces comtes si puissants possédaient aussi la Brie à titre de comté et venaient souvent habiter Coulommiers, où ils avaient un manoir, ce qui procura à ce bourg un accroissement rapide. L'un d'eux, Thibault III, fit élever à la fin du XIe siècle une seconde église du titre de Sainte-Foi, à l'extrémité orientale de la ville et dans un quartier qu'on appelait alors *le Moncel*: il y plaça des religieux et leur attribua les revenus des chapelains de l'ancienne église, en sorte que celle-ci cessa d'être collégiale et devint la cure de Coulommiers. L'église Sainte-Foi, ayant été donnée par son fondateur à l'abbaye de Conques, devint un simple prieuré du diocèse de Rodez, dont dépendait cette abbaye. Ce prieuré reçut d'importants privilèges; il avait la juridiction seigneuriale dans toute l'étendue de la ville: plusieurs églises, entre autres la paroisse même de Coulommiers, en dépendaient. Il fut sécularisé vers le milieu du XVIe siècle par le pape Paul III. En 1231, la commune de Coulommiers fut affranchie et constituée par Thibault VI, comte de Champagne; mais elle le fut à prix d'argent, comme c'était alors l'usage général; encore le seigneur comte apporta-t-il des restrictions aux droits qu'il *octroyait* aux bourgeois. Par exemple, il ne leur abandonna l'exercice de la justice sur les étrangers qui viendraient s'établir à Coulommiers, que lorsque l'objet du litige ne passerait pas 20 sous, se réservant les cas plus profitables. « Je retiens, dit-il, le meurtre, le rapt, les larrons; je retiens les champions vaincus, desquels j'aurai l'amende, etc. » Au reste, il leur jurait une entière protection: *Et est à savoir que, se aucun de la commune de Collomiers estoit arrestez ou pris en aucun lieu par ma dette, gie (je) suis tenu à délivrer luy et ses choses dou mien: et s'il estoit pris ou arrestez por autre chose, gie li sui tenu à aider à délivrer à buene foy.* — A peu près à la même époque, un seigneur nommé Jean de Patras fonda à Coulommiers un Hôtel-Dieu, auquel fut réunie la maladrerie de Chailly dans le XVIIe siècle. On a fait aujourd'hui un seul établissement de cet Hôtel-Dieu et d'un hôpital de la Charité, formé aussi dans cette ville, qui n'a plus ainsi qu'un hospice. Il y avait en outre avant la révolution un couvent de chanoinesses de l'ordre de Saint-Augustin, une commanderie de Malte, de la langue et du grand prieuré de France, qui valait 15,035 liv., et un couvent de capucins, dont les bâtiments avaient été commencés en 1717 et achevés en 1725. Ils occupaient le terrain où avait existé un superbe château que Catherine de Gonzagues, veuve d'Henri d'Orléans, duc de Longueville, avait fait construire, au commencement du XVIIe siècle, dans une île formée en cet endroit par la rivière du Morin, et que le duc de Chevreuse fit abattre en 1636. L'église de ce monastère existe encore et se fait remarquer par une architecture très-élégante. L'histoire de Coulommiers est bornée à celle des établissements dont il vient d'être parlé, et pour la compléter, il suffit d'ajouter que cette ville souffrit beaucoup des guerres civiles qui livrèrent le royaume aux Anglais dans le XVe siècle: elle fut pillée et le prieuré livré aux flammes; mais le monastère se releva bientôt avec le produit des quêtes qui furent faites dans tout le royaume. = Le territoire de Coulommiers est fertile en blé et en vin, dont on expédie une grande quantité pour l'approvisionnement de Paris; il s'y fait aussi un commerce considérable de fromages, réputés les meilleurs de la Brie, de melons fort estimés, de laine, cuir, etc. On y trouve plusieurs tanneries importantes et des moulins à tan. Il y a deux foires annuelles, le 1er mai et le 9 oct.: celle-ci est la plus considérable. Le marché se tient le mercredi de chaque semaine. Celui du premier mercredi de chaque mois, qu'on appelle *marché franc*, est presque une foire.

Ecclesia Cormoleti, Cormeilles-en-Parisis, paroisse de l'ancien diocèse de Paris, actuellement de celui de Versailles, canton d'Argenteuil, arrondissement de Versailles, Seine-et-Oise, à 6 kil. nord-ouest d'Argenteuil et 16 nord-ouest de Paris.

De Valois croit que le nom de Cormeilles vient de l'espèce d'arbre appelé *sorbus*, qu'on nomme des *cormes*, ou des *corbes* en quelques lieux. Ce que l'on trouve de plus ancien qui s'accorde avec cette étymologie, est une charte de Childebert III, de l'an 697 ou environ, par laquelle le roi donne au monastère d'Argenteuil, dont Leudesinde était abbesse, la forêt royale appelée *Cormoletus*, sur la rivière de Seine, au pays Parisis. Il semble que ce mot *Cormoletus* signifie là un petit bois où le cormier était l'arbre dominant. En 862, l'empereur Charles le Chauve confirma les droits que les moines de Saint-Denis possédaient sur plusieurs villages ou fermes, droits que leur abbé Louis leur avait accordés pour leurs nécessités. Parmi ces lieux se trouvent deux Cormeilles (*Cormilias*); l'un dans le territoire parisien et l'autre dans le Vexin français. Au IXe siècle l'abbé de Saint-Denis était seigneur de Cormeilles, avantage qu'il partageait, à ce que l'on pense, avec le prieur d'Argenteuil. Saint-Martin est le patron de Cormeilles; l'église, qui avait déjà le titre de cure au XIIIe siècle, a un chœur qui se termine en carré; l'édifice était entouré de fortifications, puisque sous le roi Jean, lorsque le régent, son fils, Charles V, fit, en 1359, détruire les lieux voisins de Paris qui pouvaient servir de retraite à l'ennemi, il comprend *la tour de l'église paroissiale de Cormeilles*. — Les habitants de ce bourg eurent du temps de Louis IX un procès avec ceux de Paris. Les Cormeillais étaient dans l'usage de conduire et de vendre leurs vins en Normandie : les Parisiens prétendirent qu'étant une marchandise, le vin devait être accompagné par un marchand de Paris. L'affaire fut portée au parlement, qui décida, en faveur des habitants de Cormeilles, que le vin n'était point marchandise. L'arrêt établissait ainsi une distinction entre les produits agricoles et les produits manufacturés. — La duchesse de Brissac, Louise d'Ougnies, eut une maison de campagne dans ce bourg. Gui-Patin, fameux médecin, eut aussi dans ce lieu une maison dont il parle souvent dans ses lettres. Il vante beaucoup l'air qu'on respire à Cormeilles, et la perspective dont on y jouit : les allées de son jardin s'étendaient, dit-il, jusque sur la montagne, d'où il portait sa vue à 50 lieues à la ronde; peut-être voulait-il dire à 5 lieues, et c'était bien assez. En effet Cormeilles, placé au centre d'un pays montagneux, jouit d'un air très-pur, et offre un séjour très-agréable. Aussi y voit-on plusieurs maisons de campagne. Ce bourg est bâti sur une éminence, au sortir de la partie vignoble d'Argenteuil qui l'avoisine. Aussi le terrain est-il presque entièrement cultivé en vignes qui produisent d'assez bon vin. On y trouve également beaucoup d'arbres fruitiers, dont les fruits nourris par un sol sec et pierreux ont une saveur très-délicate, et sont fort recherchés. L'élévation des collines de ce bourg y a fait bâtir plusieurs moulins à vent : un d'eux est fameux pour avoir longtemps servi à Cassini, lorsqu'il travaillait à sa grande carte topographique de France. La population de Cormeilles est de 13 à 1400 habitants. On y trouve plusieurs carrières à plâtre et une fabrique de tuiles, briques et carreaux. Le vallon est rempli de fragments de calcaire et de silex à coquilles d'eau douce. Les botanistes y recueillent assez abondamment le velar à feuilles d'épervière (*erysimum hieracifolium*).

Ecclesia Sancti Saturnini, vel Capriosa, Caprosa, Chevreuse, petite ville de l'ancien diocèse de Paris, actuellement de celui de Versailles, chef-lieu de canton de l'arrondissement de Rambouillet, Seine-et-Oise, à 12 kil. sud-ouest de Versailles, 18 est de Rambouillet, et 28 sud-ouest de Paris.

Son nom latin *Capriosa* ou *Capriosa* vient, selon les étymologistes, de la grande quantité de chevreuils ou chèvres sauvages que renfermaient autrefois les forêts qui couvraient son territoire. Quoique peu importante, cette ville, nommée dans les chartes *Capriosa*, joue cependant un rôle dans notre histoire. Les plus anciens titres qui en fassent mention, sont de 975. C'était alors une petite abbaye sous le nom de Saint-Saturnin. On ignore quels en furent les fondateurs. Chevreuse était autrefois un des châteaux les plus forts et les plus renommés des environs de la capitale. Les noms de ses seigneurs se rencontrent souvent dans nos annales. Le plus ancien seigneur connu est Milon de Chevreuse, qui vivait sous le roi Robert, et qui eut à soutenir plusieurs guerres contre Louis le Gros et le comte de Montfort-l'Amaury. Les actes de l'abbaye de Saint-Denis nous apprennent même que ce Milon, voulant se fortifier et construire des machines de guerre, se permit de couper, à cet effet, des arbres dans une forêt qui appartenait aux moines. — Les seigneurs de Chevreuse étaient du nombre des quatre qui portaient sur leurs épaules le nouvel évêque de Paris. La population est de 2400 habitants environ. Il n'y a plus que des ruines de l'ancien château.

Ecclesia Sancti Theobaldi, Thann, ville du dépt. du Haut-Rhin, diocèse de Strasbourg, très-importante par son industrie manufacturière. C'est un chef-lieu de canton de l'arrond. de Béfort, à 28 kil. nord-nord-est de cette ville. Bâtie sur la rive droite de la Thurr, qui la sépare du faubourg de Kattembach, cette ville est située dans une position pittoresque, au pied du chât. d'Engelberg, à l'entrée de la belle vallée de Saint-Amarin. Les environs, très-riches et fertiles, offrent des coteaux couverts de vignes qui produisent du très-bon vin; le plus estimé est celui de *Rangen*, que l'on récolte sur la montagne de ce nom : il est très-spiritueux et attaque les nerfs avec violence. On remarque l'église Saint-Théobald,

important qui s'y soit passé avant la révolution est l'assemblée que des convulsionnaires y tinrent en 1743, dans la maison de Marie Durier, qui fut arrêtée et renfermée à la Bastille. Dans la description de la France, citée par Lebeuf, le village d'Ecouen réuni avec Neuf-Moulins ne se présente qu'avec 250 feux. Mais un jour Napoléon devait donner à Ecouen l'importance dont il avait été privé jusque-là ; sous son règne la population de ce bourg s'est élevée à 1600 habitants. On y voit quelques maisons de campagne fort jolies, une fabrique de dentelle de soie et une filature de coton. C'est surtout à une institution qu'Ecouen doit le rang qu'il a occupé depuis le commencement de ce siècle. Après la campagne d'Austerlitz, Napoléon rendit un décret par lequel trois cents jeunes filles, dont les pères, oncles ou frères, membres de la Légion d'honneur, n'auraient point assez de fortune pour leur faire donner une éducation convenable, seraient élevées aux frais de l'Etat. Le château d'Ecouen fut destiné à cet établissement, dont madame Campan, ancienne femme de chambre de la reine Marie-Antoinette, eut la direction. D'après les règlements de la maison, chaque grande élève devait prendre soin d'une plus jeune, et lui servir pour ainsi dire de mère ; il fallait qu'elles fussent âgées de moins de quinze ans pour être admises dans cet établissement, qu'elles ne quittaient que pour rentrer dans le sein de leur famille. Parmi les plus âgées on en choisissait une chaque semaine pour montrer la maison aux dames étrangères qui venaient la visiter. Chaque élève faisait ses robes, ses chapeaux, etc. ; les études étaient partagées par sections, et tous les trimestres des inspections avaient lieu, et des prix étaient distribués. En 1814, Louis XVIII, en rentrant en France, s'arrêta à Ecouen ; et au mois de juillet de la même année il réunit, par une ordonnance, la maison d'éducation d'Ecouen à celle de Saint-Denis ; il voulut aussi que cet établissement fût desservi par la congrégation religieuse connue sous la dénomination de *Congrégation de la Mère de Dieu*.

Le château d'Ecouen fut ensuite rendu à la maison de Condé. Il appartenait en dernier lieu au duc d'Aumale comme légataire universel du dernier duc de Bourbon.

F

Fanum Compendiense, Compiègne, ville de l'ancien diocèse de Soissons, actuellement de celui de Beauvais, chef-lieu d'arrondissement du dép. de l'Oise, à 56 kil. à l'est de Beauvais, 40 à l'ouest de Soissons, 52 nord-est de Senlis, et 76 nord-est de Paris. Population, 8875 habitants.

Cette ville était le siége d'un bailliage royal, de la justice seigneuriale de l'abbaye de Saint-Corneille, d'une juridiction consulaire et d'un grenier à sel ; d'une élection, d'une subdélégation de l'intendance de Paris, de deux maîtrises particulières des eaux et forêts, l'une de Compiègne, l'autre de Laigue ; d'une capitainerie des chasses et d'une juridiction dite de l'exemption de Pierrefont. C'est aujourd'hui le siége d'une sous-préfecture, d'un tribunal de première instance et d'un tribunal de commerce, d'une justice de paix et la résidence d'un lieutenant et d'une brigade de gendarmerie. Autrefois le commerce de Compiègne était très-considérable : il y avait des manufactures en tous genres. La population a beaucoup diminué. Des quatre grandes foires qui, avant 1792, se tenaient les trois premiers jours de chaque trimestre, il n'y en a plus qu'une les quinze de chaque mois pour la vente des chevaux et bestiaux. Le marché est le samedi de chaque semaine ; on y vend des grains de toute espèce, des chanvres et d'autres denrées. Sur les bords de l'Oise sont un port pour l'arrivée et le départ des marchandises voiturées par eau, et un chantier pour la construction des bateaux destinés à naviguer sur l'Oise, l'Aisne et la Seine. On y trouve une manufacture de corderie pour leurs agrès et pour les bâtiments de mer. Il y a en outre des fabriques de tuiles, briques, carreaux et poteries de terre. La bibliothèque contient 2600 vol. qui ne sont pas en ordre. Cette ville est située dans une agréable position, au-dessous du confluent de deux rivières navigables, l'Oise et l'Aisne. On a attribué la fondation de Compiègne à Jules César, mais sans aucune espèce de preuves. La vieille tour, de construction romaine, dont les ruines subsistent encore près de la rivière, ne pourrait pas donner de fondements solides à cette conjecture ; cependant la quantité de médailles recueillies sur le mont Ganelon, à peu de distance de Compiègne, les fragments d'armures et de vases que les curieux s'y procurent encore, la tradition, qu'on doit admettre quand elle est appuyée de vraisemblance, ne permettent pas de douter que les Romains n'aient fréquenté ces lieux. Ce qui est plus certain, c'est que Compiègne fut une maison de chasse ou un de ces nombreux palais du Valois, où les rois des deux premières races faisaient de fréquents voyages. Les anciennes chartes le désignent sous le titre de *Palatium*. On prétend qu'il fut appelé *Compendium* parce qu'il renfermait des provisions pour la subsistance et l'équipement des légions romaines. Une autre version prétend que *Convenium* est le nom latin qui convient à Compiègne, parce que les deux rivières de l'Aisne et de l'Oise s'y réunissent. Grégoire de Tours se sert du mot *Compendium* ; Eginard l'appelle *Compendium Palatium* ; Glaber Rodolphus, *Regium Compendium* ; Heldalgus, *Palatium Compendii*. Charles le Chauve donna à Compiègne e nom de *Karlopolis* ; il y établit une abbaye dédiée à Notre-Dame et des chanoines pour la servir ; il leur donna les corps de saint Cyprien et de saint Corneille, martyrs des premiers temps de l'Eglise. Ce même prince fit bâtir hors de la ville un château auquel il donna pour dépendance tout ce qui s'étendait depuis la porte de Pierrefont, qui n'existe plus depuis 1784, jusque près du confluent de l'Aisne et de l'Oise. Il fit bâtir ensuite un autre château sur les bords de l'Oise, dont les jardins étaient situés dans une petite île. Ce dernier château subsista jusqu'au temps de Louis IX, époque où ce monarque fonda dans l'île un Hôtel-Dieu et donna le château aux religieux de l'ordre de Saint-Dominique. Le feu ayant consumé l'église bâtie par Charles le Chauve, Charles le Simple, en l'an 917, ordonna la réédification de cette église et du monastère, sous l'invocation des saints Corneille et Cyprien. L'île dont il est ici question est depuis longtemps réunie au sol qui sert d'assise à la ville. Cette île devait se trouver au lieu qui forme maintenant le centre de Compiègne. — Compiègne, sous la seconde race, était la ville de France la plus illustrée, surtout depuis que l'empereur Charles le Chauve y eut fondé l'église de Saint-Corneille et de Saint-Cyprien, et qu'il y eut fait construire un palais. Il s'y tint plusieurs conciles et plusieurs assemblées politiques. Les conciles eurent lieu en 756, 833, 1085, 1270, 1301, 1303 et 1329. Childebert, roi de Paris, scella à Compiègne, en présence de la reine Ultrogothe et des grands de son royaume, les lettres des dons faits à Saint-Marcou. Chilpéric et Frédégonde y allaient quelquefois pour se distraire. Clotaire Ier et Théodebert y firent la paix ; le premier y mourut en proférant ces paroles : *Ouais, ce Dieu du ciel est donc bien puissant, de faire mourir ainsi les grands rois?* Après la mort de Dagobert, Clovis II, Nantchilde sa mère, et Sigebert, roi d'Austrasie, y partagèrent entre eux les trésors de leur père. En 757, Tassillon, duc de Bavière, fit hommage à Pépin et à ses enfants et leur prêta serment de fidélité sur les reliques de saint Denis, de saint Germain et de saint Martin. En 833, dans une diète tenue au château, la déchéance de Louis le Débonnaire fut consommée. En 877, Louis le Bègue y fut couronné ; ce roi y mourut et y fut enterré. En 884, Carloman y rassembla les seigneurs et les princes de la France pour délibérer sur le parti qu'il y avait à prendre afin d'empêcher les ravages des Normands. En 888, le comte Eudes, qui s'était signalé deux ans auparavant à la défense de Paris, assembla une diète à Compiègne, où Gauthier, archevêque de Sens, lui mit la couronne sur la tête. Louis V, dit le Fainéant, dernier roi de la seconde race, y fut couronné et y reçut la sépulture. Sous la 3e race, les rois négligèrent un peu le séjour de Compiègne, et l'abbaye de Saint-Corneille vit bientôt se fermer la source des richesses que les rois de la seconde race lui avaient prodiguées. En 1017, Robert fit couronner à Compiègne Hugues, son fils aîné, qui mourut là et y fut enterré en 1026. En 1153, la ville parvint à se faire ériger en commune ; ses efforts pour l'obtenir avaient jusque-là été infructueux. Innocent II y résida presque tout le temps qu'il passa en France. Vers l'an 1200, une partie de la ville de Compiègne relevait du seigneur de Pierrefont ; ce seigneur y percevait des cens, des rentes et y avait un hôtel seigneurial auprès de la porte qu'on nomme encore porte de Pierrefont. En 1208, le roi Philippe-Auguste abandonna à la commune de Compiègne tout ce que le prévôt de Pierrefont recevait ordinairement dans cette commune, excepté le péage, la justice et la maison *qui fut à Agathe de Pierrefont*, lesquelles choses le roi se réserva et à ses successeurs pour être gérées et administrées par son prévôt de Pierrefont. En 1209, le jour de la Pentecôte, Philippe-Auguste fit chevalier Louis, son fils et son successeur, avec tant de solennité, qu'on croit que jamais auparavant il ne s'était vu une si grande magnificence, soit à l'égard des présents, soit à l'égard des festins et de la bonne chère. En 1237, Louis IX rassembla à Compiègne une cour brillante, il arma chevalier Robert, l'aîné de ses frères, et lui donna en apanage le comté d'Artois. Plus de cent jeunes hommes des premières maisons de France furent faits chevaliers en même temps que le frère du roi. Les fêtes de la cour attirèrent plus de deux mille chevaliers, avec un nombre proportionné d'écuyers et de servants d'armes. C'est la première occasion où la noblesse faisait connaissance avec son nouveau roi. Philippe IV ayant résolu, en 1297, de faire la guerre à Gui, comte de Flandre, choisit Compiègne pour y donner rendez-vous à son armée. Chaque seigneur voulut briller aux yeux de son jeune monarque dans la première campagne où il marchait en personne. Chacun fit effort pour surpasser ses émules par le nombre de ses soldats et l'éclat de ses armures. — Au temps des Armagnacs et des Bourguignons le dauphin Charles parvint à se sauver de Paris, livré au trouble et à l'anarchie, et se rendit à Compiègne où toute la noblesse des environs vint le trouver. Toute celle qui habitait Paris abandonna cette ville aussitôt qu'elle eut appris son départ, et se rendit auprès de lui. Ce prince convoqua dans la ville où il se trouvait l'assemblée des états généraux. La sanglante rivalité des factions ne semblait quelquefois s'apaiser que pour recommencer avec plus de furie. Lorsque le roi se fut réconcilié avec le duc d'Orléans, le duc de Bourgogne se retira en Flandre ; mais ayant trouvé le moyen de nouer une intrigue avec le duc de Guienne, prisonnier au Louvre, il augmenta son armée de quelques renforts et envoya de gros détachements auxquels les villes de Noyon, de Soissons et de Compiègne ouvrirent leurs portes. Il y mit des garnisons très-fortes. Ces garnisons restèrent en possession de leurs postes depuis la fin du mois de décembre 1413 jusqu'à Pâques de l'année suivante 1414. Pendant tout ce temps le pays fut infesté de partis Bourguignons qui sortaient continuellement de ces trois villes. Leurs incursions continuèrent pendant les mois de janvier, février et mars, et furent accompagnées de toute espèce d'excès, auxquels les Armagnacs répondaient par des excès plus grands encore : le sort des paysans était affreux. Cependant, après l'hiver, les Armagnacs entraînèrent le roi Charles VI devant Compiègne pour en faire le siége, et en chasser les Bourguignons. Ce siége commença le 31 mars 1412; dans le mois d'avril suivant cette ville fut prise par composition. Le roi Charles VI garda cette place jusqu'en 1417, et son fils aîné, le duc de Guienne, y mourut le 5 avril de cette même année. — Les Anglais s'étant réunis aux Bourguignons, après avoir tout ravagé dans le Valois, se présentèrent devant Compiègne; comme la garnison de cette ville était faible, elle n'osa soutenir un siége; les bourgeois ouvrirent leurs portes et reçurent dans leurs murs Bourguignons qui s'établirent dans la ville, d'où ils envoyaient des détachements de troupes légères dans l'intérieur du Valois. Quelques partis des leurs poussèrent même la hardiesse au point de s'avancer jusqu'aux portes du château de Pierrefont, défendu par N. Bosquiaux, le premier capitaine de son temps. Bosquiaux résolut de punir par un coup de main cette témérité. Voici comment Carlier, auteur de l'*histoire du Valois*, rapporte cet événement d'après Monstrelet : « Informé que la garnison de Compiègne laissait souvent la ville sans défense afin d'aller faire du butin, il choisit cinq cents hommes d'armes et alla se poster à leur tête dans une embuscade. Des émissaires envoyés à la découverte rapportèrent qu'une partie de la garnison était sortie pour fourrager, mais que toutes les portes étaient exactement fermées. Bosquiaux attendit l'occasion. Un charretier parut, qui conduisait une voiture de bois dans la ville ; la sentinelle avait ordre de le laisser entrer. Bosquiaux lui fit changer ses habits, qui furent donnés à un affidé ; celui-ci prit la conduite de la charrette, qui fut suivie par sept autres soldats déguisés en paysans. Le nouveau conducteur avait ordre de tuer le limonier lorsqu'il se trouverait sur le pont-levis, du côté de la herse, afin qu'à la faveur de l'embarras Bosquiaux et sa troupe eussent le temps de le joindre. Les ordres du capitaine furent ponctuellement exécutés. Le limonier blessé à mort tomba, la voiture versa, les huit soldats déguisés égorgèrent la sentinelle et donnèrent à leur chef le signal convenu. Ils firent plus : ne jugeant pas nécessaire d'attendre de renfort, ils entrèrent sans obstacle. Le concierge du gouverneur qui était alors absent de la ville, aperçut le premier les ennemis ; il connaissait particulièrement l'un des huit soldats pour un zélé royaliste. Celui-ci se jeta sur le concierge et le tua d'un coup de hache. Bosquiaux avait déjà joint les huit soldats lorsque les officiers de la garnison furent avertis du danger : ils se sauvèrent dans la tour de Saint-Corneille et tirent d'abord quelques dispositions pour se défendre ; mais apprenant qu'ils avaient affaire à Bosquiaux en personne, ils se rendirent à discrétion. Bosquiaux divisa son détachement en plusieurs corps qu'il envoya dans les différents quartiers de la ville pour faire la recherche de tous ceux qui tenaient le parti du duc de Bourgogne. On pilla les maisons, on saisit leurs biens, et on les emmena prisonniers au château de Pierrefont. » Le sieur de Gamache eut le gouvernement de Compiègne. — Par les intrigues d'Isabeau de Bavière et des Anglais, Compiègne, comme tout le nord de la France, se trouva au pouvoir de ces derniers. Mais, lorsque la fortune se déclara en faveur de Charles VII, on vint lui annoncer à Crépy que la ville n'attendait plus que l'occasion de chasser la garnison anglaise et de rentrer sous son obéissance. Le roi s'avança donc vers la place ; la garnison, qui ignorait l'intelligence des bourgeois avec les troupes royales, se disposait à soutenir un siége, lorsque les bourgeois trouvèrent le moyen d'ouvrir une de leurs portes. Les soldats mirent bas les armes et se rendirent prisonniers. Charles VII fit dans Compiègne une entrée solennelle, au milieu des acclamations et de l'expression de la joie publique. Cette reddition fut le signal d'une révolution générale dans tout le pays : toutes les places des frontières de la Picardie, le long de l'Oise, ouvrirent leurs portes. Cependant la fortune fut un instant balancée ; et après l'affaire de Pont-l'Evêque, où la perte fut à peu près égale des deux côtés, la Pucelle d'Orléans jugea à propos de se retirer dans Compiègne, parce qu'elle voyait les forces des ennemis s'accroître, et celles du roi diminuer. Poton de Xaintrailles prit à Crépy quelque renfort et l'alla joindre, parce qu'on avait lieu de craindre que les ennemis n'entreprissent le siége de la ville. Poton fit faire plusieurs ouvrages avancés du côté de la rivière d'Oise et du pont : quant à l'intérieur de la place, il disposa toutes choses en cas d'attaque. Les Anglais et les Bourguignons, ignorant l'arrivée de Xaintrailles, se rassemblèrent dans le dessein de marcher contre la ville et de la surprendre. Ils s'avancent et sont étonnés d'apercevoir des fortifications nouvelles, et surtout un boulevard revêtu de gazon qui défendait l'entrée du pont. Ils n'osent passer outre ; ils s'arrêtent et font deux divisions de leurs troupes ; ils placent l'une à Margny et l'autre à Venette en attendant quelques secours. Ils reçurent enfin un renfort de mille archers aux ordres du comte de Huntington. La première attaque des généraux se porta sur l'ouvrage qui défendait l'entrée du pont. Ils vinrent à bout de ruiner cet ouvrage ; cependant ils ne jugèrent pas à propos de passer outre. Ils jetèrent un autre pont sur la rivière, vis-à-vis de Venette. Le siége fut changé en blocus. Les Anglais, à la faveur du pont, envoyaient souvent des partis qui faisaient des courses jusqu'aux portes de Pierrefont. Pendant ce temps, on vint annoncer au comte que Xaintrailles, profitant de son absence, était sorti de Compiègne avec un détachement, qu'il était sur le point d'y faire entrer un renfort, des vivres et des munitions de guerre ; que le maréchal de Boussac et le comte de Vendôme avaient joint Xaintrailles, et qu'ils marchaient de concert au secours de la place. La Pucelle, informée dans la ville de la jonction des trois généraux et de l'arrivée des secours, crut qu'une sortie faite à propos préparerait les opérations qui devaient suivre l'arrivée du renfort. Elle choisit donc six cents hommes et fit sa sortie le 24 mai. Elle tua de sa main un bon nombre d'Anglais, et chargea les autres avec beaucoup de vigueur. Elle se replia ensuite et arriva en bon ordre à la porte par où elle devait rentrer; et, afin de faire défiler tous ses soldats devant elle, elle resta la dernière, de peur que quelqu'un des combattants ne tombât au pouvoir des ennemis lorsque les portes auraient été fermées. Mais Guillaume de Flavi, gouverneur de la ville, voyant les Anglais approcher, fit précipitamment, par inattention ou à dessein, tomber la herse de la porte. Jeanne d'Arc, arrêtée par la herse, s'écria : *Je suis trahie !* Un gentilhomme picard, de l'ancienne bande du duc de Belfort, se saisit de sa personne et l'emmena prisonnière à Margny. Ce gentilhomme la mit d'abord comme à l'encan; et pour peu que le gouverneur de Compiègne lui eût offert une rançon médiocre, il la lui aurait livrée sur-le-champ. Il la conduisit enfin et la livra à Jean de Luxembourg, qui la vendit ensuite aux Anglais moyennant une somme de dix mille livres comptant et de cinq cents livres de pension. Cependant à l'approche de Xaintrailles, les Anglais levèrent le siége et se retirèrent à Pont-l'Evêque. Ainsi Jeanne d'Arc fut abandonnée par ceux qu'elle avait si puissamment servis ; l'ingratitude et l'envie la laissèrent périr sur un bûcher. L'horreur de son supplice couvrit d'un opprobre éternel les soldats de l'Angleterre. — Marie de Médicis, occupée de disputer la puissance à Richelieu, partit de Compiègne, où Louis XIII l'avait laissée sous la garde du maréchal d'Estrées, et alla demander un asile à l'étranger ; ce fut la *journée des dupes.* On se rappelle le fameux camp de Coudun que Louis XIV destinait en 1698 à l'instruction de ses enfants. « Louis, dit Duclos, ne pouvait pas ignorer combien il avait fallu négocier pour conclure la paix et gagner le duc de Savoie, que l'orgueil de Louvois avait si fort aliéné. Il devait savoir que tous les ressentiments ne s'éteignent pas à la paix. Au lieu d'en profiter pour soulager les peuples et réparer les malheurs de la guerre, on donna à Compiègne le spectacle d'un camp de Darius ; et cette image de la guerre exigea les mêmes dépenses que la réalité. » — « Compiègne, dit Cambry, n'offre rien d'important à la curiosité du voyageur ; les rues en sont mal dirigées, mal bâties ; cette ville ne prend un caractère de grandeur que dans les environs du château, où des hommes qui suivaient la cour, où des particuliers qui spéculaient sur la location de leurs maisons, pendant les voyages du roi, avaient élevé quelques beaux édifices. » — Les environs de Compiègne sont découverts ; les montagnes en sont éloignées, les bois et les collines chargés de vignes, les villages et les rivières qui entrecoupent cette belle plaine, y forment des paysages charmants : une partie de la ville est bâtie sur une éminence, le reste occupe la pente de cette hauteur ; les promenades y sont agréables et ont de très-belles vues. — Bien que l'origine de Compiègne remonte à la puissance des Romains dans la Gaule belgique, elle ne présente cependant une existence certaine qu'à dater de la fin du règne de Clovis. Peu considérable alors, elle s'accrut sous Charles le Chauve et ses successeurs, parce qu'elle devint l'objet de fréquents voyages de ces princes. On voit encore des restes d'enceintes ; elle était fortifiée de murailles, de demi-lunes et de bastions. On y comptait sept portes : c'est près de celle du *Vieux Pont* que fut prise Jeanne d'Arc. Cette porte existait il y a peu de temps ; elle est maintenant démolie. Longtemps au-dessus de cette porte on lut l'inscription suivante :

Ci fuct Jehanne d'Ark près de cestui passage
Par le nombre accablée et vendue à l'Anglois
Qui brûla, le félon, elle tant brave et saye.
Tous ceux là d'Albion n'ont faict le bien jamais.

Une vieille tour du mur de défense existe encore : elle tombe en ruines. Quelques auteurs prétendent que Jeanne l'avait habitée. L'Oise qui baigne Compiègne, une demi-lieue après avoir reçu l'Aisne dans ses eaux, est traversée par un beau pont de trois arches elliptiques, bâti de 1730 à 1733. L'arche du milieu a douze toises d'ouverture et les autres onze ; le pont a en total 340 pieds de long et 36 de large entre les parapets, sur l'un desquels un obélisque était placé au milieu de la longueur du pont : cet obélisque, haut de 30 pieds, surmonté d'une boule de cuivre doré, a été détruit en 1823. Un second pont de trois arches et de 200 pieds de long sur 30 de large, destiné à l'écoulement des eaux débordées, est à 50 toises du premier. On le nomme *Pont de Décharge* ; il conduit à une chaussée d'une lieue de longueur, haute de 20 pieds, large de 45, et dont le talus, du côté de la rivière, est revêtu en pierres de taille ; c'est un des plus beaux ouvrages de ce genre. — Compiègne renfermait autrefois une succursale et trois paroisses : la paroisse Saint-Jacques et la succursale Saint-Antoine ont seules été conservées et suffisent à la population, considérablement diminuée. L'église Saint-Jacques offre une tour fort élevée qui paraît dater de la renaissance de l'art ; elle est surmontée par une lanterne décorée d'un ordre grec. Cette tour devait faire symétrie à une autre, ainsi que l'indique l'arrachement du portail, dont la construction n'a pas été continuée : bien qu'il existe une chapelle au château, Charles X allait souvent entendre la messe dans cette église. — L'église Saint-Antoine, d'une belle architecture gothique, est accompagnée de deux tours hexagones d'une agréable proportion. L'intérieur est simple, mais réunit les mêmes avantages que l'extérieur. Cette église est la succursale de Saint-Jacques. — L'hôtel de ville est un bâtiment gothique fort ancien, comme on en peut juger par ses tourelles et quelques sculptures qui décorent sa façade. — Louis II, Louis V, Hugues le Grand, et Jean, dauphin du Viennois, ont été inhumés dans l'église de Saint-Corneille. Le corps d'Henri III y fut déposé jusqu'à la mort d'Henri IV. Cette église a possédé le premier orgue qui ait paru en France. Constantin Copronyme l'avait envoyé

bâtie en 1430, dont la tour élevée de 50 toises passe pour être un chef-d'œuvre d'architecture gothique. Thann possède des manufactures de toiles peintes, fabriques de bonneterie, toiles de coton, siamoises, mouchoirs, amidon, produits chimiques, machines à filer, des filatures de coton; forges et martinets; commerce en articles de ses manufactures. Cette ville a appartenu à la maison d'Autriche, et fut prise par les Suédois en 1632; le duc de Lorraine y fut battu par le duc de Weimar en 1658. — Population, 8500 hab.

Thann faisait partie du diocèse de Bâle, avant le concordat de 1801; elle comptė beaucoup de protestants. Les comtes de Waldbourg étaient comtes de Thann au commencement du moyen âge. Gérard ou Guebhard, comte de Thann, doit avoir bâti, au ve siècle, le château de Waldbourg en Souabe. On prétend qu'Ega, maire du palais de Neustrie sous Dagobert Ier au commencement du viie siècle, fut un de ses descendants. Ce qui est certain, c'est qu'Archambauld, fils d'Ega, et son successeur dans la mairie de Neustrie, est nommé dans les diplômes Archambauld de Waldbourg, cousin de Dagobert par son père et sa mère. Cet Archambauld réunit les trois mairies de Neustrie, de Bourgogne et d'Austrasie. Dans une charte de 665 il est qualifié de *præfectus urbis regiæ*; il prend le titre de comte de Paris dans un diplôme de 666, par lequel il donna à la ville de Paris sa maison, qui depuis est devenue l'Hôtel-Dieu, sa chapelle, qui a été l'église de St-Christophe, et sa terre de Corbeil. De sa première femme il eut un fils nommé Leudesille, qui fut maire de Neustrie et père d'Etichon, duc d'Alsace, la souche des maisons de Habsbourg, de Bade et de Lorraine. Babo, fils d'Archambauld, de son second mariage, habitait le château de Waldbourg, et fut comte de Thann et de Winterstetten vers 680. On le regarde comme la souche commune des maisons d'Althann et de Waldbourg.

Les comtes de Waldbourg portent aussi le nom de Truchsess, qui désigne proprement une dignité dont ils ont été revêtus. C'est celle de *sénéchal* ou de *dapifer*, à laquelle étaient attachées la qualité de magistrat ou juge de tout ce qui tenait à la cour, et la prérogative de poser, dans les jours de grand gala, le premier plat sur la table du souverain. Les comtes de Waldbourg ont constamment été en possession d'exercer cette charge auprès des ducs de Souabe et des empereurs de cette maison. Charles-Quint les autorisa en 1525 à se nommer *grands-maîtres héréditaires de l'empire*, et en 1528 l'électeur palatin, en sa qualité d'archi-grand-maître (*Erztruchsess*), leur donna l'expectative de cette charge, dont une autre famille était revêtue. Ils entrèrent en fonction vers la fin du xvie siècle, et depuis ce temps le titre de leur charge leur a tenu lieu de nom, de manière qu'ils sont aussi bien connus sous celui de Truchsess que sous leur nom de famille.

Il est naturel de trouver des seigneurs de cette maison dans toutes les entreprises héroïques: aussi lit-on leur nom parmi les neuf chevaliers allemands qui, dans le ixe siècle, voulurent délivrer la Catalogne du joug des Arabes dont elle était menacée. Un Truchsess se fixa dans cette province, et y bâtit le château de *la Roca di S. Jaimes*, ainsi que la ville de *Baga*, qui, dans ses armes, porte une pomme de pin, armes des maisons d'Althann (dont le nom signifie vieux pin) et de Waldbourg, et de la ville d'Augsbourg: il paraît même, à en juger par quelques anciennes médailles, que les Romains représentaient la Vindélicie ou la Souabe sous l'emblème d'une pomme de pin. Les Truchsess établis en Espagne portaient le nom de *Pinos Dapifer de Moncada*, et étaient revêtus de la charge de sénéchal du royaume d'Aragon. Ils paraissent s'être éteints dans la seconde moitié du xviiie siècle.

Jean, comte de Waldbourg, fils du comte Eberard et d'Agnès, duchesse de Teck, mort en 1419, avait eu quatre femmes; savoir: 1° Elisabeth, C. de Habsbourg-Lauffenbourg; 2° Catherine, C. de Cilli, cousine-germaine de l'impératrice, femme de Sigismond; 3° Madeleine, C. de Montfort; 4° Ursule d'Abensberg et de Traun. Il est la tige de tous les Waldbourg ou Reichs-Erb-Truchsesse (grands maîtres héréditaires de l'Empire). Ses fils Jacques et George fondèrent deux lignes; celle de Jacques se subdivisa sous ses petits-fils Guillaume et Frédéric. La branche de Guillaume, qui a possédé Scheer et Trauchbourg, s'est éteinte; Frédéric entra au service du grand maître de l'ordre Teutonique, et se fixa en Prusse, où ses descendants, qui ont embrassé la réformation, existent encore sous le nom de Truchsess de Waldbourg, sans avoir jamais participé aux possessions immédiates de leur maison en Souabe; car, lorsque la branche de Guillaume s'éteignit, ses terres passèrent à la ligne fondée par George. Cette branche produisit dans le xvie siècle deux prélats célèbres: Ernest-Otton, prince-évêque d'Augsbourg, prince-abbé d'Elwangen, et cardinal, qui fonda en 1545 l'ordre équestre de Saint-Jean en Souabe, et procura à tous les Waldbourg, hommes et femmes, le droit de cité à Rome; l'autre est ce fameux *Guebhard*, électeur-archevêque de Cologne qui, ayant apostasié pour épouser Agnès de Mansfeld, devint l'auteur des troubles qui préludèrent à la guerre de trente ans. (Voy. *Hist. abrégée des traités de paix*, par Koch et Schœll, vol. I, p. 50.)

La ligne de George se divisa en deux branches en 1589, à la mort de Jacques, descendant de George au cinquième degré. Henri, son fils aîné, fonda la branche de Wolfegg; Frobenius, le cadet, celle de Zeil. Cette ligne georgienne a fourni quelques hommes remarquables: tel fut ce George III Truchsess qui, commandant en 1525 les troupes du cercle de Souabe, mit fin à la révolte des paysans qui menaçait l'Empire d'un bouleversement; tel fut Maximilien Willibald, qui en 1633 et 1646 défendit vaillamment Constance et Lindau contre l'armée suédoise.

La branche de Zeil a eu des hommes d'État distingués ; deux comtes de cette branche, Jean-Jacques, du rameau de Zeil-Zeil, et Sébastien-Wunibald de Zeil-Wurzach, mort en 1700, ont été présidents du conseil aulique impérial ; le premier a rempli en 1741 la charge de président du vicariat. Ces présidences sont regardées comme une grande illustration.

La ligne catholique de George possédait, jusqu'à la dissolution de l'Empire germanique, la charge de grand maître, dont le doyen de la ligne faisait les fonctions. Les chefs de toutes les branches furent élevés en 1803 au rang de princes, et toutes les possessions de la maison furent érigées en une seule principauté d'Empire. Cette principauté a une surface de 13 1/2 m. c. g. (37 1/2 l. c.) et 23,000 habitants, et rapporte 600,000 fr. L'acte de la confédération du Rhin la plaça sous la souveraineté de la Bavière et du Wurtemberg. La ligne cadette, qui est catholique, se divise en plusieurs branches. La ligne aînée, fixée en Prusse, est protestante. Voici à quelle occasion. Le comte Frédéric était commandeur de l'ordre Teutonique ; il suivit en Prusse le grand maître Frédéric de Saxe, et fut un des chevaliers qui, à l'exemple d'Albert de Brandebourg, leur chef, renoncèrent à la religion catholique et se marièrent. Frédéric épousa Anne de Falkenhain, et fonda la branche actuelle qui est établie en Prusse et porte le surnom de Capustigall. Elle a formé de grandes alliances et fourni des hommes distingués ; mais elle n'a jamais participé aux biens immédiats de la maison. Elle a conservé le titre de comte.

Ecclesia supra Matronam, Chezy-sur-Marne, ou Chezy-l'Abbaye. C'est un gros bourg du diocèse de Soissons, chef-lieu de canton de l'arrond. de Château-Thierry, Aisne. Situé sur la Marne, il doit son origine à une abbaye commendataire de l'ordre de Prémontré, fondée en 1136 par Anselme et Guillaume de Cayeux. Elle passa plus tard à l'ordre de Cîteaux. Peu d'années avant la révolution de 89, elle ne comptait que quatre religieux. A cette époque, les propriétés furent vendues comme biens nationaux, et les bâtiments démolis. L'église abbatiale, monument d'architecture gothique, se faisait remarquer par la beauté et l'élévation de sa nef, ce qui était assez rare dans la géographie monumentale de l'ordre de Cîteaux : car, dans l'architecture monastique, on sait que ce sont les églises de l'ordre de Saint-Benoît qui l'emportaient généralement par la longueur de la nef et l'élévation de la voûte. La population de Chezy est de 1500 habitants environ. Ce bourg est à 6 kil. de Château-Thierry, et 54 de Laon. Le terroir est en vignes, prés, terres labourables et bois.

Elbovium, Elbeuf, ou Elbœuf, ville de l'ancien diocèse d'Évreux, aujourd'hui de celui de Rouen, chef-lieu de canton de l'arrond. de cette ville, Seine-Inférieure, sur la rive gauche de la Seine ; à 16 kil. sud de Rouen, et 104 de Paris. Long. 18, 26, et latit. 49, 20.

Elbeuf ne fut d'abord qu'un marquisat, qui passa de la maison d'Harcourt dans celle de Rieux, et de celle-ci dans celle de Lorraine, en 1554, par le mariage de Louise de Rieux avec René de Lorraine, septième fils de Claude de Lorraine, duc de Guise, et d'Antoinette de Bourbon. De ce mariage naquit Charles de Lorraine, en faveur de qui Henri III, en 1581, érigea Elbeuf en duché-pairie. Cette maison conserva ce nouveau duché jusqu'au moment où elle s'éteignit entièrement dans la personne d'Emmanuel-Maurice de Lorraine, en 1763. C'est à sa propre industrie qu'Elbeuf doit principalement l'éclat dont il brille. Ses manufactures de draps ont constamment joui d'une réputation méritée. Presque tous les auteurs s'accordent à ne faire remonter leur établissement qu'au ministère de Colbert. Cette opinion a été combattue ; et, d'après les preuves données par des personnes qui ont fait à ce sujet des recherches consciencieuses, l'origine des manufactures d'Elbeuf serait beaucoup plus ancienne, sans qu'on puisse cependant la préciser. Il paraîtrait que, dès l'année 1208, on cultivait dans les environs de cette ville, la *guesde* dont on se sert dans les teintures ; mais, ce qui est plus positif, c'est que, dans le XVIe siècle, Elbeuf comptait 80 fabricants. On en pourrait conclure que ceux qui ne font remonter ces manufactures qu'au ministère de Colbert ont confondu l'époque de leur origine avec celle de leurs réglements, qui sont de 1667. Quoi qu'il en soit, la prospérité d'Elbeuf s'accrut rapidement ; et dans le courant du dernier siècle, comme aujourd'hui, on y comptait 300 métiers qui donnaient par an dix mille pièces de draps 5|4, façons de Hollande et d'Angleterre, et qui produisaient plus de 2 millions de liv. Ces manufactures faisaient alors subsister, tant dans Elbeuf que dans les environs, 8 à 9,000 personnes. Pendant les orages de notre révolution, cette prospérité ne put se maintenir ; mais lorsque l'État, ébranlé par tant de secousses, se fut raffermi sur ses bases, Elbeuf reprit peu à peu l'éclat et le rang que son industrie lui avait autrefois mérités. Ses manufactures ont même fait des progrès remarquables. Les draps d'Elbeuf sont sans doute d'une qualité inférieure à ceux de Louviers et de Sédan ; mais le bon marché leur procure un débit considérable. Ils fournissent principalement à la consommation des fortunes moyennes, et cette consommation est une des plus importantes. Les draps de première qualité tiennent le milieu entre les draps de Louviers ; et l'amélioration de ceux de seconde qualité est tous les jours plus sensible. Indépendamment de ses draps, Elbeuf possède des fabriques de tapisseries de laine, dites de Bergame, et de point de Hongrie, qui occupent un grand nombre d'ouvriers. On y voit aussi des ateliers de teinture, deux tanneries et quelques moulins que fait aller un ruisseau qui descend d'un coteau voisin de la ville, et qui va se jeter dans la

Seine. Le progrès industriel d'Elbeuf a influé sur sa population, qui s'accroît tous les jours. Cette ville, qui ne comptait, dans le milieu du siècle dernier, que de 4000 à 4500 âmes, en compte aujourd'hui plus de 12,000 seulement dans ses murs. Sa position sur la Seine lui est très-favorable pour le transport des produits de son industrie et de ses grains ; et sa proximité de Rouen en facilite beaucoup le débit. Il se tient cependant à Elbeuf des foires et des marchés très-avantageux pour son commerce. Cette ville a aussi une chambre consultative de manufactures, arts et métiers. Elle avait deux paroisses et un couvent d'Ursulines, fondé en 1648 par les religieuses du même ordre de la ville de Gisors, à la place même où les Bénédictins du Val-de-Grâce de Rouen avaient fixé leur premier établissement. La paroisse Saint-Jean était du diocèse d'Evreux, tandis que la paroisse Saint-Etienne et le couvent faisaient partie du diocèse de Rouen. La première de ces deux églises est assez bien construite. En 1491, il y avait à Elbeuf une chapelle ou léproserie de Saint-Jacques ; et plus tard on voit dans cette ville deux hôpitaux qui furent réunis en 1728. On a trouvé dans ses environs des indices de houille ; mais il ne paraît pas qu'on se dispose à exploiter cette branche d'industrie ; peut-être aussi n'y trouverait-on pas d'avantages. On a découvert également, dans la presqu'île que forme la Seine depuis Elbeuf jusqu'à la Bouille, un *marbre onyx* qui ressemble à la pierre de Florence, et que l'on peut polir, ainsi que d'excellentes argiles ferrugineuses.

Escuina, Ecouen, paroisse de l'ancien diocèse de Paris, maintenant de celui de Versailles, chef-lieu de canton de l'arrondissement de Pontoise, Seine-et-Oise, à 24 kil. ouest de Pontoise, 36 nord-est de Versailles, et à 18 nord de Paris.

L'ancienneté de ce bourg est incontestable ; mais il serait difficile de dire quelque chose de positif sur son origine ; et jusqu'à sa confiscation sous le règne de Louis XIII, l'histoire d'Ecouen rentre entièrement dans celle de la maison de Montmorency, qui possédait cette seigneurie dès le XIe ou XIIe siècle. On en a la preuve dans la cession que Burchard de Montmorency fit de l'église et de sa dîme au prieuré de Saint-Martin-des-Champs, cette cession fut confirmée en 1119 par une bulle de Calixte II, certifiée, en 1124, par Etienne, évêque de Paris. La charte de Thibaut, un des successeurs d'Etienne, détaille parfaitement cette cession. Cette charte de 1150 dit : *Ecclesia de Escuem cum tota decima et atrio et tortellis Nativitatis Domini et capella de Ezenvilla* ; et un peu plus bas : *Tertiam partem altaris de Escuem*. Plus tard, Matthieu de Montmorency voulut s'opposer à ce que les religieux de Saint-Martin-des-Champs levassent cette dîme dans le territoire d'Ecouen ; mais il fut condamné en 1265, et reconnut lui-même en justice qu'il avait tort. Dans le courant du XVe siècle, à la place de la vieille forteresse, dont la fondation remontait aux temps les plus reculés de la monarchie, les Montmorency firent construire un château que le connétable Anne de Montmorency fit considérablement embellir sous le règne de François Ier, et ce fut alors l'architecte Bullant qui se chargea des travaux nécessaires : le château d'Ecouen est un de ses plus beaux ouvrages. Il domine le bourg au couchant, et offre un aspect imposant et romantique ; il offre un carré parfait de trente-deux toises de côté, flanqué de quatre pavillons et entouré d'un fossé sec. Voici la description qu'en donne Alexis Donnet. « La façade, du côté de Paris, présente un avant-corps décoré des ordres dorique et ionique, avec un attique, surmonté d'un campanille. On entrait sous une galerie éclairée par un portique formé d'un petit ordre ionique. Cette galerie était ornée de bustes de marbre placés dans des niches, et de plusieurs morceaux de sculpture parfaitement exécutés ; elle conduisait à la chapelle qui est construite à gauche dans un pavillon. L'état dans lequel les princes de Condé laissaient depuis longtemps le château d'Ecouen avait entraîné la ruine d'une partie des bâtiments et particulièrement de la galerie, dont la beauté aurait dû commander tous les soins ; mais, au contraire, on aima mieux l'abattre que de dépenser une modique somme de 10,000 francs pour la réparer. Enfin, en 1807, cet édifice fut destiné à une institution des orphelines de la Légion d'honneur ; et l'architecte, M. Peyre, chargé de sa restauration, rétablit cette galerie : mais il en fit un corps de bâtiment divisé suivant les besoins du service auquel il était destiné. La porte d'entrée fut changée et décorée de deux colonnes d'ordre dorique ; une cour, à peu près carrée, de 24 toises de longueur sur 22 de largeur, est formée par les quatre corps de bâtiments qui réunissent les pavillons des angles ; la porte du fond, modèle de grâce et d'élégance, est composée d'une arcade et de deux colonnes doriques, élevées sur leurs piédestaux et couronnées par un entablement ; les tympans de l'un sont enrichis de deux renommées sculptées en bas-relief par Jean Goujon ; les bases des colonnes sont attiques, et les chapiteaux ornés d'oves ; les métopes de l'entablement sont enrichies de trophées d'une exécution très-soignée. Les deux corps de bâtiments latéraux offrent deux avant-corps qui, bien que présentant quelque ressemblance, ne sont cependant pas symétriques ; celui de gauche est le plus remarquable : son ordonnance se compose de quatre colonnes corinthiennes cannelées, élevées sur un stylobate, et couronnées par un entablement dont la frise est aussi enrichie de trophées d'armes ; l'entrecolonnement du milieu, plus large que ceux de côté, est ouvert par deux arcs surmontés de deux grandes croisées ; les entrecolonnes de côté sont ornées de niches et de cartouches d'un dessin gracieux. L'autre avant-corps se compose des deux ordres dorique et ionique l'un sur l'autre. » Il y a près de 300 ans que le chœur et une aile de l'église d'Ecouen furent rebâtis à neuf. On voyait au vitrage de l'église les dates 1554 et

1245, aussi bien que le mot ἄπλανος, qui était familier aux Montmorency de ces temps-là, pour montrer qu'ils ne s'étaient jamais écartés de leurs devoirs : leurs armes se voyaient également aux voûtes. L'église d'Ecouen avait été placée sous l'invocation de saint Acheul, dont elle conserve les reliques; en 1737, elle a été agrandie, mais le mauvais goût a présidé à cette nouvelle construction. L'époque à laquelle Ecouen a commencé à jeter quelque éclat est donc celle où Anne de Montmorency en était possesseur; et quoique l'ignorance de ce connétable égalât sa bravoure, il avait cherché à s'entourer, dans cette demeure, qu'il habitait rarement, il est vrai, d'objets d'art du plus grand prix. On y remarquait entre autres deux statues de *Michel-Ange* (1), et un tableau *du Rosso*, représentant le Christ mort, et qui est actuellement au Musée. Lors de sa disgrâce sous François Ier, en 1540, le connétable se retira à Ecouen, et fit graver sur la porte principale du château ce commencement d'une ode d'Horace :

Æquam memento rebus in arduis
Servare mentem......

Le pavé de la cour était autrefois fort estimé, et représentait une espèce de labyrinthe qu'on y avait formé de pierres de diverses couleurs, et qui n'existait plus dès le commencement du dernier siècle; celui de la grande galerie était en faïence, et l'on peut encore admirer aujourd'hui celui de la chapelle, qui a échappé en grande partie au vandalisme de la révolution. Ce pavé, qui nous représente des sujets tirés de l'Ecriture sainte, se fait remarquer par son exécution et l'heureux choix des figures. On remarquait aussi, dans sa petite galerie, les vitraux, dont les peintures en camaïeu, exécutées d'après les dessins de Raphaël, représentaient l'histoire de Psyché. Ces vitraux, peints en 1545, excitaient l'admiration générale avant qu'un vitrier d'Ecouen, en employant du grès en poudre pour les nettoyer, ne fût parvenu à en enlever toutes les demi-teintes, de manière à laisser en beaucoup d'endroits le verre à nu. Entre autres curiosités que renfermait le château, se trouvait une table faite du tronc d'un cep de vigne, et de trois pieds de diamètre; on y lisait, en caractère d'ivoire : *Dieu est mon grand service.* — Ce château fut souvent honoré de la présence des rois de France. François Ier y donna une déclaration datée du 4 juillet 1527, et Henri II rendit, en 1548, quelques édits également datés d'Ecouen. Ce fut dans ce même château, et par le même prince, que fut donné le fameux édit de juin 1559, qui prononçait la peine de mort contre les luthériens. — En 1652, Henri de Montmorency ayant été décapité, Ecouen fut confisqué, donné l'année suivante à la duchesse d'Angoulême, et finit par passer dans la maison de Condé, qui conserva cette propriété jusqu'au moment de la révolution. Ainsi fut perdue par les Montmorency une propriété à laquelle ils avaient donné beaucoup d'éclat. Cette terre était l'une de celles, dit Lebeuf, sur lesquelles cette illustre maison assigna le plus de revenus pour les monastères et pour les pauvres. En 1205, Matthieu de Montmorency donna à l'abbaye du Val un muid de froment à lever chaque année sur la grange d'Ecouen; et en 1213 il accorda également à d'autres religieux cinq muids de grains à prendre au même endroit; enfin, par son testament, il voulut qu'on prît encore chaque année cinq muids de blé dans la même grange, pour en faire du pain qui serait distribué aux pauvres pendant le carême. Il fit encore d'autres dispositions qui toutes portaient l'empreinte de son humanité et de sa bienfaisance; elles furent religieusement reconnues par ses descendants. — A la révolution, Ecouen devint propriété nationale; mais cette propriété ne fut point aliénée. Il paraît cependant que le château avait été adjugé à quelques spéculateurs qui se disposaient à procéder à sa démolition, lorsqu'on représenta au ministre que la valeur des plombs seuls dépassait le prix de l'adjudication. La vente alors ne fut point confirmée. Le château souffrit des excès révolutionnaires; on parvint cependant à arracher aux mains dévastatrices de cette époque une partie des objets d'art qu'il renfermait. Ces restes précieux comprenaient les vitraux dont on a parlé plus haut, et qui, par ordre du gouvernement, furent plus tard déposés au Muséum des monuments français, nouvellement établi à Paris, dans le cloître des Petits-Augustins, sous la direction de M. Lenoir, ainsi que quatre grands vitraux de la chapelle. Le Primatice avait fourni les dessins des deux premiers qui représentaient l'un la Nativité, et l'autre la Circoncision de Jésus-Christ. On voyait dans les deux autres le connétable de Montmorency au milieu de ses enfants à genoux, et de grandeur naturelle, avec leurs patrons placés derrière eux, mais la tête du connétable n'existait plus; de plus, un groupe, aussi de grandeur naturelle, représentant l'éducation de la sainte Vierge, exécuté en albâtre de Lagny, par Bulland; deux sujets de bataille dessinés et exécutés sur faïence par Bernard de Palissi, et un grand autel en pierre de liais. Cet autel est orné de quatre colonnes de marbre noir, de huit bas-reliefs, de chiffres et d'entrelacs; le bas-relief du retable représente le sacrifice d'Abraham; ceux qui décorent l'autel représentent les quatre évangélistes, la Foi, la Religion et la Force : cet ouvrage est de Bulland aussi bien que le groupe de la sainte Vierge. — Le village d'Ecouen, dont le territoire est fertile en grains, en vignes et fruits, est situé au bas du château; il n'a jamais été fort remarquable par lui-même; et jusqu'à la construction de l'église dont on a parlé plus haut, construction qui eut lieu dans le XVIe siècle, Ecouen dépendait, au spirituel, de la paroisse d'Exanville, petit village distant d'un kil., qui aujourd'hui n'est plus qu'une succursale d'Ecouen. Le seul événement

(1) Ces deux statues furent données par Henri de Montmorency, lors de sa mort, arrivée en 1632, au cardinal de Richelieu, son persécuteur.

avec d'autres présents à Pépin le Bref, qui le donna à l'église de Saint-Corneille. Les historiens qui parlent de cet orgue assurent qu'une femme l'entendant toucher pour la première fois, tomba dans une extase dont elle mourut. C'est l'abbé Suger, premier ministre du roi Louis le Jeune, qui mit des moines bénédictins dans l'abbaye de Saint-Corneille, à la place des chanoines, et qui changea la collégiale en monastère. Dans le xe siècle l'abbaye de Saint-Corneille fut forcée de choisir des avoués ou défenseurs ; elle se mit d'abord sous la sauvegarde des comtes de Champagne, et ensuite sous celle des seigneurs de Roucy. Elle inféoda à huit particuliers différents quelques biens et des maisons, à condition qu'ils lui rendraient certains services : c'est ce qu'on appelait les *huit fieffés de Saint-Corneille*. A certains jours de cérémonie, ils étaient obligés de paraître à l'abbaye avec des dalmatiques ou habits bigarrés, qu'on pouvait regarder comme sa livrée. On croit que le premier abbé de Saint-Corneille fut Hincmar, depuis archevêque de Sens. Sous Louis le Jeune, l'abbé de cette abbaye fut Odon, que l'on croit avoir été de la maison de Montmorency. Ses successeurs furent pendant longtemps tirés de l'abbaye de Saint-Denis ; ensuite on les choisit entre les religieux de l'abbaye même. Il y en eut de la maison d'Estrées et de celle de Châtillon-sur-Marne. Au xvie siècle, les religieux perdirent le droit d'élire leurs abbés ; ils eurent d'abord des cardinaux pour commendataires. En 1656, Simon Legras, évêque de Soissons, qui avait eu l'honneur de sacrer Louis XIV en l'absence de l'archevêque de Reims, et qui avait été pourvu de cette abbaye, étant mort, la reine Anne d'Autriche fit éteindre le titre abbatial, et réunit la mense à l'abbaye royale du Val-de-Grâce à Paris. Le couvent ainsi que l'église Saint-Corneille et Saint-Cyprien ont été démolis dans les premières années de la révolution : sur leur emplacement on a percé une rue et élevé un magasin militaire de fourrages. — Le couvent des Jacobins était fort ancien. Il y avait aussi des cordeliers, des capucins et des minimes. Les jésuites y étaient établis dès l'an 1556 et y tenaient un collège. Leur couvent a conservé la même destination ; il sert de collège. Leur église, nommée Bonne-Nouvelle, vient d'être réparée : c'est la chapelle du collège. Le couvent des Carmélites n'avait été fondé qu'au xviie siècle. L'église Saint-Germain, élevée dans le faubourg de ce nom, avait été reconstruite en 1597, du produit des indulgences accordées par le pape : négligée depuis la révolution, on l'a réparée en 1827. — Il ne reste plus de vestiges du château bâti par Charles le Chauve, et donné par Louis IX aux moines de Saint-Dominique. Ce prince ordonna que sur un autre emplacement on élevât un nouveau palais dont il subsiste bien peu de chose ; il ne reste plus des premières constructions que la chapelle et la grande salle. Louis XI y ajouta l'appartement qui joint la grande salle des Suisses ; d'autres princes vinrent ensuite qui achevèrent cet ouvrage, entre autres, François Ier, qui fit élever la principale porte et ses tourelles, détruites en 1695. Le connétable de Montmorency ordonna la construction d'un appartement près de la porte à laquelle on avait donné le nom de sa dignité. Plus tard, Louis XIV fit embellir les jardins, les réunit au château, en faisant abattre le rempart qui les en séparait, et rétablit toute la partie du bâtiment qui fait face à la forêt. Le grand escalier, le jeu de paume sont dus à ce prince ; mais c'est particulièrement sous Louis XV que les immenses travaux de Gabriel le fils et de Jacques Ange donnèrent au palais de Compiègne cet ensemble qu'on ne devait pas attendre du défaut d'unité de son plan et de la diversité des époques auxquelles furent bâties ses différentes parties. Gabriel, d'un goût sévère, savait allier dans ses compositions la grandeur et la magnificence à de belles dispositions, avantages qui font souvent oublier l'absence du style et de sévérité dans ses ordonnances et le mauvais choix de ses ornements. En terminant la façade du côté de la forêt, entreprise sous Louis XIV, il l'étendit des deux corps de bâtiments latéraux, et construisit sur l'emplacement de plusieurs maisons qu'on abattit, les deux ailes et la colonnade qui en forment la cour d'honneur. Il fit preuve d'un rare talent dans le raccordement de ces constructions disparates, raccordement exécuté sur ses dessins par Leleu, qui a rendu tous les appartements de plain-pied, quoiqu'ils soient au premier sur la cour et au rez-de-chaussée sur le jardin. Le projet de Gabriel comportait, au-devant du palais, une place vaste et régulière, entourée d'un portique de même caractère que le soubassement du palais, et qui aurait établi la communication entre l'édifice royal et ceux destinés à l'habitation des ministres. Cette partie du projet, qui eût complété d'une manière vraiment grande le palais de Compiègne, ne fut jamais entreprise. Sous le règne de Louis XVI, on ajouta peu aux bâtiments, mais on les meubla. — Pendant la révolution, on établit à Compiègne une école des arts et métiers, formée de celle de Liancourt. Toutes les distributions intérieures du palais disparurent ; les somptueux appartements qui avaient jusque-là échappé au vandalisme, furent transformés en ateliers de serrurerie ou de menuiserie : en peu de temps ce château se trouva dans un état déplorable. Rendu en 1806 à sa destination primitive, sa restauration fut confiée à M. Berthault. — La façade du côté de la ville présente deux pavillons en avant-corps, décorés d'une ordonnance de pilastres ioniques, élevés sur un soubassement, de ce côté, régnant dans toutes les parties de ce château, et couronné par un fronton triangulaire. Ces pavillons sont réunis par une double colonnade dorique, dont l'entablement est surmonté d'une balustrade. Au milieu de cette colonnade, une porte couronnée d'un fronton circulaire donne entrée dans la cour d'honneur, comprise entre les ailes qui terminent les pavillons ; au fond de cette cour s'élève le principal corps de bâtiment. Un avant-corps, composé de quatre colonnes ioniques, décore la façade ouverte, ainsi que les autres parties de ce côté du château, de deux étages de croisées : une balustrade règne sur toute l'étendue de cette ordonnance, qui manque de sévérité ; l'entablement complet dans les avant-corps est architecturé dans le reste de la façade ; néanmoins l'ensemble de ce vaste édifice présente un aspect magnifique, grandiose, et surtout une unité parfaite, avantages qui répondent fort bien à sa noble destination ; et l'on ne peut méconnaître, dans cette grande composition, la main du génie qui, combinant la disposition du plan pour les effets produits par les élévations, obtint ces heureux résultats. Cette cour a 34 toises de profondeur sur 25 1/2 de largeur. — Au fond de cette cour est un immense et superbe vestibule, décoré d'une colonnade dorique d'une belle exécution, et recevant les retombées des arcs surbaissés qui forment la voûte. Ce vestibule ouvre accès au grand escalier qui est à double rampe. Au premier étage, la salle qui répète le vestibule, et qui est décorée de pilastres doriques et de trophées, conduit d'un côté à une chapelle fort petite et à la grande galerie, et de l'autre côté à la salle des gardes, par laquelle on entre dans les appartements du roi. — Les appartements du château, par le séjour de l'Ecole des arts et métiers, devinrent, après la translation de cette même école à Châlons, l'objet de réparations considérables. M. Berthault, chargé de la direction de cette entreprise, non-seulement rétablit cette habitation royale dans son ancienne somptuosité, mais encore y ajouta un lustre qu'elle n'avait jamais eu. — De la terrasse on descend par une pente douce et par plusieurs escaliers au jardin qui s'étend dans la plaine. Ce vaste jardin, clos de murs et de fossés, communique avec les avenues de la forêt par des ponts tournants ; on y remarque un berceau d'une longueur considérable : cette cage de fer ne mérite pas les éloges qu'on lui donne. — Une machine à vapeur, construite en 1810 par M. Berthault, fournit les eaux de l'Oise au palais. Ce n'était qu'une construction provisoire, en attendant qu'on pût mettre à exécution le projet conçu par le même architecte, et agréé en 1810, d'amener à Compiègne, par des conduits souterrains, les eaux des étangs de Pierrefont. Ces travaux, qui devaient coûter 1,000,000, auraient fourni aux jardins du palais des jets de 100 pieds de hauteur et d'abondantes eaux à douze fontaines de la ville. — Ce fut dans le château de Compiègne que Napoléon, au mois de mai 1808, relégua Charles IV, roi d'Espagne, son épouse, leur favori Godoy et leur suite. Après quelques mois de séjour dans ce château, le roi détrôné écrivit à Napoléon, se loua du lieu de sa résidence, de ses alentours et des officiers qui le servaient ; mais il lui fit observer que son grand âge et ses infirmités ne lui permettaient pas de passer l'hiver dans un climat auquel il n'était pas accoutumé ; il pria l'empereur des Français de faire transférer à Marseille : Napoléon l'y fit conduire.

Bientôt il désira d'habiter Rome ; il lui fut permis de s'y rendre. — Le 27 mars 1810, à 9 heures du soir, arriva dans le château de Compiègne Marie-Louise, archiduchesse d'Autriche, venue en France pour épouser Napoléon. Ce fut là que les deux futurs époux se virent pour la première fois. — L'hôtel de la sous-préfecture provient partie des propriétés particulières, et partie de l'ancienne église des Minimes. — L'hôtel du tribunal de commerce, bâti sous Louis XIII, a coûté 10,000 fr. environ. L'hôpital a 40 lits. Les prisons sont à côté de l'hôtel de ville. Les casernes, qui se composent de plusieurs bâtiments peu élevés, mais étendus, servent à la cavalerie. Cette ville, comme sous Louis XIV, a vu, sous la Restauration et sous le roi Louis-Philippe de la maison d'Orléans, des camps militaires nombreux et très-brillants, connus sous le nom de *camps de Compiègne*.

Les sœurs de la doctrine chrétienne sont chargées de l'éducation des jeunes filles.

Sont nés à Compiègne : Pierre d'Ailly, chancelier de l'université de Paris, confesseur et aumônier de Charles VI, qui le nomma évêque, ensuite cardinal et légat du pape, auteur d'un traité de la *Réforme de l'Eglise*, né en 1350, mort à Avignon en 1419. Jean Fillion de Venette, légendaire du xive siècle. Il fut carme de la place Maubert à Paris, et composa un poëme de 40,000 vers, intitulé : *Roman des trois Maries*. Ce poëme a été imprimé en 1473. Les deux frères Greban, Arnoul et Simon, au xve siècle. Le premier fut chanoine du Mans, le second docteur en théologie et secrétaire du roi Charles VII. Ils composèrent ensemble, vers 1450, *Le Mystère des Actes des Apôtres à personnages*, dont il y a deux éditions, et plusieurs autres pièces pour le théâtre. — Dom Pierre Coustant, religieux bénédictin de la congrégation de Saint-Maur, né en 1654. Il est connu dans le monde littéraire par de bons et solides ouvrages. — Jacques de Billy, mathématicien, mort jésuite à Dijon en 1679 ; il a donné divers ouvrages de mathématiques et d'astronomie. — Marc-Antoine Hersan, professeur fameux du collège Duplessis et du collège royal de France, fondateur du collège de Compiègne, bienfaiteur des pauvres. Mort dans sa ville natale en 1724, âgé de 72 ans.

| Compiègne (forêt de), départ. de l'Oise, arrond. et canton de Compiègne, près de la porte de cette ville. Cette forêt s'étend jusqu'à Estrées-Saint-Denis et Attichy ; elle a d'étendue de l'est à l'ouest, 19,072 m. (9,800 toises), et du nord au sud 14,598 (9,800 toises) ; elle contient environ 29,000 arpents. On l'appelait autrefois la forêt de Cuise, en latin *silva Cotia*, ou *Cosia*, ou *Cuisia*; car ce nom varie beaucoup dans les auteurs et dans les chartes. Elle dépendait du château de Cuise, où était le siège de la juridiction, qui s'étendait sur toute la forêt, dont il ne reste aujourd'hui qu'une partie. On connaît le goût décidé des premiers rois franks pour la chasse : ils en préféraient l'exercice à toute autre espèce de divertisse-

ment. Parmi les forêts du royaume, celle de Cuise leur parut toujours la plus commode et la plus agréable à parcourir. Ces rois exécutaient leurs parties de chasse avec une pompe et un appareil extraordinaires. Ils étalaient aux yeux du peuple tout l'éclat du pouvoir, et portaient leur magnificence dans le fond des forêts. Ils célébraient ces chasses avec le cérémonial qui accompagnait les tournois sous les successeurs de Hugues Capet. Deux saisons de l'année étaient surtout consacrées aux chasses d'appareil : le printemps et l'automne. Les rois passaient presque toujours ces deux saisons dans leurs palais de la forêt de Cuise : à Verberie, au Chesne, à Choisy-en-Laigne, à Quierzy et à Venette, dont le nom désigne une maison de chasse. Alcuin donne une description de ces chasses générales. L'auteur représente le souverain, environné d'une cour brillante, composée de l'élite des seigneurs français, des comtes, des chefs de la magistrature, si l'on veut appliquer cette expression aux juges de cette époque ; la reine et les dames, ses suivantes, assistaient à ces parties de plaisir, montées sur des chevaux richement caparaçonnés, qu'elles maniaient avec une grande adresse. Ces chasses solennelles commençaient et finissaient avec le jour. Les rois tiraient un double avantage de ces chasses générales ; car, indépendamment du plaisir qu'ils y trouvaient, ils en avaient aussi du profit. Après qu'on avait distribué aux officiers de chasse et aux seigneurs de leur suite des présents en gibier, le reste se vendait au profit du prince. — Les pâturages de la forêt s'affermaient, ou bien les officiers du roi y plaçaient des troupeaux qu'on engraissait ou qu'on vendait au profit du prince. Dans la forêt de Cuise il se trouvait un grand nombre d'étangs et de viviers, dont le produit surpassait beaucoup celui de la chasse et des pâturages ; on en vendait le poisson pour le compte du prince. Presque tous ces étangs sont aujourd'hui comblés. — La forêt de Cuise, ou plutôt de Compiègne, puisqu'elle porte aujourd'hui ce nom, n'avait, avant le règne de François Ier, d'autre route percée en ligne droite que la chaussée Brunehaut. Cette chaussée était une partie de la voie militaire des Romains, commencée par Agrippa sous le règne d'Auguste, et terminée au temps de Caracalla, connue en langue romance sous l'ancien nom de *chemin des ly Estrées*. Ce n'est que dans le XIIIe siècle qu'elle a pris son nom actuel des rêveries d'un certain poëte, nommé Renclery, qui en attribua la construction aux enchantements de certain roi de Hainaut, nommé Brunehaut et contemporain de Salomon. Cette voie fut décorée de colonnes milliaires par Caracalla, ainsi que le prouve l'inscription d'une de ces colonnes trouvées à Vic-sur-Aisne en 1712. La structure de la chaussée de Brunehaut n'est point uniforme : tantôt ce n'est qu'un amas de pierrailles recouvert de sable, tantôt un massif de maçonnerie en moellon hourdé de mortier de chaux. Ici il est tombé, là il ne déborde pas sur la surface du terrain, et ressemble aux fondements d'un grand édifice.

François Ier fit percer la forêt de Compiègne de huit grandes routes ; Louis XIV y ajouta 54 petites laies, et enfin Louis XV y fit ouvrir 229 routes, ce qui étend à 275 lieues le chemin qu'on peut parcourir dans cette forêt. Les immenses bois de Compiègne, tels qu'ils sont maintenant, ne sont eux-mêmes qu'un débris de la vaste forêt de Cuise.

Fanum Corbolii, Corbeil, ville de l'ancien diocèse de Paris, archidiaconé de Josas pour la ville, et archidiaconé de Brie pour les faubourgs, actuellement du diocèse de Versailles, chef-lieu d'arrond. du dépt. de Seine-et-Oise, avec sous-préfecture et tribunal de première instance, à 36 kil. sud-est de Versailles, et 28 sud de Paris. De cette dernière ville on s'y rend par le chemin de fer d'Orléans. Des bateaux à vapeur font également le service sur la Seine. — L'étymologie de son nom a beaucoup exercé les écrivains du XVIIe siècle. Il ne faut pas cependant attendre de leurs recherches des choses plus merveilleuses que ce qui a été dit sur l'origine grammaticale de villes bien plus considérables. Sa ressemblance avec *Corbilo*, ville gauloise sur la Loire, et avec *Corvinus* et *Corbulo*, anciens Romains, a fait imaginer aux uns qu'il pouvait bien dériver de quelqu'une de ces sources. Le vol des corbeaux qui purent aborder dans ces parages a donné lieu de croire à d'autres que son origine devait se tirer du génitif latin et pluriel de ces oiseaux, *a volatu corvorum*, d'où *corvolium*, puis *corbolium* ou *corbolium*. Quelques-uns se sont contentés de dire que la seule inspection de son ancien plan suffisait pour y reconnaître la forme d'une *corbeille*, et que c'est là tout simplement l'étymologie de sa dénomination. Sans s'attacher à réfuter ces diverses étymologies, voici ce qui paraît constant sur la véritable origine de ce lieu. Au commencement du IXe siècle, Corbeil n'existait pas, ou n'était que le nom d'un territoire ou de la réunion de quelques cabanes de pêcheurs ou de bateliers. En l'an 863, Charles le Chauve confirma un échange fait entre les moines de Saint-Germain d'Auxerre et le comte Conrad ; parmi les biens échangés est un mans ou ferme situé aux Corbeilles, *in Corbeliis*. Ces mots, quoiqu'ils s'appliquent à la localité de Corbeil, n'indiquent cependant ni ville, ni bourg, ni château. Dans la même année les incursions des Normands obligèrent ceux qui possédaient les reliques de saint Exupère et de saint Loup de les transporter dans le voisinage de Corbeil et de les mettre en sûreté, non dans ce lieu, qui n'avait point de forteresse, mais dans un château appelé Paluau, proche la jonction des rivières d'Étampes et de Juines, à 2 ou 3 lieues du bourg d'Essonne. Ces reliques conservées contribuèrent dans la suite à l'illustration de Corbeil, qui reçut en moins d'un siècle une consistance qu'il n'avait jamais eue. Sa situation sur la route que suivaient les Normands dévastateurs y fit établir un château, et même un comte pour le défendre. Ce comte, nommé Haymon, fonda près du château l'église collégiale de saint Exupère, premier évêque de Bayeux, depuis nommé saint Spire. Le martyrologe de Paris, écrit vers le milieu du XIII° siècle, dit de cet évêque, au 2 août : *Cujus corpus persecutione Damorum a Redonis civitate fugatum*. Ce même Haymon fit aussi élever une autre collégiale du nom de Saint-Guenaut, abbé en Bretagne, et mourut à Rome, où il était allé faire un pèlerinage. Le second comte de Corbeil que l'on connaisse est Bourchard, qui fut célèbre par sa dévotion et par ses dons aux églises et aux monastères. Il avait été élevé à la cour de Hugues Capet. Ce prince lui fit épouser Elisabeth, veuve d'Haymon, et lui donna les comtés de Corbeil, de Melun et de Paris à gouverner. Ce comte mourut vers l'an 1012, et Odon, moine de l'abbaye de Saint-Pierre-des-Fossés, en reconnaissance des grands biens qu'il avait donnés à son couvent, écrivit son éloge en prose et en vers environ 40 à 50 ans après son décès. Il y détaille ses exploits militaires contre Eudes, comte de Chartres, qui avait voulu lui ravir la ville de Melun, et contre Rainard, comte de Sens, qui persécutait le clergé de sa ville. Bourchard fut toujours très-considéré par le roi Robert. Sur la fin de ses jours il prit l'habit religieux à Saint-Pierre-des-Fossés, et il y faisait quelquefois les fonctions d'acolyte. Une charte de ce comte, donnée en faveur de cette abbaye, finit ainsi : *Actum publici in curia nostra Corboili anno incarnationis Dominicæ* M. VI, ce qui démontrerait que les comtes de Corbeil y avaient dès lors un palais. Déjà le château et la collégiale de Saint-Spire donnaient de l'importance à ce lieu ; déjà l'on y distinguait deux parties, le vieux et le nouveau Corbeil, lorsqu'en 1019 le bourg et le château furent détruits par les flammes. On ignore la cause de ce désastre. Il paraît que l'église collégiale de Saint-Spire fut épargnée ou promptement réparée ; mais ses chanoines ne purent échapper à la méchanceté d'un de ses abbés, nommé Jean ; il exerçait sur eux une tyrannie excessive, n'avait ni charité ni crainte de Dieu, établissait des coutumes injustes et envahissait les droits des chanoines. On voit dans une charte que le roi Henri I°ʳ protégea les chanoines opprimés contre la tyrannie féodale de leur abbé. Passant sous silence la conduite des abbés de Saint-Spire, reprenons la suite des comtes de Corbeil. Le troisième comte s'appelait Mauger. On prétend qu'il était fils de Richard I°ʳ, duc de Normandie et de Gonor. Guillaume Mauger, fils du précédent, et quatrième comte de Corbeil, se fit, sur la fin de ses jours, moine dans l'abbaye de Saint-Pierre-des-Fossés, et y mourut au commencement du règne de Philippe I°ʳ, vers l'an 1060. Le cinquième comte de Corbeil se nommait Rainaud. Il paraît à la suite de la cour du roi Philippe I°ʳ dans l'acte de la dédicace de l'église Saint-Martin-des-Champs, qui eut lieu en 1067 ; il y est ainsi désigné : *Rainaldus comes Curbuliensis*. Le sixième comte de Corbeil fut Bourchard II du nom. Il fit la guerre au roi Philippe I°ʳ, et eut la folle prétention de le détrôner. Suger, abbé de Saint-Denis, qualifie ce comte de *superbissime comte*, homme séditieux, bouffi d'un orgueil ridicule. Ce comte audacieux osait aspirer au trône. Un jour qu'il prit les armes contre le roi, il refusa de recevoir son épée de la main de celui qui la lui présentoit, et s'adressant à son épouse, il lui dit : *Noble comtesse, donnez avec joie cette magnifique épée au noble comte qui la reçoit de vous comme comte, et qui vous la rendra en ce même jour comme roi.* Le téméraire comte avait mal calculé : il fut tué. Eudes ou Odon, fils du précédent et septième comte de Corbeil, pilla en 1111 le monastère de Sainte-Marie, nouvellement construit et situé près de cette ville. Comme le monastère appartenait à l'abbaye de Saint-Denis, ce comte fut excommunié ; il se fit absoudre bientôt après, en restituant ce qu'il y avait enlevé et en renonçant aux coutumes qu'il avait établies. L'abbé Suger, dans sa vie de Louis le Gros, dit que ce comte de Corbeil n'était pas un homme, mais une brute : *Hominem non hominem, quia non rationalem sed pecoralem*. Il mourut en 1116. Philippe, fils naturel de Bertrade, comtesse d'Anjou, et du roi Philippe I°ʳ, comte de Meulan, fut créé comte de Corbeil ; mais il en fut dépouillé dans la suite par son frère le roi Louis le Gros. Ce dernier, pour se mettre en garde contre les nobles, ses ennemis, fortifia plusieurs lieux des environs de Paris, et mit Corbeil sous sa puissance. Cette ville rentra alors dans le domaine du roi, cessa d'être chef-lieu d'un comté et devint le siège d'une châtellenie et d'une prévôté. — Au mois de novembre 1119, le pape Calixte II, accompagné du roi Louis le Gros et de la reine Adélaïde, vint séjourner à Corbeil. Louis IX et Philippe le Hardi, dans la suite, ont logé quelquefois dans cette ville, ce qui fait présumer qu'elle était assez importante. Vers l'an 1120, Abeilard, forcé par les intrigues et les persécutions de ses ennemis de fuir Melun, se retira, avec ses nombreux écoliers, à Corbeil et y établit son école ; mais peu de temps après son établissement dans cette ville, fatigué par son application à l'étude et par les très-fréquents assauts qu'il soutenait dans les disputes littéraires ou théologiques, il tomba malade et se rendit dans son pays natal. — Malgré les guerres continuelles de cette époque, Corbeil s'accrut de quelques chapelles, d'églises paroissiales, de monastères. La collégiale que le comte Haymon fit bâtir au X° siècle sous le titre des douze apôtres et des saints Exupère et Loup, évêques, dont les corps y furent placés, n'est pas la même que l'on voit aujourd'hui ; elle fut brûlée vers l'an 1140 : on mit à la reconstruire l'espace de plus d'un siècle, et en 1437 seulement la dédicace en fut faite par Jean Léguisé, évêque de Troyes. L'édifice qui subsiste de nos jours porte des marques de différents siècles et il n'a rien que d'assez simple ; on le trouve un peu écrasé selon la mode du temps. Les reliques sont ce qu'il y a de plus remarquable dans cette église. Comme la châsse de saint Spire avait été endommagée dans le temps des guerres, on travailla à la réparer. « Elle étoit, dit l'abbé Châtelain, de vermeil à la gothique, grande et magnifique. » Sous François Ier, il régnait de grands désordres parmi les chanoines de cette collégiale. Un arrêt du parlement porta la réforme parmi eux. Saint-Guénaut, autre église collégiale, était située dans l'enceinte du château; on ignore son origine, mais on a la certitude qu'elle existait en 1125. — Saint-Jean, appelé aussi Saint-Jean-de-l'Ermitage, ou le Petit-Saint-Jean, pour le distinguer de Saint-Jean-en-l'Ile, était un prieuré fondé au XIe siècle par Nanterus ou Nantier, vicomte de Corbeil; on y révérait les reliques de saint Quirin, compagnon de saint Nicaise, martyr du Vexin, et de sainte Pience. Le prieur de ce lieu jouissait autrefois d'un droit fort singulier : le curé de Saint-Port, au diocèse de Sens, devait lui fournir, le jour de saint Jean-Baptiste, trois chapeaux de roses vermeilles et trois paires de gants rouges, et était tenu de les apporter au prieur pendant son dîner, sous peine de 5 sous d'amende : cette redevance était établie à cause d'une terre située à Saint-Port, nommée la *Terre des Chapeaux*. — L'église Notre-Dame, dont on ignore le fondateur, a paru à quelques-uns la plus ancienne des églises de Corbeil, à cause des figures qui ornaient son portail. Cependant on ne trouve aucune preuve de son existence avant le milieu du règne de Philippe Ier. Le premier acte qui en fait mention est de 1093. Comme à Saint-Spire, cette église était desservie par un chapitre composé de douze chanoines et présidé par un abbé. Ce chapitre croyait posséder dans son église le corps de saint Yon; l'église du village de Saint-Yon croyait posséder le même corps. Foulques de Chanac, évêque de Paris, faisant la visite de son diocèse, avait appris que l'on montrait dans l'église du village de Saint-Yon une châsse où l'on prétendait conserver le corps de ce saint martyr, et que l'on avait les mêmes prétentions à Corbeil dans l'église de Notre-Dame. Pour s'assurer de la vérité, il se transporta à Saint-Yon le mercredi des Rogations 1343, et ayant ouvert la châsse qui, suivant l'opinion générale, contenait le corps entier du saint, il n'y trouva qu'une partie des reliques qu'on disait appartenir à saint Yon et quelques ossements de plusieurs saints et saintes. Le vendredi suivant, l'évêque, étant venu à Corbeil, fit descendre de dessus le grand autel de Notre-Dame une châsse très-grande et très-ancienne, couverte de plaques de cuivre, où d'un côté était figuré saint Yon avec le bourreau qui lui coupait la tête; au bas on lisait ces mots :

Beati Yonii martyris.

Ayant ouvert une petite porte qui s'y trouvait, il en tira une grande quantité d'ossements entiers, d'autres en fragments, et un crâne entier qui ne paraissait pas si ancien que les autres ossements, parmi lesquels parut une cédule en lettres très-anciennes, portant ces mots :

Hic requiescunt ossa beatorum martyrum Yonii et Cancii.

Les chanoines lui produisirent martyrologes anciens, dans lesquels au 5 août on lit : *Corboilo sancti Yonii martyris*; le livre des proses de l'église, où dans celle de saint Yon se trouvent ces lignes : *Ipsius ob martyrium lætare, plebs Castrensis. Quod tanti sanctuarium servas, gaude, Corbolium,* et d'autres semblables monuments. La construction de cette église remontait au commencement du XIIIe siècle; elle était d'une structure fort massive, avec une aile de chaque côté et des galeries, le tout bâti à l'époque où le gothique commençait à se montrer par les arcades en pointe. La tour était plus délicatement travaillée dans les parties extérieures et élevées; au portail se voyaient de chaque côté trois statues longues et étroites, dont celle du milieu représentait une reine. Il y a environ vingt ans, on vendit cette église avec la condition expresse de la démolir. Les acquéreurs ont employé les matériaux à la construction de deux maisons, et sur une partie de son emplacement ont fait percer une rue qui descend sur le bord de l'eau. — L'église Saint-Nicolas, paroissiale de Corbeil et succursale d'Essone au XVIe siècle, ayant été abattue parce qu'elle nuisait à la défense de la ville pendant la guerre de la Ligue, les habitants obtinrent, en 1601, que l'église Notre-Dame, où ils n'avaient qu'un autel, leur servirait de paroisse, les chanoines réunis préalablement à ceux de Saint-Spire; et Tristan Canu, curé de Corbeil, fut mis en possession de cette église quelque temps après. Un des plus illustres curés qu'ait eu cette église depuis cet événement, a été Joseph Adine, dont on lisait l'épitaphe sur un marbre blanc, proche le jubé, en entrant au chœur; elle était ainsi conçue :

Hic requiescit
Deo, proximo, non sibi natus,
Josephus Adine, Autissiodorensis,
Hujusce urbis Corbolii dignissimus pastor,
Quem ad aras Omnipotentis
Incessu gravi, angelico vultu,
Omnium in se oculos habentem
Vidimus.
Quem in sublimi leges docentem divinas,
Justorum virtutes inflammantem,
Pœnitentium animos erigentem,
Peccantium corda profligantem
Audivimus.
Quem in secreto verum animarum medicum
Verbo, lacrymis, exemplo
Vidimus, audivimus, habuimus.
In quibus omnibus immorantem
Corbolium videbat, mors rapuit, cœlum voluit.
Æternam pietatis suæ monumentum
Gregi reliquit suo.
Solemnia sancti Joseph omni celebranda ævo;
Oret pro grege in cœlis,
Quem in terris paterno fovebat affectu;
Eique requiem qua jam fruitur obtineat æternam.
Obiit die decima octava aprilis
Anno Domini 1684, *ætatis suæ* 52.

L'église Saint-Jean-en-l'Ile doit ce surnom à

situation dans une île formée par deux bras de la Juine, qui s'écartent avant de se jeter dans la Seine; elle était desservie par douze prêtres professant la règle de saint Augustin, selon l'ordre des chevaliers de Saint-Jean de Jérusalem. Une princesse danoise, épouse du roi Philippe-Auguste, Isburge ou Isemburge, fut la fondatrice de cette communauté, à laquelle elle assigna pour sa nourriture 50 muids de grain à prendre sur le minage des grains qui se vendaient au marché de Corbeil. Cette princesse malheureuse, entrée dans la couche nuptiale, fut répudiée et reléguée à Etampes, où elle expia, pendant de longues années, dans l'exil et les prisons, et, par la privation des choses les plus nécessaires à la vie, le crime d'avoir déplu à son royal époux. Corbeil et ses dépendances furent donnés à cette princesse à titre de douaire ; elle s'y retira après la mort du roi, et y fonda cette église et cette communauté, qui devint commanderie et le siége du grand trésorier de l'ordre de Malte. Le tombeau de la fondatrice, placé d'abord dans le chœur de l'église, fut transporté au fond de la croisée méridionale. On y voyait sur une table de cuivre, la figure de cette princesse, ornée des attributs de la royauté, et on y lisait cette inscription :

Hic jacet Isburgis regum generosa propago ;
Regia quod regis fuit uxor signat imago.
Flore nitens morum vixit, patre rege Danorum
Inclyta Francorum regis adepta torum.
Nobilis hujus erat, quod in orbis sanguine claro
Invenies raro, mens pia, casta caro.
Annus millenus aderat deciesque vicenus,
Ter duo terque decem, cum subit ipsa necem.
Felicis duce vitæ subducta caducœ...
Hugo de Plagiliaco me fecit.

Cette épitaphe, en mauvais latin, n'apprend rien, si ce n'est qu'Isemburge mourut en 1236, le 14 janvier, jour de la fête de saint Félix. Le monument a été recueilli par M. Lenoir, qui l'avait fait placer au musée des monuments, rue des Petits-Augustins. Dans le sanctuaire était la tribune où se plaçait cette reine lorsqu'elle assistait à l'office. On y montrait un petit chariot de fer monté sur quatre roues, qu'on traînait dans l'église, pour la réchauffer en hiver. Au midi était un vaste bâtiment nommé le *Palais de la Reine*, où se voyait la chambre d'Isemburge et même son lit en écarlate. Les lecteurs qui voudront avoir une idée du goût des orateurs de ce temps, en auront une bien juste, quand ils sauront que l'évêque de Tournay disait de cette reine : « Elle égala Sara en prudence, Rébecca en sagesse, Rachel en grâce, Anne en dévotion, Hélène en beauté et Polixène en majesté. » — Ce fut dans le palais d'Isemburge que le grand maître de Malte, Villiers de l'Ile-Adam, tint un chapitre de son ordre. L'église, la commanderie, le palais, tout a disparu ou changé de face pendant la révolution ; une poudrerie les a remplacés. Le tombeau de l'épouse de Philippe-Auguste n'a pas été conservé ; il paraît que le métal dont il était couvert a tenté la cupidité et causé sa destruction. — La chapelle royale ne subsiste plus depuis longtemps ; ce fut Louis IX qui l'avait fait rebâtir entre la tour de l'angle septentrional, dite la tour de Corbulo, et la maison du prieuré de Saint-Guenaut. Au bout de la salle de cette maison, il fit bâtir en 1258 une chapelle à deux étages. La chapelle de dessous était en l'honneur de saint Jean-Baptiste ; celle de dessus en l'honneur de la sainte Vierge, avec un autel de saint François à droite, et un de saint Pierre, martyr, à gauche ; et pour y célébrer l'office divin, il y fonda trois chanoines réguliers, du consentement de l'abbé de Saint-Victor, et les joignit aux quatre autres fondés à Saint-Guénaut par le comte Haymon, ordonnant que l'un des trois célébrerait chaque jour dans la chapelle basse, et les deux autres dans celle de dessus. Tous ces lieux ont changé de face il y a plusieurs siècles, et il ne paraît plus qu'il y ait eu de chapelle. — La maison religieuse des Récollets était au faubourg septentrional de Corbeil. Elle s'est transformée en habitation particulière. Ce fut en 1637 que les officiers de cette ville présentèrent requête à l'archevêque de Paris pour leur permettre de recevoir ces religieux. Cette permission leur fut accordée le 10 mai de la même année. Leur église ne fut achevée qu'en 1680, et consacrée qu'en 1731 par le P. Louis Lebel, évêque de Bethléem, qui était de leur ordre. Elle était sous l'invocation de sainte Geneviève. Ce couvent fut supprimé en 1790. — Les sœurs de la congrégation de Notre-Dame, de l'institut de B. Pierre Fourrier de Mattincourt, furent appelées à Corbeil en 1642, pour l'éducation gratuite des filles de la ville. La cérémonie de leur prise de possession se fit en 1643, le jour de saint Laurent. Indépendamment de cette congrégation, il en existait une autre sous le nom de filles de la congrégation de Saint-Vincent de Paul, pour le service de l'Hôtel-Dieu de Corbeil. On croit cet Hôtel-Dieu si ancien que la reine Adèle de Champagne, veuve de Louis VII, n'en fut que la restauratrice et la bienfaitrice. Jacques Bourgoin est aussi du nombre de ses bienfaiteurs. C'est encore à ce particulier que Corbeil doit l'établissement d'un collège pour l'éducation de la jeunesse. Le contrat de la fondation de cette maison est de 1657. Avant la révolution, les revenus de l'Hôtel-Dieu n'étaient pas considérables. Il y avait quatorze lits, moitié pour hommes, moitié pour femmes. La léproserie de Corbeil était du titre de Saint-Lazare ; on croit qu'elle fut établie par Eudes de Sully, évêque de Paris en 1201, pour les femmes, tant du voisinage de cette ville que pour celles du voisinage de Melun. Le prieur de Notre-Dame-des-Champs disputa, en 1257, à cette maison, le droit du forage du vin le jour de la foire Saint-Michel ; mais le parlement l'adjugea à la léproserie. La même maison avait aussi le droit d'envoyer prendre chaque jour dans le bois des templiers, appelé *Rogellas*, une charretée de bois à un cheval ; ce qui fut aussi confirmé par le parlement en 1260. En 1332, elle avait à prendre sur le revenu du roi, à Corbeil, la somme de 60 liv. En 1346, il y eut procès au parlement relativement à celui à qui il appartenait de conférer cette léproserie. Il parait que ce droit fut attribué au roi, car on trouve que lorsque Louis d'Albiac cessa d'en jouir, elle fut conférée à Jacques d'Albiac par lettres de Louis XII, le 3 novembre 1513. Il eut pour successeur Philippe Chesneau le 8 septembre 1516. On y voyait encore des lépreux en 1548, suivant un arrêt du parlement, qui ordonne d'y en enfermer un; mais en 1631, cette maison était devenue un ermitage. Comme elle venait d'être réparée, l'archevêque de Paris y établit quelques ermites. On ne lui donna plus le nom de maladrerie de Saint-Lazare de Corbeil; on l'appela le Mont-Saint-Michel. — Plusieurs reines eurent leur douaire assigné sur Corbeil et habitèrent cette ville. La première fut Adèle de Champagne, épouse de Louis VII; elle y résida quelquefois depuis la mort de ce prince; la seconde fut Isemburge, épouse de Philippe-Auguste. Elle s'était retirée à Corbeil après la mort du roi, arrivée en 1223; la troisième fut Blanche de Castille, qui resta veuve de Louis VIII dès l'an 1226, et vécut jusqu'en 1250: elle y était en 1248, lorsque Louis IX, avant de partir pour la terre sainte la même année, l'établit régente du royaume par lettres datées de l'Hôpital-lez-Corbeil, c'est-à-dire Saint-Jean-en-l'Ile. La quatrième fut Marguerite de Provence, veuve de Louis IX; la cinquième fut Clémence de Hongrie, veuve de Louis le Hutin, depuis l'an 1316. Quoiqu'il ne reste presque point de vestiges de l'ancienne habitation de nos rois à Corbeil, comme à Saint-Germain-en-Laye, il n'en a pas moins un pendant plusieurs siècles l'avantage qu'ont partagé depuis Fontainebleau, Compiègne et Versailles. Louis le Gros prit possession du château des comtes de Corbeil après en avoir soumis et châtié le dernier propriétaire. Louis VII y résidait en 1143, et saint Bernard vint l'y trouver et lui parler de l'incendie de Vitry en Champagne. L'année précédente, il y avait confirmé une donation faite aux religieux de Saint-Maur-les-Fossés. Louis IX, non content de faire ses dévotions tantôt à Saint-Jean-en-l'Ile, où il logea en 1244 et 1248, tantôt à Saint-Jean-de-l'Hermitage dans Corbeil, plus souvent à Saint-Guénaut, qui était à sa porte, fit bâtir en 1258 une chapelle à deux étages, dont on a déjà fait mention. Selon Joinville, la cour était alors composée de plus de 300 chevaliers. Vers 1262, Jacques Ier, roi d'Aragon, vint régler quelques différends avec le roi, et le mariage de sa fille avec Philippe le Hardi. Philippe le Bel tenait sa cour à Corbeil en 1290; ce même roi y était encore en 1303. Philippe le Long faisait sa résidence la plus ordinaire à Corbeil; il s'y maria en janvier 1306 avec Jeanne, fille d'Othon IV, comte de Bourgogne. Au mois d'avril 1329, Charles le Bel signa à Corbeil une alliance avec Robert, roi d'Ecosse. Louis XI et Louis XII séjournèrent aussi au même château; le premier n'y passa que deux jours après la bataille de Montlhéry en 1465; le second y venait assez souvent, et c'est là que le recteur de l'université de Paris et ses suppôts vinrent le trouver pour recouvrer ses bonnes grâces. — Plusieurs sièges et combats ont désolé Corbeil. En 1357, cette ville fut prise et pillée par un chef de guerre, appelé le Bègue de Villaines, et ensuite, en 1358, par les Anglais et les Navarrais. En 1363, des gens d'armes français, après avoir pris le château des Murs, voisin de Corbeil, se jetèrent sur Corbeil et s'y livrèrent à des excès tels qu'auraient pu en commettre des soldats ennemis. En 1369, Robert Kanole, capitaine anglais, se porta vers Corbeil, dont il brûla les faubourgs. Sous Charles VI cette ville ne fut pas plus heureuse. En 1415, le duc de Bourgogne forma le projet de s'en emparer, afin d'affamer Paris; mais un corps de troupes du parti du dauphin ou des Armagnacs, commandé par Barbasan, le prévint, occupa cette ville et y mit une forte garnison. Le duc de Bourgogne vint l'assiéger, l'attaqua pendant un mois sans succès et fut obligé de lever le siége. Il y fit et causa de grandes pertes. Corbeil devint alors un lieu de réunion; d'asile et de conférence. Le château de cette ville, au bout du pont sur la rive gauche de l'Oise, était vaste et bien fortifié pour le temps. Dans sa grosse tour, fameuse par son élévation, Charles VII fit enfermer en 1487 le fameux Georges d'Amboise, qui n'était encore qu'évêque de Montauban. Il obtint la permission d'être transféré de la prison de cette tour dans une des chambres du château. Ce château devait à l'évêque de Paris un cierge du prix de vingt sous, redevance que le roi Philippe-Auguste reconnut en 1222; il reconnut aussi en même temps le droit qu'avait cet évêque de se faire porter, lors de son installation, sur les épaules de deux chevaliers du château de Corbeil. La seigneurie de cette ville fut engagée, vendue et échangée par plusieurs rois. Louis XII la vendit le 8 juin 1513 à l'amiral Louis de Graville. François Ier la céda, en 1530, à Antoine Dubois, évêque de Béziers, en échange d'autres terres que ce prélat lui donna pour le rachat de sa personne. Henri II donna, en 1550, à François de Kervenenoy la châtellenie de Corbeil, rachetable de 25,000 livres. Elle fut engagée en 1552 à Guy Larbaleste, vicomte de Melun, seigneur de la Borde, président en la chambre des comptes; en 1580 la demoiselle de la Borde jouissait par engagement du domaine de Corbeil; mais quelques années après, cette seigneurie passa à Nicolas de Neuville, seigneur de Villeroi, et resta dans sa famille au même titre d'engagement. — Le protestantisme s'introduisit à Corbeil. Le prévôt de cette ville, nommé Berger, fut un des premiers qui manifesta son penchant pour cette religion. Le 17 novembre 1562, les princes de la maison de Bourbon s'étant déclarés les protecteurs des protestants, depuis longtemps persécutés, le prince de Condé vint mettre le siége devant Corbeil; mais comme cette ville se défendit vigoureusement, les protestants levèrent le siège le 21 novembre. Ce fut dans ces troubles que les moulins à papier qui étaient sur la rivière de la Juine furent détruits. — Les habitants de Corbeil, forcés ou séduits, embrassèrent le parti de la Ligue. Le 19 avril 1590, Henri IV se porta avec son armée devant cette ville, qui, à dix heures du matin, lui ouvrit ses portes. Les ligueurs sentirent bientôt la nécessité de posséder cette place; le 22 septembre suivant, ils se présentèrent aux portes de Corbeil avec une armée commandée par le duc de Parme. Celui-ci croyait s'en rendre maître dans l'espace de cinq à six jours; mais ce ne fut que vingt-quatre jours après le commencement du siège, le 16 octobre suivant, qu'il parvint à le soumettre; pour cela il donna un assaut général et sacrifia un grand nombre de soldats. La résistance des habitants de Corbeil eut pour eux les suites les plus funestes. Le duc de Parme livra la ville au pillage, et ses soldats passèrent tout au fil de l'épée, sans distinction de rang, de sexe et d'âge. Rigault, chargé de défendre Corbeil, fut tué sur la place. Le 10 novembre de la même année, de Givry, gouverneur de la Brie, stimulé par une lettre d'Henri IV, partit de Melun, et dans l'espace d'une heure reprit cette ville par escalade. Toraquo, Espagnol, que le duc de Parme y avait laissé, y fut tué. — Corbeil est aujourd'hui, comme il était au XIe siècle, divisé en deux parties par le cours de la Seine. La partie située sur la rive droite, anciennement nommée *Vieux-Corbeil*, la moindre en étendue, est considérée comme un faubourg. Sur une colline qui domine la ville était l'ancienne église paroissiale Saint-Germain, dont l'église Saint-Jacques était succursale. Ces deux églises avaient nécessairement des rapports entre elles. Saint-Germain était la plus élevée, et sa vue extérieure annonçait l'antiquité. L'intérieur n'en était pas moins imposant. L'édifice paraissait être du XIIIe siècle. Le chœur était orné de galeries qu'on pouvait présumer être du XIIe siècle. Elle était entièrement voûtée, accompagnée d'une aile de chaque côté, mais il n'y avait pas de rond-point, et elle finissait en carré. Le devant de l'église était décoré d'un beau vestibule ou porche voûté, soutenu de colonnes délicates. Le côté septentrional de l'église était soutenu par la tour du clocher surmontée d'une haute flèche d'ardoise. La sépulture la plus remarquable de cette église était celle d'un chevalier représenté en homme de guerre avec un lion à ses pieds; il avait le visage et les mains de marbre incrusté dans la tombe; son bouclier, dépourvu d'armoiries, paraissait désigner le XIIIe siècle. Il n'y avait aucune inscription sur cette tombe. L'église Saint-Jacques était originairement une chapelle de templiers bâtie au XIIIe siècle sous le règne de Louis IX; sa construction ressemblait assez à celle des anciens réfectoires voûtés des grandes abbayes, et elle n'était soutenue dans le milieu que par trois colonnes très-délicates. L'église qui a succédé à celle Saint-Germain est Saint-Léonard, située au bas de la colline. Cette église paraît être du XIIIe siècle; il n'y a qu'une aile collatérale : l'œuvre et le maître-autel ont été récemment construits et décorés. Un tableau du patron fait le fond et l'ornement de la contre-table. Saint-Léonard n'est au faubourg de son nom que ce qu'est Notre-Dame dans la ville, une succursale. Saint-Pierre du Perray, dont il dépend, est la principale paroisse. Le prince des apôtres n'est pas le seul qui ait été honoré sur la montagne où elle est située. La sainte Vierge y avait une chapelle, et saint Melaine, évêque de Rennes, une église, l'une et l'autre sur le territoire du grand et petit Mory, et dépendantes de l'abbaye de Saint-Maur-les-Fossés. Il n'en reste plus que des vestiges, et tout a été réuni au Perray après les guerres qui avaient tout détruit. L'église est un édifice presque carré et le chœur est voûté. La structure des piliers annonce le XIIIe ou le XIVe siècle. Le lundi de Pâques, les paroissiens de Saint-Léonard montent en procession au Perray, en signe d'hommage et dépendance. — Au bas de la colline, où se trouve l'église Saint-Léonard, un beau pont en pierre qui remplace d'autres ponts plus anciens, en pierre ou en bois, sert à communiquer de cette partie de Corbeil à la partie située sur la rive gauche de la Seine. Cette seconde partie, spécialement nommée la ville ou le nouveau Corbeil, est plus étendue et plus populeuse que l'autre. Au bout du pont, du côté de la ville, se trouvait l'ancien château. Dans cette partie est encore l'église Saint-Exupère, ou vulgairement Saint-Spire, aujourd'hui paroisse de Corbeil. La dévotion y attire tous les ans, au mois de mai, un concours considérable de peuple pour honorer les reliques de ce martyr et implorer son secours contre certaines maladies; c'est aussi dans cette partie qu'étaient l'église et la maison de Saint-Jean-en-l'Ile, dont il a été déjà fait mention, transformées depuis en poudrière, et que se trouvait l'église Saint-Guenaut, où l'on avait placé les prisons et la bibliothèque, composée de 6000 vol. Cette bibliothèque a été transportée *quai de l'Instruction*, dans la maison de l'ancien collége. Ce que Corbeil offre de plus remarquable sont les magasins à grains, construits sous le ministère de l'abbé Terray. Les moulins à douze tournants dans deux cages, mus par la rivière d'Essonne, à sa chute dans la Seine, appartenaient à l'Hôtel-Dieu de Paris, et dataient de 1665. On les a remplacés par deux moulins à l'anglaise, qui ont permis de conserver les douze meules, et de les employer au moyen de deux roues seulement. La halle au blé de cette ville est, sous le rapport de l'architecture, digne d'attention, et c'est, indépendamment de toute comparaison, un très-bel édifice; elle fut bâtie, en 1780, par M. Viel, architecte des hôpitaux et hospices de la ville de Paris. Sa forme est un rectangle de 152 pieds de long sur 44 de large, terminé par deux pavillons. Elle est ouverte dans son pourtour par trente arcades, et sa largeur est partagée au rez-de-chaussée et dans toute sa longueur, en deux nefs, par une file de piliers. Un escalier circulaire, placé au milieu, conduit aux deux étages supérieurs. Cette halle, qui ne sert pas à l'usage auquel elle a été destinée, est située sur le bord de la Seine, au milieu d'une place vague et longtemps négligée. On l'a depuis quelque temps ornée de plantations qui ajouteront à l'effet piquant de cet intéressant monument. — Il se fait à Corbeil un commerce considérable de grains et surtout de farines; un vaste bâtiment, nommé *le Magasin*, reçoit les farines destinées à l'approvisionnement de Paris. Il y a des fabriques de toiles peintes, sangles, colle forte. Filatures de coton, tanneries considérables, moulins à tan, papeterie, fonderie et batterie de cuivre. — Il se tient chaque année à Corbeil, le 5° dimanche après Pâques, une foire. Le marché est le mardi et le vendredi de chaque semaine. Sous Louis XV on y comptait 1963 habitants; aujourd'hui leur nombre s'élève à 6500. Parmi les savants, les doctes et les littérateurs que Corbeil a vu naître ou qui ont habité cette ville, on distingue : 1° Jean de la Barre, prévôt de Corbeil pendant 17 ans, à qui on est redevable d'une histoire intitulée : *Les Antiquités de la ville, comté et châtellenie de Corbeil*, in-4°, 1647; 2° Jean-François Beaupied, docteur en théologie, abbé de Saint-Spire en 1732; il a écrit les *Vies et miracles de saint Spire et de saint Leu, évêques de Bayeux*, in-12; 3° Jean Boquet, chanoine du chapitre Notre-Dame de Corbeil, qui a publié les *Vies de saint Exupère et de saint Loup*, in-12, 1627; 4° Gilles de Corbeil, médecin de Philippe-Auguste, vivait au XII° siècle; il écrivit un ouvrage en 6000 vers latins, sur la vertu et le mérite des médicaments : on a encore de lui un poëme latin *de Urinarum judiciis*, in-8°, imprimé à Lyon; 5° Michel Godeau, professeur d'éloquence au collége des Grassins de Paris, traducteur de Boileau en vers latins, mort à Corbeil en 1736; 6° Pierre de Corbeil, professeur en théologie à Paris, vécut sous Philippe-Auguste; il fut successivement évêque de Cambrai, puis archevêque de Sens: On lui attribue un *Commentaire sur saint Paul et des Sermons*, avec d'autres opuscules. L'abbé Lebeuf dit qu'on conserve à la bibliothèque du roi un manuscrit de cet archevêque, intitulé : *Petri de Corbellio Satyræ adversus eos qui uxores ducunt*; 7° Jean-Baptiste Reculet, mort principal du collége de Corbeil, a composé plusieurs pièces de poésie latine et française; 8° Dansse de Villoison, né à Corbeil, mort à Paris le 26 avril 1805, âgé de 50 ans, fut à la fois célèbre helléniste et savant voyageur. A 22 ans, il publia un lexique inédit d'Homère, avec un commentaire en 2 vol., et plusieurs autres ouvrages, fruits de ses voyages et de ses recherches dans les bibliothèques étrangères, membre de l'institut, professeur de littérature grecque au collége de France. La ville de Corbeil est sur la Seine qui la traverse. La rivière d'Essonne s'y réunit.

Fanum Curmiliacæ, Corbie, petite ville du diocèse d'Amiens, chef-lieu de canton de l'arrond. de cette ville, Somme; dans une situation agréable, près du confluent des rivières de Somme et d'Ancre, à 16 kil. est d'Amiens, à 32 de Péronne, et 131 de Paris. Popul. 3000 hab. Long. 20, 10, 28; lat. 49' 54, 32. On y trouve des fontaines minérales et ferrugineuses qui produisent, croyait-on et croit-on encore, des effets admirables dans les maladies chroniques provenant de l'épaississement des liqueurs, et d'obstructions des viscères et du bas-ventre. Elle a une place publique assez belle. On y voit des fabriques de velours de coton, de tricots de laine, d'ouvrages au tour; filatures de laine; moulins à tan; exploitation de tourbe. — Cette ville, déjà connue au VII° siècle sous le nom de *Corbeia*, était dans le Santerre, petit pays de l'Amiennais (Picardie). Très-peuplée et très-bien fortifiée autrefois, elle était encore riche et florissante vers la fin du siècle dernier. Les Espagnols la prirent en 1636; Louis XIII la reprit au mois de novembre de la même année, aidé par l'industrie, la bravoure et l'intrépidité de huit ou neuf habitants du pays, auxquels pour récompense il accorda les priviléges de noblesse. Jugeant que les fortifications étaient devenues inutiles, Louis XIV les fit raser en 1673. Ces fortifications étaient un ouvrage que les Espagnols avaient fait élever alors qu'ils possédaient l'Artois. C'est à partir de cette époque qu'elle s'est peu à peu dépeuplée. — L'hôtel de ville avait l'administration de la police; et ses officiers, nommés anciennement par le seigneur abbé, commencèrent à l'être pour la première fois par les habitants le 11 décembre 1759. Il y avait encore à Corbie, outre la prévôté royale de *Foulloi* et un grenier à sel, cinq paroisses, un couvent de Bénédictins, un hôpital et un collége. — La ville de Corbie était célèbre par son abbaye de Bénédictins. Pendant sa régence, Bathilde, reine de France, honorée comme sainte depuis le IX° siècle, fit bâtir cette abbaye en 657, et donna la conduite de la nouvelle communauté à saint Théodefroi, religieux de Luxeuil. Il est mention de ce monastère dans deux chartes : l'une, du roi Clotaire III, dit que l'on y doit garder une règle sainte; l'autre, de Berthefroid, évêque d'Amiens, de l'an 662, veut que l'on y vive sous la règle des saints Pères, particulièrement sous celle de saint Benoit ou de saint Colomban. La reine Bathilde et son fils Clotaire donnèrent Corbie à cette maison, et lui accordèrent de grands priviléges, que des bulles de Benoît III et de Nicolas I°r confirmèrent au IX° siècle. Vers ce même temps l'école de ce monastère était déjà devenue célèbre. Ces religieux acquirent une telle réputation qu'on les appela en Westphalie, où ils fondèrent une *nouvelle Corbie*. A l'époque de la suppression des ordres monastiques, l'abbé du couvent principal était comte, seigneur spirituel et temporel de Corbie, jouissait de 70,000 liv. de rente, et se trouvait presque toujours revêtu du cardinalat, ou appartenait à une des plus grandes familles de France. Un bailli, un lieutenant, un procureur fiscal et un substitut exerçaient la justice de cet abbé. Parmi les hommes célèbres qui ont habité cette abbaye, on cite Didier, roi de Lombardie, détrôné par Charlemagne, et les moines

Paschase, surnommés Ratbert et Ratram. — On conservait dans cette abbaye le corps de saint Victoric. Lorsque, dans les premiers siècles de la monarchie, les monastères étaient obligés à des redevances pour le roi, Albert, abbé de Corbie, écrivit à Charles le Chauve en 847 : « J'ai résolu de ne pas envoyer pour les fêtes prochaines à V. M. un présent d'or ou d'argent, mais un livre sur l'Eucharistie, qui, bien que petit par le volume, est grand par le sujet qu'il traite. Je l'ai composé il y a longtemps pour mon cher disciple, l'abbé Placide de Varin. » — Saint Ansgar, apôtre du Nord, fut moine à Corbie au ixe siècle, puis à Corwey en Westphalie ; ensuite archevêque de Hambourg et de Brême. Missionnaire dans le Holstein, le Danemark et la Suède, fondateur de plusieurs hôpitaux et monastères, Ansgar fut canonisé par le pape Nicolas Ier dit le Grand. Nous n'avons de lui que quelques lettres : ses autres ouvrages ne sont pas venus jusqu'à nous. Ce grand homme a de tout temps fixé l'attention des historiens. Pendant le moyen âge on s'en est occupé, et jusque dans ces dernières années, les travaux de Néander, de Reuterdahl, de Dahlman et de Kraft, ont prouvé l'importance attachée à sa mémoire, même dans le sein du protestantisme. Un protestant d'une érudition profonde et consciencieuse, M. G. H. Klippell, de Brême, a publié récemment une nouvelle biographie du célèbre et infatigable archevêque de Hambourg et de Brême.

Fanum Sagulæ, Sayn, petite ville de la Prusse rhénane, qui doit son origine à une ancienne abbaye de Bénédictins. Située au pied d'une montagne, elle est à 8 kil. nord de Coblentz. Ses environs sont riches en minerais de fer ; elle possède des hauts fourneaux. Le pays était couvert de bois lors de la fondation de l'abbaye. Dans le moyen âge, cette localité eut le titre de comté. Ce comté, situé dans le Westerwald, était gouverné par des comtes particuliers issus de la maison de Sponheim, Godefroy, comte de Sayn, ayant épousé l'héritière du comté de Hombourg-sur-la-Mark, laissa en 1294 à son fils aîné Jean le comté de Sayn, et à Engelbert, le cadet, ceux de Hombourg et de Vallendar. Salentin, petit-fils d'Engelbert, épousa l'héritière du comte de Witgenstein : il est la souche des comtes et princes de Witgenstein d'aujourd'hui, qui, à cause de cette origine, se nomment Sayn et Witgenstein, sans qu'ils possèdent le comté de Sayn. Il est vrai qu'en 1606, à l'extinction de la ligne de Sayn, fondée par Jean, un descendant de Salentin réunit les comtés de Sayn et de Witgenstein ; mais il disposa de ses États de manière que George, son fils aîné, eut Berlebourg ; Guillaume, le second, Sayn ; et Louis, le troisième, Witgenstein. Ces trois frères fondèrent les lignes encore existantes de Sayn-Witgenstein Berlebourg, Sayn-Witgenstein-Sayn, et Sayn-Witgenstein-Witgenstein ; mais la seconde de ces lignes perdit le comté de Sayn dès l'année 1632. Ernest, fils aîné de Guillaume, d'un premier lit, n'ayant laissé que deux filles, celles-ci se partagèrent le comté de Sayn, à l'exclusion d'un autre fils qu'Ernest avait laissé d'une seconde femme. Il s'éleva à ce sujet un procès qui ne fut décidé que par le recès de la députation de l'Empire de 1803. La maison de Witgenstein resta dépouillée du comté de Sayn ; mais les maisons de Bade et de Nassau, auxquelles ce comté avait passé en dernier lieu, lui payèrent un capital de 300,000 fl., et on lui assigna de plus une rente perpétuelle de 12,000 florins.

La ligne de Berlebourg se divise en trois branches, dont l'aînée a, depuis 1792, obtenu la dignité de prince ; les deux autres, qu'on nomme branches de Carlsbourg et de Ludwigsbourg, n'ont jamais possédé de terres immédiates, et portent le titre de comtes ; mais la dignité de prince a été accordée en 1804 à la ligne de Witgenstein. L'une et l'autre ont perdu la souveraineté par l'acte de la confédération Rhénane : elles sont aujourd'hui soumises à la Prusse. Les comtés de Witgenstein et de Hombourg ont ensemble une surface de 13 1|5 m. c. et 16,100 habitants. Toutes les branches de la maison sont protestantes, les unes luthériennes, les autres réformées.

Felices Insulæ, les îles Fortunées, ou les îles Canaries, sont au nombre de sept. Leur voisinage du cap Bojador (Canarie), sur la côte d'Afrique, dont elles ne sont éloignées que de 80 à 320 kil., leur a fait donner le dernier nom qu'elles portent. Hassel estime leur surface à 1360 kil. carrés, et la population à 181,600 hab. Ce chiffre n'est pas exact. On compte aux Canaries plus de 220,000 habitants. Les autres îles, qui n'offrent que des rochers, sont Graciosa, Rocca, Allegranza, Sainte-Claire, Inferno, Lobos.

Les Canaries sont situées dans l'océan Atlantique, au sud de celle de Madère, et à l'ouest de l'Afrique, elles s'étendent entre 27° 39' et 29° 26' de lat. nord, et depuis Rocca, près Lanzarote, jusqu'à Deessa, extrémité occidentale de l'île de Fer ; elles gisent entre 15° 40' et 20° 40' de longitude ouest. Ces îles, vues de loin, semblent élevées et couvertes de montagnes, dont le pic de Ténériffe passe pour un des plus hauts sommets du globe, et se découvre en mer à 50 lieues. Toutes les côtes sont élevées et hérissées de rochers de basalte, qui offrent des espèces de retranchements. On voit les montagnes de l'intérieur groupées les unes au-dessus des autres, offrant des pointes aiguës de rochers et des formes gigantesques. Dans la saison des pluies, il se forme des torrents impraticables dans les ravins profonds. Dans les cantons cultivés, on est obligé de bâtir des murs pour empêcher la terre d'être enlevée par les forts courants d'eau.

Les Canaries, placées sur la limite de la zone torride, ressentent pendant l'été l'action de cette chaleur intense qui dévore la côte opposée de l'Afrique ; de hautes montagnes, l'humidité du sol, entretenue par les brises rafraîchissantes de l'Océan, les préservent de cette influence pernicieuse; encore il n'y a que les côtes septentrionales et occidentales qui jouissent de cette faveur. Les rivages opposés éprouvent ce terrible fléau apporté par les vents du sud et du sud-est, qui, après avoir soulevé les sables brûlants de l'Afrique, sont à peine rafraîchis par leur court passage sur la mer. Lorsque ces vents soufflent quelques jours, ils causent les plus grands malheurs : la végétation languit; souvent même des essaims de sauterelles ravagent tout, et mettent le comble à ce désastre. Naguère ces îles éprouvèrent une famine générale qui força les habitants à se réfugier dans l'île de Ténériffe, incapable d'alimenter un tel surcroît de population.

Le sol des Canaries dépend tout à fait du degré d'humidité qui règne dans chaque district. En général, l'aridité prévaut toujours. M. de Humboldt en attribue la cause autant au tarissement des eaux desséchées par la chaleur du soleil, qu'aux rochers poreux qui pompent les eaux avant qu'elles ne se forment en sources. Les flancs des rochers inclinés vers l'ouest et le nord étalent toute la force de la végétation et les plantes des zones torride, tempérée, et même de la glaciale. On y voit des forêts de lauriers, pins et arbustes. La grande Canarie et Ténériffe sont les îles les plus fertiles et les plus verdoyantes, et celles de Lanzarote, Fuerte-Ventura à l'est, les plus sèches et sablonneuses. On y trouve des plaines semblables à celles du continent opposé de l'Afrique. C'est de ces îles que nous sont venus les petits oiseaux nommés *serins de Canarie*.

Jean de Bethencourt, gentilhomme normand, chambellan de Charles VI, découvrit le premier les îles Canaries, l'an 1402; il en conquit cinq avec le secours de Henri III, roi de Castille, qui lui en confirma la souveraineté avec le titre de roi, sous la condition d'hommage envers la couronne de Castille.

Les habitants de ces îles sont tous Européens, surtout Espagnols; ils prétendent descendre des Guanches. M. de Humboldt vante leurs bonnes mœurs, leur sobriété, leur religion. Ils se distinguent surtout par leur industrie et leur esprit entreprenant, qui les porte à émigrer; ils ont coopéré à tous les établissements espagnols formés sur le nouveau continent, depuis le Nouveau-Mexique jusqu'au Chili, et ont pénétré jusqu'aux îles Philippines et aux Mariannes. Dans les Indes orientales, dans toutes ces colonies, on a vu l'industrie agricole des Canariens. Ils aiment à revoir leur patrie. La littérature espagnole leur doit de grands progrès : on cite les noms honorables de Clavijo, Vieyia, Yriarte. Les trois principaux ports, sont : la Luz, dans la grande Canarie; Santa-Cruz, dans l'île de Ténériffe; et Palma, dans l'île du même nom. Le premier et le dernier sont beaucoup déchus, et tout le commerce du nouveau monde se fait par Ténériffe. On plaçait autrefois le premier méridien à l'île de Fer.

Ces îles, en général montueuses, jouissent d'un climat doux et salubre, et produisent de précieuses récoltes. La plus importante est celle du vin, dont la bonté le fait rechercher de presque toute l'Europe. L'usnée y est aussi très-estimée. On y trouve du maïs, des caroubes, des légumes, des oranges, des limons, des fruits délicats, des ignames, des dattes, des cannes à sucre, du coton, du miel, de la cire et beaucoup de plantes médicales et odoriférantes. Les pâturages sont excellents pour toute espèce de troupeaux. Dans les montagnes, on trouve beaucoup de gibier, et les innombrables sources et ruisseaux qui traversent le sol de quelques-unes de ces îles invitent aux plantations de mûriers et au profit que procure la soie. Les mers environnantes abondent en poissons et coquillages; la pêche et la salaison forment une branche précieuse de commerce et de subsistance pour les habitants, qui pourraient leur donner encore plus d'extension : car on remarque que ces habitants ont un goût particulier pour la marine ; et quoiqu'ils n'acquièrent aucune connaissance de l'art nautique que par la pratique, ils n'en bravent pas moins avec courage la fureur des flots. La population est répartie dans cinq villes, neuf bourgs et 565 villages, hameaux ou fermes. Outre la cathédrale, on compte dans les sept îles 78 paroisses, 41 couvents de moines, 15 de religieuses, 288 ermitages, 154 chapelles, 52 cures bénéficiaires, et 44 amovibles. Le revenu territorial des Canaries est de 2,690,044 piastres : les revenus ecclésiastiques montaient à 1,000,000 de piastres avant la révolution d'Espagne ; car les Canaries lui appartiennent, et même sont assez mal administrées. Le gouvernement espagnol ne sait point tirer parti de leurs ressources et de leurs richesses naturelles.

La plus orientale et la première de ces îles qu'on rencontre en venant d'Espagne, est Lanzarote, ayant beaucoup de ports, mais manquant d'eau. Elle a au nord cinq îlots montueux, arides et déserts, où l'on ne trouve que de l'usnée et des oiseaux nommés canaries, dont les plus estimés se tirent d'Alegranza. — L'île de Fuerte-Ventura, étroite et très-étendue du nord-est au sud-ouest, est peu peuplée; la moitié en est presque entièrement déserte. Le blé et l'orge sont ses principales productions (1). — *Gran Canaria* (grande Canarie) a 528 kilomètres carrés de superficie, et renferme plus de 58,000 habitants. Son climat est agréable et salubre, son sol fertile, et ses eaux excellentes. Elle jouit des mêmes productions que toutes les autres : on y recueille aussi de l'huile, et le produit de ses salines s'emploie dans les salaisons de la pêche. L'évêque et la cour royale résident à Palmas, la capitale, ville agréable et fortifiée, sur la côte orientale. L'évêché date du com-

---

(1) On a encouragé à Lanzarote et à Fuerte-Ventura la culture de la soude et du kali ; elle forme aujourd'hui un article de commerce très-important.

mencement du xv⁰ siècle, de l'époque de la découverte de ces îles. Il avait été placé à Lanzarote, la première île reconnue. Mais Ferdinand, roi de Castille, s'en étant emparé en 1480, demanda au pape Innocent VIII de transférer le siége épiscopal à Ciudad de las Palmas, où il est encore aujourd'hui. L'évêque de cette ville est suffragant de Séville. — Plus de 78,000 individus habitent les 612 kil. carrés qui composent la superficie de Ténériffe, la plus riche, la plus fertile et la plus commerçante en vins ; sa capitale est San-Cristoval de la Laguna, avec un évêché suffragant de Séville ; mais le gouverneur des îles, la cour suprême, les chefs de l'administration des finances, les consuls étrangers et les principaux commerçants, résident à Santa-Cruz de Santiago de Ténériffe, sur la côte orientale, et qui est la place et le port principal de l'île. Sur la partie occidentale est le bourg d'Orotava, qui domine l'Océan, et avec lequel il communique par son port. Ce bourg est presque entièrement environné d'une des vallées les plus riches et les plus agréables du monde, où l'on a établi un jardin botanique pour naturaliser les plantes d'Amérique, et de là les transplanter dans les parties de l'Espagne où le climat peut leur être favorable. Au sud-sud-ouest d'Orotava est le fameux pic de Teyde, cent fois visité et décrit par les voyageurs : il est couvert de neige, et laisse continuellement échapper, par diverses ouvertures à son sommet, des vapeurs brûlantes, comme il en sort de tous les volcans en activité. — Gomera, de la seigneurie des comtes du même nom, est une île ombragée, fertile, d'une température agréable, abondante en eau, et dont les productions en soie sont les plus considérables de toutes les Canaries. — Palma, quoique produisant d'autres denrées, manque de blé : les habitants pauvres y subsistent de la racine d'une espèce de fougère, réduite en poudre et mêlée de farine de seigle. Elle est montueuse et abondante en eau ; les cimes de ses montagnes sont couvertes de neige, et ses bois fournissent de beaux arbres pour les constructions maritimes : on y trouve aussi des arbres odoriférants. — L'île d'Hierro, la plus orientale de toutes; n'a point de ports, mais est naturellement défendue par les rochers escarpés qui bordent ses côtes. Elle n'a d'eau que dans quelques puits et citernes ; elle est petite et pauvre, et appartient aussi au comte de Gomera.

Les Canaries, jadis connues des anciens, furent découvertes de nouveau au commencement du xv⁰ siècle, quoique plusieurs auteurs pensent que dans le moyen âge on conserva quelque connaissance de leur position géographique. Les conquérants espagnols donnèrent le nom de Guanches aux anciens habitants du pays, qui ne connaissaient pas même l'usage du fer. Les habitants primitifs des îles Canaries (les Guanartèmes) vivaient en *troglodytes*, comme leurs voisins les Guanches, c'est-à-dire dans des habitations souterraines, dans des grottes qu'ils se creusaient, disposées en séries les unes au-dessus des autres. Les monuments, appelés *casas de los antiguos*, qu'on voit encore sur la côte occidentale de la grande Canarie, n'ont point été construits par les habitants primitifs, mais bien par les premiers conquérants. — A Galdor, la grande église a été bâtie avec les matériaux du palais des anciens Guanartèmes.

Fons Mariæ, Fontaine de Marie, ou Aïn-Mariam, sous une grotte du mont Moria, à deux cents pas de la fontaine de Siloé, où elle va se jeter par un conduit souterrain. — Une tradition populaire fait penser que, durant son séjour à Jérusalem, la sainte Vierge y allait souvent puiser de l'eau. Les mahométans ont encore cette fontaine en grande vénération, et vont même y faire leurs ablutions avec respect. (*Voir* le P. Roger, *Description de la terre sainte*, liv. 1.) Elle est à l'ouest dans la vallée de Josaphat; on y pénètre par une voûte semblable à l'entrée d'une cave. Après avoir descendu les vingt-cinq degrés qui conduisent à la source, on voit l'eau jaillir pure et limpide de la roche. (Saint Jérôme, *Epîtres*; Doubdan, *Voyage de la terre sainte*; Adrichomius, *Descript. terræ sanctæ*, etc.)

Il y a encore plusieurs autres lieux en Palestine et en Egypte auxquels la tradition a donné le nom de Fontaine de Marie, ou Fontaine de la Vierge. Les plus connues sont celle qu'on voit à un demi-mille du couvent latin de Nazareth à l'orient, et celle d'Héliopolis, à quelques centaines de pas de l'obélisque. On croyait que la sainte Vierge y avait lavé les langes de l'Enfant-Dieu (1), et que depuis ce temps l'eau qu'on y puisait avait opéré une foule de

---

(1) L'histoire des langes de Jésus et de l'eau dans laquelle on lavait son corps tient une grande place dans les Evangiles apocryphes qui paraissent être le recueil de toutes les traditions pieuses des premiers siècles du christianisme. L'Evangile de l'enfance du Sauveur surtout, dans l'ancienne version arabe traduite, comme l'a pensé Henri Sike, d'un vieux texte syriaque composé sans doute par des chrétiens de la secte de Nestorius, Evangile que plusieurs savants ont à tort confondu avec celui qui s'était répandu dans l'Orient sous le nom de saint Pierre, contient une foule de miracles opérés par la vertu des langes bénits par l'attouchement du corps du Sauveur. La sainte vierge Marie en donna un aux mages en retour des présents qu'ils étaient venus apporter à Jésus. En faisant leur prière devant le feu, selon la coutume de leur religion, ils jettent le lange dans les flammes ; mais quand elles sont éteintes, ils l'en retirent aussi intact que si elles ne l'avaient jamais touché. (*Evang. infant. Servat.*, cap. 7 et 8.) Un prêtre égyptien avait un fils âgé de trois ans. Cet enfant, que le démon tourmentait, étant entré dans l'hospice où s'étaient réfugiés Joseph et Marie avec l'Enfant-Dieu, pendant que Marie étendait sur des pieux les langes qu'elle venait de laver, il en prit un, et se le mit sur la tête; aussitôt les démons lui sortent de la bouche sous la forme de corbeaux et de serpents. En même temps, par le commandement du Sauveur, l'enfant fut guéri et chanta les louanges de Dieu (ch. 10 et 11.) Une femme démoniaque qui avait été guérie par la compassion de la sainte Vierge, ayant lavé le corps de Jésus dans de l'eau parfumée qu'elle conserva soigneusement, s'en servit pour guérir une jeune fille

miracles. Dès les premiers temps du christianisme, les chrétiens bâtirent en ce lieu une église ; et plus tard les musulmans, maîtres de l'Egypte, y élevèrent une mosquée en l'honneur de la mère de Jésus. Ainsi le souvenir de l'humble vierge de Nazareth unissait dans une prière commune les membres souffrants des deux religions rivales. Aujourd'hui encore quelques pieux musulmans se viennent joindre aux coptes et aux grecs qui se rendent de temps à autre à la fontaine. La chapelle chrétienne et la mosquée de l'islam ont disparu de ces lieux, comme avait disparu le temple du Soleil qu'elles avaient remplacé. En 1831, l'antique On, où Putiphar était pontife, n'offrait plus aux recherches de l'historien des croisades (*Corresp. d'Or.*, lett. CXLI) qu'une machine hydraulique mise en mouvement par quatre bœufs, pour élever l'eau de la sainte fontaine au niveau du terrain, et un sycomore qu'on lui montra comme l'arbre sous lequel s'était reposée la sainte famille durant le voyage en Egypte.

Fons Siccatus, Fontaine desséchée, ou Aïn-Kharin, village de Judée, à une lieue du désert de Saint-Jean, du côté de l'est, et à deux lieues de Jérusalem. Son nom, en arabe, *lieu sec, brûlé par le soleil*, lui vient de la fontaine de Nephtoa, qui en est voisine.

Ce lieu ne sert que comme abri pour les chameaux et les bestiaux des arabes des pays voisins. Les religieux de Bethléem et de Jérusalem y vont quelquefois célébrer la messe. A quelques pas de là on voit les ruines d'une église et d'un monastère, qui, selon la tradition, étaient bâtis à l'endroit de la maison de Zacharie et d'Elisabeth. On y montre la grotte où l'on croit que la sainte Vierge Marie prononça le *Magnificat*, ce qui amène en ce lieu une multitude de pèlerins. A 375 pas de ces ruines on rencontre le couvent de Saint-Jean, dont l'église, dit-on, est assez belle. Près de là on trouve les débris d'une autre ville de la tribu de Juda, autour de laquelle sont de beaux jardins, et un champ qui ne produit rien qu'une grande abondance de rosiers rouges, dont les fleurs sont portées à Jérusalem par les gens du pays. (*Voy.* Maundrell, *Voyages*, pag. 155.)

Fontes Septem, les Sept-Fontaines, ou Notre-Dame-de-Saint-Lieu. Il y avait dans cet endroit du Bourbonnais une solitude profonde où vivaient cachés quelques pieux solitaires, et où s'éleva ensuite la célèbre abbaye de Sept-Fonts, à 24 kil. de Moulins et à quatre kilomètres de la Loire, à l'orient. Elle était de l'ordre de Cîteaux, et de la filiation de Clairvaux ; elle avait été bâtie par un duc de Bourbon, l'an 35 de la fondation de cet ordre, sous l'invocation de la sainte Vierge. — On l'avait nommée Sept-Fonts, ou les Sept-Fontaines, à cause de plusieurs sources d'eau vive qui se perdaient dans les environs, et qu'on amena au monastère dans le xviie siècle, au moyen de travaux d'art remarquables alors. L'abbé Eustache de Beaufort y introduisit une réforme austère en 1663 ; cette réforme consistait dans la résidence continuelle au monastère, dans le travail des mains, le silence perpétuel, l'abstinence de viande, de poisson et d'œufs, l'hospitalité, la privation de tout divertissement et de toute récréation. — L'abbaye possédait de grands biens, et la réforme introduite par l'abbé de Beaufort indique assez la nature des désordres reprochés aux religieux, au commencement du xviie siècle.

On a remarqué qu'en général les établissements monastiques de l'ordre de Cîteaux et ceux de la filiation de Clairvaux étaient rapidement tombés dans le relâchement. Il serait bon d'en rechercher la cause, pour servir à la philosophie de l'histoire des ordres religieux.

L'abbaye de Sept-Fonts, qui ne manqua pas de célébrité dans le moyen âge, a produit plusieurs hommes illustres. Elle subit le sort de tous les établissements ecclésiastiques en 1789 : vendue comme bien national, après avoir passé par diverses mains, elle a été en dernier lieu acquise par les trappistes, qui s'y livrent aux travaux d'agriculture avec la supériorité qui les distingue dans cette partie. Ils ont fait bâtir une chapelle sur les ruines de la belle et

couverte de lèpre (ch. 17). Cette jeune fille, ayant suivi la sainte famille dans leur pérégrination à travers l'Egypte, trouva dans une ville où elle trouve la femme du roi qui fondait en larmes. Après plusieurs années passées dans une stérilité qui avait fait son malheur, elle avait eu enfin un fils, mais il était lépreux. La jeune fille la console, et lui promet de l'eau dans laquelle aura été lavé le corps de l'enfant Jésus. La princesse alors reçoit les saints étrangers avec les plus grands égards, et le lendemain apportant de l'eau de senteur pour y laver le divin enfant, elle en arrosa son fils, qui à l'instant même fut guéri de sa lèpre (ch. 18). Au chapitre 24 se trouve l'histoire du sycomore Matarea. Quand les divins voyageurs rentrèrent à Bethléem, ils y trouvèrent tous les enfants sujets à une épidémie terrible qui s'attaquait surtout aux yeux, et faisait si cruellement souffrir ceux qui en étaient atteints, que la plupart d'entre eux en mouraient. Marie en guérit deux (chap. 27 et 28). Dans la même ville elle guérit de même une femme lépreuse en la baignant dans l'eau miraculeuse (chap. 31). Cette femme fait la joie d'un prince qui venait d'épouser la fille d'un prince voisin, mais qui l'avait répudiée en apercevant entre ses yeux une tache de lèpre. Elle conseille aux femmes qui entouraient la jeune mariée d'aller trouver à Bethléem celle qui l'avait guérie elle-même ; et Marie exauce leurs prières en purifiant sa lèpre (ch. 32). Le même remède opéra encore la guérison d'une fille possédée d'un démon qui lui apparaissait toujours sous la forme d'un dragon prêt à la dévorer. La mère de Jésus lui avait donné en outre une bandelette qui avait appartenu à son divin enfant, pour lui servir à effrayer le malin esprit (ch. 33 et 34).

Nous passons tous les autres miracles opérés par cette eau divine ; cette nomenclature de guérisons qui ne diffèrent que par la forme nous entraînerait trop loin. Nous avons seulement réuni ceux qui touchent le plus à notre sujet, pour montrer à quelles illusions pieuses s'abandonnaient les premiers fidèles, et combien de fois du traditions légendaires ont fini cependant par acquérir une certaine apparence de réalité, qui entraînait bientôt la conviction.

(*Note de l'auteur.*)

vaste église, dédiée à la sainte Vierge, et que les premiers acquéreurs avaient démolie.

Friburga, Fribourg, capitale du canton de ce nom en Suisse. Avant les événements politiques qui, en 1847 et 1848, ont amené la ruine des cantons catholiques de la Suisse, cette ville avait deux chapitres de chanoines, un séminaire, le collége des Jésuites, quatre couvents de religieux et cinq de religieuses, une fondation de sœurs grises et une maison d'orphelins. — Fribourg dépendait autrefois du diocèse de Lausanne dans le canton de Vaud. Lors du protestantisme, cette ville, l'ayant adopté, chassa son évêque, qui se retira dans le canton de Fribourg. Depuis cette époque, les évêques de Lausanne habitèrent cette dernière ville. Maintenant l'évêque prend le titre d'évêque de Fribourg, de Lausanne et de Genève ; son diocèse est formé des trois cantons de Fribourg, Vaud et Genève. C'est le premier qui possède le plus de catholiques : on en compte environ 72,000 sur une population de 79,000 habitants. Le second canton est presque entièrement protestant ; il n'y a que 12,000 catholiques environ, qui habitent surtout le district d'Echallens et Lausanne. La population du canton est de 159,000 âmes. Celui de Genève, sur 57,000 habitants, fournit au diocèse 20,000 catholiques.

Fribourg, dont la population est de 9 à 10,000 âmes, est non-seulement une ville singulière par sa position et sa construction, mais aussi par la diversité du langage des habitants. Elle est située sur la Sarine, qui la partage en deux parties inégales. La basse ville, qui est la plus petite, est réunie à la haute ou grande ville par trois ponts : la première se forme de plusieurs petits quartiers bâtis le long des deux rives de la Sarine ; l'autre partie, c'est-à-dire la haute ville, est assise sur un massif de grès, dont les flancs nus s'élèvent à pic au-dessus de la rivière, et présentent, sur plusieurs points, un aspect véritablement effrayant. L'enceinte de la ville est très-grande et entourée d'un mur flanqué de tours ; mais comme le sol y est fort inégal et, dans certains endroits, même très-montueux, il y a des rues qui ne sont praticables qu'au moyen d'escaliers, tandis que d'autres nécessitent de longs détours pour y arriver avec des voitures. Il en résulte que la ville présente, dans certains quartiers, des entassements très-singuliers ; par exemple, la rue de la Grande-Fontaine, bâtie sur la saillie verticale d'un rocher élevé, sert de toiture aux maisons de la petite rue du Court-Chemin, qui sont excavées dans le roc, et la porte de la ville, dite porte de Bourguillon, vue depuis la basse ville, semble être un château suspendu dans les airs, parce que l'œil ne découvre pas l'abîme sur lequel elle est construite. La ville renferme plusieurs beaux édifices, et peut figurer, quant au nombre des maisons, parmi les grandes villes de la Suisse. L'isolement de quelques rues, les jardins et même les vergers qui se trouvent dans son enceinte, lui donnent, de tous les côtés, un aspect extraordinaire. Une autre particularité, non moins remarquable, est celle du langage. Dans la basse ville on ne parle qu'allemand, tandis que les habitants de la haute ville ne parlent que le français. Quelques rues intermédiaires, où l'on se sert indistinctement des deux idiomes, établissent la ligne de démarcation entre les habitants des deux langues. — La cathédrale ou église de Saint-Nicolas, très-beau morceau d'architecture du XIIIe siècle, fut commencée en 1283 ; la tour ne fut achevée qu'en 1452 ; celle-ci, qui a 365 pieds de hauteur, est la plus haute tour de la Suisse, comme la sonnerie en est la plus belle. Le collége des Jésuites, situé dans la plus haute partie de la ville, contient le gymnase et les habitations des professeurs. On voyait dans l'église plusieurs beaux tableaux d'autel. L'hôtel de ville a été bâti sur la place où se trouvait jadis le château du duc de Zæhringen. — Le Palatinat, hors de la porte de Morat, est une jolie promenade, d'où l'on découvre des points de vue charmants ; mais, pour en jouir dans toute leur étendue, il faut monter sur les tours de la cathédrale et de l'église des Jésuites, ou sur la hauteur de la porte de Bourguillon. Le grand tilleul qui se trouve sur une place à peu près au centre de la ville, rappelle un fait d'armes très-intéressant pour les Suisses. Cet arbre fut planté le 22 juin 1476, jour de la bataille de Morat, en mémoire de la victoire remportée par les confédérés sur les Bourguignons, sous Charles le Téméraire. Dans la suite, c'est à l'ombre de ce même arbre que s'assemblait, tous les samedis soir, une espèce de justice, connue sous le nom de tribunal du tilleul (*Linden-Gericht*). Ce tribunal prononçait sur les différends qui s'élevaient entre les campagnards venus au marché du jour. — Le vallon étroit de Gotteron, tout près de la ville, est remarquable par un aqueduc pratiqué dans le roc ; il a près de 1000 pieds de longueur, et fournit l'eau à une forge et à plusieurs moulins. Les Etangs sont des réservoirs qui se trouvent hors de la porte, dite des Etangs, et près du collége des Jésuites ; les eaux qui s'en écoulent servent à entretenir la propreté dans les rues, et sont d'un grand secours dans les incendies ; mais la pression continuelle de ces masses d'eau situées dans le haut de la ville, cause une infiltration qui détériore les maisons de certains quartiers bas, et les rend humides et malsaines. — L'ermitage de la Madeleine, à 4 kil. de Fribourg, est un endroit fort curieux et qui mérite d'être visité. — Une excavation de 400 pieds, pratiquée dans une roche au bord de la Sarine, contient : une église surmontée d'une tour haute de 80 pieds, une cuisine, une cave, et quelques chambres et vestibules. C'est un nommé Jean Dupré, de Gruyères, qui entreprit cet ouvrage de patience ; il y travailla, aidé d'un seul compagnon, depuis 1670 jusqu'en 1680 ; voulant, en 1708, faire passer la rivière à quelques étrangers qui vinrent le visiter, il s'y noya. — A 12 kil. de Fribourg, près de la jolie petite ville de Morat, se trouvait la chapelle connue sous le nom d'Ossuaire, où étaient entassés les ossements des Bourguignons tués à la bataille de Morat ; il a été détruit par les Français en 1798, un tilleul qu'on y a planté dès lors indique son ancien emplacement. — Sur le petit mont de Vuilly, en allemand *Mistellach*, vis-à-vis de Morat, on jouit d'une vue superbe, qui embrasse les lacs de Morat, de Neuchâtel et de Bienne, avec tous leurs alentours, et qui s'étend, dans le lointain, jusqu'aux Alpes. Le même point de vue se présente aussi près du grand tilleul, sur la hauteur de Villars.

G

Gandavum, Gand, la plus grande cité de la Belgique, chef-lieu de la Flandre orientale, au confluent de l'Escaut et de la Lys. Rien n'a manqué à la célébrité de cette ville. Après avoir eu la célébrité du commerce, de l'industrie, des richesses, de l'indépendance et des arts, elle a maintenant la célébrité du paupérisme. Les annales des Pays-Bas, au moyen âge, sont remplies des troubles suscités par l'humeur fière et inquiète des Gantois. La ville comptait alors plus de 200,000 habitants, enrichis par de nombreuses fabriques de toiles et de dentelles, et par un commerce considérable avec le littoral de la Baltique, l'Angleterre, la Normandie, la Bretagne, l'Espagne et le Portugal. L'industrie linière, était surtout la source de ses richesses et la cause de son indépendance. Les habitants se livraient à la culture du lin, le préparaient, et confectionnaient avec son fil de magnifiques toiles et d'admirables dentelles qu'ils vendaient ensuite à toute l'Europe. — Lors de la découverte de l'Amérique, la fortune de Gand atteignit son plus haut degré de splendeur ; mais la décadence ne tarda pas à frapper à ses portes. Le coton, importation américaine, vint en Europe faire concurrence à l'industrie linière. Les fabricants gantois, saisissant l'à-propos, se livrèrent à la fabrication des tissus de coton. La ruine de la population ouvrière se trouva ainsi retardée pendant près de deux siècles. Mais comme elle restait attachée à la routine en conservant les anciens procédés de fabrication, elle ne put résister aux révolutions qui survinrent dans le filage et le tissage du coton et du lin. L'industrie cotonnière se substitua peu à peu à celle du lin ; et la concurrence de l'Angleterre, favorisée par les révolutions politiques, écrasa toutes les anciennes industries. — Gand, avec sa dépopulation actuelle, ne semble plus, dans son immense étendue, qu'une solitude parcourue par des fantômes ; car presque tous ses habitants sont réduits à la mendicité. Les canaux qui la traversent dans tous les sens, qui communiquent à l'Escaut, à la Lys, la Lieve et la Moere, ne paraissent plus subsister que comme des témoins oisifs de son ancienne prospérité.

Gand a vu naître Charles-Quint, et ce prince aimait à y résider malgré les révoltes répétées des Gantois sous son règne. La population n'est plus que de 85,000 âmes, le tiers de celle du moyen âge.

Gand est à 40 kil. de Bruxelles, autant d'Anvers, à 32 kil. de Bruges, et 300 kil. de Paris. Des embranchements de chemins de fer la mettent en communication avec les principales villes de la Belgique. Elle a été érigée en évêché en 1559 sous la métropole de Malines : son diocèse comprend toute la Flandre orientale.

Gand était fort riche en monuments ecclésiastiques qui possédaient un grand nombre de tableaux de l'école flamande. Elle a pu conserver une partie des uns et des autres, malgré les vicissitudes politiques qu'elle a subies depuis soixante ans. — La cathédrale est placée sous l'invocation de saint Bavon (1). La tour, comme toutes les tours des Pays-Bas, s'élève à une grande hauteur. On admire dans cette église plusieurs tableaux et plusieurs sculptures remarquables. En entrant, à la droite, au-dessus de la table des pauvres, on voit Notre-Seigneur présenté au peuple, ou *Ecce Homo*, figure à demi-corps, peint par A. Janssens : c'est un bon tableau (2), vigoureux de couleur, d'effet, et d'une belle expression. Du même côté, dans la chapelle des fonts baptismaux, le tableau d'autel représente les évangélistes écrivant sur l'eucharistie, que des anges soutiennent dans une gloire, peint par Bernard : ce sujet est assez bien composé, les têtes ont de la finesse, surtout les enfants. Dans la chapelle suivante est un assez bon tableau peint par Guerard Honthorst ; il représente saint Sébastien. A l'autel de marbre, dans la croisée, à la droite, on voit un tableau peint par G. de Crayer ; il représente la Décollation de saint Jean : c'est un bon tableau, bien composé, les airs des têtes sont agréables. En montant, à la droite, à côté du chœur, le tableau d'autel de la première chapelle fait voir Notre-Seigneur parmi les docteurs, avec des volets aussi peints par François Porbus le père : ce tableau, d'une bonne couleur, est bien dessiné ; derrière les volets on voit le prévôt Vigilius van Ayta, aussi bien peint ; vis-à-vis est sa sépulture. — A l'autel de la chapelle suivante on voit le martyre de sainte Barbe : c'est un beau tableau peint par G. de Crayer ; dans la chapelle qui suit, le tableau d'autel représente Job sur le fumier, peint

---

(1) On a formé à Gand un musée de tableaux provenant des abbayes et des couvents supprimés. Ce musée possède à peu près 150 tableaux, dont voici les principaux auteurs : G. de Crayer, Van Cleef, Raphaël, Coxcie, Jordaens, Rubens. — Dans la salle attenante à celle de ce musée sont réunis les tableaux qui ont remporté des prix. (*Note de l'auteur.*)

(2) Ce tableau a été remplacé par un autre de M. Van Hans Laere ; c'est un saint Sébastien. M. Van Hans Laere est un des premiers peintres de Gand ; il y a acquis une réputation justement méritée.

(*Note de l'auteur.*)

aussi par G. de Crayer : c'est un beau tableau, la tête surtout est très-expressive. Dans cette même chapelle, sont placés deux mausolées en marbre des deux premiers évêques de Gand ; on les voit couchés sur des tombeaux de marbre noir : l'un est Cornille Jansenius ; l'autre Guillaume Lendeme ; l'exécution, en sculpture, n'est pas d'un grand mérite. Dans la deuxième chapelle après celle-ci est le tableau (1) où les vieillards adorent l'Agneau ; composition curieuse, peinte par les frères Van-Eyck : ce tableau est le premier qui a été peint à l'huile ; c'est son plus grand mérite ; il y a d'ailleurs des têtes expressives et d'une belle couleur. En face de l'autel on voit le mausolée (2) de de Smet, mort évêque de Gand ; un autre mausolée de Ferdinand de Brunswick-Lunebourg, chanoine, grand chantre et grand aumônier de ce chapitre, aussi de marbre, mais également médiocre pour la sculpture. Dans la chapelle de l'évêque, à l'autel, est une Descente de la croix (3), peinte par G. Honthorst ; ce tableau est d'une grande manière : la couleur est très-bonne, l'autel est de beau marbre et d'assez bonne architecture. Dans la chapelle derrière le chœur, le tableau d'autel représente Charles V, empereur, abdiquant sa couronne en faveur de Philippe son fils ; on y reconnaît toute la cour de ce temps : ce tableau est composé avec tout l'art qu'exige un sujet aussi difficile ; l'effet en est vigoureux et bien répandu sur la chaîne des différents groupes liés avec une intelligence surprenante ; le dessin en est correct, les têtes en sont belles, surtout les femmes ; la couleur y est au plus haut degré de force et de vérité, la touche en est large et savante : c'est un des ouvrages les plus distingués de Rubens ; nous en avons une estampe gravée par M. Pilsen. Ce beau tableau faisait autrefois l'ornement du maître-autel ; il fut maladroitement déplacé pour les ouvrages de sculpture de Henri Verbruggen, qui existent. — L'autel (4), avec des volets, représente la Résurrection du Lazare, peinte par Ottovenius ; il y a des têtes comme du Dominicain, d'un beau fini ; sur le volet, à la droite, est peint l'évêque Daman, qui a donné cet autel ; et sur le volet de la gauche on voit Jésus-Christ qui remet les clefs à saint Pierre. Le mausolée de l'évêque Daman est placé dans cette chapelle ; la sculpture en est très-médiocre. — A côté de la sacristie, à l'autel de marbre, on voit le martyre de saint Lievin, peint par G. Seghers ; la composition en est sage et simple, le dessin correct, d'une bonne couleur et très-bien pour l'effet. A l'autel de marbre de la chapelle suivante le tableau est faible. Le mausolée du comte d'Assevelt, aussi de marbre, est médiocre. — Dans la dernière chapelle, à côté du chœur, on voit à l'autel saint Pierre délivré des fers, peint par Jean van Cleef ; c'est un tableau des premiers temps de ce peintre. A l'autel de marbre, dans la croix, à la gauche, on voit une Descente de croix (5), peinte par T. Rombouts ; il est d'un dessin ferme et correct, quelques têtes en sont belles. — En descendant vers le portail, dans une chapelle, le tableau d'autel, peint par A. Janssens, est un Christ mort descendu de la croix ; il est d'une grande et belle manière, correct et ferme de dessin : c'est un bon tableau. — Dans la chapelle de la Communion sont deux tableaux peints par Le Plat ; ils représentent la bonne et la mauvaise communion ; celui où l'on donne la communion est bien composé : les figures jolies intéressent, elles sont habillées suivant le costume du temps où vivait l'artiste. Le maître-autel, de marbre blanc et noir (6), est grand et bien composé jusqu'au couronnement, qui n'est pas beau ; les colonnes, d'expression corinthienne, sont belles ; les ornements en architecture sont aussi bien exécutés par le sculpteur P. Verbruggen, d'Anvers. L'évêque Vander Noot (7) posa la première pierre en 1705, et il fut béni en 1719. Aux deux côtés de cet autel sont placés quatre mausolées en marbre ; celui de l'évêque Triest, qui est ici représenté (8), est fait par le sculpteur Jérôme du Quesnoy : c'est le plus bel ouvrage de sculpture qui soit dans ce pays, il est composé d'une manière grande, exécuté avec correction et finesse. Celui de l'évêque d'Allemont (9) est du sculpteur Jean Delcourt. Celui de l'évêque Maës, par le sculpteur Pauli (10), et celui de l'évêque

---

(1) On a restauré ce tableau, ce qui est fâcheux. Il fut placé au musée français, et rendu en 1815 ; il avait été, selon l'usage de cette époque, garni de volets, peints par les frères Van-Eyck. Ces volets furent vendus en 1816, et passèrent en 1818 en la possession d'un Anglais. Maintenant ils ornent le cabinet du roi de Prusse. (Note de l'auteur.)

(2) Ce mausolée fut fait en 1755 par Berger de Bruxelles. (Note de l'auteur.)

(3) Ce tableau est maintenant placé dans la douzième chapelle. (Note de l'auteur.)

(4) Ce tableau est placé dans la quinzième chapelle. On le tient caché, excepté les jours des grandes fêtes, ainsi qu'un grand tableau de Rubens, composition capitale de ce maître ; il est dans la quatorzième chapelle. Il représente saint Bavon au moment où il entre dans le couvent de Saint-Amand : c'est le haut du tableau ; au bas on voit ce saint distribuant ses biens aux pauvres. Nous l'avons eu pendant quelque temps au musée ; il a été ensuite au musée de Bruxelles. Le roi des Pays-Bas l'a fait rendre à la ville de Gand en 1817. (Note de l'auteur.)

(5) Cette Descente de croix est placée maintenant dans une chapelle à droite en entrant.
(Note de l'auteur.)

(6) La sculpture du maître-autel représente saint Bavon. (Note de l'auteur.)

(7) Son tombeau est placé entre la treizième et la quatorzième chapelle ; c'était le douzième évêque de Gand. Celui de son cousin Antonius Vander Noot est entre la douzième et la treizième chapelle.
(Note de l'auteur.)

(8) Septième évêque de Gand. La Vierge est à sa gauche avec cette inscription : Recordas, fili; à sa droite, Jésus-Christ, avec celle-ci : Misericordia tua.
(Note de l'auteur.)

(9) Neuvième évêque de Gand. Il est à genoux devant la Vierge ; derrière lui un squelette en cuivre tenant cette inscription : Statutum est hominibus semel mori.
(Note de l'auteur.)

(10) Représenté en habits pontificaux et couché sur sa tombe. (Note de l'auteur.)

Vanden Bussche (1) est du sculpteur Gery Heydelbergh, ces mausolées sont magnifiques de marbre blanc et noir, mais bien inférieurs en mérite à celui de l'évêque Triest. Le tableau derrière le maître-autel représente la Cène : il est peint par Van Cleef. Les petits tableaux au-dessus des stalles, dans ce chœur (2), sont peints par F. Porbus; il y a un peu de sécheresse, mais toujours beaucoup de mérite. La chaire, placée dans la nef, est du sculpteur Delvaux, de Nivelle; l'idée en est noble, les figures et les bas-reliefs sont de marbre, le reste est de bois de chêne; les deux figures contre la rampe sont trop petites et d'un faible mérite, d'ailleurs peu liées avec le reste ; la tête de la Vérité a de la finesse et du sentiment ; les draperies sont maniérées, et le beau fini de tout cet ouvrage est froid, sans beaucoup de fermeté. C'est toujours une chose à voir.

Cette église, autrefois dédiée à saint Jean-Baptiste (3), est grande, d'un beau gothique et de belles proportions ; il y a une église sous terre qui comprend l'étendue du chœur et des chapelles à côté (4).

Dans l'église paroissiale de Saint-Nicolas, la seizième chapelle, sous le nom de Gemblours, près du jubé, a pour tableau d'autel une Vierge de douleur dans une gloire et des anges, peint par J. van Cleef : c'est un sujet bien composé, correct de dessin et d'une belle couleur, les têtes en sont très-expressives et d'un beau choix. — Le tableau de la chapelle du nom de Jésus est peint par l'abbé Van Houte, il est médiocre. Contre le pilier, vis-à-vis, est placé un petit tableau ou épitaphe d'Olivier Minjan et d'Amelberge Hangen, sa femme, qui ont eu ensemble trente et un enfants, vingt et un garçons et dix filles ; ce qu'il y a de plus singulier, c'est que tous ces enfants sont morts dans l'espace d'un mois, en 1526.

On raconte dans le pays que l'empereur Charles V, faisant son entrée dans cette ville en qualité de comte de Flandre, Olivier Minjan, à la tête de ces vingt et un fils, habillés en un même uniforme, quoique mêlés avec les autres citoyens, fut remarqué par l'empereur, tant par la ressemblance de leurs physionomies que par leur habillement. Ce monarque, s'étant informé exactement de l'état de cette famille, fut surpris de voir qu'un simple artisan, sans autre secours que son industrie et son assiduité, eût pu élever et donner une éducation honnête à tant d'enfants ; il fit venir ce père estimable, et après l'avoir encouragé et loué, il lui assigna une pension suffisante pour le mettre plus à son aise; ce fut peu de temps après qu'Olivier eut la douleur de voir mourir tous ses enfants.

Dans la dix-septième chapelle on voit saint Amand qui donne le baptême au dauphin de France, peint par J. van Cleef : ce bon tableau est d'une couleur faible, le costume y est aussi peu exact. — Dans la dix-huitième chapelle des charpentiers le tableau d'autel, qui représente la Circoncision, est peint par J. van Cleef : c'est un très-bon tableau. Les Œuvres de miséricorde, tableau peint par N. Roose, est placé contre le pilier, en face de cette chapelle ; la composition en est ingénieuse.

Le maître-autel, de marbre et de bonne architecture, est fait par le sculpteur J. van Beveren, de Bruxelles : le tableau qui représente le Sacre de saint Nicolas est certainement le chef-d'œuvre de N. Roose : c'est une belle composition, d'une grande manière, pleine de force et d'expression, d'une belle couleur et d'un effet piquant.

Dans l'église paroissiale de Saint-Michel (5), la première chapelle, à la gauche, en entrant par le grand portail, est celle où l'on distribue les aumônes : l'autel de marbre a pour tableau la Pentecôte, peint par G. de Crayer ; on y reconnaît toujours le grand maître ; trop de confusion empêche de distinguer les plans ; les figures sont aussi trop grandes ; en général il manque d'effet. — Dans la deuxième chapelle on voit le martyre de saint Jean, peint par Van der Mandel : ce tableau est plein de feu et de génie. — Dans la chapelle de sainte Catherine l'autel est de beau marbre, et le tableau, peint par G. de Crayer, représente sainte Catherine enlevée au ciel par des anges ; elle triomphe de tout ce qui peut flatter sur la terre, ce qui est désigné par le groupe d'en bas, composé de reines, de princes, de savants, etc. C'est une excellente composition, bien dessinée, d'une couleur légère et argentine ; les têtes sont belles, avec noblesse et caractère ; le pinceau est facile et ferme. — La première chapelle autour du chœur a pour tableau d'autel Notre-Seigneur avec ses disciples qui appelle à lui Zachée monté sur un arbre, peint par Bernard : il est correct de dessin, assez bien drapé et d'une bonne couleur. — A l'autel de la chapelle suivante on voit la Vierge sur le croissant ; les personnes de la sainte Trinité sont placées dans le ciel accompagnées de beaucoup d'anges ; d'un côté, dans le bas du tableau, sont Zacharie et sainte Élisabeth ; de l'autre, Adam et Eve, peint par Langhenjan : c'est un beau tableau pour

---

(1) Huitième évêque de Gand. Il est à genoux sur son tombeau, en face de Jésus-Christ qui ressuscite. (*Note de l'auteur.*)

(2) On voit dans le chœur quatre grands et magnifiques candélabres parfaitement ciselés. Ils proviennent de la chapelle de Charles Ier. Ils ont été achetés par l'évêque Ant. Trinte. Le chœur est en outre décoré de onze tableaux, grisailles faites par un peintre de l'académie, il y a environ soixante ans. A gauche on voit appuyé derrière le chœur le portrait de Van Eersel, sixième évêque de Gand, 1778.

C'est une belle mosaïque. (*Note de l'auteur.*)

(3) Les fonts baptismaux de cette église sont célèbres : Charles-Quint y reçut le baptême. (*Note de l'auteur.*)

(4) C'est dans cette crypte que sont déposés les restes des évêques. (*Note de l'auteur.*)

(5) Cette église possède quelques tableaux modernes. Dans la première chapelle, à droite, on voit une âme qui, sous l'image d'un adolescent, est délivrée des flammes du purgatoire. C'est une composition de M. de Couwer. (*Note de l'auteur.*)

la couleur; le faire en est facile. Le tableau d'autel suivant est peint par Langhenjan; il représente saint Hubert à genoux à la vue d'un crucifix, placé sur la tête d'un cerf qu'il rencontre à la chasse. c'est un très-beau tableau, qui a un peu noirci. A l'autel de marbre on voit saint Charles Borromée et saint Sébastien, etc.; c'est un bon tableau, composé avec feu et correction, par Van der Mandel. — Le tableau d'autel de la chapelle de la communion est un emblème; l'Ancien Testament y est représenté par Moïse et Aaron, et le Nouveau par saint Jean, saint Sébastien et le pape : tableau peint par Langhenjan : ce sujet est composé d'une grande manière, la couleur y est argentine, et tout paraît être fait avec une facilité étonnante. — A l'autel de marbre de la chapelle qui suit est un tableau peint par Jean-Baptiste Champagne; il y a représenté saint Grégoire qui approuve le plan d'une église qu'il fait construire. — Le tableau de l'autel de marbre, dans la chapelle de saint Yves, représente ce saint peint par Langhenjan; la figure est bien dessinée et drapée d'une belle et grande manière, dans le goût de Rubens. — Le tableau de l'autel de la sainte croix représente Jésus-Christ crucifié; d'un côté est la Vierge, de l'autre saint Jean et la Madeleine aux pieds du Christ; on voit aussi des bourreaux et des cavaliers à cheval; un d'entre eux présente, au bout d'une lance, une éponge à notre Sauveur mourant; dans le haut du tableau sont des anges qui pleurent; peint par Van Dyck, ce sujet est de la plus belle façon de faire, correct de dessin, avec des expressions vives et vraies. On a malheureusement remarqué que la poitrine avait été repeinte autrefois, et que dans cette partie la couleur était lourde; le fond, en bas, est aussi repeint et trop noir, le reste a aussi noirci (1). Ce qui achève de répandre un sombre sur le tout ensemble, c'est le défaut de goût de ceux qui ont fait peindre cet autel en blanc; le tableau y fait tache; on en connaît une belle estampe gravée par Bolswert. — Le Martyre de saint Adrien, tableau d'autel peint par Théodore van Thulden, est composé avec feu et génie, d'une manière large, avec des têtes très-belles, dans la manière de Rubens; la couleur en est un peu faible. — La dernière chapelle a pour tableau d'autel des anges qui délivrent des martyrs des mains des bourreaux, peint par J. van Cleef : c'est un sujet bien composé, bien dessiné et bien drapé, mais faiblement colorié. — Les fonts baptismaux, de marbre, sont de l'invention et de l'exécution de P. Verbruggen, sculpteur d'Anvers; les enfants sont bien faits. — La chaire est faite par le sculpteur Heydelberg, de Gand; il y a du mérite dans l'exécution. — Le maître-autel de marbre, composé en grand, de bonne architecture, est d'une belle exécution; l'ange au milieu, qui fulmine contre les rebelles, est sans correction et sans goût; tout ce qui est figuré y est assez médiocre. Cet autel fut fini en 1719.

Dans l'église paroissiale de Saint-Jacques, en entrant par le grand portail, dans la chapelle (2) des administrateurs des pauvres, à la droite, le tableau d'autel représente la Descente du Saint-Esprit sur les apôtres, peint par Van Mol. Le paysage, dans cette chapelle, est peint par Verspilt; il ressemble un peu à de la détrempe, mais il est largement fait; les petites figures, très-jolies, représentent la Multiplication des pains, peintes par J. van Cleef. Le tableau d'autel de la chapelle des tonneliers, peint par N. Roose, représente les vendangeurs; composition ingénieuse et bien coloriée, mais d'un dessin médiocre; les têtes sont d'une nature basse et pauvre. — A l'autel de la sainte croix on voit Notre-Seigneur crucifié entre les deux larrons; sur les deux volets sont peints la Naissance et la Résurrection de Notre-Seigneur, par M. Coxcie; ces tableaux ne sont pas sans mérite, mais le Calvaire, autrefois carré, a été ajusté d'une forme presque ronde, et ensuite lavé et presque usé. En face de l'autel le Serpent d'airain et l'Invention de la croix sont deux bons tableaux peints par J. van Cleef. L'autel de marbre suivant a pour tableau sainte Barbe portée sur un nuage, le calice et l'hostie à la main; au bas est un blessé couché qui invoque cette sainte pour obtenir sa guérison; tableau trop égal : c'est un des premiers ouvrages de J. van Cleef. — A l'autel de marbre de la chapelle de la Vierge on voit la mère de Dieu portée au ciel par des anges; peint par J. van Cleef : c'est un beau tableau en tout. — Dans la chapelle suivante, l'enfant Jésus, sur un globe, est porté au ciel environné d'anges, saint Pierre et saint Paul sont dans le bas du tableau; peint par J. van Cleef : c'est un sujet très-agréable, de la plus belle couleur, les têtes d'enfants sont très-jolies. — Dans un beau tableau de G. de Crayer, placé à l'autel de la Trinité, on voit ce saint mystère représenté dans le ciel; la Vierge, portée sur un nuage, intercède pour la guérison d'une femme blessée couchée au bas du tableau : ce sujet est composé et dessiné d'une grande manière, d'une belle couleur, et les têtes ont des expressions charmantes. Vis-à-vis, dans la même chapelle, le tableau qui représente le Rachat des esclaves, et dans le haut Notre-Seigneur, entouré d'une gloire et des anges, est un bon tableau du même G. de Crayer, mais inférieur à l'autre e

---

(1) Ce tableau a été restauré, mais le mal qui était fait n'a pu être réparé; on voit toujours qu'il a beaucoup souffert. (*Note de l'auteur.*)
(2) A l'autel de la première chapelle, à droite, on voit un joli tableau de De Loose Dézèle; c'est saint Corneille. Il y a un tableau de J. van Cleef, représentant le Jugement dernier. Deux tableaux, qui font un assez bel effet, sont placés à l'entrée du

chœur. Ils représentent saint Pierre et saint Paul, et sont peints par M. Van Huffel. On admire au bas de la chaire la statue en marbre de saint Jacques, par Ch. van Poucke. A droite, contre le dernier pilier de la nef, le collége de médecine de Gand a fait élever un mausolée en mémoire du chirurgien Palfya. (*Note de l'auteur.*)

DICTIONNAIRE DE GÉOGRAPHIE ECCL. II.

placé à l'autel. — Le maître-autel, grand et de beau marbre, a pour tableau le Martyre de saint Jacques, peint par Langhenjan : c'est un tableau bien composé et bien peint; mais les figures, sur le premier plan, sont trop grandes pour le saint et pour les bourreaux.

Dans l'église paroissiale de Saint-Sauveur, dit Heylig-Kerst (1), en entrant, à la droite, près de la sacristie, est une Descente de la croix, tableau peint par Bernard, d'une assez bonne couleur, mais les têtes sont médiocres. — Au pourtour du chœur et de la nef, sur les cintres des ogives, sont placés douze grands tableaux ; les figures sont plus fortes que nature : le premier représente le Baptême de Notre-Seigneur ; le deuxième, Jésus-Christ dans le désert ; dans le troisième, les apôtres dans une barque, avec Jésus-Christ endormi, le réveillent tout effrayés de la tempête ; le quatrième, la Résurrection du Lazare ; le cinquième, la Guérison de l'aveugle-né ; le sixième, les Vendeurs chassés du temple ; le septième, la Transfiguration ; le huitième, le Démon chassé du corps d'un possédé ; le neuvième, la Samaritaine ; le dixième, la Guérison des malades ; le onzième, la Pêche miraculeuse ; et le douzième, Jésus-Christ faisant son entrée dans Jérusalem : peints par N. Roose. Ces tableaux, avec bien du mérite, ont le défaut de n'être pas d'un dessin assez correct ; les figures sont courtes et lourdes, et la couleur est souvent fausse et triviale.

Dans l'église de Saint-Martin, paroisse sur Akergem, en entrant, à la droite, l'autel de marbre de la chapelle, dans la croix, est décoré d'un beau tableau, peint par J. van Cleef. Il y a représenté la Cène, sujet bien composé, avec des têtes très-belles, et d'une couleur et d'un effet piquants. Derrière le chœur le tableau de l'autel de la Vierge représente l'Adoration des Bergers, peint par T. van Loon ; la composition en est agréable, mais la couleur est lourde, surtout les ombres, qui sont noires. — Dans la première chapelle, en entrant, à la gauche, sont une Vierge de douleur et des anges, peints par G. de Crayer. Rien n'approche autant des ouvrages de Van Dyck que ce bon tableau. — Au maître-autel est une Résurrection, tableau peint par G. de Crayer ; le Christ est bien en l'air, assez ressemblant au même sujet qui se trouvait chez les Alexiens dans la même ville, et égal en mérite. Il y a ici des soldats différents au bas du tableau, la correction du dessin y est avec finesse, la plus belle couleur avec légè-

reté et transparence. L'expression également belle fait regarder ce tableau comme un des meilleurs de ce maître ; il a la fraîcheur comme s'il venait d'être peint.

Dans l'église de Notre-Dame (2), paroisse sur Saint-Pierre, les paysages, à l'entour de l'église, au-dessous des croisées, sont d'assez bons tableaux : le premier et les deux derniers à la gauche surtout sont peints par P. Hals. Le tableau d'autel de la chapelle, à la droite, est de Van Hulle ; il représente la Vierge couronnée dans le ciel par les personnes de la sainte Trinité : ce tableau n'est pas sans mérite. — A l'autel de marbre, dans la chapelle de la Vierge, on voit une Assomption, tableau bien composé, où les têtes sont d'une grande beauté, d'un effet doux, mais cependant faible de couleur : peint par G. de Crayer. Les paysages, placés dans la même chapelle, sont peints par P. Hals. Il y a du mérite. — A l'autel de la chapelle, à la gauche, on y voit la Vierge portée sur un croissant ; au bas, à la droite, sont Adam et Eve, Adam lui présente la pomme avec cette douleur qui marque le repentir ; et à la gauche sont Zacharie, sainte Anne et des anges : c'est un très-beau tableau, dessiné avec correction et finesse ; la couleur en est belle et transparente. Peint par J. van Cleef. — La Circoncision, tableau peint par van Hulle, placé au maître-autel ; il est bien composé, le fond surtout est d'une belle architecture ; mais plusieurs têtes sont médiocres, et les ombres noires donnent au tout ensemble un ton triste.

Dans l'église de l'ancienne abbaye de Saint-Pierre, de l'ordre de Saint-Benoît, en entrant, près du portail, à la droite, on trouve un bon tableau peint par J. Jordaens ; il représente la Femme adultère, sujet très-bien composé, d'une bonne couleur ; la tête de Notre-Seigneur n'est ni belle ni noble, mais celle d'un des accusateurs est pleine de force et de caractère. Du même côté le Couronnement d'épines, peint par Abraham Janssens, sujet éclairé au flambeau, correct de dessin et d'une couleur vigoureuse. A la gauche du portail est un autre tableau peint par J. Jordaens ; c'est le pendant du premier ; il représente Notre-Seigneur qui ordonne aux ennemis de s'embrasser avant d'offrir sur les autels, tableau d'une belle couleur et d'un effet piquant ; la tête du grand prêtre est très-belle ; les autres sont médiocres. A côté, Notre-Seigneur à la croix : le Christ est dessiné avec bien de la finesse ; il est bien peint et d'un bon effet, par J. van Cleef. Du même côté, dans la

---

(1) Cette église possède un magnifique tableau de M. van Hans Laere, une Descente de croix. Ce tableau y fut placé en 1830. Il excita alors une admiration au-dessus de toute expression. La Vierge qui soutient son Fils a les yeux levés au ciel. Il y a dans cette figure de la Vierge une expression bien belle et qu'il était difficile de rendre ainsi. Ce sont ces deux douleurs qu'il faut confondre : la mère qui pleure la mort de son fils, la femme sainte qui remercie Dieu de sa souffrance, expression de douleur résignée. La Madeleine, dont les yeux épuisés ne peuvent plus pleurer, regarde avec une consterna-

tion morne le corps de Jésus-Christ. C'est une des belles compositions dues au pinceau de M. van Hans Laere.

On a placé à Saint-Bavon un tableau du même auteur ; il représente Jésus-Christ parmi les docteurs. Il ne le cède en rien au mérite du précédent.

(*Note de l'auteur.*)

(2) Lorsqu'on supprima l'abbaye on transforma ce temple en musée. C'est à cette transformation qu'il doit sans doute sa conservation ; il fut rendu à l'exercice du culte catholique en 1809.

(*Note de l'auteur.*)

croix, on voit l'ange qui ordonne à Tobie de retirer le fiel du poisson qu'il vient de prendre, et qui doit servir pour rendre là vue à son père aveugle : tableau peint par G. de Crayer. Les têtes sont très-belles, et le paysage est également bien fait et de bonne couleur. — A l'autel de marbre, derrière le chœur, on voit un des officiers de Totila présenté à saint Benoît, peint par G. de Crayer. Ce tableau est d'une grande beauté pour le dessin et la belle couleur argentine ; les têtes sont admirables. Quel dommage que l'effet en soit perdu ! Une fausse et mauvaise couleur, qui couvre le ciel et le reste du fond, placée par une main hardie et ignorante, fait perdre une grande partie du plaisir que ce tableau donnait à ceux qui le voyaient. — La chapelle de la Vierge, en marbre, et l'autel, ont pour tableau la Vierge et l'enfant Jésus qui distribuent des chapelets à des religieux et religieuses de l'ordre de Saint-Benoît. Peint par don Antonio, ou Antoine van den Heuvelle. L'autel de marbre à côté, aussi magnifique, n'est orné que d'un tableau médiocre. — Les huit tapisseries qui entourent le dehors du chœur sont des sujets pris dans le Nouveau Testament, et quoique fabriquées en 1500, elles paraissent neuves ; pour les conserver ainsi on les enferme avec des volets, sur lesquels sont peintes avec beaucoup d'art les plus belles fleurs, par Morel. Les copies de ces tapisseries se voient placées à l'autre côté du chœur ; ce ne sont que des tableaux médiocres qui ressemblent à de la détrempe. — Les quatre figures de marbre placées contre les piliers au pourtour de l'autel représentent les Vertus ; elles sont du sculpteur Gilles d'Anvers. Le même a fait toutes les figures en pierre qui sont placées autour de l'église et dans la nef : elles sont belles. — L'entrée du chœur est fermée d'un ordre ionique, avec des colonnes, tout de beau marbre ; l'entablement est médiocre et même ridicule. L'entrée des deux bas-côtés est aussi fermée par des colonnes et du même ordre, aussi de marbre ; les colonnes sont plus petites : c'est une faute de règle et de goût ; tout y est sur le même plan et dans le même lieu. Le chœur et la nef sont décorés de pilastres corinthiens ; au milieu de la nef est une coupole richement décorée ; dans les appentis sont représentés les quatre évangélistes en sculpture, d'un bon goût et d'une belle exécution (1). C'est en général un édifice moderne, assez bien ordonné et décoré avec richesse.

Dans l'église des Jacobins ou Dominicains (2), le tableau d'autel, dans la première chapelle, à la droite, représente Notre-Seigneur et sainte Catherine, peint par Don Antonio ; il est agréablement composé, et les draperies sont bien ajustées. — Dans la quatrième chapelle, vis-à-vis de l'autel, est un tableau qui représente saint Thomas d'Aquin, saint Pierre et saint Paul, peint par N. Roose. Le tableau d'autel, peint par le même Roose, représente saint Dominique qui adore le saint sacrement de l'eucharistie. Ce tableau est médiocre ; celui qui est placé à l'autel de la sixième chapelle fait voir la Madeleine que des anges portent au ciel : beau tableau peint par J. van Cleef. — Le Repos en Egypte est réputé le chef-d'œuvre de Jean van Cleef. Ce sujet est bien composé, bien dessiné ; les têtes sont toutes belles ; il est bien dans la manière de Pietre de Cortone. — Le tableau de la septième chapelle fait voir Notre-Seigneur, à qui des anges présentent les instruments de sa passion ; la Vierge auprès semble les considérer avec douleur : sujet peint par Van den Heuvele. Il y a des parties bien faites.

En entrant dans la première chapelle, à la gauche, le Martyre de sainte Barbe est un beau tableau, bien composé et bien peint par J. van Cleef. A côté de l'autel est placée la Résurrection, tableau peint par G. de Crayer. Ce n'est qu'une seule figure plus grande que nature, mais bien dessinée et bien peinte, et d'un faire savant. Ce tableau était autrefois à l'autel de la chapelle où est enterré G. de Crayer. On a préféré un mauvais tableau qui tient sa place ; c'est un défaut de goût. — Dans la troisième chapelle est un saint évêque en prière pour le soulagement des malades ; tableau peint par Maès. Il est d'une belle manière, approchant de celle des Carraches. — La quatrième chapelle a pour tableau l'enfant Jésus au milieu d'une cour céleste, peint par Primo Gentil ; tout y est agréable, et la couleur la plus aimable. A côté, au-dessous de la croisée, on voit saint Joseph tenant l'enfant Jésus, qui examine, ainsi que la Vierge, les instruments de sa passion, présentés par des anges. C'est encore un beau tableau peint par J. van Cleef. Dans la cinquième chapelle, vis-à-vis de l'autel, est placé le Martyre de saint Blaise (3) : c'est le dernier ouvrage de G. de Crayer ; il est gravé par M. Pilsen. Ce beau tableau occupait aussi la place sur l'autel, mais il a été, comme la Résurrection, préféré pour celui qui s'y voit aujourd'hui et qui est médiocre.

Dans l'église des Récollets, en entrant, à la droite, le tableau d'autel (4) représente saint François qui reçoit les stigmates, peint par Rubens ; derrière le saint est un religieux qui paraît surpris et effrayé à la vue de la lumière céleste ; le fond est un paysage. L'expression des figures est belle, l'effet en est bon. C'est un beau tableau. — L'autel, en entrant, à la gauche, a pour tableau la Madeleine expirante et soutenue par des anges, peint par Rubens ; beau tableau, bien composé et d'une belle couleur ; les têtes sont très-jolies et bien dessinées. — Le tableau

---

(1) Ces quatre évangélistes sont des ouvrages des sculpteurs J. Broeckseut, de Sutten, et Verschaffelt.
(*Note de l'auteur.*)
(2) Ce couvent fut supprimé en 1796 ; à sa place on a établi des magasins ; le réfectoire sert de salle de vente. (*Note de l'auteur.*)
(3) Ce tableau est maintenant à l'académie de Gand. (*Note de l'auteur.*)
(4) Egalement placé à l'académie de Gand. (*Note de l'auteur.*)

du maître-autel est une composition pittoresque pleine de feu : on voit Jésus-Christ, la foudre à la main, prêt à accabler le monde pécheur ; la Vierge à ses pieds, en lui montrant son sein, implore sa miséricorde et veut fléchir son courroux ; saint François est également en prière pour obtenir de Dieu le pardon des pécheurs : peint par Rubens. La figure du Christ est expressive, la tête surtout est belle ; la tête de saint François est aussi d'un beau caractère ; la couleur est vigoureuse et transparente, l'effet en est fort et piquant, soutenu par des ombres larges qui font disparaître quelques inégalités dans les lumières.

Dans l'église des Augustins (1), le tableau placé à l'autel, à la droite, à côté du chœur, représente plusieurs saints et saintes : beau sujet, composé avec agrément ; des têtes belles et bien peintes, par G. de Crayer. Un autre tableau peint par G. de Crayer décore l'autel, ici à la gauche ; il représente saint Nicolas de Tolentin qui distribue des petits pains bénits aux malades, composition excellente de ce maître ; correction de dessin, couleur, effet, et des têtes très-belles, font le mérite de ce tableau. Huit tableaux, placés autour de cette église et peints par N. Roose, représentent la Profanation des hosties sacrées. Tous ces bons tableaux, ainsi que plusieurs beaux paysages de van Uden, que l'on voit ici, ont été mal nettoyés et plus mal repeints par un médiocre artiste : c'est grand dommage !

A l'hôtel de ville (2), dans le fond de la salle de la Cavalcade, près de la fenêtre, le premier tableau représente l'empereur Charles V, âgé de sept à huit ans, placé debout sous un dais, la couronne impériale sur la tête, et le sceptre dans la main ; il reçoit l'hommage des membres du Conseil et des députés des États : peint par G. de Crayer ; tableau faible. Le deuxième, Charles V à cheval, accompagné de l'archiduc son fils ; il semble lui confier la conduite d'une armée, en lui remettant le bâton de commandant : bon tableau peint par G. de Crayer. Au troisième, on voit la Renommée qui plane dans les airs : d'une main, elle tient une couronne de laurier ; de l'autre, une branche pour désigner la Victoire ; sur la tête de l'empereur un aigle, dans son vol, tient dans ses griffes une branche et une couronne de laurier ; derrière le monarque est un Enseigne suivi d'un Nègre. La Renommée est une figure médiocre ; le reste est bien peint, par G. de Crayer. Le quatrième représente le Couronnement de Charles V : le pape Clément VII lui place la couronne impériale sur la tête, assisté de cardinaux, d'évêques et des princes de la cour : bon tableau peint par G. de Crayer. Dans le cinquième, Charles V, assis sur son trône, remet à son fils une lettre que ce prince baise avec respect, en présence des princes et des évêques : beau tableau peint par G. de Crayer. Le sixième représente la bataille de Pavie ; François Ier, pris les armes à la main, se rend prisonnier à Charles V et à trois autres princes qui l'environnent. Le peintre a su exprimer toute la majesté dans cet illustre prisonnier, et tout le respect dans le vainqueur même. Trois femmes occupent le plan le plus éloigné : celle du milieu représente la ville de Pavie ; elle est dans la plus vive douleur, les yeux en larmes élevés au ciel ; cet événement la met dans le plus grand accablement, tandis que les deux autres femmes, très-enjouées, cherchent à la distraire ; mais elle ne paraît pas les écouter. On lit au bas : *Sic Carolus captivo rege subegit*. Les trois femmes sont d'une nature trop lourde et sans finesse de dessin ; le reste du tableau est beau et bien pensé : peint par G. de Crayer. Le septième fait voir Charles V assis sur le trône ; il reçoit les hommages des princes vaincus ; on y distingue surtout Jean, comte de Saxe, tenant sur l'épaule une lance rompue ; cette figure colossale, exactement représentée d'après nature, est d'une grandeur monstrueuse et même désagréable. On lit au bas : *Potentissimo totius Europæ princ pi, Peruviani et Americani orbis in America monarchæ, in Asia et Africa dominatori heroi incomparabili Carolo Quinto Gandesi*. Ce tableau est bien peint et d'une très-belle manière, par G. de Crayer. Le huitième enfin représente la Conquête de l'Afrique par Charles V ; ce monarque, armé de sa cuirasse, s'élance du navire sur le rivage ; il saisit par le bras une femme africaine qui veut fuir ; sa figure et son habillement désignent bien cette contrée du monde, de même que le lion et les serpents ; dans le fond on aperçoit un port et la ville. On lit au bas : *E navi descendens, te teneo, Africa, dixit*. C'est aussi un tableau bien composé et bien peint par G. de Crayer.

Toutes les salles de l'hôtel de ville sont grandes, surtout celle de la Cavalcade, qui était bien faite pour contenir un peuple considérable, et pour y donner des fêtes d'éclat ; tout l'extérieur est un mélange bizarre d'architecture gothique, qui n'inspire d'autre idée de grandeur que par son étendue.

Les rues de Gand sont larges ; les ponts, qui sont en grand nombre sur les canaux, donnent beaucoup d'agrément et de commodité dans une ville qui pourrait contenir deux fois plus de monde. Les places publiques y sont aussi très-grandes et assez bien décorées par des hôtels ou d'autres édifices publics.

Gangra, Kanghri, ancienne résidence des rois paphlagoniens, capitale de la Paphlagonie depuis le IVe siècle, située entre deux petites rivières qui se jettent dans l'Halys. — Cette ville fut déclarée au Ve siècle métropole de la Paphlagonie. Sa juridiction

---

(1) On nomme cette église succursale des Augustins ou de Saint-Étienne. La chapelle de Saint-Étienne est maintenant érigée en succursale de Saint-Sauveur. Une partie des bâtiments supprimés en 1796 sert à une filature de coton ; l'autre est occupée actuellement par l'académie royale de dessin. Cette église a conservé ses tableaux. (*Note de l'auteur*.)

(2) On voit dans cet hôtel de ville un tableau de van Brée, représentant le prince d'Orange intercédant, en 1577, auprès des factieux, en faveur des catholiques opprimés. (*Note de l'auteur*.)

s'étendait sur les archevêchés d'Amastris, de Pompéiopolis, sur les évêchés de Junopolis, de Sora, de Dadybra. Elle occupait le quinzième rang parmi les métropoles, et son métropolitain était rangé parmi les *hypertimes* ou très-honorables. Il s'y tint, sous le pontificat de saint Sylvestre un concile en 325, composé de quinze évêques, au sujet des opinions d'Eustathe d'Arménie, qui professait la vie des ascètes, et par un zèle peu éclairé repoussait le mariage comme étant une chose mauvaise. Les Pères du concile condamnèrent cette opinion en vingt canons, qui ont été recueillis dans les codes de l'Église grecque et latine. — Il se tint dans cette ville un autre concile en 575. — Gangra n'est plus qu'un village habité par des Grecs. — Quelques auteurs prétendent que l'ancienne Gangra est au contraire Totia (l'ancienne *Théodosia Gangrorum*), qui est un bourg également habité par des Grecs, dans la province d'Amasie. Cette prétention ne nous paraît pas fondée. Au reste, nous avons suivi ici l'opinion du célèbre orientaliste de Hammer, dans son *Histoire de l'empire ottoman*.

Germanicopolis, vel Claudiopolis, suivant quelques auteurs, Kastemuni, renferme plusieurs mosquées remarquables. — Sa population est aujourd'hui de 13,000 habitants. — Cette ville, située dans une vallée profonde, au milieu de laquelle se dresse un rocher escarpé couronné d'un ancien château, renferme le tombeau d'un saint musulman, et a donné naissance à plusieurs poëtes, ainsi qu'à la fameuse Seineb. Kastemuni est l'ancienne Germanicopolis ou Claudiopolis dans la Paphlagonie, évêché au V° siècle. — Métropole de la province d'Honoriade jusqu'au XIII° siècle, elle avait sous sa juridiction les évêchés d'*Heraclea-Ponti*, de *Prusias*, de *Teium*, de *Flavianopolis* et d'*Hadrianopolis*. — La rivière du même nom, affluent du Kizil-Irmack, fleuve qui se jette dans la mer Noire, passe auprès de cette ville. — Germanicopolis, ou Claudiopolis ayant été ruinée par les barbares dans la seconde partie du XI° siècle et au commencement du XII°, le siége métropolitain fut ensuite transféré à *Heraclea-Ponti*. Les auteurs sont partagés sur le nom de Kastemuni : les uns en font l'ancienne Germanicopolis, d'autres, l'ancienne Claudiopolis. Parmi ces derniers sont le P. Charles de Saint-Paul et l'abbé de Commanville. Il y a eu une autre ville épiscopale du nom de Germanicopolis ; elle faisait partie de la province d'Isaurie dans le patriarcat d'Antioche, sous la métropole de *Seleucia aspera* (Séleschie). Elle n'est plus qu'un pauvre petit village. Il y a eu aussi dans la même province d'Isaurie et sous la même métropole, une ville épiscopale du nom de Glaudiopolis qui n'existe plus. Ces deux évêchés dataient du IV° siècle.

Grani Aquæ, vel Capella Aquarum, vel Aquisgranum, Aix-la-Chapelle (allem. *Aachen*), chef-lieu du gouvernement de ce nom, dans le grand-duché du Bas-Rhin, en Prusse, et siége d'un tribunal d'appel ; autrefois ville libre et impériale d'Allemagne, dans le cercle de Westphalie, enclavée dans le duché de Juliers ; près des limites du duché de Limbourg et sous la protection de l'électeur palatin.

Son nom lui vient du mot *aquæ*, eaux, et de Serenus Granus, qu'on regarde comme son fondateur (124 après J.-C.). On ignore l'époque de sa fondation, mais on y trouve des ruines antiques qui font supposer que sous Jules-César et Drusus, les Romains y ont séjourné quelque temps. Brûlée par Attila et ses Huns en 451, elle fut tirée de son obscurité par les maires du palais d'Austrasie. Cependant elle doit son plus grand lustre à Charlemagne, qui, charmé de sa situation, la fit rebâtir pour en faire sa résidence. Il y mourut en 814 et fut enterré dans la cathédrale qu'il avait fondée en 796 et qui fut terminée en 804. En 1353, on y ajouta le chœur, au milieu duquel est placé le tombeau de Charlemagne. Une couronne colossale d'argent et de cuivre doré donnée par l'empereur Frédéric I° est suspendue au-dessus de ce tombeau. Sous le dôme de l'église on voit le siége de marbre blanc qui servit au couronnement de cinquante-sept empereurs, quand, selon la constitution de Charles IV, dite la *Bulle d'or*, ce couronnement se faisait encore à Aix-la-Chapelle. Aujourd'hui les insignes impériaux sont à Vienne, où ils furent transportés en 1795.

Charlemagne avait établi dans la cathédrale une communauté de clercs qui y vivaient en commun sous un abbé ou prévôt. Les Normands ayant détruit cette église en 832, l'empereur Othon III et Notger, évêque de Liége, la firent reconstruire à la fin du X° siècle ; mais, au lieu de clercs réguliers, ils y établirent un chapitre de vingt-huit chanoines. Avant la révolution française, ce chapitre, dont l'empereur d'Allemagne était chanoine, se composait de vingt-quatre chanoines capitulaires et de huit domiciliaires. La ville d'Aix-la-Chapelle possède un grand nombre de belles églises : celle des Franciscains renferme des tableaux précieux. — Aix-la-Chapelle a six sources chaudes minérales sulfureuses et une froide. Son industrie a perdu de son ancienne importance. — La ville renferme plusieurs monuments remarquables : la statue de bronze de Charlemagne sur la grande place, et l'hôtel de ville, qui est un reste précieux de l'art du X° et du XIV° siècle.

Le district d'Aix-la-Chapelle, divisé en onze cercles, contient environ 338,000 habitants, dont 324,500 catholiques, 9700 protestants, et 1900 juifs et mennonites. — En 789, il y fut publié un capitulaire composé de 82 articles, auxquels on en ajouta dans la suite 46 pour les moines et 21 pour diverses affaires ecclésiastiques et civiles. Les prélats s'y assemblèrent en concile en 799 : Alcuin y disputa contre Félix d'Urgel, qu'il convainquit d'hérésie. Il y en eut encore un autre assemblé par Charlemagne à son retour d'Italie en 802. Dans celui de 809 les prélats s'étant assemblés par ordre du même empereur, on traita de la procession du Saint-Esprit, et l'on députa deux évêques, Bernier de Worms et Jessé d'Amiens avec Adélard, abbé de Corbie, pour aller trouver le pape. Sous Louis le Débonnaire en 816, il s'y tint un autre concile, où Amalarius, diacre de Metz, fit une règle pour les chanoines et une pour les religieuses. Il y en eut d'autres encore : en 817, dans un appartement du palais impérial, pour la réforme des mœurs et le réglement des religieux; en 819, pour donner audience à ceux qui avaient reçu l'ordre de travailler à la réforme des monastères; en 836, contre les usurpateurs des biens de l'Église. A la suite de ce concile, Pepin, roi d'Aquitaine, restitua les biens ecclésiastiques dont lui ou les siens s'étaient emparés. — En 860 et 862, l'archevêque de Cologne et celui de Trèves s'assemblèrent à Aix-la-Chapelle pour prononcer entre Lothaire et Thietberge, un divorce que le pape Nicolas Ier ne voulut point ratifier. Il envoya des légats que les prélats du concile réussirent à mettre dans leur parti; mais Nicolas Ier les excommunia, et Lothaire fut contraint de reprendre sa femme, et de répudier en 865 Valrade, nièce de Thietgaud, archevêque de Trèves, et sœur de celui de Cologne, qu'il avait épousée dans l'intervalle, et dont il avait eu un fils, connu dans l'histoire sous le nom d'Hugues le Bâtard. En 917, les prélats s'assemblèrent à Aix-la-Chapelle pour le couronnement de l'empereur Othon, qui fut sacré et couronné par Hildebert, archevêque de Mayence. Enfin en 1022 il s'y tint un synode d'évêques pour terminer un différend qui s'était élevé entre Péligrin de Cologne et Durand de Liège.

Le riche trésor de reliques conservées dans la cathédrale de cette ville s'expose tous les sept ans à la dévotion des fidèles. Cette exposition attire un concours de personnes qu'on évalue à plus de 50,000. A cette époque, toutes les maisons d'Aix-la-Chapelle sont envahies. La population sédentaire est d'environ 40,000 habitants. Elle était beaucoup plus considérable du temps de Charlemagne. — Pendant tout le moyen âge, elle demeura ville libre impériale, jouissant de priviléges particuliers, et considérée comme le siége du Saint-Empire romain. Les empereurs y furent couronnés jusqu'en 1538, époque à laquelle la cérémonie du couronnement se fit ensuite à Francfort-sur-le-Mein.

Aix-la-Chapelle est célèbre dans l'histoire des négociations diplomatiques et des traités de paix de l'Europe moderne. Le 2 mai 1668, on y signa le traité de paix entre Louis XIV et l'Espagne; et le 18 octobre 1748, celui qui termina la guerre de la succession d'Autriche, et qui confirma la réunion définitive à la France de la Lorraine et du duché de Bar. En 1818, il y eut congrès des puissances, signataires des traités de 1815, pour mettre fin à l'occupation de la France par les troupes étrangères.

Aix-la-Chapelle faisait partie de l'empire français de 1800 à 1814, et était le chef-lieu du département de la Roër. Le concordat de 1801 y avait établi un évêché qui subsista jusqu'en 1815. La ville dépend maintenant du diocèse de Cologne.

Grindelvallis, vallée du Grindelwald, dans l'Oberlan, canton de Berne, Suisse. Les habitants sont protestants. — L'église, le presbytère et l'auberge sont les seuls bâtiments qui se trouvent sur une éminence, dont la base est baignée par le torrent de la Lutschenen ; toutes les autres habitations sont dispersées dans la vallée, qui compte une population de deux mille âmes environ, et qui s'étend du nord-est au sud-ouest sur une longueur de 16 kil., tandis que sa largeur n'est guère que de 2 kil. Mesurée sur l'éminence près de l'église, son élévation au-dessus de la Méditerranée est de 3150 pieds. Partout entourée de glaciers formidables, tels que le Faulhorn, le Wetterhorn, l'Eiger, le Schreckhorn, le Viescherhorn et la Scheideck, cette vallée doit elle-même sa réputation à deux glaciers qui portent son nom. Celui, appelé le grand glacier du Grindelwald, se trouve entre le Wetterhorn et le Mettenberg; le petit est situé entre cette dernière montagne et l'Eiger, et ils sont séparés l'un de l'autre par les rochers du Schreckhorn. Ces deux glaciers sont d'un accès facile, et ne sont distants de l'auberge que d'une lieue. Là, où le pied glisse aujourd'hui sur des champs de glace, on voyait, dans le onzième siècle, de gras pâturages qui s'étendaient jusqu'au Valais. La vallée du Grindelwald présente partout une multitude d'aspects et de points de vue qui surprennent le voyageur et le remplissent d'admiration. — Un chemin qui ne présente aucun danger conduit, par-dessus la Scheideck (sa plus haute cime, l'Eselsrucken, *dos d'âne*, est à 6045 pieds au-dessus de la Méditerranée), dans sept heures et un quart, à Meyringen, dans la vallée de Hasle. Cette traversée, qui présente différentes scènes et plusieurs points de vue très-remarquables, mérite d'être décrite avec quelques détails. Sur l'Eselsrucken, on contemple avec surprise la masse énorme du Wetterhorn, duquel on s'approche de bien près en traversant la Rossalp. Du haut de la montagne jusqu'au pied du chalet de la Schwarzwaldalp, il y a 6 kil., et de là jusqu'au Rosenlauibad (bains de la Rosenlaui), 4 kil. Près d'un pont qui se trouve dans cet endroit, on voit le glacier de la Rosenlaui dans toute sa magnificence. D'ici on compte 6 kil. jusqu'à une saillie de rocher nommée Zwirgi ou Twirgi, d'où l'on découvre la vallée basse du Hasle, et enfin on arrive, en trois quarts d'heure et en passant près de la chute du Reichenbach, à Meyringen. — La vallée de Hasle, qui se dirige du sud-est au nord-ouest, a une longueur de 40 kil., et se divise en haute et basse vallée. La première occupe un espace de 28 kil. depuis le Grimsel jusqu'à Meyringen, et la seconde a 12 kil. d'étendue depuis ce village jusqu'à Brienz. Toute la vallée, qui est arrosée d'un bout à l'autre par l'Aar, se trouve renfermée entre une chaîne de rochers escarpés, qui ne s'ouvre qu'en approchant du lac de Brienz. Elle est habitée par un peuple qui se distingue avantageusement des autres habitants des Alpes, tant par son idiome que par ses belles formes corporelles et d'autres particularités. A en croire les traditions et quelques vieilles chausons populaires, même d'après un registre qui se conserve sur les lieux, ce peuple est d'origine scandinave. Fuyant une famine qui désolait la Suède dans le ve siècle, ses ancêtres, réunis sous la conduite d'un nommé Hatis, natif de Hasle (ville suédoise), après avoir erré longtemps dans différents pays, arrivèrent enfin dans cette contrée, et s'y fixèrent. — D'une éminence qui se trouve derrière l'église de Meyringen, on plane sur presque toute la vallée, qui offre des tableaux magnifiques et variés. Les sept cascades du Reichenbach s'y rencontrent, et la chute supérieure n'est éloignée du village que d'un kil.; sa colonne d'eau, qui se précipite d'une hauteur verticale de trois cents pieds, en a près de trente de largeur, et le bruit qu'elle fait est véritablement effrayant; mais le coup d'œil qu'elle présente, lorsqu'elle est éclairée par le soleil levant, est d'une beauté sublime, surtout en été, et notamment vers l'époque du solstice. Le point de vue le plus favorable pour contempler le Reichenbach, est sur le pont de l'Aar, du côté de Meyringen; de cette place on découvre un iris resplendissant des couleurs les plus brillantes. La chute inférieure est moins haute, mais également très-belle; c'est dans la soirée qu'on la voit dans sa plus grande splendeur. Le Falchernbach, qui se précipite d'une hauteur de deux cents pieds, un peu au-dessous du village de Meyringen, et l'Alpbach, qui se voit dans la chaîne de montagnes à l'est, sont deux cascades qui méritent également d'être remarquées.

Gusaci, les Oghuses, nommés Ghuses ou Uses dans les historiens bysantins, occupaient le Turkestan et la contrée située entre l'Iaxartes et l'Oxus; ils étaient mêlés fréquemment aux guerres des Chosroès de Perse et des khalifes d'Arabie. Ces Oghuses s'établirent, sous le nom de Turkmans, sur les rives orientale et occidentale de la mer Caspienne. Ils firent des invasions dans la Syrie, car saint Jérôme se plaint beaucoup de leurs ravages dans plusieurs de ses lettres. Depuis, dans le xiie siècle, ils firent une invasion dans le Khorassan, où ils mirent tout à feu et à sang. Il faut compter dans les races turques non-seulement ces Oghuses, mais aussi les Kumans, les Petschenègues, les Iaziges et les Iasses. Toutes ces tribus étaient idolâtres. Il convient d'y joindre aussi les Vigurs, répandus de Korakurum à Turfan, qui reçurent le nom d'Usbegs, à cause d'Usbey-Khan, dominateur de ces pays. Leur langue est le turc le plus ancien et le plus pur. La langue ghésienne ou turcomane est aujourd'hui la langue des Turcs.

H

Hadria, Adria, ancienne ville de l'Italie, bâtie sur les ruines de l'Hadria des Romains, qui était un port de mer sur le golfe Adriatique, et dont elle est éloignée aujourd'hui de 20 kil. par les immenses atterrissements formés aux bouches du Pô, lesquels sont dus à des causes intérieures, indépendantes des influences maritimes. Érigée en évêché sous la métropole de Ravenne au ve siècle, elle resta jusqu'au xe siècle la résidence de l'évêque, qui se retira à Rovigo; et depuis ce temps ses successeurs ont continué d'habiter cette ville. — Son commerce était très-florissant et fort considérable au commencement de l'ère chrétienne, puisqu'elle donna son nom à la mer Adriatique. Il consiste aujourd'hui en grains, chevaux, bétail, en cuirs et poteries. Cette ville est de la province de Venise, à 18 kil. est de Rovigo, sur le canal Bianco. Comme elle est située au milieu d'un pays marécageux, le climat y est très-insalubre.

Hamacostos, vel Fama Augusti, Famagouste, ancienne ville épiscopale de l'île de Chypre, autrefois Arsinoé, du nom de la sœur de Ptolémée Philadelphe, qui en jeta les fondements. Le nom de Famagouste vient originairement d'Amocusta, qui signifie bâtie dans le sable, par rapport à la terre déliée et sablonneuse qui l'environne.

Cette ville est située sur la côte orientale de l'île; on en approche de très-près avant que de l'apercevoir, encore ne découvre-t-on que la pointe des édifices, les terres environnantes formant une pente extrêmement allongée, dont le sommet est pour ainsi dire de niveau avec les parties les plus élevées de la ville. Elle a deux milles de circonférence: elle est assise sur un rocher; les murs sont épais, larges et aplanis par le haut; à l'entour circule un fossé profond, que l'on a creusé au ciseau: ils sont en outre flanqués de douze énormes tours, dont les murailles, épaisses de quatre pas, embrassent un cercle de cinq pas de diamètre. Dans l'intérieur de la ville est un phare, trois bastions, un boulevard avec deux rangs de batterie et une citadelle. — Cette ville fortifiée en 1193, par Gui de Lusignan, s'accrut encore entre les mains des Génois qui la gouvernèrent près d'un siècle, de Jacques le Bâtard, et enfin des Vénitiens. — Elle a deux portes à ponts-levis, l'une vers la terre, et l'autre du côté de la mer; celle-ci conduit au port, dont l'entrée, extrêmement étroite, est fermée chaque nuit par une chaîne que l'on attache à un des boulevards du port. L'accès n'en est permis qu'aux bâtiments vides, non que l'entrée en soit peu profonde, mais parce que le port est en grande partie comblé; il est défendu au levant par une suite de rochers qui empêchent la mer d'y entrer avec impétuosité: de là vient qu'il offre aux vaisseaux un abri sûr et tranquille; aussi est-ce dans ce port que les capitaines font radouber et caréner leurs bâtiments. — C'est à Famagouste que les Lusignans se faisaient sacrer rois de Jérusalem. Cette coutume ne cessa qu'à la prise de l'île par les Génois. Ceux-ci s'emparèrent de Famagouste dans le xive siècle, au temps du roi Pierre; le roi Jacques, son successeur, la leur accorda librement avec six milles du territoire de la ville, qu'ils gouvernèrent selon leurs lois. Au XV° siècle, Jacques le Bâtard en fit la conquête, après trois ans de siége, et un des articles de la capitulation était la promesse d'y maintenir les lois de Gênes. L'île tomba, en 1490, entre les mains des Vénitiens. Famagouste eut alors à sa tête un noble vénitien, qui en était en quelque sorte le ministre plénipotentiaire. Le 18 septembre de l'année 1570, Mustapha, général du sultan Sélim, conduisit ses troupes devant Famagouste, et vint camper au couchant, dans le village de Pomme-d'Adam. Le siége s'ouvrit le 23, et le 1er octobre on commença à la battre en brèche. Au mois d'avril 1571, il se rapprocha des murs, et alla camper dans les jardins voisins de Famagouste. Le gouverneur était le brave Marc-Antoine Bragadin : de vaillants gentilshommes défendaient avec lui cette place importante, qui est vraiment la clef du royaume. Il y avait alors dans Famagouste 8000 âmes, et 4000 en état de porter les armes. Cette vaillante élite soutint six terribles assauts, et fit face à toutes les forces de l'empire ottoman : le nombre l'emporta, et le 1er août 1571, la ville se rendit à des conditions honorables que Mustapha viola, au mépris des droits les plus sacrés.—

Le 17 août, Bragadin, après mille outrages et avanies qui mirent dans le plus grand jour l'héroïsme de cet intrépide commandant, fut écorché tout vif, sa peau remplie de paille, son corps déchiré et ses membres épars dans divers postes de fortifications; cette peau fut ensuite mise dans une caisse avec les têtes d'Estor Baillon, de Louis Martinengo, du brave Castellano et de Quirini; toutes ces têtes furent portées à Constantinople et présentées au grand seigneur. Antoine Bragadin frère du commandant, Marc Ermolaüs et Antoine ses fils, rachetèrent la peau de ce héros, et la firent inhumer à Venise en 1596, dans l'église de Saint-Paul et Saint-Jean. Il n'est point d'étranger ni de voyageur qui n'aille contempler avec une admiration mêlée de tristesse la tombe de ce grand homme.—L'armée ottomane était de 200,000 hommes ; il n'y avait que 94,000 Turcs, le reste était un ramas d'aventuriers de Syrie, de Karamanie et de l'Anatolie. On peut juger de l'intrépidité des assiégés par le nombre des Turcs morts devant la place : la garnison était à peine de 4000 hommes, et il y périt plus de 75,000 Turcs. C'est sans doute à cela qu'il faut attribuer toutes les barbaries dont se souilla Mustapha.

Vers l'an 1370 sainte Brigitte, allant à Jérusalem, passa par Chypre, où régnait alors la reine Eléonore, fille du duc de Milan et veuve de Pierre de Lusignan, qui fut assassiné par ses frères. La sainte essaya d'arrêter les débordements de cette île et fit part aux habitants d'une révélation sur la ruine prochaine du royaume, s'ils ne rentraient dans la bonne voie. A la prière de la reine Eléonore, cette sainte resta jusqu'au couronnement de son fils Pierre, qui fut proclamé roi de Chypre à Nicosie, et roi de Jérusalem dans Famagouste. Brigitte, après la visite des saints lieux, retourna dans cette dernière ville, annonça sa ruine et celle du royaume : l'événement a justifié sa prédiction.

Famagouste n'a rien perdu à l'extérieur de son antique construction : ses fossés sont entièrement desséchés; les murailles en bon état, à l'exception de quelques tours endommagées par le canon ennemi, et que l'on n'a point réparées. Il n'en est pas de même de l'intérieur de la ville : on n'y marche plus que sur des ruines et des décombres. Le nombre des églises démolies est immense ; on assure qu'une aussi petite enceinte en avait renfermé jusqu'à deux cents ; elles étaient extrêmement élevées, mais étroites. — On distingue la cathédrale latine de Saint-Nicolas, aujourd'hui la principale mosquée, et dont la construction ressemble en tout point à celle de Sainte-Sophie de Nicosie. Il y a plusieurs pierres sépulcrales; c'est là, entre autres, que furent inhumés Jacques le Bâtard et le roi Jacques son fils. Vis-à-vis de l'église, sur la place, sont trois arcades soutenues par diverses colonnes de granit oriental, et portant les armes de la république de Venise : le reste du mur est couvert d'armes de familles vénitiennes et génoises, qui ont eu le commandement de la ville. Derrière ces arcades sont les ruines de l'ancien palais des gouverneurs de Famagouste. On a fait une mosquée de la superbe cathédrale de Sainte-Croix ; l'église de Saint-Paul était également un des plus beaux édifices de cette ville; elle tombe aujourd'hui en ruine. Un certain Simon Nostran, négociant, l'avait fait bâtir avec le produit d'un seul voyage de Syrie : ce fut au XIV° siècle, sous le règne de Pierre, dans les beaux jours du commerce de l'île. Le roi Pierre vint en 1368 à Florence, où la république le reçut avec tous les honneurs dus à un aussi bon monarque : Jean Sostegni en était alors gonfalonier. Il est à remarquer que les Grecs seuls ont une église à Famagouste, et qu'on ne voulut jamais permettre aux Latins d'avoir aucun temple, ni aucune maison qui leur appartint en propre. C'est dans cette ville qu'était le corps de saint Epiphane, évêque de Salamine, docteur et Père de l'Eglise. On ne sait ce qu'il est devenu depuis. — La citadelle n'est point endommagée ; on y met les malfaiteurs de l'île et de l'empire ottoman : elle est particulièrement destinée aux prisonniers d'Etat. Le fossé qui l'environne n'a plus d'eau et se remplit tous les jours. Dans l'intérieur de la ville, du côté de l'orient, sont les ruines de l'édifice où se construisaient les galères. On voit au nord, près des murs, la fonderie, très-bien conservée. Sur la place, à côté du palais du gouverneur, est l'arsenal : il renferme toutes sortes d'armes et d'armures du temps des princes chrétiens, et d'autres plus anciennes encore. On en a muré les portes et les fenêtres : la mémoire de ces armes est en quelque sorte ensevelie; c'est pour empêcher que le peuple, en cas de soulèvement, ne trouve là de quoi attaquer et se défendre. Les murs offrent de grosses pièces d'artillerie, mais démontées et en très-mauvais état.

Cette ville compte à peine aujourd'hui 200 habitants. Les anciennes maisons sont continuellement en vente ; on ne les achète que pour les démolir, en enlever le bois et principalement les ponts et les planches. Il est rigoureusement défendu d'emporter les autres matériaux, et quelque part que l'on se tourne, on ne voit que des monceaux de pierres. Il n'y a point de commerce dans Famagouste, mais un grand nombre de bâtiments viennent se radouber dans son port. Aux environs de la ville, sur les bords de la mer, vers le midi, se trouvent des jardins qui renferment beaucoup de citronniers, d'orangers et d'autres fruits de cette espèce. L'arbre nommé Caicia est une sorte d'abricotier. La pellicule de son fruit est rouge et blanche ; sa chair a beaucoup de jus, elle est plus délicate que substantielle. Il commence en mai et ne dure guère plus d'un mois ; on l'estime beaucoup : il est tout à la fois agréable et salutaire. La campagne, semée de coton et couverte de mûriers, est très-fertile. — Aux environs du village de Varrochie, à côté d'une ancienne église de Sainte-Marie, sont les aqueducs de Famagouste, si mal réparés, qu'ils manquent le plus souvent d'eau. En tournant au nord, et passant devant la ville, on trouve beaucoup de maisons détruites et de jardins abandonnés. — L'air de ces environs n'est pas le meilleur de l'île : cette maligne influence a pour cause la chaleur que les sables rendent excessive, et les eaux putrides et stagnantes du lac de Constance, qui, en été, n'est plus qu'une mare infecte et malfaisante. Ce lac est formé depuis que le fleuve ou torrent Pedicus n'a plus, comme on l'observe dans les anciennes cartes géographiques, son embouchure ordinaire entre Famagouste et Salamine. Après la ruine de cette dernière ville, Famagouste la remplaça comme capitale, et l'archevêque grec y transporta son siége dans l'église de Saint-Georges, vers le IXe siècle. Il fut transféré à Nicosie au XIIIe. Après la prise de l'île par les croisés, Famagouste devint le siége d'un archevêque latin, vers la fin du XIIe siècle. L'église Saint-Nicolas était la cathédrale. Le pape Innocent III transféra ensuite l'archevêché à Nicosie.

Hunkobera, Ankober, capitale du royaume de Choa, dans l'Abyssinie. — Les tourneurs en corne y sont d'une habileté extrême. On y fait des aiguilles, des ciseaux, des rasoirs et des platines de fusils. La poterie est extrêmement variée. Cette ville, arrosée par les sources de Chaffa et de Denn, contient environ 5000 habitants ; elle est bâtie sur le penchant d'une colline que domine le palais du roi, remarquable par sa vaste dimension : plusieurs églises magnifiquement ombragées apparaissent sur les éminences. Ankober jouit d'un admirable point de vue : du côté de l'est, sur une plaine aride et blanchâtre, se dessine le cours de l'Haouach, qui va s'ensevelir sous les sables ; au sud, se déploient de belles forêts de sabines. — Les habitants jurent par Dieu, au lieu de jurer par Marie, comme les Abyssiniens ; ils ont une grande vénération pour saint Michel. — Il est probable que ce pays a été une mission du patriarcat d'Alexandrie, aux époques de sa foi et de son indépendance.

Harcona, Arcona. — Cette ville était située sur la côte de l'île de Rüghen, qui forme la pointe la plus septentrionale de l'Allemagne. Elle est la dernière localité où les Slaves idolâtres aient résisté avec une sorte de désespoir aux Allemands devenus chrétiens. Beaucoup d'entre eux préférèrent mourir plutôt que de renoncer aux idoles, parce qu'ils y rattachaient des idées de nationalité, et qu'ils ne voulaient pas d'ailleurs embrasser la même religion que les Allemands, avec lesquels ils étaient en guerre. — Arcona est aujourd'hui totalement ruinée, et l'on a même peine à reconnaître ses ruines.

Hassa, Aussa, ou Haoussa, ville de l'Abyssinie, est située dans une plaine fertile, non loin des montagnes Djobel-Mari. Le christianisme des habitants, comme celui de toute l'Abyssinie, est défiguré par des pratiques qui lui sont étrangères. Cette ville a été importante dans le moyen âge ; mais les guerres et les révolutions lui ont enlevé de son importance. La population se livre à l'agriculture, élève des bestiaux et fait le commerce avec Tadjoura.

Havacus, l'Awache, ou le Haouach, qui sépare le pays d'Adal, ou Adel, du royaume de Choa en Abyssinie. Cette rivière sort du lac Zaouaja, au sud des monts Barokot, se dirige dans la direction de l'est-nord-est ; coule dans une contrée à 733 mètres au-dessus du niveau de la mer, et après un cours sinueux de 200 lieues environ, ou 800 kilomètres, elle se perd en formant comme un lac dans les sables du désert de Houssa, au pays d'Adel. Il fait dans ce désert une chaleur dévorante, et les environs de la rivière, sujets à des fièvres pernicieuses, sont parcourus par les tribus de l'Adel barbares et féroces. — Les eaux de l'Awache sont peuplées de crocodiles et d'hippopotames, et ses rives fréquentées par des autruches, des girafes, des buffles, des éléphants, des tigres, des lions et d'énormes serpents. — Dans la saison des pluies, cette rivière devient un torrent impétueux, et elle n'est guéable qu'à l'époque de la sécheresse.

Helenopolis, Jailakabad, ou Jalowa, ville garnie de palais et d'hôpitaux par l'impératrice Hélène, en mémoire de son père qui de son vivant y avait tenu une auberge ; nommée Hélénopolis par l'empereur Constantin. Ce fut dans cette ville, située sur la côte méridionale du golfe de Nicomédie, que se réfugia l'armée des premiers croisés conduite par Pierre l'Ermite et Gautier-sans-Avoir, après avoir été défaits entièrement auprès de Nicée. — Hélénopolis, qui n'est plus qu'une bourgade, a maintenant une certaine renommée à cause de ses eaux thermales. — Elle avait été érigée en évêché au IVe siècle sous la métropole de *Nicomedia*, dans la première province de Bithynie.

Héliopolis, vel *Iliupolis*, Héliopolis, ville épiscopale de la première province de Galatie dans l'exarchat de Pont, sous la métropole d'Ancyra (Engourije). L'évêché datait du vi^e siècle ; il n'existe plus. La ville elle-même a été victime des guerres et des ravages exercés par les Musulmans dans la première partie du moyen âge. Quelques auteurs pensent que ses ruines sont au village de Boli, habité par des Grecs, que l'on rencontre à quatre journées de chemin d'Ismid (l'ancienne Nicomédie). En Turquie, on ne compte point les distances par lieue, mais par le chemin que l'on fait dans un jour. De là l'expression : Ce village est à deux journées, cette ville est à six journées.

Heliopo.is, Héliopolis, la ville du Soleil, située en Egypte, est nommée en hébreu On, et Orior, suivant Josèphe. Elle est fort ancienne, et la Genèse en parle (*ch.* XLI, *v.* 45). *Le Pharaon*, dit l'historien sacré, *lui donna pour femme Aseneth, fille de Putiphar, prêtre d'Héliopolis.* C'était là que s'élevait un magnifique temple dédié au Soleil. Cette ville fut célèbre dans l'histoire des Juifs par le temple qu'Onias y fit bâtir avec l'agrément du roi Ptolémée Philométor et de Cléopâtre sa femme. Ce temple, qui cependant ne ressemblait point à celui que Zorobabel avait relevé à Jérusalem sur les ruines du temple de Salomon, était néanmoins fort en honneur parmi les Juifs. Il servait au culte du vrai Dieu, selon les rites prescrits par Moïse. Les traditions juives assurèrent même qu'on pouvait s'y rendre en sûreté de conscience pour la réunion pascale : bien différent en cela du temple de Garizim, en Samarie, que les deux tribus de Juda et de Benjamin restées fidèles à Roboam, lors du grand schisme (av. J. C. 975), regardèrent toujours comme impur et abominable.

Voici, d'après Josèphe, l'histoire de cet édifice, une des merveilles du monde, selon les Juifs. « Onias, fils de Simon, un des chefs des prêtres du temple de Jérusalem, fuyant Antiochus, roi de Syrie, qui faisait la guerre aux Juifs, vint à Alexandrie. A cause de la haine qu'il portait à Antiochus, Ptolémée l'accueillit avec bienveillance, et Onias promit de lui donner toute la nation juive pour alliée s'il voulait lui accorder ce qu'il allait dire. Le roi promit aussitôt de le faire, pourvu que cela fût en son pouvoir. Alors Onias lui demanda la permission d'élever un temple en quelque partie de l'Egypte, pour y adorer Dieu selon les usages de sa patrie, ajoutant que par là il rendrait plus odieux aux Juifs Antiochus qui avait dévasté le temple de Jérusalem ; et qu'il s'attirerait l'amour des Juifs, dont un grand nombre viendrait se réfugier auprès de lui, poussés par leur zèle religieux. Ptolémée se rendit à ces raisons, et lui donna un pays éloigné de 180 stades de Memphis, qu'on appelle le nome d'Héliopolis. Là Onias éleva d'abord une forteresse, puis un temple qui, sans être semblable à celui de Jérusalem, avait comme lui une tour de 60 coudées de haut, bâtie de pierres énormes. Il y éleva un autel semblable à celui du temple de Jérusalem, et se plut à y rassembler les mêmes ornements, à l'exception toutefois du chandelier à sept branches. Il n'en fit point un pareil, mais il le remplaça par une lampe de bronze doré qui brillait d'un grand éclat, et il la suspendit à une chaîne d'or. Ensuite tout l'espace occupé par le temple fut entouré d'un mur de briques avec des portes de pierre. Le roi lui accorda en outre assez de terres et un revenu suffisant pour que les prêtres pussent fournir sans peine à toutes les dépenses du culte. » (Joseph., *De Bel. Jud.*, lib. VII, cap. 37.) Ce temple fut nommé Onion, du nom de la ville, et subsista jusqu'au temps de la guerre des Juifs, sous Vespasien. A cette époque, «Lupus, gouverneur d'Alexandrie, ayant reçu des lettres de l'empereur, vint au temple, et après en avoir enlevé quelques ornements, le fit fermer. Lupus étant mort quelque temps après, Paulin, son successeur, n'y laissa rien de ses anciennes richesses. Il employa les plus violentes menaces pour se faire tout donner par les prêtres ; puis il interdit l'accès du temple à tous ceux qui voulaient y aller par dévotion ; il en fit fermer exactement les portes, et empêcha si bien que qui que ce fût s'en approchât, que bientôt tout vestige du culte divin en disparut entièrement. Il s'était écoulé depuis la fondation de ce temple jusqu'à l'époque où il fut fermé, trois cent trente-trois ans. » (Joseph., *loc. cit.*)

Au temps de Jésus-Christ, ce temple était encore dans toute sa splendeur. Beaucoup de causes contribuaient à en relever l'éclat. La richesse des Juifs d'Egypte, qui étaient arrivés en foule en cette contrée à la suite d'Alexandre, le temple d'Onias où l'on pouvait exercer en paix le culte du vrai Dieu trois fois saint, l'importance que les philosophes juifs, à la tête desquels brillait Philon le Platonicien, avaient acquise dans l'école célèbre d'Alexandrie, l'appui que pouvait toujours espérer un enfant de Jacob en se présentant chez ses frères, en quelque pays que ce fût, tous ces motifs contribuaient sans doute à attirer dans ce pays de Mitzraïm, d'où leurs pères autrefois avaient rapporté de si profonds souvenirs, tous ceux d'entre les Juifs que des malheurs personnels, des persécutions politiques ou le besoin d'étendre leurs relations commerciales poussaient hors de leur pays natal. Aussi quand saint Joseph, sous l'inspiration d'une vision céleste, résolut de fuir en Egypte, il ne se trouva point là dans un pays barbare et inconnu ; il dut y rencontrer plusieurs membres épars de la grande famille d'Israël ; et qui sait si la divine enfance de Jésus ne toucha point le cœur de quelque exilé de Sion, que l'impiété de Pompée, les exactions des proconsuls de Syrie ou la tyrannie des derniers rois de Judée avaient chassés du pays de leurs aïeux ? qui sait même si leur âme, pleine de l'espoir d'un Messie, n'a pas vu rayonner dans les yeux du divin fugitif quelque lueur de la gloire céleste ? Qu'il nous soit permis d'emprunter ici quelques lignes à la *Correspondance d'Orient* sur l'histoire et sur l'état actuel de cette ville. — « Héliopolis, dit M. Michaud, fut, après Thèbes et Memphis, la cité la plus illustre de l'Egypte. La gloire de Memphis était dans la magnificence de ses palais et de ses temples, dans ses pyramides et dans ses hypogées ; celle d'Héliopolis dans l'école de ses prêtres, qui, les yeux fixés vers le ciel, cherchaient la divinité, étudiaient la philosophie et la morale dans le cours des astres et dans la marche des saisons. C'est dans Héliopolis que se conservait le dépôt sacré des sciences égyptiennes ; c'est là que Platon, Eudoxe, Thalès de Milet et d'autres sages venaient prendre des leçons qu'ils transmettaient à la Grèce, à l'Italie, à l'Asie Mineure. Le soleil, que l'Egypte regardait à la fois comme le père du jour et le père des intelligences, avait dans Héliopolis un temple dont l'antiquité nous a laissé une description ; on y arrivait par des avenues couvertes de sphinx, de statues et de colonnes ; plusieurs obélisques chargés d'inscriptions, de superbes portiques ornaient les cours qui précédaient l'enceinte sacrée. On remarquait au dôme du sanctuaire un miroir immense qui réfléchissait les flots de la lumière du ciel, et ce miroir était disposé de telle manière que le dieu Soleil, depuis son lever jusqu'à son coucher, se trouvait partout et toujours présent dans son temple.

« Lorsque Strabon visita Héliopolis, il vit ses monuments à moitié ruinés, et la cité se relevant à peine de ce qu'elle avait souffert à l'invasion de Cambyse ; mais elle conservait encore son école des prêtres : on montrait encore aux étrangers l'observatoire d'Eudoxe vers le Nil, la maison que Platon avait habitée pendant onze ans. Depuis le passage de Strabon, l'histoire semble avoir oublié jusqu'au nom d'Héliopolis ; nous savons seulement que, dans les premiers siècles de l'Eglise, des ermites et des anachorètes vinrent chercher là une retraite ignorée parmi les débris des anciens temples ; il ne reste plus maintenant qu'un obélisque qui est encore debout dans une campagne déserte ; autour du vieux monument, tout est silencieux et mort ; et lorsque le voyageur lui demande comment ont été détruits les édifices dont il décorait les avenues, il garde le silence ; quand on lui demande comment la ville du Soleil a passé sur cette terre, sans y laisser de traces, semblable à un hôte qui ne s'arrête qu'un jour, le témoin solitaire des vieux temps ne répond rien ; la charrue se promène dans cette enceinte couverte autrefois des merveilles de l'architecture ; à la place même où s'élevait le temple du dieu du jour, à la place où s'assemblaient les sages et les docteurs pour observer la marche du temps et l'ordre de l'univers, il ne s'agit plus maintenant que de savoir si un Fellah y sèmera du dourah, du trèfle ou du froment ; et pour qu'il ne reste rien de la vieille Héliopolis, les nouveaux possesseurs de ce lieu où fut trouvée l'année solaire ne comptent plus les mois et les saisons que par les révolutions de la lune.

« Que sont devenus les autres obélisques dont l'histoire nous a parlé ? Deux ont été transportés à Rome au temps des empereurs, un autre à Constantinople, et nous l'avons vu dans la place de l'hippodrome. Les deux obélisques d'Alexandrie, qu'on appelle les aiguilles de Cléopâtre, et sur lesquels M. de Champollion a lu les noms de Méris et de Sésostris ou Ramsès, sont venus aussi d'Héliopolis. On s'aperçoit, en voyant l'obélisque qui est resté seul, que plusieurs tentatives ont été faites pour le renverser ; mais il n'en demeure pas moins assis sur sa base comme au temps des Pharaons. Plusieurs voyageurs ont remarqué que, du côté de l'est, la surface latérale du monument avait subi quelque altération : cette altération peut s'expliquer, ce me semble, d'une manière assez naturelle : les pierres se couvrent chaque nuit d'une rosée abondante, et comme le côté oriental de l'obélisque se trouve exposé aux premiers rayons du jour, l'action du soleil, en s'exerçant sur la pierre encore humide, peut à la longue en altérer la surface. Cette explication me paraît d'autant plus vraisemblable, que les obélisques d'Alexandrie, que celui de Constantinople, ont été de même endommagés, et qu'ils ne l'ont été que du côté qui regarde l'Orient.

« En approchant de l'obélisque, nous avons pu distinguer sur les divers côtés de la pierre, l'ibis, le scarabée, le serpent, le lotus, le palmier, la charrue, etc. Jusqu'ici on avait pensé que le langage inconnu de ces signes pourrait révéler un jour quelques-uns des mystères de la vieille Egypte : cette opinion, qui fut longtemps accréditée parmi les savants, est abandonnée depuis les découvertes de M. Champollion ; nous savons maintenant que les inscriptions d'un obélisque ne rappellent jamais que la date du monument, le nom du roi qui l'a fait élever, et celui de la divinité à laquelle il était consacré ; l'inscription gravée sur l'obélisque d'Héliopolis annonce qu'il fut élevé par *Osortasen*, pharaon de la vingt-troisième dynastie. Osortasen régnait vers l'an 800 avant l'ère chrétienne, c'est-à-dire près de 400 ans avant la conquête d'Alexandre, et près de 300 ans avant le voyage d'Hérodote en Egypte.

« Héliopolis, comme Saïs, Memphis et d'autres grandes cités, avait des enceintes réservées aux monuments religieux ; nous avons fait le tour de l'enceinte où se trouvaient le temple du Soleil et l'école des prêtres. Du côté du nord et du côté de l'est, il existe des restes d'une chaussée, qu'on prend d'abord pour des amas de décombres. Dans tous les lieux où fut bâtie une ville ancienne, il est rare de ne pas trouver des traces d'une nécropolis ; lorsque les grands monuments ont disparu, il reste encore des tombeaux ; toutefois nous n'avons rien trouvé sur l'emplacement et dans les environs d'Héliopolis qui pût ressembler à d'anciennes sépultures, ce qui nous prouve que la ville du Soleil, comme Memphis, faisait porter ses morts dans la plaine des Pyramides.

« M. Jomard, qui a décrit l'emplacement d'Héliopolis, a parcouru toutes les campagnes voisines ; il a trouvé des ruines en plusieurs endroits, surtout dans le bourg d'Hélioud, situé vers le Nil; ce bourg renferme plusieurs restes de la ville antique; le nom d'Hélioud est lui-même un reste ou un souvenir d'Héliopolis. C'est ainsi que, dans la Troade, l'antiquité vit successivement l'ancienne Ilion, la nouvelle Ilion, puis la Troie d'Alexandre; la seconde fut bâtie avec les ruines de la première, la troisième avec les débris des deux autres. La même chose a pu arriver à plusieurs villes d'Egypte, et le bourg d'Hélioud fut sans doute une nouvelle Héliopolis, qui aura été construite par les Grecs plus près du fleuve.

« Des traditions sacrées et profanes, des souvenirs de plusieurs époques et de diverses croyances, se rattachent à la ville et au territoire d'Héliopolis; cette ville est souvent mentionnée dans la Bible, qui l'appelle On, mot qui signifiait ville du Soleil dans la langue des vieux Egyptiens. Putiphar, dont le patriarche Joseph fut l'intendant, habitait Héliopolis, et son nom même de Putiphar annonce qu'il était un des grands prêtres du *dieu* Soleil. Comme Héliopolis était près du pays de Gessen, habité par les Hébreux, elle leur était bien plus connue que Memphis et Thèbes. On croit même que les Juifs furent employés à construire, ou tout au moins à réparer quelques édifices de la cité égyptienne. Ce fut là sans doute que Moïse, qui est appelé dans l'Ecriture *l'élève de l'Egypte*, vint apprendre les hautes sciences qu'enseignait l'école des prêtres.......... Quand les Hébreux furent les maîtres de Chanaan, leurs pensées se tournèrent encore quelquefois vers Héliopolis, et dans les mauvais jours d'Israël ceux qui avaient à redouter la persécution vinrent y chercher un asile. Les traditions saintes nous apprennent que la famille de Jésus-Christ vint à Héliopolis, lorsqu'elle fuyait les poursuites d'Hérode, et ces traditions, fort répandues au moyen âge, attirèrent dans ce lieu un grand nombre de pèlerins; on nous a montré, à quelques centaines de pas de l'obélisque, une fontaine qui fut l'objet de la vénération des chrétiens, et qu'on nomma longtemps la *Fontaine de Marie*. »

On trouve encore au vieux Caire la *grotte de la Vierge*, église desservie par les Coptes, et près de Tahaneh la *Grotte de Marie*, où les Coptes croient que la Vierge s'est reposée.

Nous ajoutons ici en faveur de ceux de nos lecteurs qui ne sont pas versés dans l'étude des langues orientales, quelques mots sur les noms d'*Héliopolis* et de *Putiphar*. C'est dans le texte hébreu, dans le texte des Septante, etc., mais non dans la Vulgate, que la Bible appelle On la ville d'Héliopolis, que dans Jérémie (XLIII, 13) elle désigne sous le nom explicatif de *maison* ou *ville du Soleil*. C'est là, comme on le sait, le sens du grec 'Ηλιουπόλις, et du nom arabe d'un village voisin des ruines de la vieille cité que les gens du pays appellent *En-Shemesh*, *Fontaine du Soleil*. Les livres coptes donnent toujours à la ville d'Héliopolis son ancien nom, *ôn*, mot ancien qu'on peut expliquer avec assez de vraisemblance par les mots plus modernes *ouein*, *oein*, *ouôini*, lumière, et par extension, *soleil*. — Quant au nom de *Putiphar*, que les Septante et Josèphe appellent Πετεφρής, Jablousky a cru (*Opusc.* t. I, p. 205) que ce nom venait de *piôt*, père, et de *pharro* (*Dial. said.*, pour *phouro*), roi; et qu'ainsi Putiphar avait reçu ce titre honorifique dans quelque grande circonstance, à peu près sans doute comme Cicéron avait reçu de ses concitoyens le surnom de *Père de la patrie*. Cependant l'illustre égyptologue, M. Champollion, croit qu'il faut faire dériver ce nom de *petap-reh*, propre au soleil, qui appartient au soleil.

Héliopolis, comprise dans la seconde province d'Augustamnique, devint, au ve siècle, une ville épiscopale sous la métropole de Léontopolis, dans le patriarcat d'Alexandrie. Le temple du Soleil et les autres temples ne furent fermés définitivement qu'à la fin de ce siècle et au commencement du vi[e]. Ces monuments se conservèrent jusqu'à l'invasion arabe; mais alors ils furent en partie détruits. Durant les croisades, les Européens établirent, suivant quelques auteurs, un évêché latin à Héliopolis qui n'était déjà plus qu'un monceau de ruines. Ceci nous paraît une erreur. Quoi qu'il en soit, cette ville a disparu comme toutes les vieilles cités égyptiennes; et il n'en reste plus qu'un pauvre village situé à côté d'un puits, à 5 kil. du Caire, que l'abbé de Commanville appelait de son temps Matarea, et que du nôtre MM. Jomard et Poujoulat nomment Hélioud.

Héliopolis, *Libanesia*, Baalbeck, ville épiscopale située entre le Liban et l'Anti-Liban, dans la Cœlésyrie, entre Abila et Laodicée. Elle devint évêché au ve siècle sous la métropole de Damas, archevêché au xiie, dans le patriarcat d'Antioche. Située dans la vallée de Beka, près des sources de l'Assi, à 48 kil. de Damas, la nouvelle ville est comprise dans le pachalick de Saint-Jean-d'Acre, dont elle est cependant éloignée de 160 kil. Elevée au milieu de ruines gigantesques, elle est petite, mal bâtie et défendue par des murailles en briques. — Nous trouvons dans Jean d'Antioche quelques mots sur l'origine des temples de Baalbeck. Il paraît que leur antiquité ne remonte pas au delà du temps d'Antonin le Pieux. Des médailles nous montrent Héliopolis de Syrie comme une colonie romaine: elle aurait même été donnée comme récompense aux soldats de la 5e légion. On découvre dans le petit temple des inscriptions latines avec le nom de Caracalla. Théodose convertit en église chrétienne le fameux temple du Soleil. — Abou-Obéidah, général du khalife Omar, s'empara, à la fin du viie siècle, de Baalbeck, qui déjà tombait en décadence; il fortifia le temple du Soleil, et en fit le Kala (château fort). La ville, sous la domination arabe, reprit une certaine prospérité. Elle avait une population considérable, et le pays était bien cultivé, lors de l'invasion de Timur-Khan (Tamerlan) en 1400. A partir de cette époque, la ruine de Baalbeck fut commencée, et chaque siècle venait y contribuer, lorsque le tremblement de terre de 1759 en compléta la destruction. Aujourd'hui il n'existe plus que des débris au milieu desquels on aperçoit quelques colonnes isolées dans une contrée solitaire et inculte. Un prêtre grec catholique y porte le titre d'évêque de Baalbeck, et il offre quelquefois sa propre maison aux étrangers qui passent dans ce pays. La population n'est que de 1200 habitants.

Hierapolis, aujourd'hui Asioum-Kara-Hissar. Cette ville, située sur le Méandre dans l'Asie Mineure, eut un évêché dès les premiers siècles de l'ère chrétienne. Au v⁰ siècle, elle devint la métropole de la seconde province de Phrygie Capatienne avec huit évêchés sous sa juridiction, qui étaient : Metellopolis, Antunda ou Attudi, Mosyna, Dionysiopolis, Anastasiopolis, Chana, Phoba, Zana. Ces villes épiscopales sont presque inconnues, et l'histoire s'est bornée à transcrire leur nom. Hiérapolis paraît avoir succombé dans les premières guerres qui ont signalé l'invasion des Arabes dans l'Asie Mineure. Au milieu de ses ruines s'est élevée, également sur les bords du Méandre, au sud-est de Koutahieh, la ville d'Asioum-Kara-Hissar, célèbre par la culture du pavot et par l'opium qu'elle en tire, qui se répand dans toutes les provinces ottomanes. Elle est le rendez-vous des caravanes de Constantinople et de Smyrne, qui de là se dirigent vers l'intérieur de l'Asie. La population, composée de Turcs, de Grecs et d'Arméniens, est de 60,000 habitants.

Il s'est tenu deux conciles à Hiérapolis, l'un en 173, et l'autre en 444.

On compte plusieurs villes épiscopales de ce nom. La première, située dans la première province de Phrygie Salutaire, dépendait de la métropole de Synnada. L'évêché, qui datait du IX⁰ siècle, subsiste encore aujourd'hui, fort tristement, il est vrai, comme tous les évêchés de l'Eglise grecque. La seconde se trouvait dans la province d'Isaurie, sous la métropole de *Seleucia Aspera*, au patriarcat d'Antioche. L'évêché, établi au commencement du v⁰ siècle, n'existe plus. La ville elle-même, d'ailleurs, n'est plus qu'un hameau habité par quelques pauvres familles arabes. La troisième se voyait, d'après les notices des conciles, dans la seconde province Arabique sous la métropole de Bostra, au patriarcat de Jérusalem. On ne connaît pas même ses ruines. La quatrième, enfin, qui possédait un évêché dès le IV⁰ siècle, était comprise dans la province Euphratèse dont elle devint la métropole au v⁰ siècle. Sa juridiction s'étendait sur seize siéges, tant évêchés qu'archevêchés. Elle figurait au premier rang des métropoles du patriarcat d'Antioche. Il en reste aujourd'hui un village du nom de Membise, situé sur la route d'Halep, vers l'Euphrate. La métropole a disparu.

Hospitium Sancti Bernardi, hospice de Saint-Bernard sur le mont de ce nom, dans le canton du Valais (Suisse). Le Grand-Saint-Bernard sépare la vallée d'Entremont de celle d'Aosta, et, dès les temps les plus reculés, un chemin se dirigeait par-dessus cette montagne, et facilitait la communication du Valais avec le Piémont ; celui qui existe aujourd'hui est généralement assez étroit et n'est guère praticable que pour les piétons et quelques bêtes de somme habituées à le parcourir. L'hospice, qui se trouve à 7548 pieds au-dessus du niveau de la Méditerranée, est l'habitation la plus élevée de toute la Suisse ; il est desservi par huit chanoines réguliers de l'ordre de Saint-Augustin. Tout voyageur qui arrive dans cet hospice y est logé et nourri, et ceux qui sont malades y sont traités jusqu'à leur entière guérison, sans qu'il leur soit demandé une rétribution fixe : on n'exige absolument rien du pauvre, et on ne reçoit du riche que ce qu'il veut bien donner. Dans les temps de tourmente et dans les saisons dangereuses, les valets du monastère, connus sous le nom de *maronniers*, accompagnés de chiens particulièrement dressés, et ordinairement surveillés par deux chanoines, parcourent les deux revers de la montagne et vont à la rencontre des voyageurs égarés et des malheureux en danger de périr. On estime de huit à neuf mille le nombre des voyageurs qui passent annuellement la montagne et qui s'arrêtent plus ou moins longtemps dans cet hospice. Il est déjà arrivé plus d'une fois que près de cinq cents étrangers s'y sont réunis en même temps. Ce monastère possède un *Cabinet de monnaies et d'antiquités romaines* qui ont été trouvées sur la place même où il est bâti et où existait jadis la redoute d'*Ostiolum*, et sur le *plan de Jupiter*, où se trouvait un temple romain. L'ancienne voie romaine, qui se dirigeait par-dessus le Saint-Bernard, est détruite depuis bien des siècles ; des avalanches et des blocs de glace l'ont culbutée dans les abîmes. On voit dans la chapelle du monastère plusieurs bons tableaux et le mausolée de Desaix, général français tué à la bataille de Marengo.

Cet établissement religieux si utile, et qui depuis des siècles rendait tant de services à l'humanité, n'existe plus. Après la victoire de la diète fédérale sur les cantons catholiques, le gouvernement du Valais l'a supprimé en 1848 et s'est emparé de ses biens.

Hospitium Simplonis, hospice du Simplon. Il a éprouvé le même sort que celui du Grand-Saint-Bernard. Le gouvernement du Valais a sans doute pensé que les voyageurs se conduiraient bien eux-mêmes au milieu des neiges et des avalanches, et qu'ils n'auraient nullement besoin du secours des religieux, qui devenaient alors une superfluité. L'hospice se trouvait moins élevé que celui du Saint-Bernard. Il n'était desservi que par deux chanoines de l'ordre de Saint-Augustin et par quatre domestiques.

Pour construire la route du Simplon de Brieg à Domo-d'Ossola, il a fallu vaincre des difficultés inouïes. Commencée en 1801 par ordre de Napoléon, elle a été terminée en 1805. Elle commence à Genève et se dirige le long des rives du lac de ce nom jusqu'à Saint-Gingoulph, où elle entre sur le territoire du Valais, qu'elle traverse dans une longueur de 172 kil. pour le quitter au-dessous de Gondo. Dix relais de poste, qui sont établis à Saint-Gingoulph, Vionaz, Saint-Maurice, Martigny, Ridges, Sierre, Tourtman, Viége, Brieg et Simplon, et une diligence, qui fait trois fois par semaine le voyage de Saint-Maurice au village de Simplon (4548 pieds) et retour, contribuent beaucoup à la constante fréquentation de cette route; elle est, au surplus, la seule, conduisant de la Suisse en Italie, qui soit praticable pour les grandes voitures de roulage. La largeur de la route est de 25 pieds, et sa pente, aux endroits les plus rapides, ne dépasse pas deux pieds et demi par toise. Dès son entrée dans le canton du Valais, elle longe le Rhône jusqu'à Glys, village peu éloigné du joli bourg de Brieg, mais là elle le quitte pour se diriger vers les hautes Alpes du sud; se repliant souvent sur elle-même, elle traverse, de Glys à Domo-d'Ossola, une étendue de quatorze lieues, et, dans cet espace, vingt-deux ponts, dont plusieurs sont jetés avec une grande hardiesse par-dessus des ravins et des abîmes effrayants, au fond desquels on entend souvent rouler des torrents fougueux; dans d'autres endroits la route est taillée dans le roc vif et passe sous des voûtes ou galeries qui ont quelquefois plusieurs centaines de pieds de longueur; parmi celles-ci on remarque principalement celle de Frissinone, appelée *Galerie de Gondo*, qui est longue de 625 pieds. Neuf autres de ces galeries ne sont qu'adossées aux parois escarpées de rochers nus, mais elles sont construites de manière à garantir le voyageur des avalanches et autres accidents; on rencontre d'ailleurs tout le long de la route des refuges bâtis exprès pour leur sûreté, ainsi que des auberges et des maisons servant d'habitations aux employés chargés de l'entretenir, dans lesquelles tout étranger trouve à se rafraîchir. Immédiatement au-delà du sixième refuge, on voit une pierre milliaire qui indique la plus grande hauteur de la route, 6174 pieds au-dessus de la Méditerranée; de là il y a encore une demi-lieue jusqu'au *nouvel Hospice*, et de celui-ci 15 kil. jusqu'à une chapelle qui se trouve au-delà de Ruden, où elle quitte le canton. Sur toute l'étendue de cette route les scènes les plus imposantes varient avec des sites champêtres, quoique souvent sauvages, et le voyageur aperçoit tantôt des monts gigantesques couronnés d'une neige éblouissante, et tantôt des abîmes affreux qu'il traverse pour atteindre un hameau pittoresque qui se trouve caché derrière un rocher abrupte qu'il contourne; ses sensations se partagent entre l'extase que lui font éprouver les sublimes horreurs de la nature et l'admiration pour le génie qui sait vaincre les plus grands obstacles.

Houma, anciennement *Amisus*, aujourd'hui Ssamszun, port sur la côte méridionale de la mer Noire, où relâchent les bateaux à vapeur qui vont chaque semaine de Constantinople à Trébizonde. Le golfe du même nom n'existe plus; et les côtes en général s'élèvent d'un degré plus au nord que les cartes de d'Anville ne l'indiquent. Ssamszun, à 200 kil. nord-ouest de Siwas, exporte les cuivres de Tokat, les soies, les toiles d'Amasiéh, et même les cotons d'Adana qui vont en Krimée. — Cette ville fut peuplée d'abord par les Milésiens, lorsqu'ils possédaient la Cappadoce, ensuite par des colonies athéniennes. Plus tard, gouvernée par des rois, embellie par plusieurs d'entre eux, surtout par Eupator et Mithridate; enlevée à Pharnace par Lucullus, après un siége opiniâtre; déclarée libre par Jules César; de nouveau soumise à des rois par Antoine; maltraitée par le tyran Strabo; rendue à la liberté par l'empereur Auguste, après la victoire d'Actium, elle fut érigée en capitale de toutes les villes du Pont; puis elle figura parmi les principales villes de l'empire Bysantin. A l'époque des croisades, elle tomba au pouvoir des Vénitiens, qui, après l'avoir fortifiée, en firent le siége principal de leur commerce dans la mer Noire. Passant enfin des mains de Bajesid le Perclus dans celles de Bajesid-Ildirim, elle perdit son commerce et sa population. Elle ne compte plus maintenant que deux mille âmes, et n'est plus entourée que de murs à demi-ruinés. Les marins turcs estiment surtout sa poix, son goudron, ses cordes et ses câbles. A l'orient de Ssamszun s'étend la plaine de Phanarœa arrosée par l'Iris, aujourd'hui le Tscheharschienbessnji. Amisus était un évêché au ve siècle sous la métropole d'Amasia, dans l'exarchat de Pont. — L'évêché grec n'existe plus. La population actuelle se compose de Turcs, de Grecs, de plusieurs marchands arméniens et de quelques familles catholiques. Les Turcs y ont cinq mosquées.

I

Ibyra, vel *Pimolis*, vel *Pimolissa*, *Osmandschik*. Cette ville occupe une situation pittoresque sur le Kizil-Irmak (l'Halys), dans une plaine fertile en vin et en blé, près du grand pont jeté sur le fleuve et supporté par dix-neuf arches, l'un des plus beaux de l'empire ottoman, construit par le sultan Bajesid II. — On voit dans la ville le mausolée d'un saint musulman, qui ne parlait point et se bornait, cinq fois par jour, aux heures de la prière, à faire entendre un bruit semblable au bêlement d'un mouton.

Ibyra avait un évêché créé au ve siècle sous la métropole d'Amasia, dans la province d'Hénélopont; il n'existe plus. Il y a très-peu de Grecs parmi ses habitants. Cette ville, sous le nom d'Osmandschik, figure avec éclat dans l'histoire légendique de l'Islam.

Iconium, Icone, actuellement Koniéh, ou Koniah. Cette ville, métropole de la Lycaonie dès le ive siècle, était une des premières et des plus riches cités de l'Asie Mineure. Elle avait sous sa juridiction vingt et un sièges, tant évêchés qu'archevêchés. Dans le moyen âge, contrairement à ce qui arriva à tant d'autres grandes villes de l'Asie Mineure, l'importance d'Iconium s'augmenta. Lorsque l'Islam primitif s'affaiblit, et que l'empire des Khalifes succomba sous les attaques des peuples de l'Asie centrale, Iconium devint le siége d'un empire musulman qui s'étendit des chaînes de l'Anti-Taurus à la mer de Cilicie et de Pamphylie sur toutes les provinces connues dans l'histoire de cette époque, sous le nom de Karamanie. Pendant près de deux siècles, les sultans d'Iconium ont occupé une large place dans l'histoire de l'Asie occidentale ; et la ville a conservé plusieurs monuments de leur puissance et de leur gloire, qui s'ajoutent aux curieux vestiges qu'elle contient encore de sa grandeur romaine et byzantine. Elle fut entourée de murailles par Alaeddin-Kei-Kobad, khalife seldschuk. Après la ruine de l'empire Seldschuk, elle devint la résidence des princes de Karamanie qui, tantôt en guerre avec les Osmanlis, tantôt avec les rois de Perse, quelquefois avec les empereurs de Constantinople, luttèrent pendant près de deux siècles avec une fortune plus ou moins heureuse, mais toujours avec courage, et succombèrent enfin sous la puissance redoutable de Mohammède II.

Koniéh est au sud-est, proche de montagnes au milieu desquelles on rencontre de grands lacs comme en Suisse. A 48 kil. de la plaine où la ville est située, il s'élève une montagne isolée dont on raconte beaucoup de merveilles et que personne n'ose visiter. Les Turcs prétendent qu'il y a mille et une églises ruinées remplies de trésors, mais qui s'écroulent de suite sur les gens assez audacieux pour y entrer. Les Arméniens et les Grecs, de leur côté, disent que les pierres de ces monastères se promènent la nuit en procession et répandent partout la terreur. En 1827, un Français, M. Léon de Laborde, visitant l'Asie Mineure, voulut s'assurer par lui-même de ces merveilles. Il pénétra dans la montagne, mais il n'y trouva que des ruines qui servaient de retraite à des brigands.

Koniéh a 30,000 habitants ; mais par son étendue, cette ville en contiendrait quatre fois autant. Des historiens lui en attribuent 200,000, du temps des sultans au xiie siècle. La population en fut transportée à Constantinople par Mohammède II, après la prise de la ville et la défaite totale des princes de Karamanie. Koniéh est le chef-lieu du pachalik de la province de Karamanie. C'est devant ses murs que deux fois Ibrahim-Pacha, général et fils de Méhémet-Ali, vice-roi d'Égypte, défit l'armée ottomane ; et, sans l'intervention de l'Europe, il est probable que la race mélangée qui domine en Égypte aurait remplacé la race turque dans la possession de l'empire.

Koniéh est toujours le titre d'un archevêque grec non uni, mais qui n'a plus de suffragants, toutes les anciennes villes épiscopales de la province étant ruinées. Il s'est tenu, en 230, un concile à Iconium. Cette ville est un lieu de pèlerinage très-fréquenté par la population musulmane à cause du tombeau de Mewlana-Dschelaleddin, fondateur des Derwischs Mewlewi, l'un des ordres les plus considérés, même aujourd'hui, de l'empire ottoman.

Imperium Seldarchum, empire des Seldschuks. Cet empire musulman s'étendait de la mer Caspienne à la Méditerranée, et du pays des Khazars à la pointe de l'Yémen. La Perse est remplie des ruines de villes florissantes à l'époque de ces Khalifes, xe, xie et xiie siècles de notre ère. — L'empire seldschuk oriental s'éteignit dans la seconde moitié du xiie siècle ; tandis que dans l'Asie Mineure l'empire occidental s'élevait en luttant énergiquement contre les croisés et contre les chrétiens de la Palestine.

Aux trois anciens empires d'Assyrie, des Mèdes et des Perses, ont succédé, dans le moyen âge et les temps modernes ceux des Arabes, des Mongols et des Turcs, comparables aux premiers en grandeur et en puissance, et placés sur un théâtre historique plus assuré.

Insula Alnœ, Aufnau, ou Ufnau, petite île du lac de Zurich en Suisse. Elle se trouve dans la plus grande largeur du lac, regardant les glaciers des cantons de Glaris et de Schwytz, à 22 kil. de la ville de Zurich. Cette petite portion de terre est d'un aspect extrêmement pittoresque ; elle appartient à l'abbaye d'Einsiedeln, et renferme, outre l'habitation rustique d'un fermier, une église, qui existait déjà en 975, une petite chapelle et un pavillon. C'est dans cette île que reposent les cendres du héros et poète allemand, Ulrich de Hutten ; chassé de sa terre natale, il vint passer les quinze derniers jours de sa vie sur cette terre isolée ; il y mourut le 30 août 1523, et fut enterré dans la chapelle. Une pierre sépulcrale, dont l'inscription est presque oblitérée, désigne le lieu où son corps repose.

Insula Munkolœ, Munkholm, petite île de la mer du Nord dans le golfe de Drontheim. Ce n'est qu'un rocher isolé et stérile, situé dans le port même de la ville de Drontheim. Canut le Grand y avait fondé un monastère en 1028. La situation de ce couvent était tout à la fois pittoresque et horrible. D'abord l'étendue superficielle du rocher n'excède pas celle d'un petit village. Il est ensuite battu par les vagues, surtout dans les tempêtes qui sont si terribles dans la mer du Nord. C'était un lieu de désolation et non une solitude, puisque les religieux voyaient tout le mouvement du port, les barques et les navires qui y entraient et en sortaient. Le couvent tombait en ruines lors de l'introduction du luthéranisme en Norwége.

Isthmus Peloponnesi, Isthme du Péloponèse, qui l'unit au continent de la Grèce septentrionale, et qui de son étendue a pris le nom d'Hexamilon. Cette langue de terre, seul point de communication du continent avec la presqu'île, a été depuis les temps historiques du Péloponèse l'objet principal de l'attention de ceux qui voulaient le conquérir ou le défendre. Démétrius Poliorcètes, Jules César, Caligula et Néron essayèrent de la percer; la tentative fut reconnue impraticable, et depuis elle ne fut plus renouvelée. Les Grecs élevèrent les premiers une muraille contre Xerxès sur toute la largeur de l'isthme; Justinien rétablit cet ouvrage, qui était ruiné. Constantin, frère de l'empereur Jean Paléologue, pour défendre la Morée (car, à cette époque, le Péloponèse portait ce nom qu'il a conservé jusqu'à ce moment) contre le sultan Murad II, éleva sur toute la largeur de l'isthme une muraille, en remplacement de l'ancienne, haute de près de trois mètres, large de six mètres, protégée par six bastions et un fossé profond. La Morée néanmoins fut envahie et dévastée par les troupes de Murad II. — Elle est aujourd'hui l'une des trois grandes régions qui forment le royaume de Grèce. On lui attribue une superficie d'environ 7500 milles (ital.) carrés, et une circonférence de 600 milles. Outre les golfes de Lépante et de Kechries, elle en a cinq principaux, savoir : Patrasso, Corone, Kolokitia, Arcadia et Napoli di Romania. Ce dernier golfe présente un bon port à l'est, et Navarin un autre port, également bon, à l'ouest. Tous deux ont une entrée commode et des eaux profondes. Pour les bâtiments de commerce, Patalidi dans le golfe de Coron, Anciro, Schila dans une petite île de ce nom, Napoli di Malvasia, Vostizza, Lampridia et autres ports, offrent de bonnes retraites. On compte dix forts, savoir : le château de Morée, à droite en entrant dans le golfe de Lépante, celui de Chiarenza, appelé Castel-Tornese, les châteaux vieux et nouveau de Navarin, la citadelle de Corinthe, celles de Modon, Coron, Napoli di Malvasia et de Napoli di Romania. La population de la Morée, qui anciennement s'élevait à 8 millions, et qui, du temps des Romains, était encore de 6 millions, est réduite à 400,000; avant l'insurrection de la Grèce, on trouvait dans ce nombre 50,000 Mahométans, 20,000 Juifs et étrangers, compris sous le nom de Francs. Parmi les Musulmans il y avait des descendants de ces Tartares ou Scythes qui envahirent l'empire d'Orient; le reste était un mélange d'Arabes, de Persans, d'Africains, d'Esclavons et d'autres nations adonnées à l'islamisme. Le sol fertile de la Morée était capable de nourrir cette grande population, qui autrefois remplissait la péninsule. Le territoire de Sycione, de l'Elide, d'une grande partie de la Messénie, de la Laconie, de l'Achaïe, produit beaucoup de grains, d'huile et de fruits de toute espèce. L'Argolide, la Messénie et l'Arcadie pourraient tirer, comme dans l'antiquité, un bon parti de leurs troupeaux, si les habitants en amélioraient les races. L'huile seule pourrait faire la richesse du pays. L'olivier y est indigène; on le voit pousser spontanément dans toutes les campagnes, au point de former des bois de 2 à 3 milles d'étendue. Corinthe est renommé pour ses raisins; cependant cette ville ne donne qu'un vin médiocre; le meilleur vin de la Morée est celui des environs de Misitra. Le mûrier prospère dans la péninsule; cependant la culture de la soie a laissé jusqu'à présent beaucoup à désirer. Cet objet pourrait devenir important pour le commerce du pays. L'agriculture, en général, est très-imparfaite, les Moréotes ne se sont pas beaucoup éloignés, sous ce rapport, des usages et coutumes des anciens Grecs. On pourrait tirer de la presqu'île beaucoup de cotons, du riz, du tabac. Le coton fin de la Morée surpasse, dit-on, les cotons de Salonique et de Smyrne. Le despotisme des Turcs ne permettait pas au commerce de prospérer. Il faut espérer qu'à l'avenir la Morée pourra fournir beaucoup d'articles au commerce du Levant.

Sous les Turcs, la Morée était divisée en quatre districts : la Romanie-Saccanie, qui comprenait les anciens territoires de Corinthe, Sycione et Argos, le Bras de Maina ou la Tsakonie, comprenant l'Arcadie et la Laconie d'autrefois, le Belvédère ou l'Elide et la Messénie; enfin, Clarenza ou l'antique Achaïe. Dans le premier district on trouve la ville de Corinthe ou Corto, maintenant bourg misérable dominé par une citadelle d'où l'on a une vue magnifique sur la mer, des deux côtés de l'isthme; Sycione où se célébraient autrefois les jeux néméens; le bourg d'Argos, dans lequel on ne reconnaît plus la résidence d'Agamemnon; Mycène, où régnait Ménélas, et l'ancienne Nauplie, maintenant Napoli di Romania, qui jouit des avantages d'un beau port et d'un territoire extrêmement fertile. — Le district de Tzaconie est un pays à pâturages; les mœurs y sont encore très-agrestes, et même un peu sauvages, surtout dans les montagnes. Leontari, Misitra, Napoli di Malvasia et la ville de Tripolizza en sont les principales villes. La dernière est regardée comme la capitale de la Morée. Le Maina ou territoire des Maïnottes, peut mettre sur pied 12,000 hommes belliqueux qui combattent sous leurs capitaines, dont ils sont en quelque sorte les vassaux. — Dans le troisième district, celui du Belvédère, sont situées les trois places de Navarin, Modon et Coron; Belvédère, anciennement Elis, et Castel-Tornese qui a remplacé la ville ancienne de Cyllène. Olympie n'est plus qu'un mauvais village sans aucune trace d'antiquité. — Enfin, dans le quatrième district, celui de Clarenza, qui tire son nom du chef-lieu, ville entièrement déchue, on trouve encore Patrasso, sur le golfe de Lépante. Cette ville fait quelque commerce en soie, miel, cire, cuir et fromage. On récolte aux environs beaucoup de raisins de Corinthe. Une route conduit le long des côtes, depuis Patrasso jusqu'à Vostizza; il y a une journée de distance entre les deux ports.

La Morée, sous l'empire romain et sous l'empire grec, formait les 3e, 4e, 5e et 6e provinces d'Achée, et l'exarchat du Péloponèse. Lors de l'empire Latin à Constantinople, les croisés s'emparèrent de cette province; mais les Grecs la leur reprirent plus tard. Ce fut là que la résistance s'organisa la dernière, après la prise de Constantinople par Mohammède II. Les Vénitiens, dans leurs guerres continuelles contre les Osmanlis, possédèrent pendant plusieurs siècles les principales villes et les ports de mer de la Morée. Ils y établirent même des évêchés de l'Eglise latine, mais qui n'y restèrent que jusqu'en 1715, époque de la perte définitive de la Morée pour Venise.

Le Péloponèse comptait et compte encore quatre métropoles de l'Eglise grecque, *Corinthus* (Corinthe), *Patræ Veteres* (Patras), *Monembasia* (Napoli ou Naupli de Malvoisie) et *Lacedæmon vel Sparta* (Misitra). Ces quatre métropoles avaient sous leur juridiction vingt-un siéges tant archevêchés qu'évêchés. Le clergé grec, avec une ignorance séculaire, a conservé contre l'Eglise catholique tous les préjugés qu'il avait, lors du concile de Florence et de la prise de Constantinople. Actuellement que la Grèce est délivrée du joug Ottoman, il préfère les Russes aux Latins.

K

Karpati, Carpathes, Tartri, Crapaks ou Karpathes, Karpatschen-Gebirge. Les monts Carpathes, situés entre les 15 et 24° de latitude nord, s'élèvent au nord de la ville de Presbourg, ils s'étendent au nord-est entre les plaines de la March et du Waag, se détournent à l'est près de Jablunka, séparent ainsi la vallée où coule la Vistule, de celle qu'arrosent les eaux de la Theiss ; cette chaîne court ensuite au sud-est, entre le comitat de Zemplin et le cercle de Sanok, et gagne enfin les frontières de la Bukowine, où elle perd à la fois ses irrégularités et son élévation.

Elle a environ 800 kil. de longitude; la partie la plus élevée de cette masse se trouve dans le comitat de Zips, et sépare la Hongrie de la Pologne. Elle offre une suite et un assemblage de hauts sommets, dont quelques-uns sont couverts de neige toute l'année. Ces sommets règnent pendant un espace de 80 kil., et dominent d'une manière très-marquée le reste de la chaîne. Les Carpathes occupent tout le sud de la Gallicie, qu'ils séparent de la Hongrie. En suivant la direction de ces montagnes, on voit qu'elles tracent une ligne de démarcation entre la Hongrie et la basse Autriche, tandis qu'elles séparent ensuite la première de ces provinces de la Moravie, et plus loin de la Silésie et de la Gallicie; dans toute cette étendue elles offrent une branche qui s'étend toujours jusqu'à ce qu'enfin elle se termine d'une manière brusque, en formant au pied du Danube la montagne assez élevée de Kahlenberg. — La partie de la chaîne Carpathienne, une fois parvenue aux frontières de la Transylvanie, entoure cette principauté en envoyant entre elle et la Hongrie un rameau latéral qui se dirige du nord au sud, et la sépare ensuite de la Moldavie, de la Valachie et du Bannat de Temesvar.

Lorsque ensuite elle a atteint Orsova, situé au-dessous de Metradia, elle se porte de la Valachie en Moldavie. Elle se lie en Servie à la grande chaîne du Balkan.

HAUTEUR DES SOMMETS.

Sommets.	Toises.
Le Babia-Gora.	856
Le Krywan, sur la frontière de la Gallicie.	1,220
Le Pic de Lomnitz.	1,386
Le mont Czerna-Gora, près des sources de la Theiss et du Pruth.	800

Toute l'énorme masse de la cime des Carpathes n'est composée que de rocs de granit. Les grottes les plus célèbres sont celles de Mazarna et Dupna, dans le comitat de Thurotz; de Demenyfalva, dans celui de Liptau; de Holgocz, dans celui de Zips, et d'Agtelek, dans celui de Gomor. De Presbourg à Bude on trouve les mines considérables exploitées de Schemnitz, Kremnitz, Neusohl, Schmolnitz, etc., et quelques sources d'eaux thermales ; on en tire plomb, fer, argent, cuivre. Ces montagnes, qui ne donnent naissance qu'à quelques rivières du nombre desquelles se trouvent le Waag et le Poprad, sont pleines de lacs. Indépendamment des mines, elles renferment rubis, topazes, agates, carnéoles, grenat. C'est encore dans ces lieux élevés que se trouve le fameux baume de Hongrie, qui n'est qu'une huile tirée d'un arbre résineux, le linbaume, qui croît sur les montagnes.

Les monts Carpathes ont servi de retraite, dans les différentes guerres du moyen âge, aux populations voisines, surtout aux habitants de la Hongrie, qui s'y réfugiaient avec leurs bestiaux et leurs effets les plus précieux pour échapper aux dévastations et à la barbarie des Osmanlis. On y remarquait à cette époque plusieurs ermitages isolés, occupés par de pauvres solitaires qui cherchaient la paix au milieu de ces montagnes. On en rencontre encore aujourd'hui quelques vestiges.

Kibotum, Kemlik. Cette ville est l'ancienne Kios des Grecs, la Kibotos des croisés. Située au fond du golfe de Moudania, c'était un port de mer célèbre dans les traditions fabuleuses, dans l'histoire positive des Grecs, dans le moyen âge au commencement des croisades, ainsi que dans les derniers temps de l'empire de Byzance et dès les premiers développements de la puissance ottomane. Elle n'a plus rien de cette célébrité historique, qu'elle a échangée contre l'obscurité particulière à presque toutes les villes possédées par les Osmanlis.

Kolosca Gens, Nation des Koliougis, Koliouges, ou Kolosches en général. — Les Koliouges ou Kolosches et leurs différentes tribus habitent la côte nord-ouest d'Amérique depuis le 40° jusqu'au 60° de latitude. S'il faut ajouter foi aux Russes et aux Aléoutes qui ont visité ces contrées, les habitants de la baie de la Trinité ressembleraient plutôt aux Koliouges qu'aux Indiens possesseurs du cap Mendozino, et on peut même avec vraisemblance les ranger parmi les Koliouges, en raison de l'analogie qui existe entre leurs usages, leur manière de vivre et celle de ces peuplades. — Les Indiens de la Nouvelle-Albion ne se comprennent pas à 10 milles de distance. Il est donc fort possible qu'un peuple disséminé sur un espace de 20 degrés ait, par son incorporation avec les habitants de l'intérieur de l'Amérique, introduit de grands changements dans son langage et dans ses mœurs : tels sont les Koliougis du détroit de Beering, ou ceux de Yakoutat et du détroit de la Trinité. — On ne connaît les Koliouges que depuis l'année 1783 ; mais les premiers voyageurs, privés d'interprètes, n'ont pas eu les moyens de se procurer à leur égard les renseignements nécessaires. Après la prise d'Yakoutat en 1794, et celle de Sitkhi en 1794, M. Baranof recueillit bien toutes les indications ethnographiques nécessaires pour éclairer les savants sur le compte de ce peuple; mais ces indications ont disparu avec lui.

Les Koliouges sont de taille moyenne : au premier coup d'œil ils paraissent braves, actifs et spirituels ; ils ont les cheveux noirs, durs et droits, les lèvres tant soit peu épaisses, le visage rond, le corps cuivré ; une figure n'est réputée agréable chez eux que lorsqu'elle est tatouée ; de plus ils se jettent sur les épaules un morceau carré de toile ou de drap, et se poudrent la tête avec du duvet d'aigle. Les femmes se percent la lèvre inférieure (1), à laquelle elles suspendent un petit morceau de bois ovale. Plus la lèvre est grosse, et plus la femme est généralement considérée comme belle. Les plus aisés d'entre les Koliouges s'enveloppent dans de grandes couvertures blanches, faites avec la laine des moutons sauvages du pays (2). Ce peuple est brave, mais cruel envers ses prisonniers, surtout lorsqu'ils sont Européens : il ne fait plus que rarement aujourd'hui usage de la pique et des flèches, car depuis vingt-cinq ans à peu près il se sert et même avec succès des armes à feu et des poignards. Il a jusqu'à de petits canons, qu'il se procure, ainsi que la poudre, sur les vaisseaux des Etats-Unis, auxquels il donne en échange des loutres de mer et des castors. Les pirogues des Koliouges sont faites d'un seul tronc d'arbre, et d'un bois très-léger, appelé *Tchaga*; quelques-unes d'entre elles peuvent contenir jusqu'à cinquante indigènes; elles ont environ 45 pieds de long, et quoique fort courtes, elles vont avec une grande rapidité. — La ciselure et le dessin sont, à ce qu'il paraît, fort en honneur chez ce peuple; tous les masques, jouets, vases, coffres, etc., y sont parfaitement peints et ciselés. Les Koliouges sont passionnés pour les jeux et les divertissements ; ils chantent et dansent continuellement. Cependant, dès leur plus tendre enfance, ils accoutument leur corps aux souffrances et aux douleurs de toute espèce : on a vu souvent de petits garçons s'entr'ouvrir le bras depuis l'épaule jusqu'au poignet avec le tranchant d'un coquillage, le tout en sautant de joie et fiers de l'idée de s'être illustrés comme leurs aïeux. Aucun peuple ne supporte le froid comme le Koliouge. Dans la saison la plus rigoureuse, il marche entièrement nu ; il se baigne dans la mer à la température de plus de 15 degrés au-dessous de glace. Il arrive quelquefois que, après être resté ainsi fort longtemps dans l'eau, il appelle par fanfaronnade, tous les assistants, les invite à le fouetter, et lorsqu'il a bien soutenu cette épreuve volontaire ; il a, comme un héros, le droit de choisir la femme qu'il désire le plus. — « Les Koliouges, dit Lizianski, ne pratiquent aucunes cérémonies extérieures de culte. Ils croient que dans le ciel ou dans l'autre monde, il existe un être qui a tout créé, et qui, lorsqu'il est en courroux contre les hommes, leur envoie différentes maladies pour les punir. Selon eux, le diable est très-méchant, et occasionne mille maux sur la terre par le ministère des Schamans. » D'après MM. Khvostof et Davouidof, qui ont fait deux voyages dans ces contrées « les Kinaïtsi n'ont aucune idée de la Divinité ; ils ont peur des diables, et croient que c'est un corbeau qui a créé le ciel, la terre, l'homme, tout ce qui est visible, et que c'est lui qui envoie les diverses maladies qui les affligent ; cependant non-seulement ils n'honorent point cet oiseau, mais encore ils le chassent et souvent même le tuent. »

Voici maintenant quelques détails plus récents, donnés à M. Khebnikof par le vieux Toëne ou le Taïone-Saïguina-Kha, Kotléan, frère aîné du Taïone de Sitkhi (3), et par plusieurs autres Taïones (4). « Kitkh-Ouguin-Si, premier habitant de la terre, avait une sœur avec laquelle il agissait fort mal, car il faisait périr tous les enfants qu'elle lui donnait afin de ne pas multiplier la race des hommes. Cependant il y avait encore dans le monde d'autres habitants, sur lesquels il exerçait un pouvoir souverain. Pour les punir de leurs crimes, il leur envoya un déluge, mais tous ne moururent point, et plusieurs se sauvèrent sur les plus hautes montagnes, dans des barques et sur des radeaux, que l'on voit encore aujourd'hui sur le sommet de ces mêmes montagnes. La sœur de Kitkh-Ouguin-Si, fatiguée des mauvais traitements de son frère, prit la résolution de s'en-

---

(1) Chez les Koliouges, il n'y a que les femmes qui se percent les lèvres ; dans le Brésil, au contraire, il n'y a que les hommes.

(2) On y voit deux espèces de moutons : les uns ont la laine blanche et des cornes semblables à celles de nos boucs ; leur chair n'est pas bonne ; la toison des autres est épaisse, douce, et leur sert à confectionner leurs vêtements de laine.

(3) Il est de taille moyenne, a le visage agréable, de la barbe et des moustaches. Il passe pour le plus habile tireur, et garde toujours près de lui une vingtaine de fusils. Kotliané est brave et spirituel.

(4) La puissance de ces taïones ou princes est assez limitée.

fuir ; elle arriva sur le bord de la mer, et là elle se construisit une cabane d'écorces d'arbres. Un jour que le temps était serein, elle se promenait sur la côte, lorsqu'elle aperçut des baleines qui se jouaient dans la mer ; ne sachant point quels étaient ces animaux, elle se mit à leur crier d'approcher de sa demeure et de venir lui donner à manger. Les baleines se plongèrent, bien entendu, dans la mer, sans rien répondre ; mais, le soir du même jour elle vit arriver dans sa cabane un bel homme qui lui demanda pourquoi elle était seule, et comment elle souffrait de la faim. Après qu'elle lui eut donné les motifs de sa situation présente, l'inconnu envoya un esclave dans une pirogue, lui chercher un petit caillou rond, qu'il fit cuire sur le feu, et qu'il donna ensuite à manger à la sœur de Kitkh-Ouguin-Si ; après le repas, il lui dit qu'elle accoucherait d'un fils que personne ne ferait périr, et lui-même il disparut. En effet, bientôt après elle se sentit enceinte et elle accoucha d'un fils, auquel elle donna le nom d'Elikh, et qui, par la suite et après des aventures fabuleuses dont le récit serait trop puéril, fit connaissance avec le dieu Corbeau, qui lui donna le droit de devenir le chef de la race des Koliouges. Chaque tribu a son surnom, comme la tribu des Chiens, du Corbeau, de l'Aigle ; il y en a une qui s'appelle la tribu Guerrière. »

Les Koliouges croient aux mauvais génies, et comme ces démons habitent dans l'eau, ils attribuent la plupart de leurs maladies à l'usage de la chair de poisson : ils les supplient, par l'entremise des Schamans, d'éloigner d'eux toutes sortes de maux physiques ; mais ils ne leur rendent aucun culte extérieur.

Les Koliouges sont généralement forts, bien constitués et ne connaissent point parmi eux les maladies locales : les seules qui les affligent et qui proviennent de leur manière de vivre sont des ophthalmies, des maux de tête et d'estomac. Les unes sont causées par la fumée dont leurs habitations sont continuellement remplies ; les autres prennent leur source dans la nature de leurs aliments. Les fièvres chaudes y paraissent quelquefois et entraînent presque toujours la mort, faute de moyens pour les guérir. Saiguinakha assure que, vers l'année 1770, la petite vérole fit de grands ravages ; ce fléau leur avait été envoyé par le dieu Corbeau.—Les Koliouges n'ont jamais su ce que c'était que de manger la chair humaine ; mais ils prétendent qu'au nord, dans les montagnes, il existe un peuple nommé Konnakes, qui devient anthropophage dans les temps de famine. Ce peuple, disent-ils, vient quelquefois pour commercer avec les Tchilkhates. Il diffère des Koliouges par ses habitudes et par son langage. Autrefois il ne se servait que de l'arc, des flèches et des piques en pierre ; aujourd'hui il connaît l'usage des armes à feu. Le Taïone-Saiguinakh ajoute qu'ils communiquent par les montagnes avec les habitants de Midnovsk et de Tchoergatsk, et qu'ils y avaient été vus par les Kolosches Tchilkhates.—Les prêtres des Koliouges, indigènes de l'Amérique russe septentrionale, s'appellent schamans. — Les Koliouges brûlent leurs morts, et érigent sur le lieu du bûcher même des monuments à ceux qu'ils ont aimés et estimés ; ils croient l'âme immortelle, mais ils n'admettent point les récompenses et les punitions dans un autre monde. Si les Kalgui, ou esclaves d'un Taïone, ne se tuent point lorsque leur maître meurt, leurs âmes sont condamnées à rester éternellement esclaves de l'âme du Taïone. — Les harengs jouent un grand rôle dans la mythologie et dans l'histoire des Koliouges.

Ces peuplades sont belliqueuses et féroces ; elles font aux Russes une guerre opiniâtre. On les trouve dans le Nouveau-Norfolk, dont la partie orientale appartient à la Nouvelle-Bretagne. Des missionnaires russes de l'Eglise grecque ont fondé plusieurs établissements parmi ces sauvages ; mais ils n'obtiennent aucun résultat satisfaisant.

Kossovœ Oppidum, Kossova. C'est une petite ville de la Roumélie (Turquie d'Europe), dans une plaine fermée par des montagnes, et traversée par la Sitniza. Cette plaine est douloureusement célèbre dans l'histoire du moyen âge par les deux batailles que les chrétiens y ont perdues contre les Osmanlis. Dans la première le sultan Murad Ier fut tué par un noble Servien, Milosch Kobilovitsch ; dans la seconde le fameux Hongrois Hunyady fut complétement battu par le sultan Murad II.

L

Lacus Solitariorum, le lac de Lowertz dans le canton de Schwytz (Suisse). De quatre kil. de long sur deux de large, ce lac est très-poissonneux ; il s'écoule par un ruisseau appelé la Severn dans la rivière de la Muotta. Du milieu de ce lac s'élèvent deux petites îles qui étaient autrefois habitées par des ermites. Sur la plus grande de ces îles on voit encore les ruines du château de Schwanau, qui fut détruit par les Suisses l'an 1308.

Lacus Superior, le lac Supérieur, le plus vaste et le plus reculé des grands lacs tributaires du Saint-Laurent, est aussi le plus sauvage : séparé des autres par les rapides de la rivière de Sainte-Marie, c'est le seul qui ne soit pas encore devenu le domaine de la navigation à la vapeur. On y navigue toujours, comme dans les siècles précédents, dans des canots d'écorce, frêles et légères embarcations que les Sauvages, dont les bords de cette mer d'eau douce sont encore peuplés, construisent et manœuvrent avec beaucoup d'adresse. — Le lac Supérieur est bordé, surtout vers le nord, par des plateaux ondulés de granit qui sont coupés à pic le long de ses bords sur des hauteurs de 300 mètres, et qui conservent leur verticalité au-dessus de ses eaux jusqu'à une très-grande profondeur. Le plus souvent il n'existe aucune berge sur laquelle on puisse aborder. — Il existe parmi les indigènes de la contrée une tradition qui porte que ce lac est habité par de mauvais génies. Aussi en ont-ils une grande frayeur.

Larandæ Civitas, Laranda, qu'il ne faut pas confondre avec la ville actuelle de Karaman, était une ancienne ville de la Lycaonie; elle fut érigée en évêché au iv° siècle, sous la métropole d'Iconium. Ce ne sont plus aujourd'hui que des ruines, à peu de distance de Karaman, lesquelles n'ont encore été visitées par aucun voyageur européen. La ruine totale de cette ville a été effectuée lorsque toute sa population fut transportée à Constantinople par Mohammède II.

Lausanium, vel Lausona Helvetiorum, Lausanne, chef-lieu du canton de Vaud (Suisse). — La ville de Lausanne, qui se trouve à vingt minutes du lac de Genève et à 450 pieds au-dessus de son niveau, occupe trois monticules et les vallons intermédiaires. Cette inégalité du terrain est cause que l'intérieur de la ville est déplaisant; mais sa position dominante sur un beau lac, et surtout l'affabilité de ses habitants, en font un séjour extrêmement agréable et très-recherché par les étrangers.

Le temple protestant, autrefois église de Notre-Dame, superbe morceau d'architecture gothique du moyen âge, renferme un grand nombre de tombeaux d'hommes célèbres, parmi lesquels on distingue celui du duc Amédée de Savoie, qui fut pape sous le nom de Félix V. Cette église doit avoir été commencée vers l'an 1000 par l'évêque Henri; mais elle ne fut consacrée qu'en 1275, par le pape Grégoire X. L'église de St-François servit aux dernières séances du concile de Bâle transféré à Lausanne en 1449. L'église de Saint-Laurent a été bâtie au commencement du xviii° siècle. L'église catholique a été construite récemment. L'hôtel de ville était autrefois le palais épiscopal.

La population de Lausanne est de 16 à 17,000 habitants, presque tous calvinistes. On y compte 12 à 1500 catholiques environ. Au moyen âge, cette ville dépendait du canton de Berne. Ce n'est que dans les temps modernes que ce canton a été démembré pour former celui de Vaud. — A 40 kil. de Lausanne est situé Avenches, *Aventicum*, ville épiscopale, aux v° et vi° siècles, de la province Maxime séquanaise, dans l'exarchat des Gaules. Cette ville fut dévastée dans les guerres de cette époque. On transféra son évêché à Lausanne en 590. Au xvi° siècle, cette dernière ville suivit l'exemple de Berne, en adoptant le calvinisme. En 1556, l'évêque avec son chapitre se retira à Fribourg (voyez *Friburga*), et le catholicisme fut interdit à Lausanne aussi rigoureusement qu'à Berne et à Genève. Il n'y a reparu que sous l'empire français. L'évêque de Lausanne était suffragant de Besançon; il l'est maintenant de Fribourg en Brisgaw (grand-duché de Bade).

Lebretum, Albert, Labrit ou Lebret, dans l'ancienne Gascogne, qui donna son nom au domaine dont Nérac était la capitale, est à 19 kil. nord de Mont-de-Marsan, dans les Landes, du dépt. des Landes, diocèse d'Aire. Il était autrefois dans le diocèse de Bazas, dont il est éloigné de 24 kil. La seigneurie d'Albret, qui s'étendait encore dans le diocèse de Dax, dans les Landes, le Condomois et le Bazadois, était d'abord une vicomté qui fut érigée en pairie le 29 avril 1550, en faveur de Henri, roi de Navarre, grand-père maternel de Henri IV, roi de France; et en duché-pairie, en faveur d'Antoine de Bourbon, en 1556. Cette érection fut confirmée en faveur du duc de Bouillon en 1651. La population est de 1500 habitants. C'est un chef-lieu de canton de l'arrond. de Mont-de-Marsan, sur la rivière de Lestrigon.

Lichtenium, vel Lichetenia, Lichtenstein, petite principauté allemande. Elle n'a que 2 1/2 m. c. g. (7 lieues c.) avec 6000 habitants; elle appartient à la maison de Lichtenstein. Son origine est fort ancienne, et remonte à un Ditmar, qui le premier s'est nommé seigneur de Lichtenstein vers 1206. On le croit descendu de la maison d'Este. Hartmann IV, comte de Lichtenstein, mort en 1585, laissa deux fils, Charles et Gondacre, qui fondèrent deux lignes. Les deux frères furent créés princes en 1618 et 1623. Charles obtint en même temps de l'empereur Rodolphe II les principautés de Troppau et de Jægerndorff, en Silésie. Jean-Adam-André, son petit-fils, acheta, en 1699, des comtes de Hohenembs, la seigneurie immédiate de Schellenberg, et en 1708 celle de Vadutz. Il fut le dernier de sa ligne. A sa mort, qui eut lieu en 1712, ses possessions médiates et immédiates passèrent à Antoine Florian, petit-fils de Gondacre. En 1719, l'empereur Charles VI éleva les seigneuries de Schellenberg et Vadutz, réunies, au rang de principauté, et leur donna le nom de Lichtenstein. Dès 1713, Antoine Florian obtint pour sa personne voix et séance à la diète; en 1723, cette prérogative fut aussi accordée à son fils et étendue à sa descendance. Celle-ci s'éteignit en 1748, et les biens de la maison passèrent au célèbre prince Joseph Wenceslas, neveu d'Antoine Florian, et regardé comme le créateur de l'artillerie autrichienne. Celui-ci étant mort en 1772 sans enfants, les fils de son frère Emmanuel lui succédèrent. Parmi ceux-ci, il y en eut deux qui formèrent lignée : François et Charles Borromée. La ligne aînée, descendue de François, possède la principauté de Lichtenstein et la plus grande partie des terres en Autriche et en Silésie. La cadette est pourvue d'un second majorat. — Le prince Jean de Lichtenstein, qui avait conclu la paix de Presbourg, fut compris, sans sa participation, et même à son insu, dans la confédération Rhénane. Il est membre de la confédération germanique, et a part la 16e voix de la diète; dans l'assemblée générale il occupe la 28e place, et jouit d'une voix virile. De tous les princes de l'union, il est celui qui possède l'Etat le plus petit; mais il a, sous la souveraineté de l'Autriche et de la Prusse, les principautés de Troppau et Jægerndorff, qui ont 147,000 habitants, et beaucoup de terres en Autriche et en Moravie, ayant en tout une étendue de 104 m. c. g. (299 l. c.) avec 524,000 habitants. On estime ses revenus au delà de 3 millions de francs; ceux de la seconde branche à 6 ou 700,000 fr. La famille est catholique et habite Vienne.

Le château de Lichtenstein est situé sur un rocher au pied duquel se trouve le bourg de Vaduz, chef-lieu de la principauté dans le royaume de Wurtemberg, à 68 kil. sud-sud-est de Constance. Popul. 800 habitants.

Linagara Insula, île de Lingga. Cette île appartient aux Malais indépendants. L'empire des Malais idolâtres a dû jouer et a joué en effet, au moyen âge, un grand rôle dans le sud-est de l'Asie et dans le monde maritime. Il figure avec un éclat tout mystérieux dans l'histoire des légendes de cette partie du globe. Le premier adversaire contre lequel il a opiniâtrement lutté, c'est l'Islam, qui a fini par prévaloir et par s'incorporer la puissance malaie, en fondant un empire musulman, lequel a successivement succombé à son tour sous les invasions des Portugais, des Espagnols, des Hollandais et des Anglais. L'île Lingga a conservé jusqu'à présent son indépendance, et les Malais qui l'habitent sont restés purs de tout mélange; elle n'en est pour cela que plus curieuse. Un jeune Hollandais, aussi distingué par l'étendue de ses connaissances que par son zèle infatigable pour l'extension des sciences géographiques, C. Van Angelbeck, avait profité de son séjour dans la ville de Kwala-Daï, capitale de l'île et résidence du chef des Malais indépendants, pour recueillir des notions précieuses sur l'île, sur ses habitants, leurs usages et idées religieuses. C'est à lui que nous empruntons une partie des détails qu'on va lire.

Lingga, qui depuis la décadence de Djohor est la principale possession des Malais indépendants, est situé sous l'équateur entre Sumatra et Bornéo, au sud-est du détroit de Malakka et au nord-ouest de celui de Banka. Les principaux lieux habités, outre Kwala-Daï qui est sur la côte du sud, à l'ouest du cap Tanjong-Kiang, au bord d'une rivière, sont, sur la côte du nord, Marodong, et sur celle de l'ouest, Kwala-Dadong. Le temps est fort variable dans cette île : il ne se passe presque pas un jour sans pluie, ce qui tempère la chaleur au point de rendre même les nuits froides. Le climat est sec et il y règne fort peu de maladies, si ce n'est quelques maladies de la peau que des personnes attribuent à l'usage presque unique des végétaux crus et des poissons frais ou séchés. — Il y a deux moussons (en malai *moussim*): la moussim Timor est celle de l'est, et la moussim Barat celle de l'ouest. La première commence vers le mois d'avril et se termine à la fin de septembre; la seconde règne pendant les autres mois de l'année.

L'île de Lingga est montueuse et très-boisée. Une chaîne de montagnes assez hautes la traverse par le milieu de l'ouest à l'est, se détournant ensuite un peu vers le sud. L'auteur, n'ayant pu la visiter, ignore s'il s'y trouve des volcans. Une montagne de la partie méridionale offre un aspect extraordinaire par ses deux sommets en pointes pyramidales; les insulaires la croient habitée par des esprits, et pensent que ces êtres malfaisants non-seulement puniraient de mort les téméraires qui viendraient les troubler dans leur demeure, mais étendraient leur vengeance sur l'île entière. — Parmi les arbres dont les forêts sont peuplées, il y en a de propres aux constructions navales et autres, et quelques-uns qui, par la finesse de leur bois et leur odeur agréable, servent aux indigènes pour faire des meubles de luxe. On cite particulièrement le kamouning (*chalcas paniculata*); le tjendana ou bois de sandal, et le garou (*lignum aloes*). — La côte du sud est généralement basse et marécageuse : elle se couvre d'eau par l'effet de la marée, et est toute remplie d'arbrisseaux touffus, de la racine desquels sortent des épines dures et pointues. On a exploité anciennement des gîtes d'étain dans cette île; mais, comme on a trouvé des mines plus riches dans celle de Singkeb, qui en est voisine et qui en dépend, l'exploitation de ce métal en a beaucoup diminué à Lingga. S'il y a de l'or, comme quelques-uns le prétendent, ce doit être en très-petite quantité, car les habitants y font à peine attention.

La rivière principale coule d'abord sur un fond de sable, et alors l'eau en est limpide et bonne à boire; mais près de son embouchure, qui est dans le sud de l'île, son eau cesse d'être potable. On peut remonter cette rivière en bateau l'espace de 12 à 16 kil.; les bords en sont peu élevés, et ils offrent des points de vue fort agréables par les maisons qu'on aperçoit entre les arbres ou qui sont bâties sur pilotis dans la rivière même. L'embouchure en est défendue par un ancien fort rectangulaire ayant 20 à 24 pièces de canon et situé fort avantageusement. Une demi-lieue plus haut sur la rivière, on trouve sur la rive gauche un assez grand faubourg ou *kampong* habité par les Chinois. Il est situé sur un terrain bas et marécageux, ce qui a obligé de bâtir les maisons sur pilotis et d'établir des ponts de bois pour les communications. Ces habitations sont construites avec des perches faites du palmier niébong (*caryota urens*), sur lesquelles sont clouées des nattes de kadjang. On emploie pour la couverture ce qu'on nomme Atap, c'est-à-dire des feuilles de différents palmiers attachées tout près l'une de l'autre sur des lattes minces. Les bambous, qui croissent si abondamment sur les îles de Java et de Célèbes, où ils sont très-employés dans les constructions, ne se trouvent pas sur celle-ci, ou du moins ils y sont assez rares pour qu'on n'en puisse pas faire usage. — En sortant de ce *kampong* on entre dans la ville Malaie. Les maisons en sont bâties la plupart de la manière qu'on vient de décrire, sur pilotis et plus ou moins élevées au-dessus de la terre ou de l'eau. Les portes en sont très-étroites. On y monte par des escaliers ou échelles qu'on retire la nuit : cette dernière circonstance fait qu'une habitation s'appelle en malai *rouma tangga*. Les maisons des riches sont planchéiées; mais dans les autres il n'y a que des lattes de palmier qui laissent entre elles des intervalles par où les immondices tombent sous la maison, là où les habitants logent leurs volailles. Les habitations, quoique peu distantes les unes des autres, sont entourées d'arbres fruitiers et d'arbustes qui permettent à peine de s'en approcher.

Le *Dalam* (c'est ainsi qu'on nomme le palais du sultan) est sur la rive gauche de la rivière, à deux lieues de la mer. On y arrive par un chemin d'une demi-lieue de long, d'autant plus remarquable qu'on ne connaît guère dans le reste de l'île que des sentiers. A droite de la demeure du prince est une esplanade où le peuple se réunit pour les affaires publiques et pour les jeux. C'est ce qu'on appelle ici du nom persan de Meïdan, et à Java Aloun Aloun. Le palais est entouré d'une haute palissade. Après avoir passé une porte assez bien décorée, on trouve la salle d'audience (*Balei*) dont le toit est supporté par des piliers de bois, mais qui d'ailleurs est ouverte de tous les côtés. L'intérieur forme trois divisions, chacune plus élevée et plus étroite que la précédente. C'est dans la troisième que se place le sultan entouré des grands du royaume. Les personnes d'un rang mitoyen occupent la seconde division. La plus voisine de l'entrée est pour le gros de la nation. C'est dans cette salle, et en public, que se traitent toutes les affaires de l'Etat, que le sultan reçoit les demandes et les réclamations de ses sujets, qu'il admet les envoyés et les étrangers, et que se donnent les fêtes. Ces audiences publiques, dans un pays où d'ailleurs l'opinion met une distance immense entre le souverain et le peuple, sont une institution bienfaisante et digne d'éloges. L'intérieur du palais n'offre rien de bien remarquable. A droite de l'entrée est une mosquée en pierres de taille, avec un bassin servant aux ablutions religieuses, et près de là sont les tombeaux des membres de la maison royale. Les logements du prince, de sa mère, etc., sont spacieux, mais bâtis entièrement en bois et portés sur des pilotis qui les élèvent de trois ou quatre pieds au-dessus du sol.

La nature a tout fait pour embellir l'île de Lingga; mais elle n'est guère secondée par les habitants. Les plus beaux arbres forestiers couvrent les montagnes et les vallées, et une multitude d'arbres fruitiers entourent les habitations. Les indigènes n'apportent aucun soin à l'agriculture; ils ne possèdent point de chevaux, et le peu de buffles qu'ils ont ne leur servent point aux travaux des champs, mais seulement pour fournir leurs tables de viande, les jours de fêtes. Les Chinois, au contraire, tirent fort bien parti de leurs jardins potagers. Ils recueillent aussi beaucoup de poivre et de la substance gommeuse nommée *gambier*, provenant des feuilles d'un certain arbrisseau, substance que l'on mâche avec les feuilles de *sierie* pour tempérer l'âcreté de ces dernières. — On ne cultive pas le riz à Lingga, quoique l'on se soit assuré qu'il y réussirait bien. Les insulaires répugnent à cette culture inaccoutumée, et pour laquelle ils auraient besoin du secours des animaux de trait, qui leur manquent entièrement. Ils se contentent en général du sagou, que leur île leur donne en abondance, et ceux qui sont en état de se procurer du riz de Java ou d'ailleurs en font venir, regardant cet aliment comme plus sapide que le sagou et plus sain à la longue. Le sel est rare et cher, la disposition des côtes n'ayant pas permis d'y établir des salines. Le pauvre peuple se contente de faire tremper dans l'eau de mer des branches du palmier niepah et de racler un sel noirâtre et amer qui s'y dépose. Les parages de Lingga sont très-poissonneux, et les poissons y sont excellents. La pêche est une des principales occupations des habitants, et elle contribue essentiellement à leur subsistance. On peut la diviser en grande pêche et en petite pêche. La première est celle des poissons pour la consommation journalière; l'autre a pour objet les productions marines destinées pour la Chine, telles que les agar agar, le kolong, le kamak, le tripang. Ces productions se trouvent sur les bancs de corail, dans le voisinage des rochers; le tripang y est adhérent, et on est obligé de l'en détacher à la main en plongeant. On emploie, pour la petite pêche, des bateaux nommés sampans, portant une seule voile, et deux, trois ou quelquefois quatre hommes. La grande pêche se fait au large; les pêcheurs sortent pendant la nuit et rentrent le jour suivant à la faveur de la brise de mer. Le poisson se prend à la ligne, et pour l'attirer on agite fortement l'eau au moyen de quelques enveloppes de noix de cocos attachées à un bâton; on en prend aussi avec des engins disposés près de la plage. — Malheureusement, une partie des sujets du sultan de Lingga exerce un autre genre d'industrie bien moins innocente; il s'agit de la piraterie. Elle est exercée surtout par les habitants de plusieurs petites îles voisines, nommées Sekanah, Baro, Penagar et Tamacug, qui reconnaissent pour leur chef immédiat le *Orang-Kaya*, lequel réside dans l'île de Madar, voisine de Kvala-Daï, et son frère qui porte le titre de *Panghoulou hamba radja*. C'est en vain que le Koran défend toute espèce de piraterie; les insulaires, qui se montrent si exacts à observer les pratiques de la religion mahométane, n'ont aucun égard à cette défense. Les infortunés qui tombent entre les mains de ces pirates sont pour le moins réduits en esclavage. La plus faible résistance est punie de mort. Les seuls bâtiments que la loi protège sont ceux qui ont pu atteindre les parages les plus voisins de la capitale, notamment l'île de Kalambak. Les bâtiments de ces pirates portent le nom de *vendjaiaks*. Ils établissent principalement leurs croisières sur les côtes de Java. Ils sortent avec la mousson de l'ouest, et rentrent vers la fin de celle de l'est.

La population de l'île de Lingga peut être évaluée à 9 ou 10 mille individus (1), dont les deux tiers, y compris 4 à 5 cents Chinois, habitent la capitale et ses alentours, et dont 3 ou 4 mille sont dispersés dans le reste de l'île.

Les Malais de toutes les classes sont d'une politesse remarquable. Ils la poussent jusqu'à être toujours en apparence de l'avis de celui qui leur parle, ce qui rend très-difficile de savoir ce qu'ils pensent réellement, et confirme l'opinion qu'on a de leur dissimulation et de leur fausseté. Ils se formalisent du moindre manque d'égards, et c'en serait un très-grand dans leur opinion, une offense enfin à laver dans le sang, que de les regarder fixement, fût-ce même en passant. En général la paix règne dans les ménages; les femmes sont fort attachées à leur devoir, et les enfants, quelque âge qu'ils aient atteint, ne manquent jamais au respect et à l'obéissance envers leurs père et mère.

Ces insulaires sont généralement bien faits, mais de taille moyenne. Les traits du visage sont agréables chez les deux sexes; parmi les femmes il y a de très-jolies figures. Les hommes coupent leurs cheveux court; plusieurs même se rasent la tête, comme tout pieux musulman doit le faire. Ils portent, en guise de turban, un morceau d'étoffe plié d'une manière qui leur est particulière. Les hommes ont pour tout vêtement une culotte large nommée *selouar*, qui ne dépasse pas les genoux, une ceinture de soie qui fait plusieurs tours et s'appelle *sabok*, enfin le *badjou*, qui est une veste courte à manches larges, ouverte par devant. Les gens riches y ajoutent une camisole de cotonnade blanche à boutons d'or. Les femmes portent les cheveux de toute leur longueur. Elles sont vêtues d'un *badjou* de cotonnade, plus ou moins fine suivant leur fortune. Les personnes riches des deux sexes ajoutent un vêtement nommé *sarong*, qui paraît, d'après ce qu'en dit l'auteur, être une espèce de tunique. — Il n'y a guère de fêtes populaires à Lingga que celles que les grands, et particulièrement le sultan, donnent dans certaines circonstances. C'est alors que les Chinois ouvrent leur théâtre ou *vaïang*, et que l'on voit danser des *Ronggings* javanais. Le prince a aussi parmi les femmes de son harem quel-

(1) La population doit être plus considérable; et nous pensons que M. Angelbeck la porte à un chiffre trop minime. Nous répéterons ici ce que nous avons déjà dit ailleurs, c'est qu'il n'existe aucun moyen de contrôle pour l'évaluation des populations musulmanes. On n'y trouve aucun acte, aucun registre qui puisse guider dans ces recherches difficiles. Les habitudes, les idées, la religion et la défiance ombrageuse des gouvernements ne permettent pas de s'y livrer; ce serait un cas de mort, si l'on était surpris. En général, les nations musulmanes ne comprennent pas l'utilité d'une pareille constatation. Comme elles ont tous les Européens en suspicion, elles supposent de suite qu'un voyageur qui s'occupe d'un semblable travail est un émissaire des Anglais qu'elles redou-

ques bayadères de l'île de Bali, mais elles ne se montrent pas en public. Les instruments de musique dont les Malais font le plus de cas sont la flûte, nommée *bangsia*, et le *rabak*, espèce de violon à deux cordes. Leurs airs sont plaintifs et monotones, mais ils ne sont pas dépourvus de mélodie. Parmi les jeux d'exercice de ce peuple, l'auteur cite le *sepak raga*, qui, d'après la description qu'il en donne, doit être le ballon. L'industrie des habitants de Lingga se borne à construire de fort bonnes embarcations, à fondre des canons, des boulets et des balles; à faire d'assez mauvaise poudre; à fabriquer des poignards et des lames de sabre (klevangs) comparables par la beauté à ceux de Palembang, et à monter ces armes avec de beau bois veiné ou avec des os de poisson. — Les femmes savent faire, en soie écrue de la Chine, des étoffes que l'on préfère, pour la qualité et la solidité, à celles de Palembang, et qui sont fort recherchées dans le commerce; elles ont aussi du talent pour la broderie. Les autres marchandises qui s'exportent de Lingga sont, outre le gambier, du poivre, de l'étain, des ouvrages en bois précieux, de la mâture, des rottings, etc. Il est fort rare qu'un navire européen se risque à aborder dans cette île. Il y vient annuellement une ou deux jonques chinoises (vankangs), qui apportent du thé noir, de la porcelaine, des teintures, de la soie écrue, du papier et plusieurs autres articles qui se débitent principalement parmi les colons chinois. Il arrive de Siam quelques autres jonques chargées, entre autres productions, de riz et de sel. Les Bougis, qui sont, dit-on, les habitants de l'Archipel des Indes les plus versés dans le commerce et les plus entreprenants, importent de l'opium, de la cire et des vêtements de prix. Enfin ce sont les Chinois de Java et quelques habitants de Maduré qui approvisionnent surtout cette île de riz, d'huile, de sucre, de tabac, de toiles et d'ustensiles de fer fabriqués dans leur pays. — Les Malais font aussi quelque commerce sur leurs propres bâtiments, à Java, à Poulo-Pinang, à la presqu'île de Malakka, à la côte de l'est de Sumatra et sur les côtes du sud et de l'ouest de Bornéo.

Nous nous bornerons à ces détails, dont l'intérêt tient surtout à ce que Lingga est à peu près le seul point aujourd'hui où les Malais aient conservé une existence indépendante, depuis que Djohor et Pahang sont passés sous la suprématie anglaise par tent, ou des Hollandais qu'elles détestent. La piraterie, la principale occupation des habitants, existe chez les Malais de temps immémorial. Antérieure à l'islamisme, elle lui a survécu, malgré sa condamnation formelle par le Koran. Les Malais sont nés pirates, et pirates ils sont restés. Leur aversion pour l'agriculture semble augmentée par leur penchant pour la piraterie; et il y a cela de remarquable dans l'histoire de la race malaie, qu'elle diminue, en raison de l'impossibilité dans laquelle elle se trouve de s'abandonner à son penchant favori. Observant du reste assez exactement toutes les pratiques du culte musulman, elle se montre intraitable sur ce seul point.

(*Note de l'auteur.*)

le traité du 17 mars 1824, et que l'île de Brintan est gouvernée par un prince, Bougi d'origine, qui a le titre de Radja Monda.

Parmi les particularités que l'auteur rapporte au sujet des lois de Lingga, nous croyons devoir noter ce qui suit. Le vol est puni, pour la première fois, par la perte d'une main, la récidive emporte celle de l'autre main. Le meurtre est censé devoir être puni de mort, mais le coupable peut se racheter en payant aux parents de sa victime une somme d'argent proportionnée au rang de celle-ci. Ce qu'il y a de plus singulier, c'est que la justice ne prend aucune connaissance des meurtres commis dans le bazar chinois. Il est reçu que c'est un lieu où tous les excès sont tolérés. Aussi ceux qui sont en état de le faire ne vont-ils dans ce lieu de réunion que bien accompagnés. Mais il n'y a pas de grâce pour quiconque se permettrait de porter des vêtements de couleur jaune sans une permission spéciale du sultan, comme aussi de se faire donner ou d'accorder à d'autres, dans la conversation, quelqu'une des expressions dont il ne doit être fait usage qu'à l'égard du souverain.

Les missionnaires catholiques n'ont pas encore paru dans cette île; et il est probable qu'ils n'y seraient pas reçus, ou que la mort suivrait immédiatement leur prédication. Quelques missionnaires biblistes anglais avaient eu l'idée d'y répandre des bibles; mais ils ont bien vite compris qu'il y avait pour eux trop de danger. Quant aux Hollandais, on n'ignore pas que de tous les peuples de l'Europe, sauf quelques rares exceptions individuelles, c'est celui qui a rendu le moins de services à la civilisation chrétienne. Il la ferait plutôt reculer, si cela était en son pouvoir.

M

Malus Portus, *vel Crociacum*, Croissy-sur-Seine, paroisse de l'ancien diocèse de Paris, actuellement de celui de Versailles, arrondissement de cette ville, canton de Saint-Germain-en-Laye, Seine-et-Oise, à 4 kil. à l'est de Saint-Germain et 12 à l'ouest de Paris. Les étymologistes se sont beaucoup exercés sur l'origine de son nom latin *Crociacum*. Les uns ont prétendu qu'il venait du safran *crocus*, qu'ils supposent avoir été cultivé jadis sur son territoire, et les autres veulent qu'un nommé Crocus, auquel aurait appartenu ce village, lui ait donné son nom. Il est difficile aujourd'hui de décider lesquels de ces savants peuvent avoir raison. On trouve aussi Croissy appelé *Malus Portus* dans nos anciennes chroniques, parce qu'ainsi qu'à la Malmaison, c'est dans ces parages que les Normands avaient au IXe siècle débarqué pour ravager le pays. — En 1211, l'église de ce village fut donnée par l'évêque de Paris au prieur de Saint-Léonard de Noblat, en Limousin. L'église était sous l'invocation de saint Martin; mais bientôt elle passa sous celle de saint Léonard, parce que les religieux ses compatriotes apportèrent du Limousin des reliques de ce saint. Du temps de Philippe le Hardi, ces reliques attiraient à Croissy un grand concours de pèlerins. On en voit encore la preuve dans le grand nombre de tableaux votifs qui sont attachés aux murailles de l'église. Ces pèlerinages étaient si fréquents et avaient donné à saint Léonard une telle réputation, que le village en prit le nom, et on ne l'appelait plus que Saint-Léonard; mais depuis, ce nom s'est perdu, et celui de Croissy a prévalu. Cette église est très-ancienne; dans le dernier siècle la voûte menaçant ruine, on a imaginé de la soutenir par de nombreuses et énormes barres de fer qu'on y voit encore. Le tableau du maître-autel, qui représente Jésus crucifié, est de Simon Vouet. Dès le XIIIe siècle, l'église de Croissy était comptée au nombre des cures de l'évêché de Paris. Cent ans après, dit l'abbé Lebeuf, on la regardait encore comme une cure régulière, mais on ignorait de quel ordre elle était. Un religieux de l'ordre de Cîteaux en fut pourvu par l'évêque de Paris en 1584. Le prieur le plus célèbre de tous ceux qui ont possédé ce prieuré et régi la cure, est l'abbé de Vertot, qui sut allier à la pratique des devoirs de son état l'étude des belles-lettres et de l'histoire. C'est à Croissy qu'il écrivit l'histoire de la conjuration de Bragance, publiée depuis sous le titre de *Révolutions de Portugal*. La seigneurie de ce lieu appartint anciennement aux seigneurs de Marly; mais au XIVe siècle, elle avait passé dans la famille des Hennequin. — La population de ce village est d'environ 500 habitants, y compris le hameau des *Gabillons*. Croissy est dans une très-belle situation, sur la rive droite de la Seine et à l'opposite de la Malmaison et de l'ancien Charlevanne. La rivière à cet endroit forme une grande île dite *l'Ile de la Loge*. On voit à Croissy un très-beau château avec de vastes dépendances. Outre ce château, on remarque encore dans ce village de charmantes maisons.

Mare Hyrcanum, *vel Caspium*, la mer Caspienne. C'est le plus grand lac de l'Asie et de tout le globe. Elle confine au nord avec le gouvernement d'Astrakhan, à l'est avec la Khivie et la Bukharie, au sud avec la Perse, et à l'ouest avec une partie du gouvernement d'Astrakhan, les chaînes du Caucase, le Daghestan, le Schirvan et le Ghilan, en Perse. Son étendue, de 16,800 lieues c., lui a fait donner le nom de mer. Les Grecs l'appelaient *mer d'Hyrcanie*, les Slaves *Khvalinskoémoré*, à cause d'un peuple slave nommé *Khvalisse*, qui habitait sur les bouches du Volga; actuellement ce peuple la nomme *mer d'Astrakhan*, les Tartares *Ac-Dinguiss*, c'est-à-dire mer Blanche, et les Persans *Goursen* ou *Coulssoum*. Avant Pierre le Grand on ne connaissait pas bien positivement la situation ni l'étendue de cette mer, et encore moins la figure de ses côtes; ce souverain en fit faire une carte exacte, d'après différents voyages entrepris par ses ordres à cet effet. On connut alors positivement que cette mer n'était pas ronde comme on se l'imaginait anciennement, mais plutôt longue; qu'elle s'étendait du nord au sud depuis le 47° 20' jusqu'au 36° 15' de lat. nord, par conséquent à plus de 250 lieues en comptant depuis l'embouchure de l'Oural jusqu'aux côtes du Mazandéran. Les côtes occidentales s'étendent jusqu'au 44°, et les orientales au 55° de long. est. Sa plus grande largeur est de 115 lieues, et sa moindre, vis-à-vis de la presqu'île d'Apchéronsk, de 40 lieues. Le savant académicien Pallas cherche à prouver, dans la troisième partie de ses Voyages, que cette mer s'étendait à 125 lieues plus au nord, vers les embouchures du Volga et de l'Oural; qu'à l'est elle se réunissait à l'Aral, et à l'ouest au Palus-Méotide ou mer d'Azof, à l'endroit où coule actuellement le Manitch. M. Guldenstad ajoute que, vers l'embouchure de la Kouma et du Terky, elle devait couvrir une étendue de 25 lieues de pays; mais qu'ensuite la quantité d'eau qu'y apportaient les fleuves ne suffisant pas pour couvrir une étendue de pays aussi considérable, en raison de la quantité qui s'en perdait par l'évaporation, les eaux s'étaient retirées dans leurs limites actuelles, qui paraissent être la mesure des eaux apportées par les fleuves et celle absorbée par les vapeurs (1). Actuellement cette mer, de tous côtés entourée par la terre ferme, ne communique avec aucune autre, malgré l'opinion nullement fondée de quelques naturalistes, qui lui supposent des communications souterraines avec la mer Noire. Sa plus grande profondeur est de 70 à 80 toises, et elle est presque partout très-basse auprès de ses bords, au point même que les bâtiments d'une certaine grandeur sont obligés de mouiller à une distance considérable des côtes, excepté pourtant à Bakou et à quelques autres endroits. Elle n'a pas de flux ni de reflux comme l'Océan. Sa navigation est dangereuse, à cause des rochers dont ses bords sont couverts, et des vents d'est et d'ouest qui y soufflent presque continuellement, et qui, à cause du peu de largeur de cette mer, deviennent excessivement dangereux, par l'impossibilité où l'on est de louvoyer. Son fond, de gravier et de vase, renferme cependant quelques rochers couverts d'eau et assez dangereux. Son eau, très-salée loin des côtes, est plus amère que celle des autres mers, à cause de la quantité de naphte qui coule de ses bords et sur ses îles. — La mer Caspienne peut être considérée comme une source inépuisable de richesses pour la Russie, par l'énorme quantité de poissons de toute espèce qui s'y pêchent, et qui sont préférés par leur qualité à ceux des autres mers qui baignent cet empire : il s'en exporte annuellement, ainsi que du caviar, de la colle de poisson, etc., pour plusieurs millions de roubles. On y rencontre beaucoup de veaux marins, et les côtes sont couvertes en tout temps d'oiseaux aquatiques de différentes espèces, et de variétés encore peu connues en Europe. Les joncs qui couvrent ses bords vers le Térek et Kisliar, donnent asile à quantité de sangliers, et on rencontre sur les côtes du Mazanderan une espèce de tortue fort grande, car elle a souvent plus d'une archine de long sur une demie de large. — Les fleuves qui s'y jettent sont le Volga, la Kouma, le Térek, l'Aksaï, l'Agrakhan, le Samour, le Nizabat, le Kour (*Cyrus*), l'Astarah, le Svidoura, le Foussa, l'Astrabad, l'Oural, l'Emba, le Tedzen et le Kisilouzein, sans compter une quantité de petits fleuves. On remarque en général que tous ces fleuves, charriant beaucoup de sable, en comblent leurs embouchures, qui deviennent chaque année moins profondes et plus difficiles à remonter aux bateaux, au point même que le belouga a cessé d'entrer dans l'Emba, comme il faisait autrefois pour frayer. L'embouchure de plusieurs fleuves se couvre en même temps de roseaux qui y croissent en si grande

---

(1) La quatrième classe des lacs offre des phénomènes beaucoup plus difficiles à expliquer. Il s'agit des lacs qui reçoivent des rivières, souvent même de grands fleuves, sans avoir aucun écoulement visible. Le plus célèbre est la mer Caspienne; l'Asie en contient encore beaucoup d'autres. Le Niger, s'il n'atteint pas la mer, s'écoule plutôt dans un lac semblable que dans un marais. L'Amérique méridionale contient le lac Titicaca, qui est sans écoulement, quoiqu'il en reçoive un autre assez considérable. En un mot, ces lacs semblent appartenir à l'intérieur des grands continents; ils s'y trouvent placés sur des plaines élevées, mais qui n'ont aucune pente sensible vers les mers, ce qui ne permet pas à ces amas d'eau de se frayer un chemin pour s'écouler.

Ces lacs recevant toujours de l'eau et n'en ayant aucun débouché, pourquoi ne débordent-ils pas? On peut répondre, quant à ceux qui sont situés sous un climat chaud, que l'évaporation, comme Halley l'observe, suffit pour les débarrasser de leur trop-plein. Reste à savoir si les calculs de ce célèbre Anglais peuvent avec justesse s'appliquer à des climats aussi froids que, par exemple, celui de la mer Caspienne. Observons d'abord qu'on a exagéré la quantité d'eau versée dans ce bassin par les fleuves; il n'y a d'autres grandes rivières que le Volga, le Iaïk ou l'Oural et le Kour qui s'y jettent; le reste n'est composé que de petits ruisseaux. Ajoutons que toute la côte orientale verse à peine un ruisseau dans cette fameuse mer. Remarquons encore (car rien n'est à négliger dans la géographie physique) que le Volga, peu profond, semble s'imbiber dans les terres qui en bordent le cours; c'est la cause de l'humidité et de la fertilité qui distinguent ces terrains des landes voisines. Enfin, si l'on s'obstinait à supposer une espèce de disproportion entre l'étendue de la mer Caspienne et son évaporation d'un côté et le volume d'eau qu'elle reçoit de l'autre (ce que nous sommes loin d'accorder), on pourrait encore admettre jusqu'à un certain point l'imbibition de ses eaux dans les montagnes calcaires qui la bordent vers le midi et vers le sud-est. On sait combien les terrains de cette nature sont poreux et spongieux. Tous les rapports s'accordent à nous décrire les montagnes au sud de la mer Caspienne encore plus pénétrées d'humidité et plus riches en sources que celles de la Mingrélie même, ce qui prouve ou l'imbibition, ou, ce que nous aimerons mieux, une très-forte évaporation. L'insalubrité de l'air, près de ces lacs, est encore une circonstance qui milite en faveur de l'opinion de Halley.

(*Note de Malte Brun.*)

quantité, qu'ils la masquent entièrement et en empêchent l'entrée, nommément dans l'Emba, l'Oural et dans plusieurs bras du Volga. Les bords de cette mer, qui appartiennent à la Russie, s'étendent depuis Astarah, en tirant vers le nord par la côte occidentale, jusqu'à Gourief, et de là descendent vers le sud par la côte orientale, jusqu'au golfe Alexandrofskoy ou d'Alexandre. Jenkinson, Anglais, fut le premier à qui nous devons les premières notions de cette mer; son but était d'ouvrir des relations avec la Tartarie. En 1722 l'empereur Pierre 1er fit voile d'Astrakhan avec une flotte de 250 galères et de 35 bâtiments de transport, portant 33,000 soldats pour une expédition contre la Perse; beaucoup de vaisseaux périrent, et plus d'un tiers de l'armée fit naufrage.

La collection des légendes faites sur la mer Caspienne, dans l'antiquité et au moyen âge, formerait plus d'un fort volume, dont la lecture serait des plus curieuses et des plus intéressantes. Mais si elle occupe une place considérable dans l'histoire légendique du monde, elle en tient une non moins considérable dans celle du commerce. Elle était la route des communications du commerce entre l'Asie et l'Europe dans l'antiquité et au moyen âge : l'Asie orientale avait d'anciennes relations avec l'Occident par la mer Caspienne. Ces vieilles relations ont cessé peu à peu, à l'époque de l'envahissement de l'Asie occidentale par les barbares musulmans.

Martianum vel Aturum, Aire, ancienne petite ville épiscopale de la Novempopulanie dans l'exarchat des Gaules, sur l'Adour, aujourd'hui canton du département des Landes. C'est un ancien évêché, dont la fondation remonte au ve siècle : il est suffragant d'Auch. Aire s'appelait encore *Vico Julium* ou *Vicus Julii, Aturium, Atarensium* ou *Atyrensium Civitas*. Cette ville eut quelque importance sous les rois wisigoths qui s'y bâtirent un palais, et particulièrement sous Alaric. Ravagée par les Sarrasins et les Normands, et plus tard par les guerres de religion, Aire n'a plus aujourd'hui que 4,000 hab., et son évêché fait sa plus grande importance. — Cet évêché a pour circonscription celle du département des Landes. L'arrondissement de Mont-de-Marsan renferme 12 cures et 85 succursales; celui de Saint-Sever, 8 cures et 83 succ. ; celui de Dax, 8 cures et 76 succ. Il y a en outre 39 vicariats, chapelles vicariales ou annexes rétribués par le gouvernement.

Les congrégations religieuses sont : les Ursulines à Saint-Sever, à Aire et à Tartas ; la réunion au Sacré-Cœur à Dax ; Notre-Dame de Lorette à Mont-de-Marsan ; la Doctrine chrétienne à Roquefort. Il y a encore quelques autres établissements de religieuses à Villeneuve, à Mugron et Montant, à Grenade, à Poyanne et à Gauna.

Aire est de l'arrond. de Saint-Sever et à 21 kil. de cette ville.

Melitene, Malatiah, ancienne métropole de l'Arménie Mineure, non loin de l'Euphrate, sur les bords de la petite rivière Deir-Meszib (cloître du Messie), qui, avec un autre cours d'eau, le Binarboschi, arrose la magnifique promenade d'Uspusi. Cette ville est fameuse par la grande bataille livrée entre Justinien et Chosroès-Nuschirwan, par la naissance du premier cid arabe, le héros Sid-Abattal, et par la résidence de la dynastie des Danischamends au moyen âge. — Cette ville était dès le ve siècle, la métropole de la seconde Arménie ; sa juridiction s'étendait sur les évêchés d'Arca, Cucusus, Arabissus, Ariaratha, Comana et Zelona. Ils y tint en 351 un concile sur les travaux duquel on n'a rien de précis. — C'est aujourd'hui une petite ville qui a conservé un peu de commerce.

Meridionalis Africa, Afrique méridionale ou australe, vaste contrée bornée au nord-est par le Monomotapa, au sud-ouest par l'océan Atlantique, au sud-est par l'océan Indien, au sud par le cap de Bonne-Espérance. Elle comprend la Cafrérie propre, au sud-est ; les pays des Boushouanas, des Hottentots, des Boschismens au centre, des Namaquois à l'ouest, et des Barrolous au nord ; elle a près de 3200 kil. de long, sur 1600 de large. On y voit une multitude de peuples divers. Le sol est fertile et bien arrosé. On y trouve des montagnes élevées et couvertes d'épaisses forêts, retraite des lièvres, tigres, léopards, rhinocéros, autruches et gazelles. Les vallées produisent en abondance toute espèce de végétaux. — La Cafrérie propre est ainsi nommée à cause des Cafres qui l'habitent ; elle forme la partie sud-est de la Cafrérie, et est bornée à l'est par l'océan indien, à l'ouest par le cap de Bonne-Espérance, au nord-est par le Monomotapa. Elle se trouve comprise entre 23° 20' et 35° 30' latitude sud, et entre 24° 20' et 31° 30' de longitude est. Sa longueur est de 1600 kil. du nord au sud, sur 400 kil. de large environ de l'est à l'ouest. Les rivières les plus importantes sont le Mafumo, le Lorenzo-Marquez, la Nabagana, la Key, celle du Grand-Poisson limitant la colonie du Cap ; elles descendent d'une chaîne de montagnes, situées à l'ouest. On y trouve de magnifiques vallées, d'excellents pâturages, des forêts immenses, beaucoup de maïs, millet, melons d'eau douce, aloès, palmiers, citronniers, cotonniers, cannes à sucre. Il n'y a que deux saisons, l'hiver et l'été. Le sable d'or et le fer y abondent. Parmi les animaux on remarque le lion, l'éléphant, l'hippopotame, le léopard, le chacal, l'ours, l'antilope, les bœufs, le singe, beaucoup d'oiseaux, autruches, paons, des serpents et des crocodiles. La mer fournit aussi corail et ambre. Diverses tribus habitent la Cafrérie propre ; savoir : les Abbatounas et les Madouanas dans l'intérieur, près des Boushouanas. Sur la côte les Hambounas ; plus loin dans les terres les Tamboukis, et au sud les Cafres ou Koussas : ces peuples ne reconnaissent que ce dernier nom.

Les Cafres ont une haute stature, une taille bien proportionnée, et des traits assez agréables. Leur couleur est d'un noir peu foncé, leurs dents blanches comme de l'ivoire, et leurs yeux sont très-grands. Chez les deux sexes l'habillement diffère peu : il consiste en peaux de bœufs, qui sont aussi moelleuses que du drap. Les hommes portent des queues de différents animaux, liées à l'entour de leurs cuisses, et ils ont de grands anneaux d'ivoire autour des bras. Ils se parent aussi de poils de lion, attachent des plumes à leur tête, et portent d'autres ornements qui ne sont pas moins bizarres. Ils aiment beaucoup les chiens, et quand ils veulent se procurer un de ces animaux, ils donnent sans peine 2 jeunes bœufs en échange. Ils s'exercent à la chasse, à la lutte et à la danse ; ils sont adroits à manier la lance, et, en temps de guerre, ils se servent de boucliers faits de peaux d'animaux. Les hommes conduisent aux pâturages de grands troupeaux de bœufs et de moutons à grosse queue. Les femmes sont chargées des travaux de l'agriculture : elles cultivent du blé, des haricots, du chanvre, du tabac et des melons d'eau. Elles font aussi des paniers et des nattes sur lesquelles on couche. — Les maisons des Cafres sont construites avec des pieux, et enduites en dehors et en dedans d'un mélange de terre et de fiente de vache. L'entrée en est si basse, que, pour pénétrer dans l'intérieur, il faut se traîner sur les mains et sur les genoux : le foyer est placé dans le milieu.

Les Cafres sont païens. Ils obéissent à un roi dont le pouvoir est très-limité. Ils n'enterrent pas les morts ; mais ils déposent les cadavres dans un fossé qui est commun à plusieurs familles : les bêtes féroces viennent s'en repaître ; et, par ce moyen, l'air est préservé des vapeurs nuisibles qu'occasionnerait la putréfaction. Les honneurs de la sépulture ne sont donnés qu'au souverain : on couvre son corps d'un tas de pierres arrangées en forme de dôme.

Le pays des Cafres ne contient aucune ville remarquable. Il fait partie du vicariat apostolique du Cap de Bonne-Espérance.

Les Cafres sont de tous les noirs les plus opiniâtres et les plus courageux. Depuis plusieurs années, ils font une guerre acharnée à la colonie anglaise du Cap, et se rapprochent successivement de ses limites. Les missionnaires anglicans ont voulu pénétrer parmi eux, mais ils n'ont rien fait.

Metropolis Cottientium, vel *Cotyæum*, Kutaïeh, ville de la Phrygie Salutaire, dans l'exarchat d'Asie, évêché dans le IVe siècle, archevêché honoraire dans le VIe siècle, et métropole de la troisième Phrygie Salutaire dans le IXe. — La ville de Kutaïeh se trouve, au nord-est de Smyrne, à l'extrémité d'une vaste plaine et au pied de la chaîne de montagnes stériles qui terminent le pays plat ; c'est la résidence du pacha, gouverneur de la province d'Anadoli ; on y voit, comme dans tous les endroits un peu considérables, les trois populations turque, grecque et arménienne, logées dans des quartiers différents. Les mahométans dominent par le nombre les deux autres cultes réunis ; parmi les Grecs, il n'y a pas un seul catholique ; et quant aux Arméniens, sur cinq cents familles, deux cents environ professent la foi catholique ; les autres, partisans de l'hérésie, ne laissent échapper aucune occasion d'inquiéter et d'insulter ceux qui appartiennent à l'Église latine. Ceux-ci, avec quelques secours du dehors, sont parvenus, malgré l'opposition réunie des hérétiques, à bâtir une église et un presbytère. Ces constructions sont presque toutes en bois. Trois prêtres, envoyés par l'archevêque arménien catholique de Constantinople, desservent cette mission, sous la direction de l'un d'eux, qui a le titre et les pouvoirs de grand vicaire.

Les Turcs de Kutaïeh sont plus fanatiques que ceux des autres localités de l'Asie : ils vont jusqu'à insulter les chrétiens dans les rues, sans distinction de nation et de rite.

En sortant de Kutaïeh pour suivre la route d'Engurije, on parcourt de vastes mais incultes plaines ; on gravit des montagnes blanches et arides comme les dunes de sable qui sont au bord de l'Océan. Il s'extrait de ces montagnes deux productions curieuses : la première est une pierre blanche, molle, que l'on taille et polit aisément avec le couteau ; c'est un article de commerce entre la Turquie et l'Allemagne. Ces pierres sont envoyées de Constantinople en Saxe, où on en fait de grosses pipes à l'usage des Allemands. L'autre production est une pierre tendre et facile à pulvériser, qui, réduite en poussière, produit sur le linge, dans la lessive, le même effet que le savon, et à meilleur marché ; on l'emploie à cet usage dans tout le pays et même à Constantinople. L'eau qui coule de ces montagnes et qui forme des torrents dans les vallées est bleuâtre comme l'eau de savon, il serait impossible de la boire.

A 40 kil. sud-ouest de Kutaïeh, point culminant de cette partie de l'Asie, M. Léon de Laborde parvint, dans son voyage, fait en Asie Mineure en 1827 et 1828, à une ville romaine restée inconnue jusqu'alors, et que les itinéraires anciens n'indiquent même pas. Ses principaux édifices consistent en un grand théâtre, un stade, plusieurs portiques bien conservés, et, sur une légère élévation, un temple ionique de la plus élégante architecture ; les colonnes sont d'un seul bloc de marbre de 30 pieds de hauteur ; elles sont cannelées, et soutiennent un entablement très-orné et du meilleur goût. Par les fragments d'une inscription qui appartenaient au fronton, on apprend que ce temple, consacré à Apollon, fut réparé du temps de l'empereur Adrien. Ce lieu se nomme en turc Chapder, et est arrosé par un cours d'eau que l'on passe sur un pont romain de cinq arches, aussi bien conservé que la voûte romaine, à laquelle il aboutit.

Cotyæum, comme métropole, ne comprenait que trois évêchés : Spora, Konis et Gaio-Come. La population actuelle est de 50,000 habitants.

Monasterium Alectii, vel *Alectum*, Aleth, abbaye de

l'ordre des Bénédictins et ancienne ville dans le Languedoc ; aujourd'hui du départ. de l'Aude, du diocèse de Carcassonne, à 24 kil. ouest de cette ville, et 40 sud-est de Limoux, canton de cette ville. C'était dans l'origine une abbaye de Bénédictins, que le pape Jean XXII érigea en évêché en 1318. Le chapitre demeura régulier jusqu'en 1531 qu'il fut sécularisé. Il consistait en 12 chanoines dont 4 avaient des dignités, et en outre de 16 bénéficiers. Les protestants ayant ruiné l'église et la ville d'Aleth en 1573, le chapitre a converti l'ancien réfectoire du monastère en église cathédrale. L'évêché a été supprimé par le concordat de 1801, et la ville d'Aleth n'a quelque importance que par les eaux thermales du Tubéron, connues des Romains.

Le diocèse d'Aleth était borné au nord par l'officialité de Limoux, à l'est par le Roussillon et le diocèse de Narbonne, au sud par les Pyrénées et l'Espagne, à l'ouest par le diocèse de Mirepoix et le pays de Foix. Avant d'être un évêché, l'abbaye appartenait au diocèse de Narbonne. Depuis, le pays dépendit du Roussillon, du comté de Foix et du gouvernement de Languedoc. Il contenait une partie du comté de Rasez, les pays de Fenouillèdes et de Sault. Il renfermait 34,000 habitants. — La ville est située sur l'Aude. La population n'est plus que de 2000 âmes.

Monasterium Amerbachi, Amerbach, ou Amorbach, ville de Bavière, à 50 kil. sud d'Aschaffenburg. Popul. 4600 habitants. C'était autrefois une riche et magnifique abbaye de Bénédictins qui avait été enrichie par des électeurs de Bavière, par des empereurs et des impératrices d'Allemagne, et dont les bâtiments servent aujourd'hui de résidence aux princes de la branche luthérienne de la maison de Linange, ou Leineingen. Il y a dans cette maison deux branches luthériennes et deux branches catholiques.

Le comté de Linange était situé sur la rive gauche du Rhin, dans le Palatinat ; les petites villes de Grunstadt et de Durckheim, qui appartiennent aujourd'hui à la Bavière, en sont les chefs-lieux.

Il faut distinguer trois maisons de Linange. L'ancienne et véritable maison de ce nom, dont un des ancêtres, nommé Emic, a vécu en 1119, s'éteignit, en 1220, avec Frédéric Ier, mort sans enfants. Sa sœur Luccard avait épousé Simon, comte de Saarbruck, dont le second fils, Frédéric, comte de Hardenbourg, prit, en 1220, le titre de comte de Linange. Ce Frédéric II est la souche de la seconde maison de Linange ou de Linange-Hardenbourg. Elle acquit par mariage le comté de Dabo (en allemand Dachsbourg), dans les Vosges, et se divisa en deux lignes, celle de Linange et celle de Dabo. La première, qui avait obtenu le titre de landgrave, équivalant à celui de prince, s'éteignit, en 1465, avec le prince Hesson. La ligne de Dabo réclama alors la succession, mais elle en fut exclue par Reinard, comte de Westerbourg, qui avait épousé Marguerite, sœur de Hesson, et que l'électeur Palatin mit en possession de la partie du comté de Linange, qui avait appartenu à la ligne éteinte, et où se trouvait Grunstadt. Dès lors Reinard prit le titre de Linange-Westerbourg : il est la souche de la troisième maison de Linange. — Emic IX, comte de Linange-Hardenbourg-Dabo, laissa, en 1541, deux fils qui fondèrent deux lignes : Jean-Philippe l'aîné, celle de Hardenbourg, et Emic X celle de Heidesheim ou Falkenbourg. Charles-Frédéric-Guillaume, comte de Linange-Dabo-Hardenbourg (ou de la ligne aînée), fut élevé, en 1779, pour lui et ses descendants, au rang de prince d'Empire ; dans le diplôme, l'empereur se référa à ce que ce rang avait déjà été conféré à la maison dans la personne du landgrave Hesson. Dépouillé, par la paix de Lunéville, de toutes ses possessions, le prince obtint, par le recès de l'empire, de 1803, une riche indemnité, composée de parcelles de l'électorat de Mayence, de l'évêché de Wurzbourg et du Palatinat, sous le titre de principauté de Linange (ou de Linange-Amorbach-Miltenberg), ayant une surface de 24 m. c. g. (66 lieues c.) et 85,600 habitants, et rapportant un million de francs. On lui accorda en même temps une voix virile à la diète ; mais ce prince, tant favorisé en 1803, fut une des victimes de la confédération du Rhin, qui le dépouilla de sa souveraineté. Aujourd'hui, il se trouve pour un septième de ses possessions sous la souveraineté du roi de Bavière, et, pour le reste, sous celle du grand-duc de Bade. Il sera entièrement soumis à la Bavière lorsque l'art. 2 secret du traité de Munich, du 14 avril 1816, aura été exécuté. C'est ce prince qui réside dans la petite ville d'Amorbach. — La seconde branche de la maison de Linange-Hardenbourg-Dabo fut fondée par Emic X, second fils d'Emic IX. Les fils d'Emic XII devinrent les souches de trois branches, dont les deux premières se sont éteintes, de manière qu'il n'existe que la troisième dite de Guntersblum, d'un village avec château, situé sur le Rhin, où elle résidait anciennement. La souche de cette ligne fut Jean-Louis dit l'Aîné, troisième fils d'Emic XII. Ce Jean-Louis eut pour successeur son fils d'un second mariage, dont les descendants s'éteignirent en 1774. La ligne aînée de Linange prit alors possession des terres de Guntersblum, mais il s'éleva contre elle des prétendants. C'étaient deux frères descendus d'un premier fils, que Jean-Louis avait eu d'une comtesse de Falkenstein, et qu'on nomme Jean-Louis le Jeune. Il était regardé comme illégitime, son père n'ayant jamais fait bénir son mariage avec la comtesse de Falkenstein. Cette illégitimité était contestée, parce que la bénédiction nuptiale n'est nullement essentielle pour le mariage des protestants, à moins que le souverain ne l'ait déclarée telle. En effet, après une longue procédure, le conseil aulique de l'empereur reconnut, le 19 août 1784, les deux prétendants comme descendants légitimes de Jean-Louis l'Aîné, en leur abandonnant de prouver leur droit à la succession. Cette affaire fut arrangée le 17 janvier 1785 par une transaction par laquelle ces seigneurs obtinrent la moitié des possessions de Jean-Louis l'Aîné, savoir les bailliages de Guntersblum et de Heidesheim. Ces deux bailliages ayant été cédés à la France, le recès de 1803 accorda aux deux frères, outre des rentes sur l'octroi du Rhin, les bailliages mayençais de Billigheim et Neidenau, ayant ensemble 1 3/4 m. c. g. avec 3800 habitants.

Billigheim est un bourg de la Bavière Rhénane, à 8 kil. sud-sud-ouest de Landau, sur le Klingbach. On y remarque deux églises. Il y a des fabriques de bas, d'armes; des briqueteries et des tourbières aux environs. Popul. 1500 habitants. Les princes de cette branche sont catholiques; depuis le congrès de Vienne, ils se trouvent sous la souveraineté de la Bavière.

La maison de Linange-Westerbourg, qui prit en 1465 le nom de Linange, est la branche cadette de celle des seigneurs de Runkel, dont l'aînée porte le nom de prince de Wied. Elle possède les comtés de Westerbourg et de Schadeck, qui sont sous la souveraineté du duc de Nassau : la partie du comté de Linange, qu'elle possédait jusqu'aux guerres de la révolution, comprend Grunstadt, ancienne résidence. Comme elle fut perdue par la paix de Lunéville, le recès de 1803 donna à cette maison les abbayes d'Ilbenstadt et d'Engelthal, qui sont aujourd'hui sous la souveraineté du grand-duc de Hesse, et des rentes perpétuelles sur l'octroi de la navigation du Rhin. Elle vendit en 1805 Engelthal au comte de Solms-Wildenfels. Toutes ses possessions ont une surface de 2 1/2 m. c. g. avec une population de 5500 habitants.

Cette maison, qui est luthérienne, est partagée en deux lignes qu'on appelle, d'après leur fondateur, ligne de Christophe et ligne de George.

Monasterium Aquarum, l'abbaye de Pfeffers, de l'ordre de Saint-Benoît, en Suisse, dans le canton de Saint-Gall. Ce couvent, fondé en 720, a donné lieu à un village qui porte le même nom, où l'on remarque un établissement thermal. — Rien n'est plus pittoresque et grandiose que la nature dans cette localité. La Tamina, torrent fougueux, qui ravage cette contrée lors de la fonte des neiges, s'est frayé un passage dans une gorge formée par de hautes montagnes. La position des bains est véritablement effrayante : ils sont assis sur une espèce de tertre qui se trouve dans un ravin profond, partout entouré de hauts rochers et traversé par la Tamina, qui y roule ses eaux en mugissant. Ce n'est qu'au cœur de l'été que le soleil pénètre dans ce lieu de désolation, encore ne s'y montre-t-il que depuis onze heures du matin jusqu'à trois heures de l'après-midi ; mais, malgré toutes ces horreurs, et bien qu'on ne trouve pas même dans ces bains toutes les ressources de récréation qu'on rencontre dans d'autres établissements de ce genre, ils sont constamment fréquentés par une multitude d'étrangers, qui viennent y faire usage des eaux, dont l'effet salutaire est reconnu depuis nombre de siècles. La source, qui se trouve à environ 700 pas des bains, ne coule que pendant l'été et tarit déjà en automne.

Monasterium Beronis, Bero-Munster, à 16 kil. de Lucerne, est situé dans une contrée pittoresque et fertile. Ce bourg, un des plus jolis de la Suisse, est régulièrement bâti et percé de rues droites et larges. L'église et quelques beaux bâtiments qui se trouvent sur une petite éminence sont d'un effet pittoresque, et l'ensemble se présente sous la forme d'un amphithéâtre dont l'aspect est des plus gracieux. Un certain comte, Bero de Lenzbourg, y fonda, dans le IXe siècle, un chapitre collégial, qui se compose de nos jours d'un prévôt, de dix-neuf chanoines et de quatorze chapelains. L'église qu'ils desservent a été réparée et nouvellement décorée en 1776; on y voit le tombeau de son fondateur Bero et des stalles ornées de sculptures en bois d'un très-beau travail. Mais ce qui rend Bero-Munster particulièrement remarquable, c'est la première imprimerie qu'il y a eu en Suisse, et qui y a été établie, dans la dernière moitié du XVe siècle, par le chanoine Elie de Lauffen. On trouve encore, par-ci par-là, quelques ouvrages sortis de ses presses, qu'on envisage comme curiosités typographiques. Ulrich Gering, qui apprit cet art à Bero-Munster, a été le premier qui l'ait fait connaître en France, étant allé l'exercer à Paris.

Monasterium Engelberti, abbaye d'Engelberg, de l'ordre de Saint-Benoît. Elle est située dans la vallée du même nom, dans le canton d'Underwald (Suisse). Jusqu'à l'année 1798, les habitants de cette vallée étaient sujets de l'abbé, mais depuis cette époque ils sont devenus libres, et jouissent du même droit de souveraineté que les autres habitants du canton. La vallée d'Engelberg, élevée de 3180 pieds au-dessus de la Méditerranée, et de 1860 au-dessus du lac des quatre cantons, est arrosée par l'Aa, et sa longueur est de 8 kil. sur une largeur de 1 à 2 kil. Entourée de tous les côtés par des montagnes gigantesques, dont les cimes dépassent la région des neiges perpétuelles, cette vallée n'a qu'une seule issue, ou plutôt elle n'est accessible que par un défilé qui se présente du côté du nord-ouest. L'Aa, resserrée entre le Welli et le Selistock, coule par ce défilé dans la vallée d'Underwald. Quoique la végétation soit vigoureuse dans la vallée d'Engelberg, elle se borne néanmoins aux graminées des pâturages et aux plantes alpines, car il n'y croît ni denrées céréales, ni arbres fruitiers. Une multitude de ruisseaux y découlent constamment des glaciers voisins, et les avalanches y sont très-fréquentes et même dangereuses. L'abbaye se compose de plusieurs bâtiments d'un beau style ; elle fut fondée, à la fin du onzième siècle, par Conrad de Seltenburen, et plus tard, richement dotée par plusieurs nobles et chevaliers. Parmi les abbés, d'une époque récente, on doit honorablement citer Léger Salzmann, de Lucerne; non-seulement le monastère, mais aussi les habitants de la vallée lui doivent beaucoup de bonnes et d'utiles institutions. C'est lui qui a organisé le collège de l'abbaye et l'école du village d'Engelberg. La bibliothèque du monastère renferme plus de 10,000 volumes et plusieurs manuscrits très-intéressants; parmi les premiers se trouvent près de 200 volumes d'originaux typographiques, sortis des premières presses connues. Près de cette abbaye on rencontre une belle vacherie, proche de laquelle l'Erlenbach jaillit de vingt sources, et à la distance de 3 kil., on voit la superbe cascade du Tatschbach, qui se présente sous un aspect sublime, surtout le matin. — Le village d'Engelberg, dont les habitations sont, pour la plupart, dispersées, compte environ 1400 âmes, et on y trouve une bonne auberge. C'est aux confins de la vallée d'Engelberg que s'élève brusquement le rocher gigantesque du Titlis, dont la croupe est couverte d'une croûte de glace de 175 pieds d'épaisseur. Cette montagne a été gravie, pour la première fois, en 1744, et dès lors sa cime, la Nollen, a été atteinte deux fois, par des chemins différents. L'horizon qu'on découvre de là est immense; on assure que la vue porte jusque sur la tour de la cathédrale de Strasbourg.

Monasterium Lapasis, abbaye de Lapasis, de l'ordre des Humiliés, dite vulgairement la Belapois, ou le Beaupois, dans l'île de Chypre. Ce nom convient très-bien à sa situation naturelle. Elle est bâtie sur le penchant d'un coteau dont la perspective ne laisse rien à désirer. On voit au-dessous d'autres petites collines couvertes de bosquets et d'arbrisseaux, et la plaine qui s'étend jusqu'à la mer ajoute encore aux agréments de sa position. Elle a la même vue au couchant et au levant. On y découvre en outre la mer et la côte de la Karamanie. — Cette abbaye fut bâtie par Ugon III des Lusignans; il lui accorda divers priviléges. Le supérieur avait entre autres l'avantage de porter, lorsqu'il montait à cheval, l'épée et les éperons dorés à la manière des chevaliers du royaume. Elle fut mise en commande sous le règne du roi Jacques. A la prise de la citadelle de Cérines, cette abbaye fut détruite, et on voit encore aujourd'hui les restes de cette immense construction. Parmi ces débris est un très-beau cloître environné de dix-huit colonnes avec leurs chapiteaux de l'ordre corinthien. A main gauche, en entrant, se trouve une porte sur laquelle sont sculptées les armes de la famille des Lusignans; elle conduit à un réfectoire long de 90 pieds et large de 32 : sept colonnes en soutiennent la voûte, et au nord sont six grandes croisées dont la vue est des plus agréables. La petite chaire où les religieux faisaient la lecture est très-bien conservée; on y monte par un escalier commode creusé dans l'épaisseur du mur. Au sortir du réfectoire, vis-à-vis de la porte, sous la même arcade du cloître, sont deux grandes urnes sépulcrales de marbre blanc, ouvrage des anciens Romains. Celle d'en bas, lisse et polie, recevait l'eau qui tombait de l'urne supérieure; c'était sans doute la fontaine du réfectoire. Cette urne, du marbre le plus blanc, est toute d'une pièce, quoiqu'elle ait près de 6 pieds de longueur et 2 coudées de profondeur. Elle est environnée d'une guirlande de fleurs et de fruits, qui prend son origine entre les cornes d'une tête de bœuf; quatre têtes de mouton lui servent d'anse, et le devant porte sur les mains d'un petit enfant en bas-relief; dans les vides que forme la guirlande en serpentant sur les parois, est la tête d'un lion représentée en face. Il y en a six; les plus grands carrés en renferment deux, et les moindres une seule. Sous le réfectoire est un souterrain long de 66 pieds, et large de 32; deux piliers sont placés au centre de la voûte et soutiennent l'édifice. Cette espèce de grotte, située sur le penchant de la colline, est au nord, et au levant une grande porte que les terres éboulées de la montagne menacent de combler et de remplir.

Ce monastère a jusqu'à présent triomphé des efforts réunis des hommes et du temps pour en consommer la destruction. Le souterrain surtout, dont la construction est à la vérité plus moderne, s'est très-bien conservé. Ces ruines offrent maintenant un abri aux bergers et aux troupeaux surpris par l'orage.—L'église est encore dans son entier. A l'entrée, sous un vestibule soutenu par quatre colonnes, sont deux arches de marbre, avec les armes de la famille des Lusignans; l'arche la plus proche de la porte du temple renfermait les cendres de Ugon III, à qui un grand nombre d'actions illustres méritèrent le nom de grand, et c'est à ce titre que saint Thomas d'Aquin lui dédia son livre *de Regimine principum*. Plusieurs peintures ont échappé à la rigueur des saisons. Cette église était à l'usage des Grecs. Quatre énormes colonnes de pierre, faites de plusieurs pièces, en soutiennent la voûte et la partagent en trois nefs. Elle a 60 pieds de longueur sur 46 de largeur.

A peu de distance de ce monastère est le village de Kasaphane, où sont les meilleures eaux de l'île de Chypre.

Le monastère de Lapasis est à l'est de l'ancienne ville de Cérines, non loin du cap de Saint-André.

Monasterium Sancti Chrysostomi, monastère de Saint-Chrysostome dans l'île de Chypre, de l'ordre de Saint-Basile. Ce couvent est situé auprès du village de Vuna, ou de Saint-Romain, dont les habitants sont presque tous maronites. Pour y arriver, il faut, en se dirigeant à l'orient, suivre les montagnes du nord par des sentiers escarpés et difficiles. L'origine de ce monastère remonte aux premiers empereurs chrétiens. Quant à l'église qui est plus moderne, elle est petite, pavée de marbre, et peinte à la manière des Grecs. Sous le portique est une pierre sépulcrale; les moines y entretiennent une lampe continuellement allumée; c'est la tombe de la fondatrice. A côté d'elle sont deux servantes favorites avec lesquelles elle voulut partager le même tombeau, en reconnaissance des soins qu'elles lui avaient rendus; principalement dans ses derniers moments. Auprès de cette église est une antique chapelle qui sert aujourd'hui de retraite aux animaux.

Si ce monastère n'a point la magnificence ordinaire à ces sortes d'édifices, il a du moins tous les agréments de la commodité : situé sur le penchant de ces montagnes, il y jouit de toute la plaine de Nicosie, et de ses environs remplis de hameaux et de villages. — Il y a communément dix à douze religieux, que les Grecs nomment kaloyers : ils sont sous l'obéissance immédiate d'un supérieur. Ces religieux sont un mélange des ordres de Saint-Basile, de Saint-Élie et de Saint-Marcel. Ils font vœu de pauvreté, de chasteté et d'obéissance. Ils ne mangent pas de viande ; et mènent une vie très-austère. — A peu de distance de Saint-Chrysostôme sont les ruines du château de Buffavent, situé sur le sommet des montagnes du nord, et qui fut détruit par les Vénitiens. Le côté de la montagne où il s'élève est éloigné de Saint-Chrysostôme d'environ 10 milles: On arrive aux ruines par une pente assez douce. Une citadelle aussi forte, aussi grande, où l'on compte plus de cent appartements, bâtie sur ces monts inaccessibles, paraît un prodige de l'art : on ne sait comment on a pu y conduire l'eau nécessaire à la construction de ce merveilleux édifice. On y voit, il est vrai, plusieurs citernes ; elles ont sans doute été creusées auparavant pour y recevoir les eaux des pluies, dont on aura fait usage : quand, d'un autre côté, on songe à la rareté des pluies dans ces climats, ces puits devaient être d'un bien faible secours. Quoi qu'il en soit, ce fort fut bâti par la même dame qui fit élever l'église Saint-Chrysostome ; elle y cherchait un asile contre la persécution des Templiers. Ces chevaliers gouvernèrent cette île l'espace d'une année : leur tyrannie arma les naturels du pays, et l'ordre fut obligé de la remettre à Richard, roi d'Angleterre, qui la lui avait vendue cent mille ducats d'or que ce monarque lui rendit.

Du faîte du château, on voit toute l'étendue de l'île et la mer qui l'environne ; la vue est cependant bornée d'un côté par le mont Olympe, et c'est de ce mont que l'on embrasse d'un coup d'œil, non-seulement toutes les parties du royaume, mais encore les montagnes de la Karamanie et celles de Syrie.

Monasterium Sancti Urbani, abbaye de Saint-Urbain, de l'ordre de Cîteaux, située à 40 kil. de Lucerne ; elle est comprise dans le canton de ce nom, et est remarquable par la belle architecture de ses vastes édifices. L'église, surmontée de deux tours très-hautes, est magnifiquement décorée dans son intérieur ; elle renferme quelques bons tableaux et des sculptures en bois très-remarquables. Cette abbaye possède une bibliothèque intéressante. Les religieux de Saint-Urbain se sont distingués dans tous les temps par l'urbanité avec laquelle ils accueillent les étrangers.

Après la défaite des cantons catholiques, ou du *Sunderbund*, à la fin de 1847, l'abbaye a été condamnée à payer à la diète fédérale, une somme considérable.

Mons Adextris, les Adrets-de-Montauroux, paroisse à 19 kil. est-nord-est de Grenoble (Isère), qui avait le titre de baronnie. Le plus tristement célèbre de ses anciens seigneurs fut François de Beaumont, gouverneur du Dauphiné, dit baron des Adrets, protestant, qui fit la guerre contre les catholiques avec une cruauté inouïe. Il avait inspiré dans le Forez une terreur si grande, que pendant une année entière, la messe ne se dit qu'en secret et par des prêtres déguisés. Il était né en 1513, et mourut le 2 février 1586. Il avait pris pour devise ce vers d'Horace : *Impavidum ferient ruinæ*. C'était bien la plus sanglante dérision de cette belle pensée. Car le baron des Adrets joignait à sa férocité naturelle une brutalité froide et impassible qu'il prenait pour une qualité de caractère. La population, qui est de 1000 âmes, se livre à l'exploitation d'une mine de houille. Les Adrets sont du diocèse de Grenoble.

Mons Fractus, le Mont-Pilate dans le canton de Lucerne, en Suisse. Cette masse colossale est la montagne la plus élevée qui se trouve dans le canton de Lucerne ; sa hauteur est de 5760 pieds au-dessus du niveau du lac, et 7080 au-dessus de la Méditerranée. De vieux documents attestent qu'autrefois le Mont-Pilate était souvent appelé *Frackmund*, *Fract-Mont*; ou *Mons Fractus*, à cause des flancs déchirés et des escarpements abruptes qu'il présente sur ses côtés de l'est et du nord. Pendant le beau temps, la cime de cette montagne est ordinairement enveloppée d'un petit nuage, ce qui lui a valu le nom de *Pilatus* ou *Mons Pileatus*; quand elle est dépourvue de cette espèce de chapeau, on s'attend à avoir de la pluie. Le Pilate est couronné de sept pics qu'on nomme Esel, Oberhaupt, Band, Tomlishorn, Gemsmattli, Widderfeld et Knappstein. Ces pics, quoique peu éloignés des pâturages alpestres de la Brundlen-Alp, des Tomlis, Matt, Treyen, Hastelen et Oberalp, sont d'un accès difficile. Six chemins conduisent de Lucerne sur le Mont-Pilate; le plus facile à suivre passé par Alpnach et se dirige sur le Tomlishorn. La distance est de cinq lieues, savoir : à Eigenthal (par Krienz et Herrgottswald) deux lieues et demie ; d'ici au chalet de Gantersey, sur la Brundlen-Alp, une lieue et un quart; et de là une à deux lieues jusque sur les pics de l'Esel, du Gemsmattli du Widderfeld et du Knappstein. Les points de vue que l'on découvre sur ces sommités sont magnifiques. La Brundlen-Alp est le pâturage le plus élevé, qui se trouve sur le Mont-Pilate. Plus haut la végétation cesse et le voyageur n'aperçoit plus que des rochers nus. Une fondrière ou mare, longue de 154 pieds et large de 78, que l'on voit sur la Brundlen-Alp a passé, pendant une longue suite de siècles, pour n'avoir pas de fond. Dans certains changements de temps, il se forme au-dessus de cette fondrière des petits brouillards ; s'ils s'élèvent au-dessus du pic de la montagne, ils se dissipent ; mais s'ils s'attachent à la paroi du rocher, ils se condensent et forment un gros nuage qui va fondre sur la ville et les environs de Lucerne avec une violence et des coups de tonnerre effrayants. Ce météore a donné lieu à des fables, dont la tradition est arrivée jusqu'à nos jours. Le peuple croyait que le préfet romain Ponce Pilate sous lequel N.-S. Jésus-Christ fut crucifié, tourmenté par des remords de conscience, était venu se jeter dans le petit lac de la montagne de son nom; que là, toutes les fois que quelqu'un était assez téméraire pour s'en approcher, un esprit furieux sortait de ces ondes impures et n'y rentrait qu'après avoir châtié toute la contrée par une tempête terrible. Cette tradition avait acquis une telle croyance dans les temps reculés, que dans le xive siècle, le gouvernement de Lucerne fit défense expresse aux étrangers de s'approcher de ce lac. Ce ne fut que dans l'année 1585, que M. Muller, alors doyen et curé de la ville de Lucerne, parvint à désabuser le peuple et à le guérir de la frayeur qu'il avait de la fondrière infernale; accompagné d'une partie du peuple, il se rend sur les lieux et conjure l'esprit de l'infortuné préfet et les furies qui le tourmentent ; mais c'est en vain qu'il les évoque, qu'il les attaque par des railleries et même par des insultes ; rien ne sort de cette retraite fangeuse. Enfin, pour détruire le préjugé que ce lac maudit était sans fond, il le fait traverser dans les endroits guéables par plusieurs personnes de sa suite. Dans les environs de la Brundlenalp, on remarque deux autres curiosités : ce sont les grottes de Dominikloch (*Trou de Dominique*) et du Mondloch (*Trou de la Lune*). L'entrée de la première est à une hauteur de 800 pieds au-dessus du pâturage et se trouve à peu près au milieu d'un rocher saillant d'une couleur noirâtre difficile à nuancer avec le pinceau. Elle n'a été explorée qu'en 1814, par Ignace Matt, chasseur de chamois, qui, au moyen d'une corde, descendit le long de la paroi perpendiculaire du rocher jusqu'à la profondeur de 306 pieds, où il atteignit la grotte. Il la reconnut alors et trouva qu'elle avait 90 pieds de hauteur, 28 de largeur et 120 de profondeur. A son entrée se trouvent deux blocs de roche calcaire qui se présentent, dans le lointain, comme une masse réunie et sous la forme d'un colosse à figure humaine. Pendant plusieurs siècles on a cru que c'était un ouvrage de quelques soldats romains qui s'étaient réfugiés dans cette caverne ; mais le peuple s'imagine que c'est la statue de saint Dominique, et c'est par cette raison que la grotte porte son nom. L'approche du Mondloch, quoique très-pénible, est cependant moins périlleuse. On ramasse dans celui-ci beaucoup de lait de lune, et il s'en élance avec impétuosité un ruisseau dont l'eau est tellement froide, que même dans les plus grandes chaleurs de l'été, le thermomètre y descend à 8 degrés au-dessous du point de congélation. Le murmure de ce ruisseau produit dans l'intérieur de la caverne un sifflement singulier, que les bergers du Pilate appellent le carillon de la montagne (Berg-Klingeln). Enfin on entend encore sur la Brundlenalp, un écho merveilleux, mais il n'appartient qu'aux bergers qui ont des voix fortes et sonores de le faire retentir dans les pics du Gemsmattli, du Widder et du Tomlishorn.

Mons Rutelli, le Rutli, ou Grutli, dans le canton de Lucerne, près du lac des Quatre-Cantons, en Suisse. Ce lieu, célèbre dans les annales suisses, est un petit coteau verdoyant, passablement élevé et planté de beaux arbres fruitiers ; près d'une maison qui s'y trouve jaillissent trois sources d'eau vive que le peuple révère comme sacrées, parce qu'il croit qu'elles désignent la place où, le 17 novembre 1307, les premiers conjurés suisses, Werner Stauffacher, de Schwytz, Arnold An der Halden, de Melchthal, canton d'Unterwald, et Walther Furst, d'Attinghausen, canton d'Uri, firent entre eux le serment de délivrer leur patrie des tyrans qui l'opprimaient. Le 25 juin 1315, ce serment fut renouvelé au même endroit par les trois cantons primitifs, après qu'ils eurent conquis et affermi leur liberté, et enfin il fut répété de nouveau, en 1713, par trois cent soixante députés des cantons d'Uri, de Schwytz et d'Unterwald. Immédiatement au-dessus du Grutli se trouve le village de Seelisberg, où l'on jouit d'une vue magnifique ; sur la rive opposée on aperçoit, au pied du Fronalpstock, le hameau de Sisigen, situé à l'entrée d'un petit vallon. Non loin de là s'élève aussi la montagne sourcilleuse d'Axenberg ou Achsenberg ; sa hauteur, au-dessus du niveau du lac, est de 5340 pieds, et ses flancs nus, appelés Buckisgrat et Hackmesser, s'y enfoncent presque perpendiculairement à une profondeur de plus de 600 pieds. Sur le rivage, près de cet endroit qui est très-dangereux pour la navigation en temps d'orages, s'avance le roc appelé Tells-Platten ou Tells-Sprung ; c'est sur ce plateau que Guillaume Tell s'élança lorsque, conduit prisonnier par le bailli Gessler, il fut dégagé de ses fers pour prendre la manœuvre du bateau qui était en danger de périr ; en faisant ce saut hardi il repoussa au large l'embarcation et échappa ainsi à son tyran. Trente et un ans après sa mort, ses concitoyens bâtirent à cette place une chapelle en son honneur, et depuis ce temps on appelle cet endroit la chapelle de Tell (*Tells-Kapelle*). La façade de ce petit édifice, qui regarde le lac, est ouverte, et son intérieur est décoré de plusieurs tableaux retraçant les principaux traits de la vie de cet homme illustre. Le coup d'œil sur le rivage opposé est extrêmement pittoresque ; on y aperçoit la vallée d'Isen (*Isenthal*), les montagnes du Rotstock, des Surenen, du Seelisberg, le village de Bauen et, dans le fond du tableau, le glacier de Geschenen. La distance du Grutli à la chapelle de Tell est de 6 kil.

Mons Sanctæ Crucis, la montagne de Sainte-Croix. Elle est située à 18 milles de Sarnic, dans l'île de Chypre. Quoique détachée du mont Olympe, elle n'en fait pas moins partie. Cette montagne voisine indique aux marins la rade de Larnic. Il y a cela de bon que les brouillards les plus épais ne la dérobent jamais entièrement à la vue, bien différente de l'Olympe et des monts circonvoisins, qui ne sont visibles que lorsque l'atmosphère est absolument pure et dégagée. Sur son sommet est l'église bâtie par sainte Hélène, à son retour de Jérusalem. Le monastère, en partie ruiné, donne néanmoins encore une idée de son étendue et de sa solidité. Cette église avait un morceau de la vraie croix.

Mons Sancti Gregorii, le mont Saint-Grégoire, ou l'Ararat. Le mont Ararat, dans l'Arménie russe, à 60 kil. sud-ouest d'Erivan, est situé au milieu d'une vaste plaine, et entourée de collines couvertes de ruines. Cette montagne est isolée, et semble tout à fait détachée de la longue chaîne qui traverse l'Arménie. Elle a un double sommet, dont le plus oriental et le moins élevé se nomme Petit-Ararat. L'autre cime, plus élevée, est toujours couverte de neige et enveloppée de nuages. L'Ararat se divise en deux régions; la première a un gazon court et glissant, ou un sable mouvant et profond. Au-dessus s'élèvent des rochers. Les bergers occupent la première région : les habitants de la deuxième sont des ours, tigres, léopards et corbeaux. Rien de plus beau que ses formes et de plus extraordinaire que sa hauteur gigantesque : un des grands traits de cette montagne est un abîme immense qui la coupe vers le milieu de sa hauteur, et laisse voir Erivan. Il en sort souvent de la fumée; il s'en détache quelquefois des rochers de pierre noirâtre et fort dure, qui font en roulant un bruit affreux. D'après la tradition conservée dans l'Asie Mineure, ce fut sur cette montagne que s'arrêta l'arche de Noé : aussi est-elle en vénération chez les Arméniens.

L'Ararat n'offre de tous côtés, depuis la ligne des neiges jusqu'à une distance de 50 werstes, ou environ 12 lieues de France, absolument rien que des laves, même sans autres productions volcaniques. Il a cela de particulier qu'il se trouve à la même distance de 320 kil. de la mer Noire et de la mer Caspienne. — Sa hauteur au-dessus du niveau de l'Océan est de 2700 toises; la hauteur de la ligne des neiges permanentes est d'environ 2000 t., ce qui est extraordinaire pour une latitude de 39° 45' : cette circonstance tient sans doute à ce que l'Ararat est une montagne tout à fait isolée, dont le climat n'est pas refroidi par d'autres montagnes voisines qui dépassent cette ligne.

M. Parrot fils, professeur à l'académie de Dorpat, fit une ascension en 1829 au mont Ararat, et planta au point le plus élevé une croix haute de 5 pieds au-dessus de la glace.

Le couvent de Saint-Grégoire est situé sur le penchant inférieur de l'Ararat. C'est une solitude d'un aspect effrayant et imposant tout à la fois. Il est à quatre werstes du village d'Arguro, nom qui signifie *plantation de la vigne* en langue arménienne, et doit rappeler que c'est là que Noé a planté les premiers ceps.

Montes Infandi, vallée de Chamouny en Savoie (Etats Sardes). Ce fut dans cette vallée, élevée de 2040 pieds au-dessus du lac de Genève, qu'un certain comte de Genève fonda, en 1099, un prieuré des bénédictins, à l'entour duquel se forma le village de Chamouny, qui finit par donner son nom à la vallée. Plus tard, elle tomba dans un oubli si absolu, qu'on la croyait inaccessible et uniquement habitée par des esprits malfaisants. C'est de là que vient le nom de *montagnes maudites*, que l'on donne à ces monts gigantesques qui semblent en défendre l'accès. Ce ne fut qu'en 1741, que les deux Anglais, Pokoke et Windham, armés de pied en cap et accompagnés d'une nombreuse escorte, se hasardèrent de nouveau dans cette contrée isolée. Depuis ce temps elle est devenue, pour ainsi dire, un lieu de pèlerinage, constamment fréquenté par une multitude de voyageurs, qui viennent admirer les scènes merveilleuses et imposantes qu'elle recèle. Effectivement il est peu d'endroits où elles se trouvent en aussi grand nombre, dans un espace si peu considérable, car toute la vallée n'a que 20 kil. de longueur sur vingt à trente minutes de largeur. Elle est arrosée par l'Arve, mais vu sa position très-élevée, elle n'est pas susceptible de culture. On n'y trouve que des pâturages et des plantes alpines; c'est du suc de celles-ci que les abeilles tirent ce beau miel blanc et aromatique si généralement estimé. Mais ce qui rend cette vallée principalement célèbre, sont les monts sourcilleux; les glaciers gigantesques et toutes les scènes variées et majestueuses qui s'y rencontrent de tous les côtés. Parmi celles-ci on doit nommer, avant tout, le Mont-Blanc. Cette masse énorme, la plus haute de l'Europe, est élevée de 14,793 pieds au-dessus de la Méditerranée. Depuis l'année 1761 on a tenté plusieurs fois de gravir jusqu'au sommet de ce glacier éternel, mais ce ne fut qu'en 1786 que M. le docteur Paccard et Jacques Balmot de Chamouny parvinrent à y monter. L'année suivante M. de Saussure, et, une année plus tard, M. Bourrit y arrivèrent également, et dès lors ils furent suivis par plusieurs autres personnes. Il n'est, dans tous les cas, pas absolument nécessaire de faire l'ascension du Mont-Blanc, pour jouir de l'aspect majestueux de cette pyramide colossale et des scènes imposantes qui l'entourent. Le mont Brevent, situé presqu'en face, est d'un accès plus facile, et peut être gravi dans cinq heures. Sa hauteur est de 7836 pieds au-dessus de la Méditerranée, et l'on y découvre de là, non-seulement le Mont-Blanc dans toute sa splendeur, mais aussi tous les glaciers et toutes les cimes des montagnes de la vallée. On le voit encore très-avantageusement du *Géant*, son plus proche voisin, et, après lui, le plus élevé des glaciers (13,044 pieds au-dessus de la Méd.), et du mont Anvert (5224 pieds) qui touche le Géant; mais le point de vue le plus intéressant se trouve sur le col de Balme, dont la cime, mesurée près de la croix de fer qui y est plantée, est de 7086 pieds au-dessus de la Méditerranée. Le cavalier et le piéton peuvent l'atteindre dans cinq heures depuis Chamouny, et, au lieu de rétrograder dans cet endroit, un autre chemin les conduira, dans deux heures, à Trient, dans le Valais. Le col de Balme ferme la vallée de Chamouny, au nord-est, et fournit l'eau à l'Arve, dont il renferme la source. Parmi les glaciers de la chaîne du Mont-Blanc on remarque, entre autres, le Bossons, dont l'aspect est surtout sublime le matin; sa pente inclinée s'étend jusqu'à une demi-lieue de Moncouard, endroit situé à l'ouest de Chamouny, à la distance d'une lieue. Le glacier des Bois, qui se distingue par une multitude de pyramides et la superbe voûte de glace qui se trouve sur son bord et de laquelle jaillit, avec une impétuosité bruyante, le torrent de l'Aveiron; enfin cette masse formidable, connue sous le nom de Mer de glace, dont les bords entourés d'énormes quartiers de granit, et la surface parsemée de blocs de glaces, de toute grandeur et de formes diverses, présentent au spectateur étonné le coup d'œil le plus surprenant. La partie la plus élevée de cette surface glacée se nomme le Talèfre. C'est le point de vue le plus favorable pour contempler cette multitude de glaciers en forme d'obélisques et de flèches de clochers, dont toute l'étendue est comme hérissée; au milieu on voit le rocher du Courtil, qui se pare des plus belles fleurs des Alpes, au mois d'août. Le Mont-Blanc, le Géant, ainsi que les sommets d'autres montagnes environnantes se présentent ici également sous un fort bel aspect. On arrive par le mont Anvert à la mer de glace, et par celle-ci au Mont-Blanc et au Géant.

Montes Pelori, les monts Pélores, dans l'île de Sicile. Les monastères de la Sicile s'étaient livrés, au moyen âge et dans les temps modernes, à l'exploitation des mines que renferment les monts Pélores. Ces montagnes forment une des branches des Apennins. Elles se composent de granite, de gneiss, de micaschiste et de schiste talqueux. Les granites appartiennent à deux variétés distinctes; les uns à grains fins, à feldspath blanc et à mica noir, sont associés au gneiss et au micaschite; tandis que les autres, qui ont la structure porphyroïde, ne sont jamais en relation avec ces roches schisteuses. Leur composition est en outre essentiellement différente des premiers : le feldspath, presque toujours rosé, est en cristaux nets et assez volumineux; le mica en est verdâtre. Ce granite, plus altérable que la première variété, fournit du côté de Monte-Leone une variété de kaolin, employée comme terre réfractaire à l'usine de la Mongiana; mais la Sicile, si vantée par les anciens poëtes, pour la fertilité de son sol et la richesse de ses gîtes minéraux, n'a cependant que des gisements métallifères assez faibles (au rapport de M. Juncker, ingénieur en chef au corps royal des mines, et de M. Adrien Paillette, ingénieur civil).

Ces mines ont occasionné au XVIIIe siècle des dépenses considérables et n'ont donné que des produits très-faibles, comme il appert par les archives des établissements monastiques intéressés dans les entreprises de ces mines.

Le groupe de ces gisements, situé au nord de la Sicile, s'étend depuis Messine jusqu'aux environs de Franca-Villa. Les mines qui le composent, disposées parallèlement à la chaîne des monts Pélores, existent sur les deux pentes de ces montagnes; elles sont surtout nombreuses sur le versant qui regarde la Calabre. Elles forment des petits filons peu étendus et sans suie, courant dans toutes les directions, disséminés quelquefois dans le granite. Les minerais que produisent les mines de la Sicile sont de la galène argentifère, des bournonites, du mispickel et quelquefois du cuivre gris; les minerais de plomb sont de beaucoup les plus abondants : souvent ils sont antimonifères.

Mortuæ Aquæ, Aigues-Mortes, diocèse de Nîmes, chef-lieu de canton, arrond. d'Uzès (Gard). Popul. 3000 habitants. On y voyait autrefois une abbaye de Bénédictins, détruite par les Sarrasins en 775 et rebâtie en 788 par Charlemagne. Elle s'étendait autrefois dans les diocèses de Nîmes et de Montpellier.

La mer n'a jamais baigné les murs d'Aigues-Mortes, comme on l'a dit souvent. Cette ville était jointe à la mer par un canal long d'une lieue environ et qu'on nommait le Grand-Louis, et dont on voit encore des traces. La rade où ce canal aboutissait était très-vaste. De la rade on arrivait sous les murs mêmes de la ville en remontant le Grand-Louis et le Canal-Vieil, pour entrer ensuite dans la Grande-Roubine, et de là, par une ouverture que les sables aujourd'hui ont mis à moitié comblée, dans l'étang profond qui entourait les murailles. C'est là que par deux fois saint Louis s'embarqua pour son voyage d'outre-mer. Philippe le Hardi, son fils, suivant la recommandation du roi son père, fortifia cette ville, dont le commerce fut très-florissant durant un siècle environ. Mais vers le milieu du XIVe on laissa les canaux s'ensabler, et depuis elle ne put jamais revenir à son ancienne splendeur. A la paix de 1576 les calvinistes obtinrent Aigues-Mortes avec Beaucaire pour places de sûreté. Avant la révolution de 1793 Aigues-Mortes était exempte de tout autre impôt que celui de capitation qu'elle payait au roi, son seigneur direct. Elle devait à saint Louis ce privilège, qu'avaient confirmé tous les successeurs de ce pieux monarque.

L'abbaye de Bénédictins de Psalmodi, située à une demi-lieue au nord d'Aigues-Mortes, et plus anciennement dans une île située au milieu d'un étang qui communiquait avec la mer, fut sécularisée en 1537, et son chapitre fut uni à la cathédrale d'Alais en 1694.

Aigues-Mortes est à 39 kil. de Nîmes. Dans les environs, il y a une exploitation considérable des salines de Peccais. Le port se livre à la pêche, à l'exportation des sels et des vins, et à l'importation de grains, de denrées coloniales et de bois.

Munimenta Bosphori, Bosphore (château du), bâti par Mohammède II, à l'endroit où le Bosphore se resserrant davantage ne laisse, entre les caps opposés, que le faible espace de 5 stades, non loin du lieu où Androclès de Samos jeta le pont fameux pour le passage de l'armée persane sous Darius. Là s'élève un promontoire qui, dans l'antiquité, portait le nom d'Hermaion, à cause d'un temple d'Hermès : c'est de ce point que, assis sur un trône taillé dans le roc, Darius contempla son armée franchissant la barrière qui séparait l'Asie de l'Europe, et le fait y avait été gravé en lettres assyriennes. La pointe du cap, battue sans cesse par les flots de la mer Noire, se précipitant avec fureur dans le détroit, s'appelait Rhoodes, ou Phonoïdes, à cause de la rapidité du courant, du gonflement et du mugissement des vagues. Outre les matériaux amenés d'Asie, on employa encore les ruines des édifices et des églises du Bosphore, particulièrement les colonnes de la magnifique église de l'archange Michel, sur le golfe de Sosthène. Le sultan Mohammède appela ce château Boghaskesen (coupe-gorge). Le gouvernement ottoman en fit une prison d'État.

N

Nafeldi Ecclesia, Nafels, ou Næfels, dans le canton de Glaris (Suisse), diocèse de Saint-Gall. — Ce joli bourg est le chef-lieu de la partie catholique du canton, et compte environ 1300 habitants, qui s'occupent essentiellement de l'entretien du bétail. Il est situé dans une contrée un peu élevée, mais très-fertile et bien cultivée, à 5 kil. de Glaris. Au-dessus du bourg, le *Rautibach* forme une belle cascade, mais cause aussi parfois de grands ravages par ses débordements. Sur la hauteur de Nafels, où se trouvait autrefois le château des gouverneurs autrichiens, on aperçoit un couvent de capucins, nommé Marienbourg, qui a été bâti en 1675. C'est sur les champs de Rauti que se livra, le 9 avril 1388, ce combat mémorable, connu sous le nom de bataille de Nafels, où les Glarnois, soutenus seulement de trente hommes de Schwytz, mirent en déroute une armée autrichienne d'une force sextuple à celle des Suisses. Onze pierres posées sur ces champs désignent les attaques réitérées de l'ennemi, qui enfin abandonna le champ de bataille avec une perte de 185 cavaliers et de 2500 fantassins. L'anniversaire de cette victoire signalée, qui contribua beaucoup à l'affermissement de la liberté helvétique, se célèbre le 1er avril de chaque année, chez les catholiques par une procession au champ de bataille, et chez les protestants par un service divin dans leurs temples. On y lit toujours la relation du combat, qui fait mention particulière des actions héroïques de ce jour de bataille, et perpétue ainsi la mémoire des valeureux ancêtres des Glarnois. A la place où fut jadis érigée une chapelle en commémoration de la victoire, on voit aujourd'hui la belle église du lieu. Un sentier conduit de Nafels, dans quatre à cinq heures, au vallon de Wiggis ; il passe par les pâturages inférieurs et supérieurs du See-Alp (Nieder-et-Ober-See-Alpen). Une autre route, praticable pour les voitures et construite sur un môle, se dirige à travers les marais de la Linth, à Wesen. Au delà de la Linth, et vis-à-vis de Nafels, se trouve le joli bourg de Mollis, qui compte environ 2000 hab. Sa position, dans une contrée couverte de belles prairies, de beaux vergers, de superbes arbres fruitiers et de quelques vignobles, est des plus agréables. Le bourg même est embelli par de jolis bâtiments et de charmantes promenades. Il s'y trouve, outre une manufacture de draps, plusieurs manufactures de toiles peintes et quelques fabriques de schabzieger. Néanmoins l'occupation principale des habitants est d'élever du bétail. Sur le Neuenkamm, au-dessus de Mollis, et sur le chemin qui va par Brittenwald à Kerenzen, on découvre de beaux points de vue. Le cimetière de Mollis renferme les ossements de cinquante-cinq hommes de Glaris et de Schwytz, tués à la bataille de Nafels. En 1799, les Russes ont tenté, à plusieurs reprises, d'emporter le pont de Mollis.

Nerviorum Cameracum, Cambrai ou Cambray, ville forte et importante, siège d'un archevêché, chef-lieu d'arrond. du départ. du Nord, avec sous-préfecture, tribunal de première instance et de commerce, conseil de prud'hommes, collège communal, à 56 kil. sud de Lille, 36 est-sud d'Arras, et 180 nord-est de Paris. Le diocèse renferme tout le département du Nord ; il est par conséquent très-vaste. Il était déjà très-vaste autrefois. Il avait pour suffragants, avant la révolution française de 1789, les évêques d'Arras, de Tournay, de Saint-Omer et de Namur. Saint-Omer n'existe plus, Tournay et Namur sont suffragants de Malines, en Belgique. L'évêché date de l'an 390. Il fut érigé en archevêché en 1559 ; il était auparavant suffragant de Reims. L'archevêque prenait les titres de duc de Cambrai et de prince de l'Empire. Son arrondissement renferme 117 communes, et 133,821 habitants ; il est divisé en sept cantons : Cambrai (2 cantons), Carnières, le Cateau, Blary, Marcoing et Solesme. Ci-devant chef-lieu d'un gouvernement particulier et capitale du Cambrésis, parlement de Douai, intendance de Lille, siège d'une subdélégation et d'une recette, cette ville fut bâtie, selon de Ligne, par un ancien duc des Cimbres et Danois, nommé *Cambro* ou *Cambre*, qui lui donna des murailles, avec son nom. Quelques-uns veulent que ce nom lui ait été donné à cause de la multitude de ses chambres (en gaulois, *cambres*) et places souterraines creusées tant dans la ville qu'aux environs, où les premiers habitants mettaient leurs meilleurs effets en sûreté. Plusieurs historiens rapportent que Servus Hostilius, roi des Romains, fonda Cambrai peu de temps après Marseille, et qu'il y bâtit un château, qui fut nommé de son nom, Serve, que le peuple, par corruption, appela depuis Selle. Cette assertion est fausse, car il n'y a aucun roi romain de ce nom; d'ailleurs Marseille ne fut point fondée par les Romains. Quoi qu'il en soit de ces opinions et de beaucoup d'autres que nous ne relaterons point ici sur la fondation de Cambrai, il est certain que cette ville, ayant été réduite sous la domination romaine, devint une des principales colonies de leurs soldats. Jules César et Servius la rendirent semblable aux premières villes d'Italie, par les priviléges qu'ils lui accordèrent. Les proconsuls, qui y firent depuis leur résidence, y firent plusieurs embellissements; ils y bâtirent, selon Gelic, une capitale dans le voisinage du château de Selles; ils y élevèrent un amphithéâtre, des bains et des aqueducs. Plusieurs auteurs rapportent que Jules César, après la destruction de la ville de Bavai, fit Cambrai la capitale de tout le Hainaut, et qu'il y tint la diète des Gaules. Les jours de prospérité de cette ville furent suivis de grandes calamités. Les Saxons et les Suèves l'assiégèrent et la prirent sur les Romains, qui, survenant avec de plus grandes forces, la reprirent. Elle fut depuis saccagée par le tyran Maxime, l'an 370, et il en fut chassé par les Vandales et les Alains. Les Goths, en 414, s'en rendirent les maîtres, après qu'ils eurent pillé toute la Belgique, et la firent la capitale du pays. Les Romains la reprirent encore sur ceux-ci. Les Français, sous le règne de Clodion, l'enlevèrent aux Romains : 50,000 hommes périrent de part et d'autre. Cambrai eut bientôt un roi, mais idolâtre, appelé Regnacaire, issu de la famille royale de France. Clovis, premier roi chrétien, après avoir remporté une victoire complète, le fit mourir, vers l'an 500, usurpa son royaume, et la ville de Cambrai adopta l'Evangile sous l'apostolat de saint Vaast, auteur de la conversion de Clovis. Charles le Chauve, roi de France, l'eut en partage, ainsi que tout le Cambrésis, en 843. Ensuite les comtes de Flandre, les empereurs et les rois de France se la sont disputée et l'ont possédée tour à tour; ils ont fini par en faire jouir les évêques, sous le titre de comtes, depuis 1007 jusqu'en 1543, que l'empereur Charles-Quint s'en rendit maître. Il fit bâtir une citadelle, pour empêcher les Français de pénétrer dans cette place; mais d'autres souverains rendirent cette précaution inutile. Les confédérés du parti d'Orange y entrèrent en 1576. Le prince de Parme l'assiégea en 1581 ; mais, au moment de la prendre par famine, le duc d'Alençon vint la secourir, et y fit son entrée solennelle le 18 août de la même année. Les Espagnols l'attaquèrent en 1595 avec 72 pièces de canon, et forcèrent cette ville à se rendre, le 9 octobre de la même année. Enfin, après avoir été prise et reprise, les Espagnols la gardèrent jusqu'en 1677, que Louis XIV, en personne, s'en rendit maître par capitulation, le 5 avril : la citadelle lui fut livrée le 17 du même mois. Depuis cette époque, Cambrai n'a cessé d'appartenir à la France; et malgré tous les désastres qu'elle a éprouvés, elle est encore digne de l'ambition des conquérants. Cambrai est situé dans une contrée fertile en lin et abondante en pâturages, près de la source et sur la rive droite de l'Escaut, dont une des branches traverse la ville : ses rues sont mal percées; elle renferme de très-beaux édifices. La place d'armes, au bout de laquelle on voit l'hôtel de ville, est remarquable par son étendue ; toute la garnison peut s'y ranger en bataille. L'esplanade est une des plus vastes et des plus belles de l'ancienne Flandre ; la place est une espèce de carré long, dont les murs sont flanqués de tours rondes à l'antique, fortifiées de plusieurs demi-lunes, de deux ouvrages à corne, l'un sur l'autre. Ces fortifications sont, les premières, du chevalier de Ville, et les modernes, du maréchal Vauban. La citadelle est l'une des meilleures de la France. Le diocèse de Cambrai fut uni à celui d'Arras jusqu'au XIe siècle. Il resta suffragant de celui de Reims jusqu'en 1559, que Cambrai fut érigé en métropole, à laquelle furent soumis les diocèses d'Arras, de Saint-Omer, de Tournay et de Namur. D'après une notice du temps de l'empereur Honorius, Cambrai avait déjà été métropole, et avait eu pour suffragants Tournay, Senlis, Beauvais, Amiens, Térouanne et Boulogne. Par des circonstances restées inexpliquées, Boulogne perdit son évêché, et Cambrai son titre de métropole. Le diocèse de Cambrai s'étendait, avant 1789, non-seulement sur tout le Cambrésis, mais encore dans une partie du Brabant, dans presque tout le Hainaut, dans la prévôté et le comté de Valenciennes, dans une partie du Tournesis et dans la châtellenie de Lille ; de sorte que ce diocèse était composé d'environ 800 paroisses. Le roi avait la nomination à l'archevêché. Le prélat, qui jouissait d'un revenu de plus de 150,000 liv., était seigneur utile de la ville et de tout le comté du Cambrésis; mais la souveraineté était réservée au roi, et l'appel des causes jugées à Cambrai et en Cambrésis se relevait au parlement de Douai, et non en aucun autre tribunal de France. La cathédrale dédiée à Notre-Dame est le plus beau bâtiment de cette ville ; cependant les dehors ont plus d'apparence que l'intérieur, qui est assez obscur. A chaque pilier de la nef de cette église, on voyait un apôtre de marbre blanc. Sous la grande porte, en dedans, était une petite paroisse appelée Saint-Gigoufle ou Saint-Gengoufle. Le clocher est un chef-d'œuvre de l'art, soit pour la hauteur de la flèche, soit pour la singularité de sa structure. Il est tout bâti en pierre de taille blanche, sans charpente et sans ferrure, percé à jour de tous côtés, et enrichi de quantités de figures en relief. Il est élevé de plus de 600 degrés, à monter depuis la cour du palais jusqu'au pied de la flèche, qui paraît presque encore aussi haute que tout le reste ; et on prétend que six hommes pourraient aisément se remuer dans la pomme qui sert de piédestal à la croix. Il a fallu, dit-on, vingt ans pour achever ce clocher. On admire principalement l'horloge, qui est une pièce unique, qu'on assure avoir été faite par un berger. La légende rapporte que, pour récompense, en lui creva les yeux, parce qu'il avait entrepris d'en faire d'autres plus curieuses encore, en France et ailleurs. Les Flamands venaient autrefois par troupes en pèlerinage à une des chapelles de la cathédrale, appelée Notre-Dame-de-Grâce, à cause d'une copie d'un tableau de la sainte Vierge, dont l'original, à ce que l'on prétend, peint par saint Luc, est à Rome. Le chapitre de la cathédrale était composé de 45 chanoines, de 8 grands vicaires et de 30 chapelains; sa bibliothèque était en possession de plusieurs manuscrits fort anciens. Il y avait deux autres chapitres : celui de Saint-Géry, composé de quarante canonicats, d'un prévôt et de deux autres dignités ; le deuxième chapitre était celui de Sainte-Croix, composé d'un trésorier, de douze chanoines, de deux grands vicaires de chœur, de six autres petits vicaires et de huit chapelains, obligés à résidence. Cambrai avait dix paroisses et quatre abbayes : le Saint-Sépulcre, abbaye d'hommes de l'ordre de Saint-Benoît, fondée vers l'an 1064, par saint Lielbert, évêque de Cambrai : le bâtiment de cette abbaye était d'une belle architecture ; elle avait 15,000 liv. de revenu ; Saint-Aubert, abbaye de chanoines réguliers de l'ordre de Saint-Augustin, fondée en 1066, ayant 30,000 liv. de rente ; celle de Saint-Jean, fondée d'abord pour des Bénédictins, à la place desquels on mit, en 1120, des chanoines réguliers, et, en 1141, des chanoines de Saint-Augustin : elle avait 2000 liv. de revenu ; et enfin l'abbaye de Premy, pour des chanoines de Saint-Augustin. Il y a deux hôpitaux, l'un civil et l'autre militaire, qui étaient, avant la révolution, desservis par des religieux de l'ordre de Saint-Augustin. — Les juridictions de Cambrai étaient le bailliage de la Feuillée, le magistrat, l'officialité, le bailliage du Cambrésis, le bailliage du chapitre de l'église métropolitaine, le bailliage et prévôté du chapitre de Saint-Géry, celui du chapitre de Saint-Aubert et le bailliage et prévôté du Saint-Sépulcre. Le bailliage de la Feuillée, qui était le seul domaine du roi, et qui consistait dans quelques maisons dans la ville de Cambrai, était composé d'un *bailli-semonceur*, des hommes de fiefs et d'un greffier. Il ne connaissait que des matières féodales, et les appels étaient portés au parlement de Douai. Le magistrat était composé d'un prévôt, qui faisait la fonction de semonceur dans les affaires criminelles et de police, de quatorze échevins, de deux collecteurs, de deux conseillers-pensionnaires, de deux greffiers et d'un receveur ; il connaissait, en première instance, de toutes les actions civiles, réelles et personnelles entre les bourgeois et habitants de la ville et banlieue, ainsi que de la police, des affaires criminelles, des cas royaux et privilégiés. L'appel des jugements, tant en matière civile que criminelle, était porté au parlement de Douai. Il connaissait aussi des appellations des jugements rendus en première instance par les prévôtés de Sainte-Croix et du Saint-Sépulcre, et par les mayeurs et échevins des 89 villes ou hameaux qui composaient le Cambrésis, ainsi que de quelques villages de la châtellenie de Bouchain. L'official de l'archevêque de Cambrai avait deux sortes de juridictions : l'une ecclésiastique, qui était égale à celle qu'exerçaient les officiaux des autres diocèses ; l'autre civile, qui lui était particulière. Il pouvait connaître, comme juge civil, de toutes les affaires en matière personnelle dans la ville de Cambrai, pays Cambrésis et en la ville de Cateau-Cambrésis, où les habitants avaient le choix de se pourvoir en action personnelle, ou par-devant le magistrat, ou par-devant l'official. Le bailliage de Cambrésis, autrement nommé la *cour du palais*, parce qu'il siégeait dans la cour du palais archiépiscopal, était composé d'un grand bailli-semonceur, des hommes de fiefs, qui devaient être au moins au nombre de quatre, d'un procureur d'office et d'un greffier ; sa juridiction était personnelle et féodale, et elle s'étendait dans toutes les terres, les villages et métairies qui appartenaient à l'archevêque. Le bailliage du chapitre de l'église métropolitaine de Cambrai était composé d'un bailli-semonceur, de quatre hommes de fiefs ou francs-semans, d'un procureur d'office et d'un greffier. Il avait haute, moyenne et basse justice dans l'église, les cloîtres, les maisons des chanoines, et dans les maisons, terres et métairies qui appartenaient à ce chapitre, ou qui en relevaient. L'appel des jugements qui y étaient rendus, tant en matière civile que criminelle, allait immédiatement au parlement de Douai. — Cambrai avait un gouverneur, un lieutenant de roi, un major, un aide-major et un capitaine des portes. La citadelle avait son gouverneur particulier et son état-major. Aujourd'hui, Cambrai est une place de guerre de troisième classe de la seizième division militaire ; c'est la résidence d'un sous-directeur des fortifications et d'un capitaine du génie. Popul., 16,700 hab. Cette ville contient un grand nombre de fabriques de toiles fines, batistes, linons, percales, dentelles, fil retors, savon noir, amidon, fécule de pommes de terre, filatures de coton et de fil, raffineries de sel et de sucre, belles blanchisseries de toiles, nombreuses brasseries, huileries, tanneries. Il y avait autrefois des teinturiers en écarlate, dont l'ouvrage était fort estimé. Cambrai a été la ville de l'Europe la plus renommée pour la fabrication de ses toiles fines ; mais, depuis l'établissement des manufactures de toiles à Valenciennes, à Saint-Quentin et ailleurs, celle de Cambrai a beaucoup perdu de son lustre à cet égard. Il s'y fait un commerce assez considérable de graines grasses, vins, eaux-de-vie, épiceries, houblon, lin, beurre, laines, fer, chevaux et bestiaux. On y trouve un entrepôt de houille. — Cambrai est la patrie d'Amé Bourdon, habile anatomiste, né en 1638, mort dans cette même ville en 1706. Il fit paraître, en 1678, ses *Tables astronomiques*, avec sa *Description anatomique du corps humain*; — De Roland Frear, auteur d'un *Parallèle de l'architecture ancienne et de la moderne*. — De Baltazar Marsi, sculpteur, né en 1620, mort en 1674. Il était frère de Gaspard Marsi, aussi sculpteur, mort en 1679, âgé de 56 ans. Ils travaillèrent ensemble au *Bassin de Latone*, à Versailles, où cette déesse et ses enfants sont représentés en marbre. — De Enguerrand de Monstrelet, dont on a la *Chronique*, ou *Histoire des choses mémorables arrivées de son temps*, depuis 1400 jusqu'en 1467 (suite de Froissard). — François de Salignac de Lamotte Fénelon mourut archevêque de Cambrai en 1715. On a de ce vertueux évêque plusieurs ouvrages, entre autres le *Télémaque*, *Traité de l'existence de Dieu*, *Abrégé de la vie des anciens philosophes*, etc. En 1825, le sculpteur David termina la statue de Fénelon, qui devait surmonter le sarcophage élevé à cet illustre prélat dans l'église cathédrale de Cambrai. L'inauguration de ce monument eut lieu le 7 janv. 1826, jour anniversaire de la mort de cet archevêque. Cette ville a aussi donné le jour au général Dumouriez, vainqueur à Jemmapes, conquérant de la Belgique......; au général Mortier, duc de Trévise, dont la carrière militaire, quoique brillante, fut ternie par la conduite qu'il tint lors de la déchéance de Napoléon.

Le siége archiépiscopal de Cambrai avait été réduit par le concordat de 1801 en évêché suffragant de Paris. Cependant par le concordat de 1817, Pie VII lui avait rendu son titre de métropole en lui donnant pour suffragant les deux évêchés d'Arras et de Boulogne; mais des difficultés étant survenues à l'exécution de cette bulle, le pape par sa bulle du 31 octobre 1822 suspendit l'érection de l'église de Cambrai en métropole. Ce ne fut qu'en 1841, à la mort de M. Belmas, que le pape Grégoire XVI, sur la demande du roi Louis-Philippe, revint sur cette érection, et par sa bulle du 1er octobre, reçue et publiée en France par ordonnance du roi, rendit à cette antique Eglise un titre qu'avait illustré l'un des plus grands prélats français. (Voy. le cours de Droit-Canon par M. l'abbé André; au mot CAMBRAI.)

Nicopolis, Diwrigi, à deux jours de marche à l'est de Siwas, enfermée du côté de l'orient par la montagne Tschitschektaghi (l'ancien Scordissus) et du côté de l'occident par la montagne d'Hasan (l'Anti-Taurus), se trouve à l'extrémité d'une vallée formée de rochers stériles : c'est l'ancienne Nicopolis, c'est-à-dire ville de la victoire, bâtie par Pompée à l'endroit où il vainquit la première fois Mithridate. Cette ville était épiscopale dès le IVe siècle : elle dépendait de la métropole de Sébaste, dans la première province d'Arménie. — Saint Grégoire d'Arménie, qui fut reclus à Pluviers en France, ensuite évêque dans le Xe siècle, avait été élevé dans cette ville.

Il y a eu plusieurs Nicopolis dans l'empire romain; et toutes ont été épiscopales.

Nischaburum, vel Docta Civitas, la Ville Savante, Nischabur ou Nischapour, dans la province de Khorassan (Perse). Elle resta la capitale pendant longtemps de l'empire des sultans Seldschuks, fut dévastée au 12e siècle par les Oghuses qui incendièrent les mosquées, démolirent les maisons, tuèrent les habitants et surtout les savants dont la ville était alors remplie. De sa grande population elle n'a conservé que 12,000 habitants qui dorment au milieu des ruines; son territoire néanmoins est le mieux cultivé et le plus peuplé de la province. Il y a dans ses environs des mines de turquoises fort célèbres.

Nostra Domina Eremitorum, Notre-Dame-des-Ermites, ou l'abbaye d'Einsiedeln dans le canton de Schwytz (Suisse). Ce monastère, de l'ordre de Saint-Benoit, a donné occasion au bourg de ce nom de se former; ils se trouvent l'un et l'autre dans la vallée de la Sihl, à une élévation de 1000 mètres au-dessus de la Méditerranée, et à 540 au-dessus du lac des quatre cantons. L'abbaye, située hors du bourg sur une petite éminence, est un lieu de pèlerinage des plus fréquentés de l'Europe. Des milliers de catholiques de tous les pays en deçà des Alpes s'y rendent tous les ans pour révérer une image miraculeuse de la Vierge, qu'elle possède. L'église et les bâtiments qui l'entourent sont du nouveau style italien, mais la fondation du monastère est très-ancienne; elle est due au zèle pieux du comte Eberhard de Hohenzollern, auquel l'empereur Othon concéda, dans l'année 946, une vaste étendue de terrain qui était alors toute couverte de forêts. Peu à peu l'abbaye s'enrichit d'une multitude de donations qui lui furent successivement faites, et déjà en 1274 l'abbé d'Einsiedeln fut élevé au rang des princes d'Empire. Peu s'en est fallu cependant que cette communauté ne se soit dissoute plus tard. A l'époque des prédications du réformateur Zwingle les moines abandonnèrent leur couvent, et dès l'an 1520 jusqu'en 1526 il était presque désert; ce ne fut que dans cette dernière année qu'il réussit de nouveau, à un nommé Blaarer, alors abbé d'Einsiedeln, d'en réunir quelques-uns et de les soumettre aux règles monastiques. En 1798, à l'entrée des Français en Suisse, cette abbaye fut de nouveau menacée d'une entière dissolution; abandonnée par l'abbé et les moines, elle fut complétement pillée deux fois, ainsi que le bourg, et la chapelle sacrée a été détruite de fond en comble. Les Bénédictins émigrés revinrent en 1802, en rapportant l'image miraculeuse, qu'ils avaient sauvée. Les *Trésors de l'église*, la *Bibliothèque* et le *cabinet de minéraux et d'instruments de physique* méritent d'être vus. Une institution bien méritoire de cette abbaye est son Ecole gratuite, dans laquelle on enseigne, outre la langue latine, plusieurs autres sciences. Un pensionnat, qui est joint à cette école, procure aux étrangers la facilité de venir y suivre les études. Près d'Einsiedeln et au pied de l'Etzel, demeurait, au XVIe siècle, le médecin du couvent Guillaume Hohenheim, dont le fils est connu dans les annales de la médecine sous le nom de *Theophrastus Paracelsus Bombasius ab Hohenheim*.

Notre-Dame-des-Ermites n'a pas échappé, à la fin de 1847, au désastre des cantons catholiques : elle a été frappée d'une énorme contribution de guerre.

Nostra Domina Nivea, Notre-Dame-des-Neiges, ou le Mont-Rigi, dans le canton de Schwytz (Suisse). La base de cette montagne isolée a une circonférence d'environ 40 kil. Le lac des quatre cantons la baigne à l'ouest et au sud, et les lacs de Zug et de Lowerz au nord et au nord-est. L'espace qui se trouve entre ces deux derniers lacs, depuis Ober-Art jusqu'à Lowerz, est couvert par les débris du Gnipenspitz, qui s'est détaché du Ruffiberg, ainsi qu'il en a été fait mention plus haut. Cet éboulement a suivi une direction du nord-ouest au sud-est, et l'éboulis qui en est provenu, embarrasse un terrain de plus d'une lieue de largeur ; il atteint encore, sur ce dernier point, le pied du Rigi. Le côté nord-ouest de cette montagne s'aplanit insensiblement vers Kussnacht et Immensée, et le côté sud-est vers la vallée qui est située entre Brunnen et Schwytz. Le mont Rigi se trouve presque entièrement placé sur le territoire du canton de Schwytz ; une petite partie seulement appartient à celui de Lucerne. La ligne de démarcation prend depuis le promontoire de l'Obere-Nasen et passe par-dessus le Vitznauer-Stock jusqu'au Dosen ; de là elle suit, dans la direction du nord-ouest, la crête, et descend par-dessus le Seeboden jusqu'au village de Greppen. Il n'est point de montagne dans toute la Suisse qui soit visitée par un aussi grand nombre de voyageurs étrangers et du pays, que le mont Rigi ; il n'en est point non plus, où l'on rencontre des points de vue plus magnifiques et plus variés, et sur aucune autre on ne trouve les commodités de la vie comme sur celle-ci. Depuis 1816 on a établi une très-bonne auberge sur le Rigi-Culm, qui est la plus haute cime de la montagne. Une autre est à une demi-lieue plus bas, sur le Rigi-Staffel, où se réunissent toutes les routes qui conduisent sur le mont Rigi, et quatre autres auberges se rencontrent encore à une demi-lieue plus bas, près de l'hospice des Capucins et de la chapelle de Notre-Dame-des-Neiges, d'où un chemin, qui suit en ligne droite la crête de la montagne, conduit aux bains froids. Près de ces bains il y a une chapelle dédiée à l'archange Michel, et, un peu au-dessus de celle-ci, on trouve une septième auberge. Il est impossible de décrire les perspectives imposantes et pittoresques que l'on découvre du Rigi ; elles sont trop agréablement diversifiées et généralement trop sublimes pour qu'on puisse les dépeindre. Le point de vue le plus étendu et le plus magnifique se présente cependant sur le Rigi-Culm, dont la hauteur est, d'après Pfyffer, de 4356 pieds au-dessus du lac de Lucerne, et de 5676 au-dessus de la Méditerranée. On découvre de ce sommet quatorze cantons suisses, un pareil nombre de lacs et la plus grande partie des glaciers qui couronnent les hautes Alpes de la Suisse. Pour jouir pleinement de ce spectacle majestueux, on ne doit pas négliger de profiter du matin ou du soir. Personne ne regrettera non plus de se trouver, par un temps serein, avant le lever du soleil, sur le Rigi-Culm. L'air étant alors plus raréfié que pendant la journée, la vue porte plus loin, et on distingue mieux les objets. Le mont Rigi a encore quelques autres cimes que le Culm ; celles qui se présentent au sud de celui-ci sont : Le First, le Schild, le Dosen et le Fitznauerstock ; au sud-est on voit la Schnee-Alp et la Hochfluh ; et à l'est, le Horrick et le Schwendi. Des sentiers praticables conduisent sur toutes ces sommités, qui offrent autant de vues magnifiques que variées. Le Rigi n'est pas assez haut pour atteindre la région des neiges et des glaces perpétuelles. La végétation y est, au contraire, vigoureuse. Ce n'est que sur son flanc septentrional qu'une paroi de rochers nus et très-escarpés descend de la cime jusqu'à la base, vers le lac de Zug. Partout ailleurs il est revêtu d'une belle verdure, de diverses plantes alpines et de belles forêts. Sa partie supérieure est couverte de beaux pâturages, sur lesquels on rencontre 150 chalets, plus de 3000 vaches et une multitude de chèvres et de moutons, qui y paissent tout l'été ; la région moyenne est boisée, et la base est revêtue de superbes prairies et de champs cultivés, qui offrent de riches moissons et des fruits succulents aux habitants des onze bourgs et villages qui l'entourent. La chapelle de Notre-Dame-des-Neiges (Kapelle unserer lieben Frau zum Schnee) se trouve près de l'hospice des Capucins, qui la desservent, et qui, par cette raison, sont obligés de demeurer sur la montagne pendant tout l'hiver. Tous les dimanches les vachers et les bergers qui se trouvent sur le Rigi, viennent y entendre la messe, et le 22 juillet, jour de sainte Madeleine, on y célèbre la dédicace, qui se termine par l'exercice de la lutte. Toutes les années, au jour de la nativité de la Vierge, on accorde, dans cette chapelle, des indulgences plénières, ce qui y attire un prodigieux concours de peuple. Au-dessus de l'hospice se trouve un monument, qui a été érigé par M. le conseiller Reinhard en l'honneur du duc de Gotha, Ernest II, et vis-à-vis de celui-ci on rencontre une grotte de stalactites, connue sous le nom de Bruderbalm. Plus haut que l'hospice on voit, entre le Rigi-Staffel et le Rigi-Culm, le Kessisbodenloch. La chapelle de l'archange Michel près du Kalten-Bad (bains froids) est desservie par un chapelain ; que les pâtres de la montagne ont le droit d'élire eux-mêmes. Chaque année, le 18 août, jour de saint Laurent, ceux-ci y célèbrent la fête de leur patron et terminent la solennité par l'exercice gymnastique de la lutte. A en croire une vieille tradition, l'origine de cette chapelle remonte à l'époque du règne de l'empereur Albert, et doit sa fondation à trois sœurs, qui se réfugièrent dans cette solitude pour échapper aux poursuites amoureuses des baillis autrichiens, et qui y restèrent cachées jusqu'à la fin de leurs jours.

C'est aussi d'elles que la source du Kaltenbad, ainsi qu'une auberge du voisinage, ont pris le nom de Schwesternborn, qui veut dire fontaine des Sœurs. Cette source jaillit d'un rocher, et ses eaux sont réputées très-salutaires. Les gens de la campagne ont l'habitude d'en faire usage en se couchant tout habillés dans une baignoire, posée sous la source, et après en être sortis, ils laissent sécher les vêtements sur leurs corps : de là le nom de Kalten-Bad (bains froids). Près de cet endroit on rencontre, sur une saillie de la montagne, le Kanzeli (petite chaire), d'où l'on jouit d'une vue magnifique.

Nova Caledonia, Nouvelle-Calédonie, contrée de l'Amérique septentrionale, à l'ouest des monts Rocheux, a environ 720 kil. de long du nord au sud, et 560 de l'est à l'ouest. Ce pays montagneux abonde en lacs, dont les plus grands sont ceux de Stuart et de Natteotain ; les principales rivières sont le Fraser et le Natteotain. Le thermomètre y descend quelquefois jusqu'à 32° au-dessous de zéro ; mais on y jouit d'une température plus douce que sous le même parallèle à l'est des montagnes ; l'été n'est jamais très-chaud ; les naturels, qui se donnent le nom de *Ta-Cullies*, ont reçu des blancs celui de Carriers ; on en évalue le nombre à 5000.

| Nouvelle-Calédonie, grande île dans la partie la plus occidentale du grand Océan austral, fut découverte en 1774 par Cook, au sud-ouest des Nouvelles-Hébrides, elle gît entre 19° 37' et 22° 30' de latitude sud, et entre 161° 17' et 165° 55' de longitude est ; de la pointe nord-ouest les chaînes de rochers se projettent jusqu'à 200 kil. en mer, et la côte du sud-ouest est encore plus dangereuse et plus inaccessible que celle du nord-est longée par Cook. Cette île qui, compris les récifs, s'étend du nord-ouest au sud-est l'espace de 520 kil. environ, sur 60 de large, n'offre qu'un seul havre, nommé *Port Balade*, sur la côte nord-est, par 20° 16' 41" de latitude sud, et 162° 5' 17" de longitude est. Le pays est frappé d'une stérilité complète. D'Entrecasteaux en a complété la découverte en relevant toute la côte du sud, qui offre une chaîne effrayante de récifs. Aux environs sont plusieurs petites îles également ceintes de récifs et liées entre elles par des bancs. Des vallées profondes coupent le pays très-montagneux. La plus haute montagne a 2400 mètres de haut ; beaucoup de petits ruisseaux l'arrosent ; il y a des parties bien boisées ; des volailles d'une grosse espèce et d'un plumage brillant sont les seuls animaux domestiques. La mer abonde en coquillages et poisson. Les insulaires, grands, bien faits et actifs, sont cruels et anthropophages ; ils ont les lèvres épaisses, le nez plat, les traits et la figure de nègres ; ils vont presque nus, et se tatouent le corps ; la lèpre les attaque souvent. Leurs pirogues sont moins élégantes que celles des autres insulaires du sud. — Les missionnaires catholiques n'ont pu jusqu'à présent prêcher utilement la foi à ces sauvages.

O

Octodurum, ville des Alpes Cottiennes et de l'exarchat des Gaules, était épiscopale au VI° siècle. L'évêché fut ensuite transféré à Sion (*Sedunum*), probablement à cause des troubles et des guerres qui désolaient le royaume de Bourgogne ; car Sedunum était une ville très-forte, tandis qu'Octodurum manquait de fortifications. Il reste de cette cité romaine Martigny-la-Ville et Martigny-le-Bourg, tous deux situés sur la rive droite de la Dranse qui se jette dans le Rhône, à la distance de quelques minutes de la ville. On y remarque l'église de Sainte-Marie, où l'on trouve beaucoup d'inscriptions romaines ; le presbytère et le prieuré de Saint-Bernard, qui fournit huit chanoines à l'hospice du Saint-Bernard et deux autres à celui du Simplon. La grande vallée se développe ici dans sa grande largeur, et le climat y est extrêmement chaud. Les vignes réussissent supérieurement sur les coteaux environnants, où croissent les vins renommés de Coquinpin et de la Marque ; on recueille aussi, dans cette contrée, du miel excellent, qui est très-estimé. Au château de Batia, situé sur un rocher vis-à-vis la ville, on découvre une vue ravissante. Martigny et ses environs méridionaux ont été le théâtre d'une catastrophe épouvantable, qui a eu lieu le 16 juin 1818. La Dranse, arrêtée dans son cours par l'éboulement d'une partie du glacier de Chédroz, forma dans la vallée de Bagnes un lac d'un quart de lieue de longueur sur 400 pieds de largeur et 200 de profondeur ; tout d'un coup ce lac rompit ses digues, et les eaux, en sortant avec une grande impétuosité, se précipitèrent en masse vers le Rhône et inondèrent la grande vallée où elles causèrent un affreux ravage. Une quarantaine de personnes périrent dans les flots, qui emportèrent, outre une multitude de bestiaux, la forêt de Livounaire, 164 chalets, près de 100 granges, 35 maisons, plusieurs ponts et moulins, ainsi que d'autres bâtiments. Le sol qui est resté couvert de limon, de marne, de gravier, etc., a été rendu stérile, et dans certains endroits la végétation est détruite pour toujours.

Oppidum Sancti Carilesi, Saint-Calais-sur-Anille, petite ville du diocèse du Mans, chef-lieu de sous-préfecture du département de la Sarthe, avec une sous-préfecture, un tribunal de première instance et un collège communal, à 32 kil. de Vendôme, 44 est-sud-est du Mans et 179 sud-ouest de Paris. Population 4200 habitants. On n'en comptait que 2300 en 1771. L'arrondissement de Saint-Calais renferme 60 communes et environ 70,000 habitants. Il est divisé en 6 cantons : Bouloire, La Chartre, Château-du-Loir, Saint-Calais, Grand-Lucé et Vibraye. — Saint-Calais possède des fabriques de serge, étamines, toiles, tanneries, verreries et papeteries. — Son commerce consiste en blé, graine de trèfle, vins, bois, bestiaux, volailles, coton et cotonnades. —

La ville est située près de la route de Paris à Nantes, dans un bassin peu fertile, entouré de landes et de forêts sur la petite rivière de l'Anille. On y remarque deux jolies promenades, dont l'une, en forme de quai, borde un ruisseau qui ressemble en cet endroit à une petite rivière, au moyen des écluses de moulins destinées à en retenir les eaux. On y remarque encore une grande et belle place neuve et l'église paroissiale, qui est de construction gothique. Cette église est digne de l'attention des curieux, par les sculptures de son portail et l'architecture de son clocher pyramidal, en pierres de taille, comme ceux que les Anglais nous ont laissés en diverses parties de la France. Sur le sommet de la plus proche des collines qui dominent Saint-Calais est une ruine insignifiante de vieille fortification. — Cette ville a vu naître le bénédictin Gerberon, mort en 1711, connu par différents ouvrages de théologie et par son zèle pour le jansénisme. — Saint-Calais, que quelques auteurs écrivent *Saint-Calès*, était une des baronnies de France, dans le Maine, au diocèse du Mans, parlement de Paris, intendance de Tours, élection de Château-du-Loir, siége d'une châtellenie royale ressortissant au bailliage de Vendôme, et d'un grenier à sel. Ce lieu a longtemps été nommé *Anille* et *Anisola* à cause de sa situation sur l'Anille. A son origine, ou à peu près, il appartenait à un seigneur païen qui, s'étant converti au christianisme, donna une partie de ses biens à saint Thuribe, évêque du Mans, pour y bâtir un monastère. Saint Carilef, qui vivait au temps de Childebert, le rétablit vers l'an 515, et lui donna son nom, que le peuple a corrompu en celui de *Saint-Calais*. C'était encore, à l'époque de la révolution, une abbaye considérable de l'ordre de Saint-Benoît et de la congrégation de Saint-Maur, valant 10,000 liv. à son abbé et 9000 à ses religieux; il y avait aussi un monastère de Bénédictines et un chapitre dédié sous le titre de Saint-Pierre et Saint-Paul, consistant en six chanoines à la collation de l'évêque du Mans, et en quatre chapelains. Plusieurs historiens prétendent que c'est cette collégiale qui a été fondée par saint Thuribe, second évêque du Mans, et non l'abbaye du même nom. Les seigneurs de ce lieu portaient aussi le nom de Saint-Calais. De cette famille était Hugues de Saint-Calais, 37e évêque du Mans; elle s'éteignit à la fin du xie siècle. En 1789, cette baronnie était réunie au duché de Vendôme. Sa juridiction s'étendait sur 15 paroisses.

Oppidum Sancti Hilarionis, château de Saint-Hilarion dans l'île de Chypre. On l'appelle aussi château du dieu d'Amour. Il est situé au nord de Nicosie ; il fut enveloppé dans la destruction générale de tous les châteaux de l'île par les Vénitiens. Il servit de retraite à saint Hilarion qui y mourut en 371, à l'âge de 80 ans; de vient qu'il en porte le nom. La première sépulture du saint fut un jardin ; on y a depuis élevé une église où il se fait un grand concours de peuple, bien qu'on ait ensuite transporté en Egypte le corps du saint solitaire.

Oratorium Alethi, Aleth, ancienne forteresse et ville romaine en Bretagne à quatre kil. de Saint-Malo. Elle commença vers le milieu du xiie siècle à se dépeupler, quand l'évêque d'Aleth, Jean de Châtillon, fixa sa résidence à Saint-Malo. Il n'en reste plus aujourd'hui que des ruines. L'évêché datait du ve siècle, sous la métropole de Tours. La légende porte que saint Malo y vivait dans la retraite et la prière, avant d'avoir été appelé à l'épiscopat.

Oratorium Chronœ, Crosne, paroisse de l'ancien diocèse de Paris, actuellement de celui de Versailles, canton de Boissy-Saint-Léger, arrond. de Corbeil, Seine-et-Oise, à 5 kil. de Boissy-Saint-Léger, au sud-ouest, et 18 de Paris au sud-est. Les etymologistes prétendent que son nom latin *Chrona* et *Crosna* provient du vieux mot français *gronna*, qui veut dire un *marais*, sur ce que la rivière, qui alimente aujourd'hui des prairies dans cette commune, pouvait bien autrefois y former des marécages. Ce lieu appartenait primitivement à la paroisse de Villeneuve-Saint-Georges, qui n'en est éloignée que d'une demi-lieue. Il en fut détaché au xiiie siècle et érigé en paroisse particulière. Une chapelle existait alors à Crosne, et elle était dans la dépendance de l'abbaye Saint-Germain. Cette chapelle fut probablement remplacée au xiiie siècle par l'église actuelle qui est dédiée à Notre-Dame. En entrant dans cette église, on voit à droite, sur un pilier, cette inscription en lettre gothiques :

Bonnes gens plaise vous sçavoir que l'église Notre-Dame de Crosne fut dédiée le premier dimanche de juillet mil v. c. et ix, par révérend père en Dieu frère Jehan Nirvet, évesque de Magarence, prieur de Sainte-Catherine-du-Vau-des-Ecoliers.

Ensuite mention d'indulgences accordées. Cette inscription est suivie de l'épitaphe de *Mathurin Charenton*, prêtre natif de Bossay, au diocèse de Tours, qui fut vicaire céans xix ans, et trépassa le 7 janvier 1512. Les habitants de ce lieu, à l'exemple de plusieurs autres paroisses où la sainte Vierge est patronne, ont choisi un second patron, qui est saint Eutrope, évêque de Saintes et martyr, en grande réputation pour la guérison des maux de tête et surtout des estropiés. — En 1428, Thomas de Mauléon, abbé de Saint-Germain-des-Prés, à Paris, exempta les habitants de Crosne, de Villeneuve et de Valenton, des droits de taille et de *for mariage*, moyennant une somme d'argent une fois payée. Ce for mariage consistait à empêcher les mariages d'un habitant de la seigneurie avec un sujet de la seigneurie voisine. En 1385, Philippe de Savoisy, chambellan du roi Charles V, dit le Sage, fit l'acquisition de la terre de Crosne. Ce monarque, voulant récompenser son chambellan de ses longs et loyaux services, lui fit don d'une somme de 3000 liv. et lui abandonna le droit de haute justice dans sa nouvelle seigneurie. Cette terre fut ensuite successivement possédée par le fameux Olivier le Daim, ou le Diable, valet de chambre de Louis XI, par plusieurs membres de la famille Brûlart de Genlis, le maréchal d'Harcourt, le duc de Brancas, etc. Louis XIII vint à Crosne en 1616, et y logea chez Brûlart, qui y possédait un château fort considérable, puisqu'un roi de France daignait y descendre. Ce château fut détruit lors de la révolution. Les jardins, qui présentaient la plus grande variété de fleurs qu'on pût voir, furent aussitôt mis en valeur. M. Delort, dans son *Voyage aux environs de Paris*, raconte que le château de Crosne avait été donné, quelques années avant sa démolition, comme récompense nationale, au député Sieyès ; mais M. Crosne, lieutenant de police, qui en était alors propriétaire, prouva que ce n'était point une propriété nationale, rentra dans ce domaine, et la ménagerie de Versailles fut donnée à Sieyès. Le village de Crosne est célèbre dans l'histoire littéraire pour avoir donné la naissance au législateur du Parnasse français, le poëte Boileau Despréaux. Il y naquit le 1er novembre 1636, dans la maison de campagne que son père y possédait. — Crosne, dont la population est de 4 à 500 hab., est situé dans un petit vallon, au bas d'une côte plantée en vignes, sur la rive droite de la petite rivière d'Hières et à une faible distance de la Seine. Son terroir est en terres labourables et en prairies abondantes. On y remarque beaucoup de maisons de campagne.

Oratorium Condiciaci, Coucy-le-Château, petite ville de l'ancien diocèse de Laon, maintenant de celui de Soissons, chef-lieu de canton de l'arrond. de Laon, Aisne. Cette ville, située au pied et sur le penchant d'une colline, près d'une belle forêt du même nom, est à 12 kil. nord-ouest de Soissons, et 24 ouest-sud-ouest de Laon. Long. 20° 58', lat. 49° 30'. Il y a un bureau de poste. Coucy, en latin *Condiciacum, Conciacum, Castrum*, est une ville fort ancienne : elle est divisée en deux parties qui ne se touchent point, qui sont même à quelque distance l'une de l'autre et qui ne font cependant qu'un même corps de ville. La partie la plus considérable, qu'on appelle *Coucy-le-Châtel*, ou *la Ville Haute*, est située sur la partie élevée d'une colline, au pied de laquelle on voit la *ville basse*, nommée *Coucy-la-Ville*. La ville haute, ou *Coucy-le-Château*, située au midi de la ville basse, qui n'est guère qu'un village, est entourée de hautes murailles, flanquées d'une grande quantité de tours. De cette espèce de forteresse élevée, la vue plane sur une riche vallée, traversée par la petite rivière appelée *Ailette*, qui va se perdre dans l'Oise à 12 kil. de là, au-dessous de Chauny. La ville est percée de trois portes: la première appelée la *Porte de Laon*; la seconde au sud nommée *Porte d'Etrelles*, et anciennement *Porte Soissonne*, et la troisième à l'ouest, appelée *Porte de Guimerou*. Ces portes sont défendues par des tours, et la dernière, qui est commandée par la montagne, en a deux très-fortes ; elle est en outre garantie par un fossé très profond que l'on traverse sur un pont de pierre. Cette ville a deux places ; sur l'une, dite *Place Haute*, est l'hôtel de ville ; sur la place basse se tient le marché. — L'église de Coucy, dédiée sous le titre de saint Janvier, n'était qu'une annexe de la paroisse de Nogent-sous-Coucy ; il y a un Hôtel-Dieu considérable fondé par le duc d'Orléans, frère de Louis XIV. Cette maison était desservie par les sœurs dévotes. — Le château est bâti à l'extrémité occidentale de la ville. L'ensemble de cet édifice féodal formait un carré irrégulier dont chaque angle présentait une tour. L'entrée, en ruines dès le commencement du siècle dernier, était protégée par deux tours. On voit encore les restes de cet ancien château, et au milieu de ces ruines se tient encore debout une grosse et volumineuse tour, qui offre un des plus solides et des plus étonnants monuments de la féodalité. Elle a 260 pieds de hauteur et 300 de circonférence. Ses murs, de 10 mètres (32 pieds env.) d'épaisseur, ont résisté à la puissante secousse d'un tremblement de terre qui, en 1692, fendit la tour du haut en bas. On voit aussi les vestiges de l'enceinte qu'on nommait la *chemise de la Tour*, et dont les murs avaient 18 pieds d'épaisseur. Elle fut détruite par la mine en 1652. Le duc d'Orléans, depuis le roi Louis-Philippe, possesseur de ces ruines, ainsi que du sol du château et de ses nombreuses fortifications, a fait déblayer les abords de la grosse tour, ce qui en facilite la visite aux curieux. On peut lire une plus longue description du château de Coucy tel qu'il existait au XVe siècle, dans la relation que nous a laissée de son voyage dans ces lieux, à cette époque, un littérateur piémontais nommé Astezan. — Coucy-le-Château appartenait à l'archevêque de Reims du temps des Carlovingiens ; mais sur la fin du Xe siècle, les archevêques la laissèrent aux moines de Saint-Remi, qui la donnèrent en fief à plusieurs chevaliers. Cette ville commence à figurer dans l'histoire dès le commencement de la troisième race. Elle fut du nombre de celles dont la reine Constance, veuve de Robert, voulut en vain conserver la possession en 1031. Parmi les divers possesseurs du château de Coucy, on distingue Thibaut, comte de Blois, surnommé le Tricheur : il eut longtemps cette seigneurie que sa postérité ne conserva pas longtemps. Vers le milieu du XIe siècle cette terre passa aux mains des sires de Coucy, et resta dans la famille, connue sous ce titre pendant plus de deux siècles, c'est-à-dire depuis le règne de Henri Ier jusqu'à celui de Philippe le Bel. Ces sires de Coucy se sont illustrés dans nos annales par leurs rapines, leurs violences et des crimes de toute espèce. Le premier de ces seigneurs dont on ait connaissance est Dreux de Coucy, seigneur de Boves, vivant en 1035. Son fils, Enguerrand Ier, surnommé de la Fère, eut de sa première femme, Ade de Rouci, un fils nommé Thomas, dont la conduite licencieuse de la mère lui fit suspecter la légitimité, ce qui fit naître entre eux une haine irréconciliable. Après la mort d'Ade, Enguerrand épousa Sybille, comtesse de

Namur, dont le mari existait encore, mais faisait la guerre dans la terre sainte. Sa longue absence détermina Sybille à passer sans scrupule dans les bras d'un nouvel époux qui, ne se contentant pas de ravir la femme du comte, s'empara aussi du château de Tour-en-Porcien qu'elle avait apporté en dot. Le comte étant enfin de retour, il s'ensuivit une guerre, dans laquelle les deux ennemis déployèrent une atrocité sans exemple, jusqu'à mutiler et massacrer les prisonniers. — Thomas, surnommé de Marne ou de Marle, fut un des plus hardis et des plus audacieux seigneurs de Coucy ; mais avant que la mort d'Enguerrand lui eût acquis ce titre, les excès de Thomas avaient été poussés si loin que malgré la coutume, pour ainsi dire, établie alors parmi les seigneurs de soutenir par le crime les plus injustes prétentions, les chevaliers du pays se liguèrent plusieurs fois contre lui. Le roi Louis le Gros se vit forcé de lui faire la guerre, bien qu'ils eussent porté les armes ensemble contre Enguerrand ; mais Louis ne pouvait refuser de sanctionner par la force des décrets d'un concile tenu à Beauvais, qui déclaraient Thomas scélérat, infâme, ennemi de la foi et dégradé de l'ordre de chevalerie. Après la mort de son père, Thomas, devenu sire de Coucy et d'Amiens, essaya de résister au roi de France. Louis, dont les troupes bloquaient depuis deux ans la citadelle d'Amiens, l'emporta enfin d'assaut, la fit démolir et restitua le comté d'Amiens à la maison de Vermandois. Le sire de Coucy n'épargna en cette occasion aucune démonstration de soumission et de repentir ; mais dès qu'il fut délivré, il reprit le cours de ses habitudes et voulut ressaisir le comté d'Amiens par la voie des armes. En 1128, le roi de France marcha de nouveau contre lui pour venger le meurtre de Henri, comte de Chaumont en Vexin, et frère de Raoul le Vaillant, comte de Vermandois ; enfin un dernier forfait du sire de Coucy amena une dernière vengeance, ou peut-être servit de prétexte à une expédition que d'anciens ressentiments faisaient désirer à Louis le Gros d'entreprendre pour mettre fin à tous ses démêlés avec Thomas. Le roi s'y prépara comme s'il se fût agi des intérêts du royaume, et voici quel était le sujet de cette guerre. Des marchands, en 1130, se rendant à différentes foires, avaient été obligés, suivant l'usage, d'acheter le droit de passer sur les terres de Coucy : le sire, après leur avoir accordé un sauf-conduit, les fit arrêter, dépouiller et jeter dans un cachot ; en outre, il exigeait sur le chemin royal (*conductus regis*) des péages déjà perçus par le roi. Thomas, assiégé dans son château de Coucy, se vit environné des troupes royales : un souterrain qui communiquait de l'intérieur de la forteresse dans la campagne, lui offrit le moyen d'opérer une sortie, et de venir fondre avec ses chevaliers sur les derrières des assiégeants ; mais dans cette attaque Thomas, renversé de son cheval par le même Raoul, comte de Vermandois, dont il avait tué le frère, fut assailli de coups d'épée et conduit presque mourant devant le roi, qui le fit transporter à Laon. Il y mourut sans recevoir les sacrements de l'Eglise et sans jamais vouloir donner l'ordre de faire sortir de prison les marchands qu'il avait pillés. — Le roi ne retint point le château de Coucy, qui passa à Enguerrand II, fils de Thomas. Ce seigneur répara, autant qu'il le put, les méfaits de son père et accompagna Louis le Jeune à la terre sainte. — Raoul 1er, dit de Marle, fils aîné du précédent, devint sire de Coucy en 1148 et se croisa avec Philippe-Auguste. — Le fameux châtelain de Coucy, si connu par la légende de Gabrielle de Vergy, dame de Fayel, était neveu de Raoul 1er, dont il vient d'être parlé. Son oncle le désigna ainsi dans un acte de 1187 : *Radulphus clericus nepos meus* : il avait en effet étudié pour devenir prêtre ; il quitta depuis l'état ecclésiastique et fut nommé châtelain de Coucy. On sait que ce châtelain, blessé mortellement au siège d'Acre en 1191, chargea son écuyer d'extraire son cœur, de le saler et de le porter dans un petit coffre, avec une lettre à Gabrielle. Le seigneur de Fayel, déjà prévenu sans doute, se trouva sur le passage de l'écuyer près d'entrer au château, lui enleva la lettre et le coffre, et ordonna à son cuisinier d'apprêter ce cœur, qu'il offrit ensuite à manger à Gabrielle. *Cette viande est-elle bonne?* lui dit-il ; *délicieuse*, répondit l'infortunée. *Je le crois bien*, ajouta Fayel en lui remettant la lettre, *c'est le cœur du châtelain de Coucy*. Gabrielle, après cet affreux repas, déclara qu'elle n'en ferait pas d'autre et se laissa mourir de faim. — Enguerrand III s'occupa beaucoup de l'embellissement de ces domaines ; il agrandit la ville, la fortifia et y fonda d'utiles établissements. C'est lui qui fit construire cette tour si remarquable dont il a été parlé ; il fut l'auteur de la réforme de la coutume du comté de Vermandois, réforme à laquelle on donna le titre de *Coutume de Coucy*. En 1230, Louis IX, tenant sa cour à Meaux, fit un règlement pour les juifs ; Enguerrand le ratifia, ainsi que les autres pairs, dans la forme alors en usage : *Ego Engeran de Cociaco eadem volui, consului et juravi*. Voici sa devise telle que plusieurs monuments l'ont conservée ; elle est curieuse :

Je ne suis roi, ne prince, ne duc, ne comte aussi :
Jo suis le sire de Coucy.

La cour de ces sires, ainsi que celles de tous les hauts barons, était composée à l'instar de la cour du roi. Ils avaient, dit Duchesne dans son *Histoire de la maison de Coucy*, un sénéchal, un chambellan et un bouteiller. Ce sire s'arma tantôt contre l'Eglise qui l'excommunia, tantôt contre les Albigeois auxquels il fit, pour la seconde fois, la guerre avec Louis VIII en 1225. Après la mort de ce roi, il offrit son secours à la reine Blanche, se ligua depuis contre elle, et enfin fit sa soumission à Louis IX, auquel il resta fidèle. Quelques auteurs, et Mézeray après eux, ont prétendu que les ligués avaient élu roi le sire de Coucy. Cette opinion paraît peu fondée. Un accident malheureux mit fin à ses jours en 1243. Passant à gué une petite rivière qui traversait ses terres, il fut renversé de son cheval, et son épée, sortie du fourreau par cette chute, s'enfonça dans sa poitrine. — Raoul II, son fils, mourut en 1250, et à ce dernier succéda Enguerrand IV, autre fils d'Enguerrand III. Un trait de la vie de ce nouveau sire de Coucy le montre bien digne de ses ancêtres et fait ressortir la confusion des pouvoirs, les abus et les désordres qui régnaient au XIII° siècle. En 1256, trois jeunes Flamands de familles nobles, élevés à l'abbaye de Saint-Nicolas-aux-Bois (1), ayant poursuivi des lapins qu'ils chassaient jusque dans les bois d'Enguerrand, cet homme cruel les fit arrêter et pendre sur-le-champ. Le roi, informé de cette exécution, fit arrêter et emprisonner le sire dans la tour du Louvre, malgré ses réclamations pour être jugé par les pairs de France en sa qualité de baron. Il fut prouvé, par le registre de la cour du roi, que la terre de Coucy n'était point tenue à ce titre. Cependant au jour fixé pour le jugement, Enguerrand ayant appelé auprès de lui tous les barons qui composaient sa famille, le plus grand nombre de ceux qui formaient l'assemblée se rangea de son côté; *si que le roy demoura aussi comme tout sens, fors que un poi de preudommes qui estoient de son conseil.* Le roi, irrité, voulait que la peine du talion fût infligée au sire de Coucy, et déclara aux barons que si Dieu lui savait autant de gré de le condamner à ce supplice que de l'absoudre, il serait pendu; il menaça même les barons de son parti; mais enfin, pressé par les instances unanimes de tous ces grands qui avaient de pareils crimes à se reprocher, il fut forcé de paraître céder à la pitié, et Enguerrand fut condamné à une amende de *dix mille livres de deniers* ou 12,000 livres parisis (360,000), et cette somme fut employée à enrichir des églises et des monastères. Cette punition n'empêcha pas le sire de Coucy de faire assassiner deux individus appartenant au monastère de Saint-Nicolas-des-Bois, et qui avaient témoigné contre lui dans la précédente affaire. Craignant cependant que celle-ci ne devînt fâcheuse pour lui, il l'assoupit en cédant à l'abbaye, en 1261, une portion de bois attenant aux terres des religieux. A ce baron de Coucy succéda, en 1311, Enguerrand V, son neveu, qu'on appela chef de la seconde branche des sires de Coucy. Celui-ci mourut en 1321. Guillaume, son fils aîné, mourut vers 1335, et Enguerrand VI, qui lui succéda, en 1347. Enguerrand VII, fils unique de ce dernier, fut le dernier des sires de Coucy; il épousa la fille du roi d'Angleterre Edouard III, et reçut de Charles V le bâton de maréchal de France. Après avoir fait la guerre dans presque toutes les contrées de l'Europe, il mourut à Barse en Bithynie, où il avait été conduit prisonnier par les Turcs après la fameuse bataille de Nicopolis. Il laissa deux filles, Isabelle et Marie. Cette dernière prit possession de la riche baronnie de Coucy, dont Isabelle réclama en vain le partage, et en 1400, contrainte par les menaces qui lui étaient faites, elle vendit à Louis Ier, duc d'Orléans, pour la somme de 400,000 livres toutes les terres de la sirerie de Coucy, c'est-à-dire 11 seigneuries principales et plus de 150 bourgs ou villages qui en dépendaient. Marie ne toucha qu'une partie du prix de cette vente et mourut bientôt après d'une mort qui ne parut pas naturelle. Son fils Robert, qu'elle avait eu de Henri de Bar, voulant se mettre en possession de la succession de son aïeul, fut traversé par Isabelle, sa tante, qui renouvela le procès qu'elle avait intenté à sa sœur et au duc d'Orléans; enfin un arrêt du 11 août 1408 adjugea à Isabelle une part dans ces biens; mais cette dame étant morte en 1411, et Marguerite, sa fille unique, six mois après elle, la portion de la succession d'Enguerrand VII, que le duc d'Orléans n'avait point achetée, revint tout entière à Robert de Bar; elle passa ensuite dans la maison de Luxembourg, puis dans celle de Bourbon, et fut réunie au domaine de la couronne par Henri IV. L'autre partie, celle que Marie de Coucy avait vendue au duc d'Orléans, faisait dès lors partie du domaine depuis que Louis II, duc d'Orléans, avait succédé, sous le nom de Louis XII, au roi Charles VIII. Ainsi toutes les terres de la pairie de Coucy revinrent à la couronne et n'en furent plus démembrées. Cette pairie a seulement fait partie quelquefois des apanages des princes. C'est sous ce titre qu'elle a autrefois appartenu à Claude de France, fille de Louis XII, ensuite à François de Valois, fils de Charles, bâtard de Charles IX; enfin, à Philippe de France, duc d'Orléans, frère du roi Louis XIV, dont les descendants en sont demeurés possesseurs jusqu'à la révolution. — Coucy fut assiégé et pris en 1411 par le duc de Bourgogne et rendu deux ans après au duc d'Orléans; mais en 1419, la forteresse ayant été livrée aux Bourguignons par la trahison de deux valets qui assassinèrent le gouverneur, Pierre Xaintrailles, Lahire ne put tenir dans la ville et fut forcé de l'évacuer, ce qu'il fit après avoir passé au fil de l'épée 60 prisonniers. L'année suivante, le duc de Bourgogne ayant été lui-même assassiné, Coucy fut enlevée à cette domination, sous laquelle elle retomba en 1423. Charles VII et Charles VIII la possédèrent et la perdirent plusieurs fois, et enfin la firent rentrer en leur pouvoir. — A l'époque de la Fronde, Coucy fut assiégée par les troupes royales, à cause du refus du commandant Hébert de remettre le château et la ville au maréchal d'Estrées, d'après les ordres du cardinal Mazarin, à qui ce commandant était devenu suspect. Les assiégeants, malgré la brèche que leurs canons avaient faite aux murailles de la ville, furent arrêtés pendant cinq jours sans y pouvoir pénétrer, et le château fut délivré par un corps de troupes lorraines qui força

(1) Il ne reste plus que des ruines de cette abbaye. Fondée au milieu des bois épais qui environnaient alors Montcornet dans un rayon de 10 à 15 kil., cette maison était célèbre aux XIII° et XIV° siècles par son école et ses études. Elle a donné lieu au village de Saint-Nicolas-aux-Bois, qui est à 6 kil. de Montcornet-sur-Serre, ancien diocèse de Laon, actuellement celui de Soissons. (*Note de l'auteur.*)

les troupes royales à lever le siège. Cependant le château de Coucy fut remis au roi sur la fin de cette même année 1652. Mazarin y envoya aussitôt un ingénieur pour faire sauter ce boulevard trop redoutable pour la puissance royale. Ce que la mine épargna ne résista point au tremblement de terre qui eut lieu en 1692 comme pour favoriser les desseins du ministre. Le manoir des sires de Coucy ne fut plus qu'un monceau de ruines, et la grosse tour, qui resta seule debout, fut fendue du haut en bas, comme on l'a dit plus haut. — Les habitants de Coucy jouissaient de quelques priviléges qui leur avaient été concédés par les rois. Ils étaient exemptés *du droit de gros* pour le vin qu'ils vendaient chaque semaine dans l'intervalle de la douzième heure du jeudi jusqu'à la même heure du samedi suivant. Ils présentaient au choix du duc d'Orléans les candidats à la charge d'échevins, et s'assemblaient pour cela chaque année à l'hôtel-de-ville le lendemain de Pâques. — Il se tient à Coucy deux foires aux jours de Saint-Nicolas d'été et d'hiver; elles ne durent qu'un jour chacune : il y a aussi un marché assez considérable tous les vendredis sur la place basse. — Les environs de la ville produisent des légumes excellents et des vins appréciés dans la contrée. — C'est la patrie de Vincent Thuillier, bénédictin, auteur satirique, né en 1685, mort en 1736. On a de lui l'*Histoire de Polybe*, traduite du grec en français, avec un *Commentaire sur l'art militaire*, par le chevalier de Folard, etc.

Oratorium Confluentiæ, Conflans, paroisse du diocèse de Paris, faisant partie de la commune de Charenton-le-Pont, chef-lieu du canton de ce nom, arrondissement de Sceaux, département de la Seine. Ce village, à 5 kil. sud-est de Paris, doit son nom au confluent des deux rivières de Seine et de Marne, qui sont à peu de distance.

Ce hameau était anciennement une paroisse, dont Charenton lui-même n'était qu'une dépendance. Mais l'affluence des passagers et voyageurs, qu'attirait la commodité du pont de Charenton, ayant fait bâtir beaucoup de maisons à la suite de ce pont, la dépendance devint plus considérable que le chef-lieu; et quand, dans le cours de la révolution, l'on s'occupa de la création des communes, Charenton emporta la préférence, et Conflans resta un hameau tel qu'il devait l'être. La seule chose qui démontre encore aujourd'hui l'ancienne supériorité de Conflans, c'est que l'église paroissiale de la commune est à Conflans, et non à Charenton. Cette singularité n'en est pas une : car les deux endroits sont si rapprochés l'un de l'autre, qu'ils ne semblent faire qu'un seul et même village. Le hameau des Carrières, qui se trouve entre les deux, les réunit d'une manière presque insensible. — Nos premiers rois de la troisième race avaient une maison ou hôtel de campagne à Conflans. En 1316 Philippe le Long donna à sa belle-mère Mathilde, comtesse d'Artois, une partie de la garenne dépendante de sa terre royale de Conflans, et qui s'étendait depuis le pont de Charenton jusqu'à Bercy, et depuis la Seine jusqu'au chemin de Paris à Saint-Maur. Le testament de ce prince est daté de Conflans-les-Carrières, le 26 août 1321. En 1339 Philippe de Valois data une ordonnance, de sa maison royale de *Conflans-les-Parcs*. Jeanne II, reine de Navarre, mourut à Conflans en 1348. En 1481 Louis XI donna à Bastard de Valère-Capelle *sa maison de Conflans*, près Paris, pour en jouir tant qu'il lui plairait, et en percevoir les revenus. Cependant, ou Louis XI révoqua sa donation, ou Bastard vint à mourir quelque temps après; car deux ans plus tard, le 3 juillet 1483, il donna cette même maison à Sixte d'Allemagne, son chirurgien. Le 26 mai 1554, Henri II céda à Claude Dodieu, évêque de Rennes et maître des requêtes, et à ses hoirs et ayants cause, toute la terre, les rentes, justice, seigneurie et droits qui lui appartenaient en la paroisse de *Conflans-les-Charenton*, et les pêcheries qu'il avait en la rivière de Seine dans les mêmes lieux. En 1400 les comtes de Flandre avaient aussi à Conflans un hôtel, dit *le Séjour*. Il tenait à celui que les ducs de Bourgogne avaient également dans ce village, qu'on appelait *le Séjour de Bourgogne*, *Manoir* ou *Maison de Bourgogne*. Cet hôtel fut augmenté en 1420 par l'acquisition des granges et jardins situés aux Carrières de Charenton. Les derniers ducs réunirent ces deux maisons de plaisance, les embellirent de jardins, vignes, jets d'eau et galeries. Maximilien, archiduc d'Autriche, ayant épousé la fille du duc de Bourgogne, en devint le propriétaire, mais il le perdit probablement après, puisque, par la même donation de Louis XI citée plus haut, on voit que ce prince donnait également à Sixte, son chirurgien, les maisons de Flandre et de Bourgogne; enfin en 1548 Henri II confia à Robert Danet, président de la chambre des comptes, la commission de vendre au plus offrant les *séjours*, *manoirs* et *maisons* de Bourgogne, Artois, Flandre et Brabant, qui avaient appartenu aux ducs de Bourgogne et de Brabant, comtes de Flandre et d'Artois, qui étaient avenus à la couronne. — L'église de Saint-Pierre de Conflans, de la paroisse de laquelle est le bourg du pont de Charenton, est un bâtiment du XVI° siècle : il est tout voûté, et a un collatéral de chaque côté, mais sans abside ou sans fond, en forme de rond-point. Cette église est, dans le pouillé parisien du XIII° siècle, au rang de celles dont la nomination appartenait au prieur de Saint-Martin, et tous les pouillés imprimés y sont conformes. Dans le chœur de cette église est un monument de marbre, orné de dorures, où reposent les cendres de Guy de Duras, duc de Quintin, que l'on appelait le maréchal de Lorges. — Dans le XVII° siècle, il s'était formé sur le territoire de la paroisse de Conflans deux communautés, l'une d'hommes et l'autre de filles : celle d'hommes était censée comprise dans le territoire joignant le bourg de Charenton; c'étaient les carmes déchaussés, qui pour cela étaient appelés communément les *carmes de Charenton*. Leur couvent était situé à l'extrémité du village des Carrières. Il avait été fondé en 1615 par Charles Bailly, présiden en la chambre des comptes, et par Chrétienne ou Christine Leclerc, son épouse. La donation de ces fondateurs, aussi bien que la confirmation de l'établissement de ces religieux, ne furent enregistrées au parlement que le 6 mai 1637. Le noviciat y était déjà établi depuis le 2 août 1617. L'église du monastère était assez belle et bien symétrisée. Le sanctuaire était séparé de la nef par une balustrade de fer bien travaillée. Le maître autel, et en général tout ce qui formait le sanctuaire, était entretenu avec la plus grande propreté. A côté du maître-d'autel se trouvait une chapelle dans laquelle était le mausolée des fondateurs. On voyait sur une base ornée de marbre, et garnie d'une inscription, une plate-forme à la hauteur de 6 à 7 pieds, sur laquelle s'élevaient les statues de Charles Bailly et de Christine Leclerc, son épouse : ils étaient à genoux l'un et l'autre sur un prie-Dieu. Le tout était d'un très-beau marbre blanc, et d'une très-bonne exécution. Les jardins de cette maison étaient grands et vastes, mais très-irréguliers, parce qu'ils avaient été pratiqués sur un terrain qui avait jadis été fouillé dans toute sa profondeur pour en tirer de la pierre; c'est ce qui a fait donner le nom de *Carrières* à toute cette partie qui règne depuis Conflans et Charenton sur la rive de la Seine. Les carmes avaient, indépendamment de ce qui formait leur couvent, quelques maisons qui leur appartenaient; une des plus considérables, quoique très-simple, était celle qu'occupa pendant très-longtemps d'Argouges père, lieutenant civil. Cette maison jouissait d'une vue admirable, et avait cela de commun avec toutes celles qui bordent la rivière de ce côté-là. — L'autre communauté était celle des Bénédictines de la Conception de Saint-Joseph. — Il y eut autrefois à Conflans un château et des seigneurs, dont il serait fastidieux et peu instructif de faire la nomenclature. Il suffira de dire que François de Harlay, archevêque de Paris, désirant acquérir une maison de campagne aux environs de sa métropole, acheta en 1672 celle que le duc de Richelieu avait à Conflans, ainsi qu'une île sur la rivière, qui en dépendait. Il y fit construire un nouveau château pour lui et ses successeurs à l'archevêché de Paris, et y mourut le 6 août 1695. Le château de Conflans, devenu la maison de campagne des successeurs de l'archevêque de Harlay, se rattache aux événements de l'épiscopat et aux longues querelles que fit naître la bulle *Unigenitus* entre tous ses partisans et ses adversaires. La situation de ce château est sur la pente d'un coteau, d'où l'on a une vue charmante qui s'étend sur la rivière et sur une vaste plaine. Le Nôtre en avait planté les superbes jardins. Le Sueur avait décoré de peintures un petit pavillon qui s'avance sur la Seine, en forme de bastion. Il offrait dans son intérieur une grotte charmante. Au milieu était un bassin rond de marbre blanc, dont les eaux étaient portées par une machine hydraulique. Les eaux communiquaient au château par un pont de bois de plusieurs arches. Il appartenait encore à l'archevêque de Paris à l'époque de la révolution; mais il a été vendu depuis. La belle position de Conflans, sa proximité de la capitale, et surtout l'agrément de son paysage, qui s'étend le long de la Seine, y ont singulièrement encouragé la construction des maisons de campagne; aussi le hameau en est presqu'entièrement composé. Laurent Marcilly, homme de lettres, naquit à Conflans le 31 juillet 1731. Il fut juge au tribunal civil du dép. de la Seine, et est auteur de plusieurs ouvrages qui traitent de la littérature et de la jurisprudence.

Oratorium Confluentiæ Sanctæ Honoriæ vel Honorinæ, Conflans-Sainte-Honorine, paroisse de l'ancien diocèse de Paris, actuellement de celui de Versailles, arrond. de cette ville, canton de Poissy, Seine-et-Oise, à 6 kil. de Poissy, sur la rive droite de la Seine, et à 22 kil. de Paris. Le nom de Conflans a été donné à ce village, parce qu'il est situé à l'endroit où l'Oise se jette dans la Seine. Son surnom de Sainte-Honorine lui vient d'une chapelle qu'y bâtit au XIe siècle saint Anselme, abbé du Bec, et depuis archevêque de Cantorbéry, dans laquelle furent déposées les reliques de la sainte de ce nom, qui fut martyrisée près de ce village, à Graville. Cette chapelle fut remplacée par une église plus spacieuse, à laquelle fut attachée une communauté de moines que l'on fit venir de l'abbaye du Bec. La communauté prospéra, et le pèlerinage aux reliques de sainte Honorine rendit bientôt le pays célèbre : ce qui donna lieu à un village. Les moines n'ayant nulle connaissance des actions de sainte Honorine, et voulant cependant lire, suivant l'usage, sa vie le jour de sa fête, lui appliquèrent la légende de sainte Dorothée. L'abbé Chastelain dans son *Martyrologe*, en fait l'aveu : « On lut, dit-il, pendant quelque temps à Conflans, pour leçon du jour de cette sainte, une partie de la vie de sainte Dorothée, en changeant seulement son nom en celui d'Honorine, » mais en laissant subsister les noms de Césarée et de Cappadoce, qu'on croyait sans doute synonymes avec Graville et avec Neustrie, nom géographique que portait du temps de la sainte la partie occidentale de la Gaule. — Nos anciens historiens se sont plu à rapporter plusieurs légendes sur ce village : ils racontent que, du temps de Clovis Ier, un roi sarrasin venu d'Allemagne s'était établi à Conflans. Ce roi barbare, qu'ils appellent Condate ou Conflac, était idolâtre, et adorait spécialement le dieu Mercure. Il eut quelques démêlés avec son cousin Clovis, et l'appela en duel; celui-ci accepta le défi. Ils combattirent longtemps vaillamment; et le roi Conflac allait peut-être remporter la victoire, quand Clovis, opposant son bouclier couvert de fleurs de lis à celui de son adversaire, où étaient représentés des croissants, sentit renaître toute sa vigueur et terrassa l'idolâtre Sarrasin. Clovis, tout fier de sa victoire, fit bâtir à Conflans une tour pour en perpétuer la mémoire. Malgré la naïve simplicité de cette légende, Raoul de Prelles, conseiller de Charles V, la raconte dans la préface de sa *Traduction de la Cité de Dieu*, de saint

Augustin; Nicole Gille la répète de la meilleure foi du monde; et un moine prémontré de l'abbaye de Joyenval l'a choisie pour en faire le sujet d'un poëme latin qu'il publia au commencement du XVe siècle. — Dans le moyen âge, Conflans renfermait un prieuré, dont le prieur, par un ancien privilège, était seigneur du lieu la durée de 48 heures seulement dans l'année, c'est-à-dire à compter de la veille de l'Ascension à midi jusqu'au lendemain de cette fête à midi. Dans l'espace de ces 48 heures, la châsse de sainte Honorine était exposée, et le jour de l'Ascension on faisait une procession solennelle dans la paroisse en l'honneur de cette sainte. Un usage bizarre imposait à chaque cabaretier de ce lieu, dès que la châsse avait été remise à sa place ordinaire, l'obligation de porter au prieuré une pinte de vin, que l'on nommait la pinte *aux Ribaux*; ceux qui y manquaient étaient, après le service funèbre célébré le lendemain de cette fête, condamnés à une amende. La procession a toujours lieu. — Charles le Chauve donna le village de Conflans aux évêques de Paris, à condition qu'ils entretiendraient des paysans toujours prêts à annoncer l'apparition des Normands, toujours disposés à remonter la Seine pour ravager les pays avoisinants. — Sur le flanc de la montagne où était bâti le prieuré de Conflans, on voit encore les ruines de deux forteresses. La plus considérable, de forme carrée, était nommée *le Vieux-Château* ou *la Baronnie*; l'autre *le Château-Neuf*, ou simplement *la Tour*. Les seigneurs de ces châteaux furent d'abord, sous les archevêques de Paris, les comtes de Beaumont-sur-Oise, qui faisaient hommage à l'évêque *pro castro et castellania de Confluente*. Le seigneur de *Confluent* se trouvait du nombre de ceux qui, à cause de leur fief, devaient porter l'évêque sur leurs épaules le jour de son intronisation. Cette seigneurie passa ensuite dans la maison de Montmorency. Dans la suite les alliances et les aliénations firent considérablement multiplier les seigneurs sur la terre de Conflans : c'est pourquoi on voit deux châteaux et deux familles différentes. Par exemple, un Charles d'Albret, au commencement du XVe siècle, possédait du chef de sa femme *le Château-Neuf*; et dans le même siècle, la maison d'Anglure *le Vieux-Château* ou *la Baronnie*. La maison de la Trimoille réunit l'un et l'autre en 1551; mais on voit en 1650 *le Vieux Château* dans la maison de Charles de La Grange; et *le Château-Neuf* dans celle de Tillières, dont une fille le porta par mariage au comte de Tavannes. — En 1751 l'église de Conflans menaçant ruine par son ancienneté, fut détruite en vertu d'un arrêt du conseil, et l'on en rebâtit une autre un peu à côté, vers le septentrion, et plus petite, qui fut bénite en 1752, au mois d'avril, par Charles de Sailly, aumônier de madame la dauphine, chantre et chanoine de la Sainte-Chapelle du Palais, à Paris, en vertu de la commission de l'archevêque de Paris. Cette église est du titre de saint Maclou, évêque d'Aleth, en Basse-Bretagne, aujourd'hui Saint-Malo. Elle est située, comme l'était celle du prieuré, sur le haut de la montagne, un peu plus vers le couchant. — A l'extrémité occidentale de Conflans s'élève, dans une très-belle situation, un château dont le parc, clos de murs, contient environ 70 arpents. Indépendamment de ce château, on voit dans ce village un grand nombre de maisons de plaisance très-agréables. La population de Conflans est d'environ 2400 habitants, y compris le hameau de *Chenevières*, dont le château a été démoli. Les productions de son terroir consistent en vignes; les vallons produisent des grains et des légumes; on y recueille beaucoup de fruits; les bords de la Seine présentent quelques prairies. Plusieurs carrières de pierres de taille et moellons, qui y sont d'un produit considérable, par la facilité que la proximité de la Seine donne pour l'exportation. On passe à Conflans la Seine dans un bac. Ce passage avait donné naissance à un droit qui existait dès le XIIIe siècle, qu'on appelait le *Travers*, et dont jouissaient les seigneurs du village. Ce droit consistait en une rétribution fixée que devait payer tout objet, quel qu'il fût, qui traversait la Seine. Les seigneurs affermaient ordinairement la perception de ce péage, et il faisait une partie du revenu de leur terre.

Oratorium Coryleti, le haut et bas Coudray, paroisse de l'ancien diocèse de Paris, maintenant de celui de Versailles, canton et arrond. de Corbeil, Seine-et-Oise, à 37 kil. de Versailles, 5 de Corbeil, et 33 sud de Paris. Le nom de ce village en latin *Coryletum* signifie un lieu planté de coudriers. Cette espèce d'arbres y abondait sans doute autrefois; car son état actuel ne justifierait pas cette étymologie. Coudray est situé sur un coteau versant au nord du rivage gauche de la Seine. Son territoire s'étend jusqu'au hameau du Plessis-Chênet, traversé par la grande route de Paris à Fontainebleau, et dont une partie se trouve dans ses dépendances. Sa population, qui n'a guère varié depuis un siècle, s'élève à 320 hab. — L'église du Coudray est titrée de la Sainte-Vierge. L'édifice actuel n'est que de 1682, époque à laquelle on rebâtit la vieille église, qui menaçait ruine. On a conservé les anciennes tombes qui y étaient placées. Sur l'une d'elles on lit ces mots gravés en gothique capital : *Ci gist Gui de Codroi. Priez pour s'ame*; c'est-à-dire pour son âme, suivant l'orthographe des IIe et VIe siècles, où l'on disait *s ame*, et par abréviation *s'ame*. L'archevêque de Paris nommait à la cure du Coudray, dont l'église n'est devenue paroissiale que sur la fin du XIVe siècle. Le curé en était gros-décimateur. — Les anciens seigneurs de ce lieu sont peu connus, et ceux qui ont possédé cette terre récemment méritent peu de l'être. Elle appartenait vers le milieu du dernier siècle à la famille Rouillé. Le bas Coudray et le Plessis-Chênet sont embellis par plusieurs maisons de campagne. — Le terroir de cette commune est en terres labourables, vignes et bois.

Oratorium Croviaci, Crouy-sur-Ourcq, paroisse du diocèse de Meaux, canton de Lizy-sur-Ourcq,

Seine-et-Marne, arrond. de Meaux, à 22 kil. nord-est de cette ville, à 8 nord de Lizy et 62 de Paris. Sa population est d'environ 1600 hab., y compris les hameaux de *Fussy*, *la Chaussée-de-Crouy* et *Froide-Fontaine*, où l'on voit les vestiges d'un vieux château. Cette commune comprenait en outre le domaine de *Gesvres-le-Duc*, qui renfermait un vaste château ayant le titre de duché-pairie : il appartenait au duc de Gesvres. Il reste encore une habitation parmi d'autres bâtiments qui faisaient partie de ce superbe édifice. La beauté du site et la distribution des eaux s'y font toujours remarquer. On trouvait encore à Crouy une maison d'Oratoriens, appelée *Raroy*. Cette ville est environnée de bois, dans un joli vallon, arrosé par la rivière d'Ourcq. On y voit sur la place une assez belle halle. Les objets principaux de commerce y consistent en grains, chanvres, bestiaux, volailles, beurre, œufs et fromage. Il s'y tient trois foires par année : la première le mardi de la mi-carême, la seconde le 11 juin, et la troisième le 21 septembre ; cette dernière est la plus considérable. Le marché est le mardi de chaque semaine. Ses alentours se font remarquer à cause de plusieurs maisons de campagne, et particulièrement de celle située à côté d'une grande et belle place, dite *le Champ-de-Foire* ou *Champ-Pievert*. Cette maison mérite de fixer l'attention des voyageurs, par les diverses plantations que le propriétaire y a fait faire. Dans un autre endroit, à peu de distance, on a établi une fontaine dite la *Fontaine-de-Bellevue*, pour la commodité des habitants du pays. — A l'extrémité occidentale de Crouy est la maison de *Notre-Dame-du-Chesne*, du tiers ordre de Saint-François, avec un bois portant le même nom. Dans le moyen âge, et le jour de Notre-Dame de septembre, c'était le but d'un pèlerinage. L'ancien château de Crouy n'est qu'une ferme, avec une tour antique qui sert de prison. Un très-beau moulin à deux roues est construit sur la rivière d'Ourcq : l'une de ces roues est sur la commune de Vaurensroy.

Oratorium Curtis Beronis, Couberon, paroisse de l'ancien diocèse de Paris, aujourd'hui de celui de Versailles, canton de Gonesse, arrond. de Pontoise, Seine-et-Oise, à 12 kil. de Gonesse, et 16 est de Paris. Ce village, situé dans un fond entouré de bois, sur l'un des versants de la colline gypseuse qui se termine à Rosny, a une population de 400 habit. environ. Le nom de *Couberon*, en latin *Curtio Beronis*, est écrit dans quelques titres *Courtberon* et *Corberon*. Il paraît avoir été composé du mot latin *Curtis*, terme générique revenant à celui de *Villa Tetra*, et du nom de quelque seigneur du lieu. — L'église est sous le titre de Saint-Christophe ; mais comme la fête de ce saint arrive le 25 juillet avec celle de saint Jacques, le peuple a confondu les deux patrons, et le concours pour la fête du village a lieu le premier jour de mai. La cure de cette paroisse était à la pleine collation de l'archevêque. — La seigneurie temporelle de Couberon fut donnée par Philippe le Hardi à Pierre de Chambly, en récompense des services rendus à Louis IX, et ce don avait été confirmé par Philippe le Bel ; néanmoins en 1320, par arrêt du parlement, rendu le 24 février en présence de Philippe le Long, ces deux terres furent restituées au roi. Couberon, encore ou aliéné ou engagé, revint de nouveau au roi par droit d'aubaine ; il fut donné, le 8 mars 1468, à Jean Prévost, contrôleur-général des finances. — Les productions du terroir de cette commune, dont une portion du hameau de Montauban fait partie, sont peu importantes. Il y a beaucoup d'arbres à fruits. On remarque à Couberon un château qui paraît avoir quelque ancienneté.

Oratorium Curtis Brigensis, le haut et bas Coubert, paroisse de l'ancien diocèse de Paris, comprise actuellement dans celui de Meaux, canton de Brie-Comte-Robert, arrondissement de Melun, Seine-et-Marne, à 6 kil. de Brie, où est le bureau de poste, et 30 au sud-est de Paris. La population, qui en 1745 était de 380 habitants, est aujourd'hui de 775. Ce village est situé dans un lieu que l'on dit s'être nommé autrefois le Plessis-Courbard ; car anciennement ce même lieu était partagé en trois parties : celle qu'on vient de nommer était la première ; c'est ce que l'on nomme le Bas-Coubert ; la seconde, Courbard-la-Ville, est le Haut-Coubert actuel, où on voit l'église ; enfin la troisième se nommait Courbard-la-Boulaye ; c'est la rue où passe à présent le grand chemin qui conduisait autrefois entre la fontaine Sainte-Geneviève et la ferme de la Fontaine : ce qui avait fait donner à une pièce voisine le nom de Pièce-des-Hôtelleries, qu'elle porte encore aujourd'hui. — L'église est sous le titre de Sainte-Geneviève. La fontaine du nom de cette sainte est au midi de Coubert, entre les deux chemins qui vont de ce village à Sognolles, un peu au-dessus du petit bois et moulin de Fontaines. Elle est voûtée et accompagnée d'un grand bassin revêtu de pierres de taille, et entourée de murs à hauteur d'appui. Le chœur de l'église est un bâtiment du XIIIe siècle, bâti en forme de grande chapelle terminée en rond-point, et sans galeries. Il reste au vitrage du sanctuaire, du côté septentrional, quelques panneaux rouges de figure ronde, du même siècle, représentant la Fuite de Notre-Seigneur en Egypte et l'Adoration des mages ; ce qui détermine à penser que l'on y avait représenté la Vie de la sainte Vierge, et qu'elle était primitivement la patronne de l'église. La nef n'est qu'en plâtre, et plus nouvelle ; il y a une chapelle de chaque côté du sanctuaire. — Quant à la seigneurie de Coubert, on trouve qu'elle a appartenu au maréchal de Vitry, de la famille de l'Hôpital, dont plusieurs membres furent inhumés dans l'église de ce village. L'historien de Corbeil, dans son catalogue des anciennes dépendances de cette ville, s'exprimait ainsi vers l'an 1650 : « La Borde, le Ménil et Coubert appartiennent au seigneur maréchal de Vitry, qui se retire devers le bailli de Brie-Comte-Robert. » L'auteur du supplément de du Breul, qui écrivait vers l'an 1639, donne à ce village le nom de Gobert. Il parle fort avantageusement du château, qu'il dit être environné de bois, entouré de fossés pleins d'eau, et communiquant par de belles allées de haute futaie à un grand parc. Le maréchal de Vitry fit peindre la chapelle de ce château par le fameux peintre Mignard. La seigneurie de ce lieu appartint depuis au duc de Schomberg, allemand, ancien maréchal de France. Elle fut ensuite possédée par Samuel Bernard, pour qui cette terre fut érigée en comté, sous le nom de comté de Coubert, par lettres patentes de 1725, qui unissaient en même temps à cette seigneurie celles de Foyolles, Tancarville et quatorze fiefs, leurs justices et dépendances, pour n'en plus former qu'une seule. — Le beau château que Samuel Bernard a fait bâtir, et qui existe encore, renferme une orangerie magnifique, tant par le bâtiment que par la beauté des orangers. Le parc, clos de murs, a environ 600 arpents d'étendue : il se fait remarquer par de grandes allées couvertes, des bosquets, de belles pièces d'eau, des bois et un grand nombre de beaux arbres. Ce parc est très-bien percé pour la chasse, et rempli de gibier ainsi qu'une grande masse de bois qui l'entoure et qui fait partie de la terre de Coubert; ces bois touchent à ceux de la Grange et de la Léchelle. — L'avenue du château est contiguë à la grande route de Troyes. — Les productions du terroir de cette commune sont en grains et bois.

Oratorium Sanctæ Crucis, la Croix-Saint-Ouen, paroisse de l'ancien diocèse de Senlis, actuellement de celui de Beauvais, canton et arrond. de Compiègne, Oise, à 57 kil. de Beauvais, 7 de Compiègne, et 64 nord-est de Paris. Popul. 980 hab., en y comprenant le hameau de Mercière-aux-Bois et celui du Bac-de-la-Croix, où est un bac sur l'Oise, et où l'on trouve une fabrique de vitriol et d'alun. Ce village, enclavé dans la forêt de Compiègne et bordé par l'Oise, est traversé en partie par la grande route de Paris à Compiègne, il y a un relais de poste. Les productions du terroir sont en céréales, en prairies et en bois. — Il y avait anciennement à la Croix-Saint-Ouen une abbaye de moines, à laquelle est due la naissance de ce village. Cette abbaye fut fondée à l'occasion d'une vision; en voici les détails tirés de l'*Histoire du Valois*, par Carlier : « En un beau jour de printemps, vers l'heure de midi, pendant que le soleil dardait ses rayons avec force, le roi Dagobert Ier faisait dans la forêt de Cuise une de ces parties de chasse solennelles, où l'usage demandait que le souverain fût accompagné des principaux seigneurs de la nation et des grands officiers de sa couronne. Le prince avait à ses côtés Saint-Ouen, son référendaire et son favori, lorsqu'il aperçut tout à coup dans l'air une croix lumineuse, dont la blancheur égalait l'éclat de la neige. Etonné de cette apparition, il en demanda l'explication à son chancelier... Saint Ouen, après avoir réfléchi sur cette merveille, répondit au roi que ce météore marquait que Dieu voulait qu'on rendît en ce lieu-là un culte particulier à l'instrument de notre rédemption; et il conseilla au roi de faire élever à l'endroit même de l'apparition une église sous le titre de la Sainte-Croix. Dagobert..... ordonna qu'il serait fondé à l'endroit même une basilique de Sainte-Croix, à laquelle il assigna d'avance des revenus en bois, en prés et en fonds de terres labourables situés sur les deux rives de l'Oise..... Il chargea saint Ouen du soin de faire bâtir l'église et d'y placer une communauté d'ecclésiastiques. » L'emplacement fut défriché, l'église et les bâtiments furent élevés sans retard, et aussitôt des religieux de Saint-Médard de Soissons mis en possession de tous les biens attribués à cette fondation. Les environs de cette abbaye se peuplèrent et le village se forma. Après la mort de saint Ouen les religieux le prirent pour second patron, et le peuple dès lors donna à l'abbaye et au village le nom de la Croix-Saint-Ouen. Carlier dit (1764) : « Il y a encore aujourd'hui un pèlerinage de Saint-Ouen au village de la Croix. On y invoque ce saint contre la surdité..... La formule de réclamer l'intercession du saint est singulière : on fait descendre dans un caveau les personnes attaquées de surdité; on leur passe la tête dans une niche de pierre, et c'est là qu'on leur fait implorer l'assistance du saint. » Le roi Philippe le Bel et la reine Jeanne séjournèrent quelques jours dans cette abbaye au mois de novembre 1301, ce qui prouve qu'après sept siècles d'existence les bâtiments du monastère étaient encore debout; le temps les avait respectés, la main des Anglais les détruisit presque entièrement en 1358. — Le village de la Croix-Saint-Ouen possède une manufacture de nacre assez considérable pour occuper une partie de la classe indigente du pays.

Oratorium Sancti Cyri, Saint-Cyr, paroisse de l'ancien diocèse de Chartres, actuellement de celui de Versailles, canton et arrond. de cette ville, Seine-et-Oise, à 20 kil. à l'ouest de Paris, et à 4 à l'ouest de Versailles. — Dans les premiers temps de l'introduction du christianisme en France, une très-belle femme nommée Julithe attira les regards d'un chef païen, qui mit tout en usage pour la séduire et pour lui faire abjurer la religion chrétienne; la dame résista à toutes ses tentatives et elle fut décapitée. Son fils, âgé seulement de trois ans, avait reçu d'elle les premières notions de sa religion, et résista constamment aux sollicitations qui lui furent faites pour le déterminer à changer de croyance. Le juge qui l'interrogeait, furieux de ne pouvoir vaincre la résolution de cet enfant, le précipita du haut d'un rocher où il avait établi son tribunal. Cet enfant de trois ans se nommait Cyrus. Quelques chrétiens, instruits du fait, se rassemblèrent et fondèrent une colonie sous les auspices du petit martyr, qu'ils adoptèrent pour patron, et dont le nom fut donné au village qu'ils élevèrent; c'est ce que rapporte la légende de Saint-Cyr (1). Pendant longtemps ce village ne fut composé que de quelques maisons de paysans, au milieu desquelles on distinguait le château du seigneur, remplacé aujourd'hui par une chétive auberge sous l'enseigne de l'Ecu de France ; il y eut aussi un couvent de femmes fondé très-anciennement ; mais Saint-Cyr acquit une grande importance sous Louis XIV, lors de l'établissement de cette communauté fameuse sous le nom de monastère St-Louis, dont madame de Maintenon se déclara la protectrice et l'institutrice. Comme très-souvent les petites causes amènent de grands effets, voici ce qui donna lieu, pour ainsi dire, à la fondation de ce couvent : madame de Maintenon étant à Montchevreuil y fit la connaissance d'une religieuse ursuline nommée madame de Brinon, que la ruine de son couvent avait obligée d'aller vivre chez sa mère, qu'elle perdit quelque temps après. Elle se retira dans le couvent de Saint-Leu, à 2 lieues de Pontoise, où elle demeura deux ou trois ans, et où elle se lia d'amitié avec une religieuse nommée madame de Saint-Pierre de Rouen, et sortie de son couvent pour la même raison que madame de Brinon ; elles furent encore obligées de sortir du couvent de St-Leu pour le même motif, et louèrent une maison à Anvers, où elles prirent des petites filles en pension pour subsister. Elles quittèrent Anvers pour venir s'établir à Montmorency dans l'espérance d'y être mieux et s'occupèrent aussi à élever des pensionnaires. Madame de Brinon, qui avait toujours été en commerce de lettres avec madame de Maintenon, l'alla voir à Saint-Germain, où la cour était. Cette dernière la loua beaucoup sur l'utilité de son entreprise, l'exhorta à continuer et lui promit sa protection. Elle commença par lui confier des petites filles, et paya des pensions plus fortes qu'elle n'aurait payées ailleurs. N'ayant qu'à se louer des deux religieuses, et surtout de madame de Brinon, pour les soins qu'elle donnait à l'éducation de ses pensionnaires, elle leur proposa de venir à Ruel : ces religieuses acceptèrent la proposition et se rendirent en 1682 à Ruel, où elles trouvèrent une maison spacieuse, commode et meublée, avec une chapelle et un chapelain, et toutes les autres choses nécessaires pour le spirituel et le temporel, aux dépens de madame de Maintenon. Tout étant ainsi préparé, cette dernière établit dans cette maison des pensionnaires dont le nombre monta jusqu'à 60, nourries et entretenues à ses frais ; ne les trouvant pas encore assez à sa portée, elle songea à les rapprocher de Versailles. Le roi lui offrit le château de Noisy qu'elle accepta. Le lendemain de la purification de l'an 1684, on commença à déménager Ruel pour venir à Noisy. Dès que la communauté y fut logée, madame de Maintenon s'y rendit tous les jours, et fut si contente de la bonne éducation de ses pensionnaires, qu'elle détermina le roi à en augmenter le nombre. Il convint donc avec elle d'y admettre de jeunes filles nobles, auxquelles il payerait pension. On vint aussitôt de tout côté présenter des demoiselles à madame de Maintenon, et le nombre de cent fut bientôt rempli. Elle partagea dès lors les demoiselles en quatre chambres ou classes, qui furent distinguées entre elles par des rubans de couleurs différentes, et elle leur donna un habit uniforme. Ces demoiselles s'occupaient dans les classes aux exercices qu'on apprend ordinairement aux jeunes personnes. Sur les instances de madame de Maintenon, appuyées par le P. La Chaise, son confesseur, Louis XIV forma le dessein de fonder une maison plus nombreuse que celle de Noisy : 250 demoiselles devaient y être gratuitement reçues, élevées, nourries et entretenues de toutes choses jusqu'à 20 ans aux dépens de la fondation, et sans qu'il en coûtât rien aux parents. On devait les prendre depuis 7 ans jusqu'à 12, et aucune n'y pouvait rester après 20 accomplis. En y entrant elles devaient faire preuve de quatre degrés de noblesse du côté paternel. Pour remplir cet objet, le roi se proposa d'y attacher des revenus considérables, dont un des principaux serait la mense abbatiale de Saint-Denis, alors vacante par la mort du cardinal de Retz. Le nombre des dames institutrices, des sœurs converses, des servantes devait être porté à 80 ; en conséquence de cette résolution, le roi chargea Louvois et Hardouin Mansart de choisir pour cet établissement un lieu commode aux environs de Versailles. Le village de Saint-Cyr eut l'avantage du choix : Mansart fit tous les plans de la maison destinée à recevoir l'établissement. On travailla avec tant d'activité à cette construction que, commencée le 1er mai 1685, elle fut terminée le 1er mai suivant, et en état de recevoir les jeunes pensionnaires. 2500 ouvriers furent constamment occupés à cette bâtisse importante. Madame de Brinon, par ordre de madame de Maintenon, fit des constitutions pour cet établissement, qu'elle prit en partie de la règle des ursulines et en partie de ce qu'elle savait des intentions du roi et de celles de madame de Maintenon, qui ne voulaient point faire des religieuses, mais seulement une communauté de filles pieuses, capables d'élever dans la crainte de Dieu et dans les bienséances de la vie le nombre de demoiselles prescrit par la fondation, à quoi elles s'engageraient par des vœux simples de pauvreté, de chasteté et d'obéissance. Le roi voulut que ces dames eussent un habit particulier qui fût grave et modeste, mais qui n'eût rien de monacal ; qu'elles ne s'appelassent ni ma mère, ni ma sœur, mais *madame* avec le nom de famille ; qu'elles eussent chacune une croix d'or pendante sur l'estomac, parsemée de fleurs de lis gravées, ainsi qu'un Christ d'un côté et un saint Louis de l'autre ; que les sœurs converses eussent

---

(1) Cette touchante légende se retrouve également dans les diocèses d'Autun et de Nevers dans les mêmes termes. N'aurait-elle pas été copiée par les chroniqueurs du temps ? Quoi qu'il en soit, le nom de Saint-Cyr est porté par un grand nombre de localités en France. (*Note de l'auteur.*)

des croix d'argent gravées de la même manière. Madame de Maintenon s'occupa ensuite à faire faire un habit tel qu'elle l'avait imaginé. — La maison de Saint-Cyr se divisait en 12 corps de bâtiments principaux qui formaient cinq cours, savoir : 1° la *cour Longue*, 2° la *cour de l'Eglise*, 3° la *cour Royale*, 4° la *cour des Cuisines*, et 5° la *cour Verte*. Cette distribution est la même aujourd'hui : les noms seuls ont été changés. Le tout forme, avec les jardins et autres dépendances, un polygone de 140,000 mètres de surface. La *cour Longue*, parallèle aux trois suivantes qu'elle égale en longueur : elle longe la façade principale du côté du sud; la *cour de l'Eglise* donne entrée dans la chapelle, où l'on remarque plusieurs tableaux estimés, entre autres la *Guérison du Lépreux*, par Jouvenet; la cour nommée d'abord *Royale*, puis *de la Reine*, n'était pas habitée et ne servait qu'à éclairer les appartements et à fournir un passage de la cour de l'Eglise dans celle *des Cuisines*. Cette dernière, qui porte le nom *de cour de Monsieur*, est dessinée sur le même plan et dans les mêmes dimensions que les deux précédentes; la dernière enfin, la *cour Verte*, se trouve formée par le prolongement des deux corps de bâtiments d'est et d'ouest de la cour *Royale*, et séparée de celle-ci par le corps de bâtiment du nord. — Les jardins de Saint-Cyr appellent aussi l'attention ; on y remarquait jadis seize bassins avec jets d'eau. La partie du jardin comprise entre le pavillon et le corps de logis principal était un bois planté de sycomores et de frênes. Mais à la partie des bâtiments qui formaient la cour Verte se rattachent surtout les plus intéressants souvenirs. C'est là qu'en présence de Louis XIV et de madame de Maintenon et devant toute la cour, fut représentée en 1689, par les jeunes pensionnaires, cette tragédie d'*Esther* par Racine, où, sous les noms de Vasthi et d'Esther, le poète faisait allusion à madame de Montespan et à madame de Maintenon, qui la remplaça. *Athalie* y fut représentée en 1691. Ces deux chefs-d'œuvre obtinrent un succès complet. Néanmoins on s'aperçut que le goût de la représentation, et, on peut le dire, le goût des bonnes choses, détournait les demoiselles de Saint-Cyr de leurs pieuses occupations; on supprima ce genre de récréation. Ce fut dans ce même corps de bâtiment, dans une chambre dont l'entrée est à côté de celle de la chapelle, que Pierre le Grand alla visiter madame de Maintenon :

elle était au lit, âgée de 83 ans; Pierre est introduit dans cette chambre ; il tire précipitamment les rideaux qui cachaient cette dame, jette un regard empressé sur elle, les referme brusquement, en faisant un signe de mépris, mêlé de douleur. On assure que madame de Maintenon fut vivement pénétrée de la conduite du prince, et que même cette circonstance précipita le terme de sa vie. C'est là que mourut la fondatrice de l'établissement, le 15 avril 1719. Ses restes furent placés dans le chœur de l'église de Saint-Cyr, où l'on grava en latin et en français une très-longue épitaphe. — Le 15 mars 1793, il s'ouvrit dans le sein de la Convention une discussion très-vive au sujet de la suppression projetée de la maison de Saint-Cyr. Sur les conclusions de Mallarmé, qui peignit cette maison comme étant l'école du royalisme et de l'aristocratie, le projet de décret fut adopté et promulgué de suite. Par sa teneur, la maison de Saint-Cyr, supprimée, devait être évacuée dans le mois. Les religieuses institutrices devaient recevoir une pension de retraite, conformément à la loi du 17 août 1792, et étaient autorisées à disposer de tous les effets qu'elles prouveraient leur appartenir. Les élèves devaient en outre recevoir chacune 40 sous par lieue jusqu'à la municipalité où elles auraient déclaré vouloir se retirer. Des pensions de retraite étaient assurées à tous les employés de la maison, etc. Saint-Cyr fut alors changé en hôpital militaire, et garda cette destination pendant toute la durée du gouvernement révolutionnaire. Une école spéciale militaire ayant été fondée par une loi en date du 11 floréal an X (1er mai 1802), et placée d'abord à Fontainebleau, Napoléon la transféra à Saint-Cyr; et lui donna le titre d'école impériale de Saint-Cyr : elle était consacrée à l'éducation militaire des jeunes gens qui se destinaient à servir dans l'infanterie. D'après les règlements de cette nouvelle institution, le cours des études devait durer deux ans, et ces deux années étaient comptées aux élèves comme services militaires. Au sortir des écoles ils entraient dans les régiments d'infanterie, avec le grade de sous-lieutenant. L'Eglise de Saint-Cyr était desservie par des Pères de la Mission. Il y avait dans ce village une abbaye de religieuses de l'ordre de Saint-Benoît, qui a été démolie. La popul. de Saint-Cyr est de 1800 hab. env. Les productions de son terroir sont en grains et en bois.

P

Pagus Abadirensis, Abadira, ou Abaradèra, ville épiscopale d'Afrique, dans la Byzacène. Victor d'Utique en fait mention. La notice des évêques d'Afrique en parle aussi, s'il faut en croire le P. Charles de Saint-Paul et Bochart. Mais Holstenius, dans ses notes sur Charles de Saint-Paul, lit *episcopus Abadirensis* au lieu d'*Abaradiranus*, si le nom original est עבדר, comme le dit Bochart (*De Phœnic. colon.*, l. I, ch. 24). La racine sémitique de ce nom est עבר,

passer. Du reste, on est dans une ignorance absolue sur la position exacte et les ruines de cette ville.

Pagus Abarensis, Abara, ville épiscopale d'Afrique, assez voisine de Carthage. Son évêché est antérieur à l'an 482. « On trouve, selon Bochart (*De Phœnic. colon.*, l. I, cap. 24), dans la notice sur l'Afrique, un certain Félix d'Abara, qui fut envoyé en exil avec d'autres évêques, la sixième année du roi Hunéric. » Hunéric monta sur le trône de son père en 476; il continua la persécution que les Vandales avaient systématiquement organisée contre le clergé catholique. Il n'est rien resté de cette ville.

Pagus Abbatiscellanus, vel Cella Abbatis, canton d'Appenzell, l'un des cantons de la confédération suisse, composé des deux républiques indépendantes d'Appenzell-Rhodes-Extérieures et Appenzell-Rhodes-Intérieures. — Enclavé dans le canton de Saint-Gall, entre 47° 12' et 47° 32' de latitude nord ; 6° 52' et 7° 16' de longitude est. — Superficie évaluée à 8 mll. allm. géogr. ou 440 klm. carr. Pop. 60, 876 h. — Pays élevé et montagneux, surtout au sud sillonné par des rameaux avancés des contreforts des Alpes. Point culminant, le Santis, 2557 m., moindre altitude du sol, 420 m. — Situé dans le bassin du Rhin, arrosé par la Sitter, rivière peu considérable et non navigable, qui se jette dans la Thur, et par des torrents affluents de la Sitter ou du Rhin. Climat assez rigoureux. Sol riche en beaux pâturages et en vastes forêts de pins et de sapins. Récolte de pommes de terre, de céréales, mais en petite quantité, et seulement au nord de la Sitter ; récolte de poires et pommes pour cidre, de cerises pour kirschwasser ; quelques vignes. Culture du lin et du chanvre autrefois importante. — La richesse du canton est dans les Rhodes-Intérieures l'élève du bétail exclusivement ; dans les Rhodes-Extérieures, l'élève et surtout l'industrie de fabrication. Elève de gros bétail (23,000 têtes), de moutons et chèvres en grand nombre, de chevaux. — Les seuls minéraux exploités sont les pierres pour construction, les pierres à aiguiser et la tourbe. — L'industrie presque exclusive du canton est son importante fabrication de mousselines brodées (occupant plus de 10,000 personnes), de gazes, de percales, de tulles et autres tissus de coton. Fabrication autrefois considérable et renommée de toiles de lin, aujourd'hui presque nulle. Filatures de coton ; blanchisseries ; teintureries ; imprimeries sur toiles ; fabriques de produits chimiques. — Le commerce consiste dans l'exportation des mousselines et autres tissus de coton, et des produits de l'élève, bestiaux, peaux, fromage et beurre. Les articles importés pour la consommation sont les grains, les fruits, les vins et eaux-de-vie, le tabac, le sel, le coton, les denrées coloniales, les teintures, les cuirs, les savons et les articles manufacturés divers. — Le canton d'Appenzell occupe le 13e rang dans la confédération suisse, dans laquelle il a été reçu en 1513. Son contingent fédéral est de 972 hommes, et en argent de 9220 francs de Suisse, ou 13,830 fr. Les deux Etats dont il se compose, Appenzell-Ausser-Rhoden et Appenzell-Inner-Rhoden, se séparèrent à la suite du protestantisme en 1597. Ils ont en commun une voix à la diète, mais ils la perdent lorsque les instructions données à leurs députés sont en opposition : ces instructions sont délibérées dans un comité de délégués des deux Etats.

Appenzell-Ausser-Rhoden (République), fr. *Appenzell-Rhodes-Extérieures, Rhodes-Extérieures-d'Appenzell*, l'un des deux Etats dans lesquels se divise le canton suisse d'Appenzell ; capitales Trogen et Hérisau. — Il comprend la plus grande partie du canton, dont il occupe le nord et le nord-ouest. La Sitter qui le traverse du sud-est au nord-ouest forme les deux divisions à la fois géographiques et politiques dites Vor-der-Sitter (en avant de la Sitter) et Hinter-der-Sitter (derrière la Sitter), à la droite et à la gauche de la rivière. — Superficie évaluée à 5 mll. géogr. allm. ou 275 klm. carr. — Pop. 46,080 hab., dont 691 catholiques. — L'industrie des mousselines brodées et des autres tissus de coton fait la richesse de cet Etat. — D'après la constitution de 1834, l'Etat est une république démocratique ; sa religion est la religion évangélique réformée ; le pouvoir souverain est exercé par le peuple dans ses assemblées ou par ses délégués ; tout citoyen est soumis à l'impôt, et à l'âge de 18 ans au service militaire. La *landsgemeinde*, ou assemblée du peuple, présidée par le landammann et composée de tous les citoyens âgés de 18 ans qui ont reçu la communion, s'assemble une fois par an, alternativement à Trogen et à Hundwyl. Elle vote les lois, exerce les hautes attributions du pouvoir exécutif, nomme pour un an aux dix grandes charges de l'Etat, celles de *landammann* ou président de la république, de landammann-lieutenant ou *landstatthalter*, de trésorier ou *landseckelmeister*, de capitaine ou *landshauptmann*, et de porte-bannière ou *landsfahnrich*. Chacune de ces charges a deux titulaires, l'un pour le Vor-der-Sitter, l'autre pour l'Hinter-der-Sitter. Un seul landammann exerce les fonctions de sa charge et porte le titre de landammann-dirigeant, qui appartient alternativement au landammann du Vor-der-Sitter, et à celui de l'Hinter-der-Sitter. La seconde autorité de l'Etat est le double conseil, ou *zweifache-landrath* (appelé auparavant *Neü-et-Alt-Rathe*), présidé par le landammann et composé des neuf autres hauts fonctionnaires, des deux hauptmann de chaque rhode, et de membres nommés par les assemblées paroissiales ; il nomme à presque tous les emplois publics et est chargé du plus grand nombre des attributions du pouvoir exécutif. La troisième autorité est le grand conseil ou *grosse-rath*, présidé par le landammann et composé des hauts fonctionnaires et des hauptmann-dirigeant de chaque rhode ; il s'assemble alternativement à Trogen et à Hérisau, est chargé du maintien et de l'exécution des lois, et nomme les députés à la diète. Le grand conseil est aussi la haute cour civile et criminelle de l'Etat. Dans les procès entre particuliers, l'usage des avocats y est interdit. Chacun des deux districts a son petit conseil ou *kleine-rath*, composé de treize membres élus par les assemblées paroissiales, et dont le président est nommé parmi eux par le double conseil. Ses membres ne doivent appartenir ni au double conseil ni au grand conseil, ni aux conseils communaux ; il remplit les fonctions de tribunal de seconde instance et s'assemble tous les mois, alternativement à Trogen et Heiden, pour le Vorder-Sitter, et à Hérisau, Hundwyl et Urnasch pour l'Hinter-der-Sitter. L'Etat est divisé en vingt rhodes ou communes politiques et paroissiales (*rhode*, *gemeinde*). Tous les habitants d'une rhode forment l'assemblée communale ou paroissiale dite *kirchhore*, qui se réunit tous les ans pour nommer les fonctionnaires communaux; elle nomme aussi et destitue ses pasteurs. L'administration communale, composée des deux premiers magistrats ou *hauptmann*, dont l'un seulement en charge ou dirigeant, et d'un conseil (*gemeinde-rath*), est en même temps tribunal de première instance. Un tribunal particulier, le *ehegericht* ou tribunal des causes matrimoniales, est composé de neuf membres, dont six laïques et trois ecclésiastiques nommés par le double conseil. En matières purement religieuses, la décision appartient au synode, formé des membres du *ehegericht* et des pasteurs de toutes les communes; dans ses assemblées annuelles à Trogen ou à Hérisau, il élit son doyen, le premier ecclésiastique de l'Etat. — Les établissements d'instruction publique, sous la direction ou la surveillance du gouvernement, sont nombreux et bien entretenus. — Les revenus publics consistent dans l'intérêt des capitaux de l'Etat, le produit des fermages, des contributions directes, des droits de péages, des amendes et du monopole du sel. L'Etat n'a pas de dettes. — Contingent fédéral : à l'armée, 772 hommes; en argent, 7720 fr. de Suisse, ou 11,580 fr. Appenzell-Ausser-Rhoden envoie un député et a une voix à la diète, en commun avec Appenzell-Inner-Rhoden.

Appenzell-Inner-Rhoden (République), fr. *Appenzell-Rhodes-Intérieures*, *Rhodes-Intérieures-d'Appenzell*, l'un des deux Etats qui forment le canton suisse d'Appenzell; capitale Appenzell. — Situé au sud-est d'Appenzell-Ausser Rhoden. — Superficie évaluée à 3 mll. géogr. allm. ou 165 klm. carr. — Popul. 14,700 hab. Le sol élevé, montagneux et impropre à la culture des céréales, est riche en beaux pâturages; et les produits de l'élève du bétail constituent à peu près la seule richesse des habitants. — D'après la constitution de 1829, Appenzell-Inner-Rhoden est une république démocratique; la religion catholique est exclusivement la religion de l'Etat; le peuple exerce le pouvoir souverain dans ses assemblées ou par ses délégués; tout citoyen est soumis à l'impôt, et à l'âge de 18 ans, au service militaire. L'assemblée du peuple ou *landsgemeinde* présidée par le landammann et composée de tous les citoyens âgés de 18 ans, se tient ordinairement une fois par an et à Appenzell; elle vote les lois, confirme les traités et les instructions du député à la diète; elle nomme pour un an les deux landammann, le landammann-lieutenant (*landstatthalter*) et les hauts fonctionnaires de l'Etat. L'un des landammann seulement est en charge; il porte le titre de landammann-dirigeant. C'est le président de la république auquel appartiennent certaines prérogatives et attributions du pouvoir exécutif. Les grandes autorités sont, après la landsgemeinde, le grand conseil et le petit conseil. — La république est divisée en sept communes politiques ou rhodes, dont l'administration se compose d'un premier magistrat ou *hauptmann-dirigeant*, d'un second hauptmann, d'un petit et d'un grand conseil; l'administration communale est en même temps tribunal de première instance. — Le territoire, divisé en cinq paroisses, fait partie du diocèse de l'évêché de Bâle, dont le délégué est un commissaire épiscopal résidant à Appenzell. — L'Etat ne possède que des écoles primaires. — Le produit de capitaux et de domaines assez considérables, celui du monopole du sel, et au besoin les contributions directes constituent les revenus publics évalués à environ 20,000 florins ou 43,000 fr. — Appenzell-Inner-Rhoden envoie un député à la diète et y a une voix en commun avec Appenzell-Ausser-Rhoden. Son contingent à l'armée fédérale est de 200 hommes et à la caisse fédérale de 1500 fr. de Suisse, ou 2250 fr. — Les sept rhodes ou communes sont celles de Schwendi, Rüthi, Lehn, Schlatt, Gotnen, Rinkenbach-Stechlenegg et Hirschberg-Oberegg.

Appenzell, bourg de Suisse, canton d'Appenzell, capitale de la république d'Appenzell-Inner-Rhoden, à 12 kil. sud-ouest de Trogen, et à 12 kil. sud-est de Hérisau, à 205 kil. est-est-nord de Berne, 95 kil. est de Zurich, 130 kil. nord-est de Lucerne, sur la rive gauche de la Sitter, au milieu d'une riche et populeuse vallée. Latitude nord 47° 27' 43"; longitude est 7° 4'. Altitude 774 m. Popul. 1450 hab. catholiques; 200 maisons. — Lieu d'assemblée de la *landsgemeinde*; siège d'un commissaire de l'évêque de Bâle. Arsenal et archives de l'Etat. — Industrie agricole; blanchisseries de toiles. Commerce en toiles, cotons, salpêtre, pierres à aiguiser et bois. — Ancienne église de Saint-Maurice bâtie en 1061. — Dans les environs, ruines de l'ancien château-fort de Claux, bâti au xe siècle par les abbés de Saint-Gall; à 4 kil., sur la Sitter, les sources minérales de Weissbad, l'un des bains les plus fréquentés de la Suisse.

A quelque distance de Weissbad, on rencontre un chétif pont de bois qui, à une hauteur de 250 pieds, traverse un abîme affreux. Ce pont conduit au Wildkirchlein, qui est formé par deux cavernes; l'une renferme une chapelle et l'autre sert de demeure à un ermite. Au moyen âge, Appenzell se nommait *Cella Abbatis*, parce que la ville et le canton dépendaient de l'abbé de Saint-Gall, qui était un grand seigneur féodal et prince du Saint-Empire. Au commencement du xve siècle, les Appenzellois s'insurgèrent contre l'abbé de Saint-Gall, et défirent ses troupes.

Il y a un couvent de Capucins dans le canton d'Appenzell.

Pagus Alesiæ, *vel Alestum*, Alais; de l'ancienne province du Languedoc. C'était autrefois le siège d'un évêché qui renfermait 97 paroisses formant 15,374 feux. Il avait été démembré, en 1694, de celui de Nîmes, comprenait le pays des Cévennes tout entier, et s'étendait de plus dans les diocèses de Mende, de Viviers, d'Uzès et de Montpellier. Alais, situé au pied des Cévennes, dans un vallon agréable, sur le Gardon, contient 14,600 hab. — Les jésuites n'y ont point eu d'établissement, comme l'a dit La Martinière, mais on y comptait en 1750 trois maisons religieuses d'hommes et autant de femmes. L'une de celles-ci était Notre-Dame-des-Fonts, de l'ordre de Cîteaux.

Cette ville est actuellement du diocèse de Nîmes, son évêché, qui était suffragant de Narbonne, ayant été supprimé par le concordat de 1801. Comprise dans le dépt. du Gard, elle est le chef-lieu d'un des arrondissements les plus importants par ses riches mines de houille, pouvant donner plus d'un million de quintaux métriques de houille; par ses hauts-fourneaux et ses belles forges. Il s'y fait un grand commerce de soies grèges et de soies filées. — On compte dans l'arrond. une population industrielle considérable. Alais est à 36 kil. nord-ouest de Nîmes. Les protestants y étant assez nombreux, on y voit une église consistoriale calviniste.

Pagus Areburgii, Aremberg, village de la Prusse Rhénane, avec 300 habitants; c'est là que se trouve le château des princes d'Aremberg. La maison d'Aremberg, branche de celle de Ligne, était une des douze ou treize anciennes maisons de princes d'Allemagne (rang que quelques publicistes lui ont à tort contesté, puisque, élevée le 5 mars 1576 à la dignité de prince, elle avait voix et séance à la diète de 1582, après laquelle seulement commence la série des nouveaux princes). Le 9 juin 1644, la principauté d'Aremberg fut élevée au rang de duché. Privée par la paix de Lunéville de ses possessions immédiates, la maison obtint une indemnité en Westphalie; savoir : Meppen et Recklinghausen. Elle fut, dès l'origine, une des parties contractantes de la confédération Rhénane; mais en 1810 Bonaparte la dépouilla de sa souveraineté. Le duc d'Aremberg est aujourd'hui soumis, comme grand feudataire, à la Prusse et au royaume de Hanovre. Ses possessions en Allemagne ont 45 milles carrés géographiques (125 lieues carrées) de surface, et 53,400 habitants. La maison d'Aremberg est de la religion catholique. Elle réside en été au château de Clemenswerth près Meppen, petite ville sur l'Ems, dans le Hanovre.

Pagus Calesii, vel Caleti, Calais, ville forte et célèbre de France, sur la partie la plus étroite de la Manche, nommée *Pas-de-Calais*, qui a donné son nom au département; chef-lieu de canton, arrondissement, et à 34 kil. nord-nord-est de Boulogne-sur-Mer, avec une bonne citadelle et un port fortifié; elle possède de vastes remparts, de jolies maisons et de belles rues, une place d'armes, grande et bordée de bâtiments propres; on remarque encore la dernière des portes d'entrée construite en 1655, de magnifiques hôtels, parmi lesquels on admire, comme le plus beau de la ville, l'hôtel Dessin, où se trouve une salle de spectacle, des bains publics et la poste aux chevaux ; l'église paroissiale, bâtie par les Anglais, l'hôtel de ville, le beffroi, la longue jetée qui règne sur la droite du port, d'où l'on voit Douvres. Cette ville a un collége, une société d'agriculture, un entrepôt de sel et de genièvre de Hollande, des bonneteries, des fabriques de tulles façon anglaise ; elle commerce en pêche de morue, hareng, maquereau, denrées coloniales en transit, et savons verts liquides. On voit près de Calais la place où descendit le ballon de Blanchard à son passage aérien. Cette ville fut assiégée par les Anglais en 1347. Les habitants, commandés par Jean de Vienne, se défendirent courageusement une année entière, et ne se rendirent que faute de vivres. Edouard III, ne voulant plus leur accorder de capitulation, se laissa enfin toucher par la générosité de six principaux bourgeois, ayant à leur tête le vénérable Eustache de Saint-Pierre, qui vinrent en chemise et la corde au cou, lui demander la mort pour sauver leurs concitoyens. Il accorda la vie aux habitants; mais ils furent dépouillés et chassés : toutes les villes du royaume les reçurent généreusement et à l'envi. Cette ville ne fut reprise que 200 ans après, en 1558, par le duc de Guise. Le trajet de Calais à Douvres est de 28 kil., et il faut ordinairement trois à quatre heures pour l'effectuer par les bateaux à vapeur qui partent tous les jours. Il y avait sur le port une colonne en mémoire du débarquement de Louis XVIII en 1814. Patrie du littérateur de Laplace et du P. Dutertre, historien. Dist. 260 kil. nord-ouest de Paris, 40 sud-ouest de Dunkerque. Latitude nord 50° 57' 32"; longitude ouest, 0° 28' 59". — 14,000 hab.

Calais est du diocèse d'Arras ; elle était autrefois de celui de Boulogne, elle n'avait qu'une paroisse, qu'elle a conservée, et quatre couvents qui n'existent plus.

Le chemin de fer du Nord a un embranchement pour Calais, de sorte que maintenant la distance entre Paris et Londres se parcourt en quelques heures.

Pagus Regina, Bourg-la-Reine, ou Bourg-Egalité, paroisse du diocèse de Paris, canton et arrondissement de Sceaux, Seine, à 1 kil. nord-est de Sceaux, et 8 au sud de Paris, par la grande route d'Orléans. On y va aussi par le chemin de fer de Paris à Sceaux, très-remarquable par les circonvolutions de son tracé dans le vallon de Fontenay-aux-Roses. La population de Bourg-la-Reine est de 1500 habitants environ. Le nom de Bourg-Egalité lui a été donné lors de la première révolution. Ce qui peut donner quelque importance à cet endroit, c'est la discussion qui s'est élevée parmi les historiens pour savoir d'où il avait pu prendre le nom de Bourg-la-Reine. Les sentiments ont été très-partagés. Les rapports les plus extraordinaires, les aventures les plus romanesques, ont été mis en avant pour étayer l'opinion des partis, sans que la victoire soit de meurée à aucun. Les uns mettent en jeu la reine Blanche, mère de Louis IX; d'autres font battre en duel deux princes, dont l'un avait enlevé la princesse de Frise, nommée Colombe, et disent que ce combat eut lieu près d'un village appelé Briquet, qui est aujourd'hui Bourg-la-Reine, et sur lequel le vainqueur s'établit avec l'objet de son amour et le prix de sa vaillance ; un troisième avance que Chilpéric et Frédégonde ayant promis leur fille Rigunthe à Reccarède, second fils de Leuvigilde, roi des Visigoths, cette princesse, dont la voiture cassa à Briquet, prit le parti d'y rester, et donna le nom de Bourg-la-Reine à cet endroit. Enfin, on attribue l'honneur d'avoir donné le nom de Bourg-la-Reine à la reine Adélaïde, femme de Louis le Gros. Le savant abbé Lebeuf pense que c'est à l'occasion du mariage de quelque reine que ce lieu a pris le nom qu'il porte. Il est connu, ajoute-t-il, que l'abbaye de Sainte-Geneviève a eu, tant à Sceaux qu'à Bagneux, un lieu dit le *fief Sainte-Clotilde*, et que c'est peut-être de là que lui vient le nom de Bourg-la-Reine. Quoi qu'il en soit, ce bourg, situé dans un vallon, est traversé par la grande route de Paris à Orléans, ce qui le rend très-passager. La rivière de Bièvre passe à côté ; son territoire est très-petit ; il ne contient pas plus de 200 arpents. — Thomas Mauléon, abbé de Sainte-Geneviève à Paris, étant devenu seigneur de Bourg-la-Reine, en 1247, en affranchit les habitants. A côté de ce bourg, il y avait une maladrerie ou léproserie, qui, détruite en 1564, fut donnée par Charles IX à l'Hôtel-Dieu de Paris. L'église est presqu'à l'entrée du bourg, du côté de Paris. On lit dans le *Gallia Christiana* que ce fut en 1152 qu'il fut permis aux religieuses de Montmartre de la bâtir. Ce qui reste néanmoins de cette église ancienne ne paraît être que du XIIIe siècle, même par les dehors. On doit reconnaître, par les restes des galeries qu'on aperçoit en dedans, aussi-bien que par les bas-côtés, qu'elle avait été bâtie avec soin. Elle avait encore deux arcades de plus sur le devant, mais les guerres civiles en occasionnèrent la démolition. Ce fut sans doute depuis que cette église eut été bâtie, vers l'an 1200, qu'on l'érigea en paroisse pour le peuple ; que les commodités du grand chemin avaient engagé de s'y établir. On lisait sur la porte de l'église cette inscription :

Il faut adorer Dieu
En esprit et en vérité.

Saint Gilles est le patron de cette paroisse. Les plus anciens registres ne font mention que de lui. Cependant il y avait deux statues très-anciennes de saint Leu et de saint Gilles, qui ont été ôtées il y a près d'un siècle, et auxquelles on a substitué deux tableaux de ces saints. On a toujours célébré la fête de saint Gilles le 1er septembre, et celle de saint Leu le dimanche dans l'octave. Le curé était à la nomination du chapitre de Notre-Dame. — Sauval nomme un Ansean du Bourg-la-Reine, qu'il dit avoir été propriétaire d'une courtille à Paris. Ce personnage pouvait être parent d'un Guillaume Anseau, aussi dit du Bourg-la-Reine, qui vivait en 1250. Les historiens de la vie de Louis IX, entre autres Joinville, le représentent comme un homme d'un grand courage. Il était sergent d'armes du roi, et fut témoin de la prise de Louis IX à la Massoure, la même année 1250. Il défendit son prince si valeureusement, qu'avec une grande hache il tua un grand nombre de Sarrasins, et ne voulut jamais se rendre à eux, jusqu'à ce qu'un renégat anglais lui criât en français qu'il se rendît et qu'il aurait la vie sauve. — On voit au Bourg-la-Reine une maison de campagne qui a été bâtie par Henri IV; le parc qui l'accompagne est assez étendu. Ce fut dans cette même maison qu'eut lieu une entrevue entre Louis XIV et l'infante d'Espagne. Il devait s'en faire une autre avec Louis XV; mais la duchesse du Maine fit prier l'infante de descendre chez elle, au château de Sceaux, et le roi ne manqua pas de s'y rendre au mois de mars 1722. Une catastrophe de nos temps de trouble signale encore ce village à la célébrité, c'est la mort tragique de Condorcet, qui fut arrêté, conduit au Bourg-la-Reine, pour être ensuite transféré à Paris. Mais, pendant la nuit, il prit une dose de poison qu'il portait toujours sur lui, dans une bague ; et le lendemain matin, 28 mars 1794, on le trouva mort dans sa prison. Quelques historiens prétendent qu'il s'empoisonna avec une *pilule philosophale*, qu'il portait toujours avec lui, dans un petit œuf d'ivoire qui n'avait l'air que d'une breloque de montre, et dont la recette est attribuée au fameux médecin Barthez. — Le marché, appelé vulgairement de Sceaux, se tient au Bourg-la-Reine, et non à Sceaux. C'est à ce marché et à celui de Poissy, que viennent s'approvisionner les bouchers de la capitale. Il a lieu le lundi de chaque semaine, ce qui attire au Bourg-la-Reine une grande affluence de monde ce jour-là. Le territoire de ce bourg produit des vins et des grains. La gesse des marais (*latyrus palustris*) y croît assez abondamment.

Paphus, Paphos, ancienne et moderne, ou Baffos, suivant quelques géographes. L'ancienne Paphos est située sur la côte méridionale ; elle renfermait le temple célèbre de Vénus, renversé, ainsi que toute la ville, par un tremblement de terre qui en fit disparaître jusqu'au moindre vestige. Le voisinage d'un lac, où séjourne même en été une eau stagnante et corrompue, rend l'air un peu malsain.

Sur la côte occidentale se trouve la nouvelle Paphos. Cette ville avait un port : les bâtiments que le commerce appelle sur ces parages y vont encore aujourd'hui jeter l'ancre, ce qui n'arrive cependant qu'en été, car ce port ouvert à tous les vents est très-dangereux. Quantité de rochers en hérissent le fond.

De tous les édifices des chrétiens, il ne reste plus que l'église de Saint-George, desservie par les Grecs.

Les productions de cette partie de l'île, toutes

d'une excellente qualité, sont l'orge, les graines et la soie.

Rechercher l'origine de l'ancienne et nouvelle Paphos, c'est vouloir porter la lumière dans la nuit la plus obscure. — C'est dans cette ville que saint Paul convertit par son éloquence Sergius, qui en était proconsul romain. Il y conféra le diaconat à Tite, son disciple et son collègue, et celui-ci souffrit bientôt après le martyre. — L'évêché de Paphos prétend remonter au IIIe siècle. Il devint archevêché au XVIe. Les croisés érigèrent Paphos en évêché du rite latin en 1156. L'évêque était suffragant de l'archevêché latin de Nicosie. Après la perte définitive de l'île, l'épiscopat latin fut supprimé.

Paradisus, Eden, petite ville de 4000 habitants; séjour de délices dont le nom (עדן; paradis) semble indiquer que les premiers habitants de ce lieu enchanté y avaient été attirés par la beauté tout exceptionnelle de sa situation. Eden possède six églises dont deux remontent au moyen âge : plusieurs croix qu'on rencontre çà et là sur son territoire datent du temps des croisades. Eden est à sept heures de marche de Tripoli. (*Correspond. d'Orient*, lettre CL.)

Paradisus Indiæ, le Kattach, ou l'Orixa, contrée de l'Hindoustan anglais, dans la présidence de Madras, célèbre dans la légendaire de l'idolâtrie hindoue. — Les livres sanskrits représentent le pays d'Orixa comme un paradis terrestre; il faut beaucoup rabattre de cette idée. L'Orixa, tel qu'il est circonscrit maintenant, renferme encore beaucoup de pagodes, et nourrit une foule de brahmes oisifs, mais ce n'en est pas moins un pays généralement peu fertile, et habité par une race d'hommes qui se trouve au dernier rang des Hindous, sous le rapport des facultés morales et intellectuelles. Le pays est plat depuis la mer jusqu'au pied des collines, qui sont entrecoupées de vallées fertiles. Il est à remarquer qu'on ne trouve point de roches depuis les bancs d'argile ferrugineuse des frontières occidentales jusqu'à l'Océan, à l'exception de quelques concrétions calcaires sphériques qui sont disséminées çà et là. La nature et la politique ont divisé l'Orixa en trois parties, savoir, 1° la contrée marécageuse et boisée, qui s'étend le long de la mer contre la Pagode Noire et le Subanrekha, et dont la largeur varie de 5 à 20 milles; 2° le pays ouvert, qui sépare ces marécages d'avec les collines, et dont la largeur est tantôt de 5 à 15, tantôt de 40 ou 50 milles; 3° le haut pays ou les montagnes. La première et la troisième division sont désignées par les indigènes sous les noms de Raïwaras ou Zemindaras de l'est et de l'ouest : c'est là qu'habitaient les anciens chefs féodaux, les Khandaits, Zemindars et Poligars d'Orixa. La deuxième division, appelée Mogulbundi ou Khaliseh, est celle de laquelle les souverains indigènes et les conquérants mogols tiraient la principale partie de leurs revenus; actuellement encore, elle paye aux Anglais une somme de 1,264,370 sicca-rupies, tandis que tout le reste de l'Orixa n'en donne que 120,411. — La plage maritime présente l'aspect des *sunderbans* ou marécages de l'Inde : ce sont d'épais halliers, des rivières sinueuses, infestées d'alligators, et un climat malsain. Au nord de Kanka, les halliers diminuent, mais une vase épaisse et un sable mobile y rendent la marche du voyageur très-dangereuse. Toute la surface du pays est couverte d'une herbe grossière, semblable au roseau; on voit aussi le jhao ou *Tamarix indica*, entremêlé de *hintal* ou palmiers nains (*Phœnix paludosa*). Sur les sables du sud, surtout vers la Pagode Noire, les tiges d'un *Convolvulus* rampant s'étendent comme une sorte de filet; une plante succulente, de la classe Tetrandria, forme des groupes épais; des touffes de l'*Asclepias gigantea* et une plante épineuse et raide, appelée *Coroukanta*, couronnent les sommets des buttes de sable. A Kujang, Hérispour et ailleurs, le bambou épineux oppose une barrière impénétrable au voyageur. Des léopards, des tigres, des buffles ont leur repaire dans ces marais; les alligators des rivières sont de l'espèce la plus dangereuse. Les indigènes mêmes ne sont pas à l'abri de l'influence des miasmes; outre les fièvres, ils ont encore l'éléphantiasis et une espèce de dyssenterie appelée le *sul*. C'est pourtant dans cette contrée sauvage et inhospitalière qu'on trouve le plus beau sel de l'Inde. On fait entrer l'eau de mer dans des réservoirs où elle filtre à travers les roseaux, et où on la fait bouillir dans des pots de terre. Cet article produit à la compagnie des Indes un revenu d'environ 18 laks de rupies. Le riz du pays se consomme sur les lieux; cependant le rajah de Kanka en exporte une quantité considérable pour Calcutta et Kattach. Depuis octobre jusqu'en février, on fait sur la côte des pêches importantes; les indigènes y ont compté jusqu'à soixante et une espèces mangeables de poissons : les Anglais les ont habitués aussi à manger des tortues, des huîtres et des crabes. — De ces marécages on arrive à la deuxième division du pays, le Mogulbundi, partagé en 150 pergunnahs, et comprenant 2361 propriétés particulières. Le sol en est maigre et peu fertile, surtout vers les collines, et il y a de vastes plaines incultes, où il ne croît que des joncs. Cependant, à force de culture, on tire du Mogulbundi une très-grande quantité de gros riz fortnourrissant, que l'on récolte depuis la mi-novembre jusqu'à la mi-janvier. Après le riz, le principal objet de culture est le *palma christi*, dont l'huile sert partout dans l'économie domestique. Dans les pergunnahs du nord on cultive aussi la canne à sucre et le tabac, les parties centrales et méridionales font d'abondantes récoltes de millet et de légumes farineux; le *ketaca odoriférant* (*Pandanus odoratissimus*) embaume les campagnes. On en fait des haies, ainsi que de quelques euphorbia et mimosa; son fruit ressemble à l'ananas, mais il n'est pas mangeable; on fait une boisson enivrante à l'aide de la fleur très-odoriférante de la plante mâle. Au sud des Kansbans, le Mogulbundi est ombragé de bouquets de mangotiers, de halliers de bambou et de magnifiques bananiers. On ne voit guère de cocotiers qu'auprès de quelques villages de Brahmes-Sasan qui sont les meilleurs cultivateurs d'Orixa. Dans quelques cantons croissent la palme à vin (*Borassus flabelliformis*) et le *Khajour* (*Phœnix silvestris*). D'autres productions de l'Inde, le jam, l'orange, la guave, le *Bel* (*OEgle marmelos*), le *Kathbel* (*Feronia elephantum*) et le *Kharani* (*Galedupa arborea*), ne sont pas rares. Les jardins bien cultivés sont ornés de jasmins, *sambacks*, *bauhinias*, *hibiscus*, roses de Chine, *michelia champaca*, etc.; le plantain, l'*Hyperanthera morunga*, le *nauclea orientalis* entourent la cabane du pauvre. Le bétail, les moutons et chèvres du Mogulbundi sont d'une race chétive; sur la frontière de l'est on entretient de belles femelles de buffles, pour le lait seulement. Il y a peu de gibier. Le troisième district est celui des collines qui bornent le Mogulbundi à l'ouest, depuis le lac Chilka jusqu'au Subanrekha; quelques ramifications se prolongent dans la plaine, comme à Derpen, Alemgir, Khurdah, Limbai, etc.; et sous une latitude d'environ 21° 20' nord les collines prennent une direction orientale, et tournent enfin au nord, pour envelopper le district de Belassour. Nulle part le haut pays ne s'éloigne de la mer de plus de 60 a 70 milles. A Belassour une ramification de roches s'avance jusqu'à 16 ou 18 milles de la baie; les anciens navigateurs les appellent monts Nelligrin (*Nilgiri*); et entre Ganjam et le lac, une chaîne peu élevée paraît se perdre dans la mer. Tout le haut pays, dont la largeur est d'une centaine de milles, est partagé entre seize zemindars khetri ou khandait, qui ont été reconnus par le gouvernement anglais en qualité de rajahs tributaires. Au pied des collines s'étend une suite de douze autres khandaitis, tenus par douze propriétaires ou chefs semblables. Les Mogols désignaient ces propriétés sous le nom de *killahs* ou châteaux forts des montagnes d'après les résidences ordinaires des chefs. Les grands propriétaires des montagnes ont plusieurs vassaux appelés khandaits, dulbehras, naïks ou bhounias.

Les collines entre la rivière de Brahmâni et Ganjam présentent une formation de granite rouge avec des grenats imparfaitement développés, et des veines de stéatite; leur hauteur varie de 500 à 1200 pieds, quelques cimes en ont 2000; les pics forment toute sorte d'angles; quelques cônes sont entièrement isolés; la végétation revêt toutes ces collines depuis la base jusqu'à la cime. A leur pied se prolongent dans la plaine des lits d'argile ferrugineuse, remarquable par la quantité de ses pores et cavités, par ses boules de minerai de fer, et par ses fragments de quartz. En quelques endroits cette argile s'amalgame avec le granite, et forme une brèche grossière. Dans le pays de Khourda on voit quelques collines de grès blanc et bigarré dispersées entre les collines granitiques. Ces montagnes offrent en général beaucoup de particularités minérales, et mériteraient d'être exa-

minées plus en détail par d'habiles géologues. Des veines de trapp verdâtre qui approche du basalte et du hornblende, traversent le granite; on trouve aussi le talc et le mica feuilleté, et du schiste chlorite, passant à l'état de serpentine. Les indigènes appellent *karma*, ou utile, les roches faciles à tailler et à sculpter, et *akarma* le granite et d'autres roches trop dures pour leurs outils. La stéatite se présente en poudre d'une blancheur extrêmement pure. Le calcaire, dans ces collines, se trouve ordinairement en nids enveloppés de marne durcie d'une teinte jaunâtre. — La partie inculte l'emporte dans le haut pays sur les terres cultivées qui, au reste, produisent beaucoup de riz et d'autres grains : on cultive aussi un peu d'indigo et d'opium. Les forêts donnent de beau bois de construction; dans le district de Moherbenj, il y a de grandes forêts de *sal*; sur les bords du Telnadi on trouve des bois de teak. Des mangotiers isolés ou en bouquets se montrent en plusieurs endroits, où ils croissent sans culture. Plusieurs propriétés fournissent outre les mangos, de bonnes oranges. Les *jungles* voisins du Mogulbundi abondent en drogues et plantes médicales, ou réputées telles par les indigènes, comme le *Terminalia chebula*, le *Strychnos nux vomica*, le *Cassia fistula*, le *Phyllanthus emblica*, le *Spondias mangifera*, sans parler des arbres communs de l'Inde, le tamarin, le bambou, le sycomore; parmi les buissons il y a beaucoup de végétaux épineux qui se groupent communément autour du rotin ou jonc. Dans la saison chaude, les fleurs brillantes du *Capparis trifoliata*, l'écarlate du *Butea frondosa*, et le *Gloriosa superba* qui croît sans aucune culture, embellissent les jungles naturellement dépourvues de charme; dans la saison froide une plante parasite, le *Loranthus bicolor*, y répand des teintes écarlates et jaunes; et le *Combretum decandrum* enveloppe les bois de festons blanchâtres; des lis aquatiques de toute couleur, et le vrai *Lotus* prospèrent dans les étangs et marais. Quelques bois de teinture, tels que le *Sapan* et le *Morinda citrifolia*, viennent sur les collines; sur les feuilles de l'*Asin* (*Pentaptera tomentosa*) on récolte des cocons de vers à soie sauvages. — Les tigres, léopards, panthères, hyènes, ours, buffles, sangliers, antilopes, balias ou chiens sauvages, *ghorangas*, *gayals* ou bœufs sauvages, ont leur repaire dans les forêts des montagnes. Les éléphants infestaient autrefois les jungles et plantations du Moherbenj; mais on les a empoisonnés en partie; à Khurda on voit voltiger des troupes considérables de *Dhanesa* ou *Buceros* indiens qui se nourrissent de la noix vomique du strychnos, et se font remarquer par une espèce de corne ou protubérance de 7 pouces de haut sur leur bec. — Dans la saison pluvieuse les torrents et rivières du Kattach deviennent des fleuves; pendant les sécheresses ils n'ont pas d'eau; sur la côte ils se partagent dans un grand nombre de canaux, en partie très-sinueux. Le Mahanadi, ou Méhénédy, principal fleuve du Kattach, passe à Soumboulpour et à

Soŭpour, se divise en deux canaux dont le principal prend le nom de Cajori ; plus bas il se divise encore, en formant le Chittertola et une quantité de petits canaux, et il se jette dans la mer, un peu au sud de Soulspouth, après un cours de plus de 500 milles. Il dépose un gros sable entremêlé de fragments de quartz et de mica, qui détruisent la fertilité des terres. Pendant la saison pluvieuse, il a un mille de large à Soumboulpour, et 2 milles vis-à-vis de Kattach ; on peut alors le remonter en bateau jusqu'à Ryepour, c'est-à-dire à 300 milles au-dessus de son confluent. Quelques ramifications du Cajori s'unissent et se jettent dans le lac Chilka. Deux autres rivières, le Brahmani et le Byterini, après s'être fréquemment partagées, s'unissent au Bérupa, branche du Mahanadi, et rejoignent ce fleuve après avoir formé un delta auprès du cap Palmyras, appelé l'île Kanka. On peut citer d'autres rivières telles que le Solandi, le Kansbans, le Bourabalong et le Subanrekha ; toutes déposent beaucoup de sable et de vase. Entre le lac Chilka et la rivière Brahmani, les rivières débordent au point d'inonder tout le bas pays. De grands travaux ont été entrepris pour le garantir de ce fléau par le moyen de digues en terre. Le lac Chilka n'est séparé de la mer que par une langue de terre qui n'a guère plus de 300 yards de largeur : il se décharge dans la mer, et n'a pas plus de 4 à 6 pieds de profondeur ; tant les rivières Daja, Bhergabi et autres y apportent de sable et de vase ; sa surface irrégulière a environ 55 milles de long sur 18 de large. La compagnie des Indes tire de ce lac beaucoup de sel par le moyen de l'évaporation solaire. Les pêches y sont aussi d'un bon rapport. Depuis Banpour jusqu'à Rhamba, les bords de ce lac présentent des sites pittoresques. Au nord de Palour, son bassin est hérissé d'îlots d'une forme étrange. Ce sont des blocs d'un granite porphyrique, parsemés de gros cristaux de feldspath que le marteau ne pourrait entamer. Ces blocs entassés confusément ressemblent tantôt à des ruines de maisons, tantôt à de vieux forts flanqués de bastions. Quelques arbustes et plantes viennent dans le peu de terre végétale qui recouvre ces amas de roches, et un grand nombre d'oiseaux aquatiques y font leur séjour habituel.

Il n'y a guère que trois places de l'Orixa proprement dit, savoir Kattach qui compte 100,000 habitants, Belassour et Jagannath, qui méritent le nom de ville ; car Jaïpour, quoique lieu très-renommé chez les Hindous à cause de sa sainteté et de son antiquité, n'est pourtant qu'un gros village ; les chefs-lieux des pergunnahs, Badrak, Soro, Kendrapari, Asserajsar, Hariharpore et Pipley sont peu considérables, et tous les autres lieux, si l'on en excepte les villages des Brahmes-Sasan, ne sont que des hameaux. Dans la contrée montagneuse de Rajwara il n'y a pas un seul village notable. Kattach, en sanskrit résidence royale, est situé sur une pointe de terre entre les deux branches du Mahanadi. Une forteresse carrée, de construction hindoue à laquelle les gouvernements musulmans ou mahrattes ont ajouté un bastion rond avec une grande porte en cerceau, s'élève auprès de la ville : on appelle ce fort Darabati. Les Mahométans ont érigé à Kattach deux monuments assez remarquables, une petite et jolie mosquée qui date du règne d'Aurengzeb, et un édifice appelé *Kadam-Rasoul*, où sont déposées des reliques du grand prophète apportées de la Mecque : cet édifice est situé au milieu d'un beau jardin. Les soubadars mogols et mahrattes ont toujours résidé au palais Lal-Bagh sur la rive du Cajori. Il y a aussi le quartier du commerce divisé en bazars qui portent les noms des nations qui les occupaient autrefois, telles que Turcomans, Orixains, Telingas, etc. Une belle et large rue, nommée *Chandrichouk*, traverse une partie de la ville. Parmi les pagodes disséminées dans l'intérieur et au dehors, celle qui est dédiée à Sita-Ram est la plus remarquable pour la grandeur et la construction.

C'est à 105 milles de Kattach, sur les bords marécageux du Booree-Bellaun, et dans une plaine d'un aspect monotone, qu'est situé Belassour à 180 kil. de Calcutta, au sud-ouest, qui ne renferme pas plus de 10 mille âmes ; c'est pourtant le principal port du pays, que fréquentent les navires des Maldives, les bateaux à sel de la compagnie des Indes, et une espèce de chaloupes bâties à Contai et Hidgelly, qui viennent en grand nombre, dans la saison froide, charger du riz pour Calcutta. Autrefois les Anglais, les Français, les Danois et les Hollandais avaient des factoreries à Belassour. — Les obélisques et colonnes mortuaires du cimetière prouvent que les Anglais y avaient un établissement considérable ; les fabriques de mousseline y prospéraient, et peut-être Belassour était aussi l'entrepôt des drogues et plantes de teinture provenant des montagnes.

La troisième ville, Poury-Jagannath, contenant 5741 maisons, doit sa grandeur et son importance à sa pagode ; c'est une terre sacrée, exempte d'impôts ; seulement les tenanciers ont des charges rituelles dans la pagode ou aux environs. Presque toute la rue principale se compose d'établissements religieux, appelés *mat'hs* avec des vérandas soutenues par des piliers ; cette suite d'édifices entremêlés de plantations à l'extrémité de laquelle s'élève majestueusement la pagode, présente un aspect imposant : malheureusement la saleté nauséabonde de cette rue et un essaim de mendiants désenchantent le spectateur. Les superbes jardins et bosquets qui avoisinent la ville du côté du continent produisent les plus beaux fruits de l'Inde. Le magnifique *Callophyllum inophyllum*, appelé par le docteur Ainslie le laurier d'Alexandre, ainsi que le noyer *cashew*, y croissent en abondance. D'antiques réservoirs d'eau et édifices religieux d'une construction curieuse méritent les regards. Dans les mois chauds, de mars à juillet, Jangannath jouit probablement du climat le plus salubre et le plus agréable de l'Inde. Pendant cette saison; la mousson du sud-ouest envoie continuellement des brises de mer rafraîchissantes. Un voyage à Jagannath a été quelquefois aussi salutaire pour l'Européen maladif, qu'un voyage sur mer.

Il règne dans le pays d'Orixa peu d'industrie et de commerce. On fabrique de grosses étoffes pour l'habillement des habitants. Autrefois on débitait beaucoup de calicots, sous le nom de sannahs : on en fabrique peu actuellement. A Pipley-Niour on fait une bonne sorte de coutil. Toute la valeur des exportations et importations soumises aux impôts se monte à 297,285 rupies. Les petites places côtières expédient une quantité de riz pour Calcutta, où l'on envoie aussi beaucoup de bestiaux et de porcs. Le poisson du lac Chilka est l'objet d'un commerce intérieur : on tire du Bengale la soie, le tabac et tous les articles de luxe.

On retrouve dans l'Orixa la division des Hindous en quatre castes. Quant à la première ou celle des Brahmes, elle subsiste de ses fonctions sacerdotales, ou reçoit des aumônes. Cependant beaucoup de Brahmes dans l'Orixa se sont adonnés à l'agriculture et au jardinage : ce sont les meilleurs fermiers de la compagnie des Indes, et ils méritent l'estime des Européens. On les appelle Brahmes *Mastans*, par opposition aux Brahmes *Vedas*, qui ne font que prier et mendier. La caste des véritables Kétris paraît éteinte, du moins ceux qui prétendent en faire partie passent pour n'être que des soudras ; huit familles réclament l'honneur d'appartenir à la caste militaire et royale. La caste Vaysia ou Byse n'est représentée que par deux espèces de marchands ou banyans, savoir : les droguistes et les changeurs de monnaies ; tout le reste est *soudras*, et appartient à la quatrième et dernière caste. Quoique celle-ci ait aussi ses distinctions chez les Hindous, il s'y est opéré beaucoup de mélanges dans le pays d'Orixa, tant par des mariages des diverses subdivisions entre elles, que par ceux des Soudras avec les Byses.

Voici d'abord les classes mixtes provenues du mélange des tribus primitives :

En langue d'Orixa.	En sanskrit.	Professions.
Mali	*malacara*	jardinier.
Lohar	*karmakara*	forgeron.
Sankari	*sanc'harara*	ouvrier en coquilles.
Tanti	*tantravaya*	tisserand.
Kumhar	*cumbhacara*	potier.
Kansari	*cansacara*	ouvrier en bronze.
Barhai	*sutracara*	charpentier.
Chitrkar	*chitracara*	peintre.
Kewat	*caiverta*	pêcheur.
Bed	*vaidya*	médecin.
Mainti	*carana*	écrivain ou secrétaire.
Bawari	*berbera* ou *berber*	laboureur.
Chandal	*chandala*	hommes qui s'acquittent des plus basses fonctions.

Ces derniers passent pour être issus de pères Soudras et de mères Brahmes, et sont les plus méprisés comme dans toute l'Inde. On range le *pathariya* ou tailleur de pierres et le *katwya* ou scieur sur la ligne du charpentier et du forgeron.

Ces classes en se mêlant en ont produit d'autres que voici :

Teli	*tailica*	marchand d'huiles.
Tiür	*tivara*	pêcheur.
Chamar	*charmacara*	tanneur.
Sundi	*sundikā*	marchand de vin.
Dhobi	*rajaka*	blanchisseur.
Magora	*vyadhi*	chasseur.
Naik	*jyotishi*	astrologue.
Shewala	*madhuka*	confiseur et débitant de toddy.
Dom	*dombha*	nattier.
Patra	*patucara*	drapier et tisserand.
Tula bhania	*tula bhedara*	batteur de coton.
Kandra	*danda pasika*	garde village.
Chunari		faiseur de chaux.
Pandra ou *pan*		faiseur de jonc.
Shiputi		tailleur.
Baldia teli, chiria mar, bindhani, hari		hommes qui s'acquittent des plus viles fonctions.

Les *Dom*, *Pan* et *Hari*, qui vivent dans l'état le plus abject, fournissent les ménétriers de village. Le *Rupecara* ou faiseur d'idoles, appartient aussi à la série qui vient d'être spécifiée, mais on ignore quelle place il y occupe. — Les tribus sauvages des montagnes, appelées par les Orixiens *Koules*, *Kund* et *Sour*, et en sanskrit *Pulinda*, c'est-à-dire barbares, sont à peine comptés au nombre des Hindous, dont ils diffèrent en effet par le langage, les traits du visage, les mœurs et la religion. M. Stirling, savant voyageur anglais, est porté à les considérer comme la race indigène, qui s'est retirée dans les montagnes lors de l'invasion des Brahmes. Les Koules sont une race noire, athlétique, belliqueuse, armée d'arcs et de haches de guerre ; ils mangent toute sorte de viande, surtout celle de porc, et aiment passionnément les liqueurs fermentées. Les Kunds habitent le Killah-Ranpour, et paraissent s'étendre au revers des collines de Ganjam et Vizagapatam jusqu'au

Godaveri ; enfin les Sours habitent les jungles depuis Banpour jusqu'à Kattach, ainsi que les bois au pied des collines. Tout paisibles que sont ces sauvages, ils font si peu de cas de la vie humaine, qu'ils commettent un meurtre pour la moindre récompense ; ils sont petits de taille , noirs , et portent toujours une hache, instrument qui leur sert à couper du bois; il y en a qui mènent une vie nomade, et mangent la grains du bambou et les racines des bois. — Les laboureurs des plaines de l'Orixa sont la partie la plus estimable de la population du pays. Au reste, les Ouriahs ou Orixiens passent pour les Béotiens de l'Inde, ayant l'esprit lourd et stupide, et étant ignorants, superstitieux et débauchés; cependant on les représente en même temps comme rusés et dissimulés.

Les Ouriahs parlent un dialecte passablement pur du sanskrit, qui ressemble bien plus au bengali qu'au telinga: la plupart des titres des indigènes sont du sanskrit tout pur; c'est aussi de cette langue que dérivent les trois quarts des noms et des racines des verbes; l'alphabet diffère peu du caractère nageri ; du côté du Bengale, on parle l'ouriah avec assez de pureté, et l'auteur a entendu dire que dans le pergunnah de Mysadal, on transcrit dans ce dialecte tous les comptes du trésor sur des feuilles de palmier. A l'ouest du district de Midnapore, l'ouriah se confond avec le bengali; dans le Naraingerh, le dialecte est très-impur, et à Midnapore même il devient tout à fait du bengali. Dans l'État de Souhpour les langues gond et ouriah se mêlent; au sud, vers Ganjan, on observe les premières traces du telinga ; le peuple s'y nomme *Oudiahs* et *Wodiahs*, au lieu de Ouriahs ; le dialecte ouriah prédomine néanmoins à Baurwah, à 45 milles et au sud de Ganjam, le long de la côte et jusqu'au grand état de Kimedy, dans les collines, au-delà desquelles le telinga prend le dessus; à Cicacole, c'est le dialecte dominant, et dans les contrées ouvertes du Vizagapatam on ne parle absolument que telinga ; cependant aux montagnes de l'extérieur, depuis Gumser jusqu'à Palcondah, Bastar et Jayapour , la masse des habitants fait usage du dialecte des Ouriahs. Outre un poëme épique, appelé *Kanji Kaviri Pothi*, qui célèbre la conquête de Conjeveram, M. Stirling ne connaît pas de composition originale dans cette langue; mais on a traduit en ouriah les livres sacrés les plus estimés des Hindous ; chaque pagode un peu importante a sa légende, et les almanachs sont également en langue du pays.

On ne saurait déterminer au juste la population du pays d'Orixa. Dans le Mogulbund, il paraît y avoir, d'après les calculs de l'auteur, un peu moins de 130,000 habitants sur environ 9000 milles carrés, ce qui donnerait à la partie la mieux cultivée 135 âmes par mille carré, tandis qu'au Bengale on en compte 205 sur la même superficie. — Toute la partie montagneuse et boisée de l'Orixa paraît avoir été partagée anciennement entre les chefs militaires, précisément comme sous le régime de la féodalité en Europe. Ces chefs avaient les droits de seigneurs dans leurs fiefs, et n'étaient tenus qu'au service militaire; leurs vassaux, en cas de guerre, se présentaient tout armés, et quelques-uns avaient des arrière-vassaux sous leurs ordres. Ces chefs féodaux , comme les seigneurs des Marches en Europe, protégeaient le pays contre les incursions et pillages des barbares des montagnes ; la partie des plaines constituait en grande partie le domaine de la couronne. Il y eut souvent des guerres entre le rajah et les chefs montagnards, surtout pendant le règne des Mahrattes et des Mogols. En 1803 le Kattach fut conquis par les Anglais, et le rajah relégué avec une pension à Jagannath.

Ce pays possède des monuments anciens assez remarquables. Au-dessus des halliers de Khurda, auprès de Balwanta, à 16 milles de Kattach, s'élève une tour massive, parmi les ruines de pagodes jadis consacrées à Mahadeo. On voit d'autres restes de pagodes sur l'emplacement de l'ancienne ville de Bhobaneser : 40 à 50 tours en granite rougeâtre, et ayant la forme de bocaux, y sont encore debout ; leur hauteur varie de 50 à 180 pieds, l'extérieur est décoré de sculptures. La plus haute de ces tours domine la grande pagode, qui occupe une aire carrée, dont un des côtés a 600 pieds de long. Cette pagode, qui fut achevée, dit-on, au VIIe siècle de notre ère, passe pour le monument d'architecture le plus curieux de tout le pays, elle est depuis longtemps déserte; mais les pèlerins du Bengale, en se rendant à Jagannath, visitent ordinairement la pagode de Ling-Raj à Bhobaneser. A 5 milles de là, auprès du village de Jagmara, il y a des collines de grès avec un grand nombre d'excavations, dont quelques-unes ont des formes singulières ; la roche la plus élevée porte une pagode moderne, consacrée à Parasnath. Non loin de là, on rencontre le *nour* ou palais du rajah Lalat-Indra-Kesari, dont les chambres sont excavées dans le roc ; elles sont maintenant occupées par des byragis et d'autres religieux mendiants. — La fameuse pagode de Jagannath, achevée au XIIe siècle, ressemble à celle de Bhobaneser. Cette pagode s'élève sur une terrasse, à laquelle on monte par un grand escalier : deux lions de grandeur colossale sont placés à l'entrée ; par le principal temple, on arrive au sanctuaire ou à la tour haute de 180 pieds ; la plupart des divinités hindoues ont leurs pagodes auprès de celle-ci. Hamilton a décrit les fêtes religieuses de cette pagode. On sait qu'à la fête d'Asnan, on fait subir des ablutions à l'idole de Jagannath, et qu'à la grande fête de Rath-Jatra on transporte l'idole sur un char de 40 pieds de haut, et traîné par le peuple à un lieu situé à un quart de lieue de la pagode. Autrefois des pèlerins fanatiques se jetaient sous les roues de l'énorme machine pendant la procession, et se faisaient écraser par dévotion. Cette espèce de suicide ou d'immolation volontaire est maintenant très-rare. 40 à 80 mille pèlerins , et même davantage, assistent aux trois fêtes annuelles de ce lieu, sacré pour les Hindous. — Il y a dans le voisinage, sur le bord de la mer, un endroit où les veuves se brûlent avec le cadavre de leurs maris, dans des fosses remplies de bois; 20 à 30 femmes se soumettent tous les ans dans le Kattach à cette mort cruelle.

C'est à 18 milles de Jagannath, auprès du vieux village de Kanarak, qu'on trouve la pagode noire dont la tour est tombée en ruines. Les murs de cette pagode ont 60 pieds de haut, et 20 pieds d'épaisseur; en dehors ils sont richement ornés de sculptures; l'extérieur a la forme d'une pyramide. Le temple a une double enceinte, dont l'une est plus élevée que l'autre; au lieu de ciment, on a fait usage dans tout l'édifice de crampons de fer; les portes sont décorées de superbes sculptures, exécutées sur des dalles de chlorite polie. — A Jajipour, sur les bords du Byiarini, les rajahs avaient autrefois une résidence; on y voit encore beaucoup de restes de pagodes, de colonnes et de sculptures. — L'Orixa doit à ses princes indigènes plusieurs grands ponts, que le peuple appelle improprement ponts mogols, ou mahrattes. Le pont d'Athareh à Puri, bâti en pierres ferrugineuses, a 290 pieds de long et se compose de 18 arches. Les anciens palais des rajahs, à Kattach, Choudwar, Jajipour et Bhobaneser, ne sont que des constructions lourdes et massives.

Provincia Alsaciæ, Alsace, ancienne province de France, qui changea souvent de maîtres et de limites. L'évêque de Strasbourg posséda vers 1360 le landgraviat de la basse Alsace ou Nordgau. Au traité de Westphalie, en 1648, l'Alsace fut cédée à la France, moins l'évêché de Strasbourg. Cependant Louis XIV en 1673 prit possession de cet évêché, et en 1681 de la ville même de Strasbourg, qui lui fut enfin cédée par le traité de Riswick. Néanmoins plusieurs princes allemands conservèrent de grandes possessions en Alsace. « Ce sont là, dit M. Ph. Le Bas (*Dict. encycl. de l'hist. de France*), ces *princes possessionnés* qui réclamèrent si vivement au moment de la révolution française contre les décrets de l'Assemblée nationale qui abolissaient tous les droits féodaux. Ce fut sous le prétexte d'obtenir pour eux des indemnités que l'Autriche et l'Empire prirent les armes. »

L'Alsace, avant la révolution, était partagée entre quatre diocèses. Celui de Besançon y possédait 24 paroisses, avec le chapitre de Béfort; celui de Bâle 237, celui de Strasbourg 347, outre les paroisses situées au-delà du Rhin; et celui de Spire 115. L'archevêque de Besançon, l'évêque de Bâle et celui de Spire avaient chacun leur official résidant dans la province, pour rendre la justice en matière spirituelle. Ils devaient être originaires de la province. L'official de Besançon résidait à Béfort, celui de Bâle à Alikirch et celui de Spire à Weissembourg.
— Dans la partie de l'Alsace qui dépendait du diocèse de Besançon, on comptait une collégiale, celle de Béfort, un couvent de capucins et un de religieux du tiers ordre de Saint-François (*Picpus*). — Dans le territoire qui appartenait au diocèse de Bâle,

il y avait deux collégiales, six abbayes d'hommes, trois de femmes, un collège à Ensisheim, occupé autrefois par les jésuites, deux maisons de l'ordre de Saint-Antoine; deux de Dominicains, trois de Récollets, un de Cordeliers, cinq de Capucins, cinq de Dominicains, un de filles du tiers ordre de Saint-François; une commanderie de Malte, et deux de l'ordre Teutonique. — Dans le diocèse de Strasbourg, outre le chapitre de la collégiale, il y avait douze collégiales y compris celle de Lautterbach dans la haute Alsace, cinq abbayes d'hommes et trois de filles; deux commanderies de Malte, une de l'ordre du Saint-Esprit de Rome, deux de l'ordre Teutonique, cinq ou six petites commanderies ou maladreries, quatre collèges de jésuites, une maison de Chartreux, une de religieux de Saint-Antoine, une de chanoines réguliers de la réforme de Mattaincourt, onze couvents de Capucins, cinq de Cordeliers, deux de Récollets, quatre de Dominicains, un d'Augustins, un de Dominicains, un de filles pénitentes de l'ordre de Saint-Augustin, un de Visitandines, un de filles de l'Annonciation, et un de Clarisses. — Dans le diocèse de Spire, on comptait trois collégiales, y compris la prévôté de Weissembourg, trois abbayes d'hommes, une commanderie de l'ordre Teutonique, qui était celle de Weissembourg.

Le nom d'Alsace, en allemand *Elsass*, vient du nom *Ell* (auj. *Ill*), rivière de ce pays, qui prend sa source à une lieue sud de Ferrette, près de la Suisse, et se jette dans le Rhin, au-dessous de Strasbourg. En latin, cette province s'est appelée *Elisatia, Elisata, Elitaza, Asatia*; et Frédégaire, au VIIe siècle, appelle les habitants de cette province *Allesatis* et *Allesationes*.

Sous la domination romaine, l'Alsace, habitée autrefois par les *Tribocci*, fut partagée en deux grandes provinces; celle du nord était comprise dans la *Germania Prima*, et celle du midi dans la Grande Séquanaise, *Maxima Sequanorum*. Elle forme aujourd'hui les deux départements du Haut-Rhin et du Bas-Rhin, réunis tous deux sous la direction spirituelle de l'évêque de Strasbourg. — Dans le département du Haut-Rhin, le chiffre de la population protestante passe 40,000. L'Alsace est la province de France qui compte le plus de juifs; c'est aussi celle où l'usure pèse davantage sur la propriété foncière.

La ville de Mulhouse est depuis 1800 le centre industriel de l'Alsace. Elle s'est développée, dans un espace de quarante ans, avec une rapidité prodigieuse. Sur un rayon de 20 kil., la population des villages s'est triplée. Les manufactures de Mulhouse étendent leurs ramifications non-seulement sur tout le Haut-Rhin, mais encore sur les départements limitrophes. Elles occupent plus de 80,000 ouvriers, et le montant de leurs produits s'élève annuellement à plus de 75 millions de francs. Suivant un aperçu donné par M. Math. Moeg, on a imprimé depuis 1746 usqu'en 1822, 172 millions de mètres d'indiennes. Dans les dix premières années, il a été fourni annuellement 30,000 pièces de 20 mètres ; dans les dernières années, 150,000 pièces de 25 mètres.

Provincia Calabriæ, Calabre, province d'Italie, royaume de Naples, qui en occupe l'extrémité méridionale, et forme une presqu'île dont la longueur est de 240 kil., sur 40 à 80 de large, et de 3,200,000 mètres carrés. Cette péninsule, entourée par la Méditerranée, est traversée dans toute son étendue par de hautes montagnes, suite de la chaîne des Apennins. Leur sommet est ceint en partie par le vaste et riche plateau de la Sila ; on y éprouve une température très-rigoureuse : la neige y séjourne depuis la fin de novembre jusqu'en avril. La croupe de ces montagnes, d'où s'échappent une foule de sources et de ruisseaux, offre un aspect sombre et imposant. Elles sont couronnées d'une ceinture d'épaisses forêts, où l'on trouve beaucoup de bourgs et de villages ; il n'existe dans ce pays aucun fleuve navigable ; le Laino, le Crati, le Neto, l'Amato et l'Angitola ne sont jamais à sec. Les principaux golfes sont ceux de Squillace, de Gioja et de Sainte-Euphémie. Les caps les plus remarquables sont : le Nau, le Rizzuto, le Spartivento, dell'Armi, le Vaticano. Le climat varie suivant les gradations du terrain, et favorise toutes les productions. Dans les plaines abritées contre le nord, on trouve la canne à sucre, l'aloès et le palmier, tandis que le pin et le bouleau couvrent le sommet des montagnes. Il règne pendant quatre mois une chaleur excessive ; le siroco, vent brûlant, qui se fait sentir sur les côtes, exerce la plus maligne influence. On y recueille grains de toute espèce, très excellents, huile d'olive en abondance, et on y élève beaucoup de vers à soie qui forment, ainsi que la culture du coton, un grand produit ; la réglisse et la manne se trouvent dans les forêts ; d'immenses troupeaux de bêtes à cornes séjournent dans les pâturages abondants de la Sila et des plaines ; les fromages qu'on y fait sont exquis. Les chevaux, très-beaux et bien entretenus, forment encore une grande branche d'industrie, ainsi que les mulets, d'une force et d'une adresse rares. On voit dans les plaines marécageuses un grand nombre de buffles ; le gibier abonde en Calabre : les côtes y sont très-poissonneuses. La pêche de l'espadon et du thon est très-lucrative ; on y fait un bon comm. en grains, vin, soie, coton, réglisse, manne, oranges, citrons, châtaignes, fruits secs, et surtout en huile, principale richesse commerciale. Le règne minéral offre or, argent, plomb, fer, marbre, albâtre, cristal de roche, soufre, sel. — Le Calabrois de moyenne stature, bien proportionné et très-musculeux, se distingue par un teint basané, les traits de sa physionomie très-prononcés, des yeux pleins de feu et d'expression. Il est toujours armé, prêt à se battre et à se livrer au brigandage. Les femmes, avec peu d'attraits, sont dépourvues de grâces ; mariées fort jeunes, elles se flétrissent bientôt ; leur fécondité est extraordinaire.

On divise cette province en deux parties : Calabre citérieure au nord, et Calabre ultérieure au sud ; cette dernière se subdivise en deux parties, savoir : Calabre ultérieure 1re et 11e ; la première au sud, et la seconde au nord : Cosenza est le siège des autorités. Les principales villes dans la Calabre citérieure sont Cosenza, Umbriatico, Bisignano, Cassano, Scalea, Cariati et Rossano. Dans la Calabre ultérieure on remarque Catanzaro, Reggio, Crotone, Sta-Severina, Sta-Eufemia, Gerace, Squillace et Nicastro.

Popul. de la Calabre citérieure . . . 346,000
— des Calabres ultérieures 1re et 11e. 434,000

Total. . . . 780,000

Cette province comprend quatre archevêchés, Cosenza, Rossano, Reggio et Sta-Severina, et huit évêchés : Umbriatico, Bisignano, Cassano, Cariati, Catanzaro, Gerace, Squillace et Nicastro.

Provincia Campaniæ, vel Campus Romæ, Campagne de Rome, province d'Italie, Etat de l'Eglise, est bornée au nord par les provinces de Rietia et de Viterbe, à l'ouest et au sud par la Méditerranée, au sud-est par la Terre-de-Labour, au nord-est par les Abruzzes. Cette terre, autrefois si belle, n'offre plus qu'un sol aride et brûlant, des landes et des eaux stagnantes. Des fièvres cruelles y exercent leurs ravages. C'est à Ronciglione, au pied des montagnes de Viterbe, que commence cette plaine célèbre qui entoure la ville de Rome. Ce vaste bassin n'est borné que par la mer et par une enceinte de montagnes dont les hauteurs le renferment comme un amphithéâtre ; des montagnes de Circé jusqu'à ceux de l'ancienne Etrurie, sur les bords de la mer, ce n'est qu'une plage nue et déserte. Cependant les eaux, surtout celles du Tibre, y sont très-saines. Le domaine de Campo-Morto est le plus malsain. On compte dans cette province huit places maritimes, douze fleuves, quatre lacs, dix-huit villes et beaucoup de bourgs. Les Lombards, les Sarrasins et les Huns contribuèrent à dévaster ce pays renommé du temps des Romains. Lorsqu'il fut incorporé à la France, en 1810, il formait la majeure partie du département de Rome.

Plusieurs papes ont fait des efforts pour rappeler la salubrité et la fertilité dans cette province, mais en vain. Il y a une partie, surtout, où l'on n'aperçoit que des pâtres mélancoliques avec leurs troupeaux.

Provincia Caramaniæ. La Karamanie, grande contrée de l'Asie Mineure, fit partie de l'empire des Selsdschuks d'Iconium. Après la ruine de cet empire, elle devint une principauté importante, et les princes de Karamanie combattirent, au moyen âge, pendant un siècle et demi, la puissance ottomane avec plus de courage que de bonheur jusqu'à leur entière défaite. Ces princes étaient d'origine arménienne par Nur-Ssofi, leur ascendant ; son fils Karaman s'empara de Konieh ou Koniah, capitale des Seldschuks. Sa dynastie s'éteignit après cent soixante-six ans d'existence, et dix guerres successives. La Karamanie comprenait les anciennes provinces de Lycaonie et d'Isaurie, une partie de la Cilicie et de la Pamphylie. — Cette province fut incorporée aux possessions ottomanes par Bajesid-Ildirim en 1392.

Ptolemais, Saint-Jean-d'Acre, la Ptolémaïs des Romains. Elle était comptée au nombre des anciennes villes de la Phénicie, avec les noms d'Ace, d'Accon, d'Acca et d'Acre. Celui de Saint-Jean paraît lui être venu des chevaliers hospitaliers de cet ordre, qui s'y réfugièrent après la ruine de Jérusalem. Quelques auteurs ont prétendu qu'elle devait plutôt cette dénomination à une belle église dédiée à saint Jean, qui fut construite dans ses faubourgs, du côté de l'orient. L'historien Josèphe, dans son livre XI, chapitre 10, de la *Guerre des Juifs*, nous décrit l'exposition de cette ville. « Elle est sur la Méditerranée, dans une grande plaine, bornée au midi par le mont Carmel, au levant par les montagnes de la Galilée, et au nord par une autre montagne qu'on appelle Echelle-de-Tyr. Selon les apparences, elle appartient à la tribu d'Aser; mais rien ne dénote qu'elle ait jamais été au pouvoir des Israélites. »

Le même historien que nous venons de citer ajoute qu'elle fut possédée par le roi Démétrius, fils de Seleucus. La trahison la fit ensuite tomber dans les mains d'Antiochus Epiphane. Assiégée quelque temps après par Alexandre, roi de Judée, elle fut prise et cédée à Ptolémée. Elle acquit le nom de Ptolémaïde sous les rois d'Egypte qui la gouvernèrent, et nous voyons dans les Actes des apôtres qu'elle s'appelait ainsi chez les Grecs et chez les Romains. *Notre navigation étant achevée, nous débarquâmes de Tyr à Ptolémaïde.* Les Perses, qui la possédèrent quelque temps, en firent une barrière contre les attaques des Egyptiens de Phénicie, comme nous le dit Strabon : « Ptolémaïde, ville importante, qui se nommait Ace auparavant, offre à la Perse un refuge assuré dans les guerres d'Egypte. » Différentes médailles nous apprennent que Ptolémaïde fut aussi une colonie romaine. Les Sarrasins s'en rendirent maîtres, et l'appelèrent Acca, d'un de ses premiers noms. Après l'avoir retenue jusqu'en 1104, ils furent chassés par les chrétiens. Ceux-ci se la virent enlever à leur tour en 1187, par Saladin, soudan d'Egypte; mais un siége de trois années la leur rendit de nouveau en 1191. A dater de cette époque, elle fut, l'espace d'un siècle, possédée et gouvernée à la fois par dix-neuf souverains, qui sont : Henri, roi de Jérusalem; le roi de Naples et de Sicile; le prince d'Antioche; le comte de Jaffa; le comte de Tripoli; le prince de Galilée; le légat du pape; le prince de Tarente; le roi d'Arménie; le duc d'Athènes; les généraux des armées de Florence et de Pise, d'Angleterre et de Gênes; enfin les grands-maîtres des ordres de Saint-Jean de Jérusalem, des Templiers, des chevaliers Teutoniques et de Saint-Lazare. Chacun d'eux y possédait une autorité absolue et indépendante dans leurs différents quartiers. Cette diversité de gouvernements occasionna, par de longues divisions, la chute irréparable de cette ville, en 1291. Une fois retombée entre les mains des infidèles, elle fut saccagée et démolie pour ne plus se relever de ses ruines. Nous lisons dans les *Machabées* que le peuple de cette ville égorgea, par la trahison de Triphon, Jonathas, frère de Judas Machabée, avec vingt mille hommes.

Vespasien et Titus y séjournèrent quelque temps pour se préparer à faire le siége de Jérusalem. Dans le XIIe siècle il s'y tint un conseil général, où l'on mit en délibération le siége de Damas. Guillaume de Tyr, en son *Histoire de la guerre sainte*, a conservé les noms des personnages fameux qui s'y trouvèrent; ce furent Conrad, empereur des Romains, Louis VII, roi de France, Baudouin, roi de Jérusalem, et plusieurs autres princes, comtes, ducs, évêques, archevêques et légats, au nombre desquels était le cardinal Guidon Bellagi de Florence. Acre fut aussi visitée par les apôtres, et particulièrement par saint Paul, qui y prêcha le christianisme. On y compte, parmi les saints martyrs, Paul et Julienne sa sœur, qui rougirent la terre de leur sang sous le règne de Valérien.

Saint-Jean-d'Acre resta longtemps après sa ruine dans un état de malheur et d'inhabitation. La Porte elle-même s'embarrassa peu de remettre cette ville en meilleur ordre. Faccardin, prince des Druses, dont les armes conquirent toute la Syrie dans le XVIIe siècle, essaya d'y construire quelques édifices et de la rendre plus habitable. Mais on regrette qu'il en ait en quelque sorte détruit le port, en le comblant avec les ruines des anciennes maisons. Son but était d'empêcher l'approche de la ville aux galères du Grand-Seigneur, et de leur enlever par ce moyen un asile qui pouvait devenir préjudiciable à la grandeur renaissante de cette cité. Il est facile de voir, par les vestiges de ce port, devenu fort étroit, qu'il avait été très-commode et garanti d'ailleurs du souffle de l'occident par une épaisse muraille en forme de môle dont il reste quelques débris. On ne peut y entrer qu'avec des bateaux ou de très-petits navires. Après la chute de Faccardin, Acre retomba sous la puissance ottomane.

Il ne reste de cette ancienne ville que des débris assez informes de monuments qu'y avaient construits les chrétiens. On trouve dans la partie occidentale quelques ruines d'une église consacrée à Saint-André. Trois grandes fenêtres, que le temps n'a pas encore détruites, donnent une haute idée de cet édifice. Le palais de l'évêque était contigu à cette église, et le gouverneur a fait élever une maison sur ses fondements. Pour en combler quelques parties souterraines, il ordonna d'y jeter un grand nombre de statues et de bustes de marbre qui représentaient des saints : comme on les trouva enfouis dans les alentours, il est probable qu'ils appartenaient à l'église de Saint-André. A peu de distance de là on voit les restes du port des galères et de l'arsenal.

Il y avait dans ce même lieu un bâtiment considérable, presque entièrement renversé aujourd'hui : c'était l'hospice des chevaliers du Temple, qu'on appelait le Château-de-Fer, parce qu'il avait été enduit d'écume de cette matière, dans la partie qui regarde la mer. Ce côté de muraille subsiste en son entier, avec un débris de la galerie qui conduisait d'un quartier à l'autre. Le palais du grand maître de l'ordre de Saint-Jean de Jérusalem, avec toute l'étendue de l'hospice, sert d'habitation au chef d'Acre, à sa famille et à une partie de sa cavalerie. Cet édifice doit sa conservation presque entière à l'épaisseur étonnante de ses murs. Il est particulièrement remarquable par deux tours très-élevées et par ses souterrains qui renfermaient des moulins à main, dont on fait encore quelque usage. Le gouverneur a formé dans l'une de ces tours une salle immense, au milieu de laquelle est une grande fontaine ornée de marbres de toute espèce. La chapelle du grand maître, sous l'invocation de la sainte Vierge, subsistait en assez bon état en 1660; mais on l'a démolie en partie l'année d'après, pour en faire le palais d'un fils du gouverneur. Dans la partie méridionale de cette place, et à côté de la porte de Nazareth, s'élèvent les débris de l'église et du monastère de Saint-Clair. C'est dans cet asile mémorable que des vierges vertueuses se mutilèrent le visage afin de se soustraire, dans le sac de la ville, à la brutalité des barbares, qui, ne voyant en elles que des objets d'horreur, en firent un affreux massacre.

On trouve la description de plusieurs églises, monastères et hospices de Ptolémaïs dans le code diplomatique de l'ordre religieux et militaire de Saint-Jean, et encore dans le testament d'un certain Saliba, bourgeois de cette ville, fait en 1264, par lequel il abandonnait la totalité de ses biens meubles et immeubles à la maison de l'hospice, en en réservant toutefois des legs pieux à chaque église, monastère et communauté de cette ville.

Le petit nombre de temples religieux, subsistants aujourd'hui dans Acre, est d'une époque moderne. Il y a deux églises latines, dont l'une, très-petite, sert de paroisse, dédiée à saint-Jean-Baptiste, et placée dans le district des nations européennes. Elle est desservie par les Pères de la terre sainte, qui occupent à côté un hospice fort commode et ouvert en tout temps aux religieux et voyageurs. Près de ce quartier d'Europe, au nord de la ville, est une chapelle remarquable dont la sainte Vierge est la patronne, où se rassemblent toutes les femmes qui suivent le rit latin. Les Grecs-unis y possèdent une fort belle église, élevée en partie sur l'ancien temple de Saint-André, dont elle a conservé le nom. L'église des Maronites a été construite d'après leur dessin, depuis ses fondements. Parmi différentes espèces de marbres qu'ils ont recueillis des ruines de la ville, pour la décorer, on remarque deux grosses colonnes de porphyre qui servent de soutien à l'arc du maître-autel.

L'église des Grecs schismatiques est la plus grande qu'il y ait dans Acre, et l'on a fait usage également d'anciens matériaux pour la bâtir. Les Hébreux y ont aussi une petite synagogue, qu'il ne leur est pas permis d'agrandir, le gouverneur exigeant d'eux qu'ils se contentent d'un terrain de maison dont il leur accorde la propriété.

On trouve dans cette ville trois mosquées appartenant aux Arabes mahométans, de la religion dominante. Deux ont été construites par le gouverneur, et l'autre, qui fut élevée dans le XIIIe siècle, eut pour fondateur Séraf, fils de Malec-Messor, soudan d'Egypte. En face de cette dernière mosquée est une place assez étendue, de la construction du même Séraf, qu'habitent, en quartiers séparés, les différentes nations d'Europe. Les revenus qu'on en perçoit sont destinés à entretenir ce temple mahométan.

Les rues d'Acre sont toutes si étroites, que lorsqu'il y passe un chameau, même dans les plus larges, il serait impossible à un autre animal de passer de front avec lui. On n'emploie à la construction des maisons que des pierres carrées, et point de briques. Les toits, bien différents des nôtres, sont faits en plates-formes ou terrasses sur lesquelles on se promène, et rappellent les pavés dont parle Vitruve. Dans la construction d'un édifice, lorsque le dernier plancher est couvert de poutres plus ou moins fortes, l'on cloue dessus des planches de cyprès, serrées fortement l'une à l'autre : cette couverture supporte à son tour plusieurs solives, placées en travers, où l'on étend du foin, de la paille hachée avec de la chaux mêlée de petites pierres, et le tout ensemble s'aplanit par le moyen d'un maillet; on jette sur cette première couche du charbon pilé, une seconde de chaux et de sable, et enfin, l'on met un troisième lit de plâtre, de chaux, de cendre et de charbon pilé, qu'on étend avec un cylindre, et auquel on donne le lustre et le poli avec un battoir. Voilà la manière ordinaire de faire ces terrasses. Si le pavé se lézarde par la force des chaleurs, on en remplit les fentes de chaux, de cendre et d'huile, et il résiste aux plus longues pluies, jusqu'à devenir impénétrable à l'eau. Les maisons faites en coupole sont enduites ou recrépies de cailloux pilés avec de la chaux, qu'on emploie avec le plus grand soin pour y donner le lustre.

On se sert également de chaux dans le crépi intérieur du bâtiment, et quand elle est vive on étend dessus ou de l'étoupe ou de la bourre; précaution qui devient nécessaire pour soutenir la seconde couche faite de plâtre.

Il y a dans la ville deux bazars ou marchés toujours abondamment fournis : l'un renferme toutes sortes de comestibles, et l'on trouve dans l'autre un assortiment d'habits et d'étoffes d'usage.

A la distance d'un mille de la cité neuve, on trouve les débris de la tour Maudite, qui forme une espèce d'angle vers le nord de la mer. On y avait fait monter un moulin à vent. C'est de ce côté-là que les infidèles entrèrent lorsqu'ils prirent Acre sur les chrétiens. — L'éloignement de la ville nouvellement construite aux anciennes murailles n'est pas de plus d'un mille; mais il faut plus d'une heure pour parcourir cette enceinte de terrain. La première Acre était enfermée d'une triple fortification, séparée par deux fossés, dont l'un au dehors et l'autre au dedans recevaient les eaux de la mer. Comme ils étaient creusés dans le roc, il s'en est conservé quelques parties. De distance à autre, les murs étaient flanqués de grosses tours. L'air n'est pas sain dans cette ville, et chaque année il y règne des maladies nombreuses, au temps des chaleurs. Il faut en attribuer la cause au peu de largeur des rues et à quelques marais qui avoisinent la ville. La meilleure précaution que puissent prendre les Européens pour se garantir de la malignité de cet air, c'est de s'astreindre à une nourriture modérée, et de fuir surtout l'humidité de la nuit, comme aussi de ne pas se lever avant que le soleil n'ait dissipé ou fondu l'amas de nuages et de vapeurs qui chargent l'atmosphère chaque matin.

Le scheick Daher, émir de la Galilée, au XVIIIe siècle, s'empara de la ville par surprise, releva ses murs, déblaya son port, et lui rendit une partie de son ancienne importance. Ce fut sous Djezzar-Pacha, successeur de Daher, que Bonaparte vint mettre le siège devant cette place, le vingt mars 1799, et le leva le vingt mai suivant, en l'accablant de ses feux, et la laissant presque réduite en cendres. Après le départ de Bonaparte, Djezzar-Pacha la rebâtit. Elle fut prise en 1832 par Ibrahim-Pacha pour le compte de Méhémet-Ali, auquel elle fut enlevée en 1840 avec la Syrie. On n'a reconstruit que ses fortifications. Sa population, qui était de 20,000 habitants, n'est plus que de 8000. L'évêché de Ptolémaïs, sous la métropole de Tyr, date du IVe siècle. Il existe toujours, quoiqu'il n'y ait presque point de Grecs parmi les habitants. — Il y eut du temps des croisades un évêque latin qui dépendait de l'archevêque latin de Tyr.

Saint-Jean-d'Acre est à 110 kil. de Jérusalem, au nord-nord-ouest. Latitude nord, 32° 54′ 35″; longitude est, 33° 45′ 50″. Le commerce consiste en coton et riz récoltés dans ses environs.

R

Radolium, Reuil, paroisse du diocèse de Meaux ; arrond. de cette ville, canton de la Ferté-sous-Jouarre, départ. de Seine-et-Marne. — On raconte diversement l'origine de l'abbaye de bénédictins qui fut le principe du village de Reuil. Selon quelques-uns, ce fut un nommé Radon, frère des fondateurs des abbayes de Jouarre et de Rebais, et fils d'Authaire, seigneur d'Ussy-sur-Marne, qui l'institua. Mais d'autres ont contesté l'existence du troisième fils d'Authaire, et ont avancé que l'érection de ce monastère devait être attribuée à Adon, son premier fils; qu'une confusion de noms était seule la cause de la méprise. Néanmoins on ne peut disconvenir que le mot *Radolium* (Reuil) n'ait une grande analogie avec celui de *Radon*, et que l'existence de cet individu, prouvée par des actes authentiques, n'est disputée que par des hypothèses plus ou moins vagues (1). Il y eut aussi un Radon qui fut maire du palais en Austrasie sous Clotaire II, et un autre qui fut référendaire ou chancelier sous Clovis II. Mais il est moins vraisemblable que l'un ou l'autre eût fondé ce couvent. Enfin, on pense encore que *Radolium* vient du mot teutonique *rand*, dont on a fait *rade* dans notre langue pour signifier un rivage. Quoi qu'il en soit, le monastère de Reuil existait dès le VIIe siècle; il fut mis sous la dépendance du prieuré de la Charité-sur-Loire, au commencement du XIIe. Depuis cette époque, ainsi que le dit Duplessis (2), les évêques de Meaux devinrent les principaux bienfaiteurs de cette maison. En 1160, Renault, évêque de Meaux, lui confirma la possession du village de Reuil et de toutes ses dépendances de l'église Saint-Etienne-de-Condé, à laquelle appartenait toute la ville de la Ferté; la chapelle de Saint-Martin dans la même paroisse; neuf arpents de pré entre Condé et le pont de *Condéel*; les églises de Chamigny, de Bussy ou Boissy-le-Châtel, et de Dhuisy, celle de Saint-Christophe dans la ville épiscopale, etc., etc. La même année, le chapitre de la cathédrale lui abandonna tout le bien qu'il possédait à Chailly. Vers l'an 1160, Alde de la Ferté-au-Coulfe, du consentement de Simon, vicomte de Meaux, son époux, de ses fils, Gilon et Hugon, et de sa fille Mathilde, donna au prieur et aux moines de Reuil tout ce qu'elle pouvait acquérir ou acheter dans les terres de Dhuisy, de Camberzils, de Coulombs et de Venderest, mais sans détruire les forêts. A peu près à la même époque, Simon et Ade, lui laissèrent, pour le repos de l'âme de leur fils Gilon, le prieuré de Dhuisy à la condition qu'il sera desservi par trois religieux de Reuil. — En 1170, Simon d'Oisy, vicomte de Meaux, Ade, son épouse, et Hugues, leur fils, abandonnèrent à ce couvent cinq muids de froment à prendre dans leur minage de Meaux. En 1245, Mathieu d'Oisy, seigneur de Montmirel, lui donna, à titre d'aumônes, le droit de pêche qu'il avait sur la Marne. — En 1250, Pierre de Cuisy, évêque de Meaux, fit la dédicace de l'église du prieuré de Reuil.

Ce monastère, supprimé à l'époque de la révolution, est aujourd'hui un agréable château dont le parc est vivifié par des eaux magnifiques.

Le village de Reuil est situé sur la rive gauche de la Marne, ayant cette rivière à l'ouest; à 2 kil. nord

---

(1) *Ex tabul. monast. Radoliens.*

(2) *Histoire de l'Église de Meaux.*

de la Ferté-sous-Jouarre, à 64 kil. nord-est de Melun, et à 20 kil. à l'est de Meaux. L'église paroissiale est une construction qui date en partie du xiiie siècle. — Plusieurs écarts existent sur le territoire de cette commune, qui est en partie couvert de bois : ce sont, en allant de l'est au sud-est : 1° à une demi-lieue et au sommet du coteau qui borde la Marne, le hameau du Tillet, anciennement Tiuloi, où se trouvait une chapelle fondée, en 1217, par Foulques de Jouarre, chevalier, lequel donna pour cet objet un muid de froment à prendre dans sa grange de Tiuloi; deux autres muids à prendre à Mont-Haumer ; trois arpents de vignes, trois arpents de terre, trois arpents de pré, trois arpents de forêt, et quarante sous sur le cens de Courcelles; cette chapelle est aujourd'hui une grange. Au-dessus est le hameau des Charbonnières, et encore plus au sud celui des Pouplains. Entre Reuil et la Ferté-sous-Jouarre, on rencontre la plaine de Tarterel, renommée pour les meules de moulins qui sortent de ses carrières. — Au sud de Réuil et à l'est de la Ferté-sous-Jouarre, entre la Marne et le Petit-Morin, se voyait le prieuré dit de Fontaine-Serise, dépendant du monastère de Reuil. On ignorait l'époque précise de la fondation de ce couvent qui existait dès le xiie siècle, et qui subsista pour trois religieux jusqu'à l'époque de la révolution. On prétend aussi que ce ne fut d'abord qu'une simple chapelle dont la munificence de nos ancêtres fit un prieuré conventuel ; quelques ruines seulement témoignent aujourd'hui de son existence.

La population de Reuil est de 500 habitants environ.

Ratnisum, Raudnizt, ville située en Allemagne sur la rive gauche de l'Elbe, était le chef-lieu de la seigneurie de ce nom. Population, 2850 habitants. On y remarque un magnifique château qui appartient aux princes de la maison de Lobkowitz. Cette maison, qui s'appelait primitivement Lobez, fait remonter sa généalogie jusqu'en 861. Elle prit le nom de Lobkowitz d'un château qui fut bâti sur l'Elbe après la destruction de celui de Lobez. Jean, baron de Heydeck, général de Jean-Frédéric, dernier électeur de Saxe de la branche ernestine, ayant été mis au ban de l'Empire, et la seigneurie de Neustadt dans le haut Palatinat qui lui appartenait, ayant été confisquée, l'empereur Maximilien II la conféra à Ladislas de Lobkowitz. Ferdinand II créa en 1614 Zdenco-Adalbert de Lobkowitz, fils de Ladislas II, prince d'Empire, et en 1641, la seigneurie de Neustadt fut élevée au rang de comte princier. Wenceslas-Eusèbe, fils d'Adalbert, acheta en 1646 le duché de Sagan, et obtint en 1654 séance à la diète de l'Empire au collége des princes. Par les petits-fils de celui-ci, la maison se partagea en deux branches. La famille ayant vendu en 1786 Sagan au duc de Courlande, le majorat de Raudnitz en Bohême fut élevé au rang de duché. Le comté de Sternstein ayant perdu son immédiateté par la confédération du Rhin, le prince de Lobkowitz le vendit en 1807 au roi de Bavière. La famille est catholique. — La branche aînée possède, outre le duché de Raudnitz, plusieurs terres en Autriche et en Bohême, ayant ensemble 58 m. c. g. (105 l. c.) avec 80,000 habitants, et rapportant près de 900,000 fr.

Rancia Morata, le Mesnil-Amelot, paroisse du diocèse de Meaux, canton de Dammartin, arrond. de la première de ces villes, départ. de Seine-et-Marne. — *Mesnil* signifiait anciennement une habitation rurale à laquelle on joignait ordinairement le nom du propriétaire, pour la désigner plus spécialement : ainsi le village dont il s'agit dans cet article a porté successivement les noms de Mesnil-Madame-Rance, Mesnil-Couturier, Mesnil-Desvieux, Mesnil-Amelot. — Ce village est situé au milieu d'une grande plaine, sur le bord de la route de Paris à Bruxelles, à 8 kil. sud-ouest de Dammartin, à 20 kil. ouest-nord-ouest de Meaux, et à 58 kil. nord de Melun.

On ignore positivement l'origine du Mesnil : elle remonte à une assez haute antiquité. Cette commune dut probablement son existence primitive à quelques métairies. Ce qu'il y a de certain, c'est qu'avant l'an 1205 une dame, nommée *Rance* ou *Rancie* (1), qui en était propriétaire, est mentionnée dans un acte de l'Hôtel-Dieu de Dammartin comme la mère d'un des bienfaiteurs de cet établissement. Le Mesnil devint dans la suite une dépendance du marquisat de Mauregard. Le seigneur avait droit de haute, moyenne et basse justice, et il existait encore sur la commune d'autres fiefs, mais sans aucun droit de justice : c'étaient ceux de Fremont, de Mariavel, de Saint-André, de Guivry et des Sablonières. — On comptait aussi douze fermes dans cette commune; leur nombre se réduit tous les jours, soit par le système actuel des grands établissements de culture, qui fait qu'un même fermier fait valoir les terres de plusieurs fermes, soit par le morcellement de quelques-unes d'entre elles. — L'église est fort remarquable. Sa voûte est soutenue par des piliers d'une grande délicatesse, et l'on tourne autour du sanctuaire. On y voit un jeu d'orgues. Le clocher est élevé et s'aperçoit de très-loin ; on en a recouvert le dôme et refait toute la partie supérieure en 1780. Avant la révolution, il renfermait dix cloches. Le maître-autel offre des beautés comme morceau de sculpture ; il date de la fin du xviie siècle. — On voit à l'extrémité du village une belle place demi-circulaire, sur laquelle s'élève une halle qui servait naguère au commerce des vins, dont il y avait un marché dans cette commune, le premier mardi de chaque mois. Cette halle peut contenir plus de mille pièces de vin ; elle est divisée par réserves voûtées ; mais le marché a cessé.

---

(1) *Histoire de l'Église de Meaux*. — C'est sans doute par erreur de date qu'un des auteurs d'un ouvrage moderne sur le département, dressé, dit-on, sur des documents authentiques, fait vivre cette dame en 1549, et lui fait, à cette époque, donner à l'église l'aigle qui lui sert de lutrin.

— À une portée de fusil au nord du Mesnil, et sur le bord de la même route de Bruxelles, est le hameau de Notre-Dame-de-la-Miséricorde de Guivry. La tradition rapporte qu'il y avait dans ce lieu un couvent de Templiers; ce que d'ailleurs aucun acte ni aucun monument ne prouvent.

La population du Mesnil-Amelot est de 800 âmes; son territoire est en terres de labour. On y trouve un relais de poste.

Rausiacum, Roissy, paroisse du diocèse de Meaux, canton de Tournans, arrond. de Melun, départ. de Seine-et-Marne. — Le village de Roissy est situé à 2 kil. sur la gauche de la route de Paris à Sezanne, à 8 kil. nord-ouest de Melun, dans une plaine marécageuse et froide qui produit peu de grain, mais où l'on trouve beaucoup de prairies et qui est bordée par la forêt d'Armainvilliers. — Le nom de Roissy vient-il de ce qu'il croissait aux alentours des myrtes sauvages, en latin *ruscus*, ou de ce qu'un Romain nommé *Roscius* y avait son domicile? nous ne déciderons point cette question. Quoi qu'il en soit, ce village existait certainement dès l'an 1100, puisqu'à cette époque Guy le Rouge, de la maison de Montlhéry, et Adélaïde, sa femme, en fondant le prieuré de Gournay, ajoutèrent au don qu'ils firent à ce prieuré de l'église de Roissy, le tiers du village. Anseau de Garlande, sénéchal de Louis le Gros, qui était seigneur des deux autres tiers, les lui donna dans l'année 1122. — Dans la forêt, à l'est de Roissy, se trouvent les vestiges d'un ancien bâtiment dit le Prieuré-du-Cormier. Il consistait encore en 1738 en une vieille tour en ruines qui était dans une enceinte de fossés pleins d'eau, sur lesquels était établi un petit pont d'une arche seulement. On y voyait à cette époque les murs ruinés de bâtiments auxquels on ne pouvait rien reconnaître. Ce qui en subsistait fit conjecturer à l'abbé Lebeuf que ces ruines résultaient de constructions du IXe ou Xe siècle. « Cette tour, dit-il, est carrée et bâtie de moellons; elle avait deux ou trois étages voûtés. La voûte de l'étage d'en bas subsiste encore, soutenue par quatre chapiteaux ou corbeaux de pierres de taille. L'entrée est au levant; du côté du midi et du septentrion est une arcade absolument ronde en forme de fenêtre.... Il n'y a pas de marque qu'il y ait pu y avoir d'autel ni en bas ni en haut; et rien ne prouve non plus qu'elle ait été une tour à mettre des cloches. » Lebeuf pense donc que cet édifice, qui n'a jamais dû servir au culte, était la ruine d'une maison de campagne de Charles le Chauve, et il appuie son opinion sur ce que l'architecture de ce vieux bâtiment est effectivement de ce siècle; qu'il existe un diplôme du 9 octobre 845 donné *in villa Rausiaco*, et que dans ce lieu se tenaient des plaids en 851; que l'on ne peut pas croire que par *Rausiaco* on ait voulu désigner un autre lieu, puisque Roucy, en Champagne, qui pourrait aussi porter ce nom, n'a été connu qu'en 948, que l'église paroissiale de Roissy était sous l'invocation de saint Germain, évêque d'Auxerre, et que Charles le Chauve avait la plus grande dévotion dans ce saint; enfin qu'il est probable que la maison de plaisance que les rois de la première race avaient à Combault ayant été négligée depuis qu'on avait écarté la forêt de ce lieu, ce prince en fit construire une nouvelle à Roissy, et que c'est là que furent battues les monnaies de la seconde race, sur lesquelles on lit *Rausiaco*. Mais on voit que tout ceci ne sort point du domaine des conjectures. — On a cru que ce lieu, bien fortifié pour l'époque, devait recéler quelque trésor, et peut-être n'est-ce point sans fondement que de pareilles traditions se sont répandues dans nos campagnes. Il est si naturel de penser que dans un pays qui fut souvent ensanglanté, dévasté par les guerres civiles, ceux qui possédaient de l'argent aient tâché de le mettre à l'abri de la rapacité de l'ennemi.... mais on a vainement cherché. — On ajoute que deux ou trois siècles après que les rois eurent abandonné cette maison de plaisance, des ermites s'en emparèrent et y élevèrent un oratoire que l'on nomma Notre-Dame-du-Cormier, peut-être à cause qu'il se trouvait un de ces arbres dans le voisinage. — Le premier titre qui fait mention de cette maison est de 1195. Néanmoins elle ne fut jamais qu'un simple prieuré, une maison pauvre, puisque, vers l'an 1220, Isabelle, femme d'un Mathieu du Buisson, dans la donation qu'elle lui fit d'un setier de blé par an, la qualifie *pauper domus du Cormier*. Il est probable qu'elle fut abandonnée dès le siècle de saint Louis.... mais il est constant aussi que, bien que le titre de prieur existât encore dans le XVe siècle, et que celui qui en était pourvu touchât le bénéfice, le prieuré n'existait plus. — Le ruisseau de *Morbras*, qui du parc de *Croissy* va se jeter dans la Marne au-dessous de Créteil, fait tourner un moulin à Roissy; les rues de ce village et les chemins environnants sont pavés de *scories de fer* qui attestent qu'il s'y trouvait des mines de ce minéral et des forges considérables.

La population de Roissy est de 460 habitants.

Ravensburgum, Ravensbourg, ville du royaume de Wurtemberg, dans une vallée de l'Algau, sur la rive gauche de la Schusz, à 76 kil. sud-sud-ouest d'Ulm. Population, 4000 habitants en partie luthériens. Cette ville possède des forges, poteries, teintureries, métiers à draps et à toiles; elle exporte des cuirs apprêtés, des ouvrages faits au tour, et récolte du vin, mais qui ne se transporte pas hors de la province. Elle appartient à la maison de Dietrichstein. — La tradition dérive cette maison d'un Didier (Dietrich), comte de Zeltschach, qui doit avoir bâti dans le IXe siècle le château de Dietrichstein. La souche plus certaine de la maison est Reinpert, qui est mort en 1004. Pancrace, un de ses descendants, obtint en 1506 de l'empereur Maximilien Ier la charge héréditaire de grand échanson du duché de Carinthie. François et Sigismond, ses fils, fondèrent les deux lignes de la maison qu'on appelle Weichselstædt-Rabenstein et Hollenbourg-Finkenstein. Chacune se subdivisa en plusieurs branches. La seconde branche de la seconde ligne descendant d'Adam, fils puîné de Pancrace, acquit en 1575 la seigneurie de Nicolsbourg en Moravie, et fut élevée en 1631 à la dignité de prince d'Empire. En 1654 elle obtint séance à la diète au collège des princes; et lorsqu'en 1684 elle eut acquis la forteresse de Trasp, celle-ci fut déclarée principauté immédiate. Le recès de la députation de 1803 adjugea ce petit pays aux Grisons, et donna au prince de Dietrichstein en indemnité la seigneurie de Neu-Ravensbourg en Souabe, qui, par suite des événements de 1806, devint grand fief du royaume de Wurtemberg. — Les Dietrichstein possèdent héréditairement les charges de grand-veneur de Styrie et grand échanson de Carinthie, qu'exerce le doyen de la maison. Ils sont catholiques.

Recium, Rey, l'*Arsacia* des rois parthes, et l'ancienne *Rhagès* de la Bible, où se passa l'histoire si intéressante et si touchante de Tobie, était au xie siècle la résidence des sultans seldschuks, et une ville importante de l'Asie par sa grandeur, sa population et ses monuments. Aujourd'hui ce n'est plus qu'un village du nom de Chabr-ab-Doulazim, avec 3 à 400 familles, dans l'Irak-Adjemi, province de Perse. On y voit d'immenses ruines et trois tours énormes qui sont encore debout. Il y a aussi une belle mosquée, et le tombeau du saint mahométan qui a donné son nom à ce village.

Regio Ascania, vel Anhaltina, le duché d'Anhalt. C'est une ancienne principauté de l'empire d'Allemagne, composée de plusieurs parties isolées et enclavées dans les provinces prussiennes de Brandebourg et de Saxe, et entre cette dernière et le Brunswick ; entre 51° 57' et 52° 7' de lat. nord; 8° 34' et 10° 16' de longitude est.—2282 kil. carr. Pop. 150,000 hab. dont 3000 juifs et 300 catholiques. — Pays généralement plat et peu élevé ; point culminant 610 m., dans les contreforts du Harz. Cours d'eau : l'Elbe, la Saale, la Mulde, la Wipper et la Bode. Sol sablonneux sur la rive droite de l'Elbe, partout ailleurs très-fertile. Sources principales de richesses, la culture et l'élève. Récoltes surabondantes de céréales, froment, orge, avoine et blé noir, de lin, de fourrages, de fruits, de houblon et de tabac; un peu de garances ; forêts occupant 44,000 hectares ou le cinquième du sol. Elève considérable de gros bétail, moutons et chevaux de races améliorées. Exploitation, dans le Harz, de fer, argent, cuivre, houille, vitriol, soufre ; sources minérales d'Alexisbad et autres. Hors du Harz, exploitation de gypse et de bel ocre. Industrie manufacturière peu importante, et dont les branches principales sont la fabrication de la bière et de l'eau-de-vie de grains et le travail des minéraux exploités : fonderies de fer, forges pour taillanderie, ferronnerie et armes. Parmi les autres produits fabriqués : les lainages, les toiles, les poteries, les cuirs, le papier et le tabac. Le pays est compris dans l'association prussienne des douanes, et fait un commerce considérable en produits du sol; ses entrepôts sont Dessau et Bernbourg. — Le territoire d'Anhalt, partagé entre les branches de la famille de ses anciens souverains, forme une Union politique (*Gesammtung*) composée des trois duchés d'Anhalt-Bernbourg, Anhalt-Dessau et Anhalt-Kœthen. Chaque duché forme un état indépendant et indivisible, mais dont les souverains se succèdent les uns aux autres. Le gouvernement est une monarchie pure, limitée seulement en matière d'impôts par l'avis des Etats (*Anhaltsche Landschaft*), composés des délégués des trois duchés. Quelques institutions administratives sont communes aux trois Etats : le conseil politique de l'Union (*Gesammtrath*), les Archives (*Gesammtarchive*), la Cour suprême d'appel à Zerbst, qui est en outre cour d'appel pour les deux principautés de Schwarzbourg, la représentation diplomatique à la diète et près des cours de Vienne et de Berlin. Les administrations des finances et des troupes sont entièrement distinctes. La jouissance de certains domaines et privilèges, le droit de convoquer les Etats et de diriger les institutions communes aux trois duchés, constituent le séniorat de la maison d'Anhalt (*Anhaltsche Seniorat*). Il passe toujours au plus âgé des ducs régnants, avec le titre d'aîné et directeur de la maison et des Etats d'Anhalt (*Ober-Director, Senior des Hauses et der Landschaft*). La régence administrative de Bernbourg est en même temps chancellerie du séniorat. Les duchés d'Anhalt ont chacun une voix à la diète dans les assemblées en *plenum* ; dans les assemblées ordinaires, ils n'ont qu'une voix, collectivement avec les deux principautés de Schwarzbourg et le grand-duché d'Oldenbourg. Leur contingent à l'armée fédérale fait partie de la division d'infanterie de réserve. —La population d'Anhalt appartient à la religion protestante ; au culte évangélique-uni dans les duchés de Dessau et de Bernbourg ; au culte réformé dans le duché de Kœthen. Les écoles y sont nombreuses ; les villes de Dessau, Kœthen et Bernbourg ont des écoles normales d'instituteurs primaires ; les mêmes villes, avec Zerbst et Ballenstedt, ont des écoles classiques, dont la plus importante est le gymnase de Dessau. Dans cette ville se trouve aussi une école israélite pour le haut enseignement et l'enseignement commercial.

| Anhalt-Bernburg (*Herzogthum*), franç. duché d'Anhalt-Bernburg, Etat de la confédération germanique : capitale Bernbourg, résidence du souverain Ballenstedt.—Composé de quatre territoires isolés et bornés ou enclavés par la Prusse, le Brunswick et les autres duchés d'Anhalt : le territoire du Hartz ou du haut duché (*Ober-Herzogthum*), le plus considérable ; les territoires de Bernbourg et de Mühlingen sur la Saale, et celui de Koswig sur l'Elbe, formant ensemble ce qu'on appelle le bas duché (*Unter-Herzogthum*).—14,19 mill. géogr. allem. ou 780 kil. carr. Pop. 50,000 hab.—L'administration centrale est le collège de Régence (*Landes-Regierung's-Kollegium*), qui est en même temps le tribunal d'appel du

duché, et a son siége à Bernbourg. — Revenus estimés à 1,030,000 fr.; dette, à 1,360,000 fr.—Contingent à l'armée fédérale, 370 hommes.—Division administrative et judiciaire : neuf *Amtsbezirks,* dont cinq dans le haut duché, ceux de Ballenstedt, Hoym, Gerarode, Harzgerode et Güntersberge ; et quatre dans le bas duché, ceux de Bernbourg, Plotzkau, Mühlingen et Koswig.—Le duché renferme sept villes, un bourg et 54 villages.

| Anhalt-Dessau (*Herzogthum*), fr. duché d'Anhalt-Dessau, Etat de la confédération germanique ; capitale Dessau.—Territoire composé de quatre portions isolées et enclavées dans la Prusse et les autres duchés d'Anhalt. La portion la plus étendue est celle de Dessau, sur la Mulde, les trois autres sont celles de Zerbst, de Sondersleben et de Gross-Alsleben.— 15,32 mill. géogr. allem., ou 842 kil. carr. Pop. 60,945 hab. — L'administration centrale est le ministère (*Ministerium*) composé des chefs des hautes administrations.—Revenus évalués à 1,200,000 fr., non compris ceux des domaines particuliers du duc. Dette, environ 2,000,000 f. Contingent à l'armée fédérale, 529 hom., formant un bataillon de ligne.—Division administrative et judiciaire en sept *Amtsbezirks* : de Dessau, Oranienbaum, Qualendorf, Grobzig, Sondersleben, Gross-Alsleben et Zerbst.—Le duché de Dessau renferme huit villes, deux bourgs et 116 villages.

| Anhalt-Kœthen (*Herzogthum*), fr. duché d'Anhalt-Kœthen, Etat de la confédération germanique ; capitale Kœthen. — Territoire composé de quatre portions isolées, dont la principale est celle de Kœthen, sur la rive gauche de l'Elbe ; les trois autres sont celle de Warmsdorf, sur la Wipper, celle de Roslau, sur la rive droite de l'Elbe, et celle de Dornburg. — 12,07 mill. géogr. allem., ou 663 kil. carr. Pop. 40,000 hab. — L'administration centrale est le collège dirigeant (*Landes-Direktion's-Kollegium*). — Revenus évalués à 1,200,000 fr.; dette, à 8,000,000 fr., occasionnée en partie par l'acquisition faite, en 1828, du territoire d'*Ascania-Nova* (55,000 hect.), dans le gouvernement russe de Tauride, déclaré propriété inaliénable de la maison d'Anhalt. Contingent à l'armée fédérale, 325 hom. — Division administrative et judiciaire en six *Amtsbezirks* : de Kœthen, Reinsdorf, Nienburg, Wulfen, Warmsdorf et Roslau. — Le duché renferme quatre villes, un bourg et 95 villages.

La maison d'Anhalt, ou *Ascanienne,* est une des plus anciennes maisons souveraines d'Allemagne. Esikon, comte de Ballenstædt, vivait au commencement du xɪᵉ siècle. Son petit-fils, Otton le Riche, épousa Eilica, fille de Magnus, dernier duc de Saxe, de la famille des Billungs. Leur fils Albert, surnommé l'Ours, obtint le margraviat du Nord ou de Soltwedel, ensuite appelé margraviat de Brandebourg ; il est la souche des quatre lignes de la maison Ascanienne qui ont régné, et dont une seule existe encore. Albert transmit le margraviat à son fils aîné Otton, dont les descendants s'éteignirent en 1320. Bernard, son troisième fils, lui succéda dans le comté de Ballenstædt, et fut nommé en 1180 duc de Saxe. Henri, fils aîné de Bernard, préféra le comté de Ballenstædt au duché de Saxe, qu'il laissa à son cadet, et prit le titre de prince d'Anhalt ; ce cadet, Albert, est la souche d'une suite de ducs et électeurs de Saxe qui s'éteignirent en 1422, et des ducs de Saxe-Lauenbourg, dont le dernier mourut en 1689. De Henri, premier prince d'Anhalt, descendent tous les ducs et princes d'Anhalt. En 1603 cette maison se divisa en cinq branches, nommées de Dessau, de Bernbourg, de Plœtzkau, de Zerbst et de Kœthen. La dernière s'éteignit en 1665 ; la branche de Plœtzkau prit alors le nom de Kœthen. La branche de Zerbst cessa en 1793, et ses possessions furent partagées entre les trois lignes qui subsistent encore. — La maison d'Anhalt jouissait, à la diète de l'Empire, d'une seule voix que portait le doyen des princes régnants de la famille ; elle était entrée en 1807 dans la confédération Rhénane. A la diète de la confédération germanique, elle participe, avec Holstein-Oldenbourg et Schwarzbourg, à la quinzième voix ; dans l'assemblée générale, elle a trois voix particulières, les vingt-deuxième, vingt-troisième et vingt-quatrième. — La maison d'Anhalt n'a jamais renoncé à ses prétentions à l'électorat de Saxe et au duché de Lauenbourg, comme descendant de Bernard, premier acquéreur ; toutefois l'électorat, en tant qu'elle peut y avoir droit, se borne au cercle et à la ville de Wittemberg, qui appartiennent aujourd'hui à la Prusse.

Regio, vel Ager Caletensis, le pays de Caux, qui forme aujourd'hui une grande partie du diocèse de Rouen et du départ. de la Seine-Inférieure ; il comprend l'arrondissement du Havre, la presque totalité des arrondissements de Dieppe et d'Yvetot, et une partie de celui de Neufchâtel. C'était anciennement un des quatre pays qui composaient le vaste diocèse de Rouen. Son nom latin est pris des peuples appelés *Caletes,* qui l'ont habité, d'où est venu, par corruption, le nom de *Caux.* Le pays de Caux, de forme triangulaire, avait environ 64 kil. de long sur autant de large, et s'étendait depuis la banlieue de Rouen jusqu'à la mer, dans laquelle il s'avance, et forme un promontoire en pointe, appelé Chef-de-Caux. Ses limites étaient : la Seine, l'Océan et la Picardie, le pays de Bray et le Vexin normand ; Dieppe en était la capitale. Cette contrée a fait successivement partie de la Gaule Belgique, de la Celtique, de la Lyonnaise seconde, enfin de la Neustrie et de la Normandie. — Onze rivières assez petites, et éloignées les unes des autres, arrosent le pays de Caux, mais ne l'empêchent pas, dans les sécheresses, de ressentir la disette des bonnes eaux. Deux de ces rivières prennent leur cours du nord au midi, et se jettent dans la Seine ; toutes les autres coulent du sud au nord, ou du sud-est au nord-ouest, et se déchargent dans l'Océan. Les plus considérables sont :

la Paluel, la Janne, la Scie ou Sie, l'Arques et l'Eaune. — Le territoire du pays de Caux est renommé pour sa fertilité, et surtout pour sa belle culture. On y récolte une grande quantité de céréales de toute espèce, beaucoup de lin et du chanvre de très-belle qualité. On élève dans l'arrondissement de Dieppe les chevaux de selle connus sous le nom de bidets d'allure, et qui sont très-recherchés. Les pâturages y sont excellents. Aussi les veaux gras, dits de rivière, et les moutons de présalé, ont-ils, dans la capitale, une réputation méritée. Les volailles, et surtout les poules nommées gélinotes de Caux, sont très-estimées pour la délicatesse de leur chair. Le gibier y est abondant et le poisson exquis. On y recueille une grande quantité d'excellents fruits, dont la culture est tellement du goût des habitants, que les bourgs, les fermes et les villages sont entourés de pommiers et de poiriers; la campagne même est plantée d'arbres alignés, qui n'empêchent pas qu'on n'y fasse d'abondantes récoltes, tant le sol en est fertile. Le principal commerce du pays consiste en toiles brunes, toiles de ménage, toiles à voiles et propres aux emballages; en cuirs, en papiers, en cartes à jouer, en damas de fil rayé, en volaille, en marée, etc. Il y a plusieurs verreries. — Les productions minérales sont des cailloux cristallisés, des fleurs, des stalagmites, des géodes, et toutes sortes de fossiles. — Les Cauchoises sont connues pour la beauté de leur teint, la richesse et l'élégance de leur parure. Leur coiffure est singulière, par sa forme et son élévation, mais souvent très-riche, à cause des broderies et dentelles dont elle est ornée. Un bonnet de Cauchoise a quelquefois coûté 100 écus, et servi de dot à celle qui le portait. — Ce pays est très-peuplé; l'on y comptait environ 600 paroisses, y compris les villes et les bourgs. Il y avait beaucoup de noblesse et de terres titrées. La coutume de Caux était peut-être, de toutes, la plus favorable aux aînés; ils la tenaient des anciens Normands et Saxons, chez qui l'abus de cette législation domaniale était si fort, que l'on attribue en partie les incursions des Normands à l'obligation où se trouvèrent la plupart d'entre eux de chercher de nouvelles terres.

Regio Cumeracensis, le Cambresis, compris dans le diocèse de Cambrai, et qui fait aujourd'hui partie du départ. du Nord, était une province de la Flandre-Française, qui n'avait que 10 l. de long sur 7 de large, mais elle était très-peuplée; ses habitants passaient pour vifs et laborieux. C'était proprement l'étendue de la châtellenie de Cambrai dont elle portait le nom. Ce petit pays, tombé sous la domination des Français dès le commencement de la monarchie, avait, sous Clovis, son roi particulier, appelé Regnacaire, que le premier fit mourir. Il avait depuis fait partie du royaume d'Austrasie, et, au commencement du Xe siècle, on lui reconnaissait ses comtes particuliers, vassaux des rois de Lorraine, dont le dernier étant mort, le comté de la ville, ainsi que celui de Cambresis, furent donnés à l'évêque en 1007. Le prélat en remit la garde à des châtelains, et cette châtellenie fut possédée par des comtes de Flandre, des dauphins de France, et ensuite engagée aux ducs de Bourgogne. Le roi n'avait d'autre domaine dans le Cambresis que celui du bailliage de la Feuillée, qui ne rapportait pas 100 écus de revenu; il ne retirait du Cambresis et de Cambrai que 30,000 liv. d'aides par an. Les Etats fournissaient, outre cela, la plus-value des fourrages, dont le roi ne payait que 7 sols 6 deniers la ration. Les droits sur l'eau-de-vie qui se consommait dans le plat pays, et les impôts qui se levaient dans la ville sur le vin, la bière et le bois, rendaient tous ensemble 38,000 liv. par an. Ce pays, longtemps séparé de la France, et soumis à des seigneurs particuliers, fut cédé à Louis XIV, en 1678, par le traité de Nimègue. Les terres de Cambresis sont un peu sèches, mais bonnes et fertiles. On y cultive toutes sortes de grains, et des lins dont le fil est si fin, qu'il a donné naissance à la manufacture des toiles de batiste ou de Cambrai. Les pâturages y sont excellents, surtout pour les chevaux et les moutons, dont la laine est d'une finesse singulière et fort recherchée. Le commerce de ce pays consiste en grains, en moutons et en laines, qu'on débite dans les pays voisins, et en toiles fines qu'on fait passer en Allemagne, en Hollande, en France, en Espagne, et même aux Indes.

Regio Charisma, Chuaresm ou Kharism (le pays de), était une bande étroite de terrain entre l'Oxus à l'orient et la mer Caspienne à l'occident; bornée au sud par le Khorassan, au nord par le pays des Turkmans. La population mélangée avait des mœurs particulières; sa langue différait du Turc et du pur Persan. Les villes principales en étaient Kurkendsch ou Dschordschania, sur la rive occidentale de l'Oxus, et Kat, sur la rive orientale. Les schahs de Chuaresm résidaient à Kurkendsch; ils ont joué un grand rôle dans l'histoire politique de l'Asie au moyen âge, sous l'empire des khalifes seldschuks. Le dernier schah de Chuaresm, Dschelaleddin-Minkberni, succomba sous la puissance du terrible Dschengis-Khan, qui désola tout le pays. Le Chuaresm est classé par la géographie moderne dans le khanat de Khiva.

Regio Ecclesiarum Trium, vel Armenia, le pays des Trois-Eglises, ou l'Arménie, grande contrée ethnographique de l'Asie occidentale, dont le centre et la partie principale est le vaste plateau situé entre la Caspienne et la mer Noire au sud du Kour, et comprenant la partie supérieure du bassin du Tigre et de l'Euphrate. — Ce plateau, d'une altitude moyenne de 1600 à 2000 mètres, supporte de nombreuses chaînes de montagnes, dont les points culminants, l'Ararat et plusieurs autres massifs, s'élèvent au-dessus du niveau des neiges perpétuelles. Il renferme les sources et une grande partie du cours de l'Euphrate, du Tigre, du Kour et de l'Araxe, et les bassins formés des lacs d'Ourmiah et de Van. Ses fertiles vallées produisent en abondance et suivant leur élévation des céréales, du tabac, du coton, du vin et des fruits excellents. Les minéraux qu'on y exploite sont le fer, le cuivre et le sel gemme. — Cette contrée, qui, pendant plus de 1900 ans et jusqu'au xive siècle de notre ère, a figuré, mais avec des limites variées aux diverses époques, parmi les Etats de l'Asie, est encore habitée en partie par les Arméniens, descendants du peuple auquel elle appartenait ; le reste des habitants se compose de Turcs, Persans, Russes, Turkomans, Kourdes. L'ancien idiome arménien, important autrefois par une riche littérature dont presque tous les monuments ont péri dans les dévastations auxquelles a été exposé le pays, n'est plus depuis longtemps que la langue littéraire de la nation. L'arménien moderne est dérivé de cet ancien idiome, mais il en diffère et par ses formes grammaticales et par sa nomenclature altérée par le mélange d'un grand nombre de mots étrangers : persans, turcs, etc. Les invasions ennemies et l'oppression du pays ont depuis longtemps forcé un grand nombre de ses habitants à l'abandonner. Les Arméniens émigrés forment aujourd'hui, comme les Juifs, des communautés plus ou moins nombreuses répandues dans tout l'empire Ottoman, la Perse, l'Inde, la Russie, la Hongrie et d'autres parties de l'Europe, dans l'Afrique et jusque dans l'Amérique. Partout ils se font remarquer par leur industrie et s'adonnent presque exclusivement au commerce. Leur nombre total a été évalué à 2,000,000, dont les deux tiers habitent la Turquie ; dans Constantinople et les villages environnants, leur nombre, dit-on, ne s'élève pas à moins de 200,000. — L'Arménie est aujourd'hui partagée entre la Russie, la Turquie et la Perse. Ses villes principales sont Erivan, Erzeroum, Nakhitschevan, Akhaltzikh, Van, Bidlis, Djoulamerk, Kars et Diarbékir.

Le territoire de l'Arménie est assez difficile à déterminer d'une manière certaine : il suffit de dire qu'en y ajoutant toutes les provinces qui composèrent son domaine au temps de sa prospérité, elle égale à peu près l'étendue actuelle de la France. Les cent bras de l'immense chaîne du Taurus la coupent dans toutes les directions ; çà et là s'élèvent des pics gigantesques perpétuellement couverts de glaciers et de neige, alimentant de grands cours d'eau, qu'on croit être les quatre sources des fleuves qui arrosaient le jardin du premier homme. Si pendant les jours de l'innocence ce lieu était le paradis de la terre, il faut avouer qu'après la chute dont elles furent le théâtre, les mêmes contrées ont été maudites et réprouvées ; car nul pays n'est plus attristant et plus ingrat pour ceux qui l'habitent. L'hiver règne toute l'année sur le plan supérieur des montagnes, et les frimas ne cèdent dans la vallée qu'aux feux d'un soleil bientôt dévorant et intolérable. Quelques plateaux, comme ceux d'Erzingan, d'Akchar, où se trouvait l'ancienne Nicopolis, d'Erzeroum, d'Ani et de Van, se distinguent par une heureuse fertilité, et sont comme les greniers de réserve de la population ; le reste du sol semble moins fait pour l'homme que pour ses magnifiques troupeaux. Le peuple arménien a pu jouir anciennement d'une opulence temporaire, comme on le voit à l'époque du roi Tigrane, dont les innombrables soldats, tout resplendissants d'or et de pierreries, allèrent se faire battre par la poignée de Romains que commandait Lucullus. Mais ce peuple avait des voisins trop puissants et à la fois trop avides pour conserver longtemps sa prospérité : pris et repris par les grandes monarchies primitives de l'Orient, il fut ensuite successivement foulé aux pieds des Macédoniens, des Romains, des Perses, des Grecs de Byzance, des Arabes, des Persans, des Mongols, des Géorgiens, des Turcs Seldjoukides, Ortokides, Osmanlis et des Kurdes. Aussi le terrain est-il généralement nu et désert comme celui de nos places publiques ; et dans certaines provinces, telles que le Vasbouragan, il faut marcher plusieurs journées de suite avant de trouver le toit d'un chétif réduit pour abriter sa tête. Partout la rencontre d'un arbrisseau est un phénomène exceptionnel sur le passage des voyageurs, péniblement affectés par la solitude de ces vallées, dont le labyrinthe fugitif et sans fin n'offre que de loin en loin des saules penchés sur leurs fontaines, et de longues herbes inutiles que dessèchent le soleil et les vents. Les rares habitants, échappés à des massacres séculaires, craignant encore, pour ainsi dire, de paraître à la face du jour, se réfugient sous terre, où ils se creusent des trous qui ne peuvent même être assimilés à nos étables. Les Turcs qui les entourent, non contents de les dominer superbement, les abreuvent d'avanies humiliantes, et en extraient les derniers *paras* qui ne sont pas entrés au trésor du pacha ou dans la bourse du collecteur d'impôts. Ces misères expliquent la cause des lointaines émigrations de ce peuple, dispersé depuis le fond de l'Inde jusqu'au centre de la Pologne. Il déserte ses foyers et renonce à sa nature première de peuple agricole et pasteur, pour devenir la population marchande des bazars de l'Orient. Il a ce trait de ressemblance avec le peuple juif, dont les misères lui sont en partie communes. Pourquoi cette conformité de fortune ? se serait-il aussi rendu coupable de quelque prévarication qui exigeât une expiation sévère ?

L'étude historique des peuples chrétiens de l'Asie nous conduit à conclure que l'origine et la cause efficiente de leurs calamités sociales est leur défection du centre de l'Eglise universelle : les preuves en sont écrites en caractères sanglants à chaque page de leurs annales. En effet, dès que l'hérésie de Nestorius, assoupie après sa mort et réveillée ensuite par Barsumas et les autres disciples de l'école d'Edesse, se fut répandue dans la Syrie, la Chaldée, la Mésopotamie et la Perse, l'unité des communions chrétiennes étant rompue, la puissance des peuples païens de ces contrées profita de ces divisions pour réparer les pertes qu'elle avait essuyées sous le règne des empereurs romains. Dès ce moment l'épée des Sassanides devint aussi redoutable à la chrétienté, que l'était autrefois pour Rome l'arc des Parthes sous les premiers Arsacides. Les persécutions, suscitées au sixième siècle en Perse contre les orthodoxes, étaient provoquées par les Nestoriens, qui, pour se concilier les bonnes grâces des Sapor et des Chosroès, leur faisaient entendre que le moyen de résister aux souverains de Constantinople et d'affaiblir l'empire grec serait de détruire les populations catholiques qui semblaient en être les alliées. Que gagnaient-ils à cette trahison? Ils appesantissaient sur leur tête le joug des infidèles, et ils creusaient l'abîme de malheurs où ils sont encore plongés. Et plus tard, ce même empire, quel avantage retira-t-il de sa rupture avec les Latins? Il perdit les seuls alliés qui pouvaient protéger ses Etats contre les envahissements de l'Islamisme. La nation grecque le comprit promptement, et elle manifesta à plusieurs reprises la velléité d'une réunion. Mais toujours il se rencontrait quelques sophistes renouvelant les objections insoutenables de Photius et de Michel Cérulaire: le Patriarche, presque réduit au siége de Constantinople, cerné par les infidèles, écrivait avec le titre fastueux d'Evêque œcuménique, au pape, qui se contentait de répondre en signant: « Le Serviteur des serviteurs de Dieu. » Les moines illuminés du mont Athos prétendaient que la lumière émanée d'eux-mêmes était incréée comme celle du Thabor: et, pendant ce temps, les Turcs s'avançaient dans la Cappadoce et la Bithynie; ils franchissaient le Bosphore, et acculaient ces orgueilleux dans leur capitale, qui cédait bientôt aux assauts des janissaires de Mohammède II. — Mais c'est surtout à la nation arménienne que s'applique avec justesse cette observation. Le patriarche Nersès d'Achetarag convoquait, l'an 520 de notre ère, un synode à Tovin, où il osait improuver les décisions du concile général de Chalcédoine. La division se mit aussitôt dans les esprits et les consciences: les uns préféraient la doctrine définie par les Pères de l'Eglise universelle et sanctionnée par son chef, aux interprétations faillibles d'un métropolitain assisté de quelques varlabeds (docteurs). Les novateurs, au lieu de discuter avec calme et de s'éclairer sur des matières aussi importantes, recoururent aux moyens employés par tous les dissidents: ils mêlèrent à la question religieuse les intérêts politiques du temps, et en appelèrent aux passions humaines. Ainsi, comme les Nestoriens, ils persuadèrent au monarque persan qu'il était intéressé à briser les liens qu'une foi identique avait établis entre l'Arménie et l'Europe. Le roi de Perse trouvait une proposition semblable trop avantageuse pour y fermer l'oreille: assister les Arméniens schismatiques, c'était les asservir. Première cause de longues guerres, dont les infortunes auraient dû corriger ces enfants rebelles. — Cent douze années se passèrent. L'empereur Héraclius, qui revenait de la Perse victorieux et rapportant avec lui la vraie croix, rétablit parmi les Arméniens la paix et l'orthodoxie. Cet état normal dura un siècle, au terme duquel Jean Osniensis renouvela par ses écrits subtils la dispute presque oubliée. Le schisme recommença. En même temps aux frontières apparaissaient les Arabes, qui venaient, nouveaux Philistins, infliger aux prévaricateurs la punition qu'ils avaient méritée. Les Grecs, dont ils venaient d'abandonner la communion, leur refusèrent tout secours. Ils furent, durant plusieurs siècles, flagellés jusqu'au sang par ces ennemis nouveaux, auxquels se réunirent les hordes tatares des Mongols et des Turcs. La dernière dynastie arménienne des Rhoupéniens, forcée par suite de ces événements de se retirer en Karamanie (l'ancienne Cilicie), se trouvant en contact avec les Croisés, qui venaient délivrer leurs frères d'Orient, forma le royaume latin d'Arménie, qui résista aux Osmanlis jusque dans le milieu du XIVe siècle. On le désigna par le nom de royaume de la Petite-Arménie, en opposition au royaume de la Grande-Arménie, qui exista dans les VIe, VIIe et VIIIe siècles. Alors le parti orthodoxe, qui se conservait toujours secrètement, leva la tête, et le remords se réveilla dans la conscience du roi Léon. En recevant la couronne de la main du cardinal Conrad, archevêque de Mayence, il abjura l'erreur et reçut son pardon du pape Célestin III. Plusieurs des patriarches de Sis envoyèrent à Rome l'acte de leur soumission; de ce nombre fut l'illustre Nersès Claïensis, que ses vertus ont fait ranger parmi les saints. Un autre Nersès, non moins distingué, et qui porta le nom de Lampron, sa patrie, tenta une réunion générale dans le synode de Rom-Cla, où il prononça une harangue conservée comme un des chefs-d'œuvre de la littérature ecclésiastique des Arméniens. Mais la mort inopinée de l'empereur Manuel rompit toutes les négociations; de nouveau les Tatares et le sultan d'Egypte firent des incursions dans le pays. Au concile de Lyon, des propositions sincères de paix furent présentées par quelques prélats; mais elles ne furent pas ratifiées par le reste du clergé. Alors les Sarrasins reparurent: dans la Cilicie seulement, ils massacrèrent trente mille hommes, et en conduisirent dix mille en esclavage. Le dernier des Léon alla mourir en exil à Paris. Les infidèles se partagèrent leur proie: d'un côté, les Turcs prirent la majeure partie du territoire et laissèrent aux Persans les provinces orientales; tandis que les chefs kurdes, retranchés dans leurs montagnes inaccessibles, mirent à contribution les cantons du midi. Il y a environ dix ans, un quatrième compétiteur plus redoutable venait aussi du fond du Nord revendiquer sa part, et l'empire russe s'adjugeait les terres comprises entre les cours de l'Arpa-Soni et de l'Araxe. Là se trouve, au pied du mont Ararat, désigné par la tradition comme le point où s'arrêta l'arche du déluge, le monastère d'Echémiazin, appelé par les Turcs le couvent des *Trois-Eglises*. C'est le premier centre spirituel de l'Eglise arménienne; et le lieu où saint Grégoire l'Illuminateur, apôtre de la nation, bâtit la basilique patriarcale. Les successeurs de saint Grégoire y fixèrent leur siége, et, tant qu'ils n'en étaient pas chassés ou attirés ailleurs par les nécessités politiques, ils ne cessaient d'y résider. Depuis le schisme la majorité des Arméniens est demeurée soumise à leur autorité, bien que deux ombres de patriarcats subsistent depuis sept siècles à Sis, en Cilicie, et à Aghthamar. Le trône incrusté d'ivoire sur lequel le vicaire général d'Arménie siége dans les cérémonies solennelles vient de Rome. Les religieux du monastère sont en fort petit nombre, comparativement à nos couvents d'Europe. Une dizaine à peu près sont décorés du titre d'archevêque ou d'évêque, sans diocèse; on compte autant de *vartabeds* ou docteurs, dont la dignité se subdivise en plusieurs degrés, selon l'étendue de leur savoir. Quelques-uns sont réellement versés dans la connaissance de la langue et de l'histoire de leur nation.

Du reste, Echemiazin a perdu son importance et sa grandeur passées; il ne lui reste que l'autorité de son nom, et encore chaque jour s'affaiblit-elle. Son incorporation à la Russie n'a servi que les intérêts de l'empereur, qui voulait attirer dans ses Etats nouvellement conquis la population arménienne des provinces turques et persanes. Outre les concessions de terres et la promesse de certains droits et priviléges politiques, on faisait valoir aux yeux des Arméniens l'avantage d'une réunion plus étroite à leur chef spirituel. Par ce moyen, le gouvernement russe est parvenu à enlever à la Perse quarante mille émigrés, et soixante-dix mille à la Turquie. Mais cette émigration, fort nuisible aux intérêts des deux Etats musulmans, a réveillé particulièrement l'attention sur cette classe de sujets; et l'on ne s'est plus soucié de les voir franchir la frontière russe, soit pour accomplir des pèlerinages, soit pour aller chercher le *meiron* ou l'huile sacrée que le Patriarche a seul le droit de bénir. Ainsi la source principale de la richesse et des revenus du monastère est tarie : bien plus, le gouvernement turc défend à l'archevêque arménienschismatique de Constantinople de communiquer librement avec celui d'Echemiazin, ordre qui l'obligera bientôt de s'arroger les mêmes droits. Cette nécessité est douce au cœur d'un métropolitain qui a, comme tous les prélats hétérodoxes orientaux, la tentation de la suprématie. D'un autre côté, l'empereur de Russie, concentrant dans sa personne le double pouvoir temporel et religieux, ne doit laisser au chef de l'Eglise arménienne qu'une prééminence fictive et subordonnée à ses propres volontés. Il est fort probable que le plan adopté depuis quelque temps de fondre dans une sorte d'unité toutes les sectes de l'empire, s'appliquera aux Arméniens comme au reste des sujets. Déjà une administration séculière est organisée suivant ce but par le gouvernement dans le monastère, afin d'en diriger et surveiller l'action ; déjà l'élection patriarcale a été complétement modifiée. Il est vrai que la dignité n'est plus mise à l'enchère, comme sous le régime des Persans et des Turcs, qui spéculaient, à la honte du nom chrétien, sur l'ambition des candidats. L'investiture n'était conférée qu'à des prix énormes, et cet abus avait démesurément accru la simonie du clergé, vice déplorable qui consomma parmi les Arméniens, comme chez les Grecs, la misère de la nation; parce que le Patriarche, pour s'acquitter de sa dette, rançonnait les évêques, les évêques rançonnaient les docteurs, ceux-ci les simples desservants, et ces derniers le peuple, sur qui tout mal retombe à la fin. Sous ce rapport, il y a donc une amélioration réelle, mais voyons jusqu'à quel point. A la mort du Patriarche, les quinze prélats relevant de son siége et répartis dans la Perse, la Russie et les autres contrées de l'Europe, sont convoqués à un synode, ainsi que les grands de la nation appelés *Ichekans*, et les députés des corporations. Au premier tour de scrutin, on choisit quatre candidats; au second, deux seulement, et le sort décide entre eux. Le dernier élu succède alors à la chaire vacante de saint Grégoire, si toutefois la sanction impériale lui est octroyée. Donc l'indépendance spirituelle d'Echemiazin a cessé; et cette Eglise, qui toujours refusa la paternelle et libre protection du chef des Eglises, a fini par courber forcément la tête sous un chef militaire. — Des catholiques arméniens se sont réfugiés, à l'époque de la dernière guerre, dans la province russo-arménienne. Leur position est critique. Ils ont abandonné le sol de la Turquie, espérant trouver dans les Etats d'une puissance chrétienne un soulagement à leurs maux. Mais leur espérance a été déçue, et voici qu'ils sont réduits à regretter le joug musulman. En effet, si le gouvernement tolère encore les prêtres qui ont accompagné les émigrés, il ne permet pas qu'ils communiquent avec leurs supérieurs spirituels restés sur le territoire ottoman, et il interdit soigneusement l'entrée de son territoire à tout nouveau prêtre. De la sorte, on espère que les liens religieux se relâcheront et que les Arméniens orthodoxes perdront insensiblement l'attachement qui les retient à leur communion. Puis, comme il meurt décime chaque année quelques prêtres et que l'indigence ne leur permet pas d'avoir une école, il ne se forme aucun jeune lévite pour les remplacer. Donc, au bout de deux générations tout au plus, ces catholiques seront redevenus schismatiques arméniens, à moins qu'ils n'embrassent la religion de l'Etat, ou que la divine Providence n'intervienne pour les sauver. — De leur côté, les schismatiques, plus riches, plus nombreux, occupant des fonctions publiques, ont la lâcheté de persécuter ces frères malheureux. Ils ont bâti à grands frais, ainsi que les Grecs réfugiés, une église dans la nouvelle ville d'Alexandropole, l'ancienne Gumru, et ils insultent orgueilleusement à la détresse des fidèles qui ne peuvent célébrer les divins mystères que dans des réduits obscurs et humides. Il faudrait assister à la sainte messe dans un de ces lieux qu'on appelle églises, et être témoin de la piété simple et fervente des hommes, des femmes et des petits enfants; les entendre chanter la litanie dont le ton plaintif, et les paroles, *der vorhormia* (Seigneur, ayez pitié de nous), répétées en masse et avec mesure, semblent être le refrain d'un hymne de douleur !

Outre Tiflis, Lori et surtout Akhatsiké, où il y a plus de quatre mille catholiques, on trouve d'autres villages entièrement catholiques, tels que Kara-Eklissé, Tepé-Doulak, Keftarlik, Palutlu, Kazandji, un autre bourg du nom de Kara-Eklissé, Acha-Tepé et Chanazar. Ils sont dispersés dans la plaine qui s'étend au pied septentrional du mont Ala-Gueuz, et qui formait dans l'ancienne Arménie une portion du plateau de Chirag. Quatre ou cinq prêtres seulement sont chargés de l'administration spirituelle de tous ces lieux, séparés par d'assez grandes distances. Sans une prompte assistance, cette population catholique disparaîtra, comme celle d'Eriyan et de Nakchivan, villes situées à 60 et 120 kil. de là, et que les missions des Jésuites et des Dominicains avaient autrefois gagnées à l'Église.

Dans la Perse, le nombre des Arméniens a été considérablement réduit par la dernière émigration; il ne s'élève guère dans tout le royaume qu'à vingt-cinq mille. Ils ont pour chefs spirituels deux évêques schismatiques résidant à Nakchivan et à Djulfa, petite ville qui forme comme un des faubourgs d'Ispahan. Pour peindre d'un seul trait leur état religieux, nous emploierons les propres paroles d'un vartabed qui les connaissait bien : « En Perse, les Arméniens ressemblent aux Persans, et les Persans aux Arméniens; » mot qui exprime avec esprit et l'indifférence religieuse de ceux-ci, et la tendance tolérante de ceux-là. Il est certain que les Arméniens sont plus heureux et plus considérés en Perse qu'en Turquie ; ils peuvent remplir de hautes charges, et commander même des provinces.

L'Arménie méridionale a un siége patriarcal, distinct de celui d'Echemiazin. Il s'appelle Aghthamar, du nom de l'île où réside le prélat. Voici quelle en est l'origine : elle ne remonte pas au temps d'Héraclius, comme quelques-uns de ses partisans le veulent faire croire, mais bien au commencement du XIIe siècle. L'an 1113 de notre ère, un descendant de l'illustre famille Pahlavouni, Grégoire III, surnommé Ugaiaser, ou l'*Ami des Martyrs*, parce qu'il avait recomposé le martyrologe arménien, monta sur la chaire de saint Grégoire, qu'il honora pendant cinquante-trois ans par son savoir et ses vertus. C'était l'époque de la domination des croisés dans la Syrie et la Palestine, et l'autorité du souverain pontife avait repris de l'ascendant sur les communions orientales. Grégoire envoya donc à la cour romaine l'acte de sa soumission, par l'entremise d'une ambassade que décrit l'auteur latin Otto de Freisingen. Ce fut sans doute cet acte éclatant d'orthodoxie qui détermina le moine schismatique David à rallier autour de lui les sectaires obstinés, en se déclarant Catholicos, ou patriarche d'Aghthamar. Il fortifia sa puissance usurpée en se prévalant de la possession de la relique de saint Grégoire, furtivement enlevée d'Echemiazin : car, entre les croyances absurdes popularisées par le schisme, il faut compter celle qui fait de la seule présence d'une relique dans un certain lieu, le signe de sa suprématie patriarcale. Le bras droit de saint Grégoire, transféré de Sis à Echemiazin, lui avait déjà rendu, suivant l'opinion commune, le droit de prééminence que ce siége avait perdu momentanément, et dont il fut privé de nouveau lorsque David réussit à le dérober. Aghthamar conserva peu de temps ce précieux dépôt, parce que le patriarche d'Echemiazin employa tous les moyens imaginables pour le recouvrer. Le roi de Perse, Abbas, connaissait bien ce faible des Arméniens, puisqu'il eut soin de porter la même relique à Djulfa, pour retenir dans cet endroit la colonie de captifs qu'il y avait amenée. Quand Aghthamar fut dépossédé de cette relique, ses prélats firent valoir, comme droit au patriarcat, un autre trésor : « C'était l'autel où célébrait saint Grégoire, c'était sa ceinture de cuir, c'étaient le voile et les sandales (*boghatap*) de sainte Rypsimée. » Ainsi le témoignent les historiens Jean Catholicos et Vartan. Telles sont les raisons qu'allèguent, pour légitimer leurs prétentions, ces patriarches qui osent parodier la puissance pontificale.

Pour arriver à Aghthamar, il faut traverser le territoire des Kurdes, voyage toujours dangereux, à cause de leurs déprédations. Le centre de la province se trouve entre le lac de Van et Djezirèh. On n'y parle pas le turc, et l'on peut dire que c'est un pays indépendant, puisqu'il y a un bey qui ne paye aucun tribut et aucun employé turc. Les Kurdes sont très-intelligents et très-industrieux : ils fabriquent tout ce qui leur est nécessaire, et ne tirent presque rien des provinces environnantes. Avec ces dispositions ils ne sont cependant pas riches; cela tient sans doute à la passion du vol, qui est développée chez eux à un très-haut degré. A chaque instant un bey en dépouille un autre moins fort et ruine tous ses villages. — Sur la route de Djezirèh à Diarbékir, les villages sont très-rares, et leur emplacement paraît avoir été déterminé par le plus grand nombre de cavernes naturelles qu'on a trouvées dans le sol. Ces villages sont assez riches, car sur les points où la terre peut être cultivée, elle est très-productive ; mais en général le manque d'eau se fait sentir, et dans les grands intervalles sans culture qui séparent les lieux habités, des citernes suffisent à peine au besoin des voyageurs et des caravanes. La population qu'on rencontre est presque entièrement composée de chrétiens portant le costume arabe, et parlant l'arabe de Syrie. La ville d'Argana, par laquelle on passe, est bâtie en gradins sur le flanc d'un immense rocher; elle possède des mines de cuivre noir de mauvaise qualité. A 12 kil. d'Aghthamar, à l'extrémité orientale du lac de Van, on aperçoit le château kurde de Pakleyan. Ce château, dont le nom indique une origine arménienne, ressemble à nos anciens manoirs féodaux : il est flanqué de quatre tours percées de meurtrières ; il est bâti sur une colline roide et élevée, au pied de laquelle mugit un torrent. Dès la fin de septembre, l'hiver commence dans ces contrées ; la neige blanchit le cercle des montagnes qui environnent le lac, et une bise glaciale souffle habituellement. — On trouve, à 4 kil. du lac de Van, les ruines du couvent de Nareg, qui renferme le tombeau du plus profond docteur, du plus parfait écrivain et du saint le plus tendrement pieux de l'Eglise arménienne, saint Grégoire *Narégatsi*, qui vivait à la fin du xe siècle. Ce tombeau attire un grand concours de pèlerins. Les Kurdes ont achevé de ruiner le monastère, et ils ont dénaturé l'élégant portique de l'église.

La *mer* de Van, comme disent les Arméniens, est un grand lac bleu et salé, qu'on appelle aussi mer d'Aghthamar, du nom de la petite île ou du roc sur lequel le monastère de ce nom est bâti. Ce rocher n'a que 900 toises de circuit. On n'y retrouve plus les constructions royales attribuées à Kakig, premier roi de la dynastie des Ardzérounis, desquelles Thomas Ardzérouni, historien issu de la même maison, a fait une description pompeuse (1). — On ne découvre autour de soi qu'un écueil aride ; pas un pouce de terre végétale, et partout la détresse et la désolation. La prétendue digue de Kakig, que l'auteur ci-dessus mentionné compare au travail gigantesque attribué à Sémiramis, qui se trouve près de Van, au pied du mont Varak, aurait totalement disparu sous les flots envahissants du lac, et, s'il faut croire les habitants de l'île, l'œil peut encore, dans les jours de calme, en distinguer au fond de la mer les derniers vestiges. Il ne reste que l'église, ou mieux la chapelle, dont l'architecture fort médiocre n'a d'autre originalité que de grotesques et informes bas-reliefs sculptés à l'extérieur et représentant l'histoire abrégée de l'Ancien et du Nouveau Testament. L'habitation du patriarche est bâtie avec de la terre détrempée mêlée à l'eau mêlée de paille, comme toutes les maisons du pays. Cette manière de construire du reste n'est pas particulière à l'Arménie ; elle existe également dans certaines provinces de France. Les fenêtres, fermées par un simple treillis, sont ouvertes à tous les vents, ou n'ont, en guise de vitres, que des feuilles huilées d'anciens manuscrits.

Le patriarche d'Aghthamar est, avec son clergé, d'une ignorance et d'une nullité affligeantes. Pour eux le monde se borne à l'île d'Aghthamar et aux villages arméniens répandus dans le Kurdistan et qui tombent sous leur juridiction. Ils savent à peine de la langue littérale ce qui est nécessaire pour l'intelligence de la liturgie. La bibliothèque du monastère consiste en une centaine de manuscrits poudreux et entassés sans ordre dans un des coins de la sacristie. La plupart de ces livres, incomplets et déchirés, étaient des psautiers, des copies de l'Evangile, quelques traités des Pères et des sermons. Qu'est devenu le dépôt littéraire recueilli par les patriarches précédents, et qui, préservé par la position avantageuse de l'île, doit avoir échappé au vandalisme d'Alp-Arslan et de Timour ? L'ignorance, la misère, l'épée des Kurdes, le joug des Turcs et le mépris des autres communions arméniennes pèsent à la fois sur ces obstinés, dont le chef se complaît orgueilleusement dans sa solitude, où il s'entend saluer par quelques bouches, du nom de Catholicos ou patriarche universel.

Feu M. Saint-Martin, connu par ses doctes travaux sur l'histoire et la géographie du peuple arménien, s'est trompé lorsqu'il avance que l'Eglise d'Aghthamar suit le rite et la doctrine des Grecs. La liturgie et le Symbole sont exactement les mêmes que dans l'Eglise d'Echemiazin, et toute la scission vient de l'établissement d'un patriarcat indépendant du premier. Les deux communions sont séparées de la véritable Eglise, parce qu'elles rejettent le concile de Chalcédoine. Ce n'est pas qu'elles soutiennent la doctrine complète d'Eutychès, puisqu'on l'anathématise comme complice d'Apollinaire, en ce qu'il nie que Notre-Seigneur Jésus-Christ soit homme comme nous. Mais, après avoir admis que le Sauveur est Dieu et homme parfait, qu'il a souffert selon la chair et non selon la divinité, ils ne veulent cependant pas conclure qu'il y ait deux natures en sa personne. Ils partagent l'erreur des Syriens jacobites, des Coptes et de tous les Monophysites. L'unité de nature les conduit à dire qu'il n'y a en Notre-Seigneur Jésus-Christ qu'une seule opération et qu'une seule volonté. — C'est un fait bien digne d'attention que l'erreur, après avoir placé une Eglise hors du sein de l'Eglise unique, tarit aussitôt en elle toutes les sources de la foi et de la charité : c'est-à-dire, premièrement, que la doctrine, au lieu d'être développée par les lumières d'un enseignement légitime, reste inerte et comme frappée de stérilité théologique ; en second lieu, que le foyer d'activité qui va toujours se dilatant dans le catholicisme, et se reproduisant chaque jour sous les mille inventions de l'esprit évangélique de sacrifice, est pour ainsi dire glacé par cette première négation, en sorte que son feu divin se retire des institutions même où d'ordinaire il se manifeste. Le culte arménien-schismatique nous servira d'exemple. Le saint sacrifice de la messe, dont l'Eglise catholique est saintement prodigue, comme du miracle le plus grand de la bonté céleste, et comme du moyen le plus excellent pour la sanctification de l'homme, est rendu rare comme une exception, et sa célébration devient plus difficile. D'abord il faut retrancher les jours de jeûne si nombreux dans le rite arménien ; ensuite il n'arrive guère que l'on célèbre deux messes en un jour dans la même église, et jamais elles ne peuvent être dites sur le même autel. L'esprit des sacrements est encore faussé dans leur application : ainsi le bap-

(1) *Géographie de l'ancienne Arménie* ; Venise, 1822. — *Nouvelle Arménie*, page 152 ; Venise, 1806.

tême n'est administré à l'enfant que le huitième jour après sa naissance; s'il meurt dans l'intervalle, certains vartabeds, pour se justifier, aiment mieux nier implicitement le péché originel que d'avouer le défaut de leur liturgie. La confirmation est donnée à l'enfant après le baptême, et le simple prêtre s'arroge le pouvoir de la conférer. L'Eucharistie est administrée sous les deux espèces aux fidèles, qui se présentent debout à la sainte table. Le prêtre ne consacre qu'une seule hostie, et il la divise en autant de parties qu'il y a de communiants. De la sorte, le très-saint sacrement n'est pas toujours présent dans l'église; et il faut ajouter que, soit par esprit de rigorisme, soit par indifférence, les communions sont extrêmement rares, non-seulement parmi les simples fidèles, mais même parmi les évêques et les vartabeds, qui célèbrent à peine une fois l'an. Qui pourrait en outre concevoir l'excès inouï d'orgueil de ces derniers? un docteur croirait déroger à sa dignité s'il recevait le Fils de l'Eternel des mains d'un prêtre inférieur, ou s'il s'agenouillait à ses pieds pour être absous. L'extrême-onction, administrée par les uns dans l'état de santé ainsi que pendant la maladie, est entièrement supprimée par les autres, comme pouvant favoriser le relâchement, parce qu'elle offre, disent-ils, au mourant un dernier moyen de salut : étrange interprétation de la prévoyance miséricordieuse de l'Eglise, qui nous poursuit de ses grâces jusque dans les bras de la mort! Le sacrement de l'ordre est le mieux conservé dans son intégrité primitive; et comme cette Eglise a reçu ses cérémonies de saint Grégoire le Grand, son rite ressemble presque entièrement à celui de l'Eglise romaine. Toutefois, une différence essentielle distingue le sacerdoce arménien, c'est la faculté donnée ou même le devoir imposé au simple prêtre de contracter mariage. Tous les *derders*, qui forment la classe des desservants, correspondante chez nous à celle des vicaires et des curés, ont leur *eretsguin* : tel est le nom que porte l'épouse du prêtre.

Les communions chrétiennes de l'Orient sont schismatiques et même hérétiques; mais la pratique des devoirs qui constituent pour le prêtre la partie active du ministère, quelque altérée qu'elle soit, subsiste toujours. On doit même dire que la cause de cette altération est le mariage, qui contraint le pauvre *derder* à travailler des mains pour faire subsister sa famille. En effet, après avoir récité les matines au lever de l'aube, il va mettre la main à la charrue ou paître son bétail, lorsqu'il n'est pas occupé d'autres soins domestiques, jusqu'à l'heure de vêpres, qu'il chante au coucher du soleil, et qui composent la seconde partie obligatoire de son bréviaire. Il manque donc du temps et des moyens d'étudier; comment ensuite pourrait-il instruire ses ouailles? Aussi semble-t-il s'être résigné à la nécessité humiliante de son ignorance, en abandonnant la lecture et l'instruction aux docteurs et aux vartabeds, lesquels vivent dans le célibat, ainsi que tous les autres supérieurs ecclésiastiques. Les derders ne sont que leurs premiers valets, les haillons qui les couvrent les distinguent seuls des autres paysans; ils s'empressent de rendre aux voyageurs les offices les plus serviles, pour avoir le droit, au départ, de tendre la main et de réclamer leur *bakchiche*. Le mariage est soumis à des empêchements plus sévères que partout ailleurs; et cependant, lorsque les réclamations sont appuyées près du patriarche par quelque largesse, on trouve les moyens de faire légitimer même le divorce.

Les Arméniens sont appelés les grands jeûneurs de l'Orient, et ils méritent justement ce nom, puisque durant les deux tiers de l'année ils observent une abstinence rigoureuse qui leur interdit l'usage de la viande, du poisson, de l'huile et du vin. Cet esprit de mortification, véritablement louable en soi, dégénère néanmoins en un pharisaïque orgueil, qui les porte à accuser de relâchement l'Eglise romaine. Il est aisé de reconnaître que l'intention de saint Grégoire l'Illuminateur, en instituant ces jeûnes, était de sanctifier par la religion des privations rendues nécessaires par la nature. Le pain, le lait et la chair des brebis, tels sont les seuls aliments possibles dans le pays; tout le reste est du luxe. Le dernier paysan de la France ne pourrait supporter le régime des gastronomes arméniens. Les fruits et la vigne ne mûrissent qu'en quatre ou cinq lieux privilégiés; le poisson, dont la pêche est la plus abondante dans le lac de Van, ne peut être pris que deux mois de l'année; et il se borne à deux espèces. L'abstinence de la viande est si peu une privation, que la majorité du peuple n'en mange pas les jours où elle est permise. La constitution saine et robuste de la race prouve, du reste, que cet aliment n'est pas pour elle un besoin. La vie sédentaire des femmes, continuellement renfermées ou assises, l'indolence des hommes, qui ne portent pas au travail l'activité énergique de nos ouvriers, expliquent encore cette possibilité des longues abstinences. Quant à l'huile, elle est si rare dans le pays, que l'on n'en trouve même pas dans la ville d'Erzingam, l'une des cités les plus considérables de l'Arménie; et d'ailleurs le patriarche et les évêques sont obligés d'employer l'huile de sésame, et même le beurre, pour les onctions de la liturgie. — Le peuple arménien est profondément religieux; et sa foi, quand elle s'attache à la vérité, est inébranlable en présence de la persécution, comme en ont fourni tant de preuves éclatantes les catholiques de Constantinople et d'Angora. Il ne partage pas les préjugés et la partie haineuse de ses chefs spirituels; il n'a besoin que d'être éclairé pour abjurer l'erreur. Tous les missionnaires qui sont venus l'instruire ont vu leurs peines amplement récompensées. Dans le XIVe siècle, un frère dominicain, Barthélemy de Bologne, envoyé par le pape Jean XXII, s'établit à deux journées de Tauris, dans la petite ville de Maraga. Le bruit de sa sainteté attirait à sa cellule tous les vartabeds d'alentour. L'un d'eux, Jean de Kerimi, neveu du prince Grégoire de ce nom, le visita aussi, et engagea avec lui une controverse sur la question de la suprématie pontificale. Eclairé de la grâce et guidé par son sens droit, il se convertit à la foi catholique, et résolut noblement de travailler le reste de ses jours à la propager dans sa nation. Parmi les docteurs que la lecture de ses écrits avait portés à imiter son exemple, il en choisit douze, et fonda l'association des *Frères unis*, qui durant trois siècles ont été les défenseurs et les apôtres de l'orthodoxie dans l'Arménie, la Géorgie, la Tartarie et la Crimée. En 1680 ils avaient encore une maison à Nakchivan, et la multitude des catholiques qui remplissait le pays était le fruit de leur zèle. Dieu bénit aussi les travaux des Jésuites qui leur succédèrent à cette époque; mais ceux-ci ayant été contraints par les circonstances d'abandonner cette mission, la plupart des brebis se sont dispersées ou ont péri, et le bercail est resté désert. — L'Eglise catholique d'Arménie n'est pourtant point restée dans l'abandon. Rome, Venise et Vienne ont des établissements destinés à former l'élite du clergé arménien orthodoxe. Un archevêque de cette nation réside à Constantinople. Un autre prélat, qui porte le titre de patriarche de Cilicie, habite au mont Liban; il a sous sa juridiction des évêques et des prêtres qui dirigent, dans l'Arménie proprement dite, de nombreuses chrétientés. A Djulfa s'est établie une mission arménienne, chargée d'évangéliser ceux de sa nation qui habitent la Perse. Et Tiflis, capitale de la Géorgie, voisine des contrées nouvellement conquises par les Russes, a des missionnaires capucins que l'œuvre de la Propagation de la foi a déjà secourus.

| Arménie (Province d'), subdivision administrative de Russie, dans le gouvernement de Transcaucasie; sur la frontière de la Perse et de la Turquie; chef-lieu Erivan. — Elle comprend les dernières conquêtes assurées à la Russie par les traités de Tourkmantschaï et d'Andrinople, la partie russe du pachalik d'Akhaltzikh et la province d'Arménie proprement dite, située entre l'Araxe et la chaîne de montagnes qui sépare le bassin de cette rivière de celui du Kour. Superficie évaluée à 23,000 kil. carrés. — Popul. 160,000 habitants.

Regio Laurentiana, l'île de Saint-Laurent, ou Madagascar. C'est un vicariat apostolique, et le vicaire est ordinairement un prêtre du séminaire du Saint-Esprit, à Paris. La foi catholique fut portée à Madagascar au commencement du XVIIe siècle avec les établissements français dont elle partagea les diverses vicissitudes. Dans le cours de ce siècle et dans le suivant, il s'éleva diverses réactions contre les missionnaires. Il y a une trentaine d'années les protestants ont songé à répandre leurs bibles parmi les populations de l'île. En 1820, Radama, roi des Hovas, envoya un certain nombre de jeunes gens, les uns en Angleterre, les autres à l'île de France, afin qu'ils y apprissent divers arts mécaniques, pour les introduire dans l'île. Il autorisa des missionnaires anglicans à former un collège dans sa capitale. Après sa mort, arrivée en 1829, il y eut une réaction contre les Européens et surtout contre le christianisme, qui fut proscrit par son successeur. Cette mission, qui a été autrefois florissante, n'est plus que l'ombre d'elle-même. Les missionnaires catholiques cependant n'ont pas cessé d'évangéliser quelques tribus. Comme tous les peuples sauvages, les Malgaches, depuis trois siècles, se font entre eux une guerre continuelle. C'est une cause de dépopulation, et en même temps un très-grand obstacle à la propagation de la foi. Les indigènes délaissent la culture, pour laquelle ils éprouvent l'aversion qui caractérise toutes les races sauvages. Quoiqu'ils aient un commencement d'organisation de société, ils sont très-arriérés sous le rapport de la famille, puisque les frères épousent leurs sœurs et quelquefois les fils leurs mères. Les Malgaches sont idolâtres, et ils mêlent à leurs superstitions quelques pratiques empruntées au judaïsme et au mahométisme. Par une circonstance historique assez curieuse, mais restée obscure jusqu'à ce jour, l'Islam, qui a envahi toutes les contrées environnantes, n'a point pénétré dans cette île. — Avant les Portugais, qui visitèrent Madagascar de 1503 à 1506, et lui donnèrent le nom de Saint-Laurent, cette île n'était connue en Europe que par les récits de Marco-Polo; cependant les Perses et les Arabes y commerçaient depuis des siècles: plusieurs savants géographes ont même pensé qu'elle était la Cerné de Pline et la Ménuthias de Ptolémée. Les Français la nommèrent île Dauphine; mais son véritable nom est *Madécasse*, quoiqu'elle soit généralement connue sous celui de Madagascar. Située à l'entrée de l'Océan Indien, sur la route de la mer Rouge, du golfe Persique, du Bengale et des îles de la Sonde, son gisement est à peu près nord-nord-est et sud-sud-ouest; ses limites en latitude les 12e et 26e degrés: son étendue est de 1400 kil. environ de longueur, sur une largeur de 440 kil., ce qui lui donne plus de 3200 kil. de circuit et une superficie de près de 120,000 kil. Ainsi une partie de cette île est sous la zone torride, l'autre sous la zone tempérée, et c'est dans un espace de près de quatorze degrés que les Européens qui ont tenté d'y former des établissements avaient à choisir des terres propres à la culture. On peut évaluer à plus d'un million d'arpents celles qui sont d'une qualité supérieure et d'un rapport assuré. — Des fleuves, de grandes rivières et un grand nombre de ruisseaux qui prennent leur source au pied d'une longue chaîne de montagnes qui sépare la côte de l'est de celle de l'ouest, arrosent toutes les parties de Madagascar, si justement célèbre par la fertilité de son sol et par la variété de ses productions. Les deux plus hautes montagnes de l'intérieur, Vigagora dans le nord, et Botistimène dans le sud, ont une élévation de quinze à dix-huit cents toises au-dessus du niveau de la mer: elles renferment, ainsi que la plupart des autres montagnes, telles que celles de Bey-Four, qui sont moins élevées, des fossiles et des minéraux précieux.

Il existe à Madagascar six races d'hommes qui diffèrent par les traits, quoiqu'ils aient à peu près le même langage. La première de ces races habite la côte de l'est; elle est composée des Bessim-Saras, des Anta-Varats, des Bey-Tan-Ymenes, des Anta-Tschimes, des Anta-Rayes, etc. Ces peuples sont grands, bien faits; leur couleur est le marron plus ou moins foncé; la plupart ont des traits européens, et leurs yeux une expression de douceur et de bonté: leurs cheveux sont crépus, mais longs et fins. Si l'on s'en rapporte à la tradition, on doit considérer ces peuples comme les véritables indigènes, ou du moins comme les plus anciens habitants de l'île. — Les Hovas, qui sont établis à peu près au centre de l'île, ont, ainsi que les Anta-Ancayès, leurs voisins, la couleur, les traits et les habitudes des Malais. Leurs cheveux, d'un noir luisant, sont droits, longs et gros comme ceux des Indiens. — Les peuples du Nord et ceux de l'Ouest, depuis la baie de Vouhémare jusqu'à Antsciamée et Maffaly, ont les cheveux laineux, le nez épaté et les lèvres grosses comme les Cafres; leur teint est d'un noir plus ou moins foncé. — Les Anta-Antscianacs et les Sacalaves du Sud ont quelque chose du Cafre et du Hova, avec lesquels ils se sont mêlés; leur teint est d'un noir plus ou moins foncé. Les Anta-Antscianacs et les Sacalaves du Sud sont les peuples les plus guerriers de l'île. Ils se servent, pour parer les coups de sagayes, d'un bouclier rond en bois d'un pied de diamètre; il est couvert d'une peau de bœuf. Toutes les familles puissantes d'Emirne, la famille régnante elle-même, assurent qu'elles sont originaires de Mena-Bey, capitale des Sacalaves du Sud. — Les Anta-Ymoures, les Zaffé Eroméniens et les Zaffé-Ibrahim ont une origine commune : ce sont des Arabes établis à Madagascar depuis plusieurs siècles; ils ont le teint cuivré, les cheveux crépus, les yeux vifs, s'épilent le haut de la tête. Ces peuples ont des livres écrits en caractères arabes et, qui, disent-ils, ont été apportés de la Mekke par leurs ancêtres; ils savent tous lire et écrire, et l'on voit chez eux un grand nombre d'écoles publiques où leurs enfants apprennent à écrire le malgache avec des caractères arabes sur des tableaux de planches polies. C'étaient les Anta-Ymours qui fournissaient des sécretaires à Dianampouine et à Radama, et qui servaient d'instituteurs aux Hovas avant qu'ils eussent adopté les caractères français.

On trouve à Madagascar une sixième race d'hommes connue sous le nom d'Antalotches. Ils sont établis dans diverses parties de l'île, mais c'est dans le Nord et dans l'Ouest qu'ils sont en plus grand nombre : ce sont des Arabes mahométans que le commerce a attirés à Madagascar, et qui se sont mêlés avec les Malgaches des contrées où ils se sont fixés.

Avant les conquêtes de Dianampouine et de Radama, son fils, on pouvait considérer Madagascar comme divisé en trois royaumes : Emirne, les Sacalaves et Bombétoc, car chacun de ces Etats avait un roi; le dernier, soumis par Radama en 1824, a été réuni à Emirne; le second a conservé jusqu'à présent son indépendance et est devenu l'allié de la reine des Hovas, en vertu d'un traité conclu par Radama en 1825 avec le roi Ramitra, dont il épousa la fille Rasalime. — Les deux royaumes qui subsistent en ce moment à Madagascar sont divisés en provinces, subdivisées elles-mêmes en une infinité de petits districts, commandés par des chefs électifs, choisis dans quelques familles considérées. Tous ces petits chefs, avant Radama, étaient continuellement en guerre entre eux dans le but de faire des prisonniers qu'ils échangeaient contre les marchandises des Français et des Arabes; quelquefois plusieurs de ces petits chefs s'unissaient contre les suzerains de leurs provinces, qui n'exerçaient d'ailleurs sur eux aucune autorité réelle. Aujourd'hui toutes ces peuplades et leurs chefs sont soumis à une seule volonté, celle de la reine des Hovas, avec l'assentiment de laquelle on pourrait parcourir les contrées les plus reculées et les plus sauvages avec autant de sécurité que l'Europe; car elle a eu soin d'établir partout des magistrats civils ou militaires qui la représentent. Les Sacalaves du Sud étant, depuis la conquête de Bombétoc, le seul peuple de Madagascar qui, comme les Hovas, obéisse à un seul chef, le commerce européen pourrait trouver dans leur pays la même sécurité qu'à Emirné s'il faisait ses transactions avec leur roi.

Dans l'Est, près des côtes où l'on trouve des ports spacieux et sûrs, tels que Teintingue, qui contiendrait plus de quarante vaisseaux de guerre à l'abri de tous les vents et des ouragans qui causent tant de ravages à Maurice et à Bourbon, on voit, sur les premières montagnes que l'on rencontre en s'avançant dans l'intérieur, des champs de riz, de cannes à sucre, de patates sucrées, d'ignames, de manioc, de maïs, de chanvre, de lin et de tabac dont la culture n'exige que peu de soins; c'est là aussi que l'on trouve ces beaux bois de construction, tels que le fouraha, le meilleur des Indes après le teck, et que chacun a la faculté d'abattre et d'employer à son usage. Les limons, les citrons, les oranges, les mangues, les bananes de plusieurs espèces, n'étant pas plus éloignés de la mer, offrent aux équipages les rafraîchissements les plus variés. Dans le Nord, la baie la plus saine et la plus commode est celle de Diégo-Suarès, qui a été explorée en 1833 par la corvette *la Nièvre*. Sa position est si avantageuse, que les rivières qui se jettent dans ses ports assurent au commerce des communications faciles, tant avec Bombétoc et Antscianac qu'avec le pays des Sacalaves. Dans l'Ouest, le port de Mazangaye, habité par une colonie d'Arabes et de Maures, a une belle rivière navigable jusqu'à Bombétoc, capitale de l'ancien royaume de ce nom : son territoire est riche en troupeaux de bœufs domptés et sauvages ; il a pour limites le pays d'Antcianac, au centre duquel se trouve un lac qui a plus de 100 kil. de circuit.

En quittant Bombétoc, on rencontre le royaume puissant des Sacalaves : là ce sont des savanes immenses qui nourrissent de nombreux troupeaux de bœufs domptés et sauvages, des moutons à grosse queue de l'espèce de ceux du Sénégal, des chèvres, des milliers de tortues de terre qui sont d'autant plus abondantes que les Sacalaves ne mangent pas leur chair. On trouve aux embouchures des rivières de cette fertile contrée beaucoup de tortues de mer et de carrets qui produisent l'écaille, et souvent sur le rivage d'énormes morceaux d'ambre gris. L'écaille vaut à Maurice et à Bourbon de 50 à 60 francs la livre ; la chair de la tortue se vend dans ces colonies au poids, comme celle du bœuf et du mouton. Les Orientaux estiment l'ambre gris autant que l'or.

Cette côte a plusieurs baies vastes et sûres ; celle de Mouroundava est la plus importante, quoiqu'elle soit la moins fréquentée par les Européens ; elle n'est qu'à trois journées de marche de Mena-Bey, capitale des Sacalaves du Sud, située sur la rive gauche du fleuve d'où elle tire son nom. C'est sur les bords de ce fleuve et à une petite distance de la ville de Mena-Bey, ou grande eau rouge, qu'il existe une mine d'or que l'on doit supposer abondante, si l'on juge de sa fécondité par le minerai qui s'en détache dans la saison des pluies, et que les Sacalaves donnent aux Arabes en échange de poudre et de toiles de Surate.

A cinquante lieues environ des côtes sont les vastes forêts d'Ancaye, formant pour ainsi dire une muraille d'arbres touffus qui sépare les peuplades de la côte et les habitants d'Ambanivoule, ou des montagnes de bambou, des plaines fertiles des Besousons, voisines des montagnes d'Ancove ou Émirne, au centre desquelles est la ville de Tananarive, siège du gouvernement de la reine Ranavale et de la puissance hova. La distance de Tamatave à cette capitale est d'environ 280 kil.; mais en partant d'Yvondrou, qui n'est pas à plus de 12 kil. de port, on peut en faire près de 160 en pirogue sur des rivières et sur des lacs : ces lacs sont, le Nossi-Bey, le Rassoua-Bey et le Rassoua-Massaye ; le second est presque aussi grand que le lac d'Antcianac. — C'est dans les forêts d'Ancaye que l'on trouve non-seulement, comme près des côtes, des bois magnifiques propres aux constructions navales, mais des bois précieux, tels que l'ébène, l'aloès et le sandal, et un grand nombre d'arbres qui pourraient être employés à l'ébénisterie. Le fruit, l'écorce et la sève de la plupart de ces arbres, ainsi qu'une infinité d'arbustes et de plantes qui croissent dans le pays, servent de teintures aux Malgaches pour donner aux tissus de rafia, de coton et de soie qu'ils fabriquent, ces couleurs vives et brillantes que les Européens admirent. Le quinquina gris, jaune et rouge, aussi beau que celui de Loxa, n'est pas plus rare dans ces forêts qu'un grand nombre d'autres écorces précieuses, parmi lesquelles on peut compter le sassafras, que les Malgaches emploient comme dépuratif. Quoiqu'il n'y ait pas de mûriers à Madagascar, on voit suspendus aux branches de certains arbres, dont les feuilles servent de nourriture aux vers à soie, des cocons d'une grosseur extraordinaire ; ils sont produits par des vers de trois espèces différentes, et sont assez multipliés pour mériter que le commerce s'en occupe. Les Malgaches ne savent pas dévider la soie, mais ils la filent comme de la bourre, et en font des tapis qui servent à les couvrir.

Des pirogues d'un seul arbre creusé, qui contiennent deux ou trois cents personnes, pourront donner une idée de la grandeur prodigieuse de certains arbres et de la puissance de la végétation à Madagascar : ce sont ces arbres monstrueux qui servent d'asiles à de nombreux essaims d'abeilles qui font du miel rouge, blanc et vert, et de la cire en abondance, dont les Malgaches ne tirent aucun parti. On y trouve du succin, de la gomme gutte et de la gomme copal qui renferme souvent des insectes curieux ; ils conservent dans ce prisme leurs couleurs éclatantes et toute la fraîcheur de la vie.

Les Malgaches tirent de plusieurs productions végétales, tels que le ravene-sara, qui réunit au parfum du girofle celui de la cannelle et de la muscade, des huiles, dont quelques-unes, qui sont aromatiques, pourraient être utiles à la médecine, d'autres à l'économie domestique. — Il est utile de remarquer ici que les arbres de Madagascar sont couverts d'oiseaux rares, curieux et utiles, et le commerce pourrait tirer parti d'une espèce particulière de mac dont la chair est aussi bonne que celle du lièvre et la fourrure aussi riche que celle de la martre et de l'hermine. Le gibier aquatique est si abondant sur les lacs et les rivières de cette île, et il est si facile à prendre, que, s'il était conservé par les procédés nouveaux de Quinton et de Collin de Nantes, il pourrait être utilisé pour le ravitaillement des bâtiments qui vont dans l'Inde, et qui ne consomment aujourd'hui que fort peu de salaisons. Les porcs pourraient offrir au commerce des ressources plus grandes encore. Quoiqu'il n'y en ait pas dans toutes les parties de l'île, un préjugé ne permettant pas à tous les Malgaches d'en élever, ils sont cependant en si grand nombre à Émirne et à la côte orientale, et coûtent si peu, que l'exploitation de leur chair et de leur graisse ne pourrait manquer d'être lucrative. A Tananarive le porc le plus gras ne coûte que 5 fr. On pourrait tirer aussi quelque parti dans le commerce des jambons et des soies de sangliers, ces animaux étant très-nombreux dans toutes les parties de Madagascar.

L'indigotier et le cotonnier des meilleures espèces sont indigènes à Madagascar ; le caffer, le girofle, y ont parfaitement réussi, et le poivrier y vient aussi bien qu'à Sumatra. La vigne ne se trouve pas ailleurs que sur le territoire d'Emirne, d'où il est probable qu'elle est originaire; le raisin qu'elle produit devrait être bon si les Hovas le laissaient mûrir, et on en récolterait assez pour faire du vin qui vaudrait peut-être celui du cap de Bonne-Espérance.—Les minéraux sont aussi riches à Madagascar que les végétaux y sont variés : on voit en plusieurs endroits de l'île, mais particulièrement sur les montagnes de Bey-Four, de beau cristal dont l'éclat produit au soleil un effet merveilleux. Plusieurs montagnes de Madagascar renferment dans leur sein d'excellent fer, de l'étain et de l'or, dont les mines vaudraient la peine d'être exploitées. On voit dans la vallée d'Amboule, près du fort Dauphin, à Bout-Zanaar, sur la route de Tamatave à Emirne, et en d'autres lieux, des sources d'eaux thermales ferrugineuses ; et dans un pays à qui la nature semble avoir tout accordé, on finirait peut-être par découvrir la houille, qui serait d'une utilité immense aux bâtiments à vapeur qui vont dans l'Inde (1).

Cependant la population de Madagascar est loin d'être en rapport avec son étendue et la richesse de ses produits ; cette abondance est peut-être la cause de l'apathie de quelques peuplades fixées dans les contrées les plus favorisées. Plusieurs causes nous ont paru s'opposer à l'accroissement de la population de cette île ; la principale était la traite des esclaves ; aujourd'hui qu'elle a cessé, nous n'avons plus à indiquer que les épreuves du tanguin et du caïman, et l'usage barbare, conservé encore par plusieurs peuplades de Madagascar, de laisser mourir les enfants nés à des jours malheureux ou à des heures réputées sinistres. Quoi qu'il en soit, les côtes sont beaucoup moins peuplées que l'intérieur. La population du royaume d'Emirne (2) ne s'élève pas par elle-même à plus de 150,000 âmes ; mais, en y comprenant tous les peuples qui lui sont soumis, elle peut être de 1,500,000 âmes. Les Sacalaves et les peuplades encore indépendantes forment tout au plus 2,000,000 d'âmes ; ainsi, depuis l'abolition de la traite des esclaves, on peut évaluer la population de l'île entière à 3,500,000 individus.

L'île de Madagascar étant sous le vent de Maurice et de Bourbon, dont elle n'est éloigné que de 560 kil., sa position géographique assure aux navigateurs de ces colonies des traversées heureuses et faciles qui durent rarement plus de quatre à cinq jours quand ils abordent à la côte orientale, et dix à douze jours quand ils en reviennent, à moins qu'ayant été attirés dans l'ouest, ils n'aient à lutter, pour gagner Maurice ou Bourbon, contre les vents contraires et les courants violents qu'ils sont presque toujours sûrs de rencontrer au cap d'Ambre ou au cap Sainte-Marie, quand ils ont à doubler ces caps en quittant la côte occidentale.

Tous les avantages maritimes et commerciaux que nous venons de signaler attirèrent, dès l'an 1642, l'attention de la France, et pendant près de deux siècles les Français furent seuls en possession de commercer sur la côte orientale de Madagascar. Ils y fondèrent successivement divers établissements qui, depuis 1667 jusqu'en 1671, dépendirent du fort Dauphin, chef-lieu des possessions orientales de la compagnie des Indes, et résidence d'un gouverneur général et d'un conseil souverain. Depuis 1730, après l'abandon momentané de ces établissements nécessité par des circonstances locales, la France n'eut plus à Madagascar que quelques postes de traite nécessaires pour assurer l'approvisionnement de l'île de France et de Bourbon en riz, bœufs et salaisons. (3). Les plus considérables de ces postes, qui étaient pendant les guerres de l'empire à Foulpointe et à Tamatave, où un agent commercial et quelques soldats les protégeaient, tombèrent en 1811 au pouvoir des Anglais ; mais le traité de Paris, du 30 mai 1814, ayant rendu à la France tous ses droits sur Madagascar, elle se décida, ayant perdu l'île de France, à rentrer dans ses anciennes possessions, possessions qu'elle a cessé d'occuper, à l'exception de la petite île de Sainte-Marie, où elle conserve encore un poste militaire.

On sait que, dans les temps anciens, les exactions de quelques agents de la compagnie et les moyens de rigueur qu'ils employaient contre les Malgaches, contribuèrent à la ruine de nos établissements. Mais la principale cause de nos désastres fut la division des peuplades de l'île et l'état de guerre permanent dans lequel elles vivaient entre elles. On comprendra facilement que cet état de choses ne pouvait offrir aucune garantie au commerce ; car si les Français faisaient un jour un traité avec le chef d'une peuplade, ce traité avait si peu de valeur, que souvent, dès le lendemain, une petite puissance voisine de celle avec laquelle on venait de contracter envahissait le territoire de celle-ci, et substituait son autorité à la sienne. D'un autre côté, il était impossible de connaître les ressources du pays et ses besoins, puisqu'on n'aurait pas pu, sans s'exposer au

---

(1) Voir Rochon, *Voyage aux Indes-Orientales*, pag. 8.
(2) C'est à tort que plusieurs cartes présentent Emirne comme une ville ; c'est le nom d'un royaume, d'un État puissant, dont la capitale est Tananarive. Le royaume d'Emirne prend son nom d'une grande rivière qui le traverse, et se jette dans le Mangourou qui passe dans le pays des Antachimes et près de la ville d'Auboudéhar, sa capitale, située dans l'intérieur, à une journée de marche, dans le sud-ouest de Manourou. Le gouvernement de Maurice ayant voulu s'assurer s'il était possible de faire un port à Manourou, y envoya, en 1821, un ingénieur accompagné de son agent, M. Hastey. Ces messieurs étaient protégés dans leur exploration par une division de troupes hovas, commandée par le prince Rafaralah, car on avait fait comprendre à Radama que, si les travaux projetés à Manourou étaient reconnus praticables, il aurait un jour, par la rivière d'Emirne, le Mangourou et la rivière de Manourou, un débouché pour les produits de son pays.
(3) *Précis sur les établissements français formés à Madagascar*, imprimé par ordre de l'amiral Duperré, ministre de la marine, p. 2.

pillage, voyager dans l'intérieur et parcourir des peuplades qui, étant toutes en guerre entre elles, n'auraient pas manqué de punir nos agents des relations qu'ils auraient eues avec leurs ennemis, et de l'hospitalité qu'ils leur auraient accordée. Les fièvres endémiques qui affaiblissaient nos garnisons se joignirent à ces causes pour nous éloigner de Madagascar; car la France avait malheureusement choisi pour fonder ses établissements la partie la plus malsaine de l'île, où les marais sont presque partout au-dessous du niveau de la mer. Il eût été cependant facile d'y fonder des établissements durables, si on s'était un peu plus occupé de répandre parmi les indigènes les connaissances qui leur sont nécessaires pour préparer et mettre en valeur les diverses substances que produit leur pays. L'insalubrité d'une partie de l'île ne devait pas être un obstacle à sa colonisation, si l'on avait pu compter sur l'assistance des populations; car avec leur concours il eût été possible d'obtenir pour son assainissement les mêmes résultats que les Hollandais ont obtenus à Java, où ils sont parvenus à faire une colonie saine et florissante, quoique cette île soit beaucoup moins grande et moins fertile que Madagascar et qu'elle fût d'abord plus malsaine.

Le peuple hova, conquérant et dominateur aujourd'hui de la plus grande partie de Madagascar, doit probablement son origine à l'une de ces associations malaises qui émigrèrent dans les temps reculés et furent s'établir dans la plupart des îles de l'Océanie. Les traits, la langue, la couleur, les cheveux et les habitudes des Hovas viennent à l'appui de cette opinion, confirmée d'ailleurs par la tradition des autres Malgaches, qui n'ont aucune ressemblance avec eux. Le peuple hova vécut jusqu'au commencement de ce siècle dans le mépris que lui valaient de la part des peuplades indigènes son caractère particulier et sa qualité d'étranger. Cependant dès 1803 il commença à sortir d'une manière sensible de cet état de misère et d'abjection. Ce fut à Dianampouine, père de Radama, qu'il dut sa première organisation sociale et ses succès à la guerre, qui le rendirent bientôt redoutable à ses voisins.

Quoique cette peuplade ne fût pas nombreuse et que son territoire n'eût pas une grande étendue, elle avait sur les Malgaches encore sauvages l'ascendant que donne toujours à un grand nombre de forces individuelles une seule volonté qui les dirige : cet état résultait d'un commencement de civilisation qu'elle avait sans doute apporté de sa patrie primitive. Les Hovas connaissaient les métaux et leur usage; ils exploitaient des mines et cultivaient le sol fertile qui les nourrissait avant qu'ils eussent communiqué avec aucun Européen. Leurs mœurs étaient bien différentes aussi de celles des Malgaches qu'ils commençaient à subjuguer. Ceux-ci, peu occupés de l'avenir pourvu qu'ils eussent des fruits, du riz et de l'eau, étaient sans ambition et sans amour-propre ; tandis que les Hovas, envieux de tous les objets étrangers qui flattaient leur vue, étaient capables d'un travail assidu pour se les procurer : des pensées de domination et de fortune venaient déjà troubler leur sommeil, et quelques années plus tard ils étaient devenus admirateurs enthousiastes de nos usages, de nos vêtements et des produits de notre industrie et de nos arts.

Radama, qui cherchait à attirer dans son nouvel empire des étrangers capables, réussit à se procurer quelques ouvriers de Maurice. Ce prince, et la plupart des grands qui l'entouraient, avaient déjà dans leurs maisons une partie des commodités dont les gens aisés ne se passent pas en Europe, et ils cherchaient à se procurer à tout prix les superfluités et les objets de luxe recherchés par les habitants de nos cités.

Cependant l'empire malgache que Dianampouine avait fondé prit un accroissement rapide sous Radama : ce prince parcourait l'île pendant six mois de l'année à la tête de ses légions victorieuses qu'un soldat mulâtre avait instruites et disciplinées ; il établit bientôt dans les quatre parties principales des garnisons et des gouverneurs généraux, chargés de maintenir en son absence les populations qu'il avait soumises. Ces sortes de proconsuls intervenaient toujours en son nom dans les affaires civiles et administratives du pays, quand elles étaient d'un ordre élevé. Les résidences de ces gouverneurs, encore les mêmes aujourd'hui, sont : Tamatave, Foulpointe, le fort Dauphin et Mazangaye.

Radama passait dans sa capitale le reste de l'année, et l'employait utilement : c'était pendant la saison des orages et des inondations qu'il préparait des conquêtes nouvelles, et qu'il s'occupait sans relâche de la législation et de l'instruction de son peuple. Un code militaire, qu'il rédigea pour ses armées, devait suffire à un pays où tout le monde était soldat et soumis à la volonté d'un seul homme. Radama établit à la même époque, sous la direction d'un sergent français, son instituteur, des écoles publiques, où les vieillards, comme les enfants, étaient admis gratuitement, et il ordonna que les caractères français, qu'il trouvait plus simples et plus commodes que ceux des Arabes, seraient employés pour écrire le malgache : ils sont encore en usage aujourd'hui. Des hommes de cinquante et soixante ans, de vieux guerriers et des courtisans, voyant la nécessité d'étudier pour plaire au prince et pour conserver leurs emplois, apprirent en peu de temps à lire et à écrire, et en quelques années cette éducation première, regardée à Emirne comme indispensable, se propagea de caste en caste jusqu'à celle des Cirondas, qui est la dernière et la moins considérée. Bientôt il fut possible de faire le dénombrement de la nation hova et des peuples qu'elle avait conquis. Radama organisa des administrations, et fit constater sur des registres les naissances et les décès ; l'impôt fut réparti et perçu avec plus d'ordre qu'auparavant par des employés spéciaux, et bientôt une ligne de douanes fut établie sur les côtes et protégée par les troupes du roi.

Radama étant mort en 1828, non pas empoisonné par une de ses femmes, ainsi que l'ont prétendu quelques personnes mal informées, le pouvoir échut à Ranavale, sa sœur consanguine et sa *Vady-Bey* ou principale femme. Le nouveau gouvernement conserva ce que le feu roi avait pris, mais il ne chercha pas à faire de nouvelles conquêtes. Sa domination s'étendait déjà sur l'île entière, moins une partie de l'ouest et quelques peuplades guerrières du sud établies entre le fort Dauphin et Manabar. La reine reconnut et approuva le traité d'alliance et de commerce fait par son époux avec les Sacalaves du sud, et malgré la défiance que son peuple et son gouvernement avaient conçue contre les Anglais, malgré des préventions dont la date était ancienne, elle s'empressa de ratifier les traités faits avec eux par son prédécesseur pour l'abolition de la traite des esclaves, quoiqu'ils ne fussent pas à l'avantage de son pays.

Lorsque la France voulut rentrer, en 1829, dans ses possessions de Madagascar, occupées depuis longtemps par les troupes d'Emirne, l'ancien ordre de choses était totalement changé : elle trouva ces misérables peuplades qu'elle avait vues jadis dispersées et presque nomades, réunies en corps de nation, et des armées régulières disposées à lui résister.

La population malgache est composée, comme nous l'avons dit, de deux nations différentes : l'une, qui est d'origine étrangère, s'est rendue maîtresse de la plus grande partie de l'île : c'est le peuple hova, chez qui la civilisation fait chaque jour des progrès nouveaux. Ce peuple dominateur est le seul à Madagascar qui connaisse l'usage de l'argent monnayé, qu'il emploie pour les ventes et les achats ; n'ayant pas de billon, il coupe la piastre d'Espagne en soixante parties qui le remplacent. On ne sera pas étonné de l'abondance du numéraire à Emirne, si l'on remarque que depuis des siècles presque tous les esclaves tirés de Madagascar par les colonies de Maurice et de Bourbon ont été vendus par les Hovas, qui s'étaient faits les courtiers de ce trafic, et payés moitié en argent, moitié en marchandises. L'autre partie de la population malgache est composée d'indigènes presque sauvages, pour lesquels la civilisation n'a pas encore paru jusqu'à présent avoir beaucoup d'attraits. C'est avec ceux-ci que se fait un commerce d'échange très-avantageux. On peut comprendre parmi les peuplades indigènes plusieurs colonies de Juifs et d'Arabes établies depuis les temps reculés en diverses localités ; ces étrangers, ayant oublié la plupart des usages de leurs ancêtres, sont tombés dans un état d'abrutissement presque égal à celui des peuples avec lesquels ils se sont mêlés. Les Cafres venus de l'intérieur de l'Afrique, et établis dans l'ouest de Madagascar, peuvent être placés dans la même catégorie.

Voici comment le commerce d'échange se fait à Madagascar. Aussitôt qu'on s'établit sur un point, on fait venir chez le chef du lieu où l'on s'est fixé des hommes libres et aisés du pays qu'on appelle commandeurs ; on en prend vingt, trente, quarante, suivant la quantité de marchandises que l'on veut écouler ; on remet à chacun de ces commandeurs, en présence du chef, les marchandises que l'on sait convenables pour acheter deux ou trois cents bœufs, chez telle peuplade dont on connaît le goût et les ressources. Lorsque chacun a reçu son lot, qu'on appelle *antouc*, le chef fait tuer un bœuf, et tous les commandeurs, plongeant successivement leurs sagayes dans ses flancs, jurent d'administrer avec économie et fidélité les intérêts qu'on leur a confiés ; ils s'obligent à laisser pour garantie de leur gestion leurs familles et leurs troupeaux, qui doivent rester sous la main du chef jusqu'à leur retour : ils mettent ensuite le dîme sur ce même chef. Le dîme est une imprécation d'une haute portée à Madagascar, et il est très-rare qu'on ne soit pas sûr d'un homme qui a prêté ce serment terrible, conçu à peu près en ces termes : « Que le chef *un tel* meure ; que son corps soit la pâture des caïmans et des oiseaux de proie ; que sa postérité, manquant d'eau et de riz, soit dévorée par les chiens des forêts, si je fais le moindre tort au blanc qui m'a confié ses marchandises pour être échangées contre les productions de notre pays. »

Ce serment prêté, chacun des commandeurs s'adjoint trois ou quatre hommes de peine que l'on appelle marmites. On donne par mois à chacun de ces marmites 40 grains de colliers ; on ne reviennent pas ensemble à plus d'un franc. Lorsque toutes les marchandises sont divisées en petits lots et emballées dans des feuilles de vakoua pour les préserver de l'humidité qui pourrait les altérer pendant le voyage, on les dirige vers les divers lieux de leur expédition. — Le salaire qu'il est d'usage d'allouer à chacun de ces commandeurs consiste en 60 grains de colliers par mois, plus 40 grains pour leur dépense, ce qui forme une *masse* dont la valeur en fabrique est de 2 francs tout au plus. — Nous n'avons jamais pris à Madagascar plus d'un homme par 50 bœufs pour conduire un troupeau dans les sentiers les plus difficiles, et nous ne perdions jamais plus de quatre à cinq de ces animaux sur cent, dans un voyage de 320 à 400 kil. ; deux ou trois étaient enlevés la nuit par les caïmans ; les autres mouraient de fatigue, et leur chair boucanée servait à nourrir les hommes de l'expédition. — Il est rare que de telles expéditions durent plus de deux mois, à moins qu'un commandeur ne soit arrêté par quelque chef cupide ou retenu par un *sahal* ou procès ; ce qu'il est facile d'éviter en gagnant par des présents de peu de valeur l'amitié des chefs puissants, ceux qui sont à redouter dépendant presque toujours de ceux-là.

Les Malgaches donnent à l'une des parties principales de la baie Diégo-Suarès le nom de *Douvouch-*

vasa, qui signifie *baie des Français*. *Vasa* est en effet le nom par lequel ils désignent les Français, en distinguant, quand il y a lieu, les *Vasa-foutchi* ou Français blancs, qui sont les colons des îles de France et de Bourbon, des *Vasa-minty* ou Français noirs, qui sont les gens de couleur de ces mêmes îles; quant aux Français d'Europe, ils les appellent *Vasa amni tany bey*, ou Français de la grande terre. Pour les Anglais, ils les nomment *Enguilisch*.

Les habitants de la baie de Diégo-Suarès, ainsi que tous les Malgaches du Nord, depuis la rivière Soumba-Ranou dans la baie de Possondava jusqu'à celle d'Ankalava, sont connus sous le nom d'Antancares. Leurs traits et leurs habitudes sont presque les mêmes que ceux des Malgaches de l'ouest, mais ils sont encore plus sauvages qu'eux depuis le port Louquet jusqu'au cap d'Ambre; ils sont plus noirs que les Bessimtsaras et les Antavaratz; leurs lèvres sont plus larges, leur nez plus épaté, et presque tous ont des cheveux laineux, ce qui donne lieu de penser qu'ils se sont mêlés avec les Cafres; d'ailleurs plusieurs mots du langage de ces peuples en usage à la baie de Diégo-Suarès prouvent qu'ils ont eu des rapports fréquents et suivis avec les Africains. — Les Antancares sont plus taciturnes et moins tracassiers que les autres Malgaches; on doit convenir aussi qu'ils sont moins intelligents et moins adroits. Ils reconnaissaient autrefois la suprématie d'un chef, que les Hovas ont vaincu et soumis. Au reste, l'espèce d'hommage qu'ils rendaient à ce chef ne les obligeait à rien, pas même à lui payer tribut; les habitants de chacun de leurs villages obéissent à un vieillard qu'ils choisissent eux-mêmes. Cette sorte de patriarche, assisté d'un conseil composé des plus anciens, décide de toutes les affaires de la petite société.

On ne trouve pas à la baie de Diégo-Suarès, et en général dans tout le nord, de grandes associations d'hommes, comme dans certaines contrées de l'île. Là, on ne voit que de misérables villages composés de vingt ou trente cases, petites et peu solides. Ces peuples n'ont aucune idée de la culture, qui cependant devrait mieux réussir chez eux qu'ailleurs s'ils voulaient s'y livrer, car ils ont de bonnes terres végétales qui n'attendent que les travaux de l'homme pour devenir productives, et qui sont d'autant plus précieuses, que ce pays étant moins marécageux que la partie de l'île fréquentée par les Européens, on n'y aurait pas à craindre les inondations qui font souvent du tort aux plantations de la côte de l'est et du sud.

Les Antancares, trouvant dans leurs rivières et sur leurs côtes qui sont très-poissonneuses, une nourriture abondante, cultivent très-peu de riz, des ignames qu'ils nomment *canharres*, et des citrouilles qui font avec du bœuf bouilli la base de leur nourriture. Ces peuples ne voyagent pas hors des limites de leur province, et cependant ils sont peu attachés au sol où ils sont nés. La construction de leurs cases exige si peu de temps et de soins, qu'ils les abandonnent souvent pour aller s'établir et en bâtir de nouvelles dans des lieux qui sont plus à leur convenance. — Leurs usages sont les mêmes que ceux des autres Malgaches, à quelques différences près; mais ils sont en général plus malpropres et plus mal vêtus. Leur habillement consiste en nattes grossières qu'ils tressent eux-mêmes; ils fabriquent aussi quelques toiles de rafia, qu'ils teignent en rouge, bleu et vert. Ces couleurs sont de la plus grande beauté; mais ils travaillent si lentement, que peu de personnes peuvent s'en procurer.

L'arrack est une boisson très-précieuse à Madagascar, et dont aucun commerçant ne pourrait se passer. Malheureusement les indigènes ont tant de goût pour ce spiritueux, qu'ils donneraient tout ce qu'ils possèdent, et se vendraient eux-mêmes pour s'en procurer. On leur vend la bouteille d'arrack 1 fr. 25 c., en quelques endroits 2 fr. 25 c., et même jusqu'à 1 piastre d'Espagne, représentée en produits du pays.

Les bœufs forment la branche de commerce la plus sûre, la plus étendue et la plus lucrative. Un bœuf ne coûte pas à Madagascar plus d'une masse de colliers, qui vaut en Europe 2 francs. Les meilleures parties de la chair de ces bœufs, salées et mises en barils, sont envoyées à Maurice et à Bourbon, où le quart du baril de salaison se vend toujours de 12 à 14 piastres (60 ou 70 fr.). Le nombre en est immense. La première contribution de guerre que leva Radama à Bombétoc, lorsqu'il en fit la conquête en 1824, fut de 50,000 bœufs, et en quatre mois cette contribution fut payée. Un ancien chef du pays de Sakaléon, Vouhare, qui n'était pas un grand potentat, avait un troupeau de plus de 12,000 bœufs; les Malgaches, dans leur langage figuré, disaient que quand ses bœufs marchaient, le soleil était obscurci par la poussière qu'ils soulevaient. On fait à Madagascar deux récoltes de riz tous les ans; la plus considérable a lieu pendant l'hivernage (1).

Les Malgaches sont en général intelligents, adroits et industrieux. Ceux qui habitent les côtes construisent de grandes pirogues en planches, assez fortes pour résister aux vagues de l'Océan; ils s'en servent pour la pêche du balcineau, qu'ils harponnent avec beaucoup de courage et d'adresse; ils savent aussi fabriquer des toiles de diverses sortes; mais leurs métiers sont si imparfaits, qu'il leur faut plusieurs mois pour en faire une pièce. Les plus belles de ces toiles, ou du moins les plus curieuses, sont connues dans le commerce de l'Inde sous le nom de *pagnes* : c'est un tissu d'écorce de rafia; les autres sont de coton ou de soie.

Cependant, chez les Hovas, l'industrie est beaucoup plus avancée que dans les autres parties de

---

(1) A Madagascar, l'hivernage commence avec la mousson du nord-est, au commencement du mois de décembre, et finit au commencement de celle du sud-est, à la fin de mars.

l'île et que sur les côtes mêmes : on trouve à Emirne des charpentiers, des forgerons, des armuriers et des orfèvres. Pendant que la traite des esclaves était permise, c'était ce peuple qui fournissait aux habitants de Maurice et de Bourbon leurs meilleurs ouvriers. Quant aux Malgaches de la côte, l'usage est de les payer en marchandises et de les louer au mois; et quoiqu'il ne soit pas rare qu'ils continuent à servir les Européens pendant plusieurs années, ils tiennent à se réserver la faculté de les quitter à la fin de chaque lune. On les paye en toile de coton bleue ou blanche ou en verroterie de Venise; mais il est beaucoup plus avantageux de leur donner de ces colliers, puisque les 4 piastres qui leur sont dues par mois pour leur *karam* ou loyer sont représentées par 40 grains, qui ne reviendraient pas à 1 fr., et qu'il faut quatre ou huit brasses de toile pour représenter la même valeur (1).

Les Malgaches ne cultivent pas le blé, quoiqu'il réussisse fort bien dans leur île. La canne à sucre, le cafier, le giroflier et le poivrier ont bien réussi à Madagascar, où on en trouve quelques plantations.

Regnum Acenorum, royaume d'Acheen, ou Achem. Il est situé à l'extrémité nord-ouest de Sumatra, une des îles de la Sonde. Des divers Etats indépendants de cette grande île, il est celui qui a joué le rôle le plus célèbre dans les relations des Européens avec Sumatra. Les voyageurs des XVIe et XVIIe siècles ont écrit sur le royaume d'Achem des légendes vraiment merveilleuses. C'était, suivant eux, la contrée de la chevalerie malaise musulmane.

La population est mahométane et de race malaise. On y voit très-peu de chrétiens. Les sociétés bibliques y ont fait peu de progrès.

Cet Etat s'étend sur la côte orientale depuis le cap Achem jusqu'au cap Diamant; sur la côte occidentale jusqu'à Barus; au sud-est il est borné par le pays des Baitas. Une chaîne de montagnes, qui commence au cap Achem et court au sud-est, traverse ce pays, et s'unit aux monts Sampouan. Les points les plus élevés sont le mont Eléphant, les caps Babnan, Félix, Labon. Les principales rivières sont la Sinkel, l'Anna-Labon et l'Achem. Ce royaume se divise en 193 districts, dont plusieurs réunis forment un gouvernement; il a un sol léger et fertile, qui abonde en riz, ognons, racines et fruits du tropique. On y voit fourmiller le bétail, les éléphants, d'excellents chevaux. Les éléphants sauvages exercent de grands ravages dans les plantations de riz et dans les champs. On y obtient de bel or. Les habitants, grands, robustes et braves, ont un teint plus basané que les autres insulaires; ils sont aussi plus fins, plus intelligents, plus industrieux; mais on les accuse d'avoir un caractère bas et traître. Bons marins, ils emploient un grand nombre de vaisseaux à la pêche et au commerce. Un capitaine doit se garder de faire connaître aux pirates, avec qu ce peuple se ligue, que son vaisseau est sur la côte. Les habitants fabriquent une espèce d'étoffe de coton bleue et blanche que portent les plus riches classes; les autres se revêtent de larges étoffes de madras écrues. On les regarde comme assez bons mécaniciens, connaissant la poulie, la vis, le cabestan et les moyens d'opposer une force suffisante pour vaincre les grands obstacles. Ils fondent de petits fusils longs, d'un calibre étroit, nommés *rantakka*. Dans les contrées orientales ils font de bons filigranes en or et arg. Ils parlent le malais. Leurs principales exportations consistent en or, joaillerie, soufre, que l'on tire de l'île de Pulo-Way, camphre, poivre; ils importent opium, étoffes de soie du Bengale, coutellerie, poudre à canon, armes, verre et autres objets de moindre conséquence.

Ce royaume fait un commerce considérable avec les Européens et les nations de l'Orient; mais tout paye un droit au roi, qui exerce un monopole sur la vente en gros de tout l'opium, en afferme la vente en détail dans tout le royaume; outre le droit, il faut encore lui faire des présents. Les habitants, en général mahométans, ont un grand nombre de mosquées, mais petites pour la plupart. Leur gouvernement est monarchique, despotique et héréditaire; cependant le fils puîné règne de préférence à l'aîné, si on le juge plus capable, ce qui occasionne de fréquentes guerres. Les lois pénales sont d'une rigueur extrême, et ne frappent que les pauvres, les riches ayant dans leur fortune assez de moyens pour s'y soustraire. — Le roi garde ordinairement autour de sa personne 100 cipayes de la côte de Coromandel; les sujets l'appellent *tuan-kito*, ou maître dans le gouvernement des affaires d'Etat: il donne ses ordres à une femme qui siège à ses pieds, et les communique à un officier, qui les proclame tout haut. Un des derniers rois ayant envoyé son fils aîné faire une offrande au tombeau de Mahomet, à Médine et la Mekke, le vaisseau relâcha à l'Ile de France, où le prince acquit quelque connaissance de la langue française et des arts, qui devinrent utiles à ses sujets futurs. Les Portugais connurent le royaume d'Achem en 1509. Depuis ce temps il paraît qu'on a admis les femmes au gouvernement. L'Etat a subi de grandes révolutions; et en 1805 le souverain fut obligé de s'enfuir. Les Anglais visitèrent Achem en 1602; ils y font maintenant le commerce tranquillement. Les principales villes sont Achem, Pedir, Soulou et Sinkel.

Achem, capitale du même royaume, près de l'extrémité nord-ouest de Sumatra, sur la rivière du même nom, est située à une lieue de la mer, dans une

(1) La brasse est une mesure malgache : c'est un morceau de bois dont la longueur varie selon les conventions que l'on fait avec le chef du pays où l'on s'établit pour commercer; cependant il est rare qu'elle soit de plus d'une aune et quart. Une brasse de toile bleue équivaut à une piastre à Madagascar; il faut deux brasses de toile blanche pour représenter la même valeur.

large vallée formée par un amphithéâtre de hauts rangs de collines ; elle est irrégulièrement bâtie, et contient 8000 maisons sur pilotis, pour les garantir des inondations soudaines qui couvrent tout le pays. La communication, dans ces temps, se fait par des canots. On distingue la principale rue, un peu élevée et sablée ; mais les autres sont plates et sales après la pluie. Le palais royal, grossièrement bâti et ceint d'une forte muraille et d'un fossé, est hors la ville, et y communique par une route et un canal de la rivière Achem. Cette ville a des fonderies de canons. Elle fait un bon commerce en productions du pays citées ci-dessus ; elle prend en retour étoffes de coton, opium, fer et autres denrées. Il n'y a que les petits vaisseaux qui puissent aborder à la ville, parce qu'il n'y a que 8 pieds d'eau dans les plus hautes marées. Toutes les affaires se font en argent, qui consiste en une petite monnaie d'or de la grandeur d'une pièce de dix sous, et en d'autres monnaies de différents métaux. Il y a aussi une monnaie nationale en plomb, pour le service du bazar. Mais le commerce éprouve quelque obstacle de la part du roi, qui est le principal marchand de son État. En outre, à l'arrivée des cargaisons, on prélève pour droit 12 p. 0/0. Les environs de cette ville sont peuplés et couverts de villages florissants et bien cultivés : les provisions de tout genre y abondent. Lat. nord 5°, long. est 93° 40.

Retiacum, Reuss ou Reutz, principauté d'Allemagne. Ce pays est borné au nord par une partie du grand duché de Saxe-Weimar, à l'est par le royaume de Saxe, au sud par la Bavière, à l'ouest par cette dernière et les enclaves de Schwarzbourg-Rudolstadt et de la Prusse; elle a 60 kil. de long sur 24 de large, et 304 kil. carrés, y compris le district de Gera, qui en dépend, et dont elle est séparée par une partie du grand-duché de Saxe-Weimar. Les princes de Reuss ont en outre un petit territoire enclavé entre le duché de Saxe-Weimar et celui d'Altenbourg. Le sol est montagneux, et plus propre aux pâturages qu'au labourage : il recèle des mines de cuivre, d'argent, de fer, d'alun, de vitriol. Son industrie consiste en manufactures d'étoffes, de toile, cuirs, coton, quincaillerie. Les princes de Reuss, d'une maison très-ancienne, se divisent et deux branches : Reuss-Greiz ou branche ainée, et Reuss-Lobenstein ou branche cadette. Les revenus de cette principauté montent à 480,000 florins. Elle fournit 745 hommes à la confédération. Elle a une voix à la diète fédérative conjointement avec Hohenzollern, Lichtenstein, Lippe et Waldeck, et deux pour elle seule à la diète générale. Popul. 95,000 hab., la plupart luthériens.

| Reuss-Greiz (branche ainée), principauté d'Allemagne, est bornée au nord-ouest et au nord par une partie du duché de Saxe-Weimar, à l'est et au sud par la Saxe, à l'ouest par la branche cadette ou Reuss-Lobenstein ; elle a 28 kil. de long sur 20 de large, et 76 kil. carrés. Elle fournit des grains et des bestiaux.

| Reuss-Lobenstein-Ebersdorf (branche cadette), principauté d'Allemagne, est bornée au nord par une enclave de la Prusse et une partie du duché de Saxe-Weimar, à l'est par la branche ainée de Reuss et la Saxe, au sud et à l'ouest par la Bavière, au nord-ouest par une enclave de Schwarzbourg-Rudolstadt. Le district de Gera en dépend. Cette branche se subdivise en deux rameaux : Reuss-Schleiz et Reuss-Lobenstein-Ebersdorf. La première a 108 kil. carrés et 28,000 hab. ; la deuxième 128 kil. carrés et 27,000 hab. On y trouve des montagnes qui renferment des mines d'argent, de cuivre, de plomb, de cobalt et d'alun.

Les princes Reuss dérivent leur origine d'Eckbert, comte d'Osteroda au Harz, qui vécut dans la seconde moitié du xe siècle, et épousa l'héritière des comtés de Schwarzenberg (dans l'Erzgebirge) et de Gleissberg ou Glitzberg en Hesse. Son fils Henri fut nommé, vers 1084, par l'empereur Henri IV, un des avoyers impériaux dans ce qu'on appelait la terre des avoyers *das Voigtland.* Le pays ainsi nommé comprenait (outre les districts qui forment aujourd'hui la principauté de Reuss) le cercle de Voigtland du royaume de Saxe, celui de Neustadt, qui a été partagé de nos jours entre la Prusse et le grand-duc de Saxe-Weimar, le bailliage de Ronnebourg, qui est au duc de Saxe-Gotha, et enfin la partie de la principauté de Bayreuth, où se trouve Hof. Les avoyers qui gouvernaient cette province étaient une espèce de magistrats dépendants de l'électeur palatin, comme chef de toute justice en Empire, et archiavoyer (*Erzvogt*). D'après l'esprit de la constitution germanique, la place d'avoyer, comme toutes les fonctions tenant au gouvernement, était une véritable charge qu'on conférait à titre de fief, et à laquelle était attaché un territoire où le titulaire exerçait plus ou moins de droits. L'époque où le comte de Glitzberg fut nommé avoyer fut précisément celle de la révolution, par laquelle tous les feudataires qui ne tenaient pas encore leurs bénéfices à titre héréditaire trouvèrent moyen de les transmettre à leur postérité. — Henri III, dit *le Riche,* son petit-fils, établit un de ses fils avoyer à Waida, l'autre à Plauen, le troisième à Greitz, le quatrième à Gera. Ils formèrent autant de lignes régnantes qui s'éteignirent successivement, excepté celle de Plauen. Henri l'Ainé, avoyer à Plauen, fut nommé, en 1426, par l'empereur Sigismond, bourgrave de Misnie et prince d'Empire. Ce bourgraviat est différent du margraviat de Misnie. Les margraves avaient été, dans l'origine, des commandants militaires, les bourgraves des juges. Les fiefs attachés au bourgraviat de Misnie consistaient dans le bailliage de Frauenstein, situé dans l'Erzgebirge, le comté de Hartenstein, et la seigneurie de Wildenfels. La ligne de Plauen se divisa en deux branches : celle des bourgraves de Misnie et celle des seigneurs de Plauen. La première vendit le bourgraviat à la maison de Saxe, et dilapida tellement son patrimoine, qu'à son extinction, en 1572, elle ne transmit à la branche cadette que la partie de Voigtland qui lui était échue, vingt-deux ans auparavant, par l'extinction de la ligne de Gera. — La branche cadette de la ligne de Plauen est la maison de Reuss, encore existante. Son fondateur, Henri le Jeune, avoyer à Plauen, seigneur de Ronnebourg., arrière-petit-fils de Henri le Riche, fut surnommé Ruzzo ou Reuss (Russe), parce que, s'étant croisé du temps de Frédéric II, il tomba au pouvoir des infidèles, par lesquels il fut vendu comme esclave à un négociant russe qui le transporta dans sa patrie, où il passa plusieurs années. C'était l'usage d'alors de donner une épithète distincte à chaque individu, et cet usage était plus nécessaire encore dans une famille dont tous les individus mâles portaient le nom de Henri. Cette branche se subdivisa de nouveau en 1535 en trois lignes, dont il ne subsiste plus que deux, qu'on distingue par les dénominations d'aînée et de cadette. La ligne aînée a obtenu en 1778 le renouvellement de la dignité princière que Sigismond avait accordée en 1426 à toute la maison. Elle possède les seigneuries de Greitz et de Burgk. La ligne cadette se subdivisa dans les maisons de Schleitz, de Lobenstein et de Gera; la dernière s'est éteinte en 1802. — Toutes ces branches, y compris les chefs des branches apanagées, obtinrent en 1806 le rang de princes d'Empire : toutes entrèrent en 1807 dans la confédération Rhénane. Elles font également partie de la confédération germanique, et participent, avec Hohenzollern, Lichtenstein, Lippe et Waldeck, au sixième suffrage à la diète. A l'assemblée générale, chacune des deux lignes principales a une voix, savoir les trente-unième et trente-deuxième. — Tous les princes de cette maison portent le nom de Henri. On prétend que ce fut Iberthe, princesse de Carinthie et épouse du troisième avoyer de Plauen, qui introduisit cet usage en l'honneur de l'empereur Henri VI, son parent. On distinguait anciennement tous ces Henri par des surnoms, tels que ceux d'Aîné, de Cadet, de Long, de Riche, de Roux, de Gris, etc. Plus tard on choisit pour cela des chiffres; et l'on convint en 1668 que chaque ligne aurait une série particulière, mais que dans chacune les chiffres passeraient d'une branche à l'autre à mesure qu'il y naîtrait un prince. Enfin, en 1700, on convint de n'aller que jusqu'à 100, après quoi on recommencera. Les revenus de toutes les branches passent un million de francs. Les princes sont luthériens, ainsi que leurs sujets.

Rhenus, le Rhin, un des plus beaux fleuves de l'Europe, et certainement le plus fameux dans l'histoire des légendes européennes, prend sa source dans la partie la plus centrale et la plus élevée de la Suisse, dans le canton des Grisons. Les annales du moyen âge sont remplies des légendes composées sur les croix, les chapelles, les abbayes et les châteaux qui décoraient les montagnes dont il baigne le pied. Il se forme de trois branches principales, qui ont toutes leurs sources sur les plus hauts glaciers des frontières du canton des Grisons. Le Rhin antérieur sort du glacier Baduz, qui fait partie du Crispalt, et qui est situé dans la partie la plus haute et la plus reculée de la vallée de Tavatsch, et d'un petit lac qui se trouve près du Saint-Gothard ; il traverse ensuite cette vallée et se réunit, près de Disentis, au Rhin du milieu ; celui-ci provient d'un petit lac qui se trouve sur le Luckmanier, dans le fond de la vallée de Madels. Après la jonction de ces deux branches, les eaux du Rhin se grossissent encore, près d'Ilanz, par celles du Glener, rivière qui découle des glaciers de la vallée de Saint-Pierre ; et enfin à Reichenau par le Rhin postérieur. Douze torrents, qui se précipitent d'un glacier énorme situé au fond de la vallée de Rheinvald, forment cette branche du Rhin qui force son passage avec grand fracas au travers de l'effrayante *Via mala*, où elle fait une belle chute ; elle reçoit ensuite, près de Tusis, la Nolla noire, et non loin de celle-ci, l'Albula. Depuis Reichenau le Rhin commence à être navigable pour des radeaux. A Coire il s'augmente encore des eaux de la Plessour, et près de Mallans, de celles de la Landquart ; ensuite il quitte le canton près de Luciensteig. Il arrose du même côté, Stein, Schaffouse, où, près de là, à Laufen, il forme une superbe cataracte. Cette chute est sans contredit la plus grande curiosité du canton de Schaffouse et même de toute la Suisse. C'est à 4 kil. de Schaffouse, entre le petit château de Worth et celui de Laufen, que le Rhin, déjà brisé par des rochers qui gênent son cours, se précipite, dans toute sa largeur, d'une hauteur de 70 à 80 pieds. Le fracas qu'il fait en forçant son passage entre et par-dessus d'énormes quartiers de roches et sa chute même causent un bruit qu'on entend à une lieue, comme le bourdonnement du tonnerre dans le lointain. Le plus beau point de vue pour admirer cette scène imposante est sur une petite galerie de bois appelée la Fischez ; elle se trouve au bas de la chute, tout près de la principale et de la plus haute colonne d'eau. Vouloir décrire l'ensemble de ce spectacle majestueux serait peine perdue ; le tableau le plus détaillé et le plus énergique qu'on pourrait en tracer resterait toujours au-dessous de la réalité. Un sentier assez roide conduit de cette galerie au château de Laufen, qui est assis au-dessus de la chute ; dans un pavillon attenant à ce château on est au niveau du fleuve et en ligne parallèle de la paroi de roche par-dessus laquelle il se précipite. Il y a encore un troisième point de vue duquel on peut contempler la cataracte du Rhin, ce spectacle unique en Europe ; il se présente au petit château de Worth, qu'on atteint en se faisant traverser sur la rive droite du fleuve. De là on voit la chute dans toute sa largeur et dans tout son ensemble ; l'aspect en est particulièrement beau le matin et le soir lorsque les rayons du soleil s'y réfléchissent un peu obliquement. Dans le petit château de Worth, on voit aussi la chute du Rhin dans une chambre obscure qui y est très-ingénieusement pratiquée ; ce tableau mouvant mérite d'être vu. — Le Rhin passe ensuite à Bâle, Rheineck, Constance,

Stekhorn, Diessenhofen, Kaisertuhl, Laufenbourg, Rhinfelden; il se grossit, à droite, de la Lanquart, de l'Ill, de la Riesen ; à gauche, de la Thur, la Toss, la Glatt, l'Aar, l'Ergeltz et la Birse, sur le territoire de la Suisse, dans une étendue de cours de 340 kil. Rien n'altère l'admirable limpidité de ses eaux ; les ruisseaux bourbeux qui s'y jettent au-dessous de Bâle ne peuvent la troubler. De Bâle, il coule au nord, reçoit, à droite de l'Allemagne, le Neckar et le Main ; de la France, à gauche, la Moselle ; tourne au nord-ouest, entre dans les Pays-Bas, et se divise en deux bras, dont le méridional porte le nom de Wahal, et devient un bras de mer, en baignant Dordrecht, Rotterdam et Willemstad.

Ce Wahal parcourt 72 kil. dans ses détours, s'unit à Woudrichem à la Meuse, rivière bien moins considérable ; et cependant on considère la Meuse comme le cours d'eau principal, en sorte que ce qu'on appelle, au-dessous de Woudrichem, la Meuse et les bouches de la Meuse, devrait s'appeler le Rhin et les bouches du Rhin. Il dirige un de ses bras vers le nord-ouest , jusqu'à Huissen , au-dessus d'Arnheim, et de là, sous le nom d'Yssel, une partie de ses eaux coule vers le nord, et va se jeter dans le Zuyderzée, après un cours de 96 kil., pendant lesquels il reçoit plusieurs rivières, telles que l'Oude-Yssel, le Berkel et le Bolks-Beck. L'autre branche se dirige vers l'ouest jusqu'à Wykby-Durstède ; de là elle projette un bras vers Utrecht, où il se divise en deux ; l'un, sous le nom de Kromme, va se jeter dans le Zuyderzée à Amsterdam. Il est à remarquer qu'à peu près entre cette ville et Utrecht une autre branche prend la direction de Muiden, où elle se jette aussi dans le Zuyderzée ; le bras qui, sous le nom de Rhin, se dirige depuis Utrecht jusqu'à Leyde, à 4 kil. de laquelle il se jette dans la mer du Nord, a 60 kil. de long. A Wykby-Durstède un bras considérable va se jeter dans celui auquel on donne le nom de Meuse ; mais à Nieuport ce bras prend le nom de Leck ; enfin, à l'endroit où il reçoit celui de Wahal, c'est-à-dire où il se divise pour la première fois, sa largeur, devenue plus considérable, s'augmente encore des eaux que lui fournit la Meuse, en sorte qu'à 8 kil. au-dessous de leur réunion il se divise en deux bras principaux qui se subdivisent encore en formant plusieurs îles, telles que celles de Ysselmonde, de Rosenbourg, de Worn, d'Over-Flakkée, et enfin les nombreuses petites îles du Bies-Bodch et de Dordrecht, qui furent formées en 1421 par une épouvantable inondation du fleuve, qui engloutit 72 villes et villages, et 100,000 hab. Cette partie des Pays-Bas qu'arrose le Rhin a été souvent ravagée par les eaux douces et marines. Outre l'événement sinistre que nous venons de rappeler, on sait que vers l'an 860 la mer ravagea tellement les côtes de la Hollande, que c'est depuis cette époque que le fleuve n'a plus laissé d'autre trace importante de son embouchure dans la mer du Nord, que le bras qui porte aujourd'hui le nom de Meuse. Toutefois nous appuierons toujours sur la nécessité de considérer en géographie physique les bouches de la Meuse comme étant réellement celles du Rhin, car il serait bien inexact de regarder comme son embouchure le médiocre cours d'eau qui se jette dans la mer au-dessous de Leyde ; ou, en considérant le Wahal comme une portion du Rhin, d'admettre que ce fleuve, qui a plus de 1200 kil. de cours, va se jeter dans une rivière comme la Meuse. En effet, en examinant les choses sous ce point de vue, la Meuse deviendrait un fleuve, et le Rhin une grande rivière, dont le plus faible des bras s'unirait seul à la mer du Nord. Depuis sa source jusqu'à Mayence, on nomme ce fleuve Haut-Rhin, et depuis cette ville jusqu'à la Hollande, Bas-Rhin.

Le cours total du Rhin, de plus de 1200 kil., ne répond pas à la grandeur de son volume. Ses eaux, comme celles du Danube, sont limpides et d'un beau vert. Son cours, rapide dans la Suisse, jusqu'à Bâle, où il offre des paysages pittoresques, s'embarrasse jusqu'à Strasbourg, et même à Germersheim, d'une multitude d'îles ; mais à Mayence il reprend sa première beauté. De là jusqu'à Cologne il baigne les plus belles contrées de l'Allemagne. Des châteaux antiques et modernes, des villes et des villages pittoresquement situés sur ses deux rives, embellissent et varient les belles vues qu'il offre de tout côté. On voit les collines couvertes de vignes jusqu'à leurs sommets, qui fournissent ces fameux vins dits du Rhin, tandis que les tours et les forts, débris de la féodalité, restent suspendus sur les ondes. Au-dessous de Cologne ce fleuve perd beaucoup de sa largeur. Ses rives deviennent plates , sablonneuses, et n'offrent presque plus de beaux points de vue.

Le Rhin, relativement à la navigation, offre un avantage immense pour les pays qu'il arrose : il est navigable depuis Coire jusqu'à la mer du Nord. Il reçoit un grand nombre de rivières navigables que nous avons citées ci-dessus, qui, comme autant de canaux ouverts pour le joindre, ouvrent un passage dans les pays divers qu'il arrose à droite et à gauche. On transporte aux Pays-Bas, sur ce fleuve, les les bois de construction de la Souabe et les denrées coloniales de la côte dans l'intérieur de l'Allemagne et de la Suisse. Les bateaux à vapeur offrent aux voyageurs et au commerce de grands moyens de communication. La navigation est quelquefois difficile, mais rarement dangereuse. A Cologne il arrive des navires de 100 à 150 tonneaux qui font usage de voiles, et rarement de chevaux ; on a entrepris en Bavière de réunir le Rhin au Danube par un canal. En France on travaille à un canal de Strasbourg à la Marne, qui communiquerait par cette rivière avec Paris. Le Rhin a donné son nom aux provinces et aux départements suivants.

| Le Rhin, cercle d'Allemagne, Bavière, sur la rive gauche du fleuve du même nom, est borné au nord par le grand-duché de Hesse, à l'est par celui de Bade, à l'ouest par les États prussiens, par ceux d'Oldenbourg et de Hombourg, et au sud par la France ; il forme un

territoire compacte qui approche de la forme d'un carré. Il a 100 kil. de long, sur 108 kil. de large, et 1500 kil. c.; la Lauter et la Queich l'arrosent : étant coupé par plusieurs rameaux des Vosges, son sol est inégal, agreste et varié : on voit la vigne prospérer sur les coteaux les mieux situés, tandis que les sommets rocheux des collines sont couronnés de ruines de vieux châteaux. Les vallées abondent en blé, orge, avoine et fruits. La France a cédé, par les traités de 1815, ce territoire à l'Autriche, qui l'a échangé avec la Bavière. On divise ce cercle en quatre districts, savoir : Frankenthal, Landau, Kaiserslautern et deux-Ponts. On y compte 28 villes, 16 bourgs et 565 villages et hameaux. Popul. 470,000 habitants.

| Rhin, province d'Allemagne, grand-duché de Hesse, bornée au nord par le duché de Nassau, à l'est par la principauté de Starkenbourg, au sud par le cercle bavarois du Rhin, à l'ouest par le landgraviat de Hombourg et la province prussienne du Bas-Rhin. Il a 48 kil. de long sur 40 kil. de large, et 360 kil. c. Les Vosges qui le traversent, et principalement le mont Tonnerre, qui en est une ramification, rendent sa surface montueuse et romantique. Le Rhin forme un vaste demi-cercle le long de sa frontière orientale et septentrionale. Les vallées et les plaines, d'une grande fertilité, produisent blé, lin, tabac, vin. Les collines, en certaines parties, recèlent des mines de fer et de sel. Les principales manufactures consistent en toiles, coton et cuirs. On s'y livre à la navigation et au transit des marchandises sur le Rhin, qui offrent un grand bénéfice. Cette province comprend onze cantons, et renferme 10 villes, seize bourgs et 161 villages. Popul. 286,000 hab.

| Rhin (Bas-), grande province d'Allemagne, États Prussiens, comprend en grande partie le territoire des anciens départements français de la Roër, de Rhin-et-Moselle, de la Sarre, ainsi qu'une partie de celui de l'Ourthe. Elle est bornée à l'ouest et au nord par les Pays-Bas, à l'est par les régences de Düsseldorf et de Cologne, et par le duché de Nassau, le grand-duché de Hesse, le landgraviat de Hesse-Hombourg, la principauté de Birkenfeld et la province bavaroise du Rhin; au sud par la France. Elle a environ 220 kil. de long sur 100 kil. de large, et 2856 kil. c.; elle se divise en trois rég., savoir : Aix-la-Chapelle, Coblentz et Trèves. Le sol offre diverses chaînes de montagnes volcaniques. Les plus importantes sont celle d'Eifel, le volcan de Goldberg, d'où l'on jouit d'un horizon fort étendu, borné par une rangée de sommités coniques : à chaque pas que l'on fait dans cette contrée, on aperçoit de vastes cratères ou de hautes montagnes qui paraissent avoir vomi des laves à des époques différentes. L'Eifel semble avoir beaucoup de ressemblance avec les montagnes du Puy-de-Dôme. Les montagnes et collines qui hérissent le sol nuisent à sa fertilité. On y cultive pommes de terre, blé en petite quantité. La vigne prospère sur les rives du Rhin, de l'Ahr, et surtout de la Moselle ; les autres productions consistent en houblon, tabac, lin. Les montagnes recèlent des minéraux. Les manufactures se trouvent confinées dans les districts d'Aix-la-Chapelle et de Neuwied. Popul. 1,215,248 hab. cathol.

| Rhin (Bas-), département de la France, est borné au nord par le département de la Moselle et par le cercle bavarois du Rhin, à l'est par le Rhin qui le sépare de l'Allemagne, au sud par le département du Haut-Rhin, à l'ouest par ceux des Vosges, de la Meurthe et de la Moselle : il a 108 kil. de long sur 64 kil. de large, et 520 kil. c. Il tire son nom du Rhin, qui baigne sa partie orientale et le sépare de l'Allemagne. L'Ill, la Moder, la Zorn, le canal de la Bruche et le canal de Monsieur ou du Rhône au Rhin, l'arrosent aussi.

Ce département, divisé en quatre arrondissements, trente-quatre cantons, 540 communes, se compose de la Basse-Alsace, d'une partie de la Lorraine et d'anciens territoires de l'Allemagne. Il tire son nom de sa position physique relativement au cours du Rhin, qui s'abaisse sensiblement du sud au nord. Il dépend de la cinquième division militaire, est du ressort de la cour royale de Colmar, forme le diocèse de Strasbourg. Il y a deux églises consistoriales réformées, l'une à Strasbourg, l'autre à Bischweiler ; une des sept synagogues consistoriales est à Strasbourg.

Peu de départements égalent celui du Bas-Rhin en richesses territoriales et industrielles. C'est, après celui du Nord, le plus avancé pour la culture : on y cultive en abondance toutes sortes de productions, et spécialement garance, tabac, semences potagères. On y récolte beaucoup de vins ; les blancs sont les plus estimés. On cite ceux de Molsheim, Wolxheim, Mutzik, Sherweiler, Heiligenstein. On y compte 14,390 hectares de vignes qui donnent, année commune, 441,000 hectolitres de vin, dont 200,000 se consomment dans le pays. 153,697 hectares sont plantés en forêt. L'industrie manufacturière fournit armes de toute espèce, grosse quincaillerie, scies, bijouterie d'acier, toiles métalliques, orfévrerie, instruments renommés de chirurgie, physique; maroquin, amidon, savon, papier, verres, nankin, draps, toiles peintes, toiles à voiles, siamoises, lainages, graisse d'asphalte, bitume et goudron minéral à Lampersiloch, Lobsann. Ce département offre aussi des paillettes d'or dans le Rhin, houille, plâtre, manganèse ; de nombreuses mines de fer, deux de cuivre, l'une à la Petite-Pierre, et l'autre à Villé, où l'on trouve aussi des mines d'antimoine et quelques filons d'argent ; il est l'entrepôt du commerce de France, d'Italie, d'Allemagne et de Suisse.

Par le traité de Paris, du 20 novembre 1815, tout le territoire sur la rive gauche de la Lauter, faisant ci-devant partie de ce département, fut cédé à l'Allemagne, à l'exception de Weissembourg, avec un rayon de 1000 toises sur la rive gauche du Rhin.

Rhin (Bas-) ou Électoral, ancien cercle d'Allemagne, comprenait les archevêchés de Mayence, Trèves et Cologne, et la partie du Palatinat qui était à l'électeur Palatin. Il est maintenant partagé entre les Etats de Bade, de Bavière, de Hesse-Darmstadt, de Nassau, de Prusse et de Hanovre.

Rhin (Haut-), département de la France, est borné au nord, par celui du Bas-Rhin, à l'est par l'Allemagne et la Suisse, au sud par la Suisse et le département du Doubs, à l'ouest par ceux de la Haute-Saône et des Vosges; il a 112 kil. de long sur 68 kil. de large, et 772 kil. c. Il tire son nom du Rhin, qui le baigne à l'est; l'Ill, les canaux de Neuf-Brisach et du Rhin l'arrosent aussi.

Ce département, divisé en trois arrondissements, vingt-neuf cantons, 490 communes, est tiré de la Haute-Alsace, du Sundgau, et de l'ancienne république de Mulhausen ou Mulhouse. Il dépend de la cinquième division militaire, est du ressort de la cour royale de Colmar, et fait partie du diocèse de Strasbourg. Il y a une église consistoriale réformée à Mulhausen, et une synagogue à Wintzenheim.

La partie méridionale et occidentale de ce département est presque entièrement couverte de hautes montagnes qui se rattachent au mont Jura, prennent leur direction vers le nord, forment la chaîne des Vosges, et servent de limites à la partie du Rhin qui appartient à la France. Les montagnes s'abaissent sensiblement du côté de l'Allemagne, et présentent des coteaux tapissés de vignes qui s'étendent jusqu'au bord du fertile bassin que longe le cours du Rhin : ce bassin, traversé par l'Ill, qui le divise en deux parties presque égales dans le sens de la longueur, offre, entre les montagnes et cette rivière, des terrains fertiles et bien cultivés, qui fournissent en abondance des grains de toute espèce, des vins de diverses qualités, et d'excellents pâturages. La partie située entre l'Ill et le Rhin est couverte de vastes forêts dans la presque totalité de son étendue, parmi lesquelles nous citerons celle de la Hart, dont la contenance est de 15,372 hectares.

Il abonde en froment, seigle, maïs et sarrasin, chanvre, navette, colza, garance, légumes, beaucoup de fruits, et nombre de merises. Il possède de belles pépinières, surtout celle de Bollviller. 15,000 hectares de vignes donnent, année commune, 400,000 hectolitres de vin, dont les habitants consomment 225,000 ; le surplus est livré au commerce. 141,717 hectares sont plantés en forêts. Le Haut-Rhin renferme de nombreuses usines à fer, cuivre, laiton à Niederbrück ; outils et pièces d'horlogerie et autres objets à Beaucourt ; de vastes manufactures, en filatures et tissus de laine, de coton, en impression de toiles ; des fabriques considérables de kirschenwasser, eau de gentiane, eau-de-vie ; des carrières de très-belles pierres de taille, plâtre, marbre, granits variés, porphyre des Vosges, cristal de roche : il fait un commerce consid. avec l'étranger.

Rhin (Haut-), ancien cercle d'Allemagne, comprenait les évêchés de Bâle, Strasbourg, Spire et Worms; plusieurs Etats des cadets de la maison Palatine, les landgraviats de Hesse et plusieurs villes impériales et comtés. Les Français s'emparèrent de la moitié de ce cercle contigu, et la gardèrent de 1794 à 1814. Ce cercle se trouve maintenant partagé entre la Bavière, la Hesse Electorale, Hesse-Darmstadt et autres Etats.

Rhetnacum, Rheinau, ou Rhinau, petite ville de Suisse dans le canton de Zurich, située sur le Rhin entre Schaffouse et Eglisau, qui doit son origine à une abbaye de Bénédictins, fondée en 778 par Welf. Cet endroit formait alors une solitude sombre et profonde. Les moines défrichèrent les environs et se livrèrent ensuite à la culture. Plus tard ils copièrent des manuscrits et ouvrirent une école qui eut une certaine renommée. L'abbaye a produit des érudits et des savants qui ont laissé des ouvrages estimés. Elle a pu jusqu'à présent survivre à toutes les vicissitudes que les établissements monastiques ont éprouvées en Suisse comme ailleurs. Bâtie dans une petite île, entre deux péninsules formées par les sinuosités du Rhin, elle se trouve dans une situation pittoresque et fort agréable. Elle possède une bibliothèque riche en manuscrits précieux et en collections d'histoire naturelle. On remarque à l'extrémité de l'île une chapelle assez curieuse, qui est construite en forme de grotte et toute remplie de coquillages. — La population de Rheinau est catholique, quoique le canton de Zurich soit presque entièrement protestant. L'abbaye et la ville sont à une distance de 16 kil. nord-nord-ouest de Winterthur, autre petite ville du même canton, mais dont les habitants suivent le culte calviniste. Winterthur, située sur le ruisseau Eulach, dans une vallée fertile et riante, exploite plusieurs branches d'industrie et fait un commerce assez considérable, parce qu'elle est traversée par la grande route de Constance et de Saint-Gall.

Rhodanus, le Rhône. Ce fleuve rappelle le souvenir de saint Jérôme et de saint Hilaire de Poitiers. Le premier, dans ses lettres, compare l'éloquence de l'illustre évêque de Poitiers au Rhône qui roule ses eaux avec impétuosité. Ce fleuve est tristement célèbre dans les légendes des contrées qu'il parcourt, à cause des ravages qu'il y occasione. Au moyen âge on n'osait lui imposer des ponts. Un simple pâtre, sans instruction et sans argent, saint Bénézet, entreprit néanmoins d'en construire un à Avignon dans l'intérêt des populations rurales des deux rives. Ayant confiance en Dieu, il réussit dans son œuvre colossale, surtout pour l'époque. On en voit encore aujourd'hui une partie. On avait bâti une petite chapelle au milieu. Le pont d'Avignon et son pieux constructeur étaient devenus populaires dans tout le midi de la France, et parmi le peuple on chantait des chansons légendaires composées à cette occasion.

Le Rhône prend sa source au mont de la Fourche, près du Saint-Gothard en Suisse, traverse le

Valais, le lac de Genève, entre en France un peu au-dessous de cette ville, court au sud, remonte ensuite au nord, se dirige à l'ouest, et coule ensuite constamment au sud jusqu'à son embouchure. Il traverse Seyssel; non loin de là, au Sault, le Rhône franchit un banc de rochers nommé *Saut-du-Rhône*, et qui, sur 1000 mètres de longueur, forme deux cascades d'un mètre de hauteur chacune. Le Rhône s'est tracé à travers ces rochers des sillons qui présentent différentes passes plus ou moins favorables à la navigation. Cet endroit est en général difficile à franchir. Ce fleuve baigne du même côté Lyon, Givors, Tournon, Saint-Peray, la Voulte, Viviers, le bourg Saint-Andéol, le Pont-Saint-Esprit, Roquemaure, Villeneuve-lez-Avignon, Aramon, Beaucaire; il arrose à gauche Quirieu, Vienne, Saint-Vallier, Tain, Valence, Montélimart, Caderousse, Avignon, Tarascon, Arles; un peu au-dessus de cette ville, à Fourques, le Rhône se divise en deux bras, dont le principal se jette dans la Méditerranée à la Tour-Saint-Louis; le second bras, appelé le *Petit-Rhône*, se dirige sur la droite, forme l'île de la Camargue, et débouche dans la mer dans le golfe du Lion ou de Lyon, près les îles de Sainte-Marie. Ce fleuve reçoit à droite l'Ain, la Saône à Lyon, l'Ardèche, la Cèze, le Gardon; à gauche l'Isère, la Drôme et la Durance. Il borne d'un côté les départements de l'Ain, de l'Isère, du Rhône, de l'Ardèche, de la Drôme, de Vaucluse et du Gard, et arrose celui des Bouches-du-Rhône. Le Rhône commence à être flottable à Arlod, et navigable au Parc, un peu au-dessus de Seyssel, département de l'Ain; le flottage se fait avec difficulté, à cause des rochers au milieu desquels coule le Rhône. Ce fleuve se perdait en hiver au pont de Lucey, à Bellegarde, sous un rocher qui interceptait la navigation. On a coupé ce rocher; il a fait place à un canal dans lequel on flotte maintenant une grande quantité de bois de construction. Dans l'été, lorsque le Rhône est grossi par la fonte des neiges des Hautes-Alpes, ses eaux recouvrent tous les rochers. Le Rhône roule ses eaux avec une grande rapidité depuis Lyon jusqu'à Avignon; sa vitesse décroît à mesure qu'il approche de Beaucaire et d'Arles, et devient à peu près nulle sur un grand espace avant d'arriver à la mer. On a construit de chaque côté du Rhône des chaussées destinées à contenir ce fleuve, et à l'empêcher de porter le ravage dans les plaines qui l'environnent. Les bouches de ce fleuve sont très-nombreuses, et les îles qui les séparent produisent des barres qui rendent le passage difficile : la principale île est celle de Camargue. — La Camargue, primitivement créée par les dépôts du Rhône, s'accroît toujours par la même cause. C'est un vaste bassin triangulaire, garanti des inondations du fleuve par de fortes digues, et seulement séparé de la mer par des monticules de sables mobiles. Sa surface se compose de 74,200 hectares, dont 12,600 en état de culture, 31,300 en pâturages naturels, terres vagues, etc., 10,400 en marais, et 19,900 en étangs et bas-fonds salés. Des 12,600 hectares en état de culture, 1600 sont occupés par des vignes, des luzernes, des orges et autres produits; 5500 par des blés; et les autres 5500 demeurent chaque année en jachère, pour être ensemencés l'année suivante, d'après le système d'assolement suivi dans le pays.

Le maximum de l'élévation des eaux de la mer sur la côte de l'île est de 4 pieds et demi seulement, car les marées sont très-peu sensibles dans la Méditerranée, surtout dans les temps calmes; l'élévation est un peu plus marquée en automne et au moment des syzygies. Toutefois, malgré ce peu d'élévation des eaux de la mer, comme le delta du Rhône est presque entièrement plat, la partie insubmersible du sol n'est guère que de 20 mille hectares; la partie submersible durant l'hiver est de 34,000 hectares; et la partie presque toujours entièrement submergée, en automne, en hiver et au printemps, est de 19,900 hect. La hauteur moyenne des fonds insubmersibles est de 2 mèt. 70 cent. — Sur la côte, les eaux de la mer contiennent environ le 4 pour 0/0 de leur poids de sels de diverses natures. La hauteur moyenne des dunes qui séparent la mer des étangs de la Camargue est d'un mètre au-dessus de l'étiage ou de 15 pouces au-dessous des plus fortes élévations de cet élément, dont les inondations arrivent en décembre et passent par-dessus toute la plage, pour retourner à la mer dès que le vent cesse, par des canaux naturels, vulgairement appelés *graux*, qu'elles se sont frayés sur plusieurs points de son littoral. C'est au moment du retour des eaux à la mer qu'on fait dans ces graux la pêche du turbot, dans laquelle des hommes armés d'une sorte de trident se mettent dans la mer jusqu'à la ceinture, et, en piétinant le sol, sentent le turbot, à moitié enterré dans le sable, s'agiter sous leurs pieds nus, qui le distinguent des autres poissons, aux clous dont son dos est couvert. Le poisson des étangs y périt en été par l'excessive salure de l'eau marine, qui d'ailleurs s'évapore et souvent même se cristallise entièrement. — Sans ses digues, la Camargue serait submergée par le Rhône plusieurs fois durant le cours du printemps, au moment surtout de la fonte des neiges, et pendant l'automne lors des pluies équinoxiales. Au mois d'août, le Rhône est à son plus bas niveau, 1^m,785 au-dessus de celui de la mer. — Le grand bras du fleuve ou grand Rhône, mesuré au pont d'Arles, a 149 mètres de largeur, et 20 mètres de profondeur; sa vitesse n'est jamais moindre de 1^m,45 par seconde. Le petit Rhône, mesuré au pont de Fourques, a 144 mètres de largeur, sur 2 mètres de profondeur, et sa vitesse est moindre que celle du grand Rhône. Sur quelques points, près de la mer, le grand Rhône a jusqu'à 800 mètres de largeur, et ses eaux sont limoneuses. On évalue à 2200 mètres cubes l'eau que les deux branches ensemble portent à la mer. Cette eau se conserve longtemps sans se corrompre, lors même qu'elle est exposée à toute l'action du soleil dans des mares servant d'abreuvoirs, où elle est continuellement trépignée et salie par le bétail. Contenue dans des jarres à l'ombre, elle ne se corrompt jamais, et c'est la plus saine à boire, quand elle est bien clarifiée : sans elle la Camargue serait inhabitable. Autrefois les navires de toute la côte qui partaient pour les voyages de long cours venaient aux embouchures du Rhône, en faire leur provision.

Malgré la position méridionale de la Camargue, l'été n'y est pas excessivement chaud ; l'ardeur du soleil y est ordinairement tempérée par le vent de mer, dont l'horizontalité de l'île permet le libre et plein mouvement sur elle ; et l'air qui touche la mer étant moins dilaté dans le jour que celui qui touche la terre, il en résulte que l'équilibre de l'atmosphère est rompu, ce qui amène, le matin, vers 9 heures, une brise qui souffle jusqu'à ce que, le soleil cessant d'échauffer la terre, ce vent de mer cesse également avec la cause qui le produit. Un peu avant le crépuscule, l'équilibre est rompu de nouveau par une cause inverse : l'air des montagnes, plus refroidi pendant la nuit, a plus de ressort et souffle à son tour. Aussi la chaleur est sensiblement modérée, et le thermomètre ne s'élève ordinairement en été qu'à 23 degrés. Pas de pluies dans cette saison, excepté quelques pluies d'orage ; mais les rosées sont abondantes et paraissent suffire pour humecter les plantes. En automne les pluies viennent par la *tramontane*, ou le vent des Alpes. D'octobre à janvier, les alternatives de pluies, de mistral et de vents de mer ne laissent que peu d'intervalles de beau temps ; souvent, au contraire, les mois de janvier et de février sont très-beaux, les amandiers se couvrent de fleurs, et si le mistral ne revenait en mars dessécher la nature dans l'île de la Camargue, on n'y connaîtrait pas d'hiver.—Le climat de l'île est très-malsain, à cause des eaux corrompues et des miasmes des marais, qui dans l'été produisent de fréquentes épizooties chez les animaux, et des fièvres putrides chez les hommes ; maladies qui désespèrent et ruinent souvent les propriétaires de la Camargue, où la mortalité, terme moyen, est souvent d'un 8e, lorsque dans le reste de la France elle n'est que d'un 40e de la population par année. Aussi, la population de l'île, qui n'est que de 2325 individus, et n'a que le malheureux bourg de Sainte-Marie, est sans cesse alimentée par les villes d'Arles, de Saint-Gilles et de Fourques. Au XIIIe siècle, il faut que la Camargue ait été plus fertile et plus saine qu'aujourd'hui, puisqu'elle avait des villes et des villages en grand nombre. Jules César la trouva couverte d'arbres de haute futaie et y fit couper le bois nécessaire à la construction de 12 galères ; mais à présent on n'y trouve plus que quelques ormeaux près des maisons de campagne, et des lagunes stériles, ou des étangs sur lesquels, lorsqu'ils sont desséchés, a lieu le phénomène du mirage, comme en Égypte.

Le cours entier du Rhône, depuis sa source (à 5134 p. au-dessus de la mer) au glacier du Rhône, jusqu'à son embouchure dans la Méditerranée, est de 2,499,570 p. ou 208 l. et demie, et sa pente est de 3150 p., ou par estimation moyenne, de 1 p. sur 487 p. un quart de distance. — On remonte le Rhône à la voile depuis la mer jusqu'à Beaucaire ; mais au-dessus de cette ville, il n'est plus possible de vaincre la rapidité du courant que par le secours du hallage. La facilité que les barques de mer trouvent à remonter jusqu'à Beaucaire, a fait choisir cette ville pour être l'entrepôt général du commerce de France avec l'Espagne, les côtes d'Afrique et d'Asie, ainsi qu'avec tout le Levant et l'Italie. Néanmoins l'incertitude de cette navigation et les difficultés qu'offre la remonte du Rhône depuis Arles jusqu'à Lyon font que la plupart des expéditions de Marseille pour l'est de la France ont lieu par la voie du roulage : en effet, sur environ 550,000 quintaux métriques de marchandises qui sortent annuellement de Marseille à la destination de Beaucaire, d'Avignon ou de Lyon, il n'en remonte par le Rhône que 200,000 quintaux environ, tandis que le surplus vient par terre. Les bâtiments de mer qui vont de Marseille à Arles font ce trajet en trois ou cinq jours, et remontent en quelques heures d'Arles à Beaucaire ; mais ils sont sujets à de grands retards si le vent est contraire. — La remonte du Rhône depuis Beaucaire jusqu'à Lyon, sur une longueur de 265,000 mètres, présente des difficultés de toute nature, résultant de la vitesse du fleuve, de l'action quelquefois très-violente des vents du nord et du sud, de la variation dans la hauteur des eaux, et de la nécessité de changer souvent de rive pour le hallage. La longueur de la partie navigable de ce fleuve est de 508,000 mètres, celle de la partie flottable se borne à 10,000. Au Parc, où se termine la navigation ascendante, il se fait un dépôt considérable de sels qui viennent du Languedoc ; on remonte un peu de vins et beaucoup de charbons de terre provenant des houillères de Rive-de-Gier. On construit à Seyssel et à Culles un grand nombre de bateaux destinés pour la navigation du Rhône et de la Saône. On y embarque pour Lyon des bois de construction, de la pierre de taille blanche, de l'asphalte. On charge aussi sur le Rhône des charbons de bois, des fagots, des fruits, et particulièrement des pommes du Bugey. Les épiceries, les vins, les huiles de la Provence et du Languedoc remontent le Rhône, ainsi que les papiers d'Annonay. Des bateaux à vapeur se succèdent presque sans interruption depuis Lyon jusqu'à Arles ; ces mêmes bateaux communiquent avec la Méditerranée par le canal d'Arles au port de Bouc. La traversée de Lyon à Arles se fait avec une rapidité si grande, que, dans cette distance d'environ 75 lieues, ces bateaux ne sont que 15 heures pour la parcourir : ils prennent les passagers et toutes sortes de marchandises, et remontent aussi le fleuve.

Rhodanusia, vel Lugdunum, vel Leopolis, vel Leontopolis, Lyon, métropole de la première Lyonnaise, dans l'exarchat des Gaules. Elle date de l'an 179 de l'ère chrétienne. Ses archevêques ont porté le titre de patriarche au vi° siècle. En 1079, le pape Grégoire VII, qui avait été chanoine de cette métropole, leur accorda le titre de primat des quatre provinces Lyonnaises. Les métropolitains de Tours et de Sens réclamèrent fortement contre cette dénomination, qui, au reste, était plus honorifique que réelle. — Les archevêques de Lyon, au moyen âge, possédèrent pendant un certain temps la souveraineté de la ville. Les chanoines de la cathédrale prenaient le titre de comte, et devaient faire preuve, avant d'être admis dans le chapitre, d'une très-ancienne noblesse. — Dans le siècle dernier, le jansénisme se répandit parmi le clergé du diocèse, et l'archevêque Montazet s'en déclara le protecteur. Après le concordat de 1801, le cardinal Fesch, oncle maternel de Napoléon, fut promu à l'archevêché de Lyon, dont il conserva le titre jusqu'à sa mort, malgré l'exil auquel la restauration le condamna comme membre de la famille Bonaparte. Avant 1789, le diocèse de Lyon était considérable ; il l'est encore aujourd'hui, puisqu'il comprend dans sa circonscription les départements du Rhône et de la Loire, formés des anciennes provinces du Lyonnais, du Beaujolais et du Forez. L'archevêque avait pour suffragants les évêques de Langres, de Dijon, d'Autun, de Châlons-sur-Saône et de Mâcon. Les deux derniers, supprimés par le concordat de 1801, avaient été rétablis par celui de 1817 ; mais comme il n'a reçu qu'une exécution partielle, les deux sièges en question sont restés définitivement supprimés. Les suffragants actuels sont les évêques de Saint-Claude, de Grenoble, d'Autun, de Dijon et de Langres.

Il s'est tenu à Lyon huit conciles, savoir : en 196, en 517, en 567, en 583, en 1055, en 1080, en 1245 et en 1274. La ville de Lyon a montré, à diverses époques, un vif attachement à la religion catholique. On raconte de sa population beaucoup d'actes de courage, de dévouement et de foi, en 1793, 94 et 95, et surtout lors du siége et de la prise de la ville par les troupes de la Convention nationale. C'est Lyon qui a eu, en 1817, l'idée de l'association pour la propagation de la foi, et qui l'a réalisée. C'est dans cette ville que se trouve le siége de l'établissement.

L'origine de Lyon se perd dans la nuit des siècles, et il paraît presque impossible de déterminer l'époque précise de sa fondation. Lors de la conquête des Gaules par César, c'était déjà une place de quelque importance et le principal marché des Ségusiens, bâtie un peu au-dessus du confluent de la Saône et du Rhône. Tout porte à croire que cette ville a été bâtie dans la situation où elle existe aujourd'hui, par le consul Lucius Munatius Plancus, qui la peupla de citoyens romains que les Allobroges avaient chassés de Vienne. Voici comment l'historien des Gaulois (A. Thierry) explique son origine : « De graves dissensions domestiques s'étaient élevées dans l'enceinte des murs de Vienne, durant les guerres de César et de Pompée ; une partie des habitants avait chassé l'autre ; réfugiés sur les bords du Rhône, près de son confluent avec la Saône, les bannis viennois y vécurent longtemps campés dans des cabanes ou sous des tentes. L'année qui suivit la mort du dictateur, le sénat romain forma le projet de les coloniser et de leur bâtir une demeure ; il chargea de ce soin le gouverneur de la province, Plancus, dont il redoutait et voulait occuper l'esprit turbulent. A l'endroit où la Saône se jette dans le Rhône, sur le penchant d'une colline qui la borde à l'occident, était situé un village ségusien, nommé Lugdunum : Plancus s'en empara, le reconstruisit et en fit une ville où il établit les exilés. Plus tard, Auguste, charmé de la beauté du site, y attira une colonie militaire. » On la nommait encore *Leopolis* (ville de Lyon) et *Leontopolis*. Elle porta aussi le surnom de Nouvelle-Athènes. Au temps de saint Irénée, cette ville se nommait *Rhodanusia*.

Admirablement placé pour la navigation, Lugdunum s'enrichit et acquit en peu de temps une assez grande importance commerciale. Auguste en fit la métropole de la Gaule Celtique, qui dès lors changea de nom et prit celui de Gaule Lyonnaise. Il vint lui-même dans cette ville, accompagné de Tibère, d'une garde nombreuse et d'une cour brillante (l'an 738 de Rome), et fut reçu dans un palais construit sur le penchant de la colline de Fourvières, qui prit le nom de palais impérial. L'empereur séjourna trois ans dans cette ville, où il organisa une cour et une espèce de sénat semblable à celui de Rome. Il y établit un collège des soixante, qui rendait la justice avec dépendance immédiate du sénat romain, un athénée où des orateurs s'exerçaient à des disputes éloquentes, un collège particulier pour les citoyens romains, un surveillant des collèges d'artisans, un maître de la navigation et des ports, etc., etc. Enfin, il embellit cette cité de tant de monuments, il y répandit tant de bienfaits, que soixante nations gauloises, pour témoigner leur reconnaissance, firent construire en son honneur, au confluent du Rhône et de la Saône, un temple qui était un des monuments les plus célèbres de l'antiquité. Agrippa, gendre d'Auguste, contribua aussi beaucoup à la prospérité de Lugdunum ; il en fit le point de départ des quatre grandes voies militaires qui traversaient les Gaules, dont l'une allait aux Pyrénées par les Cévennes, l'Auvergne et l'Aquitaine ; la seconde, vers le confluent du Rhin et de la Meuse ; la troisième, à l'Océan par la Bourgogne ; et la quatrième, à la Méditerranée par Marseille et Narbonne : on voit encore des restes considérables de ces voies romaines aux environs de Lyon. Tibère, pour éterniser la mémoire d'Auguste, qui l'avait choisi pour héritier, institua les Augustaux (prêtres du culte d'Auguste), et fut honoré lui-même d'une statue équestre par les trois provinces de la Gaule Lugdunaise. Caligula habita le palais impérial de Lyon. Durant son séjour dans cette ville, il commença par soumettre les particuliers à des taxes, sous le nom spécieux de présentis, et ne craignit pas ensuite de condamner à mort les plus opulents d'entre eux pour s'emparer de leurs richesses. Ce tyran, d'un caractère bizarre, aimait les choses ridicules : il institua près de l'autel d'Auguste de nouvelles conférences grecques et latines, et prit plaisir à tourmenter cette foule d'orateurs qui venaient à Lyon pour disputer le prix d'éloquence, en imposant pour punition aux vaincus de fournir à leurs dépens des prix aux vainqueurs, et en les contraignant d'effacer leurs propres ouvrages avec la langue ; en cas de refus, ils étaient battus de verges et même précipités dans le Rhône. Ce tyran quitta Lyon pour retourner à Rome où il fut assassiné.

L'empereur Claude orna la ville de Lyon de magnifiques aqueducs et d'autres monuments. Il obtint du sénat (l'an 48 de l'ère chrétienne) qu'elle serait mise au rang de cité romaine, et prononça à ce sujet un discours qui s'est conservé sur deux tables de bronze, où les Lyonnais le firent graver pour perpétuer leur reconnaissance. L'état florissant de cette cité ne fut pas de longue durée : le plus terrible incendie dont la mémoire des hommes ait conservé le souvenir, et dont Sénèque a peint vivement les affreux effets, anéantit dans une seule nuit cette magnifique cité. Néron la fit bientôt renaître de ses cendres. Trajan, Adrien et Antonin concoururent aussi au rétablissement de sa prospérité, en y faisant construire de somptueux édifices et lui accordant plusieurs priviléges ; mais, suivant M. Chochard, ce qui contribua le plus à lui donner de l'éclat, ce fut l'établissement des foires qui se tinrent chaque année dans son enceinte, et qui y attirèrent des diverses contrées de l'Europe et de l'Asie une affluence prodigieuse d'étrangers. Le commerce ne pouvait se fixer sur un sol plus prospère ; aussi il s'y développa avec une rapidité étonnante, et y jeta de si profondes racines, que les siècles et les révolutions n'ont pu l'anéantir. Lorsqu'après la mort de Pertinax, Albin et Septime Sévère se disputèrent l'empire, la fortune ayant secondé le premier dans les Gaules, Lyon se déclara en sa faveur, et, après sa défaite aux plaines de Trévoux, eut le courage de lui ouvrir ses portes. Sévère entra dans cette ville en vainqueur irrité et la livra à la fureur de ses soldats, qui n'en firent qu'un monceau de cendres et de ruines, et passèrent les habitants au fil de l'épée : dix-neuf mille hommes, sans compter les femmes et les enfants, périrent dans cet horrible massacre (l'an 197). A peu près vers cette époque, saint Pothin y propagea le christianisme et y périt avec cinquante-huit de ses disciples. Saint Irénée, qui lui succéda, succomba avec dix-neuf mille chrétiens dans une seconde persécution qui eut lieu en 202. Sous les empereurs, Lyon fut encore prise d'assaut et pillée par les peuples du Nord, qui se disposaient à y mettre le feu, lorsqu'ils furent surpris et exterminés par Julien. Vers le milieu du v⁰ siècle, Attila saccagea cette ville et fit disparaître tout ce qui restait de monuments romains. En 458, Sidonius Apollinaire livra Lyon à Théodoric, roi des Visigoths. En 476, Gunderic s'en empara et en fit la capitale du royaume de Bourgogne, qui subsista près d'un siècle. Vers la fin du vi⁰ siècle, Lyon passa sous la domination des rois de France. Une armée de Sarrasins venus d'Espagne s'en empara dans le viii⁰ siècle, renversa les églises et les murailles, détruisit une partie des maisons, et passa au fil de l'épée un grand nombre d'habitants. La protection et les bienfaits de Charlemagne rendirent à Lyon une partie de sa prospérité ; il fit relever ses ruines et établit une belle bibliothèque dans le monastère de l'île Barbe. Lors du partage de l'empire entre les enfants de Lothaire, Lyon devint la capitale du royaume de Provence, situé entre les Alpes, le Rhône et la mer, qui échut au prince Charles. En 879, cette ville passa de la domination des enfants de Charlemagne sous celle de Boson, à qui la royauté fut déférée par vingt-trois prélats : Aurélien, archevêque de Lyon, eut grande part à cette élection. Après la mort de Rodolphe, roi de Bourgogne, Burchard, son frère, archevêque de Lyon, retint pour lui cette ville et une partie du Lyonnais, comme étant l'héritage de sa mère Mathilde. De cette époque date la souveraineté des archevêques de Lyon, qui leur fut confirmée par une bulle de l'empereur Barberousse, en date du 18 novembre 1157. Un siècle après, les exactions exercées par les officiers de l'archevêque forcèrent les habitants de courir aux armes ; ils se formèrent en compagnies, nommèrent les plus notables pour veiller à la sûreté de tous, organisèrent le gouvernement municipal, et s'emparèrent des tours et du pont du Rhône : cette première révolte se termina par une transaction. Trente-quatre ans après, la guerre se ralluma : les habitants furent excommuniés par l'archevêque. Louis IX fut pris pour arbitre : il profita de ces démêlés pour rentrer en possession de la justice temporelle. Philippe le Bel, en faisant rentrer la ville de Lyon sous l'autorité des rois de France, mit fin pour toujours à cette lutte. Sous leur gouvernement, l'industrie et le commerce se développèrent avec une activité extraordinaire ; par suite des guerres civiles d'Italie, des familles opulentes, fuyant la persécution qui désolait ce pays, lui apportèrent des capitaux et les arts. Les Pazzi, forcés de céder la fortune aux Médicis, s'y retirèrent de Florence avec un grand nombre de maisons de leur parti, et les Génois y jetèrent, au temps de François Iᵉʳ, les fondements de ces manufactures de soie qui depuis sont parvenues à un si haut degré de célébrité. Lyon jouissait alors d'une entière liberté, était exempt d'impôts et offrait ainsi au commerce toutes les garanties désirables. Les foires dont Charles VII gratifia cette ville en 1420, mais qui ne furent organisées définitivement que sous Louis XI, en 1463, influèrent aussi d'une manière sensible sur les progrès de son commerce ; les priviléges concédés aux marchands qui .es fréquentaient firent affluer une foule d'étrangers industrieux sur les rives du Rhône ; la fortune qu'ils y acquirent les y naturalisa. La décadence de ces foires commença avec le XVIII° siècle ; cependant elles n'ont cessé qu'à la révolution de 1789, et leur suppression n'a même apporté aucun changement notable dans les opérations commerciales de Lyon, parce que les manufactures des soieries avaient pris dès lors une telle extension, qu'elles n'avaient plus besoin de leur appui pour se soutenir et pour prospérer.

En 1560, les calvinistes s'emparèrent de Lyon par surprise, mais ils n'eurent pas le temps de s'y établir, et furent chassés des points qu'ils étaient parvenus à occuper par l'abbé de Savigne. Deux ans après, ces religionnaires surprirent cette ville par un coup de main hardi et ne la rendirent qu'en 1563 au maréchal de Vieuville. Après la mort de Henri III, quelques religieux poussèrent Lyon dans le parti de la Ligue; mais après l'attentat de Jean Châtel, cette ville reconnut Henri IV, qui la visita en 1595. — La prospérité de Lyon fut portée à un haut degré sous le règne de Louis XIV. Cette cité, jusqu'alors peu remarquable sous le rapport architectural, s'embellit de nouveaux quais et d'un grand nombre de beaux édifices. La révolution de 1789 lui porta un coup funeste; assiégée en 1793 par une armée de soixante mille hommes aux ordres de Dubois-Crancé, elle se défendit pendant deux mois avec le courage le plus héroïque; obligée enfin de capituler, après avoir souffert toutes les horreurs de la famine et d'un terrible bombardement, elle fut en proie à toutes les souffrances d'une ville prise d'assaut; ses principaux édifices et plus de deux cents maisons furent renversés ou démolis, et son nom changé en celui de Ville-Affranchie. Toutefois, tant de désastres disparurent sous le consulat et sous l'empire, et Lyon devint plus florissante que jamais; sa prospérité fut l'objet constant de la sollicitude de Napoléon pendant tout son règne, comme l'attestent les règlements d'administration publique qu'il rendit concernant la fabrique lyonnaise, entre autres le rétablissement de la magistrature des prud'hommes. — En 1831 et en 1834, Lyon a été le théâtre de luttes sanglantes, que l'histoire a inscrites en lettres de sang dans nos annales.

Lyon est dans une belle situation, au confluent du Rhône et de la Saône, entre lesquels la plus grande partie de cette ville se trouve resserrée : au nord, elle est dominée par les montagnes de Fourvières et de Saint-Sébastien, qui s'élèvent en amphithéâtre sur le bord de la Saône. Le site en est infiniment riche et pittoresque; les deux fleuves qui le baignent, les coteaux couverts de verdures et de maisons qui le bornent, les aspects variés que présentent les deux rives de la Saône, la perspective des Alpes groupées à l'orient, concourent à en faire une des villes les plus intéressantes du monde. De la montagne de Fourvières, on embrasse d'un seul coup d'œil l'ensemble de cette ville et tous ses grands monuments; l'aspect que présentent ses rues, ses ponts, ses places, ses quais, ses édifices, son active population, présente un des plus beaux panoramas de l'Europe. Bâtie en partie sur plusieurs collines et en partie sur un terrain uni, cette ville offre peu de régularité; l'intérieur, composé de rues étroites et tortueuses, bordées de maisons très-élevées, nuit à la beauté de son ensemble: mais elle est dédommagée de l'aspect peu agréable de quelques quartiers par la magnificence de plusieurs autres. Trois rangs de quais, entrecoupés de dix-sept ponts, et presque tous de construction moderne, ainsi que les glacis, embrassent toute la partie située sur les deux rivières, et forment une superbe enceinte que l'on ne peut se lasser d'admirer. Sur les bords du Rhône, une ligne immense de maisons et de beaux édifices publics, depuis le faubourg Saint-Clair jusqu'à la porte Perrache, donne aux points de vue un caractère particulier de grandiose qui tient à la nature des sites de Lyon ; des trottoirs d'une lieue d'étendue, garnis d'un double rang d'arbres, et d'où la vue s'étend sur une belle plaine, bordent le cours majestueux du fleuve. Sur les quais de la Saône, la colline de Fourvières, les coteaux de Saint-Just et de Sainte-Foy offrent des tableaux rapprochés; les regards s'y promènent sur des scènes mouvantes qui se multiplient et varient à chaque instant, sur une prodigieuse quantité de barques et de bateaux de formes différentes, qui présentent le tableau animé de la navigation au pied d'une colline pittoresque. Sur la Saône, cette navigation est tranquille comme le cours de la rivière ; mais sur le Rhône, les bateaux qui descendent le fleuve fuient avec la rapidité du trait. De toutes parts on voit des moulins, des foulons, des frises et de grands établissements hydrauliques, dont le mouvement et le bruit annoncent les travaux d'une ville de fabrique de premier ordre.

Lyon est entouré de plusieurs faubourgs : les plus remarquables sont Fourvières au sud-ouest ; la presqu'île Perrache au sud; Serin et Vaize au nord-ouest; la Guillotière à l'est, et la Croix-Rousse au nord; ces deux derniers ont acquis le droit de cité, et forment deux communes distinctes de Lyon. — Fourvières est situé sur le *Forum vetus*, où existait l'ancienne ville romaine. Le haut de la montagne est occupé par un grand nombre de belles habitations, d'où l'on jouit d'une vue magnifique sur la ville entière et sur les deux fleuves; le bas et la partie moyenne sont habités par la classe du peuple la plus pauvre : les rues y sont noires, malpropres, insalubres, et beaucoup sont en escaliers. — Le quartier de Perrache occupe un immense terrain conquis sur le Rhône, qui a été forcé de se creuser un autre lit il y a près de soixante ans; il doit son nom à M. Perrache, qui conçut l'idée, en 1770, de reculer d'une demi-lieue la jonction du Rhône et de la Saône, pour allonger la ville, qu'on ne pouvait agrandir d'aucun autre côté, à cause des montagnes qui l'entourent et des fleuves qui la bordent. La presqu'île Perrache, par sa position au confluent de la Saône et du Rhône, sera un jour un nouveau Lyon, beaucoup plus beau que l'ancienne ville : les rues qu'on y a tracées sont très-larges et aboutissent presque toutes à l'une et à l'autre rivière. A l'extrémité de l'île, et non loin du pont de la Mulatière, on a construit un pont en charpente destiné au passage du chemin de fer de Saint-Etienne. — Le faubourg de Serin, d'une petite étendue, est dans une situation agréable, sur la rive droite de la Saône, dont les rives, terminées par des coteaux peuplés de belles maisons de campagne, offrent une charmante promenade. Au centre se trouve le grand entrepôt des vins de la ville de Lyon. — Le faubourg de Vaize commence à la place des Deux-Amants, au-dessus du rocher de Pierre-Scise. La rue principale conduit à une place circulaire à laquelle aboutissent les routes de Bourgogne et du Bourbonnais. Le centre de cette place était autrefois orné d'une pyramide dédiée à Louis XVI. — Le faubourg de la Guillotière est situé sur la rive gauche du Rhône, vis-à-vis du pont de son nom. Quoiqu'il porte encore le nom de faubourg, il n'en forme pas moins une ville distincte de Lyon, dont la population est de 26,000 habitants. Il ne possède que fort peu de fabriques et de manufactures, et n'est en partie composé que d'auberges et de cabarets, où descendent les nombreux routiers de la Provence et du Languedoc. — La Croix-Rousse est aussi une ville dont la population s'élève à 16,260 habitants. Elle est située sur le plateau de la montagne qui se trouve entre le Rhône et la Saône, et presque entièrement composée de jardins et de petites guinguettes très-fréquentés les jours de fête par la population laborieuse de la ville de Lyon. De ce côté s'étendaient autrefois des fortifications, aujourd'hui rétablies, destinées à défendre la ville.

Le besoin de pourvoir les habitants de *Lugdunum* des eaux salubres indispensables à une grande population, détermina le gouvernement de Rome, ou plutôt les magistrats qu'il avait établis dans cette cité, à faire rechercher les sources qui avoisinaient la ville, pour les conduire sur les points où elles étaient nécessaires. Les Romains construisirent successivement plusieurs aqueducs. Les eaux du Mont-d'Or, les plus rapprochées de Lyon, furent d'abord recueillies par deux branches d'aqueducs, dont l'une partait de Poleymieux, et s'étendait jusqu'à Saint-Didier, en traversant les collines qui ont leur penchant vers la Saône. L'autre branche, partant de Limonest, allait jusqu'à Saint-Didier ; là, se réunissant à la première, elle ne formait plus qu'un seul aqueduc qui passait à Eully, au Massu et à Saint-Irénée. Cet aqueduc formait une ligne courbe qui embrassait plusieurs vallées dans sa concavité, sans perdre pour cela son niveau, parce que toutes les petites collines qui le supportaient se succédaient immédiatement. Il paraît, d'après les traditions, qu'il fut construit par les soldats du camp de César, et qu'il ne servit qu'aux premiers habitants de Lugdunum. L'accroissement rapide de Lyon rendit bientôt ces eaux insuffisantes. La partie de la colline de Fourvières où l'on construisit les plus riches maisons de plaisance, et le palais des empereurs, ayant une élévation de soixante pieds au-dessus du lieu d'où partaient les eaux du Mont-d'Or, il fallut recueillir celles des sources plus éloignées. Le Mont-Pila, éloigné de 32 kil. et séparé de Lyon par plusieurs vallons d'une grande profondeur, était le seul lieu d'où l'on pût tirer une quantité d'eau suffisante. L'exécution d'une entreprise aussi gigantesque n'effraya pas les Romains : toutes les eaux des environs du Mont-Pila furent réunies en un seul aqueduc, qui commençait au midi de Saint-Chamond. On y recueillit aussi la totalité de celles de la rivière de Giers, ainsi que toutes les eaux du ruisseau du Janon et du Furens. Une fois réunies, les eaux de ces rivières coulaient emprisonnées dans leurs canaux, parmi les campagnes qui portent aujourd'hui les noms de Saint-Chamond, Cellieu, Chagnon, Saint-Genis de Terre-Noire, Saint-Martin-la-Plaine, Saint-Maurice-sur-Dargoire, Mornant, Saint-Laurent-d'Agny, Soucieu, Chaponost, Beaunan, Sainte-Foy, Saint-Irénée et Fourvières. L'aqueduc se terminait en ce lieu par un réservoir très-large, très-profond, solidement voûté, et encore de nos jours parfaitement conservé. Il existe sur la colline, dans l'ancien clos des Minimes ; sa longueur est de 45 pieds de long sur 44 de large ; son élévation est de 21 pieds ; son intérieur est divisé par arcades, soutenues par de forts piliers. Le tout est revêtu d'un ciment qui s'est maintenu assez intact, ainsi que les ouvertures supérieures par où les eaux se précipitaient. Tout près de là, il y avait un autre réservoir plus long et supporté par un grand nombre de voûtes, dans la direction du nord au midi ; l'eau y descendait par un puits d'un pied et demi carré.

La construction des aqueducs depuis les sources des montagnes jusqu'aux réservoirs de la cité était fort variée, à cause des nombreux obstacles que les ingénieurs avaient rencontrés sur le passage des canaux. Ceux-ci furent, ou pratiqués dans l'intérieur des collines, avec des puits supérieurs qui servaient de ventouses, ou bâtis à la surface même du sol, ou supportés par des arcades. Dans le premier cas on entourait le canal d'un massif de maçonnerie ; ensuite on l'enduisait intérieurement d'un ciment composé de briques pulvérisées, dont la solidité égalait celle du granit. Des évasements en forme de chambre étaient pratiqués à des distances plus ou moins éloignées pour contenir les eaux surabondantes. Quand le canal était à fleur de terre, on creusait un fossé de 5 pieds de largeur ; on lui donnait 10 pieds au moins de profondeur ; on plaçait au fond un massif de pur ciment de 18 pouces. Sur ce massif, on élevait les deux murs de côté, en leur donnant un pied et demi d'épaisseur. Ces deux murs étaient ensuite surmontés d'une voûte à plein cintre, d'un pied de flèche et d'un pied d'épaisseur. Lorsque, par l'effet des pentes du terrain, le canal se trouvait hors du sol, on l'élevait sur un mur de maçonnerie de 6 pieds d'épaisseur. Mais pour une hauteur plus considérable, on construisait des arcs et des piles; et leur hauteur dépendait de l'élévation où l'on était forcé de placer le canal. La solidité de cet ouvrage, la perfection du travail, la longueur et la difficulté de l'entreprise étonnent tous ceux qui l'examinent. Rien n'est plus propre que les vestiges qui en restent à nous donner une idée juste de la magnificence que mettaient les Romains dans la construction de leurs édifices publics. L'étendue de celui-ci, à cause de ses circuits, était de plus de 54 kil., à compter de sa naissance, près de Saint-Chamond, jusqu'à Lyon. La construction de cet ouvrage est digne également de remarque : le corps de la maçonnerie est un petit moellon de roche, depuis 3 jusqu'à 6 pouces d'épaisseur, toujours posé en bain de mortier, qui ne laissait aucun vide dans ses joints-moutons, et formait partout un corps inaltérable. Dans les parties qui ont une certaine élévation hors de terre, de grandes briques, dont on faisait régner un cours de deux assises de quatre en quatre pieds de hauteur, liaient les parements avec les massifs du mur, et interrompaient le maillage en réseau. Les restes les plus considérables de cet immense travail sont ceux du grand aqueduc qui conduisait les eaux du Mont-Pila sur la colline de Fourvières : on en voit des débris hors des portes de Saint-Irénée, à côté du télégraphe, à Sainte-Foy, dans le vallon de Beaunan, à Chaponost, à Brignais, à Mornant, à Saint-Maurice, à Saint-Genis de Terre-Noire, et à la petite Varizelle. — Au-dessous de l'esplanade qui domine le Jardin des plantes, on remarque l'emplacement d'une naumachie, dont M. Artaud a reconnu la dimension, ainsi que les canaux-aqueducs pour la conduite et la décharge des eaux. L'amphithéâtre, dont la forme elliptique est encore dessinée sur le terrain, avait une circonférence d'environ 800 pieds, en y comprenant les gradins et les portiques. Le bassin avait 244 pieds de large sur 280 de long. On aperçoit encore la place des gradius, qui s'étendaient sur un emplacement de 22 pieds de largeur.

Lyon renferme encore plusieurs autres restes d'antiquité.—La cathédrale de cette ville doit son origine à un baptistère fondé par saint Arége au commencement du VIIe siècle, et dédié à saint Jean-Baptiste. Ce baptistère n'était primitivement que l'accessoire de l'église Saint-Etienne, bâtie par saint Patient dans le Ve siècle; dans la suite il devint l'église principale, et dans le Xe siècle l'église métropolitaine et primatiale des Gaules. L'église Saint-Jean fut ruinée et rétablie plusieurs fois. Sous Charlemagne, l'archevêque Leyderade la fit réparer. Trois siècles après, on entreprit de la rebâtir telle qu'on la voit aujourd'hui. On y employa plusieurs blocs de marbre et de pierre de choin, tirés des ruines du forum construit par Trajan sur la montagne de Fourvières. Le cloître Saint-Jean fut environné d'épaisses murailles et de tours comme une citadelle. —Le sanctuaire et la croisée sont fort anciens; mais la grande nef paraît postérieure au siècle de saint Louis. Le portail n'a été achevé que sous le règne de Louis XI; il présente, au-dessus des deux marches qu'il faut monter pour y arriver, trois portiques de forme semblable et de hauteur différente; celui du milieu est surmonté d'une vaste rose circulaire. Quatre tours carrées, richement sculptées, flanquent cette basilique : trois sont désertes et entièrement vides; la quatrième sert de clocher. Deux galeries à balustrades en pierre, et taillées à jour, règnent dans toute la largeur de la façade; les ornements y sont peu prodigués; le fronton triangulaire qui la termine en haut offre seul des détails un peu compliqués. — L'intérieur de l'église est d'une grande simplicité; mais la longueur des nefs, l'élévation des voûtes, la multiplicité des colonnes, la richesse des sculptures, la beauté des vitraux, qui ne laissent pénétrer qu'un jour sombre et mystérieux, donnent à cet édifice un grand caractère de majesté. La grande nef a 79 mètres de longueur dans œuvre, sur 11 mètres 50 centimètres de largeur entre les piliers. Le maître-autel s'élève presqu'au centre de l'embranchement de la croisée; il n'est remarquable que par deux croix, qui rappellent que ce fut au concile œcuménique de Lyon, tenu dans cette basilique en 1274, que s'opéra la réunion momentanée de l'église grecque à l'église latine. Autour des petites nefs règne une suite de chapelles, fondées à diverses époques par les archevêques et par les chanoines de cette église : la plus remarquable est celle fondée dans le XVe siècle par le cardinal de Bourbon; c'est un des ouvrages gothiques les plus remarquables en ce genre, par la richesse, la variété et la délicatesse de ses ornements. — Dans le bras gauche de la croisée, on remarque une fameuse horloge, chef-d'œuvre de mécanique pour son temps, qui offre un système complet d'astronomie en mouvement. Elle est construite en forme de tour terminée par un dôme, et chargée des ornements de mauvais goût du XVIIe et du XVIIIe siècle. Depuis plusieurs années le mécanisme de cette horloge est dérangé; et sa réparation exigerait, dit-on, des dépenses considérables.

L'église Saint-Paul, située rue de la Poterie, derrière le quai de Flandre, fut fondée vers l'an 549 par saint Sacerdos, archevêque de Lyon; elle fut ruinée par les Sarrasins, et restaurée sous Charlemagne par l'archevêque Leyderade. On reconnaît le goût de cette époque dans la partie supérieure de l'édifice éclairée par un dôme octogone. Hugues Ier y fit aussi faire quelques réparations en 1209. — On voit dans le cloître un bas-relief en marbre, exécuté, à ce que l'on croit, dans le IXe siècle; il représente le comte Richard à genoux, demandant miséricorde par ces paroles, gravées en caractères carlovingiens : *Christe, rei miserere mei, medicina reorum.* Le Sauveur est au-dessus, tenant un livre de la main gauche et bénissant de la droite le prince.

L'église Saint-Pierre remonte aux premiers temps du christianisme. Dans le IXᵉ siècle, elle fut reconstruite par les soins de l'archevêque Leyderade : la porte d'entrée, qui n'a rien de remarquable, est tout ce qui reste de cette époque. Le sanctuaire consiste dans un ordre de pilastres ioniques, couronné d'un entablement, au-dessus duquel sont placés deux anges aux extrémités. Derrière l'autel, formé de marbres précieux, est une vaste tribune qui servait autrefois de chœur aux religieuses. Le retable, sur lequel on a représenté l'enterrement de Marie, est un assez beau morceau de sculpture, ainsi que celui de la chapelle de la Vierge.

L'église d'Ainai fut construite sous le règne de Constantin, sur l'emplacement du temple célèbre élevé à Auguste par soixante nations gauloises. Au commencement du Vᵉ siècle, des solitaires s'y réunirent et y fondèrent un monastère qui fut ruiné par les Huns. Salone, évêque de Gênes, le fit rétablir ; mais il fut encore ruiné par les Vandales qui dévastèrent la Bourgogne, et ensuite par les Lombards. En 612, la reine Brunehaut fit bâtir à Ainai une nouvelle abbaye, qui, peu de temps après, fut brûlée par les Sarrasins. En 859, l'abbé Aurélian la fit rétablir, et Amblard réédifia l'antique église bâtie par Salone. Aujourd'hui, Ainai forme une des paroisses de Lyon. — Cette église présente dans sa construction le caractère de l'architecture qui s'introduisit en France, du temps de Charlemagne. Le dôme, la voûte du chœur, le clocher pyramidal, sont des ouvrages moins anciens que le reste de l'édifice. Au-dessus du portail, on remarque un bas-relief antique en marbre, représentant trois déesses : celle du milieu porte une corne d'abondance et deux pommes ; les deux autres tiennent chacune une pomme ; au-dessus on lit ces mots :

MAT. AVG. PIE. EGN. MED.

Suivant l'opinion la plus vraisemblable, ce monument représente les déesses-mères qui veillaient au salut des provinces, des princes et des particuliers. — La chapelle qui est à gauche du chœur est décorée d'ornements de la plus grande délicatesse ; on en fait remonter la fondation au temps de saint Anselme. Les quatre colonnes en granit qui soutiennent le dôme sont de beaux restes du temple d'Auguste ; leur diamètre est de 3 pieds 4 pouces, et leur hauteur individuelle de 12 pieds 11 pouces, de sorte que dans leur premier emploi chacune avait 25 pieds 10 pouces sans les bases et les chapiteaux : chacune de ces colonnes supportait dans le principe une statue de la Victoire.

L'église de Fourvières, dont on fait dériver le nom de *Forum vetus,* occupe l'emplacement du Forum ou marché, construit par Trajan à l'imitation de celui que l'on voyait à Rome. Au milieu du XIIᵉ siècle, l'archevêque de Cantorbéry ayant cherché un asile à Lyon contre les persécutions dont il était l'objet, la vénération des Lyonnais pour les vertus de ce prélat, qui, dans la suite, fut placé au rang des martyrs, porta le doyen du chapitre de Saint-Jean à lui élever une chapelle. L'an 1192, l'église métropolitaine de Lyon fonda un chapitre et une église paroissiale à Fourvières, sous l'invocation de la Vierge. Cette église fut ruinée en 1562, rétablie peu de temps après, et beaucoup agrandie en 1740. — La chapelle de Fourvières est bâtie sur le point le plus élevé de la colline de son nom. Tous les samedis, et aux principales fêtes de l'année, elle est le rendez-vous d'une affluence considérable de pèlerins ; quelques-uns attirés par la dévotion, le plus grand nombre par la beauté de sa situation ; l'intérieur est tapissé d'*ex-voto.* A côté de l'église se trouve une terrasse délicieuse qui domine les deux fleuves, d'où l'on découvre toute la ville de Lyon, les plaines fertiles et les charmants paysages qui l'environnent, bornés à l'horizon par l'immense chaîne des Alpes.

L'église Saint-Nizier. Le premier oratoire consacré à la Vierge dans les Gaules, par saint Pothin, fut élevé à l'endroit où existe aujourd'hui l'église Saint-Nizier ; ce n'était dans le principe qu'une crypte, sur laquelle on bâtit dans le IVᵉ siècle une église sous l'invocation de saint Pierre et de saint Paul, qui, au VIᵉ siècle, reçut le nom de Saint-Nizier, en mémoire de cet archevêque qui y avait été inhumé. Cette église fut détruite par les Sarrasins et réédifiée sous le règne de Charlemagne par les soins de l'archevêque Leyderade ; mais elle perdit alors le titre d'église cathédrale et le siège épiscopal, qu'elle avait possédés pendant longtemps. Les sectaires de Pierre de Vaux la brûlèrent en 1253. Cinquante-deux ans après, elle fut érigée en collégiale. — La construction du bâtiment aujourd'hui existant date du commencement du XIVᵉ siècle. Un négociant, nommé Renouard, entreprit de refaire l'ancienne crypte, où l'on déposa dans la suite, en 1528, le corps de saint Ennemond. Le clocher ne fut commencé qu'en 1463. C'est une belle pyramide, supérieure en élévation à tous les autres édifices de la ville. Le portail a été élevé sur les dessins de Philibert Delorme ; quatre colonnes doriques cannelées, supportant un entablement denticulaire que couronne une coupole sphérique, forment l'entrée principale ; malheureusement, le frontispice n'a pas été achevé. L'avant-corps méridional est postérieur de plusieurs années au reste de l'ouvrage. — L'intérieur de l'église est remarquable par l'élévation et la hardiesse des voûtes, par la forme des piliers qui les soutiennent, par l'étendue de l'édifice, par la clarté qui y règne, et surtout par un certain caractère de sévérité imprimé à tout l'ouvrage. A gauche du chœur est la chapelle de la Vierge, décorée d'une statue de la mère du Christ ; c'est un chef-d'œuvre du célèbre Coysevox, qui l'avait faite pour orner la maison qu'il habitait à l'angle de la rue Bât-d'Argent, d'où elle a été transférée à Saint-Nizier.

A la suite de cette chapelle, on en remarque une autre décorée d'après les dessins de l'architecte Gay ; on voit sur l'autel un beau tableau de Revoil, représentant Jésus mourant sur la croix. A droite du maître-autel, et vis-à-vis de la chapelle de la Vierge, on remarque une autre chapelle nouvellement décorée, dont l'autel est surmonté d'une statue en marbre blanc, due au ciseau de Chinard, représentant saint Pothin. — L'église Saint-Nizier, une des plus étendues de Lyon, a été malheureusement restaurée dans le goût moderne ; le maître-autel est remarquable par de belles statues en marbre blanc, représentant les apôtres, exécutées par M. Legendre-Hérald.

L'église Saint-Bonaventure, qui a son entrée sur la place du Méridien, doit son origine à un couvent de franciscains ou de cordeliers, fondé en 1220, et que saint Bonaventure rendit célèbre. Jacques Grolée en jeta les fondements au commencement de 1325, et Simon de Pavie, médecin de Louis XI, la fit achever vers la fin du XVe siècle ; l'un et l'autre y eurent leur tombeau. — Les Lyonnais ayant choisi saint Bonaventure pour leur patron spécial, l'église fut consacrée sous l'invocation de ce saint en 1484. Dans la suite, elle devint une des plus somptueuses de Lyon par la richesse des ornements intérieurs. Pierre de Bourbon, régent du royaume en l'absence de Charles VIII, l'enrichit de ses libéralités. Mais les excès des calvinistes, en 1562, et les dévastations de 1793, l'ont entièrement dépouillée de ce qu'il y avait de remarquable. — L'église Saint-Bonaventure est vaste et très-spacieuse ; mais elle n'est pas élevée à proportion de sa longueur. L'architecture, quoique dans le style gothique, est d'une simplicité remarquable. La nef est accompagnée de bas-côtés où l'on voit un grand nombre de chapelles fondées par différents corps de métiers, qui y avaient établi leurs confréries. — Saint Bonaventure, ce Père de l'Église si célèbre par ses profondes connaissances, mourut à Lyon, en 1274, pendant la tenue du second concile œcuménique ; il fut inhumé dans le monastère qui avait pris son nom et dont il portait l'habit. La magnificence de ses obsèques surpassa celle des rois et des empereurs, et fut digne du deuil général que causa sa mort. Le pape avec toute sa cour, les cardinaux, les évêques et tous les prélats du concile y assistèrent. On fit mention de sa mort dans les actes de cette assemblée, comme d'un événement mémorable pour tous les peuples et pour la postérité. — C'est dans le cloître des Cordeliers, transformé aujourd'hui en une petite place et en plusieurs habitations particulières, que Henri IV découvrit au maréchal de Biron qu'il était instruit de ses projets de trahison. Ce dernier reconnut ses torts. Henri lui pardonna, sous la condition qu'il romprait de suite ses liaisons avec l'Espagne. On sait que Biron oublia ses promesses, fut arrêté à quelque temps de là, livré aux tribunaux et exécuté.

L'église Saint-Polycarpe a été bâtie en 1760, sur les dessins de Loyer par les Pères de l'Oratoire. Elle est décorée de colonnes d'ordre corinthien, fort petite, mais très-jolie. Le maître-autel est orné d'un beau tableau de la Nativité, peint par Blanchet, de chaque côté duquel s'élèvent deux belles colonnes de marbre de Savoie. L'architecture de la façade est riche de détails, et produirait un bel effet, si elle était dégagée de vieilles maisons qui la masquent en partie. — Dans cette église repose le corps du célèbre abbé Rozier, savant agronome, tué à l'époque du siége de Lyon, par une bombe partie des Brotteaux, qui l'écrasa dans son lit, la nuit du 28 au 29 septembre 1793.

Le monastère des Chartreux fut fondé en 1585, par Henri III, qui lui donna le nom du Lys-Saint-Esprit, sur l'emplacement de la vieille citadelle de Lyon. L'église, commencée en 1590, a été agrandie et réparée dans le siècle dernier ; elle est surmontée d'un dôme d'une grande beauté, construit en partie d'après les dessins de Servandoni. Le chœur mérite une attention particulière, par sa grandeur, ses belles proportions, et la manière dont il est éclairé. L'autel, composé des marbres les plus rares, est surmonté d'un baldaquin d'une forme imposante et majestueuse. Les deux tableaux qu'on voit sous ce dôme sont les derniers et les meilleurs ouvrages de la Tremollière. Les statues de saint Jean-Baptiste et de saint Bruno, remarquables par leur correction, sont de Sarrazin, ainsi que deux bas-reliefs, dont l'un représente de petits anges jouant ensemble, et l'autre un saint Jean-Baptiste couché. — La position de l'église des Chartreux est superbe : le dôme est aperçu de toutes parts. Si la façade de cet édifice était achevée, il serait un des plus remarquables de Lyon.

L'église du Collège date de 1617 ; c'est l'ouvrage du frère Martel Ange, à qui l'on doit l'église du Noviciat des Jésuites de Paris. — Cet édifice, dont la porte d'entrée est surmontée d'un observatoire, est d'un style lourd et manque d'ensemble dans ses parties ; mais tous les ornements intérieurs sont riches et d'assez bon goût. Le chœur est décoré de grands pilastres ioniques, et la nef formée d'arcades fort élevées. L'autel, le sanctuaire et les chapelles sont revêtus de marbres de toute espèce ; les niches placées entre les pilastres sont copiées d'après les plus belles de Rome; les tribunes qui règnent autour de l'église font un très-bel effet ; la chaire, construite en marbres choisis, est remarquable par les marbres et les bronzes dont elle est ornée. La voûte est peinte à fresque.

L'église de Saint-Irénée est située à l'extrémité du faubourg de son nom, presque au sommet de la montagne où fut bâti l'ancien Lyon, qu'un affreux incendie anéantit sous le règne de Néron. Elle occupe l'emplacement de l'ancienne église des Machabées, l'un des premiers monuments du christianisme dans les Gaules, élevé sur les tombeaux de saint Epipoy et de saint Alexandre, martyrisés lors de la persécution que les chrétiens de Lyon éprouvèrent sous Marc-Aurèle. Selon la coutume de ce temps, les fidèles construisirent une chapelle souterraine, qu'ils consacrèrent à Dieu sous le nom de Saint-Jean ; dans la suite, elle fut dédiée à saint Irénée. Lorsque le culte catholique fut devenu dominant, on éleva sur cette crypte une église magnifique, que les calvinistes ruinèrent en partie en 1562. L'église actuelle est peu spacieuse et n'a rien de bien remarquable ; les nombreuses réparations qu'on y a faites en ont fait disparaître la plupart des restes d'antiquités qui s'y trouvaient en assez grand nombre, et d'intrépides badigeonneurs, sous les ordres d'une fabrique ignorante, ont effacé plusieurs inscriptions qui attestaient la piété des premiers chrétiens. Le portail de la cour qui précède l'église est le premier ouvrage du célèbre Soufflot, à son retour d'Italie. — L'église Saint-Irénée est divisée en deux parties, situées l'une au-dessus de l'autre. Le pavé de l'église haute présente quelques restes d'une mosaïque, dont la grossièreté annonce un ouvrage du ix° ou du x° siècle ; on y aperçoit quelques vestiges des signes du zodiaque, des emblèmes des vertus théologales, et des fragments d'une inscription en vers latins, destinée à perpétuer la mémoire des dix-neuf mille chrétiens massacrés avec saint Irénée sous Septime-Sévère. L'église inférieure renferme une crypte d'un aspect sombre, dont la voûte offre encore des vestiges d'une ancienne fresque : au milieu est un puits où, selon la tradition, on recueillit les ossements des martyrs. Cette crypte paraît être de la plus haute antiquité et a été plusieurs fois restaurée. — Derrière l'église, sur une esplanade d'où la vue domine tous les environs, on remarque une représentation du Calvaire, élevé par quelques habitants de Lyon en 1815. Dans le fond d'une cour terminée en rond-point, sont placées trois croix de fonte, supportant les statues du Christ et des deux larrons : au pied du Sauveur, on voit cinq figures, représentant Marie-Madeleine, saint Jean-Baptiste, Marie-Salomé, et deux anges en adoration : toutes ces figures sont en marbre blanc. Autour de la cour, douze petits autels uniformes, ornés chacun d'un tableau d'albâtre en relief, représentent les différents traits de la Passion. Le dessous de ce Calvaire est occupé par une chapelle souterraine, dans laquelle on voit le Christ au tombeau.

L'église de la Charité est régulière et d'une noble simplicité ; elle consiste en de simples montants élevés entre de doubles arcades qui séparent la nef des ailes. Les arcades supérieures forment de grandes tribunes où les pauvres viennent assister aux offices. Dans la chapelle de la Vierge, à droite du grand autel, on remarque l'épitaphe du cardinal Alphonse de Richelieu, et près de l'entrée principale le buste du baron de Saint-Trivier. Le clocher qui joint l'église a été exécuté d'après les dessins du cavalier Bernin ; il est de forme octogone et décoré de pilastres des ordres dorique et ionique.

L'Église de Saint-François de Sales, construite en 1688, n'était dans le principe qu'une chapelle commune entre la maison des Filles pénitentes et celle des Recluses. Elle est petite et n'offre rien de régulier ni de remarquable.

L'église paroissiale et collégiale de Saint-Just était dans son origine un oratoire dédié aux Machabées, où l'on déposa le corps de saint Just, mort en Egypte. Vers la fin du v° siècle, saint Patient remplaça cet oratoire par une superbe basilique qui fut dédiée sous l'invocation de saint Just. Attenant à cette église, on construisit dans la suite un vaste cloître dont tous les dehors ressemblaient à une forteresse ; son enceinte était environnée de murailles épaisses de quatre pieds et hautes de six toises, flanquées de grosses tours carrées, placées à 15 pas de distance les unes des autres. Les bâtiments de ce monastère formaient une espèce de petite ville, séparée des autres quartiers de Lyon. Dans le temps des troubles civils qui armèrent les habitants de cette ville contre le chapitre de Saint-Jean, il se retira à Saint-Just et soutint un siége contre les bourgeois, qui avaient réuni une armée de plus de vingt mille hommes. Ce monastère était assez vaste pour y recevoir les souverains ; c'est là que logea Louis VIII, lorsqu'il vint à Lyon ; Innocent IV y séjourna sept années, à la suite du concile général tenu à Lyon ; Clément V y fut couronné en présence des rois de France, d'Angleterre et d'Aragon, qu'il avait invités à cette solennité. — Le monastère et l'église de Saint-Just furent démolis de fond en comble par les protestants en 1562. Cent ans après, le chapitre entreprit la construction de l'église qui existe aujourd'hui, que l'on plaça dans l'enceinte de la ville, beaucoup au-dessous de sa situation ancienne. Cette église fut commencée en 1661 et achevée en 1747. Le portail est composé de quatre grands pilastres ioniques couplés et cannelés, élevés sur des piédestaux qui supportent un entablement couronné d'un fronton. Les faces des ailes qui accompagnent cet avant-corps sont décorées d'un entablement d'ordre dorique à triglyphes, soutenu de pilastres. La porte du milieu est ornée de montants d'un profil régulier, et de consoles qui servaient à supporter autrefois les armes du chapitre ; au-dessus est un grand vitrail de forme ovale. Toute cette façade est élevée sur un perron de sept marches, d'un contour figuré, qui contribue à lui donner une grande apparence. On remarque à l'entrée du chœur un groupe de marbre représentant l'incrédulité de saint Thomas, et au-dessus du portail les statues de saint Just et de saint Irénée, beaux morceaux de sculpture que l'on doit au ciseau de M. Legendre-Hérald.

L'église Saint-Louis, sur le quai des Augustins, a été fondée en 1759 par les Augustins ; elle est remarquable par sa noble et élégante construction. La façade est élevée sur un perron de treize marches, qui lui donne beaucoup de majesté.

L'église de l'Hôtel-Dieu, située sur une petite place, est petite, mais solidement construite en pierres de taille. La façade, d'un genre d'architecture assez noble, est terminée par un fronton qu'accompagnent deux clochers qui produisent un bon effet. Les décorations en sont faites avec goût. La chaire est un joli ouvrage qui décorait avant la révolution l'église des Carmes déchaussés ; la rampe de cette chaire, le tambour, les stalles et les boiseries du chœur sont des chefs-d'œuvre de menuiserie et de serrurerie. Le chœur est décoré de beaux tableaux.

La construction du palais de l'archevêché est due au cardinal de Bourbon, qui le fit bâtir dans le XVᵉ siècle, sur les ruines d'un autre palais qui remontait, dit-on, à Charlemagne : plus tard, le cardinal de Tencin le fit restaurer sur les dessins de Soufflot ; la terrasse a été construite au commencement du siècle dernier. Ce palais prend son entrée par la rue à laquelle il a donné son nom, où il se lie au bâtiment neuf de la Manécanterie, affecté aujourd'hui au mont-de-piété. Deux portails uniformes, construits aux deux angles nord-est et nord-ouest d'une vaste cour carrée, conduisent, l'un dans les appartements, et l'autre à l'église cathédrale. En général, la façade n'offre rien qui puisse donner l'idée que l'on se forme d'un palais ; mais l'intérieur est vaste et beau. Les appartements y sont bien distribués, et l'on y remarque quelques pièces fort belles, où l'on a malheureusement prodigué les ornements de mauvais goût du siècle de Louis XV. La salle en entrant est d'une étendue considérable ; c'est par elle que l'on parvient aux différentes chambres qui ont leur vue soit sur le quai, soit sur la place à l'issue du pont. La salle à manger, d'une construction singulière, est éclairée par un dôme en forme de lanterne. La salle de réception est ornée de plusieurs portraits de prélats distingués, parmi lesquels on distingue ceux de Bossuet et du cardinal de Bissy. Le salon à la suite est remarquable par ses dimensions et par sa régularité ; il communique à une terrasse découverte qui termine le bâtiment du côté du nord. De cet endroit on jouit d'une vue délicieuse sur le cours de la Saône, qui décrit une courbe dont deux ponts bornent les extrémités ; le grand nombre de barques de toute forme et de toute grandeur qui montent et descendent cette rivière, la multitude de piétons, de chevaux et de voitures qui circulent sur les ponts et sur les quais, forment une suite de tableaux variés et pleins de mouvement, qu'embellissent encore les gracieux paysages des environs.

Depuis 1818, la préfecture du département est installée dans les bâtiments de l'ancien couvent des Jacobins, qui ont été appropriés à cette destination. L'édifice se compose d'un corps de logis central, qu'accompagnent deux ailes parallèles réunies par une grille en fer, séparées par une cour entourée de portiques. Le premier étage compose les appartements et les salles d'apparat ; l'aile gauche est occupée par les archives. Un jardin bien planté s'étend derrière les bâtiments.

L'hôtel de ville de Lyon est le plus bel édifice en ce genre qui existe en France : il fut commencé en 1646, et entièrement achevé en 1655, sur les dessins de Simon Maupin, alors voyer et architecte de la ville. Cet édifice forme un carré isolé, composé d'une façade de 40 mètres de large, qui règne sur la place des Terreaux, et de deux ailes en retour de 70 toises de longueur, qui donnent sur deux des plus belles rues de Lyon, et se terminent à la place de la Comédie : ces deux ailes forment deux cours, dont la première est beaucoup plus grande et plus élevée que la seconde, et qui se communiquent au moyen de deux terrasses découvertes, soutenues par des arcades : l'une de ces cours est pavée en dalles. La façade principale, qui donne sur la place des Terreaux, n'appartient à aucun ordre d'architecture ; elle offre néanmoins une belle apparence, et se termine par une balustrade sur laquelle s'élèvent deux grandes statues d'Hercule et de Minerve. Les deux parties latérales sont flanquées de deux pavillons carrés, surmontés de frontons et terminés en dôme. Derrière la façade est la tour de l'horloge, haute de 150 pieds et couronnée par une coupole : l'horloge placée dans cette tour répond à quatre cadrans : celui qui regarde la place des Terreaux est accompagné des deux figures du Rhône et de la Saône. Le second portail, donnant sur la place de la Comédie, est flanqué de deux pavillons carrés, et peu inférieur au premier. — La porte d'entrée de la façade principale s'annonce par un vaste perron de douze marches, qui lui donne un aspect majestueux ; elle est pratiquée dans un enfoncement circulaire formant une espèce de portique, dont la voûte est soutenue par deux colonnes ioniques de marbre rouge. Les fenêtres du rez-de-chaussée sont percées par des arcades feintes. Les fenêtres du premier étage sont surmontées de frontons qui supportent des lions. L'attique a encore un rang de fenêtres moins grandes que les autres et ornées de festons ; au milieu, on remarque un bas-relief représentant Henri IV à cheval. — L'intérieur de l'hôtel de ville n'est pas moins digne d'attention que l'extérieur. A l'entrée par la porte principale, est un beau vestibule en arc surbaissé d'une grande hardiesse ; les deux extrémités sont occupées par deux groupes en bronze de grandeur colossale, qui ornaient autrefois le piédestal de la statue équestre sur la place Bellecour ; celui placé à gauche représente le Rhône appuyé sur un lion rugissant et sur sa rame ; l'autre représente la Saône appuyée aussi sur un lion, mais dans une attitude paisible. Derrière ces groupes, ouvrage des frères Coustou, se trouvaient autrefois plusieurs inscriptions, dont la plus remarquable était la harangue de l'empereur Claude ; elle est placée aujourd'hui dans le palais des Arts. Du vestibule partent deux escaliers ; celui à gauche du portique, qui sépare le vestibule de la grande cour, est de forme ovale, à trait sans noyau, et suspendu en spirale d'une manière ingénieuse et très-hardie. A droite est l'escalier principal, large de 8 pieds, porté en demi-berceau sans appui hors des murs, et terminé par une galerie en forme de balcon. Le plafond est orné de peintures dans lesquelles Blanchet a représenté avec beaucoup d'art l'embrasement de Lyon décrit par Sénèque. Cet escalier conduit à une très-belle salle de 82 pieds de longueur sur 38 de largeur, dont les peintures sont devenues la proie des flammes qui consumèrent cette partie de l'hôtel de ville en 1674: le tableau principal, chef-d'œuvre de Blanchet, représentait le temple circulaire dédié à Auguste par les Gaulois. (Cette salle, qu'un second incendie avait beaucoup endommagée en 1803, est entièrement rétablie et décorée à neuf.) La salle du tribunal de commerce et la chambre du consulat sont aussi ornées de plafonds peints par Blanchet. La salle des archives, contiguë à cette dernière, réunit à la plus grande solidité tout ce qui est nécessaire pour conserver le dépôt important qu'on y a placé. Le rez-de-chaussée de l'aile gauche est occupé par les bureaux des contributions, de la police, etc.; celui de l'aile droite par les bureaux de la mairie et les salles d'assemblées du conseil municipal. Le premier étage renferme les appartements d'apparat, qui sont décorés avec beaucoup de goût.

Le grand collége, situé sur le quai du Rhône, est un des monuments les plus importants de Lyon ; il est traversé par la rue Ménétrier, recouverte en partie d'une arcade. Les bâtiments occupent l'emplacement de l'ancien collége de la Trinité, fondé en 1519. La cour, qui est d'une grande étendue, est entourée de bâtiments de tous côtés ; les classes occupent le rez-de-chaussée. Les dortoirs, les salles d'étude, la cuisine, la lingerie, l'infirmerie, le logement du proviseur, de l'économe, du censeur, des professeurs, sont d'une distribution commode et facile.

La bibliothèque publique est placée dans la partie des bâtiments du collége qui se trouve sur le quai de Retz. L'entrée ne répond point à la beauté du vaisseau : on y arrive par un petit escalier tortueux, aboutissant à une porte de peu d'apparence, qui sert d'entrée à une salle immense dont la longueur est de 50 mètres, la largeur de 11, et la hauteur de plus de 13. Le pavé est de marbre, et l'intérieur orné de quatre globes, de sphères, de planisphères, de tables précieuses, et de divers bustes et bas-reliefs. Six rangs d'in-folio règnent à l'entour et sont placés dans cinquante-trois armoires grillées, renfermant quatorze mille quatre cents volumes ; au-dessus règne une galerie à balustrade, où dix autres rangs offrent les in-4° et les in-8°, au nombre de cinquante mille. Une grille sépare cette vaste salle d'une aile collatérale, dite bibliothèque Adamaly, léguée à l'académie par l'honorable citoyen de ce nom. Une porte à glaces conduit de cette salle à celle des estampes, où sont réunis les gravures et les volumes atlantiques. Derrière cette pièce est le cabinet d'antiquités. A côté de la grande salle, il s'en trouve deux autres : la première reçoit les lecteurs en hiver ; la seconde renferme une collection considérable de ce qui a été imprimé sous le titre d'œuvres, et toutes celles dont les auteurs sont Lyonnais. Au-dessus de ces pièces, on parvient à la salle des manuscrits et des éditions antérieures au commencement du XVIe siècle, et à un vaste dépôt où sont rassemblés presque autant de livres qu'il s'en trouve dans la grande salle.

La bibliothèque de Lyon a été formée des dons faits par les rois de France ou par divers particuliers; des livres provenant des monastères supprimés, et des fonds annuels mis par la ville à la disposition du bibliothécaire. André Gérard, grand-prévôt de l'église de Bourg, légua, en 1557, sa belle librairie au collége ; Camille de Neuville, archevêque de Lyon, lui donna aussi la sienne en 1690 ; Louis XIII et Louis XIV l'enrichirent des magnifiques éditions du Louvre ; Mazenod, Perrachou, Aubert, Brossette, etc., l'augmentèrent aussi d'un grand nombre de volumes ; enfin, la suppression des corps monastiques lui a procuré une infinité de livres rares et précieux. — Indépendamment d'une multitude de livres imprimés dans toutes les langues, la bibliothèque contient une collection considérable de gravures, des manuscrits chaldéens, syriaques, hébreux, arméniens, grecs, arabes, persans, tartares, indiens, chinois, etc. ; quelques-uns sont écrits sur vélin, deux sur des feuilles de palmier ; plusieurs autres sont remarquables par le luxe des miniatures et des ornements qui y sont répandus. Parmi les ouvrages imprimés, on distingue une histoire générale de la Chine en vingt volumes, imprimée à Pékin, en beaux caractères chinois; un Tite-Live en deux volumes in-folio sur beau vélin, Venise, 1470 ; l'Histoire naturelle de Pline, sur vélin, deux volumes in-folio, Venise, Nicolas Jeanson, 1472 ; un Cicéron en quatre tomes, Milan, Minutianus, 1490-98 ; les œuvres de Luther en sept volumes in-folio, dont le dernier contient sa fameuse conférence avec le diable ; un Herbier avec figures, qu'on dit avoir plus de six cents ans d'antiquité, etc. — Une vaste terrasse, de soixante-dix pas de longueur, joint la grande salle de la bibliothèque, et offre une promenade agréable d'où l'on jouit d'un point de vue magnifique : un quai superbe, couvert d'arbres et bordé des plus belles maisons de la ville, longe le Rhône, dont les eaux rapides coulent dans un large canal traversé par trois ponts ; au delà s'étend une plaine immense, qui se prolonge, à l'est, jusqu'aux Alpes, tandis qu'au nord elle est bornée par les coteaux de la Bresse, et au sud par le mont Pila et les montagnes du Dauphiné.

Le palais des Arts était, avant la révolution de 1789, une abbaye de religieuses fondée dans les premiers temps du christianisme. Au commencement du VIe siècle, Godegiselle, et la reine Teudelinde, son épouse, rétablirent ce monastère, qui fut détruit par les Sarrasins, reconstruit sous Charlemagne, et rebâti plus magnifiquement dans le XVIIe siècle, sur les dessins de M. de la Volsinière. — Ce vaste bâtiment, qui a plus l'air du palais d'un prince que d'un monastère, est composé de quatre grands corps de logis qui forment une cour dont on a fait un parterre, orné dans le centre d'une statue d'Apollon placée sur un autel antique. La façade principale, qui donne sur la place des Terreaux, est embellie de deux ordres d'architecture en pilastres, le dorique et le corinthien ; un troisième ordre en attique s'élève au milieu et accompagne un belvéder à l'italienne, qui domine sur tout le bâtiment, et qui contribue beaucoup, de même que la balustrade qui surmonte l'entablement, à donner une grande apparence à toute cette façade ; mais la régularité malheureusement ne s'y trouve pas, et les ordres sont absolument hors de proportion. Il manque beaucoup de choses pour terminer cet ouvrage ; toutes les sculptures sont encore à tailler, et il devait y avoir un fronton à chaque extrémité. L'intérieur répond à l'apparence du dehors. La cour est entourée d'un portique solidement voûté, et dont le dessus forme une terrasse découverte, bordée d'une balustrade de fer. Au centre de cette cour, ombragée de deux côtés par des arbres, un autel antique porte l'inscription d'un vœu de Junius Sylvanus Mélanion, receveur augustal : on a élevé, au-dessus de cet autel, une statue en marbre blanc. — M. Artaud a mis un soin infatigable à rassembler autour des portiques plusieurs morceaux d'antiquités, dont la découverte est le fruit de ses nombreuses recherches. Les regards s'arrêtent sur un grand nombre d'inscriptions propres à piquer la curiosité. On y remarque un autel taurobolique élevé par les Lyonnais à Antonin le Pieux ; un autre taurobole, objet d'un vœu de deux dames lyonnaises pour le succès des armes de Septime-Sévère, contre Albin son compétiteur à l'empire ; un sarcophage à deux corps en marbre grec, orné sur les parties latérales de trophées composés de haches d'armes et de boucliers ; une inscription tumulaire en caractères grecs ; une colonne milliaire qui rappelle le nom de l'empereur Maxime ; des autels érigés en l'honneur des mères augustes, de tous les dieux, de Sylvain, etc.; un cippe élevé aux mânes d'Oppius Placidus, le premier des aruspices qui faisait partie du collège des prêtres d'Auguste ; une inscription honoraire à Sextus Ligurius, et une autre à Tibérius Antistius ; un grand nombre de pierres tumulaires ; des inscriptions en l'honneur des sevirs augustaux du temple d'Auguste ; des fragments de statues et de sculptures ; des masques antiques ; des amphores, des urnes cinéraires, etc. Tous ces monuments précieux de l'histoire de Lyon attirent la curiosité des artistes et des savants.—Dans le palais des Arts sont établis : le musée des tableaux ; le cabinet des médailles ; le musée lapidaire ; la galerie des plâtres antiques ; le dépôt des pièces mécaniques pour la fabrication des étoffes de soie ; la bibliothèque du conservatoire ; l'école gratuite de dessin, et différents cours.—On parvient à la grande salle du musée par un très-vaste escalier, où l'on voit une belle inscription en lettres d'or, qui est un des monuments historiques du progrès des manufactures de soie à Lyon. Cette salle est un fort beau vaisseau pavé en carreaux de marbre, et divisé en trois parties par des arcs élevés à plein cintre ; le plafond, orné de rosaces, de différents compartiments et de peintures d'un bel effet, est absolument plat et sans aucun point d'appui sur des pilastres ou des colonnes, ce qui est contraire à toutes les règles du goût. C'est dans la grande salle du palais que se trouvent tous les tableaux qui composent le musée. A l'entrée sont des tableaux de fleurs de Van Huysum, Van Broussel, Vander Kabel, Berjon, Bony et autres artistes distingués. A la suite sont les tableaux d'histoire de plusieurs grands maîtres des écoles italienne, vénitienne, napolitaine, hollandaise et flamande, parmi lesquels nous citerons : le grand tableau de l'Adoration des Mages, par Rubens ; les sept Sacrements, par le Poussin ; l'Assomption de la Vierge, par le Guide ; la Prédication de saint Jean et le Baptême de Jésus-Christ, par l'Albane ; Moïse sauvé des eaux, par Paul Véronèse ; l'Ascension du Christ, par Pérugin ; un portrait de chanoine, par A. Carrache ; l'Adoration des bergers et l'Invention des reliques, par Philippe de Champagne ; la Circoncision, par Guerchin ; saint Luc peignant la Vierge, par Giordano ; plusieurs tableaux du Tintoret ; les Vendeurs chassés du temple, par Jouvenet ; l'Adoration des anges, par Stella ; le Christ à la colonne, par Palme ; saint François d'Assise, par l'Espagnolet. — Au fond de la galerie de tableaux se trouve le cabinet des antiques et des médailles, dans lequel on a transporté, depuis la formation du musée, tous les magnifiques souvenirs des Romains qui étaient épars chez différents particuliers, ainsi que ceux qui ont été découverts dans différentes fouilles. On y voit la fameuse Table de bronze, découverte en 1529 sur la colline de Saint-Sébastien, et qui contient en partie la harangue que prononça l'empereur Claude devant le sénat de Rome, pour faire accorder à la ville de Lyon le titre de colonie ; un fragment d'une cuisse de cheval en bronze doré ; un bas-relief en marbre représentant un sacrifice ; ce morceau fort remarquable décorait autrefois la porte de l'église de l'ancien château de Beaujeu. C'est lors de la démolition de cette église qu'il a été transféré au musée ; une partie du tableau d'une mosaïque en relief, représentant l'Espérance ; une statue de Vénus en marbre ; des tableaux en émail ; un modèle en relief du temple d'Isis, à Pompéia ; des ouvrages en ivoire ; plusieurs monuments du moyen âge, tels que le vase de la Mère folle, des armes, des émaux, un plat et une aiguière de faïence, un calendrier servien, des flèches, des casse-tête, des haches en pierre, etc. — On voit aussi, dans quatre armoires d'un beau travail, une grande quantité de figurines grecques, égyptiennes, romaines; elles sont d'une rare perfection. On y trouve également des lampes de diverses formes, des vases de verre antiques, des instruments civils, religieux et militaires, etc., et une collection de médailles en bronze et en argent. On remarque encore au musée une momie enfermée dans une caisse chargée d'hiéroglyphes.

L'École vétérinaire de Lyon est la première de ce genre qui ait été établie en France. Sa fondation est due au célèbre Bourgelat, qui obtint, en 1761, l'autorisation d'ouvrir à Lyon une école dans laquelle on enseignerait la connaissance et le traitement des maladies des bœufs, chevaux, mulets, etc. Cette école rendit, dès sa naissance, de si grands services dans les campagnes, en arrêtant les progrès des épizooties, qu'elle mérita le titre d'école royale vétérinaire. D'abord établie au faubourg de la Guillotière, dans une maison de l'Hôtel-Dieu, elle a été transférée en l'an V à l'Observance, où elle occupe un local vaste et bien disposé. Le buste du fondateur de cet important établissement en est un des plus beaux ornements. Le jardin est pittoresque et bien entretenu; au fond est une jolie colline couverte d'arbres de toute espèce, d'où jaillissent des sources d'eau vive. Le jardin de botanique, la pharmacie et le cabinet d'histoire naturelle méritent de fixer l'attention.

Le jardin des plantes, situé au centre de la ville, où il forme une promenade on ne peut plus agréable, a été fondé par M. Gilibert, célèbre médecin de Lyon, qui y professa longtemps la botanique. On y entre par un perron qui donne sur la place Sathonay : à gauche est l'orangerie; sur le devant est un parterre, à l'entrée duquel est placé le buste en marbre blanc du célèbre abbé Rozier : le piédestal, couronné d'une guirlande, porte l'inscription suivante :

AU COLUMELLE FRANÇAIS,
LYON, SA PATRIE.

La position en amphithéâtre de ce jardin, et ses divers détours et allées, peuvent donner une idée des sites de Lyon, qui varient à chaque instant par l'effet du mouvement des terrains. Dans la partie supérieure, se trouve une esplanade ombragée d'arbres de différentes espèces. De cet endroit, la vue domine sur une partie de la ville; on distingue les principaux édifices et les ponts sur la Saône et le Rhône; au levant, les regards s'étendent sur la colline de Fourvières, et, dans le lointain, sur les Alpes et les campagnes du Dauphiné. Au-dessous de l'esplanade, est l'emplacement d'un vaste amphithéâtre de forme circulaire, qui, du temps des Romains, servait de naumachie. — La situation du jardin sur une colline qui présente diverses expositions, permet d'y cultiver toutes les espèces de plantes connues. Comme il est abrité des vents du nord, on y jouit ordinairement en hiver d'une température très-douce : les fleurs y naissent lorsque partout ailleurs la nature est encore inanimée; en été, la chaleur y égale quelquefois celle des côtes de la Méditerranée.

La loge du Change, qui fait le principal ornement de la place du Change, a été construite en 1749, sur les dessins du célèbre Soufflot, et par les soins de négociants italiens; c'était, dans l'origine, le lieu où les commerçants s'assemblaient pour leurs affaires de commerce et pour leurs règlements de compte. Elle a été restaurée il y a quelques années, et sert aujourd'hui de temple aux protestants. Lors de sa restauration, on a laissé subsister une inscription gravée sur une table de marbre noir, qui se trouve au centre de la façade; c'est la devise que les Gryphe, fameux imprimeurs de Lyon, plaçaient au frontispice de leurs livres :

Virtute duce, comite Fortuna.

La Condition des soies est un bâtiment isolé des autres maisons, afin de prévenir tout accident, et les appartements dont il se compose ont été voûtés; il est destiné à enlever aux soies l'humidité superflue qu'elles peuvent contracter dans les moulins, dans la route ou par quelque autre cause. Lorsqu'un ballot de soie est acheté par le fabricant, il passe à la Condition publique, où il est pesé, placé dans des armoires grillées, et exposé pendant vingt-quatre heures à une chaleur de dix-huit à vingt-deux degrés. Quand toute l'humidité est enlevée, on le pèse de nouveau, et le déchet qu'il a subi est constaté par un certificat authentique de l'établissement.

La halle aux Grains a été élevée en 1815 sur l'emplacement qu'occupaient, avant la révolution de 1789, la magnifique chapelle des Confalons et celle de Notre-Dame de Bon-Rencontre; c'est une construction lourde, vaste sans être commode; le rez-de-chaussée, affecté à la vente des graines, est incommode et mal éclairé; au-dessus est un vaste magasin servant d'entrepôt pour les grains. Cette halle est beaucoup trop petite pour une grande ville; mais sa situation centrale et près d'un grand fleuve, la facilité des abords, y amèneront toujours un grand nombre de vendeurs et d'acheteurs.

Le Mont-de-Piété ne date que de l'année 1811. Il fut d'abord établi dans le cloître des Jacobins; maintenant il est placé dans le bâtiment de la Manécanterie, édifice d'une très-belle apparence, construit en 1768 pour loger le clergé de la cathédrale de Lyon, sur les dessins de l'architecte Decrénice. Tous les étages sont voûtés.

L'Hôtel-Dieu, ou Hôpital général, est une fondation de Childebert et de la reine Ultrogothe, son épouse. L'administration en fut d'abord confiée à des personnes laïques sous la direction de l'archevêque, et cette forme dura plus de six siècles. Elle passa ensuite successivement à des religieux de différents ordres; enfin, en l'année 1486, les conseillers échevins de la ville s'en chargèrent, et gouvernèrent cet hôpital immédiatement et par eux-mêmes jusqu'en 1585, où ils remirent ce soin à douze citoyens, dont le nombre fût porté dans la suite à quatorze. L'entrée principale de l'Hôpital a été refaite en l'année 1708. Ferdinand Delamonce, qui en a donné le dessin, a su faire valoir l'irrégularité de la situation, et en a fait un morceau d'architecture très-joli. La porte extérieure est ouverte en arcade, accompagnée de deux colonnes doriques qui portent sur des socles, et soutiennent un entablement régnant. Un grand attique à pilastres s'élève au-dessus du premier ordre et renferme une table d'inscription, où est gravé le nom de cette maison. Ce portail est enchâssé dans deux portions de cercle qui se joignent aux bâtiments des côtés, et qui servent à cacher toute l'irrégularité de cette situation ; il donne entrée dans un vestibule octogone qui dégage dans l'ancien cloître par où l'on va aux appartements. Ce vestibule est voûté en croupe et décoré d'ornements qui servent à raccorder, d'une manière fort ingénieuse, les anciennes voûtes avec les nouvelles. Au centre de la cour, on voit une superbe croix en fer, entourée de saules pleureurs, érigée par les administrateurs et bienfaiteurs de l'hospice, ainsi que par la sœur Olard, en 1813. — L'intérieur de l'Hôpital consiste principalement dans la grande infirmerie, sur le dessin de celle de Milan. Elle est disposée en forme de croix grecque, ayant 560 pieds de longueur, dans chaque partie de laquelle il y a trois rangées de lits pour les malades. Ces vastes salles sont vulgairement appelées les quatre rangs ou des fiévreux, et ont 32 pieds de largeur et 25 de hauteur. Deux de ces rangs sont destinés pour les hommes, et les autres pour les femmes. Au milieu de l'emplacement où aboutissent ces quatre rangs, s'élève un dôme de 36 pieds de diamètre, sous lequel est un autel isolé qui peut être vu des rangs les plus éloignés, mais qui manque absolument de proportion : les prières, qu'on y lit deux fois par jour, peuvent être entendues de tous les appartements, et le prêtre peut être vu de tous les malades. En général, tous les lits sont de fer et au nombre d'environ 1800, compris ceux des membres de la communauté qui sont attachés au service des malades, et qui se montent à 260 : tant que le nombre des malades le permet, on les couche seuls dans chaque lit. De la grande salle on passe au dôme principal, sous lequel se trouve un grand et bel autel bien décoré. La salle qui forme la continuation du dôme est destinée aux blessés ; elle a vue sur le quai du Rhône. On a eu soin d'ouvrir dans le dôme plusieurs grandes fenêtres, et, pour prévenir les accidents, on a placé un grillage assez serré jusqu'à la hauteur d'environ sept pieds. — Ce superbe établissement est de la plus grande beauté. Le service s'y fait avec autant de générosité que de soins. Cent cinquante sœurs servent les malades, et préparent les remèdes qui sont ordonnés. La pharmacie est remarquable par sa grandeur et par l'ordre qui y est établi ; elle fournit aux besoins du public et aux pauvres malades des paroisses, qui y trouvent les remèdes gratis. Une seconde est spécialement destinée à l'usage de la maison. La belle façade qui domine sur le quai du Rhône fut construite, vers le milieu du siècle dernier, par l'architecte Soufflot. C'est un magnifique bâtiment, qui n'annonce nullement l'asile de la pauvreté souffrante.

La maison de Charité est une grande preuve de la charité des Lyonnais. En l'année 1531, une stérilité affreuse ayant occasionné la famine, le peuple des environs du Rhône et de la Saône fut réduit à une si grande misère, que ne sachant que faire des bouches inutiles, on les mit, dit-on, dans des bateaux où on les abandonna au courant de l'eau ; plusieurs de ces bâteaux arrivèrent à Lyon. Ce spectacle toucha vivement le cœur des Lyonnais ; tous ces malheureux, au nombre de douze mille, furent reçus charitablement et secourus, nonobstant la disette dont la ville souffrait aussi beaucoup. D'abord ils furent partagés dans les maisons, chacun en prit chez soi, ensuite l'on pourvut en commun à leur nourriture : on la leur distribuait, ainsi qu'aux pauvres de la ville, en différents endroits. Huit notables bourgeois furent chargés de ce soin et de recevoir les aumônes qui se faisaient pour cela : cette bonne œuvre fut continuée depuis le 19 mai jusqu'au 9 juillet, et alors le temps de la moisson ayant rappelé tous ces pauvres à la campagne, il se trouva encore entre les mains du trésorier de cette association une somme de 396 liv. 2 s. 7 den. de reste des aumônes. Il fut résolu dans une assemblée des principaux bourgeois de la ville de les employer à la nourriture des pauvres de la cité, et de continuer à l'avenir de leur fournir les mêmes secours. L'on établit à cet effet une espèce de bureau dans le couvent des Cordeliers de Saint-Bonaventure. En 1613, on fit encore plus ; car, sans discontinuer cette distribution, on bâtit une maison pour renfermer les pauvres mendiants. Ils furent d'abord logés dans la maison de Saint-Laurent, hors de la porte de Saint-George, sur le chemin des Etroits ; mais ce bâtiment n'étant pas suffisant, on acheta un grand espace de terrain qui faisait partie de l'ancienne place de Belle-Cour, et à l'aide des libéralités de M. Marquemont, archevêque de Lyon, des chanoines de la cathédrale, de M. d'Halincourt, gouverneur, et de plusieurs riches citoyens, l'église et l'hôpital furent mis à peu près dans l'état où ils sont aujourd'hui. Dans la cour, en face de la porte d'entrée, il y a des tables noires sur lesquelles on a gravé les noms des personnes qui, en mourant, ont institué pour héritiers les pauvres de cette maison. — Les bâtiments de cet hospice sont très-vastes. Neuf cours, dont une plus grande au milieu, séparent les différentes parties et contribuent à augmenter la clarté, quoique l'on ait tâché d'y ménager toutes les commodités dont on avait besoin. Les proportions de cet édifice ne sont avantageuses ni dans le détail, ni dans le tout ensemble. La façade s'étend jusqu'à la caserne de cavalerie, vulgairement connue sous le nom de *Nouvelle-*

Douane, et n'est remarquable que par sa noble simplicité. L'entrée principale a été restaurée en 1827. Dans la partie supérieure du portail, on remarque un bas-relief exécuté par M. Legendre-Hérald : six figures, à peu près de grandeur naturelle, composent cet ouvrage, dont le sujet est la Charité elle-même. Jusqu'à présent, la plupart des peintres et des statuaires qui avaient essayé de représenter cette vertu, s'étaient attachés à la montrer assise, allaitant plusieurs petits enfants placés sur ses genoux. M. Legendre-Hérald a cru pouvoir sortir de la routine. La Charité est debout, le sein gauche découvert; elle étend la main gauche vers l'enfant d'une jeune et pauvre femme qui lui demande l'aumône, et de la main droite elle donne du pain à un malheureux vieillard, également accompagné d'un petit enfant, que l'artiste a représenté la tête et les yeux baissés; un autre petit enfant est assis aux pieds de la Charité, et a la tête et les regards tournés vers elle.

L'hospice de l'Antiquaille a sa principale entrée par la place de ce nom, et occupe l'emplacement de l'ancien palais des préfets du prétoire ou gouverneurs des Gaules. Plusieurs empereurs romains l'ont habité; Claude et Caligula y sont nés, et c'est aussi dans ce palais qu'Antonia accoucha de Germanicus. — L'Antiquaille n'était qu'un lieu couvert de ruines, et environné de vignes, lorsque Pierre Sala, d'une des familles de Lyon les plus distinguées dans la magistrature, fit élever à la place, l'an 1500, une belle maison somptueusement bâtie, dans laquelle il réunit les monuments de l'antiquité que ce quartier offrait en abondance. Ce fut la destination donnée à cette maison qui la fit appeler du nom de l'Antiquaille, dénomination que l'on ne trouve nulle part avant cette époque, mais qui lui est dès lors consacrée. La propriété en passa ensuite à Symphorien Buatier, à Jeanne Buatier, et ensuite aux religieuses de la Visitation. L'église, bâtie en 1639, fut consacrée à Notre-Dame et aux martyrs lyonnais : au-dessous est un cachot qu'on assure avoir servi de prison à saint Pothin. — On trouve dans la première cour de la maison l'entrée de longues voûtes souterraines qui traversent, à une assez grande profondeur, une partie de la montagne. Cet ouvrage, conduit par l'architecte Billion, date du milieu du siècle dernier, et n'avait été exécuté qu'avec des travaux immenses, dans le but de procurer l'eau nécessaire aux besoins du monastère. — Dans l'enclos, sous le chemin qui va de la place des Minimes à Fourvières, il existe un souterrain de 100 pieds de long, 12 de large et 15 de haut; il est enduit, jusqu'à la naissance de la voûte, d'un ciment rouge extrêmement dur et poli, et un mur très-épais coupe en deux parties inégales ce long boyau.

Les casernes à Lyon sont de très-beaux corps de bâtiments qui méritent d'être vus. Celle du quai de Serin, construite en 1728, était autrefois des greniers d'abondance, devenus inutiles depuis qu'on a favorisé la libre circulation des grains; on en a formé des casernes pour la cavalerie et l'infanterie. — Celle située à la suite du bâtiment de la Charité était autrefois l'hôtel des Fermes, construit, quelque temps avant la révolution, sur les dessins de l'architecte Dupoux. L'édifice est très-étendu et sert de quartier pour la cavalerie et l'infanterie. — Le couvent des Colinettes, sur le coteau de Saint-Clair, sert de logement à l'infanterie; la cour est grande et propre aux manœuvres; la vue, qui s'étend très au loin et qui domine les Brotteaux, est magnifique. — Le monastère de Sainte-Marie-des-Chaînes, près du quai de Serin, est un entrepôt pour les fourrages, où l'on avait commencé de belles casernes pour la cavalerie, mais les travaux ont été suspendus. — Le couvent des religieuses du Bon-Pasteur, situé rue Neyret, et l'ancien couvent des Carmes-Déchaux, servent aussi de casernes. — La caserne de gendarmerie est un bel édifice récemment construit sur l'ancien emplacement du Manège, à l'angle des rues Sala et Saint-François de Sales.

On compte à Lyon 250 rues, dont plusieurs sont fort longues, quelques-unes larges et assez régulières. Cependant il en est peu de véritablement dignes de la seconde ville d'un grand Etat. Dans les quartiers nouveaux, les rues sont régulières et se coupent à angle droit; mais elles manquent de beaux édifices. En général, Lyon, surtout dans la partie basse, est percé de communications étroites, escarpées, tortueuses et bordées de maisons si élevées qu'elles permettent rarement au soleil de pénétrer jusqu'au pavé. Ces rues, presque toujours humides et fangeuses, sont d'ailleurs mal pavées de cailloux roulés et manquent de trottoirs. Des allées obscures, servant de passage d'une rue à l'autre, des cours étroites et sombres, une population surabondante, et surtout des habitudes de malpropreté assez générales, seraient des causes d'insalubrité funeste, si la nature ne faisait, pour les détruire, plus que les habitants eux-mêmes. — La rue Mercière est une des plus longues, des plus fréquentées et des plus marchandes de Lyon; mais elle est aussi l'une des plus étroites, des plus tortueuses et des plus malpropres. La rue de la Juiverie était autrefois une des plus belles de la ville, et elle est encore aujourd'hui une des plus larges : c'est dans cette rue que Charles VIII et Louis XII donnèrent des fêtes et des tournois durant leurs séjours à Lyon.

Les bords du Rhône et de la Saône sont bordés de larges quais et de cours spacieux, pour la plupart bien ombragés. La disposition et la forme particulière de chacun de ces quais est assortie à la nature des lieux où ils sont placés. Les quais du Rhône forment une longue ligne droite et paraissent beaucoup plus grands que ceux de la Saône, dont les sinuosités cachent l'étendue. Les différents genres d'architecture qui distinguent les maisons de l'un et l'autre quai ne sont pas moins en opposition que les sites : sur les rives de la Saône, le bâtiment des Antiquailles, la bibliothèque de Saint-Jean, les prisons,

l'église de Fourvières, le dôme des Chartreux, donnent aux divers points de vue un aspect majestueux, un caractère monumental; sur les bords du Rhône, l'architecture moderne a déployé, dans les édifices publics et les maisons particulières, toute la richesse convenable à chacun de ces genres de construction. Le contraste que présente le tableau des deux quais se retrouve encore dans la température qui règne sur les bords des deux rivières : sur les quais de la Saône, on éprouve dans le printemps une chaleur douce et agréable, qui devient brûlante en été; tandis que sur les bords du Rhône l'atmosphère, glacée en hiver, est constamment rafraîchie en été par des courants d'air qui rendent la promenade délicieuse.
— Le quai Saint-Clair, qui s'étend sur la rive droite du Rhône, est remarquable par l'élégance des édifices qu'on y a construits, par la promenade agréable qu'il offre, et par la vue enchanteresse dont on y jouit : c'est dans ce quartier qu'habitent la plupart des riches négociants. A la suite du quai Saint-Clair est celui de Retz, bordé de maisons magnifiques, et de belles plantations qui se prolongent jusqu'à la place du Concert. Ce quai communique à celui de Bon-Rencontre, qui se joint au quai de l'Hôpital, lequel se lie par le quai d'Angoulême à la belle avenue de Perrache. — Sur la rive gauche de la Saône, les quais d'Occident, de Saint-Antoine, des Célestins, offrent une voie extrêmement large, bordée de maisons généralement bien bâties, d'où l'on a en perspective de charmants points de vue. Ces quais se prolongent depuis le pont du Change jusqu'à celui de Serin, et offrent des ports commodes pour la navigation. — Le nombre des ports de débarquement est de dix-huit, dont quatre sur le Rhône et quatorze sur la Saône.

Lyon possède plus de 50 places publiques, dont quelques-unes seulement sont vastes, assez régulières et ornées de beaux édifices ; les autres sont petites et n'offrent aucune régularité. Les principales sont : la place Bellecour, une des plus belles et des plus vastes de l'Europe. Elle a la forme d'un parallélogramme très-allongé, de 310 mètres de long sur 200 mètres de large d'un côté, et 225 mètres de l'autre ; irrégularité qu'on a fait disparaître par une plantation de tilleuls qui occupe toute la face méridionale et dérobe la vue des maisons de ce côté. Le nom de Bellecour lui vient, dit-on, de celui de *Bella Curia*, que ce lieu portait depuis le second siècle de l'ère chrétienne. Elle fut ensuite nommée place Louis-le-Grand ; sous le consulat, elle reçut le nom de place Bonaparte, qu'elle changea pour celui de Napoléon. Cette place offre une promenade d'autant plus agréable qu'elle est presque au centre de la ville. Aux deux extrémités sont deux corps de bâtiments symétriques, présentant une façade de trois étages, dont un avant-corps, décoré de huit pilastres, occupe le centre. — La place des Terreaux est la plus remarquable après la place Bellecour ; son nom, qui signifie fossé dans le langage du peuple de Lyon, rappelle la première destination de ce lieu. Cette place est petite, mais régulière ; huit rues y aboutissent. L'hôtel de ville et le palais des Arts en occupent deux côtés ; les deux autres façades sont formées de différentes maisons particulières. Le centre, circonscrit par des banquettes, était autrefois décoré d'une pyramide qui a été détruite en 1660. C'est sur cette place que furent exécutés de Thou et Cinq-Mars. — La place du Méridien offre un des points de vue intérieurs de Lyon les plus intéressants : au milieu s'élève une colonne cannelée de plus de 60 pieds de hauteur, surmontée d'une statue colossale représentant Uranie, qui indique le méridien. — La place des Célestins conduit à la belle rue Saint-Dominique par un passage formé de magasins. Elle est régulière, ornée de plusieurs cafés remarquables et de belles maisons nouvellement construites. — La place du Change doit son nom à l'établissement de la banque de Lyon sous François 1er. Elle est assez régulière, et ornée d'un joli édifice qui sert de temple aux protestants. — La place Sathonay doit son nom à la reconnaissance des habitants pour M. de Sathonay, maire de Lyon, dont l'administration fut marquée par un grand nombre de travaux importants. Cette jolie place sert d'entrée au jardin des plantes; elle est environnée de beaux édifices, bien pavée, et renferme dans son enceinte un vaste marché. — La place de la Charité est belle par sa position entre un des plus beaux quais du Rhône et la place Bellecour : au nord, plusieurs hôtels réunis forment un corps d'architecture régulier; vis-à-vis est l'église de la Charité, surmontée d'un joli clocher de forme octogone. — La petite place de l'Homme de la roche doit son nom à une statue en bois, représentant un guerrier avec une cuirasse et une hallebarde, et tenant une bourse à la main. Si l'on interroge un homme du peuple sur ce qu'on a voulu représenter par cette statue, il répondra : « C'est le bon Allemand qui marie les filles de Vaize et de Bourgneuf; il leur montre sa bourse pleine d'argent pour les doter. » Voici l'origine de cette tradition populaire : Jean Cléberg, de Nuremberg, après avoir exercé le commerce en Suisse, se mit à la tête d'une compagnie franche, entra en Italie avec François 1er, qu'il suivit ensuite dans sa captivité en Espagne. Après le retour de ce souverain, Cléberg se fixa à Lyon, où il devint l'un des négociants les plus distingués, et acquit le droit de bourgeoisie. En reconnaissance de ce témoignage de considération, cet homme généreux répandait ses bienfaits sur la classe ouvrière ; chaque année il employait une somme considérable à la dotation des pauvres filles de son quartier. Après sa mort, le peuple des faubourg de Vaize et de Bourgneuf lui éleva une statue en bois, et chaque fois que ce fragile monument s'est détruit, il l'a renouvelé à ses frais. Cet usage, que la reconnaissance a consacré, n'est point tombé en désuétude : en 1820, une nouvelle statue du bon Cléberg, après avoir été promenée dans toute la ville au son des instruments, a été placée sur le roc, d'où elle domine la route de Paris, avec les mêmes cérémonies qu'en 1716. — Près de l'Homme de la roche était le fort de Pierre-Scise, l'un des monuments les plus curieux du moyen âge. Le grand rocher de granit sur lequel il avait été élevé s'avançait dans la Saône de manière à ne laisser aucun passage ; Agrippa le fit couper pour établir l'une des quatre grandes voies romaines qu'il ouvrit dans les Gaules et dont Lyon était le centre. — Quelques historiens attribuent la construction du château-fort de Pierre-Scise aux rois de Bourgogne ; mais il paraît plus vraisemblable qu'il fut l'ouvrage des premiers archevêques de Lyon, qui, après l'avoir habité longtemps, l'abandonnèrent pour aller résider au palais Saint-Jean. Cette forteresse fut ensuite transformée en prison d'Etat ; Louis XII y fit emprisonner Louis Sforce, duc de Milan, ainsi que son frère le cardinal Ascagne ; sous Charles IX, le farouche baron des Adrets, qui s'empara de Lyon, chassa le clergé et pilla les églises, fut ensuite enfermé dans ce château ; le duc de Nemours, de Thou, Cinq-Mars y ont été également détenus. Au commencement de la révolution, le peuple de Lyon s'empara de cette prison d'Etat et en commença la démolition, qui a été continuée depuis : le roc qui la portait a lui-même disparu ; abattu par la mine, il a été transformé en maisons.

Le Rhône, devant Lyon, a une largeur d'environ 200 mètres ; il est traversé par trois ponts : le pont Morand, le pont Lafayette et le pont de la Guillotière. La largeur de la Saône est d'environ 150 mètres ; on la passe à Lyon sur neuf ponts : le pont de Serin, le pont de la Gare, le pont Saint-Vincent, le pont de la Feuillée, le pont du Change, le pont Volant, le pont de Tilsitt, le pont d'Ainay et le pont de la Mulatière. — Le pont Morand, construit en 1774 par l'habile architecte dont il porte le nom, est en bois et communique de la rue Puits-Gaillot à la promenade des Brotteaux : il a 630 pieds de long sur 42 de large ; sa charpente effraye par son étonnante légèreté et n'en supporte pas moins le poids des plus lourdes voitures ; les piétons y passent librement sur de larges trottoirs en briques. Chaque pile, formée d'une seule traversée de poteaux, espacés les uns des autres, n'oppose à la rapidité du Rhône qu'une épaisseur de 9 à 10 pouces. Quatre pavillons symétriques, en forme de socles et en maçonnerie, servent d'ornements aux deux extrémités. Toutes les pièces de ce pont sont disposées de manière à ce qu'on en peut substituer d'autres sans déranger celles qui les touchent. Sa résistance au dégel de 1789 parut si étonnante à raison de sa fragilité, qu'après la débâcle on plaça au milieu, sur un poteau, une couronne de laurier avec cette inscription :

Impavidum ferient ruinæ.

Une crue subite du Rhône, qui eut lieu le 22 octobre 1825, entraîna des radeaux qui brisèrent et enlevèrent trois arches. Quelques mois après, il a été réparé avec beaucoup de soin, et orné d'une balustrade en fer, qui ajoute encore à sa légèreté. La vue dont jouit le spectateur placé au milieu du pont Morand est on ne peut plus agréable : d'un côté, on découvre le quai Saint-Clair et le cours d'Herbouville, couronné par une belle colline ; de l'autre, les beaux quais du Rhône, que terminent majestueusement le bâtiment et le dôme de l'Hôpital. — Le pont Lafayette communique de la place du Concert à une nouvelle avenue tracée aux Brotteaux. Les piles sont en belles pierres, et le reste en fer ; quatre beaux pavillons s'élèvent aux deux extrémités. La construction de ce pont a été achevée en 1829. — On attribue la construction du pont de la Guillotière au pape Innocent IV, qui habita pendant sept ans le cloître de Saint-Jean ; mais il paraît plus certain que ce pont fut construit en grande partie des libéralités des citoyens de Lyon. Sa longueur est de 193 mètres. Au lieu de le bâtir dans toute son étendue sur une ligne droite, une partie a été construite en retraite ; ce qui forme un angle à peu près vers son milieu, et lui donne la force de résister à l'impétuosité du fleuve. Dans l'origine, il se composait de vingt arches, que l'on a réduites à dix-sept en supprimant une pile entre deux arches. Cette entreprise hardie fut suivie d'une autre qui ne l'était pas moins : comme ce pont était si étroit qu'à peine il suffisait pour le passage d'une charrette, on l'a élargi de moitié par l'adossement d'un pont nouveau, qu'on a lié à l'ancien avec des barres de fer. Sa construction est solide, mais il n'a ni élégance ni régularité. Le pont de la Guillotière sert de communication avec le midi de la France, la Savoie et l'Italie. C'est au pied d'une de ses arches que des pêcheurs trouvèrent, par hasard, le fameux bouclier où est représentée la continence de Scipion. — La construction du pont du Change remonte au milieu du XIe siècle ; il se compose de huit arches et a 193 mètres entre les culées. Quelques inscriptions antiques, que l'on voit sur les piles, indiquent que les matériaux qui ont servi à l'établir proviennent en majeure partie des débris du célèbre temple d'Antonin. Il existait anciennement une tour au milieu de ce pont. Dans le XIIIe siècle, lors des démêlés entre le clergé et les habitants, ceux-ci s'en rendirent maîtres, et interceptèrent de cette position toute communication de la rive gauche à la rive droite de la Saône. Plus tard, la tour fut démolie et remplacée par une jolie niche, ornée d'une statue de la Vierge, à laquelle on a substitué un bâtiment destiné à servir de corps de garde.

Lyon possède plusieurs fontaines publiques, mais leur nombre est loin d'être en rapport avec les besoins d'une cité aussi populeuse ; celles qui existent sont d'ailleurs peu dignes d'attention sous le rapport monumental. Les plus remarquables sont la petite fontaine Saint-Irénée, celles de la place des Cordeliers, de la place-Grollier, et une jolie au pied du chemin Neuf. Lyon a trois rangs de quais, dont deux sur la Saône et un sur le Rhône. Ces quais ont chacun un nom différent ; ils sont entrecoupés de dix-sept beaux ports, et offrent pour la plupart des promenades agréables. On remarque encore dans l'intérieur de la ville les promenades de Bellecour, de la place des Célestins, le jardin de botanique, etc., dont nous avons déjà eu occasion de parler ; et à l'extérieur, la promenade des Brotteaux, l'avenue Perrache, les Etroits, la Pépinière, l'île Barbe, etc., etc.—La Pépinière occupe depuis 1817 l'enclos de l'ancien monastère de l'Observance : de toutes les situations des alentours de Lyon, il n'en était point de plus convenable, sous le rapport du climat et de l'exposition. Occupant le penchant d'une colline, les sinuosités du terrain, l'enfoncement des vallons, y favorisent la maturité de toutes les espèces de fruits ; le versant des coteaux et des prairies est arrosé par des ruisseaux qui aident à la végétation. Des différentes hauteurs que renferme son enceinte, on jouit d'une multitude de points de vue pittoresques ; plusieurs allées agricoles, bordées d'arbres et d'arbustes à fruits des meilleures qualités, et de belles allées de botanique, offrent sur tous les points une continuité de promenades fort agréables. Indépendamment des essais de toutes les cultures concernant la botanique, on fait à la Pépinière des essais de plantes céréales, ainsi que des plantes fourragères et tinctoriales. Tout est gratuit dans l'administration de cet établissement : ses produits sont employés à fournir des arbres forestiers pour l'embellissement des routes, à introduire de nouvelles essences dans les forêts, à cultiver toutes les espèces d'arbres à fruits, et à favoriser l'agriculture.—A 4 kil. au-dessus de Lyon, au milieu de la Saône, se montre une île de 1200 pas environ de longueur sur 300 dans sa plus grande largeur, que la nature et l'art se sont plu à embellir. Cette île, environnée de collines en amphithéâtre, paraît placée au fond d'un vallon embelli par des eaux paisibles comme celles d'un lac ; c'est l'île Barbe, l'ornement d'un des plus beaux sites des environs de Lyon. —Suivant les plus anciens auteurs, l'île Barbe et les environs furent d'abord des lieux consacrés à la retraite des druides. Sous Septime-Sévère, quelques-uns des chrétiens échappés aux massacres qui eurent lieu à l'occasion des fêtes décennales, cherchèrent un asile dans cette île. De ce nombre furent Etienne et Pérégrin, dont la douceur et l'esprit de charité attirèrent bientôt près d'eux des prosélytes. A peine l'île fut-elle habitée qu'on y fonda une abbaye, que Dagobert et son fils comblèrent de leurs dons. Ce monastère, qui s'accroissait chaque jour, fut ravagé par les Sarrasins. Le savant Leyderade le fit reconstruire et y ajouta plusieurs édifices nouveaux. Charlemagne voulut le connaître, et enchanté d'une habitation placée dans une situation aussi agréable, il forma le projet de venir dans cette île se reposer des fatigues du trône. Dans cette intention, il fit rassembler une belle bibliothèque, qui fut pillée et brûlée par les calvinistes en 1562. Plusieurs rois de France ont aussi visité cet antique monastère, dont une partie des vastes bâtiments s'élèvent au-dessus de belles masses de verdure, et offrent un aspect pittoresque. — L'île Barbe est, à deux époques de l'année, à Pâques et à la Pentecôte, un but de promenade vers lequel se dirige une partie de la population de la ville de Lyon et des campagnes environnantes.

Lyon a donné naissance à un grand nombre d'hommes célèbres, dont les principaux sont : les empereurs Marc-Aurèle, Caracalla et Claude ; Germanicus, dont l'empire romain pleura la mort prématurée ; Sidoine Apollinaire, écrivain du ve siècle ; saint Ambroise le Grand ; Philibert de Lorme, Perrache, Rondelet, architectes ; les frères Coustou, Coysevox, Chinard, Lemot, sculpteurs ; les peintres Stella, Vivien, Revoil et Richard ; les graveurs Audeau, Drevet, Gryphe ; les naturalistes Rozier, Bernard et Adrien de Jussieu, la Tourette, Morel ; Bourgelat, fondateur des écoles vétérinaires de Lyon et d'Alfort ; les historiens Paradis, Colonia, Ménétrier ; l'hydrographe Fleurieu ; le célèbre économiste J.-B. Say ; les mécaniciens Jambon, Thomé, Jacquard ; le maréchal Suchet ; le major Martin, fondateur de l'école de la Martinière ; l'orateur Bergasse.

L'industrie de Lyon est immense. Les étoffes de soie, renommées par la solidité de la teinture et le bon goût des dessins, en forment la base principale. Lyon est la première des villes de France qui ait possédé des fabriques de soie ; elles datent du règne de Louis XI, et durent leur établissement à des Florentins et des Lucquois qu'avaient repoussés de leur pays les querelles sanglantes des Guelfes et des Gibelins : on a des lettres patentes, données à Orléans le 23 novembre 1466, portant que, pour empêcher la sortie annuelle du royaume de quatre à cinq cent mille écus pour achat d'étoffes de soie, il sera établi à Lyon des métiers à faire des étoffes de ce genre ; quatre ans après, Louis XI appela à Tours des fabricants de l'étranger. L'établissement des grandes manufactures de soieries qui ont placé Lyon à la tête des villes industrielles, et rendu le globe tributaire des produits variés de ses innombrables métiers, date de 1536. A cette époque, Etienne Turquet et Barthélemy Nariz, manufacturiers de Gênes, naturalisés Lyonnais, proposèrent au consulat de Lyon de faire venir des ouvriers pour établir des métiers en cette ville et confectionner des draps de soie et des tissus d'or et d'argent, dont on faisait alors un grand usage. Cette proposition trouva d'abord quelques opposants dans le conseil, qui toutefois arrêta à une grande majorité de présenter au conseil privé du roi la requête de Turquet, tendant à obtenir un sauf-conduit à l'égard des manœuvres qui viendraient de Gênes ou d'autres pays étrangers, leur naturalisation et leur exemption des tailles, impôts, etc. Le 2 décembre 1536 arrivèrent à Lyon les lettres patentes de François Ier, portant autorisation d'élever dans la cité lyonnaise les métiers des manufactures de draps d'or, d'argent et de soie, et la concession des priviléges demandés. Turquet exposa ensuite au conseil que, pour donner à la fabrication des étoffes l'extension nécessaire, il avait besoin de quelques avances pour faire confectionner un moulin à filer et tordre la soie, et pour faire établir des chaudières propres à fabriquer les couleurs qu'on était obligé de faire venir de Gènes ou de Flandre. Cette demande fut prise en considération, et l'on arrêta « de prêter à Turquet, entre mars et Noël, cinq cents écus-soleil, dont il s'obligera à les rendre dans cinq ans que finira la première compagnie; et encore, pour le mieux gratifier et l'encourager à soutenir son œuvre, on le tiendra exempt de ce qu'il pourra devoir à cause de ses marchandises de Flandre. » Aussitôt après trois métiers furent mis en activité; des chaudières de teinture furent élevées; Turquet fit venir des ouvriers de Gênes, d'Avignon, de Tours, et d'autres villes de fabriques, et commença la grande manufacture qui fit la prospérité et qui sera pendant longtemps l'orgueil de la ville de Lyon. — Le nombre des ateliers, pour le travail de la soie dans toutes ses branches, s'élève à Lyon au delà de quinze mille. Plus de 80,000 personnes prennent part directement ou indirectement à cette industrie. — La chapellerie, la librairie, l'imprimerie, l'orfévrerie, la fabrication des liqueurs, sont les branches secondaires de l'industrie et du commerce de Lyon. Les principaux établissements consistent en manufactures importantes d'étoffes de soie de toute espèce; d'étoffes mélangées d'or et d'argent; châles bourre de soie et duvet de cachemire, rubans, tulles, crêpes, chapellerie, toiles peintes, tissus de coton, broderie, passementerie, dorures, bonneterie de soie et filoselle, dentelles d'or et d'argent, papiers peints, colle-forte, cordes harmoniques, brosses et pinceaux, cardes, chandelles, cartons fins et pour apprêts, plomb laminé. Fabriques considérables de liqueurs estimées, d'acides minéraux et autres produits chimiques. Teintureries en rouge d'Andrinople; teintureries en soie; fonderies de métaux et de caractères d'imprimerie; ateliers de tirage d'or et d'argent; verreries, faïenceries, moulins à plâtre, tanneries et corroieries estimées; nombreuses et belles brasseries. — Construction de bateaux.

Lyon est le chef-lieu du département du Rhône, le siége d'une cour d'appel qui comprend dans son ressort les départements de l'Ain, de la Loire et du Rhône. Il y a un tribunal de première instance et de commerce, une chambre et une bourse de commerce; une académie universitaire, une académie des sciences, belles-lettres et arts, une école spéciale des beaux-arts, une institution des sourds-muets; une école d'économie rurale vétérinaire; une école d'arts et métiers, dite institution de la Martinière; une faculté de théologie, et enfin une société d'agriculture et d'histoire naturelle. On y trouve plusieurs communautés religieuses des deux sexes qui se livrent à l'éducation de la jeunesse. — Lyon est l'entrepôt du commerce pour le midi de la France, parce que le Rhône, la Saône et la Loire offrent de grandes facilités pour le transport des marchandises. Ainsi, il a l'entrepôt de la soie, du sel, des farines, des céréales de toute espèce, des marrons et des vins du Rhône. — La population de Lyon est de près de 200,000 habitants, en y comprenant les faubourgs de la Guillotière, de la Croix-Rousse et de Vaize. Cette ville est à 110 kil. de Grenoble, à 98 de Chambéry, à 348 de Marseille, et à 472 de Paris.

Rigaldus Sanctus, vel Monsolium, Monsol, paroisse du diocèse de Lyon, départ. du Rhône, chef-lieu de canton de l'arrond. et à 32 kil. de Villefranche, avec une population de 1600 hab., répartis dans douze petits hameaux. La fabrication de toiles communes en fil est leur industrie habituelle, quand les travaux des champs ne les occupent pas. Monsol est situé dans une vallée, à l'une des sources de la Grosne. Le climat y est très-froid, et le terrain peu fertile; néanmoins les noyers et les châtaigniers y prospèrent. La montagne de Saint-Rigaud se trouve dans cette commune; c'est une des plus hautes de la contrée, car elle a 1012 mètres au-dessus du niveau de la mer. Son nom lui vient d'un ancien couvent de religieux de Cluny, qui avait été bâti sur son sommet dès les commencements de cet ordre, et dont il ne reste, depuis fort longtemps déjà, aucune trace. On n'y trouve plus qu'une fontaine qui avait été, à l'époque du monastère, l'objet d'un pélerinage célèbre pour les femmes stériles. Cette fontaine est encore visitée de temps en temps.

Ronacium, Saint-Georges-de-Rognains, petite ville du diocèse de Lyon, à 8 kil. de Villefranche, 4 de Belleville, sur la grande route de Bourgogne qui la traverse. La population s'élève à 2875 habitants. La Vauxonne arrose cette commune et en inonde souvent les prairies. On y voit une chapelle qui remonte à une haute antiquité, et qui est dédiée à Notre-Dame-des-Eaux. C'est un pèlerinage qui, dans les temps de sécheresse, attire beaucoup de monde. Le 8 avril 1814, eut lieu près de Saint-Georges le combat entre les troupes françaises, commandées par le maréchal Augereau, duc de Castiglione, et les Autrichiens, sous la conduite du prince de Hesse-Hombourg. Les Français perdirent 500 hommes.

Les habitants de Saint-Georges s'occupent de la fabrication de toiles de coton, qui constitue la principale industrie de la localité.

Rupes Eremitarum, vel Agennum, Agen, sur la rive droite de la Garonne, et chef-lieu du département de Lot-et-Garonne, est une des plus anciennes villes des Gaules. Sous les Romains elle s'appelait *Aginnum*, et c'était la capitale des Nitiobriges. Au-dessus de la ville s'élève un rocher où plusieurs ermites s'étaient creusé de pieuses retraites. Agen est le siège d'un évêché, qui était entouré autrefois par ceux de Sarlat, de Périgueux, de Lectoure, de Condom, de Cahors, de Montauban et de Bazas. Le Condomois en avait anciennement fait partie. Il comprend aujourd'hui le département de Lot-et-Garonne. Il date de l'an 350, dépendait et dépend encore de la métropole de Bordeaux. Au moyen âge, Agen suivit la fortune de la province de Guyenne, dont elle faisait partie. Lors du protestantisme cette ville fut prise en 1561 et en 1591 par les nouveaux religionnaires, qui dévastèrent ses couvents et ses églises, comme ils faisaient partout ailleurs. La population est de 16,000 âmes. La basilique de Saint-Caprais est remarquable à plus d'un titre. Agen est une ville riche et commerçante du midi de la France. Sa situation sur la Garonne en a fait naturellement l'entrepôt du commerce entre Toulouse et Bordeaux. Elle récolte du blé, du vin et des prunes estimées, dites prunes d'Agen. Ses habitants se livrent à la préparation du cuir et des peaux, à la fabrication de toiles à voiles, d'indiennes, et de fromages qui reçoivent le nom de fromages d'Auvergne ; ils commercent sur les vins, les eaux-de-vie et les farines. Agen est à 714 kil. sud-sud-ouest de Paris, sur la rive droite de la Garonne, à 104 sud-est de Bordeaux, 56 nord d'Auch. Lat. nord 44° 12' 22" ; longit. ouest 1° 43' 40".

S

Sabaudia, la Savoie. Cette province est bornée au nord par le canton et le lac de Genève, au nord-est par le Valais, au sud et au sud-est par le Piémont, au sud-ouest et à l'ouest par la France ; elle a 140 kil. de long sur 96 de large et 1668 kil. carrés. Elle a subi les vicissitudes politiques de la maison de Savoie, à laquelle elle a donné son nom. Au moyen âge elle formait un duché ; et avant de porter le titre de roi, les princes de Savoie avaient le titre de ducs. La Savoie est un pays riche en légendes, c'est peut-être celui de l'Europe qui en a le plus. Il y en a une entre autres fort intéressante sur le duché de Savoie, et qui finit par prédire que quand la maison de Savoie le perdra, elle cessera de figurer parmi les puissances européennes. Beaucoup d'ermites et de pieux solitaires se retiraient, lors des premiers siècles du moyen âge, dans ses solitudes sauvages. Des disciples de saint Columban et de saint Gall venaient s'y ensevelir dans la prière et la méditation. La Savoie avait d'antiques abbayes. L'abbaye d'Hautecombe, par exemple, qui a été restaurée il y a quelques années, sert de sépulture aux princes de la maison de Savoie. Avant 1789, la province comptait un archevêché, celui de Moustier en Tarentaise, les évêchés d'Aoste ou Aouste, de Saint-Jean de Maurienne, d'Annecy (ancien diocèse de Genève). Aoste était suffragant de Tarentaise ; Saint-Jean de Maurienne et Annecy, si connu par saint François de Sales, son évêque, étaient suffragants de Vienne en Dauphiné. Aujourd'hui l'archevêché de Tarentaise n'existe plus, son titre a été transféré à Chambéry, capitale de la Savoie, qui a pour suffragants les évêchés d'Aoste, de Saint-Jean de Maurienne et de Tarentaise, qui a conservé un siége épiscopal, à cause de son antiquité. La Savoie forme la première des dix divisions qui se partagent les Etats-Sardes, créés en 1815 par le congrès de Vienne. Elle a fait partie de la République et de l'Empire français depuis 1793 jusqu'en 1814, sous le nom de département du Mont-Blanc. Le peuple est sobre, laborieux et attaché à la religion. La Savoie compte 507,000 habitants. C'est le pays le plus curieux et le plus romantique de l'Europe. Quelques géographes modernes prétendent qu'il n'appartient pas à l'Italie, parce qu'on y parle français, et que les mœurs et usages de cette nation y sont en vigueur ; comme si on voulait ravir à la Suisse les cantons français de Vaud et de Genève. Pour bien connaître ce pays pittoresque, dit M. Bertolotti, il faut pénétrer dans les vallons solitaires de la Tarentaise, visiter les cités industrieuses et cultivées du Génevois, monter aux glaciers, dessiner les cascades, se reposer à l'ombre des épais châtaigniers qui embellissent les rives du lac Léman, descendre sur les bords riants du Rhône, entrer dans la demeure du citoyen d'Annecy, boire du lait avec les bergers de la haute vallée du Giffre, converser avec les mineurs de Pesoei, suivre les guides de Chamouny, recevoir l'hospitalité dans les campagnes de la Sciautagna, s'arrêter quelques jours d'été aux bains d'Aix, de la Perrière, de Saint-Gervais, d'Evian, et parcourir ces sites si pittoresques et si variés. Ensuite on pourra se former une idée précise de la Savoie, pays où la nature a rassemblé toutes les merveilles des Alpes, où le terrible s'unit au tranquille, le sublime au riant ; pays où le naturel de l'habitant se montre toujours le même, parce que le Savoyard, soit dans l'aisance, soit dans la pauvreté, que son esprit soit cultivé ou grossier, est constamment en tout lieu bon, affable et honnête. Ce peuple, réuni depuis plusieurs siècles sous la même domination, forme pour ainsi dire une seule famille qui a mis en commun ses forces respectives dans son commun intérêt. Le voyageur, qui de l'Italie traverse les Alpes, en s'enfonçant dans la grande vallée de la Maurienne, sera surpris de se trouver dans des cavités aussi profondes, entourées de tous côtés de rochers gigantesques, qui ne permettent à l'œil de n'apercevoir qu'une petite partie du ciel ; il admirera l'ouvrage merveilleux de la nouvelle route du *Stilvio*, qui, sans celle du Simplon, serait dans le monde l'*incomparable*, ainsi que les grands traits de la nature sublime dans sa sauvage horreur, les plaines fertiles qu'arrose l'Isère, les belles collines et les vallons charmants de Chambéry et la grotte fameuse des *Echelles*.

Les Alpes Cottiennes, les Grecques et les Pennines séparent la Savoie du Dauphiné, du Piémont et du Valais ; mais cette province renferme les plus hautes cimes de ces différentes chaînes, ou pour mieux dire, les pics les plus élevés et les glaciers les plus célèbres de l'Europe entière. La vallée sillonnée par l'Arve, dans le haut Faucigny, celle du Giffre qui lui est parallèle, sont riches en prodiges naturels ; mais cette dernière a toujours été négligée des géographes. Les monts, les vallées, les glaciers, entre le Faucigny, la Tarentaise et la Maurienne, appellent aussi l'attention des naturalistes et de tous ceux qui se plaisent à observer des abîmes sans fond, des rochers sauvages, des antres obscurs, des sommets horribles et bizarres. Les deux plus grands lacs de la Savoie sont ceux d'Annecy et du Bourget. Le premier, dans les beaux jours d'été, rappellent les lacs enchanteurs de la Lombardie, celui du Bourget est remarquable par l'abbaye d'*Attacomba* ou Hautecombe, par la fontaine *delle Maraviglie* (des Merveilles), et par la sombre majesté de ses rives solitaires. Les petits lacs du Mont-Cenis, du petit Saint-Bernard, d'Aquabelleta, de la Balme, de Séide et de Pormenus, dont les eaux limpides récréent la vue, frappent d'étonnement par leur position au milieu de montagnes élevées, dominées elles-mêmes par d'autres montagnes couronnées de neiges perpétuelles.

La côte du Chablais qui borde la Méditerranée des Alpes (le lac Léman) est couverte de collines, tantôt très-escarpées, tantôt d'une pente plus douce, qui, en se réfléchissant dans les eaux du lac, forment le paysage le plus délicieux. La Savoie est arrosée par l'Isère, l'Arc, l'Arve, le Giffre, la Dranse, la Dorone, l'Arli, etc., et plusieurs autres rivières, dont quelques-unes, comme le Fiero, le Seron, la Néfa, roulent des sables d'or, et par d'innombrables torrents. Toutes ces eaux descendent des sommets les plus élevés, se répandent en frémissant dans les vallons, et produisent des cascades de toutes les grandeurs, de toutes les formes, où l'arc-en-ciel se varie en mille couleurs ; quelquefois elles se perdent dans des gouffres profonds, dans de noirs abîmes ; quelquefois leur écume blanchissante bouillonne sur d'énormes masses granitiques, ou bien encore leur cristal argenté serpente sans bruit sur les prairies émaillées. Le Rhône, qui baigne pendant un assez long trajet la limite occidentale de la Savoie, en reçoit dans son cours toutes les eaux, et les porte en tribut à la mer. — On trouve aussi dans l'enceinte des Alpes des cavernes de granites, dont s'échappent avec fracas, d'impétueux torrents, des étangs souterrains que renferment des antres couverts de mousse, des grottes immenses éclatantes de stalactites, que le peuple considère encore comme l'ouvrage des fées. Aucun pays n'est peut-être aussi riche que la Savoie en eaux minérales ; elle en possède de sulfureuses, d'acidules, de ferrugineuses, de salines, d'alcalines ; les unes jaillissent bouillantes, les autres froides, mais presque toutes en abondance. La Savoie recèle dans ses entrailles des mines d'argent, de cuivre, de plomb, de charbon fossile, des carrières de marbre blanc, noir, vert, violet, rose, jaunâtre ; de hautes forêts antiques la couvrent de leur ombre ; des hêtres, des mélèzes, des sapins, qui dédaignent les vents et la tempête, garnissent le penchant et la croupe des montagnes. Les frênes, les aulnes, les bouleaux, les chênes, les ormes se propagent dans les vallées ; des noyers gigantesques ombragent les villages, les routes ; et les châtaignes du Chablais ne peuvent être comparées qu'à celles qui viennent sur quelques versants des Pyrénées ou sur ceux de l'Etna. Où voit-on de vieux tilleuls plus touffus que ceux du Faucigny ? Et quel est dans la Savoie le coteau exposé aux rayons du soleil, qui ne soit tout couvert de raisins, excepté la partie supérieure, où la vigne ne prend plus racine ? On connaît les vins de Montmélian, de Frangy, de Siestello, de Lucci, de Saint-Jean-della-Porta, de Montermino, de Saint-Julien. Le mûrier croît dans les vallées arrosées par la Leissa, et dans celle où l'Isère reçoit les eaux de l'Arc ; le figuier mûrit sur les collines de Saint-Innocent ; et la même table voit réunis les fruits du printemps et ceux de l'automne ; la fraise qui se plaît dans les lieux élevés, répand son parfum agréable près de la pomme, de la poire, de la pêche et de la grappe dorée du coteau. Le miel de la vallée de Chamouny rappelle les célestes dons de celui du chantre des Géorgiques. Le berger savoyard est très-industrieux dans l'art de varier les produits de son gras et beau bétail. Les *vaccherini* (espèce de fromage liquide) de la vallée d'Abondance, font les délices des banquets de Genève et de toute la Suisse. Le fromage verdâtre de la Maurienne se mêle aux plus splendides festins des villes de France et d'Italie. Le beurre des Alpes Cottiennes et des Grecques est connu de Rome à Paris et fort recherché.- (D. Bertolotti, *Voyage en Savoie*, extrait et traduit de la Bible italienne publiée à Milan, dans le Bulletin de la société de géographie, n° 69.)

Sacelnus, Sachseln, ou Sachlen, village du haut Underwald en Suisse. Ce village est situé au pied de la montagne de son nom et sur la route du Brunig ; on y remarque une église qui est décorée de colonnes d'un beau marbre noir et qui renferme le tombeau du frère Nicolas de Flue ; sa figure, ciselée sur la pierre sépulcrale, passe pour un beau morceau de sculpture. Ce tombeau attire chaque année un grand concours de pieux pèlerins, qui viennent y révérer les reliques du bienheureux frère Nicolas. Un joli sentier qui présente des points de vue variés conduit, en une heure, dans une solitude sauvage qui se trouve sur la hauteur du Ranft, et à Flueli, lieu remarquable d'où Nicolas de Flue et sa famille, qui s'appelaient autrefois Löwenbrugger, ont pris leur nom. Deux maisons, que l'on voit encore, ont été, l'une, celle où il naquit, et l'autre, celle de son habitation ordinaire. Dans la vallée de Melchthal, située au-dessous de Flueli, on trouve aussi la chapelle et l'ermitage où cet homme pieux, après s'être éloigné de sa famille, a mené, pendant longues années et jusqu'à sa mort, arrivée le 21 mars 1487, une vie contemplative et austère. C'est aussi de la vallée de Melchthal qu'est sorti un autre homme célèbre dans l'histoire suisse : c'était Arni ou Arnold an der Halden, un des trois conjurés pour la liberté helvétique. Sa famille s'est éteinte à la fin du siècle dernier, mais celle des de Flue existe encore de nos jours.

SACIACUM, Saacy, paroisse du diocèse de Meaux, arrondissement de cette ville, canton de la Ferté-sous-Jouarre, département de Seine-et-Marne. — Ce village, l'un des plus populeux du département, est situé sur la rive gauche de la Marne, dans une vallée que borde cette rivière, au confluent d'un petit ruisseau qui vient s'y jeter vis-à-vis de la commune de Méry, placée sur l'autre bord. L'abbesse de Jouarre possédait, depuis un temps immémorial, la seigneurie de ce lieu, et présentait à l'évêque pour la cure. L'église est un édifice du XIVᵉ siècle. — Un grand nombre d'écarts dépendent de cette commune; ce sont : 1° le hameau Laval, à un quart de lieue au sud, sur le coteau qui borde la Marne ; 2° plus avant dans les terres et au sud de Laval, le hameau du Petit et du Grand Mont-Ménard ; 3° en se portant à l'est, dans la plaine, ceux de Rougeville et de Coularville ; 4° à mi-côte, sur le bord et presque à l'origine du petit ruisseau dont il vient d'être question, le hameau de Bois-Martin, qui est voisin de la route de Paris à Châlons-sur-Marne ; 5° au sommet d'une éminence, au sud-est de Saacy, le hameau de Chante-Marne ; 6° dans la même direction et dans le voisinage même de cette commune, la ferme appelée la Deuil; 7° enfin, au nord sur la même rive et au-dessus de la commune, la ferme de Paroy. La Marne y fait tourner un moulin. — Tous les ans, le 3 juin, les populations environnantes se réunissent à Saacy, à l'occasion d'une fête toute religieuse dans le principe, puisqu'il s'agissait de rendre grâce au ciel de la cessation d'une maladie épidémique qui avait désolé la contrée. Mais aujourd'hui le pèlerinage n'est qu'une affaire très-secondaire. Des plaisirs plus mondains ont remplacé ou du moins sont venus se mêler aux pieuses cérémonies et changer l'objet de l'affluence du peuple.

Le territoire de cette commune produit des grains, des pâturages, du vin et du bois. Elle est située à 6 kil. est-nord-est de la Ferté-sous-Jouarre, à 24 kil. à l'est de Meaux, et à 68 kil. nord-est de Melun. Sa population totale est de 1260 âmes.

SACRA INSULA, l'Ile-Sacrée, ou Tonga-Tabou. L'archipel de Tonga fut découvert, il y a deux cents ans, par Tasman, célèbre navigateur hollandais ; mais il n'y aborda pas. Il y a soixante-quinze ans environ que les insulaires virent pour la première fois un navire qui les étonna beaucoup. Ils le prirent pour une île flottante, et finirent par le nommer planche du ciel, *papa langiû*, nom qu'aujourd'hui ils donnent indistinctement à tout ce qui est étranger. Ce navire était commandé par le capitaine Cook.

L'archipel de Tonga comprend près de cent îles, îlots et atollons, sur une étendue de deux cents milles du nord au sud, sur une largeur moyenne de cinquante ou soixante milles, c'est-à-dire du 18° au 20° de latitude sud, et du 176° au 178° de longitude ouest. Les plus considérables sont celles de Vavaou, Tonga-Tabou, Eoa, Lefouga, Namouka, Tofoua et Laté. — Cet archipel peut être divisé en trois groupes : au sud les îles Tonga proprement dites, au centre les îles Hapaï, au nord les îles Hafoulou-Hou, et, en outre, quelques îles éparses ou éloignées.

Eoa, la plus méridionale de ces îles, fut découverte, en 1643, par Tasman, qui la nomma Middelbourg. C'est une terre de hauteur médiocre, assez peuplée, ayant onze milles du nord-nord-ouest au sud-sud-est, sur six ou sept de large. Forster, qui parcourut Eoa en 1773, fait un tableau charmant de ses sites et des mœurs hospitalières de ses habitants. Comme elle est dépourvue de bons mouillages, elle a été peu visitée depuis Cook. Eoa relevait jadis de l'autorité du Touï-Tonga ; mais depuis que cette puissance s'est éteinte, elle obéit à un chef particulier. Le sommet de l'île gît par 21° 25' de latitude sud, et 175° 17' de longitude ouest. A quelques milles au sud-ouest est un îlot nommé Katao. Un de nos savants, M. Walkenaër, dit que le sol de l'île Eoa est en général argileux, et qu'on y voit percer le corail jusqu'à la hauteur de 300 pieds au-dessus du niveau de la mer.

L'île de Tonga-Tabou est située par le 178° de longitude occidentale et le 21° parallèle-sud, et par conséquent peu éloignée de nos antipodes. C'est une terre entièrement plate ; point de ruisseaux, point de sources jaillissantes. Sa plus grande hauteur n'excède pas 30 pieds au-dessus du niveau de la mer. On pourrait craindre à chaque instant d'être submergé, si l'on ne savait que celui qui a creusé l'Océan lui a dit : Tu viendras jusqu'ici, et tu briseras contre ce grain de sable l'orgueil de tes flots. La plus grande longueur de l'île est de 32 kil., et sa largeur de 16. Elle est entourée d'une quarantaine d'îlots, tous plus élevés qu'elle, et qui semblent exécuter une danse au milieu du perpétuel balancement des vagues. Le terrain, à peu près sans pierres, est d'une grande fertilité. L'île est bien boisée, quoiqu'elle ait peu de grands arbres ; il en est cependant quelques-uns d'une prodigieuse grosseur ; on en voit qui ont 56 pieds de circonférence.

La population de Tonga-Tabou est d'environ 15,000 âmes ; ajoutons-y le même chiffre pour les sept autres îles qui sont habitées, et nous aurons un total de 30,000 âmes pour tout l'archipel, et non pas 200,000, comme le disent presque toutes les géographies. — La nourriture des indigènes consiste en bananes, ignames et fruits à pain ; le coco et le kava forment la boisson ordinaire. Le bananier croît annuellement et très-vite ; il produit une seule grappe où l'on compte jusqu'à cent cinquante fruits, aussi gros que les plus belles figues de France. Aussitôt que le fruit est mûr, la plante meurt et se trouve bientôt remplacée par un nouvel arbre qui sort de sa tige. Ses feuilles, longues de 6 pieds et larges de 3, servent aux insulaires de plats et de table. La banane est d'un bon goût, mais peu nourrissante. L'igname, qui fait le principal aliment des naturels, est une grosse racine, pesant de dix à cinquante livres, assez semblable pour la saveur à nos pommes de terre. L'arbre à pain, qui a quelque rapport avec les gros noyers de France, porte un fruit de quatre à cinq livres, qui est d'un très-bon goût lorsqu'il est cuit au four. Le cocotier, admirablement placé par la Providence dans ces îles basses et peu arrosées, donne continuellement des fruits qui contiennent trois à quatre verres d'une eau très-agréable à boire, et dont la chair n'est pas à dédaigner lorsqu'on les laisse mûrir. Son noyau produit une huile abondante, dont les indigènes font usage pour apprêter leurs mets et s'oindre le corps. Il serait trop long d'énumérer tous les avantages du cocotier; il suffit de dire qu'il pourrait servir à nourrir, habiller et loger les naturels. Le kava est une plante assez semblable, pour l'extérieur, à l'hortensia, mais beaucoup plus grande. Les insulaires en mâchent la racine, puis la délayent dans de l'eau qu'ils boivent ensuite avec délices. Les Européens partagent peu leur enthousiasme pour cette liqueur divine, soit à cause de son âpreté, soit à cause de sa préparation dégoûtante; mais le missionnaire ne pourrait s'en abstenir sans nuire à la confiance que demandent ses travaux.

Tonga-Tabou possède encore des orangers et des citronniers aussi forts que les noyers d'Europe. Le cotonnier et la canne à sucre y croissent parfaitement bien. Mais le fruit qui paraît mériter une mention honorable, bien qu'il soit peu estimé des naturels, est l'ananas, grosse fraise épanouie sur une tige épineuse, pesant jusqu'à trois livres, et surpassant autant par sa qualité que par sa grosseur les fraises de France. Les missionnaires catholiques (ce sont les Pères de la société de Marie qui sont chargés de cette mission) ont introduit dans l'île la vigne et le figuier. En onze mois la vigne a poussé des sarments de 30 pieds de long. Les figuiers ont déjà donné d'excellentes figues. Parmi les différents arbustes apportés par les mêmes missionnaires, la rose, la balsamine et le géranium ont seuls réussi. Ils ont aussi amené de Sydney des brebis qui prospèrent. — L'île en général n'offre pas ce magnifique paysage qui résulte d'une multitude de collines, de vallées, de plaines, de ruisseaux et de cascades; mais elle étale aux yeux des spectateurs la fertilité la plus abondante. Les lieux abandonnés aux soins de la nature annoncent la richesse du sol, aussi bien que les districts cultivés par les insulaires. La verdure est perpétuelle dans les uns et dans les autres, et toutes les productions végétales y sont d'une extrême force. De loin l'île entière paraît revêtue d'arbres de différentes tailles, dont quelques-uns sont fort gros. Les grands cocotiers élèvent toujours leur tête panachée, et ils ne contribuent pas faiblement à la décoration de cette scène. Le *bougo*, qui est une espèce de figuier à feuilles étroites et épointées, est l'arbre le plus considérable; le *pandanus*, des *hybiscus* de plusieurs sortes, le *faïtanou*, et un petit nombre d'arbres, sont les arbrisseaux et les petits arbres que présentent communément les cantons en friche, surtout vers la mer. Si les diverses choses qui forment les grands paysages n'y sont pas nombreuses, il y a une foule de sites qu'on peut appeler de jolis points de vue; ils sont répandus autour des champs mis en culture et des habitations, et particulièrement autour des *faïtoukas* (tombeaux), où l'art et quelquefois la nature ont beaucoup fait pour le plaisir des yeux.

Tonga-Tabou étant peu éloigné du tropique, le climat y est plus variable que sur les îles situées plus près de la ligne. Les vents y soufflent le plus souvent entre le sud et l'est, et lorsqu'ils sont modérés, on a ordinairement un ciel pur. Quand ils deviennent plus frais, l'atmosphère est chargée de nuages; mais elle n'est point brumeuse, et il pleut fréquemment. Les vents passent quelquefois au nord-est, au nord-nord-est, ou même au nord-nord-ouest; mais ils ne sont jamais d'une longue durée, et ils ne soufflent pas avec force de ces points du compas, quoiqu'ils se trouvent en général accompagnés d'une grosse pluie et d'une chaleur étouffante. Un rocher de corail, le seul qui se présente sur la côte, sert de base à l'île, si l'on en croit Anderson. On n'y aperçoit que des petits cailloux bleus répandus autour des *faïtoukas*, et une pierre noire polie et pesante qui approche du *lapis lydius*, et dont les naturels font leurs haches. Quoique le corail s'élance en beaucoup d'endroits au-dessus de la surface du terrain, le sol est en général d'une profondeur considérable. Dans tous les districts cultivés, il est communément noir et friable, et il semble venir en grande partie du détriment des végétaux : il est probable qu'il se trouve une couche argileuse au-dessous, car on la rencontre souvent dans les terrains bas et dans ceux qui s'élèvent, et surtout en divers endroits près de la côte, où il est un peu renflé; lorsqu'on le fouille, il paraît quelquefois rougeâtre, plus ordinairement brunâtre et compacte. Dans les parties de la côte basse le sol est sablonneux, ou plutôt de corail trituré; il produit néanmoins des arbrisseaux très-vigoureux, et les naturels le cultivent de temps en temps avec succès. — Les principaux fruits que cultivent les naturels sont les bananes, dont on compte quinze sortes ou variétés, le fruit à pain, deux espèces de ce fruit qu'on trouve à Taïti, et qu'on appelle *jambo* et *evi* (le dernier est de la nature de la prune), et une multitude de *shaddecks*, qu'on y voit aussi souvent dans l'état de nature. Deux espèces d'ignames, dont la première est si grosse qu'elle pèse souvent vingt livres, et dont la seconde, blanche et longue, en pèse rarement une; une grosse racine appelée *kappé*; une autre qui approche de nos patates blanches, et qu'on nomme *mawhaha*, le taro ou le coco de quelques îles des environs, et une dernière appelée *djeyie*, forment la liste des plantes de Tonga-Tabou. Outre un grand nombre de cocotiers, il y a trois autres espèces de palmiers, dont deux sont rares : l'un est appelé *biou* ; il s'élève presque à la hauteur du cocotier ; il a de très-larges feuilles disposées en forme d'éventail, et des grappes de noix globulaires de la grosseur d'une balle de pistolet : ces noix croissent parmi les branches; elles portent une amande très-dure qu'on mange quelquefois. Le second est une espèce de choux palmiste, distingué seulement du coco en ce qu'il est plus épais, et qu'il a des feuilles découpées ; il produit un chou de 3 ou 4 pieds de long : on voit, au sommet de ce chou, des feuilles, et au bas, un fruit qui est à peine de 2 pouces de longueur, qui ressemble à une noix de coco oblongue, et qui offre une amande insipide et tenace, que les naturels appellent *niougola*, ou la noix de coco rouge, parce qu'elle prend une teinte rougeâtre lorsqu'elle est mûre. La troisième espèce, qui se nomme *ongo-ongo*, est beaucoup plus commune ; on la trouve autour des *faitoukas* : sa hauteur ordinaire est de 5 pieds ; mais elle a quelquefois 8 pieds d'élévation ; elle présente une multitude de noix ovales et comprimées, qui sont aussi grosses qu'une pomme de reinette, et qui croissent immédiatement sur le tronc, parmi les feuilles. L'île produit d'ailleurs une multitude de cannes à sucre excellentes, dont les naturels prennent soin, des gourdes, des bambous, des souchets des Indes, et une espèce de figue de la grosseur d'une petite cerise, appelée *matte*, qu'on mange quelquefois : au reste, le catalogue des plantes qui croissent naturellement est trop nombreux pour l'insérer ici. — Les quadrupèdes du pays se bornent à des cochons, à beaucoup de rats et à quelques chiens qui ne sont pas indigènes, mais qui viennent des couples qu'on y laissa en 1773, et de ceux que les naturels ont tirés de *Fidji*. Les volailles sont d'une grande taille et vivent dans l'état de domesticité. — On remarque, parmi les oiseaux, des perroquets un peu plus petits que les perroquets gris ordinaires, dont le dos et les ailes sont d'un vert assez faible, la queue bleuâtre et le reste du corps couleur de suie ou de chocolat ; des perruches de la grandeur d'un moineau, d'un beau vert jaunâtre, ayant le sommet de la tête d'un azur brillant, le cou et le ventre rouges : une troisième espèce, de la taille d'une colombe, a le sommet de la tête et les cuisses bleus ; le cou, la partie inférieure de la tête et une partie du ventre cramoisis, et le reste d'un joli vert. Il y a des chouettes de la grandeur de nos chouettes ordinaires, mais d'un plumage plus beau ; des coucous pareils à ceux de l'île Palmerston ; des martin-pêcheurs de la grosseur d'une grive, d'un bleu verdâtre et portant un collier blanc ; un oiseau de l'espèce de la grive, dont il a presque la taille. Celui-ci porte deux cordons jaunes à la racine du bec :

c'est le seul oiseau chantant qu'on rencontre dans l'île; mais il produit des sons si forts et si mélodieux, que les bois sont remplis de son ramage, au lever de l'aurore, le soir et à l'approche du mauvais temps. — On voit, dans la liste des oiseaux de terre, des râles de la grandeur d'un pigeon, qui sont d'un gris tacheté et qui ont le cou brun ; une autre espèce qui est noire, qui a les yeux rouges, et qui n'est pas plus grosse qu'une alouette ; deux espèces de gobe-mouches ; une très-petite hirondelle; trois espèces de pigeons, dont l'une est le ramier cuivré de Sonnerat : la seconde n'a que la moitié de la grosseur du pigeon ordinaire ; elle est d'un vert pâle au dos et aux ailes, et elle a le front rouge : la troisième, un peu moindre, est d'un brun pourpre et blanchâtre au-dessus du corps. — Les oiseaux marins, ou ceux qui fréquentent la mer, qu'on trouve à Tonga-Tabou, sont les canards, les hérons bleus et blancs, les oiseaux du tropique, les noddies communs, les hirondelles de mer blanches, une nouvelle espèce qui est couleur de plomb, et qui a la tête noire ; un petit courlis bleuâtre, un grand pluvier tacheté de jaune. — Les seuls animaux nuisibles ou dégoûtants de la famille des reptiles ou des insectes sont les serpents de mer de 3 pieds de longueur, qui offrent alternativement des anneaux blancs et noirs, et qu'on voit souvent sur la côte, quelques scorpions et des centipèdes. Il y a de beaux *guanous* verts de 1 pied 1/2 de long, un second lézard brun et tacheté d'environ 12 pouces de longueur, et deux autres plus petits. On distingue parmi les insectes de belles teignes, des papillons, de très-grosses araignées et d'autres. — La mer abonde en poissons. Les plus communs sont les mulets; plusieurs sortes de poissons-perroquets, le poisson d'argent, les vieilles femmes, des soles joliment tachetées, des *leater-jackets*, des bonites et des albicores, des anguilles, une espèce de brochet, et des diables de mer.

Les naturels de Tonga ne diffèrent guère des Européens pour la taille, les traits et la couleur ; ils sont un peu basanés, ce qu'on doit attribuer à la température très-élevée du climat. Si les insulaires n'ont pas la stature élevée que leur accordent certaines relations de voyages, ils n'ont pas davantage la vigueur qu'on s'est plu à leur attribuer. Il en est peu qui n'aient quelques plaies existantes ou cicatrisées, et plus de la moitié d'entre eux meurt poitrinaire. Outre leur mauvaise nourriture, beaucoup d'autres raisons contribuent à cet état de faiblesse, leurs excès en tous genres par exemple. Si les voyageurs qui ont tant vanté leur propreté, avaient été obligés de vivre seulement quinze jours avec eux, ils auraient bien changé de langage. Sans doute qu'ils ne les ont vus que dans leurs fêtes. Oh ! alors ils sont parés avec autant de recherche que peut le permettre une agreste pauvreté ; ils savent tirer parti, dans l'intérêt de leur coquetterie, de tout ce que leur fournissent l'industrie et la nature. Hors de là, c'est une malpropreté dégoûtante. Au reste, on peut dire qu'ils sont beaux, intelligents, toujours gais ; les Européens sans éducation sont moins polis et surtout moins hospitaliers. Se rencontrent-ils, ils s'offrent leurs amitiés, *tsi oto ofa* (mon amitié) ; s'ils portent quelque chose qu'ils puissent donner, comme du kava ou des fruits, ce serait une grande malhonnèteté de ne pas l'offrir. N'ont-ils rien, ils en font mille excuses. Les subalternes s'asseyent à terre pour parler à leurs supérieurs. Allez-vous dans une case? c'est le gracieux salut *tsi oto ofa*, puis des remercîments pour votre visite, des félicitations sur votre santé, et tout en vous présentant le kava, ils s'excusent de n'avoir rien à vous offrir. Si vous ne demeurez pas assez longtemps pour qu'ils puissent vous préparer des aliments, ils se confondent en regrets de n'avoir pas prévu votre arrivée. Dans les visites de cérémonie, outre le kava, qui est de rigueur, ils se font mutuellement des présents ; ils ne savent jamais rien refuser de ce qu'on leur demande. Dans les rapports particuliers qu'ils ont avec les missionnaires, ils leur montrent la même civilité.

Les hommes et les femmes ont les cheveux courts, et les enfants des deux sexes portent jusqu'à l'âge de douze ans une espèce de tonsure, faite au rasoir ou au moyen d'une dent de requin ; c'est un triangle qui a sa base sur le front, et son sommet à la partie inférieure du derrière de la tête, laissant de chaque côté un toupet bien frisé, qui leur donne un air tout à fait gentil. Ils naissent aussi blancs qu'en Europe, ce n'est qu'insensiblement qu'ils se cuivrent. Les hommes faits sont tatoués depuis les genoux jusqu'à la ceinture ; ce tatouage est pour eux l'époque d'une fête. Ils ont peu de barbe et ils se rasent souvent. Les femmes portent les mêmes habillements que les hommes ; ils consistent en tapes, ou étoffes faites avec des écorces d'arbres, dont ils se couvrent depuis la ceinture jusqu'au genou.

Il serait difficile de dire quel est le vice dominant des naturels ; l'orgueil, l'immoralité, la paresse, marchent de pair. Dans leurs rapports avec les blancs ils sont assez peu respectueux ; ils affectent même une espèce de mépris. A leurs yeux, aucun peuple sur la terre n'est digne de s'asseoir auprès d'un kanack de Tonga. Lui seul sait quelque chose. De même qu'autrefois, qui n'était pas Grec ou Romain, était considéré comme barbare, ainsi, d'après les idées de ces insulaires, celui qui n'est pas de l'île sacrée (c'est ce que signifie *Tonga-Tabou*) est ignorant et esclave. Quant à la moralité, n'en parlons pas ; le vice n'y a aucun secret, même pour les enfants. La paresse semble être leur défaut de prédilection. Les naturels ne font d'autre travail que celui dont ils ne peuvent se dispenser. Hors les jours de fête, ils mangent très-peu, de sorte que la nourriture d'un homme en France suffirait ici abondamment pour dix personnes. Ils souffrent, mais pour eux mille fois mieux vaut souffrir la faim que supporter la fatigue.

Les naturels de Tonga ne sont point grossièrement idolâtres ; les *esprits* seuls reçoivent leurs adorations, et, comme les païens de l'ancien monde, ils débitent à leur sujet mille contes absurdes. Le plus grand de leurs dieux est *Maoui*, qui, de temps immémorial, pêcha Tonga dans l'Océan. On conserve encore, disent-ils, l'hameçon qui servit à tirer l'île du fond des mers. Mais ceux qui en ont la garde ont soin de dire que le premier qui le verra sera frappé de mort. La vue n'en est permise qu'au roi seul, enfant bien-aimé de Maoui.

Lorsque les missionnaires les interrogent sur l'origine de leurs divinités, ils balbutient quelques mots, puis finissent par dire : « Nous n'en savons rien, nous faisons comme nos pères. » Toujours est-il certain que les objets de leur culte sont des esprits malins qu'ils craignent beaucoup, mais qu'ils n'aiment pas. Ces dieux habitent invisiblement, dit-on, dans les grands chefs et dans les vieilles femmes. Les insulaires sont aussi esclaves de mille superstitions ; toucher un bâton placé à l'entrée d'une plantation de bananiers ou de cannes à sucre est un crime que les esprits punissent de mort. Personne, s'il n'est grand chef ou ami des dieux, ne peut manger une tortue ou tout autre objet estimé dans le pays. Cependant ces idées s'en vont, et les jeunes gens surtout les méprisent. Les vieillards seuls font résistance. « Les dieux que les missionnaires nous annoncent, disent-ils, sont bons sans doute, mais les nôtres ne le sont pas moins, puisque ce sont eux qui font croître les ignames, les cocos et surtout le kava. Tenons bon, il faut au moins que la moitié de l'île reste fidèle à nos anciens dieux ; autrement ils se vengeraient de notre abandon par notre perte. »

Les habitants de Tonga tiennent à honneur d'avoir un grand nombre d'enfants, et ils les élèvent avec une tendre sollicitude jusqu'à l'âge de quatre à cinq ans. A cette époque ils les abandonnent ; aussi les jeunes gens n'ont-ils aucun respect pour leurs parents. Bien différents des Nouveaux-Zélandais, qui exposent leurs infirmes en plein air et les délaissent, ils ont recours à tous les moyens imaginables pour obtenir leur guérison : le malade est bien logé, sa nourriture préparée avec soin ; on fait pour sa santé des vœux et des prières. Si un grand chef est alité, on coupe des doigts à plusieurs personnes, quelquefois même on en immole pour apaiser la *divinité malfaisante qui dévore les malades tout vivants*. Mais rien n'égale le soin qu'ils prennent de la sépulture des morts. Dès qu'un naturel a rendu le dernier soupir, les voisins en sont informés, et à l'instant toutes les femmes viennent pleurer autour du corps. (Ici jamais les hommes ne pleurent.) On le garde ainsi un ou deux jours, pendant lesquels on s'occupe à ériger son tombeau près de la demeure de ses parents. La maison sépulcrale est belle, bâtie sur une éminence, entourée d'une jolie palissade de bambous choisis ; l'enceinte est plantée de toutes sortes d'arbustes odoriférants et surtout d'immortelles. Enfin le monument est couvert d'un toit artistement travaillé. Pour le tombeau des rois ou des plus grands chefs, on va chercher des pierres colossales dans les îles lointaines, pour couronner le sépulcre. Le P. Jérôme Grange en a vu une qui avait vingt-quatre pieds de long sur huit de large et dix-huit pouces au moins d'épaisseur. L'un de ces tombeaux a été construit par les gens de Wallis, qui ont apporté des blocs énormes dans d'immenses pirogues. C'est prodigieux pour ces peuples. Mais ce qui fait gémir, c'est de voir ces pleureuses qui, pour témoigner leur douleur, se coupent les doigts, se fendent le nez, les oreilles et les joues ; et cependant, tant de larmes ne sont que de vaines cérémonies, où le cœur n'a point de part : ces femmes sont bien joyeuses lorsqu'elles se voient délivrées d'un tel supplice.—Ces insulaires n'ont aucune forme régulière d'administrer la justice. La volonté bizarre d'un tyran, qui ne pense à faire respecter l'ordre que lorsqu'il y est personnellement intéressé, voilà l'unique et souveraine loi. Le même missionnaire a vu des hommes en tuer d'autres sans que personne se soit le moins du monde inquiété de venger le crime. Avec des usages aussi arbitraires, ce qui étonne c'est que ces peuples ne soient pas parvenus à se détruire. Il n'y a pas de despote plus redouté que le roi du pays. Lorsqu'il commande, chacun s'empresse de lui obéir : veut-il faire mourir quelqu'un de ses sujets, il n'a qu'à l'envoyer chercher ; la victime contre laquelle est décerné ce mandat d'amener ne prendra pas la fuite, lors même qu'elle connaîtrait le motif de son appel. Aussitôt que le tyran se lève, c'est à qui aura l'honneur de lui baiser les pieds. Ouvre-t-il la bouche, chacun écoute avec une respectueuse attention ; et ses oracles fussent-ils autant de sottises, tout le monde de répondre : C'est la vérité, boe ! Ce régime d'esclavage apportera un grand obstacle à la conversion du peuple ; parce que les chefs ont en général de fortes raisons pour demeurer dans l'infidélité, et que, d'ailleurs, les sujets sont peu hardis à prendre l'initiative.

La cuisine est toujours en commun ; c'est assez d'apercevoir la fumée d'un banquet pour avoir droit d'y prendre place. Quelqu'un prépare-t-il un mets, tout le quartier en est informé, et il est de bon ton que celui-là seul qui l'a apprêté n'en goûte point. Si l'on veut faire cadeau d'un porc ou d'un autre animal, on vous le donne, on le tue, on le mange ; il ne vous reste que l'honneur de régaler vos voisins. Cette politesse, cette communauté de biens, qui paraît si belle au premier abord, est loin d'être utile en réalité. Qu'en arrive-t-il ? chacun compte sur son voisin, et personne ne pense à se pourvoir de ce qui lui est nécessaire. Ainsi les kanacks vivent dans une funeste oisiveté, et meurent souvent de faim, dans une île si féconde qu'un seul jour de travail par semaine suffirait à un père de famille pour nager dans l'abondance avec tous ses enfants.—Ils bâtissent avec assez d'élégance ; leurs maisons sont de forme elliptique, disposées à peu près comme un vaste parapluie, et ouvertes à tous les vents, ce qui est un avantage dans les grandes chaleurs. Elles sont assez élevées, et pour l'ordinaire d'une grande propreté à l'extérieur. Ils excellent surtout à les revêtir de tresses, dont ils forment un tissu de diverses couleurs, représentant des figures de la plus étonnante régularité. Ces tresses sont une espèce de ficelle plate, qui leur sert à lier les bois et leur tient lieu de clous. Leurs embarcations ou pirogues sont d'une beauté à ravir l'admiration des Européens eux-mêmes. Il y en a qui ont cent cinquante pieds de long ; elles sont ornées de brillants coquillages et de plumes des plus beaux oiseaux du pays. Les insulaires savent aussi très-bien confectionner les voiles et les cordages. Montés sur ces petits navires, ils font quelquefois jusqu'à trois cents lieues, sans autre boussole que les astres.

Pendant les dernières années, des guerres de religion avaient divisé et armé les unes contre les autres les diverses tribus de Tonga. Les adeptes des ministres protestants voulaient propager leur foi avec les armes parmi leurs compatriotes rebelles, qu'ils appelaient le *parti du diable*. Alors les deux camps se sont construit des forts pour se mettre à l'abri des surprises, et ils s'y retirent pendant la guerre ; en temps de paix ils habitent des villages qui sont aux environs. Tonga compte quatre redoutes principales : Béa, où résident les missionnaires catholiques, est la mieux fortifiée ; aussi est-elle réputée presque imprenable. Des Européens assurent qu'elle a renfermé jusqu'à cinq mille hommes : le nombre est exagéré, mais deux à trois mille peuvent y habiter à l'aise. Elle est divisée en compartiments par de jolies haies de roseaux, et ces divers compartiments où sont groupées les maisons, forment des rues qui se croisent en tout sens et donnent à ce camp l'aspect d'une petite ville.

Béa est situé à une assez grande distance de Pangaï-Madou, où se trouve le mouillage ordinaire et le plus sûr. Les missionnaires catholiques ont, depuis leur arrivée dans l'île, empêché plusieurs guerres ; et leur caractère à cet égard est si bien connu, que les habitants ont donné à Béa le nom de *Peace-Town* (ville de la paix). Cette localité a déjà soutenu plusieurs sièges. Voici à quelle occasion. Une tribu gagnée au protestantisme, qui tentait depuis plusieurs années, mais toujours en vain, de faire embrasser sa croyance à la peuplade infidèle qui donnait l'hospitalité aux missionnaires catholiques, décida que ces endurcis se convertiraient ou qu'ils expieraient leur obstination par la mort. Le ministre anglais qui dirigeait cette affaire fit entrer dans ses vues un commodore de sa nation, dont le navire était en rade. On vint donc assiéger la place en forme ; le *parti du diable* se mit en état de défense, et il fut heureux. Le commodore Croker fut tué avec onze des siens et beaucoup d'insulaires ; mais il ne périt personne du côté des infidèles, qui restèrent maîtres de trois pièces de canon. Un capitaine anglais est venu réclamer ces trois pièces ; il les exigeait avec un ton de hauteur, offrant toutefois une récompense aux vainqueurs, et il ajoutait qu'ils pourraient avoir à se repentir s'ils n'accédaient pas à sa demande. Alors un des chefs, après avoir pris l'avis des autres guerriers, parla ainsi au commandant : « Vous êtes venus nous attaquer chez nous, lorsque nous jouissions de la paix la plus profonde ; nous n'avons fait que nous défendre, alors que nous aurions eu des raisons pour attaquer. Les canons que nous avons pris nous appartiennent d'après les lois du pays ; nous pourrions donc les garder et nous en servir contre vous. Mais afin de vous montrer que nous ne vous craignons pas, nous vous les rendons. Pour les vendre, nous ne le voulons pas : c'est au péril de notre vie, au péril de la vie de nos femmes et de nos enfants, que nous les avons conquis ; il n'y a pas de prix pour cela. Prenez-les et allez-vous-en. »

Quoique le pays ne parle guère à l'imagination, à cause de sa monotonie et de son peu d'étendue, les habitants de Tonga ne sont pas cependant tout à fait étrangers à la poésie. Ils composent eux-mêmes des chansons qu'ils savent rendre tristes ou joyeuses selon la circonstance. Lorsqu'un convoi de pirogues part pour une île lointaine, grand nombre d'indigènes accompagnent leurs frères sur le rivage ; puis, au moment où les voyageurs mettent à la voile, deux ou trois cents personnes entonnent ce chant mélancolique et harmonieux : « Où vas-tu, jeune et imprudent oiseau, où vas-tu ? pourquoi l'abandonner aux caprices des flots et des ondes trompeuses ? Tu ne pourras plus désormais étancher ta soif dans le creux du bambou, ou dans l'épaisse écorce du cocotier. Le bananier, de ses larges feuilles, ne te défendra plus des ardeurs du soleil, ni du froid de la nuit ; et si le vent vient à souffler, tu n'auras plus pour abri les ailes de ta mère. Où vas-tu, jeune et imprudent oiseau, où vas-tu ? » Et ils répètent en cadence ce chant si doux jusqu'à ce que les pirogues aient disparu à leurs yeux.

Les protestants sont en possession de l'île depuis plus de vingt ans. S'ils sont venus annoncer Jésus-Christ à ces peuples, du moins ont-ils prêché à la manière de Mahomet, et s'ils ont opéré des conversions, c'est avec le sabre. Le P. Grange croit qu'ils n'ont qu'un bien petit nombre de partisans sincères et qui leur soient attachés. Il a demandé à plusieurs insulaires pourquoi ils n'avaient pas embrassé le protestantisme, depuis si longtemps qu'il y avait des ministres dans leur île ; et toujours il a reçu la même réponse : « J'avais peur des coups. » En effet, on ne voudrait pas croire en Europe avec quelle sévérité les protestants traitent leurs néophytes. Ce n'est pas assez de leur interdire tous les amusements, on leur impose des jeûnes arbitraires, on les soumet à une pénitence publique. Les travaux forcés suivent de près la moindre infraction à des pratiques indifférentes : il n'est pas rare de voir un pauvre kanack attaché à un arbre, frappé jusqu'à tomber sous les coups, et cela tout simplement pour avoir fumé une pipe. Mais, depuis l'arrivée des missionnaires catholiques dans cette île, les ministres ont cru qu'il était de leur intérêt de revenir à un régime plus doux, et il y a sur ce point une grande amélioration.

Il est à remarquer que les femmes sauvages sont plus difficiles à convertir que les hommes ; jamais elles ne prennent l'initiative, et quand elles se rendent, ce n'est que longtemps après l'abjuration du mari. En Europe c'est tout le contraire ; les femmes y sont généralement plus dévouées à la religion que les hommes. La raison en est, qu'à Tonga, comme dans tout pays qui n'a pas été éclairé et civilisé par l'Evangile, les femmes ne sont que des esclaves. La servitude avilit, et, pour embrasser la vérité, pour combattre ses passions, il faut du courage, de la noblesse, de la grandeur d'âme. Les Polynésiennes sont si méprisées et, de fait, si méprisables par leur conduite, qu'on les regarde comme des êtres différents des hommes.

Les indigènes de Tonga-Tabou ont beaucoup d'énergie dans leurs paroles et de feu dans leurs actions. Chez eux tout parle à la fois, les pieds, les mains, les yeux ; la figure n'est pas moins expressive que la langue.

Ce fut en 1842 que Mgr Pompallier, évêque de la Nouvelle-Zélande, se trouvant aux îles Witi, près de l'archipel de Tonga-Tabou, fut sollicité par quelques naturels de Tonga, arrivés là par hasard, de fonder une mission dans leur île où le code des missionnaires Wesleyens (secte anglicane fort dure, fort intolérante et fort ignorante en même temps) avait causé de grands troubles et augmenté le nombre des païens. Il y arriva le 1er juillet : l'accueil bienveillant d'une partie des naturels de Béa et des villes environnantes, Houma, Vahini jusqu'à Moua, le détermina tout à fait, et la mission fut établie. Un an après, les PP. Maristes s'occupèrent de la construction d'une église ; elle a été achevée en quatre mois et demi. Les naturels ont mis à sa construction toute l'adresse et toute l'activité dont ils sont capables ; et, de fait, elle est plus belle qu'on ne pourrait se le figurer en Europe. Bâtie en bois, elle a, en y comprenant la sacristie, soixante-douze pieds de long et trente de large. Douze colonnes élégantes de bois de fer soutiennent une voûte magnifique, élevée de trente pieds. Les murailles sont en bambous bien entrelacés avec des ficelles de cocotier ; les poutres qui forment la voûte sont tressées avec des filaments de diverses couleurs, et représentent différents oiseaux du pays. Deux cents jolies nattes en forment le pavé. Bon nombre de paroisses en France s'estimeraient heureuses d'en avoir une semblable. Le 12 février, jour de sa dédicace, fut un grand jour de fête ; plus de six cents naturels assistèrent aux offices divins.

On compte à Tonga 400 protestants, 7 à 800 catholiques, et le reste de la population est païen. L'archipel est compris dans les missions de l'Océanie occidentale, et fait partie du vicariat apostolique de la Nouvelle-Zélande. Les PP. Maristes ont eu beaucoup à souffrir les premières années, parce que les ministres wesleyens excitaient contre eux la population. Mais la différence de conduite entre les uns et les autres est tellement énorme, que les indigènes ont fini par la remarquer. Les PP. Maristes, par leur désintéressement, leur esprit de douceur et les bons services qu'ils rendent aux indigènes ont obtenu la considération générale.

L'archipel de Tonga forme à l'occident la limite de la Polynésie. A quelque distance dans l'ouest se trouve le groupe Witi, première terre mélanésienne. Cependant le type polynésien reparaît encore au delà, comme nous verrons. Il se relève sur quelques-unes des Nouvelles-Hébrides, dans les petites îles Rotouma, Tikopia, Dufi, etc., mais seulement par petites peuplades et avec tous les caractères qui annoncent une migration. Dans cette zone prévaut et règne la race mélanésienne, qui occupe toutes les grandes îles de l'occident, jusqu'à ce que paraisse la race malaise. Voisines des îles Witi, les îles Tonga leur ont plutôt donné qu'elles n'ont reçu d'elles; elles ont civilisé à demi ces barbares, sans s'infecter elles-mêmes de barbarie. Le type Witi a été dominé par le type Tonga. Cette île est sans contredit la plus avancée dans la civilisation polynésienne; son influence s'étend sur tous les archipels voisins, tels que les Hamoa, les Fidji, et même jusqu'aux Hébrides, avec lesquelles elle communique au moyen de ses belles pirogues, bien construites, excellentes voilières, et assez grandes pour contenir une cinquantaine de personnes.

La religion des indigènes de l'archipel est basée sur les notions suivantes : Les Tongas croient, 1° qu'il existe des *hotouas* (dieux), où des êtres supérieurs, ou peut-être éternels, dont les attributs sont de répartir le bien et le mal aux hommes, suivant leur mérite. 2° Que les âmes des nobles et des Mataboulés ont le même pouvoir, mais dans un degré inférieur. 3° Qu'il existe des *hotouas hous*, ou dieux malfaisants, qui se plaisent à faire du mal indistinctement à tout le monde. 4° Que tous ces êtres supérieurs ont pu avoir un commencement, mais qu'ils n'auront pas de fin. 5° Que l'origine du monde est incertaine; que le ciel, les corps célestes, l'Océan et l'île de *Bolotou*, existaient avant la terre, et que les îles de Tonga ont été tirées du sein des ondes par le dieu Tangaloa, tandis qu'il pêchait à la ligne. 6° Que les hommes sont venus originairement de Bolotou, île située au nord-ouest, et la principale résidence des dieux. 7° Que tout le mal qui arrive aux hommes leur est envoyé par les dieux, parce qu'ils ont négligé quelque devoir de religion. 8° Que les *éguis* ou nobles ont une âme qui leur survit et qui habite Bolotou; que celles des mataboulés vont aussi à Bolotou, pour y servir de ministres aux dieux, mais qu'elles n'ont pas le pouvoir d'inspirer les prêtres. Les opinions sont très-partagées au sujet de celles des *mouas*; quant aux *touas*, il est reconnu qu'ils n'ont pas d'âme, ou que s'ils en ont une, elle périt avec leur corps. 9° Que l'âme humaine, pendant la vie, n'est pas une essence distincte, mais seulement la partie la plus éthérée du corps. 10° Que les dieux primitifs et les nobles qui sont morts apparaissent quelquefois aux hommes, pour les aider de leurs avis ou leur faire du bien, et que les dieux se métamorphosent souvent en lézards, en marsouins ou en une espèce de serpent d'eau. 11° Que Toui-Tonga et Veachi descendent en ligne directe de deux des principaux dieux. 12° Que les prêtres inspirés sont pleins de la personne du dieu pendant le temps que dure leur inspiration, et qu'alors ils peuvent prophétiser l'avenir. 13° Que le mérite et la vertu consistent à respecter les dieux, les nobles et les vieillards, à défendre les droits qu'on tient de ses ancêtres, à pratiquer ce qui constitue l'honneur, la justice, le patriotisme, l'amitié, la douceur, la modestie, la fidélité conjugale, la piété filiale, à ne manquer à aucune cérémonie religieuse, à souffrir avec patience, etc. 14° Que les dieux récompensent ou punissent les hommes dans cette vie seulement. Les habitants de Tonga comptent environ trois cents dieux primitifs, dont les noms sont la plupart inconnus. Les principaux, au nombre de vingt, ont des maisons et des prêtres dans les différentes îles. *Ta-li-ai-Toubo* est le patron du hou et de sa famille; il est aussi le dieu de la guerre. Il a quatre maisons ou temples dans l'île de Vavaou, deux dans celle de Lafouga, une à Haano, une autre à Wina, et deux ou trois autres ailleurs. Il n'a de prêtre que le hou, qu'il inspire très-rarement. *Tou'i fena bolotou*, ou chef de tout Bolotou, n'est pas, comme son nom pourrait le faire croire, le plus grand des dieux. Il le cède en puissance au précédent, « qui des cieux touche la terre. » Il est le dieu des préséances dans la société, et, comme tel, invoqué par les chefs de grandes familles dans tous les cas de maladies ou de chagrins domestiques. Il a trois ou quatre maisons à Vavaou, une à Lafouga, plusieurs dans les autres îles, et trois ou quatre prêtres qu'il inspire quelquefois. *Higouleo* est aussi un dieu puissant, vénéré surtout par la famille du Toui-Tonga. Il n'a ni prêtres ni maisons, et ne visite jamais les îles Tonga. *A'lo A'lo* est le dieu du vent, de la pluie, des moissons et de la végétation en général. On l'invoque pendant le beau temps, au moins une fois par mois, pour lui en demander la continuation, et on l'implore journellement si la saison est mauvaise, ou si le vent occasionne quelques dégâts. Vers la fin de décembre lorsque les ignames sont mûrs, on lui en fait huit offrandes consécutives, de dix jours en dix jours. Ce dieu n'a que deux maisons, l'une à Vavaou et l'autre à Lafouga, desservies par autant de prêtres. *Ha'la A'pi A'pi, T'ogui Oukou M'ea* et *Toubo Bougou*, autres dieux de la mer et des voyages, protégèrent la famille de Finau. Le premier a deux temples, l'un à Vavaou et l'autre à Lafouga, et deux ou trois prêtres. *Tangaloa* est le dieu des artisans et des arts, et a plusieurs prêtres, tous charpentiers. C'est lui qui tira les îles Tonga du fond de la mer.

Les *hotouas hous*, ou dieux malfaisants, sont aussi très-nombreux; mais on n'en connaît que cinq ou six qui résident à Tonga pour tourmenter les hommes plus à leur aise. On leur attribue toutes les petites contrariétés de cette vie. Ils égarent les voyageurs, les font tomber, les pincent, leur sautent sur le dos dans l'obscurité; ce sont eux qui donnent le cauchemar, qui envoient les songes affreux, etc. Ils n'ont ni temples, ni prêtres, et on ne les implore jamais.

L'univers repose sur le dieu *Moui*, qui est toujours couché. C'est le plus gigantesque des dieux; mais il n'inspire jamais personne; il n'a ni prêtres ni maisons, et reste sans cesse dans la même position. S'il arrive un tremblement de terre, on suppose que Moui, trouvant sa posture trop fatigante, cherche à se mettre à son aise; alors le peuple pousse de grands cris, et frappe la terre à coups redoublés pour l'obliger à se tenir tranquille. On ignore sur quoi il est couché, et on ne hasarde même aucune supposition à ce sujet; « car, disent les indigènes, qui pourrait y aller voir? »

Voici comment ils expliquent l'origine du monde. Un jour que *Tangaloa*, dieu des inventions et des arts, pêchait du haut du ciel dans le Grand Océan, il sentit un poids extraordinaire au bout de sa ligne. Croyant avoir pris un immense poisson, il se mit à tirer de toutes ses forces. Bientôt parurent au-dessus de l'eau plusieurs rochers, qui augmentaient en nombre et en étendue, en proportion des efforts que faisait le dieu. Le fond rocheux de l'Océan s'élevait rapidement, et eût fini par former un vaste continent, quand par malheur la ligne de Tangaloa se rompit; ce qui fit que les îles Tonga restèrent seules à la surface de la mer. On montre encore à Hounga le rocher auquel l'hameçon de Tangaloa s'accrocha. Cet hameçon fut remis à la famille de Toui-Tonga, qui le perdit, il y a environ trente ans, lors de l'incendie de sa maison.

Tangaloa ayant ainsi découvert la terre, la couvrit d'herbes et d'animaux semblables à ceux de Bolotou, mais d'une espèce plus petite et périssable. Voulant aussi la peupler d'êtres intelligents, il dit à ses deux fils: « Prenez avec vous vos deux femmes, et allez vous établir à Tonga. Divisez la terre en deux et habitez séparément. » Ils s'en allèrent. Le nom de l'aîné était Toubo, celui du cadet Vaka-Ako-Ouli. Le cadet était fort habile. Le premier il fit des haches, des colliers de verre, des étoffes de papalangui et des miroirs. Toubo était bien différent: c'était un fainéant. Il ne faisait que se promener, dormir et convoiter les ouvrages de son frère. Ennuyé de les demander, il pensa à le tuer, et se cacha pour cette mauvaise action. Il rencontra un jour son frère qui se promenait, et l'assomma. Alors leur père arriva du Bolotou, enflammé de colère. Puis il lui demanda: « Pourquoi as-tu tué ton frère? ne pouvais-tu pas travailler comme lui? fuis, malheureux, fuis! Dis à la famille de Vaka-Ako-Ouli, dis-lui de venir ici. » Ceux-ci vinrent, et Tangaloa leur adressa ces ordres: « Allez et lancez ces pirogues à la mer; faites route à l'est, vers la grande terre, et restez là. Votre peau sera blanche comme votre âme, car votre âme est belle. Vous serez habiles; vous ferez des haches, toutes sortes de bonnes choses, et des grandes pirogues. En même temps, je dirai au vent de toujours souffler de votre terre vers Tonga. Et ils ne pourront venir vers vous avec leurs mauvaises pirogues. » Puis Tangaloa parla ainsi au frère aîné: « Vous serez noir, car votre âme est mauvaise, et vous serez dépourvu de tout. Vous n'aurez point de bonnes choses; vous n'irez point à la terre de votre frère. Comment pourriez-vous y aller avec vos mauvaises pirogues? Mais votre frère viendra quelquefois à Tonga pour commercer avec vous. »

Cette légende singulière, répandue dans quelques îles de l'archipel de Tonga, a un grand rapport avec l'histoire de Caïn et d'Abel. Des vieillards ont assuré à Mariner, qui a fait un long séjour dans ces îles, que cette légende était fondée parmi eux sur une tradition très-ancienne.

Salacus, Soulac, village du département de la Gironde, diocèse de Bordeaux, où se trouvait le principal banc d'huîtres, dites huîtres de Bordeaux, qui servaient à l'approvisionnement de Rome, au temps de Pline et d'Ausone. On a fait à Soulac une pêche considérable de ces mollusques jusqu'au XIVe siècle. Aujourd'hui cette pêche est presque nulle. — La légende raconte à ce sujet une histoire qui est trop longue pour que nous la rapportions ici.

Salamis vel Constantia, Salamine, métropole de l'île de Chypre dans le patriarcat d'Antioche, dont on voit les ruines à l'endroit nommé Porto-Constanzo à 6 milles de Famagouste. Il y eut un évêque dès les premiers siècles, qui, outre la qualité de métropolitain, voulut avoir celle d'autocéphale; ce qui lui fut accordé par le concile d'Éphèse et confirmé par l'empereur Zénon. Après la ruine de cette ville par les Sarrasins vers le IXe siècle, la dignité de métropole fut transférée à Famagouste.

Sous le gouvernement des monarques persans, Salamine participa à toutes les révolutions de l'île. Le roi Costa, père de sainte Catherine, fut un de ses souverains; elle en a même pris le nom de Constance, sous lequel elle est également connue. Les Sarrasins la détruisirent sous l'empire d'Héraclius; elle fut dès lors abandonnée, et n'a jamais été rebâtie depuis. — Il n'est demeuré de nos jours aucune construction qui puisse nous donner une idée de cette ville; on n'y voit guère que des colonnes éparses çà et là, des monceaux de pierres noircies par le temps, et un reste d'édifice présumé être le débris de quelque temple. Cette longue suite de siècles a cependant respecté les fontaines ou réservoirs qui distribuaient dans Salamine les eaux de Cythère, cette ville n'ayant jamais eu par elle-même que de très-mauvaises

Elle avait un port que l'on nommait Port-Salamine, et dans la suite Port-Constance. On en voit encore les traces, mais il est dégradé et presque entièrement comblé.

Salamine compte une foule d'hommes illustres nés dans son sein ; elle est, entre autres, la patrie de l'historien Ariston, dont parle Strabon dans son livre XIV. Le philosophe Cléobule, fils d'Evagoras II, était de Salamine, ainsi que Néocrion, général de l'armée navale d'Alexandre le Grand. — Cette ville a donné le jour à nombre de saints personnages. Saint Epiphane, aussi distingué par la sainteté de sa vie que par ses écrits, fut archevêque de Salamine.

Quelques historiens prétendent que sainte Catherine, fille du roi Costa, était de Salamine, quoique tous les légendaires la fassent naître à Alexandrie. Il y avait au nord de Salamine une espèce de tour, où on la renferma d'abord, dit-on, puis on la transféra dans les prisons de Paphos. L'empereur, ayant fait rentrer dans le devoir l'Egypte révoltée, appela à Rome le roi Costa ; sa fille sortit alors des prisons de Paphos, et fut conduite à Alexandrie où elle reçut le martyre.

Entre Famagouste et les ruines de Salamine, sur le rivage de la mer, sont plusieurs champs qui produisent le boia ou la garance. Cette racine donne une très-belle couleur écarlate : c'est la meilleure production de l'île. — En suivant la côte de Salamine, toujours au levant, on entre dans cette partie de l'île appelée le Carpasse, qui s'étend jusqu'au cap Saint-André. Le Carpasse est abondant en soie et en coton. Sur les bords de la mer sont des bosquets d'oliviers qui sont aujourd'hui stériles : les habitants de l'île, ceux mêmes des villes maritimes de la Syrie, y viennent faire leur provision de bois ; ils ont à cet égard la plus grande liberté.

Il y avait autrefois une ville appelée Carpassie, qui est aujourd'hui le village de Saint-Jean.

A 4 milles de Salamine, dans la plaine de Messarée, se trouve la belle église de Saint-Barnaba, avec un vaste monastère qui ne renferme cependant que très-peu de religieux. Non loin de là on voit une église plus ancienne dédiée au même saint ; elle tombe en ruines. On montre dans la partie souterraine, le tombeau du patron, dont le corps fut retrouvé, selon le cardinal Baronius, au temps de l'empereur Zénon. Il avait sur sa poitrine l'Evangile de saint Matthieu, écrit de la main même de cet évangéliste.

Sancta Fidiaca Lugdunensis, Sainte-Foy-lez-Lyon, paroisse du diocèse de Lyon, arrond. et à 6 kil. de cette ville, dépt. du Rhône. Ce bourg, situé sur un coteau élevé près de la rive gauche de la Saône, est riche de 2560 habitants. Les premiers chrétiens de Lyon se réunissaient en secret pour prier sur son coteau ; et c'est delà, dit-on, qu'on lui a donné le nom de Sainte-Foy.

La commune de Sainte-Foy est composée de plusieurs hameaux, dont le plus considérable se nomme Grand-Sainte-Foy. En partant de Lyon, on y arrive par un chemin à mi-côte, qui sépare la colline en deux parties dans toute sa longueur ; celle dont la Saône baigne le pied, s'appelle Fontanière, de l'abondance de ses sources. Le coteau de Sainte-Foy est remarquable par la salubrité de l'air ; les brouillards, qui couvrent quelquefois la rivière et la ville de Lyon, ne s'élèvent pas jusqu'au sommet de la colline. Les eaux y sont excellentes ; les légumes et les fruits abondants, savoureux et d'une maturité précoce. Ce coteau est un des plus beaux et des plus riches vignobles de France : l'été et l'automne, les jardins et les vergers y sont chargés de fruits succulents. Tous les genres d'arbres des contrées du nord et du midi s'y trouvent réunis ; le laurier-rose, le citronnier et l'oranger, simplement abrités en hiver, ornent au printemps les terrasses, les avenues et les jardins. La beauté de ces arbres annoncent qu'ils sont près de leur climat natal, et les fleurs qui abondent en ces lieux ont le même parfum qu'en Provence ; des sources abondantes jaillissent de toutes parts, coulent en petits ruisseaux, ou sont retenues dans de grands bassins bordés de saules pleureurs, de peupliers et de trembles. Sur cette colline, la dernière dont la Saône baigne le pied, le paysage réunit aux beautés de détail l'aspect de la seconde cité de France, celui du confluent de deux rivières, le grandiose d'un immense lointain et la vue des Alpes.

Le spectateur placé sur le coteau de Sainte-Foy domine de toutes parts les contrées environnantes où sa vue s'étend au loin. Les diverses chaînes des Alpes ne paraissent dans cet immense espace que comme des collines ou des aiguilles placées à différentes distances, qui se confondent souvent avec les nuages.

Sancta Opportuna, Sainte-Opportune, ou Moussy-le-Neuf, paroisse du diocèse de Meaux, canton de Dammartin. C'est la dernière commune du départ. de Seine-et-Marne dans sa partie septentrionale, son territoire est limitrophe, au nord, avec le département de l'Oise, et à l'ouest avec celui de Seine-et-Oise. Moussy est dans un vallon sur la Beuvronne, à 2 kil. au nord au-dessus de Moussy-le-Vieux. — On raconte que, dans la seconde moitié du IXe siècle, les chanoines de Séez dont la ville était affligée par les excursions des Normands, obtinrent de Louis le Germanique la terre de Moussy, pour y déposer le corps de sainte Opportune et le préserver ainsi des profanations de ces peuples barbares. L'abbé Lebeuf ajoute qu'il n'y avait pas encore d'église à Moussy, et que le corps de la sainte fut déposé dans la maison d'un nommé Gonzelin ; mais que les nombreux miracles que ces reliques opérèrent dans ce lieu ayant attiré un grand concours de peuple, les aumônes suffirent pour élever un petit temple sous l'invocation de la sainte. — En 1090, un nommé Albert, chevalier et sans doute seigneur de Moussy, fit don de l'*atrium* et de ses dépendances au chapitre du prieuré de Saint-Martin-des-Champs. —

En 1220, l'église de ce prieuré fut rebâtie par les soins des religieux : c'est celle qui existe aujourd'hui. Cet édifice, qui est très-élevé, a deux ailes voûtées; le portail offre trois espèces de guérites terminées en cul-de-lampe par le bas : celle du milieu, plus élevée, finit en flèche et sert de clocher. — L'église paroissiale est située à quelque distance du prieuré, à l'est, et plus au centre du village; c'est un édifice du xvi° siècle, bas, entièrement voûté, avec une aile de chaque côté, mais sans galerie ; il renferme plusieurs pierres tumulaires de cette époque et d'un temps postérieur. — En 1351, il existait à Moussy deux hospices : la Maison-Dieu et la léproserie. — En 1220, Gaucher d'Aunoi, sénéchal de Dammartin, était seigneur en partie de Moussy. En 1271, dans le dénombrement des chevaliers du baillage de Paris qui devaient aller à la guerre contre le comte de Foix, le comte de Dammartin fut imposé à deux hommes pour sa terre de Moussy. Dans le xiv° siècle, la seigneurie de Moussy était partagée par la famille de Laval et par celle des Bouteillier. — En 1740, cette seigneurie appartenait au marquis de Rothelin.

Le territoire étendu de cette commune est principalement en terres de labour, qu'exploitent quatorze fermes. On y remarque aussi des bois : ce sont, à l'extrémité la plus septentrionale du canton, ceux de Montmélian, situés sur la montagne de ce nom, dont une partie s'étend dans le département de Seine-et-Oise, et l'autre dans le département de l'Oise. Au pied de cette montagne se trouve la source de la Beuvronne, les bois de Saint-Laurent et de Beaumarchais, qui font partie de la forêt de Dammartin, le bois de la Garenne.

Ce village présente plusieurs écarts : 1° la Folie, au nord-est de Moussy, au sud et au-dessous de la forêt de Dammartin; ancien fief dont il reste encore quelques ruines ; 2° l'Erable, tuilerie; 3° la Grande-Tuilerie, au nord, entre Moussy et la forêt de Dammartin ; 4° la Garenne, maison de garde au sud de la petite Tuilerie ; 5° le Clos, ancien fief qui n'est plus aujourd'hui qu'une ferme ; 6° les restes du château qui depuis longtemps n'était plus qu'une ferme dont on voit encore quelques ruines : on remarque encore les anciens fossés d'un château dit le Biset ; 7° à l'ouest, la ferme des Moines, qui était attenante à l'ancien prieuré dont elle dépendait. — On trouve aussi sur le territoire de cette commune trois belles fontaines qui ont reçu les noms de Pierre-Visier, la Pisotte et les Deux-Ermites, et des carrières à plâtre.

Moussy-le-Neuf est à 5 kil. ouest de Dammartin, 24 kil. ouest de Meaux, et 62 kil. nord de Melun. Sa population est de 860 âmes.

Sanctæ Magdalenæ Fons, Flourens, paroisse du diocèse de Toulouse, dépt. de la Haute-Garonne.

La commune de Flourens, une des plus riches du département de la Haute-Garonne, possède une fontaine d'eau minérale, connue sous le nom de Sainte-Madeleine, dont les eaux sourdent près de la grande route de Toulouse à Castres, dans un petit vallon allongé, d'un aspect agréable. Ce vallon est formé par deux coteaux couverts de chênes, séparés au nord-est dans une étendue de 500 mètres, par une double allée de peupliers, se rapprochant ensuite au sud-est pour former une gorge dont les côtés, doucement inclinés, sont sillonnés de petits sentiers sinueux qui offrent un bois touffu d'un aspect très-pittoresque. C'est vers le milieu de ce joli vallon que s'élève la belle fontaine de Sainte-Madeleine, à laquelle on arrive par plusieurs avenues garnies de deux rangées d'arbres. — La source de la Madeleine a été signalée en 1821 par M. Cany, docteur médecin à Toulouse, qui en a été nommé médecin-inspecteur par le ministre de l'intérieur, le 31 mai 1823. L'établissement des eaux de Flourens est très-agréablement situé ; les malades y respirent un air vif et pur, et trouvent autour de la source des promenades très-jolies et très-variées.

Cette fontaine avait été connue au moyen âge. Du moins il en est question chez des chroniqueurs et des trouvères du temps ; on y venait en pèlerinage de diverses parties du Languedoc. Mais, à partir du xvi° siècle, il n'en fut plus question, on ne sait pourquoi ; et pendant trois siècles les habitants de Flourens ignorèrent l'existence de ces eaux minérales dans leur paroisse. — Les propriétés médicinales des eaux de Sainte-Madeleine sont les mêmes que celles des autres sources acidules ferrugineuses froides de France, telles que celles de Cransac, Forges, Passy, Vals, etc., qui jouissent d'une réputation méritée.

Flourens est situé à 9 kil. de Toulouse ; il compte environ 575 habitants.

Sancti Martini Dominicum, Dammartin, petite ville du diocèse et chef-lieu de canton de l'arrond. de Meaux, départ. de Seine-et-Marne. — La ville de Dammartin est bâtie en amphithéâtre sur une montagne d'où l'on jouit d'une vue magnifique qui s'étend à plus de 72 kil. Il ne peut pas y avoir d'équivoque sur l'étymologie de son nom : il vient incontestablement d'une chapelle ou d'un oratoire dédiés à saint Martin, *Dominicum Martini*.

Cette ville était le chef-lieu d'un comté dont Hugues I°, avoué de Ponthieu, s'empara dès le x° siècle. On ignore comment il sortit des mains des descendants de ce seigneur ; on ignore même si celui-ci portait le titre de comte. Le premier comte de Dammartin dont il soit question dans l'histoire est Manassès, que quelques auteurs ont fait, sans en donner la preuve, fils puîné d'Hilduin II, comte de Montdidier, lequel aurait eu pour épouse une Adèle ou une Constance, héritière du comté de Dammartin. Il est, comme grand vassal de la couronne, nommé témoin dans une chartre que Robert, roi de France, accorda en 1028 à l'abbaye de Coulombs.—En 1077, Hugues I°, fils de Manassès, fit la guerre au roi Philippe I°, et eut plusieurs contestations, soit avec les moines de l'abbaye de Saint-Lucien de Beauvais, dont il avait enlevé par violence certaines églises, soit avec les chanoines de Paris, pour les exactions qu'il commettait en leurs terres, Frappé pour ce fait d'excommunication par le pape Urbain II, il rentra en lui-même et fit satisfaction au chapitre. Il eut de Roarde Pierre et Hugues, et trois filles, Basilie, Adèle et Eustachie, Il fut enterré dans l'église d'Escerent. — Vers l'an 1107, Hugues II recommença les vexations de son père contre l'église de Paris; il se ligua au commencement du règne de Louis le Gros avec le comte de Champagne contre ce monarque. Il avait épousé Rolvilde; mais on ignore l'époque de sa mort et s'il laissa de la postérité. — François de Montmorency fut pourvu du comté de Dammartin dans le XVIe siècle; il mourut sans postérité en 1579. — Le comté de Dammartin resta dans la maison de Montmorency jusqu'à la mort de Henri, duc de Montmorency, qui fut décapité l'an 1602, dans l'hôtel de ville de Toulouse. Ses biens ayant été confisqués, Louis XIII fit don au prince de Condé du comté de Dammartin, qui depuis a toujours été possédé par cette maison. — Les restes du manoir féodal sont situés au nord-est de la ville, et sur le bord du chemin de Nanteuil-le-Hardouin ou le Haudoin. L'origine de ce château remonte à une haute antiquité; il était sans doute des premiers siècles de la monarchie : mais faire honneur de sa fondation aux Romains, c'est annoncer peu de connaissance dans l'histoire de l'architecture. Il était construit en briques, flanqué de huit tours octogones, et environné de fossés larges et profonds. On le démantela lorsque les biens de Henri de Montmorency furent confisqués. Depuis, les matériaux de cet ancien château ont contribué à l'élévation d'une partie des bâtiments de la ville; ses restes ont été aplanis, et la place qu'ils occupaient forme une agréable promenade. — En 1230, la ville de Dammartin fut dévorée par les flammes. — On ignore l'époque précise de la fondation de l'église paroissiale de Dammartin : on sait seulement que, dès l'an 1115, il y existait déjà un prieur-curé et six chanoines qui lui servaient de vicaires. Les comtes de Dammartin, qui avaient relevé cette église, avaient doté le prieur de priviléges considérables et l'avaient rendu aussi puissant dans la partie de la ville qui lui était dévolue que les comtes dans celle qu'ils s'étaient réservée. — En 1185, Alberic II, comte de Dammartin, Mathilde, son épouse, et Renaud, comte de Boulogne, leurs fils, confirmèrent la donation de l'église ou du prieuré de Dammartin, que ses prédécesseurs avaient faite aux chanoines de Saint-Martin-aux-Bois, diocèse de Beauvais. — L'église paroissiale, qui était placée près du château, ayant été détruite ou étant tombée en ruine, car on est dans le doute à cet égard, le prieur-curé transféra dans le commencement du XVIIe siècle le service divin dans la chapelle de Saint-Jean-Baptiste qui, dès lors, était une des dépendances de la cure. — Il est déjà fait mention de cette chapelle dès l'an 1185, dans le titre ci-dessus mentionné. Il y est aussi question d'une église de la Magdeleine-de-Moiencourt, dont on ne voyait déjà plus aucun vestige, il y a cent ans, et de l'église de Notre-Dame, qui depuis fut érigée en collégiale. — Cette église était originairement une succursale du prieuré-cure de Saint-Jean-Baptiste, lorsqu'en 1480, sous le pontificat de Louis de Melun, Antoine de Chabannes, comte de Dammartin, qui avait reconstruit l'édifice ruiné dans les guerres du règne de Charles VII, y fonda un chapitre de chanoines séculiers, pour le repos de l'âme de ce prince et pour le repos de la sienne. Par une bulle de l'an 1483, Sixte IV approuva cette fondation, et Jean de Chabannes, fils du fondateur, la ratifia en 1489. Une ancienne coutume de cette ville était, ainsi que le dit Duplessis (*Histoire de l'église de Meaux*), de n'y enterrer personne, qu'on n'eût auparavant porté en cérémonie le corps du défunt dans cette collégiale, où l'on chantait une antienne à la Vierge, après quoi on le transportait dans le lieu destiné à la sépulture. — Antoine de Chabannes, mort en 1488, et Jeanne de Sancerre, comtesse de Dammartin, furent inhumés dans cette église. — L'église collégiale ayant été vendue à l'époque de la révolution, l'abbé Lemire en fit l'acquisition; il la rendit au culte en 1801. Elle est maintenant une succursale de la paroisse. — L'Hôtel-Dieu de Dammartin subsistait dès le XIIe siècle, puisque, d'après un acte que l'on rapporte à l'an 1205, Guillaume de Alneto donna à cet hospice, du consentement de sa femme et de ses enfants, en présence de Rance, sa mère, d'Anselle, son frère, et de Gauthier, vicomte de Dammartin, un demi-muid de blé à prendre tous les ans dans sa grange de Moussy (*Munciacum*). — On cite parmi les bienfaiteurs de cette maison, en 1212, Milon de Betz; en 1258, Gilles de Cuisy, frère de Pierre de Cuisy, évêque de Meaux; ensuite, Guillaume de Compans; Mathilde, comtesse de Boulogne, etc., etc. L'hospice fut d'abord gouverné par un administrateur et des religieux. Vers 1260, on retira ces religieux, et l'on donna la maison à ceux de Chambre-Fontaine. En 1695, on établit un hôpital à Dammartin; en 1699, les biens de cet hôpital et les revenus ont été réunis à ceux de l'ancien Hôtel-Dieu. Cet hospice est maintenant desservi par des sœurs de Saint-Vincent de Paul. — Il existait dans le commencement du XIIIe siècle une léproserie à Dammartin, sous le nom de Saint Guinefort, abbé de Saint-Ursin de Bourges. Le comte de Dammartin le donna sous le bon plaisir du roi, à un gentilhomme, comme une commanderie. Dans la suite on laissa subsister la chapelle; mais les revenus de la léproserie furent réunis à l'Hôtel-Dieu de Meaux : cette léproserie était située à l'extrémité occidentale de la ville. — Dans le milieu du XVIIe siècle, des religieuses de la Visitation vinrent s'établir à Dammartin. Forcées de se réfugier à Paris durant les guerres civiles de la minorité de Louis XIV, elles abandonnèrent leur monastère. — En 1697, une dame Portefin, pour accomplir un vœu de son mari, fonda, sous la protection du cardinal de Bissy, évêque de Meaux, un collége dans lequel étaient élevés gratuitement six jeunes gens de la ville. — Avant la révolution, il y avait à Dammartin un bailliage auquel étaient unies depuis 1633 les justices de Mory, de Saint-Mesmes, de Saint-Soupplets, dont les appels ressortissaient au parlement de Paris ; et une *gruerie*, tribunal institué pour juger des dommages faits dans les forêts. Aujourd'hui, cette ville, comme chef-lieu de canton, est le siége d'une justice de paix et la résidence d'une brigade de gendarmerie. Il s'y tient tous les jeudis un marché aux grains considérable, et le lundi un marché de menues denrées. Il y a aussi quatre foires par an, qui ont lieu le lundi de la cinquième semaine de carême, le lundi de la Pentecôte, le 1er octobre et le 6 décembre. On vend à ces foires une grande quantité de bestiaux et surtout de bêtes à laine. Le territoire qui environne la ville est en terres de labour, en vignes, et en bois ; on y trouve plusieurs carrières à plâtre. — Sur le penchant de la colline qui regarde l'orient est le château de la Tuilerie, dont le parc borde la grande route de Soissons. On jouit de ce point, comme de toute la ville, d'une vue très-étendue. — La situation élevée de Dammartin a permis de construire autour de la ville des moulins à vent qui ont tous reçu des noms particuliers ; ainsi ce sont : la Corbie, le Jard, la Justice, le Moulin-Vieux. La population de Dammartin est de 2900 âmes ; il est à 20 kil. nord-est de Meaux et à 60 kil. au nord de Melun.

Sanctus Andreas, Saint-André. Il y a plusieurs villes, bourgs et villages de ce nom en Europe. — Saint-André, paroisse du diocèse de Liége, Belgique. Ce village, qui compte 560 habitants, est à 18 kil. nord-est de Liége ; il a pris son nom d'une petite chapelle qui existait sous le vocable de saint André, au xe siècle. Les habitants font un commerce de fromages, appelés fromages de Saint-André.

| Saint-André, paroisse du diocèse de Digne, dépt. des Basses-Alpes. C'est un chef-lieu de canton qui comprend dix communes ; il est de l'arrond. et à 12 kil. de Castellane, près de la rivière du Verdon. La population est de 800 habitants.

| Saint-André, paroisse du diocèse de Gap, dépt. des Hautes-Alpes. Cette commune fait partie de l'arrond. et du canton d'Embrun ; elle a près de onze cents habitants.

| Saint-André, paroisse du diocèse de Rodez, dépt. de l'Aveyron. Elle est comprise dans le canton de Najac, arrond. de Villefranche de Rouergue : sa population s'élève à 2000 âmes.

| Saint-André, paroisse du diocèse d'Évreux, dépt. de l'Eure. Ce bourg forme un chef-lieu de canton qui contient trente-huit communes ; il est de l'arrond. et à 16 kil. d'Évreux. La population, qui est moitié agricole, moitié industrielle, atteint le chiffre de 1300 habitants.

| Saint-André, paroisse du diocèse d'Orléans, dépt. du Loiret. Elle ne forme point une commune, mais c'est un hameau dépendant de la petite ville de Notre-Dame-de-Cléry, dans l'arrond. d'Orléans. La population est cependant de 840 habitants. Ce hameau tire son nom et son origine d'une chapelle dédiée à l'apôtre saint André, dont on invoquait la protection dans les malheurs publics.

| Saint-André, dans le diocèse de Nevers, dépt. de la Nièvre. C'est un bourg du canton de Lormes, dans l'arrond. de Clamecy, avec une population de 1360 habitants, qui s'occupent de travaux agricoles et de l'exploitation des bois du canton.

| Saint-André, paroisse du diocèse de Cambrai. C'est un village à cinq kil. de Lille, du canton et de l'arrond. de cette ville, dépt. du Nord. Il y a une fabrique de céruse. Les habitants, au nombre de 600, sont presque tous fileurs et tisserands.

| Saint-André, dans le diocèse de Clermont-Ferrand, dépt. du Puy-de-Dôme. Ce bourg, qui ne compte pas moins de 1100 habitants, fait partie du canton de Randan, dans l'arrond. de Riom.

| Saint-André, dans le diocèse de Perpignan, dépt. des Pyrénées-Orientales. Il est du canton d'Argelès, dans l'arrond. de Céret, avec une population de 600 habitants environ. On y récolte de très-bons vins blancs.

| Saint-André-d'Apchon, du diocèse de Lyon, dépt. de la Loire. Ce bourg, compris dans l'arrond. de Roanne, est à 10 kil. ouest de cette ville. Il y a des eaux minérales, on y récolte de bons vins rouges. La population est de 1860 habitants.

| Saint-André-de-Chalançon, dans le diocèse du Puy, dépt. de la Haute-Loire. C'est un bourg du canton du Bas-en-Basset, dans l'arrond. d'Yssengeaux, avec une population de 1200 habitants.

| Saint-André-des-Combes, paroisse du diocèse d'Angoulême, dépt. de la Charente. Ce village, où l'on fabrique d'excellentes eaux-de-vie, est à 7 kil. ouest-nord-ouest de Cognac et de son canton. La population est de 300 habitants.

| Saint-André-de-Cubzac, petite ville du diocèse de Bordeaux, dépt. de la Gironde. C'est un chef-lieu de canton qui renferme onze communes, dans l'arrond. et à 18 kil. nord-est de Bordeaux ; il est situé près de la rive droite de la Dordogne, qui traverse en cet endroit la grande route de Paris à Bordeaux. Ce passage, qui se faisait au moyen d'un bac, était dangereux ; et à l'époque des grandes eaux, les ponts qu'on y avait bâtis étaient presque toujours endommagés, souvent emportés. On y a construit dans ces derniers temps un pont suspendu qui lui-même n'a pas été à l'abri de la violence des eaux de la Dordogne. On récolte du vin dans les environs. La population est de 3000 habitants au moins. Comme le passage de la Dordogne en cet endroit était fort périlleux, il arrivait souvent des accidents. Au commencement du moyen-âge, on avait planté sur la rive droite une croix au pied de laquelle les passants s'a-

genouillaient soit pour remercier Dieu d'avoir traversé heureusement la rivière, soit pour obtenir d'arriver sain et sauf sur l'autre rive. Il s'éleva ensuite à côté de cette croix une petite chapelle où les voyageurs se recommandaient à saint André. De là, dit-on, l'origine de la ville de Saint-André-de-Cubzac.

| Saint-André-le-Désert, paroisse du diocèse d'Autun, dépt. de Saône-et-Loire. Ce bourg, du canton de Cluny, dans l'arrond. de Mâcon, tire son nom et son origine d'un ermitage dédié à saint André, dans une solitude profonde, au XIe siècle, ou au XIIe, suivant quelques auteurs. Il y a une population de 1175 habitants.

| Saint-André-les-Eaux, paroisse du diocèse de Nantes, dépt. de la Loire-Inférieure. Ce bourg, du canton de Guérande dans l'arrond. de Savenay, compte une population de 1400 habitants.

| Saint-André-Gouldoie, paroisse du diocèse de Luçon, dépt. de la Vendée. C'est un bourg du canton de Saint-Fulgent, dans l'arrond. de Bourbon-Vendée, d'autres disent Napoléon-Vendée. On y compte une population de 1080 habitants.

| Saint-André-de-Lidon, dans le diocèse de la Rochelle, dépt. de la Charente-Inférieure. C'est un bourg du canton de Gemozac dans l'arrond. de Saintes, avec une population de 1410 habitants.

| Saint-André-de-Majencoules, dans le diocèse de Nîmes, dépt. du Gard. Ce bourg, qui a une population de 1800 habitants, fait partie du canton de Valleraugue, dans l'arrond. du Vigan, dont il est éloigné de 7 kil. nord.

| Saint-André-de-la-Marche, paroisse du diocèse d'Angers, dépt. de Maine-et-Loire ; elle est de l'arrond. et à 12 kil. de Beaupréau, et du canton de Montfaucon, avec une population de 1200 habitants.

| Saint-André-d'Ornais, paroisse du diocèse de Luçon, dépt. de la Vendée. Ce village est compris dans le canton et l'arrond. de Bourbon-Vendée, dont il est à 2 kil. au sud-ouest : sa population est de 800 habitants.

| Saint-André-la-Palud, paroisse du diocèse de Grenoble, dépt. de l'Isère. Ce bourg récolte d'assez bons vins rouges ; il est dans le canton de Pont-de-Beauvoisin, arrond. de la Tour-du-Pin. La population est de 1200 habitants.

| Saint-André-de-Songonis, dans le diocèse de Montpellier, dépt. de l'Hérault. Cette petite ville récolte beaucoup de fruits et en fait un commerce ; elle se livre aussi à la fabrication des eaux-de-vie dites de Montpellier. Elle dépend du canton d'Arboras, dans l'arrond. de Lodève, dont elle est à 18 kil.; sa population est de 2325 habitants.

| Saint-André-Treize-Voies, paroisse du diocèse de Luçon, dépt. de la Vendée. Comprise dans le canton de Rocheservière de l'arrond. de Bourbon-Vendée, elle a une population de 1240 habitants.

| Saint-André-de-Valborgne, paroisse du diocèse de Nîmes, dépt. du Gard. C'est un chef-lieu de canton qui comprend cinq communes dans l'arrond. du Vigan, dont il est à 20 kil. nord-est, et qui a une population de 1900 habitants.

| Saint-André-de-Vesines, dans le diocèse de Rodez, dépt. de l'Aveyron. Ce bourg, dont la population est de 2120 habitants, fait partie du canton de Peyreleau, dans l'arrond. de Milhau.

| Saint-André, paroisse du diocèse de Troyes, dépt. de l'Aube. Ce village, qui a 800 habitants environ, est à 4 kil. de Troyes. — Le territoire de Saint-André, entrecoupé de canaux dont les bords sont plantés de bouquets d'arbres, offre une multitude de jardins très-productifs, qui alimentent les marchés de Troyes, et fournissent la majeure partie des légumes nécessaires à la consommation des habitants de cette ville. L'église paroissiale, surmontée d'une flèche élevée, est un édifice spacieux, dont le portail, ouvrage de Gentil et de Dominique, désigne la profession des habitants, tous jardiniers ou vignerons ; suivant deux inscriptions, il fut fait en 1549. On y voit la porte particulière par où les ladres d'une maladrerie voisine entraient autrefois dans l'église; on sait qu'il leur était défendu de se mêler aux habitants. On cultive en grand l'ail et l'échalote, le chanvre et le lin.

De Saint-André dépendaient les abbayes de Montier-la-Celle et de Notre-Dame des Prés. — L'abbaye de Montier-la-Celle fut fondée par saint Frobert en 660, dans un marécage couvert de bois et de broussailles. Le premier bâtiment consistait seulement en un petit oratoire et en autant de cellules qu'il y avait de religieux. Il fut appelé le monastère de l'Ile-Germaine. Le nombre des religieux s'étant, en peu de temps, considérablement augmenté, le saint abbé jugea à propos de faire un voyage à la cour. Clotaire III venait de succéder à son père Clovis II. Ce prince étant mineur, Frobert s'adressa à la reine Bathilde, qui lui fit donner la confirmation de la possession de l'Ile-Germaine. Après la mort de saint Frobert, le monastère changea de nom et fut appelé la Celle de saint Frobert. Bobin, évêque de Troyes, augmenta les bâtiments et les revenus, de sorte que cette abbaye changea de nom une troisième fois, et fut appelée la Celle de Bobin : *Cella Bobini*. Enfin, le dernier nom sous lequel le monastère ait été connu depuis plusieurs siècles est celui de Montier-la-Celle. En 1348, les Anglais brûlèrent le monastère, qui avait échappé à la fureur des Normands plus de cinq cents ans auparavant. Quelques-uns attribuent ce désastre au peu de prévoyance de l'abbé Aymeric. Henri de Vienne, son successeur, répara ce malheur. L'architecture de cette abbaye était un chef-d'œuvre d'architecture, et les connaisseurs la regardaient comme une des plus belles de la province. Elle fut reconstruite par les soins de l'abbé régulier Antoine Girard, en 1517. Sa longueur était de 200 pieds, sa croisée de 100 ; les fenêtres, d'une grande hauteur et larges, étaient au nombre de 38. Les vitraux, très-bien coloriés, représentaient plusieurs figures de l'Ancien Testament, des mystères du Nouveau, des images de saints et saintes dont le trésor possédait des reliques. Tout cet édifice se distinguait par une délicatesse de style, particulièrement à la voûte du rond-point, où l'on voyait un cul-de-lampe de 60 pieds en rondeur, et 15 de projet hors de la voûte. Il était tout percé à jour, et semblait n'être porté que sur le dos d'une colombe volante, suspendue perpendiculairement sur le maître autel. La chapelle dédiée aux anges, qui faisait le fond du bas côté droit, a été ornée, vers le milieu du XVIe siècle, de peintures à fresque et de sculptures. Il ne reste plus de ce monastère que des ruines.

L'abbaye Notre-Dame des Prés doit son établissement à plusieurs filles, qui voulurent se séparer du monde et vivre dans la retraite. Elles choisirent une métairie nommée Chicherey, et s'y établirent vers 1230 ou 1231. Au mois de janvier 1235, la maison de Notre-Dame des Prés fut érigée en abbaye. Urbain IV envoya, en 1264, cinq mille florins pour aider à bâtir l'église. Au commencement du XVIIe siècle, le monastère commençait à menacer ruine; mais, vers 1630 il dut son rétablissement à l'abbesse Marie de la Chaussée, qui fit creuser les fossés et fermer l'enceinte de murailles. Les bâtiments de ce monastère sont aujourd'hui une propriété particulière.

| Saint-André, du diocèse de Saint-Jean-de-Maurienne en Savoie (États-Sardes). Ce bourg est situé à 570 toises au-dessus du niveau de la mer, près de la rivière d'Arc, qui est un affluent de l'Isère; il est éloigné de 4 kil. ouest-nord-ouest de Modane, et a une population de 1100 habitants.

| Saint-André, bourg de l'île Bourbon, aujourd'hui de la Réunion. Il est à 20 kil. est de Saint-Denis; il compte 4500 habitants : son commerce consiste en sucre et en café.

| Saint-Andrew's, ville du Nouveau-Brunswick (Amérique septentrionale anglaise). Elle fait partie du diocèse de Charlotte-Town; elle est à 290 kil. nord-est de Portland, sur le Passa-Maquoddy. Son port sert principalement à l'exportation des bois du Nouveau-Brunswick. On y compte environ 3000 habitants. Elle possède une assez belle chapelle catholique.

Sanctus Cyrus, Saint-Cyr. On compte en France plusieurs villages et plusieurs bourgs de ce nom. — Saint-Cyr, paroisse du diocèse de Meaux, dépt. de Seine-et-Marne, arrond. et à 12 kil. nord-est de Coulommiers. Ce bourg est situé sur la rive droite du Petit-Morin, et a une population de 1100 âmes environ.

| Saint-Cyr, paroisse du diocèse de Limoges, dépt. de la Haute-Vienne, arrond. et à 12 kil. est de Rochechouart. La population est de 1220 habitants.

— Saint-Cyr-au-Mont-d'Or, dans le diocèse de Lyon, arrond. et à 6 kil. nord de cette ville, dépt. du Rhône. Ce bourg, situé au milieu de montagnes connues sous le nom de Mont-d'Or, compte 2000 âmes. — Le Mont-d'Or, ainsi nommé par les Romains, sans doute à cause de sa grande fertilité, est un corps de montagnes séparé des autres, qui occupe un espace d'environ 12 kil. et s'étend dans la direction du sud au nord depuis les environs du bourg de la Riverie jusqu'aux bords de la Saône, près de Couzon. Des différentes élévations dont se compose cette chaîne, celle qui porte spécialement le nom de Mont-d'Or se compose de trois monts nommés le Mont-Cindre, le Mont-Thoux et le Mont-d'Or; c'est au pied du premier de ces monts qu'est située la commune de Saint-Cyr. Le plus élevé de ces trois sommets est celui appelé montagne de Verdun, de Polemieux ou de Limonest. Sa hauteur au-dessus du niveau de la mer est de 326 mètres. On y a construit une pyramide en pierre, qui est un point trigonométrique de la carte de France. C'est aussi un des points de vue les plus remarquables : on découvre de là les admirables vallées du Rhône et de la Saône, et une étendue considérable d'un pays des plus riches et des plus productifs qu'on puisse voir. — La hauteur du Mont-Cindre est de 306 mètres. Sur le sommet existe un ancien ermitage, tapissé d'*ex-voto*, qui attire un grand nombre de pèlerins, et où le curé de Saint-Cyr va processionnellement, certains jours de l'année, célébrer la messe. Il est difficile de rendre l'impression que l'on éprouve sur la cime de ce mont, du haut duquel se déploie un immense panorama, où les plus hautes montagnes; telles que l'Iseron, le Pila, les Alpes dauphinoises et helvétiques ne paraissent que des monticules dont les sommités ressemblent à de légères découpures. Le Rhône ne forme dans ce vaste espace qu'une ligne bleuâtre; l'on voit serpenter la Saône comme un faible ruisseau; la ville de Lyon, qui n'est éloignée de là que d'une faible distance, ne paraît être qu'un monceau de pierres environné de vapeurs. Ce magnifique tableau a inspiré plusieurs poëtes lyonnais de nos jours. L'espace de ces coteaux, compris entre Polemieux et Saint-Cyr, passe pour être le terrain où les premières vignes furent plantées par les Romains dans les Gaules sous le règne de l'empereur Probus.

Les communes du Mont-d'Or où l'on élève des chèvres, sont celles de Saint-Cyr, Saint-Didier, Collonge, Limonest, Couzon, Saint-Romain. On peut porter le nombre de ces animaux à 18,000 environ; plusieurs particuliers en entretiennent jusqu'à cinquante. Leur éducation dans ce pays remonte à des temps reculés. Ces chèvres sont nourries toute l'année dans l'étable, d'où elles ne sortent jamais que muselées; on les entretient dans un grand état de propreté en les peignant souvent, et telle est l'influence du climat, qu'elles jouissent d'une santé parfaite. Dans la belle saison, on les nourrit d'herbes de toute espèce, de chardons, de bruyères, de luzerne, de feuilles d'arbres; pendant l'hiver, leur principale nourriture se compose de feuilles de vigne, que l'on maintient dans un état de fraîcheur, en les mettant dans des fosses bétonnées. Le lait de ces chèvres a un goût particulier et fournit les excellents fromages renommés dans toute la France sous le nom de fromages du Mont-d'Or.

Sanctus Medericus, Saint-Merry, paroisse du diocèse de Meaux, canton de Mormant, arrond. de Melun, départ. de Seine-et-Marne. — Ce village est situé à 1 kil. sud-est de Champeaux, dont il est séparé par un vallon peu profond où coule le ruisseau de Varvanne; il est bâti sur la rive droite du ru d'Ancœur et sur la pente du coteau qui termine de ce côté la plaine de Champeaux. — On prétend que Saint-Merry ou Médéric, allant d'Autun à Paris, vers l'an 695, tomba malade dans ce lieu, qu'il y séjourna longtemps, et qu'en mémoire, ou d'un miracle qu'il y opéra, ou d'un séjour que la fatigue l'obligea de faire sur le coteau voisin de ce bourg, on y bâtit une chapelle qui fut l'origine du village. — La paroisse date de l'an 1137; l'église appartenait au chapitre de Champeaux, qui nommait les curés et qui venait y officier le jour de la fête patronale. L'église, qui existe aujourd'hui, n'a pas plus de trois cents ans d'antiquité. — On y voyait jadis un château nommé Lamote-Saint-Merry, entouré d'un fossé avec un pont-levis. On trouve encore plusieurs fermes tant dans la commune qu'à l'écart; entre autres celle de Monchauvoir, au nord et près de Champeaux, et celle de Bailly, au sud dans la plaine qui est de l'autre côté du ru d'Ancœur. — Une partie du hameau des Vallées dépend de cette commune; le reste appartient à Blandy. La Varvanne y fait tourner trois moulins : ce sont ceux de Flagy, de Ville et de Voie.

Saint-Merry compte 670 habit.; il est à 6 kil. sud-ouest de Mormant, et 12 nord-est de Melun. Son territoire est en terres labourables, en vignes, en prés et en bois, disséminés en plusieurs bouquets.

Sanctus Michael Montis, Saint-Michel-de-la-Montagne, ou Monthion, paroisse du diocèse de Meaux, arrond. de cette ville, canton de Dammartin, départ. de Seine-et-Marne. Il est question de ce village dès l'an 1185, époque à laquelle Simon, évêque de Meaux, termina la querelle qui existait déjà depuis longtemps, entre Massille Prieuse de Noëfort et Barthélemy de Monthion; il s'agissait de droits seigneuriaux que ni l'un ni l'autre ne voulait abandonner. En 1188, le même Barthélemy fit don de cinq arpents de terre à l'Hôtel-Dieu de Meaux, et, sous son approbation, comme seigneur suzerain, Hélie et Hugo, chevaliers, donnèrent, en 1190, trente arpents de terres labourables à l'église de Chambre-Fontaine. — En 1195, Barthélemy ajouta vingt arpents en faveur du même monastère. — En 1259, Agnès de Monthion laissa par testament la troisième partie de tout son héritage pour l'établissement d'un prêtre qui devait desservir une chapelle dans l'église même de ce village. — La terre de Monthion, Montion, Monsivonys avait jadis le titre de baronnie; son château, qui fut une sorte de forteresse, ne conserve plus que son corps de logis; les deux ailes en ont été démolies. — Le dernier seigneur de ce lieu était le philanthrope Monthion qui eut la singulière idée de laisser à l'Académie Française son immense fortune pour distribuer annuellement des prix de vertu.

Le village de Monthion est bâti sur le bord de la route de Meaux à Senlis au sommet d'une montagne, d'où l'on jouit d'une vue très-étendue; son château est au sud. Sur la même montagne se trouve la ferme de Saint-Michel, ancien prieuré fondé dans le milieu du XVe siècle. — On prétend qu'il y avait en 1238, dans ce village, une communauté d'hospitaliers qui fut supprimée, et le bénéfice réuni à la commanderie de Choisy. La ferme qui reste seule porte encore le nom d'hôpital.

Une partie du hameau de Pringy, situé à l'est et à un kil., dépend de cette commune. Le territoire de Monthion est en terres labourables qui sont exploitées par quatre grandes fermes, en vignes et en bois. On y a planté une grande quantité d'arbres fruitiers, et l'on y rencontre plusieurs carrières à plâtre.

La population de cette commune est de 1100 hab.: elle est distante de 12 kil. au sud-est de Dammartin; de 8 kil. nord-nord-est de Meaux, et de 60 kil. au nord de Melun.

Sanctus Pathus, Saint-Pathus, paroisse du diocèse et de l'arrond. de Meaux, canton de Dammartin, départem. de Seine-et-Marne. — Herling, vingt-deuxième évêque de Meaux, en 684, venait de mourir, lorsque le clergé de cette église jeta les yeux pour le remplacer sur Pathus, natif de Meaux ou des environs, l'un de ses membres, distingué par la sainteté de sa vie. Il fut élu tout d'une voix; mais il mourut avant d'être consacré. Quelques écrivains modernes prétendent qu'il se retira, pour éviter l'épiscopat, dans le lieu qui fait l'objet de cet article; d'autres, qu'il y fut seulement enterré. Ce qu'il y a de certain, c'est que ce village, qui n'a jamais été connu autrement que sous le nom de Saint-Pathus, remonte à une très-haute antiquité. — En 1102, Eudes ou Odon donna à l'abbaye de Molème l'église de Saint-Pathus : cette donation fut confirmée en 1112 par Manassès Ier, évêque de Meaux. « Ce fut là, dit Duplessis (*Histoire de l'Église de Meaux*), l'origine du prieuré conventuel que les religieux de Molème érigèrent en cette église, mais qui, ayant dégénéré par la suite des temps en bénéfice simple, fut éteint, du consentement de toutes les parties intéressées, le 28 juin 1726, par décret du cardinal de Bissy, évêque de Meaux, qui en réunit les revenus à son séminaire. »

Le village de Saint-Pathus est bâti sur un plateau au nord, et près de la Thérouanne. Entre ce village et celui de Marchemoret, sur les bords de la route de Meaux à Senlis, sont les restes de l'ancien couvent de Noëfort. On ignore le nom des fondateurs de ce monastère et l'année précise de sa fondation. On pense que ce fut sous le pontificat de Manassès II, ou plutôt sous celui de Burchard, son prédécesseur, qu'elle eut lieu, puisque Burchard fut évêque en 1134, et Manassès II seulement en 1157, et qu'une bulle d'Adrien IV, du mois de décembre de cette même année, fait déjà mention du prieuré de Saint-Pathus. — On cite au nombre des principaux bienfaiteurs de cette maison, en 1175, Marie, fille de Louis le Jeune, comtesse de Brie, qui lui donna cinq muids de vin à prendre tous les ans à Lagny. En 1184, Eliene ou Éléonore, comtesse de Saint-Quentin, qui lui abandonna *vingt sous parisis sur l'eschange de la Ferté-Milon*; et, par une charte de Simon, évêque de Meaux, de l'année 1177, il appert que « Guy, vicomte de Dampmartin, a donné pour le salut de son âme, aux religieuses de Noëfort, dix sols à prendre chascun an sur le travers de Saint-Pathus; avec ce, Guillaume-des-Barres, pélerin en Jhérusalem, au regart de pitié et de charité, au devant dit travers, qu'il avait acheté dudit Guy, a donné susdites religieuses autres trente sols chascun an le jour de la Purification Notre-Dame, avec les dix sols dessus dit; avec ce, Pierre, vicomte de Crécy, a vendu ausdites religieuses la terre de Mont-Denys (1). » — Ce monastère fut soumis, dès son établissement, à l'abbaye du Paraclet, diocèse de Troyes. En 1229, le nombre des religieuses fut fixé à vingt-cinq. En 1599, Henry le Migneur, évêque de Digne, fit la dédicace de l'église, qui sans doute avait été réédifiée à la place d'une plus ancienne. En 1629, ce monastère de Noëfort fut transféré dans la ville de Meaux, où il conserva son nom, et les religieuses consentirent à faire célébrer trois messes dans leur ancienne habitation. — Les bâtiments du couvent forment aujourd'hui une ferme et quelques habitations particulières. On voit, au sud, un petit bois qui porte aussi le nom de Noëfort : il borde la route de Meaux à Senlis.

Les productions du territoire de Saint-Pathus sont en grains; il y a aussi quelques prairies et un peu de bois. Ce village est à 8 kil. à l'est de Dammartin, à 16 kil. nord-ouest de Meaux, et à 64 kil. au nord de Melun. Sa population est de 550 habitants.

Sancius Paulus Fontium, Saint-Paul-des-Fonts, village du canton de Saint-Affrique, diocèse de Rodez, Aveyron. Ce village est situé au pied du plateau du Soryac, lequel plateau termine les Cévennes à l'occident. Ce plateau est composé de calcaires qui sont très-caverneux et fendillés. C'est dans de vastes cavités de ces calcaires, au milieu d'une masse en partie détachée du Soryac, et descendue par affaissement un peu au-dessous du niveau général, que sont établies les fameuses caves où se fabriquent les fromages de Roquefort. Les propriétés si précieuses pour ce genre d'industrie dont les excavations de Roquefort seules jouissent à un degré suffisant, paraissent dues à des courants d'air frais et secs qui s'y établissent, sous l'influence des vents du midi, par le moyen des crevasses de l'enceinte. L'industrie des fromages de Roquefort est ancienne dans ce village; on en attribue la découverte et le premier essai à un bon solitaire qui vivait dans un ermitage de la montagne.

Sanctus Quintianus, Saint-Quintien, ou plutôt Lieusaint, paroisse du diocèse de Meaux, canton de Brie-Comte-Robert, arrond. de Melun, départ. de Seine-et-Marne. — Le village de Lieusaint est situé sur la grande route de Paris à Genève par le Simplon; à 8 kil. sud-ouest de Brie-Comte-Robert; à 12 kil. nord de Melun, à 4 kil. de Moissy-Cramayel et de Combslaville. — Ce lieu existait dès le viiie siècle; ce qui est constaté par deux pièces de monnaie battues sous la première race de nos rois; et ayant pour exergue : *Loco Sancto*:

Le nom que porte ce village vient de Saint-Quintien qui a demeuré et qui est mort sur le territoire de cette paroisse. Saint-Quintien était prêtre et ne doit pas être confondu avec un autre saint du même nom qui fut successivement évêque de Rodez et de Clermont. — L'église conserve quelques vestiges du xiie siècle. — En 1180, Galleran de Lieusaint vendit à Maurice de Sully toute la censive qu'il avait dans ce bourg. — En 1278, Robert ou Rhibault de Lieusaint, chevalier, rendit hommage pour l'église de ce village à Etienne Tempier, évêque de Paris. — 1° Villepecle, Villepêche ou Villepesque, ferme au sud-ouest et à 1 kil. de cette commune, est mentionnée dans le cartulaire de l'abbaye d'Yerres de l'an 1227; c'était alors un château où les princes venaient souvent pour prendre le plaisir de la chasse dans la forêt de Sénart qui en est très-voisine. En 1372, Charles V y établit une foire qui devait avoir lieu le jour de saint Georges et les deux jours suivants. — 2° Varâtre, ferme à l'ouest; Varnêtre, ancien fief. — 3° Vernouillet présente quelques ruines entourées de fossés à l'est de la commune. — Il y avait encore sur cette paroisse plusieurs autres fiefs comme ceux de Servigny, de Launoy, etc.

La commune de Lieusaint est un bureau de poste aux lettres; un relais de poste aux chevaux et la résidence d'une brigade de gendarmerie. Sa population est de 650 habitants; son territoire en terres de labour; on y trouve de très-belles pépinières, et il s'y fait un commerce considérable d'arbres indigènes ou exotiques de toute espèce.

Sanctus Romanus Ansanus, Saint-Romain d'Anse, ou la ville d'Anse, dans le diocèse de Lyon, dépt. du Rhône, arrond. et à 6 kil. sud de Villefranche, dans une plaine délicieuse, au pied d'un long coteau de vignes. Après avoir baigné les magnifiques coteaux du Beaujolais, si renommés pour les vins qu'ils produisent, la Saône forme un vaste contour et se rapproche d'Anse pour y recevoir l'Azergue, jolie rivière dont les eaux serpentent pendant plusieurs lieues dans le fond d'agréables vallons, qui, par leurs tableaux riants et animés, par la variété des cultures et par leur belle végétation, offrent un coup d'œil fort pittoresque. Cette ville est très-ancienne.

---

(1) *E. cod. ms. biblioth. Coislinianiæ.* — *E tabul. monast. S. Fidis Columbariensis.*

L'empereur Auguste y établit une garnison de quatre cohortes (2400 hommes). On y voit encore une partie des murailles qui enfermaient le camp des Romains, et les ruines du palais de ce prince. Il lui donna le nom d'Antium, qui était une ville voisine de Rome, et célèbre à cause des sorts qui y étaient consultés dans le temple consacré à la Fortune. Depuis, la garnison romaine s'étant retirée ailleurs, cette fortification donna lieu à une nouvelle ville qui fut nommée *Ansa*, de son premier nom *Antium*.

Selon plusieurs géographes, et notamment l'itinéraire d'Antonin, Anse était l'ancienne Assa ou *Ansa Paulini*. Cette ville a beaucoup souffert par les guerres dans le xvie siècle. Il s'y est tenu six conciles : le premier en 1025, le dernier en 1299. Tous ont été tenus dans l'église de Saint-Romain d'Anse, qui a été entièrement détruite en 1752. — Des fouilles faites à Anse, en décembre 1826, ont fourni la preuve de l'antique usage qu'avaient les Romains de déposer deux corps dans un même cercueil. Parmi quelques débris de colonnes, de statues en marbre, de vases, d'inscriptions, etc., on découvrit un cercueil en pierre dans lequel se trouvaient les ossements de deux corps bien distincts, que le contact de l'air ne tarda pas à réduire en poussière. Il paraît que cet usage était encore assez commun dans le vᵉ siècle pour que l'on crût devoir faire une loi pour le faire cesser. (*Voy.* l'art. 4 du titre LVII de la loi salique.) Une inscription, découverte depuis longtemps au voisinage du lieu où ces fouilles ont été faites, est placée sur le mur latéral et en dehors de l'église : elle est en vers hexamètres et pentamètres, et se rapporte à l'an 498 de notre ère :

Germine sublimi, Proba nomine, mente provata
    Quæ subito rapta est, hic tumulata jacet.
In qua, quidquid habent cunctorum vota parentum,
    Contulerat tribuens omnia pulchra Deus.
Hinc motus pater est, aviaque matrique perennis.
    Titia, heu! facinus causa perit pietas,
Accipeque lacrimis perfundis jugeter ora.
    Mors nihil est, vitam respice perpetuam.
Quæ vixit annis V, et mensibus VIIII,
Obiit S. D. III IDS Octobris. Paulino VI.

En voici la traduction : « Sous cette pierre repose une jeune fille nommée Proba, distinguée par son esprit et par l'illustration de sa naissance, qui fut enlevée par une mort subite à sa famille. Dieu avait comblé les vœux de ses parents, en rassemblant sur elle tous les genres de perfection. Cet événement rendit son père inconsolable et éternisa la douleur de sa mère et de son aïeule. — Funeste sort !..... Apprenez, vous qui ne cessez de la pleurer, que la mort n'est rien, et qu'il ne faut envisager que la vie éternelle. Elle mourut âgée de cinq ans et neuf mois, le 3 des ides d'octobre, sous le consulat de Paulinus. » — Sur l'emplacement de l'ancien palais d'Auguste, on avait construit une chapelle dédiée à saint Cyprien, qui est maintenant abandonnée et transformée en magasin.

Le château d'Anse subsiste encore ; il est fort ancien et sert de logement à la gendarmerie ; l'une des deux énormes tours qui le composent tient souvent lieu de prison. — Les murs d'Anse, du côté du sud, sont baignés par l'Azergue, qui se jette près de là dans la Saône. Cette rivière inonde quelquefois la plaine et y forme un étang d'une lieue de longueur sur une demi-lieue de largeur. Il y a dans la commune deux carrières ouvertes depuis plusieurs siècles ; la pierre qu'on en tire est d'un blanc tirant sur le jaune ; elle est grenelée et cassante, facile à tailler et très-propre pour bâtir. On assure que c'est de cette carrière qu'on a tiré la pierre qui a servi à construire l'église de Saint-Jean de Lyon. Le territoire de la commune offre beaucoup de gryphites et beaucoup d'autres fossiles. — On compte à Anse cinq fontaines, dont quatre ne tarissent jamais, et deux font tourner des moulins. La plus remarquable est la cinquième, dite de Brinieux, qui ne tarit que dans les années pluvieuses, et dont les eaux sont plus abondantes dans les grandes sécheresses. Aussi, lorsqu'on y trouve de l'eau, l'épouvante se répand dans le pays, parce que les paysans prétendent que la récolte sera infailliblement mauvaise.

Le terrain qui environne la ville, notamment du côté du nord, est des plus fertiles ; on y fait trois récoltes par année : ce qui a donné lieu au proverbe :

De Villefranche à Anse,
La plus belle lieue de France.

L'air y est très-bon et il y a beaucoup de vieillards.

Anse est un chef-lieu de canton qui comprend 14 communes. La population de la ville est de 2000 habitants.

Sanctus Sulpicius, Saint-Souplest, paroisse du diocèse et de l'arrond. de Meaux, canton de Dammartin, départ. de Seine-et-Marne. — Ce village, qui a été aussi désigné sous les noms de Saint-Suplest, Saint-Souplex, Saint-Souplets, corruption de Saint-Sulpice, son patron, est situé sur le bord de la route de Meaux à Dammartin, à l'extrémité septentrionale d'un plateau que borde au nord le vallon où coule un ruisseau qui va tomber, à quelque distance au-dessous, dans la Thérouanne. — En 1107, Manassès, évêque de Meaux, afin de mettre en pratique, comme il le dit dans sa charte, cette maxime de l'Évangile : *Quidquid habet homo commutabit pro anima sua*, donna cette paroisse au chapitre de sa cathédrale, pour que l'on fît son anniversaire, et que ce jour-là même il y ait un repas pour les chanoines. Par une charte de l'an 1135, Manassès II, neveu et successeur du précédent, ratifia ce don fait par son oncle. — En 1204, Simon *Milès*, seigneur de Saint-Souplest, donna à l'église du monastère de Chambre-Fontaine, la troisième partie de la dîme du village. — La léproserie qui existait en ce lieu, en 1227, subsistait encore en 1494. Cette même année 1227, Odon ou Eudes, prêtre de Saint-Souplet, fut autorisé par le doyen et l'official de l'église de Meaux, et avec l'assentiment de ses paroissiens, à vendre à Alexandre, militaire, un arpent neuf perches de terre, appartenant à son presbytère situé près de la maison de Saint-Lazare. — Un titre de l'an 1247 fait aussi mention d'une chapelle de Saint-Loup ou Saint-Leu, qui existait dans ce village proche les haies, et à laquelle Guillaume de Compans donna deux arpents et demi de terre. — L'ancien fief de Maulny, aujourd'hui simple maison de campagne, est placé au nord de la commune; la ferme appelée le Vervier est dans le vallon à l'ouest, à 1 kil. sur le bord de la route de Meaux à Dammartin; et le moulin à vent entre cette ferme et la commune.

On ne compte pas moins de six fermes dans ce village; elles exploitent le territoire qui est en grande partie en terres labourables; on y voit aussi quelques vignes et un peu de bois. La population de Saint-Souplet est de 860 âmes : cette commune est située à 8 kil. à l'est de Dammartin, à 12 kil. au nord de Meaux, et à 64 au nord de Melun.

Sarmatia Asiatica, la Kabardie ou Kabarda, province de l'empire russe (Circassie), dans les montagnes du Caucase, au sud-ouest du gouvernement d'Astrakhan. Le Térek et la Malka la séparent du gouvernement du Caucase; à l'ouest la même rivière Malka la sépare de l'Abazie; et la Sundja de la partie orientale du pays de Tschetchentzy. On la divise en grande et petite Kabarda ou Kabardie. La grande comprend les quatre races de Misostes, Atajouks, Bek-Mirzas et les Cantoukines; ceux qui habitent la petite Kabarda vivent à côté des premiers, sur la rive droite du Térek, à commencer du pied des montagnes Noires, vis-à-vis la forteresse d'Ekaterinograd, jusqu'à la ville de Mozdok; ils sont plus tranquilles, plus humains, et en général plus généreux que les premiers. Ils se divisent en deux races, qui sont celles de Glestan et de Tavgastan. Pour communiquer avec la Géorgie on a fait deux chemins à travers leur pays, l'un vient d'Ekaterinograd et l'autre de Mozdok. On a bâti un fortin à l'endroit où se réunissent ces deux chemins. Quoique soumis aux Russes, l'espèce de régime féodal qui existe dans le gouvernement de ce peuple se conserve et se propage. Tout Kabardien qui n'est pas serf se reconnaît à son costume : il est toujours revêtu d'un casque et d'une cuirasse; il porte à sa ceinture un poignard et des pistolets, et assez souvent même son sabre au côté, et son carquois sur l'épaule. Les Kabardiens sont remarquables par la beauté et la force de leur constitution : très-nerveux en général, c'est surtout dans le poignet que réside leur vigueur, et il n'est point de peuple qui sache faire voler un sabre d'une manière aussi meurtrière. Les femmes, plus belles encore que les Géorgiennes, l'emportent sur elles par l'éclatante blancheur de la peau, la régularité des traits et la souplesse de la taille.

Saxa Alpinum, vel Alpes, les Alpes. Les montagnes des Alpes tiennent une large place dans la légende féerique, historique, militaire et religieuse. L'antiquité et le moyen âge les supposaient habitées par des génies et une foule d'esprits plus ou moins puissants, plus ou moins dangereux. Dans les nombreuses guerres qui ont signalé les premiers siècles du moyen âge, les Alpes servaient, 1° de retraite aux populations malheureuses, 2° de refuge aux voleurs qui attaquaient les voyageurs. Les Alpes rappellent le souvenir d'Annibal, de César, de Charlemagne et de Napoléon. Dans les VI°, VII°, VIII°, IX° et X° siècles, les Alpes étaient habitées par un nombre assez considérable d'ermites et de solitaires qui venaient y chercher le calme et la paix qu'ils ne trouvaient point dans la société. Saint Gall y vécut quelque temps isolé; saint Columban s'y arrêta en allant en Italie. Les premiers disciples que saint Benoît envoya dans les Gaules y furent attaqués et dépouillés de ce qu'ils avaient par des voleurs. Les papes Etienne, Zacharie, Urbain II, Eugène, Innocent III, Pie VI et Pie VII traversèrent plusieurs fois les Alpes pour venir en France. La légende des ordres religieux avait aussi inscrit leur nom dans ses annales, et les couvents du grand et du petit Saint-Bernard étaient chers à l'humanité. Les lettrés de la Suisse moderne, importunés sans doute de cette gloire religieuse européenne, l'ont supprimée; et les Alpes aujourd'hui ne possèdent plus que les merveilles naturelles dont Dieu les a enrichies et que les hommes ne peuvent leur enlever. Sous la République et l'Empire français, les Alpes donnaient leur nom à trois départements : celui des Alpes-Maritimes, qui formait le diocèse de Nice, et ceux des Hautes et Basses-Alpes, qui formaient les diocèses de Gap et de Digne. Le premier n'existe plus, et l'ancien comté de Nice a été réuni en 1815 aux Etats-Sardes. Les deux derniers existent toujours. Ce sont les deux départements et les deux diocèses les plus pauvres et les moins peuplés de France. Les habitants se montrent laborieux, sobres et attachés à la religion. — Les Alpes constituent un système de montagnes le plus considérable de l'Europe, dont il renferme les points culminants, et où il couvre une partie des Etats-Sardes, de la France, de la Suisse, de la Bavière, des Etats autrichiens et de la Turquie; entre 43° 16' et 47° 10' de lat. nord, 6° 13' et 15° 20' de long. est. — La chaîne centrale des Alpes n'est que conventionnellement distinguée de celles de l'Apennin et du Balkan, avec lesquelles elle se continue sans interruption. On la fait commencer à l'ouest, à la dépression la plus forte qu'offre le faîte de l'Italie septentrionale, au col d'Altaro (altit. 490 mètres), à l'ouest de Savona, entre la vallée de l'Erro et celle de Savona, par 44° 21' de lat. nord, et 6° 13' de long. est; elle se termine à l'est à la vallée de la Narenta, dans l'Herzégovine, par environ 43° 16' de lat. nord et 15° 20' de long. est. Entre ces deux points, la chaîne décrit une courbe sinueuse qui enveloppe le fond de l'Adriatique, dont elle s'approche à mesure qu'elle avance à l'est; vers les sources de la Salza, elle s'élève jusqu'à 47° 10' de lat. nord. Le développement de cette courbe est d'environ 1800 kil., et sa corde, ou la distance entre ses deux extrémités, de 790 kil. Du côté de l'Adriatique, la chaîne des Alpes, avec des pentes abruptes et sans contreforts considérables, forme la partie moyenne et la plus élevée de la paroi du bassin qu'occupe en partie ce golfe. Du côté de sa convexité, elle sert d'épaulement au plateau de l'Europe centrale; ses nombreux contreforts sillonnent la partie la plus élevée de ce plateau et se rattachent par leurs derniers chaînons à tous les massifs qui le dominent. Le point culminant des Alpes est le Mont-Blanc; mais le véritable noyau de tout le système semble être le massif du Saint-Gothard, ou plutôt le massif compris entre les sources du Rhône, au pied du Saint-Gothard, et celles de l'Inn au pied du Septimer, entre les cantons Suisses du Valais, de Berne, d'Uri et des Grisons au nord, les Etats-Sardes, le canton du Tessin et la Lombardie au sud. A l'ouest du Saint-Gothard, comme à l'est du Septimer, l'altitude générale de la chaîne va en diminuant vers ses extrémités. A ce massif se rattachent les contreforts les plus puissants de tout le système, et sur ses flancs naissent dans toutes les directions, soit directement, soit par leurs affluents, les plus grands fleuves de l'Europe centrale, le Danube, le Rhin, le Rhône et le Pô.

Le système des Alpes est géographiquement divisé en groupes ou sections, dont les limites et la nomenclature sont encore à peu près celles établies par les Romains: 1° les Alpes Maritimes, en latin *Alpes Maritimæ*, en italien *Alpi Maritime*, et en allemand *Meer-Alpen*, de l'origine du système au col d'Altaro, jusqu'au mont Viso, sur une longueur d'environ 180 kil., dans les Etats-Sardes, et entre les Etats-Sardes et la France. Leur altitude ne devient considérable qu'aux environs du mont Viso; point culminant, le mont Pelvo, 3035 mètres. 2° Les Alpes Cottiennes, *Alpes Cottiæ*, *Alpi Cozie*, *Cottischen Alpen*, du mont Viso au mont Cenis, entre les Etats-Sardes et la France; longueur 110 kil.; points culminants, le mont Olan, 4212 mètres; le Pelvoux de Vallouise, 4097 mètres; le Pic de Maurin, 3995 mètres; le mont Viso, 3886 mètres; le mont Genèvre, 3592 mètres. 3° Les Alpes Grecques, *Alpes Graiæ*, *Alpi Graje*, *Griechischen Alpen* et *Grauen Alpen*, du mont Cenis au col du Bonhomme, sur une longueur d'environ 90 kil.; dans les Etats-Sardes, entre la Savoie et le Piémont; points culminants: le mont Iseran, 4045 mètres; la Roche-Michel, sommet du mont Cenis, 3495 mètres; le mont Valaisan, 3532 mètres. 4° Les Alpes Pennines, *Alpes Penninæ*, *Alpi Pennine*, *Penninischen Alpen*, du col du Bonhomme au mont Rosa; entre le Piémont au sud, la Savoie et le Valais au nord; longueur 90 kil. Ce groupe renferme les points culminants et les glaciers les plus vastes de l'Europe; points culminants: le mont Blanc, 4795 mètres; le mont Rosa, 4618 mètres; le mont Cervin, 4522 mètres; le mont Combin, 4305 mètres; le Géant, 4206 mètres; le mont Velan, 3572 mètres; le grand Saint-Bernard, 3356 mètres. 5° Les Alpes Lépontiennes ou Helvétiques, *Alpes Lepontiæ*, *Alpes Lepontinæ*, *Alpi Leponzie*, *Lepontischen Alpen*, du mont Rosa au mont San-Bernardino; dans la Suisse et entre les Etats-Sardes et la Suisse; longueur 100 kil. Ce groupe est, par la puissance de ses contreforts, le plus considérable du système; ses rameaux couvrent toute la Suisse à l'ouest du Rhin. Sa branche principale, la chaîne des Alpes Bernoises, qui forme la paroi septentrionale du Valais, égale la chaîne centrale en puissance; ses contreforts s'étendent sur toute la Suisse occidentale et se rattachent au Jura, au nord du lac de Genève. Elle renferme les plus grands glaciers du système, après ceux des Alpes Pennines, et les points culminants du groupe, le Finster-Aar-Horn, 4362 mètres; la Jung-Frau, 4181 mètres; le Mœnch, 4114 mètres; le Schreckhorn, 4080 mètres; le Wetterhorn, 3914 mètres. Les points culminants dans la chaîne centrale sont le Gallenstock, 3804 mètres, et le Simplon ou Monte-Leone, 3518 mètres. 6° Les Alpes Rhétiques ou Rhétiennes, *Alpes Rhæticæ*, *Alpi Retiche*, *Rhätischen Alpen*, du mont San-Bernardino aux sources de l'Adige; dans le canton des Grisons, le Tyrol et au nord du Lombard-Vénitien; longueur environ 260 kil. Ce groupe forme les Alpes des Grisons et une partie des Alpes du Tyrol. Sa principale branche est celle qui suit le cours de l'Inn au nord, et forme en s'épanouissant les montagnes du Vorarlberg et les Alpes de Bavière; elle se lie au nord-est du lac de Constance avec le Rauhe-Alp et le Schwarzwald. Le groupe renferme des glaciers considérables; points culminants: l'Orteler ou Ortelespitz, 3917 mètres; la Maloja, 3500 mètres; le Dœdi, 3571 mètres. 7° Les Alpes Noriques, *Alpes Noricæ*, *Alpi Noriche*, *Norischen Alpen*, des sources de l'Adige jusqu'à celles de la Drave et du Rienz; dans le Tyrol, le Salzburg, la Carinthie et le Lombard-Vénitien; longueur environ 210 kil. A ce groupe appartient la plus grande partie des Alpes du Tyrol, et il donne naissance aux contreforts les plus étendus de tout le système. Ceux-ci forment les Alpes de Styrie et d'Autriche, et se prolongent jusque sur le Danube; où ils se rattachent au Bœhmerwald et aux autres massifs situés au nord de ce fleuve. Le point culminant du groupe est le Gross-Glockner, 3894 mètres. 8° Les Alpes Carniques, *Alpes Carnicæ*, *Alpi Carniche*, *Karnischen Alpen*, des sources de la Drave et du Rienz au col de Saisnitz, à l'ouest de Tarvis; entre le Lombard-Vénitien et la Carinthie; longueur 140 kil.; point culminant: la Marmolata, 3508 mètres. 9° Les Alpes Juliennes, *Alpes Juliæ*, *Alpi Giulie*, *Julischen Alpen*, du col de Saisnitz au mont Kleck, près de Zengg, dans la Carniole; longueur environ 230 kil.; point culminant le Terglou, 3400 mètres. 10° Les Alpes Dinariques, *Alpes Dinaricæ*, *Alpi Dinariche*, *Dinarischen Alpen*, du mont Kleck à la Narenta; dans la Croatie, la Dalmatie et l'Herzegovine; longueur 260 kil.; points culminants: le mont Dinara, 2273 mètres; le mont Kleck, 2114 mètres. — La limite des neiges perpétuelles dans les Alpes, est en moyenne à près de 2900 mètres; mais dans quelques vallées les glaciers descendent jusqu'à 1150 mètres. Les plus vastes de ces mers de glace sont celles des Alpes Pennines, des Alpes Bernoises et des Alpes du Tyrol. Les limites de la végétation diffèrent sur chacun des versants de la chaîne centrale; toutes circonstances climatériques égales d'ailleurs, elles s'élèvent davantage sur le versant méridional. La limite de la culture du froment varie entre 1250 et 1350 mètres; celle de l'orge atteint 1950 mètres, et les futaies qui s'arrêtent dans quelques points à 1500 mètres, s'élèvent ailleurs jusqu'à 2300 mètres. Les richesses minérales des Alpes sont peu considérables; le fer et le sel y sont seuls l'objet d'une exploitation très-importante; après ces deux produits viennent le plomb et le cuivre, et le mercure des riches mines d'Idria. La plupart des mines d'or et d'argent qui y ont été ouvertes sont aujourd'hui abandonnées. — On évalue à 7,000,000 habitants environ la somme des populations laborieuses qui occupent toutes les ramifications des Alpes. Ces peuples, pasteurs en général, ou, comme dans les Alpes des Etats autrichiens particulièrement, occupés à l'exploitation et au travail des métaux, appartiennent en grande majorité à la souche allemande; le reste se compose de Français ou de Romans dans les Alpes de la France, de la Savoie et de la Suisse, d'Italiens dans les hautes vallées des affluents de l'Adriatique, et de Slaves, dans les montagnes au nord de ce golfe.

La barrière que forment les Alpes, entre l'Italie d'un côté et de l'autre la France, la Suisse et le Tyrol, n'était encore, au commencement de ce siècle, franchissable qu'au moyen de quelques sentiers difficiles, et praticables seulement pour les piétons et les bêtes de somme. Avant celles qu'a fait ouvrir Napoléon, il n'existait aucune route praticable pour voitures à travers cette partie des Alpes. L'Europe doit au génie créateur de ce prince la route du Simplon, exécutée de 1801 à 1806, et regardée comme la construction la plus prodigieuse des temps modernes; la route du mont Cenis, commencée en 1803 et restée la plus fréquentée de tout le système des Alpes, et la route du mont Genèvre. Les routes pour voitures, qui traversent aujourd'hui la chaîne centrale en Italie, sont, en allant de l'ouest à l'est : 1° la route du col de Tende, de Nice à Coni, s'élevant au col de Tende à 1795 mètres; 2° celle du mont Genèvre, d'Avignon à Turin, suivant les vallées de la Durance et de la Dora-Ripera, par Briançon et Suse : elle s'élève au passage du mont Genèvre, à 1974 mètres; 3° celle du mont Cenis, de Grenoble à Turin, suivant les vallées de l'Isère, de l'Arc et de la Dora-Ripera, par Saint-Jean de Maurienne et Suse, et s'élevant, au passage du mont Cenis, à 2065 mètres : ce passage, le plus fréquenté des Alpes, est traversé annuellement par plus de 16,000 voitures et 45,000 chevaux et mulets; 4° la route du petit Saint-Bernard, de Grenoble à Aoste, suivant les vallées de l'Isère et de la Dora-Baltea, par Moûtiers et Saint-Maurice : elle s'élève au passage du petit Saint-Bernard, à 2192 mètres; 5° celle du Simplon, de la Suisse occidentale à Milan, suivant les vallées du Rhône et du Tessin et le lac Majeur, par Martigny, Sion, Brigg, et Domo d'Ossola : son altitude, au passage du Simplon, est de 2005 mètres; 6° celle du Saint-Gothard, de la Suisse centrale à Milan, par Altorf et Bellinzona, suivant les vallées de la Reuss et du Tessin et le lac Majeur, et s'élevant, au passage du Saint-Gothard, à 2075 mètres : cette route, qui a toujours été l'un des passages les plus importants et les plus fréquentés des Alpes, n'est praticable pour les voitures que depuis quelques années; 7° celle du San-Bernardino, de la Suisse orientale à Milan, par Coire, Splügen, Hinter-Rhein, San-Bernardino, Misocco et Bellinzona, suivant les vallées du Rhin, du Rhin-Postérieur (Hinter-Rhein), de la Moesa et le lac Majeur; elle s'élève au passage du San-Bernardino, à 2138 mètres : cette route est, avec la suivante, importante surtout pour le commerce de l'Allemagne occidentale avec l'Italie; 8° celle du Splügen, entre les mêmes pays que la précédente, par Coire, Splügen, Isola, Campo-Dolcino, Chiavenna et Como, suivant les vallées du Rhin-Postérieur, de la Lyra, de la Maira et le lac de Como, et s'élevant au passage du Splügen, à 2077 mètres : cette route, l'une des plus belles des Alpes, a été en entier construite par le gouvernement autrichien, de 1818 à 1822; 9° la route de la Maloja, praticable pour les petites voitures seulement, mais l'une des plus fréquentées; elle va de Coire à Como, par la vallée d'Oberhalbstein et celle de la Maira; elle s'élève à 2520 mètres; 10° la route du Stelvio, ou Stilfser-Joch, d'Inspruck à Milan, par Landeck, Finstermünz, Glurns, Stelvio, Bormio et Sondrio : cette voie militaire, la plus élevée des grandes routes de l'Europe, a été construite par le gouvernement autrichien, de 1820 à 1825, et est regardée, avec celle du Simplon, comme la construction la plus magnifique de ce genre : elle suit les vallées de l'Inn, de l'Adige dans sa partie supérieure, et celle de l'Adda dans toute sa longueur; elle atteint, au col du Stelvio, une altitude de 2797 mètres, supérieure au niveau des neiges perpétuelles; 11° la route du Brenner, l'une des principales voies du commerce à travers les Alpes, d'Inspruck à Vérone, par Matray, Brenner, Sterzing, Brixen, Bolzano et Roveredo, suivant les vallées de la Sill, de l'Eisach et de l'Adige, et s'élevant, au col du Brenner, à 1420 mètres; 12° la dernière route à l'est, qui traverse la chaîne centrale en Italie, est celle du col de Saisnitz, de Villach à Udine, par Tarvis, Malborget et Ponteba, elle s'élève, au col de Saisnitz, à 869 mètres. Cette route sert aux communications entre Venise, Linz, Salzbourg et Vienne. — Parmi les passages non praticables pour les voitures, le plus célèbre est celui du grand Saint-Bernard, franchie par l'armée française le 14 mai 1800; il conduit de Martigny sur le Rhône, à l'entrée du Valais, à Aoste sur le Dora-Baltèa, par Saint-Branchier, Orsières, Liddes, et Saint-Pierre dans le Valais, Saint-Remy, Etroubles, et la Cluse dans la vallée d'Aoste; son point culminant est à 2428 mètres, à l'hospice du Grand-Saint-Bernard.

La légèreté et la grande rareté de l'air dans les Alpes sont cause de l'épuisement, de la lassitude, de l'assoupissement, des malaises, de la fièvre violente et des évanouissements auxquels beaucoup de personnes sont sujettes quand elles s'élèvent sur les plus hautes montagnes. Quelques-uns de ces accidents obligent même certains individus à rebrousser promptement chemin dès qu'ils ont atteint la hauteur de 9000 pieds. Les mulets, à 10,416 pieds au-dessus du niveau de la mer, se trouvent tellement essoufflés qu'ils font entendre une sorte de cris plaintifs. Les guides les plus vigoureux de la vallée de Chamouny, pendant la dernière heure de l'ascension du Mont-Blanc, sont si épuisés qu'ils se trouvent hors d'état de faire plus de quelques pas sans s'arrêter pour se remettre. Ces qualités de l'air sont aussi cause de la bouffissure et de la rougeur qu'on observe sur le visage et les mains des personnes qui parcourent les Hautes-Alpes par un temps serein. A la suite de cette espèce d'enflure, assez douloureuse, l'épiderme a coutume de se détacher et de tomber. — On est exposé, dans les Alpes, à d'étranges illusions d'optique sur la distance des objets que l'on croit toujours beaucoup plus rapprochés qu'ils ne sont en effet. Le rapprochement de la chaîne des Alpes est quelquefois tellement sensible dans des endroits qui en sont à 12 ou 15 lieues de distance, qu'il n'y a personne qui n'en soit frappé. Ce phénomène a communément lieu le matin, et quelques heures après le lever du soleil. C'est un indice assuré que le vent est sud-ouest et que le temps va se mettre à la pluie. — Sur l'un et l'autre revers des Alpes, pendant les mois d'été, on observe dans les vallées transversales, des vents qui commencent à souffler au coucher du soleil, lorsqu'il n'a pas fait d'orage. Ces vents, qui quelquefois sont d'une violence extrême, descendent le long des vallées; ils durent pendant plusieurs heures, et recommencent un peu avant le lever du soleil. Vers le milieu du jour, au contraire, les vents sont beaucoup moins forts, et se dirigent vers le haut des vallées. Quand les vents (du soir) descendent, ils amènent presque toujours le beau temps, au lieu que les vents ascendants sont suivis de la pluie et des orages. Le vent du sud-ouest, connu dans la Suisse allemande sous le nom de *Fœn* (*Favonius*), est toujours orageux dans les Alpes; il y cause quelquefois des tempêtes si terribles qu'elles déracinent les plus grands arbres, entraînent d'énormes rochers, renversent les cabanes, produisent des avalanches de neige, terrassent les hommes, etc. Ce vent ne descend que peu à peu dans les lieux plus bas, dans lesquels celui du nord se fait encore sentir, tandis qu'on aperçoit la violence du premier au bruissement que l'on entend dans les airs, et à l'agitation des arbres qui couvrent les sommités des montagnes. Le vent du sud-ouest dessèche, étourdit, échauffe et produit plusieurs effets désagréables sur le corps humain; du reste il rend l'air plus pur et plus transparent, et rapproche les objets; de sorte que les paysages, entièrement dégagés de vapeurs, ressemblent à des tableaux que l'on vient de laver. — Sur le revers méridional des Alpes, les orages accompagnés de tonnerre ont coutume de s'élever dès le matin : sur le revers opposé ils ont plutôt lieu pendant la soirée; les averses y sont aussi moins fréquentes.

Le plus magnifique phénomène qu'offrent les Alpes (principalement celles de leurs montagnes que couvrent les neiges éternelles), consiste dans le pourpre éclatant dont le soleil couchant les embrase. Lorsque le ciel est serein, et qu'on a lieu de croire que le coucher du soleil sera beau, le voyageur fera bien de quitter la ville et la maison, pour chercher quelque point de vue d'où il puisse découvrir les Alpes dans toute leur majesté. Il est assez rare que l'atmosphère réunisse toutes les circonstances nécessaires pour donner lieu à ce magnifique spectacle ; il faut donc profiter soigneusement des soirées où l'on trouve l'occasion d'en jouir pleinement.

Les glaciers commencent entre les Alpes Maritimes et Cottiennes, près des sources de la Durance et du Pô; ils forment ensuite une chaîne continue par les Alpes Grecques, Pennines, Bernoises, Lépontines, Rhétiques, Noriques et Carniques, jusque dans la Haute-Carinthie, dans le voisinage de Gmünd ; dans le Tyrol on les appelle *firn* ou *ferner* ; en Suisse, *gletscher*. On trouve réellement des glaciers sur le sommet des montagnes qui atteignent la limite des neiges éternelles, à la hauteur d'environ 15 à 1600 toises. — Tous les glaciers de la Suisse proviennent d'un grand amas de neige imbibée d'eau, lequel, après s'être congelé pendant l'hiver, ne peut entièrement se fondre pendant l'été, et persiste ainsi jusqu'à l'hiver. C'est exclusivement dans les plus hauts vallons des montagnes que se sont formés presque tous les glaciers, sans en excepter ceux dont les ramifications descendent dans les vallées les plus fertiles. Il n'y en a que très peu dans la direction de l'est à l'ouest, et tous sont entourés de hautes montagnes dont les ombres affaiblissent considérablement les effets du soleil durant les trois mois d'été. Pendant neuf mois de l'année les neiges s'accumulent dans ces hautes régions. Des lavanches de neige d'un poids énorme tombent incessamment du haut des montagnes circonvoisines au fond de la vallée, où elles s'entassent comme dans un bassin, en couches très-compactes de plusieurs centaines de pieds d'épaisseur. On conçoit qu'une telle masse ne peut se fondre entièrement pendant l'été, de sorte qu'au retour de l'hiver elle a pris l'aspect d'un amas de neige congelée, consistant en petits grains que l'infiltration des eaux qui pénètrent dans l'intérieur de la masse réunit entre eux en augmentant leur volume.

Il n'y a pas de vallée dans les Alpes dont le sol ne forme un plan incliné : ainsi, lorsque la partie supérieure d'une vallée est occupée par un glacier dont la masse et l'étendue augmentent tous les ans en raison de l'accroissement du froid qu'il occasionne lui-même, il résulte de cet état de choses une forte pression des glaces vers la partie inférieure de la vallée, qui est le seul point où il n'éprouve aucune résistance. On compte dans la chaîne des Alpes, depuis le Mont-Blanc jusqu'aux limites du Tyrol, environ 400 glaciers, dont seulement un très-petit nombre n'ont qu'une lieue de longueur, tandis qu'il en est une multitude dont la longueur est de 24 à 28 kil. sur 2 à 3 kil. de largeur, et sur 100 à 600 pieds d'épaisseur : la surface de tous ces glaciers a 600 kil. carrés. Tels sont les réservoirs intarissables qui entretiennent les plus grands et les principaux fleuves de l'Europe.

Les chutes de neige connues sous le nom de *lavanches* ou d'*avalanches* offrent un des phénomènes les plus terribles et les plus extraordinaires de la nature dans les Alpes. Tant que les neiges tendres et poudreuses qui couvrent les sapins ne sont pas tombées, il faut s'attendre à des lavanches, de sorte que le danger dure ordinairement deux à quatre jours après qu'il a neigé. Quand les neiges sont molles, les lavanches sont plus fréquentes ; mais elles sont plus dangereuses par le dégel. Quand la neige tombe sur la surface gelée d'une neige plus ancienne, elle forme plus facilement des lavanches que lorsqu'elle trouve une surface dégelée. Les lavanches ont lieu en hiver, au printemps et en été.—Lorsque les hautes montagnes sont couvertes de neiges récentes, et que les vents ou quelque autre cause viennent à en détacher des flocons, ces derniers tombent souvent le long de la pente des rochers, où ils se grossissent au point de prendre une grosseur monstrueuse, après quoi ils poursuivent leur course formidable en roulant jusqu'au fond des vallées : c'est là ce qu'on appelle *lavanches froides*. Lorsque des hommes ou des bestiaux ont le malheur d'être atteints et couverts par ces sortes de lavanches, on peut les sauver en se hâtant d'enlever la neige, ce qui est praticable, ces masses n'étant point compactes. Lorsque les lavanches ne sont pas très-considérables, ceux qui en sont atteints parviennent quelquefois à se faire jour eux-mêmes en fondant la neige avec leur haleine jointe à l'effet de leur transpiration, et en tenant leur corps dans un mouvement continuel. Mais lorsque la lavanche est trop grande, et qu'il n'y a pas de secours du dehors, l'infortuné y périt de froid.—Pendant le cours de l'hiver d'énormes masses de neige s'amassent et s'avancent considérablement au delà des parois de rochers, de manière à surplomber au-dessus du sol ; aux mois d'avril et de mai, quand le soleil a repris de l'activité, et qu'il survient un dégel subit, ces masses se brisent et s'écroulent par l'effet de leur pesanteur, ou par l'ébranlement de l'air agité par les clochettes des chevaux, par la voix des hommes ou par les orages. Alors ces lavanches se précipitent avec une violence incroyable dans les parties basses, en entraînant dans leur chute des quartiers de rochers, des arbres et des terres ; elles ensevelissent sous leurs ruines des maisons et des villages, et renversent des forêts entières avec une impétuosité irrésistible. C'est au printemps que ces sortes de lavanches ont le plus souvent lieu, et ce sont elles qui, dans cette saison, rendent si dangereux le passage des Hautes-Alpes. Le moindre son est capable d'exciter une chute de neige. Les personnes qui sont dans la nécessité de passer les Alpes au printemps doivent s'arranger à faire le voyage en compagnie. Ceux qui ont le malheur d'être couverts par une lavanche de printemps sont le plus souvent perdus sans ressource : ils sont étouffés ou écrasés sous cet énorme poids. La neige dont elles sont composées est tellement durcie, qu'un homme ou un cheval qui y sont enfoncés ne peuvent absolument s'en retirer sans un secours étranger : aussi forme-t-elle quelquefois sur les torrents des Alpes des voûtes naturelles sur lesquelles on fait passer des masses d'un poids considérable jusque bien avant dans l'été. L'impétuosité affreuse des lavanches froides et de celles du printemps étonne l'imagination : la chute de ces masses de neige, qui tombent souvent de plusieurs milliers de pieds de hauteur, cause un tel ébranlement dans l'air, qu'on voit quelquefois des cabanes renversées, des hommes terrassés et étouffés à une distance considérable de la place où la lavanche a passé. La vitesse avec laquelle ces lavanches tombent est quelquefois si prodigieuse, qu'elles couvrent dans les vallées des surfaces de plus d'une lieue de longueur, et qu'elles exercent leurs ravages dans des endroits distants de plus de 2 lieues du pied des rochers d'où elles sont descendues : elles entraînent toujours un grand nombre de pierres du haut des montagnes, et laissent dans les pâturages des Alpes et dans la vallée les traces déplorables de leurs dévastations. Ces affreux vestiges subsistent quelquefois pendant une longue suite d'années, semblables à ceux qu'a laissés le torrent sauvage, en frappant de stérilité les prairies les plus riantes.—Les lavanches de la troisième espèce n'ont lieu qu'en été ; elles ne sont dangereuses ni pour les hommes ni pour les bestiaux, parce qu'elles ne tombent guère que sur les parties les plus élevées des montagnes où la neige séjourne pendant toute l'année ; elles offrent un spectacle très-curieux ; vous croiriez voir une rivière d'argent entourée d'une nuée de neige extrêmement subtile, se précipiter du haut des rochers ; la masse augmente de gradins en gradins ; elle marche avec un bruit qui ressemble à celui du tonnerre, et se prolonge, à la faveur des échos, au milieu du silence sublime des Alpes. C'est ordinairement quand le ciel est serein et que les vents d'ouest règnent, que ces sortes de lavanches ont lieu. Il est fort rare que les voyageurs qui vont de Grindelwald à Meyringhen, par le Scheideck, n'aient pas le plaisir de voir le spectacle qu'offrent ces lavanches d'été.

Les lavanches s'annoncent toujours par un bruit sourd et effrayant, semblable à celui du tonnerre, de sorte que le voyageur a souvent le temps de chercher son salut dans la fuite. La forme et la position de certaines montagnes sont cause qu'il y a des endroits exposés toutes les années aux plus terribles lavanches; aussi ces phénomènes redoutables ont-ils occasionné aux habitants des montagnes de toute la chaîne des Alpes, des malheurs sans nombre.

Dans un sens plus resserré, le mot *Alpes* désigne, dans le langage des habitants de ces hautes régions, les pâturages de montagnes, lesquels s'élèvent entre les diverses chaînes de rochers qui en forment les gradins jusqu'à la ligne des neiges. C'est dans ces pâturages que croissent les plantes. A 1000 toises on entre dans la région des arbres, dont les plus remarquables sont le sapin à feuilles, dit le pin commun, le pin mugho, le mélèze, le picéa, le bouleau, le hêtre, le chêne, le cerisier qui sert à faire le kirschenwasser, le noyer, le châtaignier. La vigne vient à la hauteur de 288 toises; l'olivier se cultive au pied des Alpes du côté de l'Italie; et l'on y élève l'oranger, le citronnier, et d'autres arbres de la zone tempérée chaude. L'orge, l'avoine, le seigle croissent à 700 et même à 1900 toises; dans toute la région des forêts on voit les flancs des Alpes ornés d'arbres magnifiques : très-souvent l'âpreté des lieux, l'éloignement de toute habitation empêchent de les exploiter; d'ailleurs il est nécessaire de laisser sur pied plusieurs forêts dans les montagnes, pour préserver les pâturages, les arbustes, les maisons, de la chute des rochers qui se détachent souvent des sommets, et pour arrêter la force des avalanches.

Les Alpes offrent un tableau champêtre très-agréable pour les amateurs de la belle nature : c'est celui d'innombrables troupeaux de vaches, de bœufs, de moutons et de chèvres qui paissent pendant la belle saison dans les plus hautes vallées : en voyant la quantité de ces animaux qui couvrent les montagnes et leurs croupes, on dirait qu'ils y ont remplacé les hommes. Au-dessus de ces pâturages accessibles à l'homme et au bétail qu'il élève, le bouquetin et le chamois ne fréquentent que ceux qui sont enclavés au milieu des glaciers et des neiges perpétuelles. Le bouquetin gravit les sommets les plus élevés; le chamois se fixe au second étage des montagnes et dans leur région boisée, mais jamais on ne le voit dans les plaines. — Au-dessous de cette région élevée vivent les marmottes; la plupart se tiennent au-dessous de la région boisée; d'autres habitent de moindres hauteurs, où l'on trouve des taupes et des ours noirs et fauves; plus bas encore les loups, les renards; les lynx et les chats sauvages répandent la terreur parmi les troupeaux de bétail, et mettent quelquefois en défaut la vigilance des bergers : enfin on trouve le lièvre blanc des Alpes, l'écureuil noir, le coq blanc de bruyère, le petit tétras, la gelinotte blanche, le bel oiseau nommé *alpenfluevogel*; mais on remarque par-dessus tous les animaux alpins, le grand aigle.

Saxa Americana, vel *Saxa Cordillera*, vel *Rupes Andium*, les Andes, ou Cordillères, en espagnol *las Cordilleras de las Andes*. Ces montagnes, d'une continuité de 9600 kil., occupent dans l'histoire légendique une place sombre, mystérieuse et magnifique tout à la fois. Elles réunissent toutes les splendides merveilles et les imposantes horreurs que Dieu de sa main puissante a répandues dans la création; elles sont l'admiration et la terreur des peuples. Si l'on réunissait toutes les traditions légendaires qui les concernent, et qui sont dispersées dans les deux Amériques, on en composerait des volumes. Sur les plateaux de Titicaca et de Quito, comme sur ceux de Toluca et d'Orizaba, une vieille tradition portait que des guerriers, des génies malfaisants, venant de l'Est, détruiraient les races américaines. Une légende populaire qui se transmet de père en fils chez les Indiens des Cordillères veut qu'après l'invasion des Espagnols des trésors immenses aient été précipités dans les abîmes gigantesques des Andes. Le lac de Titicaca, par exemple, en contiendrait une partie. Un ruisseau qui coule non loin du Chimborazo, et dont l'œil ne peut sonder qu'avec effroi la profondeur, renfermerait, dit-on, des choses aussi curieuses que riches, mais qu'on ne peut retirer vu l'impossibilité reconnue de descendre dans ces précipices. Les nombreuses tentatives que l'on a faites ont toujours été inutiles. On distingue en effet toutes sortes de couleurs qui brillent dans les eaux transparentes du ruisseau, comme les émeraudes et les rubis. Combien de missionnaires des divers ordres religieux et de voyageurs ont disparu dans le passage si dangereux des Andes ! Assaillis par un vent impétueux, saisis par une bise glaciale, ou ils mouraient de froid, ou ils étaient entraînés dans des précipices épouvantables, ou ils étaient tués par les Indiens sauvages (1). La science moderne a voulu avoir aussi sa légende sur les Cordillères. N'a-t-elle pas voulu faire passer le Chimborazo pour la mon-

---

(1) Dans la route de Buenos-Ayres au Chili, le passage que l'on suit en sortant de Mendoza n'a pas moins de 264 kil. Le froid vif et pénétrant que l'on y éprouve fait cruellement souffrir les voyageurs; il est d'ailleurs très-difficile de s'en garantir. On est souvent tellement saisi, que la respiration manque tout à coup. On rencontre de distance en distance, sur cette route de désolation, de petites maisons bâties en pierre que le gouvernement a fait construire et munir de biscuit, de viandes salées, de sel et de bois, afin que les voyageurs et surtout les employés puissent s'y réfugier au besoin.

(*Note de l'auteur.*)

tagne la plus élevée du globe? Elle souriait complaisamment à ce système dans l'intérêt de nous, ne savons trop quel argument hostile à la création biblique. Mais cette assertion n'a pu se maintenir, elle est bientôt tombée dans l'histoire légendaire. Le système orographique de l'Asie a prévalu; les monts Himalaya sont restés ce qu'ils étaient, les géants de la création, et, comme disent les Hindous dans leur langage légendique, ils continuent de porter la terre.

Les Andes s'étendent dans les deux Amériques; elles forment incontestablement la plus grande chaîne de montagnes qu'il y ait au monde, puisqu'elle commence au cap Horn, extrémité de l'Amérique méridionale, et ne finit qu'au mont Saint-Élie, sur la côte nord-ouest de l'Amérique septentrionale. La distance comprise entre ces deux extrémités est d'environ 9600 kil. Elle embrasse 120°, et s'approche presque également des deux pôles; ses extrémités n'en restent éloignées que de 29 à 50°. Les Andes, étroites à leur naissance, courent directement du sud au nord jusque vers le 21° de latitude sud, où elles s'élargissent et se dirigent à l'ouest-nord-ouest; au 5° de latitude sud elles tournent au nord-est, et vont former l'isthme de Darien ou Panama. Du cap Froward à ce point, elles s'étendent de 6800 kil. de long, et dans tout cet espace elles s'éloignent rarement de plus de 80 kil. du Grand Océan : on estime leur plus grande largeur à 240 kil., et leur hauteur moyenne à 240 toises sous l'équateur. Par 7° sud, en partant des plaines de l'Amazone aux côtes du Grand Océan, la chaîne n'a pas plus de 400 kil. de large. Les Andes offrent cinq parties ou ramifications différentes : dans la Patagonie, depuis le cap Froward jusque vers le 41° de latitude sud, on l'appelle *Sierra-Nevada de los Andes*; dans le Chili on la nomme *Andes du Chili*; elle traverse le Pérou sous le nom de *Cordillère royale des Andes*, ou *Grande Cordillère du Pérou*. Jusqu'au 2° de latitude nord on la connaît sous le nom de *Chaîne de Quito*. Dans la Nouvelle-Grenade on peut lui donner le nom de cette contrée, comme elle n'en a pas de particulier.

La chaîne de la Patagonie offre quelques volcans, tels que le San-Clemente, le Medielana, et le Minchimadava, qu'on croit le plus élevé, et près duquel le Rio de los Camarones prend sa source. Dans le sud du Chili la Cordillère se rapproche beaucoup de l'Océan; on y voit le cône neigeux du *Cuptona*, le plus haut de ces contrées; il a 1500 toises de haut. Plus au sud, vers le cap Pilar, les monts s'abaissent jusqu'à 200 toises, et même plus bas. — La chaîne du Chili surpasse presque sur tous les points la limite des neiges éternelles. Elle s'étend en largeur de 180 kil., escarpée à l'ouest, elle s'éloigne de 120 à 160 kil. du Grand Océan; 125 rivières, dont 50 se jettent dans l'Océan, y prennent leurs sources; mais elles sont loin d'égaler le Cusuleuvu ou Rio-Negro et le Rio-Colorado, qui descendent du versant oriental, à pente douce, et débouchent dans l'Atlantique. Ces Andes renferment plusieurs volcans. On présume que leurs éruptions sont continuelles. On y ressent souvent des tremblements de terre peu dangereux. La quantité de neige qui tombe depuis avril jusqu'en novembre rend impraticables les neuf routes qui traversent cette chaîne. — La Cordillère du Pérou commence au 21° de latitude sud, au point où les montagnes de Santa-Cruz de la Sierra et de Chiquitos se séparent des Andes, et courent vers l'est, pour se lier par des plateaux aux montagnes du Brésil. Par 16° cette Cordillère forme un nœud duquel se détachent plusieurs chaînes considérables. La principale, nommée *Cordillère d'Acama*, décrit un demi-cercle, et tournant au sud, encaisse le lac Titicaca. Elle jette à l'est plusieurs rameaux, dont les principaux sont les *Altos de Intinuyo* et les *Sierras Altissimas*; le Pilcomayo, le Guapehy, le Beni y prennent leurs sources. De ce même nœud sortent l'Apurimac et ses affluents. « J'entends par *nœud*, dit M. de Humboldt, non les plus hautes parties d'une chaîne, mais les points où des chaînes parallèles se réunissent. Il y a dans les Andes de l'Amérique méridionale cinq de ces nœuds : ceux de Porco, de Cusco, de Pasco, de l'Assuay et de los Pastos. C'est leur connaissance intime qui explique la charpente des Andes. Lorsque entre deux nœuds il y a plusieurs chaînons, les plus hauts sommets appartiennent tantôt à l'une et tantôt à l'autre de ces rangées de montagnes. Parmi trois chaînons, ce n'est pas toujours celui du milieu et celui qui a le plus de neige qui est le plus élevé. »

Les Andes se dirigent ensuite au nord-ouest jusqu'à 11° de latit. sud, où elles se divisent en trois rameaux qui s'abaissent sur la rive droite de l'Amazone : on appelle l'une *Cordillère de la côte*, l'autre *Cordillère centrale*, et la troisième *Cordillère orientale*. L'Huallaga, affluent de l'Amazone, coule entre cette dernière et troisième chaîne. Le Tunguragua ou Haut-Maragnon baigne la vallée formée par la Cordillère centrale et celle de la côte.

Depuis le désert d'Atacama, sous le tropique, jusqu'au golfe de Guayaquil, dans une étendue d'environ 1600 kil., les Andes ne s'écartent de l'Océan que de 48 à 80 kil. Quelques torrents qui se précipitent de leur flanc occidental arrosent par intervalles cette longue étendue de côtes que les pluies ne fécondent jamais. A 6° 39' de latitude sud, point de l'origine de la chaîne de Quito, les Andes n'offrent plus qu'une seule arête jusqu'au 3° 30'; là, se divisant en deux chaînes séparées, elles offrent, de la plaine centrale, l'aspect le plus majestueux et le plus extraordinaire. Les cimes les plus hautes, rangées sur deux lignes à peu près parallèles, forment une double crête. Sur cette double chaîne s'élèvent des cimes colossales qui surpassent en hauteur presque toutes les montagnes du globe. Elle a servi de signal dans les opérations des académiciens français pour la mesure du degré de l'équateur; c'est pourquoi on l'a décrite avec plus d'exactitude que les autres parties des Andes. Bouguer a reconnu l'existence des deux Cordillères jusqu'au delà de Popayan, situé à 240 kil. nord de Quito. M. de Humboldt, qui de nos jours reconnut ces montagnes, a constaté par des mesures barométriques, non-seulement la hauteur de plusieurs sommets non mesurés avant lui, mais encore celle de la masse même sur laquelle ces sommets s'élèvent.

Les passages par lesquels on peut traverser la double crête des Andes doivent être comptés comme les plus élevés qui soient connus. Au pied du Chimborazo il s'en trouve un qui communique au versant occidental des Andes, par la vallée transversale nommée Riobamba. Bouguer cite encore le pas de *Guanacas* près des sources du *Rio de la Magdalena* (rivière de la Madeleine). Au milieu de la vallée de Quito, un chemin tracé entre les deux Cordillères passe sur le paramo (bruyère) de l'Assuay, par un point dont la hauteur, selon M. de Humboldt, est de 2118 toises au-dessus de la mer. On estime à 1500 toises la hauteur moyenne de la vallée de Quito au-dessus de l'Océan. La partie située au sud de l'équateur, celle qui a été visitée par les académiciens français, semble ne pas offrir ces formes aiguës qu'affectent les aiguilles des Alpes. Elle présente des formes coniques dont à la vérité les pentes sont si rapides qu'on ne pourrait les gravir, si elles n'étaient composées de pierres détachées et de débris dans lesquels le pied peut s'affermir. — Les crevasses nommées *Quebradas* offrent d'immenses fentes qui coupent la masse des Andes. C'est dans ces abîmes que l'œil du voyageur épouvanté saisit le mieux la grandeur gigantesque de la Cordillère. C'est à travers ces portes naturelles que les grandes rivières descendent vers l'Océan en avançant de Popayan vers le sud. Les vallées des Cordillères, plus profondes et plus étroites que celles des Alpes et des Pyrénées, présentent des scènes sauvages, et remplissent l'âme d'étonnement et d'effroi. — Les ruisseaux, en descendant des montagnes, se creusent des lits de 20 à 25 pieds de profondeur sur 1 pied à 1 pied et demi de large. Les sentiers remplis de boue ressemblent à une galerie creusée à ciel ouvert. On y marche en frémissant. Les bœufs qu'on emploie peuvent à peine les traverser. Dans certains endroits on voyage à dos d'homme.

La chaîne occidentale de la double crête est éloignée de la mer de 144 à 288 kil. Les deux chaînes le sont l'une à l'autre de 28 à 52 kil. La plaine a de 20 à 24 kil. de largeur, et toute la population du pays se trouve resserrée dans cette lisière. « Lorsqu'on a vécu, dit M. de Humboldt, sur le plateau élevé, où le baromètre se soutient à 0° 54' ou à 20 pouces de hauteur, on éprouve irrésistiblement une illusion extraordinaire : on oublie peu à peu que tout ce qui environne l'observateur, ces villages annonçant l'industrie d'un peuple montagnard, ces pâturages couverts à la fois de troupeaux de lamas et de brebis d'Europe, ces vergers bordés de haies vives, de durania et de barnadesia, ces champs labourés avec soin et promettant de riches moissons de céréales, se trouvent comme suspendus dans les hautes régions de l'atmosphère ; on se rappelle à peine que le sol que l'on habite est plus élevé au-dessus des côtes voisines de l'Océan Pacifique que ne l'est le sommet du Canigou au-dessus du bassin de la Méditerranée. »

C'est au-dessus de la plus occidentale de ces deux chaînes, dans un espace de 148 kil. depuis Quito jusqu'au 2° de latitude sud que s'élèvent le Casitagua, le Pichincha, l'Atacazo, le Corazon, l'Islinessa ou Illinissa, le Carguairazo, le Chimborazo et le Cunambay. De la chaîne orientale s'élancent le Guamani, l'Antisana, le Passuachoa, le Ruminnavi, le Cotopaxi, le Quelendama, le Tungaragua, le Capa-Urcu, l'Altivir et le Sangay. Aucune rivière importante ne descend de la chaîne occidentale de Quito ; du côté de l'ouest, dans la chaîne orientale, un grand nombre d'affluents de l'Amazone y prennent leurs sources, dont les principaux sont le Napo, l'Ica et l'Iapuru.

Dans la Nouvelle-Grenade la Cordillère se partage en trois chaînes parallèles ; la chaîne orientale qui ne s'élève jamais à la limite des neiges éternelles, se dirige d'abord au nord-nord-est, sous les noms de *Sierra de Pardaos*, de Paramo d'Albarracin, jusque vers 6° de latit. nord, où on l'appelle *Lomas del Viento* ; de ce point elle continue au nord, où on la nomme *Sierra de Perija* et *Sierra de Azeyte* ; elle finit là au bord de l'Atlantique à la pointe Gallinas, par 7° de latitude nord ; elle jette dans le Caraccas un rameau qui traverse la province de Maracaïbo du sud-ouest au nord-est sous les noms de *Sierra de Merida* et de *Paramo de la Rosa*, et se lie aux dernières branches de la chaîne orientale des monts de l'Amérique méridionale, qu'elle réunit de ce côté à la grande Cordillère des Andes. Le Rio-Negro, principal affluent de l'Amazone, le Guaviari, le Rio-Meta et l'Apure, trois grands affluents de l'Orénoque, descendent du versant oriental de la sierra de Santa-Marta, presque isolée de la grande Cordillère. Le paramo de Pofqueros joint la sierra de Merida à la chaîne orientale des Andes. Le rameau intermédiaire qui court au nord renferme les nevados de Quindiu, d'Ervez et de Ruiz. De Santa-Fé cette chaîne centrale offre les points de vue les plus magnifiques. — La Cordillère des Andes, en traversant l'isthme de Darien, est réduite à une petite hauteur, et rattache la grande chaîne dont nous venons de parler, aux plateaux très-élevés du Mexique. Les Andes offrent huit groupes d'une élévation prodigieuse, savoir : dans la province de los Pastos, 0° 50' de latitude nord ; dans les volcans de Popayan, 2° 25' ; le passage de Quindiu, 4° 25' ; la sierra de Merida, 7° 58' ; celle de Santa-Marta, 10° 53' ; le plateau du Mexique, 19° ; la Nouvelle-Hanovre, 50° ; enfin au mont Saint-Elie, 60°, la Cordillère parvient à une hauteur presque égale à celle des Andes de Quito. Les régions équatoriales de l'Amérique offrent à la fois les cimes les plus élevées et les plaines les plus vastes et les plus belles du monde : au volcan d'Antisana s'ouvre une plaine de douze lieues de tour. En général la chaîne des Andes, même dans les hauts plateaux de Quito et du Mexique, a lieu de frapper l'imagination plus par sa masse que par sa hauteur.

A partir du groupe au nœud de los Pastos, les Andes se divisent au sud en deux rameaux ; au nord, entre Popayan et Santa-Fé de Bogota, en trois branches parallèles.

La Cordillère des Andes n'offre pas, comme les Alpes de la Suisse et les monts Himalaya de l'Asie, une chaîne continue de cimes neigeuses. La hauteur moyenne des neiges perpétuelles, dans les Andes, à compter de l'équateur à 1° 30' de latitude nord, est de 2498 toises. Le sommet du Rucu Pichincha est à 2498 toises. M. de Humboldt estime de 25 à 35 toises au-dessous de sa cime la limite inférieure des neiges qui le couvrent presque toute l'année. Au Chimborazo, la neige perpétuelle règne à 2471 toises ; au Corazon et à l'Antisana, à 2458 ; au Cotopaxi, à 2538. Les neiges se fondent sur ce dernier et sur le Tunguragua quelque temps avant les éruptions volcaniques. Les neiges qui tombent sous l'équateur aident à estimer la hauteur relative des montagnes ; elles nivellent les différentes cimes d'un même chaînon. Dans la province de Quito la neige ne tombe pas au-dessous de 1860 à 1900 toises, région des paramos. Dans les plaines habitées d'Antisana, couvertes d'un magnifique gazon composé d'herbes aromatiques, la neige couvre, à 2100 toises, la terre pendant cinq à six semaines ; de 3 à 4 pieds. Sous l'équateur les neiges commencent à tomber à 1887 toises ; plus on s'éloigne de la région équatoriale, et plus les cimes couvertes de neige se rapprochent les unes des autres. Quoique la partie montagneuse à l'est du Pérou soit peu connue, on regarde comme certain qu'il n'existe de neiges continuelles dans ce continent que dans la chaîne des Andes, dont les Cordillères du Mexique sont une prolongation vers le nord, dans le groupe de Mérida et dans celui de Santa-Marta. Aucun sommet de la chaîne côtière de Vénézuéla, de celle de Parime et du Brésil n'atteint la région des neiges perpétuelles, car leur plus grande hauteur n'excède pas 840 toises ; c'est pourquoi on ne voit pas de neiges dans toute la région orientale et non volcanique du nouveau continent.

La température de la partie haute des Andes offre sous les tropiques des particularités remarquables : on y voit des villages de 200 toises plus élevés que la cime du pic de Ténériffe. Dans la Cordillère des Andes le décroissement du calorique est en raison de 5 à 3 plus rapide au-dessus de 1750 toises que depuis le niveau de la mer à 1250 toises ; la couche d'air où le refroidissement est le plus prompt sous l'équateur paraît comprise entre 1250 et 1750 toises. Les phénomènes électriques y ont un caractère plus particulier que dans les vallées des grandes rivières ; par exemple, dans celles de la Magdalena, du Rio-Negro et du Cassiquiari, les orages ont lieu vers minuit. Entre 900 et 1000 toises on entend les plus fortes et les plus bruyantes explosions de tonnerre, surtout dans les vallées de Calato et de Popayan. Au-dessus de 1000 toises ils sont moins fréquents, mais il s'y forme beaucoup de grêle, surtout à 1500 toises ; au delà on entend, rarement, d'explosions. La grêle tombe sans éclairs et souvent mêlée de neige au delà de 1950 toises ; l'azur du ciel paraît plus foncé sous les tropiques qu'à hauteur égale en Europe. Rien n'approche de la beauté des nuits de ces régions ; les étoiles fixes y scintillent tranquillement.

Du niveau de l'Océan à 513 toises on voit prospérer le bananier, le maïs, le manioc, le cacao ; c'est la région des ananas, oranges, mammées et fruits exquis. Les Européens y ont naturalisé le sucre, coton, indigo et café. De 513 à 1206 toises on voit régner la région la plus tempérée pour l'Européen : le coton y abonde ; les autres plantes y deviennent plus rares, à l'exception du café, qui croît dans les sites élevés et pierreux. A 1300 toises la canne à sucre fleurit dans les plaines étendues de la province de Quito, où les rayons du soleil sont réfléchis. Tous les fruits sont délicieux, surtout ceux du cherimolier. Dans les régions équatoriales le blé mûrit partout à 700 toises, mais plus abondamment de 821 à à 975 toises. A cette hauteur vient le cocca ; *erythroxylum peruvianum*. De 1026 à 1539 toises on s'est livré à la culture des blés d'Europe et du quinoa ; à 1600 et 1700 toises les gelées et les grêles font souvent périr les récoltes du blé ; au delà de 1200 toises on ne voit plus de maïs ; de 1539 à 2052 toises on cultive la pomme de terre ; à 1693 toises l'orge a remplacé le froment, et même elle y souffre. Toute culture cesse à 1847 toises. Les montagnes d'une hauteur moyenne sont couvertes de forêts majestueuses. Près de l'équateur la région des grands arbres, dont le tronc excède de 60 à 90 pieds, ne s'élève pas au delà de 1385 toises ; depuis le niveau de la ville de Quito les arbres sont moins grands. Du bord de la mer, à 513 toises, s'étend la région des scitaminées et des palmiers ; on y voit les musa, les héliconia, les alpinia, les liliacées les plus odoriférantes, les palmiers, qui ne peuvent dans l'Amérique méridionale supporter le froid des hautes montagnes, le baume de Tolu, et le cuspare ou quinquina de Cacory (*cortex angusturæ*). Sur les côtes arides de la mer croissent les mangliers et le cactus pereskia, à l'ombre des cocotiers, du laurus persea et du mimosa. Le ceroxylon vient dans les andes de Quindin et de Tolima, par 4° 25' de lat, nord, de 954 à 1472 toises ; son tronc couvert de cire a jusqu'à 30 toises de haut. — Au-dessus de cette région on remarque celle des fougères arborescentes et des quinquina. Cette dernière s'étend beaucoup plus que celle des fougères en arbres, qui ne se plaisent que dans les climats tempérés. On voit au contraire croître le quinquina jusqu'à 1487 toises. Les vrais cinchona se prolongent dans les Andes sur plus de 2800 kil. de long, de Potosi et la Plata, par 20° de latitude sud, jusqu'aux monts Neigeux de Santa-Marta, par 11° nord. Toute la pente orientale des Andes, au sud d'Huanuco, près des mines de Tipuani, dans les environs d'Apolabamba et d'Yuracardes, n'offre qu'une forêt suivie de quinquina. On voit pousser au niveau de la mer le cusparé de la Guyane, le cusparia de la Nouvelle-Andalousie, la cascarille d'Atacamez. La végétation se montre moins variée dans tout le haut plateau de Riobamba et de Quito, comme aussi dans celui de los Pastos jusqu'à Almaguer, que dans d'autres régions également élevées au-dessus de l'Océan. La région tempérée des cinchona offre quelques liliacées, melastoma à grandes fleurs violettes, passiflores en arbres, hautes comme les chênes du nord; le bocconia frutescens, le fuchsia et des alstroemeria d'une rare beauté. Les mousses toujours vertes couvrent le sol. Vers 872 toises on remarque le citrosma à feuilles et fruits odorants, et de nombreuses espèces de symplocos. De 1334 à 1559 toises s'étend la région des chênes qu'on n'aperçoit dans les contrées équatoriales qu'à 872 toises. Au Mexique et entre 17 et 22° de latitude nord, ils descendent jusqu'à 410 toises. Dans cette région plusieurs plantes herbacées forment un gazon épais. A 1796 toises cesse presque toute végétation en arbres, et les arbustes y sont d'autant plus communs. Le sol se couvre d'une multitude de calcéolaires, d'une corolle à couleur dorée qui contraste agréablement avec la verdure du gazon sur lequel elles s'élèvent. Plus bas, sur le sommet de la Cordillère, de 1436 à 1695 toises, on découvre la région des wintera et des escallonia. La température froide et toujours humide de ces monts appelés *Paramos*, produit des arbres dont le tronc court et courbé se divise en un grand nombre de branches couvertes de feuilles coriaces et d'une verdure luisante. On y voit quelques arbres de quinquina orangé, des embothrium et des melastoma à fleurs violettes presque pourprées. De 1006 et à 2103 toises s'étend la région des plantes alpines, savoir : gentianes, espeletia frailexon à larges feuilles ; à 2103 toises commencent les graminées, qui règnent jusqu'à 2560 toises ; de ce point jusqu'à la neige perpétuelle les rochers n'offrent que des plantes licheneuses. M. de Humboldt en a trouvé à 2550 toises vers le sommet du Chimborazo. — Du niveau de la mer à 513 toises, dans la région des palmiers, on voit le paresseux ; qui vit sur le cecropia pellata, les boas, les crocodiles, le cabiai, le jaguar, le hocco, les tangaras, les perroquets, les beaux charansons. On entend hurler, dans les forêts de ces climats brûlants, les alouates et autres singes sapajous. Le jaguar, le cougouar, le tigre noir y chassent le petit cerf. Les cavias, les fourmiliers, les maringoins, acaris, araignées venimeuses, fourmis, termès, infestent l'air de ces basses régions. De 513 à 1006 toises les tapirs, les tajussus et ocelots abondent. Des milliers de chèques harcèlent l'homme, le singe et le chien. De 1006 à 1559 toises le margay, les ours et le grand cerf des Andes sont communs. De 1559 à 2052 toises on aperçoit le puma; le petit ours à front blanc; les colibris et quelques viverres. De 2052 à 2565 toises vivent en troupes les vigognes, les guanacos. Les lamas sont des animaux domestiques. Les alpacas, les vigognes, les guanacos et le mandou se répandent sur la chaîne des Andes du Chili jusqu'à 9° de latitude sud. Au nord on n'en voit plus. La limite des neiges perpétuelles forme celle des êtres organisés. Le condor seul habite ces vastes solitudes. M. de Humboldt l'a vu planer à plus de 3555 toises.

On aperçoit le granit à nu au pied des Andes, sur les côtes du Grand Océan et de l'Atlantique, entre les bouches de l'Orénoque et de l'Amazone. Il soutient la haute charpente de ces monts, comme la formation secondaire des plaines. On trouve sur les Cordillères le gneiss, le schiste micacé, le grenat, le porphyre. M. de Humboldt a reconnu le granit dans les monts Quindiu, à 1796 toises. Les sommets glacés du Chimborazo, du Cayambé et d'Antisana, de 3000 à 3270 toises, sont de porphyre. La pierre calcaire secondaire se montre près de Micuipampa au Pérou, à 1900 toises. Huancavelica offre des grès à 2510 toises ; le schiste micacé des Andes de Tolima, dans la Nouvelle-Grenade, paraît à 2300 toises ; le basalte de Pichincha à 2430 toises ; on aperçoit la houille en couches, près de Santa-Fé, à 1325 toises ; au Pérou, près d'Huanuco, à 2300 toises ; les plaines de Bogota, à 1400 toises, abondent en grès, gypse, pierre calcaire, coquillière, et en sel gemme, près de Zipaquica. On trouve rarement dans les Andes des débris de corps organisés ; néanmoins près de Micuipampa on a découvert des coquilles pétrifiées, des vénus, des ostrea, des échinites à 2000 toises. On n'a trouvé les os fossiles d'une espèce d'éléphants très-différente des mammouth, que de 1181 à 1489 toises. On rencontre dans les montagnes primitives les grandes masses de soufre qui abondent dans la Cordillère. La nature a déposé les richesses métalliques au Pérou, de 1800 à 2100 toises ; on y trouve de l'argent muriaté, de l'argent natif et du fer. Au Mexique, de 900 à 1300 toises, les filons de mercure sont très-abondants.

Saxonia, la Saxe, royaume et duché de la confédération germanique. — Les anciens Saxons étaient primitivement fixés au nord de l'Elbe et du Weser et dans la péninsule cimbrique. Lorsque les Franks, leurs voisins, eurent passé le Rhin pour inonder les Gaules, les Saxons passèrent à leur tour le Weser et s'étendirent dans les contrées abandonnées par les Franks. Le pays qu'on appelle aujourd'hui Saxe, et qui est situé entre la forêt de Thuringe et les montagnes de Bohême, formait alors une partie du royaume des Thuringiens qui était habité par des peuples slaves. Les fils de Clovis et les Saxons détruisirent le royaume des Thuringiens ; alors les Saxons s'attribuèrent une partie des débris de cette monarchie, savoir le pays situé à l'est de la Saale, et qu'on appela depuis Osterland (*terra Australis*), nom dont il s'est conservé des traces jusqu'à nos jours. Après la soumission des Saxons, les empereurs et rois d'Allemagne établirent, dans ce qu'on appelle aujourd'hui la Saxe, des landgraves, des margraves, des bourgraves et des avoyers, les derniers subordonnés aux comtes palatins du Rhin. Tels furent les landgraves de Thuringe, qui devinrent de puissants seigneurs. Le margraviat oriental devint l'origine de celui de Lusace. Entre ces deux pays se trouvaient les margraves de Misnie, chargés de la défense de cette frontière contre les Slaves ; les bourgraves de Misnie, dont le devoir était d'administrer la justice dans leur arrondissement, comme les avoyers de Plauen l'exerçaient dans le leur. Les provinces qu'on appela par la suite basse Saxe et Westphalie, formaient alors le duché de Saxe, un des plus grands fiefs de l'Empire. La puissance des ducs de Saxe s'accrut à mesure qu'ils réussirent à soumettre les peuples slaves fixés au nord et à l'est; ils devinrent même formidables aux chefs de l'Empire, depuis que les deux duchés de Bavière et de Saxe se trouvèrent réunis dans les mêmes mains. Cet état de choses cessa en 1180 par la proscription de Henri le Lion, duc de Saxe et de Bavière. Le fief du duché de Saxe fut alors conféré à Bernard l'Ascanien, fils puîné d'Albert l'Ours, margrave de Brandebourg; mais il ne put se mettre en possession d'aucune des provinces qui avaient originairement constitué le duché de Saxe, et dut se contenter d'un simple titre. Son père Albert l'Ours lui ayant laissé le territoire et la ville de Wittenberg qu'il avait conquis sur les Slaves ou Wendes, il attacha à ce district le titre de duché de Saxe, changé ensuite en celui d'électorat, ainsi que la dignité de comte palatin. Son fils Albert y joignit encore le district situé au nord de l'Elbe, entre le Holstein et le Mecklenbourg, et qui avait appartenu à Henri le Lion, soit comme partie de son duché, soit pour l'avoir conquis sur les Polabes. Jean et Albert II, fils d'Albert Ier, partagèrent la succession paternelle, et donnèrent ainsi naissance à deux duchés, appelés l'un duché de Saxe-Lauenbourg, et l'autre duché de Saxe proprement dit, qui ne se composait que du territoire de Wittenberg, que dans ce dernier temps on nomma le cercle électoral. Les descendants d'Albert II s'éteignirent en 1422. Le duché ou électorat de Saxe aurait dû passer alors à la branche de Lauenbourg ; mais l'empereur Sigismond en disposa autrement. Il le conféra à Frédéric le Belliqueux, qui était à la fois margrave de Misnie et landgrave de Thuringe. Cette famille descend des anciens comtes de Wettin, dont les domaines étaient situés sur la Saale, et qui, comme tant d'autres maisons, dérive du fameux Wittekind. Dedon, comte de Wettin, mort en 1009, se distingua comme militaire. Un de ses descendants, Conrad, fut nommé en 1127 margrave de Misnie, et en 1136 margrave de la Marche orientale ou de la basse Lusace : sa famille perdit cependant ce dernier fief. Henri l'Illustre, margrave de Misnie, hérita en 1248 le landgraviat de Thuringe de son oncle maternel Henri Raspon, anti-empereur, ou plutôt il y succéda en vertu d'une expectative que sa maison avait obtenue en 1242 de l'empereur Frédéric le Belliqueux, auquel Sigismond conféra en 1422 l'électorat de Saxe, réduit au seul cercle de Wittemberg, descendait de Henri l'Illustre au cinquième degré. Il possédait par sa mère ce qu'on appelle aujourd'hui le duché de Cobourg. Ainsi l'électorat de Saxe prit à peu près l'étendue qu'il eût avant la réformation, et le nom de Saxe se trouva attaché à un pays où il n'y avait aucun descendant des anciens Saxons.

Ernest et Albert, fils de Frédéric Ier le Débonnaire, et petits-fils de Frédéric Ier le Belliqueux, devinrent les fondateurs des deux lignes de la maison de Saxe encore existantes. Ernest l'aîné eut la dignité électorale avec le cercle de Wittenberg auquel elle était attachée, ainsi que la plus grande partie de la Thuringe, le Vogtland (faisant partie de la Misnie) et Cobourg ; Albert eut le reste de la Misnie avec une petite partie de la Thuringe. Jean-Frédéric le Magnanime, petit-fils d'Ernest, fut dépouillé en 1547 par Charles-Quint de la dignité électorale, qui fut transférée sur Maurice, petit-fils d'Albert, et après sa mort sur son frère Auguste, dont les descendants l'ont conservée jusqu'à ce qu'ils l'échangèrent contre le titre royal. Néanmoins les fils de Jean-Frédéric le Magnanime ne furent pas entièrement privés de leur héritage ; en conformité de diverses transactions, la ligne Albertine leur abandonna une partie considérable de la Thuringe.

Maison royale de Saxe, ou ligne Albertine ou cadette de la maison de Misnie. — Auguste, second électeur de Saxe de la ligne Albertine, acquit une partie du comté de Henneberg. Jean-George Ier, son petit-fils, obtint en 1635 par la paix de Prague la principauté de Querfurt et les deux Lusaces, et par la paix de Westphalie les évêchés de Mersebourg et de Naumbourg, ou plutôt les moyens de les réunir par la suite à sa maison. Ses fils formèrent quatre branches, l'aînée ou électorale, la seule qui se soit perpétuée ; la branche de Querfurt ou Weissenfels, qui s'est éteinte en 1746 ; celle de Mersebourg, qui a duré jusqu'en 1738, et celle de Naumbourg-Zeitz, qui a cessé de régner en 1718. Ainsi toutes les possessions de la ligne Albertine se trouvèrent de nouveau réunies en 1746 sous le sceptre de l'électeur Frédéric-Auguste, qui, ainsi que son père, avait été élu roi de Pologne. — L'électeur de Saxe, le troisième parmi les électeurs séculiers, était revêtu de la charge d'archi-maréchal de l'Empire. En sa qualité de comte palatin de Saxe, il était, pendant les vacances du trône impérial, vicaire de l'empire dans les pays soumis au droit saxon. Quoique catholique depuis 1697, il dirigeait comme chef le corps évangélique à la diète.

— L'électeur, aujourd'hui roi de Saxe, ne fut pas du nombre des princes qui anéantirent la constitution germanique par l'acte du 12 juillet 1806. Il n'y accéda que le 11 décembre 1806, et prit alors le titre de roi. En 1807 il fut nommé duc de Varsovie. Les événements de 1813 ne le dépouillèrent pas seulement de cette acquisition, mais il perdit même, par les décisions du congrès de Vienne, une grande partie de son royaume. Il entra en 1815 dans la confédération germanique, où il occupe la quatrième place, et dans l'assemblée générale il prend la troisième, et jouit de quatre suffrages.

Le royaume de Saxe, dans ses limites actuelles, a une surface de 338 m. c. g., ou 959 l. c., avec une population de 1,732,644 âmes : c'est par conséquent le plus petit royaume aujourd'hui existant. Ses revenus peuvent se monter à 29 millions de francs. Le roi est catholique et réside à Dresde, belle et grande ville sur l'Elbe, ayant 76,000 habitants.

La Saxe, située entre les 50° et 51° 20' de lat. nord et les 9° et 13° de long. est, est bornée au nord et à l'est par la Prusse, au sud par la Bohême, à l'ouest par la Bavière, la principauté de Reuss, des parties de Saxe-Weimar et de Saxe-Cobourg-Gotha, et les Etats prussiens. L'Elbe, la Mulde, la Pleiss, l'Ester, la Sprée l'arrosent. Ce royaume, riche en produits d'agriculture et de minéralogie, jouit d'un climat si doux qu'on fait du vin dans la Misnie. L'aspect de ce pays, surtout au sud, offre une agréable variété de sol par ses coteaux et ses vallons. La partie septentrionale est unie. Les environs de Meissen et de Dresde rivalisent avec le nord de l'Italie. Les plaines et les vallées, bien cultivées, produisent blé, orge, avoine, et autres grains, houblon, tabac. La Saxe possède presque tous les minéraux connus, savoir : argent, plomb, cuivre, étain, fer, cobalt, houille et bois fossile, soufre, vitriol, alun. C'est principalement dans l'Erzgebirge et le Saxenhausen qu'on les exploite. Ce pays abonde aussi en topazes, améthystes, calcédoines, cornalines, agates, jaspe, serpentines, asbeste, amiante, beaux marbres, albâtre, excellente terre de porcelaine. L'industrie, très-active, comprend des manufactures de toiles, étoffes de laine, coton, cuir, papier; les exportations consistent dans les produits des mines et des fabriques. Leipsick est la principale place de commerce. Par l'acte de congrès de Vienne, du 9 juin 1815, le roi de Saxe a perdu environ la moitié de ses Etats, qui ont été cédés à la Prusse. En vertu du traité de Tilsitt, du 9 juillet 1807, la Prusse lui avait cédé, à l'exception de quelques districts, toute la partie de la Pologne qu'elle avait acquise en 1772, 1793, 1795, et qui fut érigée en grand-duché de Varsovie. Par le traité de Vienne, du 14 octobre 1809, ce grand-duché fut agrandi de toute la Gallicie occidentale et du cercle de Zamosc, dans la Gallicie orientale; mais par l'acte du congrès de Vienne, ce grand-duché revint à la Russie, à l'exception de celui de Posen, qui retourna à la Prusse. On vante l'idiome de la Saxe comme l'un des plus estimés de l'Allemagne, et la littérature est très-cultivée dans ce pays.

| Saxe, province d'Allemagne (Prusse), bornée au nord par le royaume de Hanovre et la province de Brandebourg, à l'est par cette dernière, au sud par le royaume de Saxe, la principauté de Gera, le grand-duché de Saxe-Weimar et celui de Saxe-Cobourg-Gotha, à l'ouest par la Hesse Electorale, le royaume de Hanovre et le duché de Brunswick; elle a 240 kil. de long sur 220 kil. de large. La partie septentrionale, quoique généralement sablonneuse et couverte de bruyères, produit cependant seigle, orge, houblon, pommes de terre. L'ancien duché de Magdebourg, abondant en grains, bois, lin, garance, fournit aussi anis, cumin, sel, potasse, amidon, huile de navette, savon. Il a des prairies arrosées par des canaux, et où l'on élève un grand nombre de bestiaux. La province de Saxe renferme, outre plusieurs autres pays, cette partie de la Saxe que la Prusse a acquise par l'acte du congrès de Vienne, et qui comprend environ la moitié de l'ancien royaume de Saxe. Elle forme les trois rég. de Magdebourg, Mersebourg et Erfurt. 1,496,240 habitants.

Maisons grand'ducale et ducales de Saxe, ou ligne Ernestine ou aînée de la maison de Misnie. — Les maisons grand'ducale et ducales de Saxe descendent d'Ernest, fils aîné de Frédéric le Débonnaire, et de son petit-fils, Jean-Frédéric le Magnanime, dernier électeur de Saxe de la ligne Ernestine. Leurs possessions consistent : 1° dans la plus grande partie de la Thuringe que l'électeur Auguste abandonna par la transaction de Naumbourg de 1554 aux fils de Jean-Frédéric ; 2° dans la plus grande partie du comté de Henneberg en Franconie, qu'ils obtinrent en 1583 à l'extinction des anciens comtes de Henneberg; 3° dans les acquisitions que les branches de Weimar et de Cobourg ont faites en 1815. Toutes ces possessions ensemble ont une surface de 176 m. c. g. (489 l. c.) et une population de plus de 600,000 âmes.

La maison Ernestine de Saxe se divise en deux lignes principales, celles de Weimar et de Gotha, dont les souches sont Guillaume et Ernest le Pieux, fils de Jean, lequel était petit-fils de Jean-Frédéric le Magnanime. Tous les princes de cette maison sont luthériens.

Les ducs de Saxe ne sont entrés dans la confédération Rhénane qu'après les événements malheureux de la fin de l'année 1806. Ils sont membres de la confédération germanique, où ils ont la douzième place ; à l'assemblée générale, chaque branche a une voix particulière.

Ligne de Weimar. — La ligne de Weimar se divisa en 1662 en trois branches, dites de Weimar, Eisenach et Jéna ; mais la dernière s'éteignit dès 1690, et celle d'Eisenach en 1741. La branche de Weimar, qui seule a survécu, possède les principautés de Weimar et d'Eisenach, une partie du duché d'Altenbourg, et une partie du comté de Henneberg, auxquelles il faut joindre les acquisitions faites par suite du congrès de Vienne. Le chef de la maison a pris en 1815 le titre de grand-duc. Ses Etats ont aujourd'hui une surface de 66 m. c. g. (183 l. c.) et une population de 245,000 âmes. Les revenus du grand-duché se montent à 1,300,000 reichsthalers ou 4,900,000 fr., dont 500,000 reichsthalers, provenant des domaines du prince, sont administrés par sa chambre des finances et employés à l'entretien de la cour, des fonctionnaires publics, de l'université de Jena, etc. Les autres 800,000 reichsthalers proviennent des contributions et sont administrés par le collége des Etats.

Le grand-duc réside à Weimar, de la Thuringe qui a été rendue célèbre par les écrivains les plus distingués de l'Allemagne contemporaine, et qui compte plus de 10,000 habitants.

Ligne de Gotha. — Ernest le Pieux, souche de cette ligne, laissa sept fils qui se partagèrent la succession paternelle, et formèrent autant de branches, dont il n'existe plus que quatre, qu'on nomme Gotha, Meinungen, Hildbourghausen et Cobourg. 1° La branche de Gotha possède la principauté de Gotha avec la seigneurie supérieure de Kranichfeld et le comté supérieur de Gleichen, la majeure partie de la principauté d'Altenbourg, et un district du comté de Henneberg. Ses possessions ont une surface de 55 m. c. g. (152 l. c.) et une population de 190,000 âmes. Les revenus du duc sont estimés à un peu plus de 3 millions de fr. Il réside à Gotha, jolie petite ville de la Thuringe. 2° La branche de Meinungen, qui s'appelle aussi Cobourg-Meinungen, parce qu'elle a hérité d'une partie de la succession de la branche de Cobourg, laquelle, fondée par un des fils d'Ernest le Pieux, s'est éteinte avec lui en 1699. Les possessions de cette branche, qui consistent dans une partie du comté de Henneberg, ont une surface de 18 m. c. g. (50 l. c.) et une population de 130,000 âmes. On estime ses revenus à 700,000 francs. Le duc réside dans la petite ville de Meinungen. 3° Les possessions de la branche de Hildbourghausen, se composaient de la moitié de la principauté de Cobourg ou de la principauté de Hildbourghausen, et d'une très-petite parcelle du comté de Henneberg. Elles n'avaient que 11 m. c. g. (30 l. c.) de surface et une population de 53,000 âmes. Les revenus du duc étaient 400,000 fr. environ. Cette branche étant éteinte, le duché a été réuni à celui de Saxe-Meinungen, qui est désigné sous le nom de Saxe-Meinungen-Hildbourghausen. 4° La branche de Cobourg descend de Jean-Ernest, septième fils d'Ernest le Pieux, qui obtint, dans le partage de la succession paternelle, la partie méridionale de la principauté d'Altenbourg; elle portait d'abord le nom de Saalfeld, et prit celui de Cobourg ou de Cobourg-Saalfeld depuis la mort du second fils d'Ernest le Pieux qui avait eu Cobourg et ne laissa pas de fils. Elle possède la principauté de Saalfeld, qui fait partie de celle d'Altenbourg, celle de Cobourg, une partie du comté de Henneberg; le tout ayant 26 m. c. g. (72 l. c.) et 80,000 habitants. La seigneurie de Baumholder sur la rive gauche du Rhin, que le duc avait obtenue en 1816, a été cédée, au mois de décembre 1818, à la Bavière. On estime les revenus à 1,200,000 fr. Cobourg, la résidence, a 9800 habitants.

Saxum Glaciale, le Spitzberg, dans la mer polaire Arctique, nommé quelquefois Groënland oriental. Le nom de Spitzberg est pris des rochers escarpés qui le bordent. Le Spitzberg comprend trois grandes îles et un nombre considérable de petites. La grande île proprement dite est séparée par des détroits de l'île du sud-est et de celle du nord-est. La presqu'île orientale de la grande île se nomme *Nouv.-Frizlande*. Ces îles sont situées entre 76° 30' et 80° 40' de lat. nord, et entre 6° 25' et 20° 30' de long. est. Leur surface est de 2870 lieues carrées. Vers la pointe nord-ouest on trouve les restes de l'établissement des baleiniers hollandais, nommé *Smeerenborg*. Barentz découvrit le Spitzberg en 1596. Les montagnes du Spitzberg, couronnées de neiges perpétuelles et flanquées de glaciers, réfléchissent de loin l'aurore boréale, ou la lumière du nord. On les distingue à une grande distance, à cause de leur hauteur prodigieuse; et comme leur base gît au niveau de la mer, les baies, les vaisseaux, les baleines, tout paraît dans leur voisinage d'une extrême petitesse. Dans cette région, le jour est de cinq mois, et forme l'été; le coucher et le lever du soleil distinguent les deux saisons. Vers le midi de ce jour, ou au milieu de l'été, la chaleur constante du soleil échauffe un peu avant cette terre glacée; le goudron des vaisseaux fond, et cependant on ne voit pousser qu'un très-petit nombre de plantes, savoir: du cochléaria, des renoncules et des joubarbes. Les golfes et les baies abondent en fucus et algues d'une dimension gigantesque : une espèce a 200 pieds de long. On voit dans ces parages bondir les phoques, les chiens de mer; la baleine, qui lance des jets d'eau par ses vastes évents, ressemble à un banc flottant sur lequel divers crustacées et mollusques fixent leur demeure; mais elle est souvent blessée à mort par le *narhval*, nommé unicorne de mer, à cause de la perte habituelle d'une de ses défenses horizontales. La baleine succombe aussi souvent sous les coups d'une espèce de dauphin, nommé l'*épée de mer*, qui lui arrache des morceaux de chair, et qui cherche surtout à lui dévorer sa langue. Au milieu de tous ces animaux marins, on aperçoit l'ours polaire, quadrupède redoutable, vorace et sanguinaire : tantôt sur un îlot de glace, et tantôt nageant, il poursuit tout ce qui respire, dévore tout ce qu'il rencontre, et s'asseoit, en rugissant de joie, sur un trophée d'ossements et de cadavres. Le *morse* ou *hvalross*, armé d'énormes défenses dont l'ivoire est caché sous une couche de limon de mer, grimpe aux rochers. Les animaux terrestres sont le renne timide, qui broute la mousse des rochers; le renard, et d'innombrables oiseaux de mer qui viennent pendant quelques moments peupler ces îles solitaires, et se retirent dès que le jour polaire finit. Les Russes d'Arkhanger ont formé des établissements pour la chasse en plusieurs endroits du Spitzberg. Des navigateurs de différents pays vont pêcher les baleines, qui commencent à être moins nombreuses sur les côtes du Spitzberg. La baleine ressemble à la morue, quant à la forme : elle a les yeux petits, la peau du dos brunâtre et marbrée, le ventre blanc, et deux trous sur la tête, par lesquels elle rejette l'eau qu'elle pompe en respirant. La femelle produit quelquefois deux baleines de la même portée ; et une baleine, au moment de sa naissance, à environ 10 pieds de longueur. Le morse est plus nombreux et plus facile à attaquer. Sa peau, qui sert à suspendre les voitures, et ses dents, plus compactes que celles de l'éléphant, sont des objets qui attirent souvent au Spitzberg des colonies temporaires russes. Cette région polaire offre encore une curiosité : c'est la prodigieuse abondance de troncs d'arbres que la mer apporte sur ses côtes et sur les terres arctiques voisines : les baies en sont remplies. Ces troncs paraissent avoir été entraînés par les grands fleuves d'Asie et d'Amérique. Les uns sont apportés du golfe du Mexique par le fameux courant de Bahama, les autres sont poussés par le courant qui, au nord de la Sibérie, porte constamment de l'est à l'ouest. On fait d'excellents bois de construction de quelques-uns de ces gros arbres dépouillés de leur écorce par le frottement.

Sedunum, vel Sectodunum, Sion, Sitten, chef-lieu du canton du Valais (Suisse). Cette ville traversée par la Sionne, qui se jette près de là dans le Rhône, est assise au pied de deux rochers isolés d'un aspect assez sauvage ; l'un de ces rochers est couronné d'une vieille église et du château Valérie, qui est encore habité, quoiqu'il date du temps des Romains ; l'autre rocher, qui est plus élevé que le premier, supporte sur sa croupe le château Tourbillon, et sur sa base celui de Majorie, qui servait autrefois de résidence à l'évêque ; aujourd'hui ils tombent tous les deux en ruines. La situation de Sion, dans la belle vallée du Rhône, à l'endroit de sa plus grande largeur, est une des plus riantes de la Suisse. Les coteaux de vignes, les champs bien cultivés, les prairies émaillées et les arbres fruitiers dont cette ville est entourée lui donnent un aspect extrêmement pittoresque, qui est même rendu imposant par les montagnes élevées qui dominent la vallée de tous les côtés. L'intérieur de Sion est cependant loin de répondre à son extérieur. Les fossés profonds, les hauts remparts et les fortes murailles qui ceignent cette ville, les rues étroites, tortueuses, mal pavées et sales, qui la traversent, la rendent sombre et désagréable, en même temps que le peu de circulation de l'air y rend le séjour malsain. Sion renferme néanmoins une grande place, appelée le Grand-Pont, entouré de plusieurs bâtiments particuliers très-élégants. La cathédrale est d'une belle architecture gothique. On lit plusieurs inscriptions romaines sur ses murs, et son intérieur renferme quinze autels et un grand nombre de tombeaux. L'église de Saint-Théodule est un monument digne d'attention. L'hôtel de ville est un beau morceau d'architecture du moyen âge. Les *Calendes*, tour qui date du règne de Charlemagne, servent aujourd'hui d'habitation aux quatre grands dignitaires du chapitre épiscopal. La *Tour des chiens* se trouve sur le défilé qui conduit aux ruines du château Tourbillon. C'est dans cette tour que furent détenus et secrètement mis à mort, en 1308, vingt citoyens, bons patriotes, qui s'opposèrent à l'assujettissement du Valais, que le duc de Savoie avait résolu. L'hôpital est administré par une prieure et huit sœurs de la congrégation des sœurs de la Miséricorde, qu'on nomme ici sœurs Blanches. Tout malade, soit de la ville, soit de la campagne, et même tout étranger passant, y est reçu et bien soigné. Immédiatement hors de la ville on rencontre le couvent des Capucins, habité par dix religieux de cet ordre ; il est remarquable par sa charmante situation.

Sion est le siège du gouvernement de l'évêque et de son chapitre, et c'est là que résident aussi les familles les plus distinguées du canton. Néanmoins il y a peu de sociabilité et encore moins de ressources dans cette ville, où les étrangers sont cependant accueillis avec beaucoup d'urbanité.

Rien de plus agréable que les sites champêtres qui se trouvent dans les environs de Sion. On les parcourt avec délices, comme un jardin anglais, qui présente à tout moment des variations nouvelles. Les promenades les plus intéressantes sont toutefois celles qui se rencontrent entre la ville et le Rhône, et celles qu'offrent les coteaux connus sous le nom de Mayens de Sion, qui se trouvent au delà de ce fleuve. On jouit dans les hameaux et dans les maisons de campagne, qui sont situés sur ces coteaux, d'un air pur et libre, en même temps qu'on plane sur une campagne riante. Les plus beaux points de vue des environs de Sion se découvrent néanmoins près des châteaux de Valerie et de Tourbillon. Le chemin qui conduit à ce dernier est taillé dans le roc.

Sion est à 600 mètres au-dessus du niveau de la mer. La population est d'environ 3000 habitants. La ville et le canton sont catholiques. L'évêque, au moyen âge, était prince du haut et bas Valais, électif et suffragant de l'archevêque de Tarentaise. Le Valais était allié des Suisses ; il a depuis été admis au nombre des cantons, et fait partie de la Diète fédérale. — L'évêché de Sion date de 581. Avant cette époque le siège épiscopal était à Octodurum. Cette ville compte dix églises. Les Français la prirent d'assaut en 1798. On récolte du vin dans les environs. Elle est à 80 kil. sud-est de Lausanne, et 80 sud de Berne. Le goître est une infirmité commune dans ce canton, surtout dans le bas Valais ; on l'attribue à la qualité de l'eau et à l'insalubrité du climat.

Sextiæ Aquæ, Aix, ville de France, chef-lieu de canton et d'arrond. du dépt. des Bouches-du-Rhône;

siège d'un évêché au IVe siècle, érigé dans le VIIIe siècle en archevêché, et auquel on a joint, par le concordat de 1801, ceux d'Arles et d'Embrun. Sa circonscription renferme le deuxième et le troisième arrond. du dépt. des Bouches-du-Rhône. Il a pour suffragants Marseille, Fréjus, Digne, Gap, Ajaccio, Alger.

Cette ville doit son nom d'*Aquæ Sextiæ* au proconsul C. Sextius Calvinus, qui l'a fondée, ou du moins qui l'a restaurée et agrandie. Strabon assure que ce général romain, qui avait passé les Alpes en 630 (av. J. C. 123) et avait vaincu près de là les Salyens, y fit bâtir une forteresse où il mit garnison romaine pour préserver le territoire de Marseille des incursions des Gaulois. (Strab. *Geogr.* l. IV. *Vid.* et *Epitom.* lib. LXI Livii; Solin. cap. VIII, in fine; Vell. Paterc., cæterosque romanos scriptores historicos. Ptolémée la nomme Ἴδακα Σέξτια Κολονία, et Plutarque, *in Mario*, Ὕδατα Σεξτίλια.) Cette ville, qui fit d'abord partie de la Viennoise, sous la métropole de Vienne, fut, sous Honorius, réunie à la seconde Narbonnaise, et devint métropole civile. Elle ne devint métropole religieuse qu'en 878, sous la primatie d'Arles. Le siège d'Aix cependant est beaucoup plus ancien. Une tradition du pays lui donne pour premier apôtre et évêque saint Maximin, un des soixante-douze disciples de Jésus-Christ, en lui adjoignant pour compagnon de son apostolat saint Sidoine ou Célidoine, qu'on prétend être l'aveugle-né de l'Évangile. Mais en 1801, par suite du concordat passé entre le pape Pie VII et Napoléon Bonaparte, premier consul de la république française, l'archevêché d'Arles ayant été supprimé, son titre fut ajouté à celui d'Aix. Plus tard, le 6 octobre 1822, la bulle du pape qui fixait les nouvelles limites des diocèses de France attacha encore au siège d'Aix le titre d'Embrun, qui en 1801 avait été réuni avec celui de Vienne à l'archevêché de Lyon. Parmi les archevêques d'Aix, on en compte deux qui sont reconnus pour saints, un pape, huit cardinaux, un patriarche de Jérusalem, etc.

L'archevêché d'Aix renfermait jadis 84 paroisses, et l'archevêché d'Arles 51. Aujourd'hui l'on y compte douze cures, dont six de première classe, pour l'arrond. d'Aix, et dix, dont trois de première classe, pour celui d'Arles. L'arrondissement d'Aix renferme 61 succursales et celui d'Arles 35. On y trouve en outre vingt-deux vicariats, chapelles vicariales, etc. Aix renferme quatre congrégations religieuses de femmes, autorisées; les hospitalières de Notre-Dame-de-Grâce, les Ursulines, les Carmélites et les sœurs du Saint-Sacrement.

On conservait dans la cathédrale quelques précieuses reliques. Le trésor renfermait une statue d'argent de la sainte Vierge, de grandeur naturelle, et une rose d'or que le pape Innocent IV avait envoyée à Raymond Bérenger, comte de Provence (1).

(1) Cette rose est une de celles que le pape bénit tous les ans, le dimanche de *Lætare*, et qu'il envoie

Dans l'église des Carmes, on voyait un vieux tableau peint de la propre main du roi René.

Le siège épiscopal d'Aix était autrefois placé dans l'église qui, du nom de *Sedes episcopalis*, a pris le nom de Notre-Dame-de-la-Seds. Le chapitre l'avait abandonnée durant les guerres du XIe siècle, pour aller s'établir dans l'endroit de la ville le plus peuplé. Il la donna aux Minimes en 1556. Les Capucins avaient dans leur église le *Crucifix inexpugnable*, fort célèbre dans la ville d'Aix et aux environs. — La chambre souveraine ecclésiastique d'Aix était une des sept qu'établit Henri III en 1580. Elle avait dans son ressort, outre la métropole d'Aix, celle d'Arles et treize autres diocèses : Apt, Gap, Fréjus, Riez et Sisteron, suffragants d'Aix ; Marseille, Toulon et Orange, suffragants d'Arles ; Digne, Glandèves, Grasse, Senez et Vence, suffragants d'Embrun, c'est-à-dire toute la Provence, la principauté d'Orange, et le diocèse de Gap en Dauphiné. Les diocèses des villes d'Avignon, Carpentras, Cavaillon et Vaison, quoique leurs capitales appartinssent au pape, n'étaient pas moins du ressort de la chambre ecclésiastique d'Aix, mais seulement pour les paroisses sujettes du roi de France. Cette chambre, présidée par l'archevêque d'Aix, connaissait de tous les appels des taxes imposées par les bureaux diocésains, ainsi que de toutes les sentences de ces mêmes bureaux, dans les cas où la somme dépassait 20 livres. Elle décidait en dernier ressort et sans appel ultérieur tous les différends concernant les décimes et les subventions du clergé.

La généralité d'Aix s'étendait sur tous les évêchés de Provence, c'est-à-dire Aix, Apt, Arles, Digne, Fréjus, Glandèves, Grasse, Marseille, Riez, Senez, Sisteron, Toulon et Vence. Le receveur provincial d'Aix résidait ordinairement à Marseille. Les receveurs diocésains lui remettaient les sommes qu'ils recevaient des bénéficiers ou du clergé de leurs diocèses respectifs. Ce receveur provincial transmettait ensuite ces diverses sommes au receveur général du clergé à Paris.

Il s'est tenu à Aix un concile provincial par Alexandre Canniaginus, archevêque de cette ville (septembre 1585). Il était assisté des évêques d'Apt, de Gap, de Riez et de Sisteron, ses suffragants, et du grand vicaire de l'évêque de Fréjus. Il s'y fit plusieurs règlements de discipline ecclésiastique assez semblables à ceux du concile de Bourges de l'année précédente (1584). L'archevêque Huraut, en 1612, assembla les suffragants pour censurer le livre *De la puissance ecclésiastique*, d'Edmond Richer.

L'université d'Aix, établie en 1409 par le pape Alexandre V, et confirmée en 1413 par Louis II, comte de Sicile, alors comte de Provence, fut rétablie en 1603 par Henri IV, roi de France, qui lui accorda de nouveaux privilèges, approuvés et augmentés encore par Louis XIII en 1632, et par celui des princes chrétiens qui a le mieux mérité de la religion dans l'année qui vient de s'écouler.

(*Note de l'auteur.*)

Louis XIV en 1660, 1689 et 1712. Elle était composée de trois facultés : théologie, jurisprudence et médecine : l'archevêque d'Aix en était le chancelier-né. Aujourd'hui l'académie d'Aix, substituée à l'ancienne université, comprend les départements des Bouches-du-Rhône, des Basses-Alpes, du Var et de la Corse. On y compte, à Aix, une faculté de théologie et une de droit; à Marseille, un collége royal. Dans le ressort : seize colléges communaux, cinq institutions, quarante et une pensions, deux écoles normales primaires, 1659 écoles primaires.

Les curiosités principales de cette ville aujourd'hui sont la cathédrale (au titre de Saint-Sauveur-de-la-Transfiguration) : son baptistère octogone, qu'on croit avoir été un temple d'Apollon, est un des plus précieux restes de son antiquité païenne; la Tour de l'Horloge, la Fontaine de l'hôtel de ville, avec sa colonne antique de granit; l'obélisque de la place du Palais, les greniers publics, ornés d'un fronton remarquable de Chastel; le nouveau Palais de justice, bâti sur l'emplacement de l'ancien, et plusieurs monuments romains. L'église gothique de Saint-Jean, qui était autrefois possédée par l'ordre de Malte, renferme les tombeaux de plusieurs comtes de Provence. On remarque encore le Cours où se trouve la statue du roi René, dont la mémoire est restée populaire dans les provinces jadis soumises à sa douce et paternelle domination. Cette statue fut élevée en 1819. La bibliothèque de la ville, dite de Méjanes, est célèbre, et mérite de l'être, par le choix et le nombre des volumes et des manuscrits qu'elle contient. La population d'Aix est de 27,000 hab. On l'a surnommée l'Athènes française. La Martinière affirme avec naïveté qu'on trouvait à Aix de son temps des gens de mérite : nous n'en doutons point, mais quand il ajoute que le plus renommé des cabinets d'antiques de la ville avait été rassemblé par un maréchal-ferrant, nommé Reboul, ce nom, peut-être un peu altéré par l'illustre géographe, nous a rappelé celui du poétique boulanger de Nîmes; et nous avons conclu que la Provence, qui s'était plu à faire germer un antiquaire sous le tablier du forgeron, n'en était pas à son premier miracle quand elle fit naître à l'ombre du pétrin ce poète de premier ordre qui faisait des pains, et qu'on avait pris d'abord, à Paris, pour un boulanger qui faisait des vers.

A 4 kil. ouest de cette ville, on trouve la vallée pittoresque du Tholonet, semée de ruines romaines, et au delà le mont Sainte-Victoire (haut. 1000 mètres), ainsi nommé de la victoire remportée sur les Cimbres et les Teutons par Marius, 102 ans avant Jésus-Christ. Cette bataille est connue sous le nom de *bataille d'Aix*.

Silva Jorana, vel Jotrensis, Jouarre, paroisse du diocèse et de l'arrond. de Meaux, canton de la Ferté-sous-Jouarre, départ. de Seine-et-Marne. — Ce fut au commencement du VII° siècle que saint Colum ban, chassé du royaume de Bourgogne, et cherchant un asile à la cour d'Austrasie, passa dans le village d'Ussy. Il y fut bien accueilli par Authaire, seigneur du lieu. En reconnaissance le saint bénit Authaire et ses deux enfants, Adon et Dadon. Dagobert Ier, qui régnait alors, honora les deux jeunes gens de sa bienveillance, et leur confia les premières charges du royaume. Mais Adon, bientôt dégoûté des vaines pompes du siècle, résolut de consacrer le reste de ses jours à la prière. En conséquence il bâtit un monastère dans l'épaisseur des bois de Jouarre, nommés *Joranus saltus* ou *Silva Jotrensis*, qui lui appartenaient, s'y retira et rompit tout commerce avec les hommes, pour n'avoir plus de société qu'avec Dieu. Son exemple eut des imitateurs. De jeunes seigneurs abandonnèrent la cour pour suivre Adon dans sa retraite; de ce nombre furent Agilbert, qui occupa depuis les siéges épiscopaux de Dorchester, en Angleterre, et de Paris; et Ebrigisile, qui fut évêque de Meaux. Quelques femmes marchèrent sur les traces de ces saints personnages. Elles étaient, pour la plupart, les parentes du fondateur; elles mirent à leur tête une religieuse de Faremoutier, nommée Thelchilde ou Théodechilde, qui était sa cousine germaine. Ainsi, dans son principe, le monastère de Jouarre renferma des religieux et des religieuses. Rien n'était plus fréquent que ces associations pieuses, et elles avaient lieu sans produire le moindre scandale. — Aux pieux solitaires qui habitèrent d'abord la retraite de Jouarre, succédèrent, dès le VIIe siècle, des moines qui veillaient aux besoins spirituels du monastère, mais sous la domination des religieuses. Dans le commencement du XIIIe siècle, ces moines avaient eux-mêmes été remplacés par des clercs séculiers qui prirent bientôt le titre de chanoines, ou du moins à qui les religieuses conférèrent ce titre, sans doute pour donner plus d'éclat à leur couvent. Mais, dans le XVe siècle, les chanoines prétendirent qu'ils remplaçaient les anciens fondateurs, et résolurent de s'emparer du monastère, d'en chasser les religieuses, ou, tout au plus, de ne les y tolérer que comme leurs subordonnées.... De là naquit un malheureux procès qui dura plus de trois cents ans, et ne fut terminé qu'en 1704. Défenses furent faites aux chanoines de prendre à l'avenir d'autres titres que celui de chapelains, et de se considérer autrement que comme les dépendants des dames de Jouarre. Ces dames eurent aussi un long procès contre les évêques de Meaux : elles se croyaient exemptes de la juridiction épiscopale, pensant que leur monastère relevait immédiatement du saint-siège. Cette discussion, qui avait commencé dans le XIIIe siècle, ne fut terminée qu'en 1690, sous Bossuet. Ce prélat obtint un arrêt du parlement qui le maintenait, lui et ses successeurs, dans le droit de gouverner le monastère de Jouarre et d'y exercer la juridiction épiscopale sur l'abbesse, les religieuses, comme sur le clergé, le chapitre, le curé, le peuple et la paroisse du bourg.

Un ancien auteur (1) prétend que, quand Adon fonda son monastère dans ce lieu, Jouarre était une retraite de voleurs ; ce qu'il y a de certain, c'est que l'existence de l'abbaye précéda celle de la commune qui ne consista d'abord que dans les habitations des gens qui servaient au couvent. Selon le plus grand nombre, le nom de Jouarre dérive de *Jovis ara* ou *Jovis atrum* ; mais s'il n'est pas hors de vraisemblance que l'on ait édifié un autel ou un temple sur une colline, au milieu d'une forêt, puisque tels étaient les lieux que les anciens affectionnaient pour offrir leurs sacrifices, il est au moins douteux que l'autel ait été primitivement consacré à Jupiter ; car le culte de cette divinité ne s'est introduit dans les Gaules qu'après la conquête de Jules César. Nos ancêtres, dans leur langage tudesque, appelaient Teutatès le maître du tonnerre, et il n'y a rien dans ce nom qui ressemble à celui de Jouarre. Enfin les plus anciens auteurs appellent ce lieu *Jotrum* et *Joranus saltus*, ce qui annonce un pays couvert de bois. Jouarre paraîtrait n'être qu'une corruption de *Joranus*.

Le bourg de Jouarre est situé au sommet d'une montagne, dont le Petit-Morin environne la base, de l'est au nord. De ce point on découvre un horizon immense, et la vue plonge sur un des plus riches, des plus variés et des plus agréables paysages de la Brie. Le bourg conserve encore beaucoup de traces de sa gothique origine ; l'on y voit plusieurs maisons dont le premier étage, avançant sur la voie publique, supporté par de massifs pilastres ou par des piliers, forment une sorte de galerie basse à l'instar de celle que l'on nomme les Piliers des Halles, à Paris. — La principale place est très-irrégulière et assez vaste ; les rues sont étroites et mal alignées. — L'église paroissiale est un édifice du XVe siècle ou à peu près ; c'était une collégiale desservie par treize chanoines, à la nomination de l'abbesse du monastère. Le curé avait la première dignité. Les chapelains de l'abbaye formaient une communauté ; ils jouissaient d'une partie de la dîme et de la seigneurie de Jouarre. Dans l'ancien cimetière de cette église est l'antique monument connu sous le nom de Sainte-Chapelle de Jouarre ; c'est un petit édifice en forme de crypte, auquel est adossée une autre chapelle souterraine. On y descend par un degré de cinq marches, qui conduit à un parvis soutenu par des murs en terrasse, de là on parvient dans l'enceinte par un autre degré de neuf marches. La voûte est supportée par six colonnes corinthiennes, dont deux sont d'albâtre cannelées, deux de jaspe, et deux de porphyre ; toutes surmontées d'une corniche d'un dessin différent. On y entrait jadis du couvent par un long souterrain éclairé par deux soupiraux. On prétend que les premiers chrétiens se rassemblaient dans ce lieu pour y célébrer les mystères, et que plusieurs y souffrirent le martyre. Cette enceinte renferme sept tombeaux que l'on croit être ceux du fondateur du monastère, de sainte Telchide et d'autres saints personnages. Cette chapelle était recouverte par une église qui était, à ce que l'on assure, l'ancienne paroisse du bourg. Elle subsistait en 1539 ; mais, en 1692, on en enleva l'autel afin de forcer les chapelains à descendre dans les chapelles souterraines pour y célébrer la messe. Il se fait encore, le mardi de la Pentecôte, à cette chapelle, un pèlerinage où se rassemble un grand concours de peuple. — L'église de l'abbaye était longue et étroite ; elle avait été détruite dans les troubles civils ; rebâtie de nouveau, elle fut dédiée, en 1588, par Henri le Mignon, évêque de Digne. En 1155, il se tint à Jouarre un concile contre les meurtriers de Thomas de Villeneuve, prieur de l'abbaye Saint-Victor de Paris, tué près de Gournay-sur-Marne, par les neveux de Thibault, archidiacre de Paris. Ce concile, auquel assistèrent les archevêques de Reims, de Rouen, de Tours et leurs suffragants, fut convoqué par Geoffroy, évêque de Chartres, légat du saint-siége, à la sollicitation d'Etienne, évêque de Paris. — En 1572, Charlotte de Bourbon, fille de Louis de Bourbon, onzième du nom, duc de Montpensier, et de Jacqueline de Longvic, trentième abbesse de Jouarre, n'avait point encore fait profession ; lorsque Louise de Longvic de Gigry, sa tante, lui résigna l'abbaye. On prétend qu'elle avait été amenée à Jouarre quinze jours après sa naissance, mais que telle était sa répugnance pour l'état monastique que l'orgueil ou l'ambition de ses parents voulait lui faire embrasser, qu'en prononçant ses vœux elle protesta, par un acte devant notaire, qu'elle n'agissait que par contrainte. Les opinions de Calvin se répandaient alors en France ; Charlotte de Bourbon, dans le dessein sans doute de recouvrer plus de liberté, adopta ces opinions, et fit partager sa manière de penser à plusieurs de ses religieuses. Après avoir réuni des sommes assez considérables, en vendant ou en échangeant des biens qui appartenaient au monastère, elle s'enfuit secrètement avec ses adhérentes. Les fugitives se retirèrent d'abord à Heildelberg, sur les terres de Frédéric III, électeur palatin, où elles apostasièrent pour embrasser ouvertement le calvinisme. Le duc de Montpensier, zélé catholique, écrivit à l'électeur pour lui redemander sa fille ; mais l'électeur éluda, et, sur la demande expresse du roi, il répondit qu'il ne consentirait à la rendre que sous la condition expresse qu'elle aurait pleine liberté de conscience. Mais le père ne voulut rien promettre. Charlotte passa ensuite à Brielle, où elle épousa, le 10 juin 1574, Guillaume de Nassau, prince d'Orange, fondateur de la république de Hollande, dont elle fut la troisième épouse. Elle devint mère de six filles, dont une, rentrée dans le giron de l'Église, mourut en odeur de sainteté, abbesse de Sainte-Croix de Poitiers, en 1640. — L'abbesse de Jouarre jouissait de plu-

(1) Yèpes, *Chronique de Saint-Benoît.*

DICTIONNAIRE DE GÉOGRAPHIE ECCL. II.

sieurs priviléges considérables ; elle était dame du lieu, où elle avait droit de justice ; elle présentait à plusieurs cures ; dans le diocèse de Meaux et à quelques autres, dans les diocèses de Noyon, de Chartres et de Soissons, nommait de plein droit les chapelains d'un grand nombre de chapelles, tant dans le bourg que dans d'autres paroisses... Plusieurs saints personnages, et ensuite plusieurs femmes, appartenant aux premières familles du royaume, ont gouverné ce monastère. L'abbaye de Jouarre a été supprimée en 1792 ; son église, ses bâtiments sont en grande partie démolis ; il n'en reste plus que l'abbatiale qui forme une maison particulière. — L'hospice de Jouarre date d'une haute antiquité, mais on ignore l'époque précise de sa fondation. En 1228, Théobald ou Thibault, prieur de la Charité, donna, du consentement des parties, à la Maison-Dieu de Jouarre, ce que le monastère de Reuil avait au moulin de Comporté. En 1315, Marguerite, femme de Gaucher de Châtillon, abandonna, par son testament, *aux pauvres de l'ostellerie Notre-Dame de Jeurre*, vingt sols. — En 1696, on joignit à cet hospice la maladrerie du *Ru de Vérou*; aujourd'hui qu'il contient vingt lits, il est desservi par cinq sœurs de Saint-Vincent-de-Paul, qui s'occupent en même temps de l'instruction des jeunes filles pauvres. Les dames hospitalières acceptent toutes les charges lorsqu'il s'agit de faire une bonne œuvre.

Avant la révolution, Jouarre était le siége d'un bailliage seigneurial et d'une châtellenie qui ressortissaient au bailliage de Meaux. Il y avait aussi, sur la commune, trois manoirs féodaux qui étaient : 1° celui de Perreuse, à un quart de lieue sud-ouest de Jouarre, dans un petit vallon, près de la commune de Signy-Signet, dont il est séparé par des bois qui joignent à l'ouest la forêt de Mant. L'on y trouve encore un étang considérable qui porte son nom. 2° Celui de Nolongues, dans le hameau de ce nom, plus au sud et à une demi-lieue de Jouarre, dans une plaine basse environnée de bois, où se trouvent quelques étangs, et qui est bornée à l'ouest par le grand étang de Villiers et celui de Bibertault. La chapelle de ce château avait été fondée en 1545, par Abel le Roi qui en était le seigneur. 3° Enfin celui de Moras.

On ne compte pas moins de douze hameaux qui dépendent de la commune de Jouarre ; ce sont, au nord et sur la rive droite du Petit-Morin ; ceux de Courcelles et de Vaury, placés entre cette rivière et la grande route de Paris à Châlons-sur-Marne; Roumini et le Mont, au sud-est sur la rive gauche du Petit-Morin. Les Corbières, à l'ouest dans une plaine, au pied de la montagne de Jouarre. Vorpillière, à l'est sur le bord de la route de Paris à Châlons. Les Grands-Carrois, au nord de Nolongues, et les Petits-Carrois, plus au nord encore sur le penchant d'un coteau. Dans cette même plaine basse entrecoupée de bois, de marécages et d'étangs qui environnent au midi la montagne de Jouarre, on trouve encore les hameaux de la Borde-du-Bois, l'Île ou la ville Jourdain, la Mazure-Michel, les Grands et les Petits Cléréts, et les fermes ou habitations isolées de la Choqueuse, des Grands et Petits Bibertaults, des Laquais, de la Hideuse, de l'Hôtel-des-Bois ; les Grand et Petit-Belleaux, etc.; etc. Enfin, sur le plateau de Jouarre, la ferme de la Grange-Grenier ou Gruyère ; et sur le bord du chemin de Jouarre à la Ferté, le château de Vanteuil, auquel on parvient par une avenue de Tilleuls.

La population totale de Jouarre est de 2,880 âmes. Il se tient dans ce bourg trois foires par an, le mardi de Pâques, le mardi de la Pentecôte, et le deux novembre. Il est à 4 kil. sud de la Ferté; à 20 kil. à l'est de Meaux, et à 64 kil. nord-est de Melun; son territoire plus étendu au midi se compose de terres labourables, de bois, de prairies ; il s'y rencontre une grande quantité d'étangs.

Simarina, Sigmaringen, petite ville d'Allemagne, chef-lieu de la principauté de Hohenzollern-Sigmaringen, résidence du prince. Ce bourg est situé sur le Danube; à 92 kil. sud de Stuttgard. Popul. 1,600 habitants. Le château, sans être précisément beau, est vaste et considérable. La population de la principauté est de 57,052 âmes. Les revenus du prince sont de près de 500,000 fr. — La maison de Hohenzollern est la branche aînée de la maison royale de Prusse. Tassilon, comte de Zollern, mourut vers l'an 800: Rodolphe II, qui en descendait dans la neuvième génération, laissa deux fils, Frédéric IV et Conrad. Frédéric IV hérita des biens paternels ; il est la souche des princes de Hohenzollern, comme Conrad est celle des rois de Prusse. Eitel-Frédéric IV, descendant au huitième degré de Frédéric IV, fut revêtu, en 1507, de la charge de camerier ou chambellan héréditaire de l'empire, que les princes de Hohenzollern ont exercée jusqu'à la dissolution du corps germanique. Il acquit la seigneurie de Haigerloch, en échange contre celle de Ræzuns. Charles-Quint conféra à son petit-fils, Charles Ier, les comtés de Sigmaringen et Vœhringen. Ses deux fils, Eitel-Frédéric VI et Charles II, fondèrent, en 1576, les deux lignes de Hœchingen, et Sigmaringen, qui se sont perpétuées. En 1623 les deux lignes furent élevées au rang de prince, et en 1653 l'aînée obtint voix et séance à la diète. Celle de Sigmaringen ne l'eut qu'en 1803. Les chefs des deux lignes eurent part à la fondation de la confédération du Rhin; celui de la branche de Sigmaringen obtint à cette époque quelque agrandissement. Depuis ce temps tous les membres de la famille portent le titre de prince, qui auparavant n'appartenait qu'au chef, tandis que les princes puînés se qualifiaient de comtes. Les princes de Hohenzollern se nomment aussi bourgraves de Nuremberg, à cause d'une confraternité héréditaire qu'ils ont érigée en 1695 avec la maison de Brandebourg. Ils sont de la religion catholique. Les deux branches appartiennent à la confédération germanique, et occupent, avec les maisons de Lichtenstein, Reuss, Schaumbourg-Lippe, Lippe et Waldeck; la seizième place à la diète; dans l'assemblée générale, elles ont deux voix viriles, les vingt-cinquième et vingt-septième.

La principauté de Hohenzollern-Hœchingen a une surface de 6 m. c. g. (16 l. c.) et une population de 14,000 âmes. On estime les revenus du prince à 165,000 fr. Il réside à Hœchingen.

Solitudo Sancta, Aïn-Madhi, ville frontière du désert de Sahara en Afrique, place forte dont l'émir est feudataire de la France. — La chaleur, au mois de mai, pendant le jour, est de 40 degrés à l'ombre. C'est la cité la plus commerciale des confins du désert, et comme une tribu de Lévi mahométane, concentrée dans une seule enceinte. — Le marabout qui la commande n'y souffre, à titre d'habitant, aucun étranger. — La cité que régit le marabout est, pour les Musulmans, une espèce de commanderie ou chef d'ordre religieux et politique, dont les succursales sont dispersées dans les villes africaines. — Aïn-Madhi est en quelque sorte la ville sainte de la partie septentrionale du désert. Il court, parmi les tribus arabes, beaucoup de récits merveilleux qui la concernent. Elle touche par le désert à l'Afrique centrale dont le plateau ne s'élève pas à plus de 400 mètres au-dessus du niveau de la mer.

Sparsa Aqua, Aigue-Perse, petite ville du diocèse de Clermont-Ferrand, départ. du Puy-de-Dôme. C'est un chef-lieu de canton de l'arrond. et à 15 kil. nord-est de Riom, qui compte onze communes. Cette ville est bâtie sur la rivière de Béron. L'église paroissiale est assez remarquable, et on y voit un tableau qui mérite l'attention. Il y a une source minérale acidule, on y fabrique de la toile. Le poète J. Delille est né à Aigue-Perse. Dans les environs se trouve le château de la Roche, où naquit le chancelier de l'Hospital. La population est de 4000 habitants environ.

Aigue-Perse, paroisse du diocèse de Lyon, départ. du Rhône, canton, et à 3 kil. nord-ouest de Monsols, arrond. de Villefranche, à 40 kil. de cette ville. Il s'y fait un commerce de fil et de bestiaux. Les habitants sont au nombre de 1250.

Suaneti, les Suânes. D'origine géorgienne ou grusienne, ils forment une peuplade de la Circassie ou Tscherkessie, dans la Russie asiatique. Outre leur langage qui est un dialecte grusin, et leur religion, ils n'ont rien conservé des Géorgiens dans leurs mœurs. C'est une peuplade malpropre et abandonnée au brigandage, à laquelle cependant on ne peut disputer le courage. Ils mettent deux ou trois vêtements sales l'un sur l'autre, mais point de chemise; la poitrine, l'avant-bras et le genou à découvert comme les Ecossais; ils portent une espèce de tablier; des bandes de draps leur servent de bas et de souliers; ils ont la tête nue; les cheveux crépus, sont couverts d'un bonnet iméréthien. Les femmes portent des surtouts de lin étroits et longs, boutonnés par-devant; leur visage couvert d'un voile épais n'a d'ouverture que par un seul œil. Cependant le Suâne conserve le sens droit et ouvert, et développe des facultés intellectuelles. Il fabrique du gros drap, des armes et de la poudre à canon, et travaille tous les métaux dont ses montagnes abondent; et même l'or et l'argent. Ils cultivent moins le grain: l'éducation des bestiaux en revanche captive leurs soins; et ils font écouler les produits de leur sol et de leur industrie principale dans les places commerciales de la mer Noire, ou chez leurs voisins, avec lesquels ils trafiquent aussi pour des esclaves, ou, s'il se peut, volent pour fournir à ces marchés. — Leur pays, appelé *Suaneti*, est situé sur les hauteurs des montagnes du Caucase, entre les Abazes, les Basianes et les Besléniens, d'un côté; et de l'autre, entre la Mingrélie, l'Imeréthi et la Grande-Abazie, et s'étend à l'est jusqu'au pied de l'Elbrouz, au delà duquel ils habitent encore le village Khulam. On compte environ 5000 familles distribuées en races, dont chacune a son chef; au reste ils demeurent dans de petits villages, ou isolément par familles; mais leurs vallées sont les plus inconnues de toutes celles du Caucase. Les Tscherkesses appellent les Suânes *Sona*, les Basiens *Ebse*. — Dans ces vallées, les chefs de famille et les nobles accordent cependant une hospitalité splendide aux voyageurs qui leur sont adressés, ou qui par hasard traversent leur pays. La description de leurs habitations, de leurs repas, de leurs usages, rappellent ces mœurs et ces coutumes féodales des montagnes de l'Ecosse, avec lesquelles Walter-Scott nous a familiarisés. Les vastes salles de réception, des lits de camp couverts de tapis et de coussins, les immenses troncs de chênes réunis sur le foyer qui occupe le centre de la chambre, les bancs longs sur lesquels de nombreux domestiques viennent manger les énormes morceaux de *gomi* (pâte chaude de millet), le mouton et les volailles rôties, les vastes gamelles remplies de morceaux de chevreau ou de bouc, les fromages de lait de chèvre, et les grandes galettes de farine de maïs, tenant lieu d'assiettes et de pain, les serfs servant d'échansons et versant aux hôtes un vin rude et vigoureux, soit dans des cornes de *touri* (bouquetin du Caucase), soit dans des *coulas* (vases de bois creusés et garnis d'argent), toute la famille et les amis participant au joyeux repas, et remplacés bientôt par la foule des valets et des pauvres habitants admis à prendre place pour en dévorer les restes; toute cette magnificence rustique des chefs de famille, le caractère généreux, l'ignorance et la sorte de rudesse qui les distinguent pour la plupart, retracent cet esprit, ces usages de la féodalité européenne qui s'étaient maintenus presque jusqu'à nos jours dans l'antique Calédonie, et dont la peinture imprime aux compositions du barde écossais un cachet si original.

Suilla Gens, la nation Toungouse. Les Toungouses, de race Mandschoue, sont un peuple de la Russie asiatique; ils s'appellent eux-mêmes *Avoënnes* et *Donka*, quelquefois aussi *Tougboie* (hommes); les Ostiaks et les Tartares d'Iéni-séi k. ainsi que les Russes, les nomment *Toungouses*, ce qui veut dire *pourceaux*, en langue tartare, dénomination que les orgueilleux Tartares leur ont donnée pour désigner leur soumission, ou peut-être leur malpropreté. Les vastes déserts dans lesquels ils nomadisent aujourd'hui s'étendent de l'ouest à l'est, depuis l'Iénisséisk, en traversant la Léna jusqu'à l'Amour, et à la mer Orientale, du sud au nord. Ils occupent du 58° au 65° de lat. nord, par conséquent ils n'approchent point des frontières de la Zungorie ou Dzoungarie, ni des côtes de l'Océan glacial Arctique. — Ce peuple, très-accommodant, a admis dans son territoire les Ostiaks, les Samoïèdes et les Yakoutes. Les contrées que nous venons de mentionner sont en plus grande partie situées dans le gouvernement d'Irkoutsk; un petit nombre de Toungouses sont regardés comme étant de la prov. de Tomsk. Les Ostiaks d'Iénisséisk ont fait connaître ce peuple aux Russes. Au dernier dénombrement ils consistaient en 16,000 mâles, et 50,000, en comptant les femmes et enfants. Les Toungouses qui nomadisent vers les côtes de la mer Orientale, sont connus sous le nom de *Lamoutes*.

Les Toungouses, d'une taille médiocre et d'une grande agilité, se distinguent par de petits yeux et une physionomie très-riante, par leur chevelure noire et longue, qu'ils laissent pendre naturellement autour de leur tête, d'une longueur uniforme. Leur visage est plus aplati et plus gros que celui des Mongols. Ils ont peu de barbe, plusieurs n'en ont pas du tout. Les vieillards conservent longtemps leur fraîcheur et toute leur force. Francs, sincères, d'un caractère ouvert, et détestant tout mensonge, ils ne jurent jamais, et croient que leur parole doit suffire. Le vol et la fraude sont inconnus parmi ce peuple. Les Toungouses errent avec leurs troupeaux : il est rare que leurs tentes restent plus de six jours au même endroit; il faut qu'ils les changent de place, ne fût-ce que pour les porter à vingt pas de distance; mais à la vérité c'est pendant la saison de la pêche, et dans le temps qu'ils recueillent des baies dans les lieux solitaires, éloignés de ceux qu'habitent les Cosaques. Ils déposent dans ces endroits des provisions de poisson sec et de baies, qu'ils mettent dans de grandes caisses placées sur des arbres ou sur des poteaux, afin qu'elles servent, soit à eux-mêmes, soit à des personnes de leur tribu, lorsqu'ils voyagent en hiver. Les Toungouses, mêlant les baies avec de la mousse, ou du lichen ruminé par les rennes, en font des gâteaux minces qu'ils étendent sur de l'écorce d'arbre, et qu'ils exposent au soleil et au vent sur leurs huttes, pour les faire sécher. Leur occupation la plus constante est la chasse, ensuite la pêche. Ils paraissent être peu sensibles aux effets du froid et de la chaleur; ils couvrent leurs tentes avec des peaux de chamois ou avec la seconde écorce de bouleau, qui devient aussi souple que du chamois quand elle est roulée et exposée pendant quelque temps à la vapeur de l'eau bouillante. — Les Toungouses se vêtissent en hiver de peaux de rennes ou de peaux de moutons sauvages, dont la fourrure est en dedans. Ils ont sur la poitrine une grande pièce de la même peau, qu'ils attachent autour de leur cou, et qui, en s'élargissant, tombe jusqu'à la ceinture. Cette pièce est bordée très-élégamment, et ornée de grains de verroterie. Ils font leurs pantalons également de peau, et portent en outre des bas courts, avec des bottes de peau de jambes de rennes, dont le poil est en dehors. Ils se coiffent d'un bonnet de fourrure, et ont des gants fourrés. Leur habillement d'été ne diffère point, pour la forme, de celui d'hiver; mais au lieu de fourrures ils portent des peaux tannées. Peu d'entre eux ont embrassé le christianisme; les autres sont pour la plupart *démonolâtriens*; ils ont des conjureurs, et sacrifient aux mauvais esprits (1).

Les Toungouses chassent en général avec l'arc et la flèche, mais quelques-uns ont des fusils carabinés. Ils n'enterrent point leurs morts, les vêtissent de leurs plus beaux habits, les mettent dans une caisse bien solide, et les suspendent entre deux arbres. On enterre les instruments de chasse qui appartiennent au mort. Lorsqu'il n'y a point de schaman ou conjureur présent, cet enterrement se fait sans cérémonie; mais s'il s'en trouve un, on immole un renne, on en offre une partie au démon, et on mange le reste. — La polygamie est en usage parmi les Toungouses; mais ils ont toujours une princ. femme que les autres sont obligées de servir. La cérémonie de leur mariage n'est autre chose que l'achat qu'ils font d'une fille à son père. Ils la payent depuis 20 jusqu'à 100 rennes, ou bien ils travaillent un certain laps de temps pour le père. Les filles des Toungouses ne se distinguent pas par leur chasteté. — Les Toungouses se rendent souvent dans les habitations solitaires des Cosaques, que le gouvernement entretient dans divers postes, parce que ces Cosaques leur vendent ordinairement eau-de-vie, aiguilles, fil et autres pet. articles dont ils ont besoin pour eux et pour leurs femmes, qui les accompagnent presque toujours dans ces courses. Les femmes, chargées par eux de tout le soin du ménage, sèchent le poisson, préparent toutes les provisions pour l'hiver, font les habits, les chemises, travaillent les peaux. Elles sont en général jolies jusqu'à un certain âge, mais les vieilles sont hideuses. — Ce peuple possède une vue excellente et une ouïe très-fine. Les indigènes indiquent bien une route

---

(1) La personnalité du démon, ou d'un mauvais esprit ennemi de l'homme, se retrouve dans les cinq parties du monde et sous les diverses latitudes. Nous n'avons pas vu jusqu'à présent que les lettrés et les savants aient donné une explication plausible de ce grand fait qui porte avec lui un caractère mystérieux et terrible, ni même qu'ils aient paru le comprendre.
(*Note de l'auteur.*)

de 400 kil. en faisant l'énumération des arbres et des pierres qui s'y trouvent : ils ne sont pas moins habiles à découvrir les traces du gibier par l'affaissement de la mousse ou de l'herbe qu'il a traversé.

On distingue les Toungouses en trois espèces : les Toungouses-rennes ; ce sont les nomades du nord ; on les nomme aussi Toungouses des bois ou chasseurs : les Toungouses-chiens ; ce sont ceux qui vivent aux environs de la mer d'Okhotsk et vers le Kamstchatka ; ils voyagent en traîneaux traînés par des chiens : les Toungouses à cheval, dans la Daourie, possèdent de nombreux troupeaux de bêtes à cornes et de chevaux ; quelques-uns même se livrent à l'agriculture, et ressemblent beaucoup par leurs mœurs, usages et costumes, aux Bouriats ; les pet. chefs qu'ils ont s'appellent *toïon*. Le plus grand ennemi qu'aient les Toungouses, tant ceux du nord que ceux du sud, c'est la petite vérole, qui fait, à certaines époques, des ravages terribles parmi eux.

Sumatricum, vel Terra Palebani, Sumatra, ou la Terre de Palembang. C'est une île de l'archipel asiatique, divisée obliquement par l'équateur en deux parties égales, et plus occidentale qu'aucune des autres îles de la Sonde. Elle est comprise dans la division du monde maritime ou de l'Océanie, qui porte le nom de Malaisie. La Terre de Palembang est-elle une conquête ou une colonie des Malais ? Nous croyons qu'elle est l'une et l'autre. La race indigène existe encore, elle est refoulée dans l'intérieur de l'île ; elle a conservé l'idolâtrie. Les Malais ont reçu la religion musulmane des Arabes. Lorsque les Portugais parurent dans les mers de l'Inde, l'islam existait déjà à Sumatra. Au commencement du XVIIe siècle, les Hollandais s'emparèrent de presque toutes les possessions portugaises dans les îles de la Sonde. Ils restèrent maîtres de Sumatra jusqu'à la réunion de la Hollande à la France. Alors, l'Angleterre, en guerre avec l'empire français, prit à son tour toutes les colonies hollandaises. Elle les rendit à la paix de 1814, sauf Sumatra, qu'elle garda jusqu'en 1825. À cette époque, le gouvernement anglais céda Benkœlen et les autres colonies dans l'île à la Hollande, en échange des possessions de celle-ci dans la presqu'île de Malakka. La Hollande a de la peine à gouverner Sumatra, à cause de l'esprit d'indépendance des indigènes et des Malais ; et, comme elle n'a pas la puissance de l'Angleterre, elle conservera difficilement cette vaste et riche contrée. Sumatra fait partie du vicariat apostolique de Batavia dans l'île de Java ; mais on y compte très-peu de catholiques, on y voit même peu de protestants, quoique le gouvernement hollandais favorise le protestantisme par inclination. On sait du reste que la Hollande, en général, se montre peu soucieuse des progrès de la civilisation chrétienne. Depuis le commencement de ce siècle, les sociétés bibliques ont répandu des bibles dans les divers cantons de l'île,

mais sans aucun succès, bien entendu. Sous la domination anglaise, quelques Malais, attachés à l'administration, ont embrassé le christianisme. Il existe à Benkœlen un temple où l'on prêche en hollandais et en malais. Les Anglais avaient fait de cette colonie un lieu de déportation pour les criminels de l'Hindoustan. On voyait parmi ces déportés une classe d'hommes particulière, c'étaient les *Munghiris*, c'est-à-dire des débiteurs sur lesquels les créanciers, selon les lois de l'Hindoustan, ont les droits des maîtres sur leurs esclaves ; en sorte qu'on les cédait ou qu'on les louait à volonté à ceux qui avaient besoin d'ouvriers. Car les ouvriers sont rares et chers à Benkœlen. Les autorités anglaises ont restreint ces droits exorbitants avant la cession faite à la Hollande.

Sumatra est située entre les 93° et 103° de long. est. Sa pointe septentrionale s'étend vers le golfe du Bengale ; sa côte occidentale est baignée par la mer des Indes ; vers le sud, elle se trouve séparée de l'île de Java par le détroit de la Sonde ; à l'est, de Bornéo, et des autres îles par la Chine et la mer des Indes ; et de la presqu'île de Malakka, au nord-est, par le détroit de ce nom. En longueur elle peut avoir 1480 kil. sur une largeur moyenne de 220 kil. Chez les peuples de l'Orient en général, et parmi les naturels instruits, cette île est connue sous le nom de *Pulo-Purichu*, et sous celui d'*Indalas* : on ignore l'origine du nom de Sumatra. Marc-Paul l'appelle *Java Minor*, et les Javanais la terre de *Palembang*.

En partant de la pointe d'Achem, jusqu'à l'entrée du détroit de Banca, la côte nord-est de Sumatra s'étend sur une longueur de 1200 kil. au moins, naturellement divisée en trois parties ; la première, du détroit de Banca à la rivière de Reccan, distance d'environ 664 kil., est basse et plate, sans aucune montagne visible, arrosée par un grand nombre de rivières, et bordée d'îles d'alluvion considérables et de bancs de sable. C'est le pays du sagou, du ratan, du sang-de-dragon et du benjoin. La deuxième division, de la rivière de Reccan à la pointe du Diamant, occupe un espace d'environ 320 kil. C'est une côte basse comme la première, mais moins marécageuse ; on n'y remarque ni grandes rivières, ni îles considérables. C'est le pays du poivre noir. La troisième division, qui va de la pointe du Diamant à celle d'Achem, et qui peut avoir 200 kil., est comparativement une côte élevée et montagneuse. On peut la citer peut-être comme le pays du monde le plus abondant en noix d'arec : on en exporte une immense quantité pour Pinang et pour Singapore. Toute la côte de Sumatra, le long du détroit de Banca, n'offre à l'œil qu'une suite non interrompue de marécages et de forêts. À Langkat, Delli, Batubara et Assaban, sur la côte nord, la marée s'élève de 8 à 10 p. ; à Siak, de 8 p., et de même dans la rivière de Reccan.

Toute sa longueur est occupée par une chaîne de montagnes qui, dans beaucoup d'endroits, est double et triple, mais qui, en général, incline plus à l'occident que vers la côte opposée. Quoique ces montagnes soient très-hautes, elles ne le sont pas assez pour être couvertes de neige, en aucune saison de l'année. Le mont *Ophir*, situé immédiatement sous la ligne, passe pour le plus élevé de ceux qu'on distingue de la mer, au-dessus du niveau de laquelle il s'élève de 13,842 p. Ce nom lui a été donné par les navigateurs européens, et est tout à fait inconnu aux naturels. En 1817 un voyage fut entrepris de Manna à Passumah, et à la grande montagne de Gunong-Dempo, qui fut explorée jusqu'à son sommet. Elle est visible de Benkœlen au nord-nord-est de Manna et au nord de Padang-Guchei; on évalue approximativement sa hauteur à 12,000 p. au-dessus de la mer. Entre les lignes de montagnes dont on a parlé ci-dessus, sont de vastes plaines élevées au-dessus du sol des terres maritimes : l'air y est froid et le pays ouvert et assez habité. Dans les espaces intermédiaires entre ces lignes on voit aussi plusieurs beaux lacs, qui s'étendent par intervalles jusqu'au centre de l'île, et facilitent les communications.

La côte occidentale du Sumatra abonde en cours d'eau : partout on rencontre des sources et des rivières, mais ces dernières sont trop peu profondes et en même temps trop rapides pour la navigation. Sur la côte nord-est, les montagnes courant à une plus grande distance de la mer, les rivières acquièrent un volume plus considérable. Parmi les plus fortes de la côte occidentale, nous citerons le Kataun, l'Indrapoura, le Tabayong et le Sinkel, inférieures pourtant au Jambée, à l'Indragiri et au Siak de la côte orientale, qui jusqu'à ce jour n'ont été que partiellement explorées. Les naturels disent que ces dernières rivières remontent jusqu'au centre de l'île, fait sur lequel il serait à désirer qu'on acquît quelques lumières, ainsi que sur l'état des contrées qu'elles arrosent, principalement sur Menancabow, qui passe pour la métropole de Sumatra ; un voyage entrepris en 1820 pour explorer cette province n'eut aucun résultat, par la maladie grave et la mort de M. Ibberton, qui était chargé de diriger l'expédition. L'expérience a prouvé que des îles se formaient par l'accroissement rapide du corail ; il en existe plusieurs sur la côte occidentale, qui ont cette origine singulière. Sur cette côte de Sumatra, les marées ne s'élèvent, dit-on, qu'à 4 p., ce qu'il faut attribuer à sa situation dans une mer ouverte de toutes parts, où il n'y a pas lieu à une accumulation d'eau comme dans les mers resserrées.

Sur la même côte, au sud de la ligne, la mousson du sud-est ou la saison de la sécheresse, commence vers le mois de mai, et diminue en septembre. La mousson du nord-ouest se fait sentir en novembre, et les grandes pluies cessent vers le mois de mars. Les moussons, le plus ordinairement, y commencent, et finissent par degrés et sans transition brusque; avril, mai, octobre et novembre amènent en général des temps variables et des vents dans cette île; comme dans les autres contrées des régions tropicales un peu étendues, le vent souffle uniformément de la mer à la terre pendant un certain nombre d'heures sur 24, saute ensuite d'une extrémité à l'autre, et souffle pendant à peu près le même nombre d'heures de la terre à la mer. L'air de Sumatra est généralement plus tempéré que dans beaucoup de régions au delà des tropiques. On a rarement vu le thermomètre s'élever, à l'ombre, à plus de 85° de Fahrenheit, et au lever du soleil, il n'est ordinairement qu'à 70. Dans l'intérieur, au sein des montagnes, le thermomètre a baissé jusqu'à 40°, le froid qu'on y éprouve étant aussi beaucoup plus fort que ne l'indique pour l'ordinaire le nombre de degrés. On n'y connaît pas la gelée et la neige, mais il y règne des brouillards fréquents et d'une épaisseur étonnante.

Il y a à Sumatra beaucoup de montagnes volcaniques, qu'on appelle en malais Gounong-api. On a vu la lave couler d'une des plus considérables de ces montagnes, près de Priaman, mais sans occasionner aucun autre dommage que de brûler les bois. Les tremblements de terre y sont fréquents, mais en général légers, et sans qu'on ait jamais découvert aucune connexion directe entre ces secousses et les volcans. Il n'est pas rare de voir le long de la côte des trombes d'eau qui portent l'inondation dans l'intérieur. Le tonnerre et les éclairs y sont si fréquents, qu'on y fait à peine attention; mais la foudre y a rarement causé de grands dommages ou tué personne. Le sol, sur la côte occidentale de Sumatra, est le plus communément une craie et un rougeâtre, couverte d'un terreau noir, mais peu profond ; il se revêt d'une verdure perpétuelle, d'une végétation vigoureuse, composée d'une herbe abondante et forte, de broussailles et de grands arbres, tellement qu'une grande partie de l'île, surtout au sud, n'offre qu'une forêt impénétrable.

Sumatra est riche en mines et autres productions fossiles, et dans tous les temps on a vanté cette île pour son or : on en tire encore aujourd'hui une quantité considérable, et qui le serait beaucoup plus encore, si ceux qui exploitent les mines avaient une connaissance suffisante de la minéralogie ; elle recèle aussi des mines de cuivre, de fer et d'étain. Le soufre se trouve abondamment dans les environs des volcans. Les naturels extraient le salpêtre dont la terre est imprégnée, surtout dans d'immenses cavernes qui ont été longtemps habitées par les oiseaux et les chauves-souris ; la fiente de ces animaux forme la superficie du sol de ces cavernes, et lui communique ses propriétés nitreuses. Dans plusieurs endroits, notamment à Kuttaun, à Ayer, à Rami et à Benkœlen, les rivières charrient du charbon fossile, mais léger et d'une qualité médiocre. Plusieurs districts possèdent des eaux chaudes et minérales. C'est à Ipu et ailleurs que l'on recueille l'huile de terre qu'on emploie principalement comme préservatif contre les morsures de la fourmi blanche. On rencontre à peine une seule espèce de roche dure dans les parties basses de l'île près du rivage de la mer, où l'on ramasse diverses pétrifications et des coquillages.

Le cuivre se trouve dans les montagnes de Mucky, près de la mer, entre Analabou et Sousou, au nord des anciens établissements anglais à Tapanouly. L'espace qui fournit le minerai est considérable, ayant plus d'un degré en longueur, et gît plus à l'est dans l'intérieur de l'île qu'on ne l'a cru jusqu'ici. Une immense quantité d'excellent cuivre se trouve répandue à la surface des montagnes, auxquelles les naturels ont jusqu'ici borné leurs recherches. L'analyse a fait voir qu'il contient de l'or dans une proportion très-forte.

Le riz est l'article de culture le plus important à Sumatra. Il y en a de nombreuses espèces, que l'on peut diviser en deux grandes classes, savoir : le riz des hauteurs ou riz sec, et le riz des basses terres ou riz de marais. Les naturels donnent en général la préférence au riz à petits grains, lorsqu'il est en même temps blanc et en quelque sorte transparent. Dans quelques parties de l'île la végétation est si vigoureuse et si active, qu'il suffit de négliger pendant une seule saison le champ le mieux défriché, pour qu'il puisse offrir de nouveau un abri aux bêtes des forêts. L'intervalle ordinaire entre les semailles et la récolte du riz des hautes terres est de cinq mois lunaires et de dix jours, intervalle qui varie nécessairement suivant les circonstances de la saison. Les innombrables sources et ruisseaux dont le pays abonde, dispense des procédés laborieux en usage pour les irrigations, sur le continent de l'Inde, où le sol est sablonneux. Dans les années les plus favorables, le riz donne jusqu'à 140, mais communément 30 pour 1. On foule les épis avec les pieds, manière pénible et gauche d'en séparer le grain (1). Le riz des hautes terres ne se garde pas plus d'un an, et celui de terres basses commence à se détériorer au bout de six mois ; mais conservés dans l'épi, l'un et l'autre se gardent beaucoup plus longtemps. Les parties nord de la côte, sous le gouvernement d'Achem, en fournissent une prodigieuse quantité.

Le produit le plus important après le riz est le cocotier qui, ainsi que le bétel et le bambou, exige peu de culture ou de soin. On trouve aussi à Sumatra l'arbre à sagou, et une grande variété de palmiers. On cultive la canne à sucre presque dans toutes les parties de l'île, mais en petite quantité, et plus souvent pour en mâcher le roseau sucré que pour en fabriquer du sucre ; celui qui se consomme à Sumatra vient ordinairement de Java. On récolte le maïs, le poivre, le gingembre, la coriandre et le cumin dans les jardins des naturels ; ils s'appliquent surtout à cultiver le chanvre, non pour en faire des cordes, mais pour en tirer une préparation enivrante appelée bang qu'ils fument avec le tabac, dont on trouve partout de petites plantations.

(1) C'était la manière des premières sociétés humaines. Il y avait des esclaves spécialement chargés

Il est impossible d'énumérer ici tous les végétaux qui enrichissent cette île si fertile. Quelques-uns des plus remarquables sont : une espèce de mûrier-nain, cultivé pour les vers à soie qu'on élève en petit nombre, et qui ne donnent qu'une soie commune ; la plante à huile de castor, qui croit en abondance, particulièrement sur le bord de la mer ; le caoutchouc, espèce de vigne qui donne la gomme élastique ; l'indigo, dont on extrait la teinture, et qu'on emploie généralement dans l'état de liquide ; le bois de Brésil, l'uhar ou bois rouge qui ressemble pour les propriétés au bois de campêche.—Le mangoustan (*Garcinia mangostana*), appelé *Mangista* par les naturels, appartient exclusivement à l'archipel Asiatique et aux contrées d'au delà du Gange ; il a obtenu d'un consentement unanime, dans l'opinion des Européens, la prééminence sur tous les arbres fruitiers de l'Inde : sa qualité caractéristique est un parfum d'une délicatesse extrême. Plusieurs espèces de l'arbre à pain, le jack, le manguier, les pommes de pin, que les naturels mangent avec du sel, les oranges, le tamarin, le cachou, la pomme-grenade, les goïaves, les papas et une multitude d'autres fruits qui n'ont pas de noms en Europe, sont les productions particulières de Sumatra.—L'arbre à camphre croit principalement dans le pays de Battas, au nord-ouest de Sumatra, à environ 3° de latitude nord, et ne se trouve pas au sud de l'équateur. On le rencontre aussi à Bornéo, à peu près sous le même parallèle. Le camphre de Sumatra se vend en Chine douze fois le prix de celui du Japon : on le trouve dans l'état de concrétion, dans les cavités et les fissures du cœur de l'arbre ; mais on ne trouve pas un arbre sur 300 qui contienne cette précieuse substance, qui probablement s'élèvera à un prix énorme, d'autant plus qu'on abat immédiatement l'arbre d'où on l'extrait. C'est dans ces forêts que se trouve le *Puhn-upa*, ou arbre au poison, sur lequel on a débité tant de contes merveilleux. Le poison de cet arbre est sans doute mortel, mais il est loin d'être aussi puissant qu'on l'a représenté. L'arbre lui-même ne fait aucun mal à ceux qui s'en approchent : les hommes peuvent s'asseoir à l'ombre de son feuillage, et les oiseaux se perchent sur ses branches sans en éprouver le plus léger mal.

On rencontre dans Sumatra les mêmes quadrupèdes que dans tout l'Orient. Le buffle fournit du lait et du beurre, remplace le bœuf, et est le seul animal employé aux travaux domestiques ; ses mouvements sont extrêmement lents, mais il a le pas sûr ; toutefois l'ouvrage qu'il fait est loin de ce qu'on croirait pouvoir attendre de lui d'après sa taille et sa force apparente. On ne trouve pas les buffles dans l'état sauvage, où ils restent exposés aux attaques du tigre. Il n'y a que ceux d'une espèce faible et les femelles qui soient une proie facile pour cet animal dévastateur ; les mâles et ceux qui ont

de fouler les épis, et qui ne faisaient pour ainsi dire que cela. (*Note de l'auteur.*)

toute la force de leur espèce résistent au premier coup de griffe du tigre, quelque terrible qu'il soit, et le plus souvent la lutte ne se termine pas à l'avantage du dernier. On distingue le tigre de Sumatra par sa grande taille; on en a vu dont le front avait 18 pouces de large. Il est vraisemblable qu'ils font leur principale nourriture des singes dont les forêts abondent.—La vache appelée *sapi* et *jawi* est évidemment étrangère à l'île, et n'y paraît même pas encore naturalisée. La race des chevaux est petite, bien faite et vigoureuse; on les amène de l'intérieur à la côte dans un état presque sauvage. Dans le pays des Battas on les mange, usage qu'on retrouve à Célèbes. Les moutons, probablement importés du Bengale, y sont également de petite taille; parmi les autres animaux nous citerons le porc, la chèvre sauvage et domestique, la loutre, le rat, le chat et le chien. De cette dernière espèce ceux qu'on apporte d'Europe dégénèrent avec le temps en dogues aux oreilles droites.—Les éléphants abondent dans les forêts; mais si l'on en excepte quelques-uns qu'on élève comme animaux de parade pour le roi d'Achem, ils ne sont nulle part dans le pays en état de domesticité; on trouve aussi dans les bois des rhinocéros à une et à deux cornes. Les naturels regardent la corne du rhinocéros comme un antidote contre le poison; et dans cette idée ils la façonnent en coupes. On trouve à Sumatra l'hippopotame, ainsi que l'ours petit et noir, et qui grimpe sur le cocotier pour y dévorer la partie tendre de la noix, ou le choux. Il y a de nombreuses espèces de bêtes fauves, et les variétés du singe sont innombrables. On y voit aussi des paresseux, des écureuils, des puants, des chats-civettes, des chats-tigres, des porcs épics, des pangolins, des crocodiles, des hérissons, des caméléons, des guanos, des lézards volants, des tortues et des tourterelles. Les lézards de maisons, de un à quatre pouces de longueur, sont les plus gros reptiles qui puissent marcher dans une position renversée.

En 1824 l'équipage d'un vaisseau anglais tua, sur la côte nord-ouest, un orang-outan colossal. Quand on l'aperçut par hasard dans les bois, il présentait la figure d'une sorte d'homme, couvert d'un poil brun et luisant, marchant sur deux pieds, mais en se tortillant, de temps à autre, s'aidant de ses mains pour hâter sa marche, et même se poussant par fois en avant à l'aide d'une branche d'arbre. Lorsqu'il se vit attaqué, il déploya une force et une agilité surprenantes, et une telle énergie de vie que ce ne fut qu'après avoir reçu plusieurs blessures mortelles, à coup de fusil, de pique et de pierre, qu'il rendit le dernier soupir. D'après la description qui en a été consignée dans les *Asiatic-Researches* par le docteur Clarke Abel, sa taille était de 7 pieds, son corps bien proportionné, sa poitrine large, et il était mince de la ceinture. A son menton pendait une barbe en forme de franges, il avait les bras longs, même à proportion de sa stature, et comparativement à ceux de l'homme; mais ses jambes étaient beaucoup plus courtes. A l'état de ses dents on le jugea jeune encore. Quand on l'apporta sur le pont du bâtiment, il avait la tête de plus que l'homme le plus grand de l'équipage, placé dans l'attitude qu'on lui supposait la plus ordinaire (1).

Partout les marécages fourmillent d'animaux du genre de la grenouille, et, à l'approche de la pluie, le bruit qu'ils font est assourdissant. Ils sont la nourriture des serpents, et à Sumatra il y en a de toutes les grosseurs, dont beaucoup sont inoffensifs. On voit ces reptiles avaler des animaux qui ont deux et trois fois leur propre circonférence, et cela au moyen de la force compressive de leur gosier, qui réduit leur proie aux dimensions convenables. Les rivages de la mer fournissent écrevisses, crevettes, crabes, kimas ou pétoncles gigantesques, huîtres d'une espèce inférieure, moules, œufs de mer, etc. Parmi les poissons il faut nommer le dugong, grand animal de l'ordre des mammifères, avec deux fortes nageoires pectorales, connu pour paître au fond de l'eau; les voiliers, ainsi appelés à cause de leur épine dorsale qui ressemble à une voile; le requin, la raie, la murène, le gymnote, le rock-cod, le mullet, le poisson volant et un grand nombre d'autres.—Les espèces d'oiseaux ne sont ni moins nombreuses ni moins variées: on y trouve faisans, paons, aigles, vautours, milans, corbeaux, choucas, martin-pêcheurs, cigognes, volailles sauvages et domestiques, bécassines, foulques, pluviers, pigeons, cailles, étourneaux, hirondelles, perroquets, oies, canards, sarcelles, etc. On ne voit pas l'oiseau de paradis dans cette île, et le casoar qui s'y rencontre y a été apporté de Java. —Quant aux insectes, il y en a de très-nombreuses espèces, parmi lesquelles on citera le grillon, les abeilles, les mouches de toutes les variétés, les moustics, les scorpions, les mille-pieds et les sangsues d'eau et de terre. La mouche de feu est plus grosse que la mouche ordinaire, et lance, comme en respirant, une lumière si vive, qu'en tenant un de ces insectes à la main, et en l'approchant du papier on peut distinguer les mots qui y sont écrits. La famille des fourmis s'y subdivise en des variétés infinies, qui diffèrent l'une de l'autre par le goût: quand on les met dans la bouche, les unes sont chaudes et aigres, les autres sures. Les grandes fourmis rouges mordent avec furie, et laissent ordinairement leur tête dans la blessure, comme l'abeille son aiguillon.

---

(1) Ce fait est une réponse aux lettrés et aux savants qui ont voulu et qui veulent ranger cette catégorie de singes parmi les races humaines. Il n'y a qu'une difficulté, très-simple du reste, à cette prétention, la voilà. On n'a trouvé nulle part, dans les cinq parties du monde, de singes marchant *naturellement* comme l'homme, mais on a vu toutes les variétés de singes marchant à quatre pattes.
(*Note de l'auteur.*)

Parmi les productions de Sumatra, regardées comme articles de consommation, la plus abondante et autrefois la plus importante était le poivre. D'après le système adopté pour la culture du poivre, les ports et districts qui sont les plus productifs une année, très-peu de temps après se trouvent n'en plus pouvoir fournir qu'une petite quantité. Quant au poivre, le premier est celui de Malabar; vient en seconde ligne celui des côtes de Siam, puis celui de Kalantan, sur la presqu'île de Malakka; celui de Bornéo, de la côte occidentale de Sumatra; et enfin de Rio, dans les détroits. On a estimé par approximation le produit de cette épice à 45 millions de liv. pesant. La presque totalité de ce commerce se trouve entre les mains des étrangers; la plus grande partie du poivre s'expédie pour l'Europe, et le reste pour la Chine.

Après la prise des Moluques, en 1796, la muscade et le clou de girofle furent introduits à Benkœlen, et ces deux précieuses épices y ont pris un accroissement très-rapide. Mais probablement les produits du camphre, dont on a déjà fait mention, y diminueront chaque année par l'imprévoyance et la maladresse des naturels, qui coupent à tort et à travers un grand nombre d'arbres, avant d'en trouver un qui contienne une quantité de gomme suffisante pour payer leur travail, quoiqu'ils aient la précaution de se faire assister dans leur recherche par un devin de profession. Le camphre du Japon est très-infér. à celui de Sumatra.—C'est dans le pays des Battas exclusivement que se trouve le benjoin; la meilleure espèce s'expédie pour l'Europe, et celle de qualité infér. pour l'Arabie, la Perse et quelques parties de l'Hindoustan, où on la brûle pour parfumer les maisons et les temples d'Angleterre: on le réexporte pour les pays catholiques romains et mahométans, où on l'emploie comme encens. On en fait aussi usage en médecine comme styptique. La casse et le rattan fournissent aussi plusieurs cargaisons. Les naturels cultivent le coton, mais seulement en quantité suffisante pour leur propre besoin. On a aussi naturalisé le café dans tous les quartiers de l'île, mais il n'a donné jusqu'ici qu'une fève médiocre en qualité (1). On ne doit pas oublier non plus, parmi les articles de comm. de Sumatra, le *dammer*, sorte de sang-de-dragon, une drogue qu'on tire d'une grande espèce de rattan; le *gambir*, suc extrait des feuilles d'une plante de ce nom; les bois d'aloès et d'aigle, dont on fait un très-grand cas dans l'Orient, à cause des parfums qu'ils exhalent lorsqu'on les brûle.

Les forêts de cette île renferment une inépuisable quantité et une variété infinie de grands arbres, dont on peut employer plusieurs espèces à la construction des vaisseaux; mais le tek ne paraît pas indigène, quoiqu'il fleurisse au nord et au sud, à Java et au Pégu. Les autres arbres remarquables sont le *poun*, ainsi appelé d'un mot malais qui signifie bois en général, et auquel on donne la préférence pour les mâts et les esparres; l'arbre à camphrier qu'emploient les charpentiers; le bois de fer, ainsi appelé à cause de son extrême dureté; le marban, dont on fait des poutres pour les vaisseaux et les maisons; le pénaga, dont on tire des couples et des courbes excellentes. On doit y ajouter l'ébène, le kayngadis, bois qui a l'odeur et les qualités du sassafras; le rangi, qu'on croit être le mancenilier des Indes occidentales, et qui ressemble à l'acajou. Des différentes espèces d'arbres qui fournissent le dammer, quelques-uns sont propres aux constructions, et l'on trouve aussi à Sumatra le gros bananier de l'Hindoustan.

Les parties centrales de l'île donnent de l'or, et Menancabow a toujours été regardé comme le canton le plus riche. Dans les districts de l'intérieur, à partir de Padang, qui est sous ce rapport le marché principal, on tire l'or des mines et des lits de rivière: on a quelquefois trouvé des morceaux d'or pur et pesant jusqu'à 9 onces et plus. On croit qu'une moitié seulement de cet or passe aux mains des Européens; toutefois on peut avancer, d'après des autorités sûres, qu'on en a exporté annuellement de Padang 10 à 12 mille onces, de Nalabou 2000, de Natal 809, et 600 de Mocomoco. Les marchands portent l'or de l'intérieur à la côte, où ils l'échangent contre du fer en barre et ouvragé, contre de l'opium et de belles étoffes du Bengale, de Madras et d'Eur. Anc., dans les ports, on le payait sur le pied de 80 fr. l'once, mais il s'est élevé ensuite à un prix beaucoup plus considérable. Dans plusieurs parties de l'île on l'emploie comme monnaie, et à cet effet chaque individu a sur lui une paire de petites balances. On frappait autrefois à Achem une petite monnaie d'or, mais on y a renoncé depuis quelque temps. On n'a pas connaissance qu'il se trouve de l'argent dans aucun canton de Sumatra.—L'étain y forme une branche de commerce considérable, mais les mines qui le fournissent sont dans l'île de Banca. On tire aussi du fer de cette île, mais en petite quantité; la consommation des naturels s'alimente des fers d'Angleterre et de Suède. Les volcans fournissent du soufre, et l'arsenic jaune forme aussi un article de commerce du pays. On voit dans le pays de Kuttaun de profondes cavernes du sol desquelles on extrait du nitre; d'autres fournissent des nids d'oiseaux qu'on envoie en Chine. Les autres objets d'exportation consistent en cire, gomme-laque et ivoire. On exportait autrefois des éléphants d'Achem à la côte de Coromandel, sur des bâtiments construits exprès, mais ce trafic a cessé depuis longtemps.—Les ouvrages en filigrane d'or et d'argent de Sumatra jouissent d'une célébrité anc. et méritée, et l'admiration augmente quand on voit de quels outils grossiers se servent les ouvriers qui les font: un morceau de quelques

---

(1) Nous croyons que le sol et la culture font la qualité avec le climat. L'arbuste qui produit le café est délicat de sa nature, et il ne se plaît point partout où il y a du soleil, comme on se l'imagine.
(*Note de l'auteur.*)

vieux cerceaux de fer sert à faire la machine à tirer : une tête de marteau enfermée dans une pièce de bois sert d'enclume, et le compas n'est autre chose que deux vieux clous attachés l'un à l'autre par une de leurs extrémités. C'est dans un pot à riz que l'on fond l'or; en général on ne se sert pas de soufflet ; mais les ouvriers soufflent avec leur bouche par un bambou creux. Si la quantité d'or à fondre est un peu considérable, trois ou quatre personnes s'asseyent autour du fourneau, qui est un vieux pot de fer, et soufflent ensemble. Les naturels d'ailleurs montrent peu d'habileté dans le travail de la forge. Ils font des clous, mais on en emploie rarement dans la bâtisse. Ce qu'il y a de singulier, et ceci constitue une dérogation exceptionnelle à un fait général, c'est qu'ils n'ont aucune idée de la peinture ni du dessin ; il y a chez eux quelques sculpteurs, dont les ouvrages annoncent de l'imagination, mais sont presque toujours grotesques et hors de la nature. Ils fabriquent des étoffes de soie et de coton qui sont portées par les naturels dans toutes les parties de l'île. Rien de plus défectueux que leurs métiers et leurs machines à tisser. Ils font aussi différentes espèces de faïence grossière, ainsi que de l'huile de coco qui est d'un usage général dans le pays. Il y a des fabriques de poudre à canon dans quelques endroits, mais moins dans la partie méridionale que chez les habitants de Menancabow, de Battas et à Achem, dont les fréquentes guerres en nécessitent une grande consommation; leur poudre n'est que très-imparfaitement grénée, attendu que fort souvent ils la font à la hâte, en petite quantité, et pour l'employer tout de suite. Ils reçoivent par l'importation la plus grande partie du sel qu'ils consomment, quoiqu'ils en fabriquent aussi eux-mêmes par des procédés les plus longs et les plus ennuyeux.

Les principales divisions politiques modernes de Sumatra, sur la côte nord-ouest, sont l'empire de Menancabow et des Malais, le royaume d'Achem, les Battas, les Rejangs, et les peuples de Lampong. La chaîne d'îles, qui s'étend en une ligne parallèle sur la côte nord-ouest, à la distance d'un degré environ, est habitée par une race ou des races d'hommes qui paraissent appartenir à la même souche que ceux de l'intérieur de Sumatra. Ils ont conservé à un point remarquable l'originalité de leur caractère national, tandis que les îles à l'est sont peuplées de Malais. Il n'y a guère que 120 ans que toute la côte méridionale de Sumatra, jusqu'à la rivière d'Urei, dépendait du roi de Bantam, dans l'île de Java, dont l'agent allait chaque année à Benkœlen ou Sillebar lever les contributions en poivre, et nommer aux emplois vacants.—Presque toutes les formes de gouvernement à Sumatra offrent un mélange de régime féodal et d'autorité patriarcale. Mais le système politique des peuples qui habitent près de la côte se ressent beaucoup de l'influence des Européens qui exercent de fait les fonctions de la souveraineté, au grand avantage de leurs sujets. Le pays sur lequel la compagnie anglaise des Indes étendait son influence fut maintenu en état de paix, et sans les mesures imposées aux habitants, il n'y aurait pas un seul village qui ne fût en hostilité permanente avec le village voisin. La population de ce pays a 60,000 individus, disséminés sur un sol ingrat, le long d'une côte inaccessible de 120 kil. de long, et remarquables par des habitudes de paresse dont rien ne pouvait les réveiller. La forme du gouvernement des Rejangs, près de Benkœlen, s'applique en général aux *Orang-ulus* ou habitants de l'intérieur. Dans les cantons de bois et de montagnes c'est l'occupation seule qui constitue la propriété du territoire, excepté là où il y a eu des arbres à fruit de plantés, et comme il n'exista presque jamais des limites bien déterminées entre les villages voisins, ce sont des marques de possession que l'on viole rarement.—La côte nord-est de Sumatra appartient nominalement à cinq souverains, savoir : les sultans de Palembang, de Jambe, d'Indragiri, de Siak et d'Achem, mais elle est soumise de fait à une multitude de petits chefs, dont les domaines respectifs se trouvent complétement enfermés et isolés les uns des autres par des forêts, des marais et des broussailles. Le plus fertile et le mieux peuplé de ces États est sans contredit celui de Palembang. Les îles de Rancao, de Papan, de Saratas et de Bancalis sont en partie habitées par des Malais, et surtout par une autre race non convertie à l'Islam.

Quant aux lois des diverses nations de Sumatra, elles n'offrent à proprement parler qu'un amas d'anciennes coutumes, transmises de génération en génération, et dont l'autorité est fondée sur l'habitude et sur un consentement général. La loi qui rend tous les membres d'une famille solidairement obligés, pour les dettes de tous et d'un chacun, établit entre eux un lien très-fort. Quand un homme meurt, tout ce qui lui appartient se partage également entre ses enfants. Le code de Sumatra admet la compensation pécuniaire pour l'homicide, cas auquel on n'a point à s'occuper de la distinction entre le meurtre et ce que nous appelons homicide simple. Les punitions d'une nature quelconque sont extrêmement rares. — Le lieu le plus solennel chez eux pour la prestation d'un serment est la sépulture de leurs ancêtres, et ils ont de certaines reliques ou appareils à jurer qu'ils mettent en avant dans les occasions importantes : c'est une vieille lance rompue, un canon de fusil brisé, ce sont quelques vieilles balles de cuivre, ou tout autre objet auquel le hasard ou le caprice a pu attacher l'idée d'une vertu extraordinaire. Ils les trempent ordinairement dans l'eau, et font boire cette eau à la personne qui jure, après qu'elle a prononcé la formule du serment. A Manna, la relique la plus vénérée autrefois, en pareille occurrence, était un vieux canon de fusil ; lorsqu'on le produisait pour une prestation de serment, on le transportait au lieu désigné, précieusement enveloppé dans un morceau d'étoffe de soie et sous un parasol. L'homme de Sumatra, persuadé de l'existence de puissances invisibles, mais non de sa propre immortalité, ne voit qu'avec un respect mêlé de terreur ces emblèmes ou ces instruments supposés de leurs fonctions, et jure sur des lances, sur des canons de fusil et toutes choses qui peuvent être des moyens de destruction personnelle.

Sunderaqua, Sondershausen, ville d'Allemagne, chef-lieu du comté inférieur de Schwarzbourg, est la résidence des princes de ce nom. Cette ville, située au confluent de la Bébra et de la Wipper, renferme un château, deux églises, un gymnase et des filatures. On remarque dans les environs le château de Possen avec de magnifiques jardins, et la source d'eau sulfureuse de Gunthers-Bad. Popul: 5,300 hab. Les possessions des princes de Schwarzbourg-Sondershausen ont une surface de 23 m. c. g. (54 l. c.) et 50,000 habitants. On estime leur revenu à 580,000 fr.

La maison de Schwarzbourg est une des plus anciennes maisons souveraines d'Allemagne. Si on ne peut pas faire remonter diplomatiquement sa filiation jusqu'à un certain Witekind, qui doit avoir été dans le ix° siècle premier comté de Schwarzbourg, toujours est-il certain qu'elle possédait dès le xi° siècle des terres considérables en Thuringe. Dans le xii° vécut Gonthier III, dont le fils aîné continua la lignée des comtes de Schwarzbourg; tandis que le cadet fut la souche des comtes de Kæfernbourg, qui s'éteignirent dans le xiv° siècle. En 1349 la maison de Schwarzbourg fournit un empereur à l'Allemagne dans la personne du comte Gonthier, qui fut empoisonné quatre mois après son élection. Son frère aîné, Henri, continua la suite des comtes de Schwarzbourg, qui en 1552 se partagèrent en deux lignes encore subsistantes, celle d'Arnstadt, nommée par la suite Sondershausen, et celle de Rudolstadt. Elles furent élevées en 1697 et 1710 au rang de princes, et obtinrent en 1754 le droit de siéger à la diète parmi les princes. La maison de Schwarzbourg possédait jusqu'en 1806 la charge d'archi-écuyer et celle de grand-veneur de l'empire. Les princes portaient aussi le titre des quatre comtes de l'empire (der Vier Grafen des Reichs), titre dont l'origine est problématique. Ce ne fut qu'au mois d'avril 1807 que les princes de Schwarzbourg entrèrent dans la confédération Rhénane. Dans la confédération germanique ils partagent la quinzième place avec Oldenbourg et Anhalt; ils ont deux voix dans l'assemblée générale. La principauté de Schwarzbourg se compose de deux districts séparés, qu'on appelle la principauté supérieure et la principauté inférieure. Les deux branches de la maison sont luthériennes. — Les princes de la branche de Schwarzbourg-Rudolstadt résident à Rudolstadt, sur la rive gauche de la Saale. Cette ville, située dans une vallée, est bien bâtie; elle possède un gymnase et un séminaire luthérien. Le château du prince renferme une bibliothèque et une galerie de tableaux que les amateurs estiment beaucoup. On fabrique à Rudolstadt des étoffes de laine. La distance de Leipsick est de 102 kil. sud-ouest, la popul. de 5,700 habitants. Les possessions de cette branche ont une surface de 22 m. c. g. (61 lieues c.) et une popul. de 57,000 habitants. Ses revenus sont estimés à 450,000 fr.

Suomati, les Finnois. — La famille des peuples finnois est répandue en Russie, dans le nord-est de l'Europe et le nord-est de l'Asie. Le nom de peuples Ouraliens lui conviendrait beaucoup mieux : car les monuments historiques et la comparaison des langues s'accordent pour indiquer la première demeure de ces peuples dans les contrées voisines des monts Oural, d'où ils sont descendus vers l'ouest et vers l'est. Il paraît qu'avant la grande migration des peuples, ils habitaient, du moins en Europe, beaucoup plus au sud qu'aujourd'hui, et s'étendaient jusqu'à la mer Noire, où ils étaient compris avec beaucoup d'autres nations, sous le nom vague de Scythes. Peu à peu les Finnois furent repoussés plus au nord par d'autres peuples, ou bien se fondirent avec eux, et il résulta de ces événements un mélange d'idiomes.

Considérée sous le rapport de la langue, la famille finnoise peut se diviser en quatre tribus principales, renfermant chacune plusieurs peuples qui se donnent des noms biens différents de ceux sous lesquels nous les désignons; les premiers sont indiqués en caractères italiques. — 1° FINNOIS TEUTONISÉS. On leur applique cette dénomination, parce que leur langue a été modifiée par celle des peuples teutons, dont elle a emprunté un tiers de ses mots. Ils habitent le plus à l'ouest, le long de la mer Baltique. Cette famille comprend les Finlandais (*Suoma Lainen*), les Estoniens (*Maha rahvast*), les Karéliens (*Kyriales*), les Ingriens ou Finnois d'Olonets (*Ichoré*), les Lapons (*Same Lad*). Tous ces peuples sont désignés dans les annales russes par le nom *Tchoudes*, qui a ensuite été appliqué vaguement à tous les peuples du nord-est, dont l'existence antérieure est indiquée par des tombeaux et des travaux pour l'exploitation des mines, ce qui a donné lieu à tant d'hypothèses fabuleuses sur un peuple primitif placé dans les déserts et les montagnes neigeuses de l'Asie moyenne. — 2° FINNOIS VOLGIENS, vivent principalement sur les bords du Volga et de ses affluents : les Morduines (*Erse*), les Mokchanes (*Moucha*), les Tcheremisses (*Mari*). La fréquentation des hordes turques a beaucoup altéré l'idiome de ces Finnois de l'est. M. Klaproth pense que c'est peut-être chez eux qu'il faut chercher les restes des Khasars du moyen âge. — 3° PERMIENS, habitent la Permie des annalistes russes (62-76° est, 55-65° nord), pays qu'il ne faut pas confondre avec la Biarmie des Saga ou Mythes islandais au sud et à l'est de la mer Blanche. Les Votiaks (*oud Mourd*), les Syriænes (*Homi Mourt*), les Permiens (*Komi Mourd* et aussi *Souda* et *Mi*). — 4° FINNOIS OUGOR. Les Vogouls (*Mansi*, ou *Manch Koüm*), dans la partie septentrionale de l'Oural; les Ostiaks de l'Ób (*As-iakh*), et quelques autres peuplades asiatiques. La comparaison des langues a fait reconnaitre qu'une nation belliqueuse de l'Europe, les Hongrois (*Madjar* ou *Madgyar*), appartenait à cette quatrième division de la famille finnoise.— Quoique les différents peuples qui la composent soient épars sur un espace immense, la ressemblance de langage, de mœurs, de physionomie, prouve leur parenté; les cheveux roux ou jaunes-bruns, le derrière de la tête grand, les os des pommettes saillants, les joues enfoncées, la barbe rare, le teint brun sale, semblent les caractériser. Les Vogouls (*Mansi*) et quelques Lapons ont des cheveux noirs et durs et le nez enfoncé; ce qui provient d'un mélange avec les peuples de race jaune. C'est d'un semblable mélange que sont issus, dans le moyen âge, les Huns, les Avars et les Khasars dont le souvenir seul existe dans l'histoire.

On a remarqué que la plupart des peuples finnois préféraient les lieux marécageux et les forêts. La chasse et la pêche furent longtemps leurs occupations favorites. Aujourd'hui les Lapons et les peuples asiatiques mènent encore la vie nomade. Les autres sont devenus agriculteurs; à l'exception des Madjar, aucun n'a joué un rôle marquant sur la scène du monde; aucun n'a d'annales particulières, on ne trouve leur histoire que dans celle de leurs vainqueurs.

Du temps de Strabon et de Tacite, les Finnois, nommés par le premier Σούηοι, par le second, *Fenni*, habitaient à l'est de la Pologne : la première de ces dénominations rappelle le mot *suoma* : la seconde vient du mot *fen*, marais en gothique. Ptolomée nomme ces peuples Φίννοι. Tacite les décrit comme très-pauvres et très-sales; on croit lire une relation concernant une nation sauvage de l'Océanie.—Les Norwégiens ont donné aux Lapons le nom de *Finnen* : ce qui a fait appeler *Finnmark* la partie la plus septentrionale de la Norwège; quant aux Finnois, ce même peuple les nomme *Quænes*. La ressemblance de ce mot avec *quinna* (femme) a fait imaginer à Adam de Brême, un pays des Amazones qu'il place dans le nord de l'Europe.

La Finlande actuelle, qui, d'après ce que nous venons d'exposer, ne répond nullement au pays des *Fenni* de Tacite, appartient entièrement à la Russie; elle fut cédée à cette puissance par la Suède en 1809. Conquis au moyen âge par les Suédois, les Finlandais ne furent jamais sincèrement attachés à leurs dominateurs, qui cependant les avaient admis à partager les droits civils et politiques dont ils jouissaient. Leur pays forme une principauté administrée d'après les lois suédoises. Le paysan y jouit de toute sa liberté, et envoie ses députés aux diètes nationales. Dans l'Esthonie, au contraire, et dans l'Ingrie, le paysan est serf comme dans le reste de la Russie. Parmi les peuples finnois existant dans cet empire, on compte 1,800,000 individus qui appartiennent aux Finnois-Teutons, 220,000 aux Finnois-Ougor, 900,000 aux Finnois Vogouls et Permiens.

Supra Ararim Bellavilla, Belleville-sur-Saône, dans le diocèse de Lyon, arrond. de Villefranche, à 12 kil. de cette ville, et 8 de Beaujeu. Cette ville est située sur l'Ardière à un kil. de la Saône, sur laquelle elle a un port et un pont suspendu, et compte près de 3000 habitants : sa situation est assez agréable par les nombreuses prairies et les plantations qui l'environnent. — Belleville était autrefois la seconde prévôté du Beaujolais, et se divisait en quatre quartiers, qui avaient chacun à leur tête un capitaine, un lieutenant, un enseigne et un sergent. Les drapeaux étaient aux armes de la ville, qui sont une salamandre dans le feu, avec ce mot : *Durabo*. On y remarquait alors une belle abbaye commendataire de chanoines réguliers de l'ordre de Saint-Augustin, fondée en 1160 par Humbert II, sire de Beaujeu. Dans leur église se trouvaient les tombeaux de plusieurs princes de cette maison, entre autres ceux de Guichard IV, connétable de France, mort en 1562; de Louis de Beaujeu, également connétable, décédé le 23 août 1696, et d'Edouard Ier, sire de Beaujeu et maréchal de France, mort en 1751.

La population s'occupe de broderies et de la fabrication de toiles de coton. Le commerce consiste surtout en tonneaux et en vins du pays, que l'on expédie pour Paris et le nord de la France.

Supra Matronam Citriacum, Citry-Saint-Ponce, ou Citry-sur-Marne, paroisse du diocèse et de l'arrondissement de Meaux, canton de la Ferté-sous-Jouarre, département de Seine-et-Marne; elle est située à l'extrémité orientale du département, dans une vallée agréable, sur le bord de la Marne qui décrit une large courbe et qui sépare son territoire de celui du département de l'Aisne. — La famille de Renty, ancienne maison de l'Artois, possédait la seigneurie de Citry; plusieurs membres de cette illustre famille ont été enterrés dans l'église du village, où l'on trouve, entre autres tombes, celles de Jacques de Renty, mort en 1575, et de son épouse, et celle de Gaston (Jean-Baptiste) de Renty. Ce dernier, qui fut un modèle de perfection chrétienne, se maria, en 1633, à Élisabeth de Balzac, fille du comte de Graville. Après s'être distingué dans les armées, avoir mérité l'estime de son roi, il se retira de la cour pour s'appliquer uniquement, comme le dit son historien, à tout ce qui regardait la gloire de Dieu et le soulagement du prochain; se mit à la tête d'une association de gens riches dont le but était de secourir les Anglais catholiques, réfugiés en France, fit faire à ses dépens des missions dans nos contrées pour y ranimer la foi, et institua des sociétés d'artisans qui vivaient ensemble comme les premiers chrétiens, donnant aux pauvres le surplus de leur nécessaire. Il mourut, en 1648, à trente-sept ans, et fut enterré dans l'église de Citry. On rapporte que neuf ans après sa mort on ouvrit son tombeau, que « l'on y trouva son corps entier, la peau fort blanche, la chair ferme et revenant contre le doigt, lorsqu'on la pressait. » Ce phénomène, qui n'est pas rare d'ailleurs, s'expliqua par la vie exemplaire que le baron de Renty avait menée. On ajoute que les peuples se portèrent en foule à son tombeau. — L'église de Citry était une cure régulière de l'ordre de Saint-Augustin, qui dépendait du diocèse de Soissons. Elisabeth de Balzac, marchant sur les traces de son époux, érigea dans cette église une chapelle dont le chapelain était obligé de résider dans la commune, et fonda une institution charitable en faveur des pauvres de la paroisse. Cette pieuse fondation s'est éteinte; on ignore de quelle manière. — Le château est situé à l'extrémité occidentale du village; il ne présente rien de particulier. On y jouit d'une fort belle vue. — Le hameau de Villaré, dont le nom vient sans doute de *villa* (habitation rurale), est placé à mi-côte au sud et à un kil. de Citry; il contient trois fermes; celui du Plessier est plus au sud-est, plus bas et plus près de la Marne; celui de la Pierre est au-dessus du précédent, au sommet du côteau; celui de Champestré est bâti à mi-côte à l'est et tout à fait à la limite du département; enfin la Marne fait tourner un moulin dans la commune.

Les productions de ce village sont des grains, des pâturages et du vin; une partie du territoire est en bosquets et en friches. — Citry est à 8 kil. est de la Ferté-sous-Jouarre, à 26 kil. est de Meaux, et à 68 kil. est de Melun. Sa population est de 850 hab.

T

Tagus, le Tage. Ce fleuve, qui traverse une partie de l'Espagne et du Portugal, a une réputation légendique extraordinaire. Pendant la domination des Visigoths en Espagne, des prêtres et des chrétiens se retirèrent dans les montagnes qui bordent ses rives pour se soustraire aux persécutions de l'arianisme. Lors de l'invasion du midi de l'Espagne par les Arabes, les solitudes que ce fleuve parcourt se trouvèrent habitées par des familles entières qui venaient y chercher un refuge. Il s'éleva ainsi dans leur partie la plus déserte et la plus escarpée des ermitages et des chapelles qui restèrent même longtemps après l'expulsion des Arabes de la Péninsule. Les poètes ont ajouté à la réputation du fleuve par de pompeuses descriptions de son cours; mais il suffit de s'approcher de ses rives pour se convaincre que leur peinture est l'ouvrage de leur imagination. Rien de plus triste en effet que le tableau que présente ce fleuve: des bords escarpés et presque coupés à pic, un cours généralement impétueux, un lit étroit, entrecoupé à chaque pas par des obstacles naturels; des eaux troubles et presque toujours bourbeuses, voilà ce qu'offre aux yeux du voyageur une campagne ordinairement nue, aride et inculte, brûlée par l'ardeur du soleil, lorsque le souffle des ouragans ne soulève pas des nuages d'une poussière rougeâtre qui pénètre les vêtements, et communique sa couleur non-seulement aux habitants des champs, mais même aux touffes d'yeuses qui peuvent à peine se conserver entre les rochers pelés dont son territoire est couvert en grande partie. Au lieu de ces oiseaux charmants, parés du plumage le plus éclatant et le plus varié, dont nous parlent les poètes, à peine dans le pays que traverse le Tage en rencontre-t-on d'autres que des oiseaux de proie, menaçant sans cesse les troupeaux de brebis que leurs misérables bergers peuvent à peine défendre, non-seulement des loups, mais des lynx, des renards et autres bêtes voraces qui abondent dans les montagnes de Gredos. Il n'y a pas dans toute l'Espagne de contrée aussi pauvre, aussi sauvage que celle que les poètes nous ont dépeinte comme la plus riche et la plus agréable du monde; et ce ne sont pas quelques portions de terrain un peu plus favorisées par la nature, et un peu mieux cultivées par l'industrie, telles que les vallées d'Aranjuez et de Talavera, qui ont pu, à juste titre, mériter au Tage l'épithète de *doré*, ni la célébrité attachée à cette qualification. — Ce fleuve coule dans la partie du terrain qui est entre la chaîne des montagnes connues sous le nom de Sierra de Guadalupe (*Montes Carpetani* des anciens), dans les environs de l'ancien magnifique monastère de l'ordre de Saint-Jérôme de Guadalupe, et la chaîne de Guadarrama. Il sort d'une faible source appelée *Pie Izquierdo*, dans la chaîne d'Albarracin, dans l'évêché de ce nom, aux monts de la Muela de San-Juan, couverts de neige pendant huit mois de l'année; non loin de sa source, et déjà grossi par de petits ruisseaux, il passe par les plaines de son nom, où il nourrit d'excellentes truites saumonées, et entre de suite dans la province de Cuença, à laquelle il sert, sur plusieurs points, de limite avec celles de Soria et de Guadalajara. Dans la première, il reçoit par sa droite la Ocesaca, la Cabrilla et le Gallo (1). Dans la troisième, la petite rivière Cifuentes, à l'ouest de Trillo; et bien avant d'arriver à Tolède, il s'enrichit par sa gauche de la Guadiela, déjà réunie à l'Escabas et autres plus petites. Après ce confluent, et avoir dépassé les montagnes qui lui font faire plusieurs chutes, et où se forme la Olla, appelée Bolarque, espèce de puits profond, il coule tranquillement à travers les champs de Zorita, baigne les superbes jardins d'Aranjuez, élevés, d'après M. de Humboldt, de 621 vares (1863 pieds) au-dessus du niveau de la mer, entoure les murs de la haute ville de Tolède (2), passe par Talavera, Alcantara, Abrantès, Santarem, et va débou-

---

(1) Le principal endroit que baigne le Gallo est Molina de Aragon. Son élévation au-dessus du niveau de la mer est de 1264 vares (3792 pieds).
(*Note du géographe Antillon.*)
(2) Par les observations barométriques faites simultanément à Tolède et à Madrid, et calculées selon la formule de Laplace; il résulte que le palais archiépiscopal de Tolède est à 129 vares (387 pieds) au-dessous du niveau de Madrid, dans la rue Atocha de San-Bernardo. (*Note du même.*)

cher dans la mer à Lisbonne (1), qu'il laisse sur sa droite (2). Après sa jonction avec la Guadiela, ce fleuve reçoit du nord le Jarama (3), la Guadarrama, l'Alberche, le Tietar, l'Alagon, l'Erjas, le Ponzul, la Laca et le Zezere; et par le côté opposé, l'Algodor, le Torcon, la Sedana, la Posa, entre Aranjuez et Talavera, l'Alija, l'Ibor, qui sert de limites aux provinces de Tolède et d'Estremadure, la Magasca, la Salor, la Sever, qui sépare l'Alentejo de l'Estremadure espagnole, l'Alpiarza, la Zatas et l'Almanzor. — La navigation de Lisbonne à Alcantara, par le Tage, s'ouvrit en 1580. Le projet d'Antonelli, célèbre ingénieur, ayant été approuvé, on continua les travaux pour rendre ce fleuve navigable jusqu'à Tolède; et en effet il l'était en 1588. Sous le règne de Philippe III, cette navigation a cessé, quoiqu'on ait songé à la rétablir, en ouvrant, en 1640, des canaux de Madrid à Aranjuez, ainsi que d'Aranjuez à Alcala; puis, en 1755, de Tolède à Talavera, dont les eaux arrivent encore jusqu'à la montagne de Cuença. Aucun de ces projets ne fut terminé, et ils n'ont servi qu'à démontrer la possibilité d'établir une communication par eau de la Manche à l'Atlantique, de laquelle résulteraient des avantages incalculables pour l'Espagne. — Le Tage a environ 1000 kil. de cours, ou 225 lieues. Le chiffre de 160 lieues, ou 640 kil., porté dans le tableau des fleuves, est une erreur.

Talabrica-Elvora, Talavera-de-la-Reyna. Cette ville, du diocèse de Tolède, a été ainsi surnommée parce qu'elle était l'apanage d'une reine de Castille. Située sur le Tage, dans une plaine fertile, elle est riche et commerçante; elle renferme des fabriques renommées d'étoffes de soie et de faïence demi-fine. Son climat est chaud; l'hiver y est assez froid, mais dure peu; il gèle souvent dans cette saison, mais la neige y est rare, et les chaleurs de l'été excessives. On recueille dans son territoire des grains de toute espèce, des vins blancs, faibles en qualité, des fruits et légumes excellents. Les montagnes environnantes abondent en gibier, et quoique le Tage soit généralement peu poissonneux, on y pêche de bonnes anguilles et des barbots. — Talavera possédait treize couvents des deux sexes avant la suppression des ordres monastiques. Elle a sept paroisses, parmi lesquelles on distingue une église qui a le titre de cathédrale. Ce monument, dans le style gothique lourd, est néanmoins d'une architecture imposante, grandiose, et d'une solidité à toute épreuve. A un demi-kil. de la ville, on voit l'église de Notre-Dame-del-Prado, sous le vocable de la sainte Vierge, qui est en grande vénération dans la contrée et l'objet d'un pèlerinage très-fréquenté. Talavera est à 56 kil. ouest de Tolède et de la province de ce nom; elle offre en général un aspect peu gracieux; les anciennes maisons sont grandes, mais dépourvues de toutes commodités; les nouvelles, petites, mesquines et resserrées; les rues étroites, tortueuses, mal pavées et malpropres. La campagne, qui est belle et agréable, présente, de quelque côté qu'on se dirige, de charmantes promenades, notamment le bois qu'on appelle l'Alameda, sur le bord du fleuve, que l'on passe sur un pont de 225 toises de long, dont les piles et les arches sont en pierres, et le reste en briques. C'est un archevêque de Tolède qui l'a fait construire. La culture des mûriers, la fabrication de la soie, de la chapellerie, de la cire, du chocolat, et de tout ce qui compose la confiserie : telles sont les principales branches d'industrie et de commerce de Talavera, autrefois considérable, mais bien déchue depuis les troubles politiques et les malheurs de la guerre. Don Ordoño II, roi de Léon, enleva cette ville aux Maures, qui la reprirent et la perdirent définitivement en 1085, après la conquête de Tolède par Alphonse VI. — L'événement le plus remarquable et le plus récent qui se soit passé sous les murs de cette ville, est la bataille qui se donna les 27 et 28 juillet 1809, entre les Anglais et les Espagnols d'un côté, et de l'autre l'armée française; les premiers étaient commandés par le duc de Wellington, et les Français par le roi Joseph Bonaparte en personne et le maréchal Soult : ces derniers, après des efforts inouïs de valeur et d'habileté, plièrent un instant; mais une savante manœuvre du général français suffit pour faire prendre la fuite à l'armée anglaise et espagnole au moment où les généraux anglais décernaient à lord Wellington le titre de *vainqueur de Talavera*. Cette ville est d'une haute antiquité : on y trouve des pierres couvertes d'inscriptions romaines et des carrières de marbre violet et blanc. Elle est à 100 kil. de Madrid. Popul. 12,000 hab.

Talavera est la patrie de Juan de Mariana, de la compagnie de Jésus, un des premiers écrivains de l'Espagne. Mariana fit ses études à l'université d'Alcala, enseigna à Rome, en Sicile, à Paris et en Espagne, avec une réputation distinguée. Il composa un livre sur l'institution des rois, qui fut censuré à Paris par la Sorbonne, et condamné au feu par le parlement. L'auteur y soutient qu'il est permis de se défaire d'un tyran. Mariana écrivit en latin un autre ouvrage sur les monnaies, pour lequel il fut mis en

---

(1) Le Tage, semblable au Duero, à la Guadiana et au Guadalquivir, dans sa direction la plus sensible, qui est de l'ouest à l'est, s'incline toujours un peu au sud, ainsi que le démontre la comparaison des latitudes observées sur quelques points de ses rives. De Trillo à Tolède, sa direction s'approche vers l'équateur de 49° 6"; de Tolède à Alcantara, seulement de 6° 24"; mais d'Alcantara à Lisbonne de 1° 1' 40".
(*Note du géographe Antillon.*)
(2) Le Tage débouche dans l'Océan Atlantique par une embouchure étroite au sud de Lisbonne, dont la position rigoureusement déterminée est par les 38° 42' 14" de latitude nord, et les 11° 28' 45" de longit. ouest.
(*Note de l'auteur.*)
(3) Le Jarama arrive alors enrichi des eaux de la Tajuna et de l'Ténarès. Cette dernière, en passant par Guadalajara, coule à une hauteur de près de 850 vares (2550 pieds) au-dessus du niveau de la mer, qui est aussi celle de cette ville.
(*Note du géographe Antillon.*)

prison par ordre du gouvernement espagnol. C'est durant sa captivité qu'il prépara sa remarquable *Histoire d'Espagne*, laquelle réunit à la grandeur du dessein, la noblesse du style et la profondeur des aperçus. Cette Histoire fut d'abord écrite en latin, et ensuite en espagnol; mais la première est bien supérieure à la seconde; sa latinité est digne du siècle d'Auguste. Mariana n'osa pas aller au delà du règne de Ferdinand et d'Isabelle la Catholique. Ses continuateurs Salcedo, Soto et Miniana, qui s'étendent successivement jusqu'à la fin du xviie siècle, ne sont que des enregistreurs de faits et d'événements plus ou moins importants.

Tarnada, ville et abbaye de Saint-Maurice, dans le canton du Valais (Suisse). Cette petite ville, dont la population est de 1800 habitants environ, assez régulièrement bâtie, est située sur la rive gauche du Rhône, à l'endroit où ce fleuve s'échappe de la gorge étroite dans laquelle la Dent de Morcle et la Dent du Midi l'enserrent. Le passage que laissent ces deux montagnes, les dernières des deux chaînes qui ceignent le Valais, est si étroit, que la porte de la ville, qui se trouve sur le pont du Rhône, le ferme entièrement. Les Romains reconnurent d'abord l'importance de la place de Saint-Maurice, comme principal passage de la vallée Pennine au pays des Helvétiens, et ils y tinrent garnison. Cette ville s'appelait alors *Tarnaïas* ou *Tarnada*, et plus tard *Agaunum* ou *Agaunus*. La multitude de pierres sépulcrales qui y ont été trouvées fait présumer qu'il y existait des catacombes du temps des Romains. D'après une vieille tradition, il doit y avoir eu des chrétiens à Saint-Maurice dès l'an 58 de notre ère, c'est-à-dire sous le règne de l'empereur Néron, et l'église actuelle de Saint-Laurent aurait été leur premier lieu de réunion; s'il en était ainsi, cet édifice serait la première maison de Dieu qui eût existé en Suisse; son architecture extrêmement antique autorise à ajouter quelque foi à cette tradition. On voit aussi à Saint-Maurice une chapelle qui a été bâtie sur l'emplacement où les officiers de la légion Thébaine subirent la mort des martyrs, le 22 septembre 302, pour n'avoir pas voulu renier le christianisme. Ils furent d'abord enterrés dans les catacombes, mais leurs ossements en furent tirés plus tard, pour être placés dans l'église de l'abbaye, érigée en leur commémoration. Le nom de Saint-Maurice, adopté par la ville et par l'abbaye, était celui du chef de cette légion thébaine. En 517, Sigismond, roi de Bourgogne, dota richement cette abbaye, en expiation du meurtre de son fils. L'église est presque entièrement pavée de pierres sépulcrales, provenant des Romains, mais les inscriptions sont généralement frustes et illisibles. L'abbaye conserve dans sa Bibliothèque beaucoup de manuscrits très-intéressants, et on trouve dans le Collège une collection d'objets d'histoire naturelle.

On remarque dans la ville le Pont de Pierre, d'une seule arche, construit d'après le plan donné par un évêque du Valais; et l'ermitage de Notre-Dame-du-Sex, taillé dans le roc vif, à une hauteur très-considérable. On y jouit d'une très-belle vue. Il y avait autrefois un grand concours de pèlerins à l'abbaye de Saint-Maurice et à Notre-Dame du-Sex. Les deux pèlerinages existent toujours, mais ils sont moins fréquentés. L'abbaye est occupée par des chanoines; elle n'a pas été épargnée dans la contribution de guerre que la Diète fédérale a imposée aux établissements ecclésiastiques de la Suisse, après sa victoire sur les cantons catholiques, à la fin de 1847. — Non loin de Saint-Maurice, et du côté du lac de Genève se trouvait *Epaunum*, Epaone ou Epaune, célèbre par le concile des évêques de l'ancien royaume de Bourgogne qui y fut tenu en 517, car la plus forte partie de la Suisse en dépendait. Epaunum fut détruit par la chute d'une montagne. Il n'en reste aucun débris.

Tarraco, Tarragona, ou Tarragone. C'était la métropole de la province Tarragonaise et de l'exarchat des Espagnes. Elle possédait des archevêques dès le ive siècle; et figurait parmi les villes les plus considérables de l'Espagne. Il s'y est tenu cinq conciles dans le moyen âge, en 516, en 1230, en 1242, en 1279 et en 1312. Ruinée en partie lors des premières incursions des Sarrasins (Arabes) en Espagne et dans le midi des Gaules, elle fut réduite au titre de simple évêché sous la métropole de Narbonne. Le pape Urbain II la rétablit dans ses droits de métropole, mais sous la primatie de Tolède, que les archevêques de Tarragone ont constamment refusé de reconnaître. La cathédrale, bâtie en 1117, est un monument gothique très-remarquable, par le sombre religieux qui y règne, et les énormes piliers qui supportent la voûte. L'édifice est orné de tableaux, de statues, de tombeaux et de bas-reliefs. Avant la suppression des ordres monastiques, elle comptait onze couvents des deux sexes. — Tarragone est une place forte, dans une situation pittoresque, sur une hauteur escarpée, au bord de la mer, à l'embouchure du Francoli, où on a construit un môle qui fait de cette ville un des plus riches établissements de la côte, en facilitant l'exportation des productions territoriales, et faisant de cette place la défense la plus sûre des îles voisines. Elle jouit d'un climat tempéré, malgré les vents impétueux qui y règnent souvent; on recueille dans son territoire d'excellents fruits, un vin un peu grossier, mais bon; grains, légumes et chanvre. Les environs sont agréables et mieux peuplés que la ville, qui n'a que 12,000 âmes; ce qui est bien peu, comparativement à la population qu'elle avait sous les Romains. Elle conserve des traces de cette époque de sa grandeur, les ruines d'un arc de triomphe, d'un amphithéâtre, d'un temple élevé par les habitants en l'honneur de l'empereur Auguste et de son vivant. Un magnifique aqueduc, de près de 28 kil. de longueur, amène l'eau dont cette ville était privée. C'est un ouvrage des Romains, mais qui a été réparé par un des archevêques de Tarragone. Pline dit qu'elle eut pour fondateurs les Scipions, qui la fortifièrent contre les Carthaginois. Elle fut colonie romaine, et donna son nom à toute l'Espagne citérieure. Tarragone fut assiégée par les Français, en 1810, et prise d'assaut après deux mois de siége et une vigoureuse défense. Cette ville est la patrie du célèbre historien ecclésiastique Paul Orose. Elle est à 72 kil. ouest-sud-ouest de Barcelone, 440 kil. sud-est de Madrid. Latitude nord 41° 8' 50"; longitude ouest 1° 4' 45".

L'archevêque de Tarragone avait pour suffragants les évêchés de Tortose, de Barcelone, de Lérida, de Mequinenza, de Girone, de Vich, de Solsona, d'Ampurias et d'Urgel; il les a conservés, sauf Mequinenza et Ampurias, qui n'existent plus.

Teremissi, les Tchérémisses. C'est un peuple de la Russie d'Europe, de race finnoise, qui habite les gouvernements de Viatka, Cazan, Simbirsk, Orenbourg et Perm, les deux rives du Volga, et principalement la rive de la Kama vers son embouchure. Ils se nomment *Mari*, c'est-à-dire, hommes; le nom de Tchérémisses (orientaux) leur a été donné par les Morduans, parce qu'ils étaient à l'est de ces derniers. Leur langage est un dialecte finnois mélangé de mots russes et tartares. Les Tchérémisses s'entendent parfaitement à l'éducation des abeilles, et cette branche d'économie devient extrêmement productive entre leurs mains. Ils sont fort ignorants; n'ayant pas d'alphabet, ils n'ont pu conserver aucune notion de leur ancien culte, de leurs lois ni de leur histoire; ce qu'ils en savent encore n'est que par tradition, et celle-là s'efface tous les jours de leur mémoire, surtout depuis qu'une grande partie de ce peuple s'est convertie au christianisme. De taille médiocre, ils ont presque tous les cheveux châtain-clair, ou blonds ou roux. Ces couleurs se distinguent surtout dans leur barbe, qui n'est pas fort garnie. Très-blancs de visage, ils ont de gros traits, et ne sont pas robustes, mais craintifs, dissimulés et d'un entêtement sans égal. Le sexe y est d'une figure assez agréable. Le costume des Tchérémisses est presque le même pour les deux sexes que celui des Morduans, à quelques petites différences près, excepté encore que chez les Tchérémisses les femmes mariées et les filles s'habillent de même : elles portent l'hiver et l'été des caleçons sous leurs chemises, qui sont étroites et assez courtes. Les Tchérémisses sont plus propres dans leurs habitations que les Votiaks, Morduans et Finnois, et approchent beaucoup en cela des Tchouvaches. Leurs maisons, ressemblant à celles de ces derniers, n'ont point de cour, et sont dispersées. Dans la plupart des maisons il y a un appartement d'été et un d'hiver, avec une galerie couverte et un escalier. La distribution intérieure est en tout la même que celle des maisons tartares. Ce sont d'excellents agriculteurs, aussi leur pays abonde-t-il en grains. Lorsqu'ils moissonnent, ils empilent les gerbes en meules en forme de cônes, qui sont soutenues par quatre pieux ou poteaux avec des traverses, et couvertes de morceaux d'écorces d'arbres, ce qui les met à l'abri des souris et de la pourriture. Ils possèdent beaucoup de chevaux et de bêtes à cornes. Une partie des Tchérémisses vit dans l'idolâtrie, et ceux-là mangent volontiers la viande de cheval, d'ours et de toutes sortes d'animaux, les bêtes mortes et le porc exceptés qu'ils ont en horreur. Lorsqu'il leur naît un enfant, le premier venu lui donne un nom; si c'est un garçon, un homme le nomme; si c'est une fille, une femme en a l'honneur. Ils achètent leurs femmes, et le prix ordinaire est de 40, 50, jusqu'à 100 roubles. La polygamie est permise parmi ces idolâtres, mais ils n'épousent jamais une parente, et ne peuvent même épouser les deux sœurs, mais après la mort de la première ils peuvent prendre l'autre, si elle y consent. Celui qui a donné le nom au garçon est l'entremetteur de son mariage. Le jour des fiançailles le prétendu arrive avec ses amis chez la prétendue, et y donne une espèce de bal, car il amène des danseurs et des musiciens; il paye le reste de la somme convenue pour sa future, et fait des présents aux assistants, après quoi l'on se divertit jusqu'au lendemain. Alors il emmène la fiancée, malgré ses pleurs, ses cris et sa feinte résistance, dans son logis. Les Tchérémisses idolâtres enterrent leurs morts le jour même du décès; ils ont soin de poser le cercueil du sud à l'est, de façon que la tête reste tournée au sud. Ils font chaque année un grand sacrifice avec beaucoup de cérémonies. Les Tchérémisses chrétiens ont conservé plusieurs usages et superstitions du paganisme; ils se joignent encore volontiers aux idolâtres pour les cérémonies et pratiques superstitieuses de ces derniers, et surtout quand ils croient pouvoir le faire impunément et à l'insu de leur curé. On compte 190,000 habitants de ce peuple dans toute l'étendue de l'empire Russe.

Terra Amoris, Futuna et Arofi. Ces deux îles, comprises dans le vicariat apostolique de la Nouvelle-Zeeland, sont évangélisées par les PP. de la société de Marie. Futuna et Arofi sont deux îles voisines, communément désignées sur les cartes françaises par les noms de *Allou-Fatou*, en océanien *Aroofa* (amour), *Atou* (à toi); le premier de ces deux mots est le salut ordinaire des naturels. Arofi, moins grande de moitié que Futuna, en est séparée par un canal dont la largeur n'excède pas un quart de lieue : elles sont situées à environ 160 kil. sud-ouest de Wallis, par le 14e degré de latitude australe et le 179e de longitude orientale. L'île de Futuna n'est qu'une montagne de peu d'élévation et bien boisée; ses bords sont ou des rochers à pic battus par les flots, ou des côtes fortement inclinées sur une pente de cent à six cents pas : c'est le long de ces rivages que s'élèvent les habitations, par groupes qui forment autant de villages. On ne peut guère y aborder qu'avec de légères chaloupes; encore faut-il beaucoup de précautions pour n'être pas jeté sur les écueils par le ressac qui règne sur toute la côte, à l'exception d'une petite anse où un navire serait bien à l'étroit. — On retrouve ici à peu près les mêmes végétaux que dans le reste de l'Océanie : cocotiers, bananiers, arbres à pain, bois de fer, etc., sont la parure la plus ordinaire de l'île, et la richesse principale de ses habitants. Les belles fleurs sont rares. La canne à sucre, le cotonnier, le tabac, se développent à merveille sous l'influence du climat. Les missionnaires de la société de Marie ont introduit dans l'île l'oranger, le citronnier, la vigne et le blé. La vigne y dégénère, et quant au blé, les épis en restent vides. — A côté des productions utiles, on trouve à Futuna quelques-uns de ces accidents heureux qui prêtent un nouveau charme à une nature pleine de fraîcheur : dans les bois c'est une foule de petits perroquets ou d'autres jolis oiseaux, presque entièrement blancs ; au bord de la mer ce sont des poissons de toutes les formes et de toutes les couleurs, les uns bleus, les autres rouges, verts, tachetés, bariolés de mille nuances gracieuses ; mais il en est peu de gros, à cause de l'agitation des vagues toujours en tourmente sur cette côte garnie d'écueils. A chaque pas on rencontre des traces d'éruptions volcaniques : de fréquents tremblements de terre en feraient craindre la réapparition prochaine.

Les Futuniens, à quelques exceptions près, diffèrent peu des Européens pour les formes physiques et l'ensemble de la physionomie. Bien qu'ils soient légèrement cuivrés, leur teint, surtout parmi les femmes, paraîtrait moins hâlé que celui de nos compatriotes occupés aux travaux de la campagne, sous les rayons d'un soleil d'été. Ils portent en général les cheveux courts, à part un certain nombre de fashionables qui laissent flotter sur leurs épaules une longue crinière, dont ils prennent un grand soin. Leur difformité la plus saillante, quoiqu'elle n'ait rien de bien désagréable, est un nez tant soit peu écrasé ; et cela provient de la manière dont les mères portent leurs nourrissons. On les voit s'incliner profondément, puis jeter l'enfant sur leur dos, étendre par-dessus deux brasses de l'étoffe du pays, large d'une demi-aune, qu'elles font devant en faisant passer un bout sur l'épaule droite et l'autre sous le bras gauche. Le marmot est là parfaitement bien : on ne l'entend jamais pleurer. Sous ce fardeau chéri les mères peuvent courir où bon leur semble et travailler tout à leur aise. Le tatouage se pratique avec les mêmes cérémonies et la même bizarrerie de dessin qu'à la Nouvelle-Zeeland. Il est toutefois en ce genre un ornement propre aux Futuniens, et dont ils tirent la plus grande vanité : il consiste à se diviser la figure en quatre carreaux symétriques, deux noirs et deux rouges ; les premiers sont peints simplement avec du charbon, les autres avec le suc d'une racine que les naturels récoltent et préparent en commun, avec tous les joyeux ébats qui signalent en Europe l'époque des vendanges. Ce rouge, sur la figure des femmes, indique qu'elles sont séparées de leurs maris, et qu'elles aspirent à contracter une nouvelle union. Elles doivent faire une étrange consommation de cette teinture favorite, car il y a si peu de mariages de longue durée ! Au premier mécontentement de l'un ou de l'autre époux on se quitte, et même avec moins de difficulté qu'on n'en mettrait en Europe à renvoyer un domestique. — La distribution des emplois est assez en harmonie avec les forces et les aptitudes des divers membres de la famille : aux femmes le soin de ramasser les coquillages que la marée, en se retirant, a déposés sur les récifs ; à elles encore la fabrication des nattes qu'elles tressent avec une merveilleuse dextérité, et celle du *siapo* ou tape de Futuna, renommé dans tous les archipels voisins pour la délicatesse et la régularité de ses peintures. Cette étoffe, tirée de la seconde écorce d'un arbre, que l'on étend avec un marteau de bois, est aussi solide que la plus forte toile ; mais elle ne résiste pas à l'eau. Aux hommes sont réservés la culture des terres, l'entretien des arbres et la grande pêche ; ils sont en outre chargés de la cuisine (1). Quand les aliments sont prêts, on se réunit dans la maison du notable de chaque village, où chacun porte son dîner ; les femmes prennent leur repas à part, dans une autre habitation. En guise de cuiller on se sert d'une feuille repliée, et pour ceux qui craignent de se brûler les doigts en tirant les herbages de la soupe, la fourchette est le premier petit morceau de bois qui tombe sous la main. Ces herbages sont quelquefois si forts, qu'un instant après s'en être nourri, il semble qu'on vous prenne à la gorge pour vous étouffer. Si le festin se donne en l'honneur d'un ami, c'est un chien qu'on sert aux convives ; le porc est réservé pour les jours de fête ; on le jette au four tout entier, après lui avoir brûlé le poil et vidé les intestins : il est inutile d'observer qu'on l'en retire tout saignant. Aux repas ordinaires on se contente d'un potage de *taro*, assaisonné avec la chair du coco, que l'on a fait pourrir en terre, ou avec une émulsion de la noix de ce même fruit non fermenté : en y ajoutant quelques menus poissons qu'on dévore le plus souvent sans les faire cuire, on aura l'idée d'un dîner de famille à Futuna. — Les banquets publics sont présidés par le roi, devant lequel chaque insulaire vient déposer les mets qu'il a préparés. Après la prière commune, on mâche solennellement le *kava* pour l'offrir à la divinité de l'île : c'est le roi qui, en sa qualité de *tabernacle du dieu*, lui fait parvenir la précieuse liqueur par la voie de son propre gosier. Alors les aliments sont remis aux chefs de villages, qui les distribuent à leur tour aux pères de famille : on mange toujours trois ou quatre dans le même plat ; et il est de bon ton de présenter à ses amis le morceau qu'on a mordu. Chacun s'assied à terre sur une natte ; car on ne connaît dans ce pays ni bancs ni chaises ; les hommes se tiennent

---

(1) Les aliments se préparent à Futuna comme à la Nouvelle-Zeeland. (*Note de l'auteur.*)

les jambes croisées à la mode des tailleurs, et les femmes sont accroupies sur leurs talons. Le repas fini, les restes ainsi que la vaisselle et la nappe sont jetés aux chiens et aux cochons, qui n'ont cessé de rôder autour des convives (1). — Les habitations sont très-simples. Une grossière charpente reposant sur quatre ou six colonnes et supportant un toit qui descend à 2 ou 3 pieds de terre; entre les piliers quelques troncs d'arbres, destinés à protéger contre les atteintes de l'air ceux qui sont assis dans l'intérieur de la cabane; pour ouverture, un très-faible intervalle ménagé entre le rempart d'enceinte et l'extrémité de la toiture, voilà les demeures occupées par les insulaires. La forme en est généralement ovale; si leurs dimensions ne sont pas partout les mêmes, elles sont toujours de peu d'étendue. Au milieu de ces huttes sauvages, celle des missionnaires se distingue par une architecture à part : elle est close sur toutes les faces par un treillis de bambou; elle a portes et fenêtres comme les maisons à l'européenne; au-dedans elle se divise en plusieurs pièces. Il est vrai que ces chambrettes sont resserrées, que la hauteur en est peu considérable, que pour tout plafond elles n'ont que le feuillage. Autour de chaque maison règne une sorte de terrasse, plus ou moins vaste suivant la richesse des propriétaires, mais partout sablée et tenue avec une propreté parfaite.

Le sol est naturellement d'une extrême fécondité : la rapidité de la végétation tient du merveilleux. Ainsi au mois de juillet, temps pour les sauvages de complète inaction, j'ai suivi, écrit le P. Chevron, de moments en moments les progrès de quelques végétaux, et sur une durée de vingt heures j'ai vu une feuille de bananier grandir de sept pouces. Je m'en étonnais, et l'on me dit : « Ce n'est rien; le terrain qui nourrit cet arbre est mauvais. » En effet, sur d'autres emplacements il se développe avec une vigueur plus surprenante encore. Admirable sollicitude de la Providence! si elle accélère avec tant de promptitude la végétation, c'est que ces îles en ont besoin. D'effrayantes tempêtes fréquemment les désolent; et quand ces ouragans se déchaînent, cocotiers, bananiers, arbres à pain, tout est brisé par la tourmente, ou au moins dépouillé de ses fruits. Il est rare de rencontrer une grande tige qui n'ait été plus ou moins mutilée par les orages. Entre les causes diverses de cette fécondité, les rosées doivent occuper la première place. Elles sont, sous ce ciel, d'une excessive abondance; la nuit surtout elles établissent dans l'air une telle humidité que celle des brouillards de l'Europe même les plus épais ne saurait leur être comparée. Il est facile après cela de concevoir que le sol, ainsi détrempé et sans cesse rafraîchi, soit heureusement disposé à profiter de la chaleur vivifiante du soleil. Mais ce qui est pour la nature un si précieux avantage, devient presque un fléau pour l'insulaire. Couvert d'une sueur ruisselante jusqu'au moment où le jour tombe, le sauvage se jette dans cet état sous le toit de sa cabane mal fermée; et qu'arrive-t-il? C'est que surpris au milieu de sa transpiration par la fraîcheur de l'atmosphère qui le pénètre et le glace, il puise dans ce refroidissement le germe d'une foule de maladies et d'infirmités : aussi la plupart des insulaires sont-ils atteints d'affections plus ou moins graves à la peau; les uns sont rongés par d'affreux ulcères; d'autres ont des bras ou des jambes d'une grosseur monstrueuse; et, chose encore plus déplorable, à peine un petit nombre d'entre eux veut user des remèdes nécessaires, parce que la superstition les condamne à se résigner. « C'est un dieu qui nous mange, disent-ils; nous ferions de vains efforts pour échapper à sa colère. » Du reste, ils ne se bornent pas à prendre pour autant de dieux les maux qui les affligent; ils placent des divinités partout, et vont même jusqu'à supposer que le plus grand de tous les esprits repose dans la personne de leur prince comme dans un sanctuaire vivant. De cette croyance résulte une manière étrange d'envisager leur roi, et de se conduire sous son autorité. A leurs yeux le souverain n'est pas responsable de ses actes; on le regarde comme inspiré par l'Esprit divin dont il est le tabernacle; sa volonté par conséquent est sacrée; il n'est pas jusqu'à ses caprices et ses fureurs qu'on ne vénère; et, s'il lui plaît de se montrer tyran, ses sujets se prêtent par conscience aux vexations dont il les accable. Mais en retour est-il insouciant ou faible? chacun devient son propre maître; comme le dieu ne se mêle de rien, tout insulaire est investi du droit de régler ses actions au gré de ses fantaisies; on peut même égorger son voisin, sans avoir à redouter d'autre vengeance que celle de la famille à laquelle appartient la victime. — Ces rois, tout dieux qu'on les suppose, ne sont pas assez heureux ou assez habiles pour maintenir la paix au milieu de leurs tribus. L'île est constamment divisée en deux partis tour à tour appelés *maro* ou *lara*, suivant qu'ils sont vainqueurs ou vaincus. Vaincu, on appartient corps et biens au vainqueur, jusqu'à ce que redevenu assez fort pour lutter contre ses maîtres, on essaie de briser leur joug. La guerre alors se déclare, et l'acharnement est affreux. Tous les vieillards du camp défait doivent mourir les armes à la main. Dans une lutte semblable qui eut lieu en 1840, un de ces malheureux à cheveux blancs était tombé sur ses genoux, tout couvert de blessures; le prince victorieux lui dit qu'il lui faisait grâce de la vie : « Non, répond-il, je veux périr; c'est mon devoir; » et, ramassant le peu de forces qui lui restaient, il se mit à frapper en désespéré dans toutes les directions, jusqu'à ce qu'enfin on

---

(1) Cette vaisselle n'est autre que la feuille du bananier, longue de 8 pieds environ, sur 2 ou 3 de large; elle sert non-seulement de marmite, de plat, d'assiette et de nappe, mais encore de parapluie, de parasol et de vêtement.

(*Note de l'auteur.*)

l'achevât. Le roi lui-même, atteint à son tour par une lance qui de l'épaule droite alla sortir au-dessus de la hanche gauche, essaya d'abord de l'arracher; mais les pointes recourbées qui garnissaient le fer, empêchaient l'arme fatale de revenir sur la plaie qu'elle avait faite : alors le prince, brisant ce qui demeurait en dehors de la blessure, se remit à combattre avec fureur. Un catéchumène, percé à la jambe par un trait ennemi, l'en retira aussitôt, et le rejeta avec une étonnante énergie à celui qui l'avait lancé. — A la cruauté les naturels joignent presque tous la manie du vol : c'est surtout aux blancs qu'ils aiment à dérober.

Les insulaires ne se représentent pas leurs dieux sous les traits de la grandeur ou de la bonté; une cruauté féroce paraît être à leurs yeux le premier attribut de la nature divine : *Elle a des entrailles de dieux*, disaient-ils d'une mère qui, ne pouvant achever d'étouffer son enfant, l'avait broyé sous ses pieds. — Le plus grand de tous ces génies porte un nom qui n'est pas flatteur; on l'appelle *Faka veri kéré* (*faisant la terre mauvaise*). Au-dessous de lui s'agite un essaim d'esprits subalternes, nommés *Atua-Mouri*. Comme leur roi, ils ont pour tabernacle quelques insulaires, hommes ou femmes, qui se transmettent de génération en génération la divinité devenue héréditaire dans leurs familles. Ces dieux portent une grande responsabilité : tout le mal qui se fait est nécessairement leur ouvrage. Quelqu'un est-il souffrant, c'est un mauvais génie qui le mange, et il faut se mettre en quête pour trouver l'homme en qui il réside. Celui-ci, après s'être fait raconter toute la vie du malade, déclare solennellement qu'il est mangé par son dieu en punition de telle ou telle faute. L'oracle répondit un jour à l'un des puissants de l'île que l'*Atua* était irrité contre son enfant, à cause d'une cuisine mal faite; mais on n'osait pas lui reprocher d'avoir fait cuire sa propre mère pour s'en repaître avec ses amis. Si la maladie continue, malgré les promesses de guérison données en échange de présents, le *tabernacle* avoue que décidément son génie n'est pour rien dans ces souffrances. Alors nouvelles recherches et nouveaux cadeaux; car un *Atua* pour une famille est vraiment la poule aux œufs d'or.

Après le culte des dieux, les honneurs rendus aux morts sont ce qu'il y a de plus solennel. Dès qu'un insulaire vient d'expirer, on s'empresse de l'envelopper de *siapos*, après toutefois l'avoir lavé, l'avoir inondé d'une huile odorante, et paré comme aux plus beaux jours de fête; puis on l'enterre encore tout chaud. Une fois débarrassé du cadavre, la famille se dispose à recevoir la visite de l'île entière, qui ne tarde pas à venir payer au défunt le tribut de ses pleurs, ou plutôt de ses cris. Chaque naturel, en arrivant, commence par hurler sa douleur, et aussitôt s'armant de deux coquillages, il se déchire de son mieux le visage, les bras et la poitrine : ces préliminaires sont de rigueur, si l'on veut avoir part au festin qui doit être servi. Une fois à table, adieu le deuil! On croirait assister à un banquet de noces, tant la joie est franche et la fête animée. Dix jours durant, les divertissements se succèdent, avec quatre repas par jour, et promesse d'anniversaire à la dixième lune. Assez ordinairement il y a lutte au pugilat en l'honneur du défunt; les coups ne cessent que lorsqu'un des deux champions tombe sur l'arène : le vainqueur lui tend amicalement la main pour l'aider à se relever, et revient soutenir un second assaut contre un nouvel antagoniste, vengeur du premier. Quelquefois les deux combattants sont armés d'une branche de cocotier, moins dure, il est vrai, que le bois ordinaire, mais cependant assez forte pour casser les membres; et ce jeu dure jusqu'à ce qu'il plaise aux vieillards de dire : « C'est assez. »

Jusqu'ici la religion n'a fait que peu de progrès dans l'île : quelques catéchumènes passablement instruits, un certain nombre d'enfants et de grandes personnes baptisés en danger de mort, voilà à quoi se réduisent tous les fruits de la mission. La principale cause est la cupidité du roi qui, en sa qualité de *tabernacle de Dieu*, croit avoir intérêt à maintenir l'ancien culte, dont les offrandes l'enrichissent. A l'imitation du prince et par crainte de lui déplaire, peut-être aussi parce qu'on se faisant chrétiens il faudrait devenir sages, la plupart des insulaires restent sourds aux sollicitations de la grâce, bien qu'en secret ils témoignent le désir d'embrasser la foi. Il est à croire qu'en exprimant ce vœu, la jeunesse est sincère; il y a en effet de grandes espérances à fonder sur elle; mais les vieillards sont entachés d'un crime qui semble peser sur leurs têtes comme une réprobation, c'est l'anthropophagie poussée par eux aux dernières horreurs. D'après les documents recueillis de la bouche même des naturels, le nombre des habitants des deux îles s'élevait naguère à plus de *quatre mille*; aujourd'hui il ne dépasse pas *douze cents*! et c'est en grande partie la dent de ceux qui survivent qui a opéré cette effrayante réduction! Il y a tout au plus vingt ans, la fureur de manger de la chair humaine en vint au point que les guerres ne suffisant plus pour fournir aux hideux festins, on se mit à faire la chasse au sein même de sa propre tribu : hommes, femmes, enfants, vieillards, qu'ils fussent amis ou ennemis, étaient tués sans distinction. On en vit même égorger les membres de leur propre famille : des mères ont fait rôtir, pour s'en repaître, le fruit de leurs entrailles... Au roi seul, en sa qualité de dieu, étaient servis des corps entiers; dans les autres cuisines on découpait les cadavres. On a compté à la fois quatorze victimes sur la table du prince : et lui de crier : « Courage, courage, arrachez la mauvaise herbe! » Avec les corps rôtis, souvent on servait aussi des hommes vivants, pieds et mains liés; on les étendait sur de grandes auges pour ne pas perdre le sang; puis on leur découpait les bras, les jambes, et en dernier lieu la tête, ou plutôt on les leur sciait avec un bambou brisé qui coupe à peu près comme un couteau de bois. — Cette boucherie conduisait rapidement le peuple à une extermination totale, lorsque le roi fut tué par ses complices dans une assemblée religieuse. Dieu, qui tient entre ses mains le cœur des hommes, inspira au nouveau prince des sentiments d'humanité qu'il imposa à tous ses sujets, et, depuis, il n'y a pas un seul insulaire mangé. Ce n'est pas sans regrets que les vieux cannibales ont renoncé à l'horrible pâture dont ils étaient si friands : plus d'une tentative a été faite par eux pour remettre leurs goûts sanguinaires à la mode. En 1840, un vieillard proposait de revenir à la *nourriture des dieux* : « C'était, disait-il, une divinité qui lui avait demandé en songe ce retour à l'ancien culte. » Toutefois il suffirait d'une famine pour replacer l'île entière sous le règne de l'anthropophagie : que Dieu la préserve de ce malheur! elle ne renferme déjà que trop de principes de destruction. Pour ne parler que de l'infanticide, il est porté dans ce pays à son plus haut période. Ce n'est même plus une honte pour des mères de faire périr leurs enfants; on en trouve qui ont tué jusqu'à six de ces innocentes créatures : les unes les écrasent dans leur sein en se pressant le corps avec de grosses pierres; d'autres les étouffent au moment de leur naissance, ou les enterrent vivants dans le sable. Il suffit, pour décider une mère à cette barbarie, que le père de son nourrisson ait cessé de lui plaire, ou qu'elle soit abandonnée de son mari. Dans l'un ou l'autre cas, si elle ne se sent pas le courage d'étouffer les cris de la nature, ses vieilles voisines tiennent conseil; la vie de l'enfant est mise aux voix, et la condamnation prononcée, elles se chargent de l'exécution, même contre les réclamations de la mère. Quand on reproche aux naturels ces atrocités, ils répondent froidement que c'est la mode du pays, *Kore faka Futuna*; c'est un usage ancien, *Kore nea mango*. Cette dernière excuse est toujours celle qu'ils donnent quand ils n'en trouvent plus d'autres, quel que soit d'ailleurs le sujet sur lequel on les presse. — On n'est pas dans l'habitude d'étrangler ici les vieillards, comme cela se pratique dans quelques autres îles, mais, lorsqu'ils deviennent à charge, on n'en a pas moins l'art de s'en débarrasser en les soumettant, sous prétexte de maladie, à une diète si sévère, qu'ils ne tardent pas à mourir de faim.

Avec toute leur férocité les sauvages, sous plus d'un rapport, sont encore de grands enfants qu'un rien suffit pour émerveiller. — Ils s'imaginent, dans leur ignorante vanité, que leur île est le principal continent du globe : ceux même de leurs compatriotes qui sont allés à Sydney, n'ont pas encore pu les détromper sur ce point. Les objets de leur prédilection sont un morceau de fer pour défricher le sol et arracher la mauvaise herbe, une hache, un couteau, des ciseaux, une aiguille, une lime, un rasoir (autrefois ils se faisaient la barbe en la frottant avec la pierre ponce ou en l'arrachant poil par poil), un clou pour fabriquer un hameçon, ou mieux un hameçon tout fait, quelques verroteries, une chemise ou un lambeau d'étoffe; voilà ce qu'il y a pour eux de plus précieux au monde : le reste peut exciter leur étonnement; mais ces bagatelles, ils les convoitent, ils les volent s'ils en trouvent l'occasion. Un vieil habit est encore pour eux un trésor. — Comme les Nouveaux-Zélandais, les insulaires travaillent par boutade, sont vifs, faciles à la colère et prompts à la vengeance, mais très-sensibles à l'amitié. Pour la guerre, au moment d'engager l'action, ils se peignent en noir et en rouge, se revêtent d'une belle ceinture, lient leurs cheveux au sommet de la tête, font rouler des yeux étincelants dans leur orbite, et s'élancent au combat, tous en désordre, poussant des hurlements affreux et faisant des contorsions horribles. Leurs armes sont des massues et de longues lances dentelées qu'ils manient avec adresse. La femme accompagne son mari sur le champ de bataille, portant avec elle de l'huile et des tapas pour l'ensevelir en cas qu'il succombe. Lorsqu'un parti est vaincu, il se réfugie sur le haut des montagnes où les naturels ont des forts. Mais les vieillards, pour qui la fuite serait un déshonneur, restent paisiblement dans leurs habitations, attendant une mort certaine; et quand le parti vainqueur a tout pillé, tout ravagé et tout tué, il va présenter aux vaincus des propositions de paix.

Futuna abonde en reptiles. A la grande île, il n'est parlé que de petits serpents aux couleurs brillantes et variées; mais à la petite île il en est de toute dimension et de toutes nuances; le plus gros est presque égal à un corps humain, et d'une longueur proportionnée à sa grosseur. Il est certain que ces serpents sont venimeux, puisque plusieurs naturels atteints de leur morsure ont été malades; cependant on n'a pas entendu dire que quelqu'un d'eux en soit mort. Dans cette île surtout le serpent a mille ruses pour saisir sa proie; souvent il grimpe sur le haut des arbres qu'il enlace de plusieurs contours, et présente à travers le feuillage une partie de son corps qui ressemble à une eau limpide; l'oiseau, surtout le pigeon, trompé par cette apparence, va pour s'y désaltérer, mais il y trouve la mort. D'autres fois, caché dans l'épaisseur des rameaux, il tourne sa tête de côté et d'autre pour épier sa proie, et s'élance sur elle avec impétuosité pour la saisir. Mais la Providence a donné aux oiseaux un merveilleux instinct pour s'avertir mutuellement du danger. Paraît-il un petit serpent, ils se réunissent plusieurs dans l'endroit où se cache leur ennemi commun, et font entendre simultanément le cri d'alarme. Quand le serpent est gros, il n'y a qu'un seul oiseau qui annonce sa présence.

On retrouve dans ces deux îles la fougère gigantesque de la Nouvelle-Zeeland, les collines aux pentes escarpées, le sol volcanique avec des ruisseaux d'eau chaude, des cratères qui fument encore dans les temps de pluie, et des tremblements de terre aux secousses plus violentes.

Ce petit coin de terre a été arrosé par le sang d'un martyr. Le R. P. Chanel avait baptisé environ cinquante personnes; il était sur le point de conquérir l'île entière à Jésus-Christ, par la conversion du fils du roi; déjà un certain nombre de jeunes gens, méprisant les objets de leur culte superstitieux, s'étaient fait inscrire au rang des catéchumènes. Mais il y avait tant d'obstacles à la prédication de l'Évangile, que la semence du christianisme n'était jetée qu'insensiblement et sans bruit; c'était la génération naissante, mieux disposée parce qu'elle était plus pure, qui la recevait avec le plus de courage; on a rapporté qu'un enfant de dix ans, pour se soustraire à la persécution de ses parents et d'autres infidèles, se retirait chaque jour dans les bois pour prier Dieu, et qu'il cachait comme un trésor la médaille que le P. Chanel lui avait donnée. — Tel était l'état de la mission à Futuna, lorsque les ennemis de l'Évangile, désespérant d'en arrêter autrement les progrès, formèrent l'affreux complot de massacrer le zélé missionnaire. Il paraît que le roi avait une grande barbarie, tout en paraissant bon à l'extérieur; car, ce qu'on n'a jamais lu dans les annales de la cruauté humaine, il avait été jusqu'à manger sa propre mère. D'après ses ordres, on devait massacrer non-seulement le P. Chanel, mais encore tous ceux qui avaient embrassé la foi : son propre fils, que la séduction ni la crainte des châtiments n'avaient pu ébranler, était compris dans la condamnation à mort; cependant sa vie fut épargnée. Trois jours auparavant, ce jeune prince, dans une dernière entrevue avec l'homme apostolique, avait saisi vivement la croix qui pendait au cou du Père, et l'avait suspendue au sien, comme pour lui dire que définitivement il embrassait la religion de Jésus crucifié. S'il ne la scella pas par l'effusion de tout son sang, il fut du moins blessé pour elle, et de la main de ceux qui étaient déjà en chemin pour aller massacrer le prêtre. On dit qu'en apprenant leur affreux projet, il s'habilla de blanc avec six de ses compagnons, et qu'ils se préparèrent tous à cueillir avec leur missionnaire la palme du martyre. — Au moment où le crime se consommait, un autre jeune homme, très-attaché au P. Chanel, courut vers le lieu de l'exécution pour périr avec lui. « Il ne pouvait plus vivre, disait-il, parce que le Père était mort. » Les assassins l'eussent aussi frappé, si ses parents et ses amis ne l'avaient empêché de se livrer à leurs coups. — Le triomphe du crime fut de courte durée : quelques jours après, la mort frappait un des plus influents conseillers du roi, qui avait beaucoup contribué au martyre du P. Chanel; le roi lui-même suivit son complice au tombeau, après une longue maladie. Ce fut assez pour persuader aux naturels que la vengeance divine s'appesantissait sur les meurtriers, et cette opinion seconda merveilleusement les efforts apostoliques d'un chef, nommé *Sam*, insulaire distingué par ses qualités éminentes.

Depuis longtemps il y avait à Futuna deux partis irréconciliables et presque toujours aux prises, celui des *vainqueurs* et celui des *vaincus*. Sam, qui se trouvait à la tête de ces derniers, eut à soutenir la guerre contre leurs rivaux. Dans cette lutte sanglante, il montra un courage héroïque; ne s'apercevant pas que les siens avaient pris la fuite, il soutint, lui seul, pendant quelque temps, le choc de trois cents guerriers, esquivant les coups de lance, et combattant comme un lion. Forcé enfin d'abandonner le champ de bataille, il courut se réfugier sur le haut d'une montagne, où le P. Chanel alla le visiter. A la première entrevue, le bon Père pleura sur lui, l'embrassa et lui recommanda de s'embarquer au plus tôt, pour échapper à la mort que l'animosité des vainqueurs n'aurait pas manqué de lui faire subir; car il était surtout pour eux un objet de haine, à cause du mépris qu'il professait pour l'idolâtrie. Sam suivit ces conseils, il s'embarqua pour Wallis, où il eut le bonheur de recevoir le bienfait de l'instruction chrétienne. Quelque temps après il revint à Futuna à bord de la corvette l'*Allier*; mais, hélas! son bon Père n'y était plus. En apprenant sa mort à Wallis, il l'avait pleuré pendant l'espace de trois jours. Dès qu'il eut mis pied à terre, il alla avec sa femme dans la maison que le P. Chanel avait construite de ses propres mains, pour y faire la prière du soir; là, il rencontra deux enfants de dix à douze ans auxquels il proposa de croire en Dieu, de prier avec lui, de renoncer aux superstitions de l'île et de brûler leurs *tapous*, en se résignant à braver toutes les persécutions plutôt que d'abandonner la foi. Non-seulement ces deux enfants répondirent à l'appel de la grâce, mais encore ils engagèrent leurs parents à embrasser la religion; ils les tiraient par la main pour les conduire à la prière; ils persuadaient aussi à leurs jeunes compagnons de reconnaître le vrai Dieu, en leur disant qu'une lumière intérieure leur faisait voir qu'ils étaient en possession de la vérité. Dès ce moment, toute l'île fut ébranlée. *Sam* courait jour et nuit dans les divers villages pour y porter l'instruction, sans se laisser ni rebuter par les difficultés, ni intimider par les menaces. Les insulaires attachés à l'idolâtrie, et surtout les prêtres et les vieillards, le menaçaient de la colère des dieux, en lui disant que les *atua* le mangeraient. « Qu'ils viennent me dévorer cette nuit, leur répondait-il, j'y consens; mais demain, si je ne suis pas mangé, reconnaissez leur impuissance, et croyez au grand Dieu des chrétiens. » Toute la population de Futuna ne tarda pas à comprendre que l'histoire de ses divinités n'était qu'un tissu de mensonges, et d'un commun accord on brûla tous les objets du culte superstitieux.

Terra Aquosa, la Guyane. C'est une vaste contrée de l'Amérique méridionale, située entre la rivière des Amazones et celle de l'Orénoque. Elle est à l'orient de l'État de Vénézuéla, depuis le 3e degré de latitude australe jusqu'au 8e degré de latitude boréale et vers le 53e et le 64e degré de longitude. Ses bornes sont, du côté du nord, l'Orénoque, et du côté du midi l'Amazone, qui la sépare du Brésil; à l'orient, la mer baigne ses côtes; et à l'occident elle est bornée par le Rio-Négro, grande et belle rivière, qui joint la fleuve des Amazones à celui de l'Orénoque, par le Cassiquiari; ainsi la Guyane, renfermée dans ses bornes, est une île qui peut avoir au moins 800 kil. du nord au sud, et plus de 1200 kil. de l'est à l'ouest, ayant pour frontières le Brésil et la Nouvelle-Grenade. Des géographes lui donnent 1800 kil. de longueur sur une largeur de 1200 kil. L'intérieur en est peu connu et presque point fréquenté par les Européens, à cause de ses immenses savanes, de ses forêts épaisses, impénétrables, qui ont jusqu'à 400 kil. d'étendue. Néanmoins cet intérieur est beau, fertile à quelques exceptions près, et peuplé de nations indiennes très-nombreuses, dont on sait à peine les noms, et qui n'ont de communication qu'avec celles voisines des grandes rivières. Ses côtes sont beaucoup mieux connues, elles s'étendent depuis le cap Nord jusqu'à la grande embouchure de l'Orénoque, et renferme dans cet espace plus de 1000 kil.

Il semble que cette vaste portion de terre soit composée des débris de matières volcaniques, ou de la destruction d'un ou plusieurs volcans, qui à des époques inconnues auraient bouleversé ces contrées ainsi que celles des Cordillères. On observe que les terres n'y sont pas rangées par couches, mais mêlées sans ordre et au hasard; les angles saillants des collines ne répondent point aux angles rentrants des hauteurs correspondantes; on n'y voit point de cailloux; les pierres n'y sont que des morceaux de laves qui commencent à se décomposer; indices des feux souterrains qui l'ont autrefois bouleversée. Le sol en divers lieux en est stérile ou presque couvert des eaux d'un grand nombre de ruisseaux ou de rivières, qui forment en plusieurs endroits des lacs et des marécages. Ses rives sont riches et fécondes. Le limon que déposent sans cesse sur leurs rivages de grands fleuves y est gras et produit en quelques années des arbres magnifiques et surtout des palétuviers; espèce de manglier, qui en peu de temps y forment de vastes forêts couvertes de 5 pieds d'eau dans les inondations, et d'une vase inaccessible quand ces inondations se sont retirées. Quelquefois les forêts de palétuviers sont emportées par les vagues qui ne cessent de les heurter avec violence. Une côte de 1200 kil., qui s'étend de l'Orénoque au Maragnon ou Amazone, est bordée de ces palétuviers, détruits et renouvelés tour à tour par les eaux, la vase et le sable; derrière cette bordure sont des prairies ou savanes, inondées lors des pluies, et qui souvent restent des marais dans la belle saison; les eaux infectes et croupissantes ne contenaient jadis que des reptiles immondes ou venimeux; mais, à mesure que la culture s'étend, ces animaux disparaissent, et l'air se purifie.

De même que dans toutes les régions équinoxiales, où la chaleur et l'humidité favorisent la végétation, celle de la Guyane est d'une vigueur prodigieuse. Le rocouyer, dont la graine donne une couleur rouge; le simarouba, bois extrêmement amer; le caoutchouc, qui fournit la gomme élastique; beaucoup d'arbres dont le bois est excellent pour la marqueterie, remplissent les forêts de la Guyane. Toutes les productions qui font la richesse et alimentent le commerce des Antilles, se récoltent dans cette contrée dont le café et le coton sont surtout estimés. On y a fait des plantations de girofliers, de muscadiers, de cannéliers, et d'autres arbres de l'Inde qui ont bien réussi. — Rien n'égale la variété des quadrupèdes, des oiseaux, des serpents, des reptiles qui peuplent les forêts, les savanes, les bords des rivières, les rivages de la mer, les rivières et les marais de ce pays. La mer et les rivières sont très-poissonneuses.

La partie septentrionale du Brésil, située presque sous la ligne et enclavée dans la région appelée Guyane, est sujette à de grandes pluies, à des vents qui ont leurs périodes régulières; ils commencent en mars et en septembre; des tourbillons, des ouragans mêlés de fortes pluies en sont les avant-coureurs. La partie méridionale jouit d'un climat plus tempéré, d'un air plus sain qu'aucun des pays situés sous la zone torride, avantage qu'elle doit aux vents frais de la mer et à ceux qui descendent des Cordillères.

La Guyane Portugaise comprend les terres situées aux environs des côtes occidentales et septentrionales du fleuve des Amazones, depuis le cap Nord jusqu'à Rio-Négro, borne de ses derniers établissements.

Ce ne fut qu'en 1688 que les Portugais s'approchèrent du cap Nord; ils bâtirent le fort Saint-Antoine sur la rivière d'Arwary, mais il fut renversé en 1691 par les marées ou la barre de la rivière des Amazones. Dans la même année 1688 ils vinrent s'établir à Macapa, sur les ruines d'un fort que les Français avaient abandonné, et où ils avaient laissé quatre pièces de canon, plusieurs boulets et des balles de mousquets. Les Français s'en plaignirent comme d'une usurpation; et les Portugais, reconnaissant la justice de ces plaintes, s'obligèrent, par le traité de Lisbonne, en 1701, de détruire le fort du Macapa; mais ils le rétablirent bientôt après. Par le traité d'Utrecht, de 1713, la France leur céda la partie méridionale de la Guyane, située aux environs du cap Nord et du fleuve des Amazones. — Ce ne fut guère que vers 1654 que les Portugais s'établirent d'une manière stable sur les bords de l'Amazone. Plus tard les Jésuites s'enfoncèrent dans les forêts qu'arrose le fleuve; et au XVIIIe siècle, après des missions très-pénibles, ils y avaient rassemblé dix mille Indiens, distribués en trente-six bourgades, douze sur le Napo, et vingt-quatre sur l'Amazone. Quelques-unes étaient éloignées entre elles de 600 à 720 kilomètres. Depuis l'expulsion des Jésuites des possessions espagnoles et portugaises, ces pauvres Indiens, sans oublier tout à fait les *robes noires* (c'est ainsi qu'ils appellent les missionnaires), ont repris leurs anciennes habitudes et leur vie sauvage. — Dans la Haute-Guyane, qui est restée jusqu'à présent impénétrable, pour ainsi dire, à cause de ses forêts délétères, on rencontre un certain nombre de peuplades indépendantes que les robes noires n'ont pu encore aborder, et que des notices modernes présentent comme anthropophages. Quant aux Indiens de la Basse-Guyane, ou de la Guyane Européenne, leur nombre a considérablement diminué; et leur race disparaîtra tout à fait dans un temps donné.

La langue de ces sauvages est en général fort pauvre : ils n'ont que les mots qui leur servent à communiquer entre eux et à nommer ce qu'ils comprennent par le ministère des sens. Aussi n'a-t-on pas besoin de beaucoup de temps ni de peine pour les entendre. Des huit parties de l'oraison dont nous composons un discours, ils n'en ont que deux, savoir, le nom des choses et le verbe, pour représenter les actions et les passions. Ils ont deux sortes de nombres, sans cas et sans articles. S'ils veulent dire que telle chose appartient à Pierre, ils disent *Meiou Piere*, s'ils veulent vous apprendre que cette cabane est à leur père, ils disent *cabane père* ; cependant on peut dire qu'ils ont un vocatif, car ils s'appellent fort bien entre eux, à moins que le ton seul ne leur en tienne lieu. Au lieu de pluriel, ils se servent du mot de *papo*, qui signifie tous. Ainsi, pour signaler plusieurs hommes, plusieurs femmes, on dit, *homme tout, femme tout*. Ils n'ont qu'une seule terminaison pour tous les genres. S'ils veulent exprimer les qualités contraires à celles de leurs adjectifs, ils ajoutent la négation *oua*. Par exemple, les Français sont bons, *non Francici troapa oua*. Les Anglais sont bons *non*, pour dire qu'ils sont méchants. Ils ont les pronoms démonstratifs, moi, toi, lui, qui servent pour tous les possessifs, et pour distinguer les personnes des verbes. *Aou* signifie moi, nous, je, mien et notre ; *amou*, toi, tu, vous, votre ; *mocé*, il, ils, lui, eux, leur. Ils n'ont pas de pronoms relatifs, ni de verbes substantifs, ni de conjugaisons des verbes, ni de passif. A l'égard des nombres, ils ne comptent que jusqu'à quatre : un, *annik*; *oko*, deux ; *oroua*, quatre ; *aeouraba mé*, cinq. *Opoupomé* signifie deux fois les mains et les pieds.

Les missionnaires sont parvenus à entendre les différentes langues de tous ces peuples, qui parlent chacun la leur; ce qui semble annoncer les débris de plusieurs nations, mais retrace la confusion de la tour de Babel. Souvent des peuples très-voisins ne s'entendent pas ; il y a néanmoins trois langues principales en usage dans une grande étendue de pays, et connues au moins par les chefs, de la plupart des bourgades. La première est celle des Galibis : on la parle depuis Cayenne jusqu'à l'Orénoque. La seconde est celle des Ouayes : on la parle et on l'entend depuis Cayenne jusqu'à Ouyapok et à Maiakaré. La troisième est celle des Omaguas : on la parle sur tous les bords de la rivière des Amazones.

La langue des Nouraguas est extrêmement difficile : elle a quantité de mots qu'il faut prononcer avec des aspirations très-rudes ; d'autres qu'on ne peut articuler que les dents serrées, et d'autres qui obligent de parler du nez. Des nations indiennes prononcent absolument de la gorge ; celles-ci, enfin, parlent avec une volubilité si extraordinaire qu'elles articulent un mot de huit ou dix syllabes en moins de temps que nous n'en prononçons un de trois ou quatre lettres.

Dans la nation Caribe, la plus nombreuse et la plus guerrière, les habitants sont grands et bien faits; cette nation occupe une partie du pays que la rivière de Canca arrose, et se trouve renfermée entre l'Orénoque et la chaîne de montagnes qui est au sud. Cette nation est la plus cruelle de toutes; elle commence cependant à se civiliser et à vivre en bonne intelligence avec les nations soumises aux Espagnols américains.

Il est difficile de savoir l'origine de toutes ces nations, dont quelques-unes se croient au-dessus des autres, et qui s'en distinguent en effet par la figure, l'air, la taille et le langage. On ne trouve chez elles ni peintures, ni hiéroglyphes, ni aucune autre espèce de monuments qui puissent répandre le moindre jour sur leur histoire. Lorsqu'on veut s'en instruire chez les Caribes, en leur faisant des questions, ils répondent avec hauteur : « Nous sommes des hommes; les autres ne sont que des esclaves. » Leur ignorance ne leur permet pas de donner d'autres éclaircissements. Leur tradition porte que l'Être suprême fit descendre son Fils du ciel (1) pour tuer un serpent horrible ; et que l'ayant vaincu, il se forma dans les entrailles de l'animal des vers qui produisirent chacun un Caribe avec sa femme. — Comme ce monstre avait fait une guerre cruelle aux nations voisines, les Caribes, qui lui doivent le jour, les regardent toutes comme des peuples ennemis. Les Salivas se donnent une origine qui n'est guère moins originale. Ils croient que la terre engendra des hommes et des femmes, comme elle produit aujourd'hui des plantes et des fruits, et que certains arbres portaient pour fruits des créatures humaines. Leurs pensées ne s'élèvent jamais plus haut que la terre qu'ils habitent; et ils n'ont d'autres idées que celles qui sont en rapport avec les objets matériels.

Ces peuples en général ne connaissent ni l'arithmétique, ni l'écriture. Ils ont, en échange, la mémoire excellente : c'est un répertoire fidèle qui, par tradition, leur conserve les coutumes de leurs ancêtres, les annales de leur histoire depuis les temps les plus reculés, et les événements des guerres qu'ils ont eues entre eux et avec les Européens.

Un homme studieux et patient pourrait, à force de les interroger et de recueillir leurs récits, composer une histoire de ces peuples, qui serait fort intéressante. Pour exprimer des unités, des quantités, ils font usage des doigts de leurs mains et de leurs pieds, et quand ils veulent énoncer un nombre au-dessus de vingt, ils saisissent une poignée de leurs cheveux, et la montrent en prononçant en leur lan-

---

(1) N'est-ce pas ici une tradition défigurée du mystère de la Rédemption ? (*Note de l'auteur.*)

gue, autant. Ces sortes de quantités qu'ils ne peuvent faire entendre, s'appellent : tapoiné. Ils ont pourtant quelque chose de plus précis quand ils se donnent des rendez-vous ; ils expriment le nombre des jours qui doivent s'écouler par des nœuds qu'ils font sur une petite cordelette, ainsi que le pratiquaient les Péruviens, dont ils descendent peut-être. Chaque jour ils défont un nœud ; lorsqu'ils sont au dernier, ils voient que le terme de leur promesse est arrivé. — Comme les Salivas habitent toujours dans les forêts, ils n'ont appris qu'il y avait des hommes vêtus que par le moyen des missionnaires. La première fois qu'ils en virent, ils furent saisis de frayeur, et coururent se cacher dans les bois, en poussant des hurlements horribles. Leurs femmes et leurs filles sont entièrement nues. Elles n'en rougissent point ; lorsqu'on leur distribue des mouchoirs pour couvrir leur nudité, elles les jettent dans la rivière, pour n'être point obligées de s'en servir. Si on leur en demande la raison, elles répondent que ces vêtements leur causent de la honte.

Toutes les nations de l'Orénoque, et celles de la Guyane, s'oignent depuis la tête jusqu'aux pieds, avec de l'huile et de l'achiolt, ou du roucou ; et les mères, pendant qu'elles s'oignent elles-mêmes, font la même chose à leurs enfants, sans en excepter ceux qui sont attachés à leurs mamelles. Cet usage se pratique deux fois par jour au moins, le matin et le soir. Elles oignent aussi leurs maris, et se servent pour cela d'un gros pinceau de poil ; les jours de fête elles ajoutent à cette onction une grande quantité de figures de différentes couleurs ; et toutes les fois que le mari revient de la pêche ou de la chasse ou de quelque autre expédition, l'une de ses femmes ou de ses filles le frotte de nouveau. Cette onction leur sert de parure, et les garantit en même temps des mousquites. D'ailleurs cette matière grasse les rend moins sensibles à la chaleur du pays ; elle empêche aussi la trop grande transpiration. Outre cette onction, les hommes se parent de plumes choisies, et s'attachent autour des genoux et au-dessus des chevilles des pieds, quatre grosses touffes de coton. Ils s'ornent le nez et les oreilles de divers bijoux ridicules, se passent des plumes dans les trous pratiqués aux joues ; d'autres emploient à cet usage de petites lames d'or ou d'argent, qu'ils travaillent eux-mêmes à leur manière. Les Salivas exigent encore de leurs femmes qu'elles les peignent matin et soir. Une fois peigné et enduit, un Salivas n'ose se frotter la tête ni le corps, de peur de gâter sa parure : et il aime mieux endurer quelque mal que ce fût plutôt que de déranger l'économie de sa coiffure et l'arrangement de ses plumes.

Les Caribes se parent de colliers de dents de morts les jours de cérémonie, c'est-à-dire lorsqu'ils se marient, lorsqu'ils célèbrent la naissance de leurs caciques et de leurs capitaines, ou lorsqu'ils reviennent de voyage. Ces jours-là ils paraissent d'abord tout nus en public, portant leurs pots, leur oing et leurs couleurs ; ils s'oignent d'abord à l'ordinaire, après quoi ils enduisent d'une espèce de colle ou de résine de petites nattes minces de différentes couleurs, qu'ils s'appliquent sur le corps avec symétrie, de manière qu'étant placé dans un certain éloignement, un étranger qui ne serait pas prévenu les croirait vêtus d'une étoffe brillante. Cette décoration n'est pour un jour, ils sont obligés de la porter tout le temps que la résine conserve sa ténacité, et elle ne la perd que difficilement. Quelques-uns appliquent sur les dessins que cette colle laisse sur leur corps, des plumes de différentes couleurs, qu'ils arrangent symétriquement, ce qui forme un coup d'œil tout particulier. Cette parure est surtout employée par ceux qui dansent ; d'autres, et ce sont principalement les guerriers, portent sur leurs têtes un bonnet de grandes plumes, en forme de couronne ou de diadème. Ils se couvrent aussi la tête d'une espèce de perruque faite de plumes singulières et de couleurs très-vives ; ils la portent à la chasse et à la pêche, parce que, outre l'ornement, elle les garantit encore des ardeurs du soleil et de la pluie. Rien n'est plus risible que de voir un Indien tout nu avec une perruque fort riche sur la tête, ramer, courir les bois, tout fier de sa parure. — Dans le temps que les premiers navigateurs, notamment les Espagnols, ne parlaient de la Guyane et de l'Amérique méridionale qu'avec enthousiasme et exagération, ils prétendirent qu'il y avait une province dans la Guyane où les habitants, après s'être frotté la peau du suc de certaines herbes, se couvraient ensuite tout le corps de poudre d'or. — Dès qu'une fille vient au monde, la mère a soin de lui mettre au-dessus des genoux et un peu au-dessus de la cheville du pied, des bandes larges et épaisses, qui font grossir extraordinairement leur gras de jambes. Ce que nous regardons comme un défaut énorme dans une femme, est à leurs yeux d'une beauté sans égale. — Les femmes, outre les ornements du nez et des oreilles, qui sont les mêmes que ceux des hommes, portent aux bras, au cou, à la ceinture et aux jambes, plusieurs colliers de *quiripa*, c'est-à-dire de petits colimaçons, qu'elles arrangent avec beaucoup d'adresse. Elles s'attachent aussi des colliers de dents de singe et d'autres animaux. Celles qui peuvent se procurer des colliers de verre s'en chargent jusqu'à ce qu'elles en soient toutes couvertes ; et pour relever leur étrange parure, elles se fourrent à chaque oreille une grosse dent de caïman, après avoir fait un grand trou. — Parmi les nations voisines des Espagnols ou qui correspondent avec les Indiens convertis, les hommes se couvrent, pour la plupart, d'une pièce de linge, que quelques-uns appellent *gaymo* et les autres *guarruma*. Les femmes ont un petit tablier parsemé de grain de verre, en forme d'éventail ; elles l'attachent avec un cordon sur leurs reins, et l'appellent *coniou*.

Les Indiens prennent deux, trois et quatre femmes, selon qu'ils sont dans une sorte d'aisance, au moyen de la chasse et de la pêche ; c'est chez eux une marque de grandeur, et même de faste, d'en avoir jusqu'à dix ou douze. Cependant ils ne peuvent s'associer une nouvelle épouse qu'un an après être réunis à la précédente. — L'amour que ces peuples ont pour leurs enfants encore dans un âge tendre leur persuade souvent que le plus grand bien qu'une mère puisse procurer à sa fille est de la faire mourir dès l'instant qu'elle voit le jour. Un missionnaire reprocha à une Indienne cette inhumanité (1) ; elle l'écouta d'abord sans lever les yeux, et lorsqu'il eut cessé de parler, elle lui fit cette réponse : « Père, si tu veux le permettre, je t'avouerai ce que j'ai dans le cœur. Plût à Dieu que ma mère, en me mettant au monde, eût eu assez de compassion et d'amour pour moi, pour m'épargner les peines que j'ai endurées jusqu'à présent, et que j'aurai encore à souffrir jusqu'à la fin de mes jours ! Si elle m'eût enterrée en naissant, je n'aurais point senti la mort, et elle m'aurait exemptée de celle à laquelle je suis indispensablement assujettie, ainsi que des travaux qui me sont aussi cruels que la mort est affreuse. Ah ! qui sait le nombre des peines qui m'attendent avant qu'elle arrive ? Représente-toi bien, Père, les maux auxquels une femme est assujettie parmi nous ; nos maris vont à la chasse avec leurs arcs et leurs flèches, et c'est à quoi se borne toute leur fatigue : nous, au contraire, nous y allons chargées d'une corbeille, d'un enfant qui pend à nos mamelles, et d'un autre que nous portons dans ce panier. Nos hommes vont tuer un oiseau ou un poisson ; et nous, nous bêchons la terre, et supportons tous les travaux du ménage. Ils reviennent le soir sans aucun fardeau ; et nous, outre celui de nos enfants, nous leur apportons des racines et du maïs. En arrivant chez eux, ils vont s'entretenir avec leurs amis ; et nous, nous allons chercher du bois et de l'eau pour leur préparer à souper. Ont-ils mangé, ils se mettent à dormir : au lieu que nous, nous passons presque toute la nuit à faire leur boisson. Et à quoi aboutissent toutes nos veilles ? ils boivent et s'enivrent, et, tout hors d'eux-mêmes, ils nous chargent de coups de bâton, nous traînent par les cheveux, et nous foulent aux pieds. Ah ! Père, plût à Dieu que ma mère m'eût enterrée dès l'instant qu'elle m'a mise au monde ! Tu sais toi-même que nous nous plaignons avec raison, puisque tu vois tous les jours la vérité de ce que je viens de te dire ; mais tu ne connais pas encore notre plus grande peine. Qu'il est triste de voir une pauvre Indienne servir son époux comme une esclave, aux champs accablée de sueur, et au logis privée de sommeil, tandis que ce mari, dédaignant sa première femme, prend, au bout de vingt ans de mariage, une épouse plus jeune qui bat nos enfants, qui nous maltraite nous-mêmes ! Et si nous osons nous plaindre, on nous impose silence avec un fouet. Une mère peut-elle procurer un plus grand bien à sa fille que de l'exempter de toutes ces peines, et de la tirer d'une servitude pire que la mort ? Plût à Dieu, Père, que celle qui m'a donné la vie m'eût témoigné son amour en me l'ôtant dès ma naissance ! Mon cœur aurait moins à souffrir, et mes yeux moins à pleurer ! » — Lorsque les enfants sont malades, leurs mères se percent la langue avec des dents de poissons. Du sang que ces blessures leur font perdre, elles arrosent le corps de ces enfants tous les matins, jusqu'à ce qu'ils meurent ou guérissent. S'il arrive qu'une maladie épidémique afflige toute une peuplade, celui qui en est le chef est obligé de procurer le soulagement à chaque habitant. Il leur frotte l'estomac, après s'être percé les chairs avec des lancettes d'os de poissons. Un de ces capitaines, pâle, maigre et défait, rencontré par un voyageur qui lui demanda s'il était malade, répondit : « Je me porterais bien, si mes malades ne me faisaient périr. » Ce devoir, qui souvent cause la mort, et ce qu'il en coûte pour satisfaire son ambition, n'empêche pas de briguer le funeste honneur d'être à la tête d'une peuplade.

Pour obtenir la qualité de capitaine, il faut avoir donné des preuves éclatantes de valeur et de prudence. Celui qui aspire à cette grande distinction, déclare ses vues en revenant de sa case avec une rondache sur la tête, baissant les yeux, et gardant un profond silence. Il n'explique pas même son dessein à sa femme et à ses enfants. Se retirant dans un coin de la case, il s'y fait faire un petit retranchement qui lui laisse à peine la liberté de se remuer. On suspend au-dessus le hamac qui lui sert de lit, afin qu'il n'ait occasion de parler à personne. Il ne sort de ce lieu que pour les nécessités de la nature, et pour subir de rudes épreuves, que les capitaines lui imposent successivement. On lui fait d'abord garder, pendant six semaines, un jeûne fort rigoureux. Toute sa nourriture consiste dans un peu de millet bouilli et de cassave, dont il ne doit manger que le milieu. Les capitaines voisins viennent le visiter matin et soir. Ils lui représentent, avec beaucoup de force, que pour se rendre digne du rang auquel il aspire, il ne doit craindre aucun danger ; que non-seulement il aura l'honneur de la nation à soutenir, mais à tirer vengeance de ceux qui ont pris en guerre leurs amis et leurs parents, et qui leur ont fait souffrir une mort cruelle ; que le travail et la fatigue seront désormais son seul partage, et qu'il n'aura plus d'autre voie pour acquérir de l'honneur. Après cette harangue, qu'il écoute modestement, on lui donne mille coups, pour lui faire connaître ce qu'il aurait à supporter s'il tombait entre les mains des ennemis de sa nation. Pendant cette exécution amicale, il se tient debout, les mains croisées sur la tête. Chaque capitaine lui décharge sur le corps trois grands coups d'un fouet composé de racine de palmier. Tout le temps de cette cérémonie, les jeunes gens de l'habitation s'emploient à faire les fouets ; et

---

(1) Cet étrange amour maternel se retrouve dans d'autres parties du globe, notamment dans quelques îles de la Polynésie et de l'Océanie.

(*Note de l'auteur.*)

comme il ne reçoit que trois coups d'un même fouet, il en faut beaucoup lorsque les capitaines sont en grand nombre. Ce traitement recommence deux fois le jour, pendant l'espace de six semaines. On le frappe en trois endroits du corps, aux mamelles, au ventre et aux cuisses. Le sang ruisselle; et, dans la plus vive douleur, il ne doit pas faire le moindre mouvement, ni donner la plus légère marque d'impatience. Il rentre ensuite dans sa prison, avec la liberté de se coucher dans son lit, au-dessus duquel on met, comme en trophée, tous les fouets qui ont servi à son supplice. Si sa constance se soutient pendant six semaines, on lui prépare des épreuves d'un autre genre : tous les chefs de la nation s'assemblent, parés solennellement, et viennent se cacher aux environs de sa case, dans des buissons, d'où ils poussent des cris horribles. Ensuite, paraissant tous avec la flèche sur l'arc, ils entrent brusquement dans la case; ils prennent le candidat, déjà fort exténué de son jeûne et des coups qu'il a reçus, ils l'emportent dans son hamac, qu'ils attachent à deux arbres, et d'où ils le font lever. On l'encourage, comme la première fois, par un discours préparé; et pour essai de son courage, chacun lui applique un coup de fouet, beaucoup plus fort que les précédents. Il se remet dans son lit. On amasse autour de lui quantité d'herbes d'une odeur très-repoussante, auxquelles on met le feu, sans que la flamme puisse le toucher, mais pour lui en faire sentir la chaleur. La seule fumée, qui le pénètre de toutes parts, lui fait souffrir des maux étranges; et s'il y demeure constamment, il tombe dans des pâmoisons si profondes, qu'on le croirait mort. On lui donne quelque liqueur, pour rappeler ses forces; mais il ne revient pas plutôt à lui-même, qu'on redouble le feu, avec de nouvelles exhortations. Pendant qu'il est dans ces souffrances, tous les autres passent le temps à boire autour de lui. Enfin, lorsqu'ils le voient au dernier degré de langueur, ils lui font un collier et une ceinture de feuilles, qu'ils remplissent de grosses fourmis noires, dont la piqûre est extrêmement vive. Ils lui mettent ces deux ornements, qui ont bientôt la puissance de le réveiller par de nouvelles douleurs. Il se lève, et s'il a la force de se tenir debout, on lui verse sur la tête une liqueur spiritueuse. Il va se laver aussitôt dans la rivière où la fontaine la plus voisine, et retournant à sa case, il y va prendre un peu de repos. On lui fait continuer son jeûne, mais avec moins de rigueur. Il commence à manger de petits oiseaux, qui doivent être tués par la main des capitaines. Les mauvais traitements diminuent, et la nourriture augmente par degrés, jusqu'à ce qu'il ait repris son ancienne force. Alors il est proclamé capitaine. On lui donne un arc neuf et tout ce qui convient à sa dignité. Cependant ce rude apprentissage ne fait que les petits chefs militaires. Pour être élevé au premier rang, il faut être en possession d'un canot, et l'avoir fait soi-même; ce qui demande encore un travail long et pénible.

Les Indiens ont des chefs afin de maintenir le bon ordre dans les bourgades; ils suivent leurs avis plutôt que leurs ordres. Le chef de chaque bourgade distribue à ceux qui l'habitent leurs occupations. Dès le matin il en envoie une partie à la pêche, une autre à la chasse, une autre aux champs, pour des abatis ou pour cultiver la terre, car tous les biens sont communs. Les femmes, qui ne vont point ensemencer, sarcler, se livrent aux travaux du ménage; et, sur le midi, elles vont jouer à la paume. Elles tiennent le battoir à deux mains, et poussent la balle avec tant de force et de roideur, qu'il n'y a point d'Indien qui ose la parer, sans s'exposer à avoir l'épaule démise. Cet accident arrive quelquefois, et divertit les joueuses. Les parties sont de douze et de vingt-quatre contre un pareil nombre. Les maris, simples spectateurs, parient pour leurs femmes. Quand ils jouent eux-mêmes, ils ne se servent point de battoirs; ce n'est qu'avec l'épaule droite qu'ils doivent renvoyer la balle; et si elle vient à toucher quelque autre partie du corps, on perd un point ou une raie. On ne peut s'empêcher d'admirer l'adresse avec laquelle ils la rechassent, dix à douze fois de suite, sans la laisser tomber à terre; mais ce qui étonne le plus, c'est que la balle venant à raser le sable, ils se jettent ventre à terre, et la relèvent de l'épaule avec une agilité surprenante. Echauffés par cet exercice et par l'ardeur du soleil, les joueurs se font des incisions aux cuisses, aux jambes, aux bras; et lorsqu'ils ont répandu assez de sang, ils entrent dans la rivière, où se roulent sur le sable. Pendant ce temps-là, ils tiennent une poignée de terre, qu'ils lèchent et savourent, hommes et femmes, avec un plaisir infini, parce qu'elle est imprégnée de graisse de tortue ou de caïman, qui les nourrit, et dont ils sont très-avides. Aussi les mères qui veulent apaiser leurs enfants, leur donnent-elles un morceau de cette terre, qu'ils sucent comme une dragée. — A quatre heures les pêcheurs arrivent, et chacun rentre dans sa cabane. Les femmes et les enfants vont prendre le poisson ou le gibier, et le portent au capitaine, qui le partage également entre toutes les familles. On soupe, on va se baigner de nouveau, l'on danse jusqu'à ce qu'on se couche. Les hommes se tiennent par la main, et forment un rond; les femmes en font un second, et les enfants renferment les deux premiers dans un troisième cercle.

Les Indiens de l'Orénoque regardent comme un très-grand malheur les éclipses de lune : les uns croient que cet astre est à l'agonie et prêt à mourir; d'autres, qu'il est irrité contre eux; qu'il se retire pour ne les plus éclairer; et tous, dans cette occasion, se livrent à mille extravagances. Ceux-ci sortent de leurs cabanes, et poussent des cris effroyables; ceux-là courent éplorés, tenant chacun un tison à la main, qu'ils vont cacher dans la terre ou dans le sable, persuadés que, si la lune mourait, il ne resterait de feu que celui qu'on aurait dérobé à sa vue.

Les uns s'assemblent au bruit du tambour ou d'autres instruments de guerre, se rangent en file, présentent leurs armes à l'astre malade, et offrent de le défendre contre ses ennemis; tandis que leurs enfants se mettent sur deux lignes et que les vieillards se fouettent avec des courroies. Les autres prennent les outils du labourage, et vont défricher un terrain, pour semer du maïs à l'usage de la lune, afin de l'engager à ne point les abandonner. Voyant que tous leurs efforts sont inutiles, et qu'elle perd peu à peu sa lumière, ils rentrent dans leurs cabanes et grondent leurs femmes de ce qu'elles se montrent si peu sensibles à sa maladie. Celles-ci font semblant de ne pas les entendre et ne leur répondent rien. Alors ils adoucissent leur ton, les supplient de pleurer et de prier, pour que la lune reprenne ses forces et ne se laisse point mourir. Leurs prières ne font pas plus d'effet que leurs menaces. Les maris, pour vaincre cette inflexibilité, les comblent de caresses et de présents. Lorsque les femmes ont tiré d'eux tout ce qu'elles souhaitent, elles offrent à la lune des bracelets de verre et des colliers de dents de singe, etc. Elles sortent ensuite pour la saluer, et lui adressent d'une voix plaintive un grand nombre de prières. Comme cette cérémonie commence dans le temps que l'astre éclipsé reprend sa lumière, et qu'il reparaît bientôt dans son éclat, les maris font mille remercîments à leurs femmes d'avoir fléchi la lune, et de l'avoir engagée à conserver sa vie.

Ces différents peuples rendent une sorte de culte au diable, comme au mauvais génie, toujours disposé à leur faire tout le mal possible, et dont ils s'efforcent, par leurs soumissions, de désarmer la méchanceté. Ils pensent qu'ils ne doivent aucun hommage à Dieu, qui leur accorde ce qui leur est nécessaire. Ceux de ces peuples qui croient à l'immortalité de l'âme s'imaginent qu'elle ne fait qu'errer autour de leurs tombeaux.

La Guyane française est une préfecture apostolique. Le préfet, qui est ordinairement pris dans la congrégation du séminaire du Saint-Esprit de Paris, réside à Cayenne. Les sœurs de la congrégation de Saint-Joseph de Cluny y ont fondé plusieurs établissements importants.

La partie française de la Guyane occupe, au sud et à l'est, la moitié environ de cet immense territoire; ses côtes, mesurant à peu près 500 kil., sont comprises entre l'embouchure du Maroni, qui la sépare des possessions hollandaises, et le cap Nord, limite nord de l'empire du Brésil : sa superficie peut être évaluée à 20,000 lieues carrées, ou 80,000 kil. — Une chaîne de montagnes, désignée par les Indiens sous le nom de Tumucumaque, occupe, à la hauteur du cap Nord, le centre de la Guyane, dont elle a déterminé les formes orographiques actuelles, en donnant naissance à une ligne antéclinale dirigée de l'est à l'ouest, d'où partent deux versants opposés, nord et sud, qui constituent les traits généraux de la contrée. Des chaînons, espèces de contre-forts de cette chaîne principale, s'en détachent et semblent devoir être attribués à des failles qui auraient brisé l'axe principal perpendiculairement à sa direction. La direction sud-ouest de la Sierra-Tumucumaque est sensiblement parallèle au cours de l'Amazone, qu'elle a déterminé, selon toute apparence, comme les Alpes et le Jura ont déterminé en France le cours de la Saône et du Rhône qui lui fait suite. Le parallélisme de la Sierra-Tumucumaque avec les chaînes centrales du Brésil est un fait d'autant plus remarquable que la composition du sol et les causes de soulèvement paraissent avoir les plus grands rapports. Une autre chaîne de montagnes dont la hauteur maximum ne dépasse pas 600 mètres, et qui occupe l'espace compris entre le Maroni et la mer, paraît être indépendante du système de soulèvement de la chaîne centrale de Tumucumaque, qui serait venu postérieurement affecter son relief et effacer en partie la direction générale de ses pentes primitives, pour imposer aux rivières de nouveaux cours vers le nord et le nord-nord-est, en les obligeant aujourd'hui à franchir les anciennes rides ou lignes de faîte de la chaîne primitive; lesquelles, en barrant le cours de toutes les rivières de la Guyane française, dans la direction du nord-est, donnent naissance à ces sauts brusques et à ces cataractes où l'eau se précipite avec fracas, et qui, à 60 ou 80 kil. des côtes, interrompent la navigation, pour ne permettre que celle des seuls canots qu'on peut transporter à bras, au-dessus de ces barrages naturels souvent très-rapprochés les uns des autres. Le lit des rivières est alors encaissé dans des rochers qui en rétrécissent la largeur, jusqu'à n'avoir plus que 20 à 30 mètres; des arbres, renversés en travers, y forment des ponts naturels, de l'effet le plus magique, viennent encore ajouter aux difficultés de la navigation. Les espèces de gradins qui donnent lieu à ces chutes d'eau se prolongent au loin à travers la contrée, sous forme de terrasses et de plaines hautes, et quelquefois marécageuses, dont le sol argileux a été formé aux dépens des roches feldspathiques sous-jacentes. Le niveau de ces terrasses s'abaisse successivement en se rapprochant de la mer, jusqu'au pied de collines ferrugineuses dont les formes arrondies semblent être le fait de l'érosion des eaux; puis commence une vaste plaine d'alluvions modernes allant se perdre dans la mer, et qu'interrompent çà et là des masses noires rocheuses s'élevant brusquement au-dessus de la plaine, comme pour indiquer la charpente du sous-sol. Leur prolongement dans la mer, et jusqu'à 12 kil. au large, constitue les nombreux îlots qui bordent la côte, et dont les principaux sont : les Connétables, les îlots de Rémire, l'Enfant perdu, les îles du Salut et les îles Vertes.

Vingt-deux rivières sillonnent la Guyane française du sud au nord et au nord-nord-est, et débouchent dans la mer après avoir reçu les eaux d'un grand nombre de ruisseaux et de criques qui croisent le pays dans tous les sens ; ces rivières sont, comme nous l'avons dit, toutes plus ou moins navigables jusqu'au pied des montagnes où commencent les premiers sauts. Les principales sont : le Maroni, la Mana, l'Iracoubo, le Conanama, le Courassani, le Sinnamary, le Kourou, le Macouria, la rivière de Cayenne ou des Cascades, le Mahuri, la rivière de Kaw, l'Approuague, l'Ouanari, l'Oyapock, l'Ouassa, le Cassipour et la rivière Vincent-Pinçon. On compte quelques lacs à la Guyane ; les plus étendus, situés au sud-est dans les hautes savanes qui avoisinent la côte du cap Nord, sont connus sous les noms de Ouavine, Mépépacu, Macari et Mapa. Ce dernier renferme une île où l'on avait établi un poste français, qu'on a évacué momentanément il y a peu d'années.

Quant à la constitution géologique, toute la série des formations sédimentaires comprises entre le terrain de transition et l'époque tertiaire paraît manquer dans la Guyane, et sa place être occupée par une roche ferrugineuse, qui, en recouvrant le terrain ancien sur une vaste étendue, a formé, soit de puissantes collines et des mornes dont la hauteur absolue atteint jusqu'à 250 mètres, soit des vallées et des plaines hautes constituant autour des terres basses, depuis l'Oyapock jusqu'à la Mana, comme une ceinture qui comprend les montagnes de la crique Katamina, d'Approuage, de Kaw, de la Gabrielle et du cours moyen de l'Oyac, ainsi que l'île de Cayenne et le sol rouge de la ville proprement dite, notamment de la savane qui en occupe le centre. Cette roche, connue sous le nom de limonite, est composée de fer peroxydé hydraté, mêlé d'argile et de sable ; elle offre plusieurs variétés d'aspect et de composition ; tantôt elle a une contexture spongieuse ; elle est tendre et contient des lits de kaolin coloré en rouge, l'eau et l'air la désagrègent promptement ; on la désigne alors dans le pays sous le nom de *Roche à ravet*. Tantôt ses cellules se rétrécissent, elle devient plus compacte, contracte un aspect métallique, et sa richesse en fer est telle, qu'elle constitue un véritable minerai, dont il existe des masses considérables sur une foule de points, notamment dans les montagnes de la Gabrielle, sur les rives de l'Approuague et de l'Oyac, et à la source de la fontaine de Baduel, à une lieue de la ville de Cayenne. Sous le rapport de la composition, ce minerai promettrait un rendement fort avantageux, et l'abondance inépuisable des bois semblerait offrir l'un des éléments principaux de toute exploitation de fer, le combustible. Mais serait-il de bonne qualité ? Il est permis d'en douter. En effet, il est à remarquer que l'on serait obligé d'employer, à la fabrication du charbon, un mélange de tous les bois qui croissent dans les forêts voisines ; or les bois à fibre lâche, à texture poreuse, y prédominent et donnent, comme on sait, de fort mauvais charbon. Le Brésil, placé, quant au combustible, dans les mêmes conditions que la Guyane, puisque les mêmes essences croissent dans les forêts de ces deux pays, a offert récemment l'exemple de l'insuccès de plusieurs entreprises de hauts fourneaux : nous nous bornerons à citer, sur la foi de M. Pissis, un haut fourneau établi à Ypanema (province de Saint-Paul), où l'on n'a pu obtenir jusqu'ici, avec le charbon de bois, qu'une fonte pâteuse impossible à couler. D'un autre côté, les minerais de fer dont nous donnons l'analyse plus haut sont très-réfractaires, et le pays manque absolument de matières propres à servir de fondant, de castine en un mot : c'est là un obstacle auquel semblent n'avoir pas le moins du monde pensé toutes les personnes qui ont annoncé hautement que l'exploitation des mines de fer de la Guyane offrirait de grands avantages.

Deux natures de dépôts alluviens bordent la côte dans un rayon dont la profondeur moyenne est de 4 myriamètres. Les parties de ce dépôt les plus rapprochées du pied des montagnes sont d'immenses plaines dont le sol argileux, formé par la mer aux dépens des roches feldspathiques voisines, conserve les eaux pluviales dans ses dépressions, résultant, sans doute, du tassement inégal des matériaux, et donne naissance à des *pinotières* et à des savanes noyées ou *prispris*, espèces de marais qui ne sèchent jamais complétement, faute d'écoulements suffisants, bien que leur niveau, exhaussé par un abondant terreau, soit aujourd'hui supérieur à celui de la mer. Des bouquets de bois interrompent de distance en distance ces immenses prairies, et en dérobent à l'œil l'étendue. On remarque enfin, entre Kaw et le Mahury, ainsi que dans le quartier de Sinnamary, de vastes espaces formés par l'assemblage d'herbes aquatiques reposant sur un fond de vase molle ; ce sont de véritables tourbières en voie de formation, qu'on désigne dans le pays sous le nom de *savanes tremblantes*. — Sous le vent de Cayenne, c'est-à-dire au nord-ouest de la Guyane française, le dépôt argileux dont il s'agit est séparé des terres alluviennes toutes modernes, par un puissant banc de sable mêlé de quelques débris de coquilles marines d'espèces actuellement vivantes sur la côte. Ce banc, qui forme le long de la mer de légères ondulations et de petites dunes, depuis le quartier de Macouria jusqu'à l'embouchure du Maroni, dans une longueur de plus de 200 kil., est évidemment un relais de la mer et ne saurait être attribué au cours des rivières de la Guyane. Mais d'où vient aujourd'hui qu'il a cessé de se former pour faire place à un dépôt d'une tout autre nature, qui est venu se poser à ses pieds ? Cette modification ne se rattacherait-elle pas au grand courant océanique qui longe, comme on sait, la côte dans la direction du sud au nord ? Ce courant, arrivé après longtemps battu la ceinture rocheuse sous-marine, formée par le prolongement des diverses chaînes de montagnes du continent brésilien, et dont l'amiral Roussin a signalé l'existence sur la côte du Brésil depuis Sainte-Catherine jusqu'à Maranham, et avoir charrié ses débris, sous forme de sable, sur les côtes de la Guyane, s'est attaqué aux anciens dépôts alluviens de la rive droite de l'Amazone qu'il emporte aujourd'hui dans son cours et qu'il dépose sans doute un peu plus loin, c'est-à-dire sur les côtes de la Guyane, à la faveur du remous occasionné par sa rencontre à angle droit avec le puissant courant des Amazones et des nombreuses rivières de la Guyane, lesquelles viennent aussi ajouter quelques matériaux au dépôt dont il s'agit. Ainsi s'expliquerait la présence de ces coquilles d'huîtres qu'on rencontre dans les terres basses de l'intérieur, celle d'une ancre qu'on a trouvée enfouie dans les vases de la vaste plaine que dessèche en partie le canal de Torcy, ancre qui indique une station de navire sur ce point distant aujourd'hui de 8 kil. de la mer. On pourrait aussi attribuer à cette cause l'exhaussement du fond du mouillage occupé en 1676 par l'escadre du maréchal d'Estrées, près des îlots Malouins, qui font aujourd'hui partie intégrante de l'île de Cayenne, et où il existe des cultures de vivres, de cotonniers et de girofliers; enfin, l'élévation toujours croissante du fond de la mer sur les côtes de la Guyane, fait si évidemment établi par les cartes hydrographiques les plus récentes. Quoi qu'il en soit, ces plaines, qui se prolongent au loin dans la mer, sont formées de vases argileuses qui, lorsqu'elles se découvrent à marée basse, ne tardent pas à être occupées par une forêt de palétuviers et de mangliers dont les mille racines fixent la vase, tandis que les branches et les troncs forment un obstacle à l'envahissement des eaux de la mer. Derrière cet abri, divers végétaux qui demandent un sol moins mouillé et surtout plus dessalé, succèdent aux palétuviers, qui ne peuvent plus y vivre. Tel est, entre autres, le palmier pinot; ce sont ces mêmes terres qui, desséchées au moyen de fossés, de digues et d'écluses, jouissent d'une fertilité à nulle autre comparable.

La température de la Guyane n'est pas aussi élevée que le ferait supposer sa proximité de la ligne équatoriale; elle est plus uniforme qu'en aucun lieu de la terre; mais, il faut le remarquer, le corps humain n'éprouve pas la sensation de la chaleur à la manière d'un thermomètre, que l'air en mouvement et l'humidité n'affectent pas sensiblement, tandis que ces deux agents exercent une action très-marquée sur les organes de l'homme; aussi une température humide plus basse qu'une température sèche est-elle moins supportable que cette dernière; or, à la Guyane, l'air est souvent saturé d'humidité, par suite de l'immense évaporation d'un sol presque continuellement inondé. Depuis le mois de novembre jusqu'en juillet, l'hygromètre est presque constamment à zéro. C'est cette humidité qui, combinée avec la chaleur, énerve les forces de l'homme. Toutefois, les brises du soir, pendant l'hivernage, en rafraîchissant l'air, viennent rendre du ton à ses organes, et, au demeurant, à la Guyane, la température, quand on ne se livre pas à un exercice violent, est supportable, plus supportable que la chaleur en France, dans les beaux jours de l'été. Le climat est bien loin d'être aussi malsain qu'on le pense généralement, par suite, sans doute, de quelques essais de colonisation aussi mal conçus que mal exécutés. Le pays est fiévreux, c'est chose incontestable; les fièvres intermittentes y règnent partout, avec plus ou moins d'intensité, pendant une grande partie de l'année, excepté à Cayenne même, ville où l'air est aussi salubre que dans les deux tiers des villes de France. Ces fièvres sont quelquefois fort tenaces et conduisent à des hépatites et à des hydropisies; la dyssenterie vient aussi s'y mêler, mais elle n'offre pas, à beaucoup près, les mêmes dangers qu'ailleurs, et l'on en guérit ordinairement en s'assujettissant à un régime sévère. Les blessures les plus légères occasionnent quelquefois le tétanos; toutefois, cette maladie n'est guère plus fréquente qu'en Europe pendant les chaleurs. Toutes les autres maladies n'offrent pas, à la Guyane, d'autres caractères qu'en Europe, si l'on en excepte l'effet de l'insolation, qui y détermine quelquefois des maladies inflammatoires du cerveau, dont l'invasion et la marche effrayent par leur rapidité. Mais, enfin, on a beaucoup exagéré l'effet du soleil, et il est facile de s'en garantir en évitant de s'y exposer en plein midi, et en plaçant quelques feuilles dans la coiffe de son chapeau. Il est évident, toutefois, que la constitution de l'Européen s'altère à la longue, à la Guyane, sous l'influence de la chaleur humide qui y règne constamment. Son premier effet est la décoloration de la face, qui contracte une teinte jaunâtre; puis les forces diminuent graduellement, le corps perd de sa vitalité, l'esprit de son activité. La fièvre a pour effet immédiat de paralyser l'énergie de l'âme; alors, dans l'isolement d'une habitation, la nostalgie s'empare bien vite de l'Européen, qui se voit comme abandonné du monde entier, et il meurt, faute de la volonté de vivre. Les tempéraments nerveux sanguins paraissent résister infiniment mieux au climat de la Guyane; ainsi la constitution des *blonds* s'altère moins profondément, moins rapidement que celle des bruns; ils ne sont pas autant abattus par la fatigue, et perdent moins de leur énergie native. Cette opinion paraîtra peut-être contraire à la loi providentielle, qui, en procédant à la distribution des races en Europe, a placé les bruns au Midi et les blonds au Nord, mais elle n'en est pas moins exacte; les faits sont là: qu'on les consulte. Si l'on considère, au surplus, qu'à la Guyane la plupart des maladies des Européens sont des affections bilieuses, auxquelles les bruns sont bien plus disposés par leur constitution que les blonds, on s'étonnera moins de la remarque que nous avons faite.

Les saisons, à Cayenne, ne sont guère marquées que par l'époque des pluies, car la température moyenne entre l'été et l'hiver ne diffère que de 3 à 4 degrés. Il y a deux saisons: la saison sèche, qui dure quatre à cinq mois, pendant laquelle il pleut peu où il ne pleut point, et la saison pluvieuse, dont la durée est de sept à huit mois, et qui est ordinairement interrompue en mars par trois ou quatre semaines de beau temps. La pluie y tombe tantôt par grains avec des embellies, tantôt d'une manière continue et avec une violence dont on n'a point d'idée dans le nord de la France. — La Guyane est le pays de la terre où il tombe le plus d'eau; et la quantité qui tombe vers l'Oyapock peut être estimée à 3^m,80; c'est à peu près sept fois autant qu'à Paris, où la moyenne est de 0^m,53. Dans une expérience faite au port de Mapa, en 1839, l'udomètre a donné 0^m,098 d'eau en vingt-quatre heures. Aux approches de la saison pluvieuse, les vents se rapprochent de l'est pour rallier ensuite le nord-est; ils balayent alors devant eux les abondantes vapeurs qu'engendre l'immense surface d'évaporation des mers tropicales, les portent vers le continent de la Guyane, et en accumulent d'abord les nuages sur les points culminants de l'intérieur, où ils s'arrêtent et se condensent par le refroidissement, avant de s'abattre sur les plaines basses et chaudes des bords de la mer; aussi, les pluies de l'intérieur devancent-elles celles du littoral; et voit-on les crues des rivières précéder de plusieurs jours l'époque des pluies qu'elles annoncent aux habitants des terres basses. Vers le mois de juillet, les vents serrent l'est, le dépassent même et se rapprochent du sud; les vapeurs de l'Océan sont alors chassées vers la chaîne des Antilles, et y déterminent la saison des pluies, tandis qu'une sécheresse plus ou moins opiniâtre règne à la Guyane, sans que les brises de mer en viennent rafraîchir l'atmosphère embrasé. Durant le petit été, c'est-à-dire vers l'équinoxe du printemps, les vents rallient le nord et le nord-nord-ouest, les vapeurs océaniques ne sont plus poussées en aussi grande abondance vers le continent de la Guyane; quelques beaux jours luisent pour ce pays, et viennent interrompre cette série sans fin de jours pluvieux. — La périodicité des vents généraux, jointe à l'effet du courant océanique qui se dirige du nord au sud, rend très-difficile, pour tous autres bâtiments que les navires caboteurs, qui calent peu d'eau et qui peuvent dès lors serrer la côte et profiter des remous, les communications par mer du nord-ouest au sud-est, depuis le mois d'avril jusqu'au mois de décembre; mais, à cette époque, les vents du large deviennent traversiers et permettent, pendant trois ou quatre mois, aux navires du plus fort tonnage, de lutter contre les courants pour suivre le sud-est. — La marée se fait sentir jusqu'à 28 à 32 kil. de la côte; sa hauteur maximum est de 3^m,17, et sa hauteur minimum de 2^m,17; conséquemment sa hauteur moyenne est de 2^m,67. — Au solstice d'été, le 22 juin, le lever du soleil a lieu à 5 heures 51 minutes, et son coucher à 6 heures 9 minutes; ce jour, le plus long de l'année, a 12 heures 18 minutes. Au solstice d'hiver, le 22 décembre, le soleil se lève à 6 heures 9 minutes, et se couche à 5 heures 51 minutes; ce jour, le plus court de l'année, a 11 heures 42 minutes.

Les phénomènes électriques de l'atmosphère ont peu d'intensité à la Guyane; aussi les orages y sont rares et les ouragans inconnus. Les tremblements de terre n'ont jamais causé le moindre dommage à la Guyane, dont le sol n'est pas, d'ailleurs, de la nature de ceux qu'agitent de préférence les forces internes du globe. Depuis cinquante ans, on n'a ressenti que trois légères secousses: la première, en 1794; la seconde, en 1821; et la troisième, le 8 février 1843, à 11 heures 25 minutes du matin. Cette dernière est celle qui a détruit de fond en comble la Pointe-à-Pitre; elle a été à peine sensible à la Guyane.

La population de la Guyane se compose d'Européens, de créoles, d'individus de sang-mêlé, de noirs libres, de noirs esclaves et de quelques tribus d'Indiens aborigènes. La population blanche entre pour 1000 à 1100 individus dans les 5746, formant le chiffre de la population libre sédentaire de la colonie; elle se compose de créoles (c'est ainsi qu'on appelle les individus nés dans la colonie) et d'Européens venus pour y chercher fortune ou, tout au moins, des moyens d'existence. Nous avons dit ailleurs quels sont à la longue les effets du climat de la Guyane sur les individus de race blanche. Nous ajouterons que, contrairement à une opinion généralement admise, le climat traite à peu près de la même manière le créole et l'Européen, alors que ce dernier a été acclimaté par un séjour d'une année environ, séjour pendant lequel il a vu diminuer plus ou moins rapidement cette dose de vitalité qu'il possédait à son arrivée d'Europe, et qui est la conséquence d'un sang riche en fibrine, circonstance qui, dans le cours de la première année, le prédisposait aux effets de l'insolation. Les fièvres intermittentes de marais et les maladies qui les accompagnent atteignent à peu près également le créole et l'Européen. Toutefois, ce dernier reste plus longtemps sujet aux maladies inflammatoires aiguës dites fièvres pernicieuses et typhoïdes, qui enlèvent quelquefois le malade au troisième accès.

Les préjugés de caste sont moins prononcés, moins vivaces à la Guyane française qu'aux Antilles: on ne les rencontre guère plus que dans les salons et chez les dames créoles, qui se regarderaient encore comme fort humiliées de recevoir à leur table, ou même chez elles, un habitant de sang mêlé ou de sang africain. La population de sang mêlé se rend d'ailleurs chaque jour davantage digne de considération par sa manière de vivre comme par ses mœurs. Quant à la population noire, libre, les nouveaux affranchis éprouvent une véritable antipathie pour le travail de la terre, qui est, après tout, pour eux le symbole poignant de l'esclavage. Mais ceux qui sont libres depuis longtemps n'ont plus ces idées; ceux surtout qui possèdent de petites habitations dirigent le travail de leurs quelques esclaves, et y prennent une part directe; toutefois, cette classe compte beaucoup d'individus dont les moyens d'existence sont fort problématiques. — La promiscuité des sexes est un goût que l'esclavage entretient chez le nègre. Quels que soient les encouragements de son maître pour qu'il se marie, il s'y décide difficilement, et, s'il cède à l'appât des faveurs qui lui sont promises, son union est rarement de longue durée : les époux ne tardent guère à se séparer ; le mari abandonne insoucieusement ses enfants. — Les femmes sont infiniment moins fécondes à la Guyane qu'en Afrique : on en peut chercher la cause dans la vie dissolue qu'elles mènent. On a remarqué que, dans les ateliers écartés et sans voisinage, elles sont assez fécondes pour que le nombre des naissances égale ou dépasse celui des décès, tandis qu'il est des ateliers où toutes les femmes sont stériles, et ce sont principalement ceux qui reçoivent de fréquentes visites de tous les nègres du voisinage. Les nègres sont soumis, il est vrai, à plusieurs maladies graves, en tête desquelles il faut placer la lèpre, l'éléphantiasis et le pian, mais ces affections sont rares ; les fièvres intermittentes les attaquent plus fréquemment. Ils sont aussi sujets à des maladies inflammatoires qui les emportent rapidement et qu'on a dû souvent prendre pour les effets du poison. — Il existe sur quelques habitations plusieurs exemples de longévité remarquable. On y voit des nègres plus que septuagénaires, et des négresses octogénaires.

La population aborigène devient tous les jours plus rare : elle est divisée en tribus. Les principales sont celles des Galibis, de l'Approuague, des Emerillons, des Oyampis, etc.; quelques Tapouilles, chassés du Para, sont venus dans ces derniers temps établir leurs carbets dans le haut des rivières. — Les Indiens cultivent un peu de manioc, des ignames et des bananes ; mais ils tirent surtout leurs ressources de la chasse et de la pêche, exercices dans lesquels ils excellent : ils se louent quelquefois pour ce genre d'occupation ; ils s'emploient aussi à l'exploitation des bois ; mais ils ne sauraient se déterminer à prendre part à un travail quelconque de culture. Ils viennent vendre dans les villes de la poterie et des paniers. Ils sont sujets, comme les autres habitants de la Guyane, à l'influence délétère des miasmes. La fièvre et les désordres qu'elle amène sont des affections fort communes parmi eux ; la petite vérole y a exercé d'affreux ravages. La population des villages indiens de Maraoun et de Mourages, qui habitaient le haut de la rivière de l'Approuague, a disparu complétement, à l'exception de trois ou quatre individus. L'usage du tafia, que les Indiens désignent sous le nom d'esprit de blanc, a été des plus funestes à ces malheureux, qui aiment avec passion cette liqueur.

La Guyane hollandaise forme un vicariat apostolique sous le titre de *vicaire apostolique* de Surinam. La colonie compte environ 60,000 habit. sur lesquels il y a 16,000 Indiens et Nègres marrons. Avant la domination hollandaise, en 1674, les missionnaires portugais et espagnols avaient cherché à instruire les indigènes dans la foi catholique. Mais il fallut renoncer à cette noble et laborieuse entreprise à l'arrivée des Hollandais. Alors cette vaste contrée, qui n'a pas moins de 1,200 kil. de côtes, sur une profondeur de 800 kil., fut abandonnée à l'immoralité et à la barbarie. Les Nègres ne recevaient aucune instruction religieuse, il n'y avait aucun ministre pour les baptiser ; on apercevait à peine deux ou trois églises calvinistes. La polygamie, l'idolâtrie et la sorcellerie, que les Nègres et les colons appellent *obeah*, dominaient. On sait que la race noire a un penchant prononcé pour la sorcellerie, penchant que l'esclavage n'a pu que fortifier et augmenter. Tel était l'état religieux de la colonie lorsqu'une partie en fut cédée à l'Angleterre, il y a quelques années. Cette partie a pris le nom de Guyane anglaise. Elle est beaucoup plus peuplée que les deux autres ; elle possède 160,000 habitants, sur lesquels il y a plus de 30,000 Indiens et Nègres marrons. Peu de temps après la prise de possession de cette contrée par l'Angleterre, on bâtit plusieurs églises de la *religion établie*. C'est ainsi qu'on désigne l'anglicanisme. Il vint ensuite les presbytériens d'Ecosse, les méthodistes et les autres sectaires. La colonie a aujourd'hui plus de 25 églises hérétiques, avec leurs terres, leurs presbytères, leurs écoles. L'introduction du catholicisme n'y date que de 1819. Quelques catholiques sollicitèrent du gouvernement anglais la liberté et des secours pour leur culte. Lord Bathurst, alors secrétaire d'État pour les colonies, leur répondit laconiquement : « Si les catholiques de Démérary veulent avoir une église et un prêtre, qu'ils bâtissent l'une et qu'ils entretiennent l'autre. » Le premier prêtre catholique qui parut dans la colonie fut un dominicain irlandais, le P. Hynès. Une chambre dans une maison particulière lui servit d'abord de chapelle. La Guyane anglaise compte aujourd'hui de 10 à 11,000 catholiques sur plus de 100,000 âmes qui appartiennent à diverses sectes. Le gouvernement colonial a enfin voté une faible allocation pour l'entretien de deux ou trois prêtres, à cause des soldats irlandais catholiques, répandus dans les casernes et les postes de la colonie. Les églises sont de pauvres chapelles en bois ; il y en a une à Georges-Town, siége du gouvernement colonial, une autre à Berbice. Il n'y en a qu'une seule dans le vaste établissement d'Essequibo, et pas une dans l'intérieur des terres, où les Indiens si nombreux et encore païens pourraient se réunir pour apprendre à connaître le christianisme. Les catholiques de Berbice se composent de 1000 à 1200 pauvres Africains, esclaves affranchis, et de quelques protestants convertis. La colonie a sur son territoire une tribu catholique d'Indiens, autrefois soumise aux Espagnols, au nombre de 500 environ, qui ont émigré du territoire espagnol lors du soulèvement de la Nouvelle-Grenade contre la mère-patrie. Le P. Hynès, dont nous avons déjà parlé, demanda pour eux au gouvernement anglais deux prêtres catholiques comme ils les avaient sous l'administration espagnole. Cette demande ne fut pas accueillie. Il se proposa pour aller résider avec eux au milieu de leurs forêts séculaires; mais on repoussa également cette généreuse proposition.

La Guyane anglaise a été érigée en vicariat dont le titulaire porte le titre de vicaire apostolique de Démérary. Il existe dans ce vicariat huit tribus d'Indiens encore païens, formant ensemble une population de 27 à 28,000 individus, qui vivent sans connaissance du vrai Dieu et sans idée de civilisation. Voici le tableau que trace de leur situation le P. Hynès, qui a passé plusieurs années de sa vie dans la mission de la Guyane : « Ces tribus diffèrent de toutes les autres autant pour les mœurs que pour la figure et le langage. Elles ont peu d'idées religieuses : on n'a point encore trouvé parmi elles ces traditions si répandues ailleurs sur la création du monde et celle de l'homme, sur le déluge, sur la résurrection future; et bien que la colonie de la Guyane anglaise soit habitée depuis deux siècles par des hommes qui se donnent le beau nom de chrétiens, les gouvernements n'ont fait aucun effort, pendant cette longue période, pour améliorer l'état des sauvages, qui souvent habitent à peu de distance des plantations, et dont quelques-uns viennent journellement promener au milieu de Georges-Town leur déplorable nudité. Plusieurs tribus ont été réduites en esclavage, et les prédécesseurs des Anglais (les Hollandais) ont exploité au profit de leurs passions l'avilissement de ces infortunés. Mais ni eux ni les Anglais n'ont jamais attaché la moindre importance à faire, de tant de créatures pensantes, des chrétiens ni même des hommes. »

Terra Murina, l'île des Rats, ou île Maurice, ancienne Ile de France. C'est un vicariat apostolique. — La nature s'est plu à réunir sur ce point de l'Océan des avantages dont peu de pays ont été favorisés ; elle lui a donné des sites pittoresques d'une rare magnificence, un sol d'une fertilité inépuisable, et un climat dont nul autre ne surpasse la salubrité. — L'Ile de France, qu'on appelle aujourd'hui Maurice, est située par le 20e degré de latitude méridionale et par le 55e de longitude orientale : elle n'est éloignée de l'île Bourbon que de 160 kil. maritimes. On prétend que dans les beaux jours on voit de Maurice le sommet des montagnes de Bourbon, dont quelques-unes sont très élevées et souvent couvertes de neige. Maurice a 48 kil. de longueur de l'est à l'ouest, et 32 kil. de largeur du midi au nord. La partie occidentale est presque entièrement cultivée; à l'orient la main de l'homme ne s'est point encore fait sentir : le sol y est mauvais et ne se prête pas à la culture des cannes à sucre, qui sont la principale richesse des insulaires. Le centre est occupé par des montagnes dont la plus élevée a la forme d'un doigt et s'appelle *le Pouce*. — Au pied de cette chaîne de montagnes, dans la partie méridionale, se trouve comme encaissée dans une demi-circonférence la ville unique de la contrée, Port-Louis. Quand d'une hauteur voisine on voit du même coup d'œil la ville et le port, on ne peut s'empêcher d'admirer la divine Providence qui semble avoir disposé cet amphithéâtre naturel, pour recevoir au pied de son enceinte protectrice les vaisseaux des voyageurs et les demeures des colons, pour les abriter contre les furieuses tempêtes qui règnent dans ces parages, depuis le commencement de février jusqu'à la fin de mars. Le ciel est magnifique et presque toujours sans nuage; on y voit briller des étoiles sans nombre, et beaucoup plus de première grandeur que sur l'horizon de France : on en compte plusieurs dans l'hémisphère méridional, qui sont presque aussi brillantes que l'étoile du Berger. Si l'on conservait en ce pays la vigueur du tempérament européen, on serait tenté de passer les nuits en plein air pour jouir du spectacle qu'offre cette magnifique illumination ; mais le climat ôte beaucoup à l'âme de son énergie et de son activité. Ce ne sont pas seulement les ardeurs du soleil pendant huit mois de l'année qui amollissent tout ensemble le physique et le moral, il semble que la douceur de l'air pendant la nuit et une partie du jour y contribue aussi : on n'éprouve aucune impression qui réveille, aucune sensation qui ranime, à peine si l'on se sent exister; l'âme que rien ne provoque reste comme endormie, ne pense qu'avec effort, ne veut qu'avec nonchalance, et n'agit qu'avec une singulière lenteur. Ce climat séducteur et tyrannique traite l'homme comme on traite quelquefois les oiseaux : on les flatte, on les caresse; mais on leur coupe les ailes. — Les merveilles de l'île, ce sont ses montagnes et ses forêts. Les premières, sans être gigantesques, affectent des formes si bizarres, si capricieuses, la coupe en est si élancée et si hardie, qu'on dirait qu'en les façonnant Dieu s'est joué des lois qu'il a imposées à la matière. Il en est une, la plus célèbre, qui représente un pain de sucre renversé ; vue de loin, on ne peut concevoir comment elle peut se soutenir, bien moins encore comment on en pourrait tenter l'accès. Toutefois, il y a quelques années, un Anglais appelé Péterboth conçut le projet de mettre à fin cette fabuleuse aventure : il prit avec lui dix hommes, fit provision de crochets, de cordes, d'échelles, et s'achemina vers la montagne. A force d'audace et d'efforts il parvint heureusement au sommet avec trois de ses compagnons, y passa la nuit plus content et plus fier qu'un vainqueur sur le champ de bataille; le lendemain il redescendit après avoir fait tomber un quartier de roc sans lequel l'ascension devenait impossible, afin de conserver à lui seul la gloire de l'avoir exécutée. L'admiration fut universelle : peu s'en fallut que le héros ne se vit porté en triomphe, et la montagne devenue le théâtre de ses exploits fut baptisée du nom de Péterboth. Quelque temps après, en parcourant les archives de la ville, on trouva qu'au XVIIIe siècle un Français seul, sans compagnons et sans bruit, avait accompli la même entreprise : de là, comme on le pense, désappointement complet pour les admirateurs du touriste britannique, et mortification grande pour sa personne. — Les forêts de Maurice sont plus belles que ses montagnes; plusieurs, encore vierges, décorent la partie orientale : la nature y est entièrement livrée à elle-même, ou plutôt à l'action de la Providence ; on n'y découvre pas un sentier, pas une trace humaine, pas un arbre abattu, pas une branche coupée; la végétation sans cesse y périt, sans cesse s'y renouvelle par ses propres forces, et l'on ne peut s'empêcher d'adorer la Sagesse divine qui maintient un si bel ordre au milieu de ce chaos apparent. A l'aspect de ces lieux sauvages, de ces arbres des siècles passés, qu'on voit pourrir gisants sur le sol ou sécher lentement sur pied, de cette vieille herbe haute et si épaisse qu'elle semble former un indissoluble tissu, de ces lianes qui se replient en mille festons et dont on n'aperçoit ni le commencement ni la fin, de cette riche création où la main du grand Ouvrier se laisse voir encore fraichement empreinte, et où tout semble néanmoins avoir 6000 ans, l'esprit se sent porté à la méditation et le cœur à la vertu. On trouve dans ces bois de beaux ébéniers très-recherchés dans le commerce. Les pamplemousses ne se trouvent que dans la partie occidentale, particulièrement au lieu qui leur emprunte son nom. Les principaux arbres nourriciers sont le cocotier et le bananier; mais leurs fruits n'approchent point de l'exquise délicatesse de l'ananas.

Maurice n'a que deux rivières, appelées l'une petite rivière, et l'autre grande rivière. En fait de grandeur, tout est relatif; car si grande rivière il y a, c'est uniquement par comparaison à l'autre, qui est extrêmement petite : à part le temps des pluies, il n'est pas besoin d'être leste pour sauter le fleuve-rivière à pieds joints. Une demi-lieue avant de se jeter dans la mer, elle forme une jolie cascade qui peut avoir 100 pieds de hauteur. Un fait surprenant, c'est l'absence complète de bêtes féroces et d'animaux venimeux; en revanche, les rats fourmillent et font de continuels dégâts dans les plantations de cannes à sucre; aussi, quand les Hollandais y abordèrent, l'appelèrent-ils l'île aux Rats, du nom de ses principaux habitants. Il est d'autant plus difficile d'expliquer la multitude de ces petits rongeurs, qu'ils vivent en présence d'un grand nombre de chats sauvages qui doivent leur laisser peu de repos. On trouve aussi quelques singes sur une montagne voisine de la ville : il paraît qu'ils se sont fixés là afin d'être à la porte des vergers qu'ils visitent pendant la nuit ; ils y ont d'ailleurs l'avantage d'une retraite inabordable. — L'oiseau le plus commun est l'étourneau : il rend de grands services en faisant la guerre aux insectes, qui, à son défaut, se multiplieraient bientôt au point de ne pas laisser un brin d'herbe dans les champs : aussi est-il le favori et le protégé des créoles; il est sous la sauvegarde de la loi et de l'opinion; le meurtrier est mis à l'amende et déclaré l'ennemi du bien public. L'étourneau se sent fort de sa position, et à peine daigne-t-il se détourner quand on passe près de lui. Il a des compagnons plus brillants, mais non plus courtisés : le cardinal et le paille-en-queue. Le cardinal est ainsi appelé, à cause d'un petit chaperon qui orne sa tête et lui donne un air de dignité tout à fait imposant. Le paille-en-queue doit son nom aux plumes de sa queue qui sont fort longues et très-effilées, de manière à imiter des brins de paille. C'est un oiseau très-élégant ; la couleur de son plumage varie beaucoup, mais elle est toujours belle. Ce gracieux animal ne manque jamais de rendre une visite de congratulation aux navigateurs qui arrivent heureusement à Maurice; il vient quelquefois à leur rencontre jusqu'à 80 ou 120 kil., et ne les quitte qu'au port. Pendant ce temps il voltige autour du navire et fait mille circuits en tous sens, pour ne pas le devancer. C'est vraiment l'ami des marins : rien n'égale sa confiance ; si un matelot coiffé d'un bonnet rouge va se percher au haut d'un mât, l'oiseau vient se poser sur sa tête, et il n'est pas rare qu'il lui en coûte la liberté. Voilà les beautés extérieures de l'île de France : le fond est assez riche pour que l'imagination de Bernardin de Saint-Pierre ait pu y faire une élégante broderie.

La population totale de l'île est d'environ 100,000 âmes, dont 70,000 à la campagne et 30,000 à la ville. Port-Louis est une ville par excellence dans le sens que les Romains attachaient à ce mot; car elle n'est guère, dans son ensemble, qu'une réunion de maisons de campagne alignées et mises en ordre. Chaque maison a son parterre, son jardin, son verger et son mur de clôture. Les maisons, généralement peu élevées, sont richement bâties et ornées ; les rues sont larges et presque toutes tirées au cordeau ; l'église est simple et élégante tout à la fois; l'évêché, qui est l'ancienne cure, est commode, propre, mais sans luxe et sans recherche. Le plus grand édifice est la caserne, qu'on dit assez vaste pour loger 3000 soldats : c'est encore un legs de l'ancienne domination française. On voit à Port-Louis des hommes de tous les pays et de toutes les religions : des Français, des Anglais, des Européens de toutes nations, des Américains, des Africains, des Malgaches, des Indiens, des Parsis, des Malais, des Chinois, etc. ; aussi un homme d'esprit l'appelait-il l'Omnibus de l'univers. Comme il y a beaucoup d'étrangers, la police s'y fait avec une exactitude qui devient souvent de la sévérité. L'immense majorité de la population est catholique; comme partout, il s'y rencontre des catholiques fervents, d'autres tièdes et d'autres froids. Il n'y manque pas non plus de ces sortes de gens qui ne professent aucune croyance, qui n'ont de foi qu'aux plaisirs et aux piastres. Il peut y avoir de 12 à 15,000 infidèles de toute espèce de sectes. On compte 3 ou 4000 protestants, dont un grand nombre sont des employés du gouvernement. Pour un troupeau peu considérable il y a trois ministres, tandis qu'il n'y a que six prêtres pour administrer plus de 70,000 catholiques disséminés sur toute la surface de l'île. — Cependant les ministres ont fait jusqu'à présent peu de prosélytes : la population a une propension décidée pour le catholicisme ; le simple bon sens lui dit que la religion doit être enseignée, et ne saurait s'inventer à l'aide d'une bible souvent mal comprise. La beauté du culte catholique et la nudité du protestantisme servent aussi à déterminer les justes préférences de ces pauvres gens. — A la fin du siècle dernier, lorsque l'île appartenait à la France, le christianisme avait presque disparu de la face du pays ; un gouvernement qui proscrivait chez lui le culte de Dieu, ne pouvait être disposé à le propager dans ses colonies. Quelques prêtres, dont le nombre dépassa rarement dix ou douze, luttaient contre les progrès du mal, et répondaient de leur mieux aux besoins spirituels de la population. Il est vrai qu'alors elle ne s'élevait probablement pas à la moitié du chiffre qu'elle atteint aujourd'hui. En 1814, les deux îles de France et de Bourbon cédèrent aux forces de la flotte britannique, et furent occupées par les troupes anglaises qui, à l'issue des hostilités, rendirent Bourbon à ses anciens maîtres, et gardèrent l'île de France qui reprit son nom hollandais de Maurice. — A en juger par le nombre annuel des baptêmes, la population catholique doit dépasser 80,000 âmes. La grande majorité se compose de noirs, dont la profonde ignorance est le résultat du malheur de leur condition. Pour une Église aussi considérable, le gouvernement a reconnu et rétribué d'abord huit prêtres, et plus tard dix. Ce chiffre n'a pas été dépassé depuis que la colonie appartient à l'Angleterre.

Les esclaves, dont le nombre s'élevait à 60,000, furent émancipés en 1839. Avant leur affranchissement, ils étaient généralement traités avec humanité et presque avec bienveillance. Bien qu'ils vécussent dans l'ignorance de la doctrine chrétienne, faute de prêtres et de catéchistes pour les instruire, ils étaient presque tous baptisés. Aujourd'hui encore la plupart d'entre eux, tout en se disant catholiques, ne connaissent pas les premiers éléments de la religion, et ne savent pas même réciter le *Pater*, ni faire le signe de la croix. Il est certain que depuis l'émancipation leur condition n'a fait qu'empirer : indolents par caractère, ils se refusent au travail dès qu'il n'est plus pour eux une nécessité. Leur unique ambition se borne à se procurer un petit coin de terre pour y semer du maïs et se construire une méchante cabane ; tout leur bonheur consiste à passer leur temps couchés à terre sous ce chétif abri. Un peu de riz suffit à leur nourriture, et le labeur d'un jour leur en fournit assez pour vivre une semaine entière. Ils aiment beaucoup les cérémonies religieuses ; et de toutes les fêtes, celle qui émeut le plus leur piété est la commémoration des morts. Le soir, ils se rendent au cimetière et y brûlent des cierges sur les tombeaux de leurs amis défunts ; l'enceinte funéraire ressemble alors à un champ en feu, dominé par une croix lumineuse elle-même. Au centre s'élève un grand crucifix ; des flots de lumières se pressent à ses pieds, et le serrent de si près que la base en est toute noircie et presque à demi brûlée. C'est un spectacle singulier et vraiment saisissant de voir ce lugubre séjour des morts, inondé ainsi d'êtres vivants qui, vêtus les uns à l'européenne, les autres à la mode bizarre des Orientaux, viennent se courber tristement sur des tombes ; au milieu d'une forêt de torches embrasées.

Dans le district de Savanne on rencontre le Grand-River, torrent rapide, qui comme toutes les rivières de l'île, coule dans un ravin non moins escarpé que profond. Son lit est encombré d'énormes blocs de rochers, à travers lesquels il se précipite avec fracas. Souvent il se dérobe aux regards sous les massifs de verdure qui ombragent ses rives ; mais alors même que ses eaux disparaissent, on les entend mugir, elles s'indignent et frémissent contre les obstacles qui semblent vouloir les empêcher de courir vers l'Océan. — Ces ravins, que l'on rencontre fréquemment dans l'île, sont tellement abruptes et vont se perdre si loin, que les oiseaux du ciel peuvent seuls en visiter les gouffres inaccessibles. Le voyageur en voit souvent voltiger, au-dessus de ces abîmes, de nombreuses tribus aux ailes blanches et rouges : paisibles habitants de ces solitudes, dont le brillant plumage contraste heureusement avec la sombre verdure de la végétation. L'éclat d'un ciel admirablement pur ajoute à ce paysage un charme ravissant, et lui donne l'aspect d'une terre enchantée. Plus loin on traverse une plaine qui s'élève par gradation à mesure qu'elle s'éloigne de l'Océan. Elle offre à sa surface, comme tout le reste du pays, des traces de son origine volcanique, que les siècles ne peuvent effacer. — Dans l'intérieur de l'île, on trouve une forêt traversée dans sa longueur et sa largeur par une bonne route. Les arbres qui la bordent, interceptent la vue dans toutes les directions, au point que le voyageur n'aperçoit plus rien devant lui ni au-dessus de sa tête, si ce n'est par intervalle le sommet âpre et sauvage de quelques montagnes qui, comme la chaîne dont elles dépendent, présentent les formes les plus irrégulières. Elles semblent braver les lois de l'équilibre ; on dirait qu'agitées par quelque génie malfaisant qui s'est enfui soudain, mais qui va revenir leur rendre le mouvement, elles attendent son retour pour précipiter leur chute un moment interrompue. — Un ruisseau souterrain et un lac formé dans le cratère d'un volcan éteint se font remarquer à peu de distance de chaque côté de la route : ce sont encore, au milieu d'autres indices si nombreux, comme des témoins irrécusables des agitations convulsives qui ont autrefois bouleversé le pays. Des lits de corails, des stratifications sous-marines, trouvées dans le centre de l'île, attestent que les points les plus élevés gisaient autrefois dans les profondeurs de l'Océan. — Après un trajet de douze ou quatorze milles, on sort de la forêt et l'on arrive à l'extrémité de l'île, dans un pays ouvert et bien cultivé. C'est là qu'est situé le village de Port-Souillac, dont la population est considérable.

A peine y a-t-il dans toute l'île un village ou même un hameau un peu considérable, où les méthodistes n'aient érigé, pour les enfants du peuple, une école gratuite, dont la direction est confiée à des maîtres et maîtresses venus d'Angleterre. Les enfants de la classe émancipée, qui vont y chercher l'instruction, s'inoculent en même temps les préjugés dont leurs maîtres sont imbus, et quoiqu'ils aient été baptisés, ainsi que leurs parents, dans l'Église catholique, aussitôt qu'ils ont fréquenté ces écoles, les ministres les considèrent comme appartenant à leur communion. — Les catholiques ont aussi à Port-Louis une école gratuite, soutenue principalement par l'évêque. Il n'est pas douteux qu'en donnant à cette institution un développement plus convenable, on préviendrait la chute de plusieurs centaines d'enfants catholiques qui, pour se faire instruire, n'ont d'autre ressource que les établissements méthodistes du gouvernement colonial. — Un collége royal a été fondé pour l'éducation des enfants d'origine européenne. Sa direction, confiée d'abord à un prêtre catholique, a passé entre les mains d'un protestant irlandais. On y donne un soin tout particulier à l'étude de l'anglais, dont on se sert pour l'explication des auteurs classiques. Les efforts du gouvernement tendent à introduire l'usage de cette langue, aussi bien que l'esprit et les coutumes anglaises : il est très-probable que l'entreprise réussira, elle ne demande que du temps pour atteindre son but. Mais avec sa langue le gouvernement espère (et nous croyons qu'il s'en flatte vainement) que la colonie adoptera la religion nationale de la Grande-Bretagne.

Une mortalité progressive a décimé la population nègre depuis son émancipation; la cause en est surtout dans la funeste habitude de l'ivrognerie, vice qui, dans un climat chaud, est toujours fatal. Plus d'une fois on a trouvé le long des chemins quelques-uns de ces malheureux morts des suites de l'ivresse. Il a été constaté que dans le cours d'une année plus de quarante noirs avaient succombé, victimes de leur intempérance, avant d'arriver à la porte de l'hôpital et avant d'avoir reçu les premiers secours du médecin. A cet égard, la dégradation des nègres s'est accrue depuis leur affranchissement. Sans doute, l'esclavage est une plaie de l'humanité dont la religion s'afflige; il ne devrait pas être toléré par un peuple chrétien, et tout gouvernement qui protégerait un tel système par des considérations d'intérêts matériels ou politiques, mériterait la flétrissure des nations civilisées. Néanmoins il est démontré par l'expérience que son abolition dans les colonies britanniques, faute d'avoir été accompagnée de ces mesures sages et prudentes qui seules pouvaient en assurer le bienfait, est devenue un véritable malheur pour cette classe infortunée, en faveur de laquelle on l'avait si généreusement conçue et si loyalement exécutée. Pour remplacer les bras dont l'agriculture, et particulièrement la culture de la canne à sucre, se trouvaient privées par l'émancipation, on introduisit dans l'île plus de vingt mille *coolies* amenés ici des différentes présidences de l'Inde. Ce sont des hommes de couleur cuivrée, de haute taille et d'une maigreur affreuse; ils portent pour tout vêtement une ceinture de toile autour des reins, et un lambeau de même étoffe roulé autour de la tête; ce qui leur donne une étrange tournure aux yeux d'un Européen. Quelques-uns recherchent avec une prédilection toute particulière les vieilles vestes que les soldats européens ont jetées au rebut; ce sont pour eux des habits de luxe. Rien n'est bizarre comme de voir l'air de satisfaction avec lequel ils posent et s'admirent sous cet accoutrement favori, avec un turban à la tête, et autour du corps un misérable haillon rouge, d'où s'échappe une longue paire de jambes noires et toutes nues. Cette classe d'hommes est encore païenne; elle a conservé l'usage de brûler ses morts. Jusqu'ici il n'a pas été possible d'entreprendre sa conversion.

La mission de Maurice a sous sa dépendance différentes îles dont les habitants sont catholiques.

L'île Rodriguez, située à une distance de quatre cents milles du côté de l'est, a été peuplée par des familles qui autrefois émigrèrent de l'île Maurice. Elles professent la foi catholique, et se composent d'environ 500 personnes. Ces infortunés, non-seulement n'ont pas de pasteur au milieu d'eux, mais on dit qu'ils n'ont jamais reçu la visite d'un prêtre; ils vivent sans secours religieux et meurent abandonnés à leur sort. — A six cents milles, dans une autre direction, l'île d'Agalega compte quelques centaines d'habitants condamnés au même abandon. — Cinq cents milles plus loin, et à plus de trois cents lieues de Port-Louis, on trouve le groupe des îles Seychelles. Là aussi, les principales familles sont originaires de Maurice, et revendiquent le nom de catholiques, parce que leurs pères s'honorisent de le porter. Jamais, depuis qu'elles existent, ces îles n'ont joui de la présence d'un prêtre, bien que leur population soit d'environ 6000 âmes, y compris les nègres qu'on y a transportés des côtes d'Afrique. A diverses reprises, leurs habitants ont adressé des pétitions au gouvernement local pour obtenir un ministre de leur culte; mais ces demandes sont toujours restées sans résultat.

Terra Senogalla, le Sénégal ou la Sénégambie. — Cette contrée forme une préfecture apostolique, dirigée par les prêtres du séminaire du Saint-Esprit de Paris. Elle tire son nom du Sénégal, fleuve appelé dans son cours supérieur Ba-Fing (eau noire), qui se jette dans l'Océan Atlantique, sur la côte occidentale. Le Sénégal prend sa source sur le versant occidental des montagnes qui traversent le pays des Mandingues, à 120 ou 160 kil. ouest des sources du Niger. Dans toute son étendue il coule à travers un pays montueux entrecoupé de collines et de précipices jusqu'à Galam, où commence une plaine unie dont les lisières sont couvertes de forêts, peuplées de singes, de perroquets et d'une grande variété d'oiseaux. Depuis Galam jusque dans le pays plat il se divise en plusieurs bras, et forme un grand nombre d'îles infestées de crocodiles, et se déborde comme le Nil; il inonde, depuis la fin d'août jusqu'en novembre, les plaines situées le long de ses bords, et présente, dans les lieux dégarnis d'arbres, des courants ou des nappes d'eau douce de plusieurs lieues d'étendue. A son embouchure, obstruée par un banc de sable très-dangereux qui s'étend dans toute la largeur du fleuve, les eaux montent à cette époque au-dessus des plus hautes marées; mais quand les pluies ont cessé, elles baissent; le flux s'y fait sentir, et l'eau devient salée. La barre laisse cependant une passe qui permet l'entrée aux barques et petits bâtiments pontés. A une époque plus éloignée ce fleuve perd toute la force impulsive du courant, et ses eaux douces ne sont plus mises en mouvement que par le flux qui les refoule dans leur lit vers leur source, et ensuite par le reflux, qui leur permet de descendre vers la mer. Comme les terrains à travers lesquels coule le Sénégal sont très-plats et très-peu élevés au-dessus du niveau de l'Océan, ce flux et ce reflux se font sentir successivement de proche en proche dans les eaux douces, jusqu'à une distance de 320 kil. du bord de la mer. Dans cette dernière partie de son cours le Sénégal n'a plus de courant. Ce fleuve se grossit du Fulémé et du Kokoro. Il est navigable dans les hautes eaux, dans une étendue de 400 kil. A 80 kil. au-dessus de Galam la contrée prend un aspect montueux, et un chaînon de rochers barre le lit du fleuve au point de ne pas permettre aux barques de le remonter. C'est ce qu'on appelle la cataracte de *Félou*. On estime la longueur de son cours à plus de 1200 kil. Dans les premières descriptions de l'Afrique, on a dépeint ce fleuve comme identique avec le Niger, et sortant des contrées intérieures de cette partie du monde; cependant les Français ayant formé leur premier établissement dans le Sénégal à Saint-Louis, à l'embouchure de ce fleuve, pénétrèrent jusqu'à Galam, où ils bâtirent un fort. On regardait alors Tombouctou ou Teembectou comme l'entrepôt de l'Afrique centrale; on fit depuis plusieurs tentatives pour arriver dans cette ville par le Niger; mais elles furent infructueuses. On peut fixer les sources du Sénégal vers 11° 50' de latitude nord et 9° 29' 15" de longitude ouest. Les femmes s'occupent de tirer de l'or de ses sables par le lavage.

La Sénégambie est bornée au nord par le Sahara, à l'est par la Nigritie, au sud par la Guinée supérieure, et à l'ouest par l'Atlantique. Elle est comprise entre 9° et 18° de latitude nord, et entre 6° et 20° de longitude ouest. Sa longueur, de l'est à l'ouest, est d'environ 1200 kil., et sa largeur moyenne, du nord au sud, de 880 kil.; sa superficie est évaluée à 54,600 lieues carrées ou 210,400 kil. carrés.

Les rivages de la Sénégambie sont composés d'immenses terrains d'alluvion, exposés à de furieux ouragans; les embouchures des fleuves y sont entrecoupées d'îles presque noyées sous les eaux : on y éprouve les chaleurs les plus intenses, mais, comme dans tout le reste de la contrée, où le climat est aussi très-chaud, les nuits sont fraîches et les pluies abondantes. En s'enfonçant dans l'intérieur des terres, l'aspect du pays devient plus varié; à côté de plaines d'une excessive fécondité, on rencontre des collines revêtues de la plus riante verdure, et des forêts épaisses, qui renferment des palmiers, des cocotiers, des mangliers, des tamariniers, des papayers, des citronniers, des orangers, des grenadiers et des sycomores. Le baobab, le plus volumineux de tous les arbres, est commun dans la Sénégambie. Les crocodiles, les hippopotames, les singes, abondent dans cette région.—Les monts Badet, Couro et Tangué s'élèvent dans la partie méridionale. De leurs versants descendent trois fleuves considérables, tributaires de l'Atlantique, le Sénégal, la Gambie, large fleuve, qui arrose la partie centrale de la contrée, et le Rio-Grande, qui baigne la partie méridionale. Le Diali-ba ou Niger se montre dans la partie orientale, et il en sort pour entrer dans le Soudan.—On ne connaît que trois lacs remarquables dans la Sénégambie : celui de Cayor, près du Sahara, au nord du Sénégal; celui de Panié-Foul ou N'gher, près et au sud du même fleuve, et celui de Dendoudé-Thiali, à peu près au centre de la contrée. La côte se dirige d'abord du nord-est au sud-ouest, jusqu'au cap Vert, le point le plus occidental de l'ancien continent, ensuite du nord-nord-ouest au sud-sud-est, en présentant le cap Sainte-Marie, à l'embouchure de la Gambie, et le cap Rouge, un peu plus au sud. A l'embouchure du Sénégal est l'île Saint-Louis, basse, aride et peu salubre; elle appartient aux Français. Très-près et au sud du cap Vert, on trouve l'île de Gorée, qui dépend aussi des Français : ce n'est presque qu'un rocher, mais elle est intéressante par la bonté de son mouillage. Entre l'embouchure de la Gambie et celle du Rio-Grande s'étend l'archipel des îles Bissagos ou Bijugas, remarquables par leur fertilité, et dont les principales sont Yate, Bussi, Bissao, Bulama et Formosa; elles paraissent répondre aux Hespérides des anciens.

Le Portugal est la première puissance européenne qui ait paru sur les côtes de la Sénégambie. La France et l'Angleterre y sont venues ensuite, mais bien plus tard. Les ministres protestants et les méthodistes y ont formé des missions qui réussissent peu. La race noire aime les cérémonies et tout ce qui apparaît à la vue. Or, les sectes protestantes sont toutes d'une sécheresse et d'une nudité extrêmes. L'Islam est répandu parmi les Nègres de la Sénégambie; mais la partie la plus nombreuse de la population est plongée dans la grossièreté brutale du fétichisme. On évalue à plus de 12 millions le nombre des habitants, parmi lesquels on distingue une grande variété de peuples que nous allons faire connaître. Les Français ont la plupart de leurs établissements sur les rives du Sénégal. Le chef-lieu de leurs possessions est Saint-Louis, ville fortifiée, sur l'île du même nom, à l'embouchure du Sénégal. Abreda, comptoir sur la Gambie, est une de leurs principales dépendances. — Cette colonie a éprouvé de grandes révolutions politiques : en 1756 elle était soumise à l'Angleterre, qui la céda à la France en 1763, et la confirma de nouveau à cette dernière puissance en 1783. Dans la dernière guerre les Français la perdirent, mais ils la recouvrèrent à la Restauration. Ce fut en allant prendre possession de cet établissement que la frégate *la Méduse* essuya ce terrible naufrage qui fit tant de bruit dans le monde. — Les Anglais ont des comptoirs sur la Gambie; les principaux sont le fort James, chef-lieu de toutes leurs possessions dans la Sénégambie, et Bathurst dans l'île de Sainte-Marie, près de l'embouchure du fleuve. Les Portugais possèdent Cacheo, ville de 9000 âmes sur le Rio San-Domingo, Geba, petite ville entre la Gambie et le Rio-Grande, et quelques autres petits comptoirs sur le même fleuve ou dans le voisinage.

Le Sénégal présente d'inappréciables avantages, car il dépend d'un vaste continent arrosé par un grand fleuve, et il est situé, en outre, précisément dans le pays d'où l'on tirait jadis les travailleurs de l'Amérique et des îles tropicales. L'exploitation matérielle n'offre point de difficultés, et l'on n'aura jamais en Afrique, comme dans les autres colonies, la crainte de voir abandonnée, faute de bras, à une déplorable stérilité, une terre qui aurait pu fournir de riches et abondants produits. La situation de cette colonie est néanmoins loin d'être prospère : la gomme est à peu près l'unique produit de son commerce ; et, outre qu'elle est exposée par là aux chances d'une mauvaise récolte, elle est placée encore sous la dépendance des Maures (1), qui peuvent, s'ils le veulent, cesser de lui apporter cette denrée, et compromettre ainsi l'existence de la plus grande partie de la population européenne ou indigène. Les Maures, turbulents et guerriers, sont aussi de foi douteuse ; il est prudent de les ménager, quelquefois même de souffrir leurs rapines, parce qu'il est difficile, presque impossible, d'établir parmi eux son influence assez solidement pour les dominer. L'anarchie qui les divise et leur vie nomade n'offrent ni garanties de relations durables de bonne harmonie, ni faciles moyens de leur infliger des châtiments à propos. — Le Sénégal n'a pas toujours été aussi restreint dans son importance et dans ses moyens de transaction. La compagnie française d'Afrique, lorsqu'elle vint remplacer les Portugais, ne se borna pas à l'unique commerce des gommes; elle poussa ses reconnaissances, dès son début, vers le haut de ce fleuve, qui n'offrait point alors, comme aujourd'hui, les mêmes garanties de sécurité aux explorateurs. Cette compagnie de marchands ne se borna pas à une exploration infructueuse et stérile; elle eut la gloire de fonder des établissements dans des lieux dont actuellement nous connaissons à peine le nom, et elle les fonda en dépit de difficultés immenses, et chez des peuples dont l'état de civilisation, beaucoup moins développé qu'aujourd'hui, ne pouvait faire espérer ni confiance ni protection. Le fort Saint-Joseph, à Dramané, le fort Saint-Pierre, dans la Falémé, celui de Farabana, dans le Bambouk, ont été successivement établis par elle.

De toutes les possessions que la France a eues dans le Haut-Sénégal, il ne lui reste que Bakel. Poste militaire et comptoir, cet établissement est d'une assez grande importance commerciale, et les bénéfices qu'il s'y fait annuellement ont dû depuis longtemps démontrer que l'extension des relations les accroîtrait encore. Bakel n'est pas, à vrai dire, heureusement choisi sous le rapport sanitaire : sa situation topographique contribue particulièrement à en rendre le séjour dangereux aux Européens : aussi, depuis plusieurs années, est-il expressément défendu d'en diriger sur cette possession. Deux causes de maladies se rencontrent presque exceptionnellement dans cette localité, c'est d'abord le rayonnement déterminé par les collines pierreuses et stériles qui l'entourent, et qui élève énormément la température pendant le jour, et ensuite la stagnation des eaux dans des trous profonds et étendus ; ces eaux, vaporisées par l'action d'une température de 65 à 70 degrés, dégagent en abondance des gaz délétères formés par des matières animales et végétales putréfiées. — Le comptoir de Bakel est dirigé par un agent appartenant à une compagnie établie à Saint-Louis sous le nom de compagnie de Galam et Cazamance, et exploitant, sous quelques restrictions, le commerce du haut du fleuve. On traite à Bakel de la gomme, de l'or, de l'ivoire, des peaux de bœuf, du mil et de la cire. Les échanges s'opèrent au moyen de marchandises, dont la guinée, la poudre, les verroteries et le sel sont les principales.

Des Maures de diverses nations contribuent particulièrement à la prospérité du commerce de Galam, en apportant les gommes qu'ils vont récolter dans les forêts qui servent de limites, du côté du sud-est, au grand désert du Sahara. Ce produit est ici, comme au bas du fleuve, la plus importante branche de commerce. Les Dowiches conduisent leurs gommes à Bakel même ; les Oualad-el-Koissis, qui avaient autrefois choisi Makana pour marché, et les Oualad-m-Bareck, qui se rendaient à Médine, portent les leurs à un comptoir flottant expédié chaque année par le gérant de Bakel et placé dans les environs de Makana.

---

(1) Les Maures dont il est question sont venus du nord de l'Afrique occidentale. Ce sont eux qui pratiquent l'Islam et qui probablement l'ont répandu dans cette partie du continent africain. (*Note de l'auteur.*)

Les autres objets de commerce ci-dessus désignés sont apportés le plus souvent à Bakel, quelquefois aussi au comptoir flottant, par des caravanes de marchands colporteurs ou revendeurs connus sous le nom général de Dioulas, et appartenant aux nations des Sarracolets, des Mandingues, des Bambaras et des Foulahs du Bondou et du Kasson. Enfin ces mêmes objets sont encore apportés par des Mandingues du Bambouk et de Ségou, qui les ont recueillis eux-mêmes dans leur propre pays. — Les Sarracolets qui possèdent l'état de Galam, où est situé le comptoir français de Bakel, forment un peuple industrieux, cultivateur et marchand, adonné particulièrement et presque exclusivement à un commerce de colportage. Il offre, par ses goûts paisibles et ses mœurs douces, des garanties de bonnes relations. — Les Sarracolets, répandus dans différents pays du haut Sénégal, forment des espèces de colonies marchandes, d'où partent des caravanes qui vont chercher en diverses contrées de l'Afrique les produits qu'elles fournissent, et qui, de retour à leurs établissements, en partent de nouveau pour aller vendre ces produits aux Européens.

Il y a trois classifications principales parmi ce peuple, peu considérable numériquement, quoique disséminé dans une grande étendue. Les Guidiagas sont les plus nombreux; ils habitent la rive gauche du Sénégal, le Bondou et particulièrement le Galam. Les Guibimahas sont en petit nombre, ils habitent la rive droite. Mêlés aux Maures dont ils sont volontairement devenus tributaires, ils ont complétement fait scission avec les Guidiagas, contre lesquels ils commettent parfois des brigandages, à l'exemple des Maures. Les Aérankais, également peu nombreux, habitent le Fouta-Damga, limitrophe du Galam; ils sont alliés aux Guidiagas.

L'état de Galam est divisé en deux parties séparées par la Faléiné; la partie occidentale se nomme Goye ou bas Galam, la partie orientale, Kaméra ou haut Galam. Elles étaient autrefois toutes deux sous la domination d'un seul chef; mais des dissensions les ont séparées, et ont même amené de sanglantes luttes dans lesquelles le Tounka du Kaméra, Samba-Yacinn, envahit avec une armée de Bambaras le pays de Goye, pilla et détruisit Tuabo, sa capitale, et commit partout ou il passa, atroces cruautés. Les Guidiagas, qui occupent les deux parties du Galam, se subdivisent en deux nouvelles classifications : les Bakiris ou guerriers, et les Saybobés ou marabouts. Les Bakiris sont les possesseurs véritables du Galam, dont le gouvernement, placé d'ordinaire aux mains d'un vieillard, est faible et chancelant. C'est une monarchie dont l'absolutisme est tempéré par une espèce de représentation ou de conseil choisi partie parmi les Bakiris, qui sont seuls appelés au trône, et partie parmi les Saybobés qui en sont toujours exclus. La transmission du pouvoir a lieu par ligne collatérale, comme dans presque tous les Etats du haut du fleuve; c'est toujours le frère aîné qui succède. Or, dans ces pays, où règne la polygamie et où la loi donne la qualification de frère, non-seulement aux frères véritables, mais encore aux cousins, on doit concevoir que le successeur au trône ne doit pas être extrêmement jeune. — Les Bakiris du Goye et ceux du Kaméra sont encore divisés et ennemis. La mort de Samba-Yacinn, du pouvoir duquel ses enfants ont hérité, grâce à l'anarchie qui existe dans cette partie du Galam, et contrairement à la transmission régulière ci-dessus indiquée, a calmé un peu les haines que les cruautés de leur père avaient soulevées chez leurs frères du Goye.

Le Galam n'occupe qu'une mince partie du littoral, à peine 8 ou 10 kilomètres dans le Goye, et 28 ou 32 dans le Kaméra. Il est borné au nord par le Sénégal et le Fouta-Damga; au sud, par le Bondou et le Bambouk; à l'ouest, par le Fouta-Damga, et à l'est, par le Bambouk et le Kasson.

En définitive, les Sarracolets, peu guerriers, faiblement gouvernés, et livrés à des divisions intestines, sont peu redoutables.

Au sud du bas Galam se trouve le Bondou, occupé par des Foulahs, émigrés du Fouta-Toro. La création de cet Etat a donné lieu à une légende que voici : Les Sissibés, famille puissante du Fouta, chassés de leur pays par des troubles politiques, vinrent un jour, sous la conduite de leur chef, demander asile au Tounka du Galam, alors grand royaume dont la capitale était Tuabo. Les fugitifs furent reçus avec bonté par le Tounka, qui mit, dans son hospitalité, une courtoisie remarquablement chevaleresque. Ainsi il ne leur désigna pas, comme il l'aurait pu faire, une résidence momentanée; il ne leur offrit pas une protection stérile, qui les eût laissés pauvres et affamés dans un pays étranger pour eux, quoique ami; il voulut qu'ils trouvassent dans ses Etats une patrie nouvelle, qui leur fît oublier les outrages du sort qui venait de les frapper si cruellement. Il fit donc parcourir le Galam au chef des Sissibés jusqu'à ce que celui-ci rencontrât un lieu qui lui plût; puis, lorsqu'il eut bien fait son choix, le Tounka convint avec lui qu'à un jour désigné, au lever du soleil, chacun d'eux partirait, le chef des Sissibés, du lieu qu'il venait de choisir, et le Tounka, de Tuabo, où il allait se rendre, et que, marchant l'un vers l'autre, le point de rencontre formerait la limite de deux Etats, dont le nouveau deviendrait celui des proscrits, et aurait pour capitale un grand village élevé à la place que leur chef avait préférée. Le jour convenu, le chef des Sissibés partit à l'heure fixée, mais le Tounka ne se ressouvint de la convention que fort avant dans la matinée. Il partit aussi; et ne tarda pas à rencontrer tout près de Tuabo son hôte moins oublieux. Ainsi commença, dit la légende, le royaume du Bondou, qui s'agrandit successivement par la conquête, et se peupla de nouveaux mécontents du Fouta et de diverses colonies de Sarracolets, et de Foulahs du Fouta-Djallon. La famille des Sissibés est réellement celle qui règne dans le Bondou; et l'Almamy a toujours eu une grande déférence pour le Tounka de Goye, qu'il a protégé et défendu dans ses guerres avec les Bakiris du Kaméra.

Cette légende, fort suspecte de véracité, comme beaucoup de légendes, servirait au moins à expliquer la constante alliance des Bakiris de Goye et des Sissibés du Bondou, et le peu d'étendue du royaume de Galam perpendiculairement au fleuve.

Les habitants du Bondou, pris en masse, sont, comme ceux du Fouta, appelés Toucouleurs par les autres nations nègres. Ce nom ne se trouve cependant employé pour désigner la population d'un État, ni dans les relations des voyageurs, ni dans les géographies. Confondus pour nous avec les Peuls ou Poules, nous n'avons point établi de distinction tranchée entre eux, et nous leur appliquons à tous indistinctement, dans ceux de nos ouvrages où il est question des peuples de l'Afrique occidentale, les noms de Foulahs, Fellaiah, Fellahs, Foulans, Fellans, Foutes, Fellanies, Poules, Peuls, dont nous faisons des synonymes. En Sénégambie, au contraire, on distingue parfaitement les Peuls ou Poules, des Toucouleurs. Les premiers forment, en réalité, un peuple de race, de mœurs, de condition et de costume différents. Leur couleur, d'un brun teinté de rouge, tient le milieu entre celle des Maures et celles des Toucouleurs; leur nez, moins épaté que celui des nègres de pure race éthiopique, est cartilagineux, caractère particulier à la race caucasique, qui manque à la race éthiopique; leurs lèvres minces, leur visage ovale, leur front plus large, et leur angle facial moins aigu, en font bien évidemment une race à part, mais une race quelque peu hybride. Leurs mœurs nomades, leur constitution en bandes de pasteurs presque toujours tributaires d'autres nations, enfin leur état de prolétarisme, qui les empêche, en les privant de propriétés foncières, de former entre eux ce qu'on appelle une nation, sont de nouvelles preuves de leur origine étrangère. — Un intéressant mémoire de M. d'Eichtall est venu, à la vérité, éveiller l'attention sur cette race particulière; mais, quoiqu'il signale avec une grande exactitude les différences physiques du peuple peul, quoiqu'il n'oublie pas de désigner, sous les noms de Toucoulors et de Torados, une race mulâtre et un peuple occupant primitivement le pays avant la venue des Peuls, cet ethnologue ne s'arrête pas assez sur la condition politique de ceux-ci et sur la différence qui existe entre les éléments qui forment aujourd'hui la population des États qu'il appelle aussi Peuls ou Foulahs, et qui doivent être appelés, comme ils le sont par les naturels, États toucouleurs. (C'est bien ainsi que les nègres prononcent le mot.)

Après avoir présenté les opinions des voyageurs sur l'origine que chacun d'eux attribue aux Peuls, et avoir combattu ce que ces opinions renfermaient d'inexact, M. d'Eichtall, qui s'est livré, à propos de cette question, à des recherches linguistiques très-étendues, donne son opinion particulière, qui semble être en effet la meilleure et la plus satisfaisante. Des analogies remarquables observées par lui entre différents dialectes de la famille malaisienne et la langue que parlent aujourd'hui les Peuls, donnent un point d'appui excellent à sa version, et permettent de présumer avec lui que ce peuple de la Sénégambie descend des insulaires de l'archipel malaisien, par une succession de migrations dont l'histoire fournit plusieurs preuves. Les voyageurs avaient tous été frappés des différences physiques et ethnologiques qui distinguent la race nègre du peuple peul, et chacun d'eux avait cherché, dans ses souvenirs de voyages peut-être, des comparaisons plus ou moins vraisemblables; mais la question en était restée là, c'est-à-dire à l'état de confusion et de désordre. C'est ainsi que, dans ce chaos hypothétique, les Peuls descendent alternativement des Éthiopiens, des Barabras de la Nubie, des habitants de Tétouan dans l'empire du Maroc; on a été même jusqu'à leur donner pour ascendants les soldats d'une légion romaine disparue; dans la Numidie, pendant la deuxième guerre punique, étrange et bizarre origine que rien ne justifie, si ce n'est peut-être leur costume, dont la coiffure, entre autres, rappelle par sa forme et les ornements de cuivre dont ils la parent, le casque des légionnaires. Toutes ces versions manquaient donc de vraisemblance, et celle de M. d'Eichtall, au contraire, basée sur les présomptions les plus fortes qui puissent être admises en ethnologie, sur la comparaison des langues, demeure encore la plus probable. Cependant, quelque séduisante qu'elle soit, nous devons rectifier une assertion qui n'est point parfaitement exacte : les cheveux des Peuls ne sont point plats et unis comme ceux des individus de race mongolique; ils sont, en effet, moins lainés que ceux des nègres, ils sont plus longs et disposés d'ailleurs en coiffures qui, souvent, ne manquent pas d'un certain bon goût. — Le peuple peul, qui ne se trouve que dans des États occupés par des Toucouleurs, y est toujours dans une condition inférieure qu'on pourrait comparer à peu près à celle des Bohémiens ou Égyptiens établis en France et particulièrement en Écosse, à la fin du moyen âge, et dont on trouvait encore des traces dans le dernier siècle. Il existe cependant, dans le Yoloff surtout, et dans quelques États mandingues, des camps de Peuls nomades; mais leur condition y est pire encore que dans les États toucouleurs; c'est parmi eux que les rois choisissent les hommes qu'ils chargent de la garde des troupeaux. On dit communément : *les Peuls du roi*, comme on dirait les captifs ou les domestiques du roi. On donne aussi quelquefois, en Sénégambie, le nom de Peuls à des Toucouleurs tributaires, pasteurs ou cultivateurs; mais c'est par une extension plutôt politique que physiologique, et ici *Peuls* veut dire uniquement tributaires. — Les Toucouleurs sont bien certainement le résultat du croisement du peuple peul avec les Torodos qui habitaient primitivement le Fouta-Toro et aussi avec des Yoloffs et des

Mandingues : leur couleur, plus foncée que celle des Peuls, l'est moins que celle des nègres aborigènes ; leurs caractères physiques, modifiés par le mélange du sang, ne sont pas exactement ceux du type éthiopique ; enfin, leur constitution en corps de nation, et la présence parmi eux (à peu près exclusivement à tout autre peuple) des Peuls, dont ils parlent la langue, viennent donner une nouvelle valeur à la double hypothèse sur laquelle on peut fonder l'existence d'un peuple étranger à la race éthiopique et d'un peuple métis, dont celui-ci serait le générateur. En effet, à quelque opinion qu'on s'arrête sur l'origine des Peuls, on s'expliquera toujours facilement leur état actuel et celui des Toucouleurs; car, ou les premiers ont reçu l'hospitalité en qualité d'étrangers immigrants, ou ils ont été d'abord conquérants ; et, dans l'un ou l'autre cas, ils ont dû former des alliances avec les femmes du pays où ils se sont établis, soit en hôtes, soit en vainqueurs. Or, comme dans les anciens États torodos, yoloffs et mandingues, ce sont les femmes et non les hommes qui transmettent la noblesse du sang, il a dû nécessairement résulter de ces alliances, après une suite d'années, qui peut même ne pas être longue, une génération nouvelle (les Toucouleurs), toute puissante dans l'opinion et dans les institutions du pays. Cette génération, devenue en se multipliant la plus forte en nombre, comme elle l'était déjà en influence, a pu, ce qui serait parfaitement dans l'ordre des événements admissibles, faire exactement ce qui s'est fait depuis peu d'années dans certains États de l'Amérique. Quant aux Peuls, la conservation de leur race, qui a dû être tant soit peu altérée par les relations postérieures des deux peuples, s'explique par le petit nombre de femmes qui les auraient suivis dans leur émigration première ; et leur condition de tributaire est déjà expliquée par la révolution politique, qu'on peut admettre avec quelque confiance.

Les Foulahs du Bondou sont cultivateurs et pêcheurs, moins commerçants que les Sarracolets et plus guerriers. Leur gouvernement, qui n'est point la théocratie élective du Fouta-Toro, est, comme celui des Sarracolets, une monarchie qu'on pourrait appeler gérontocratique, ce mot étant pris ici dans un sens sérieux ; car c'est la même règle de succession au trône. Cependant des révolutions changent de temps à autre l'ordre établi. — Le gouvernement du Bondou, dégagé de l'ombre de représentation qu'on rencontre dans le Galam, est toujours plus absolu et plus ferme. Sadda-Amady, qui règne actuellement, tient les rênes d'une main vigoureuse, et, sous lui, les habitants du Bondou, rompus à une obéissance passive, sont de dociles animaux qu'il dirige à son gré ; bien différents en cela de leurs frères du Fouta, dont le caractère indiscipliné, développé et presque favorisé par le mode de gouvernement qu'ils ont choisi, donne si fréquemment aux Européens des embarras, souvent sans la participation et même contre le gré de leurs chefs. — Les Foulahs, généralement paisibles, industrieux et adonnés à la culture, sont, en outre, plus particulièrement que les autres nègres de la Sénégambie, sous l'influence du mahométisme. C'est, au Bondou, une garantie de plus de leurs pacifiques dispositions : cette religion dont ils ont su repousser le fanatisme, haineux et quelquefois cruel chez les Arabes du nord de l'Afrique, n'est pour eux qu'une pratique sévère du rit musulman, et un code de morale qu'ils observent avec une grande fidélité. Les habitants sont exempts de tous ces vices qui, comme le vol, la fraude et le mensonge, troublent l'harmonie des relations, et, s'il arrive par hasard, que quelques-uns d'entre eux s'en rendent coupables, un châtiment grave, infligé par l'almamy, retient ceux qui pourraient se laisser aller à une imitation dangereuse.

Le Bondou a pour limites, au sud, le Tenda et le Woolli, à très-petite distance de la Gambie ; à l'ouest, le Fouta-Damga ; à l'est, la Falémé ; au nord, le Galam. L'almamy possède aussi, à titre de suzeraineté, une étroite ligne de territoire sur la rive orientale de la Falémé : ce sont des colonies d'émigrés du Fouta-Djallon, qui, sous sa protection et en lui payant des tributs, sont venus s'établir sur cette rive, abandonnée par les Mandingues du Bambouk, ses habitants naturels, à la suite de leurs démêlés, soit entre eux, soit avec les Bambaras.

Il existe entre les Foulahs et les Mandingues une sorte de haine profonde, engendrée par l'indifférence religieuse de ces derniers, et elle les tient éloignés les uns des autres avec une si opiniâtre persistance, qu'un accord semble bien difficile à réaliser. L'antipathie des deux peuples est poussée à un tel point, que l'almamy, dans une entrevue avec les Français, leur dit qu'il verrait, ainsi que le Tounka de Goye, avec un vif déplaisir, le rétablissement de l'ancien comptoir français de Makana, chez les Bakiris du Kaméra, alliés encore actuellement aux Bambaras ; et il ajouta que, tant qu'il serait roi du Bondou, il ne ferait jamais alliance avec ceux qui n'auraient pas pour ennemis les Bambaras, qu'il qualifia de cruels et d'impies. — Cette profonde aversion d'un peuple religieux à l'égard d'un peuple qui a en quelque sorte renié ou au moins repoussé la même religion, sera difficile à détruire entièrement.

Le Bondou, l'État le plus voisin de la possession française de Bakel, après le Galam, se trouve dans les meilleures conditions pour faire désirer son alliance. C'est un État populeux et grand, non positivement puissant par les armes, mais assez fort pour résister à une invasion et assez énergiquement gouverné pour imposer aux autres peuples et suspendre leurs mauvais desseins. Le Bondou a en outre laissé de glorieux souvenirs dans la mémoire des nations qui l'entourent.

A l'est du Bondou est situé le Bambouk, occupé par des Mandingues, appelés Malinkais par les Sarracolets et les Toucouleurs. L'organisation politique du Bambouk est très-défectueuse et en fait un État faible, en dépit de son étendue territoriale. Vers la Falémé, il est formé en petites républiques indépendantes, obéissant chacune à un chef qui ne relève de personne. Plus vers l'est, ce système de gouvernement existe aussi, mais les républiques offrent une force plus grande et se trouvent en outre liées entre elles de manière à former, par leur ensemble, une sorte d'Etat fédératif assez puissant pour résister aux invasions des peuples turbulents et pillards qui les approchent. Leur gouvernement, quoique morcelé et divisé, est néanmoins plus ferme que celui des petits Etats de l'Occident. Quelques-unes de ces républiques de l'est se sont alliées aux Bambaras.

Les Mandingues, dont la moralité n'a pas été développée par des enseignements religieux, sont nécessairement bien inférieurs aux Foulahs. Leur industrie favorite est la chasse, exercice qui ne contribue pas à adoucir les mœurs et à donner des tendances pacifiques; ils cultivent peu, par paresse et peut-être aussi par mépris pour un genre d'occupation qu'ils trouvent infime; ils exploitent cependant les nombreuses mines d'or que contient leur pays : ce sont leurs femmes qui, par des lavages successifs, séparent l'or des corps étrangers avec lesquels il se trouve mêlé. L'or de leurs mines et l'ivoire des éléphants tués dans leurs chasses, et qui abondent dans le Bambouk, composent presque exclusivement les matières de leur commerce. Ils le font au moyen de caravanes qu'ils conduisent eux-mêmes aux comptoirs européens, ainsi que les Sarracolets et les Foulahs.

Le gouvernement des Bamboukains ne présente point sans doute la consistance qui doit nécessairement exister pour constituer une nation puissante et redoutable, et cependant cette division en petits Etats indépendants, souvent hostiles les uns aux autres, bien qu'elle prive ces nègres de l'union et de l'unité qui rendent forts, en fait néanmoins de très-incommodes voisins, surtout pour les émigrés du Fouta-Djallon établis dans leur pays. Leur organisation politique, aux abords de la Falémé, offrant trop peu de cohésion pour qu'ils pussent s'opposer aux empiétements du chef du Bondou, les Bamboukains ont dû borner leur protestation à des invasions de pillards qu'ils n'épargnent pas aux étrangers que leur faiblesse les oblige à tolérer. Ils revendiquent aussi avec force la propriété des mines voisines des lieux occupés par les Foulahs, et ils gênent autant qu'ils le peuvent l'exploitation qui en est faite.

Quels que soient les défauts des Mandingues du Bambouk, défauts dont la cause n'est autre que l'absence de croyances religieuses qui auraient pu les moraliser, ils ne sont pas cependant cruels et barbares au point de porter les Européens à un éloignement absolu. A cause des richesses nombreuses que renferme leur pays, ils désirent et recherchent l'alliance de la France, qui, du reste, y avait autrefois un fort sur un cours d'eau qui se jette dans la Falémé vis-à-vis Nayé (le Sénou-Colé, que les Portugais avaient appelé Rio-del-Ouro).

A l'est du Kaméra et du Bambouk, sur les bords du Sénégal, existe le Kasson (Cassou ou Kasso), occupé par des Foulahs émigrés originairement du Fouta-Djallon. Etat autrefois puissant, placé sur les deux rives du fleuve, il est en proie à l'anarchie et à la destruction. La partie du Kasson qui occupait la rive gauche est presque détruite; les habitants qui y sont demeurés, sont exposés aux plus affreuses persécutions de la part des Bambaras : le reste, formant le plus grand nombre, est en fuite vers le Bondou, où l'almamy a bien voulu recevoir ce peuple proscrit et son roi Sambala. Ce malheureux prince, chassé de ses Etats par ses frères, alliés aux Bambaras, a vu le pays dont il était le chef sur le point de devenir en entier la proie de ses ennemis naturels, avec lesquels ses frères ont eu l'imprudence de faire alliance. Le Kasson n'est donc aujourd'hui pas même l'ombre d'un Etat, car la partie restante, celle de la rive droite, se fond et s'agglomère en quelque sorte avec le Kaarta, où habitent ces terribles Bambaras, le fléau du pays. — Les Foulahs du Kasson sont beaucoup moins religieux que ceux du Bondou. L'influence démoralisante des Mandingues du Bambouk et du Kaarta les a rendus au moins indifférents, et ils ont maintenant, pour les mœurs et les croyances, plus de rapports avec les Bambaras, dont ils parlent à peu près la langue, qu'avec leurs anciens compatriotes et les autres Foulahs. Les qualités et les mœurs douces des hommes du Bondou et des Sarracolets sont remplacées, chez eux, par les défauts de leurs voisins. Le vol, la paresse, un éloignement profond pour les occupations agricoles et paisibles, sont les conséquences fâcheuses de leurs relations avec les Mandingues et surtout avec les Bamboukains. Leur pays, pauvre et sans industrie, fournit à peine, en temps ordinaire, une nourriture indispensable; ils luttent, en se livrant à la chasse des éléphants, contre cette pauvreté que leur paresse a volontairement acceptée, et ils vont, en outre, en caravanes chercher dans les pays voisins des produits qui, joints à ceux, bien faibles, de leur propre industrie, sont vendus par eux aux comptoirs français ou à ceux des Anglais.

A l'est et au nord de la partie du Kasson située sur la rive droite du Sénégal, se trouve le Kaarta, ayant pour habitants ces Mandingues-Bambaras qui sèment la discorde et la guerre chez tous les peuples qui les entourent. Aventureux et guerriers, ils tiennent à la fois des Romains, au temps de leur splendeur, lorsqu'on recherchait avec empressement leur alliance, et des routiers bandits et mercenaires, pillant nos campagnes au XIIe siècle, après les guerres du roi d'Angleterre Henri II contre ses fils, et qui, soldats de profession, vendaient leurs services à ceux qui les payaient le mieux. Du reste, bien supérieurs à leurs voisins dans l'art de la guerre, les Bambaras sont véritablement redoutables, et leur appui est sollicité fréquemment, tantôt pour décider des querelles particulières de famille, comme dans le Galam et le Kasson, tantôt pour s'en faire des auxiliaires puissants contre les autres peuples. L'alliance des Bambaras s'obtient par des tributs, et ils sont d'ordinaire fidèles observateurs de leurs engagements. — Les Mandingues-Bambaras dépassent encore les Mandingues du Bambouk dans leur irréligiosité ; mais, en revanche, soumis à un gouvernement régulier, ils cultivent différentes industries avec plus de succès encore que les Foulahs et les Sarracolets. Ils fabriquent eux-mêmes de la poudre en se procurant aux comptoirs français du soufre qu'ils n'ont pas chez eux ; ils possèdent des cultures de mil, d'arachides, de coton et d'indigo, dont les récoltes pourvoient à leur nourriture et à leur habillement ; enfin ils travaillent le fer, et savent même lui donner une assez bonne trempe.

La religion musulmane est peu observée chez les Bambaras. Ils pratiquent dans les grandes circonstances une espèce de fétichisme qui consiste à adorer un énorme vase de terre, qu'on appelle dans le pays *Canari*, et qu'ils remplissent de gris-gris de toute sorte ; ils le consultent toujours avant d'entreprendre quelque chose d'important, et ses décisions, qui se révèlent à eux par des signes mystérieux, sont toujours strictement suivies. — Leur gouvernement est une monarchie héréditaire semblable à celle des Sarracolets et des Foulahs du Bondou. C'est aussi le même ordre de succession. On y remarque une espèce de vasselage hiérarchique qui rappelle avec assez d'exactitude la féodalité du moyen âge. — Les captifs (1) du roi des Bambaras ressemblent parfaitement aux leudes ou fidèles des rois Franks de la première et de la seconde race ; ils commandent les armées et possèdent eux-mêmes des captifs, lesquels en possèdent aussi. Les hommes libres du pays manquent de protection et de patronage, et ils regrettent souvent cette liberté qui les livre sans appui à la discrétion d'un captif puissant. On ne peut voir finalement, dans cette constitution de l'état des personnes, d'autre différence que celle du nom ; car c'est toujours l'application du même principe hiérarchique : de vassal à captif ; il n'y a qu'une faible nuance ; c'est, sous l'une comme sous l'autre désignation, l'homme, moins sa liberté. — On retrouve dans d'autres Etats de la Sénégambie, dans le Bondou, par exemple, quelques vestiges d'une organisation analogue ; mais elle n'est point, comme dans le Kaarta, régulièrement adoptée.

Les Bambaras sont dans le haut pays le seul peuple nègre susceptible d'inspirer quelque doute sur la nature des relations que les Européens pourraient avoir avec lui ; car, forts de la crainte qu'ils inspirent, soumis à un gouvernement ferme et bien établi, il serait difficile d'amener leur orgueil à souffrir une influence étrangère.

(1) On donne le nom de *captifs*, chez les indigènes de l'Afrique et à Saint-Louis même, aux hommes

Les autres peuples nègres des pays voisins sont tous ou Foulahs, ou Mandingues. Ces derniers sont les plus nombreux : les bords de la Gambie sont uniquement occupés par eux. Le Fouta-Djallon, puissant Etat au sud-est de ce fleuve, est peuplé de Foulahs, au milieu desquels vivent, comme dans le Yoloff et le Fouta-Toro, des bandes nomades de ces *Peuls*, si originaux, dont nous avons fait connaître les caractères tranchés qui les distinguent des autres habitants de l'Afrique occidentale.

Après tous ces peuples sédentaires viennent les Maures. Dowiches, Oualad-el-Koissis et Oualad-m-Bareck, nations puissantes vivant au grand désert, et amenées accidentellement sur la rive droite du Sénégal pour les besoins de leur commerce. Les Dowiches sont ceux qui viennent à Bakel, et avec lesquels les Français ont, par conséquent, le plus de relations. Ils sont mêlés aux Sarracolets-Guihimahas, qui ont formé, sous leur protection, des établissements sur la rive droite du fleuve et même dans l'intérieur. Ces Sarracolets, quoique leurs tributaires, ont cependant su conserver une espèce de nationalité, qui a empêché une complète fusion. — La religion mahométane, sévèrement observée par les Maures, est encore pour eux à l'état d'intolérance exclusive et presque persécutrice qui existait chez leurs ascendants. Le fanatisme de leurs prêtres a pénétré aisément en eux, et en a fait, de ceux du moins qui se qualifient de vrais croyants, de farouches ennemis des chrétiens. — L'histoire des Dowiches présente une série de crimes qui ont bouleversé si souvent l'ordre légal de succession au pouvoir, qu'il est bien difficile de sortir du chaos de haines, d'ambitions et d'intrigues qui s'agitent parmi leurs princes. Cette histoire, beaucoup trop longue, ne servirait qu'à mieux mettre au jour l'embarras où ils sont de choisir, au milieu de tous les prétendants, celui qui aurait le plus de droits au trône. — Leur gouvernement, qui a sans doute servi de modèle à ceux des peuples nègres des environs, est une monarchie absolue transmissible aussi par ligne collatérale. Mais, chez eux plus qu'ailleurs, les révoltes arrêtent presque toujours l'application du principe régulier de succession, et l'anarchie la plus désordonnée est devenue depuis longtemps l'état normal de leur constitution politique. En ce moment, les Dowiches sont divisés en deux camps principaux, ayant embrassé chacun le parti d'un prétendant. De là de permanentes hostilités, qui jettent parmi les nombreuses tribus de cette nation le plus déplorable désordre, qu'augmente encore, de temps à autre, l'intervention de plusieurs nations maures, dont l'une, les Braknas, défend la cause d'Abdalaye, frère du dernier roi et héritier légal ; et l'autre, les Oualad-m-Bareck, celle de Hamet-Deya, fils d'un prince déposé et mort en exil.

Les Dowiches sont pillards, comme tous les Maunommés *esclaves* dans les Antilles.

(*Note de l'auteur.*)

res de l'Afrique occidentale. Leurs excursions, fréquentes et productives, ont lieu dans la saison sèche, lorsque le retrait des eaux a ouvert des gués praticables. Il n'est pas d'années dans lesquelles des partis de ces Maures ne viennent ravager tantôt le Galam, tantôt le Bondou, et tantôt enfin le Bambouk; semant sur leur passage une telle frayeur, que les nègres, quel que soit leur nombre, fuient lâchement devant une poignée d'hommes, qu'ils détruiraient aisément s'ils ne se laissaient trop facilement dominer par un effroi pusillanime. Ils abandonnent, dans leur fuite honteuse, leurs troupeaux, leurs récoltes, quelquefois leurs femmes et leurs enfants, qui deviennent le butin de leurs faciles vainqueurs, dont la cruauté, justement proverbiale, s'exerce souvent sur ceux qui leur semblent ou trop faibles pour être captifs, ou de trop peu de valeur pour être vendus : car ils ne pourraient pas les nourrir. Les Maures qui se livrent à ces pillages n'ont que cette unique industrie pour subsister. Aussi attendent-ils impatiemment chaque année le retour de la saison des basses eaux pour recommencer leurs courses dévastatrices; ou bien, pressés par le besoin, lorsque les gués, tardivement ouverts, les retiennent sur l'autre rive, ils attaquent et pillent leurs compatriotes qui viennent apporter leur gomme au comptoir français. Les Oualâd-el-Koissis et les Oualâd-m-Bareck, plus éloignés, commettent leurs brigandages quelquefois dans le Bambouk oriental et le Kasson, quelquefois dans le Kaarta, pays des Bambaras, en guerre assez souvent avec les Laklates, tribu de marabouts des Oualâd-m-Bareck. Les Bambaras, comme on le voit, ont eu l'énergie de la résistance; ils ont osé faire ce qu'aucune nation nègre n'avait encore fait; ils ont repoussé par une déclaration de guerre les excursions des Maures. Les invasions des Oualâd-el-Koissis et des Oualâd-m-Bareck sont, au surplus, moins préjudiciables au commerce européen que celles des Dowiches. Le gué par lequel ils passent le plus souvent est à l'ancien village de Tuabo, dans le Galam, à environ 10 kil. au-dessous de Bakel; celui de Sasse-Makana, près Koun-ghel, est également très-fréquenté. Les autres sont protégés par des villages dont les habitants leur imposent toujours un peu.

Le pillage entre tribus de Dowiches est chose fort commune, soit pendant la route pour se rendre à l'escale, soit à l'escale même, située sur la rive opposée au comptoir; et les princes, qui devraient protéger leurs sujets et empêcher les rapines, sont souvent les premiers à dépouiller les malheureux marchands qui reviennent de Bakel. Ils ne regardent même pas si les hommes qu'ils volent sont ou ne sont pas de leur parti. Que leur importe, pourvu qu'ils pillent! Dans l'état d'anarchie et de division qui règne parmi eux, aucune protection n'est certaine, aucune sécurité n'est donnée aux trafiquants, et cela en dépit des coutumes que les Européens payent précisément pour maintenir l'ordre et empêcher les marchands d'être inquiétés dans leur commerce.

Kéniéba est un village du Bambouk, actuellement occupé par des émigrés du Fouta-Djallon, placés, sous la protection de l'almamy du Bondou, auquel ils payent tribut. Ce village, chef-lieu de ce qu'on pourrait appeler un canton de mines, est à 49 kil. de Sansandig, 28 kil. du village de Samba-Yaya sur la Falémé, et 3 ou 4 kil. des mines. La principale se nomme Dambagnagney; elle est située au milieu d'un bois, très-près d'une ligne courbe de collines formant un demi-cercle de l'ouest au sud-est. Les abords en sont semés de pierres siliceuses blanches, légèrement veinées de rouge; les terres sont fortement colorées par l'oxyde de fer et laissent voir une nouvelle espèce de roche du genre schisteux. Pour descendre dans cette mine, on a pratiqué un trou ayant la forme irrégulière d'un cône dont la base, placée en bas, présente de singulières conditions de solidité; ce trou est d'une profondeur de 7 à 8 mètres au plus, et ses parois, dépourvues d'étais, ont à leur partie supérieure plusieurs fissures verticales qui menacent d'une chute prochaine. Ces sortes d'accidents, inévitables pour les hommes du pays, si inhabiles dans de semblables travaux, sont, comme on doit le penser, très-communs. Au fond de ce trou, une ouverture latérale, de 0^{m}60 à 1 mètre de hauteur, conduit dans une galerie souterraine, d'une étendue de 40 à 50 mètres. Le terrain des mines est un terrain d'alluvion, formé de sable, de cailloux quartzeux roulés et de schiste ferrifère micacé, contenant quelquefois des parties de terre grasse et noirâtre. L'ensemble de cette roche se brise aisément sous le doigt. Tout autour de cette mine, qui est la seule actuellement en exploitation, on rencontre des trous d'une effrayante profondeur, garnis, de distance en distance, de traverses de bois scellées aux parois et formant des croix horizontales; ces traverses servent à recevoir les échelles des mineurs, dont les montants sont faits avec de jeunes arbres tenus écartés par des échelons grossièrement et irrégulièrement fixés au moyen de liens d'écorce. C'est par de semblables échelles, si mal posées sur des pièces de bois en croix, que ces malheureux descendent dans ces mines, dont la profondeur est au moins de 35 à 40 mètres. On doit dire, il est vrai, qu'elles sont peu exploitées. L'une d'elles porte le nom de Gaédy : on y descend par deux trous différents communiquant l'un à l'autre par une petite galerie. — Dans le nord-est 1/4 est de Dambaghagney, à une distance de 2 kil. au plus, au sommet d'un mamelon du nom de Pellel, les indigènes disent qu'il y a des mines bien plus riches que celles-là, mais que ceux qui y vont meurent ou deviennent fous. C'est chez eux une conviction si profondément arrêtée, qu'on est forcé de lui chercher une origine rationnelle qui se trouverait peut-être dans l'hypothèse, fort admissible, de la présence de l'arsenic dans ces mines. En effet, les premiers exploitateurs, si ce métal existe réellement, ont pu, soit par l'organe de la respiration, soit en prenant leur nourriture sans se laver les mains, en absorber une assez forte quantité pour être vivement incommodés, et par suite mourir; et alors les témoins de ces accidents, hors d'état de les expliquer par des causes naturelles, leur auraient assigné, cédant à leurs superstitieuses idées, une cause surnaturelle, comme, par exemple, les maléfices d'un agent occulte donnant la mort ou la folie. Cette opinion est générale dans tout le Bambouk, et aucune des mines situées sur les collines n'est exploitée. Il faut nécessairement cependant que cette exploitation ait été tentée; car, sans cela, comment les naturels connaîtraient-ils l'existence de ces mines ?

L'exploitation des mines de Kéniéba est ordinairement faite par les habitants foulahs des villages voisins et de celui de Kéniéba même, moyennant un droit payé au chef de Samba-Yaya, qui est le chef suprême de toutes les colonies de sa nation établies sur la rive droite, et qui traite seul avec l'almamy du Bondou pour le tribut général. Les femmes du village de Kéniéba ont le monopole de la manipulation, et partagent l'or qui provient des produits de la mine, avec l'individu qui les leur a donnés à travailler. L'exploitation n'est pas sans danger : elle se fait dans la saison des basses eaux, et les travailleurs ont à redouter, outre les agressions permanentes des Mandingues-Bamboukains, celles des Maures qui ont traversé à gué le Sénégal ou la Falémé. Aussi n'est-elle entreprise qu'avec un certain déploiement de forces : les femmes travaillent, aidées seulement de quelques hommes ; les autres veillent armés. Les eaux pluviales qui stationnent dans les mines longtemps après la mauvaise saison ne permettent d'y travailler que pendant cinq mois environ, de janvier à mai. — L'extraction de l'or est d'une imperfection qui étonne. Voici comment s'y prennent les femmes qui en sont chargées exclusivement : les produits de la mine, composés de schiste en fragments assez gros, de cailloux et de terre sablonneuse, sont placés dans une calebasse pleine d'eau, et pétris avec les mains pour être écrasés; les cailloux, une grande partie du sable terreux, et de très-gros fragments de schiste, sont rejetés à la suite de cette première opération, qu'il a été impossible, on le conçoit, d'exécuter parfaitement. La calebasse ne contient plus alors qu'un sable boueux, qui, soumis à différents lavages, finit par donner un résidu de sable noir très-fin, dans lequel se trouve l'or, sous forme de molécules et de paillettes quelquefois extrêmement ténues. La séparation des molécules aurifères et du sable se fait aussi très-grossièrement ; le tout, placé dans une valve de coquille, subit encore de nouveaux lavages, à la suite de chacun desquels on jette des parties de sable, et bien souvent, avec elles, des paillettes d'or, malgré l'adresse des orpailleuses ; enfin, un petit caillou écrasé et réduit en poussière le sable restant. On soumet le contenu de la valve à l'action du soleil pour faire sécher, puis on souffle le plus légèrement possible; il ne reste plus alors que l'or, considérablement réduit, il est vrai, car une grande partie a dû en être perdue par les lavages successifs que les divers produits de la mine ont supportés. De petites cornes de chèvre reçoivent provisoirement les molécules et les paillettes aurifères, jusqu'à ce que celles-ci s'y trouvent réunies assez abondamment pour être agglomérées. Cette agglomération, qui est obtenue par la fusion des molécules dans un creuset, termine l'opération, dont le résultat est de présenter l'or sous forme de torsades ou d'anneaux à vives arêtes transversales, ainsi qu'il est vendu aux comptoirs européens.

Le commerce anglais et le commerce français présentent, en Sénégambie, de telles différences, qu'une comparaison nous semble véritablement impossible à établir entre l'un et l'autre. Dans la Gambie, les échanges se font à très-peu de frais et avec le secours d'un seul établissement protecteur, placé à Mac-Carthy's-Island (Yanyamboure) ; cette île, à 180 milles anglais de Bathurst (Sainte-Marie), est la résidence des commerçants qui ont des comptoirs sur le fleuve; c'est aussi une espèce de centre civilisateur et commercial. Il y a des missionnaires, des libérés, auxquels le gouvernement a fait des concessions de terres, une garnison de 80 hommes et une quinzaine de pièces de canon sur affûts mobiles, disposés dans diverses parties de l'île, mais simplement en batterie de campagne, sans aucune construction pour abriter les canonniers. Les comptoirs sont échelonnés au-dessus et au-dessous de Mac-Carthy's-Island, et chacun d'eux, dirigé par un noir, se compose d'un vieux bâtiment mouillé au large qui sert de magasin, et de quelques cases à terre servant de caravansérail pour recevoir les caravanes. Avec une si heureuse disposition, favorisée par la facilité des communications, sur un fleuve navigable en toute saison jusqu'au comptoir le plus élevé, on conçoit que le commerce anglais puisse se faire sans le secours de canons et de soldats; car, à la moindre alerte, le bâtiment comptoir reçoit les trafiquants et les protège contre toute attaque. Le commerce est libre dans la Gambie : il est exploité par des maisons anglaises, représentées aux comptoirs par des traitants noirs ; mais il n'y a pas chez eux cette affreuse plaie de concurrence individuelle qui les ruinerait tous. Chaque traitant choisit une place, et, dès qu'elle est choisie, personne ne vient, comme au Sénégal, la disputer au premier occupant. On traite en Gambie des peaux, des arachides, de la cire, de l'ivoire et de l'or : les deux premiers articles forment le principal commerce. Les Anglais ont établi, dans les villages voisins du fleuve, des entrepôts de marchandises dont la direction est confiée au chef ou à un habitant de confiance ; ils emploient, en outre, des courtiers indigènes qu'ils expédient au loin, quelquefois avec des objets d'échange. Ce sont là deux excellents moyens d'augmenter leur commerce : car, en exposant aux regards des habitants de l'Afrique des marchandises qui les tentent, ils leur créent de nouveaux besoins et développent en eux, pour arriver à les satisfaire, le goût du travail, si rare, chez les Mandingues surtout. On a remarqué que, dans plusieurs villages à entrepôt, les cultures étaient très-soignées, et l'intérieur des cases, la tenue des habitants, tout respirait un air d'aisance et de civilisation qui ne se remarque pas toujours dans les Etats Mandingues, pas plus que dans les autres parties de l'Afrique occidentale et orientale. Quant à l'intérieur, l'esclavage s'y rencontre sous la forme la plus affreuse que l'imagination puisse concevoir. Ce sont d'étranges figures, amaigries par la souffrance et la faim; ce sont des corps grêles et chancelants, couverts de plaies et de gale.

Thenegium, Thengen, ou Theningen, bourg du grand-duché de Bade, sur la rivière d'Elz, à 16 kil. nord-ouest de Fribourg, avec une population de 1500 habitants. C'était un comté princier et un fief du grand-duché de Bade qui appartient à la maison d'Auersberg. Cette maison fait remonter avec une certaine probabilité, son origine à une famille romaine qui est venue se fixer en Carniole : toutefois sa généalogie, en tant qu'elle est fondée sur des diplômes, ne commence qu'au x° siècle.

Les comtes d'Auersberg se divisent en un grand nombre de lignes et de branches. Une seule de ces branches, revêtue depuis 1653 de la dignité de princes, a été souveraine jusqu'en 1806 pour le comté princier de Thengen, et a siégé à la Diète au collège des princes. Cette maison possédait aussi en Silésie les duchés de Münsterberg et de Frankenstein, qu'elle vendit en 1791 au roi de Prusse. Le titre ducal fut alors attaché à son comté de Gottschée en Carniole. Le doyen de la famille exerce les charges héréditaires de grand chambellan et grand maréchal du duché de Carniole.

Cette maison catholique réside communément à Vienne. La plus grande partie de ses vastes possessions se trouvent dans la monarchie autrichienne.

Thunium, Thoune (Thun) en Suisse dans le canton de Berne, à 22 kil. de cette ville. — La route qui y conduit est non-seulement excellente, mais agréablement variée. Des sites agrestes, beaucoup de jolies campagnes et les beaux villages de Muri, de Munsingen, de Wichtrach, de Kiesen, etc., se présentent successivement à l'œil du voyageur, et des champs bien cultivés lui annoncent l'aisance des habitants de toute cette contrée. A mesure qu'on avance vers Thoune, la perspective des montagnes se rapproche, et lorsqu'on y est arrivé, les scènes imposantes de l'Oberland frappent l'œil du voyageur. — Cette jolie petite ville est située sur l'Aar, non loin de sa sortie du lac, et sa position pittoresque, à l'entrée de l'Oberland, rend ses environs aussi agréables qu'intéressants. Sur une plate-forme (vulgairement appelée le cimetière) qui entoure l'église et qui est presque aussi élevée que le château, on découvre, comme dans celui-ci, une vue magnifique qui embrasse la ville même, ses environs, le lac, l'énorme masse isolée du mont Niesen et la chaîne de montagnes du Stockhorn. Une promenade conduit, le long de l'Aar, à Scherzlingen et de là jusqu'à la Schadau. Une vieille fabrique qui se trouve dans le premier de ces endroits, lui donne un aspect très-pittoresque, et rappelle à la mémoire son antique fondateur, Rodolphe de Strattlingen, roi de la Bourgogne transjurane. La Schadau est particulièrement remarquable par sa position sur le lac; un petit bois, qui le côtoie, offre une promenade bien agréable et présente des points de vue délicieux. A peu près vis-à-vis de la Schadau on voit Hofstetten, campagne qui mérite d'être vue, non-seulement à cause de sa situation, mais particulièrement pour les alentours dont la nature et l'art l'ont embellie. Un petit château, bâti dans le style gothique, et surmonté d'une tourelle ornée de vitraux peints, se trouve à l'entrée d'une promenade romantique, appelée le Bachiholzlein (petit bois du Bachi). Tout ce que le goût simple, mais le mieux entendu, peut imaginer, se trouve réuni dans ce petit parc, où reposent les cendres du noble chevalier et troubadour Henri de Strattlingen. On trouve toujours des bateaux à Scherzligen qui conduisent le voyageur, dans peu de minutes, à Hofstetten, et on y va, depuis Thoune, en suivant la rive droite de l'Aar. — Thierachern est un village à 3 kil. de Thoune; on y arrive par la plaine de l'Alment, où se trouve le polygone de l'école d'artillerie et du génie de la Confédération suisse.

La traversée du lac, depuis Thoune au Neuhaus (maison neuve) est de 16 à 20 kil. On peut la faire dans les bateaux de la poste et du marché.

La diversité des points de vue que présentent les deux rivages et les glaciers éblouissants, dont on approche insensiblement sur la surface d'une onde claire qui réfléchit tant d'images variées, ajoutent aux charmes de ce voyage. — En arrivant près de la Wandflub, on doit quitter le bateau et monter sur le Béatenberg (montagne du Saint-Béat), tant pour y jouir d'une vue superbe, que pour visiter la Béatenhöhle (caverne de saint Béat) que ce disciple de l'apôtre saint Pierre habita, pendant qu'il répandit la doctrine chrétienne en Helvétie, et où il mourut dans l'année 112, suivant la légende.

Tigris, le Tigre, ou Tygil. Ce fleuve possède une haute et ancienne célébrité, à cause des grandes et magnifiques cités bâties sur ses rives, comme Ninive, Séloucie, Ctésiphon. Le Tigre a sa source dans les montagnes de l'Arménie, vers le lac de Wan, à 72 kil. nord de Diarbékir et 20 kil. est de la source de l'Euphrate. Ces deux fleuves coulent parallèlement, mais à une grande distance l'un de l'autre. A Bagdad, se rapprochant, l'espace qui les sépare a moins de 40 kil. Ils s'éloignent de nouveau, et forment le riche district de l'Irak-Arabi; le premier fleuve coule à l'est, baigne à droite Diarbékir, Hesn-Keïfa, tourne au sud-est, arrose à droite Djezireh et Mossoul, descend ensuite vers le sud jusqu'à Bagdad, passe par Tecrid et Samarah. Le Tigre se distingue par la rapidité de son cours, qui lui a fait donner le nom de Teer, qui signifie flèche. Au-dessus de Bagdad il n'est navigable que pour de petits navires. Ceux qui font le commerce entre cette ville et Mossoul consistent en esquifs soutenus par des peaux de brebis enflées; ils descendent la rivière, et à leur arrivée à Bagdad, on vend la laine, et les peaux retournent à Mossoul sur des chameaux. Entre Bagdad et Korna, le Tigre a 100 toises de large, et est navigable pour des bateaux de 20 à 30 tonneaux. Ses rives escarpées et couvertes de broussailles servent de repaires aux bêtes féroces. A Korna il joint l'Euphrate; et leur cours réuni sous le nom de *Shat-el-Arab* débouche dans le golfe Persique. Ce fleuve déborde deux fois dans l'année : la première et la plus remarquable, en avril, est occasionnée par la fonte des neiges des montagnes d'Arménie. Le deuxième débordement a lieu en novembre par les pluies périodiques. Son cours est d'environ 1480 kil.; il se grossit à gauche du Khabour, du Touz, Sinne ou Kichelak, et du Roumiskoun, près de son confluent.

Tipasa, Teffessed. C'était une ville épiscopale de la province de Mauritanie Césarienne, en Afrique, sous la métropole de *Julia Cæsarea* : ses ruines ont été récemment explorées et décrites par M. Derbrugger. Elle eut beaucoup à souffrir des rois vandales, qui ne pardonnaient pas à ses habitants leur attachement à la foi catholique. En 484, le roi Uméric, ayant voulu imposer un évêque arien, au premier bruit de l'arrivée du faux pasteur, ils rassemblèrent le plus grand nombre de barques possible, et passèrent en Espagne, préférant l'exil à l'apostasie. Tous cependant n'avaient pu quitter ces rivages. A cette nouvelle le tyran redouble de fureur et de rage, il envoie un messager revêtu de pouvoirs sans bornes, il donne des ordres extraordinaires, une armée entière investit Tipasa ; toutes les autorités de la province, la province elle-même, sont convoquées (*illuc provincia advocata*), tous les catholiques fidèles, dignes et généreux frères des exilés, sont traînés dans le forum, sommés une dernière fois de reconnaître l'évêque arien : tous refusent. Bientôt tous sans exception auront la main droite coupée et la langue arrachée. Mais, ô prodige! ils parlent encore, ils confessent encore, avec plus de ferveur que jamais, la foi catholique. Dispersés plus tard par tout l'Orient, ils y furent jusqu'à la mort l'objet de l'admiration, de la vénération des peuples et des princes. Sans parler d'une foule d'auteurs, soit profanes, soit sacrés, qui nous ont transmis la mémoire de ces admirables scènes, l'empereur Justinien en a consigné l'impérissable souvenir dans son recueil célèbre des *Lois Romaines*; et il existe un ouvrage fort remarquable, intitulé : *La Divinité du christianisme, prouvée, démontrée par le miracle de Tipasa*.

Les ruines de Tipasa se découvrent actuellement aux environs de Cherchell, dans le diocèse d'Alger.

Tisovica, Tischnowitz, petite ville de la Moravie (Allemagne). — A côté de cette ville il existe un couvent de religieuses, très-ancien et fort beau, sécularisé sous le règne de Joseph II, en 1782. L'église possède un excellent tableau de l'école flamande. — Sur la route de Tischnowitz à Blansko, on rencontre, dans un pays fort pittoresque, les ruines d'une église de Sainte-Catherine et du Château Nowyhrod, détruits tous deux lors de la guerre des Hussites. — Tischnowitz doit son origine à l'abbaye. Cette petite ville, située sur la rive gauche de la Schwarza, est à 16 kil. nord-nord-ouest de Brünn. La population est de 1600 habitants.

Tobolica provincia, province de Tobolsk. Elle forme un des gouvernements les plus considérables et les plus vastes de la Sibérie, dans la Russie asiatique. La Sibérie, conquise sous le règne du tzar Ivan IV, surnommé le Terrible, offrait, surtout dans le district de Tobolsk, de vastes contrées presque désertes et qu'il fallait peupler. Les travaux des mines étaient d'ailleurs d'une nature à ne pas tenter le courage d'explorateurs libres et bénévoles; la force seule pouvait y attacher le malheureux destiné à ne plus revoir le jour, sitôt qu'il est descendu dans cette espèce de tombeau, où il trouve une mort certaine et prématurée. En 1753, l'impératrice Élisabeth Petrowna (fille du tzar Pierre) abolit la peine de mort dans ses Etats. Sous cette grave mesure se cachaient des motifs politiques et des intérêts purement matériels. Il fallait peupler les solitudes glacées de la Sibérie. Aussi, depuis cette époque, la déportation est-elle devenue un moyen de gouvernement, et elle a surtout frappé la population catholique des anciennes provinces polonaises. Dans le commencement, le gouvernement de Tobolsk était surtout désigné pour recevoir les déportés. Aucun prêtre catholique n'a le droit d'y pénétrer pour offrir les secours de son ministère aux pauvres exilés, qui doivent s'adresser aux popes russes (prêtres grecs schismatiques), dont l'ignorance et la dégradation morale sont un phénomène dans l'ordre intellectuel et religieux. Il est expressément défendu aux déportés catholiques de faire de la propagande, et même de parler de religion aux tribus nomades, qui sont encore idolâtres.

Le gouvernement de Tobolsk est borné au nord par l'Océan Glacial Arctique, la mer de Kara et le golfe d'Ob; à l'est par la province de Tomsk, au sud par celle d'Omsk, à l'ouest par les monts Ourals, qui le séparent des gouvernements d'Arkhangel, de Vologda, de Perm et d'Orenbourg. Il a environ 2400 kil. de long sur 1600 kil. de large, et 510,104 kil. carrés. Le golfe d'Ob, dans ce gouvernement, dépend de l'Océan Glacial Arctique, et prend son nom du fleuve Ob ou Oby, qui y a son embouchure. L'Ob, les rivières d'Irtyche, de Vakh, de Sosva, qui se jettent dans l'Ob, et une infinité d'autres rivières moins considérables, l'arrosent de toutes parts. L'étendue de ce gouvernement étant immense, la fertilité de son territoire n'est pas le même partout; on voit les contrées qui avoisinent le cercle polaire couvertes de marais, et d'autres hérissées de forêts. La steppe de Baraba, au contraire, offre un pays fertile et riche en pâturages. En général, ce gouvernement, dans sa partie méridionale, aux environs d'Omsk, et sur les bords de l'Ichime, jusqu'à ceux du Vagaie, est beaucoup moins fécond, et renferme une steppe sablonneuse remplie de lacs salins, peu propre au labourage. Les rives du Vagaie, les terres qui avoisinent le cours méridional du Tobol, de l'Isset, de la Toura, et jusqu'à la Tavda, produisent au contraire une si immense quantité de blé, que non-seulement elle suffit à approvisionner les contrées septentrionales et incultes de ce gouvernement, mais encore à l'exportation dans les gouvernements de Perm et d'Orenbourg. Les immenses forêts qui couvrent une partie de la province abondent en bêtes fauves, dont les précieuses fourrures sont très-recherchées dans le commerce. Les pêcheries dans les lacs et les grandes rivières, ainsi que l'éducation des bestiaux dans la partie méridionale, y sont très-productives. Le nombre des habitants n'est pas proportionné à sa grande étendue, car on y compte à peine 886,000 âmes. Les peuples qui composent cette population, sans compter les Russes, sont les Zirianes, les Ostiaks, les Samoïèdes, les Vogouls, les Tchouvaches et les Toungouses, dont une partie professe l'islamisme et l'autre le schamanisme. Le clergé russe y est sous la direction d'un archevêque, qui réside à Tobolsk, et qui prend le titre d'archevêque de Tobolsk et de Sibérie. On divise ce gouvernement en sept districts, qui portent les noms de leurs gouvernements, savoir : Tobolsk, Bérézof, Tourinsk, Toumène, Yaloutorovsk, Kourgane, Ichime. La ligne militaire d'Ichime se trouve aussi dans ce gouvernement; elle commence à la ligne de l'Ouï, continue sans interruption sur une distance de 520 kil. jusqu'à Omsk, et sépare le gouvernement de Tobolsk de la province d'Omsk.

Cette province, quoique presque partout plate et même inclinée vers le pôle, a cependant de hautes montagnes granitiques; car les monts Ourals, limites, de ce côté, entre l'Europe et l'Asie, courent, sans interruption, depuis la steppe des Kirguiss jusqu'aux bords de l'Océan Glacial Arctique. Ce gouvernement, très-riche en minéraux, offre en général aux recherches du naturaliste, dans les trois règnes de la nature, une source inépuisable et peu connue. Les manufactures qu'il possède se réduisent à peu de chose; quelques distilleries, forges, verreries, fabriques de savon, de suif et de potasse, voilà tout ce qu'on y trouve en ce genre. Son commerce intérieur se vivifie presque entièrement par celui de la Chine.

Tobolum, le Tobol. C'est un affluent de l'Irtyche, rivière considérable de la Sibérie dans la Russie asiatique. Quelques géographes croient qu'il a donné son nom à la ville et à la province de Tobolsk qu'il arrose. Le Tobol prend sa source dans la steppe de Kirguiss, sous le 52° 30" de latitude nord, et le 61° 30" de longitude est. Il sépare, près du fort d'Orskaja, les terres des Kirguiss du gouvernement d'Orenbourg, traverse la province d'Omsk, entre ensuite dans le district de Tobolsk, y parcourt les cantons de Kourgane, d'Yaloutorovsk et de Toumène, et se jette, près de Tobolsk, dans l'Irtyche, après un cours de 520 kil. Il reçoit à gauche l'Ouï, après quoi il devient navigable. L'Isset, la Toura et la Tavda sont également ses affluents. Son eau est saumâtre et amère vers sa source, ce qui provient des marais imprégnés d'alun et de vitriol qu'il traverse ; mais il perd ensuite cette amertume. Comme ses rives sont très-basses, il déborde facilement et souvent.

Tobolsca, vel *Tobolia*, vel *Civitas Scythica*, Tobolsk. Cette ville est le chef-lieu d'un district dans le gouvernement du même nom. Ce district occupe le centre d'une plaine immense sous un climat très-rude, qui cependant subit des chaleurs considérables : en été le thermomètre de Réaumur s'élève à 25 ou 28° : les pluies sont très-fortes et les orages fréquents. Il y règne un froid si grand en hiver, que souvent le thermomètre descend jusqu'à 40° au-dessous de zéro. Le sol, en général, d'une terre noire et légère, n'exige jamais d'engrais, et produit toute espèce de blé.

Tobolsk, ancienne capitale de la Sibérie, est située sur la rive gauche de l'Irtyche, près de l'endroit où il reçoit le Tobol. L'archevêque, dont le diocèse est d'une étendue considérable, prend le titre de métropolitain de la Sibérie ; il appartient, comme tout le clergé russe, à l'Église grecque schismatique. Ce siège métropolitain a été créé par le tzar Jean Basilowitz (Ivan IV le Terrible), qui transporta les habitants de Moscow (Moscou), de Nowogorod et d'autres localités dans sa nouvelle conquête pour la peupler. Tobolsk, bâtie en bois (c'est un usage presque général en Sibérie), est une ville grande et riche par son commerce ; elle est comme le centre des habitations des Vogouls et des Ostiaks. Ses rues sont droites et planchéiées en poutres. Elle est divisée en ville haute et basse ; la première se trouve sur la partie très-élevée de la rive orientale de l'Irtyche, et renferme la forteresse ou krêml en ruines ; la basse, sur le bord du fleuve, est sujette aux débordements de l'Irtyche et du Tobol : on ne peut alors y entrer que par eau. Des caravanes apportent dans cette ville différentes marchandises de la Chine, des mousselines, de la soie, de la laque, de la rhubarbe et des dattes ; on en remporte des fourrures, des draps et de la mercerie. Elle a un palais archiépiscopal, une bourse, un séminaire, une école centrale, une maison pour les enfants trouvés, des maisons de charité, un théâtre, une imprimerie et un entrepôt des pelleteries de la couronne. La population est de 26,000 habitants, dont les Tartares forment près d'un cinquième. Dist. 2120 kil. est de Moscou. Lat. nord 58° 11' 42"; long. est 65° 46'.

Tocatum, Tokat. — La plus grande confusion et la plus grande obscurité règnent sur le passé de cette ville. Les uns veulent que ce soit l'ancienne Néocésarée, les autres l'ancienne Comana. Quelques-uns en font l'ancienne Berisa, ou Berissa. Enfin il en est qui croient que Tokat était Eudocias. L'abbé de Commanville est de cet avis. On voit dans la province de Lazique (exarchat de Pont), au IXᵉ siècle, deux évêchés sous la métropole de Trébizonde, nommés l'un Tokat-Zitzi, et l'autre Tokat-Ziertzi. Lequel était le Tokat d'aujourd'hui? Ces deux évêchés ont-ils bien réellement existé, et ne serait-ce point une erreur dans la notice épiscopale de la province? Quoi qu'il en soit, le Tokat actuel est une ville considérable du pachalik de Siwas (l'ancienne Sébaste), où l'on rencontre encore beaucoup de chrétiens, mais qui n'ont plus que des églises en ruine, parce que les anciennes s'écroulent de vétusté, et qu'on ne peut les rééditier sans une autorisation écrite du divan de Constantinople.

Tokat est à 60 kil. nord-nord-ouest de Siwas, dans l'Anatolie (ancienne Asie Mineure), sur un haut plateau formé par trois collines, et baigné par le Tozenlou, affluent du Kizil-Irmak, et entouré de murs, avec une vieille forteresse bâtie sur un rocher escarpé, et qui domine la ville. Il a des rues étroites, mais bien pavées; des maisons, la plupart à deux étages; beaucoup de mosquées, douze pauvres églises grecques et arméniennes. On y fabrique beaucoup de toiles peintes, tapis, étoffes de soie légères, boutons, toiles de coton, maroquin bleu et jaune, et quantité d'ouvrages en cuivre, qui occupent plus de 300 forgerons. On y fait un commerce très-important, Tokat étant le point central de beaucoup de caravanes, et un entrepôt de marchandises d'Ismir. On exporte principalement des ustensiles de cuivre pour l'Égypte et Constantinople : du plomb, du maroquin, de la soie, du safran, des toiles peintes et des toiles de coton. Latitude nord 40° 7'; longitude est 34° 10'.

De Tokat, on fait aisément dans une journée le pèlerinage au tombeau de saint Jean Chrysostome. Comana est le nom que portait la ville où cet illustre pontife, succombant aux fatigues du voyage et aux mauvais traitements de ses guides, termina sa glorieuse carrière. Quelques pierres sépulcrales enfoncées en terre, des pans de murs écroulés, les piliers d'un pont restés debout au milieu de la rivière, voilà tout ce qui indique aux curieux la place où s'élevait jadis la ville de Comana. Le saint reçut en ce lieu les honneurs d'une première sépulture; le fils et successeur de l'empereur qui avait exilé Chrysostome, fit ramener son corps à Constantinople, d'où il a été, quelques siècles après, transporté à Rome; mais on conserva longtemps à Comana la terre qui avait recouvert les précieuses reliques et le tombeau dans lequel l'empereur les avait fait déposer avant que d'opérer leur translation dans la capitale. La ville de Tokat s'étant élevée à 8 kil. seulement de distance, Comana perdit peu à peu sa population; les maisons abandonnées tombèrent en ruines; au milieu de ces décombres, la petite chapelle qui avait servi de tombeau au saint, restait seule debout; elle s'écroula enfin de vétusté. Alors les Arméniens hérétiques se sont emparés du sépulcre, et l'ont transporté, sans qu'il y eût la moindre réclamation de la part des Grecs, dans un vieux monastère qu'ils ont dans les montagnes à deux lieues plus loin. C'est là que se fait actuellement le concours des pèlerins de tous rites. Le village se compose de quatre familles arméniennes hérétiques et de huit à dix familles turques. On ne peut rien voir de plus pauvre que le monastère; un seul prêtre l'habite et dit quelquefois la messe pour les pèlerins. Le sépulcre de saint Jean Chrysostome est de marbre blanc; sa partie inférieure a la forme d'une bière, son couronnement ressemble à un couvercle convexe; on n'y remarque ni inscription ni sculpture; des espèces de tréteaux l'élèvent un peu au-dessus de terre.

Tokat est célèbre par ses usines où de nombreux ouvriers travaillent le cuivre que fournissent les mines de Mahden. Cette ville, qui compte une population de plus de 100,000 habitants, a beaucoup souffert, en 1825, d'un tremblement de terre, pareil à celui qui renversa Alep en 1822. Les secousses cependant se firent sentir plus violemment dans les environs que dans la ville même. Les Turcs, les Arméniens et les Grecs qui l'habitent, vivent en assez bonne harmonie. Les Arméniens sont presque tous hérétiques. Ils ont un archevêque qui réside au monastère de Thiwatavank ou de Sainte-Anne, à 11 kil. de Tokat. Les Grecs y ont aussi un archevêque. Les Arméniens catholiques, au nombre de 1200 environ, sont généralement pauvres, mais dignes du plus vif intérêt par leur foi et leur piété. Ils dépendent du vicaire apostolique qui réside à Constantinople, et qui a, sous sa juridiction, une partie de l'Anatolie, ou Asie Mineure.

Toletana Provincia, province de Tolède, dans la Nouvelle-Castille, Espagne. Elle se compose des trois districts de Tolède, d'Ocana et de Talavera. Elle a pour bornes, au nord la province de Madrid, à l'est celle de la Cuença, au sud la Manche, à l'ouest l'Estramadure, et au nord-ouest la province d'Avila. Elle a 264 kil. de long sur 192 de large, et 1152 lieues carrées. Elle occupe le centre de la Péninsule, et se compose de toutes les natures de terrains, plats, montueux, gras et légers. On voit les plaines, dont le sol est sablonneux et calcaire, généralement dépourvues d'arbres, ce qui est commun à presque toute la partie centrale de l'Espagne; mais elle abonde assez en toutes sortes de productions, surtout en grains. La partie montueuse, composée d'une chaîne de montagnes qu'on appelle *monts de Tolède*, occupe un espace d'environ 200 kil., qui, s'il était garni de tous les arbres et arbustes qui pourraient y réussir, fournirait aisément de bois et de charbon une portion considérable de la Castille. On y trouve une infinité de plantes médicinales, et des pâturages excellents, où l'on élève des troupeaux de toute espèce. Les moutons donnent une laine très-estimée;

et ce qui ne s'exporte pas sert à alimenter les fabriques de la province. Ces mêmes montagnes sont peuplées de sangliers, cerfs, loups, chats de montagnes, daims, renards, lièvres et lapins. Le Tage, avec ses affluents, la Tajuna, le rio Ansarès, le Guadarrama et l'Alberche, arrosent la contrée, dont la richesse consiste surtout en grains de toute espèce, légumes, fruits, sumac, soude, safran, bois de construction, vins, huiles, cire, miel, laine, etc. Des fabriques de toiles, draps, couvertures, serges, bas, chapeaux, velours, taffetas, cuirs, quincaillerie, vitrerie, galons d'or et d'argent, savon, eau-de-vie, etc., composent l'industrie de ses habitants.

Toletum, Tolède. C'était, dès le IIIe siècle, une ville épiscopale de la province Carthaginoise et de l'exarchat des Espagnes, sous la métropole de Carthagène. Après la ruine de cette dernière ville opérée par les Vandales, l'évêque de Tolède prit le titre de métropolitain de la province Carpetana, et ensuite de la province Carthaginoise. Tolède demeura la capitale du royaume des Goths jusqu'en 567, ce qui lui fit accorder la primatie sur tous les évêques de la péninsule. Mais en 714 elle tomba au pouvoir des Arabes, et perdit tous ses droits. Reprise en 1085 par Alphonse VI, le pape lui rendit ses droits en 1088. La primatie cependant lui a toujours été contestée, surtout par les archevêques de Tarragone. Il s'y est tenu vingt-sept conciles, savoir : en 400, 403, 531, 589, 597, 610, 633, 636, 638, 646, 653, 655, 656, 675, 681, 683, 684, 688, 693, 694, 704, 1086, 1339, 1347, 1355, 1473. L'archevêque de Tolède avait un revenu de 750,000 fr., d'après l'abbé de Commanville. Nous croyons que c'est l'évaluation la plus exacte ; car on a publié, à ce sujet, des exagérations incroyables. Aujourd'hui il reçoit de l'État un traitement modeste. Du reste, les biens de l'archevêché n'ont pas tous été aliénés.

Tolède, autrefois la capitale du royaume des Visigoths, et ensuite d'une monarchie particulière sous les Sarrasins ou Arabes, était une ancienne colonie des Romains. La tradition légendaire porte qu'elle fut d'abord bâtie par des Juifs sortis de la captivité de Babylone ; que César en fit une place d'armes, et qu'Auguste y établit une chambre impériale. Les Goths l'agrandirent, et, embellie par les Sarrasins, fortifiée par les Castillans, ornée d'un magnifique château, elle fut longtemps la résidence de ses rois, et est encore aujourd'hui une des principales villes de la nouvelle Castille. Le Tage, qui coule entre des rochers escarpés, l'environne de deux côtés ; le reste est entouré de vieux murs, flanqués d'un nombre prodigieux de tours, qu'on dit être l'ouvrage des Visigoths et des Arabes. Sa situation sur un rocher fort escarpé la rend inégale, et oblige presque toujours de monter ou de descendre. Les rues sont étroites, mais les maisons sont assez belles. Le château royal a été ruiné dans les dernières guerres ; mais il en reste des débris assez considérables, pour faire juger de son ancienne magnificence. Il occupe une des extrémités de la ville, et est bâti sur un rocher, d'où l'on découvre toute la campagne. Il consistait en quatre gros corps de logis avec des pavillons. On montait aux appartements par un grand escalier, que l'on voit encore au fond de la cour, et qui en tient toute la largeur.

Tolède, divisée en vingt-trois quartiers, n'est pas peuplée à proportion de sa grandeur. On n'y compte guère que 15,000 habitants, partagés en vingt-sept paroisses, dont deux suivent le rite mozarabe. Après la conversion des Goths ariens à la foi catholique, saint Isidore, archevêque de Séville, régla parmi eux le culte divin, et composa, par ordre du concile de Tolède, un office et un missel qui furent reçus dans toutes les Églises d'Espagne. Cette discipline dura jusqu'à l'invasion des Arabes, où tous les chrétiens furent dispersés. Ceux de Tolède eurent la liberté de rester dans la ville, et furent appelés Mozarabes, du nom de Moza, chef des Sarrasins, qui leur permit de suivre leur religion. Ils conservèrent l'office de saint Isidore, et ce ne fut qu'après l'expulsion de ces infidèles qu'on parla de leur faire prendre le rite romain. Le clergé, la noblesse et le peuple s'y opposèrent, par respect pour l'ancien usage, et il y eut de grandes contestations pour savoir laquelle des deux liturgies, la romaine ou la mozarabe, serait conservée. Après des jeûnes, des processions, des prières, on fit allumer un grand feu, et l'on convint qu'en y jetant un exemplaire de chaque liturgie, celui qui résisterait aux flammes serait admis dans toutes les églises. L'office mozarabique fut triomphant ; car si l'on en croit la légende, il ne fut pas même endommagé, tandis qu'on vit l'autre réduit en cendres. Cependant l'usage du rituel mozarabe ne fut permis que dans quelques Églises. Ce culte perdit insensiblement de sa faveur ; le souvenir même en serait totalement effacé, si le cardinal Ximenès, archevêque de Tolède, ne l'eût rétabli au commencement du XVIe siècle. Il fonda une collégiale composée de douze chanoines et d'un doyen, qui suivent le rite mozarabique, et dépensa 50,000 écus à faire imprimer des missels et des bréviaires pour cet usage.

On ignore l'origine du nom de Tolède, qui renferme plusieurs inscriptions et autres antiquités romaines, gothiques et arabes. Son climat est désagréable, son territoire montueux et nu en grande partie ; on y ressent une chaleur excessive en été. On n'y voit ni place ni fontaine digne d'une cité de cette importance, les habitants étant dans l'usage de se servir d'eau de citerne. Elle a trois portes principales sur les bords du Tage, et tout près de la ville deux ponts de pierre, dont un d'une seule arche, et fameux par la hardiesse de sa construction. Ses édifices les plus remarquables sont l'Alcazar, ouvrage des célèbres architectes espagnols Covarrubias, Vergara, Vega et Villalpando, mais qui a beaucoup souffert dans la guerre de l'indépendance ; l'église métropolitaine, une des plus magnifiques et des plus riches de l'univers, fondée par le roi Flave Recaredo en 587, rebâtie en 1227 par saint Ferdinand. L'architecture et les ornements sont dans le style gothique. Cet édifice a 404 pieds de long et 204 de large, et se divise en cinq nefs soutenues par 84 colonnes. Plusieurs chapelles de cette église méritent l'attention des curieux, entre autres celles de Santiago, de Musarabe, de Saint-Pierre, ornées de vitraux peints avec une rare perfection, et de tableaux des plus grands maîtres des écoles espagnoles, italiennes et flamandes, etc. La tour carrée de la cathédrale renferme une bibliothèque riche en manuscrits précieux : on montre dans la sacristie une Bible du XIIe siècle, ornée de vignettes parfaitement conservées, et dont saint Louis, roi de France, fit, dit-on, présent à cette église. La plupart des autels et des gradins par où l'on y montait étaient de vermeil ; la quantité de perles, de diamants, de pierres précieuses renfermée dans les sacristies formait un prix inestimable. Il y avait quatre grandes figures, représentant les quatre parties du monde, montées sur deux globes de 2 pieds de diamètre, et ornées de toutes les différentes sortes de pierreries qui se trouvent dans les pays qu'elles représentent. Les globes reposaient sur des piédestaux, et tout y était d'argent massif, les piédestaux, les globes et les figures. Ce magnifique présent venait de la reine Marie-Anne de Neubourg, seconde femme de Charles II. Il y avait un nombre infini de châsses, de reliquaires, de vases, de lampes, d'encensoirs, de chandeliers, de croix, de statues, et de crosses et de couronnes d'or, d'argent, de vermeil, qui remplissaient les armoires. Tous ces trésors ont disparu dans la guerre civile, occasionnée par le testament de Ferdinand VII. Le cardinal Ximenès est un de ceux qui ont le plus contribué à l'embellissement de cette église. Il orna la salle du chapitre des portraits de tous les archevêques de Tolède, fit faire des tapisseries d'or et de soie, et une argenterie moins estimable encore par la matière que par la beauté et la perfection de l'ouvrage. Il y avait aussi quelques tableaux remarquables, dont un entre autres était du Titien. Le chapitre comptait quatorze dignitaires, quarante chanoines, cinquante prébendés, autant de chapelains, et tout le clergé, y compris les officiers, les enfants de chœur et les desservants, était d'environ six cents ecclésiastiques, dont les revenus passaient 1,500,000 fr. Autrefois ce chapitre était régulier, suivait l'ordre de saint Augustin, et vivait en communauté avec l'archevêque ; mais le relâchement s'y étant introduit, on convint qu'il valait mieux le séculariser que de le laisser vivre plus longtemps d'une manière opposée à l'esprit de son institut. — Il y avait à Tolède trente-huit communautés religieuses, dont dix-sept d'hommes et vingt-une de filles. Le couvent de Saint-François, fondé par Ferdinand le Catholique et Isabelle, y tenait le premier rang ; et l'on raconte comme une chose remarquable, que le moine Ximenès, qui, sous leur règne, parvint à la dignité d'archevêque, de cardinal et de premier ministre, fut le premier novice de cette maison. Aux murs de la ville, près de ce couvent, on voyait, il n'y a pas longtemps encore, d'énormes chaînes auxquelles les Arabes attachaient les esclaves chrétiens, avant l'expulsion de ces infidèles.

Ce qui donne encore de la célébrité à cette ancienne capitale, est la quantité de guerres qu'elle a essuyées et les conciles nombreux qu'on y a tenus. Le premier fut assemblé, l'an 400, contre les priscillianistes, dont l'hérésie avait commencé en Espagne. Leur doctrine était en partie celle des manichéens, et en partie celle des gnostiques. Comme les premiers, ils admettaient un mauvais principe, moteur de la matière et de son imperfection. Comme les seconds, ils autorisaient la dissolution et la débauche. Ils tenaient, la nuit, des assemblées où les hommes, les femmes, les filles, les garçons assistaient nus, et se mêlaient sans aucune distinction d'âge, de parenté ou de sexe. Priscillien, chef de cette secte, Espagnol noble et riche, fut mis à mort par ordre de l'empereur Maxime, qu'il avait traité d'usurpateur. — Dans un autre concile tenu à Tolède en 638, il fut statué qu'aucun roi d'Espagne ne monterait sur le trône, à moins qu'il ne promît de conserver la foi catholique (1).

On distingue aussi parmi les monuments de Tolède l'église de San-Juan de las Reyes, l'hôpital de Santa-Cruz ou des enfants trouvés, l'hôpital des fous et l'hôtel de ville. Une des curiosités les plus singulières de Tolède est la *Caverne d'Hercule*, ouvrage de la nature, antérieur à la fondation de la ville, et creusée dans les rochers mêmes sur lesquels elle a été construite : on n'en trouve pas la fin, l'entrée en est large et se rétrécit par degrés, et l'intérieur est entrecoupé de plusieurs rues et sentiers. — On comptait autrefois un grand nombre d'établissements industriels et florissants à Tolède ; il n'en reste aujourd'hui qu'une fabrique d'ornements d'église, une de tissus de laine, dans l'hôpital ; quelques fabriques particulières de lainages et de soieries, de cuirs, de cordes de guitare, de verre blanc commun, des teintureries et l'importante manufacture royale d'armes blanches ; on admire l'édifice où est ce dernier établissement, et on vante les armes qui en sortent, pour la finesse de leur trempe, qu'on attribue aux eaux mêlées de la Xarama et du Tage, dans le voisinage de leur confluent. — Le territoire de Tolède fournit grains, vin, huile, fruits et beaucoup de bestiaux. On trouve dans les environs un granit mêlé de feldspath entièrement converti en terre à porcelaine, un granit commun ; des mines d'argent et d'hyacinthe, et dans l'intérieur même de la ville une

---

(1) Cette clause s'explique par les persécutions que les catholiques avaient éprouvées sous les Goths ariens ; et elle donne en même temps la raison de l'établissement de l'inquisition. (*Note de l'auteur.*)

mine de soufre. — Tolède est aujourd'hui en complète décadence; on voit qu'elle se sent chaque jour mourir.

Le siége épiscopal de Tolède date du IIIe siècle. Au Ve il fut érigé en archevêché et en primatie, droit qu'il perdit quelque temps après, mais que le saint-siége lui rendit au XIe siècle, et qu'il a définitive conservé jusqu'à ce jour. Tolède avait pour suffragants Cordoue, Martos ou Marlos (*Tuccum*), Jaen, Montécar ou Montéjar (*Mentera*), Carthagène, Alcala-de-Hénarès, Baesa (*Becetia*), Casflona (*Castulo*), Lorch ou Lorequi (*Eliocrota*), Oreto (*Oretum*), Cuença, Valera (*Valeria*), Arcos (*Arcobriga*), Siguenza, Ségovie, Osma, Valladolid et Ergavica. Ces suffragants sont restés les mêmes, à l'exception de *Tuccum*, qui n'est plus qu'un village appelé Martos, ou Marlos, et dont le siége a disparu dès le VIe siècle; de Montéjar, qui a été transféré à Jaen au XIIIe siècle; de Casflona, qui n'est plus qu'un village et qui a perdu son titre au VIe siècle; d'Oreto, dont il ne reste plus qu'une chapelle; de Valera et d'Arcobriga dont les siéges ont été transférés et réunis à Cuença dans le XIIe siècle; d'Ergavica, dont on ne connait pas même l'emplacement.

Tovalci, les Tchouvaches. Ils sont de race finnoise ou tchoude, et habitent la Russie d'Europe. — Les Russes eux-mêmes se donnent le nom qu'ils portent; mais les Morduans les nomment *Vidki*, et les Tchérémisses *Courk-mar*, c'est-à-dire *gens de montagnes*. Les Tchouvaches payent la capitation pour plus de 30,000 âmes et se tiennent sur les deux bords du Volga, dans les gouvernements de Cazan, de Nijnei-Nowgorod et d'Orenbourg; ils sont extérieurement chrétiens, n'ont pas de lettres, et ne savent par conséquent ni lire ni écrire. Ils vivent maintenant dans des demeures fixes, et s'attachent beaucoup à l'agriculture, quoique toujours chasseurs déterminés. Ils ne s'arrêtent pas dans les villes. Les habitants païens sacrifient, comme les Tchérémisses, dans des kéremets, et le plus souvent un cheval. Ils donnent, comme ces derniers, des noms aux mois de l'année, selon les occupations qu'ils amènent, et commencent leur semaine par le vendredi, qu'ils appellent *ama* : c'est en même temps chez eux le jour du repos. Du reste ils ressemblent presque en tout aux Tchérémisses, ayant les mêmes coutumes, mœurs et usages, et sont seulement plus malpropres. Les païens parmi eux mangent toutes sortes d'animaux et de bêtes mortes; ils abhorrent cependant le porc. Popul. 370,000 habitants.

Traducta Julia, Tarifa. — Cette ville, du diocèse de Cadix, est une place forte qui a joué un rôle dans les diverses invasions que l'Espagne a subies; son nom est d'origine arabe. Elle est située sur le point méridional de l'Europe, à 24 kil. sud-est et sur le détroit de Gibraltar, avec une île fortifiée au sud-sud-ouest. Il y a dans l'intérieur de la place un château, ouvrage des Arabes, et la ville est entourée de murs. Les troupeaux font la principale richesse de son territoire, qui ne produit que des grains d'une qualité médiocre, à cause des vents d'est qui règnent pendant le mois de mai, et les font mûrir avant qu'ils aient eu le temps de prendre la nourriture nécessaire; ses oranges passent pour les meilleures de l'Andalousie. Son industrie se borne à quelques fabriques de cuirs, de briques et de poterie. Tarifa est célèbre par plusieurs siéges mémorables, entre autres celui qu'y soutint contre les Maures, au XIIIe siècle, don Alonzo, père de Guzman le Bon, qui, menacé par les ennemis de voir égorger son fils, âgé de neuf ans, s'il ne leur livrait pas sa ville, leur jeta lui-même le couteau qui servit à donner la mort à cet enfant. Elle fut assiégée en 1811 par les Français, qui se retirèrent sans la prendre. L'île de Tarifa est presque au centre et dans la partie la plus resserrée du détroit, à près de 600 toises de la ville. Elle a 360 toises de l'est à l'ouest, et 340 du nord au sud, et offre une côte escarpée dans toute sa circonférence. En 1808 on l'a réunie au continent par une chaussée solide, et, défendue par plusieurs ouvrages. Dans l'île sont trois forts, plusieurs batteries et un quartier à l'épreuve de la bombe. Sur la pointe la plus méridionale on a construit une tour avec un magnifique fanal, de 135 pieds d'élévation, qui se voit à une distance de 48 kil. Il suffit de jeter les yeux sur la carte du détroit, pour apprécier la position avantageuse de cette île, et l'utilité dont elle peut être à l'Espagne en temps de guerre et en temps de paix. Distance, 80 kil. sud-est de Cadix. Popul. 14,000 habitants.

Tramalda, Trautmannsdorf, bourg de la basse Autriche, situé près de la Leitha, qui doit son origine au château fort des comtes de Trautmannsdorf. La population est de 700 habitants. — Il n'y a pas de nom plus illustre dans l'histoire militaire et politique de la maison d'Autriche que celui de Trautmannsdorf. Ainsi que les Fabius des Romains, on compte les Trautmannsdorf qui ont péri dans les batailles livrées par les empereurs de cette maison. Quatorze chevaliers de ce nom payèrent de leur sang la victoire que Rodolphe de Habsbourg gagna en 1278 sur Ottocar, roi de Bohême, et qui fonda la grandeur de sa maison. De vingt-trois Trautmannsdorf qui défendirent les droits de Frédéric d'Autriche contre Louis de Bavière, vingt périrent à la bataille de Muhlberg en 1322; mais c'est surtout le premier comte de Trautmannsdorf qui rendit son nom célèbre en terminant heureusement les négociations de Münster et d'Osnabrück.

La famille de Trautmannsdorf est de la plus haute antiquité; son nom vient de deux châteaux situés, l'un en Styrie, l'autre en basse Autriche. Lorsqu'en 1623 l'empereur Ferdinand créa le baron de Trautmannsdorf comte d'Empire, il lui reconnut dans le diplôme une ancienneté de sept siècles. La famille se divise en plusieurs lignes, dont l'aînée, qui possède les terres de Weinsberg et de Neustadt sur le Kocher en Souabe, obtint en 1778 séance au collége des comtes de la Souabe, et fut élevée en 1804 à la dignité de prince, laquelle fut attachée à sa seigneurie d'Umpfenbach en Franconie, qui a été médiatisée en 1806. — La famille est catholique.

Tranquillus Fluvius, Thista, rivière de l'Hindoustan. Elle est fameuse à plus d'un titre dans la légende hindoue. On n'en connaît pas la source d'une manière certaine. Suivant l'opinion de quelques voyageurs, elle sort du Thibet, coule au sud, et s'ouvre un passage à travers la grande chaîne de l'Himalaya. A sa sortie des montagnes, à environ 68 kil. au nord de Jelpigori, la Thista forme une chute, et entre dans le désert de Rungpour, près de son extrémité septentrionale, où il est borné par la principauté de Sikkim; son lit a 400 toises de large; ses eaux, abondantes dans toutes les saisons, coulent avec impétuosité parmi des rochers rapides. Dans les temps de sécheresse de petits bateaux peuvent monter jusqu'à Paharpour, près des frontières du Sikkim, mais pendant les pluies on peut faire le même voyage avec des bateaux de 40 ou 50 tonneaux. En traversant les possessions anglaises, cette rivière se grossit de plusieurs cours d'eau, change souvent de nom et de lit, jusqu'à ce qu'enfin elle tombe dans le Pudda, ou grande branche orientale du Gange, près de Nabobgunge, après un cours d'environ 540 kil., y compris ses sinuosités. La déesse de cette rivière passe pour une vieille femme, qui, en raison de cette croyance, est au nombre des objets du culte ou des divinités de village parmi les païens des environs. La Thista commence à s'enfler au printemps, et s'élève ordinairement de 2 ou 3 pieds entre le 12 avril et le 12 juin, probablement par suite des fontes de neiges; mais ce n'est que dans la saison des pluies qu'elle prend un accroissement un peu considérable. Au-dessus et au-dessous de Chilmary elle communique par plusieurs branches avec le Brahmapoutre.

Trapesus, Trébizonde. C'était dès le IV° siècle un évêché de la province de Lazique, dans l'exarchat de Pont, sous la métropole de Phasis. Cette dernière ville ayant été ruinée par les inondations du Phase, on transféra, dans le XI° siècle, le titre de métropole à Trébizonde, que l'on a conservé jusqu'à ce jour, puisque l'archevêque grec schismatique qui y réside prend le titre de métropolitain. Située sur une hauteur qui s'élève en pente douce des bords de la mer, la ville est couverte par deux gorges ou défilés réunis à l'est et à l'ouest par un fossé, par des ouvrages extérieurs qui vont jusqu'au rivage. Elle a une citadelle qui domine la place, avec des fossés taillés dans le roc, des murailles très-hautes et six doubles portes. Les rues, étroites, quoique pavées, sont sales; les maisons, bâties en pierres et en petites briques, offrent un triste aspect et sont très-incommodes; son vieux château tombe en ruines. Elle possède dix grandes mosquées, un grand bazar carré, cinq bains; son industrie consiste en filatures et teintureries considérables, tanneries, savonneries, tissus de soie, coton, etc. Cette ville expédie la plus grande partie des produits du pays, tels que bois de construction, laine, fruits, poisson et cuivre; elle prend en retour sucre, café, grains, sel, fer. Elle entretient quelques bâtiments pour le cabotage, fait une forte pêche, sale du poisson et du caviar; elle a une rade grande, mais peu sûre, avec deux petits ports ouverts au vent du nord. Elle est éloignée de 240 kil. nord-ouest d'Erzeroum, et de 960 kil. est de Constantinople. Latit. nord 41° 1'; longit. est 37° 24' 57".

Trébizonde, dans les temps les plus reculés, porta le nom de *Trapezus* (table ou carré), probablement à cause de la forme de son enceinte, qui enveloppe encore aujourd'hui la forteresse sur la pente d'une montagne. Colonie grecque de Sinope, et tenue dans la dépendance de la métropole, elle offrit un accueil hospitalier aux Grecs de Xénophon poursuivis par le roi de Perse. L'on ignore ce que fit Mithridate pour Trapezus; mais les embellissements ordonnés par Trajan, Adrien et Justinien, sont encore attestés par des inscriptions et des médailles, par les restes du port et de l'aqueduc. (*Voy.* Tournefort, t. III, p. 79.) Elevée depuis Trajan au rang de capitale du Pont de Cappadoce, Trébizonde fut le but des premières pirateries des Goths dans la mer Noire, qui la dévastèrent et la ruinèrent. (*Voy.* Zozime, l. I, p. 32 et 33, et Gibbon, l. I, p. 219.) Après la conquête de Constantinople par les croisés latins, les Comnènes, en 1260, établirent leur trône à Trébizonde; mais, environnés de voisins puissants, ils se maintinrent par des alliances de famille, et marièrent leurs filles aux princes des dynasties du Mouton-Blanc et du Mouton-Noir, aux petits-fils de Timur-Kan et à d'autres barbares voisins, tels que les Lases et les Abases ou Cabæzitæi de Chalcondylos.

Trébizonde payait un tribut annuel de 2000 ducats au sultan Mohammède II. — Elle avait été, dans les premiers siècles, illustrée par le martyre des 40 soldats chrétiens que l'empereur Licinius fit mourir dans un étang glacé. — C'est la patrie du célèbre cardinal Bessarion. — Mohammède II, qui la prit en 1461, s'empara de 300 jeunes gens des plus beaux et des premières familles pour en faire des esclaves. Ainsi disparut de l'histoire l'empire grec et la race souveraine de Byzance, écrasée par la honte et noyée dans le sang. Un seul membre de la famille impériale, l'impératrice Hélène des Cantacuzènes, souffrit avec force et courage, et mourut avec gloire.

Trébizonde devient maintenant le lieu de passage des nombreux voyageurs qui vont en Perse et en Géorgie; et l'entrepôt pour les marchandises que les négociants européens expédient en ce pays. Sa situation aux bords de la mer, aux pieds d'une montagne du sommet de laquelle on voit encore en juin la neige du Caucase est fort pittoresque. La population s'évalue à 40,000 âmes environ. La grande majorité est composée de Turcs; il y a aussi des Juifs, des Grecs, des Arméniens. Les Grecs ont une douzaine d'églises, ce qui est beaucoup pour leur nombre; ils ont même un monastère de femmes, situé au milieu des ruines d'un vieux château royal, auprès d'un rocher dans lequel est creusée la chapelle. Au reste, on hésite à donner le nom de monastère à un amas de maisonnettes éparses, de hauteur et de formes diverses, où habitent séparément plusieurs de celles qui viennent y faire profession de la vie religieuse. La communauté se compose d'une trentaine de personnes, sous la direction d'un aumônier. Les Grecs sont là, comme ailleurs, encore fort prévenus contre les Latins. Aux environs de la ville et dans la ville même, se trouve un nombre considérable de familles d'origine grecque, qui font profession extérieure de mahométisme, et qui vivent en chrétiens dans l'intérieur de leurs maisons. On a peine à concevoir comment il se trouve des hommes qui cherchent à unir ensemble la religion de Jésus-Christ si pure et si sainte, et celle de Mahomet, si corrompue et si dégradante. Ce n'est pas le seul pays où l'on rencontre des chrétiens professant l'islamisme par crainte ou par cupidité, et le christianisme par conviction. Dans les provinces d'Europe de l'empire Ottoman, plusieurs familles catholiques se trouvent dans cette catégorie. Déjà souvent l'archevêque catholique de Scopia, en Servie, écrit afin d'obtenir la permission de professer librement et publiquement le christianisme pour ces pauvres gens, dont les ancêtres, dans l'espérance d'échapper aux cruelles vexations des Turcs leurs dominateurs, ont professé le culte de Mahomet, tout en conservant la connaissance du christianisme. — On voit à Trébizonde quelques familles arméniennes catholiques. Elles sont pauvres : un prêtre leur est envoyé d'Erzeroum pour les assister; comme il ne sait d'ordinaire que l'arménien et un peu de turc, il ne peut rendre service aux catholiques latins ou autres qui s'y trouvent. Les envoyés de la Société biblique sont établis dans la ville depuis dix ans; deux prédicants avec femme et enfants y sont fixés, et s'occupent à faire l'école, distribuant des livres, des remèdes et des instructions soi-disant religieuses.

Le pays est agréable et serait fertile s'il était cultivé : on y trouve une espèce de miel qui a la propriété singulière d'enivrer ceux qui en mangent ; on en recueille une grande quantité, d'où l'on retire la cire qui est bonne. Les vignes sont attachées aux arbres et en couvrent les branches ; et, chose singulière pour un climat assez froid, on laisse le raisin sur la vigne jusqu'au mois de janvier : à cette époque seulement, les vendangeurs grimpent sur les arbres pour couper le raisin. On regarde à Constantinople la ville et le pays de Trébizonde comme le foyer de la peste la plus maligne qui puisse se développer dans ces contrées ; à Trébizonde, au contraire, on est dans la persuasion que la peste ne s'y manifeste jamais, si elle n'est apportée de Constantinople. Pour nous, nous sommes persuadés que la malpropreté commune à ces deux villes, l'usage des égouts ouverts au milieu de plusieurs rues, l'abandon des animaux crevés jusqu'à ce que les chiens ou la corruption les fassent disparaître, y suscitent tour à tour ce redoutable fléau.

Il y a en France une imposition qui rend au gouvernement des sommes considérables, et qui produirait peu de chose dans les villes turques de l'Anatolie : c'est l'imposition des portes et fenêtres. A Trébizonde, on ne voit point de fenêtres sur les rues; l'ombrageuse jalousie des Turcs interdit à leurs femmes la vue du dehors. En marchant dans les rues, on croit longer les clôtures de vastes parcs, ou des murs de prisons. Les femmes ne sortent qu'avec un long voile qui pend jusqu'aux talons, et dont elles se couvrent la figure avec grand soin, même devant les personnes de leur connaissance : au reste, sous cette longue pièce de toile rayée les ornements ne sont pas négligés. Il en est un surtout trop apparent pour ne pas frapper les regards : c'est une chaîne d'or à trois ou quatre brins qui est attachée aux deux oreilles, et qui pend sous le menton, ornée de pierres précieuses si elle est portée par une personne riche. — C'est à Trébizonde ou dans les ports voisins que les marchands d'esclaves amènent ceux qu'ils ont ou volés ou achetés en Circassie, pour les consigner à ceux qui les viennent vendre à Constantinople, où jusqu'à présent les Turcs seuls ont droit de les acheter. On voit souvent des jeunes filles et des jeunes garçons, et des enfants encore au berceau : ces pauvres créatures sont d'autant plus dignes de pitié, qu'on leur fait embrasser la religion mahométane ; et pourtant plusieurs dans leur pays ont reçu le baptême.

Cette contrée est riche de souvenirs. A Trébizonde, tout près de la ville, on montre le lieu où les dix mille Grecs, dans la célèbre retraite conduite et racontée par Xénophon, rejoignirent la mer. A peu de distance de la même ville se trouve la ville de Cérasonte, d'où l'arbre du cerisier nous est venu. Les villes de Samszun, Sinope, Héraclée sont sur cette même côte : on remarque dans la première d'anciennes fortifications vénitiennes. Sinope rappelle les guerres des Romains contre Mithridate, dont elle était la capitale. Le christianisme, autrefois si florissant dans ces pays qui sont la Cappadoce, la Galatie, la Bithynie, y est aujourd'hui bien pauvre et bien dégradé. Dans les siècles derniers les religieux Récollets avaient sur cette côte de la mer Noire divers établissements, qu'ils ont dû abandonner faute de ressources ou de sujets, et peut-être même pour l'une et l'autre cause. — Les catholiques de Trébizonde sont sous la juridiction du vicaire apostolique patriarcal de Constantinople. La ville est le chef-lieu d'un pachalik de ce nom, s'étendant le long de la mer Noire qui le borne au nord-ouest ; il a pour limites à l'est le Tcheldir, au sud-est et au sud l'Erzeroum, au sud-ouest le Siwas ; il s'étend de 540 kil. de long sur 80 kil. de large. Ce pays maritime est couvert de hautes montagnes d'où sortent une quantité de fleuves et de rivières. On s'y livre plus à l'éducation des bestiaux qu'à la culture ; cependant l'agriculture n'y est pas négligée totalement. On y fait beaucoup de vin ; on y recueille beaucoup de fruits, et les forêts abondent en toutes sortes de beaux arbres. On y trouve marbre, albâtre, porphyre, chaux, etc. L'industrie s'occupe principalement de la fabrication des toiles, cuirs, tapis et savon, mais seulement dans les grandes villes. L'exportation consiste en bois de construction, laine, poisson salé, fruits secs, toile de lin et de chanvre, vin, poix, goudron, plomb et cuivre. Popul. 188,000 hab.

Tres Pontes, les Trois-Ponts, dans le canton d'Uri (Suisse). — Les scènes les plus imposantes, et en même temps les plus attrayantes, sont sans contredit celles que l'on rencontre sur la route du Saint-Gothard, mais elles sont si variées et souvent si sublimes et si horribles à la fois, qu'il est impossible de les décrire avec précision ; il faut les voir pour en saisir tous les détails et pour s'en faire une juste idée. — A une petite distance de Geschenen on trouve le Pont-Long (*lange Brucke*), ou pont de Hæderli (*Hæderli-Brucke*); là commence cette gorge effroyable connue sous le nom de Schœllinen; la route traverse dans cette gorge, tantôt d'un côté et tantôt de l'autre, trois ponts qui ont été jetés avec une hardiesse inconcevable par-dessus d'affreux précipices ; sur le pont du milieu, appelé Tanzebein, se trouve la borne qui sépare le district d'Uri de celui d'Urseren. Le dernier de ces ponts est le Pont du Diable (*Teufels-Brucke*) ; ce pont, d'une seule arche de 75 pieds d'ouverture, s'appuie sur deux parois de rochers nus presque perpendiculaires ; sa construction hardie passe pour un chef-d'œuvre, et sa position, dans une solitude affreuse et sauvage, est une des scènes les plus grandioses de la Suisse. La Reuss passe en mugissant sous ce pont et se précipite, en se brisant sur des roches, à une profondeur de plus de 100 pieds ; sa chute fait un bruit semblable à celui du tonnerre, et le vent qu'elle produit élève en tourbillon la bruine de la colonne d'eau, et en mouille constamment le pont et les voyageurs. Après ce passage terrible, mais qui ne présente cependant aucun danger, on arrive à la montagne du Diable (*Teufels-Berg*), au travers de laquelle la route est taillée dans le roc ; on appelle ce passage le Trou d'Uri (*Urner-Loch*) ; il est long de 220 pieds, large de 15, et haut de 12 ; des ouvertures également pratiquées dans le roc laissent pénétrer un peu de lumière dans ce passage souterrain. Au delà du Trou d'Uri se déploie une contrée extrêmement romantique, c'est la vallée d'Urseren (*Urseren-Thal*) qui autrefois ne pouvait être atteinte, de ce côté, qu'en passant un pont suspendu dans des chaînes sur le flanc de la montagne et à une hauteur prodigieuse au-dessus de la Reuss ; il était connu sous le nom de Pont de poussière (*Staübende Brucke*), à cause de la bruine dans laquelle il était toujours enveloppé. Le Trou d'Uri n'existe que depuis l'année 1707 ; c'est un habile ingénieur du val Maggia, au canton du Tessin, nommé Pierre Morattini, qui l'a construit, et ce sont les quatre communes de la vallée d'Urseren qui en ont payé les frais. Après avoir traversé une région si affreuse, le voyageur se réjouit de l'aspect de cette vallée riante, et parcourt avec hilarité les quatre villages qui s'y trouvent ; ils se nomment Andermatt ou Urseren, Hospital, Zum-Dorf et Réalp. Le premier de ces villages se trouve à une élévation de 4446 pieds au-dessus de la Méditerranée, et le dernier à celle de 4733. Mais, malgré la haute position de la vallée d'Urseren, le climat y est assez doux et la végétation très-belle ; on n'y rencontre cependant point d'autres arbres que le sapin et le saule, quoique autrefois toute la vallée fût couverte de bois.

Tubalia, vel *Tubalica*, Tafalla, ville du diocèse de Pampelune, dans la Navarre, province d'Espagne. Elle est située, à 6 kil. nord d'Olite, sur la côte orientale d'une colline, dans un terrain fertile. Sa fertilité a donné lieu au dicton populaire : *Olite y Tafalla la flor de Navarra* (Olite et Tafalla la fleur de la Navarre). Il s'est tenu à Tafalla plusieurs cortès générales, entre autres celles de 1469, où Mosen Pedro de Peralta assassina, le 25 novembre, Nicolas Akevarri, évêque de Pampelune. Tafalla avait trois couvents, avant la suppression des ordres religieux ; elle a conservé deux paroisses et un hôpital. Il lui reste un palais qui appartenait aux anciens rois de Navarre. Par la partie orientale des murailles dont elle est environnée, et sur la rive droite de la Cidacos, qu'on traverse sur deux ponts en pierre, passe la route royale, avec une chaussée. Près de la place d'armes est la basilique de Sainte-Lucie, et sur une éminence, en vue de la ville, une autre basilique, près de l'Esclavitud. Elle jouit d'un climat si doux et si sain qu'à plusieurs époques, en raison d'épidémies qui régnaient à Pampelune, on y a transporté les tribunaux. Ses environs produisent vins, grains, fruits et légumes. On y élève de nombreux troupeaux de toute espèce. Son industrie consiste en plusieurs fabriques de cuirs, de serrurerie et d'eau-de-vie. Popul. 5980 hab.

Turnoacum, Tournan, petite ville du diocèse de Meaux, arrondissement de Melun, département de Seine-et-Marne. — La ville de Tournan, située dans une vallée sur la route de Paris à Sezanne, est traversée par un ruisseau qui vient des bois qui sont au nord et se termine à 2 kil. environ au moulin de Villeginare, commune de Presles, dans un gouffre placé sous la roue du moulin même. — On prétend que ce nom de Tournan vient du mot celtique *turn* ou *torn*, dont on ignore la véritable signification, ce qui ferait présumer que l'origine de ce lieu remonte à la plus haute antiquité, quoique rien d'ailleurs ne le constate, les guerres et les calamités publiques ayant fait périr toutes les pièces authentiques qui pouvaient donner quelques lumières à cet égard. — Dans les anciens actes, Tournan est désigné sous les noms de *Turnihamus* ; plus tard on a écrit *Turnamium*, *Turnoacum*, *Tornemium* et quelquefois *Tor-*

nomium, et en français *Tornan*, *Tornen* ou *Tornam*, puis *Tournon* et quelquefois *Tournehem*. — Si l'on doit s'en rapporter à une ancienne tradition, la terre de Tournan viendrait des ancêtres de sainte Fare, abbesse du diocèse de Meaux. Celle-ci aurait établi un monastère dans cet endroit, colonie de celui de Farmoutiers; mais les religieuses l'abandonnèrent durant l'invasion des Normands dans le IXe siècle. — L'évêque de Paris, ayant retiré les biens de ce couvent dont des mains étrangères s'étaient emparées, en devint le premier seigneur et y établit des chanoines, qui n'y restèrent pas longtemps puisque nous voyons qu'en 1088, Guy de Vitry et Havise sa femme donnèrent, du consentement des chanoines, aux moines de Saint-Maur l'église de Saint-Denis de Tournan. — Cette église de Saint-Denis dans le vieux château à l'occident de la ville est un édifice du XIIIe siècle ou du commencement du XIVe, qui n'a rien de remarquable; on y voit une tombe du XIIe siècle. — Le prieur de Saint-Denis jouissait de prérogatives assez considérables. En 1192, Anseau de Garlande, IIe du nom, seigneur de Tournan, avait reconnu que les moines avaient toute justice dans ses terres, que ceux qui demeuraient sur ces mêmes terres ne lui devaient pas de corvées ni n'étaient tenus de moudre à son moulin; enfin qu'il ne pouvait s'établir aucune école dans la paroisse de Tournan sans la permission du prieur.

L'église de la Madeleine, construite avant le XIe siècle, était la seule paroisse de Tournan, l'église de Saint-Denis ne servait qu'aux moines de Saint-Maur pour faire l'office divin; et, comme la Madeleine leur était soumise, ils ne permettaient pas qu'on la regardât autrement que comme une chapelle. — Cette église a été détruite à la révolution, et le culte s'exerce maintenant dans l'église Saint-Denis. — Les évêques de Paris ont toujours conservé quelques droits sur la seigneurie de Tournan. C'étaient eux qui donnaient l'investiture au nouveau seigneur en lui mettant au doigt un anneau; droit qui leur fut confirmé par une charte de Philippe-Auguste donnée à Paris au mois de mars 1185, et le seigneur de Tournan avait la singulière prérogative d'être un de ceux qui portaient le nouvel évêque à son entrée au siège épiscopal. — Le plus ancien seigneur de Tournan dont on ait connaissance est Guy ou Guillaume de Vitry. Il vivait en 1088; son fils Manassès lui succéda, et Guy, son petit-fils, voulant entreprendre le voyage de Palestine, vendit, en 1147, la terre de Tournan à Guy de Garlande. — La maison de Garlande posséda cette terre sous sept seigneurs jusqu'en 1293.

En 1270, Tournan était un lieu réputé pour le charbon; le voyer de Paris avait alors le droit de prendre deux sacs chaque marché dans le nombre de ceux qu'on y apportait (1). — La ville de Tournan est assez bien bâtie; elle ne consiste, pour ainsi dire, qu'en une longue rue avec un gros de maisons aux environs de l'église. La place du marché, la seule de la ville, est peu spacieuse. Le quartier de la Madeleine est séparé par le ruisseau que l'on nomme glacis et que l'on traverse sur un pont. — Il se tient à Tournan le lundi et le jeudi de chaque semaine un marché assez fort en denrées, mais dans lequel on vend peu de blé. En 1669, Henri de Beringhen, premier écuyer du roi, seigneur de Tournan, obtint des lettres patentes pour l'établissement de ce marché et pour deux foires par an. — Les restes de l'ancien château ne consistent plus qu'en deux tourelles en ruines, et l'on a édifié sur l'une des portes des constructions modernes. C'est dans ce local que se tiennent les assemblées municipales et les audiences du juge de paix. — Il y avait aussi à Tournan un Hôtel-Dieu qui subsistait du temps de Saint-Louis, et une maladrerie qui fut par la suite réunie à cet Hôtel-Dieu. Maintenant les secours sont administrés à domicile aux indigents. — Tournan était avant la révolution le siège d'une justice royale, d'une prévôté et d'une châtellenie; cette ville est aujourd'hui le chef-lieu d'un canton, le siège d'une justice de paix et la résidence d'une brigade de gendarmerie.

Tournan a plusieurs écarts; ce sont : 1° Combreux, château situé au sud-est de Tournan. On prétend que ce nom vient de *combros*; on sait que *facere combros* signifiait abattre des arbres et en couvrir le chemin. Dès le XIIe siècle il y a un Gervais de Combreux : en 1268 Pierre de Combreux fut choisi par Anseau de Garlande, seigneur de Tournan, pour le remplacer dans l'honneur de porter le nouvel évêque de Paris, Étienne Tempier, à sa première entrée dans la ville épiscopale. Cette seigneurie relevait du seigneur des Egrefins, commune de Neufmoutier. Le château de Combreux a été nouvellement reconstruit : il domine un joli vallon; son parc est traversé par le ruisseau qui sépare la ville de Tournan du quartier de la Madeleine. 2° Armainvilliers, qui est aussi nommé Ermainvilliers, et Hermainvilliers, *Hermani villare*, campagne d'Herman, est un château situé à l'ouest de Tournan, avec un parc qui renferme un étang considérable. Gaucher-du-Châtel en était seigneur en 1380. — En 1704, Jacques-Louis de Beringhen, premier écuyer du roi, dont la famille était originaire du duché de Gueldre, obtint des lettres patentes qui érigeaient en titre de comté sous le nom d'Armainvilliers les terres d'Hermainvilliers, Tournan, Châtres, Marles, Gretz et autres. 3° La Bourgognerie, autre fief au sud-est. 4° Courcelles la Mote à l'est, sur le bord de la route de Tournan à la Houssaie. 5° Villé, Mocquesouris, au nord-est, etc., etc.

La population de Tournan est de 2800 habitants. Cette ville est située à 28 kil. au nord de Melun; son territoire est en terres labourables, en prairies et en bois.

Turris Stratonis, vel Cæsarea, Tour de Straton, ou Césarée de Palestine. Cette ville s'appela d'abord

(1) Lebeuf, *Histoire du diocèse de Paris*, t. XIII.

Tour de Straton, du nom d'un célèbre général de Darius. Hérode le Grand, ou autrement l'Ascalonite, la nomma depuis Césarée, en honneur de César-Auguste, qui l'avait confirmé dans la possession de ses États. Mais cette cité n'offrait rien encore qui répondit à la grandeur de ce nouveau nom. Hérode invita tous les artistes fameux de l'univers à se rendre à sa cour. Il leur communiqua son dessein, en conféra avec eux, et de ce conseil des talents émanèrent des chefs-d'œuvre en tous genres, qui bientôt fixèrent les regards de Rome. L'enceinte de Césarée s'agrandit, des rues alignées se formèrent, des palais bâtis de marbre s'élevèrent sur les anciennes masures; on vit paraître des cirques, des théâtres et des amphithéâtres, qui, regardant la mer, étonnaient au loin la vue des navigateurs. Hérode sut tirer avantage d'une colline qui divisait la cité en deux parties égales. Il y fit construire un temple qu'il dédia à César Protecteur, en y plaçant sa statue modelée sur le Jupiter Olympien, et celle de Rome aussi grande que la Junon d'Argos. Les écrivains du temps nous ont laissé une description pompeuse de ce temple; mais il suffit de dire, pour en donner une idée, que le granit et le porphyre en furent les matériaux ordinaires, et que l'intérieur réunissait tout ce qu'on peut imaginer de rare et de précieux.

Césarée, nouvellement agrandie, avait besoin d'habitants. Son port, vaste et commode, creusé aussi par l'ordre d'Hérode, manquait de vaisseaux. Les ateliers du commerce attendaient des bras industrieux. Une partie des étrangers, que le désir du merveilleux y avait attirés, fut retenue par la générosité du prince.

Cette ville essuya avec les temps différentes révolutions politiques. Gouvernée d'abord par des rois qu'elle avait vu naître, elle devint colonie romaine sous Vespasien, et changea son nom en celui de Flavia. En 548 de l'ère chrétienne, elle eut à souffrir tous les excès du fanatisme, de la part des Juifs et des Samaritains, divisés en deux factions. Beaucoup de chrétiens périrent sous leurs coups. Tous les temples furent brûlés, et le préfet Étienne lui-même se vit assaillir dans le prétoire, où on l'égorgea, après qu'on eut pillé ce qui lui appartenait. Les armes victorieuses d'Omar, l'un des successeurs de Mohammède, forcèrent, en 635, les habitants de Césarée de se rendre à la foi de l'Alcoran. Elle fut reprise aux Sarrasins par Baudouin Ier, roi de Jérusalem, en 1101; les Génois lui furent d'un grand secours dans cette expédition, et en récompense il leur fut accordé le tiers du butin. Il échut dans leur lot un vase de couleur verte, qu'on crut être une émeraude, et qui fut porté à Gênes comme une rareté digne de cette ville. Il est déposé dans l'église métropolitaine de Saint-Laurent. Les chrétiens perdirent de nouveau Césarée en 1187, sous le règne du fameux Alaeddin. Un combat la leur rendit en 1191; un autre la leur enleva quelques années après.

Ils la reprirent en 1251, sous Louis IX, qui répara ses fortifications, et enfin ils la cédèrent aux infidèles en 1264, pour ne plus y rentrer.

Au milieu de ses désastres, tant de fois renouvelés, cette capitale de la Palestine vit anéantir sa première splendeur et la magnificence de ses monuments. Il ne reste du temple bâti par Hérode qu'un débris de murailles et une partie de la forteresse qui l'avoisinait : çà et là sont éparses plusieurs colonnes de porphyre; et dans l'enceinte de la cité on voit encore quelques ruines d'édifices, construits en marbre blanc, mais que les injures du temps ont totalement noircis. On ne peut reconnaître la place de l'ancien port, que plusieurs historiens ont vanté comme une autre merveille du monde. Il est probable qu'il n'a pas subsisté longtemps, puisque Guillaume de Tyr n'en dit rien dans la description de cette ville.

Césarée fait partie du gouvernement de Damas, mais elle est tellement abandonnée, que le pacha n'en tire aucun parti avantageux. — C'est dans cette cité fameuse qu'Hérode-Agrippa donna au monde un exemple terrible de la colère céleste. Enivré de ses succès et des basses adulations de sa cour, ce prince s'aveuglait jusqu'à se croire un dieu; mais dans un instant où, revêtu de ses habits royaux, il parlait avec mépris aux Sidoniens qui lui demandaient la paix, il tomba de son trône, et mourut rongé de vers.

Après la chute de Jérusalem, Titus vint passer l'hiver à Césarée avec les prisonniers nombreux qu'il traînait à sa suite. Il y célébra avec la plus grande pompe la naissance de son frère Domitien, et telle était la barbarie du paganisme, que deux mille cinq cents hommes furent livrés, en signe de joie, aux flammes et aux bêtes féroces. L'apôtre des Gentils y prêcha la foi catholique, et ne craignit pas de combattre l'orateur Tertullus en présence du président Félix. Il fut chargé de fers par l'ordre du proconsul Festus Porcius, qui voulut le juger à son tribunal; mais Paul fit valoir son droit de citoyen romain, qui l'autorisait à récuser tout autre juge que César lui-même, et en effet il obtint d'être conduit à Rome.

Comme Césarée était la résidence du gouverneur de la Judée, on y amenait les chrétiens persécutés pour y recevoir leur sentence de mort. Des milliers de fidèles y souffrirent le martyre, sous les règnes de Gallien, de Dioclétien et de Valens. Le fameux Origène y séjourna quelque temps, et y perfectionna le célèbre Cantique, dont il avait conçu l'idée à Athènes. — On compte plusieurs hommes illustres parmi les archevêques de Césarée, tels que Théophile, Agricolaüs, Talassius, Glicon, Elie, Eulogius, et particulièrement Eusèbe, dont les ouvrages sont bien connus.

Césarée fut évêché dès le premier siècle et métropole de toute la Palestine au IIIe, sous le patriarcat d'Antioche. Au Ve siècle, sa juridiction de métropole ne s'étendit plus que sur la première province de Palestine, par suite de l'érection de plusieurs autres métropoles, et du patriarcat de Jérusalem. La première province de Palestine comprenait trente-quatre sièges tant archevêchés qu'évêchés, qui tous dépendaient de Césarée. Cette ville est encore aujourd'hui, malgré sa ruine, le titre d'un archevêque grec. Lors des Croisades, les Latins y établirent un archevêque de leur rite, qui avait vingt suffragants. Cette organisation ne survécut pas à leur défaite.

U

Urbs Alba, la Ville-Blanche, ou Akschehr. C'est une ville sainte dans la légende musulmane, à cause des nombreux cloîtres et des tombeaux de pieux personnages qu'elle renferme. Elle se trouve à 2 kil. sud-ouest du lac Eberdy, qui est fort poissonneux, sur la base orientale de la Montagne Akschehr, dans un canton fertile. Chef lieu d'un sandschak qui porte son nom, elle fait un commerce de laine, de cire, de gomme, de noix de galle et de riches tapis que fabrique la population et qui s'exportent à Smyrne, et sont appelés dans le commerce tapis de Smyrne. Timur s'empara d'Akschehr en 1402. On croit que le sultan Bajésid (Bajazet), qu'il fit prisonnier dans la bataille, mourut dans cette ville. C'est pour cela qu'on y a élevé un collège consacré à sa mémoire. — Akschehr est à 80 kil. sud-est d'Afioum Karahissar. Lat. nord 38° 13'; long. est 29° 15".

Cette ville est comprise dans le vicariat apostolique patriarcal de Constantinople. La population, de 10,000 habitants, se compose en partie de Turks, de Grecs et d'Arméniens qui se livrent au commerce.

Urbs Amasiæ, Amasiêh, l'ancienne *Amasia*, dont le nom (chose rare) s'est conservé intact jusqu'à ce jour, en passant à travers tant de siècles, et par la bouche de tant de peuples barbares. — Cette ville est située dans la Natolie sur l'Iris ou Tscheharschenbessuji. Enlevée aux Grecs par les Danischemendes, à ceux-ci par les Seldschuks, aux Seldschuks par les Isfendiars, aux Isfendiars par les Ottomans, elle est surtout remarquable par les ruines de l'ancien château royal, les tombeaux des rois du Pont y sont creusés dans le roc, par les anciens aqueducs et le palais d'Isfendiar. — Cette ville compte plusieurs édifices remarquables et des tombeaux qui sont un sujet de pèlerinage. Amasia était au IVe siècle la métropole de la province d'Hénélopont; elle étendait sa juridiction sur les archevêchés d'Euchoïtæ, de Leontopolis; sur les évêchés d'Amisus, de Sinope, d'Ibyra, d'Andrapa, de Zela ou Tila. — Elle a conservé un archevêque suffragant du patriarche de Constantinople, qui compte beaucoup plus de Turcs et d'Arméniens que de Grecs dans son diocèse; ces derniers ont aussi leur archevêque, qui est soumis au patriarche de Sis dans la Karamanie. Cette ville fait un commerce important en vins, soie, garance et grains. La population est de 30,000 habitants. Lat. nord 40° 33'; long. est 34° 6'.

Urbs Antonina, vel Ancyra, Ancyre, aujourd'hui Angora ou plutôt Engurije, métropole de la première province de Galatie, dans l'exarchat d'Asie, dès le IVe siècle. Saint Paul a adressé une de ses Epîtres aux Galates qui étaient une colonie de Gaulois. Cette métropole comprenait neuf évêchés. Elle fut nommée *Antonine* sous l'empereur Caracalla. Lors de l'empire grec, elle reprit son nom d'Ancyra.

A moitié chemin de Koutaïeh à Engurije on traverse en bac (les ponts sont chose rare en Turquie) la rivière appelée Sakaria; c'est là que commence le pays dont les pâturages donnent aux chèvres renommées d'Engurije un poil fin comme la soie, mais qui dégénère et n'offre plus qu'une toison commune dès qu'on les transporte ailleurs. Plus loin, à la descente d'une chaîne de montagnes, on entre dans les vastes plaines qui s'étendent jusqu'aux murs d'Engurije même : elles sont arrosées par une multitude de rivières et de ruisseaux bien propres à y entretenir la fertilité, si l'on savait profiter de ces avantages ; mais les Turks n'aiment pas le travail, et d'un autre côté ils ne permettent pas que les rajas deviennent de gros propriétaires; de sorte que ces beaux champs restent incultes, faute de bras qui exploitent leur richesse naturelle.

Engurije, grande et ancienne cité, est mal bâtie ; les maisons sont en bois et en briques cuites au soleil; il n'y a aucun édifice public remarquable. On montre aux voyageurs quelques restes d'un temple qui date des empereurs romains, et les ruines d'un vieux château dont on fait remonter la première fondation à Mithridate. La population de cette ville se compose de Turks, de Grecs et d'Arméniens. Les Turks en forment la grande majorité; les Grecs sont peu nombreux et tous hérétiques; la nation arménienne y est représentée par dix-huit cents familles (on compte cinq personnes par famille). Trois cents d'entre elles ferment encore les yeux à la vraie foi, et retiennent à leur usage toutes les anciennes églises, dont plusieurs tombent en ruines, parce que les fonds manquent à leur entretien. Les quinze cents autres sont catholiques; douze prêtres, nés pour la plupart dans le pays, administrent les secours de la religion; un vicaire général, délégué par l'archevêque arménien de Constantinople, est chargé du gouvernement spirituel et temporel de cette chrétienté. — Les fidèles d'Engurije se distinguent entre leurs frères du Levant par leur attachement à l'Église romaine, centre de l'unité catholique, et par une grande assiduité à s'approcher des sacrements. On voit régner chez les personnes du sexe un goût particulier pour les vœux monastiques; plus de deux mille *marabêtes* (c'est ainsi qu'on appelle les religieuses en arménien) font profession de la vie ascétique, sous la surveillance et la direction d'une supérieure. Elles n'ont point de monastère, et ne forment point de communauté; chacune reste dans sa famille ou dans quelque autre maison, pour y exercer son emploi; toutes sont vêtues de noir et n'ont pas d'autre marque distinctive. Les catholiques occupent un quartier réservé qui se fermait avec des portes, à une époque encore peu éloignée; cette précaution était nécessaire pour échapper au pillage qu'exerçait au gré de ses caprices l'indisciplinable milice des janissaires. C'est au centre de ce quartier qu'à force de sacrifices et de constance les catholiques sont parvenus à bâtir une église, dont les travaux, plusieurs fois arrêtés par la mauvaise volonté des Turks et surtout du pacha, sont enfin terminés. Toutefois elle est loin de répondre aux besoins de la population catholique; il faudrait encore un ou deux temples semblables, pour que tous les fidèles pussent assister aux saints offices.

Engurije est l'entrepôt des riches produits du pays en laine et en poil de chèvre; des négociants européens y accréditèrent des agents. Ceux-ci devenant chaque jour plus nombreux, les vicaires apostoliques de Constantinople envoyèrent à leur tour des missionnaires pour assister les catholiques; les hérétiques se montrèrent dociles, peu à peu il s'en convertit un bon nombre; les familles rentrées dans le sein de l'Église donnèrent des sujets au sacerdoce, et avec l'aide de ce clergé indigène, qui sut agir dans un prudent silence, le prosélytisme devint encore plus facile et fit de rapides progrès. Aujourd'hui les ecclésiastiques d'Engurije suffisent à la direction de leurs frères, et poursuivent avec zèle la conversion de ce qui reste d'hérétiques. Il y a dans cette ville un prêtre chargé de veiller sur le petit troupeau de catholiques latins qui s'y trouvent encore.

Le seul monument religieux digne d'attention, est le tombeau de saint Clément, évêque et martyr; les reliques du glorieux pontife sont, dit-on, restées intactes dans le sépulcre qui les renferme, et jusqu'ici aucune parcelle n'en a été détachée. Ce tombeau est un lieu de pèlerinage fréquenté indistinctement par tous les chrétiens, soit sectaires, soit catholiques.

La ville d'Engurije devrait être riche, et elle l'a été en effet jusqu'à ces derniers temps; la fabrique de ses châles en poil de chèvre offrait à tous une occupation lucrative; les femmes filaient, les hommes travaillaient à la confection des tissus, et les négociants exportaient annuellement de vingt-cinq à trente mille pièces de ces étoffes. Il y avait prohibition de transporter le poil de chèvre autrement qu'en fil, et par ce moyen les pauvres gens ne manquaient jamais d'ouvrage. Depuis, cette prohibition a été levée; des spéculateurs d'Europe font acheter ces laines et poils de chèvre à leur état brut, pour être travaillés dans les filatures étrangères, et ils fabriquent ainsi des châles d'une qualité supérieure à ceux d'Engurije. En déplaçant son industrie, on a enlevé d'un seul coup à tout ce peuple son unique ressource; dès lors il est tombé dans une misère qui va toujours croissant; les catholiques en souffrent plus que personne. D'un autre côté, les Turcs se maintiennent en possession du privilège, refusé aux chrétiens, de nourrir des troupeaux, d'être propriétaires ou cultivateurs; les impôts du gouvernement accroissent avec la détresse des contribuables; ils sont triples de ce qu'ils étaient à l'époque la plus florissante du commerce.

Les Arabes prirent Engurije sous l'empereur Héraclius. Le khalife Harun-Al-Raz-Khid se glorifia beaucoup de sa conquête, parce qu'elle était le point de jonction de toutes les routes qui mènent de Syrie et d'Arménie à la côte de Thrace et de Cilicie. En 1422, Timur-Khan s'en empara, après avoir vaincu et pris le sultan Bajezid II.

Engurije a une population de 28,000 habitants. On y voit beaucoup de bains, de tombeaux et de mosquées; on y distingue surtout celles d'Hadschi-Beiram et d'Ahmet-Pacha. Cette ville est à 360 kil. de Constantinople, à l'est-sud-est, et à 240 ouest d'Amasie. Lat. nord 40° 2'. Long. est 30° 45'.

Les énormes queues des moutons, les longues soies des chèvres d'Engurije étaient fameuses dans les temps les plus anciens, comme aujourd'hui sont renommés ses couvertures, ses camelots, ses poires savoureuses, ses pommes et ses raisins secs. Les jardins de Katjisch si bien arrosés, si riches de végétation, sont comptés parmi les plus fertiles des plus beaux cantons de l'Asie Mineure, et les sources d'Ajasch signalées parmi les plus salutaires pour bain et pour boisson.

Urbs Carrodunensis, vel Cracovia, Cracovie.— L'évêché de cette ville date de l'année 965; il fut presqu'aussitôt érigé en archevêché, avec le titre de métropole. Mais la tradition légendique rapporte qu'en 1050 le titulaire, nommé Lambert, ayant négligé d'envoyer à Rome pour le *Pallium*, perdit ses droits. Quelque temps après, Cracovie fut dévastée et ruinée par les Slaves de la Bohême. Pendant la vacance du siége, l'archevêque de Gnesne, qui eut l'administration du diocèse, réclama pour son église le titre de métropole, et pour lui celui de primat de Pologne, qu'il a toujours porté depuis; de sorte que Cracovie redevint un simple évêché. Saint Stanislas en a été évêque, et il y a une église sous son invocation.

Fondée par Cracus à la fin du VIIe siècle, Cracovie fut la résidence des rois jusqu'au commencement du XVIIe siècle, époque à laquelle Sigismond III alla s'établir à Varsovie, et jusqu'en 1764 elle a conservé le privilége de couronner les souverains de Pologne. Ses évêques prétendent à la dignité de protothrônes (expression en usage dans l'Église grecque). — Tout dans cette ville porte un caractère imposant d'ancienneté; tout rappelle un nom, une date, un fait mémorable. Un rempart entoure encore cette cité des princes, comme au temps où elle était le bouclier de la Pologne. Les rues sont pour la plupart tortueuses et sombres, comme celles des villes du moyen âge ; les maisons portent des pignons festonnés, comme celles d'Augsbourg ou de Nuremberg. Ici on aperçoit des portes ornées de colonnettes et couronnées d'un cep de vigne, comme dans les joyeuses bourgades des bords du Rhin ; là des statues de saints, les mains jointes sous leur dais ciselé, comme celles qui décorent le portail de nos vieilles cathédrales ; plus loin, voilà le palais de l'évêché dont les rois briguaient jadis la faveur, et la maison de l'Université, la plus ancienne université des contrées slaves après celle de Prague. De tous côtés, on voit aussi surgir des flèches aiguës, des croix dorées. Il n'y a pas moins de trente-huit églises à Cracovie, presque toutes remarquables, les unes par leur architecture, d'autres par leurs pieuses traditions. Celle de Notre-Dame date du commencement du XIIIe siècle ; elle renferme trente autels de marbre et une quantité de tombeaux historiques ; celle de Saint-Pierre et Saint-Paul a été reconstruite par Sigismond III sur le modèle de Saint-Pierre de Rome ; celle des Dominicains, fondée en 1230, possède une double rangée de stalles en chêne sculptées avec un art admirable.

Les longues vicissitudes politiques qui ont désolé et accablé le peuple de Cracovie n'ont pas encore éteint en lui le sentiment religieux. Les dimanches on voit les artisans de la ville, les paysans de la campagne avec leurs larges redingotes bleues ornées de bordures rouges, les femmes avec ces draps de toile blanche qu'elles jettent sur leurs épaules comme des écharpes, courir d'église en église, se prosterner dans le parvis et baiser le pavé de la nef. — Au centre de la ville, sur un large roc qui domine au loin la plaine, s'élève l'ancien château des Rois, rebâti par Casimir le Grand, enrichi par ses successeurs, dévasté par les Autrichiens. En gravissant les escaliers, en parcourant les galeries de ce château, on n'y retrouve plus aucun des ornements décrits jadis avec tant d'admiration par les voyageurs du XVIIe siècle ; mais ses murailles épaisses, ses vieilles tours lui donnent encore un aspect imposant, et les héroïques souvenirs qui peuplent son enceinte lui impriment un caractère auguste. Ce château a vu passer sous ses voûtes six dynasties puissantes. Il a vu un prince français s'asseoir sur le trône des Jagellons, et deux femmes de France, Marie de Gonzague et Marie d'Arquien, porter le sceptre et la couronne de Pologne. Les descendants de Gustave Wasa y ont reçu les insignes de la royauté, puis les descendants des électeurs de Saxe, et le noble Stanislas Lesczynski, dont la Lorraine bénit encore la mémoire. A présent, c'en est fait de ces jours de splendeur, de ces fêtes nationales qui attiraient les regards de l'Europe entière. Le château a été dépouillé de ses richesses, l'église des couronnes des rois, elle n'a gardé que leurs cercueils. Là reposent tous ces cœurs agités dont le trône excitait les battements impétueux ; là se déroule sur la pierre sépulcrale toute une histoire de cinq siècles, souvent funeste et souvent sublime. Là sont les monuments de Boleslas, de Casimir le Grand, d'Etienne Batori, du valeureux Jean III, et la chapelle des Sigismond, revêtue encore d'un dernier éclat par la piété de leurs successeurs et le ciseau d'un habile artiste. Dans les caveaux sont les restes des héros auxquels la Pologne a voué un éternel sentiment d'amour et de vénération. Sous ces voûtes souterraines, à la lueur d'une lampe vacillante, on lit sur un sarcophage noir le nom de Sobieski ; sur un autre celui de Kosciusko ; sur un troisième celui de Poniatowski, glorieux assemblage de trois noms impérissables, derniers trésors d'un peuple auquel on a tout enlevé.—Le royal château des Piasts et des Jagellons n'est plus à présent qu'une caserne autrichienne. L'Université, l'une des plus anciennes et naguère encore l'une des plus riches universités de l'Europe, compte à peine soixante-dix étudiants. La ville de Cracovie, dont la population s'élevait autrefois à 100,000 âmes, n'en renferme pas maintenant plus de 30,000. — Du haut de la terrasse de Wawel on aperçoit encore, sur trois points différents de l'horizon, trois tumulus gigantesques, trois tertres funèbres, pareils à ceux qui, près d'Upsal, portent le nom des trois dieux scandinaves. Le premier de ces tertres renferme, dit-on, sous ses couches de sable et son manteau de verdure les restes de Cracus, le fondateur de Cracovie ; le second, ceux de Wanda, l'héroïque reine ; le troisième, élevé pieusement par les mains de tout un peuple, est consacré à la mémoire de Kosciusko. Entre ces sépulcres du législateur, de la jeune femme et du guerrier, séparés l'un de l'autre par un espace de onze siècles, s'élève la ville de Cracovie, qui est aujourd'hui le plus triste monument, le cercueil des rois, le tombeau de la Pologne. Elle est située sur la rive gauche de la Vistule, au confluent de la Rudawa, dans ce fleuve qu'on passe sur un pont volant. Les principaux articles de son commerce consistent en bois, poissons, vins de Hongrie, cire, miel, toiles de lin. Cracovie se rendit aux Suédois en 1702 ; il s'y établit une confédération en 1768 ; mais les confédérés y furent assiégés par les Russes, qui prirent la ville d'assaut et les firent tous prisonniers. Les Polonais la reprirent en 1809. Ce fut à Cracovie que Kosciusko, la nuit du 24 mars 1794, se déclara général de toutes les forces polonaises.

Cette ville est éloignée de 220 kil. sud-ouest de Varsovie, de 360 nord-est de Vienne, de 320 ouest-nord de Lemberg, de 600 sud-est de Berlin, et de 1200 est de Paris. Lat. nord 50° 3' 38" ; long. est 17° 36' 54". En 1815, le congrès de Vienne déclara Cracovie ville libre et chef-lieu d'une petite république, démembrée de la Pologne, sous la protection de la Russie, de la Prusse et de l'Autriche. En 1846, une insurrection ayant éclaté dans cette ville, les trois puissances protectrices supprimèrent la république, et, malgré les stipulations contraires du traité de

Vienne, réunirent Cracovie aux États autrichiens.

Urbs Meldorum, Meaux, évêché dès l'an 280 de la quatrième province Lyonnaise et de l'exarchat des Gaules, sous la métropole de Sens, actuellement de celle de Paris. Le diocèse était assez circonscrit en 1789; mais par le concordat de 1801, il comprenait les départements de Seine-et-Marne et de la Marne, l'archevêché de Reims et l'évêché de Châlons-sur-Marne, tous deux supprimés. Par le concordat de 1817 et par les conventions particulières de 1822, passées entre la Restauration et le pape Pie VII, le diocèse eut le département de Seine-et-Marne pour circonscription.

Rien n'est mieux constaté que l'antique origine de la ville de Meaux. A l'époque des Romains elle était déjà la capitale d'un peuple que régissaient des lois particulières et qui avait son gouvernement propre.

Sous les empereurs, Meaux devint le chef-lieu d'une cité; il était alors administré comme les autres cités par un comte dépendant d'un président (*præses*) qui résidait à Sens, métropole de la province.

Lorsque les anciennes provinces eurent remplacé les provinces Gauloises, Meaux fut la capitale de la Brie; et c'est à tort que certains géographes et certains historiens ont accordé cet honneur aux villes de Provins et de Brie-Comte-Robert. Ce qui a pu donner lieu à l'erreur, c'est que les comtes de Brie et de Champagne faisaient leur résidence ordinaire à Provins, et qu'ils tenaient leur cour dans cette ville, préférence que lui avaient méritée sa situation au centre des états de ces seigneurs, et son égal éloignement des villes de Meaux et de Troyes. Quant à Brie-Comte-Robert, ce ne peut être que l'effet d'une méprise établie sur la similitude des noms; il y avait longtemps que la province de Brie existait, qu'elle avait ses comtes souverains, lorsque la ville de Brie fut fondée; et, bien que cette dernière eût ses comtes ou plutôt ses seigneurs particuliers, ceux-ci, quoique de sang royal, ne jouirent jamais d'aucun droit de suzeraineté sur le reste de la contrée. — La ville de Meaux fit partie du royaume d'Austrasie jusqu'au commencement du VIIe siècle que Clotaire II réunit sous sa puissance la monarchie tout entière. Elle eut, sous la suzeraineté des comtes de Brie et de Champagne, ses vicomtes particuliers héréditaires dont l'existence remonte à la fin du XIe siècle. Elle fut un siège épiscopal dès les premiers temps que la foi pénétra dans les Gaules. C'est ce qui prouve l'importance qu'elle avait alors, puisque l'on sait que les premiers pasteurs s'établirent dans les lieux les plus considérables afin que le concours des peuples contribuât à la propagation du christianisme.

Le premier nom sous lequel est désignée la ville de Meaux est *Jatinum* ou *Gatinum*. Elle est appelée dans la table théodosienne *Fixtuinum*, puis *Meldi*, *Meldæ*, *Meldorum urbs*, *Meledis*, *Meldis* d'où l'on a fait *Meaux*. — Cette ville avait été bâtie dans le lieu qu'occupent aujourd'hui les faubourgs de Chage et de Saint-Faron. Détruite dans le VIIIe siècle par les peuples du Nord qui, après avoir traversé l'Océan sur leurs frêles embarcations, remontèrent encore la Seine et la Marne jusqu'au delà de Meaux, elle fut reconstruite dans les lieux où elle est assise maintenant. La Marne la divise en deux parties inégales : celle du nord, la plus considérable, s'appelle la Ville; l'autre, qui était jadis un grand champ de foire, bâtie dans une anse que forme la rivière, se nomme le Marché. Ces deux quartiers communiquent ensemble par un pont de pierres. Au sud du Marché on a creusé le canal dit de Cornillon qui réunit l'anse de la Marne; c'est par le canal que s'opère toute la navigation d'une rivière dont le courant rapide présenterait trop de dangers. L'enceinte totale de la ville fut primitivement très-resserrée, et, chaque jour encore, l'on découvre, en construisant, les restes de ses anciennes fortifications. Elle fut brûlée en 1358 et rebâtie sur un plus vaste plan.

Les évêques, d'abord simples particuliers, acquirent bientôt une grande prépondérance sur le reste du peuple. Ils eurent tous les avantages féodaux et en profitèrent pour embellir la ville et la doter d'un grand nombre d'édifices religieux. On ne compte pas moins de cent quinze ou cent seize de ces prélats depuis l'établissement du catholicisme.

1. Saint Denis (1). — 2. Saint Saintin ou *Santin* (2). — 3. Saint Antonin (3). — 4. Mansuet (4). — 5. Modeste. — 6. Acher. — 7. Rieul. — 8. Promer. — 9. Primit. — 10. Principe (5). — 11. Saint-Rigomer (6). — 12. Crescent. — 13. Anius. — 14. Præsidius. — 15. Promissus. — 16. Médouée en 549. — 17. Eden. — 18. Bondouald. — 19. Gondoald en 614. — 20. Saint Faron (7). — 21. Saint Hilde-

---

(1) Dans le milieu du IIIe siècle, sous l'empire de Dèce, saint Denis vint annoncer la foi dans les Gaules; il fut le premier évêque de Paris, et l'on suppose qu'il fut aussi le premier évêque de Meaux, ou plutôt qu'il gouvernait les deux diocèses, ce que rien ne constate.

• (2) Disciple de saint Denis, fut institué évêque de Meaux par ce pontife; il y souffrit le martyre sous Dioclétien : une abbaye a été édifiée sur son tombeau; nous n'avons d'ailleurs que des renseignements vagues sur plusieurs des premiers prélats de cette église.

(3) Prêtre que saint Denis avait donné à saint Saintin pour l'aider dans les fonctions du ministère et qui lui succéda. (*Gallia Christiana*.)

(4) Il vivait sous le règne de Clovis.

(5) On ignore l'époque précise de l'intronisation et de la durée de l'épiscopat de ces dix premiers évêques.

(6) Né à Meaux, il vivait vers la fin du Ve siècle; on louait surtout l'ardeur de son zèle contre les ennemis de la foi. (*Gallia Christiana*.)

(7) Fils d'un des seigneurs de la cour de Théodebert, roi d'Austrasie, comte de Meaux, il était possesseur de biens immenses dont il fit trois parts : l'une qu'il donna au clergé de sa cathédrale, l'autre à l'abbaye que sa sœur Fare avait fondée à *Eboriacum* qui depuis porta par reconnaissance le nom de sa fondatrice (Faremoutier), et de la troisième il érigea un monastère sous le nom de Sainte-Croix en 642 ou 660. On donna depuis à cette abbaye le nom du fon-

vert (1). — 22. Herling, en 684. — 23. Saint Patus (2). — 24. Saint Ebrigisile (3). — 25. Edold. — 26. Adulfe. — 27. Ragaminat. — 28. Sigenold. — 29. Erlaureus. — 30. Aidener. — 31. Romain, en 744 (4). — 32. Vulfran, en 765 (5). — 33. Brumer. — 34. Hilderic. — 35. Hubert Ier, en 825 (6). 36. Hildegert, en 853 (7). — 37. Rainfroi, en 876. — 38. Segemond, en 887. — 39. Enguerrand, en 900. — 40. Hubert IIe, 909. — 41. Rhotard, 936. — 42. Gildric, 947. — 43. Agerac (8). — 44. Archanrad, en 986 (9). — 45. Saint Gilbert, en 995 (10). — 46. Macaire, en 1015. — 47, Berner, en 1028. — 48. Dagobert, en...... — 49. Gauthier Ier, en 1045 (11). — 50. Robert Ier, en 1082. — 51. Gauthier IIe de Chambly, en 1103. — 52. Manassès Ier, en 1120. — 53. Burckard, en 1134. — 54. Manassès IIe, en 1157. — 55. Renaud, en 1161. — 56. Hugues, en 1171. — 57. Etienne de la Chapelle, en.... — 58. Pierre Ier, en 1172 (12). 59. Pierre II, en.... — 60. Simon Ier, en 1176 (13). — 61. Anseau, en 1207. — 62. Geoffroi de Tressy, en 1208. — 63. Guillaume Ier, fils de Philippe de Nemours, en 1214. — 64. Amaury, en 1221. — 65. Pierre III de Cuisy, en 1223 (14). — 66. Aleaume, en 1267. —

dateur. Saint Faron, qui était évêque de Meaux en 627, assista au second concile de Sens en 657 et mourut le 28 octobre 672, âgé de près de quatre-vingts ans.

(1) Né à Meaux ; ses grandes vertus le firent choisir en 680 pour succéder à saint Faron dont il était l'élève. Il fut enterré à Vignely, canton de Claye, dans l'église de ce lieu qu'il avait fondée. (*Gallia Christiana*.)

(2) Né à Meaux, fut choisi par les clercs et par le peuple pour remplacer Herling qui venait de mourir. On dit que, se croyant indigne d'un tel honneur, il désira mourir le jour même de son élection et que le ciel exauça ses vœux. (*Gallia Christiana*.)

(3) Né à Meaux, frère de sainte Agilberte, abbesse de Jouarre, fut lui-même moine dans le monastère d'hommes établi dans ce lieu par Odon. Elevé à l'épiscopat en 680, il choisit pour le lieu de sa sépulture le cimetière qui environnait l'église Saint-Paul de Jouarre.

(4) Moine de l'abbaye de Saint-Faron.

(5) Moine de la même abbaye.

(6) Ce fut sous son pontificat qu'en 845, se célébra le Ier concile de Meaux, principalement dirigé contre ceux qui détenaient les biens de l'Eglise. A ce concile assistèrent les métropolitains de Sens, de Reims et de Bourges, et leurs suffragants les évêques de Meaux, Paris, Chartres, Orléans, Troyes, Auxerre, Nevers, Soissons, Châlons-sur-Marne, Laon, Senlis, Beauvais, Amiens, Noyon, Boulogne, Cambrai, Tournai, Arras, Clermont, Limoges, le Puy, Tulle, Saint-Flour, Alby, Rodez, Castres, Cahors, Vabres, et Mende. On y recueillit plusieurs canons des conciles précédents et l'on en fit plusieurs nouveaux. Les pères du concile se plaignirent de certains abus auxquels ils priaient le roi de remédier. De ce nombre était l'habitude qu'avaient les souverains de loger dans les maisons épiscopales et d'y faire loger avec eux les seigneurs de leur suite, avec leurs femmes ; de laisser impunément piller les villes par leurs courtisans, laquais dorés, espèces de vampires avides du sang des peuples, et dont la race est la même sous tous les climats et à toutes les époques. Enfin, l'on priait le roi de ne plus détourner les pasteurs de leurs fonctions principalement pendant l'avent ou le carême. On demanda encore de permettre deux fois par an la célébration de conciles provinciaux.

(7) Moine de Saint-Denis en 853.

(8) En 962, sous le pontificat de Gildric ou sous celui d'Agerac, les évêques des provinces de Reims et de Sens tinrent un concile dans un lieu du diocèse de Meaux que l'on ne saurait désigner d'une manière positive, mais qui était situé sur la Marne. Il fut question dans cette assemblée d'établir sur le siège pontifical de Reims Hugues de Vermandois, fils de Hubert Ier, comte de Champagne et de Brie ; mais on pensa, sur la représentation de deux des évêques présents, que ce prélat qui n'avait été qu'un *intrus* imposé par la force à l'église de Reims et qui avait été excommunié par un grand nombre d'évêques ne pouvait être reconnu. Leur sentiment fut partagé par tous les pères du concile. Hugues, étant dépossédé, fut remplacé par Oldoric.

(9) Ce fut le premier évêque de Meaux qui rassembla dans son église cathédrale un synode, nom qu'on donne à des assemblées d'ecclésiastiques convoqués par l'évêque pour s'occuper des affaires du diocèse.

(10) Né à Meaux ou à Saint-Quentin, saint Gilbert fut choisi d'un commun accord, à la mort d'Archanrad, pour remplacer ce prélat dont il était un des archidiacres. (*Gallia Christiana*.) Il est le dernier évêque de Meaux qui ait été canonisé.

(11) Sous son pontificat, Hugues, évêque de Die, légat du Saint-Siège, tint un concile à Meaux dans lequel Ursion, ayant été chassé du siége de Soissons, on lui substitua Arnoul, moine de Saint Médard, homme d'une éminente piété. Après la mort de Gauthier Ier, Hugues de Die assembla un autre concile à Meaux dans lequel il sacra Robert, abbé de Resbais, évêque de Meaux ; mais Richard, archevêque de Sens, considérant cette entreprise comme une usurpation sur ses droits de métropolitain, ordonna Gauthier ou Gaulthier de Chambly. Il fut encore réglé dans ce concile que tout monastère qui ne pourrait entretenir que dix moines passerait sous la juridiction de l'abbaye de Cluny ou de Marmoutier. Il y en a sur quatre dans le diocèse : ceux de la Celle, de Courtevroult, de Nanteuil-le-Haudouin et de Grand-Champ.

(12) Il fut élu cardinal par le pape Adrien IV.

(13) En 1204, Jean, abbé de Casemare, légat du pape Célestin III, ouvrit un concile à Meaux : il s'agissait de rétablir la concorde entre le roi de France, Philippe-Auguste, et Jean, roi d'Angleterre. Le monarque français avait cédé, à titre de fief, la province de Poitou au roi Jean, et s'était remis en possession de cette province. Anseau, évêque de Meaux, et les autres prélats français qui assistaient à cette assemblée, voyant que le légat cherchait à favoriser le roi d'Angleterre, en appelèrent au pape et se rendirent à Rome munis de plusieurs lettres de recommandation auprès d'Innocent III qui avait succédé à Célestin.

(14) En 1229, une assemblée ecclésiastique ou un concile fut réuni à Meaux, dans lequel Raymond VII, dit le Jeune, comte de Toulouse, fut réconcilié avec l'Eglise. On sait que Raymond VI, père de celui-ci, dont la conduite politique fut très-équivoque, soutint l'hérésie des Albigeois, tout en protestant de la sincérité de sa foi et de son attachement au saint-siége ; qu'en 1215, il fut privé de son comté de Toulouse par les conciles de Montpellier et de Latran qui en donnèrent l'investiture à Simon de Montfort ennemi du comte de Toulouse ; celui-ci s'était déjà par la force des armes emparé d'une partie des Etats de Raymond. Raymond VII, dont tous les efforts furent vains pour obtenir la permission de faire ensevelir son père parce qu'il était mort dans son hérésie, suc-

67. Jean Ier de Poincy, en 1268. — 68. Jean II de Garlande, en 1272 (1). — 69. Jean III de Montroles, en 1283. — 70. Adam de Vaudoy, en 1298. — 71. Jean IV de la Grange, en 1301. — 72. Nicolas Volé, 1305. — 73. Simon II Festu, 1309. — 74. Guillaume II de Brosse, 1318. — 75. Pierre IV, 1321. — 76. Durand de Saint-Pourçain, 1326. — 77. Jean V de Meulan, 1335 (2). — 78. Philippe de Vitry, 1351. — 79. Jean VI Royer, 1364. — 80. Guillaume III de Dormans, en 1378. — 81. Pierre V, Fresnel, 1390. — 82. Jean VII de Saints, 1409. — 83. Robert II de Girême, 1418. — 84. Jean VIII de Brian, 1426. — 85. Pasquier de Veaux, 1435. — 86. Pierre VI de Versailles, 1439. — 87. Jean IX Meunier. — 88. Jean X du Broc, 1458. — 89. Tristan de Salazar, 1474. — 90. Louis Ier, 1475 (3). — 91. Jean XI l'Huillier, en 1483. — 92. Jean XII de Pierrepont, 1501. — 93. Louis II Pinelle, 1510. — 94. Guillaume IV, Briçonnet, 1516. — 95. Antoine du Prat, en 1535 (4). 96. Jean de Bus XIII, en 1552 (5). — 97. Jean XIV de Levis, de Charlus, en 1553. — 98. Louis III de Brezé, en 1554. — 99. Jean XV du Tillet, en 1570. — 100. Alexandre de la Marche. — 101. Jean XVI Touchard. — 102. Louis VI de l'Hôpital. — 103. Jean XVII de Vieuponi, en 1603. — 104. Jean XVIII de Belleau, en 1626. — 105. Dominique Ier Séguier, en 1637. — 106. Dominique II de Ligny, en 1659. — 107. Jacques-Bénigne Bossuet, en 1681 (6). — 108. Henry de Thyard de Bissy, en 1705. — 109. Laroche de Fonteville. — 110. La Marthonie de Caussade, en 1759. — 111. Camille Apollinaire de Polignac, en

céda à ses querelles. Il combattit le fils de l'usurpateur et fut excommunié en 1226. Enfin, après avoir soutenu une longue guerre, il fit la paix avec les papes et avec son souverain. Le traité fut conclu à Meaux qui appartenait alors au comte de Champagne, mais à des conditions dures. La signature du traité eut lieu le jeudi saint, et Raymond, en habit de pénitent, en chemise, en haut-de-chausses et nupieds, fut introduit dans Notre-Dame de Paris, où la réconciliation s'opéra. (Velly, *Hist. de France*.) — En 1240, il y eut à Meaux une nouvelle réunion d'évêques dans laquelle Jacques de Palestine, légat du saint-siége, fulmina la sentence d'excommunication contre l'empereur Frédéric II, et indiqua un concile général qui devait s'ouvrir à Rome le jour de Pâques de l'année suivante. Ce concile n'eut point lieu, et les évêques français, qui s'étaient mis en route pour s'y rendre, furent pris par un bâtard de l'empereur qui leur fit souffrir les plus mauvais traitements.

(1) Frère d'Anseau de Garlande, seigneur de Tornen (Tournan).
(2) De la famille de l'Hospital.
(3) De la maison de Melun. Il mourut de la peste à Germigny-l'Évêque, sa maison de campagne.
(4) Parut d'abord au barreau de Paris, fut fait ensuite lieutenant général au bailliage de Montferrant, puis avocat-général au parlement de Toulouse. Elevé de charge en charge, il devint premier président du parlement de Paris en 1505, et chancelier de France en 1515. La comtesse d'Angoulême, mère de François Ier, lui confia l'éducation de son fils dont il gagna la confiance. Ayant embrassé l'état ecclésiastique, il fut nommé, en 1535, évêque de Meaux, puis évêque d'Alby, de Valence, de Gap, enfin archevêque de Sens; cardinal en 1527, puis légat *a latere*, il couronna en France la reine Eléonore d'Autriche. Il mourut en 1535, à l'âge de soixante-douze ans.
(5) Né et enterré à Villemareuil.
(6) Né à Dijon le 27 septembre 1627, il vint à Paris en 1642, reçut le bonnet de docteur en 1652, remplit avec éclat les principales chaires de Paris, et prêcha plusieurs fois devant le roi de 1661 à 1669. Nommé à l'évêché de Condom, le 13 septembre 1669, il fut fait précepteur du dauphin en 1670; premier aumônier de la dauphine en 1680; évêque de Meaux en 1681; conseiller d'Etat en 1697; premier aumônier de la duchesse de Bourgogne en 1698; il mourut en 1704 et fut enterré dans la cathédrale de Meaux.
Sa vie entière a été une suite de travaux et une carrière de gloire. La Bruyère a dit de lui : « Parlons d'avance le langage de la postérité, *un Père de l'Église.* » La postérité a confirmé ce mot. Voltaire, si bon juge en cette matière, l'appelle le seul Français éloquent parmi tant d'écrivains élégants. Il est avec Pascal le seul auteur dont on lise encore les écrits polémiques. On rapporte qu'annoncé comme un prodige aux beaux esprits de l'hôtel de Rambouillet, il fit devant une assemblée nombreuse et choisie un sermon sur un sujet qu'on lui donna. Il parla comme s'il se fût préparé. Le prédicateur n'avait que seize ans et il était onze heures du soir. Ce qui fit dire à Voiture, si fécond en jeux de mots, qu'il n'avait jamais entendu prêcher ni si tôt ni si tard. Il s'appliqua surtout à l'instruction des protestants et en ramena plusieurs à la foi catholique. Ses succès eurent de l'éclat et commencèrent sa renommée. Parmi ses ouvrages, tous remarquables, tous dignes d'un des plus beaux, d'un des plus profonds génies, on cite surtout son *Histoire des Variations*, son *Discours sur l'Histoire universelle*, ses *Oraisons funèbres*, sa *Défense de la déclaration du clergé de France sur la puissance ecclésiastique*, etc.

Son style, sans être châtié et poli, est plein de force et d'énergie; il ne marche point sur des fleurs, mais il va rapidement au sublime dans les sujets qui l'exigent. Ses écrits français ne le cèdent en rien à ceux de nos meilleurs écrivains. Il osa dire à l'orgueilleux Louis XIV, qui voulait mander à la cour les évêques de Pamiers et d'Aleth afin de les accabler du poids de sa colère parce qu'ils avaient résisté à sa volonté dans la grande affaire de la Régale : « Hé! ne craignez-vous pas, Sire, que toute la route des deux évêques, du fond du Languedoc jusqu'à Versailles, ne soit bordée d'un peuple immense qui demandera leur bénédiction à genoux?... » Il condamna les dragonnades et disait : « Les baïonnettes ne sont pas des instruments de conversion... » Ce fut encore lui qui écrivit cette réflexion aussi profonde que philosophique : « On parle toujours des flatteurs des princes, et l'on ne dit rien des flatteurs des peuples. Tout flatteur, quel qu'il soit, est toujours un animal traître et odieux; mais s'il fallait comparer les flatteurs des rois avec ceux qui vont flatter, dans le cœur des peuples, ces principes d'indocilité et cette liberté farouche, qui est la cause des révoltes, je ne sais lequel serait le plus honteux! »

Ses mœurs étaient aussi sévères que sa morale. Tout son temps était absorbé par l'étude ou par les travaux de son ministère. Il se livrait sans réserve aux soins et à l'instruction de son diocèse. Résolu de finir ses jours dans son sein, dégoûté du monde et de la gloire, il n'aspirait plus, disait-il, qu'à être enterré aux pieds de ses prédécesseurs. Après avoir, dans sa jeunesse, effrayé par sa morale éloquente les souverains et les grands de la terre, il consola par cette même éloquence les faibles et les indigents confiés à son zèle. Il descendait même jusqu'à faire le catéchisme aux enfants et surtout aux pauvres, et ne se croyait pas dégradé par cette fonction si digne

1779. — 112. Thuin, en 1790 (1). — 113. Louis Mathias de Barral, en 1803 (2). — 114. Pierre-Paul de Faudoas, en 1805. — 115. Jean-Jacques-Marie-Victoire de Cosnac, en 1819 (3). — 116. Romain-Frédéric Gallard, en 1831.

Les comtes de Brie et de Champagne prenaient aussi le titre de comtes de Meaux, capitale de la première de ces deux provinces ; mais cette ville eut d'abord, sous la suzeraineté de ces seigneurs et après la réunion de la Brie et de la Champagne à la couronne, sous la suzeraineté du monarque, ses vicomtes particuliers.

On prétend que la ville de Meaux, bien que placée un peu plus au nord qu'elle ne se trouve maintenant, était néanmoins située sur la rive gauche de la Marne qui environnait toute sa partie septentrionale, de façon que, cette rivière établissant les limites entre la Gaule celtique et la Gaule belge, Meaux faisait partie de la première de ces deux provinces. Par leurs accroissements successifs, la ville et le marché étaient devenus contigus, lorsqu'au commencement du XIIIe siècle, Thibault IV, comte de Brie et de Champagne, qui avait déjà, pour la facilité de la navigation, fait creuser à l'extrémité méridionale du marché le canal de *Cornillon*, fit pratiquer un large fossé au pied de son château, entre la ville et le marché, fossé qui devint le nouveau lit de la rivière ; car celle-ci avait jusque-là suivi son cours jusqu'au pied de la roche de Crégy, dans la direction que décrit encore aujourd'hui le *Brasset* que l'on regarde comme l'ancien lit de la Marne (4).

Meaux, ville épiscopale, avait été dotée par ses pasteurs et par des personnes pieuses d'un grand nombre d'édifices religieux ; aussi, avant la révolution, ne comptait-on pas moins de sept paroisses outre la cathédrale, de plusieurs chapelles, de trois abbayes, de six couvents, dont trois d'hommes et trois de femmes, de deux séminaires et deux hospices... — La cathédrale est le principal monument, non-seulement de la ville de Meaux, mais de tout le département. Situé sur une place vaste quoiqu'irrégulière, ce chef-d'œuvre d'architecture gothique domine tous les autres édifices de la ville. Il fut commencé sous l'épiscopat de Gauthier Ier, dit Saveyr ou le Sage, évêque de Meaux, en 1045, et lorsque ce prélat mourut, le 20 octobre 1082, le chœur seul venait d'être terminé ; il composait alors tout l'édifice.

On érigea la nef et les bas-côtés pendant les XIIe et XIIIe siècles ; on fit ensuite la tour, le portail et les chapelles ; mais le monument n'a été terminé, dans l'état où nous le voyons à présent, que vers le milieu du XVIe siècle ; et l'on peut facilement reconnaître aux différents styles d'architecture les diverses phases de sa construction. — L'église offre une longueur de cinquante-deux toises, depuis le grand portail jusqu'à la chapelle de la Vierge-du-Chevet ; sa largeur, de la porte du nord jusqu'à celle du midi, est de vingt toises ; sa hauteur, de seize toises sous clef, non compris l'espace qui se trouve entre la voûte et le faîte du bâtiment qui est encore de neuf toises. Des deux tours qui devaient orner le bas de l'église, une seule est achevée : c'est celle du côté septentrional ; elle a près de deux cents pieds d'élévation et se termine par une plate-forme environnée d'une balustrade d'où l'on découvre par un temps favorable les hauteurs de Montmartre et du mont Valérien, quoique leur éloignement soit de plus de dix lieues. Dans l'intérieur, le sanctuaire est fermé par six colonnes que leur délicatesse fait remarquer. Le chœur, qui a vingt toises de longueur sur dix de largeur, est soutenu par quatorze piliers en *faisceau*, ou colonnes rondes ; dix-huit autres piliers du même genre supportent la nef. La disposition des chapelles est telle que du sanctuaire on les découvre toutes à travers les arcades, et que réciproquement leurs croisées éclairent le sanctuaire, mais de cette douce lumière qui porte si bien l'âme au recueillement et à la prière. — La cathédrale est sous l'invocation de saint Etienne, premier martyr. Il existait dans cette église certains usages fort extraordinaires, entre autres celui de l'offrande des cierges le jour de la fête du patron, usage qui remonte jusqu'au XIIe siècle et qui se pratiquait de cette manière. Pendant la célébration de la messe solennelle du jour de saint Etienne, « sont apposés près du grand autel trois grands cierges de chacun deux livres ou environ, à l'un desquels est un écusson des armoiries de la majesté du roi, notre sire ; et aux deux autres il n'y a pas d'écusson. Alors de l'offertoire de ladite grand'messe, le seigneur révérend évêque s'assied dans une chaise estant dans la closture et parquet dudit grand autel, lieu où ledit sieur évêque et ses prédécesseurs évêques ont, de tout temps et ancienneté, accoutumé lesdits jours saint Etienne, dire l'Epistre

---

d'un évêque. « C'était, dit un écrivain, un spectacle rare et touchant, de voir le grand Bossuet transporté de la chapelle de Versailles dans une église de village, apprenant aux paysans à supporter leurs maux avec patience, rassemblant avec tendresse leur jeune famille autour de lui, aimant l'innocence des enfants, la simplicité des pères, et trouvant, dans leur naïveté, dans leurs mouvements, dans leur affection, cette vérité précieuse qu'il avait vainement cherchée à la cour. »

Le département de Seine-et-Marne a fait élever dans l'église qu'il illustra un monument à cet homme, suivant l'expression de Massillon, « d'un génie vaste et heureux, d'une candeur qui caractérise toujours les grandes âmes et les esprits du premier ordre,

l'ornement de l'épiscopat, et dont le clergé de France se fera honneur dans tous les siècles ; un évêque au milieu de la cour ; l'homme de tous les talents et de toutes les sciences ; le docteur de toutes les églises ; la terreur de toutes les sectes ; le père du XVIIe siècle, et à qui il n'a manqué que d'être né dans les premiers temps pour avoir été la lumière des conciles, l'âme des Pères assemblés, dicté des canons et présidé à Nicée et à Ephèse. » (*Eloge de monseigneur le Dauphin*). (Félix Pascal.)

(1) Evêque dit constitutionnel.
(2) Nommé archevêque de Tours.
(3) Nommé archevêque de Sens.
(4) Duplessis, *Histoire de l'église de Meaux* ; Mémoires de Lenfant.

de ladite grand'messe audit grand autel en célébrant icelle. Et alors le voyer, ou appariteur dudit sieur révérend, appelle par trois fois à haute voix notredit sire le roi ; et après lesquelles proclamations se présente le procureur de Sa Majesté et l'un de ses avocats au bailliage et siége présidial dudit Meaulx, lequel prend le cierge où est ledit écusson, et, après avoir baisé l'anneau que porte ledit sieur évêque à la main droite, offre ledit cierge, et puis après, au même instant, sont semblablement appelés l'un après l'autre, par ledit voyer, par trois fois, à haute voix, le vicomte dudit Meaulx et le vidame de Tritbardouf près ledit Meaulx, les officiers desquels prennent semblablement chacun leur cierge ; et, après avoir par eux baisé l'anneau dudit sieur évêque, font pareilles et semblables offertoires que dessus. »

Si l'évêque de Meaux n'avait aucun titre d'honneur temporel attaché à sa dignité épiscopale, il avait d'autres prérogatives. Ainsi, en 1228, Philippe, comte de Boulogne et de Dammartin, lui accorda le droit d'entrée avec sept personnes de sa suite dans le château de cette dernière ville, lorsque, dans les fréquentes querelles qui survenaient entre le comte de Champagne et lui, il craignait de ne pouvoir demeurer en sûreté à Meaux. Il avait, comme beaucoup d'autres prélats du royaume, le droit de battre monnaie, droit que Philippe le Bel supprima en 1308 dans toute l'étendue de ses Etats. (*E tabulario episcopi Meldensis.*)

Au nord de la place se trouve le palais épiscopal, dont la structure, qui n'offre rien de bien remarquable ni par son antiquité, ni par son élégance, ne remonte pas plus haut que le milieu du XVIIe siècle. Les jardins ont été dessinés par Le Nôtre et augmentés par la démolition de plusieurs maisons de chanoines ; on a reculé leurs limites jusqu'aux anciennes fortifications. La terrasse, qui donne sur le boulevard, conduit au cabinet de Bossuet, que l'on a religieusement conservé ; Bonaparte, premier consul, n'a pas dédaigné, en 1800, de concourir à sa restauration.

— Attenant à l'évêché, et toujours dans le voisinage de la cathédrale, est le bâtiment de la maîtrise des enfants de chœur. Si l'on en croit la tradition du pays, l'existence de cet édifice remonterait jusqu'au règne de Dagobert, et l'on s'autorise pour lui assigner cette date des restes d'un escalier que l'on suppose, d'après quelques formes, avoir été construit vers le VIe ou le VIIe siècle ; cependant un examen plus sévère fait reconnaître que les sculptures qui couvrent les poteaux et différentes parties ne remontent guère au delà du XVe siècle. — Jadis vis-à-vis du grand portail de l'église, on voyait une fontaine élevée en 1200 par Thibault III, comte de Brie et de Champagne, qui mourut l'année suivante. Ce petit monument consistait en une colonne qui supportait une statue de la sainte Vierge tenant l'enfant Jésus dans ses bras ; dans de petites niches placées au-dessous on avait sculpté l'effigie des saints Etienne, Nicolas, Thibault, Christophe et Remi, considérés comme les patrons de la ville. Cette fontaine a été détruite en 1512.

L'Hôtel Dieu est situé au couchant de la même place ; l'ensemble de ses bâtiments ne remplit qu'imparfaitement le but de sa destination. — Il avait été construit attenant à une des portes de la ville, appelée d'abord porte dorée et qui prit ensuite le nom de Saint-Melar d'une église voisine qui était sous l'invocation de ce saint. Avant 1527, la porte et l'église avaient été rasées. — L'hôpital dut sa fondation à la munificence d'un grand nombre de seigneurs du voisinage, parmi lesquels on cite particulièrement Ade, vicomtesse de la Ferté-sous-Jouarre, Barthélemy de Montyon, quelques comtes de Brie et de Champagne, etc., Thibault III qui, en ratifiant, en 1199, plusieurs donations de ses prédécesseurs, en ajouta de nouvelles que leur singularité nous engage à rapporter ici. Ainsi il donna entre autres droits celui d'usage dans la forêt de Mant ; deux muids de blé par an, un demi-setier de vin aux quatre fêtes annuelles et aux jours de l'Epiphanie, du mardi-gras et de la Saint-Martin ; pareille quantité par jour, lorsqu'il séjournerait à Meaux, avec six deniers et la moitié des mets qui resteraient sur sa table ; enfin à l'Ascension et à la Pentecôte, un quartier d'agneau. — En 1244, par un accord passé entre Thibault IV, roi de Navarre, comte de Brie et de Champagne, et Pierre de Cuisy, évêque de Meaux, l'Hôtel-Dieu de Meaux fut donné aux religieux de l'ordre de la Sainte-Trinité, en stipulant toutefois que tous les biens et tous les revenus qui y étaient attachés seraient affectés aux pauvres et à l'entretien des religieux, sans permettre même qu'on en séparât le tiers, selon l'usage de l'ordre, pour l'employer à la rédemption des captifs. (*E tabulario majoris nosocomii Meldensis.*) En 1520, le parlement, par un arrêt rendu sur les plaintes de l'évêque et des habitants de Meaux, qui accusaient les trinitaires d'une conduite scandaleuse et d'une excessive dissipation dans le temporel de l'Hôtel-Dieu, retira des mains de ces religieux l'administration de la maison pour la confier à des séculiers. Cet hôpital est maintenant desservi par les dames de la congrégation de Saint-Augustin. — Au-dessous de cet édifice, vers l'ouest se trouvait l'église paroissiale de Saint-Remi, l'une des plus anciennes paroisses de Meaux. On prétend que saint Faron, qui occupait le siége épiscopal en 626, allait souvent faire sa prière dans cette église. Si ce fait était bien constaté, il témoignerait de l'antiquité de cet édifice. — En 1207, Blanche, comtesse de Champagne, obtint des chanoines de la cathédrale la cure de Saint-Remi pour la réunir à l'Hôtel-Dieu qui avait besoin d'un cimetière et de fonts baptismaux. Les chanoines consentirent à ce changement, à la condition toutefois que le chapelain de l'Hôtel-Dieu, qui devenait par là curé de Saint-Remi, recevrait l'institution des mains de l'évêque, promettrait fidélité au chapitre et serait tenu de faire à la cathédrale le même service que tous les curés de Saint-Remi y avaient fait jusqu'alors ; car chaque curé de la ville avait dans ces temps une fonction servile à la cathédrale ; celle du curé de Saint-Remi consistait à sonner les cloches. (Janvier, *Histoire de Meaux et du diocèse.*) — L'église de Saint-Remi, ruinée en 1447 par les Anglais, rebâtie par les libéralités d'un conseiller au châtelet, nommé Gérand Lecoq, détruite une seconde fois en 1590 pendant les troubles de la ligue, fut rééditiée en 1606 par Jean de Vieupont, évêque de Meaux. Elle est aujourd'hui détruite et remplacée par des maisons particulières. — Le séminaire consiste en un grand bâtiment moderne formé de quatre corps de logis parallèles ; il est situé près du boulevard qui sépare le faubourg Saint-Remi du reste de la ville. — L'hôtel de ville a été récemment construit ; ayant une destination spéciale, cet édifice offre tous les avantages, toutes les commodités que l'on peut souhaiter; son aspect a quelque chose d'imposant, quelque chose de grandiose bien en harmonie avec l'importance de la cité ; seulement il serait désirable qu'il commandât une plus vaste place. L'ancienne maison commune, placée dans une autre partie de la ville, offrait bien moins de magnificence ; construite en 1710, elle vient d'être démolie.

En 1200, Thibault, IIIe du nom, comte de Brie et de Champagne, bâtit le château de Meaux. Il était situé entre la ville et le marché, et fut séparé de ce dernier par le large fossé que ce seigneur fit creuser, et qui devint depuis le lit principal de la Marne ; il avait son entrée par la rue de la Juiverie ; des fossés en environnaient l'enceinte que circonscrivaient de massives fortifications. On appela ce lieu le Castel-Royal, puis *le Châtelet*. Le présidial y fut établi en 1551 ; il y donna ses audiences, ainsi que le bailliage royal, jusqu'à l'époque de la révolution. Ses fortifications détruites, ses fossés comblés, forment des rues et des places publiques. L'on voyait encore en 1778 les ruines de son ancienne chapelle.

L'enceinte de la ville renfermait encore la paroisse Saint-Christophe, qui datait du XIe siècle. Les guerres l'ayant ruinée, le roi Charles VI ordonna en 1390 au bailli de Meaux de faire contribuer les habitants à son rétablissement, et la ville, qui avait donné deux cent quarante livres pour les réparations de la cathédrale, donna encore cent francs pour aider à rebâtir Saint-Christophe. Cette église est aujourd'hui détruite. — Les juifs ont aussi habité Meaux : on appelle juiverie le quartier où ils résidaient. Ce quartier consiste en quelques petites rues. Si l'on s'en rapporte à ce qu'en écrit Pierre Janvier dans le tome 6 de sa volumineuse et indigeste compilation, les Juifs se seraient établis à Meaux en 635, et ils en auraient été chassés, comme de beaucoup d'autres villes de France, en 1182. — En 1648, Hélène Boullé, veuve de Samuel Champlain, lieutenant général à la Nouvelle-France, eut l'idée de fonder à Meaux un couvent d'Ursulines ; elle donna pour ce sujet 20,000 livres, et les libéralités d'autres personnes firent monter cette somme à 25,000, avec laquelle on acheta quelques héritages situés dans le quartier anciennement habité par les juifs. La ville concéda une maison de la rue Poitevine, qui servait jadis de collège ; les chapelains de la cathédrale et l'abbé de Chage abandonnèrent les droits qu'ils avaient sur cette maison, et les religieuses arrivèrent à Meaux le 21 mars 1648. La fondatrice fit profession, dans ce couvent, au mois d'août suivant. En jetant les fondements de la maison, on trouva quantité de sépultures de juifs, et l'on remarqua qu'ils avaient chacun une pierre sous la tête pour leur servir de chevet. Le collège communal occupe aujourd'hui les anciens bâtiments de ce couvent. — A leur sortie de l'Hôtel-Dieu, les Trinitaires se bâtirent un couvent près de la paroisse de Saint-Remi, au delà du boulevard, sur le bord de la route de Paris. L'église ne fut achevée qu'en 1533, et l'évêque de Russie en fit la dédicace la même année. — Sur la rive droite de la Marne, hors de la ville et vers la commune de Villenoy, se trouvait encore une maison nommée *Venise* qui était destinée à loger les pestiférés dans les temps de contagion. Démolie en 1589, pendant les guerres de la ligue, elle fut rétablie en 1596 à l'occasion de la peste qui ravagea la ville. — Françoise Simon, veuve d'un receveur des tailles, fonda, en 1631, dans le faubourg de Chage, un couvent de dames religieuses de la Visitation. Ce couvent, vendu comme propriété nationale à l'époque de la révolution, forme aujourd'hui des maisons particulières.

On prétend, comme nous l'avons dit, que la cathédrale de Meaux fut d'abord érigée dans ce même faubourg de Chage, au lieu où existait auparavant un amphithéâtre destiné aux spectacles publics. Ruiné par les Normands dans leurs invasions successives, tout l'édifice ne consista plus que dans une chapelle dédiée à la Vierge, qui fut ensuite élevée à la dignité de paroisse. En 1135, le chapitre de la cathédrale de Meaux fonda dans cette paroisse une abbaye de chanoines réguliers de la congrégation de Sainte-Geneviève, et l'église prit le nom de paroisse et d'abbaye de Chage. Construite sur un vaste plan, cette maison éprouva diverses vicissitudes par l'effet des guerres dont Meaux a souvent été le théâtre. Elle fut, en 1594, en partie détruite ; on l'a réparée depuis : mais, à l'époque de la révolution, on supprima l'église ainsi qu'une partie du monastère ; le reste forme aujourd'hui un couvent de dames de la Visitation. — En 1475, le pape Sixte IV concéda à l'abbé de Chage le droit de porter la crosse et la mitre comme les évêques. — Vers l'an 660, saint Faron, étant comte et évêque de Meaux, établit au nord de la ville un monastère dont l'église fut consacrée sous le nom de Sainte-Croix. Les religieux suivirent d'abord la règle de saint Colomban, mais le saint évêque ayant été enterré dans cette abbaye, et un immense concours de peuple venant visiter son tombeau, l'abbaye prit alors le nom de son fondateur. Un grand nombre de seigneurs, parmi lesquels on cite Hugues d'Oisy, vicomte de Meaux, Raoul Ier, comte de Vermandois, Thibault de Crépy, Hugues, seigneur de Lisy, Jean de Châtillon, Guy de Garlande, Thibault, comte de Brie, Alphonse, comte de Poitiers, Gaucher de Châtillon, firent du bien à cette maison, dont ils prirent l'habit. — Le célèbre Oger, appelé aussi Otger et Autcaire, célèbre dans les anciens romans sous le nom de *Danois*, et qui, si l'on en croit les historiens, rendit de grands services à Charlemagne, et fut estimé et chéri du prince et de toute sa cour, touché de la vertu des religieux de saint Faron, abandonna sa brillante destinée pour venir, avec un de ses amis, nommé Benoît, partager les austérités du cloître où ils moururent l'un et l'autre dans le IX° siècle, avec les plus grands sentiments de piété. — En 1396, Benoît XIII accorda à l'abbé de saint Faron le droit de porter la crosse et la mitre. — Dans les troubles qui agitèrent la ville de Meaux, l'abbaye et l'église Saint-Faron furent désolées plusieurs fois. Cette dernière a été rebâtie en dernier lieu, en 1758. Tout est maintenant détruit et forme des habitations particulières. L'abbaye de Saint-Faron avait son trésor, et sa bibliothèque qui font aujourd'hui partie de la bibliothèque de la ville. Au commencement du XVII° siècle, les capucins se fixèrent à Meaux, dans le voisinage de l'abbaye de Saint-Faron, et ce fut même cette abbaye qui contribua la première à leur établissement. M. Devieupont acheta de ses propres deniers les restes de l'ancien château de *La Muette*, dont on fait remonter l'existence jusqu'aux premiers temps de la ville de Meaux, sans pouvoir toutefois en donner la preuve ; et des démolitions des massives fondations de ce dernier on tira les pierres nécessaires à la construction du couvent. Il fut supprimé, comme tous les ordres monastiques, en 1790. — La paroisse de Saint-Thibault était autrefois dans l'église Saint-Faron même ; on l'appelait Saint-Pierre dans l'Enclos, et longtemps les religieux de ce monastère la desservirent. Dans la suite des temps, pour honorer sans doute les comtes de Brie et de Champagne, on lui donna le nom de Saint-Thibault ; et, comme les religieux se trouvaient incommodés d'avoir cette paroisse dans leur abbaye, ils la transférèrent près de là dans leur grange dîmeresse : c'est l'emplacement qu'elle occupe encore (*Histoire du diocèse de Meaux*). Elle sert maintenant de temple aux calvinistes qui y exercent paisiblement leur culte.

Entre la ville et le faubourg Saint-Nicolas on voit l'arc de triomphe appelé porte Saint-Nicolas. Elevé à l'extrémité d'une belle esplanade bordée d'arbres, ce monument a quelque chose de fort gracieux. On appelait *le plateau* l'espace qui est au devant de cette porte ; il était obstrué par une butte énorme qui avait le nom de Butte des Cordeliers. M. de Tillière, maire de Meaux, la fit aplanir en 1767.

La légende rapporte que, sous le règne de Childéric, père de Clodovech, il y avait à Meaux une jeune personne recommandable par sa beauté, par sa noblesse autant que par ses vertus : Céline était son nom ; accordée à un jeune homme du lieu, elle allait s'engager sous les lois de l'hymen, lorsque sainte Geneviève vint dans la ville. La grande réputation dont jouissait la sainte eut bientôt gagné la confiance de Céline ; celle-ci lui découvrit tous les mouvements de son cœur, son éloignement du mariage et son ardent désir de se consacrer uniquement à Dieu. Geneviève l'encouragea dans cette pieuse résolution ; mais le fiancé accourut, la rage dans le cœur, pour tirer vengeance de l'affront qu'il croyait avoir reçu. Persuadées qu'il y avait tout à redouter d'un homme que transportaient les fureurs d'un amour méprisé, les deux saintes femmes cherchèrent un asile contre ses persécutions. Elles le trouvèrent dans l'église, dont la porte du baptistère s'ouvrit *miraculeusement* devant elles. Céline prit le voile sacré des mains de Geneviève et passa le reste de ses jours dans l'abstinence et la charité. Ce qu'il y a de certain, c'est que la sainte ayant été enterrée, selon l'usage, hors de la ville, les fidèles érigèrent sur son tombeau une chapelle qui devint bientôt une abbaye considérable ; mais les religieux qui, avant le X° siècle, étaient au nombre de plus de soixante, furent réduits à un seul par la succession des temps et la mauvaise administration du temporel de la maison. En 1096, l'abbaye de Sainte-Céline n'était plus qu'un prieuré dépendant de Marmoutier. Depuis il a subi le sort de tous les autres établissements monastiques ; il fut détruit à l'époque de la révolution de 1789.

Les Cordeliers vinrent à Meaux dans la première moitié du XIII° siècle ; ils édifièrent leur couvent sur un fonds situé au faubourg Saint-Nicolas que Jean Rose, riche bourgeois de la ville, donna pour cet objet. Blanche, fille de saint Louis, bâtit leur église, leur dortoir et leur cloître. Ruiné dans les guerres civiles de la fin du XVI° siècle, ce couvent avait été entièrement réparé, lorsqu'en 1789 il servit à loger les bureaux et l'administration du district. Aujourd'hui, l'église est un magasin de réserve pour la ville de Paris, et, comme une partie des restes du cloître appartient à la commune de Meaux, on y a placé la bibliothèque publique, composée d'environ dix mille volumes dans lesquels se trouvent quelques ouvrages précieux. Ce local renferme encore la gendarmerie et les écoles primaires dirigées par des frères de la doctrine chrétienne qui se fixèrent à Meaux par les soins du cardinal de Bissy, en 1729, et qui, supprimés en 93, furent rétablis en 1803. — Vers le milieu du XII° siècle, on érigea dans la paroisse de Saint-Patus, canton de Dammartin, une abbaye de Bénédictines sous le nom de Noëfort. Par suite des craintes que pouvaient concevoir ces religieuses pour leur sûreté personnelle dans un monastère en pleine campagne, au milieu des troubles civils, on transféra cette maison dans le faubourg Saint-Nicolas de la ville épiscopale : cette translation eut lieu en 1629. Noëfort subit le sort des autres couvents : il fut supprimé en 1789. Son local sert aujourd'hui de magasin militaire. —

En l'an 1667, on avait commencé à former au faubourg Saint-Nicolas l'hôpital général qui dut son existence aux bienfaits de M. Deligny, évêque de Meaux, et de plusieurs citoyens de cette ville. Il renferme aujourd'hui cent vieillards et cent enfants orphelins. Les lettres patentes, délivrées par Louis XIV pour l'établissement de cette maison, renferment ces clauses singulières : « Voulons aussi que tous les officiers, avocats, procureurs, notaires, sergens et autres qui doivent serment à justice, dans l'étendue du baillage de Meaux ; les compagnons de métiers et aspirans aux maîtrises et les maîtres jurés, lors des élections à la jurande, fassent avant leur réception quelques aumônes audit hospital-général ; et seront exhortés les curés et notaires qui recevront des testamens de faire souvenir les testateurs de faire part de leurs charités audit hospital, etc., etc. » Par les mêmes patentes, l'hôpital général avait le monopole de la tenture des églises de la ville pour les funérailles, le soin de fournir les pauvres qui devaient porter les torches aux enterremens ; il était de plus affranchi de tous subsides, impositions, droits d'entrée, billettes, coutumes, octrois de ville, gardes, fortifications, réparations et de toutes taxes généralement quelconques. — L'ancienne église paroissiale de Saint-Nicolas forme aujourd'hui une succursale. Cette église et la cathédrale sont les deux seuls édifices publics où l'on célèbre le culte catholique ; elles remplacent les sept anciennes paroisses.

La maladrerie, dédiée sous le nom de Saint-Lazare, qui servait à recevoir les lépreux, et dont la fondation remonte au commencement du XIIe siècle, était située à l'extrémité du faubourg Saint-Nicolas. Elle fut réunie à l'Hôtel-Dieu de Meaux en 1542.

La partie de la ville située au sud de la Marne, que l'on appelle le Marché, fut bâtie par Thibault III, comte de Brie ; elle devint une forteresse considérable qui commandait la ville ; mais, en 1567, les fortifications en furent entièrement détruites et les fossés comblés par suite des représentations que firent les prévôts des marchands et échevins de Paris, que les maîtres de ce château pouvaient à volonté affamer la capitale. Des décombres de ces démolitions on a formé une longue butte qui, plantée d'arbres dans le siècle dernier, est une des plus agréables promenades des environs de Meaux ; ce qui lui a valu le nom de *Bellevue* sous lequel on la désigne. — Le Grand-Marché faisait, pour ainsi dire, une ville à part ; les habitants n'étaient tenus à faire ni guet ni garde dans la ville, et ceux de la ville n'étaient obligés à rien pour le marché. Chacun de ces deux quartiers avait sa police et ses officiers indépendants les uns des autres ; il y eut même longtemps séparation des deniers communs, ce qui dura jusqu'en 1513 (Duplessis, *Histoire ecclésiastique de Meaux*). — Le marché, comme le reste de la ville, renfermait un grand nombre d'édifices religieux ou hospitaliers ; c'étaient : 1° la paroisse Saint-Saintin,

monument qui datait du IXe siècle, simple oratoire d'abord, que l'on érigea sur le tombeau de ce saint évêque ; les dons des fidèles en firent bientôt une abbaye qui devint dans la suite une église collégiale et paroissiale, avec son chapitre, ses prébendes, ses dignités. Elle est actuellement détruite ; 2° la paroisse Saint-Germain de Cornillon, qui fut supprimée en 1726 par le cardinal de Bissy, et dont les habitants furent partagés entre la paroisse Saint-Saintin et celle de Nanteuil-lez-Meaux ; 3° l'église Saint-Martin, fondée avant le Xe siècle, et que le curé abandonna en 1561 aux calvinistes pour y célébrer leur culte ; mais qui fut peu de temps après rendue aux catholiques ; 4° le prieuré de Saint-Pierre de Cornillon, ancienne abbaye de Bénédictins, réduite par les guerres à l'état de prieuré ; 5° Saint-Rigomer qui, dès le XIe siècle, était également une église abbatiale, et devint un prieuré simple. — En 1234, Jean de Courlandon fonda près de Fîmes, diocèse de Reims, sous le nom d'Ormont, une abbaye de filles de l'ordre de Cîteaux, que l'on transféra, en 1626, au Grand-Marché de Meaux pour soustraire les religieuses aux horreurs de la guerre. Les bâtiments de ce monastère forment aujourd'hui un très-beau quartier de cavalerie. — Avant l'an 1100, on avait établi au lieu dit *Terfan*, près du faubourg de Cornillon, un petit hôpital qui fut porté, en 1200, au Grand-Marché, dans une place que des particuliers de cette partie de la ville achetèrent de leurs propres deniers. Les revenus de cet hospice ont été, en 1696, par édit du roi, joints à ceux du grand Hôtel-Dieu, et il ne resta plus dans ce lieu qu'une chapelle qui subsista jusqu'à la révolution. — En faisant des fouilles pour établir un chemin près le *Puthuis de Chage*, on trouva, en 1591, les restes d'une ancienne halle à la construction de laquelle on ne peut assigner de date certaine. Depuis on en avait élevé une autre au milieu de la place du marché, où l'on vendait, dit-on, les draps que l'on fabriquait à Meaux : elle fut ruinée par la guerre ; mais, en 1772, la Marthonie de Caussade, alors évêque de Meaux, et madame de Lannion, qui était vicomtesse de cette ville, firent ériger celle qui existe aujourd'hui.

Avant la révolution, Meaux était le siège d'un gouvernement particulier, d'un présidial, d'un bailliage civil régi par une coutume particulière rédigée en 1509, et enfin d'un bailliage criminel qui ressortissaient au parlement de Paris et auxquels un édit de 1749 avait réuni la prévôté ; d'une police, d'une maréchaussée, d'une élection, d'un grenier à sel et d'une subdélégation. Aujourd'hui, cette ville est le chef-lieu d'une sous-préfecture, le siège d'un tribunal civil de première instance, d'un tribunal de commerce, d'une justice de paix, la résidence d'un lieutenant et d'une brigade de gendarmerie. La ville de Meaux renferme aussi une société savante sous le nom de société d'agriculture, sciences et arts, etc., la première qui se soit établie dans le département.

— Meaux est traversé dans son plus grand diamètre par la route de Paris en Allemagne; les rues principales sont bordées de belles maisons, de boutiques élégantes; cependant on rencontre encore des restes d'anciennes fortifications avec leurs tours du moyen âge, mais chaque jour des constructions nouvelles s'élèvent à la place des vieux remparts. Leurs larges fossés comblés offrent maintenant un boulevard planté de plusieurs rangées d'arbres qui environnent la ville d'une ceinture majestueuse; tandis qu'une population de plus de 8000 âmes donne à la ville un aspect animé que n'ont point les autres cités du département. — Il se tient à Meaux, le mercredi et le samedi de chaque semaine, un marché abondamment pourvu de denrées et de grains. En 1576 les habitants obtinrent du roi que ce marché serait franc tous les premiers samedis de chaque mois. On trouve à Meaux des tanneries, des fabriques d'indiennes, de calicots, de salpêtre, de colle forte et de vinaigre.

Le canal de l'Ourcq borde la ville dans sa partie septentrionale, et le chemin de fer de Paris à Strasbourg s'ajoute à cette voie de communication. Meaux est à 40 kil. est de la première de ces villes et à 48 kil. nord de Melun. Son commerce consiste surtout en grains, en farines, produits de ses nombreux moulins, et en fromages dits de Brie; son territoire, très-fertile, rapporte beaucoup de blé.

Urbs Melodunensis, Melun, ville du diocèse de Meaux, chef-lieu de préfecture du département de Seine-et-Marne, siége de la cour d'assises, d'un tribunal de première instance, de deux justices de paix; résidence d'une direction des domaines, des contributions directes et des contributions indirectes, d'un commandant et de deux brigades de gendarmerie, elle est située à 40 kil. sud-est de Paris sur la Seine qui la partage en trois parties inégales. Traversée dans un sens différent par les deux routes de Genève et d'Italie par le Simplon, elle est bâtie du nord à l'est sur les penchants des coteaux qui bordent la rive droite du fleuve et s'étend du sud à l'ouest dans une plaine découverte qui laisse apercevoir la forêt de Fontainebleau dans le lointain. — Cette ville est appelée par César *Melodunum*, dans l'itinéraire d'Antonin *Methetum* et dans d'autres chartres ou par d'anciens historiens, *Milidunum, Meledunum, Meldunum, Melodunum, Melledon, militanum castrum, castrum militonem*, sans que l'on puisse donner une étymologie plausible de ces différents noms.

L'origine de la ville de Melun remonte à une haute antiquité; mais nous n'avons rien de précis sur la date de sa fondation, ni sur son état primitif: en effet, s'il est absurde d'admettre qu'une reine d'Egypte, nommée Io, déifiée depuis sous le nom d'Isis, et qui était la contemporaine du patriarche Abraham, se soit arrêtée dans l'île que la Seine forme à cet endroit, et y ait jeté les premiers fondements de la ville, il n'est pas mieux constaté que Melun se soit d'abord appelé Isis; que les habitants par reconnaissance aient voué un culte à cette déesse; que Paris, bâti plus de mille ans après, l'ait été sur son modèle et qu'il en ait tiré son nom; enfin qu'elle soit devenue, dès le principe, une ville considérable puisque cette tradition n'est appuyée sur le témoignage d'aucun auteur digne de foi, mais seulement sur des bruits populaires recueillis par quelques écrivains du moyen âge et notamment par Jacques Magny, moine espagnol, confesseur des rois Charles VI et Charles VII, qui vivait à la fin du xive et au commencement du xve siècle. Ce qu'il y a de positif, c'est que lorsque Labienus, lieutenant de César, en fit la conquête l'an 700 de Rome, 52 ans avant notre ère, cette ville appartenait aux Senonais (1); qu'elle devait son importance à sa position sur le fleuve, plus qu'à sa population et à son étendue; qu'elle était inférieure sous tous les rapports à Paris; qu'elle n'a jamais été la capitale d'un peuple, et que, lorsque, sous l'empire d'Auguste, la Gaule fut divisée en provinces, elle ne fut même point élue pour être le chef-lieu d'une cité (2); qu'enfin, dans le vi^e siècle, elle n'était encore qu'une simple position militaire, puisque Grégoire de Tours, auteur contemporain, ne la qualifie jamais des titres d'*urbs* ou d'*oppidum*, mais seulement de celui de *castrum*. — Comme on supposait que la déesse Isis avait été l'objet du culte des premiers habitants de Melun, on chercha s'il n'existait pas des vestiges de quelque édifice consacré à cet usage, et l'on pensa les avoir trouvés dans les restes d'un bâtiment carré-long que l'on voit dans l'île près de l'église Notre-Dame; mais, en examinant ces ruines, on peut facilement se convaincre que ce bâtiment ne remontait pas au delà du xe siècle; que ce n'était pas un temple, mais une grande salle qui servait de lieu d'assemblée aux chanoines de Notre-Dame, ou peut-être une ancienne chapelle que les vicomtes de Melun bâtirent en 1216, et qui tomba faute d'entretien (3). — Longtemps toute la ville de Melun ne consista que dans l'étendue de l'île que depuis on nomma la Cité. Dans la suite, des habitations s'élevèrent sur les deux rives opposées de la Seine; on y construisit des édifices religieux, et leurs populations s'augmentèrent rapidement; mais ces nouveaux habitants ne jouirent que tardivement des privilèges et des immunités des villes, puisque dans le xiiie siècle ils étaient encore esclaves, fiscalins et mortaillables.

Melun se compose maintenant de l'île ou cité, du quartier Saint-Ambroise, au sud, et, au nord, du quartier Saint-Aspais qui est la portion la plus considérable de la ville. La Seine sépare ces différentes parties qui communiquent entre elles par deux ponts de pierre établis sur le fleuve.

---

(1) Cæs., *Comm. de Bello gallico*, lib. vii.
(2) *Notitia provinciarum et civ. Galliæ*, Sirmund., tom. I.

(3) Séb. Rouillard, *Histoire de Melun*. — D. Morin, *Histoire du Gâtinais*.

Dès les premiers temps de la monarchie, la ville de Melun eut des comtes particuliers. Ces titres alors n'étaient point héréditaires comme ils le devinrent par la suite, et le souverain les accordait pour récompenser les services qu'on rendait à l'Etat ou à sa personne. C'est ainsi que Clovis fit Aurélien comte ou duc de Melun, parce qu'il avait été le principal instrument de son mariage avec la princesse Clotilde. Plusieurs autres ont porté le titre de comtes de Melun jusqu'à l'époque où les vicomtes le possédèrent comme fief héréditaire. — Le premier vicomte héréditaire de Melun, dont il est question dans l'histoire, est Josselin ou Goscelin, premier du nom. Il était un des plus grands seigneurs de la cour des rois Hugues Capet et Robert. Ayant pris l'habit religieux au monastère de Saint-Maur-des-Fossés, il y mourut en mars 998.

Avant la révolution, Melun était le siége d'un gouvernement particulier, d'un bailliage et d'un présidial régis par une coutume particulière; d'une sénéchaussée, d'une prévôté, d'une élection de la généralité de Paris, d'un grenier à sel et d'une gendarmerie qui jugeait prévôtalement. — On y comptait cinq paroisses, une collégiale, une abbaye et cinq monastères. De tous ces édifices religieux, il ne reste plus que deux églises consacrées au culte : les autres ont été détruits ou bien ont changé de destination. — Le château de Melun, l'un des plus anciens monuments de cette ville, situé dans la partie occidentale de l'île, fut pendant longtemps l'habitation des vicomtes de Melun; et plusieurs rois de France ne dédaignèrent point de l'occuper et d'en faire leur maison de plaisance. Cependant, dès le règne de Charles IX, il ne servait déjà plus qu'à loger des prisonniers. Il a été entièrement démoli vers 1740 et remplacé par des habitations particulières. — Il n'y a pas encore longtemps que l'on voyait dans l'île une grosse tour dont on attribuait la construction à Jules-César, tandis que quelques-uns en faisaient honneur à Chilpéric; mais, en examinant l'architecture de cet édifice, on pouvait facilement se convaincre qu'il datait seulement du moyen âge et qu'il n'était que les restes d'une ancienne forteresse élevée dans l'intention d'arrêter les excursions des peuples du Nord.

Dès le premier siècle, Melun et tout le Sénonais avaient reçu les lumières de la foi; cependant ce ne fut que vers l'an 244, lorsque les persécutions eurent cessé, que les chrétiens élevèrent, à la pointe orientale de l'île, un petit temple sous l'invocation de Saint-Laurent. — Chilpéric, père de Clovis, donna, l'an 471, une chartre pour établir près de ce lieu un cimetière dans lequel seraient séparément enterrés les chrétiens et les païens : c'est ce que l'on appelle aujourd'hui la Courtille. — Clovis, devenu chrétien, jeta les premiers fondements de l'église Notre-Dame au-devant de la petite chapelle Saint-Laurent : Charlemagne y ajouta de nouvelles constructions;

(1) D. Morin, *Histoire du Gâtinais.*

mais cette église ne fut terminée et mise dans l'état où nous la voyons aujourd'hui que sous le règne de Robert le Pieux, qui l'étendit et y comprit la chapelle Saint-Laurent. — Une inscription, placée sur l'un des piliers de cette église, attestait qu'elle n'avait été consacrée qu'en l'an 1198 par Michel de Corbeil, archevêque de Sens (1). D'autres écrivains ont pensé que Charlemagne en fut le véritable fondateur et qu'elle était une des vingt-quatre basiliques que ce prince fit bâtir selon l'ordre des lettres de l'alphabet (2). — En 1622 ou 1623, si l'on en croit D. Morin, la voûte du temple ayant crevé, il en tomba plus de deux mille *écus d'or au porc-épic*, qui portaient pour légende, d'un côté : *Karolus Magnus, rex Francorum*, et sur le revers une croix avec ces mots : *In nomine Christi, amen.* Cette somme était accompagnée d'un écrit contenant le nom de celui qui l'avait fait mettre; il portait en outre que l'intention du donateur était qu'elle servît à réparer l'église si elle venait à être dévastée. — Cette église fut d'abord une abbaye qui eut son abbé et ses moines, et que l'on désignait sous le nom de Petite-Abbaye-Notre-Dame-de-Melun. Depuis elle fut érigée en collégiale avec un chapitre de chanoines, ce qui dura jusqu'à la révolution de 93 ; elle est maintenant la paroisse de la partie de Melun qui comprend l'île et tout ce qui est au sud de la rivière. — L'église Notre-Dame date, ainsi qu'on le voit, du xe siècle : c'est un bâtiment carré long qui consiste dans une nef principale avec deux collatéraux ; elle présente toute la simplicité de l'architecture romane avec ses pilastres épais, ses formes massives, ses pleins-cintres et l'absence de cette richesse d'ornements dont on a été si prodigue dans les siècles suivants. — Vis-à-vis de cette église se trouvait celle de Saint-Etienne, paroisse de toute la cité, qui n'était dans le principe qu'une chapelle destinée au service des chapelains, des domestiques de chanoines de la collégiale et des habitants du cloître. Elle existait avant le xe siècle, puisque nous avons une chartre des rois Hugues et Robert, donnée en 973, qui en ordonnait la réparation. Elle est maintenant remplacée par des habitations particulières. — Le monastère des religieuses hospitalières de l'ordre de Saint-François, sous le nom de couvent de Saint-Nicolas ou *Maison-Dieu*, qui servait d'hôpital pour les femmes, environnait le côté méridional de l'église Notre-Dame. Cette maison est très-ancienne; elle était déjà établie en l'an 1255, puisque, dans un titre de cette année, il est question d'un échange qui l'intéresse. — Il paraît, d'après cette chartre, et d'après une autre qui lui est postérieure, que l'hôpital était desservi par un ordre mixte de religieux et de religieuses, comme cela avait lieu dans quelques autres monastères où les hommes portaient le nom de Béguards et les femmes celui de Béguines. Ces associations ayant été depuis supprimées dans l'église à cause du scandale qui pouvait en résulter, les religieuses restèrent seules en possession du mo-

(2) Séb. Rouillard, *Histoire de Melun..*

nastère. — C'est sur l'emplacement de cet ancien couvent que s'est élevée la maison centrale de détention qui sert pour les condamnés du ressort de la cour d'appel de Paris. — Elle est formée de quatre grands corps de logis parallèles, composés de trois étages chacun, et elle occupe une superficie totale de 18,000 mètres. Les condamnés y sont employés à divers genres de travaux : ainsi l'on y trouve des menuisiers, des relieurs, des tailleurs, des cordonniers, des ébénistes, des serruriers, des chapeliers, des filateurs de coton et des tisseurs de calicot et d'étoffes de crin. Tous ces ouvrages sont exécutés avec une grande perfection.

On pense que l'on doit à Philippe le Bel la chapelle qui, sous le titre de Saint-Vincent, avait existé dans le château de Melun. Un acte de 1532 nomme un Pierre Désessart chapelain du château comme en étant le titulaire. — Enfin, Raynaud ou Raguenault, évêque de Paris, fils du comte Bouchard ou Bourchard, comte de Melun, fonda une église de Saint-Sauveur près du château de Melun : ce fut vers le X° siècle. Cette église devint ensuite un simple prieuré.

La partie de Melun qui est au nord de la Seine est, comme nous l'avons déjà dit, la plus considérable; elle renfermait autrefois trois paroisses. Les collines sur lesquelles elle est bâtie sont séparées par le vallon où coule l'Almont; celles qui se trouvent sur la rive droite de cette petite rivière ont reçu les noms de montagne Saint-Barthélemy qui est plus près de la Seine, et l'autre de montagne des Carmes ou du Palais-de-Justice. La montagne Saint-Liesne est sur l'autre bord. — L'église dédiée à Saint-Aspais est aujourd'hui la seule paroisse de tout ce grand quartier. Il paraît qu'Aspais, évêque d'Elusa, Eeause, métropole de la Novem-Populanie, assista au second concile d'Orléans tenu en 533; que des troubles désolant la province où était situé son évêché, il se retira à Melun et qu'il y mourut vers l'an 588 (1). Cette église existait déjà sous le règne d'Hugues Capet. Elle est remarquable par son architecture qui n'est pas sans élégance ni sans hardiesse, et par la peinture de ses vitraux qui mérite de fixer l'attention des connaisseurs; mais l'édifice a trop peu de longueur pour sa largeur et son élévation : la tour est placée au bas de l'église du côté du septentrion.

L'ancienne abbaye de Bénédictins, dite de Saint-Père, était située au nord de Melun, au sommet de la montagne de Saint-Barthélemy, entre la route de Melun à Paris et la Seine. On attribue sa première fondation au roi Clovis, ce qui paraît hasardé; mais il est certain qu'en l'an 973, les rois Hugues Capet et Robert donnèrent une charte pour rétablir cette abbaye qui avait été ruinée par les Normands. — Placée hors de l'enceinte de la ville, exposée aux insultes de l'ennemi, cette maison fut pillée, abattue jusqu'à quatre fois, puis détruite de fond en comble par un incendie, la nuit du 20 au 21 septembre

(1) Séb. Rouillard, *Histoire de Melun*.

1590. Reconstruite depuis cette époque, ses bâtiments n'offrent rien de bien remarquable par leur antiquité; mais on jouit de ce lieu d'un des plus beaux points de vue du département. Avec quelques changements, quelques embellissements, cette abbaye est devenue l'hôtel de la Préfecture, et le préfet en habite l'ancienne maison abbatiale.

Dans une petite place triangulaire située devant l'hôtel de la Préfecture, sur le bord de la grande route de Melun à Paris, était l'ancienne église paroissiale de Saint-Barthélemy. Cet édifice, qui datait du XI° ou XII° siècle, a été tout à fait détruit à la révolution. Il ne reste plus aujourd'hui que le clocher, surmonté d'une flèche, qui a été conservé comme point de reconnaissance pour mesurer les degrés du méridien. La cure de Saint-Barthélemy et celle de Saint-Aspais étaient à la collation de l'abbaye de Saint-Père, dont la seigneurie s'étendait jusqu'au marché au blé dépendant de la paroisse et auparavant du bourg Saint-Aspais, et sur plusieurs paroisses des environs. — Les trois monastères d'hommes, qui existaient avant la révolution dans ce quartier de la ville, s'y étaient établis dans le courant du XV° siècle. Le couvent des Capucins est maintenant une belle maison bourgeoise placée à l'extrémité du faubourg des Carmes, sur le bord de la route de Melun à Meaux. Le couvent des Carmes, très-spacieux, situé sur le penchant de la même montagne, au-dessous de celui des Capucins, forme aujourd'hui le palais de justice et sert de caserne à la gendarmerie. — L'ancienne église des Carmes, transformée en une salle de spectacle, sert aussi dans certaines occasions à donner des fêtes publiques. L'église paroissiale de Saint-Liesne était située au faubourg de ce nom, sur le penchant du coteau qui descend à l'Almont et sur le bord de la route de Melun à Montereau-faut-Yonne et à Lyon. Cette église est détruite depuis la révolution. — D'après une tradition, saint Liesne aurait été évêque de Melun, et la ville aurait perdu l'avantage d'être une ville épiscopale autant par la négligence de ses habitants que par les dévastations successives dont elle avait été le théâtre. Mais cette opinion n'est même pas probable; car, si Melun eût été un siège pontifical, plusieurs évêques l'auraient successivement occupé, et il serait nécessairement resté dans quelques endroits des traces de leur existence : mais l'on ne saurait trouver rien de semblable. Quant à saint Liesne, dont la vie est d'ailleurs assez peu connue, il est cité au martyrologe comme confesseur et non comme pontife.

Le couvent des Récollets était construit au sommet de la montagne de Saint-Liesne. La position de ce monastère est à l'est, et hors de la ville, dans un lieu où l'on jouit de l'air le plus pur; ses vastes bâtiments environnés de beaux jardins, où coule une source d'eau vive abondante, le firent choisir, à l'époque de la suppression des couvents, pour y établir l'hôpital. On a réuni dans ce local l'hôpital des hommes et celui des femmes qui étaient auparavant séparés. Le premier était situé près de la place du marché au blé ; la petite église dite Saint-Jacques-de-l'Hôpital en faisait partie. On prétend que cet édifice, fondé par Charlemagne, avait été augmenté par Louis VII ; mais l'établissement de l'hôpital était dû à la munificence de quelques citoyens de Melun. — Ces bâtiments sont maintenant remplacés par un très-bel hôtel.

L'hôtel de ville, au centre de Melun, dans une belle rue, est un grand bâtiment que rien ne distingue des habitations particulières. Il contient plusieurs salles où se tiennent les différentes réunions administratives, politiques ou scientifiques, et renferme encore une bibliothèque composée d'environ huit mille volumes.

Au bas du faubourg de Saint-Liesne, en deçà du pont bâti sur l'Almont, il y avait autrefois une petite église de Saint-Jean-Baptiste, sous le titre de Commanderie, dépendant de Saint-Jean-en-l'Ile de Corbeil. Détruite en 1590, elle fut remplacée par un cimetière. Peu de temps après, les Récollets vinrent s'établir dans le voisinage.

Sous le règne de Louis le Jeune, les juifs, qui avaient des synagogues dans plusieurs villes des environs de Paris, en avaient également une à Melun. Il y a toute probabilité qu'elle était dans la rue de la Juiverie, et Séb. Rouillard croit même avoir reconnu la maison où on l'avait établie.

Le moulin Poignet, placé sur l'Almont, entre les faubourgs des Carmes et Saint-Liesne, mérite une mention particulière par son ancienneté, puisqu'il existait d'après une chartre de la reine Blanche, dès l'année 1250.

L'ancienne paroisse de Saint-Ambroise, dont l'église est maintenant démolie, fut fondée avant l'an 1047. Elle renfermait toute cette partie de la ville qui est au sud de la rivière et que traverse la route qui va de Melun à Fontainebleau. Cette paroisse comprenait dans son étendue l'ancienne prison; l'ancienne caserne et la maison des Frères de la doctrine chrétienne, chef-lieu de l'ordre, construite dans le XVIIIe siècle, sur l'emplacement du couvent des Dames de la Visitation Sainte-Marie, et de plusieurs autres édifices (1). Ce grand bâtiment forme aujourd'hui, avec quelques constructions qu'on y a jointes, l'un des plus beaux quartiers de cavalerie des environs de Paris. Les tribunaux siégèrent pendant longtemps dans ce local.

La population de la ville de Melun s'accroît d'une manière rapide. On y comptait à peine 4000 âmes il y a quarante ans; il y a aujourd'hui 8200 habitants. Des rues larges, de grandes places, des quais magnifiques, ont remplacé les rues petites et étroites que naguère encore encombraient d'ignobles bâtiments. Les deux grandes routes d'Italie et le fleuve qui traversent cette ville la vivifient et facilitent

(1) Plan manuscrit de Melun, année 1660.

son commerce qui consiste en grains, farine, vins, volailles et fromage. Il s'y tient, le mercredi et surtout le samedi, un marché bien fourni en denrées de toute espèce. — On trouve à Melun plusieurs établissements industriels, comme filatures et tissages de coton, tanneries, fours à chaux et à plâtre. — La ville est placée au milieu d'un paysage très-varié. Elle est la patrie du célèbre traducteur de Plutarque, Jacques Amyot, né le 15 octobre 1540, dans une condition si obscure, que l'on ignore quel fut l'état de son père, et qui, après avoir mendié pour vivre et avoir été recueilli par charité, devint précepteur de Charles IX qui le fit évêque d'Auxerre, grand-aumônier de France, chevalier du Saint-Esprit, etc. Abeilard a tenu pendant longtemps une école à Melun, qui compte trois conciles, assemblés par les évêques de la province de Sens, en 1216, 1225 et 1300. Cette ville n'a que deux écarts : une partie du hameau des Trois-Moulins situé au nord, à 1 kil. de Melun sur l'Almont, et la ferme de Montagu, au nord.

Urbs Nicæna, Nicée, aujourd'hui Isnik, sur le lac de ce nom, à l'est de Moudania dans l'Anatolie, Asie-Mineure. C'était une ville considérable de la Seconde Province de Bithynie, dans l'exarchat du Pont, qui comptait plus de 400,000 habitants. Elle en a aujourd'hui à peine 4000. Le concile de Chalcédoine lui accorda le titre de métropole. Le sixième concile général lui assigna pour suffragants les évêchés de Linoë, Gordoservus, Numerica, Modrena ou Melina, Taum et Maximiana. L'Église grecque y a conservé un archevêque. Elle dépend, sous le rapport catholique, du vicaire apostolique patriarcal de Constantinople, et constitue un titre d'archevêché *in partibus infidelium*.

Isnik, autrefois *Antigona*, de son fondateur Antigonas, prit le nom de Nicée en l'honneur de l'épouse de Lysimaque. Cette ville est célèbre dans l'histoire de l'Église, par les deux conciles œcuméniques qui s'y sont tenus, le premier et le septième, dont l'un détermina la profession de foi de l'Église catholique, prononça la condamnation d'Arius, fixa le temps de la fête de Pâques, et posa les bases de la discipline ecclésiastique ; et dont l'autre condamna l'hérésie des iconoclastes, ou briseurs d'images. L'Église, où les 318 évêques, parmi lesquels on voyait plusieurs Pères et plusieurs saints, réunis de l'Occident et de l'Orient, en présence de l'empereur Constantin, avaient établi contre les ariens la consubstantialité du Père et du Fils comme article fondamental de foi pour tous les temps à venir ; cette église fut transformée en mosquée par le sultan Urchan, dont on voit encore le nom taillé au-dessus de la porte, sur des pierres conservées au milieu des ruines. L'église du Saint-Synode est également devenue une mosquée. L'histoire de cette ville a été fort agitée, et par son importance elle occupe une première place dans les annales de l'Orient. Elle était la capitale des sultans Seldschuks de Rum, lorsqu'elle subit le long et rigoureux siége des premiers croisés conduits par Godefroy de Bouillon, Tancrède, Bohemond, Hugues le Grand, Robert de Flandre, Robert de Normandie, etc. Au xiie siècle, en 1106, elle devint la résidence de l'empereur grec Théodore Lascaris, durant la domination des Latins à Constantinople ; et ce fut sous l'empereur Andronicus le Jeune qu'elle se rendit au sultan Urchan par capitulation. Aujourd'hui cette ville n'est plus qu'une enceinte de hautes murailles, seules respectées par la main des hommes et du temps, où l'on ne rencontre que quelques cabanes isolées comme dans un parc solitaire. Ainsi cette ville brillante et célèbre sous tant de rapports vint, comme tant d'autres cités, échanger entre les mains des Turks son opulence et son illustration contre la misère et la ruine. — Isnik est éloigné de Nikmid, ou Nicomédie, de 60 kil. On fait la route par des montagnes couvertes de belles forêts, au milieu desquelles on aperçoit avec surprise les restes d'un chemin très-bien pavé, souvenir perdu dans les montagnes d'une civilisation qui a disparu.

Urbs Pergamensis, vel *Pergamum*, Pergame. — Après avoir été l'opulente capitale de la Mysie, la résidence du roi Attale ; après avoir paru avec éclat dans l'histoire des arts et des sciences par ses magnifiques tapis si recherchés des Romains, par l'invention du parchemin, par sa bibliothèque de 200,000 vol., par ses temples d'Esculape et de Minerve, et par ses églises encore plus admirables ; après avoir eu la gloire de figurer parmi les sept anges de l'Apocalypse, Pergame n'est plus qu'un bourg misérable et désolé du pachalik de Smyrne, dans l'Anatolie, qui a nom *Bergama* ou *Pergamo*. Son évêché, sous la métropole d'Ephèse, dans la Première Province d'Asie, datait du 1er siècle ; au ixe il obtint le titre d'archevêché. Déjà la ville se mourait. — Pergame a vu naître Galien et Apollodore, le maître d'éloquence d'Auguste. Elle a fourni au christianisme des martyrs, des évêques illustres et de saints confesseurs. Il s'y est tenu un concile en l'an 150. La population est d'environ 2000 habitants, sur lesquels on ne compte pas plus de deux à trois cents chrétiens ; elle habite des huttes délabrées qui se perdent au milieu des ruines imposantes des anciens édifices. On remarque les débris du temple d'Esculape, de celui de Minerve, les restes d'une porte magnifique et d'un aqueduc. La cathédrale est encore entière. Le bourg de Pergamo dépend du vicariat apostolique de Smyrne.

Urbs Philadelphica, Philadelphie, aujourd'hui Alaschehr, et au moyen âge Kallatebos. L'évêché datait du 1er siècle ; il faisait partie de la province de Lydie, sous la métropole de Sardes : c'était un des sept anges de l'Apocalypse. Des commentateurs et des légendaires ont prétendu que ces paroles du livre mystérieux de saint Jean : *Si tu es tiède, je te vomirai*, s'appliquaient à cette ville. Quoi qu'il en soit, comme rien n'a manqué à son illustration historique et chrétienne, rien non plus n'a manqué à sa ruine. On y aperçoit les débris imposants de la *Philadelphia* des Grecs, fondée par Attale-Philadelphe, dans le iie siècle avant Jésus-Christ. Hérodote en parle à cause de ses gâteaux de miel, qui étaient et qui sont toujours en grande faveur dans tout l'Orient. — Cette ville fut la dernière possession de l'empire grec en Asie. En 1390, le sultan Bajesid-Ildirim s'en empara avec le concours des empereurs grecs Jean et Manuel Paléologues, père et fils, qui, n'osant résister à ce barbare, montèrent eux-mêmes à l'assaut de cette malheureuse ville, à la tête de 12,000 hommes qu'ils avaient armés contre leurs propres sujets. L'empire grec n'existait déjà plus ni de droit, ni de fait ; on ne comptait que des esclaves qui se hâtaient d'obéir en tremblant. La ville fut dévastée, la population transportée, les églises démolies ou changées en mosquées. Avant ce désastre, la dignité de métropole lui avait été transférée de Sardes. Il y a encore aujourd'hui un archevêque grec schismatique. — Philadelphie est située dans l'Anatolie, sur l'Yarim-Tchaï, au pied du Bouz-Agadj ; sa position favorise beaucoup son commerce, parce qu'elle est un lieu de station pour les caravanes. Un grand nombre d'Arméniens la fréquentent. Les habitants, dont on porte le chiffre à 15,000, sur lesquels il y a 2000 grecs, se livrent à la fabrication des cotons : leurs teintureries sont très-renommées. Alaschehr est à 120 kil. est de Smyrne et sous la juridiction du vicaire apostolique de cette ville. Lat. nord 38° 20' ; long. est 26° 51'.

Il y avait deux autres évêchés de ce nom, l'un se trouvait dans la province d'Isaurie, patriarcat d'Antioche, l'autre dans la Seconde Province Arabique, patriarcat de Jérusalem. Le premier datait du ve siècle, et dépendait de la métropole de Séleucie (*Seleucia Aspera*). Cet évêché n'existe plus, la ville étant tout à fait ruinée. Le second datait également du ve siècle, il dépendait de la métropole de Bostra, laquelle n'est plus aujourd'hui qu'un village habité par de pauvres Arabes.

Urbs Principis, la Ville-du-Prince, ou Begschehri (quelques géographes mettent Beg-Cheher : en écrivant Begschehri, nous avons suivi les géographes arabes.) — Begschehri est la ville par excellence des légendes musulmanes durant une partie du moyen âge ; elle figure avec éclat dans les contes orientaux, à cause de la noble et mystérieuse figure de son fondateur Alaeddin, le grand prince des Seldschuks de Rum. Aussi habile administrateur que conquérant heureux, Alaeddin fonda dans la Karamanie la Ville-du-Prince sur la rive orientale du lac Begschehri, qui a 40 kil. de tour, et qui est très-poissonneux. Située dans une plaine, cette ville est le chef-lieu d'un sandschak de la Turquie asiatique. On y voit des Arméniens et quelques grecs ; mais la masse de la population se compose de Musulmans. Elle est à 120 kil. de Koniéh.

Urbs Samastrensis, vel *Amastris*, vel *Sesamos*, Amastrah, ou Amasserab, ou Amasreh, vieille cité qui était, au v° siècle, un archevêché de la province de Paphlagonie, dans l'exarchat de Pont, sous la métropole de Gangra. A cause de sa situation sur une petite presqu'île, de son double port sur la mer Noire, et de la beauté de ses édifices, Pline le Jeune la nommait l'œil du monde (Epist. lib. x, p. 99). Nicétas et Mannert en parlent comme d'une ville dont le commerce était très-important. Elle devint, dans le xv° siècle, le chef-lieu des possessions génoises dans la province de Pont. Mohammède II s'en empara, et depuis ce moment elle n'a fait que décroître. On y découvre des restes de temples ainsi que des ruines de l'antiquité grecque et du moyen âge. Son territoire fournit beaucoup de bois de construction, dont l'exportation occasione le mouvement du port. Elle est à 270 kil. est-nord de Constantinople, et à 120 du petit port de Triboli. Elle est comprise dans le vicariat apostolique patriarcal de Constantinople.

Urbs Sardicensis, vel *Sardica*, Sardique, ou Sardika, aujourd'hui Sofia, Sophie, qui a été la patrie de l'empereur Maximien, et la métropole, dès le iv° siècle, de la province de *Dacia Mediterranea*; elle n'avait que deux suffragants, Nissa et Remesiana. Il s'y tint en 347 un concile pour juger la cause de saint Athanase contre les partisans de l'arianisme. Ravagée par les Huns, dévastée par les Valaques, rebâtie par l'empereur Justinien, elle parvint à se maintenir dans le moyen âge, sous le nom de Sofia; et aujourd'hui c'est encore une ville remarquable par ses mosquées, ses bains, ses sources chaudes et froides. Située dans une grande plaine entourée de hautes montagnes entre l'Isker et la Nissava; elle est ceinte de murs flanqués de tours, avec un château; elle possède 23 mosquées, plusieurs églises grecques et une catholique. Quoiqu'une des plus belles et des plus riches de la Turquie d'Europe, cette ville n'en est pas moins, comme toutes les autres, très-mal bâtie dans l'intérieur : on n'y voit que des maisons de bois en partie sans fenêtres, et garnies seulement d'une grille. Elle a quelques fabriques de soierie, toiles de coton, tabac, etc., et fait un assez bon commerce. Elle tomba au pouvoir des Turks en 1382, par capitulation. — Sofia est à 544 kil. ouest-nord-ouest de Constantinople. La population est d'environ 50,000 habitants, partie Turks, partie Grecs, Arméniens, Juifs et Bulgares. Elle est le chef-lieu d'un sandschak de la Rumélie (Turquie d'Europe), qui est borné au nord-ouest par celui de Widdin, au nord-est par celui de Nikopoli, à l'est par celui de Tschirmen, au sud par ceux de Gallipoli et de Ghiustendil, à l'ouest par celui d'Aladschaissar. — Sofia est la résidence d'un métropolitain grec; et, pour les catholiques, elle forme un vicariat apostolique et une mission qui est remplie par les PP. Capucins.

Urbs Sardium vel Sardis, Sardes. Dès le 1er siècle, cette ville devint la métropole de la Lydie, dans l'exarchat d'Asie ; elle eut ensuite pour suffragants vingt-huit évêchés. Elle était un des sept anges de l'Apocalypse. Ses églises étaient des monuments remarquables autant par leur construction que par la richesse de leur ornementation. Les Turks s'en emparèrent à la fin du xiiie siècle, après un siège long et meurtrier ; ils la renversèrent entièrement, après avoir massacré une partie de la population, et réduit l'autre à l'esclavage. On en voit les ruines dans l'Anatolie, sur la route de Smyrne à Constantinople. Elle était bâtie sur une élévation qui domine la plaine de l'Hermus : les ruines de ses murailles se prolongent des deux côtés du Pactole. Deux colonnes ioniques soutenant un entablement sont les seuls restes du temple de Cybèle. Sur le penchant de la colline, de l'autre côté, sont un théâtre et un stade. Il n'existe plus d'habitations dans cette ville célèbre. Quelques tentes de pauvres Urucks, peuples nomades, ornent seuls les bords du Pactole ; et, du haut de la citadelle de Crésus, on n'aperçoit dans la campagne que les tombeaux des rois de Lydie. Ce sont de grandes buttes (*tumuli*), au nombre d'environ soixante, parmi lesquelles on distingue le tombeau d'Alyattes, père de Crésus, dont parle Hérodote comme du monument le plus considérable qu'il eût vu après les pyramides, et qui ressemble en effet à une montagne naturelle. — En sortant de Sarde, on traverse l'Hermus, la plaine d'Hyrcanie, et l'on entre dans la chaîne de montagnes connue sous le nom de Youssof-Dagh, qui s'étend du mont Olympe au mont Ida et forme la séparation des eaux de la mer de Marmara avec celles de l'Archipel.

Urbs Sebastena, Sébaste, l'ancienne Samarie. — C'était une ville épiscopale du iv° siècle, bâtie sur l'emplacement de Samarie, dans la Première Province de Palestine, sous la métropole de Césarée, patriarcat de Jérusalem. Ce n'est plus qu'un village, qui possède encore néanmoins une église dédiée à saint Jean-Baptiste, autour de laquelle se groupent quelques cabanes de chrétiens et d'Arabes. Ce monument a trois nefs, dont la proportion est admirable. Les matériaux en sont précieux, les pilastres travaillés avec délicatesse ; une tribune, que le temps a épargnée, offre des médaillons, qui sont des chefs-d'œuvre de sculpture. Lors des Croisades, pendant la domination des Latins dans la Palestine, Sébaste eut un évêque catholique.

Urbs Sebastensis, Sébasté, Saustia, aujourd'hui Siwas. — Cette ville est célèbre dans le martyrologe du christianisme. Dans les premiers siècles, le sang de ses enfants a largement coulé pour la foi. Au commencement du moyen âge, elle partagea les vicissitudes de l'Arménie, et eut beaucoup à souffrir des guerres des rois de Perse contre les Grecs de Byzance. Rebâtie entièrement par Alaeddin, grand prince des Seldschuks, elle était l'une des villes les plus peuplées et des places les plus fortes de l'Asie-Mineure ; elle comptait plus de 100,000 habitants. Ses ouvrages étaient construits avec des pierres de 3 mètres 50 centimètres de longueur sur 1 mètre 50 centimètres d'épaisseur ; les murailles, d'une élévavation de 24 mètres, en avaient 6 de profondeur, et 6 au sommet. Les sept portes de la ville roulaient sur des gonds de fer. Elle fut néanmoins prise en 1400, par Timur, qui fit enterrer vivants une partie des habitants avec un raffinement de cruautés incroyables (1) : — Le sultan Asduin-Keikawus, à la fleur de son âge, y mourut au commencement du XIII° siècle. On y voit son tombeau à côté d'un hôpital qu'il avait fondé. Ville épiscopale, elle fut érigée, au v° siècle, en métropole de la Première Province d'Arménie. Sa juridiction s'étendait sur les archevêchés suivants : Héracléopolis, Rhenum, Colonea, Sébastopolis, et sur les évêchés de Nicopolis, de Satula et de Berissa. Sébaste est actuellement fort délabrée ; elle possède un archevêque grec schismatique, un archevêque arménien dépendant du patriarche d'Ecsmiazin. Cette ville compte encore un assez grand nombre de catholiques. Mais ils n'ont point d'églises, celles qu'ils avaient étant tombées de vétusté. Elles n'ont point été rebâties, faute d'autorisation du divan de Constantinople.

Siwas, chef-lieu du pachalik de son nom, ou de Rum, dans l'Anatolie, est dans une plaine sur le Kizil-Irmak, que l'on passe sur un beau pont. Elle a plusieurs mosquées et une église arménienne. Elle est éloignée de Constantinople de 520 kil. est-sud. La population est de 8000 habitants. Les catholiques sont sous la juridiction du vicaire apostolique patriarcal de Constantinople. — Le pachalik de Siwas ou de Rum est borné au nord par la mer Noire ; au nord-est par le pachalik de Trébizonde ; à l'est par celui d'Erzeroum ; au sud par ceux de Diarbékir et de Marasch ; au sud-ouest par la Karamanie. Il a 480 kil. de long sur 320 de large. Cette province maritime, une des plus belles et des plus fertiles de la Turquie d'Asie, renferme plusieurs montagnes qui appartiennent à la chaîne de l'Anti-Taurus ; on distingue le Jildis-Tagh, chaîne du Taurus, qui s'étend de Siwas à Kaisarieh ; le Kizil-Irmak, l'Ieschil-Irmak (l'Iris), le Thermé (*Tmodon*), l'Askida (*Thouris*), etc., l'arrosent. L'air y est sain, et il y pleut abondamment en été : on y trouve peu d'industrie et de fabriques. Les exportations consistent en cuivre, cuivreries, bois de charpente et de construction, miel, cire, grain, riz, fruits secs, laine, plomb, poils de chèvre, crin, bétail, poisson séché ou salé, vin. On divise ce pachalik en sept sandjacks, dont quelques-uns sont peu connus, savoir : Siwas, Djanik, Amasieh, Tchoûrum, Jeuzgat ou Bozuk, Diwrigi et Arabkir. Popul. env. 800,000 habitants, Turks, Turkomans, Grecs et Arméniens.

Urbs *Thessalonicensis*, vel *Thessalonica*, Thessalonique ; ou Salonique, ou Saloniki. — Malgré les déplorables vicissitudes attachées aux choses humaines, on ne peut disconvenir toutefois qu'il ne pèse sur quelques cités une fatalité plus sombre que sur d'autres. Il en est ainsi de Thessalonique : appelée d'abord *Halia* et *Therma* (Thermes) ; cette ville reçut de Cassandre, qui la rebâtit, le nom de sa femme, Thessalonica, sœur d'Alexandre le Grand. Après la ruine et la suppression du royaume de Macédoine par les Romains, elle fut pillée et dévastée par leurs généraux et leurs consuls. Au temps des guerres civiles, le sénat romain, qui défendait le parti de Pompée, s'y transporta et y tint ses séances. Constantin l'orna d'arcs de triomphe dont on voit encore les beaux débris ; Théodose y plaça ses statues et celles de l'impératrice, sa femme. Elle n'échappa point aux barbares, qui la pillèrent dans leurs premières comme dans leurs dernières invasions. Saint Paul y séjourna et y prêcha l'Evangile avec un grand succès. Thessalonique devint métropole dès le 1er siècle ; elle eut ensuite vingt et un suffragants tant archevêchés qu'évêchés. Ses évêques étaient, dans les premiers siècles du patriarcat romain, exarques et vicaires apostoliques des papes pour les dix provinces de l'Illyrie. L'empereur Justinien leur en enleva cinq pour composer l'exarchat de la Dacia sous Ochrida, de sorte qu'il ne leur resta que l'exarchat de Macédoine, que Léon l'Isaurique soumit au patriarcat de Constantinople. Innocent III réunit Salonique sous l'obéissance des papes, et lui rendit le *pallium* latin ; lorsqu'elle fut la capitale d'un royaume qui avait été établi par les Croisés, et qui passa aux Vénitiens en 1423. Mais les Turks s'en rendirent maîtres en 1431 ; et depuis ce temps-là elle est restée du patriarcat de Constantinople, sous lequel elle n'a que le titre d'exarque de Macédoine, ou plutôt de Thessalie. Le titulaire n'a maintenant que soixante-dix prêtres dans son diocèse ; mais il a huit évêques suffragants.

La mission de Salonique, qui dépend du vicariat apostolique patriarcal de Constantinople, a été cultivée par les PP. Jésuites français, jusqu'à l'époque de leur suppression : l'établissement était dans un état prospère, lorsqu'il leur fallut l'abandonner. Les Lazaristes français l'ont acceptée après le départ des Jésuites ; depuis lors, ils y ont toujours eu deux prêtres. Par leurs soins l'église a été bien décorée, abondamment pourvue d'ornements et autres objets nécessaires au culte : ils entretiennent une école pour les garçons, et il y a quelques années ils en ont fait ouvrir une pour les filles. Le nombre des familles catholiques qui résident à Salonique varie se-

---

(1) Timur-Kan (Tamerlan) réunit sur sa tête les couronnes de vingt-sept pays. Ses conquêtes s'étendirent en Orient, jusqu'en Chine ; au Nord, jusque dans le centre de la Russie ; à l'Ouest, jusqu'à la Méditerranée ; au Sud, jusqu'à l'Egypte. C'était l'homme du triomphe de la force et de l'organisation intelligente : il s'entendait à gouverner comme à vaincre.

Timur, d'une haute stature, avait la tête extraordinairement grosse, le front large, élevé, le teint vif et animé ; par une particularité singulière, dès son enfance il avait les cheveux blancs ; à chacune de ses oreilles il portait une perle d'un grand prix. Sérieux et sombre, il était ennemi de la gaieté, encore plus de l'hypocrisie. (*Note de l'auteur.*)

lon que l'état du commerce est plus ou moins prospère. Ce nombre est rarement au-dessous de cinquante. La piété des chrétiens de ce lieu est digne des éloges que l'Apôtre donnait à ceux qu'il y avait instruits. Les seuls vestiges matériels du passage du grand Apôtre sont trois chaires du haut desquelles le sublime Paul avait, dit-on, instruit les Thessaloniciens. L'une, qui est en bois, se trouve entre les mains d'un juif : personne ne va la voir, tant l'antiquité en est suspecte. Les deux autres sont dans les mosquées des Turks ; ceux-ci les conservent, à cause des cadeaux des curieux qui vont les visiter. Mais ces chaires ne se composent plus que de quelques morceaux de marbre, auxquels sont attachés quatre à cinq marches d'un escalier étroit. On reconnaît, à l'examen de ces restes, qu'ils ont été enlevés à quelques chaires du genre de celles qu'on retrouve dans les églises grecques (1). Il est donc probable que les Turks les ont trouvées dans les temples chrétiens, lorsqu'ils se sont emparés du pays, et qu'ils ont converti ces temples en autant de mosquées. Celles de ces anciennes églises qui subsistent encore, sont spacieuses, d'un bon goût d'architecture, et quelques-unes remarquables par la beauté de leurs colonnes en marbre : les Turks n'y ont fait aucun changement notable. Dans une d'elles, on voit les portraits en mosaïque de Notre-Seigneur et des apôtres ; dans une autre, le tombeau d'un saint appelé Démétri. Il y a toujours une lampe allumée sur ce tombeau ; et l'iman qui est préposé à la garde de la mosquée a soin d'entretenir d'huile cette lampe.

La population de Salonique, qui est de 70,000 habitants, se compose de Turks, de Grecs et de Juifs. Ces derniers sont les plus nombreux, et renommés entre les Juifs même par leur attachement à leur loi. Néanmoins la soif du gain dont cette nation est dévorée, et le désir de se soustraire aux avanies des Turks, en ont détaché un bon nombre, qui ont embrassé la religion musulmane, sans renoncer toutefois au judaïsme d'une manière absolue ; mahométans au dehors, juifs dans l'intérieur de leur famille, tels sont ces malheureux, dont le nombre peut s'élever à 5000. Les Turks n'ont jamais pu les amener à contracter des alliances avec eux, mais ils ne s'allient pas non plus avec les véritables Juifs ; en sorte qu'ils forment une tribu à part, qui se suffit à elle-même. Ils sont, du reste, fort riches. La population grecque s'élève tout au plus à 10 ou 12,000 âmes ; ces sectaires possèdent plusieurs églises, qu'ils ont bâties pour remplacer celles que les Turks leur ont enlevées ; toutes ces églises n'avaient rien de remarquable.

La fièvre règne presque toute l'année à Salonique. Cette ville a encore ses murailles telles qu'elles étaient quand les Turks s'en emparèrent. Les portes se ferment chaque soir au coucher du soleil, et on ne les ouvre plus pour personne ; celui qui a le malheur de se trouver dehors doit passer la nuit à la belle étoile. — Salonique est le chef-lieu du sandschak de la Rumélie, Turquie d'Europe, borné au nord et à l'ouest par celui de Gallipoli, à l'est et au sud-est par l'Archipel, au sud-ouest par le sandschak de Tirhala, à l'ouest par celui de Gallipoli ; il renferme 520 lieues carrées et 250,000 habitants.

Salonique est située à l'extrémité septentrionale du golfe du même nom, au pied du Kurtiath ou Hortasch, contre lequel elle est en partie bâtie. Elle a la forme d'un triangle irrégulier, et est environnée de murs construits en briques sur fondations en pierre de taille, d'une épaisseur énorme et flanquées de tours. Ses dômes et ses minarets, ses maisons la plupart entourées de jardins et bâties en amphithéâtre, lui donnent à l'extérieur le plus bel aspect, mais l'intérieur ressemble à toutes les villes turques : on n'y trouve que des rues étroites, des places peu étendues, des maisons basses et mal construites, qui ressemblent en partie à des baraques. Cependant on y remarque plus de propreté et d'activité ; les quais abondent en marchandises ; les bazars fourmillent de vendeurs et d'acheteurs ; quantité de personnes sont occupées autour des vaisseaux et des magasins. On y compte des consuls de toutes les nations, et un nombre considérable de marchands franks qui ont tout le commerce entre les mains, ainsi que 10 grandes mosquées et plusieurs petites ; des églises grecques et couvents, des synagogues, plusieurs fabriques et manufactures, surtout de coton, maroquin, tapis, tabac et vêtements de femmes en soie. Les exportations consistent en grains, laine, tabac, coton, miel et cire, huile d'olive, soie, etc. Cette ville est une des plus commerçantes du Levant ; on y importe indigo, café, cochenille, sucre, orfévrerie, épices, coton, laine, cuivre, draps, plomb, montres, etc. On en exporte pour environ 9 millions de piastres ; et la valeur des importations ne va pas au delà de 5 millions. On trouve dans les environs beaucoup d'antiquités. Elle est à 500 kil. ouest par sud de Constantinople. Lat. nord 40° 58′ 47″ ; long. est 20° 36′ 58″. Sur les 70,000 habitants qu'elle compte, il y a 20,000 Juifs, 42,000 Grecs, 3000 Franks.

Urbs Tirihalensis, vel *Tirihalum*, *Tschorli*. — C'est une ville de la Rumélie, Turquie d'Europe, qui fait partie du sandschak et qui est à 72 kil. sud-sud-ouest de Visa, sur le Zorulus. Elle est ceinte de murs, mais qui tombent en ruines. On y voit une mosquée, un khan et quelques chapelles grecques délabrées. On y fait un commerce de bestiaux, et surtout de fromages qui sont renommés et recherchés dans toute la Rumélie. La population, de 4000 habitants, y est très-mélangée ; elle se compose de Turks, de Grecs et d'Arméniens.

(1) Elles sont un tiers plus élevées que les nôtres, de forme ronde, petites, avec un escalier étroit et tournant autour d'un pilier.

Urbs Trecensis, vel Trecæ, vel Tricasses, vel Augustobona, Troyes. — Son évêché date du IIIe siècle, était et est encore suffragant de Sens. Conservé par le concordat de 1801, il a sous sa juridiction tout le département de l'Aube. — Il s'est tenu à Troyes cinq conciles, en 867, 878, 1104, 1107 et 1128. Il y a un grand et un petit séminaires.

Les étymologistes, qui souvent trouvent des mystères où il n'y en a pas, disent que cette ville a été appelée Trecæ, comme qui dirait Tres arces, parce qu'il y avait autrefois trois châteaux dont on voit encore les vestiges. Le plus considérable était celui où les comtes de Champagne faisaient leur demeure. L'église Saint-Etienne en était la sainte chapelle. Le second de ces châteaux est presque entièrement abattu, et l'on ne voit plus qu'un reste de tour et quelques murailles qui étaient derrière le couvent des Cordeliers. L'église autrefois appelée Saint-Jean-le-Chatel et Beffroi, et depuis Saint-Blaise, servait de chapelle à ce château. Le troisième enfin, était entre l'église de Saint-Nicolas et la porte du Beffroi. Ce fut dans ce dernier que le roi de France Louis le Bègue accueillit vers l'an 878 le pape Jean VIII, après avoir reçu de sa main la couronne impériale dans un concile tenu dans l'église cathédrale de Troyes. Ce troisième château fut ruiné par un incendie arrivé en l'an 1524.

Quoique Jules César n'ait pas fait mention de Troyes, il y a tout lieu de croire que cette ville existait de son temps, car elle était déjà une des plus notables de la Gaule dès le premier siècle de notre ère. Pline parle du peuple Tricasses. Ptolémée appelle la capitale de ce peuple Augustobona ou Augustomana Tricassium. Elle dut perdre le nom d'Angustobona pour prendre celui de la peuplade dont elle était le chef-lieu, à peu près vers le temps où la ville de Lutèce prit celui de Paris. — Troyes fut d'abord, comme Paris et Melun, circonscrite dans une île formée par deux bras de la Seine. Dès l'an 356, elle était fermée de murs, ainsi que nous l'apprend Ammien Marcellin. En 441, Attila, roi des Huns, ayant été défait par Aëtius, fit sa retraite sur Troyes, où l'alarme devint générale lorsqu'on apprit qu'il marchait sur cette ville, sous les murs de laquelle il arriva le 20 septembre. Saint Loup, qui en était évêque, avait tout à craindre d'une armée composée de gens féroces et accoutumés au pillage : la ville, alors peu considérable, n'avait pour défense que des murs construits à la hâte deux siècles auparavant. Le prélat négocia avec Attila pour le passage de son armée dans Troyes. Par une des conditions de ce traité, Attila exigea, pour sa sauvegarde et celle de son armée, que l'évêque l'accompagnât jusqu'au Rhin, lui promettant de le laisser revenir. En effet, dès que l'occasion s'en présenta, le barbare ne s'opposa pas à son retour. — La ville de Troyes fut réduite en cendres par les Normands en 889. En 1228, le comte Thibault IV y fut assiégé par les seigneurs qui voulurent enlever la régence à la reine Blanche. Saint Louis vint en personne au secours de Troyes, et le siège fut levé. Le jeune roi n'était encore que dans sa quatorzième année; il fit ses premières armes dans cette expédition. Le duc de Bourgogne s'empara de Troyes vers 1415. Après l'assassinat de ce prince à Montereau, par ordre du dauphin Charles, la reine Isabeau de Bavière crut cette occasion favorable pour le perdre ; profitant de la faiblesse d'esprit du roi, elle lui persuada de déclarer son fils criminel de lèse-majesté, ennemi de l'Etat, de le déshériter, de marier leur fille au roi d'Angleterre, Henri V, et de lui donner pour dot la couronne de France. Le 28 mars 1420, le nouveau duc de Bourgogne arriva à Troyes avec une suite nombreuse, et il fut admis à prêter foi et hommage au roi pour le duché de Bourgogne, les comtés de Flandre et d'Artois et ses autres seigneuries. Il y fut reçu avec confiance par le roi, la reine et madame Catherine ; le roi n'avait plus ni mémoire ni jugement. Les conditions de la paix avaient été convenues pendant que la trêve était prorogée seulement de dix jours en dix jours, et le 9 avril, Isabeau en fit signer les préliminaires à Charles VI, qui ne savait pas ce qu'il faisait. Ces préliminaires obligeaient Henri V à renoncer au titre de roi de France, qu'il s'attribuait, pour se contenter de celui de régent et héritier de la couronne ; mais en retour ils lui transmettaient immédiatement l'administration du royaume : ni la reine ni le duc de Bourgogne ne s'y étaient réservés aucune part. Les négociations avaient porté dès lors sur la garantie des libertés du royaume et de son intégrité, et sur quelques réserves pour l'entretien du roi et de la reine, ou pour le douaire de madame Michelle, duchesse de Bourgogne. Le 29 avril, le chancelier de France donna communication de l'état des négociations à une assemblée formée à Paris, du parlement, de la chambre des comptes, de l'université, du chapitre, des gens du roi, du prévôt de Paris, du prévôt des marchands, enfin des quarteniers, des dizainiers et cinquanteniers. Aucune voix ne s'éleva contre ces préliminaires; on ne répondit à leur lecture que par des cris de : *Vive le roi*, *la reine et le duc de Bourgogne* ! Le chancelier et le premier président se rendirent ensuite à Pontoise, auprès du roi d'Angleterre : tout était conclu, et le 20 mai, celui-ci se transporta lui-même à Troyes. Il était accompagné par les ducs de Glocester et de Clarence, ses frères, et il conduisait avec lui une armée de 7000 hommes d'armes. Le duc de Bourgogne, à la tête des seigneurs de son parti et de celui de la reine, alla au-devant de lui, et le conduisit à l'hôtel qui lui était destiné, *au-dessoubs de l'esglise Sainct-Jehan*. En arrivant, ce prince vit le roi, la reine et *dame Catherine, leur fille, qui feirent de très-grantz honneurs l'ung à l'autre*. Le 30 mai, lendemain, suivant Lefebvre, du jour de la Trinité, que *l'Art de vérifier les dates* place au 2 juin 1420, et le 2 juin, suivant Juvenal des Ursins, c'est-à-dire, le jour même de la Trinité, Henri V, voulant que le *mariage se fist suivant la coustume de France*, épousa madame Catherine dans *l'esglise parochiale*. Henri de Savoisy, archevêque de Sens, leur donna la bénédiction, et pour treize deniers il mit sur le livre treize nobles. A l'offrande, avec le cierge, les nouveaux époux offrirent chacun trois nobles, et donnèrent à ladite église deux cents nobles, *et feurent les soupes au vin faictes en la magniere accoustumée et le lit béni.* « S'y feurent faictes ce jour-là par les Anglais, ajoute saint Remy, grands estats et bombanz; estant richement vestus et parez de draps d'or et de soye de riches couleurs et chargiez de pierres, que François et Borgoignons s'esmerveilloient, où telles richesses pouvoient avoir esté prinses. Là estoient du party du roi, le duc de Borgoigne, par le moyen duquel les traictiez et alliances se faisoient ; et avec lui le prince d'Orange, le seigneur de Joinville, le Veau de Bar, le seigneur de Montagu, messire Jean de Cottebrune, mareschal de Borgoigne et Picardie, le comte de Conversan, messire Jehan de Luxembourg, le seigneur de Croy, le seigneur de Humbercour, le S. de Longueval, le S. de Robec, M. Here de Lannoy, etc. » — Le fameux traité de Troyes, par lequel Charles VI rendait la France sujette du roi d'Angleterre, fut signé le 21 mai. Par ce traité, Henri V s'engageait à conserver à Charles VI et à Isabeau, durant la vie du premier, la couronne et la dignité royale, avec les revenus nécessaires pour en soutenir la splendeur. Mais, après la mort de Charles VI, la couronne de France devait être perpétuellement dévolue, avec tous ses droits, à Henri V et à ses héritiers. Même pendant la vie de Charles VI, l'administration du royaume devait, à cause de l'infirmité du roi, être confiée à Henri V; mais il était tenu d'user pour cela des conseils des nobles et des sages du royaume, de maintenir la juridiction du parlement, ainsi que les droits et libertés des nobles, pairs, cités, villes et communautés de France. Ceux-ci, en retour, devaient prêter serment de le servir fidèlement et de le reconnaître pour roi au décès de Charles VI. Henri s'engageait à réduire à l'obéissance du roi toutes les villes et provinces qui tenaient le parti d'Armagnac ou du dauphin ; mais toutes ces conquêtes, la Normandie exceptée, devaient être réunies au royaume de France. La Normandie elle-même devait y être réunie aussi quand Henri V parviendrait à la couronne. Henri s'engageait à ne lever aucune imposition sur le royaume, sans cause raisonnable et nécessaire. Les deux royaumes devaient demeurer perpétuellement unis et gouvernés par le même roi, mais chacun selon ses lois et ses usages, et par ses officiers nationaux. Les deux rois et le duc de Bourgogne s'engageaient enfin à ne jamais traiter avec Charles, *qui se dit dauphin de Viennois,* si ce n'est d'un commun consentement, et avec le conseil des trois États du royaume, à *cause des horribles et énormes crimes qu'il a commis.* L'espérance de la paix, après tant et de si cruelles souffrances, fit accueillir ce traité avec joie par une partie de la France, et surtout par la ville de Paris, qui était réduite au dernier degré de misère : beaucoup d'autres cependant n'y voyaient que l'humiliation de la France et le triomphe des Anglais, que pendant un siècle on s'était accoutumé à regarder comme ennemis. Aussi plusieurs des grands seigneurs attachés au duc de Bourgogne, et entre autres les deux frères de Luxembourg, refusèrent-ils d'abord de jurer le traité de Troyes. Les villes de Bourgogne ne montrèrent pas moins d'éloignement pour le recevoir. Les bourgeois de Paris, au contraire, écrivirent le 2 juin à Henri V, pour accepter ce traité de paix, et protester de leur soumission. Les trois États du royaume furent convoqués à Paris, pour donner leur sanction à ce même traité. Charles VI présida lui-même, le 6 décembre, leur assemblée dans son palais de Saint-Paul ; il avait alors suffisamment de présence d'esprit pour répéter la leçon qu'on lui avait faite, et déclarer qu'il regardait le traité de Troyes comme pouvant seul assurer la paix du royaume. Il invita les trois États à se retirer dans leur chambre pour délibérer, et à se réunir de nouveau le 10 décembre, en assemblée générale. Ce jour-là le traité de Troyes fut solennellement accepté par les trois États du royaume, et déclaré loi de la monarchie.

En 1429, Charles VII, sur les instances de la Pucelle d'Orléans, prit la détermination de se rendre à Reims pour s'y faire sacrer. Il arriva sous les murs de Troyes le 1er juillet ; et fit sommer la ville de se rendre. Les habitants, dominés par les Anglais, refusèrent de le reconnaître et se préparèrent à la résistance ; mais Jeanne d'Arc ayant attaqué la place avec vigueur, les assiégés entrèrent en négociations, qui se terminèrent par la soumission de la ville au roi, qui y fit une entrée solennelle et proclama une amnistie générale. — Sous le règne de François 1er, Troyes devint une place importante durant les guerres de ce prince avec l'empereur Charles-Quint : les officiers municipaux employèrent, pour réparer les fortifications, le produit d'un octroi qui leur avait été accordé, et cette ville fut munie de tout ce qui peut rendre une forteresse capable de soutenir un long siège. En 1524, la ville de Troyes fut en grande partie brûlée par des boute-feux au service de l'empereur Charles-Quint. L'incendie commença le 21 mai à la maison de l'*Homme sauvage*, à l'entrée de la rue du Temple ; il gagna et consuma toutes les maisons jusqu'aux portes de Croncels et de Belfroy, le château de la Vicomté, les églises de Saint-Jean du Temple, du Saint-Esprit, de Saint-Pantaléon, Saint-Nicolas, Saint-Bernard, une partie de celle de Saint-Jean au Marché, où cinq grosses cloches furent fondues ; enfin Saint-Abraham, où le feu commença à s'apaiser, après avoir duré vingt-huit heures. Plus de vingt-deux rues furent la proie de cet incendie, et quelques-uns disent que trois mille maisons furent consumées par les flammes ; mais ce nombre paraît exorbitant, vu l'étendue de la ville. Quoi qu'il en soit, la perte fût immense, et quantité de magasins de grains, de vins et de marchandises furent entièrement consumés.

La religion réformée s'introduisit à Troyes vers 1550, et y fit de nombreux prosélytes. Après le massacre de Sens (en 1562), où plus de cent calvinistes furent jetés dans l'Yonne au sortir de leur prêche, ceux de Troyes, craignant le même sort, se rendirent maîtres de la ville, que reprit bientôt le duc de Nevers, gouverneur de la province, dont les soldats commirent les plus grandes violences contre les religionnaires. Ces malheureux, consternés, résolurent d'abandonner leur patrie et d'emmener avec eux leurs femmes, leurs enfants et une partie de leurs effets; ils se retirèrent à Bar-sur-Seine dont ils s'emparèrent, mais qui leur fut enlevé peu après par les catholiques.

Troyes est la première ville où fut signée l'association dite de la *sainte ligue*; dès l'an 1562, le cardinal de Lorraine étant au concile de Trente, conçut le plan d'une *sainte ligue*, ou association de catholiques, qui devait avoir le triple but de défendre à main armée l'église catholique en France, de faire rendre au frère du cardinal, François duc de Guise, la lieutenance générale du royaume, dans le cas où la race des Valois viendrait à s'éteindre. La mort du duc, assassiné devant Orléans par Poltrot, ne permit pas au cardinal d'exécuter son plan. Cinq ans après, Henri de Lorraine, duc de Guise, fils aîné de François, et alors âgé de huit ans, fit, pour la première fois, composer une formule de serment, par laquelle les signataires s'engageaient à sacrifier leurs biens et leurs vies à la défense de la religion catholique envers et contre tous, excepté contre le roi, la famille royale et les princes de son alliance. Cette formule fut signée par la noblesse de Champagne et de Brie, provinces dont Henri était gouverneur; et le 25 juillet 1568, l'évêque et le clergé de Troyes la signèrent également. L'association est nommée, dans la formule, *sainte ligue, ligue chrétienne et royale* (1). Jusqu'à l'année 1576, cette association resta secrète et ne passa pas les limites de la Champagne; mais à l'avènement de Henri III au trône, l'édit de pacification de 1573 ayant été rompu, Henri de Guise commença à mettre à exécution les plans de son oncle le cardinal. Après l'abjuration de Henri IV, les Troyens le reconnurent pour leur souverain, et chassèrent les ligueurs de leur ville, où le roi fit une entrée solennelle le 30 mai 1595.

La ville de Troyes eut des comtes héréditaires vers le milieu du xᵉ siècle. Le comte Robert, qui s'empara de cette ville sur l'évêque Ansegise, mourut en 968, et eut pour successeur son frère Héribert de Vermandois. Ce dernier transmit le comté de Troyes à Etienne, son fils, en qui s'éteignit la première race des comtes de Troyes. Vers l'an 1019, Eudes, dit le Champenois, s'empara du comté de Troyes et de Champagne. En lui commence la seconde race des puissants comtes de Champagne, qui soutinrent des guerres contre les empereurs, les rois de France et de Bourgogne, etc. Quoique leur fief relevât de la couronne, ils ne craignaient pas de s'attribuer l'autorité souveraine, et même de prendre quelquefois la qualité de rois. Au comté de Champagne plusieurs réunirent ceux de Blois, de Chartres et de Brie. Leur séjour le plus ordinaire était la ville de Troyes, dont la grandeur répondit bientôt à celle de ses souverains. Thibault IV, qui régna de 1102 à 1152, déploya sur cette ville toute la magnificence d'un prince véritablement grand. Il affranchit les hommes et les appliqua aux arts utiles; il attira toute l'Europe aux foires de sa capitale, qui fut, pendant quatre siècles, l'entrepôt du commerce de toutes les parties occidentales de ce continent; créa des manufactures; et, pour leur commodité, il partagea la Seine en une infinité de ramifications qui la portèrent dans tous les ateliers; entreprise digne de l'admiration des siècles les plus éclairés, soit par son objet, soit qu'on la considère du côté de l'art qui a présidé à cette distribution, dont cette ville jouit encore aujourd'hui. En un mot, le comte Thibault créa et fixa à Troyes l'industrie et l'esprit de commerce qui la soutiennent depuis qu'elle a cessé d'être une des premières places de l'Europe. La race des comtes de Champagne est éteinte depuis des siècles. Leur grandeur et leur palais ont disparu, leurs poésies et leur puissance sont tombées dans l'oubli; ce qu'ils ont fait pour le bien des peuples subsiste, et leur mémoire recueille encore des bénédictions.

La ville de Troyes a été visitée par plusieurs rois de France : Charles le Chauve y séjourna avant la bataille de Fontenay, près de Chablis, où périt la plus grande partie de la noblesse de Champagne; événement qui, dit-on, a donné lieu à la noblesse utérine, par laquelle la mère anoblissait l'enfant qu'elle tenait d'un père roturier. En 1322, Charles IV, dit le Bel, épousa dans le palais des comtes de Champagne, Marie de Luxembourg, fille de Henri VIII, empereur d'Allemagne; Charles VIII y fit une entrée solennelle en 1486; Louis XII y vint en 1510; Charles IX y séjourna en 1564 : ce fut pendant son séjour à Troyes qu'il signa la paix avec Elisabeth, reine d'Angleterre, après la reprise du Havre. Nous avons dit précédemment que Henri IV y entra en 1595. Louis XIII séjourna en cette ville en 1629; honneur qui coûta un peu cher aux Troyens, car après le départ du roi, on leva sur tous les habitants de la ville et des faubourgs, la somme de 200,031 livres 17 sous, pour payer les frais d'entrée et de séjour du monarque. Louis XIV s'y arrêta en 1668, au retour de la Franche-Comté qu'il venait de conquérir. — En 1793, la commune de Troyes a été terrorisée : Rousselin y fut envoyé par le comité de salut public, le 26 brumaire an II; il arriva le 28, érigea le tribunal criminel en tribunal révolution-

---

(1) *Journal de Henri III*, t. III, pag. 31, édition de 1744.

naire, et fit dresser une guillotine permanente sur la place Saint-Pierre. Le même jour, il imposa révolutionnairement 1,700,000 livres sur les citoyens de tous états. — L'empereur Napoléon passa à Troyes en 1805. Il rendit dans cette ville un décret concernant la navigation de la haute Seine, qui devait être rendue navigable jusqu'à Châtillon. La ville de Troyes accorda 200,000 fr. pour commencer les travaux. Le 4 février 1814, Napoléon reprit la ville de Troyes sur les Russes, qui s'en étaient emparés ; évacuée quelques jours après par l'armée française, cette ville tomba de nouveau au pouvoir des armées étrangères, qui y commirent toutes sortes d'excès.

La ville de Troyes est située au milieu d'une vaste et fertile plaine, sur la rive gauche de la Seine, qui l'entoure en partie et distribue ses eaux dans son intérieur par de nombreux canaux de dérivation, qui alimentent un grand nombre d'usines et de manufactures. Elle est enceinte d'assez bonnes murailles dont on détruit annuellement quelques parties, presque entièrement construite en bois et généralement mal bâtie : cependant plusieurs quartiers offrent des rues spacieuses, propres et assez bien percées. La Seine, qui se divise en deux bras avant de baigner ses murs, forme une multitude de canaux et de petites rivières qui vivifient ses gracieux alentours : un sentier côtoie leurs bords riants : il conduit aux blanchisseries, aux foulons et aux nombreuses manufactures répandues au milieu d'un paysage pittoresque, entrecoupé de prairies, bordé de haies vives et ombragé de bouquets d'arbres. De quelque côté que l'on se dirige, on découvre à chaque pas des eaux limpides, des jardins agréables et bien cultivés, de verts ombrages, des vignes, des bosquets et des habitations charmantes. Dans la longueur de ces divers bras de la Seine, on a pratiqué des rigoles qui, recevant aussi des eaux de sources, coupent le terrain qui avoisine la ville : ces cantons sont occupés par des jardinages, des chenevières, des oseraies, des bois, plants de saules, etc. Quelques autres le sont par des vignes ; et à peine trouve-t-on, à 1 kil. de Troyes, des terres labourables : l'ombrage continu qui les remplace, offre de tous côtés des promenades champêtres. La plaine où la ville est située se termine, du côté de l'ouest, par un cordon de coteaux, qui règne à peu près, dans la direction du sud au nord, dans une étendue de 12 à 16 kil. Ces coteaux, revêtus de vignes d'un côté, sont couverts de bois à leurs sommets, et sont élevés à 120 ou 140 mètres environ, au-dessus du niveau de la Seine.

L'église cathédrale, dédiée à saint Pierre, est un beau monument d'architecture gothique. La France en a très-peu qui lui soient comparables par l'étendue du vaisseau, par la hardiesse des voûtes, par la justesse et le grand effet des proportions. Il ne manque à ses perfections qu'un peu plus de légèreté dans les piliers qui séparent la nef des bas côtés. Le portail et la grosse tour qui le domine ont une élégance qui, dans les bâtiments gothiques, n'accompagne pas toujours la légèreté. Les premiers fondements de cette église furent jetés en 872. Elle fut ruinée par les Normands en 898, et réparée vers la fin du siècle suivant. Le 23 juillet 1183 elle fut détruite par un incendie, qui consuma presque toute la ville. C'est seulement en 1203 que fut commencée la construction de l'église actuelle ; le rond-point était déjà élevé en 1225 ; le chœur et la nef sont des ouvrages du XIIIe, du XIVe et du XVe siècle. La tour et le portail, commencés en 1506, furent terminés vers la fin du XVIe siècle. La longueur intérieure du vaisseau est de 351 pieds, et la largeur intérieure est de 154 pieds ; la largeur de la nef et de la croisée est de 34 pieds ; la hauteur des voûtes sous clef est de 90 pieds, et la hauteur de la coupole et des tours est de 192 pieds. Cinq arcades composent la nef de ce grand édifice : elles forment, avec celles des croisillons et du chœur, un ensemble parfait. La galerie de la nef est des plus riches. Dans la chapelle des fonts à droite, il existe un groupe de cinq figures, ouvrage du XVIe siècle, représentant le baptême de saint Augustin ; en face, sur l'autel, est une copie de la Cène de Léonard de Vinci ; à droite de l'autel est un autre tableau sur bois, divisé en plusieurs panneaux, représentant la naissance de Jésus-Christ. Tous les tableaux qui existent dans les autres chapelles ne méritent pas d'être cités, à l'exception toutefois d'un tableau représentant l'entrée du pape Pie VII dans la cathédrale, dont toutes les figures sont d'une grande ressemblance ; c'est l'œuvre de M. Paillot de Montabert, auteur d'un *Traité complet de peinture* très-estimé. Les vitraux des chapelles qui environnent le sanctuaire, datent du commencement du XIIIe siècle : les sujets de l'Ancien et du Nouveau Testament y sont représentés dans des cercles et des losanges ; malheureusement, ces vitraux ont souffert, et il y a plusieurs panneaux qui manquent. Ceux des grandes fenêtres du chœur sont précieux par leur belle conservation et par les sujets qu'ils représentent : ce sont la plupart des figures, grandes comme nature, de rois de France, de comtes de Champagne, de princesses de leur maison, d'évêques de Troyes et de saints personnages du XIIIe siècle, dont les différents costumes sont rendus avec beaucoup d'exactitude. Dans la fenêtre qui occupe le milieu du sanctuaire est le crucifiement ; dans celle à droite, le martyre de saint Pierre et la pêche miraculeuse ; à gauche est l'apothéose de sainte Mathie, patronne de la ville de Troyes. Dans les vitres de la nef sont des généalogies, avec l'histoire de Tobie, de Joseph, de David, de Salomon ; les costumes sont évidemment de convention, mais les couleurs sont vives et brillantes. La grande rose placée au-dessus du grand portail est surtout remarquable par l'harmonie et la vivacité des couleurs. — L'ancienne collégiale de Saint-Urbain, citée par Millin comme un des plus beaux morceaux d'architecture gothique, et dont la légèreté surpasse celle de la Sainte Chapelle de Paris, est un édifice élevé par le pape Urbain IV vers la fin du XIIIe siècle. Après la mort d'Urbain IV, Clément IV, son successeur, envoya l'archevêque de Tyr à Troyes pour bénir la nouvelle église. Un seul bas-relief se fait remarquer dans le mur, près de la porte méridionale de cette église. Le sculpteur y a représenté, dans une proportion plus petite que nature, une femme couchée sur un tombeau et enveloppée d'un linceul : le naturel de la pose et la souplesse des draperies rendent cette figure digne du ciseau de François Gentil, auquel on l'attribue. Au-dessus, on lit une légende, avec la date de 1570. Le maître-autel a été récemment entouré d'ornements d'architecture gothique, qui sont loin d'être en harmonie avec le style de l'édifice. — L'église de Saint-Jean, sans être comparable aux deux premières, mérite l'attention des étrangers. Le maître-autel est décoré d'un beau tableau de Pierre Mignard, représentant le baptême de Jésus-Christ dans le Jourdain; c'est, sous le rapport de la couleur et du clair-obscur, une des meilleures productions de cet artiste célèbre. La figure du Père éternel, qui est au-dessus, dans l'attique du retable, ne cède en rien pour l'exécution au tableau du baptême; on y trouve même plus de chaleur et d'inspiration. C'est un don que Mignard fit dans le temps à la paroisse Saint-Jean, sur laquelle il était né. Sur l'autel sont deux anges adorateurs de petite proportion, en cuivre doré, ouvrage de Girardon. Le retable de la chapelle des fonts, à gauche de la nef, est décoré de plusieurs bas-reliefs en albâtre, de Jacques Juliot : le plus grand représente la cène; les figures, presque de ronde bosse, sont travaillées avec beaucoup de soin. — L'église Sainte-Madeleine, la plus ancienne de la ville, offre dans sa construction des détails précieux du XIIe et du XVIe siècle. Le jubé, remarquable par la légèreté et par la richesse de ses détails, fut construit en 1518 par Jean Gualdo, italien; c'est le seul existant des cinq jubés qui décoraient autrefois les églises de Troyes; deux statues d'assez bon style et bien drapées font partie intégrante de sa décoration. Les vitraux des chapelles qui environnent le sanctuaire, sont remarquables par la vivacité des couleurs et par la manière franche dont les riches étoffes sont rendues; ils représentent pour la plupart des sujets tirés de la Genèse et de la vie de la Madeleine. Dans une chapelle à gauche du chœur, on remarque huit petits tableaux peints sur bois, et deux plus grands peints sur toile, par Nicot, offrant les principaux traits de la vie de la Madeleine. — L'église de Saint-Remy est décorée d'un fort beau christ en bronze, de trois pieds quatre pouces de proportion, que l'on voit sur la grille du chœur; c'est un des plus beaux ouvrages du célèbre Girardon, qui en gratifia l'église Saint-Remy, sa paroisse. Sur l'autel d'une chapelle, à droite, est une statue de saint Robert, remarquable par la naïveté de l'expression et la vérité des draperies. On voit aussi dans la même église trois tableaux de Ninet de Letin, élève de Vouet. — Les piliers de la nef et du chœur de l'église Saint-Nicolas sont décorés de statues qui proviennent d'anciennes maisons religieuses. On y remarque celles de saint Nicolas, de saint Frobert, de plusieurs apôtres et autres saints personnages; mais ces statues n'offrent aucun intérêt sous le rapport de l'art : elles sont en général de mauvais goût, à l'exception toutefois de celle de la Vierge, qui a de la grâce dans la pose, et dont l'exécution est bien supérieure; on la croit de la main de François Gentil, sculpteur estimé, qui mourut à Troyes en 1580. Dans la chapelle haute, dite le Calvaire, et qui est à l'extrémité de la nef, on voyait une peinture curieuse du XVIe siècle, qui en occupait toute la largeur. Elle représentait le crucifiement : le fond offrait une vue de Jérusalem, exécutée d'après un dessin pris sur les lieux par un habitant de Troyes qui avait fait le voyage de la terre sainte. Cette fresque a été repeinte entièrement par un barbouilleur qui l'a totalement perdue. Au milieu de cette même chapelle du Calvaire, on voit un christ à la colonne, de proportion plus forte que nature, que l'on attribue à François Gentil. Cette statue est adossée à la colonne qui soutient la retombée de la voûte; elle paraît être du même bloc. Malheureusement elle a été barbouillée à l'huile d'une teinte dite de chair, dont la crudité choque l'œil le moins délicat. Cette figure, dont la pose est cependant assez naturelle, ne paraît pas digne de Gentil, si on la compare aux productions bien connues de cet artiste. Dans le caveau dit le *Sépulcre*, qui est au bas de cette chapelle, il y a une statue couchée du Christ mort, qui, dit-on, est estimée; mais l'obscurité qui règne dans ce lieu ne permet guère d'en apprécier le mérite. Au-dessus de ce caveau, sous un dôme porté par six colonnes d'ordre corinthien, on voit une autre statue du Christ représenté debout et dans une attitude qui semble indiquer la résurrection. Les tableaux qui existent dans la même église ne méritent pas d'être mentionnés; un seul pourtant, exécuté dans le XVIe siècle, peut offrir de l'intérêt sous le rapport des costumes. Il est sur bois et divisé en trois panneaux, où sont représentés les sacrements du baptême, de l'eucharistie et de la confirmation. Les vitres de la chapelle à droite du chœur sont d'assez jolies grisailles, représentant l'histoire de saint Claude, archevêque de Besançon. — La petite église de Saint-Pantaléon est de toutes celles de la ville la plus riche en monuments des arts. Les douze piliers isolés qui soutiennent les voûtes, sont ornés de riches culs-de-lampe et de clochetons qui abritent et supportent vingt-deux statues disposées sur deux rangs, et de proportion un peu au-dessous du naturel. Dans la nef, sont celles de plusieurs vierges, saints et saintes; dans le sanctuaire, celles de saint Joseph avec l'enfant Jésus, de sainte Anne avec la Vierge, de saint Nicolas, de saint André, de la Madeleine, de saint Jean et de saint Grégoire. Toutes ces statues, quoique faibles sous le rapport de l'étude, ont une certaine naïveté qui plaît, et ne sont pas de mauvais goût. On les attribue généralement à François Gentil; mais les deux petites statues de la Foi et de la Charité, qui sont plus rapprochées de l'autel de chaque côté, paraissent seules dignes du ciseau de cet artiste. Dans la chapelle à droite de l'autel, il y a un groupe de saint Joachim et de sainte Anne se rencontrant sous la porte dorée; il est aussi de François Gentil. La première chapelle à droite de la nef, arrangée en calvaire, renferme plusieurs groupes, dont deux seulement paraissent être de Gentil: celui de Pilate montrant Jésus-Christ au peuple, et celui de la Vierge soutenue par saint Jean et par la Madeleine. Le retable de la chapelle qui suit immédiatement, est décoré d'un groupe curieux dont les figures ont trois pieds de proportion. Il représente saint Crépin et saint Crépinien, occupés, l'un à couper du cuir, l'autre à coudre la semelle d'un soulier, pendant que des soldats viennent les saisir. L'expression de calme et de résignation est très-bien rendue sur la figure des deux saints, et contraste avec la joie barbare qui est peinte sur celle des deux satellites. Les costumes de ces derniers sont ceux du temps de Henri II; la draperie et les figures ont été chargées de couleur et de dorures qui ont conservé leur éclat. Les fenêtres de la chapelle sont ornées de grisailles d'un bon style: exécutées au XVIe siècle par Macadrée et Luthereau, son élève, peintres sur verre à Troyes, elles représentent toute l'histoire de Daniel et celle du Nouveau Testament. Les arcades de la nef et celles du chœur sont remplies par des tableaux peints dans le XVIIe siècle par Jacques Carré, élève de le Brun; ils représentent divers sujets de la vie de saint Pantaléon. La manière de ce peintre n'est qu'une faible imitation de celle de son maître; néanmoins, les animaux qui sont représentés dans ces tableaux sont d'une exécution bien supérieure à celle des figures. — On remarque encore à Troyes le musée, renfermant une belle collection de minéralogie, classée d'après la méthode d'Haüy, divers objets d'histoire naturelle, et quelques tableaux pour la plupart fort médiocres; le palais de justice; les magnifiques promenades qui entourent la ville; les bains de l'Arquebuse, etc. — La façade de l'hôtel de ville est remarquable par la régularité de son architecture. Huit corps avancés, décorés dans leur partie supérieure de colonnes composites de marbre noir, annoncent avantageusement ce bâtiment, commencé en 1624, et terminé en 1670. La grande salle est ornée des bustes en marbre des grands hommes nés dans la ville de Troyes, et décorée d'un médaillon de Louis XIV, en marbre blanc, grand morceau de Girardon, dans lequel la richesse de la composition et la précision du dessin sont rehaussées par la légèreté du ciseau et le fini de l'exécution. — L'Hôpital est un bâtiment construit vers le milieu du XVIIIe siècle. Il est fermé, du côté de la rue, par une superbe grille de 105 pieds de long sur 57 pieds de haut. — La Bibliothèque publique, formée des débris des bibliothèques des communautés religieuses, et particulièrement de la majeure partie des livres du docteur Hennequin et du président Bouhier, est une des plus précieuses richesses de Troyes. Elle renferme 55,000 volumes imprimés, et près de 5000 manuscrits. Dans le nombre des livres, il y a beaucoup de bonnes éditions: aucune ne remonte à l'origine de l'imprimerie; la plus ancienne est de 1470. Les manuscrits sont postérieurs au XIe et au XIIe siècle. La salle qui renferme la Bibliothèque a environ 50 mètres de longueur sur 10 de largeur et 7 de hauteur. Les croisées sont ornées de peintures historiques sur verre, représentant les principaux événements de la vie de Henri IV, exécutées par Linard-Gonthier.

Troyes est la patrie de plusieurs hommes célèbres, parmi lesquels on cite Thibault IV, le premier chansonnier parmi les rois, le premier écrivain françois dont les vers puissent s'entendre et se lire; Pierre Comestor, auteur d'une histoire abrégée de l'Ancien et du Nouveau Testament; Salomon Jarchi, qui se distingua par une connaissance profonde de l'Ecriture sainte et une perspicacité heureuse à l'expliquer; Chrestien de Troyes, l'un des romanciers les plus féconds du XIIe siècle; Guiter, abbé de Saint-Loup, auteur d'une histoire de son monastère, où il cite un titre de l'année 893, qui jette quelque lumière sur les ravages des Normands; le pape Urbain IV, fils d'un pauvre cordonnier; Juvénal des Ursins, historien du XVe siècle; Jean Passerat, littérateur distingué du XVIe siècle, l'un des auteurs de la fameuse satire Ménippée; Pierre et François Pithou, célèbres jurisconsultes: on doit au premier la découverte du Pétrone, dont il a donné à Troyes, en 1596, chez Oudot, l'édition princeps; François Girardon, un des plus célèbres sculpteurs dont s'honore la France; Pierre Mignard, peintre célèbre; Jean Grosley, homme de lettres et savant antiquaire, etc. — Troyes possède des manufactures considérables de bonneterie en coton très-estimée, de toiles de coton, basins, molletons, calicots, percales, finettes, coutils blancs, draps, ratines, couvertures de laine, toiles peintes, fabriques de lacets, savon noir, blanc de Troyes, moutarde, cierges, peignes de corne, cordes d'instruments, amidon, etc.; de nombreuses et belles filatures de laine et de coton; huileries; brasseries; belles blanchisseries de bas et de toiles; papeterie, etc., etc. — Le commerce consiste en céréales, légumes secs, vins, eaux-de-vie, chanvre, cire, laines, bonneterie, toiles, draperie et bois de construction. Mais la ville est bien déchue du rang commercial qu'elle occupait dans le moyen âge. On y compte près de 40,000 habitants, sur lesquels il y a une nombreuse population ouvrière qui ne travaille pas toujours par suite de chômage.

Troyes est le chef-lieu de préfecture du département de l'Aube. Cette ville est à 160 kil. est-sud-est de Paris. Lat. nord, 48° 18' 5"; long. est. 1° 44' 34".

— Le département de l'Aube, qui est compris dans le diocèse de Troyes, est formé de la ci-devant basse Champagne, d'une partie du Vallage, de quelques enclaves du duché de Bourgogne, et de plusieurs démembrements de l'ancienne généralité de Paris. Il tire son nom de la rivière d'Aube, qui le traverse du sud-est au nord-ouest. Ses limites sont : au nord, le département de la Marne; à l'est, celui de la Haute-Marne; au sud-est, celui de la Côte-d'Or; au sud et au sud-ouest, celui de l'Yonne; au nord-ouest, celui de Seine-et-Marne. La surface de ce département, quoique généralement plane et unie, est coupée dans sa partie nord-ouest par de petites collines situées à de grandes distances les unes des autres, qui augmentent en hauteur et se rapprochent à mesure qu'on avance au sud et à l'est. Le territoire n'est pas également fertile partout : le sol de la région nord et nord-ouest est de mauvaise qualité; c'est un fond de craie recouvert d'une légère couche de terre végétale qui ne produit que de l'avoine, du sarrasin et du seigle assez bon, mais en si petite quantité qu'on en retire à peine les frais de culture, ce qui fait qu'une grande partie des terrains reste en friche. Cette région n'offre à la vue que des campagnes dépouillées d'arbres, et dont la nudité laisse les troupeaux exposés à l'ardeur du soleil; c'est la *Champagne Pouilleuse*. Toutefois, des plantations d'arbres verts, tentées avec succès dans ces dernières années, donnèrent l'espoir de grandes améliorations pour l'avenir. La stérilité de cette contrée est heureusement compensée par la fertilité de l'autre; le sol de la région sud-est est très-productif, quoiqu'il soit quelquefois si fort que quatre ou cinq bons chevaux suffisent à peine pour tirer la charrue. Cette partie produit abondamment toute sorte de grains, des fruits, des légumes, de la navette, du foin, du bois et beaucoup de chanvre : on y trouve des vignobles bien exposés, qui donnent d'excellents vins. La Seine et l'Aube arrosent dans le département de riches prairies qui nourrissent beaucoup de gros et de menu bétail, et produisent une grande quantité de foin pour l'approvisionnement de Paris. — Dans une partie du département de l'Aube, les fermes et dépendances forment des enclos plus ou moins vastes, suivant la quantité de terres à cultiver; ils contiennent ordinairement depuis deux jusqu'à huit et dix hectares. Chaque bâtiment est distinct et occupe un emplacement séparé ; mais les corps de ferme, c'est-à-dire, les maisons, les granges, les pressoirs, les écuries, les étables et bergeries, réunis dans un enclos particulier, sont bâtis en bois, et couverts le plus souvent en chaume. L'étendue des terres attachées à chaque ferme est depuis 20 jusqu'à 150 hectares. On remarque avec peine que les habitations des petites fermes sont en général placées dans une situation malsaine : la cour se trouve quelquefois au-dessus du niveau de la maison, dont la porte est obstruée par des tas de fumier; les pièces de l'intérieur ne reçoivent le jour que par une petite croisée fixe, qui ne permet pas d'en renouveler l'air ni d'en dessécher le pavé, souvent trop humide.

Le département est divisé en cinq arrondissements et en 26 cantons, renfermant 447 communes. Sa superficie est de 1320 kil. carrés, et sa population de 305,000 habitants.

Uskudama, vel Hadrianopolis, Andrinople, ou Endrem. — Andrinople était, dès le ve siècle, la métropole de la province d'Hémimont dans l'exarchat de Thrace. Sa juridiction s'étendait sur cinq archevêchés et sur dix évêchés; elle faisait partie du patriarcat de Rome, auquel elle fut enlevée lors de la création de celui de Constantinople. Elle est située, dans la Rumélie, à 170 kil. nord-ouest de Constantinople; sur la Maritza, à l'embouchure de la Toundja et de l'Arda. Lat. nord 41° 48'; long. est 24° 9'. La population est évaluée à 90,000 habitants, dont 45,000 Turks, 30,000 Grecs et Bulgares, le reste Arméniens et Juifs. Cette ville est considérée comme la seconde capitale de l'empire Ottoman; elle est protégée par une citadelle, entourée de vieilles murailles, et possède un arsenal et une fonderie de canons. Son industrie est assez active; elle consiste dans la préparation importante de cuirs et de maroquins; dans la fabrication de soiries, cotons, lainages, tapis; dans des distilleries d'eau et essence de roses; dans des teintureries en beau rouge garance, dit, *rouge turk, rouge d'Andrinople*. Le commerce est très-actif en produits du sol; l'entrepôt s'en trouve à Enos, à l'embouchure de la Maritza, le fleuve n'étant navigable jusqu'à Andrinople que la moitié de l'année, durant les grandes eaux. L'exportation se fait en belles laines, en vins estimés, coton, opium, soie, fruits, teintures, eau de rose, cuirs et maroquins. Le savon d'Andrinople rivalise avec celui de Syrie; ses sucreries et ses sorbets valent ceux de Koniéh et d'Hama. On admire dans cette ville ses édifices, ses palais, ses marchés, ses mosquées, ses écoles et ses ponts. On y remarque les immenses jardins du palais des sultans, commencé par Murad Ier en 1365; la mosquée de Sélim II, le plus beau temple construit par les Ottomans; celle de Murad Ier; le bazar d'Ali-Pacha; l'aqueduc qui alimente les fontaines de la ville.

Andrinople rebâtie par l'empereur Adrien qui lui donna son nom, sur les ruines d'Uskudama, ancienne ville des Bessiens, appelée aussi Orestia, est célèbre dans l'histoire par le siège et les dévastations des Goths sous Fritigern, du temps de l'empereur Valens, qui, vaincu, fut brûlé vif; par le pillage des Bulgares sous Romanus, et par le passage des croisés sous les Comnènes. Murad Ier prit Andrinople sur les Grecs en 1360. Il y établit le siége de son empire en 1366. Elle continua d'être la résidence des sultans jusqu'à la prise de Constantinople par Mohammède II, en 1453. C'est maintenant la seconde ville de l'empire Ottoman. Les Russes s'en emparèrent en 1829, et il s'y conclut, le 14 septembre de la même année, un traité de paix entre la Russie et la Turquie. Peu de temps après elle souffrit beaucoup du tremblement de terre qui ravagea au même instant la Cavala, Lagos et Orfano. — Andrinople est aussi renommée pour sa situation à la jonction de trois rivières, dont l'une d'elles, l'Hèbre, roule ses eaux à travers des champs de rosiers.

L'archevêque grec d'Andrinople n'a plus à présent qu'un suffragant. La mission catholique est confiée aux soins des religieux franciscains italiens appelés Conventuels, et connus autrefois en France sous le nom de Cordeliers. Ces religieux sont au nombre de deux; quelquefois cependant, quand les sujets leur manquent, le second de ces Pères est remplacé par un prêtre séculier. Ils possèdent une petite église et une maison pour loger les missionnaires. Celle-ci a été bâtie, il y a quelques années, par les soins et sous la surveillance d'un religieux conventuel, français de nation. Il y a à Andrinople une quarantaine de familles catholiques, ce qui fait près de deux cents personnes.

Malgré leur beauté et leur fertilité, les plaines immenses qui s'étendent presque sans interruption depuis Constantinople jusqu'à Andrinople, généralement restent sans culture. On voyage plusieurs journées sans trouver ni ville ni village; seulement on aperçoit, de loin en loin, de rares troupeaux confiés à la garde de quelques pâtres bulgares ou albanais : ce sont les seuls qu'on applique aux travaux pénibles de la campagne. Dans ces cantons, comme partout ailleurs en Turquie, les populations de diverses religions et rites n'ont jamais une habitation commune; les Turks ont leurs villages, et les Grecs les leurs. Dans les villes, il y a quartier turk, quartier grec et même quartier des Arméniens, s'il s'en trouve dans l'endroit. Les villages grecs, dans la partie d'Europe, sont au moins d'un tiers plus nombreux que les turks.

V

Vaga Gens, les Kosaques, les Kirguis-Kaïssaks et les Kalmouks, peuples nomades de l'Europe et de l'Asie, soumis à la Russie et à la Chine. Il existe chez les Kosaques et les Kalmouks une légende qui en fait le peuple le plus ancien de la terre; ils y ont foi et n'en parlent qu'avec vénération. Les Kosaques, dans la Russie d'Europe, forment actuellement une nation distincte des Russes, tant par leur manière de vivre, leurs occupations et leur constitution guerrière, que par leur costume, leurs mœurs et quelques priviléges. Ils descendent des peuples slaves qui habitaient anciennement les mêmes contrées que les Kosaques du Don occupent aujourd'hui. Une colonie de ces peuples, formée de tous ceux qui ne voulaient pas s'astreindre à un gouvernement réglé, se retira dans les steppes entre la mer Noire et la mer Caspienne. Là ils menèrent une vie errante, se livrant à la chasse et à la pêche, et souvent au brigandage. Les Russes les nommèrent *Polovtzis* ou chasseurs. Le nom de Kosaques qu'ils portent leur fut donné ensuite par les Tartares, qui nommaient ainsi tous les vagabonds. Les princes slaves, russes et tartares les employaient souvent à leur solde pour se faire la guerre, ou pour garder leurs frontières, et leur assignaient des terres dans la contrée qu'ils devaient défendre; de là différents établissements où ils se fixaient, et qu'ils nommaient *stanitzys* ou campement. Les Russes donnaient aux habitants de ces stanitzys des noms particuliers tirés de leur manière de vivre, de la ville qu'ils habitaient ou de celle dont ils étaient plus près, et qui ont été l'origine de cette grande variété de Kosaques que l'on trouve en Russie. On les divise en deux branches principales d'où sont sorties les autres : 1° les Kosaques du Don, desquels sont provenus dans la suite ceux du Volga, du Térek, les Grebenskii, les Seymens, ceux de Mozdok, de l'Oural et de Sibérie; 2° les Kosaques d'Ukraine, qui ont donné naissance aux Kosaques Zaporogues, Tchernomorsk ou de la mer Noire, et aux régiments slobodiens. Viennent ensuite les Kosaques de Tchougou-ief, et ceux du Boug, qui n'appartiennent ni à la première ni à la deuxième branche. Nous allons les passer en revue en suivant l'ordre alphabétique.

Kosaques d'Astrakhan. Ils descendent des Kosaques du Don, et habitent entre Tzaritzin et Astrakhan. Ils entretiennent les postes sur cette route dans ce dernier gouvernement; leurs bourgs, ainsi que ceux de tous les Kosaques de la ligne du Caucase, sont entourés d'un rempart de terre.

Kosaques du Boug. Ils proviennent d'un corps de chrétiens moldaves, valaques et bulgares, que les Turks firent marcher contre les Russes en 1769. Depuis ce temps ils forment un corps régulier de 1500 Kosaques qui prennent tous les armes en temps de guerre. Ils ont le privilége d'incorporer dans leurs milices les Moldaves, les Valaques et les Bulgares. Leurs établissements se trouvent dans les districts de Kherson, d'Elisabetgrad et d'Olviopol.

Kosaques du Don, province de la Russie d'Europe, qui comprend la contrée qu'habitent les Kosaques du Don en Russie; elle est bornée au nord-ouest par le gouvernement de Voronèje, au nord-est par celui de Saratof, à l'est par celui d'Astrakhan, au sud-est par celui du Caucase, au sud-ouest par la Tauride et la mer d'Azof, à l'ouest par le gouvernement d'Ekaterinoslaf. Elle a 130 lieues de long sur 100 de large, et 10,030 lieues carrées. Cette grande étendue de pays partout fertile est arrosée par le Don, qui la parcourt presqu'en entier de l'ouest à l'est, et ensuite de l'est au sud par le Khoper, la Medvéditza et un grand nombre d'autres rivières plus petites qui viennent se réunir à celles-ci. Des steppes très-riches en pâturages et en bestiaux, des bois remplis de gibier, et assez nombreux pour les besoins des habitants, des rivières excessivement poissonneuses, des champs fertiles et des vignobles, suffisent non-seulement à l'entretien de ses heureux habitants, mais leur fournissent encore les moyens de se procurer les objets de luxe et d'arts, en exportant le superflu de leurs denrées. Les principales productions de cette province sont orge, avoine, millet, froment, sarrazin, légumes de toute espèce, melons, citrons, citrouilles, concombres, fruits, vin parmi lequel on distingue le *rymoroska*; les objets de commerce consistent en toile, draps, manteaux, laine, pelisses, chevaux, bestiaux, caviar, assez recherché, colle de poisson. Les Kosaques du Don habitent des bourgs fortifiés qu'ils nomment *stanitzys*, le long du Don et sur toute l'étendue du pays compris entre les gouvernements d'Ekaterinoslaf, de Voronèje, de Saratof et du Caucase. Le chef-lieu de leur pays est Tscherkask; leur population peut monter à 233,836 mâles, qui fournissent en temps de guerre 55,400 combattants tous armés à la légère, montés sur de bons chevaux et à leur propre frais. Ces troupes ne reçoivent leurs appointements et munitions que du moment qu'elles sortent de leurs terres : chaque homme est armé d'une lance, d'un sabre, d'une carabine et d'une paire de pistolets; ce sont les meilleures troupes légères de la Russie, tant pour aller à la découverte de l'ennemi que pour les avant-gardes, où elles ne se laissent jamais surprendre; elles sont infatigables; et, soutenues des troupes régulières, elles attaquent avec fureur et courage; mais seules elles sont lâches et moins hardies. On les a vues en France, en 1814, mettre bas les armes devant quelques braves, et même devant quelques paysans hardis et des femmes. Ordinairement les Kosaques n'ont pas de canons avec eux; rien ne peut les arrêter quand une fois l'ennemi est en déroute; ils le poursuivent sans relâche, sans lui laisser de repos. Ils ne payent aucune imposition à l'État; mais aussi tout Kosaque est soldat depuis l'âge de 15 ans jusqu'à celui de 50. Ils marchent chacun à leur tour quand on les requiert; mais ils peuvent se faire remplacer s'ils le veulent, en louant et équipant un Kosaque de bonne volonté; leurs troupes sont divisées en régiments composés chacun de 500 à 700 hommes, commandés par un colonel et plusieurs centeniers. Ils ont trois étendards que la chancellerie leur donne au moment d'entrer en campagne. Maintenant ils comptent leur temps de service avec toute l'armée, ont leurs officiers, leurs colonels et leurs généraux, comme le reste des troupes russes; et souvent on a vu des généraux kosaques commander des corps d'armée régulière très-considérables. Les Kosaques ont un costume mixte, qui tient de celui des Tscherkesses et de celui des Polonais; ils portent un bonnet fort haut, des pantalons larges presque semblables à ceux des Turks, et le sabre au côté en temps de paix comme en temps de guerre; ils coupent leurs cheveux en rond, et leur donnent quelquefois la forme d'une calotte. — Les Kosaques sont régis par un voiskovoy-attaman ou hetman, chef des troupes, choisi parmi eux par l'empereur, et qui a rang de lieutenant général et souvent de général en chef; le dernier est le célèbre Matthieu Platow, mort en 1818, et fameux par ses pillages en France en 1814

et 1815. Dans la campagne de Russie en 1812, ce barbare fit massacrer un grand nombre de prisonniers français. L'attaman préside à une chancellerie composée de trois départements; ceux de la guerre, du civil et des finances : car ils prélèvent parmi eux un petit impôt, qu'ils fixent eux-mêmes pour les besoins de leur gouvernement; il a sous lui deux conseillers ayant ordinairement rang de généraux majors, et quatre assesseurs ou colonels. Tous ces dignitaires sont élus par les Kosaques, et changent tous les trois ans. — Les terres des Kosaques du Don sont partagées en sept districts, et ceux-ci en 119 bourgs ou stanitzys. Ils ont des maisons ordinairement bâties en bois comme celles des paysans russes, excepté qu'en général elles sont plus grandes et plus propres. Leurs femmes portent toutes des pantalons d'étoffes de coton ou de soie. Celles de leurs chefs ou généraux commencent déjà à adopter l'habillement des européennes; mais les femmes du peuple ont conservé leur costume; elles portent beaucoup de coraux, de perles, et souvent des monnaies d'or et d'argent sur leur cou. Les Kosaques sont hospitaliers; ils ont une table très-simple, et aiment les liqueurs; on leur reproche la paresse et l'ivrognerie; ils suivent la religion grecque, et ont pour évêque celui de Voronèje. On divise les Kosaques en deux classes, la noblesse et le peuple; ils sont cependant tous égaux devant la loi. — Les Kosaques du Don font un commerce considérable en poisson, caviar, colle de poisson, qu'ils exportent dans l'intérieur de l'empire; ils vendent également beaucoup de laine, et surtout des chevaux dont ils ont des haras nombreux, et dont la réputation est très-grande pour le service de la cavalerie légère, en ce qu'ils sont agiles, vifs et infatigables. Population, 500,000 habitants.

Kosaques Grébenski, formés d'une troupe de 400 hommes, qui, après s'être séparés de l'armée du fameux Jarmak Timoféevitch, furent dispersés par des troupes qu'on envoya contre eux, et se retirèrent dans les montagnes du Caucase sous le règne de Pierre le Grand; ils revinrent sur le Térek, où ils occupent cinq bourgs. Ils sont réputés les plus braves des Kosaques, cultivent la vigne, et vendent du vin à Astrakhan.

Kosaques de Mozdok, colonie considérable divisée en six stanitzys ou bourgs, est tirée des Kosaques du Volga. Ils sont placés entre Mozdok et Kisliar.

Kosaques de l'Oural, la plus nombreuse colonie des Kosaques du Don; ils habitent la partie la plus méridionale du gouvernement d'Orenbourg sur l'Oural. Ces Kosaques, ainsi que le fleuve, se nommaient anciennement *Jatks*; mais depuis la révolte du fameux Pougatchef, dans laquelle plusieurs d'entre eux avaient pris part, ceux qui étaient restés fidèles demandèrent à changer leur nom, ce qui leur fut accordé en 1775, par l'impératrice Catherine II. On compte parmi eux 50,000 habitants; ils fournissent dix régiments de 500 hommes répartis sur les frontières des Kirguiss. Ils sont presque tous pêcheurs, et font un grand commerce de poissons.

Kosaques Seymens. Ils font partie des Kosaques du Térek, et habitent trois bourgs sur la rive gauche du Térek.

Kosaques de Sibérie. Ils descendent des Kosaques du Don, qui sous la conduite du célèbre Jarmak ou Jarmolay, firent la conquête de la Sibérie, et s'y établirent dans des villes et villages; ceux qui sont restés Kosaques, au nombre d'environ 15,000, sont répartis dans les différentes contrées de la Sibérie, et ressemblent aux Kosaques du Don; ceux des villes ne forment plus de régiments, mais de petites troupes subordonnées aux commandants des villes. On les emploie pour le service des postes, pour des convois de caravanes.

Kosaques Slobodiens; ce sont cinq régiments de Kosaques connus sous les noms d'Akhtirka, Soumi, Kharkof, Isum, Ribna ou Ostrogosk. Ils se sont séparés des Kosaques de l'Ukraine en 1652, pour aller habiter vers les steppes.

Kosaques Tchernomorsk, ou de la mer Noire. Lorsque l'ukase que Catherine II donna en 1775 pour disséminer les Kosaques Zaporogues, parut, on les transporta dans le district de Bielogorod ; où, abjurant le célibat, ils formèrent des colonies de cultivateurs. Lors de la déclaration de guerre avec la Turquie en 1787, plusieurs d'entre eux demandèrent à former des régiments de Kosaques. Après la guerre dans laquelle ils avaient rendu de grands services, on les établit dans l'île de Taman. En 1792 ils construisirent la forteresse Ekaterinoslaf. Ils ont encore la ville de Taman ou Phanagorie. Leurs terres s'étendent sur la rive droite du Kouban, jusqu'à l'embouchure de la Laba, qui s'y jette en y joignant l'île de Taman. Ils cultivent peu la terre, malgré sa grande fertilité, mais ils font un commerce considérable de poissons. Ils sont au nombre de 14,500 hommes ; en temps de guerre tous montent à cheval.

Kosaques d'Ukraine ou Malorossiens. Ce sont des Russes qui, lors de l'invasion des Polonais dans la Russie Rouge en 1340, se retirèrent dans les basses contrées du Don. Harcelés sans cesse par les Polonais, les Lithuaniens et les Tartares, voisins du pays qu'ils avaient choisi pour retraite, ils se virent dans la nécessité de combattre sans cesse contre eux pour leur défense, ce qui établit naturellement chez eux cette constitution militaire qu'ils ne connaissaient pas auparavant. Lors de la deuxième dévastation de Kiew en 1415, et surtout lors de l'incorporation de la prov. de Kiew à la Pologne, les Russes allèrent en grand nombre rejoindre leurs compatriotes pour se soustraire à cette domination étrangère. C'est à cette époque que l'on doit rapporter le nom de Petite-Russie qui fut donné à ce pays. Les Kosaques d'Ukraine s'étendirent peu à peu jusqu'au Boug et au Dniester, et occupèrent tout le pays qui est entre ces deux fleuves. Ils bâtirent des villes et des villages dans lesquels ils passaient les hivers avec leurs familles. Le pays des Kosaques, communément appelé Ukraine, nom qui signifie limitrophe, parce qu'il formait la séparation de la Russie, de la Pologne, de la Petite-Tartarie et de la Turquie, consiste en une plaine extrêmement fertile, coupée de belles rivières et d'agréables forêts. Il est divisé en plusieurs gouvernements, qui sont Pultawa, Tchernigof, Kiew, Kharkof, Novgorod-Severskoy, et une partie d'Ekaterinoslaf.

Kosaques du Térek. Ce sont les Kosaques du Don qui suivirent Pierre le Grand dans ses campagnes de Perse, et qu'il établit à son retour sur la mer Caspienne ; mais l'impératrice Anne les fit passer sur les bords du Térek où ils sont actuellement. Ces Kosaques forment trois régiments, et se gouvernent eux-mêmes ; ils sont toujours en activité de service et commandés par les généraux russes qui se trouvent à Kisliar.

Kosaques du Volga. Des Kosaques du Don que l'on envoyait chaque hiver faire le service des frontières du Volga, trouvant trop dur de revenir chez eux, se fixèrent en nombre assez considérable sur le Volga. Bientôt un plus grand nombre vint se joindre à eux, et ils finirent par peupler les villes de Samara, Saratof et d'autres de ces contrées. En 1734 ils se séparèrent entièrement de ceux du Don, élurent leur propre voiskovoy, et formèrent deux régiments qui se nomment Doubowskoy et Astrakhanskoy. Leur genre de vie ne diffère en rien de celui des Kosaques du Don. Leurs établissements sont le long du Volga près de la ville de Donbovka et sur les deux rives de la rivière de ce nom.

Kosaques Zaporogues. Ils occupaient la Setcha ou forteresse située dans les îles du Dnieper, et furent longtemps le boulevard de l'empire contre les Tartares de la Krimée. Catherine II les supprima en 1775, et donna leur pays à d'autres cultivateurs, en punition de ce qu'ils avaient émigré chez les Turks et combattu pour eux. Ils ont été transportés en partie dans l'île de Taman, où ils sont connus sous le nom de Tchermorskié.

Kosaques de Tchou-gou-ief. Ils sont originaires du Don, mais s'étant établis près de la ville de Tchou-gou-ief, ils recueillirent des Russes et des Kalmouks qui vinrent se joindre à eux, se choisirent un attaman, et firent bande à part. Ces Kosaques forment un régiment de 10 escadrons ; on y a joint deux régiments d'anciens Kosaques d'Ukraine ; leur chef réside dans la ville de Tchou-gou-ief.

Les Kirguis-Kaïssacks habitent le nord du Turkestan. Les Kirguis sont un peuple belliqueux et pasteur, libre de tout joug despotique : la moyenne et la petite horde jurent fidélité à l'empereur de Russie, mais ils ne se reconnaissent nullement pour ses sujets, et ne lui payent aucun tribut. Leur manière de vivre, leurs mœurs, leur religion, semblent interdire toute civilisation aux Kirguis. Les faibles lumières dont ils sont éclairés sont même obscurcies par la superstition.

Leur langage est un dialecte turk corrompu, entremêlé de mots aussi inintelligibles pour un Turk que pour un Tartare de Krimée, et souvent même pour l'habitant d'Orenbourg. De plus, là où les Turks et les Tartares emploient le *sch*; les Kirguis prononcent *s*. Aux sons *ia, ié, ii, io, iou* des premiers, ils substituent les articulations *dja, djé, dji, djo, djou*. Au lieu du *gué*, ils emploient le *kh*. La plupart de leurs voyelles n'ont pas de son déterminé, et ils confondent si souvent les lettres *a* et *e*, que l'on ne peut en faire la distinction, ou plutôt qu'elles forment des espèces de sons intermédiaires. — Un Kirguis qui comprend l'Alcoran, et conséquemment qui sait l'arabe, passe pour un prodige de science. Celui qui peut écrire et lire dans la langue tartare est regardé comme un savant. Mais, en général, presque aucun d'eux ne sait lire. Leurs khans, sultans et beys, ne sont pas plus instruits à cet égard que leurs sujets (1), et ils ont auprès d'eux des secrétaires ou mullahs, dont les fonctions consistent à faire lecture de leurs lettres et à y répondre. Les chefs des hordes impriment sur leurs dépêches un sceau où leur nom est gravé, et qui sert pareillement à la signature des passe-ports et saufs-conduits. Les gens des classes inférieures se servent de tamgui ou marques distinctives, qui leur tiennent lieu de signature.

Malgré tout cet appareil d'ignorance et de grossièreté, l'on trouve cependant chez les Kirguis quelques commencements de poésie et de musique. Sans doute la poésie n'est pas une science, mais les chansons nationales des Kirguis et les chants que presque chacun d'eux improvise pourraient venir à l'appui de cet ancien axiome en civilisation, que l'homme est né poète et musicien. Ils possèdent aussi un grand nombre de contes remplis de prodiges, d'enchantements et de meurtres, et dont les héros, semblables aux chevaliers des XIIe et XIIIe siècles, vont courir le monde pour chercher des aventures. — La mélodie de leurs chants est presque nulle; leurs principaux instruments de musique sont le *kobouize* et la *tchibouizga*; les cordes du premier sont des crins de cheval, et ne rendent que des sons grossiers et dénués de toute pureté. La tchibouizga est une espèce de flûte en roseau, longue d'environ trois quarts d'aune, et pourvue de trois ou quatre trous, sans clef. Il n'est pas difficile de concevoir que cet instrument est encore plus désagréable que le kobouize. — Ils ont encore des *balalaïka*, luth grossier à trois cordes, et une autre espèce de kobouize, qu'ils ont empruntée aux Russes, et à laquelle les gens du peuple ont donné les noms de *vaigau* et *organ*. C'est ordinairement une lame de fer ou d'acier très flexible, qu'ils appliquent contre leurs dents, et dont ils tirent des sons en faisant mouvoir un petit fil de fer qui tient lieu de cordes. Les Grecs trouvaient que la musique était indispensable pour adoucir les mœurs. Les Kirguis ne la cultivent que pour propager leurs superstitions et guérir les malades : c'est ce dont on peut se convaincre en voyant les représentations tragi-comiques des *baxes*, qui remplissent chez eux les fonctions de médecins et de nécromanciens. — Cependant les vaines et superstitieuses cérémonies de ces imposteurs ne constituent pas tout l'art médical des Kirguis; ils connaissent plusieurs remèdes salutaires, dont voici les principaux : Pour les maux de poitrine, une décoction de racines d'églantier avec du miel et du beurre; pour la phthisie et quelques autres maladies, des bains dans des lacs d'eau salée; pour les enflures, des fumigations de différents végétaux. Une plante qu'ils nomment schiraco leur tient lieu de salse-pareille, et ils se servent du fiel d'ours, ainsi que nous faisons des mouches cantharides, pour rétablir l'épuisement des forces. Pour remédier à la fièvre chaude et à l'hydrophobie, ils font sécher les pattes d'un oiseau qu'ils appellent *tilegouss*, assez semblable à la perdrix; ils les pilent dans un mortier, et en donnent la poudre à avaler dans de l'eau. — Quant à leurs connaissances en astronomie, l'Etoile polaire; en raison de son cours presque imperceptible et de sa position au nord, occupe à leurs yeux la principale position dans le ciel; ils l'appellent *timis-kazyg*, c'est-à-dire, l'axe de fer : elle leur sert de guide pour s'orienter dans leurs voyages. Vénus porte chez eux le nom de *tchoubandjouldouss* (étoile du soir), et la Grande Ours celui de *djidi-karatchki*. Ils prétendent que cette constellation est formée par sept loups qui courent après deux chevaux qui fuient devant eux, et que la fin du monde arrivera lorsque ces derniers auront été dévorés. Ils nomment les Pléiades le mouton sauvage (*azkar* ou *ourkar*), et comme cet animal céleste devient invisible pour eux pendant une partie du printemps, ils s'imaginent qu'il descend dans le sein de la terre, et qu'il en fait sortir les pâturages nécessaires à leurs troupeaux. Ils donnent à la constellation de la Vierge le nom de *siuiunbulia;* au Bélier celui de *saour*; aux Gémeaux celui de *djaou-Zaberudji*; et la voie lactée est pour eux le chemin des oiseaux (*kouschnvul-djoul*), parce qu'ils la regardent comme la route que prennent les oiseaux pour passer d'Europe en Asie et d'Asie en Europe. — L'année des Kirguis commence au mois de mars, au premier jour duquel ils donnent le nom de *naouroug*, c'est-à-dire le nouvel an. Cet usage a été introduit chez eux avec la religion mahométane, aussi la plupart d'entre eux l'ignorent-ils. Voici les noms des mois : Mars, *kokoss*; avril, *mamouir*; mai, *mamraï*; juin, *araï*; juillet, *tchildaï*; août, *siunboulia*; sep-

---

(1) Par des ukases de 1781, 1786 et autres, l'impératrice Catherine II ordonna qu'il serait construit sur la frontière des Kirguis des mosquées et des écoles, où tous leurs enfants seraient élevés aux frais du gouvernement. Ses volontés ont été exécutées, mais les écoles sont toujours restées vides, et maintenant même tous ces établissements tombent en ruines. Les efforts des missionnaires écossais ont également été infructueux pour faire disparaître la barbarie de chez ces peuples grossiers.

(*Note de l'auteur.*)

tembre, *sarajatamouize*; octobre, *karatchakaoul*; novembre, *djionschtitschaskam*; décembre, *kantor*; janvier, *djischtounaï*; février, *byrdini*. Ils ont emprunté des Persans la manière de compter les jours de la semaine qu'ils commencent au samedi, ainsi que cela se pratique dans l'Alcoran. Les noms des jours sont tous persans: *sembé* pour *schembé*, samedi; *djéssembé*, dimanche; *diiussembé*, lundi; *sissembé*, mardi; *siarsembé*, mercredi; *biissembé*, jeudi; *djouma*, vendredi. Le dernier jour se célèbre comme le dimanche chez les chrétiens. — L'ère de l'hégire n'est connue que des mullahs; le reste de la nation compte par jubilés mongoles, de douze années, dont chacune porte le nom d'un animal (1). Voici l'ordre de ces jubilés: 1re année, *Sytschkane*, de la souris; 2e *syguir*, de la vache; 3e *djoulbarss*, du linx; 4e *tougouschkane* ou *kouïane*, du lièvre; 5e *lou*, du crocodile; 6e *djilâne*, du serpent; 7e *djilki*, du cheval; 8e *koï*, du mouton; 9e *pitchine*, du singe; 10e *taouk*, de la poule; 11e *it* ou *aït*, du chien; 12e *dpungouz*, du porc. Puis reviennent l'année de la souris, celle de la vache, et ainsi de suite dans le même ordre. En comptant de cette manière, pour dire que tel événement est arrivé il y a 36 ans, les Kirguis s'expriment ainsi: *Trois années de la Poule*; au lieu de 50 ans, ils disent: *Quatre années du mouton et deux années communes.* — Comme ils n'exercent d'autre commerce que celui des échanges, ils n'ont ni monnaies, ni balances, ni toutes les mesures généralement adoptées par les autres peuples. Leurs monnaies sont les moutons et les brebis, dont ils fixent le nombre suivant le prix qu'ils attachent à tel ou tel objet. Quant aux marchandises susceptibles d'être pesées, ils les prennent à vue d'œil.

Les Kalmouks habitent l'Asie centrale et orientale. Ils dépendent en partie de la Russie et en partie de la Chine. « Les Kalmouks, dit M. Hommaire de Hell, savant voyageur moderne, sont boudhistes, ou plutôt lamites, comme la plupart des peuples qui appartiennent ainsi qu'eux à la race mongole. On sait que le grand lama est le chef de ce culte, et qu'il demeure au Thibet. Tous les livres des Kalmouks parlent de l'existence de quatre grandes terres: la première, située à l'orient, est occupée par des géants qui vivent cent cinquante ans; la seconde, vers l'occident, est peuplée d'individus encore plus grands, qui vivent cinq cents ans; la troisième, placée au nord-est, est peuplée d'habitants qui sont plus grands encore, exempts d'infirmités et qui vivent mille ans; enfin la quatrième est celle que nous habitons, et qu'il dépend de la Divinité de combler de faveurs. Au milieu d'une des montagnes du Thibet, les Kalmouks supposent qu'il existe un éléphant long de deux lieues et blanc comme la neige. Ce fabuleux animal a trente-trois têtes rouges, munies chacune de six trompes, d'où jaillissent un même nombre de fontaines surmontées de six étoiles, et sur chaque étoile se tient assise une vierge, toujours jeune et toujours parée. Ces vierges sont filles des esprits aériens, dont l'un, le plus puissant, se met à cheval sur le milieu de la tête de l'éléphant, quand cet intelligent animal veut changer de place. Les Kalmouks ont des divinités terrestres appelées *bourkhans*, et qu'ils vénèrent comme des génies bienfaisants. Après ces bourkhans viennent les esprits aériens, qui sont ou bienfaisants ou méchants. Les Kalmouks adorent de préférence ces derniers comme pouvant leur nuire, tandis que les autres ne peuvent leur rendre que de bons offices. Ces mauvais génies enfantent les orages, et lorsque les Kalmouks entendent le tonnerre, duquel ils ont si grand'peur, ils se hâtent de tirer des coups de fusil pour éloigner les démons qui planent au-dessus d'eux. Il y a en outre, dans la religion lamite, un grand nombre d'idoles monstrueuses, et qui n'ont généralement que des figures de femmes. Les Kalmouks adressent des hommages à ces divinités secondaires, et ils croient également à la transmigration des âmes, ainsi qu'à un enfer, dont le grand juge passe en revue toutes les âmes au sortir de la vie. Ce roi des enfers est, du reste, assez bon pour permettre à un malheureux pécheur un peu repentant d'aller vivre de nouveau sur la terre sous sa première forme. Erlik-Khan, ce juge des trépassés, et en même temps souverain absolu du royaume des damnés, habite un palais où l'on fait continuellement retentir des timbales; ce palais est situé dans une grande ville entourée de murs blancs, en deçà de laquelle s'étend un cloaque infect, séjour des maudits. Un sentier de fer traverse cette mer, et, ainsi que le rapporte M. de Hell, lorsque les coupables tentent de le franchir, il s'amincit sous leurs pas jusqu'à présenter à peine l'épaisseur d'un cheveu, puis il se brise, et les âmes dépravées ainsi reconnues sont aussitôt précipitées dans les enfers sans autre forme de procès. Non loin de ce lieu d'horreur on remarque une mer de sang, au-dessus de laquelle surnagent de nombreuses têtes humaines: c'est là que sont torturés ceux qui ont excité des querelles, et donné lieu à des meurtres entre parents et amis. Plus loin se trouve renouvelé le supplice de Tantale: sur un sol aride une foule de damnés souffrent la faim et la soif. Ils creusent et fouillent incessamment la terre, et leur travail n'a d'autre résultat que d'user peu à peu leurs

---

(1) Cette manière de compter les années en usage dans une grande partie de l'Asie est connue des uns sous le nom de *mongolienne*, des autres sous celui d'*ouigourienne* ou de *turque*. Il est présumable qu'elle fut inventée dans les temps fabuleux de l'histoire mongolo-tartare, mais personne ne saurait dire par qui ni à quelle époque. M. Abel Rémusat l'appelle *kirguisienne*, supposant que les Kirguis l'ont composée à l'instar du cycle des Chinois; mais les preuves de cette assertion ne sont pas évidentes: ce qu'il y a de certain, c'est que sous le nom de Kirguis, il ne faut pas comprendre les Kirguis-Kaïssaks, qui n'existaient pas encore, lorsque depuis longtemps déjà on se servait de cette chronologie, mais bien les anciens Kirguis, ou les Kara-Kirguis (Kirguis sauvages d'aujourd'hui). (*Note de l'auteur.*)

bras jusqu'aux épaules; puis leurs membres ainsi rongés repoussent bientôt pour que leur tourment recommence. Telle est la punition infligée à ceux qui ont négligé de pourvoir aux besoins et aux habitudes de bonne chère du clergé lamite, lequel, au moyen de ses fables, tient sous sa domination les petits et les grands. Les prêtres kalmouks font vœu de chasteté et de continence, mais cela ne les empêche pas d'avoir des relations avec des femmes mariées; du reste, lorsqu'un mari kalmouk s'en aperçoit, il accepte avec résignation sa mésaventure, et la regarde même comme un honneur; tant il vénère ses chefs religieux. Les princes partagent avec les prêtres ces sortes de priviléges; ils vont même plus loin: lorsqu'une femme leur plaît, ils la font enlever sans façon, puis ils la renvoient quand ils en sont fatigués. Le mari endure tout cela d'une manière très-philosophique; il a d'ailleurs l'espoir de se faire, par ce moyen, absoudre de bien des peccadilles à venir.»

Valdemontium Sedunense, Sion-Vaudémont. C'est une paroisse du diocèse de Nancy, à 32 kil. sud-ouest de cette ville, départ. de la Meurthe. La population est de 530 habitants. Elle devait être plus considérable autrefois, si l'on en juge d'après les débris des fortifications qui restent encore. En effet, d'après quelques indications fournies par des chartes et des chroniques du moyen âge, Sion-Vaudémont aurait été alors une place importante; mais elle aurait été sans doute démantelée et ruinée dans les guerres presque continuelles qui ravagèrent la Lorraine aux XVe et XVIe siècles. — Cette paroisse, située sur une montagne, est un lieu de pèlerinage célèbre dans toute la contrée, à cause d'une statue miraculeuse de la sainte Vierge, honorée depuis un temps immémorial. On a établi dans ces derniers temps à Sion-Vaudémont un institut de Frères pour les écoles primaires, qui portent le titre de Frères de Notre-Dame-de-Sion.

Valentia Latinorum, vel Roma, Rome. Cette ville est le centre de la catholicité, la métropole du monde chrétien, la résidence du pape, et la capitale des Etats-Romains. Elle est la plus riche de toutes les villes actuelles en monuments anciens et modernes auxquels se rattachent de nombreuses légendes, toutes fort intéressantes. Ses souvenirs embrassent l'ancien et le nouveau monde; et elle a ce privilége que son histoire est celle des peuples anciens et des peuples modernes. Sans égale dans l'antiquité, elle a été la première dans le moyen âge. Prise et dévastée successivement par les Barbares, elle survit à ses ruines amoncelées. — Nous renvoyons à son article *Rome*, dans le vol. III.

Vallis Aurea, Airvault, ancienne abbaye commend. d'hommes en France dans le Haut-Poitou, à 46 kil. ouest de Poitiers, à 12 sud de Thouars, et 20 est de Parthenay. Cette abbaye, de l'ordre de Saint-Augustin, fut fondée par Hildegarde, veuve d'Herbert, premier vicomte de Thouars. Elle était autrefois du diocèse de la Rochelle. — Airvault est aujourd'hui un chef-lieu de canton du département des Deux-Sèvres, au diocèse de Poitiers, sur la rivière de Thoue. On y récolte du vin, des céréales; on y cultive le chanvre et le lin. Ses habitants, au nombre de 2000, fabriquent de la toile, et commercent sur les laines.

Vallis Clausa, Vaucluse. Il y a dans le diocèse et à 16 kil. d'Avignon une paroisse de ce nom. Elle est située au pied de la montagne et à 2 kil. de la fontaine de Vaucluse, sur la rive droite de la Sorgue, avec une population de 517 habitants; elle possède des papeteries et des fabriques de garance. A peu de distance de ce village, on remarque, sur des rochers, les ruines pittoresques d'un ancien château qui appartenait autrefois aux évêques de Cavaillon, et que l'on nomme improprement le château de Pétrarque. De ces ruines, un sentier étroit contourne la montagne de Vaucluse, et conduit en trois quarts d'heure au sommet du rocher élevé verticalement sur l'antre de la fontaine. Là, un spectacle magnifique frappe les regards: aux pieds de l'observateur une rivière bleuâtre s'échappe en grondant du vallon qui la gêne, ralentit son cours pour former des méandres gracieux, revenir sur elle-même, comme si elle quittait à regret les prairies ombragées qu'elle traverse, se diriger en canaux qui alimentent plusieurs usines, embrasser de petites îles et se diviser encore. On distingue des villes, des villages, des habitations éparses, des champs fertiles, des prairies, des vignobles, des lieux incultes et ceux que le laboureur fertilise. Les regards se reposent avec un plaisir indicible sur un horizon tranquille et sur les plus riants tableaux. — La fontaine de Vaucluse, qui donne son nom au département et rappelle le souvenir de Pétrarque comme poëte et comme philosophe, est une des plus belles de France; elle occupe le fond d'une vaste et profonde caverne qui s'ouvre en arceau, au pied d'un roc élevé à pic. Pour arriver à cette source, objet de la plus grande curiosité, on entre, après avoir dépassé le village de Vaucluse, dans un vallon un peu tortueux, fort étroit, dirigé du sud au nord, bordé de part et d'autre de rochers très-élevés et fort escarpés, lesquels vont se joindre à un immense rocher qui termine brusquement le vallon, et en forme un vrai cul-de-sac, d'où elle tire le nom de Vaucluse (*vallis clausa*). C'est au pied de ce rocher que se trouve le bassin de la fontaine. Pour y arriver, on suit, le long de la rive droite de la Sorgue, un sentier rocailleux; et on voit sortir de dessous ce sentier 20 torrents d'eau, dont la plupart sont de la grosseur d'un homme, qui se précipitent avec fracas, et forment une rivière majestueuse capable de porter bateau. Au delà de ces sources, on découvre un entassement de blocs énormes de rochers que couvrent les eaux qui débordent par-dessus le bassin de la fontaine, dans le temps de la fonte des neiges. Ce bassin, d'un diamètre d'environ 60 pouces, est à peu près circulaire, et creusé en entonnoir; le rocher auquel il est adossé forme le fond du cul-de-sac, et est coupé à pic jusqu'à la hauteur de 300 pieds. — On ne doit visiter la fontaine de Vaucluse que lorsqu'elle est très-basse ou dans toute sa hauteur. C'est dans le premier état seulement qu'on peut s'approcher de la caverne, et parcourir sans danger le lit naissant de la rivière. C'est pendant l'hiver, et surtout à l'équinoxe du printemps, époque de la fonte des neiges, que la source de Vaucluse est dans toute sa force et toute sa beauté; alors elle verse ses eaux par-dessus les bords de la caverne, dont elle cache et surmonte de beaucoup l'ouverture : un figuier qui a pris naissance dans les veines du rocher, à plusieurs mètres au-dessus, est désigné comme la marque de leur plus grande élévation. Lorsque ce moment arrive, l'onde se soulève du gouffre sans fond qui recèle son origine; elle s'enfle, monte sans laisser apercevoir d'abord ses mouvements; bientôt elle ne peut plus être contenue dans la grotte, qui disparaît aussi sous l'abîme des eaux; les flots bouillonnants se pressent l'un autre et se précipitent avec fureur contre les blocs entassés qui semblent s'opposer à leur passage. Cette lutte produit un fracas horrible, une longue suite de cascades, une mer d'écume, un bruyant tumulte que l'écho des montagnes redouble et fait retentir au loin. Le vallon étant fermé du côté du midi par les immenses rochers qui environnent la fontaine, jamais elle ne fut éclairée par les rayons du soleil. — A la tête du bloc de rochers, et sur le bord même du bassin, l'académie de Vaucluse a fait ériger une colonne avec cette inscription en lettres d'or :

A PÉTRARQUE, 1809.

La base de cette colonne porte la marque des eaux qui la baignent lors de la crue de la source.

Le département de Vaucluse, qui forme le diocèse d'Avignon, comprend le comtat Venaissin, l'ancienne principauté d'Orange, la viguerie d'Apt et la vallée de Sault. Ses bornes sont : au nord, le département de la Drôme; au levant, celui des Basses-Alpes; au midi, la Durance, qui le sépare du département des Bouches-du-Rhône; à l'ouest, le Rhône, qui le sépare de celui du Gard. Le territoire de ce département, renfermé d'un côté dans l'angle obtus produit par la jonction du Rhône et de la Durance, offre sur tous les autres points opposés des montagnes plus ou moins élevées, dont les unes bordent le cours du Rhône, les autres celui de la Durance, et qui semblent tout à coup s'éloigner, s'enfoncer au loin, et se creuser en demi-cercle au-devant du confluent des eaux impétueuses de ces deux rivières. La nature semble donc diviser le département en pays de plaines et pays de montagnes; cette dernière partie est beaucoup plus étendue que la première. La plaine, en effet, n'est autre chose, premièrement, que la continuation de la vallée du Rhône, depuis l'entrée du département à la Palud jusqu'à Avignon; et secondement, l'aire de l'angle au sommet duquel se réunissent le Rhône et la Durance. Tout le reste du département doit être regardé comme pays de montagnes. Les plaines peuvent se diviser en trois bassins : celui d'Orange, ou du nord; celui d'Avignon à Carpentras, ou du milieu, et celui de Cavaillon, ou du midi. De la plaine à la montagne, le passage n'est pas subit; divers points intermédiaires en forment la liaison graduelle. D'abord quelques collines bordent et coupent ensuite les plaines que nous venons de désigner : dès l'entrée du département, on rencontre assez près du Rhône et dans la direction de ce fleuve, les hauteurs de Bollène, de Montdragon, de Mornas, de Piolenc; d'où, après une courte interruption, se présentent les collines d'Orange, de Courthezon, de Bédarrides; ensuite, en se rapprochant du Rhône, se trouvent les coteaux de Châteauneuf-Calcernier. Peu après, toujours dans la direction du nord au midi, on voit les collines de Védène, de Saint-Saturnin, de Jonquerette, de Gadagne, se terminant obliquement sur les bords de la Durance aux roches de Bon-Pas. D'autres collines sont encore jetées au devant des montagnes de Vaucluse, et leur servent en quelque sorte de prélude, dans ce fond circulaire du bassin des plaines du milieu. Ainsi sont placées, au nord, les collines de Vacqueiras, de Sarrians, d'Aubignan et de Lauriol; à l'est, celles de Serres, de Mazan et de la Lègue; au midi, celles de Saint-Didier, de Pernes, de Lague, de Robion et de Taillade. Les points culminants de ces montagnes sont : le Mont-Ventoux, dont l'élévation est de 2021 mètres au-dessus du niveau de la mer; le Léberon, au-dessus d'Oppède de 1760 m.; le Léberon, au-dessus de Cucuron, de 1180 mètres; la montagne de Lagarde, 1495 mètres; celle de Saint-Saturnin, 1387 mètres; le passage des Abeilles, 980 mètres; la montagne de Vaucluse, 654 mètres. — Les montagnes de Vaucluse sont assez peu intéressantes; aucun fleuve, aucune grande rivière n'y prennent leur source; la nudité et la stérilité de leurs sommets repoussent même la simple curiosité. Une multitude de vallées s'enfoncent, il est vrai, au milieu d'elles; mais le plus grand nombre de ces vallées ne sont exactement que de simples vallons très-courts et fort étroits, ou plutôt des ravins où coulent entre les montagnes les torrents qui en descendent. Ce n'est qu'en approchant de la plaine, et en quelques endroits particuliers, que se forment les vallées proprement dites. Il faut toutefois en excepter la vallée de Sault et le torrent qui la parcourt; située par delà et au levant du Mont-Ventoux, elle s'étend du nord au midi dans une longueur de 10 kil. sur une largeur de 2 à 3 kil.

Le sol du département de Vaucluse étant, comme nous l'avons vu, entrecoupé de montagnes, de coteaux et de plaines, offre nécessairement de grandes variétés. En général, les terres sont calcaires et mêlées plus ou moins avec l'argile et le sable, ce qui les rend tantôt trop fortes, quelquefois même absolument dures et compactes, tantôt trop légères et sans aucune liaison. Le bassin qui s'étend le long du Rhône, depuis la Palud jusqu'à Caderousse, offre des terres franches et fortes ; mais la partie méridionale de ce bassin présente l'aspect le plus déplorable ; la terre végétale a presque partout disparu, et à peine en retrouve-t-on une couche légère et sablonneuse dans quelques parties basses et humides ; tout le reste est roc, cailloux roulés, gravier et sable. La partie du bassin comprise entre Avignon et Carpentras ne présente que des cailloux roulés, qui couvrent, à quelques exceptions près, toute la plaine de Sorgues à Avignon. Le bassin de ce vallon est toutefois le plus fertile et le plus couvert d'arbres et de verdure, parce qu'il est le mieux arrosé ; il faisait autrefois seul la renommée du Comtat : peu de plaines, en effet, présentent un plus bel aspect. Cependant, si l'on excepte quelques terres de Caumont et de Cavaillon, qui sont exactement sur les bords de la Durance, la fertilité de ce bassin vient moins de la bonté intrinsèque du sol que de l'industrie qui le cultive. — En général, le sol est peu fertile en grains et ne produit pas assez de céréales pour la consommation des habitants ; quelques plaines cependant donnent des grains de bonne qualité ; mais sa plus grande richesse consiste en vins estimés et presque toujours abondants. Dans la majeure partie du territoire on récolte tout à la fois du grain et du vin ; le terrain, planté de vignes très-espacées, est partagé en deux bandes, dont l'une est façonnée en terres labourables, et l'autre en vignes, qui donnent des vins chauds, capiteux et fortement colorés. — Le département ne compte aucun canal navigable ; mais il possède plusieurs canaux servant à l'irrigation des terres ou au mouvement de quelques usines. En langage du pays, ces canaux sont appelés Béals, et l'on donne le nom de Prise au lieu où, par le moyen de l'ouverture d'une écluse disposée obliquement, une portion des eaux s'échappe du lit de la rivière ou du torrent, et entre dans le canal. Pour jeter les eaux dans ces canaux d'étroite ouverture, on est obligé de construire transversalement, dans le lit du torrent, des ouvrages destinés à retenir les eaux ; ces ouvrages ne sont quelquefois que des espèces de batardeaux, grossièrement faits ; mais quelquefois aussi ils sont construits avec la plus grande solidité et selon toutes les règles de l'hydraulique : on peut en voir des modèles curieux sur le torrent d'Auzon, entre Mazan, Carpentras et Monteux. Le Lez, l'Aigues, l'Ouvèze, la Nesque, le Caulon, la Limergue, la Lèze, fournissent aussi une multitude de canaux d'irrigation ; mais un canal beaucoup plus important est celui ouvert depuis plus de six siècles des rives de la Durance à Mérindol, pour arroser le territoire de Cavaillon et du Cheval-Blanc. A côté de ce canal, et surtout presque du même point latéral de la Durance à Mérindol, est celui du Cabédan, qui féconde un territoire jadis tout à fait inculte. Deux autres canaux sont encore tirés de la Durance auprès de Bon-Pas ; l'un, sous le nom de Durançole, arrose le territoire d'Avignon, coule autour et dans l'intérieur de la ville de ce nom, et se perd dans le Rhône ; l'autre porte le nom de canal de Crillon ; il arrose une grande étendue de terres, couvertes seulement autrefois de pierres et de cailloux.

Le climat du département de Vaucluse est sain et fort tempéré ; mais l'atmosphère y est sujette à de grandes variations. En été, au milieu des plus fortes chaleurs, comme en hiver au milieu des froids les plus rigoureux, le thermomètre monte ou descend tout à coup de 4, 5, 6 et 8 degrés. Après une pluie douce et légère, s'élève une tempête furieuse, et cette inconcevable agitation de l'air cesse soudainement et est suivie du calme le plus plat. Dans ce département, les saisons peuvent se réduire à deux ou tout au plus à trois. A peine y connaît-on le printemps, à moins qu'on ne le place dans le mois de janvier et de février ; presque toujours les arbres fruitiers sont en fleur dans le second mois de l'année ; mais l'hiver reprend ensuite et dure jusqu'à la fin de mai. Il n'est pas rare de voir, le lendemain d'un temps froid et désagréable, commencer les chaleurs de l'été, et l'hiver succéder quelquefois presque immédiatement aux derniers jours de chaleur. Toutefois, les automnes sont presque constamment beaux et se prolongent jusqu'au 15 décembre ; c'est alors la plus belle saison de l'année. Les plus grands froids de l'hiver font rarement descendre le thermomètre au-dessous de 10 à 12 degrés de Réaumur ; ordinairement il se soutient entre 4 et 6. Ces froids durent un mois et demi ; ils sont secs, sans brouillards, et toujours tempérés par la présence du soleil ; aussi tombe-t-il très-peu de neige dans les plaines. Pendant l'été, le thermomètre monte, dans les plus fortes chaleurs, jusqu'à 29, 30, 31 et 32 degrés : ces chaleurs excessives durent souvent plus de deux mois, et rarement moins d'un ; les chaleurs ordinaires élèvent le thermomètre de 25 à 28 degrés. C'est alors que les orages sont fréquents et accompagnés de détonations terribles, prolongées, et de torrents de pluie. Quelquefois l'air en est rafraîchi pour un moment, et le vent du nord, qui souffle aussitôt, fait éprouver à la température ces brusques variations dont nous avons déjà parlé. — Les vents dominants sont ceux du nord et du midi ; le vent du nord-ouest est quelquefois d'une fureur inconcevable ; il courbe et déracine les arbres, découvre les maisons, renverse les cheminées ; au printemps, il arrache les fleurs, emporte toutes les espérances, arrête tout à coup la végétation, resserre et crispe, pour ainsi dire, toute la nature. Par lui, en été, les blés sont couchés, les plantes flétries, les fruits abattus ; par lui, le froid et la tristesse succèdent au plus beau jour ; et l'hiver renaît souvent au milieu du temps ordinaire des chaleurs.

On commence généralement les semailles dans le département de Vaucluse vers la fin de septembre, et du 15 au 20 octobre celles des seigles, des orges et des avoines sont achevées ; on ne s'occupe de celles du froment que vers le 20 octobre, et elles sont terminées du 15 au 20 de novembre. C'est ordinairement vers le 15 février que le printemps s'annonce par les doux parfums de la violette, et par la floraison des amandiers. Les arbres fruitiers se couvrent de fleurs dès la fin de ce mois; mais ce printemps prématuré disparaît souvent devant les aquilons fougueux qui ramènent un nouvel hiver, de peu de durée à la vérité, mais qui n'en est pas moins pernicieux. Au commencement d'avril, les mûriers laissent entrevoir quelques feuilles, le grenadier entr'ouvre ses bourgeons, le cerisier fleurit, la plupart des autres arbres ont noué, et la vigne en pleurs sort de son engourdissement. En juin, les moissons commencent. Le foulage des gerbes par les chevaux, les mulets et les ânes, et quelquefois par les bœufs, suit immédiatement les moissons. Les vendanges se font vers la fin de septembre.

Le département de Vaucluse a pour chef-lieu Avignon, qui est un archevêché. Il est divisé en 4 arrondissements et en 22 cantons, renfermant 150 communes. — Superficie, 288 lieues carrées. — Population, 294,113 habitants.

Vallisterium, Wallerstein, bourg de la Bavière, dans la seigneurie d'OEttingen-Wallerstein, à 4 kil. nord-nord-ouest de Nordlingen. Sa population est de 1600 habitants. Il y a un château où résident les princes d'OEttingen-Wallerstein. Quelques auteurs rattachent l'origine de cette famille aux empereurs d'Allemagne de la maison de Saxe; mais à l'aide des chartres on ne peut la faire remonter qu'au commencement du XIIIe siècle. Il paraît qu'à l'époque où la Souabe était divisée en plusieurs *gau* ou cantons, dont chacun était présidé par un comte, des ancêtres de la maison d'OEttingen d'aujourd'hui furent investis de la charge des comtes du Riess ou Reisgau, dans laquelle ils trouvèrent moyen de se maintenir à titre héréditaire. Frédéric III, comte d'OEttingen, épousa Adélaïde, héritière du landgraviat de la basse Alsace; mais ses fils vendirent en 1359 à l'évêché de Strasbourg la partie du landgraviat, qui consistait en fiefs de l'église de Strasbourg; quant aux fiefs du landgraviat qui relevaient immédiatement de l'Empire, ils les abandonnèrent à l'empereur Charles IV, qui en disposa en partie en faveur des seigneurs de Lichtenberg. La maison d'OEttingen conserva cependant son droit de domaine direct sur la seigneurie de Fleckenstein en Alsace qui, lors de l'extinction de la maison des barons de Fleckenstein en 1720, fut conférée par Louis XV à celle de Rohan-Soubise.—Louis XV, comte d'OEttingen, mort en 1548, est la souche commune de toutes les branches de la maison. Son fils, Louis XVI, fonda la ligne aînée, dite d'OEttingen, ou évangélique, qui obtint en 1674 le rang de prince, et s'éteignit en 1731; Frédéric, second fils de Louis XV, fonda la ligne catholique ou de Wallerstein. La ligne de Wallerstein se subdivisa en trois branches, nommées Spielberg, Wallerstein et Katzenstein-Baldern. La dernière s'est éteinte en 1798 : les deux autres subsistent encore.

Le dernier prince de la ligne évangélique avait institué héritière de ses États la branche de Wallerstein, à l'exclusion de celles de Spielberg et de Katzenstein-Baldern. Le procès qui s'éleva à ce sujet fut terminé par un arrangement. La branche de Wallerstein céda à son aînée le tiers de la succession; mais la branche de Katzenstein-Baldern resta privée de sa part. Après l'extinction de celle-ci, ses possessions furent partagées entre les branches de Spielberg et de Wallerstein, dont la première possède ainsi environ 5/12, et la seconde 7/12 de la totalité du comté d'OEttingen. Les deux branches portent depuis 1731 le titre d'OEttingen-OEttingen, auquel l'une ajoute Spielberg et l'autre Wallerstein. Le comte de Spielberg a été créé prince d'Empire en 1734, celui de Wallerstein en 1774. Chaque prince obtint par le recès de 1803 une voix au collège des princes; mais l'acte de la confédération du Rhin les soumit l'un et l'autre à la souveraineté du roi de Bavière.

Les deux princes sont catholiques; celui de Spielberg réside à OEttingen, celui de Wallerstein à Wallerstein.

Vandopera, Vendeuvre, ou Vandœuvre. C'est une petite ville du diocèse de Troyes, arrond. de Bar-sur-Aube, à 26 kil. de cette ville, chef-lieu de canton du département de l'Aube. La population est de 1930 habitants. — Quelques auteurs, s'appuyant sur une de ces analogies de nom si souvent trompeuses, ont prétendu que Vendeuvre avait été fondé au commencement du Ve siècle, par les Vandales, qui à cette époque envahirent la France : suivant eux, Vendeuvre ou son nom latin *Vandopera*, signifie *œuvre des Vandales*. Mais cette opinion a été réfutée par le baron Pavée de Vendeuvre, propriétaire du château, dans une dissertation historique, publiée en 1812. Le plus ancien monument qui fasse mention de Vendeuvre est un acte de l'an 664. En 865, Ingiltrude, femme de Boson, qui s'était enfuie avec un amant, fut reçue à Vendeuvre sous la protection de Charles le Chauve, roi de France et de Bourgogne. Le pape se disait seigneur de Vendeuvre en vertu d'une donation qu'il prétendait lui avoir été faite, soit par Louis le Germanique, soit par un ancien comte de Vendeuvre, nommé Gérard. Malgré ses prétentions, un prince Boson s'empara de Vendeuvre, et y établit un de ses vassaux nommé Arembert. Le pape Jean VIII, informé de cette usurpation, écrivit pour s'en plaindre à Hugues, à Rodolphe et à Boson lui-même. Dans sa lettre, il appelle Vendeuvre *villam suam Vandearam*. Il ordonna aussi à Isaac, évêque de Langres, d'excommunier Boson s'il ne rendait Vendeuvre au couvent de Poultières. Précédemment, le même pape, Jean VIII, ayant appris que des difficultés s'étaient élevées entre l'évêque de Langres et celui de Troyes, pour savoir à quel diocèse devait appartenir Vendeuvre, avait décidé dans un concile tenu à Troyes en 878, et où il se trouvait en personne, que cette petite ville dépendrait de l'évêché de Langres. — Quoi qu'il en soit des prétentions du pape sur la terre de Vendeuvre, il est certain qu'elle eut plus tard des seigneurs particuliers. En 1121, Roulin et Hédouin, frères, en portent le nom. Tous deux, à la prière de Hugues, comte de Troyes, concédèrent de vastes propriétés aux moines de Poultières. A peu près à la même époque, les seigneurs de Vendeuvre aidèrent par leurs bienfaits à la fondation du couvent de l'Arrivour. En 1271, Guillemette et Gérard son fils, alors seigneurs de Vendeuvre, affranchirent leurs hommes de Vendeuvre, à la charge de la corvée pour *l'œuvre du château une fois par semaine*. Ces derniers mots portent à croire que la construction du château de Vendeuvre remonte à cette époque. Cet antique édifice est d'un assez bel effet, vu du sud-ouest; il domine de ce côté un vaste parterre de gazon, que couronnent des coteaux couverts de plantations et de vignes. En 1614, Henri de Luxembourg fit décorer avec un goût bizarre une chambre, dont on a conservé la distribution, dans laquelle on remarque le chiffre de Henri IV, et une vue du château de Vendeuvre, tel qu'il était à cette époque.

La source de la Barse est au pied du château, et pour ainsi dire dans ses fondations mêmes; son eau limpide est reçue dans un bassin voûté et ombragé de quelques arbres, puis s'échappe de là pour arroser le parc et la ville. Autrefois, à l'une des ailes du château et près de la chapelle, existait une tour très-élevée, qui, dans les temps reculés, communiquait, dit-on, avec les châteaux de Brienne et de Chacenay. — Vers le commencement du xiv° siècle, la terre de Vendeuvre passa à la famille des Noyers. Elle eut ensuite pour seigneurs des Luxembourgs et des Mesgrigny : elle avait été érigée en marquisat en faveur de l'un de ces derniers. — L'église paroissiale de Vendeuvre est un ancien édifice, où l'on voit plusieurs tombes sépulcrales. Vendeuvre est la patrie de Nicolas Bourbon, dit l'ancien, poète latin, né en 1503. Il parle de son pays dans plusieurs de ses poèmes.

De Vendeuvre dépend le Val-Suzenay, hameau situé dans une charmante position, sur la lisière d'un bois où l'on voit une petite chapelle, très-fréquentée le jour de la Notre-Dame de septembre.

Vanum, vel Artemita, Wan. — C'était une des villes les plus considérables de l'Arménie, dont elle a partagé toutes les révolutions religieuses et politiques. Successivement attaquée par les Perses, les Grecs, les khalifes abassides et les Selschuks de Rum, elle fut assiégée par le farouche Timur. Le siège ne dura que vingt jours; et cette ville, qui ne s'était abaissée devant aucun vainqueur, fut emportée d'assaut et livrée à la fureur des troupes. Timur enleva un butin considérable, et les églises firent dans ce désastre des pertes irréparables.

Wan est un archevêché arménien schismatique, dont le titulaire réside dans le couvent de Warach. Située sur la rive orientale du lac du même nom, la ville est ceinte d'une bonne muraille et d'un fossé profond, avec quatre portes. Un château fort, situé au nord sur un rocher perpendiculaire, la défend. Elle a des rues longues et bien pavées, des maisons bâties en pierre et couvertes en tuiles; elle est bien pourvue d'eau et de provisions de toute espèce. On remarque ses environs.

Le lac de Wan est borné au sud par une chaîne de montagnes fort élevées et abruptes, qui fait suite à celle de Mouch. — La rivière Djennet-Souï, ou Eau du Paradis, un des principaux affluents du Tigre, dont le nom contraste singulièrement avec la nature sauvage du pays, coule presque constamment dans une vallée excessivement resserrée et très-profonde, puis s'échappe par un défilé formé d'une chaîne régulière de calcaire.

Wan compte plus de 40,000 habitants : il appartient à la Porte depuis l'an 1549, et est le chef-lieu d'un pachalik de son nom, dans la Turquie asiatique. Ce pachalik, composé d'une partie de l'Arménie et du Kourdistan turks, est borné au nord par celui d'Erzeroum, à l'est et au sud-est par la Perse, au sud par celui de Chehrezour, à l'ouest par le Diarbeck; il environne le lac très-considérable du même nom. Ce pays très-montagneux offre des plaines et des vallées étendues et bien arrosées par une multitude de rivières qui descendent des montagnes. On y néglige l'agriculture : à peine les habitants récoltent-ils le grain nécessaire à leurs besoins. On y cultive du coton, du lin, du tabac, des fruits et du vin. De belles prairies nourrissent de nombreux bestiaux, des chevaux et des chèvres. On exporte bestiaux, manne, noix de Galles, contre du fer, sel, étoffes de coton, de soie, armes, plomb et poudre. Il a une faible population, composée de Turks, Turkamans, Arméniens et Kourdes. Population 160,000 habitants.

Vaporifer Rivus, le Raz-El-Akba, ruisseau sortant de la montagne de ce nom, à 120 kilomètres de Bone, dans le diocèse d'Alger. A 4 kilomètres au sud-ouest, on découvre des sources d'eaux thermales où les Romains avaient fait un bel établissement, ainsi que l'attestent des ruines encore parfaitement conservées. Après avoir traversé la Seybouse et des collines, on voit s'étendre à droite une petite plaine bordée par un ruisseau dont il faut remonter le cours. Tout-à-coup la végétation cesse, le sol est blanc, dur, retentissant et comme formé par une couche de plâtre dans une étendue de plus de 60 mètres de côté. Sur cette plate-forme on voit s'élever, éloignés de 4 ou 5 mètres les uns des autres, environ trente cônes blancs de grandeurs diverses, mais dont les plus élevés n'ont pas moins de 4 mètres de hauteur; ils affectent exactement la forme d'un pain de sucre. Ces cônes sont pleins, mais ils sont percés à leur sommet d'un trou qui semble être l'orifice d'un canal intérieur par lequel coulaient les eaux. Ces sources sont taries. Le plateau finit brusquement, et de l'anfractuosité qui le borne s'élèvent des nuages d'une fumée épaisse qui porte une odeur fortement sulfureuse. D'espace en espace on voit dans l'étendue de 30 mètres environ, s'élever des petits cônes au sommet desquels bouillonnent encore dans un petit cratère des eaux parfaitement limpides. Ces eaux se répandent en nappe vers la partie déclive du ravin, en coulant sur des couches salines qu'elles ont déposées. Parvenues au bas du ravin, elles se mêlent à celles d'un petit ruisseau très-rapide qui va se jeter dans la Seybouse. C'est après ce mélange et à deux ou trois cents pas de leur chute, qu'elles ont une température convenable pour le bain ordinaire. Tout le cours de ce ruisseau est marqué par une riante végétation de lauriers roses, d'arbousiers, de vignes sauvages et de plantes rampantes ou parasites dont la verdure éternelle contraste avec l'aspect aride et désert des terres voisines brûlées par un soleil ardent. La tradition arabe porte que ces eaux étaient d'abord malfaisantes, et qu'elles ne sont devenues salutaires que parce qu'un musulman a passé dans une grotte voisine 40 ans de sa vie à glorifier Dieu et son prophète, et à lire le koran. Le parfum de ses prières, dit la légende arabe, retombait comme une douce rosée sur ces eaux et leur communiquait une vertu efficace pour la guérison de maladies cutanées dont souffrent particulièrement les Arabes.

Varnesia, Warna (1). Cette ville est située sur le côté septentrional d'un golfe de la mer Noire formé par deux caps dont l'un, à gauche, est une pente de l'Hæmus, à l'extrémité de laquelle s'étend un long bourg appelé Macropolis; sur le promontoire du midi s'élevait Galata, à 500 pas seulement de la ville. — Place forte et sandschak de la Rumélie (on prononce Roumélie) dans la Turquie d'Europe, à 120 kil. sud-est de Silistri, Warna se trouve à l'embouchure de la rivière du même nom. Sa rade peut recevoir une escadre; elle est bornée d'un côté par le cap Halata, et de l'autre par le cap Hodrova ou Sokhanlik, ouverte aux vents d'est et de sud-est : elle passe pour être incommode, mais comme elle se trouve à l'abri des vents du nord-ouest, les plus dangereux sur la mer Noire, et que le fond en est très-bon, les marins la disent très-sûre en été ; les plus gros vaisseaux peuvent y mouiller sur 8 à 15 brasses de profondeur, bon fond. On jette l'ancre à l'est, entre la tour hexagone de Warna et l'anse de Sokhanlik; les navires plats se placent au sud de la ville, où il y a 5 à 6 brasses d'eau. Warna est fortifiée et a un vieux château avec de grosses tours. On y compte douze mosquées et deux églises grecques; c'est l'entrepôt du commerce de la Bulgarie et de la Valachie avec Constantinople; il consiste en blé, beurre, fromage, vin, volaille, œufs, etc.

Les pages qui concernent cette ville dans l'histoire du moyen âge sont ensanglantées. Il se livra, sous ses murs, le 19 novembre 1444, une bataille entre Ladislas VI, roi de Hongrie et de Pologne, et le sultan Murad II. Le brillant, mais malheureux Ladislas périt dans la mêlée, et il ne resta de l'armée chrétienne que quelques pauvres fuyards, pour aller prévenir de cet immense désastre les populations consternées. Le 11 octobre 1828, Warna tomba au pouvoir des Russes. La Russie aurait voulu garder cette conquête, car c'est le meilleur port de la côte occidentale de la mer Noire. Elle consentit cependant à le rendre à la Porte, par le traité de paix qui se conclut à Andrinople en 1829. — Warna possède un évêque grec schismatique. Quant aux catholiques, peu nombreux, ils dépendent du vicaire apostolique de Sofia. La population est de 18,000 habitants. Lat. nord, 43° 12' 15"; long. est, 25° 35' 55".

Venetiola, Vénézuéla. Il y a une ville épiscopale connue sous ce nom, et plus sous celui de Coro, puis la province de Vénézuéla, dans l'Amérique méridionale, qui forme aujourd'hui l'État de Vénézuéla. La ville de Coro ou de Vénézuéla, de fondation espagnole, fut érigée en évêché en 1532, sous la métropole de Dominicopolis, Saint-Domingue, dans l'île de ce nom. L'évêque avait 24,000 francs de revenu. En raison de l'état d'agitation continuelle où se trouve ce pays depuis trente ans, l'évêché n'est pas occupé. Il était dans ces derniers temps suffragant de l'archevêché de Léon-de-Caracas, capitale de l'État de Vénézuéla.

Coro, chef-lieu du district de son nom, est situé dans une plaine sablonneuse, sur un isthme qui sépare le lac de Maracaïbo de la mer des Caribes ou Caraïbes. Ses rues sont régulières, mais ses maisons chétives, son port et son commerce peu importants. Coro est à 180 kil. ouest-nord-ouest de Barquisimeto; sa population monte à 12,000 habitants. Lat. nord, 11° 44'; long. ouest 69° 72'.

---

(1) Il règne une grande confusion parmi les érudits et les géographes au sujet de Warna. M. de Hammer, dans son *Histoire de l'empire ottoman*, dit positivement que Warna est l'ancienne Constantia des Romains, qu'elle fut érigée en évêché au IX° siècle, sous la métropole de Philippopoli. Dans sa *Géographie épiscopale*, l'abbé de Commanville admet aussi l'existence de Constantia dans la province de Thrace, sous la métropole de Philippopoli ; puis il place dans la seconde province de Mœsie, sous la métropole de Nicopolis; Tibériopolis, *seu Odessus*, qu'il appelle Warna, et dont il fait un archevêché du V° siècle. Dans sa *Géographie ecclésiastique*, le P. Charles de Saint-Paul se tait sur la Constantia de la Thrace, mais il nomme dans la province de *Mœsia inferior* Odessus, qu'il écrit *Odyssus*. Un géographe du XVIII° siècle soutient que le Warna de la mer Noire est positivement l'Odessus des Grecs, qu'il appelle *Odessus Milesiorum*.

Il est possible qu'au milieu des guerres et des vicissitudes politiques dont cette partie de l'Europe a été victime du V° siècle au X°, Warna fût, au V° siècle, archevêché sous la métropole de Nicopolis avec le nom de Tibériopolis ou Odessus, et redevint au IX° siècle évêché, sous la métropole de Philippopoli, avec le nom de Constantia. Nous ne disons pas que cela ait eu lieu, mais nous disons qu'en raison des révolutions permanentes de l'époque, il en a pu être ainsi. Nous voyons en effet que Nicopolis de la Mœsie inférieure avait perdu au IX° siècle son titre de métropole. *(Note de l'auteur.)*

L'État actuel de Vénézuéla, avant l'insurrection des colonies espagnoles contre la mère-patrie, dépendait de la capitainerie générale de Caracas dans la Castille d'Or. Les Espagnols, découvreurs de cette partie de l'Amérique, sous la conduite de Christophe Colomb, lui avaient donné le nom de Castille d'Or, parce que le sol renfermait des richesses immenses. Il serait difficile aujourd'hui de se faire une idée de l'exagération des esprits à ce sujet. Les légendes sur la Castille d'Or sont très-nombreuses, remplies de récits plus merveilleux les uns que les autres; elles formeraient à elles seules une bibliothèque. Les Indiens, voyant le côté faible de leurs conquérants, se plaisaient, pour se venger d'eux, à exagérer la richesse minéralogique de leur pays, et à multiplier ses mines aurifères. C'est ainsi qu'ils avaient créé le lac Parime, dont la vase inépuisable était de l'or; plus on en retirait, plus il y en avait ensuite. Mais le chef-d'œuvre de leurs créations fantastiques en ce genre consistait dans l'existence d'une contrée très-riche située vers les sources de l'Orénoque, où l'or natif tenait lieu de sol pour ainsi dire. La découverte de cet heureux pays faisait le tourment et le désespoir tout à la fois des Espagnols; car les Indiens, sous divers prétextes, refusaient de les y conduire ou de leur en indiquer la route. Du reste, les tribus entre elles avaient prononcé le serment solennel de ne jamais indiquer aux *Esprits malfaisants* (expression dont ils se servaient dans leur langue pour désigner les Espagnols) les sources de *leur père* et de *leur ami*. Les Aborigènes du Haut-Orénoque appellent ainsi le fleuve encore aujourd'hui. De là est venue l'expression *el dorado*. Aussi, pour exprimer la fertilité, la prodigieuse fécondité d'une terre quelconque, dit-on : C'est un el dorado.

Après l'indépendance de l'Amérique espagnole, la province de Vénézuéla fit partie de la république de Colombie. Mais, depuis quelques années, elle forme, sous le titre de république, un État indépendant, quoique toujours agité par la guerre civile. — Cet État est borné au nord par la mer des Antilles, à l'est par l'Atlantique et la Guyane anglaise, au sud par le Brésil, à l'ouest par la Nouvelle-Grenade. Il est compris entre 1° et 13° de latitude nord, et 61° et 75° de longitude ouest. Il a 1,200 kil. de longueur de l'est à l'ouest, 1000 de largeur moyenne du nord au sud.

Les steppes ou *llanos* appartiennent à ces immenses plaines qui occupent un si grand espace sur le nouveau continent. L'égalité apparente de leur sol, l'horizon sans bornes que l'on y découvre, leur donnent l'aspect de l'Océan. On se formerait néanmoins une idée peu exacte des *llanos*, si on les considérait comme une plaine ayant partout un même niveau. Les steppes ont des plateaux, très-peu élevés à la vérité, mais d'une étendue souvent considérable ; ce sont les *mesas* (tables), les *bancos* (bancs). Ces inégalités peu apparentes de la surface du sol méritent particulièrement d'être étudiées, puisqu'elles jouent un rôle important dans la formation des rivières, dans l'aménagement des eaux. Leur hauteur au-dessus des grandes plaines varie de 100 à 200 mètres. Cet exhaussement, tout faible qu'il est, donne aux plateaux de l'importance, en en faisant un refuge pour les êtres vivants à l'époque périodique des inondations, en conservant les eaux pour la saison sèche ; car dans les llanos, l'homme se trouve successivement en présence de deux inconvénients contraires, l'envahissement des eaux et la sécheresse du désert. — La constitution géologique des *mesas* diffère à quelques égards de celle des *llanos*. Les plateaux sont généralement formés d'un sable disposé en couches horizontales, reposant sur le grès dur et imperméable des plaines ; ce sont comme les lambeaux, les restes d'une alluvion qui, à une époque ancienne, couvrait la totalité du sol. Ces amas de sable, par leur nature poreuse, perméable, s'imbibent d'eau durant la saison pluvieuse, et quand les rivières rentrent dans leurs lits, quand l'inondation cesse, ces alluvions laissent échapper avec lenteur les eaux qui s'y trouvent accumulées, et, préservées des effets de l'évaporation, ces *mesas* deviennent alors de véritables sources. Ainsi, de la *mesa* de Guanipa il ne sort pas moins de quarante rivières dont les eaux se rendent à l'Orénoque, au golfe de Paria, ou directement à la mer. — C'est peut-être à la nature géologique des *mesas* qu'une grande étendue des *llanos* doit de ne pas être un désert. Les llanos sont fertiles, on y rencontre des villes, des villages nombreux et peuplés. Leurs habitants sont d'une force et d'une activité surprenantes. Le Llanero passe sa vie à dompter les chevaux, à lutter contre les taureaux ; il traverse à la nage les fleuves les plus rapides et se plaît à chasser le tigre, à combattre le caïman. Sous un climat ardent, les besoins du Llanero sont très-limités. Dans la paix, une courroie et un hamac ; dans la guerre, une lance, un cheval toujours. L'expérience l'a prouvé, dans les plaines, ces hommes n'ont à redouter que leurs semblables, et pour quiconque connaît bien l'Amérique du Sud, les llanos, avec leurs courageux habitants, forment le rempart le plus solide de l'indépendance nationale. — Les llanos, malgré les caractères généraux qui leur sont propres, offrent cependant à un œil exercé des différences perceptibles qui influent sur leurs productions et sur la condition de leurs habitants. Ainsi les plaines de l'Apure et de la Guyane ne ressemblent pas absolument aux plaines de Varinas. La description de l'Apure est des plus intéressantes : dans ces llanos le terrain présente une grande égalité, on n'y voit pas une pierre ; quand un Indien de l'Apure approche pour la première fois des montagnes des Andes, le moindre caillou devient pour lui un objet d'étonnement. Les rivières Apure et Méta, qui sont les limites naturelles de ces llanos, ont des courants si peu prononcés qu'on est souvent incertain sur leurs directions : le moindre vent d'est, la moindre crue de l'Orénoque, ses refoulent aussitôt vers leurs sources. Au milieu d'un Océan de verdure, dit M. Codazzi, ingénieur-géographe qui a composé la description géographique de l'Etat de Vénézuéla par ordre du gouvernement, les groupes de palmiers que l'on découvre çà et là à l'horizon font l'effet de navires à la voile : l'illusion est complète. L'inondation des basses plaines de l'Orénoque est toujours la conséquence des grandes crues hivernales ; bientôt les savanes se changent en autant de grands lacs ; sur plusieurs points, la terre se couvre de 1 à 2 mètres d'eau ; les communications deviennent difficiles, et pour aller d'une habitation à une autre, il faut le plus souvent avoir recours à des embarcations. Les Llaneros les plus expérimentés sont les seuls qui se hasardent à parcourir à cheval ces terrains inondés ; car, pour entreprendre une telle traversée, il faut joindre l'habileté du cavalier à la prudence du pilote. — Dans le bassin de l'Orénoque, il tombe annuellement 2^m 54 d'eau dans les forêts ; dans les plaines 1^m 81. En tenant compte de l'étendue et des conditions physiques des surfaces, on trouve 2^m, 01 pour la pluie annuelle moyenne. L'Orénoque reçoit toutes les eaux du bassin dont il porte le nom, lesquelles arrosent les *llanos* de l'Etat de Vénézuéla. Il a des circuits multipliés, et traîne un prodigieux volume d'eau. — La communication directe avec le Maragnon, dit rivière des Amazones, a été, pendant longues années, le sujet des discussions les plus vives entre les géographes. On se demandait s'il était possible d'aller d'un fleuve à l'autre sans passer par des portages, sans traîner sur terre les canots. Aujourd'hui la communication directe des bassins de l'Orénoque et de l'Amazone est un fait incontestable, et la bifurcation de l'Orénoque, quoique phénomène géographique, est hors de doute. Au point de sa bifurcation, l'Orénoque verse le tiers de ses eaux dans le Cassiquiare, qui les déverse ensuite dans le Rio-Négro, affluent de l'Amazone. L'incertitude sur les sources de l'Orénoque existe toujours, malgré les recherches faites à ce sujet par des savants, des voyageurs et des géographes. — Les eaux de l'Orénoque, selon M. Codazzi, ont une température qui se maintient entre 27° 2 et 29° 4. Mais cette température ne se conserve pas dans les rivières du Haut-Orénoque, et à la proximité des montagnes de la Parime, là où les plaines sont ombragées d'épaisses forêts. Les eaux du Cassiquiare et du Rio-Négro, par exemple, n'ont plus que 23° à 24°, 4. — L'Orénoque coule encaissé dans un lit resserré et dont la largeur n'est que de 6688 mètres, ou presque une lieue 3/4. Un rocher placé naturellement au milieu du courant est pour les riverains un véritable orinocomètre. Dans ce détroit, à l'époque des basses eaux, il passe 8,227 mètres cubes d'eau par seconde. C'est environ huit fois plus que la Seine à Paris, en

temps d'étiage. Alors le fleuve n'a pas encore reçu le Rio-Caroni, un de ses principaux affluents. — L'Orénoque, après avoir décrit autour du groupe de la Parime une ligne demi-circulaire, marche directement à l'est jusqu'à la mer. — Le cours sinueux et contourné de ce fleuve s'explique par la forme escarpée du plateau de la Parime, par la pente des grandes savanes du Meta et du Guaviare. Ces plaines se relèvent insensiblement vers les Cordillières, et c'est un fait curieux, peut-être plus général qu'on ne le suppose communément, que cette influence exercée, à une si grande distance, par la direction des montagnes, par des lignes de faîtes aussi éloignées. — Après un cours d'environ 620 lieues (1) ou 2480 kilomètres, l'Orénoque prend une largeur considérable dans le voisinage de Siacoa. C'est le commencement du Delta, qui occupe 123, 4, myriamètres carrés, ou environ 308 lieues carrées, et qui présente un labyrinthe interminable de canaux. Il n'y a plus rien d'extraordinaire dans la réunion d'une aussi grande masse d'eau, quand on sait que ces eaux proviennent des pluies qui tombent sur un territoire de 8955 myriamètres carrés, ou 22,386 lieues carrées.

Dans la botanique de l'Etat de Vénézuéla, on trouve le palmier *moriche* (*cocus mauritia*) que les missionnaires ont désigné par le nom expressif de *pain de la vie*. Ce palmier croît depuis le niveau de la mer jusqu'à la hauteur de 700 mètres ; ses jeunes pousses servent d'aliments ; ses fruits verts présentent une nourriture farineuse : parvenus à l'état de maturité, ils donnent de l'huile en abondance. On fait des hamacs, des toiles avec la partie fibreuse de son écorce ; les jeunes feuilles servent à fabriquer des chapeaux, des nattes, des voiles pour les embarcations ; un tissu naturel qui enveloppe les fruits procure aux Indiennes un vêtement qui n'exige aucune façon ; la sève, riche en principes sucrés, produit une liqueur vineuse ; le tronc, avant sa fructification, renferme une moelle amilacée, avec laquelle on fait du pain ; cette moelle, en se putréfiant, donne naissance à une multitude de gros vers blancs, que les Indiens caraïbes recherchent comme un mets des plus délicats ; enfin le ligneux du *mauritia* est un excellent bois de construction. — Tel est encore le palmier *chiquichiqui*, si commun dans les forêts du Rio-Négro, qui produit chaque année une espèce de chevelure, avec laquelle les Indiens confectionnent des cordages remarquables par leur solidité et leur élasticité.

Voici l'état de la population au Vénézuéla :

Blancs,	260,000
Caste mixte,	414,151
Esclaves,	49,782
Indiens civilisés,	155,000
Indiens catéchisés,	14,000
Indiens indépendants,	82,415
	975,348

(1) Jusqu'à présent les géographes européens ne donnaient à l'Orénoque qu'un cours de 1200 kil. ou 300 lieues. Ce chiffre se retrouve même dans les principales géographies modernes. (*Note de l'auteur.*)

Les montagnes de la Parime forment au Vénézuéla un système qui s'éloigne des autres systèmes de montagnes de cette contrée; autant par sa position que par sa constitution géologique. Placées pour ainsi dire en dehors du monde connu, couvertes de forêts impénétrables, ces montagnes ont été peu étudiées; leur existence ne se révèle que par des pics granitiques isolés, dont le sommet, souvent recouvert d'une abondante végétation, présente, suivant M. de Humboldt, l'image de forêts suspendues sur une forêt (1). Il est à peu près impossible d'escalader ces masses colossales. Les sommets les plus élevés, suivant l'ingénieur Codazzi, sont :

Le Garumo, 2341 mètres.
Le Maraguaca, 2508
Le Duida, 2474

Il est vraiment impossible, dit M. Codazzi, de reconnaître une direction prononcée au groupe de la Parime; tout y paraît désordre et confusion. L'idée la plus naturelle, la seule qu'il soit possible d'avoir aujourd'hui sur la forme de ce système de montagnes, est celle d'un large plateau convexe, s'allongeant sensiblement dans une direction de l'est à l'ouest.—Du reste, après avoir examiné attentivement les deux autres systèmes de montagnes, M. Codazzi regarde la chaîne entière de Vénézuéla comme indépendante du rameau des Andes de la Nouvelle-Grenade. Cette opinion peut être contestée pour ce qui concerne la chaîne des Andes qui de la Nouvelle-Grenade s'étend dans le Vénézuéla. Au 7e de latitude nord, commence la région alpine de Vénézuéla, qui passe par Mérida, Truxillo et Barquizimeto. Cette chaîne, ramification des Andes de Pasto, court dans une direction à peu près est-nord-est, traverse toute la Nouvelle-Grenade et supporte les grands plateaux de Bogota, de Tunja et de Pamplona. La sierra de Mérida, dont la cime est couverte de neiges perpétuelles, atteint, suivant une mesure trigonométrique, l'altitude de 5479 mètres. Les roches arénacées de cette chaîne sont fortement bouleversées, contournées, repliées sur elles-mêmes.—La région chaude (*tierra caliente*) commence au niveau de la mer, et se continue jusqu'à une hauteur de 585 mètres; les températures y sont 27°, 5 et 25°,5. La région tempérée (*tierra templada*), dont on a fixé la limite supérieure à 2144 mètres, possède, à cette limite, une température moyenne de 18°. Enfin la région froide (*tierra fria*), qui atteint 4580 mètres, la chaleur moyenne n'est plus que de 2° à la limite supérieure.

L'État de Vénézuéla se livre à la culture du tabac et de la canne à sucre.—Le tabac est un objet des plus importants pour l'agriculture de la province de Varinas qui en exporte 126,800 kilogrammes, lesquels représentent une valeur de 45 millions de francs. A peu d'élévation au-dessus de la mer, par une température de 27°, la culture du tabac dure quarante à cinquante jours. Dans les montagnes, comme à Bayladores, dans un climat tempéré, la durée de cette culture est d'environ six mois. En moyenne, un hectare renferme 13,928 plants qui fournissent 1392 kilogrammes de tabac propre à l'usage; en France, on porte le produit annuel à 950 kilogrammes par hectare. Quant à la canne, on distingue trois variétés : la canne créole, originaire de l'Hindoustan, et qui est arrivée en Amérique en passant par les Canaries; la canne d'Othaïti, beaucoup plus productive que la créole; enfin la canne violette (*cana morada*) qu'on suppose originaire de Java : cette dernière est préférée pour la fabrication du rhum. La température la plus favorable à la canne est de 27° à 25°; le produit en sucre varie d'ailleurs considérablement avec le climat, les conditions physiques du sol et les soins de la culture. En Vénézuéla, M. Codazzi estime qu'un hectare de terrain produit 1855 kilogrammes de sucre. En France, un hectare planté en betteraves ne rend que 1271 kilogrammes de sucre brut, qui équivalent à 1017 kilogrammes de sucre blanc. Ainsi, à surface égale, le sol des tropiques produit près de deux fois autant de sucre que le sol de la France.—La culture des céréales est assez limitée dans le Vénézuéla. La culture du blé, dans les climats chauds, s'allie à celle du café et de la canne à sucre. Sous l'influence d'une chaleur moyenne de 23° à 24°, le froment met environ trois mois pour parvenir à sa maturité. En moyenne, et dans les localités favorables, on récolte par hectare 771 kilogrammes. C'est un produit inférieur à celui que l'on obtient dans certaines parties de la France, où il n'est pas rare de voir les bonnes terres à blé donner 1500 kilogrammes. Cette infériorité de produit, à surfaces égales, est due sans nul doute à cette circonstance que, sous les tropiques, le grain se sème beaucoup moins dru qu'en Europe. C'est une nécessité reconnue par la pratique. En semant dru, la végétation des céréales présente d'abord la plus belle apparence, mais le blé monte en herbe, et la récolte devient insignifiante. Cette pratique de semer clair dans les régions les plus fertiles des tropiques ne s'applique pas seulement au froment, elle convient également au maïs; l'espacement des arbres à café, à cacao, doit être aussi d'autant plus grand que le sol est doué d'une plus grande fertilité. En rapprochant trop les plantes dans une terre féconde, on arrive toujours à faire naître une végéta-

---

(1) Une basse température et une grande humidité peuvent produire sous des latitudes très-différentes des effets analogues. Ainsi on a remarqué à l'extrémité australe de l'Amérique jusqu'au niveau de la mer le même phénomène observé au 4e nord environ de l'équateur par une hauteur de 3600 mètres. Dans la Nouvelle-Grenade, sur les Andes, par une atmosphère humide et froide, les troncs des arbres et leurs rameaux se couvrent de petites fougères et de lichens qui forment par leur entrelacement un sol factice sur lequel on par ourit des espaces assez considérables à une élévation de 1m 50 à 2m 60 au-dessus du vrai sol. (*Note de l'auteur.*)

tion herbacée des plus vigoureuses, on fait une forêt, mais on obtient peu de fruits. On dirait que les végétaux exigent d'autant plus de lumière solaire, pour élaborer utilement les principes qu'ils puisent dans le sol, que ce sol contient lui-même plus de sucs nourriciers.

Sur les côtes du golfe de Cariaco, la culture du cocotier a pris un grand développement; déjà l'exportation de l'huile, qui en est le résultat, est une source importante de richesse publique. Dans un sol convenable, le cocotier fructifie à quatre ans et demi, et continue à donner des fruits avec abondance jusqu'à l'âge de trente à quarante ans. Les cueillettes se continuent même jusqu'à la soixantième année. Une surface d'un hectare contenant 557 cocotiers en plein rapport fournit 1671 kilogrammes d'huile, production bien supérieure à celle des oliviers, dont la récolte, par une bonne culture et dans une contrée abritée, n'est que de 918 kilogrammes d'huile par hectare au *maximum*.

Les Guaharibas, Indiens de l'État de Vénézuéla, habitent la région occidentale du bassin du Haut-Orénoque, arrosée par la rivière Meta, un des affluents de ce fleuve. Ces Indiens sont insoumis; ils ont défendu jusqu'à présent leur indépendance avec une vigoureuse énergie, et ont repoussé tous les blancs qui ont voulu parcourir leur contrée. — Les autres tribus indiennes, répandues dans le Vénézuéla, sont les Maïpoures, les Caraïbes ou Caribes, les Ottomaques, etc., etc.

La religion catholique est la seule qui soit pratiquée dans la république; mais des idées de séparation d'avec le saint-siège y prédominent depuis longtemps déjà. Le clergé séculier, du reste, comme dans toutes les colonies espagnoles, est ignorant et peu zélé. Les Franciscains et les Dominicains avaient été, dès la découverte de l'Amérique, chargés des missions des aborigènes. Ces religieux ont encore quelques missionnaires dans le Vénézuéla.

Venti Mons, le Mont-Ventoux. — C'est une montagne isolée, située dans la partie orientale du diocèse d'Avignon (Vaucluse), sur les confins de celui de Valence (Drôme). — La plus grande élévation du Mont-Ventoux est de 1959 mètres au-dessus du niveau de la mer, et le sommet en est souvent couvert de neige pendant que de fortes chaleurs se font sentir à sa base. Sa forme est à peu près celle d'un cône placé sur un dôme immense. Du côté de Vaucluse, il se prolonge par une pente assez douce; mais au nord il est très-escarpé et inaccessible sur beaucoup de points. Le sommet du Mont-Ventoux est éloigné de 10 kil. du village de Bedouin, d'où l'on part ordinairement pour en faire l'ascension. Il ne faut pas moins de quatre ou cinq heures pour en atteindre la cime, sur laquelle est bâtie une chapelle d'où la vue se perd de tous côtés dans un immense horizon; on y trouve une fontaine que la neige recouvre une partie de l'année, qui ne tarit jamais dans les chaleurs de l'été, et dont la température est constamment de $+4°$ R. Cette chapelle est fort ancienne; on y venait autrefois en pèlerinage. La tradition légendique rapporte qu'elle a été élevée par suite d'un vœu fait par un voyageur qui avait failli mourir de froid sur le Mont-Ventoux. Lorsque le temps est favorable, on aperçoit la chaîne des Alpes, les côtes de la Provence et du Languedoc; on découvre même les Pyrénées. Peu de montagnes offrent un aussi bel observatoire, une vue aussi étendue. Du côté de l'ouest, les plus grandes hauteurs ne semblent que de vagues ondulations; on découvre à peine les villes et les villages. Le Rhône offre plutôt l'aspect d'un ruban argenté négligemment étendu que celui d'un vaste fleuve. On ne voit que des masses; les collines à quatre ou cinq lieues se confondent avec la plaine. Un vert sombre indique les forêts; un vert moins rembruni les prairies. Plus loin, tout prend un aspect uniforme et une teinte plus ou moins azurée. La plaine bleuâtre qu'on distingue dans le lointain, vers le sud, est la mer. A l'orient apparaissent les Alpes avec leurs sommets couverts de noires forêts, de rocs azurés ou blanchis par la neige. On est vivement frappé du magnifique spectacle que développe aux regards et à la pensée un horizon aussi étendu.

Viculus Mapiciani, Mainpincien, hameau dépendant de la paroisse d'Andrezel, diocèse de Meaux, canton de Mormant, arrond. de Melun, départ. de Seine-et-Marne. Mainpincien est à 3 kil. ouest d'Andrezel. — Simon de Brie, qui fut pape sous le nom de Martin IV, était né dans ce hameau, et non dans un village de Touraine, comme l'insinuent certains auteurs, contrairement aux témoignages des plus graves historiens. Garde des sceaux de saint Louis, il refusa son élection au trône pontifical jusqu'à se faire déchirer son manteau quand on voulut le revêtir des insignes de la papauté. Durant son règne de quatre ans et cinq jours, il montra toute la sévérité de son caractère; frappa d'anathème Michel Paléologue, comme fauteur de l'hérésie des Grecs, et Pierre d'Aragon, promoteur des vêpres siciliennes; donna à Charles de Valois, fils de Philippe le Hardi, le royaume d'Aragon, et ordonna une croisade contre Pierre; mais l'expédition fut malheureuse, et l'armée des croisés, frappée de contagion, fut décimée par la maladie; Philippe lui-même y trouva la mort : issue funeste que l'on regarda alors comme la punition des crimes et des profanations auxquels les croisés s'étaient livrés. — Le hameau des Hautes-Loges, dans la même direction et au delà de Mainpincien, est à plus de 4 kil. d'Andrezel. — La population de cette commune avec ses dépendances est de 264 habitants; sa situation à 6 kil. ouest de Mormant et à 12 kil. nord-est de Melun. Productions : grains et prairies.

Vicus Alberti, Königsfelden, ancienne abbaye du diocèse de Bâle, dans le canton d'Aargovie, Suisse, maintenant propriété cantonale, où se trouvent un hôpital et un établissement pour les aliénés. C'est ici qu'en 1308, le 1er mai, fut assassiné l'empereur Albert 1er par son neveu Jean, duc de Souabe, et ses conjurés. Deux années plus tard, il y fut fondé un couvent de minimes et un couvent de religieuses de Sainte-Claire. La reine Agnès, fille de l'empereur assassiné, y prit elle-même le voile. On montre encore aujourd'hui sa cellule, et à la place où Albert perdit la vie, se trouve maintenant l'autel de l'église. Les vitraux peints que l'on voit dans le chœur sont des plus beaux et des plus remarquables. On peut regarder comme curiosités de cet endroit le caveau servant de sépulture aux princes, ainsi que plusieurs restes d'architecture romaine.

A 1 kil. de Königsfelden on trouve Brougg (*Bruck*), petite ville d'environ 800 habitants, située sur l'Aar et sur les grandes routes de Zurzach et de Bâle, à 14 kil. d'Aarau. La rivière est ici très-resserrée par de grosses roches, qui s'élèvent sur les deux rives et qui supportent un pont de 65 pieds en longueur. La tour appelée *tour noire*, qui est à l'entrée du pont, est regardée par beaucoup de personnes pour un ouvrage des Romains, mais elle est d'origine plus moderne et a probablement été bâtie avec des pierres de taille de l'ancienne Vindonissa. Les incendies qui si souvent ont dévasté cette ville sont sans doute la cause de la teinte noire de ces pierres. Une tête antique, très-bien sculptée, que l'on remarque dans le gros du mur, à peu près au milieu de la tour, est envisagée, par les uns, pour une tête de Néron, et, par d'autres, pour une tête de Tibère. Sur une colline très-proche de la ville, nommée aujourd'hui le Bötzberg, et anciennement, par les Romains, *Vocetius*, on jouit d'une très-belle vue.

A 2 kil. de Brougg et à 1 kil. de Königsfelden se présente Windisch, sur une hauteur qui domine les confluents de la Reuss et de la Limmat avec l'Aar. Ce petit village rappelle à peine le souvenir de l'antique et célèbre Vindonissa, qui, placée sur les confins de l'Helvétie, forma, pendant plus de cinq cents ans, un boulevard contre les peuples de la Germanie. Du presbytère de Windisch on découvre toute la vaste enceinte qu'avait cette ville, jadis si florissante. On y voit aujourd'hui la ville de Brougg et les villages de Fahrwindisch, de Gebistorf, de Königsfelden et d'Altenbourg. On y trouve assez souvent des antiquités romaines, et dans un endroit appelé *Berlisgruben*, les ruines d'un amphithéâtre. Le premier évêque en Helvétie établit son siège, dans le vie siècle, à Vindonissa; mais, lors de la dernière destruction de cette ville, en 595, il fut transféré à Constance, par Childebert II, roi d'Austrasie.

Vicus Alicis, Alix, village du diocèse de Lyon (Rhône) à 13 kil. nord-ouest de cette ville, à 4 kil. d'Anse, près de la source du petit ruisseau de Charcin, avait jadis un chapitre de chanoinesses régulières. Depuis 1754 il fallait, pour y entrer, faire preuve par écrit de cinq quartiers de noblesse. L'année suivante il fut permis aux chanoinesses de porter une médaille d'or émaillée, surmontée d'une couronne de comte et attachée à un ruban ponceau passé en écharpe.

L'ancien château de Mavré, dont il ne reste plus actuellement que quelques ruines, donna à ce village une certaine célébrité au moyen âge. Alix possède une très-belle fontaine qui fournissait de l'eau au château. Il y a des fours à chaux, et l'on y fait de la poterie de terre. La population n'est que de 520 habitants.

Vicus Amathi, anciennement Amathonte, actuellement Limassol-la-Vieille, pour la distinguer de Limassol-la-Nouvelle. — Cette ville n'est plus qu'un village, qui néanmoins a conservé un évêque grec, suffragant de Nicosie. L'évêché date du ve siècle, et a été réuni au titre de Limassol-la-Nouvelle dans le xive siècle. Les deux villes, l'ancienne comme la nouvelle, sont aussi ruinées l'une que l'autre; elles sont situées sur la côte méridionale de l'île de Chypre. On y établit un évêché latin en 1256, qui était suffragant de Nicosie; mais il disparut après l'expulsion des Latins. L'évêque grec réside au bourg de Lescare.

L'ancienne Limassol était célèbre même au commencement du moyen âge, sous ses ducs Byzantins. Le roi Richard, vainqueur du dernier de ces vassaux de l'empire, la rasa en 1191; elle ne fut jamais rebâtie depuis. Cette ville, dans l'origine, était fameuse par son temple, élevé, comme nous l'apprend Pausanias, en l'honneur de Vénus et d'Adonis.

Amathonte fut le siège d'un des neuf premiers rois de l'île, et entre autres, d'Onélisté, qui succomba dans la suite sous les armes d'Artaban, général des Perses. Elle a donné le jour à beaucoup de personnages célèbres par leur science et la sainteté de leur vie. Le plus distingué d'entre eux est l'évêque Léonce, qui florissait vers l'an 580 de Jésus-Christ, et vécut jusqu'en 616. Saint Léonce écrivit une Vie de saint Jean l'Aumônier, patriarche d'Alexandrie, né à Amathonte, ainsi que beaucoup d'autres qu'il serait trop long de nommer. — Il y a dans les environs plusieurs mines de cuivre que les Turks ont été forcés d'abandonner.

Le lieu où est aujourd'hui la nouvelle Limassol prenait anciennement le nom de Némosie, de cette multitude de bois qui l'environnaient. Richard, roi d'Angleterre, ayant détruit Amathonte, Gui de Lusignan jeta, dans le xiie siècle, le fondement de cette nouvelle ville, que les Grecs appelèrent aussi Néapoléos, et les Latins *Neapolis Nemesi*. La famille de Lusignan continua de l'embellir et de la fortifier, y bâtit des palais, des églises grecques et latines, et en fit le siège d'un évêque. A la prise de l'île par les Turks, en 1570, l'armée ottomane entra dans cette ville, le 2 juillet, et y fit les plus grands ravages; elle devint la proie des flammes. Ce n'est plus aujourd'hui qu'une misérable cité, où l'œil distingue à peine quelques restes de ses anciens édifices. — Son port est assez commode, il est à l'abri des vents impétueux, et offre un asile sûr aux vaisseaux surpris par la tempête. La caroube est ici plus abondante que partout ailleurs, et c'est aussi dans le port de Limassol que s'en font les chargements les plus considérables ; on en exporte encore du sel que l'on tire d'un lac voisin des Salines, beaucoup moins étendu que le lac des environs de Citti. Les cotons, les graines, l'orge, les mûriers sont à la fois abondants et bien cultivés dans cette partie de l'île ; le terrain produit quantité de fruits et de légumes. C'est aussi sur les coteaux de Limassol que se recueille le meilleur vin de Chypre : on rassemble tous les vins du royaume dans cette ville pour les transporter à Larnic, qui offre des celliers plus considérables, et devient par là le centre naturel de ce commerce.

Vicus Amporiensis, Ampuis, paroisse du diocèse, de l'arrond. et à 27 kil. de Lyon, dans le canton de Sainte-Colombe, dépt. du Rhône. Ce bourg est très-agréablement situé sur la rive droite du Rhône ; il a une population de 2100 habitants. Son territoire est remarquable par son admirable fertilité ; c'est un angle de peu d'étendue, formé des sédiments du Rhône, où la végétation la plus riche témoigne des bienfaits de la nature et des soins du cultivateur. La colline qui le protège contre les injures du nord n'était autrefois qu'un rocher aride où des religieux laborieux transportèrent des terres, pratiquèrent des murs pour les retenir, et plantèrent ces sarments précieux qui produisent les vins renommés sous les noms de Côte-Rôtie, célèbres dans toute l'Europe par leur qualité spiritueuse, leur finesse et leur agréable parfum. On désigne ces vins sous le nom de Côte-Rôtie brune et Côte-Rôtie blonde : ils ont besoin de rester en tonneau cinq ou six ans pour acquérir la maturité convenable ; mis ensuite en bouteilles, ils y gagnent encore de la qualité pendant un grand nombre d'années.

Vicus Aquæ, Zwickau, ville d'Allemagne, au royaume de Saxe. Elle est située sur la Mulde, et, quoiqu'elle soit devenue une localité toute industrielle, elle n'a rien conservé de l'importance qu'elle avait au moyen âge, époque à laquelle, déclarée ville impériale, elle comptait une population nombreuse et riche. Auparavant elle avait appartenu aux comtes de Schœnbourg. Comme la ville, cette maison est fort ancienne ; ses possessions consistent en cinq grands fiefs saxons, savoir : les seigneuries de Glauchau, de Waldenbourg, de Lichtenstein, de Hartenstein et de Stein, et dans plusieurs fiefs communs, les uns et les autres enclavés dans le royaume de Saxe, et soumis à sa souveraineté. Les quatre grands fiefs sont aussi désignés sous le nom de seigneuries de recès (*Recess Herrschaften*), parce qu'en vertu d'une transaction ou d'un recès conclu en 1740 entre l'électeur de Saxe et la maison de Schœnbourg, celle-ci y jouit de certains droits régaliens qui découlent de la souveraineté. Cet arrangement a été confirmé par le congrès de Vienne. Quoique la maison de Schœnbourg n'eût jamais possédé aucune terre immédiate, elle avait cependant séance à la Diète parmi les comtes de Wetteravie.

Les princes et comtes de Schœnbourg dérivent leur origine d'une famille d'outre-Rhin, et nommément d'Alban de Schœnbourg, que l'empereur Otton Ier établit en 936 à Zwickau pour défendre le pays contre les Sorabes. Ernest de Schœnbourg possédait les grands fiefs saxons que nous avons nommés ci-dessus ; il mourut en 1534, et est la souche de tous les princes et comtes de Schœnbourg. Ses fils Hugues et Wolfgang fondèrent les deux lignes de Waldenbourg et de Penigk, dont chacune se subdivisa en plusieurs branches. Elles obtinrent au commencement du XVIIIe siècle le rang de comtés, et la ligne de Waldenbourg en 1790 celui de princes d'Empire. Elle possède les grands fiefs ci-dessus nommés, excepté Glauchau, qui est le patrimoine de la ligne de Penigk. Toutes ses terres ont une surface de 8 m. c. g. (22 l. c.) et 29,000 habitants. On en estime les revenus à 360,000 fr. Les possessions de la ligne de Penigk ont aussi 8 m. c. g. avec 26,800 habitants ; mais les revenus de cette ligne sont proportionnellement beaucoup moindres, et estimés à 120,000 fr. seulement.

Toute la maison de Schœnbourg est luthérienne. La ligne de Waldenbourg se divise, depuis 1813 seulement, en deux branches, nommées Stein-Waldenbourg et Stein-Hartenstein.

Zwickau est à 72 kil. de Leipsick. La population, qui est de 5200 âmes, se livre à la culture du houblon et du tabac. L'ancien château d'Osterstein sert de maison de travail et de correction. On remarque quatre églises, un lycée avec une bibliothèque de 16,000 volumes et un cabinet d'histoire naturelle, un hospice, des magasins militaires, des fabriques de draps, de casimirs, de coton, d'indiennes, de cire à cacheter, de carmin et d'autres couleurs ; des papeteries, tanneries et brasseries, divers moulins, des carrières d'ardoises, de pierres à aiguiser, etc., des houillères dans lesquelles brûle, depuis 1611, un feu souterrain allumé exprès, dit-on, à cette époque où la ville se trouvait assiégée par les impériaux et les Saxons.

La décadence de Zwickau date de la Réformation de Luther, que les comtes de Schœnbourg et les habitants accueillirent avec empressement.

Vicus Arothi, Arolsen, ville d'Allemagne, chef-lieu de la principauté de Waldeck, à 18 kil. nord de Waldeck, sur l'Ahr. Lat. nord 51° 23' ; long. est 6° 42'. La population est d'environ 3000 habitants. On y remarque un beau château habité par les princes de Waldeck. — La famille de Waldeck est de la plus haute antiquité. Outre les comtés de Waldeck et de Pyrmont, elle possédait anciennement ceux de Schwalenberg et de Sternberg, lesquels, à l'extinction des lignes qui en portaient le nom, passèrent à la maison de Lippe. Les comtes de Waldeck se partagèrent, en 1580, en deux branches, dites d'Eisenberg et de Wildungen : la dernière obtint, en 1682, la dignité de prince ; mais elle s'éteignit en 1692, après quoi sa dignité fut transférée, en 1711, à Frédéric-Antoine Ulric, de la ligne aînée. Son frère Josie a fondé la ligne apanagée des comtes de Waldeck-Bergheim. Le comté de Pyrmont, ancien domaine de la maison qui en était sorti par mariage, y est rentré en 1625, à l'extinction des comtes de Gleichen. Le prince de Waldeck, qui avait obtenu en 1803 une voix virile à la Diète, entra, le 18 avril 1807, dans la confédération Rhénane. Il est aujourd'hui membre de la confédération germanique, et occupe à la Diète la dernière place avant les villes, en particulant à la seizième voix curiale. Dans l'assemblée générale, il précède les maisons de Reuss et de Lippe. — La famille est luthérienne.

La principauté de Waldeck, bornée au nord et à l'ouest par la province prussienne de Westphalie, à l'est et au sud par la Hesse électorale, a 48 kil. de long sur 32 kil. de large, et 240 kil. c. Situé dans la partie la plus élevée de l'Allemagne, ce pays est montagneux et froid ; le sol se prête en partie au labourage et en partie aux pâturages. Il recèle des mines de fer, cuivre et plomb, carrières de marbre, des eaux minérales. Le comte de Waldeck possède en outre le comté de Pyrmont, enclavé entre la régence de Minden, la principauté de Lippe-Detmold et le duché de Brunswick. Cette principauté se divise en trois bailliages ou districts, savoir : Diemel, Eisenberg et Eder. Ses revenus s'élèvent à 1 million de fr., son contingent à 519 hommes. Elle a une voix à la Diète fédérative conjointement avec Hohenzollern, Lichtenstein, Reuss et Lippe, et une pour elle seule à la Diète générale. Popul. 56,000 hab.

Vicus Aserici, Aisier, bourg de Normandie, dans le pays de Caux, diocèse de Rouen, dépt. de la Seine-Inférieure. — Aisier appartenait à l'abbaye de Fécamp, et avait exemption de juridiction épiscopale.

Vicus Avenacensis, Avenas, paroisse du diocèse de Lyon, dépt. du Rhône, arrond. et à 25 kil. de Villefranche, à 4 kil. de Beaujeu. — Il paraît que la route de Lyon (*Lugdunum*), pour aller à Autun (*Autodunum*), passait près d'Avenas du temps des Romains. Une grande partie de cette route subsiste encore près de Saint-Jean d'Ardière. Au haut de la montagne, on voit les ruines d'un ancien monastère dont l'origine remontait au berceau du christianisme. La tradition rapporte que dans la suite les moines de Cluny ayant introduit la réforme de Saint-Benoît, plusieurs monastères l'adoptèrent, entre autres celui d'Avenas.

On remarque dans l'église, dédiée à l'Assomption, l'épitaphe suivante :

Hic jacet Dominus Joannes Pinet P. curatus hujus ecclesiæ, qui obiit anno Domini MCCXCII.

On voit sous un autel latéral un retable en pierre, sculpté en relief, qui était d'abord sous le maître-autel, que l'on a regardé longtemps comme un des plus anciens monuments du christianisme. Il représente, disait-on, Louis le Débonnaire, la couronne en tête, fléchissant le genou, tenant entre les mains une espèce de chapelle qu'il présente à un religieux (saint Vincent), et que celui-ci bénit, ayant la main gauche sur la poitrine, pour marquer l'acceptation qu'il en fait, ou comme si tous les deux voulaient offrir un temple à la Vierge. Au-dessous est cette inscription :

*Rex Ludovicus proprius ac virtutis amicus
Offert ecclesiam, recipit Vincentius istam.
Lampade bissena fluituens Julius ibat,
Mors fugat ob positum regis ad interitum.*

Sur la face opposée, qui regarde le nord, est représentée l'Annonciation de la Vierge ; et, sur la face antérieure, Jésus au milieu de ses douze apôtres. On assure que ces bas-reliefs ont été découverts, en 1612, par les soins de l'évêque de Mâcon, Gaspard Dinet.

Sévert l'historien prétend que Louis le Débonnaire, traversant les provinces du Lyonnais et du Beaujolais, gouvernées alors par Balmundus, vers l'an 824, résolut de raser entièrement le château de Ganelon, bâti sur le sommet de la montagne de Tourvéon, dans la paroisse de Chennelette, et que Charlemagne avait déjà fait détruire en partie ; que ce fut pour rendre grâces à Dieu de la victoire remportée sur Ganelon, que l'empereur fit bâtir l'église d'Avenas, dont il confia le service à des religieux de l'ordre de Saint-Benoît, qui résidaient alors sur le même territoire ; et que l'un des bas-reliefs ci-dessus décrits était destiné à conserver la mémoire de cet événement, dont Sévert place la date au 12 juillet de la même année. — Mais un autre fait historique, rapporté par Philippe de Comines, semble détruire l'assertion de Sévert : il y est dit que le roi Louis XI, revenant de Saint-Claude, où il était allé acquitter un vœu, passa par Beaujeu et y séjourna ; que ce fut sans doute pour satisfaire à quelque acte de dévotion envers la sainte Vierge qu'il entreprit ce voyage. Or, si l'on compare ces deux faits, il est bien plus probable que l'inscription se rapporte à Louis XI qu'à Louis le Débonnaire, qui d'ailleurs était empereur. Alors le monument en question, sur lequel il n'existe aucune date, ne remonterait qu'au XVe siècle.

Avenas possède une population de 550 habitants.

Vicus Aximarsæ, Aimargues ou Aymargues.—C'est une petite ville du moyen âge qui a perdu de son importance. Elle est du diocèse et de l'arrond. de Nîmes, à 18 kil. sud-ouest de cette ville, dépt. du Gard. Elle portait autrefois le titre de baronnie, et appartenait aux ducs d'Uzès. C'est là que saint Louis réunit les troupes qu'il fit embarquer à Aigues-Mortes en 1248 et en 1269 pour ses croisades. La population est de 2300 habitants.

Vicus Belitenii, Beilstein, petite ville d'Allemagne, dans le royaume de Würtemberg. Elle est située sur une montagne ; ses eaux minérales ont de la réputation, ainsi que les vins récoltés dans ses environs. Elle compte 1600 habitants ; sa distance de Stuttgard est de 144 kil. On y remarque un ancien château qui a été ravagé dans la guerre dite de trente ans par le duc Weimar, en 1643, et par les Français en 1693. Il appartient à la famille Metternich, originaire de la Westphalie, et dont une tradition respectable par son antiquité fait remonter l'origine jusqu'au temps de Charlemagne. On annonça, dit-on, à cet empereur, qu'un chef saxon, nommé Metter, avec plusieurs de ses camarades nouvellement convertis au christianisme, avaient abandonné l'armée des Franks pour retourner au culte de leurs idoles. Au nom de Metter, Charlemagne arrêta les dénonciateurs : « Pour les autres, c'est possible, dit-il, mais Metter, non (*Metter nicht*). » Quelques jours après, ayant pénétré plus avant dans les épaisses forêts de Paderborn, on trouva Metter qui, avec une poignée de fidèles, avait cherché l'ennemi, et était occupé à renverser la fameuse *Irmensœule*. « Ne vous l'avais-je pas dit? s'écria l'empereur : *Metter, non!* » L'armée répéta les derniers mots, qui restèrent comme nom au chef saxon.

La souche diplomatiquement prouvée de cette maison, Charles de Metternich, acheta en 1400 la seigneurie de Zievel dans le pays de Juliers. Edmond, un de ses descendants au quatrième degré, eut, avec une seule femme vingt-cinq enfants, et devint le fondateur de la branche de la maison d'où viennent les princes de Metternich. Deux Metternich occupèrent, dans le xviie siècle, le siége électoral de Mayence, savoir, en 1673, Lothaire-Frédéric, de la ligne aujourd'hui éteinte de Burscheid (dans le duché de Luxembourg), et, en 1676, Charles-Henri, de la branche de Winnebourg. Un autre baron de Metternich, nommé Lothaire, fut nommé, en 1599, électeur de Trèves, et gouverna jusqu'en 1623. Son règne est remarquable comme l'époque de la formation de la Ligue catholique dont ce prélat fut un des promoteurs. Les seigneurs de Winnebourg et de Beilstein s'étant éteints au commencement du xviie siècle, et leurs fiefs étant dévolus à l'archevêché de Trèves, Lothaire les conféra à ses neveux, qui formèrent d'abord deux branches, mais elles se réunirent en 1695, et en 1696 la branche survivante obtint le rang de comte d'Empire. Le recès de 1803 donna au comte de Metternich-Winnebourg-Beilstein l'abbaye d'Ochsenhausen en Souabe, ayant près de 3 m. c. g. (8 l. c.) de surface et 6000 habitants, et l'empereur lui conféra, pour lui et les chefs de la maison après lui, la dignité de prince d'Empire. L'acte du 12 juillet 1806 le plaça sous la souveraineté du roi de Wurtemberg. La maison possède, dans les États de la monarchie autrichienne, le comté de Kœnigswarth, et les seigneuries de Daruvar, Ummendorf, Hornfischbach, Amons et Marcusgrunn, et Miltigau ; le beau domaine de Johannisberg dans le duché de Nassau a été donné au prince à l'époque du congrès de Vienne. — La famille est catholique.

Vicus Bellijocensis, vel Bellijocus, Beaujeu, dans le diocèse de Lyon, départ. du Rhône, chef-lieu de canton de l'arrond. et à 23 kil. de Villefranche, avec une population de 2000 hab. — Cette petite ville est assez bien bâtie, dans une position agréable, sur l'Ardière, au pied d'une montagne dont le sommet est couronné par les ruines de l'ancien château fort des sires de Beaujeu. — Beaujeu (*Bellijocus*) a donné son nom au pays qu'il occupe, et qui forme le premier arrondissement du département, appelé encore aujourd'hui le Beaujolais, parce qu'il en fut d'abord la capitale. C'est la plus ancienne cité de la province, et il semble en avoir été longtemps la plus considérable. L'honneur qu'il avait d'être la résidence des seigneurs de ce petit État lui donnait une très-grande importance.

La province du Beaujolais était l'une des plus anciennes siries et baronnies du royaume, qui étaient celles de Bourbon, Beaujeu et Coucy. L'existence des sires de Beaujeu remonte au xe siècle. Ils tiraient leur origine d'un comte de Flandre, à qui Charles le Simple avait confié le gouvernement de cette province pour réprimer les excès des seigneurs de Tourvéon, qui s'étaient déclarés les ennemis du royaume. Ce qui prouve la haute origine de la noblesse des sires de Beaujeu est la qualité de *cousin*, qui leur fut donnée par Louis le Gros, dans la personne de Humbert III, fondateur de Villefranche. — La ville n'avait pas d'autres armes que celles de son seigneur. Un quatrain en langue vulgaire les désigne de cette manière :

Un lion nai en champ d'ora
Les angles roge et la quoua reverpa
Un lambey roge sur la joua
Y sont les armes de Bejoua.

On lisait autrefois la devise suivante sur les vitraux de la salle d'audience de cette ville :

A tout venant beau jeu.

Cependant on assure que la devise des anciens seigneurs était *fort, fort*. La maison de Beaujeu fonda son illustration sur les plus hautes dignités que ses membres occupèrent : Guichard III fut ambassadeur près le pape Innocent III, et fut tué au siége de Douvres, en 1216 ; Humbert V fut connétable de France ; Guichard IV fut ambassadeur en Angleterre, où il mourut, en 1265, connétable de France ; Edouard Ier, maréchal de France ; et Louis de Beaujeu, connétable. — Les sires de Beaujeu reconnaissaient les rois de France pour seigneurs suzerains. Ils habitaient un château extrêmement fortifié, entouré de fossés et flanqué de cinq grosses tours, dont une renfermait les archives et le trésor. Il ne reste plus que quelques ruines de cette ancienne forteresse, que sa position rendait inexpugnable, et qui fut démolie en 1611. Un autre château a été construit depuis au pied de l'ancien. Il renfermait dans son enceinte l'église collégiale dédiée à Notre-Dame, et les maisons des chanoines qui la desservaient. On le nommait *Pierre-Aigue*, parce qu'il était construit sur le roc ; il a été également détruit. Au milieu de la cour coule une belle fontaine, dont les eaux limpides et abondantes suffisent aux besoins des habitants de Beaujeu. — L'église collégiale a été vendue et démolie pendant la révolution. Au-dessus de la porte principale était un bas-relief antique de marbre blanc, représentant un de ces sacrifices en usage chez les Romains. C'est une espèce de frise composée de vingt-sept figures très-saillantes, et servant à donner une assez juste idée de ces sortes de cérémonies. Ce beau morceau de sculpture a été détaché avec soin et placé au musée de Lyon. L'église paroissiale actuelle est dédiée à saint Nicolas ; on lisait sur une ancienne pancarte que la dédicace de ce monument pieux avait été consacrée l'an de grâce 1229, par le pape Innocent II, à la prière du sire de Beaujeu Guichard II, qui avait reçu ce pape avec empressement à son passage pour se rendre à Cluny. La commune des Etoux, sur le territoire de laquelle cette église est située, a été réunie à celle de Beaujeu.

La situation de Beaujeu au fond de la vallée de l'Ardière, entre les montagnes de Genty et de Cornillon, qui forment sur ce point un vallon resserré, a donné lieu à une tradition suivant laquelle l'emplacement occupé par cette ville était autrefois un vaste étang; et l'inspection des lieux rend cette conjecture assez vraisemblable ; en effet, en barrant la rivière dans l'endroit appelé l'*Etroit-Pont*, il serait facile de convertir en un lac Beaujeu et les prairies qui l'avoisinent. — On assure que le fils d'un seigneur de Beaujeu s'étant noyé en conduisant des chevaux à l'étang, son père fit vœu de bâtir une église à l'endroit où serait trouvé le corps du jeune prince ; qu'ensuite il fit mettre l'étang à sec et s'acquitta de son vœu ; que bientôt des maisons s'élevèrent autour de la nouvelle église et donnèrent naissance à la ville, de manière que sa fondation serait postérieure à celle du château.

Beaujeu est le chef-lieu d'un canton qui comprend 19 communes et la partie vignoble la plus considérable du Beaujolais. Le pays, aujourd'hui si couvert d'habitations de toute espèce, est un des mieux cultivés de toute la France, et il était, il y a soixante ans, un des moins peuplés ; à l'exception de quelques prairies, le sol était grenelé, maigre et stérile. C'est à la culture de la vigne qu'on est redevable de cet heureux changement, et à la belle route qui, traversant des montagnes autrefois impraticables, joint la Saône à la Loire, et favorise singulièrement le transport de toutes les productions de cette riche contrée. Les vins du Beaujolais, facilement transportés jusqu'à la Loire, y sont embarqués et là, par le canal de Briare, parviennent à Paris à peu de frais. Par la Saône, il s'en expédie toujours beaucoup pour le Nord et la Belgique. — Les vins les plus remarquables de ce canton sont ceux de Chenas, Fleuri, Juliénas, Morgon, Chiroubles et Romanèche ; viennent ensuite ceux de Quincié, Reignié, Lantigné, etc.

Beaujeu offre peu d'établissements industriels :
deux manufactures de papier, situées sur la commune des Etoux, et qui font maintenant partie de son territoire, une belle filature hydraulique de coton, sont les seules usines que l'on puisse citer ; elles sont mues par les eaux de l'Ardière : mais on y trouve beaucoup de fabriques de tonneaux, et de nombreuses tanneries, dont une établie d'après le système anglais. Il s'y fait un grand commerce de vins d'excellente qualité, de grains, fer, cuirs, etc. — Entrepôt des productions qui s'échangent entre la Saône et la Loire. — Marché important tous les mercredis.

Il y a un hôpital à Beaujeu, établi par les habitants vers la fin du XVIIe siècle, dont l'administration et le service sont confiés à des sœurs de Saint-Joseph. Le bien qu'elles font est considérable.

Vicus Brafellæ, Braunfels, bourg de la Prusse Rhénane, à 68 kil. est-nord-est de Coblentz, et 8 ouest de Wetzlar. Popul. 1700 habitants. On y voit un ancien château fort qui appartient aux princes de Solms, et où ils résident. On distingue différentes branches qui toutes sont protestantes. — Cette maison est de la plus haute antiquité, quoiqu'on ne puisse en établir la filiation avec une certitude diplomatique, que depuis le commencement du XIVe siècle. Henri V, surnommé Westerbourg, parce qu'il avait épousé une demoiselle de cette maison, possédait le comté de Braunfels, et mourut en 1312. Son fils aîné épousa l'héritière du comté d'Ottenstein en Westphalie, et abandonna à son frère cadet, Bernard, l'héritage paternel. Les princes et comtes de Solms descendent de ce dernier. En 1409 les comtes de Solms se partagèrent en deux lignes qui existent encore : Bernard, petit-fils de celui dont nous venons de parler, fonda celle de Braunfels, et Jean, son frère, la ligne de Lich. La ligne de Braunfels se subdivisa en trois branches, dites de Braunfels, de Greiffenstein et de Hungen. Il n'en existe plus qu'une seule, celle de Greiffenstein, qui depuis 1693 a pris le nom de Braunfels, et a été élevée en 1742 au rang de prince. La ligne de Lich se subdivisa en deux branches principales, celles de Lich ou de Hohensolms, et celle de Laubach. La branche de Lich a obtenu en 1792 la dignité de prince ; la branche de Laubach a conservé le titre de comte.

Vicus Capelli, Cappel, village du canton de Zurich en Suisse, est situé à 16 kil. de Zurich, sur la route de Zug et près des frontières de ce canton. Il s'y livra, en 1531, un combat acharné entre les partisans de Calvin et ceux d'Ulrich Zwingli, où ce dernier perdit la vie : ce qui amena la défaite de ses partisans et le triomphe du calvinisme en Suisse. Ulrich Zwingli, qui modifiait et corrigeait les doctrines du farouche et atrabilaire Calvin, était né à Wildhaus, village le plus élevé de tout le Toggenbourg, dans le canton de Saint-Gall. Wildhaus est à 1150 mètres au-dessus du niveau de la Méditerranée.

Vicus Cappensis, Chappes, paroisse du diocèse de Troyes, arrond. de Bar-sur-Seine, à 7 kil. de cette ville, départ. de l'Aube. La population est de 525 habitants. — Quelques-uns prétendent que Chappes a été dans les temps reculés une ville considérable, qu'on y a battu monnaie, qu'avant la conquête des Gaules par Jules César, c'était le chef-lieu d'un petit peuple gaulois. Quoique ces prétentions ne soient pas suffisamment justifiées, il convient de dire qu'elles ne sont pas tout à fait dénuées de fondement. Grosley, qui a laissé sur Chappes une notice historique, partage l'avis de ceux qui croient à l'ancienne importance de ce village. « Chappes, dit-il, était, dès les premiers temps de la monarchie, un lieu important, et par sa situation comme frontière de l'ancien royaume des Bourguignons, et par son fort qui commandait le passage de la rivière de Seine, et par son port sur cette rivière, qui, favorisant le commerce entre deux royaumes, y fixait les marchands qu'il enrichissait, et les artisans, dont l'industrie était animée par la certitude du débit..... Chappes était partagé en haute et basse ville, dont la première sur la rive droite de la Seine, défendue par un château, avait un prieuré; la seconde remplissait un espace considérable sur la rive opposée. L'église paroissiale, dédiée à saint Loup, était dans la basse ville. L'une et l'autre étaient habitées par des artisans et des manufacturiers, aux différents corps desquels étaient assignées différentes rues qui en portent aujourd'hui le nom. » — Chappes est mentionné dès l'an 752. Saint Loup, abbé de Ferrières, nous apprend, dans une de ses lettres, que vers 870 il fut obligé de se retirer au château d'Aix en Othe, parce que les Normands menaçaient de remonter la Seine jusqu'à Chappes. Les anciens seigneurs de Chappes étaient des plus puissants de la province. Ils étaient du nombre des barons qui rendaient la justice aux conseils des comtes de Champagne, dans les assemblées appelées *les grands jours*, où ils siégeaient à côté des seigneurs de Joinville et de Brienne. Parmi les droits dont ils jouissaient, était celui « du rapt du bâton, qui étoit que les grands seigneurs pouvoient aller où envoyer par la ville, et tuer au bâton les poules dudit lieu, et pouvoient emporter les poules qu'ils tuoient, en payant, par chacune poule, six deniers. » — En 1429, le château de Chappes, alors tenu par Jacques d'Aumont, allié des Anglais, soutint un siége, à la suite duquel il fut pris et détruit. « En ce temps-là, dit Monstrelet, le duc de Bar, nommé René de Cécile, convoqua très-grand nombre de gens d'armes. Et pouvoit avoir icelui duc de deux à trois mille combattants, à tous lesquels il alla assiéger Chappes, à trois lieues de Troyes, dedans laquelle étoient le seigneur d'Aumont, et son frère, et avec eux plusieurs gens de guerre qui très-vaillamment se mirent en défense. » Les Bourguignons vinrent à leur secours au nombre de quatre mille combattants, mais ils furent mis en désarroi. « Si fut environ que morts que prins bien soixante, entre lesquels le seigneur de Plancy; et particulièrement le seigneur d'Aumont en saillant hors de sa place pour aider à combattre ses ennemis avec aucun de ses gens, fut prins prisonnier. Si convint qu'il livrât sa forteresse au duc de Bar, laquelle fut du tout démolie, et son frère fut prins comme lui. » Quelque temps après, Chappes fut repris par les Anglais, qui furent délogés une seconde fois de ce bourg par Barberey, en 1431.

Vicus Cazalii, Chazay, paroisse du diocèse de Lyon, départ. du Rhône, à 12 kil. de Villefranche, et autant de Lyon. Ce bourg, situé sur l'Azergue, dans une contrée fort agréable, est une ancienne baronnie du Lyonnais. C'était autrefois une forteresse, appelée le fort Saint-André, qui servait de retraite aux paroisses voisines dans le temps des guerres civiles; l'église est même dédiée à saint André. Il y avait aussi une abbaye de Bénédictins qui ont été sécularisés et transférés à Aynay. On trouve dans les environs différents fossiles. Les habitants, qui sont au nombre de 950, se livrent au tissage de la soie.

Vicus Cenacensis, Chenas, paroisse du diocèse de Lyon, départ. du Rhône, à 10 kil. de Beaujeu, avec 800 habitants. Le nom de ce bourg désigne un lieu planté de chênes. Baluze rapporte le capitulaire de Charlemagne par lequel ce prince ordonna d'arracher une partie des bois qui couvraient ce pays. C'est sans doute de cette époque que date le défrichement d'une portion du sol du Beaujolais, et notamment de Chenas. On y récolte beaucoup de vin d'une bonne qualité. Il y a sur la crête qui fait la limite de cette commune avec celle de Fleury, une maisonnette appelée la maison du Canonnier, où un homme du village est chargé d'aller tirer des boîtes quand les orages se forment, afin de les dissiper par leur détonation.

Vicus Chilliaci, Chailly, ou Chilly, paroisse de l'ancien diocèse de Paris, aujourd'hui de celui de Versailles, canton de Longjumeau, arrond. de Corbeil, Seine-et-Oise, à 2 kil. nord de Longjumeau, 8 de Corbeil et 16 sud de Paris. Plusieurs villages en France sont nommés Chilly ou Chailly. Celui-ci a été appelé Chailly au XIIIe siècle et dans les suivants; ce n'est guère que depuis 2 à 300 ans qu'on s'est mis à écrire Chilly. Il est probable que les possesseurs romains de ce lieu ont été d'une famille dite *Calidia*, ou *Callidia*, ou bien de celle qui se nommait *Catulia* ou *Catiliq*. Ces noms se trouvent dans le recueil d'inscriptions de Gruter; en sorte que, selon ce principe, le nom latin de Chailly, dans sa première pureté, aura été *Callidiacum* ou bien *Catulliacum*. On trouve dans Valois, *Calliacum*, et les titres des XIIe et XIIIe siècles, qui sont les plus anciens qui fassent mention de ce lieu, rendent en latin le nom de ce village par *Calliacum* ou *Chailliacum*; mais ce dernier paraît évidemment formé sur le français. — La terre et seigneurie de Chilly a toujours été possédée par des familles du premier rang ou par les rois de France. Au XIVe siècle, ce village n'était pas remarquable, quoique Robert, comte de Dreux, fils de Louis le Gros, y eût fait bâtir un château et une chapelle. Ce Robert est le premier seigneur de Chilly que l'on connaisse en cette qualité d'une manière certaine. Il paraît que cette terre vint depuis à la couronne, puisqu'en 1234 Louis IX la céda, en échange d'autres terres, à Pierre, duc de Bretagne, dont la postérité en jouit quelque temps; elle revint, en 1300, au roi Philippe le Bel, et sauf quelques concessions passagères, elle resta aux mains du roi jusqu'en 1360, qu'elle tomba dans la maison d'Anjou : cette maison en jouit longtemps, puis elle rentra à la couronne. François Ier la donna à sa sœur naturelle, *souveraine* d'Angoulême, qui avait épousé Michel Gaillard, pannetier du roi : la postérité de Gaillard en jouit jusqu'en 1616. Martin Rusé, secrétaire d'État, en fit l'acquisition, et Antoine Grossier d'Effiat, neveu de Martin Rusé, en hérita. Celui-ci, surintendant des finances, mourut maréchal de France. Ce fut lui qui fit bâtir le château de Chilly avec une magnificence vraiment royale. Ses héritiers, parmi lesquels on compte un duc de la Meilleraie-Mazarin, embellirent beaucoup ce domaine. — L'ancien château avait été en grande réputation : on en voit la représentation dans la topographie de France, de Pierre Chastillon, gravée en 1610. Le nouveau, bâti sous le règne de Louis XIII, par le maréchal d'Effiat, avec beaucoup de soins et de dépenses, n'était élevé que de deux étages : sa forme était carrée : quatre pavillons, pareillement carrés, en occupaient les angles et se terminaient en terrasses, revêtues d'une balustrade de pierre, d'où la vue s'étendait dans la vaste plaine des environs; au milieu s'élevait un campanille carré : la porte du château était ornée de deux colonnes et de deux niches, dans chacune desquelles il y avait une statue. Jacques Le Mercier conduisit la construction de cet édifice sur les dessins de l'architecte Métézeau. Les appartements étaient décorés de magnifiques dorures. Perrier, sur les dessins de Vouet, avait peint dans la chapelle douze tableaux représentant l'histoire de saint Antoine; les sculptures étaient de Sarrazin : Vouet lui-même avait peint les plafonds et la galerie. Ce séjour a été, dans le dernier siècle, le témoin d'une fête brillante donnée par la duchesse de Mazarin, et à laquelle assistèrent les dames de France. — L'église paroissiale, du titre de Saint-Étienne, est auprès du château, dont elle est couverte du côté du midi; elle manque d'une aile du même côté, et le principal corps de l'édifice est sans vitrages; il y manque aussi l'intervalle ordinaire qu'on ménage derrière le chœur dans la plupart des églises; au reste, elle se ressent de la richesse de ses anciens seigneurs, étant couverte d'ardoises; mais elle est fort basse, ainsi que le clocher, placé au nord, à côté du grand autel, le plus loin qu'il a été possible du château, pour épargner l'incommodité du bruit des cloches à ceux qui y logeaient. Cette église n'a point été rebâtie à neuf. On voit dans le chœur quatre piliers fort anciens, et qui paraissent avoir supporté un ancien clocher : le reste du chœur et le sanctuaire sont d'un travail du XIIIe siècle, ou tout au plus de l'an 1300; ils ont pour ornement une ordonnance de petites colonnes posées l'une sur l'autre, dans le goût et la délicatesse des constructions du règne de Louis IX. On a détruit une partie de cette architecture pour élever, sur le côté droit, les mausolées des seigneurs d'Effiat, dont le dernier mourut en 1719, âgé de 80 ans : leurs tombes, de marbre noir, remplissaient presque tout le chœur. La cure était à la pleine collation épiscopale. — Il y avait autrefois sur le territoire de cette paroisse une léproserie du titre de Saint-Laurent, qui était à la nomination de René, roi de Sicile et duc d'Anjou, seigneur de Chailly et de Longjumeau; mais elle fut réunie par lui, vers l'an 1473, au prieuré de Saint-Éloi, situé sur la même paroisse. — Ce prieuré avait été fondé, vers l'an 1254, par Jean de Dreux, surnommé de Brenne, et Alix, sa femme, comtesse de Mâcon. Ces deux époux, n'ayant point d'enfants, se proposèrent de *rendre Dieu héritier d'une partie de leurs biens*. Pour cet effet, ils firent construire une maison dans un vallon situé au midi de la terre de Chailly, qui leur appartenait, et ils y mirent, de l'aveu de Guillaume, évêque de Paris, des religieux du prieuré de Sainte-Catherine-du-Val-des-Écoliers. Ces religieux y restèrent jusqu'en 1662, qu'ils furent remplacés par des chanoines réguliers de la congrégation de France, ordre de Saint-Augustin. — L'église de ce prieuré était remarquable, tant par sa construction, où régnait la délicatesse gothique du XIVe siècle, que par les ornements dont elle était embellie. On y admirait un crucifix de marbre blanc, qui passait pour être d'un seul bloc avec sa croix; la suspense, sous laquelle on conservait le saint sacrement, le jeu d'orgues, qu'on dit avoir été fait pour Versailles; mais ce qui donne surtout de la célébrité au prieuré de Saint-Éloi, c'est d'avoir appartenu au fameux Théodore de Bèze, de Vézelai, qui le possédait en 1546. C'est aujourd'hui une maison de campagne. — Chailly a vu en divers temps les rois de France logés dans son château. Philippe le Bel s'y arrêta avec la reine, le 5 décembre 1301, en allant de Saint-Germain-en-Laye à Fontainebleau; François Ier, revenant de cette dernière ville, y logea le 6 juillet 1537. Il faut sans doute attribuer au séjour des princes et des personnes de considération, auxquels ce lieu a constamment appartenu, les vestiges de distinction qu'on y aperçoit encore. Contre l'ordinaire des villages, Chailly a ses rues pavées et alignées, quoiqu'il ne soit point sur le passage des voitures publiques; on remarque dans l'une de ces rues cinq belles maisons de campagne parallèles. Ces bâtiments avaient, dans le dernier siècle, leur entrée terminée dans le haut par une lanterne couverte d'ardoises : on disait dans le pays que c'étaient les logements que le maréchal d'Effiat avait assignés à cinq de ses officiers. — Le poëte Chapelle y fit bâtir une maison en 1680, et y passa les dernières années de sa vie.—Chailly était anciennement renommé pour la qualité supérieure du pain qu'on y faisait. Une ordonnance du roi, de 1350, marque trois sortes de pain : le *pain de Chailly*, le *pain coquillé* et le *pain bis*. Sous le nom de *pain de Chailly*, cette ordonnance désignait le pain blanc de première qualité. Les céréales sont encore le principal objet de culture dans cette commune, dont le territoire est presque entièrement en terres labourables.

Vicus Credulii, Creil, petite ville du diocèse de Beauvais, chef-lieu de canton de l'arrond. de Senlis, avec une justice de paix, Oise, à 9 kil. nord-est de Senlis, et 43 nord de Paris. Le hameau de Vaux, qui renferme une maison de campagne, ancien fief du duché d'Enghien, et le ci-devant prieuré Duplessis-Lapomeraye en font partie. — Cette ville est située sur la rive gauche de l'Oise, qu'il faut traverser sur un pont de pierre pour y arriver; on y trouve une manufacture de faïence fine, dite *terre de pipe anglaise;* elle entretient plus de 600 ouvriers. Cet établissement, dont les produits sont très-estimés, est très-vaste et tient à un parc bordé par un bras de l'Oise. Quantité de vases de terres de grès noires, de toutes formes et façons, pour les déjeuners, et vases de décors, y sont journellement fabriqués. Les entrepôts de ce grand établissement sont à Paris, d'où se font les expéditions pour la France et les pays étrangers. Il se tient à Creil une foire par an, le 2 novembre; le marché est le vendredi de chaque semaine. Deux ports sont établis sur l'Oise pour le transport des bois provenant des forêts de Hallate et de Hez ; un troisième est destiné à la vente des grains. Les productions du terroir de cette commune sont en grains, une partie est en prairies. — On voit aux alentours de la ville des carrières de pierre dure, propre à la construction des plus beaux édifices. Des demeures souterraines, pratiquées dans l'intérieur de ces carrières, sont habitées sans frais de location par des familles pauvres.

La ville de Creil, appelée *Credulium* dans les titres anciens, fut, à une époque fort reculée, le siége d'une seigneurie assez considérable. Les Normands la prirent et la pillèrent plusieurs fois, ainsi que tous les autres lieux de cette partie du royaume. Il est probable que son vaste et antique château fut commencé à l'époque où l'on cherchait à opposer sur ce point une ligne de petites forteresses aux invasions de ces dévastateurs. La fondation de l'église est fort ancienne : vers le règne de Chilpéric, c'est-à-dire à la fin du VIe siècle, le corps de saint Évremont y fut déposé. Le clergé attaché à cette église devint postérieurement un chapitre qui célébrait le 8 octobre la fête du saint patron. Creil, qui, dans la suite des temps, était tombée dans le domaine des rois de France, fut possédée par Robert de France, fils de Louis IX, qui lui donna cette seigneurie à l'époque de son mariage avec Béatrix de Bourgogne. Louis, fils de Robert, la donna à son tour à sa fille Béatrix, en la mariant avec Jean de Luxembourg, roi de Bohême. Après la mort de ce monarque, Béatrix vendit sa seigneurie au roi de France : elle revint à la couronne. Vers le milieu du XIVe siècle, un seigneur, ou plutôt un brigand navarrais, nommé Foudrigues, était maître de Creil. De ce point il envoyait des détachements sur les routes voisines et forçait les voyageurs à recevoir, signés de sa main, des sauf-conduits qu'il leur faisait payer fort cher. Charles V fit bâtir à Creil, dans une île que forme l'Oise, un château très-fort que les Anglais assiégèrent et prirent en 1434. Le 19 mai 1441 Charles VII, accompagné de son fils, vint mettre le siége devant Creil, sous le commandement du connétable de Richemont; après 12 jours de siége la place capitula. Les 4 ou 500 hommes qui composaient la garnison se retirèrent avec armes et bagages. Les habitants de Paris à cette nouvelle témoignèrent leur joie par des jeux, des danses et les cris des Noëls. En 1567, les calvinistes s'étant emparés de Creil pillèrent les églises et brûlèrent les corps de saint Évremont et de saint Symphorien. La tête du premier fut seule préservée par les chanoines, parce qu'elle était dans une châsse séparée. En 1588, les ligueurs surprirent Creil et s'y établirent. Le château n'existe plus : il était situé dans une petite île au-dessous du pont de Creil. Quelques années avant la révolution, le prince de Condé, à qui il appartenait, le vendit, à la charge de le démolir. Sur son emplacement a été bâtie une maison assez apparente : il ne reste de cet ancien château que le soubassement d'une terrasse au devant de cette maison, laquelle est flanquée d'une espèce de tour tronquée, qui est effectivement la base d'une des anciennes tours. Avant la révolution on montrait encore aux voyageurs une chambre dont le balcon était fermé par une grille de fer, et où l'on assurait que le malheureux monarque Charles VI avait été retenu lorsque sa démence se fut déclarée. Les murailles de ces antiques appartements portaient encore les traces des ornements du siècle où on les avait décorés : les lambris étaient peints en camaïeux et les solives des planchers peintes en rouge. Sous Charles VI on s'y chauffait encore, dit-on, autour d'une large fosse creusée au milieu de l'appartement; plus tard, on sut pratiquer des cheminées dans l'épaisseur même des murs. Dans cette même île et très-près du château sont les ruines de l'abbaye de Saint-Évremont, dont le chœur est encore debout. Le clocher de l'église paroissiale est bien bâti. — Le pont est singulièrement construit; on y jouit de points de vue très-agréables. Au couchant se voit Montalaire, village très-pittoresque, situé sur une assez haute montagne. C'est dans sa petite église que l'ermite Pierre prêcha, dit-on, les premières croisades. — Il existait à Creil, dans l'ancien régime, une collégiale royale, une châtellenie et un grenier à sel.

Vicus Crisiaci, Crécy, petite ville du diocèse de Meaux, chef-lieu de canton de l'arrond. de cette ville, avec une justice de paix, située sur la route de Paris à Coulommiers, dans une vallée agréable et sur la rivière du Grand-Morin, qui s'y partage en plusieurs branches; à 12 kil. au sud de Meaux, 40 kil. au nord-est de Melun, et 42 kil. est de Paris. Elle est entourée en partie de vignes et de belles prairies. La population est de 1760 habitants. — Crécy était anciennement le siége d'une seigneurie étendue, dont les possesseurs portèrent d'abord le titre de vicomte, puis celui de comte. Leurs noms paraissent dans plusieurs actes relatifs à des fondations pieuses et datés des premiers règnes de la troisième dynastie. Une chapelle avait probablement existé en ce même lieu avant qu'ils y eussent établi leur résidence; ils l'érigèrent en une collégiale, dont il est fait mention dans un titre de 1123. Dans les siècles suivants, Crécy appartenait à la maison de Châtillon, et divers membres de cette famille s'attachèrent à enrichir l'église dédiée à Saint-Georges, ainsi que plusieurs autres du pays. Plus tard la seigneurie fut tenue immédiatement par les comtes de Champagne, comme comtes de Brie. En 1465, Louis XI donna cette seigneurie en échange à Antoine de Chabannes, comte de Dammartin. Au XIIIe siècle, un Hôtel-Dieu existait à Crécy, et quelques titres de cette époque prouvent que cette maison était dirigée par des religieux. Une maladrerie plus ancienne encore existait à l'une des portes de la ville, et le souvenir en a été conservé par une chapelle de Saint-Michel qui en faisait partie. Au XVIIe siècle cette maladrerie fut réunie à l'hôpital. A l'époque des troubles religieux, le château seigneurial de Crécy était un des plus forts de la contrée, et la ville était flanquée de 99 tours, dont il reste encore quelques vestiges. Une garnison royale la défendit contre les efforts des ligueurs. Au commencement du XVIIe siècle, il fut établi à Crécy, comme dans plusieurs autres lieux de la France, des communautés religieuses des deux sexes. On y comptait avant la révolution un couvent des Minimes, des Missionnaires, auxquels le roi donna, en 1641, son château de Crécy, un prieuré de religieuses de l'ordre de Saint-Benoît, et d'autres religieuses non cloîtrées, dites Miramionnes. Les revenus dont jouissaient ces dernières ont été réunis à ceux de l'hospice. — On trouve à Crécy plusieurs tanneries et chamoiseries, et une manufacture de lacets établie dans l'ancien couvent des Minimes. Il s'y fait un commerce assez considérable de laines. Il y a deux foires annuelles : le premier jeudi de mai et le jour de Saint-Michel, le 29 septembre : celle-ci est la plus considérable. Les marchés sont le jeudi de chaque semaine; ils abondent en denrées de toute espèce : celui du jeudi saint, remis au lendemain vendredi, peut être comparé à une foire par l'affluence de monde.

Vicus Crispiaci Silvanecti, Crépy, petite ville du diocèse de Beauvais, chef-lieu de canton de l'arrondissement de Senlis, avec justice de paix, Oise, à 20 kil. est de Senlis, 20 sud de Compiègne et 56 nord-est de Paris. — C'était un gouvernement de place, le siége d'un présidial, d'une élection et d'un bailliage, où l'on suivait une coutume particulière, mais commune à tout ce duché, qui appartenait à la maison d'Orléans. Il y avait aussi hôtel de ville, grenier à sel et subdélégation. On a voulu donner à cette ville l'illustration de l'antiquité, parce qu'on y a découvert quelques médailles romaines; mais ces objets mobiles et portatifs ne présentent aucune preuve suffisante, n'étant point appuyés par des témoignages historiques. Le moine Helgaud est le premier écrivain qui fasse mention de Crépy. Il nous apprend, dans sa vie du roi Robert, que ce lieu était un château que Walterius ou Gautier, dit Leblanc, comte d'Amiens, fit construire dans le Soissonnais, et où il fonda l'abbaye de Saint-Arnould. Ce château et cette abbaye, dont la fondation est de la fin du Xe ou du commencement du XIe siècle, donnèrent naissance à la ville de Crépy. Gautier transmit ce château à son quatrième fils, Rodolphe ou Raoul, beau-père du roi Philippe Ier; celui-ci vivait de brigandage, comme les seigneurs de son temps, et dévasta souvent les terres de ses voisins. Ce Raoul, surnommé le Grand, sans doute à cause de sa grande puissance, se qualifiait de *comte par la grâce de Dieu*. Raoul, ou son successeur du même nom, continua les usurpations et les violences de son prédécesseur. Simon, son fils, marcha sur les traces de son père, devint le plus riche seigneur du royaume, et fit la guerre au roi Philippe Ier, qui fut contraint d'en venir à un accommodement avec lui. Quelque temps après, le remords de ses crimes l'ayant déterminé à renoncer au monde et à se faire moine, il se retira au monastère de Saint-Claude, où il fut accompagné par cinq ou six chevaliers qu'il avait convertis, et qui comme lui voulaient embrasser la vie religieuse. Il mourut, en 1082, à Rome, où il était allé remplir une mission pour le pape. — Les vastes possessions de Simon furent démembrées à l'époque de sa retraite du monde. En 1077, Herbert IV, comte de Vermandois, son beau-frère, lui avait succédé dans le comté de Valois, et dès ce moment l'histoire des comtes de Vermandois devint celle des comtes de Valois. — Le château de Crépy fut, au commencement du XIe siècle, construit avec noblesse par le comte Gautier, *nobiliter constructum*, dit le moine Helgaud. Il construisit ensuite un beau corps de logis dont la façade regardait le monastère de Sainte-Agathe. Gautier fit tracer l'enceinte qui environne encore la ville de Crépy. Dans l'intervalle qui se trouva entre cette enceinte et le château, il se forma un bourg en peu de temps par l'agglomération d'un certain nombre de familles auxquelles Gautier permit de bâtir des demeures moyennant une redevance annuelle. Le comte soumit ces familles à un gouverneur qui prit le nom de *burgare*; on le nommait aussi *li bogre* et même *li boug..... de Crépy*. On appela faubourg une autre portion de maisons qui se forma hors de l'enceinte. Gautier établit dans cette partie un second officier qui, dans un titre de 1070, est nommé *villicus*. Le comte Gautier fonda aussi un monastère du titre de Saint-Arnould, à la place des clercs ou chanoines que Raoul Ier avait placés dans son église. La construction du bâtiment de l'église de Saint-Arnould dura plus de 60 ans. Quant à la ville, elle était alors et fut jusqu'à la fin du XIIIe siècle l'une des plus fortifiées de cette époque. On distinguait cinq quartiers dans la ville, ou plutôt sur le territoire de Crépy : celui du donjon, celui du château, le bourg, la ville et les Bordes. Les seigneurs de Nanteuil, auxquels appartenait le donjon, entretenaient dans cette espèce de citadelle un châtelain qui était indépendant des seigneurs de Crépy, maîtres du château. On entrait dans l'enceinte du donjon par la porte souterraine du grand chemin de Bapaume. L'espace occupé par le château se terminait aux premières maisons de la ville, à la poterne, à la Croix-au-Bourg et à la porte aux Sentiers. On entrait dans le château par deux portes principales : celle de Compiègne et celle des Pourceaux. On perça plus tard une nouvelle porte du côté du fief des Bordes, qui paraît être celle qu'on nomma depuis porte du Paon. L'enceinte du bourg continuait depuis l'emplacement de la porte du Paon jusqu'à la croix de son nom et jusqu'aux murs du château et du donjon ; c'est cette troisième partie de Crépy qui avait le gouverneur particulier auquel les titres donnent les noms de *burgare*, *li bogre* et *li boug*..... Cette fonction, si bizarrement désignée, était la même que celle de châtelain. Le dernier *boug*..., de Crépy dont on ait connaissance se nommait Robert ; il mourut à la fin du XIIIe siècle. A peu près à l'époque où Charles de France reçut en apanage le comté de Valois et établit sa résidence au château de Crépy, la charge ou au moins le titre de *boug*..... fut aboli. — Crépy avait depuis longtemps une charte de commune qu'on trouve en entier dans l'*Histoire du Valois*, par Carlier. Suivant des titres des années 1240, 1276, 1282, le corps de ville de Crépy devait être composé d'un maire, de huit jurés, d'un argentier ou receveur, et de douze ou quatorze *hommes jugeants*, qui formaient le tribunal de la commune. — Les fortifications de la ville de Crépy, par les guerres des Navarrais et des Anglais, avaient éprouvé de notables dégradations. Elle resta pendant 34 ans, depuis 1358 jusqu'à 1392, sans murailles et sans autre défense que quelques pans de murs et des fossés à demi comblés. Louis, duc d'Orléans, frère du roi Charles VI, fit rétablir ces fortifications dès l'année où il commença à jouir du comté de Valois ; ces ouvrages ne furent achevés qu'en 1431. En l'an 1399 fut faite, par le même prince, aux habitants de Crépy, la remise d'une exaction dont les détails caractérisent le système féodal. Ce prince les exempta des *droits de prise* pour son hôtel et pour celui de sa femme. Cette ville eut beaucoup à souffrir des dissensions qui eurent lieu entre le duc d'Orléans et le duc de Bourgogne. En 1431, les Anglais avec les Bourguignons vinrent mettre le siége devant Crépy, surprirent le faubourg et pillèrent la collégiale, entrèrent dans les maisons des chanoines et en emmenèrent tous ceux dont ils espéraient obtenir quelque rançon ; ils enlevèrent ensuite de chaque maison ce qui leur convint, puis ils passèrent du cloître à la ville, qu'ils mirent au pillage, et détruisirent, dit-on, plus de 1500 maisons. Ils attaquèrent ensuite le château, dont l'enceinte répondait au contour actuel de la ville de Crépy. Cet espace était rempli par de grands édifices, des places spacieuses, des cours, des jardins, des tours et de vastes corps de logis. Le capitaine de Crépy se défendit vigoureusement ; malgré tous ses efforts la place fut emportée d'emblée, et, furieux de la résistance opposée, les Anglais passèrent la garnison au fil de l'épée, sans épargner personne. Les vainqueurs voulaient conserver la place ; mais le feu prit, et l'incendie s'étendit de telle sorte que le désastre fut complet. Les Anglais et les Bourguignons étaient depuis deux ans maîtres de Crépy, lorsqu'en 1433 Charles VII fit prendre cette place par escalade et passer la garnison au fil de l'épée. Le duc d'Orléans, rentrant dans le duché de Valois, fit réparer à Crépy quelques corps de bâtiment échappés à l'incendie, ainsi que le donjon, et permit aux bourgeois, ensuite aux habitants de la campagne, de venir s'établir sur les décombres de l'ancienne ville. Cette restauration fut l'origine de la ville actuelle. L'ancienne ville de Crépy renfermait dans l'espace actuellement découvert qu'on traverse lorsqu'on va de Crépy à Duvy, deux vastes châteaux, l'hôtel de la Comtesse, près de Sainte-Agathe, et le palais de Bouville à côté du Parc-aux-Dames ; le château fort où le donjon était situé du côté de Duvy. On y voyait huit beaux hôtels et cinq églises ; mais cette ville, bâtie sur un plan irrégulier, offrait des rues mal alignées et des maisons en général très-basses. La charte de la commune de Crépy suppose que la banlieue contenait plusieurs petits châteaux occupés par des *fieffés* opulents. Le nombre des habitants de l'ancienne ville devait monter à plus de 18,000, sans compter les familles établies dans le château de Bouville, dans la forteresse et dans l'hôtel de la Comtesse. Suivant un état de 1456, la ville de Crépy, malgré la protection du duc d'Orléans et les soins qu'il prit d'y rappeler les familles dispersées en 1431, ne renfermait encore que la moitié des habitants qu'on y compta plus tard. En 1588 la ville de Crépy fut prise par les ligueurs, après une tentative inutile sur Senlis, Henri IV, ayant repris cette ville, en fit réparer les fortifications. Les bâtiments qu'il y rétablit furent décorés du chiffre du roi, c'est-à-dire d'un H couronné de branches de laurier et de lierre sculptés sur la pierre. Ce roi donna en faveur des habitants des lettres patentes où il déclare qu'il prend sous sa sauve-garde spéciale les bourgeois de Crépy, et permet auxdits bourgeois de courir sus à tous ceux qui contreviendraient à l'ordonnance. Sur la fin de l'année 1616, la garnison de Pierrefont, commandée par Villeneuve, vint faire des courses jusqu'aux portes de Crépy et essaya même de surprendre la ville. Charles de Valois, comte d'Auvergne, fut envoyé au secours de la place avec une armée de 14,000 hommes de pied et de 3000 chevaux; de là il marcha sur Pierrefont. Lors des troubles survenus sous la minorité du roi Louis XIV, les habitants de Crépy et de plusieurs autres lieux voisins pensèrent à relever les murailles de leur ville, afin de se mettre à l'abri d'un coup de main. Depuis cette époque, aucun événement remarquable ne s'est passé à Crépy.—On comptait dans Crépy trois paroisses, Sainte-Agathe, Saint-Denis et Saint-Thomas. Cette dernière avait été bâtie, en 1182, par Philippe d'Alsace, comte de Vermandois, en l'honneur de Thomas Beket, archevêque de Cantorbéry. Il y avait aussi deux collégiales de chanoines, Saint-Aubin et Saint-Thomas; un couvent de Clunistes réformés, sous le titre de Saint-Arnould, et un autre de Capucins, qui était hors de la ville; un prieuré de Bénédictins, sous le titre de Saint-Michel; deux communautés de religieuses, l'une de Saint-Augustin et l'autre d'Ursulines, qui élevaient des jeunes filles; un collège où l'on enseignait les humanités; en outre, les religieux de Saint-Arnould faisaient chez eux un cours de philosophie. Des trois paroisses, celle de Saint-Denis subsiste seule : le chœur de l'église est soutenu par deux colonnes de chacune 2 pieds de diamètre. Ces colonnes sont regardées comme un chef-d'œuvre d'architecture. L'ancien château ne présente plus que de vieilles murailles. La population de Crépy est d'env. 2600 hab. Cette ville est environnée d'un cours planté d'arbres et de promenades agréables. On y entre par cinq portes. La place publique est vaste. Il s'y fait un grand commerce de grains; deux foires s'y tiennent chaque année : la première, le lundi de la deuxième semaine de carême, et la seconde, le 3 novembre. Cette dernière est la plus considérable; on y vend notamment de grosses toiles de ménage fabriquées dans les environs, ainsi que du fil commun connu sous le nom de fil de Crépy. Tous les premiers mercredis de chaque mois il y a un marché franc; les marchés ordinaires sont les mercredis, vendredis et samedis de chaque semaine. Le blé s'y vend les mercredis et samedis; ce dernier jour la vente est beaucoup plus forte. Dans le couvent des Ursulines est établie une manufacture de tissage de coton. Sur l'emplacement du prieuré de Saint-Arnould s'est élevée une pension de jeunes gens. La situation en est agréable et en bon air.

Vicus Cristolius, Créteil, paroisse du diocèse de Paris, canton de Charenton, arrond. de Sceaux, Seine, à 3 kil. de Charenton, à 9 de Paris, et 2 de la Marne, dans une plaine. — Ce village remonte à une très-haute antiquité, si l'on en croit la tradition populaire de Créteil, et son nom latin *vicus Cristoilus* est célèbre dans les légendes des saints. Usuard, qui écrivait dans le IXe siècle, nous apprend, dans son Martyrologe, que saint Agoard et saint Aglibert, et une foule d'autres chrétiens, furent martyrisés dans un bourg du terroir de Paris, appelé *vicus Cristoilus*; il s'exprime en ces termes : *In territorio Parisiacensi vico Cristoilo, passio sanctorum Agoardi et Agliberti cum aliis innumeris promiscui sexus*. Quelques copies mettent *vico Cristolio*, et l'on a dit l'un et l'autre en latin. Usuard ne désigne point l'époque de leur mort, et ce n'est que dans le Xe siècle que quelques auteurs ignorants ou crédules s'avisèrent d'écrire que ces saints martyrs avaient été massacrés dans le 1er siècle de Jésus-Christ. « Mais, dit l'abbé Lebeuf, cette supposition est une pure invention de la part de ces auteurs. Aujourd'hui l'on juge à la seule prononciation de leur nom, qui n'est ni grec, ni romain, ni gaulois, qu'il fallait que ce fussent des étrangers qui, dans le cours du Ve siècle, eussent été mis à mort par les barbares lorsqu'ils firent leurs incursions dans les Gaules.... Tout le reste est inconnu; on sait seulement qu'en remontant la Marne, un peu plus haut que Créteil, commence une île assez considérable, appelée l'*Ile-Barbière*, que des titres latins du XIIIe siècle appellent *Insula Barbaria*. Cette île n'est arrosée, du côté du midi, que par la *Vieille-Marne*, dite autrement *Mortbras*, qui, étant l'ancien lit de la Marne, prouverait qu'elle aurait fait primitivement partie de la grande péninsule de Saint-Maur. On sait encore que vis-à-vis cette île, de l'autre côté de la Marne, il y a eu autrefois une chapelle et un crypte du nom de Saint-Félix, marqués dans d'anciennes cartes sous le nom de *Cave de Saint-Félix*, et quelquefois par altération de *Cave de Saint-Philippe*.... Si le terme de *cave* ne signifie point en cet endroit une chapelle souterraine en forme de voûte, il peut signifier une prison où l'on renfermait les bêtes pour le spectacle. Ce saint Félix, martyr, était apparemment un des notables de la troupe des chrétiens qui fut massacrée dans ce lieu, et dont étaient les deux saints dont parle Usuard. » La tradition veut que tous ces saints, nés à Créteil, aient demeuré à la porte *Caillotin*, et qu'ils soient morts à la *Croix Taboury*. Le premier monument authentique où il soit fait mention de ces saints et de Créteil est, d'après le Martyrologe d'Usuard, une charte du roi Charles le Simple, de l'an 900, et datée du palais de Verberie, que Sauval avait cru faussement de Charles le Chauve. Dans cette lettre, le monarque français confirme les donations que le vicomte Grimoard avait faites à une église de Saint-Christophe, *dans laquelle reposent les ossements des martyrs morts en même temps que lui*, et cela sans les nommer. Ces biens donnés par Grimoard sont dits être situés dans le village de *Christoilum* sur le territoire de Paris. On ignore comment ils étaient passés en 980 à la cathédrale de Paris; car on trouve que Lysiard, évêque de Paris, fit don cette année à ses chanoines de la terre et de l'église de Créteil.

Le roi Lothaire et son frère Louis confirmèrent cette donation. — La prévention des habitants de Créteil, au sujet de l'antiquité de leurs martyrs, leur fait assurer que l'église de ce lieu date de l'époque où les reliques de ces saints y furent déposées; mais sa construction est d'un temps bien plus moderne. La tour, placée sur le milieu du portail de l'église, comme celle de Saint-Germain-des-Prés à Paris, paraît être du règne de Henri Ier. Le chœur est du XIIIe siècle ou environ. Cette église est vaste, et accompagnée à droite et à gauche de bas-côtés assez bien exécutés. On voit dans la chapelle du fond de l'aile septentrionale le modèle qui a servi pour l'image de la sainte Vierge de la métropolitaine de Paris; aux côtés du grand autel sont les châsses en bois doré qui, dit-on, contiennent les reliques des saints Agoard et Aglibert. Dans le temps des guerres de religion, elles furent cachées entre deux murailles qu'on voit encore; on les a soustraites de cette manière à la fureur et aux spoliations des huguenots. Les vitraux de l'église représentent les mêmes saints armés de pied en cap et couverts de fer, suivant l'usage des premiers siècles de la monarchie. La célébrité des reliques de cette église avait fait rechercher le cimetière qui est autour. Nos pères aimaient à reposer dans les lieux qui possédaient les restes des hommes qui avaient souffert pour le soutien de leur religion. On a trouvé vers le commencement du XVIIe siècle, en fouillant dans ce cimetière, plusieurs de ces tombeaux en pierre, que les anciens se faisaient construire et qu'on enfouissait avec eux en terre. Dans l'un d'eux était une pièce de monnaie antique, et dans un autre de petites boules ou boutons, dont ne put pas déterminer l'usage. — En conséquence de la donation que l'évêque Lysiard fit de la terre de Créteil au chapitre de son église, les chanoines de la cathédrale de Paris étaient seigneurs de ce village. On rapportera à ce sujet une anecdote précieuse par son antiquité, qui prouve que, dans les temps reculés de notre monarchie, les monarques étaient loin d'avoir l'étendue d'autorité qu'ils ont possédée depuis. Le roi Louis VII, étant venu à l'improviste à Créteil, y prit son logement à l'entrée de la nuit. Etienne de Paris, écrivain contemporain, raconte de cette manière et avec toute la naïveté de son temps les suites de cet événement : « J'ai vu, dit-il, que le roi Louis, qui vouloit arriver un certain jour à Paris, étant surpris de la nuit, se retira dans un village des chanoines de la cathédrale, appelé Créteil, *Christoilum*. Il y coucha, et les habitants fournirent la dépense. Dès le grand matin, on le vint rapporter aux chanoines; ils en furent fort affligés et se dirent les uns aux autres : *C'en est fait de l'église, les priviléges sont perdus. Il faut ou que le roi rende la dépense, ou que l'office cesse dans notre église.* Le roi vint à la cathédrale dès le même jour, suivant la coutume où il étoit d'aller à la grande église quelque temps qu'il fît. Trouvant la porte fermée, il en demanda la raison, disant que si quelqu'un avoit offensé cette église, il vouloit la dédommager. On lui répondit : *Vraiment, sire, c'est vous-même qui, contre les coutumes et les libertés sacrées de cette sainte église, avez soupé hier à Créteil, non à vos frais, mais à ceux des hommes de cette église; c'est pour cela que l'office est cessé ici et que la porte est fermée, les chanoines étant résolus de plutôt souffrir toutes sortes de tourments que de laisser de leur temps enfreindre leurs libertés.* Le roi fut frappé de ces paroles. *Ce qui est arrivé*, dit-il, *n'a point été fait de dessein prémédité. La nuit m'a retenu en ce lieu, et je n'ai pu arriver à Paris comme je me l'étois proposé. C'est sans force ni sans contrainte que les gens de Créteil ont fait de la dépense pour moi; je suis fâché maintenant d'avoir accepté leurs offres. Que l'évêque Thibaud vienne avec le doyen Clément, que tous les chanoines approchent, et surtout le chanoine qui est prévôt de ce village : si je suis en tort, je veux donner satisfaction; si je n'y suis pas, je veux m'en tenir à leur avis.* Le roi resta en prières devant la porte, en attendant l'évêque et les chanoines. On fit l'ouverture des portes; il entra dans l'église, y donna pour caution du dédommagement la personne de l'évêque même. Le prélat remit en gage aux chanoines ses deux chandeliers d'argent, et le roi, pour marquer par un acte extérieur qu'il vouloit sincèrement payer la dépense qu'il avoit causée, mit de sa propre main une bague sur l'autel, laquelle bague toutes les parties convinrent de faire conserver soigneusement, parce que l'on avoit écrit dessus qu'elle étoit en mémoire de la conservation des libertés de l'Eglise. »

En 1547, l'évêque de Paris échangea avec les chanoines de son église sa terre de Wissous pour celle de Créteil. Cette terre, devenue propriété des évêques de Paris, reçut de ses illustres possesseurs beaucoup d'accroissements et leur a dû tous ses embellissements. Différents prélats contribuèrent à la construction d'un château qui, lors de la révolution, était encore la maison de plaisance des archevêques de Paris. Il appartient depuis au maréchal Serrurier, ancien sénateur et gouverneur des Invalides pendant le règne de Napoléon et au commencement de la restauration, mort en 1819. Ce château a été vendu et démoli en 1821. — La popul. de Créteil est d'environ 1200 hab., en y comprenant quelques habitations isolées sous diverses dénominations. Les principales productions du terroir de cette commune sont en grains; les coteaux offrent pourtant quelques vignes, et les bords de la Marne sont alternativement garnis de bois ou de prairies. On trouve dans Créteil deux établissements de commerce : l'un est une fabrique ou distillation d'eau-forte, et l'autre une filature de coton. Le moulin qui fait marcher cette filature est mis en mouvement par la Marne, sur les bords de laquelle il est établi. Ce village a aussi sur son territoire des carrières de pierres de taille et de plâtre très-anciennement exploitées.

Vicus Hortorum, la Ville des Jardins, ou Behensi

dans la Turquie d'Asie. Les érudits sont partagés sur son origine. Les uns veulent que ce bourg ait été fondé par les Grecs, les autres par les Romains; quelques-uns par les Arabes, dans le premier siècle de leur invasion. Cette opinion nous paraît la plus probable. — Behensi, chef-lieu d'un district du même nom, se trouve sur le chemin de Meraasch ou Mœraasch (l'ancienne *Germanica*) à Kaizarije (Césarée); il est entouré de nombreux jardins qui sont arrosés par une petite rivière. De là lui vient le nom de la *Ville des Jardins.* Les habitants ont porté au plus haut degré la connaissance de la science horticole. Lors des Croisades, Baudrand, comte d'Edesse, s'empara de Behensi, en 1116. — La population, de 3000 habitants environ, est en partie musulmane; on y voit quelques Grecs, et trois ou quatre pauvres familles arméniennes catholiques.

Vicus Insulæ, Isle-Aumont. C'est une paroisse du diocèse et de l'arrondissement de Troyes, à 11 kil. de cette ville, dépt. de l'Aube. La population est de 220 habitants. Ce village, situé au confluent de l'Hozain et de la Mogne, a des souvenirs fort anciens, et a eu sous le régime féodal beaucoup plus d'importance qu'aujourd'hui. La terre d'Aumont, érigée en duché, en 1665, relevait du roi seul, à cause de la grosse tour de Troyes. Dès le IVe siècle, elle est mentionnée dans les anciennes légendes. Saint Urbain y établit alors un monastère, qui fut ruiné par les Normands dans le IXe siècle, et rétabli environ 200 ans après par saint Robert, natif de Troyes, fondateur des abbayes de Molesmes et de Citeaux. Plus tard ce monastère fut de nouveau détruit. Au commencement du XIIIe siècle, un autre couvent fut fondé à Isle, par des religieux connus sous le nom de Bons-Hommes; il a aussi disparu. A l'époque où le calvinisme pénétra à Troyes, ses partisans établirent à Isle un prêche, qui devint un objet de dissensions dans le pays. — On voit encore à Isle les traces d'un ancien château fort, bâti sur une hauteur formée de terres rapportées, et entouré de fossés. Aucun souvenir historique ne se rattache à cette construction, dont on ignore l'origine ainsi que l'époque de la destruction.

Vicus Licinii, Lésigny, paroisse du diocèse de Meaux. Ce village fait partie du canton de Brie-Comte-Robert, dans l'arrond. de Melun, départ. de Seine-et-Marne; il est à 6 kil. nord de la première de ces villes, à 24 nord de la seconde. Sa population est d'environ 500 habitants. Le territoire de Lésigny se compose de terres labourables de médiocre qualité, de bois et de quelques prairies. Situé dans une plaine à l'extrémité d'un vallon, le village est formé d'une seule rue, dont les maisons sont assez bien alignées. Il y avait autrefois une porte à l'extrémité septentrionale de cette rue. L'église est du commencement du XVIe siècle; elle est surmontée d'une flèche en aiguille qui s'aperçoit de très-loin. — Le château était autrefois flanqué de deux énormes tours avec une longue galerie, une salle de justice et une chapelle qui ne subsistent plus. Il consiste maintenant en un corps de logis construit en grès et en briques, et se fait remarquer par son architecture gothique.

La commune de Lésigny a pour écarts : 1° Montéti, Montétis (*Mons œstivus*), ancienne chapelle à une demi-lieue nord-est de Lésigny, dans une petite plaine environnée de bois, était primitivement une abbaye de chanoines réguliers, érigée dans le XIIe siècle. On pense que cette abbaye, dont on place la fondation vers l'an 1170, fut transférée avant l'an 1218 dans la vallée à 4 kil. de là, à l'ouest, mais toujours sur le territoire de Lésigny. On ignore quelle fut la cause de cette translation, que l'on a également attribuée à la disette d'eau, à un incendie ou au voisinage du grand chemin de la Brie. Il se tient dans ce lieu, depuis le règne de Louis XII, les 8 et 9 septembre, une foire considérable de bestiaux. 2° Romaine, château situé dans une vallée à l'est de Lésigny. Les titres qui parlent de ce lieu remontent jusqu'au règne de saint Louis; mais il est ridicule d'attribuer son nom à ce que des Romains l'ont habité, puisque rien ne témoigne de la vérité de ce fait. 3° La Jonchère, château à l'ouest et à 2 kil. de Lésigny, sur le penchant d'un coteau incliné au midi et au bas duquel coule le Réveillon. C'est une habitation dont l'existence ne remonte pas au delà de deux cents ans. 4° Sous-Carrière, ancien fief : le château n'offre plus que quelques ruines, et le parc se confond avec celui de la Jonchère. 5° Le Buisson, dont il est parlé dans le cartulaire de Saint-Maur de l'an 1284, château et ferme à l'ouest de Lésigny. 6° Maison-Blanche, maison de campagne au nord de Lésigny. 7° Villarceau, ancien château détruit, contigu à la commune et près de Romaine. 8° Hiverneau ou Ivernal, ancienne abbaye. On prétend que l'abbaye de Montéti et celle d'Iverneau ne sont qu'un seul et même couvent qui a seulement changé de lieu, ainsi que nous l'avons dit ci-dessus; il est toutefois certain qu'il n'est plus question dans les anciens titres de l'abbaye de Montéti, dès qu'il est parlé de l'abbaye d'Iverneau, et cela dès l'année 1218. Cette abbaye, qui avait été affaiblie par les guerres civiles des XIVe et XVe siècles, ruinée par celle des calvinistes du XVIe, entièrement rétablie en 1684, fut supprimée cent ans après. Il paraît aussi qu'il avait existé jadis un hameau qui n'est plus aujourd'hui qu'une ferme de peu d'importance; il avoisinait l'église, dont les vestiges attestent un édifice du XIIIe siècle.

Vicus Lusinaci, Lusigny, paroisse du diocèse de Troyes. Ce bourg, situé dans une plaine fertile, près d'une belle prairie arrosée par la rivière de Barse et bornée par la forêt de l'Arrivour, est de l'arrond. et à 14 kil. de Troyes, dépt. de l'Aube. Il compte 1168 habitants. — Lusigny souffrit beaucoup dans le temps de la Ligue de la part des reîtres venus au secours de Henri IV. Ils incendièrent une partie du village, connu encore sous le nom de Maison brûlée. C'est aussi une des communes qui ont le plus souffert de l'invasion des étrangers en 1814. Les Français y arrêtèrent pendant trois jours, au pont de la Guillotière, l'armée des coalisés, qui y éprouva des pertes considérables. Après la bataille de Montereau, il se tint à Lusigny des conférences qui avaient pour objet de traiter des conditions d'un armistice de quinze jours, pendant lequel on devrait s'occuper de poser les bases d'une paix définitive ; mais comme les alliés ne voulaient que gagner du temps, ces conférences militaires n'eurent aucun résultat.

L'Arrivour, ancienne abbaye d'hommes de l'ordre de Cîteaux, située sur la rive droite de la Barse, et dont il ne reste plus que des ruines, est une dépendance de la commune de Lusigny. Vers l'an 1135, Thibault II, comte de Champagne, saint Bernard, abbé de Clairvaux, et Hatton, évêque de Troyes, ayant mis la réforme dans l'abbaye de Saint-Loup, conçurent le dessein d'établir un monastère dans le terrain appelé Buxel ou Buxis, sur la paroisse de Lusigny. La fondation n'eut son entier accomplissement qu'en 1139. L'abbaye de l'Arrivour devint dans la suite une des plus célèbres de la Champagne ; l'agriculture et les lettres y ont été florissantes ; et dès le XVIe siècle il y avait une imprimerie dirigée par Nicole Paris, qui donna, en 1547, une édition de la traduction en français de l'Institution du prince par Buddé, faite par Jean de Luxembourg, alors abbé de l'Arrivour.

Vicus Perthusii, Perthuis, petite ville du diocèse d'Avignon, chef-lieu de canton de l'arrond. d'Apt, à 20 kil. de cette ville. Elle a une population de 5000 âmes, et un tribunal de commerce. Les habitants s'occupent spécialement de la fabrication des eaux-de-vie. — Cette ville passe pour avoir été fondée avant l'entrée des Romains dans les Gaules. Elle est dans une belle situation, sur une éminence, entourée de remparts, et traversée par la Lèze. Ses dehors sont agréables et son territoire très-fertile. Depuis un temps immémorial, les habitants de Perthuis sont dans l'usage de se rendre en pèlerinage à l'ermitage de Sainte-Victoire, bâti sur la montagne de ce nom, situé à 20 kil. de distance, de l'autre côté de la Durance, dans le diocèse d'Aix, département des Bouches-du-Rhône. Il existait sur cette montagne un couvent qui a été supprimé en 1789. Le 24 avril, au point du jour, les gros tambours parcourent la ville et annoncent le départ. On ne saurait se faire une idée de la joie qui s'empare de tous les esprits et de l'ardeur que montrent les habitants de Perthuis pour faire ce pieux voyage. Il n'est aucune raison qui puisse retenir les jeunes gens et les hommes dans la force de l'âge ; mais ce qui a lieu de surprendre, c'est que les vieillards eux-mêmes prétendent ne pas pouvoir s'en dispenser. Les mères de famille sont obligées de veiller de près sur leurs petits enfants, et, malgré leur surveillance, il y en a toujours quelques-uns qui se joignent à la caravane. Tout le monde étant réuni, deux chefs connus sous le titre de prieurs, et chargés de la police et de la surveillance du pèlerinage, se mettent à la tête de la troupe, et les tambours donnent le signal du départ. Après avoir passé le bac, la troupe se dirige en ligne droite, par des *carraires* ou sentiers destinés aux troupeaux. Elle s'arrête au pied de la montagne pour prendre un léger repas. Les prieurs font distribuer à chacun du pain, des fruits et différentes provisions apportées sur des ânes. Après ce repas, la caravane gravit la montagne, et le premier soin dont on s'occupe, c'est de ramasser du bois sec et des racines pour faire un feu de joie. À l'entrée de la nuit, le feu est allumé sur la terrasse du couvent, sur un point assez élevé pour que la flamme puisse être aperçue de Perthuis. Les habitants restés dans la ville, rassemblés sur une esplanade en dehors des remparts, répondent au signal des pèlerins par un autre feu, et témoignent par toute sorte de cris et de démonstrations qu'ils participent à l'œuvre entreprise. Cependant les pèlerins, après leur feu, n'ont d'autre parti à prendre que de se coucher sur le roc, exposés à toutes les intempéries de l'air, sur une montagne élevée de 500 toises, où l'air est fort vif et même froid dans cette saison. Avant la destruction du couvent ils y trouvaient quelque abri ; mais aujourd'hui qu'il y aurait du danger à se blottir dans ces ruines, il faut se résoudre à passer la nuit à la belle étoile ; aussi tout le monde est sur pied avant le jour. Le curé de Vauvenargues célèbre la messe, à laquelle assistent tous les pèlerins ; chacun d'eux dépose son offrande, et tous vont visiter le Garagnaï, gouffre où Marius fit précipiter, dit-on, cent prisonniers teutons après sa victoire. On retourne au couvent pour déjeuner, et chacun ayant eu soin d'attacher au chapeau et à la boutonnière des brins de verdure, la caravane retourne à Perthuis, où elle rentre tambour battant en poussant des cris de joie. Une tradition constante et générale rattache cette coutume vraiment remarquable à la victoire remportée par Marius sur les Teutons et les Ambrons. On assure que la bataille se donna le 24 avril, et que le soir les Romains allumèrent un grand feu au sommet de la montagne, qu'ils désignèrent alors sous le nom de *Mons Victoriæ*. Marius fit ensuite le vœu d'élever un temple à la Victoire, et ce temple fut en effet bâti non au sommet de la montagne, mais à sa base, du côté de Vauvenargues, où l'on en voit encore quelques ruines à la ferme qui a conservé le nom de Délabre. Les Perthuisiens ne se sont pas bornés à conserver le souvenir de la victoire de Marius, ils ont aussi une fête annuelle qui a pour but de célébrer le triomphe de ce général.

Vicus Rameruci, Ramerupt, paroisse du diocèse de Troyes, arrond. d'Arcis-sur-Aube, à 14 kil. de cette ville, dép. de l'Aube. — Ce bourg est situé dans une plaine fertile sur le ruisseau du Puits, et il compte 613 habitants qui se livrent à la fabrication de la bonneterie.

L'existence de Ramerupt remonte au delà de l'année 407 ; Albéric en fait mention dans ses chroniques, où il dit que Ganelon prit naissance à Ramerupt. C'était alors une petite ville bien bâtie, riche, commerçante et bien peuplée, entourée de fossés et défendue par un château fort dont on ne voit plus aucuns vestiges. Des fossés communiquant à la rivière, qui les remplit de ses eaux; des éminences de terrain, élevées par la main des hommes, et des souterrains très-étendus, sont tout ce qui reste de cette ancienne cité. Détruit en 407 par les Vandales; ruiné à différentes époques par les guerres civiles; ravagé en 1380 par les Anglais sous la conduite du duc de Buckingham; détruit en partie par un incendie en 1775, Ramerupt a perdu depuis longtemps une partie de son importance. De Ramerupt dépendait l'ancienne abbaye de la Pitié, fondée en 1219, dont l'église a été démolie récemment.—Le bourg est assez bien bâti sur le revers d'une colline crayeuse; il possède deux belles places publiques, sur l'une desquelles est une vaste halle où il se tient annuellement quatre foires. Près de l'autre place, nommée place des Granges, on remarque une butte très-haute, formée de terres rapportées, construite à une époque ancienne, dans le but de protéger le pays lors des guerres de l'époque. Du sommet de cette hauteur, qui domine une grande étendue de pays, on jouit d'une vue magnifique sur de nombreux villages disséminés dans une vaste plaine.—Ramerupt est traversé par le chemin de Troyes à Vitry. Ses communications avec les communes de la rive gauche de l'Aube, favorisées autrefois par un bac, ont été rendues plus sûres et plus faciles par l'établissement d'un pont.

Vicus Rhenæ, Rheina, ville de Prusse, province de Westphalie, dans le cercle de Steinfurt, à 40 kil. de Munster, se trouve sur la rive gauche de l'Ems, qui y est navigable. Elle possède un hôpital, des filatures et des raffineries de sucre. On exploite de la tourbe dans les environs. Son château sert de résidence aux princes et comtes de Looz et Corswaren. — Les princes et comtes de Looz ont la même origine que les anciens ducs de Brabant, car ils descendent des comtes de Hainault. Ils furent élevés en 1734 par Charles VI, et en 1778 par Marie-Thérèse, au rang de ducs. Guillaume-Joseph, duc de Looz-Corswaren, obtint, par le recès de la députation de l'Empire de 1803, une partie de l'évêché de Münster, sous le titre de principauté de Rheina-Wolbeck, avec suffrage à la Diète; mais l'acte de la confédération du Rhin le soumit au grand-duc de Berg. Aujourd'hui la principauté qui, sur 12 m. c. g. (32 l. c.), a 9160 hab., et rapporte 120,000 fr., est en partie sous la souveraineté prussienne et en partie sous celle du Hanovre. La famille possède des biens considérables dans les Pays-Bas. Elle est catholique, et réside à Rheina, petite ville sur l'Ems.

Vicus Rhenecæ, Rheineck, petite ville de Suisse, du canton de Saint-Gall, à 18 kil. est-nord-est de cette ville, dans une position superbe, sur la rive gauche du Rhin, près de l'endroit où le fleuve tombe dans le lac de Constance; elle possède plusieurs beaux bâtiments, et fait un grand commerce en bois. Ses manufactures en toiles de fil et de coton, ses blanchisseries, ses ateliers de teinture, en font une ville industrielle. Ses environs offrent des promenades fort pittoresques. Le Buchberg, coteau situé près de Rheineck, produit les meilleurs vins rouges, non-seulement des bords du Rhin, mais encore de toute la Suisse allemande. Cette ville formait, au moyen âge, un bourgraviat qui depuis a passé à la maison de Sinzendorf. — La maison de Sinzendorf fait dériver son origine des anciens Guelfs par un comte Ethicon, frère puîné de Rodolphe (Guelf), duc de Bavière. Auguste de Sinzendorf fut créé baron en 1611. Son fils, Rodolphe, fut investi en 1653 de la charge de trésorier héréditaire de l'Empire. Il acheta le bourgraviat de Rheineck, et devint ainsi état et comte d'Empire. Ce bourgraviat ayant été perdu par la paix de Lunéville, le comte de Sinzendorf obtint en 1803 le bourgraviat de Winterrieden, que l'empereur éleva au rang de principauté, mais par l'acte de la confédération du Rhin elle fut soumise à la souveraineté du roi de Bavière. — La famille de Sinzendorf est catholique et habite Vienne. Elle possède la charge héréditaire de grand-échanson de l'archiduché d'Autriche au-dessus de l'Ens, et plusieurs autres grandes charges. Le nom de Sinzendorf est illustre dans les annales de la diplomatie.

Vicus Ricciensis, Les Riceys, dans le diocèse de Troyes, arrond. de Bar-sur-Seine, à 12 kil. sud de cette ville, chef-lieu de canton du dép. de l'Aube, avec une population de 3950 habitants. On comprend sous ce nom trois bourgs distingués par les noms de Ricey-Haut, Ricey-Hauterive et Ricey-Bas. Quoique généralement mal percés et assez mal bâtis, ces bourgs renferment plusieurs belles habitations. Ils sont situés dans une vallée arrosée par la petite rivière de Laignes, et formée par les montagnes les plus élevées du département, dont les pentes, couvertes de vignes, offrent, dans un cadre resserré, des points de vue agréables et variés.

Les anciennes chroniques, d'accord avec la tradition, font remonter l'origine des Riceys jusqu'au temps de César et à l'établissement des Boïens sur les confins de la Bourgogne, après la défaite que ce conquérant des Gaules fit éprouver aux Helvétiens près d'Autun, et ensuite près d'Auberive. Voici, à l'appui de cette version, un passage de la Chronique de Langres (*Chronicon Lingonense ex probationibus historicis contextum*; 1655): « Cæsar, inconditam multitudinem... acri prælio fundit et trucidat. Superstites ad cxxx millia, refugi non longe ab Automaduno iterum cæduntur, armisque spoliati remittuntur eo unde erant profecti, retentis Boiis, Rauracisque, et illis quidem inter Æduos, his in Ambarrorum sive Barrensium finibus collocatis, *ex quibus Riccienses*. » Ce qui ajouterait quelque valeur à ces traditions, à défaut d'autres preuves et de monuments, c'est que les mœurs, le langage et jusqu'à l'habillement des Riceïons, et surtout des femmes, ont conservé quelque chose d'exceptionnel qui leur a laissé le caractère d'une peuplade isolée au milieu des pays les plus voisins. — On voit encore quelques restes des murailles et des fossés dont chacun des bourgs était ceint. Un édit de Henri III, daté de Blois, 1588, conservé dans les archives de la commune, en avait permis la reconstruction. Les portes n'ont été démolies que depuis peu d'années. Les trois églises sont vastes, d'une assez belle construction, et surmontées de clochers élevés qu'on aperçoit de loin. Celle de Ricey-Bas se fait remarquer par son portail et la délicatesse de sa flèche en aiguille. On n'a pas de notions précises sur leur fondation, qui, d'après le style de l'architecture, ne doit pas remonter plus haut que l'époque de la renaissance. Le château de Ricey-Bas était un des plus anciens de la Bourgogne. Bâti par Robert, baron des Riceys, dans le XIe siècle, possédé ensuite par Rollin, chancelier de Philippe le Bon, duc de Bourgogne, il passa aux Vignier, aux Créqui, etc., et fut érigé en marquisat sous le règne de Louis XV. Une partie a été rebâtie vers le milieu du dernier siècle; l'autre partie est de construction primitive et n'a rien de remarquable que la grande épaisseur de ses murs. On y voit encore l'empreinte des tours dont il était flanqué, et qui n'ont été démolies qu'après la révolution de 1789.

Les Riceys sont plus particulièrement connus comme un vignoble aussi important par son étendue que par la qualité de ses produits. Leurs vins, distingués par leur finesse et par une sève agréable, s'exportent à Paris, dans les départements du Nord et jusque dans la Belgique. Ils sont rangés, dans la classification des vins de France, sur la même ligne que les secondes classes de la Côte-d'Or et les premières du Mâconnais. Les Riceys possèdent des fabriques d'eau-de-vie, tanneries, et teintureries.

Vicus Romillacensis ad Sequanam, Romilly-sur-Seine. C'est une petite ville du diocèse et à 20 kil. de Troyes, chef-lieu de canton de l'arrond. de Nogent-sur-Seine avec une population de 3600 habitants. — Cette ville est assez bien bâtie, au pied d'une petite montagne, sur la rive gauche de la Seine, qui y arrose de belles prairies le long desquelles elle s'étend en demi-cercle sur un espace de près de 4 kil. On ignore l'époque de sa fondation, qui paraît remonter à des temps très reculés; on sait seulement qu'avant les guerres de la Ligue, sa population était beaucoup plus nombreuse qu'aujourd'hui. Au sud du territoire de la commune, sur les bords du ruisseau de Rup, on remarque plusieurs tombelles ou tumulus, que la tradition fait remonter au temps des guerres d'Attila.

Romilly possède un superbe château construit sur l'emplacement d'une ancienne forteresse démantelée, défendue autrefois par des tourelles, des bastions, et fermée de portes et de ponts-levis. Les bâtiments des avant-cours du château sont magnifiques. Il est entouré de bois et de belles plantations de peupliers, avec un parc traversé par plusieurs cours d'eau et orné de bosquets charmants. Les anciens fossés ont été convertis en de beaux canaux qui s'étendent au levant à perte de vue. — Du sommet de la montagne des Hauts-Buissons, Romilly offre un aspect très-agréable : des prairies, des champs fertiles, variés par la plus riche culture, s'offrent au premier plan; au second, la ville, en formant une courbe régulière, se laisse voir presque en entier avec son château et les nombreuses usines bâties sur les divers bras de la Seine; dans le lointain, une masse de bois et de peupliers forme le cadre de ce riant tableau. Du haut de cette montagne, on jouit d'un fort bel horizon : au nord-ouest, on aperçoit les côtes de la Brie et la forêt de la Tracone, dominant Mont-le-Potier, Villenauxe et Sézanne; au nord-est, on distingue le Mont-Aymé, où l'empereur Alexandre avait établi son quartier-général lors de la revue qu'il passa de ses troupes en 1815; à l'est, on découvre les plaines de la Champagne; au sud-est, les nombreux villages qui bordent le cours de la Seine, et les tours de la cathédrale de la ville de Troyes; au sud, les hauteurs de la forêt d'Othe; à l'ouest, la ville de Pont-sur-Seine, et, dans le lointain, la tour du château de Fougeon, ancienne habitation de la reine Blanche.

Romilly est le lieu de naissance du lieutenant-général comte de Partouneaux, ancien député du Var, qui, avec moins de 12,000 hommes, soutint la retraite mémorable de la campagne de Russie, contre plus de 90,000 Russes. L'industrie de cette ville a principalement pour objet la fabrication de la bonneterie, qui occupe seule 800 métiers. On y trouve aussi deux moulins à blé, deux huileries, deux scieries hydrauliques, plusieurs teintureries, et une usine pour la cuisson et la pulvérisation du plâtre. L'éducation des abeilles est très-soignée dans cette commune.

Sur un tertre environné de prairies sillonnées par les eaux de la Seine, qui en cet endroit se divise en plusieurs canaux, on remarque à une demi-lieue ouest-nord-ouest de Romilly, les ruines de l'abbaye de Scellières, ancien monastère de l'ordre de Cîteaux. Fondée en 1167, par Hugues de Romilly, cette abbaye fut ruinée par les huguenots en 1567; reconstruite peu de temps après, elle fut ruinée de nouveau à l'époque de notre première révolution. L'église était un bel édifice construit au commencement du XIIIe siècle. — L'abbaye de Scellières est célèbre pour avoir conservé pendant treize ans les restes de Voltaire, transportés par son neveu Mignot, abbé commendataire de cette abbaye. Voltaire fut inhumé dans l'église le 2 juin 1778, et y demeura renfermé dans un cercueil de plomb jusqu'au 10 mai 1791, époque où ses restes furent exhumés en vertu d'un décret de l'Assemblée constituante, et transportés à Paris pour être déposés au Panthéon. L'acte d'inhumation de Voltaire dans l'église de l'abbaye de Scellières, en date du 2 juin 1778, et un procès-verbal du 8 du même mois, justificatif de la conduite que tint en cette circonstance dom Potherat de Corbières, prieur de l'abbaye, et par lui adressé à Mgr l'évêque de Troyes, qui voulait empêcher cette inhumation, ont été déposés le 19 août 1807, par dom Meunier, dernier procureur de l'abbaye, en l'étude de Me Thomas, alors notaire à Romilly. « Afin, est-il dit en l'acte de ce dépôt, que la postérité puisse toujours y trouver et y puiser les éléments et les matériaux d'un fait historique aussi remarquable. » L'acte d'exhumation existe aux archives de la mairie de Romilly. — Il ne reste plus de l'abbaye de Scellières que deux arcades de l'église, vis-à-vis desquelles était le tombeau de Voltaire, recouvert d'une pierre sépulcrale ornée des deux lettres initiales entrelacées AV. Cette pierre a été conservée par le comte de Plancy.

Vicus Salemi Veteris, le Vieux-Salm, petite ville d'Allemagne, dans la Prusse Rhénane, qui était le chef-lieu de la partie basse du comté de Salm. Elle est à 60 kil. nord de Luxembourg, elle a 5000 habitants. — Il existe, ou plutôt il a existé deux comtés de Salm, l'un situé dans les Vosges, entre l'Alsace et la Lorraine, l'autre dans les Ardennes, ou dans le duché de Luxembourg, sur les frontières de l'évêché de Liège. On appelait le premier le comté inférieur, l'autre le comté supérieur de Salm. L'origine des anciens possesseurs de ces comtés se perd dans la nuit des temps ; ce qui est certain, c'est que dans le ixe siècle les deux familles étaient réunies en une seule par suite d'un mariage. Cette ancienne et véritable maison de Salm se partagea en 1010 en deux lignes par Henri et Charles, les deux fils du comte Théodoric, dont l'aîné eut Salm supérieur et le cadet Salm inférieur. — Jean V, comte de Salm supérieur, mort en 1431, laissa deux fils, Jean VI et Simon II, qui partagèrent entre eux le comté supérieur de Salm. Les descendants de Jean VI se subdivisèrent de nouveau en deux branches, dont la cadette eut la moitié du comté appartenant à cette ligne, laquelle passa, au commencement du xviie siècle, par mariage, dans la maison de Lorraine. L'aîné acquit le comté de Neubourg sur l'Inn, et s'éteignit en 1754, sans avoir eu part au comté de Salm. Simon II ne forma pas lignée ; sa fille Jeannette apporta en 1475 sa moitié du comté supérieur de Salm à son époux Jean V, Wild-et-Rhingrave, dont descend une nouvelle maison de princes de Salm. Quant à Charles, second fils de Théodoric, qui eut le comté inférieur de Salm dans les Ardennes, ses descendants acquirent le duché de Limbourg, de manière que le comté de Salm fut abandonné à un cadet de la maison, dont la lignée s'éteignit en 1415 avec Henri IV, qui institua son héritier Jean IV, comte de Reifferscheid. Ce Jean IV était lui-même de la maison de Salm, puisqu'il descendait de Gerlac, fils cadet de Henri II, duc de Limbourg. Ainsi la maison de Reifferscheid est, de toutes les familles qui portent aujourd'hui le nom de Salm, la seule qui y ait droit, en n'ayant égard qu'à la filiation masculine. Aussi les princes de cette maison ont-ils grand soin de se qualifier d'Altgraf (Vieux-Comtes) de Salm. — La maison de Reifferscheid, qui, depuis 1431, reprit son ancien nom patronymique de Salm, se divisa en 1629 en deux lignes. Eric-Adolphe, fils aîné d'Ernest-Frédéric, eut Salm et Reifferscheid ; Ernest-Valentin, le cadet, eut Dyck. Les deux lignes existent encore ; la première s'est subdivisée en trois branches, dont deux portent le titre de princes ; la troisième branche a conservé le titre de comte ; la branche de Dyck a été élevée en 1816 au rang de princes de la monarchie prussienne. — Eric-Adolphe, souche de la ligne aînée de Reifferscheid, mourut en 1678. Son fils aîné, Charles-Antoine-Joseph, fonda la branche de Reifferscheid-Bedbur, qu'on nomme aujourd'hui Salm-Reifferscheid-Krautheim ; Léopold, le second, fonda la branche de Hainsbach ; la branche, dite de Reifferscheid, descend du troisième, nommé Antoine. — La branche aînée de la maison de Salm ayant perdu ses possessions par la paix de Lunéville, le recès de 1803 lui donna à titre d'indemnité des terres en Franconie, qui, en 1804, furent érigées en principauté de Krautheim. Cette principauté a une surface de 6 m. c. g. habités par 14,000 âmes, et rapportant 160,000 fr. L'acte de la confédération du Rhin la plaça sous la souveraineté du roi de Vurtemberg et du grand-duc de Bade. Le prince, qui est catholique, réside à Gerlachsheim, petite ville sur la Tauber. — La seconde maison de Salm est une branche des Wild-et-Rhingraves, et entièrement étrangère à la véritable maison de Salm. Dans un temps où les comtes étaient encore des espèces de fonctionnaires préposés, pour l'administration de la justice, à certains cantons nommés *gau*, on appelait *wildgraves* ou *rhaugraves* (comtes silvestres) ceux que le sort avait placés dans des districts montagneux et sauvages. C'est ainsi que les fils de cet Otton de Wittelsbach, qui avait assassiné l'empereur Philippe de Souabe, établis comtes dans les Ardennes, furent nommés Wildgraves, et devinrent les souches d'une maison qui se perpétua jusqu'au commencement du xve siècle. Les biens de la famille furent alors portés par mariage dans la maison des Rhingraves, possesseurs du comté ou rhingraviat de Stein sur la Nahe. Cette dernière maison existait depuis longtemps : on fait remonter son origine jusqu'à un rhingrave Adhelme, qui a vécu au viiie siècle, mais avec plus de certitude jusqu'à Siégefroi II, qui est du xiiie siècle. Après l'extinction des Wildgraves, les Rhingraves, leurs héritiers, réunirent les deux noms, en s'appelant Wild-et-Rhingraves, c'est-à-dire comtes dans la forêt (des Ardennes) et sur le Rhin. — Jean V, Wild-et-Rhingrave, épousa Jeannette, fille et héritière de Simon II, possesseur de la moitié du comté supérieur de Salm, et se nomma dès lors Wild-et-Rhingrave de Salm. Sous ses descendants la famille se partagea en plusieurs branches, dont l'aînée porte le nom de Salm, tandis que les autres continuèrent à se servir de celui de Wild-et-Rhingraves jusqu'en 1816 qu'elles l'échangèrent contre celui de princes de Salm-Horstmar. — Frédéric, comte de Salm, seigneur de Neufville, arrière-petit-fils de Jean VI, Wild-et-Rhingrave par son père, et comte de Salm par sa mère, est la souche de cette seconde maison de Salm supérieure. Ses frères fondèrent les lignes des Wild-et-Rhingraves de Grumbach (aujourd'hui Salm-Horstmar), et des Wild-et-Rhingraves de Dhaun, éteints en 1750. — Frédéric, comte de Salm-Neufville, laissa en 1610 deux fils, Philippe-Otton et Frédéric-Magnus, qui furent les souches de deux lignes, dites de Salm et de Neufville. Philippe-Otton fut créé en 1623 prince d'Empire, et son fils, qui épousa l'héritière du comté d'Anholt, obtint le droit de siéger au collége des princes à la diète. Ces princes de Salm s'éteignirent en 1738. Leurs possessions passèrent alors aux descendants de Frédéric-Magnus, comte de Neufville. Ceux-ci avaient formé deux branches qu'on appelait de Hoogstraten et de Leuz : elles se partagèrent la succession qui leur advint en 1738, de manière que Salm-Hoogstraten eut le comté de Salm dans les Vosges, et Salm-Leuz le comté de Kyrbourg. Elles s'appelèrent dès lors Salm-Salm et Salm-Kyrbourg.

Ainsi les princes de Salm, sortis de la maison des Wild-et-Rhingraves, forment aujourd'hui les lignes de Salm-Salm, Salm-Kyrbourg et Salm-Horstmar.

Les princes de Salm-Salm possédaient le comté de Salm dans les Vosges, une partie des terres wild-et-rhingraviennes, et la seigneurie d'Anholt entre la Westphalie et les Provinces-Unies. Ils les perdirent, à l'exception d'Anholt, par suite de la révolution française ; le recès de 1803 forma en leur faveur une nouvelle principauté dans l'évêché de Münster, de manière qu'ils ont en tout environ 21 m. c. g. avec 58,000 habitants, rapportant 340,000 francs. Le prince de Salm-Salm fut partie contractante de la confédération du Rhin ; mais le sénatus-consulte du 10 décembre 1810 le priva de sa souveraineté. Il se trouve aujourd'hui sous celle de la Prusse. Ce prince est catholique, et réside à Bocholt, bourg situé sur l'Aa.

Des différentes branches de la maison des Wild-et-Rhingraves, qui avaient conservé ce titre jusque dans ces derniers temps, il n'en existe plus qu'une seule, la branche de Grumbach. Elle s'était subdivisée en deux branches, dites de Rheingrafenstein et de Grumbach, qui obtinrent, en 1803, pour la perte de leur patrimoine situé sur la rive gauche du Rhin, le bailliage de Hortsmar dans l'évêché de Münster, ayant, sur 31 m. c. g. (86 l. c.), 46,000 habitants, et rapportant au-delà de 400,000 fr. Les deux lignes le possédaient en commun ; mais l'acte de la confédération Rhénane les priva de leur souveraineté : aujourd'hui le pays est sous celle de la Prusse. La branche de Rheingrafenstein s'étant éteinte, le Wild-et-Rhingrave de Hortsmar fut créé en 1817 prince par le roi de Prusse ; et depuis ce temps il se nomme prince de Salm-Hortsmar.

Cette branche est luthérienne ; le prince réside à Cœsfeld.

Vicus Sancti Albini, Saint-Aubin, paroisse du diocèse de Troyes, arrond. de Nogent-sur-Seine, à 5 kil. de cette ville. — Ce village, situé sur l'Ardusson, a une population de 520 habitants.

De Saint-Aubin dépend le Paraclet, situé sur l'Ardusson qui le sépare de la commune de Quincey, sur le territoire de laquelle se trouve une partie des bâtiments du couvent. Le Paraclet doit son établissement à Abailard, qui se retira sur les terres du comte de Champagne, où, du consentement d'Hatton, évêque de Troyes ; il bâtit, en 1023, aux environs de Nogent, une petite chapelle formée de jonc et de branches d'arbres, qu'il dédia à la Trinité et qu'il nomma le Paraclet ; le motif de cette dédicace est la condamnation de ses opinions sur la trinité, obtenue sur les instances de saint Bernard. Poursuivi dans cette retraite où sa réputation attirait un grand nombre d'élèves, Abailard fut obligé de l'abandonner : il la laissa à deux de ses amis et se retira en Bretagne. En 1128, Héloïse fut chassée du couvent d'Argenteuil dont elle était supérieure. Abailard lui fit don de sa solitude du Paraclet, où elle vint se fixer avec ses compagnes en 1129. Le pape Innocent II confirma, en 1131, l'établissement de ce monastère, dont Héloïse fut la première abbesse. L'oratoire du Paraclet reçut bientôt des dons considérables : par la suite il devint chef d'ordre et avait plusieurs monastères sous sa dépendance. A la mort d'Abailard, arrivée le 21 avril 1142, son corps fut envoyé à Héloïse, qui le fit enterrer au Paraclet. Vingt-deux ans après, Héloïse mourut dans ce monastère. Lorsqu'en 1792 on vendit l'abbaye du Paraclet, les notables de Nogent y allèrent en cortége enlever les corps d'Héloïse et d'Abailard, qu'ils déposèrent dans l'église de Saint-Laurent. M. Lenoir, conservateur du musée des monuments français, ayant obtenu du ministère de l'intérieur la permission de les faire transférer à Paris, dans cet établissement, se rendit à l'église de Nogent avec les magistrats de la ville. L'ouverture du caveau se fit en présence du sous-préfet de l'arrondissement, qui remit à M. Lenoir le cercueil où les deux corps avaient été renfermés, et qui n'étaient séparés que par une lame de plomb. Le monument élevé au Paraclet sur le tombeau d'Abailard avait été brisé à Nogent en 1794, de même que les trois figures représentant la Trinité, symbole de la croyance d'Abailard. M. Lenoir ne put donc y joindre cet ancien monument. Le tombeau qui recéla les deux époux, et fit pendant longtemps l'ornement du musée des Petits-Augustins, est aujourd'hui au cimetière du Père-Lachaise ; c'est celui où Abailard fut enseveli immédiatement après sa mort arrivée au prieuré de Saint-Marcel de Châlons-sur-Saône. — Après avoir édifié et gouverné l'abbaye du Paraclet pendant 33 ans, Héloïse décéda le 17 mai 1163, étant âgée aussi de 63 ans. Elle fut inhumée dans le même tombeau qu'Abailard, qui fut d'abord placé et disposé de manière qu'une partie se trouvait dans l'église et l'autre dans le chœur des religieuses, afin qu'elles pussent prier sur le tombeau de leur fondateur sans sortir de leur cloître. La première épitaphe était seulement à la louange d'Héloïse. Courtalon la rapporte ainsi :

Hoc tumulo abbatissa jacet prudens Heloïssa.
Paracletum statuit, cum Paracleto requiescit.
Gaudia sanctorum sua sint, super alta polorum,
Nos meritis precibusque suis exaltet ab imis.

Plus tard, le tombeau fut placé à la partie la plus reculée de l'église des religieuses, et enfin Mme de Roucy, qui en fut la dernière abbesse, en 1780, le fit mettre au pied de la chapelle dite de la Sainte-Trinité, qui se trouvait au centre de l'église. On y lisait les deux épitaphes suivantes, l'une en français et l'autre en latin :

« Pierre Abailard, fondateur de cette abbaye, vi-
« vait dans le XIIe siècle ; il se distingua par la pro-
« fondeur de son savoir et la rareté de son mérite.
« Cependant il publia un traité de la Trinité, qui fut
« condamné par un concile tenu à Soissons, en 1120 ;
« il se rétracta aussitôt par une soumission parfaite,
« et pour témoigner qu'il n'avait que des sentiments
« orthodoxes, il fit faire d'une seule pierre ces trois fi-
« gures qui représentent les trois personnes divines
« dans une même nature. Après avoir consacré ce
« monastère au Saint-Esprit, il le nomma Paraclet, par
« rapport aux consolations qu'il avait goûtées pendant
« la retraite qu'il fit en ce lieu. — Il avait épousé Hé-
« loïse, qui en fut la première abbesse. L'amour,
« qui avait uni leur esprit pendant leur vie et qui se
« conserva dans leur absence par leurs lectures les
« plus tendres et les plus spirituelles, a réuni leurs
« corps dans ce tombeau : il mourut le 21 avril
« 1142, âgé de 63 ans, après avoir donné l'un et
« l'autre des marques d'une vie chrétienne et spi-
« rituelle.

« Par très-haute et très-puissante dame Cathe-
« rine de la Rochefoucault, abbesse du Para-
« clet, le 3 juin 1701. »

Mme de Roucy marqua son séjour au Paraclet par des monuments remarquables ; elle sollicita et obtint de l'Académie des inscriptions l'épitaphe latine ci-après :

Sub eadem marmore jacent
Hujus monasterii
Conditor Petrus Abelardus,
Et abbatissa prima Heloïssa.
Olim studiis, ingenio, amore, infaustis nuptiis
Et pœnitentia,
Nunc æterna, quod speramus, felicitate
Conjuncti.
Petrus obiit xx prima aprilis 1142,
Heloïssa xvii maii 1463.
Curis Carolæ de Roucy Paracleti abbatissæ.
M. DCC. XXIX.

Détruit en partie pendant la révolution, le monastère du Paraclet fut acheté par le comédien Monvel. Cette abbaye n'offrait plus que des ruines lorsqu'elle devint la propriété du général Pajol, qui, avec les débris de la maison abbatiale, a fait reconstruire, sur les anciens fondements, un édifice régulier d'une belle apparence. Du milieu des décombres, le général a, pour ainsi dire, exhumé le caveau où les restes d'Abailard et d'Héloïse ont reposé pendant près de huit siècles, et dans lequel il a retrouvé le sarcophage que l'on avait trouvé trop lourd pour être transféré à Paris, avec le cercueil où les deux corps étaient renfermés : ce sarcophage a été restauré et replacé dans le caveau, dont l'entrée a été fermée ; pour en désigner la place, le propriétaire a fait ériger sur le lieu même une colonne votive.

L'emplacement du Paraclet était occupé en 1822 par une usine où l'on avait établi une fabrique de limes et d'acier.

Vicus Werthemi, Wertheim, ville d'Allemagne, dans le grand-duché de Bade, située au confluent du Tauber et du Mein qui y forme un bon port, est à 114 kil. est-sud-est de Mayence. Popul., 4000 habitants. Cette ville commerce en vins et en tabac. On y voit les ruines d'un vieux château, autrefois résidence des comtes de Wertheim. Les princes actuels habitent deux châteaux modernes. Voici quelle est l'origine de la maison de Wertheim. — Frédéric le Victorieux, électeur palatin, mort en 1476, contracta un mariage morganatique avec Claire de Tettingen (ou plutôt avec Claire Dett, d'Augsbourg, qu'il avait connue cantatrice à la cour de Munich). Il en eut un fils nommé Louis. L'électeur lui assigna plusieurs districts du Palatinat ; mais Philippe, son successeur, annula ces donations. Il abandonna toutefois à son cousin la seigneurie de Scharfeneck et le comté de Lœwenstein, bien patrimonial que le père de Frédéric le Victorieux avait acquis. L'empereur y ayant attaché la qualité de comte d'Empire, Louis devint la souche d'une nouvelle maison régnante. Son petit-fils, qui s'appelait aussi Louis, épousa Anne de Stolberg, héritière des comtés de Wertheim et de Rochefort, et d'autres terres dans les Pays-Bas. Ce dernier laissa deux fils, qui furent les souches de deux lignes. On en appelle l'une ligne évangélique, ou de Virnebourg, parce que Christophe-Louis, l'aîné, qui la fonda, épousa l'héritière du comté de Virnebourg ; l'autre est connue sous le nom de ligne catholique ou de Rochefort. Les deux lignes possèdent en commun les comtés de Lœwenstein et de Wertheim. Ayant perdu par la paix de Lunéville les comtés de Virnebourg, de Rochefort, de Scharfeneck, Putlinge, et en général tout ce qu'elles possédaient sur la rive gauche du Rhin, elles en furent indemnisées par des parcelles de l'évêché de Wurzbourg et d'autres biens ecclésiastiques ; mais elles perdirent leur souveraineté par la confédération du Rhin, et furent soumises à la Bavière et au grand-duc de Bade. Le comté de Lœwenstein était depuis longtemps sous la souveraineté du Wurtemberg.

Les possessions de la branche aînée, parmi lesquelles se trouvent aussi la seigneurie wurtembergeoise de Limpourg-Sontheim-Michelbach, et une partie de celle de Sontheim-Obersontheim, ont une surface de 8 m. c. g. (22 l. c.) et une population de 18,200 âmes, rapportant 265,000 fr. Les terres de la branche catholique, situées en Allemagne, forment 13 1/2 m. c. g. (37 l. c.) et ont 50,000 habitants; mais cette branche a en Bohême des terres considérables, ayant sur 9 m. c. g. (25 l. c.) 18,000 habitants. Ses revenus passent un million de francs. Les deux lignes portent le titre de prince, la ligne aînée ayant obtenu cette dignité en 1812 par le roi de Bavière.

La maison de Lœwenstein, branche légitime de celle de Wittelsbach, quoique issue d'un mariage inégal, n'a pas renoncé aux droits qu'elle pourrait faire valoir un jour sur la succession Palatine, si toutes les branches de la maison de Bavière venaient à manquer.

Villa ad Firmitatem, Ville-sous-la Ferté, paroisse du diocèse de Troyes, arrond. de Bar-sur-Aube, à 14 kil. de cette ville, dépt. de l'Aube. Sa population est de 825 habitants.

De cette paroisse dépendait la célèbre abbaye de Clairvaux, chef d'ordre de la filiation de Cîteaux, fondée en 1114, par saint Bernard et par Hugues, comte de Champagne, dans un vallon entouré de bois et de montagnes, appelé Clairval. Cette première fondation fut augmentée dans la suite par Thibault le Grand, comte de Champagne, et ses revenus s'accrurent des dons des rois de France, des comtes de Flandre, et de ceux d'un grand nombre de seigneurs particuliers. La vallée où fut bâtie le monastère portait le nom de vallée d'Absinthe. C'était une retraite inculte et sauvage, où Bernard, à peine âgé de vingt-quatre ans, Bernard que ni les attraits séduisants des sociétés séculières, ni les remontrances de ses parents, ni les prières de ses amis, ne purent détourner du penchant qui l'entraînait au fond d'un cloître, vint avec quelques autres moines bâtir le premier asile de leur communauté. En peu d'années Bernard fonda ou agrégea à son abbaye 76 monastères, dont 35 en France, 11 en Espagne, 10 en Angleterre et Irlande, 6 en Flandre, 4 en Italie, 2 en Allemagne, 2 en Suède, 1 en Hongrie et 1 en Danemark. Le nombre de ces fondations, tout incroyable qu'il paraisse, n'a toutefois pas lieu de surprendre; car alors les institutions monastiques avaient une importance que nous ne pourrions guère soupçonner aujourd'hui, si elle n'était attestée par tous les monuments de cet âge. Dix-sept années seulement après la fondation de Clairvaux, les religieux étaient devenus si nombreux, qu'on fut obligé de leur bâtir un plus spacieux monastère, où, vers la fin de la vie de saint Bernard, qui mourut en 1153, on ne comptait pas moins de 700 moines. Cette abbaye a été la pépinière de plusieurs grands hommes, et elle a donné à l'Église un pape, qui fut Eugène III, 15 cardinaux et un très-grand nombre d'archevêques et évêques. A l'époque de la suppression des communautés religieuses, il y avait encore à Clairvaux 40 religieux de chœur, 20 frères convers et un grand nombre de domestiques: le revenu de l'abbaye était alors de plus de 66,000 livres en argent, 7 à 800 setiers de blé et 7 à 800 muids de vin; ce revenu en nature augmentait quelquefois de la moitié, et cette augmentation seule produisait plus de 20,000 fr. Les murs de l'enclos de l'abbaye avaient près de 2 kil. de tour; outre les magnifiques bâtiments claustraux, cette vaste enceinte renfermait plusieurs églises, un cellier aussi spacieux que la salle des Pas perdus du Palais de Justice de Paris, un pressoir banal, une boulangerie, des carrières, un four à chaux, une tuilerie, une scierie hydraulique, des moulins à tan et à blé, une tannerie, une infirmerie, une prison, une glacière, etc. — L'église était un beau bâtiment, élevé l'an 1174 par les soins de Gaste, évêque de Langres. La bibliothèque était remplie de manuscrits curieux. On remarquait dans une petite église séparée et couverte de plomb, le tombeau de Philippe, comte de Flandre, et de Mathilde, sa femme, qui avaient fait de grands biens à cette maison. Les os de tous les religieux à qui saint Bernard avait donné l'habit, regardés comme autant de saints, étaient renfermés dans un caveau sous l'autel de cette église. — Depuis la révolution, les bâtiments de l'abbaye de Clairvaux ont été convertis en une maison centrale de détention pour les condamnés des départements de l'Ain, des Ardennes, de l'Aube, de la Côte-d'Or, du Jura, de la Marne, de la Haute-Marne, de la Meurthe, de la Meuse, de la Moselle, de la Nièvre, de Saône-et-Loire et de l'Yonne. Depuis quelques années on y renferme aussi des condamnés pour cause politique. Cette maison est devenue un vaste établissement industriel, qui renferme plusieurs ateliers où les condamnés sont employés, suivant leur capacité, au battage, à l'épluchage, à la filature, au tissage, etc., du coton; les balles expédiées pour Clairvaux, telles qu'elles arrivent des colonies, ressortent converties en tissus de la plus grande beauté. Afin de ménager aux détenus qui ont des états en entrant dans cette maison les moyens de les cultiver, on y a établi des ateliers de menuisiers, de tailleurs, de cordonniers, de sabotiers, de cordiers, etc. La laine y est aussi tissée et filée pour l'habillement des détenus. Le chanvre y est filé et tissé pour la fabrication du linge. Tous les objets nécessaires aux détenus se confectionnent dans l'établissement. Le service de la boulangerie, des cuisines et des infirmeries est fait par des détenus qui méritent une certaine confiance, mais sous la surveillance d'employés libres. Ceux qui joignent quelque éducation à une bonne conduite, sont employés dans les bureaux de l'entreprise générale, ou comme surveillants ou comme contre-maîtres dans les ateliers. Les femmes détenues sont aussi occupées suivant leur capacité, les unes à la confection et au raccommodage des habillements et du linge, les autres au blanchissage, etc. Un atelier de lingères attire l'attention par la beauté des chemises de percale qu'on y confectionne. Il y existe aussi un atelier pour la couture des gants, et les ouvrages qui s'y exécutent rivalisent avec ceux des fabriques de Grenoble et de Chaumont.

L'abbaye a donné naissance à un village qui compte aujourd'hui 1800 habitants. Il y a des forges dans les environs. Les habitants, qui vivaient autrefois par les travaux et les secours de l'abbaye, vivent maintenant par le personnel de la maison centrale, et le mouvement d'affaires qu'elle occasionne.

Villa Bona vel Blesivilla Auxilii, Blosseville-Bon-Secours, paroisse du diocèse et à 2 kil. de Rouen, dépt. de la Seine-Inférieure. Cette localité est célèbre dans toute la Normandie par une jolie chapelle gothique, dédiée à la Vierge, située sur un coteau élevé qui domine le cours de la rivière. Le portail de ce petit édifice est en ogive, orné de ceps de vigne, de guirlandes et d'ornements à jour. L'intérieur est tapissé d'une multitude d'*ex-voto*, au nombre desquels on remarque un grand nombre de petits vaisseaux, déposés sans doute par quelques matelots sauvés du naufrage. — Blosseville-Bon-Secours est situé près de la Seine. La population est en partie occupée par l'industrie cotonnière.

Villa Cenelensis, Chenelette, très-ancienne paroisse du diocèse de Lyon, dépt. du Rhône, à 8 kil. de Beaujeu et à 24 de Villefranche avec une population de 820 habitants. La montagne de Tourvéon (en patois *Trévaillon*, en latin *turris vehens*, portant des tours) est dans cette commune ; elle a une forme conique qui la fait facilement reconnaître. C'est sur son sommet qu'était autrefois la forteresse appelée le château de Ganelon, dont les seigneurs s'étaient déclarés les ennemis du royaume, et répandaient l'effroi dans les contrées environnantes. Le dernier seigneur de cette maison s'était notamment rendu le fléau de la contrée : il habitait pendant la belle saison le château de Tourvéon, où il trouvait, au retour de ses excursions sur le territoire de ses voisins, un asile inexpugnable. Il avait en outre dans la vallée, à l'ouest de cette montagne, un château également fortifié, où il descendait pour habiter pendant l'hiver. Une tradition du pays rapporte qu'il voulut traiter avec Louis XI d'égal à égal. « Vous êtes donc bien puissant! lui dit le roi. — Sire, répondit Ganelon, j'habite un château dont toute la paille de votre royaume ne saurait combler les fossés. » L'emplacement de ce château se reconnaît facilement ; autant qu'il est possible d'en juger par l'inspection des lieux, il se composait d'un immense bâtiment flanqué à ses deux extrémités de deux énormes tours. On remarque encore des portions de voûtes qui ont dû appartenir aux caveaux du château, et un puits dans les fossés, dont on retrouve presque partout le déblai. Les richesses de Ganelon faisaient dire vulgairement que ce puits

(1) Lebeuf, *Histoire du diocèse de Paris*, t. XIV.

était une source d'or. Pour donner le change à ses ennemis sur le sens de sa marche, le prince de Ganelon faisait, dit-on, ferrer ses chevaux à l'envers. Ses vexations ayant fait des siens même des ennemis, son secret fut vendu par quelques-uns d'entre eux. Ganelon fut pris au retour d'une de ses excursions de pillage. La chronique dit qu'on le conduisit pieds et poings liés aux murs de Tourvéon ; là on l'enferma dans un tonneau dont on avait garni les parois de pointes aiguës et de lames tranchantes, et on laissa rouler le tonneau sur le flanc de la montagne jusque dans la vallée. Ce fut, dit-on, une application de la loi du talion, et Ganelon aurait souvent traité de cette manière ses prisonniers.

Dans l'ancien langage, *enganner* signifiait tromper, de même qu'en italien on dit *ingannare*, et *Ganelon* désignait un trompeur, un traître. Cette forteresse de Tourvéon, dont on voit encore les ruines, n'était qu'à 6 kil. du château fort de Beaujeu. Quelques habitants ont été assez crédules pour admettre l'idée que l'on pouvait communiquer d'un château à l'autre par un souterrain.

On trouve dans les flancs des montagnes de cette commune des mines de plomb sulfuré et de zinc.

Villa-Fabaria, Favières, paroisse du diocèse de Meaux, canton de Tournans, arrond. de Melun, département de Seine-et-Marne. — Le nom de Favières dérive naturellement de *faba* et *fabaria* qui signifie un lieu où l'on cultive les fèves. Dès le IXe siècle, cette terre appartenait à l'abbaye Saint-Maur-des-Fossés. « Cette abbaye, dit le *Polypticus* ou catalogue imprimé des biens de l'abbaye de Saint-Maur-des-Fossés, possède à Favières sept mans ou maisons affranchies ; le huitième mans ou mas appartient à l'église du village dédiée à saint Martin. Anciennement chaque mas payait cinq sous de redevance par an. Dans la suite cela fut changé, et chaque maison donnait trois jours de service par mois depuis la Saint-Jean jusqu'à Noël ; plus une corvée de trois semaines en trois semaines ; outre cela, elle faisait une corvée dans la vendange, une autre dans la moisson ; deux maisons, mans ou feux devaient en outre amener trois charretées jusqu'au monastère des Fossés. Pour le droit de poisson chaque feu payait douze deniers, trois poulets et quinze œufs. Le neuvième mans ou mas était celui que l'on qualifiait *indominicatus*, c'est-à-dire la maison seigneuriale ou l'abbaye ; il avait cinq coutures ou labourages, un pré, des bois, des eaux et un moulin (1). — La maison de Garlande posséda cette seigneurie depuis le XIIe siècle jusqu'en 1293, que Jean et Agnès sa femme la vendirent à Pierre de Chambly avec celles de Tournans, Marles, Fontenay, etc., etc. — L'église est une longue chapelle du XIVe siècle. — Le chapitre du Vivier en Brie était en partie seigneur de Favières.

Ce village est situé dans une vallée où coule un petit ruisseau venant de la forêt de Crécy, à 2 kil.

nord de Tournans, et à 28 kil. dans la même direction de Melun ; son territoire très-marécageux produit un peu de grain, des fourrages, mais surtout du bois.

Les écarts de cette commune sont : 1° Saint-Ouen, entre Tournans et Favières, ancien prieuré qui appartenait à l'abbaye de Thiron, diocèse de Chartres, même avant l'an 1147. On ignore à quelle époque et pour combien de religieux ce prieuré fut fondé. Au moment de la révolution, l'église n'était plus qu'une simple chapelle que l'on avait reconstruite plusieurs fois. Cet ancien prieuré est maintenant une maison de campagne dont un ruisseau arrose le parc ; ce ruisseau est celui qui, après avoir traversé Tournans, va se perdre dans le gouffre de Villegenart. 2° Hermières au nord de Favières, auprès d'un bois dit des Trente-Arpents, entre la forêt de Crécy et celle d'Armainvilliers, et dans un lieu très-marécageux, était, avant la révolution, une abbaye de l'ordre des prémontrés, fondée vers le milieu du XIIe siècle, par un nommé Regnaud, un des comtes de Champagne du nom de Thibault, et Adèle, épouse de Louis VII, auxquels on peut joindre Guy, Ansel et Robert de Garlande. — L'église en forme de croix était un édifice du XIIIe siècle, petit et bas, orné de galeries vitrées avec les voûtes supportées par de petites colonnades réunies. L'abbaye n'existe plus : une maison bourgeoise et une ferme la remplacent. 3° Mandegris : nous ne citons ce lieu que pour faire connaître l'instabilité des choses humaines : fief dès le XIIIe siècle, puis château et enfin simple ferme ; il appartenait en 1278 à l'abbaye d'Hermières, et, en 1494, à Robert Sureau écuyer, prévôt de Corbeil ; on n'y voit plus aujourd'hui de traces d'habitations. — On trouve encore dans les environs de cette commune et dépendantes de son territoire les fermes de Puits-Carré, la Sablonnière, la Hotte, la Planchette, les Trente-Arpents, Villemigeon.

La population de Favières est de 760 âmes.

Villa Ferreolorum, Ferroles-Attily, paroisse du diocèse de Meaux, canton de Brie-Comte-Robert, arrond. de Melun, départ. de Seine-et-Marne. — On pense que le nom de Ferroles ne peut pas venir de forges de fer qui auraient été établies dans cette commune puisque l'on n'en voit maintenant aucun vestige, mais bien de celui de *Ferreolus*, que l'on suppose avoir été l'un de ses anciens propriétaires ; c'est avouer d'une manière implicite que l'on est dans l'ignorance à l'égard de cette étymologie. On pourrait peut-être avec plus de raison supposer que Ferroles était le lieu où se retiraient les ouvriers dont les forges étaient dans les bois voisins ; ce qui indiquerait le nom de *Ferreolorum villa* qu'il porte dans les anciens actes.

L'église de Ferroles existait dès l'an 1090 ; à cette époque elle fut donnée à l'abbaye de Saint-Maur. — Dans le XIIe siècle, l'abbaye Saint-Victor eut aussi des hôtes dans ce lieu. Il en résulta des difficultés entre les deux monastères qui étaient jaloux de leurs privilèges. Pour tout aplanir on convint que les habitants de Ferroles prêteraient le serment de fidelité à l'une et à l'autre église. Au milieu du XVIIIe siècle Jean Legay, curé de cette paroisse, légua les fonds nécessaires pour l'établissement d'un maître d'école.

Le village de Ferroles est à 2 kil. à l'ouest de Chevry, à 4 kil. nord de Brie-Comte-Robert, et à 20 kil. dans la même direction de Melun, sur le penchant d'un coteau qui borde le Réveillon, et à peu près à égales distances de la route de Paris à Bâle, et de Brie-Comte-Robert à Tournans. — Le château de *la Barre*, placé sur le coteau opposé, est contigu au village. Son parc, agréablement dessiné, est traversé par le Réveillon. Ce château avait donné son nom à la famille le Fèvre qui le possédait en 1639. — En 1766, Jean-François le Fèvre, chevalier de la Barre, âgé de 19 ans, fils d'un garde du corps et descendant d'Antoine le Fèvre, seigneur de la Barre, périt à Abbeville sur l'échafaud, accusé d'avoir mutilé un crucifix placé sur le pont de cette ville. Si l'on en croit les mémoires particuliers du temps, le jugement aurait été le résultat de la vengeance particulière d'un homme qui avait été en même temps accusateur et juge..... Le tribunal d'Abbeville avait condamné de La Barre à être brûlé vif ; le parlement de Paris adoucit la sentence, et le malheureux iconoclaste fut décapité avant d'être jeté dans les flammes. — La Borde Grappin était un autre fief qui appartenait à un nommé Grappin qui vivait à la fin du XIIIe siècle. On sait que le nom de La Borde signifiait une petite maison couverte en jonc. Dans ce même siècle, l'abbaye de Saint-Maur avait aussi un manoir et une grange à Ferroles : chaque feu lui devait par an trois œufs, que l'on appelait les œufs des croix, ou bien une obole ; le monastère recevait les deux tiers de cette redevance et le prêtre du village l'autre tiers. — Le petit village d'Attily, qui n'est plus qu'une annexe de la commune de Ferroles, est situé à l'est et à deux portées de fusil entre celle-ci et la commune de Chevry, et, comme ces deux villages, sur les bords du Réveillon. Il est question d'Attily dès le XIIe siècle. Milo de Attiliaco était seigneur de ce lieu sous Louis le Gros. — Le château avait été bâti sur un petit monticule environné de fossés remplis d'eaux vives ; il n'en reste plus que quelques ruines ; mais il est remplacé par une jolie maison de campagne. — Auberyilliers ou Haubert Villiers, ferme à un quart de lieue à l'est de Ferroles, dépendait autrefois de la paroisse d'Attily. — En 1196, Thomas d'Aubert Villiers fit présent à l'abbaye de Saint-Maur d'un droit de froment qu'il percevait *in villa Ferreolorum*, et, en 1226, il existait un *Johannes de Hauberto villari*. — Beaurose, ferme à l'est de Ferroles, à l'extrémité d'une plaine, et sur le bord des bois d'Ozouer-la-Ferrière. En 1580, elle a été appelée Beauroy. — Les Petites-Romaines, hameau au nord de Ferroles. — Forcille, château et ferme au sud de Ferroles. En 1562, il y avait un prêche ou assemblée de protestants en ce lieu où allaient des officiers du roi du bailliage de Brie-Comte-Robert. Le parlement ordonna qu'il serait informé sur ce fait.

Le territoire de Ferroles-Attily est en terres labourables très-fertiles, en bois et en prairies. On y a depuis peu de temps planté quelques vignes. La population est de 450 habitants.

Villa-Franca, Villefranche. Il y a plusieurs villes et villages de ce nom en Europe, surtout en France et en Espagne. — Villefranche-sur-Saône, ville du diocèse de Lyon dans le département du Rhône. Elle est située sur la route de Bourgogne et sur la petite rivière du Morgon, à un kil. de la Saône, à 28 kil. de Lyon, et 32 de Mâcon. La population est de 9000 habitants.

Plusieurs historiens placent le berceau de Villefranche dans le milieu du XIe siècle, sous Humbert III, seigneur de Beaujeu. Cette famille illustre et puissante, dont la fortune commença dans la personne d'Onfroy, premier comte de Beaujeu, sous Hugues Capet, et s'éteignit vers le XVe siècle dans le tombeau d'Edouard, dernier prince de cette maison, dominait d'abord les deux rives de la Saône, et réunissait sous son obéissance la Dombe au Beaujolais. Cette famille souveraine qui, par ses alliances, mêla son sang au sang royal, et compta parmi ses membres des chambellans, des généraux, des ambassadeurs, des maréchaux et des connétables, voyait avec peine la grandeur de son nom emprisonnée dans l'enceinte étroite d'une capitale sans gloire : elle franchit les montagnes, et descendant dans la plaine fertile qui s'abaisse vers l'orient, plaça à l'entrée de ces riches campagnes, sur la route de Lyon, le berceau d'une ville nouvelle.

Villefranche, qui ne dut son nom qu'aux franchises qu'elle obtint plus tard, s'appelait à son origine *Lunna*, d'où est venu peut être le nom de *Lima*, qui appartient maintenant à une commune voisine. Elle ne s'étendait pas, comme aujourd'hui, sur les deux penchants d'une colline légèrement inclinée ; elle était tout entière placée sur le coteau méridional, dans le lieu qu'on appelle la Porte-d'Anse. Elle ne dut même ses accroissements vers le nord qu'à la circonstance suivante, d'après les légendaires. L'endroit le plus bas de la ville actuelle, qui est traversé par le Morgon, ne formait alors qu'un marais fangeux dont les rares pâturages étaient abandonnés au premier occupant. Un berger qui paissait là ses troupeaux, les vit, dit-on, un jour s'incliner d'un mouvement unanime : il s'approcha et aperçut une image de la sainte Vierge Marie. Pour consacrer le souvenir de ce fait, on éleva sur ce lieu une petite chapelle, dédiée à Notre-Dame des Marais, autour de laquelle se groupèrent quelques habitations, qui formèrent un second noyau des accroissements futurs de la ville ; la petite chapelle s'agrandit successivement, et devint ensuite église paroissiale, laquelle est aujourd'hui un des monuments remarquables de notre architecture gothique. — Les seigneurs de Beaujeu comprirent quelle importance s'attachait à la création de cette ville, placée dans le sein de la plus fertile contrée, à d'égales distances entre deux grandes cités, Lyon et Mâcon ; assez près de la Saône pour emprunter le secours de sa navigation ; assez loin d'elle pour braver les dangers de son voisinage. La ville nouvelle était en même temps le boulevard du Beaujolais, dont elle fermait l'entrée au midi, et le dépôt naturel de ses marchandises, dont elle confiait aux eaux de la Saône le transport et la distribution.

Villefranche possédait des Cordeliers, des Capucins, des Ursulines et des Visitandines. Il y avait trois hôpitaux, qui, vers le milieu du XIIIe siècle, furent réduits en un seul par la munificence de Sibylle de Flandre, femme de Guichard III, sire de Beaujeu. Cet hôpital, détruit en 1562 par les huguenots, fut rebâti par un simple bourgeois, dont la richesse égalait la charité. En l'an 1210, le même Guichard III, revenant d'une ambassade à Constantinople, vit en Italie saint François d'Assise, lui demanda quelques religieux et les établit dans sa capitale : ce fut là le premier couvent de Cordeliers qu'ait eu la France. — L'église paroissiale, dont on a vu l'origine, s'embellit en même temps par les bienfaits de la piété publique. Le clocher qui subsiste aujourd'hui n'est que le reste d'une tour construite en 1518, et l'une des plus hautes et des plus admirables du royaume. Elle fut détruite dans un violent incendie le 15 avril 1566.

La partie la plus curieuse de l'histoire de Villefranche est celle qui traite des franchises et des priviléges qui lui furent accordés par Humbert IV, fondateur de la ville, et qui, pour y attirer des habitants, autorisa les maris à battre leurs femmes jusqu'à effusion de sang, pourvu que la mort ne s'ensuivît pas. *Si burgensis uxorem suam percusserit, seu verberaverit, dominus non debet inde recipere clamorem, nec emendam petere, nec levare, nisi illa ex hac verberatura moriatur.* On disait pourtant vulgairement : *Villefranche sans franchise* ; comme on disait *Beaujeu sans triomphe, Belleville sans beauté.*

Il y avait avant 1789 à Villefranche, comme capitale du Beaujolais, toutes les autorités qui constituaient le gouvernement de la province, telles que lieutenance du roi, milice bourgeoise, état-major, corps-de-ville, grand-bailli, bailli-d'épée, prévôt, capitaine des chasses pour les eaux et forêts, inspection des gabelles, chambre des manufactures, compagnie de chevaliers de l'arc, compagnie de chevaliers de l'arquebuse (cette dernière existe encore), et même une académie royale des sciences, belles-lettres et arts, laquelle était célèbre avant que celle de Lyon existât : on se rappelle que celle-ci ne fut instituée qu'en 1700. La première séance de l'académie de Villefranche eut lieu en 1679, mais elle ne fut autorisée qu'en 1695 par lettres-patentes, confirmées en 1716 et 1723. Le duc d'Orléans d'alors s'en déclara le protecteur, comme seigneur de Villefranche.

Les habitants de Villefranche s'intitulent Caladois. *Calade* est un terme qui leur est particulier : ils s'en servent pour désigner le parvis de leur principale église, qui est pavée en dalles carrées. Ce mot paraît dériver de l'italien *calata*, descente.

La commune de Villefranche ne comprend absolument que l'enceinte de l'ancienne ville : les faubourgs, qui deviennent chaque jour plus considérables, appartiennent aux quatre communes qui l'environnent : Beligny, Gleizé, Ouilly et Limas. C'est à tort que quelques géographes ont dit que Villefranche n'avait qu'une seule rue allant du nord au midi, puisqu'elle en a quatre autres moins larges, il est vrai, mais dans la même direction, dont deux occupent la place de ses anciens remparts; elle est en outre percée de beaucoup d'autres rues qui la traversent de l'est à l'ouest.

Villefranche est aujourd'hui la seconde ville du département par l'importance de son commerce et de ses fabriques. C'est un chef-lieu d'arrondissement et de canton. Il y a : tribunaux de première instance et de commerce ; société d'agriculture ; collège communal; compagnie de chevaliers de l'arquebuse ; hospice civil pour quatre-vingts lits de malades et vingt lits de vieillards, dont les revenus s'élèvent à 50,000 fr.; un couvent d'Ursulines ; deux marchés considérables toutes les semaines ; une grenette ; une halle aux toiles ; une belle promenade publique. On y voit des fabriques considérables de toiles de fil et de coton, basins, nankinets et toiles peintes, des teintureries, des tanneries et des filatures de coton. — Les environs de Villefranche offrent des vues pittoresques, de nombreuses maisons de plaisance et des châteaux remarquables.

| Villefranche-de-Lauraguais, petite ville du diocèse de Toulouse. C'est le chef-lieu d'un arrondissement du département de la Haute-Garonne ; il y a un tribunal de première instance, et une société d'agriculture. La population est de 3000 habitants environ. Cette ville, bâtie en briques, est formée d'une rue très-longue que traverse la grande route ; elle est située dans une vaste plaine renommée par sa fertilité, sur le Lers, près du canal du midi. On y voit des fabriques de toile à voile, et des poteries de terre. Les environs produisent des céréales, du maïs et du chanvre. Villefranche est à 36 kil. nord-est de Toulouse, et 760 de Paris.

| Villefranche dans le diocèse d'Auch, à 12 kil. nord-nord-ouest de cette ville, département du Gers. On y remarque des eaux minérales froides, qui sont au milieu d'une prairie près de la Nive.

| Villefranche dans le diocèse de Moulins, département de l'Allier, arrondissement et à 22 kil. est-nord-est de Montluçon. Ce bourg compte 1000 habitants environ ; il possède une mine de houille qui occupe un certain nombre d'ouvriers.

| Villefranche dans le diocèse de Perpignan, arrond. et 6 kil. sud-ouest de Prades, dépt. des Pyrénées-Orientales. C'est une ville forte située au pied des Pyrénées sur la rive droite de la Tet, avec un château bâti sur la rive opposée, entre deux montagnes très-hautes. Au centre d'une montagne est une caverne où l'on monte par un escalier de pierres de près de 100 marches et dans les détours de laquelle on n'ose s'engager trop avant : on y aperçoit de distance en distance des morceaux de glace (stalactites) suspendus à la voûte. Cette ville, qui faisait partie du Roussillon, fut prise par les Français en 1654. On trouve dans les environs des carrières de beau marbre et des eaux minérales. Il y avait autrefois dans le pays une tradition qui voulait que la caverne dont nous venons de parler eût servi de retraite à de pieux solitaires au moyen âge, et que plus tard on ait célébré la messe dans cette sorte d'ermitage. Il suffit d'une inspection sérieuse des lieux pour s'assurer que cette tradition n'est pas fondée. La population de Villefranche est de 2000 habitants.

| Villefranche-d'Aveyron, dans le diocèse de Rodez, chef-lieu d'un arrondissement du département de l'Aveyron avec un tribunal de première instance, une société d'agriculture et un collège communal. La population est de 10,700 habitants. Cette ville est à 48 kil. de Rodez, 48 de Cahors et 600 de Paris.

Villefranche doit son origine à Alphonse, comte de Toulouse et frère du roi Louis IX, qui en traça les fondations près de l'emplacement de l'ancienne cité de Carentomag. En 1351, c'était une ville fortifiée qui fut souvent prise et reprise ; elle souffrit considérablement dans les guerres du XVIe et du XVIIe siècle. Les paysans insurgés, connus sous le nom de Croquants, la pillèrent en 1643. La peste la désola d'une manière cruelle en 1558 et en 1628. — Cette ville est bâtie dans une situation agréable et saine, au confluent de l'Alzon et de l'Aveyron ; elle occupe la tête septentrionale d'une vallée circonscrite à l'est par une petite montagne, et sur tous les autres points par un rideau circulaire de collines. Au levant, cette ceinture est interrompue par deux gorges qui donnent passage aux rivières de l'Alzon et de l'Aveyron ; au sud, par le cours de cette dernière rivière ; et au nord-ouest, par l'extrémité d'un vallon d'où coule un ruisseau qui va baigner les murs de la ville. Les terres et les coteaux environnants sont soutenus à des distances inégales par des murs de terrasse qui forment des gradins plantés de vignes, de pêchers et d'autres arbres fruitiers. Cette belle perspective est encore variée par des bosquets, des filets d'eau, des prairies, des terres à blé, de jolies maisons de plaisance, et par un grand nombre de colombiers isolés, dont la blancheur ressort agréablement sur le vert foncé du pampre des vignes. — En arrivant par les hauteurs du sud-ouest, Villefranche présente deux villes ; l'une dont les maisons sont groupées sans aucun intervalle : c'est la ville proprement dite ; l'autre dont les bâtiments plus espacés paraissent ombragés par les peupliers des champs voisins : ce sont les faubourgs. L'enceinte de la ville a la forme d'une losange ; sa position en pente douce dispose les toits en échelons et les découvre tous à l'œil ; l'antique église collégiale et sa haute tour dominent toutes les autres constructions et forment un effet très-pittoresque. Les quartiers de Villefranche sont régulièrement distribués ; ils forment des parallélogrammes partagés par une ruelle étroite. Quatre grandes rues assez bien alignées, qui, vers le centre, se coupent à angles droits, divisent la ville en neuf parties ; les faubourgs, au nombre de cinq, correspondent aux principales portes. La place du marché est grande et carrée, mais les maisons qui l'entourent, et qui pour la plupart sont hautes et vieilles, lui donnent un air sombre et triste; elle est entourée d'un portique d'une architecture claustrale, qui sert de halle, et met à couvert pendant le mauvais temps les marchands et les acheteurs ; une belle terrasse, à laquelle on monte par un escalier à double rampe, orne le côté du nord ; dans un enfoncement, on voit une fontaine publique de forme carrée, autour de laquelle règne une balustrade en fer.

L'ancienne collégiale offre un beau vaisseau d'architecture gothique, qui mérite l'attention des artistes ; un superbe porche décore son entrée, et sert de base à une haute tour flanquée de quatre tourelles. — La maison commune n'est remarquable que par ses bâtiments spacieux. Le cloître de l'ancienne chartreuse, affecté aujourd'hui à un hôpital, offre un modèle d'architecture gothique. — On remarque encore à Villefranche le collège ; la bibliothèque, contenant 7000 vol., les promenades et le cabinet de physique.

De nombreuses forges de cuivre rouge sont établies dans les environs ; on y fabrique divers ouvrages en cuivre jaune. La population urbaine et rurale se livre à la fabrication de toiles grises et de toiles d'emballage. Le commerce consiste en céréales, vins, toiles, quincaillerie et chaudronnerie. Villefranche a vu naître plusieurs personnages distingués, entre autres le maréchal de Belle-Isle et le docteur Alibert, qui fut un des médecins de Louis XVIII et de Charles X.

| Villefranche dans le diocèse d'Agen, arrond. et à 22 kil. sud de Marmande, dépt. de Lot-et-Garonne. Cette ville compte près de 3000 habitants.

| Villefranche dans le diocèse d'Alby, chef-lieu de canton de l'arrond. de cette ville, dépt. du Tarn. Ce bourg est à 16 kil. est-sud-est d'Alby ; il exploite une mine de fer très-riche. La population est de 900 habitants.

| Villefranche dans le diocèse de Sens, dépt. de l'Yonne. Ce bourg est de l'arrond. et à 12 kil. ouest-sud-ouest de Joigny ; il a une source d'eau minérale. La population est de 960 habitants.

| Villefranche-de-Belvez, dans le diocèse de Périgueux, dépt. de la Dordogne. C'est un chef-lieu de canton de l'arrond. de Sarlat, qui est éloigné de cette ville de 32 kil. sud-sud-ouest. La population s'élève à 1620 habitants.

| Villefranche-de-Louchapt, dans le diocèse de Périgueux, dépt. de la Dordogne. C'est un chef-lieu de canton de l'arrond. de Bergerac, à 58 kil. ouest-nord-ouest de cette ville. On y compte 960 habitants.

| Villafranca, ou Villefranche, dans le diocèse et à 3 kil. nord-nord-est de Nice, dans les Etats-Sardes. — Cette ville a un port de mer qui est défendu par deux châteaux, et une des plus belles rades de l'Europe, où cent vaisseaux de ligne pourraient mouiller facilement. La population est de 3000 habitants environ. Lat. N. 43° 40' 20". Long. E. 4° 59' 15".

| Villefranche de Piémont, ou Villafranca di Piamonte, du diocèse de Pignerol, à 18 kil. est-sud-est de cette ville dans les Etats-Sardes. — Villefranche est située sur la rive gauche du Pô, dans une contrée fertile ; elle a deux paroisses et quatre couvents, avec une population de 6700 habitants.

| Villafranca, du diocèse de Vérone, à 16 kil. sud-ouest de cette ville, dans la Vénétie (Italie supérieure orientale). Elle est située sur la rivière de Tartaro ; elle compte une population de 5850 habitants.

| Villafranca, ville du diocèse de Girgenti, en Sicile. Elle est à 20 kil. ouest de Bivona. Il y a 3000 habitants.

| Villafranca, dans le diocèse de Tudela en Espagne, à 20 kil. nord-nord-ouest de cette ville. Elle portait autrefois le nom d'Alasvès, qu'elle a conservé jusqu'au règne de Sanche le Fort. Elle prit à cette époque le nom de Villafranca à cause des franchises qui lui furent accordées. Cette ville est située sur un terrain uni, près de la rive gauche de l'Èbre, au milieu de la campagne la plus belle et la plus fertile de toute la Navarre, que baignent les rivières d'Aragon et d'Arga, et qui fournit toutes les productions du pays à Pampelune et à une partie de la montagne. C'est dans cette plaine, et sur la rive droite de l'Arga, que se trouve Peralta, où il se fait un grand commerce des vins fameux connus sous le nom de vins de Peralta.

Les habitants de Villafranca se livrent à la vente des vins vieux appelés *Rancio* et *Tieto*.

| Villafranca, ancienne ville du diocèse d'Angra. Elle est située sur la côte méridionale de l'île Saint-Michel, l'une des Açores, qui appartienne au Portugal. Renversée par le terrible tremblement de terre de 1591, qui bouleversa les Açores, elle a été rebâtie ; mais sa population est restée au-dessous de ce qu'elle était, puisqu'elle n'a pu s'élever encore qu'à 2400 habitants. — Villafranca a un petit port nommé Ilheo, formé par une ouverture dans une île volcanique, où quatre vaisseaux peuvent se trouver en sûreté. La ville a une église ; elle avait trois couvents avant la suppression des ordres religieux.

| Villafranca de Jira, dans le diocèse de Lisbonne, province de l'Estramadure portugaise. Cette ville, d'après la tradition, fut peuplée en 1160 par les Anglais qui servaient comme troupes auxiliaires dans l'armée du roi Alphonse Henriquez, quand il s'empara de Lisbonne. Ils lui donnèrent le nom de Cornualla, en mémoire de leur patrie, le comté de Cornouailles. On élève à Villafranca beaucoup de chevaux qui paissent dans les prairies toujours vertes des *Lieirias*, petites îles du Tage. Villafranca a une paroisse et une maison de charité ; elle est éloignée de Lisbonne de 28 kil. au nord-nord-est. La population est de 5130 habitants.

| Villafranca de las Marismas, bourg du diocèse de Séville (Espagne), à 28 kil. de cette ville. On y voit à côté sur une éminence un palais d'un haut style d'architecture. Cette petite ville avait le titre de marquisat. La maison qui le portait étant éteinte, le roi Ferdinand VII l'avait accordé, on ne sait trop pourquoi, au banquier Aguado, célèbre dans l'histoire contemporaine par sa magnifique galerie de tableaux de l'école espagnole, et plus encore par son intervention malheureuse dans les finances de l'Espagne.

| Villafranca de las Abujas, dans le diocèse et à 18 kil. nord-est de Cordoue (Espagne). — Cette ville est située dans une plaine fertile, auprès du Guadalquivir, entre ce fleuve et un de ses affluents, le Guadalmellato. C'était une cité romaine, on y trouve des inscriptions et des restes d'antiquités qui l'attestent. Elle a une paroisse et un hôpital. La population est de 4590 habitants. On élève dans les environs beaucoup de bestiaux.

| Villafranca de la Sierra, dans le diocèse et à 40 kil. ouest d'Avila (Espagne). — Ce bourg repose au pied d'une sierra (montagne), et près de la rivière Corneja. On y trouve quelques fabriques de toiles, parce qu'on cultive le chanvre dans les environs. La population est de 1590 habitants.

| Villafranca d'el Vierzo, dans le diocèse d'Astorga (Espagne). — Ce bourg est à 16 kil. ouest-nord-ouest de Ponferrada, au confluent des rivières de Valcarce et de Burbia, qui se jettent dans la Sil. Il a le titre de marquisat. On y voit un ancien palais et un château qui le dominent. Avant la suppression des ordres religieux, Villafranca possédait un tribunal ecclésiastique, quatre couvents et une église collégiale. Il lui reste trois paroisses et un hôpital. Les environs produisent un vin médiocre, des fruits de toute espèce, des châtaignes qui servent de nourriture aux habitants, et le succin en abondance. — Avant d'arriver à Villafranca, sur la route de Madrid, on rencontre le village de Manzanar habité par les maragatas, ainsi que quelques autres villages de la contrée, qui est presque stérile. Ces maragatas sont muletiers de profession, et passent pour les plus fidèles conducteurs de l'Espagne ; ils ont des allures et des habitudes particulières. — Villafranca est la patrie de Martin Sarmiento, savant bénédictin, écrivain d'un goût pur et éclairé.

| Villafranca d'el Cid, dans le diocèse de Ségorbe, à 28 kil. sud-ouest de Morella, est bâtie sur un terrain montueux où abonde le succin. Les habitants fabriquent quelques toiles et du savon : ils sont environ 2000.

| Villafranca de los Caballeros, dans le diocèse de Tolède (Espagne). — A 12 kil. ouest-nord-ouest d'Alcazar de San-Juan, cette ville s'élève sur la rive droite de la Giguela, affluent de la Guadiana, au milieu d'une plaine dont le sol est nitreux, et les pâturages excellents. On y fabrique du salpêtre et de la poudre. La population est de 3000 habitants environ.

| Villafranca de Montés de Oca, dans le diocèse et à 28 kil. est de Burgos (Espagne). — Ce bourg, où l'on rencontre diverses antiquités romaines, a été bâti sur les ruines de l'ancienne Anca, ville épiscopale de la province Tarragonaise, dans l'exarchat des Espagnes. L'évêché datait du ve siècle ; il fut réuni à celui de Burgos en 1075. L'église cathédrale était sous l'invocation de la sainte Vierge ; c'est pour cela qu'après la chute de l'empire romain la ville prit le nom de Nostra Signora d'Oca, qu'elle conserva jusqu'à la fin du xie siècle, époque à laquelle on commença à la désigner par celui qu'elle porte actuellement. On y voit une belle église, mais qui a été bâtie depuis le transfert de l'évêché, et un hôpital fondé et doté par la reine Jeanne, petite fille du roi Alonzo, pour y recevoir les malades et les pèlerins qui passent en allant à Saint-Jacques de Compostelle. On y file le lin, le chanvre et la laine, et l'on y fabrique des toiles et des étoffes de laine communes. Les habitants, au nombre de 900, élèvent aussi beaucoup de volailles, et exploitent les bois des montagnes voisines qu'ils expédient à Briviesca.

| Villafranca de Panadès, l'ancienne Antistiana, dans le diocèse de Tarragone (Espagne). — Cette ville, entre Tarragone et l'embouchure du Llobregat, a été comme posée entre deux montagnes, qui sont si rapprochées l'une de l'autre, qu'elles semblent se toucher. On récolte sur son terroir des raisins fort estimés. Elle a des tanneries, et les habitants se livrent à la fabrication de l'eau-de-vie. Il y avait un couvent qui n'est plus habité. Pierre Camanès, médecin, qui a composé un commentaire sur Galien, y est né.

Villafranca est à 40 kil. ouest de Barcelone. On y compte environ 5000 âmes.

Villa Nova ad Castellum, la Villeneuve-au-Châtelot, dans le diocèse de Troyes, arrond. et à 12 kil. de Nogent-sur-Seine, dépt. de l'Aube. — Ce village est situé au nord de la belle prairie de Pont, près d'un ancien chemin appelé le chemin des Romains, qui conduit à Pont-sur-Seine. La population est de 280 habitants.

Tout porte à croire que Villeneuve était jadis une

ville assez considérable, ruinée par les guerres civiles. En 1175, Henri, comte de Troyes, lui accorda une charte de commune, que nous croyons devoir rapporter : « Moi Henri, comte de Troyes, fais savoir à tous présents et à venir, que j'ai établi les coutumes ci-dessous énoncées pour les habitants de ma Ville-Neuve (près Pont-sur-Seine), entre les chaussées des ponts de Pagny. Tout homme demeurant dans ladite ville payera, chaque année, douze deniers et une mine d'avoine pour prix de son domicile; et s'il veut avoir une portion de terre ou de pré, il donnera par arpent quatre deniers de rente. Les maisons, vignes et prés pourront être vendus ou aliénés à la volonté de l'acquéreur. Les hommes résidant dans ladite ville n'iront ni à l'ost, ni à aucune chevauchée (1), si je ne suis moi-même à leur tête. Je leur accorde, en outre, le droit d'avoir six échevins qui administrent les affaires communes de la ville, et assisteront mon prévôt dans ses plaids. J'ai arrêté que nul seigneur, chevalier ou autre, ne pourroit tirer hors de ladite ville aucuns des nouveaux habitants, pour quelque raison que ce fût, à moins que ce dernier ne fût son homme de corps, ou n'eût un arriéré de taille à lui payer. Fait à Provins, l'an de l'incarnation 1175. » Cette charte se trouve dans le tome VI du Recueil des ordonnances des rois de France.

Villa Nova Bergana, Villeneuve-de-Berg. C'est une petite ville du diocèse de Viviers, chef-lieu de canton de l'arrond. et à 26 kil. sud-sud-ouest de Privas, dépt. de l'Ardèche ; elle est sur l'Abie, et est la patrie de l'abbé Barruel. Né le 2 octobre 1741, Augustin Barruel fit ses études chez les Jésuites et entra dans leur société. A la suppression de l'ordre, il se retira en Autriche, et parcourut ensuite une partie de l'Europe. En 1784, il publia son livre intitulé : *Les Helviennes* ou *Lettres provinciales philosophiques*. De ses divers ouvrages, c'est le plus estimé. De 1788 à 1792, il travailla au *Journal ecclésiastique*. Il se réfugia ensuite, à l'époque des troubles révolutionnaires, en Angleterre, où il publia son *Histoire du clergé pendant la révolution*. Plus tard, il écrivit ses *Mémoires pour servir à l'histoire du jacobinisme*. Il y a de l'exagération dans ce livre, et beaucoup trop d'idées systématiques. Rentré en France en 1802, l'abbé Barruel défendit le concordat de 1801 dans un ouvrage intitulé : *Du Pape et de ses droits religieux à l'occasion du concordat*. L'abbé Barruel mourut dans le Vivarais, en 1820, à 80 ans, laissant la réputation d'un ecclésiastique aussi zélé qu'instruit. — Villeneuve-de-Berg est aussi la patrie d'Olivier de Serres, qui a rendu de grands services à l'agriculture. On lui a élevé un monument devant la maison qu'il occupait. — Lors des guerres de religion, cette petite ville eut beaucoup à souffrir. Elle était, à cette époque, en possession d'un pèlerinage qui cessa peu à peu par la crainte que les pèlerins avaient des protestants.

Villa Noxia, Villenauxe-la-Grande. Cette petite ville du diocèse de Troyes, chef-lieu de canton de l'arrond. et à 16 kil. de Nogent-sur-Seine, dépt. de l'Aube, compte 2900 habitants. D'après une vieille chronique, sa fondation remonte au commencement du règne de Philippe-Auguste (1180). Le plus ancien titre qui en fasse mention est une charte de l'abbaye de Nesle-la-Reposte, de 1212. On présume qu'après la destruction de Nesle, les habitants de cette ville, qui depuis longtemps n'est plus qu'un chétif village, dispersés par les guerres, vinrent se réfugier sur les terres qu'ils possédaient auprès du monastère de Nesle et du prieuré des Augustins. Ils bâtirent d'abord Dival, aujourd'hui faubourg de Villenauxe, mais qui forma longtemps une commune séparée, et avait encore en 1608 son maire et ses échevins particuliers, et à mesure qu'ils desséchaient la prairie sur laquelle ils bâtissaient, ils construisirent Villenauxe. — Cette ville est située à l'extrémité nord-ouest du département, près des confins de ceux de la Marne et de Seine-et-Marne, sur une assez bonne route, qui conduit de Mézières à Orléans, par Reims et Sézanne. Le ruisseau de la Nauxe la traverse du nord au sud. Elle est beaucoup plus longue que large, et était autrefois fermée de murs, construits en 1537, et entourée de fossés : on y entrait par quatre portes. Tous les murs ont été détruits, et une partie des remparts plantés de deux rangs de tilleuls, qui formeront par la suite une jolie promenade. Le centre de la ville est bien bâti, bien percé, et s'embellit tous les jours ; le reste, et surtout Dival, est mal construit, mal percé et d'un aspect peu agréable.

Villenauxe possédait avant 1789 une abbaye de Bénédictins de la congrégation de Saint-Vannes, connue sous le nom d'abbaye de Nesle. Cette abbaye fut fondée en 501, à Nesle-la-Reposte, diocèse de Châlons-sur-Marne, suivant les légendaires, par Clovis Ier, à la sollicitation de Clotilde, son épouse ; elle consistait primitivement en deux monastères, l'un pour des religieux et l'autre pour des religieuses. Les religieux se livraient à l'enseignement, et plusieurs hommes distingués y étudièrent avec succès dans le viie siècle. Les calvinistes pillèrent l'abbaye et ruinèrent l'église vers le xvie siècle : on en répara une partie ; mais, en 1670, l'insalubrité de sa situation au milieu des marais qui environnaient de toutes parts, la fit transférer à Villenauxe, où elle conserva le nom d'abbaye de Nesle-la-Reposte. Le portail, qui était le morceau le plus précieux et le plus vénérable par son antiquité, y fut transporté. L'église et l'abbaye de Nesle ont été détruites lors de notre première révolution. Les ruines n'offrent plus que les restes d'une tour carrée, supportée par quatre arcades, dont la construction a environ treize siècles d'existence. La maison abbatiale, qui subsiste encore, n'est remarquable que par son antiquité. — Avant la révolution il y avait à Villenauxe un fort beau château, dont le parc lon-

---

(1) Armée et campagne de guerre.

geait la route de Nogent. Le château a été détruit, et le parc divisé entre plusieurs acquéreurs. — L'église paroissiale de Villenauxe est sous le vocable de saint Pierre et de saint Paul. La tradition, d'accord avec une ancienne chronique, en fait remonter la fondation à l'année 1482; mais l'inauguration n'eut lieu qu'en 1499. Le vaisseau est remarquable par sa grandeur et par sa beauté; il est surmonté par un clocher dont on admire la légèreté; les vitraux sont beaux et dans un assez bel état de conservation ; ils datent du commencement du XVI° siècle, c'est-à-dire de la période la plus brillante de la peinture sur verre en France. L'église de Dival est, dit-on, plus ancienne de deux siècles que l'église paroissiale ; elle n'a rien de remarquable. Outre ces deux églises, Villenauxe possède trois petites chapelles, désignées sous les noms de la Trinité, de Notre-Dame de Lorette et du Cimetière.

En 1652, un corps de Lorrains, fort de 14 à 15,000 hommes, tenta sans succès de s'emparer de Villenauxe, qui fut défendu avec courage par les habitants. Le 9 février 1814, Napoléon passa à Villenauxe sur les deux heures après-midi, allant avec 10,000 hommes, combattre et vaincre à Champ-Aubert, une colonne russe, forte de 60,000 hommes, commandés par le général Alsufief. Le 8 mars de la même année, Villenauxe fut pillé pendant huit jours par l'armée russe.

En 1516, les habitants de Villenauxe, incommodés depuis plusieurs années par des petits scarabées, appelés ubéricots, urebecs, ou hurebers, qui ravageaient principalement leurs vignes et celles des lieux voisins, portèrent plainte contre ces insectes par-devant le juge ecclésiastique, et provoquèrent la célèbre sentence rapportée par Grosley dans ses Éphémérides. — Les habitants s'occupent de vannerie. Il y a des tanneries et des mégisseries. On commerce aussi sur les vins.

Villa Othica, Othis, paroisse du diocèse et de l'arrond. de Meaux, canton de Dammartin, dépt. de Seine-et-Marne. Ce village est situé au pied des collines sur lesquelles est assise la ville de Dammartin, dans une plaine, à l'entrée d'un vallon où commence un petit ruisseau qui coule au nord et qui, entrant immédiatement dans le dépt. de l'Oise, traverse la forêt d'Ermenonville, pour se joindre à la Nouette. — Othis est, comme on le voit, la dernière commune du département sur ce point. Son territoire est limitrophe au département de l'Oise; aussi était-il autrefois du diocèse, de l'élection, de la subdélégation et du grenier à sel de Senlis, dont il est à peine éloigné de cinq à six lieues. Le chapitre de Senlis était aussi collateur de la cure, et l'église a été bâtie, ainsi que le constate une inscription dégradée que l'on voit sous le portail, en 1555.

Un quart de la population seulement habite le village : le reste est réparti entre plusieurs écarts; ce sont : 1° Beaupré, ancien château, au nord-ouest d'Othis, près le bois de Saint-Ladre. 2° Gaincourt ou Guincourt, ferme à côté de Beaupré. 3° Beaumarchais, hameau au nord du bois de Saint-Ladre et sur les confins de la forêt d'Ermenonville (Seine-et-Oise). Entre Beaupré, Guincourt, et Beaumarchais, était une petite chapelle sous l'invocation de Saint-Eustache. 4° Sur un plateau plus au nord-ouest, bordé par les bois dits de l'Église et la forêt de Dammartin, est la ferme de Saint-Laurent, où il y avait une ancienne chapelle. 5° Saint-Ladre ou Saint-Lazare, à l'ouest d'Othis, ancienne maladrerie actuellement transformée en ferme. 6° Tout auprès, la Tuilerie et le hameau de la Cavette ou Cahuette. 7° Sur une petite éminence nommée Mont-Crépin, un moulin, qui était jadis une ferme. 8° On voit encore les ruines d'une ferme dite de Sainte-Opportune. Ce nom lui vient probablement d'une chapelle qui en dépendait et qui était sous l'invocation de cette sainte.

Le territoire de cette commune est en terres labourables et en bois; il s'y trouve des carrières à plâtre. Sa population totale est de 450 habitants. Elle est à 2 kil. nord de Dammartin, à 25 kil. nord-ouest de Meaux, et à 62 kil. nord-est de Melun.

Villare Ramberti, Saint-Rambert, paroisse du diocèse de Lyon, à 5 kil. de cette ville, sur la rive droite de la Saône. Popul. 600 habit. — L'historien le Laboureur prétend que Saint-Rambert occupe l'emplacement d'une ancienne ville, appelée *Occiacum*. Une pierre tumulaire, qui forme le bassin d'une fontaine près de l'église, porte une inscription romaine dont voici la traduction : « Aux dieux mânes et au repos éternel d'Aulinus Antonius, vétéran de la 38° légion, et de Titia son épouse; ils ont fait élever ce tombeau de leur vivant, pour eux et leurs descendants, et l'ont dédié sous l'Ascia. » La petite ville d'Occiacum prit ensuite le nom de Saint-Rambert, après la translation de ce saint, dont l'histoire a été trouvée dans les manuscrits de l'île Barbe, publiée par le Laboureur. L'église de cette paroisse, l'une des plus anciennes des Gaules, fut fondée par les religieux de l'île Barbe, dédiée à saint Éléazar, et ensuite à saint Rambert, sur la fin du XII° siècle. L'architecture du portail conserve les traces d'une haute antiquité; elle a beaucoup de ressemblance avec celle du temps de Charlemagne, dont on voit encore des restes à Lyon. Près de Saint-Rambert se trouve la belle manufacture d'étoffes appelée la Sauvagère.

Il y a dans le diocèse de Belley, une petite ville connue sous le nom de Saint-Rambert-de-Joux. Au commencement du moyen âge, dans un vallon resserré entre deux montagnes fort élevées, au pied du mont Jura, sur la rive droite de l'Albarine, on apercevait une petite chapelle dédiée à saint Rambert. La tradition voulait que ce saint y eût passé un certain temps en prières et en contemplation. On venait en pèlerinage à cette chapelle des pays voisins et même d'assez loin. Ce concours de peuple inspira l'idée de bâtir un monastère dans cette solitude. La modeste chapelle vit donc s'élever à côté d'elle une abbaye de l'ordre de Saint-Benoît, de la congrégation de Cluny, laquelle à son tour, donna lieu à la fondation d'un village qui, dans la suite, est devenu une ville. Le duc de Savoie était seigneur et baron de Saint-Rambert. Sur l'une des deux montagnes, il y avait autrefois un château qui commandait la ville et l'abbaye. Le maréchal de Biron le fit raser, après le traité de Lyon de 1601. — Saint-Rambert-de-Jouy est actuellement un chef-lieu de canton de l'arrond. et à 28 kil. nord-ouest de Belley, département de l'Ain ; il a une filature de soie, des fabriques de lainage et des manufactures de toiles communes, dites de *Saint-Rambert*, qui occupent les populations des montagnes voisines. On compte à Saint-Rambert 2,600 habitants.

On trouve dans le diocèse de Lyon une autre petite ville du nom de Saint-Rambert. Cette localité possédait, dit-on, des reliques du saint : ce qui fait qu'elle en a pris le nom dans la première partie du moyen âge. Saint-Rambert-sur-Loire est situé sur la rive gauche de la Loire, qui y est navigable. C'est un chef-lieu de canton de l'arrond. de Montbrison, à 18 kil. sud-est de cette ville, départ. de la Loire, qui possède un entrepôt des vins du Forez et du Beaujolais. Ses environs sont riches en forges et hauts-fourneaux. La population est de 2,900 habit.

Villula Chirotiensis, Chiroubles, paroisse du diocèse de Lyon, à 4 kil. de Beaujeu, départ. du Rhône, avec 705 habitants. — L'église de cette commune, qui est dédiée à saint Roch, fut construite par Antoine Blondel, habitant du lieu, à une époque où la peste exerçait de grands ravages. Le procès-verbal de sa fondation rapporte que le jour où l'on commença à la bâtir, la peste cessa dans la paroisse, et que les pestiférés, se trouvant guéris, vinrent se joindre aux ouvriers qui y travaillaient. L'air de Chiroubles est extrêmement vif et pur : on y voit assez communément des centenaires sans aucune infirmité. Le sol produit de très-bons vins et d'excellents navets, renommés dans tout le pays, et notamment à Lyon.

Vimiacum, Neuville-sur-Saône, autrefois Vimy, petite ville du diocèse de Lyon, à 12 kil. de cette ville, avec 2000 habitants. Elle est située dans une position ravissante, sur la Saône, qu'on y traverse sur un beau pont suspendu. — Vimy n'était d'abord qu'un village ; en devenant une petite ville il prit le nom de Neuville ; c'était la capitale du Franc-Lyonnais ; elle faisait partie du diocèse de Lyon et dépendait de l'Ile-Barbe. Le Franc-Lyonnais était une petite contrée située aux portes de Lyon, sur la rive gauche de la Saône. Elle conserva cette dénomination jusqu'au moment de la révolution. Les habitants étaient exempts des gabelles, des droits d'aides, de la milice, de la taille et de tous les autres impôts qui étaient perçus dans le royaume. Ils jouissaient encore de plusieurs autres priviléges et immunités.

Ce pays, administré comme une république, offrait un phénomène étonnant au milieu des institutions monarchiques d'alors. En 1666, les baronnies de Vimy, Montancé, Lignières, la terre d'Ombreval, les fiefs de Montjoly, etc., furent réunis et érigés en marquisat en faveur de Camille de Neuville de Villeroi, qui, trente ans après la mort de saint François de Sales, vint occuper le siége épiscopal de Lyon en 1653. Ce prélat, dont le frère était gouverneur de Lyon, établit à Neuville des moulins à grains et à organsiner la soie, des usines et des fabriques de toute espèce : la soie seule occupait plus de cent ouvriers. C'est aussi à lui que l'on doit la fontaine et la belle église de Neuville.

Neuville possède des eaux minérales ferrugineuses qui ont beaucoup d'analogie avec celles de Charbonnières. C'est dans la plaine qui s'étend au nord-est de cette ville, dans les environs du domaine de Mont-Triblueux (*mons Terribilis*), que se donna la fameuse bataille qui décida du sort de l'empire romain, entre Septime-Sévère et son compétiteur Albin. Des vestiges d'armures, de nombreux ossements humains et des médailles romaines de cette époque attestent cette assertion.

Neuville se livre à la fabrication du velours et d'autres étoffes de soie. On y voit des blanchisseries et un laminoir pour le plomb.

Viremacum, Villemaure, paroisse du diocèse et de l'arrond. de Troyes, à 30 kil. de cette ville, dépt. de l'Aube. Ce bourg, situé sur la rivière de la Vannes qui le divise en deux parties, a 731 habitants. — Des écrivains ont prétendu que Villemaure devait sa fondation à des Maures ou Sarrasins qui y pénétrèrent autrefois, ou à un officier nommé Maur, qui aurait été gratifié de cette terre, en 361, par l'empereur Julien : mais ces conjectures ne reposent sur aucun fondement historique. Suivant Chlore de la Charmette, qui a fait l'histoire de ce bourg, en deux volumes in-folio, il a été beaucoup plus considérable qu'aujourd'hui, et a porté le titre de ville, dont il paraît avoir eu l'importance : des restes de remparts qui servent actuellement de clôture au jardin du presbytère, et les noms de quartier de la ville et de faubourg Saint-Honoré, conservés par certaines parties de la commune, confirment ce témoignage de l'histoire et de la tradition. Villemaure a été plusieurs fois ravagé et incendié, et a beaucoup souffert dans le xiiie et le xive siècle, lors de l'occupation des Anglais. Un incendie désastreux y éclata en 1446 ; l'église fut alors consumée. Un autre eut lieu en 1564. En 1588, la Ligue y tenait garnison : pris en 1594, il fut livré au feu et au pillage. D'anciens titres apprennent qu'il y eut à Villemaure un chapitre, une maladrerie, et un Hôtel-Dieu qui devint la proie des flammes en 1594. — Suivant les vieilles légendes, le corps de saint Flavit, qui avait été inhumé dans un ermitage construit pour lui, près de la source de l'Ardusson, alors appelée *source de l'Abondance*, fut transféré au commencement du viie siècle, au château de Villemaure, où les seigneurs lui bâtirent une église.

La châtellenie de Villemaure était une des plus importantes des environs de Troyes. Sa mouvance s'étendait sur plusieurs fiefs voisins. Elle eut des seigneurs de distinction que l'historien de Villemaure divise en six races. Le plus ancien connu est Manassès de Villemaure, vivant en 1115. Dans le XIII° siècle cette châtellenie appartenait aux comtes de Champagne. Après plusieurs mutations, elle fut acquise, en 1647, par le chancelier Pierre Seguier, en même temps que le château d'Estissac et plusieurs terres des environs. En 1658 elle fut érigée en duché-pairie.

Le bourg de Villemaure est généralement bien bâti; la plupart des maisons sont couvertes en tuiles, et offrent à l'intérieur une propreté et un air d'aisance qu'on n'est pas habitué à rencontrer dans les villages de la Champagne. On remarque dans l'église un très-beau jubé en bois, représentant les principaux événements de la vie de Jésus-Christ.

Vudami, les Votiaks. Ce peuple a conservé, en partie, par tradition de ses pères, l'idolâtrie que la race finnoise à laquelle il appartient pratiquait dans le nord de l'Europe, et que le christianisme est parvenu à détruire, après des travaux opiniâtres et difficiles. Ce genre d'idolâtrie avait un caractère de barbarie mystérieuse qu'il empruntait sans doute de l'inclémence du climat. Ceux qui sont chrétiens ont conservé plusieurs pratiques païennes, ce qui fait un christianisme défiguré et bizarre. Les Votiaks habitent en grande partie les gouvernements d'Orenbourg et de Viatka, dans la Russie d'Europe. Les Tartares leur donnent le nom d'*Arts*; ils s'appellent eux-mêmes *Oud* ou *Oudy* et *Mord*, c'est-à-dire hommes, ou d'*Oudmord*, peu mélangés d'autres peuples. Leur langage continue d'être un pur dialecte finnois. Ils conservent encore leur ancienne distribution par tribus, et donnent en conséquence des noms additionnels à leurs villages. Leur nombre est assez considérable : dans le gouvernement d'Orenbourg ils sont environ 15,000 mâles, et 30,000 dans celui de Viatka. La plupart sont baptisés; il y en a cependant encore qui sont païens. Ils ont beaucoup de traits caractéristiques qui les distinguent parfaitement des Tchérémisses, ainsi que des autres Finnois. Ils sont plus vifs, plus gais, moins entêtés, mais en revanche très-ivrognes. Le sexe même ne le cède point en cela aux hommes. Il y a parmi eux très-peu d'hommes grands, bien faits et robustes. Les femmes surtout sont petites et point jolies. L'on ne voit chez aucun peuple autant de rouges ardents que chez les Votiaks; il y en a cependant qui ont les cheveux bruns, d'autres des cheveux noirs, néanmoins la plupart sont châtains; mais ils ont en général la barbe rousse : ils sont aussi moins sales que les Morduans et les Finnois. Quant à la propreté dans le ménage et dans les habits, ils ne le cèdent en rien aux Tchérémisses : rien de plus dégoûtant que leur vaisselle et leurs mets. Leurs boissons spiritueuses ne sont guère plus agréables, quoiqu'ils n'y épargnent ni malt ni miel. Il n'y a point de pays dans toute la Russie, où les femmes portent une coiffure plus singulièrement arrangée et plus laide que chez ces tribus : leur bonnet forme un demi-cylindre. Les Votiaks sont d'assez habiles cultivateurs; ils payent leur redevance à la couronne comme les paysans russes. 141,000 hab.

Vulpium Insulæ, Aléoutes, Aleutiennes, où îles des Renards. — Ces îles, situées dans le Grand Océan boréal, à l'est du Kamtchatka, vers les côtes de l'Amérique russe, dont elles font partie, s'étendent de la pointe sud-ouest de la presqu'île d'Alashka, par 194° 11' jusqu'à 169° 10' de longitude est, entre 51° 40' et 55° de latitude nord. Cet archipel forme une espèce de chaîne qui se prolonge en ligne courbe. Elles furent découvertes la plupart dans le dernier siècle, tant pendant les voyages entrepris par les ordres du gouvernement russe que par divers particuliers qui faisaient le commerce de fourrures. Behring et Tchirikof commencèrent en 1744; Billings et Sarytchef, dans leurs voyages depuis 1793 jusqu'en 1795, achevèrent les découvertes de toutes les îles qu'on connaît à présent. — Les îles Aléoutes se ressemblent presque toutes par leur description topographique et physique; généralement remplies de rochers, elles s'élèvent considérablement vers leur centre; leurs bords sont entourés de bas-fonds et de rochers cachés sous l'eau, ce qui rend la navigation très-dangereuse; on y trouve un grand nombre de ruisseaux et de lacs, dont la plupart manquent de poisson. L'hiver y est beaucoup plus doux qu'en Sibérie. La neige ne commence guère à tomber avant le mois de janvier, et elle couvre la terre jusqu'à la fin de mars. Il y a des volcans dans quelques-unes de ces îles, dont plusieurs renferment du soufre, et d'autres des sources d'eau chaude où l'on peut cuire de la viande et des liqueurs : elles sont en général passablement peuplées relativement à leur étendue. Les insulaires habitent sous terre hiver et été; ils sont d'une taille moyenne, et jouissent de leur liberté moyennant un petit tribut en fourrures qu'ils payent à la Russie; encore n'est-il pas général pour toutes ces îles, car il y en a plusieurs dont les habitants sont entièrement libres. — Les idées religieuses y consistent dans la sorcellerie et la magie, et quelques insulaires, qui passent pour magiciens dans l'esprit des autres, se mêlent de prédire l'avenir et de deviner le passé. Les enfants n'y ont nul respect pour leurs parents et les vieillards. Les indigènes se piquent entre eux de constance et de fidélité, sont d'une humeur gaie et enjouée, mais sujets à la colère; du reste, incapables de mettre la moindre distinction entre le bien et le mal, ils se livrent sans honte à toutes les actions que la bienséance défend. Les enfants ont coutume de se baigner dans la mer, ce qui doit, dans l'opinion de leurs parents, les rendre courageux et adroits à la pêche. Ils se nourrissent de la chair et de la graisse des animaux marins, de poissons de mer, ainsi que de toutes sortes de racines et de baies; un mets friand pour eux, ce sont des ognons de lis; ils prennent aussi les saumons qui remontent leurs rivières. Ils n'ont point d'heures fixes pour leurs repas, ils mangent quand ils ont faim, et si leurs provisions sont épuisées, ils sont capables de supporter la faim plusieurs jours de suite. Dès leur plus tendre enfance on les nourrit des aliments les plus grossiers. Quand un enfant crie, la mère le prend, le porte à la mer, l'y plonge tout nu, et l'y tient, quelque temps qu'il fasse, et quelle que soit la saison, jusqu'à ce qu'il cesse de crier. Ce traitement ne fait aucun mal aux enfants; au contraire, il les endurcit tellement au froid, que même en hiver ils peuvent aller pieds nus. Les hommes portent des habits faits du ventre de divers oiseaux, comme alques, macareux, cormorans et autres. Les habits dont ils se couvrent en temps de pluie sont faits des entrailles enflées et desséchées de lions marins, de grands veaux marins et de baleines. Ils coupent leurs cheveux en rond tout autour de la tête jusqu'aux oreilles, et se rasent le sommet de la tête, où ils laissent toujours une petite place ronde et absolument nue. Les femmes, au contraire, ne coupent leurs cheveux qu'au-dessus du front, et nouent le reste ensemble sur la tête. Tout autour des oreilles elles se font de petites incisions auxquelles elles suspendent de petites branches de corail que les Russes troquent avec eux. Les deux sexes se peignent le visage de toutes sortes de couleurs; mais leur principal ornement consiste à porter de petits os passés dans les narines et à travers la lèvre inférieure. Ils trafiquent en castors et ours de mer, en habits de plumes, en chemises d'entrailles d'animaux pour la pluie, en grandes peaux de veaux et de lions marins pour canots, en bonnets d'osier, flèches, fil de poil de vache et de renne, qui leur vient du pays d'*Alashka*. Leurs ustensiles de ménage consistent en de grands seaux carrés, en de grandes haches et autres choses semblables qu'ils font eux-mêmes de bois flotté. Leurs armes sont l'arc et la flèche, dont la pointe est faite d'une pierre aiguë, et de javelots de la longueur de deux archines, qu'ils lancent avec la main. — Ces peuples ont souvent des fêtes, et particulièrement lorsqu'ils sont visités par les habitants des îles voisines. Les hommes vont au-devant de leurs hôtes avec des timbales, et leurs femmes en chantant et en dansant. On emmène les nouveaux venus dans les terriers, on les fait asseoir sur des nattes, et on leur offre à manger ce qu'on a de meilleur. Au reste ces réjouissances, qui ne manquent jamais de se faire à l'arrivée des étrangers, n'ont jamais lieu à leur départ. La saison où ils chassent le plus habituellement est l'automne, depuis le 20 octobre jusqu'au 1er décembre. C'est alors qu'ils ont coutume de prendre de jeunes ours de mer, pour se faire des habits de leurs peaux. A cette chasse succèdent des réjouissances telles que celles que l'on vient de voir, avec cette différence que dans celles-ci les hommes sont couverts d'un masque de bois peint de toutes sortes de couleurs, avec une terre grossière qui se trouve dans ces îles, lesquels masques représentent divers animaux marins. Durant ces fêtes ils vont avec toute leur famille de village en village, et même d'îles en îles. Au printemps ils partent pour la chasse des ours, des lions marins et des baleines. En été, lorsque la mer est calme et même agitée, ils s'occupent de la pêche à la ligne. S'il leur arrive de se blesser, soit par une chute, soit en combattant, ils font diète, et ne mangent rien pendant une semaine entière, se contentant de mettre sur la plaie une certaine racine jaune. La tête leur fait-elle mal, ils s'y ouvrent une veine avec un caillou tranchant. Ont-ils quelque chose à coller, ils se donnent un grand coup sur le nez, et frottent du sang qui en sort ce qu'ils veulent coller. Parmi eux le meurtre est impuni, faute de tribunaux et de magistrats. Ils se contentent d'envelopper leurs morts dans une natte, et de les jeter dans une fosse qu'ils recouvrent de terre. Si c'est une personne riche, on l'étend à terre dans un petit canot fait de bois flotté, on l'entoure de tous les meubles et ustensiles qui ont été à son usage, et on la laisse là. Depuis quelques années ils sont soumis, payent un tribut aux Russes, dont ils entendent la langue pour la plupart, et trafiquent avec eux.

On divise les îles Aléoutes en Aléoutes proprement dites, et ce sont les plus proches: on en compte trois, savoir: Atta, Agatta et Sémitche; en îles des Rats, au nombre de quatre, qui sont: Bouldyre, Kiska, Amtchitka et Krysiy-ostrov, ou l'île du Rat; en îles d'Andréanof, qui sont au nombre de quatorze: nommément Tanaga, Kanaga, Bobrovoï ou du Castor, Goréloï ou île Brûlée, Sémisopotchnoï ou des sept Cratères, Adakhe ou Aïague, Sitkine, Tagnilak ou Tagaoune, Akhta, Amla ou Amlak, Sigouam, Amoukhta, Tchougagane et Tchétyré-Sopochniaostrova ou les îles des quatre Cratères; en îles des Renards, fort nombreuses, savoir: Ounnak, Ounalashka, Spirkine, Acoutane, Acoune, Cagalga, Ounimak, Sannakh, Choumaguine. — Entre l'île de Sannakh et celle de Choumaguine se trouve un petit archipel de sept à huit îles peu considérables, savoir: Naminak, Aninnak, Lialuskikh, Aganaïs-Ksiakh, Couéguedak, Kitagodakh et Ounakhtouh; et un petit archipel composé de sept îles, qu'on appelle Evdokéevskia ou îles d'Eudoxie. On les nomme aussi Semides. On remarque encore les îles Tonguidok, Kadiak, l'archipel qui entoure cette dernière île, et dont les principales sont Siagkidak, Asognak, Iavrachitihei et Khouékh.

Les Russes y ont un évêché, une petite garnison et un chantier de construction. Les îles de Tanaga, de Kanaga et d'Akhta sont célèbres par leurs volcans en activité. La compagnie russe d'Amérique, qui a des comptoirs établis dans les îles Kadiak et Ounalashka, met les habitants en réquisition pour se procurer les fourrures d'animaux marins.

Vurtemburgum, Würtemberg. — L'origine de la maison de Würtemberg est enveloppée dans l'obscurité. Ulric, surnommé *avec le pouce*, comte de Würtemberg, profita des troubles occasionnés par l'extinction de la maison de Hohenstaufen, pour acquérir plusieurs domaines de cette maison et d'autres terres, tels que le comté d'Urach. Son fils, Eberard l'Illustre, fut un seigneur turbulent que l'empereur Henri VII fit dépouiller de toutes ses possessions comme perturbateur du repos public. Il y fut rétabli en 1313, après la mort de l'empereur. Son fils Ulric fut un prince économe qui acheta les domaines des comtes de Vachingen et des comtes palatins de Tübingen, et le comté de Grœningen. Eberard le Pacifique, mort en 1417, épousa la fille du dernier duc de Teck, qui mourut en 1437. Les terres des ducs de Teck passèrent à la maison de Würtemberg, par achats et autrement. Eberard IV, son fils, acquit le comté de Montbéliard en épousant l'héritière de ce pays. C'est ainsi que se forma successivement l'état de Würtemberg, que l'empereur Maximilien I" éleva, en 1495, au rang d'un duché, en réunissant tous les alleux de la maison en un seul fief masculin, et permettant à Eberard V de prendre le titre et les armes de la maison de Teck.

Le règne du duc Ulric Ier, qui dura pendant toute la moitié du XVIe siècle, est fort remarquable. Sa prodigalité et les charges qui en résultèrent pour le pays occasionnèrent un soulèvement. Ulric fut obligé de passer, en 1514, avec ses sujets, la transaction de Tübingen, qui est la base des droits constitutionnels des États de Würtemberg, et l'origine des contestations qui, depuis trois siècles, subsistent entre la maison régnante et ses sujets. Un différend qu'Ulric eut avec la ville de Reutlingen l'enveloppa dans une guerre avec la ligue de Souabe : les alliés firent la conquête du duché de Würtemberg, et le vendirent, en 1519, à Charles-Quint. Ulric passa quatorze années dans l'exil ; mais en 1534 il reconquit son pays par l'assistance de Philippe le Magnanime, landgrave de Hesse. Sa possession lui fut assurée par la transaction de Cadan, mais il se reconnut vassal autrichien. Ulric favorisa et introduisit la réformation. — L'empereur Rodolphe II renonça, par le traité de Prague de 1599, au domaine direct sur le duché de Würtemberg, que le traité de Cadan lui avait accordé, en se réservant cependant la réversibilité à défaut d'hoirs mâles de la maison de Würtemberg. Comme la maison de Habsbourg s'est éteinte, en 1740, dans les mâles, les ducs de Würtemberg ont regardé cette réversibilité comme également éteinte ; mais la maison de Lorraine-Autriche n'y a renoncé qu'en 1809. — Les ducs de Würtemberg ayant perdu, par la paix de Lunéville, leurs possessions sur la rive gauche du Rhin, Frédéric II, qui régnait depuis 1797, profita des conjonctures pour agrandir son pays ; le recès de 1803 lui donna une riche indemnité en fondations ecclésiastiques situées à sa convenance, et la dignité électorale. Il obtint, par la paix de Presbourg, une grande partie des possessions de l'Autriche en Souabe, et la souveraineté avec le titre royal. Il fut un des fondateurs de la confédération rhénane, qui lui soumit plusieurs maisons régnantes en Souabe. Enfin la paix de Schœnbrunn lui procura de nouvelles acquisitions. — Frédéric ne participa pas à la fondation de la confédération germanique, mais il y entra après coup, et y occupa la place qu'on lui avait réservée. Le roi de Würtemberg occupe la sixième place à la diète ; à l'assemblée générale, quatre suffrages y sont joints.

Le royaume de Würtemberg a une surface de 369 m. c. g. (1025 l. c.), renfermant un pays riche et fertile, et ayant 1,687,000 habitants, parmi lesquels il y a 193,000 sujets médiats. Il est donc, sous le rapport de la population, le plus petit en Europe, excepté la Saxe et le Hanovre ; sous le rapport de l'étendue, il est presque de la moitié inférieur au Hanovre. Situé entre les 47° 30' et 50° de latitude nord et les 6 et 8° de longitude est, il est formé d'une grande partie des principautés de Hohenlohe, de celle d'Ellwangen, du duché de Würtemberg, des anciennes villes impériales de Heilbronn, Hall, Gmünd, Biberach, des comtés de Hohemberg, de Königseck-Aulendorf, du landgraviat de Nellenbourg. Il est borné au nord-est et à l'est par la Bavière, au sud par l'Autriche, le lac de Constance, le grand-duché de Bade, les principautés de Hohenzollern ; à l'ouest et au nord par le grand-duché de Bade. En 1810, il fut agrandi de la ville d'Ulm et d'une partie du territoire situé sur la rive gauche de l'Iller, etc. Ses principales rivières sont le Danube, le Necker, l'Enz, la Muhr, le Kocher, l'Iaxt et le Tauber. Les grands traits naturels de ce royaume consistent en deux chaînes de montagnes : l'une, appelée la Forêt-Noire ou Schwarzwald, court l'espace de 30 lieues le long de la frontière occidentale ; l'autre, nommée Alpe de Souabe ou de Würtemberg, formant une suite de montagnes privées de bois, commence à Rothweil, et traverse le royaume du sud au nord. Les plus hauts sommets sont : le Katzenkopf (Tête de chat), de plus de 3000 pieds de haut ; le Stornberg, de 2639 pieds ; le Hohenzollern, de 2621 p. ; le Kniebis, de 2566 p. ; le Teck, de 2327 p. ; le Staifenberg, de 2315 p. Sur ces montagnes on éprouve une température froide. Le reste du pays est agréablement coupé de collines peu élevées et de vallées délicieuses jouissant d'un climat très-doux. Si l'on en excepte les montagnes, ce royaume offre une des contrées les plus fertiles et les mieux cultivées de l'Allemagne : on y récolte toutes sortes de grains, des vins, dont la meilleure qualité est connue sous le nom de *vins du Necker* ; des fruits de toute espèce. Le sol recèle mines de fer, argent, cuivre, charbon, terre à porcelaine. La Forêt-Noire abonde en pins et sapins, dont on exporte une grande quantité. La principale branche d'industrie est la fabrication des toiles et des étoffes de laine. Le Würtemberg, autrefois duché, mais érigé en royaume en 1806, se divise en quatre cercles, Iaxt, Necker, Forêt-Noire (Schwarzwald) et Danube, subdivisés en 12 bailliages. Le gouvernement est une monarchie constitutionnelle. Le pouvoir exécutif réside entre les mains du roi, et est modifié par une chambre représentative. La noblesse jouit de grands priviléges.

Le roi est luthérien, ainsi que sa famille. Il y a un évêché pour les catholiques du royaume à Rothenbourg. L'évêque est suffragant de l'archevêché de Fribourg-en-Brisgaw (grand-duché de Bade).

X

Xacharius, vel *Fluvius Amazonidus*, le Rio-de-Chahuaris, ou le Maragnon, l'Orellana, ou enfin le fleuve des Amazones, le plus grand affluent de l'Océan Atlantique, dans l'Amérique méridionale, entre le cap Nord et l'île Marajo, sous l'équateur (1). — Ce fleuve prend d'abord le nom de *Rio-de-Chahuaris*, qu'il plus bas il échange contre celui des *Amazones*. Il arrose la contrée habitée par des tribus américaines indigènes nommées individuellement *Chahuaris*, *Paucartambinos*, et désignées collectivement sous le nom général de *Chunchos*. De là cette première appellation de Rio-de-Chahuaris. Les Chunchos sont du nombre des tribus barbares qui habitent les plaines arrosées par le Béni (2) et l'Amazone, plaines qu'a parcourues récemment un voyageur français aussi savant que courageux et infatigable (M. de Castelnau), et dont les découvertes confirment les observations faites il y a plus de deux siècles par les missionnaires catholiques. — La langue des Chunchos est totalement inconnue aux Espagnols qui habitent sur leurs frontières. La manière de compter de ces peuples est très-imparfaite : ils ne peuvent aller au delà du chiffre trois, n'ayant d'autre expression pour le nombre quatre que le mot *beaucoup*. Cette imperfection est presque commune à toutes les tribus sauvages de l'Amérique, de l'Océanie, de l'Afrique et de l'Asie du nord-est.

L'Amazone est, pour l'étendue de son bassin et la longueur de son cours, en y comprenant les branches qui le forment, le plus grand fleuve du continent américain et peut-être du monde. On fixe communément son origine au confluent de ses deux branches supérieures les plus considérables, le Tunguragua (3) et l'Ucayalé, à Saint-Miguel-Yarrupa (Pérou), par 4° 30' latitude sud, et 74° 50' longitude ouest. Son cours, depuis ce point jusqu'à son embouchure, est d'environ 3000 kil.; son développement total serait, en y comprenant le cours du Tunguragua, de plus de 6000 kil. et d'environ 7500 kil. en le faisant commencer aux sources les plus éloignées de l'Ucayalé. Son immense bassin s'appuyant au faîte des Andes, près de la côte occidentale du continent, sur une étendue de plus de 2500 kil. (entre 5° de lat. nord, et 21° lat. sud), comprend plus du quart du continent de l'Amérique méridionale. Les cours d'eau les plus considérables qui sillonnent ce bassin sont l'Yabary, l'Yutay, l'Yurua, le Coary, le Purus, la Madeira, le Tapajoz et le Xingu, affluents dans l'Amazone à droite; le Napo, l'Ica ou Putumayo, l'Yapura et le Négro qui y affluent à gauche. Un canal naturel, le Cassiquiari, affluent à la fois dans le Négro et dans l'Orénoque, établit une communication directe entre ce fleuve et l'Amazone. Dans toute son étendue, l'Amazone coule entre des rives entièrement basses et sur lesquelles il déborde à une distance très-éloignée au temps des crues. Ses bifurcations nombreuses forment une multitude d'îles d'alluvion, quelquefois fort étendues, et dont la chaîne se termine à l'île Caviana, à l'entrée de l'estuaire. La présence de ces îles dans la partie inférieure du fleuve dont elles rétrécissent le lit, est l'une des causes du phénomène effrayant du *pororóca*; c'est le nom que les Indiens ont donné au refoulement impétueux et presque instantané des eaux par le flux des grandes marées. Le flux remonte jusqu'à Ovidos, à 650 kil. de l'île Caviana. — Le

(1) Considérée dans son ensemble, la partie du continent américain, située au sud de l'équateur, montre une grande variété de configuration orographique. A l'est, c'est un groupe continu de montagnes basses formant un massif dont les rameaux s'étendent depuis quelques degrés au sud de la ligne jusqu'à l'embouchure de la Plata; à l'ouest, c'est la Cordillère dont les cimes élevées continuent vers le détroit de Magellan et se prolongent jusque dans la Nouvelle-Grenade, en traçant une crête dirigée en sens divers et de laquelle s'élancent les plus hauts pics du nouveau monde. Entre ces grands systèmes, à partir du sud de la Patagonie, une surface presque plane longe la Cordillère, occupe l'intervalle compris entre cette importante chaîne et le massif du Brésil, passe du bassin de la Plata dans celui de l'Amazone, puis s'agit à l'est et vient embrasser au loin les deux rives de ce fleuve immense. *(Note de l'auteur.)*

(2) Le Béni ou Paro, vaste cours d'eau navigable de l'Amérique méridionale, gouvernement de Buenos-Ayres, au milieu de la Cordillère d'Acama, province, et à 48 kil. sud de la Paz, qu'elle arrose, entre dans le Pérou et traverse des contrées peu connues. Elle coule au nord, puis au nord-ouest, et se réunit à l'Apurimac, au 10° 45' de latitude sud; elle reçoit à droite le Quetoto, et à gauche l'Inambari. Son cours est d'environ 1080 kil. On l'appelle aussi rivière du Serpent. D'Anville la nomme Amarumayn.
(Note de l'auteur.)

(3) Le Tunguragua, autre cours d'eau de l'Amérique méridionale, dans le Pérou, province de Tarma, sort du lac de Lauricocha, près de Guanuco, traverse le Pérou, jusqu'à Jaen de Braçamoros, coule au nord-nord-ouest, et, après avoir franchi les Andes, au Pongo de Manserich, se jette dans le Maragnon au-dessous du village de Saint-Régis, après un cours d'environ 240 kil.; il se grossit de plusieurs torrents et rivières, dont la Hualinga est la plus considérable. *(Note de l'auteur.)*

développement de la ligne de navigation qui offre le bassin de l'Amazone n'est pas évalué à moins de 64,000 à 80,000 kil.; le fleuve lui-même est navigable, et peut-être pour bâtiments de tout tonnage, jusqu'à son origine, c'est-à-dire jusqu'au pied des Andes. Ces avantages, qui doivent faire un jour de l'Amazone la voie de communications intérieures la plus importante du monde, sont encore sans résultat pratique. Les contrées arrosées par le fleuve, couvertes de forêts où des produits vierges de la végétation la plus riche, n'ont toujours pour habitants que quelques peuplades d'Indiens; et des établissements ou villes fondées, en petit nombre, par les Européens, aucune n'est devenue remarquable. Aussi la navigation sur le fleuve est-elle à peu près nulle, excepté dans la partie inférieure de son cours. Les principales relations qu'il établit entre le Brésil et les Etats occidentaux sont celles de la contrebande des métaux précieux. Le cinquième du produit des mines du Pérou doit passer par cette voie au Brésil.

Dès l'année 1499, Yañez Pinçon, le premier Castillan qui passa la ligne, découvrit l'immense embouchure de la rivière des Amazones, qu'il nomma Maragnon. Lors de cette découverte, un Espagnol, pour confirmer le droit de ses souverains, écrivit son nom sur un arbre d'une si prodigieuse grosseur, que seize hommes, se tenant par la main, ne pouvaient l'embrasser. — Le Rio-de-Chahuaris n'a pas qu'une seule source; il en a plusieurs qui, partant des Cordillères, dans la province de Quito, deviennent bientôt de grosses rivières, et après avoir parcouru une assez vaste étendue de pays, se réunissent et forment ensemble le Maragnon, si célèbre sous le nom de rivière des Amazones. Son cours, qui ne compte seulement que du lac de Laurichocha, à une grande distance de sa source, est au moins de 1800 lieues. Il reçoit dans son sein des fleuves larges et profonds, qui l'égalent presque par la longueur de leur cours et la masse de leurs eaux. L'Apurimac (1), qui prend le nom d'*Ucayalé* en approchant du Maragnon, est si large et d'une si singulière profondeur, qu'on ne sait pas lequel des deux se jette dans l'autre. Leurs eaux, en s'unissant, se heurtent avec tant de violence, que celles de l'Apurimac ou Ucalayé pressent et forcent le cours du Maragnon, jusqu'à le faire descendre en serpentant. Le P. d'Acuña, fameux missionnaire portugais, qui, accompagné d'Espagnols et de plusieurs de ses compatriotes, en 1639, descendit le fleuve des Amazones, en parle avec un enthousiasme curieux par son exagération, et le représente comme le plus vaste de tous les fleuves du monde: « Il traverse, dit-il, des royaumes de grande étendue, et les enrichit plus que le Gange, plus que l'Euphrate et le Nil; il nourrit infiniment plus de peuples; il porte ses eaux douces bien plus loin dans la mer; il reçoit beaucoup plus de rivières. Si les bords du Gange sont couverts d'un sable doré, ceux de l'Amazone sont chargés d'un sablé d'or pur, et ses eaux, creusant ses rives de jour en jour, découvrent par degrés les mines d'or et d'argent que la terre qu'elles baignent cache dans son sein. Enfin les pays qu'il fertilise sont un paradis terrestre; et si leurs habitants aidaient un peu la nature, tous les bords d'un si grand fleuve seraient de vastes jardins, remplis sans cesse de fleurs et de fruits. Les débordements de ses eaux engraissent toutes les terres, qu'elles humectent, non-seulement pour une année, mais pour plusieurs. Elles n'ont pas besoin d'autre amélioration. D'ailleurs toutes les richesses de la nature se trouvent dans les régions voisines: une prodigieuse abondance de poissons dans les rivières, mille animaux différents sur les montagnes, un nombre infini de toutes sortes d'oiseaux, les arbres toujours chargés de fruits, les champs couverts de moissons, et les entrailles de la terre farcies de pierres précieuses et des plus riches métaux. Enfin, parmi tant de peuples qui habitent les bords de l'Amazone, on ne voit que des hommes bien faits, adroits et pleins de génie, pour les choses du moins qui leur sont utiles. »

« Toute cette vaste contrée, dit un voyageur qui l'a visitée au commencement de ce siècle, était habitée, au temps de sa découverte, par une infinité de sauvages répandus en différentes provinces, qui faisaient autant de nations particulières. Le pays était si peuplé et les habitations si proches l'une de l'autre, que du dernier bourg d'une nation, on entendait couper le bois dans un autre. Cette grande proximité ne servait point à les faire vivre en paix: ils étaient divisés par des guerres continuelles, dans lesquelles ils s'entretuaient ou s'enlevaient mutuellement pour l'esclavage. Mais, quoique vaillants entre eux, ils n'osaient se battre de pied ferme avec les Européens, dont ils n'avaient jamais vu les armes à feu. La plupart prenaient la fuite, se jetaient dans leurs canots, d'une construction fort légère, abordaient à terre en un clin d'œil, se chargeaient de leurs canots, et se retiraient vers quelqu'un des lacs que le fleuve forme en grand nombre.

« Leurs armes ordinaires étaient des javelines, d'une médiocre longueur, des dards d'un bois très-dur, dont la pointe était fort aiguë, et qu'ils lançaient avec beaucoup d'adresse. Ils avaient aussi une sorte de lance, qu'ils nommaient *estalica*, plate et longue d'une toise sur trois doigts de large, au bout de laquelle un os, de la forme d'une dent, arrêtait une flèche de six pieds de long, dont le bout était armé d'un autre os ou d'un morceau de bois fort pointu et taillé en barbillon. Ils prenaient cet instrument de la main droite; fixant leur flèche de

---

(1) L'Apurimac a sa source au milieu des savanes du plateau de Condoroma, dans la Cordillère du Pérou, au nord d'Arequipa et à l'ouest du lac Titicaca. Elle court d'abord au nord-est, puis au nord-ouest, ensuite au nord-est, traverse le territoire des Andes, se grossit de plus de 50 rivières, reçoit à gauche le Pachachaca, le Pampas, le Mantaro, le Perene; à droite le Vilcomayo, le Paucartambo et enfin le Béni; prend le nom d'Ucayalé après plus de 800 kil. de cours. (*Note de l'auteur.*)

la main gauche dans l'os d'en haut, ils la lançaient avec tant de vigueur et de justesse, que de cinquante pas ils ne manquaient pas leur coup. Pour armes défensives, ils avaient des boucliers d'un tissu de cannes fendues et si serrées entre elles, que leur légèreté n'en diminuait pas la force. Quelques nations n'employaient que l'arc et les flèches, dont ils empoisonnaient la pointe avec des sucs si venimeux, que la blessure en était toujours mortelle. »

La mission de Saint-Joachim est composée de plusieurs nations indiennes, surtout de celle des Omaguas, peuple autrefois puissant, qui habitait les îles et les bords du fleuve, dans l'espace d'environ 800 kil. au-dessous de l'embouchure du Napo. On les croit descendus de la Nouvelle-Grenade, par quelqu'une des rivières qui y prennent leur source, pour fuir la domination des Espagnols dans les premiers temps de la conquête. Une autre nation qui se nomme de même habite vers la source d'une de ces rivières. Parmi tous les Indiens qui peuplent les bords de l'Amazone, quelques vestiges de la cérémonie du baptême, et quelques traditions défigurées, confirment la conjecture de leur transmigration. Ils avaient tous été convertis à la foi chrétienne. Leur nom d'Omaguas, comme celui de Camberas, que les Portugais du Para leur donnent, en langue brésilienne signifie *tête plate*. En effet, ils ont le bizarre usage de presser entre deux planches le crâne des enfants qui viennent de naître, et de leur aplatir le front, pour leur procurer cette étrange figure qui ressemble, disent-ils, à la pleine lune. D'autres leur pressent la tête de manière qu'ils parviennent à la leur rendre fort longue, et presque semblable à celle d'un chien. Leur langue n'a aucun rapport avec celle du Pérou, ni avec celle du Brésil, qu'on parle, l'une au-dessus, l'autre au-dessous de leur pays, le long du fleuve des Amazones. Ils prennent d'une façon singulière une sorte de tabac en poudre qui les enivre pendant vingt-quatre heures, et leur procure les plus étranges visions ; ils se servent d'un tuyau de roseau terminé en fourche, et de la figure d'un y grec, dont ils insèrent chaque branche dans une des narines. Cette opération, suivie d'une aspiration violente, leur fait faire diverses grimaces. Les Portugais du Para ont appris d'eux à fabriquer différents ustensiles d'une résine fort élastique, commune sur les bords de l'Amazone, et qui reçoit toutes sortes de formes dans sa fraîcheur, entre autres celles de pompes ou de seringues, qui n'ont pas besoin de piston. Leur forme est celle d'une poire creuse, percée d'un petit trou à la pointe, où l'on adapte une canule. On les remplit d'eau, et en les pressant lorsqu'elles sont pleines, elles font l'effet des seringues ordinaires. Ce meuble est fort en honneur chez les Omaguas. Dans toutes leurs assemblées, le maître de la maison ne manque point d'en présenter une à chacun des assistants, et son usage précède toujours les repas de cérémonie.

On a rassemblé à Pévas des Indiens de différentes nations, dont chacune parle une langue différente ; ce qui est assez ordinaire dans tous les bourgs formés par les missionnaires, où quelquefois la même langue n'est entendue que de deux ou trois familles, reste misérable d'un peuple détruit et dévoré par un autre. Il n'y a point aujourd'hui d'anthropophages sur les bords de l'Amazone, mais il en reste encore dans les terres, surtout vers le nord ; et La Condamine assure qu'en remontant l'Yupura, on trouvait des Indiens qui mangeaient leurs prisonniers.

Parmi les bizarres usages de ces nations concernant leurs festins, leurs danses, leurs instruments, leurs armes, leurs ustensiles de chasse et de pêche, leurs ornements ridicules d'os d'animaux et de poissons passés dans leurs narines et leurs lèvres, leurs joues criblées de trous, qui servent d'étui à des plumes d'oiseaux de toutes couleurs, on est particulièrement surpris, en voyant les Abanes, de la monstrueuse extension du lobe de l'extrémité inférieure de leurs oreilles, sans que l'épaisseur en paraisse diminuée (1). On voit de ces bouts d'oreilles longs de quatre ou cinq pouces, percés d'un trou de dix-sept à dix-huit lignes de diamètre, et ce spectacle est commun. Tout l'art consiste à insérer d'abord, dans le trou, un petit cylindre de bois, auquel on substitue un plus gros, à mesure que l'ouverture s'agrandit, jusqu'à ce que le bout de l'oreille pende sur l'épaule. La grande parure des Indiens est de remplir le trou d'un gros bouquet ou d'une touffe d'herbes et de fleurs, qui leur sert de pendants d'oreille. Ils s'y attachent aussi un morceau de bois, sur lequel ils gravent des figures grotesques, peintes en noir ou en rouge, et qui donnent à celui qui porte ce bizarre ornement un air tout à fait risible.

Les Abanes ne sont pas la seule nation de l'Amérique qui se défigure ainsi les oreilles. Les premiers Espagnols qui débarquèrent sur le golfe de Honduras, s'aperçurent que les femmes du pays avaient toutes les oreilles pendantes ; ce qui fut cause que cette côte fut nommée *Costa de Oreja* (la Côte des Oreilles).

On croit communément que le premier Européen qui a reconnu la rivière des Amazones fut François d'Orellana. Il s'embarqua en 1539, assez près de Quito, sur la rivière de Coca ou Cauca, qui plus bas prend le nom de Napo ; de celle-ci tomba dans une autre plus grande, et, se laissant aller sans autre guide que le courant, il arriva au cap Nord, sur la côte de Guyane, après une navigation de 1800 lieues, suivant son estime. Le même Orellana périt dix ans après, avec trois vaisseaux qui lui avaient été confiés en Espagne, sans avoir pu retrouver la vraie embouchure de la rivière. La rencontre qu'il dit avoir faite, en la descendant, de quelques femmes

---

(1) Cet usage étrange se retrouve dans l'Océanie. Les navigateurs modernes l'ont remarqué chez plusieurs peuplades du monde maritime.

(*Note de l'auteur.*)

armées dont un cacique indien lui avait dit de se défier, la fit nommer rivière des *Amazones*. Quelques-uns lui ont donné le nom d'*Orellana* ; mais avant Orellana elle s'appelait déjà *Marañon* (prononcez Maragnon). Les géographes qui ont fait de l'Amazone et du Maragnon deux rivières différentes, trompés, comme Laet, par l'autorité de Garcilasso et d'Herrera, ignoraient sans doute que non-seulement les plus anciens auteurs espagnols originaux appellent celle dont nous parlons Maragnon, dès l'an 1513 : mais qu'Orellana lui-même dit dans sa relation, qu'il rencontra les Amazones en descendant le Maragnon, ce qui est sans réplique ; et en effet, ce nom lui a toujours été conservé sans interruption jusqu'aujourd'hui, depuis plus de deux siècles, chez les Espagnols, dans tout son cours, et dès sa source dans le haut du Pérou. Cependant les Portugais, établis depuis 1616, au Para, ville épiscopale située vers l'embouchure la plus orientale de ce fleuve, ne le connaissent là que sous le nom de rivière des Amazones, plus haut sous celui de Rio-dos-Solimoẽns, et ils ont transféré le nom de Maragnon, ou de *Maranhaou* dans leur idiome, à une ville et à une province entière, ou capitainerie voisine de celle du Para.

En 1560, Pedro de Ursoa, envoyé par le vice-roi du Pérou pour chercher le fameux lac d'or de *Parime* et la ville d'*El Dorado* (1), qu'on croyait voisins des bords de l'Amazone, se rendit dans ce fleuve par une rivière qui vient du côté du sud. La fin d'Ursoa fut encore plus tragique que celle d'Orellana, son prédécesseur. Il périt par la main d'Aguirre, soldat rebelle, qui se fit déclarer roi. Celui-ci descendit ensuite la rivière, et après une longue route, qui n'est pas encore bien éclaircie, ayant porté en tous lieux le meurtre et le brigandage, il finit par être écartelé dans l'île de la Trinidad.

De pareils voyages ne donnaient pas de grandes lumières sur le cours du fleuve. Quelques gouverneurs particuliers firent depuis, avec aussi peu de succès, différentes tentatives. Les Portugais furent plus heureux que les Espagnols. En 1638, un siècle après Orellana, Pedro Texeira, envoyé par le gouverneur du Para, à la tête d'un nombreux détachement de Portugais et d'Indiens, remonta l'Amazone jusqu'à l'embouchure du Napo, et ensuite le Napo même, qui le conduisit assez près de Quito, où il se rendit par terre avec quelques Portugais de sa troupe. Il fut bien reçu des Espagnols, les deux nations obéissant alors au même maître. Il retourna, un an après, au Para par le même chemin, accompagné des PP. d'Acuña et d'Artiéda, jésuites, nommés pour rendre compte à la cour de Madrid des particularités du voyage. Ils estimèrent le chemin, depuis le hameau de Napo, lieu de leur embarquement, jusqu'à Para, de 1356 lieues espagnoles, qui valent plus de 1500 lieues marines, et plus de 7600 kil. La relation de ce voyage fut imprimée à Madrid en 1640, et traduite en français en 1682, par Gomberville.

La carte très-défectueuse du cours de ce fleuve, par Sanson, dressée sur cette relation purement historique, a depuis été copiée par tous les géographes, faute de nouveaux mémoires, et nous n'en avons pas eu de meilleure jusqu'en 1717. Alors parut pour la première fois en France, dans le XII° tome des *Lettres édifiantes*, etc., une copie de la carte gravée à Quito en 1707, et dressée dès l'année 1690, par le P. Samuel Fritz, jésuite allemand, missionnaire sur les bords du Maragnon, qu'il avait parcouru dans toute sa longueur. Par cette carte, on apprit que le Napo, qui passait encore pour la vraie source de l'Amazone du temps du voyage du P. d'Acuña, n'était qu'une rivière subalterne, qui grossissait de ses eaux celle des Amazones ; et que celle-ci, sous le nom de Maragnon, sortait d'un lac près Guanuco, à 120 kil. de Lima. Du reste, le P. Fritz, sans pendule et sans lunette, n'a pu déterminer aucun point en longitude. Il n'avait qu'un petit demi-cercle de bois, de trois pouces de rayon pour les latitudes ; enfin il était malade quand il descendit le fleuve jusqu'au Para. Il ne faut que lire son journal manuscrit, pour voir que plusieurs obstacles ne lui permirent pas de faire les observations nécessaires pour rendre sa carte exacte, surtout vers la partie inférieure du fleuve. Cette carte n'a été accompagnée que de quelques notes sur la même feuille, sans presque aucun détail historique ; en sorte qu'avant le voyage de La Condamine dans l'Amérique méridionale, on ne savait en Europe, sur les pays traversés par l'Amazone, que ce qu'il en avait appris le P. d'Acuña par sa relation.

Le Maragnon, après être sorti du lac, où il prend son origine vers 11° de latitude australe, court au nord jusqu'à Jaen-de-Bracamoros, dans l'étendue de 6° ; de là il prend son cours vers l'est, presque parallèlement à la ligne équinoxiale jusqu'au cap Nord, où il entre dans l'Océan sous l'équateur même, après avoir parcouru, depuis Jaen, où il commence à être navigable, 30° en longitude, ou 750 lieues communes évaluées par les détours à 4000 ou 4400 kil. — Les bords du Maragnon étaient encore peuplés, il y a un siècle, d'un grand nombre de nations, qui se sont retirées dans l'intérieur des terres, aussitôt qu'elles ont vu les Européens. On n'y rencontre aujourd'hui qu'un petit nombre de bourgades de naturels du pays, récemment tirés de leurs bois, eux ou leurs pères, les uns par les missionnaires espagnols du haut du fleuve, les autres par les missionnaires portugais établis dans la partie inférieure.

Il y a trois chemins qui conduisent de la province de Quito à celle de Maynas, qui donne son nom aux missions espagnoles des bords du Maragnon. Ces trois chemins traversent cette fameuse chaîne de montagnes couvertes de neige et connues sous le nom de Cordillères des Andes. Le premier, presque sous la ligne équinoxiale, à l'orient de Quito, passe

(1) Nous en expliquons l'origine à l'article *Venetiola*, Vénézuéla. (*Note de l'auteur.*)

par Arechidona, et conduit au Napo. Ce fut le chemin que prit Teveira, à son retour de Quito, et celui du P. d'Acuhna. Le second est par une gorge au pied du volcan de Tunguragua, à 1° et demi de latitude australe. Par cette route on parvient à la province de Canelos, en traversant plusieurs torrents, dont la jonction fait la rivière nommée Pastaça, qui se jette dans le Maragnon, 600 kil. plus haut que le Napo. Ces deux chemins sont ceux que prennent ordinairement les missionnaires de Quito, les seuls Européens qui fréquentent ces contrées, dont la communication avec la province voisine de Quito est presque totalement interrompue par la Cordillère, qui n'est praticable que pendant quelques mois de l'année. Le troisième chemin est par Jaen-de-Bracamoros, par 5° et demi de latitude australe, où le Maragnon commence à porter bateau. Ce dernier est le seul des trois où l'on puisse conduire des bêtes de charge et de monture, jusqu'au lieu de l'embarquement. Par les deux autres il y a plusieurs jours de marche à pied, et il faut tout faire porter sur les épaules des Indiens; cependant celui-ci est le moins fréquenté des trois, tant à cause du long détour et des pluies continuelles qui rendent les chemins presque impraticables dans la plus belle saison de l'année, que par la difficulté et le danger d'un détroit célèbre, appelé le Pongo, que l'on rencontre en sortant de la Cordillère. — Au-dessous de San-Iago on trouve Borja, chef-lieu du gouvernement de Maynas, qui comprend toutes les missions espagnoles des bords du Maragnon. Borja n'est séparée de San-Iago que par le fameux Pongo de Mansériche. Pongo, anciennement Puncu dans la langue, signifie tous les passages étroits. C'est un chemin que le Maragnon, tournant à l'est, après plus de 800 kil. de cours au nord, s'ouvre au milieu des montagnes de la Cordillère, en se creusant un lit entre deux murailles parallèles de rochers, coupés presque à plomb. Il y a un peu plus d'un siècle que quelques soldats espagnols, de San-Iago, découvrirent ce passage, et se hasardèrent à le franchir. Deux missionnaires jésuites de la province de Quito les suivirent de près, et fondèrent en 1639 la mission de Maynas, qui s'étend fort loin en descendant le fleuve.

Les naturels du bassin de l'Amazone sont basanés et de couleur rougeâtre, plus ou moins claire; la diversité de la nuance a vraisemblablement pour cause principale la différente température de l'air des pays qu'ils habitent, variée depuis la plus grande chaleur de la zone torride, jusqu'au froid causé par le voisinage de la neige. Cette différence de climats, celle des pays de bois, de plaines, de montagnes et de rivières; la variété des aliments, le peu de commerce qu'ont entre elles les nations voisines, et mille autres causes doivent nécessairement avoir introduit des différences dans les occupations et dans les coutumes de ces peuples. D'ailleurs on conçoit bien qu'une nation devenue chrétienne et soumise, depuis un ou deux siècles, à la domination espagnole ou portugaise, doit infailliblement avoir pris quelque chose des mœurs de ses conquérants, et par conséquent qu'un Indien habitant d'une ville ou d'un village du Pérou, par exemple, doit se distinguer d'un sauvage de l'intérieur du continent, et même d'un nouvel habitant des missions établies sur les bords du Maragnon. Il faudrait donc, pour donner une idée exacte des Américains, presque autant de descriptions qu'il y a de nations parmi eux; cependant, comme toutes les nations d'Europe, quoique différentes entre elles en langues, mœurs et coutumes, ne laisseraient pas d'avoir quelque chose de commun aux yeux d'un Asiatique qui les examinerait avec attention, de même tous les Indiens américains des différentes contrées paraissent avoir certains traits de ressemblance les uns avec les autres; et, à quelques nuances près, on reconnaît dans tous un même fond de caractère. L'insensibilité en fait la base. « Je laisse à décider, dit La Condamine dans la Relation de son voyage dans l'Amérique méridionale, si on la doit honorer du nom d'apathie, ou l'avilir par celui de stupidité. Elle naît sans doute du petit nombre de leurs idées, qui ne s'étend pas au delà de leurs besoins. Gloutons jusqu'à la voracité, quand ils ont de quoi se satisfaire; sobres, quand la nécessité les y oblige, jusqu'à se passer de tout, sans paraître rien désirer; pusillanimes et poltrons à l'excès, si l'ivresse ne les transporte pas; ennemis du travail, indifférents à tout motif de gloire, d'honneur ou de reconnaissance; uniquement occupés de l'objet présent et toujours déterminés par lui; sans inquiétude pour l'avenir; incapables de prévoyance et de réflexion; se livrant, quand rien ne les gêne, à une joie puérile, qu'ils manifestent par des sauts et des éclats de rire immodérés, ils passent leur vie sans penser, et ils vieillissent sans sortir de l'enfance, dont ils conservent tous les défauts.

« Toutes les langues de l'Amérique méridionale sont fort pauvres; plusieurs sont énergiques et susceptibles d'élégance, et singulièrement l'ancienne langue du Pérou; mais toutes manquent de termes pour exprimer les idées abstraites universelles; preuve évidente du peu de progrès qu'ont fait les esprits de ces peuples. *Temps, durée, espace, être, substance, matière,* tous ces mots et beaucoup d'autres n'ont point d'équivalents dans leurs langues : non-seulement les noms des êtres métaphysiques, mais ceux mêmes des êtres moraux ne peuvent se rendre chez eux qu'imparfaitement et par de longues périphrases. Il n'y a pas de mots propres qui répondent exactement à ceux de *vertu, justice, liberté, reconnaissance, ingratitude.* Tout cela paraît fort difficile à concilier avec ce que Garcilasso rapporte de la police, de l'industrie, des arts, du gouvernement et du génie des anciens Péruviens. Si l'amour de la patrie ne lui a pas fait illusion, il faut convenir que ces peuples ont bien dégénéré de leurs ancêtres. Quant aux autres nations de l'Amérique australe, on ignore qu'elles soient jamais sorties de la barbarie.

« J'ai dressé un vocabulaire des mots le plus usage de diverses langues indiennes. La comparaison de ces mots avec ceux qui ont la même signification en d'autres langues de l'intérieur des terres peut non-seulement servir à prouver les diverses transmigrations de ces peuples d'une extrémité à l'autre de ce vaste continent; mais cette même comparaison, quand elle se pourra faire avec diverses langues d'Afrique, d'Europe et des Indes orientales, est peut-être le seul moyen de découvrir l'origine des Américains. Une conformité de langue bien avérée déciderait sans doute la question. Le mot *Abba*, *Baba*, *Papa*, et celui de *Mama*, qui des anciennes langues d'Orient semblent avoir passé avec de légers changements, dans la plupart de celles d'Europe, sont communs à un grand nombre de nations d'Amérique, dont le langage est d'ailleurs bien différent. Si l'on regarde ces mots comme les premiers sons que les enfants peuvent articuler, et par conséquent comme ceux qui ont dû par tous pays être adoptés préférablement par les parents qui les entendaient prononcer pour les faire servir de signe aux idées de père et de mère, il restera à savoir pourquoi, dans toutes les autres langues d'Amérique, où ces mots se rencontrent, leur signification s'est conservée sans se croiser? Par quel hasard dans la langue omagua, par exemple, au centre du continent, ou dans quelque autre pareille, où les mots de *Papa* et de *Mama* sont en usage, il n'est pas arrivé quelquefois que *Papa* signifiât mère et *Mama* père; mais qu'on y observe constamment le contraire, comme dans les langues d'Orient et d'Europe? Il y a beaucoup de vraisemblance qu'il se trouverait parmi les naturels d'Amérique d'autres termes dont le rapport bien constaté avec ceux d'une autre langue de l'ancien monde pourrait répandre quelque jour sur une question jusqu'ici abandonnée aux pures conjectures. »

Les outils des Aborigènes pour la construction de leurs canots et de leurs édifices n'étaient, rapporte le P. d'Acuhna, que des cognées et des haches, et voici par quelle industrie ils les fabriquaient : l'instinct ou le besoin leur avait appris à couper l'écaille de tortue la plus dure, par feuille de quatre à cinq doigts de large, qu'ils affilaient sur une pierre; après l'avoir fait sécher à la fumée, ils la fichaient dans un manche de bois, pour s'en servir à couper les bois tendres et légers, dont ils faisaient non-seulement des canots, mais encore des tables, des armoires et des siéges. Pour abattre les arbres, ou couper du bois plus ferme, ils avaient des cognées de pierre fort dure, qu'ils affilaient à force de bras. Leurs ciseaux, leurs rabots et leurs vilbrequins étaient des dents de sangliers et des cornes d'animaux, entés dans des manches de bois. Ils s'en servaient comme du meilleur acier.

Quoique toutes leurs provinces produisent naturellement diverses sortes de coton, ils ne l'employaient point à se vêtir. Ils allaient nus presque tous, et sans distinction de sexe.

La religion de tous ces peuples est presque la même. Ils ont des idoles fabriquées de leurs mains, auxquelles ils attribuent diverses opérations. Les unes président aux eaux, d'autres aux moissons et aux fruits. Ils se vantent que ces divinités sont descendues du ciel pour demeurer avec eux, et pour leur faire du bien ; mais ils ne leur rendent pas le moindre culte. Elles sont gardées à l'écart, ou dans un étui, pour les occasions où l'on a besoin de leur secours. C'est ainsi que, prêts à marcher à la guerre, ils élèvent à la proue de leurs canots l'idole dont ils attendent la victoire, ou qu'en partant pour la pêche ils arborent celle qui préside aux eaux. Cependant ils reconnaissent qu'il peut exister des dieux plus puissants. Un de ces barbares, chef d'une peuplade, voulut parler aux Portugais, après leur avoir fourni des vivres ; et marquant beaucoup d'admiration pour le bonheur qu'ils avaient eu de surmonter les difficultés de la grande rivière, il leur demanda en grâce et par reconnaissance pour le bon traitement qu'il leur avait fait, de lui laisser un de leurs dieux, qui fût capable de le servir avec autant de puissance que de bonté dans toutes ses entreprises. Un cacique fit connaître qu'il se formait aussi quelque idée d'un dieu supérieur aux siens, par la folle vanité qu'il avait de vouloir passer lui-même pour le dieu de son pays. « C'est ce que nous apprîmes, dit d'Acuhna, quelques lieues avant que d'arriver à son habitation. Nous lui fîmes annoncer que nous lui apportions la connaissance d'un dieu plus puissant que lui. Il vint au rivage avec toutes les apparences d'une vive curiosité. Je lui donnai les explications qu'on lui avait promises. Mais, demeurant dans son aveuglement, sous prétexte qu'il voulait voir de ses propres yeux le dieu que je lui prêchais, il me dit qu'il était fils du Soleil ; que toutes les nuits il allait en esprit dans le ciel, donner ses ordres pour le jour suivant et régler le gouvernement général du monde. Un cacique d'un autre lieu me marqua plus de raison. Je lui demandai pourquoi ses compagnons avaient pris la fuite à la vue de notre flotte, tandis qu'il était venu librement au-devant de nous, avec quelques-uns de ses parents. Il me répondit que des hommes qui avaient été capables de voyager sur la grande rivière malgré tant d'ennemis, et sans essuyer aucune perte, devaient être un jour les seigneurs de cette contrée; qu'ils reviendraient pour la soumettre, et la peupleraient de nouveaux habitants; qu'il ne voulait pas toujours vivre en crainte et trembler dans sa maison ; qu'il aimait mieux se soumettre de bonne heure, et recevoir pour ses maîtres et amis ceux que les autres seraient un jour contraints de reconnaître et de servir par force. »

Le P. d'Acuhna fait une description fort poétique du Rio-Négro (1). C'est la plus belle et la plus mense étendue de pays qu'il parcourt dans la province de Para, descend du versant oriental des Andes

---

(1) Le Rio-Négro, rivière considérable de l'Amérique méridionale (Brésil), donne son nom à l'im-

grande rivière de toutes celles qui se jettent dans l'Amazone, dans l'espace de 5200 kil. « On peut dire que cette puissante rivière est si orgueilleuse, qu'elle semble choquée d'en trouver une plus grande qu'elle. Aussi l'incomparable Amazone semble lui tendre les bras ; tandis que l'autre, dédaigneuse et superbe, au lieu de se mêler avec elle, s'en tient séparée, et qu'occupant seule la moitié de leur lit commun, elle fait distinguer ses flots pendant plus de 12 lieues. Les Portugais ont eu quelque raison de la nommer rivière Noire, parce qu'à son embouchure, et plusieurs lieues au-dessus, sa profondeur, jointe à la clarté de toutes ses eaux qui tombent de plusieurs grands lacs dans son lit, la font paraître aussi noire que si elle était teinte ; quoique dans un verre ses eaux ayent toute la clarté du cristal. »

Les Tobinambas du fleuve habitent une île de 180 kil. de large, et par conséquent de plus de 800 kil. de circuit. Ils confirmèrent aux Portugais l'existence de vraies amazones, dont le fleuve a tiré son nouveau nom. Les preuves que le P. d'Acuhna, d'une crédulité naïve, a réunies sur l'existence de ces femmes extraordinaires, lui paraissent si fortes, qu'on ne peut les rejeter, dit-il, sans renoncer à toute foi humaine. Mais, dit La Condamine, si leur ancienne existence ne peut être révoquée en doute, il est probable qu'elles ont disparu depuis quelques siècles du lieu qu'elles habitaient, soit par l'effet de quelque révolution, soit parce que leur race s'est insensiblement éteinte.

dans le Caguan, pays de la Nouvelle-Grenade, coule à l'est, près de 480 kil., puis au sud dans un espace de 480 à 520 kil., reprend sa première direction orientale jusqu'à la ville de Thomar pendant 560 à 600 kil., où il se dirige au sud-est avant de se jeter dans l'Amazone, dont il est le plus vaste affluent, et où il forme plusieurs îles assez spacieuses, sur l'une desquelles on a élevé le fort San-Jozé, dans un cours de plus de 2,000 kil. Le Rio-Négro reçoit un nombre prodigieux de rivières, dont les principales sont, à droite, le Rio-Xié, l'Issana, l'Uaupés, le Curicurari, le Rio-Teya, l'Iurubass, l'Ujuana, l'Urubaxa, le Quinini, le Baruri, l'Uatunari et le Cevaboris. Il se grossit à gauche du Chamuguisseni, du Conorichite, du Cassiquiari (¹), au moyen duquel il communique avec l'Orénoque (¹), du Dimiti, du Cababuri, du Palaviri, du Severini, du Denemeni, du Rio-Parime ou Branco, de l'Iagnapuri, du Rio-Anavone ou Anavillana, et du Curumahi. Cette rivière, parsemée d'îles innombrables, est peu connue. Les villes ou villages qu'elle arrose sont, à droite, San-Marcellino, San-Felipe, San-Joaquim, Lamalonga, Thomar, Moreira, Barcellos, Moura ; à gauche, Maroa, San-Miguel, San-Carlos, San-Jozé, San-João-Batista, San-Pedro et Villa-de-Rio-Négro. Elle est située par 3° 16' de latitude sud, au confluent, large de 1233 toises. Quelques auteurs regardent cette rivière comme identique avec la Caqueta.

(*Note de l'auteur.*)

(1) Le Tapoyos, Tapajos ou Topayos, grande et magnifique rivière de l'Amérique méridionale, Brésil

(¹) Le Cassiquiari, rivière de l'Etat de Vénézuéla, affluent du Rio-Négro, fut découvert en 1734 par le P. Roman, religieux capucin, qui inspectait les missions du Haut-Orénoque. A la hauteur du Guaviare, il rencontra une pirogue montée par des Portugais, qui furent très-

La nation des Tapajos (1) donne son nom à une très-belle rivière. Le pays est très-fertile, et ses habitants sont redoutés des nations voisines, parce que le poison de leurs flèches est si mortel, qu'on n'y trouve aucun remède.

Enfin le P. d'Acuhna et ses compagnons, après une longue et pénible navigation, arrivèrent sains et saufs à Para, possession portugaise, sur les côtes du Brésil, où l'Amazone se jette dans la mer, et n'a pas moins de 520 kil. à son embouchure. Par son extrême rapidité, elle conserve la douceur de ses eaux près de 80 kil. dans l'Océan. Elle est si profonde en certains endroits, qu'une sonde ne trouve point de fond à 105 brasses.

Xavati, les Samoïèdes, ou Sémoyades. Ils forment un peuple nomade de la Russie asiatique, encore idolâtre, qui habite la partie nord-est du gouvernement d'Arkhangel, les landes glacées du district de Mezen, et enfin le nord de la Sibérie jusqu'à l'Iénisséi. Ils paraissent avoir reçu leur idolâtrie de l'Amérique, c'est du moins l'opinion de quelques géographes. Quant à nous, en comparant leurs idées religieuses et leurs coutumes superstitieuses avec celles des Kolionges, qui habitent l'Amérique septentrionale extrême, nous n'y avons pas aperçu un caractère différentiel bien considérable. S'il n'y a pas d'affinité entre les deux peuples, quant à l'origine des races, il en existe du moins une entre leurs idées religieuses. Les Samoïèdes se donnent eux-mêmes le nom de *Khasova* ; les Ostiaks les appellent *Yérounscho*, et les Toungouses de l'Iénisséi, *Dshiandal*. Quant

(Matto-Grosso), tire ses sources abondantes des nombreux cours d'eau qui descendent des Paresis, montagnes intérieures du Brésil. C'est un des plus grands affluents de l'Amazone qui viennent du sud. Elle coule au nord plus de 800 kil., entre le Xingu et la Madeira, et se jette dans l'Amazone ou Marañon, après un cours de 1523 kil. Elle se grossit, à droite, de l'Apiaca, du Monbiari et du Rio de Tres-Baras ; à gauche, du Tunavila, du Negrinno et du Rio dos Oregatus. Le seul endroit qu'elle arrose est le village d'Alter-do-Cham ou Pinhel, à son confluent avec le Marañon, par 2° 24' 50" de latitude sud et 57° 20' 15" de longitude ouest. On peut dire que le Tapoyos se forme de la jonction des deux rivières Arinos et Jurueua, non loin des sources du Paraguay, de sorte qu'il pourrait établir une communication entre ces deux rivières. Il est évident aussi que par le Tapoyos et par ses larges branches, l'Arinos et le Jurueua, il serait facile de communiquer avec la ville de Para, les mines de Matto-Grosso et Cuyaba. Cette navigation jusqu'au Matto-Grosso est au moins 800 kil. plus courte que celle qui a lieu par la Madeira et le Guapore, ce qui procurerait un grand avantage pour l'exploitation des mines de Cuyaba. La navigation de cette rivière pourrait aussi faciliter les découvertes dans ces vastes contrées inexplorées jusqu'à son entrée dans les Campos Paresis ; de là on pénétrerait dans la région immense de l'Amazone. Le Tapoyos est connu par les sables aurifères qu'il dépose dans une grande partie de son cours.

(*Note de l'auteur.*)

surpris d'apprendre qu'ils naviguaient sur le Haut-Orénoque. Ils étaient venus par le Rio-Négro, affluent de l'Amazone, et de cette rivière par le Cassiquiari, que le P. Roman descendit avec eux pour visiter les missions du Rio-Négro. (*Note de l'auteur.*)

au nom de *Samoïèdes* que les Russes leur donnent improprement, il paraît leur être venu de ce qu'ils les ont confondus avec les Lapons, auxquels ils avaient depuis longtemps donné le nom de leur pays, qui en langue laponne s'appelle *Saméanda*, et non parce qu'ils les supposent cannibales : car on ne voit nulle part que ce peuple ait jamais eu la coutume barbare de quelques sauvages du midi. Il se divise en trois principales tribus, qui ont des dialectes différents, et auxquels ils donnent eux-mêmes les noms suivants : 1° les *Vanoïtes*, 2° les *Tysia-Igoléy*, et 3° les *Kirutches*. Les premiers habitent sur les bords du Mezen, de la Petchora, et sur l'Ob, dans les environs d'Obdorsk ; les seconds, dans l'intérieur du gouvernement d'Arkhangel ; et les troisièmes, dans l'intérieur de la Sibérie, au delà des montagnes, dans le district de Bérézof, etc.

On partage le pays habité par les Samoïèdes en deux parties principales : la première s'étend le long de la mer Glaciale, depuis le cap Canine, qui se trouve au nord-est de l'embouchure du Mezen, jusqu'au cap Saint, près de la rive occidentale de la Petchora ; elle rentre ensuite dans l'intérieur des terres, en suivant une petite chaîne de montagnes qui longe le cours de ce fleuve, et qu'on nomme *Tchaitzine Camene* ; tout ce pays s'appelle terre de *Canine*. La deuxième partie du pays des Samoïèdes commence au bord oriental de la Petchora, et suit les côtes de l'Océan glacial Arctique, jusqu'à la grande chaîne des monts Ourals ; elle est bornée au sud par les gouvernements de Perm et d'Arkhangel. Toute cette vaste région, arrosée par un grand nombre de rivières, se couvre de neige et de glaces pendant huit mois de l'année. Les Samoïèdes ignorent eux-mêmes leur origine. La vie dure et pénible qu'ils mènent, les dangers auxquels ils sont exposés, ont sans doute effacé de leur mémoire toute espèce de monument. L'assertion la plus certaine, c'est que les limites les plus reculées de l'hémisphère boréal ont été peuplées par une nation opprimée par les guerres, et chassée de ses habitations. On trouve encore des restes de cette même nation dans la partie orientale de la Sibérie, près de l'Iénisséï. Tout prouve que ces contrées étaient autrefois bien plus peuplées. On ne doutera plus que ce pays ne soit la vraie patrie des Samoïèdes, lorsqu'on saura que les Caïbals, les Camaches, les Abotors, les Soyotes et les Karagasses ont la même figure que les Samoïèdes et parlent leur langue. Les Samoïèdes diffèrent entièrement des Ostiaks par la langue et les traits de la figure ; les visages de ces derniers ressemblent à ceux des Finnois, tandis que les Samoïèdes ont beaucoup de ressemblance avec les Toungouses. Ils ont le visage plat, rond et large, de larges lèvres retroussées, le nez large et ouvert, peu de barbe et des cheveux noirs et rudes ; la plupart sont au-dessous de la taille médiocre, mais bien proportionnés, plus trapus et plus gras que les Ostiaks ; ils sont en revanche plus sauvages et plus remuants que ce peuple un peu civilisé par ses relations de commerce avec les Russes. Leur soumission parfaite a le plus contribué à ce changement. — Les Samoïèdes mènent au contraire une vie libre dans les déserts éloignés qu'ils habitent. Ils professent l'idolâtrie, dont ils conservent quelques cérémonies par tradition. Le principal dieu chez eux est *Noum*, qui régit le ciel et la terre : il a sous lui une quantité innombrable de divinités d'un ordre inférieur, d'esprits et de demi-dieux, qu'ils nomment *Tadeptzies* ; ils les partagent en célestes et terrestres, et ce sont eux qui font le bien et le mal aux hommes. Noum ne saurait être représenté chez eux par aucune image : ils n'ont pas de termes pour exprimer ni sa grandeur ni sa toute-puissance. Ils représentent au contraire les Tadeptzies par de petites idoles en bois ; elles ont une figure humaine, et ils les couvrent de chiffons et d'autres ornements. Ces idoles se placent dans les bois ou dans les maisons ; quelquefois, les transportant d'un endroit à l'autre, ils les appellent *Khaé*. Leur culte consiste en sacrifices qu'ils n'offrent qu'en action de grâces pour un bien qui leur arrive, ou pour un mal qu'ils prétendent avoir détourné par là. Ces sacrifices consistent presque toujours en un renne qu'on immole au pied de l'idole. Leurs schamans s'appellent *Tadileay* parmi eux ; les Russes les nomment *Goudesniki*. — L'habillement des hommes diffère peu de celui des Ostiaks : les uns se rasent la tête entièrement ou en partie, les autres conservent leurs cheveux ; plusieurs portent des moustaches, d'autres laissent une petite barbe de chaque côté du menton, quoique clairsemée. On remarque dans l'habillement des femmes beaucoup de détails qui leur sont propres, et qu'elles n'ont empruntés d'aucune autre nation ; elles ne connaissent pas le voile ni le *vorop* des femmes ostiakes. Elles ont la tête et le visage découverts, excepté dans les voyages d'hiver ; leurs cheveux forment deux tresses qui pendent par derrière, et qu'elles ne défont jamais. Elles portent des pendants d'oreilles de grains de coraux. Leur robe offre un assemblage de morceaux de drap dont le devant de la poitrine et le dos sont communément formés de peaux de jeunes rennes. Elles les ornent par devant et par derrière de quelques morceaux de drap. Le bas de la robe de dessus est garni de trois bandes de belles fourrures, qui forment le tour. Cette robe est ouverte par devant ; elles rabattent un des côtés sur l'autre, et les fixent au moyen d'une ceinture qui a, au lieu de boucles, un gros anneau de fer, auquel elles attachent ces deux extrémités. Les femmes Samoïèdes portent des culottes de peaux de renne, préparées comme nos peaux de daim. Elles ne quittent point leurs habits, même pour se coucher. Les hommes ôtent les leurs, mais ils gardent leurs culottes.

On ne s'aperçoit pas autant de la malpropreté des Samoïèdes que de celle des Ostiaks, parce qu'ils mènent tout l'hiver une vie errante, passant d'une contrée à l'autre avec leurs *yourtens*. Ils choisissent toujours pour camper des plaines dépourvues de bois, qu'ils appellent *toundra*. Les Samoïèdes gardent eux-mêmes, avec leurs familles, leurs rennes dans les pâturages, à l'exception des riches, qui payent des pauvres pour leur servir de pâtres; ils ne se servent guère de ces animaux domestiques que pour les atteler à leurs traîneaux. Ils ne savent pas traire les rennes pour se procurer du lait (1). Ils vivent de chasse, ainsi que les Toungouses et plusieurs peuples de l'Amérique septentrionale; ils mangent beaucoup de rennes sauvages qu'ils prennent de plusieurs manières. Ces animaux suffisent à presque tous les besoins des Samoïèdes, soit pour la vie, soit pour leurs tentes ou leur habillement. Ils se servent des nerfs de l'animal pour coudre et pour d'autres usages; ils en tirent aussi une colle; ils font des pelles avec les cornes. Lorsqu'ils sont sur les côtes de la mer, ils se nourrissent d'ours marins qui viennent sur le rivage, de baleines mortes que les eaux y jettent, et d'autres animaux marins. Ils les mangent sans préférence et sans aversion. Pêchant de temps à autre dans les golfes de la mer et dans les lacs, ils se font des filets avec l'écorce du saule, et les cordes nécessaires avec les jets ou baguettes de cet arbre. Leur principale occupation en automne est la chasse du renard blanc : hommes, femmes, enfants, tout le monde s'en occupe. Les premiers leur dressent des piéges, les autres s'amusent à les déterrer dans leurs terriers et à les assommer. Quelques Samoïèdes riches vont en été fixer leur résidence près de l'Ob, pour jouir du plaisir de la pêche. Ils font paître et garder leurs troupeaux par des enfants ou des pâtres, et y séjournent jusqu'à la saison de la chasse.

Les Samoïèdes enterrent les morts peu après leur décès, et n'ont pas de lieu fixe pour les sépultures. Ils choisissent la première hauteur ou colline qu'ils trouvent : ils mettent à leurs morts autant d'habits qu'ils peuvent, et placent autour du cadavre ceux qui sont trop étroits; ils lui renversent un chaudron par-dessus la tête, persuadés que l'âme y réside même après la destruction du corps. Ils enveloppent ensuite le cadavre avec tous ces objets dans une couverture de tente faite de peaux de rennes, l'emballent avec des cordes, et le tirent la tête en avant, par une ouverture faite à la tente où la personne est décédée. Jamais on ne le fait passer par la porte, parce qu'ils croient que le mort entraînerait bientôt après lui quelqu'un de la famille, s'il y passait. Arrivé au lieu de la sépulture, on creuse une fosse. On la fait si peu profonde en été, que le mort est à peine entièrement couvert; ils couvrent la tombe de branchages, et jettent de la terre par-dessus. Ils construisent en hiver une cabane avec du bois et des branchages; ils y placent le mort, et lui donnent une hache, un couteau, un arc, des flèches, du tabac, une pipe, une cuillère et une tasse. Le convoi s'en retourne ensuite. On tue les rennes qui ont traîné le corps sur le lieu de la sépulture, et on les laisse sur la tombe avec leur harnais. Les riches tuent aussi ceux dont le défunt se servait pour aller à la chasse. En hiver on couvre la fosse de neige, en été de branchages et de mousse; aussi leurs morts servent-ils de pâture aux renards blancs, aux gloutons et autres animaux carnassiers. Observant aussi une cérémonie avec leurs morts, ils font venir quelquefois un magicien (*tadib*) pour apaiser l'esprit du défunt. Ces devins samoïèdes se servant d'un tambour de basque, mettent un habit particulier, garni de différents colifichets de fer, parlent à l'esprit, l'exhortent à ne pas inquiéter ceux qu'il laisse sur la terre, et à ne pas les entraîner. Ils finissent par le prier d'abandonner à ses parents les places où il a chassé avec succès. On tue un renne pour le repas des funérailles : le mari ou la femme du défunt n'ose pas manger avec les convives avant de s'être purifié en se lavant avec du musc. Dès qu'un Samoïède est mort, on ne prononce plus son nom, il faut user de détours lorsqu'on veut parler de lui. Celui qui prononcerait son nom deviendrait le mortel ennemi de toute la famille. Le nom du défunt repasse avec le temps dans la famille : on le donne à un enfant de la seconde ou troisième génération. On renouvelle par ce moyen la mémoire de celui qui l'a porté.

Une chose remarquable, c'est que les magiciens et un grand nombre de Samoïèdes ont quelque chose d'effrayant dans la figure : ceci provient de la tension et de la sensibilité extraordinaire de leurs fibres, du climat qu'ils habitent, de la vie qu'ils mènent, de leur imagination et de leurs préjugés. Des personnes dignes de foi assurent qu'on trouve des figures pareilles chez les Toungouses et les Kamtchadales. Le major Islénief prétend qu'il en existait aussi chez les Yakoutes. Il y en a parmi les Bouriats et les Tartares de l'Iénisséi, mais ils sont moins effrayants. Pour peu qu'on les touche aux flancs ou à quelques autres parties du corps sensibles, un cri ou un coup de sifflet imprévu, un rêve, etc., mettent ces malheureux hors d'eux-mêmes, et les font presque tomber dans une espèce de rage. Cette rage est portée à un tel degré chez les Samoïèdes, qui ont le genre nerveux et les fibres très-sensibles, que lorsqu'ils en sont atteints, ils saisissent couteau, hache, ou tout ce qui se trouve sous la main, pour massacrer la personne qui est cause de leur saisissement, ou toutes celles qu'ils rencontrent. On ne s'en débarrasse que par la force, et en les désarmant; lorsqu'ils ne peuvent assouvir leur fureur, ils frappent des pieds et des mains, poussent des hurlements, se roulent par terre, etc. Les Samoïèdes et les Ostiaks ont un excellent remède pour guérir ces maniaques : ils allument un morceau de peau de

---

(1) Cette circonstance nous donnerait à croire que les Samoïèdes ne sont point une nation indigène de l'Asie, mais qu'ils sont venus de l'Amérique septentrionale extrême. En effet, l'usage du lait est particulier à tous les peuples asiatiques, civilisés, nomades ou barbares; et on ne l'a rencontré nulle part en Amérique, lors de sa découverte.

(*Note de l'auteur.*)

renne, ou un petit tampon de poil de renne, et ils leur en font respirer la fumée par le nez. Le malade tombe aussitôt dans un assoupissement et une lassitude qui durent ordinairement 24 heures, ce qui lui remet entièrement les sens. Ce remède est plus propre que toute autre chose à répandre des lumières sur la cause de cette maladie.

Les jours de fête les Samoïèdes se rassemblent pour jouer à la lutte et sauter à des distances marquées, dansent aussi des rondeaux, et chaque danseur a sa danseuse. Sans s'écarter beaucoup de leurs places, ils font des figures et prennent différentes positions; leurs pas sont courts et ils marchent en cadence. Leur musique consiste à chanter du nez et de la gorge quelques syllabes particulières avec des répétitions. Les femmes nasillent en même temps, et marquent la mesure. Les Samoïèdes, fort enclins à l'ivrognerie, aiment le tabac avec passion. Lorsqu'ils sont ivres on obtient d'eux tout ce qu'on veut, autrement ils sont assez sauvages. M. Zouief est celui qui a donné la meilleure description de ce peuple; c'est d'après lui que nous donnons ces détails, également copiés par le professeur Pallas.

On compte 102 familles Samoïèdes habitant le cap Canine, et 200 sur le bord de la mer jusqu'à la Petchora. On peut évaluer jusqu'à 24,000 individus des deux sexes tous les Samoïèdes; ils payent un petit tribut en fourrures au gouvernement russe. D'autres estiment leur nombre à 34,000.

Y

Yveboli, les *Vogouls*, ou *Vogoulitches*. Cette nation de race finnoise habite, dans la Russie asiatique, la partie orientale de l'Oural septentrional. Son idolâtrie est empreinte d'un caractère particulier qui l'éloigne tout à fait de celle qui, sous diverses formes, est généralement pratiquée par les peuplades nomades de l'Asie centrale et orientale. Les Vogouls errent aux environs des rivières qui se réunissent avec l'Irtyche et l'Ob, dans l'Océan Glacial, ou se jettent avec la Kama et le Volga dans la mer Caspienne, principalement dans les gouvernements de Perm et de Tobolsk. Ils se donnent les noms de Vogouly Mansi, suivant M. Georgi, et sont appelés Vogoulitchis par les Russes, et quelquefois Ougritchis. Le professeur Fischer pense que les Vogouls et les Hongrois ne forment qu'un même peuple. Leur langue, à la vérité, offre du rapport avec celle des Finnois; mais elle a néanmoins beaucoup de choses qui lui sont propres. Les Russes crurent aussi pendant quelque temps qu'ils formaient un même peuple avec les Ostiaks. Des documents historiques de plus de 300 ans de date les désignent comme une nation distincte. Toutes les peuplades des Vogouls, dispersées dans différents cantons, prises collectivement, composent une nation nombreuse; mais on ne peut avoir de dénombrement exact de leur population. Suivant leur tradition, ils ont toujours résidé dans les lieux qu'ils habitent aujourd'hui. Ils passèrent sous la souveraineté de la Russie avant la conquête de la Sibérie. Cette nation était alors si brave et si guerrière, que les Russes eurent beaucoup de peine à les réduire sous leur obéissance. Maintenant ces peuples demeurent par familles ou parentés, dans leurs forêts. Chaque famille étend son territoire aussi loin qu'elle peut chasser, en respectant celui de la famille qui l'avoisine. N'ayant d'autre occupation que la chasse, la nécessité ne leur permet pas d'habiter ensemble dans des villages, elle les oblige au contraire à s'éloigner les uns des autres. Rassemblés, il leur serait impossible de trouver assez de gibier pour fournir à leur subsistance. Ils n'ont point de chevaux; ils leur seraient presque inutiles, parce qu'ils peuvent plus commodément parcourir à pied leurs forêts marécageuses; d'ailleurs ils n'ont point de pâturages pour les nourrir, et ces animaux seraient toujours exposés à être dévorés par les ours, qui abondent dans cette contrée. Les riches possèdent cependant quelques vaches, qui restent auprès de leurs cabanes, avec leurs femmes. Fort peu de Vogouls ont des chiens, sans autres animaux domestiques. La nature leur fournit en revanche assez d'animaux sauvages.

Les élans sont la principale nourriture des Vogouls du Nord. Chaque communauté a des enclos de 12 à 16 kil. et même plus, dans la forêt. Un abattis d'arbres, ou de jeunes pins et sapins posés en travers contre des pieux, les entoure. Très-jaloux de la sûreté de leurs enclos, ils les gardent avec soin, pour que personne ne vienne y voler leurs foins, couper du bois, s'y établir ou s'emparer du gibier, qui se prend dans les pièges. Ces enclos ont des ouvertures de distance à autre; ils y tendent des pièges, et font des trappes pour prendre le gibier. — Les Vogouls paient leur tribut en peaux d'élans, et vendent le reste. Ils coupent la chair de ces animaux, qu'ils ne peuvent pas consommer dans sa fraîcheur, en longues bandes, et la font ainsi sécher à l'air, sans sel, ou ils la fument; ils la mangent cuite, et même, crue lorsqu'elle est séchée. Quand ils sont quelque temps sans prendre de gibier, et qu'ils se trouvent dans la disette, ils ont recours aux os (1), les cassent par morceaux, et les font cuire dans l'eau; ils se contentent alors de ce bouillon jusqu'à ce qu'ils puissent se procurer de nouvelles provisions. Mais ils sont rarement réduits à cette extrémité, *parce qu'au* moyen de leurs flèches ou du fusil, ils sont presque

---

(1) Il est bon de constater ici que la philanthropie moderne qui, en employant les os à faire du bouillon ou de la gélatine, s'imaginait avoir rendu un rare service à l'humanité, n'avait pas même l'initiative de sa découverte. La philanthropie venait à la suite des habitants des gorges de l'Oural et des forêts de la Kama, qui, de temps immémorial, usaient de ce procédé dans la disette.   (*Note de l'auteur*.)

toujours pourvus de toute sorte de gibier. Ceux qui demeurent près des rivières trouvent une ressource dans le poisson, qu'ils prennent au filet ou à la nasse. Ils construisent à cet effet des canots avec des morceaux d'écorce de bouleaux qu'ils assujettissent avec des nerfs d'élan, ils les enduisent ensuite de résine. Ces viandes, les amandes ou pistaches de cèdres, et les graines de marais, composent toute leur subsistance. Ils jouissent de la meilleure santé, quoique demeurant au milieu des marais et des forêts, dans une contrée très-froide. Les Russes leur vendent la farine avec laquelle ils s'accoutument peu à peu à faire toutes sortes de pâtes. Ils sont fort contents lorsqu'ils peuvent se procurer des liqueurs spiritueuses. Ils achètent des Russes toutes les choses nécessaires à leur habillement, car ils ont même oublié la préparation des peaux et fourrures.

Les Vogouls, petits et efféminés, ressemblent un peu aux Kalmouks, excepté qu'ils sont blancs. On les reconnaît à leur visage rond, à leurs cheveux noirs ; on trouve rarement parmi eux des blonds ou des roux. Ils ont peu de barbe, et elle leur pousse très-tard. Les femmes sont assez jolies : leur habillement consiste en une longue chemise de dessus, de grosse toile blanche, qui descend jusqu'à terre. Elles ont pour coiffure un mouchoir autour de la tête, et portent dessous un bandeau noir garni de coraux. Les filles ont leurs cheveux tressés comme les Russes. Ce peuple a adopté une grande partie des mœurs russes, ainsi que les danses, qu'il préfère aux siennes. Leur instrument ordinaire, espèce de harpe qu'ils appellent *congour*, a la forme d'un petit canot couvert d'une table harmonique, sur laquelle est posé un chevalet ; sept cordes de boyaux, tendues dessus, sont attachées à l'un des bouts de l'instrument par une cheville qui le traverse ; le musicien tient l'instrument sur ses genoux, marque les tons de la main droite, et joue de la main gauche.

Les cabanes d'hiver des Vogouls, qui n'ont pas de maisons pareilles à celles des paysans russes, sont en bois, de forme conique et sans toit ; elles ont la porte au nord ou à l'est ; à gauche de la porte, et contre le mur, est un fourneau assez bas et une cheminée à côté, au-dessus de laquelle se trouve une ouverture conique qui sert de passage à la fumée et de fenêtre à la cabane. En face du fourneau est un large banc pour s'asseoir. Devant cet appartement il y a communément une autre pièce couverte ; ils y serrent tous leurs vases et ustensiles. Ceux-là consistent principalement dans des auges et des tonneaux de troncs de bouleaux évasés, ou de l'écorce du même arbre, qu'ils emploient à différents usages. Ils en font des gobelets et des plats, et les femmes de longs berceaux en forme de batelets, qu'elles suspendent en l'air pour y coucher leurs enfants, et de plus petits pour les porter sur le dos. Habitant peu leurs yourtens pendant l'été, ils occupent alors leurs balagauys, ou cabanes d'été, faites d'écorces de bouleau, et entretiennent sur le devant un feu continuel, pour en éloigner les mouches et les taons qui fourmillent dans ces contrées, et qui ne leur laisseraient pas un moment de repos sans cette précaution. Ils gardent près d'eux leurs animaux domestiques.

Les Vogouls, non encore convertis au christianisme, croient également en un Dieu souverain maître du monde ; ils lui donnent le nom de *Torome*, et pensent que le soleil est le lieu de son séjour ordinaire. Ils regardent aussi le soleil et la lune comme des divinités du second ordre. Leur principale fête, qu'ils nomment *yébola*, est consacrée à Torome et au soleil. Elle se célèbre à Pâques, qu'ils regardent comme la fête de la descente de Dieu sur la terre. Cette fête, à laquelle ils donnent le nom de printemps, est l'époque à laquelle leur année commence. Quand la nouvelle lune tombe avec la première de ces fêtes, ils en font aussi une solennité qu'ils célèbrent sous le nom d'*ankobo*. Ces jours-là ils offrent en sacrifice élans, bœufs, bêtes fauves, brebis, porcs, oies, canards, poules, gelinottes, perdrix, gâteaux, miel, bière, hydromel et eau-de-vie. Ils se disent tous chrétiens (1) ; il est cependant certain qu'ils ont un grand nombre d'idoles à qui ils rendent un culte secret, surtout lorsqu'ils partent pour la chasse des élans, des zibelines, etc. ; ils invoquent des divinités particulières, et immolent ces animaux devant leurs idoles ou figures. Des mineurs, occupés de la recherche des mines, trouvèrent, il y a plusieurs années, en parcourant une forêt consumée par le feu, entre la Sosva et la Lobva, une statue de cuivre près d'un pin fort élevé ; elle représentait un homme tenant un javelot : c'était probablement une idole vogoule. Ce peuple, avant d'être converti, gardait communément ses idoles dans les antres des rochers, ou au-dessus des rocs escarpés, ou sur des pins élevés, pour s'exciter à une plus grande vénération. On voit, près de la Lobva, au-dessus du ruisseau de Chaïtanka, une grotte dans une montagne calcaire, que l'on regarde encore aujourd'hui comme un temple vogoul : il est rempli d'os de victimes, et on y trouve quelquefois de petites images, des anneaux de cuivre avec des figures gravées, et autres objets, que les Vogouls achètent des Russes, et auxquels ils rendent un culte secret. Il y a un grand nombre de ruisseaux et de lieux dans cette partie de la Sibérie, qui portent le nom de *chaïtanka* ou *chaïtanskaia*, parce que les Vogouls y sacrifiaient leurs idoles appelées communément *chaïtan* par les Russes de cette contrée. On estime à 11,000 le nombre de ce peuple.

---

(1) Il y en a une partie qui professe le culte de l'Église grecque. Le gouvernement russe s'est efforcé de faire adopter le christianisme par tous les Vogouls ; mais il n'y a pas réussi, et ceux qui sont convertis pratiquent le christianisme en public, et leur idolâtrie en particulier. (*Note de l'auteur.*)

Z

Zamora, *vel Sentica*, Zamora en Espagne. L'abbé de Commanville rapporte que cette ville se nommait *Numantia*, si l'on en croit une ancienne Notice qui dit expressément : *Numantia, quam Gothi vocarunt Zamoram* (Numance, que les Goths nommèrent Zamora). Quant à nous, Zamora nous paraît plutôt être un mot d'origine arabe. Quoi qu'il en soit, l'évêché de Zamora date de l'an 1119; il était et est encore suffragant de l'archevêché de Saint-Jacques de Compostelle. Zamora, auparavant, faisait partie du diocèse de Numantia (l'ancienne Numance), que les Romains avaient rebâtie, et qui, sous les Goths, avait échangé ce nom contre celui de Garray, mot d'origine évidemment gothique. Comme Numantia, ou Garray, tombait en ruines au commencement du XII° siècle, l'évêché fut transféré à Zamora. Garray, bâti sur le Duero, existe encore aujourd'hui; mais ce n'est qu'un bourg. Zamora, dans le moyen âge, était une ville de passage pour les nombreux pèlerins qui se rendaient à Compostelle en l'honneur de l'apôtre saint Jacques. Aussi, pour faciliter leurs voyages, construisit-on dans la province des routes, des ponts et des hôpitaux. La ville de Zamora, à elle seule, possède un hospice et trois hôpitaux, dont la fondation remonte à l'époque dont nous parlons. Elle est située au sommet d'une colline escarpée, entre l'embouchure du Valderalduey et celle de l'Esla, à la droite du Duero, qu'on y traverse sur un pont très-solide et d'une grande architecture. Le Duero, un des principaux fleuves d'Espagne, parcourt le vaste espace qui se trouve entre les montagnes de Guadarrama et de Rabanal, pour entrer ensuite dans les possessions portugaises; il prend naissance au nord de la ville d'Osma et dans les limites de son évêché, près d'un lac extraordinaire et profond, qui se trouve sur le sommet même des montagnes d'Urbion, et sur lequel on raconte parmi le peuple des légendes étranges. Ce n'est qu'à vingt pas du lac qu'on remarque la source du Duero, qui a peu d'eau; mais comme il reçoit ensuite beaucoup de petits ruisseaux, il se grossit presque aussitôt : il est très-poissonneux. Il dirige son cours au midi, par Garray, dans l'emplacement de Numance, et par Soria; un peu avant Almazan, il tourne à l'ouest, et dans cette direction il continue jusqu'auprès de Miranda; là, il tourne au sud jusqu'à Moncorvo, où il reprend son ancienne direction à l'ouest, et se jette dans l'Océan après un cours de 600 kil. Rien que dans le diocèse d'Osma, il compte seize ponts en pierre et plusieurs bacs. Il reçoit par sa rive droite dix rivières, et dix-huit par sa rive gauche.

Zamora possède une église cathédrale assez vaste et vingt-deux paroisses; elle avait seize couvents des deux sexes avant la suppression des ordres religieux. Elle était autrefois une place d'armes très-forte; elle n'a plus maintenant que des murailles en ruines et sans défense. Les produits de son sol consistent en grains et en vins. Quelques métiers pour le lin, le chanvre et la laine occupent une partie de la population.

Zamora a huit portes, près d'une desquelles est l'ancien palais de la reine Urraca, où se réfugia Vellido Dolfos, après avoir donné la mort au roi Sanche II. On conserve près du palais épiscopal les restes de celui qu'habita le Cid rui Diaz, et on le nomme encore aujourd'hui la maison du *Cid*. Cette ville, successivement détruite et rebâtie par ceux que la victoire favorisait, a essuyé bien des vicissitudes sous les Goths, les Arabes et les rois catholiques. Patrie de Florian de Ocampo, historien et un des plus savants antiquaires de l'Espagne; d'Alfonse de Zamora, juif converti, ainsi nommé du nom de cette ville, un des coopérateurs du cardinal Ximenès, pour l'édition de la Polyglotte, et de plusieurs autres personnages célèbres. Zamora a une population de 10,900 habitants, et est à 96 kil. sud-ouest de Léon; elle est le chef-lieu de la province suivante.

| **Zamora**, province d'Espagne, faisant partie de l'ancien royaume de Léon, dans le nord-nord-ouest de la péninsule, confine au nord à la province de Valladolid, au sud à celle de Salamanque, à l'ouest à des portions de ces deux provinces et de celle de Tras-oz-Montes en Portugal, et enfin à l'est encore à celle de Valladolid et à celle de Toro. Le climat y est en général tempéré, sain et très-doux au printemps et à l'automne; cependant, lorsqu'en hiver et même au printemps règnent les vents du nord et du nord-nord-est, on y éprouve des froids rigoureux, et on a vu le thermomètre de Réaumur descendre à 9° au-dessous de zéro : ce qui vient de ce que ces vents, partant de la chaîne des montagnes septentrionales qui traversent la péninsule de l'est à l'ouest, ne rencontrent ni forêts, ni irrégularités de terrains qui puissent mitiger leur rigueur avant d'arriver dans les grandes plaines de la Castille. Généralement parlant, le sol de cette province est uni, quoique coupé dans différentes directions par des collines peu élevées, qui déterminent le cours des eaux, tantôt du nord au sud, tantôt du sud au nord, lesquelles vont presque toutes se rendre dans le Duero, qui l'arrose de l'est à l'ouest. Après ce fleuve, la rivière la plus considérable de la province est l'Esla. Il n'y a peut-être pas dans tout le royaume de province où les communications se trouvent plus rares, soit avec l'intérieur, soit avec les points extrêmes de la côte; et elles ne sont ni plus faciles ni plus nombreuses avec le Portugal, à laquelle elle touche : ce qu'il faut attribuer au mauvais état des chemins, au défaut d'industrie, à l'absence de ces curiosités de la nature ou de l'art qui attirent les étrangers, et enfin aux obstacles presque insurmontables que présente le Duero, forcé, par la disposition du terrain, de se resserrer dans un lit profond, et de couler entre des montagnes et des rochers escarpés comme des murailles, dont la seule

vue fait frissonner le spectateur. Les richesses minéralogiques de la province se réduisent à une mine de sel gemme et à quelques terrains nitreux. Ses montagnes sont par intervalle garnies de chênes, pins, peupliers, liéges, et offrent d'excellents pâturages pour les bestiaux. On y trouve sangliers, loups, renards, chats sauvages et gibier de toute espèce en abondance. Les rivières et les ruisseaux abondent en tanches, truites et barbots. On vante les anguilles du canal de *Guerra* au Duero comme les plus exquises que l'on connaisse.

L'agriculture y est dans un état médiocre. Ses principales récoltes consistent en blé et autres céréales, en vin, légumes, châtaignes et fruits de diverses espèces. On y élève moutons, vaches, chevaux et porcs. Dans quelques cantons on s'applique à l'éducation des abeilles et à l'engraissement des volailles, et dans d'autres on fait d'assez bons fromages. Une des causes de l'état peu florissant de l'agriculture est le défaut de chemins vicinaux, aussi négligés que les grandes routes. L'industrie n'est pas moins en arrière que le commerce et l'agriculture dans la province de Zamora, et quoiqu'elle abonde en toutes les choses nécessaires à l'établissement des fabriques, il n'y en a pas une seule en grand dans toute son étendue. Cette province ne possède ni université ou académie, ni école d'agriculture, ni bibliothèque publique, ni jardin botanique, ni cabinet d'histoire naturelle; mais il y a des écoles primaires dans les villages et des écoles de latinité dans les bourgs. Ces dernières ont cependant souffert de la fermeture des maisons religieuses, sans qu'il y ait eu compensation jusqu'à ce jour. — Les habitants sont sobres, pacifiques et assez laborieux. La province compte 97,400 âmes, sur une étendue de 532 kil. carrés.

Zelanda Nova, Nouvelle-Zeeland. Située dans le Grand Océan austral, au sud-est de la Nouvelle-Hollande, entre 34° et 46° de latitude sud, et entre 164° et 179° de longitude est, elle a été découverte en 1642 par le célèbre navigateur hollandais Tasman, qui lui donna le nom qu'elle porte encore aujourd'hui, et qui est celui de la Zélande, province de la Hollande. Cette grande terre est composée de deux îles; elle offre une bande de 1600 kil. de longueur sur une largeur moyenne de 80 à 120 kil. S'étendant dans la direction du nord-est au sud-ouest, elle est interrompue par le détroit de Cook, découvert en 1770 par le navigateur de ce nom, et dont la largeur varie de 16 à 100 kil. La circonférence des deux îles réunies n'est guère inférieure à celle des îles Britanniques. — L'île septentrionale se nomme Ikana-Maoui, et celle du sud Tavaï-Pounamou. M. d'Urville nous apprend que le premier nom signifie *poisson de Maoui*, fondateur de ce peuple, et que le second indique le lac où se recueille le *poinamou* ou jade vert. L'île du sud n'a jamais été explorée avec soin, à cause de sa conformation montueuse et du peu de sûreté qu'un petit nombre de ports offrent aux navigateurs. L'île septentrionale, au contraire, est pourvue par la nature de ports magnifiques et de havres habités. Les ports fréquentés sont la baie Chalky, la baie Dusky, la baie Tasman, la baie de l'Amirauté, le canal de la Reine-Charlotte, la baie Cloudy, le port Otage et le havre Molyneux sur l'île Tavaï-Pounamou; la baie Mounoï-Kao, le havre Kaï-Para, la baie Tara-Naké, la rivière Chouki-Anga, la baie Nanga-Ourou; la baie Oudoudou, la baie Wangaroa, les baies Taoué-Roa, Hawke et des Îles; le golfe Chouraki et ses havres nombreux.

Parmi les îles qui sont des dépendances géographiques de la Nouvelle-Zeeland, on remarque l'île Stewart, où l'on trouve le port Marion, le port Facile et le port Pégase, deux îles du nom de Résolution, l'île d'Urville, les îles Pain de Sucre (*Sugar-Loaf*), Touhotia, Tea-Houra, Pouliia-i-Waka-i, Otea, Chioutourou, les îles Mercure, les îles de la baie Chouraki; les îles Mahaoua-Toui ou les Trois-Rois, les îles Motou-Koaou; et enfin les îles Taouiti-Rahi. Ces terres, et surtout la grande île du nord, jouissent d'une température uniforme et modérée, qui rend leur climat salubre et leur sol fertile. Mais, sur leurs côtes, les vents règnent avec fureur; aussi la conformation de leurs rivages porte-t-elle l'empreinte de l'inclémence des éléments. Les rochers s'y montrent fréquemment nus et déchiquetés en forme de poissons et autres animaux, et souvent ceux qui sont exposés isolément à la fureur des vagues sont percés d'outre en outre, et forment des arcades de différentes grandeurs, dont la plus curieuse peut-être est celle de Tegadou, qui est surmontée d'un pâ ou village fortifié, et sous laquelle passent les pirogues; ce qui forme un effet infiniment pittoresque. La Nouvelle-Zeeland est sillonnée par plusieurs rivières qui sont considérables, quoique leur cours soit peu étendu. Elle a de grandes chaînes de montagnes, qui renferment des volcans; des chutes d'eau en descendent en cascades majestueuses. Dans l'intérieur d'Ika-na-Maoui se trouvent les deux lacs de Roto-Doua et de Maupère.

Le sol de la Nouvelle-Zeeland peut supporter toute espèce de culture. Il est couvert d'arbres d'une beauté remarquable, surtout dans l'intérieur des terres. Quelques-uns sont tellement gigantesques, qu'un seul tronc fournit une pirogue de guerre contenant cinquante à soixante guerriers. Le plus beau lin du monde, le *phormium tenax*, y naît spontanément; on le récolte surtout au bord de la mer, dans les crevasses des rochers. Les femmes le peignent, le nettoient avec soin, et en fabriquent des étoffes soyeuses du plus beau tissu.

Ika-na-Maoui présente presque partout un sol riche, et, dans quelques parties, la plus brillante végétation. — On dépeint Tavaï-Pounamou comme beaucoup moins favorisée à cet égard. D'après M. Wallis, la superficie des terres susceptibles d'être cultivées ne s'élève qu'à un dixième de la totalité. Néanmoins elles sont toutes les deux bien boisées, et les arbres y atteignent les plus grandes dimensions; on en voit de l'espèce du pin qui ont quatre-vingt-dix pieds de haut et vingt de diamètre, mais sans une seule branche. L'arbre qui domine toutes les forêts est le cèdre à feuilles d'olivier. Il en existe un grand nombre qui sont propres au charpentage, à la menuiserie et à l'ébénisterie. Au rapport des missionnaires, ces îles jouissent, en général, d'un climat doux et tempéré, également éloigné des chaleurs brûlantes des contrées équinoxiales et du froid intense des régions septentrionales, excepté cependant l'extrémité nord de Tavaï-Poumamou, où il pleut très-fréquemment. On n'y trouve aucun arbre dont le fruit offre un aliment aux Européens, et à peine trois ou quatre qui présentent le même avantage aux indigènes. On y récolte, entre autres plantes herbacées, du céleri et du persil sauvage, de l'herbe des Canaries, du plantain, une espèce de *rayggrass*, l'*ensata* ou glaïeul. Enfin les naturels cultivent un peu de blé d'Inde, des pommes de terre en abondance, des choux, des navets et une espèce d'ygna, dont les semences leur ont été données par les premiers navigateurs européens qui les visitèrent.

On ne connaît jusqu'à présent, dans cette grande terre, d'autres quadrupèdes que des rats et des chiens, excepté une espèce de lézard assez gros appelé *gouana*. Il n'y existe ni reptiles ni insectes venimeux. Quant aux oiseaux, quoique les espèces en soient peu variées, il en est plusieurs qui se distinguent autant par leur plumage que par la mélodie de leur chant; de ce nombre est le *pou*. Il y a aussi des perroquets de différentes espèces, un petit oiseau qui ressemble à un moineau, un canard qui a le bec, les jambes et les pattes d'un rouge brillant, et le corps d'un beau noir; des canards sauvages, qui habitent les lieux marécageux, et une multitude d'oiseaux aquatiques, auxquels on peut ajouter des dindons, des oies, des poules et autres volatiles, dont les missionnaires anglais ont eu soin de se pourvoir en allant s'établir dans ces régions éloignées, et qui, en se multipliant, offriront bientôt aux naturels de nouvelles ressources alimentaires. Les rivières et la mer sont fréquentées par des ours, des lions de mer et des cétacés, dont les naturels mangent la chair avec délice.

Une particularité digne de remarque, c'est que le centipède, qui est inconnu à la Nouvelle-Zeeland, abonde dans les trois petites îles Manaoua-Touï, que Tasman nomma les Trois-Rois, et qui ne sont qu'à 20 kil. de l'extrémité nord-ouest de l'île Ika-na-Maouï. D'après le recensement fait en 1846, par ordre du gouvernement colonial, la population de l'île septentrionale était de 109,550 âmes. On y comptait 38,000 naturels qui suivaient le culte anglican, 12,000 convertis à la secte des wesleyens, et environ 7000 catholiques. Le reste était encore païen. Les missions protestantes n'avaient que 520 convertis en 1827 lors du passage de Dumont d'Urville à la baie des Îles; ce n'est que depuis l'apparition des prêtres catholiques qu'elles ont pris de l'activité. Jusqu'alors elles s'étaient beaucoup plus occupées d'achats de terrains, de fermes, de multiplication de bétail, que de la conversion des naturels.

La mission catholique a été fondée en 1838 par Mgr Pompallier, évêque de Maronée *in partibus Infidelium*, vicaire apostolique de l'Océanie occidentale, qui arriva dans la Nouvelle-Zeeland avec un prêtre et un catéchiste. Le succès de cette mission est dû en grande partie au mérite personnel du fondateur. Il a subi de rudes épreuves dans les commencements; mais il est sorti triomphant de ces luttes dangereuses, grâce à la droiture de ses intentions, à la prudence de sa conduite, et à sa confiance en Dieu. Lors du désastre et de la ruine de la ville de Kororaréka en 1846, à la baie des Îles, il fut personnellement respecté par les Maoris, ainsi que l'église catholique et les bâtiments de la mission. Les prêtres auxiliaires du vicaire apostolique sont les Pères de la société de Marie, dont la maison principale est à Lyon, société extrêmement recommandable par le dévouement et l'instruction dont ses membres font preuve. Les Maoris appellent le missionnaire catholique l'Ariki.—L'administration de cette mission est aujourd'hui parfaitement réglée : à l'aide des correspondances des banques de Londres et de Sydney, l'argent et les approvisionnements arrivent à point nommé.

Voici les principales localités de la Nouvelle-Zeeland.

Hokianga, ville qui possède une église catholique, et où réside le plus souvent le vicaire apostolique. C'est un port situé en face de Sydney (dans la Nouvelle-Hollande), d'où la traversée pour y aller n'est que de huit jours.—Le Port-Nicolson est le principal établissement européen dans la partie du Nord; il compte 5000 habitants. — La colonie anglaise d'Auckland, forte de 2000 habitants, est également dans la partie septentrionale; elle communique avec l'intérieur par deux rivières dont les bassins offrent des terres à la culture.—Wellington est une autre colonie anglaise de création récente. C'est le lieu où demeurent les missionnaires anglicans. La position n'en paraît pas avoir été choisie heureusement; car le pays cultivable en est éloigné de plusieurs kil.; et précisément à cet endroit de la côte, il n'y a point de port.

Akaroa est une baie et un port de la presqu'île de Banks, dans l'île du Sud, par le 43° environ de latitude; ce port est donc tout à fait aux antipodes de Toulon, qui est aussi au 43° de latitude nord, moins la différence de longitude. Ainsi, de quelque point du globe qu'on écrive en ce pays, on ne pourra le faire de plus loin. La presqu'île a été achetée par des Européens français et anglais, et pour des sommes très-modiques. Les naturels apprécient peu le terrain. Vers le fond de la baie il y a deux colonies des deux nations, protégées chacune par des navires de leurs gouvernements respectifs. Ce n'est que depuis la paix de 1815 que les missionnaires anglais ont abordé dans cette île.

Bien que la température y soit plus douce qu'en Provence, elle est sujette à des variations si fréquentes, la transition du froid au chaud est si brusque, qu'elle expose les étrangers à bien des maladies. Au moment où l'on jouit d'un temps d'été, il s'élève tout à coup un vent furieux du sud, accompagné de grêle et de pluie, qui vous fait sentir les froids rigoureux de l'hiver, et laisse les sommets des montagnes blanchis par la neige. Un jour après, l'été revient encore, dure quelques jours, et puis c'est à recommencer. — Le terrain est des plus fertiles et très-propre à la culture ; de lui-même il ne produit qu'une espèce de fougère très-épaisse, et des arbres de toute grosseur inconnus en France. Il est extrêmement difficile de voyager soit parmi les fougères, soit dans les forêts, et tel chasseur qui croit rallier bien vite son bord ou sa case, se voit souvent forcé de camper sous un arbre et d'y passer la nuit au frais ; mais comme dédommagement, il rapporte quelquefois une trentaine de pigeons, qui ne l'auront pas fait courir longtemps, l'explosion d'une arme à feu ne les effrayant guère. Les oiseaux abondent dans cette contrée : leurs cris et leurs gazouillements y font un concert continuel, auquel manque cependant la voix du rossignol.

Les naturels de l'île du Sud, moins civilisés que ceux du Nord, sont aussi moins nombreux, par suite des guerres désastreuses qu'ils se sont faites. Il faut espérer qu'ils dépouilleront ce caractère de férocité et d'anthropophagie qu'ils conservent encore aujourd'hui, dès qu'ils commenceront à prêter l'oreille à la voix de l'Evangile. — Le premier vaisseau qui entra dans la baie d'Akaroa fit sur les indigènes une impression inexprimable. N'ayant aucune idée d'un grand navire et de sa mâture, et ne sachant s'expliquer comment une si lourde masse pouvait se mouvoir et venir à eux, ils crurent que c'était un diable, et s'enfuirent à toutes jambes dans les forêts. Un d'entre eux, plus brave que ses compatriotes, après quelques jours passés dans les bois, voyant le diable arrêté, s'avança peu à peu du rivage, ayant grand soin de se cacher à la faveur des arbres ; bientôt il aperçoit quelque chose qui se détache du navire (c'était une embarcation), il laisse arriver, épie et reconnaît des êtres ayant bras et jambes comme lui ; aussitôt il court avertir ses frères, tâche de les faire revenir de leur terreur, et tous s'approchent avec grande précaution de ces mortels inconnus.

La vallée d'Akaroa est habitée par des naturels idolâtres que les missionnaires protestants cherchent à catéchiser ; ils sont au nombre de 8000 environ. Les Maoris (Nouveaux-Zélandais) sont vifs, intelligents, d'une conversation agréable et surtout amusante par les détails qui animent leurs narrations. Doués d'un esprit observateur et d'une mémoire heureuse, ils racontent, ils détaillent, ils développent les plus minutieuses circonstances du lieu, du temps, des personnes, il faut de la patience pour les entendre rapporter, avec une scrupuleuse exactitude, toutes les paroles de celui qu'ils mettent en scène, en imitant le son de sa voix, ses gestes et ses manières. Au retour d'un voyage ou d'une ambassade, le rapporteur s'assied à terre ; après avoir respiré un instant, il commence son récit en faisant des gestes expressifs, en se frappant la poitrine avec force et agilité. Rien ne lui échappe, depuis le moment de son départ jusqu'à son retour ; il dit tout ce qu'il a rencontré en route, ce qu'il a vu et appris, où il a couché, ses repas, ses privations, s'il a eu froid, si le vent lui a fait courir quelque danger dans sa pirogue, combien de vagues sont entrées dans sa barque, l'accueil qu'il a reçu, si on lui a donné en abondance de belles pommes de terre, de beaux kumara. Les paroles, les manières, le ton de voix de ses interlocuteurs, tout est rendu admirablement ; s'il est entré dans la maison d'un étranger, il saura ce qu'elle renferme aussi bien que le maître du logis. — Les Maoris n'ont point de secret entre eux, et ils se croient par là même en droit de tout savoir sur les autres. Il faut une étude pour les satisfaire sans mentir, tout en évitant de leur apprendre ce qu'on veut qu'ils ignorent. Leurs discours sont pleins de tours poétiques et figurés ; ils parlent avec véhémence, durant des heures entières, sur des choses qu'ils pourraient exprimer en cinq minutes ; car la langue maorie est plus énergique, plus concise, plus expressive que les idiomes de l'Europe. Quand ils traitent des questions graves, comme la guerre ou la prise de possession de leurs terres par les étrangers, ils parlent en se promenant ou en courant avec rapidité dans le cercle de leurs auditeurs accroupis. Alors leurs figures tatouées, leurs habits étranges, leurs gestes menaçants, leurs yeux enflammés, les rendent effrayants à voir. Ces hommes, si vifs dans l'action, demeurent cependant accroupis des journées presque entières, autour de leurs maisons ou sur quelque lieu éminent, d'où ils peuvent découvrir le pays, faisant des réflexions sur tout ce qui se présente à leur vue : le vent qui agite l'eau du lac, le vol d'un oiseau, la piqûre d'un moucheron, le moindre incident devient pour eux un sujet d'observations ; sans que la pipe reste jamais oisive. — Comme tous les peuples sauvages, les Maoris sont curieux, touchent à tout ce qu'ils voient, et sont surtout dans leurs cases d'une malpropreté dégoûtante. Aussi les Européens ne les approchent qu'avec une extrême précaution, et ne les souffrent pas chez eux. Comme ils sont à peu près dénués de tout, ils ne se soignent pas plus en maladie qu'en santé. Leur lit est la terre nue ou recouverte tout au plus d'un peu d'herbe ; leur nourriture la même qu'en état de santé. Quand ils vont au combat, ils n'ont pour tout habit qu'une ceinture à franges ; ils poussent des cris affreux, et leur prélude, par la danse guerrière, est bien capable d'animer le courage des combattants. Heureusement ces peuples ont perdu beaucoup de leur humeur belliqueuse, et l'on ne verra plus, il est à croire, ces guerres dévastatrices qui finissaient ordinairement par l'extermination de l'un des deux partis, par le saccagement des récoltes et des habitations, et par le cannibalisme. C'est ainsi que cette race superbe des Zélandais s'est en grande partie détruite.

Dès qu'un enfant est né, sa mère elle-même l'enveloppe de langes, l'embrasse tendrement à la manière du pays, c'est-à-dire en faisant battre nez contre nez; elle élargit par des incisions les lobes de ses oreilles, afin qu'ils puissent dans la suite être chargés d'ornements; puis elle continue à vaquer aux travaux du ménage. Lorsque l'enfant a de cinq à huit jours, dans certaines tribus, la mère le suspend aux branches d'un arbre appelé *karamo*, et lui redit quelques refrains populaires de l'Océanie; elle l'emmaillotte ensuite avec les feuilles du *karamo*, l'allaite et continue à le bercer en chantant. Ailleurs c'est un autre usage : une femme porte son nourrisson sur le bord d'un ruisseau, et le présente à un vieux *Taura* salarié; ce prêtre prend une baguette, y fait des entailles en cinq endroits différents, et la dépose à terre; il reçoit ensuite le nouveau-né dans ses mains et le tient un moment debout en face de la baguette. S'il arrive alors quelque chose de fâcheux, ou l'enfant ne vivra pas, ou il sera malheureux et poltron; mais s'il ne se révèle point de sinistre augure, il sera brave; si par hasard on avait entendu roucouler une colombe à la naissance d'un garçon, ce serait signe qu'il verra quelque jour de grands événements; et dès lors il devient l'espérance et la joie de toute sa famille, on l'élève avec le plus grand soin. La cérémonie ne se termine pas là : le prêtre plonge l'enfant dans l'eau, lui impose un nom, balbutie quelques paroles que les assistants ne comprennent pas, mais qu'ils supposent adressées à un certain génie chargé de présider aux destinées des hommes et des oiseaux; on croit aussi qu'elles expriment des vœux pour que le jeune Océanien se familiarise plus tard avec toutes sortes de crimes. L'initiation achevée, l'enfant est porté sur les bras du prêtre jusqu'à la case des parents. Son nom n'offense-t-il personne? on se livre à des réjouissances; mais s'il a reçu le nom sacré d'un grand chef, il est coupable d'une grave injure, et il sera impitoyablement tué et mangé, à moins qu'on ne rachète sa vie à force de présents. — En général, les enfants sont mal tenus; souvent même, par une certaine crainte superstitieuse, celles qui leur ont donné le jour refusent absolument de les nourrir; et, comme la charité est inconnue parmi les femmes idolâtres, si les mères ne veulent pas ou ne peuvent pas en prendre soin, ces innocentes créatures ne trouvent personne qui consente à leur sauver la vie.

Outre les productions importées dans les îles, telles que la pomme de terre, la patate douce, le melon d'eau, la calebasse verte, les choux, les oignons, le taro, la pêche et le maïs, les Nouveaux-Zélandais ont beaucoup de plantes indigènes qui leur servent d'aliment; de ce nombre sont : la racine de fougère, qui, réduite en pâte, est savoureuse pour les naturels, bien qu'elle paraisse insipide aux étrangers; le *ti*, racine dont le goût sucré se distingue à peine de la pomme cuite, lorsqu'on l'a préparée au feu, après l'avoir laissé sécher deux ou trois jours au soleil, plusieurs espèces de fruit, comme le *koroi* rouge, de deux lignes de circonférence; le *woirarapa*, de la grosseur du précédent et de couleur blanche; le *titoki*, rouge, sucré, mais un peu sauvage; le *rimu*, noir et aussi petit que le *koroi*; la *tawaru* aux longues feuilles qui croissent en s'agglomérant sur un arbre appelé *kiékie*; le *kupère*, fruit jaune, caché sous une mince enveloppe; il a un goût appétissant, mais il devient funeste à ceux qui en mangent avec trop d'avidité; le *kohoho*, de couleur écarlate; le *kohutuhutu*, noir, de la grosseur de la groseille, et d'une saveur très-agréable; le *tupakihi*, c'est la vigne sauvage de la Nouvelle-Zélande; le jus en est très-doux, mais la racine et surtout les filaments recèlent un poison; le *rito*, on appelle ainsi la racine très-sucrée et médicinale du *nicao*; le *kinau*, espèce d'amande pourprée dont le noyau est substantiel; le *tawa*, noir et agréable au goût; une espèce d'*ananas*, petit, acide et très-aqueux; enfin le *kawakawa*, dont le jus fermenté devient une liqueur forte et enivrante. — Bien que le porc et le poisson abondent dans l'île, les naturels n'en mangent qu'aux jours de grande réjouissance; ils sont particulièrement destinés aux blancs et aux étrangers. Voilà presque tous les aliments des Nouveaux-Zélandais. Comment les préparent-ils? D'abord, pour avoir du feu, on prend deux morceaux d'un certain bois sec; on pratique une entaille à l'un deux, et avec la pointe de l'autre on frotte dans cette entaille jusqu'à ce qu'il s'y soit formé une poussière que la compression enflamme. Alors on fait un creux dans la terre, on le remplit de bois et de cailloux; lorsque les pierres sont brûlantes, on nettoie cette espèce de four; on laisse une partie des cailloux tout autour; les autres restent entassés au fond; pardessus, sont placées les pommes de terre, arrosées d'un peu d'eau; puis on étend, pour les protéger, une légère couche de végétaux et de feuilles fraîches; on arrose encore le tout et on le couvre de terre. Les aliments cuits de la sorte pendant une demi-heure sont à la fois propres et savoureux. — Quand le repas est prêt, l'étiquette ne demande pas qu'on se fasse avertir deux fois : au premier signal, les convives accourent à toutes jambes, et en quelques minutes tout est dévoré. Les insulaires ont un violent appétit : à les voir manger, on n'oserait prononcer s'ils sont moins avides que les chiens affamés qui les obsèdent pour avoir leur part. Ils ne prennent que deux repas par jour, le matin et le soir. Le peuple n'a ni vaisselle ni batterie de cuisine; quant aux chefs, ils ont deux espèces d'assiettes, l'une plate, l'autre en forme de panier; elles sont faites en feuilles de *phormium-tenax*, tressées avec beaucoup d'adresse par les femmes. Les chefs n'admettent pas à leur table les personnes du peuple : l'usage ne souffre pas non plus que les étrangers de distinction mangent avec les esclaves.

L'habillement des Maoris consiste en un petit vêtement simple qui couvre le corps depuis la ceinture jusqu'aux genoux ; il n'y a guère que les femmes qui le portent ; on l'appelle *patai*. Le *tatata*, plus long et plus orné que le *patai*, est l'habit ordinaire de dessous ; celui de dessus, appelé *karowai*, est chargé d'ornements : souvent cette tunique entière, et toujours ses bords, sont garnis de franges larges d'un demi-pied, et teintes en beau noir. Les insulaires aiment aussi à la colorier en rouge. On distingue quatre sortes de manteaux ; deux sont destinés à garantir de la pluie : le *ngéri*, court, imperméable, et si fourré à l'extérieur, qu'il prête à celui qui le porte une grosseur démesurée et un aspect sauvage ; le *pata*, qui descend des épaules jusqu'aux talons, bien qu'il ne soit pas fourré, il est très-compact. Les deux autres sont uniquement pour la parure : le *kaikata*, tissu du fil soyeux du *phormium-tenax*, est remarquable par sa blancheur, par sa propreté et par les figures en rouge et en noir qu'on y dessine avec une parfaite symétrie ; le *topuni* est une simple peau de chien que les chefs se font honneur de porter, et dont l'usage est interdit aux esclaves.

Les habitations de ces insulaires, toujours placées à l'abri des vents froids, sont construites avec des plantes aquatiques. Une espèce de palmier, appelé *nikao*, prête ses larges feuilles, à forme de parasol, pour faire le toit, qui présente deux surfaces inclinées et terminées en angles. Celle de devant, plus vaste que l'autre, est bordée d'une planche d'un demi-pied de large, peinte en rouge et ornée de sculptures faites pour perpétuer, avec leurs figures grotesques, la mémoire des ancêtres et des guerriers morts au champ d'honneur. Chaque maison a, pour l'ordinaire, avec l'étroite entrée dont la porte ferme hermétiquement, plusieurs petites fenêtres destinées non-seulement à donner du jour et de l'air, mais encore à laisser échapper la fumée étouffante du feu que font les naturels, surtout à la tombée de la nuit pendant l'hiver. — La vaisselle dont nous avons parlé plus haut, une natte qui tient lieu de lit, et un bloc de bois qui sert d'oreiller, voilà tous les meubles dont les cabanes des grands sont garnies. Les cases du peuple sont moins grandes et encore moins ornées ; souvent le Nouveau-Zélandais ne prend pas même la peine de se procurer une natte et un oreiller de bois ; il trouve plus simple de se coucher sur la terre nue.

Parmi les sauvages la propriété est connue comme chez les nations civilisées : les enfants succèdent à toutes les possessions de leurs pères, sans que les chefs eux-mêmes puissent les en dépouiller. Les naturels n'écrivent pas leurs contrats ; mais leur mémoire conserve, aussi fidèlement que des écrits, leurs titres et jusqu'aux circonstances les plus minutieuses qui peuvent attester leurs droits. Les esclaves ne possèdent rien que ce que la bienveillance du maître leur a donné. Outre le droit de succession, les Nouveaux-Zélandais reconnaissent encore le droit de conquête, en vertu duquel les vaincus ne peuvent aliéner leurs propriétés sans l'autorisation du chef des vainqueurs : depuis la cessation de la guerre, ce droit semble tomber en désuétude. Le possesseur d'une terre permet facilement à une tribu amie ou alliée d'y semer ou d'y planter, moyennant une redevance ; mais si on ensemençait un champ sans l'autorisation du propriétaire, celui-ci pourrait en récolter tous les fruits. Les champs sont, pour l'ordinaire, très-éloignés les uns des autres : de là une vie un peu nomade. On doit clore son domaine pour le garantir contre la dévastation des porcs et autres animaux voraces. Avant l'introduction par les étrangers des instruments aratoires, les insulaires cultivaient leurs terres avec une bêche de bois dur ; quand le sol est préparé, ils font comme de petites taupinières, où ils cachent la semence. Les cendres de bois, de fougères et d'autres végétaux leur servent d'engrais. Il est d'usage que les cultivateurs se réunissent et s'aident mutuellement ; ils s'animent au travail par des chants et des cris, et s'entendent aussi les uns avec les autres pour la consommation ou pour la vente de leurs denrées.

La nécessité, mère des expédients et des ressources, a inspiré aux Nouveaux-Zélandais d'excellentes manières de pêcher : ici, on fixe des filets d'une dimension extraordinaire à des pieux plantés dans l'eau ; là, on emploie l'hameçon fait d'une dent de requin ou de la coquille d'une grosse huître, appelée *paua* ; ailleurs, pendant la nuit, on attire les poissons avec des torches ou bien avec la résine du *kaori* allumée, et on les perce avec une lance de bois. — Les pirogues de guerre sont en général très-grandes : il y en a qui peuvent porter cent personnes. Quel travail, quelle patience il fallait naguère pour couper, creuser et polir des arbres aussi énormes, quand on n'avait d'autre outil que la hache de marbre ou de jaspe ! Les guerriers aiment à orner ces embarcations de sculptures, peu variées, il est vrai, mais régulières et gracieuses ; ils les peignent en rouge et les bordent d'un cordon noir. A la proue est toujours une horrible figure humaine qui tire la langue avec de violentes contorsions, emblème des grimaces que font les combattants sur les champs de bataille. Les pirogues ordinaires sont plus petites et sans ornements : ce sont simplement des arbres creusés à l'intérieur.

Le tatouage, avec toutes ses variantes, est la marque distinctive des diverses conditions. Les chefs ont seuls le privilège de se peindre les jambes. On reconnaît les femmes d'une illustre extraction à un léger tatouage sur les lèvres, et à deux lignes droites et parallèles tracées sur le front. Les gens du peuple et les esclaves sont bariolés sur le dos. Ces marques sont héréditaires, et les enfants se font honneur de porter celles de leurs aïeux. Voici comment on imprime ce bizarre ornement. D'abord on trace des lignes noires sur la peau; puis on fait sur chacune d'elles une suite de petites blessures avec un ciselet enfoncé à petits coups; à chaque piqûre on trempe le ciselet dans un liquide où l'on a délayé la racine du *phormium-tenax* réduite en poussière. C'est cette douloureuse opération que tous nos sauvages, arrivés à l'âge mûr, sont forcés de subir: l'honneur l'exige absolument.

Autrefois le pouvoir des chefs était despotique: au premier signe de leur volonté, un esclave, une femme, un enfant, étaient mis à mort; ils s'emparaient presque à leur gré des propriétés de leurs sujets, et désignaient arbitrairement les victimes humaines dont ils faisaient servir la chair dans d'horribles festins. — Les Nouveaux-Zélandais n'ont jamais eu une forme régulière de gouvernement; mais, outre certaines lueurs d'équité naturelle qu'ils ont toujours conservées, ils ont maintenu plusieurs coutumes de leurs ancêtres, sur lesquelles se règlent leurs déterminations et leur conduite. C'est toujours le grand chef qui préside le conseil de guerre où tout le monde a voix délibérative. La dignité dont il est revêtu commande un tel respect, que sa volonté présumée exerce une souveraine influence sur les esprits. Chaque tribu reconnaît encore un grand nombre de chefs subalternes, et c'est un malheur. Désunis et indépendants les uns des autres, ils entravent la plupart des projets utiles, en voulant faire prévaloir chacun leur sentiment. C'est peut-être à leurs brouilleries qu'il faut attribuer ces innombrables massacres et ces guerres interminables qui ensanglantaient naguère la Nouvelle-Zélande. — Au-dessous des chefs et de leurs sujets sont les esclaves, ou prisonniers de guerre; on les traitait jadis d'une manière cruelle; ils payaient de leur tête le moindre manquement; quelquefois même ils portaient la peine des injures que leur ancien roi avait faites à leur nouveau maître; souvent aussi, lorsqu'un personnage distingué périssait, on vengeait sa mort par celle d'un malheureux prisonnier. Aujourd'hui la peine ordinaire que les vainqueurs infligent aux captifs se réduit à leur imposer un labeur sans salaire; il s'en trouve même qui les récompensent de leur fidélité et de leur zèle soit par des cadeaux, soit en les rendant à leurs tribus et à leurs familles. La servitude est réputée si ignominieuse, que ce serait un déshonneur de porter le même nom qu'un esclave. Cependant on en voit qui commandent l'estime et s'introduisent dans les assemblées délibératives, où ils font prévaloir leur sentiment sur les affaires les plus importantes.

Le Nouveau-Zélandais est bon, mais, en même temps, emporté et vindicatif : en recevant de vous un bienfait, il vous a donné son cœur sans réserve; toutefois, si vous lui faites une injure, il oubliera à l'instant tout ce qu'il vous doit, sa fureur éclatera comme un coup de tonnerre; incapable d'entendre raison, il se portera aux derniers excès. Autant il est violent dans sa colère et terrible dans sa vengeance, autant il est tendre dans les témoignages de son amour. Lorsqu'arrive un parent ou un ami, on lui témoigne la joie qu'on éprouve par ces paroles accueillantes : *Viens, viens;* par les regards les plus affectueux, par des soupirs et par des cris accompagnés de torrents de larmes; puis, tandis que les nez sont pressés contre les nez, que les visages se décomposent par la vivacité du sentiment, des voix mélancoliques, discordantes, entrecoupées de sanglots, et divisées en deux chœurs, entonnent en l'improvisant le *chant de tendresse*. On ne s'en tient pas là : les femmes tracent, avec des coquillages de mer, des sillons sanglants sur leurs visages et sur leurs bras : ce n'est qu'en se déchirant ainsi et en faisant couler leur sang qu'elles prouvent, dit-on, qu'elles savent aimer. — L'entrevue doit durer plusieurs semaines et même plusieurs mois; autrement la famille visitée se plaindrait dans un langage aussi tendre que poétique : *Tu t'en vas! nous ne t'avons pas encore vu! à peine avons-nous vu tes yeux!* etc. Quand le parent ou l'ami est sur son départ, les chants de tendresse et de regret recommencent; puis on l'accompagne fort loin, en le faisant asseoir de temps en temps et le priant de revenir sur ses pas. Si l'on a une faveur à demander, c'est alors qu'on la sollicite. La visite d'un chef a quelque chose de plus solennel : le lieu où il doit être reçu est approprié avec soin, couvert de feuillage et tapissé de belles nattes qui serviront de sièges. — Qu'on ne s'étonne pas des larmes que les Nouveaux-Zélandais répandent en quittant ou en revoyant leurs amis : ils en versent à volonté lorsque l'usage les commande; et l'étranger est quelquefois surpris de voir le sourire succéder en un instant aux pleurs, le sang-froid aux émotions extrêmes. Après qu'un grand chef a reçu les témoignages d'affection de son peuple, il s'assied à la place la plus honorable; les chefs inférieurs se rangent à ses côtés, plus ou moins rapprochés de lui, suivant leur dignité. Chacun garde un moment le silence; un subalterne ne parlerait pas avant son supérieur; tous réfléchissent longtemps et mûrissent bien leurs pensées avant de les exprimer. C'est encore la coutume, dans ces sortes de visites, de se faire des présents mutuels : le grand chef doit être le plus généreux, et il l'est en effet.

Pendant longtemps la Nouvelle-Zélande a été le théâtre de guerres continuelles et sanglantes. Que de montagnes, que de vallées, que de plaines aujourd'hui désertes, et naguère peuplées par des tribus que les vieillards ont connues et qu'ils nomment à leurs petits enfants! Ce fléau terrible les a exterminées. L'éducation des Maoris contribue beaucoup à ces hostilités. Les insulaires, après avoir sucé avec le lait l'humeur belliqueuse, entendaient tous les jours de leur enfance leurs pères, leurs mères et leurs voisins vanter la gloire des armes, chanter la valeur et les actions des guerriers, applaudir au massacre des ennemis. Or, il est facile de comprendre que des hommes ainsi élevés ne respirent que les combats. En outre, les raisons pour lesquelles on en venait aux mains étaient infinies : la plus légère insulte faite à un membre de la tribu, la mort d'un chef attribuée à la magie d'un prêtre maori, la dévastation d'un champ, un vol, une parole injurieuse, la neutralité gardée dans un démêlé entre deux familles rivales, le plaisir de faire cuire dans le *hangi* (cuisine) la tête des vaincus, enfin la seule ambition d'un chef qui voulait s'acquérir une réputation de bravoure, suffisait pour mettre l'île en feu. Si par malheur un chef avait été tué ou blessé, la guerre devenait interminable, parce qu'il ne pouvait être pleinement vengé que par l'extermination de l'ennemi. — Les armes des Nouveaux-Zélandais sont : l'arc, avec lequel ils savent lancer à une grande distance des flèches meurtrières ; la fronde, dont ils se servent pour jeter des pierres brûlantes, lesquelles tombant sur des maisons toutes construites avec des matériaux inflammables, allument de vastes incendies (1) ; une lance de bois dur, bien travaillée et dentelée à la pointe ; le *hani*, dont un bout est aplati et tranchant, et l'autre représente une langue et deux yeux ; le *mere-pounamu* ou casse-tête, fait d'un marbre vert, cristallisé et très-poli : c'est l'arme favorite des chefs. Tantôt la trahison, tantôt la ruse, et plus souvent la force ouverte décident du triomphe. Ordinairement les naturels commencent par se réunir en conseil ; la délibération est vive et animée : les orateurs fixent d'abord l'attention de l'assemblée par un chant ; ils déploient tour à tour les ressources de l'éloquence et celles de la poésie, pour déterminer les suffrages. En eux, comme nous l'avons déjà dit, tout parle : les bras, les yeux, les traits du visage, le corps entier ajoute à l'effet de la harangue. Si la guerre est résolue, on envoie demander réparation d'honneur à la tribu jugée coupable. Les députés font cette demande par de longs discours, qu'ils prononcent en se promenant dans l'attitude de la fureur, menaçant l'ennemi de leur *hani* ou de leur *merepounamu*. Obtiennent-ils la satisfaction exigée, les deux partis se rendent en foule dans un même lieu pour exécuter une danse guerrière, en signe de réconciliation ; tous y prennent part en faisant des sauts simultanés et en poussant des cris aigus. Mais si la réparation est refusée, les esprits s'exaspèrent, les deux camps échangent des défis et des injures ; c'est à qui fera les contorsions les plus horribles (2) ; enfin ils se jettent les uns sur les autres et se déchirent comme des lions furieux. Quand l'ennemi est en déroute, on le poursuit en répétant des chants de victoire entrecoupés de hurlements affreux. Après la dispersion des vaincus, on voit ces cannibales saisir les malheureux qui n'ont pu échapper à leur vengeance, déchirer lentement leurs membres, se désaltérer dans leur sang, et se rassasier avec délices de leur chair palpitante. Ils conservent les têtes pour servir de trophées, et à certains jours de réjouissance ils les exposent sur les toits des maisons.

Les naturels portent toujours sur eux, comme ornement et comme souvenir, des objets qui ont appartenu aux personnes chéries dont la mort ou l'absence les sépare. Ces objets, grossièrement travaillés en forme de figure humaine, ont des yeux faits avec le brillant coquillage appelé *paua*. Quelquefois, à l'arrivée d'un ami qu'on n'avait pas vu depuis longtemps, on détache les gages vénérés, on les dépose avec respect sur une touffe de feuillage ou de gazon, on se range tout autour, et chaque fois que sont prononcés les noms des êtres bien-aimés qu'ils rappellent, on réitère les marques d'affection décrites plus haut en parlant des visites. — Les autres ornements sont aussi variés que bizarres. Les Nouveaux-Zélandais se chargent la tête de plumes en forme de panache ; ils suspendent à leurs oreilles des dents de requin, des barbes de baleine, des oiseaux tout entiers, se barbouillent la peau de rouge et de noir ; ils ont aussi la coutume de s'oindre le corps avec de l'huile.

Outre la danse guerrière qui a lieu aux traités de paix, aux visites des grands chefs, et autres réjouissances publiques, il en est une fort remarquable, où les acteurs, tournés du même côté, portant une branche d'arbre à la main et sur la tête une couronne de verdure, et chantant tous à la fois, font simultanément, sans remuer les pieds, des évolutions à droite et à gauche. Au nombre des jeux les plus usités on compte le *ruriruri*, qui consiste à s'asseoir d'abord en cercle ou en demi-cercle ; puis, dont le monde à la fois et en cadence se frappe les jambes et la poitrine, agite avec rapidité les bras et les doigts, et siffle en prononçant avec volubilité une espèce de refrain ; entre tous ces mouvements, ces gestes, ces sifflements, ces cris, ces paroles si précipitées, il existe un accord étonnant. — Les naturels sont très-sensibles aux charmes de la musique. Autrefois ils avaient plusieurs sortes d'instruments ; ils n'ont plus aujourd'hui qu'une mauvaise flûte à trois ou quatre trous, qui fatigue les oreilles par ses sons aigus et surtout monotones, car ils n'ont qu'un petit nombre de notes. Leurs musiciens et leurs poëtes improvisent avec une merveilleuse facilité. On est souvent surpris d'entendre exécuter par plusieurs indigènes une pièce qu'un d'eux compose à mesure qu'ils la jouent. Leurs chants, surtout ceux qui ont pour sujet l'absence d'un pa-

---

(1) Cette manière d'incendier les habitations appartenait aussi aux sauvages de la Louisiane, de la Floride et de presque toute la contrée qui forme aujourd'hui les Etats-Unis d'Amérique.
(*Note de l'auteur.*)
(2) Il est à remarquer que les Chinois, dont presque tous les géographes ont fait un peuple puissant en civilisation, ont conservé cette étrange manière d'enga-

ger le combat. Comme les Maoris, ils font des grimaces et des contorsions effroyables ; comme les Maoris, ils représentent des figures grimaçantes, diaboliques, sur leurs armes, sur leurs étendards ; comme les Maoris, ils poussent des cris confus, inarticulés, des espèces de hurlements, au moment d'en venir aux mains.
(*Note de l'auteur.*)

rent ou d'un ami, renferment des pensées nobles, des sentiments tendres et élevés, des traits vraiment lyriques; mais ils sont défigurés par des trivialités et des répétitions fréquentes. — Quoiqu'ils s'entendent fort peu en peinture, ils aiment cependant à barbouiller le frontispice de leurs maisons, ainsi que leurs pirogues de guerre et tous les objets qu'ils ont travaillés avec soin ; le rouge est leur couleur favorite. — L'art de sculpter est celui qu'ils connaissent le mieux et auquel ils s'appliquent le plus ; les tombeaux, les cabanes, les armes, les pirogues, plusieurs ustensiles de ménage sont ornés de figures où l'on admire l'ordre, les proportions et les contours ; mais on y désirerait plus de variété.

Quoique la Nouvelle-Zélande abonde en plantes médicinales, les naturels ne connaissent guère, en fait de simples, que le *pua*, le *nani*, le *ruruhau*, le *ti*, le *korau*, qu'ils emploient comme rafraîchissants, la racine et la feuille du *phormium*, et la racine du *rengurenga* qu'ils font chauffer et qu'ils appliquent sur les parties malades, particulièrement sur les tumeurs et sur les abcès. Quand une personne éprouve une douleur externe, elle se couche sur la terre, et un autre insulaire marche sur le membre souffrant pour le guérir. La manière de panser les blessures n'est pas moins étrange : après les avoir meurtries avec une pierre, on les tient exposées à la fumée. Pour les maladies internes, on ne connaît point de remèdes. Celui qui en est atteint s'étend désespéré sur la terre et fait consulter un prêtre maori, pour savoir s'il peut compter sur quelque chance de salut. Le prêtre se place auprès d'une machine composée de petites pièces de bois, et observe avec attention les mouvements que lui imprimera le vent ; si les augures sont défavorables, il déclare que le malade va mourir. Dès lors on lui refuse toute nourriture ; sa famille même l'abandonne ; on le laisse en proie au dieu qui, croit-on, lui dévore les chairs et les entrailles ; ainsi le présage du prêtre superstitieux ne manque jamais de s'accomplir ; car le patient meurt toujours, sinon de la maladie, au moins de la faim.—
Lorsqu'un insulaire a fait un songe, il ne manque pas d'en informer tout son village : aussitôt chacun d'accourir et de se presser autour de lui pour entendre le récit de son rêve avec ses plus puériles circonstances ; les anciens et les vieilles femmes en interprètent les obscurités ; on avertit les hameaux environnants et les tribus voisines de la vision nocturne et de ses commentaires ; et c'est là ce qui détermine les grandes entreprises des pauvres sauvages, ce qui règle même toute leur conduite. Ils croient aussi volontiers aux revenants qu'aux songes : souvent, au milieu de la nuit, lorsque l'île entière est dans le repos et le silence, soudain des cris de frayeur retentissent de toutes parts, les femmes se lamentent, le village entier est dans la consternation, parce que l'ombre d'un parent, d'un ami, ou d'un chef mort dans les combats aura apparu à quelqu'un pendant qu'il dormait. Avant d'entreprendre une guerre, on consulte l'aruspice : si, pendant que le prêtre inspecte les entrailles des animaux sacrifiés, le cri du hibou se fait entendre, c'est un mauvais augure ; mais si c'est un faucon qui voltige sur la tête des guerriers, l'ennemi sera défait. On emploie encore un autre moyen pour prévoir l'issue d'une campagne : un jeune homme prend un nombre de baguettes égal à celui des tribus belligérantes, il aplanit un certain espace de terrain, y plante les baguettes comme des quilles sur deux lignes parallèles représentant les deux armées en présence, et s'éloigne un peu en attendant l'effet que produira le vent. Si les baguettes qui représentent l'ennemi tombent en arrière, l'ennemi sera culbuté : si c'est en avant, il sera vainqueur ; si c'est obliquement, la victoire demeurera incertaine. — L'imagination ardente des Nouveaux-Zélandais et leurs mille superstitions les font vivre sous l'empire d'une terreur continuelle. Dans les ténèbres, ils sont tristes et mélancoliques ; ils croient voir des fantômes, entendre les sifflements des dieux maoris, apercevoir des monstres qui rôdent autour d'eux, tout prêts à les frapper de maladie ou de mort. Passer la nuit sans lumière est pour eux un supplice ; ils ne peuvent ni parler, ni dormir ; ils osent à peine respirer, et, quand vous leur présentez un flambeau, ils s'écrient : « Maintenant nous commençons à vivre ! » Mais la lumière ne dissipe pas toutes leurs craintes : c'est une croyance parmi eux, que la violation des *tapous* est toujours punie par quelque grand malheur, tandis que la fidélité à ces rits superstitieux assure une longue vie, une bonne santé et beaucoup d'autres précieux avantages. Ils placent en mille endroits le dieu *Taniwa*, guettant les prévaricateurs pour les dévorer. Les chefs imposent aussi des peines qu'ils proportionnent à l'importance du *tapou* violé : quelquefois ce sont de simples réprimandes, assez souvent des coups de bâton, ou bien encore la confiscation d'une propriété ; la mort même peut être infligée comme châtiment de ce prétendu sacrilège. — Mais qu'entendent-ils par les *tapous* ? La personne qui a rendu les derniers devoirs à un parent, à un ami, ou qui s'est approchée d'un cadavre, est *tapoue* : elle doit se coucher sur le ventre ; elle ne peut se servir de ses mains pour prendre sa nourriture, et lorsqu'elle ne trouve point d'ami disposé à lui mettre les aliments à la bouche, elle est réduite à manger à la façon des bêtes. Tout peut être soumis au *tapou* : les hommes, les animaux, les objets inanimés, les lieux, les affaires politiques et religieuses. Ainsi tous les sauvages qui ont touché un mort, ceux qui ont préparé la terre pour semer les *koumaras*, ceux qui les ont semés, les champs où ils croissent comme ceux où ils ne viennent pas, sont *tapous* ; les herbes qui poussent au pied des arbres le sont aussi pour certaines personnes, et si d'autres que celles que la loi désigne osaient les arracher, les arbres périraient, disent les pauvres sauvages. A l'époque de la grande pêche, sont *tapous* et l'emplacement qui sert aux préparatifs, et les filets qui doi-

vent être employés, et la rivière où on les jettera; il faut s'en tenir à une distance respectueuse, jusqu'à ce que l'insulaire qui préside ait pris et mangé un poisson; l'*atamira* (cimetière), et le lieu où meurt une personne, sont aussi *tapous*; la maison où vient d'expirer un chef et les objets qui lui ont appartenu, sont soumis à un *tapou* qui ne se lève pas : il faut les brûler. De là l'usage de porter les mourants en plein air, ou sous quelques mauvais abris dressés à la hâte. Les *hangis*, ou cuisines, sont *tapoués* pour les chefs; il leur est défendu d'y dormir, d'y manger, de s'y chauffer. Les têtes de ceux-ci sont toujours *tapoués*. Parmi les animaux *tapoués*, on distingue deux espèces d'oiseaux, le *tui* et l'*izie* ; Maoui, le créateur de la Nouvelle-Zélande, a fait part de son esprit à ce dernier. Les anciens avaient des chants en l'honneur de ces deux oiseaux. — Quelle est l'origine des *tapous*? Les uns sont attribués aux dieux du pays, les autres aux chefs des tribus et aux prêtres. On les jette en prononçant avec précipitation quelques mots d'un jargon inintelligible; pour les lever, on passe un bâton sacré sur l'épaule droite de la personne *tapouée*, puis sur ses reins, ensuite sur son épaule gauche; on casse le bâton en deux, et on l'ensevelit dans la terre, ou bien on le fait brûler, d'autres le jettent dans l'eau; après cette opération, l'insulaire est remis au rang des profanes.

Il n'y a guère que les personnes de distinction qui soient admises aux fonctions sacrées; et même il n'est pas rare de voir des chefs de tribu céder le sceptre à un de leurs enfants pour être élevés à la dignité sacerdotale. Le ministère des prêtres se borne à consulter les augures, à donner aux enfants cette espèce de baptême dont il est question plus haut, à conjurer les tempêtes, à faire des prières pour la santé des hommes, pour le succès de la guerre, pour la conservation et la prospérité des fruits, pour obtenir un vent favorable aux navigateurs et une douce pluie aux champs desséchés. Quelquefois les femmes partagent avec leurs maris les honneurs du sacerdoce, et nos crédules insulaires sont assez simples pour regarder les songes de ces prêtresses comme des révélations, leurs décisions ridicules comme des oracles.

Il y a trois espèces de mariages parmi les naturels : le premier se conclut par la délibération des chefs et des parents, avec le simple acquiescement du jeune homme et de la jeune fille; dans le second, l'inclination des futurs époux paraît seule consultée. Le Nouveau-Zélandais qui a résolu de prendre une compagne, va chez la personne qui a fixé son choix, il l'embrasse à la maori, en faisant battre nez contre nez; longtemps il pleure auprès d'elle, lui redit dans ses chants tous les sentiments qu'il désire faire partager, et enfin il lui demande sa main; c'est ici que les chefs interviennent pour s'assurer que le consentement de la femme n'a pas été arraché par la crainte. La troisième espèce est plutôt un rapt qu'un mariage : le prétendant, craignant un refus de celle qu'il veut obtenir, a recours à la force ouverte, et l'enlève à sa famille. Alors, pour lui disputer sa conquête, s'engage une lutte sanglante entre les partisans de l'agresseur et la tribu insultée; mais si le ravisseur dérobe la jeune fille aux recherches de ses parents pendant trois ou quatre jours, il y a prescription en sa faveur : elle est devenue sa légitime épouse, et les deux partis mettent bas les armes. — Parmi le peuple, la polygamie est défendue, bien qu'il soit permis à tout Nouveau-Zélandais de renvoyer la compagne qui n'a plus le bonheur de lui plaire, pour contracter une nouvelle union. Quant aux chefs, le nombre de leurs femmes est réglé sur leur dignité : le premier en a un plus grand nombre que ses subalternes; cependant une seule est considérée comme épouse. Il est inutile de dire qu'ici, comme partout où elle est établie, la polygamie entraîne à sa suite une infinité de crimes; outre les jalousies, les dissensions et les rixes qu'elle sème et perpétue dans les ménages, elle est la source la plus commune des infanticides et des suicides qui répandent le deuil au sein des tribus.

Dès qu'une personne est morte, surtout si c'est un chef, des messagers en portent la nouvelle aux amis du défunt et aux peuplades voisines; son plus proche parent lui ferme les yeux, puis on le frotte avec du *phormium* vert, afin d'enlever, disent les naturels, les restes de la maladie; ses cheveux sont arrangés avec élégance et ornés de feuillage; il est revêtu avec magnificence et déposé dans une bière tapissée de verdure en dedans, et peinte en dehors avec des couleurs rouges et blanches : dans cet état on l'expose en public, et tout le monde vient lui offrir ses derniers témoignages d'affection. Jusqu'à ce que le soleil se soit levé et couché trois fois, l'air retentit jour et nuit de chants funèbres et de cris lamentables. Pour exprimer leur attachement au mort, ses parents, ses amis et ses esclaves se déchirent le corps d'une manière horrible, se traçant en lignes courbes des sillons sanglants sur le front, sur le visage, sur la poitrine, sur les épaules et sur les bras. Le moment de la sépulture arrivé, les hommes et les femmes accompagnent le convoi à l'*atamira* ou cimetière, en chantant tour à tour l'hymne du deuil. S'il s'agit d'un chef, on place le cercueil sur un mausolée élevé, en forme de colonne, orné de sculptures et peint en rouge; les corps des simples insulaires sont suspendus aux branches des arbres. On dépose auprès de la tombe du guerrier son *mere-pounamu*, son *mere-parawa* et ses autres armes, parce qu'il en a besoin, dit-on, pour faire la guerre dans les régions de la nuit. Les funérailles finies, ceux qui y ont été employés, vont se purifier dans la rivière voisine. — Si l'on demande aux indigènes pourquoi ils suspendent en l'air leurs parents défunts : « Nous voulons, répondent-ils, qu'ils soient toujours présents à nos yeux et qu'ils vivent en quelque sorte au milieu de nous : ensevelis dans la terre, ils seraient gênés et ne voyageraient qu'avec peine dans les sentiers de la nuit : lorsque la guerre nous oblige de quitter nos vallées, nous les emportons plus facilement avec nous ; car nous ne saurions nous séparer des cendres de nos pères. » — Là nation maorie a pour les morts un attachement et un respect qui passe toute expression. Elle aime, honore, adore presque ceux même qu'elle avait méprisés et haïs pendant leur vie. Pour l'*atamira* on choisit de préférence un lieu élevé, solitaire et couvert d'arbres touffus. Il est soumis au plus terrible de tous les *tapous* : celui qui oserait le violer ferait à la nation un outrage sanglant, et serait impitoyablement puni de mort. Si toutefois il échappait à la vengeance des hommes, il ne saurait se soustraire, disent nos indigènes, ou dans ce monde ou dans l'autre, au courroux de l'implacable *Taniwa*, dieu cruel qui châtie les infracteurs du *tapou*. Plusieurs tribus se réunissent une fois l'an dans l'*atamira*, afin de descendre des arbres les restes de leurs morts et les déposer dans l'intérieur du bois sacré. Cette translation s'appelle le *Kahunga* ; elle a quelque chose d'imposant pour les étrangers. Voici l'ordre de la cérémonie : les notables frappent le cercueil avec une baguette, en prononçant des paroles magiques ; ensuite on le dépose à terre ; on remplace le vêtement mortuaire du défunt par d'autres ornements, et le premier des chefs le prenait sur ses épaules, s'avance, suivi de la foule et précédé d'un homme qui porte à la main une branche d'arbre, vers le lieu destiné à l'inhumation. Là, le cadavre est placé sur un tapis de feuillage, les chairs sont ensevelies dans une fosse, une vieille femme, toute ruisselante d'huile et pompeusement parée, reçoit le crâne dans les plis de son manteau. Alors commence le *pihe* ou chant funèbre ; suivent des discours longs et bruyants (1) ; enfin, après avoir peint les ossements en blanc et en rouge, on les lie en un faisceau pour les déposer dans leur dernier asile. Avant de se séparer les naturels passent plusieurs jours en réjouissances, et se chargent de mutuels présents.

Les Nouveaux-Zélandais ont toujours cru qu'il est en nous une substance supérieure à la matière, et qu'une vie future, heureuse ou malheureuse, nous attend au delà du tombeau. Le voyage qu'ils font faire aux morts suppose évidemment cette croyance. Ils disent que le défunt, en sortant de ce monde, va prendre le *Tokaiatua* (nom du sentier qui mène à l'empire de la mort). Ce chemin le conduit à une avenue appelé *Pirita* ; il monte, descend, se repose et soupire après la lumière ; et après s'être remis en marche, il arrive dans une maison appelée *Ana* ; bientôt il en sort, trouve un autre chemin qui aboutit à un ruisseau dont les eaux font entendre un murmure plaintif ; il franchit la colline de *Herangi*, et le voilà au *Reinga* (enfer). Quittant alors les régions inférieures situées au-dessous de la mer, il écarte le voile transparent qu'on trouve à l'entrée du chemin de *Motatau*, et gagne les plaines aériennes ; après s'y être réchauffé aux rayons du soleil, il rentre dans la nuit, où il est livré à la tristesse, aux souffrances et aux maladies ; de là, il revient en ce monde pour reprendre ses ossements, et retourne encore au *Reinga*, pour de longues années. Plusieurs des néophytes ont fait remarquer aux missionnaires catholiques le rapport de cette croyance avec le dogme de la résurrection. Les pauvres idolâtres croient aussi que les morts ressuscités, après un long séjour dans le *Reinga*, meurent une seconde fois, et font de nouveau le voyage de la nuit ; qu'ils ressuscitent et meurent encore, jusqu'à ce que leur corps soit transformé en un certain ver qu'ils appellent *toke*, et que l'on voit souvent en creusant la terre. La vie du *Reinga* est d'ailleurs, selon eux, tout à fait semblable à la vie présente : on y éprouve les mêmes besoins, ce sont les mêmes habitudes et les mêmes rapports ; et cela explique pourquoi ils font périr les esclaves à la mort de leur maître, et pourquoi les femmes se suicident auprès du cercueil de leurs maris, à moins qu'elles n'aient des enfants qui réclament leurs soins et leur tendresse. — Avant la prédication de l'Évangile, les Nouveaux-Zélandais ne réservaient pas l'immortalité à eux seuls ; ils l'accordaient aussi à leurs chiens ; et ils les envoyaient, après leur mort, dans un autre monde appelé *Waiowaowao*. — Le dieu maori *Wiro* joue un grand rôle dans le *Reinga* : on le suppose occupé à nuire aux morts qui voyagent dans les régions de la nuit, à réduire leurs corps en poussière, à les tenir eux-mêmes dans l'esclavage ; il ne leur laisse d'autre liberté que celle d'apparaître à leurs amis par des sifflements nocturnes. De là, l'attention des naturels à observer les moindres bruits qui se font entendre dans les ténèbres (2).

Jamais les Nouveaux-Zélandais n'ont eu ni temples, ni autels, ni idoles. Leurs sculptures ont toujours été consacrées à perpétuer la mémoire de leurs parents et de leurs amis ; mais ils se figurent, répandues partout, des puissances invisibles qui exercent une certaine influence sur leurs corps et sur leurs âmes, sur leurs actions publiques et privées, sur leur destinée et sur leur vie. Ces esprits, comme ils le croient, sont souvent irrités, et cette croyance fait vivre les pauvres sauvages sous l'impression presque continuelle d'une terreur religieuse. Un coup de tonnerre, une tempête, un accident funeste, une mort subite, une perte imprévue, une année stérile, sont à leurs yeux tout autant de marques certaines du courroux d'un dieu qui punit la violation d'un *tapou*, l'omission de quelque prière ou de quelque superstition maorie. Sont-ils atteints de cette espèce

---

(1) Ainsi l'usage récent qui s'est introduit en France de prononcer des discours sur la tombe des morts, est pratiqué de temps immémorial par une peuplade idolâtre et sauvage du Grand Océan Austral ! (*Note de l'auteur.*)

(2) Le dieu *Wiro* ne paraît être ici qu'une parodie de Satan. (*Note de l'auteur.*)

de maladie qui les consume peu à peu, et dont ils meurent presque tous ; c'est un dieu anthropophage et vengeur qui est entré dans leur corps et qui en ronge insensiblement les parties vitales. — Pour se garantir de ces génies malfaisants, on observe exactement les tapous, ou bien l'on a recours à certaines prières, à des enchantements, à des malédictions même ; on va jusqu'à les menacer de le tuer, de les manger ou de les brûler. Les Nouveaux-Zélandais prêtent à tous leurs dieux les nécessités et les faiblesses des hommes, et ils attribuent à chacun d'eux en particulier une fonction spéciale. L'un préside aux éléments, l'autre règne sur les oiseaux et les poissons. *Tawaki* est le maître du tonnerre : il le forme en roulant et déroulant avec précipitation des tapes qu'on suppose placées au-dessus des nuages. *Mahucke* a créé le chien : c'est un dieu timide ou sauvage qui ne quitte jamais les antres ténébreux, et qui est peu connu. *Tingara* ou *Huro* habite ordinairement les pays étrangers ; il n'aborde que de temps en temps à la Nouvelle-Zélande, et ses odieuses visites sont toujours suivies de maladies et de mortalités ; de là, sans doute, le préjugé populaire qui fait considérer aux naturels tout rapport avec les blancs comme funeste à leur santé et à leur vie.

Au commencement des temps, les ténèbres étaient inconnues sur la terre ; la lumière y était continuelle. Ce fut la déesse *Hina* qui, pour se venger d'une raillerie de *Kae*, fit succéder la nuit au jour. Ce ne sont pas là tous ses hauts faits : un jour que sa fille *Rona* était allée ramasser du bois parmi les broussailles pour préparer un repas, elle revint les pieds tout ensanglantés. La vue de son sang et la vive douleur qu'elle éprouvait la firent entrer en fureur, et dans son emportement elle maudit la lune, en lui criant : « Que tu sois mangée, parce que tu n'es pas venue m'éclairer au moment où j'allais me blesser les pieds. » Indignée de cette malédiction, la lune jeta un hameçon sur *Rona*, et l'ayant attirée jusqu'à elle, la plaça dans son disque avec la batterie de cuisine qu'elle tenait à la main et l'arbre auquel elle s'accrochait pour n'être pas enlevée. Pour punir la lune, la déesse-mère lui ôta le pouvoir de jeter à l'avenir des hameçons sur la terre.

Parmi leurs dieux, les naturels en distinguent trois qu'ils disent être frères, et auxquels ils attribuent particulièrement la création de leur île : ils les appellent *Mawi*, *Mawipotiki* et *Taki*. — *Mawi*, descendu du ciel sur la mer, se mit à cingler jusqu'à ce qu'il rencontra un rocher qui s'élevait à l'endroit où se voit maintenant l'île du nord, appelée *Ika-Na-Mawi* ; il s'y arrêta et s'assit pour pêcher ; et comme il n'y trouva rien de mieux, pour faire des hameçons, que les mâchoires des deux enfants qu'il avait eus de la déesse de *Hina* sa femme, il les fit mourir. L'œil droit de l'un fit l'étoile du matin, appelée *Matariki*, et l'œil droit de l'autre devint l'étoile du soir, dont le nom est *Rereahiahi*. Un jour que *Mawi* pêchait avec la mâchoire et une partie d'une oreille de son fils aîné, il sentit que quelque chose de pesant s'était accroché à son hameçon ; après de longs et inutiles efforts pour tirer ce qu'il croyait être un monstre marin, il attacha sa ligne au bec d'une colombe, à laquelle il communiqua son esprit ; et la colombe, en s'élevant dans les airs, tira des abîmes la Nouvelle-Zélande. Aussitôt que l'île parut hors de l'Océan, le Dieu pêcheur et ses compagnons s'élancèrent sur la plage, formèrent en se promenant les plaines, les collines, les montagnes et les vallées, fécondèrent la nouvelle terre et lui firent produire des arbres et des plantes. Dans une de ses promenades, *Mawi* aperçut du feu : il le trouva si beau, qu'il s'empressa d'y porter la main ; comme il se brûlait les doigts, et qu'il ne voulait pas cependant s'en dessaisir, il se précipita dans la mer. Bientôt il reparut, les épaules chargées de matières sulfureuses qui formèrent les volcans. Quand sa grande œuvre fut achevée, ce dieu mourut ; mais il n'emporta pas son esprit dans les régions de la nuit ; il le légua à un oiseau qu'on appelle *Ieie*, et qu'on voit ici pendant la belle saison. — *Mawipotiki* et *Taki* partagèrent les travaux et la gloire de leur frère. C'est au second qu'on attribue la création du premier homme dont il forma le corps avec de la boue. Après sa mort il fut enlevé au ciel sur une toile d'araignée, et son œil droit devint l'étoile polaire du Sud.

Dans ces trois dieux principaux, et unis par les liens de la parenté ; dans la manière dont ils ont créé le premier homme et la Nouvelle-Zélande, que les naturels, avant d'avoir vu les Européens, croyaient être à elle seule tout l'univers ; dans ce combat qui eut lieu au commencement entre les esprits, on ne peut, dit le P. Servant, prêtre de la société de Marie, et missionnaire apostolique dans l'Océanie occidentale, s'empêcher de voir des lambeaux épars et défigurés d'une révélation primitive sur la sainte Trinité, sur la création du monde et d'Adam, et sur le combat des bons et des mauvais Anges.

Dans la Nouvelle-Zélande aucun homme ne reçoit de son vivant les honneurs de l'apothéose ; mais aussitôt après leur mort, tous sont placés au rang des divinités du second ordre ; leurs noms, surtout ceux des chefs, sont tellement *tapous* ou sacrés, qu'on ne pourrait même les prononcer sans se rendre coupable d'une horrible profanation. Quand un chef meurt, son œil droit va se placer au firmament ; ainsi toutes les étoiles qui brillent dans le ciel, sont pour les Polynésiens idolâtres des yeux de chefs zélandais.

Zocata Gens, les Zouks, ou Iakouts, ou Iakoutes, ou Yakoutes. — Ce peuple forme une des nombreuses peuplades que possède l'Asie septentrionale. Il personnifie presque à lui seul toute l'histoire légendaire si étrange, si merveilleuse, des tribus sauvages de cette partie du monde. A ce titre, il mérite d'être connu ; d'autant plus qu'il diminue progressivement, et qu'il finira par disparaître de la carte d'Asie, à l'exemple de plusieurs nations errantes. Soumis à la Russie depuis 1620, les Yakoutes habitent la province d'Yakoutsk. Ce sont les Russes qui les ont nommés Yakoutes; mais leur nom indigène est Zouks. Bien qu'ils soient voisins des Youkaguirs, ils n'ont aucun trait de ressemblance avec eux, étant d'une origine entièrement différente.

Ce peuple habitait anciennement vers les monts Saïansk, au delà même de l'Angara, et jusqu'aux bords de la Léna supérieure. Opprimés par les Bouriats et les Mongols, ils se transportèrent plus bas, en suivant toujours les bords de la Léna, jusqu'aux pays froids et arides qu'ils habitent actuellement. C'est ici que les Kosaques de Mangazei les connurent et les conquirent à la Russie, conjointement avec les Kosaques de l'Iénisséi, en 1620. Les Russes imposèrent un tribut à ces peuples en 1630. Les vices et l'oppression de leurs nouveaux chefs les portèrent plusieurs fois, quoique sans succès, à secouer le joug de la Russie; mais depuis qu'on les gouverne régulièrement, et que la justice est administrée comme dans le reste de l'empire, ils vivent tranquilles, et s'attachent tous les jours davantage aux Russes.

Les Yakoutes s'étendent sur les deux rives de la Léna, depuis la rivière de Vitim jusqu'à son embouchure, et depuis l'Anabara jusqu'au golfe de Penginsk, et au nord jusqu'à la Kolima, ce qui fait une étendue de pays qui aurait un diamètre de 2000 kil., c'est-à-dire, depuis le 52° jusqu'au 70° de lat. nord, et le 105° jusqu'au 155° de long. est. Ce peuple est assez nombreux, quoiqu'on ne puisse déterminer au juste la quantité d'individus qui le composent. On peut, par approximation, faire le dénombrement suivant : comme ils payent un tribut en fourrures, et que le tribut est imposé à tant pour chaque mâle, ils n'avouent ordinairement que le tiers des individus imposables, et comme on paye pour 34,979 mâles, en comptant tous les Oulouss ou tribus qui errent sur cet immense territoire, on peut porter toute la population des Yakoutes à 88,000 mâles. Le célèbre historiographe Muller et le professeur Fischer les supposent de race tartare.

Peut-être nulle autre nation au monde ne peut offrir une aussi grande variété de stature que les Yakoutes. Les riches, qui habitent aux environs des prairies situées au sud des montagnes de Verkhoyanski, ont en général de 5 p. 10 pouces à 6 p. 4 pouces de haut; ils sont bien proportionnés, très-forts et très-actifs. Les pauvres Yakoutes, qui vivent au nord de ces montagnes, sont tous au-dessous de la moyenne taille, indolents, malsains, et paraissent devoir ce triple désavantage à une mauvaise nourriture, à la sévérité du climat et au manque de vêtement. — Les propriétés des Yakoutes consistent en chevaux et en bêtes à cornes. Ce peuple peut se passer de toutes les autres nations : il ne lui faut qu'un couteau, une hache, une chaudière, un briquet et une pierre à feu. Quand ils ont ces objets, la bienfaisante main du Créateur leur procure assez les autres objets dont ils ont besoin, et leur donne même les moyens d'en procurer aux peuples voisins. Ils fabriquent leurs couteaux et leurs haches avec le fer qu'ils tirent des mines de Vilioui. Ce fer est si facile à extraire du minerai, qu'on peut le considérer comme un fer natif. Les Yakoutes font eux-mêmes, non-seulement leurs ustensiles, mais tout ce qui sert à leur habillement et à leur parure. Lorsqu'ils vont à la chasse, ils n'emportent jamais d'autres provisions qu'un peu de coumis, s'abandonnant au hasard pour tout le reste. Si leur chasse n'est pas heureuse, et qu'ils ne puissent pas se procurer de la viande, ils mangent la seconde écorce des pins et bouleaux, ou des racines qu'ils connaissent. Les écureuils sont un très-bon manger, mais leur viande a moins d'attrait pour les Yakoutes que celle de la marmotte siffleuse. — Les Yakoutes croient être absolument dans un état de démonocratie, c'est-à-dire sous l'influence des esprits malfaisants. Ils donnent à Dieu le nom de *Tanghra*. Il a été impossible d'apprendre quels sont, d'après eux, ses attributs. Ils reconnaissent encore d'autres divinités, et voici ce qu'ils en disent : *Aartoyon* (le chef miséricordieux) est, suivant eux, l'auteur de la création ; ils prétendent qu'il a une femme nommée *Koubey-khatoun* (brillante de gloire), et ils croient que l'un et l'autre sont tout-puissants. Ils donnent à un autre dieu le nom de *Ouchsyt* (l'avocat), et ils disent que c'est lui qui porte leurs prières au ciel, et qui exécute les volontés du Tout-Puissant. Ouchsyt, ajoutent-ils, a souvent paru parmi eux, et continue encore à se montrer, tantôt sous la forme d'un cheval blanc, tantôt sous celle de quelque oiseau. *Chessougoi-toyon* (le protecteur) intercède pour eux et leur procure les choses qu'ils peuvent désirer, telles que des enfants, du bétail, des richesses, ainsi que tout ce qui contribue aux agréments de la vie; il a une femme qu'ils nomment *Aksyt* (la donneuse). Telles sont les divinités bienfaisantes des Yakoutes. On peut en ajouter une autre qu'ils adorent dans le soleil. Ils offrent une fois chaque année seulement des sacrifices à ces divinités. Ils croient qu'il existe dans le feu un être auquel ils supposent le pouvoir de dispenser les biens et les maux, et ils lui offrent des sacrifices continuels. Les esprits malfaisants que reconnaissent les Yakoutes sont en grand nombre : ils ne comptent pas moins de 27 tribus d'esprits aériens, dont le chef se nomme *Oulou-toyon;* il a une femme et beaucoup d'enfants. *Sougaï-toyon* (Sougaï signifie *une hache*), le dieu du tonnerre, est le ministre de sa prompte vengeance. Les Yakoutes distinguent les autres démons par les noms de différentes couleurs. Ils croient que dès que leurs schamans (magiciens) meurent, ils se réunissent à ces esprits, etc.

Les fêtes solennelles des Yakoutes commencent avec le mois de juin, et durent 15 jours. Chez eux, lorsque les juments ont mis bas, on ne les laisse téter que deux fois le jour par leurs poulains, encore n'est-ce que pour quelques instants. Dans l'intervalle les poulains sont attachés ou renfermés dans un parc auprès de la maison. On trait les jumenis, et on met le lait dans des vases de cuir, faits en forme de bouteilles, et contenant environ une ancre (mesure du pays). On jette dans ce lait un morceau d'estomac de veau, ou de poulain. On y mêle ensuite un peu d'eau, et avec un bâton dont le bout est aplati, on le remue jusqu'à ce qu'il soit en fermentation. Le lait acquiert, par ce moyen, un goût acide, agréable, et est très-nourrissant ; mais si l'on en boit une grande quantité, il enivre. C'est cette boisson que les Yakoutes appellent *coumis*. Ils en fabriquent autant qu'il leur est possible, et quelques-uns de leurs chefs en font faire jusqu'à 500 ancres. Chaque chef fixe un jour pour célébrer une fête à l'occasion de son coumis ; alors on pratique les cérémonies suivantes : on construit dans une grande prairie une hutte, à laquelle on donne une forme conique, faite avec des pieux fort minces, couverte avec de la seconde écorce de bouleau ; elle a un foyer au milieu, et est décorée de branches de bouleau en dedans et en dehors. Les parents et les amis sont spécialement invités au banquet, et on accueille amicalement tous les convives qui se présentent, de quelque nation qu'ils soient. Les schamans occupent les premières places, et les autres convives s'asseyent suivant leur rang d'ancienneté. On n'admet pas les femmes dans la cabane où se célèbre la cérémonie du coumis. Il leur est même défendu, ainsi qu'aux impurs, de boire du coumis du premier symir, parce qu'on le regarde comme sanctifié, et ayant le pouvoir de fortifier l'esprit et de le remplir d'un sens divin. Quand les Yakoutes à qui il est permis de boire du coumis sacré ont porté les lèvres à la coupe, ils sortent tous de la cabane, et s'asseyent sur les branches de bouleau, formant des demi-cercles, et faisant face à l'est. Tous les symirs sont portés hors de la cabane, et placés entre des branches d'arbres plantés dans la terre, et les convives commencent à boire. Chaque demi-cercle a son symir, son tchoron et un schaman pour le présider. C'est ce schaman qui remplit la coupe et la fait circuler, en suivant toujours le cours du soleil. Il se boit, dans ces occasions, une quantité de coumis incroyable. Alors commencent les joutes, la lutte, la course, les sauts et divers autres jeux d'adresse. On regarde comme particulièrement favorisé des dieux celui qui a remporté le prix dans tous ces exercices, et dès ce moment son témoignage est plus respecté, et a plus de poids que celui d'un homme ordinaire. Après les combats gymnastiques, les Yakoutes montent à cheval, forment encore des demi-cercles, boivent le coup du départ, en se tournant toujours vers le soleil, et se retirent chez eux. Dans ces fêtes, les femmes se tiennent ensemble, à quelque distance des hommes, boivent, dansent et s'amusent.

On admet les personnes des deux sexes dans l'ordre des schamans ou magiciens. Malgré cela, on y compte peu de femmes, parce qu'il faut que leur naissance ou leurs premières années soient signalées par des circonstances particulières pour leur donner droit d'y entrer. Les jeunes gens destinés à l'état de schaman sont instruits par un ancien professeur, qui les mène et le jour et la nuit dans le fond des forêts les plus solitaires, leur montre les lieux que chérissent les esprits aériens, ainsi que ceux que préfèrent les esprits infernaux, et leur apprend à les invoquer et à réclamer leurs secours. Les schamans sont les seuls médecins des Yakoutes malades ; et tout leur art consiste dans ces occasions à invoquer l'esprit infernal qui s'est emparé du malade, et à le rendre favorable par le sacrifice d'un cheval, d'une vache ou de quelque animal domestique, etc.

Les Yakoutes ne sont pas adonnés à de bien grands vices ; rarement parmi eux il se commet de vols. Très-vindicatifs, ils étendent leurs vengeances même sur la postérité de ceux qui les ont offensés ; mais aussi ils n'oublient jamais un bienfait reçu. Non content de payer lui-même, par un ample retour, le bien qu'on lui fait ou les services qu'on lui rend, un Yakoute recommande toujours à ses enfants de rester attachés, par les liens de l'amitié et de la gratitude, à ses bienfaiteurs. — Les Yakoutes, très-soumis à leurs chefs et à leurs *oghoniors* (anciens ou sages), leur prouvent leur respect et leur dévouement par de fréquentes visites et des présents. Ils exercent religieusement l'hospitalité, et montrent les plus grandes attentions pour les voyageurs, et surtout pour ceux qui se conduisent avec honnêteté. Ils sont en même temps curieux et très-intelligents, c'est-à-dire qu'ils interrogent avec beaucoup de franchise, et répondent toujours sans hésiter. Jaloux d'acquérir des amis et de jouir d'une bonne réputation, ils étudient avec soin le caractère des personnes qui peuvent leur être utiles ; ils leur font souvent des présents, et savent même les flatter. Toutes les fois que les Yakoutes se rassemblent, ils délibèrent sur leurs intérêts communs, dont la chasse est un des principaux : alors les oghoniors sont entourés par la multitude, et leur avis est toujours suivi.

Les Yakoutes, hommes bien constitués et pleins de courage, supportent l'excessive chaleur et le froid le plus rigoureux avec une étonnante facilité : ils voyagent à cheval dans le temps des plus fortes gelées, et souffrent souvent beaucoup de la disette. Les maladies les plus communes chez les Yakoutes, sont les rhumatismes, les furoncles, la gâle, les maux d'yeux. En 1758 et en 1774, la petite vérole et la rougeole en firent périr un très-grand nombre. Jamais les Yakoutes ne lavent les ustensiles dont ils se servent pour manger ou pour boire ; mais dès qu'un plat est vide, ils l'essuient avec l'index et le doigt du milieu. La raison en est qu'ils croient que c'est un grand péché que de jeter avec les lavures la plus petite partie d'aliment, et ils s'imaginent qu'une disette doit en être l'effet. — Chaque Yakoute a deux noms, c'est-à-dire, un vrai nom et un nom qu'il adopte ; jamais on ne l'appelle par le premier, si ce n'est dans le cas d'absolue nécessité. Il croit que tant qu'on ne prononce pas son vrai nom, il peut facilement échapper à la recherche des esprits qui veulent le tourmenter. Lorsque les Yakoutes ont besoin de parler d'une personne morte, ils ne citent point son nom, mais ils la désignent de quelque autre manière. Aussitôt que quelqu'un de cette nation meurt, sa hutte est abandonnée, parce qu'on s'imagine qu'elle est devenue l'habitation des démons. Chez les Yakoutes, au moment de l'enfantement, on appelle le mari, et deux matrones intelligentes accouchent la femme en sa présence. Si l'enfant est un garçon, le troisième jour de sa naissance on tue une jument grasse, on invite tous les voisins à souper, l'enfant est bien frotté avec la graisse de la jument, et on lui donne un nom. Lorsqu'il naît une fille, on n'observe aucune cérémonie.

Zocuta Provincia, Province d'Yakoutsk, dans la Russie asiatique (Asie septentrionale). Elle est comprise entre 55° 35' et 76° 15' de lat. nord, et entre 102° et 161 de long. est. Elle touche, au nord, à l'Océan glacial Arctique; à l'est, au pays de Tchoukotski, vers lequel la Kolima fait une partie de sa limite; à la province d'Okhotsk, dont la Maïa la sépare en partie, enfin à la mer d'Okhotsk; au sud, à l'empire chinois, avec lequel elle a pour frontière les monts Stanovoï; au sud-ouest, au gouvernement d'Irkoutsk, vers lequel le Vitim lui sert de bornes sur une assez grande étendue, et à l'ouest, au gouvernement d'Iénisséisk, dont l'Anabara la sépare. Elle a environ 2400 kil. de longueur de l'est à l'ouest, et 1600 kil. de largeur du nord au sud; sa superficie est de 201,000 kil. carrés.

La vaste étendue des côtes que cette province possède sur l'Océan Glacial est généralement basse, bordée de récifs en plusieurs endroits, et obstruée par les glaces pendant une grande partie de l'année; elle est découpée par des bouches multipliées de grands fleuves ou par des golfes assez profonds, parmi lesquels on peut distinguer les golfes de Borkhaïa, Abeliakhskaïa, Amoulakska et Kromovska. Quelques îles sont répandues près de ces côtes; les plus remarquables sont: Stan-barkin, Toumiatsk, Kangalaounoï, à l'embouchure de la Léna; et celles de la Nouvelle-Sibérie proprement dite, l'île de Liakhof, Fadevskii et Kotelnoï; dans la mer d'Okhotsk, cette province a les îles Chantarskoï et Feklistov. Les monts Stanovoï ou Iablonnoï, qui forment, comme nous l'avons dit, la limite méridionale de ce pays, le traversent au sud-est, et reparaissent dans sa partie orientale sous le nom de montagnes d'*Okhotsk*. Ils envoient vers l'intérieur de la province de longues branches qui se prolongent jusqu'à l'Océan Glacial, et parmi lesquelles on peut nommer les monts Aldan. Excepté une étroite région située au sud-est de cette chaîne des Stanovoï, et arrosée par l'Ouda et l'Okhota, tributaires de la mer d'Okhotsk, toute cette province fait partie du bassin de l'Océan Glacial, auquel elle envoie ses eaux par de grands fleuves; le plus important de ces cours d'eau est la Léna, qui se grossit de l'Olekma, de l'Aldan et du Vilioui; viennent ensuite la Kolima, l'Indigirka, ou Kolima de l'ouest, l'Iana, l'Olenek et l'Anabara grossi de l'Olem. On trouve peu de lacs dans cette immense contrée; le seul remarquable est l'Ouniajili vers le centre.

Le territoire, généralement inégal et montagneux, renferme cependant de vastes plaines, mais le sol y est stérile, et ne présente que quelques espaces couverts de mousse, où les habitants font paître leurs rennes pendant l'été; l'hiver ils sont obligés de se retirer dans les forêts, qui commencent à 65° de lat. nord.—Ce n'est que sur les bords de la Léna qu'on trouve quelques villages russes, dont les habitants s'appliquent à une culture précaire. Vers le sud on voit quelques montagnes couvertes de forêts où croissent des mélèzes, des sapins et des bouleaux, et qui servent de retraite à un grand nombre d'ours, d'élans, de rennes, de martres zibelines, de renards, d'écureuils et de loups.—Le saumon abonde dans cette province: sa chair, séchée et fumée, sert de provision d'hiver aux habitants, dont la chasse, la pêche et l'éducation des bestiaux forment la principale occupation.—On fait dans cette province un commerce considérable de pelleterie; le tabac, l'eau-de-vie, le thé, le sucre, le nankin, les étoffes de coton, de drap et la quincaillerie, constituent les importations. Les revenus du gouvernement se composent d'une fourrure de martre imposée à chaque famille, et taxée à environ 36 fr., ce qui forme près de 500,000 roubles d'impôts. La population est de 188,000 habitants.

Zungores, les Téléoutes, ou Telengoutes. C'est un peuple de la Russie d'Asie, mêlé de Tartares et de Kalmouks. Les Russes les appellent *Kalmouks blancs*, parce qu'ils habitaient autrefois parmi les Zungors. Leur langage est un tartare corrompu. Ils tirent leur nom du lac Teleikoe, dans les montagnes Altaïs: ils habitent actuellement le gouvernement de Tomsk, district de Kouznetsk. Leur nombre, qui est peu considérable, ne monte qu'à 500 mâles. Une partie de ce petit peuple professe la religion chrétienne, une autre le mahométisme, et une troisième le schamanisme; cela ne les empêche point de vivre en bonne intelligence entre eux, sans jamais se reprocher tel ou tel culte. Depuis un petit nombre d'années ils sont devenus bons cultivateurs, sans cesser d'être de très-habiles chasseurs; aussi ne paient-ils leur redevance (qu'ils portent à la ville de Kouznetsk) qu'en fourrures. L'année solaire, qu'ils nomment *inte*, se partage chez eux en année d'été et en année d'hiver; l'année d'été (*yasse*) commence à la fonte des glaces sur les rivières, et à la première herbe; celle d'hiver (*cusse*) commence avec les premières neiges. Chacune de ces années contient six mois lunaires (*ai*); le treizième est confondu entre l'année passée et la nouvelle. Les noms qu'ils donnent à leurs mois sont pris des productions de la terre qui leur sont propres, ou des phénomènes de la nature qui y arrivent le plus souvent. Ils ont leur vendémiaire (*tchet-ay*), leur frimaire, etc. Ils commencent par celui d'avril, qu'ils nomment *courouz-ai*, le mois de l'écureuil, car c'est vers cette époque que la chasse de cet animal commence chez eux.

Zuria, vel Iberia, la Géorgie. — Au sud du Caucase, entre le Daghestan et la mer Noire, et au nord des montagnes de Karabagh, de Pambaki et de Tcheldir, habite la nation géorgienne. Elle se donne à elle-même le nom de *Karthouli*, et se divise en quatre branches principales qui parlent des dialectes différents. La première, ou celle des Géorgiens proprement dits, qui sont les plus civilisés, habite le Karthli et le Kakhéti, vallées arrosées par le Kour et ses affluents, et l'Imérethi, qui est à l'ouest des monts Ouloumba et Asmis-Mtha, et s'étend jusqu'aux rives du Tskheni-Tsqali, affluent du Rioni. Les Pchavi et les Joudamaqari, qui vivent dans des vallées étroites du Caucase, à l'est du Haut-Aragvi, affluent du Kour, appartiennent à cette même branche, quoiqu'ils parlent l'ancien dialecte géorgien, qui diffère considérablement de celui qui est en usage aujourd'hui. Les Mingréliens et les habitants de l'Odichi et du Ghouria, tous dans le bassin du Rioni, appartiennent à la seconde branche, dont le dialecte est moins pur que celui de la première. La troisième se compose des Souanes ou Chanou, qui demeurent dans les Alpes méridionales du Caucase, à l'ouest de l'Ebrouz et au nord de l'Imérethi, jusqu'aux sources du Tskhéni-Tsqali, de l'Engouri et de l'Egrissi; leur langue, défigurée par un grand nombre de mots empruntés aux idiomes caucasiens, s'éloigne encore plus du géorgien, et est inintelligible même aux Mingréliens. La quatrième comprend les Lazi, appelés Laj par les Turks; c'est un peuple farouche : il habite le long de la mer Noire, depuis Trébizonde jusqu'à l'embouchure du Tchoronhi, dont le cours les sépare du Ghouria. Leur langue a de l'affinité avec le mingrélien. Dans le moyen âge, leur nom désignait tous les peuples géorgiens, qui occupaient les pays baignés par la mer Noire. Il y eut un royaume de Lazes qui finit par appartenir à l'empire de Trébizonde. Les historiens byzantins disent unanimement que les Lazes sont les anciens Colchidiens.

Les Géorgiens embrassèrent de bonne heure la religion chrétienne; ils avaient de très-anciennes traditions qu'ils rattachèrent à celles de la Genèse, et, adoptant les généalogies des Arméniens, ils prétendirent descendre, comme ceux-ci, de Thargamos, arrière-petit-fils de Noé. A travers les fables qui enveloppent leur origine, on voit qu'ils sont descendus des monts de Pambaki, dont la double cime, qu'on nomme Aleghès, conserve de la neige jusqu'au mois de juin. Les Géorgiens, marchant vers le nord, peuplèrent les vallées situées entre cette chaîne et le Caucase. Leurs chroniques incertaines, qui remontent jusqu'au iiie siècle avant notre ère, indiquent le pays au sud du Kour, jusqu'aux rives du Bedrouji (Debeté), comme celui où demeurait Karthlos, qui passe pour le fondateur de la nation. C'est de là qu'elle se répandit au nord, et plus tard à l'ouest, jusqu'à la mer Noire. — Quoique la langue géorgienne offre plusieurs points de ressemblance avec les langues de la souche indo-germanique, et avec d'autres, surtout avec celles du nord de l'Asie, elle doit néanmoins être considérée comme une langue particulière qui, par ses racines, de même que par sa grammaire, diffère de toutes les autres. — Tous les voyageurs sont d'accord sur l'extérieur avantageux des Géorgiens. « Le sang de Géorgie, dit Chardin, est le plus beau de l'Orient, et je puis dire du monde. Je n'ai pas remarqué un visage laid en ce pays-là parmi l'un et l'autre sexe; mais j'y en ai vu d'angéliques. La nature y a répandu sur la plupart des femmes des grâces qu'on ne voit point ailleurs. » Les voyageurs postérieurs à Chardin ne l'ont pas contredit sur ces éloges, qui pourraient paraître exagérés, et, de même que lui, disent que les Géorgiens ont beaucoup d'esprit que les hommes sont braves et excellents guerriers, mais en même temps fourbes, fripons, perfides, traîtres, ingrats, superbes, d'une effronterie inconcevable, et vindicatifs. Ils leur reprochent aussi d'être adonnés à l'ivrognerie et aux plaisirs des sens; ils conviennent cependant qu'ils sont civils, humains, graves et modérés. — C'est en Mingrélie et en Géorgie que se recrutent les harems de l'Orient; la perspective d'y passer sa vie n'a rien d'effarouchant pour une jeune Géorgienne. Si elle reste dans son pays, elle y est de même enfermée; elle sait que, pour la marier, son père ne la consultera pas, et qu'il la vendra à l'homme le plus opulent; elle désire donc de tomber en partage à celui qui, par ses richesses, pourra lui rendre l'existence aussi heureuse qu'elle peut l'imaginer. — De tout temps le paysan géorgien fut serf des princes et des nobles; par conséquent, il ne s'effrayait pas de l'idée d'être conduit comme esclave à Constantinople. Il savait qu'en restant dans son pays, il serait également, et y traînerait une vie misérable; tandis qu'il pouvait espérer, par sa bonne conduite ou par sa bravoure, de parvenir chez les Turks à un sort brillant.

La Géorgie portait chez les anciens le nom d'Ibérie. Les anciens historiens ne nous donnent pas beaucoup de renseignements sur ce pays, ni sur la Colchide; mais probablement ces contrées s'enrichirent de bonne heure par le commerce. Les trésors de la Colchide y attirèrent les Grecs vers l'an 2700 avant Jésus-Christ. L'expédition des Argonautes, la première que ce peuple eût entreprise hors des mers qu'il fréquentait, ouvrit aux peuples de l'Occident la navigation de la mer Noire. Du temps des Romains, les princes de l'Ibérie furent assez puissants pour que leur alliance eût du prix, et ils tinrent le parti de la république contre les Parthes. Avant cette dernière époque, les Géorgiens avaient été soumis à la domination des Persans; ils tombèrent plus tard sous celle des Macédoniens. Le gouverneur grec ayant été chassé, des rois indigènes régnèrent dans ce pays jusqu'à l'extinction de leur dynastie, au 265 après Jésus-Christ. Les Géorgiens obéirent ensuite à un fils du roi de Perse, marié à la dernière descendante de leurs derniers rois. Une nouvelle dynastie, celle des Bagrations, montée sur le trône en 587, l'a occupé jusqu'en 1800. Durant cette période, la Géorgie fut alternativement libre ou dépendante de ses voisins, principalement des divers dominateurs de la Perse, qui, à plusieurs reprises, ravagèrent cette contrée, et y détruisirent les bienfaits d'une civilisation antérieure. En 1424, Alexandre 1er partagea son royaume entre ses trois fils, donnant l'Iméréthi au premier, le Karthli au second, le Kakhéti avec le Chirvan au troisième. Ces princes ou leurs successeurs, trop faibles pour résister à leurs voisins, devinrent leurs tributaires. Le Karthli et le Kakhéti reconnurent la suzeraineté de la Perse; l'Iméréthi et les restes des contrées géorgiennes à l'ouest des montagnes, furent soumis à l'influence des Turks. Mais la crainte de subir entièrement le joug des musulmans, et la conformité de religion avec les Russes, portèrent les Géorgiens, dès 1586, à rechercher l'alliance de cette nation. Enfin, après bien des vicissitudes, le czar de Karthli, qui avait hérité du Kakhéti, se déclara vassal de la Russie en 1783, et, en 1800, abdiqua. En 1802, le czar d'Iméréthi suivit son exemple. Par le traité de paix de 1812, la Perse céda aux Russes toutes ses prétentions sur le Daghestan, le Chirvan, le Karthli, le Kakhéti, l'Iméréthi, le Ghouria, la Mingrélie et l'Abasie.

Le nom de Géorgien, que quelques auteurs ont regardé comme dérivé de celui d'un laboureur en grec, ou de celui des *Georgi*, peuple cité par les anciens, vient plus probablement de *Gurdji* (Giorji), roi de cette nation au xi° siècle. Le pays fut appelé Gurdjistan. Klaproth pense que le Kour a pu également faire nommer *Kourdjistan* ou *Gurdjistan* la contrée qu'il traverse. Les Russes nomment la Géorgie *Grouzia* ; on en a fait Grousie et Grousinie, noms très-incorrects. — La Géorgie est un pays montagneux, mais elle a des vallées fertiles qui, mieux cultivées, seraient très-fécondes. Le vin, quoique fait avec peu de soin, est excellent ; les Géorgiens ont été jusqu'à présent trop insouciants pour le mettre en barriques, et cependant leurs montagnes abondent en bois superbes. L'Iméréthi est plus froid que le Karthli ; il est presque entièrement couvert de fo-

rêts, de même que la Mingrélie. Les montagnes de toutes ces contrées doivent être riches en métaux.

Tiflis (en géorgien *Mtkwari*), dans le Karthli, sur le Kour, est la capitale de la Géorgie. C'est une ville fort laide ; elle a beaucoup souffert par les guerres ; les Russes en ont rebâti une partie à l'européenne. Tiflis a des eaux thermales célèbres. On y remarque une vaste et antique cathédrale. La population est de 28,000 habitants.

Gori est une ville assez considérable du Karthli ; Thelavi est dans le Kakhéti ; Khouthaissi (Cotatis) dans l'Iméréthi. Les autres villes n'en méritent pas le nom ; les maisons sont à moitié enfoncées en terre, et ont des murs en clayonnage ; les toits sont en roseaux.

Le Karthli et le Kakhéti forment, sous le nom de Géorgie, un des gouvernements de l'empire russe ; sa population, qui s'élève à 339,000 âmes, se compose de Géorgiens, d'Arméniens, de Juifs et de tribus turques. — L'Iméréthi est occupé militairement par les Russes, de même que la Mingrélie, où règne le *dadian*, prince misérable. Sur la côte, on trouve Redout Kaléh ; port avec une forteresse à l'embouchure du Khophi. — Le Ghouria, qui produit du tabac et du coton, a aussi un prince qui se qualifie vassal de la Russie. Cette puissance y occupe quelques positions, afin de garantir cette contrée contre les incursions des Ottomans. Près de la moitié des habitants a embrassé l'islamisme, afin de ne pas tomber en esclavage. Les Ottomans, autrefois maîtres de tous les pays géorgiens situés sur la mer Noire et baignés par le Rioni (Phase des anciens) ou par le Kour supérieur, n'y possèdent plus rien dans l'intérieur. Le pachalik d'Akhiskhah (*Akal Tsikhé* en géorgien), où le Kour prend sa source, est une province russe.

On peut évaluer à près de 1,600,000 âmes la population de tous les pays géorgiens, qui ont pendant si longtemps été ravagés par les peuples du Caucase ; ainsi que par les Ottomans et les Persans.

La Géorgie formait depuis plusieurs siècles une mission catholique desservie par les PP. Capucins italiens, qui avaient un couvent à Tiflis. Mais depuis qu'elle est devenue province russe, ces bons religieux ont été obligés de se retirer devant le mauvais vouloir et les tracasseries du gouvernement russe, qui ne veut de liberté que pour les prêtres de l'Eglise grecque. La mission de Tiflis est donc abandonnée, et les familles catholiques n'ont pas de prêtres et ne peuvent en avoir sans s'exposer à la prison ou à l'exil.

ESSAI
SUR LES TRAVAUX DES ANTHROPOLOGUES,
AU POINT DE VUE DE LA GÉOGRAPHIE RELIGIEUSE.

L'anthropologie, pour remplir dignement sa mission, ne saurait être circonscrite dans la comparaison des crânes et des caractères naturels, tels que la forme et la couleur, pour le classement des modifications du genre humain. C'est amoindrir, atténuer cette science que de l'enfermer dans d'aussi étroites limites. Les considérations anatomiques sur les formes de la tête osseuse dans les races humaines n'ont et ne peuvent avoir, dans la question d'unité de races, pas plus que les inductions qui s'en suivent, toute l'importance qu'on leur accorde. De l'aveu même des anthropologues les plus distingués, la science, bornée à cette partie d'études et d'observations, est incomplète sous tous les rapports.

Si le degré de perfectionnement d'une science devait se mesurer par le nombre des faits qu'elle possède, nul doute que l'anthropologie ne fût l'une des branches les plus avancées des connaissances humaines. Mais si l'on attache moins d'importance au nombre matériel des observations qu'à leur valeur scientifique, s'il est plus rationnel de peser les faits que de les compter, il faut porter un jugement tout contraire, et avouer même que presque toutes les divisions de la géographie ont devancé par leurs progrès l'histoire naturelle de l'homme. Des observations pour la plupart incomplètes, qu'aucun lien méthodique ne coordonne entre elles, et dont les conséquences sont nulles ou douteuses, tels sont les imparfaits résultats auxquels une sévère mais juste critique réduit presque tous les travaux anthropologiques publiés jusqu'à ce jour. Aussi les zoologistes qui ont presque réussi à classer l'ensemble du règne animal dans un ordre à la fois naturel et logique, ne sont-ils pas encore parvenus à déterminer avec quelque précision les diverses races que présente le genre humain, pas même, sauf de rares exceptions, à les décrire d'une manière satisfaisante. A quelles causes faut-il attribuer cet état si imparfait, cette enfance prolongée de l'anthropologie ? à la grande difficulté du sujet d'abord, à la mauvaise direction imprimée aux études et aux recherches, et enfin aux idées systématiques qui ont prévalu dans les commencements et qui dominent encore.

L'étude des caractères des races humaines est l'une des parties principales de l'histoire naturelle positive de l'homme. Grâce aux découvertes et aux voyages récents, la population d'une très-grande partie de la surface du globe se trouve à présent connue d'une manière plus ou moins exacte. Mais alors même que cet immense travail serait complété pour toutes les races, alors même que leurs innombrables variations, de forme, de couleur, de taille, auraient été étudiées, figurées, décrites par des observateurs instruits, que d'obstacles s'opposeraient encore à ce que les mille et mille faits, résultats de ces longs et pénibles travaux, pussent être coordonnés d'une manière satisfaisante, et surtout à ce qu'une détermination rigoureuse et une classification exacte des diverses variétés de la race humaine vinssent enfin fournir une base solide aux théories anthropologiques !

A moins de circonstances favorables, qu'il ne rencontre que bien rarement, l'anthropologue, lorsqu'il veut se rendre compte des rapports et des différences de deux ou plusieurs races, est presque toujours réduit au seul rapprochement de descriptions et de figures quelquefois infidèles, manquant le plus souvent de précision : privé de tout moyen direct de comparaison, comment pourra-t-il saisir dans les descriptions de deux types voisins, les différences si légères qui seules les distinguent entre eux ? car ces différences ne sont souvent que des nuances fugitives, presque inappréciables. Dans les traits mêmes qui font caractère de race, il y a des nuances ; pour assigner ces caractères, ces nuances, il importe de comparer avec soin, comparer le plus grand nombre d'objets possible, et chercher, au moyen de cette comparaison, à dégager les circonstances constantes et caractéristiques des circonstances individuelles et variables. Or, de faits imparfaitement connus ne peuvent naître que des conséquences imparfaites, c'est-à-dire, ou incomplètes ou douteuses. Aussi, dans cette partie de la science, trouve-t-on, pour une vérité bien établie, dix assertions purement hypothétiques et souvent directement contradictoires. Ouvrez les livres des anthropologues, et si vous ne faites entrer en ligne de compte que les ouvrages originaux, vous trouvez exactement autant de solutions qu'il y a d'auteurs. Quand tant d'opinions se partagent les esprits, est-il besoin de dire que la vérité ne règne point dans la science ? Un nouvel examen de presque toutes les questions relatives à l'histoire naturelle de l'homme, une révision de l'anthropologie presque tout entière, sont donc réclamés par l'état présent de la science. En attendant cette réorganisation générale et absolue de l'anthropologie, il serait utile de reprendre et de soumettre à un nouvel examen plusieurs questions déjà traitées par les anthropologues, mais dont ils ne paraissent pas avoir autant avancé la solution qu'ils le pouvaient en mettant à profit toutes les ressources dont ils auraient pu disposer; d'introduire dans la discussion plusieurs données jusqu'alors négligées; enfin, s'appuyant sur des bases nouvelles, substituer sur divers points des résultats démontrés à des opinions seulement hypothétiques, quelquefois aussi des conséquences probables à de simples conjectures.

Les éléments de détermination ordinairement employés pour la solution des problèmes relatifs à l'histoire naturelle de l'homme sont : en première ligne, l'examen anatomique des individus, la comparaison directe des caractères des races ; en seconde ligne, la comparaison de leurs langues, de leurs coutumes, de leurs traditions, de leurs monuments de tout genre, et des circonstances de leur habitation. Ce sont là autant de sources d'inductions ; il n'est aucune d'elles qui n'ait déjà concouru à enrichir la science de résultats nombreux et intéressants. Mais ces éléments de détermination, quelle que soit leur valeur, suffisent-ils toujours à la solution des questions si difficiles et si complexes de l'anthropologie? N'arrive-t-il pas trop fréquemment qu'appuyés sur leur seul emploi, les efforts même les mieux dirigés ne puissent qu'entrevoir et indiquer, mais non démontrer d'importants résultats ; ou même qu'ils échouent complètement devant des difficultés encore insurmontables?

Le nombre et l'intensité des modifications chez l'homme deviennent pour ainsi dire illimités. Habitant sous tous les climats et presque à toutes les températures, variant de cent et cent manières la qualité et la quantité de sa nourriture, se livrant aux professions les plus diverses, il présente dans la multiplicité de ses races, de ses sous-races, et l'on peut ajouter de ses innombrables variétés individuelles, l'effet naturel et nécessaire de la multiplicité des causes qui exercent sur lui, et depuis si longtemps, leur influence. Les modificateurs chez l'homme sont les circonstances locales, notamment l'habitation, le genre de vie et le régime diététique. Les effets des variations se présentent d'abord dans la taille et dans la couleur, puis dans la proportion et la forme des organes.

La science anthropologique ne doit pas seulement se borner à la classification des diverses variétés des races humaines ; mais elle doit s'étendre aux causes physiques qui arrêtent leur accroissement ou qui occasionnent la dépopulation de telle ou telle contrée, c'est-à-dire qu'elle doit rapporter la nomenclature des diverses maladies qui s'attaquent à telle ou telle race, ou à des variétés de cette race. Une statistique de ces fléaux, si lamentables dans l'histoire du genre humain, ne peut manquer d'avoir son importance et son utilité sous le rapport scientifique. Il est des maladies qui sont comme particulières à telle ou telle race ; il y en a qui paraissent s'attaquer de préférence à telle ou telle variété de race.

Les zoologistes, fidèles à la méthode différentielle, divisent et subdivisent sans cesse, tandis que les anthropologistes, plus assujettis à la méthode analogique, tendent au contraire à les réunir, parceque cette réunion est le trait le plus distinctif de la nature dans le croisement des races humaines. Or, nonobstant l'esprit de castes, qui a été si puissant chez toutes les nations, ces croisements ont été si nombreux et si multipliés, que plusieurs physiologistes ont avancé qu'il n'y avait sur le globe que des variétés croisées, au milieu desquelles il était impossible de retrouver les types primordiaux. En effet, la question du croisement des races mérite un examen sérieux et attentif. Qui peut en calculer les conséquences depuis des siècles ? Comment apprécier l'état normal de l'espèce humaine, après toutes les migrations, les substitutions volontaires ou forcées qui ont eu lieu, et le mélange des races qui en a été le résultat, lequel a dû jeter une grande confusion dans la science anthropologique? Les anthropologues qui n'en tiennent compte, s'exposent à commettre de graves erreurs.

Il en est des diverses variétés de l'espèce humaine comme des individus, qui, bien qu'appartenant à la même nation, vivant sur le même sol et sous le même climat, diffèrent tous plus ou moins les uns des autres. L'espèce humaine habite le même globe, vit sous le même ciel, mais se partage en plusieurs races, lesquelles se subdivisent en une infinité de variétés.

On conçoit cependant que la détermination des types primordiaux est la clef de l'anthropologie ; car, avant de rechercher comment les races se combinent par l'effet des croisements, il est nécessaire de préciser leurs traits. Sans cela comment séparer ce qui s'entremêle sans cesse, comment distinguer ce qui tend sans cesse à se confondre ?

L'anthropologie a donc fait de nos jours un véritable progrès, en rapportant à trois types primordiaux toutes les variétés humaines : le type *Caucasique*, ou la race blanche ; le type *Mongolique*, ou la race jaune, et le type *Éthiopique*, ou la race noire. Le savant et laborieux Blumenbach ajoutait à ces trois races l'*Américaine*, ou la cuivrée, et la *Malaise* ; il en comptait donc cinq. Ces deux dernières peuvent se rapporter aux types Mongolique et Éthiopique. La nouvelle classification dont nous parlons prend un caractère de probabilité des voies différentes par lesquelles la science y est arrivée et appelle une attention soutenue. Ainsi M. de Walckenaer a été amené à ce résultat par ses recherches approfondies sur la géographie et l'histoire des peuples ; Cuvier par ses études comparatives sur le règne animal ; et Dumont d'Urville, ainsi que plusieurs autres voyageurs, par l'observation directe de l'ensemble des traits et des habitudes des peuples divers qu'ils ont visités. Ce résultat sera-t-il confirmé par la comparaison des langues, par celles des traditions et des monuments des peuples, qui sont présentement l'objet de recherches si actives? grand problème qui, en ce jour, se discute dans toutes les parties du monde les plus éclairées, et dont la solution s'approche de plus en plus par des découvertes continues et nouvelles. Il est difficile de contester que l'Amérique, l'Afrique et l'Europe ont reçu leur population, comme leurs langues, leur écriture, leur culte, leurs traditions et leurs sciences de l'antique Asie, où la Genèse nous montre les premiers hommes, échappant au dernier cataclysme qui a désolé la terre. Bientôt cette harmonie complète des traditions de tous les peuples, et leur accord admirable avec les dernières observations des géologues, se montreront avec une force irrésistible à tous les esprits droits et dépouillés de préjugés. Effectivement ceux qui ont le loisir d'observer la marche générale des découvertes, les voient toutes converger vers un même et important résultat, celui qui établit de plus en plus l'unité de l'espèce humaine, et la vérité des hautes et antiques traditions bibliques, retrouvées, sous une forme à peine défigurée, chez tous les peuples, même chez ceux que l'isolement et les besoins physiques les plus pressants ont démoralisés.

C'est par de semblables études que l'anthropologie doit essayer de se rendre raison, d'une part des caractères propres à chaque race, et de rechercher de l'autre les lois selon lesquelles s'opère le mélange et la combinaison de ces caractères par l'effet de leur croisement : elle arrivera, par cette méthode, à reconnaître et à retrouver encore l'empreinte de la race Caucasique, et à expliquer comment il se fait que dans cette race certains individus rappellent la race Mongolique, d'autres la race Ethiopique, lesquels on les remarque souvent à des degrés très-marqués. En un mot, on aura la clef de la diversité des tempéraments. Ces notions physiques acquises pourront servir d'introduction à des recherches morales qui en sont la conséquence. Les rapports du physique avec le moral de l'homme ont frappé dans tous les temps l'attention des physiologistes et des philosophes. Or ces rapports peu apparents chez les individus de la race Caucasique, et modifiés en outre par la civilisation et l'éducation des peuples, sont, au contraire, si marqués dans les races humaines, considérées en masse, que l'histoire en inscrit à chaque pas les effets, soit dans l'aptitude comparée de ces races pour les sciences, la littérature et les arts, soit dans leurs habitudes et leurs mœurs.

La prononciation, la parole et la voix sont le produit d'un appareil très-compliqué et très-variable, dans les proportions respectives de ses divers éléments d'une race à une autre, de la race Ethiopique à la race Caucasique, par exemple. Aussi l'examen comparatif de l'appareil vocal dans les races humaines doit-il être pris en considération dans l'étude des langues primitives. Les idiomes des langues se classent d'après le groupement des familles humaines, car elles en suivent les variations. Pour nous borner à l'Océanie, les idiomes des Océaniens peuvent se ranger en cinq grands rameaux correspondant à autant de variétés de races, lesquels, suivant l'opinion de Forster et de M. Dumont d'Urville, dérivent d'une langue primitive, aujourd'hui perdue (1).

(1) Les ethnographes distinguent les *langues spéciales*. Ainsi l'hébreu, le chaldéen, le syriaque, l'arabe, le persan, le turk, l'arménien, le grec, le latin, seraient des langues spéciales. Les langues sorties ou dérivées de celles-ci seraient des idiomes. Les langues parlées aujourd'hui dans l'Inde sont toutes dérivées du sanscrit, et comprises sous la dénomination générale de procrit, de même que l'italien est un procrit du latin.

Les dialectes hindou, guzérati, tizhutya, bengali et autres, sont tous procrits. Il en est de même du kashmirien, qui est un idiome, du reste fort grossier. Les sikhs le connaissent.

L'idiome pehlevi (qu'il ne faut pas confondre avec le pehlevi persan, et on entend par là l'écriture persane du temps des Parthes) est peu connu, c'était la langue de l'ancienne Perse ; on la parlait encore sous les derniers princes de la dynastie des Sassanides. Le deri est, dit-on, l'ancienne langue de la Perse, avant l'invasion musulmane au VIIe siècle, époque à laquelle le persan se mélangea d'arabe. Ce persan moderne mélangé d'arabe est la langue actuelle de toutes les conditions de l'Azerbidjan jusqu'à Muschid.

A Hérat le persan commence à se fondre avec le posthou ou langue des Affghans ; il est du reste parlé dans les hautes classes du Punjob, de l'Hindoustan et du Turkestan. L'arabe introduit par les conquêtes des Mahométans a disparu. Dans l'Hindoustan, il s'est confondu avec l'hindoustani, qui n'est qu'un mélange de l'hindi et de l'urdu ou oordu.—L'hindi est la langue écrite de l'Inde pour laquelle on emploie les caractères dévanaoaris. L'urdu ou oordu devint la langue des cours après l'invasion du Tamerlan ; on présume que c'était la langue de ses soldats. Le turki paraît n'être qu'un dialecte du turc, c'est dans l'Hindoustan une langue étrangère.

M. Wilson de Bombay prête d'que le zend est une langue forgée, et simplement un mélange de sanscrit, de persan, d'arabe et de guzérati. Et cependant, d'après Rawlinson, les adorateurs du feu qui habitent la partie de l'ancienne Médie, située dans les montagnes de Desmor en Karadagsi, à l'ouest de la Caspienne et au nord de l'Azerbidjan, parlent encore aujourd'hui un langage ressemblant au zend.

La langue tibétaine diffère considérablement de celle de Ladak. C'est, du reste, une langue pauvre, et d'une grande simplicité de construction.

La langue palmyrénienne, parlée à Palmyre et dans les environs, avait une affinité très-étroite avec l'hébreu.

La langue phénicienne et l'arabe, suivant Heeren, étaient dérivés du même idiome, et la différence n'était pas assez grande pour empêcher les deux peuples de s'entendre. Beaucoup de savants ne croient pas le sanscrit originaire de l'Hindoustan, et le regardent comme une langue étrangère à la contrée. Dans ce cas, d'où serait-il venu ?

La langue tamoule a des affinités avec les idiomes de Java, suivant M. Ellis. Elle est dure à l'oreille. Le révérend Schmidt, missionnaire anglican, en parle comme d'une langue absolument distincte du sans-

Les anthropologues ont remarqué que, dans le croisement de deux races, la supérieure empreint ses caractères sur le produit qui en résulte, d'une manière beaucoup plus profonde que la race inférieure. Il suit de ce fait que le métis n'est pas une résultante moyenne des deux producteurs, mais une résultante inégale, dans laquelle prédominent toujours les caractères de la race supérieure. Cette prédominance, aussi tranchée au moral qu'elle l'est au physique, explique comment, dans le croisement des races, le perfectionnement intellectuel de l'homme accompagne son perfectionnement physique. C'est la voie naturelle mise en œuvre par le Créateur pour ramener toutes les races humaines à leur point de départ primitif, l'unité.

L'anthropologue, pour ne point s'égarer dans les recherches si intéressantes de la dissémination des races et des produits de leur croisement sur la surface du globe, doit combiner sans cesse l'étude des caractères physiques et moraux des peuples et des nations, en ayant égard au degré de perfectionnement des types qui se sont croisés; il ne doit point oublier que les peuples portant sur leur physionomie les véritables éléments de leur propre histoire naturelle, ce sont ces éléments qu'il faut s'attacher à déchiffrer, en mettant à profit les progrès récents de la zoologie, ceux de l'anatomie, de la physiologie et de la linguistique.

Dans la question si intéressante, par exemple, de l'Océanie, la linguistique et l'anthropologie peuvent s'éclairer réciproquement. Là, en effet, les diverses races humaines sont en présence l'une de l'autre. Chacune, à son tour, est venue prendre possession des archipels qui la composent. La nature de ces archipels, séparés les uns des autres par l'Océan, formait pour ainsi dire autant d'États distincts, permettant aux facultés physiques et morales de chaque race de se déployer sans contrainte. Chaque race a donc pu montrer ce qu'elle sait et ce qu'elle peut lorsqu'elle est livrée à elle-même, abandonnée à ses propres moyens de conservation, de défense et d'organisation sociale.

En s'arrêtant aux modifications que paraissent avoir subis dans les diverses contrées de l'Océanie les types de la race cuivrée et de la race mélanésienne, on en voit sortir de suite les questions importantes dont se compose l'histoire naturelle des peuples. Quant à leur origine, elle est étrangère; c'est un point actuellement hors de discussion, d'après l'opinion de ceux qui ont visité ces peuples, de ceux qui ont écrit sur leur histoire, et d'après les découvertes les plus récentes. Mais ceci posé, il a fallu chercher à les rattacher aux familles humaines qui couvrent les parties du globe; et alors on est tombé dans le champ des conjectures et des suppositions, d'autant plus difficiles à justifier dans le cas présent, que les annales historiques, si fécondes pour les migrations des peuples qui habitent l'Europe, l'Asie, l'Afrique et même l'Amérique, sont presque nulles pour ceux qui occupent présentement l'Océanie. L'incertitude à cet égard s'est encore augmentée par les différences que présentent les individus qui composent la population océanienne. Ces différences ne sont pas seulement des nuances dans la coloration de la peau, dans la disposition des cheveux, dans la forme du nez, des lèvres et des orbites : elles portent sur tout l'ensemble du crâne, de la face, du cou et de la stature. Ces différences si diversifiées ont amené quelques savants à croire bien à tort à la pluralité d'espèces d'hommes dans l'Océanie.

Forster, M. de Chamisso et l'amiral Dumont d'Urville n'ont vu que deux races distinctes dans les peuples de l'Océanie, la race *Mélanésienne*, qui n'est qu'une branche de la race *Éthiopique* d'Afrique, et la race *Polynésienne* basanée ou cuivrée, qui elle-même n'est qu'un rameau de la race *Jaune* originaire d'Asie. Dans cette opinion, la race Malaise se trouve retranchée du nombre des races primitives. Or, ce retranchement, qui rend la race Malaise secondaire, modifie singulièrement la loi du croisement des races humaines à son égard; car dans le mélange du Malais et du Nègre, le Malais étant supérieur, le Métis devrait reproduire en plus ses propres caractères, si la race était primitive; tandis, au contraire, que si elle n'est que secondaire, son mélange avec une race pure devra la ramener vers cette dernière; et c'est effectivement ce qui existe dans plusieurs parties de l'Océanie. Aussi l'hypothèse que la race Noire lui a donné ses habitants primitifs,

crit, et qui serait la langue pure des aborigènes hindous.

La langue noubas, ou nubienne, comprend, suivant M. Rüppel, sept dialectes qui sont parlés dans le Kordofan, en Nubie : le darfour, le schaboun, le sertit, le douké, le takele, le schilluk et le koldagi.

La langue ambargna, parlée dans l'Afrique orientale, a un dialecte commun aux nombreuses peuplades Gallas de l'Afrique centrale.

La langue tagale, qui vient du malais, compte plusieurs idiomes dont se servent les peuplades de l'île de Luçon. Les Chinois, épars dans toute l'Asie orientale et méridionale, n'ont pu, malgré l'extension de leur empire, répandre leur langue. Cela se comprend; c'est une langue informe comme celle des enfants. En Amérique, chaque tribu indigène avait sa langue. MM. Martius et Spix ayant observé 48 tribus d'Indiens, trouvèrent 48 dialectes, dans leur voyage au Brésil de 1817 à 1820.

Les Indiens du Mexique se divisent en beaucoup de races, et chacune a sa langue. Il en est 20 différentes qui se parlent encore. Le climat influe sur le physique et le moral de l'homme, mais encore sur les langues et sur leur prononciation. Dans les climats à température douce et humide, les langues perdent de la rudesse qu'elles ont dans les climats à haute température, et de l'énergie qui les caractérise dans les climats à température brûlante et sèche. Ainsi la langue portugaise nationalisée au Brésil a subi des altérations; elle a perdu cette rudesse de prononciation et cette arrogance d'expression, si analogues au caractère des Portugais; elle a néanmoins conservé cette mâle énergie qu'elle possède en commun avec la langue espagnole.

(*Note de l'auteur.*)

réunit en sa faveur tous les degrés possibles de probabilités dans cet ordre de questions. C'est l'opinion de l'amiral Dumont d'Urville, de M. de Freycinet et de plusieurs anthropologues que la race Noire est la souche-mère sur laquelle sont venus se greffer, par la marche du temps et des événements, les Hindous, les Mongols, les Chinois et les Arabes; et il est constant que les Océaniens portent l'empreinte de ces mélanges et de ces combinaisons. Quelle a été maintenant l'influence du climat, de la religion et des gouvernements sur l'état de ces peuples? Comment se sont disséminés sur ces différentes îles et la nation primitive, et les rameaux de la race cuivrée, sortis des croisements qui ont pu s'opérer? Ce sont des questions que l'anthropologie doit adresser à la géographie, à l'histoire et à la linguistique. Car c'est un phénomène fort intéressant à approfondir, que celui de la substitution d'une race à une autre, d'une nation à une autre nation. L'étude de la manière dont elle s'est opérée chez les peuples de l'Océanie serait pour l'humanité un enseignement d'autant plus utile, qu'elle semble s'être opérée autant par l'influence des moyens naturels que par ceux de la force et de l'art. Ainsi, en suivant l'invasion hindoue, on la voit s'exercer simultanément sur la langue, les mœurs et la religion. Lors de l'invasion arabe, le même phénomène se reproduit et se répète avec des circonstances à peu près analogues; et dans les deux cas c'est toujours une race plus avancée qui prend la place d'une race qui l'est moins.

Quand on considère avec les mœurs, l'industrie et la religion des hommes non civilisés, on y remarque de curieuses similitudes avec les pensées des plus anciens peuples dont l'histoire nous ait transmis la croyance et la sagesse. Ces observations tendent à démontrer la grande unité de l'espèce humaine et les communications que les hommes ont eues entre eux à une époque reculée, dont les livres et la tradition ont également perdu le souvenir, mais dont l'analogie nous fournit encore des preuves irréfragables.

Ce sont des faits très-remarquables, que de retrouver le dogme de l'immortalité de l'âme jusque chez les peuples que nous considérons comme placés au dernier degré de l'échelle intellectuelle; de voir que l'idée d'un malin esprit et celle d'une puissance rémunératrice existent partout au milieu d'eux; que presque partout encore ils conservent la tradition du déluge, et sur beaucoup de points des traces évidentes de la loi mosaïque. Les îles Philippines, par exemple, conservent une page de l'Ancien Testament. Suivant M. Renouard de Sainte-Croix, l'époux, à l'imitation du patriarche Jacob, doit servir son beau-père pendant plusieurs années; il faut qu'il l'aide à labourer ses champs de riz, à le recueillir, etc.

Nul doute que les Hébreux, les Arabes, les Chinois, les Japonais et plusieurs autres nations éloignées, de nous n'aient eu jadis de hardis navigateurs, et n'aient poussé leurs courses aventureuses à de prodigieuses distances sur le grand Océan; peut-être ne serait-il pas difficile de suivre les célèbres flottes de Salomon à travers certains archipels. Ces suppositions, qui ne sont encore que de simples probabilités, en raison de notre ignorance sur la vie passée des peuples orientaux, s'accordent parfaitement du reste avec les nombreuses variétés qu'offre la population océanienne.

Les anthropologues ont encore remarqué que dans les races humaines autres que la *Caucasique*, telles que la Mongolique, la Malaise, l'Éthiopique, la forme générale du crâne affecte deux types principaux :

1° La forme globuleuse, caractère distinctif des crânes du Chinois, du Mongol et du Malais, qui reproduit un des caractères du crâne de l'enfant dans les races européennes;

2° La forme allongée propre aux crânes de la race éthiopique.

Avec ces modifications dans la forme générale du crâne coïncident les différences suivantes dans les régions latérales, antérieure et postérieure du crâne.

Dans la région latérale du crâne, la surface d'insertion du muscle temporal tend de plus en plus à s'agrandir, soit que cette région s'aplatisse, soit que l'arcade zygomatique se déjette de plus en plus en dehors.

La région occipitale, très-étalée dans le sens transversal chez le Chinois, chez le Mongol et chez le Malais, se prolonge au contraire en arrière chez le Hottentot et chez le Nègre.

Dans la région antérieure, par suite du redressement du bord orbitaire et de l'apophyse orbitaire du frontal, l'orbite gagne en étendue dans le sens transversal ce que perd la capacité crânienne par suite de la fuite en arrière, de plus en plus prononcée, de la région coronale. En même temps les arcades sourcilières deviennent plus saillantes dans toutes ces races-là que dans la race Caucasique, de sorte que l'on peut dire que toutes les modifications éprouvées par les régions latérales et antérieures du crâne tendent, dans le premier cas, à donner de la prédominance à la fonction masticatrice, et par suite aux instincts de la vie végétative; dans le second cas, à donner de l'ampliation aux chambres visuelles et olfactives, par suite des rapports du bord orbitaire du frontal et des arcades sourcilières avec la cavité orbitaire et le sinus frontal.

Cette ampliation des chambres visuelles et olfactives devient beaucoup plus évidente lorsqu'on examine la manière dont chacun des éléments de l'orbite et des cavités olfactives se combine avec ses analogues dans les têtes des races Mongolique, Malaise et Éthiopique.

On voit alors que si, par suite du redressement du bord orbitaire et de l'apophyse orbitaire externe du frontal, le bord supérieur de l'orbite gagne en étendue dans le sens transversal, ses dimensions, dans le même sens, s'accroissent également sur le bord inférieur par suite de la prédominance du maxillaire supérieur sur l'os molaire. Or, on conçoit que le sinus maxillaire doit s'agrandir, par suite de l'augmentation d'étendue de la partie de l'élément facial qui le contient. En même temps la courbe décrite par le bord alvéolaire du maxillaire supérieur devient plus prononcée en avant et en dehors.

Voilà donc la chambre olfactive augmentée à son tour, 1° par l'augmentation d'étendue du sinus maxillaire; 2° par l'amplitude éprouvée par le plancher des fosses nasales, dont les modifications sont, comme on le sait, si intimement liées à celles que subit la voûte palatine, et par suite la chambre gustative.

Tels sont les changements principaux que présentent les têtes des races Mongolique, Malaise et Éthiopique comparées aux têtes européennes. Ces modifications de forme, éprouvées par le crâne et par les chambres sensoriales, vont en se prononçant de plus en plus du Mongol au Chinois, du Chinois au Malais, du Malais au Nègre. Cette dernière race paraît la plus éloignée du type caucasique.

A ces considérations d'un savant anthropologue, M. le docteur Pucheran, il convient d'ajouter que, suivant M. Virey, la position plus ou moins centrale du trou occipital chez les différentes races humaines mérite une grande attention, lorsqu'on se propose d'assigner à ces races un ordre de prééminence. Il estime que ce caractère peut servir à établir la supériorité d'une race sur une autre, quand on veut les comparer entre elles, sous le rapport de leur aptitude à se civiliser. En zoologie, sur un tel état de choses, les naturalistes établiraient non-seulement des espèces, mais des genres, et peut-être même des familles. En ce qui concerne l'histoire naturelle de l'homme, il n'en saurait être ainsi, et si l'on compare les uns aux autres les individus des races océaniennes, si l'on rapproche et si l'on emploie un à un chacun de ces caractères, on voit les analogies ressortir de ces différences; de sorte que tandis que l'homme est porté à diviser dans sa pensée, il s'aperçoit que le Créateur réunit dans son action. Le point de cette réunion paraît résider dans l'abaissement ou l'élévation du pédicule oculo-nasal de l'os coronal qui, dans toutes les races, forme le caractère anthropologique le plus constant et le moins variable dans ses résultats. Par la position qu'il occupe, ce pédicule forme d'une part la paroi interne et supérieure de l'orbite, et d'autre part sert d'arc boutant aux os nasaux et à l'apophyse montante de l'os maxillaire supérieur; d'où il suit que la disposition qu'il affecte résulte celle des yeux, du nez, des lèvres et des parties latérales de la face. Or, de ces parties de la face et des dispositions que présentent les yeux, le nez et la bouche, l'anthropologie déduit précisément les caractères les plus significatifs,

non-seulement des races humaines, mais aussi de leurs principales variétés.

De son côté, M. Dubreuil, professeur à la faculté de médecine de Montpellier, est convaincu que les caractères ostéologiques tirés de la tête sont nécessaires pour arriver à la connaissance des races humaines, de leurs principales variétés, et découvrir quelquefois dans leurs mélanges celles qui dominent.

M. d'Omalius d'Halloy, en signalant la tendance au développement que présentent les variétés de la race blanche, et l'état stationnaire ou même rétrograde des races colorées et de leurs variétés, paraît conclure que ces dernières sont *intellectuellement* inférieures aux variétés de la race blanche. Cette conclusion est une énormité morale qui n'a pas de fondement.

Enfin, d'après les travaux encéphalotomiques modernes, un anatomiste distingué, M. Bourgery, croit que l'homme est le seul qui offre une supériorité très-grande du poids du cerveau sur celui de la tige céphalique représentant les organes des sens, de la sensibilité générale et du mouvement. De ces mêmes travaux, il ressort que dans l'homme l'étendue et la variété de l'intelligence sont généralement en proportion de la quantité de la substance cérébrale, sauf les conditions physiologiques de la texture; que chez les animaux le développement de l'instinct paraît en rapport avec la quantité de la matière cérébrale dans chacun d'eux, sauf également la question de qualité entre les individus d'une même espèce.

L'encéphalotomie comparée des races humaines, qui est une subdivision de l'anthropologie, constitue une science toute nouvelle. On ne peut donc pas attacher une importance majeure aux modifications encéphaliques qui correspondent aux modifications de forme crânienne. Car pour saisir les lois de la nature, il ne suffit pas de discuter quelques observations, attendu qu'elles peuvent appartenir à des cas particuliers : il faut pouvoir en comparer un grand nombre qui aient été faites avec beaucoup de soin et de sagacité.

La philosophie, l'histoire et la philologie se tournent actuellement vers l'anthropologie et lui demandent des secours devenus indispensables à leurs travaux; mais l'état d'imperfection où est encore cette science ne lui permet pas d'être immédiatement aussi utile qu'elle devrait l'être. Néanmoins, malgré sa faiblesse, elle rend déjà des services. N'a-t-elle pas renversé les systèmes des premiers anthropologues, qui admettaient la pluralité des espèces pour l'homme? Aujourd'hui elle ne reconnaît que trois types primordiaux, ou plutôt trois races (ce qui est beaucoup plus clair et plus précis); la *Caucasique*, la *Mongolique* et l'*Éthiopique*. Au lieu donc de diviser, elle revient à l'unité primitive : c'est un fait capital. Quant à l'Océanie, qui a tant préoccupé les esprits depuis un siècle, l'anthropologie établit que la population primitive est d'origine étrangère, que cette population appartenait à la race

Noire, et que les variétés si nombreuses d'habitants que cette partie du monde offre ne sont que des rameaux sortis de la souchemère, la race Noire.

La comparaison des langues réduit à un très-petit nombre les nations qu'on croyait multipliées à l'infini. Si la linguistique utilise à son profit les recherches et les études de l'anthropologie, de son côté elle lui prête un concours très-précieux dans plusieurs circonstances. Les idiomes des langues peuvent se classer d'après le groupement des familles humaines. Ainsi, pour l'Océanie, où l'on compte une si nombreuse variété de nations qui atteint, si elle ne surpasse, le chiffre considérable des peuples de l'Amérique, les idiomes se rangent en cinq grands rameaux, d'après M. Guillaume de Humboldt, correspondant à autant de variétés de races.

Quant au continent américain, on comptait sur sa surface plus de mille nations; M. d'Orbigny les a réduites à trente-neuf. Leur répartition avant la conquête espagnole, comparée à leur état actuel, prouve que *toutes occupent aujourd'hui les mêmes lieux qu'elles habitaient jadis*. Leur ordre, suivant l'étendue de terrain qu'elles habitent, donne le premier rang à la nation Guaranise, qui est pour ainsi dire à l'état sauvage. Les migrations des peuples, retrouvées par les langues, démontrent à l'auteur que la même nation, les *Guaranis*, les *Galibis* ou *Caribes*, s'étendait depuis les Antilles jusqu'à la Plata, depuis le pied des Andes jusqu'à l'Océan Atlantique. D'après les recherches du même savant anthropologue, le nombre actuel des Américains purs de race s'élèverait encore à plus de deux millions.

Dans l'Amérique méridionale, deux principes colorants existent parmi les indigènes, le brun-olivâtre plus ou moins foncé, et le jaune-rougeâtre. La latitude, l'élévation du lieu d'habitation, ne sont pas sans influence sur la couleur de la peau, et la sécheresse de l'atmosphère a plus de part à son intensité que la chaleur. Les plus petits hommes sont sur les plateaux des Andes, ce que M. d'Orbigny attribue à la raréfaction de l'air. La comparaison tend à prouver que *la forme de la tête des Américains n'offre pas des caractères aussi certains, aussi tranchés qu'on l'avait pensé*. L'influence de la position sociale sur la physionomie des Américains est on ne peut plus évidente : le Péruvien, de tout temps soumis à la plus étroite servitude, l'a grave, réfléchie, triste même ; on dirait qu'il renferme en lui toutes ses pensées, qu'il cache ses plaisirs aussi soigneusement que ses peines sous une apparence d'insensibilité. L'Araucano, libre, mais toujours en guerre, est également réfléchi et froid ; mais ce n'est pas de la tristesse, c'est du mépris.

Il existe une inégalité étonnante entre le mélange des Espagnols avec telle ou telle race américaine. Avec les Guaranis, les Métis sont de belle taille, presque blancs ; leurs traits sont beaux dès la première génération, tandis qu'avec les Quichnas les traits américains sont plus tenaces et ne disparaissent qu'après plusieurs générations. Cette remarque vient s'ajouter aux observations déjà faites, qui prouvent que dans le croisement de deux races la supérieure empreint ses caractères sur le produit qui en résulte, d'une manière beaucoup plus profonde que la race inférieure.

Il est démontré aujourd'hui que les *facultés intellectuelles des Américains ne sont pas au-dessous de celles des autres hommes*. Les animaux domestiques, la culture, ont une grande influence sur les causes de la réunion des Américains en grandes sociétés. L'extension comparative des gouvernements avec celle des nations distinguées par le langage démontre que le degré de civilisation ne suit pas toujours une marche relative à leur importance numérique, mais se rattache à *l'étendue et à la stabilité des sociétés*.

Les trente-neuf nations de l'Amérique se rapportent, suivant M. d'Orbigny, à trois types, ou races : 1º Ando-Péruvienne, couleur brun-olivâtre plus ou moins foncée, taille petite, front peu élevé ou fuyant ; yeux horizontaux, pas bridés à leur angle extérieur. — 2º Pampéenne, couleur brun-olivâtre, taille souvent très-élevée, front bombé, non-fuyant, yeux horizontaux, quelquefois bridés à leur angle extérieur. — 3º Brasilio-Guaranienne; couleur jaunâtre, taille moyenne, front peu bombé, yeux obliques, relevés à leur angle extérieur. La première race compte trois rameaux, la deuxième aussi; la troisième n'en compte pas.

Des observations et des comparaisons récentes faites en Asie ont démontré qu'il existe une conformité remarquable de type entre les Chaldéens, les Kurdes, les Mèdes et les Juifs. Ce serait, suivant Dureau de la Malle, une nouvelle variété de l'espèce humaine. On sait que les Juifs de Rome, qui ne s'allient jamais qu'entre eux, ont gardé plus que toute autre branche de la race juive, le caractère indélébile de leur nation. On a saisi également une identité de langage entre ces mêmes peuples; c'est-à-dire que les Chaldéens et les Kurdes s'entendaient, en parlant leur patois, avec les Juifs parlant l'hébreu littéral. M. Boré pense que les Hébreux et les anciens Chaldéens sortent d'une même souche et sont un même peuple. Cette découverte anthropologique et ethnographique est du reste conforme à l'histoire.

Mais jusqu'à présent l'anthropologie n'a point compris, et par conséquent n'a point expliqué d'une manière conforme à la vérité et aux faits historiques l'état d'infériorité progressive des peuples sauvages de l'Asie, de l'Afrique, de l'Amérique et de l'Océanie. La dégénération et l'abrutissement de ces peuples tiennent tout à la fois à l'ordre physique et à l'ordre moral. En général, toutes les nations plus ou moins sauvages sortent de quelque peuple civilisé, et leur état social dépend presque toujours de leur soin à conserver les lois qui régissaient le monde primitif, sa voir : l'unité de Dieu, l'état de société et la pratique du travail. Pour comprendre l'infériorité des peuples sauvages, il faut en chercher l'explication dans leur manière d'être et d'agir. En effet toutes les nations sauvages abhorrent le travail, ou ne s'y livrent que momentanément et comme poussées par une nécessité absolue ; elles vivent isolées les unes des autres dans l'oubli des traditions religieuses primitives. Car il est tout à fait inexact de dire que les peuples puissent s'élever par eux-mêmes aux idées religieuses. Le fond des idées religieuses qui existent dans le monde, n'importe à quel titre et sous quelles formes, n'est qu'une altération plus ou moins profonde des révélations primitives. Affaiblies, défigurées par la corruption ou l'imbécillité de la raison humaine, elles passent d'un peuple à un autre, mais elles ne s'inventent pas. La puissance de l'esprit humain ne va pas jusque-là.

L'état sauvage n'accuse donc pas le manque de facultés intellectuelles chez les peuples qui le subissent, mais il accuse leur dégénération morale complète. Or, la dégénération n'exclut pas l'existence et l'étendue de l'intelligence. Ne voit-on pas des individus, possesseurs de hautes et belles facultés intellectuelles tomber cependant dans une dégradation affligeante? Il en est de même des peuples, et toutes les accusations formulées contre l'infériorité intellectuelle de la race Noire et de la race Cuivrée, comme n'étant pas du même type primordial que la race Caucasique, constituent autant de non-sens.

La permanence de l'état sauvage est une anormalité dans l'existence des peuples, comme la permanence de la dégradation en est une dans l'existence des individus. Est-ce que l'histoire particulière des sociétés ne présente pas à chacune de ses pages des hommes bien charpentés, doués d'une organisation vigoureuse et d'une belle figure (1), qu'on voit tomber insensiblement dans le désordre, y vivre et perdre chaque jour quelque chose de la beauté de leurs traits, leur vigueur et leur santé, à ce point qu'après un temps donné ils deviennent méconnaissables? Or, ce cas individuel, qui se rencontre fréquemment même dans des familles entières, est applicable à des tribus, à des peuplades. Quand le désordre, les privations et la misère deviennent permanents ; le moral de l'homme se brise, l'intelligence lui fait défaut ou s'étiole. N'a-t-on pas vu des populations entières réduites à cet état par des causes diverses, et y demeurer par suite de l'isolement dans lequel elles se trouvaient, ou par découragement? Pour pouvoir bien apprécier les nombreuses variétés des races humaines, il faudrait connaître leur histoire ; et c'est ce que nous ignorons complétement. Que s'est-il passé avant notre ère en Amérique, dans l'Afrique centrale, dans l'Océanie, dans l'Asie centrale? Et depuis notre ère que s'est-il également passé dans ces contrées jusqu'au XVIe siècle? Nul ne peut le dire, car nul ne le sait : c'est un mystère profond sur lequel nous n'aurons jamais que des hypothèses plus ou moins incertaines.

M. Jacquinot, auteur d'une *Histoire naturelle de l'homme*, ne partage pas l'opinion de Buffon et de M. Flourens que : « Les degrés de la chaleur mesurent l'intensité de coloration de la peau des différentes races humaines. » Il établit que chaque groupe d'hommes, soit qu'on l'appelle variété, ou race, existe à la fois dans une grande étendue du globe, sous des climats différents et opposés, et y conserve la couleur de la peau, la forme des traits, tous les caractères zoologiques en un mot.

D'après lui, les nuances diverses de la coloration de la peau chez les différents peuples qui ont été regardés longtemps comme un de leurs principaux caractères distinctifs, et qui ont servi de base à la plupart des divisions établies pour le genre humain, n'ont pas toute l'importance qu'on leur a attribuée, et ne sont pas répandues aussi uniformément qu'on le pense.

La couleur noire, loin d'être particulière aux Nègres, se trouve également chez les hommes qui, du reste, offrent les différences les plus saillantes d'organisation.

Selon lui, la couleur jaune, rouge, basanée, cuivrée, tous ces mots n'expriment qu'une couleur jaune plus ou moins intense. Elle se retrouve au même degré chez les Arabes, les Hindous, les Chinois, les Hottentots, et chez quelques nègres de l'Océanie, les Américains, les Malais et les Polynésiens.

M. Jacquinot pense que la couleur de la peau n'est pas un caractère suffisant pour faire reconnaître et différencier au premier abord les diverses variétés du genre humain ; que les dénominations de Caucasique, Nègre, Mongole, ne sont point synonymes avec celles de *race blanche*, *race noire* et *race jaune* ; que ces dernières dénominations, ainsi que celles qui reposent en général sur la couleur, sont incomplètes et par conséquent vicieuses. Il regarde comme les caractères essentiels pour la détermination des races humaines ceux tirés de l'homme physique, de l'extérieur, de la forme et de la proportion des différentes parties du corps, des traits du visage, en un mot des caractères *zoologiques*. Il ne conteste pas l'importance des caractères tirés de l'étude des langues, des monuments, des traditions, des arts et des coutumes. Ces caractères, appelés *ethnologiques* sont très-importants sans doute pour constater la filiation, l'origine, les rapports éloignés des peuples entre eux ; mais ils doivent être subordonnés aux caractères zoologiques. Enfin, il se résume en disant qu'on ne peut, sur des hy-

---

(1) Quant aux dépressions qui se remarquent quelquefois dans les régions latérales, antérieure ou postérieure du crâne, elles sont de simples irrégularités qui n'influent en rien sur le reste de la conformation, et encore moins sur le développement de l'intelligence. On a remarqué que de pareilles anomalies se présentent fréquemment dans le système osseux des têtes andalouses ; on en rencontre également en France assez souvent. Le crâne d'un de nos plus habiles anatomistes (Bichat) portait une dépression assez prononcée dans la région gauche de la tête.

(*Note de l'auteur.*)

pothèses mystérieuses établir que l'Amérique ait été peuplée par les Scandinaves, et prouver ainsi l'unité de l'homme dans les deux mondes. Les preuves du contraire se présentent en foule. Il trace ainsi le portrait des Scandinaves : Cheveux blonds, yeux bleus, teint d'une grande blancheur, pommettes colorées, visage ovale, conformation régulière du crâne des Caucasiques. Ce caractère des Scandinaves a subi des altérations par l'effet du mélange des races.

M. Jacquinot a remarqué que les Noirs qui habitent le littoral de l'Asie, l'intérieur des îles de la Malaisie et de la Polynésie sont différents de ceux de l'Afrique, que les Malais, hommes au teint clair, aux cheveux lisses, habitent les rivages de ces mêmes contrées ; que dans l'Hindoustan, sous le même climat à la fois, les Rohillas blonds, situés au sud du Gange, sont bornés par les Népauliens à la peau noire, par les Mahrattes à la peau jaune, et les Bengalis d'un brun foncé ; et cependant les Rohillas habitent la plaine, et les Népauliens les montagnes.

M. Jacquinot affirme que les Pécherais, les Patagons, les Araucanos et les Botorudos, quoique éloignés les uns des autres, offrent entre eux des analogies, à ce point qu'on croit que tous les peuples de l'Amérique du Sud appartiennent à la même race.

Les peuples de l'Amérique du Nord, après un examen préalable, ont avec les précédents les plus grands rapports, et appartiennent sans aucun doute à la même race.

Ainsi les deux Amériques, toujours selon M. Jacquinot, ne sont peuplées que par une seule et même race d'hommes dont les diverses tribus, rameaux d'une même famille, offrent les mêmes caractères anthropologiques, et ne sont séparées que par des nuances légères, à l'exception des Esquimaux et de quelques tribus de la Californie.

Indépendamment de l'analogie qui paraît exister entre tous les peuples des deux Amériques, des rapports non moins frappants, une similitude non moins complète, se montrent entre eux et d'autres peuples situés à de grandes distances de l'Amérique, les insulaires de la Polynésie. Il y a entre eux la ressemblance la plus exacte, la plus entière des traits du visage et de tous les caractères physiques. Cette ressemblance existe surtout entre les Nouveaux-Zélandais et les Indiens-Joways. — Les Foulahs, hommes à peau jaune, sont étrangers à l'Afrique. — Les Américains, par leur ensemble, par les caractères généraux, ne diffèrent pas entre eux. — On ne voit parmi eux ni blancs, ni noirs, ni cheveux blonds, ni cheveux laineux. — Les Pécherais sont de grande taille, quoique plus maigres et plus misérables que les Patagons, ce qui s'explique par le peu d'abondance de nourriture et par le peu de moyens de s'en procurer. — Les Australiens sont noirs, hideux, ont les cheveux rudes et crépus et non laineux, et n'ont pas de rapports avec les noirs d'Afrique. — Les habitants de la terre de Diémen sont noirs, à cheveux très-frisés, offrant de grandes analogies avec les noirs d'Afrique. — La race polynésienne, au teint légèrement brun, aux cheveux lisses et noirs, au visage presque ovale, est belle. Cette race, disséminée sur des îles sans nombre, occupant un espace d'environ 500 myriamètres en latitude, ne présente aucune différence dans ses formes, sa couleur, en un mot dans ses caractères zoologiques.

Si l'on en croit M. Jacquinot, les Indiens-Joways offrent tous les caractères de la race américaine proprement dite, et une grande analogie existe entre eux et les Polynésiens, surtout les Nouveaux-Zélandais. — D'après tous les auteurs, les Scandinaves ont les cheveux blonds, les yeux bleus, teint très-blanc, pommettes colorées, visage ovale, crâne caucasique. De nos jours, ces caractères sont un peu altérés. — Les Joways offrent des cheveux noirs, lisses, rudes au toucher; les poils et la barbe noirs et rares : les yeux petits, nullement obliques; paupières larges et flasques; arcades sourcilières faisant saillie. Le nez est long, bosselé ou aquilin, mais élargi à l'extrémité; les narines sont saillantes et très-ouvertes, ce qui est cause sans doute de la finesse si remarquable de l'odorat chez ces peuples. La bouche est assez grande, la lèvre inférieure est large, et la supérieure très-arquée ; les dents sont belles, blanches ; elles s'usent sans être attaquées par la carie. Les pommettes, larges et proéminentes, donnent au visage une apparence anguleuse. La mâchoire inférieure est forte, et le menton assez saillant. Les pieds et les mains sont remarquablement petits ; la peau d'une teinte basanée. Le crâne est arrondi, élargi au-dessus des oreilles, aplati de chaque côté au sommet des pariétaux. On y remarque un aplatissement occipital très-prononcé , dû sans aucun doute à la coutume qu'ont les mères de fixer leurs enfants nouveau-nés sur une planche, afin de pouvoir les transporter plus facilement. Le front étroit, peu élevé, à une direction presque verticale. — Les femmes présentent le même type de race, mais à un degré inférieur. Cette infériorité a déjà été signalée chez plusieurs nations sauvages.

Cette description peut s'appliquer, à quelques nuances près, aux diverses peuplades de l'Amérique et aux Polynésiens.

L'affinité des Joways avec la grande famille des Sioux et la plupart des tribus qui sont répandues dans les parties méridionales de la grande vallée du Mississipi est un fait depuis longtemps reconnu par les voyageurs.

Les Aztèques, d'après M. de Humboldt, vinrent au Mexique en 1190, et refoulèrent vers le Sud les Toltèques, qui les avaient précédés, en 544, sur le plateau Anahuac. Sur plusieurs points des deux Amériques il existe encore des monuments qui paraissent appartenir à la plus haute antiquité.

La côte de Labrador, ou l'île de Terre-Neuve, s'oppose à la culture de la vigne par son climat rigoureux. Ce n'aurait donc pu être la terre de Vinland, laquelle, située par le 41e degré de latitude, n'aurait pu être que vers l'endroit où est aujourd'hui Boston.

Il ne paraît aucunement probable à M. Jacquinet que des colonies scandinaves aient peuplé l'Amérique, et les Joways ne lui présentent aucune des indications confirmant ce fait historique. Il pense que le type des nouveaux venus, soit Scandinaves, soit Mongols, soit Chinois, se fondit bientôt dans celui des habitants primitifs, et qu'il ne resta des traces de leur passage que dans quelques mots, quelques coutumes que la science retrouve aujourd'hui, et qui donnent lieu à une foule d'hypothèses. Il regarde l'Amérique comme aussi vieille que l'ancien monde, sa population comme primitive et autochthone, à cause de son type propre, de ses langues nombreuses, qui ont entre elles une grande affinité, et qui ne dérivent d'aucune langue de l'ancien monde, à cause de ses anciens monuments, et enfin des types de figures humaines représentés sur les ruines antiques de Palenque, et si remarquables par l'aplatissement considérable du front, caractère que présentent encore de nos jours une foule de peuplades des deux Amériques.

M. Flourens, professeur au jardin des plantes, soutient que l'anatomie comparée de la peau nous donne, par l'analogie profonde et partout inscrite de la structure de cet organe, la preuve directe de l'origine commune des races humaines et de leur unité première.

L'homme est essentiellement et primitivement un. La peau de l'homme blanc se compose de trois lames ou membranes distinctes, le derme et les deux épidermes; et ce qui est certain, c'est qu'entre le second épiderme, l'épiderme interne et le derme, il n'y a absolument aucune trace de couche pigmentale, aucune trace de *pigmentum*. La peau des Kabyles, des Maures et des Arabes est couleur de bistre; mais en général cette couleur est plus foncée dans l'Arabe que dans le Maure, et dans le Maure que dans le Kabyle. A cela près, tout est semblable. Il y a dans toutes deux épidermes et un derme, et dans toutes, entre le second épiderme et le derme, il y a une couche de pigmentum et une membrane pigmentale. — La peau du mulâtre, la peau du Nègre offrent la même structure que celle du Kabyle, de l'Arabe et du Maure : partout deux épidermes, partout, entre le second épiderme et le derme, une membrane pigmentale et une couche de pigmentum (1). — La peau de l'Américain, la peau de l'Océanien, présente la même structure commune à toutes les races colorées, deux épidermes et un derme, et entre le second épiderme et le derme un appareil pigmental, c'est-à-dire une membrane pigmentale et une couche de pigmentum.

Que l'on compare la structure de la peau dans toutes ces races si profondément distinctes, le Kabyle, l'Arabe, le Maure d'un côté, et de l'autre l'Américain, le Nègre, et l'on trouvera que cette structure est partout essentiellement et fondamentalement la même. — Le Kabyle, l'Arabe, le Maure appartiennent évidemment à la race Caucasique; et cependant ils ont un appareil pigmental tout semblable à celui de l'homme noir et à celui de l'homme rouge. — L'homme blanc lui-même a une peau qui, dans certaines circonstances, sur certains points, offre toute la structure de la peau des races colorées.

M. Serre, professeur au jardin des plantes, auteur d'un ouvrage sur l'anatomie comparée, avoue l'imperfection de l'anthropologie. Il reconnaît que les hypothèses et les systèmes ont pris la place des faits, parce que l'examen direct et comparatif des objets de leurs études a manqué aux anthropologues. Il avoue que la race Noire, si anciennement connue et une des races primitives, a été étrangement défigurée par les vues systématiques des philosophes et des anthropologues. Auprès des uns et des autres, le Nègre est quelque chose de plus qu'un singe, mais il est considéré comme quelque chose de moins qu'un homme. Depuis Platon, depuis Galien, que d'hypothèses sur l'homme et sur la nature humaine! Depuis Linné, Buffon et Zimmermann, que d'opinions sur la dispersion de l'homme sur la surface du globe, sur la circonscription des races et leur délimitation, sur le parallèle des zones, des variétés humaines avec les zones animales et végétales, enfin sur l'action que les influences locales ont pu exercer sur le développement du physique et du moral de l'espèce humaine! Pour apprécier à leur juste valeur les matériaux que la science possède, il faut au préalable que les caractères humains soient déterminés avec précision.

Suivant ce savant professeur, l'anthropologie s'est enrichie des faits qui doivent lui servir de base. A ces faits sont venues se joindre des recherches d'une autre nature, relatives à la filiation des races humaines, à leur dispersion sur la surface du globe, à leur mélange entre elles, ainsi qu'aux combinaisons physiques et morales qui en ont été le résultat. Mais quelque nombreuses que soient ces observations et ces recherches, et bien que les nations qui peuplent la surface du globe soient à peu près toutes connues, il s'en faut de beaucoup que l'anthropologie ait pu suivre les progrès des autres parties de la zoologie. Cette imperfection reconnue de tout le monde tient à des causes qui arrêtent à chaque pas l'observateur, et le détournent de sa route en l'empêchant d'attaquer de front les obstacles qu'il rencontre. Parmi ces causes, la plus puissante tient à la difficulté même de se procurer les éléments de l'observation, et à l'absence d'un musée anthropologique, qui est le résultat de cette difficulté.

Privés des moyens de rapprocher les faits, de les comparer entre eux pour en saisir les rapports, les anthropologues n'ont pu apprécier avec exactitude, ni leurs différences, ni leurs analogies, pour en déduire quelque

(1) Alpinus, anatomiste de Leyde, en 1738, dans son ouvrage intitulé : *De sede et caysa coloris Æthiopum*, pense de même sur le siège de coloration de la peau des noirs. (*Note de l'auteur*).

règle générale, ou quelque principe fixe, qui pût donner à cette branche de nos études le caractère scientifique.

Ce caractère manquant à l'anthropologie, la partie spéculative a pris le dessus sur la partie positive, et de là sont sorties ces opinions si nombreuses et si contradictoires, sur l'unité ou la pluralité des types auxquels peuvent être ramenées les variétés du genre humain : question capitale, à laquelle toutes les autres se rattachent et dont le vague atteste à lui seul le peu d'avancement auquel nous sommes parvenus. Si en effet ces types sont très-nombreux pour les uns, il est unique pour les autres ; et ces deux résultats qui impliquent contradiction sont justifiés l'un et l'autre par la subordination de l'anthropologie à la zoologie.

Dans la zoologie, dit M. Serres, l'espèce est déterminée par l'existence de certains caractères différentiels qui se transmettent par voie de génération. Or, cette fonction étant limitée pour les animaux, circonscrite le plus souvent entre les individus de la même espèce, il en résulte que rien ne vient troubler chez eux la conservation et la transmission des types. Si le genre humain eût été renfermé pour la génération dans le cercle étroit de l'animalité, nul doute que ses résultats n'eussent été analogues ; mais il n'en est pas ainsi : les caractères des races humaines se transmettent bien héréditairement comme chez les animaux, mais de plus leur promiscuité étant féconde, il en résulte que si l'on n'a égard qu'à la génération, l'espèce humaine est unique, tandis que si l'on considère la transmission héréditaire des caractères, la pluralité des espèces ne saurait être contestée.

Pour ne point s'égarer dans les recherches si intéressantes de la dissémination des races et des produits de leur croisement sur la surface du globe, il faut combiner sans cesse l'étude des caractères physiques et moraux des peuples et des nations, en ayant égard au degré de perfectionnement des types qui se sont croisés.

Comme les peuples portent sur leur physionomie les véritables éléments de leur propre histoire naturelle, ce sont ces éléments qu'il faut nous attacher à déchiffrer, en mettant à profit les progrès récents de la zoologie, ceux de l'anatomie et de la physiologie.

M. Serres expose que la race Noire compte de nombreuses variétés plus tranchées que dans les autres races ; que dans la nature, les passages d'une variété ne sont indiqués que par des modifications dans les caractères fondamentaux.

Les Américains, tant par l'imperfection de leur civilisation que par le peu de mélange qu'ils ont eu entre eux, ont conservé les qualités primitives de l'espèce humaine. Ces qualités physiques et morales comparées à celles des hommes de l'ancien continent, en établissant la supériorité incontestable de ces derniers, montrent les effets de la civilisation. Mais quoique peu modifiée, la race américaine n'est cependant pas identique dans tous ses membres. Cet air de famille que l'on remarque parmi les peuples qui la composent, cette conformité de coloration, cette analogie de langage que les linguistes modernes (Wiseman, Alexandre et Guillaume de Humboldt) ont reconnue dans les idiomes divers des Américains, tout cela prouve bien, sans doute, une communauté d'origine, mais tout cela même est loin d'établir une similitude complète. Sur cette base commune, des diversités se sont établies, et de ces diversités sont sorties les variétés de la race américaine, comparables, sous certains rapports, aux variétés de la race Caucasique. A la vérité, entre ces divisions de la race américaine, les passages de l'une à l'autre sont souvent difficiles à saisir, et de là naît la difficulté d'en formuler nettement les variétés.

Cette difficulté de classification pour la race humaine de l'Amérique n'est pas particulière à l'anthropologie, elle se retrouve au même degré dans la mammalogie, et surtout dans les mammifères du Sud, comme l'atteste M. Isidore Geoffroy Saint-Hilaire qui, dans sa *Zoologie générale*, déclare impossible la classification des mammifères américains.

La femme, dans les races humaines, est conservatrice du type de la race. L'abaissement de la race américaine a sa source en partie dans le délaissement de la femme, comme le respect de la femme, porté à un si haut degré chez les Scandinaves et les Gaulois, est une des causes de l'influence qu'ont exercée ces peuples sur les destinées de l'humanité. M. Serres pense qu'en anthropologie, les rapports de l'homme avec la femme doivent être étudiés avec soin. — Il estime que pour se rendre compte de l'état présent de l'humanité sur le globe, l'anthropologie doit suivre la filiation des races. Dans les Indiens-Joways, que M. Jacquinot rapproche des Nouveaux-Zélandais, M. Serres a trouvé les caractères anthropologiques des Scandinaves, et dans les femmes quelques traits de la race Mongole qu'il avait déjà trouvés chez les Botocudos, caractères reconnus par MM. Spix et Martins dans quelques tribus brésiliennes ; par M. de Humboldt chez des peuplades de l'Orénoque et par M. le prince Maximilien de Wied chez les Purys.

Son opinion sur la ressemblance des Indiens-Joways avec les hommes du Nord est partagée par MM. de Humboldt et Alexandre Brongniart et par M. Duvernoy. Cette opinion s'appuie sur une migration des Scandinaves dont nous devons la connaissance à M. Jean Reynaud.

« Il paraît certain, dit ce philosophe, non-seulement par les chroniques des Scandinaves, mais par le témoignage d'Adam de Brême, qui a si bien connu tout le Nord de son temps, que ces peuples possédaient, au delà des mers, une colonie fondée par des Groënlandais, et dans laquelle croissait la vigne, ce végétal si cher aux habitants du Nord ;

cet établissement en avait même reçu le nom de Vinland, *terre du vin*. Sa principale richesse venait du commerce des pelleteries, qu'ils faisaient avec les naturels du pays. Comme on y arrivait en naviguant au sud, à partir du Groënland, il est incontestable qu'il devait se trouver soit dans l'île de Terre-Neuve, soit sur la côte du Labrador. »

Si l'on rapproche l'époque de cette migration, qui a dû se faire vers la fin du x° siècle, de l'histoire des anciens et des nouveaux Péruviens, que nous devons à Herrera; si l'on considère que les Mexicains étaient une race étrangère, qui montrait le Nord aux Espagnols pour leur enseigner son origine; si l'on ajoute que la prise de possession de cette race datait du xi° siècle, la colonie de Vinland pourrait bien rattacher le continent américain à l'ancien.

Quant au rapprochement supposé par M. Jacquinot, entre les Polynésiens et les Américains, dit M. Serres, M. Bory Saint-Vincent fait peupler le versant occidental des Andes par des Océaniens qu'il appelle race neptunienne, supposition que rejette M. Gustave d'Eichtals.

Les Indiens-Joways, par le respect de la femme, se rapprochent encore des Scandinaves, et la terreur qu'inspire leur cri de combat rappelle celle dont furent saisis les soldats de Marius, lors du débordement de la Scandinavie dans les provinces romaines.

Les Botocudos portent l'empreinte profonde de la race Mongole. Chez les Joways il n'y a que les femmes qui la possèdent, elle est complétement effacée chez les hommes.

On a reconnu chez les Américains du Nord les principaux caractères des Scandinaves. Comment le type américain revêt-il le type caucasique? Est-ce un effet du croisement des deux races? C'est un problème.

M. Gustave d'Eichtals, auteur d'*Etudes sur l'histoire primitive des races océaniennes et américaines*, établit une civilisation primitive dans la Polynésie orientale, puis la répand de ce point vers l'ouest, à travers l'Océanie jusque dans l'Afrique, et à l'est jusqu'en Amérique.

Les migrations polynésiennes s'étaient étendues à l'ouest jusqu'à l'île de Madagascar. Les Foulahs, suivant lui, se rattachent au rameau polynésien d'une manière plus ou moins directe. Il a suivi les traces de l'influence polynésienne jusque chez les Coptes, les Mandingues et diverses autres populations africaines. Il croit à une ancienne communication entre la Polynésie et l'Amérique, et en dehors même de cette communication il croit à l'existence de rapports entre l'Afrique et diverses races aujourd'hui américaines.

M. le docteur Guyon s'exprime ainsi sur l'anthropologie du nord de l'Algérie.

Arabe. Corps sec, élancé; cou long; taille au-dessus de la moyenne; yeux noirs; cheveux de même couleur, tendant à se boucler; peau un peu basanée; face oblongue, déprimée latéralement; crâne ovoïde d'avant en arrière; front étroit, oblique; nez long, arqué, sec; dents longues, très-belles. — Les os du crâne sont remarquables par leur peu d'épaisseur. Hérodote signale un caractère semblable chez les Perses. Cette conformité organique conduira peut-être plus tard, avec l'aide d'autres éléments, à établir entre les deux peuples une communauté d'origine. Tous deux, du reste, habitent des contrées limitrophes, et cette seule circonstance suffirait déjà pour faire soupçonner qu'ils ne sont que deux branches d'un même tronc.

On sait que l'établissement des Arabes en Afrique commença à s'opérer dès l'origine même de l'islamisme. Ce grand événement était accompli dans les premières années du VIII° siècle, époque à laquelle l'Arabe passa de l'Afrique en Espagne, en s'aidant, pour cette nouvelle conquête, des deux peuples qu'il avait trouvés dans la première de ces contrées, le Maure et le Berbère. Ce dernier nom, comme on sait, est celui du Kabyle dans les montagnes du Maroc.

Kabyle. Corps trapu, musclé; cou court; taille peu élevée; yeux et cheveux noirs, parfois bruns, avec cheveux châtains; peau d'une teinte moins foncée que celle de l'Arabe; face pleine, pleine; crâne globuleux, conique en arrière; front moins étroit et moins oblique que celui de l'Arabe; nez moyen, épais; dents moins longues et moins belles que chez l'Arabe. — Le Kabyle habite les montagnes, et son organisation, comme celle de tous les peuples montagnards, se modifie selon les localités. Ainsi, dans les vallées, il est sujet au goître, et, par suite, au crétinisme; et ce n'est pas là qu'il faudrait aller chercher le type de la race. Déjà, dans une autre circonstance, nous avons fait une remarque semblable à l'égard des Goths, qui, sous le nom de *Cagots* (1), habitent aujourd'hui nos Pyrénées. Généralement, la race kabyle est belle; c'est elle qui prédomine dans une race que nous désignons, à son insu, sous le nom de Maure, et qui ne rappelle du Maure d'autrefois que les lieux où elle lui a succédé. Le Maure d'aujourd'hui est un produit de croisements multipliés : son organisation est des plus belles, et nous nous en occuperons ailleurs. C'est lui, comme on le sait, qui constitue en très-grande partie la population de la plupart des villes du nord de l'Afrique.

Le Kabyle est, comme l'Arabe, étranger à l'Afrique; mais il lui est, dans ce pays, de beaucoup antérieur. Son origine paraît phénicienne : aussi je vois en lui l'ancien Numide, lequel n'est pas, selon moi, le Maure d'autrefois, celui des Grecs et des Romains.

---

(1) Les Cagots des Pyrénées ont une conformation de l'oreille que l'auteur considère comme un caractère distinctif de race. Ce caractère consiste dans un arrondissement de l'oreille résultant de l'absence de lobule. Ce sont les descendants des Goths dans les Pyrénées; ils appartiennent à une race de taille élevée et parfaitement conformée. Le goître et le crétinisme, dont un grand nombre de Cagots sont entachés, *ne tiennent qu'à la nature des localités habitées par ces derniers.* (*Note de l'auteur.*)

Celui-ci me paraît avoir été le peuple aborigène, sinon de tout le nord de l'Afrique, du moins des contrées où il existait encore du temps de Salluste. C'est ce que je me propose d'établir ailleurs, sur des données qui me paraissent devoir porter la conviction dans tous les esprits.

Mozabite. Corps plus ramassé et plus charnu que celui de l'Arabe; taille moyenne; yeux noirs; cheveux *idem*, bouclés; peau olivâtre; face ovale, moins anguleuse que celle de l'Arabe; crâne ovoïde d'avant en arrière, déprimé latéralement, comme chez l'Arabe; étendue verticale remarquable; front étroit, moins oblique que chez ce dernier; nez assez grand, charnu, parfois terminé en pointe; dents assez longues, belles.

Le Mozabite vient de l'Orient, comme l'Arabe et le Kabyle, mais l'époque de son passage en Afrique est inconnue. Pour quelques-uns, l'émigration des Mozabites sur l'Afrique ne remonte qu'à une époque peu éloignée.

Le baron Larrey distingue les Arabes, 1° en Arabes orientaux, venant des bords de la mer Rouge ou de l'Arabie proprement dite; 2° en Arabes occidentaux, ou Africains originaires de la Mauritanie ou des côtes d'Afrique; 3° en Arabes bédouins ou scénites, errants sur les lisières des déserts.

Les individus de la première classe, qui se sont répandus et perpétués dans la classe des fellahs (laboureurs) et artisans de toute l'Egypte et des contrées fertiles de l'Afrique, sont d'une taille un peu au-dessus de la moyenne; ils sont robustes et bien faits; leur peau est hâlée ou brune et élastique; ils ont le visage ovale, de couleur cuivrée; leur front est large, élevé; le sourcil noir, détaché; l'œil, de même couleur, vif et enfoncé; le nez est droit, de moyenne grandeur; la bouche bien taillée; les dents sont bien plantées, belles et blanches comme l'ivoire; l'oreille, d'une belle forme et d'une grandeur normale (1).

La deuxième classe ne diffère point essentiellement, pour ses formes physiques, de la première, et il y a une parfaite analogie de caractère entre les individus de ces deux races.

La troisième classe, les Arabes bédouins, ou Arabes bergers, sont généralement divisés par tribus. Leurs yeux sont plus étincelants, les traits de leur visage généralement moins prononcés; leur taille est moins élevée que chez les Arabes civilisés; ils sont aussi plus agiles, et, quoique maigres, ils sont très-robustes; ils ont l'esprit vif, le caractère fier et indépendant; ils sont méfiants, dissimulés, errants, mais braves et intrépides; l'hospitalité est sacrée chez eux; ils sont d'une profonde et rare intelligence.

Le crâne des Arabes a une forme presque sphérique, et on remarque une grande élévation de la voûte de la boîte osseuse. La situation respective des trous auditifs est absolument la même que dans les têtes des individus de tous les autres peuples.

Indépendamment de cette élévation de la voûte du crâne et de sa forme presque sphérique, la surface des mâchoires a une grande étendue et se trouve dans une ligne droite ou perpendiculaire; les orbites, plus évasés qu'on ne l'observe en général sur les crânes des Européens, sont un peu moins inclinés en arrière; les arcades alvéolaires sont peu prononcées, garnies de dents très-blanches et régulières; les dents canines surtout sont peu saillantes, ce qui confirme l'assertion émise par les voyageurs qui ont été à même d'observer le régime des Arabes, portant que ce peuple mange peu et rarement de la viande. Les os de la tête des individus de cette nation sont plus minces que chez les autres peuples. Cette perfectibilité des os de la tête s'observe également dans les autres parties du squelette. Les os des membres sont plus denses, d'un tissu plus compacte, sans cesser d'être élastique. Les circonvolutions du cerveau, dont la masse est proportionnée à la capacité du crâne, sont plus multipliées, les sillons qui les séparent plus profonds, et les substances qui forment cet organe plus fermes que chez les autres races. Le système nerveux qui part de la moelle allongée et de la moelle épinière nous a paru être composé de nerfs plus denses que chez les peuples européens en général. Le cœur et le système vasculaire artériel présentent une régularité et un développement parfaits. Les sens des Arabes sont exquis et d'une perfectibilité remarquable; la vue, chez eux, s'étend fort loin; ils entendent à de grandes distances. Le système musculaire et locomoteur est fortement prononcé et se dessine sensiblement sous la peau; ses fibres sont d'un rouge foncé, fermes et très-élastiques, ce qui explique la force et l'agilité de ce peuple. On ne trouve pas cette perfectibilité physique chez les nations mélangées d'une partie de l'Asie, de l'Amérique et de l'Europe septentrionale.

Les Espagnols, les Basques, les Catalans et les Corses ont une grande analogie dans les qualités physiques et instinctives avec les Arabes.

M. d'Orbigny, qui pendant plusieurs années a parcouru l'Amérique, range dans sa race Ando-Péruvienne la variété américaine Toltèque, remarquable par le groupement de ses membres et une civilisation déjà assez avancée. Des autres nations errantes ou incivilisées de l'Amérique, il en fait deux races. — La comparaison des crânes tend à prouver que la forme de la tête des Américains n'offre pas des caractères aussi certains, aussi tranchés qu'on l'avait pensé. Les caractères des traits, de la physionomie, paraissent au contraire devoir servir de base à la classification de l'homme seulement chez les différents peuples, mais aussi chez les individus de chaque espèce.

(*Note de l'auteur.*)

---

(1) Larrey dit que le pavillon de l'oreille peut varier à l'infini par sa forme et sa grandeur, non-

américain; en voici un exemple : le nez, long, saillant, fortement aquilin et recourbé à son extrémité chez les Péruviens, est court, légèrement épaté chez les Araucanos, les Moxos, les Chiquitos; très-court, très-épaté, très-large chez les Patagons; court, étroit chez les Guaranis.

Dans une position géographique donnée, dit M. Dureau de la Malle, la nature du sol et sa forme, qui résultent de causes toutes géognostiques, établissent les principales questions de l'existence des peuples, de leurs mœurs, de leurs habitudes et du rôle qu'une contrée a joué sur la scène du monde. Ce n'est pas seulement un climat à peu près uniforme qui fait de l'Hindoustan supérieur, de la Perse, de l'Asie Mineure, de la Syrie, de la Grèce, de l'Italie, du midi de l'Allemagne et de la France, de toute la péninsule Ibérique une région physique distincte; c'est encore l'uniformité de leur constitution géognostique reconnue aujourd'hui depuis Lisbonne jusqu'au Liban, et même depuis les pentes orientales de l'Immaüs jusqu'aux points où les chaînes des Pyrénées, des montagnes espagnoles et portugaises, vont se perdre dans l'Atlantique. Les peuples de ces diverses contrées pouvaient, dans leurs migrations à travers cette large bande, retrouver, avec le même ciel, les mêmes qualités du sol, les mêmes formes, les mêmes aspects, les mêmes productions et toutes les circonstances physiques qui exercent une si puissante influence sur les peuples dans l'enfance de la civilisation.

Tout changeait, au contraire, de nature et d'aspect, si l'on se dirigeait ou vers le nord, ou vers le midi. Là, deux régions géognostiques d'une immense étendue ouvraient encore, de l'orient à l'occident, deux nouvelles voies aux mouvements des peuples, l'une en suivant les plaines sablonneuses de l'Arabie et de l'Afrique, l'autre à travers les immenses steppes des terrains tertiaires du nord de l'Asie et de l'Europe.

Les antiques migrations des peuples, depuis longtemps effacées des pages de l'histoire, sont tracées en caractères indélébiles dans la constitution géologique du globe, dans les éléments de notre langage, dans le type et dans les formes de nos animaux domestiques. Ce grand événement de l'histoire primitive, aucun monument écrit ne l'atteste, et cependant nul fait historique n'est mieux prouvé. En moins de cinquante ans, les recherches patientes des philologues ont établi sur des témoignages irrécusables l'analogie et la filiation des idiomes indo-persans avec les langues anciennes et modernes de l'Europe.

Une étude longue et consciencieuse de l'histoire ancienne des animaux m'a démontré que la plus grande partie de nos espèces domestiques est originaire de l'Asie. Ainsi l'histoire naturelle, quoique procédant par d'autres moyens que la philologie, confirme ce fait remarquable : c'est que antérieurement aux temps historiques, il est venu dans notre Occident une grande immigration des peuples orientaux qui, s'avançant de l'est à l'ouest, à travers une vaste zone, dont le climat, dont la constitution géognostique, dont les qualités du sol et les productions étaient semblables, nous ont apporté les éléments de leur langage, leur civilisation adulte et les animaux qui en marquent l'origine et les progrès.

Les recherches entreprises sur l'histoire ancienne de nos oiseaux domestiques, de nos céréales et de nos plantes usuelles, n'ont fait jusqu'ici que confirmer ce résultat.

Maintenant l'histoire positive vient à l'appui de cette assertion. L'empire persan naît avec Cyrus et grandit sous ses successeurs. La configuration du terrain, le climat et les productions ont posé d'avance les jalons de la marche et du terme de ses conquêtes. De l'Immaüs au Caucase, du Caucase au Taurus et au Liban, tout se soumet sans résistance, tout s'amalgame en peu d'années. C'est que les lois invariables de la nature et du climat avaient doué ces vastes régions du même ciel, du même sol, des mêmes productions; c'est que les conséquences nécessaires de ces lois immuables avaient créé, chez les habitants de cette zone, l'identité de langage, l'identité de culture, enfin l'analogie de mœurs, d'habitudes et d'usages qui dérivent inévitablement de ces conditions naturelles et sociales.

Alexandre paraît en un moment dans tout l'univers, c'est-à-dire dans cette vaste zone analogue à la Grèce, de climat, de mœurs et de langage, qu'occupait l'empire persan. Il fait plus; il y sème la civilisation grecque; mais cette plante exotique ne peut croître, ni prendre racine dans les plaines glacées de la Transoxiane et dans les sables brûlants de l'Arabie. C'est un autre monde, ce sont d'autres mœurs.

Rome semble avoir été fondée pour conquérir, gouverner et discipliner l'univers. Dans presque toute la zone montagneuse que j'ai signalée, continue M. Dureau de la Malle, dans la région des céréales, des peuples agricoles et sédentaires, elle porte ses aigles victorieuses. Où s'arrêtent ses invasions successives? à l'est et au sud, devant les déserts brûlés de la Mésopotamie, de l'Arabie et de l'Afrique; au nord, devant les marais et les forêts successives du terrain tertiaire de la Hollande et de la Germanie. Trajan ne franchit un moment ces limites naturelles que pour les voir tout à coup abandonnées. Ici l'exception confirme la règle. La loi du sol, du climat, qui commande les mœurs et les habitudes, cette loi puissante reste immuable, et prouve que le bras le plus fort, que les courages les plus fermes sont des roseaux qui ployent devant les forces irrésistibles de la nature.

La régence d'Alger nous offre dans sa constitution géognostique les deux zones qui ont déterminé, de l'Orient à l'Occident, l'émigration des peuples agriculteurs, et du Sud-Est au Nord-Ouest, celle des peuples nomades. Aussi deux races bien distinctes s'y touchent sans se confondre. Ce sont, dans l'antiquité, les Numides et les Berbères ; de nos jours les Arabes et les Kabyles. Ici comme dans les différentes zones indiquées par l'auteur, la constitution géognostique du sol et le climat qui en dépend ont déterminé invariablement les différentes espèces de productions, de cultures et d'habitations, de mœurs, d'habitudes et d'usages, qui en sont la conséquence obligée.

M. Dureau de la Malle estime que la philologie et l'anthropologie s'éclairent réciproquement, quoique parfaitement indépendantes l'une de l'autre. Il a découvert une conformité remarquable de type qui existe entre les Chaldéens, les Kurdes et les Mèdes, sculptés sur les bas-reliefs de Persépolis, et celui des Juifs figuré dans les sculptures grecques ou romaines ; enfin même l'identité de type de ces divers peuples avec celui des Juifs du Ghetto à Rome. Cette race, qui ne s'allie jamais avec les étrangers, a gardé, plus que toute autre branche de la race juive, le caractère indélébile de sa nation.

M. Boré a remarqué dans la Perse et le Kurdistan, cette identité entre les Juifs et les Chaldéens répandus depuis le Pont-Euxin jusqu'aux bouches du Tigre et de l'Euphrate ; sous les mots de Chalb, de Kard, de Kurd, apparaissent les Chalybes, les Kardouques, les Gordyens des anciens. M. Boré a observé aussi une identité de langage qui confirme ainsi l'observation zoologique. Tous ses guides, Chaldéens ou Kurdes, s'entendaient en parlant leur patois avec les Juifs parlant l'hébreu littéral, tout comme les paysans des comtés de Galles et de Cornouailles s'entendent avec les Bas-Bretons du Finistère. M. Boré, par le rapprochement des deux langues hébraïque et chaldéenne, prouve que les Hébreux et les anciens Chaldéens sortent d'une même souche et sont un même peuple.

Le savant orientaliste de Hammer raconte que les Turks nommés Tuku par les Chinois, descendirent de l'Altaï (Altun-Togh). De là cette vaste étendue de steppes qu'ils habitaient se nomme Turkistan. C'est un pays renommé par la fertilité de ses pâturages, par la nature de ses chevaux et les mœurs de ses habitants, dont les belles proportions et la rapacité sont passées en proverbe dans tout l'Orient.

M. Libri ne se montre pas aussi favorable aux Arabes, dans le portrait qu'il en trace, que le baron Larrey. Les Arabes, suivant lui, n'avaient ni cet esprit d'invention qui distingue les Grecs et les Hindous, ni cette perfection dans les arts mécaniques et cette persévérance dans les observations qui caractérisent les Chinois......

M. Gaudichaud a constaté que la végétation des hautes montagnes diffère totalement de celle des plaines. Il montre toutes les puissances intellectuelles des temps anciens et modernes s'accordant à penser que les végétaux ont précédé les animaux, que la terre était couverte des premiers avant l'apparition des seconds ; ce que d'ailleurs la théologie nous a transmis d'âge en âge, dans l'histoire des sept époques ou divines journées de la création.

Les philosophes de notre temps, les uns en prouvant que l'homme n'a pas laissé de vestiges dans les terrains primitifs, et les autres que les végétaux les plus simples ont précédé les végétaux les plus composés, sont venus de nos jours donner la consécration de la science aux grandes époques créatrices des premiers âges.

Chaque siècle amène ses progrès, et chaque progrès de l'esprit humain est une nouvelle preuve à l'appui des vérités éternelles.

La physiologie, comme tout ce qui est, date donc de la création. Les hommes de tous les temps ont dû s'en occuper. Et pourtant, qu'est-ce encore aujourd'hui que la physiologie ? Malgré les efforts de tous les hommes qui y ont consacré leur vie, leurs veilles et leur génie, quels en sont les éléments, les principes, les bases et même les vérités bien démontrées ?

Les sciences, quoi qu'on en ait dit, ne se bornent pas seulement à l'observation et à l'inscription des faits qui ressortent de toutes nos expériences, à la coordination et à la simple contemplation des phénomènes de la nature. Leur mission est plus noble et plus élevée : elles doivent, après la généralisation de ces faits, sans laquelle elles n'existeraient pas, se livrer à la recherche des causes cachées, mystérieuses et trop souvent introuvables qui les produisent, et tendre par là à diriger notre esprit vers la suprême Intelligence qui ordonne tout l'univers.

Le savant Niebuhr a remarqué que les vrais Arabes, les Arabes errants, dits Bédouins, tiennent plus à leur liberté qu'à l'aisance et aux richesses, vivent en tribus séparées sous des tentes, et gardent encore la même forme de gouvernement, les mêmes mœurs et les mêmes usages qu'avaient leurs ancêtres dès les temps plus reculés. Ils ont l'odorat très-subtil. — Les Arabes sont très-vifs, point gais, mais fort sérieux. — Les Égyptiens ne sont point non plus gais. — Les Arabes aiment la nombreuse compagnie ; il est de là aisé de conclure qu'ils sont plus civilisés qu'on ne pense. — Les Arabes tiennent leur moustache très-courte, quelques-uns la coupent tout à fait, mais jamais ils ne se rasent la barbe.

Niebuhr a aussi remarqué que les Kurdes ont conservé leur langage jusqu'à présent. On trouve beaucoup de mots hébreux dans la langue des Kurdes qui errent sous des tentes.

M. de Blainville, professeur au jardin des plantes, regarde comme un mystère une race de Nègres au milieu d'hommes d'autres races dans la Nouvelle-Guinée. Mais ce mystère se retrouve à l'île de Luçon, à l'île de Bornéo, etc., etc. Il dit aussi qu'on a beaucoup exagéré le rapprochement de ces premiers singes (les variétés de l'orang-outang) avec l'espèce humaine; et combien l'emploi trop rigoureux de l'angle facial pourrait induire en erreur sur les rapports naturels des mammifères. D'après lui, l'anatomie du cerveau de l'homme, de cette partie évidemment la plus importante de son système nerveux, et par conséquent de toute son organisation, a fait le sujet d'un nombre véritablement incroyable de travaux; et cependant c'est un des points de l'organisation sur lesquels il y a le plus de difficultés dans la conception topographique et anatomique, et par conséquent dans la démonstration ou dans l'exposition de sa structure. Sans doute ce grave inconvénient provient de la nature si molle et si délicate de l'encéphale, qui permet difficilement d'en suivre l'organisation, si ce n'est qu'à l'aide de grandes précautions et de procédés fort délicats; mais cela provient peut-être encore davantage de ce que la physiologie de ce *substratum* des sensations, de l'intelligence et de la volonté, étant encore bien plus difficile que son anatomie statique, et par conséquent bien plus controversée, l'ordre suivant lequel l'investigation de cet organe important doit se faire n'a pu avoir rien de rationnel, d'étiologique; et en effet, la marche suivie dans l'anatomie du cerveau n'a en général rien de naturel et qu'il soit possible d'exécuter autrement que par routine et par une sorte d'imitation.

L'étiologie étant démontrée, il sera possible d'arriver, par une comparaison matérielle, à trouver la signification des différentes parties du cerveau dans la série des animaux, mais encore, ce qui est bien plus difficile, d'atteindre par une comparaison physiologique expérimentale volontaire, ou pathologique, et autant que cela est possible, à un rapport proportionnel de masse et d'effet; car personne ne peut penser à concevoir celle de cause et d'effet.

M. d'Abbadie, savant voyageur, rapporte qu'on parle à Massawwa (île de la mer Rouge) une langue sémitique distincte de l'arabe et du dialecte du Tigray. D'après les mœurs et coutumes des Hhabab, qui demeurent aux environs, il croit leur origine arabe. D'après des traditions sur l'origine des tribus errantes des Shaho, et un vocabulaire raisonné de leur langue, il établit leur affinité lointaine avec la souche sémitique. Par le secours de la langue amhargna, il étudia le dialecte commun (*afan-Il-m'orma*) aux nombreuses peuplades Gallas qui habitent l'Afrique centrale, ainsi que la langue des Somalis à Mokha. Dans ce vocabulaire un quart des mots est identique avec l'il-m'orma, ce qui prouve la connexion des deux dialectes. La tradition somali lui confirma celle des Gallas, qu'il avait recueillie à Gondar, et d'après laquelle tous ces peuples seraient issus du sud de l'Arabie.

M. Louis de Freycinet, auteur d'un *Voyage autour du monde*, veut que l'on considère l'homme comme un être *physique isolé*, comme *vivant en famille*, enfin comme *appartenant à une société politique;* qu'on étudie les mœurs, les usages et la législation des peuples avec une investigation minutieuse et philosophique, et qu'on y ajoute l'examen de ses arts, de son industrie mécanique, de sa littérature, de son histoire écrite ou traditionnelle, de sa religion et de son langage usuel et poétique. Suivant ce savant marin, le *caractère* appartient à l'homme individuel; les usages, qui sont les lois de la famille, constituent les mœurs et en sont les conséquences; tandis que les lois civiles régissent la société ou la réunion de plusieurs familles sous un même chef. M. de Freycinet a trouvé chez quelques nations sauvages des traces de ce gouvernement politique, réellement primitif, qui n'est qu'une extension de celui de la famille; certains auteurs ont bien pu l'imaginer dans leurs spéculations systématiques, mais il était à la fois curieux et important d'en obtenir des preuves positives et irrécusables.

Quand on considère avec soin les mœurs, l'industrie et la religion des hommes non civilisés, on y remarque de curieuses similitudes avec les pensées des plus anciens peuples dont l'histoire nous ait transmis la croyance et les usages. Ces observations tendent à démontrer la grande unité de l'espèce humaine et les communications que les hommes ont eues entre eux à une époque reculée, dont les livres et la tradition ont également perdu le souvenir, mais dont l'analogie nous fournit encore des preuves irréfragables.

Nul doute que les Hébreux, les Chinois, les Japonais et plusieurs autres nations éloignées de nous, n'aient eu jadis de hardis navigateurs et n'aient poussé leurs courses aventureuses à de prodigieuses distances sur le Grand Océan.

L'étude de la religion et des idées qui s'y rattachent montre fréquemment qu'un grand nombre de croyances et d'usages bizarres ont eu pour source des vérités incontestables que l'ignorance ou les passions ont dénaturées, mais point assez cependant pour qu'une saine critique ne puisse les dégager de l'erreur et les montrer aux yeux.

Chez les peuples les plus éloignés de notre civilisation on remarque des traits de lumière qui éblouissent, et une sorte d'instinct qui supplée à la science. Par exemple, les pilotes carolinais conduisent leurs barques avec intelligence et une singulière précision, durant des trajets immenses, sans autre instrument que leurs yeux nus et une sagacité et une finesse d'observation qui nous échappe. L'habitant de la Nouvelle-Hollande, semblable au pigeon voyageur, se dirige sans hésiter au milieu des forêts qui l'entourent, et arrive par le plus court chemin au point le plus éloigné où il veut se rendre, tandis qu'un Européen s'y égarerait cent fois. L'art de dresser des poissons voraces, et de les tenir captifs pour servir à prendre d'autres poissons, paraît tout à fait ignoré de nos pêcheurs européens; tandis que cette pratique était spéciale aux Mariannais; et ce n'est pas la seule circonstance où l'on puisse remarquer la supériorité de ces insulaires.

D'après M. Isidore Geoffroy Saint-Hilaire, chez l'homme, le front plus saillant, l'angle facial plus ouvert dans l'enfance, tendent à diminuer, et la face tend à s'allonger: à mesure que de la première enfance il s'avance vers l'âge adulte; mais ces changements s'arrêtent bientôt, et le même type, un peu modifié seulement, se conserve pendant toute la vie. Cette modification a lieu moins chez la race Caucasique, plus chez la race Ethiopique. A un certain âge, l'homme éthiopique a l'angle facial aussi ouvert qu'il l'est normalement chez l'homme caucasique adulte; mais la face continuant à se développer, et par suite l'angle facial à diminuer, l'homme de race Ethiopique acquiert, en dépassant les conditions du type caucasique, celles qui caractérisent son propre type.

Desmoulins, zoologiste distingué, a remarqué que les Saïmiris, les Sajous, les Ouistitis, variétés de singes, ont à proportion le cerveau plus volumineux que l'homme. Il admet l'existence *indépendante* de onze familles dans la race humaine.

Le docteur Dubreuil, professeur à la faculté de médecine de Montpellier, dit que l'importance des caractères ostéologiques tirés de la tête est grande pour arriver à la connaissance des races humaines, de leurs principales variétés, et découvrir quelquefois dans leurs mélanges celles qui dominent. Ces caractères sont le poids de la tête osseuse, ses différents diamètres, l'étendue de l'angle facial, et la capacité du crâne, mesurée au moyen d'un liquide.

Le célèbre Geoffroy Saint-Hilaire, de l'Institut, n'accordait qu'une valeur très-secondaire aux caractères tirés de la considération de l'angle facial (1).

Le voyageur anglais Makintosh pense que les naturels de la baie de Saint-Augustin à Madagascar descendent des Cafres par leur tempérament, leurs traits et leurs cheveux laineux. Au nord de cette île on trouve des habitants qui sont des descendants d'Arabes. Il croit que leur mélange avec les autres naturels a contribué à rendre les traits des habitants moins plats. L'auteur constate un fait surprenant, c'est que, malgré le commerce fréquent des femmes avec les Européens, on ne voit pas de mulâtre à Madagascar.

Les habitants des îles d'Andaman ont le teint noir et les cheveux laineux. On dit qu'ils descendent des Cafres. — Les habitants des îles Nikobar descendent sans aucun doute des Malais; car ils ont le même teint et les mêmes traits. Ils sont carrés, fortement musclés, et ils ont une large poitrine. Leurs membres sont proportionnés comme ceux d'une statue grecque ou romaine, excepté qu'ils ont de plus forts muscles au gras de jambe. Leur taille est en général de cinq pieds neuf pouces. — Les Hindous ont la taille droite et élégante; leurs membres sont bien proportionnés; leurs doigts longs et bien faits; leur figure est ouverte et agréable.

Suivant le géographe J. D. de Rienzi, les habitants des îles d'Andaman ont le teint noir; la chevelure frisée et laineuse, les lèvres épaisses, le nez aplati, le ventre proéminent, la stature petite et la taille mal prise. Ils paraissent appartenir à cette grande race des Nègres océaniens répandus dans la Nouvelle-Guinée et jusqu'à la terre de Diémen (2).

Les habitants des îles Nikobar sont de couleur cuivrée, ont les yeux petits et fendus obliquement. Ils ressemblent aux Malais. Ignorants dans l'art de l'agriculture, presque dépourvus d'industrie, ils mènent une vie misérable.

Le voyageur français Caillié a reconnu deux classes chez les Nègres; l'une au type tout à fait nègre, et la classe des Zoloffs et des Foullahs, qui se distinguent par leur couleur d'un beau noir; leur nez aquilin, leurs lèvres minces et leurs yeux noirs.

D'après M. Rochet d'Héricourt, la population des royaumes d'Adel et de Choa (Afrique orientale) se compose de tribus nomades, adonnées à la vie pastorale et au pillage. Ces tribus s'appellent Danakyles; leur langue diffère de l'arabe, de l'abyssin moderne, de l'éthiopique et de la langue des Gallas; elle se rapproche le plus de cette dernière. Les Danakyles sont de belle taille bien musclés et fortement constitués; leur teint est cuivré plutôt que noir, et les traits de leur visage ne les rapprochent nullement des Nègres. Leur front est large et haut; ils ont le nez presque aquilin, la bouche bien taillée, et leurs lèvres ne sont pas épaisses comme celles de la race noire proprement dite.

Il est difficile à un Européen de déterminer les différences physiques qui distinguent les Gallas des Abyssins proprement dits, ou Amharas. Ces derniers sont en général de haute taille et de constitution vigoureuse; leur teint est cuivré, mais leurs traits sont réguliers, et de grands yeux noirs étincelants animent leur physionomie: ils ont en général le front d'une belle forme et couronné d'une épaisse chevelure bouclée.

La race Galla est fort belle: son arrivée en Abyssinie ne remonte pas à une époque fort éloignée; elle y paraît être venue du Zanguebar, province habitée encore aujourd'hui par quelques-unes de ses tribus. Du reste, il est douteux qu'elle soit originaire du continent africain: en effet, une vieille tradition répandue parmi les Gallas les re-

---

(1) Nous avons remarqué plusieurs fois que des individus dont l'angle facial était peu étendu n'en avaient pas moins de brillantes facultés intellectuelles. Nous croyons qu'on a beaucoup exagéré l'utilité de l'angle facial. (*Note de l'éditeur.*)

(2) Depuis qu'on a voulu astreindre les aborigènes de la terre de Van-Diémen aux usages européens, il s'est manifesté chez ces indigènes un dépérissement rapide, à tel point qu'on n'a constaté qu'un seul cas de naissance durant le cours de l'année 1839. En 1824 on comptait encore 340 indigènes, 180 hommes et 160 femmes. En 1840, il n'y en avait plus que 40, dont cinq femmes seulement. (*Note de l'auteur.*)

présente comme ayant traversé deux mers, une petite, l'autre grande, avant d'avoir touché aux côtes de l'Afrique; ces deux mers sont probablement le golfe Persique et l'Océan Indien. Leurs caractères physiques n'ont rien qui répugne à cette supposition.

Suivant M. d'Arnaud, qui a fait partie, en 1843, de l'expédition égyptienne à la recherche des sources du Nil-Blanc, la division naturelle des deux peuples qui habitent les rives du fleuve Bahr-el-Abiad (*Nil-Blanc*), à partir de 15° 33' de latitude nord et 21° 51' de longitude est, jusqu'au 4° 42' de latitude nord et 29° 18' de longitude est; et d'après leurs idiomes, offre quatre groupes bien distincts : les Arabes nomades, les Schelouks, les Dinkas et les Barry. Les tribus comprises dans la première division ou premier groupe, habitant les deux rives du fleuve, sont des pasteurs nomades ayant des troupeaux de chameaux, bœufs, moutons, etc. Ils ont aussi quelques mauvais chevaux, qu'ils tirent du Kordofan. Ils ensemencent un peu de dourah dans l'intérieur, à la faveur des pluies tropicales, et ce grain, avec le lait de leurs troupeaux, sert à leur nourriture. Ils changent leurs parcs suivant la saison, et s'évitent ainsi des contrariétés qu'ils seraient à même d'éprouver sans cette précaution. D'après cela, leurs demeures ne peuvent être que des tentes, et leur commerce un échange de bestiaux et d'esclaves contre quelques toiles grossières de coton, servant à faire des chemises à larges manches; leur unique vêtement.

Les Schelouks, peuple nombreux et plein d'astuce, habitent la rive gauche, sur un développement de 100 milles environ. Sa population peut être évaluée à un million environ. Ils sont aussi pasteurs. Quoique favorisés d'un beau territoire, ils ensemencent très-peu de grains de dourah, préférant vivre des graines des plantes qui croissent naturellement dans des terrains marécageux qui les avoisinent, de la pêche, leur plus grande occupation, enfin de rapines exercées sur les tribus des environs. Ils descendent à cet effet le fleuve avec leurs pirogues, qu'ils manient avec beaucoup d'habileté, jusque sous le 14ᵉ degré de latitude. —Les grandes îles boisées qui se trouvent dans ces parages leur servent de repaires. La réputation d'être cruels et de mauvaise foi a empêché jusqu'ici toute relation suivie avec eux. Ils ne connaissent encore le luxe d'aucun vêtement. Ce peuple reconnaît comme son souverain un mek, nommé actuellement Niedok, qui jouit d'une grande autorité. L'objet de leur vénération est Niècoma, qui se présente à eux sous la forme d'un arbre. Ils habitent de jolis villages, chacun de trois à quatre cents toukouls (espèce d'habitation de forme cylindrique, en terre, recouverte de paille), très-peu espacés les uns des autres, et étalés le long de la rivière, sur une, deux et même trois rangées.

Les Dinka et les diverses autres tribus qui parlent à peu près le même langage, sont essentiellement pasteurs de troupeaux de bœufs, moutons et chèvres seulement; ils ne s'approchent des rives du fleuve que lorsque l'ardeur du soleil a desséché toute l'herbe de l'intérieur. Ils sèment très-peu de dourah, et vivent, ainsi que les Schelouks, de graines qu'ils récoltent en faisant paître leurs troupeaux, au milieu des troupes d'éléphants et dans les marécages où vivent ces derniers. Une partie se livre aussi à la pêche fluviale et à la pêche des marais. L'influence des lieux qu'ils habitent se fait sentir sur leurs corps; ils ont un aspect maladif. Leur nudité est laide à faire peur. La plupart de ces tribus sont néanmoins guerrières. Les bœufs ont de très-grandes cornes, et rappellent le bœuf Apis des anciens Égyptiens. Chaque troupeau en a un qui est fêté et honoré de tous les habitants de la contrée. Ils habitent aussi des cabanes en terre et en paille, de diverses formes, éparses en général; mais la majeure partie des habitants vivent au milieu de leurs troupeaux, dans les parcs; ils y dorment tous pêle-mêle, dans les cendres chaudes provenant de la combustion du fumier de leurs bestiaux, ce qui a, entre autres buts, celui de produire de la fumée pour les garantir des moustiques, excessivement nombreux et inquiétants; ils font un peu de commerce avec leurs bœufs et des défenses d'éléphants.

Les dernières tribus, désignées par l'appellation de Barry, sont, comme les autres riverains, pasteurs; ils s'occupent de la pêche, ils sont agriculteurs et guerriers; aussi remarque-t-on avec plaisir, en entrant dans leur pays, de belles moissons pendantes sur tous les terrains qui les environnent et qu'entrecoupent en tous sens des canaux naturels. Les bienfaits de l'agriculture et le petit trafic qu'ils font avec leurs voisins de l'Est leur procurent une vie plus douce et cette fierté libre qu'accompagne si bien leur haute et belle stature (7 pieds). Ils exploitent, au pied de toutes leurs montagnes, un très-bon minerai de fer, fort abondant; avec ce fer ils fabriquent des instruments agricoles, des lances, des flèches pour leur usage et pour échanges. Ils se servent de flèches empoisonnées. Ils habitent encore des villages formés de toukouls, établis sur les rives, dans l'intérieur des terres et sur les montagnes. Ils sont nus, le corps oint d'une pommade rouge à l'oxyde de fer. Les femmes portent à la chute des reins une ceinture à filets en coton, parfaitement travaillée et d'un joli effet.

Après la contrée de ces tribus, le fleuve entre dans une vallée formée de grandes chaînes de montagnes, et son lit devient tout à coup hérissé de rochers et d'îlots syénitiques qui empêchent d'aller plus en avant dans la saison des basses eaux. Dans les hautes eaux, le fleuve devient encore navigable au moins une trentaine de lieues, c'est-à-dire là où se réunissent différentes branches dont la plus considérable vient de l'Est. L'hypothèse généralement adoptée que les sources du fleuve viennent de l'Ouest est donc mal fondée; et ce point donnera lieu encore à bien des controverses et des discussions, ainsi que les sources mêmes.

M. Lund, savant danois, dit qu'au milieu de la grande diversité d'opinions sur le nombre, la valeur et l'importance des différentes races du genre humain, il y a un fait prééminent qui forme, pour ainsi dire, un point de rencontre pour toutes les opinions divergentes, c'est que, *quant à la forme du crâne, il se présente trois types généraux nettement prononcés.* Ce savant prétend aussi que : 1° l'existence de l'espèce humaine dans l'Amérique méridionale remonte non-seulement au-delà de l'époque de la découverte de cette partie du monde, mais très-loin dans les temps historiques, probablement même au delà de celui-ci, jusqu'au temps géologique, puisque plusieurs espèces d'animaux semblent avoir disparu des rangs actuels de la création depuis l'apparition de l'homme dans cet hémisphère; 2° la race d'hommes qui a vécu dans cette partie du monde, dans son antiquité la plus reculée, était, quant à son type général, la même qui l'habitait au temps de sa découverte par les Européens.

Il est clair que ces résultats ne sont pas très-propres à fortifier l'opinion généralement reçue, que le nouveau monde a été peuplé par l'immigration d'habitants venus de l'ancien. La grande affinité qui existe entre la race mongolienne et la race américaine n'a échappé à l'attention de personne; la race américaine à laquelle les joues plus saillantes et le front plus bas et plus étroit assignent le degré inférieur. Il fallait donc considérer cette race comme une variation de la mongolienne qui, par l'immigration dans cet hémisphère, était descendue du degré de développement supérieur qu'elle occupait dans le pays d'où elle tire son origine. Mais à une pareille opinion s'oppose, continue M. Lund, le défaut total de quelque monument d'un ancien développement supérieur parmi les peuples de toute la partie orientale de l'Amérique méridionale.

M. Louis Marcus croit que les Cafres de Madagascar, qu'il regarde comme les Gallas de l'Afrique antique, ont envahi l'Abyssinie et le Sennaar un siècle avant Jésus-Christ. Il est convaincu que les Foullahs, les Laobès, les Galoffes, les Minianas et autres peuples du Soudan occidental, descendent des anciens habitants indigènes des États barbaresques; que ces habitants indigènes, les anciens Numides et Mauritains, descendent, comme leurs traditions le portent, des Persans, des Mèdes et des Arméniens qu'Hercule a conduits dans le nord de l'Afrique.

Le docteur Edwards, professeur, distingue cinq variétés notables dans l'espèce humaine: la Caucasienne; la Mongole; la Malaise; la Nègre; l'Américaine. Il croit que l'étude des races humaines est d'un grand secours pour l'histoire. Il est d'avis qu'on doit se borner à l'observation seule de la tête, puisque seule elle offre des différences essentielles dans sa conformation. Il ne pense pas que le croisement des races ait produit, physiologiquement parlant, les résultats qu'on lui attribue ordinairement. Ainsi, il s'est assuré qu'en Italie, par exemple, les invasions des barbares ont eu, sous le rapport physiologique, peu d'influence. Il a trouvé en Toscane et dans les États pontificaux presque exclusivement des types ou caractères romains-étrusques. Le caractère physionomique des Huns ne se borne pas à la ressemblance qu'ils ont avec une partie de la population hongroise : la conformation de leur tête et les traits de leur visage offrent les rapports les plus frappants avec ceux des Mongols, dont le type est celui de presque toute la moitié orientale de l'Asie.

Le docteur Samuel L. Mitchell, professeur d'histoire naturelle à New-York, regarde les idées et les travaux des premiers anthropologues comme des visions et des folies honteuses pour la gloire même de l'intelligence humaine. Il pense que la race qui survécut aux guerres terribles entre les diverses nations des anciens indigènes de l'Amérique du Nord est évidemment une race tartare, et que la race exterminée était une race malaise qui occupait la région située entre les lacs Ontorio et Erié au nord, et le golfe du Mexique au sud. Cette race avait la même origine et les mêmes usages que les habitants de l'Australasie et des îles de la mer Pacifique. Des momies de cette même race, découvertes et examinées, présentent le même angle facial et la même forme de crâne que la race des Malais. Il pense donc que les Malais ont peuplé les îles du Grand Océan; qu'un rameau de cette race a habité les rives de l'Ohio, du Kentucky et de la Tenessée; enfin que tout établit que les indigènes qui ont peuplé l'Amérique sont originaires du Nord et du Sud de l'Asie, et appartiennent à la même famille que celle qui habite ces régions.

Le prince Maximilien de Neuwied a observé, dans son exploration du Brésil, que les indigènes ne sont point couleur de cuivre, mais d'un brun jaunâtre ou rougeâtre. Il affirme que les Indiens établis à San-Pedro das Indias portent sur leurs figures, à quelques différences près, tous les caractères qui désignent la race tartare. Ils ont le visage large et plat, les os de la pommette très-prononcés, le nez étiré en long et peu saillant, les lèvres épaisses, les yeux et les cheveux noirs.

Les Purys qu'il a ensuite rencontrés près de Santidelis, sur les rives de la Paraïba, ressemblent, d'après lui, aux Kalmouks pour la figure; ils ont les os des joues larges et le nez épaté.

Le prince de Wied rapporte que les Indiens Botocudos et les Indiens Joways vivent principalement des produits de la chasse, par conséquent sont des tribus nomades.

Les Botocudos habitent les épaisses forêts situées entre le Rio-Prado et le Rio-Doce, et s'étendent du 13° au 23° degré de latitude sud, d'après le prince de Wied: Les Portugais les ont appelés ainsi à cause des plaques qu'ils portent suspendues aux oreilles. Leur taille moyenne varie depuis 1^m 85 jusqu'à 1^m 18, et celle des femmes depuis 1m 35, jusqu'à 1m 16. Leur couleur, d'un brun rougeâtre, est un peu plus rosée que celle des Joways ; leurs cheveux sont noirs, épais, courts, lisses et limités en demi-cercle sur le front ; ceux des hommes sont plus rudes que ceux de la femme. Dans les deux sexes, les yeux sont noirs, les pommettes saillantes et larges ; les narines larges, la bouche grande, les lèvres épaisses, les dents belles et bien alignées. Front bas, visage un peu aplati. Chez l'homme, poitrine bien conformée, membres supérieurs bien développés, mains très-petites, mollets peu prononcés. Chez les Joways, les membres étaient en rapport avec la force du tronc, mais tous sont remarquables par la faiblesse relative du mollet et la petitesse du pied et de la main. Leurs cuisses sont légèrement infléchies sur la jambe, ce qui fait qu'ils ne sont pas parfaitement droits.

André Sparzmann soutient que les Hottentots sont généralement aussi forts et aussi bien proportionnés que les Européens, et lorsqu'il en est autrement, il faut l'attribuer à l'insuffisance de leur nourriture. Cependant leurs mains et leurs pieds sont très-petits, en proportion du reste du corps ; la partie supérieure du nez est communément aplatie, ce qui fait paraître leurs yeux plus éloignés l'un de l'autre que ceux des Européens. Leur teint, en général, incline vers le noir ; il ressemble à celui des Européens qui ont la jaunisse à un degré considérable. Leurs lèvres ne sont pas aussi larges que celles des habitants de Nigritie et de Mozambique. Leur bouche est de proportion moyenne, et ils ont de très-belles dents. Ils paraissent couverts d'un poil fin, mais en approchant d'eux on voit que c'est seulement un poil fin, comme celui des Nègres. Ils se frottent avec une sorte de poudre et d'huile, et vont presque nus.

M. Hombron, voyageur et naturaliste, dit que l'habitant du nord de la Nouvelle-Hollande est parfaitement ressemblant à ceux que Forster, Péron, Lesson, d'Urville, Quoy et Gaimard ont observés sur la circonférence de ce pays ; que son insensibilité matérielle est en rapport avec l'impassibilité de son intelligence. Aussi, au milieu des matériaux propres à construire des habitations ou des pirogues, ne fait-il rien pour améliorer son sort ; il erre dans les bois et sur la plage, et tout ce qu'il rencontre lui sert indifféremment de nourriture. — La chevelure des naturels retombe en longues mèches tournées en tire-bouchons, et leur fait une grosse tête disproportionnée avec la maigreur de leur ensemble ; ils se barbouillent de chaux, et tracent sur leur peau des lignes qui semblent être le résultat du jeu d'un enfant. Le *nec plus ultra* de leur pittoresque consiste à se donner l'apparence d'un squelette, en passant une traînée de blanc sur le trajet de chacun de leurs os. Leur ventre est flasque et pendant ; leurs grands yeux sont injectés et ont le regard de la brute ; leurs grosses pommettes, leur front fuyant, la saillie de leur énorme maxillaire supérieure,

leurs moustaches et leur barbe crépue, l'énorme ouverture de leur bouche, les rides épaisses qui sillonnent leur face, tout cela forme un mélange de brutalité et d'expression humaine qui a quelque chose de repoussant et de monstrueux.

Les habitants, observés par M. Hombron sur les bords de la baie Triton, sont des métis issus de Malais et de Papous. Leur taille rappelle celle des Malais, aussi dépasse-t-elle de beaucoup celle des Papous. Leur peau noire reflète une teinte de cuivre assez vive, de sorte qu'il serait difficile de dire quelle est de ces deux couleurs celle qui l'emporte sur l'autre. Ils sont bien faits et vigoureux ; les traits de leur figure ne sont point aussi délicats que ceux des Papous, dont le visage a des formes assez déliées et présente un ensemble agréable ; mais ils en ont conservé le jeu de physionomie. Leur alliance avec les Malais se reconnaît à la vivacité du regard ; en effet, tout en ayant les grands yeux des Papous, ils n'en ont point l'expression mélancolique. Ces métis l'emportent en beauté sur ceux remarqués à Waigiou par MM. d'Urville, Quoy et Gaimard. Ces métis de Waigiou résultent du croisement des Malais des Moluques avec les Papous. Or les habitants des Moluques sont les moins beaux des Malaisiens : leur peau brune, leurs traits ordinairement très-grossiers, trahissent leurs fréquents mélanges avec les anciens Aborigènes de cette partie du globe, les *Alfaquis*, lesquels vivent encore sur une chaîne de montagnes des îles Philippines jusqu'à Van-Diémen, en oubliant un moment que la division géologique lie la Nouvelle-Zélande au plateau asiatique. La position géographique des habitants de la baie Triton les met, au contraire, en rapport avec les Malaisiens, infiniment plus beaux : ce sont les indigènes de Célèbes, des îles de la Sonde, et en particulier, de Bali et de Timor.

Le docteur Puchran, auteur de considérations anatomiques sur les formes osseuses de la tête dans les races humaines, estime que c'est à l'avenir qu'il appartient d'établir la constance des caractères différentiels des races humaines, en raison du petit nombre de matériaux dont la science actuelle peut disposer. Il pense qu'il faut procéder avec réserve dans les modifications encéphaliques correspondant aux modifications de forme crânienne, attendu que l'encéphalotomie comparée des races humaines n'est pas suffisamment formée.

Le naturaliste et voyageur Bory de Saint-Vincent pense que l'on ne doit pas accorder trop d'importance aux crânes et aux débris ostéologiques, si on n'est sûr de leur authenticité, attendu que des témoignages de ce genre n'ont de valeur réelle que par l'authenticité. Effectivement il est clair qu'il y aura erreur complète si l'examen porte sur un crâne que l'anthropologue croit appartenir à telle ou telle variété constatée, tandis qu'il vient d'un cimetière commun.

Un examen attentif n'a révélé à l'auteur

aucune différence entre les Kabyles et les Maures, qui puisse le moins du monde autoriser à les regarder comme appartenant à deux variétés d'hommes; seulement les Maures habitent les villes, et les Kabyles les campagnes. La seule différence qui occasionne entre eux une diversité d'aspect est celle d'*habitat* et de genre de vie, mais qui ne va pas même jusqu'au-dessous d'une première peau, laquelle demeure sujette aux effets de ce hâle dont on n'est à l'abri nulle part, plus ou moins toutefois.

Les Berbères proviennent également de la souche primitive; ils parlent comme les Kabyles une même langue propre, très-différente de l'arabe et du turk.

Les Berbères, les Maures, les Kabyles sortent de la race Atlante dont sortaient également les Celtes, les Ibères, les Guanches, habitants éteints des Canaries, ainsi que les Libyens, les Gétules, les Garamantes des premiers âges. Toutes ces variétés ont l'angle facial comme le nôtre; l'épaisseur des os du crâne est pareille à celle du nôtre, ainsi que les proportions de la boîte osseuse.

Les os du crâne, chez l'Arabe, sont plus minces qu'ils ne le sont dans la race Atlante et Éthiopienne. Son profil est allongé, l'angle facial est aigu, d'où résulte que le visage se rétrécit, encore que l'écartement des fosses orbitaires soit assez considérable. Les arcades sourcilières sont unies et parfaitement lisses, ce qui fait qu'il n'existe pas de dépression aussi notable entre la base du front et l'origine du nez, où les os, plus longs qu'ils ne le sont chez tous les autres hommes, déterminent la courbure aquiline avec une bosse plus ou moins prononcée qui n'est pas sans noblesse.

Les Arabes sont généralement de haute taille, tandis que leurs femmes sont de petite taille. L'obésité est presque inconnue parmi eux. En quelque endroit qu'on trouve l'Arabe, il conserve les mœurs, les préjugés et le visage de ses premiers pères, vivant sous la tente avec ses troupeaux et enclin au vol. Départis en tribus indépendantes, les Arabes n'ont nulle part et à aucune époque vécu en corps de nation, ni fondé d'empire célèbre; ils n'ont jamais été des conquérants, à proprement parler.

L'épaisseur des os du crâne est plus considérable chez le Nègre que chez les autres hommes. La proéminence de la mâchoire supérieure est considérable. À la base du frontal, qui est assez élevé, mais latéralement fort rétréci, se prononcent, au-dessus des orbites, des crêtes sourcilières presque aussi considérables que sont celles d'un orang d'âge moyen. D'autres saillies osseuses, non moins marquées, couronnent les régions temporales aux attaches des crotaphites; une dépression très-prononcée existe à l'origine du nez, dont les os propres sont aussi les plus courts et tellement disposés en avant, que leur situation en devient à peu près horizontale. Aussi la largeur du nez étant considérable, les narines sont ouvertes, les lèvres, dont l'inférieure semble être pendante, étant très-épaisses, il résulte de cet ensemble ostéologique certains airs d'animalité.

M. Auguste Saint-Hilaire partage l'opinion de M. Serres, sur la ressemblance des Indiens-Botocudos avec les hommes de la race Mongolique. Les Botocudos habitent, au Brésil, les bords du Jiquitinhouha. Il y a entre eux et les Chinois une extrême ressemblance. Chez les deux peuples les yeux sont divergents, le nez également épaté, l'os des joues également proéminent; enfin la barbe leur manque à tous deux.

La race Américaine n'est, comme les traditions des indigènes tendent à le prouver, que la race Mongolique, modifiée par le climat et mélangée, du moins dans des sous-races, avec quelqu'un des rameaux les moins nobles de la race Caucasique, tel que le Phénicien. Il a découvert aussi une identité presque complète dans le chant des Botocudos et dans celui des Chinois. — Selon lui, il ne faut pas attribuer la même origine à toutes les peuplades du Brésil; car il y a des différences entre elles, et les croisements primitifs n'ont pas été les mêmes.

Le docteur Roulin a observé que dans le croisement entre le Nègre et l'Américain indigène, le métis, comme dans les colonies espagnoles, sous le nom de Zambo, a constamment les cheveux plats. Ce fait, qui n'a été jusqu'à présent signalé par aucun voyageur, est bien connu des habitants de la Nouvelle-Grenade, où l'auteur a eu très-souvent occasion de l'observer. Je n'ai pas rencontré, dit-il, une seule exception, et j'ai été d'autant plus frappé de la nature des cheveux dans le métis qui a encore la moitié du sang nègre, que, dans le croisement avec le blanc, le crépu des cheveux du nègre se fait sentir non-seulement dans le mulâtre, dans le quarteron, qui tient pour les trois quarts de la race blanche, mais même dans le produit du quarteron avec le blanc.

Le docteur Pritchard, auteur d'une *Histoire naturelle de l'homme*, regarde les Tartares et les Turks comme formant historiquement une seule race. Il signale les métis d'Américains et de Nègres, appelés *Zambos*, qui ont les cheveux très-crépus. Les peuplades de Cafuros, décrites par MM. Spix et Martins, sont remarquables par leur énorme chevelure crépue, qui est simplement une conséquence de leur double origine. Leur chevelure tient le milieu entre la laine du Nègre et les cheveux longs et raides de l'Américain.

M. G.-P. Blom a étudié la Norwége sous le rapport géographique et géologique. Son ouvrage, sous le titre de : *Dos Kœnigreich Norwegen* (le royaume de Norwége), description statistique, a paru en 1843, à Leipsick. La section consacrée tout entière aux Lapons est d'un grand intérêt. Ils sont peu avancés sous le rapport intellectuel, mais l'auteur leur reconnaît des dispositions égales à celles des autres hommes.

Suivant Renouard de Sainte-Croix, les Hottentots sont très-doux et assez adonnés au travail. Sans leurs cheveux laineux, ils pourraient passer pour blancs. Ils sont souples et bien faits. Ils s'enduisent la peau d'huile et de graisse par mesure hygiénique. Ils sont agriculteurs et pasteurs.

L'auteur a remarqué que la servitude et l'état de réprobation où vivent les Boës, parias dans l'Hindoustan, se laissent voir dans leurs esprits et sur leurs corps. Ils n'ont point de noblesse, point de dignité dans les habitudes de corps, et nulle élévation dans l'esprit.

Les Hindous musulmans sont de plus beaux hommes que les Hindous païens. Ils ont la figure beaucoup plus régulière, et surtout les yeux très-fendus, parce qu'après leur naissance on se sert d'un grain de riz pour les couper insensiblement des deux côtés. Ces musulmans descendent des vainqueurs de l'Hindoustan.

Les Hindous sont généralement bien faits, ont la figure belle, mais ils sont faibles de constitution. Ils ont le teint noir ; c'est ce qui fait que des anthropologues les ont classés parmi les variétés de la race Noire. M. d'Omalius d'Halloy l'a ainsi fait.

Au XVIe siècle, des Portugais s'allièrent à des familles de Parias ; il en est résulté une sorte de métis, aussi noirs que les Hindous, et qui parlent la langue hindoue. Ils sont très-paresseux, mais bons soldats : c'est un instinct de race.

Les peuplades de l'île de Luçon, réunies sous la domination espagnole, parlent des idiomes dérivés de la langue tagale, laquelle vient du malais.

Les *Tinguianes* de la même île ont les cheveux lisses, les *Ygorattes* les ont laineux ; ils forment deux types distincts, l'un composé de descendants de Malais, l'autre de Nègres ressemblants pour la couleur et la figure à ceux de l'Afrique, excepté qu'ils sont beaucoup plus petits, mais tout aussi noirs. Ces derniers vivent dans les montagnes, dans un isolement complet, fuyant les habitants civilisés. Les premiers vivaient en société sous des chefs lors de l'arrivée des Espagnols. Ils ont la couleur d'un bistre clair, les membres bien proportionnés et forts, les cheveux lisses, les yeux grands, très-ouverts et le nez un peu aplati. Toutes leurs manières et coutumes étaient semblables; ce qui établit qu'ils n'ont qu'une seule et même origine. Ces Tinguianes n'ont aucune ressemblance avec les Chinois.

Les Ygorattes, ou Nègres OEtas des montagnes, sont de petite taille, ont les traits fort noirs, les cheveux crépus, laineux, le nez aplati ; ils sont sans vêtements, absolument nus. Leur langue se rapproche de celle des Tinguianes. Ces OEtas étaient les premiers habitants de l'île, et ils ont été refoulés dans les montagnes. Fort paresseux, ils ne travaillent jamais, dit Renouard de Sainte-Croix. Les Tinguianes sont grands, bien faits, ayant la peau couleur de bistre clair.

On voit dans les îles Babuyannes des descendants de Chinois assez nombreux, qui ont conservé beaucoup d'usages primitifs de la mère-patrie, mais dont le langage s'est altéré.

M. d'Omalius d'Halloy, auteur d'un ouvrage sur les Races humaines, établit que, dans la classification des diverses modifications du genre humain, les caractères naturels doivent obtenir la préférence sur ceux tirés du langage et des renseignements historiques. Il trouve que l'ethnographie est une science fort peu avancée encore.

Il existe entre les caractères naturels des peuples et leur état de civilisation des rapports qui sont tels que, quand on établit une série naturelle, partant des Européens et se terminant aux Noirs de l'Australie, on obtient également une série décroissante de l'aptitude à la civilisation.

Les croisements, très-importants pour l'histoire des êtres vivants, sont des phénomènes peu connus ; ils appellent l'attention, parce qu'ils semblent expliquer la plupart des anomalies que l'on remarque chez l'homme et chez les êtres qui se développent sous son influence. L'auteur place les Hindous et les Abyssiniens dans la race brune au lieu de la blanche. Suivant lui, la race blanche et ses variétés présentent une tendance continuelle au développement, tandis que les races colorées ainsi que leurs variétés sont dans un état stationnaire et rétrograde.

M. Charles Marten, de Philadelphie, par l'inspection du crâne des Américains, fait de ces peuples deux divisions principales : dans l'une il place le crâne le plus arrondi ; dans l'autre il classe le plus allongé.

M. Carus, de Dresde, auteur d'une Physiologie, partage la masse encéphalique en trois portions, correspondant aux trois vertèbres crâniennes, et le développement plus ou moins grand de chacune de ces portions indique, suivant lui, la prééminence d'une des trois facultés essentielles de l'âme, la volonté, le sentiment et la pensée. Le développement de la portion occipitale est en rapport avec la puissance de la volonté, celui de la portion coronale avec l'étendue de l'intelligence.

M. d'Olfers, directeur du musée de Berlin, qui a longtemps habité le Brésil, affirme que certaines peuplades brésiliennes se rapprochent beaucoup des Mongols par leur visage aplati, leur nez entièrement plat, qui se perd en quelque sorte dans le visage lui-même, l'os proéminent de leurs joues, leurs longs cheveux droits et d'une couleur foncée, leurs yeux un peu obliques et la couleur jaune de leurs corps. On est frappé de ces rapports lorsqu'on voit en même temps à Rio-de-Janeiro, un Chinois et un Botocudos.

L'amiral Dumont d'Urville, dans son voyage autour du monde, n'a vu que deux races dans les peuples de l'Océanie, la Mélanésienne ou Noire, qui n'est qu'une branche de la race Éthiopique d'Afrique, et la race Polynésienne, basanée ou cuivrée, qui elle-même n'est qu'un rameau de la race Jaune, originaire d'Asie.

MM. Quoy et Gaimard, deux zoologistes distingués, qui ont accompagné le capitaine de Freycinet d'abord, et ensuite l'amiral d'Urville, dans leurs voyages autour du monde, ont composé de visu l'anthropologie des diverses peuplades de l'Océanie. Ils ne sont pas toujours d'accord avec les autres anthropologues; mais leur travail, déjà important, n'en devient encore que plus précieux sous ce rapport. De sa comparaison avec les études des autres observateurs, il résulte des éclaircissements sur divers points obscurs de la géographie des races humaines; car c'est le travail le plus considérable qu'on ait encore fait sur la géographie anthropologique.

« Rien ne prouve mieux la difficulté que présente la zoologie, quand il s'agit de bien caractériser une espèce ou une variété d'espèce, que la diversité des races humaines admises par les naturalistes. Comment, en effet, asseoir sur des bases solides des distinctions qui le plus souvent sont si fugaces! Lorsque, en bonne zoologie, on veut déterminer une espèce, c'est en réunissant le plus d'individus qu'il est possible qu'on peut arriver à quelque certitude. Comment, dès lors, saisir toutes ces nuances délicates qui constituent ce que l'on nomme le *facies*, d'après des notes, des dessins ou des souvenirs qui s'affaiblissent par les distances qu'on a parcourues et par l'absence des individus qu'on a à comparer? Pour obtenir des résultats positifs, il faudrait donc, ce qui est pour ainsi dire impossible, réunir un grand nombre d'individus de ces variétés pour les comparer entre eux, et en faire faire des portraits à l'huile bien ressemblants, afin d'indiquer la nuance de la physionomie. C'est ce qui n'a point encore été exécuté d'une manière satisfaisante, et ce qui éprouverait d'assez grandes difficultés pendant la rapidité d'un voyage nautique. Ce n'est qu'en procédant de la sorte qu'un naturaliste pourra rendre avec vérité et faire concevoir en Europe ce que lui-même aura saisi et senti beaucoup mieux qu'il ne pourrait l'exprimer.

« On concevra facilement que si nous sommes aussi sévères, nous ne devons point, à l'époque actuelle, faire un très-grand cas des observations des premiers navigateurs, qui dépeignent avec tant de vague et les caractères physiques et la couleur des peuples de la mer du Sud, toutes les fois que cette teinte ou ces caractères ne sont pas très-tranchés.

« Ce que nous venons de dire ne doit se rapporter qu'aux nuances qui demandent, pour être saisies et appréciées, l'habitude de l'observation anatomique; car il est des races qui sont tellement distinctes qu'on ne s'est jamais trompé en les citant, comme par exemple la race Noire et la race Jaune. Les difficultés n'existent réellement qu'à saisir

(1) Forster, en la comparant à la Noire, l'appelle plus blanche. « Elle est moins basanée que celle d'un Espagnol, dit-il, et n'est pas aussi jaune que celle d'un Américain.... C'est un blanc mêlé d'un jaune brunâtre; mais la teinte n'est pas assez forte pour que, sur les joues de la plus blanche de

les variétés de ces deux types principaux du Grand Océan.

« La question qui nous occupe a été posée et traitée avec la plus grande sagacité par un homme qui servait comme de complément au génie du marin le plus intrépide et le plus expérimenté des temps modernes. Cook et Forster ont élevé un monument de gloire impérissable qu'admirent avec respect tous ceux qui, de loin, ont cherché à marcher sur leurs traces.

« Les divisions admises par Forster, pour caractériser les habitants de la mer du Sud, sont si naturelles que nous n'en emploierons pas d'autres, en ajoutant toutefois aux différentes peuplades qu'il a visitées et que nous avons vues nous-mêmes, celles qu'il n'a pu connaître. Nous aurons en outre la précaution constante de ne parler que de nos propres observations, car tous les jours nous voyons naître une foule d'erreurs dès l'instant où l'on veut s'affranchir de cette règle. Il nous serait facile d'en fournir de nombreux exemples.

« Ce qui frappe le plus le voyageur, dans la Polynésie, ce sont les deux types prononcés qui caractérisent les peuples qu'on y rencontre. Nous y verrons donc, avec le célèbre compagnon de Cook, deux races bien distinctes : la race Jaune (1) et la race Noire.

De la race Jaune du Grand Océan. — « Tous les navigateurs s'entendent parfaitement relativement à cette race d'hommes; elle est, en effet, tellement caractérisée par sa constitution physique, qu'il suffit de l'avoir vue pour la reconnaître à l'instant partout où on peut la rencontrer. Comme nous ne considérons ici l'homme que dans ses rapports zoologiques, laissant à la partie historique, que traite M. le capitaine d'Urville, le soin de le faire connaître dans ses mœurs et ses habitudes, nous ne répéterons ce que les voyageurs ont dit tant de fois que lorsque notre sujet l'exigera rigoureusement. Nous dirons seulement que nous avons observé la race jaune à la Nouvelle-Zélande, aux îles des Amis, aux îles Sandwich (dans notre premier voyage), sur la petite île de Tikopia et enfin au milieu des nombreuses îles Carolines où elle a subi une légère variété dans la teinte, variété dépendant du sol et de la latitude. On sait que le peuple qui habite Taïti et toutes les îles de la Société, les Marquises, l'île de Pâques, se rattache à la même origine. L'opinion de Forster à cet égard a été confirmée par les navigateurs qui lui ont succédé; mais n'ayant pas vu nous-mêmes ces dernières localités, nous nous bornerons à les citer. Voilà donc les débris de ce grand peuple disséminés à la surface du globe, occupant, sur des sommités isolées, un espace immense (entre les 20e degré de latitude nord et 48e de latitude sud, et les

leurs femmes, on ne distingue aisément les progrès de la rougeur. » L'épithète de *jaune* lui convient mieux que celle d'une localité quelconque parce qu'on la trouve dans des divisions différentes du globe.   (*Note de MM. Gaimard et Quoy.*)

112e degré de longitude occidentale et 140e de longitude orientale), se reconnaissant à sa constitution physique, à ses mœurs et à son langage, caractères qui se modifient selon les distances et les latitudes.

NOUVELLE-ZÉLANDE. — « Cette grande terre, divisée en deux îles par le détroit de Cook, reculée vers l'extrémité de l'hémisphère austral, est habitée par les plus beaux individus de la race jaune. Sa latitude, qui la soumet aux variations atmosphériques des contrées tempérées de l'Europe, donnant à ses habitants le développement physique et la vigueur qui les caractérisent, il en résulte une grande énergie morale qui fait du Zélandais le peuple le plus remarquable de toute la mer du Sud.

« Nous avons fait six relâches successives sur divers points de la Nouvelle-Zélande, savoir : la baie Tasman, la baie Inutile ou Téra-Witi, la baie Houa-Houa (*Tolaga* de Cook), la baie Waugari ou des Brêmes, la baie Shouraki (*rivière Tamise* de Cook), la baie des Iles, et sur chacun de ces points nous avons été à même de remarquer plusieurs centaines de naturels. C'est d'après eux que nous donnons l'esquisse suivante :

« Les Zélandais sont grands, robustes, d'une physionomie agréable, quoiqu'ils cherchent à la défigurer par un tatouage en incisions, dont la disposition ne contribue pas peu à leur faire paraître le nez aquilin, forme qui d'ailleurs est assez commune et se joint à l'écartement des narines. Ils ont les cheveux longs, lisses et noirs, ainsi que la barbe. Leurs dents, d'une régularité admirable et d'une blancheur éclatante, sont uniformément usées. Le caractère de la physionomie est aussi varié qu'en Europe, et, pour tout dire en un mot, nous trouvions chez ces insulaires des ressemblances remarquables avec les bustes de Socrate, de Brutus, etc. La basse classe a les formes plus petites et moins belles. Peu d'individus sont tatoués. Ce privilège semble appartenir aux guerriers, et particulièrement aux chefs qui sont tous guerriers. Il suffit de voir cet ornement pour juger combien il doit être douloureux à obtenir. La beauté des femmes est bien inférieure à celle des hommes. Presque toutes petites, elles n'ont rien de ce naturel gracieux qu'on trouve quelquefois parmi les peuplades non civilisées, et que nous avons fréquemment rencontré dans l'Archipel des Sandwich. Les femmes des chefs ont seules le privilège de se tatouer les lèvres et les épaules d'une manière particulière.

« Si quelque jour les Européens colonisent la Nouvelle-Zélande, les habitants de ce pays entreront promptement dans la voie de la civilisation, et se mélangeront avec les colons pour former une nouvelle race; ils sont bien différents en cela de la race Noire, qui, comme à la Nouvelle-Hollande, par exemple, et à la terre de Van-Diémen, s'isole des Anglais. Ceux-ci la poussent dans l'intérieur, à mesure qu'ils prennent plus d'accroissement, et finiront avec le temps par la faire disparaître.

ILES DES AMIS. — « Quelques degrés de différence en latitude apportent déjà dans la constitution physique de l'homme de légères modifications qu'il est facile de saisir, non sur des individus isolés, mais sur des masses. L'île de Tonga-Tabou, dans laquelle nous avons séjourné pendant un mois, est située par 21° 8' de latitude sud, et 177° 33' de longitude est. Sa végétation est celle des tropiques, et avec elle naît l'abondance que nous allons retrouver dans toutes les îles qui en éprouvent la fécondante influence. Les hommes sont encore là grands et robustes, mais les chefs ont de la tendance à acquérir cette énorme obésité que nous avons vue aux îles Sandwich, lorsque l'abondance des aliments vient se joindre au défaut d'exercice. On voit parmi eux des physionomies très-agréables à nez effilé. Leurs cheveux noirs seraient comme les nôtres si, au moyen de la chaux, ils ne les frisaient pas en buisson ou ne les séparaient pas en grosses mèches. Les chefs les portent unis et se les coupent ras. Les hommes ont en général le bas de la jambe gros. Leur tatouage en noir, qui n'a lieu qu'à la ceinture et aux cuisses, est uniforme. Un usage bien malheureux auquel se soumettent les habitants de Tonga, consiste à se couper un ou deux des petits doigts, dans l'articulation de la première phalange, lorsqu'un de leurs proches parents est malade, dans la croyance que ce sacrifice lui rendra la santé. Sur dix individus, sept à peu près offrent cette mutilation. Tous les chefs sont dans ce cas; et, ce qui est encore plus barbare, on mutile ainsi de jeunes enfants qui, sans aucun doute, ne peuvent pas donner leur consentement à un acte aussi absurde.

« En général, les jeunes femmes de Tonga sont assez jolies. La fille du chef Palou avait quelque ressemblance avec certaines statues égyptiennes. Ses bras et ses mains étaient très-bien faits. Le sexe serait mieux encore s'il ne coupait pas sa chevelure en la défigurant. Quelques femmes avaient un tatouage blanchâtre à petits points qui les rendait affreuses; on le croira facilement si nous ajoutons qu'il ressemblait à la lèpre ou à des marques de petite-vérole.

ILES SANDWICH. — « C'est dans le voyage de *l'Uranie*, avec M. le capitaine de Freycinet, que nous visitâmes cet archipel en 1819. Nos observations furent faites sur des milliers de naturels des îles Owhyhi, Mowi et Wahou. Comme à Tonga, une latitude qui n'est point trop élevée permet tout le développement des forces physiques; là, en effet, nous avons vu parmi les chefs des hommes de plus de six pieds qui paraissaient de taille ordinaire, tant ils étaient gros. C'est parmi les femmes des chefs qu'on remarquait le plus d'obésité. Ici, la mutilation était d'un autre genre, et consistait à se briser une ou deux dents non-seulement pour des chagrins particuliers, mais aussi à l'occasion d'un deuil général, comme par exemple lors de la mort du roi.

« Ce peuple, qui habite des îles grandes et élevées, est l'un des plus nombreux de la race Jaune et l'un de ceux qui, avec les Taïtiens, marchent le plus vite vers la civilisation. On peut d'avance se faire une juste idée des améliorations qu'éprouveront dans leur constitution physique ces insulaires, s'ils veulent se servir de vêtements et habiter les contrées tempérées de leurs hautes montagnes. Il est probable aussi que les chefs, modifiant leur genre de vie et cessant de s'allier constamment entre eux, n'offriront plus les formes athlétiques qui les caractérisent.

ILE TIKOPIA. — « Cette île, d'une très-petite étendue, située par 12° 18' de latitude sud, et 166° 12' de longitude est, à peu près à égale distance des Nouvelles-Hébrides et de l'archipel de Santa-Cruz, semble avoir été peuplée par la race Jaune à la suite de quelque accident. Dans une circonférence d'un peu plus d'une lieue, elle contient plus de cinq cents habitants, qui sont grands, robustes, gais, confiants, communicatifs comme tous les hommes de cette race en quelque lieu qu'on la trouve. Leurs usages sont les mêmes; seulement ils en ont emprunté quelques-uns à la race Noire qui les environne et habite d'autres îles; c'est ainsi qu'ils ont la coutume de porter des anneaux aux oreilles, et de se percer quelquefois la cloison du nez pour y passer un bâtonnet. Ils laissent flotter leurs longs cheveux sur les épaules; mais ils en altèrent la couleur au moyen de la chaux qui leur donne une vilaine teinte rousse. Leur tatouage est régulier et consiste en plusieurs bandes transversales sur la poitrine; quelquefois on en remarque aussi trois longitudinales sur toute la longueur du dos.

« Il y avait parmi les Tikopiens un habitant des îles des Amis qui ne présentait aucune différence avec eux. Nous n'en aurions rien su si on n'avait pas eu le soin de nous en instruire. L'accident qui l'y avait amené est important à connaître, et il nous servira à expliquer naturellement la manière dont quelques-unes de ces îles se sont peuplées. Nous en parlerons incessamment.

ILES CAROLINES. — « Les nombreuses petites îles connues sous ce nom sont éparses sur la vaste étendue de mer qui se trouve comprise entre les 3e et 12e degrés de latitude nord et les 128e et 171e degrés de longitude à l'orient de Paris. Comme la plupart de ces îles n'offrent aucun port sûr aux grands navires, on n'y relâche que fort rarement; mais la confiance et l'intrépidité des Carolinois, qui les portent constamment à venir reconnaître les navigateurs qui traversent leur archipel, peuvent dispenser jusqu'à un certain point d'aborder chez eux, surtout lorsqu'on n'a pour but que de savoir à quelle race ils appartiennent. Nous n'avons donc jamais fait aucune relâche aux îles Carolines;

mais nous avons parcouru plusieurs fois cet archipel, en passant devant les îles Poulousouk, Poulouhoï, Tamatam, Ollap, Fanadik, au milieu du groupe plus éloigné dans le sud-est que les naturels nomment Elivi. Nous avons côtoyé la grande et belle île d'Yap. Partout nous avons communiqué avec les indigènes, et de plus nous avons vécu à Guam avec un assez bon nombre d'entre eux qui viennent chaque année de Satahoual et de Lamursek pour y chercher du fer. Dans cette étude de plusieurs centaines de naturels, nous avons reconnu et confirmé ce que Forster n'avait admis que comme une supposition, puisqu'il n'avait pas vu ce peuple, qui appartient réellement à la race Jaune de la mer du Sud. C'est la même conformation générale; ce sont les mêmes traits, la même chevelure flottante et lisse, plus belle ici parce que rien ne l'altère. Leur taille, en général, est seulement un peu moins élevée que celle des autres peuples du Grand Océan leurs analogues. Leur tatouage, à l'exception de la figure qui ne présente pas cet ornement, est des plus complets, surtout celui des chefs qui portent incrustée dans leur peau la marque de leur puissance. Un usage, qui leur est commun avec quelques autres peuplades, consiste à s'agrandir le trou qu'ils font au lobe de l'oreille de manière à y pouvoir quelquefois introduire le poing.

« La seule différence que les Carolinois présentent avec les peuples dont nous venons de faire mention, c'est qu'ils sont un peu plus foncés en couleur tirant sur le brun. Mais cette nuance qui ne suffit pas pour en faire une race particulière, tient manifestement aux latitudes qu'ils habitent, au peu d'élévation de leur sol au-dessus du niveau de la mer, à l'habitude qu'ils ont d'être sans cesse dans leurs pros ou sur les bords de l'Océan, exposés à l'influence d'un soleil ardent (1). Ces différences sont les mêmes que celles qu'on peut remarquer en Europe entre les peuples du midi et ceux du nord. Ainsi, par exemple, en France on distingue facilement les Normands et les Bretons des Provençaux et des Languedociens; mais ce seront toujours des Européens, des hommes de la race caucasique, comme les habitants des Carolines doivent être de la race Jaune. Nous différons, en cela, de notre confrère de la marine, M. Lesson, qui regarde les Carolinois comme différents des Sandwichiens, des Nouveaux-Zélandais, etc.

« Il suffit d'avoir vu la race Jaune partout où elle se trouve pour en reconnaître l'identité, et il est peu nécessaire pour la confirmer davantage d'y joindre des habitudes de mœurs ou des similitudes de langage. Ce dernier moyen n'est même pas toujours concluant; car il arrive quelquefois que,

---

(1) Aux îles Mariannes, nous eûmes un exemple frappant de l'action du soleil sur l'espèce humaine relativement à la modification de la couleur. Des Sandwichiens, hommes, femmes et enfants, avaient été pris sur un corsaire des indépendants d'Amérique. Ils étaient devenus si bruns que nous avions de la peine à les reconnaître pour être de la race Jaune. Nous avons vu le même phénomène sur un homme des Marquises; et tous les jours on pouvait l'observer en comparant les chefs aux hommes de peine qui, pour se procurer leur nourriture, passent leur vie sur les récifs et presque entièrement nus.

(Note de MM. Quoy et Gaimard.)

lorsque la race Jaune et la race Noire se trouvent réunies dans le même archipel, sur des îles séparées, elles parlent la même langue, ou bien se servent d'un grand nombre de mots communs à chacune d'elles, comme cela a lieu entre les îles des Amis et les îles Viti, entre Vanikoro et Tikopia.

« Nous ajouterons à ces peuples que nous avons vus, et comme devant appartenir à la même race, d'autres hommes que nous n'avons point observés nous-mêmes. Nous le ferons avec confiance pour les naturels de Taïti, des Marquises (1) et de l'île de Pâques; d'après les observations de Forster, et pour ceux d'Oualan, d'après le rapport de M. Lesson. Ce sera avec moins de certitude que nous joindrons à ceux-ci les habitants des Mulgraves et des îles Palaos.

ÎLES MARIANNES. — « Parlerons-nous du peuple qui habite actuellement les îles Mariannes? Mais il y a si longtemps que son caractère original s'est altéré par ses alliances avec les Espagnols d'Europe et de Manille; qu'il serait réellement fort difficile d'indiquer à quelle race il appartenait précisément. La position des Mariannes non loin des Carolines pourrait porter à croire que les deux peuples devaient avoir une même origine; mais, d'un autre côté, si l'on fait attention à l'histoire que raconte le père Le Gobien, de ces Carolinois qui, dans une frêle pirogue, furent jetés sur l'île de Guam, où leur langue était totalement inconnue; si l'on tient compte, chez beaucoup de métis actuels, de la forme des yeux qui sont obliques et assez semblables à ceux des Chinois, on sera fort embarrassé pour répondre à la question qui nous occupe, et pour dire à quel peuple se rattachait celui des Mariannes. Quoi qu'il en soit, la race en est belle et le croisement ne lui a nui en aucune façon. Les Mariannais ont conservé de leur type ancien les cheveux noirs et lisses, la largeur des pommettes, l'obliquité de l'angle interne de l'œil (sans cependant le renflement de la peau qu'on remarque chez les Chinois dans cet endroit), un peu de grosseur dans les lèvres et les ailes du nez, et les cheveux noirs et lisses. Leurs membres sont robustes; les inférieurs sont d'une grosseur remarquable, et paraissent peut-être un peu courts pour se trouver en proportion avec le torse. Leur peau fortement basanée se ressent de sa double origine. Les femmes des chefs, qui ne sont point exposées à la fatigue, sont d'un brun foncé agréable; mais une maladie terrible, la lèpre, rend hideux ceux qu'elle attaque, altère et détruit leur constitution, etc., etc.

De la race Noire du Grand Océan. — « En nous servant de cette expression de *race Noire*, nous voulons qu'elle porte en quelque sorte sa définition avec elle, afin qu'on ne la confonde pas avec la race *Nègre* d'Afrique. Il existe, en effet, entre ces deux races une assez grande différence pour qu'on ne s'y méprenne point. Quelques-uns des premiers navigateurs seuls ont pu commettre cette erreur. Sans être naturaliste, tout observateur judicieux ne confondra jamais un naturel de la Nouvelle-Guinée ou de la Nouvelle-Hollande avec un habitant du royaume de Bénin ou de la côte de Mozambique.

« Malgré notre répugnance pour tout ce qui est hypothétique ou seulement obscur, nous ne pouvons nous empêcher de croire cependant que la race Noire tire son origine de la Nouvelle-Guinée. Nous voulons dire la race des îles qui environnent cette grande terre, qui a poussé ses migrations dans la mer du Sud jusqu'auprès des îles des Amis, et qui habite exclusivement le grand archipel des Viti (2); car, pour l'espèce qui habite la Nouvelle-Hollande, nous ne pouvons la regarder comme identique. Les caractères qui la différencient sont trop frappants pour qu'on cherche jamais à la rattacher aux Papous. Nous citerons les faits sans nous engager dans aucune conjecture sur son origine. Nous demandons seulement qu'on nous tienne compte de la réserve que nous apportons dans des opinions zoologiques, qui, vu le développement actuel de la science, pourraient être portées fort loin et trancheraient bien des difficultés.

NOUVELLE GUINÉE. — « Nous avons parlé ailleurs (3) de ses habitants connus sous le nom de Papous ou Papouas, que nous avions vus sur l'île Vaigiou, et nous avons donné quelques détails sur ce que l'organisation de l'homme a de plus caractéristique, la tête osseuse. Les observations que nous avons faites depuis lors sur ces hommes qui habitent le littoral de la Nouvelle-Guinée, au port Dorey, nous ont confirmés dans l'opinion que nous avions avancée : savoir, que ces peuples formaient une race distincte, différente de la race Nègre proprement dite. Ses principaux caractères sont les suivants : les cheveux crépus, mais non laineux (4), très-touffus par le soin tout particulier qu'ils en prennent. Quoique leur crâne ait en général les dimensions voulues pour constituer des hommes doués d'une assez grande somme d'intel-

---

(1) Nous pourrions invoquer le sentiment unanime de voyageurs aussi instruits que véridiques, ne voulant pas mentionner les individus isolés de ces deux premières îles que nous avons eu l'occasion d'examiner. (*Note de MM. Quoy et Gaimard.*)

(2) Ce sont les *Fidji* des navigateurs, ainsi nommées par leurs voisins les habitants de Tonga-Tabou. Le nom de Viti, que nous adoptons avec M. d'Urville, nous a été fourni par les insulaires eux-mêmes. (*Note de MM. Quoy et Gaimard.*)

(3) *Voyage de l'Uranie,* Zoologie, pages 1-9, planches I et II.

(4) Cette observation, qui est de Forster, nous paraît très-bonne, en ce qu'elle distingue la chevelure des Papous de celle des Nègres d'Afrique qui est courte et laineuse, et dont on ne pourrait jamais faire ces vastes coiffures des Papous dont les cheveux ne sont que crépus et très-longs. Nous ne nous dissimulons pas du reste qu'une description ne saurait rendre qu'imparfaitement ce qu'un seul coup d'œil jeté sur ces hommes ou sur une bonne figure indique immédiatement. (*Note de MM. Quoy et Gaimard.*)

ligence, les proportions du reste de leur corps sont loin d'être belles. Ils sont petits; ils ont les membres assez grêles et le ventre gros. La couleur de leur peau est un brun foncé mélangé de jaunâtre. Ils ont le nez épaté, la bouche grande et les deux diamètres de la face presque égaux. Cependant, parmi les jeunes gens, il s'en trouve d'une physionomie agréable ; et nous citerons pour le village de Dorey, un de nos guides nommé Manbéou. Il joignait à l'élégance du jeune âge la plus grande coquetterie dans sa frisure qu'il craignait de déranger en nous accompagnant dans les forêts. Aussi sa mère se vantait-elle à nous, par des signes, de l'avoir porté dans son sein.

« Dans toutes les contrées que nous avons parcourues, nous avons trouvé les femmes moins bien que les hommes. Ici, elles sont dégradées au dernier degré et flétries de bonne heure par les institutions qui les chargent des travaux les plus pénibles.

« Les habitants de Dorey nous ont paru de mœurs aussi douces que simples, sans cependant manquer de sagacité. La fréquentation des Malais et des Chinois des Moluques leur donne l'habitude du commerce. Sans vouloir entrer dans des détails qui appartiennent à l'historique du voyage, nous ferons remarquer cependant qu'ils savent fabriquer la poterie, coutume qui semble propre à la race Noire, qu'elle a portée avec elle dans ses migrations, et que nous n'avons trouvée nulle part chez la race Jaune.

« La population du port Dorey présente de singulières différences dans le caractère de la tête. Nous ne fûmes pas peu surpris de voir, comme à Vaigiou dans notre premier voyage, des figures de Nègres à maxillaire avancé, à lèvres saillantes, avec le front fuyant plus ou moins en arrière. Leurs cheveux coupés ras ajoutaient encore à la ressemblance. La couleur de la peau seule était celle des Papous; cependant ces individus, jeunes pour la plupart, appartenaient bien à la même peuplade, y étaient nés, enfin c'étaient des Papous comme les autres, ainsi qu'ils le disaient en répondant avec énergie à nos questions qui paraissaient leur déplaire. Ce fait, qu'aujourd'hui nous avons de nouveau examiné avec attention, ne nous en semble pas moins difficile à expliquer. Nous ne pouvons même, pour cela, faire intervenir une race existant dans l'intérieur ; car les habitants de Dorey en ont la plus grande frayeur et sont en guerre ouverte avec elle, comme nous avons eu occasion de le voir à nos dépens. (*Voyez* l'Histoire du Voyage.)

« Les Papous du littoral se distinguent eux-mêmes de ceux qui habitent les montagnes et qu'ils nomment *Arfakis* ou *Alfakis*. Comme il y en avait plusieurs familles qui habitaient trois ou quatre cases sur les hauteurs de Dorey, où elles s'adonnaient entièrement à l'agriculture, nous les visitâmes en nous faisant accompagner par un assez bon nombre de Papous, afin de pouvoir établir une comparaison immédiate et tout à fait zoologique. Les légères différences que nous trouvâmes entre eux, et que la couleur noire de la peau rend encore plus difficiles à apprécier, ne peuvent tout au plus nous les faire considérer que comme une de ces variétés de physionomie qu'en France on observe entre des provinces éloignées.

« De grandes contrariétés ayant empêché *l'Astrolabe* d'explorer la Nouvelle-Guinée comme on en avait l'intention, nos recherches relativement à ses habitants n'ont pu se porter sur d'autres points. Ainsi, nous ne citerons ceux des environs des îles Schouten, qui s'avancèrent vers nous avec des intentions hostiles, que comme paraissant moins bien conformés que ceux du port Dorey, et comme étant remarquables surtout par la grosseur du ventre.

Nouvelle-Irlande. — « La race Noire vit ici dans son état le plus naturel, loin du contact des peuples un peu plus civilisés. Ce n'est même que de loin à loin que quelques Européens visitent ces contrées. Les indigènes du havre Carteret vivent en petites peuplades isolées et sont extrêmement défiants; ils écartaient toutes les propositions qui tendaient à obtenir la permission de visiter leur village. Des cadeaux que leur fit l'un de nous parurent vaincre un instant leur répugnance à cet égard; mais bientôt ils changèrent d'avis et ne voulurent plus tenir leur promesse, quoiqu'ils eussent reçu des présents qu'ils considéraient comme très-précieux. La différence qu'ils peuvent présenter avec les habitants de Dorey tient plus à l'usage de se barbouiller la figure de blanc et de rouge, à celui de se teindre les cheveux de plusieurs couleurs, qu'à des caractères réels et bien tranchés. Voici du reste la note qui les concerne, tirée de notre journal et faite à l'anse même où était mouillé notre navire. Ils ont la taille médiocre, le ventre gros et les membres grêles. La face est élargie par la saillie des pommettes. Le nez est épaté; ils s'en percent les deux ailes pour y passer des dents de cochon qui divergent comme de petites cornes, ce qui leur donne un aspect tout à fait singulier. Ils ont les yeux petits et un peu obliques, et n'ont presque pas de barbe; leurs cheveux sont noirs et disposés par petites tresses. Ces hommes peu industrieux sont entièrement nus et paraissent fort misérables. Quoique habitant sous une belle latitude, par 4° sud, ils ne savent pas tirer parti pour leur bien-être de l'admirable végétation qui les environne. Ils paraîtraient au contraire en recevoir une influence funeste pour leur développement, et se ressentir de l'atmosphère humide dans laquelle ils sont si fréquemment plongés, et qui nous contraria beaucoup pendant les quinze jours que nous demeurâmes au havre Carteret.

Ile Vanikoro. — « Il paraît que la race Noire du Grand Océan, dont le point central est la Nouvelle-Guinée, a, par des migrations successives, gagné la Nouvelle-Bretagne, la Nouvelle-Irlande, les archipels de Salomon et de Santa-Cruz, les Nouvelles-

Hébrides, la Nouvelle-Calédonie et les îles Viti. La seule île de Tikopia, située entre les Nouvelles-Hébrides et les îles de Santa-Cruz, est peuplée par des hommes de la race Jaune, comme nous l'avons vu précédemment.

« L'île de Vanikoro ou Vanikolo, devenue à jamais célèbre par la perte des vaisseaux de Lapérouse, appartient à l'archipel de Santa-Cruz. Elle est située par le 11° 40' de latitude sud et 164° 32' de longitude à l'est de Paris. Nous devons avouer qu'ici la variété de l'espèce Noire est des plus grandes, et qu'elle se rapproche autant du type Nègre proprement dit, que du Papou; mais il s'y joint un autre caractère que nous n'avons trouvé nulle part, c'est la compression latérale et naturelle de la tête produite par la saillie du coronal très-bombé en devant et par la forte arête que décrit la ligne courbe temporale (1). Leurs cheveux n'avançant point sur le front, le soin qu'ils prennent de les relever et de les rejeter en arrière rend toutes ces parties bien visibles. La saillie des pommettes, qui est assez considérable, rend le diamètre transversal de la face plus grand que celui du crâne. Un autre caractère non moins remarquable encore est la dépression des os du nez, ce qui fait paraître cet organe comme écrasé à sa racine : singulière ressemblance avec celui de l'orang-outang. Par cette disposition, les bosses orbitaires, déjà très-bombées, le paraissent encore davantage. Le nez lui-même est très-épaté; ils en augmentent l'élargissement par d'assez longs bâtonnets qu'ils se passent en travers dans la cloison. Quelques-uns se percent les ailes du nez et y suspendent d'assez lourds anneaux d'écaille de tortue. Le maxillaire inférieur n'a rien de remarquable. La forme bombée du front fait que leur angle facial n'est point trop aigu. L'œil est assez grand, ovalaire, enfoncé; le globe est saillant et ressemble pour la forme et la couleur à celui des Nègres; les lèvres sont grosses, le menton est petit. Les hommes âgés ont la tête nue et les cheveux courts; l'oreille n'aurait rien d'extraordinaire si ces insulaires n'en perforaient le lobe et ne dilataient l'ouverture de manière à y passer le poing. Lorsqu'un accident rompt cet anneau, ils en percent un autre dans la lanière la plus considérable; et ce qui est très-singulier, c'est que ces parties qui sembleraient devoir s'amincir en raison de leur extension, prennent très-souvent au contraire, par des attouchements et des tiraillements continuels, une augmentation de volume qui pourrait représenter huit ou dix fois celui du lobe. Les membres inférieurs, grêles dans les uns, sont assez bien nourris chez d'autres; le mollet est placé un peu haut, et le calcanéum chez beaucoup d'individus fait une saillie assez remarquable, ce qui est un nouveau rapport avec le Nègre, que ne présentait pas la race Polynésienne. Leurs cheveux sont crépus, et bien qu'ils ne les coupent pas, ils ne prennent jamais en masse un grand accroissement; ils les tiennent enveloppés dans une pièce d'étoffe qui leur pend jusqu'au bas du dos; c'est ce qui d'abord semble donner plus de développement à leur chevelure. Ils façonnent en très-grands anneaux l'écaille de tortue et en suspendent jusqu'à près d'une demi-livre à chaque oreille. Du reste ils seraient entièrement nus sans l'étoffe étroite qui cache à peine leurs parties génitales. L'usage du bétel leur détruit les dents et rougit désagréablement le contour de la bouche.

« Les femmes sont d'une laideur effrayante. Ces peuples, comme tous ceux qui habitent par de semblables latitudes, sont sujets à la lèpre, maladie qui s'offre le plus souvent sous la forme d'éléphantiasis. Le vieux chef de Manévé avait la figure couverte de pustules ulcérées et suppurantes.

« L'île de Vanikoro, d'environ douze lieues de tour, peut avoir une population de mille à douze cents âmes dont nous avons vu plus des deux tiers. Dans ce grand nombre d'individus à peine pourrions-nous en citer quelques-uns de remarquables par le développement de leurs formes. Ils sont, en général, petits et grêles. Ces misérables peuplades, divisées et constamment en guerre entre elles, habitent sur le bord de la mer un sol bas et marécageux dont ils doivent à la longue ressentir l'influence, comme nous l'éprouvâmes nous-mêmes si vivement durant le court séjour que nous fîmes dans cette île.

ÎLES VITI. — « Les îles Viti, situées dans le Grand Océan, non loin du tropique du Capricorne, forment vers l'est la dernière limite de la migration des hommes noirs. Cette race, qui occupe complétement cet archipel, s'est constamment tenue isolée des habitants des îles des Amis, qui les touchent pour ainsi dire. Cependant l'île de Laguemba, située dans la partie orientale des îles Viti, est souvent fréquentée par les insulaires de Tonga, et le sang s'y trouve quelquefois mélangé.

« En faisant la géographie de cet archipel, nous n'y avons point trouvé de port, et le mauvais temps nous a empêchés d'y relâcher. Toutefois nous avons eu à bord pendant quelques jours plusieurs naturels de l'île Emhaou, au nombre desquels il s'en trouvait un, nommé Toumboua-Nakoro, qui était doué d'une rare intelligence. Par un beau temps nous communiquâmes avec une centaine d'autres habitants de Viti-Lévou. En général, tous ces Vitiens étaient de fort beaux hommes. Quelques-uns avaient de cinq pieds cinq pouces à cinq pieds dix pouces. Bien pris dans leurs proportions et sans tendance à l'obésité, plusieurs auraient pu ensuite, avec les dimensions de cette partie, sur des hommes de notre équipage.

(*Note de MM. Quoy et Gaimard.*)

---

(1) Ce rétrécissement très-apparent n'est cependant que relatif, comme il a été facile de s'en convaincre par des mesures prises avec un compas courbe sur une quinzaine d'individus, et comparées

servir de modèle et offraient cette vigueur et cette sécheresse de formes que l'on remarque dans la statue du gladiateur combattant. Leur peau est d'un noir tirant sur le chocolat; ils ont le haut du front élargi de même que le nez; leurs lèvres sont grosses; cependant quelques-uns avaient d'assez beaux traits fortement prononcés. Leur chevelure est, comme celle des Papous, très-ample et très-frisée; ils en prennent le plus grand soin dès l'enfance; elle est naturellement noire, et ils augmentent encore l'intensité de cette couleur au moyen du charbon. D'autres, à l'aide de la chaux, la rougissent, la blanchissent ou la rendent blonde; ces diverses substances épaississent les cheveux et les font ressembler à du crin frisé. Quelques-uns les taillent en rond avec beaucoup d'art, tandis que d'autres les divisent en deux touffes par un large sillon qui va d'une oreille à l'autre; ils maintiennent cet appareil avec une étoffe blanche et claire de mûrier à papier, disposée en forme de turban, ce qui leur donne l'air de musulmans.

« Leur tatouage est en relief, c'est-à-dire que sur les bras et la poitrine ils se creusent des trous qu'ils avivent jusqu'à ce que la cicatrice se boursouflant devienne grosse comme une petite cerise. Pendant le temps qu'elle met à se former, ce sont autant d'ulcères dégoûtants. Le tatouage par empreinte, qu'ils doivent avoir emprunté aux îles des Amis, est peu répandu; on en devine facilement la raison. A quoi servirait-il sur une peau noire?

« Une industrie qu'ils ont manifestement apportée avec eux dans leur migration, c'est la fabrication des vases de terre, qu'on ne trouve dans aucune des îles du Grand Océan, pas même à Tonga-Tabou, qui est si près d'eux; ils n'ont point l'usage du bétel; ils pratiquent la circoncision, comme à Tonga et dans beaucoup d'autres îles. L'horrible coutume de manger les ennemis morts dans le combat est portée chez eux au plus haut point, et l'emporte de beaucoup sur ce qui a lieu à cet égard à la Nouvelle-Zélande.

« Si dans ce vaste archipel la race Noire a pris, dans sa constitution physique, un développement égal à celui de la race Jaune, elle le doit, ce nous semble, à l'agréable latitude sous laquelle elle vit, une température qui n'accable point ses habitants par une chaleur humide, énervante, et qui n'étouffe point les productions utiles à la nourriture de l'homme sous le luxe d'une végétation équatoriale.

NOUVELLE-HOLLANDE. — « Nous n'avons vu de ses habitants que ceux de la baie des Chiens-Marins, du port du Roi-Georges, de la baie Jervis et de Port-Jackson. S'ils appartiennent à la race que nous venons de décrire, il faut convenir qu'ils en forment une variété bien distincte et des plus dégradées. Peut-être l'en isolera-t-on quelque jour, lorsqu'on aura mieux étudié les peuplades qui couvrent cette vaste partie du monde et qu'on aura mieux saisi les rapports qui les lient entre elles sous diverses latitudes. Les indigènes de Port-Jackson étant connus par la foule de voyageurs qui en ont parlé, nous ne décrirons que ceux du port du Roi-Georges. Quant aux habitants de la baie des Chiens-Marins, ils ont été décrits et figurés dans le Voyage de l'Uranie.

« Les habitants du port du Roi-Georges, comme tous ceux des plages de la Nouvelle-Hollande, sont peu nombreux et divisés en petites tribus dont chacune paraît composée au plus d'une vingtaine d'individus. Nous ne les avons point vus entièrement réunis. Les groupes les plus considérables avec lesquels nous ayons communiqué comptaient à peine douze à quinze hommes et quelques enfants de dix à douze ans qui pouvaient les suivre dans leurs courses. Les femmes n'étaient jamais avec eux; et nous sommes fondés à croire que, par crainte ou par jalousie, ils les cachaient avec soin. Il paraît même qu'elles habitent assez loin des bords de la mer.

« Le caractère de physionomie de ces hommes nous semble à peu près le même dans toute la Nouvelle-Hollande, autant qu'on peut en juger par les relations des voyageurs que par ce que nous avons vu nous-mêmes à la baie des Chiens-Marins, à la baie Jervis et à Port-Jackson. Il peut y avoir quelques différences dues aux localités, mais elles ne modifient pas essentiellement le type général.

« Les indigènes du port du Roi-Georges sont en général d'une taille au-dessous de la moyenne. Au premier aspect on est frappé de la maigreur et de l'exiguité de leurs membres inférieurs; mais cette disposition ne paraît pas être le caractère propre à ces peuples : elle tient à l'état de misère dans lequel ils sont et au défaut d'une nourriture suffisante pour le développement de ces parties. Ce qui semble le prouver, c'est que nous avons vu dans ces parages des femmes du port Dalrymple, sur la terre de Van-Diémen, prises dans cet état d'émaciation par les Anglais qui font la pêche des phoques, vivant avec eux et faisant usage d'une nourriture abondante et animale, et qu'elles avaient leurs extrémités très-bien développées et même dans un état d'obésité. Le même cas s'est offert chez plusieurs individus des peuplades de la Nouvelle-Galles du Sud. Quoi qu'il en soit, ce caractère de maigreur est si marqué chez les hommes, qu'il paraît vraiment extraordinaire au premier aspect, et que le dessin que M. de Sainson a fait d'un enfant nommé Yalépouol semble être une vraie caricature : on dirait que ses membres inférieurs ne sont autre chose que le fémur et le tibia recouverts de la peau.

« Si le torse paraît plus développé et plus trapu, on ne peut attribuer cela qu'à l'exiguité des jambes, car il est généralement maigre. Les bras participent aussi, mais un peu moins, de ce même état; cependant le ventre est arrondi et a des propensions à devenir gros, ce qui s'explique facilement par l'habitude qu'ont les peuples sauvages, exposés à de longues abstinences, de prendre des aliments outre mesure quand ils en trouvent l'occasion.

« Leur tête est assez grosse, la face un peu élargie transversalement: l'arcade sourcilière très-saillante, d'autant plus peut-être que leurs yeux, petits, obliques, noirs, et dont la sclérotique est blanc-jaunâtre, sont très-enfoncés. Ils ont les narines plus ou moins aplaties et écartées, les lèvres médiocrement grosses, les gencives blafardes, la bouche grande, très-fendue, ornée de dents fort belles, régulières et serrées, dont l'ensemble ressemble parfaitement à ces râteliers artificiels qu'on voit chez les dentistes de Paris. Ils ont les oreilles médiocrement grandes, les cheveux bruns ou noirs, frisés sans être laineux. Dire que la couleur de leur teint est un noir rougeâtre, ce n'est pas indiquer celle qu'ils devraient avoir naturellement, car la fumée et l'ocre dont ils se frottent la tête et le corps doivent singulièrement modifier cette teinte; toutefois c'est le noir qui domine.

« Les malheureux habitants du port du Roi-Georges n'ayant en hiver pour tout abri, sous un climat rigoureux dans cette saison, que de misérables cabanes ouvertes à tous les vents; pour vêtement, qu'une mince peau de kanguroo qui leur couvre les épaules, et pour toute nourriture, que des lézards ou de maigres racines, peuvent à peine végéter sur une terre qui semble tout leur refuser. Leur seule industrie paraît se borner à la fabrication grossière de quelques pêcheries sur la rivière des Français, où ils vont à certaines époques de l'année. Mais ils ne connaissent ni l'arc ni la flèche pour atteindre leur proie; ils ne font usage ni de la pirogue ni de l'hameçon, instruments naturels aux peuples riverains.

« Cependant ils ne sont point stupides, quoique leur existence s'écoule presque entièrement dans le repos ou à la recherche de leur nourriture; ils ont de la sagacité et de la finesse dans le sourire et dans les manières. Notre présence leur causait une sorte de gaieté, et ils cherchaient à nous communiquer leurs sensations avec une loquacité à laquelle nous ne pouvions répondre, car nous n'entendions pas leur langage. Dès que la rencontre s'opérait, ils venaient à nous les premiers en gesticulant et en parlant beaucoup; ils poussaient de grands cris, et si nous leur répondions sur le même ton, leur joie était extrême. Bientôt l'échange de nom avait lieu, et ils ne tardaient pas à demander à manger, en se frappant sur le ventre. Dans une nuit passée au milieu d'eux à terre, nous obtînmes assez facilement les mots les plus usuels de leur vocabulaire, et ils ne cessèrent de nous montrer les dispositions les plus bienveillantes.

« Si notre approche n'a point effarouché ces tribus, si elles se sont empressées de communiquer avec nous, si nos armes à feu ne les ont point effrayées, nous devons l'attribuer à la présence des Anglais qui fréquentent et habitent même ces parages pendant une grande partie de l'année pour la pêche des phoques; mais si nous n'avons pas vu les femmes des indigènes, il faut probablement encore en chercher la cause dans la présence de ces mêmes Anglais, qui en ont enlevé plusieurs pour leur propre service. Elles leur sont d'ailleurs de la plus grande utilité quand il s'agit de leur procurer leur subsistance, soit en prenant des poissons, des coquillages, des lézards, etc., soit en chassant avec les chiens et même avec le fusil. Elles deviennent promptement habiles dans ce dernier exercice. Une fois que ces malheureuses femmes ont perdu le souvenir de leur liberté, dans laquelle cependant elles sont maltraitées par leurs maris, elles ne peuvent que trouver agréable la vie qu'elles mènent avec les Européens, qui ont pour elles beaucoup plus d'égards. Nous tenons de quelques pêcheurs, abandonnés par leur navire plus longtemps qu'ils ne pensaient, qu'elles leur ont été d'un extrême secours, et que sans elles ils seraient peut-être morts de misère.

ILE DE VAN-DIÉMEN. — « Nous n'avons vu que quelques habitants de cette terre, qui deviennent de jour en jour plus rares. N'ayant point voulu profiter de quelques avantages de la civilisation, ils ont été refoulés dans leurs forêts, et il s'est élevé entre eux et les Anglais une guerre à mort dans laquelle ils doivent nécessairement succomber. Ils finiront, n'en doutons point, par disparaître du sol que la nature leur avait départi.

« Ce peuple diffère étonnamment des naturels de cette partie de la Nouvelle-Hollande dont il n'est séparé que par le détroit de Bass. Il diffère encore plus de la race papoue et de ses nuances diverses : il n'a d'autres rapports avec elle que ceux de la couleur. Il n'est pas de tête et de physionomie qui se rapproche davantage de celle du Nègre d'Afrique, mais avec des modifications qui sont à l'avantage de ce dernier, car il est loin d'avoir, en général, le nez aussi écrasé et les lèvres aussi grosses et aussi saillantes. Les cheveux des habitants de Van-Diémen sont courts et laineux. Les femmes que nous avons vues sont dans l'habitude de se raser la tête. Ces différences n'ont point échappé à MM. de Labillardière et Péron; elles sont inexplicables et se refusent même à toute conjecture. Très-certainement c'est une race distincte, et il suffit pour s'en convaincre de jeter les yeux sur les dessins de ces deux voyageurs que nous venons de citer et sur ceux que nous donnons nous-mêmes.

« Lorsque ces insulaires ont une nourriture abondante et qu'ils ne sont point exposés aux intempéries des saisons propres à ces latitudes, ils sont susceptibles de prendre beaucoup d'embonpoint, comme nous l'avons remarqué chez les femmes qui vivaient avec les Anglais. Un métis provenant de cette union n'avait rien de désagréable dans les traits, bien qu'il eût conservé la couleur noire de sa mère. On l'eût pris facilement pour un Indien. »

Coup d'œil général sur la différence qui existe entre les deux peuples.

« Nous avons vu dans la race Jaune une grande uniformité physique, quelles que soient les latitudes diverses où nous l'ayons observée, depuis le climat tempéré de la Nouvelle-Zélande jusqu'à Tikopia et aux îles Carolines, où il fait une chaleur brûlante. Partout ce sont les mêmes hommes : grands, robustes, à physionomie ouverte et dont les traits ne déplaisent point; il n'est même pas rare de rencontrer de belles figures parmi eux. On s'accoutume facilement à la vue de ces hommes nus de couleur jaune cuivrée, parce qu'ils présentent de belles proportions, telles que l'espèce Noire, en général, est loin d'en offrir, et que même souvent on ne trouverait pas chez les Européens, comme il est facile de s'en assurer dans les écoles de natation ou en examinant les régiments que l'on fait baigner. Leurs longs cheveux noirs et ondulés, qu'ils laissent flotter sur leurs épaules en boucles élégantes, ou bien qu'ils relèvent avec grâce au-dessus de la tête, ne contribuent pas peu à leur donner un agréable aspect. La race Noire, au contraire, torture ses cheveux en tous sens, les couvre de poudres de diverses couleurs, et leur fait prendre cette forme ébouriffée qui, de prime abord, paraît si singulière. Les habitants de Vanikoro ont même une chevelure tout à fait laineuse, et l'enveloppent soigneusement dans de longs cylindres d'étoffes qui pendent jusqu'au bas du dos. Indépendamment de la couleur, les traits de ces deux races ne sont point comparables. Des pommettes élargies, un front rétréci et comprimé latéralement, des lèvres épaisses ou avancées, un nez écrasé, les yeux un peu obliques et quelquefois saillants : tels sont les caractères de la figure des noirs, qui ont également l'usage de se limer les dents et de les altérer par l'usage du bétel. Il est vrai que les hommes jaunes ont aussi les narines un peu élargies; mais quelques-uns d'entre eux ont le nez bien fait.

« Le tatouage diffère considérablement parmi les Océaniens. Celui du Zélandais, unique en son genre, est le résultat d'incisions douloureuses et régulières ; il paraît propre aux chefs qui donnent ainsi à leur figure un air de ressemblance martiale. Chez les insulaires des Carolines, ces distinctions ne se trouvent que sur le corps; mais ce n'est plus que le tatouage ordinaire, produit de simples piqûres. Comme nous l'avons dit précédemment, il serait sans objet sur une peau noire; et c'est sans doute pour cette raison que les Vitiens lui ont substitué le tatouage en relief qui est le produit d'ulcérations longtemps entretenues.

« Si nous voulions, ce qui n'est pas directement de notre ressort, descendre à l'examen de leurs mœurs et de leurs habitudes, nous trouverions des distinctions non moins fondamentales; nous verrions cette race Jaune, si confiante et si joyeuse, s'empresser d'accourir au-devant des navigateurs, leur apporter le produit de son industrie, y joindre même les faveurs de ses femmes. Nous la verrions pulluler d'une manière inconcevable sur les plus petites îles, comme dans les Carolines, à Tikopia, etc. ; tandis que les Papous vivent par peuplades isolées, multiplient peu, sont le plus souvent en guerre, paraissent défiants et surtout excessivement jaloux de leurs femmes qu'ils cachent avec le plus grand soin à l'approche des étrangers. Lorsque nous vînmes près de Tikopia, bientôt toutes les pirogues de l'île entourèrent l'*Astrolabe*; et trente lieues plus loin, nous demeurâmes deux jours à rôder autour de Vanikoro sans voir un seul naturel. Cette manière d'agir nous fit dès lors connaître quelle race l'habitait, et nous allâmes les premiers à sa rencontre.

« Il résulte de l'état de guerre presque permanent dans lequel se trouve la race Noire, qu'elle est redoutée de la race Jaune qui communique rarement avec elle. Nous ne connaissons qu'une exception à cet égard.

« Si nous portions nos regards sur leur navigation, nous trouverions celle de la Nouvelle-Guinée dans l'enfance, les pirogues des noirs océaniens ne perdant jamais les côtes de vue; nous verrions les pros des Carolinois et les pirogues des Sandwichiens prendre l'essor, abandonner les terres, et se diriger sur les astres pendant des traversées de plusieurs jours.

« Il résulte de ce que nous venons de dire des caractères propres à ces deux peuples, que l'un, sous l'influence des Européens, marche rapidement vers la civilisation, tandis que l'autre, refusant tout contact, demeure stationnaire dans son ignorance et sa barbarie. »

Du mélange des deux races.

« Ce n'est qu'entre l'archipel des Viti et celui des Amis que la fréquentation des naturels a lieu. Tout semble prouver qu'il n'y a pas longtemps que ce mélange des deux peuples s'est opéré. Il est à remarquer que les Vitiens vont très-rarement à Tonga, et que ce sont au contraire les insulaires des Amis qui se sont établis sur Laguemba, une des îles de la partie orientale de l'archipel Vitien. Ils vont y chercher le bois propre à la construction des pirogues qui manque dans leurs îles, et le bois de sandal qui sert à parfumer l'huile dont ils se frottent le corps.

« Nous avons eu pendant plusieurs jours avec nous un de ces chefs métis. Par la couleur de la peau et par les cheveux il tenait du Vitien ; mais par l'ensemble des traits et surtout par son obésité il appartenait à la race Jaune. Un autre cas semblable s'est également offert à nous sur l'île de Vanikoro. On reconnaît promptement ce mélange : il est tout à l'avantage de la race Noire parce que ces métis acquièrent les formes et le caractère de la race Jaune. »

Influence des localités et des habitudes de la vie sur ces peuples.

« Comme l'a remarqué depuis longtemps Forster, les deux grandes races qui nous occupent présentent des différences qui peuvent les faire diviser en sous-variétés ; mais, il faut en convenir, ce ne sont que des nuances, et pour quelques-uns de ces insulaires, elles tiennent aux latitudes, à la configuration du sol, à l'abondance de la vie animale, aux habitudes, etc. Nous allons examiner rapidement l'influence de quelques-uns de ces modificateurs sur l'espèce humaine.

« Si nous observons d'abord la race Jaune, il est facile de remarquer les belles proportions qui distinguent les habitants de la Nouvelle-Zélande, et la grande énergie morale qui les caractérise. Ils vivent sous une zone tempérée. Ce n'est pas que leur sol fournisse abondamment et sans culture aux besoins de la vie ; mais ils trouvent par leur intelligence et par leur industrie une partie de ce que la nature leur a refusé. Ils la forcent à produire ; et partout cette lutte, lorsqu'elle n'est pas trop inégale, tourne à l'avantage de l'espèce.

« Non loin de cette contrée, chez la race noire, à la Nouvelle-Hollande, l'homme semble abandonné, opprimé par cette nature si prodigue ailleurs de ses dons. Là elle ne produit rien ; elle se montre si ingrate que nous avons vu, au port du Roi-Georges, l'homme se nourrir de reptiles, d'insectes, de poissons morts ; à la baie des Chiens-Marins, il est forcé, ainsi que tout ce qui vit sur cette terre de désolation, de boire l'eau de la mer pour se désaltérer. On conçoit facilement toute l'action d'une cause aussi déprimante, et combien l'espèce doit en souffrir ; aussi trouve-t-on que les habitants du port du Roi-Georges, par exemple, ont les membres d'une maigreur excessive ; que ce caractère de misère disparaît chez ceux de la baie Jervis qui avoisinent les établissements anglais, et qu'enfin leur constitution rentre dans sa forme naturelle lorsque tout concourt à ce but.

« Nous n'entendons parler ici que des rapports de proportion, et non de ceux qui constituant la base fondamentale de l'organisation établissent des différences dans les races.

« En poursuivant notre examen et en prenant nos exemples au hasard, nous voyons que sous l'équateur, par de petites latitudes, l'action de la chaleur, de l'humidité, le voisinage de la mer ou des marécages agissent à un point si extraordinaire sur l'organisation, que le docteur Gall reconnut, au premier aspect, des déformations rachitiques sur six têtes de Papous que nous lui montrâmes, et qu'il en devina la cause. Cependant là une civilisation commençante lutte contre ces causes de déformation, en procurant aux indigènes une nourriture sinon abondante, du moins assurée.

« Transportez cette même race sous une latitude moins chaude, aux îles Viti par exemple, vous la verrez se développer au physique et au moral et marcher l'égale de la race Jaune qui l'avoisine. C'est ainsi que le climat peut modifier, jusqu'à un certain point, nous le répétons, le caractère de tel ou tel peuple.

« Après la latitude, les causes qui exercent la plus grande influence sur la constitution physique de l'homme sont la disposition du sol et les habitudes. C'est de là même que nous tirons nos preuves pour démontrer que si les Carolinois ont la peau plus foncée en couleur, ils le doivent à leurs îles basses et à fleur d'eau qui reçoivent une forte réverbération du soleil, et à la nécessité où ils sont de rester constamment dans leurs canots pour se procurer une partie de leur nourriture à l'aide de la pêche (1). Nous avons déjà dit ce que nous avons vu à cet égard relativement aux Sandwichiens. Et, comme le remarque Forster, le bas peuple de la race Jaune qui travaille à la terre ou exécute des travaux qui l'exposent presque constamment aux rayons du soleil, brunit au point de se rapprocher de la race Noire quant à la couleur. Nous ajouterons que ce ne sont que des apparences pour un observateur attentif qui retrouvera toujours les distinctions que présente l'organisation, laquelle ne varie que très-peu.

« Ainsi, en accordant à ces causes tout ce que l'observation permet d'accorder, il ne faut pas aller trop loin parce qu'on pourrait bientôt attribuer au climat ce qui appartient en propre à l'organisation. C'est alors que pour se guider on a besoin d'avoir recours aux caractères zoologiques proprement dits, afin d'établir une opinion sur des bases stables. C'est ce que nous avons cherché à faire le plus souvent qu'il nous a été possible sur les lieux mêmes. Malheureusement nous n'avons pu apporter des preuves irréfragables de tout ce que nous avançons pour tous les peuples dont il a été parlé, parce qu'ils tiennent beaucoup aux dépouilles mortelles de leurs compatriotes, et qu'on ne pourrait pas violer leur sépulture sans courir de grands dangers.

« Nous éviterons toute discussion et toute hypothèse relativement à la question de savoir lequel de ces peuples a la priorité d'occupation sur l'autre, surtout dans les lieux où ils se touchent et où ils parlent la même langue. Encore moins chercherons-nous à prouver d'où ils tirent primitivement leur origine. Ces questions, sur lesquelles chacun peut dire à peu près ce qu'il veut, ne peuvent être, ce nous semble, suffisamment éclaircies dans l'état actuel des choses, et demeureront toujours très-obscures.

« Quelles que soient d'ailleurs les preuves ou les raisonnements qu'on apporte pour retrouver le berceau des insulaires du Grand Océan ou celui des habitants de la Nouvelle-Hollande, toujours pourra-t-on de-

---

(1) Les habitants des Marquises, dit Forster, doivent leur couleur plus basanée à leur rapprochement de l'équateur. (*Voyage*, tome V, page 211.) Il en serait de même pour ceux de l'île de Pâques, qui est presque entièrement dépourvue de bois et d'ombrages. (*Note de MM. Quoy et Gaimard.*)

mander d'où viennent ces hommes si extraordinaires de l'île de Van-Diémen, qui ne ressemblent à aucun des peuples qui les avoisinent.

« Nous dirons seulement un mot sur la manière dont quelques îles ont pu se peupler par des pirogues, que les vents et les courants jetaient au large et portaient sur des terres que le hasard leur faisait rencontrer. Les navigateurs parlent de ces accidents qui ne sont point rares. Un témoin oculaire nous cita un événement de ce genre arrivé dernièrement à une pirogue, qui de l'île Rotouma fut portée sur les îles Viti ; cependant la distance qui les sépare est d'environ cent lieues.

« Tout porte à croire que c'est ainsi que Tikopia, située au milieu d'îles habitées par la race Noire, aura été peuplée accidentellement par la race Jaune. Néanmoins diverses circonstances peuvent faire penser que cette dernière race est plus ancienne dans cet archipel que la première, qui parle sa langue, et qui n'aurait pas manqué de s'emparer de toutes les îles environnantes. Voici un fait arrivé de nos jours.

« Parmi les Tikopiens qui nous accompagnèrent à Vanikoro, se trouvait un naturel de quarante ans environ ; il nous dit être des îles des Amis, distantes d'environ deux cents lieues. D'après son récit, étant sorti fort jeune de Vavao dans une assez grande pirogue avec huit des siens, des vents violents et les courants les portèrent au large. Bientôt ils ne purent se diriger ni retrouver leur route. Abandonnés ainsi à la merci des flots, ils eurent à souffrir horriblement de la faim jusqu'à l'instant où, jetés sur Tikopia, ils furent accueillis par un peuple semblable à eux. Autant qu'un enfant de sept à huit ans peut se le rappeler, il dit qu'aucun d'eux ne mourut. Cela est vraisemblable, lorsqu'on sait combien ces hommes supportent facilement une longue abstinence. Les Carolinois, dans leurs longues navigations, se contentent souvent d'un seul fruit de coco par jour.

« Ainsi la nature se sert, pour répandre les races humaines, des moyens qu'elle emploie à multiplier les végétaux, dont les fruits abandonnés sur les eaux flottent longtemps avant que d'aborder aux lieux où ils doivent prendre racine. Dans cette grande harmonie les individus et le temps ne sont rien. Le phénomène finit toujours par s'opérer, quelles que soient d'ailleurs la distance et les difficultés qui le retardent.

« Comme il suffit d'avoir vu la race Jaune pour en reconnaître l'identité partout où elle se trouve, il est peu nécessaire, pour confirmer cette identité, de joindre aux caractères zoologiques la description des mœurs ou les similitudes de langage. Ce dernier moyen n'est pas même toujours concluant, car il arrive quelquefois que lorsque la race Noire et la race Jaune se trouvent réunies dans le même archipel, sur des îles séparées, elles parlent à peu près la même langue, comme cela a lieu entre les îles des Amis et les îles Viti, entre Vanikoro et Tikopia. »

Note sur les Alfours de Célèbes.

« A la Nouvelle-Guinée, à Vaigiou, dans toutes les Moluques, on nomme Alfours, Alfourous, Alforèses et Haraforas, des hommes qui habitent dans l'intérieur des terres, sur les montagnes. Ils diffèrent sensiblement des Papous ou des Malais qui occupent le littoral. Cette race, qui paraît fort ancienne et qui pourrait bien être autochtone, est loin d'être partout identique.

« Voici ce que nous avons vu à Célèbes, grâce à l'obligeance de M. le gouverneur Merkus, qui nous donna les moyens de faire un charmant voyage au lac de Tondano, situé sur une montagne du comptoir de Manado, à plus de deux mille pieds au-dessus du niveau de la mer. Sur ce lac est un grand village peuplé d'Alfours qui vivent sous la domination hollandaise. Nous ne fûmes pas peu surpris de voir en ce lieu une race d'hommes différente de la race Malaie, remarquable d'abord par une plus grande blancheur de la peau et par la coupe arrondie du visage. Il y a fort peu d'exceptions quant à ce dernier caractère. Leurs yeux sont ovales, bien faits, et ne tiennent en rien de ceux des Chinois, ainsi qu'on peut souvent le remarquer dans ces organes chez les Malais. Leurs cheveux sont noirs, lisses, et très-longs, plus particulièrement encore chez les femmes. Les hommes n'ont point de barbe ou n'en ont que fort peu. La teinte blanche de leur peau est d'autant plus claire qu'ils habitent les montagnes où la température est fraîche et le ciel assez souvent couvert de nuages. Ceux qui se tiennent dans la plaine ou sur le bord de la mer ont une couleur un peu plus foncée, mais qui ne peut jamais être confondue avec celle des Malais. Les enfants provenant d'un Européen et d'un Alfour ont des formes très-agréables, comme nous l'a montré une jeune personne remarquable aussi par la beauté de ses yeux. Les Alfours sont de petite taille, bien faits et alertes ; les hommes du peuple vont presque nus : une pièce d'étoffe leur cache seulement la partie moyenne du corps. Quelques-uns d'entre eux portent des chemises. Les femmes sont vêtues. Les chefs ont pris le costume européen dans lequel ils ont l'air empesé, ou bien ils sont vêtus à la mahométane, ce qui leur sied beaucoup mieux. Cependant, chose singulière ! ce peuple n'est point mahométan et semble n'avoir jamais rien connu de l'islamisme ; ce qui est le contraire des Malais qui l'environnent de toutes parts. On n'a pas pu nous donner des renseignements positifs sur leur religion ; tout ce que l'on sait, c'est qu'ils n'ont point de culte extérieur et que leur croyance est toute spirituelle. Il est certain d'ailleurs que, dans un état de civilisation qui paraît très-ancien, ils doivent avoir une religion quelconque ; et le soin qu'ils donnent à leurs tombeaux semble en être une preuve (1). Il faut convenir que cette religion doit être aussi simple que tolérante, puisqu'elle paraît si peu les occuper.

« Les Alfours de Célèbes sont bien éloignés de cette férocité qu'on reproche à ceux des autres îles Moluques ou de la Nouvelle-Guinée, et des îles qui en dépendent. Il est constant au contraire que leurs mœurs sont très-douces. Tel est ce peuple dont nous n'avons fait qu'entrevoir quelques individus, dans notre premier voyage sur l'*Uranie*, lorsque nous étions à Vaigiou. Parmi tant de Malais et d'autres indigènes, nous ne savions à quelle race les rapporter, puisque nous dîmes qu'il était possible que ces individus isolés fussent le produit du mélange d'un Chinois avec une femme de ces contrées (2).

« Cet aimable peuple construit ses habitations sur des pieux très-élevés; à terre ou sur l'eau, la construction ne varie pas. Les maisons des chefs sont de vrais édifices. Les fêtes qu'ils donnèrent au gouverneur Merkus ressemblaient parfaitement à celles de l'Opéra pour l'élégance des costumes, avec cette différence qu'elles avaient lieu en plein air, à l'abri des palmiers et sous le ciel de l'équateur. On peut voir, pour de plus amples détails, la relation historique du Voyage.

« Dans cet exposé rapide des peuples divers que nous avons vus, nous n'avons voulu parler que de leur organisation physique, pour contribuer autant qu'il est en nous à réunir quelques matériaux propres à éclaircir un jour l'histoire si obscure des variétés de l'espèce humaine. Il nous eût été bien facile de grossir cet aperçu; car peu de voyageurs ont été à portée de voir autant que nous les insulaires du Grand Océan. Mais, voulant nous en tenir à ce que nous avons observé nous-mêmes sur les deux principales races qui peuplent la mer du Sud, nous nous sommes bornés à de simples remarques zoologiques. Si nous y avons quelquefois ajouté des détails de mœurs, c'est qu'ils se liaient naturellement à notre sujet. »

Voici actuellement l'opinion et le travail de Malte Brun, ainsi que de son continuateur M. Huot en matière anthropologique. Par le système de ces deux géographes, on verra quelle confusion règne encore dans l'anthropologie, et qu'au fond cette science, loin de ruiner l'unité du genre humain, l'établit, au contraire, par ses contradictions multipliées sur les mêmes races et variétés de races.

« L'homme, cet animal, si distingué de tous les autres, forme, dans la série des êtres, un *ordre* isolé qui ne contient qu'un seul genre et une seule *espèce*; car on entend par espèce un ensemble d'êtres organiques qui se reproduisent entre eux, et qui ne diffèrent que par des qualités variables et étrangères aux caractères qui constituent l'espèce. Or, toutes les races humaines que nous connaissons produisent par leurs mélanges des individus féconds ou capables de produire à leur tour (3). D'un autre côté, les différences qu'on observe entre ces races se bornent à des qualités que nous voyons encore tous les jours varier par l'influence du climat, de la nourriture et des maladies (4).

« La première de ces assertions n'a pas besoin d'être développée; on connaît assez les nombreuses classes de *métis* et de *mulâtres* qu'ont produites les unions des diverses races humaines. Quant au second point, il est bon d'observer que les différences par lesquelles se distinguent les *variétés* des *espèces* sont relatives ou à la *stature*, ou à la *physionomie*, ou à la *couleur*, ou à la nature des *cheveux*, ou enfin à la *forme du crâne*.

« Personne n'ignore qu'une vie simple, une nourriture abondante, un air salubre, donnent à tous les êtres organiques des formes plus belles et plus grandes. L'exemple des Lapons et des Hongrois, dont la langue indique l'origine commune, et qui diffèrent extrêmement par la taille et la physionomie, prouve assez que la beauté de la même race varie selon le climat et selon les qualités du pays. Les Germains de Tacite, ces Patagons de l'Europe, ne se trouvent plus dans l'Allemagne civilisée, tandis que le Hollandais, dans l'intérieur de la colonie du Cap, est devenu un géant (5). Combien de contrastes ne rencontre-t-on pas dans une seule nation et à de petites distances! Les paysannes de la Westrogothie sont des Vénus, et celles de la Dalécarlie sont généralement laides, quoique l'une et l'autre province soient au centre de la vraie patrie des Goths (6). Les passions violentes, le joug de l'hypocrisie, les occupations tristes ou agréables, les habitudes de l'activité ou de l'inertie, impriment un caractère permanent aux physionomies des nations entières.

« Plusieurs différences de physionomie sont l'ouvrage de l'art, du moins en partie. D'après les rapports nombreux de témoins oculaires, il est certain que les nègres, les habitants du Brésil et les Caraïbes, les peuples de Sumatra et ceux des îles de la Société, dépriment et aplatissent soigneusement le nez des nouveau-nés, usage qui

---

(1) Il est à remarquer que les corps y sont ployés en double, comme cela se pratique chez quelques peuples de l'Amérique méridionale.
(2) *Voyage de l'Uranie*. Zoologie, page 5.
(3) Nous devons faire observer cependant que la définition de l'espèce, telle qu'elle est donnée ci-dessus, n'est point de nature, quoi qu'en aient dit quelques savants naturalistes, à faire rejeter la division du genre humain en espèces, puisqu'il est reconnu que des animaux d'espèces bien tranchées, entre autres le chien et le loup, produisent des *métis* féconds. J. H.
(4) Blumenbach, *de Varietate nativa generis humani*, traduit en français par M. Chardel. — Plusieurs variétés accidentelles paraissent être en effet le résultat de quelques affections maladives. C'est ainsi que se perpétuent les *Albinos* en Afrique, les *Cagots* dans les Pyrénées, et les *Crétins* dans les Alpes. J. H.
(5) Barrow, *Voyage au Cap*. Sparmann, Thumberg, etc.
(6) Arendt, *Voyage en Suède*, I, 234, etc.

sans doute ne peut pas faire naître cette configuration héréditaire, mais qui contribue à rendre les exceptions infiniment rares.

« Les variétés de couleurs semblent également dépendre des circonstances extérieures. La même nation renferme souvent des individus de teintes extrêmement différentes. La cause de la couleur réside dans le tissu muqueux et réticulaire qui est immédiatement sous l'épiderme. Si, par l'influence d'une extrême chaleur ou par quelque autre cause locale, le carbone surabonde dans l'économie animale, il est rejeté au dehors avec l'hydrogène par l'action des vaisseaux sanguins du derme; mais le contact avec l'air atmosphérique l'ayant précipité, il vient se fixer dans le réseau muqueux. Cette explication, fournie par la chimie moderne, nous fait concevoir pourquoi la peau des hommes blancs noircit dans certaines maladies, tandis que les nègres dans le même cas blanchissent ou plutôt jaunissent. L'un et l'autre phénomène indiquent un dérangement dans les sécrétions. Mais nous ne dissimulerons point le seul inconvénient de cette explication ; si les nègres descendent d'une race originairement blanche, il a fallu des millions d'années pour que l'action répétée du climat leur rendît la couleur noire héréditaire. Or, les monuments géologiques semblent démontrer le peu d'antiquité du genre humain. « Ainsi, nous diront certains philosophes, ou accordez-nous pour l'action des causes qui ont formé les races humaines une immense série de siècles, ou avouez que ces races, si elles n'existent que depuis 5 à 6,000 ans, ont dû naître de couples différents, et qui déjà offraient tous les caractères de leurs descendants (1). »

« Les nombreuses variétés de cheveux dépendent également des sécrétions des substances élémentaires dont le corps se compose; mais ici se présente une contradiction dans les faits. Parmi les nations civilisées de l'Europe, la couleur des cheveux devient constamment plus claire à mesure qu'on avance jusqu'à une certaine limite vers le Nord ; parmi les nations sauvages ou barbares de l'Afrique, de l'Asie et de l'Amérique, on retrouve une même couleur de cheveux dans des climats absolument différents. Ainsi, tandis que l'Italien aux cheveux noirs et le blond Scandinave, bien qu'appartenant à la même variété de l'espèce humaine, offrent des effets sensibles de l'action du climat, les Lapons et les Samoïèdes ont les cheveux aussi noirs et aussi rudes que le Mongol, le Tibétain et le Chinois, à la race desquels d'autres raisons les font joindre. Tous les peuples nègres ont les cheveux laineux, même les Yolofs, qui les ont un peu plus longs et moins frisés (2). Il ne paraît pas non plus que les cheveux américains offrent des nuances comparables à celles qu'on voit chez les nations européennes. Ainsi la nature des cheveux reste toujours un des arguments les plus spécieux en faveur du système qui admet plusieurs *espèces* d'hommes.

« Observons pourtant que dans la race européenne la couleur des cheveux semble changer avec la civilisation, ou, si l'on aime mieux, avec la dépravation des nations. La race blonde qui, du temps d'Homère, fournissait à la Grèce des rois et des héros, dominait encore au siècle de Tacite, en Gaule-Belgique et en Germanie; aujourd'hui elle paraît s'éteindre dans les villes du nord (3).

« Les variétés de *la forme du crâne* semblent être de plus d'importance que toutes celles que nous avons examinées. Cependant, depuis que les savantes recherches de Gall (4) ont démontré que la configuration extérieure du crâne dépend de la forme du cerveau, on ne saurait considérer ces diversités dans une substance molle et susceptible de prendre toutes les formes, comme un caractère propre à indiquer une diversité

---

(1) Quelle que soit l'influence de l'action solaire sur la peau, il est certain que celle-ci revient à son premier état lorsqu'elle n'est plus soumise à cette action. Cette action d'ailleurs a des bornes assez restreintes : elle n'est certainement pas de nature à transformer une nation de Blancs en Nègres, ni une nation de Nègres en Blancs, sous quelque latitude qu'elles s'établissent, et quelque longue que puisse être la durée de l'action du climat. Depuis environ trois siècles que les Portugais sont établis sur la côte de Guinée, sur le territoire qui nourrit la race nègre, on ne voit pas qu'ils aient pris une teinte plus foncée que sous le soleil du Portugal. Les Portugaises et les Espagnoles sont même devenues, au Brésil et aux Philippines, plus blanches que dans leur patrie. On ne voit pas non plus que, dans l'Amérique septentrionale, les Nègres soient d'une couleur moins noire. D'ailleurs ce qui renverse toutes les suppositions des partisans de l'influence des climats sur la teinte de la peau, c'est qu'aux mêmes latitudes on trouve, dans les diverses parties du globe, des peuples de couleur différente. Cette observation a été faite avec beaucoup de sagacité par M. Bory de Saint-Vincent : « Sous ce brûlant équateur, dit-il, qui traverse dans l'ancien monde la patrie des Éthiopiens et des Papous couleur d'ébène, on n'a pas trouvé de nègres en Amérique ; les naturels de cette autre terre semblent au contraire être d'autant plus blancs qu'ils se rapprochent davantage de la ligne équinoxiale ; et la preuve que la couleur noire n'est pas causée uniquement par l'ardeur des contrées intertropicales, c'est que les Lapons et les Groënlandais, nés sous un ciel glacial, ont la peau plus foncée que les Malais des parties les plus chaudes de l'univers. » Ajoutons que sous le même climat on voit les Japonais à la peau d'un jaune-orange pâle, et les Aïnos au teint brun-verdâtre, que l'on a comparé à la couleur des écrevisses vivantes. J. H.

(2) Bruns, *Africa*, V, 69.

(3) M. A. Desmoulins (*Histoire naturelle des races humaines*) relate des faits qui tendent à prouver l'invariabilité de la couleur des cheveux quand il n'y a pas mélange de races; ainsi, depuis 800 ans qu'une race aux cheveux blonds est établie en Islande, elle n'y a point éprouvé le moindre changement dans la couleur des cheveux; ils n'y ont pas pris la teinte de la chevelure des Groënlandais. C'est donc au mélange des races qu'il faut attribuer les changements dans la couleur des cheveux chez quelques nations. J. H.

(4) Gall et Spurzheim, *Anatomie du cerveau*, etc., avec fig. Chez Schœll.

d'espèce (1). La forme du crâne nous paraît dépendre, autant que la physionomie, du caractère moral des individus. Quoiqu'il ne soit pas possible d'assigner à chaque passion, à chaque talent, un organe particulier dans le cerveau, il semble constant que les hommes doués de beaucoup de talents et de passions fortes ont la tête plus garnie d'éminences ou de bosses que la multitude. Un autre fait, c'est que la nation où les individus se ressemblent le plus par le caractère offre une forme nationale constante du crâne ; quand on a vu une tête d'Hindou, on les a vues toutes (2) ; au contraire, en Europe, où les caractères varient extrêmement, on trouve des crânes de toutes les formes, même les plus éloignées de ce qui nous en semble le type régulier.

« La forme du crâne dépend souvent d'une cause artificielle. Une pression exercée continuellement pendant une longue suite d'années donne le plus souvent aux os plates du crâne une configuration particulière qui devient même nationale. Cet effet peut dépendre de la manière dont plusieurs nations placent leurs enfants dans le berceau, ou bien d'une compression manuelle exercée avec soin pendant longtemps. Vésale rapporte que, de son temps, les Allemands avaient presque tous la tête aplatie postérieurement, et élargie sur les côtés, parce qu'on les couchait constamment sur le dos pendant qu'ils étaient au berceau (3). Les Belges, accoutumés au contraire à mettre les enfants dormir sur le côté, se faisaient remarquer par la longueur de la tête. Les Américains sauvages, depuis la Caroline méridionale jusqu'au Nouveau-Mexique, ont tous le crâne déprimé, parce qu'ils donnent dans le berceau, à leurs enfants, une position déclive, de manière que le vertex, qui repose sur un sac rempli de sable, supporte tout le poids du corps (4).

« Un usage qui a existé chez les nations les plus antiques comme chez les modernes, dans nos climats et dans les pays les plus éloignés, c'est de ramener la tête des nouveau-nés à une forme nationale, au moyen de liens, d'instruments différents, ou de la simple pression des mains. Cette habitude eut lieu jadis ou se retrouve encore aujourd'hui chez les habitants de plusieurs parties de la Germanie (5), chez les Belges (6), les Français (7), chez quelques peuples d'Italie, chez les insulaires de l'Archipel grec (8), les Turks, les anciens Sigynes, les Macrocéphales du Pont-Euxin (9) ; elle est en vigueur chez les habitants de Sumatra, du Nikobar (10), et surtout chez différentes nations de l'Amérique, telles que les peuples du détroit de Nootka (11) ; les Chactas, nations indigènes de la Géorgie, les Waxsashs de la Caroline, les Caraïbes, les Péruviens (12), les Omaguas (13), et chez les nègres des Antilles (14). Cet usage fut défendu dans l'Amérique espagnole par le décret d'un concile (15). On possède les descriptions les plus exactes des moyens que ces sauvages employaient pour donner à la tête de leurs enfants, par une pression uniforme, la configuration qu'ils désiraient (16). Ce fait étant démontré par tant de témoignages authentiques, il reste, à la vérité, encore à prouver si les formes du crâne obtenues par ces moyens finissent, après une longue suite de générations, par être héréditaires et devenir une conformation naturelle, ce qui ne paraît pas possible. Hippocrate, dans son Traité des airs, des eaux et des lieux, parle en particulier des *Macrocéphales*, nation voisine du Pont-Euxin. Selon lui, aucun autre peuple n'a la tête faite comme eux ; cette conformation, particulière dans le principe, dépendait de leurs usages. Les Macrocéphales regardaient la longueur de la tête comme un indice de courage ; d'après cette opinion, ils pétrissaient la tête des enfants nouveau-nés, et tâchaient par différents moyens de l'allonger aux dépens de sa largeur. Cette forme, dit-il, finit par devenir naturelle, et il fut inutile de rien faire pour la produire.

« Il y a encore d'autres diversités dans les formes du corps humain qui paraissent propres à des nations, et peut-être à des variétés entières de l'espèce humaine. On prétend que plusieurs tribus sauvages ont les oreilles mobiles ; mais c'est probablement par une mauvaise plaisanterie que plusieurs auteurs ont assuré que les anciens Bataves avaient

---

(1) Il faut toutefois indiquer ici une distinction importante. Les protubérances organiques observées par Gall, et qu'il considère avec tant de talent et de sagacité comme indices des différentes facultés morales et intellectuelles, ne changent point la forme générale du crâne. L'ouverture de l'angle facial, la dépression plus ou moins grande de la boîte osseuse, la saillie des pommettes, la direction des mâchoires, l'inclinaison des yeux, peuvent donc être considérées comme autant de caractères spécifiques. Ainsi, à l'inspection d'un crâne, on peut déterminer à quel peuple il appartient, à moins qu'il ne provienne d'une race abâtardie.   J. H.

(2) Comp. le bel ouvrage : *Description des Hindous*, par M. Solvyns.
(3) Vésale, cité par Blumenbach, § 63.
(4) Adair, *History of the north American Indians*, page 9.
(5) J. Chr. Gottl. Ackermann, dans *Neue Magasin für Aerzte* de Baldinger, t. II, p. 5-6.

(6) Spigel, *De hum. corp. fabrica*, p. 17.
(7) Andry, *Orthopédie*, t. II, p. 3.
(8) Philites, médecin éprote, cité par Blumenbach. Strabon, l. xi, p. 558. Hipp. *de Aërib.*, aq. et loc.
(9) Nic. Fontana, dans *Asiatic Researches*, t. III, p. 151.
(10) Marsden, *History of Sumatra*, p. 58.
(11) Meares's. *Voyages*, p. 343.
(12) Oviedo, *Histo ia gener. de las Indias*. Torquemada, *Monarchia Indiana*, t. III. Ulloa, *Relacio del viage*, t. II, p. 535.
(13) La Condamine, *Mém. de l'Acad. des Sciences*, 1745, p. 427.
(14) Thibault de Chanvalon, *Voyage à la Martinique*, p. 59.
(15) Jos. Sanz. de Aguirre, *Collectio maxima conciliorum omnium Hispaniæ et novi orbis*, t. VI, p. 204.
(16) *Journal de physique*, d'août 1791, p. 32.

les oreilles d'une difformité particulière, et que chez les Biscayens cette partie est d'une longueur remarquable. Les mamelles pendantes des négresses sont dues à l'usage d'allaiter les enfants suspendus derrière le dos. L'ampleur de cette partie semble appartenir au climat chaud et humide. Les nègres ont, à ce qu'on assure, les signes de la virilité très-prononcés. Les femmes mongoles peuvent encore, après plusieurs accouchements, se faire passer pour vierges (1). Nous parlerons autre part de la difformité des femmes boschismanes, dans l'Afrique australe. Chez les peuples de la mer du Sud ou du Grand Océan oriental, les chefs et les grands doivent à leur paresse et à leur manière de s'asseoir, des jambes singulièrement enflées. Peut-être aussi l'éléphantiasis, maladie commune en Afrique, en Arabie et dans l'Hindoustan (2), étend-elle son empire sur les terres océaniques. Les jambes torses ou cambrées des Nègres avaient déjà frappé les anciens (3), et paraissent également communes aux nations mongoles (4). On attribue cette difformité, soit à l'équitation prématurée, soit à la position des enfants, qui, fixés pendant l'allaitement sur le dos de leurs mères, s'y appuient fortement avec les genoux.

« Il y a des variétés plus essentielles dans la proportion des membres inférieurs, et qui tiennent à la race. Les sauvages de la Nouvelle-Hollande ont les jambes extrêmement longues et minces (5). Il n'est pas vrai que cette particularité se retrouve chez les Hindous, comme l'assure un observateur peu digne de confiance (6). Mais il paraît certain que les Mongols et les Américains ont les jambes et les cuisses trop courtes en proportion du reste. Plusieurs nations ont naturellement les mains et les pieds petits. On a observé sur les armes des Hindous que la poignée des sabres est trop petite pour la plupart des mains européennes. On cite aussi les Chinois, les Kamtchadales, les Esquimaux, les Péruviens, les Hottentots et les habitants de la Nouvelle-Hollande (7).

« Les diverses nations diffèrent encore beaucoup par le degré de force dont elles sont douées. Les belles expériences de MM. Péron et Régnier ont prouvé que les nations sauvages ou à demi civilisées le cèdent aux Européens pour tous les genres de force active; mais nous pensons qu'elles possèdent dans un degré plus éminent cette force passive qui résiste à l'intempérie des saisons.

« En résumant toutes les observations faites par les voyageurs, le célèbre Blumenbach réduit toutes les variétés de l'espèce humaine à *cinq types principaux*, auxquels, après un mûr examen, nous croyons ne devoir apporter que de légères modifications.

« La *première variété* occupe les parties centrales de l'ancien continent, savoir, l'Asie occidentale, l'Afrique orientale et septentrionale; l'Hindoustan et l'Europe. Ses caractères sont la couleur de la peau plus ou moins blanche ou brune, les joues teintes d'incarnat, les cheveux longs, bruns ou blonds, la tête presque sphérique, la face ovale, étroite, les traits médiocrement prononcés, le front uni, le nez légèrement arqué, la bouche petite; les dents incisives des deux mâchoires placées perpendiculairement; les lèvres, et surtout l'inférieure, mollement étendues, le menton plein et rond; la régularité des traits de ce visage, qui est celui des peuples de l'Europe, le fait en général regarder comme le plus beau et le plus agréable. Les traits de l'Hindou, ceux de l'Abyssinien et du Berbère, habitant du mont Atlas, ne diffèrent pas essentiellement de ceux des Européens; il n'y a que la peau qui est rembrunie par l'effet du climat, et qui d'ailleurs chez l'Hindou et l'Abyssinien même prend une teinte très-claire dans les provinces montagneuses. M. Blumenbach désigne cette race sous le nom de *Caucasienne*; mais ce nom blesse les droits de l'histoire civile, qui n'a aucune raison pour croire les peuples du Caucase plus anciens que ceux du mont Atlas ou des Alpes. Ni la physiologie ni la géographie physique ne fournissent la moindre preuve d'une origine commune de cette variété de l'espèce humaine; elle a pu se former partout où existent les causes physiques dont elle dépend.

« La *deuxième variété* est celle qu'on avait d'abord si mal désignée sous le nom de *Tartare*, quoique les Tartares ou *Tatars* proprement dits n'y appartiennent point; Blumenbach la nomme *Mongolique*, nous l'appellerons variété ou race orientale de l'ancien continent. En voici le caractère: Couleur jaune; cheveux noirs, roides, droits et peu fournis; la tête presque quadrangulaire; la face large, à la fois plane et déprimée; les traits peu marqués et comme fondus ensemble; l'espace entre les sourcils large et uni; le nez petit et camus; les joues globuleuses et saillantes en dehors; l'ouverture des paupières étroite et linéaire; le menton pointu.

« Cette variété se compose de tous les Asiatiques à l'orient du Gange et du mont Bélour, excepté les Malais de l'extrémité de la Péninsule au delà du Gange. En Europe on la retrouve, selon Blumenbach, chez les Lapons, chez les Finnois, et en Amérique, chez les Esquimaux répandus depuis le détroit de Béring jusqu'au Groenland. Mais nous nous sommes convaincu qu'il faut rapporter les Finnois, descendants des anciens Scythes

(1) Géorgi, *Description des nations de la Russie*, II, 200.
(2) Allard, Histoire d'une maladie particulière au *système lymphatique*.
(3) Arist., *Problem.* V, 14, etc.
(4) Pallas, *sur les Nations mongoles*, t. I, p. 58.
(5) Péron, *Voyages aux terres australes*, Atlas, pl. XX.

(6) La Boullaye le Gouz, *Voyages et Observ.*, p. 153. Comp. Solvyns, l. c.
(7) De la Barbinais, *Voyage autour du monde*, t. II, p. 62. Dampier, *Suite du Voyage autour du monde*, p. 109. Wales, *Philosoph. Transact.*, t. LX, p. 419, et Curtis, *ibid.*, t. LXIV, 383. Watkin Tench, *Account of the Settlement of Port Jackson*, p. 179.

d'Europe, à la première variété, dont ils forment une très-ancienne subdivision, ayant comme les Celtes et les Basques leur physionomie et leur idiome à part, ainsi qu'il sera démontré dans notre description de l'Europe.

« La race orientale de l'ancien continent, circonscrite dans les bornes que nous venons de tracer, offre une remarquable identité de teinte, de physionomie, de forme du crâne, et même, ainsi que nous le verrons dans la suite, de langues.

« La variété Américaine se rapproche à plusieurs égards de celle que nous venons de considérer. En voici les principaux caractères : Couleur cuivrée ; cheveux noirs, droits, raides et rares ; front court ; les yeux enfoncés, le nez presque camus, et cependant saillant ; en général, les pommettes éminentes ; la face large sans être plane ni déprimée ; les traits, vus de profil, paraissant très-prononcés et comme profondément sculptés. La forme du front et du vertex est souvent ici un produit de l'art.

« Cette variété occupe toute l'Amérique, excepté les extrémités septentrionales, habitées par les Esquimaux. Elle paraît renfermer plusieurs branches qui diffèrent considérablement soit par le teint qui, blanc chez les Kristinaux, arrive presque au noir chez les Brésiliens, soit par les traits et par la forme du crâne, tantôt aplati et tantôt allongé. Tous ces peuples ont de la barbe (1), mais elle est faible ; il y en a qui, à l'instar de quelques nations mongoles et malaises, se l'arrachent. Le préjugé qui représente les Américains comme imberbes a été propagé par le philosophe Paw ; un écrivain encore plus accrédité, l'historien Robertson, a prétendu que tous les Américains ont les mêmes traits de visage : tant les vérités de la géographie physique ont été méconnues ou dédaignées par ceux qui ont écrit l'histoire de l'homme.

« Nous allons revenir vers l'est pour considérer la quatrième variété de l'espèce humaine ; c'est celle des terres océaniques, désignée par Blumenbach sous le nom trop arbitraire de race Malaise. En voici le caractère encore très-incertain : Couleur basanée, cheveux noirs, mous, épais, abondants et frisés ; la tête légèrement rétrécie ; le front un peu bombé ; le nez gros, large, épaté ; la bouche grande ; la mâchoire supérieure un peu avancée ; les traits, vus de profil, paraissent marqués et distincts.

« Cette variété comprend les insulaires de la mer Pacifique, les habitants des îles Mariannes, Philippines, Moluques, de la Sonde, et les indigènes de la péninsule de Malakka, la plupart des habitants de la Nouvelle-Hollande, et ceux de la Nouvelle-Zélande, peut-être même quelques-unes des nations de Madagascar. Mais qu'il est difficile de rien statuer sur des peuples aussi imparfaitement connus, et qui paraissent renfermer des tribus d'origine diverse ! L'immortel Quiros, qui le premier découvrit les îles de la Société, distingua soigneusement la disparité qui existe entre leurs habitants ; il dit que les uns ressemblent aux blancs, les autres aux mulâtres, et enfin aux Nègres (2). Des voyageurs plus modernes ont également comparé la caste dominante dans l'île d'O-Taïti aux Européens du Midi, et le peuple aux mulâtres (3). L'extension très-grande de la langue malaise, qui a d'abord fait supposer l'identité de ces nations, pourrait ne provenir que d'anciennes migrations et conquêtes. Cependant les sauvages de la Nouvelle-Galles du Sud, qui parlent un idiome différent du malais, offrent les principaux caractères physiques de la variété telle que nous l'avons dépeinte (4).

« La cinquième grande division du genre humain, ou la variété Nègre, que Blumenbach appelle Éthiopienne, ne présente rien de douteux. Ses caractères sont : La couleur noire ; les cheveux noirs et crépus ; la tête étroite, comprimée sur les côtés ; le front très-convexe, voûté ; les os de la pommette saillants en avant ; les yeux à fleur de tête ; le nez gros, et se confondant presque avec la mâchoire supérieure, qui est portée en avant ; le bord alvéolaire étroit et allongé ; les dents incisives supérieures placées obliquement ; les lèvres, particulièrement la supérieure, gonflées ; le menton retiré ; les jambes en général cambrées.

« Cette variété répandue dans toute l'Afrique occidentale et méridionale se retrouve aussi sur les côtes de Madagascar, probablement sur celles du nord-ouest, de la Nouvelle-Hollande, dans les grandes îles de Van-Diemen, de la Calédonie et de la Nouvelle-Guinée ; on croit même qu'elle occupait anciennement les Philippines, Bornéo, Java et Sumatra ; les Alfourous, qui habitent encore l'intérieur de quelques-unes de ces îles sont nègres ; les indigènes des îles Andaman le sont également. Quand nous observons les différences entre un véritable nègre, à teint de jayet, à chevelure laineuse, crépue, un Cafre à teint jaune cuivré, à cheveux laineux, longs, un Diéménois, un nouveau Calédonien, un Papou à couleur de suie, à cheveux frisés ; nous restons incertains si ces trois races, séparées d'ailleurs par des mers et des montagnes, sont chacune originaire de son domicile actuel, ou si elles descendent d'une souche commune.

« Les Hottentots forment encore une exception remarquable ; la forme de leur crâne est celle de la race malaise ; ils ont le teint et la barbe faible de la variété mongole, mais leur chevelure laineuse les rapproche des nègres.

---

(1) Blumenbach, Magasin de Gottingue, etc., etc.
(2) Quiros, dans Dalrymple, Collect. of Voy. to the South pacific Ocean, t. I, p. 161.
(3) Bougainville, Voyage autour du monde, p. 211.
(4) Les naturalistes qui ont effectué les trois derniers voyages de circumnavigation entrepris par ordre du gouvernement français, ont reconnu qu'il était impossible de comprendre dans la race malaise les habitants de la Nouvelle-Hollande et de la Nouvelle-Zélande, les Taïtiens, les Mendocins et les Sandwichiens.
J. H.

« Telles sont les principales variétés de l'espèce humaine répandue sur toute la surface du globe (1).

« Les anciens s'étaient à tort imaginé que la zone torride, embrasée des feux du soleil, ne permettait pas aux habitants de deux zones tempérées de communiquer ensemble. Ces préjugés, qui rétrécissaient l'univers, ont disparu devant les lumières que les Colomb, les Gama, les Cook nous ont procurées. Les navigateurs ont trouvé des habitants dans les climats les plus brûlants et dans le voisinage des pôles, sur les côtes les moins abordables, et dans ces îles qu'un immense Océan semblait séparer du reste du monde. Les îles de Spitzberg et de la Nouvelle-Zemble, au nord, la terre Sandwich, les îles de Falkland et de Kerguelen, au sud, sont les seuls pays d'une étendue remarquable qui se soient trouvés absolument sans habitants.

« La terre entière est donc la patrie de l'homme. Il supporte tous les climats, et ses habitations s'étendent jusqu'aux derniers confins de la nature animée. Les Esquimaux de Groënland habitent jusque sous le 80e parallèle. A l'autre extrémité, la stérile Terre-de-Feu nourrit les pauvres Pécherais. Le nouveau monde, quoique en général moins peuplé, est donc habité d'un bout à l'autre. Dans l'ancien continent, les habitations de l'homme forment un ensemble qui n'est interrompu que par quelques landes sablonneuses; et au milieu même de ces déserts, l'homme a peuplé les *Oasis*, ces îles de verdure éparses dans un océan de sable.

« Le corps humain supporte, sur les bords du Sénégal, un degré de chaleur qui fait bouillir l'esprit-de-vin; dans le nord-est de l'Asie, il résiste à un froid qui rend le mercure solide et malléable. Les expériences de Fordyce, de Boerhaave et de Tillet prouvent que l'homme est plus capable que la plupart des animaux de supporter un très-grand degré de chaleur. On peut croire que notre corps résisterait également à un froid extrême, pourvu qu'il eût les mouvements libres. Comme d'ailleurs le froid ne doit guère augmenter au delà du 78e ou du 80e degré, il est probable que l'homme ferait voile sous les pôles aussi bien que sous l'équateur, s'il n'y était pas arrêté par les glaces.

« La faculté qu'a l'homme de s'acclimater partout et en peu de temps paraît venir de la même cause qui rend sa santé moins ferme et moins durable que celle des animaux. Les animaux doivent à la plus grande affinité des molécules de leurs corps avec la matière brute, ces instincts qui nous manquent. Nos sens au contraire ne sont si irritables, notre corps n'est si susceptible d'impressions, la fougue de nos passions n'est si impétueuse, que parce que toute notre organisation est plus fine, plus délicate, plus spirituelle pour ainsi dire. L'instabilité de notre santé et l'incertitude du terme de notre vie dépendent essentiellement de cette mobilité de nos organes. Mais grâce à cette même mobilité, nos organes se plient avec facilité et promptitude aux volontés de notre âme. Une ferme résolution de ne point se laisser vaincre par une maladie est, de l'aveu de tous les médecins, un des remèdes les plus efficaces, tandis qu'une imagination craintive aggrave la moindre indisposition. C'est ainsi que notre corps, pour s'endurcir et se roidir contre l'influence d'un climat nouveau, n'attend que les ordres de l'intelligence à laquelle il sert d'organe; sous chaque climat, les nerfs, les muscles, les vaisseaux, en se tendant ou se relâchant, en se dilatant ou se resserrant, prennent bientôt l'état habituel qui convient au degré de chaleur ou de froid que le corps éprouve.

« On dit assez communément que le nombre total des hommes vivants sur la terre peut s'élever à un milliard ou 1000 millions. Mais tous les calculs qu'on a faits à ce sujet sont et doivent être dépourvus d'exactitude. D'après toutes les probabilités, la po-

---

(1) Nous avons conservé dans son intégrité la classification du genre humain donnée par Malte-Brun, d'après Blumenbach, quoiqu'il nous eût été facile de la modifier considérablement en la mettant en rapport avec les différentes classifications qui ont été proposées depuis Linné. Le naturaliste suédois admet, comme Buffon, une seule espèce humaine, divisée en variétés. Celles qu'il adopte sont les cinq suivantes : l'*Américaine brune*, l'*Européenne blanche*, l'*Asiatique jaune*, l'*Africaine noire* et la *Monstrueuse*. M. Duméril reconnaît cinq variétés : la *Caucasique*, ou *Arabe-Européenne*, l'*Hyperboréenne*, la *Mongole*, la *Malaise*, la *Nègre* et l'*Américaine*. G. Cuvier ne voit que trois races éminemment distinctes : la *Blanche* ou *Caucasique*, la *Jaune* ou *Mongolique*, et la *Nègre* ou *Éthiopique*. Il avoue que ni les Malais ni les Papous ne se laissent aisément rapporter à l'une de ces trois grandes races; mais il ne trouve pas de caractères suffisants pour distinguer les premiers des Hindous caucasiques et des Chinois mongoliques, et se demande si les Papous ne seraient pas des nègres anciennement égarés sur la mer des Indes. Les habitants du nord des deux continents, dit-il, les Samoiédes, les Lapons, les Esquimaux, viennent, selon quelques-uns, de la race mongole; selon d'autres, ils ne sont que des rejetons dégénérés du rameau Scythe et Tatar de la race *Caucasique*. Les Américains eux-mêmes, ajoute-t-il, n'ont pu encore être ramenés clairement ni à l'une ni à l'autre des races de l'ancien continent, et cependant ils n'ont pas non plus de caractère à la fois précis et constant qui puisse en faire une race particulière (*Règne animal*, tome 1er, 1829). M. Virey admet deux espèces, qu'il distingue par l'ouverture de l'angle facial, et qu'il divise en six races. On sait que cet angle, appelé *angle de Camper*, est formé par deux lignes partant des dents incisives supérieures, et dirigées l'une à la racine du nez, et l'autre au trou auditif. La première espèce a l'angle facial ouvert de 85 à 90 degrés; elle comprend la race Blanche, la race Basanée et la race Cuivreuse; la seconde espèce a l'angle facial de 75 à 82 degrés; elle renferme la race Brune-foncée, la race Noire et la race Noirâtre. M. Garnot suit une division analogue à celle de M. Lesson. Celui-ci reconnaît trois races : la Blanche, la Jaune et la Noire, qui se divisent chacune en *rameaux* et en *variétés*. Enfin M. A. Desmoulins et M. Bory de Saint-Vincent divisent le *genre* homme : le premier en 16 espèces, et le second en 15 espèces.   J. H.

pulation du globe entier doit s'élever à environ 740 millions : ce serait peut-être l'exagérer beaucoup que de l'évaluer à 800 millions. Dans cette évaluation l'Europe est comprise pour 228 millions, l'Asie pour 390, l'Afrique pour 60, l'Amérique pour 42, et l'Océanie pour 20 millions (1). »

M. Levrault, en visitant en 1836, 37, 38 et 39, l'Amérique méridionale, a fait quelques remarques sur les Indiens des provinces de Canélos et du Napo, dans l'État de l'Equateur. Voici ce qu'il dit des Saparos et autres tribus indiennes.

« Les Indiens fixés à Suni-Curi sont des Saparos. Cette nation, la plus nombreuse de toutes celles qui habitent ces parages, est divisée en peuplades souvent errantes, qui s'étendent depuis le Yaquino jusqu'au fleuve des Amazones. Les unes sont fixées sur les bords du Curaray et du Napo; les autres changent de pays suivant leurs besoins ou leur caprice. Des combats sont souvent le résultat de ces émigrations, qui ont généralement pour but de s'emparer des femmes et des terrains de chasse. Les vaincus sont impitoyablement massacrés; les femmes et les enfants passent au pouvoir des vainqueurs, qui en font leurs esclaves, ou les vendent aux étrangers.

« Leur taille est au-dessous de la moyenne, leur couleur d'un jaune pâle, leurs jambes sont fortes et musculeuses. Leur figure est couverte de peintures rouges et noires ; leurs cheveux sont longs et en désordre. Quelques-uns, surtout les femmes, se rasent les sourcils; leur langue est entièrement distincte de celles des Jivaros et des Incas.

N'ayant d'autres relations avec les blancs que celles d'un commerce d'échange avec le petit nombre de marchands qui viennent à Canélos, ils sont dans un état de barbarie qui rend leur industrie naturelle d'autant plus remarquable.

« Le vêtement des hommes est une espèce de chasuble qu'ils nomment *yanchama*, et qu'ils font avec l'écorce d'un arbre nommé *yura*. Celui des femmes est une bande de la même écorce, attachée à la ceinture, et qui couvre à peine les parties sexuelles. Ils tirent aussi de l'écorce d'un arbuste, *chambira*, une ficelle dont ils font des hamacs, des filets, etc. Leurs armes sont des lances et des javelots de chonta; ils ne se servent pas de boucliers.

« Les Saparos sont généralement paresseux, et passent la moitié de leur vie étendus dans leurs hamacs : aussi ne vont-ils à la chasse ou à la pêche que lorsque la nécessité les y force. Leur tempérament se plie également à une dure abstinence et aux excès d'une gloutonnerie incroyable. Dans leurs excursions, ils ne se chargent jamais de vivres : quelques feuilles de guayusa,

plante qui par son goût et ses propriétés offre beaucoup d'analogie avec le thé et le tilleul, peuvent leur suffire pendant plusieurs jours. Du reste, ils dévorent indistinctement toute espèce d'insectes ou de reptiles ; les vers, les fourmis, les crapauds, tout leur est bon. Mais lorsqu'ils rencontrent une troupe de sangliers, ils se précipitent dans le plus épais de la forêt, le corps nu, la lance ou la sarbacane à la main ; et lorsque l'espèce de délire qu'ils éprouvent dans la chasse s'amortit par la fatigue ou par l'impatience de se repaître de leur viande favorite, ils reviennent à l'endroit où ils ont laissé leurs femmes et leurs enfants qui ont déjà allumé un grand feu sur lequel est placée une marmite remplie d'eau : en un instant le sanglier est dépecé : une partie va dans la marmite, l'autre est placée sur les charbons. Ils n'attendent pas la moitié du temps nécessaire pour la cuisson, et déjà ils dévorent leur proie. La marmite qu'ils ont retirée du feu est immédiatement remplacée par une autre, et ils ne s'arrêtent que lorsqu'ils ont tout englouti. Si la chasse a été abondante, ils s'arrêtent deux ou trois jours, et ne se lèvent pour continuer leur route qu'après avoir achevé le gibier qu'ils ont tué.

Chaque peuplade a son chef militaire, qui est toujours le plus brave, souvent le plus fort et le plus grand. Son pouvoir est despotique, mais il en abuse rarement ; car les Indiens ont un principe inné de justice et de modération qui leur fait respecter également le plus fort comme le plus faible.

« Les Saparos ne paraissent avoir aucune idée de religion ; ils croient tout au plus à un génie malfaisant et à la métempsycose ; ils n'adoraient pas le soleil comme les Incas, et faisaient partie de ces hordes de barbares qui aidèrent les Espagnols à conquérir le royaume de Quito.

« Les Sarayacos sont de taille moyenne, ont les membres robustes et proportionnés, et se font remarquer par leur force et leur bravoure. De fréquentes alliances avec les Jivaros, ont contribué sans doute à leur donner un caractère de physionomie qui leur est propre : plusieurs d'entre eux ont des traits grecs parfaitement caractérisés, et presque tous les jeunes gens sont d'un corps élégant et d'une jolie figure.

« Ayant plus de relations avec les blancs que les Saparos, parlant la langue quitchoa, ils regardent ceux-ci comme des barbares. Ils portent des caleçons de toile qu'ils teignent de diverses couleurs, et de petites blouses collantes qui descendent jusqu'à la ceinture. Ils se couvrent de peintures rouges et noires, attachent leurs cheveux près de la tête, et se percent les oreilles pour y passer de petits morceaux de roseaux. Les femmes sont vêtues à peu près comme les Indiennes de Quito; seulement l'étoffe est la même que

---

(1) Ces estimations ne s'éloignent pas beaucoup de celles qu'a présentées M. A. Balbi dans sa *Balance politique du globe*, en 1828. Malte Brun, en 1810, donnait à l'Europe 170 millions d'habitants; à l'Asie, 320 à 340 ; à l'Afrique, 70 ; à l'Amérique, 40, et à l'Océanie, 20 ; ce qui formait un total de 620 à 640 millions.

J. H.

celle de leurs maris. Dans leurs voyages ou leurs travaux journaliers, elles portent la blouse collante.

« Les productions de Sara-Yacu sont les mêmes que celles de Canélos, mais peut-être y sont-elles de qualité supérieure; la pêche et la chasse y sont aussi plus abondantes.

« Son climat, quoique chaud et humide, est sain. La végétation y est vigoureuse, mais son territoire est infesté de bêtes féroces, de reptiles et de moustiques.

« Les Sarayacos sont d'un caractère doux et affable, moins paresseux et plus difficiles pour leurs aliments que les Saparos. Ils vont souvent à la chasse et à la pêche, et sont toujours abondamment pourvus de viande et de poisson.

« Ils sont naturellement portés à se divertir, et se réunissent trois ou quatre fois par semaine chez l'un d'eux où ils dansent et boivent. Lorsqu'un Indien a fait ample provision de chicha et de *vénillo* (boisson que l'on extrait de l'igname cuite à la vapeur, et moisie), il va inviter ses amis pour le jour suivant. Ceux-ci se rendent chez lui au point du jour avec la hache ou le coutelas, et travaillent à ses plantations jusque vers les dix heures; puis ils rentrent, se parent de leurs ornements de plumes d'oiseaux, de leurs colliers de dents de tigre, passent dans leurs oreilles de petits bouts de roseaux, et se rendent à la fête, la figure, les bras et les jambes couverts de peintures rouges et noires, une couronne de têtes d'oiseaux ou un bonnet de plumes de perroquet sur la tête.

« Les Indiens vivent entre eux dans la plus parfaite intelligence. Les ménages sont un modèle d'amour filial et de fidélité conjugale, et jamais la moindre querelle, ne vient altérer leur bonne harmonie.

« Les femmes, quoique destinées aux travaux les plus rudes, ne murmurent jamais, et remplissent leurs devoirs sans chercher à s'en faire un mérite aux yeux de leurs maris. L'époque de leur grossesse et de leur accouchement est celle où elles montrent le plus de courage et de soumission.

« Dès que la femme ressent les premières douleurs de l'enfantement, elle se retire dans la forêt à trois ou quatre lieues de la maison conjugale, dans une cabane de feuilles déjà préparée. Cet exil est le fruit de la superstition des Indiens qui sont persuadés que le génie du mal s'attacherait à leur maison si les femmes y faisaient leurs couches. Lorsque le terme est arrivé, celle-ci est assistée par une de ses amies.

« Pendant ce temps, le mari reste chez lui, buvant de la chicha, et recevant les compliments de ses amis. Le huitième jour de ses couches, cette femme est déjà rentrée chez son mari, et travaille dans ses plantations, son enfant sur le dos, enveloppé dans un manteau de toile qu'elle attache par-devant.

« Avant leur mariage, qui ne consiste le plus souvent qu'à se lier toute la vie par une promesse solennelle, les Indiens vivent quelquefois plusieurs années avec leur fiancée, pour essayer si leurs caractères se conviennent, et s'ils pourront remplir leurs engagements réciproques. S'il y a antipathie, ils se séparent; si au contraire ils se trouvent d'accord, la demande en mariage est adressée aux parents de la femme. Dès qu'elle lui est accordée, le mari se trouve dans l'obligation de nourrir ceux-ci, et de les aider dans leurs travaux.

« De même que les Saparos, les Indiens canélos croient à la métempsycose. C'est surtout sous la forme du tigre qu'ils pensent renaître; aussi ne l'attaquent-ils jamais sans de justes motifs de vengeance.

« Il y a environ deux ans, la mort d'un Canélos de Sara-Yacu nommé Gualinga, qui fut dévoré par un tigre, devint la cause d'une guerre sanglante entre ceux-ci et les Jivaros. Toute la famille du défunt s'était mise en campagne et avait vengé son parent par la mort du tigre; mais bientôt elle se figura que ce tigre était un guerrier jivaros; la guerre fut déclarée, et ne cessa qu'après plusieurs morts de part et d'autre.

« Bien que les Indiens soient familiarisés avec les dangers de toute espèce qu'offre une vie passée dans les forêts, ils ont rarement le courage d'attaquer leurs adversaires en face. Les chefs seuls se mesurent quelquefois corps à corps, et la mort de l'un d'eux décide souvent de l'action. Leur tactique consiste alors à surprendre leurs adversaires au moyen d'une marche forcée faite pendant la nuit. Ils s'éclairent avec des torches de copal ou avec des vers luisants; ils s'arrêtent à quelque distance du village ennemi. Leurs espions, qui sont généralement des jeunes gens renommés par leur agilité, sont envoyés à l'avance, et viennent rendre compte de leur mission. S'ils sont découverts, ils se retirent sans rien entreprendre; mais si, au contraire, l'ennemi n'est pas sur ses gardes, ils l'attaquent un peu avant l'aurore. Quelquefois ils incendient les maisons et en gardent les issues, et lorsque les habitants en sortent pour échapper aux flammes, ils les font expirer sous leurs coups. Ces guerres se renouvellent fréquemment, car les vaincus élèvent leurs enfants dans des sentiments de haine et de vengeance.

« Les Jivaros sont généralement d'une taille plus élevée que les Canélos. Ils sont aussi plus forts, plus braves, et mènent une vie plus agitée. Ce sont les seuls Indiens chez lesquels la polygamie soit en usage. Leur idiome est distinct de ceux des Canélos et des Saparos, et leur parler est toujours accentué avec tant de force, qu'une simple conversation ressemble à une vive querelle. Leur désunion seule, qui provient de leur amour excessif des femmes et de leur jalousie, les empêche de dominer toutes les autres tribus. Leur bravoure, leur force, leur habileté à la chasse et leur industrie leur donnent une sorte de supériorité sur leurs voisins; car ceux-ci s'enorgueillissent de leur union avec eux, et ont quelquefois à leur tête un guerrier de race jivaros.

« Le costume favori des Jivaros est un vêtement ample, et qui descend jusqu'aux pieds. Une ouverture sert à passer la tête, et une autre pratiquée de chaque côté permet de sortir les bras. Ce vêtement se nomme cúshma, et se fait avec l'écorce de l'arbre yura. Ils portent également de la toile teinte en noir ou en violet. Dans leurs fêtes, ils ceignent leur tête d'une large ceinture de la même étoffe que la cúshma, et peinte comme elle en jaune et rouge.

« En outre des ornements dont j'ai parlé plus haut, les Jivaros portent de grands colliers de graines noires qui viennent se croiser sur leur poitrine. Dans les peintures dont ils couvrent leurs visages, une large raie noire qui couvre le menton et s'étend jusqu'aux oreilles est parmi eux une marque d'élégance.

« Leurs croyances religieuses sont les mêmes que celles des Saparos, et ils ont leurs sorciers ou prophètes qu'ils consultent avant d'entreprendre une expédition. C'est une liane, qu'ils nomment *jaia-uasca*, qui développe chez l'un d'eux les dons prophétiques qui lui sont attribués. Ils la font bouillir, et prennent un vase de cette boisson, dont les effets sont de produire une forte ivresse ; c'est alors que l'inspiré chante la louange des siens, et traite leurs ennemis de femmes. Un assoupissement succède à ses transports, et un songe l'instruit de ce qu'il doit faire. A son réveil, il raconte ce qu'il a vu dans son sommeil, ce qui décide de leurs projets ultérieurs.

« C'est avec les Canélos qu'ils sont le plus souvent en guerre, et ils la déclarent généralement par un message qui contient toujours la menace d'enlever des femmes à leurs ennemis, et de boire leur chicha. Les autres répondent qu'ils n'ont qu'à se présenter, que de leur côté ils désirent mêler leur sang avec leur chicha. Leurs armes sont la lance et le bouclier. »

Le P. Joseph Sato, de la compagnie de Jésus, chargé en 1843 et 1844 d'une mission dans les forêts et les solitudes de la province de Rio-Grande du Sud, au Brésil, parle ainsi des indigènes qui les habitent :

« Les forêts qui entourent de toute part le territoire connu sous le nom de Champs de Vacaria, sont habitées par des Indiens plus ou moins sauvages. Parmi eux on distingue deux nations d'un caractère très-cruel : l'une se compose des *Botocudos*, ainsi appelés à cause d'un trou qu'ils se forment sous la lèvre inférieure, par lequel ils sifflent d'une manière horrible, soit en attaquant leurs ennemis, soit pour se demander mutuellement du secours dans les rencontres difficiles ; l'autre porte le nom de *Coronados*, parce qu'ils ont sur la tête une couronne ou tonsure semblable à celle de nos prêtres. Ces deux tribus irréconciliables se font une guerre atroce ; leurs armes sont des flèches et de petites lances ; chez les Botocudos, les arcs et les flèches sont d'une dimension bien plus grande que chez les Coronados : les uns et les autres ont, du reste, grand soin de les orner avec toute la recherche possible.

« Ces Indiens ne font usage d'aucun vêtement ; ils sont très-forts et sortent rarement de leurs forêts. Ils n'assaillent les passants que quand ils sont sûrs de leur coup, ce qui les oblige à rester quelquefois plusieurs jours en observation pour mieux atteindre leur but : les malheureux qui tombent entre leurs mains sont toujours impitoyablement massacrés ; mais leurs effets sont laissés intacts, à moins qu'ils ne contiennent du fer. Ce métal étant l'unique objet de leur convoitise, ils l'enlèvent avec empressement : couteau, clou, serrure, tout est bon pour eux ; ils l'arrangent et s'en servent pour leurs flèches et leurs lances. Le reste, et même l'argent, est abandonné, excepté peut-être quelques pièces de monnaie pour orner le cou des Indiennes. »

La province de Bahia, au Brésil, est en partie couverte de sombres forêts séculaires, fréquentées par des sauvages indigènes. Le P. Louis de Livourne, de l'ordre des Capucins, parcourt depuis plus de vingt ans ces immenses solitudes pour en évangéliser les habitants. Il a recueilli sur cette race d'hommes les notions suivantes, transmises par le P. Samuël de Lodi, capucin, au P. André d'Arezzo, du même ordre : « Ces Indiens occupent, entre les fleuves Rio-Pardo et Taypo, un territoire d'environ trois cents milles de long sur deux cents milles de large, tout couvert de forêts encore vierges, tout hérissé de montagnes, ou coupé par des vallées marécageuses. Ils forment quatre tribus distinctes, connues sous les noms de Camacans, de Botocudos, de Pataxos et de Mongoios. Sans doute, ces enfants dégénérés appartiennent comme nous à la grande famille humaine ; mais on a souvent de la peine à reconnaître des hommes dans ces créatures rebelles ou étrangères aux grâces de l'Evangile.

« La chasse, la pêche, des fruits sauvages et quelques racines alimentaires qu'ils trouvent dans les bois, fournissent aux premiers besoins de leur existence. Ils mangent à toute heure, et prennent plus ou moins de nourriture selon qu'ils ont pu s'en procurer, sans mettre rien en réserve pour le lendemain. Presque toujours vagabonds, le plus qu'ils s'arrêtent dans un même lieu est l'espace de quelques jours ; une cabane dressée à la hâte pour se défendre de la pluie est le seul établissement qu'ils élèvent dans la vallée qui a su fixer un instant leur vie errante. Le caractère traditionnel de la tribu se perpétue et se transmet, invariable et uniforme, des vieillards aux enfants ; le fils imite son père, la fille se modèle sur celle qui lui a donné naissance, et c'est là toute l'éducation de la jeunesse.

« Dans leurs mariages, ils ne respectent ni l'unité ni l'indissolubilité de cette union. S'il suffit d'un consentement mutuel et de l'aveu des parents pour former le contrat, il suffit aussi de la volonté capricieuse des époux pour le dissoudre : le caractère difficile d'une femme, sa stérilité, ou quelque infirmité habituelle, sont autant de motifs qui autorisent le divorce. Ils n'en ont pas moins en horreur l'adultère, et toute femme convaincue d'un tel crime est sévèrement châtiée ; quelquefois on l'attache à un arbre, et son mari vient lui-même venger son injure, en l'immolant à coups de flèches.

« Quand une femme est sur le point de donner le jour à son enfant, elle se retire au bord d'un torrent solitaire, afin de pouvoir l'y baigner aussitôt qu'il sera né. Plus tard, ce souvenir rattachera par un lien religieux le jeune Indien à son premier berceau ; ce torrent sera pour lui une eau sacrée, l'objet du culte le plus affectueux ; rarement il s'éloignera de ses rives, et s'il s'en écarte jamais, ce sera pour y revenir avec un nouvel amour ; il croit même retremper sa vigueur affaiblie chaque fois qu'il boit à cette source, où dès son enfance il s'est désaltéré.

« Comme tous les sauvages, ceux de la province de Bahia sont excessivement jaloux de leur indépendance ; il n'y a parmi eux ni supérieurs, ni lois, ni administration qui règle, en la restreignant, la liberté des individus. Chacun est maître de lui-même et de ses actions. La seule autorité qu'ils reconnaissent est celle de l'âge ; encore leur soumission au vieillard qu'ils ont élu est-elle une pure déférence qui exclut toute contrainte. En temps de guerre ils se choisissent un chef, dont le pouvoir expire aussitôt la campagne terminée.

« Entre eux, ces guerres sont rares, et n'ont jamais pour origine l'esprit de conquête, ni l'avidité du butin ; quelquefois c'est une injure personnelle qui les provoque, d'autres fois une atteinte au droit de propriété. Que des étrangers, par exemple, viennent chasser sur le territoire d'une autre tribu, la peuplade offensée déclare alors la guerre, non par des ambassadeurs ou par de bruyants défis, mais de la manière suivante : L'Indien qui croit avoir à se plaindre, place une flèche en travers sur le sentier que doit parcourir l'étranger. Celui-ci, arrivé là, reconnaît à ce signal que sa faute est découverte, et il se hâte de consulter sa tribu, pour savoir s'il doit donner satisfaction ou accepter la guerre. Si les avis sont pour la paix, il dépose une autre flèche parallèlement à celle qu'il a rencontrée sur son passage ; si au contraire les Indiens acceptent le combat, leur flèche sera placée en face de la première, et les deux pointes tournées l'une contre l'autre.

« A son tour, le sauvage offensé revient observer la direction des flèches pour savoir la réponse de l'ennemi. Si c'est la paix, il se garde de toute représaille ; si au contraire la guerre est déclarée, ses compatriotes s'y disposent sans délai, ou si leur nombre est insuffisant pour assurer la victoire, ils vont en diligence chercher du renfort chez leurs alliés. Les femmes suivent leurs maris au combat, soit pour porter les flèches, soit pour recueillir les traits que lancent les deux armées ; il en est même qui, dans le moment du péril surtout, se mêlent aux guerriers, et manient l'arc aussi bien que les hommes. A l'exception des femmes âgées ou de celles qui allaitent de petits enfants, toutes se rendent sur le champ de bataille.

« Vous savez que tous les guerriers sauvages, cherchent, en se défigurant plus ou moins, à se donner un air terrible. Les Botocudos sont peut-être ceux qui y ont le mieux réussi. Ils ont coutume de porter dès l'enfance un morceau de fer introduit dans la lèvre inférieure et aux lobes des oreilles ; ils y attachent un anneau de bois peint, de quatre à cinq pouces de diamètre, dont le poids allonge nécessairement ces parties ; la lèvre surtout se replie et pend sur le menton. Ils coupent leurs cheveux bien près par le bas, et les laissent croître dans la partie supérieure de la tête ; puis à force de gomme ils les fixent dans une direction horizontale. Cette forme hérissée de leur chevelure, jointe à sa coupe circulaire, lui donne assez l'aspect d'un chapeau. Les paupières et les sourcils ont aussi leur préparation particulière ; ils les teignent, ainsi que le reste du visage, avec le suc d'un fruit nommé *acafroa*, qui donne un jus couleur de sang. De là cet aspect horrible de leur physionomie, qui ne laisse pas d'imprimer une certaine frayeur à leurs ennemis.

« Ils mangent parfois de la chair humaine, non par un excès de férocité, mais, ce qui paraîtra incroyable, par un sentiment exagéré de tendresse. Il y a peu de temps qu'une mère mangea son enfant que la mort venait de lui ravir, soit qu'elle voulût s'incorporer la substance de ce fils bien-aimé, soit qu'elle ne pût se résoudre à le confier à la terre pour y devenir la pâture des vers. D'autres, et ce sont les guerriers, dévorent leurs ennemis ; ils pensent protéger ainsi leur vie contre la vengeance du mort, et même se rendre invulnérables aux flèches de toute la tribu.

« Cette manière étrange de traiter les morts tient sans doute à l'idée qu'ils se sont faite de l'état des âmes dans une autre vie. Voici un fait assez curieux qui vous en dira sur ce sujet plus qu'un long commentaire ; je le rapporte tel que le P. Louis me l'a raconté.

« Il y a environ deux ans qu'il entendit, à la porte de sa cabane, une grande rumeur de voix confuses, comme un cri d'alarme poussé en tumulte par des gens surpris par un assaut. C'était sur les dix heures du soir ; le ciel était serein ; et les étoiles scintillaient sur un ciel sans nuages ; la lune seule refusait sa clarté. Attiré par ce bruit inattendu, le Père quitte sa demeure, et trouve une foule de *Camacans* plongés dans la stupeur et l'effroi, et faisant à la hâte leurs préparatifs de défense. « De quoi s'agit-il donc ? leur demande le Missionnaire. — Comment ! lui répondent-ils, vous ne voyez pas, à l'obscurcissement de la lune, le malheur qui nous menace ! Cet astre est le rendez-vous des âmes séparées de leurs corps ; aujourd'hui elles y sont en si grand nombre, que leur multitude voile son disque tout entier. Qui sait si Queggiahara (l'Être suprême) ne les renverra pas parmi nous, pour rendre à la lune sa lumière? Alors ces esprits s'incorporeront aux tigres, aux serpents venimeux et aux bêtes féroces, pour dévorer les vivants..... »

« Le P. Louis fit de son mieux pour les tranquilliser, leur assurant qu'il n'y avait rien à craindre, et que ce qui causait leur effroi était un phénomène tout naturel, connu sous le nom d'éclipse ; mais ils n'entendaient rien à ses explications, et leurs vieux préjugés l'emportant dans leur esprit sur ses paroles, ils continuaient de se tenir sur la défensive. Alors il imagina, pour les tirer d'angoisse, une expérience qui lui réussit : il alluma un flambeau, et prenant deux corps sphériques, il montra aux sauvages comment ces globes pouvaient, dans leurs évolutions, projeter tour à tour leur ombre l'un sur l'autre ; ce qui expliqua à ces bonnes gens la cause de leurs vives inquiétudes et finit par les détromper.

« Nos Indiens portent un grand respect aux morts, et les ensevelissent avec toutes les marques d'un deuil profond. Quand un membre de la peuplade vient de fermer les yeux, son plus proche parent se place en pleurant à ses côtés, et lui exprime tous les sentiments que la douleur inspire à ceux qui aiment. Ses doléances finies, un autre parent le remplace et fait de même ; ensuite chacun des assistants témoigne à son tour l'affliction qu'il éprouve, et ces larmes ne tarissent souvent qu'au bout de six ou sept heures. Pendant ce temps, on prépare le cercueil, qu'on recouvre de feuillage après que le corps y est placé, et le convoi marche vers le lieu de la sépulture, où on le dépose doucement et en silence. Un des parents veille tout armé auprès du tombeau, afin d'en écarter les bêtes féroces. Cette garde funèbre est ainsi continuée durant neuf à dix jours par chacun des parents. Dans cet intervalle, il y a toujours avec la sentinelle quelques amis du défunt qui viennent gémir sur sa tombe, et s'entretenir avec son âme qu'ils croient présente bien qu'invisible, car ils supposent qu'elle s'éloigne peu du corps qu'elle anima.

« ...... Je tromperais votre attente, mon révérend Père, si je terminais cette lettre sur nos Indiens sans vous dire où en est l'œuvre de leur conversion. Jusqu'ici le zèle de nos confrères a rencontré des obstacles presque insurmontables ; et cependant le ciel a déjà reçu, comme tribut de ces forêts séculaires, plusieurs centaines d'enfants ou d'adultes, que le P. Louis a baptisés au moment de leur mort. »

Les notions que le P. Louis-Marie Pesciaroli, religieux passioniste, missionnaire à l'île Denwich (Océanie), a données, en 1844, sur les indigènes, s'accordent avec le portrait qu'en ont tracé les anthropologues.

« Les plus nombreuses tribus, dit ce Père, ne comptent pas au delà de soixante indigènes. Quoique chacune d'elles ait un rayon déterminé, qui est censé la propriété héréditaire et exclusive de la peuplade, cependant elle n'occupe point de poste fixe. Promenant d'un lieu à l'autre son existence vagabonde, elle ne campe jamais plus de huit à dix jours dans la même vallée, semblable, si j'ose le dire, à ces troupeaux nomades que la faim pousse vers des pâturages nouveaux, et qui abandonnent sans regret la prairie après l'avoir dévastée.

« Nos sauvages, à défaut d'habitations permanentes, se construisent de misérables huttes avec des écorces d'arbres, frêles abris d'un jour que le lendemain verra abandonnés ou réduits en cendres.

« Depuis longtemps familiarisés avec les Européens, les indigènes qui nous avoisinent sont plus sociables ; ils se mettent volontiers en rapport avec nous, et semblent même nous écouter avec docilité : toutefois, nous sommes avertis de ne pas trop nous fier à ces apparences ; car ils sont d'un naturel à trahir même ceux qui leur font du bien.

« Ils ont la physionomie moins disgracieuse et la couleur moins noire que les Nègres d'Afrique, mais en fait d'ornements ils ne choisissent pas mieux ; ils croient s'embellir en se barbouillant la figure avec du charbon, sur lequel ils étendent, en guise de fard, une couche de terre rouge ou d'autre matière fortement colorée. Avec une taille élevée et une constitution robuste, ils sont poltrons à l'excès ; la gloutonnerie et la somnolence se partagent leur vie, heureux encore si la vengeance n'avait pas pour eux plus d'attrait que le sommeil !

« Il est rare, à la vérité, que les membres d'une même tribu se divisent entre eux par des querelles intestines ; mais la guerre s'élève plus d'une fois entre peuplade et peuplade, et les armes dont se servent alors les combattants sont la massue, le bouclier et la lance.

« Ici, comme dans vos sociétés élégantes, la vanité a aussi son martyre. C'est un axiome reçu parmi nos sauvages que les prétentions à la beauté sont le prix de la douleur. Aussi n'est-il pas d'homme qui, pour se donner un complément de grâce, ne se déchire les bras, la poitrine, le dos et les jambes avec des coquillages, afin d'obtenir à chaque incision une hideuse excroissance de chair qu'il étale avec la plus repoussante coquetterie.

« Quant aux femmes, c'est moins le goût de la parure que l'idée d'un sacrifice religieux qui les porte à se mutiler. Lorsqu'elles sont encore en bas âge, on leur lie le bout du petit doigt de la main gauche avec des fils de toile d'araignée ; la circulation du sang se trouvant ainsi interrompue, on arrache au bout de quelques jours la première phalange, qu'on dédie au serpent boa, aux poissons ou aux kangouroos.

« Sans doute que nos sauvages espèrent par cette offrande obtenir une chasse heureuse et une pêche abondante ; car ils n'ont presque pas d'autres ressources pour vivre. Il est vrai qu'ils recueillent aussi une espèce de racine dont le goût diffère peu de celui de la patate, qu'ils mangent au besoin un reptile assez semblable au lézard, mais beaucoup plus gros, qu'ils surprennent parfois le renard-volant, qu'on prendrait pour une grosse chauve-souris; mais après le kangaroo qui se trouve en grand nombre dans les îles voisines, leur principale nourriture est le poisson. Réunis sur la côte au nombre de six à huit, et armés chacun d'un fil t qu'ils confectionnent avec la racine d'un arbre réduite et tordue en mince ficelle, ils s'avancent en demi-cercle dans les flots, murmurant à voix basse je ne sais quelles paroles; et quand ils ont cerné leur proie, ils la poussent doucement vers le rivage. Alors tous ensemble ils poussent de grands cris, comme pour l'étourdir, et s'en emparent avec facilité. Aussitôt pris, le poisson est jeté palpitant sur la braise, et dévoré même avant d'être rôti.

« Pour du feu, ils en ont toujours à leur disposition ; l'usage, je dirais presque la dévotion de ce peuple, étant de ne marcher qu'un brandon à la main. Si par mégarde ce tison vient à s'éteindre, ils s'empressent aussitôt d'en allumer un autre, et voici comment : ils prennent un sarment bien poreux, auquel ils pratiquent une légère entaille ; sur cette incision ils appuient la pointe d'un second sarment plus sec encore, ils le tournent et retournent rapidement entre leurs mains comme un fuseau, jusqu'à ce qu'échauffé par le frottement, il fume et puis s'enflamme.

« Cette espèce de culte des sauvages pour le feu se reproduit encore dans leurs funérailles. Avec le guerrier qu'on vient de déposer dans la tombe, on ne manque jamais de placer d'un côté une de ses armes défensives, et de l'autre un tison ardent (1). Pensent-ils que ce compagnon inséparable de ses migrations pendant la vie est encore plus nécessaire à ses membres glacés par la mort? Je serais plutôt porté à croire que cette pratique est pour eux un symbole d'immortalité; car de même que la flamme, en se dégageant des corps qu'elle consume, s'élance vers les cieux, ainsi sont-ils persuadés qu'au sortir de ce monde ils s'élèvent dans les régions supérieures où les privations de la terre sont oubliées dans les joies d'un éternel festin.

« Vous le voyez, nos pauvres insulaires sont encore bien éloignés des saintes idées de la foi. Le moyen de les leur inculquer serait de prêcher aisément dans leur langue naturelle; mais malheureusement nous ne la parlons pas encore avec facilité : elle est embarrassante pour un Européen surtout, parce qu'elle a cette pauvreté, ce laconisme et cette absence de liaisons qui jettent ordinairement tant de difficultés dans l'idiome des nations primitives et des tribus sauvages. »

Les renseignements fournis par le P. de Smet, missionnaire de la compagnie de Jésus dans le nord-ouest de l'Amérique, sur les sauvages des forêts qui bordent la rive septentrionale du fleuve le Colombia, ne constatent presque pas de différence entre ces indigènes et ceux de l'Amérique méridionale et de l'Océanie. Les Tchinouks, suivant ce religieux, forment une peuplade établie dans l'immense forêt qui s'étend sur la rive septentrionale du fleuve. Les Clapsops occupent la rive méridionale, et forment une population d'environ cent cinquante hommes. Les Tchinouks habitent trois grands villages au delà de la forêt; ces deux nations, quoique voisines, sont ennemies l'une de l'autre. Les hommes s'enveloppent d'une couverture pour paraître devant les blancs. Ils mettent toute leur vanité dans leurs colliers et leurs pendants d'oreilles, ils donneraient tout ce qu'ils possèdent pour s'en procurer. Ces sauvages se mettent extrêmement à leur aise ; il faut être très-réservé avec eux, afin d'empêcher la trop grande familiarité. Il leur suffit qu'on ne les chasse point; contents pour lors, ils n'exigent pas qu'on s'occupe autrement d'eux ; ils sont d'un naturel paisible, leur physionomie ne diffère en rien de celle des peuples civilisés; ils sont robustes et bien faits; trouvant facilement de quoi satisfaire à leurs besoins, ils mènent pour la plupart une vie fainéante et oisive; leur unique occupation est la pêche et la chasse. Le saumon abonde dans leurs fleuves, et le gibier dans leurs forêts. Après s'être pourvus chaque jour de ce qui leur est nécessaire, ils se couchent au soleil des heures entières, sans bouger. Ils vivent du reste dans l'ignorance la plus grossière de la religion.

Pour résumer les idées et les travaux des anthropologues, on n'aperçoit partout qu'une extrême confusion. Loin d'être d'accord sur le nombre des races, ils varient même sur une seule, la race Arabe. Comment, dans un pareil désordre scientifique pourraient-ils établir que le genre humain n'est pas un ?

Bory de Saint-Vincent partage le genre humain en plusieurs espèces, lesquelles se subdivisent en races et en sous-races. En Algérie, par exemple, il distingue la race *Atlantique*, la race *Adamique* et la race *Éthiopienne*.

Le docteur Larrey regarde la race Arabe comme le type primordial de l'espèce humaine, comme la race par excellence.

Le docteur Pritchard, dans son *Histoire naturelle de l'homme*, le divise en trois races principales qu'il appelle, d'après leur conformation cranioscopique, la race *Ovale* (la race Caucasique), la race *Prognathe* (la race Noire), la race *Pyramidale* (les races Mongole et Américaine).

---

(1) Le fait signalé par le P. Pesciaroli nous paraît important. Cette espèce de culte pour le feu ne nous semble pas avoir été remarquée chez les indigènes des forêts et des plaines de l'Amérique méridionale ; mais elle existe chez des tribus nomades de l'Asie centrale et boréale. (*Note de l'auteur.*)

Blumenbach compte cinq races, savoir : la race Caucasique ou Blanche, la race Mongole ou Jaune, la race Nègre ou Noire, la race Malaise ou Cuivrée, la race Américaine ou Rouge.

Le docteur Mitchell range le genre humain en trois divisions : 1° L'homme *basané*, comprenant toutes les tribus indigènes de l'Amérique, les Tatars, les Malais, les Chinois, les Lascars et les autres nations du même sang et de la même famille. 2° L'homme *blanc* (1), qui habite naturellement les contrées d'Asie et d'Europe situées au nord de la mer Méditerranée, et dans le cours de ses entreprises, s'établit sur tous les points du globe. Il range dans cette première variété les Groënlandais et les Esquimaux. 3° L'homme *noir*, dont la résidence naturelle est dans les régions au sud de la Méditerranée, et particulièrement dans l'intérieur de l'Afrique. A cette race semblent appartenir les Lapons et les habitants de la terre de Van-Diemen.

Le professeur Camper inventa l'angle facial.

Le docteur Serres accorde en général une grande importance aux formes ostéologiques tirées de la tête, et en particulier à l'abaissement ou à l'élévation du pédicule oculo-nasal de l'os coronal.

M. d'Omalius d'Halloy leur accorde la prééminence dans l'étude des diverses races humaines.

Le docteur Dubreuil partage cet avis, en déterminant quels sont ces caractères, le poids de la tête osseuse, ses différents diamètres, l'étendue de l'angle facial, et la mesure de la capacité du crâne.

M. le docteur Pucheran reconnaît que la forme générale du crâne affecte deux types principaux, et il les applique à trois races principales.

Le docteur Virey, à ces divers caractères d'appréciation, ajoute la position plus ou moins centrale du trou occipital chez les différentes races qu'il regarde comme un point capital dans leur appréciation intellectuelle.

Le docteur Bourgery établit que dans l'homme l'étendue et la variété de l'intelligence sont généralement en proportion de la quantité de la substance cérébrale, sauf les conditions physiologiques de la texture.

Le professeur Dumoulin admet onze espèces pour le genre humain.

Quant à nous, nous n'attachons qu'une médiocre importance à la division en cinq races de Blumenbach, et nous n'accordons, avec Geoffroy Saint-Hilaire, qu'une valeur très-secondaire aux caractères tirés de la considération de l'angle facial.

La comparaison des différentes variétés de l'espèce humaine nous a prouvé qu'elle était *une* : car leur conformation physique ne diffère pas, quant à l'organisation radicale ; et c'est ce que l'anthropologie démontre clairement pour celui qui cherche la vérité de bonne foi.

---

(1) Si la race Blanche s'établit et s'acclimate partout, on peut en dire autant de la race Noire. Elle s'est acclimatée dans l'Asie, dans les Antilles, dans toute l'Amérique ; elle vit en Europe et dans les contrées les plus septentrionales. Par la force de sa constitution, elle supporte tous les climats, elle s'adapte à tous les genres de civilisation, etc.

(*Note de l'auteur.*)

BIBLIOGRAPHIE GÉOGRAPHIQUE,

CONTENANT DE COURTES NOTICES SUR LES ÉCRIVAINS ET LES GÉOGRAPHES QUE L'AUTEUR A CONSULTÉS, AINSI QUE SUR UN GRAND NOMBRE DE RELIGIEUX ET D'ECCLÉSIASTIQUES QUI ONT TRAITÉ DE LA GÉOGRAPHIE.

Nous ne donnons pas la Bibliographie géographique qui suit comme un ouvrage complet. Nous l'avons composée, parce que nous avons consulté presque tous les auteurs qui en font partie. Les Annales de la Propagation de la Foi *nous ont été aussi fort utiles, surtout pour les missions actuellement existantes.*

A

Acerbi (Joseph), né à Castel-Goffredo, en Lombardie, s'est fait connaître par un voyage au cap Nord, par la Suède, la Finlande et la Laponie, dans les années 1798 et 1799 ; 2 vol. in-4°, avec cartes et gravures. L'ouvrage a été traduit en français par Joseph Lavallée, 5 vol. in-8°, 1804.

Acosta (Joseph d'), jésuite, né à Medina del Campo (Espagne), en 1539 ; mort à Salamanque en 1600. — Nous avons de lui l'*Histoire naturelle des Indes* (Amérique), ouvrage estimé.

Acuhna (Christophe d'), né à Burgos en 1597, mourut à Lima à la fin du XVIIe siècle. Entré dans la compagnie de Jésus, il fut envoyé, en qualité de missionnaire, dans les contrées de l'Amérique méridionale que parcourt le fleuve des Amazones. Le P. d'Acuhna, naturellement observateur, et par goût pour la géographie, se mit à étudier le cours de l'Amazone, et rédigea ses explorations géographiques tant sur ce fleuve que sur la Guyane. Tous les écrits postérieurs n'ont encore pu faire oublier cet ouvrage, dont Leroi de Gomberville publia en 1682, à Paris, une traduction en 2 vol. in-12. Malheureusement le traducteur a gâté le livre du savant religieux par un style romantique et par des additions fort peu scientifiques.

Adam de Brême, né à Meissen (Allemagne), chanoine de Brême en 1067. — Auteur d'une *description géographique des Etats de l'Europe septentrionale*. Ce livre est précieux pour la géographie du moyen âge, et curieux comme le premier essai de géographie qui ait été écrit sur l'Europe septentrionale. Adam de Brême a aussi composé un autre ouvrage : *Historia ecclesiastica Ecclesiarum Hamburgensis et Bremensis vicinorumque locorum septentrionalium ab anno 788 ad an. 1072*; ouvrage important pour la géographie chrétienne du nord de l'Europe.

Adams (John Quincy), Américain, fils aîné du célèbre président John Adams, s'est fait connaître par une *Description géographique et topographique de la Silésie*, avec carte; 1 vol. in-8°, Londres, 1804.

Albery (l'abbé Jean-Frédéric-Hugues d'), chanoine de Worms, mort à Aschaffenbourg en 1812, auteur de documents exacts et instructifs sur la géographie de l'Orient.

Albi (Henri), né à Bolène, dans le comtat Venaissin (aujourd'hui dépt. de Vaucluse), en 1590, entra chez les Jésuites, fut successivement recteur des collèges d'Avignon, d'Arles, de Grenoble et de Lyon. Il mourut en 1659, laissant une traduction de l'*Histoire du royaume de Tunquin* (aujourd'hui empire d'Annam) et un ouvrage intitulé : *Grands progrès de l'Evangile depuis 1627 jusqu'en 1646*, in-4°, publié à Lyon. Ce livre contient des renseignements précieux.

Alexander (J.-E.), officier anglais dans un régiment de dragons. Lors de la guerre de l'Angleterre contre l'empire Birman, en 1825, cet officier, ayant eu occasion d'aborder à l'île Petit-Andaman, dans le golfe de Bengale, en profita pour rédiger une notice sur les îles qui portent ce nom, qui alors étaient et sont encore aujourd'hui même peu connues. La Notice du capitaine Alexander est ce qu'il y a de plus exact et de plus détaillé sur cet archipel, habité par des tribus de la race noire, féroces et même anthropophages, si l'on s'en rapporte à l'accusation formulée par les Chinois, qui descendent quelquefois dans ces îles pour prendre les nids de l'*Hirundo esculenta*. Les missionnaires qui y ont abordé n'ont pu jusqu'à présent y demeurer.

Alexander (sir), officier anglais mort en 1841, en laissant une *Relation d'un voyage à Boukhara*; excellent livre, qui fait connaître exactement cette partie de l'Asie centrale, si peu connue en Europe.

Almeida (le P. Théodore d'), de la congrégation de l'Oratoire, en Portugal, auteur d'une *Description d'un nouveau planétaire universel*.

Alvarez (dom Francisque), auteur d'une *Histoire de l'Ethiopie*, était attaché en qualité de chapelain, à l'ambassade de don Roderig de Lima, envoyée par le roi de Portugal en Abyssinie en 1522. Les documents qu'il recueillit pendant cette ambassade lui servirent ensuite à composer son *Histoire*, qui laisse à désirer même pour son temps, mais qu'il est utile cependant de comparer avec les relations modernes qui ne sont pas non plus toujours bien exactes et très-judicieuses.

Amman (Ignace-Ambroise), géographe allemand, né en 1755 à Mühlheim, sur le Danube, s'est fait connaître par la détermination géographique de la Souabe orientale et des pays voisins, Augsbourg, 1796, in-8°. C'est un travail important et digne de confiance.

Amyot, jésuite français, né à Toulon en 1718, est mort à Pékin en 1794. Il a composé un grand nombre de mémoires relatifs à la géographie et à l'histoire de la Chine, ainsi qu'un Dictionnaire tartare-mantchou-français, ouvrage précieux pour l'étude de la linguistique.

Anchieta (Joseph d'), missionnaire portugais, surnommé l'*Apôtre du nouveau monde*, naquit en 1533, dans l'île de Ténériffe, de parents riches et nobles. Il entra à 17 ans dans la compagnie de Jésus. En 1553, il partit pour le Brésil, dans l'intérêt de la propagation de la foi. — Il est auteur d'une grammaire et d'un vocabulaire dans la langue des Tamoyos, indigènes anthropophages de cette partie de l'Amérique méridionale. Il s'efforça de faire disparaître l'anthropophagie parmi les tribus sauvages. Il fonda, sous le titre de Saint-Paul, un collège qui donna lieu ensuite à la ville de ce nom. Avec les Indiens convertis, il commença la ville de Saint-Sébastien, aujourd'hui une des plus riches et les plus importantes de l'empire du Brésil.

Anderson (Georges), naquit à Tundern dans le duché de Schleswig, au commencement du XVIIe siècle. Quoique sans études, il voyagea en Orient depuis 1644 jusqu'en 1650. Ses voyages comprirent la Syrie, la Palestine, l'Arabie, la Perse, l'Hindoustan, la Chine, le Japon et la Tartarie. Oléarius les publia à Schleswig, en 1669, sous ce titre : *Relation des voyages en Orient, de George Anderson et de Volg Stersens*, in-fol., en allemand.

Anderson (Jacques), né à Hermiston près d'Edimbourg, en 1739, mort en 1808. — Agronome distingué, auteur d'une *Relation de l'état actuel des Hébrides et de la côte occidentale de l'Ecosse*, publiée à Edimbourg, in-8°.

Anderson (Jean), né à Hambourg, le 14 mars 1674. Il remplit les fonctions de bourgmestre de cette ville en 1725, et y mourut en 1743. — Il est auteur de *Renseignements géographiques sur l'Islande, le Groënland et le détroit de Davis*, imprimés en allemand après sa mort en 1746, et précédés d'une notice sur sa vie. Ces renseignements sont encore aujourd'hui très-bons à consulter.

Andrada (Antoine), jésuite portugais, né en 1580, fit des missions dans l'Hindoustan et en Tartarie. En 1624, il pénétra dans le Thibet, et mourut en 1634.

Son *Voyage* a été traduit en français en 1628, in-8°.

Andrada (Gomez Freire d'), Portugais, officier de cavalerie au XVII° siècle, est l'auteur d'une *Histoire du Maragnon* (fleuve des Amazones), fort exacte pour l'époque, et qui est restée en manuscrit : ce qui est fâcheux, car on aurait pu faire la comparaison avec celles du P. d'Acuhna, du comte de Payan, du P. Fritz, jésuite, et de La Condamine.

Andriveau-Goujon (M.), géographe et cartographe, auteur de plusieurs Atlas et d'ouvrages géographiques.

Anson (George), brille au premier rang dans les fastes de la marine britannique. Il naquit dans le Staffordshire, en 1697, troisième fils de William Anson. Il fit bâtir une ville dans la Caroline du Sud, qui porte son nom. Ses voyages sur mer sont nombreux. La relation du voyage d'Anson autour du monde a paru en anglais sous ce titre : *A Voyage round the World, in the years 1740 to 1745, by Georges lors Anson, compiled from his papers, by Richard Walter*. Il mourut subitement au retour d'une promenade qu'il venait de faire dans son jardin de Mosakpark le 6 juin 1762. — Cette relation des voyages d'Anson a été traduite en français et a eu plusieurs éditions. Les voyages autour du monde n'étaient pas communs alors. Il n'y avait encore que les navigateurs espagnols qui en avaient entrepris.

Antillon (Isidore), est né au village de Sainte-Eulalie dans l'Aragon. Il fit ses études à Saragosse, et devint professeur d'astronomie et de géographie. Il mourut en 1820, et fut enterré sans honneurs. Plus tard, il fut exhumé et déposé dans une tombe plus distinguée. — On a de ce savant un grand nombre de Cartes géographiques, des Leçons de géographie générale et des Éléments de géographie astronomique, naturelle et politique de l'Espagne et du Portugal. Ce dernier ouvrage est trop sec et trop succinct. Il en a paru une traduction en 1823 chez Charles Piquet.

Anquetil-Duperron (Abraham-Hyacinthe), né à Paris en 1731, mort en 1805. Célèbre orientaliste; auteur de *Recherches historiques et géographiques sur l'Inde*.

Arculphe, théologien français, fit un pèlerinage à Jérusalem sur la fin du VII° siècle. Il dicta la relation de son voyage à l'abbé Adaman, qui mit par écrit sa description des lieux saints. Séranius publia cet ouvrage en 3 vol., sous ce titre : *Libri de situ terræ sanctæ*. Bède en recueillit des extraits, que Mabillon a publiés, ainsi que Labbe, etc.

Arrowsmith, cartographe anglais et hydrographe du roi, mourut à Londres le 16 avril 1824, à l'âge de 73 ans. Le nombre de cartes qu'il a publiées, dont quelques-unes en plusieurs feuilles, se monte à plus de 130. On remarque l'*Angleterre*, en 18 feuilles; l'*Ecosse*, en 4; l'*Irlande*, en 4; la *Mappemonde*, en 6; le *Grand-Océan*, en 9; la *Manche*, en 7. On a aussi de lui un *Atlas universel* en 45 cartes, et des atlas partiels. Un ouvrage provenant de lui a été publié sous ce titre : *Construction géométrique des cartes et des globes*.

Ascelin (Nicolas), religieux missionnaire, envoyé par Innocent IV dans la Mongolie en 1247, suivit le sud de la mer Caspienne, traversa la Syrie et la Perse. Son *Journal* a été conservé par Vincent de Beauvais, qui l'inséra dans son *Miroir historique*.

Asuny (Dominique-Albert), né à Sassari en Sardaigne, vers 1760, se fit remarquer par un *Essai sur l'histoire géographique de la Sardaigne*, 1 vol. in-8°, 1798; ou Paris, 1801, 2 vol. in-8°, avec une carte détaillée et fort exacte. — Cet ouvrage fait bien connaître la Sardaigne, qui était peu connue, et qui ne l'est pas encore beaucoup aujourd'hui.

Aubry de la Mottraye, né en 1674, mort à Paris en 1743, auteur de *Recherches géographiques sur l'Europe, l'Asie et l'Afrique*.

Auzoles de Lapeyre (Jac. d'), théologien, chronologiste, hébraïsant et géographe, né en Auvergne en 1610, mort en 1642; auteur de la *Sainte Géographie*, in-fol.

Aynez (François-David), homme de lettres et libraire à Lyon, a composé un *Dictionnaire de géographie ancienne et moderne*, 1804, 3 vol. in-8° avec cartes et tableaux chronologiques. Il est aussi l'auteur d'un *Aperçu géographique*, 1 vol. in-12, 1813, et d'une *Méthode de géographie*, 1813, in-12.

Le Dictionnaire était certainement fait avec plus de soin que bien des dictionnaires qui sont venus depuis.

B

Bachiene (Guillaume-Albert), publia, en 1756, à Leipsick, un ouvrage en 7 vol. in-8°, sous ce titre : *Histor. und geogr. Beschreibung von Palæstina*.

Backhouse (J.), auteur d'un *Voyage en Australie* (Nouvelle-Hollande).

Badia y Leblich, dit Domingo, dit Ali-Bey, voyageur espagnol, né en 1766; auteur de *Voyages en Afrique, en Egypte, en Arabie*, etc.

Balbi (Adrien), né à Venise et mort en 1843. Balbi manifesta de très-bonne heure un goût prononcé pour la science géographique. En recueillant des notes sur les diverses langues parlées dans les cinq parties du monde, il eut l'idée de son *Atlas ethnographique du globe*, ouvrage considérable, par la variété des recherches, la multiplicité des détails et l'importance des aperçus. Nous en avons rendu compte en 1828 dans le *Conservateur de la Restauration*, et nous avons regardé sa publication comme un service signalé rendu à la linguistique. Plusieurs critiques relevèrent amèrement quelques erreurs, inévitables dans un travail si compliqué, et blâmèrent l'ordonnance du plan. Balbi était très-sensible à la critique; il s'en plaignait avec vivacité, et criait à l'ingratitude. Il habitait alors avec son fils, âgé de 17 ans, deux petites chambres au cinquième étage d'un hôtel garni de la rue du Colombier (aujourd'hui rue Jacob). Il faisait lui-même sa cuisine. Afin de vivre, il travaillait pour des libraires; car il ne lui restait plus rien de sa fortune, et il était mal avec le gouvernement autrichien. La publication de sa *Géo-*

graphie, qui suivit celle de l'*Atlas ethnographique*, améliora sa situation. Par l'intermédiaire de quelques amis, il fut appelé à Vienne et reçut une pension de l'empereur. Son Traité de géographie, devenu usuel en quelque sorte, eut plusieurs éditions. L'auteur en a fait un abrégé à l'usage des maisons d'éducation. La critique l'attaqua encore plus vivement que l'Atlas. Il est certain qu'il n'est pas sans défauts. Pour avoir voulu grouper, procéder par grandes masses géographiques, Balbi a mis de la confusion dans son livre. Il a, d'un autre côté, attaché trop de valeur aux dénominations et circonscriptions politiques, qui ne sont que de convention et très-variables de leur nature. Mais on a été à son égard, il faut le dire, d'une partialité exagérée. Quelques écrivains ont osé l'appeler un charlatan de géographie. Ceci n'était qu'une injure et ne pouvait atteindre Balbi. Il en conçut néanmoins un profond ressentiment, et il s'abandonna à de vives récriminations. Indépendamment de mémoires et d'articles dispersés dans des recueils, ce géographe a composé encore un *Essai sur le Portugal* et une *Balance politique du globe*. Tous ses ouvrages sont écrits en français. A une conversation animée, pittoresque, il joignait beaucoup de pénétration dans l'esprit. Il se croyait naïvement le premier géographe de notre époque. Il avait d'ailleurs toute la fougue, toute l'exaltation des têtes méridionales.

Barcelo (Narcisso y), moine espagnol, auteur de *Voyages au Pérou* dans les années 1791 à 1794, et d'une *Description géographique et topographique* de cette vaste contrée, avec cartes; 2 vol. in-8°.

Barros-Carvahosa (Manuel-Francisco de), vicomte de Santarem, né à Lisbonne en 1787; auteur d'un *Atlas de monuments cartographiques du moyen âge*; Paris, grand in-folio. — Cet ouvrage est destiné à servir de preuves aux recherches de M. de Santarem sur les découvertes des Portugais en Afrique. Il forme un monument géographique très-remarquable, et qui intéresse particulièrement l'histoire de la géographie du moyen âge et des temps modernes.

Barthélemy (le P. Paulin de Saint-), naquit à Hof sur la Leitha, dans la basse Autriche, le 25 avril 1748. — Nous avons de lui plusieurs ouvrages, entre autres les suivants : 1° *Musei Borgiani Velitris codices manuscripti Avenses, Peguanii, Siamici, Malabarici, Indostani; animadversionibus castigati et illustrati; accedunt monumenta inedita et Cosmogonia Indico-Thibetana*; 2° *India orientalis Christiana, continens fundationes Ecclesiarum, episcoporum missiones, schismata, persecutiones, viros illustres*; 3° *Viaggio alle Indie Orientali*. Il mourut à Rome, le 7 janvier 1806. C'était un savant d'une érudition immense et infatigable, mais un peu diffuse. Ses ouvrages sont du reste fort utiles à la géographie religieuse des peuples, et il est bon de les consulter quand on veut connaître cette partie de la science géographique.

Bartram (Guillaume), a fait en 1773 des voyages dans la Caroline septentrionale et méridionale, la Géorgie, la Floride orientale et occidentale, le pays des Iroquois, etc. Cette relation contient un exposé du sol et des productions de ces régions, avec des observations sur les mœurs des Indiens. Elle parut à Philadelphie, in-8°. C'est un livre qu'il faut consulter pour connaître la situation de ces contrées, antérieure au développement de l'Union-Américaine.

Baruffi de Mondovi (G.-F.), professeur de philosophie positive en l'université de Turin, est l'auteur d'un *Voyage dans l'Italie septentrionale, dans l'Allemagne méridionale et en Hongrie*, in-8°; Turin, 1841. — Il a publié en 1843 un *Voyage à Constantinople et en Grèce*. M. Baruffi se montre observateur de temps en temps, quelquefois original; cependant il ne faut pas toujours accepter toutes ses idées.

Bauza (D.-P.), directeur du dépôt hydrographique de Madrid, a exécuté, en 1820, la carte d'une partie du territoire de la Colombie dans l'Amérique méridionale, comprenant les nouvelles provinces de Coro, Carabobo, Trujello, Barinas, Achaguas, Caracas, Barcelone et Cumana, avec une partie de celle de Maracaybo, Mérida, Casanare et Guayana. M. Bauza, pour son travail, s'est fondé sur les observations astronomiques du baron de Humboldt, et sur celles faites depuis par MM. Boussingault et Rivero. Il a consulté en outre les plans particuliers du général D. J. Solano Bote, ainsi que les documents originaux des officiers de la flotte royale de Vincente Doz et R. Guerrero.

Beattie (le docteur W.), Anglais, a écrit des souvenirs sur les monastères anglais; 1 vol. illustré, in-8°; Londres, 1842.

Beaujour (le baron Félix de), qui a rempli d'importantes missions diplomatiques, a visité en observateur les diverses provinces de l'empire ottoman. En 1829, il publia la relation de son voyage, sous le titre de *Voyage militaire dans l'empire ottoman*; Paris, 2 vol. in-8°, avec cinq cartes géographiques. L'atlas qui accompagne l'ouvrage n'est point en harmonie avec le texte.

Beaunier (Dom), religieux bénédictin de l'abbaye de Saint-Gombault en Berry, est l'auteur d'une *Géographie des archevêchés, des évêchés et abbayes de France avant la révolution de 1789*, avec dix-huit cartes. L'ouvrage, publié à Paris en 1722, forme deux vol. in-4°; il est devenu assez rare.

Behaim (Martin), de Nuremberg, eut la première idée de la découverte de l'Amérique. Il aborda en 1460, à l'île de Fayal, au Brésil; mais ces découvertes furent négligées. Il mourut à Lisbonne en 1505. — Riccioli, dans sa *Geographia reformata*, liv. III, et Cellarius, dans sa *Notitia orbis*, p. 243, disent que Colomb fit usage des cartes marines de Martin Behaim pour son voyage d'exploration. Nous devons cependant ajouter que ces découvertes de Martin Behaim ont été fortement attaquées par les partisans de Colomb.

Behring, ou *Beehring* (Vitus), né à Horsens dans

le Jutland (Danemark), avait la réputation d'un excellent marin : ce qui engagea Pierre le Grand à le demander pour la Russie. Behring commanda l'expédition de découvertes que le gouvernement russe envoya dans l'Océan glacial; il confirma la séparation de l'Asie et de l'Amérique, et le détroit qui les sépare porte aujourd'hui son nom. L'île qu'il découvrit, et qui porte également son nom, était alors et est restée stérile et inhabitée. Il y mourut de maladie et de misère en 1741. — Le tome III de la collection géographique de Muller contient des extraits de ses voyages.

Bélanger (M. Charles), naturaliste, directeur du jardin des plantes de Pondichéry, se rendit en cette ville par l'Allemagne, la Pologne, la Russie méridionale, le Caucase, la Perse et le Bengale. Non content de ce long voyage, M. Bélanger fit diverses excursions dans le Carnate, sur la côte de Coromandel, puis il passa dans l'empire Birman et de là dans les îles de la Sonde. En revenant en France, il s'arrêta aux îles Maurice et de Bourbon, et au cap de Bonne-Espérance. — L'histoire naturelle de ces diverses contrées lui doit beaucoup. Sous le titre modeste de : *Observations sur la géographie des plantes*, il a publié un ouvrage tout à fait neuf. Les sciences géographiques ont retiré de grands avantages des travaux de ce voyageur.

Belley (l'abbé Augustin), membre de l'académie des inscriptions, né dans le diocèse de Lisieux, mort en 1771. — Il a laissé divers mémoires relatifs à la géographie ancienne.

Bergeron (Pierre), né à Paris et mort en 1637. — Parmi ses ouvrages, nous citerons un *Traité de la navigation et des voyages de découvertes et conquêtes modernes*, in-8°, Paris, 1629, ainsi qu'une *Relation des voyages en Tartarie* avec un *Traité sur les tartares*, etc.

Berghaus (M.), a composé un grand atlas qui suppose une masse incroyable de recherches : sa carte de la Syrie est le travail le plus complet que nous ayons sur cette contrée. Le mémoire qui y est joint analyse avec autant d'impartialité que de sagacité tous les documents dont s'est servi M. Berghaus.

Bergman (Torbern), né à Catharineberg en Suède, mort en 1784, savant chimiste et naturaliste; auteur d'une *Géographie physique*, 2 vol. in-8°. — Cet ouvrage a été traduit en danois, en allemand et en italien.

Berkeley (Guillaume), mort en Angleterre en 1667, visita la Virginie, aujourd'hui l'un des principaux États de l'Union-Américaine. Il en a laissé une description géographique.

Berlinghieri (François), Noble Florentin et poëte, vivait au XVe siècle. Il est l'auteur d'une *Géographie en vers*, grand in-fol. sans date, à Florence. Ce livre est rare : il contient à la fin des cartes géographiques bien gravées pour le temps.

Bernard (Jean-Frédéric), libraire d'Amsterdam, au XVIIIe siècle, a publié un *Recueil de voyages au Nord*, contenant divers mémoires utiles au commerce et à la navigation, 10 vol. in-12, publiés de 1715 à 1738.

Bernini (Joseph-Marie), capucin missionnaire, né à Carignan, (États-Sardes), voyagea dans l'Hindoustan et dans le Népaul, où il mourut en 1755, sur la route de Patna. — Ce religieux a composé une *Description de la province de Népaul*, qui a été traduite en Anglais et insérée dans le t. II de la collection des *Recherches asiatiques*, comme ouvrage utile à consulter.

Bertholet (Jean), jésuite, né à Salm dans le duché de Luxembourg, mort à Liége en 1755 ; auteur d'une *Histoire ecclésiastique et civile du duché de Luxembourg et comté de Chiny*, en 8 vol. in-4° : ouvrage écrit sans méthode, mais qui renferme des faits peu connus et intéressants.

Bertius (Pierre), né à Béveren, village de la Flandre, en 1565, professa la philosophie à Leyde. En 1620, il vint à Paris, embrassa la religion catholique et fut nommé historiographe de France. Ses ouvrages de géographie sont fort estimés. Son *Theatrum geographiæ veteris* en 2 vol. in-fol., avec de savantes notes, est rare et recherché.

Bertuch (Frédéric-Justin), géographe et cartographe, né à Weimar en 1747, mort en 1822, a laissé un *Recueil de toutes les positions géographiques connues*, Weimar, 1800 ; des *Éphémérides géographiques*. — Il a exécuté plusieurs grandes cartes, comme celle d'Allemagne, de Prusse, de Pologne.

Beugnot (M. Arthur), a publié un ouvrage intéressant sur les juifs d'Occident, en France, en Espagne et en Italie, pendant le moyen âge; Paris, in-8°, 1824.

Bianco (Andreas), cartographe, dessina sa carte vers 1556. La ligne des côtes et le cours des fleuves sont indiqués comme sur les autres cartes; le reste est rendu en figures.

Biard (le P.), missionnaire à la Nouvelle-France, ou Canada, pendant les premières années du XVIIe siècle, en écrivit la *Description géographique* en 1616. Les notions qu'il donne sur les tribus sauvages sont d'autant plus exactes qu'il avait été à même par ses fonctions de les fréquenter et de les étudier.

Bienemann (Philippe), dit *Apien*, exécuta, en 1576, une *Sphère*, travail remarquable pour le temps, qu'il présenta au comte Palatin.

Bizzozero (le P. Vincenzo), originaire du grand-duché de Toscane, fut envoyé, en qualité de missionnaire, dans l'Amérique septentrionale. Il évangélisa surtout la province des Attacapas, aux États-Unis ; mais en même temps il profita de sa mission pour se livrer à des études géographiques sur les contrées qu'il visitait.

Blagden (François-Guillaume), anglais, auteur du *Géographe moderne*, publié à Londres en 1807, 5 vol. in-8°.

Blancard (Pierre), voyageur au XIXe siècle, auteur d'un *Manuel du commerce des Indes-Orientales et de la Chine*, etc., dédié à l'empereur et roi (Napoléon), avec une grande carte dressée par Lapié; Paris,

1805 : ouvrage excellent pour son époque, et encore bon à consulter.

Blanquet de Lahaie (Jacob), officier français, gouverneur en 1670 des îles de Madagascar et de Bourbon, auteur d'un *Journal du voyage des Grandes-Indes*, in-12 ; Paris , 1698.

Bligh (Guillaume), contre-amiral anglais, auteur d'un *Voyage dans la mer du Sud en 1792*, in-4°. Cet ouvrage a été traduit en français par Soulès en 1792, in-8°. Ce navigateur a découvert dans ce voyage un groupe d'îles inconnues, situées au nord de la terre du Saint-Esprit de Quiras, et auxquelles il donna le nom de sir Joseph Banks.

Blom (G.-P.), auteur d'un ouvrage intitulé : *Le royaume de Norwége*, 2 vol. in-8°, avec deux cartes ; Leipsick, 1843.

Blücher (le docteur H. de), s'est occupé de la géographie physique du Mecklembourg et de la Nouvelle-Poméranie antérieure. Ces deux provinces font partie de la grande plaine qui s'étend depuis le pied des montagnes du Rhin, du Weser, du Harz, de la Saxe et de la Silésie jusqu'à la Baltique et à la mer du Nord, et se prolonge sans interruption dans les Pays-Bas d'un côté, dans la Prusse et une grande partie de la Pologne et de la Russie.—L'ouvrage qui est accompagné d'une carte géographique, a paru à Berlin en 1829.

Bochart (Samuel), né à Rouen en 1599, mort à Caen le 16 mai 1667. Il publia une Géographie sacrée (*Geographia sacra*), in-fol., 1681.—Bochart s'est fait un nom par cette géographie, par ses investigations laborieuses et ses travaux sérieux sur l'histoire naturelle et les mœurs de la Palestine. En faisant l'histoire naturelle de l'Ecriture sainte, il a fourni une véritable encyclopédie, qui reste encore aujourd'hui même un ouvrage utile, indispensable. Ce travail a pour titre : *Opera omnia, hoc est Phaleg, Canaan et Hierozoicon*, in-fol., 1692 ; Ludg. Bat., in-fol., 1712 ; édition de Rosenmüller avec ses notes, Lipsiæ, in-4°, 1793-96.

Bode (Jean-Elert), astronome - géographe, né à Hambourg en 1747 ; auteur de plusieurs ouvrages de géographie mathématique, de mémoires géographiques et d'un *Atlas cœlestis* en 20 cartes, grand in-fol., Berlin, 1801.

Boiste (P.-Cl.-Vict.), mort à Paris en 1824 ; auteur d'un *Dictionnaire de géographie universelle*.

Boltin (Ivan), officier russe, né à Saint-Pétersbourg en 1735 ; auteur d'un *Dictionnaire géographique, politique et civil de la Russie*, 3 vol. in-4°, 1793.—L'auteur, manquant d'érudition et de connaissances scientifiques, admet beaucoup de choses ridicules ; mais il a une excellente méthode et qui prouve un esprit droit et judicieux.

Bonaventure de Sisteron (le P.), prédicateur capucin, auteur d'une *Histoire de la ville et principauté d'Orange*; Avignon, 1741, in-8°.

Bonfrère (Jacques), né en 1573 à Dinant-sur-Meuse, se fit jésuite en 1592. Il mourut à Tournay le 9 mars 1643.—On estime son ouvrage intitulé : *Description des lieux et des villes de l'Ecriture sainte*. Ce livre est utile pour la géographie sacrée.

Boniface (Alex.), né à Paris en 178. ; auteur d'une *Introduction à l'étude de la géographie*.

Bonnaud (Jean-Baptiste), né à Marseille en 1684 dans la congrégation de l'Oratoire. Il mourut à Saint-Germain-des-Prés, le 13 mai 1758. —Il fit un ouvrage sous le titre de *Description géographique et historique de la haute Normandie*.

Bonne (Rigobert), est né en 1727 près de Sedan, et mourut à Paris le 2 décembre 1794.—Il a publié grand nombre d'Atlas et de Cartes géographiques qui sont : 1° Atlas moderne pour la Géographie de Nicole de Lacroix ; 2° Petit Atlas maritime pour les côtes de la France ; 3° Tableau de la France ; 4° Atlas pour la Géographie de l'abbé Grenet ; 5° Carte du golfe de Mexique, etc.

Boscovich (le P.), jésuite allemand, auteur d'un *Voyage astronomique et géographique dans les États-Romains*, in-4°, en 1770 : ouvrage savant et estimé.

Bossu (Nic.), voyageur du XVIII° siècle. Né à Baigneux-les-Juifs (diocèse de Dijon, Côte-d'Or), est un de ceux qui ont le mieux fait connaître la Louisiane et les peuples sauvages qui l'habitaient.—Il est l'auteur de plusieurs lettres publiées sous le titre de 1° *Nouveaux voyages aux Indes occidentales*, etc.; 2° *Nouveaux voyages dans l'Amérique septentrionale*.

Bothaïs, l'un des plus anciens géographes connus. Marcien d'Héracée nous apprend qu'il avait composé en grec une description des côtes du monde, et que les distances s'y trouvaient indiquées par le nombre de jours et par celui des nuits, et non en stades.

Bottani (Trino), a publié à Venise en 1811, *Saggio di storia civile, naturale, politica*, etc. Essai d'histoire civile, naturelle et politique de la ville de Caosle, tant ancienne que moderne,—avec deux cartes bien exécutées.

Boucher de la Richarderie (Gilles), né à Saint-Germain-en-Laye en 1735 ; auteur d'une *Bibliothèque universelle des voyages*.

Boucheseiche (J.-B.), chef de division à la préfecture de police sous l'empire ; auteur de la *Géographie nationale, ou La France divisée en départements et districts*, in-8°, 1790 ; de *Notions élémentaires de géographie*, etc.

Bougainville (J.-P.), né à Paris en 1722 ; géographe antiquaire, auteur de plusieurs dissertations sur des points de géographie ancienne et moderne.

Bougainville (le comte Louis-Antoine de), célèbre navigateur du XVIII° siècle, mourut à Paris en 1811. —Il a composé un Essai historique sur les navigations anciennes et modernes dans les hautes latitudes septentrionales, ainsi qu'une Notice sur les sauvages du nord de l'Amérique. Il y a dans cette Notice quelques idées et quelques assertions qui paraissent un peu hasardées, ou qui ne concordent pas toujours avec des faits précis.

Boulet (l'abbé), auteur de l'*Histoire de l'empire des*

chérifs en Afrique, et d'une *Description géographique de ce continent*.

Bouroite (D in Fr.-Nic.), bénédictin de Saint-Maur, mort à Paris en 1784 ; auteur d'une *Description géographique du Languedoc*.

Boutillier (l'abbé), auteur d'une *Géographie méthodique élémentaire, ancienne et moderne*.

Bowdich (T.-E.), voyageur et géographe anglais. — On a de lui une *Description géographique du royaume d'Ashantie* (Afrique occidentale), des *Notices géographiques sur des régions de l'Afrique centrale*, etc.

Boyer-Peyreleau (le colonel Eug.-Ed.), a décrit la géographie des Antilles françaises.

Boyer de Sainte-Marthe (L.-Ans.), dominicain ; auteur d'une *Histoire de l'église et du diocèse de Saint-Paul-Trois-Châteaux*, et d'une *Histoire également de l'église et du diocèse de Vaison*.

Braconnier (le P.), jésuite, visita, en 1706, les monastères grecs du mont Athos. Il en publia, à son retour en France, une description géographique pour servir à l'histoire de l'Eglise orientale. Cette notice, très-exacte et fort curieuse, est restée inédite. Elle était déposée à la bibliothèque nationale de la rue Richelieu ; nous ne savons si elle y est restée. On l'y voyait encore en 1844.

Brandano, ou *Brandam* (Antoine), moine portugais de l'ordre de Cîteaux, né en 1584, mort en 1637 ; continuateur de la *Monarquia Lusitana*, ouvrage important pour la géographie ecclésiastique du Portugal. Pendant dix ans, l'auteur recueillit des documents dans les archives des monastères et des églises ; 2 vol. in-fol., formant la 3e et la 4e partie de cette grande histoire ; Lisbonne, 1632. — Bernarde de Britto, moine portugais, de l'ordre de Cîteaux, mort en 1617, avait fait les deux premiers vol.

Brandano (François), neveu d'Antoine, et religieux dans le monastère cistercien d'Alcobaça, dont son oncle était abbé, continua l'ouvrage des deux auteurs précédents, et publia la 5e et 6e partie, 2 vol. in-fol., à Lisbonne en 1650 et 1672. Ce religieux mourut en 1683. Ces 6 vol. vont jusqu'à l'année 1325.

Braun (J.), a publié à Cologne, en 1824 et 1827, un *Cours de géographie pour l'enseignement dans les universités*. L'ouvrage commence par une introduction à la géographie générale, puis vient la description de l'Europe et celle des autres parties du monde. Nous ne connaissons pas de traduction française de cet ouvrage, qui, malgré plusieurs erreurs et inexactitudes, a été rédigé avec assez de soin.

Breydenbach, pèlerin, fit un voyage en terre sainte, en 1483, avec un peintre d'Utrecht, Erhard Rewich, dont les dessins eurent un grand succès. Sa carte générale de la terre sainte respire un air de vérité et de naïveté qui n'exclut pas l'effet piquant du crayon. L'ouvrage eut un grand nombre d'éditions en différentes langues et un immense débit dans toute l'Europe. Il fut traduit en français par un religieux,

Jehan de Hesdin, docteur en théologie, en 1489.

Briand de Verzé a composé un *Dictionnaire complet géographique de la France et des colonies*, revu et augmenté par Warin-Thierry, imprimeur à Epernay. — L'ouvrage forme deux vol. in-8°. Il est assez exact en ce qui concerne l'ancienne France : seulement il n'annonce pas toujours que les monuments religieux, par exemple, qu'il rappelle, n'existent plus ; et c'est là, suivant nous, un grave défaut dans un ouvrage de ce genre.

Brice (Dom Germain), bénédictin, né à Paris et mort en 1727 ; auteur d'une description de la ville de Paris, et l'un des collaborateurs de la *Gallia Christiana*, etc.

Brion de la Tour (Louis), ingénieur géographe et cartographe, mort au commencement de ce siècle ; auteur de plusieurs Atlas et de plusieurs ouvrages de géographie.

Brocard, en 1280, fit un voyage en terre sainte, qui a été publié sous ce titre : *Liber descriptionis terræ sanctæ* ; Venetiis, in-8°, 1519.

Bruée (Adrien-Hubert), ingénieur géographe, né en 1786, est mort à Sceaux en 1832. — Il a composé plusieurs atlas de géographie, et en 1816 il présenta au roi Louis XVIII son *Atlas universel*. Quoique habile cartographe, il a cependant laissé subsister sur toutes ses cartes les erreurs qu'on reproche généralement à nos atlas : ce qui les rend toujours vieux d'un demi-siècle au moins.

Brunn (Frédéric Léopold), philologue distingué, né à Zerbst en 1758, professeur au gymnase royal de Joachimsthal, à Berlin, est l'auteur d'un *Manuel de géographie*, Berlin, 1786 ; de *Notices géographiques et statistiques sur la Savoie, le Piémont*, etc., in-8°, 1795, avec une carte de Sotzmann ; d'un *Précis de la connaissance des Etats de l'empire germanique*, 2 vol. in-8°, 1795-1804 ; carte de Sotzmann. — La première partie des *Notices géographiques*, etc., etc., seule a paru. C'est fâcheux ; car l'ouvrage n'est pas dépourvu d'intérêt.

Brunn-Neergaard, Danois, auteur d'un *Voyage pittoresque au nord de l'Italie*, 1813, in-fol.

Bruns (Paul Jacob), savant orientaliste et géographe allemand, naquit à Preetz dans le Holstein, le 18 juillet 1743, voyagea en Europe, et fut professeur à l'université d'Helmstadt. — Il est l'auteur d'un *Manuel géographique pour l'industrie et le commerce*, Leipzig, 1788 ; d'une nouvelle *Description de l'Afrique, de l'Asie et de l'Amérique*, Leipzig, 1791, 1799, 6 vol. in-8°. Cet ouvrage est utile à consulter, surtout pour l'Afrique. Il a laissé une *Géographie extra-européenne*, Berlin, 1805.

Brusch, ou *Bruschius* (Gaspard), né en 1518 à Schlackenwald en Bohême, mort en 1559 ; auteur, 1° d'un ouvrage intitulé : *De Germaniæ episcopatibus epitome*, Nuremberg, in-8°, 1549 (ce vol. ne contient que l'archevêché de Mayence et l'évêché de Bemberg) ; 2° d'un ouvrage intitulé : *Monasteriorum Germaniæ præcipuorum chronologia*, Ingolstadt, 1551, in-fol.

Brydone (Patrick), voyageur anglais ; auteur d'un *Voyage en Sicile et à Malte*, 2 vol. in-8°, 1773 ; traduit en français par Demeunier, Paris, 1775.

Buache (Jean-Nicolas), conservateur hydrographe en chef du dépôt de la marine, naquit à la Neuville-au-Pont près Sainte-Ménéhould vers 1740. — Il publia en 1769 une *Géographie élémentaire ancienne et moderne*, 2 vol. in-12 ; des *Eclaircissements géographiques sur la Nouvelle-Bretagne et sur les côtes septentrionales de la Nouvelle-Guinée*, 1787, et plusieurs autres mémoires sur diverses questions géographiques. En 1794, il fut nommé professeur de géographie à l'école Normale.

Bucelin (Gabriel), bénédictin, né en 1599 à Diessenhoffen en Turgovie ; écrivain laborieux et savant, mais pas toujours exact et judicieux. — Il a laissé les ouvrages suivants : *Aquila imperii Benedictina ; de ordinis S. Benedicti per universum imperium Romanum immortalibus meritis* ; Venise, 1651, in-4°. *Annales Benedictini*, 1655, Vienne. *Germania sacra et profana*, 4 vol. in-fol., Ulm, 1678, et Francfort, 1671. *Rhætia, Etrusca, Romana, Gallica, Germanica, Europæ provinciarum situ altissima*, Augsbourg, 1666, in-4°. C'est une description géographique assez exacte du pays des Grisons.

Bucelin (Jean), jésuite de Cambrai, né en 1571, mort en 1629 ; auteur de *Gallo-Flandria sacra et profana*, Douai, 1625, 2 vol. in-folio. C'est la description historique et géographique de l'Artois et de la Flandre wallonne.

Buch (Léopold de), savant voyageur prussien ; auteur d'un *Voyage en Norwége et en Laponie*, 2 vol. in-8°, avec cartes. — Ce voyage, fait en 1806, 1809 et 1810, a été traduit en français par M. Eyriès en 1816. M. de Humboldt y à joint une introduction. Cet ouvrage est remarquable et intéressant.

Buchanan (Claude), ministre anglican, né à Cambuslung près de Glascow en 1766, mort en 1815 ; auteur d'un *Tableau abrégé de l'état des colonies de la Grande-Bretagne et de son empire en Asie*, relativement à l'instruction religieuse ; de *Recherches chrétiennes en Asie*, ouvrage fort important.

Buchanan (François), médecin anglais, s'est fait une réputation par un *Voyage de Madras dans le Mysore, le Canara et le Malabar*, 3 vol. in-4°, 1807. — Ce livre est un des meilleurs ouvrages publiés sur l'Hindoustan.

Buchanan (Jean-Lanne), né à Menteith au comté de Perth en Ecosse, a laissé des *Voyages dans les îles Hébrides occidentales*, de 1782 à 1790, in-8°.

Bucher (Urbain-Godefroi), auteur d'une *Description de la source du Danube et du pays de Furstemberg*, in-8°, 1720, Nuremberg ; d'une *Histoire naturelle de la Saxe*, ouvrage incomplet.

Buckingham (J.-S.), voyageur anglais. Marin dès l'âge de 9 ans, à 21 ans il commandait un vaisseau. Il visita par mer les deux Amériques, la Méditerranée, la Turquie, la mer Rouge, le golfe Persique, les Indes orientales, y compris Bombay, Ceylan, Madras et le Bengale. Par terre, il voyagea dans l'Egypte, la Nubie, l'Arabie, la Palestine, la Syrie, la Mésopotamie et la Perse. Ses divers ouvrages ont contribué aux progrès des sciences géographiques.

Bulteau (Louis), né à Rouen en 1625, mort en 1693 ; auteur d'un *Essai de l'histoire monastique de l'Orient* ; d'un *Abrégé de l'histoire de l'ordre de Saint-Benoît*, 2 vol. in-4°, 1684. — Ces ouvrages sont bons à consulter pour la géographie des ordres religieux.

Burchell (M.), se fit connaître d'abord par son voyage en Afrique. Il consacra ensuite six ans de 1824 à 1830, à l'exploration des vastes provinces intérieures du Brésil, dans lesquelles, à l'exception des religieux missionnaires, aucun voyageur européen ne s'était hasardé à pénétrer, du moins dans les temps modernes. M. Burchell a particulièrement visité la province de Matto-Grosso, ou le Grand-Bois, plus considérable à elle seule que l'Angleterre et l'Irlande ensemble.

Burck (A.), a composé une *Histoire générale des voyages par terre et par mer*, Magdebourg, 1844.

Burck (Auguste), Allemand, auteur d'une édition allemande du *Voyage de Magellan autour du monde*, Leipsick, 1844, in-8°.

Burckhardt (Jean-Louis), célèbre voyageur, naquit à Lausanne en 1784, et mourut le 4 octobre 1817. — On a de lui, en anglais : 1° *Voyages en Nubie* (*Travels in Nubia and in the interior of North eastern Africa performed in 1813*), Londres, 1819, in-4°, avec cartes ; 2° *Voyages en Syrie et dans la terre sainte*, Londres, 1822, in-4°, avec cartes et plans. — La géographie a reçu de grands et importants services de ce livre, bien qu'on ait quelques exagérations à y reprendre. — En 1814, Burckhardt fit son voyage à Assuan, Daran et Suakin, mais il n'eut pas occasion de recueillir des observations astronomiques pour la rédaction de ses cartes.

Bure ou *Buræus* (André), le père de la géographie en Suède, naquit en 1571. Le roi le mit à la tête du bureau du cadastre. Il fut chargé de mesurer toutes les provinces et de dresser une carte générale du royaume. — Son *Orbis Arctoi, imprimisque regni Sueciæ tabula*, gravée en 6 feuilles, gr. in-folio, qui parut à Stockholm, en 1626 ; et son *Orbis Arctoi, præsertim Sueciæ descriptio*, publiée la même année à Stockholm, in-8°, furent le résultat de ses travaux. Il mourut en 1646. — Buræus créa une géographie nouvelle des provinces du Nord très-exacte.

Burnes (Alexandre), officier anglais, a publié des notes et des remarques géographiques sur l'Hindoustan, 1823.

Bussières (M. Léon Renouard de), a parcouru une partie de la Russie. Il a publié son voyage, qui contient sur cet empire des notes géographiques d'autant plus intéressantes qu'elles sont exactes : ce qui est assez rare de la part des voyageurs modernes, qui n'écrivent pas pour la science, mais qui louent outre mesure la Russie, ou qui l'attaquent avec amertume; de sorte qu'au milieu de ces exagérations de l'esprit de parti, la science géographique n'a rien ou peu de chose à recueillir.

C

Cadamosto (Alvise de), Vénitien, fit un voyage en Afrique en 1445, et un second en 1446. — Son *Journal* est une peinture fidèle et naïve du pays, des mœurs et usages des populations de la côte occidentale de l'Afrique. La première édition parut à Vicence en 1507; elle fut traduite ensuite en allemand, en latin et dans plusieurs autres langues.

Cæsar (Philippe), auteur de l'ouvrage: *Triapostolatus Septentrionis. Vita et gesta S. Wilchadi, S. Ansgarii, S. Rimberti*, Cologne, 1542. Ce livre renferme des pièces d'un grand intérêt, et il est fort rare.

Calmet (Dom Augustin), bénédictin, naquit le 26 février 1672 à Mesnil-la-Horgne, près Commercy en Lorraine. Il mourut à Sénones le 25 octobre 1757. — Il a fait plusieurs ouvrages, entre autres les suivants: 1° *Dictionnaire historique, critique et géographique de la Bible*, Paris, 1730, 4 vol. in-fol. On trouve dans cet ouvrage une biographie ecclésiastique très-étendue. 2° *Histoire universelle sacrée et profane depuis le commencement du monde jusqu'à nos jours*, 1720, Strasbourg — Nancy — 17 vol. in-4°. M. l'abbé Migne a publié une nouvelle édition du *Dictionnaire historique et géographique*, qui a été revue et adaptée aux progrès des découvertes modernes par M. l'abbé James.

Caplan (M.) a composé, sous le titre de *Erez Kedumin*, une géographie de la Bible; Wilna, in-8°, 1839. M. Freystadt, de Kœnigsberg, a traduit cet ouvrage en allemand.

Carabantes (Joseph de), capucin espagnol, né en 1628, et mort en 1694. — Il parcourut une partie des déserts de l'Amérique centrale et de la septentrionale, pour évangéliser les Indiens. Il est auteur d'un livre intitulé: *Ars addiscendi atque docendi pro missionariis ad conversionem Indorum abeuntibus*.

Carletti (François), né à Florence, en 1592. — Il a composé un ouvrage en 2 vol. in-8°, sur ses voyages en Afrique, en Amérique, aux îles Philippines et au Japon. Quoique dépourvu d'instruction, il écrivit son livre avec simplicité, naturel, clarté et exactitude.

Carli de Piacenza (Denis), et Michel Angelo *Guattini*, tous deux capucins, nés, l'un à Reggio, et le second à Plaisance, missionnaires au Congo en 1666. — Ils ont rédigé une Relation de leur mission, sous ce titre: *Viaggio di D. Michel Angiolo di Guattini e del P. Dionigi Carli nel regno del Congo*, etc.

Carlier (l'abbé Claude), né à Verberies en 1725, et mort en 1787, prieur d'Andresi, a publié des observations pour faire suite à l'histoire géographique du diocèse de Paris.

Carré, voyageur français, a fait un *Voyage aux Indes orientales et dans l'Asie mineure*, 2 vol. in-12, 1699.

Carrillo (Martin), né à Saragosse au XVIe siècle, chanoine de cette ville. — Il a rédigé une *Description géographique et topographique de l'île de Sardaigne*, Barcelone, 1612, in-4°. Cette description mérite confiance à cause de son exactitude.

Carteret (Philips), Anglais, capitaine de vaisseau, fit un voyage de découvertes en 1766 dans l'hémisphère méridional, aujourd'hui l'Océanie. Il contribua à déterminer la géographie de cette partie du monde, que l'Europe commençait seulement à connaître, bien que les navigateurs portugais et espagnols y eussent paru près de deux siècles auparavant.

Cartier (Jacques), né à Saint-Malo au XVIe siècle, navigateur, auteur de découverte géographiques dans l'Amérique septentrionale et surtout dans le Canada. C'est lui qui le premier fit connaître le fleuve Saint-Laurent, le pays qu'il parcourt et les côtes qui l'avoisinent.

Carvajal (L. Marmol-y), historien et géographe espagnol, né à Grenade en 1520, mort en 1599. — Nous avons de lui une *Description générale de l'Afrique*.

Casado-Giraldès (J.-P.-C.), géographe portugais, auteur d'une géographie portugaise.

Cashmecro (M.), du pays de Bhote (Thibet); auteur d'une *Description géographique et topographique du Népaul et du pays de Bhote*, lue à la société asiatique de Calcutta en 1829.

Casiri (Michel), savant orientaliste, religieux syro-maronite, né à Tripoli de Syrie en 1710, mort en 1791 à Madrid; auteur d'une *Bibliotheca Arabico-Hispana*, ouvrage utile à la géographie ecclésiastique.

Cassas (Louis-François), artiste d'un beau talent et d'une prodigieuse facilité, a publié en 1799, in-fol., un *Voyage pittoresque de la Syrie, de la Phénicie, de la Palestine et de la basse Égypte*, avec un texte explicatif. L'ouvrage a été interrompu par la misère et la mort de l'auteur.

Castanheda (Fernando-Lopez), historien portugais du XVIe siècle. — Il a écrit l'*Histoire de la conquête des Indes* par les Portugais, in-folio, 1552, ouvrage exact, contenant des notions géographiques précieuses. Il est estimé et fort rare.

Castela (Henri), religieux observantin, né à Toulouse, fit en 1600 un voyage en Palestine, et en écrivit la relation sous le titre: *Saint voyage de Hiérusalem et du mont Sinaï*, Bordeaux, in-8°, ou *Guide et adresse pour ceux qui veulent faire le voyage de terre sainte*, in-12, Paris, 1604. — Cette relation est écrite avec simplicité et en bon observateur.

Castro (Jean de), célèbre navigateur portugais du XVIe siècle, auteur de l'*Itinerarium maris Rubri*. Nous citons M. de Santarem, savant géographe portugais, qui a publié un *Mémoire sur Jean de Castro et sur sa Biographie par Freire d'Andrada*, et l'a présenté à la société de Géographie de Paris.

« La vie d'un grand homme n'excite pas toujours

l'admiration de ses contemporains, lors même qu'il a consacré la plus belle époque de sa jeunesse au service de sa patrie, à la culture de la science et au bonheur de l'humanité. C'est la postérité qui vient presque toujours couronner de lauriers celui qui de son vivant avait été en butte aux attaques de l'envie et aux perfides atteintes de ses rivaux. Néanmoins Jean de Castro fit exception à cette règle, car il fut toujours honoré par ses contemporains, et les générations qui se succédèrent lui ont toutes voué un tribut d'admiration.

« Le grand épique Camoens, Léonard Nunès (1), Barretto de Resende (2), Faria y Sousa (3), Torresao Coelho (4), Matthæus (5), Telles (6), Soares de Britto (7), Lafiteau (8), Barbosa Machado (9), le savant Bayer (10), Murphy (11), et dernièrement les deux savants académiciens Ribeiro dos Santos et Stockler (12), ont consacré dans leurs ouvrages des articles à ce grand homme. Néanmoins aucun des auteurs dont nous parlons n'entreprit la noble tâche de se constituer son biographe. Cette gloire appartient à Freire d'Andrada, dont l'ouvrage est un des plus justement célèbres dans la littérature portugaise.

« Le travail d'Andrada présente non-seulement un grand intérêt par les faits qu'on y trouve consignés et par le grand homme qui en est le sujet, mais encore par les charmes du style; car il est pour la prose portugaise, à une époque de décadence, ce que furent les grands génies de l'époque classique pour la poésie; et même, en admettant les reproches que certains critiques de notre temps adressent à ce livre, il n'en est pas moins vrai que l'Europe savante l'a regardé comme un chef-d'œuvre de biographie, et qu'on l'a traduit en plusieurs langues (13).

« Bouterwek, dont l'opinion est d'un grand poids en pareille matière, considère cette biographie comme un chef-d'œuvre. Il soutient même qu'on n'en connaît point, soit en portugais, soit dans les autres langues modernes de l'Europe, qui puisse lui être comparée (14). Cette biographie de D. Jean de Castro, dit-il, *est un monument élevé en l'honneur de ce grand homme.*

« La première édition de la Vie de D. Jean de Castro parut en 1651, et est devenue très-rare. Celle dont l'Académie vient de vous envoyer un exemplaire a le double avantage d'être une réimpression de la première et d'être enrichie de plusieurs notes critiques et de soixante-cinq documents presque tous inédits, qui non-seulement ont offert au savant éditeur un grand nombre de matériaux pour corriger plusieurs passages et rétablir un grand nombre de faits que Freire d'Andrada avait ignorés, mais encore pour nous donner dans cette nouvelle édition une foule de notions précieuses dont les précédentes étaient complètement dépourvues.

« Vous ayant ainsi rendu compte de cette nouvelle édition, je sollicite encore votre bienveillante attention et votre sympathie pour le grand homme qui consacra ses veilles dès son jeune âge au milieu des orages, des périls de la mer et du bruit du canon (15), qui consacra, dis-je, ses veilles à la cosmographie, à la géographie et à l'étude des ouvrages des anciens.

« Je dirai donc quelques mots des services que Jean de Castro rendit aux sciences géographiques, et je signalerai ses connaissances classiques, d'autant plus que les écrivains que j'ai nommés plus haut, sans en excepter même son biographe, ont été sur ces deux points d'une désespérante sobriété de détails, se contentant de nous dire à peine qu'il était très-instruit dans les mathématiques et très-versé dans la connaissance des auteurs anciens.

« Pour m'acquitter de cette tâche, n'ayant malheureusement devant moi que peu de matériaux, ce que j'aurai l'honneur de vous dire sera extrêmement incomplet. Néanmoins, les particularités qui concernent l'éducation et les études d'un grand homme, et notamment d'un savant du commencement du XVIe siècle, forment non-seulement une partie très-importante de sa biographie, mais ces particularités servent encore à agrandir le domaine de la philosophie.

« Castro fit ses études de philosophie et de mathématiques sous la direction de Pedro Nunès, géomètre portugais, savant qui, selon l'expression d'un célèbre mathématicien de nos jours (16), était incontestable-

(1) Chron. Mss. de D. Joao de Castro, biblioth. du marquis de Castello Melhor.
(2) *Traité de tous les vice-rois de l'Inde*, etc. Mss. du Musée britannique et de la Bibliothèque du roi, à Paris, n° 8872; fonds Colbert.
(3) *Commentaires sur Camoens et Azia*, Portug.; part. I, p. 30, édit. de Lisbonne, 1674, et part. II, p. 210.
(4) *Eloge de Jean de Castro avec des Notes et Eclaircissements de Pinto Ribeiro*, Lisbonne, 1642.
(5) *Veteris ævi analecta*, etc. II, 8.
(6) *Hist. da Ethiopi*; liv. 1er, chap. 2; *Chron. da Companhia de Jesus*; part. II, p. 783.
(7) *Theatrum Lusitaniæ litteratum*. Mss. de la Biblioth. du roi.
(8) *Histoire des découvertes des Portugais*; tom. II, p. 417.
(9) *Biblioth. Lusit.*, art. CASTRO.
(10) *Biblioth. Hispan. nova.* I, 675.
(11) *Voyage en Portug.*; tom. II, 201.
(12) *Ensai. Histor. sobr. a orig. das mathem. em Portugal*, 1819.
(13) Une traduction anglaise a paru à Londres en 1664; une autre à Rome en latin, 1727.
(14) Bouterwek, traduction anglaise. *History of Spanish and Portuguese litterature*; tom. II, p. 322 et suivantes.
(15) Castro commandait un des vaisseaux de la flotte portugaise de l'amiral don Etienne da Gama, qui était composée, d'après le journal de Castro, de 64 bâtiments, dont 12 de haut bord (selon Andrade), et qui devait incendier celle des Turks. Avant cette expédition, les Portugais, dès 1497, firent tous leurs efforts pour détruire le commerce et la navigation de la mer Rouge. Une de leurs flottes détruisit toute la marine marchande des Turks et des Vénitiens, et les vaisseaux que Soliman II avait fait construire à grands frais à Suez en 1538.
(*Note de M. de Santarem*.)
(16) Voy. Stockler, *Essai sur l'histoire des mathémat. en Portugal* (Ensaio, etc.), Paris, 1819, p. 29 et 30.

ment le plus profond de l'Europe au commencement du XVIe siècle. Nunès était professeur à l'Université de Lisbonne ; ses ouvrages pourraient nous faire connaître quelles furent les doctrines que Castro reçut de lui. Nunès avait lui-même fait un grand nombre de voyages pour visiter les pays conquis par ses compatriotes.

« Les productions de cet auteur, dont quelques-unes furent traduites en diverses langues de l'Europe, sont : 1° *De arte atque ratione navigandi libri duo* (1). Dans cet ouvrage il analyse et rectifie quelques passages des ouvrages de Regiomontanus et de Jérôme Cardanus, et corrige aussi quelques propositions trigonométriques de Menelaüs (2) et de Copernic (3). 2° Des *Annotations à la Mécanique d'Aristote et aux théories des planètes de Porbachio*, ouvrage où le géomètre portugais montra un profond savoir et une étude approfondie de l'Almageste de Ptolémée (4). 3° Une traduction latine du fameux traité de l'astronome arabe Al-Azen, *sur la cause des crépuscules* (5). 4° *De erratis orontii Finei* (6). 5° Un *Traité de la sphère avec la théorie du soleil et de la lune, et des observations critiques sur le 1er livre de la Géographie de Ptolémée*. 6° Deux traités sur les cartes marines, et des annotations au traité *de Sphera mundi*, de Sacro Bosco (7). 7° Un traité d'algèbre (8). 8° Une traduction des livres de Vitruve sur l'architecture, avec des notes et éclaircissements (9). Weidler (10), Nicolas Antonio (11), Bayle (12), Bailly (13), et notamment de Lalande, consacrèrent dans leurs ouvrages des articles au célèbre professeur et ami de Jean de Castro. Lalande observe même que notre géomètre fut l'inventeur d'une division ingénieuse dont Ticho Brahé fit usage (14).

« Castro ne pouvait que recevoir d'excellentes leçons d'un tel maître. En effet, son Itinéraire de la mer Rouge, celui de Lisbonne à Goâ (15), et de Goâ à Diu, nous en fournissent la preuve la plus convaincante.

« L'étude et la culture de la langue latine au XVIe siècle était dans son âge d'or en Portugal; celle de la belle langue d'Homère et de Démosthène était aussi très-répandue ; néanmoins si nous jugeons Castro par ses écrits, ce grand homme, très-habile dans la première, paraît avoir eu plus de prédilection pour les écrits des auteurs de celle-ci que pour ceux de la seconde, comme nous le montrerons par la suite. D'autre part il paraît qu'il avait quelque connaissance de l'arabe, et peut-être du persan, ce qui nous est révélé jusqu'à un certain point par le rapprochement de deux des documents ajoutés à la nouvelle édition de son biographe, avec quelques passages de son Itinéraire de la mer Rouge, dont l'original portugais n'a paru que tout récemment.

« La lecture attentive de ce travail précieux nous révèle sa vaste connaissance des auteurs anciens, ainsi que son opinion sur leurs ouvrages. Cette lecture nous montre encore qu'il suivit dans son plan, exécuté plus de deux siècles avant l'illustre d'Anville, celui de ce célèbre géographe, c'est à savoir que tous deux étudièrent le golfe Arabique, de manière à en faire connaître les différentes positions anciennes et actuelles. Castro n'a donc pas parcouru les rivages de ce golfe fameux sans chercher à reconnaître quels pouvaient être les lieux dont il est fait mention dans les anciens auteurs (16).

« Déjà dans la dédicace à son illustre ami l'infant D. Louis, il révèle ses connaissances philosophiques, sa critique et son érudition. Il s'y plaint de la présomptueuse ignorance de quelques prétendus savants. Il leur reproche cette fatuité qui les faisait parler comme s'ils eussent su toute « l'astronomie d'Hipparque, la mécanique sublime d'Archimède, la cosmographie de Ptolémée, la géométrie d'Euclide; comme s'ils eussent eu le génie et l'habileté d'Aristote, ainsi que le coup d'œil et le savoir de Pline, pour pouvoir apprécier et décrire les objets de la nature (17). »

« La lecture de cet ouvrage nous montre ce grand homme étudiant toujours les auteurs anciens pour les admirer passionnément, et pour les suivre dans ses observations et dans ses rapprochements, mais souvent aussi pour corriger leurs inexactitudes. On

---

(1) Cet ouvrage fut publié à Coimbre en 1564, et à Bâle en 1566, et traduit après en français.
(2) Je dois observer ici qu'une partie de l'ouvrage du géomètre grec étant perdue, il n'y avait du temps de Nunès que deux traductions, dont l'une en arabe et l'autre en hébreu. La traduction arabe n'a été publiée que dans l'année 1707 à Oxford, sous le titre : *Menelai Alexandrini libri tres*, etc. Nunès s'est probablement servi de la traduction arabe.
    (*Note de M. de Santarem.*)
(3) *Voy.* Stockler, ouvrage cité, p. 35.
(4) Stockler soutient que ce livre de notre géomètre est le plus méthodique et en même temps le plus clair qu'on ait publié jusqu'à cette époque (Ouvrage cité, p. 38). (*Note de M. de Santarem.*)
(5) Publié à Lisbonne en 1542.
(6) Publié à Coimbre en 1546.
(7) Ces ouvrages furent publiés à Venise en 1562, et à Cologne.
(8) *Voy.* Stockler, *Essai sur l'hist. des mathém.*, etc.
(9) *Ibid.*, p. 38.
(10) *Historia astronomiæ*, 1741, in-4°; p. 361.
(11) *Biblioth. hispanica*, III, 476.
(12) *Dictionnaire.*
(13) *Histoire de l'astronomie moderne.*
(14) *Traité d'astronomie*, liv. II, 457.
(15) On voit dans une lettre de l'illustre infant don Louis, adressée à Castro le 19 mars 1539, que ce dernier avait transmis à ce prince, le 5 août de l'année précédente, une série d'observations astronomiques, et qu'il avait écrit tout ce qu'il avait observé dans le cours de son voyage. Ce travail précéda de quatre ans celui de son Itinéraire de la mer Rouge. Le prince lui exprime son impatience de connaître les résultats des observations faites, dit-il, *avec nos instruments*. Ces instruments sont probablement ceux que Nunès avait fait construire. Rapprochez le passage de cette lettre (Docum. n° 3 dans l'édition d'Andrada de 1835) avec l'autre des pages 134 et 135 de l'*Essai sur l'hist. des math. par Stockler.*
    (*Note de M. de Santarem.*)
(16) *Voy.* d'Anville, *Mémoires sur l'Égypte ancienne et moderne.* Paris, 1766, préf., p. 13.
(17) Rapprochez cet éloge que Castro fait de Pline en si peu de mots, avec celui que fait Buffon du même auteur. (*Note de M. de Santarem.*)

voit qu'il avait avec lui un Pline qu'il cite souvent, ayant toujours le soin de l'appeler le *Naturaliste*, pour qu'on ne le confonde pas avec Pline le Jeune. Il cite également Diodore, qu'il n'oublie jamais d'appeler de Sicile, pour qu'on ne le confonde pas avec Diodore d'Antioche. Il avait aussi avec lui un *Pomponius Mela* et une édition de Strabon, auteur qu'il nomme toujours de Cappadoce, peut-être pour qu'on ne le confonde pas avec le Strabon Walafride, savant auteur du ixe siècle (1). Pour lui, géographe qui avait étudié les écrits du moyen âge, et qui écrivait dans un siècle qui a vu paraître vingt-cinq éditions de Ptolémée, son auteur de prédilection était ce fameux géographe d'Alexandrie. Néanmoins il ne l'épargne jamais; il relève à chaque instant ses erreurs comme il relève celles de Strabon. Et malgré son admiration pour le prince des géographes, comme il l'appelle, il avoue qu'il est frappé d'étonnement toutes les fois qu'il pense que Ptolémée, né à Alexandrie, où il composa son grand ouvrage et où il passa toute sa vie, que ce savant ait pu commettre tant d'erreurs en traitant de Suez et du golfe Elianitique.

« Castro ne s'aidait pas seulement des ouvrages des auteurs anciens; il étudiait aussi, au milieu des dangers d'une navigation périlleuse, d'autres livres qui pouvaient l'éclairer sur les localités (2). C'est ainsi que nous remarquons que quand il parle de Sainte-Catherine du Mont-Sinaï, il cite Antonin, archevêque de Florence (3), ce célèbre chroniqueur du xive siècle canonisé par Clément XII.

« Castro portait donc avec lui une collection des auteurs anciens qui traitent des localités dont il devait écrire son célèbre Itinéraire. Néanmoins je ne dois pas cacher mon étonnement de ne le voir jamais citer les auteurs grecs; car il ne s'était jamais servi des notions d'Agatarchides de Cnide (4) ni de celles d'Arrien, qui a donné dans son périple de la mer Érythrée la description de tous les ports, des rades, îles et stations de cette mer (5). S'il cite Hipparque dans un passage de sa préface, il n'en a parlé que d'après ce qu'il avait lu dans Pline l'Ancien, qui nous a conservé les titres des ouvrages de cet astronome, ouvrages qui se sont perdus (6).

« Quoi qu'il en soit, ce que je trouve encore de plus extraordinaire, c'est que Castro, en parlant longuement du Nil et des causes du débordement de ce fleuve, débordement qui, comme il le remarque très-bien, *avait fourni aux anciens philosophes un thème de discussion sans qu'ils aient pu le résoudre*, n'ait point cité Hérodote, ni Ératosthène, ni Théophraste dans Porphyre, d'autant plus que le premier aurait dû le charmer par le tableau si intéressant qu'il nous a laissé.

« Les anciens philosophes auxquels Castro fait allusion ne pouvaient être les auteurs qu'il cite. Seraient-ce Thalès, Anaxagore, Euripide, Ephore, Aristote et son scoliaste Alexandre d'Aphrodisée, qui se sont occupés de ce phénomène? Nous ne pouvons que le présumer.

« Notre auteur prétend avoir obtenu la connaissance des causes de ce phénomène du débordement du Nil, que de si grands génies, dit-il, ont ignoré; *et j'ai en peu d'heures, sans dépenses, sans veilles et sans travail, découvert le secret que tant de puissants rois, après avoir dépensé des sommes immenses, n'ont pas pu découvrir*. Dans ce passage, Castro paraît vouloir nous faire comprendre qu'il entendait parler des recherches faites par différents princes qui ont régné sur l'Égypte, tels que Sésostris, Cambyse, Alexandre, les deux Ptolémées Philadelphe et Évergète, enfin des recherches faites du temps de César et de Néron pour découvrir les sources du Nil, recherches qui furent toutes infructueuses. Ces observations nous montreront à la fois l'instruction et le savoir de Castro, et nous prouveront en même temps qu'il

---

(1) Castro connaissait peut-être les écrits du Strabon allemand avant leur publication dans le recueil de Canisius. *(Note de M. de Santarem.)*

(2) Plusieurs passages de l'itinéraire de Castro prouvent qu'il avait avec lui dans son vaisseau une collection des auteurs qu'il cite, et notamment celui avec lequel il détermine la position de l'îlot près du promontoire Possidio, passage où il dit qu'il débarqua pour mesurer les distances, pour faire des observations astronomiques, et rapprocher les noms anciens du promontoire avec les noms modernes. *(Note de M. de Santarem.)*

(3) Roteiro, p. 199. — La chronique d'Antonin eut plusieurs éditions. Au temps de Castro existaient déjà celles de Venise de 1480, de Nuremberg de 1484, en lettres gothiques; celle de Bâle en 1491, et celle de Lyon de 1517, en 5 vol. in-fol. *(Note de M. de Santarem.)*

(4) Cet auteur écrivit sous Ptolémée Philométor. Photius nous a conservé dans sa Bibliothèque quelques extraits de son livre; mais ce bel ouvrage était écrit en grec, et la première traduction latine de Scott n'a paru qu'en 1606, plus d'un demi-siècle après la mort de Castro. *(Note de M. de Santarem.)*

(5) Au temps de Castro il n'y avait pas encore de traduction latine d'Arrien. La première n'a paru qu'en 1577, près de trente ans après la mort de Castro; Arrien n'a point observé, comme notre auteur, les raumbs des vents et les courants du golfe Arabique. Le l'ère (*Descript. de l'Égypte*, tom. XI, édit. in-8) paraît n'avoir pas connu la traduction précitée, puisqu'il cite que la traduction faite par Blancard en 1683. Gosselin (*Recherches*, etc., II, 176) dit que ce périple est faussement attribué à Arrien. Sur cette question voyez le savant ouvrage du docteur W. Vincent, *Voyage de Néarque*, etc. *(Note de M. de Santarem.)*

(6) Castro ne pouvait pas connaître ce qui nous reste de cet auteur, le Commentaire sur Aratus, qui ne fut imprimé avec une traduction latine d'Hildéric qu'en 1567, chez les Juntes, presque vingt ans après la mort de Castro. S'il parle d'Archimède, c'est peut-être d'après la traduction latine faite par le savant évêque de Goa, don François de Mello, son compatriote et son contemporain. En effet, ce prélat traduisit du grec en latin le traité *De incidentibus in humidis*, et les traités d'Euclide. Quant à Diodore, qu'il cite et qu'il corrige quelquefois, c'est probablement d'après la traduction latine des six premiers livres de cet auteur, qui avait été imprimée à Venise en 1496.
(Note de M. de Santarem.)

aimait de préférence la langue latine, qu'il ne se servait des ouvrages des auteurs grecs qu'autant qu'il en existait des traductions latines. En effet, il ne parle jamais, malgré son érudition, des différents systèmes des Grecs, tels que ceux d'Hésiode, d'Homère, d'Orphée, de Démocrite, de Scylax et d'Eudoxe. Il n'est pas moins digne de remarque que, contre l'usage des géographes du moyen âge, il ne parle qu'une fois ou deux fois d'une manière claire des traditions bibliques et de la géographie des Hébreux. Il ne cite pas même la dénomination donnée à la mer Rouge dans les textes de nos livres saints de *Yam-Suph*, mer des joncs ou de l'algue (1), dont une île, *Suffange-ul-Bahari*, dont il détermina la position et indiqua la synonymie, conservait encore un nom analogue à celui que les livres saints donnent à ce golfe. Il garde le même silence quand il discute quelques données pour déterminer la position astronomique de *Bérénice*, ne se rapportant pas aux traditions bibliques; il ne nous dit pas si c'était l'ancienne *Esiongaber* des Hébreux (2), quoique, du temps de Josèphe, elle fût déjà nommée *Bérénice* (3). Il est étonnant, dis-je, que notre auteur, qui aimait à faire des rapprochements, n'en ait point fait ici avec les dénominations des textes sacrés, et qu'il n'ait pas signalé non plus une ville appelée du même nom de *Bérénice*, et située dans le golfe Arabique, savoir : la Bérénice de Strabon près de Sabée, κατά Σάβας, Bérénice Epi-dires; et ce silence est d'autant plus remarquable que Jean de Castro, tout en suivant Pline, assure que les données fournies à l'égard de cette ville par Pomponius Méla étaient insuffisantes (4). D'autre part, Castro paraît avoir eu quelque connaissance des langues arabe et persane; car nous remarquons qu'il désigne la signification en portugais d'un grand nombre de noms arabes, et qu'il rapporte une longue et curieuse conversation qu'il eut avec un Arabe, qu'il dit très-instruit, et qu'il questionna sans interprète sur les traditions qui existaient parmi eux sur l'endroit par où les Israélites effectuèrent leur passage; problème que notre auteur discuta avant qu'il ne fût discuté par un grand nombre de savants et de voyageurs célèbres (5).

« Je dois ajouter ici que notre auteur prouve, dans cette discussion, qu'il avait étudié les auteurs qui avaient parlé avant lui de ce passage, quoiqu'il garde le silence sur ce que dit Eusèbe à cet égard (6). Nous signalerons encore une autre particularité fort curieuse, qui montre la persévérance de notre auteur : ce fut de chercher tous les moyens de s'instruire sur tout ce qui avait trait à l'histoire et à la géographie ancienne de cette partie du globe. A cet effet, il se procurait, par l'intermédiaire de ses correspondants qui voyageaient en Perse, l'*Histoire d'Alexandre le Grand* d'après les écrivains orientaux, et nommément d'après les auteurs persans, particularités qui nous sont révélées par deux des documents publiés dans la nouvelle édition d'Andrada. En effet, les deux correspondants de Castro, c'est-à-dire Falcao, et Garcia de la Penha, lui envoyèrent chacun un exemplaire de l'*Histoire d'Alexandre* en persan. Le premier ajoute, dans sa lettre d'envoi datée d'Ormus le 21 février 1546, qu'*il pense que les livres orientaux de ce genre sont moins exacts et moins véridiques que les nôtres*. Falcao paraît faire ici allusion aux fables débitées par les Orientaux sur leur Eskander ou Iskender Doulkarnaïn, fables qu'il croyait peut-être trouver dans cet ouvrage. Quoi qu'il en soit, Falcao nous révèle en même temps par cette lettre la considération dont notre auteur jouissait parmi les gens instruits; car il ajoute que le même volume contient d'autres histoires (ou plutôt des contes) outre celle d'Alexandre, mais dont la lecture plairait peut-être mieux à D. Ferdinand de Castro (qui était un jeune homme) qu'à lui, homme grave et savant; particularité qui paraît montrer d'une manière plus décisive encore que ces histoires n'étaient autres que les fables d'Eskander. Le second exemplaire envoyé à Castro par *La Penha* était très-précieux; car celui-ci dit dans sa lettre

---

(1) Barradas, auteur portugais du XVIe siècle, cap. x, de *Maré Rubro*, produit la dénomination hébraïque de cette mer. (*Note de M. de Santarem.*)

(2) Liv. III des Rois, chap. 9, v. 26; Paralipom., liv. II, chap. 8, v. 17.

(3) Flav. Josèphe, *Antiq. judaïq.*, liv. VIII, c. 6, p. 437. Du temps de Castro il n'existait pas de traduction latine de cet ouvrage.
(*Note de M. de Santarem.*)

(4) Selon Pomponius Méla, cette ville était placée entre le promontoire d'Héroopolis et celui de Strobile. Josèphe dit, en parlant de la flotte de Salomon, que Bérénice fut construite à Aziongaber, mais que cette Aziongaber s'appelait de son temps Bérénice, et qu'elle n'était pas loin d'Elana (*Antiq. judaïq.*, p. 269). Selon don Calmet, Josèphe s'est trompé lorsqu'il a mis de ce côté de la mer Rouge une Bérénice qui était à l'autre bord. Vossius croit, au contraire, que la Bérénice de Josèphe est la même que celle de Pomponius Méla. Nous nous bornons pour le présent à citer au lecteur cette discordance d'opinions; mais nous discutons ce point dans notre examen critique et géographique de l'Itinéraire de Castro, auquel nous renvoyons le lecteur. (*Note de M. de Santarem.*)

(5) Castro devança aussi dans cette discussion Bellonius, Furer, son compatriote le jésuite Barradas, qui écrivit *Itinerarium filiorum Israel ex Ægypto*, etc., ouvrage publié pour la première fois à Lyon en 1620, à Anvers en 1621 (édit. de la biblioth. du roi). Il devança également Le Clerc, qui écrivit aussi *De trajectionis maris Idumæi*, le célèbre Bochart, Michaëlis, Schaw, Goldsmith, qui écrivit *Nova demonstratio transitus populi Israel*; enfin notre auteur devança Pokoke, Niebuhr, M. du Bois Aymé, etc.
(*Note de M. de Santarem.*)

(6) Eusèbe, *Préparat. Evang.*, liv. IV, c. 17, qui expliqua le passage de la mer Rouge au moyen des marées, et qui parle d'Artapanus, qui produisait cette opinion comme ayant été celle des prêtres de Memphis. Le silence de Castro sur le passage d'Eusèbe doit nous étonner d'autant plus qu'à l'époque où il écrivit son Itinéraire, il existait déjà deux traductions latines des ouvrages du savant évêque de Césarée, c'est-à-dire celles de 1470 et 1522, et qui précédèrent celle du texte original grec donné par R. Étienne en 1544. (*Note de M. de Santarem.*)

qu'on n'a pu découvrir, après de longues et pénibles recherches, que ce seul exemplaire qu'il signale comme une grande découverte. D'autre part, Castro, infatigable dans ses recherches, cherchait à découvrir à Matzua (1), dans les livres abyssins, les traditions qu'on pouvait y trouver sur la reine de Saba.

On doit donc voir, par les observations que je viens de consigner ici, le zèle de Jean de Castro pour la science ; mais vous vous en convaincrez davantage lorsque j'aurai l'honneur de vous lire l'examen critique et géographique de son Itinéraire de la mer Rouge, dont je rédige en ce moment les dernières pages. Là, il ne se borna pas à tracer et à déterminer les positions astronomiques, ni à nous donner de vagues notions, comme celles que nous rencontrons dans la plupart des portulans du moyen âge ; mais au contraire, on le voit corriger les erreurs des anciens géographes, ajouter des descriptions historiques et des considérations très-importantes, et souvent d'un ordre très-élevé. Il y décrit plus du double des ports, rades et îles de la mer Rouge que n'en a décrit Le Père dans son savant *Mémoire sur le canal des deux mers* (2). L'exactitude du travail du navigateur portugais a été reconnue par l'illustre d'Anville. Au surplus, notre auteur donne une curieuse description de l'Ethiopie, devançant ainsi celles des PP. Santos, Lobo et Telles, devenues si célèbres par les commentaires de Ludolf. Castro, avide de connaître tout ce qui avait trait aux pays qu'il parcourait, se plaint beaucoup de ce que les Abyssins ne portent aucun intérêt aux antiquités de leur pays. Ailleurs, il regrette que le cadre de son travail ne lui permette pas de s'étendre davantage.

« Castro se distinguait ainsi de la plupart des navigateurs de son temps sous plus d'un rapport, par son érudition, par son esprit de recherche et de discussion, et par l'importance qu'il attachait aux phénomènes physiques qui frappaient son imagination. Il abordait toutes les questions, tous les problèmes historiques et géographiques que le génie et la sagacité des anciens n'avaient point résolus, ou qu'ils n'avaient que simplement effleurés. C'est ainsi que nous le voyons, sans le secours de la géologie, que malheureusement il ignorait comme les savants de son époque, nous le voyons, dis-je, décrire la structure, la couleur et la direction des montagnes,

descriptions qui nous révèlent en même temps ce qu'il aurait été capable de faire s'il eût voyagé dans notre siècle. Il observa les phénomènes des marées et ceux des vents, et de ces tournoiements qui enlèvent le sable ; il observa les variations du compas, et les changements subits de température entre Tor et Suez, changements qu'il aurait été plus à même d'observer s'il avait écrit cinquante-huit ans plus tard (3). Ailleurs, on le voit interroger les Arabes à Suez sur les débris de l'antiquité qui pouvaient s'y trouver. Il examina et discuta la question de savoir par où Sésostris, et après lui Ptolémée, avaient pu pratiquer les canaux pour établir la communication du Nil avec la mer Rouge. Il discuta également la question de savoir par quels motifs le golfe Arabique fut appelé *mer Rouge*. A cet effet, il discute les opinions des anciens, et produit ses propres observations, commençant par dire : *Depuis mon arrivée à Socotora jusqu'à Suez, jamais je n'ai manqué ni jour ni nuit d'observer les eaux de cette mer, et j'ai employé tous mes efforts pour connaître la vérité.* Enfin on doit voir par ce rapport que Jean de Castro, plus de deux siècles avant les célèbres voyageurs modernes Niebuhr, Salt, Bruce et d'autres, traita de toutes les questions graves dont s'occupèrent les savants de l'antiquité, ainsi que ceux des temps modernes, sur ce fameux golfe si justement célèbre dans l'histoire du commerce des anciens, et auquel se rattachent tant de souvenirs, et les noms de Sésostris, des Pharaons, de Salomon et de la reine de Saba, de Psammétichus, de Nécos, de Darius, d'Alexandre et de Ptolémée, qui presque tous sont rappelés dans l'ouvrage du navigateur portugais.

« Pour juger impartialement de l'étendue des connaissances de ce grand homme, il ne faut pas le juger par l'état de la science de nos jours, mais nous transporter par la pensée à son siècle, examiner l'état où se trouvait alors la science qui venait à peine de renaître, et comparer l'œuvre de Castro avec les écrits des autres marins de son temps. On doit réfléchir sur les difficultés de cette navigation de l'entrée jusqu'au fond du golfe, qui ne pouvait se faire du temps de saint Jérôme qu'en plus de six mois (4), navigation dont un célèbre géographe arabe, qui vécut plusieurs siècles après saint Jérôme, nous dépeint encore les dangers avec de si vives couleurs (5) ; on doit réfléchir, dis-je, que notre auteur fit non-seulement cette navigation en

---

(1) Selon Le Père, c'est le port de cette île qui remplace l'ancienne *Adulis*, et par lequel on pénétrait comme on fait aujourd'hui dans le royaume d'Abyssinie. Selon Castro, c'est Ptolomaïs. Vosius adopta cette opinion, mais d'Anville l'a combattue. Voyez d'Anville, *Mémoires sur l'Egypte ancienne*. (Note de M. de Santarem.)

(2) *Description de l'Egypte*, XI ; édit. in-8°, p. 200 et suiv.

(3) On fait remonter l'invention du thermomètre à l'an 1600, et celle du baromètre à l'an 1643, année de la première expérience de Toricelli. (Note de M. de Santarem.)

(4) *Felix cursus est si, post sex menses supradictæ urbis Ailath portum teneant, a quo se incipit aperire oceanus.* S. Jérôme, cité par Ameilhon, dans son *Traité du commerce des Egyptiens*, 1766, in-8, p. 78. — Le témoignage de cet auteur est d'autant plus précieux qu'il vécut à Alexandrie, où il dut être au fait de ces particularités. (*Note de M. de Santarem.*)

(5) Edrisi, traduction de M. A. Jaubert ; t. 1, 155. — Les difficultés qu'offre la navigation de ce golfe ont été signalées aussi dans des ouvrages postérieurs à l'Itinéraire de Castro, c'est-à-dire dans ceux de Dodwel, Hudson, Huet, Bruce, Robertson, Niebuhr, Rennel, W. Vincent et d'autres. (*Note de M. de Santarem.*)

moins de trois mois (1), traversant plus de mille lieues marines (2) sans avoir perdu un de ses vaisseaux, tout en ayant franchi deux fois *la porte du malheur ou des naufrages* (3), mais encore qu'il s'occupa de rédiger ce célèbre itinéraire. En effet, l'œuvre de Castro, comme l'a très-bien observé M. Eyriès dans un article que ce savant lui a consacré dans la Biographie universelle, *est une description détaillée et exacte de la mer Rouge et des parages voisins, et est la première qui ait été faite d'après des observations mathématiques.*

« Au surplus, l'inscription sanscrite qui se conserve encore dans le jardin du célèbre château de *Penhaverde* à Cintra, inscription dont le savant orientaliste Wilkins donna l'explication, nous atteste d'une part, avec d'autres monuments, le zèle de ce grand homme pour la science, et nous montre encore autant de trophées obtenus par lui dans l'Inde. Je me permettrai d'ajouter que, lorsqu'il sera jugé impartialement d'après un examen critique et géographique de ses ouvrages, ce qui n'a pas été fait jusqu'à présent, il obtiendra dans la science un triomphe aussi beau que celui que la ville de Goà (4), imitant la ville éternelle des Émiles et des Césars, décerna à ce grand capitaine après la conquête du royaume de Cambaye. »

Cazal (l'abbé Manoel Ayres de), Brésilien, auteur de la *Corografia Brasilica*, en plusieurs volumes.

Cellarius (Christophe), un des plus savants et des plus laborieux philologues du xvii° siècle, naquit en 1638 à Smalcalde, ville de Franconie. Il mourut à Halle le 4 juin 1707. — Il a composé le *Parallèle de la géographie ancienne et moderne*, et a rendu de grands services à la science géographique, en contribuant à dissiper l'obscurité et la confusion dans les nelles elle se trouvait.

Chamir (Éléazar), né en 1720 à Djoulfa, faubourg d'Ispahan, d'une famille arménienne. — Nous avons de lui un *Précis géographique de l'Arménie actuelle*, et une grande carte de l'Arménie et des pays voisins.

Chandler (Richard), né en 1738, mort en 1810; savant voyageur et antiquaire anglais. Auteur de *Voyages en Grèce et en Asie Mineure*.

Charlevoix (Pierre-François-Xavier de), jésuite, né à Saint-Quentin en 1682. Il a publié : 1° *Histoire et description du Japon* ; 2° *Histoire de l'île Espagnole ou de Saint-Domingue* ; 3° *Histoire de la Nouvelle-France* ; 4° *Histoire du Paraguay*. Il est aussi l'auteur d'une carte de la rivière de Sainte-Croix, au Canada.

Chaser (J.-C.), auteur d'une *Description de la colonie anglaise du cap de Bonne-Espérance*.

Chaumont (le chevalier de), capitaine de vaisseau, ambassadeur de France à Siam en 1685, est de plus connu comme l'auteur d'une Relation de son voyage, 1686, Paris. — Cette relation, traduite en hollandais et en allemand, est exacte et intéressante, et se fait remarquer par un récit simple, modeste et de bon goût, qu'on regrette de ne pas rencontrer plus souvent chez les voyageurs.

Chaves (Jérôme de), né à Séville au xvi° siècle, a enrichi de notes nombreuses le *Traité de la sphère*, de Sacrobosco ; il a tracé deux cartes géographiques, l'une du territoire espagnol, l'autre de l'Amérique.

Chazelles (Jean-Matthieu de), né à Lyon en 1657; cartographe, auteur de plusieurs cartes géographiques et nautiques. Mort en 1710.

Chenu (Jean), avocat, né à Bourges en 1559, et mort en 1627 ; auteur, 1° de l'*Historia archiepiscoporum et episcoporum Galliæ chronologica*, in-4°, 1621, ouvrage exact, mais effacé par le *Gallia Christiana* ; 2° de la *Chronologia historica patriarch., archiepiscop. Bituricens. et Aquitan. primatuum*, Paris, 1621, in-4°.

Chija (Abraham-ben-R.), ou *Chaja*, rabbin espagnol, né en 1070 ; astronome et géographe, auteur de l'ouvrage *Sphæra mundi describens figuram terræ, dispositionemque orbium cœlestium et motus stellarum*.

Chinsole (Antoine), né à Logaro près Roveredo en 1679, mort en 1755, a laissé une *Géographie ancienne et moderne*, 3 vol. — Cet auteur avait fait ses études à Salzbourg.

Cleyton (Robert), évêque de Clogher, a publié une Introduction à l'histoire des Juifs, avec trois cartes destinées à marquer les campements des enfants d'Israël, in-4°, 1752. — L'ouvrage a été traduit de l'anglais.

Cobbett (William), né en 1766 dans le comté de Surrey (Angleterre) ; auteur de divers ouvrages et mémoires utiles à la géographie ecclésiastique.

Colin de Bar (Alexis-Gilles-Henri), né à Pondichéry en 1768, mort à Paris en 1820. — Son ouvrage, intitulé : *De l'Hindoustan considéré relativement à ses antiquités, à sa géographie, à la religion de ses habitants*, etc., etc., avec une carte, 2 vol. in-8°, Paris, 1814, est encore bon à consulter sur l'Hindoustan.

Colomb (Don Barthélemy), frère de Christophe Colomb, cartographe, voyagea avec son frère, auquel

(1) Castro commença sa navigation du golfe le 28 janvier 1541, et la termina le 26 avril. (*Note de M. de Santarem.*)

(2) Le navigateur portugais ayant parcouru le golfe dans toute sa longueur, fit non-seulement 1000 lieues marines (rapprochez Malte Brun, VIII, 243, et Le Père, *Mém. sur le canal des deux mers*, p. 199), mais il le traversa encore en différentes directions dans sa largeur. (*Note de M. de Santarem.*)

(3) Bab-el-Mandeb signifie *Porte du malheur ou des naufrages*, ou plutôt *de l'affliction*, selon la traduction de notre savant confrère M. Reinaud. (*Note de M. de Santarem.*)

(4) La ville de Goà lui décréta le triomphe, qui eut lieu le 15 avril 1547. Voyez les longs détails dans Andrada, liv. III, p. 234 et suivantes. Castro marchait couronné de lauriers et suivi des étendards du royaume de Cambeya traînés par terre, le jusarcam et les autres capitaines captifs, et 600 prisonniers enchaînés. (*Note de M. de Santarem.*)

il apprit la cosmographie. Il mourut à Saint-Domingue en 1514. — Il était tout dévoué à son frère, pour lequel il montra toujours un profond attachement.

Comeyras (Victor Delpuech de), vicaire général de Beauvais, né le 11 septembre 1753 à Saint-Hippolyte (Gard); et mort à Paris en 1805, a publié une nouvelle édition de la *Géographie de Lacroix*, en 2 vol. in-8°, avec cartes. Cette édition n'est pas estimée. — Il est encore auteur d'un *Géographe-Manuel*, 1801, un vol. in-8°, et de plusieurs autres ouvrages.

Conrad, bénédictin, mort en 1241; auteur du *Chronicon Schirense*, ou Chronique de l'abbaye de Scheuern en Bavière.

Conring (Herman), né à Norden en Ostfrise en 1606, mort en 1681, auteur d'un ouvrage sur les peuples allemands: *De Germanicorum corporum habitus antiqui ac novi causis*, et de plusieurs autres savants ouvrages où la géographie peut utilement puiser.

Cordara (le P. Jules-César), né à Alexandrie de la Paille en 1704; mort en 1784; de la famille des comtes de Calamandrano. Il entra dans l'ordre des Jésuites; et se livra à la composition de l'ouvrage suivant : *Collegii Germanici et Hungarici historia, libris quatuor comprehensa*; Romæ; 1770; in-fol.

Coronelli (Marc-Vincent); né à Venise, de l'ordre des Mineurs conventuels; géographe-cartographe: auteur de plus de 400 cartes géographiques, des deux grands globes qu'on voit à la Bibliothèque royale, d'une *Géographie de l'île de Rhodes*; d'une *Description géographique de la Morée et des îles adjacentes*, d'un grand *Dictionnaire historique et géographique* dont il n'a paru que 7 vol., ouvrage du reste confus et peu exact. — Coronelli vint à Paris, amené par le cardinal d'Estrées. Il mourut dans sa patrie en 1718. — Coronelli était devenu général de son ordre.

Corréa de Saa (Salvador); né à Cadix, amiral portugais et gouverneur du Brésil; auteur d'une *Carte générale du Brésil*, fort bien exécutée et bonne à consulter même aujourd'hui. — Mort à Lisbonne en 1680.

Cosmas d'Alexandrie, moine qui écrivait au VI° siècle en Égypte, avait beaucoup voyagé. Il composa une *Topographie chrétienne* dans laquelle il développa les idées de son temps: Une copie de son ouvrage, qui date du IX° siècle, s'est conservée au Vatican. La terre y est représentée sous la forme d'un parallélogramme, entièrement entouré par l'Océan, ayant au milieu la Méditerranée et sur les bords la mer Caspienne. — La *Topographie chrétienne* est insérée en partie dans la collection de Thévenot; et en entier dans le second volume de la *Collectio nova Patrum* de Montfaucon.

Courmemin-Deshayes (le baron Louis de), né à Montargis; et décapité à Béziers en 1632. — Louis XIII le chargea d'une mission dans le Levant, en 1621; il s'agissait d'intervenir en faveur des Cordeliers de Jérusalem. Il eut encore plusieurs autres missions en Danemark. — Il a laissé un *Voyage dans le Levant fait par ordre du roi*, 1 vol. in-4°, Paris, 1653, et un *Voyage en Danemark*, 1664, in-12. — Le *Voyage au Levant* est clair et exact; les renseignements sont précis, et Châteaubriand regarde cette relation comme la meilleure de toutes celles qu'ont publiées les voyageurs qui ont visité les lieux saints.

Cox (le capitaine Hiram), voyageur anglais. Il a visité les contrées hindo-chinoises, et a proposé le premier de les désigner sous cette dénomination, comme étant préférable à celle de provinces au delà du Gange. Dans son ouvrage, il s'est appliqué dans la littérature des Hindo-Chinois, à définir leur culte, à peindre les formes de leurs gouvernements, et les mœurs des principales nations de ces contrées; savoir : les Siamois, les Birmans et les Cochinchinois. Leur littérature sacrée est écrite en pali; leur culte est le bouddhisme; leur mode de gouvernement est le despotisme dans toute sa pureté. Les Hindo-Chinois n'ont acquis d'habileté dans aucun art et aucune industrie; les Birmans n'ont de commerce qu'avec les Chinois et les établissements anglais; les Siamois sont en relation avec les Chinois et les Cochinchinois, les possessions européennes et les États indépendants de l'archipel Malai; les Cochinchinois commercent avec Siam, la Chine et les établissements anglais de la presqu'île de Malakka. — L'exactitude des détails dans lesquels entre l'auteur, et le mérite de ses observations sont confirmés par les renseignements recueillis par les missionnaires catholiques à Siam, dans l'empire d'Annam et dans celui des Birmans.

Crawfurd (John) et Stamford Raffles (Thomas), savants anglais. Ils ont publié, en 1822 et 1823, une *Description géographique, historique et commerciale de l'île de Java et des autres îles de l'archipel Indien*. Cet ouvrage, qui décrit une île vaste et importante, est bien connu pour l'exactitude de ses renseignements. On doit surtout le consulter quand il s'agit de Java ou des îles adjacentes. Il a paru dans le format in-4°, avec cartes et gravures. M. Marchal l'a traduit en français, à Bruxelles en 1824; mais sa traduction offre deux graves inconvénients : d'abord, il s'est permis de retrancher le passage qui concernait la mauvaise administration de Java par les Hollandais; ensuite, il a supprimé un grand nombre d'observations des auteurs, et les a remplacées par des renseignements qu'il a puisés à des sources moins sûres.

Crosne (A.-Fr.), professeur à Giessen (Allemagne); auteur d'un *Exposé géographique et historique des divers États de la Confédération germanique*; 4 vol. in-8°, Leipzig, 1820-1828.

D

Dalrymple (Alexandre), géographe et hydrographe, explorateur des côtes de l'Hindoustan, né à Édimbourg en 1737, mort en 1808, a rédigé une *Collection de voyages dans l'Océan pacifique du Sud*,

2 vol. in-4°. — Cet ouvrage a été traduit en français.

Dandini (Jérôme), né à Césène en 1554, entra dans la compagnie de Jésus et mourut à Forli en 1634. Il fut envoyé au Mont-Liban par le pape pour recueillir des notions certaines sur les pratiques religieuses des Maronites; les ramener à l'Église catholique et pour étudier l'esprit et les mœurs des Druses, leurs ennemis. Le P. Dandini n'était pas à la hauteur d'une mission aussi délicate. Aussi n'eut-elle pas tout le succès qu'on en attendait. A son retour à Rome, l'auteur publia son Voyage, qui renferme cependant des détails curieux sur l'intérieur du Mont-Liban et sur la liturgie des Maronites.

Daniell (MM.), de Londres ont publié, en 1827, sous le titre de *Illustrations of India*, un ouvrage pittoresque contenant des milliers de dessins représentant des morceaux d'architecture, des monuments antiques, etc., etc., in-4°, avec un texte français et anglais. Ce livre est bon à consulter pour la géographie religieuse de l'Hindoustan. Une résidence de dix ans en Orient a permis aux auteurs d'exécuter ce travail en connaissance de cause.

Dapper (Olivier); médecin hollandais, joignit à la pratique de son art, l'étude de l'histoire et surtout de la géographie. Il mourut en 1690. — On a de lui : 1° *Description historique de la ville d'Amsterdam*; 2° *Histoire d'Hérodote et Vie d'Homère*; 3° *Description des îles d'Afrique*; 4° *Description des pays d'Afrique, de l'Égypte, de la Barbarie, de la Libye*, etc.; 5° *Description de l'empire de Tassing ou Chine*; 6° *Le Nouveau Monde inconnu, ou Description de l'Amérique et de la terre australe*; 7° *Description de la Perse et de la Géorgie*; 8° *Asie, ou Description de l'empire du Grand-Mogol et d'une grande partie de l'Inde*; 9° *Description de l'Asie, contenant la Syrie et la Palestine*; 10° *Description de l'Asie, contenant les pays de la Mésopotamie, Babylonie, Assyrie, Anatolie*; 11° *Description de la Morée et des îles de la mer Adriatique*; 12° *Description des îles de l'Archipel, de la mer Méditerranée*.

D'Artezet de la Sauvagère, né à Strasbourg en 1707, mort en 1781, a laissé une *Notice* sur l'abbaye de Sablonceaux, des *Recherches* relatives à saint Maxime, patron de Chinon; à saint Florent, solitaire du Mont-Glonne en Anjou, et d'autres *Mémoires* relatifs à divers points de la géographie ancienne et du moyen âge.

Davis (Samuel), Anglais, parcourut en 1829 et 1830 le Boutan, ou Boutan, grande province de l'Asie centrale qui touche au Tibet, et qui n'était presque pas connue des Européens. Car le Boutan, environné de tous côtés par des montagnes, est presque la Suisse de l'Asie. Samuel Davis utilisa son voyage au profit de la Géographie, en publiant une *Description* géographique du pays curieux qu'il avait visité. Nous croyons, du reste, que c'est la première qui ait été composée par un Européen.

Denis (Louis), géographe et cartographe, mort en 1795; auteur de plusieurs cartes et d'un pouillé historique et topographique du diocèse de Paris.

Derschau (F.), écrivain russe, s'est fait connaître par un ouvrage intitulé : *La Finlande et les Finlandais*, Leipzig, 1843, in-8°. — Ce livre donne sur la Finlande des notions tout à fait nouvelles et des détails particuliers.

Desfontaines (le professeur); membre de l'académie des sciences, entreprit en 1783 un voyage d'explorations scientifiques dans l'Afrique septentrionale, dans les régences de Tunis et d'Alger. Le savant voyageur enrichit singulièrement la science par ses observations et les détails qu'il a recueillis. Il visita toutes les villes qui aujourd'hui appartiennent à la France, telles que Bone, la Calle, Tlemcen, Mascara, Oran, Alger et Constantine. Il exécuta cinq voyages, et se procura des notions précieuses auxquelles les événements ont donné depuis un grand intérêt.

Désideri (Hippolyte), jésuite, né à Pistoie en 1684, mort à Rome en 1733, fut envoyé dans l'Hindoustan en 1712, et fut chargé d'une mission au Tibet : — Il traduisit en latin le *Kangior ou Saborin*, livre sacré des Tibétains; attribué à Zoukaba, saint personnage de ce peuple. Ses Lettres font connaître un peu le pays tout nouveau alors pour l'Europe; et beaucoup plus la religion de ces contrées, le bouddhisme.

Détré, jésuite français, né en 1668, fut envoyé dans l'Amérique espagnole en 1706, et nommé ensuite visiteur de toutes les missions du Maragnon, sur une étendue de plus de 4000 kilomètres. Après de constantes et laborieuses études, il parvint à traduire le catéchisme en dix-huit langues des divers peuplades qui étaient sous sa juridiction. — Il a laissé des renseignements neufs et curieux sur les tribus sauvages des deux rives du Maragnon ou Amazone. — On les trouve dans le tome XXIII des *Lettres édifiantes*, édition originale.

Deutsch (Jean-Rodolphe-Emmanuel) ; peintre et graveur suisse au XVIe siècle, auteur de plusieurs Cartes, et notamment de la carte de la Palestine, pour la cosmographie de Sébastien Munster, imprimée en allemand et en latin à Bâle en 1550, in-folio.

Devries (Martin-Gerritzon), navigateur hollandais, contribua, dans le XVIIe siècle, au progrès de la géographie. Il publia plusieurs ouvrages relatifs à ses voyages.

Diaz (Emmanuel); né à Castello-Branco, diocèse de Guarda en Portugal; entra dans la compagnie de Jésus et se rendit en Chine en 1601. Il y mourut en 1659, à 85 ans; laissant un *Traité sur la sphère*.

Diaz (François), religieux dominicain, né près de Toro en Castille; passa en 1632 aux Philippines et de là en Chine. Il mourut en 1646. — Diaz a composé un *Dictionnaire chinois-espagnol*, contenant sept mille cent soixante caractères.

Diaz (Pierre), jésuite espagnol, né à Lupia, diocèse de Tolède, en 1546, mort à Mexico en 1603, a écrit plusieurs *Lettres sur les missions de la compagnie de Jésus*, en Amérique, dans les années 1590 et 1591.

Dibbs (le capitaine), a fait en 1825, dans l'archipel de Mangi, au sein de l'Océan Pacifique vers les îles Sandwich, des explorations qui ont amené la découverte de plusieurs petites îles, telles que l'île de Manga, d'Ouaïtitalé, de Mittiero, de Wateo ou Ation, de Monti, de Rorotouga et de Rimatara. Toutes ces îles étaient habitées, et la population est aujourd'hui chrétienne méthodiste.

Dicquemare (l'abbé Jacques-François), professeur d'histoire naturelle et de physique au Havre, né en 1733, mort en 1789, a laissé une *Idée générale de l'astronomie*, et plusieurs Cartes.

Dicuil, géographe du IXe siècle. Sa patrie était l'Irlande, alors connue sous le nom de *Scotia*. Il était religieux, et pouvait être âgé de 50 à 60 ans. — Il est l'auteur du livre *de Mensura orbis terræ*, dont M. Walckenaer a donné une édition in-8° en 1807, et M. Letronne une autre en 1814, avec un commentaire sur l'état des connaissances géographiques au IXe siècle.

Dieffenbach (M. Ernest), a rédigé un ouvrage sur la géographie et la géologie de la Nouvelle-Zélande, Londres, 1843, 2 vol. in-8°, avec des planches. — Nous ne croyons pas que cet ouvrage ait été traduit en français, et il mérite cependant de l'être par les détails qu'il contient et qui doivent être pris en considération ; car l'auteur se montre observateur judicieux et attentif.

Dielhelm (Jean-Herman), géographe antiquaire allemand, exerçait la profession de perruquier à Francfort-sur-le-Mein, où il mourut en 1764. A force d'observations et d'études, il publia : 1° l'*Antiquaire du Rhin*, 1 vol. in-8°, Francfort, 1759 ; 2° l'*Antiquaire du Necker, du Mein, de la Lahn et de la Moselle*, 1 vol. in-8° ; 3° un *Dictionnaire général des rivières et des fleuves de l'Allemagne*, 1 vol. in-8° ; 4° l'*Antiquaire de l'Elbe*, etc., 1748, in-8°, Francfort ; 5° la *Description des villes, châteaux, bourgs, villages et couvents de la Vétéravie*, Francfort, 1784, in-8°, avec cartes.

Diereville, voyageur français, né à Pont-Lévêque, en Normandie, se rendit en Acadie en 1699. — Il publia une *Relation du voyage à l'Acadie, ou Nouvelle-France*, etc., Rouen, in-12. Cette description de l'Acadie est exacte, même encore aujourd'hui, sous le rapport géographique. Et, quoique l'on ait beaucoup écrit sur ce pays depuis un demi-siècle, nous préférons à tous ces ouvrages la relation de Diereville.

Dillon (N.), capitaine de vaisseau anglais, a entrepris un *Voyage*, en 1827 et 1828, *aux îles de la mer du Sud*. Ce voyage est surtout connu comme ayant eu pour résultat la découverte des débris des vaisseaux de Lapeyrouse.

Dobner (Gélase), né à Prague en 1749, mort en 1790, auteur des *Monuments historiques de Bohême* ; d'une *Dissertation sur l'origine de la nation bohémienne*, de *Notes savantes sur l'introduction du christianisme parmi les populations slaves*.

Dobritzhoffer (Martin), jésuite, mort en 1791, a écrit en latin une *Histoire des Abipores*, nation guerrière du Paraguay, avec cartes. — La géographie du Paraguay, de Buénos-Ayres, de la Terre des Missions, du Tucuman et du Chaco, y est traitée en détail.

Donis (Nicolas), bénédictin du XVe siècle, présenta au pape Paul II, en 1471, son édition de la Géographie de Ptolémée, avec une préface dédiée à ce pontife, et des cartes qui comprenaient le figuré du terrain et les noms des lieux ; ce qui était déjà une amélioration pour le temps.

Dubois (Abraham), voyageur français, est auteur des ouvrages intitulés : 1° *Voyages faits aux îles Dauphines ou Madagascar et Bourbon* ; 2° *Géographie naturelle, historique et politique, par une méthode nouvelle et aisée*, avec plusieurs Cartes. On ignore l'année de sa mort.

Ducros (de Sixt). M. Ducros est auteur d'une *Géographie comparée d'après la méthode analytique de l'abbé Gaultier*, Paris, 1843, 2 vol. in-12. — C'est un ouvrage élémentaire qui n'est pas sans mérite.

Duhalde, missionnaire jésuite en Chine, a composé une Description de cet empire. Cet ouvrage fait bien connaître ce singulier pays. On peut néanmoins reprocher à l'auteur de l'exagération sur les forces et la population de l'empire, ainsi que sur la civilisation chinoise, qui n'est qu'*une barbarie en toilette*.

Dupain-Triel (Jean-Louis), naquit à Paris le 26 nov. 1722. Il entra dans le corps des ingénieurs géographes, où il ne tarda pas à se distinguer ; il concourut à l'exécution de l'Atlas minéralogique. Dupain-Triel mit au jour plusieurs cartes et divers ouvrages de géographie dont le mérite fut apprécié par les hommes de science. Ses principaux écrits sont : 1° *Carte générale du cours des fleuves, des rivières et des principaux ruisseaux de France* ; 2° la *France connue sous les plus utiles rapports, ou Nouveau Dictionnaire de la France*, Paris, 1783, in-8° ; 3° *Recherches géographiques sur les différentes hauteurs des plaines de la France*. — Il vivait encore en 1804, mais on ne connaît pas l'époque certaine de sa mort.

Dupinet (Antoine), né à Baume-les-Dames au XVIe siècle, mort à Paris en 1584, calviniste, auteur d'un ouvrage intitulé : *Plants, pourtraits et descriptions de plusieurs villes et forteresses tant de l'Europe, Asie et Afrique que des Indes et terres neuves*, in-fol.

Duplessis (Michel-Toussaint-Chrétien), né à Paris, en 1689, mort en 1767, bénédictin de Saint-Maur. — Nous avons de lui une *Description géographique et historique de la Haute-Normandie* ; une *Description de la ville d'Orléans*. — Il est l'un des auteurs de la *Gallia Christiana*.

Duport (Gilles), né à Arles, en 1625, mort en 1650, prêtre de l'Oratoire, a laissé une *Histoire de l'Eglise d'Arles, de ses évêques et de ses monastères*, in-12.

Durand (François-Jacques), naquit en 1727 à Semalé, près d'Alençon. Il est auteur de l'ouvrage ci-après : *Statistique élémentaire, ou Essai sur l'état géographique, physique et politique de la Suisse*, Lausanne, 1795, 4 vol. in-12.

Durand (Jean-Baptiste-Léonard), né à Limoges, et mort en Espagne, en 1812, fit un voyage au Sénégal dans les années 1785 et 1786. La relation en parut à Paris, en 1807, in-4°, ou 2 vol. in-8°, avec un Atlas : ouvrage assez faible, surtout aujourd'hui. Cependant il contient le texte arabe des traités que l'auteur avait été autorisé à conclure par le gouvernement français avec les rois maures.

Durich (Fortunat), savant barnabite, né à Turnau en Bohême en 1730, mort en 1802. — Il est l'auteur d'un ouvrage intitulé : *Bibliotheca slavica antiquissimi dialecti communis et ecclesiasticæ Slavorum gentis*, in-8°, fort utile à la géographie des Églises slaves, et d'une érudition peu commune.

Durival (Nicolas-Luton), né à Commercy en 1723, mort en 1795. — Nous avons de lui une *Description de la Lorraine et du Barrois*, ouvrage de 20 années de recherches, exécuté avec goût et exactitude en 4 vol. in-4°, devenu rare. Il est aussi l'auteur d'une table alphabétique des villes, bourgs, villages et hameaux de la Lorraine et du Barrois, in-8°.

Dursteler (Gérard), né en Suisse (canton de Zurich), en 1678, mort en 1766, ministre protestant, auteur de l'*Histoire diplomatique des abbayes, couvents et ordres religieux de la ville et du canton de Zurich, jusqu'à la Réforme* : ouvrage bon à consulter pour la géographie ecclésiastique de la Suisse.

Dutemps (Jean-François-Hugues), docteur de Sorbonne, né en 1745 à Reugney, dans la Franche-Comté, mort à Paris en 1811, auteur du *Clergé de France, ou Tableau historique et chronologique des archevêques, évêques, abbés et abbesses du royaume*; Paris, 1774 et 1775, in-8°. Il n'a paru que 4 vol., qui comprennent 11 archevêchés et leurs suffragants.

Dutertre (Jean-Baptiste), dominicain, né à Calais, en 1610, mort en 1687, missionnaire aux Antilles, auteur d'une *Histoire générale des Antilles habitées par les Français*, avec cartes, etc., 4 vol. in-4°, Paris, 1667 et 1671. C'est le premier ouvrage écrit par un Français sur les Antilles. Les géographes et les naturalistes l'ont souvent mis à contribution, parce qu'il est exact et véridique.

Duval (Pierre), né à Abbeville en 1618, mort en 1683, géographe et cartographe. — Il a composé des *Tables géographiques de tous les pays du monde*, in-12, 1651 ; une *Description de l'évêché d'Aire en Gascogne*, in-12; des *Mémoires géographiques*, in-12, et enfin une *Géographie universelle*, etc., etc.

Duverdier (Gilbert-Saulnier), mort en 1686, à l'hôpital de la Salpêtrière, auteur d'une *Description géographique de la France*, in-8°, 1639.

E

Ebel (Jean-Godefroi), naquit à Zullichau en Prusse, le 6 octobre 1768. Il se rendit, à peine âgé de 16 ans, à l'université de Francfort-sur-l'Oder, où il étudia la médecine et l'histoire naturelle. Il est l'auteur d'un ouvrage connu en France sous le titre de *Guide du voyageur en Suisse*. De 1798 à 1802, il commença la publication d'un ouvrage intéressant, resté inachevé, sous le titre de *Tableau des montagnes de la Suisse*. Il fit aussi un ouvrage sous ce titre : *Idées sur l'organisation du globe terrestre et sur les changements violents qu'a subis sa surface*. Son dernier ouvrage est le *Voyage pittoresque par les nouvelles routes du canton des Grisons*. Il mourut le 8 octobre 1830.

Ebert (Adam), né en 1686, à Francfort-sur-l'Oder, mort en 1735, parcourut l'Allemagne, la Hollande, l'Angleterre, la France, l'Espagne et l'Italie. — Il a écrit la relation de ces voyages.

Echard (Laurent), né en 1671 dans le comté de Suffolk, à Barsham, mort en 1730, ministre anglican; auteur d'une *Histoire générale ecclésiastique depuis la naissance du Christ jusqu'à l'établissement du christianisme sous Constantin*, in-folio : ouvrage bon à consulter pour la géographie ecclésiastique des premiers siècles, mais avec prudence.

Eckard (Jean-George d'), né à Duingen, dans le Brunswick, en 1674, mort en 1730; auteur de plusieurs savants ouvrages, utiles à consulter pour la géographie de l'Allemagne, et entre autres de : *Commentarii de rebus Franciæ orientalis et episcopatus Wiceburgensis*, 1729, 2 vol. in-folio.

Ecker (Jean-Alexandre), médecin, né à Trinitz en Bohême, en 1766. Il est auteur d'une *Description et usage d'une nouvelle carte du monde en 2 hémisphères* ; Vienne, 17, 4, in-8°.

Eddy (J.-H.), géographe américain, né à New-York en 1784, mort en 1817; auteur de plusieurs Cartes estimées et de divers Mémoires sur des questions géographiques.

Edmer ou *Eadmer*, savant bénédictin anglais, disciple de saint Anselme, archevêque de Cantorbéry, mort en 1137; auteur de plusieurs ouvrages, comme *Historia novorum*, Vies de saint Anselme, de saint Dunstan, de saint Wilfrid, etc., ouvrages utiles à la géographie ecclésiastique du moyen âge.

Edrisi (Abou-Abdallah-Mohammed-ben-Mohammed-al-), né à Ceuta en 493 de l'hégire (1099 après J. C.), Arabe musulman, géographe et cartographe, vécut à la cour de Roger, roi de Sicile. Il exécuta pour ce prince un Globe terrestre d'argent, du poids de 800 marcs. — Il composa une *Géographie* sur laquelle les géographes ont vécu plusieurs siècles. Son système géographique était en général celui de Strabon, modifié par les découvertes faites par les Arabes dans leurs expéditions militaires et commerciales.

Egede (Jean), missionnaire danois au Groënland, né en 1686, mort en 1758 dans l'île de Falster. — Sa *Description géographique du Groënland*, in-4°, Copenhague, 1729, est un ouvrage curieux par les détails et précieux par leur exactitude.

Egede (Paul), fils de Jean, né en 1708, missionnaire comme lui et évêque luthérien du Groënland.

mort en ce pays en 1789. Il est auteur d'un ouvrage intitulé : *Relations du Groënland*, in-12, Copenhague, 1789. — On trouve dans cet ouvrage des particularités curieuses sur cette contrée et sur sa conversion au christianisme.

Eggs (Jean-Ignace), capucin, connu sous le nom du Père Ignace de Rheinfeld, né en cette ville en 1618, missionnaire en Orient, mort à Lauffenbourg en 1702; auteur d'une *Description de toutes les missions apostoliques de l'ordre des Capucins*, Constance, in-4°.

Ehingen (Georges d'), né en Souabe au commencement du XVe siècle, a écrit une *Relation des voyages* qu'il avait faits en Europe, en Afrique et en Asie. — Cette Relation n'a été imprimée que 150 ans après sa mort, à Augsbourg, et on l'a fort abrégée; car elle ne contient que 4 feuilles d'impression. Il y a des portraits dessinés avec un grand soin.

Ehrenmalm (Arvid), savant suédois du XVIIIe siècle. — Son *Voyage dans le Nordland oriental*, fait en 1741, 1 vol. in-8° avec carte, Stockholm, est estimé parce qu'il fait parfaitement connaître la Laponie.

Eichhof (Cyprien), vivait au commencement du XVIIIe siècle. — Il a composé plusieurs Itinéraires géographiques avec cartes, par exemple, celui de l'Italie, de l'Allemagne, de l'Espagne, etc. Les écrivains postérieurs lui ont beaucoup emprunté sans le citer. Ces Itinéraires sont généralement exacts et assez complets.

Eichhorn (Jean-Godefroi), né le 16 octobre 1752, à Dœrrenzimmern, dans la principauté de Hohenlohe-Œhringen, professeur à l'université d'Iéna et de Gœttingue, savant orientaliste allemand. Ce laborieux professeur a publié un très-grand nombre d'ouvrages qui ont fait sensation en Allemagne. Nous ne citerons ici que l'*Histoire du commerce des Indes orientales avant Mohammed*, in-8°, Gotha, 1775, et les *Monuments les plus anciens de l'histoire des Arabes*, in-8°. Ce savant est mort en 1827.

Ekeberg (Gustave), né en Suède, et mort en 1784, capitaine suédois; auteur d'un *Voyage aux Grandes-Indes* dans les années 1770 et 1774, Stockholm, 1773.

Engelhardt (Charles-Auguste), écrivain allemand, né le 4 février 1768 à Dresde, et mort le 28 janvier 1834. Il est auteur de divers ouvrages, entre autres : *Tableaux tirés de l'histoire d'Allemagne, à l'usage de la jeunesse*; *Histoire des pays qui composent l'électorat et les duchés de Saxe*; *Voyages pittoresques en Saxe*; *Voyage géographico-statistique en Italie*; *Feuille hebdomadaire géographique*, etc.

Entrecasteaux (Joseph-Antoine-Bruno d'), marin célèbre, né à Aix en 1740, mort en 1793; auteur d'un *Voyage à la recherche de la Peyrouse*, Paris, 2 vol. in-4°, avec un Atlas. — Cette expédition est très-remarquable par les nombreuses découvertes qui l'ont signalée.

Erhman. M. Erhman, naturaliste et voyageur, est le fils du savant Erhman de Berlin. Il visita, en 1828, 1829 et 1830, les vastes solitudes de l'Asie et de l'Amérique septentrionale. Les lettres qu'il écrivit pendant son voyage sont remplies de notions nouvelles sur la Sibérie et la frontière chinoise.

Ersch (Jean-Samuel), né en 1766 à Glogau en Silésie, devint professeur de géographie et d'histoire moderne à l'université d'Iéna. Il est mort en 1828, à 62 ans. Ses nombreux ouvrages sont écrits en allemand. Il est auteur d'un Répertoire des recueils périodiques concernant la géographie et les sciences qui s'y rapportent. Ce répertoire forme 3 vol. in-8°, qui ont paru en 1790 et 1792.

Expilly (l'abbé J.-Jos.), né à Saint-Remi en Provence en 1719, mort en 1793; auteur d'une *Cosmographie*, d'un *Dictionnaire géographique et historique des Gaules et de la France*; du *Manuel du Géographe*; de la *Topographie de l'univers*.

Eyriès (J.-B. Ben.), né à Marseille en 1767, savant géographe, traducteur de beaucoup d'ouvrages étrangers relatifs à la géographie, et de Mémoires concernant divers points géographiques. — Il a contribué plus que personne, pendant sa longue carrière (car il est mort dernièrement octogénaire), aux progrès des sciences géographiques.

F

Faber (Felix), dominicain et voyageur, né à Zurich en 1441. Il fit un ouvrage sous ce titre : *Relation du voyage à la terre sainte et à Jérusalem, et du retour.* — Ce voyage est un des plus anciens qui aient été imprimés, et certainement un des meilleurs.

Fabri (Felix-Schmid), dominicain à Ulm, a écrit en latin les voyages qu'il fit dans la Palestine, la Syrie et l'Egypte.

Faesi (Jean-Conrad), né à Zurich en 1727, mourut curé à Flaach, village près de Schaffouse en 1790. Ecrivain laborieux, il a publié un grand nombre d'ouvrages dont les principaux sont : 1° *Description géographique et statistique de la Suisse*; 2° *Mémoires sur divers sujets de l'histoire ancienne et moderne*.

Falckenstein (Jean-Henri de), naquit en 1682 et mourut à Schwabach le 5 février 1750. Ses principaux ouvrages sont : 1° *Deliciæ topo-geographicæ Noribergenses*; 2° *Antiquitates et memorabilia Marchiæ Brandenburgicæ*.

Farnham (Thomas), voyageur anglais, auteur d'un *Voyage dans les Montagnes Rocheuses et dans l'Orégon*, Londres, 1843, 2 vol. in-8°. — Cet ouvrage donne des détails intéressants sur cette partie de l'Amérique septentrionale, si vaste et si peu connue en Europe.

Felice (Fortuné-Barthélemy de), né à Rome en 1723, mort en 1789, auteur d'un *Dictionnaire géographique de la Suisse*, 2 vol. in-8°.

Ferlet (Edme), en 1801, auteur d'*Observations géographiques*, etc., sur les ouvrages de Tacite, 2 vol. in-8°, avec cartes géographiques.

Ferrière (Al. de), auteur d'une *Analyse de la Statistique générale de la France*, 2 vol. in-8°, 1803 et 1804, ouvrage publié avec l'autorisation du ministre de l'intérieur.

Flinders (Matthieu), né à Donington dans le Lincoln-Shire, mort en 1814, navigateur et géographe anglais, auteur d'un *Voyage à la Nouvelle-Hollande* et d'un Atlas.

Folger (V.-F.), a composé un *Guide pour l'instruction dans la géographie et l'ethnographie*, grand in-8° avec trois tableaux, Hanovre, 1830. Un catalogue très-bien fait et des tableaux généalogiques facilitent l'usage de cet ouvrage, dont l'auteur est digne d'éloge.

Forbes, voyageur anglais, né en 1748, a publié des *Voyages en Asie, en Afrique et en Amérique*, avec des *Observations sur le caractère des Hindous, au point de vue du christianisme*.

Forrest (le capitaine), navigateur anglais, fit, en 1774 et en 1775, aux Moluques et à la Nouvelle-Guinée, un voyage qu'il publia à son retour en Angleterre. Quoique les navigateurs portugais et espagnols eussent abordé plusieurs fois à la Nouvelle-Guinée, on avait encore très-peu de renseignements sur cette grande île.

Forster (Georges), voyageur et géographe anglais, mort dans l'Hindoustan en 1792, auteur d'un *Voyage dans l'Hindoustan, dans le Kaboul, ou Afghanistan, et dans les provinces voisines de la mer Caspienne*. Il a laissé aussi un *Mémoire sur la mythologie et les mœurs des Hindous*.

Forster (Jean-Reinhold), né en 1729 dans la Prusse polonaise, mort en 1778, auteur du *Voyage autour du monde avec le capitaine Cook*.

Fosbroke, auteur anglais, a écrit un ouvrage curieux sur les monastères d'Angleterre.

Fra Mauro, composa, de 1457 à 1459, sa fameuse Mappemonde, ouvrage prodigieux pour le temps; elle est peinte sur parchemin, elle a en hauteur un mètre 75 centimètres, en largeur un mètre 93 centimètres; elle s'est conservée avec tout l'éclat de ses peintures, on en possède plusieurs copies. Ce savant avait, comme tous les grands géographes, cet instinct d'intuition qui fait voir au travers des renseignements la vérité plus exacte même que le voyageur ne l'a rendue.

Freminville (le chevalier de), capitaine de frégate, a rédigé un *Abrégé historique et chronologique des principaux voyages de découvertes par mer, depuis l'an 2000 avant J.-C. jusqu'au commencement du XIXᵉ siècle*, in-8°, Paris, 1829, imprimerie royale. Ce travail est fait avec habileté et précision.

Freycinet (Louis-Claude-Desaulses de), né à Montélimar en 1779, a fait, de 1817 à 1820, sur la corvette l'*Uranie*, un voyage de découvertes aux terres australes. Ce voyage a été imprimé par ordre du gouvernement. M. de Freycinet s'était surtout appliqué à recueillir des notions sur les tribus sauvages des terres australes, pour les comparer à d'autres familles du genre humain, et venir ainsi en aide à la science anthropologique, à l'histoire naturelle de l'homme.

Frézier (Amédée-François), ingénieur, né à Chambéry en 1682, mort en France en 1773. — Nous avons de lui une *Relation du voyage de la mer du Sud aux côtes du Chili et du Pérou, fait pendant les années 1712, 1713 et 1714*; Paris, 1716, in-4°, avec cartes et fig. Il avait été chargé par Louis XIV d'aller visiter l'Amérique espagnole, et cette Relation est le résultat de son voyage. — C'est lui qui apporta du Chili en France la grosse fraise, dite fraise-ananas.

Fries (Jacques-Frédéric), né en 1773 à Barby, en Prusse, professeur en 1816 de philosophie théorétique à l'université d'Iéna, s'est fait remarquer par un *Manuel d'anthropologie* en deux vol., 1820-1821. Il a publié plusieurs autres ouvrages, par exemple, un *Système complet de philosophie* en plusieurs vol.

Fritz (Samuel), jésuite, né en Bohême en 1653, mort en 1728, alla comme missionnaire au Pérou en 1685. Ses observations le mirent en état de dresser une carte du Maragnon (fleuve des Amazones), dont La Condamine a dit que c'était un morceau précieux et unique. Le P. Fritz avait lui sé aussi un journal, qui est resté dans les archives du collége des Jésuites de Quito. Il est à regretter pour la science géographique que ce journal n'ait pas été publié.

Frœlich (David), né à Kesmark, dans la haute Hongrie, a publié les ouvrages suivants : *Medulla geographiæ practicæ* ; *des anciens habitants allemands de la Hongrie, du comté de Lips et de la Transylvanie*, Leutschau, 1641, in-4°, en allemand.

Froes (Louis), jésuite et missionnaire portugais, né à Reja en 1528, mort en 1597; auteur d'une *Historia de Japon*, en trois parties. Dans la première il est parlé du climat et des latitudes. Cet ouvrage est aussi recommandable par le style que par les notices curieuses et exactes qu'il contient. Il est resté manuscrit.

Froger (François), ingénieur français, né en 1676; auteur d'une *Relation d'un voyage fait en 1695, 1696 et 1697 aux côtes d'Afrique, détroit de Magellan, Brésil, Cayenne et aux Antilles*, à Paris, 1698, in-12, avec cartes. — Les descriptions et les cartes sont estimées même aujourd'hui.

Furgault (Nicolas), professeur-émérite à l'université de Paris, naquit en 1706 à Saint-Urbain, près Châlons-sur-Marne, et mourut en 1795. Il fit ses études à Troyes, vint les perfectionner à Paris, et fut d'abord régent de sixième au collège Mazarin. Il s'éleva successivement dans l'enseignement, où il a laissé une réputation de savoir et d'intelligence. Il a composé plusieurs ouvrages, et entre autres un *Dictionnaire d'antiquités grecques et romaines*, petit in-8°, et un *Dictionnaire géographique, historique et mythologique*, in-8°, Paris, 1778.

Fyot de la Marche (Claude), abbé de Saint-Etienne de Dijon, né en cette ville en 1630, mort en 1721; auteur de l'*Histoire de l'Eglise de Saint-Etienne de Dijon, avec les preuves et le pouillé des bénéfices dépendants de cette abbaye*; Dijon, 1695, in-fol. Ce livre est bien écrit, et peut être consulté avec utilité pour la géographie ecclésiastique.

G

Gage (Thomas), né en Irlande à la fin du XVIe siècle, mort à la Jamaïque en 1654. Religieux dominicain d'abord, il passa plus de 20 ans dans l'Amérique espagnole, qu'il étudia ; de retour en Angleterre, il abjura le catholicisme pour l'anglicanisme. — Il a composé une *Description des Indes occidentales* (l'Amérique espagnole du Centre et du Nord).

Gail (Jean-Baptiste), né à Paris en 1755, mort en 1829. Nous ne le citons pas ici comme helléniste, mais comme géographe, pour sa *Géographie d'Hérodote*.

Galanus (Clément), zélé et savant missionnaire théatin, naquit à Sorrento dans le royaume de Naples. — Il fit un ouvrage sous ce titre : *Conciliation de l'Église arménienne avec l'Église romaine sur les témoignages des Pères et des docteurs arméniens*. On lui doit encore une grammaire sous ce titre : *Grammaticæ et logicæ institutiones linguæ litteralis armenicæ, addito vocabulario armeno-latino dictionum scholasticarum*.

Gali (François), navigateur espagnol au XVIe siècle, explorateur de la côte ouest de l'Amérique espagnole. Il a laissé une *Relation* de ses recherches, qui a été traduite en hollandais, en français et en anglais. — Gali était un navigateur expérimenté et doué du talent de bien observer.

Galletti (Pierre-Louis), né à Rome en 1724, mort en 1790, évêque de Cyrène, auteur de *Mémoires relatifs à la géographie topographique de Rome et des États de l'Église*.

Gamba (le chevalier Jacques-François), voyageur, né à Dunkerque en 1763. Il visita successivement la Russie méridionale, les déserts de la mer Caspienne et les provinces du Caucase. Il fut consul de France à Tiflis sous la restauration. Il a laissé un *Voyage dans la Russie méridionale et particulièrement dans les provinces situées au delà du Caucase*, 2 vol. in-8°, avec cartes géographiques. — Cet ouvrage est estimé, même après le voyage de M. Hommaire de Hell dans les mêmes contrées.

Garbet (le colonel), officier au service de la Russie, a publié une *Description des régions situées à l'occident de la mer Caspienne*. Cette description renferme des notions intéressantes sur les divers peuples qui habitent ces contrées, si peu connues des Européens, et qui conservent toujours leur physionomie particulière et caractéristique, malgré les guerres et les révolutions politiques.

Garcia (Gregorio), de l'ordre de Saint-Dominique, composa en 1626, un ouvrage sous ce titre : *Historia ecclesiastica y secular de las Indias*. Cette histoire ecclésiastique fournit des renseignements à la géographie religieuse et monastique de l'Amérique. Il est à regretter qu'elle n'ait pas été continuée.

Garcias (Grégoire), religieux dominicain, est né en 1554 à Cozar en Andalousie. — Il publia un ouvrage sous ce titre : *Origine des Indiens du nouveau monde*, avec un discours sur les opinions relatives à ce sujet. Il fit encore un autre ouvrage sous ce titre : *Essai chronologique pour l'histoire générale de la Floride*. — On a encore de Garcias : *Prédication de l'Évangile dans le Nouveau Monde*.

Gaspari (Adrien-Chrétien), né à Schleusingen en 1752, mort en 1830, auteur d'un livre sur *l'Enseignement de la géographie et sur les moyens propres à le faciliter* ; d'un *Manuel complet de géographie moderne* ; d'un *Almanach universel de géographie et de statistique*.

Gelder (Jacques de), célèbre physicien hollandais, né en 1770, professeur de mathématiques au collège de Delft ; auteur d'une *Géographie mathématique*, 2 vol. in-8° ; d'une *Géographie du royaume de Hollande*, in-8°.

Gemelli-Careri (Jean-François), voyageur célèbre, est né à Naples, en 1651, d'une famille qui tenait un rang distingué. Il parcourut rapidement l'Italie, la France, l'Angleterre, la Belgique, la Hollande, l'Allemagne, et servit comme volontaire en Hongrie, en 1687. Il vit ensuite le Portugal et l'Espagne, en 1689, et publia la relation de ses courses. Il parcourut presque toutes les contrées du monde et fit un ouvrage intitulé : *Voyage autour du monde*.

Gentil (Jean-Baptiste-Joseph), né à Bagnols, le 25 juin 1726, et mort au même lieu, le 13 février 1799. — Il est auteur d'un *Abrégé de Géographie de l'Inde*, et d'une *Histoire métallique de cette contrée*.

Georg (Jean-Michel), né à Bischoffgrün, bourg de la régence prussienne de Baireuth, en 1740, de parents pauvres et malheureux, s'éleva de lui-même par son travail et son intelligence. Il a composé un *Dictionnaire*, une *Grammaire* de la langue wende et une *Mythologie* de cet ancien peuple, écrite dans sa langue.

Georgiewitz (Barthélemy), voyageur hongrois, est auteur de l'ouvrage intitulé : *Voyage de Jérusalem avec la description des cités, villes, etc., de l'État de l'empereur des Turcs*.

Georgisch (Pierre), savant publiciste allemand, né en 1698, mourut à Dresde en 1744. — Il a publié les ouvrages suivants : 1° *Essai d'une introduction à l'histoire et à la géographie romaine* ; 2° *Corpus juris germanici antiqui, quo continentur leges Francorum Salicæ et Ripuarium, Alamannorum, Boiuariorum, Burgundionum, Frisiorum*, etc.

Géramb (le P. J. de) du couvent de la Trappe, a écrit la relation du pèlerinage qu'il fit en 1831, à Jérusalem et au mont Sinaï. Cette relation a paru à Paris, in-8°, en 1836, et à Tournay, in-12, en 1855. — On connaît le mérite et la piété de ce religieux, qui, avant d'entrer en religion, était général autrichien et chambellan de l'empereur François II.

Gérard (J.-C.), fit en 1829 une excursion dans les montagnes qui avoisinent Ladak (Asie centrale). La rigueur du climat rendit cette expédition désastreuse ; mais elle n'en fut pas moins utile pour la géographie de cette contrée. M. Gérard rencontra, à une hauteur de plus de 5000 mètres, des Tartares avec leurs tentes noires, leurs chevaux et leurs chiens. Il se trouva à trois journées de marche de l'Indus, mais il n'eut pas la satisfaction de contempler ce fleuve solitaire et mystérieux. Il parvint, dans cette exploration, à réunir une magnifique collection de coquilles et d'échantillons de roches coquillères à des hauteurs de 4 à 5000 mètres. En descendant dans les vallées, il eut occasion de visiter plusieurs monastères de Lamas, dans lesquels il déclare avoir été bien accueilli. La relation de son voyage fut communiquée, en 1830, à la société asiatique de Calcutta.

Gibrat (Jean-Baptiste), prêtre de la doctrine chrétienne, né aux Cabanes, près de Cordes, diocèse de Tarbes, en 1722, mourut à Castelnaudary, en décembre 1803. Il a publié plusieurs ouvrages, parmi lesquels on peut citer : 1° Une *Géographie moderne*, dont il y a eu 7 éditions ; 2° une *Géographie ancienne*, sacrée et profane.

Giorgi (Antoine-Augustin), religieux augustin, naquit en 1711, à Santo-Mauro, près de Rimini. Après avoir professé la théologie au grand collége de Bologne, il mourut en 1797, en laissant un alphabet tibétain, compilation immense qui suppose autant de travail que d'érudition.

Godefroy, surnommé de Viterbe, où il naquit, chapelain et secrétaire des empereurs Conrad III, Frédéric Ier et Henri IV. Il mourut abbé du monastère de Gottwich en Autriche. — Nous avons de lui une *Chronique* qui commence à Adam et finit à 1186, 2 vol. in-folio. Il avait pour son temps une érudition très-vaste. Cette chronique a pour titre : *Godefridi, abbatis Gotwicensis, Chronicon Gotwicense*, 1732.

Godwin (François), né en 1561, à Havington, au comté de Northampton, évêque de Héreford, a publié un *Catalogue des évêques anglais depuis l'établissement de la religion chrétienne en Angleterre*, etc., etc., 1601, in-4°.

Goelnitz (Abraham), géographe né à Dantzig dans le XVIIe siècle, a publié plusieurs ouvrages estimables. On connaît de lui les suivants : 1° *Ulysses Gallico-Belgicus, per Belgium, Hispaniam, regnum Galliæ, ducatum Sabaudiæ, Taurinum usque Pedemontis metropolim*. 2° *Compendium geographicum succincta methodo adornatum*. On ignore l'époque de sa mort. Le *Compendium* parut à Amsterdam en 1643.

Goetz ou *Goez* (André), né à Nuremberg, en 1698, et mort en 1780; auteur de plusieurs ouvrages et de *l'Introductio in geographiam antiquam in x tabb. geogr.*, Nuremberg, 1729.

Gomara (François Lopez de), né en 1510 à Séville, a composé une histoire de la Nouvelle-Espagne, et des Américains, dits improprement Indiens.

Gordon (Alexandre), antiquaire et artiste écossais du XVIIIe siècle. Il mourut en l'an 1750. — On a de lui : 1° *Itinerarium septentrionale*, ou Voyage dans plusieurs parties des comtés de l'Ecosse et du nord de l'Angleterre ; 2° Supplément à l'itinéraire général.

Gordon (Patrice), géographe anglais, auteur d'une *Grammaire géographique*, ou plutôt d'une analyse exacte et courte du corps entier de la géographie moderne, in-8°, 1748. L'idée est originale, l'exécution, sans être brillante, est ingénieuse.

Gouge (Thomas), né à Dieppe en 1650, mort à Paris en 1725, auteur du *Recueil d'observations physiques et mathématiques* pour servir à la perfection de l'astronomie et de la géographie, envoyées de Siam par les jésuites missionnaires.

Gourgues (Dominique de), né à Mont-de-Marsan au XVIe siècle, mort à Tours en 1593 ; auteur d'un *Voyage dans la Floride* et d'une description de cette contrée, in-4°, ouvrage assez rare.

Gourné (l'abbé Pierre-Mathias de), né à Dieppe en 1702, mort en 1770, est l'auteur d'une *Description géographique des provinces de France* ; d'une *Description de l'Espagne et du Portugal* ; d'une *Introduction à la géographie ancienne et moderne*. Il a composé également un livre sur le choix des cartes géographiques, et un *Essai sur l'histoire de la géographie*. Ces divers ouvrages sont remplis de goût, et l'auteur était aussi laborieux que judicieux. On a prétendu que l'*Essai sur l'histoire de la géographie* avait donné à Malte Brun l'idée de son *Histoire des progrès de la géographie*. Si le fait était vrai, mais nous en doutons, Malte Brun n'aurait pas imité le goût de son inspirateur ; car, outre qu'il manque souvent à la justice en ne signalant pas les services rendus à la géographie par les missionnaires catholiques, son ouvrage est écrit d'un bout à l'autre en style boursouflé.

Gouvéa (Antoine), né en 1575 à Réja en Portugal, mort en 1628; auteur d'une *Histoire orientale de l'Eglise catholique*, in-fol. : ouvrage utile à la géographie de l'Eglise en Orient.

Gouréa (Antoine de), jésuite portugais, né en 1592, à Casale, diocèse de Vimeu, a laissé les ouvrages suivants : *Asia extrema*, *Histoire de la compagnie de Jésus en Chine* : livres bons à consulter pour la géographie de l'Eglise dans l'Asie orientale.

Gozoni, jésuite, missionnaire en Chine, auteur d'un *Mémoire* en 1704, contenant des détails intéressants sur l'existence d'une colonie de juifs à la Chine.

Graaf (Nicolas de), voyageur hollandais au XVIIe siècle ; auteur d'un *Voyage aux îles de la Sonde, dans l'Asie méridionale et orientale*.

Grandidier (l'abbé Philippe-André), né à Strasbourg en 1752, chanoine de la cathédrale. A 24 ans, il publia les deux premiers vol. de l'*Histoire ecclésiastique d'Alsace*. Mort à l'abbaye de Lucelle, à 34 ans, en 1787. A l'âge de 25 ans, il était membre de vingt-une académies. Il a écrit l'*Histoire de l'évêché et des évêques de Strasbourg* ; 2 vol. seuls ont paru. Cet ouvrage dénote une véritable science de la part de l'auteur. Il a composé des *Essais historiques et topographiques sur l'église cathédrale de Strasbourg*, in-8°, livre rempli d'érudition. — L'abbé Grandidier fut un des principaux rédacteurs de la

Germania sacra. Il a laissé à juste titre la réputation d'un des ecclésiastiques les plus savants et les plus laborieux du xviiie siècle.

Grandpré (le comte Louis-Mar.-Joseph de), né à Saint-Malo en 1761. On a de lui une *Géographie élémentaire physique* avec un *Dictionnaire universel de géographie maritime*.

Grant (Charles), naquit en Écosse, l'an 1746. Il mourut le 31 octobre 1823. Il est l'auteur d'un ouvrage intitulé : *Observations sur l'état social des sujets asiatiques de la Grande-Bretagne*.

Grappin (Pierre-Philippe), naquit le 1er février 1758, à Ainvelle-lez-Conflans, bailliage de Vesoul. Il est l'auteur de deux volumineux Mémoires sur les abbayes de Luxeuil et de Faverney. Il mourut le 20 novembre 1833.

Grassi (Joseph), naquit à Turin le 30 novembre 1779. Il composa un ouvrage connu sous le titre d'*Aperçu statistique de l'ancien Piémont*, in-4°. Il devint aveugle en 1825, et mourut subitement à Turin, le 22 janvier 1831.

Gravina (Dominique), né à Naples vers 1580. On lui attribue un ouvrage ainsi nommé : *Vie de saint Grégoire, archevêque et primat d'Arménie*, avec un tableau de l'état de la religion dans ce pays.

Gray (Robert), évêque anglican de Bristol, naquit à Londres en 1762. Il a publié des *Lettres* écrites pendant un voyage en Allemagne, en Suisse et en Italie, avec des observations sur la géographie, la littérature et la religion de ces pays. L'auteur s'y montre fidèle à l'esprit passionné et haineux de l'anglicanisme pour la religion catholique.

Gregg (J.), Américain, auteur d'un *Voyage dans les prairies, occidentales et dans le nord du Mexique*, in-8°, 2 vol. avec planches et cartes; ouvrage curieux et utile par ses remarques neuves et ses observations géographiques, New-York, 1844.

Gregorii (Jean-Godefroi), infatigable géographe et compilateur allemand, vécut dans la première moitié du xviiie siècle. Voici les titres de quelques-uns de ses ouvrages : 1° *Geographia novissima*, ou Description de la terre, des pays et des villes; 2° *Orographia*, ou description des principales montagnes en Europe, en Asie, en Afrique et en Amérique.

Grillet (l'abbé Jean-Louis), savant et laborieux écrivain, né en 1756, à la Roche en Savoie, mort en 1812; auteur d'*Éléments de géographie adaptés à l'histoire de Savoie*, Chambéry, 1788, in-8°. Il a publié encore un *Recueil de mémoires et de titres pour servir à l'histoire du diocèse de Genève*, 2 vol. in-folio.

Grozier (l'abbé), savant aussi modeste que laborieux, a composé une *Description générale de la Chine*. L'ouvrage est louable assurément. Nous reprocherons néanmoins à l'auteur de s'être un peu laissé séduire par tout le brillant clinquant de la Chine, et d'avoir exagéré sa population ainsi que sa prétendue civilisation.

Guéritault, de Nantes, a fait plusieurs voyages aux Philippines dans les années 1824, 1825 et 1826. M. Guéritault a rédigé la relation de ces voyages, et y a joint une notice sur la petite île de Singapore, à l'extrémité sud de la péninsule Malaye. Elle donne son nom au détroit sur lequel elle se trouve. Les Anglais en prirent possession en 1816; mais ce ne fut qu'en 1819 qu'on commença à y bâtir des maisons, des baraques et des forts. Aujourd'hui la ville de Singapore compte près de 100,000 habitants.

Guettard (Jean-Étienne), médecin naturaliste, et l'un des hommes qui ont le plus contribué à répandre en France le goût de la minéralogie, naquit à Étampes le 22 septembre 1715. Il est auteur des ouvrages intitulés : 1° *Mémoire sur la nature et la situation des terrains qui traversent la France et l'Angleterre*; 2° *Atlas et description minéralogique de la France*. Il mourut à Paris le 8 janvier 1786.

Guido, était un prêtre de la ville de Ravenne, qui vivait dans le ixe siècle, et non pas dans le viie, comme on l'a dit par erreur. Il a composé une Géographie à laquelle il n'a pas mis son nom, et qui est connue sous le titre de : *Géographie de l'Anonyme de Ravenne*.

Guldenstaedt (Jean-Antoine), médecin et géographe russe au xviiie siècle, a laissé des Mémoires géographiques sur les pays situés entre la mer Noire et la mer Caspienne. Ces Mémoires ne manquent pas d'intérêt, et aujourd'hui encore il convient de s'y reporter; car la physionomie des contrées qui y sont décrites n'a pas changé. Les populations du Caucase, malgré l'invasion et la guerre permanente de la Russie, n'ont rien perdu de leur caractère indépendant, original et romanesque.

Gumila, missionnaire espagnol, fut attaché, dans le siècle dernier, aux missions des bords de l'Orénoque. On sait que les deux rives de ce fleuve sont successivement parcourues par les tribus fort variées des Indiens, qui ne peuvent s'en éloigner, et qui meurent lorsqu'ils ne voient plus les eaux jaunâtres de leur fleuve chéri. Le P. Gumila, tout en s'efforçant d'inspirer quelques idées chrétiennes à ces pauvres sauvages, recueillit une foule de renseignements sur le cours du fleuve, sur les pays qu'il arrose, sur leurs productions, sur la fertilité qu'il leur procure et sur les ravages qu'il exerce lors du débordement de ses eaux. Ces recherches rendirent le missionnaire plus vénérable aux Indiens, et ils s'attachèrent d'autant plus à lui qu'il paraissait s'attacher davantage à l'Orénoque. C'est ainsi que le P. Gumila composa l'histoire naturelle et géographique de ce fleuve : travail tout à fait remarquable et que rien jusqu'à ce jour n'a remplacé.

Guthrie (William), Écossais d'origine, appartient au siècle dernier. Il est l'auteur d'une *Géographie universelle du globe*, en 9 vol. in-8°, avec un atlas in-folio. La composition de cet ouvrage l'occupa une partie de sa vie; elle porte le cachet de l'esprit et des opinions religieuses de l'auteur. Le livre a obtenu

H

Haldingham (Richard), vers la fin du xive siècle, peignit sur l'autel de la cathédrale d'Hereford une carte qu'on suppose représenter l'itinéraire des Israélites depuis Socoth jusqu'à Jéricho.

Halkett (John), e.q., voyageur écossais. L'ouvrage publié en 1825 par cet auteur est intitulé : *Notes historiques concernant les Indiens de l'Amérique septentrionale, avec des remarques sur les tentatives faites pour les convertir et les civiliser.* Ce livre n'a pas été traduit en français, et nous le regrettons ; car il est intéressant et utile. John Halkett commence par l'histoire de l'intervention française parmi les tribus indigènes ; il passe ensuite à celle de l'Angleterre, et termine par l'exposé des efforts employés pour convertir ces tribus soit au catholicisme, soit au protestantisme. Il est convaincu que l'usage des liqueurs fortes, qui leur a été communiqué par les Européens, a paralysé les efforts des missionnaires. On ne pourra, selon lui, civiliser ces malheureux Aborigènes qu'avec le temps, à force de douceur et d'égards. C'est le système employé par les missionnaires catholiques, mais qui n'est guère pratiqué par les missionnaires protestants.

Hall (le capitaine anglais Basil), a écrit une Relation de ses voyages exécutés en 1822 et 1823, le long de la côte occidentale de l'Amérique. Cette Relation, qui embrasse plusieurs contrées maritimes, surtout de l'Amérique méridionale ; qui renferme beaucoup de renseignements et qui est écrite avec intérêt, a eu du succès ; elle a été traduite en français. — En 1827 et 1828, le capitaine fit des voyages dans le nord de l'Amérique. L'ouvrage parut à Edimbourg en 1829 sous ce titre : *Voyages dans le nord de l'Amérique, par le capitaine Basil Hall,* 3 vol. in-8°. Il fut fort mal accueilli aux Etats-Unis ; et les Américains reprochèrent à l'auteur de les avoir considérés avec le lorgnon aristocratique d'un gentleman anglais.

Hallbeck (H.-P.), missionnaire de la société Morave, fut chargé en 1827 d'aller chez les Tamboukkis, peuplade de la race cafre aux environs du cap de Bonne-Espérance. Il eut, à ce sujet, occasion de recueillir quelques notions curieuses sur les diverses tribus cafres, qu'il publia à son retour en Europe. Il croit que le plus grand obstacle aux succès des missions chez les Cafres vient de la difficulté d'apprendre leur langue, difficulté telle que les missionnaires sont obligés de prêcher par l'intermédiaire d'un interprète. La polygamie et la circoncision sont des usages si invétérés que les missionnaires ne peuvent les déraciner aisément.

Halma (l'abbé Nicolas), célèbre par la traduction de l'Almageste de Ptolémée, naquit à Sedan, le 31 décembre 1755. Il fit imprimer à Charleville des leçons élémentaires de géographie, in-8° ; et un abrégé de géographie pour servir de préparation aux leçons élémentaires. Il a laissé un manuscrit sur la construction des cartes géographiques. Il mourut à Paris le 4 juin 1828.

Hamelsfeld, a publié en hollandais, en 1793, une *Géographie biblique.*

Hamilton (Francis), voyageur anglais. Ce géographe s'est particulièrement livré à des études sur quelques contrées peu connues de la presqu'île orientale de l'Hindoustan. Les différentes notices qu'il a publiées à ce sujet, de 1815 à 1825, joignent l'exactitude et l'érudition à l'intérêt ; ce qui leur donne une valeur et un mérite réels. Il a, par exemple, établi que les Yangomas sont le même peuple que les Yun-Shan dont la capitale est Zœnmee, le Chimay de la Loubère, et le Zœnmee de la carte d'Asie par Arrowsmith. La limite occidentale de ce royaume est le cours de la rivière de Saluœn en Martaban. Sur la carte d'Arrowsmith, cette rivière est trop reculée vers l'ouest, ce qui agrandit au delà de ses limites de droit et de fait le pays des Yun-Shan. Selon Francis Hamilton, l'identité du Saluœn et du Loukiang ou Noukian est bien démontrée, et cet auteur pense que d'Anville et Malte B. un se sont trompés sur ces deux rivières. Le pays des Yun-Shan paraît être plus grand que l'Ecosse. Leur prince était autrefois tributaire du roi d'Ava. La capitale, appelée Zœnmee par les Mranmas, se nomme Zinœ dans le dialecte vulgaire des Siamois ; ce dialecte paraît dominer dans le pays. Des rapports récents faits par des missionnaires catholiques qui ont visité les Yangomas, et publiés dans les *Annales de la propagation de la foi*, confirment les recherches de Francis Hamilton. Il place Zœnmee à 20° et quelques minutes de latitude nord, et à 100° moins quelques minutes de longitude est (méridien de Greenwich).

Hamilton (W.), voyageur et savant orientaliste anglais, fit un long séjour dans l'Hindoustan dont il profita pour en étudier la langue, l'histoire et la géographie. Il a composé un *Dictionnaire géographique de l'Inde orientale*, et une *Description de l'Hindoustan.* Ces deux ouvrages sont estimés avec raison ; car l'auteur joint l'exactitude à l'esprit d'observation. — Il a également publié des recherches géographiques sur l'Asie mineure et l'Arménie.

Hammer (M. de), orientaliste célèbre, membre de l'académie des sciences de Vienne, a publié un ouvrage, tiré des auteurs orientaux, sur la géographie de l'Arabie, in-8°, Vienne, 1841, et l'*Histoire de l'empire Ottoman.* Ce dernier livre, traduit en plusieurs langues, renferme de nombreuses recherches géographiques qui concernent la Turquie et l'histoire de la géographie de l'Orient.

Hanalweid (Isbrand van), théologien hollandais, né à Utrecht en 1743, mort en 1812 ; très-érudit, connaissant plusieurs langues anciennes et modernes ; auteur d'une *Géographie de la Bible*, 6 vol. in-8°, Amsterdam, 1790.

Handius (Josse), géographe et cartographe, né à

Wackène, village de Flandre, en 1566, mort en 1611 à Amsterdam ; auteur d'un grand nombre de cartes géographiques et hydrographiques. — Il a publié en 1627 l'Atlas de Gérard Mercator, augmenté et corrigé.

Harcourt (Dominique), né à Lyon, mort en 1795, auteur du livre intitulé : *L'Afrique et le peuple africain, considérés sous tous les rapports avec notre commerce et nos colonies*, in-8°, 1789.

Harris (le capitaine), fit, comme ambassadeur du gouvernement anglais, un séjour de dix-huit mois au pays de Schoa et dans l'Abyssinie méridionale, de 1841 à 1843. La relation de ce voyage a paru en 1845, in-8°, avec une carte ; elle a été traduite en allemand. C'est un ouvrage très-estimé et l'un des meilleurs qu'on puisse consulter sur le Schoa et l'Abyssinie.

Hasenclever (Pierre), né en 1716 dans le grand-duché de Berg, mort en 1793 ; voyageur et géographe.

Hassel (Jean-Georges-Henri), célèbre géographe allemand, naquit le 30 décembre 1770 à Wolfenbüttel. Il fit une *Description géographique et statistique des principautés de Wolfenbüttel et de Blankenbourg*. Il mourut le 8 janvier 1829. On a de lui nombre d'ouvrages, dont beaucoup sont classiques.

Hearne (Samuel), voyageur anglais, né en 1745, mort en 1792, connu par ses explorations au nord de l'Amérique et par un ouvrage, sous le titre de *Voyage du fort du Prince de Galles dans la baie d'Hudson, à l'Océan septentrional*, entrepris par l'ordre de la compagnie de la baie d'Hudson dans les années 1769, 1770, 1771 et 1772, etc., etc., 1 vol. in-4°, avec figures et cartes.

Heber (Reginald), évêque anglican de Calcutta, en 1826, auteur d'une *Relation géographique relative à Calcutta, à Bombay, Madras et l'île de Ceylan*, 4 vol. — Traduite par M. Prieur de la Comble, 1830.

Hell (le père Maximilien), né en 1720 en Hongrie, mort à Vienne en 1792, jésuite hongrois, géographe-astronome ; auteur d'un *Voyage en Laponie sur la géographie physique* de ces contrées.

Hell (le capitaine de), a publié en 1827 une *Description des côtes d'Égypte, de Syrie et de Caramanie*.

Helmersen (Gr. d'), a parcouru, de 1833 à 1836, la steppe des Kirghises, et a visité le mont Oural. Son voyage parut ensuite à Saint-Pétersbourg en 2 vol. in-8° avec des cartes. Ce livre est fort exact dans ses détails, ainsi que dans les renseignements qu'il contient sur l'Oural, très-peu connu encore. Nous ne savons pas s'il existe une traduction française de cet ouvrage.

Herbin (P.-E.), auteur d'une *Statistique générale et particulière de la France et de ses colonies*, 7 vol. in-8° avec cartes, 1803.

Hermelin (le baron), auteur d'une *Description minéralogique* et d'une *Carte de la Laponie*, vivait en 1804.

Herport (Albert), voyageur suisse, né à Berne. On a de lui en allemand : *Relation succincte d'un voyage aux Indes orientales*.

Hesseln (Mathieu-Robert de), professeur à l'école militaire spéciale, né à Fouquelmont en Lorraine en 1733 ; auteur d'un *Dictionnaire géographique universel de la France*, 6 vol. in-8° ; d'une *Description détaillée de la France*, en 71 cartes, avec le texte, in-fol.

Hirzel. M. Hirzel-Escher a exploré, sous le rapport de la géographie physique et de la géologie, diverses parties des Alpes de la Suisse jusqu'alors peu visitées, ou même restées entièrement inconnues. Il a publié à Zurich, en 1829, le résultat de ses explorations sous ce titre : *Excursions dans diverses parties des Alpes de la Suisse qui, jusqu'à présent, avaient été peu visitées.*

Hodgson (A.), voyageur anglais, a visité en 1822 le Canada et les États-Unis. De retour à Londres, il a publié son voyage en 2 vol. in-8°, qui renferment des détails curieux et peu connus sur cette partie de l'Amérique septentrionale.

Hœllstroem (Charles-Pierre), géographe suédois, né en 1774 à Ilmola, district de Wasa, en Finlande. Les six Cartes de la Finlande ; les Cartes générales de la Suède septentrionale et méridionale : en tout 22 Cartes de l'Atlas, sont entièrement de lui. — C'est lui qui a dressé les Cartes du *Voyage pittoresque de Skjœldebrand*, de la *Description de la Scanie*, par Sjœborg ; du *Voyage* de Berggren dans *l'Orient*, de la *Description de la Palestine* par Palmblad, des travaux géologiques de Hisinger. Il mourut le 13 mars 1836. Il a publié : 1° *Notice sur la détermination géographique de la position des lieux dans la Westrobothnie*, in-4° ; 2° *Discours sur les progrès de la géographie suédoise dans les 50 dernières années* ; 3° *Notice sur la position géographique des lieux en Suède* ; 4° *Considérations sur le projet de détourner les eaux surabondantes du lac Hjelmar*.

Hogguer (M. le baron de), major, a fait un *Voyage en Laponie et dans le nord de la Suède*, Berlin, 1841, in-8°, avec un Atlas in-4° de 20 planches. Cet ouvrage est une espèce de journal. Les détails, entremêlés de courtes réflexions, y sont intéressants.

Holl (François-Xavier), jésuite, né à Schwandorf, dans le haut Palatinat, mort à Heidelberg en 1784. Il professa pendant 26 ans dans les plus célèbres universités de l'Empire les belles-lettres et le droit ecclésiastique. — Il a laissé *Statistica Ecclesiæ Germanicæ*, Heidelberg, 1779, in-8° ; ouvrage plein de recherches et d'érudition ecclésiastique.

Holstenius (Luc), ou *Holste*, né à Hambourg en 1596, fit ses études à Leyde en Hollande. Il se fit un nom par son érudition. Il visita la France, l'Italie, la Sicile et l'Angleterre. Il embrassa le catholicisme en 1625, et obtint la place de garde de la bibliothèque du Vatican par la protection du cardinal Barbérini. Ce savant réunissait la modestie à une science vaste et profonde. Il mourut en 1661. — Il est auteur d'un *Codex regularum monasticarum et canonicarum*, Augsbourg, 1759, 6 vol. in-fol. Il est également l'auteur de savantes notes sur la *Géographie* d'Étienne de Byzance, édition de Rickins, 1684, Hollande, in-fol. Il a fait aussi des remarques et des corrections sur la *Géographie ecclésiastique* du P. Charles de Saint-Paul.

Horn (Georges), né en 1620, à Greussen dans le haut Palatinat, professeur de géographie à Harderwyck, mort à Leyde en 1670; auteur des livres intitulés : *De originibus Americanis*, in-8°, 1652 ; *Geographia vetus et nova*, ouvrage savant, mais confus.

Hornemann (Frédéric-Conrad), né à Hildesheim en 1772, pasteur évangélique à Hanovre. Emporté par son goût pour les voyages, il résolut d'aller en Afrique pour tenter des découvertes. Après avoir parcouru le Fezzan, il partit avec la grande caravane de Bournou, pour visiter ce pays, en 1800. Depuis cette époque, on n'a plus eu de ses nouvelles, et il sera mort victime de son dévouement à la science. On a publié le *Journal de ses voyages depuis le Caire jusqu'à Mourzouk* en 1797 et 1798, in-4°, avec cartes ; en anglais, Londres, 1802; en allemand, Weimar, in-8°, 1802 ; en français, Paris, 1803, avec des notes de M. Langlès, in-8°; 2 vol. avec cartes.

Horsbourg (James), hydrographe de la compagnie de l'Inde orientale, exécuta l'Atlas de l'Hindoustan, composé de 177 feuilles, en 1827 et années suivantes. Cet Atlas constitue une entreprise géographique tellement gigantesque qu'on a peine à croire à son exécution, même en ayant les cartes sous les yeux. Si l'on considère que la carte de la France, par exemple, a demandé un siècle de travaux et a occupé trois générations de Cassini, on est effrayé de penser que, conformément à un acte du parlement, on a entrepris de rédiger une carte spéciale de l'Hindoustan. La France a une surface de 154,000 lieues géographiques. Le territoire des Indes, soumis aux opérations géodésiques, comprend au moins 2,400,000 lieues géographiques carrées, et approche par conséquent assez de la superficie de l'Europe entière.

Non-seulement le territoire britannique dans l'Orient se trouve figuré sur cette carte spéciale, mais toute la presqu'île indo-chinoise, jusqu'à l'extrémité de Singapore, tout le terrain alpique des Indes, les chaînes méridionales de la haute Asie, l'Himalaya jusqu'à la chaîne indo-persique d'Iran. MM. Mountford et Scott, le colonel Mackensie, les capitaines Webb, Hodgson et Herbert, ont coopéré à la confection de cet Atlas, prodigieux monument de la science géographique moderne.

Hubner (Jean), professeur de géographie à Leipsick, né en 1668 à Tyrgau dans la haute Lusace, mourut en cette ville en 1731. — La méthode de sa *Géographie universelle*, 6 vol. in-12, Bâle, 1757, est claire et facile. Il est aussi auteur d'un *Dictionnaire géographique*, 1 vol. in-8°.

Hudson (Henri), navigateur anglais, fit de nombreux voyages. — Il existe de lui un ouvrage intitulé : *Descriptio ac delineatio geographica detectionis freti sive transitus ad Occasum, supra terras Americanas in Chinam atque Japonem ducturi, recens investigati a M. Henrico Hudsono Anglo*, Amsterdam, 1612, in-4°, avec une Mappemonde qui représente le détroit ouvert à l'ouest. Il a donné son nom à ce détroit et à la baie qui le porte encore aujourd'hui.

Hugues (Jean-François), dit l'abbé *Dutems*, docteur de Sorbonne, né à Reugney en Franche-Comté en 1745, mort en 1814 à Paris, composa un *Tableau historique et chronologique des archevêques, évêques, abbés et abbesses du royaume*, 4 vol. in-8°, Paris, 1774-75 : ouvrage précieux par des pièces importantes inédites, qui ne se trouvent pas dans le volumineux ouvrage intitulé : *Gallia Christiana*. Le livre de l'abbé Dutems est resté malheureusement incomplet, et devenu si rare qu'on ne peut se le procurer.

Hund (Vigulée), né en Bavière en 1514, mort en 1588, a rédigé avec Christophore Gewald, l'important ouvrage intitulé : *Historia metropolis Salisburgensis, continens primordia Christianæ religionis per Bajoariam et loca quædam vicina, cum catalogo archiepiscoporum Salisburgensium, episcoporum Frisingensium, Ratisponensium, Pataviensium, Brixiensium; nec non fundationes monasteriorum et ecclesiarum collegiatarum*, 3 vol. in-folio, Ingolstadt, 1582. C'est l'histoire de l'archevêché de Salzbourg, ainsi que des évêchés suffragants de Freising, Ratisbonne, Passau, Brixen et des cent vingt-deux collégiales et couvents de ces diocèses. L'auteur y a joint un grand nombre de chartes. On croit que cet ouvrage a donné aux Sainte-Marthe l'idée du *Gallia Christiana*.

Hungaria (Bernardin de), capucin, né en Hongrie, passa en Afrique en qualité de missionnaire. Il parcourut le royaume de Loango, et pénétra dans l'Afrique centrale. Il mourut à Loango en 1664. — Il a laissé l'*Histoire de son voyage et de sa mission*, avec une *Relation des mœurs des habitants*.

Hunter (William), chirurgien et orientaliste, né à Montrose en Ecosse vers 1769, entra au service de la compagnie des Indes dans le Bengale, devint secrétaire de la société asiatique, et professeur-examinateur au collége de Calcutta. Mort en 1815, après 38 ans de séjour dans l'Hindoustan. — Auteur d'une *Description du Pégu et de l'île de Ceylan*, en anglais, Calcutta, 1784, édition en français, Paris, 1793, in-8°, avec des notes de M. Langlès.

I

Itinerarium a Burdigala Hierusalem usque et ab Heraclea per Aulonam et per urbem Romam Mediolanum usque. Itinéraire de Bordeaux à Jérusalem, etc. — Ce voyage en terre sainte, le premier en date, fait par un auteur inconnu en 333, à travers l'Italie, l'empire byzantin, l'Asie Mineure et la Syrie, se trouve à la bibliothèque royale en manuscrit. Berthius l'a inséré dans le deuxième volume de son *Theatrum geographicum* en 1618. Chateaubriand l'a réimprimé à la suite de son *Itinéraire*. M. Walckenaer a fait, à son sujet, une bonne note explicative, qui se trouve au premier volume de l'*Histoire des Croisades* de Michaud, édition in-8°, pag. 525. Wesseling, en 1735, l'a compris dans sa *Collection d'Itinéraires romains*, avec un commentaire fort estimé.

J

Jakut, était un marchand arabe qui, pour son commerce, parcourait l'Asie occidentale et l'Asie centrale. Il mourut en 1229, près d'Alep, après avoir composé un Dictionnaire géographique sur les pays qu'il avait visités.

Jartoux (Pierre), jésuite, mort en 1720, un des auteurs de la *Carte générale de la Chine*.

Jarves (J. Jackson), auteur d'une *Description historique des îles Sandwich*, Boston, 1843, in-8°.

Jefremoff, voyageur russe, était en 1774 sergent dans un régiment posté sur la ligne d'Orenbourg. Il vécut à Saint-Pétersbourg, où il était en 1809. — On a de lui, en russe : *Voyage en Boukharie, à Kiva, en Perse et dans l'Inde*.

Joly (le P. Joseph-Romain), capucin, né à Saint-Claude, le 15 mars 1715, est l'un des auteurs les plus féconds qu'ait produits la Franche-Comté — On a de lui, concernant la géographie, les ouvrages intitulés : 1° *Lettres sur divers sujets importants de la géographie sacrée et de l'histoire sainte*, Paris, 1772, in-4°, nouvelle édition, corrigée sous ce titre : *La géographie sacrée et les monuments de l'histoire sainte*, Paris, 1784, in-4° ; 2° *L'ancienne géographie universelle comparée à la moderne*, Paris, 1801, 2 vol. in-8°, avec un Atlas in-4°. — Il mourut à Paris le 22 octobre 1805.

Jornandès, Goth de nation, devint évêque de Ravenne vers l'an 552 de Jésus-Christ. — Il existe un ouvrage de Jornandès sous le titre : *De origine mundi* ; il est imprimé dans le Recueil des historiens latins, Genève, 1609 et 1652, in-fol, tom. II, et dans la Collection de Frédéric Sylburge, Francfort, 1588, in-fol. Cette compilation de Jornandès n'est estimée que pour quelques détails utiles sur la géographie des anciens pays du Nord.

Juarros (le P.), auteur d'une *Histoire du Guatemala*, intitulée : *Compendio de la historia de la ciudad de Guatemala*; Cet auteur vivait au commencement de ce siècle. Il se plaignait de l'inexactitude qui régnait dans les ouvrages géographiques concernant l'Amérique. Cette inexactitude, en effet, est fort grande. Les premiers ouvrages publiés après la conquête par les Espagnols sont peut-être ceux qui décrivent le plus fidèlement la géographie du pays. Nous voudrions voir, dans l'intérêt de la science, l'ouvrage du P. Juarros traduit en français

K

Kahlert (A.-J.), a publié un ouvrage intitulé *Souvenirs d'Italie et de Rome en particulier*, Breslau, 1843, in-8°. Ce livre contient des remarques et des faits neufs.

Khatoff (le général major russe), a dressé en 1828 une carte générale de la Valachie, de la Bulgarie et de la Roumélie. Cette carte laisse encore à désirer, quoiqu'elle soit une des meilleures de l'empire ottoman. Elle a paru au dépôt militaire topographique de Saint-Pétersbourg ; elle comprend quatre feuilles, les noms sont en langue russe.

Kinneir (John-Macdonald), agent diplomatique anglais, a publié des *Mémoires géographiques sur l'empire de Perse*, 2 vol. in-8°, avec carte en deux feuilles, 1827. — Le colonel Gaspard Drouville, qui avait voyagé lui-même en Perse, a traduit l'ouvrage en français. Avant son voyage en Perse, Kinneir avait parcouru l'Asie-Mineure et l'Hindoustan en 1813 et 1814. Ses mémoires sur la Perse en font bien connaître la topographie.

Klaproth (Henri-Jules), né à Berlin en 1783, et mort il y a quelques années, était un géographe orientaliste distingué. Nous disons un *géographe orientaliste*, parce que l'Asie avait été constamment l'objet de ses études et de ses travaux, qui sont nombreux. On ne peut nier qu'il a beaucoup contribué aux progrès de la géographie de cette partie du monde. Il semblait s'être attaché de préférence à l'Asie centrale, septentrionale et orientale. Il avait une grande pénétration d'esprit et le coup d'œil vif ; mais son jugement était moins sûr. On lui a reproché de défendre ses idées avec trop de vivacité, et d'être presque toujours agressif. Quoi qu'il en soit, ses travaux et ses recherches ont servi à la géographie, à la linguistique et à l'anthropologie asiatiques.

Klemm (G.), savant allemand, auteur d'une *Histoire générale de la civilisation de l'humanité*, 2 vol. in-8°, Leipsick, 1843, avec planches ; ouvrage utile à consulter pour la géographie religieuse.

Knauth (Jean-Conrad), historien allemand, né en 1670, est mort en 1736. On a de lui une *Introduction à la géographie et à l'histoire du margraviat de Misnie*.

Kos'er (Henri), habita le Brésil pendant sept ans, de 1809 à 1816. Il employa ce temps à étudier la partie septentrionale dans laquelle il se trouvait. De retour en Europe, il réunit ses notes et ses recherches, et en forma un ouvrage en deux vol. in-8°, avec cartes, qu'on peut étudier avec utilité ; car c'est un livre rédigé avec maturité et conscience, bien qu'il y ait des idées que nous n'approuvons pas et des préjugés dont l'auteur aurait dû se défaire.

Krapf et Isenberg. Ces deux missionnaires anglicans ont fait un voyage en Abyssinie de 1839 à 1842. Ils en ont ensuite publié la Relation, qui renferme quelques observations neuves et quelques détails curieux. Malheureusement elle est empreinte de cet esprit d'aigreur et de haine contre les missionnaires catholiques, qui caractérise toutes les œuvres des anglicans et des méthodistes.

Kulf (le docteur Ph.-H.), a publié l'*Histoire des voyages de découvertes, depuis la fin du XV° siècle jusqu'à ce jour*, concernant principalement les sciences naturelles, le commerce et l'industrie. L'ouvrage est accompagné de cartes et de portraits ; Mayence, 1841.

Kuttner (Charles Gottlob), né en 1755 en Saxe, mort à Leipsick en 1805; auteur d'un *Voyage en Allemagne, en Danemark, en Suède, en Norwège*, etc., etc.

L

Lebarbinais-le-Gentil, voyageur français au xviii° siècle, auteur d'un *Voyage autour du monde*, avec une *Description de la Chine*, 3 vol. in-12, 1728; ouvrage intéressant et plusieurs fois réimprimé.

Labarthe (Pierre), né à Dax en 1760, est mort à Paris en 1824. Ayant beaucoup voyagé, il a laissé des observations et des notices géographiques en assez grand nombre. Attaché à la marine marchande, il eut occasion de faire plusieurs voyages sur la côte occidentale d'Afrique, et ses remarques sur ce pays peuvent être plus utiles pour l'appréciation des diverses peuplades de la race Nègre, que bien des volumes écrits sur le même sujet.

Laborde. M. Léon de Laborde, fils du comte de Laborde, auteur de l'*Itinéraire en Espagne*, a publié une *Bibliographie des pèlerinages, croisades et voyages en Terre-Sainte*; un savant *Voyage en Arabie*, un excellent *Commentaire géographique sur la Bible* (l'Exode et les Nombres). Ces divers ouvrages, pleins d'une bonne et solide science, sont justement estimés.

Laborde (Le P.), missionnaire français, vers le milieu du xvii° siècle, travailla aux missions des Antilles avec le P. Simón, jésuite. On a de lui un ouvrage intitulé : *Relation de l'origine, mœurs, coutumes, guerres et voyages des Caraïbes, sauvages des îles des Antilles de l'Amérique*.

Labrune, (J. de), ministre protestant, mort à Tournay en 1743, auteur d'un *Voyage en Suisse*, publié en 1686.

Lacaille (N.-L. de), né à Rumigny près de Rosoy, en 1713, mort en 1762, astronome-géographe ; auteur de divers ouvrages relatifs à la géographie mathématique.

Lacarry (Gilles), jésuite, numismate, érudit, né à Castres en 1603, mort en 1684 ; auteur de divers ouvrages d'érudition et de l'*Historia coloniarum a Gallis in exteras nationes missarum, tum exterarum nationum coloniæ in Gallias deductæ*, in-4°.

La Condamine (de), chargé d'une mission scientifique dans l'Amérique méridionale, par l'académie des sciences de Paris, au xviii° siècle, publia une Relation de son voyage, en même temps que des observations géographiques sur le cours du grand fleuve l'Amazone. Ces observations, aussi exactes que méthodiques et savantes, ont confirmé de point en point celles faites antérieurement par les missionnaires espagnols et portugais. On a fait honneur à Lacondamine de la communication de l'Amazone avec le Rio-Négro par le Cassiquiari, comme s'il l'avait réellement découverte. C'est une erreur; elle était connue depuis longtemps déjà des missionnaires portugais. La Condamine n'a fait que la constater.

Lacroix (M. Frédéric). Cet écrivain fait de la critique géographique dans l'*Annuaire des voyages*. Il s'est montré un des adversaires déclarés de la Géographie de Balbi; mais il a du moins raisonné sa critique, en l'appuyant sur des faits réels ; car la géographie ne peut être une science d'imagination, puisqu'elle n'est que la constatation de ce qui existe. Seulement il ne convient pas que l'acte de constatation soit froid, ennuyeux comme un acte de notaire. D'un autre côté, il ne faut pas, à l'exemple de Malte Brun, sonner perpétuellement de la trompette et faire de la géographie dans un style de rhétoricien. Quant à M. Frédéric Lacroix, c'est un géographe sérieux et instruit.

Lacruz-Bagay (N.), cartographe indien, qui vivait aux Philippines vers le milieu du xviii° siècle, graveur de la carte des îles Philippines du P. Murillo Velardez.

Lacruz-Cano-y-Olmeida (Antoine de), géographe cartographe, né à Cadix en 1733, mort en 1794 ; auteur d'une carte de l'Amérique espagnole.

Ladoire (F.-Michel), vicaire de la Terre-Sainte, publia en 1719 une *Description de Jérusalem* et la Relation de son voyage en Palestine. L'auteur entre dans quelques détails sur les diverses sectes hérétiques ou schismatiques qu'on y rencontre.

Ladvocat (l'abbé Jean-Baptiste), docteur et professeur de Sorbonne, naquit à Vaucouleurs, diocèse de Toul, le 3 janvier 1709. Il était le 10° des 21 enfants de Claude Ladvocat. Il fut nommé à la cure de Domremy, lieu célèbre par la naissance de Jeanne d'Arc. Il mourut le 29 octobre 1765. — Nous avons de lui : *Dictionnaire géographique portatif*, connu dans le commerce de la librairie sous le titre de *Dictionnaire de Vosgien*, qui a eu les honneurs d'une infinité d'éditions. Dans ces éditions multipliées depuis bientôt un siècle, on peut constater comme un phénomène fort peu honorable pour la librairie, que les erreurs dont ce livre est plein n'ont jamais disparu. Il semble, au contraire, qu'elles se plaisent à augmenter en raison du nombre des éditions.

Laët, directeur de la compagnie des Indes orientales, né à Anvers, auteur d'une savante *Description des Indes orientales* en 18 livres, en latin, présentée au cardinal de Richelieu.

Lafitau (J.-F.), jésuite, missionnaire au Canada, né à Bordeaux en 1740, a écrit l'*Histoire des découvertes et conquêtes des Portugais dans le nouveau monde*, 2 vol. in-4°, en 1733, et l'*Histoire des mœurs des sauvages américains comparées aux mœurs des premiers temps*, 2 vol. in-4°, 1723. Ce dernier ouvrage ne manque pas d'intérêt, et les rapprochements de l'auteur sont quelquefois piquants. L'auteur aurait pu tirer de son parallèle des conclusions plus rigoureuses et surtout plus frappantes.

Lagrève (J. de), prêtre, géographe-cartographe, né à Sedan en 1689, mort en 1757, a exécuté une carte des environs de Paris en 9 feuilles in-fol. — Cet ouvrage est très-rare.

Lalande (Joseph-Jérôme de), astronome, physicien, voyageur et géographe, né à Bourg en Bresse en 1732, et mort en 1807; auteur d'un *Voyage en Italie*, 1798, 9 vol. in-12; ouvrage exact, mais original sous beaucoup de rapports.

Lamartine (M. Alphonse de), a publié à Paris en 1835, in-8°, ses Souvenirs, impressions, pensées et remarques pendant le voyage qu'il fit en Orient, de 1832 à 1833.

Laudonnières (René de), voyageur français du XVIe siècle, est auteur de l'ouvrage intitulé : *Histoire notable de la Floride, contenant les trois voyages faits en icelle par des capitaines et pilotes français*, in-8°, 1586. — Ce livre, devenu rare, est utile pour les renseignements curieux qu'il contient sur les explorations géographiques qui suivirent l'invasion de l'Amérique par les Européens.

Lange, voyageur, né à Stockholm, au XVIIe siècle, auteur de *Voyages à la Chine* : relation estimée.

Langlès (Louis-Mathieu), né à Péronne en 1763, est mort à Paris en 1824. C'était un orientaliste laborieux et érudit, qui a contribué pour sa part aux progrès de la géographie de l'Asie, et surtout de l'Asie centrale et méridionale. Ses travaux depuis ont été surpassés, il est vrai; mais ceci ne saurait les annuler complètement.

Lapie. M. le colonel Lapie, géographe habile autant qu'instruit, a composé un Atlas général. Il est en outre l'auteur d'une Carte d'Égypte, d'une Carte de l'Asie en 4 feuilles, ainsi que des Cartes de la Collection géographique des Itinéraires anciens.

Lappenberg (J.-M.). M. Lappenberg, allemand, a publié : *Hamburgisches Urkundenbuch*, ou le *Livre des archives de Hambourg*, Hambourg, 1842, avec planches; et *Carte géographique du diocèse de Hambourg au XIIIe siècle*, ouvrage important pour la connaissance de la géographie ecclésiastique au moyen âge, des diocèses de Hambourg, Lubeck, Ratzebourg et Schwerin, et des couvents qui en dépendaient.

Laroque (le chevalier Jean de), né à Marseille en 1661, mourut en 1745. Il visita le Mont-Liban, la Syrie et l'Arabie. Ses voyages, qu'il a publiés, firent connaître à ses contemporains bien des détails relatifs à la géographie et aux mœurs de ces diverses contrées. Ils sont aujourd'hui effacés par d'autres ouvrages plus sérieux, plus médités et plus savants. Cependant il est de certaines particularités qu'on ne trouve guère que dans Laroque.

Laugier de Tassy, auteur de l'*Histoire du royaume d'Alger*, Amsterdam, 1725, in-12 : ouvrage estimé.

Leblond, (J.-B.), médecin, naturaliste, né à Toulongeon en 1747, mort en 1815. — On a de lui une *Description abrégée de la Guyane française*, 1814, in-8°.

Le Bœuf (Jean), chanoine et sous-chantre de l'église cathédrale d'Auxerre, y était né en 1687. C'était l'un des hommes les plus savants dans les détails de l'histoire de France. Il prit part à la nouvelle édition du *Dictionnaire géographique de la Martinière* en 1740. Il fit aussi l'histoire de la ville et de tout le diocèse de Paris, en 15 vol. in-12. Il mourut le 10 avril 1760. — L'abbé Le Bœuf possédait une érudition profonde et sûre. Nous l'avons souvent consulté et cité, dans la *Géographie des Légendes*, placée au commencement de ce volume.

Lebrasseur (l'abbé P.), né à Évreux en 1680; auteur d'une *Histoire civile et ecclésiastique du comté d'Évreux*, in-4°, en 1632.

Lebrun (Corneille), publia en 1700, in-fol., son voyage au Levant et dans les îles de Chio, de Rhodes, de Chypre, en Égypte, en Syrie et en Palestine; voyage enrichi de plus de deux cents tailles-douces.

Lechevalier (J.-B.), érudit, archéologue, littérateur et géographe, né à Trelly en Normandie en 1752, mort en 1836; auteur de savantes recherches sur la géographie d'Homère; d'un *Voyage en Troade*, in-8°.

Leclerq (Chr.), missionnaire en Amérique, né dans l'Artois en 1630, a écrit une *Nouvelle relation de la Gaspésie* (Amérique du Nord), in-12, 1691, et un ouvrage intitulé : *De l'établissement de la foi dans la Nouvelle-France*, 2 vol. in-12.

Le Cointe (Charles), savant oratorien né à Troyes en 1611, mort en 1679, a composé *Annales ecclesiastici Francorum*, 8 vol. in-fol.

Lecomte (Le Père L.) jésuite, géographe-astronome, né à Bordeaux, mort en 1729; auteur de *Nouveaux mémoires sur l'état présent de la Chine*, 3 vol. in-12, 1696.

Ledru (And. P.), botaniste, voyageur, antiquaire, né à Chantenay (Maine) en 1761, mort en 1831. — Il avait rédigé la *Relation d'un voyage aux Antilles* en 1796-1798, deux vol. in-8°, 1810. Cet ouvrage a quelques parties faibles sans doute; mais il est néanmoins un de ceux qui font le mieux connaître les Antilles, au point de vue des sciences géographiques : ce qui est un mérite encore assez rare, plus rare même qu'on ne croit.

Leem (Canut), ecclésiastique norvégien, philologue, né en 1697, mort en 1774, s'est fait remarquer par une *Description des Lapons du Finmark et de leur langue*, 1767, in-4°, et par un *Dictionnaire lapon, danois et latin*, 2 vol. in-4°.

Leems (Canute), missionnaire suédois, auteur d'*Observations générales sur la Laponie*. Ce traité, publié d'abord en danois, ensuite en latin avec des notes de Gunner, évêque de Drontheim, imprimé à Copenhague en 1767, est un des meilleurs ouvrages publiés sur cette contrée.

Legentil de la Galaisières (G.-J.-H.-J.-B.), astronome-géographe, né à Coutances en 1725, mort en 1792. — Son *Voyage dans l'Hindoustan*, 2 vol. in-4°, 1779, renferme de précieux renseignements sur la science astronomique des brahmes.

Legobien (Charles), jésuite, procureur des missions de la Chine, né à Saint-Malo, mort en 1708, a écrit plusieurs *Lettres sur les progrès de la foi en Chine et sur la géographie de cette vaste contrée.*

Le Gouz de Gerland (Bénigne), né à Dijon en 1695, mort en 1774; auteur d'un *Essai sur l'origine des Bourguignons*, avec cartes; d'une *Dissertation sur l'origine de la ville de Dijon*, etc., etc.

Le Gouz (François de la Boullaye), né à Baugé en Anjou vers 1610; auteur d'un *Voyage en Asie, en Egypte et dans quelques parties de l'Europe.* — Ce livre est peu remarquable même pour l'époque où il a été publié.

Legrand (Albert), prédicateur de l'ordre de Saint-Dominique, hagiographe, né à Morlaix, mort en 1640, a laissé une *Vie des saints de Bretagne*, in-4°, 1636. Il y en a eu une nouvelle édition en 1837.

Leguat (François), voyageur, né en Bresse en 1638, mort à Londres en 1735; auteur de *Voyages*, 2 vol. in-12; Londres, 1708.

Lery (Jean de), ministre protestant, né en 1534 à la Margelle près Saint-Seine, alors diocèse de Langres, aujourd'hui de Dijon (Côte-d'Or), et mort en 1611; auteur d'une *Histoire d'un voyage au Brésil*, Rouen, 1578, in-8°, avec fig. en bois. — C'est encore aujourd'hui une des bonnes *Relations* que nous ayons sur le Brésil. Comme il avait observé par lui-même sur les lieux, il ne parle que de ce qu'il a vu et que de ce qu'il avait étudié.

Leschenault de la Tour, voyageur et administrateur français. En 1823 et 1824, chargé d'une mission dans la Guyane française, il se livra à une étude particulière de ce pays; il rechercha les causes de l'ancienne prospérité de la Guyane hollandaise, et compara les renseignements qu'il avait recueillis sur les deux colonies. On voit que le travail vient d'un observateur consciencieux. Cet ouvrage, n'ayant point été mis dans le commerce, est devenu très-rare. Il est cependant utile pour toutes les questions qui concernent la Guyane, contrée de l'Amérique sur laquelle on est le moins d'accord, les uns la louant outre mesure, les autres exagérant l'insalubrité de ses savanes noyées et de ses forêts séculaires, et semblant regarder comme un problème insoluble l'acclimatation des Européens. L'auteur dans son livre examine la nature des terres, les sucreries, les plantations de cafiers, de cacaoyers, de cotonniers, l'exploitation des bois, les ateliers, les maladies et enfin le régime des habitations.

Lesson. M. Lesson, professeur aux écoles de médecine de la marine, a rédigé le *Journal pittoresque du voyage autour du monde*, exécuté par M. Duperray (depuis amiral) sur la corvette *la Coquille* pendant les années 1822, 1823, 1824 et 1825. — M. Lesson est entré dans des détails sur les Araucans qui méritent quelque attention, surtout au point de vue de l'anthropologie. Les Araucans habitent la partie de l'Amérique méridionale, placée au sud du Vieux-Chili, entre les Andes et la mer.

Lewisohn, a publié à Vienne (Autriche), en 1819, une *Géographie de la Bible* en hébreu, in-8°. — Cet ouvrage a été traduit en allemand, in-8°, 1821.

Leydard, voyageur du XVIII° siècle, né à Graton (Connecticut, Etats-Unis), parcourut à pied une partie de l'Asie et l'Europe entière. Il suivit le capitaine Cook dans son voyage autour du monde, en 1776 à 1780. Il mourut au Caire en 1788. Ses voyages ont paru en 1804, in-8°.

Liman (Louis-Théodore), architecte et voyageur prussien, né à Berlin le 18 novembre 1788. Il mourut le 11 décembre 1820. Ses ouvrages sont : *Voyage au temple de Jupiter Ammon, dans le désert de Libye et dans la Haute-Egypte*; 2° *Voyage au pays compris entre Alexandrie et Parætonium au désert de Libye à Siouah, en Egypte, en Palestine et en Syrie.*

Lindsay (Lord), a publié, en 1838-39, à Londres, in-8°, sous ce titre : *Letters on Egypt, Edom and the Holy Land :* «la Relation de son voyage en Egypte et en Palestine. » — Cette relation est fort intéressante; à un ton simple et élégant elle joint une supériorité de vues réunie à une naïveté sans recherche, un style soutenu et une absence de prétention et de personnalité; ce qui est rare, comme l'on sait, parmi les voyageurs.

Litke, capitaine-lieutenant, commandait l'expédition que le gouvernement russe envoya en 1821 pour explorer la Nouvelle-Zemble. L'expédition ne fut pas heureuse. Mais le gouvernement ne se découragea point, et en 1823 et 1824, le capitaine Litke reçut l'ordre de retourner examiner les côtes de cette île désolée. — Le département impérial de l'amirauté publia en 1824 et 1825 la Relation de ces expéditions avec plusieurs cartes et vues de l'île de la Nouvelle-Zemble.

Lœwenstern. M. Isidore Lœwenstern est auteur d'un *Voyage aux Etats-Unis et à la Havane*, Paris, 1842, in-8°.

Longuerue (Louis-Dufour, abbé de), l'un des plus savants hommes de son temps, est né en 1652, et mourut à Paris le 22 novembre 1733. Il fit plusieurs ouvrages, dont un sous ce titre : *Description historique et géographique de la France ancienne et moderne*, Paris, 1719, in folio, avec 9 cartes de d'Anville.

Lopez (Edouard), voyageur, né en Estramadure, s'embarqua en avril 1578 pour le Congo. Il est auteur d'un ouvrage qui parut sous ce titre : *Relation du royaume de Congo et des pays voisins, avec des détails sur la géographie, les mœurs, les plantes, les animaux*, etc. — On ignore l'époque de sa mort.

Loyer (Godefroy), religieux dominicain, est né à Rennes. Il mourut en 1715, peu de temps après avoir publié un ouvrage sous ce titre : *Relation du royaume d'Issiny, Côte-d'Or, pays de Guinée en Afrique*, etc., Paris, 1714, 1 vol. in-12. — On trouve dans cet ouvrage des détails intéressants sur la géographie de ce pays, et c'est la meilleure relation que nous en ayons dans notre langue.

Lubin (Augustin), religieux augustin, né à Paris en 1624, et mort dans la même ville en 1695, fut géographe du roi. On a de lui :

1° *Martyrologium romanum cum tabulis geographicis et notis historicis*, Paris, 1660, 1 vol. in-4°; 2° *Tabulæ sacræ geographicæ, sive Notitia antiqua medii temporis et nova nominum utriusque Testamenti ad geographiam pertinentium*, Paris, 1670, 1 vol. in-8°; 3° *Tables géographiques pour la vie des hommes illustres de Plutarque*; 4° *Index geographicus, sive in annales Usserianos tabulæ et observationes geographicæ*; 5° *Mercure géographique, ou le Guide curieux des cartes géographiques*, Paris, 1678, 1 vol. in-12. — Il a encore ajouté des notes géographiques à une édition du Martyrologe romain.

Luca (Ignace de), géographe allemand, né à Vienne en 1746, mort le 24 avril 1798. — On a de lui grand nombre d'ouvrages dont les principaux sont : 1° *Manuel géographique des États autrichiens*; 2° *Connaissance pratique des États de l'Europe*.

M

Mac Culloch, Junior (J.-M.), de Baltimore; auteur d'un ouvrage de *géographie historique et anthropologique sur les Indiens-Américains*, in-8°, 1829.

Macléod (Jean), chirurgien et voyageur écossais, naquit en 1782 à Bunhill, comté de Dumbarton. Il mourut le 9 novembre 1820. — On a de lui en anglais : 1° *Voyage en Afrique, contenant des particularités nouvelles sur les mœurs et les usages des habitants du Dahomey*. Londres, 1820, in-12, avec figures; 2° *Voyage de l'Alceste, vaisseau du roi, le long de la côte de la Corée, à l'île de Liéou-Kiéou, avec la Relation de son naufrage*.

Maclot (Jean-Charles), géographe; auteur de plusieurs ouvrages, de cartes et entre autres d'une *Idée générale de la géographie*, qui n'est point sans mérite, et qui certainement ferait honneur à un homme, même plus connu que Charles Maclot.

Mac-Marthy (Jean), d'origine irlandaise, né en France, mort en 1835. — Il fut libraire, instituteur et membre de la société de géographie. Il a laissé plusieurs compilations géographiques, comme un *Choix de voyages dans les quatre parties du monde*, Paris, 1822, 10 vol. in-8°, avec fig. et cartes; un *Dictionnaire géographique universel*, un gros vol. in-8°; un *Dictionnaire universel de géographie physique*, etc., Paris, 1827, 2 gros vol. in-8°. Ces ouvrages laissent à désirer.

Magalhaens de Gondavo (Pierre de), historien portugais, était né à Braga, vers le milieu du XVIe siècle. On a de lui, dans sa langue maternelle : 1° *Histoire de la province de Santa-Cruz*, que nous nommons ordinairement Brésil, Lisbonne, 1576, in-12; 2° *Voyages, Relations et Mémoires originaux pour servir à l'histoire de la découverte de l'Amérique*.

Maimbourg (Louis), célèbre jésuite, est né à Nancy en 1620. Il a laissé un grand nombre d'ouvrages dont on pourra trouver la liste exacte dans les Remarques de Joly sur le Dictionnaire de Bayle. Il publia un ouvrage intitulé : *Histoire des Croisades*. Il mourut à Paris, le 13 août 1686. — L'*Histoire des Croisades*, quoique faible, peut être de quelque secours pour la géographie du moyen âge, restée encore si obscure malgré tous les travaux modernes. On s'étonne que l'*Histoire des Croisades* de Michaud soit défectueuse, malgré tous les travaux de ses prédécesseurs.

Maire, jésuite, auteur d'un *Voyage astronomique et géographique dans les États-Romains*, in-4°, 1770.

Malcolm (Sir John), officier général des armées de la Compagnie des Indes, naquit le 2 mai 1769, dans la ferme de Burnfoot, dans le comté de Perth, en Écosse. Il est auteur des ouvrages intitulés : *Essai sur les Seikhs, singulière nation de la province du Pendjâb, dans l'Inde.* — *Mémoire sur l'Inde centrale, comprenant le Malva et les provinces voisines, avec de nombreux éclaircissements sur l'état passé et sur l'état actuel de ce pays*. L'ouvrage est terminé par une table géographique de l'Inde centrale, dressée par M. W. Hamilton, auteur d'un *Dictionnaire géographique de l'Inde orientale* et d'une *Description de l'Hindoustan*. — Malcolm mourut à Londres le 31 mai 1833.

Maldonado (Laurent-Ferrer), navigateur et géographe, vivait vers la fin du XVIe siècle et le commencement du XVIIe. Il a écrit un *Traité de cosmographie, de géographie et de navigation*, où il signale les découvertes qu'il a faites.

Malmesbury (William Sommerset), bénédictin anglais, florissait dans le XIIe siècle. Il fit profession de la vie religieuse dans le monastère de Malmesbury. On ignore l'époque de sa mort. — On cite de lui les ouvrages suivants : 1° *De historia novella libri*; 2° *De gestis pontificum anglorum libri*; 3° *De antiquitate ecclesiæ glastoniensis*, etc.

Malte-Brun (Conrad), était né, en 1775, dans la péninsule du Jutland, province continentale du royaume de Danemark. Cette origine étrangère étonnera ceux qui ne le connaissent que par ses ouvrages. Malte-Brun possédait à un rare degré le talent d'écrire. Dans la première chaleur de la composition, il lui échappait encore quelquefois des idiotismes germaniques; mais ces fautes légères disparaissaient à une seconde lecture de l'auteur. Il avait étudié par principes la langue française et la connaissait à fond. — Son père appartenait à une des premières familles du Jutland. Né dans la religion de la Confession d'Augsbourg, il voulut que son fils y fût élevé, et même il le destina de bonne heure à y remplir les fonctions du ministère ecclésiastique. Conrad fut donc envoyé à l'université de Copenhague, pour y prendre ses degrés. Mais, rebuté par la sécheresse des études théologiques, et emporté par son goût pour les belles-lettres, il publia quelques poésies et rédigea un journal de théâtre. — A l'époque dont nous parlons, la révolution française comptait déjà quelques années de date, et le Danemark n'avait pas été, plus que les autres États de l'Europe, à l'abri de son influence politique. Un ministre éclairé, M. de Bernstorf, crut le moment arrivé de faire des concessions aux idées de liberté qui fermentaient dans sa patrie. Ce système, qui pouvait prévenir de grands malheurs, combattu néanmoins par le parti aristocratique, trouva un puissant auxiliaire dans la plume énergique et dans l'imagination ardente du jeune Malte Brun, qui écrivit en faveur de l'affranchissement des paysans et de la liberté de la presse. Malgré l'appui que le ministère prêtait à ce système libéral, malgré l'assentiment de la nation, le parti opposé le fit menacer d'une poursuite judiciaire. Malte Brun crut devoir en prévenir les résultats, et il alla demander un asile à la Suède. Il y fut accueilli, et y publia un recueil de poésies, qui lui valurent les suffrages de l'Académie de Stockholm.—En 1797, Malte Brun obtint la permission de rentrer dans sa patrie. Des tracasseries nouvelles le forcèrent à se dérober à de nouveaux dangers : il repassa en Suède, de là il se rendit à Hambourg. Ce fut dans cette ville qu'il apprit la révolution du 18 brumaire, qui semblait promettre à la France un gouvernement dont la force allait être appuyée sur les libertés publiques. Dans cette confiance il se rendit à Paris, mais il ne tarda pas à s'apercevoir que ses espérances avaient été en grande partie trompées, et il osa, dans quelques journaux, en témoigner sa surprise et son mécontentement. Il était facile d'imposer silence à un étranger, sans autre appui que son talent. Malte Brun ne tarda point à recevoir son mandat d'interdiction. Il employa ce loisir forcé à se perfectionner dans une science à laquelle il avait voué un culte spécial, et du fond de son cabinet, il se mit à parcourir l'univers en observateur ; il crut apercevoir, dans la géographie, des rapports qui avaient échappé aux investigations des savants. Dans une étude qui n'avait été jusqu'alors que celle d'une aride nomenclature, il vit tout ce que pouvaient y ajouter la connaissance des mœurs, la variété des climats, les divisions naturelles des lieux, la facilité des communications, la conformité ou la différence des idiomes, l'identité ou la contradiction des cultes ; travail immense, qui devint ensuite celui de toute sa vie. Dès 1804, il avait déjà commencé, conjointement avec Mentelle, la *Géographie mathématique, physique et politique*, en 16 volumes in-8°, terminée seulement en 1807. La collaboration de Malte Brun ne fut, il est vrai, que d'un tiers dans ce grand ouvrage ; mais les savants reconnurent que ce n'était pas d'après les règles de la proportion arithmétique qu'il fallait apprécier le mérite du livre. Mentelle était un géographe instruit ; Malte Brun était un philosophe géographe : il fit voir par ce premier essai qu'il comptait dès lors peu de rivaux dans les connaissances géographiques, et surtout dans l'application à la géographie, d'une multitude de sciences qui jusqu'alors y avaient paru étrangères. —Ce fut sur la réputation acquise à Malte Brun par cet ouvrage que les propriétaires du *Journal des Débats* l'invitèrent à s'associer à la rédaction de leur journal. Malte Brun accepta, et, sauf une courte interruption, depuis 1806 jusqu'au moment même de sa mort, pendant près de vingt-cinq ans il se livra à un travail de tous les jours avec un zèle que ne ralentirent jamais les autres travaux dont il s'était volontairement chargé. Plusieurs de ses articles ont paru revêtus de sa signature ; mais il en est beaucoup d'autres qui ont été publiés sous le voile de l'anonyme, et dont il y aurait de l'ingratitude à ne point lui rapporter la gloire. Presque toujours les discussions relatives à la politique étrangère ont été son ouvrage. La préférence qu'il réclamait à cet égard lui était facilement accordée. A l'avantage immense de posséder toutes les langues de l'Europe, Malte Brun réunissait celui de connaître également le personnel des cabinets, les actes de la diplomatie, les rapports de famille et d'intérêts entre les différentes cours ; la certitude de sa mémoire, l'ordre qu'il savait mettre dans l'ensemble des connaissances précédemment acquises lui rendaient facile l'analyse des faits les plus compliqués.—Au milieu de ces occupations, Malte Brun trouvait le temps nécessaire pour élever le monument qui restera comme le titre le plus durable de sa renommée scientifique et littéraire. Le *Précis de la géographie universelle* parut et opéra dans l'étude de cette science une révolution qui laissera après elle des traces ineffaçables.—Avec son *Précis de géographie universelle*, Malte Brun faisait marcher de front la publication d'un ouvrage périodique qui paraissait tous les mois, pour la rédaction duquel il s'était associé à M. Eyriès, et qui se rapportait encore à sa science favorite ; il est intitulé *Annales des Voyages, de la géographie et de l'histoire*. C'est un recueil fidèle et une analyse savante de tous les voyages et de toutes les découvertes modernes. On lui dut encore dans l'intervalle un *Tableau de la Pologne ancienne et moderne*, un vol. in-8°.

Il est impossible de ne pas rappeler que dans les cent jours, Malte Brun publia une *Apologie de Louis XVIII*, acte de courage qui prouve qu'aucun danger n'arrêtait l'expression de son éloignement pour le despotisme et pour l'arbitraire. Les mêmes sentiments se retrouvent, mais avec des développements plus étendus, dans son *Traité de la Légitimité*, publié en 1825.—Enfin Malte Brun s'était chargé dans ses derniers mois de diriger un *Dictionnaire de géographie universelle*, en un seul volume, pour lequel il a rédigé, avec tout le soin dont il était capable, le Vocabulaire des mots techniques nécessaires à l'intelligence de tous les livres de géographie.

Mandeville, voyageur anglais, publia ses *Voyages* en 1480.—Il écrivit en français, contrairement à l'usage qui était d'écrire en latin. Il a recueilli beaucoup de fables, et avancé bien des erreurs. La bibliothèque royale possède un manuscrit de ces Voyages, qui est illustré.

Marangoni (Jean), né en 1673, à Vicence, fut chanoine à Agnani, et protonotaire apostolique. Il mourut à Rome en 1753.—On a de lui un ouvrage intitulé : *Thesaurus parochorum, seu Vitæ et monumenta paro-*

chorum qui sanctitate, martyrio, pietate, etc., *illustrarunt Ecclesiam*, Rome, 1726-27, 2 vol. in-4° : ouvrage plein de savantes recherches, et utile à la géographie ecclésiastique.

Marchand (Etienne), né à l'île de la Grenade en 1755, mort à l'île de France (aujourd'hui île Maurice) en 1793, a exécuté un voyage autour du monde pendant les années 1790, 91 et 92. Ce voyage fut publié par Fleurieu en 1798 à Paris, en 4 vol. in-4°, avec atlas.

Marcien, géographe grec, était de la ville d'Héracée. Il paraît avoir vécu au IV° siècle.—Il écrivit un Périple entier du monde dont il ne nous reste que des fragments. Marcien, publié d'abord en grec en 1600, reparut ensuite avec une traduction latine dans le tome 1er des *Geographiæ veteris Scriptores Græci minores.*

Marco-Polo, voyageur vénitien du XIII° siècle, a donné le premier des notions géographiques sur les diverses contrées de l'Asie centrale alors inconnues ou défigurées par l'ignorance et les préjugés. On peut dire que c'est le premier voyageur qui ait réellement mis de la géographie dans ses récits.

Mareille (l'abbé), curé de Melun, a composé une *Géographie topographique et historique de la Grèce ancienne et moderne.*

Margeret, né en France, officier en Russie sous le tzar Dmitri V, a dressé un *Etat géographique et historique de l'empire de Russie et grand-duché de Moscovie, depuis l'an 1590 jusqu'à l'an 1606.*—M. Klaproth en a publié une nouvelle édition.

Marguette (J.), jésuite, missionnaire au Canada, né à Laon, mort en 1675.—Il fut chargé de reconnaître le cours du Mississipi avec Jolyet, en 1672, et mourut dans la tribu des Miamis. On a conservé la *Relation* de son voyage.

Mariana (Jean), jésuite, célèbre historien espagnol du XVI° siècle.—Son ouvrage fait connaître la géographie des possessions espagnoles.

Marignola (Jean de), de Florence, franciscain et professeur à Bologne, légat du pape auprès du Khan des Mongols en 1339; auteur d'une *Relation de son voyage dans l'Asie centrale et orientale*, écrite en latin.

Marin (Michel-Ange), religieux minime, né à Marseille, mort en 1767, nous a laissé le *Récit des missions entreprises dans l'île de Madagascar par les ordres de saint Vincent de Paul.*

Marin de Tyr, géographe du 1er siècle de l'ère chrétienne, Romain d'origine. Ses écrits, cités par Ptolémée, ne nous sont point parvenus. Masoudy, meur arabe du X° siècle, en parle comme les ayant consultés.

Marini (Jean-Philippe), jésuite, missionnaire, né à Gênes en 1608. Il prêcha l'Evangile au Tunquin pendant 14 ans, et fut nommé recteur de Macao.—Il est connu en outre comme auteur du livre *Missioni di Giappone* (missions du Japon), 2 vol. in-12.

Mariti (Jean), voyageur en Orient, est né à Florence, et mourut dans sa patrie en 1798. — On a de lui : 1° *Voyage dans l'île de Cypre, la Syrie et la Palestine*, 2 vol. in-12 ; 2° *Voyage dans le Pisan et dans le Florentin.*

Marlot (Dom Guillaume), bénédictin, érudit, né à Reims en 1596, mort en 1667.—Nous pouvons citer ici de lui : *Metropolis Remensis Historia*, 2 vol. in-f°.

Marmora (le chevalier Albert de la), écrivain sarde. Après avoir visité la Sardaigne de 1819 à 1825, M. de la Marmora en publia une Description en un vol. in-8° avec des planches. L'île de Sardaigne était alors plus inconnue à l'Europe que l'île de Java. L'ouvrage de M. de la Marmora, contenant des notions nouvelles et intéressantes, formait un cadre complet. L'auteur n'avait rien oublié dans la description du pays. La Sardaigne a joué un rôle assez important sous la domination romaine et dans le moyen âge. Comme les autres îles de la Méditerranée, elle a été successivement occupée par différents peuples.

Maroutha, historien, écrivain ascétique du IV° siècle, prélat syrien, évêque de Martyropolis. Il assista au concile d'Antioche en 391, en 414 en assembla un à Ctésiphon, où il fit adopter la foi de Nicée, jusqu'alors professée partiellement en Orient.—Auteur des *Acta sanctorum martyrum orientalium et occidentalium*, syriaque-latin, publié par Assemani, 2 vol. in-fol., 1748. Cet ouvrage est utile à consulter pour la géographie ecclésiastique de l'Orient.

Marperger (Paul-Jacques), né à Nuremberg en 1656, mort en 1730 ; auteur d'une *Description commerciale de la Moscovie et de la Suède*, in-4°.

Marsigli (L.-Ferdinand, comte de), géographe, naturaliste, né à Bologne en 1658, mort en 1730 ; auteur d'une *Histoire physique de la mer*, in-fol. ; d'une *Description géographique, historique du Danube*, in-fol.

Martens (Frédéric), voyageur allemand du XVII° siècle, a rédigé la *Relation d'un voyage au Spitzberg fait en 1671*, in-4°, 1675. C'est le premier ouvrage publié sur ce pays.

Martins (Charles-Frédéric-Philippe), né à Erlangen, le 17 avril 1794, a rédigé avec M. Spix, la relation de son *Voyage au Brésil*, 3 vol. in-4°, avec atlas. — Ce voyage offre une grande variété de données sur la géographie du Brésil.

Martyr, évêque d'Arzendjan, dans la Grande Arménie, auteur de la relation d'un *Voyage* fait en Europe et dans l'Océan Atlantique, à la fin du XV° siècle, traduite en français par M. Saint-Martin.

Masi (Laurent), italien. Ce savant séjourna en Egypte avec Jersene Segato, de 1817 à 1825 ; tous deux étaient au service du pacha. Ils ont fait dans ce pays des observations intéressantes, ont étudié le caractère, les mœurs et les usages des habitants. L'Egypte ancienne était, il y a quelques années, plus connue, pour ainsi dire, que la moderne ; car, indépendamment du grand monument élevé à son antique gloire par la commission des savants français, les ouvrages de Denon, de Belzoni, de Cailliaud, Gau, Minutoli, et de plusieurs voyageurs anglais, nous ont donné sur l'Egypte ancienne tous les renseignements que l'état de la science et les difficultés des investigations dans ce pays pouvaient permettre. La *Description de l'Egypte* contient, il est vrai, sur l'Egypte moderne des notions étendues concernant certaines parties de son économie intérieure et de son état physique; mais aucun de ces ouvrages ne faisait connaître complétement l'état actuel de cette contrée, qui a si fort changé depuis l'administration de Méhémet-Ali. Laurent Masi, de retour en Italie, publia avec Jersene Segato un ouvrage intitulé : *Esquisses pittoresques, géographiques, statistiques, hydrographiques et cadastrales sur l'Egypte,* qu'il dédia au roi Charles X. Depuis, on a publié sur l'Egypte moderne beaucoup de livres, mais qui cependant n'ont point effacé celui de Masi et de Segato. Il contient des détails exacts et curieux sur le canal du Nil à Alexandrie, entreprise gigantesque, exécutée de 1816 à 1819, et qui coûta la vie à 13,000 individus, par l'ignorance et l'incurie des ingénieurs turks. Ce fut en creusant ce canal qu'à la profondeur de quelques pieds de la superficie du sol, on trouva diverses habitations de l'ancienne Alexandrie, formées de pierres unies par un ciment très-dur, composées en majeure partie de chaux mêlée avec de la pouzzolane. On découvrit aussi nombre de bains, dont quelques-uns, ornés de peintures, présentaient un état parfait de conservation, avec leurs pavés en mosaïques de pierres dures et empreintes des plus vives couleurs.

Megeren (W. von), Allemand, auteur d'un *Tableau du cap de Bonne-Espérance*, publié de 1840 à 1841.

Meichelbeck (Charles), savant bénédictin, né dans la Bavière en 1680, mort en 1734; auteur d'une *Histoire du diocèse de Freisingen* (Bavière), et d'une *Histoire de l'abbaye de Benedict Beuren*. Ces deux ouvrages sont faits judicieusement et avec soin.

Meiners (Christophe), naquit en 1747 à Warstade dans le Hanovre. Il a publié des *Recherches sur la diversité des races humaines en Asie, dans les terres Australes, dans les îles du Grand Océan,* etc., 1812, 2 vol. — Au milieu de pensées justes, d'aperçus vrais, cet anthropologue avance beaucoup d'assertions fausses ou inexactes.

Meinert (J. G.). M. Meinert, savant allemand, a traduit, mis en ordre et commenté le *Voyage du frère Jean de Marignola dans l'Asie centrale et orientale.*

Meister (Léonard), laborieux écrivain suisse, né en 1741 à Nefftembach, canton de Zurich, fut nommé en 1773 professeur d'histoire et de morale à l'école des arts de Zurich. — Il est auteur des ouvrages suivants : 1° *Mémoires pour l'histoire de la langue et de la littérature allemandes;* 2° *Petits voyages dans quelques cantons de la Suisse,* in-8°; 3° *Dictionnaire historique, géographique et statistique de la Suisse,* 2 vol. in-8°. — Il mourut le 19 novembre 1811.

Mentelle (Edme), géographe, né à Paris le 11 octobre 1730, fit ses études au collége de Beauvais, et mourut le 28 novembre 1815. — Il est l'auteur de plusieurs ouvrages géographiques qui sont : 1° *Manuel géographique;* 2° *Géographie abrégée de la Grèce ancienne;* 3° *Géographie comparée, ou Analyse de la géographie ancienne et moderne;* 4° *Géographie historique, physique, statistique et topographique de la France,* etc., etc. — Ce géographe avait une réputation que certainement ses ouvrages ne lui méritaient pas. Nous pensons qu'il la dut plutôt à ses étranges opinions religieuses, qu'il a semées dans ses livres sans goût comme sans discernement. Son élève et son continuateur, Malte Brun, a eu le malheur de partager ses idées et son système d'incrédulité; mais, au moins, il s'est montré dans ses ouvrages plus réservé que lui.

Michaud. M. Michaud, poète, journaliste et historien. Nous ne le citons ici que pour son *Histoire des Croisades,* sa *Correspondance d'Orient,* et sa *Bibliographie des Croisades.* — Ces divers ouvrages sont faiblement utiles à la géographie du moyen âge en particulier, et à la géographie religieuse en général, attendu que la partie géographique y a été négligée.

Milbert (Jacques-Gérard), peintre naturaliste, naquit à Paris le 18 novembre 1766. A l'époque de la destruction des tombeaux de Saint-Denis, il risqua sa vie pour sauver ceux des connétables de Montmorency, qui depuis par ses soins ont été déposés au musée des monuments. Il fit un ouvrage sous le titre de *Voyage pittoresque à l'île de France, au cap de Bonne-Espérance et à l'île de Ténériffe,* Paris, 2 vol. in-8°. Indépendamment d'un *Atlas* rempli de vues et de paysages, cet ouvrage contient des détails statistiques commerciaux, géologiques et physiques très-étendus. Il publia ensuite l'*Itinéraire pittoresque du fleuve Hudson et des parties latérales de l'Amérique du Nord,* Paris, 2 vol. in-4°. Milbert mourut à Paris le 5 juin 1840.

Miller. M. Miller, savant français, a écrit la Préface placée en tête de la *Collection géographique des itinéraires anciens,* et de la Table de tous les noms géographiques mentionnés dans ladite collection. — Cette table, qui est un véritable ouvrage, ne forme pas moins de 88 pages in-4°.

Molina (Alphonse de), missionnaire espagnol, né en 1406 à Escalona, petite ville de la Nouvelle-Castille, entra chez les Cordeliers, ou Frères-Mineurs. Il travailla cinquante ans aux missions de l'Amérique septentrionale (Mexique). — Il mourut en 1584, à Mexico. Il a composé un *Catéchisme* et une *Grammaire en langue mexicaine,* devenus fort rares.

Molina (Jean-Ignace), né à Talca au Chili en 1740; membre de la société de Jésus, mort en 1829. — Ce religieux a écrit une *Histoire naturelle du Chili* avec des notes et des cartes, in-8°, publiée en 1788. Cet ouvrage a été traduit en français et en allemand. Il a laissé aussi un *Essai sur l'histoire du Chili,* avec cartes, in-8°. Ce livre, publié à Bologne, où est mort le P. Molina, a été traduit en espagnol, en allemand et en anglais. Nous ne l'avons pas malheureusement en français. C'est le livre le plus exact sur le Chili, celui qui en fait le mieux connaître la géographie et la population indigène.

Monni. r (Dom Hilarion), bénédictin, mort en 1707; auteur d'un ouvrage intitulé : *Eclaircissements des droits de la congrégation de Saint-Vannes sur les monastères qu'elle possède en Franche-Comté*, in-4°, livre utile à la géographie ecclésiastique.

Montalbani (le comte Jean-Baptiste), voyageur en Orient, officier au service de Venise, né à Bologne en 1596, mort en 1646; auteur d'un ouvrage intitulé *De moribus Turcorum* (Des mœurs des Osmanlis).

Montauband, célèbre flibustier français, mort à Bordeaux en 1700; auteur d'une *Relation d'un voyage en Guinée*, en 1698.

Monte-Corvino (J. de), frère mineur, missionnaire en Tartarie, né en 1247, mort en 1320; envoyé en Orient par Nicolas IV en 1288, parvint au Cathay, à Khan-Balikh, où il bâtit une église, et prêcha la foi chrétienne dans le Mongol. Clément V le nomma archevêque de Khan-Balikh.

Moorcroft (Guillaume), né dans le Lancashire, mort de la fièvre en 1825 à Andkhodie, ville située à 80 milles de Balkh; auteur d'un *Voyage fait en 1812 au lac Manassarovar dans l'Oundès, province du Petit-Thibet*; de *Voyages aux provinces Himalayennes de l'Hindoustan et du Penjab, en Ladakh, ou Cachemir, à Peichaver, à Khoundouz et à Bokhara*; Londres, 1841, in-8°, avec cartes. — Ces relations ont une valeur incontestable et une haute autorité, par le séjour de deux ans que fit le voyageur dans les diverses parties du Thibet, et le soin avec lequel il étudia un pays encore presque inconnu aux Européens.

Morineau (P. de), explora en 1827 et 1828 la côte nord-ouest de l'Amérique septentrionale. Il s'attacha particulièrement à prendre des notes sur les indigènes de cette contrée, lesquelles il publia à son retour en France. Il résulte de ces renseignements que les diverses peuplades qui habitent cette partie de l'Amérique redoutent et même détestent le travail. C'est un trait caractéristique qui leur est commun avec les peuplades de l'Amérique méridionale et du Monde maritime.

Morse (Jedidiah), docteur en théologie, né aux États-Unis, mort en 1826; auteur d'une *Géographie universelle*, avec cartes, 2 vol. in-8°, en anglais; Boston, 1812 : ouvrage fait avec soin. — Il a encore publié un *Dictionnaire géographique américain*, in-8°, Boston, 1810.

Morvilliers (Nicolas Masson de), né en 1740 à Morvilliers en Lorraine, mort en 1789; auteur d'un *Abrégé élémentaire de la géographie universelle de la France*, 2 vol. in-12; *de l'Italie*, in-12; *de l'Espagne et du Portugal*, in-12.

Moulinet des Thuileries (l'abbé Claude de), né à Séez en 1667, d'une famille noble, mort en 1728.

Erudit, il se livra à l'étude de l'histoire de France. — Il est auteur d'une *Histoire du diocèse de Séez* et de divers articles relatifs à sa topographie.

Moustier (Arius du), né à Rouen, mort en 1662; auteur d'un *Martyrologium sanctarum mulierum*, in-fol.; d'un *Martyrologium Franciscarum*, in-fol. Il a laissé en manuscrit une *Histoire ecclésiastique de la Neustrie*. Ces ouvrages sont de quelque utilité pour la géographie ecclésiastique.

Mugge (Th.), voyageur allemand, auteur d'un *Voyage en Danemark et en Norwège*, 2 vol. in-8°, avec une bonne carte; Hanovre, 1844. — Ouvrage qui n'est pas sans valeur.

Muhlenfordt (E.), voyageur et savant allemand, auteur d'un *Tableau fidèle du Mexique*, sous les rapports de la géographie et de l'ethnographie, in-8°, Hanovre, 1844. — Cet ouvrage est exact et fait bien connaître le Mexique.

Muller (Gérard-Frédéric), voyageur, historien et géographe, né à Herford en Westphalie en 1705, mort à Moscou en 1783, a publié une *Description de la Sibérie*; Saint-Pétersbourg, 1750, in-4°; les *Voyages et les Découvertes faites par les Russes*, etc., etc., ainsi qu'une *Description du fleuve Amur*, etc., etc., en russe et en allemand. — Ces ouvrages ont été traduits en français, 2 vol. in-12, 1776.

Munk (S.). M. Munk, auteur d'une *Description géographique de la Palestine*; Paris, 1845, in-8°, avec beaucoup de planches.

Munster (Sebastian), jouit, au milieu du XVIe siècle, d'une grande réputation. Sa *Cosmographie*, ou *Description du monde*, qui parut à Bâle en 1544, fut répandue et acceptée partout.

Munter (Frédéric), évêque protestant de Copenhague, né à Gotha en 1761, mort en 1785; laborieux et instruit, a rédigé un *Voyage dans les Deux-Siciles*, fait en 1785 et 1786, publié en danois et en allemand.

N

Nahuys (le colonel), a publié en 1826 des *Lettres sur Benkoelen, Padong, le royaume de Menankabau, Rhiouw, Singapore, Poolo-Pinang*, 1 vol. grand in-8°, Breda. Ces Lettres contiennent une foule d'observations intéressantes sur la topographie, le commerce, l'industrie, les mœurs et les usages des pays décrits.

Navarrète (Ferdinand de), missionnaire en Chine, archevêque de Saint Dominique, en 1678, mort en cette île, en 1689; auteur de l'ouvrage *Tratados historicos, politicos, ethicos, y religiosos de la monarchia de China*, en 5 vol. — Cet ouvrage, à cette époque, faisait le mieux connaître le Céleste Empire.

Niebuhr (le chevalier), géographe danois. Conseiller d'état du roi de Danemark, ce savant fit partie d'une commission scientifique envoyée par le gouvernement danois en Arabie, dans le siècle dernier. Il consigna le résultat de ses recherches et de ses observations dans un ouvrage intitulé : *Description de l'Arabie*, en 2 vol. in-4°. On a beaucoup écrit sur l'Arabie à notre époque, mais le livre de Niebuhr est encore celui qu'on doit consulter de préférence. L'auteur ne parle que de ce qu'il a vu, et il n'affirme que quand il est certain de l'exactitude de ses renseignements. Il rectifie beaucoup d'erreurs relativement à des localités des côtes de la mer Rouge; il se trouve toujours d'accord avec la Bible, quand elle parle de l'Arabie; et il fait remarquer que ce pays n'a pas changé, et qu'il est resté avec sa population le même comme du temps d'Abraham et d'Agar.

Noël (André), né à Gy, en Franche-Comté, mort en 1808; cartographe, auteur de Cartes et de Planisphères célestes.

Norman. M. Norman, de la Nouvelle-Orléans, auteur d'un *Voyage dans l'Yucatan*, New-York, 1843, in-8°. — Ce livre contient des renseignements sur cette province et sur les ruines remarquables qu'elle possède encore.

Nowak (A.-F.-P.), géologue allemand, a écrit un ouvrage sur la géographie physique, in-8°, avec planches, Leipsick, 1844. — Cet ouvrage contient en géologie des idées très-hardies que l'avenir seul peut confirmer.

Nyenbourg (Jean-Gilles Egdmond de), né dans les Pays-Bas, à la fin du xviie siècle; auteur de *Voyages dans une partie de l'Europe, de l'Asie-Mineure, des îles de l'Archipel, de la Syrie, de la Palestine*, etc., etc., 2 vol. in-4°.

O

Ocampo (Don Gonzalo de), archevêque de Lima, a écrit, en 1625, le *Gobierno del Perù*. Ce manuscrit doit se trouver dans les archives ecclésiastiques de Lima.

Olivier (Jean), ancien secrétaire à Palembourg, a publié ses *Voyages par terre et par mer dans les colonies indiennes des Pays-Bas*, en 1827 et 1828, 3 vol. in-8°, avec planches, Amsterdam. — Le second volume contient des détails sur les missions hollandaises dans ces colonies, et particulièrement à Amboise, ainsi que sur les progrès du christianisme.

Onseley (Sir William), orientaliste anglais, né en 1771, est mort en 1842. Il avait voyagé, à diverses reprises, dans l'Asie mineure, en Perse et dans l'Hindoustan. — Il a laissé plusieurs ouvrages, entre autres une *Histoire de Perse* et une *Géographie orientale* qui n'est pas sans mérite et qui pourrait remplacer bien des ouvrages sur l'Orient. Nous ne croyons pas qu'elle ait été traduite en français.

Orbigny (M. Alcide d'), a passé sept années à explorer le Brésil, les républiques de l'Uruguay, de Buénos-Ayres, du Chili, du Pérou, de Bolivia et la Patagonie. Ses observations sur l'orographie et les divers climats de l'Amérique méridionale méritent d'être recueillies et étudiées. Il a contribué plus que personne à dissiper en partie l'obscurité qui enveloppe les tribus indigènes de cette partie du monde,

et ses remarques à ce sujet reposent toutes sur des faits ou sur des conjectures simples et naturelles. La géographie de l'Amérique méridionale lui devra certainement beaucoup.

Orloff (le comte Wladimir-Grégoire), de la puissante famille russe de ce nom, mort en 1826, a publié des *Mémoires géographiques sur le royaume de Naples*, avec des cartes exécutées avec soin. On peut consulter avec fruit ces Mémoires sur les vicissitudes qu'a subies la géographie de l'Italie méridionale.

Ortelius (Abraham), mort en 1598, est l'auteur de la première collection de Cartes du monde entier; son *Theatrum mundi* fut longtemps la mine exploitée par les compilateurs.

Ostervald (Samuel-Frédéric), né à Neufchâtel en Suisse, en 1713; auteur d'un *Cours de Géographie historique et de sphère*.

Ostrowski (Théodore), né dans le palatinat de Lublin, en 1750, mort en 1802, à Léopold, dans la Gallicie Autrichienne; auteur d'une *Histoire de l'Église en Pologne*, en 3 vol. in-8° : ouvrage fort utile à la géographie ecclésiastique de ce pays.

Othon, évêque de Freisingen, mort en 1158; auteur d'une *Chronique* en 7 livres. — Cette Chronique sert à l'étude de la géographie ecclésiastique de l'Allemagne au moyen âge.

Otter (Jean), orientaliste, né à Christianstadt (Suède) en 1707, mort à Paris, en 1748; auteur d'un *Voyage en Turquie et en Perse*, 2 vol. in-12.

Outh (Adolphe), médecin, est né à Berne, en 1805. Il a publié sur l'Algérie qu'il a visitée des observations géographiques, qui ne sont pas sans mérite et qui décèlent un esprit observateur.

Oudenhoven (Jacques von), ministre protestant au xviie siècle, né à Bois-le-Duc; auteur de plusieurs Recherches géographiques sur la Hollande et sur plusieurs de ses villes, comme Heusden-Dordrecht, Bois-le-Duc, Harlem.

Ovalle ou Ovaglie (Alphonse d'), jésuite, missionnaire, né à San-Yago (Chili), en 1601, mort à Lima, en 1651; auteur d'une *Histoire du Chili* et d'une *Histoire des missions de la compagnie de Jésus*, in-fol.

P

Pacifique, missionnaire capucin, né à Provins, mourut en 1653. Envoyé à la mission de Perse, il publia, à son retour, sous le titre de *Voyage en Perse*, in-8°, les renseignements qu'il avait recueillis sur la religion, le gouvernement et la géographie de ce pays. Envoyé ensuite à la Guadeloupe, il nous a laissé une *Description* de cette île, ainsi que de celle de Saint-Christophe, qu'on peut encore parcourir aujourd'hui.

Pagan (le comte Blaise-François de), ingénieur-géographe français, né en 1604, mort en 1665, publia en 1655 une *Relation historique et géographique sur le cours de la rivière des Amazones*, in-8°. — Ce livre est devenu fort rare; il se trouve à la bibliothèque Mazarine sous le n° 33,545. Pagan remonta le cours de l'Amazone, au milieu de fatigues et de dangers multipliés. Ainsi, de la ville de Para, point de son départ, il se rendit à Quito, au Pérou, après une navigation de 1200 lieues. Sa Relation est généralement exacte pour son temps.

Palairet (Jean), né à Montauban en 1697, s'occupa de géographie et de cartographie. Il a composé un Atlas méthodique, une Introduction à la géographie moderne ; il a rédigé une Description des possessions européennes dans l'Amérique septentrionale. On dit que c'est ce dernier ouvrage qui a donné l'idée à l'abbé Raynal de son fameux livre si déclamatoire, si emphatique, si inexact et si immoral en même temps, sur les possessions et le commerce des Européens dans les Deux-Indes ; car il est impossible d'avoir réuni une plus grande somme d'erreurs et de répétitions en plusieurs volumes. Cet ouvrage est avec raison tombé dans le mépris et l'oubli publics. De pareilles compilations font ressortir les avantages de la véritable science. La Description de Palairet a eu du malheur ; mais aussi il est juste de dire qu'elle ne ressemble en rien au livre de l'abbé Raynal.

Palerne (Jean), voyageur, né dans le Forez, vers 1557, auteur de Notes géographiques sur les possessions ottomanes en Europe et en Asie.

Pallade, évêque d'Hélénopolis en Bithynie, ami de saint Jean Chrysostome, né en 368 ; auteur d'une Histoire des solitaires, livre utile à la géographie ecclésiastique des premiers siècles.

Palmer (le capitaine), de la marine américaine, fit en 1828 et 1829 un voyage scientifique et commercial aux régions glacées du pôle antarctique. Il découvrit beaucoup de terres qui ne sont pas portées sur les cartes, ou qui le sont d'une manière fort inexacte, des îles, rochers ou récifs. Il y a des îles qui sont habitées, comme l'île Perstuah et celle d'Armstrong.

Pantaléon (Henri), né à Bâle en 1522, mort en 1595 ; auteur d'une Chronographie de l'église ; d'une Histoire des martyrs de la Gaule, de la Germanie, de l'Italie, et de plusieurs autres ouvrages.

Pardessus, professeur à l'École de droit. M. Pardessus a rédigé la Collection des lois maritimes. Nous n'en parlons ici qu'à cause de l'Introduction qui la précède, laquelle est elle-même un ouvrage consciencieux et fort remarquable sous le rapport de la science géographique.

Paultre (Charles), officier d'artillerie, aide-de-camp du général Kléber, a exécuté une Carte physique et politique de la Syrie, pour servir à l'histoire des conquêtes du général Bonaparte en Orient. Ce travail se fit au Caire, en l'an VIII. L'auteur y joignit des Notes géographiques, après avoir examiné attentivement une partie de la Syrie et de la Palestine.

Pègues. M. l'abbé Pègues, lazariste, a fait une Description géographique de l'île de Santorin, Paris, 1842.

Peuchet (Jacques), mort en 1830, est l'auteur d'une Description géographique de la France, avec des Cartes, et d'un Dictionnaire universel de la géographie du commerce, en 5 vol. in-4°. — L'idée de ce dernier ouvrage était certainement excellente, mais l'exécution n'en est pas aussi bonne. L'auteur s'est jeté dans trop de détails inutiles ou diffus, qui, sans rien ajouter à l'importance de son sujet, le surchargent et l'embrouillent.

Peralta (Pedro), publia en 1725 un ouvrage intitulé : De Descripcion de Lima, y del Perù, et Historia del origen de los Incas y de las Indias (Description de Lima, du Pérou, et Histoire de l'origine des Indiens et des Incas). — Cet ouvrage mérite d'être lu, et il contient des renseignements et des détails peu connus, ignorés même des écrivains de notre siècle.

Percival (Robert), voyageur et géographe anglais ; auteur d'une Description géographique de l'île de Ceylan ; d'une Description géographique excellente du cap de Bonne-Espérance, de 1797 à 1801.

Perrin du Lac (F.-M.), sous-préfet de Rambouillet, mort en 1824, auteur d'une Description géographique des deux Louisianes, de toute la vallée de l'Ohio et du Missouri.

Persoms (Abraham), voyageur anglais, avait écrit la relation de toutes ses courses, qui ne fut publiée par sa famille que longtemps après ; elle est intitulée : Voyages en Asie et en Afrique.

Peutinger (Conrad), le premier savant de l'Allemagne qui se soit occupé de recueillir des antiquités, naquit en 1465, à Augsbourg. — Il est auteur de l'ouvrage intitulé : Inscriptiones vetustæ romanæ et eorum fragmenta in Augusta Vindelicorum. Il est aussi l'auteur d'une Carte de géographie très-estimée pour cette époque.

Peyron, médecin, voyageur et géographe, a visité l'Espagne avec attention. Il a composé une Description géographique de plusieurs de ses provinces, et surtout du royaume de Murcie. Il est à regretter que l'auteur se soit trop abandonné à ses impressions et à ses préjugés personnels, surtout en ce qui concerne le clergé espagnol, que nous avons jugé en France sans le connaître, ou sur des documents inexacts et mensongers.

Pezzl (Jean), géographe et cartographe, auteur d'une Description géographique de Vienne, capitale de l'Autriche, et de ses environs.

Philip (Arthur), anglais, gouverneur de Botany-Bay, géographe, auteur d'une Description géographique, avec cartes, des colonies anglaises dans la Nouvelle-Hollande.

Piedrahita (Lucas-Fernandez), évêque de Panama, a composé une Histoire générale du nouveau royaume de Grenade, dans l'Amérique méridionale. — Ce livre contient des particularités géographiques curieuses sur cette contrée, et qu'on chercherait inutilement dans les ouvrages modernes.

Pierquin (l'abbé Jean), né à Charleville, mort en

1742; géographe, auteur de plusieurs ouvrages relatifs à la géographie descriptive et à la géographie physique.

Pinkerton (Jean), originaire d'Écosse, mourut à Paris en 1826. Il a rédigé une Géographie moderne en 6 vol. in-8°, avec des cartes. L'auteur était rempli d'érudition, mais l'ouvrage est lourd et diffus. Il a néanmoins eu assez de succès, et a été traduit en plusieurs langues. C'était du reste le premier ouvrage aussi étendu qui paraissait sur la géographie moderne. Il en a été fait un abrégé par l'abbé Lécuy, dernier général de l'ordre de Prémontré, mort, il y a quelques années, grand vicaire du diocèse de Paris. — Sous la première révolution et sous l'empire, l'abbé Lécuy travaillait, pour vivre, à des compilations de librairie. A une érudition très-variée il joignait l'habitude constante du travail.

Plancher (Dom Urbain), bénédictin de la congrégation de Saint-Maur, né en 1667, à Chesnes, près de Beaugé en Anjou, mort en 1750, à Saint-Bénigne de Dijon. — Il fut un des principaux écrivains de l'*Histoire générale et particulière du duché de Bourgogne*; ouvrage utile à la géographie ecclésiastique de cette province en particulier et de la France en général.

Pluche (l'abbé Antoine), naquit à Reims le 13 septembre 1688. Il professa de bonne heure dans l'université de cette ville. Il manifestait des dispositions particulières pour l'étude des sciences et des langues anciennes. L'évêque et la ville de Laon lui confièrent la direction du collège, qu'il posséda pendant cinq ans, mais à laquelle il renonça par suite des discussions sur le jansénisme, dont il était soupçonné d'être partisan. Il résolut alors de se livrer uniquement à la composition de son grand ouvrage le *Spectacle de la nature*, dont le 1er vol. parut en 1732, eut beaucoup de succès, et fut traduit en anglais et en espagnol. En 1749, l'abbé Pluche se retira à la Varenne-Saint-Maur, où il consacra son temps à la *Concorde de la géographie des différents âges*, ouvrage qui ne parut qu'après sa mort en un fort vol. in-12 avec cartes. Ce livre, excellent par l'idée fondamentale et le plan, serait très-utile pour l'instruction primaire et même secondaire, s'il en paraissait une édition revue et modifiée d'après les découvertes et les progrès faits dans les sciences géographiques. L'abbé Pluche mourut le 19 novembre 1761.

Plumier, religieux minime, né à Marseille, mourut en 1704. Comme missionnaire, il fit plusieurs voyages, spécialement dans le Levant. Il se livra en même temps à l'étude de la géographie, et surtout de la géographie botanique pour laquelle il avait un goût particulier et qu'il étudiait dans ses rapports avec la grandeur et la sagesse des œuvres divines. Il a rendu à cette science d'importants services.

Polownin (Théodor), savant russe, auteur d'un *Dictionnaire géographique de l'empire de Russie*, un vol. in-8°, Moscou, 1773.

Polybe, né en 204 avant l'ère chrétienne, historien grec : considéré comme géographe, c'est l'auteur le plus exact de l'antiquité qu'on puisse consulter pour les notions géographiques.

Poutimstef. M. Poutimstef, officier russe, visita en 1811 la Dzungarie chinoise, que l'Europe ne connaissait que de nom. A son retour en Russie, il publia une *Notice géographique et topographique de la Dzoungarie*. Nous ne pensons pas que cette Notice ait été traduite en français. Nous n'avons en France sur la Dzoungarie que les rares renseignements qui nous sont fournis par les prêtres que les missions étrangères de Paris envoient dans l'Asie centrale.

Potocki (le comte Jean), Polonais, mort en 1816, a publié un ouvrage important en 4 volumes in-4°, intitulé : *Recherches géographiques sur la Scythie, la Sarmatie et les Slaves*. Ces Recherches sont remplies d'érudition et de science. Il y a cependant des inductions qui sont un peu forcées, et des points sur lesquels on peut discuter avec l'auteur.

Pottinger (Sir Henry), Anglais, qui s'est fait de notre temps une célébrité dans l'Hindoustan et en Chine par ses négociations; il a rendu des services à la géographie, en publiant une *Description géographique du Béloutchistan et du Shindhy*, deux provinces asiatiques dont nous connaissions très-peu l'intérieur. Il serait à désirer que cette Description fût traduite en français.

Poujoulat. M. Poujoulat, collaborateur de M. Michaud, a travaillé à l'*Histoire des Croisades*, ainsi qu'à leur Bibliographie. Il est un des auteurs de la *Correspondance d'Orient*. — La géographie est la partie la plus faible de ces divers ouvrages, bien qu'elle eût dû en être la partie dominante.

Prémare (Joseph-Henri), jésuite français, savant orientaliste et sinologue, a contribué par ses travaux à faire connaître la géographie de la Chine sur laquelle on a débité pendant longtemps tant de niaiseries.

Prêtremont (B.), religieux de la congrégation de Saint-Vannes, a publié une *Notice géographique de l'abbaye et de la ville de Faverny*. Le monastère a donné naissance à la ville, comme presque toutes les maisons de l'ordre de Saint-Benoît ont occasionné la fondation de villages et de villes importantes.

Prévost d'Exiles (l'abbé Antoine-François), auteur des 17 premiers vol. in-4° de l'*Histoire générale des voyages*; d'un vol. de la grande collection *Gallia Christiana*; traducteur de voyages en diverses parties de l'Asie, de l'Afrique et de l'Amérique.

Proyart (l'abbé Liévain Bonaventure), mort à Arras en 1808, auteur d'une *Description géographique et religieuse, avec carte, de plusieurs contrées de l'Afrique occidentale* (Guinée).

Prudhomme (Louis), né à Lyon en 1752; auteur d'un *Dictionnaire universel et géographique de la France*, 5 vol. in-4°.

Puissant (Louis), né en 1769 au Châtelet (Seine-et-Marne), ingénieur-géographe, auteur de plusieurs

Mémoires sur diverses questions relatives à la géographie.

Q

Quadri (Antoine), administrateur italien, né à Vicence en 1777, d'une famille illustre; auteur d'un *Tableau statistique des provinces vénitiennes*, avec la carte géographique du royaume Lombardo-Vénitien; Venise, 1826.

Quatremère. M. Etienne Quatremère a publié des *Mémoires sur l'Egypte*, Paris, in-8°, 1 vol., 1810, et des *Observations sur la géographie de l'Egypte*, Paris, in-8°, 1812. — On peut consulter avec fruit les Observations de ce savant sur la géographie de l'Egypte, bien qu'on ne soit pas toujours d'accord avec lui sur divers points.

R

Rabbe (Alphonse), né en 1786 dans le département des Basses-Alpes; littérateur et journaliste, mort en 1830; auteur d'une *Géographie de l'empire de Russie*, Paris, 1828, 2 vol. in-18, et in-8°.

Raffles (Thomas-Stamford), ancien gouverneur de Batavia, auteur d'une *Description géographique des îles de la Sonde*.

Raingo (Germain-Benoît-Joseph), né à Mons (Belgique), auteur d'une *Géographie élémentaire*, avec cartes.

Rancy (de), ancien inspecteur général des finances en Espagne, sous Charles IV; auteur d'une *Description géographique de la Navarre*.

Raumer. M. Raumer a publié à Leipzig, en 1835, un ouvrage intitulé : *Palæstina*, in-8°, qui a eu une seconde édition en 1839. On fait cas de cet ouvrage.

Raymond (Georges-Marie), né à Chambéry en 1769; auteur d'une *Géographie élémentaire moderne* pour les collèges et écoles des Etats-Sardes.

Raymond (Jean-Baptiste), capitaine au corps royal des ingénieurs, né à Chambéry en 1766, cartographe, auteur de plusieurs cartes.

Rechberg (le comte Charles de), né en Bavière, auteur d'un *Voyage pittoresque en Russie*, in-folio avec planches; d'une *Collection de tableaux sur les mœurs, coutumes, religions des peuples du monde*, 2 vol. in-4°.

Régis (Jean-Baptiste), jésuite français, missionnaire à la Chine aux XVII° et XVIII° siècles; habile géographe, un des auteurs de la grande Carte de la Chine sous l'empereur Khang-hi.

Reineggs (Jacques), né en 1744 en Saxe, mort en 1793 en Russie; auteur d'une *Description topographique du Caucase*, rectifiée depuis par M. Klaproth.

Reland (Adrien), savant très-versé dans la connaissance des langues orientales, naquit le 17 juillet 1676, auprès d'Alkmaer, dans la Nord-Hollande. Il mourut à Utrecht le 5 février 1718. — Reland fit un ouvrage relatif à la géographie, sous ce titre : *Palæstina ex monumentis veteribus illustrata et chartis geographicis accuratioribus adornata*, Utrecht, 1714, 2 vol. in-4°, avec onze cartes. C'est un excellent recueil, où l'on peut puiser tous les renseignements géographiques que les anciens avaient transmis sur la terre sainte.

Renaud de Vilback, auteur d'une *Description géographique du Languedoc*, avec cartes géographiques.

Renaudot (l'abbé Eusèbe), orientaliste, auteur de *Notes géographiques et religieuses concernant la Chine*; de l'*Histoire des patriarches d'Alexandrie*, ouvrage renfermant des notes précieuses sur la géographie religieuse de la Nubie, de l'Ethiopie et de l'Arménie.

Reuilly (le baron Jean de), voyageur et géographe, né en 1780, mort en 1810, à laissé une *Description géographique du Thibet, de la Krimée*, etc., etc.

Reynaud (l'abbé Marc-Antoine), mort à Auxerre en 1796, auteur d'une *Histoire géographique de l'abbaye de Saint-Polycarpe*, de l'ordre de Saint-Benoît.

Ribeyro (le capitaine Jean), voyageur et géographe portugais; auteur d'une *Description historique et géographique de l'île de Ceylan*, offerte au roi de Portugal en 1685.

Ricard (le frère), dominicain du XIII° siècle, nous a laissé une *Description de la Palestine*, qu'il avait visitée tandis que les Sarrasins en avaient déjà pris une forte partie sur les chrétiens.

Ricaut (le chevalier sir Paul), écrivain anglais, mort en 1700, a écrit un *Etat historique et géographique de l'Eglise grecque et de l'Eglise arménienne*. — L'auteur, qui avait voyagé dans l'Orient, avait recueilli ses documents sur les lieux mêmes. Ses renseignements, relatifs à l'Eglise d'Arménie, auraient pu être plus étendus.

Riccadonna, Planchet et Estève, de la compagnie de Jésus, firent des excursions dans le Hauran (Arabie pétrée) en 1834 et en 1836.

Riccioli (Jean-Baptiste), Italien, auteur d'une *Géographie* et d'une *Hydrographie*, in-fol., Bologne, 1661.

Richard (Charles-Louis), dominicain, est né en 1711, à Blainville-sur-l'Eau, en Lorraine. Il fut condamné à mort en 1794, comme auteur d'un écrit intitulé : *Parallèle des Juifs qui ont crucifié Jésus-Christ avec les Français qui ont tué leur roi*. Il fit plusieurs ouvrages, entre autres : *Dictionnaire universel et géographique des sciences ecclésiastiques*, sorte d'encyclopédie théologique et historique un peu confuse; mais qui contient des documents pour la géographie religieuse.

Richard (Jean-Baptiste), ingénieur-géographe, a publié plusieurs ouvrages concernant la géographie des diverses contrées de l'Europe.

Richard (l'abbé Jérôme), né à Dijon, auteur d'une *Description historique et géographique de l'Italie*; d'une *Histoire géographique du Tong-King*.

Ricord (Paul), voyageur et géographe anglais, a publié un *Voyage au Japon* en 1811 et 1813, contenant la géographie des îles de cet empire.

Riedesel (le baron Joseph-Herman de), mort en 1785, voyageur et géographe allemand. — On a de lui un *Voyage en Sicile et dans le Levant*, contenant des notions géographiques importantes sur ces contrées.

Rifaud (J.-J.), né à Marseille en 1786, voyageur-géographe, auteur d'un tableau de l'Egypte, de la Nubie, etc., et de Mémoires concernant divers points géographiques.

Riguet (l'abbé François de), mort à Saint-Dié, en 1699, a laissé une *Description* de l'église et de l'abbaye de Saint-Dié, ainsi qu'un ouvrage sur les évêques et l'Eglise de Toul.

Riley (James), capitaine américain. — Nous avons de lui une *Description de Tombouctou*, avec carte de l'Afrique centrale.

Ritter (Karle), géographe allemand, auteur d'une *Géographie* dans son rapport avec la nature et l'histoire de l'homme, ou *Géographie générale et comparée*, en plusieurs tomes.

Robert (François), géographe, mort en 1819; auteur d'une *Description géographique de la France*; d'une *Géographie universelle pour les collèges*; d'un *Dictionnaire géographique*, d'après le Congrès de Vienne, etc.

Robilant (Esprit-Benoît-Nicolas de), mort en 1801, ingénieur-géographe sarde, a publié un *Essai géographique des Etats-Sardes du continent*.

Robin (l'abbé Claude), né à Tonnerre en 1750, voyageur, géographe, a composé plusieurs ouvrages relatifs à la géographie ecclésiastique et à la géographie de l'Amérique septentrionale.

Rochon (l'abbé Alexis-Marie), mort à Paris en 1817, voyageur, géographe-astronome, auteur d'un *Voyage à Madagascar, en Afrique, aux Indes-Orientales*, etc., avec cartes géographiques.

Ross (Sir John), navigateur anglais, s'est rendu célèbre par ses voyages exécutés de 1825 à 1833, à la recherche d'un passage au nord-ouest de l'Amérique. Il a rédigé la Relation de ses deux voyages, et y a joint des cartes dont l'exécution est supérieure à nos cartes de France.

Rosselini. M. Rossellini de la Toscane, entreprit, en 1828 et 1829, une expédition scientifique et littéraire en Egypte et en Nubie. La relation qui en parut à Pise en 1830 et 1831 peut servir de guide aux voyageurs qui voudraient visiter les ruines des grands monuments de ces deux pays. L'ouvrage est orné d'une carte géographique.

Rottiers. Le colonel Rottiers s'est fait connaître par un *Itinéraire de Tiflis à Constantinople*, publié à Bruxelles en 1829, in-8°, avec planches et 3 cartes. — Au 2e chapitre de ce livre, on lit une chronologie des souverains de la Géorgie, depuis l'an 809 avant Jésus-Christ jusqu'à l'an 1797 de notre ère. L'auteur affirme qu'elle est extraite directement de la Chronique du monastère de Ninorminda, souvent citée parmi les Géorgiens.

Rudbeck (Olaüs), est né à Arosen, en Suède, en 1630, d'une famille noble. Il fut nommé professeur d'anatomie et de botanique à Upsal. Il a laissé plusieurs ouvrages et l'*Atlantica vera Japheti posterorum sedes ac patria*, 3 vol. in-fol. — Il prétend que la Suède, sa patrie, est l'Atlantide de Platon; qu'habitée par les enfants de Japhet, les Grecs et les Romains en sont sortis. Ce livre original est du reste rempli d'érudition et de science. L'auteur cherche à prouver que les peuples du Nord avaient mieux conservé la tradition primitive que les Grecs et les Romains.

Ruhs (Frédéric), né, en 1780, dans la Poméranie suédoise, mort en 1820, professeur d'histoire à l'université de Greifswalde, dans la Poméranie; il s'est occupé de la *Géographie de la Finlande*, Leipzig, 1809. — Cet ouvrage contient en outre la topographie du pays, et peut être consulté avec fruit.

Ruinart (Dom Thierry), né à Reims en 1657, mort en 1709, à l'abbaye d'Hautvillers, diocèse de Reims. Il entra dans l'ordre de Saint-Benoît, et en fut un des membres les plus laborieux et les plus érudits. Ses travaux sont immenses, nous n'avons à citer ici que ceux qui sont utiles à consulter pour la géographie ecclésiastique: *Acta primorum martyrum sincera et selecta, ex libris cum editis tum manuscriptis collecta, eruta vel emendata, notisque et observationibus illustrata*; Paris, 1689, in-4°. *Historia persecutionis vandalicæ in duas partes distincta*, Paris, 1694, in-8°.

Ruppel. Avant 1814, on n'avait point de cartes du Nil, basées sur des observations directes. En 1817, M. Rüppel exécuta son voyage en Nubie et dans le Kordofan où il fit de nombreuses observations astronomiques qu'il envoya en Europe depuis 1823 jusqu'en 1825 successivement. M. Rüppel, encore très-jeune, fit en 1817 son premier voyage en Egypte, son second en 1822. Cette même année il visita l'Arabie pétrée. En 1823, il pénétra en Nubie. Ce ne fut qu'en 1827 qu'il revint en Europe. Le docteur Edouard Rüppel a par son ouvrage apporté à la géographie une quantité de matériaux nouveaux. Le titre du livre est: *Voyages en Nubie, en Kordofan et dans l'Arabie pétrée, particulièrement sous les rapports de la géographie et de la statistique*, in-8°, avec 4 cartes, Francfort-sur-le-Mein, 1820.

Rusegger. M. Rusegger, voyageur et géographe, a visité une partie de l'Europe, de l'Asie et de l'Afrique. Doué d'un esprit observateur et possédant une véritable science acquise, il a porté ces avantages dans la composition de ses écrits, qui sont autant d'ouvrages véritablement géographiques et scientifiques. Il y a cependant des points sur lesquels nous ne sommes pas de son avis; mais, en général, c'est un écrivain sérieux et un géographe habile.

Russel (Alexandre), médecin et voyageur, né en Ecosse, mort en 1770; auteur d'une *Histoire naturelle de la ville d'Alep et du pays voisin*, Londres, 1755, in-4°. — Cet ouvrage offre une description détaillée d'Alep et de la contrée environnante, ainsi que des observations sur le climat et sur les mœurs des habitants.

S

Sabine (E.), capitaine de la marine anglaise. Cet officier a fait, de 1821 à 1824, un grand voyage scientifique dont le but principal était la détermination de la figure de la terre par l'observation de la longueur du pendule qui bat la seconde sexagésimale à diverses latitudes. Ces observations ont été faites successivement à Londres, à Sierra-Léone, à Saint-Thomas, à l'Ascension, à Bahia, à Marenham, à la Trinité, à la Jamaïque, à New-York, à Hammerfest en Norwége, la ville la plus septentrionale du globe, au Spitzberg et au Groënland. Le résultat de toutes ces mesures donne, pour l'aplatissement de la terre, une valeur comprise entre 1/288 et 1/289. Le voyage du capitaine Sabine a paru, en 1825, à Londres, dans le format in-4°, avec des cartes; il renferme des notices géographiques. On y trouve une description d'une partie des côtes orientales du Groënland. — Les observations thermométriques faites par le capitaine Sabine sont nombreuses et importantes. Celle qu'il a été amené à faire sur le plus ou moins de salubrité des îles Saint-Thomas, du Prince et d'Annabona, mérite d'être signalée; d'autant plus que nous ne pensons pas qu'il existe de traduction française de cet ouvrage.

La corvette *The Pheasant* fut destinée à transporter les horloges et pendules aux différents points de stations qui avaient été choisis. Dans sa traversée de Sierra-Léone à l'île Saint-Thomas, elle fut favorisée par le courant du golfe de Guinée qui, pendant le règne des vents de sud-ouest sur cette partie de l'Afrique occidentale, suit avec une vitesse considérable la direction de la côte, et contourne le cap des Palmes pour se rendre dans l'enfoncement du golfe. Vis-à-vis ce cap, le courant varie avec la saison, on le rencontre quelquefois à 180 milles au large; mais, en gagnant à l'est, il prend une largeur de près de 100 lieues et occupe tout l'espace compris entre la terre et le courant équatorial qui suit une direction tout-à-fait opposée, et avec un abaissement relatif de température de 10° à 12° F. — En quittant la côte vers l'embouchure de la rivière Gabon pour se rendre à l'île de l'Ascension, un nouveau courant aida les progrès de la route; ce fut celui de l'équateur formé par la rencontre du courant du golfe, et des eaux qui remontent le long des rivages de l'Afrique, poussées par les vents alisés de l'Atlantique méridional. Les eaux accumulées par l'opposition des deux courants sont forcées de refluer vers l'ouest avec une rapidité remarquable, entretenue sans cesse par le courant général du nord-ouest qui presse obliquement leur bord méridional. La limite la plus ordinaire du courant équatorial vers le nord dans le méridien de l'île Saint-Thomas est le 2e ou le 3e degré de latitude sud; mais il s'approche ou s'éloigne de l'équateur suivant la prédominance des deux causes qui le produisent. L'approche périodique de ses eaux froides peut rendre raison d'une particularité relative au climat de l'île Saint-Thomas, comparé à celui de la côte occidentale d'Afrique en général. Dans toutes les possessions anglaises, depuis la Gambie par 13° de latitude nord jusqu'aux comptoirs armés de la Côte-d'Or, les mois de juin, de juillet et d'août sont regardés comme les plus malsains, et c'est le contraire à Saint-Thomas, où, à cette époque, les Européens jouissent d'une brillante santé, tandis que les nègres souffrent beaucoup du froid et des rhumatismes. Or, le capitaine Sabine a observé que la limite nord du courant qui, à d'autres époques, s'éloigne à 120 ou 180 milles au sud de Saint-Thomas, avait atteint ses parages au mois de juin, et il est porté à croire qu'il s'avance vers le nord jusqu'à l'époque de l'équinoxe, de manière à envelopper l'île entière au mois de juillet. Il est facile de se rendre compte de l'influence de la température plus froide des eaux environnantes sur l'atmosphère de l'île, et cette action est secondée par la direction du vent qui souffle toujours du sud. Placé sous l'équateur, Saint-Thomas doit jouir naturellement de deux saisons froides déterminées par la présence du soleil dans le voisinage des solstices; mais la température abaissée de la mer qui l'environne, détermine aux mois de juin, de juillet et d'août, l'époque du véritable hiver. Les autorités portugaises ont reconnu, et c'est une remarque positive, que la santé des Européens résiste mieux au climat de Saint-Thomas qu'à celui de l'île du Prince, et que ces deux îles le cèdent sous le rapport de la salubrité à celle d'Annabona. Pour expliquer ces phénomènes, il peut suffire d'examiner qu'Annabona est toujours entourée par le courant équatorial, et que l'île du Prince est au contraire perpétuellement au milieu du courant de Guinée; tandis que Saint-Thomas se trouve dans une position intermédiaire, soumise alternativement aux deux influences. Dans les climats du tropique, quelques degrés de température apportent une différence notable à la manière d'être des indigènes et à la santé des Européens.

Sacy (le baron Antoine-Isaac-Silvestre de), né à Paris en 1758 et mort en 1838, célèbre orientaliste. — On a de lui un grand nombre de Mémoires relatifs à la géographie orientale.

Saint-Amable (Bonaventure de), carme déchaussé d'Aquitaine, publia, vers la fin du XVIIe siècle l'*Histoire ecclésiastique du Limousin* en 3 vol. in-fol. — L'auteur est diffus et manque de méthode, mais il fournit cependant des renseignements à la géographie ecclésiastique.

Saint-Hilaire. M. Auguste de Saint-Hilaire consacra six années à l'exploration d'une grande partie de l'empire du Brésil. Son voyage commença en juin 1816, au moment de l'ambassade de M. le duc de Luxembourg à Rio-Janeiro; il est riche en notions géographiques et statistiques. Par ses observations sur les tribus indigènes, l'auteur a fourni plusieurs documents à la science anthropologique. — La Relation de ce voyage a paru à Paris, en 1830 et années suivantes, sous le titre de *Voyage dans les provinces de Rio de Janeiro et de Minas-Géraës*, par M. Auguste de Saint-Hilaire, 6 vol. in-8°.

Saint-Nicolas (André de), religieux carme, né à Remiremont en 1650, mort en 1713, auteur de divers travaux relatifs à la géographie ecclésiastique de l'église de France.

Sainte-Croix (le marquis Félix Renouard de), ayant séjourné quelque temps aux îles Philippines, a rédigé sur cette partie du monde maritime une Notice géographique qui n'est pas sans intérêt. L'auteur y fait preuve d'un esprit d'observation qui est assez rare parmi les voyageurs. Ainsi, il a remarqué parmi les indigènes des Philippines plusieurs caractères des mœurs bibliques. M. de Sainte-Croix a publié également un ouvrage sur l'Hindoustan. C'était d'ailleurs un homme véritablement instruit et d'un savoir consciencieux.

Sainte-Hélène (Placide de), augustin déchaussé, né à Paris en 1649, mort en 1734, géographe et cartographe, auteur de plusieurs cartes, par exemple de l'Allemagne, du cours du Danube, de la Flandre française, de la Savoie, du cours du Pô, des Pays-Bas catholiques, etc., etc.

Sanadon (Noël Etienne), né à Rouen le 16 février 1676, entra de bonne heure dans l'ordre des Jésuites, dont il devint un des membres les plus distingués. Il mourut à Paris le 22 octobre 1733. La pièce latine la plus importante du P. Sanadon est un poëme héroïque, intitulé : *Nicanor moriens*. Il est auteur d'un *Dictionnaire de géographie* latin-français, et français-latin ; d'un *Essai sur la géographie*. Cet ouvrage a été publié après sa mort.

Sander (Antoine), historien, naquit en 1586 à Anvers, mais il était originaire de Gand, où ses parents avaient leur résidence habituelle. Il mourut le 16 janvier 1664, à l'abbaye d'Afflighem, à l'âge de 77 ans. — Il est auteur d'un ouvrage intitulé : *Flandria illustrata, cum tabulis geographicis et iconibus urbium, ecclesiarum, cœnobiorum, arcium*, etc. (La Flandre illustrée, avec des tables géographiques et la description des villes, des églises, des monastères, des châteaux, etc., etc.) Cet ouvrage est curieux pour l'époque, et bon à consulter pour des monuments qui n'existent plus aujourd'hui.

Sanson (Nicolas), est né à Abbeville le 20 décembre 1600. On a de Nicolas Sanson : 1° *Galliæ antiquæ descriptio geographica*, 1627, in-fol. en 4 feuilles ; 2° *Graciæ antiquæ descriptio geographica*, 1636, in-fol. ; 3° *l'Empire romain* en 13 cartes, 1637 ; 4° *la France*, 1644, in-fol., en 10 cartes ; 5° *Geographia sacra ex Veteri et Novo Testamento descripta et in tabulis quatuor concinnata*, 1653, in-fol., etc., etc.
— Il mourut à Paris le 7 juillet 1667. — Ce géographe, habile du reste, a laissé dans ses cartes un fonds d'imperfection qui tient à l'inexactitude de ses déterminations astronomiques pour l'étendue des continents et de la Méditerranée en particulier.

Santacilia (Don Georges). Juan y Santacilia naquit en 1712 à Orihuela, dans le royaume de Valence et mourut à Cadix le 21 juin 1774. — Ses principaux ouvrages sont : 1° *Voyage dans l'Amérique méridionale* ; 2° *Dissertation historique et géographique sur le méridien de démarcation entre les domaines d'Espagne et de Portugal*.

Santa-Cruz (Alonzo de), géographe et cosmographe espagnol. Nous citons un rapport de M. Berthelot à la société de Géographie de Paris, sur une notice d'un géographe étranger, M. de Navarrete, concernant Alonzo de Santa-Cruz.

« Les premiers ouvrages de géographie qui parurent au commencement du xvi° siècle, furent la *Suma Geografia* de Martin Fernandez Enciso, qui date de 1519 ; le *Traité de cosmographie et de pilotage* du Portugais François Falero (1), publié à Séville en 1536 et dont on ne trouve plus de copie ; les *Règles* de son frère Rui pour observer la longitude ; l'*Arte de Navegar* de Pedro Medina, qu'on imprima à Valladolid en 1545, et le petit *Abrégé de la sphère et de l'art de la navigation* de Martin Cortès (2), dont on acheva l'impression à Cadix en 1551. Ces divers ouvrages furent adoptés par la plupart des écoles européennes qui en multiplièrent les traductions : les Anglais firent choix du livre de Martin Cortès ; celui de Medina, au contraire, servit de guide aux pilotes français, et même au commencement du xvii° siècle, les Italiens en réimprimaient une nouvelle édition.

« Aux écrits des auteurs que je viens de citer, il faut ajouter encore ceux du célèbre géomètre portugais Pedro Nunès, dont M. de Santarem a pris soin de vous signaler l'importance dans son beau *Mémoire sur les connaissances scientifiques de D. Jean de Castro* (3), cet illustre navigateur, non moins re-

(1) François Falero et son frère Rui vinrent en Espagne avec Magellan. Rui Falero rédigea diverses instructions pour les navigateurs et un *Regimiento* contenant la méthode pour observer les longitudes. Voy. Navarrete, *Noticia histórica sobre los progresos que ha tenido en Espana el arte de navegar*, p. 5.
(*Note de M. Berthelot.*)

(2) Cortès dédia son ouvrage à l'empereur ; il construisit des instruments astronomiques et des montres marines, observa le phénomène des marées et les variations de la boussole ; il émit le premier l'existence d'un pôle magnétique, reconnut les défauts des cartes planes, et proposa diverses méthodes pour les corriger. Son ouvrage, traduit par Richard Eden, fut imprimé à Londres en 1561 et obtint plusieurs éditions. On adopta celle de 1596 pour les écoles de navigation établies en Angleterre. Voy. Navarrete, mém. cité, p. 7.
(*Note de M. Berthelot.*)

(3) Voyez *Bulletin de la société de Géographie*, deuxième série, tom. X, n° 58, oct., p. 216. Nunès fut le premier astronome qui traita de la loxodromie ou des propriétés des courbes ; il détermina la latitude par deux hauteurs du soleil et par l'azimut intermédiaire. Il fit connaître le jour de l'année dont le crépuscule est le plus court. Ce savant portugais, auquel Ticho Brahé rendit hommage, mourut à Coïmbre en 1577. (*Note de M. Berthelot.*)

commandable par ses vertus guerrières que par sa profonde érudition. Castro mérite aussi de prendre rang parmi les géographes et les philosophes les plus distingués de ce temps-là : il s'instruisit à l'école de Nunès, et sa carrière littéraire commença dans les premières années du xvie siècle.

« Citons encore parmi les savants de cette grande époque qu'on vit briller dès son aurore de toute la gloire de Colomb, le fameux pilote Andrès de San-Martin, compagnon de voyage de Magellan, et qui le premier rectifia les longitudes par l'observation plus exacte des distances et du cours de la lune (1); puis, don Fernando Colomb, le digne fils de l'amiral, qui réunit par ordre de l'empereur Charles-Quint une bibliothèque de plus de 20,000 volumes et fonda à Séville, sous les auspices du monarque, une académie pour l'enseignement des mathématiques appliquées à la navigation. Fernando Colomb avait accompagné l'empereur dans son voyage en Italie, en Flandre et en Allemagne ; il travailla à la correction des cartes marines, et fit partie de la junte chargée d'éclaircir les affaires relatives à la possession des Moluques. A sa mort, l'école de navigation de Séville se vit privée de son plus illustre soutien (2). Nommons aussi le savant Portugais Diego de Saa (3), Jean de Rojaz, auteur d'un commentaire sur l'astrolabe, publié à Paris en 1551 ; Juan Escalante de Mendoza, surtout, qui réunit à une pratique consommée de l'art de la navigation toute la théorie de la science (4); Pedro Sarmiento de Gamboa, cet infatigable marin que de longs voyages dans la mer du Sud et sur l'Océan Atlantique avaient formé à la pratique des observations (5) ; enfin, Geronimo Munos, qui, après avoir étonné l'Italie par son rare savoir, vint illustrer les universités de Valence et de Salamanque. Ces établissements scientifiques comptaient alors, parmi leurs professeurs, les hommes les plus érudits ; l'astronomie nautique formait une des principales branches de l'enseignement, et les élèves étudiaient d'après Copernic, Apianus et les restaurateurs de la science moderne (6). Munos, un des membres les plus émérites de l'université de Salamanque, eut pour disciple D. Diego de Alava, qui publia le *Perfecto Capitan* et un traité d'artillerie fondé sur une théorie nouvelle. En 1515, le pape Léon X, voulant réformer le calendrier, avait demandé l'avis des docteurs de Salamanque, et lorsque Grégoire XIII réalisa plus tard cette heureuse réforme, les savants de l'université furent consultés de nouveau, et Pierre Chacon, sur l'ordre du saint-père, se chargea du travail, de concert avec le jésuite Clavio. A peu près à la même époque, l'astronome Andrès Garcia de Cespedes corrigeait les tables de déclinaison par des observations rigoureuses (7), tandis que Pedro Esquivel dressait une carte géographique de toute la Péninsule, d'après la méthode trigonométrique de Regiomontanus. Le roi paya tous les frais de cette grande entreprise et voulut que le plan original restât exposé sous ses yeux dans son propre cabinet. Malheureusement la carte d'Esquivel, citée par les auteurs contemporains, n'est pas parvenue jusqu'à nous : les opérations de mesure qui servirent d'éléments à sa construction doivent nous rendre sa perte encore plus sensible (8). Dans ce temps-là, les monarques espagnols, jaloux de protéger la science à laquelle ils devaient l'agrandissement de leurs domaines, avaient réuni dans la magnifique bibliothèque de l'Escurial les sphères et les globes les plus précieux, les cartes les plus accréditées et les instruments de mathématique et d'astronomie de meilleure construction. Philippe II, qui affectionnait les sciences exactes, ne négligea rien pour en répandre l'étude : tout ce que Aristote, Euclide et les anciens avaient écrit sur l'astronomie et la physique fut traduit et commenté. Ce monarque fonda une académie de mathématiques dans son palais et en donna la direction à Jean-Baptiste Labana, qui y enseigna la nautique (9). Toutes les écoles du royaume rivalisèrent d'ardeur et de zèle : l'université d'Alcala ne fut pas moins florissante que celles de Salamanque, de Séville, de Valence et de Madrid ; le chanoine Juan Perez de Moya y acquit un grand renom : ses *Elements de mathématiques* furent admis parmi les meilleurs livres classiques ; il écrivit en outre un *Arte de Marear* et d'autres ouvrages inédits sur la géographie.

« Mais il est aussi un autre cosmographe qui doit

---

(1) André de San-Martin fit usage, pendant son voyage avec Magellan, de la méthode qui lui avait été communiquée par le bachelier Rui Falero.
(*Note de M. Berthelot.*)
(2) Voy. Navarrete, mém. cité, p. 6.
(*Note de M. Berthelot.*)
(3) Auteur de l'ouvrage latin *De navigatione libri tres*, publié à Paris en 1549. (*Note de M. Berthelot.*)
(4) Son *Itinerario de navegacion*, dit M. Navarrete, peut être considéré comme le recueil le plus complet des connaissances nautiques de cette époque.
(*Note de M. Berthelot.*)
(5) Il employa les meilleures méthodes pour déterminer les longitudes en mer, et fit un grand nombre d'observations sur les variations de la boussole.
(*Note de M. Berthelot.*)
(6) L'*Astronomicon cæsareum* d'Appianus était très-répandu dans les universités du royaume. En 1548 sa *Cosmographie*, augmentée par Gemma Frisius, fut traduite en espagnol par ordre de l'empereur.
(*Note de M. Berthelot.*)
(7) Cespedes fut chargé, par le conseil des Indes, de la vérification des cartes marines ; il s'appliqua à la construction des boussoles, astrolabes, arbaletrilles et autres instruments d'astronomie. Son *Regimiento de navegacion* et son *Hidrografia*, ouvrages qui surpassèrent tout ce qu'on avait écrit jusqu'alors, ne furent imprimés qu'en 1606. Voy. Navarrete, mém. cité, p. 10. (*Note de M. Berthelot.*)
(8) Esquivel, pour procéder avec plus d'exactitude, fixa le type de la mesure castillane et détermina la valeur et le rapport des mesures romaines, afin d'apprécier la véritable position des anciennes villes. Voyez Navarrete, mém. cité, p. 10.
(*Note de M. Berthelot.*)
(9) Voyez Navarrete, mém. cité, p. 11.

occuper une place distinguée parmi ceux dont M. de Navarrete nous a énuméré les mérites (1); car, bien que ses travaux soient restés en manuscrits, ils ne contribuèrent pas moins au développement des vrais principes de la science. Ce philosophe, qui devança son siècle par la transcendance de ses recherches, fut Alonzo de Santa-Cruz : il fit partie en 1525 de l'expédition de Sébastien Cabot, visita la côte du Brésil, et revint en Espagne en 1530. Nommé cosmographe de la *Contratation de Séville*, en 1536, Santa-Cruz était prêt à s'embarquer pour aller explorer le détroit de Magellan (2), lorsque l'empereur Charles-Quint le retint auprès de lui pour assister à ses leçons d'astronomie, qu'allait entendre aussi le célèbre François de Borja, alors marquis de Lombay (3). Ce fut sans doute pour le récompenser de son zèle que le monarque espagnol le nomma *Contino de la casa real* (attaché à la maison du roi), en lui assignant trente mille maravedis de rente.

« M. de Navarrete cite une lettre que Santa-Cruz écrivit de Séville le 10 novembre 1551, et qu'il adressa à l'empereur. Ce curieux document, remarquable par le grand nombre de renseignements qu'il fournit sur les travaux du cosmographe, est déposé aux archives de la Bibliothèque royale de Madrid. Il est à regretter que l'auteur de la notice n'ait pas donné en entier le texte de cette lettre, et se soit contenté d'une simple analyse. Santa-Cruz annonce à son royal protecteur que, malgré la maladie qui le tourmente, il a achevé l'histoire des rois catholiques, depuis l'an 1490 où l'avait laissée le chroniste Hernando de Pulgar, jusqu'à la mort du roi don Fernando. Il le prévient en même temps qu'il a fait l'histoire de son règne et des principaux événements qui avaient eu lieu dans les différentes parties du monde depuis 1550 jusqu'en 1559, avec une notice de sa lignée et de la réunion des maisons d'Autriche, de Flandre, d'Aragon et de Castille sous un même chef. Il ajoute qu'il a terminé en brouillon un livre d'astronomie comme celui d'Apianus, avec la démonstration des cercles sphériques; qu'il a traduit du latin en langue vulgaire (*romance castellano*) tout ce qu'Aristote avait écrit sur la philosophie morale, avec un glossaire pour illustrer les passages les plus obscurs. Résumant ensuite ses travaux chorographiques, il énumère les cartes qu'il a construites, savoir : celles d'Espagne, sur une très-grande échelle;

une autre de France, plus exacte, dit-il, que celle d'Horontius; celle de l'Angleterre, de l'Ecosse et de l'Irlande; puis deux autres encore, la première comprenant l'Allemagne, la Flandre, la Hongrie et la Grèce; la seconde l'Italie, la Corse, la Sardaigne, la Sicile et l'île de Candie; enfin la carte générale de l'Europe, et il ajoute qu'il pourrait achever toutes celles du monde connu, si ses infirmités n'y mettaient obstacle. Il termine sa lettre en se plaignant de l'absence de l'empereur, qui l'encourageait et protégeait ses travaux; il le supplie de le nommer Fabricien des palais de Séville (*Alcazares*) et réclame la permission d'y faire sa résidence, à cause de la tranquillité et des avantages qu'offrait ce séjour pour l'étude et le délassement. *On peut y vivre à meilleur marché*, dit-il, *que dans la cité où tout est fort cher, comme cela doit être dans les endroits où l'argent circule en abondance;* et pour engager le monarque à acquiescer à sa demande, il a soin de lui faire observer qu'étant versé dans la géométrie et le tracé des plans, il pourra diriger les travaux et veiller à la conservation des édifices.

« Les renseignements que M. de Navarrete a réunis dans sa notice sur les travaux de Santa-Cruz, en nous donnant la portée des connaissances de ce cosmographe, nous font encore plus regretter la perte de la majeure partie des documents cités dans la lettre à Charles-Quint. En effet, Santa-Cruz, un des hommes les plus érudits de son siècle, dévoué aux études historiques, et cultivant à la fois les sciences exactes pour trouver leur application, rectifia un grand nombre de positions importantes, et perfectionna le tracé des cartes en tout ce qui était relatif à la démarcation des Etats.

« M. de Navarrete a réservé pour la fin de son mémoire une observation qui me semble venir ici plus à propos. Alejo de Vanegas, dans un ouvrage qui parut en 1540 (4), s'exprime en ces termes en parlant du cosmographe espagnol : « Alonzo de Santa-Cruz, de Séville, premier cosmographe de l'empereur, notre maître, ne s'en tient pas au simple tracé de l'Espagne, mais il corrige aussi les anciennes tables astronomiques, et fait des cartes marines pour mesurer le chemin sur les rumbs de vent, d'après les latitudes observées. Outre les divers instruments qu'il a construits pour faciliter les calculs, il a tracé un globe ouvert par deux méridiens, afin

---

(1) Les renseignements que je viens de donner sur les cosmographes du XVIe siècle sont extraits de la *Notice historique sur les progrès que l'art de la navigation a faits en Espagne*, déjà citée, d'après son titre espagnol, à la note 1, col. 1233. Ce beau mémoire de M. de Navarrete, dont il a été rendu compte d'une manière très-succincte dans la *Correspondance astronomique* de Zach, vol. XII, p. 167, offre un grand intérêt par le nombre d'ouvrages de cosmographie qui y sont énumérés, et surtout par l'appréciation savante que l'auteur a su faire du mérite de chacun. Avant de présenter à la société une analyse de cet important travail, j'ai cru devoir en extraire quelques indications qui appartiennent à l'époque que Santa-Cruz illustra par ses propres œuvres.
(*Note de M. Berthelot.*)

(2) Don Gutierre de Vargas, évêque de Plaisance, fit armer trois navires bien avitaillés dont il confia le commandement à Alonzo de Camargo pour reconnaître le détroit de Magellan et faciliter la communication avec la mer du Sud. Cette expédition partit de Séville au mois d'août 1539. *Voyez* Herrera. *Déc.* VII, liv. 1, chap. 8. (*Note de M. Berthelot.*)

(3) Ribadeneira, *Vida del P. Francisco de Borja*, lib. I, cap. 5.

(4) *Diferencias de libros que hay en el universo*, ouvrage publié en 1540.

de connaître le rapport entre la courbe et le plan : il en a aussi imaginé un autre ouvert par l'équateur, les pôles se trouvant alors placés au centre, puis deux autres encore coupés par les deux pôles, le premier dans le sens du méridien de Ptolémée, et le second par le méridien de la ligne de répartition entre les domaines des rois de Castille et du Portugal, éloignés de six cents lieues de la côte d'Espagne. Il a dessiné aussi deux autres globes : sur l'un, on voit tout l'hémisphère septentrional, et afin de pouvoir montrer l'hémisphère opposé, il l'a coupé en quatre parties par l'équateur, en forme de croix ; l'autre globe diffère du premier en ce qu'il n'est ouvert qu'en deux endroits par l'hémisphère méridional. Il en a tracé de plus deux autres avec un dessin de l'astrolabe. Il a représenté aussi une figure de la terre très-élargie sur le même plan ; *idem* encore une autre fort ingénieuse avec le zodiaque placé de manière à indiquer l'heure d'un lieu quelconque lorsqu'il est midi autre part. Enfin, Santa-Cruz a corrigé et perfectionné les *cœurs* (1) ou segments sphériques de Vernerius et d'Orontius. J'ai rappelé tous ces travaux, ajoute Vanegas, afin de faire observer que nous ne devrions pas nous contenter d'avoir imprimé en Espagne la *Suma geografia*, mais qu'il faudrait aussi multiplier les copies des dessins originaux de Santa-Cruz, pour que la science ne pérît pas avec celui qui en a reculé les limites. » On voit par ce passage, que je traduis ici littéralement, qu'il s'agit des différentes projections sphériques qu'on commença à placer, au XVIe siècle, en tête des atlas de géographie, et dont l'ingénieux cosmographe de Charles-Quint se servit le premier pour ses démonstrations. L'atlas manuscrit de Guillaume-le-Testu (1555), qui fait partie de la bibliothèque du dépôt de la guerre, offre de beaux exemples de ces sortes de projections. En parcourant ces divers tracés, on pourrait croire que le pilote du Havre s'attacha à reproduire toutes les figures indiquées par Vanegas, d'après les dessins de Santa-Cruz. Le cosmographe espagnol aurait donc eu l'idée des projections stéréographiques avant Werner de Nuremberg et Gérard Mercator ; car la première mappemonde que Werner, élève de l'astronome Stabius, traça, d'après le principe des courbes, se trouve dans un ouvrage du commencement du XVIe siècle.

« Un autre passage de Vanegas, où il traite (chap. 20) des variations de l'aiguille aimantée, vient encore accréditer la priorité qu'on doit accorder aux inventions de Santa-Cruz. « Il est bien reconnu, dit-il, que les cartes marines sont en général faussement construites, non pas par ignorance, mais parce qu'il a fallu les tracer ainsi pour l'intelligence des pilotes, qui n'auraient pu naviguer sans se guider par les lignes des rumbs de vents représentées sur le plan, et ces rumbs ne pouvaient bien s'indiquer que sur les cartes plates. Ainsi, lorsque nous disons que chaque degré vaut dix-sept lieues et demie, nous entendons mesurer cette graduation sur l'équateur ou sur un de ses parallèles, bien que ceux-ci aillent en diminuant *comme les tranches d'un melon*. La méthode proposée par Ptolémée, pour déterminer la progression décroissante de ces différents cercles, présentait trop de difficultés dans ses calculs, et l'empereur notre maître a chargé Santa-Cruz de chercher la solution du problème par une autre voie. Ce cosmographe a donc tracé un globe ouvert par les méridiens depuis l'équateur jusqu'aux pôles, et prenant avec le compas la distance entre chaque méridien, il en a déduit la mesure ou la valeur relative de chaque degré, qu'il a réduite ensuite en grandes lieues castillanes. » Voilà donc le principe et les éléments de la construction des cartes réduites, découverte attribuée à Mercator, et qu'on rapporte à l'an 1555. Or, l'ouvrage dans lequel Vanegas donne les explications que l'on vient de lire ayant déjà été approuvé pour l'impression en 1539 (2), il en résulte que la méthode de Santa-Cruz précéda de plus de seize années celle de Mercator. Il est probable que les premières données d'Enciso (3) déterminèrent les essais de Santa-Cruz sur la construction des cartes réduites, dont la théorie mathématique ne fut trouvée que plus tard par Ed. Wright et le docteur Halley. Il ne pouvait ignorer non plus les recherches de son contemporain Pedro Nunez, qui s'était occupé de cette question. Quoi qu'il en soit, l'invention du cosmographe de Charles-Quint n'atteignit pas tout d'abord le degré de perfectionnement qu'elle acquit par la suite. Santa-Cruz, qui avait ouvert le chemin à ses successeurs en jetant les premiers fondements de la théorie, ne détermina pas le rapport proportionnel entre les degrés de latitude et les divers parallèles, ou pour mieux dire, il ignora que cette proportion était celle du rayon au cosinus de la latitude, comme on le reconnut ensuite.

« Mais poursuivons notre analyse pour mieux faire apprécier encore le génie inventif du cosmographe, dont les travaux seraient restés ignorés sans l'ardent patriotisme qui n'a cessé de guider M. de Navarrete dans ses laborieuses investigations. L'ouvrage de Santa-Cruz qui a le plus contribué aux progrès de la navigation est celui qu'il écrivit sur les longitudes, et dont le manuscrit existe à la Bibliothèque royale de Madrid (4). Le roi d'Espagne venait de former une junte, présidée par le marquis

---

(1) Les Espagnols avaient donné le nom de cœurs (*corazones*) aux projections sphériques dont la base était formée par un arc de l'équateur compris entre deux méridiens déterminés, qui, se rapprochant à mesure que leurs angles se resserraient davantage, croissaient en latitude jusqu'à leur réunion au pôle. (*Note de M. Berthelot.*)

(2) *Voyez* Navarrete, mém. orig. p. 10, note 1.
(3) Enciso avait remarqué les défauts des cartes plates sans toutefois pouvoir y remédier.
(*Note de M. Berthelot.*)
(4) *Libro de las longitudes y manera que hasta agora se ha tenido en el arte de navegar, con sus demostraciones y ejemplos; dirigido al muy alto y paderoso Sr.*

de Mondejar, et composée de cosmographes, d'astronomes et de savants pour faire examiner les livres d'Apianus et *certains instruments de métal qu'il avait construits pour observer la longitude.* Santa-Cruz, chargé d'un rapport sur les méthodes jusqu'alors en usage, devait aussi exposer celles qu'il avait proposées lui-même. Il écrivit à cette occasion son *Traité des longitudes,* qu'il dédia à Philippe II. Santa-Cruz fait remarquer dans cet ouvrage que Ptolémée, dont il commente le premier livre de géographie, fixa les degrés de latitude et de longitude d'après les dimensions des parallèles à partir de l'équateur, et qu'on ne peut mesurer ces degrés avec exactitude, comme on le pratique sur les cartes plates, que pour la Méditerranée où l'on navigue par cinglage en ayant égard au rumb de vent parcouru dans les vingt-quatre heures et au relèvement de la côte; mais il fait observer en même temps que cette *estime* n'est qu'approximative, et pour obvier à cet inconvénient, il propose, comme second moyen, la méthode des angles de position, et paraît ignorer complétement la loxodromie des angles obliques, dont Pedro Nunès avait pourtant déjà donné l'explication (1). Le troisième moyen qu'il indique est celui des éclipses de soleil et de lune; toutefois, vu le peu de fréquence de ces phénomènes et la difficulté d'en bien déterminer le commencement et la fin, il pense qu'on ne peut guère employer ce moyen pour connaître la vraie position d'un lieu, et pouvoir la rapporter sur la carte, que dans les îles ou sur les continents. « Les pilotes, dit-il, et les marins en général manquent de connaissances pour bien faire ces sortes d'observations, et il faudrait admettre qu'il se trouvât à bord des navires des gens capables, exercés aux calculs, secondés par de bons instruments, et qu'ils eussent acquis préalablement des données positives sur le calcul des éclipses fait par de savants astrologues, afin de savoir exactement le jour, l'heure et le point où elles doivent commencer et finir. Alors et seulement dans ce cas, on pourrait déterminer avec assez de précision la longitude du lieu où l'on se trouverait par rapport à celui d'où l'on serait parti. » Le quatrième moyen proposé par Santa-Cruz est celui de la variation de la boussole, dont la première observation est due à Christophe Colomb, lorsqu'il remarqua qu'à partir du méridien des îles du cap Vert et des Açores, la variation était nord-est vers l'Orient et nord-ouest vers l'Occident, et qu'il eut l'idée de se servir de la régularité de cette altération, dans la direction de l'aiguille, pour en déduire la distance au méridien, c'est-à-dire la longitude. Santa-Cruz nous apprend que le premier qui chercha à déterminer la longitude par cette méthode fut un certain Philippe Guillen, apothicaire de Séville, homme instruit, fort ingénieux et grand joueur d'échecs. Cet apothicaire, ayant été informé des variations de la boussole observées par les pilotes qui faisaient les voyages de Séville à la Nouvelle-Espagne, résolut de passer en Portugal vers l'an 1525, pensant retirer dans ce royaume une plus forte récompense pour son invention. Bien accueilli en effet par le roi D. Juan III, ce prince le prit à son service. Guillen construisit un instrument en forme de cercle gradué, auquel il adapta une petite aiguille avec trois fils, et l'employa pour observer le soleil à des hauteurs égales avant et après midi. Il reconnut que la ligne méridienne donnait la variation de l'aiguille, et il en déduisit la longitude du lieu en la ramenant à sa position régulière. Cet instrument, qui devint d'un usage général, fut très-approuvé en Portugal par les savants d'alors, et les pilotes s'en servirent quelque temps à bord des vaisseaux.

« Il paraît qu'à peu près à la même époque, Santa-Cruz, réfléchissant sur le phénomène des variations de l'aiguille, s'imagina aussi de l'employer comme un moyen pour trouver la longitude. Ce fut lorsque le licencié Suarez de Carvajal, conseiller des Indes, et promu plus tard à l'évêché de Lugo, vint à Séville pour organiser une junte de pilotes et de cosmographes chargés de dresser une carte modèle qui pût servir de guide aux navigateurs. Les opinions émises par la plupart des pilotes démontrèrent que la variation était de 22° 30' nord-ouest à Saint-Domingue, de 27° 37' 30" à la Havane, et de 33° 45' sur la côte de la Nouvelle-Espagne, mais ils ne purent s'accorder sur la variation des autres points, et il y eut à ce sujet de grands débats sur les différences observées avec les instruments imparfaits dont on s'était servi jusqu'alors. Santa-Cruz en construisit un, pareil à un compas azimutal, avec lequel, prenant le midi par deux hauteurs de soleil, il calculait la variation. Cet instrument fut présenté à l'empereur avec une carte marine indiquant les variations de la boussole, pour qu'on en dressât de semblables à l'usage des pilotes. Ainsi les observations du cosmographe de Séville devancèrent de plus de cent cinquante ans celle du docteur Halley auquel on attribue généralement la construction de la première carte de variation pour l'année 1700.

« En 1539, lorsque Charles-Quint quitta l'Espagne pour se rendre en Flandre (2), Santa-Cruz continua ses recherches et construisit deux nouveaux instruments pour déterminer la longitude. Ce fut dans ces entrefaites que sa carte des variations ayant été examinée par Fray Rodrigo Concuera, abbé de Saint-Zoil en Carrion, ce moine bénédictin, très-versé dans les sciences mathématiques, crut aussi pouvoir appliquer les différences observées dans les déviations de l'aiguille à la connaissance

---

D. Felipe II de este nombre, rey de Espana, por Alonso de Santa-Cruz, su comografo mayor. Inédit. Bibliothèque royale de Madrid.

(1) Voyez la note 3 de la col. 1234.

(2) L'empereur partit en poste pour traverser la France et se rendre en Flandre dans le mois de novembre 1539. (Sandoval, *Hist. del imp.* lib. XXIV, § 16.) (*Note de M. Berthelot.*)

des longitudes, Fray Rodrigo, ignorant que la solution du problème avait été le but principal de l'auteur de la carte, construisit un instrument à peu près semblable à celui de Guillen, et le fit offrir à l'empereur par Lopez de Vivero, alcade de la Corogne, qui partait alors pour la Flandre. Charles-Quint ayant demandé l'avis de Santa-Cruz sur cette nouvelle méthode, celui-ci l'instruisit de l'origine de l'invention du moine, et le prévint de n'en pas espérer plus de succès que de celles de Guillen. Ce peu de confiance de Santa-Cruz en un système adopté d'abord avec tant de chaleur, dépendait en grande partie des avis contradictoires qu'il recevait des pilotes, et ce fut pour fixer ses opinions à cet égard qu'il écrivit au vice-roi de la Nouvelle-Espagne, D. Antonio de Mendoza, afin qu'il fit vérifier sur les lieux la variation de l'aiguille. Mendoza lui ayant répondu que l'observation portait, à Mexico, la variation à environ 22° 30' nord-est, Santa-Cruz, étonné de ce résultat, et désirant acquérir d'autres données, partit pour Lisbonne en 1545 pour prendre des informations auprès des pilotes qui suivaient la navigation des Indes orientales. Il parvint à se procurer leur routier, et se mit en relation avec le célèbre D. Juan de Castro, qui, durant plusieurs voyages dans l'Inde avait dressé une carte de ces mers, illustrée d'une description historique fort curieuse. Ce navigateur en avait aussi construit une autre de la mer Rouge qu'il avait explorée jusqu'à Suez (1), et les lui remit toutes les deux, avec ses autres manuscrits, sous la condition de ne les montrer à personne pendant son séjour en Portugal. Il le prévint en même temps qu'il ne s'était servi de l'instrument de Guillen que pour observer la variation à terre, attendu qu'on ne pouvait l'employer à bord à cause du mouvement du vaisseau, et l'informa en outre des différences qu'il avait observées sur les déviations de l'aiguille dans des parages très-éloignés les uns des autres, mais presque tous sous un même méridien. Ces données, qui renversaient tout le système de Santa-Cruz, furent confirmées par les pilotes portugais. Ces praticiens, mieux instruits par leur propre expérience, avaient cessé de faire usage de l'instrument de Guillen. Cependant, malgré ces désappointements, Santa-Cruz n'en persévéra pas moins dans sa croyance sur l'utile application que l'on pouvait faire de sa méthode pour la navigation de Séville à la Nouvelle-Espagne, surtout si les variations de l'aiguille étaient observées en divers parages, sous les mêmes parallèles, par des hommes intelligents et avec des instruments bien construits.

« Santa-Cruz joignait à un esprit ingénieux une grande constance dans ses recherches, et savait tirer de ses moindres observations des conséquences très-importantes. A son retour du Rio de la Plata, il avait remarqué que les boussoles des Portugais portaient les lames de fer aimanté sous la fleur de lis, tandis que les pilotes espagnols les plaçaient 5° 37' 30" ou 1/2 quart de compas plus à l'est, d'après la variation observée alors à Séville. « Les opinions des philosophes sur les causes qui produisent le phénomène des variations, dit-il, sont aussi contradictoires que les renseignements des pilotes sur les effets qui en émanent. Il est donc fort difficile de chercher à connaître la longitude d'un lieu avec ces éléments, et l'on devrait naviguer avec plus de circonspection et ne pas tenir compte de toutes les fausses corrections qui ont été faites sur les cartes marines par des gens qui, se fiant aux variations observées, ont porté 3° plus au nord toutes les îles et les terres fermes des Indes. »

« Santa-Cruz présente comme cinquième moyen pour trouver la longitude, l'observation de la déclinaison du soleil, que Sébastien Cabot avait déjà proposé en Angleterre. Le sixième moyen qu'il indique est celui des montres marines pour la mesure du temps vrai qu'on avait commencé aussi à mettre en pratique en employant tour à tour les horloges à rouages d'acier avec leurs cordes et leurs poids, puis celles à cordes de guitare et de métal, les ampoulettes à sable, celles qu'on remplissait d'eau ou de mercure, et d'autres instruments analogues, dont le mouvement se trouvait réglé pour vingt-quatre heures avec l'aide du vent ou le secours de mèches allumées. Mais les oscillations du vaisseau et les variations furent des obstacles invincibles pour arriver, par les moyens restreints d'une mécanique naissante, à cette exactitude rigoureuse que réclamaient des observations aussi délicates et qu'il était dû au XVIIIe siècle de pouvoir atteindre. Enfin, le cosmographe de Charles-Quint propose, comme septième moyen pour obtenir la longitude, celui des distances de la lune aux étoiles fixes ou aux planètes, méthode dont J. Vernerius s'était servi avant lui. Il est à remarquer que Santa-Cruz construisit, pour ses observations, un instrument analogue au *cercle astronomique* inventé par Apianus, dont il n'avait pas eu connaissance, et qu'il s'abstint de le rendre public dès qu'il reconnut la priorité de cette invention. Toutefois, il continua ses recherches, et il remarqua que, lorsque la lune se trouvait dans l'écliptique, les observations étaient justes et d'autant plus exactes que sa latitude était plus grande. Mais convaincu enfin de l'insuffisance de sa méthode, il abandonna le cercle astronomique pour d'autres instruments plus compliqués qu'il modifia ensuite sans pouvoir cependant arriver à la solution du problème qu'il cherchait avec tant de persévérance et de zèle.

« Telles furent les investigations de Santa-Cruz sur cette importante question : persuadé qu'il ne pourrait parvenir à la résoudre sans le secours de bons instruments astronomiques, il mit tout en œu-

(1) Voyez l'*Itinerarium maris Rubri* de ce savant navigateur et le mémoire de M. de Santarem, déjà cité, col. 1234.

vre pour y parvenir, soit en construisant lui-même ceux qui lui parurent devoir conduire au but de ses recherches, soit en corrigeant les anciennes tables astronomiques, en en calculant de nouvelles pour un méridien déterminé, ou bien en rectifiant la position des étoiles fixes. « Ce célèbre cosmographe était dans la bonne voie, dit M. de Navarrete, mais ni la mécanique ni l'optique ne pouvaient, à cette époque, prêter des secours assez puissants à l'astronomie pratique ; les observations et les théories marchaient dans le vague et manquaient de certitude nécessaire au perfectionnement des tables des mouvements célestes. » Ajoutons aussi qu'il fallait encore trois siècles d'expériences, qu'il fallait le concours de plusieurs hommes de génie et leurs constantes veilles pour arriver à ce complément de la science.

« M. de Navarrete termine son intéressante notice par des renseignements précieux sur les travaux chorographiques de Santa-Cruz. En 1560, Philippe II chargea son premier cosmographe de dresser un *Isolario general* de toutes les îles découvertes jusqu'alors, accompagné de renseignements historiques, avec des indications sur les distances et les grandeurs relatives des différents pays. Le monarque désirait que cet ouvrage fût suivi d'une description complète de toute la terre. Santa-Cruz entreprit cet immense travail et eut la gloire de le terminer. Son manuscrit existe à la bibliothèque royale de Madrid sous le titre d'*Isolario general del mundo*; les archives des Indes, de Séville, en possèdent quelques premiers brouillons *avec l'explication des huit tables* qui font partie de l'ouvrage. En 1567, Santa-Cruz fut nommé membre de la commission chargée de donner son avis sur la réclamation adressée au roi de Portugal, en 1529, par l'empereur Charles-Quint, et relative au droit de possession de l'archipel des Philippines. Il s'agissait de savoir si les Moluques et plusieurs autres terres voisines devaient être comprises ou non dans les limites de la fameuse ligne de répartition concernant les domaines adjugés par le pape à la couronne de Castille. Dans le rapport que Santa-Cruz rédigea sur cette affaire, il fit sentir les préjudices que ces différends en matière de démarcations maritimes portaient à la géographie, car il en résultait que la plupart des cartes hydrographiques étaient dressées d'après des indications arbitraires et trompeuses. Il démontra en effet qu'on diminuait les degrés de longitude et qu'on rétrécissait les golfes sur un grand nombre de cartes; il en appelait, pour preuve de son assertion, au routier de Jean de Lisbonne (Juan de Lisboa), célèbre pilote portugais, qui avait été dans l'Inde avec Vasco de Gama, c'est-à-dire à une époque où les prétentions et les rivalités des souverains sur la possession de certaines terres n'existant pas encore, ne pouvaient, par conséquent, avoir motivé aucune altération sur la position géographique des pays en litige. Il résultait de cette observation importante qu'on devait accorder peu de confiance aux cartes portugaises dressées depuis l'an 1530, car Santa-Cruz assurait que, pendant sa résidence à Lisbonne en 1545, Pedro Nunès, cosmographe du roi, avait mandé aux hydrographes portugais de comprendre dans les limites des domaines de la couronne certains golfes qui se trouvaient sur la route de l'Inde. On répandait dans le royaume et à l'étranger un grand nombre de ces fausses cartes ; les bonnes, au contraire, c'est-à-dire celles dressées sur des données exactes, n'étaient confiées qu'aux pilotes qui devaient les déposer, à leur retour en Europe, à l'administration des Indes établie à Lisbonne. Santa-Cruz ajoutait qu'il avait acheté dans cette capitale plusieurs cartes de la seconde catégorie, et qu'en les comparant ensuite en Espagne avec une carte portugaise que le roi fit venir tout exprès de Séville, il trouva 8° 30' de soustraction pour la partie comprise depuis le lac Comori jusqu'à Malakka, et tout autant pour les Moluques. Cette duperie géographique, en influant sur la construction des cartes du xvi° et du xvii° siècle, occasionna de graves erreurs.

« Santa-Cruz mourut vers l'an 1572, et tous ses livres et ses papiers furent remis à Lopez de Velasco, qui lui succéda dans l'emploi de cosmographe en chef. Outre les divers manuscrits qu'il avait rédigés, il est fait mention, dans l'inventaire dressé après sa mort, d'un *nouveau traité des longitudes* et de *l'art de la navigation*, différent de celui dont M. de Navarrete a rendu compte dans sa notice. »

Schaler (William), consul général d'Amérique à Alger, publia à Boston, en 1826, un mémoire sur la régence d'Alger, où il s'efforçait de prouver les grands avantages qui résulteraient pour l'humanité et pour les intérêts de l'Europe de la fondation de colonies anglaises dans ce pays. Il disait à l'Angleterre que les Turks seraient forcés de cesser leur piraterie, que les nomades indigènes seraient civilisés peu à peu ; que l'Europe enfin tirerait de ce beau pays d'excellentes productions, et qu'elle communiquerait par là facilement avec l'intérieur de l'Afrique. M. Schaler, en observateur capable, examinait la régence d'Alger sous le rapport géographique, social et commercial : ses études sont profondes, ses appréciations exactes, et son livre n'a été dépassé par aucun des nombreux ouvrages publiés depuis la conquête de l'Algérie par la France. M. Schaler portait la population d'Alger, en 1824, à 50,000 âmes.

Schlieben (A. de), a publié en 1828 un système de géographie accompagné de Notes historiques et d'un Atlas, 3 vol. in-8°, Leipzig. — L'auteur a exclu de son plan la géographie mathématique proprement dite ; et, pour éviter l'aridité d'une exposition purement géographique, l'auteur rappelle les faits historiques qui ont rendu certains lieux célèbres. Les cartes qui forment l'Atlas ont été dessinées par l'auteur lui-même ; la gravure en est parfaite.

Schubert. M. G.-H. von Schubert a fait un voyage

en terre sainte en 1836-1837, qui a paru in-8°, à Erlangen en 1838-1839. — Le récit de ce pèlerinage est un véritable modèle : l'auteur est rempli d'une foi vive, qui se rencontre rarement parmi les voyageurs de notre temps.

Scrofani (Xavier), économiste et historien très-distingué, naquit à Modica, en Sicile, vers 1750, d'une famille patricienne. Il est mort en 1829, à l'âge de 80 ans. Il visita l'Archipel, la Morée, la Krimée, l'Asie Mineure, la Syrie et l'Egypte. — Il a laissé un *Voyage en Grèce* en 2 vol., ouvrage fort estimé et qui eut un grand succès. C'était un homme instruit, réfléchi, impartial et d'un goût délicat.

Selha (Abou), moine arménien du XIVᵉ siècle, auteur d'une *Histoire géographique des monastères d'Egypte*.

Selkirk (J.-J.), missionnaire anglais, a publié des *Souvenirs sur l'île de Ceylan*, après un séjour de trente ans, Londres, 1844, 1 vol. in-8°.

Shirley (Antoine), voyageur anglais, né en 1565 et mort en 1631; auteur d'un *Voyage aux Antilles*; d'un *Voyage en Perse*, et de renseignements géographiques intéressants, mais peu connus, sur la navigation de la mer Caspienne, sur la Russie orientale et sur la Perse.

Siebold (de), naturaliste hollandais, visita le Japon en 1828; mais il fut arrêté par le gouvernement ombrageux de ce pays, et subit une détention de 15 mois. Enfin il fut mis en liberté à la fin de 1829, et put revenir en Europe avec une copie de la Carte du Japon. C'est ce qui avait motivé les rigueurs du gouvernement japonais.

Siestrzencewicz de Bohusy (Stanislas), archevêque catholique de Mohilew, métropolitain des églises catholiques en Russie, né à Zabludow, diocèse de Wilna, mort en 1826, à Saint-Pétersbourg; historien-géographe, auteur de *Recherches historiques sur l'origine des Sarmates, des Slaves, et sur les époques de leur conversion au christianisme*, avec cartes géographiques, in-4°, 4 vol. — Cet ecclésiastique a composé aussi l'*Histoire du royaume de la Chersonèse Taurique*, avec cartes, in-4°.

Simencourt (Edouard de), géographe, auteur d'un Atlas, d'une géographie élémentaire avec cartes, etc.

Simpson (Thomas), de 1836 à 1839, commandait, à 27 ans, une des expéditions géographiques que la compagnie anglaise de la baie d'Hudson entreprend avec tant d'activité dans son domaine commercial. La Relation de cette expédition parut à Londres en 1843, après la mort de l'auteur, qui avait été tué par les Indiens, 1 vol. in-8°. L'ouvrage n'a pas été traduit en français, et nous le regrettons. Simpson développe ses idées sur l'origine et l'état de civilisation des populations indigènes; il croit qu'elles ont reçu beaucoup d'éléments de la civilisation asiatique, entre autres l'usage de brûler les morts. Les cartes qui accompagnent l'ouvrage ne sont pas ce qu'il offre de moins important pour la connaissance des mers polaires australes.

Slade (Adolphe), officier de la marine anglaise, a visité, de 1842 à 1846, la Grèce et l'empire Ottoman. Il a publié son Voyage, qui forme un ouvrage de 3 vol. in-8°. On l'a traduit en français. Au milieu d'aperçus neufs et justes, on retrouve de temps en temps l'esprit anglais.

Sloane. M. J.-F. Sloane a voyagé dans les plaines froides et couvertes de neige de l'Amérique septentrionale. Il a publié en 1829 la Relation de ses voyages. Cette relation offre une particularité remarquable : c'est que l'auteur, le premier, constate que, dans l'hiver, et tout en marchant sur la glace, les voyageurs sont tourmentés par une soif brûlante aussi vive que celle qu'on éprouve dans la zone torride, et que la neige, si on a le malheur d'en manger, l'augmente encore.

Sobrevieta (Manuel), religieux espagnol, auteur de *Voyages au Pérou* dans les années 1791 à 1794, et d'une *Description géographique et topographique* de cette vaste contrée avec cartes, 2 vol. in-8°.

Solano-Bote (le général D.-J.), chargé de la délimitation des frontières entre les possessions de l'Espagne et du Portugal dans l'Amérique méridionale, pendant les années 1754 à 1763, fit des voyages d'exploration, écrivit un grand nombre de descriptions intéressantes et savantes concernant cette partie du monde. Il est regrettable que les travaux géographiques de cet officier actif et infatigable ne nous soient pas plus connus.

Sonnenburg (A.), savant allemand, auteur des *Théories et des faits principaux de l'histoire de la création de la terre*, in-8°, avec planches, Brême, 1845 : ouvrage riche en observations de géographie physique, mais contenant aussi des assertions hasardées.

Sonnerat (Pierre), voyageur et naturaliste français, né à Lyon en 1745, mourut à Paris en 1814. Il s'est surtout fait connaître par son *Voyage aux Indes-Orientales et à la Chine* depuis 1774 jusqu'en 1781, 2 vol. in-4°, avec figures; Paris, 1782. Sonnini en a donné une nouvelle édition, augmentée en 4 vol. in-8°, avec atlas. — Sonnerat a également publié son *Voyage à la Nouvelle-Guinée*, etc., etc., in-4°, avec figures; Paris, 1776.

Souciet (Etienne), membre de la compagnie de Jésus, est l'auteur d'un grand nombre d'observations géographiques, astronomiques et physiques relatives à l'Hindoustan et à la Chine. Il est bien à regretter qu'elles ne soient pas réunies en un corps d'ouvrage; car si elles ne surpassent pas, elles égalent du moins les meilleurs ouvrages en ce genre. Le P. Souciet, savant modeste et laborieux, avait un mérite du premier ordre.

Soulier (E.), de Sauve (Gard), géographe, auteur d'un *Atlas élémentaire de géographie ancienne et moderne*; d'un *Précis de géographie ancienne et moderne*, etc., etc.

Spanheim (Frédéric), théologien, naquit à Genève en 1632, et mourut le 18 mai 1701. Ses ouvrages ont été recueillis sous ce titre : *Opera quatenus complectuntur geographiam, chronologiam et historiam sacram et ecclesiasticam*; Leyde, 1701-03, in-fol., 3 vol.

Speed (Jean), naquit à Farrington, comté de Chester, en 1552, d'une famille pauvre. Il est l'auteur d'ouvrages historiques et géographiques relatifs aux trois royaumes britanniques, dans lesquels il montre une connaissance approfondie de la géographie, de l'antiquité et du moyen âge.

Spelman (Sir Henri), né à Conyham, près de Lyme-Regis, en 1562, devint un archéologue et un philologue distingué. — Il est auteur de plusieurs ouvrages, et éditeur d'une collection des conciles d'Angleterre, avec David Wilkins, qui a composé un ouvrage qu'on trouve rarement aujourd'hui ; en voici le titre : *Histoire et fatalité des sacrilèges, vérifiés par des faits et des exemples*.

Spohn (Frédéric-Auguste-Guillaume), né en 1792, à Dortmund, en Westphalie, et mort en 1824 ; auteur d'une *Dissertation sur la géographie d'Homère*.

Spon (Jacob), antiquaire, médecin, voyageur et géographe, né à Lyon en 1647, mort en 1685. — On a de lui un *Voyage en Grèce, en Dalmatie, en Italie et dans le Levant*; et des *Observations géographiques* sur ces contrées, qui ne sont pas sans valeur.

Stanley (Thomas), auteur d'une Histoire de philosophie, naquit à Cumberlow, dans le comté d'Héreford, en Angleterre, on ne sait pas en quelle année, mais, selon toute apparence, entre 1620 et 1630. L'un de ceux qui ont écrit sa vie assure qu'il mourut au même âge que Pic de la Mirandole, c'est-à-dire à 31 ans, ce qui retarderait sa naissance jusqu'en 1647, car il est mort en 1678 ; mais le plus exact de ses biographes dit qu'il mourut à l'âge de 60 ans. Il est l'auteur de l'*Histoire de la philosophie chaldaïque*, ouvrage bon à consulter pour la géographie religieuse.

Staphorst (Nicolas), écrivit, en 1723, l'histoire ecclésiastique de Hambourg, ouvrage riche en documents, mais manquant de critique et de méthode.

Stassart (le baron Goswin-Joseph-Augustin de), né à Malines, en 1780, auteur de plusieurs ouvrages et d'une *Géographie élémentaire ancienne et moderne*, 2 vol. in-8°.

Staunton (Georges), voyageur et géographe anglais, a fait un voyage en Chine et en Tartarie, en 1792, 1793 et 94, à la suite de lord Macartney, ambassadeur anglais à Pékin.

Stavorinus (J.-S.), chef d'escadre hollandais de 1768 à 1778, voyageur et géographe, auteur d'*Observations géographiques avec cartes sur le cap de Bonne-Espérance, Batavia, Samarang, Macassar, Amboine, Bantam et le Bengale*. — Ces observations méritent d'être étudiées ; elles annoncent un homme capable, et révèlent un homme de mer.

Stedman (le capitaine J.-G.), voyageur et géographe anglais, auteur d'un *Voyage à Surinam et dans l'intérieur de la Guyane*, avec des Notes et des cartes géographiques, 5 vol. in-8°, atlas in-4°.

Steenhoom. Le capitaine Steenhoom, de la marine hollandaise, explora, en 1828, les côtes septentrionales de la Nouvelle-Guinée ; il y découvrit une baie qu'il nomma baie du Triton, du nom du navire qu'il commandait. Il fit construire un fort qu'il appela le fort Bas.

Stein (le docteur Chrétien-Godefroy-Daniel), professeur de géographie à Berlin, a composé pour les gymnases et les écoles une géographie élémentaire qui compte une vingtaine d'éditions. L'auteur n'a pas toujours puisé à de bons renseignements. Son ouvrage laisse beaucoup à désirer sous le rapport religieux. Il y a émis des erreurs fâcheuses. — Le docteur Stein est mort en 1830.

Stevenson (W.-B.), voyageur et géographe anglais, a publié un *Voyage dans l'Amérique du Sud, au Chili, au Pérou, en Colombie et dans l'Araucanie*, avec des Observations et des cartes géographiques, 3 vol. in-8°.

Stevin (Simon), né à Bruges, fut nommé professeur de mathématiques du prince Maurice de Nassau. — Il est l'auteur de plusieurs ouvrages utiles et estimés, et d'un Traité des ports de mer que Grotius traduisit en latin sous ce titre : *De portuum investigandorum ratione*. Il prétend que la langue flamande est la celtique.

Strabon, célèbre géographe grec. Il y a plusieurs traductions de sa *Géographie*; la plus estimée est celle faite par MM. de la Porte du Theil, Gosselin, Coray et Letronne, 5 vol. in-4°.

Symes (le major Michel), envoyé anglais dans l'empire des Birmans, en 1795, a écrit des *Notes géographiques sur cette contrée, ainsi que sur l'île de Ceylan et sur la côte orientale de l'Afrique*, 3 vol. in-8°, et Atlas in-4°.

T

Tachard (Gui), jésuite de la province de Guienne, mort en 1713, dans le Bengale, dont il fut un des premiers apôtres. Il commença ses travaux apostoliques par les colonies de l'Amérique méridionale où il resta quatre ans. Avec d'autres jésuites, il suivit le chevalier de Chaumont, ambassadeur de France à Siam, avec le titre de mathématicien de France. Il fit deux fois le voyage de Siam. Il passa ensuite dans l'Hindoustan, et mourut dans la province de Bengale. — Il est l'auteur des *Deux Voyages à Siam des PP. Jésuites*, in-4°, cartes et figures, avec des observations astronomiques, des remarques de physique, de géographie et d'hydrographie ; Paris, 1686 et 1689. Les observations scientifiques contenues dans ces deux ouvrages sont généralement exactes.

Talbot-Dillon (le chevalier Jean), né en Angleterre, mort en 1806, a rédigé la relation de son *Voyage en Espagne sous le rapport de la géographie botanique et physique de ce pays*, un vol. in-4°, avec des planches qui sont exactes et bien gravées.

Tardieu (Ambroise), cartographe et géographe, né

à Paris en 1788; auteur de plusieurs Atlas de géographie ancienne et moderne.

Tardieu (Antoine-François), cartographe et géographe, né à Paris en 1757, et mort en 1822; auteur de plusieurs Atlas géographiques.

Taschereau (Dom Jacques), bénédictin de la congrégation de Saint-Maur, et *Taschereau* (Dom Pierre-Henri), de la même congrégation, ont coopéré à la rédaction de l'important ouvrage intitulé : *Gallia Christiana*.

Tasman (Abel-Janssen), un des plus grands navigateurs du XVIIe siècle, n'a peut-être pas joui de toute la célébrité qu'il méritait, parce que les Hollandais, ses compatriotes, ont négligé de faire connaître les importants services qu'il a rendus à la géographie. On ne connaît de Tasman que ses voyages et ses découvertes, avec très-peu d'écrits qui les concernent. Après les premiers navigateurs portugais et espagnols, c'est bien certainement Tasman qui a rendu le plus de services aux sciences géographiques.

Tavernier (Jean-Baptiste), célèbre voyageur, né à Paris en 1605, voyagea en Europe et en Asie. La relation de ses *Voyages en Turquie, en Perse et aux Indes*, a eu plusieurs éditions. La meilleure est de 1679, in-8°. — Tavernier a quelquefois exagéré, souvent même, surtout en ce qui concerne l'empire Hindoustan-Mongol, sur lequel il donne du reste des explications très-amples, qui deviennent aujourd'hui d'autant plus utiles pour l'histoire, que cet empire a disparu et a été remplacé par l'empire hindoustan-anglais. — Tavernier était fils d'un marchand de cartes géographiques. Il mourut à Moscou, en 1689.

Tchihatcheff (Pierre de), voyageur et savant russe, auteur d'un *Voyage* en Sibérie, dans les groupes de l'Altaï russe et des montagnes Sayanes, exécuté en 1842; d'une *Carte générale de l'Altaï et des monts Sayanes*, bien exécutée. Cette carte embrasse un espace d'environ 700 kilomètres de l'est à l'ouest, et de 800 kilomètres du nord au sud, et de près de 500,000 kilomètres carrés, c'est-à-dire presque aussi grand que la France. Les points extrêmes de cet espace sont Semipalatnisk, Tomsk et Krasnoyarsk. Le beau lac de Téletzk, long à lui seul de 70 kilomètres, c'est-à-dire plus grand que le lac de Genève, en occupe la partie centrale. Cet espace s'appuie sur la frontière chinoise depuis l'Irtysch jusqu'au mont Chabina-Dabahane, dans la chaîne Sayane, sur une longueur de plus de 600 kilomètres. Il comprend toutes les sources du fleuve Ob, et s'étend entre les rives de l'Irtysch et du Yenisséi, qui l'un et l'autre prennent leur source dans les possessions chinoises, pour se diriger vers la mer Glaciale, à travers les vastes plaines sibériennes. Il est arrosé en outre par plusieurs rivières, telles que la Bouhtarma, l'Aléi, l'Arynhyte, la Tchouya, l'Abakane, le Tchoumyche, l'Isaia, le Tome, qui par le développement de leur cours et par le volume de leurs eaux, peuvent être assimilées à de grands fleuves. — L'Altaï, pris dans son ensemble, et sauf quelques exceptions locales, est assez peu pittoresque; il a l'aspect monotone particulier aux montagnes de l'Asie centrale. On remarque dans l'Altaï oriental le développement à perte de vue de ces lignes droites et sans vie qui fatiguent si fort le regard du voyageur. On rencontre souvent dans l'Altaï de grands plateaux à sommets planes et déprimés qui à leur tour donnent naissance à l'un des phénomènes les plus caractéristiques de ces contrées; savoir, la fréquence de vastes nappes de marais couvrant des surfaces élevées, et rappelant sur une plus grande échelle les *fagnes* de l'Ardenne et de l'Eifel. — M. de Tchihatcheff est un savant qui mérite d'occuper une place distinguée dans le monde géographique.

Tellez (Balthazar), né à Lisbonne en 1595, entra dans la compagnie de Jésus, et mourut en 1695. Il a composé sous ce titre : *Historia general de Ethiopia*, l'Histoire générale de la haute Ethiopie et des établissements des jésuites dans ce royaume. L'ouvrage parut à Coïmbre, en 1660, in-fol. Il est exact et bien écrit, mais il est devenu très-rare.

Terry (Ed.), voyageur anglais, né en 1590, auteur d'un *Voyage aux Indes-Orientales*, publié en 1655.

Texeira (Pierre), historien et voyageur portugais, naquit vers l'an 1570, mais on ignore le nom de la ville où il a pris naissance, l'année et le lieu de sa mort. Tourmenté de la passion des voyages, il partit de bonne heure pour l'Asie. Il est l'auteur de l'ouvrage suivant : *Relaciones de Pedro Texeira del origen, descendencia y sucesion de los reges de Persia y de Hormuz, y de un visage hecho por el mismo autor dende la India oriental, hasta Italia par tierra*, 1610, petit in-8°.

Thévenot (Jean de), voyageur, né à Paris le 6 juin 1633, reçut une éducation soignée. On a de lui : 1° *Voyage au Levant*, contenant diverses particularités de l'Archipel, Constantinople, de la Terre-Sainte, Egypte, des déserts de l'Arabie, de la Mecque, etc.; 2° *Voyage contenant la relation de l'Hindoustan, des nouveaux Mogols et des autres peuples et pays des Indes*. Il mourut à Miana le 28 novembre 1667.

Thévenot (Melchisédech), voyageur, né à Paris vers 1620, montra un désir extrême de voir les pays étrangers. On a de lui : *Relation des royaumes de Johonda, Tannasery, Pégu* et autres situés dans l'Hindoustan et l'empire Birman; 2° *Description géographique de l'empire de la Chine*.

Thorn (William), voyageur anglais, est auteur d'un *Voyage dans l'Hindoustan*, avec la description géographique de ce pays. — Depuis que l'Angleterre, au XVIIIe siècle, s'est établie dans l'Inde, les Anglais ont considérablement écrit sur cette immense contrée; et cependant elle est loin d'être connue complètement sous le rapport géographique. Cela tient à ce que presque tous les auteurs, au lieu d'étudier les localités qu'ils parcourent, se livrent à des dissertations à perte de vue sur le gouvernement du pays par la compagnie anglaise.

Thunberg (Charles-Pierre), célèbre botaniste suédois, élève de Linné, vint en France en 1770. En 1771, il se rendit au cap de Bonne-Espérance, puis au Japon, et ensuite à l'île de Ceylan. Il mourut en 1798. — Il est auteur d'un *Voyage au Japon*, 2 vol. in-4° et in-8°, 1796. Ce livre est estimé et mérite de l'être.

Tieffenthaler (Joseph), membre de la société de Jésus, a rédigé une *Géographie de l'Hindoustan*, et a exécuté lui-même les cartes qui accompagnent l'ouvrage. C'est un des meilleurs livres publiés sur l'Inde, et, quoique depuis un demi-siècle on ait considérablement écrit sur ce pays, l'ouvrage du P. Tieffenthaler conserve toujours sa place.

Tissot (Jean-Maurice), né à Pontarlier, mort en 1650; auteur d'une Carte du comté de Bourgogne en 4 feuilles, en 1642, et d'une *Description des monastères et abbayes du diocèse de Besançon*.

Topino (Don Vincente), savant mathématicien et astronome espagnol, né en Andalousie en 1731, mort en 1806; auteur d'un *Routier des côtes d'Espagne sur la Méditerrannée*, et d'un *Routier des côtes d'Espagne sur l'Océan atlantique*.

Tornamira (Dom Pierre-Antoine), bénédictin de la congrégation du Mont-Cassin, né à Alcamo en Sicile en 1618. Curieux de manuscrits et d'antiquités, habile dans l'art de déchiffrer les anciennes inscriptions, il s'y appliqua avec tant d'assiduité, qu'il en perdit la vue. Il mourut aveugle en 1681. — On a de lui une *Histoire sur l'origine et les progrès de l'ordre de Saint-Benoît en Sicile*.

Torniel (Augustin), docteur en médecine, né à Novare en 1543, mort en 1622, religieux barnabite. Il est auteur des *Annales sacri et profani*, depuis le commencement du monde jusqu'à Jésus-Christ, en 2 vol. in-fol., Anvers, 1620. C'est la meilleure édition. Cet ouvrage est fait avec méthode et clarté, et les difficultés de géographie y sont éclaircies en ce qui concerne les livres saints et les historiens profanes.

Toscanelli (Paul del Pozzo), dit Paul le Physicien, géographe et astronome, né en 1397, à Florence. Consulté par le chanoine Ferdinand Martinez, de la part d'Alphonse V, roi de Portugal, et par Christophe Colomb, sur la réalité de nouvelles terres et la possibilité de les trouver, il répondit affirmativement. Sa réponse est datée du 25 juin 1474. Elle se trouve dans l'ouvrage du jésuite Ximeny, intitulé : *Del vecchio nuovo gnomone Florentino*. Toscanelli mourut à Florence en 1482.

Tosti (Don Louis), abbé du Mont-Cassin, a composé une *Histoire* de cette célèbre abbaye, en plusieurs tomes qui ont paru à Naples en 1843 et 1844. Cet ouvrage, rédigé avec sagacité, soin et exactitude, est fort important. Il fait bien connaître la géographie de l'abbaye et de tous les environs, ainsi que les nombreuses vicissitudes qu'elle a éprouvées.

Tournefort (Joseph Pitton de), né à Aix en Provence, en 1656, d'une famille noble, célèbre botaniste, mort en 1708; auteur d'une *Relation d'un voyage au Levant*, fait par ordre du roi, imprimée au Louvre, 1717, 2 vol. in-4°.

Traill (G. William), officier anglais, s'est acquis une réputation par une *Esquisse statistique du Kamaon, province de l'Hindoustan*, Calcutta, 1828. — Cette esquisse est ce qui a été écrit de plus complet sur cette province.

Trangott de Gersdorff (Adolphe), né dans la haute Lusace en 1744, mort en 1807; géographe naturaliste, auteur d'un *Essai sur les montagnes des Géants* (qui séparent la Bohême de la Silésie) et de plusieurs autres *Mémoires géographiques*.

Trangott-Plant (Jean), né à Dresde en 1758, mort en 1794; auteur d'un *Manuel d'une géographie complète de la Polynésie*, ou la 5ᵉ partie du monde; Leipzig, 1793.

Trigand (Charles), docteur de Sorbonne, curé de Digoville en basse Normandie, né en 1694, mort en 1764; auteur d'une *Histoire ecclésiastique de la province de Normandie*, 4 vol. in-4°.— L'ouvrage s'arrête au XIVᵉ siècle, et contient de profondes recherches sur la géographie ecclésiastique de la province.

Trigault (Nicolas), jésuite, qui travailla aux missions de la Chine, est auteur d'un *Dictionnaire chinois* en 5 vol. imprimés à la Chine.

Troost (P.), lieutenant de la marine hollandaise, a fait un voyage autour du monde dans les années 1824, 25 et 26 ; et il en publia la relation en 1829 sous le titre d'*Observations faites dans un voyage autour du monde sur la frégate* la Marie-Reigersberg *et la corvette* Pollux; Rotterdam, grand in-8°, avec figures.— L'auteur a cherché par son travail à enrichir les sciences géographique et ethnographique. Nous ne croyons pas que cet ouvrage ait été traduit en français.

U

Ulloa (D. Antoine de), fut un des hommes qui honorèrent le plus l'Espagne au XVIIIᵉ siècle par ses longs et utiles services comme géographe et navigateur. Il naquit à Séville le 12 janvier 1716. Il publia un ouvrage sous ce titre : *Relation historique du voyage fait à l'Amérique méridionale*, par ordre du roi, pour mesurer quelques degrés du méridien et connaître la véritable figure et grandeur de la terre avec diverses observations astronomiques, physiques, etc. Il mourut dans l'île de Léon, le 3 juillet 1795.

Usher (Jacques), né à Dublin en 1580, étudia dans l'université de Dublin, établie par Henri de Usher, son oncle, archevêque d'Armagh. Jacques Iᵉʳ le nomma à l'archevêché d'Armagh. Il mourut en 1655, en laissant plusieurs ouvrages. Nous citerons l'*Antiquité des églises britanniques*, Londres, 1687. — Il donne à ces églises une antiquité qui n'est pas toujours appuyée par des documents historiques incontestables. C'était du reste un érudit et un savant de premier ordre.

Usuard, bénédictin du ixe siècle, est auteur d'un *Martyrologe* qu'il dédia à Charles le Chauve. Les meilleures éditions sont celle de Molanus à Louvain en 1568, in-8°, et celle du P. Sollier, jésuite, in-fol., Anvers, 1714, qui est curieuse et faite avec soin.

V

Vaillant (François le), voyageur et géographe, né en 1753 à Paramaribo, dans la Guyane hollandaise, mort en 1824. Il visita plusieurs fois l'Afrique australe. — Il est l'auteur de *Voyages dans l'intérieur de l'Afrique par le cap de Bonne-Espérance*; Paris, 1803, 3 vol. in-4°, ou 5 vol. in-8°, avec cartes.

Vaissette (Dom Dominique-Joseph), bénédictin de la congrégation de Saint-Maur, né à Gaillac en 1685, mort en 1756; auteur d'une *Géographie historique, ecclésiastique et civile*, avec des cartes, 12 vol. in-12; d'une *Géographie universelle*, 4 vol. in-4°; d'une *Histoire générale de la province de Languedoc*, 5 vol. in-fol.

Valart (Joseph), prêtre, né en 1698 au hameau de Sortel près d'Hesdin, mort en 1781; auteur de plusieurs ouvrages classiques, et d'une *Géographie*.

Valcarcel-Pio (Don Antoine), comte de Lumiarès, antiquaire et géographe, né à Alicante en 1758, mort en 1801; auteur d'une *Description de Lucentum*, ville ancienne du royaume de Valence, en Espagne, etc.

Oviedo y Valdez (Gonzalve-Ferd. d'), voyageur et historien espagnol, né à Madrid en 1478, intendant d'Haïti (Saint-Domingue) de 1538 à 1545; auteur d'une *Histoire générale et naturelle des Indes-Occidentales*, in-fol.

Valentia (le comte Georges), voyageur et géographe anglais. — Nous avons de lui : *Voyages dans l'Hindoustan, à Ceylan, en Abyssinie, en Égypte, sur les côtes de la mer Rouge pendant les années 1803-06*, avec cartes.

Valentin (Louis), médecin, né à Soulanges (Marne), mort en 1829; auteur d'une *Géographie des Etats-Unis*, exacte et estimée, et de plusieurs Mémoires relatifs à la géographie médicale de diverses contrées du globe.

Valsequa (Gabriel de), de Mayorque (îles Baléares), auteur (1439) d'une *Carte géographique nautique* qui a appartenu à Améric Vespuce, puis au cardinal d'Espuig et, à notre époque, au comte de Montenegro.

Van-Couver, capitaine anglais, navigateur d'un mérite incontestable, exécuta, de 1790 à 1795, un voyage autour du monde. La grande île située sur la côte nord-ouest de l'Amérique reçut son nom ainsi que celui de Quadra, qui était le nom d'un amiral espagnol avec lequel Van-Couver explorait ces parages. Mais l'île est plus connue sous le nom seul de Van-Couver.

Vandermaelen (Philippe), géographe, auteur de l'*Atlas universel de la géographie physique de toutes les parties du monde*; d'un *Dictionnaire géographique du Luxembourg*.

Vauder-Vynckt (Luc-Joseph), né à Gand, en 1691, d'une ancienne famille de Flandre, mort en 1779 à Gand. Il voyagea en France, en Italie et en Allemagne. — Il est auteur de Mémoires d'un *Voyage fait en 1724 et 1725 dans ces trois pays*. Ces mémoires sont bons à consulter pour certains renseignements qu'ils contiennent. Il est aussi auteur de *Mémoires sur les monastères et les abbayes des Pays-Bas*.

Vansleb, religieux dominicain, fit un voyage en Egypte dans le xviie siècle. A son retour en France, il publia la *Relation de ce voyage*; ainsi qu'une *Histoire de l'Eglise d'Alexandrie*. Ces deux ouvrages ne sont pas sans mérite, et renferment des détails alors peu connus sur le patriarcat d'Alexandrie, autrefois si illustre, et que le P. Vansleb cherchait sans le découvrir nulle part. Enfin, il le rencontra dans un quartier obscur du Vieux-Caire. De son temps, l'Eglise d'Alexandrie n'existait déjà plus.

Varenius (Bernard), Hollandais, et habile médecin, auteur d'une *Description du Japon et du royaume de Siam*, en latin, in-8°, en 1673; et d'une *Géographie physique* en 4 vol. in-12. — Cet ouvrage a été fort estimé, et Newton y a ajouté des notes; mais il renferme des idées systématiques, et d'ailleurs il n'est plus en rapport avec les progrès des sciences physiques.

Vaugondy (Didier-Robert de), mort à Paris en 1786; auteur de plusieurs *Atlas* de géographie ecclésiastique; d'un *Essai sur l'histoire de la géographie*, etc. etc.

Vaugondy (Gilles-Robert de), né à Paris et mort en 1766; géographe et cartographe; auteur de plusieurs *Atlas* de géographie, d'une *Géographie sacrée et historique*, etc., etc.

Vaysse de Villiers (Regis-Jean-François), né à Rodez en 1767; auteur d'une *Géographie complète, historique et pittoresque de la France et de l'Italie*, 6 vol. in-8°, avec cartes.

Velardez (le P. Murillo), religieux mathématicien-géographe; auteur d'une *Carte hydrographique et chorographique des îles Philippines*, Manille, 1734.

Vespucci (Amerigo), dit Améric Vespuce, né à Florence, en 1451, d'une famille distinguée, connaissait la physique, l'astronomie et la cosmographie. En 1497, il fit de Cadix son premier voyage sur les traces de Colomb. En 1499, il exécuta un second voyage, puis un troisième en 1501, pour le compte d'Emmanuel, roi de Portugal; un quatrième en 1503, et un cinquième en 1507. — Les Indes Occidentales (ainsi s'appelait la partie du monde nouvellement découverte) prirent le nom d'Amérique sans qu'Améric Vespuce l'eût demandé, sans même qu'il y eût songé; car il était modeste. Il mourut en 1516, au service du Portugal. Ainsi la gloire de donner son nom aux terres nouvellement découvertes, gloire qui appartenait de droit à Christophe Colomb, revint, par un concours de circonstances fortuites, à celui qui les avait reconnues en second.—Toutes les géographies élémentaires destinées à l'instruction de la jeunesse sont absurdes à l'égard d'Améric Vespuce, comme en beaucoup d'autres choses. Elles en font un aventurier qui eut du bonheur et de la gloire, sans trop savoir pourquoi.—Améric Vespuce était un homme capable, d'une haute intelligence, d'un caractère énergique, opiniâtre et patient, d'une instruction supérieure pour son temps. Il avait la vertu de la modestie et le talent du silence, qualités éminentes pour réussir auprès des grands et des puissants ; il évitait de se prévaloir de sa gloire et de ses services ; tandis que Christophe Colomb récriminait publiquement contre ses envieux, et rappelait avec une chaleureuse indignation l'ingratitude du gouvernement espagnol à son égard en présence de tout ce qu'il avait fait pour l'Espagne. C'est donc dans la différence des deux caractères qu'il faut chercher l'explication de la différence de position de ces deux hommes illustres.—Améric a laissé un journal de quatre de ses voyages, imprimé en latin, Paris, 1532, et ensuite traduit de l'italien en français, 1519. Les exemplaires en sont fort rares.

Valver (Francisco-Vicente de), premier évêque du Pérou, écrivit sous ce titre : *Relacion de las guerras Pizarros y Almagros*, une relation des guerres que Pizarre, ce lieutenant entreprenant et audacieux de Cortez, eut à soutenir dans son expédition du Pérou. Cette Relation est restée manuscrite aux archives générales des Indes à Séville. C'est un malheur qu'elle n'ait pas été publiée ; car elle renferme des notions curieuses sur les populations indigènes du Pérou et du Chili, lors de l'arrivée des Espagnols dans cette partie de l'Amérique.

Vigne. M. Vigne (G.-F.), voyageur anglais, a publié un *Voyage* dans la vallée de Kashmir, à Iskardo et Laddak dans le petit Thibet et dans les monts Himalaya, 2 vol. in-8°, Londres, 1842, avec une carte exécutée par M. Court, aux frais de la compagnie des Indes.—Les nombreux renseignements que ce livre fournit aux sciences géographiques le rendent recommandable et précieux. Nous n'en connaissons pas de traduction française, et c'est vraiment fâcheux.

Vogel (Jean-Guillaume), minéralogiste, né le 14 mars 1657, dans le duché de Cobourg. Ses lectures lui inspirèrent le goût des voyages. Il mourut le 17 juillet 1723, laissant les ouvrages suivants : 1° *Journal des voyages en Hollande et dans les Indes-Orientales* ; 2° *Les Indes-Orientales et modernes.*

Vsévolojsky (le chev. N.-S.), conseiller d'Etat de Russie, auteur d'un *Dictionnaire géographique de l'empire de Russie*, 2 vol. in-8°, en 1816 : ouvrage estimable, bien qu'incomplet et défectueux sous le rapport de la géographie physique.

W

Wadstroens (C.-B.), voyageur et géographe anglais, auteur d'*Observations géographiques sur la Guinée centrale et sur les colonies anglaises de la côte occidentale de l'Afrique.*

Walckenaer (Charles-Athanase, baron de), né à Paris, le 25 décembre 1771, a beaucoup écrit. Il est tout à la fois littérateur, bibliographe et anthropologue, géographe et cartographe. Nous n'avons à nous occuper ici que de ses ouvrages de géographie et de cartographie, qui sont nombreux. Il est auteur d'une *Cosmologie*, ou *Description générale de la terre*, in-8°, 1815. C'est une géographie élémentaire, mais qui contient des idées larges et des aperçus neufs. M. de Walckenaer a publié une *Géographie historique des Gaules cisalpine et transalpine, jusqu'à la chute de l'empire romain en Occident*, in-4° ; des *Recherches sur la géographie ancienne et sur celle du moyen âge*, in-4°, Paris, 1823 ; un ouvrage sur les *Progrès des connaissances géographiques à l'est et au sud de l'Asie*, et sur l'*Origine des Malais* ; un *Tableau géographique et historique de l'Archipel d'Orient, de la Polynésie et de l'Australie*, 3 vol. in-8°, Paris, 1819 ; des *Recherches géographiques sur l'intérieur de l'Afrique*, in-8°, avec carte, Paris, 1821 ; un *Essai sur l'histoire de l'espèce humaine*.—Comme cartographe, M. de Walckenaer a composé un Atlas in-folio pour la *Géographie moderne*, traduite de Pinkerton ; un Atlas pour les *Voyages* de Félix d'Azara dans l'Amérique méridionale ; une *Carte de l'Egypte*, une *Carte de l'ancienne Corse*, une *Carte de l'intérieur de l'Afrique.*

M. de Walckenaer a beaucoup contribué par ses ouvrages aux progrès des sciences géographiques, et à leur amélioration au point de vue véritablement scientifique. C'est lui qui a proposé de donner le nom général de *Monde maritime* à l'Océanie, à tous les groupes d'îles désignés par les dénominations particulières de Micronésie, de Polynésie, d'Australie, d'Australasie, etc., etc. La proposition est bonne, et il est à regretter qu'elle n'ait pas prévalu jusqu'à ce jour dans le monde géographique.

M. de Walckenaer est secrétaire perpétuel de l'académie des inscriptions et belles-lettres.

Wallet (Emmanuel), de Saint-Omer, auteur d'un *Atlas historique et topographique de la ville de Saint-Omer* en 1834, d'une *Description de l'abbaye de Saint-Bertin et de l'ancienne cathédrale de Saint-Omer.*

Walsh (Thomas), né à Angers en 1778, mort en 1811, colonel au service de l'Angleterre ; auteur d'un ouvrage *sur l'Egypte, sur Gibraltar, Malte, Mayorque et Minorque*, in-4°, avec cartes, en anglais.

Walsh (le comte Théobald), né à Liége en 1792.—Nous avons de lui un *Voyage en Suisse, en Lombardie et en Piémont*, 2 vol. in-8° ; ouvrage contenant des renseignements exacts sur la géographie de ces contrées, si souvent visitées et toujours mal décrites.

Walsh. Le révérend docteur R. Walsh, auteur d'un *Voyage en Turquie et au Brésil*. M. Walsh était chapelain de l'ambassade anglaise.—L'ouvrage a été traduit par MM. H. Vilmain et E. Rives, in-8°, 1828.

DICTIONNAIRE DE GÉOGRAPHIE ECCL. II.

Wandelaincourt (l'abbé Antoine-Hubert), né en 1731 à Rupt-en-Voivre, diocèse de Verdun, évêque constitutionnel de la Haute-Marne, mort en 1819; auteur de plusieurs ouvrages et d'une *Géographie élémentaire*, ainsi que d'une *Géographie du premier âge*. — Cet ecclésiastique était instruit et d'un mérite réel. Il est regrettable qu'il soit tombé dans les erreurs du schisme de 1791.

Wappaens (le docteur J.-E.), a publié des *Recherches sur les découvertes géographiques des Portugais sous Henri le Navigateur*, pour servir à l'histoire du commerce maritime et de la géographie au moyen âge. L'ouvrage a paru en plusieurs tomes in-8°, à Gœttingue, en 1842.

Warden (David Bailie), né en 1778, dans le comté de Down en Irlande, savant distingué, a été consul général des Etats-Unis à Paris à la fin de l'Empire. On a de lui une *Description statistique, historique et politique des Etats-Unis de l'Amérique septentrionale*, 5 vol. in-8°, Paris, 1820; et un *Mémoire sur les antiquités de l'Amérique*, fort estimé. Quant à la *Description*, c'est le meilleur ouvrage que nous ayons sur l'Union américaine, et qui fasse mieux connaître cette vaste contrée sous le rapport topographique et géographique.

Warner (Richard), Anglais, auteur de l'*Histoire de l'abbaye de Glaston et de la ville de Glastonbury*, in-4°, Londres, 1826.

Warren (le comte Edouard de), officier anglais, a publié récemment sur les possessions anglaises dans l'Hindoustan un ouvrage qui est fort estimé, autant par l'exactitude des aperçus, la sobriété des détails, que par le mérite des observations géographiques. Nous n'en connaissons pas de traduction française. L'auteur a occupé un poste important dans l'armée anglo-hindoue.

Wastelain (Charles), jésuite, né à Marimont, village belge, en 1695, mort à Lille en 1782; auteur d'une *Description de la Gaule Belgique*, avec des cartes, in-4°.

Watt (Joachim), dit *Vadian*, né à Saint-Gall en 1484, mort en 1551. — Il professa les belles-lettres à Vienne en Autriche. On a de lui des *Commentaires géographiques sur Pomponius-Mela*, 1577, in-fol.

Wells (Edouard), philologue anglais, né en 1664 à Corsham, dans la province de Wilt, mort en 1727; auteur d'une *Géographie historique de l'Ancien et du Nouveau Testament*, avec des cartes, 4 vol. in-8°.

Wheaton. M. Wheaton (Henri), a composé l'histoire des peuples du Nord, ou des Danois et des Normands. L'ouvrage a paru avec des cartes, inscriptions et alphabet runique. M. Guillot l'a traduit de l'anglais, 1844. — M. Wheaton a été ministre des Etats-Unis près le gouvernement danois. Son livre est supérieur à celui de M. Depping, intitulé : *Expéditions des Normands*. L'auteur a pu consulter les archives du gouvernement et les documents originaux; aussi son livre éclaircit-il la géographie septentrionale de l'Europe, restée jusqu'alors fort obscure. — L'ouvrage a paru à Philadelphie, in-8°, en 1831, avec des cartes et des inscriptions.

Wickar. M. Wickar (Archibald), voyageur américain, auteur d'un *Voyage aux Montagnes Rocheuses, à l'Orégon et aux rives de l'Océan Pacifique*, pendant les années 1804, 1805 et 1806. London, 1814 et 1815, et New-York, 1842, 2 vol. in-8°. Ce voyage est la première exploration qui ait eu lieu des Montagnes Rocheuses, de l'Orégon jusqu'à l'Océan Pacifique, à travers les grandes prairies en suivant le cours du fleuve Columbia.

Wilkins (Charles), patriarche des orientalistes anglais, né à Hertford en 1759, alla dans l'Hindoustan, et s'y consacra à l'étude du sanskrit, langue ancienne et sacrée des Brahmes. Nous avons de lui une grammaire de cette langue, in-4°, Londres, 1808, et plusieurs *Mémoires* sur diverses questions géographiques de l'Asie.

Wilkinson (W.), ancien consul d'Angleterre à Bucharest; auteur d'un *Tableau géographique de la Moldavie et de la Valachie*.

Wilkinson. M. Wilkinson a consacré douze ans à l'étude de l'Egypte dans ses monuments et sa configuration; il a exécuté un travail topographique des plus curieux sur toute la partie du pays qui s'étend entre le Nil et la mer Rouge, depuis le Caire et Suez jusqu'à Thèbes.

Willote (Jacques), né à Bar-le-Duc le 1er novembre 1656, entra dans la compagnie de Jésus, et reçut l'ordre de se rendre en Chine, par la Turquie, la Perse et la Tartarie. Il est auteur des ouvrages ci-après : 1° *L'Arménie chrétienne*, ou Catalogue des rois et patriarches arméniens depuis J.-C. jusqu'en 1712 ; 2° *Voyage d'un missionnaire de la compagnie de Jésus, en Turquie, en Perse, en Arménie et en Arabie*, etc.

Wilson (Sir Robert-Thomas), né à Londres en 1777, officier anglais qui a joué un rôle dans la politique sous la Restauration, s'est de plus fait connaître par une *Histoire de l'expédition des Anglais en Egypte*, in-8°, avec cartes.

Wiltheim (Alexandre), jésuite, né en 1604 dans le Luxembourg, auteur d'une *Histoire de l'abbaye de Munster* (manuscrite); d'une *Description du Luxembourg sous les Romains*, et d'une excellente Carte géographique de ce pays.

Wiltsch (E.-T.), a composé un *Atlas sacer* (Atlas sacré) offrant le tableau de la propagation du christianisme. Cet ouvrage, qui est accompagné de cartes, a paru à Gotha dans le format in-4°; il ne manque pas d'intérêt, spécialement pour la géographie religieuse.

Witzleben (F.-A. de), a dressé une Carte hydrographique et orographique de l'empire turc en Europe et en Asie, d'après les meilleurs documents. Cette carte est en deux feuilles; elle a paru en 1829, à Magdebourg.

Wolf, a publié à Venise, en 1520, in-folio, une compilation de traditions, de légendes, de notices historiques et géographiques sous le titre de : *Babylonicum integrum ex sapientum scriptis et responsis compositum a Rob. Aser*, etc., etc. — Le géographe peut trouver dans cette compilation des ressources et des indications qu'il ne rencontrerait pas ailleurs.

Woltmann (N. de)., né à Oldenbourg en 1770, mort à Hambourg en 1817 ; auteur d'une *Histoire des Allemands sous les empereurs de la maison de Saxe*, et d'une *Histoire de la Réformation en Allemagne*. — Ces ouvrages sont utiles à la géographie ecclésiastique allemande ; cependant il ne faut les consulter qu'avec réserve.

Z

Zach (François-Xavier, baron de), célèbre astronome et mathématicien, né à Presbourg en 1752, mort en 1832; auteur d'une Correspondance mensuelle pour les progrès de l'astronomie et de la géographie. Gotha, de 1800 à 1814. *De vera latitudine et longitudine geographica; Erfordiæ* (Erfurt), 1796, 1 vol. in-4°.

Zeiler, a rédigé une *Topographie des différentes provinces de l'ancien empire germanique*, ainsi qu'une *Description des Pays-Bas*. Comme l'empire germanique n'existe plus que dans l'histoire, cette *Topographie* est bonne à consulter. On regrette seulement que l'auteur ait été si laconique sur certains articles qui demandaient plus de développement.

ETAT GEOGRAPHIQUE

PAR ORDRE ALPHABETIQUE

DES PATRIARCATS, DES ARCHEVÊCHÉS, DES ÉVÊCHÉS, DES VICARIATS ET DES PRÉFECTURES APOSTOLIQUES DE L'ÉGLISE CATHOLIQUE, AU XIXᵉ SIÈCLE.

Dans le premier volume, nous avons donné l'état géographique des patriarcats, des archevêchés et des évêchés dans tout le monde chrétien, depuis le premier siècle jusqu'au XVIIIᵉ inclusivement. Notre travail demeurerait incomplet, si nous n'y ajoutions la situation actuelle de l'épiscopat catholique, qui, depuis la fin du dernier siècle, a passé par de grandes vicissitudes, en raison des révolutions politiques que l'Europe et l'Amérique éprouvent depuis soixante ans.

Les Eglises hérétiques et schismatiques, à l'exception de l'Eglise anglicane et de l'Eglise russe, sont restées à peu près stationnaires. L'Eglise grecque, soumise à la Turquie, est dans un affaissement profond. L'Eglise grecque indépendante (dans le nouveau royaume de Grèce) ne se relève pas aussi vite qu'on l'espérait ; elle manifeste d'ailleurs des tendances russes qui ne peuvent que lui préparer un nouvel esclavage dans l'avenir.

L'Eglise russe, depuis un siècle, a fait des progrès réels, grâce à l'extension prodigieuse de la Russie et à la violence de son gouvernement. La partie de l'Arménie, enlevée à la Perse et à la Turquie, a été obligée de reconnaître la prédominance de l'Eglise russe. Toutes les provinces polonaises se trouvent forcément dans la même position. Les édifices catholiques y sont affectés au culte grec. Les séminaires ne sont plus catholiques que de nom. Le premier traité de théologie qu'on y explique aux élèves est celui qui consacre la suprématie de l'empereur en matière de religion. Les provinces protestantes de la Baltique, telles que la Livonie, la Finlande, la Courlande, etc., etc., n'ont pu échapper à cet esprit immodéré de prosélytisme, malgré les traités formels qui leur garantissent leur culte et la liberté de conscience. Là où la force brutale est érigée en loi suprême, le droit des gens et les conventions particulières perdent toute leur autorité. Enfin, dans ces dernières années, l'Eglise russe s'est étendue jusqu'en Amérique où elle n'avait pas encore paru. Les vastes possessions russes dans l'Amérique du Nord sont évangélisées par le clergé grec. Nous devons faire remarquer en son honneur que c'est la première fois, depuis bien des siècles, que ce clergé se livre à la propagation de la foi, travail évangélique excessivement rare dans son histoire.

Quant à l'Eglise anglicane, elle a suivi méthodiquement la fortune de l'Angleterre. Partout où cette puissance a conquis ou fondé des colonies, le gouvernement anglais s'est empressé d'y établir des évêchés, par exemple dans l'Hindoustan, dans l'Australie, dans la presqu'île de Malakka, au Canada, dans l'Afrique occidentale et australe, en Europe, à Malte et dans les îles Ioniennes. L'épiscopat anglican est comme le commerce de l'Angleterre, il se rencontre dans les cinq parties du monde.

PATRIARCATS.

Les patriarcats catholiques actuels, ou unis actuellement à l'Eglise catholique, sont les suivants :

CONSTANTINOPLE. Le titulaire étend sa juridiction sur toutes les possessions turques en Europe et en Asie. Quant au diocèse de Constantinople proprement, il est fort étendu. Nous en parlerons à l'article de cette ville.

ALEXANDRIE. Ce patriarcat est purement nominal. Le titulaire n'étend sa juridiction que sur les rares Européens catholiques qui habitent l'Egypte.

ANTIOCHE. Nous devons en dire autant du patriarcat latin d'Antioche.

JÉRUSALEM. Depuis deux ans, par les soins de

Pie IX, ce patriarcat est reconnu par le gouvernement ottoman. Le titulaire habite Jérusalem (ce qu'il n'avait pas la faculté de faire auparavant), et il étend sa juridiction sur toutes les provinces qui formaient à peu près l'ancien patriarcat de Jérusalem.

VENISE. Ce patriarcat, qui remonte à l'époque de l'indépendance et de la prospérité de la république de Venise, n'est qu'un titre honorifique. Le titulaire n'exerce plus sa juridiction que sur le diocèse même de la ville.

INDES OCCIDENTALES. Ce patriarcat avait été créé par le saint-siége, à la demande des rois d'Espagne, en faveur de l'Amérique espagnole. Il comprenait donc les provinces depuis l'Orégon, qui dépendait alors du Nouveau-Mexique, et la Californie jusqu'au Chili inclusivement, et depuis la Patagonie jusqu'à la Louisiane (sauf le Brésil qui appartenait à un autre patriarcat, comme nous le dirons tout à l'heure), ainsi que les Philippines, Saint-Domingue et Cuba. C'était le patriarcat le plus considérable qui ait encore existé. Cette dignité se conférait le plus souvent à l'archevêque de Tolède, ou au général des dominicains. Quelquefois l'archevêque de Mexico en était revêtu. Aujourd'hui le patriarcat est bien diminué, l'Espagne ne possédant plus rien sur le continent américain. Le gouvernement espagnol continue néanmoins de disposer de cette charge; mais le titulaire ne compte plus sous sa juridiction que l'île de Cuba et les Philippines.

LISBONNE. A l'imitation des rois d'Espagne, les rois de Portugal demandèrent et obtinrent un patriarcat pour Lisbonne et leurs possessions coloniales. Mais comme le Portugal a également perdu ses vastes colonies en Amérique et en Asie, le patriarcat n'est plus que l'ombre de ce qu'il était autrefois.

ANTIOCHE DES GRECS MELCHITES. Après le patriarcat latin d'Antioche proprement dit, on compte encore trois sortes de patriarcats pour cette ville. Les Grecs, qui ont conservé la liturgie melchite, ont toujours eu un patriarche qui est en communion avec Rome. C'est donc le saint-siège qui confère cette dignité patriarcale. Le titulaire n'exerce sa juridiction que sur les Grecs et quelques Arméniens attachés à la liturgie melchite, qu'ils attribuent à saint Mélèce, patriarche d'Antioche, du temps de saint Jérôme, lorsque ce savant docteur habitait le désert situé entre cette ville et Damas.

ANTIOCHE DES MARONITES. Le titulaire ne comprend dans sa juridiction que les maronites qui presque tous habitent l'Anti-Liban et le mont Liban où il réside lui-même.

ANTIOCHE DE SYRIE, OU DES SYRIENS. Ce patriarche est pour les chrétiens qui sont restés attachés au rite syrien par esprit de nationalité et qui ont conservé la liturgie syrienne. Ces deux derniers patriarches sont pauvres; ils vivent des dons volontaires de leurs fidèles qui sont eux-mêmes généralement pauvres.

BABYLONE pour la nation chaldéenne en Mésopotamie. Ce patriarcat, qui n'existait pas dans les premiers siècles, est de création moderne : le saint-siège l'a établi en faveur des chrétiens de cette contrée qui, tout en suivant la liturgie chaldaïque, une des plus anciennes de l'Orient, reconnaissent l'autorité de l'Eglise catholique. Le patriarcat de Babylone remplace en quelque sorte celui de Séleucie, dont il n'est plus question depuis longtemps.

CILICIE des Arméniens. Les chrétiens arméniens en communion avec le saint-siège et qui sont répandus tant dans l'Europe orientale que dans l'Asie occidentale, continuent, depuis le XIIIe siècle, de reconnaître l'autorité du patriarche résidant en Cilicie. Le titulaire actuel Grégoire Pierre VIII a été nommé en 1844 par le pape Grégoire XVI.

ARCHEVÊCHÉS ET ÉVÊCHÉS CATHOLIQUES EN 1849.

A

ACERENZA et MATERA, archevêché de la création d'Innocent II au XIIe siècle, dans l'Italie méridionale (royaume des Deux-Siciles). Le titulaire réside à Matera.

ACERNO, évêché de l'Italie méridionale (royaume des Deux-Siciles), création du XIIe siècle, suffragant de la métropole de Salerne, et administrateur de ce diocèse pendant la vacance du siège.

ACERRA, uni à Sainte-Agathe-des-Goths, évêché du VIe siècle, suffragant de Naples, dans l'Italie méridionale (royaume des Deux-Siciles).

ACHONRY, évêché du VIe siècle, auparavant Leinium, en Irlande (empire britannique), suffragant de l'archevêché de Tuam.

ACQUAPENDENTE, évêché de la création d'Innocent X au XVIIe siècle, dans les Etats-Romains. Le siège était auparavant à Castro (Castrum) et remontait au Ve siècle. Mais, sous le pontificat d'Innocent X, les habitants dans une émeute ayant tué leur évêque, ce pape transféra l'évêché à Acquapendente (Acula), ville voisine.

ACQUI, évêché du Ve siècle dans le Piémont (Etats-Sardes Italie septentrionale), autrefois suffragant de Milan et actuellement de Turin.

ADÉLAÏDE, évêché de l'Australie méridionale (Nouvelle-Hollande), érigé en 1842 par le pape Grégoire XVI.

ADRIA, évêché du Ve siècle, dans l'Italie septentrionale, province de la Lombardie-Vénitienne, suffragant de Milan. Le titulaire de ce siège épiscopal réside à Rovigo.

AGADON. Voyez KERRY.

AGATHE (SAINTE-) DES GOTHS, évêché du Xe siècle, suffragant de Bénévent, dans l'Italie méridionale (royaume de Naples). Cet évêché a été réuni dans ces derniers temps à celui d'Acerra.

AGEN, évêché du IVe siècle, en France (dép. de Lot-et-Garonne), suffragant de Bordeaux.

AGRIA, et EGER, ou ERLAU, archevêché de la Basse-Hongrie. Cette ville a d'abord été un évêché dont la création est fixée au commencement du XIe siècle.

AJACCIO, évêché du VIe siècle, en France (île et département de la Corse), suffragant de l'archevêché d'Aix. L'évêché d'*Urcinium*, dont il ne reste plus de vestiges actuellement, lui a été uni au VIe siècle.

AIRE, évêché de la fin du Ve siècle, en France (département des Landes), suffragant de l'archevêché d'Auch.

AIX, archevêché du IVe siècle, avec le titre des archevêchés d'Arles et d'Embrun qui lui ont été réunis par le pape Pie VII, en France (dép. des Bouches-du-Rhône). L'archevêché d'Arles datait du IIIe siècle et celui d'Embrun du IVe. Supprimés tous deux par le concordat de 1801 et rétablis par celui de 1817, ils ont été définitivement réunis à la métropole d'Aix par les conventions diplomatiques de 1822.

ALATRI, évêché du VIe siècle, immédiatement soumis au saint-siége, dans les Etats-Romains.

ALBA, ou ALBA-POMPEIA, évêché du commencement du XIe siècle, dans le Piémont (Etats-Sardes), suffragant de l'archevêché de Turin.

ALBANO, évêché du commencement du XIIe siècle, qui sert de titre à un cardinal, dans les Etats-Romains.

ALBARAZIN, ou ALBARRACIN, évêché du XIIe siècle, dans l'Aragon (royaume d'Espagne), suffragant de l'archevêché de Saragosse.

ALBE-ROYALE, ou STUHLWEISSENBURG, évêché du XVIIe siècle, dans la Hongrie.

ALBENGA, évêché du IVe siècle, dans le Piémont (Italie septentrionale, Etats-Sardes), suffragant de Gênes.

ALBY, archevêché du XVIIe siècle, évêché dès le IIIe, en France (dép. du Tarn).

ALEXANDRIE-DE-LA-PAILLE, évêché de la création d'Alexandre III au XIIe siècle, dans le Piémont (Italie septentrionale, Etats-Sardes), suffragant de l'archevêché de Verceil.

ALES ET TERRALBA, ou ALES ET USEL, évêché de l'île de Sardaigne (royaume de ce nom), suffragant de l'archevêché d'Oristano. Usel était un évêché du XIIe siècle. Au commencement du XVIe siècle, cette ville étant ruinée, le pape Alexandre VI transféra le siége épiscopal à Ales.

ALESSIO, ou ALISE, évêché du IXe siècle, dans l'Albanie (empire ottoman), suffragant de Durazzo.

ALGER, évêché de la création de Grégoire XVI, en 1838, chef-lieu de l'Algérie française (Afrique septentrionale), suffragant de l'archevêché d'Aix.

ALGHERO, évêché de la création de Jules III au commencement du XVIe siècle, dans l'île de Sardaigne (Etats-Sardes), suffragant de Sassari. Le pape Alexandre VI avait transféré les évêchés de Castro et de Bisarchio à Othana. Mais les pirates turks ayant détruit cette ville dans leurs fréquentes incursions, le pape Jules III érigea Alghero en évêché et y réunit le titre d'Othana.

ALIFE, évêché du Ve siècle, uni à celui de Cereto-et-Telese, Italie méridionale (royaume des Deux-Siciles), suffragant de l'archevêché de Caserte. L'évêque réside à Piédimonte, ville voisine d'Alife, dont la situation est très-insalubre.

ALMÉRIA, évêché du XIIe siècle, en Espagne, suffragant de l'archevêché de Grenade. L'évêché était, dans les premiers siècles, à Abdera qui n'est plus qu'un village nommé Adra.

AMALFI, archevêché du Xe siècle, Italie méridionale (royaume des Deux-Siciles). Avant cette époque, Amalfi était un évêché dès le Ve siècle.

AMÉLIA, évêché du Ve siècle, immédiatement soumis au pape, Italie centrale (Etats-Romains).

AMIENS, évêché du commencement du IVe siècle, en France (dép. de la Somme), suffragant de l'archevêché de Reims.

AMPURIAS ET CIVITA, ou CASTEL-ARAGONESE, évêché du VIe siècle dans l'île de Sardaigne (Etats-Sardes), suffragant de l'archevêché de Sassari. L'évêché de Civitas Phausiana, ou Terra Nova, fut uni à celui d'Ampurias dans le VIe siècle; et, au XVIe siècle, celui d'Ampurias fut transféré à Castel-Aragonese, mais le titre fut cependant conservé.

ANAGNI, évêché du Ve siècle, immédiatement soumis au pape, dans l'Italie centrale (Etats-Romains).

ANCÔNE ET UMANA, unis, évêché du IIIe siècle, immédiatement soumis au saint-siége, Italie centrale (Etats-Romains). L'évêché d'Umana a été uni à celui d'Ancône au XVe siècle.

ANDRIA, évêché du Ve siècle suivant quelques auteurs, et du XIe suivant d'autres, dans l'Italie méridionale (royaume des Deux-Siciles), suffragant de l'archevêché de Trani.

ANDROS, évêché du XIIIe siècle, dans l'île de ce nom, faisant partie du groupe des Cyclades dans la Méditerranée, suffragant de l'archevêché de Naxia.

ANGELO-DE'-LOMBARDI (SAN-), évêché du XIe siècle, auquel a été réuni depuis celui de Bisaccia, dans l'Italie méridionale (royaume des Deux-Siciles), suffragant de l'archevêché de Conza.

ANGELO-IN-VADO (SAN-) ET URBANEA, évêché du Ve siècle, qui a été réuni à celui d'Urbanea au XVIIe siècle, dans les Etats-Romains, suffragant de l'archevêché d'Urbin.

ANGELOPOLI. Voyez TLASCALA.

ANGERS, évêché du IVe siècle, en France (dép. de Maine-et-Loire), suffragant de l'archevêché de Tours.

ANGLONA-ET-TURSI, évêché du XIe siècle, uni à celui de Tursi dans le XIIe, dans l'Italie méridionale (royaume des Deux-Siciles), suffragant d'Acerenza.

ANGOLA, ou SAINT-PAUL-DE-LOANDA, évêché du XVIe siècle, sur la côte occidentale d'Afrique dans la Guinée inférieure (colonies portugaises), suffragant de Lisbonne.

ANGOULÊME, évêché du IVe siècle, en France (dép. de la Charente), suffragant de Bordeaux.

ANGRA, évêché du XVIe siècle, dans l'île de Terceira,

une des îles Açores (colonies portugaises), suffragant de Lisbonne.

ANNECY, évêché du IVe siècle, établi à Genève, transféré, dans le XVIe, à Annecy, à cause du protestantisme, dans la Savoie (Etats-Sardes), suffragant de l'archevêché de Chambéry.

ANTEQUERA, ou OAXACA, évêché du XVIe siècle, au Mexique (Amérique septentrionale), suffragant de Mexico.

ANTIOQUIA DES INDIENS, ou SANTA-FÉ DE ANTIOQUIA, évêché du XIXe siècle, dans la Nouvelle-Grenade (Amérique méridionale), suffragant de l'archevêché de Santa-Fé-de-Bogota.

ANTIVARI, archevêché de la création d'Alexandre II au XIe siècle, auparavant évêché du VIIIe siècle, dans l'Albanie (Empire ottoman).

AOSTE, évêché du Ve siècle, dans la province de Savoie (Etats-Sardes), suffragant de l'archevêché de Chambéry.

AQUILA, évêché du XIIIe siècle, soumis immédiatement au saint-siége, dans l'Italie méridionale (royaume des Deux-Siciles).

AQUIN-PONTECORVO-ET-SORA, évêché du Ve siècle, qui relève immédiatement du pape, dans l'Italie méridionale (royaume des Deux-Siciles).

ARCI-REALE, évêché de la création de Grégoire XVI au XIXe siècle, dans l'île de Sicile (royaume des Deux-Siciles).

ARDACH, évêché du Ve siècle, en Irlande (empire britannique), suffragant de l'archevêché d'Armagh.

AREQUIPA, évêché du XVIe siècle, au Pérou (Amérique méridionale), suffragant de l'archevêché de Lima.

AREZZO, évêché du IVe siècle, immédiatement soumis au pape, grand-duché de Toscane (Italie centrale).

ARIANO, évêché du IXe siècle, royaume des Deux-Siciles (Italie méridionale), suffragant de Bénévent.

ARMAGH, archevêché du Ve siècle, en Irlande (empire britannique).

ARRAS, évêché du Ve siècle, suivant quelques auteurs, et du XIe, selon d'autres, en France (dép. du Pas-de-Calais), suffragant de Cambrai.

ASCOLI, évêché du Ve siècle, immédiatement soumis au pape, dans les Etats-Romains (Italie centrale).

ASCOLI-DI-SATRIANO, évêché du Xe siècle, uni à celui de Cerignola, et dit aussi pour cette raison ASCOLI-ET-CERIGNOLA, royaume des Deux-Siciles (Italie méridionale), suffragant de Bénévent.

ASSISE, évêché du VIe siècle, immédiatement soumis au pape, dans les Etats-Romains (Italie centrale).

ASTI, évêché du IVe siècle, dans le Piémont, Etats-Sardes (Italie septentrionale), suffragant de Turin.

ASTORGA, évêché du IVe siècle, province de Léon en Espagne, suffragant de l'archevêché de Santiago de Compostelle (Saint-Jacques-de-Compostelle).

ATRI-ET-PENNE, évêché du VIIIe siècle, uni à celui de Penne ou Penna au XIIIe siècle, dans le royaume des Deux-Siciles (Italie méridionale), immédiatement soumis au saint-siége.

AUCH, archevêché du VIIIe siècle, auparavant évêché dès le IVe, en France (dép. du Gers).

AUGSBOURG, évêché du IVe siècle d'après certains auteurs, et du VIIIe suivant d'autres, dans le royaume de Bavière (autrefois la Souabe, Allemagne méridionale), suffragant de l'archevêché de Munich.

AUGUSTOW. Voyez SEYNA.

AUTUN, évêché du IVe siècle, en France (dép. de Saône-et-Loire), suffragant de Lyon.

AVEIRO, évêché du XIXe siècle, dans le royaume de Portugal, suffragant de Braga.

AVELLINO, évêché du VIe siècle, dans le royaume des Deux-Siciles (Italie méridionale), suffragant de Salerne.

AVERSA, évêché du XIe siècle, immédiatement soumis au saint-siége, royaume de Naples (Italie méridionale).

AVIGNON, archevêché du XVe siècle, auparavant évêché du IIIe, en France (dép. de Vaucluse).

AVILA, évêché du Ve siècle province de la Vieille-Castille, en Espagne, suffragant de Santiago-de-Compostelle.

AYACUCHO. Voyez GUAMANGA.

B

BABYLONE, pour le rite latin, résidence à Bagdad, Asie (empire ottoman).

BACHIA, ou BACZ. Voyez KOLOCZA.

BADAJOZ, évêché du Ve siècle, province de l'Estramadure, en Espagne, suffragant de Santiago-de-Compostelle.

BAGNOREA, ou BAGNAREA, évêché du VIe siècle, dans les Etats-Romains (Italie centrale), immédiatement soumis au pape.

BAIE (LA)-DE-TOUS-LES-SAINTS. Voyez SAN-SALVADOR.

BALE, évêché du VIIIe siècle, dans le canton de ce nom, en Suisse, suffragant de l'archevêché de Fribourg en Brisgaw.

BALTIMORE, archevêché du XIXe siècle, d'abord évêché de la création du pape Pie VII, aux Etats-Unis (Amérique septentrionale).

BAMBERG, archevêché du XIXe siècle, auparavant évêché du XIe, dans le royaume de Bavière (Allemagne méridionale).

BARBASTRO, évêché du XIIe siècle, province d'Aragon, en Espagne, suffragant de Saragosse.

BARCELONE, évêché du IVe siècle, province de Catalogne, en Espagne, suffragant de Tarragone.

BARDSTOWN, évêché de la création du pape Pie VII au XIXe siècle, dans le Kentucky, aux États-Unis (Amérique septentrionale).

BARI, archevêché du Xe siècle, auparavant évêché dès le commencement du IVe, dans le royaume des Deux-Siciles (Italie méridionale).

BAYEUX, évêché du IVe siècle, en France (dép. du Calvados), suffragant de l'archevêché de Rouen.

BAYONNE, évêché du IXᵉ siècle, en France (dép. des Basses-Pyrénées), suffragant d'Auch.

BEAUVAIS, évêché du IIIᵉ siècle, en France (dép. de l'Oise), suffragant de l'archevêché de Reims.

BÉJA, évêché du Vᵉ siècle dans le royaume de Portugal, suffragant de l'archevêché d'Evora.

BELEM-DE-PARA, évêché du XVIIIᵉ siècle, dans la province de Para, empire du Brésil (Amérique méridionale), suffragant de l'archevêché de San-Salvador ou Bahia.

BELGRADE-ET-SEMENDRIA, évêché du XVIIᵉ siècle, de la création d'Innocent X, uni à Semendria, dans la Servie (Europe orientale), suffragant de l'archevêché d'Antivari.

BELLEY, évêché du Vᵉ siècle, en France (dép. de l'Ain), suffragant de l'archevêché de Besançon.

BELLUNE-ET-FELTRE, évêché du IIIᵉ siècle, uni à celui de Feltri ou Feltre, dans la Lombardie vénitienne (Italie septentrionale), suffragant de Venise.

BELZI. Voyez CHELMA.

BÉNÉVENT, archevêché du Xᵉ siècle, auparavant évêché du IVᵉ, appartenant au pape, bien que situé dans le royaume des Deux-Siciles (Italie méridionale).

BERGAME, évêché du Vᵉ siècle, dans la Lombardie vénitienne (Italie septentrionale), suffragant de l'archevêché de Milan.

BERTINORO-ET-SARSINA, évêché du XIVᵉ siècle, uni à celui de Sarsina, dans les Etats-Romains (Italie centrale), suffragant de Ravenne.

BESANÇON, archevêché du IIIᵉ siècle, en France (dép. du Doubs).

BIELLA, évêché du XIXᵉ siècle, dans le Piémont, Etats-Sardes (Italie septentrionale), suffragant de l'archevêché de Verceil.

BISACCIA-ET-SANTO-ANGELO-DE'-LOMBARDI, évêché du XIᵉ siècle, uni, au XVIᵉ, par Léon X, à celui de Santo-Angelo-de'-Lombardi, dans le royaume des Deux-Siciles (Italie méridionale), suffragant de l'archevêché de Conza.

BISARCHIO, évêché du XIIᵉ siècle, dans l'île de Sardaigne, Etats-Sardes, suffragant de l'archevêché de Sassari.

BISCEGLIA, dans le royaume des Deux-Siciles. Voyez TRANI.

BISIGNANO-ET-SAN-MARCO, évêché du XIᵉ siècle, uni à celui de San-Marco dans le royaume des Deux-Siciles. Voyez SAN-MARCO.

BITONTO-ET-RUVO, dans le royaume des Deux-Siciles. Voyez RUVO.

BLOIS, évêché du XVIIᵉ siècle, en France (dép. de Loir-et-Cher), suffragant de l'archevêché de Paris.

BOBBIO, évêché du Vᵉ siècle, dans le Piémont, Etats-Sardes (Italie septentrionale), suffragant de l'archevêché de Gênes.

BOJANO, évêché du Vᵉ siècle, dans le royaume des Deux-Siciles (Italie méridionale), suffragant de Bénévent.

BOLOGNE, archevêché du XVIᵉ siècle, auparavant évêché du IIᵉ, dans les Etats-Romains (Italie centrale).

BORDEAUX, archevêché du IIIᵉ siècle, en France (dép. de la Gironde)

BORGO-SAN-DONNINO, évêché du XVIᵉ siècle, dans le duché de Parme et Plaisance (Italie centrale).

BORGO-SAN-SEPOLCRO, évêché du XVIᵉ siècle, grand-duché de Toscane (Italie centrale), suffragant de l'archevêché de Florence.

BOSA, évêché du XIIᵉ siècle, dans l'île de Sardaigne (Etats-Sardes), suffragant de l'archevêché de Sassari.

BOSNIE-ET-SIRMIE, évêché du XIᵉ siècle, uni à celui de Sirmie, province de l'Esclavonie civile dans la Hongrie, suffragant de l'archevêché de Kolocza.

BOSTON, évêché du XIXᵉ siècle, de la création de Pie VII, dans le Massachusets, Etats-Unis (Amérique septentrionale).

BOURGES, archevêché du IIIᵉ siècle, en France (département du Cher).

BOVA, évêché du VIIᵉ siècle, dans le royaume des Deux-Siciles (Italie méridionale), suffragant de l'archevêché de Reggio.

BOVINO, évêché du Xᵉ siècle, dans le royaume des Deux-Siciles (Italie méridionale), suffragant de l'archevêché de Reggio.

BRAGA, archevêché du IIIᵉ siècle, province de Minho, royaume de Portugal.

BRAGANÇA-ET-MIRANDA, évêché du XVIᵉ siècle, province de Tras-os-Montes, royaume de Portugal, suffragant de Braga.

BRESCIA, évêché du IVᵉ siècle, dans la Lombardie vénitienne (Italie septentrionale), suffragant de Milan.

BRESLAW, évêché du XIᵉ siècle, province de la Silésie prussienne, royaume de Prusse, suffragant de l'archevêché de Gnesen-et-Posen.

BRESSANONE, ou BRIXEN, évêché du VIIIᵉ siècle, dans le Tyrol (monarchie autrichienne), suffragant de l'archevêché de Salzbourg.

BRESTA ou BREST-LITOVSKI. Voyez ULADIMIRIA.

BRIEUC (SAINT-), évêché du IXᵉ siècle, en France (dép. des Côtes-du-Nord), suffragant de Tours.

BRINDISI, ou BRINDES, archevêché du XIᵉ siècle, auparavant évêché du VIᵉ, dans le royaume des Deux-Siciles (Italie méridionale).

BRUGES, évêché du XIXᵉ siècle, création de Grégoire XVI, royaume de Belgique, suffragant de l'archevêché de Malines.

BRUGNATO, ou GENOVESATO, réuni à Lunisarzane, évêché du Vᵉ siècle, dans le Piémont, Etats-Sardes (Italie septentrionale), suffragant de l'archevêché de Gênes.

BRUNN, évêché moderne, province de Moravie, monarchie autrichienne, suffragant de l'archevêché d'Olmütz.

BUDWEIS, évêché moderne, royaume de Bohême, monarchie autrichienne, suffragant de l'archevêché de Prague.

BUENOS-AYRES, ou *la Sainte-Trinité*, évêché du XVIe siècle, confédération du Rio de la Plata, ou république Argentine (Amérique méridionale).

BURGOS, archevêché du XVIe siècle, auparavant évêché du XIe, province de la Vieille-Castille, en Espagne.

C

CACERES-NUEVA, évêché du XVIe siècle, aux îles Philippines, colonies espagnoles, dans l'archipel Asiatique, suffragant de l'archevêché de Manille.

CADIX, évêché du VIe siècle, province de l'Andalousie, en Espagne, suffragant de l'archevêché de Séville.

CAGLI-ET-PERGOLA, évêché du IVe siècle, dans les Etats-Romains (Italie méridionale), suffragant de l'archevêché d'Urbin.

CAGLIARI, archevêché du IVe siècle, dans l'île de Sardaigne, Etats-Sardes.

CAHORS, évêché du IIIe siècle, en France (dép. du Lot), suffragant de l'archevêché d'Alby.

CALAHORRA-ET-CALZADA, évêché du VIe siècle, auquel celui de Calzada a été réuni dans le XVIe, province de la Vieille-Castille, en Espagne, suffragant de l'archevêché de Burgos.

CALIFORNIA, ou CALIFORNIE, évêché du XIXe siècle, création du pape Grégoire XVI, dans la province de ce nom, Etats-Unis (Amérique septentrionale).

CALTAGIRONE, ou CALATA-GIRONE, évêché du XIXe siècle, dans l'île de Sicile, royaume des Deux-Siciles, suffragant de Palerme.

CALTANIZETTA, évêché du XIXe siècle, création de Grégoire XVI, dans l'île de Sicile, royaume des Deux-Siciles.

CALVI-ET-TEANO, évêché du Xe siècle, auquel a été réuni celui de Teano qui datait du Ve, royaume des Deux-Siciles (Italie méridionale), suffragant de Capoue.

CALZADA. *Voyez* CALAHORRA.

CAMBRAI, archevêché du XVIe siècle, auparavant évêché du IVe, en France (dép. du Nord).

CAMERINO, archevêché moderne, auparavant évêché du Ve siècle, dans les Etats-Romains (Italie centrale).

CAMPAGNA, ou COMPSA. *Voyez* CONZA.

CANADA SUPÉRIEUR OCCIDENTAL, ou les TROIS-RIVIÈRES, évêché du XIXe siècle, création du pape Grégoire XVI, Nouvelle-Bretagne, colonie anglaise (Amérique septentrionale).

CANARIE, ou PALMA, évêché du XIVe siècle, dans l'une des îles Canaries, colonies espagnoles, suffragant de Séville.

CAPACCIO, évêché du Xe siècle, suffragant de Salerne, dans le royaume des Deux-Siciles (Italie méridionale).

CAP BRETON, évêché du XIXe siècle, création de Grégoire XVI, province de la Nouvelle-Ecosse dans la Nouvelle-Bretagne, colonies anglaises (Amérique septentrionale).

CAPO D'ISTRIA. *Voyez* TRIESTE.

CAPOUE, archevêché du Xe siècle, auparavant évêché du IIe, dans le royaume des Deux-Siciles (Italie méridionale).

CARACCAS, ou BÉNÉZUELA, ou LÉON DE CARACCAS, archevêché de création moderne, dans l'Etat de Vénézuela (Amérique méridionale).

CARCASSONNE, évêché du IVe siècle, en France (département de l'Aude), suffragant de Toulouse.

CARIATI, évêché du IXe siècle, dans le royaume des Deux-Siciles (Italie méridionale), suffragant de Santa-Severina.

CARLO (SAN-), ou SAINT-CHARLES, évêché du XIXe siècle, création du pape Grégoire XVI, dans l'Amérique méridionale.

CARPI, évêché du XIXe siècle, dans le duché de Modène (Italie centrale).

CARTHAGÈNE, évêché du IIIe siècle, province de Murcie, en Espagne, suffragant de l'archevêché de Tolède.

CARTHAGÈNE-DES-INDES, évêché du XVIe siècle, dans la république de la Nouvelle-Grenade (Amérique méridionale), suffragant de l'archevêché de Santa-Fé-de-Bogota.

CASALE, évêché du XVe siècle, dans le Piémont, Etats-Sardes (Italie septentrionale), suffragant de l'archevêché de Turin.

CASCHAU. *Voyez* CASSOVIA.

CASERTA, archevêché moderne, auparavant évêché du XIe siècle, dans le royaume des Deux-Siciles (Italie méridionale), suffragant de Capoue.

CASHEL, archevêché du XIIe siècle, auparavant évêché au Xe, en Irlande (empire britannique).

CASSANO, évêché du Xe siècle, immédiatement soumis au saint-siège, dans le royaume des Deux-Siciles (Italie méridionale).

CASSOVIA, ou CASCHAU, évêché de création moderne, dans la Haute-Hongrie, suffragant de l'archevêché d'Erlau.

CASTELLO-BBANCO, ou CASTELBARCO, évêché du XIXe siècle, royaume de Portugal, suffragant de l'archevêché de Lisbonne.

CASTELLAMARE, ou CASTEL-A-MARE-DI-STABIA, évêché du Ve siècle, dans le royaume des Deux-Siciles (Italie méridionale), suffragant de l'archevêché de Sorrento.

CASTELLANETA, évêché du XIe siècle, dans le royaume des Deux-Siciles (Italie méridionale), suffragant de l'archevêché de Tarente.

CASTELLARAGONÈSE. *Voyez* AMPURIAS.

CATANE, évêché du VIIIe siècle, dans l'île de Sicile, royaume des Deux-Siciles (Italie méridionale), suffragant de l'archevêché de Montréal.

CATANZARO, ou CANTAZARO, évêché du XIIe siècle, de la création du pape Calixte II, dans le royaume des Deux-Siciles (Italie méridionale), suffragant de l'archevêché de Reggio.

CATTARO, évêché du VIe siècle, dans la Dalmatie, monarchie autrichienne, suffragant de l'archevêché de Zara.

CAVA-ET-SARNO, évêché du xiv° siècle de la création du pape Boniface IX, uni à Sarno, évêché du x° siècle, royaume des Deux-Siciles (Italie méridionale), immédiatement soumis au saint-siége.

CEBU. *Voyez* NOM-DE-JÉSUS.

CENEDA, évêché du v° siècle, dans la Lombardie vénitienne (Italie septentrionale); suffragant de Venise.

CÉPHALONIE-ET-ZANTE, évêché du xiii° siècle, république des Îles Ioniennes, sous la protection de l'Angleterre, dans la Méditerranée, suffragant de l'archevêché de Corfou.

CERVIA, évêché du vi° siècle, dans les États-Romains (Italie centrale), suffragant de l'archevêché de Ravenne.

CÉSÈNE, évêché du iv° siècle, dans les États-Romains (Italie centrale), suffragant de Ravenne.

CEUTA, évêché du iv° siècle, rétabli dans le xv°, possession espagnole dans l'empire de Maroc (Afrique septentrionale), suffragant de l'arch. de Séville.

CHACHAPOYAS, évêché du xix° siècle de la création de Grégoire XVI, province de Maynas, dans le Bas-Pérou (Amérique méridionale).

CHALONS-SUR-MARNE, évêché du iv° siècle, en France (dép. de la Marne), suffragant de l'archevêché de Reims.

CHAMBÉRY, archevêché du xix° siècle de la création de Pie VII, province de Savoie, Etats-Sardes.

CHARCHAS, archevêché dans l'Amérique méridionale. *Voyez* DE LA PLATA.

CHARLESTOWN, évêché du xix° siècle, dans la Caroline du Sud, Etats-Unis (Amérique septentrionale).

CHARLOTTES-TOWN, évêché du xix° siècle, dans l'Île du Prince-Edouard ou Île Saint-Jean, colonie anglaise de la Nouvelle-Bretagne (Amérique septentrionale).

CHARTRES, évêché du iv° siècle, en France (dép d'Eure-et-Loir), suffragant de l'archevêché de Paris.

CHELMA, évêché du xiv° siècle, uni à celui de Beltz pour les Grecs-Unis, dans l'ancienne Pologne (empire russe).

CHIAPA-DE-LOS-INDOS, évêché du xvi° siècle, dans le Guatémala, ou république fédérale de l'Amérique centrale, suffragant de l'archevêché de Nueva-Guatémala.

CHICHAGIA, évêché du xix° siècle de la création du pape Grégoire XVI, territoire des Illinois, Etats-Unis (Amérique septentrionale).

CHIETI, archevêché du xvi° siècle, auparavant évêché dès le v°, royaume des Deux-Siciles (Italie méridionale).

CHIOGGIA, évêché du x° siècle, dans la Lombardie vénitienne (Italie septentrionale), suffragant de Venise.

CHIUSI, évêché du iv° siècle uni à celui de Pienza, immédiatement soumis au saint-siége, grand-duché de Toscane (Italie centrale).

CHONAD, ou KSANA, évêché du xi° siècle, dans le bannat de Temeschwar (Hongrie), suffragant de l'archevêché de Kolocza.

CHRISTOPHE (SAINT-) de la Havane, évêché du xvi° siècle, dans l'Île de Cuba, l'une des grandes Antilles (colonie espagnole), suffragant de l'archevêché de Santiago-de-Cuba.

CHRISTOPHE (SAINT-) de Laguna, évêché du xv° siècle, dans l'Île de Ténériffe, une des Canaries (possession espagnole).

CINCINNATI, évêché du xix° siècle de la création du pape Pie VII, dans l'Ohio, Etats-Unis (Amérique septentrionale).

CINGOLI. *Voyez* OSIMO.

CINQ-EGLISES, ou FÜNFKIRCHEN, évêché du xi° siècle, dans la Basse-Hongrie, suffragant de l'archevêché de Gran.

CIRIGNOLA, évêché du royaume des Deux-Siciles, uni à celui d'Ascoli. *Voyez* ASCOLI.

CITTA DI CASTELLO, évêché du v° siècle, dans les Etats-Romains (Italie centrale), immédiatement soumis au pape.

CITTA DELLA PIEVE, évêché du xvii° siècle, dans les Etats-Romains (Italie centrale), immédiatement soumis au pape.

CIUDAD-RODRIGO, évêché du xii° siècle, dans la Vieille-Castille, en Espagne, suffragant de Santiago-de-Compostelle.

CIVITA-CASTELLANA, évêché du v° siècle, auquel on a réuni celui d'Orta et de Gallese, dans les Etats-Romains (Italie centrale), immédiatement soumis au pape.

CIVITA-VECCHIA. *Voyez* PORTO E S. RUFINA.

CLAUDE (SAINT-), évêché du xviii° siècle, en France (dép. du Jura), suffragant de Lyon.

CLERMONT-FERRAND, évêché du iii° siècle, en France (département du Puy-de-Dôme), suffragant de Bourges.

CLOGHER, évêché du v° siècle, en Irlande (empire britannique), suffragant de l'archevêché d'Armagh.

CLONFERT, évêché du vi° siècle, en Irlande (empire britannique), suffragant de l'archevêché de Tuam.

CLOYNE-ET-ROSS, évêché du vi° siècle, en Irlande (empire britannique), suffragant de l'archevêché de Cashel.

COIMBRE, évêché du vi° siècle, dans le royaume de Portugal, suffragant de Lisbonne.

COIRE, évêché du iv° siècle, dans le canton des Grisons (Suisse).

COLLE, évêché du xvi° siècle, grand-duché de Toscane (Italie centrale), immédiatement soumis au pape.

COLOGNE, archevêché du iv° siècle, grand-duché du Bas-Rhin (monarchie prussienne).

COMACCHIO, évêché du v° siècle, dans les Etats-Romains (Italie centrale), suffragant de l'archevêché de Ravenne.

COMAYGUA, ou VALLADOLID-LA-NUEVA, évêché du

xviie siècle, dans le Guatémala, ou république fédérale de l'Amérique centrale, suffragant de l'archevêché de Guatémala.

COMPOSTELLE, ou SANTIAGO, archevêché du xiie siècle, auparavant évêché du xie, dans la province de Galice, en Espagne.

CONCEPTION (LA), ou LA MOCHA, évêché du xvie siècle, république du Chili (Amérique méridionale), suffragant de l'archevêché de Lima.

CONCORDIA, évêché du vie siècle, dans la Lombardie vénitienne.

CONI, évêché de création moderne, dans le Piémont, Etats-Sardes (Italie septentrionale), suffragant de l'archevêché de Turin.

CONNOR. *Voyez* DOWN.

CONVERSANO, évêché du ve siècle, dans le royaume des Deux-Siciles (Italie méridionale), suffragant de l'archevêché de Bari.

CONZA, archevêché du xie siècle, auparavant évêché du xe siècle, dans le royaume des Deux-Siciles (Italie centrale).

CORDOUE, évêché du ive siècle, province de l'Andalousie, en Espagne, suffragant de l'archevêché de Tolède.

CORDOVA, évêché du xviie siècle, dans la province de Tucuman, confédération du Rio-de-la-Plata (Amérique méridionale).

CORFOU, archevêché du xive siècle, dans l'île de ce nom, l'une des Ioniennes sous la protection de l'Angleterre, dans la Méditerranée.

CORIA, évêché du vie siècle, province de l'Estramadure, en Espagne, suffragant de l'archevêché de Santiago-de-Compostelle.

CORK, évêché du viiie siècle, en Irlande (empire britannique), suffragant de Cashel.

CORNETO, évêché du vie siècle, uni à MONTEFIASCONE. *Voyez ce nom.*

CORNOUAILLES. *Voyez* QUIMPER.

CORTONE, évêché du vie siècle, grand-duché de Toscane (Italie centrale), immédiatement soumis au pape.

COSENZA, archevêché du xie siècle, auparavant évêché du vie, dans le royaume des Deux-Siciles (Italie méridionale).

COTRONE, ou CROTONA, évêché du vie siècle, dans le royaume des Deux-Siciles (Italie méridionale), suffragant de l'archevêché de Reggio.

COUTANCES, évêché du ive siècle, en France (dép. de la Manche), suffragant de l'archevêché de Rouen.

CRACOVIE, évêché du xe siècle, ancienne Pologne (aujourd'hui possession autrichienne).

CRÉMA, évêché du xvie siècle, de la création de Grégoire XIII, dans la Lombardie vénitienne (Italie septentrionale), suffragant de Milan.

CRÉMONE, évêché du ive siècle, dans la Lombardie vénitienne (Italie septentrionale), suffragant de Milan.

CROIX (SAINTE-) DE LA SIERRA, ou SANTA-CRUZ-DE-LA-SIERRA, évêché du xvie siècle, dans le Haut-Pérou (Amérique méridionale), suffragant de l'archevêché de Charcas.

CUBA. *Voyez* SANTIAGO-DE-CUBA.

CUENÇA, évêché du xiie siècle, province de la Nouvelle-Castille, en Espagne, suffragant de l'archevêché de Tolède.

CUENÇA, évêché de création moderne, dans la république de l'Equateur (Amérique méridionale).

CUJABA, ou CUYABA, évêché du xixe siècle, province de Matto-Grosso, empire du Brésil (Amérique méridionale).

CUJAVIE. *Voyez* VLADISLAFF.

CULM, évêché du xe siècle, dans la Prusse orientale (monarchie prussienne), suffragant de l'archevêché de Posen.

CUZCO, évêché du xvie siècle, dans le Pérou (Amérique méridionale), suffragant de l'archevêché de Lima.

D

DERRY, évêché en Irlande (empire britannique).

DÉTROIT, évêché du xixe siècle, dans le Michigan, Etats-Unis (Amérique septentrionale).

DIÉ (SAINT-), évêché du xviiie siècle, en France (dép. des Vosges), suffragant de l'archevêché de Besançon.

DIGNE, évêché du ve siècle, en France (dép. des Basses-Alpes), suffragant de l'archevêché d'Aix.

DIJON, évêché du xviiie siècle, en France (départ. de la Côte-d'Or), suffragant de l'archevêché de Lyon.

DOMINGO (SANTO-), archevêché du xvie siècle, dans l'île de Saint-Domingue ou Haïti, une des grandes Antilles.

DOWN-ET-CONNOR, unis, évêché du ve siècle, en Irlande (empire britannique), suffragant de l'archevêché d'Armagh.

DROMORE, évêché du vie siècle, en Irlande (empire britannique), suffragant de l'archevêché d'Armagh.

DUBLIN, archevêché du xiie siècle, auparavant évêché du ixe, en Irlande (empire britannique).

DUBUQUE, évêché du xixe siècle, de la création de Grégoire XVI, dans le territoire des Wiskonsins, Etats-Unis (Amérique septentrionale).

DURANGO, évêché du xviie siècle, dans le Mexique (Amérique septentrionale), suffragant de l'archevêché de México.

DURAZZO, archevêché du ve siècle, dans l'Albanie (empire ottoman).

E

EICHSTETT, évêché du viiie siècle, royaume de Bavière (Allemagne méridionale).

ELPHIN, évêché du ve siècle, en Irlande (empire britannique), suffragant de l'archevêché de Tuam

ELVAS, évêché du xvie siècle, royaume de Portugal, suffragant de l'archevêché d'Evora.

EMILY, ou EMELEY, évêché du vie siècle, uni à celui de Cashel, dans le XIIIe, en Irlande (empire britannique).

EPÉRIES, évêché pour les Grecs-Unis, dans la Hongrie.

ERBIPOLI, ou HERBIPOLEN, royaume de Bavière (Allemagne méridionale). *Voyez* WURZBOURG.

ERLAW. *Voyez* AGRIA.

EVORA, archevêché du XVIe siècle, auparavant évêché du IIIe, dans le royaume de Portugal, province de l'Alentejo.

EVREUX, évêché du IIIe siècle, en France (dép. de l'Eure), suffragant de l'archevêché de Rouen.

F

FABRIANO-ET-MATELICA, unis, évêché du Ve siècle, dans les Etats-Romains (Italie centrale) immédiatement soumis au saint-siége.

FAENZA, évêché du IIIe siècle, dans les Etats-Romains (Italie centrale), suffragant de l'archevêché de Ravenne.

FAMAGOSTA, ou FAMAGOUSTE, évêché, auparavant archevêché du XIe siècle, dans l'île de Chypre (empire ottoman).

FANO, évêché du Ve siècle, dans les Etats-Romains (Italie centrale), suffragant de l'archevêché d'Urbin.

FARO, évêché du XVIe siècle, transféré de Silves ou Sylva, dans le royaume de Portugal, suffragant de l'archevêché d'Evora.

FÉ (SANTA) DE BOGOTA, ou SANTA-FEDE-DE-LOS-INDOS, archevêché du XVIe siècle dans la république de la Nouvelle-Grenade (Amérique méridionale).

FELTRE-ET-BELLUNE, unis, évêché du IIIe siècle, dans la Lombardie vénitienne (Italie septentrionale).

FERENTINO, évêché du Ve siècle, dans les Etats-Romains (Italie centrale), immédiatement soumis au pape.

FERMO, archevêché du XVIe siècle, auparavant évêché du Ve, dans les Etats-Romains (Italie centrale).

FERNAMBUCO, ou PERNAMBUCO, ou RECIFE. *Voyez* OLINDA.

FERNES, évêché du VIe siècle, en Irlande (empire britannique), suffragant de l'archevêché de Dublin.

FERRARE, archevêché du XVIIIe siècle, création de Clément XII, auparavant évêché du VIIe siècle, dans les Etats-Romains (Italie centrale).

FIESOLE, évêché du Ve siècle, dans le grand-duché de Toscane (Italie centrale), suffragant de l'archevêché de Florence.

FLORENCE, archevêché du XVe siècle, auparavant évêché du IIIe, dans le grand-duché de Toscane (Italie centrale).

FLOUR (SAINT-), évêché du XIVe siècle, en France (dép. du Cantal), suffragant de l'archevêché de Bourges.

FOGARAS, évêché pour les Grecs-Unis, dans la dans la Transylvanie (monarchie autrichienne).

FOLIGNO, évêché du Ve siècle, dans les Etats-Romains (Italie centrale), immédiatement soumis au pape.

FORLI, évêché du VIIe siècle, dans les Etats-Romains (Italie centrale), suffragant de l'archevêché de Ravenne.

FOSSANO, évêché du XVIe siècle, dans le Piémont, Etats-Sardes (Italie septentrionale), suffragant de Turin.

FOSSOMBRONE, évêché du IVe siècle, dans les Etats-Romains (Italie centrale), suffragant de l'archevêché d'URBIN.

FRASCATI, évêché du VIe siècle, dans les Etats-Romains (Italie centrale), immédiatement soumis au pape.

FRÉJUS, évêché du IVe siècle, en France (dép. du Var), suffragant de l'archevêché d'Aix.

FRIBOURG-EN-BRISGAW, archevêché du XIXe siècle, dans le grand-duché de Bade (Allemagne méridionale).

FRISINGEN, ou FREISINGEN, archevêché du XIXe siècle, auparavant évêché du VIIIe, dans le royaume de Bavière (Allemagne méridionale).

FULDE, évêché du XVIIIe siècle, dans la Hesse électorale (Allemagne centrale).

FUNCHAL, évêché du XVe siècle, dans l'île de Madère, possession du Portugal, suffragant de l'archevêché de Lisbonne.

FUNFKIRCHEN. *Voyez* CINQ-EGLISES.

G

GAETE, évêché du IXe siècle immédiatement soumis au saint-siége, dans le royaume des Deux-Siciles (Italie méridionale).

GALL (SAINT-), évêché de la création du pape Pie IX, dans le canton de Saint-Gall (Suisse).

GALLIPOLI, évêché du VIe siècle, dans le royaume des Deux-Siciles (Italie méridionale), suffragant de l'archevêché d'Otrante.

GALTELLY-NORI, évêché du XIIe siècle, dans l'île de Sardaigne, Etats-Sardes, suffragant de l'archevêché de Cagliari.

GALWAY, évêché du VIe siècle, en Irlande (empire britannique), suffragant de l'archevêché d'Armagh.

GAND, évêché du XVIe siècle, dans le royaume de Belgique, suffragant de l'archevêché de Malines.

GAP, évêché du Ve siècle, en France (départ. des Hautes-Alpes), suffragant de l'archevêché d'Aix.

GÊNES, archevêché du XIIe siècle, auparavant évêché du IVe, dans l'ancien duché de Gênes, Etats-Sardes (Italie septentrionale).

GENÈVE. *Voyez* LAUSANNE.

GERACE, ou GERACI, ou SANTA-CYRIACA, évêché du IXe siècle, dans le royaume des Deux-Siciles (Italie méridionale), suffragant de l'archevêché de Reggio.

GIRGENTI, évêché du VIe siècle, dans l'île de Sicile, royaume des Deux-Siciles (Italie méridionale), suffragant de l'archevêché de Palerme.

GIRONE, évêché du Ve siècle, province de Catalogne, en Espagne, suffragant de l'archevêché de Tarragone.

GNESNE, archevêché dans la Prusse polonaise. *Voyez* POSEN.

GOA, archevêché du xvie siècle, dans l'Hindoustan (Asie méridionale), colonie portugaise.

GORITZ-ET-GRADISCA, unis, archevêché du xviiie siècle, province de l'Illyrie (monarchie autrichienne).

GOYAZ, évêché du xixe siècle, dans la province de ce nom, empire du Brésil (Amérique méridionale).

GRENADE, archevêché du xve siècle, auparavant évêché du ive, dans la province de ce nom, en Espagne.

GRENOBLE, évêché du ive siècle, en France (dép. de l'Isère), suffragant de l'archevêché de Lyon.

GROSS-WARDEIN, ou WARABIN, évêché du xie siècle, dans la Hongrie, suffragant de l'archevêché de Kolocza.

GROSS-WARDEIN, ou WARADIN, le même évêché pour les Grecs-Unis.

GROSSETO, évêché dans le grand-duché de Toscane (Italie centrale), suffragant de l'archevêché de Sienne.

GROVINA-ET-MONTE-PELOSO, unis, évêché du ixe siècle, dans le royaume des Deux-Siciles (Italie méridionale), suffragant de l'archevêché d'Acerenza. *Voyez* MONTE-PELOSO.

GUADALAXARA, évêché du xvie siècle, dans la province de Xalisco, au Mexique (Amérique septentrionale), suffragant de l'archevêché de Mexico.

GUADIX, évêché du ve siècle, province de l'Andalousie, en Espagne, suffragant de l'archevêché de Séville.

GUAMAGNA, ou GUAMANGA, ou SAINT-JEAN-DE-LA-VICTOIRE-DE-GUAMANGUA, évêché du xviie siècle, uni à celui d'AYACUCHO, créé par le pape Grégoire XVI, dans la province du même nom, au Pérou (Amérique méridionale), suffragant de l'archevêché de Lima.

GUARDA, évêché de la province de Beira, dans le royaume de Portugal, suffragant de l'archevêché de Braga, ou Bragues.

GUASTALLA, évêché du xixe siècle, dans le duché de Parme et Plaisance (Italie centrale), suffragant de l'archevêché de Lucques.

GUATIMALA, ou SAINT-JACQUES DE GUATÉMALA, archevêché du xixe siècle, auparavant évêché du xvie, dans la république de ce nom, dite république fédérale de l'Amérique centrale.

GUAYAQUIL, évêché du xixe siècle, de la création de Grégoire XVI, dans la province de ce nom, république de l'Équateur (Amérique méridionale).

GUBBIO, évêché du ive siècle, immédiatement soumis au pape, dans les États-Romains (Italie centrale).

GURK, évêché du xie siècle, dans la province de Carinthie (monarchie autrichienne), suffragant de l'archevêché de Goritz.

GUYANA-DE-LOS-INDOS, évêché de création moderne, dans l'Amérique méridionale.

H

HALIFAX, évêché du xixe siècle, de la création du pape Grégoire XVI, dans la Nouvelle-Écosse, colonie anglaise (Amérique septentrionale).

HALLICIA. *Voyez* LEOPOLIS.

HARTFORD, évêché du xixe siècle, de la création de Grégoire XVI, dans le Connecticut, États-Unis (Amérique septentrionale).

HILDESHEIM, évêché du ixe siècle, dans le royaume de Hanovre (Allemagne septentrionale).

HIPPOLITE (SAINT-), évêché de création moderne, dans la Basse-Autriche (monarchie autrichienne), suffragant de l'archevêché de Vienne.

HISPAHAN, évêché pour le rite latin, dans la province d'Irac-Adjémi, royaume de Perse (Asie).

HOBARTOWN, ou HOBART-TOWN, évêché du xixe siècle, de la création du pape Grégoire XVI, dans l'île de Tasmanie, ou Terre de Van-Diemen (Océanie, ou Monde maritime).

HUESCA, évêché du ve siècle, province d'Aragon, en Espagne, suffragant de l'archevêché de Sarragosse.

I

IESI, évêché du ve siècle, dans les États-Romains (Italie centrale), immédiatement soumis au pape.

IGLESIAS, évêché du xvie siècle, de la création du pape Alexandre VI, dans l'île de Sardaigne, États-Sardes, suffragant de l'archevêché de Cagliari.

IMOLA, évêché du ive siècle, dans les États-Romains (Italie centrale), suffragant de l'archevêché de Ravenne.

ISCHIA, évêché du vi^e siècle, dans le royaume des Deux-Siciles (Italie méridionale), suffragant de l'archevêché de Naples.

ISERNIA, évêché du ve siècle, dans le royaume des Deux-Siciles (Italie méridionale), suffragant de l'archevêché de Capoue.

IVIÇA, ou IVICE, évêché du ve siècle, dans l'île de ce nom (une des Baléares, dans la Méditerranée), possession espagnole, suffragant de l'archevêché de Valence.

IVRÉE, évêché du ive siècle, dans le Piémont, États-Sardes (Italie septentrionale), suffragant de l'archevêché de Turin.

J

JACA, évêché du xie siècle, dans la province d'Aragon, en Espagne, suffragant de l'archevêché de Sarragosse.

JAEN, évêché du xiiie siècle, dans l'Andalousie, en Espagne, suffragant de l'archevêché de Tolède.

JANOW, ou PODLAKIE, évêché de l'ancien royaume de Pologne (empire russe), suffragant de l'archevêché de Varsovie.

JEAN (SAINT-) DE MAURIENNE, évêché du iiie siècle, dans la province de Savoie, États-Sardes, suffragant de l'archevêché de Chambéry.

K

KALISCH, ou ULADISLAVIA, évêché du xiie siècle,

dans l'ancien royaume de Pologne (empire russe), suffragant de l'archevêché de Varsovie.

Kaminiekc, ou Kamenetz, évêché de la Podolie, ancienne province polonaise (empire russe).

Kerry-et-Aghadon, évêché du vi^e siècle, en Irlande (empire britannique), suffragant de l'archevêché de Cashel.

Kildare-et-Leighlin, évêché du vi^e siècle, auquel fut réuni, dans le xvie, celui de Leighlin, en Irlande (empire britannique), suffragant de l'archevêché de Dublin.

Killala, évêché du ve siècle, en Irlande (empire britannique), suffragant de l'archevêché de Tuam.

Killaloe, évêché du viie siècle, en Irlande (empire britannique), suffragant de l'archevêché de Cashel.

Killfenora-et-Kilmacdnagh, évêché du vi^e siècle, auquel on a réuni ensuite celui de Kilmacdnagh, en Irlande (empire britannique), suffragant de l'archevêché de Tuam.

Kilmore, évêché du xve siècle, en Irlande (empire britannique), suffragant de l'archevêché d'Armagh.

Kingston, évêché du xixe siècle, province du Haut-Canada, dans la Nouvelle-Bretagne, colonie anglaise (Amérique septentrionale).

Knin. *Voyez* Tinia.

Kœnigsgratz, évêché du xviie siècle, dans la Bohème (monarchie autrichienne), suffragant de l'archevêché de Prague.

Kolocza-et-Bacz, ou Kolocza, archevêché du xie siècle, dans la Hongrie (Europe orientale).

Kreutz, ou Krisio, ou Sainte-Croix, évêché pour les Grecs-Unis, province de l'Esclavonie, dans la Hongrie (Europe orientale).

L

Lacedogna, évêché du xe siècle, dans le royaume des Deux-Siciles (Italie méridionale), suffragant de l'archevêché de Conza.

Lamego, évêché du ve siècle, dans la province de Beira, royaume de Portugal, suffragant de l'archevêché de Braga.

Lanciano, archevêché du xvie siècle, dans le royaume des Deux-Siciles (Italie méridionale).

Langres, évêché du ive siècle, en France (dép. de la Haute-Marne), suffragant de l'archevêché de Lyon.

Larino, évêché du xe siècle, dans le royaume des Deux-Siciles (Italie méridionale), suffragant de l'archevêché de Bénévent.

Lavant, évêché du xiiie siècle, province de Carinthie, dans l'Illyrie (monarchie autrichienne), suffragant de l'archevêché de Goritz.

Lecce, évêché du iiie siècle, dans le royaume des Deux-Siciles (Italie méridionale), suffragant de l'archevêché d'Otrante.

Leighlin. *Voyez* Kildare.

Leimeritz, évêché du xviie siècle, dans la Bohème (monarchie autrichienne), suffragant de l'archevêché de Prague.

Leiria, évêché du xvie siècle, province de l'Estramadure dans le royaume de Portugal, suffragant de l'archevêché de Lisbonne.

Leoben, évêché de création moderne, province de Styrie (monarchie autrichienne), suffragant de l'archevêché de Goritz.

Léon, évêché du ive siècle, immédiatement soumis au pape, dans la province de Léon, en Espagne.

Léon, dans l'Amérique septentrionale. *Voyez* Linares.

Leopol, ou Lemberg, archevêché du xive siècle, dans la Gallicie polonaise (monarchie autrichienne).

Léopol, ou Lemberg, archevêché du xive siècle, pour le rite arménien.

Léopol, ou Lemberg, Haliez-et-Kamanetz, réunis, pour le rite grec-russe, dans la Gallicie polonaise (monarchie autrichienne).

Lérida, évêché du vi^e siècle, dans la Catalogne, en Espagne, suffragant de l'archevêché de Tarragone.

Lésina, évêché du xiie siècle, dans l'île de ce nom, archipel illyrien, province de Dalmatie (monarchie autrichienne), suffragant de l'archevêché de Zara.

Liége, évêché du viiie siècle, dans le royaume de Belgique, suffragant de l'archevêché de Malines.

Lima, archevêché du xvie siècle, au Pérou (Amérique méridionale).

Limbourg, évêché de création moderne, dans le duché de Nassau (Allemagne centrale).

Limerick, évêché du viie siècle, en Irlande (empire britannique), suffragant de l'archevêché de Cashel.

Limoges, évêché du iiie siècle, en France (dép. de la Haute-Vienne), suffragant de l'archevêché de Bourges.

Linares, évêché de création moderne, au Mexique (Amérique septentrionale), suffragant de l'archevêché de Mexico.

Lintz, évêché du xixe siècle, dans la Haute-Autriche (monarchie autrichienne), suffragant de l'archevêché de Vienne.

Lipari, évêché du ve siècle, dans l'île de ce nom, dans la Méditerranée, royaume des Deux-Siciles (Italie Méridionale), suffragant de l'archevêché de Messine.

Lismore. *Voyez* Waterford.

Livourne, évêché de création moderne, dans le grand-duché de Toscane (Italie centrale), suffragant de l'archevêché de Pise.

Lodi, évêché du ive siècle, dans la Lombardie vénitienne (Italie septentrionale), suffragant de l'archevêché de Milan.

Loreto. *Voyez* Recanati.

Losanne, ou Lausanne-et-Genève, évêché du vi^e siècle, auquel le pape Pie VII a uni le titre de Genève, en Suisse, dans le canton de Vaud, suffragant de l'archevêché de Fribourg en Brisgaw.

Louis (Saint-), évêché du XIXe siècle, territoire du Missouri, Etats-Unis (Amérique septentrionale).

Lubac, ou Laybach, ou Laubak, évêché du XVe siècle, dans la Carniole, province de l'Illyrie (monarchie autrichienne), suffragant de l'archevêché de Goritz.

Lublin, évêché de création moderne, dans la Pologne (empire russe), suffragant de l'archevêché de Varsovie.

Lucera, évêché du IVe siècle, dans le royaume des Deux-Siciles (Italie méridionale), suffragant de l'archevêché de Bévévent.

Luck, ou Lucko, évêché du XIIe siècle, auquel est uni celui de Zytomeritz, dans la Volhynie (empire russe). Il y a un évêque du rite latin, et un du rite grec.

Luçon, évêché du XIVe siècle, en France (départ. de la Vendée), suffragant de l'archevêché de Bordeaux.

Lucques, archevêché du XVIIIe siècle, auparavant évêché du IIIe siècle, dans le duché de ce nom (Italie centrale).

Lugo, évêché du Ve siècle, dans la province de Galice, en Espagne, suffragant de l'archevêché de Santiago-de-Compostelle.

Luiz (San-), évêché du XVIIe siècle, dans l'île de ce nom, empire du Brésil (Amérique méridionale), suffragant de l'archevêché de San-Salvador.

Luni, Sarzana-et-Brugnato, évêché du Ve siècle, auquel on a réuni plus tard ceux de Sarzana et de Brugnato, dans le Piémont (Italie septentrionale), suffragant de l'archevêché de Gênes.

Lyon, archevêché du IIe siècle, en France (dép. du Rhône).

M

Macao, évêché du XVIe siècle, colonie portugaise, dans la province de Kouang-Toung (empire chinois), Asie orientale, suffragant de l'archevêché de Goa.

Macarska-et-Spalatro. Voyez Spalatro.

Macerata-et-Tolentino, évêché du XIVe siècle, auquel fut uni, dans le XVIe, celui de Tolentino, dans les Etats-Romains (Italie centrale), suffragant de l'archevêché de Fermo.

Madagascar, évêché du XIXe siècle, de la création du pape Pie IX actuellement régnant, dans l'île de Madagascar (Océan Indien).

Majorca, ou Majorque, évêché du VIe siècle, dans l'île de ce nom, une des Baléares, possession espagnole dans la Méditerranée, suffragant de l'archevêché de Valence.

Malaga, évêché du Ve siècle, dans la province de Grenade, en Espagne, suffragant de l'archevêché de Grenade.

Malakka, évêché du XVIe siècle, dans la presqu'île de ce nom, possession anglaise, dans le sud-est de l'Asie, suffragant de l'archevêché de Goa.

Malines, archevêché du XVIe siècle, royaume de Belgique.

Malte, évêché du IIIe siècle, dans l'île de ce nom, possession anglaise, dans la Méditerranée, immédiatement soumis au pape.

Manfredonia, archevêché du XIIe siècle, dans le royaume des Deux-Siciles (Italie méridionale).

Manille, archevêché du XVIIe siècle, dans l'île de Luçon, une des Philippines (colonies espagnoles).

Mans (Le), évêché du IIIe siècle, en France (dép. de la Sarthe), suffragant de l'archevêché de Tours.

Mantoue, évêché du IXe siècle, dans la Lombardie vénitienne (Italie septentrionale), immédiatement soumis au pape.

Marcana, ou Mercana-et-Trebigno, évêché du Xe siècle, dans la Dalmatie (monarchie autrichienne), suffragant de l'archevêché de Zara. L'évêché de Marcana a été uni à celui de Trebigno.

Marco (San-) et-Bisignano, ou Santo-Marco-et-Bisignano, évêché du XIe siècle, auquel a été uni celui de Bisignano, dans le royaume des Deux-Siciles (Italie méridionale), suffragant de l'archevêché de Cozenza.

Marianna, évêché du XVIIIe siècle, dans l'empire du Brésil (Amérique méridionale), suffragant de l'archevêché de Bahia, autrement San-Salvador.

Marseille, évêché du IIIe siècle, en France (dép. des Bouches-du-Rhône), suffragant de l'archevêché d'Aix.

Marsico-Nuovo-et-Potenza, évêché du Xe siècle, auquel fut réuni depuis celui de Potenza, qui datait du Ve siècle dans le royaume des Deux-Siciles (Italie méridionale), suffragant de l'archevêché de Salerne.

Marta (Santa-), évêché du XVIe siècle, dans la république de la Nouvelle-Grenade (Amérique méridionale), suffragant de l'archevêché de Santa-Fé-de-Bogota.

Marzi, évêché du VIIe siècle, dans le royaume des Deux-Siciles (Italie méridionale), immédiatement soumis au saint-siége.

Massa-di-Carrara, évêché du XIXe siècle, dans le duché de Modène (Italie centrale), suffragant de l'archevêché de Lucques.

Massa-Maritima, évêché du VIe siècle, dans le grand-duché de Toscane (Italie centrale), suffragant de l'archevêché de Sienne.

Matelica, ou Matilica, évêché du Ve siècle, uni à celui de Fabriano, dans les Etats-Romains (Italie centrale), immédiatement soumis au pape.

Maurienne. Voyez Jean (Saint-) de Maurienne.

Mayence, évêché du XIXe siècle, auparavant archevêché du IIIe, dans le grand-duché de Hesse-Darmstadt (Allemagne centrale).

Maynas, ou Chachapoyas, évêché du XIXe siècle, de la création du pape Grégoire XVI, dans le Bas-Pérou (Amérique méridionale).

Mazzara, évêché du XIe siècle de la création du pape Urbain II, dans l'île de Sicile (royaume des Deux-Siciles), suffragant de l'archevêché de Palerme.

Meath, évêché du XIe siècle, en Irlande (empire

britannique), suffragant de l'archevêché d'Armagh.

MEAUX, évêché du IIIe siècle, en France (départ. de Seine-et-Marne), suffragant de l'archevêché de Paris.

MECHOACAN, évêché du XVIe siècle, dans le Mexique (Amérique septentrionale), suffragant de l'archevêché de Mexico.

MELFI-ET-RAPOLLA, évêché du Ve siècle, auquel on a uni, dans le XVIe, celui de Rapolla, dans le royaume des Deux-Siciles (Italie méridionale), immédiatement soumis au pape.

MELIAPOOR. *Voyez* SAN-THOMÉ.

MENDE, évêché du Ve siècle, en France (départ. de la Lozère), suffragant de l'archevêché d'Alby.

MÉRIDA, évêché du XVIe siècle, dans la presqu'île d'Yucatan, au Mexique (Amérique septentrionale), suffragant de l'archevêché de Mexico.

MESSINE, archevêché du XIIe siècle, auparavant évêché du Ve, dans l'île de Sicile (royaume des Deux-Siciles).

METZ, évêché du IIIe siècle, en France (dép. de la Moselle), suffragant de l'archevêché de Besançon.

MEXICO, archevêché du XVIe siècle, au Mexique (Amérique septentrionale).

MILAN, archevêché du IIe siècle, dans la Lombardie vénitienne (Italie septentrionale).

MILETO, évêché du XIe siècle, dans le royaume des Deux-Siciles (Italie méridionale), suffragant de l'archevêché de Reggio.

MILWANCHÉE, évêché du XIXe siècle, de la création du pape Grégoire XVI, dans le territoire des Wiskonsins, Etats-Unis (Amérique septentrionale).

MINIATO (SAN-), évêché du XVIIe siècle, dans le grand-duché de Toscane (Italie centrale), suffragant de l'archevêché de Florence.

MINORCA, ou MINORQUE, évêché du VIe siècle, dans l'île de Minorque, une des Baléares, possession espagnole dans la Méditerranée, suffragant de l'archevêché de Valence.

MINSK, ou MINSKI, évêché du rite latin, dans la province de Lithuanie (empire russe). C'est également un évêché du rite grec-russe uni.

MIRANDA, évêché du XVIe siècle, dans le royaume de Portugal, suffragant de l'archevêché de Braga.

MOBILE, évêché du XIXe siècle, dans l'Alabama, Etats-Unis (Amérique septentrionale)

MODÈNE, évêché du IVe siècle, dans le duché de ce nom (Italie centrale), suffragant de l'archevêché de Lucques.

MODRUSSA. *Voyez* SEGNA.

MOHILEW, archevêché du XIIIe siècle, dans la Lithuanie (empire russe).

MOLFETTA, GIOVENAZZO-ET-TERLIZZI, évêché du Xe siècle, auquel ont été unis ceux de Giovenazzo et Terlizzi, dans le royaume des Deux-Siciles (Italie méridionale), immédiatement soumis au pape.

MONDONEDO, évêché du VIe siècle, dans la province de Galice, en Espagne, suffragant de l'archevêché de Santiago-de-Compostelle.

MONDOVI, évêché du XIVe siècle, dans le Piémont, Etats-Sardes (Italie septentrionale), suffragant de l'archevêché de Turin.

MONOPOLI, évêché du Xe siècle, dans le royaume des Deux-Siciles (Italie méridionale), suffragant de l'archevêché de Bari.

MONREALE, archevêché du XIIe siècle, dans l'île de Sicile (royaume des Deux-Siciles).

MONTALCINO, évêché du XVe siècle, dans le grand-duché de Toscane, suffragant de l'archevêché de Sienne.

MONTALTO, évêché du XVIe siècle, dans les Etats-Romains (Italie centrale), suffragant de l'archevêché de Fermo.

MONTAUBAN, évêché du XIVe siècle, en France (dép. de Tarn-et-Garonne), suffragant de l'archevêché de Toulouse.

MONTEFELTRO, ou MONTEFELTRE, évêché du XIIe siècle, dans les Etats-Romains (Italie centrale), suffragant de l'archevêché d'Urbin.

MONTEFIASCONE-ET-CORNETO, évêché du XIXe siècle, réuni à celui de Corneto, qui date du IVe, dans les Etats-Romains, immédiatement soumis au pape.

MONTEPULCIANO, évêché du XVIe siècle, dans le grand-duché de Toscane (Italie centrale), immédiatement soumis au pape.

MONTE-PELOSO-ET-GRAVINA, évêché du XVe siècle, auquel on a réuni celui de Gravina, dans le royaume des Deux-Siciles (Italie méridionale), immédiatement soumis au pape.

MONTPELLIER, évêché du XVIe siècle, en France (dép. de l'Hérault), suffragant de l'archevêché d'Avignon.

MONTRÉAL, évêché du XIXe siècle, de la création du pape Grégoire XVI, dans le Bas-Canada, à la Nouvelle-Bretagne, possession anglaise (Amérique septentrionale).

MOULINS, évêché de création moderne, en France (dép. de l'Allier), suffragant de l'archevêché de Sens.

MUNKATZ, évêché de création moderne, pour les Grecs-Unis, dans la Hongrie (Europe orientale).

MUNSTER, évêché du VIIIe siècle, dans la province de Westphalie (monarchie prussienne), suffragant de l'archevêché de Cologne.

MURCIE. *Voyez* CARTHAGÈNE.

MURO, évêché du XIe siècle, dans le royaume des Deux-Siciles (Italie méridionale), suffragant de l'archevêché de Conza.

N

NAMUR, évêché du XVIe siècle, dans le royaume de Belgique, suffragant de l'archevêché de Malines.

NANCY-ET-TOUL, évêché du XVIIIe siècle, auquel Pie VII a uni celui de Toul, qui datait du IVe, en France (dép. de la Meurthe), suffragant de l'archevêché de Besançon.

NAN-KING, évêché de création moderne, dans la province de Kian-sou, empire chinois (Asie orientale).

NANTES, évêché du IVe siècle, en France (départ.

de la Loire-Inférieure), suffragant de l'archevêché de Tours.

NAPLES, archevêché du X° siècle, auparavant évêché du II° siècle, dans le royaume des Deux-Siciles (Italie méridionale).

NARDO, évêché du XV° siècle, dans le royaume des Deux-Siciles (Italie méridionale), immédiatement soumis au pape.

NARNI, évêché du VI° siècle, dans les Etats-Romains (Italie centrale), immédiatement soumis au pape.

NASHVILLE, évêché du XIX° siècle, de la création du pape Grégoire XVI, dans le Tennesée, Etats-Unis (Amérique septentrionale).

NATCHEZ, évêché du XIX° siècle, de la création du pape Grégoire XVI, dans le territoire du Mississipi, Etats-Unis (Amérique septentrionale).

NAXIVAN, ou NAKHCHIVAN, archevêché pour les Arméniens catholiques, dans l'Arménie russe (Asie occidentale).

NAXOS, archevêché du XIII° siècle, dans l'île de ce nom, l'une des Cyclades, dans l'Archipel (royaume de Grèce).

NEUSOHL, évêché de création moderne, dans la Hongrie (Europe orientale).

NEPI-ET-SUTRI. *Voyez* SUTRI.

NEVERS, évêché du III° siècle, en France (départ. de la Nièvre), suffragant de l'archevêché de Sens.

NICARAGUA, ou LÉON DE NICARAGUA, évêché du XVI° siècle, dans le Guatémala, dit aussi la république fédérale de l'Amérique centrale, suffragant de l'archevêché de Guatémala.

NICASTRO, évêché du VIII° siècle, dans le royaume des Deux-Siciles (Italie méridionale), suffragant de l'archevêché de Reggio.

NICOPOLI, ou NIKOPOL, évêché du V° siècle, dans la Bulgarie, empire ottoman (Europe orientale).

NICOSIA, évêché de création moderne, dans l'île de Sicile (royaume des Deux-Siciles).

NICOTERA-ET-TROPEA, évêché du VI° siècle, auquel a été uni celui de Tropea, dans le royaume des Deux-Siciles (Italie méridionale), suffragant de l'archevêché de Reggio.

NÎMES, évêché du V° siècle, en France (dép. du Gard), suffragant de l'archevêché d'Avignon.

NITRIA, ou NEUTRA, évêché du XI° siècle, dans la Hongrie (Europe orientale), suffragant de l'archevêché de Gran.

NIZZA, évêché de création moderne, dans le royaume des Deux-Siciles (Italie méridionale), suffragant de l'archevêché de Reggio.

NOCERA, évêché du V° siècle, dans les Etats-Romains (Italie centrale), immédiatement soumis au pape.

NOCÉRA-DES-PAÏENS, évêché du X° siècle, dans le royaume des Deux-Siciles (Italie méridionale), suffragant de l'archevêché de Salerne.

NOLA, évêché du IV° siècle, dans le royaume des Deux-Siciles (Italie méridionale), suffragant de l'archevêché de Naples.

NOLI. *Voyez* SAVONE).

NOM-DE-JÉSUS, ou ZÉBU, évêché du XVII° siècle, de la création du pape Paul V, dans l'île de Zébu, colonie espagnole, dans le grand archipel des Philippines (Malaisie, ou archipel asiatique), suffragant de l'archevêché de Manille.

NORCIA, évêché du V° siècle, dans les Etats-Romains (Italie centrale), immédiatement soumis au pape.

NORI. *Voyez* GALTELLY.

NOTO, évêché du XIX° siècle, de la création du pape Grégoire XVI, dans l'île de Sicile (royaume des Deux-Siciles), suffragant de l'archevêché de Messine.

NOUVEAU-BRUNSWICK, évêché du XIX° siècle, de la création du pape Grégoire XVI, dans la Nouvelle-Bretagne, possession anglaise (Amérique septentrionale).

NOUVELLE-ORLÉANS (LA), ou NEW-ORLÉANS, évêché du XIX° siècle, de la création du pape Pie VII, dans la Louisiane, Etats-Unis (Amérique septentrionale).

NOUVELLE-SÉGOVIE (LA), ou NUEVA-SÉGOVIA, évêché du XVII° siècle dans l'île de Luçon, une des Philippines (Malaisie, ou Archipel asiatique), possession espagnole, suffragant de l'archevêché de Manille.

NOUVELLE-YORK (LA), ou NEW-YORK, évêché du XIX° siècle, de la création du pape Pie VII, aux Etats-Unis (Amérique septentrionale).

NOVARE, évêché du IV° siècle, dans le Piémont, Etats-Sardes (Italie septentrionale), suffragant de l'archevêché de Verceil.

NUSCO, évêché du XI° siècle, dans le royaume des Deux-Siciles (Italie méridionale), suffragant de l'archevêché de Salerne.

O

OAXACA. *Voyez* ANTEQUERA.

OGLIASTRA, évêché dans l'île de Sardaigne (mer Méditerranée), Etats-Sardes.

OLINDA-ET-FERNAMBOUC, évêché du XVII° siècle, dans l'empire du Brésil (Amérique méridionale), suffragant de l'archevêché de Bahia, ou San-Salvador.

OLMUTZ, archevêché du XIX° siècle, auparavant évêché du XI°, dans la Moravie (monarchie autrichienne).

OPPIDO, évêché du IX° siècle, dans le royaume des Deux-Siciles (Italie méridionale), suffragant de l'archevêché de Reggio.

ORENSE, évêché du VI° siècle, dans la province de Galice, en Espagne, suffragant de l'archevêché de Santiago-de-Compostelle.

ORIA, ou URITANA, évêché du VI° siècle, dans le royaume des Deux-Siciles (Italie méridionale), suffragant de l'archevêché de Tarente.

ORIHUELA, évêché du XV° siècle; dans la province

de Valence, en Espagne, suffragant de l'archevêché de Valence.

ORISTANO, ou URISTAGNI, archevêché du XIIe siècle, dans l'île de Sardaigne (mer Méditerranée), Etats-Sardes.

ORLÉANS, évêché du IIIe siècle, en France (dép. du Loiret), suffragant de l'archevêché de Paris.

ORTE, ou ORTA, évêché du Ve siècle, uni avec celui de Gallèse, à Citta, ou Civita-Castellana, dans les Etats-Romains. Voyez CIVITA-CASTELLANA.

ORTONA, évêché du VIe siècle, dans le royaume des Deux-Siciles (Italie méridionale), suffragant de l'archevêché de Chieti.

ORVIETO, évêché du VIe siècle, dans les Etats-Romains (Italie centrale), immédiatement soumis au pape.

OSMO-ET-CINGOLI, évêché du VIe siècle, auquel on a uni celui de Cingoli, dans les Etats-Romains (Italie centrale), immédiatement soumis au pape.

OSMA, évêché du Ve siècle, dans la Castille-Vieille, en Espagne, suffragant de l'archevêché de Tolède.

OSNABRUCK, évêché du VIIIe siècle, dans la Westphalie, royaume de Hanovre (Allemagne septentrionale).

OSSORY, ou KILKENNY, évêché du XIIe siècle, en Irlande (empire britannique), suffragant de l'archevêché de Dublin.

OSTIA, ou OSTIE-ET-VELLETRI, évêché du IIe siècle, auquel a été uni, dans le XIe, le siége de Velletri, ou Velitri, dans les Etats-Romains (Italie centrale), immédiatement soumis au pape.

OSTROG, évêché pour les Grecs-Unis, dans la province de Volhynie (empire russe).

OSTUNI, évêché du XIe siècle, dans le royaume des Deux-Siciles (Italie méridionale), suffragant de l'archevêché de Brindes.

OTRANTE, archevêché du Xe siècle, auparavant évêché du VIe, dans le royaume des Deux-Siciles (Italie méridionale).

OVIEDO, évêché du VIIe siècle, dans la province des Asturies, en Espagne, suffragant de l'archevêché de Santiago-de-Compostelle.

P

PACE, ou LA PAZ DE CHUQUIAGA, évêché du XVIe siècle, dans le Haut-Pérou (Amérique méridionale), suffragant de l'archevêché de la Plata-de-los-Charcas.

PADERBORN, évêché du VIIIe siècle, dans la province de Westphalie (monarchie prussienne), suffragant de l'archevêché de Cologne.

PADOUE, évêché du IVe siècle, dans la Lombardie vénitienne (Italie septentrionale), suffragant de l'archevêché de Milan.

PALENCIA, évêché du Ve siècle, dans la Castille-Vieille, en Espagne, suffragant de l'archevêché de Burgos.

PALERME, archevêché du XIIe siècle, auparavant évêché du Ve, dans l'île de Sicile (mer Méditerranée), royaume des Deux-Siciles.

PALESTRINA, évêché du IIIe siècle, dans les Etats-Romains (Italie centrale), immédiatement soumis au pape.

PAMIERS, évêché du XIIIe siècle, en France (dép. de l'Ariége), suffragant de l'archevêché de Toulouse.

PAMPELUNE, évêché du Ve siècle, dans la Navarre, en Espagne, suffragant de l'archevêché de Burgos.

PAMPELUNE (LA NOUVELLE), ou NUEVA-PAMPLONA, évêché du XIXe siècle, de la création du pape Grégoire XVI, dans la Nouvelle-Grenade (Amérique méridionale).

PANAMA, ou PANAMA-DE-LOS-INDOS, évêché du XVIe siècle, dans la république de la Nouvelle-Grenade (Amérique septentrionale), suffragant de l'archevêché de Santa-Fé-de-Bogota.

PARA, ou BELEM, évêché du XVIIIe siècle, dans la province du même nom, au Brésil, ancienne Guyane portugaise (Amérique septentrionale), suffragant de l'archevêché de Bahia, ou San-Salvador.

PARAGUAY (LE), ou L'ASSOMPTION DU PARAGUAY, évêché du XVIe siècle, dans le Paraguay (Amérique méridionale).

PARENZO-ET-POLA, évêché du IIIe siècle, auquel on a uni ensuite celui de Pola, dans la province d'Illyrie (monarchie autrichienne), suffragant de l'archevêché de Goritz.

PARIS, archevêché du XVIIe siècle, auparavant évêché du IIIe, en France (dép. de la Seine).

PARME, évêché du Ve siècle, dans le duché de Parme et Plaisance (Italie centrale), suffragant de l'archevêché de Lucques.

PASSAW, évêché du VIe siècle, dans la Bavière (Allemagne méridionale), suffragant de l'archevêché de Bamberg.

PATTI, évêché du XIIe siècle, dans l'île de Sicile (Méditerranée), royaume des Deux-Siciles, suffragant de l'archevêché de Messine.

PAUL (SAINT), évêché du XVIIIe siècle, dans la province du même nom, au Brésil (Amérique méridionale), suffragant de l'archevêché de Bahia, ou San-Salvador.

PAVIE, évêché du IVe siècle, dans la Lombardie vénitienne (Italie septentrionale), suffragant de l'archevêché de Milan.

PÉKING, évêché de création moderne, auparavant c'était un vicariat apostolique, dans la province de Tchi-li, ou Pé-tchi-li, empire chinois (Asie orientale).

PENNE-ET-ATRI, évêché du Ve siècle, auquel on a uni, dans le XIIIe, celui d'Atri, dans le royaume des Deux-Siciles (Italie méridionale), immédiatement soumis au pape.

PERGOLA. Voyez CAGLI.

PÉRIGUEUX, évêché du IVe siècle, en France (dép. de la Dordogne), suffragant de l'archevêché de Bordeaux.

PERPIGNAN, évêché du XVIIe siècle, en France (dép. des Pyrénées-Orientales), suffragant de l'archevêché d'Alby.

PEROUSE, évêché du Ve siècle, dans les Etats-Romains (Italie centrale), immédiatement soumis au pape.

PESARO, évêché du Ve siècle, dans les Etats-Romains (Italie centrale), suffragant de l'archevêché d'Urbin.

PESCIA évêché de création moderne, dans le grand-duché de Toscane (Italie centrale), suffragant de l'archevêché de Pise.

PETRICOLA, ou LITTLE-ROCK (*Petit-Rocher*), évêché du XIXe siècle, de la création du pape Grégoire XVI, dans l'Arkansas, Etats-Unis (Amérique septentrionale).

PHILADELPHIE, évêché du XIXe siècle, de la création du pape Pie VII, dans la Pensylvanie, Etats-Unis (Amérique septentrionale).

PIAZZA, évêché de création moderne, dans l'île de Sicile (Méditerranée), royaume des Deux-Siciles.

PIENZA, évêché du XVe siècle, dans le grand-duché de Toscane (Italie centrale), suffragant de l'archevêché de Sienne.

PIGNEROL, évêché du XVIIIe siècle, de la création du pape Benoît XIX, dans le Piémont, Etats-Sardes (Italie septentrionale), suffragant de l'archevêché de Turin.

PINHIEL, évêché de création moderne, dans la province de *Tras-os-Montes*, royaume de Portugal, suffragant de l'archevêché de Braga.

PINSK-ET-JOUROVITZA, évêché du Xe siècle, auquel est uni celui d'Iourovitza, pour le rite grec-russe, dans la Lithuanie (empire russe).

PIPERNO. *Voyez* TERRACINE.

PISE, archevêché du XIe siècle, auparavant évêché du IIIe, dans le grand-duché de Toscane (Italie centrale).

PISTOIE-ET-PRATO, évêché du Xe siècle, auquel est uni celui de Prato, qui datait du Ve, dans le grand-duché de Toscane (Italie centrale), suffragant de l'archevêché de Florence.

PITIGLIANO-ET-SOANA. *Voyez* SOANA.

PITTSBURG, évêché du XIXe siècle, de la création du pape Grégoire XVI, dans la Pensylvanie, Etats-Unis (Amérique septentrionale).

PLAISANCE, évêché du IVe siècle, dans le duché de Parme et Plaisance (Italie centrale), immédiatement soumis au pape.

PLASENCIA, évêché du XIIe siècle, dans la Galice, en Espagne, suffragant de l'archevêché de Santiago-de-Compostelle.

PLATA (LA), ou CHARCAS, ou CHUQUIZACA, archevêché du XVIIe siècle, auparavant évêché du XVIe; dans le Haut-Pérou (Amérique septentrionale).

PLOCK, évêché du Xe siècle, dans la province polonaise de ce nom (empire russe), suffragant de l'archevêché de Varsovie.

PODLACHIE, ou JANOW, évêché dans la province polonaise de ce nom (empire russe), suffragant de l'archevêché de Varsovie.

POGGIO MIRTETO, évêché du XIXe siècle, de la création du pape Grégoire XVI, dans les Etats-Romains (Italie centrale).

POITIERS, évêché du IVe siècle, en France (dép. de la Vienne), suffragant de l'archevêché de Bordeaux.

POLA-ET-PARENZO, évêché du Ve siècle, uni à Parenzo, dans l'Illyrie (monarchie autrichienne), suffragant de l'archevêché de Goritz.

POLICASTRO, évêché du VIe siècle, dans le royaume des Deux-Siciles (Italie méridionale), suffragant de l'archevêché de Salerne.

POLOTSK, archevêché de création moderne, auparavant évêché du XIIIe siècle, pour le rite grec-russe (empire de Russie).

PONTE-CORVO, évêché auquel on a uni ceux d'Aquino et Sora, qui dataient du Ve siècle, dans le royaume des Deux-Siciles (Italie méridionale), suffragant de l'archevêché de Capoue.

PONTREMOLI, évêché du XIXe siècle, dans le grand-duché de Toscane (Italie centrale), suffragant de l'archevêché de Pise.

POPAYAN, évêché du XVIe siècle, dans la république de la Nouvelle-Grenade (Amérique méridionale), suffragant de l'archevêché de Santa-Fé-de-Bogota.

PORTALEGRE, évêché du XVIe siècle, dans la province d'Alentejo, royaume de Portugal, suffragant de l'archevêché d'Evora.

PORTO, évêché du Ve siècle, dans la province de Minho, royaume de Portugal, suffragant de l'archevêché de Braga.

PORTO-RICO, ou SAN-JUAN DE PUERTO-RICO, évêché du XVIe siècle, dans l'île du même nom, colonie espagnole, l'une des Grandes-Antilles.

PORTO-SANTA-RUFINA-ET-CIVITA-VECCHIA, évêché du IIIe siècle, uni avec celui de Santa-Rufina du IIIe, à Civita-Vecchia, dans les Etats-Romains (Italie centrale), immédiatement soumis au pape.

POSEN-ET-GNESNE, archevêché uni à Gnesne, auparavant évêché du Xe siècle, dans le grand-duché de Posen (monarchie prussienne).

POTENZA-ET-MARSICO, évêché du Ve siècle, uni à celui de Marsico, dans le royaume des Deux-Siciles (Italie centrale), suffragant de l'archevêché de Salerne.

POZZUOLI, ou POUZZOLE, évêché du IIIe siècle, dans le royaume des Deux-Siciles (Italie méridionale), suffragant de l'archevêché de Naples.

PRAGUE, archevêché du XIVe siècle; auparavant évêché du Xe, dans la Bohême (monarchie autrichienne).

PRATO. *Voyez* PISTOIE.

PRZEMYSL, évêché du XIVe siècle, dans la Galice (monarchie autrichienne); Europe orientale, suffragant de l'archevêché de Lemberg.

PRZEMYSL-SANOK-ET-SAMBAR, évêché pour le rite

grec-russe, dans la Galicie (monarchie autrichienne), Europe orientale.

PUEBLA-DE-LOS-ANGELOS, *Voyez* TLASCALA.

PULATI, évêché dans l'Albanie (empire ottoman), Europe orientale.

PUY (LE), évêché du vi^e siècle, en France (dép. de la Haute-Loire), suffragant de l'archevêché de Bourges.

Q

QUEBEC, archevêché du xixe siècle, auparavant évêché du xviie, au Canada, Nouvelle-Bretagne, possession anglaise (Amérique septentrionale).

QUIMPER, ou QUIMPER-CORENTIN, évêché du ixe siècle, en France (dép. du Finistère), suffragant de l'archevêché de Tours.

QUITO, ou SAN-FRANCISCO DE QUITO, évêché du xvie siècle, dans la république de l'Equateur (ancienne Audience de Quito sous les Espagnols) (Amérique méridionale).

R

RAAB, ou JAVERIN, ou GYOER, évêché du xie siècle, dans la Hongrie (Europe orientale), suffragant de l'archevêché de Gran.

RAGUSE, évêché du viie siècle, archevêché au xie, et redevenu évêché au xixe, dans la Dalmatie (monarchie autrichienne), suffragant de l'archevêché de Zara.

RAPOLLA-ET-MELFI, évêché du xie siècle, uni, dans le xvie, à celui de Melfi, dans le royaume des Deux-Siciles (Italie méridionale), immédiatement soumis au saint-siège.

RATISBONNE, évêché du vi^e siècle, dans la Bavière (Allemagne méridionale).

RAVENNE, archevêché du vi^e siècle, auparavant évêché du iiie, dans les Etats-Romains (Italie centrale).

RECANATI-ET-LORETO, évêché du xiiie siècle, uni à celui de Loreto au xvie, dans les Etats-Romains (Italie centrale).

REGGIO, archevêché du xie siècle, auparavant évêché du iiie, dans le royaume des Deux-Siciles (Italie méridionale).

REGGIO, évêché du ve siècle, dans le duché de Modène (Italie septentrionale), suffragant de l'archevêché de Lucques.

REIMS, archevêché du iiie siècle, en France (dép. de la Marne).

RENNES, évêché du xviiie siècle, en France (dép. d'Ille-et-Vilaine), suffragant de l'archevêché de Tours.

RICHMOND, évêché du xixe siècle, de la création du pape Pie VI, dans la Virginie, Etats-Unis (Amérique septentrionale).

RIETI, évêché du ve siècle, dans les Etats-Romains (Italie centrale), immédiatement soumis au pape.

RIMINI, évêché du iiie siècle, dans les Etats-Romains (Italie centrale), suffragant de l'archevêché de Ravenne.

RIO-JANEIRO. *Voyez* SAN-SEBASTIANO.

RIPA-TRANSONE, évêché du xvie siècle, dans les Etats-Romains (Italie centrale), suffragant de l'archevêché de Fermo.

ROCHELLE (LA), évêché du xviie siècle, en France (dép. de la Charente-Inférieure), suffragant de l'archevêché de Bordeaux.

RHODES-ET-MALTE, archevêché du xiie siècle, uni à celui de Malte, dans l'île de ce nom.

RODEZ, évêché du ve siècle, en France (dép. de l'Aveyron), suffragant de l'archevêché d'Alby.

ROSENAW, évêché dans la Hongrie (Europe orientale).

ROSS, évêché du viie siècle, uni à Cloyne, en Irlande (empire britannique), suffragant de l'archevêché de Cashel.

ROSSANO, archevêché du xiie siècle, auparavant évêché du xie, dans le royaume des Deux-Siciles (Italie méridionale).

ROTHEMBOURG, évêché du xixe siècle, dans le royaume de Wurtemberg (Allemagne méridionale).

ROUEN, archevêché du iiie siècle, en France (dép. de la Seine-Inférieure).

RUFINA (SANTA-). *Voyez* PORTO.

RUVO-ET-BITONTO, évêché du ve siècle, à Bitonto, dans le royaume des Deux-Siciles (Italie méridionale), suffragant de l'archevêché de Bari.

S

SABARIA, ou STEINAMANGER, évêché dans la Hongrie (Europe orientale).

SABINA, ou SABINE, évêché du ve siècle, dans les Etats-Romains (Italie centrale), immédiatement soumis au pape.

SALAMANQUE, évêché du vi^e siècle, dans la province de Léon, en Espagne, suffragant de l'archevêché de Santiago-de-Compostelle.

SALERNE, archevêché du xe siècle, auparavant évêché du ive, dans le royaume des Deux-Siciles (Italie méridionale).

SALTA, évêché du xixe siècle, dans la province de Tucuman, république de Buenos-Ayres, ou Argentine (Amérique méridionale).

SALUCES, évêché du xvie siècle, dans le Piémont, Etats-Sardes (Italie septentrionale), suffragant de l'archevêché de Turin.

SALZBOURG, archevêché du viiie siècle, dans l'archiduché d'Autriche (monarchie autrichienne).

SAMBOR, évêché pour le rite grec. *Voyez* PRZEMYSL.

SAMOGITIE, ou MEDNICKI, évêché du xve siècle, dans la province du même nom (empire russe).

SANDOMIR, évêché du xixe siècle, dans la province polonaise du même nom (empire russe), suffragant de l'archevêché de Varsovie.

SAN-JUAN DE CUYO, évêché du xixe siècle, de la création du pape Grégoire XVI, dans la république du Chili (Amérique méridionale).

SAN-SALVADOR, ou BAHIA, ou la BAIE-DE-TOUS-LES-SAINTS, archevêché du xviie siècle, auparavant évêché du XVIe, dans l'empire du Brésil (Amérique méridionale).

SAN-SALVADOR, évêché du XIXe siècle, de la création du pape Grégoire XVI, dans le Guatémala, ou république fédérale de l'Amérique centrale, suffragant de l'archevêché de Guatémala.

SAN-SEBASTIANO, ou RIO-JANEIRO, évêché du XVIIe siècle, dans l'empire du Brésil (Amérique méridionale), suffragant de l'archevêché de Bahia.

SANTANDER, évêché dans la principauté des Asturies, en Espagne.

SANTIAGO-DU-CAP-VERT, ou RIBEIRA, évêché du XVe siècle, dans l'île de ce nom, une des îles du Cap-Vert, possession portugaise, suffragant de l'archevêché de Lisbonne.

SANTIAGO DU CHILI, archevêché, auparavant évêché du XVIe siècle, dans la république du Chili (Amérique méridionale).

SANTIAGO-DE-COMPOSTELLE, archevêché du XIIe siècle, auparavant évêché du XIe, dans la Galice, en Espagne.

SANTIAGO-DE-CUBA, archevêché, auparavant évêché du XVIe siècle, dans l'île de Cuba, l'une des grandes Antilles, possession espagnole.

SAN-THOME, ou MELIAPOOR (SAINT-THOMAS), év. du XVIe siècle, possession portugaise, dans la présidence de Madras, Hindoustan anglais (Asie méridionale).

SANTORIN, évêché du XIIIe siècle, dans l'île de même nom, une des Cyclades, dans l'Archipel grec, suffragant de l'archevêché de Naxie, ou Naxos.

SAPPA, ou SATTA, évêché du XIe siècle, dans l'Albanie (empire ottoman), Europe orientale, suffragant de l'archevêché d'Antivari.

SARAGOSSE, archevêché du XIVe siècle, auparavant évêché du IVe, dans l'Aragon, en Espagne.

SARNO-ET-CAVA, évêchés réunis dans le royaume des Deux-Siciles. *Voyez* CAVA.

SARSINA-ET-BERTINORO, évêchés réunis dans les Etats-Romains. *Voyez* BERTINORO.

SARZANA-ET-LUNI, évêchés réunis dans le Piémont, Etats-Sardes). *Voyez* LUNI.

SASSARI, archevêché du XIe siècle, auparavant évêché du IVe, dans l'île de Sardaigne (Etats-Sardes).

SAVONE-ET-NOLI, évêchés réunis dans le Piémont, Etats-Sardes (Italie septentrionale).

SCHIO, ou SCIO, évêché du XIIIe siècle, dans l'île de ce nom, une des Cyclades, dans l'Archipel grec, suffragant de l'archevêché de Naxie.

SCOPIA, ou USCOPIA, archevêché du Ve siècle, dans la Servie, empire ottoman (Europe orientale).

SCUTARI, évêché du VIe siècle, dans l'Albanie, empire ottoman (Europe orientale); suffragant de l'archevêché d'Antivari.

SEBENICO, évêché du IXe siècle, dans la Dalmatie, monarchie autrichienne (Europe orientale), suffragant de l'archevêché de Zara.

SECKAU, évêché du XIIIe siècle, dans la Styrie, monarchie autrichienne, suffragant de l'archevêché de Salzbourg.

SÉEZ, évêché du IVe siècle; en France (dép. de l'Orne), suffragant de l'archevêché de Rouen.

SEGNA, ou ZEUG-ET-MODRUSSE, évêché du XIIe siècle, auquel on a réuni celui de Modrusse, dans la Dalmatie, monarchie autrichienne (Europe orientale), suffragant de l'archevêché de Zara.

SEGNI, évêché du Ve siècle, dans les Etats-Romains (Italie centrale), immédiatement soumis au pape.

SÉGORBE, évêché du Ve siècle, dans la province de Valence, en Espagne, suffragant de l'archevêché de Saragosse.

SÉGOVIA-NUEVA, évêché du XVIIe siècle, dans l'île de Luçon, une des Philippines, colonie espagnole, dans l'Archipel asiatique, suffragant de l'archevêché de Manille.

SÉGOVIE, évêché du Ve siècle, dans la Vieille-Castille, en Espagne, suffragant de l'archevêché de Tolède.

SEMENDRIA, SMEDRENO, ou SAINT-ANDRÉ, évêché dans la Servie, empire ottoman (Europe orientale).

SENS, archevêché du IIIe siècle, en France (dép. de l'Yonne).

SERENA, évêché du XIXe siècle, de la création de Grégoire XVI, dans la république du Chili (Amérique méridionale).

SESSA, évêché du Ve siècle, dans le royaume des Deux-Siciles (Italie méridionale), suffragant de l'archevêché de Capoue.

SEVERINA (SANTA-), archevêché du Xe siècle, auparavant évêché du VIIe, dans le royaume des Deux-Siciles (Italie méridionale).

SEVERINO (SAN-), évêché du VIe siècle, dans les Etats-Romains (Italie centrale), suffragant de l'archevêché de Fermo.

SEVERO (SAN-), évêché du XVIe siècle, dans le royaume des Deux-Siciles (Italie méridionale), suffragant de l'archevêché de Bénévent.

SÉVILLE, archevêché du IIIe siècle dans l'Andalousie, en Espagne.

SEYNA, ou AUGUSTOWO, évêché dans la province polonaise de ce dernier nom, empire russe, suffragant de l'archevêché de Varsovie.

SEZZE, dans les Etats-Romains. *Voyez* TERRACINE.

SIENNE, archevêché du XVe siècle, auparavant évêché du IVe, dans le grand-duché de Toscane (Italie centrale).

SIGUENZA, évêché du Ve siècle, dans la Vieille-Castille, en Espagne, suffragant de l'archevêché de Tolède.

SINIGAGLIA, évêché du IVe siècle, dans les Etats-Romains (Italie centrale), suffragant de l'archevêché d'Urbin.

SION, évêché du VIe siècle, dans le canton du Valais (Suisse).

SIRMIUM, ou SIRMICH, ou SZEREM, ou SIRMIE-ET-BOSNIE, évêché depuis le XIIe siècle, auparavant archevêché, dans la Hongrie (Europe orientale), suffragant de l'archevêché de Kolocza.

SMYRNE, archevêché du IX° siècle, auparavant évêché du I°r, dans l'Asie-Mineure (empire ottoman).

SOANA-ET-PITIGLIANO, évêché du VI° siècle, auquel on a uni celui de Pitigliano, dans le grand-duché de Toscane (Italie centrale), suffragant de l'archevêché de Sienne.

SOFIA, archevêché dans la Bulgarie, empire ottoman (Europe orientale).

SOISSONS, évêché du III° siècle, en France (dép. de l'Aisne), suffragant de l'archevêché de Reims.

SULMONA, évêché du V° siècle, dans le royaume des Deux-Siciles (Italie méridionale), immédiatement soumis au pape.

SOLSONA, évêché du XVI° siècle, dans la Catalogne, en Espagne, suffragant de l'archevêché de Tarragone.

SONORA, évêché du Mexique, Amérique septentrionale.

SORA, évêché du IV° siècle, dans le royaume des Deux-Siciles (Italie centrale), immédiatement soumis au pape.

SORRENTO, archevêché du XI° siècle, auparavant évêché du VI°, dans le royaume des Deux-Siciles (Italie méridionale).

SPALATRO ET-MACARSKA, évêché auquel est uni celui de Macarska, auparavant archevêché du VII° siècle dans la Dalmatie, monarchie autrichienne (Europe orientale).

SPIRE, évêché du IV° siècle, dans la Bavière rhénane (Allemagne méridionale).

SPOLÈTE, archevêché de création moderne, auparavant évêché du V° siècle, dans les Etats-Romains (Italie centrale).

SQUILLACE, évêché, dans le royaume des Deux-Siciles (Italie méridionale), suffragant de l'archevêché de Reggio.

STRASBOURG, évêché du V° siècle, en France (dép. du Bas-Rhin), suffragant de l'archevêché de Besançon.

STRIGONIE, ou GRAN, archevêché du XI° siècle, dans la Hongrie (Europe orientale).

SUPRASLIA, évêché pour le rite grec-russe-uni, dans la Prusse orientale (monarchie prussienne).

SUSE, évêché de création moderne, dans le Piémont, Etats-Sardes (Italie septentrionale), suffragant de l'archevêché de Turin.

SUTRI, évêché du IV° siècle, dans les Etats-Romains (Italie centrale), immédiatement soumis au pape.

SYDNEY, archevêché du XIX° siècle, de la création du pape Grégoire XVI, dans la Nouvelle-Galles méridionale, colonie anglaise de l'Australie, ou Nouvelle-Hollande.

SYRACUSE, archevêché du XIX° siècle, auparavant évêché du III dans l'île de Sicile, royaume des Deux-Siciles.

SYROS, évêché du XIII° siècle, dans l'île de ce nom, l'une des Cyclades, dans l'Archipel grec, suffragant de l'archevêché de Naxie.

SZATMAR évêché, dans la Hongrie, Europe orientale.

T

TANGER, évêché du XV° siècle, dans l'empire de Maroc (Afrique septentrionale).

TARANTAISE, évêché du V° siècle, dans la Savoie, Etats-Sardes, suffragant de l'archevêché de Chambéry.

TARAZONA, évêché du V° siècle, dans l'Aragon, en Espagne, suffragant de l'archevêché de Saragosse.

TARBES, évêché du V° siècle, en France (dép. des Hautes-Pyrénées), suffragant de l'archevêché d'Auch.

TARENTE, archevêché du XI° siècle, auparavant évêché du VI°, dans le royaume des Deux-Siciles (Italie méridionale).

TARNOVIE, ou TSCHERNOWITZ, évêché, dans la Galicie, pour le rite grec-uni, monarchie autrichienne, suffragant de l'archevêché de Lemberg.

TARRAGONE, archevêché du IV° siècle, dans la Catalogne, en Espagne.

TEANO-ET-CALVI, évêché du V° siècle, uni à celui de Calvi, dans le royaume des Deux-Siciles (Italie méridionale), suffragant de l'archevêché de Capoue.

TELESE-ET-ALIFE, évêché du XI° siècle, uni à celui d'Alife, dans le royaume des Deux-Siciles (Italie méridionale), suffragant de l'archevêché de Bénévent.

TEMESCHWAR, ou CHONAD, ou CZONAD, évêché du XI° siècle, dans la Hongrie (Europe orientale), suffragant de l'archevêché de Kolocza.

TEMPIO, évêché du X° siècle, de la création du pape Grégoire XVI, dans l'île de Sardaigne, Etats-Sardes.

TENOS, ou TINIA, évêché du XIII° siècle, auquel est uni celui de Micone, dans l'île du même nom, l'une des Cyclades, dans l'Archipel grec, suffragant de l'archevêché de Naxie

TERAMO, évêché du V° siècle, dans le royaume des Deux-Siciles (Italie méridionale), immédiatement soumis au pape.

TERLIZZI, évêché du XIX° siècle, de la création du pape Grégoire XVI, dans le royaume des Deux-Siciles (Italie méridionale).

TERMOLI, évêché du XI° siècle, dans le royaume des Deux-Siciles (Italie méridionale), suffragant de l'archevêché de Bénévent.

TERNI, évêché du V° siècle, dans les Etats-Romains (Italie centrale), immédiatement soumis au pape.

TERRACINE, ou PIPERNO-ET-SEZZE, ou ZEZZA, évêché du III° siècle, auquel est uni celui de Piperno, ou Priperno, dans les Etats-Romains (Italie centrale), immédiatement soumis au pape.

TERRALBA. *Voyez* ALES.

TERUEL, évêché du XIV° siècle, dans l'Aragon, en Espagne, suffragant de l'archevêché de Saragosse.

TINEN, ou KNIN, évêché, dans la Croatie, monarchie autrichienne (Europe orientale), suffragant de l'archevêché de Zara.

TIVOLI, évêché du v° siècle, dans les Etats-Romains (Italie centrale), immédiatement soumis au pape.

TLASCALA, ou LOS ANGELOS DE TLASCALA, évêché du xvi° siècle, dans le Mexique (Amérique septentrionale), suffragant de l'archevêché de Mexico.

THOMAS (SAINT-), évêché du xv° siècle dans l'île de ce nom (Océan Atlantique), colonie portugaise, suffragant de l'archevêché de Lisbonne.

TODI, évêché du v° siècle, dans les Etats-Romains (Italie centrale), immédiatement soumis au pape.

TOLÈDE, archevêché du III° siècle, dans la Nouvelle-Castille, en Espagne.

TOLENTINO. *Voyez* MACERATA.

TORTONE, évêché du IV° siècle, dans le Piémont, Etats-Sardes (Italie septentrionale), suffragant de l'archevêché de Verceil.

TORTOSE, évêché du v° siècle, dans la Catalogne, en Espagne, suffragant de l'archevêché de Tarragone.

TOSCANELLA, évêché du VI° siècle, uni à Viterbe, dans le XIII°, dans les Etats-Romains (Italie centrale).

TOUL, évêché du IV° siècle, uni à celui de Nancy, par le Concordat de 1801, en France (départ. de la Meurthe).

TOULOUSE, archevêché du XIV° siècle, auparavant évêché du III°, en France (département de la Haute-Garonne).

TOURNAY, évêché du III° siècle, dans la Belgique suffragant de l'archevêché de Malines.

TOURS, archevêché du III° siècle, en France (dép. d'Indre-et-Loire).

TRANI, archevêché du X° siècle, auparavant évêché du II°, dans le royaume des Deux-Siciles (Italie méridionale).

TRANSYLVANIE, ou Weissembourg, évêché, dans la Transylvanie (monarchie autrichienne), Europe orientale.

TRAPANI, évêché du XIX° siècle, de la création du pape Grégoire XVI, dans l'île de Sicile, royaume des Deux-Siciles.

TREIJA, *Voyez* CAMERINO.

TRENTE, évêché du IV° siècle, dans le Tyrol (monarchie autrichienne), immédiatement soumis au pape.

TRÈVES, évêché du III° siècle, dans le grand-duché du Bas-Rhin (monarchie prussienne), suffragant de l'archevêché de Cologne.

TRÉVISE, évêché du IV° siècle, dans la Lombardie-Vénitienne (Italie septentrionale).

TRIDIGNE. *Voyez* MARCANA.

TRICARICO, évêché du X° siècle, dans le royaume des Deux-Siciles (Italie méridionale), suffragant de l'archevêché d'Acerenza.

TRIESTE-ET-CAPO-D'ISTRIA, évêché du VI° siècle, auquel est uni celui de Capo-d'Istria, dans l'Illyrie, monarchie autrichienne.

TRIVENTO, évêché du IX° siècle, dans le royaume des Deux-Siciles (Italie méridionale), immédiatement soumis au pape.

TROIA, évêché du XI° siècle, dans le royaume des Deux-Siciles (Italie méridionale), immédiatement soumis au pape.

TROPEA-ET-NICOTERA, évêché du VIII° siècle, dans le royaume des Deux-Siciles (Italie méridionale), suffragant de l'archevêché de Reggio.

TROYES, évêché du IV° siècle, en France (dép. de l'Aube), suffragant de l'archevêché de Sens.

TRUXILLO, évêché du XVI° siècle, dans le Pérou (Amérique méridionale), suffragant de l'archevêché de Lima.

TUAM, archevêché du XII° siècle, auparavant évêché du V°, en Irlande (empire britannique).

TUDELA, évêché de création moderne, dans la Navarre, en Espagne, suffragant de l'archevêché de Saragosse.

TULLE, évêché du XIV° siècle, en France (dép. de la Corrèze), suffragant de l'archevêché de Bourges.

TUROVIA, ou TUROVIE. *Voyez* PINSK.

TURRI. *Voyez* ANGLONA.

TUY, évêché du v° siècle, dans la Galice, en Espagne, suffragant de l'archevêché de Santiago-de-Compostelle.

U

UDINE, évêché du v° siècle, dans la Lombardie vénitienne (Italie septentrionale).

UGINTO, évêché du X° siècle, dans le royaume des Deux-Siciles (Italie méridionale), suffragant de l'archevêché d'Otrante.

ULADIMIRIA-ET-BREST, évêché pour le rite grec-russe, uni à celui de Brest, dans la Volhynie (empire russe).

ULADISLAVIA, ou ULADISLAW, ou ULADISLAFF, évêché du XII° siècle, dans l'ancien royaume de Pologne (empire russe), suffragant de Varsovie.

UMONA. *Voyez* ANCÔNE.

URBANEA-ET-SANTO-ANGELO-IN-VADA, évêché du XVII° siècle, auquel a été réuni celui de Santo-Angelo, dans les Etats-Romains (Italie centrale), suffragant de l'archevêché d'Urbin.

URBIN, archevêché du XVI° siècle, auparavant évêché du VI°, dans les Etats-Romains (Italie centrale).

URGEL, évêché du v° siècle, dans la Catalogne, en Espagne, suffragant de l'archevêché de Tarragone.

URITANA. *Voyez* ORIA.

UZAL. *Voyez* ALES.

V—W

VACSEN, ou WAITZEN, évêché du XI° siècle, dans la Hongrie (Europe orientale), suffragant de l'archevêché de Gran ou Strigonie.

VALENCE, archevêché du XV° siècle, auparavant évêché du v°, en Espagne.

VALENCE, évêché du IV° siècle, en France (dép. de la Drôme), suffragant de l'archevêché d'Avignon.

VALENCUELA. *Voyez* BÉNÉZUÉLA.

VALLADOLID, évêché du XVI° siècle, dans la Castille

Vieille ; en Espagne ; suffragant de l'archevêché de Tolède.

VALNA-ET-SULMONA, évêché du ve siècle ; auquel est uni celui de Sulmona, dans le royaume des Deux-Siciles (Italie méridionale), suffragant de l'archevêché de Chieti.

VANNES, évêché du vi^e siècle, en France (départ. du Morbihan, suffragant de l'archevêché de Tours.

VARSOVIE, archevêché du xixe siècle, dans l'ancien royaume de Pologne (empire russe).

VEGLIA, évêché du ixe siècle, dans la Dalmatie (monarchie autrichienne), suffragant de l'archevêché de Zara.

VELLETRI. Voyez OSTIE.

VENOSA, évêché du vi^e siècle, dans le royaume des Deux-Siciles (Italie méridionale), suffragant de l'archevêché d'Acerenza.

VENTIMILLE, évêché du vi^e siècle, dans le Piémont, Etats-Sardes (Italie septentrionale), suffragant de l'archevêché de Gênes.

VERCEIL, archevêché du xixe siècle, auparavant évêché du iiie, dans le Piémont, Etats-Sardes (Italie septentrionale).

VERDUN, évêché du ive siècle, en France (dép. de la Meuse); suffragant de l'archevêché de Besançon.

VENOLI, évêché du ive siècle, dans les Etats-Romains (Italie centrale), immédiatement soumis au pape.

VÉRONE, évêché du ive siècle, dans la Lombardie vénitienne (Italie septentrionale), suffragant de l'archevêché de Milan.

VERSAILLES, évêché du xixe siècle, de la création du pape Pie VII, en France (dép. de Seine-et-Oise), suffragant de l'archevêché de Paris.

VESPRIM, évêché du xie siècle, dans la Hongrie (Europe orientale) ; suffragant de l'archevêché de Gran ou Strigonie.

VICENCE, évêché du ive siècle, dans la Lombardie vénitienne (Italie septentrionale), suffragant de l'archevêché de Milan.

VICH, évêché du vi^e siècle, dans la Catalogne, en Espagne, suffragant de l'archevêché de Tarragone.

VIENNE, archevêché du xviiie siècle, auparavant évêché du ve, dans l'archiduché d'Autriche (monarchie autrichienne).

VIESTI, évêché du xie siècle, dans le royaume des Deux-Siciles (Italie méridionale), suffragant de l'archevêché de Siponto, ou Manfredonia.

VIGEVANO, évêché du xve siècle, dans le Piémont, Etats-Sardes (Italie septentrionale), suffragant de l'archevêché de Verceil.

VINCENNES, évêché du xixe siècle, de la création du pape Grégoire XVI, dans l'Indiana, Etats-Unis (Amérique septentrionale).

VISEU, évêché du vi^e siècle, dans le royaume de Portugal, suffragant de l'archevêché de Braga.

VITERBE-ET-TOSCANELLA, évêché du xiie siècle, dans les Etats-Romains (Italie centrale), immédiatement soumis au pape.

VIVIERS, évêché du ve siècle, en France (dép. de l'Ardèche), suffragant de l'archevêché d'Avignon.

VOLTERRA, évêché du ve siècle, dans le grand-duché de Toscane (Italie centrale), immédiatement soumis au pape.

WARMIE, évêché du xiiie siècle, dans la Prusse orientale (monarchie prussienne), suffragant de l'archevêché de Posen.

WATERFORD-ET-LISMORE, évêché du xie siècle, auquel on a réuni celui de Lismore, dans le xive, en Irlande (empire britannique), suffragant de l'archevêché de Cashel.

WEISSEMBOURG. Voyez TRANSYLVANIE.

WILNA, évêché du xive siècle, dans l'ancienne province polonaise de ce nom (empire russe).

WITEPSK, ou WITEBSK. Voyez POLOSKO.

WURTZBOURG, évêché du viiie siècle, dans le royaume de Bavière (Allemagne méridionale), suffragant de l'archevêché de Bamberg.

Y

YUCATAN, ou MERIDA DE YUCATAN, évêché du xvie siècle, dans la presqu'île de ce nom, Mexique (Amérique septentrionale), suffragant de l'archevêché de Mexico.

Z

ZAGABRIA, évêché du xiie siècle, dans la Croatie, province de Hongrie (Europe orientale), suffragant de l'archevêché de Kolocza.

ZAMORA, évêché du xiie siècle, dans la Castille-Vieille, en Espagne, suffragant de l'archevêché de Santiago-de-Compostelle.

ZANTE-ET-CÉPHALONIE, évêché du xiiie siècle, auquel est réuni celui de Céphalonie, dans l'île de ce nom, une des Ioniennes, possession anglaise dans la Méditerranée.

ZARA, archevêché du xiie siècle, auparavant évêché du ive, dans la Dalmatie (monarchie autrichienne), Europe orientale.

ZIPS, ou SCEPUSIO, évêché dans la Hongrie, Europe orientale.

ZYTOMERITZ, évêché dans la Volhynie (empire russe). Voyez LUCEARIA.